Codice sistematico di procedura penale

IUSTITIAM COLIMUS

Hervé Belluta - Mitja Gialuz - Luca Lupária

Codice sistematico di procedura penale

Aggiornato ai d.lgs. 150 e 151 del 2022
(riforma Cartabia)

SESTA EDIZIONE

Giappichelli

VIA PO, 21 - TEL. 011-81.53.111 - FAX 011-81.25.100

http://www.giappichelli.it

ISBN/EAN 979-12-211-0070-9

G. Giappichelli Editore

Questo libro è stato stampato su
carta certificata, riciclabile al 100%

Stampa: Rotolito S.p.A. - Pioltello (MI)

Indice

LIBRO II

ATTI

LIBRO III

PROVE

LIBRO IV
MISURE CAUTELARI

PARTE SECONDA

LIBRO V
INDAGINI PRELIMINARI E UDIENZA PRELIMINARE

LIBRO VI
PROCEDIMENTI SPECIALI

LIBRO VII

GIUDIZIO

LIBRO VIII

PROCEDIMENTO DAVANTI AL TRIBUNALE IN COMPOSIZIONE MONOCRATICA

LIBRO IX

IMPUGNAZIONI

LIBRO X

ESECUZIONE

LIBRO XI
RAPPORTI GIURISDIZIONALI CON AUTORITÀ STRANIERE

LEGGI COMPLEMENTARI

Presentazione

Il **Codice sistematico di procedura penale** nasce per offrire, in particolare agli studenti universitari e agli specializzandi, uno strumento in grado di agevolare la comprensione del sistema processuale penale nel suo insieme. Data la difficoltà di rendere – e di percepire – l'unitarietà del procedimento penale, i singoli argomenti vengono talora intesi come "monadi", sacrificando quei legami che rendono il diritto processuale penale una materia quanto mai organica.

Il **Codice sistematico** intende colmare questo vuoto: si qualifica sia in chiave di ausilio alla didattica, supportando docenti e discenti in aula, sia in funzione di sostegno allo studio di chi prepari esami universitari, prove di specializzazione o esami di Stato, sia, non ultimo, in vista dell'attività professionale.

Le singole disposizioni codicistiche vengono illustrate, non tanto al fine di chiarirne la portata, ma per mettere in luce le interconnessioni tra le diverse sedi di disciplina degli argomenti che compongono la materia. Oltre ai raccordi sistematici, alcune previsioni contano brevi spunti interpretativi, talora suggeriti dalla giurisprudenza costituzionale e di legittimità, presupposti di rimandi o di collegamenti con il sistema.

Dal punto di vista editoriale, l'Opera ha una duplice veste. Il **Codice sistematico** in formato **cartaceo** contempla, tra le fonti primarie, la Costituzione, la Convenzione europea dei diritti dell'uomo e delle libertà fondamentali, la "Carta di Nizza", il Patto internazionale sui diritti civili e politici, nonché un estratto del Trattato sul funzionamento dell'Unione europea; contiene poi la legge-delega, il codice di procedura penale e le disposizioni di attuazione.

All'edizione classica si affianca una versione ***on line***, accessibile tramite *lamiaLibreria*, che si distingue per la sua natura "evolutiva": sempre aperta all'aggiornamento da parte degli Autori, diviene uno strumento agile di consultazione attraverso computer e ogni *device* portatile. Nel **Codice sistematico *on line***, il lettore ritrova i contenuti dell'Opera cartacea, le principali leggi complementari (tra cui: Giudice di pace, Processo alle società, Processo minorile, Ordinamento giudiziario, Ordinamento penitenziario, T.U. spese) e le fonti di diritto derivato UE.

Sia permesso un ringraziamento agli amici che hanno accolto con entusiasmo questa iniziativa, rendendola possibile, e a Jacopo Della Torre, Irene Guerini e Martina Jelovcich, per il prezioso aiuto redazionale.

Settembre 2016

I CURATORI

Premessa alla seconda edizione

A un anno dalla nascita del **Codice sistematico di procedura penale**, la sfida di offrire uno strumento nuovo di "lettura" del sistema processuale sembra avere avuto esiti alquanto incoraggianti. Così, da un lato per seguire l'evoluzione legislativa e giurisprudenziale del codice di procedura penale, dall'altro per offrire al lettore nuovi contenuti, abbiamo pensato ad una *seconda edizione* in parte rinnovata.

Anzitutto, il **Codice sistematico** si arricchisce dell'essenziale Normativa Complementare, utile da consultare durante le lezioni e lo studio della procedura penale, quanto indispensabile nei Corsi dedicati al Processo penale di fronte al Giudice di pace, al Processo minorile, al Processo alle Società, non meno che nella quotidiana pratica forense.

In secondo luogo, la nota "Riforma Orlando" della Giustizia penale ha imposto di aggiornare le numerose disposizioni modificate con la legge 23 giugno 2017, n. 103: i richiami sistematici tengono conto di tali interventi, come, in particolare, della sentenza 206 del 2017 della Corte costituzionale e di alcuni dei più recenti arresti delle Sezioni Unite della Corte di cassazione.

Ancora, il lettore noterà qualche variazione nel formato del **Codice sistematico**, più piccolo della prima edizione, funzionale a migliorarne la maneggevolezza: abbiamo pensato di assecondare i *desiderata* di quanti ci hanno suggerito di contenere le dimensioni a favore di una maggiore praticità nelle aule di Università e di udienza.

Infine, questa *seconda edizione* vede l'ingresso, tra gli autori, di Roberta Aprati e di Paolo Renon, ai quali siamo felici di dare il benvenuto.

Sia permesso ringraziare Lucio San Marco, che dal primo giorno ha creduto in questa iniziativa e nella nostra capacità di coordinarla. Desideriamo anche esprimere la nostra gratitudine a Giulia Ducoli, Irene Guerini e Jacopo Della Torre, che ci hanno sostenuto nell'intenso lavoro redazionale.

Settembre 2017

I CURATORI

Premessa alla terza edizione

Il **Codice sistematico di procedura penale** giunge alla sua terza edizione: il desiderio di offrire uno strumento nuovo di "lettura" del sistema processuale pare oggi una realtà consolidata. Ancora una volta, dunque, ad un anno dalla *Seconda edizione*, l'Opera, per seguire l'evoluzione legislativa e giurisprudenziale del codice di procedura penale, si rinnova.

Sebbene nato con il solo testo codicistico, già dalla *Seconda edizione* ha visto l'inserimento dell'essenziale Normativa Complementare, utile durante le lezioni e lo studio della procedura penale, indispensabile nei Corsi complementari di Diritto penitenziario, o dedicati al Processo penale di fronte al Giudice di pace, al Processo minorile, al Processo alle Società, non meno che nella pratica delle Aule di giustizia.

Con riguardo a questa nuova edizione, dobbiamo segnalare la singolare sorte del decreto legislativo 29.12.20117, n. 216, recante nuove «Disposizioni in materia di intercettazioni di conversazioni o comunicazioni, in attuazione della delega di cui all'articolo 1, commi 82, 83 e 84, lettere a), b), c), d) ed e), della legge 23 giugno 2017, n. 103». Sebbene la relativa disposizione transitoria (art. 9) ne fissasse l'applicazione «alle operazioni di intercettazione relative a provvedimenti autorizzativi emessi dopo il centottantesimo giorno successivo alla data di entrata in vigore», in forza del decreto legge 25.7.2018, n. 91, convertito dalla legge 21.9.2018, n. 108, che ne ha modificato l'articolo 9, comma 1, sostituendo le parole «dopo il centottantesimo giorno successivo alla data di entrata in vigore del presente decreto» con le parole «dopo il 31 marzo 2019», le modifiche non sono ancora entrate in vigore.

Nel tentativo di coniugare l'attuale e la futura disciplina, abbiamo pensato di inserire le novità normative, nel testo degli articoli interessati, tra parentesi, dando conto nella prima unità di commento dell'evoluzione in corso. Quanto, poi, al Libro III, Capo IV, dedicato appunto alle Intercettazioni di conversazioni o comunicazioni, abbiamo deciso di far seguire, ai testi attualmente in vigore, un ulteriore Capo IV, preceduto da apposita nota di avvertenza, contenente la normativa novellata.

Dobbiamo al riguardo registrare, con un certo disappunto, che il legislatore non solo pecca sovente di qualità quando mette mano al codice di rito penale, ma talora mostra forti incertezze persino sui testi già approvati, escogitando – come in questo caso – espedienti dilatori.

Questa *Terza edizione* vede l'ingresso, tra gli autori, di Fabio Cassibba, al quale siamo felici di dare il benvenuto.

Infine, d'accordo con l'Editore, abbiamo dato vita ad un Comitato di redazione, composto dal dott. Jacopo Della Torre, dalla dott.ssa Giulia Ducoli e dalla dott.ssa Irene Guerini, che meritano tutto il nostro riconoscimento.

5 ottobre 2018

I CURATORI

Premessa alla quarta edizione

Con cadenza ormai regolare, ad un anno dalla *Terza edizione*, il **Codice sistematico di procedura penale** si aggiorna: quale consolidato strumento di supporto alla lettura del sistema processuale, il *Codice* segue l'evoluzione legislativa (e giurisprudenziale) del codice di rito, come della fondamentale normativa speciale.

Benché nato con il solo testo codicistico, già dalla *Seconda edizione* ha visto l'inserimento delle più rilevanti fonti complementari, utili durante le lezioni e lo studio della procedura penale, indispensabili nei corsi di diritto penitenziario o in quelli dedicati al processo penale di fronte al giudice di pace, al processo minorile, al processo alle società, non meno che nella pratica delle aule di giustizia.

Quanto alla *Quarta edizione*, si segnala ancora una volta la peculiare sorte del decreto legislativo 29.12.2017, n. 216, recante nuove «Disposizioni in materia di intercettazioni di conversazioni o comunicazioni, in attuazione della delega di cui all'articolo 1, commi 82, 83 e 84, lettere a), b), c), d) ed e), della legge 23 giugno 2017, n. 103». Sebbene la relativa disposizione transitoria ne fissasse l'applicazione «alle operazioni di intercettazione relative a provvedimenti autorizzativi emessi dopo il centottantesimo giorno successivo alla data di entrata in vigore», in forza prima del decreto legge 25.7.2018, n. 91, convertito dalla legge 21.9.2018, n. 108, e poi del decreto legge 14.6.2019, n. 53, convertito dalla legge 8.8.2019, n. 77, le modifiche non sono ancora entrate in vigore, riguardando – ad oggi – le operazioni relative a provvedimenti autorizzativi emessi dopo il 31.12.2019.

Al riguardo, mentre nella precedente edizione, volendo coniugare la preesistente e la futura disciplina, abbiamo inserito le novità normative direttamente nel testo degli articoli interessati, tra parentesi, nella presente *Quarta edizione* – destinata a operare per l'intero anno accademico 2019/2020 – abbiamo illustrato la normativa aggiornata. Quanto, in particolare, al Libro III, Capo IV, dedicato appunto alle Intercettazioni di conversazioni o comunicazioni, abbiamo tenuto ferma la decisione già adottata: far seguire, ai testi attualmente in vigore, un ulteriore Capo IV, preceduto da apposita nota di avvertenza, contenente la normativa novellata.

Come di consueto, desideriamo ringraziare i componenti del Comitato di redazione, formato dal dott. Jacopo Della Torre, dalla dott.ssa Giulia Ducoli e dalla dott.ssa Irene Guerini, per l'insostituibile lavoro svolto.

Settembre 2019

I CURATORI

Premessa alla quinta edizione

Il **Codice sistematico di procedura penale** è divenuto in pochi anni uno strumento di largo utilizzo nelle aule universitarie (che ne costituiscono la naturale destinazione), negli studi professionali e nei luoghi della giurisdizione penale. La consapevolezza di questo apprezzamento carica ovviamente i curatori di un senso di maggior responsabilità ogni volta che si vada progettando un aggiornamento o un *restyling*.

Il proposito deve allora essere quello di tentare sempre di migliorare il prodotto intellettuale e di continuare a coinvolgere studiosi che apportino linfa vitale e nuove idee al progetto.

In tale ottica, la *Quinta edizione* non si limita ad esaminare, con la consueta ottica sistematica, le novelle – prima fra tutte la riforma delle intercettazioni, tanto faticosamente entrata in vigore – dell'ultimo anno, ma mira a perfezionare la metodologia di commento dei singoli articoli.

Il lettore vi ritroverà, infatti, più attenzione per le pronunce delle Sezioni unite della Corte di cassazione, una significativa apertura alle decisioni delle Corti europee e, più in generale, alle fonti sovranazionali. Non solo: un certo spazio si è voluto dedicare pure alle fonti meno alte – è il caso, ad esempio, delle circolari – nella piramide normativa, dal momento che ricoprono un'importanza crescente nella vita giudiziaria.

Seguendo la logica di un forte rinnovamento, diamo il benvenuto a nuovi amici e Autori: Manfredi Bontempelli, Pasquale Bronzo, Jacopo della Torre, Gabriella Di Paolo, Simone Lonati e Michela Miraglia. Per lasciare il dovuto spazio ai colleghi che per la prima volta collaborano al *Codice*, i curatori hanno deciso di dedicarsi esclusivamente al coordinamento dell'*Opera*.

Come di consueto, siamo grati ai componenti del Comitato di redazione, nelle persone delle dott.sse Elisa Grisonich, Irene Guerini, Linda Rosa e Veronica Tondi, per il prezioso e davvero essenziale lavoro svolto.

Settembre 2020

I CURATORI

Premessa alla quinta edizione aggiornata

La presente ristampa della *Quinta edizione* del Codice sistematico di procedura penale risponde all'esigenza di fornire, a studenti e operatori forensi, un volume aggiornato alle novelle e alle declaratorie di illegittimità costituzionale intervenute sino all'inizio del 2022. Il volume non presenta quindi nuovi commenti di carattere sistemico o profonde rivisitazioni della struttura dell'Opera. Si tratta di una doverosa *mise à jour* che tiene conto delle norme immediatamente precettive introdotte dalla l. 27 settembre 2021, n. 134 ("Delega al Governo per l'efficienza del processo penale nonché in materia di giustizia riparativa e disposizioni per la celere definizione dei procedimenti giudiziari") e che costituisce una tappa di avvicinamento alla prossima edizione, che è prevista non appena verranno pubblicati i decreti legislativi delegati in attuazione delle numerose deleghe contenute nella legge Cartabia. Nelle intenzioni dei Curatori, l'edizione speciale del Codice sistematico costituirà uno strumento ermeneutico essenziale per chi si accingerà ad applicare o studiare un modello di rito profondamente rivisitato.

Come di consueto, siamo grati ai componenti del Comitato di redazione, nelle persone delle dott.sse Elisa Grisonich e Linda Rosa, per il prezioso lavoro svolto.

Febbraio 2022

I CURATORI

Premessa alla sesta edizione

Il profondo ripensamento della giustizia penale italiana condotto dalla “rifor bia” consolida l’intuizione sottostante al nostro progetto del Codice Sistematico di accompagnare studenti e operatori nell’interpretazione non soltanto della singo ma quanto dei rapporti organici di ciascuna disposizione con l’architettura compl dell’ordinamento processuale. L’Opera, giunta oggi alla sesta edizione, conferma la funzione di guida alla lettura del tessuto codicistico in un momento storico nel quale no state rimodulate tutte le fasi del rito penale per mano del d. lgs. 150 del 2022, che ha concluso la parabola riformatrice, nata dalle proposte della “Commissione Lattanzi”, in parte confluite nella legge delega 134 del 2021. Gli autori del volume non hanno quindi semplicemente aggiornato i commenti agli articoli, bensì ricostruito per ciascuno di essi le rinnovate interazioni con il nuovo volto del processo penale italiano. Un lavoro di ricomposizione che investe indagini preliminari, riti speciali, giudizio dibattimentale e impugnazioni, senza dimenticare argomenti trasversali come il processo telematico e la giustizia riparativa.

Abbiamo anche deciso di arricchire l’apparato delle leggi complementari, inserendo, per un verso, la disciplina della giustizia riparativa (titolo IV, d. lgs. 150 del 2022) e dell’Ufficio per il processo (d. lgs. 151 del 2022), in quanto componente essenziale della “riforma Cartabia” e, per l’altro, la normativa in materia di ordinamento dell’ufficio del pubblico ministero (d. lgs. 106 del 2006), che è stata ampiamente modificata dalla recente novella sull’ordinamento giudiziario (l. 71 del 2022) e la disciplina sul rimborso delle spese dell’assolto (l. 178 del 2020).

Con questa nuova edizione, diamo il benvenuto a Giovanni Barrocu, che si unisce a un gruppo molto affiatato.

Desideriamo ringraziare Diego Amidani, Elisa Grisonich e Linda Rosa, per il prezioso supporto nel lavoro redazionale.

I CURATORI

Premessa alla sesta edizione

Il profondo ripensamento della giustizia penale italiana condotto dalla "riforma Cartabia" consolida l'intuizione sottostante al nostro progetto del Codice Sistematico, capace di accompagnare studenti e operatori nell'interpretazione non soltanto della singola norma quanto dei rapporti organici di ciascuna disposizione con l'architettura complessiva dell'ordinamento processuale. L'Opera, giunta oggi alla sesta edizione, conferma la sua funzione di guida alla lettura del tessuto codicistico in un momento storico nel quale sono state rimodulate tutte le fasi del rito penale per mano del d. lgs. 150 del 2022, che ha concluso la parabola riformatrice, nata dalle proposte della "Commissione Lattanzi", in parte confluite nella legge delega 134 del 2021. Gli autori del volume non hanno quindi semplicemente aggiornato i commenti agli articoli, bensì ricostruito per ciascuno di essi le rinnovate interazioni con il nuovo volto del processo penale italiano. Un lavoro di ricomposizione che investe indagini preliminari, riti speciali, giudizio dibattimentale e impugnazioni, senza dimenticare argomenti trasversali come il processo telematico e la giustizia riparativa.

Abbiamo anche deciso di arricchire l'apparato delle leggi complementari, inserendo, per un verso, la disciplina della giustizia riparativa (titolo IV, d. lgs. 150 del 2022) e dell'Ufficio per il processo (d. lgs. 151 del 2022), in quanto componente essenziale della "riforma Cartabia" e, per l'altro, la normativa in materia di ordinamento dell'ufficio del pubblico ministero (d. lgs. 106 del 2006), che è stata ampiamente modificata dalla recente novella sull'ordinamento giudiziario (l. 71 del 2022) e la disciplina sul rimborso delle spese dell'assolto (l. 178 del 2020).

Con questa nuova edizione, diamo il benvenuto a Giovanni Barrocu, che si unisce a un gruppo molto affiatato.

Desideriamo ringraziare Diego Amidani, Elisa Grisonich e Linda Rosa, per il prezioso supporto nel lavoro redazionale.

I CURATORI

Note per la consultazione

I richiami sistematici ai Libri del codice di procedura penale, ai relativi articoli, alle fonti primarie, alla normativa d'attuazione, al codice penale e alle leggi complementari sono visualizzati attraverso l'uso del simbolo →

Nella prima unità di commento viene sintetizzata la cronistoria delle modifiche normative intervenute in ciascun articolo; a seguire, sono indicate le declaratorie di incostituzionalità.

Gli articoli del codice di procedura penale sono richiamati senza ulteriori indicazioni.

I raccordi sistematici con Libri del codice di rito diversi da quello che si sta commentando sono effettuati richiamando solo il relativo nome. Il Libro viene indicato per numero allorché si faccia riferimento ad esso dopo averne citato il nome nel commento.

In caso di richiami consecutivi ad altro Libro del codice, all'interno di un'unità di commento, non viene ripetuto il nome del Libro, ma si indica solo l'articolo di riferimento, preceduto dal simbolo →

Laddove, invece, si effettuino richiami ad articoli interni al Libro che si sta commentando, non si cita il Libro, ma solo l'articolo, senza alcun simbolo.

Principali abbreviazioni

Riferimenti normativi

Articolo → art.
Codice civile → c.c.
Codice penale → c.p.
Comma → co.
Decreto legge → d.l.
Decreto legislativo → d. lgs.
Decreto presidente della Repubblica → d.P.R.
Legge → l.
Norme di attuazione del c.p.p. → Disp. att.
Norme di coordinamento del c.p.p. → Disp. coord.
Regolamento per l'esecuzione del c.p.p. → Reg. es.

Fonti primarie

Carta dei diritti fondamentali dell'Unione europea → Carta UE
Convenzione europea dei diritti umani → Cedu
Costituzione → Cost.
Patto internazionale sui diritti civili e politici → Patto int.
Trattato sul funzionamento dell'Unione europea → T.f.u.e.
Trattato sull'Unione europea → T.u.e.

Organi giudiziari

Corte costituzionale → Corte cost.
Corte di cassazione, sezioni unite → Cass., SU
Corte di giustizia dell'Unione europea → Corte giust.
Corte europea dei diritti dell'uomo → Corte edu
Giudice dell'udienza preliminare → g.u.p.
Giudice per le indagini preliminari → g.i.p.
Polizia giudiziaria → p.g.
Procuratore generale → P.G.
Pubblico ministero → p.m.

Principale normativa complementare:

Giu. Pace → Giudice di pace
Ord. giud. → Ordinamento giudiziario
Ord. penit. → Ordinamento penitenziario
Processo alle società → Disciplina della responsabilità amministrativa delle persone giuridiche, delle società e delle associazioni anche prive di personalità giuridica
Proc. minorile → Processo penale minorile
T.U. spese → Testo Unico sulle spese di giustizia
T.U. stup. → Testo Unico delle leggi in materia di disciplina degli stupefacenti e sostanze psicotrope

Autori

ADORNO R., Professore Ordinario nell'Università del Salento
Libro VI: artt. 449-452, 459-464 *novies*.

APRATI R., Professore Associato nell'Università degli Studi di Roma Unitelma – Sapienza
Libro I: artt. 45-49.

BARROCU G., Professore Associato nell'Università degli Studi di Sassari
Libro V: artt. 330-346.

BONTEMPELLI M., Professore Ordinario nell'Università degli Studi Statale di Milano
Libro IX: artt. 593-605.

BRONZO P., Professore Associato nell'Università degli Studi Sapienza di Roma
Libro I: artt. 96-108.

CABIALE A., Ricercatore nell'Università degli Studi di Torino
Libro I: artt. 50-59, 74-89; Libro III, artt. 268-269-271.

CAIANIELLO M., Professore Ordinario nell'Università degli Studi di Bologna
Libro II: artt. 177-186.

CAPONE A., Professore Associato nell'Università degli Studi Mediterranea di Reggio Calabria
Libro IX: artt. 568-592.

CASSIBBA F., Professore Ordinario nell'Università degli Studi di Parma
Libro I: artt. 12-19.

CERQUA F., Dottore di ricerca presso l'Università degli Studi Statale di Milano
Libro I: artt. 20-44.

DANIELE M., Professore Ordinario nell'Università degli Studi di Padova
Libro III: artt. 190 *bis*-193, 197-197 *bis*, 205-210, 220-233, 238-238 *bis*, 253-265.

DEL COCO R., Professore Associato nell'Università degli Studi di Teramo
Libro V: artt. 416-437.

DELLA TORRE J., Ricercatore nell'Università degli Studi di Genova
Libro III: artt. 266-267-270; Libro V: artt. 405-415 *bis*.

DI PAOLO G., Professore Ordinario nell'Università degli Studi di Trento
Libro I: artt. 1-11 *bis*.

FONTI R., Professore Associato nell'Università degli Studi di Perugia
Libro II: artt. 109-130, 143-147.

GALGANI B., Professore Associato nell'Università degli Studi di Pisa
Libro IV: artt. 287-308, 312-313, 316-317, 319-321, 323.

IASEVOLI C., Professore Ordinario nell'Università degli Studi di Napoli "Federico II"
Libro VIII: artt. 549-559.

LAVARINI B., Professore Ordinario nell'Università degli Studi di Torino
Libro X: artt. 648-654.

LONATI S., Professore Associato nell'Università Bocconi di Milano
Libro I: artt. 60-73.

LORENZETTO E., Professore Associato nell'Università degli Studi di Verona
Libro V: artt. 326-391 *decies*.

MAGGIO P., Professore Associato nell'Università degli Studi di Palermo
Libro XI: artt. 730-746 *quater*.

MANGIARACINA A., Professore Associato nell'Università degli Studi di Palermo
Libro II: artt. 131-142, 148-176.

MIRAGLIA M., Professore Associato nell'Università degli Studi di Genova
Libro IX: artt. 606-628.

NEGRI D., Professore Ordinario nell'Università degli Studi di Ferrara
Libro IV: artt. 272-286 *bis*, 309-311, 314-315, 318, 322-322 *bis*, 324-325.

PARLATO L., Professore Ordinario nell'Università degli Studi di Palermo
Libro I: artt. 90-95.

PAULESU P.P., Professore Ordinario nell'Università degli Studi di Padova
Libro III: artt. 187-190, 194-196, 198-204, 211-219, 234-237, 239-252.

PERUGIA D., Dottore di ricerca presso l'Università degli Studi di Urbino
Libro V: artt. 392-404.

QUATTROCOLO S., Professore Ordinario nell'Università degli Studi del Piemonte Orientale
Libro XI: artt. 696-722 *bis*.

RENON P., Professore Ordinario nell'Università degli Studi di Pavia
Libro IX: artt. 629-647.

RUGGERI S., Professore Ordinario nell'Università degli Studi di Messina
Libro XI: artt. 723-729 *quinquies*.

SIRACUSANO F., Professore Associato nell'Università degli Studi di Catania
Libro VII: artt. 465-469, 496-524.

SPAGNOLO P., Professore Ordinario nell'Università degli Studi LUMSA di Roma
Libro VI: artt. 438-448, 453-458.

TRIGGIANI N., Professore Ordinario nell'Università degli Studi di Bari
Libro X: artt. 655-695.

ZAPPULLA A., Professore Associato nell'Università degli Studi di Catania
Libro VII: artt. 470-495, 525-548.

FONTI PRIMARIE

Costituzione della Repubblica italiana

• Approvata dall'Assemblea Costituente il 22 dicembre 1947, promulgata dal Capo provvisorio dello Stato il 27 dicembre 1947 ed entrata in vigore il 1° gennaio 1948.

PRINCIPI FONDAMENTALI

1. L'Italia è una Repubblica democratica, fondata sul lavoro.
La sovranità appartiene al popolo, che la esercita nelle forme e nei limiti della Costituzione.

2. La Repubblica riconosce e garantisce i diritti inviolabili dell'uomo, sia come singolo sia nelle formazioni sociali ove si svolge la sua personalità, e richiede l'adempimento dei doveri inderogabili di solidarietà politica, economica e sociale.

3. Tutti i cittadini hanno pari dignità sociale e sono eguali davanti alla legge, senza distinzione di sesso, di razza, di lingua, di religione, di opinioni politiche, di condizioni personali e sociali.
È compito della Repubblica rimuovere gli ostacoli di ordine economico e sociale, che, limitando di fatto la libertà e l'uguaglianza dei cittadini, impediscono il pieno sviluppo della persona umana e l'effettiva partecipazione di tutti i lavoratori all'organizzazione politica, economica e sociale del Paese.

4. La Repubblica riconosce a tutti i cittadini il diritto al lavoro e promuove le condizioni che rendano effettivo questo diritto.
Ogni cittadino ha il dovere di svolgere, secondo le proprie possibilità e la propria scelta, un'attività o una funzione che concorra al progresso materiale o spirituale della società.

5. La Repubblica, una e indivisibile, riconosce e promuove le autonomie locali; attua nei servizi che dipendono dallo Stato il più ampio decentramento amministrativo; adegua i principi ed i metodi della sua legislazione alle esigenze dell'autonomia e del decentramento.

6. La Repubblica tutela con apposite norme le minoranze linguistiche.

7. Lo Stato e la Chiesa cattolica sono, ciascuno nel proprio ordine, indipendenti e sovrani.
I loro rapporti sono regolati dai Patti Lateranensi. Le modificazioni dei Patti, accettate dalle due parti, non richiedono procedimento di revisione costituzionale.

8. Tutte le confessioni religiose sono egualmente libere davanti alla legge.
Le confessioni religiose diverse dalla cattolica hanno diritto di organizzarsi secondo i propri statuti, in quanto non contrastino con l'ordinamento giuridico italiano.
I loro rapporti con lo Stato sono regolati per legge sulla base di intese con le relative rappresentanze.

9. La Repubblica promuove lo sviluppo della cultura e la ricerca scientifica e tecnica.
Tutela il paesaggio e il patrimonio storico e artistico della Nazione.
Tutela l'ambiente, la biodiversità e gli ecosistemi, anche nell'interesse delle future generazioni.
La legge dello Stato disciplina i modi e le forme di tutela degli animali.

• Articolo modificato dalla l. cost. 11.2.2022, n. 1.

10. L'ordinamento giuridico italiano si conforma alle norme del diritto internazionale generalmente riconosciute.

La condizione giuridica dello straniero è regolata dalla legge in conformità delle norme e dei trattati internazionali.

Lo straniero, al quale sia impedito nel suo paese l'effettivo esercizio delle libertà democratiche garantite dalla Costituzione italiana, ha diritto d'asilo nel territorio della Repubblica, secondo le condizioni stabilite dalla legge.

Non è ammessa l'estradizione dello straniero per reati politici.

11. L'Italia ripudia la guerra come strumento di offesa alla libertà degli altri popoli e come mezzo di risoluzione delle controversie internazionali; consente, in condizioni di parità con gli altri Stati, alle limitazioni di sovranità necessarie ad un ordinamento che assicuri la pace e la giustizia fra le Nazioni; promuove e favorisce le organizzazioni internazionali rivolte a tale scopo.

12. La bandiera della Repubblica è il tricolore italiano: verde, bianco e rosso, a tre bande verticali di eguali dimensioni.

PARTE I

DIRITTI E DOVERI DEI CITTADINI

Titolo I
RAPPORTI CIVILI

13. La libertà personale è inviolabile.

Non è ammessa forma alcuna di detenzione, di ispezione o perquisizione personale, né qualsiasi altra restrizione della libertà personale, se non per atto motivato dall'autorità giudiziaria e nei soli casi e modi previsti dalla legge.

In casi eccezionali di necessità ed urgenza, indicati tassativamente dalla legge, l'autorità di pubblica sicurezza può adottare provvedimenti provvisori, che devono essere comunicati entro quarantotto ore all'autorità giudiziaria e, se questa non li convalida nelle successive quarantotto ore, si intendono revocati e restano privi di ogni effetto.

È punita ogni violenza fisica e morale sulle persone comunque sottoposte a restrizioni di libertà.

La legge stabilisce i limiti massimi della carcerazione preventiva.

14. Il domicilio è inviolabile.

Non vi si possono eseguire ispezioni o perquisizioni o sequestri, se non nei casi e modi stabiliti dalla legge secondo le garanzie prescritte per la tutela della libertà personale.

Gli accertamenti e le ispezioni per motivi di sanità e di incolumità pubblica o a fini economici e fiscali sono regolati da leggi speciali.

15. La libertà e la segretezza della corrispondenza e di ogni altra forma di comunicazione sono inviolabili.

La loro limitazione può avvenire soltanto per atto motivato dell'autorità giudiziaria con le garanzie stabilite dalla legge.

16. Ogni cittadino può circolare e soggiornare liberamente in qualsiasi parte del territorio nazionale, salvo le limitazioni che la legge stabilisce in via generale per motivi di sanità o di sicurezza. Nessuna restrizione può essere determinata da ragioni politiche.

Ogni cittadino è libero di uscire dal territorio della Repubblica e di rientrarvi, salvo gli obblighi di legge.

17. I cittadini hanno diritto di riunirsi pacificamente e senza armi.

Per le riunioni, anche in luogo aperto al pubblico, non è richiesto preavviso.

Delle riunioni in luogo pubblico deve essere dato preavviso alle autorità, che possono vietarle soltanto per comprovati motivi di sicurezza o di incolumità pubblica.

18. I cittadini hanno diritto di associarsi liberamente, senza autorizzazione, per fini che non sono vietati ai singoli dalla legge penale.

Sono proibite le associazioni segrete e quelle che perseguono, anche indirettamente, scopi politici mediante organizzazioni di carattere militare.

19. Tutti hanno diritto di professare liberamente la propria fede religiosa in qualsiasi forma, individuale o associata, di farne propaganda e di esercitarne in privato o in pubblico il culto, purché non si tratti di riti contrari al buon costume.

20. Il carattere ecclesiastico e il fine di religione o di culto d'una associazione od istituzione non possono essere causa di speciali limitazioni legislative, né di speciali gravami fiscali per la sua costituzione, capacità giuridica e ogni forma di attività.

21. Tutti hanno diritto di manifestare liberamente il proprio pensiero con la parola, lo scritto e ogni altro mezzo di diffusione.

La stampa non può essere soggetta ad autorizzazioni o censure.

Si può procedere a sequestro soltanto per atto motivato dell'autorità giudiziaria nel caso di delitti, per i quali la legge sulla stampa espressamente lo autorizzi, o nel caso di violazione delle norme che la legge stessa prescriva per l'indicazione dei responsabili.

In tali casi, quando vi sia assoluta urgenza e non sia possibile il tempestivo intervento dell'autorità giudiziaria, il sequestro della stampa periodica può essere eseguito da ufficiali di polizia giudiziaria, che devono immediatamente, e non mai oltre ventiquattro ore, fare denunzia all'autorità giudiziaria. Se questa non lo convalida nelle ventiquattro ore successive, il sequestro s'intende revocato e privo d'ogni effetto.

La legge può stabilire, con norme di carattere generale, che siano resi noti i mezzi di finanziamento della stampa periodica.

Sono vietate le pubblicazioni a stampa, gli spettacoli e tutte le altre manifestazioni contrarie al buon costume. La legge stabilisce provvedimenti adeguati a prevenire e a reprimere le violazioni.

22. Nessuno può essere privato, per motivi politici, della capacità giuridica, della cittadinanza, del nome.

23. Nessuna prestazione personale o patrimoniale può essere imposta se non in base alla legge.

24. Tutti possono agire in giudizio per la tutela dei propri diritti e interessi legittimi.

La difesa è diritto inviolabile in ogni stato e grado del procedimento.

Sono assicurati ai non abbienti, con appositi istituti, i mezzi per agire e difendersi davanti ad ogni giurisdizione.

La legge determina le condizioni e i modi per la riparazione degli errori giudiziari.

25. Nessuno può essere distolto dal giudice naturale precostituito per legge.

Nessuno può essere punito se non in forza di una legge che sia entrata in vigore prima del fatto commesso.

Nessuno può essere sottoposto a misure di sicurezza se non nei casi previsti dalla legge.

26. L'estradizione del cittadino può essere consentita soltanto ove sia espressamente prevista dalle convenzioni internazionali.

Non può in alcun caso essere ammessa per reati politici.

27. La responsabilità penale è personale.

L'imputato non è considerato colpevole sino alla condanna definitiva.

Le pene non possono consistere in trattamenti contrari al senso di umanità e devono tendere alla rieducazione del condannato.

Non è ammessa la pena di morte.

• Nel co. 3, le parole «, se non nei casi previsti dalle leggi militari di guerra» sono state soppresse dalla l. cost. 2.10.2007, n. 1.

28. I funzionari e i dipendenti dello Stato e degli enti pubblici sono direttamente responsabili, secondo le leggi penali, civili e amministrative, degli atti compiuti in violazione di diritti. In tali casi la responsabilità civile si estende allo Stato e agli enti pubblici.

Titolo II
RAPPORTI ETICO-SOCIALI

29. La Repubblica riconosce i diritti della famiglia come società naturale fondata sul matrimonio.

Il matrimonio è ordinato sull'eguaglianza morale e giuridica dei coniugi, con i limiti stabiliti dalla legge a garanzia dell'unità familiare.

30. È dovere e diritto dei genitori mantenere, istruire ed educare i figli, anche se nati fuori del matrimonio.

Nei casi di incapacità dei genitori, la legge provvede a che siano assolti i loro compiti.

La legge assicura ai figli nati fuori del matrimonio ogni tutela giuridica e sociale, compatibile con i diritti dei membri della famiglia legittima.

La legge detta le norme e i limiti per la ricerca della paternità.

31. La Repubblica agevola con misure economiche e altre provvidenze la formazione della famiglia e l'adempimento dei compiti relativi, con particolare riguardo alle famiglie numerose.

Protegge la maternità, l'infanzia e la gioventù, favorendo gli istituti necessari a tale scopo.

32. La Repubblica tutela la salute come fondamentale diritto dell'individuo e interesse della collettività, e garantisce cure gratuite agli indigenti.

Nessuno può essere obbligato a un determinato trattamento sanitario se non per disposizione di legge. La legge non può in nessun caso violare i limiti imposti dal rispetto della persona umana.

33. L'arte e la scienza sono libere e libero ne è l'insegnamento.

La Repubblica detta le norme generali sull'istruzione ed istituisce scuole statali per tutti gli ordini e gradi.

Enti e privati hanno il diritto di istituire scuole ed istituti di educazione, senza oneri per lo Stato.

La legge, nel fissare i diritti e gli obblighi delle scuole non statali che chiedono la parità, deve assicurare ad esse piena libertà e ai loro alunni un trattamento scolastico equipollente a quello degli alunni di scuole statali.

È prescritto un esame di Stato per l'ammissione ai vari ordini e gradi di scuole o per la conclusione di essi e per l'abilitazione all'esercizio professionale.

Le istituzioni di alta cultura, università ed accademie, hanno il diritto di darsi ordinamenti autonomi nei limiti stabiliti dalle leggi dello Stato.

34. La scuola è aperta a tutti.

L'istruzione inferiore, impartita per almeno otto anni, è obbligatoria e gratuita.

I capaci e meritevoli, anche se privi di mezzi, hanno diritto di raggiungere i gradi più alti degli studi.

La Repubblica rende effettivo questo diritto con borse di studio, assegni alle famiglie ed altre provvidenze, che devono essere attribuite per concorso.

Titolo III
RAPPORTI ECONOMICI

35. La Repubblica tutela il lavoro in tutte le sue forme ed applicazioni.

Cura la formazione e l'elevazione professionale dei lavoratori.

Promuove e favorisce gli accordi e le organizzazioni internazionali intesi ad affermare e regolare i diritti del lavoro.

Riconosce la libertà di emigrazione, salvo gli obblighi stabiliti dalla legge nell'interesse generale, e tutela il lavoro italiano all'estero.

36. Il lavoratore ha diritto ad una retribuzione proporzionata alla quantità e qualità del suo lavoro e in ogni caso sufficiente ad assicurare a sé e alla famiglia un'esistenza libera e dignitosa.

La durata massima della giornata lavorativa è stabilita dalla legge.

Il lavoratore ha diritto al riposo settimanale e a ferie annuali retribuite, e non può rinunziarvi.

37. La donna lavoratrice ha gli stessi diritti e, a parità di lavoro, le stesse retribuzioni che spettano al lavoratore. Le condizioni di lavoro devono consentire l'adempimento della sua essenziale funzione familiare e assicurare alla madre e al bambino una speciale adeguata protezione.

La legge stabilisce il limite minimo di età per il lavoro salariato.

La Repubblica tutela il lavoro dei minori con speciali norme e garantisce ad essi, a parità di lavoro, il diritto alla parità di retribuzione.

38. Ogni cittadino inabile al lavoro e sprovvisto dei mezzi necessari per vivere ha diritto al mantenimento e all'assistenza sociale.

I lavoratori hanno diritto che siano preveduti ed assicurati mezzi adeguati alle loro esigenze di vita in caso di infortunio, malattia, invalidità e vecchiaia, disoccupazione involontaria.

Gli inabili ed i minorati hanno diritto all'educazione e all'avviamento professionale.

Ai compiti previsti in questo articolo provvedono organi ed istituti predisposti o integrati dallo Stato.

L'assistenza privata è libera.

39. L'organizzazione sindacale è libera.

Ai sindacati non può essere imposto altro obbligo se non la loro registrazione presso uffici locali o centrali, secondo le norme di legge.

È condizione per la registrazione che gli statuti dei sindacati sanciscano un ordinamento interno a base democratica.

I sindacati registrati hanno personalità giuridica. Possono, rappresentati unitariamente in proporzione dei loro iscritti, stipulare contratti collettivi di lavoro con efficacia obbligatoria per tutti gli appartenenti alle categorie alle quali il contratto si riferisce.

40. Il diritto di sciopero si esercita nell'ambito delle leggi che lo regolano.

41. L'iniziativa economica privata è libera.

Non può svolgersi in contrasto con l'utilità sociale o in modo da recare danno alla salute, all'ambiente, alla sicurezza, alla libertà, alla dignità umana.

La legge determina i programmi e i controlli opportuni perché l'attività economica pubblica e privata possa essere indirizzata e coordinata a fini sociali e ambientali.

• Articolo modificato con la l. cost. 11.2.2022, n. 1.

42. La proprietà è pubblica o privata. I beni economici appartengono allo Stato, ad enti o a privati.

La proprietà privata è riconosciuta e garantita dalla legge, che ne determina i modi di acquisto, di godimento e i limiti allo scopo di assicurarne la funzione sociale e di renderla accessibile a tutti.

La proprietà privata può essere, nei casi preveduti dalla legge, e salvo indennizzo, espropriata per motivi d'interesse generale.

La legge stabilisce le norme ed i limiti della successione legittima e testamentaria e i diritti dello Stato sulle eredità.

43. Ai fini di utilità generale la legge può riservare originariamente o trasferire, mediante espropriazione e salvo indennizzo, allo Stato, ad enti pubblici o a comunità di lavoratori o di utenti determinate imprese o categorie di imprese, che si riferiscano a servizi pubblici essenziali o a fonti di energia o a situazioni di monopolio ed abbiano carattere di preminente interesse generale.

44. Al fine di conseguire il razionale sfruttamento del suolo e di stabilire equi rapporti sociali, la legge impone obblighi e vincoli alla proprietà terriera privata, fissa limiti alla sua estensione secondo le regioni e le zone agrarie, promuove ed impone la bonifica delle terre, la trasformazione del latifondo e la ricostituzione delle unità produttive; aiuta la piccola e la media proprietà.

La legge dispone provvedimenti a favore delle zone montane.

45. La Repubblica riconosce la funzione sociale della cooperazione a carattere di mutualità e senza fini di speculazione privata. La legge ne promuove e favorisce l'incremento con i mezzi più idonei e ne assicura, con gli opportuni controlli, il carattere e le finalità.

La legge provvede alla tutela e allo sviluppo dell'artigianato.

46. Ai fini della elevazione economica e sociale del lavoro e in armonia con le esigenze della produzione, la Repubblica riconosce il diritto dei lavoratori a collaborare, nei modi e nei limiti stabiliti dalle leggi, alla gestione delle aziende.

47. La Repubblica incoraggia e tutela il risparmio in tutte le sue forme; disciplina, coordina e controlla l'esercizio del credito.

Favorisce l'accesso del risparmio popolare alla proprietà dell'abitazione, alla proprietà diretta coltivatrice e al diretto e indiretto investimento azionario nei grandi complessi produttivi del Paese.

Titolo IV
RAPPORTI POLITICI

48. Sono elettori tutti i cittadini, uomini e donne, che hanno raggiunto la maggiore età.

Il voto è personale ed eguale, libero e segreto. Il suo esercizio è dovere civico.

La legge stabilisce requisiti e modalità per l'esercizio del diritto di voto dei cittadini residenti all'estero e ne assicura l'effettività. A tale fine è istituita una circoscrizione Estero per l'elezione delle Camere, alla quale sono assegnati seggi nel numero stabilito da norma costituzionale e secondo criteri determinati dalla legge.

Il diritto di voto non può essere limitato se non per incapacità civile o per effetto di sentenza penale irrevocabile e nei casi di indegnità morale indicati dalla legge.

• Il co. 3 è stato introdotto dalla l. cost. 17.1.2000, n. 1.

49. Tutti i cittadini hanno diritto di associarsi liberamente in partiti per concorrere con metodo democratico a determinare la politica nazionale.

50. Tutti i cittadini possono rivolgere petizioni alle Camere per chiedere provvedimenti legislativi o esporre comuni necessità.

51. Tutti i cittadini dell'uno o dell'altro sesso possono accedere agli uffici pubblici e alle cariche elettive in condizioni di eguaglianza, secondo i requisiti stabiliti dalla legge. A tale fine la Repubblica promuove con appositi provvedimenti le pari opportunità tra donne e uomini.

La legge può, per l'ammissione ai pubblici uffici e alle cariche elettive, parificare ai cittadini gli italiani non appartenenti alla Repubblica.

Chi è chiamato a funzioni pubbliche elettive ha diritto di disporre del tempo necessario al loro adempimento e di conservare il suo posto di lavoro.

• L'ultimo periodo del co. 1 è stato aggiunto dalla l. cost. 30.5.2003, n. 1.

52. La difesa della Patria è sacro dovere del cittadino.

Il servizio militare è obbligatorio nei limiti e modi stabiliti dalla legge. Il suo adempimento non pregiudica la posizione di lavoro del cittadino, né l'esercizio dei diritti politici.

L'ordinamento delle Forze armate si informa allo spirito democratico della Repubblica.

53. Tutti sono tenuti a concorrere alle spese pubbliche in ragione della loro capacità contributiva.

Il sistema tributario è informato a criteri di progressività.

54. Tutti i cittadini hanno il dovere di essere fedeli alla Repubblica e di osservarne la Costituzione e le leggi.

I cittadini cui sono affidate funzioni pubbliche hanno il dovere di adempierle con disciplina ed onore, prestando giuramento nei casi stabiliti dalla legge.

PARTE II
ORDINAMENTO DELLA REPUBBLICA

Titolo I
IL PARLAMENTO

Sezione I
Le Camere

55. Il Parlamento si compone della Camera dei deputati e del Senato della Repubblica.

Il Parlamento si riunisce in seduta comune dei membri delle due Camere nei soli casi stabiliti dalla Costituzione.

56. La Camera dei deputati è eletta a suffragio universale e diretto.

Il numero dei deputati è di quattrocento, otto dei quali eletti nella circoscrizione Estero.

Sono eleggibili a deputati tutti gli elettori che nel giorno delle elezioni hanno compiuto i venticinque anni di età.

La ripartizione dei seggi tra le circoscrizioni, fatto salvo il numero dei seggi assegnati alla circoscrizione Estero, si effettua dividendo il numero degli abitanti della Repubblica, quale risulta dall'ultimo censimento generale della popolazione, per trecentonovantadue e distribuendo i seggi in proporzione alla popolazione di ogni circoscrizione, sulla base dei quozienti interi e dei più alti resti.

• Articolo sostituito dalla l. cost. 9.2.1963, n. 2. Il co. 2 è stato così sostituito dalla l. cost. 23.1.2001, n. 1. Il co. 4 è stato così modificato dalla l. cost. n. 1 del 2001. I co. 2 e 4 sono stati modificati dalla l. cost. 19.10.2020, n. 1.

57. Il Senato della Repubblica è eletto a base regionale, salvi i seggi assegnati alla circoscrizione Estero.

Il numero dei senatori elettivi è di duecento, quattro dei quali eletti nella circoscrizione Estero.

Nessuna Regione o Provincia autonoma può avere un numero di senatori inferiore a tre; il Molise ne ha due, la Valle d'Aosta uno.

La ripartizione dei seggi tra le Regioni o le Province autonome, previa applicazione delle disposizioni del precedente comma, si effettua in proporzione alla loro popolazione, quale risulta dall'ultimo censimento generale, sulla base dei quozienti interi e dei più alti resti.

• Articolo sostituito dalla l. cost. 9.2.1963, n. 2, e successivamente dalla l. cost. 27.12.1963, n. 3. Il co. 1 è stato così sostituito dalla l. cost. 23.1.2001, n. 1. I co. 2 e 4 sono stati così sostituiti dalla l. cost. n. 1 del 2001. Gli ultimi tre co. sono stati modificati dalla l. cost. 19.10.2020, n. 1.

58. I senatori sono eletti a suffragio universale e diretto dagli elettori che hanno superato il venticinquesimo anno di età.

Sono eleggibili a senatori gli elettori che hanno compiuto il quarantesimo anno.

59. È senatore di diritto e a vita, salvo rinunzia, chi è stato Presidente della Repubblica.

Il Presidente della Repubblica può nominare senatori a vita cittadini che hanno illustrato la Patria per altissimi meriti nel campo sociale, scientifico, artistico e letterario. Il numero complessivo dei senatori in carica nominati dal Presidente della Repubblica non può in alcun caso essere superiore a cinque.

• Il co. 2 è stato modificato dalla l. cost. 19.20.2020, n. 1.

60. La Camera dei deputati e il Senato della Repubblica sono eletti per cinque anni.

La durata di ciascuna Camera non può essere prorogata se non per legge e soltanto in caso di guerra.

• Articolo così sostituito dalla l. cost. 9.2.1963, n. 2.

61. Le elezioni delle nuove Camere hanno luogo entro settanta giorni dalla fine delle precedenti.

La prima riunione ha luogo non oltre il ventesimo giorno dalle elezioni.

Finché non siano riunite le nuove Camere sono prorogati i poteri delle precedenti.

62. Le Camere si riuniscono di diritto il primo giorno non festivo di febbraio e di ottobre.

Ciascuna Camera può essere convocata in via straordinaria per iniziativa del suo Presidente o del Presidente della Repubblica o di un terzo dei suoi componenti.

Quando si riunisce in via straordinaria una Camera, è convocata di diritto anche l'altra.

63. Ciascuna Camera elegge fra i suoi componenti il Presidente e l'Ufficio di presidenza.

Quando il Parlamento si riunisce in seduta comune, il Presidente e l'Ufficio di presidenza sono quelli della Camera dei deputati.

64. Ciascuna Camera adotta il proprio regolamento a maggioranza assoluta dei suoi componenti.

Le sedute sono pubbliche; tuttavia ciascuna delle due Camere e il Parlamento a Camere riunite possono deliberare di adunarsi in seduta segreta.

Le deliberazioni di ciascuna Camera e del Parlamento non sono valide se non è presente la maggioranza dei loro componenti, e se non sono adottate a maggioranza dei presenti, salvo che la Costituzione prescriva una maggioranza speciale.

I membri del Governo, anche se non fanno parte delle Camere, hanno diritto, e se richiesti obbligo, di assistere alle sedute. Devono essere sentiti ogni volta che lo richiedono.

65. La legge determina i casi di ineleggibilità e di incompatibilità con l'ufficio di deputato o di senatore.

Nessuno può appartenere contemporaneamente alle due Camere.

66. Ciascuna Camera giudica dei titoli di ammissione dei suoi componenti e delle cause sopraggiunte di ineleggibilità e di incompatibilità.

67. Ogni membro del Parlamento rappresenta la Nazione ed esercita le sue funzioni senza vincolo di mandato.

68. I membri del Parlamento non possono essere chiamati a rispondere delle opinioni espresse e dei voti dati nell'esercizio delle loro funzioni.

Senza autorizzazione della Camera alla quale appartiene, nessun membro del Parlamento può essere sottoposto a perquisizione personale o domiciliare, né può essere arrestato o altrimenti privato della libertà personale, o mantenuto in detenzione, salvo che in esecuzione di una sentenza irrevocabile di condanna, ovvero se sia colto nell'atto di commettere un delitto per il quale è previsto l'arresto obbligatorio in flagranza.

Analoga autorizzazione è richiesta per sottoporre i membri del Parlamento ad intercettazioni, in qualsiasi forma, di conversazioni o comunicazioni e a sequestro di corrispondenza.

• Articolo così sostituito dalla l. cost. 29.10.1993, n. 3.

69. I membri del Parlamento ricevono una indennità stabilita dalla legge.

Sezione II
La formazione delle leggi

70. La funzione legislativa è esercitata collettivamente dalle due Camere.

71. L'iniziativa delle leggi appartiene al Governo, a ciascun membro delle Camere ed agli organi ed enti ai quali sia conferita da legge costituzionale.

Il popolo esercita l'iniziativa delle leggi, mediante la proposta da parte di almeno cinquantamila elettori, di un progetto redatto in articoli.

72. Ogni disegno di legge, presentato ad una Camera è, secondo le norme del suo regolamento, esaminato da una commissione e poi dalla Camera stessa, che l'approva articolo per articolo e con votazione finale.

Il regolamento stabilisce procedimenti abbreviati per i disegni di legge dei quali è dichiarata l'urgenza.

Può altresì stabilire in quali casi e forme l'esame e l'approvazione dei disegni di legge sono deferiti a commissioni, anche permanenti, composte in modo da rispecchiare la proporzione dei gruppi parlamentari. Anche in tali casi, fino al momento della sua approvazione definitiva, il disegno di legge è rimesso alla Camera, se il Governo o un decimo dei componenti della Camera o un quinto della commissione richiedono che sia discusso o votato dalla Camera stessa oppure che sia sottoposto alla sua approvazione finale con sole dichiarazioni di voto. Il regolamento determina le forme di pubblicità dei lavori delle commissioni.

La procedura normale di esame e di approvazione diretta da parte della Camera è sempre adottata per i disegni di legge in materia costituzionale ed elettorale e per quelli di delegazione legislativa, di autorizzazione a ratificare trattati internazionali, di approvazione di bilanci e consuntivi.

73. Le leggi sono promulgate dal Presidente della Repubblica entro un mese dall'approvazione.

Se le Camere, ciascuna a maggioranza assoluta dei propri componenti, ne dichiarano l'urgenza, la legge è promulgata nel termine da essa stabilito.

Le leggi sono pubblicate subito dopo la promulgazione ed entrano in vigore il quindicesimo giorno successivo alla loro pubblicazione, salvo che le leggi stesse stabiliscano un termine diverso.

74. Il Presidente della Repubblica, prima di promulgare la legge, può con messaggio motivato alle Camere chiedere una nuova deliberazione.

Se le Camere approvano nuovamente la legge, questa deve essere promulgata.

75. È indetto *referendum* popolare per deliberare la abrogazione, totale o parziale, di una legge o di un atto avente valore di legge, quando lo richiedono cinquecentomila elettori o cinque Consigli regionali.

Non è ammesso il *referendum* per le leggi tributarie e di bilancio, di amnistia e di indulto, di autorizzazione a ratificare trattati internazionali.

Hanno diritto di partecipare al *referendum* tutti i cittadini chiamati ad eleggere la Camera dei deputati.

La proposta soggetta a *referendum* è approvata se ha partecipato alla votazione la maggioranza degli aventi diritto, e se è raggiunta la maggioranza dei voti validamente espressi.

La legge determina le modalità di attuazione del *referendum*.

76. L'esercizio della funzione legislativa non può essere delegato al Governo se non con determinazione di principi e criteri direttivi e soltanto per tempo limitato e per oggetti definiti.

77. Il Governo non può, senza delegazione delle Camere, emanare decreti che abbiano valore di legge ordinaria.

Quando, in casi straordinari di necessità e d'urgenza, il Governo adotta, sotto la sua responsabilità, provvedimenti provvisori con forza di legge, deve il giorno stesso presentarli per la conversione alle Camere che, anche se sciolte, sono appositamente convocate e si riuniscono entro cinque giorni.

I decreti perdono efficacia sin dall'inizio se non sono convertiti in legge entro sessanta giorni dalla loro pubblicazione. Le Camere possono tuttavia regolare con legge i rapporti giuridici sorti sulla base dei decreti non convertiti.

78. Le Camere deliberano lo stato di guerra e conferiscono al Governo i poteri necessari.

79. L'amnistia e l'indulto sono concessi con legge deliberata a maggioranza dei due terzi dei componenti di ciascuna Camera, in ogni suo articolo e nella votazione finale.

La legge che concede l'amnistia o l'indulto stabilisce il termine per la loro applicazione.

In ogni caso l'amnistia e l'indulto non possono applicarsi ai reati commessi successivamente alla presentazione del disegno di legge.

• Articolo così sostituito dalla l. cost. 6.3.1992, n. 1.

80. Le Camere autorizzano con legge la ratifica dei trattati internazionali che sono di natura politica, o prevedono arbitrati o regolamenti giudiziari, o importano variazioni del territorio od oneri alle finanze o modificazioni di leggi.

81. Lo Stato assicura l'equilibrio tra le entrate e le spese del proprio bilancio, tenendo conto delle fasi avverse e delle fasi favorevoli del ciclo economico.

Il ricorso all'indebitamento è consentito solo al fine di considerare gli effetti del ciclo economico e, previa autorizzazione delle Camere adottata a maggioranza assoluta dei rispettivi componenti, al verificarsi di eventi eccezionali.

Ogni legge che importi nuovi o maggiori oneri provvede ai mezzi per farvi fronte.

Le Camere ogni anno approvano con legge il bilancio e il rendiconto consuntivo presentati dal Governo.

L'esercizio provvisorio del bilancio non può essere concesso se non per legge e per periodi non superiori complessivamente a quattro mesi.

Il contenuto della legge di bilancio, le norme fondamentali e i criteri volti ad assicurare l'equilibrio tra le entrate e le spese dei bilanci e la sostenibilità del debito del complesso delle pubbliche amministrazioni sono stabiliti con legge approvata a maggioranza assoluta dei componenti di ciascuna Camera, nel rispetto dei principi definiti con legge costituzionale.

• Articolo così sostituito dalla l. cost. 20.4.2012, n. 1.

82. Ciascuna Camera può disporre inchieste su materie di pubblico interesse.

A tale scopo nomina fra i propri componenti una commissione formata in modo da rispecchiare la proporzione dei vari gruppi. La commissione d'inchiesta procede alle indagini e agli esami con gli stessi poteri e le stesse limitazioni dell'autorità giudiziaria.

Titolo II
IL PRESIDENTE DELLA REPUBBLICA

83. Il Presidente della Repubblica è eletto dal Parlamento in seduta comune dei suoi membri.

All'elezione partecipano tre delegati per ogni Regione eletti dal Consiglio regionale in modo che sia assicurata la rappresentanza delle minoranze. La Valle d'Aosta ha un solo delegato.

L'elezione del Presidente della Repubblica ha luogo per scrutinio segreto a maggioranza di due terzi dell'assemblea. Dopo il terzo scrutinio è sufficiente la maggioranza assoluta.

84. Può essere eletto Presidente della Repubblica ogni cittadino che abbia compiuto cinquanta anni di età e goda dei diritti civili e politici.

L'ufficio di Presidente della Repubblica è incompatibile con qualsiasi altra carica.

L'assegno e la dotazione del Presidente sono determinati per legge.

85. Il Presidente della Repubblica è eletto per sette anni.

Trenta giorni prima che scada il termine, il Presidente della Camera dei deputati convoca in seduta comune il Parlamento e i delegati regionali, per eleggere il nuovo Presidente della Repubblica.

Se le Camere sono sciolte, o manca meno di tre mesi alla loro cessazione, la elezione ha luogo entro quindici giorni dalla riunione delle Camere nuove. Nel frattempo sono prorogati i poteri del Presidente in carica.

86. Le funzioni del Presidente della Repubblica, in ogni caso che egli non possa adempierle, sono esercitate dal Presidente del Senato.

In caso di impedimento permanente o di morte o di dimissioni del Presidente della Repubblica, il Presidente della Camera dei deputati indice la elezione del nuovo Presidente della Repubblica entro quindici giorni, salvo il maggior termine previsto se le Camere sono sciolte o manca meno di tre mesi alla loro cessazione.

87. Il Presidente della Repubblica è il capo dello Stato e rappresenta l'unità nazionale.
Può inviare messaggi alle Camere.
Indice le elezioni delle nuove Camere e ne fissa la prima riunione.
Autorizza la presentazione alle Camere dei disegni di legge di iniziativa del Governo.
Promulga le leggi ed emana i decreti aventi valore di legge e i regolamenti.
Indice il *referendum* popolare nei casi previsti dalla Costituzione.
Nomina, nei casi indicati dalla legge, i funzionari dello Stato.
Accredita e riceve i rappresentanti diplomatici, ratifica i trattati internazionali, previa, quando occorra, l'autorizzazione delle Camere.
Ha il comando delle Forze Armate, presiede il Consiglio supremo di difesa costituito secondo la legge, dichiara lo stato di guerra deliberato dalle Camere.
Presiede il Consiglio superiore della magistratura.
Può concedere grazia e commutare le pene.
Conferisce le onorificenze della Repubblica.

88. Il Presidente della Repubblica può, sentiti i loro Presidenti, sciogliere le Camere o anche una sola di esse.
Non può esercitare tale facoltà negli ultimi sei mesi del suo mandato, salvo che essi coincidano in tutto o in parte con gli ultimi sei mesi della legislatura.

• Il co. 2 è stato così sostituito dalla l. cost. 4.11.1991, n. 1.

89. Nessun atto del Presidente della Repubblica è valido se non è controfirmato dai ministri proponenti, che ne assumono la responsabilità.
Gli atti che hanno valore legislativo e gli altri indicati dalla legge sono controfirmati anche dal Presidente del Consiglio dei ministri.

90. Il Presidente della Repubblica non è responsabile degli atti compiuti nell'esercizio delle sue funzioni, tranne che per alto tradimento o per attentato alla Costituzione.
In tali casi è messo in stato di accusa dal Parlamento in seduta comune, a maggioranza assoluta dei suoi membri.

91. Il Presidente della Repubblica, prima di assumere le sue funzioni, presta giuramento di fedeltà alla Repubblica e di osservanza della Costituzione dinanzi al Parlamento in seduta comune.

Titolo III
IL GOVERNO

Sezione I
Il Consiglio dei ministri

92. Il Governo della Repubblica è composto del Presidente del Consiglio e dei ministri, che costituiscono insieme il Consiglio dei ministri.
Il Presidente della Repubblica nomina il Presidente del Consiglio dei ministri e, su proposta di questo, i ministri.

93. Il Presidente del Consiglio dei ministri e i ministri, prima di assumere le funzioni, prestano giuramento nelle mani del Presidente della Repubblica.

94. Il Governo deve avere la fiducia delle due Camere.

Ciascuna Camera accorda o revoca la fiducia mediante mozione motivata e votata per appello nominale.

Entro dieci giorni dalla sua formazione il Governo si presenta alle Camere per ottenerne la fiducia.

Il voto contrario di una o d'entrambe le Camere su una proposta del Governo non importa obbligo di dimissioni.

La mozione di sfiducia deve essere firmata da almeno un decimo dei componenti della Camera e non può essere messa in discussione prima di tre giorni dalla sua presentazione.

95. Il Presidente del Consiglio dei ministri dirige la politica generale del Governo e ne è responsabile. Mantiene l'unità di indirizzo politico ed amministrativo, promuovendo e coordinando l'attività dei ministri.

I ministri sono responsabili collegialmente degli atti del Consiglio dei ministri, e individualmente degli atti dei loro dicasteri.

La legge provvede all'ordinamento della Presidenza del Consiglio e determina il numero, le attribuzioni e l'organizzazione dei ministeri.

96. Il Presidente del Consiglio dei ministri ed i ministri, anche se cessati dalla carica, sono sottoposti, per i reati commessi nell'esercizio delle loro funzioni, alla giurisdizione ordinaria, previa autorizzazione del Senato della Repubblica o della Camera dei deputati, secondo le norme stabilite con legge costituzionale.

• Articolo così sostituito dalla l. cost. 16.1.1989, n. 1.

Sezione II
La Pubblica Amministrazione

97. Le pubbliche amministrazioni, in coerenza con l'ordinamento dell'Unione europea, assicurano l'equilibrio dei bilanci e la sostenibilità del debito pubblico.

I pubblici uffici sono organizzati secondo disposizioni di legge, in modo che siano assicurati il buon andamento e l'imparzialità dell'amministrazione.

Nell'ordinamento degli uffici sono determinate le sfere di competenza, le attribuzioni e le responsabilità proprie dei funzionari.

Agli impieghi nelle pubbliche amministrazioni si accede mediante concorso, salvo i casi stabiliti dalla legge.

• Il co. 1 è stato premesso dalla l. cost. 20.4.2012, n. 1.

98. I pubblici impiegati sono al servizio esclusivo della Nazione.

Se sono membri del Parlamento, non possono conseguire promozioni se non per anzianità.

Si possono con legge stabilire limitazioni al diritto d'iscriversi ai partiti politici per i magistrati, i militari di carriera in servizio attivo, i funzionari ed agenti di polizia, i rappresentanti diplomatici e consolari all'estero.

Sezione III
Gli organi ausiliari

99. Il Consiglio nazionale dell'economia e del lavoro è composto, nei modi stabiliti dalla legge, di esperti e di rappresentanti delle categorie produttive, in misura che tenga conto della loro importanza numerica e qualitativa.

È organo di consulenza delle Camere e del Governo per le materie e secondo le funzioni che gli sono attribuite dalla legge.

Ha l'iniziativa legislativa e può contribuire alla elaborazione della legislazione economica e sociale secondo i principi ed entro i limiti stabiliti dalla legge.

100. Il Consiglio di Stato è organo di consulenza giuridico-amministrativa e di tutela della giustizia nell'amministrazione.

La Corte dei conti esercita il controllo preventivo di legittimità sugli atti del Governo, e anche quello successivo sulla gestione del bilancio dello Stato. Partecipa, nei casi e nelle forme stabilite dalla legge, al controllo sulla gestione finanziaria degli enti a cui lo Stato contribuisce in via ordinaria. Riferisce direttamente alle Camere sul risultato del riscontro eseguito.

La legge assicura l'indipendenza dei due Istituti e dei loro componenti di fronte al Governo.

Titolo IV
LA MAGISTRATURA

Sezione I
Ordinamento giurisdizionale

101. La giustizia è amministrata in nome del popolo.

I giudici sono soggetti soltanto alla legge.

102. La funzione giurisdizionale è esercitata da magistrati ordinari istituiti e regolati dalle norme sull'ordinamento giudiziario.

Non possono essere istituiti giudici straordinari o giudici speciali. Possono soltanto istituirsi presso gli organi giudiziari ordinari sezioni specializzate per determinate materie, anche con la partecipazione di cittadini idonei estranei alla magistratura.

La legge regola i casi e le forme della partecipazione diretta del popolo all'amministrazione della giustizia.

103. Il Consiglio di Stato e gli altri organi di giustizia amministrativa hanno giurisdizione per la tutela nei confronti della pubblica amministrazione degli interessi legittimi e, in particolari materie indicate dalla legge, anche dei diritti soggettivi.

La Corte dei conti ha giurisdizione nelle materie di contabilità pubblica e nelle altre specificate dalla legge.

I tribunali militari in tempo di guerra hanno la giurisdizione stabilita dalla legge. In tempo di pace hanno giurisdizione soltanto per i reati militari commessi da appartenenti alle Forze armate.

104. La magistratura costituisce un ordine autonomo e indipendente da ogni altro potere.

Il Consiglio superiore della magistratura è presieduto dal Presidente della Repubblica.

Ne fanno parte di diritto il primo presidente e il procuratore generale della Corte di cassazione.

Gli altri componenti sono eletti per due terzi da tutti i magistrati ordinari tra gli appartenenti alle varie categorie, e per un terzo dal Parlamento in seduta comune tra professori ordinari di università in materie giuridiche ed avvocati dopo quindici anni di esercizio.

Il Consiglio elegge un vicepresidente fra i componenti designati dal Parlamento.

I membri elettivi del Consiglio durano in carica quattro anni e non sono immediatamente rieleggibili.

Non possono, finché sono in carica, essere iscritti negli albi professionali, né far parte del Parlamento o di un Consiglio regionale.

105. Spettano al Consiglio superiore della magistratura, secondo le norme dell'ordinamento giudiziario, le assunzioni, le assegnazioni ed i trasferimenti, le promozioni e i provvedimenti disciplinari nei riguardi dei magistrati.

106. Le nomine dei magistrati hanno luogo per concorso.

La legge sull'ordinamento giudiziario può ammettere la nomina, anche elettiva, di magistrati onorari per tutte le funzioni attribuite a giudici singoli.

Su designazione del Consiglio superiore della magistratura possono essere chiamati all'ufficio di consiglieri di cassazione, per meriti insigni, professori ordinari di università in materie giuridiche e avvocati che abbiano quindici anni d'esercizio e siano iscritti negli albi speciali per le giurisdizioni superiori.

107. I magistrati sono inamovibili. Non possono essere dispensati o sospesi dal servizio né destinati ad altre sedi o funzioni se non in seguito a decisione del Consiglio superiore della magistratura, adottata o per i motivi e con le garanzie di difesa stabilite dall'ordinamento giudiziario o con il loro consenso.

Il Ministro della giustizia ha facoltà di promuovere l'azione disciplinare.

I magistrati si distinguono fra loro soltanto per diversità di funzioni.

Il pubblico ministero gode delle garanzie stabilite nei suoi riguardi dalle norme sull'ordinamento giudiziario.

108. Le norme sull'ordinamento giudiziario e su ogni magistratura sono stabilite con legge.

La legge assicura l'indipendenza dei giudici delle giurisdizioni speciali, del pubblico ministero presso di esse, e degli estranei che partecipano all'amministrazione della giustizia.

109. L'autorità giudiziaria dispone direttamente della polizia giudiziaria.

110. Ferme le competenze del Consiglio superiore della magistratura, spettano al Ministro della giustizia l'organizzazione e il funzionamento dei servizi relativi alla giustizia.

Sezione II
Norme sulla giurisdizione

111. La giurisdizione si attua mediante il giusto processo regolato dalla legge.

Ogni processo si svolge nel contraddittorio tra le parti, in condizioni di parità, davanti a giudice terzo e imparziale. La legge ne assicura la ragionevole durata.

Nel processo penale, la legge assicura che la persona accusata di un reato sia, nel più breve tempo possibile, informata riservatamente della natura e dei motivi dell'accusa elevata a suo carico; disponga del tempo e delle condizioni necessari per preparare la sua difesa; abbia la facoltà, davanti al giudice, di interrogare o di far interrogare le persone che rendono dichiarazioni a suo carico, di ottenere la convocazione e l'interrogatorio di persone a sua difesa nelle stesse condizioni dell'accusa e l'acquisizione di ogni altro mezzo di prova a suo favore; sia assistita da un interprete se non comprende o non parla la lingua impiegata nel processo.

Il processo penale è regolato dal principio del contraddittorio nella formazione della prova. La colpevolezza dell'imputato non può essere provata sulla base di dichiarazioni rese da chi, per libera scelta, si è sempre volontariamente sottratto all'interrogatorio da parte dell'imputato o del suo difensore.

La legge regola i casi in cui la formazione della prova non ha luogo in contraddittorio per consenso dell'imputato o per accertata impossibilità di natura oggettiva o per effetto di provata condotta illecita.

Tutti i provvedimenti giurisdizionali devono essere motivati.

Contro le sentenze e contro i provvedimenti sulla libertà personale, pronunciati dagli organi giurisdizionali ordinari o speciali, è sempre ammesso ricorso in Cassazione per violazione di legge. Si può derogare a tale norma soltanto per le sentenze dei tribunali militari in tempo di guerra.

Contro le decisioni del Consiglio di Stato e della Corte dei conti il ricorso in Cassazione è ammesso per i soli motivi inerenti alla giurisdizione.

• I primi cinque commi sono stati premessi all'articolo originale dalla l. cost. 23.11.1999, n. 2.

112. Il pubblico ministero ha l'obbligo di esercitare l'azione penale.

113. Contro gli atti della pubblica amministrazione è sempre ammessa la tutela giurisdizionale dei diritti e degli interessi legittimi dinanzi agli organi di giurisdizione ordinaria o amministrativa.
Tale tutela giurisdizionale non può essere esclusa o limitata a particolari mezzi di impugnazione o per determinate categorie di atti.
La legge determina quali organi di giurisdizione possono annullare gli atti della pubblica amministrazione nei casi e con gli effetti previsti dalla legge stessa.

Titolo V
LE REGIONI, LE PROVINCIE, I COMUNI

114. La Repubblica è costituita dai Comuni, dalle Province, dalle Città metropolitane, delle Regioni e dallo Stato.
I Comuni, le Province, le Città metropolitane e le Regioni sono enti autonomi con propri statuti, poteri e funzioni secondo i principi fissati dalla Costituzione.
Roma è la capitale della Repubblica. La legge dello Stato disciplina il suo ordinamento.

• Articolo così sostituito dalla l. cost. 18.10.2001, n. 3.

115. [Soppresso].

• Articolo abrogato dalla l. cost. 18.10.2001, n. 3.

116. Il Friuli Venezia Giulia, la Sardegna, la Sicilia, il Trentino-Alto Adige/Südtirol e la Valle d'Aosta/Vallée d'Aoste dispongono di forme e condizioni particolari di autonomia, secondo i rispettivi Statuti speciali adottati con legge costituzionale.
La Regione Trentino-Alto Adige/Südtirol è costituita dalle Province autonome di Trento e di Bolzano.
Ulteriori forme e condizioni particolari di autonomia, concernenti le materie di cui al terzo comma dell'articolo 117 e le materie indicate dal secondo comma del medesimo articolo alle lettere *l*), limitatamente all'organizzazione della giustizia di pace, *n*) e *s*), possono essere attribuite ad altre Regioni, con legge dello Stato, su iniziativa della Regione interessata, sentiti gli enti locali, nel rispetto dei principi di cui all'articolo 119. La legge è approvata dalle Camere a maggioranza assoluta dei componenti, sulla base di intesa fra lo Stato e la Regione interessata.

• Articolo così sostituito dalla l. cost. 18.10.2001, n. 3.

117. La potestà legislativa è esercitata dallo Stato e dalle Regioni nel rispetto della Costituzione, nonché dei vincoli derivanti dall'ordinamento comunitario e dagli obblighi internazionali.
Lo Stato ha legislazione esclusiva nelle seguenti materie:
a) politica estera e rapporti internazionali dello Stato; rapporti dello Stato con l'Unione europea; diritto di asilo e condizione giuridica dei cittadini di Stati non appartenenti all'Unione europea;
b) immigrazione;
c) rapporti tra la Repubblica e le confessioni religiose;
d) difesa e Forze armate; sicurezza dello Stato; armi, munizioni ed esplosivi;
e) moneta, tutela del risparmio e mercati finanziari; tutela della concorrenza; sistema valutario; sistema tributario e contabile dello Stato; armonizzazione dei bilanci pubblici; perequazione delle risorse finanziarie;
f) organi dello Stato e relative leggi elettorali; *referendum* statali; elezione del Parlamento europeo;
g) ordinamento e organizzazione amministrativa dello Stato e degli enti pubblici nazionali;

h) ordine pubblico e sicurezza, ad esclusione della polizia amministrativa locale;
i) cittadinanza, stato civile e anagrafi;
l) giurisdizione e norme processuali; ordinamento civile e penale; giustizia amministrativa;
m) determinazione dei livelli essenziali delle prestazioni concernenti i diritti civili e sociali che devono essere garantiti su tutto il territorio nazionale;
n) norme generali sull'istruzione;
o) previdenza sociale;
p) legislazione elettorale, organi di governo e funzioni fondamentali di Comuni, Province e Città metropolitane;
q) dogane, protezione dei confini nazionali e profilassi internazionale;
r) pesi, misure e determinazione del tempo; coordinamento informativo statistico e informatico dei dati dell'amministrazione statale, regionale e locale; opere dell'ingegno;
s) tutela dell'ambiente, dell'ecosistema e dei beni culturali.

Sono materie di legislazione concorrente quelle relative a: rapporti internazionali e con l'Unione europea delle Regioni; commercio con l'estero; tutela e sicurezza del lavoro; istruzione, salva l'autonomia delle istituzioni scolastiche e con esclusione della istruzione e della formazione professionale; professioni; ricerca scientifica e tecnologica e sostegno all'innovazione per i settori produttivi; tutela della salute; alimentazione; ordinamento sportivo; protezione civile; governo del territorio; porti e aeroporti civili; grandi reti di trasporto e di navigazione; ordinamento della comunicazione; produzione, trasporto e distribuzione nazionale dell'energia; previdenza complementare e integrativa; [armonizzazione dei bilanci pubblici e] coordinamento della finanza pubblica e del sistema tributario; valorizzazione dei beni culturali e ambientali e promozione e organizzazione di attività culturali; casse di risparmio, casse rurali, aziende di credito a carattere regionale; enti di credito fondiario e agrario a carattere regionale. Nelle materie di legislazione concorrente spetta alle Regioni la potestà legislativa, salvo che per la determinazione dei princìpi fondamentali, riservata alla legislazione dello Stato.

Spetta alle Regioni la potestà legislativa in riferimento ad ogni materia non espressamente riservata alla legislazione dello Stato.

Le Regioni e le Province autonome di Trento e di Bolzano, nelle materie di loro competenza, partecipano alle decisioni dirette alla formazione degli atti normativi comunitari e provvedono all'attuazione e all'esecuzione degli accordi internazionali e degli atti dell'Unione europea, nel rispetto delle norme di procedura stabilite da legge dello Stato, che disciplina le modalità di esercizio del potere sostitutivo in caso di inadempienza.

La potestà regolamentare spetta allo Stato nelle materie di legislazione esclusiva, salva delega alle Regioni. La potestà regolamentare spetta alle Regioni. La potestà regolamentare spetta alle Regioni in ogni altra materia. I Comuni, le Province e le Città metropolitane hanno potestà regolamentare in ordine alla disciplina dell'organizzazione e dello svolgimento delle funzioni loro attribuite.

Le leggi regionali rimuovono ogni ostacolo che impedisce la piena parità degli uomini e delle donne nella vita sociale, culturale ed economica e promuovono la parità di accesso tra donne e uomini alle cariche elettive.

La legge regionale ratifica le intese della Regione con altre Regioni per il migliore esercizio delle proprie funzioni, anche con individuazione di organi comuni.

Nelle materie di sua competenza la Regione può concludere accordi con Stati e intese con enti territoriali interni ad altro Stato, nei casi e con le forme disciplinari da leggi dello Stato.

• Articolo così sostituito dalla l. cost. 18.10.2001, n. 3. Nel co. 2 lett. *e*, le parole «armonizzazione dei bilanci pubblici;» sono state inserite dalla l. cost. 20.4.2012, n. 1. Nel co. 3, le parole tra parentesi quadre sono state soppresse dalla l. cost. n. 1 del 2012.

118. Le funzioni amministrative sono attribuite ai Comuni salvo che, per assicurarne l'esercizio unitario, siano conferite a Province, Città metropolitane, Regioni e Stato, sulla base dei princìpi di sussidiarietà, differenziazione ed adeguatezza.

I Comuni, le Province e le Città metropolitane sono titolari di funzioni amministrative proprie e di quelle conferite con legge statale o regionale, secondo le rispettive competenze.

La legge statale disciplina forme di coordinamento fra Stato e Regioni nelle materie di cui alle lettere *b*) e *h*) del secondo comma dell'articolo 117, e disciplina inoltre forme di intesa e coordinamento nella materia della tutela dei beni culturali.

Stato, Regioni, Città metropolitane, Province e Comuni favoriscono l'autonoma iniziativa dei cittadini, singoli e associati, per lo svolgimento di attività di interesse generale, sulla base del principio di sussidiarietà.

• Il co. 1 è stato così sostituito dalla l. cost. 18.10.2001, n. 3.

119. I Comuni, le Province, le Città metropolitane e le Regioni hanno autonomia finanziaria di entrata e di spesa, nel rispetto dell'equilibrio dei relativi bilanci, e concorrono ad assicurare l'osservanza dei vincoli economici e finanziari derivanti dall'ordinamento dell'Unione europea.

I Comuni, le Province, le Città metropolitane e le Regioni hanno risorse autonome. Stabiliscono e applicano tributi ed entrate propri, in armonia con la Costituzione e secondo i princìpi di coordinamento della finanza pubblica e del sistema tributario. Dispongono di compartecipazioni al gettito di tributi erariali riferibile al loro territorio.

La legge dello Stato istituisce un fondo perequativo, senza vincoli di destinazione, per i territori con minore capacità fiscale per abitante.

Le risorse derivanti dalle fonti di cui ai commi precedenti consentono ai Comuni, alle Province, alle Città metropolitane e alle Regioni di finanziare integralmente le funzioni pubbliche loro attribuite.

Per promuovere lo sviluppo economico, la coesione e la solidarietà sociale, per rimuovere gli squilibri economici e sociali, per favorire l'effettivo esercizio dei diritti della persona, o per provvedere a scopi diversi dal normale esercizio delle loro funzioni, lo Stato destina risorse aggiuntive ed effettua interventi speciali in favore di determinati Comuni, Province, Città metropolitane e Regioni.

I Comuni, le Province, le Città metropolitane e le Regioni hanno un proprio patrimonio, attribuito secondo i princìpi generali determinati dalla legge dello Stato. Possono ricorrere all'indebitamento solo per finanziare spese di investimento, con la contestuale definizione di piani di ammortamento e a condizione che per il complesso degli enti di ciascuna Regione sia rispettato l'equilibrio di bilancio. È esclusa ogni garanzia dello Stato sui prestiti dagli stessi contratti.

• Articolo così sostituito dalla l. cost. 18.10.2001, n. 3. Nel co. 1, le parole da «, nel rispetto» alla fine del comma sono state aggiunte dalla l. cost. 20.4.2012, n. 1. Nell'ultimo co., le parole da «, con la contestuale» fino alla fine del periodo sono state aggiunte dalla l. cost. n. 1 del 2012.

120. La Regione non può istituire dazi di importazione o esportazione o transito tra le Regioni, né adottare provvedimenti che ostacolino in qualsiasi modo la libera circolazione delle persone e delle cose tra le Regioni, né limitare l'esercizio del diritto al lavoro in qualunque parte del territorio nazionale.

Il Governo può sostituirsi a organi delle Regioni, delle Città metropolitane, delle Province e dei Comuni nel caso di mancato rispetto di norme e trattati internazionali o della normativa comunitaria oppure di pericolo grave per l'incolumità e la sicurezza pubblica, ovvero quando lo richiedono la tutela dell'unità giuridica o dell'unità economica e in particolare la tutela dei livelli essenziali delle prestazioni concernenti i diritti civili e sociali, prescindendo dai confini territoriali dei governi locali. La legge definisce le procedure atte a garantire che i poteri sostitutivi siano esercitati nel rispetto del principio di sussidiarietà e del principio di leale collaborazione.

• Articolo così sostituito dalla l. cost. 18.10.2001, n. 3.

121. Sono organi della Regione: il Consiglio regionale, la Giunta e il suo presidente.

Il Consiglio regionale esercita le potestà legislative [e regolamentari] attribuite alla Regione e le altre funzioni conferitegli dalla Costituzione e dalle leggi. Può fare proposte di legge alle Camere.

La Giunta regionale è l'organo esecutivo delle Regioni.

Il Presidente della Giunta rappresenta la Regione; dirige la politica della Giunta e ne è responsabile; promulga le leggi ed emana i regolamenti regionali; dirige le funzioni amministrative delegate dallo Stato alla Regione, conformandosi alle istruzioni del Governo della Repubblica.

• Nel co. 2, le parole tra parentesi quadre sono state soppresse dalla l. cost. 23.11.1999, n. 1. Il co. 4 è stato così sostituito dalla l. cost. n. 1 del 1999.

122. Il sistema di elezione e i casi di ineleggibilità e di incompatibilità del Presidente e degli altri componenti della Giunta regionale nonché dei consiglieri regionali sono disciplinati con legge della Regione nei limiti dei principi fondamentali stabiliti con legge della Repubblica, che stabilisce anche la durata degli organi elettivi.

Nessuno può appartenere contemporaneamente a un Consiglio o a una Giunta regionale e ad una delle Camere del Parlamento, ad un altro Consiglio o ad altra Giunta regionale, ovvero al Parlamento europeo.

Il Consiglio elegge tra i suoi componenti un Presidente e un ufficio di presidenza.

I consiglieri regionali non possono essere chiamati a rispondere delle opinioni espresse e dei voti dati nell'esercizio delle loro funzioni.

Il Presidente della Giunta regionale, salvo che lo statuto regionale disponga diversamente, è eletto a suffragio universale e diretto. Il Presidente eletto nomina e revoca i componenti della Giunta.

• Articolo così sostituito dalla l. cost. 23.11.1999, n. 1.

123. Ciascuna Regione ha uno statuto che, in armonia con la Costituzione, ne determina la forma di governo e i principi fondamentali di organizzazione e funzionamento. Lo statuto regola l'esercizio del diritto di iniziativa e del *referendum* su leggi e provvedimenti amministrativi della Regione e la pubblicazione delle leggi e dei regolamenti regionali.

Lo statuto è approvato e modificato dal Consiglio regionale con legge approvata a maggioranza assoluta dei suoi componenti, con due deliberazioni successive adottate ad intervallo non minore di due mesi. Per tale legge non è richiesta l'apposizione del visto da parte del Commissario del Governo. Il Governo della Repubblica può promuovere la questione di legittimità costituzionale sugli statuti regionali dinanzi alla Corte costituzionale entro trenta giorni dalla loro pubblicazione.

Lo statuto è sottoposto a *referendum* popolare qualora entro tre mesi dalla sua pubblicazione ne faccia richiesta un cinquantesimo degli elettori della Regione o un quinto dei componenti il Consiglio regionale. Lo statuto sottoposto a *referendum* non è promulgato se non è approvato dalla maggioranza dei voti validi.

In ogni Regione, lo statuto disciplina il Consiglio delle autonomie locali, quale organo di consultazione fra la Regione e gli enti locali.

• Articolo sostituito dalla l. cost. 23.11.1999, n. 1. Il co. 4 è stato aggiunto dalla l. cost. 18.10.2001, n. 3.

124. [Soppresso].

• Articolo abrogato dalla l. cost. 18.10.2001, n. 3.

125. [Soppresso].

Nella Regione sono istituiti organi di giustizia amministrativa di primo grado, secondo l'ordinamento stabilito da legge della Repubblica. Possono istituirsi sezioni con sede diversa dal capoluogo della Regione.

• Il co. 1 dell'articolo è stato abrogato dalla l. cost. 18.10.2001, n. 3.

126. Con decreto motivato del Presidente della Repubblica sono disposti lo scioglimento del Consiglio regionale e la rimozione del Presidente della Giunta che abbiano compiuto atti contrari alla Costituzione o gravi violazioni di legge. Lo scioglimento e la rimozione possono altresì essere disposti per ragioni di sicurezza nazionale. Il decreto è adottato sentita una Commissione di deputati e senatori costituita, per le questioni regionali, nei modi stabiliti con legge della Repubblica.

Il Consiglio regionale può esprimere la sfiducia nei confronti del Presidente della Giunta mediante mozione motivata, sottoscritta da almeno un quinto dei suoi componenti e approvata per appello nominale a maggioranza assoluta dei componenti. La mozione non può essere messa in discussione prima di tre giorni dalla presentazione.

L'approvazione della mozione di sfiducia nei confronti del Presidente della Giunta eletto a suffragio universale e diretto, nonché la rimozione l'impedimento permanente, la morte o le dimissioni volontarie dello stesso comportano le dimissioni della Giunta e lo scioglimento del Consiglio. In ogni caso i medesimi effetti conseguono alle dimissioni contestuali della maggioranza dei componenti il Consiglio.

• Articolo così sostituito dalla l. cost. 23.11.1999, n. 1.

127. Il Governo, quando ritenga che una legge regionale ecceda la competenza della Regione, può promuovere la questione di legittimità costituzionale dinanzi alla Corte costituzionale entro sessanta giorni dalla sua pubblicazione.

La Regione, quando ritenga che una legge o un atto avente valore di legge dello Stato o di un'altra Regione leda la sua sfera di competenza, può promuovere la questione di legittimità costituzionale dinanzi alla Corte costituzionale entro sessanta giorni dalla pubblicazione della legge o dell'atto avente valore di legge.

• Articolo così sostituito dalla l. cost. 18.10.2001, n. 3.

128. [Soppresso].

• Articolo abrogato dalla l. cost. 18.10.2001, n. 3.

129. [Soppresso].

• Articolo abrogato dalla l. cost. 18.10.2001, n. 3.

130. [Soppresso].

• Articolo abrogato dalla l. cost. 18.10.2001, n. 3.

131. Sono costituite le seguenti Regioni:
Piemonte;
Valle d'Aosta;
Lombardia;
Trentino-Alto Adige;
Veneto;
Friuli-Venezia Giulia;
Liguria;
Emilia-Romagna;
Toscana;
Umbria;
Marche;

Lazio;
Abruzzi;
Molise;
Campania;
Puglia;
Basilicata;
Calabria;
Sicilia;
Sardegna.

• Articolo così modificato dalla l. cost. 27.12.1963, n. 3.

132. Si può con legge costituzionale, sentiti i Consigli regionali, disporre la fusione di Regioni esistenti o la creazione di nuove Regioni con un minimo di un milione d'abitanti, quando ne facciano richiesta tanti Consigli comunali che rappresentino almeno un terzo delle popolazioni interessate, e la proposta sia approvata con *referendum* dalla maggioranza delle popolazioni stesse.
Si può, con l'approvazione della maggioranza delle popolazioni della Provincia o delle Province interessate e del Comune o dei Comuni interessati espressa mediante *referendum* e con legge della Repubblica, sentiti i Consigli regionali, consentire che Provincie e Comuni, che ne facciano richiesta, siano staccati da una Regione ed aggregati ad un'altra.

• Il co. 2 è stato così modificato dalla l. cost. 18.10.2001, n. 3.

133. Il mutamento delle circoscrizioni provinciali e la istituzione di nuove Province nell'ambito d'una Regione sono stabiliti con leggi della Repubblica, su iniziativa dei Comuni, sentita la stessa Regione.
La Regione, sentite le popolazioni interessate, può con sue leggi istituire nel proprio territorio nuovi Comuni e modificare le loro circoscrizioni e denominazioni.

Titolo VI
GARANZIE COSTITUZIONALI

Sezione I
La Corte costituzionale

134. La Corte costituzionale giudica:
sulle controversie relative alla legittimità costituzionale delle leggi e degli atti, aventi forza di legge, dello Stato e delle Regioni;
sui conflitti di attribuzione tra i poteri dello Stato e su quelli tra lo Stato e le Regioni, e tra le Regioni;
sulle accuse promosse contro il Presidente della Repubblica [ed i Ministri], a norma della Costituzione.

• L'ultimo capoverso è stato così modificato dalla l. cost. 16.1.1989, n. 1.

135. La Corte costituzionale è composta di quindici giudici nominati per un terzo dal Presidente della Repubblica, per un terzo dal Parlamento in seduta comune e per un terzo dalle supreme magistrature ordinaria ed amministrativa.
I giudici della Corte costituzionale sono scelti tra i magistrati anche a riposo delle giurisdizioni superiori ordinaria ed amministrativa, i professori ordinari di università in materie giuridiche e gli avvocati dopo venti anni di esercizio.

I giudici della Corte costituzionale sono nominati per nove anni, decorrenti per ciascuno di essi dal giorno del giuramento, e non possono essere nuovamente nominati.

Alla scadenza del termine il giudice costituzionale cessa dalla carica e dall'esercizio delle funzioni.

La Corte elegge tra i suoi componenti, secondo le norme stabilite dalla legge, il Presidente, che rimane in carica per un triennio, ed è rieleggibile, fermi in ogni caso i termini di scadenza dall'ufficio di giudice.

L'ufficio di giudice della Corte è incompatibile con quello di membro del Parlamento, di un Consiglio regionale, con l'esercizio della professione di avvocato e con ogni carica ed ufficio indicati dalla legge.

Nei giudizi d'accusa contro il Presidente della Repubblica [e contro i Ministri] intervengono, oltre i giudici ordinari della Corte, sedici membri tratti a sorte da un elenco di cittadini aventi i requisiti per l'eleggibilità a senatore, che il Parlamento compila ogni nove anni mediante elezione con le stesse modalità stabilite per la nomina dei giudici ordinari.

• Articolo così sostituito dalla l. cost. 22.11.1967, n. 1. L'ultimo co. è stato così modificato dalla l. cost. 16.1.1989, n. 1.

136. Quando la Corte dichiara l'illegittimità costituzionale di una norma di legge o di atto avente forza di legge, la norma cessa di avere efficacia dal giorno successivo alla pubblicazione della decisione.

La decisione della Corte è pubblicata e comunicata alle Camere ed ai Consigli regionali interessati, affinché, ove lo ritengano necessario, provvedano nelle forme costituzionali.

137. Una legge costituzionale stabilisce le condizioni, le forme, i termini di proponibilità dei giudizi di legittimità costituzionale, e le garanzie d'indipendenza dei giudici della Corte.

Con legge ordinaria sono stabilite le altre norme necessarie per la costituzione e il funzionamento della Corte.

Contro le decisioni della Corte costituzionale non è ammessa alcuna impugnazione.

Sezione II
Revisione della Costituzione
Leggi costituzionali

138. Le leggi di revisione della Costituzione e le altre leggi costituzionali sono adottate da ciascuna Camera con due successive deliberazioni ad intervallo non minore di tre mesi, e sono approvate a maggioranza assoluta dei componenti di ciascuna Camera nella seconda votazione.

Le leggi stesse sono sottoposte a *referendum* popolare quando, entro tre mesi dalla loro pubblicazione, ne facciano domanda un quinto dei membri di una Camera o cinquecentomila elettori o cinque Consigli regionali. La legge sottoposta a *referendum* non e promulgata, se non è approvata dalla maggioranza dei voti validi.

Non si fa luogo a *referendum* se la legge è stata approvata nella seconda votazione da ciascuna delle Camere a maggioranza di due terzi dei suoi componenti.

139. La forma repubblicana non può essere oggetto di revisione costituzionale.

DISPOSIZIONI TRANSITORIE E FINALI

I. Con l'entrata in vigore della Costituzione il Capo provvisorio dello Stato esercita le attribuzioni di Presidente della Repubblica e ne assume il titolo.

II. Se alla data della elezione del Presidente della Repubblica non sono costituiti tutti i Consigli regionali, partecipano alla elezione soltanto i componenti delle due Camere.

III. Per la prima composizione del Senato della Repubblica sono nominati senatori con decreto del Presidente della Repubblica, i deputati dell'Assemblea Costituente che posseggono i requisiti di legge per essere senatori e che:
sono stati Presidenti del Consiglio dei Ministri o di Assemblee legislative;
hanno fatto parte del disciolto Senato;
hanno avuto almeno tre elezioni, compresa quella all'Assemblea Costituente;
sono stati dichiarati decaduti nella seduta della Camera dei deputati del 9 novembre 1926;
hanno scontato la pena della reclusione non inferiore a cinque anni in seguito a condanna del tribunale speciale fascista per la difesa dello Stato.
Sono nominati altresì senatori, con decreto del Presidente della Repubblica, i membri del disciolto Senato che hanno fatto parte della Consulta Nazionale.
Al diritto di essere nominati senatori si può rinunciare prima della firma del decreto di nomina. L'accettazione della candidatura alle elezioni politiche implica rinuncia al diritto di nomina a senatore.

IV. Per la prima elezione del Senato il Molise è considerato come Regione a sé stante, con il numero dei senatori che gli compete in base alla sua popolazione.

V. La disposizione dell'articolo 80 della Costituzione, per quanto concerne i trattati internazionali che importano oneri alle finanze o modificazioni di legge, ha effetto dalla data di convocazione delle Camere.

VI. Entro cinque anni dall'entrata in vigore della Costituzione si procede alla revisione degli organi speciali di giurisdizione attualmente esistenti, salvo le giurisdizioni del Consiglio di Stato, della Corte dei conti e dei tribunali militari.
Entro un anno dalla stessa data si provvede con legge al riordinamento del Tribunale supremo militare in relazione all'articolo 111.

VII. Fino a quando non sia emanata la nuova legge sull'ordinamento giudiziario in conformità con la Costituzione, continuano ad osservarsi le norme dell'ordinamento vigente.
Fino a quando non entri in funzione la Corte costituzionale, la decisione delle controversie indicate nell'articolo 134 ha luogo nelle forme e nei limiti delle norme preesistenti all'entrata in vigore della Costituzione.
[Soppresso].

• Il co. 3 è stato abrogato dalla l. cost. 22.11.1967, n. 2.

VIII. Le elezioni dei Consigli regionali e degli organi elettivi delle amministrazioni provinciali sono indette entro un anno dall'entrata in vigore della Costituzione.
Leggi della Repubblica regolano per ogni ramo della pubblica amministrazione il passaggio delle funzioni statali attribuite alle Regioni. Fino a quando non sia provveduto al riordinamento e alla distribuzione delle funzioni amministrative fra gli enti locali, restano alle Province ed ai Comuni le funzioni che esercitano attualmente e le altre di cui le Regioni deleghino loro l'esercizio.
Leggi della Repubblica regolano il passaggio alle Regioni di funzionari e dipendenti dello Stato, anche delle amministrazioni centrali, che sia reso necessario dal nuovo ordinamento. Per la

formazione dei loro uffici le Regioni devono, tranne che in casi di necessità, trarre il proprio personale da quello dello Stato e degli enti locali.

IX. La Repubblica, entro tre anni dall'entrata in vigore della Costituzione, adegua le sue leggi alle esigenze delle autonomie locali e alla competenza legislativa attribuita alle Regioni.

X. Alla Regione del Friuli-Venezia Giulia, di cui all'articolo 116, si applicano provvisoriamente le norme generali del Titolo V della parte seconda, ferma restando la tutela delle minoranze linguistiche in conformità con l'articolo 6.

XI. Fino al 31 dicembre 1963 si possono, con leggi costituzionali, formare altre Regioni, a modificazione dell'elenco di cui all'articolo 131, anche senza il concorso delle condizioni richieste dal primo comma dell'articolo 132, fermo rimanendo tuttavia l'obbligo di sentire le popolazioni interessate.

• Termine così modificato dalla l. cost. 18.3.1958, n. 1.

XII. È vietata la riorganizzazione, sotto qualsiasi forma, del disciolto partito fascista.

In deroga all'articolo 48, sono stabilite con legge, per non oltre un quinquennio dall'entrata in vigore della Costituzione, limitazioni temporanee al diritto di voto e alla eleggibilità per i capi responsabili del regime fascista.

XIII. I membri e i discendenti di Casa Savoia non sono elettori e non possono ricoprire uffici pubblici né cariche elettive.

Agli ex re di Casa Savoia, alle loro consorti e ai loro discendenti maschi sono vietati l'ingresso e il soggiorno nel territorio nazionale.

I beni esistenti nel territorio nazionale, degli ex re di Casa Savoia, delle loro consorti e dei loro discendenti maschi, sono avocati allo Stato. I trasferimenti e le costituzioni di diritti reali sui beni stessi, che siano avvenuti dopo il 2 giugno 1946, sono nulli.

• I co. 1 e 2 della XIII disposizione transitoria e finale della Costituzione esauriscono i loro effetti a decorrere dall'entrata in vigore della l. cost. 23.10.2002, n. 1.

XIV. I titoli nobiliari non sono riconosciuti.

I predicati di quelli esistenti prima del 28 ottobre 1922 valgono come parte del nome.

L'Ordine mauriziano è conservato come ente ospedaliero e funziona nei modi stabiliti dalla legge.

La legge regola la soppressione della Consulta araldica.

XV. Con l'entrata in vigore della Costituzione si ha per convertito in legge il decreto legislativo luogotenenziale 25 giugno 1944, n. 151, sull'ordinamento provvisorio dello Stato.

XVI. Entro un anno dall'entrata in vigore della Costituzione si procede alla revisione e al coordinamento con essa delle precedenti leggi costituzionali che non siano state finora esplicitamente o implicitamente abrogate.

XVII. L'Assemblea Costituente sarà convocata dal suo Presidente per deliberare, entro il 31 gennaio 1948, sulla legge per la elezione del Senato della Repubblica, sugli statuti regionali speciali e sulla legge per la stampa.

Fino al giorno delle elezioni delle nuove Camere, l'Assemblea Costituente può essere convocata, quando vi sia necessità di deliberare nelle materie attribuite alla sua competenza dagli articoli 2, primo e secondo comma, e 3, comma primo e secondo, del decreto legislativo 16 marzo 1946, n. 98.

In tale periodo le Commissioni permanenti restano in funzione. Quelle legislative rinviano al Governo i disegni di legge, ad esse trasmessi, con eventuali osservazioni e proposte di emendamenti.

I deputati possono presentare al Governo interrogazioni con richiesta di risposta scritta.

L'Assemblea Costituente, agli effetti di cui al secondo comma del presente articolo, è convocata dal suo Presidente su richiesta motivata del Governo o di almeno duecento deputati.

XVIII. La presente Costituzione è promulgata dal Capo provvisorio dello Stato entro cinque giorni dalla sua approvazione da parte dell'Assemblea Costituente, ed entra in vigore il 1 gennaio 1948.

Il testo della Costituzione è depositato nella sala comunale di ciascun Comune della Repubblica per rimanervi esposto, durante tutto l'anno 1948, affinché ogni cittadino possa prenderne cognizione.

La Costituzione, munita del sigillo dello Stato, sarà inserita nella Raccolta ufficiale delle leggi e dei decreti della Repubblica.

La Costituzione dovrà essere fedelmente osservata come Legge fondamentale della Repubblica da tutti i cittadini e dagli organi dello Stato.

Data a Roma, addì 27 dicembre 1947

ENRICO DE NICOLA

Convenzione per la salvaguardia dei diritti dell'uomo e delle libertà fondamentali

• Adottata a Roma, il 4.11.1950; resa esecutiva con l. 4.8.1955, n. 848. È entrata in vigore, per l'Italia, il 26.10.1955.

• Traduzione non ufficiale. Il testo è aggiornato alle modifiche apportate dal Protocollo n. 11 (Strasburgo, 11.5.1994, ratificato con l. 28.8.1997, n. 296, entrato in vigore il 1.11.1998); dal Protocollo n. 14 (Strasburgo, 13.5.2004, ratificato con l. 15.12.2005, n. 280, entrato in vigore il 1.6.2010). Le intitolazioni del Titolo I e degli articoli si devono all'art. 2 § 2 del Protocollo n. 11.

1. Obbligo di rispettare i diritti dell'uomo. Le Alte Parti Contraenti riconoscono ad ogni persona soggetta alla loro giurisdizione i diritti e le libertà definiti al Titolo primo della presente Convenzione.

Titolo I
DIRITTI E LIBERTÀ

2. Diritto alla vita. 1. Il diritto alla vita di ogni persona è protetto dalla legge. Nessuno può essere intenzionalmente privato della vita, salvo che in esecuzione di una sentenza capitale pronunciata da un tribunale, nel caso in cui il delitto è punito dalla legge con tale pena.

2. La morte non si considera inflitta in violazione di questo articolo quando risulta da un ricorso alla forza resosi assolutamente necessario:

a) per assicurare la difesa di ogni persona dalla violenza illegale;

b) per eseguire un arresto regolare o per impedire l'evasione di una persona regolarmente detenuta;

c) per reprimere, in modo conforme alla legge, una sommossa o una insurrezione.

3. Divieto della tortura. Nessuno può essere sottoposto a tortura né a pene o trattamenti inumani o degradanti.

4. Divieto di schiavitù e del lavoro forzato. 1. Nessuno può essere tenuto in condizioni di schiavitù o di servitù.

2. Nessuno può essere costretto a compiere un lavoro forzato o obbligatorio.

3. Non è considerato lavoro forzato o obbligatorio ai sensi di questo articolo:

a) ogni lavoro normalmente richiesto ad una persona detenuta alle condizioni previste dall'articolo 5 della presente Convenzione o durante il periodo di libertà condizionata;

b) ogni servizio di carattere militare o, nel caso di obiettori di coscienza nei paesi dove l'obiezione di coscienza è riconosciuta legittima, ogni altro servizio sostitutivo di quello militare obbligatorio;

c) ogni servizio richiesto in caso di crisi o di calamità che minacciano la vita o il benessere della comunità;

d) ogni lavoro o servizio che fa parte dei normali doveri civici.

5. Diritto alla libertà e alla sicurezza. 1. Ogni persona ha diritto alla libertà e alla sicurezza. Nessuno può essere privato della libertà, salvo che nei casi seguenti e nei modi prescritti dalla legge:

a) se è detenuto regolarmente in seguito a condanna da parte di un tribunale competente;

b) se è in regolare stato di arresto o di detenzione per violazione di un provvedimento emesso, conformemente alla legge, da un tribunale o per garantire l'esecuzione di un obbligo prescritto dalla legge;

c) se è stato arrestato o detenuto per essere tradotto dinanzi all'autorità giudiziaria competente, quando vi sono ragioni plausibili per sospettare che egli abbia commesso un reato o vi sono motivi fondati per ritenere che sia necessario impedirgli di commettere un reato o di fuggire dopo averlo commesso;

d) se si tratta della detenzione regolare di un minore decisa per sorvegliare la sua educazione o della sua detenzione regolare al fine di tradurlo dinanzi all'autorità competente;

e) se si tratta della detenzione regolare di una persona suscettibile di propagare una malattia contagiosa, di un alienato, di un alcolizzato, di un tossicomane o di un vagabondo;

f) se si tratta dell'arresto o della detenzione regolari di una persona per impedirle di entrare irregolarmente nel territorio, o di una persona contro la quale è in corso un procedimento d'espulsione o d'estradizione.

2. Ogni persona arrestata deve essere informata, al più presto e in una lingua a lei comprensibile, dei motivi dell'arresto e di ogni accusa elevata a suo carico.

3. Ogni persona arrestata o detenuta, conformemente alle condizioni previste dal paragrafo 1 *c*) del presente articolo, deve essere tradotta al più presto dinanzi ad un giudice o ad un altro magistrato autorizzato dalla legge ad esercitare funzioni giudiziarie e ha diritto di essere giudicata entro un termine ragionevole o di essere messa in libertà durante la procedura. La scarcerazione può essere subordinata ad una garanzia che assicuri la comparizione della persona all'udienza.

4. Ogni persona privata della libertà mediante arresto o detenzione ha il diritto di presentare un ricorso ad un tribunale, affinché decida entro breve termine sulla legittimità della sua detenzione e ne ordini la scarcerazione se la detenzione è illegittima.

5. Ogni persona vittima di arresto o di detenzione in violazione ad una delle disposizioni di questo articolo ha diritto ad una riparazione.

6. Diritto ad un processo equo. 1. Ogni persona ha diritto a che la sua causa sia esaminata equamente, pubblicamente ed entro un termine ragionevole da un tribunale indipendente e imparziale, costituito per legge, il quale deciderà sia delle controversie sui suoi diritti e doveri di carattere civile, sia della fondatezza di ogni accusa penale che le venga rivolta. La sentenza deve essere resa pubblicamente, ma l'accesso alla sala d'udienza può essere vietato alla stampa e al pubblico durante tutto o parte del processo nell'interesse della morale, dell'ordine pubblico o della sicurezza nazionale in una società democratica, quando lo esigono gli interessi dei minori o la protezione della vita privata delle parti in causa, o nella misura giudicata strettamente necessaria dal tribunale, quando in circostanze speciali la pubblicità può pregiudicare gli interessi della giustizia.

2. Ogni persona accusata di un reato è presunta innocente fino a quando la sua colpevolezza non sia stata legalmente accertata.

3. In particolare, ogni accusato ha diritto a:

a) essere informato, nel più breve tempo possibile, in una lingua a lui comprensibile e in un modo dettagliato, della natura e dei motivi dell'accusa elevata a suo carico;

b) disporre del tempo e delle facilitazioni necessarie a preparare la sua difesa;

c) difendersi personalmente o avere l'assistenza di un difensore di sua scelta e, se non ha i mezzi per retribuire un difensore, poter essere assistito gratuitamente da un avvocato d'ufficio, quando lo esigono gli interessi della giustizia;

d) esaminare o far esaminare i testimoni a carico ed ottenere la convocazione e l'esame dei testimoni a discarico nelle stesse condizioni dei testimoni a carico;

e) farsi assistere gratuitamente da un interprete se non comprende o non parla la lingua usata all'udienza.

7. *Nulla poena sine lege.* 1. Nessuno può essere condannato per una azione o una omissione che, al momento in cui è stata commessa, non costituiva reato secondo il diritto interno o internazionale. Parimenti, non può essere inflitta una pena più grave di quella applicabile al momento in cui il reato è stato commesso.

2. Il presente articolo non ostacolerà il giudizio e la condanna di una persona colpevole di una azione o di una omissione che, al momento in cui è stata commessa, era un crimine secondo i principi generale di diritto riconosciuti dalle nazioni civili.

8. Diritto al rispetto della vita privata e familiare. 1. Ogni persona ha diritto al rispetto della sua vita privata e familiare, del suo domicilio e della sua corrispondenza.

2. Non può esservi ingerenza di una autorità pubblica nell'esercizio di tale diritto a meno che tale ingerenza sia prevista dalla legge e costituisca una misura che, in una società democratica, è necessaria per la sicurezza nazionale, per la pubblica sicurezza, per il benessere economico del paese, per la difesa dell'ordine e per la prevenzione dei reati, per la protezione della salute o della morale, o per la protezione dei diritti e delle libertà altrui.

9. Libertà di pensiero, di coscienza e di religione. 1. Ogni persona ha diritto alla libertà di pensiero, di coscienza e di religione; tale diritto include la libertà di cambiare religione o credo, così come la libertà di manifestare la propria religione o il proprio credo individualmente o collettivamente, in pubblico o in privato, mediante il culto, l'insegnamento, le pratiche e l'osservanza dei riti.

2. La libertà di manifestare la propria religione o il proprio credo non può essere oggetto di restrizioni diverse da quelle che sono stabilite dalla legge e costituiscono misure necessarie, in una società democratica, per la pubblica sicurezza, la protezione dell'ordine, della salute o della morale pubblica, o per la protezione dei diritti e della libertà altrui.

10. Libertà di espressione. 1. Ogni persona ha diritto alla libertà d'espressione. Tale diritto include la libertà d'opinione e la libertà di ricevere o di comunicare informazioni o idee senza che vi possa essere ingerenza da parte delle autorità pubbliche e senza considerazione di frontiera. Il presente articolo non impedisce agli Stati di sottoporre a un regime di autorizzazione le imprese di radiodiffusione, di cinema o di televisione.

2. L'esercizio di queste libertà, poiché comporta doveri e responsabilità, può essere sottoposto alle formalità, condizioni, restrizioni o sanzioni che sono previste dalla legge e che costituiscono misure necessarie, in una società democratica, per la sicurezza nazionale, per l'integrità territoriale o per la pubblica sicurezza, per la difesa dell'ordine e per la prevenzione dei reati, per la protezione della salute o della morale, per la protezione della reputazione o dei diritti altrui, per impedire la divulgazione di informazioni riservate o per garantire l'autorità e l'imparzialità del potere giudiziario.

11. Libertà di riunione e di associazione. 1. Ogni persona ha diritto alla libertà di riunione pacifica e alla libertà d'associazione, ivi compreso il diritto di partecipare alla costituzione di sindacati e di aderire ad essi per la difesa dei propri interessi.

2. L'esercizio di questi diritti non può essere oggetto di restrizioni diverse da quelle che sono stabilite dalla legge e costituiscono misure necessarie, in una società democratica, per la sicurezza nazionale, per la pubblica sicurezza, per la difesa dell'ordine e la prevenzione dei reati, per la protezione della salute o della morale e per la protezione dei diritti e delle libertà altrui. Il presente articolo non vieta che restrizioni legittime siano imposte all'esercizio di questi diritti da parte dei membri delle forze armate, della polizia o dell'amministrazione dello Stato.

12. Diritto al matrimonio. Uomini e donne, in età matrimoniale, hanno il diritto di sposarsi e di fondare una famiglia secondo le leggi nazionali che regolano l'esercizio di tale diritto.

13. Diritto ad un ricorso effettivo. Ogni persona i cui diritti e le cui libertà riconosciuti nella presente Convenzione siano stati violati, ha diritto ad un ricorso effettivo davanti ad un'istanza nazionale, anche quando la violazione sia stata commessa da persone che agiscono nell'esercizio delle loro funzioni ufficiali.

14. Divieto di discriminazione. Il godimento dei diritti e delle libertà riconosciuti nella presente Convenzione deve essere assicurato senza nessuna discriminazione, in particolare quelle fondate sul sesso, la razza, il colore, la lingua, la religione, le opinioni politiche o di altro genere, l'origine nazionale o sociale, l'appartenenza a una minoranza nazionale, la ricchezza, la nascita o ogni altra condizione.

15. Deroga allo stato di urgenza. 1. In caso di guerra o in caso di altro pericolo pubblico che minacci la vita della nazione, ogni Alta Parte Contraente può prendere misure in deroga agli obblighi previsti dalla presente Convenzione, nella stretta misura in cui la situazione lo richieda e a condizione che tali misure non siano in contraddizione con gli altri obblighi derivanti dal diritto internazionale.

2. La disposizione precedente non autorizza alcuna deroga all'articolo 2, salvo per il caso di decesso causato da legittimi atti di guerra, e agli articoli 3, 4 § 1 e 7.

3. Ogni Alta Parte Contraente che eserciti tale diritto di deroga tiene informato nel modo più completo il Segretario Generale del Consiglio d'Europa sulle misure prese e sui motivi che le hanno determinate. Deve ugualmente informare il Segretario Generale del Consiglio d'Europa della data in cui queste misure cessano d'essere in vigore e in cui le disposizioni della Convenzione riacquistano piena applicazione.

16. Restrizioni all'attività politica degli stranieri. Nessuna delle disposizioni degli articoli 10, 11 e 14 può essere considerata come un divieto per le Alte Parti Contraenti di porre restrizioni all'attività politica degli stranieri.

17. Divieto dell'abuso del diritto. Nessuna disposizione della presente Convenzione può essere interpretata come implicante il diritto per uno Stato, un gruppo o un individuo di esercitare un'attività o compiere un atto che miri alla distruzione dei diritti o delle libertà riconosciuti nella presente Convenzione o porre a questi diritti e a queste libertà limitazioni più ampie di quelle previste in detta Convenzione.

18. Limite all'applicazione delle restrizioni ai diritti. Le restrizioni che, in base alla presente Convenzione, sono poste a detti diritti e libertà possono essere applicate solo allo scopo per cui sono state previste.

Titolo II
CORTE EUROPEA DEI DIRITTI DELL'UOMO

• Il Titolo II ha sostituito i precedenti II-IV per effetto del Protocollo n. 11, ratificato con l. 28.8.1997, n. 296.

19. Istituzione della Corte. Per assicurare il rispetto degli impegni derivanti alle Alte Parti Contraenti dalla presente Convenzione e dai suoi protocolli, è istituita una Corte europea dei Diritti dell'Uomo, di seguito denominata «la Corte». Essa funziona in maniera permanente.

20. Numero dei giudici. La Corte si compone di un numero di giudici pari a quello delle Alte Parti Contraenti.

21. Condizioni per l'esercizio delle funzioni. 1. I giudici devono godere della più alta considerazione morale e possedere i requisiti richiesti per l'esercizio delle più alte funzioni giudiziarie, o essere dei giurisconsulti di riconosciuta competenza.

2. I giudici siedono alla Corte a titolo individuale.

3. Per tutta la durata del loro mandato, i giudici non possono esercitare alcuna attività incompatibile con le esigenze di indipendenza, di imparzialità o di disponibilità richieste da una attività

esercitata a tempo pieno; ogni problema che sorga nell'applicazione di questo paragrafo è deciso dalla Corte.

22. Elezione dei giudici. I giudici sono eletti dall'Assemblea parlamentare in relazione a ciascuna Alta Parte contraente, a maggioranza dei voti espressi, su una lista di tre candidati presentata dall'Alta Parte contraente.

23. Durata del mandato e revoca. 1. I giudici vengono eletti per un periodo di nove anni. Essi non sono rieleggibili.

2. Il mandato dei giudici termina non appena essi raggiungono l'età di settant'anni.

3. I giudici rimangono in funzione fintanto che non sono sostituiti. Tuttavia, essi continuano a dirimere i casi di cui sono già investiti.

4. Un giudice può essere sollevato dalle sue funzioni solo se gli altri giudici decidono, a maggioranza di due terzi, che tale giudice ha smesso di corrispondere alle condizioni richieste.

24. [Soppresso].

• Articolo soppresso dal Protocollo n. 14.

24. Cancelleria e relatori. 1. La Corte dispone di una cancelleria i cui compiti e la cui organizzazione sono stabilite dal regolamento della Corte.

2. Quando siede in formazione di giudice unico, la Corte è assistita da relatori che esercitano le loro funzioni sotto l'autorità del presidente della Corte. Essi fanno parte della cancelleria della Corte.

• Articolo (già art. 25) così rinumerato dal Protocollo n. 14.

25. Assemblea plenaria. La Corte riunita in Assemblea plenaria:

a) elegge per un periodo di tre anni il suo presidente ed uno o due vice-presidenti; essi sono rieleggibili;

b) costituisce Camere per un determinato periodo;

c) elegge i presidenti delle Camere della Corte che sono rieleggibili;

d) adotta il regolamento della Corte;

e) elegge il cancelliere ed uno o più vice-cancellieri;

f) formula le richieste previste all'articolo 26, § 2.

• Articolo (già art. 26) così rinumerato dal Protocollo n. 14. La rubrica è stata sostituita dal Protocollo n. 14. La lett. *f* è stata aggiunta dal Protocollo n. 14.

26. Composizione di giudice unico, comitati, Camere e Grande Camera. 1. Per la trattazione di ogni caso che ad essa viene sottoposto, la Corte procede in composizione di giudice unico, in comitati di tre giudici, in Camere di sette giudici e in una Grande Camera di diciassette giudici. Le Camere della Corte istituiscono i comitati per un periodo determinato.

2. Su richiesta dell'Assemblea plenaria della Corte, il Comitato dei Ministri può, con decisione unanime e per un periodo determinato, ridurre a cinque il numero di giudici delle Camere.

3. Un giudice che siede quale giudice unico non esamina alcun ricorso introdotto contro l'Alta Parte contraente in relazione alla quale quel giudice è stato eletto.

4. Il giudice eletto in relazione a un'Alta Parte contraente parte alla controversia è membro di diritto della Camera e della Grande Camera. In caso di assenza di tale giudice, o se egli non è in grado di svolgere la sua funzione, siede in qualità di giudice una persona scelta dal presidente della Corte su una lista presentata previamente da quella Parte.

5. Fanno altresì parte della Grande Camera il presidente della Corte, i vice-presidenti, i presidenti delle Camere e altri giudici designati in conformità al regolamento della Corte. Se la con-

troversia è deferita alla Grande Camera ai sensi dell'articolo 43, nessun giudice della Camera che ha pronunciato la sentenza può essere presente nella Grande Camera, a eccezione del presidente della Camera e del giudice che ha partecipato alla stessa Camera in relazione all'Alta Parte contraente in causa.

• Articolo (già art. 27) così rinumerato e sostituito dal Protocollo n. 14.

27. Competenza del giudice unico. 1. Un giudice unico può dichiarare che un ricorso presentato ai sensi dell'articolo 34 è irricevibile oppure radiarlo dal ruolo quando questa decisione può essere presa senza esame complementare.
2. La decisione è definitiva.
3. Se il giudice unico non dichiara che il ricorso è irricevibile o non lo cancella dal ruolo, lo trasmette ad un comitato o ad una Sezione per l'esame complementare.

• Articolo inserito dal Protocollo n. 14.

28. Competenza dei comitati. 1. Un comitato investito da un ricorso individuale presentato ai sensi dell'articolo 34 può, con un voto unanime,
a) dichiararlo irricevibile o radiarlo dal ruolo quando una siffatta decisione può essere adottata senza esame preliminare; oppure
b) dichiararlo ricevibile e pronunziare contestualmente una decisione in merito quando la questione relativa all'interpretazione o all'applicazione della Convenzione o dei suoi Protocolli che è all'origine del caso, è oggetto della giurisprudenza consolidata della Corte.
2. Le decisioni e le sentenze di cui al paragrafo 1 sono definitive.
3. Se il giudice eletto a titolo dell'Alta Parte contraente parte della controversia non fa parte del Comitato, quest'ultimo può, in qualsiasi momento della procedura invitarlo a partecipare alla procedura in sostituzione di uno dei suoi membri, in considerazione di tutti i fattori pertinenti, ivi compreso il fatto di sapere se questa Parte ha contestato l'applicazione della procedura di cui al paragrafo 1.*b*.

• Articolo sostituito dal Protocollo n. 14.

29. Decisioni delle Camere sulla ricevibilità ed il merito. 1. Se nessuna decisione è stata presa in forza degli articoli 27 o 28, e se nessuna decisione è stata adottata in forza dell'articolo 28, una Sezione si pronuncia sulla ricevibilità ed il merito dei ricorsi individuali presentati ai sensi dell'articolo 34. La decisione sulla ricevibilità può essere presa separatamente.
2. Una delle Camere si pronuncia sulla ricevibilità e sul merito dei ricorsi governativi presentati in virtù dell'articolo 33. Salvo decisione contraria della Corte in casi eccezionali, la decisione sulla ricevibilità viene presa separatamente.
3. [Soppresso].

• Il § 1 è stato sostituito dal Protocollo n. 14. Il secondo periodo del § 2 è stato aggiunto dal Protocollo n. 14. Il § 3 è stato soppresso dal Protocollo n. 14.

30. Rimessione alla Grande Camera. Se la questione oggetto del ricorso all'esame di una Camera solleva gravi problemi di interpretazione della Convenzione o dei suoi protocolli, o se la sua soluzione rischia di condurre ad una contraddizione con una sentenza pronunciata anteriormente dalla Corte, la Camera, fino a quando non abbia pronunciato la sua sentenza, può spogliarsi della propria competenza a favore della Grande Camera a meno che una delle parti non vi si opponga.

31. Competenze della Grande Camera. La Grande Camera:
a) si pronuncia sui ricorsi presentati ai sensi dell'articolo 33 o dell'articolo 34 quando il caso le

sia stato deferito dalla Camera ai sensi dell'articolo 30 o quando il caso le sia stato deferito ai sensi dell'articolo 43;

b) si pronuncia sulle questioni di cui la Corte è investita dal Comitato dei ministri in forza dell'articolo 46, § 4; e

c) esamina le richieste di pareri consultivi presentate ai sensi dell'articolo 47.

• La parola «e», che figurava in fine alla lett. a del § 1, è stata soppressa dal Protocollo n. 14. La lett. *b* è stata inserita dal Protocollo n. 14. A norma del Protocollo n. 14, il previgente § *b* è divenuto l'attuale § *c*.

32. Competenza della Corte. 1. La competenza della Corte si estende a tutte le questioni concernenti l'interpretazione e l'applicazione della Convenzione e dei suoi protocolli che siano sottoposte ad essa nelle condizioni previste dagli articoli 33, 34, 46 e 47.

2. In caso di contestazione sulla questione della propria competenza, è la Corte che decide.

• Il riferimento all'art. 46 è stato inserito dal Protocollo n. 14.

33. Ricorsi interstatali. Ogni Alta Parte Contraente può deferire alla Corte ogni inosservanza delle disposizioni della Convenzione e dei suoi protocolli che essa ritenga possa essere imputata ad un'altra Alta Parte Contraente.

34. Ricorsi individuali. La Corte può essere investita di un ricorso fatto pervenire da ogni persona fisica, ogni organizzazione non governativa o gruppo di privati che pretenda d'essere vittima di una violazione da parte di una delle Alte Parti contraenti dei diritti riconosciuti nella Convenzione o nei suoi protocolli. Le Alte Parti Contraenti si impegnano a non ostacolare con alcuna misura l'effettivo esercizio efficace di tale diritto.

35. Condizioni di ricevibilità. 1. La Corte non può essere adita se non dopo l'esaurimento delle vie di ricorso interne, qual è inteso secondo i principi di diritto internazionale generalmente riconosciuti ed entro un periodo di sei mesi a partire dalla data della decisione interna definitiva.

2. La Corte non accoglie nessun ricorso avanzato sulla base dell'articolo 34, se:

a) è anonimo; oppure

b) è essenzialmente identico ad uno precedentemente esaminato dalla Corte o già sottoposto ad un'altra istanza internazionale d'inchiesta o di regolamentazione e non contiene fatti nuovi.

3. La Corte dichiara irricevibile qualsiasi ricorso individuale presentato in applicazione dell'articolo 34 qualora ritenga:

a) che il ricorso è incompatibile con le disposizioni della Convenzione o dei suoi Protocolli, manifestamente infondato o abusivo; oppure

b) che il ricorrente non ha subito alcun danno rilevante, a meno che il rispetto dei diritti dell'Uomo garantiti dalla Convenzione e dai suoi Protocolli non esiga un esame del ricorso per quanto riguarda il merito e a patto di non rigettare, per questa ragione alcuna causa che non sia stata debitamente esaminata da un tribunale interno.

4. La Corte respinge ogni ricorso che consideri irricevibile in applicazione del presente articolo. Essa può procedere in tal modo in ogni fase della procedura.

• La lett. *b* del § 3 è stata sostituita dal Protocollo n. 14.

36. Intervento di terzi. 1. Per qualsiasi questione all'esame di una Camera e o della Grande Camera, un'Alta Parte Contraente il cui cittadino sia ricorrente ha diritto di presentare osservazioni per iscritto e di partecipare alle udienze.

2. Nell'interesse di una corretta amministrazione della giustizia, il presidente della Corte può invitare ogni Alta Parte Contraente che non è parte in causa o ogni persona interessata diversa dal ricorrente a presentare osservazioni per iscritto o a partecipare alle udienze.

3. In qualsiasi caso dinanzi ad una Sezione o ad una Sezione allargata, il Commissario ai diritti dell'Uomo del Consiglio d'Europa può presentare osservazioni scritte e partecipare alle udienze.

• Il § 3 è stato aggiunto dal Protocollo n. 14.

37. Cancellazione. 1. In ogni momento della procedura, la Corte può decidere di cancellare un ricorso dal ruolo quando le circostanze consentono di concludere:
a) che il ricorrente non intende più mantenerlo; oppure
b) che la controversia è stata risolta; oppure
c) che non è più giustificato, per ogni altro motivo di cui la Corte accerta l'esistenza, proseguire l'esame del ricorso.
Tuttavia la Corte prosegue l'esame del ricorso qualora ciò sia richiesto dal rispetto dei diritti dell'uomo garantiti dalla Convenzione e dai suoi protocolli.
2. La Corte può decidere una nuova iscrizione al ruolo di un ricorso quando ritenga che ciò è giustificato dalle circostanze.

38. Esame in contraddittorio del caso. La Corte esamina il caso in contraddittorio con i rappresentanti delle Parti e, se del caso, procede ad un'indagine per lo svolgimento efficace della quale le Alte Parti contraenti interessate forniranno tutte le agevolazioni necessarie.

• Articolo sostituito dal Protocollo n. 14.

39. Regolamenti amichevoli. 1. In qualsiasi momento della procedura, la Corte può mettersi a disposizione degli interessati al fine di addivenire ad un regolamento amichevole del caso, nel rispetto dei diritti dell'Uomo come lo riconoscono la Convenzione ed i suoi Protocolli.
2. La procedura descritta al paragrafo 1 è confidenziale.
3. In caso di regolamento amichevole, la Corte cancella il ricorso dal ruolo con una decisione che si limita ad un breve esposto dei fatti e della soluzione adottata.
4. Questa decisione è trasmessa al Comitato dei Ministri che sorveglia l'esecuzione dei termini della composizione amichevole come figurano nella decisione.

• Articolo sostituito dal Protocollo n. 14.

40. Udienza pubblica e accesso ai documenti. 1. L'udienza è pubblica a meno che la Corte non decida diversamente a causa di circostanze eccezionali.
2. I documenti depositati presso l'ufficio di cancelleria sono accessibili al pubblico a meno che il presidente della Corte non decida diversamente.

41. Equa soddisfazione. Se la Corte dichiara che vi è stata violazione della Convenzione o dei suoi protocolli e se il diritto interno dell'Alta Parte contraente non permette che in modo incompleto di riparare le conseguenze di tale violazione, la Corte accorda, quando è il caso, un'equa soddisfazione alla parte lesa.

42. Sentenza delle Camere. Le sentenze delle Camere divengono definitive in conformità con le disposizioni dell'articolo 44, § 2.

43. Rinvio dinnanzi alla Grande Camera. 1. Entro un termine di tre mesi a decorrere dalla data della sentenza di una Camera, ogni parte alla controversia può, in casi eccezionali, chiedere che il caso sia rinviato dinnanzi alla Grande Camera.
2. Un collegio di cinque giudici della Grande Camera accoglie la domanda quando la questione oggetto del ricorso solleva gravi problemi di interpretazione o di applicazione della Convenzione o dei suoi protocolli, e anche una grave questione di carattere generale.
3. Se il Collegio accoglie la domanda, la Grande Camera si pronuncia sul caso con una sentenza.

44. Sentenze definitive. 1. La sentenza della Grande Camera è definitiva.

2. La sentenza di una Camera diviene definitiva

a) quando le parti dichiarano che non richiederanno il rinvio del caso dinnanzi alla Grande Camera; oppure

b) tre mesi dopo la data della sentenza, se non è stato richiesto il rinvio del caso dinnanzi alla Grande Camera; oppure

c) se il Collegio della Grande Camera respinge una richiesta di rinvio formulata secondo l'articolo 43.

3. La sentenza definitiva è pubblicata.

45. Motivazione delle sentenze e delle decisioni. 1. Le sentenze e le decisioni che dichiarano i ricorsi ricevibili o irricevibili devono essere motivate.

2. Se la sentenza non esprime in tutto o in parte l'opinione unanime dei giudici, ogni giudice avrà diritto di unirvi l'esposizione della sua opinione individuale.

46. Forza vincolante ed esecuzione delle sentenze. 1. Le Alte Parti Contraenti s'impegnano a conformarsi alle sentenze definitive della Corte per le controversie di cui sono parte.

2. La sentenza definitiva della Corte è trasmessa al Comitato dei Ministri che ne sorveglia l'esecuzione.

3. Ove il Comitato dei Ministri ritenga che la sorveglianza di una sentenza definitiva è intralciata dalla difficoltà d'interpretare tale sentenza, esso può investire la Corte affinché si pronunzi su tale questione d'interpretazione. La decisione di investire la Corte è presa con un voto a maggioranza di due terzi dei rappresentanti aventi diritto ad un seggio nel Comitato.

4. Ove il Comitato dei Ministri ritenga che un'Alta Parte contraente rifiuti di attenersi ad una sentenza definitiva in una controversia di cui è parte, esso può, dopo aver messo in mora questa Parte e mediante una decisione adottata con un voto a maggioranza dei due terzi dei rappresentanti aventi diritto ad un seggio nel Comitato, investire la Corte della questione dell'osservanza di questa Parte degli obblighi relativi al paragrafo 1.

5. Se la Corte accerta una violazione del paragrafo 1, essa rinvia il caso al Comitato dei Ministri affinché esamini i provvedimenti da adottare. Qualora la Corte accerti che non vi è stata violazione del paragrafo 1, essa rinvia il caso al Comitato dei Ministri, il quale decide di porre fine al suo esame.

• Articolo sostituito dal Protocollo n. 14.

47. Pareri consultivi. 1. La Corte può, su richiesta del Comitato dei Ministri, fornire pareri consultivi su questioni giuridiche relative all'interpretazione della Convenzione e dei suoi protocolli.

2. Tali pareri non devono riguardare questioni inerenti al contenuto o alla portata dei diritti e libertà definiti nel Titolo I della Convenzione e nei protocolli, né su altre questioni che la Corte o il Comitato dei Ministri si troverebbero a dover giudicare in seguito alla presentazione di un ricorso previsto dalla Convenzione.

3. La decisione del Comitato dei Ministri di chiedere un parere alla Corte è adottata con un voto della maggioranza dei rappresentanti che hanno il diritto di avere un seggio al Comitato.

48. Competenza consultiva della Corte. La Corte decide se la domanda di parere consultivo presentata dal Comitato dei Ministri è di sua competenza secondo l'articolo 47.

49. Motivazione dei pareri consultivi. 1. Il parere della Corte è motivato.

2. Se il parere non esprime in tutto o in parte l'opinione unanime dei giudici, ogni giudice avrà diritto di unirvi l'esposizione della sua opinione individuale.

3. Il parere della Corte è trasmesso al Comitato dei Ministri.

50. Spese di funzionamento della Corte. Le spese di funzionamento della Corte sono a carico del Consiglio d'Europa.

51. Privilegi ed immunità dei giudici. I giudici beneficiano, durante l'esercizio delle loro funzioni, dei privilegi e delle immunità previste all'articolo 40 dello Statuto del Consiglio d'Europa e negli accordi conclusi in base a questo articolo.

Titolo III
DISPOSIZIONI VARIE

• Numerazione così modificata dal Protocollo n. 11, che ha anche soppresso gli originari artt. 58 e 59, inseriti nel presente titolo.

• Rubrica inserita dal Protocollo n. 11.

52. Indagini del Segretariato Generale. Ogni Alta Parte Contraente, alla domanda del Segretario Generale del Consiglio d'Europa, fornirà le spiegazioni richieste sul modo in cui il proprio diritto interno assicura l'effettiva applicazione di tutte le disposizioni della presente Convenzione.

53. Salvaguardia dei diritti dell'uomo riconosciuti. Nessuna delle disposizioni della presente Convenzione può essere interpretata in modo da limitare o pregiudicare i Diritti dell'Uomo e le Libertà fondamentali che possano essere riconosciuti in base alle leggi di ogni Parte Contraente o in base ad ogni altro accordo al quale essa partecipi.

54. Poteri del Comitato dei Ministri. Nessuna disposizione della presente Convenzione porta pregiudizi ai poteri conferiti al Comitato dei Ministri dallo Statuto del Consiglio d'Europa.

55. Rinuncia ad altri modi di regolamentazione delle controversie. Le Alte Parti Contraenti rinunciano reciprocamente, salvo compromesso speciale, a prevalersi dei trattati, delle convenzioni o delle dichiarazioni che esistono fra di loro allo scopo di sottoporre, mediante ricorso, una controversia nata dall'interpretazione o dell'applicazione della presente Convenzione ad una procedura di regolamentazione diversa da quelle previste da detta Convenzione.

56. Applicazione territoriale. 1. Ogni Stato, al momento della ratifica o in ogni altro momento successivo, può dichiarare, mediante notifica indirizzata al Segretario Generale del Consiglio d'Europa, che la presente Convenzione si applicherà, con riserva del paragrafo 4 del presente articolo, in tutti i territori o in determinati territori di cui assicura le relazioni internazionali.

2. La Convenzione si applicherà nel territorio o nei territori designati nella notifica a partire dal trentesimo giorno successivo alla data in cui il Segretario Generale del Consiglio d'Europa avrà ricevuto tale notifica.

3. Nei suddetti territori le disposizioni della presente Convenzione saranno applicate tenendo conto delle necessità locali.

4. Ogni Stato che ha fatto una dichiarazione conformemente al primo paragrafo di questo articolo può, in ogni momento, dichiarare relativamente a uno o a più territori previsti in tale dichiarazione che accetta la competenza della Corte a ricevere ricorsi di persone fisiche, di organizzazioni non governative o di gruppi di privati come previsto dall'articolo 34 della Convenzione.

57. Riserve. 1. Ogni Stato, al momento della firma della presente Convenzione o del deposito del suo strumento di ratifica, può formulare una riserva riguardo ad una particolare disposizione della Convenzione, nella misura in cui una legge in quel momento in vigore sul suo territorio non sia conforme a tale disposizione. Le riserve di carattere generale non sono autorizzate ai termini del presente articolo.

2. Ogni riserva emessa in conformità al presente articolo comporta un breve esposto della legge in questione.

58. Denuncia. 1. Un'Alta Parte Contraente può denunciare la presente Convenzione solo dopo un periodo di cinque anni a partire dalla data di entrata in vigore della Convenzione nei suoi confronti e dando un preavviso di sei mesi mediante una notifica indirizzata al Segretario Generale del Consiglio d'Europa, che ne informa le altre Parti Contraenti.

2. Tale denuncia non può avere l'effetto di svincolare l'Alta Parte Contraente interessata dalle obbligazioni contenute nella presente Convenzione per quanto riguarda qualunque fatto che, potendo costituire una violazione di queste obbligazioni fosse stato compiuto da essa anteriormente alla data in cui la denuncia produce il suo effetto.

3. Con la medesima riserva cessa d'esser Parte alla presente Convenzione ogni Parte Contraente che cessi d'essere Membro del Consiglio d'Europa.

4. La Convenzione può essere denunciata in conformità alle disposizioni dei precedenti paragrafi per quanto riguarda ogni territorio nel quale sia stata dichiarata applicabile in base all'articolo 56.

59. Firma e ratifica. 1. La presente Convenzione è aperta alla firma dei Membri del Consiglio d'Europa. Essa sarà ratificata. Le ratifiche saranno depositate presso il Segretario Generale del Consiglio d'Europa.

2. L'Unione europea può aderire alla presente Convenzione.

3. La presente Convenzione entrerà in vigore dopo il deposito di dieci strumenti di ratifica.

4. Per ogni firmatario che la ratificherà successivamente, la Convenzione entrerà in vigore dal momento del deposito dello strumento di ratifica.

5. Il Segretario Generale del Consiglio d'Europa notificherà a tutti i Membri del Consiglio d'Europa l'entrata in vigore della Convenzione, i nomi delle Alte Parti Contraenti che l'avranno ratificata, nonché il deposito di ogni altro strumento di ratifica che si sia avuto successivamente.

• Il § 2 è stato inserito dal Protocollo n. 14, che ha anche rinumerato i §§ seguenti.

Protocollo addizionale alla Convenzione per la salvaguardia dei diritti dell'uomo e delle libertà fondamentali

• Traduzione non ufficiale. Le rubriche sono state inserite dal Protocollo n. 11.

1. Protezione della proprietà. Ogni persona fisica o giuridica ha diritto al rispetto dei suoi beni. Nessuno può essere privato della sua proprietà se non per causa di utilità pubblica e nelle condizioni previste dalla legge e dai principi generali del diritto internazionale.
Le disposizioni precedenti non portano pregiudizio al diritto degli Stati di mettere in vigore le leggi da essi ritenute necessarie per disciplinare l'uso dei beni in modo conforme all'interesse generale o per assicurare il pagamento delle imposte o di altri contributi o delle ammende.

2. Diritto all'istruzione. Il diritto all'istruzione non può essere rifiutato a nessuno. Lo Stato, nell'esercizio delle funzioni che assume nel campo dell'educazione e dell'insegnamento, deve rispettare il diritto dei genitori di assicurare tale educazione e tale insegnamento secondo le loro convinzioni religiose e filosofiche.

3. Diritto a libere elezioni. Le Alte Parti Contraenti si impegnano ad organizzare, ad intervalli ragionevoli, libere elezioni a scrutinio segreto, in condizioni tali da assicurare la libera espressione dell'opinione del popolo sulla scelta del corpo legislativo.

4. Applicazione territoriale. Ogni Alta Parte Contraente, al momento della firma o della ratifica del presente Protocollo o in ogni altro momento successivo, può presentare al Segretario Generale del Consiglio d'Europa una dichiarazione che indichi i limiti entro cui si impegna ad applicare le disposizioni del presente Protocollo nei territori di cui assicura le relazioni internazionali che sono designati nella stessa dichiarazione.
Ogni Alta Parte Contraente che ha presentato una dichiarazione in virtù del paragrafo precedente può, di volta in volta, presentare una nuova dichiarazione che modifichi i termini di ogni dichiarazione precedente o che ponga fine all'applicazione delle disposizioni del presente Protocollo in un qualsiasi territorio.
Una dichiarazione fatta conformemente al presente articolo sarà considerata come fatta in conformità al paragrafo 1 dell'articolo 56 della Convenzione.

5. Relazioni con la Convenzione. Le Alte Parti Contraenti considereranno gli artt. 1, 2, 3 e 4 di questo Protocollo come articoli addizionali alla Convenzione e tutte le disposizioni della Convenzione si applicheranno di conseguenza.

6. Firma e ratifica. Il presente Protocollo è aperto alla firma dei Membri del Consiglio d'Europa, firmatari della Convenzione; esso sarà ratificato contemporaneamente alla Convenzione o dopo la ratifica di quest'ultima. Esso entrerà in vigore dopo il deposito di dieci strumenti di ratifica. Per ogni firmatario che lo ratificherà successivamente, il Protocollo entrerà in vigore dal momento del deposito dello strumento di ratifica. Gli strumenti di ratifica saranno depositati presso il Segretariato Generale del Consiglio d'Europa che notificherà a tutti i Membri i nomi di quelli che lo avranno ratificato.

PROTOCOLLO N. 4
ALLA CONVENZIONE PER LA SALVAGUARDIA DEI DIRITTI DELL'UOMO E DELLE LIBERTÀ FONDAMENTALI

• Adottato a Strasburgo il 16.9.1963; reso esecutivo con d.P.R. 14.4.1982, n. 217.

• Le rubriche degli articoli sono state inserite dal Protocollo n. 11, ratificato con l. 28.8.1997, n. 296.

1. Divieto di imprigionamento per debiti. Nessuno può essere privato della propria libertà per il solo motivo di non essere in grado di mantenere un impegno contrattuale.

2. Libertà di circolazione. 1. Chiunque si trovi regolarmente sul territorio di uno Stato ha il diritto di circolarvi liberamente e di scegliervi liberamente la propria residenza.
2. Ogni persona è libera di lasciare qualsiasi paese ivi compreso il proprio.
3. L'esercizio di questi diritti non può essere soggetto ad altre restrizioni che non siano quelle che, previste dalla legge, costituiscono delle misure necessarie in una società democratica, per la sicurezza nazionale, per la sicurezza pubblica, per il mantenimento dell'ordine pubblico, per la prevenzione dei reati penali, per la protezione della salute o della morale, o per la salvaguardia dei diritti e delle libertà altrui.
4. I diritti riconosciuti al paragrafo 1 possono inoltre, in alcune zone determinate, essere oggetto di restrizioni che, previste dalla legge, sono giustificate dall'interesse pubblico in una società democratica.

3. Divieto di espulsione dei cittadini. 1. Nessuno può essere espulso, mediante provvedimento individuale o collettivo, dal territorio dello Stato di cui è cittadino.
2. Nessuno può essere privato del diritto di entrare sul territorio dello Stato di cui è cittadino.

4. Divieto di espulsioni collettive di stranieri. Le espulsioni collettive di stranieri sono proibite.

5. Applicazione territoriale. 1. Ciascuna Alta Parte contraente può, al momento della firma o della ratifica del presente protocollo o in qualsiasi momento successivo, trasmettere al Segretario generale del Consiglio d'Europa una dichiarazione in cui indichi in quale misura essa si impegna affinché le disposizioni del presente protocollo si applichino a quei territori che sono designati in detta dichiarazione e di cui essa assicura le relazioni internazionali.
2. Ciascuna Alta Parte contraente che ha trasmesso una dichiarazione in virtù del paragrafo precedente può, di volta in volta, trasmettere una nuova dichiarazione che modifichi i termini delle dichiarazioni precedenti o che ponga fine alla applicazione delle disposizioni del presente protocollo su un qualsiasi territorio.
3. Una dichiarazione fatta in conformità col presente articolo sarà considerata conforme al paragrafo 1 dell'art. 56 della convenzione.
4. Il territorio di ogni Stato al quale si applica il presente protocollo in virtù della sua ratifica o della sua accettazione da parte di detto Stato, e ciascuno dei territori ai quali si applica il protocollo in virtù di una dichiarazione sottoscritta da detto Stato conformemente al presente articolo saranno considerati come territori distinti ai fini dei riferimenti al territorio di uno Stato fatti dagli articoli 2 e 3.
5. Ogni Stato che ha reso una dichiarazione in conformità con il paragrafo 1 e 2 del presente articolo può in qualsiasi successivo momento, dichiarare relativamente ad uno o più dei territori indicati in tale dichiarazione, che accetta la competenza della Corte a giudicare i ricorsi di persone fisiche, di organizzazioni non governative o di gruppi di privati, come previsto dall'articolo 34 della Convenzione a titolo degli articoli da 1 a 4 del presente Protocollo o di alcuni tra di essi.

• La rubrica è stata inserita dal Protocollo n. 11. Il § 3 è stato così modificato dal Protocollo n. 11. Il § 5 è stato aggiunto dal Protocollo n. 11.

6. Relazioni con la Convenzione. 1. Le Alte Parti contraenti considereranno gli articoli da 1 a 5 del presente protocollo come articoli aggiuntivi alla convenzione e, di conseguenza, saranno applicate tutte le disposizioni della convenzione.
2. [Soppresso].

• Il § 2 è stato soppresso dal Protocollo n. 11.

7. Firma e ratifica. 1. Il presente protocollo è aperto alla firma dei Membri del Consiglio d'Europa, firmatari della convenzione; esso sarà ratificato contemporaneamente alla convenzione o dopo la ratifica di quest'ultima. Entrerà in vigore dopo il deposito dei cinque strumenti di ratifica. Per ogni firmatario che lo ratificherà successivamente, il protocollo entrerà in vigore dal momento del deposito dello strumento di ratifica.
2. Gli strumenti di ratifica saranno depositati presso il Segretario generale del Consiglio d'Europa che notificherà a tutti i membri i nomi di coloro che l'avranno ratificata.

PROTOCOLLO N. 6

ALLA CONVENZIONE PER LA SALVAGUARDIA DEI DIRITTI DELL'UOMO E DELLE LIBERTÀ FONDAMENTALI RELATIVO ALL'ABOLIZIONE DELLA PENA DI MORTE

• Adottato a Strasburgo il 28.4.1983; reso esecutivo con l. 2.1.1989, n. 8.

1. Abolizione della pena di morte. La pena di morte è abolita. Nessuno può essere condannato a tale pena, né giustiziato.

2. Pena di morte in tempo di guerra. Uno Stato può prevedere nella sua legislazione la pena di morte per atti commessi in tempo di guerra o di pericolo imminente di guerra: una tale pena sarà applicata solo nei casi previsti dalla detta legislazione e conformemente alle sue disposizioni. Questo Stato comunicherà al Segretario Generale del Consiglio d'Europa le disposizioni in materia della suddetta legislazione.

3. Divieto di deroghe. Non è autorizzata alcuna deroga alle disposizioni del presente Protocollo ai sensi dell'art. 15 della Convenzione.

4. Divieto di riserve. Non è ammessa alcuna riserva alle disposizioni del presente Protocollo ai sensi dell'art. 57 della Convenzione.

5. Applicazione territoriale. 1. Ciascuno Stato può, al momento della firma o del deposito del suo strumento di ratifica, di accettazione o di approvazione, indicare il o i territori ai quali sarà applicato il presente Protocollo.
2. Ciascuno Stato può, in qualsiasi momento successivo, mediante dichiarazione indirizzata al Segretario Generale del Consiglio d'Europa, estendere l'applicazione del presente Protocollo a qualsiasi altro territorio indicato nella dichiarazione. Il Protocollo entrerà in vigore riguardo a questo territorio il primo giorno del mese successivo alla data di ricezione della dichiarazione da parte del Segretario Generale.
3. Ogni dichiarazione effettuata ai termini dei due paragrafi precedenti potrà essere ritirata, per quanto riguarda ciascun territorio indicato nella dichiarazione, mediante notifica indirizzata al Segretario Generale. Il ritiro avrà effetto dal primo giorno del mese successivo alla data di ricezione della notifica da parte del Segretario Generale.

6. Relazioni con la Convenzione. Gli Stati Parte considerano gli articoli da 1 a 5 del presente Protocollo come articoli addizionali alla Convenzione e si applicano di conseguenza tutte le disposizioni della Convenzione.

7. Firma e ratifica. Il presente Protocollo è aperto alla firma degli Stati membri del Consiglio d'Europa, firmatari della Convenzione. Esso sarà sottoposto a ratifica, accettazione o approvazione. Uno Stato membro del Consiglio d'Europa non potrà ratificare, accettare o approvare il presente Protocollo a meno che non abbia contemporaneamente o in precedenza ratificato la Convenzione. Gli strumenti di ratifica, di accettazione o di approvazione, saranno depositati presso il Segretario Generale del Consiglio d'Europa.

8. Entrata in vigore. 1. Il presente Protocollo entrerà in vigore il primo giorno del mese successivo alla data in cui cinque Stati membri del Consiglio d'Europa avranno espresso il loro consenso ad essere vincolati dal Protocollo, in conformità alle disposizioni dell'articolo 7.

2. Per ogni Stato membro che esprima successivamente il suo consenso ad essere vincolato dal Protocollo, questo entrerà in vigore il primo giorno del mese successivo alla data del deposito dello strumento di ratifica, di accettazione o di approvazione.

9. Funzioni del depositario. Il Segretario Generale del Consiglio d'Europa notificherà agli Stati membri del Consiglio:

a) ogni firma;

b) il deposito di ogni strumento di ratifica, di accettazione o di approvazione;

c) ogni data di entrata in vigore del presente Protocollo in conformità ai suoi articoli 5 e 8;

d) ogni altro atto, notifica o comunicazione relativa al presente Protocollo.

PROTOCOLLO N. 7
ALLA CONVENZIONE PER LA SALVAGUARDIA DEI DIRITTI DELL'UOMO E DELLE LIBERTÀ FONDAMENTALI

• Adottato a Strasburgo il 22.11.1984; reso esecutivo con l. 9.4.1990, n. 98.

1. Garanzie procedurali in caso di espulsione di stranieri. 1. Uno straniero legalmente residente nel territorio di uno Stato non ne può essere espulso, se non a seguito di un provvedimento adottato ai sensi di legge e sarà autorizzato:

a) a far valere le sue ragioni contro la sua espulsione,

b) a far esaminare il suo caso, e

c) a farsi rappresentare a tale scopo innanzi all'autorità competente o a una o a più persone designate dalla citata autorità.

2. Uno straniero può essere espulso prima che possa esercitare i diritti di cui al paragrafo 1 *a*), *b*) e *c*) del presente articolo quando tale espulsione si rende necessaria nell'interesse dell'ordine pubblico o è motivata da ragioni di sicurezza nazionale.

2. Diritto ad un doppio grado di giudizio in materia penale. 1. Chiunque venga dichiarato colpevole di una infrazione penale da un tribunale ha il diritto di sottoporre ad un tribunale della giurisdizione superiore la dichiarazione di colpa o la condanna. L'esercizio di questo diritto, ivi inclusi i motivi per cui esso può essere invocato, sarà stabilito per legge.

2. Tale diritto potrà essere oggetto di eccezioni in caso di infrazioni minori come stabilito dalla legge o in casi nei quali la persona interessata sia stata giudicata in prima istanza da un tribu-

nale della giurisdizione più elevata o sia stata dichiarata colpevole e condannata a seguito di un ricorso avverso il suo proscioglimento.

3. Diritto di risarcimento in caso di errore giudiziario. Allorché una condanna penale definitiva viene annullata o la grazia viene accordata poiché nuovi elementi o nuove rivelazioni comprovano un errore giudiziario, la persona che ha subìto una pena in ragione di tale condanna verrà indennizzata conformemente alla legge o agli usi in vigore nello Stato interessato, a meno che non venga provato che il fatto di non aver rivelato in tempo utile gli elementi non conosciuti sia totalmente o parzialmente imputabile alla stessa.

4. Diritto a non essere giudicato o punito due volte. 1. Nessuno potrà essere perseguito o condannato penalmente dalla giurisdizione dello stesso Stato per un'infrazione per cui è già stato scagionato o condannato a seguito di una sentenza definitiva conforme alla legge ed alla procedura penale di tale Stato.

2. Le disposizioni di cui al paragrafo precedente non impediranno la riapertura del processo, conformemente alla legge ed alla procedura penale dello Stato interessato, se dei fatti nuovi o degli elementi nuovi o un vizio fondamentale nella procedura antecedente avrebbero potuto condizionare l'esito del caso.

3. Nessuna deroga a questo articolo può essere autorizzata ai sensi dell'art. 15 della Convenzione.

5. Parità tra i coniugi. I coniugi godranno dell'uguaglianza di diritti e di responsabilità di carattere civilistico tra loro e nelle loro relazioni con i loro figli, in caso di matrimonio, durante il matrimonio e dopo la fine del matrimonio stesso. Questo articolo non impedirà allo Stato di adottare le misure necessarie per la tutela degli interessi dei figli.

6. Applicazione territoriale. 1. Qualsiasi Stato al momento della firma o al momento del deposito del suo strumento di ratifica, di accettazione o approvazione, può indicare il territorio o i territori cui si applicherà il presente Protocollo e specificare la misura con cui si impegna affinché le disposizioni del presente Protocollo trovino applicazione in tale territorio o territori.

2. Qualsiasi Stato può, in seguito, mediante una dichiarazione indirizzata al Segretario generale del Consiglio d'Europa, estendere l'applicazione del presente Protocollo a qualsiasi altro territorio specificato nella dichiarazione. Per quanto concerne tale territorio il Protocollo entrerà in vigore il primo giorno del mese successivo alla scadenza di mesi due dalla data di ricezione della dichiarazione da parte del Segretario generale.

3. Qualsiasi dichiarazione fatta in virtù dei due paragrafi precedenti potrà essere ritirata o modificata per quel che concerne ogni territorio menzionato in detta dichiarazione, mediante notifica indirizzata al Segretario generale. Il ritiro o la modifica avrà effetto esecutivo a decorrere dal primo giorno del mese successivo alla scadenza di un periodo di mesi due dopo la data di ricezione della notifica da parte del Segretario generale.

4. Una dichiarazione resa conformemente al presente articolo sarà considerata come se fosse stata resa conformemente al paragrafo 1 dell'art. 56 della Convenzione.

5. Il territorio di qualsiasi Stato cui questo Protocollo si applica in virtù della sua ratifica, della sua accettazione o della sua approvazione da parte dello Stato citato, e ciascuno dei territori cui il Protocollo si applica in virtù di una dichiarazione sottoscritta dal citato Stato conformemente a questo articolo, possono essere considerati territori distinti ai fini del riferimento di cui all'art. 1 concernente il territorio di uno Stato.

6. Ogni Stato che ha reso una dichiarazione in conformità con il paragrafo 1 o 2 del presente articolo può in qualsiasi successivo momento, dichiarare relativamente ad uno o più dei territori indicati in tale dichiarazione, che accetta la competenza della Corte a giudicare i ricorsi di persone fisiche, di organizzazioni non governative o di gruppi di privati, come previsto dall'articolo 34 della Convenzione a titolo degli articoli 1 a 5 del presente Protocollo.

• Il § 6 è stato aggiunto dal Protocollo n. 11.

7. Relazioni con la Convenzione. 1. Gli Stati contraenti considerano le disposizioni degli articoli da 1 a 6 del presente Protocollo quali articoli aggiuntivi alla Convenzione e tutte le disposizioni della Convenzione si applicano di conseguenza.

2. [Soppresso].

• Il § 2 è stato soppresso dal Protocollo n. 11.

8. Firma e ratifica. Il presente Protocollo è aperto alla firma degli Stati membri del Consiglio d'Europa firmatari della Convenzione. Esso sarà sottoposto a ratifica, accettazione o approvazione. Uno Stato membro del Consiglio d'Europa non può ratificare, accettare o approvare il presente Protocollo senza aver simultaneamente o anteriormente ratificato la Convenzione. Gli strumenti di ratifica, di accettazione o di approvazione saranno depositati presso il Segretario generale del Consiglio d'Europa.

9. Entrata in vigore. 1. Il presente Protocollo entrerà in vigore il primo giorno del mese successivo alla scadenza del periodo di due mesi dopo la data in cui sette Stati membri del Consiglio d'Europa avranno espresso il loro consenso al Protocollo secondo le disposizioni di cui all'art. 8.

2. Per tutti gli Stati membri che esprimeranno ulteriormente il loro consenso al Protocollo, esso entrerà in vigore a datare dal primo giorno del mese successivo alla scadenza di un periodo di due mesi dopo la data del deposito degli strumenti di ratifica, di accettazione o di approvazione.

10. Funzioni del depositario. Il Segretario generale del Consiglio d'Europa notificherà a tutti gli Stati membri del Consiglio d'Europa:

a) tutte le firme;

b) il deposito di qualsiasi strumento di ratifica, di accettazione o di approvazione;

c) la data di entrata in vigore del presente Protocollo ai sensi degli articoli 6 e 9;

d) qualsiasi altro atto, notifica o dichiarazione concernente il presente Protocollo.

PROTOCOLLO N. 13

ALLA CONVENZIONE PER LA SALVAGUARDIA DEI DIRITTI DELL'UOMO E DELLE LIBERTÀ FONDAMENTALI, RELATIVO ALL'ABOLIZIONE DELLA PENA DI MORTE IN TUTTE LE CIRCOSTANZE

• Adottato a Vilnius, il 3.5.2002; reso esecutivo con l. 15.10.2008, n. 179.

1. Abolizione della pena di morte. La pena di morte è abolita. Nessuno può essere condannato a tale pena, né può essere giustiziato.

2. Divieto di deroghe. Non è ammessa alcuna deroga alle disposizioni del presente Protocollo in virtù dell'articolo 15 della Convenzione.

3. Divieto di riserva. Non è ammessa alcuna riserva alle disposizioni del presente Protocollo in virtù dell'articolo 57 della Convenzione.

4. Applicazione territoriale. 1. Qualsiasi Stato può, al momento della firma o del deposito del suo strumento di ratifica, accettazione o approvazione, specificare il territorio o i territori ai quali si applicherà il presente Protocollo.

2. Qualsiasi Stato può, in ogni altro momento successivo, mediante una dichiarazione indirizzata al Segretario generale del Consiglio d'Europa, estendere l'applicazione del presente Protocollo a qualsiasi altro territorio specificato nella dichiarazione. Il Protocollo entrerà in vigore nei

confronti di tale territorio il primo giorno del mese successivo allo scadere di un periodo di tre mesi dalla data di ricezione della dichiarazione da parte del Segretario generale.

3. Qualsiasi dichiarazione resa in virtù dei due paragrafi precedenti potrà essere ritirata o modificata relativamente a qualsiasi territorio specificato in questa dichiarazione mediante notifica indirizzata al Segretario generale. Il ritiro o la modifica avrà effetto a decorrere dal primo giorno del mese successivo allo scadere di un periodo di tre mesi dalla data di ricezione della notifica da parte del Segretario generale.

5. Relazioni con la Convenzione. Gli Stati contraenti considereranno gli articoli da 1 a 4 del presente Protocollo come articoli aggiuntivi alla Convenzione, e tutte le disposizioni della Convenzione si applicheranno di conseguenza.

6. Firma e ratifica. Il presente Protocollo è aperto alla firma degli Stati membri del Consiglio d'Europa che hanno firmato la Convenzione. È soggetto a ratifica, accettazione o approvazione. Uno Stato membro del Consiglio d'Europa non può ratificare, accettare o approvare il presente Protocollo senza avere ratificato contemporaneamente o precedentemente la Convenzione. Gli strumenti di ratifica, accettazione o approvazione verranno depositati presso il Segretario generale del Consiglio d'Europa.

7. Entrata in vigore. 1. Il presente Protocollo entrerà in vigore il primo giorno del mese successivo allo scadere di un periodo di tre mesi dalla data in cui dieci Stati membri del Consiglio d'Europa avranno espresso il loro consenso a essere vincolati dal presente Protocollo conformemente alle disposizioni del suo articolo 6.

2. Per qualsiasi Stato membro che esprimerà successivamente il proprio consenso a essere vincolato dal presente Protocollo, questo entrerà in vigore il primo giorno del mese successivo allo scadere di un periodo di tre mesi dalla data di deposito dello strumento di ratifica, accettazione o approvazione.

8. Funzioni del depositario. Il Segretario generale del Consiglio d'Europa notificherà a tutti gli Stati membri del Consiglio d'Europa:

a) qualsiasi firma;

b) il deposito di qualsiasi strumento di ratifica, accettazione o approvazione;

c) qualsiasi data di entrata in vigore del presente Protocollo conformemente ai suoi articoli 4 e 7;

d) qualsiasi altro atto, notifica o comunicazione relativi al presente Protocollo.

Carta dei diritti fondamentali dell'Unione europea

• Firmata a Strasburgo il 12.12.2007 (G.U.U.E. 14.12.2007, C 303). L'attuale testo, pubblicato in G.U. 23.9.2008, n. 223, riprende, adattandola, la Carta proclamata a Nizza il 7.12.2000 e la sostituisce a decorrere dall'entrata in vigore del Trattato di Lisbona (1.12.2009). La Carta, a norma dell'art. 6 T.u.e., «ha lo stesso valore giuridico dei Trattati».

Titolo I
DIGNITÀ

1. Dignità umana. La dignità umana è inviolabile. Essa deve essere rispettata e tutelata.

2. Diritto alla vita. 1. Ogni persona ha diritto alla vita.

2. Nessuno può essere condannato alla pena di morte, né giustiziato.

3. Diritto all'integrità della persona. 1. Ogni persona ha diritto alla propria integrità fisica e psichica.

2. Nell'ambito della medicina e della biologia devono essere in particolare rispettati:

a) il consenso libero e informato della persona interessata, secondo le modalità definite dalla legge,

b) il divieto delle pratiche eugenetiche, in particolare di quelle aventi come scopo la selezione delle persone,

c) il divieto di fare del corpo umano e delle sue parti in quanto tali una fonte di lucro,

d) il divieto della clonazione riproduttiva degli esseri umani.

4. Proibizione della tortura e delle pene o trattamenti inumani o degradanti. Nessuno può essere sottoposto a tortura, né a pene o trattamenti inumani o degradanti.

5. Proibizione della schiavitù e del lavoro forzato. 1. Nessuno può essere tenuto in condizioni di schiavitù o di servitù.

2. Nessuno può essere costretto a compiere un lavoro forzato o obbligatorio.

3. È proibita la tratta degli esseri umani.

Titolo II
LIBERTÀ

6. Diritto alla libertà e alla sicurezza. Ogni persona ha diritto alla libertà e alla sicurezza.

7. Rispetto della vita privata e della vita familiare. Ogni persona ha diritto al rispetto della propria vita privata e familiare, del proprio domicilio e delle proprie comunicazioni.

8. Protezione dei dati di carattere personale. 1. Ogni persona ha diritto alla protezione dei dati di carattere personale che la riguardano.

2. Tali dati devono essere trattati secondo il principio di lealtà, per finalità determinate e in base al consenso della persona interessata o a un altro fondamento legittimo previsto dalla legge. Ogni persona ha il diritto di accedere ai dati raccolti che la riguardano e di ottenerne la rettifica.

3. Il rispetto di tali regole è soggetto al controllo di un'autorità indipendente.

9. Diritto di sposarsi e di costituire una famiglia. Il diritto di sposarsi e il diritto di costituire una famiglia sono garantiti secondo le leggi nazionali che ne disciplinano l'esercizio.

10. Libertà di pensiero, di coscienza e di religione. 1. Ogni persona ha diritto alla libertà di pensiero, di coscienza e di religione. Tale diritto include la libertà di cambiare religione o convinzione, così come la libertà di manifestare la propria religione o la propria convinzione individualmente o collettivamente, in pubblico o in privato, mediante il culto, l'insegnamento, le pratiche e l'osservanza dei riti.

2. Il diritto all'obiezione di coscienza è riconosciuto secondo le leggi nazionali che ne disciplinano l'esercizio.

11. Libertà di espressione e d'informazione. 1. Ogni persona ha diritto alla libertà di espressione. Tale diritto include la libertà di opinione e la libertà di ricevere o di comunicare informazioni o idee senza che vi possa essere ingerenza da parte delle autorità pubbliche e senza limiti di frontiera.

2. La libertà dei media e il loro pluralismo sono rispettati.

12. Libertà di riunione e di associazione. 1. Ogni persona ha diritto alla libertà di riunione pacifica e alla libertà di associazione a tutti i livelli, segnatamente in campo politico, sindacale e civico, il che implica il diritto di ogni persona di fondare sindacati insieme con altri e di aderirvi per la difesa dei propri interessi.

2. I partiti politici a livello dell'Unione contribuiscono a esprimere la volontà politica dei cittadini dell'Unione.

13. Libertà delle arti e delle scienze. Le arti e la ricerca scientifica sono libere. La libertà accademica è rispettata.

14. Diritto all'istruzione. 1. Ogni persona ha diritto all'istruzione e all'accesso alla formazione professionale e continua.

2. Questo diritto comporta la facoltà di accedere gratuitamente all'istruzione obbligatoria.

3. La libertà di creare istituti di insegnamento nel rispetto dei principi democratici, così come il diritto dei genitori di provvedere all'educazione e all'istruzione dei loro figli secondo le loro convinzioni religiose, filosofiche e pedagogiche, sono rispettati secondo le leggi nazionali che ne disciplinano l'esercizio.

15. Libertà professionale e diritto di lavorare. 1. Ogni persona ha il diritto di lavorare e di esercitare una professione liberamente scelta o accettata.

2. Ogni cittadino dell'Unione ha la libertà di cercare un lavoro, di lavorare, di stabilirsi o di prestare servizi in qualunque Stato membro.

3. I cittadini dei paesi terzi che sono autorizzati a lavorare nel territorio degli Stati membri hanno diritto a condizioni di lavoro equivalenti a quelle di cui godono i cittadini dell'Unione.

16. Libertà d'impresa. È riconosciuta la libertà d'impresa, conformemente al diritto dell'Unione e alle legislazioni e prassi nazionali.

17. Diritto di proprietà. 1. Ogni persona ha il diritto di godere della proprietà dei beni che ha acquisito legalmente, di usarli, di disporne e di lasciarli in eredità. Nessuna persona può essere privata della proprietà se non per causa di pubblico interesse, nei casi e nei modi previsti dalla legge e contro il pagamento in tempo utile di una giusta indennità per la perdita della stessa. L'uso dei beni può essere regolato dalla legge nei limiti imposti dall'interesse generale.

2. La proprietà intellettuale è protetta.

18. Diritto di asilo. Il diritto di asilo è garantito nel rispetto delle norme stabilite dalla convenzione di Ginevra del 28 luglio 1951 e dal protocollo del 31 gennaio 1967, relativi allo *status* dei rifugiati, e a norma del trattato sull'Unione europea e del trattato sul funzionamento dell'Unione europea (in appresso denominati «i trattati»).

19. Protezione in caso di allontanamento, di espulsione e di estradizione. 1. Le espulsioni collettive sono vietate.

2. Nessuno può essere allontanato, espulso o estradato verso uno Stato in cui esiste un rischio serio di essere sottoposto alla pena di morte, alla tortura o ad altre pene o trattamenti inumani o degradanti.

Titolo III
UGUAGLIANZA

20. Uguaglianza davanti alla legge. Tutte le persone sono uguali davanti alla legge.

21. Non discriminazione. 1. È vietata qualsiasi forma di discriminazione fondata, in particolare, sul sesso, la razza, il colore della pelle o l'origine etnica o sociale, le caratteristiche genetiche, la lingua, la religione o le convinzioni personali, le opinioni politiche o di qualsiasi altra natura, l'appartenenza ad una minoranza nazionale, il patrimonio, la nascita, la disabilità, l'età o l'orientamento sessuale.

2. Nell'ambito d'applicazione dei trattati e fatte salve disposizioni specifiche in essi contenute, è vietata qualsiasi discriminazione in base alla nazionalità.

22. Diversità culturale, religiosa e linguistica. L'Unione rispetta la diversità culturale, religiosa e linguistica.

23. Parità tra donne e uomini. La parità tra donne e uomini deve essere assicurata in tutti i campi, compreso in materia di occupazione, di lavoro e di retribuzione.

Il principio della parità non osta al mantenimento o all'adozione di misure che prevedano vantaggi specifici a favore del sesso sottorappresentato.

24. Diritti del minore. 1. I minori hanno diritto alla protezione e alle cure necessarie per il loro benessere. Essi possono esprimere liberamente la propria opinione. Questa viene presa in considerazione sulle questioni che li riguardano in funzione della loro età e della loro maturità.

2. In tutti gli atti relativi ai minori, siano essi compiuti da autorità pubbliche o da istituzioni private, l'interesse superiore del minore deve essere considerato preminente.

3. Il minore ha diritto di intrattenere regolarmente relazioni personali e contatti diretti con i due genitori, salvo qualora ciò sia contrario al suo interesse.

25. Diritti degli anziani. L'Unione riconosce e rispetta il diritto degli anziani di condurre una vita dignitosa e indipendente e di partecipare alla vita sociale e culturale.

26. Inserimento delle persone con disabilità. L'Unione riconosce e rispetta il diritto delle persone con disabilità di beneficiare di misure intese a garantirne l'autonomia, l'inserimento sociale e professionale e la partecipazione alla vita della comunità.

Titolo IV
SOLIDARIETÀ

27. Diritto dei lavoratori all'informazione e alla consultazione nell'ambito dell'impresa. Ai lavoratori o ai loro rappresentanti devono essere garantite, ai livelli appropriati, l'informazione e la consultazione in tempo utile nei casi e alle condizioni previsti dal diritto dell'Unione e dalle legislazioni e prassi nazionali.

28. Diritto di negoziazione e di azioni collettive. I lavoratori e i datori di lavoro, o le rispettive organizzazioni, hanno, conformemente al diritto dell'Unione e alle legislazioni e prassi nazionali, il diritto di negoziare e di concludere contratti collettivi, ai livelli appropriati, e di ricorrere, in caso di conflitti di interessi, ad azioni collettive per la difesa dei loro interessi, compreso lo sciopero.

29. Diritto di accesso ai servizi di collocamento. Ogni persona ha il diritto di accedere a un servizio di collocamento gratuito.

30. Tutela in caso di licenziamento ingiustificato. Ogni lavoratore ha il diritto alla tutela contro ogni licenziamento ingiustificato, conformemente al diritto dell'Unione e alle legislazioni e prassi nazionali.

31. Condizioni di lavoro giuste ed eque. 1. Ogni lavoratore ha diritto a condizioni di lavoro sane, sicure e dignitose.
2. Ogni lavoratore ha diritto a una limitazione della durata massima del lavoro, a periodi di riposo giornalieri e settimanali e a ferie annuali retribuite.

32. Divieto del lavoro minorile e protezione dei giovani sul luogo di lavoro. 1. Il lavoro minorile è vietato. L'età minima per l'ammissione al lavoro non può essere inferiore all'età in cui termina la scuola dell'obbligo, fatte salve le norme più favorevoli ai giovani ed eccettuate deroghe limitate.
2. I giovani ammessi al lavoro devono beneficiare di condizioni di lavoro appropriate alla loro età ed essere protetti contro lo sfruttamento economico o contro ogni lavoro che possa minarne la sicurezza, la salute, lo sviluppo fisico, psichico, morale o sociale o che possa mettere a rischio la loro istruzione.

33. Vita familiare e vita professionale. 1. È garantita la protezione della famiglia sul piano giuridico, economico e sociale.
2. Al fine di poter conciliare vita familiare e vita professionale, ogni persona ha il diritto di essere tutelata contro il licenziamento per un motivo legato alla maternità e il diritto a un congedo di maternità retribuito e a un congedo parentale dopo la nascita o l'adozione di un figlio.

34. Sicurezza sociale e assistenza sociale. 1. L'Unione riconosce e rispetta il diritto di accesso alle prestazioni di sicurezza sociale e ai servizi sociali che assicurano protezione in casi quali la maternità, la malattia, gli infortuni sul lavoro, la dipendenza o la vecchiaia, oltre che in caso di perdita del posto di lavoro, secondo le modalità stabilite dal diritto dell'Unione e le legislazioni e prassi nazionali.
2. Ogni persona che risieda o si sposti legalmente all'interno dell'Unione ha diritto alle prestazioni di sicurezza sociale e ai benefici sociali, conformemente al diritto dell'Unione e alle legislazioni e prassi nazionali.
3. Al fine di lottare contro l'esclusione sociale e la povertà, l'Unione riconosce e rispetta il diritto all'assistenza sociale e all'assistenza abitativa volte a garantire un'esistenza dignitosa a tutti coloro che non dispongano di risorse sufficienti, secondo le modalità stabilite dal diritto dell'Unione e le legislazioni e prassi nazionali.

35. Protezione della salute. Ogni persona ha il diritto di accedere alla prevenzione sanitaria e di ottenere cure mediche alle condizioni stabilite dalle legislazioni e prassi nazionali. Nella definizione e nell'attuazione di tutte le politiche ed attività dell'Unione è garantito un livello elevato di protezione della salute umana.

36. Accesso ai servizi d'interesse economico generale. Al fine di promuovere la coesione sociale e territoriale dell'Unione, questa riconosce e rispetta l'accesso ai servizi d'interesse economico generale quale previsto dalle legislazioni e prassi nazionali, conformemente ai trattati.

37. Tutela dell'ambiente. Un livello elevato di tutela dell'ambiente e il miglioramento della sua qualità devono essere integrati nelle politiche dell'Unione e garantiti conformemente al principio dello sviluppo sostenibile.

38. Protezione dei consumatori. Nelle politiche dell'Unione è garantito un livello elevato di protezione dei consumatori.

Titolo V
CITTADINANZA

39. Diritto di voto e di eleggibilità alle elezioni del Parlamento europeo. 1. Ogni cittadino dell'Unione ha il diritto di voto e di eleggibilità alle elezioni del Parlamento europeo nello Stato membro in cui risiede, alle stesse condizioni dei cittadini di detto Stato.

2. I membri del Parlamento europeo sono eletti a suffragio universale diretto, libero e segreto.

40. Diritto di voto e di eleggibilità alle elezioni comunali. Ogni cittadino dell'Unione ha il diritto di voto e di eleggibilità alle elezioni comunali nello Stato membro in cui risiede, alle stesse condizioni dei cittadini di detto Stato.

41. Diritto ad una buona amministrazione. 1. Ogni persona ha diritto a che le questioni che la riguardano siano trattate in modo imparziale ed equo ed entro un termine ragionevole dalle istituzioni, organi e organismi dell'Unione.

2. Tale diritto comprende in particolare:

a) il diritto di ogni persona di essere ascoltata prima che nei suoi confronti venga adottato un provvedimento individuale che le rechi pregiudizio,

b) il diritto di ogni persona di accedere al fascicolo che la riguarda, nel rispetto dei legittimi interessi della riservatezza e del segreto professionale e commerciale,

c) l'obbligo per l'amministrazione di motivare le proprie decisioni.

3. Ogni persona ha diritto al risarcimento da parte dell'Unione dei danni cagionati dalle sue istituzioni o dai suoi agenti nell'esercizio delle loro funzioni, conformemente ai principi generali comuni agli ordinamenti degli Stati membri.

4. Ogni persona può rivolgersi alle istituzioni dell'Unione in una delle lingue dei trattati e deve ricevere una risposta nella stessa lingua.

42. Diritto d'accesso ai documenti. Ogni cittadino dell'Unione nonché ogni persona fisica o giuridica che risieda o abbia la sede sociale in uno Stato membro ha il diritto di accedere ai documenti delle istituzioni, organi e organismi dell'Unione, a prescindere dal loro supporto.

43. Mediatore europeo. Ogni cittadino dell'Unione nonché ogni persona fisica o giuridica che risieda o abbia la sede sociale in uno Stato membro ha il diritto di sottoporre al mediatore europeo casi di cattiva amministrazione nell'azione delle istituzioni, organi o organismi dell'Unione, salvo la Corte di giustizia dell'Unione europea nell'esercizio delle sue funzioni giurisdizionali.

44. Diritto di petizione. Ogni cittadino dell'Unione nonché ogni persona fisica o giuridica che risieda o abbia la sede sociale in uno Stato membro ha il diritto di presentare una petizione al Parlamento europeo.

45. Libertà di circolazione e di soggiorno. 1. Ogni cittadino dell'Unione ha il diritto di circolare e di soggiornare liberamente nel territorio degli Stati membri.

2. La libertà di circolazione e di soggiorno può essere accordata, conformemente ai trattati, ai cittadini dei paesi terzi che risiedono legalmente nel territorio di uno Stato membro.

46. Tutela diplomatica e consolare. Ogni cittadino dell'Unione gode, nel territorio di un paese terzo nel quale lo Stato membro di cui ha la cittadinanza non è rappresentato, della tutela delle autorità diplomatiche e consolari di qualsiasi Stato membro, alle stesse condizioni dei cittadini di detto Stato.

Titolo VI
GIUSTIZIA

47. Diritto a un ricorso effettivo e a un giudice imparziale. 1. Ogni persona i cui diritti e le cui libertà garantiti dal diritto dell'Unione siano stati violati ha diritto a un ricorso effettivo dinanzi a un giudice, nel rispetto delle condizioni previste nel presente articolo.

2. Ogni persona ha diritto a che la sua causa sia esaminata equamente, pubblicamente ed entro un termine ragionevole da un giudice indipendente e imparziale, precostituito per legge. Ogni persona ha la facoltà di farsi consigliare, difendere e rappresentare.

3. A coloro che non dispongono di mezzi sufficienti è concesso il patrocinio a spese dello Stato, qualora ciò sia necessario per assicurare un accesso effettivo alla giustizia.

48. Presunzione di innocenza e diritti della difesa. 1. Ogni imputato è considerato innocente fino a quando la sua colpevolezza non sia stata legalmente provata.

2. Il rispetto dei diritti della difesa è garantito ad ogni imputato.

49. Principi della legalità e della proporzionalità dei reati e delle pene. 1. Nessuno può essere condannato per un'azione o un'omissione che, al momento in cui è stata commessa, non costituiva reato secondo il diritto interno o il diritto internazionale. Parimenti, non può essere inflitta una pena più grave di quella applicabile al momento in cui il reato è stato commesso. Se, successivamente alla commissione del reato, la legge prevede l'applicazione di una pena più lieve, occorre applicare quest'ultima.

2. Il presente articolo non osta al giudizio e alla condanna di una persona colpevole di un'azione o di un'omissione che, al momento in cui è stata commessa, costituiva un crimine secondo i principi generali riconosciuti da tutte le nazioni.

3. Le pene inflitte non devono essere sproporzionate rispetto al reato.

50. Diritto di non essere giudicato o punito due volte per lo stesso reato. Nessuno può essere perseguito o condannato per un reato per il quale è già stato assolto o condannato nell'Unione a seguito di una sentenza penale definitiva conformemente alla legge.

Titolo VII
DISPOSIZIONI GENERALI CHE DISCIPLINANO L'INTERPRETAZIONE E L'APPLICAZIONE DELLA CARTA

51. Ambito di applicazione. 1. Le disposizioni della presente Carta si applicano alle istituzioni, organi e organismi dell'Unione nel rispetto del principio di sussidiarietà, come pure agli Stati membri esclusivamente nell'attuazione del diritto dell'Unione. Pertanto, i suddetti soggetti rispettano i diritti, osservano i principi e ne promuovono l'applicazione secondo le rispettive competenze e nel rispetto dei limiti delle competenze conferite all'Unione nei trattati.

2. La presente Carta non estende l'ambito di applicazione del diritto dell'Unione al di là delle competenze dell'Unione, né introduce competenze nuove o compiti nuovi per l'Unione, né modifica le competenze e i compiti definiti nei trattati.

52. Portata e interpretazione dei diritti e dei principi. 1. Eventuali limitazioni all'esercizio dei diritti e delle libertà riconosciuti dalla presente Carta devono essere previste dalla legge e rispettare il contenuto essenziale di detti diritti e libertà. Nel rispetto del principio di proporzionalità, possono essere apportate limitazioni solo laddove siano necessarie e rispondano effettivamente a finalità di interesse generale riconosciute dall'Unione o all'esigenza di proteggere i diritti e le libertà altrui.

2. I diritti riconosciuti dalla presente Carta per i quali i trattati prevedono disposizioni si esercitano alle condizioni e nei limiti dagli stessi definiti.

3. Laddove la presente Carta contenga diritti corrispondenti a quelli garantiti dalla Convenzione europea per la salvaguardia dei Diritti dell'Uomo e delle Libertà fondamentali, il significato e la portata degli stessi sono uguali a quelli conferiti dalla suddetta convenzione. La presente disposizione non preclude che il diritto dell'Unione conceda una protezione più estesa.

4. Laddove la presente Carta riconosca i diritti fondamentali quali risultano dalle tradizioni costituzionali comuni agli Stati membri, tali diritti sono interpretati in armonia con dette tradizioni.

5. Le disposizioni della presente Carta che contengono dei principi possono essere attuate da atti legislativi e esecutivi adottati da istituzioni, organi e organismi dell'Unione e da atti di Stati membri allorché essi danno attuazione al diritto dell'Unione, nell'esercizio delle loro rispettive competenze. Esse possono essere invocate dinanzi a un giudice solo ai fini dell'interpretazione e del controllo di legalità di detti atti.

6. Si tiene pienamente conto delle legislazioni e prassi nazionali, come specificato nella presente Carta.

7. I giudici dell'Unione e degli Stati membri tengono nel debito conto le spiegazioni elaborate al fine di fornire orientamenti per l'interpretazione della presente Carta.

53. Livello di protezione. Nessuna disposizione della presente Carta deve essere interpretata come limitativa o lesiva dei diritti dell'uomo e delle libertà fondamentali riconosciuti, nel rispettivo ambito di applicazione, dal diritto dell'Unione, dal diritto internazionale, dalle convenzioni internazionali delle quali l'Unione o tutti gli Stati membri sono parti, in particolare dalla Convenzione europea per la salvaguardia dei Diritti dell'Uomo e delle Libertà fondamentali, e dalle costituzioni degli Stati membri.

54. Divieto dell'abuso di diritto. Nessuna disposizione della presente Carta deve essere interpretata nel senso di comportare il diritto di esercitare un'attività o compiere un atto che miri a distruggere diritti o libertà riconosciuti nella presente Carta o a imporre a tali diritti e libertà limitazioni più ampie di quelle previste dalla presente Carta.

Trattato sul funzionamento dell'Unione europea (estratto)

• Versione consolidata, pubblicato in G.U.U.E. 26.10.2012, C 326.

1-81. (*Omissis*).

Capo 4
Cooperazione giudiziaria in materia penale

82 (art. 31 T.u.e.). 1. La cooperazione giudiziaria in materia penale nell'Unione è fondata sul principio di riconoscimento reciproco delle sentenze e delle decisioni giudiziarie e include il ravvicinamento delle disposizioni legislative e regolamentari degli Stati membri nei settori di cui al paragrafo 2 e all'articolo 83.

Il Parlamento europeo e il Consiglio, deliberando secondo la procedura legislativa ordinaria, adottano le misure intese a:

a) definire norme e procedure per assicurare il riconoscimento in tutta l'Unione di qualsiasi tipo di sentenza e di decisione giudiziaria;

b) prevenire e risolvere i conflitti di giurisdizione tra gli Stati membri;

c) sostenere la formazione dei magistrati e degli operatori giudiziari;

d) facilitare la cooperazione tra le autorità giudiziarie o autorità omologhe degli Stati membri in relazione all'azione penale e all'esecuzione delle decisioni.

2. Laddove necessario per facilitare il riconoscimento reciproco delle sentenze e delle decisioni giudiziarie e la cooperazione di polizia e giudiziaria nelle materie penali aventi dimensione transnazionale, il Parlamento europeo e il Consiglio possono stabilire norme minime deliberando mediante direttive secondo la procedura legislativa ordinaria. Queste tengono conto delle differenze tra le tradizioni giuridiche e gli ordinamenti giuridici degli Stati membri.

Esse riguardano:

a) l'ammissibilità reciproca delle prove tra gli Stati membri;

b) i diritti della persona nella procedura penale;

c) i diritti delle vittime della criminalità;

d) altri elementi specifici della procedura penale, individuati dal Consiglio in via preliminare mediante una decisione; per adottare tale decisione il Consiglio delibera all'unanimità previa approvazione del Parlamento europeo.

L'adozione delle norme minime di cui al presente paragrafo non impedisce agli Stati membri di mantenere o introdurre un livello più elevato di tutela delle persone.

3. Qualora un membro del Consiglio ritenga che un progetto di direttiva di cui al paragrafo 2 incida su aspetti fondamentali del proprio ordinamento giuridico penale, può chiedere che il Consiglio europeo sia investito della questione. In tal caso la procedura legislativa ordinaria è sospesa. Previa discussione e in caso di consenso, il Consiglio europeo, entro quattro mesi da tale sospensione, rinvia il progetto al Consiglio, ponendo fine alla sospensione della procedura legislativa ordinaria.

Entro il medesimo termine, in caso di disaccordo, e se almeno nove Stati membri desiderano instaurare una cooperazione rafforzata sulla base del progetto di direttiva in questione, essi ne informano il Parlamento europeo, il Consiglio e la Commissione. In tal caso l'autorizzazione a procedere alla cooperazione rafforzata di cui all'articolo 20, paragrafo 2 del trattato sull'Unione europea e all'articolo 329, paragrafo 1 del presente trattato si considera concessa e si applicano le disposizioni sulla cooperazione rafforzata.

83 (art. 31 T.u.e.). 1. Il Parlamento europeo e il Consiglio, deliberando mediante direttive secondo la procedura legislativa ordinaria, possono stabilire norme minime relative alla definizione dei reati e delle sanzioni in sfere di criminalità particolarmente grave che presentano una dimensione transnazionale derivante dal carattere o dalle implicazioni di tali reati o da una particolare necessità di combatterli su basi comuni.

Dette sfere di criminalità sono le seguenti: terrorismo, tratta degli esseri umani e sfruttamento sessuale delle donne e dei minori, traffico illecito di stupefacenti, traffico illecito di armi, riciclaggio di denaro, corruzione, contraffazione di mezzi di pagamento, criminalità informatica e criminalità organizzata.

In funzione dell'evoluzione della criminalità, il Consiglio può adottare una decisione che individua altre sfere di criminalità che rispondono ai criteri di cui al presente paragrafo. Esso delibera all'unanimità previa approvazione del Parlamento europeo.

2. Allorché il ravvicinamento delle disposizioni legislative e regolamentari degli Stati membri in materia penale si rivela indispensabile per garantire l'attuazione efficace di una politica dell'Unione in un settore che è stato oggetto di misure di armonizzazione, norme minime relative alla definizione dei reati e delle sanzioni nel settore in questione possono essere stabilite tramite direttive. Tali direttive sono adottate secondo la stessa procedura legislativa ordinaria o speciale utilizzata per l'adozione delle misure di armonizzazione in questione, fatto salvo l'articolo 76.

3. Qualora un membro del Consiglio ritenga che un progetto di direttiva di cui al paragrafo 1 o 2 incida su aspetti fondamentali del proprio ordinamento giuridico penale, può chiedere che il Consiglio europeo sia investito della questione. In tal caso la procedura legislativa ordinaria è sospesa. Previa discussione e in caso di consenso, il Consiglio europeo, entro quattro mesi da tale sospensione, rinvia il progetto al Consiglio, ponendo fine alla sospensione della procedura legislativa ordinaria.

Entro il medesimo termine, in caso di disaccordo, e se almeno nove Stati membri desiderano instaurare una cooperazione rafforzata sulla base del progetto di direttiva in questione, essi ne informano il Parlamento europeo, il Consiglio e la Commissione. In tal caso l'autorizzazione a procedere alla cooperazione rafforzata di cui all'articolo 20, paragrafo 2 del trattato sull'Unione europea e all'articolo 329, paragrafo 1 del presente trattato si considera concessa e si applicano le disposizioni sulla cooperazione rafforzata.

84. Il Parlamento europeo e il Consiglio, deliberando secondo la procedura legislativa ordinaria, possono stabilire misure per incentivare e sostenere l'azione degli Stati membri nel campo della prevenzione della criminalità, ad esclusione di qualsiasi armonizzazione delle disposizioni legislative e regolamentari degli Stati membri.

85 (art. 31 T.u.e.). 1. Eurojust ha il compito di sostenere e potenziare il coordinamento e la cooperazione tra le autorità nazionali responsabili delle indagini e dell'azione penale contro la criminalità grave che interessa due o più Stati membri o che richiede un'azione penale su basi comuni, sulla scorta delle operazioni effettuate e delle informazioni fornite dalle autorità degli Stati membri e da Europol.

In questo contesto il Parlamento europeo e il Consiglio, deliberando mediante regolamenti secondo la procedura legislativa ordinaria, determinano la struttura, il funzionamento, la sfera d'azione e i compiti di Eurojust. Tali compiti possono comprendere:

a) l'avvio di indagini penali, nonché la proposta di avvio di azioni penali esercitate dalle autorità nazionali competenti, in particolare quelle relative a reati che ledono gli interessi finanziari dell'Unione;

b) il coordinamento di indagini ed azioni penali di cui alla lettera a);

c) il potenziamento della cooperazione giudiziaria, anche attraverso la composizione dei conflitti di competenza e tramite una stretta cooperazione con la Rete giudiziaria europea.

Tali regolamenti fissano inoltre le modalità per associare il Parlamento europeo e i parlamenti nazionali alla valutazione delle attività di Eurojust.

2. Nel contesto delle azioni penali di cui al paragrafo 1, e fatto salvo l'articolo 86, gli atti ufficiali di procedura giudiziaria sono eseguiti dai funzionari nazionali competenti.

86. 1. Per combattere i reati che ledono gli interessi finanziari dell'Unione, il Consiglio, deliberando mediante regolamenti secondo una procedura legislativa speciale, può istituire una Procura europea a partire da Eurojust. Il Consiglio delibera all'unanimità, previa approvazione del Parlamento europeo.

In mancanza di unanimità, un gruppo di almeno nove Stati membri può chiedere che il Consiglio europeo sia investito del progetto di regolamento. In tal caso la procedura in sede di Consiglio è sospesa. Previa discussione e in caso di consenso, il Consiglio europeo, entro quattro mesi da tale sospensione, rinvia il progetto al Consiglio per adozione.

Entro il medesimo termine, in caso di disaccordo, e se almeno nove Stati membri desiderano instaurare una cooperazione rafforzata sulla base del progetto di regolamento in questione, essi ne informano il Parlamento europeo, il Consiglio e la Commissione. In tal caso l'autorizzazione a procedere alla cooperazione rafforzata di cui all'articolo 20, paragrafo 2 del trattato sull'Unione europea e all'articolo 329, paragrafo 1 del presente trattato si considera concessa e si applicano le disposizioni sulla cooperazione rafforzata.

2. La Procura europea è competente per individuare, perseguire e rinviare a giudizio, eventualmente in collegamento con Europol, gli autori di reati che ledono gli interessi finanziari dell'Unione, quali definiti dal regolamento previsto nel paragrafo 1, e i loro complici. Essa esercita l'azione penale per tali reati dinanzi agli organi giurisdizionali competenti degli Stati membri.

3. I regolamenti di cui al paragrafo 1 stabiliscono lo statuto della Procura europea, le condizioni di esercizio delle sue funzioni, le regole procedurali applicabili alle sue attività e all'ammissibilità delle prove e le regole applicabili al controllo giurisdizionale degli atti procedurali che adotta nell'esercizio delle sue funzioni.

4. Il Consiglio europeo può adottare, contemporaneamente o successivamente, una decisione che modifica il paragrafo 1 allo scopo di estendere le attribuzioni della Procura europea alla lotta contro la criminalità grave che presenta una dimensione transnazionale, e che modifica di conseguenza il paragrafo 2 per quanto riguarda gli autori di reati gravi con ripercussioni in più Stati membri e i loro complici. Il Consiglio europeo delibera all'unanimità previa approvazione del Parlamento europeo e previa consultazione della Commissione.

Capo 5
Cooperazione di polizia

87 (art. 30 T.u.e.). 1. L'Unione sviluppa una cooperazione di polizia che associa tutte le autorità competenti degli Stati membri, compresi i servizi di polizia, i servizi delle dogane e altri servizi incaricati dell'applicazione della legge specializzati nel settore della prevenzione o dell'individuazione dei reati e delle relative indagini.

2. Ai fini del paragrafo 1, il Parlamento europeo e il Consiglio, deliberando secondo la procedura legislativa ordinaria, possono stabilire misure riguardanti:

a) la raccolta, l'archiviazione, il trattamento, l'analisi e lo scambio delle pertinenti informazioni;

b) un sostegno alla formazione del personale e la cooperazione relativa allo scambio di personale, alle attrezzature e alla ricerca in campo criminologico;

c) le tecniche investigative comuni ai fini dell'individuazione di forme gravi di criminalità organizzata.

3. Il Consiglio, deliberando secondo una procedura legislativa speciale, può stabilire misure riguardanti la cooperazione operativa tra le autorità di cui al presente articolo. Il Consiglio delibera all'unanimità previa consultazione del Parlamento europeo.

In mancanza di unanimità, un gruppo di almeno nove Stati membri può chiedere che il Consiglio europeo sia investito del progetto di misure. In tal caso la procedura in sede di Consiglio è sospesa. Previa discussione e in caso di consenso, il Consiglio europeo, entro quattro mesi da tale sospensione, rinvia il progetto al Consiglio per adozione.

Entro il medesimo termine, in caso di disaccordo, e se almeno nove Stati membri desiderano instaurare una cooperazione rafforzata sulla base del progetto di misure in questione, essi ne informano il Parlamento europeo, il Consiglio e la Commissione. In tal caso l'autorizzazione a procedere alla cooperazione rafforzata di cui all'articolo 20, paragrafo 2 del trattato sull'Unione europea e all'articolo 329, paragrafo 1 del presente trattato si considera concessa e si applicano le disposizioni sulla cooperazione rafforzata.

La procedura specifica di cui al secondo e al terzo comma non si applica agli atti che costituiscono uno sviluppo dell'acquis di Schengen.

88 (art. 30 T.u.e.). 1. Europol ha il compito di sostenere e potenziare l'azione delle autorità di polizia e degli altri servizi incaricati dell'applicazione della legge degli Stati membri e la reciproca collaborazione nella prevenzione e lotta contro la criminalità grave che interessa due o più Stati membri, il terrorismo e le forme di criminalità che ledono un interesse comune oggetto di una politica dell'Unione.

2. Il Parlamento europeo e il Consiglio, deliberando mediante regolamenti secondo la procedura legislativa ordinaria, determinano la struttura, il funzionamento, la sfera d'azione e i compiti di Europol. Tali compiti possono comprendere:

a) la raccolta, l'archiviazione, il trattamento, l'analisi e lo scambio delle informazioni trasmesse, in particolare dalle autorità degli Stati membri o di paesi o organismi terzi;

b) il coordinamento, l'organizzazione e lo svolgimento di indagini e di azioni operative, condotte congiuntamente con le autorità competenti degli Stati membri o nel quadro di squadre investigative comuni, eventualmente in collegamento con Eurojust.

Tali regolamenti fissano inoltre le modalità di controllo delle attività di Europol da parte del Parlamento europeo, controllo cui sono associati i parlamenti nazionali.

3. Qualsiasi azione operativa di Europol deve essere condotta in collegamento e d'intesa con le autorità dello Stato membro o degli Stati membri di cui interessa il territorio. L'applicazione di misure coercitive è di competenza esclusiva delle pertinenti autorità nazionali.

89 (art. 32 T.u.e.). Il Consiglio, deliberando secondo una procedura legislativa speciale, stabilisce le condizioni e i limiti entro i quali le autorità competenti degli Stati membri di cui agli articoli 82 e 87 possono operare nel territorio di un altro Stato membro in collegamento e d'intesa con le autorità di quest'ultimo. Il Consiglio delibera all'unanimità previa consultazione del Parlamento europeo.

90-358. (*Omissis*).

Patto internazionale sui diritti civili e politici

• Adottato a New York, il 16.12.1966; reso esecutivo con l. 25.10.1977, n. 881.

PARTE PRIMA

1. 1. Tutti i popoli hanno il diritto di autodeterminazione. In virtù di questo diritto, essi decidono liberamente del loro statuto politico e perseguono liberamente il loro sviluppo economico, sociale e culturale.

2. Per raggiungere i loro fini, tutti i popoli possono disporre liberamente delle proprie ricchezze e delle proprie risorse naturali senza pregiudizio degli obblighi derivanti dalla cooperazione economica internazionale, fondata sul principio del mutuo interesse, e dal diritto internazionale. In nessun caso un popolo può essere privato dei propri mezzi di sussistenza.

3. Gli Stati parti del presente Patto, ivi compresi quelli che sono responsabili dell'amministrazione di territori non autonomi e di territori in amministrazione fiduciaria, debbono promuovere l'attuazione del diritto di autodeterminazione dei popoli e rispettare tale diritto, in conformità alle disposizioni dello Statuto delle Nazioni Unite.

PARTE SECONDA

2. 1. Ciascuno degli Stati parti del presente Patto si impegna a rispettare ed a garantire a tutti gli individui che si trovino sul suo territorio e siano sottoposti alla sua giurisdizione i diritti riconosciuti nel presente Patto, senza distinzione alcuna, sia essa fondata sulla razza, il colore, il sesso, la lingua, la religione, l'opinione politica o qualsiasi altra opinione, l'origine nazionale o sociale, la condizione economica, la nascita o qualsiasi altra condizione.

2. Ciascuno degli Stati parti del presente Patto si impegna a compiere, in armonia con le proprie procedure costituzionali e con le disposizioni del presente Patto, i passi necessari per l'adozione delle misure legislative o d'altro genere che possano occorrere per rendere effettivi i diritti riconosciuti nel presente Patto, qualora non vi provvedano già le misure legislative o d'altro genere, in vigore.

3. Ciascuno degli Stati parti del presente Patto s'impegna a:

a) garantire che qualsiasi persona, i cui diritti o libertà riconosciuti dal presente Patto siano stati violati, disponga di effettivi mezzi di ricorso, anche nel caso in cui la violazione sia stata commessa da persone agenti nell'esercizio delle loro funzioni ufficiali;

b) garantire che l'autorità competente, giudiziaria, amministrativa o legislativa, od ogni altra autorità competente ai sensi dell'ordinamento giuridico dello Stato, decida in merito ai diritti del ricorrente, e sviluppare le possibilità di ricorso in sede giudiziaria;

c) garantire che le autorità competenti diano esecuzione a qualsiasi pronuncia di accoglimento di tali ricorsi.

3. Gli Stati parti del presente Patto s'impegnano a garantire agli uomini e alle donne la parità giuridica nel godimento di tutti i diritti civili e politici enunciati nel presente Patto.

4. 1. In caso di pericolo pubblico eccezionale, che minacci l'esistenza della nazione e venga proclamato con atto ufficiale, gli Stati parti del presente Patto possono prendere misure le quali deroghino agli obblighi imposti dal presente Patto, nei limiti in cui la situazione strettamente lo esiga, e purché tali misure non siano incompatibili con gli altri obblighi imposti agli Stati medesimi dal diritto internazionale e non comportino una discriminazione fondata unicamente sulla razza, sul colore, sul sesso, sulla lingua, sulla religione o sull'origine sociale.

2. La suddetta disposizione non autorizza alcuna deroga agli articoli 6, 7, 8 (paragrafi 1 e 2) 11, 15, 16 e 18.

3. Ogni Stato parte del presente Patto che si avvalga del diritto di deroga deve informare immediatamente, tramite il Segretario generale delle Nazioni Unite, gli altri Stati parti del presente Patto sia delle disposizioni alle quali ha derogato sia dei motivi che hanno provocato la deroga. Una nuova comunicazione deve essere fatta, per lo stesso tramite, alla data in cui la deroga medesima viene fatta cessare.

5. 1. Nessuna disposizione del presente Patto può essere interpretata nel senso di implicare un diritto di qualsiasi Stato, gruppo o individuo di intraprendere attività o di compiere atti miranti a sopprimere uno dei diritti o delle libertà riconosciuti nel presente Patto ovvero a limitarlo in misura maggiore di quanto è previsto dal Patto stesso.

2. Nessuna restrizione o deroga a diritti fondamentali dell'uomo riconosciuti o vigenti in qualsiasi Stato parte del presente Patto in virtù di leggi, convenzioni, regolamenti o consuetudini, può essere ammessa col pretesto che il presente Patto non li riconosce o li riconosce in minor misura.

PARTE TERZA

6. 1. Il diritto alla vita è inerente alla persona umana. Questo diritto deve esser protetto dalla legge. Nessuno può essere arbitrariamente privato della vita.

2. Nei Paesi in cui la pena di morte non è stata abolita, una sentenza capitale può essere pronunciata soltanto per i delitti più gravi, in conformità alle leggi vigenti al momento in cui il delitto fu commesso e purché ciò non sia in contrasto né con le disposizioni del presente Patto né con la Convenzione per la prevenzione e la punizione del delitto di genocidio. Tale pena può essere eseguita soltanto in virtù di una sentenza definitiva, resa da un tribunale competente.

3. Quando la privazione della vita costituisce delitto di genocidio, resta inteso che nessuna disposizione di questo articolo autorizza uno Stato parte del presente Patto a derogare in alcun modo a qualsiasi obbligo assunto in base alle norme della Convenzione per la prevenzione e la punizione del delitto di genocidio.

4. Ogni condannato a morte ha il diritto di chiedere la grazia o la commutazione della pena. L'amnistia, la grazia o la commutazione della pena di morte possono essere accordate in tutti i casi.

5. Una sentenza capitale non può essere pronunciata per delitti commessi dai minori di 18 anni e non può essere eseguita nei confronti di donne incinte.

6. Nessuna disposizione di questo articolo può essere invocata per ritardare o impedire l'abolizione della pena di morte ad opera di uno Stato parte del presente Patto.

7. Nessuno può essere sottoposto alla tortura né a punizioni o trattamenti crudeli, disumani o degradanti. In particolare, nessuno può essere sottoposto, senza il suo libero consenso, ad un esperimento medico o scientifico.

8. 1. Nessuno può esser tenuto in stato di schiavitù; la schiavitù e la tratta degli schiavi sono proibite sotto qualsiasi forma.

2. Nessuno può esser tenuto in stato di servitù.

3. *a*) Nessuno può essere costretto a compiere un lavoro forzato od obbligatorio;

b) la lettera *a*) del presente paragrafo non può essere interpretata nel senso di proibire, in quei Paesi dove certi delitti possono essere puniti con la detenzione accompagnata dai lavori forzati, che sia scontata una pena ai lavori forzati, inflitta, da un tribunale competente;

c) l'espressione «lavoro forzato o obbligatorio», ai fini del presente paragrafo, non comprende:

i) qualsiasi lavoro o servizio, diverso da quello menzionato alla lettera b), normalmente richiesto ad un individuo che sia detenuto in base a regolare decisione giudiziaria o che, essendo stato oggetto di una tale decisione, sia in libertà condizionata;

ii) qualsiasi servizio di carattere militare e, in quei Paesi ove è ammessa l'obiezione di coscienza, qualsiasi servizio nazionale imposto per legge agli obiettori di coscienza;

iii) qualsiasi servizio imposto in situazioni di emergenza o di calamità che minacciano la vita o il benessere della comunità;

iv) qualsiasi lavoro o servizio che faccia parte dei normali obblighi civici.

9. 1. Ogni individuo ha diritto alla libertà e alla sicurezza della propria persona. Nessuno può essere arbitrariamente arrestato o detenuto. Nessuno può essere privato della propria libertà, se non per i motivi e secondo la procedura previsti dalla legge.

2. Chiunque sia arrestato deve essere informato, al momento del suo arresto, dei motivi dell'arresto medesimo, e deve al più presto aver notizia di qualsiasi accusa mossa contro di lui.

3. Chiunque sia arrestato o detenuto in base ad un'accusa di carattere penale deve essere tradotto al più presto dinanzi a un giudice o ad altra autorità competente per legge ad esercitare funzioni giudiziarie, e ha diritto ad essere giudicato entro un termine ragionevole, o rilasciato. La detenzione delle persone in attesa di giudizio non deve costituire la regola, ma il loro rilascio può essere subordinato a garanzie che assicurino la comparizione dell'accusato sia ai fini del giudizio, in ogni altra fase del processo, sia eventualmente, ai fini della esecuzione della sentenza.

4. Chiunque sia privato della propria libertà per arresto o detenzione ha diritto a ricorrere ad un tribunale, affinché questo possa decidere senza indugio sulla legalità della sua detenzione e, nel caso questa risulti illegale, possa ordinare il suo rilascio.

5. Chiunque sia stato vittima di arresto o detenzione illegali ha diritto a un indennizzo.

10. 1. Qualsiasi individuo privato della propria libertà deve essere trattato con umanità e col rispetto della dignità inerente alla persona umana.

2. *a*) Gli imputati, salvo circostanze eccezionali, devono essere separati dai condannati e sottoposti a un trattamento diverso, consono alla loro condizione di persone non condannate;

b) gli imputati minorenni devono esser separati dagli adulti e il loro caso deve esser giudicato il più rapidamente possibile.

3. Il regime penitenziario deve comportare un trattamento dei detenuti che abbia per fine essenziale il loro ravvedimento e la loro riabilitazione sociale. I rei minorenni devono essere separati dagli adulti e deve esser loro accordato un trattamento adatto alla loro età e al loro stato giuridico.

11. Nessuno può essere imprigionato per il solo motivo che non è in grado di adempiere a un obbligo contrattuale.

12. 1. Ogni individuo che si trovi legalmente nel territorio di uno Stato ha diritto alla libertà di movimento e alla libertà di scelta della residenza in quel territorio.

2. Ogni individuo è libero di lasciare qualsiasi Paese, incluso il proprio.

3. I suddetti diritti non possono essere sottoposti ad alcuna restrizione, tranne quelle che siano previste dalla legge, siano necessarie per proteggere la sicurezza nazionale, l'ordine pubblico, la sanità o la moralità pubbliche, ovvero gli altrui diritti e libertà, e siano compatibili con gli altri diritti riconosciuti dal presente Patto.

4. Nessuno può essere arbitrariamente privato del diritto di entrare nel proprio Paese.

13. Uno straniero che si trovi legalmente nel territorio di uno Stato parte del presente Patto non può esserne espulso se non in base a una decisione presa in conformità della legge e, salvo che vi si oppongano imperiosi motivi di sicurezza nazionale, deve avere la possibilità di far valere le proprie ragioni contro la sua espulsione, di sottoporre il proprio caso all'esame dell'autorità competente, o di una o più persone specificamente designate da detta autorità, e di farsi rappresentare innanzi ad esse a tal fine.

14. 1. Tutti sono eguali dinanzi ai tribunali e alle corti di giustizia. Ogni individuo ha diritto ad un'equa e pubblica udienza dinanzi a un tribunale competente, indipendente e imparziale, stabilito dalla legge, allorché si tratti di determinare la fondatezza di un'accusa penale che gli venga rivolta, ovvero di accertare i suoi diritti ed obblighi mediante un giudizio civile. Il processo può svolgersi totalmente o parzialmente a porte chiuse, sia per motivi di moralità, di ordine pubblico o di sicurezza nazionale in una società democratica, sia quando lo esiga l'interesse della vita privata delle parti in causa, sia, nella misura ritenuta strettamente necessaria dal tribunale, quando per circostanze particolari la pubblicità nuocerebbe agli interessi della giustizia; tuttavia, qualsiasi sentenza pronunciata in un giudizio penale o civile dovrà essere resa pubblica, salvo che l'interesse di minori esiga il contrario, ovvero che il processo verta su controversie matrimoniali o sulla tutela dei figli.

2. Ogni individuo accusato di un reato ha il diritto di essere presunto innocente sino a che la sua colpevolezza non sia stata provata legalmente.

3. Ogni individuo accusato di un reato ha diritto, in posizione di piena eguaglianza, come minimo alle seguenti garanzie:

a) ad essere informato sollecitamente e in modo circostanziato, in una lingua a lui comprensibile, della natura e dei motivi dell'accusa a lui rivolta;

b) a disporre del tempo e dei mezzi necessari alla preparazione della difesa ed a comunicare con un difensore di sua scelta;

c) ad essere giudicato senza ingiustificato ritardo;

d) ad essere presente al processo ed a difendersi personalmente o mediante un difensore di sua scelta; nel caso sia sprovvisto di un difensore, ad essere informato del suo diritto ad averne e, ogni qualvolta l'interesse della giustizia lo esiga, a vedersi assegnato un difensore di ufficio, a titolo gratuito se egli non dispone di mezzi sufficienti per compensarlo;

e) a interrogare o far interrogare i testimoni a carico e ad ottenere la citazione e l'interrogatorio dei testimoni a discarico nelle stesse condizioni dei testimoni a carico;

f) a farsi assistere gratuitamente da un interprete, nel caso egli non comprenda o non parli la lingua usata in udienza;

g) a non essere costretto a deporre contro se stesso od a confessarsi colpevole.

4. La procedura applicabile ai minorenni dovrà tener conto della loro età e dell'interesse a promuovere la loro riabilitazione.

5. Ogni individuo condannato per un reato ha diritto a che l'accertamento della sua colpevolezza e la condanna siano riesaminati da un tribunale di seconda istanza in conformità della legge.

6. Quando un individuo è stato condannato con sentenza definitiva e successivamente tale condanna viene annullata, ovvero viene accordata la grazia, in quanto un fatto nuovo o scoperto dopo la condanna dimostra che era stato commesso un errore giudiziario, l'individuo che ha scontato una pena in virtù di detta condanna deve essere indennizzato, in conformità della legge, a meno che non venga provato che la mancata scoperta in tempo utile del fatto ignoto è a lui imputabile in tutto o in parte.

7. Nessuno può essere sottoposto a nuovo giudizio o a nuova pena, per un reato per il quale sia stato già assolto o condannato con sentenza definitiva in conformità al diritto e alla procedura penale di ciascun Paese.

15. 1. Nessuno può essere condannato per azioni od omissioni che, al momento in cui venivano commesse, non costituivano reato secondo il diritto interno o il diritto internazionale. Così pure, non può essere inflitta una pena superiore a quella applicabile al momento in cui il reato sia stato commesso. Se, posteriormente alla commissione del reato, la legge prevede l'applicazione di una pena più lieve, il colpevole deve beneficiarne.

2. Nulla, nel presente articolo, preclude il deferimento a giudizio e la condanna di qualsiasi indi-

viduo per atti od omissioni che, al momento in cui furono commessi, costituivano reati secondo i principi generali del diritto riconosciuti dalla comunità delle nazioni.

16. Ogni individuo ha diritto al riconoscimento in qualsiasi luogo della sua personalità giuridica.

17. 1. Nessuno può essere sottoposto ad interferenze arbitrarie o illegittime nella sua vita privata, nella sua famiglia, nella sua casa o nella sua corrispondenza, né a illegittime offese al suo onore e alla sua reputazione.
2. Ogni individuo ha diritto ad essere tutelato dalla legge contro tali interferenze od offese.

18. 1. Ogni individuo ha diritto alla libertà di pensiero, di coscienza e di religione. Tale diritto include la libertà di avere o di adottare una religione o un credo di sua scelta, nonché la libertà di manifestare, individualmente o in comune con altri, e sia in pubblico sia in privato, la propria religione o il proprio credo nel culto e nell'osservanza dei riti, nelle pratiche e nell'insegnamento.
2. Nessuno può essere assoggettato a costrizioni che possano menomare la sua libertà di avere o adottare una religione o un credo di sua scelta.
3. La libertà di manifestare la propria religione o il proprio credo può essere sottoposta unicamente alle restrizioni previste dalla legge e che siano necessarie per la tutela della sicurezza pubblica, dell'ordine pubblico e della sanità pubblica, della morale pubblica o degli altrui diritti e libertà fondamentali.
4. Gli Stati parti del presente Patto si impegnano a rispettare la libertà dei genitori e, ove del caso, dei tutori legali, di curare l'educazione religiosa e morale dei figli in conformità alle proprie convinzioni.

19. 1. Ogni individuo ha diritto a non essere molestato per le proprie opinioni.
2. Ogni individuo ha il diritto alla libertà di espressione; tale diritto comprende la libertà di cercare, ricevere e diffondere informazioni e idee di ogni genere, senza riguardo a frontiere, oralmente, per iscritto, attraverso la stampa, in forma artistica o attraverso qualsiasi altro mezzo di sua scelta.
3. L'esercizio delle libertà previste al paragrafo 2 del presente articolo comporta doveri e responsabilità speciali. Esso può essere pertanto sottoposto a talune restrizioni che però devono essere espressamente stabilite dalla legge ed essere necessarie:
a) al rispetto dei diritti o della reputazione altrui;
b) alla salvaguardia della sicurezza nazionale, dell'ordine pubblico, della sanità o della morale pubblica.

20. 1. Qualsiasi propaganda a favore della guerra deve esser vietata dalla legge.
2. Qualsiasi appello all'odio nazionale, razziale o religioso che costituisce incitamento alla discriminazione, all'ostilità o alla violenza deve essere vietato dalla legge.

21. È riconosciuto il diritto di riunione pacifica. L'esercizio di tale diritto non può formare oggetto di restrizioni tranne quelle imposte in conformità alla legge e che siano necessarie in una società democratica, nell'interesse della sicurezza nazionale, della sicurezza pubblica, dell'ordine pubblico o per tutelare la sanità o la morale pubbliche, o gli altrui diritti e libertà.

22. 1. Ogni individuo ha diritto alla libertà di associazione, che include il diritto di costituire dei sindacati e di aderirvi per la tutela dei propri interessi.
2. L'esercizio di tale diritto non può formare oggetto di restrizioni, tranne quelle stabilite dalla legge e che siano necessarie in una società democratica, nell'interesse della sicurezza nazionale, della sicurezza pubblica, dell'ordine pubblico, o per tutelare la sanità o la morale pubbliche o gli altrui diritti e libertà. Il presente articolo non impedisce di imporre restrizioni legali all'esercizio di tale diritto da parte dei membri delle forze armate e della polizia.

3. Nessuna disposizione del presente articolo autorizza gli Stati parti della Convenzione del 1948 dell'Organizzazione Internazionale del Lavoro, concernente la libertà sindacale e la tutela del diritto sindacale, a adottare delle misure legislative che causino pregiudizio – o applicare la legge in modo da causare pregiudizio – alle garanzie previste dalla detta Convenzione.

23. 1. La famiglia è il nucleo naturale e fondamentale della società e ha diritto ad essere protetta dalla società e dallo Stato.

2. Il diritto di sposarsi e di fondare una famiglia è riconosciuto agli uomini e alle donne che abbiano l'età per contrarre matrimonio.

3. Il matrimonio non può essere celebrato senza il libero e pieno consenso dei futuri coniugi.

4. Gli Stati parti del presente Patto devono prendere misure idonee a garantire la parità di diritti e di responsabilità dei coniugi riguardo al matrimonio, durante il matrimonio e al momento del suo scioglimento. In caso di scioglimento, deve essere assicurata ai figli la protezione necessaria.

24. 1. Ogni fanciullo, senza discriminazione alcuna fondata sulla razza, il colore, il sesso, la lingua, la religione, l'origine nazionale o sociale, la condizione economica o la nascita, ha diritto a quelle misure protettive che richiede il suo stato minorile, da parte della sua famiglia, della società e dello Stato.

2. Ogni fanciullo deve essere registrato subito dopo la nascita ed avere un nome.

3. Ogni fanciullo ha diritto ad acquistare una cittadinanza.

25. Ogni cittadino ha il diritto, e deve avere la possibilità, senza alcuna delle discriminazioni menzionate all'articolo 2 e senza restrizioni irragionevoli:

a) di partecipare alla direzione degli affari pubblici, personalmente o attraverso rappresentanti liberamente scelti;

b) di votare e di essere eletto, nel corso di elezioni periodiche, veritiere, effettuate a suffragio universale ed eguale, ed a voto segreto, che garantiscano la libera espressione della volontà degli elettori;

c) di accedere, in condizioni generali di eguaglianza, ai pubblici impieghi del proprio Paese.

26. Tutti gli individui sono eguali dinanzi alla legge e hanno diritto, senza alcuna discriminazione, ad una eguale tutela da parte della legge. A questo riguardo, la legge deve proibire qualsiasi discriminazione e garantire a tutti gli individui una tutela eguale ed effettiva contro ogni discriminazione, sia essa fondata sulla razza, il colore, il sesso, la lingua, la religione, l'opinione politica o qualsiasi altra opinione, l'origine nazionale o sociale, la condizione economica, la nascita o qualsiasi altra condizione.

27. In quegli Stati, nei quali esistono minoranze etniche, religiose, o linguistiche, gli individui appartenenti a tali minoranze non possono essere privati del diritto di avere una vita culturale propria, di professare e praticare la propria religione, o di usare la propria lingua, in comune con gli altri membri del proprio gruppo.

PARTE QUARTA

28. 1. È istituito un Comitato dei diritti dell'uomo (indicato di qui innanzi, nel presente Patto, come «il Comitato»). Esso si compone di diciotto membri ed esercita le funzioni qui appresso previste.

2. Il Comitato si compone di cittadini degli Stati parti del presente Patto, i quali debbono essere persone di alta levatura morale e di riconosciuta competenza nel campo dei diritti dell'uomo. Sarà tenuto conto dell'opportunità che facciano parte del Comitato alcune persone aventi esperienza giuridica.

3. I membri del Comitato sono eletti e ricoprono la loro carica a titolo individuale.

29. 1. I membri del Comitato sono eletti a scrutinio segreto fra una lista di persone che posseggano le qualità stabilite all'articolo 28, e che siano state designate a tal fine dagli Stati parti del presente Patto.
2. Ogni Stato parte del presente Patto può designare non più di due persone. Queste persone devono essere cittadini dello Stato che le designa.
3. La stessa persona può essere designata più di una volta.

30. 1. La prima elezione si svolgerà entro sei mesi a partire dalla data di entrata in vigore del presente Patto.
2. Almeno quattro mesi prima della data di ciascuna elezione al Comitato, salvo che si tratti di elezione per colmare una vacanza dichiarata in conformità all'articolo 34, il Segretario generale delle Nazioni Unite invita per iscritto gli Stati parti del presente Patto a designare, nel termine di tre mesi, i candidati da essi proposti come membri del Comitato.
3. Il Segretario generale delle Nazioni Unite compila una lista in ordine alfabetico di tutte le persone così designate, facendo menzione degli Stati parti che le hanno designate, e la comunica agli Stati parti del presente Patto almeno un mese prima della data di ogni elezione.
4. L'elezione dei membri del Comitato ha luogo nel corso di una riunione degli Stati parti del presente Patto convocata dal Segretario generale delle Nazioni Unite presso la sede della O-ganizzazione. In tale riunione, per la quale il *quorum* è costituito dai due terzi degli Stati parti del presente Patto, sono eletti membri del Comitato i candidati che ottengano il maggior numero di voti e la maggioranza assoluta dei voti dei rappresentanti degli Stati parti presenti e votanti.

31. 1. Il Comitato non può comprendere più di un cittadino dello stesso Stato.
2. Nell'elezione del Comitato, deve tenersi conto di un'equa ripartizione geografica dei seggi, e della rappresentanza sia delle diverse forme di civiltà sia dei principali sistemi giuridici.

32. 1. I membri del Comitato sono eletti per un periodo di quattro anni. Se vengono nuovamente designati sono rieleggibili. Tuttavia, il mandato di nove membri eletti alla prima elezione scadrà al termine di due anni; subito dopo la prima elezione, i nomi di questi nove membri saranno tirati a sorte dal Presidente della riunione di cui al paragrafo 4 dell'articolo 30.
2. Allo scadere del mandato, le elezioni si svolgono in conformità alle disposizioni degli articoli precedenti di questa parte del Patto.

33. 1. Se, a giudizio unanime degli altri membri, un membro del Comitato abbia cessato di esercitare le sue funzioni per qualsiasi causa diversa da un'assenza di carattere temporaneo, il Presidente del Comitato ne informa il Segretario generale delle Nazioni Unite, il quale dichiara vacante il seggio occupato da detto membro.
2. In caso di morte o di dimissione di un membro del Comitato, il Presidente ne informa immediatamente il Segretario generale delle Nazioni Unite, il quale dichiara vacante il seggio a partire dalla data della morte o dalla data in cui avranno effetto le dimissioni.

34. 1. Quando una vacanza viene dichiarata in conformità all'articolo 33, e se il mandato del membro da sostituire non deve aver fine entro i sei mesi successivi alla dichiarazione di vacanza, il Segretario generale delle Nazioni Unite ne avverte gli Stati parti del presente Patto, i quali possono entro due mesi designare dei candidati, in conformità all'articolo 29, per ricoprire il seggio vacante.
2. Il Segretario generale delle Nazioni Unite compila una lista in ordine alfabetico delle persone così designate e la comunica agli Stati del presente Patto. L'elezione per ricoprire il seggio vacante si svolge quindi in conformità alle disposizioni pertinenti della presente parte del Patto.
3. Un membro del Comitato eletto ad un seggio dichiarato vacante in conformità all'articolo 33 rimane in carica fino alla scadenza del mandato del membro il cui seggio nel Comitato sia divenuto vacante ai sensi del predetto articolo.

35. I membri del Comitato ricevono, con l'approvazione dell'Assemblea generale delle Nazioni Unite, degli emolumenti prelevati sui fondi della Organizzazione, alle condizioni stabilite dall'Assemblea generale, avuto riguardo all'importanza delle funzioni del Comitato.

36. Il Segretario generale delle Nazioni Unite mette a disposizione del Comitato il personale e i mezzi materiali necessari perché esso possa svolgere efficacemente le funzioni previste dal presente Patto.

37. 1. Il Segretario generale delle Nazioni Unite convocherà la prima riunione del Comitato nella sede dell'Organizzazione.
2. Dopo la sua prima riunione, il Comitato si riunisce alle scadenze previste dal proprio regolamento interno.
3. Le riunioni del Comitato si tengono normalmente nella Sede delle Nazioni Unite ovvero nell'Ufficio delle Nazioni Unite a Ginevra.

38. Ogni membro del Comitato, prima di assumere la carica, deve fare in udienza pubblica dichiarazione solenne che egli eserciterà le sue funzioni in modo imparziale o coscienzioso.

39. 1. Il Comitato elegge il proprio ufficio di presidenza per un periodo di due anni. I componenti di tale ufficio sono rieleggibili.
2. Il Comitato stabilisce il proprio regolamento interno; questo deve tuttavia contenere, fra l'altro, le disposizioni seguenti:
a) il *quorum* è di dodici membri;
b) le decisioni del Comitato sono prese a maggioranza dei membri presenti.

40. 1. Gli Stati parti del presente Patto si impegnano a presentare rapporti sulle misure che essi avranno adottate per dare attuazione ai diritti riconosciuti nel presente Patto, nonché sui progressi compiuti nel godimento di tali diritti:
a) entro un anno dall'entrata in vigore del presente Patto rispetto a ciascuno degli Stati parti;
b) successivamente, ogni volta che il Comitato ne farà richiesta.
2. Tutti i rapporti sono indirizzati al Segretario generale delle Nazioni Unite, che li trasmette per esame al Comitato. I rapporti indicano, ove del caso, i fattori e le difficoltà che influiscano sull'applicazione del presente Patto.
3. Il Segretario generale delle Nazioni Unite, previa consultazione col Comitato, può trasmettere agli istituti specializzati interessati copia di quelle parti dei rapporti che possono riguardare i campi di loro competenza.
4. Il Comitato studia i rapporti presentati dagli Stati parti del presente Patto. Esso trasmette agli Stati parti i propri rapporti e le osservazioni generali che ritenga opportune. Il Comitato può anche trasmettere al Consiglio economico e sociale tali osservazioni, accompagnate da copie dei rapporti ricevuti dagli Stati parti del presente Patto.
5. Gli Stati parti del presente Patto possono presentare al Comitato i propri rilievi circa qualsiasi osservazione fatta ai sensi del paragrafo 4 del presente articolo.

41. 1. Ogni Stato parte del presente Patto può dichiarare in qualsiasi momento, in base al presente articolo, di riconoscere la competenza del Comitato a ricevere ed esaminare comunicazioni, nelle quali uno Stato parte pretenda che un altro Stato parte non adempia agli obblighi derivanti dal presente Patto. Le comunicazioni di cui al presente articolo possono essere ricevute ed esaminate soltanto se provenienti da uno Stato parte che abbia dichiarato di riconoscere, per quanto lo concerne, la competenza del Comitato. Il Comitato non può ricevere nessuna comunicazione riguardante uno Stato parte che non abbia fatto tale dichiarazione. Alle comunicazioni ricevute in conformità al presente articolo si applica la procedura seguente:
a) se uno Stato parte del presente Patto ritiene che un altro Stato parte non applica le disposi-

zioni del presente Patto, esso può richiamare sulla questione, mediante comunicazione scritta, l'attenzione di tale Stato. Entro tre mesi dalla data di ricezione della comunicazione, lo Stato destinatario fa pervenire allo Stato che gli ha inviato la comunicazione delle spiegazioni o altre dichiarazioni scritte intese a chiarire la questione, che dovrebbero includere, purché ciò sia possibile e pertinente, riferimenti alle procedure e ai ricorsi interni già utilizzati, o tuttora pendenti ovvero ancora esperibili;

b) se, nel termine di sei mesi dalla data di ricezione della comunicazione iniziale da parte dello Stato destinatario, la questione non è stata risolta con soddisfazione di entrambi gli Stati parti interessati, tanto l'uno che l'altro hanno il diritto di deferirla al Comitato, mediante notifica fatta sia al Comitato sia all'altro Stato interessato;

c) il Comitato può entrare nel merito di una questione ad esso deferita soltanto dopo avere accertato che tutti i ricorsi interni disponibili siano stati esperiti ed esauriti in conformità ai principi di diritto internazionale generalmente riconosciuti. Questa norma non si applica se la trattazione dei ricorsi subisce ingiustificati ritardi;

d) quando esamina le comunicazioni previste dal presente articolo il Comitato tiene seduta a porte chiuse;

e) salvo quanto stabilito alla lettera *c*), il Comitato mette i suoi buoni uffici a disposizione degli Stati parti interessati, allo scopo di giungere ad una soluzione amichevole della questione, basata sul rispetto dei diritti dell'uomo e delle libertà fondamentali, quali sono riconosciuti dal presente Patto;

f) in ogni questione ad esso deferita, il Comitato può chiedere agli Stati parti interessati, di cui alla lettera b), di fornire qualsiasi informazione pertinente;

g) gli Stati parti interessati, di cui alla lettera *b*), hanno diritto di farsi rappresentare quando la questione viene esaminata dal Comitato e di presentare osservazioni oralmente o per scritto, o in entrambe le forme;

h) il Comitato deve presentare un rapporto, entro dodici mesi dalla data di ricezione della notifica prevista alla lettera *b*):

i) se è stata trovata una soluzione conforme alle condizioni indicate alla lettera *e*), il Comitato limita il suo rapporto a una breve esposizione dei fatti e della soluzione raggiunta;

ii) se non è stata trovata una soluzione conforme alle condizioni indicate alla lettera *e*), il Comitato limita il suo rapporto a una breve esposizione dei fatti; il testo delle osservazioni scritte e i verbali delle osservazioni orali presentate dagli Stati parti interessati vengono allegati al rapporto.

Per ogni questione, il rapporto è comunicato agli Stati parti interessati.

2. Le disposizioni del presente articolo entreranno in vigore quando dieci Stati parti del presente Patto avranno fatto la dichiarazione prevista al paragrafo 1 del presente articolo. Detta dichiarazione sarà depositata dagli Stati parti presso il Segretario generale delle Nazioni Unite, che ne trasmetterà copia agli altri Stati parti. Una dichiarazione potrà essere ritirata in qualsiasi momento mediante notifica diretta al Segretario generale. Questo ritiro non pregiudicherà l'esame di qualsiasi questione che formi oggetto di una comunicazione già inviata in base al presente articolo; nessun'altra comunicazione di uno Stato parte sarà ricevuta dopo che il Segretario generale abbia ricevuto notifica del ritiro della dichiarazione, salvo che lo Stato parte interessato non abbia fatto una nuova dichiarazione.

42. 1. *a*) Se una questione deferita al Comitato in conformità all'articolo 41 non viene risolta in modo soddisfacente per gli Stati parti interessati, il Comitato, previo consenso degli Stati parti interessati, può designare una commissione di conciliazione *ad hoc* (indicata da qui innanzi come «la Commissione»). La Commissione mette i suoi buoni uffici a disposizione degli Stati parti interessati, allo scopo di giungere ad una soluzione amichevole della questione, basata sul rispetto del presente Patto;

b) la Commissione è composta di cinque membri nominati di concerto con gli Stati parti interessati. Se gli Stati parti interessati non pervengono entro tre mesi a un'intesa sulla composizione della Commissione, o di parte di essa, i membri della Commissione sui quali non è stato raggiunto l'accordo sono eletti dal Comitato fra i propri membri, con voto segreto e a maggioranza dei due terzi.

2. I membri della Commissione ricoprono tale carica a titolo individuale. Essi non devono essere cittadini né degli Stati parti interessati, né di uno Stato che non sia parte del presente Patto, né di uno Stato parte che non abbia fatto la dichiarazione prevista all'articolo 41.

3. La Commissione elegge il suo Presidente e adotta il suo regolamento interno.

4. Le riunioni della Commissione si tengono normalmente nella Sede delle Nazioni Unite ovvero nell'Ufficio delle Nazioni Unite a Ginevra. Tuttavia, esse possono svolgersi in qualsiasi altro luogo appropriato che può essere stabilito dalla Commissione previa consultazione con il Segretario generale delle Nazioni Unite e con gli Stati parti interessati.

5. Il Segretariato previsto all'articolo 36 presta i suoi servigi anche alle commissioni nominate in base al presente articolo.

6. Le informazioni ricevute e vagliate dal Comitato, sono messe a disposizione della Commissione, e la Commissione può chiedere agli Stati parti interessati di fornirle ogni altra informazione pertinente.

7. Dopo un completo esame della questione, ma in ogni caso entro un termine massimo di dodici mesi dal momento in cui ne è stata investita, la Commissione presenta un rapporto al Presidente del Comitato, perché sia trasmesso agli Stati parti interessati:

a) se la Commissione non è in grado di completare l'esame della questione entro i dodici mesi, essa si limita ad esporre brevemente nel suo rapporto a qual punto si trovi l'esame della questione medesima;

b) se si è giunti ad una soluzione amichevole della questione, basata sul rispetto dei diritti dell'uomo riconosciuti nel presente Patto, la Commissione si limita ad esporre brevemente nel suo rapporto i fatti e la soluzione a cui si è pervenuti;

c) se non si è giunti ad una soluzione ai sensi della lettera *b*), la Commissione espone nel suo rapporto i propri accertamenti su tutti i punti di fatto relativi alla questione dibattuta fra gli Stati parti interessati, nonché le proprie considerazioni circa la possibilità di una soluzione amichevole dell'affare. Il rapporto comprende pure le osservazioni scritte e un verbale delle osservazioni orali presentate dagli Stati parti interessati;

d) se il rapporto della Commissione è presentato in conformità alla lettera *c*), gli Stati parti interessati, entro tre mesi dalla ricezione del rapporto, debbono rendere noto al Presidente del Comitato se accettano o meno i termini del rapporto della Commissione.

8. Le disposizioni del presente articolo non pregiudicano le attribuzioni del Comitato previste all'articolo 41.

9. Tutte le spese dei membri della Commissione sono ripartite in parti uguali tra gli Stati interessati, in base a un preventivo predisposto dal Segretario generale delle Nazioni Unite.

10. Il Segretario generale delle Nazioni Unite è autorizzato a pagare, se occorre, le spese dei membri della Commissione prima che gli Stati parti interessati ne abbiano effettuato il rimborso, in conformità al paragrafo 9 del presente articolo.

43. I membri del Comitato e i membri delle commissioni di conciliazione *ad hoc* che possano essere designate ai sensi dell'articolo 42 hanno diritto a quelle agevolazioni, quei privilegi e quelle immunità riconosciuti agli esperti in missione per conto delle Nazioni Unite, che sono enunciati nelle sezioni pertinenti della Convenzione sui privilegi e le immunità delle Nazioni Unite.

44. Le disposizioni per l'attuazione del presente Patto si applicano senza pregiudizio delle procedure istituite nel campo dei diritti dell'uomo ai sensi o sulla base degli strumenti costitutivi e delle convenzioni delle Nazioni Unite e degli istituti specializzati e non impediscono agli Stati parti del presente Patto di ricorrere ad altre procedure per la soluzione di una controversia, in conformità agli accordi internazionali generali o speciali in vigore tra loro.

45. Il Comitato, tramite il Consiglio economico e sociale, presenta ogni anno all'Assemblea generale delle Nazioni Unite un rapporto sulle sue attività.

PARTE QUINTA

46. Nessuna disposizione del presente patto può essere interpretata in senso lesivo delle disposizioni dello Statuto delle Nazioni Unite e degli statuti degli istituti specializzati che definiscono le funzioni rispettive dei vari organi delle Nazioni Unite e degli istituti specializzati riguardo alle questioni trattate nel presente Patto.

47. Nessuna disposizione del presente Patto può essere interpretata in senso lesivo del diritto inerente a tutti i popoli di godere e di disporre pienamente e liberamente delle loro ricchezze e risorse naturali.

PARTE SESTA

48. 1. Il presente Patto è aperto alla firma di ogni Stato membro delle Nazioni Unite o membro di uno qualsiasi dei loro istituti specializzati, di ogni Stato parte dello Statuto della Corte internazionale di giustizia, nonché di qualsiasi altro Stato che sia invitato dall'Assemblea generale delle Nazioni Unite a divenire parte del presente Patto.
2. Il presente Patto è soggetto a ratifica. Gli strumenti di ratifica saranno depositati presso il Segretario generale delle Nazioni Unite.
3. Il presente Patto sarà aperto all'adesione di qualsiasi Stato fra quelli indicati al paragrafo 1 del presente articolo.
4. L'adesione sarà effettuata mediante deposito di uno strumento di adesione presso il Segretario generale delle Nazioni Unite.
5. Il Segretario generale delle Nazioni Unite informerà tutti gli Stati che abbiano firmato il presente Patto, o che vi abbiano aderito, del deposito di ogni strumento di ratifica o di adesione.

49. 1. Il presente Patto entrerà in vigore tre mesi dopo la data del deposito presso il Segretario generale delle Nazioni Unite del trentacinquesimo strumento di ratifica o di adesione.
2. Per ognuno degli Stati che ratificheranno il presente Patto o vi aderiranno successivamente al deposito del trentacinquesimo strumento di ratifica o di adesione, il Patto medesimo entrerà in vigore tre mesi dopo la data del deposito, da parte di tale Stato, del suo strumento di ratifica o di adesione.

50. Le disposizioni del presente Patto si applicano, senza limitazione o eccezione alcuna, a tutte le unità costitutive degli Stati federali.

51. 1. Ogni Stato parte del presente Patto potrà proporre un emendamento e depositarne il testo presso il Segretario generale delle Nazioni Unite. Il Segretario generale comunicherà quindi le proposte di emendamento agli Stati parti del presente Patto, chiedendo loro di informarlo se sono favorevoli alla convocazione di una conferenza degli Stati parti per esaminare dette proposte e metterle ai voti. Se almeno un terzo degli Stati parti si dichiarerà a favore di tale convocazione, il Segretario generale convocherà la conferenza sotto gli auspici delle Nazioni Unite. Ogni emendamento approvato dalla maggioranza degli Stati presenti e votanti alla conferenza sarà sottoposto all'approvazione dell'Assemblea generale delle Nazioni Unite.
2. Gli emendamenti entreranno in vigore dopo esser stati approvati dall'Assemblea generale delle Nazioni Unite e accettati, in conformità alle rispettive procedure costituzionali, da una maggioranza di due terzi degli Stati parti del presente Patto.
3. Quando gli emendamenti entreranno in vigore, essi saranno vincolanti per gli Stati parti che li abbiano accettati, mentre gli altri Stati parti rimarranno vincolati dalle disposizioni del presente Patto e da qualsiasi emendamento anteriore che essi abbiano accettato.

52. Indipendentemente dalle notifiche effettuate ai sensi del paragrafo 5 dell'articolo 48, il Segretario generale delle Nazioni Unite informerà tutti gli Stati indicati al paragrafo 1 di detto articolo:

a) delle firme apposte al presente Patto e degli strumenti di ratifica e di adesione depositati in conformità all'articolo 48;

b) della data in cui il presente Patto entrerà in vigore, in conformità all'articolo 49, e della data in cui entreranno in vigore gli emendamenti ai sensi dell'articolo 51.

53. 1. Il presente Patto, di cui i testi cinese, francese, inglese, russo e spagnolo, fanno egualmente fede, sarà depositato negli archivi delle Nazioni Unite.

2. Il Segretario generale delle Nazioni Unite trasmetterà copie autenticate del presente Patto a tutti gli Stati indicati all'articolo 48.

NORMATIVA ORDINARIA

Legge 16 febbraio 1987, n. 81
Delega legislativa al Governo della Repubblica per l'emanazione del nuovo codice di procedura penale

(G.U. 16.3.1987, n. 62 – suppl. ord.)

1. Il Governo della Repubblica è delegato ad emanare il nuovo codice di procedura penale, secondo i princìpi e i criteri direttivi e con le procedure previsti dalla presente legge.

2. 1. Il codice di procedura penale deve attuare i princìpi della Costituzione e adeguarsi alle norme delle convenzioni internazionali ratificate dall'Italia e relative ai diritti della persona e al processo penale. Esso inoltre deve attuare nel processo penale i caratteri del sistema accusatorio, secondo i princìpi ed i criteri che seguono:

1) massima semplificazione nello svolgimento del processo con eliminazione di ogni atto o attività non essenziale;

2) adozione del metodo orale;

3) partecipazione dell'accusa e della difesa su basi di parità in ogni stato e grado del procedimento; facoltà del pubblico ministero e delle altre parti, dei difensori e della persona offesa di indicare elementi di prova e di presentare memorie in ogni stato e grado del procedimento; obbligo del giudice di provvedere senza ritardo e comunque entro termini prestabiliti sulle richieste formulate in ogni stato e grado del procedimento dal pubblico ministero, dalle altre parti e dai difensori;

4) previsione di garanzie per la libertà del difensore in ogni stato e grado del procedimento; competenza esclusiva del consiglio dell'ordine, in caso di abbandono della difesa, ad irrogare sanzioni disciplinari; autonomia del procedimento disciplinare e della relativa decisione rispetto al procedimento penale in cui si è verificato l'abbandono della difesa; non irrogazione di sanzioni disciplinari anche nel caso di pronuncia che abbia escluso la violazione dei diritti della difesa, quando il consiglio dell'ordine ritenga giustificato l'abbandono;

5) obbligo di avvertire immediatamente la persona fermata, o comunque privata della libertà personale, del diritto di nominare un difensore di fiducia; obbligo di comunicare immediatamente l'avvenuto arresto al difensore; disciplina delle modalità dell'interrogatorio in funzione della sua natura di strumento di difesa;

6) diritto dell'imputato di farsi assistere nell'interrogatorio dal difensore; diritto dell'imputato in stato di custodia cautelare di conferire con il difensore immediatamente o subito dopo ma non oltre sette giorni dalla esecuzione del provvedimento limitativo della libertà personale;

7) previsione espressa sia delle cause di invalidità degli atti che delle conseguenti sanzioni processuali, fino alla nullità insanabile per i vizi di capacità e costituzione del giudice, per le violazioni del diritto all'intervento, all'assistenza e alla rappresentanza delle parti e per altri casi predeterminati;

8) adozione di strumenti opportuni per la documentazione degli atti processuali; previsione della partecipazione di ausiliari tecnici nel processo per la redazione degli atti processuali con ade-

guati strumenti, in ogni sua fase; possibilità che il giudice disponga l'adozione di una diversa documentazione degli atti processuali in relazione alla semplicità o alla limitata rilevanza degli stessi ovvero alla contingente indisponibilità degli strumenti o degli ausiliari tecnici;

9) semplificazione del sistema delle notificazioni, con possibilità di adottare anche nuovi mezzi di comunicazione;

10) riordinamento dell'istituto della perizia, assicurando la più idonea competenza tecnica e scientifica dei periti, nonché, nei congrui casi, l'interdisciplinarità della ricerca peritale e la collegialità dell'organo cui è affidata la perizia; tutela dei diritti delle parti rispetto alle perizie; previsione di sanzioni a carico del perito in caso di ingiustificato ritardo nel deposito della perizia;

11) previsione delle diverse formule di assoluzione o di proscioglimento, statuendo che si ha mancanza di prova anche quando essa è insufficiente o contraddittoria; specificazione, nel dispositivo della sentenza, delle formule di assoluzione o di proscioglimento; obbligo di proscioglimento nel merito, quando ne ricorrano gli estremi, anche in presenza di una causa estintiva del reato;

12) determinazione della competenza per materia, tenendo conto sia della pena edittale – con esclusione degli aumenti derivanti dalla recidiva, dalla continuazione e dalle circostanze aggravanti, ad eccezione di quelle per le quali la legge stabilisce una pena di specie diversa e di quelle ad effetto speciale – sia della qualità del reato; in particolare attribuzione alla competenza del pretore delle contravvenzioni e dei delitti punibili con la pena della multa o con quella della reclusione non superiore nel massimo a quattro anni, nonché di altri delitti specificamente indicati; attribuzione alla competenza della corte d'assise dei delitti punibili con la pena dell'ergastolo o con quella della reclusione non inferiore nel massimo a ventiquattro anni, nonché di ogni delitto doloso, se dal fatto è derivata la morte di una o più persone, con possibilità sia di escludere delitti specificamente indicati sia di includerne altri; attribuzione alla competenza del tribunale dei reati non attribuiti alla competenza del pretore e della corte d'assise;

13) previsione che la competenza per territorio possa essere stabilita, per reati predeterminati, a seconda dei casi, in relazione al luogo in cui ha avuto inizio o si è esaurita l'azione o l'omissione;

14) disciplina dell'istituto della connessione con espressa previsione dei relativi casi; esclusione di ogni discrezionalità nella determinazione del giudice competente; esclusione della connessione nel caso di imputati minorenni; disciplina dei casi di separazione dei procedimenti anche in grado di appello;

15) disciplina dei conflitti di giurisdizione e di competenza attribuendo ad ogni parte il potere di denunciarli; obbligo di comunicare a tutte le parti la denuncia del conflitto; garanzia del contraddittorio nel relativo procedimento; particolare regolamentazione per la fase delle indagini preliminari ispirata al rispetto della competenza per territorio, anche in deroga alle regole sulla connessione;

16) disciplina dei rapporti tra diversi uffici del pubblico ministero in sede penale durante le indagini preliminari;

17) previsione della rimessione, anche su richiesta dell'imputato, per gravi e oggettivi motivi di ordine pubblico o per legittimo sospetto, e individuazione del nuovo giudice competente secondo criteri predeterminati; garanzia del contraddittorio nel procedimento di rimessione; garanzia degli stessi diritti e delle stesse facoltà che l'imputato e la difesa avrebbero avuto davanti al giudice originariamente competente; attribuzione al giudice del rinvio del potere di decidere quali atti già compiuti nel procedimento conservino validità dopo la rimessione;

18) attribuzione della competenza per i procedimenti in cui un magistrato assume la qualità di imputato o di persona offesa o danneggiata dal reato [eccezion fatta per i reati commessi in udienza], a giudice appartenente a distretto diverso rispetto a quello in cui il magistrato interessato esercita le funzioni, da individuare secondo criteri oggettivi predeterminati;

19) predeterminazione di criteri oggettivi di scelta del giudice in seguito a rinvio per annullamento; previsione che la scelta del giudice di rinvio, ove non avvenga nell'àmbito della stessa circoscrizione, sia fatta tra le circoscrizioni contigue a quella del giudice la cui sentenza è stata annullata;

20) previsione dell'esercizio, nel processo penale, dell'azione civile per le restituzioni e per il risarcimento del danno cagionato dal reato;

21) previsione della nomina di un difensore per la persona danneggiata dal reato che dichiari di volersi costituire parte civile, secondo le norme sul patrocinio per i non abbienti;

22) vincolo del giudice civile, adito per le restituzioni o per il risarcimento del danno, alla sentenza penale irrevocabile, limitatamente all'accertamento della sussistenza del fatto, alla affermazione o alla esclusione che l'imputato lo abbia commesso e alla illiceità penale del fatto, sempre che le parti abbiano partecipato o siano state poste in grado di partecipare al processo penale;

23) statuizione che la sentenza di assoluzione non pregiudica l'azione civile per le restituzioni o per il risarcimento del danno, salvo che dalla stessa risulti che il fatto non sussiste o che l'imputato non lo ha commesso o che esso è stato compiuto nell'adempimento di un dovere o nell'esercizio di una facoltà legittima, e sempre che il giudizio civile si svolga tra coloro che hanno partecipato o sono stati posti in grado di partecipare al processo penale;

24) disciplina degli effetti del giudicato penale in altri giudizi civili o amministrativi; statuizione che la sentenza di assoluzione non pregiudica il procedimento amministrativo per responsabilità disciplinare, salvo che dalla stessa risulti che il fatto non sussiste o che l'imputato non lo ha commesso;

25) statuizione che le sentenze di proscioglimento pronunciate nell'udienza preliminare non fanno stato nel giudizio civile;

26) obbligo del giudice penale di pronunciarsi, in caso di condanna, sull'azione civile e, conseguentemente, di liquidare il danno se gli elementi acquisiti ne danno la possibilità, con facoltà di concedere la provvisoria esecuzione quando ricorrono giustificati motivi; obbligo del giudice penale, quando la predetta possibilità non sussiste, di assegnare alla parte civile una congrua somma in conto della liquidazione riservata al giudice civile; provvisoria esecuzione del relativo provvedimento; facoltà del giudice di appello di sospendere in ogni caso la provvisoria esecuzione in pendenza di impugnazione;

27) provvisoria esecuzione della sentenza emessa in sede di appello, relativamente alle disposizioni concernenti l'azione civile; facoltà della Corte di cassazione, in pendenza di ricorso, di sospendere la predetta esecuzione se sussiste il pericolo di grave e irreparabile danno;

28) previsione che il giudice di appello e la Corte di cassazione, nel dichiarare il reato estinto per amnistia o per prescrizione, decidano sulla impugnazione relativamente alle sole disposizioni delle sentenze impugnate che concernono gli interessi civili;

29) diretta disponibilità della polizia giudiziaria da parte dell'autorità giudiziaria;

30) previsione della trasmissione, in casi predeterminati, di informazioni e di copie di atti, anche coperti da segreto, ad altra autorità giudiziaria penale e, ai fini della prevenzione di determinati delitti, al Ministro dell'interno; facoltà del destinatario della richiesta di trasmissione di rigettarla con decreto motivato;

31) potere-dovere della polizia giudiziaria di prendere notizia e di descrivere i fatti costituenti reato compilando i verbali relativi alle attività compiute, di assicurare le fonti di prova e di impedire che i reati vengano portati ad ulteriori conseguenze; obbligo della polizia giudiziaria di riferire al pubblico ministero immediatamente e comunque non oltre quarantotto ore, anche oralmente, la notizia del reato indicando le attività compiute e gli elementi sino ad allora acquisiti con divieto di ogni utilizzazione agli effetti del giudizio, anche attraverso testimonianza della stessa polizia giudiziaria, delle dichiarazioni ad essa rese da testimoni o dalla persona nei cui confronti vengono svolte le indagini, senza l'assistenza della difesa; potere-dovere della polizia giudiziaria, sino a che il pubblico ministero non abbia impartito le direttive per lo svolgimento delle indagini, di raccogliere ogni elemento utile alla ricostruzione del fatto e alla individuazione del colpevole e di assumere sommarie informazioni da chi non si trovi in stato di arresto o di fermo, con l'assistenza del difensore; potere-dovere della polizia giudiziaria di compiere gli atti ad essa specificamente delegati dal pubblico ministero e di svolgere, nell'ambito delle direttive da esso impartite, tutte le attività di indagine per accertare i reati, nonché le attività richieste da elementi successivamente emersi, informando, in tal caso, prontamente il pubblico ministero; potere-

dovere della polizia giudiziaria di procedere, in casi predeterminati di necessità e di urgenza, a perquisizioni e a sequestri; potere-dovere della polizia giudiziaria di assumere sul luogo o nell'immediatezza del fatto, anche senza l'assistenza del difensore, notizie ed indicazioni utili ai fini dell'immediata prosecuzione delle indagini, con divieto di ogni documentazione e utilizzazione processuale, anche attraverso testimonianza della stessa polizia giudiziaria; previsione specifica di garanzie difensive, tra le quali devono essere comprese quelle relative agli atti non ripetibili;

32) obbligo della polizia giudiziaria di arrestare colui che è colto nella flagranza di uno dei seguenti delitti:

a) delitti consumati o tentati punibili con la reclusione non inferiore nel minimo a cinque anni e nel massimo a venti anni, senza tener conto nel computo della pena delle circostanze aggravanti, fatta eccezione per quelle per le quali la legge stabilisce una pena di specie diversa da quella ordinaria del reato e di quelle ad effetto speciale, esclusa la recidiva, e senza tener conto delle circostanze attenuanti, fatta eccezione per l'età e per la circostanza prevista dal numero 4 dell'articolo 62 del codice penale;

b) altri delitti predeterminati, avuto riguardo a speciali esigenze di tutela della collettività; facoltà della polizia giudiziaria di procedere all'arresto in flagranza soltanto se la misura è giustificata dalla gravità o dalle circostanze del fatto o dalla pericolosità del soggetto, relativamente a delitti punibili con la reclusione superiore nel massimo a tre anni e, solo per alcuni reati di particolare gravità, tassativamente indicati, anche a delitti punibili con la reclusione non inferiore nel massimo a tre anni; al di fuori dei casi di flagranza, potere-dovere della polizia giudiziaria di fermare, e del pubblico ministero di disporre il fermo di colui che è fortemente indiziato di gravi delitti, quando vi è fondato pericolo di fuga; obbligo della polizia giudiziaria di porre a disposizione del pubblico ministero, al più presto, e comunque non oltre ventiquattro ore dall'arresto o dal fermo, le persone arrestate o fermate;

33) fuori dai casi in cui è tenuta a compilare specifici verbali ai sensi del numero 31, obbligo della polizia giudiziaria di documentare secondo specifiche modalità, anche sommariamente, l'attività compiuta;

34) obbligo del pubblico ministero di ordinare l'immediata liberazione dell'arrestato o del fermato quando non sussistono le condizioni previste dalla legge per l'arresto o per il fermo; facoltà del pubblico ministero di interrogare l'arrestato o il fermato, con diritto del difensore di assistere all'interrogatorio; obbligo del pubblico ministero di porre a disposizione del giudice, per la decisione sulla convalida, l'arrestato o il fermato entro quarantotto ore dall'arresto o dal fermo; obbligo del giudice di decidere nelle successive quarantotto ore, sentito l'arrestato o il fermato, sulla convalida o meno dell'arresto o del fermo e sulla loro eventuale conversione, ai sensi del numero 59, in una delle misure di coercizione ivi previste; garanzie di assistenza difensiva nel giudizio sulla convalida;

35) obbligo del pubblico ministero di iscrivere immediatamente la notizia del reato e il nominativo di ogni persona alla quale il reato è attribuito in apposito registro custodito negli uffici della procura della Repubblica o della pretura; obbligo del pubblico ministero di aggiornare le iscrizioni alle risultanze delle indagini in corso e all'eventuale mutamento del titolo del reato; divieto di comunicare le iscrizioni di cui sopra fino all'assunzione della qualità di imputato ai sensi del numero 36;

36) assunzione della qualità di imputato da parte della persona cui è attribuito un reato nella richiesta del giudizio immediato o direttissimo o per decreto, dell'udienza preliminare, ovvero nella richiesta di una misura di coercizione personale o reale, o comunque nei cui confronti viene formulata una imputazione; estensione delle garanzie previste per l'imputato alla persona nei cui confronti vengono compiuti atti suscettibili di utilizzazione probatoria nell'udienza preliminare, nel giudizio o comunque a fini decisori;

37) potere-dovere del pubblico ministero di compiere indagini in funzione dell'esercizio dell'azione penale e dell'accertamento di fatti specifici, ivi compresi gli elementi favorevoli all'imputato; potere del pubblico ministero, ai fini suddetti, di interrogare l'imputato, di raccogliere informazioni, di procedere a confronti, a individuazioni di persone e di cose, ad accertamenti tecnici, ad ispezioni, di disporre perquisizioni, sequestri e, previa autorizzazione del giudice, inter-

cettazioni di conversazioni e di altre forme di comunicazione; possibilità che il pubblico ministero, nei casi di urgenza, disponga direttamente l'intercettazione, che deve essere convalidata entro quarantotto ore dal provvedimento del pubblico ministero; divieto a pena di nullità insanabile di utilizzazione di intercettazioni compiute in mancanza di provvedimento convalidato; potere del pubblico ministero di avvalersi per le indagini della polizia giudiziaria, che non può essere delegata ad interrogare l'imputato né ad effettuare il confronto con il medesimo; obbligo del pubblico ministero di documentare l'attività compiuta secondo specifiche e differenziate modalità;

38) diritto dell'imputato di nominare un difensore; previsione specifica degli atti del pubblico ministero ai quali il difensore ha diritto di assistere, tra cui devono essere compresi l'interrogatorio e i confronti con l'imputato, nonché le perquisizioni e le ispezioni; previsione del diritto del difensore di ricevere avviso del compimento degli atti cui ha diritto di assistere, escluse le perquisizioni e i sequestri; disciplina del deposito degli atti compiuti dal pubblico ministero e previsione di ipotesi di dilazione del deposito in relazione a gravi motivi; obbligo del pubblico ministero di comunicare all'imputato e, in copia, alla persona offesa gli estremi dei reati per cui sono in corso le indagini, a partire dal primo atto al quale il difensore ha diritto di assistere;

39) attribuzione, agli enti e alle associazioni cui sono riconosciute finalità di tutela degli interessi lesi, degli stessi poteri spettanti nel processo all'offeso dal reato non costituito parte civile; previsione di particolari forme di intervento di tali enti ed associazioni nel giudizio; necessità del costante consenso della persona offesa all'esercizio dei suddetti poteri; previsione che il consenso non possa essere prestato a più di uno degli enti o associazioni di cui sopra;

40) potere del pubblico ministero e dell'imputato, nel corso delle indagini preliminari e quando si tratta di testimonianze a futura memoria o comunque non rinviabili al dibattimento ovvero di altri atti non rinviabili al dibattimento, di chiedere al giudice, con incidente probatorio, che si proceda all'esame dell'imputato, ad atti di confronto, a ricognizioni, a esperimenti giudiziali, a perizie e all'assunzione di testimonianze; obbligo di garantire la partecipazione in contraddittorio del pubblico ministero e dei difensori delle parti direttamente interessate; divieto di verbalizzare e di utilizzare le dichiarazioni concernenti persone diverse da quelle chiamate a partecipare; potere-dovere del giudice di dichiarare inammissibili le richieste di atti irrilevanti, dilatori o comunque rinviabili al dibattimento; previsione che il giudice, su richiesta motivata del pubblico ministero, possa dilazionare l'assunzione dell'incidente probatorio chiesto dall'imputato, quando esso arrecherebbe pregiudizio al compimento di determinate indagini preliminari e per il tempo strettamente necessario alla conclusione di tali indagini e sempreché il ritardo non pregiudichi la formazione della prova chiesta dall'imputato; deposito della richiesta motivata del pubblico ministero alla udienza di assunzione dell'incidente probatorio; concentrazione, ove possibile, in capo allo stesso giudice di tutti gli incidenti probatori e di tutti i provvedimenti relativi allo stesso procedimento;

41) determinazione della disciplina delle intercettazioni di conversazioni e di altre forme di comunicazione in attuazione dei seguenti princìpi:

a) predeterminazione dei reati per i quali sono ammesse le intercettazioni e di quelli per i quali sono utilizzabili le intercettazioni effettuate in un diverso processo;

b) predeterminazione della durata e delle modalità delle intercettazioni disposte;

c) annotazione in apposito registro dei decreti motivati che dispongono o prorogano le intercettazioni;

d) individuazione degli impianti presso cui le intercettazioni telefoniche possono essere effettuate;

e) conservazione obbligatoria presso la stessa autorità che ha disposto l'intercettazione, della documentazione integrale delle conversazioni e delle altre forme di comunicazioni intercettate; determinazione dei casi nei quali, a garanzia del diritto alla riservatezza, tale documentazione deve essere distrutta;

f) previsione di sanzioni processuali in caso di intercettazioni compiute in violazione della disciplina di cui alle lettere precedenti;

42) potere di avocazione da parte del procuratore generale da esercitarsi, con decreto motivato, soltanto nel caso di inerzia del pubblico ministero;

43) potere del pubblico ministero di presentare l'imputato direttamente in giudizio:

a) nel termine di quarantotto ore dall'arresto in flagranza, per la convalida dell'arresto e il contestuale giudizio;

b) nel termine di quindici giorni dall'arresto in flagranza, nel caso di convalida anteriore al giudizio;

c) nel termine di quindici giorni dall'iscrizione nel registro indicato al numero 35, nel caso di confessione; esclusione, rispetto ai reati per i quali sussistono le condizioni suddette, della rilevanza della connessione con altri reati per i quali tali condizioni mancano, salvo che ciò non pregiudichi gravemente le indagini;

44) potere del pubblico ministero di richiedere al giudice il giudizio immediato, entro novanta giorni dalla iscrizione nel registro indicato nel numero 35 della notizia del reato e previo interrogatorio dell'imputato, tutte le volte in cui l'evidenza degli elementi acquisiti giustifica la scelta del rito; potere-dovere del giudice di decidere, con decreto, sulla richiesta del pubblico ministero, disponendo il giudizio immediato ovvero rimettendo gli atti al pubblico ministero; esclusione, rispetto ai reati per i quali sussistono le condizioni suddette, della rilevanza della connessione con altri reati per i quali tali condizioni mancano, salvo che ciò non pregiudichi gravemente le indagini;

45) previsione che il pubblico ministero, con il consenso dell'imputato, ovvero l'imputato, con il consenso del pubblico ministero, possano chiedere al giudice, fino all'apertura del dibattimento, l'applicazione delle sanzioni sostitutive nei casi consentiti, o della pena detentiva irrogabile per il reato quando essa, tenuto conto delle circostanze e diminuita fino a un terzo, non superi due anni di reclusione o di arresto, soli o congiunti a pena pecuniaria; previsione che il giudice, in udienza, applichi la sanzione nella misura richiesta, provvedendo con sentenza inappellabile; disciplina, in rapporto ai diversi tipi di sanzioni applicate, degli altri effetti della pronuncia;

46) previsione di un procedimento per decreto, emesso dal giudice su richiesta del pubblico ministero, solo per condanne a pena pecuniaria, anche se inflitta in sostituzione di pena detentiva, e con tutte le garanzie per la difesa nella fase dell'opposizione; previsione di un congruo termine per l'opposizione e di ipotesi di remissione in termini;

47) obbligo del pubblico ministero, qualora sia prevista l'autorizzazione a procedere, di farne richiesta prima di chiedere l'udienza preliminare o il giudizio immediato nei confronti della persona per la quale occorre l'autorizzazione, e comunque non oltre trenta giorni dalla iscrizione nel registro indicato nel numero 35, del nominativo della persona cui il reato è attribuito e rispetto alla quale è prevista l'autorizzazione; prima dell'autorizzazione stessa e fuori del caso di flagranza dei delitti previsti dalle lettere *a*) e *b*) del numero 32, divieto di disporre misure di coercizione personale nei confronti della persona per la quale occorre l'autorizzazione e di sottoporla a perquisizioni personali e domiciliari, a ispezioni personali, a ricognizioni e confronti, e ad intercettazioni di comunicazioni; potere di assumere l'interrogatorio della persona per la quale occorre l'autorizzazione, solo se questa ne fa istanza;

48) obbligo del pubblico ministero, quando non abbia richiesto il giudizio immediato entro il termine indicato nel numero 44 ovvero non gli sia stato possibile formulare richiesta di archiviazione o di fissazione dell'udienza preliminare, di concludere le indagini entro sei mesi dall'iscrizione del nominativo della persona cui il reato è attribuito nel registro indicato nel numero 35; potere-dovere del giudice di concedere, a richiesta del pubblico ministero e sentite anche le altre parti, proroghe del termine suddetto non superiori ciascuna a sei mesi, ovvero di fissare l'udienza preliminare; obbligo del pubblico ministero di concludere comunque le indagini entro diciotto mesi dall'iscrizione nel registro indicato nel predetto numero 35, chiedendo al giudice l'archiviazione, ovvero, formulata l'imputazione, l'udienza preliminare; possibilità di concludere le indagini entro due anni in caso di processi per criminalità organizzata e in ipotesi eccezionali specificamente indicate; previsione della inutilizzabilità degli atti compiuti dal pubblico ministero oltre i termini stabiliti o prorogati qualora non abbia richiesto nei termini l'udienza preliminare;

49) potere del pubblico ministero, una volta disposto il rinvio a giudizio, di compiere atti integrativi di indagine, ad eccezione di quelli per i quali è prevista la partecipazione dell'imputato o del difensore, ai fini delle proprie richieste al giudice del dibattimento;

50) potere-dovere del giudice di disporre, su richiesta del pubblico ministero, l'archiviazione per manifesta infondatezza della notizia di reato, per improcedibilità dell'azione penale o per essere ignoti gli autori del reato; obbligo del giudice di fissare l'udienza preliminare quando non ritiene di accogliere la richiesta di archiviazione; potere del giudice, nella suddetta udienza, di disporre

l'archiviazione o di richiedere al pubblico ministero ulteriori indagini, sentite le persone alle quali è stato attribuito il reato e l'offeso dal reato;

51) facoltà della persona offesa dal reato di richiedere che non si proceda ad archiviazione senza avvisarla e conseguente obbligo del pubblico ministero di comunicare alla stessa la richiesta di archiviazione; facoltà della persona offesa dal reato, entro un congruo termine dalla comunicazione, di formulare al giudice istanza motivata di fissazione dell'udienza preliminare; obbligo del giudice di accogliere tale istanza quando non ritiene di dover disporre direttamente l'archiviazione; potere del giudice di emettere nell'udienza preliminare uno dei provvedimenti indicati nel numero 50;

52) obbligo del giudice di tenere, entro brevissimo termine, l'udienza preliminare, quando lo richiede il pubblico ministero ai sensi del numero 48; obbligo del giudice di notificare immediatamente all'imputato e alla persona offesa dal reato il provvedimento di fissazione dell'udienza preliminare con l'indicazione dell'imputazione formulata dal pubblico ministero; facoltà dell'imputato di chiedere il giudizio immediato rinunciando all'udienza preliminare; potere del pubblico ministero nell'udienza preliminare di modificare l'imputazione e di procedere a nuove contestazioni; potere del giudice di pronunciare, sentite le parti comparse, decreto che dispone il giudizio, enunciando l'imputazione formulata dal pubblico ministero e sommariamente indicando le fonti di prova; potere del giudice di pronunciare, sentite le parti comparse, sentenza di non luogo a procedere allo stato degli atti se sussiste una causa che estingue il reato o per la quale l'azione penale non poteva essere iniziata o non può essere proseguita, o se il fatto non è previsto dalla legge come reato, ovvero quando risulta evidente che il fatto non sussiste o che l'imputato non lo ha commesso; potere del giudice, nel caso in cui allo stato degli atti non ritenga di accogliere la richiesta del pubblico ministero di rinvio a giudizio né di pronunciare sentenza di non luogo a procedere, di rinviare ad altra udienza affinché le parti forniscano ulteriori elementi ai fini della decisione; previsione che tale udienza debba tenersi entro i termini previsti dal numero 48 o, se tali termini sono esauriti, non oltre un ulteriore termine massimo di sessanta giorni e che del rinvio si dia comunicazione al procuratore generale; obbligo del giudice, in questa nuova udienza, di disporre il rinvio a giudizio o di pronunciare sentenza di non luogo a procedere se non siano stati forniti elementi per il giudizio;

53) potere del giudice di pronunciare nell'udienza preliminare anche sentenza di merito, se vi è richiesta dell'imputato e consenso del pubblico ministero a che il processo venga definito nell'udienza preliminare stessa e se il giudice ritiene di poter decidere allo stato degli atti; previsione che nel caso di condanna le pene previste per il reato ritenuto in sentenza siano diminuite di un terzo; previsione di limiti all'appellabilità della sentenza; previsione che la sentenza faccia stato nel giudizio civile soltanto quando la parte civile consente all'abbreviazione del rito;

54) previsione del compimento di atti per rogatoria;

55) impugnabilità delle sentenze di non luogo a procedere, indicate nel numero 52, davanti ad un giudice collegiale che decide in camera di consiglio nel contraddittorio delle parti; ricorribilità per cassazione delle sentenze indicate nel numero 45;

56) determinazione dei casi e delle forme, con idonee garanzie per l'imputato, in cui può essere esercitata l'azione penale per fatti precedentemente oggetto delle sentenze di non luogo a procedere indicate nel numero 52; previsione dei presupposti per l'esercizio dell'azione penale per fatti precedentemente oggetto di provvedimento di archiviazione o per i quali siano comunque decorsi i termini di cui al numero 48;

57) immediata trasmissione al giudice del dibattimento del provvedimento che dispone il giudizio con gli atti relativi alla procedibilità e all'esercizio dell'azione civile, con quelli non ripetibili compiuti dalla polizia giudiziaria e dal pubblico ministero e con quelli compiuti dal giudice negli incidenti probatori;

58) deposito, contestualmente agli adempimenti indicati nel numero 57, nell'ufficio del pubblico ministero, a disposizione delle parti, degli atti compiuti o ricevuti dalla polizia giudiziaria e dal pubblico ministero diversi da quelli indicati nel medesimo numero 57;

59) previsione di misure diverse di coercizione personale, fino alla custodia in carcere; potere-dovere del pubblico ministero di richiedere, presentando al giudice gli elementi su cui si fonda la sua richiesta, e del giudice di disporre, con provvedimento motivato, le misure di coercizione

personale a carico della persona nei cui confronti ricorrono gravi indizi di colpevolezza, quando sussistono inderogabili esigenze attinenti alle indagini e per il tempo strettamente necessario ovvero quando sussistono esigenze di tutela della collettività o, se il reato risulta di particolare gravità, quando la persona si è data alla fuga o vi è concreto pericolo di fuga; divieto di misure di coercizione che limitano la libertà personale se il reato per il quale si procede è punito con pena detentiva non superiore nel massimo a tre anni, senza tener conto nel computo della pena delle circostanze aggravanti, fatta eccezione per quelle per le quali la legge stabilisce una pena di specie diversa da quella ordinaria del reato e di quelle ad effetto speciale, esclusa la recidiva, e senza tener conto delle circostanze attenuanti, fatta eccezione per l'età e per la circostanza prevista dal numero 4 dell'articolo 62 del codice penale; divieto di disporre la custodia in carcere se, con l'applicazione di altre misure di coercizione personale, possono essere adeguatamente soddisfatte le esigenze cautelari; obbligo di disporre la revoca delle misure applicate se vengono a cessare le esigenze cautelari; previsione della sostituzione o della revoca della misura della custodia in carcere, qualora l'ulteriore protrarsi di questa risulti non proporzionata alla entità del fatto ed alla sanzione che si ritiene possa essere irrogata; riesaminabilità anche nel merito del provvedimento che decide sulla misura di coercizione dinanzi al tribunale in camera di consiglio, con garanzia del contraddittorio e ricorribilità per cassazione; previsione dell'immediata esecutività del provvedimento che pone in libertà l'imputato;

60) diritto dell'imputato in stato di custodia cautelare ad essere interrogato nella fase delle indagini preliminari immediatamente e comunque non oltre cinque giorni dalla esecuzione del provvedimento privativo della liberà personale; liberazione dell'imputato che non sia stato interrogato entro detto termine, salvo che ciò sia dipeso da assoluto impedimento del quale il giudice dà atto con decreto; nuovo decorso del termine dalla data della notizia della cessazione dell'impedimento;

61) previsione, per ciascuna fase processuale, di termini autonomi di durata massima delle misure di coercizione; diritto dell'imputato di essere comunque scarcerato e cessazione automatica di ogni altra misura coercitiva alla scadenza dei termini previsti per ciascuna fase; durata massima della custodia in carcere, in misura predeterminata in relazione a diverse categorie di reati, con previsione che, su richiesta del pubblico ministero, il giudice, in relazione a particolari e gravi esigenze, possa prorogare i termini per periodi predeterminati; previsione che i termini di durata massima delle misure possano essere sospesi durante il dibattimento in relazione allo svolgimento e alla complessità dello stesso nonché a differimenti processuali non imposti da esigenze istruttorie e determinati da fatti riferibili all'imputato o al suo difensore; previsione che in ogni caso la durata massima della custodia in carcere, tenuto conto anche di tutte le proroghe, non possa superare i quattro anni, sino alla sentenza definitiva; ragguaglio dei termini delle misure di coercizione personale diverse dalla custodia in carcere ai termini di questa;

62) previsione che, nei confronti dell'imputato scarcerato per decorrenza dei termini, il giudice possa disporre misure cautelari; previsione della possibilità di ripristino della custodia in carcere nel caso di violazione dolosa delle misure suddette nonché, per i reati di particolare gravità, con la sentenza di condanna in primo o in secondo grado, quando l'imputato si è dato alla fuga o vi è concreto pericolo di fuga;

63) previsione che, in caso di condanna dopo sentenza di assoluzione, il giudice possa disporre misure di coercizione quando sussistono inderogabili esigenze di tutela della collettività ovvero quando l'imputato si è dato alla fuga o vi è concreto pericolo di fuga e il reato risulta di particolare gravità;

64) potere del giudice dell'udienza preliminare e del giudice del dibattimento di disporre misure di coercizione personale nei casi, alle condizioni e con i limiti previsti nel numero 59;

65) previsione e disciplina, in relazione a specifiche esigenze cautelari, di misure interdittive, con predeterminazione di termini di cessazione della loro efficacia, e di misure reali;

66) immediatezza e concentrazione del dibattimento;

67) divieto di esercitare le funzioni di giudice del dibattimento per colui che ha svolto nello stesso procedimento, prima di queste, funzioni di pubblico ministero o di giudice che ha emesso uno dei provvedimenti indicati nei numeri 44, 46 e 52; divieto di esercitare le funzioni di giudice in altro grado per il magistrato che ha già preso parte allo stesso procedimento giudicando nel merito o svolgendo funzioni di pubblico ministero;

68) previsione che le funzioni di pubblico ministero in udienza siano esercitate con piena autonomia;

69) disciplina della materia della prova in modo idoneo a garantire il diritto del pubblico ministero e delle parti private ad ottenere l'ammissione e l'acquisizione dei mezzi di prova richiesti, salvi casi manifesti di estraneità ed irrilevanza;

70) previsione che il pubblico ministero o il giudice al quale venga opposto, nei casi consentiti dalla legge, dai pubblici ufficiali, dai pubblici impiegati e dagli incaricati di pubblico servizio, il segreto di Stato chieda conferma al Presidente del Consiglio dei ministri; previsione che, in caso di conferma della segretezza, ove la conoscenza di quanto oggetto del segreto sia essenziale per la definizione del processo, venga dichiarato di non doversi procedere nell'azione penale per l'esistenza di un segreto di Stato; previsione che nessun tipo di segreto possa coprire fatti, notizie o documenti concernenti reati diretti all'eversione dell'ordinamento costituzionale; previsione dei casi di segreto professionale; previsione del segreto giornalistico limitatamente alle fonti delle notizie, salvo che le notizie stesse siano indispensabili ai fini della prova del reato per cui si procede e la loro veridicità possa essere accertata soltanto attraverso l'identificazione della fonte della notizia;

71) obbligo del segreto su tutti gli atti compiuti dal pubblico ministero e dalla polizia giudiziaria fino a quando gli stessi non possono essere conosciuti dall'imputato; disciplina del divieto di pubblicazione degli atti coperti dal segreto; potere del pubblico ministero nel corso delle indagini preliminari di vietare con decreto motivato, cui è data pubblicità solo successivamente, la pubblicazione di atti non più coperti dal segreto o di notizie relative a determinate indagini per il tempo strettamente necessario ad evitare pregiudizio per lo svolgimento delle stesse; divieto di pubblicazione degli atti depositati a norma del numero 58 e degli atti da assumere in dibattimento a porte chiuse; disciplina del divieto di pubblicazione delle generalità e dell'immagine dei minori parti offese, danneggiati o testimoni; previsione di sanzione per la violazione del segreto o del divieto di pubblicazione;

72) possibilità di revoca, nel contraddittorio tra tutte le parti, dei provvedimenti di ammissione della prova;

73) esame diretto dell'imputato, dei testimoni e dei periti da parte del pubblico ministero e dei difensori, con garanzie idonee ad assicurare la lealtà dell'esame, la genuinità delle risposte, la pertinenza al giudizio e il rispetto della persona, sotto la direzione e la vigilanza del presidente del collegio o del pretore, che decidono immediatamente sulle eccezioni; previsione che l'esame dei testimoni minorenni possa essere effettuato in ogni momento dal giudice, tenute presenti le esigenze di tutela della personalità; potere del presidente, anche su richiesta di altro componente il collegio, o del pretore di indicare alle parti temi nuovi od incompleti utili alla ricerca della verità e di rivolgere domande dirette all'imputato, ai testimoni ed ai periti, salvo in ogni caso il diritto delle parti di concludere l'esame; potere del giudice di disporre l'assunzione di mezzi di prova;

74) divieto di arresto in udienza del testimone sospettato di testimonianza falsa o reticente;

75) obbligo del giudice del dibattimento di assumere, salvo che risulti superfluo l'assumere, le prove indicate a discarico dell'imputato sui punti costituenti oggetto delle prove a carico, nonché le prove indicate dal pubblico ministero a carico dell'imputato sui punti costituenti oggetto delle prove a discarico;

76) previsione, a condizioni specificamente determinate, del diritto delle parti di richiedere e del potere del giudice di disporre, anche d'ufficio, la lettura in dibattimento degli atti indicati nel numero 57 del presente articolo; facoltà delle parti di utilizzare, per le opportune contestazioni, gli atti depositati ai sensi del numero 58 del presente articolo; potere del giudice di allegare nel fascicolo processuale, tra gli atti utilizzati per le contestazioni, solo quelli assunti dal pubblico ministero cui il difensore ha diritto di assistere e le sommarie informazioni assunte dalla polizia giudiziaria o dal pubblico ministero nel corso delle perquisizioni ovvero sul luogo e nell'immediatezza del fatto; previsione di una specifica, diversa disciplina per gli atti assunti dal pubblico ministero di cui è sopravvenuta una assoluta impossibilità di ripetizione;

77) obbligo di sospendere o rinviare il dibattimento quando risulti che l'imputato o il difensore sono nell'assoluta impossibilità di comparire per legittimo impedimento; disciplina della contumacia e

dell'assenza con attribuzione al giudice del potere di disporre la comparizione o l'accompagnamento dell'imputato in casi predeterminati e quando ne sia indispensabile la presenza;

78) potere del pubblico ministero nel dibattimento di procedere alla modifica dell'imputazione e di formulare nuove contestazioni inerenti ai fatti oggetto del giudizio; previsione di adeguate garanzie per la difesa;

79) previsione che, fuori dei casi di particolare complessità, la motivazione della sentenza possa essere redatta contestualmente alla decisione e sia immediatamente letta in udienza;

80) previsione di particolari garanzie nel rito della irreperibilità, con la precisazione rigorosa della procedura per la ricerca dell'imputato; ammissibilità, in sede di incidente di esecuzione, di una valutazione sul merito della procedura seguita, con eventuale restituzione in termini dell'imputato ai fini dell'impugnazione;

81) previsione che l'imputato debba dichiarare o eleggere il proprio domicilio e tempestivamente comunicare all'autorità che procede le relative variazioni;

82) potere-dovere del giudice del dibattimento, e del giudice dell'udienza preliminare nei casi previsti dal numero 52, di disporre che sia rinnovata la notificazione del decreto di citazione, quando risulta o deve ritenersi che l'imputato non ne abbia avuta conoscenza per cause diverse dalla inosservanza di quanto disposto dal numero 81, o non sia potuto comparire per caso fortuito o forza maggiore; diritto della persona giudicata in contumacia di essere restituita nel termine per proporre impugnazione quando la mancata conoscenza del provvedimento da impugnare non dipende da sua colpa; previsione della rinnovazione del dibattimento quando l'imputato contumace nel giudizio di primo grado ne fa istanza e prova di non aver avuto conoscenza della citazione non per sua colpa o di non essere potuto comparire per caso fortuito o forza maggiore; obbligo, nelle successive fasi del giudizio, inclusi il giudizio di cassazione e quello di revisione, nonché nella fase dell'esecuzione, di assicurare l'interrogatorio da parte di un magistrato all'imputato o condannato già dichiarato contumace che non abbia avuto notizia del procedimento a proprio carico;

83) decorrenza dei termini per la dichiarazione di impugnazione e per il deposito dei relativi motivi dalla data di lettura della motivazione quando questa sia contestuale alla decisione, salvo che per l'imputato contumace; determinazione della decorrenza dei suddetti termini, negli altri casi, ispirata a criteri di massima funzionalità e semplificazione;

84) ammissibilità dell'impugnazione indipendentemente dalla qualificazione ad essa data dalla parte impugnante;

85) previsione dell'impugnabilità delle sentenze di condanna o proscioglimento per l'imputazione di ingiuria o diffamazione anche da parte della parte privata; per tali sentenze il termine per l'impugnazione decorre dal giorno dell'avviso di deposito della sentenza;

86) riconoscimento del diritto di impugnazione dell'imputato prosciolto che vi abbia interesse;

87) previsione e disciplina delle impugnazioni della parte civile ai fini della tutela dei suoi interessi civili; facoltà per la parte civile e per la persona offesa dal reato di chiedere con istanza motivata al pubblico ministero di proporre impugnazione agli effetti penali;

88) possibilità di nuovi motivi dell'impugnazione entro termini prestabiliti;

89) previsione dei casi di dichiarazione in camera di consiglio della inammissibilità delle impugnazioni ivi compreso il ricorso per cassazione; previsione dei casi di dichiarazione in camera di consiglio dell'inammissibilità del ricorso per cassazione anche per manifesta infondatezza con adeguate garanzie per la difesa;

90) potere delle parti di proporre appello incidentale; perdita di efficacia dell'appello incidentale in caso di inammissibilità o di rinuncia all'appello principale;

91) previsione che il giudice d'appello possa concedere d'ufficio i benefici di legge e le circostanze attenuanti;

92) divieto di *reformatio in pejus* in caso di appello del solo imputato;

93) previsione di un procedimento in camera di consiglio nel contraddittorio tra le parti quando l'impugnazione ha esclusivamente per oggetto la specie o la misura della pena, la concessione delle circostanze attenuanti generiche o l'applicabilità di sanzioni sostitutive, o la concessione di benefici di legge;

94) rinnovazione del dibattimento nel giudizio di appello su richiesta delle parti o d'ufficio, se il giudice ritiene di non essere in grado di decidere allo stato degli atti;

95) diritto delle parti di svolgere le conclusioni davanti alla Corte di cassazione;

96) garanzie di giurisdizionalità nella fase della esecuzione, con riferimento ai provvedimenti concernenti le pene e le misure di sicurezza; obbligo di notificare o comunicare al difensore, a pena di nullità, i provvedimenti suddetti; necessità del contraddittorio nei procedimenti incidentali in materia di esecuzione; necessità di un giudizio di effettiva pericolosità ove questa debba essere accertata per l'applicazione, l'esecuzione o la revoca delle misure di sicurezza; impugnabilità dei provvedimenti del giudice;

97) possibilità di valutare anche in fase di esecuzione il concorso formale di reati e la continuazione, sempre che non siano stati precedentemente esclusi nel giudizio di cognizione;

98) coordinamento con i princìpi della presente delega dei procedimenti di esecuzione e di sorveglianza anche attraverso la regolamentazione delle competenze degli organi;

99) ammissibilità della revisione anche nei casi di erronea condanna di coloro che non erano imputabili o punibili a cagione di condizioni o qualità personali o della presenza di esimenti; competenza per il giudizio di revisione della corte di appello nella cui circoscrizione si trova il giudice che ha pronunziato la sentenza di primo grado; garanzia del contraddittorio e svolgimento del giudizio secondo le norme fissate per il dibattimento; impugnabilità per cassazione del provvedimento che esclude la revisione; rinvio ad altro giudice in caso di accoglimento dell'istanza di revisione;

100) riparazione dell'ingiusta detenzione e dell'errore giudiziario;

101) previsione del contraddittorio nel processo di riabilitazione; giudizio senza formalità e in camera di consiglio; acquisizione d'ufficio della documentazione processuale;

102) obbligo degli uffici con competenza sul territorio di insediamento, con esclusione della Corte di cassazione, di esaminare ed interrogare gli appartenenti a una minoranza linguistica riconosciuta nella loro madrelingua e di redigere gli atti a loro indirizzati e i verbali in tale lingua, fermi restando gli altri diritti particolari sull'uso della lingua derivanti da leggi speciali dello Stato ovvero da convenzioni o accordi internazionali ratificati e salvo tuttavia in ogni caso il diritto dell'imputato e delle altre parti private di nominare il proprio difensore a prescindere dall'appartenenza etnica o linguistica dello stesso;

103) disciplina del processo davanti al pretore in base ai princìpi generali di cui ai numeri precedenti, secondo criteri di massima semplificazione, con esclusione dell'udienza preliminare e con possibilità di incidenti probatori solo in casi eccezionali; distinzione delle funzioni di pubblico ministero e di giudice; modifica dell'ordinamento giudiziario al fine di garantire tale distinta attribuzione di funzioni;

104) adeguamento di tutti gli istituti processuali ai princìpi e criteri innanzi determinati;

105) adeguamento dell'istituto della difesa d'ufficio a criteri che ne garantiscano l'effettività.

• **Corte cost., 390 del 1991**, ha dichiarato l'illegittimità costituzionale dell'art. 2, n. 18, nell'inciso «eccezione fatta per i reati commessi in udienza». **Corte cost., 24 del 1992**, ha dichiarato l'illegittimità costituzionale dell'art. 2, n. 31, secondo periodo, «nella parte in cui vieta l'utilizzazione agli effetti del giudizio, attraverso testimonianza della stessa polizia giudiziaria, delle dichiarazioni ad essa rese da testimoni». **Corte cost., 255 del 1992**, ha dichiarato l'illegittimità costituzionale dell'art. 2, n. 76 «nella parte in cui prevede il potere del giudice di allegare nel fascicolo processuale, tra gli atti utilizzati per le contestazioni, solo le sommarie informazioni assunte dalla polizia giudiziaria o dal pubblico ministero nel corso delle perquisizioni ovvero sul luogo e nell'immediatezza del fatto, e non anche le dichiarazioni precedentemente rese dal testimone e contenute nel fascicolo del pubblico ministero».

3. 1. Il Governo della Repubblica è delegato a disciplinare il processo a carico di imputati minorenni al momento della commissione del reato secondo i princìpi generali del nuovo processo penale, con le modificazioni ed integrazioni imposte dalle particolari condizioni psicologiche del minore, dalla sua maturità e dalle esigenze della sua educazione, nonché, in particolare, dall'attuazione dei seguenti criteri:

a) non operatività della connessione tra procedimenti concernenti imputati minorenni al momento della commissione del fatto e procedimenti concernenti imputati maggiorenni; non operatività della connessione tra procedimenti per reati commessi dallo stesso imputato, rispettivamente quando era minore e quando era maggiore degli anni diciotto;

b) non ammissibilità, nel processo penale, dell'esercizio dell'azione civile per le restituzioni e per il risarcimento del danno cagionato dal reato; conseguente esclusione della efficacia vincolante della sentenza penale nel separato giudizio civile;

c) disciplina della esclusione della pubblicità delle udienze penali dinanzi agli organi della magistratura minorile e divieto di pubblicazione e di divulgazione, con qualsiasi mezzo, di notizie o immagini idonee a consentire la identificazione della persona nei cui confronti sono svolte indagini, imputata o condannata;

d) obbligo del giudice di illustrare all'imputato minorenne il contenuto e le ragioni anche etico-sociali della sentenza;

e) dovere del giudice di valutare compiutamente la personalità del minore sotto l'aspetto psichico, sociale e ambientale, anche ai fini dell'apprezzamento dei risultati degli interventi di sostegno disposti; facoltà del giudice di sospendere il processo per un tempo determinato, nei casi suddetti; sospensione in tal caso del corso della prescrizione;

f) applicabilità delle sanzioni sostitutive delle pene detentive anche in base alla pena irrogabile in concreto;

g) previsione che in casi predeterminati possano compiersi atti processuali in assenza dell'imputato minorenne, quando ciò sia necessario per la tutela della sua personalità;

h) esercizio facoltativo del potere di arresto in flagranza o di fermo solo per gravi delitti; facoltatività di misure cautelari personali; potere del giudice di disporre la custodia in carcere solo per delitti di maggiore gravità e sempre che sussistano gravi e inderogabili esigenze istruttorie ovvero gravi esigenze di tutela della collettività;

i) riduzione della durata massima delle misure di coercizione personale, rispetto a quella prevista dal numero 61 dell'articolo 2; ulteriore riduzione per gli imputati minori di sedici anni;

l) previsione che il giudice nell'udienza preliminare possa prosciogliere anche per la non imputabilità, ai sensi dell'articolo 98 del codice penale, e per la concessione del perdono giudiziale; previsione che il giudice stesso possa irrogare le pene pecuniarie e le sanzioni sostitutive e possa adottare, in caso di urgenza e in via provvisoria, provvedimenti civili di competenza dell'autorità giudiziaria minorile a protezione del minorenne imputato; previsione che contro i provvedimenti adottati nell'udienza preliminare il pubblico ministero, il difensore, l'imputato, uno dei genitori o il tutore possano proporre opposizione, in termini brevissimi, davanti al tribunale per i minorenni;

m) previsione che l'esame dell'imputato minorenne sia effettuato direttamente dal giudice e che le domande poste dalle parti siano rivolte tramite lo stesso;

n) attribuzione al magistrato di sorveglianza presso il tribunale per i minorenni e al tribunale per i minorenni di tutti i poteri della magistratura di sorveglianza, compreso quello di concedere la liberazione condizionale;

o) esclusione dell'iscrizione nel casellario giudiziale dei provvedimenti penali adottati nei confronti dei minorenni; istituzione, presso ogni tribunale per i minorenni, di uno speciale casellario per l'iscrizione dei provvedimenti penali nei confronti dei minorenni nati nel distretto; invio al casellario giudiziale, al compimento del diciottesimo anno di età, delle iscrizioni dei provvedimenti di condanna a pena detentiva, anche se condizionalmente sospesa, ed eliminazione di tutte le altre iscrizioni;

p) previsione di una data di entrata in vigore delle nuove disposizioni sul processo a carico di imputati minorenni non superiore a un anno dalla loro pubblicazione nella *Gazzetta Ufficiale*.

4. 1. Il Governo della Repubblica è delegato a stabilire che le nuove disposizioni del codice di procedura penale entrino in vigore in un termine non superiore ad un anno dalla loro pubblicazione nella *Gazzetta Ufficiale*.

5. 1. Il Governo della Repubblica è delegato ad emanare le norme necessarie per l'adeguamento dell'ordinamento giudiziario al nuovo processo penale ed a quello a carico degli imputati minorenni.

6. 1. Il Governo della Repubblica è delegato ad emanare le norme di attuazione delle disposizioni previste negli articoli 2, 3 e 5, le norme di coordinamento delle stesse con tutte le altre leggi dello Stato, nonché le norme di carattere transitorio.

7. 1. Entro tre anni dalla entrata in vigore del nuovo codice di procedura penale, il Governo della Repubblica può emanare disposizioni integrative e correttive, nel rispetto dei princìpi e criteri direttivi fissati dagli articoli 2 e 3 su conforme parere della commissione prevista dall'articolo 8, con uno o più decreti aventi valore di legge ordinaria.

8. 1. Entro dieci mesi dalla data di entrata in vigore della presente legge il Governo invia per il parere, anche per singole parti omogenee, il testo delle nuove disposizioni sul processo penale ad una commissione composta da venti deputati e da venti senatori scelti, rispettivamente, dal Presidente della Camera dei deputati e dal Presidente del Senato della Repubblica in proporzione al numero dei componenti i gruppi parlamentari, comunque assicurando la presenza di un rappresentante per ciascuna componente politica costituita in gruppo in almeno un ramo del Parlamento.
2. La commissione esprime il proprio parere entro novanta giorni dalla ricezione, indicando specificamente le eventuali disposizioni che non ritiene corrispondenti alle direttive della legge di delega.
3. Il Governo nei sessanta giorni successivi, esaminato il parere o i pareri di cui al comma 2, ritrasmette, con le sue osservazioni e con eventuali modificazioni, i testi alla commissione per il parere definitivo sull'intiero testo, parere che deve essere espresso entro trenta giorni dall'ultimo invio.
4. Il Governo procede all'approvazione definitiva delle nuove disposizioni sul processo penale entro diciotto mesi dalla data di entrata in vigore della presente legge.

9. 1. Entro quattro mesi dall'approvazione definitiva del nuovo codice di procedura penale il Governo invia per il parere il testo delle disposizioni di cui all'articolo 6 alla commissione indicata nell'articolo 8. Si applica, successivamente, la procedura prevista nel predetto articolo 8 ma il primo parere deve essere espresso entro sessanta giorni.
2. Le disposizioni indicate nel comma 1 sono emanate non oltre due mesi prima della data di entrata in vigore del nuovo codice di procedura penale ed entrano in vigore contestualmente allo stesso.

10. 1. La commissione istituita ai sensi dell'articolo 8 resta in carica fino alla data di emanazione del nuovo codice di procedura penale e delle norme previste dall'articolo 7.
2. La commissione elegge il presidente, due vicepresidenti e due segretari.
3. Per l'espletamento delle sue funzioni la commissione fruisce di personale, locali e strumenti operativi disposti dai Presidenti delle Camere, d'intesa tra di loro.
4. Le spese per il funzionamento della commissione sono poste per metà a carico del bilancio del Senato della Repubblica e per metà a carico del bilancio della Camera dei deputati.

11. 1. È autorizzata la spesa di lire 1 miliardo per ciascuno degli anni 1987 e 1988 da iscriversi nello stato di previsione del Ministero di grazia e giustizia, per l'esecuzione di indagini, studi e ricerche; per la preparazione di documenti, di relazioni e di elaborati; per le spese di funzionamento e per i compensi e i rimborsi di spese da corrispondere ai componenti di commissioni di studio con relative segreterie nominate per l'attuazione della presente legge.

12. 1. Alla spesa prevista nell'articolo 11, si provvede mediante corrispondente riduzione dello stanziamento iscritto, ai fini del bilancio triennale 1987-1989, al capitolo n. 6856 dello stato di previsione del Ministero del tesoro per l'anno finanziario 1987, all'uopo utilizzando lo specifico accantonamento «Delega legislativa al Governo della Repubblica per l'emanazione del nuovo codice di procedura penale».

2. Il Ministro del tesoro è autorizzato ad apportare, con propri decreti, le occorrenti variazioni di bilancio.

Codice di procedura penale

PARTE PRIMA

LIBRO I
SOGGETTI

Titolo I
GIUDICE

Capo I
Giurisdizione

1. Giurisdizione penale.

1. La giurisdizione penale è esercitata dai giudici previsti dalle leggi di ordinamento giudiziario secondo le norme di questo codice.

• In virtù del fondamentale principio *nulla poena sine iudicio* (→ **Cost.**, art. 27 co. 2), la giurisdizione penale, intesa come la funzione dello Stato volta ad accertare se sia stato commesso un reato e se qualcuno debba essere punito, è attribuita dalla Carta costituzionale ai giudici previsti dalle leggi di ordinamento giudiziario (→ **Cost.**, art. 102; r.d. 30.1.1941, n. 12). La giurisdizione «si attua mediante il giusto processo regolato dalla legge» (→ **Cost.**, art. 111 co. 1). Requisito centrale del giusto processo è rappresentato dai caratteri di terzietà e imparzialità del giudice (→ **Cost.**, art. 111 co. 2), unitamente al contraddittorio tra le parti (*processus est actus trium personarum*). In base alla **Cedu** (art. 6), ogni «persona ha diritto ad un'equa e pubblica udienza entro un termine ragionevole, davanti a un tribunale indipendente e imparziale», al fine, in materia penale, della determinazione «della fondatezza di ogni accusa penale che gli venga rivolta». Allo stesso modo, la **Carta UE**, all'art. 47 co. 2, statuisce che ogni persona abbia «diritto a che la sua causa sia esaminata equamente, pubblicamente ed entro un termine ragionevole da un giudice indipendente e imparziale, precostituito per legge»; inoltre, all'art. 48 co. 1 si prevede che ogni «imputato è considerato innocente fino a quando la sua colpevolezza non sia stata legalmente provata». In termini analoghi, anche il **Patto int.** (art. 14).

• La centralità della figura del giudice nell'ambito del processo è sottolineata dalla collocazione sistematica delle norme che lo riguardano: a differenza del codice abrogato, che esordiva disciplinando l'azione penale, il codice di rito si apre occupandosi della giurisdizione e del giudice.

• Si può distinguere tra giurisdizione ordinaria e speciale. La prima viene esercitata dai magistrati ordinari (→ **Cost.**, art. 102); la seconda, dalla Corte costituzionale (→ **Cost.**, art. 134) e dai tribunali militari (→ **Cost.**, art. 103 co. 3; → art. 13). Esistono anche **giudici specializzati** (→ **Cost.**, art. 102 co. 2), funzionali a rispondere all'esigenza di giudizi nei quali sono richieste particolari conoscenze specialistiche (→ **Proc. minorile**).

• Quanto alla competenza a conoscere dei reati posti in essere dal Presidente del Consiglio dei Ministri e dai Ministri, nell'esercizio delle loro funzioni, essa spetta alla giurisdizione ordinaria (→ **Cost.**, art. 96; → l. cost. 16.1.1989, n. 1), «previa autorizzazione del Senato della Repubblica o della Camera dei deputati» (→ **Indagini e udienza preliminare**, art. 343).

• Nella logica del sistema, le norme del

codice trovano applicazione per tutti i reati, anche se previsti in leggi speciali (→ **Disp. att.**, art. 207). Il codice funge anche da "diritto comune" per la regolamentazione di processi penali *extra codicem* (→ **Giu. Pace**, art. 2; → **Processo alle società**, art. 34; → **Proc. minorile**, art. 1).

• La riserva di giurisdizione in materia penale opera tanto con riguardo al giudizio di merito (→ **Cost.**, art. 27 co. 2; → **Libro VII**; → **Procedimenti speciali**), quanto al giudizio sulle libertà durante lo svolgimento del processo (→ **Cost.**, art. 13 co. 2; art. 111 co. 7; → **Misure cautelari**, art. 272 s.).

• In senso orizzontale, la giurisdizione penale è attribuita ai giudici di primo grado (corte di assise, tribunale, giudice di pace). Per effetto delle impugnazioni (→ **Libro IX**) la giurisdizione è attribuita, in senso verticale, a giudici di secondo grado (rispettivamente, corte di assise di appello, corte di appello, tribunale in composizione monocratica) o alla corte di cassazione. Il ricorso per cassazione è sempre ammesso, per violazione di legge, «Contro le sentenze e contro i provvedimenti sulla libertà personale, pronunciati dagli organi giurisdizionali ordinari o speciali» (→ **Cost.**, art. 111 co. 7; → **Impugnazioni**, art. 606).

2. Cognizione del giudice.

1. Il giudice penale risolve ogni questione da cui dipende la decisione, salvo che sia diversamente stabilito.

2. La decisione del giudice penale che risolve incidentalmente una questione civile, amministrativa o penale non ha efficacia vincolante in nessun altro processo.

• Nell'ottica di favorire la separazione delle giurisdizioni (e in controtendenza con il codice abrogato), al giudice penale è attribuito il potere di risolvere (→ **Giudizio**) in via incidentale tutte le questioni che rappresentano l'antecedente logico-giuridico della sua decisione sul fatto di reato, anche se di natura extrapenale.

• Tale autonomia di cognizione incontra alcune deroghe, al verificarsi delle quali è prevista la sospensione del processo penale in attesa che una diversa giurisdizione si pronunci (art. 3; art. 30; → **Prove**, art. 263 co. 3; → **Misure cautelari**, art. 324 co. 8; → **Giudizio**, art. 479; → **Esecuzione**, art. 676 co. 2). Un'ipotesi peculiare di sospensione riguarda il giudizio di costituzionalità delle leggi (c.d. pregiudiziale costituzionale → art. 23 l. 11.3.1953, n. 87). Allo stesso modo, è prevista la sospensione del processo penale per rinvio pregiudiziale alla Corte di giustizia di Lussemburgo (→ **T.f.u.e.**, art. 267).

• Quanto al valore della pronuncia incidentale del giudice penale, essa ha valore solo all'interno al processo nel quale si è inserita (→ **Esecuzione**, artt. 651, 652 e 654).

3. Questioni pregiudiziali.

1. Quando la decisione dipende dalla risoluzione di una controversia sullo stato di famiglia o di cittadinanza, il giudice, se la questione è seria e se l'azione a norma delle leggi civili è già in corso, può sospendere il processo fino al passaggio in giudicato della sentenza che definisce la questione.

2. La sospensione è disposta con ordinanza soggetta a ricorso per cassazione. La corte decide in camera di consiglio.

3. La sospensione del processo non impedisce il compimento degli atti urgenti.

4. La sentenza irrevocabile del giudice civile che ha deciso una questione sullo stato di famiglia o di cittadinanza ha efficacia di giudicato nel procedimento penale.

• Per assicurare la definizione del processo in tempi ragionevoli (→ **Cost.**, art. 111 co. 2), l'art. 3 stabilisce l'unica ipotesi di questione pregiudiziale capace di determinare la sospensione del processo penale in corso fino al passaggio in giudicato della sentenza del giudice civile o amministrativo che decide sulla questione (→ **Giudizio**, art. 479).

• La decisione emessa in sede extrapenale, quando divenuta irrevocabile, ha efficacia di giudicato nel processo penale, sicché il giudice penale non può disattenderla. La norma va raccordata con l'art. 630 co. 1 lett. *b* (→ **Impugnazioni**), il quale prevede che la successiva revoca della sentenza del giudice civile o amministrativo, sulla base della quale giudice penale abbia ritenuto la sussistenza del reato a carico del condannato, legittima la richiesta di revisione della sentenza o del decreto penale di condanna (→ **Impugnazioni**, art. 630 co. 1 lett. *b*).

• La sospensione del processo ha carattere facoltativo ed è subordinata a precise condizioni: la questione pregiudiziale deve riguardare uno *status* (stato di famiglia o di cittadinanza), deve essere "seria" e la controversia civile già iniziata. Si ritiene che la sospensione sia attivabile anche in pendenza di giudizio abbreviato (→ **Procedimenti speciali**, art. 438 s.).

• La decisione di sospensione è emessa con ordinanza (→ **Atti**, art. 125), immediatamente ricorribile per cassazione (→ **Impugnazioni**, art. 606) per espressa previsione legislativa, in base al principio di tassatività delle impugnazioni (→ art. 568 co. 1). La corte di cassazione decide in camera di consiglio, secondo il modulo generale previsto all'art. 127 (→ **Atti**). L'ordinanza con cui il giudice neghi la sospensione è impugnabile solo unitamente alla sentenza (→ **Impugnazioni**, art. 586).

• Per non pregiudicare l'assunzione delle prove (→ **Libro III**), si fa salva la possibilità di assumere gli atti urgenti (→ **Giudizio**, art. 467). Analoga conclusione deve ritenersi valida con riguardo all'assunzione di prove non rinviabili in costanza della sospensione del giudizio abbreviato (→ **Procedimenti speciali**).

Capo II
Competenza

Sezione I
Disposizione generale

4. Regole per la determinazione della competenza.

1. Per determinare la competenza si ha riguardo alla pena stabilita dalla legge per ciascun reato consumato o tentato. Non si tiene conto della continuazione, della recidiva e delle circostanze del reato, fatta eccezione delle circostanze aggravanti per le quali la legge stabilisce una pena di specie diversa da quella ordinaria del reato e di quelle ad effetto speciale.

• Le norme che fissano i criteri per l'individuazione del giudice competente sono attuazione del principio costituzionale del giudice naturale precostituito per legge (→ **Cost.**, art. 25 co. 1), a garanzia dell'indipendenza e imparzialità del giudice (→ **Cost.**, art. 101 co. 1, art. 104; art. 111). Anche la **Cedu** (art. 6) e prevede il diritto di ogni persona ad un processo «davanti a un tribunale indipendente e imparziale costituito per legge». Analogamente, il **Patto int.** (art. 14) e la **Carta UE** (art. 47) statuiscono che ogni individuo abbia il diritto a un'equa e pubblica udienza davanti a un tribunale indipendente e imparziale, stabilito dalla legge.

• Parlando di giudice competente si fa riferimento all'organo giudicante dibattimentale (→ **Giudizio**), ossia all'organo giurisdizionale che nella fase del giudizio è chiamato a decidere sul merito dell'accusa, sciogliendo l'alternativa tra condanna e proscioglimento. Il rinvio al "giudice competente" funge da parametro anche per l'individuazione dell'ufficio che esercita le attribuzioni del p.m. (art. 51 co. 3), salvo deroghe legate alla istituzione della Direzione nazionale antimafia (art. 51 co. 3 *bis*, 3 *quater*, 3 *quinquies*), e conseguentemente dell'ufficio con funzioni di g.i.p. e g.u.p. (→ **Libro V**, art. 328 co. 1), salve le deroghe dettate dalla c.d. competenza distrettuale (art. 328 co. 1 *bis* e 1 *quater*).

• Sul piano sistematico, accanto alla competenza per materia (art. 5 s.), per territorio (art. 8 s.) e per connessione (art. 12 s.), va annoverata la competenza **funzionale**: essa permette di individuare il giudice al quale spetta la gestione di ogni singolo segmento (fase e grado) del procedimento penale. Si devono così distinguere, in particolare, nell'ambito del primo grado, il giudice per le indagini preliminari (→ **Libro V**, art. 328), il giudice dell'udienza preliminare (→ art. 416

s.) e il giudice del dibattimento (→ **Giudizio**, art. 465 s.). Più nello specifico, durante gli atti preliminari al dibattimento (→ artt. 465-469), provvede il presidente del tribunale o della corte di assise. In materia di **libertà personale** (→ **Libro IV**), l'art. 279 definisce come competente (sull'applicazione e sulla revoca delle misure nonché sulle modifiche delle loro modalità esecutive) il «giudice che procede», specificando che prima dell'esercizio dell'azione penale (→ **Indagini e udienza preliminare**, art. 405 provvede il g.i.p. (→ art. 328).

• La norma fa dipendere la determinazione della competenza dalla pena prevista per il reato (pena astratta, nel massimo edittale), tenendo altresì conto delle forme di manifestazione del reato (consumazione o tentativo) ma non della continuazione, della recidiva e degli elementi accidentali del reato (le circostanze, salvo che esse siano speciali o ad effetto speciale). Sul piano sistematico, l'articolo fornisce un modello di computo della pena impiegato nel codice anche per altre finalità, in particolare ai fini della ammissibilità delle intercettazioni (→ **Prove,** art. 266) e della applicazione delle misure cautelari (→ **Libro IV**, art. 278).

Sezione II
Competenza per materia

5. Competenza della corte di assise.

1. La corte di assise è competente:

a) per i delitti per i quali la legge stabilisce la pena dell'ergastolo o della reclusione non inferiore nel massimo a ventiquattro anni, esclusi i delitti, comunque aggravati, di tentato omicidio, di rapina, di estorsione e di associazioni di tipo mafioso anche straniere, e i delitti, comunque aggravati, previsti dal decreto del Presidente della Repubblica 9 ottobre 1990, n. 309;

b) per i delitti consumati previsti dagli articoli 579, 580, 584 del codice penale;

c) per ogni delitto doloso se dal fatto è derivata la morte di una o più persone, escluse le ipotesi previste dagli articoli 586, 588 e 593 del codice penale;

d) per i delitti previsti dalle leggi di attuazione della XII disposizione finale della Costituzione, dalla legge 9 ottobre 1967 n. 962 e nel titolo I del libro II del codice penale, sempre che per tali delitti sia stabilita la pena della reclusione non inferiore nel massimo a dieci anni;

d bis) per i delitti consumati o tentati di cui agli articoli 416, sesto comma, 600, 601, 602 del codice penale, nonché per i delitti con finalità di terrorismo sempre che per tali delitti sia stabilita la pena della reclusione non inferiore nel massimo a dieci anni.

La lett. *a* è stata così sostituita prima dal d.l. 22.2.1999, n. 29, conv., con modif., dalla l. 21.4.1999, n. 109; poi dal d.l. 12.2.2010, n. 10, conv., con modif., dalla l. 6.4.2010, n. 52. La lett. *b* è stata così modificata dalla l. 11.8.2003, n. 228. La lett. *d bis* è stata aggiunta dal d.l. 12.2.2010, n. 10, conv., con modif., dalla l. 6.4.2010, n. 52.

• Le regole sulla competenza per materia distribuiscono gli affari penali in senso verticale, tra i diversi tipi di organi giurisdizionali previsti per il primo grado (giudice di pace, tribunale, corte d'assise). La competenza per materia della corte d'assise è individuata in base a due parametri: uno meramente quantitativo (la pena massima edittale) e uno qualitativo (il titolo del reato).

6. Competenza del tribunale.

1. Il tribunale è competente per i reati che non appartengono alla competenza della corte di assise o del giudice di pace.

Articolo prima modificato dalla l. 26.4.1990, n. 86, poi sostituito dal d. lgs. 19.2.1998, n. 51; infine, così modificato dal d. lgs. 28.8.2000, n. 274, che ha aggiunto le parole «o del giudice di pace».

• Le regole sulla competenza per materia distribuiscono gli affari penali in senso verticale, tra i diversi tipi di organi giurisdizionali previsti per il primo grado (giudice di pace, tribunale, corte d'assise). La competenza per materia del tribunale è individuata in via residuale, in quanto si ricava per sottrazione (escludendo cioè i reati di competenza della corte d'assise e del giudice di pace).

7. Competenza del pretore.

[Soppresso.]

Articolo abrogato dal d. lgs. 19.2.1998, n. 51.

Sezione III
Competenza per territorio

8. Regole generali.

1. La competenza per territorio è determinata dal luogo in cui il reato è stato consumato.
2. Se si tratta di fatto dal quale è derivata la morte di una o più persone, è competente il giudice del luogo in cui è avvenuta l'azione o l'omissione.
3. Se si tratta di reato permanente, è competente il giudice del luogo in cui ha avuto inizio la consumazione, anche se dal fatto è derivata la morte di una o più persone.
4. Se si tratta di delitto tentato, è competente il giudice del luogo in cui è stato compiuto l'ultimo atto diretto a commettere il delitto.

• Determinando la distribuzione delle regiudicande in senso orizzontale, tra la molteplicità di giudici ugualmente competenti per materia distribuiti sul territorio dello Stato, il sistema di regole sulla competenza per territorio definisce il concetto di naturalità del giudice (→ **Cost.**, art. 25 co. 1) legando l'individuazione al giudice al *locus commissi delicti* (a meno che dal fatto sia derivata la morte di una persona, perché in tal caso il luogo è quello in cui è avvenuta l'azione o l'omissione). Inoltre, fa salvo il fondamentale diritto di difesa (→ **Cost.**, art. 24).

• Ai fini di una identificazione sicura del giudice, l'articolo va raccordato con l'art. 16 co. 2, il quale prevede, in caso di reati commessi in più luoghi, in concorso o cooperazione o da più persone con condotte indipendenti, dai quali sia derivata la morte di una persona, che il giudice competente sia quello del luogo in cui è avvenuto l'evento morte.

• Qualora si proceda per i gravi reati richiamati all'art. 51 co. 3 *bis*, *ter* e *quater* (in presenza di molti dei quali i termini di durata massima delle indagini preliminari sono pari a due anni: → **Libro V**, art. 407), le funzioni di g.i.p. (nonché di g.u.p.: → art. 328 co. 1 *bis* e co. 1 *quater*) sono esercitate da un magistrato che opera nel capoluogo del distretto di corte d'appello nel cui territorio ha sede il giudice competente (c.d.: competenza distrettuale). Parimenti, sul piano dell'accusa, opera il p.m. presso lo stesso giudice.

9. Regole suppletive.

1. Se la competenza non può essere determinata a norma dell'articolo 8, è competente il giudice dell'ultimo luogo in cui è avvenuta una parte dell'azione o dell'omissione.
2. Se non è noto il luogo indicato nel comma 1, la competenza appartiene successivamente al giudice della residenza, della dimora o del domicilio dell'imputato.
3. Se nemmeno in tale modo è possibile determinare la competenza, questa appartiene al giudice del luogo in cui ha sede l'ufficio del pubblico ministero che ha provveduto per primo a iscrivere la notizia di reato nel registro previsto dall'articolo 335.

• Al fine di assicurare certezza nella individuazione del giudice competente sul territorio, sono state previste ulteriori regole suppletive, nel caso non possano trovare applicazione i criteri dell'art. 8. Le regole suppletive si applicano in via successiva e non casuale.

• Con il co. 1 si tenta di mantenere il giudice ancorato alla propria naturalità (→ **Cost.**, art. 25 co. 1), privilegiando l'organo giudicante verosimilmente più prossimo al luogo dell'evento criminoso.

• Con i co. 2 e 3 si abbandona il criterio del *locus commissi delicti* a favore di indici di diversa natura, legati o alla persona imputata (art. 60), o anche solo sottoposta alle indagini (art. 61) o al luogo in cui ha sede l'ufficio del p.m. (art. 50 s.) che per primo ha iscritto la notizia di reato nell'apposito registro (→ **Indagini e udienza preliminare**, art. 335).

10. Competenza per reati commessi all'estero.

1. Se il reato è stato commesso interamente all'estero, la competenza è determinata successivamente dal luogo della residenza, della dimora, del domicilio, dell'arresto o della consegna dell'imputato. Nel caso di pluralità di imputati, procede il giudice competente per il maggior numero di essi.

1 *bis*. Se il reato è stato commesso a danno del cittadino e non sussistono i casi previsti dagli articoli 12 e 371, comma 2, lettera *b*), la competenza è del tribunale o della corte di assise di Roma quando non è possibile determinarla nei modi indicati nel comma 1.

2. In tutti gli altri casi, se non è possibile determinare nei modi indicati nei commi 1 e 1 *bis* la competenza, questa appartiene al giudice del luogo in cui ha sede l'ufficio del pubblico ministero che ha provveduto per primo a iscrivere la notizia di reato nel registro previsto dall'articolo 335.

3. Se il reato è stato commesso in parte all'estero, la competenza è determinata a norma degli articoli 8 e 9.

Il co. 1 *bis* è stato inserito dal d.l. 16.5.2016, n. 67, conv., con modif., dalla l. 14.7.2016, n. 131. Il co. 2 è stato così modificato dal d.l. 16.5.2016, n. 67, conv., con modif., dalla l. 14.7.2016, n. 131.

• La competenza per i reati commessi all'estero si raccorda alla disciplina degli artt. 7 s. c.p., riguardanti all'applicazione della legge penale per reati commessi interamente fuori dal territorio dello Stato italiano.

• Non essendovi legami materiali tra il reato e il territorio dello Stato italiano, per il reato interamente commesso all'estero si ricorre a criteri di natura soggettiva, legati alla figura dell'imputato (artt. 60 e 61).

• Il riferimento all'arresto, di dubbia portata, potrebbe riguardare il luogo in cui opera il giudice che ha emesso il provvedimento restrittivo della libertà personale (→ **Misure cautelari**, art. 292).

• Il riferimento alla consegna si ricollega invece all'estradizione dall'estero (→ **Rapporti giurisdizionali con autorità straniere**, art. 720).

• In caso di reato commesso all'estero ai danni del cittadino italiano, in assenza di ipotesi di connessione (art. 12) o di collegamento investigativo (→ **Indagini e udienza preliminare**) con altri imputati o imputazioni, la competenza spetta al giudice di primo grado di Roma, ove non sia possibile determinarla ai sensi del co. 1.

• Qualora difettino i dati richiesti dal co. 1 e dal co. 1 *bis*, il sistema vira sul giudice del luogo nel quale il p.m. (art. 50) ha per primo iscritto la *notitia criminis* nel registro previsto all'art. 335 (→ **Indagini e udienza preliminare**).

• Infine, poiché l'art. 6 c.p. considera interamente commesso in Italia il reato verificatosi in parte nel territorio italiano e in parte all'estero, in tale ipotesi vigono le regole ordinarie per la determinazione della competenza territoriale.

11. Competenza per i procedimenti riguardanti i magistrati.

1. I procedimenti in cui un magistrato assume la qualità di persona sottoposta ad indagini, di imputato ovvero di persona offesa o danneggiata dal reato, che secondo le norme di questo capo sarebbero attribuiti alla competenza di un ufficio giudiziario compreso nel distretto di corte d'appello in cui il magistrato esercita le proprie funzioni o le esercitava al momento del fatto, sono di competenza del giudice, ugualmente competente per materia, che ha sede nel capoluogo del distretto di corte di appello determinato dalla legge.

2. Se nel distretto determinato ai sensi del comma 1 il magistrato stesso è venuto ad esercitare le proprie funzioni in un momento successivo a quello del fatto, è competente il giudice che ha sede nel capoluogo del diverso distretto di corte d'appello determinato ai sensi del medesimo comma 1.

3. I procedimenti connessi a quelli in cui un magistrato assume la qualità di persona sottoposta ad indagini, di imputato ovvero di persona offesa o danneggiata dal reato sono di competenza del medesimo giudice individuato a norma del comma 1.

Articolo così sostituito dalla l. 2.12.1998, n. 420.

• Corte cost., 390 del 1991, ha dichiarato costituzionalmente illegittimo il co. 3 nella parte in cui esclude l'applicabilità dei criteri di spostamento della competenza per territorio per i procedimenti in cui un magistrato sia persona offesa o danneggiato, allorché il reato che lo riguardi sia stato commesso in udienza.

• La previsione rappresenta una deroga ai criteri codicistici che attuano il principio costituzionale del giudice naturale (→ **Cost.**, art. 25 co. 1). Tale deroga mira a garantire l'indipendenza (→ **Cost.**, artt. 101 e 104) e l'imparzialità (→ **Cost.**, art. 111 co. 2) del giudice che venga chiamato a giudicare di una vicenda nella quale sia in qualche modo coinvolto un suo collega magistrato.

• Con il richiamo al lemma «magistrato», la norma si riferisce tanto ai magistrati che svolgono funzioni giudicanti, quanto ai magistrati del pubblico ministero (→ **Ord. giud.**, art. 4).

• Il ruolo processuale assunto dal magistrato può essere sia quello tipico della parte (imputato: art. 60; persona sottoposta a indagini: art. 61), sia quello del mero soggetto processuale (persona offesa: art. 90; danneggiato dal reato: art. 74).

• Il co. 3 statuisce una deroga a quanto stabilito all'art. 16.

11 *bis*. Competenza per i procedimenti riguardanti i magistrati della Direzione nazionale antimafia e antiterrorismo.

1. I procedimenti in cui assume la qualità di persona sottoposta ad indagini, di imputato ovvero di persona offesa o danneggiata dal reato un magistrato addetto alla Direzione nazionale antimafia e antiterrorismo di cui all'articolo 76 *bis* dell'ordinamento giudiziario, approvato con regio decreto 30 gennaio 1941, n. 12, e successive modificazioni, sono di competenza del giudice determinato ai sensi dell'articolo 11.

Articolo aggiunto dalla l. 2.12.1998, n. 420. Nell'articolo, le parole «Direzione nazionale antimafia» sono state sostituite dalle parole «Direzione nazionale antimafia e antiterrorismo» dal d.l. 18.2.2015, n. 7, conv., con modif., dalla l. 17.4.2015, n. 43.

• V. *sub* art. 11.

Sezione IV
Competenza per connessione

12. Casi di connessione.

1. Si ha connessione di procedimenti:

a) se il reato per cui si procede è stato commesso da più persone in concorso o cooperazione fra loro, o se più persone con condotte indipendenti hanno determinato l'evento;

b) se una persona è imputata di più reati commessi con una sola azione od omissione ovvero con più azioni od omissioni esecutive di un medesimo disegno criminoso;

c) se dei reati per cui si procede gli uni sono stati commessi per eseguire o per occultare gli altri.

Le lett. *b* e *c* sono state sostituite dal d.l. 20.11.1991, n. 367, conv., con modif., dalla l. 20.1.1992, n. 8. La lett. *c* è stata così modificata dalla l. 1.3.2001, n. 63.

• La connessione è fondata sulla sussistenza di una relazione fra reati, qualificata sotto il profilo soggettivo, oggettivo o teleologico e, quindi, su una parziale sovrapposizione fra regiudicande e integra un criterio autonomo di ripartizione della competenza, al pari della materia (art. 5 s.) e del territorio (art. 8 s.), destinato a operare nei casi tassativamente indicati dalla legge.

• Lo scopo è duplice: attuare il canone del giudice naturale precostituito per legge (→ **Cost.**, art. 25 co. 1) anche nei processi caratterizzati dalla pluralità di imputati e/o di imputazioni e affidare a un unico ufficio giudiziario la cognizione di tutti i reati connessi.

• L'attrazione in un unico ufficio non implica, ancora, la simultanea celebrazione dei processi. La connessione costituisce, infatti, una condizione necessaria ma non sufficiente per la riunione dei processi davanti al medesimo giudice (art. 17).

• Quanto ai casi tassativamente previsti, la lett. *a* identifica la connessione necessariamente plurisoggettiva: la sussistenza di legami tra gli imputati del medesimo reato, commesso in concorso (→ art. 110 c.p.) o con cooperazione colposa (→ art. 113 c.p.) o, ancora, con condotte indipendenti, rende irragionevole separare l'accertamento della responsabilità degli uni da quella degli altri. La lett. *b* identifica la connessione necessariamente monosoggettiva, basata sul concorso formale (omogeneo o eterogeneo) di reati e sul reato continuato (→ art. 81 c.p.). La lett. *c* identifica la "connessione teleologica", plurisoggettiva o monosoggettiva: uno o più reati sono stati commessi per eseguirne o occultarne altri, sul presupposto implicito della medesimezza fra gli autori del reato-mezzo e del reato fine (v. Corte cost. 21 del 2013). Costituiscono, invece, non casi di connessione, bensì presupposti idonei a far scattare il coordinamento investigativo tra diversi uffici del p.m. (→ **Indagini e udienza preliminare**, art. 371 co. 2 lett. *b*) la "connessione occasionale" e il reato commesso per conseguire o assicurare al colpevole o ad altri il profitto, il prezzo, il prodotto o l'impunità ("connessione consequenziale"). Avere sottratto queste ipotesi alla disciplina della connessione risponde all'intento di scongiurare lo svolgimento di "maxi-processi".

• La sussistenza di un caso di connessione fa scattare – unitamente ai presupposti di volta in volta richiesti dalla legge – una disciplina derogatoria di quella ordinaria circa la portata del **diritto al silenzio** dell'imputato (→ **Cost.**, artt. 27 co. 2 e 111 co. 4), alla **testimonianza** o alla **testimonianza assistita** del medesimo (→ **Prove**, artt. 197 e 197 *bis*), e, ancora, all'**esame dell'imputato** nel proprio procedimento o in un procedimento connesso (→ **Prove**, artt. 208 e 210), ove viene diversamente modulato il diritto al confronto fra l'imputato accusato e quello che abbia reso dichiarazioni di accusa (→ **Cost.**, art. 111 co. 3; → **Cedu**, art. 6 § 3 lett. *d*; → **Giudizio**, artt. 513 e 526 co. 1 *bis*). Sul piano pragmatico, la sussistenza di una causa di connessione rende altamente probabile che più persone siano imputate (art. 60) nel medesimo procedimento (c.d. coimputati) o che risultino imputate in procedimenti fra loro connessi. Così, quando tali imputati rendano dichiarazioni a carico di altri (c.d. chiamata in correità: → **Indagini preliminari**, art. 64 co. 3 lett. *c*; → **Prove**, art. 192 co. 3), al fine di garantire il diritto al confronto fra l'imputato colpito dalle dichiarazioni accusatorie e quello che le ha rese, l'imputato accusatore può rivestire coattivamente la qualità di testimone (→ art. 194 s.), fatte salve le incompatibilità (→ art. 197) e l'applicazione delle relative garanzie (→ art. 197 *bis*).

• Più precisamente, nel caso della connessione di cui alla lett. *a* (c.d. "**connessione forte**"), l'imputato assume la qualifica di testimone solo dopo la pronuncia nei suoi confronti della sentenza definitiva (→ **Esecuzione**, art. 648) di condanna (→ **Giudizio**, art. 533; → **Procedimenti speciali**, art. 442), di proscioglimento (→ **Giudizio**, art. 529 s.; → **Procedimenti speciali**, art. 442) o di applicazione della pena su richiesta delle parti (→ **Procedimenti speciali** art. 444 s.). Prima del passaggio in giudicato della sentenza, qualora si proceda, o si sia proceduto, separatamente e l'imputato connesso non possa assumere l'ufficio di testimone, opera l'art. 210 co. 1 (→ **Prove**): egli, pur avendo l'obbligo di comparire *ex* art. 210 co. 2, ha diritto all'assistenza difensiva (→ **Cost.**, art. 24; art. 96 s.; → **Prove**, art. 210 co. 3) e gode del diritto al silenzio, ossia ha il diritto di non essere esaminato e, comunque, quello di non rispondere a tutte o ad alcune domande *ex* art. 210 co. 4 (fatto salvo quanto previsto all'art. 66 co. 1).

• Nell'ipotesi di connessione di cui alla lett. *c* (c.d. **connessione debole**), l'imputato può rivestire la qualifica di testimone anche prima dell'irrevocabilità della sentenza (→ **Esecuzione**, art. 648) emessa nei suoi confronti, a condizione che durante l'interrogatorio gli venga dato l'avvertimento di cui all'art. 64 co. 3 lett. *c* (artt. 64 e 65; → **Mi-**

sure cautelari, artt. 294 e 299 co. 3 *ter*; → **Indagini e udienza preliminare**, artt. 350 [sommarie informazioni raccolte dalla p.g.], 363, 370, 388, 415 *bis* e 422 co. 3; → **Procedimenti speciali**, art. 441 co. 6). Scopo dell'avvertimento è assicurare che l'imputato sia consapevole degli effetti processuali del proprio contegno dichiarativo, con riguardo alla responsabilità propria (art. 64 co. 3 lett. *a*; → **Giudizio**, art. 513 co. 1) e a quella altrui. Quando si proceda o si sia proceduto separatamente e l'imputato connesso a norma della lett. *c* o l'imputato di un reato collegato a norma dell'art. 371 co. 2 lett. *b* (→ **Indagini e udienza preliminare**) non abbia mai reso dichiarazioni accusatorie verso terzi, l'imputato connesso viene sottoposto a esame nelle forme dell'art. 210 co. 6 (→ **Prove**), previo avvertimento di cui all'art. 64 co. 3 lett. *c* e con le garanzie previste dall'art. 197 *bis* (→ **Prove**).

• L'assunzione della testimonianza assistita avviene con le forme previste per l'esame testimoniale (→ **Indagini e udienza preliminare**; art. 420; → **Giudizio**, artt. 498, 499 e 500).

• In chiave sistematica, la connessione incide, fra l'altro, sulla disciplina dell'iscrizione della notizia di reato (→ **Indagini e udienza preliminare**, 335 co. 3), su quella relativa al computo dei termini di durata delle misure cautelari (→ **Misure cautelari**, art. 297 co. 3) e sulla modifica dell'imputazione quando emerga un reato connesso ai sensi della lett. *b* in udienza preliminare (→ **Indagini e udienza preliminare**, art. 423), nel giudizio abbreviato (→ **Procedimenti speciali**, art. 441 *bis*) e nel dibattimento (→ **Giudizio**, art. 517).

13. Connessione di procedimenti di competenza di giudici ordinari e speciali.

1. Se alcuni dei procedimenti connessi appartengono alla competenza di un giudice ordinario e altri a quella della Corte costituzionale, è competente per tutti quest'ultima.

2. Fra reati comuni e reati militari, la connessione di procedimenti opera soltanto quando il reato comune è più grave di quello militare, avuto riguardo ai criteri previsti dall'articolo 16 comma 3. In tale caso, la competenza per tutti i reati è del giudice ordinario.

• Scopo dell'art. 13 è assicurare, nella misura più ampia e pur con temperamenti, la naturalità del giudice (→ **Cost.**, art. 25 co. 1), inteso come l'organo giurisdizionale maggiormente idoneo a definire il processo in ragione delle peculiarità di quest'ultimo.

• Il legislatore ha esteso a tutti i reati connessi la competenza della Corte costituzionale, consideratane la posizione nell'ambito della giurisdizione penale. Il criterio scatta quando uno o più reati di competenza del giudice ordinario sono connessi ai reati di alto tradimento e di attentato alla Costituzione commessi dal Presidente della Repubblica nell'esercizio delle funzioni, per i quali la Corte costituzionale è competente in via esclusiva in forza dell'art. 90 Cost.

• Onde salvaguardare le specificità della giurisdizione penale di pace, la connessione non opera tra procedimenti per i reati di competenza del giudice di pace e quelli di competenza del giudice speciale (→ **Giu. Pace**, art. 6 co. 3).

• In ordine alla connessione tra reati comuni e reati militari, la gravità va misurata impiegando i criteri dell'art. 16 co. 3. La disciplina di riferimento dovrebbe restare l'art. 264 c.p.m.p., benché la dottrina sia divisa sulla sua perdurante vigenza dopo l'entrata in vigore del codice di procedura penale.

14. Limiti alla connessione nel caso di reati commessi da minorenni.

1. La connessione non opera fra procedimenti relativi a imputati che al momento del fatto erano minorenni e procedimenti relativi a imputati maggiorenni.

2. La connessione non opera, altresì, fra procedimenti per reati commessi quando l'imputato era minorenne e procedimenti per reati commessi quando era maggiorenne.

• La non operatività assoluta della connessione è qui strumentale ad assicurare le peculiarità del rito minorile, destinato principalmente ad assolvere a una funzione di tutela dello sviluppo psico-fisico dell'imputato minorenne, in ossequio a norme di rango costituzionale (→ **Cost.**, art. 31 co. 2).

• Naturalmente, benché implicitamente, il legislatore rende operante la connessione qualora tutti gli imputati siano minorenni o i reati siano stati tutti commessi dal medesimo imputato minorenne.

15. Competenza per materia determinata dalla connessione.

1. Se alcuni dei procedimenti connessi appartengono alla competenza della corte di assise ed altri a quella del tribunale, è competente per tutti la corte di assise.

Articolo così sostituito dal d. lgs. 19.2.1998, n. 51.

• Sul piano sistematico, la corte di assise è il giudice dotato della competenza superiore (art. 5). Coerentemente, il criterio della prevalenza del "giudice superiore" trova costante applicazione, restando irrilevante la ripartizione delle attribuzioni del tribunale fra l'organo collegiale e quello monocratico, a sua volta investito a seguito del decreto che dispone il giudizio *ex* art. 429 (→ **Libro V**) o di decreto di citazione diretta a giudizio *ex* art. 550 (→ **Libro VIII**).

• Per le stesse ragioni legate all'assetto ordinamentale degli uffici giurisdizionali, un analogo criterio opera quando siano competenti il giudice di pace, da un lato, e il tribunale o la corte d'assise, dall'altro (per la connessione, però, v. → **Giu. Pace**, art. 6).

• Analogamente, nell'ipotesi di connessione fra procedimenti, taluni per un reato attribuito alla cognizione del tribunale in composizione collegiale ed altri a quella del tribunale in composizione monocratica, prevale sempre l'organo collegiale, indipendentemente dalla gravità del reato (art. 33 *quater*).

• L'art. 551 (→ **Libro VIII**) considera l'ipotesi in cui fra i procedimenti connessi, tutti appartenenti alla cognizione del tribunale in composizione monocratica, taluni prevedano l'udienza preliminare (→ **Libro V**), altri la citazione diretta a giudizio (→ **Libro VIII**): si procede per tutti con la richiesta di rinvio a giudizio *ex* artt. 416 e 417 (→ **Indagini e udienza preliminare**).

16. Competenza per territorio determinata dalla connessione.

1. La competenza per territorio per i procedimenti connessi rispetto ai quali più giudici sono ugualmente competenti per materia appartiene al giudice competente per il reato più grave e, in caso di pari gravità, al giudice competente per il primo reato.

2. Nel caso previsto dall'articolo 12 comma 1 lettera *a*) se le azioni od omissioni sono state commesse in luoghi diversi e se dal fatto è derivata la morte di una persona, è competente il giudice del luogo in cui si è verificato l'evento.

3. I delitti si considerano più gravi delle contravvenzioni. Fra delitti o fra contravvenzioni si considera più grave il reato per il quale è prevista la pena più elevata nel massimo ovvero, in caso di parità dei massimi, la pena più elevata nel minimo; se sono previste pene detentive e pene pecuniarie, di queste si tiene conto solo in caso di parità delle pene detentive.

• Il reato di maggior gravità, individuato in forza degli artt. 4 e 16 co. 3, costituisce il criterio principale per individuare il giudice competente per ragioni di connessione. La gravità del reato va apprezzata alla luce dell'imputazione (→ **Indagini e udienza preliminare**, artt. 405 e 417; → **Procedimento davanti al tribunale in composizione monocratica**, artt. 550 e 552). Tuttavia, nulla esclude che il giudice possa riqualificare il fatto e individuare il reato più grave in un'altra ipotesi fra quelle contestate dal p.m., adottando gli eventuali provvedimenti dichiarativi dell'incompetenza (art. 21 ss.).

• In caso di reati di pari gravità, scatta il criterio sussidiario: la connessione opera in favore del giudice competente per il reato commesso per primo. Se, poi, non sia possibile determinare quale reato sia stato commesso per primo, trova applicazione il criterio suppletivo di cui all'art. 9 co. 3 in ordine alla competenza per territorio: competente è il giudice del luogo ove ha sede l'ufficio del p.m. che per primo ha iscritto la notizia di reato.

• Il co. 2 integra una deroga alla regola contemplata dall'art. 8 co. 2, che non potrebbe trovare applicazione nel caso della connessione plurisoggettiva, perché le condotte degli imputati potrebbero essere state tenute in luoghi diversi, sottoposi alla competenza territoriale di giudici (eventualmente) diversi.

• Ulteriore deroga alla disciplina in esame scatta qualora, in uno o più dei reati connessi, un magistrato sia imputato o persona offesa: opera l'art. 11 co. 3, volto a scongiurare il rischio di violazioni dell'indipendenza e dell'imparzialità dei magistrati.

Capo III
Riunione e separazione dei processi

17. Riunione di processi.

1. La riunione di processi pendenti nello stesso stato e grado davanti al medesimo giudice può essere disposta quando non determini un ritardo nella definizione degli stessi:

a) nei casi previsti dall'articolo 12;

b) [Soppresso.];

c) nei casi previsti dall'articolo 371, comma 2, lettera *b*).

1 *bis*. Se alcuni dei processi pendono davanti al tribunale collegiale ed altri davanti al tribunale monocratico, la riunione è disposta davanti al tribunale in composizione collegiale. Tale composizione resta ferma anche nel caso di successiva separazione dei processi.

Le parole «quando non pregiudichi la rapida definizione degli stessi» sono state così sostituite dalle attuali «quando non determini un ritardo nella definizione degli stessi» dalla l. 1.3.2001, n. 63. La lett. *b* è stata soppressa dal d.l. 20.11.1991, n. 367, conv., con modif., dalla l. 20.1.1992, n. 8. La lett. *c* è stata sostituita alle originarie lett. *c* e *d* dalla l. 1.3.2001, n. 63. Il co. 1 *bis* è stato aggiunto dal d. lgs. 19.2.1998, n. 51.

• La disciplina della riunione (art. 17) e della separazione (art. 18) dei processi è complessivamente orientata a dare prevalenza alla trattazione separata delle regiudicande. La *ratio* è contenere il fenomeno dei "maxiprocessi", ove il numero elevato d'imputati e d'imputazioni incide negativamente sull'esercizio del diritto di difesa (→ **Cost.**, artt. 24 co. 2 e 111 co. 3) e sul contraddittorio (→ **Cost.**, art. 111 co. 2 e 4), nonché sull'efficienza e sulla ragionevole durata del processo (→ **Cost.**, art. 111 co. 2).

•Il bilanciamento legislativo tra esigenze di celerità e semplificazione, da un lato, e i vantaggi derivanti dalla trattazione unitaria di processi aventi a oggetto fatti avvinti da stretti nessi, dall'altro, si è risolto nella prevalenza accordata al *favor separationis* e alla tendenziale autonomia delle regiudicande.

• Il tenore dell'articolo conferma la scelta sistematica: né la connessione di procedimenti (art. 12) né il collegamento investigativo (→ **Indagini e udienza preliminare**, art. 371 co. 2 lett. *b*) sono condizioni sufficienti per disporre la riunione, occorrendo altri presupposti.

• La riunione opera solo dopo l'esercizio dell'azione penale (→ **Libro V**, art. 405; → **Procedimento davanti al tribunale in composizione monocratica**, art. 550 s.). Durante le indagini preliminari, il legislatore legittima, tuttavia, il p.m. a svolgere unitariamente le investigazioni nei confronti di più indagati e per più notizie di reato, anche non necessariamente avvinte da uno stretto nesso, salva la sostanziale separazione delle vicende al momento di esercitare l'azione penale soltanto per alcuni imputati o alcune imputazioni (→ **Disp. att.**, artt. 130 e 130 *bis*).

• Quanto ai presupposti per la riunione, il cui catalogo è tassativo, anzitutto, i processi devono pendere tutti nello **stesso stato e grado**. Il richiamo al grado consente di proporre la questione durante il giudizio davanti alla corte di cassazione (→ **Impugnazioni**, art. 610 co. 3).

• Inoltre, i processi devono contestualmente pendere di fronte allo **stesso giudice**. La locuzione è da intendere come riferita (→ **Disp. att.**, art. 2 co. 1) al giudice-organo, monocratico (giudice-persona) o collegiale, e al giudice-ufficio. Quando i processi pendano di fronte a sezioni diverse del medesimo ufficio, il dirigente dell'ufficio o della sezione designa, per l'eventuale riunione, il giudice o la sezione cui è stato assegnato per primo uno dei processi, salvo che sussistano rilevanti esigenze di servizio o la designazione finisca per pregiudicare la rapida definizione degli stessi.

• Infine, la riunione, se disposta, non deve pregiudicare la rapita definizione dei processi. Il presupposto, la cui sussistenza si fonda su una non agevole valutazione prognostica affidata al giudice, è volto ad assicurare la durata ragionevole del processo (→ **Cost.**, art. 111 co. 2). Per non vanificare la portata della previsione, la prognosi positiva non può essere esclusa sulla base della sola considerazione che la riunione comporta, di per sé, un certo allungamento dei tempi rispetto alla singola vicenda. Occorre un vaglio complessivo che guardi alla definizione di tutti i procedimenti in origine separati e destinati a essere riuniti: è sufficiente che la riunione non sposti troppo avanti nel tempo, in modo ingiustificato, la conclusione dell'unitario processo.

• Il co. 1 *bis* esprime la chiara preferenza del legislatore per il giudizio celebrato dinanzi al giudice in composizione collegiale: la successiva separazione dei processi lascia immutata la composizione collegiale del tribunale ordinario di primo grado (artt. 6 e 33 *bis*), assicurando la *perpetuatio iurisdictionis*.

• Nel **Processo alle società** (→ art. 38) opera un criterio speculare a quello codicistico: vale la regola della riunione fra il processo all'ente e quello a carico dell'imputato del reato-presupposto per la responsabilità dell'ente. La trattazione unitaria, pur non assoluta (→ **Processo alle società**, art. 38 co. 2, che prevede un elenco tassativo di casi di separazione), discende dallo stretto nesso fra il reato-presupposto e l'illecito imputabile all'ente, allo scopo di assicurare la ricostruzione del fatto e l'accertamento della responsabilità, nonché di scongiurare contrasti fra giudicati (→ **Esecuzione**, art. 648) in ordine alla responsabilità della persona fisica e di quella della persona giuridica, idonei a fondare una richiesta di revisione (→ **Impugnazioni**, art. 630 co. 1 lett. *a*).

18. Separazione di processi.

1. La separazione di processi è disposta, salvo che il giudice ritenga la riunione assolutamente necessaria per l'accertamento dei fatti:

a) se, nell'udienza preliminare, nei confronti di uno o più imputati o per una o più imputazioni è possibile pervenire prontamente alla decisione, mentre nei confronti di altri imputati o per altre imputazioni è necessario acquisire ulteriori informazioni a norma dell'articolo 422;

b) se nei confronti di uno o più imputati o per una o più imputazioni è stata ordinata la sospensione del procedimento;

c) se uno o più imputati non sono comparsi al dibattimento per nullità dell'atto di citazione o della sua notificazione, per legittimo impedimento o per mancata conoscenza incolpevole dell'atto di citazione;

d) se uno o più difensori di imputati non sono comparsi al dibattimento per mancato avviso ovvero per legittimo impedimento;

e) se nei confronti di uno o più imputati o per una o più imputazioni l'istruzione dibattimentale risulta conclusa, mentre nei confronti di altri imputati o per altre imputazioni è necessario il compimento di ulteriori atti che non consentono di pervenire prontamente alla decisione;

e bis) se uno o più imputati dei reati previsti dall'articolo 407, comma 2, lettera *a*), è prossimo ad essere rimesso in libertà per scadenza dei termini per la mancanza di altri titoli di detenzione.

2. Fuori dei casi previsti dal comma 1, la separazione può essere altresì disposta, sull'accordo delle parti, qualora il giudice la ritenga utile ai fini della speditezza del processo.

La lett. *e bis* è stata aggiunta dal d.l. 24.11.2000, n. 341, conv., con modif., dalla l. 19.1.2001, n. 4.

• Al pari di quanto già evidenziato a proposito dell'art. 17, anche l'art. 18 fa emergere la netta preferenza del legislatore per lo svolgimento di processi separati.

• Quelli contemplati dal co. 1 sono considerati casi di separazione "obbligatoria": in presenza dei relativi presupposti, il giudice è tenuto a disporre la separazione. Comune denominatore è che alcune regiudicande sono mature per l'immediata trattazione, altre no.

• In udienza preliminare (→ **Libro V**, art. 416 s.), la separazione è imposta non solo quando per taluni imputati o talune imputazioni sia necessaria un'integrazione probatoria d'ufficio (→ **Indagini e udienza preliminare**, art. 422; → **Prove**, art. 190 co. 2) ma anche quando sia disposto un supplemento investigativo (→ **Indagini e udienza preliminare**, art. 421 *bis*). Inoltre, argomentando dalle lett. *c* e *d*, pur espressamente riferite al controllo sulla costituzione delle parti nel dibattimento (→ **Giudizio**, art. 484), la separazione dev'essere disposta, nelle medesime ipotesi, anche in udienza preliminare (→ **Libro V**, art. 420 s.).

• Numerose sono, poi, le ipotesi di sospensione del procedimento per taluni imputati o talune imputazioni, riconducibili alla lett. *b*: si pensi all'art. 3 (in tema di questioni pregiudiziali) e all'art. 479 (→ **Giudizio**, in tema di pregiudiziale civile o amministrativa); all'art. 41 co. 2 [a seguito della relativa ordinanza della corte di cassazione (→ **Impugnazioni**) conseguente all'istanza di ricusazione del giudice]; all'art. 47 (in pendenza d'una richiesta di rimessione del processo); all'art. 71 (in relazione all'accertamento dell'incapacità dell'imputato di stare in giudizio); all'art. 344 co. 4 (→ **Indagini e udienza preliminare**, in conseguenza del ritardo nella concessione dell'autorizzazione a procedere).

• La lett. *e bis* si fonda sul rischio che l'imputato di uno dei reati tassativamente considerati dall'art. 407 co. 2 lett. *a* (→ **Libro V**) sia prossimo a essere scarcerato per decorrenza dei termini di custodia cautelare (→ **Misure cautelari**), sempre che manchino altri titoli detentivi: la separazione obbligatoria risponde allo scopo d'imprimere maggiore celerità alle vicende che coinvolgano tali imputati. Nei medesimi casi, la separazione può essere disposta anche con la sentenza di condanna di primo grado (→ **Giudizio**, art. 533 co. 3 *bis*): qui, il giudice, nella redazione della motivazione, deve accordare preferenza alla sentenza di condanna degl'imputati in stato di custodia cautelare (→ art. 544 co. 3 *bis*).

• Il co. 2 regola la separazione "facoltativa": la decisione di disporre la separazione è rimessa, sul presupposto del necessario accordo delle parti, alla valutazione discrezionale del giudice, allo scopo di assicurare la speditezza processuale (→ **Cost.**, art. 111 co. 2; → **Cedu**, art. 6 § 1).

• Sul piano sistematico, infine, l'istaurazione di un procedimento speciale (→ **Libro VI**, art. 449 co. 6 per il giudizio direttissimo e art. 453 co. 2 per il giudizio immediato) fa emergere ulteriori ipotesi di separazione. La separazione dev'essere, poi, disposta anche quando l'imputato (art. 60), ricevuta la notifica della fissazione dell'udienza preliminare, vi rinunci in favore dell'immediata instaurazione del dibattimento (→ **Indagini e udienza preliminare**, art. 419 co. 5; → **Procedimenti speciali**, art. 453 s.). Nonostante il silenzio della legge, la separazione delle regiudicande dev'essere disposta anche qualora taluni imputati optino per il giudizio abbreviato o concludano l'accordo per l'applicazione della pena su richiesta, e altri no (→ **Libro VI**, artt. 438 s. e 444 s.). Maggiormente discussa è, invece, la possibilità dell'imputato di chiedere un rito alternativo solo per alcune imputazioni del processo oggettivamente cumulativo, con conseguente separazione delle regiudicande. Posto che la scelta del rito costituisce esercizio del diritto di difesa (→ **Cost.**, artt. 24 co. 2; 111 co. 3), è preferibile ritenere ammissibile una simile opzione strategica.

19. Provvedimenti sulla riunione e separazione.

1. La riunione e la separazione di processi sono disposte con ordinanza, anche di ufficio, sentite le parti.

• La decisione sulla riunione o sulla separazione implica l'istaurazione del contraddittorio fra le parti, benché le relative forme possano essere variamente modulate (discussione orale o mero contraddittorio cartolare fuori udienza). Per consolidata giurisprudenza, il mancato riconoscimento del diritto delle parti d'interloquire sulla questione non genera alcuna nullità del provvedimento *ex* art. 19: vale il principio di tassatività delle nullità (→ **Atti**, art. 177).

• Il provvedimento con cui il giudice decide sulla separazione e sulla riunione dei procedimenti assume la forma dell'ordinanza, motivata a pena di nullità (→ **Atti**, art. 125 co. 3). Resta escluso un provvedimento implicito, con cui il giudice accolga o neghi la riunione o la separazione.

• In forza del principio di tassatività delle impugnazioni (→ **Libro IX**, art. 568), i provvedimenti *ex* art. 19 non sono impugnabili, fatta salva, per un indirizzo minoritario, l'impugnazione dell'ordinanza unitamente alla sentenza (→ **Libro IX**, art. 586).

• In dibattimento, la riunione e la separazione costituiscono oggetto delle questioni preliminari (→ **Giudizio**, art. 491 co. 2), sebbene la relativa esigenza possa essere anche prospettata e affrontata in seguito, qualora insorgesse dopo tale scadenza.

Capo IV
Provvedimenti sulla giurisdizione e sulla competenza

20. Difetto di giurisdizione.

1. Il difetto di giurisdizione è rilevato, anche di ufficio, in ogni stato e grado del procedimento.

2. Se il difetto di giurisdizione è rilevato nel corso delle indagini preliminari, si applicano le disposizioni previste dall'articolo 22 commi 1 e 2. Dopo la chiusura delle indagini preliminari e in ogni stato e grado del processo il giudice pronuncia sentenza e ordina, se del caso, la trasmissione degli atti all'autorità competente.

• La verifica della presenza della giurisdizione **precede logicamente ogni altro tipo di valutazione** rimessa alla cognizione del giudice ed ha un **carattere dinamico**, dovendo il difetto di giurisdizione essere rilevato in ogni stato e grado del procedimento.

• La disposizione ha una portata generale ed indica le **cadenze temporali** entro cui rilevare **il difetto di giurisdizione** (art. 1). A tale proposito, occorre distinguere le ipotesi di **difetto assoluto di giurisdizione**, che si verificano quando il giudice emette un provvedimento estraneo al perimetro della giurisdizione penale: si pensi alle ipotesi in cui il giudice penale annulli un atto amministrativo ovvero dichiari la nullità di un contratto, oppure ancora pronunci una sentenza nei confronti di una persona che goda dell'immunità di diritto internazionale. In tali casi, è possibile ricorrere per cassazione ai sensi dell'art. 606 lett. *a* (→ **Impugnazioni**). Da tali ipotesi deve essere distinto il **difetto relativo di giurisdizione** che si realizza allorquando ad un giudice ordinario venga attribuita la cognizione di un reato rientrante nella giurisdizione speciale oppure quando ad un giudice speciale sia affidata la cognizione di un reato rientrante nella giurisdizione comune

• In particolare, nel corso delle indagini preliminari (→ **Libro V**) il giudice, se riconosce il proprio difetto di giurisdizione, pronuncia ordinanza (→ **Atti**, art. 125), i cui effetti sono limitati al provvedimento richiesto, e dispone la restituzione degli atti al p.m. (art. 22 co. 1 e 2).

• Nel caso di richiesta di archiviazione (→ **Indagini e udienza preliminare,** art. 408), il giudice rileva il difetto di giurisdizione con ordinanza (→ **Atti**, art. 125); laddove, invece, il giudice ravvisi il difetto in seguito alla richiesta di riapertura delle indagini (→ **Libro V**, art. 414) la declaratoria va pronunciata con sentenza (→ **Atti**, art. 125).

• Dopo la chiusura delle indagini preliminari (→ **Libro V**, art. 405) e in ogni stato e grado del processo, il giudice pronuncia sentenza e, nelle ipotesi di difetto relativo di giurisdizione, ordina la trasmissione degli atti all'autorità titolare della giurisdizione.

• Il difetto di giurisdizione non può però essere rilevato **nel giudizio di rinvio** in seguito all'annullamento della decisione da parte della corte di cassazione, salvo qualora emergano nuovi fatti che comportino una diversa definizione giuridica da cui derivi la modificazione della giurisdizione, (art. 25; → **Impugnazioni**, art. 627 co. 1).

• La sentenza che accerta il difetto di giurisdizione e ordina la trasmissione degli atti all'autorità competente è impugnabile secondo le regole ordinarie (→ **Impugnazioni**); mentre la decisione che accerta il difetto di giurisdizione senza disporre la trasmissione degli atti all'autorità competente, può essere oggetto di ricorso per cassazione (→ art. 568 co. 2).

• La regola della rilevabilità, anche di ufficio, del difetto di giurisdizione in ogni stato e grado del procedimento trova comunque un **limite** quando l'individuazione della giurisdizione dipenda da un accertamento del fatto, in ordine al quale si sia irrimediabilmente formato **il giudicato** (→ **Esecuzione**, art. 648).

21. Incompetenza.

1. L'incompetenza per materia è rilevata, anche di ufficio, in ogni stato e grado del processo, salvo quanto previsto dal comma 3 e dall'articolo 23 comma 2.

2. L'incompetenza per territorio è rilevata o eccepita, a pena di decadenza, prima della conclusione dell'udienza preliminare o, se questa manchi, entro il termine previsto dall'articolo 491 comma 1. Entro quest'ultimo termine deve essere riproposta l'eccezione di incompetenza respinta nell'udienza preliminare.

3. L'incompetenza derivante da connessione è rilevata o eccepita, a pena di decadenza, entro i termini previsti dal comma 2.

• Il legislatore ha stabilito precise **cadenze temporali per rilevare o eccepire l'incompetenza del giudice**, nelle ipotesi in cui difetti uno dei presupposti funzionali a individuare il giudice competente: materia, territorio, connessione. La competenza per materia costituisce, infatti, il limite di esercizio della potestà giurisdizionale con riferimento ai reati oggetto di accertamento (art. 5 s.); la competenza per territorio consente di stabilire la distribuzione del lavoro tra i diversi uffici giudiziari dello stesso grado (art. 8 s.); le regole che disciplinano la competenza per connessione sono dirette, infine, a individuare le ipotesi in cui diverse regiudicande possano confluire in un unico procedimento (art. 12 s.).

• **L'incompetenza per materia**, incidendo sull'idoneità tecnico-professionale riconosciuta dall'ordinamento ad un determinato giudice, in relazione al grado di offensività del reato devoluto alla sua cognizione, è soggetta ad un trattamento legislativo particolarmente rigoroso, con la conseguenza che deve essere rilevata, anche d'ufficio, in ogni stato e grado del procedimento. L'incompetenza per materia, infatti, deve ritenersi deducibile anche nella fase precedente al giudizio (Cass., SU, 20.7.1994, De Lorenzo).

• La regola, tuttavia, subisce due limitazioni: in primo luogo, l'incompetenza per materia, che derivi dalla connessione dei procedimenti, deve essere eccepita dalle parti o rilevata *ex officio* **a pena di decadenza** (→ **Atti**, art. 173), prima della conclusione dell'udienza preliminare (→ **Libro V**, art. 421), o, se questa manchi, entro il termine previsto per proporre in dibattimento le questioni preliminari (→ **Giudizio**, art. 491 co. 1). Entro quest'ultimo termine va riproposta l'eccezione di incompetenza che sia stata respinta nell'udienza preliminare. Nelle ipotesi in cui un giudice di competenza superiore si occupi di un reato appartenente alla cognizione di un giudice di competenza inferiore (**c.d. incompetenza per eccesso**) – ipotesi che si verificano nel caso in cui la corte d'assise sia investita di un reato di competenza del tribunale, ovvero nel caso di tribunale collegiale in luogo di tribunale monocratico – il difetto di competenza può essere rilevato o eccepito, a pena di decadenza, soltanto in fase di atti introduttivi al dibattimento (→ **Giudizio**, art. 491 co. 1). La *ratio* della deroga va individuata nella presunta maggiore idoneità tecnico – professionale dell'organo di competenza superiore, nonché in ragioni di economia processuale, che sconsigliano la regressione del procedimento. Tale regime non trova però applicazione qualora la corte d'assise ovvero il tribunale prendano cognizione di un reato che appartiene alla competenza del giudice di pace: in tale ipotesi, infatti, i giudici di competenza superiore (→ **Giu. Pace**, art. 48) devono dichiarare la propria incompetenza e ordinare la trasmissione degli atti al p.m. in ogni stato e grado del procedimento, al fine di assicurare all'imputato (art. 60) il trattamento sanzionatorio più mite che può irrogare il giudice onorario.

• **La competenza per territorio** si fonda su ragioni di opportunità, derivanti dalla facilità di accertamento del reato, con la conseguenza che la relativa declaratoria d'incompetenza deve essere eccepita dalle parti o rilevata dal giudice entro rigorosi termini prescritti a pena di decadenza: **prima che si concluda l'udienza preliminare** (→ **Libro V**, art. 424) **ovvero**, nel caso in cui questa manchi, **durante la fase introduttiva del dibattimento**, subito dopo che siano stati compiuti per la prima volta gli accertamenti sulla regolare costituzione delle parti; entro tale termine deve essere riproposta anche l'eccezione dedotta e respinta in udienza preliminare (→ **Giudizio**, art. 491 co. 1).

• La disposizione prevista dal co. 2 deve essere modulata in relazione alle previsioni temporali dei **riti speciali**. Qualora, quindi, il rito abbreviato venga instaurato nell'udienza preliminare, risulta preclusa ogni questione sulla competenza per territorio del giudice (→ **Procedimenti speciali**, art. 438 co. 6 *bis*). La richiesta di patteggiamento (→ **Procedimenti speciali**, art. 444 s.), inoltre, implica rinuncia all'eccezione d'incompetenza per territorio, in ragione della chiara incompatibilità tra la richiesta di applicazione della pena e la possibilità per le parti di sollevare la questione di competenza territoriale. Nelle ipotesi in cui l'udienza preliminare manchi, come nel **giudizio direttissimo** (→ **Procedimenti speciali**, art. 449 s.) e nel **giudizio immediato** (→ art. 453 s.), l'incompetenza deve essere rilevata *ex officio* o dedotta dalle parti entro il termine di decadenza previsto dall'art. 491 co. 1 (→ **Giudizio**). Laddove, però, si proceda alla trasformazione del giudizio direttissimo chiesto dal p.m. in giudizio abbreviato, risulta preclusa ogni questione sulla competenza per territorio del giudice (→ **Procedimenti speciali**, art. 452 co. 2). Con la richiesta di trasformazione del rito da immediato a abbreviato, invece, può essere eccepita dall'imputato l'incompetenza territoriale del giudice (→ art. 458 co. 1). Nel caso in cui riconosca la propria incompetenza, il giudice la dichiara con sentenza e ordina la trasmissione degli atti al p.m. presso il giudice competente (→ art. 458 co. 2). Nell'ipotesi, inoltre, di opposizione al decreto penale di condanna con richiesta di giudizio abbreviato, l'attivazione del rito contratto comporta la preclusione di ogni questione sulla competenza per territorio del giudice (→ art. 464 co. 1). Qualora, infine, il giudizio immediato sia richiesto dall'imputato (→ **Indagini e udienza preliminare**, art. 419 co. 5), la rinuncia di quest'ultimo all'udienza preliminare potrebbe essere intesa come volontà di non proporre l'eccezione d'incompetenza.

22. Incompetenza dichiarata dal giudice per le indagini preliminari.

1. Nel corso delle indagini preliminari il giudice, se riconosce la propria incompetenza per qualsiasi causa, pronuncia ordinanza e dispone la restituzione degli atti al pubblico ministero.

2. L'ordinanza pronunciata a norma del comma 1 produce effetti limitatamente al provvedimento richiesto.

3. Dopo la chiusura delle indagini preliminari il giudice, se riconosce la propria incompetenza per qualsiasi causa, la dichiara con sentenza e ordina la trasmissione degli atti al pubblico ministero presso il giudice competente.

• La tipologia dei provvedimenti che il giudice deve adottare (→ **Atti**, art. 125), quando dichiari la propria incompetenza, dipende dalla fase: nel corso delle **indagini preliminari** (→ **Libro V**, art. 326 s.) il giudice pronuncia **ordinanza** e dispone la restituzione degli atti al p.m. L'ordinanza, pronunciata allo stato degli atti, produce effetti limitatamente al provvedimento richiesto. In mancanza di una puntuale previsione al riguardo, l'ordinanza non è impugnabile (Cass., SU, 17.7.2014, Basso).

• Dopo la chiusura delle indagini preliminari (→ **Libro V**, art. 405), invece, il giudice, che si riconosce per qualsiasi ragione incompetente, lo dichiara **con sentenza** e ordina la trasmissione degli atti al p.m. presso il giudice competente. Gli atti investigativi compiuti conservano la validità, con la conseguenza che, ove già notificato, l'avviso di conclusione delle indagini preliminari non va rinnovato (→ **Libro V**, art. 415 *bis*).

• Ne deriva, dunque, con riferimento **all'udienza preliminare** (→ **Libro V**, art. 416 s.), che la sentenza può essere adottata prima della celebrazione dell'udienza stessa, dal momento che la declaratoria non richiede il contraddittorio e può essere rilevata anche d'ufficio, ovvero può costituire uno degli esiti dell'udienza preliminare.

23. Incompetenza dichiarata nel dibattimento di primo grado.

1. Se nel dibattimento di primo grado il giudice ritiene che il processo appartiene alla competenza di altro giudice, dichiara con sentenza la propria incompetenza per qualsiasi causa e ordina la trasmissione degli atti al giudice competente.

2. Se il reato appartiene alla cognizione di un giudice di competenza inferiore, l'incompetenza

è rilevata o eccepita, a pena di decadenza entro il termine stabilito dall'articolo 491, comma 1. Il giudice, se ritiene la propria incompetenza, provvede a norma del comma 1.

• **L'originaria formulazione** della norma stabiliva che il giudice del dibattimento (→ **Giudizio**), riconosciuta la propria incompetenza, la dichiarava con sentenza e ordinava la trasmissione degli atti al giudice competente. Tale previsione, tuttavia, è stata **ritenuta dalla Corte cost.** – intervenuta (76 del 1993) sia con riferimento all'incompetenza per materia e poi con riferimento all'incompetenza per territorio (70 del 1996) – **lesiva dei diritti di difesa** (→ **Cost.**, art. 24), in quanto l'imputato (art. 60), rinviato a giudizio di fronte ad un giudice che successivamente si dichiarava incompetente, non avrebbe avuto la possibilità di accedere al giudizio abbreviato dinanzi al proprio giudice naturale (→ **Cost.**, art. 25 co. 1). In particolare, Corte cost., 76 del 1993, ha dichiarato **l'illegittimità costituzionale del co. 1**, limitatamente alle parole «nella parte in cui dispone che, quando il giudice del dibattimento dichiara con sentenza la propria incompetenza per materia, ordina la trasmissione degli atti al giudice competente anziché al pubblico ministero presso quest'ultimo». Corte cost., 70 del 1996, ha dichiarato l'illegittimità costituzionale del co. 1, «nella parte in cui prevede la trasmissione degli atti al giudice competente anziché al pubblico ministero presso quest'ultimo quando il giudice del dibattimento dichiara con sentenza la propria incompetenza per territorio».

• Corte cost., **104 del 2001**, ha stabilito che gli atti possono essere trasmessi direttamente al giudice ritenuto competente, quando vi sia coincidenza tra l'ufficio del p.m. che ha esercitato l'azione penale e quello legittimato a sostenere l'accusa in giudizio, come avviene per i procedimenti indicati dall'art. 51 co. 3 *bis*, in quanto l'imputato non può lamentare alcun pregiudizio perché l'ufficio titolare dell'azione penale è unico per l'intero distretto, come unico è il g.u.p. funzionalmente competente a tenere tale udienza (→ **Libro V**).

• Risulta, invece, coerente con il dato costituzionale **l'art. 48 Giu. Pace**, secondo cui, qualora il giudice ritenga che il reato sia di competenza del giudice onorario di pace, lo dichiara con sentenza e ordina la trasmissione degli atti al p.m.

• In relazione al ruolo di titolare esclusivo dell'azione penale riconosciuto al p.m. (art. 50), il giudice del dibattimento non può esercitare alcun sindacato preventivo circa l'ammissibilità di nuove contestazioni (→ **Giudizio**, art. 516 s.) che comportino la configurazione di un reato attribuito alla cognizione di un giudice superiore. Di conseguenza, qualora a seguito di tali contestazioni si configuri un reato di competenza superiore, il giudice del dibattimento deve disporre la trasmissione degli atti al p.m. (→ art. 521 s.).

• Alla luce del principio di tassatività dei mezzi d'impugnazione (→ **Impugnazioni**, art. 568), non è ammissibile il ricorso per cassazione (→ art. 606 s.) avverso la sentenza con la quale il giudice di primo grado abbia dichiarato per qualsiasi causa la propria incompetenza, ordinando la trasmissione degli atti al p.m. presso il giudice competente.

24. Decisioni del giudice di appello sulla competenza.

1. Il giudice di appello pronuncia sentenza di annullamento e ordina la trasmissione degli atti al giudice di primo grado competente quando riconosce che il giudice di primo grado era incompetente per materia a norma dell'articolo 23, comma 1, ovvero per territorio o per connessione, purché, in tali ultime ipotesi, l'incompetenza sia stata eccepita a norma dell'articolo 21 e l'eccezione sia stata riproposta nei motivi di appello.

2. Negli altri casi il giudice di appello pronuncia nel merito, salvo che si tratti di decisione inappellabile.

• Nella **versione originaria**, in caso di pronuncia di annullamento per incompetenza, il giudice di appello ordinava la trasmissione degli atti al giudice di primo grado competente. La disposizione è stata tuttavia ritenuta **costituzionalmente illegittima** (Corte cost., 214 del 1993 e 70 del 1996), in ragione della **violazione dell'art. 24 co. 2 Cost.**, con la conseguenza, che in caso di sentenza di annullamento **ora gli atti devono essere**

trasmessi al p.m. presso il giudice competente.

• Il giudice competente per l'appello (→ **Impugnazioni**, art. 596) è chiamato a pronunciare **sentenza di annullamento**, anzitutto, qualora il giudice di primo grado, disattendendo i criteri che definiscono la competenza per materia (art. 5 s.), abbia giudicato un fatto che rientri nella cognizione di un giudice superiore; il giudice di appello potrebbe, inoltre, attribuire al fatto una **diversa qualificazione giuridica** che comporterebbe la cognizione di un giudice superiore. Tale ipotesi non si pone in contrasto con il divieto di *reformatio in peius* (→ **Impugnazioni**, art. 597 co. 3), in quanto la sentenza non aggraverebbe la decisione di primo grado, che anzi verrebbe annullata.

• Il giudice di appello, inoltre, può dichiarare **l'incompetenza per territorio** (art. 21 co. 2) o **per connessione** (art. 21 co. 3) qualora ricorra una duplice condizione: la questione d'incompetenza deve essere già stata posta nel corso dell'udienza preliminare (→ **Libro V**) e poi riproposta durante la fase introduttiva del dibattimento, subito dopo che siano stati compiuti per la priva volta gli accertamenti sulla regolare costituzione delle parti; entro tale termine, deve essere riproposta anche l'eccezione dedotta e respinta nell'udienza preliminare (→ **Giudizio**, art. 491 co. 1). In secondo luogo, la questione d'incompetenza deve essere stata oggetto di un motivo di appello (→ **Impugnazioni**, art. 581).

• Le sentenze che possono dare luogo a un conflitto di giurisdizione o di competenza non sono soggette a ricorso per cassazione (→ **Impugnazioni**, art. 568 co. 2), con la conseguenza che avverso la sentenza di annullamento per incompetenza pronunciata dal giudice di appello è inammissibile il ricorso per cassazione.

• Il giudice di appello, quando non sussistano le condizioni per accogliere la questione d'incompetenza e pronunciare quindi una sentenza di annullamento, pronuncia nel merito, salvo che si tratti di decisione inappellabile (→ **Procedimenti speciali**, artt. 443 e 448; → **Impugnazioni**, art. 593).

• L'incompetenza a conoscere dei reati appartenenti alla cognizione del g.d.p. deve essere dichiarata dal giudice togato in ogni stato e grado del procedimento, ai sensi dell'art. **48 d. lgs. 28.8.2000, n. 274** (→ **Giu. Pace**), disposizione che deroga al regime previsto dall'art. 23 co. 2; tuttavia, nel caso in cui il giudice togato riqualifichi il fatto in un reato di competenza del g.d.p., resta ferma la sua competenza per effetto della *perpetuatio iurisdictionis*, purché l'originario reato gli sia stato attribuito nel rispetto delle norme sulla competenza per materia e la riqualificazione sia un effetto determinato da acquisizioni probatorie sopravvenute nel corso del processo (Cass., SU, 27.9.2018, Treskine).

24 *bis*. Rinvio pregiudiziale alla Corte di cassazione per la decisione sulla competenza per territorio.

1. Prima della conclusione dell'udienza preliminare o, se questa manchi, entro il termine previsto dall'articolo 491, comma 1, la questione concernente la competenza per territorio può essere rimessa, anche di ufficio, alla Corte di cassazione. Entro il termine previsto dall'articolo 491, comma 1, può essere altresì rimessa alla Corte di cassazione la questione concernente la competenza per territorio riproposta ai sensi dell'articolo 21, comma 2.

2. Il giudice, nei casi di cui al comma 1, pronuncia ordinanza con la quale rimette alla Corte di cassazione gli atti necessari alla risoluzione della questione, con l'indicazione delle parti e dei difensori.

3. La Corte di cassazione decide in camera di consiglio secondo le forme previste dall'articolo 127 e, se dichiara l'incompetenza del giudice che procede, ordina la trasmissione degli atti al pubblico ministero presso il giudice competente.

4. L'estratto della sentenza è immediatamente comunicato al giudice che ha rimesso la questione e, quando diverso, al giudice competente, nonché al pubblico ministero presso i medesimi giudici ed è notificato alle parti private.

5. Il termine previsto dall'articolo 27 decorre dalla comunicazione effettuata a norma del comma 4.

6. La parte che ha eccepito l'incompetenza per territorio, senza chiedere contestualmente la rimessione della decisione alla Corte di cassazione, non può più riproporre l'eccezione nel corso del procedimento.

• **L'art. 4 d. lgs. 10.10.2022, n. 150**, ha introdotto la norma in esame, dando attuazione all'art. 1, co. 13, lett. *n* della legge delega, in tema di rinvio pregiudiziale alla cassazione per la decisione della competenza per territorio.

• La norma *de qua* prevede **un istituto innovativo, ispirato a obiettivi di efficienza e di ragionevole durata**, diretto ad evitare che l'incompetenza territoriale, se tempestivamente eccepita, sia riconosciuta solo all'esito del giudizio di cassazione, con la conseguente necessità di dover iniziare da capo il processo.

• L'incompetenza territoriale può essere **eccepita dalle parti oppure rilevata dal giudice d'ufficio**. La parte che ha eccepito l'incompetenza per territorio, senza chiedere contestualmente la rimessione della decisione alla Corte di cassazione, non può più riproporre l'eccezione nel corso del procedimento.

• L'incompetenza territoriale deve essere eccepita entri **i rigorosi termini prescritti a pena di decadenza**: prima che si concluda l'udienza preliminare (→ **Libro V**, art. 424) ovvero, nel caso in cui questa manchi, durante la fase introduttiva del dibattimento, subito dopo che siano stati compiuti per la prima volta gli accertamenti sulla regolare costituzione delle parti; entro tale termine deve essere riproposta anche l'eccezione dedotta e respinta in udienza preliminare (→ **Giudizio**, art. 491 co 1).

• Il giudice trasmette con ordinanza (→ **Atti**, art. 125) alla Corte di cassazione gli atti necessari alla risoluzione della questione, con l'indicazione delle parti e dei difensori.

• La Corte di cassazione decide in **camera di consiglio** (→ **Atti**, art. 127): nel caso di incompetenza del giudice procedente, la Corte ordina la trasmissione degli atti al p.m. presso il giudice competente.

• L'estratto della sentenza è immediatamente comunicato al giudice remittente e, quando diverso, al giudice competente, nonché al p.m. presso i medesimi giudici e notificato alle parti private (→ **Atti**).

• **Le misure cautelari** (→ **Libro IV**), disposte dal giudice dichiarato incompetente, **cessano di avere effetto**, se il giudice territorialmente competente non provvede, a norma degli artt. 292, 317, 321, **entro venti giorni** dalla comunicazione dell'estratto della sentenza della cassazione.

25. Effetti delle decisioni della corte di cassazione sulla giurisdizione e sulla competenza.

1. La decisione della corte di cassazione sulla giurisdizione o sulla competenza è vincolante nel corso del processo, salvo che risultino nuovi fatti che comportino una diversa definizione giuridica da cui derivi la modificazione della giurisdizione o la competenza di un giudice superiore.

• **La decisione della corte di cassazione**, che risolva un conflitto di competenza (art. 32 co. 3), oppure che annulli senza rinvio, perché il reato non appartiene alla giurisdizione del giudice ordinario (→ **Impugnazioni**, art. 620), ovvero, ancora, che annulli con rinvio una decisione a seguito dell'individuazione di un vizio di giurisdizione o di competenza (→ art. 620), **è vincolante nel corso del processo**.

• Gli effetti vincolanti della decisione della corte di cassazione vengono meno soltanto qualora nel corso del processo emergano **fatti nuovi**, idonei a modificare la qualificazione giuridica rispetto al giudizio di legittimità, con il conseguente mutamento della giurisdizione o l'attribuzione della competenza in favore di un giudice superiore.

26. Prove acquisite dal giudice incompetente.

1. L'inosservanza delle norme sulla competenza non produce l'inefficacia delle prove già acquisite.
2. Le dichiarazioni rese al giudice incompetente per materia, se ripetibili, sono utilizzabili soltanto nell'udienza preliminare e per le contestazioni a norma degli articoli 500 e 503.

• Le prove acquisite dal giudice incompetente per materia, per territorio oppure ancora per la violazione delle regole sulla connessione (art. 21), in ragione del **principio di conservazione degli atti** del procedimento penale, risultano **utilizzabili** (→ **Prove**, art. 191), quando il procedimento sia riavviato innanzi al giudice competente, sempre che nel procedimento *a quo* siano state rispettate le regole di acquisizione della prova (art. 33 *nonies*).

• Il principio di conservazione opera, dunque, sia per i mezzi di prova (→ **Prove**, art. 194 s.) sia per i mezzi di ricerca della prova (→ art. 244 s.), disposti dal giudice dichiarato incompetente.

• Un regime particolare viene stabilito per la prova dichiarativa ripetibile acquisita dal giudice incompetente per materia: in tale ipotesi, le dichiarazioni sono utilizzabili solamente nell'udienza preliminare (→ **Libro V**, art. 416 s.) e nei riti celebrati "allo stato degli atti", quali il giudizio abbreviato (→ **Procedimenti speciali**, art. 438 s.) ed il rito di applicazione della pena su richiesta delle parti (→ art. 444 s.), oppure nelle contestazioni dibattimentali (→ **Giudizio**, artt. 500 e 503).

• Le prove dichiarative irripetibili risultano invece sempre utilizzabili, anche se acquisite da un giudice dichiarato incompetente per materia, per territorio ovvero per connessione.

• In virtù dell'espressa previsione dettata dall'art. 48 d. lgs. 28.8.2000, n. 274 (→ **Giu. Pace**), i limiti di acquisizione previsti dalla norma *de qua* non operano nel procedimento dinanzi al giudice di pace, con la conseguenza che le prove assunte ed acquisite dal giudice incompetente sono pienamente utilizzabili davanti al giudice onorario.

27. Misure cautelari disposte dal giudice incompetente.

1. Le misure cautelari disposte dal giudice che, contestualmente o successivamente si dichiara incompetente per qualsiasi causa cessano di avere effetto se, entro venti giorni dalla ordinanza di trasmissione degli atti, il giudice competente non provvede a norma degli articoli 292, 317 e 321.

• Il giudice che procede (→ **Misure cautelari**, art. 279) riceve la domanda cautelare del p.m. e, pur riconoscendo la propria **incompetenza per qualsiasi causa** (art. 21), quando ne ricorrano le condizioni (→ **Misure cautelari**, art. 273) e sussista l'urgenza di soddisfare taluna delle esigenze cautelari (→ art. 274), dispone la **misura cautelare personale** richiesta (→ art. 272) con lo stesso provvedimento con cui dichiara la propria incompetenza (→ art. 291). Il giudice può altresì dichiararsi incompetente per qualsiasi causa anche successivamente all'applicazione del mezzo cautelare, che tuttavia perde effetto se il giudice competente non provvede entro venti giorni dall'ordinanza di trasmissione degli atti.

•La circostanza che la formulazione letterale della norma *de qua* postuli l'identità tra il giudice che dispone la misura e il giudice che dichiara contestualmente o successivamente la propria incompetenza non esclude che la disciplina della caducazione automatica della misura cautelare si estenda anche alle ipotesi di diversità tra giudice che dispone la misura e giudice che dichiari l'incompetenza, in quanto il carattere provvisorio della efficacia della misura disposta dal giudice incompetente è espressione di un potere eccezionale e, pertanto, non può essere limitato ai casi di identità del giudice disponente la misura e giudice che dichiara l'incompetenza (Cass., SU, 24.1.1996, Fazio).

• Nell'ipotesi in cui la misura sia stata disposta dal giudice della convalida, *ex* art. 391 co. 5 (→ **Indagini e udienza preliminare**) e il luogo dell'arresto o del fermo sia diverso da quello della commissione del reato, solo la formale dichiarazione di incompetenza da parte del giudice determina l'inefficacia della misura cautelare (→ **Libro IV**), che non sia stata rinnovata dal giudice competente entro venti giorni dall'ordinanza di trasmissione degli atti (Cass., SU, 25.3.2010, Mones).

• In forza del **principio di conservazione degli atti**, dunque, la misura cautelare disposta da un giudice incompetente produce i suoi effetti, seppur per il limitato periodo di tempo entro cui il giudice competente deve provvedere sulla richiesta del p.m., accertando la sussistenza dei presupposti e delle condizioni cautelari, nonché graduando l'afflittività della misura (→ **Misure cautelari**, art. 292).

• Il termine di venti giorni, che decorre dalla data dell'ordinanza di trasmissione degli atti (→ **Disp. att.**, art. 64) da parte del giudice che si dichiara incompetente, è stabilito a pena di decadenza (→ **Atti**, art. 173), con la conseguenza che, qualora non sia rinnovata, la misura perde efficacia *ex nunc* per la decorrenza dei termini fissati dalla legge (Cass., SU, 31.1.2001, Buffoli).

• Il richiamo all'ordinanza applicativa del provvedimento di **sequestro conservativo** (→ **Misure cautelari**, art. 317) e al decreto di **sequestro preventivo** (→ art. 321) conferma l'applicabilità del congegno anche alle **misure cautelari reali** (→ **Libro IV**, art. 316 s.). Lo strumento cautelare reale, tuttavia, può essere disposto senza verificare alcuna particolare necessità, difettando per tali strumenti di cautela una disposizione che consenta al giudice, che si riconosca incompetente, di disporre in via d'urgenza una cautela personale quando ne ricorrano le condizioni e sussistano le esigenze cautelari.

• L'incompetenza, peraltro, può essere dichiarata non soltanto dal giudice che ha emesso il provvedimento cautelare, ma anche da quello chiamato a pronunciarsi in sede d'impugnazione, sia di merito sia di legittimità (→ **Misure cautelari**, artt. 309, 310, 311, 322, 322 *bis*, 324 e 325).

• Sussiste **l'interesse del p.m. ad impugnare** il provvedimento con il quale il tribunale del riesame, rilevata l'incompetenza del giudice per le indagini preliminari, annulli, per carenza delle condizioni di applicabilità, l'ordinanza con cui quello stesso giudice ha disposto la misura cautelare della custodia in carcere, **se l'impugnazione è funzionale a garantire il tempestivo intervento del giudice competente** (Cass., SU, 30.1.2020, Giacobbe).

• **L'eventuale conflitto di competenza** insorto tra il giudice che ha emesso il provvedimento cautelare, ritenendosi tuttavia incompetente, ed il giudice che è stato individuato come competente a conoscere la regiudicanda, è risolto dalla corte di cassazione con sentenza (→ **Impugnazioni**), il cui estratto viene comunicato immediatamente ai giudici in conflitto: il giudice individuato come competente deve quindi provvedere sulla misura cautelare entro venti giorni dalla notificazione dell'estratto della sentenza pronunciata dalla corte di cassazione (art. 32).

• L'eventuale intervenuta **rimessione del processo ad altro giudice** (art. 45) non implica, con riferimento agli strumenti cautelari eventualmente applicati, l'operatività della disciplina di rinnovazione della misura da parte del giudice competente.

Capo V
Conflitti di giurisdizione e di competenza

28. Casi di conflitto.

1. Vi è conflitto quando in qualsiasi stato e grado del processo:

a) uno o più giudici ordinari e uno o più giudici speciali contemporaneamente prendono o ricusano di prendere cognizione del medesimo fatto attribuito alla stessa persona;

b) due o più giudici ordinari contemporaneamente prendono o ricusano di prendere cognizione del medesimo fatto attribuito alla stessa persona;

2. Le norme sui conflitti si applicano anche nei casi analoghi a quelli previsti dal comma 1. Tuttavia, qualora il contrasto sia tra giudice dell'udienza preliminare e giudice del dibattimento, prevale la decisione di quest'ultimo.

3. Nel corso delle indagini preliminari, non può essere proposto conflitto positivo fondato su ragioni di competenza per territorio determinata dalla connessione.

• Può verificarsi un **conflitto di giurisdizione** qualora vi sia incertezza se, in ordine ad un determinato fatto attribuito alla stessa persona, debba giudicare il giudice comune o il giudice speciale. Il **conflitto di competenza**, invece, può realizzarsi quando più giudici della stessa giurisdizione si ritengano competenti a giudicare in merito alla identica regiudicanda. Il conflitto, peraltro, può essere **positivo**, se i giudici ritengano contemporaneamente di avere giurisdizione o competenza sull'*idem factum* attribuito alla medesima persona; oppure il conflitto può configurarsi come **negativo**, quando più giudici ricusino la cognizione del medesimo fatto attribuito alla stessa persona.

• I presupposti per il conflitto sono rappresentati da declaratorie attuali con cui due o più giudici esprimono la loro volontà positiva o negativa. L'oggetto di tali declaratorie deve essere individuato nello stesso fatto storico posto a fondamento dei giudizi, indipendentemente dalla sua qualificazione giuridica, attribuito alla medesima persona (→ **Esecuzione**, art. 649).

• La previsione si caratterizza per l'ambito applicativo "aperto", poiché le norme sui conflitti si applicano anche ai **casi analoghi** che dovessero insorgere: all'interno di tale categoria devono essere ricondotti i conflitti tra organi della giurisdizione, che vanno risolti per non alterare patologicamente i criteri di ordinaria ripartizione della potestà di giudicare, con conseguente possibile violazione dei principi costituzionali della naturalità e della precostituzione del giudice (→ **Cost.**, art. 25 co. 1).

• Non è configurabile, neppure sotto il profilo dei "casi analoghi", un conflitto di competenza tra il p.m., che è una parte, anche se pubblica, del processo, e il giudice (Cass., SU, 28.11.2013, S.B.).

• Il contrasto tra il **g.i.p.** (→ **Indagini e udienza preliminare**, art. 328) e **giudice del dibattimento** (→ **Libro VII**) è risolto attraverso la prevalenza della decisione di quest'ultimo (art. 23). Tale regola, tuttavia, opera esclusivamente per l'ipotesi in cui ricorra un "caso analogo", con la conseguenza che non è applicabile allorché i giudici in conflitto, appartenenti a diversi uffici, siano stati investiti, mediante l'esercizio dell'azione penale da parte dei rispettivi rappresentanti della pubblica accusa, della cognizione dei medesimi fatti, ricorrendo in tale ipotesi un conflitto vero e proprio.

• In ogni caso, un conflitto può insorgere esclusivamente tra giudici di merito, ma non con la corte di cassazione le cui decisioni sono definitive e di immediata esecuzione (art. 32).

• Nel corso delle indagini preliminari (→ **Libro V**), i contrasti positivi tra uffici del p.m. (art. 50) sono invece regolati da regole specifiche per l'ufficio della pubblica accusa (art. 54 *bis* s.).

29. Cessazione del conflitto.

1. I conflitti previsti dall'articolo 28 cessano per effetto del provvedimento di uno dei giudici che dichiara, anche di ufficio, la propria competenza o la propria incompetenza.

• Il conflitto di giurisdizione o di competenza (art. 28) viene risolto per effetto del provvedimento di uno dei giudici, che dichiara, anche d'ufficio, la propria competenza o la propria incompetenza. La decisione con cui viene risolto il conflitto non necessita peraltro di particolari formalità (→ **Atti**, art. 125 co. 1 e 6).

• Alla luce del principio per cui **sono sempre soggette a ricorso per cassazione**, quando non sono altrimenti impugnabili, le sentenze, salvo quelle sulla competenza che possono dare luogo a conflitto di giurisdizione o di competenza a norma dell'art. 28, il provvedimento con cui viene risolto spontaneamente il conflitto – che potrebbe dare luogo a conflitto, ove il giudice investito ritenga di declinare la propria cognizione – non è impugnabile con ricorso di legittimità (→ **Impugnazioni**, art. 568 co. 2).

30. Proposizione del conflitto.

1. Il giudice che rileva un caso di conflitto pronuncia ordinanza con la quale rimette alla corte di cassazione copia degli atti necessari alla sua risoluzione con l'indicazione delle parti e dei difensori.

2. Il conflitto può essere denunciato dal pubblico ministero presso uno dei giudici in conflitto ovvero dalle parti private. La denuncia è presentata nella cancelleria di uno dei giudici in conflitto, con dichiarazione scritta e motivata alla quale è unita la documentazione necessaria. Il giudice trasmette immediatamente alla corte di cassazione la denuncia e la documentazione nonché copia degli atti necessari alla risoluzione del conflitto, con l'indicazione delle parti e dei difensori e con eventuali osservazioni.

3. L'ordinanza e la denuncia previste dai commi 1 e 2 non hanno effetto sospensivo sui procedimenti in corso.

• Il procedimento incidentale diretto alla soluzione dei conflitti può essere azionato secondo due differenti modalità: in primo luogo, il giudice, che rilevi un caso di conflitto, pronuncia ordinanza (→ **Atti**, art. 125) con la quale rimette alla corte di cassazione gli atti necessari alla risoluzione con l'indicazione delle parti e dei difensori.

• La seconda modalità di proposizione del conflitto di giurisdizione o di competenza (art. 28) consiste nella presentazione di una denuncia scritta e motivata alla quale è allegata la documentazione necessaria presso la cancelleria di uno dei giudici in conflitto. La denuncia può essere presentata dal **p.m.** (art. 50 s.) presso uno dei giudici in conflitto, ovvero **dall'imputato** (art. 60), dalla **persona sottoposta alle indagini** (art. 61), dalla **parte civile** (art. 74), dal **responsabile civile** (art. 83), dal **civilmente obbligato per la pena pecuniaria** (art. 89), nonché dai **difensori** dell'imputato (o dell'indagato) (art. 99) ovvero dal difensore delle altre parti private (art. 100).

• Il conflitto non può essere invece dedotto dalla **persona offesa dal reato** (art. 90) né dagli **enti e dalle associazioni rappresentative di interessi lesi dal reato** (art. 91), in quanto non rivestono il ruolo di parti nel procedimento.

• L'ordinanza del giudice ovvero la denuncia presentata dal p.m. o da una parte privata non producono l'effetto di sospendere i procedimenti in corso (→ **Impugnazioni**, art. 588).

• I provvedimenti che danno luogo ad un conflitto di competenza o di giurisdizione **non sono impugnabili** con alcun mezzo (→ **Impugnazioni**, art. 568 co. 2).

31. Comunicazione al giudice in conflitto.

1. Il giudice che ha pronunciato l'ordinanza o ricevuto la denuncia previste dall'articolo 30 ne dà immediata comunicazione al giudice in conflitto.
2. Questi trasmette immediatamente alla corte di cassazione copia degli atti necessari alla risoluzione del conflitto, con l'indicazione delle parti e dei difensori e con eventuali osservazioni.

• Il giudice che riceve la **denuncia** di conflitto (art. 30) è obbligato alla **immediata trasmissione** alla corte di cassazione degli atti necessari alla risoluzione del conflitto di giurisdizione o di competenza con l'indicazione delle **parti private** (artt. 60, 61, 74 e 83 e 89) e **dei difensori** (artt. 99 e 100) e con eventuali osservazioni.

32. Risoluzione del conflitto.

1. I conflitti sono decisi dalla corte di cassazione con sentenza in camera di consiglio secondo le forme previste dall'articolo 127. La corte assume le informazioni e acquisisce gli atti e i documenti che ritiene necessari.
2. L'estratto della sentenza è immediatamente comunicato ai giudici in conflitto e al pubblico ministero presso i medesimi giudici ed è notificato alle parti private.
3. Si applicano le disposizioni degli articoli 25, 26 e 27, ma il termine previsto da quest'ultimo articolo decorre dalla comunicazione effettuata a norma del comma 2.

• La decisione sul conflitto di giurisdizione o di competenza, instaurato innanzi alla corte di cassazione, si svolge secondo il **procedimento in camera di consiglio**: le parti ed i difensori hanno il diritto di comparire e di essere sentiti; inoltre deve essere notificato loro l'avviso della data di udienza almeno dieci giorni prima. Fino a cinque giorni prima dell'udienza le parti possono presentare memorie nella cancelleria della corte (→ **Atti**, art. 127).

• All'udienza in camera di consiglio davanti alla corte di cassazione, regolatrice del **conflitto di giurisdizione tra il giudice ordinario e il giudice militare**, è **legittimato a partecipare esclusivamente il Procuratore generale della Repubblica** presso la corte di cassazione (Cass., SU, 23.6.2016, Zimarmani).

• La corte di cassazione assume le informazioni e acquisisce gli atti (→ **Libro II**) e i documenti (→ **Prove**, art. 234 s.) che ritiene necessari, senza essere vincolata dal normale limite istituzionale di giudice di legittimità, né dalle argomentazioni provenienti dai giudici in conflitto.

• La sentenza della corte di cassazione che risolve il conflitto **è definitiva**, salvo che non intervengano **nuovi fatti** che comportino una diversa definizione giuridica da cui derivi la modificazione della giurisdizione o la competenza di un giudice superiore (art. 25).

• Le **prove acquisite dal giudice dichiarato incompetente** dalla corte di cassazione (art. 26) sono utilizzabili (→ **Prove**, art. 191). Le dichiarazioni acquisite dal giudice incompetente per materia (art. 21) se ripetibili, sono utilizzabili ma limitatamente nell'udienza preliminare (→ **Libro V**, art. 416 s.), nel giudizio abbreviato (→ **Procedimenti speciali**, art. 438 s.), nel patteggiamento (→ art. 444 s.) e per le contestazioni durante gli esami dibattimentali (→ **Giudizio**, artt. 500 e 503).

• Le **misure cautelari** (→ **Libro IV**, art. 272 s.) disposte dal giudice dichiarato incompetente dalla corte di cassazione (art. 27), perdono efficacia se il giudice competente non provvede (→ **Misure cautelari**, artt. 292, 317 e 321) entro venti giorni dalla comunicazione dell'estratto della sentenza con cui la corte ha risolto il conflitto.

• Il conflitto di competenza viene meno, anche nell'ipotesi in cui la competenza di uno dei giudici sia stata esclusa dalla decisione della corte di cassazione nella risoluzione di un diverso conflitto esistente, producendosi in tale ipotesi una situazione processuale analoga alla risoluzione spontanea dei conflitti (art. 29).

Capo VI
Capacità e composizione del giudice

Il capo è stato così sostituito dal d. lgs. 19.2.1998, n. 51. In precedenza, era intitolato «Capacità del giudice».

33. Capacità del giudice.

1. Le condizioni di capacità del giudice e il numero dei giudici necessario per costituire i collegi sono stabiliti dalle leggi di ordinamento giudiziario.

2. Non si considerano attinenti alla capacità del giudice le disposizioni sulla destinazione del giudice agli uffici giudiziari e alle sezioni, sulla formazione dei collegi e sulla assegnazione dei processi a sezioni, collegi e giudici.

3. Non si considerano altresì attinenti alla capacità del giudice né al numero dei giudici necessario per costituire l'organo giudicante le disposizioni sull'attribuzione degli affari penali al tribunale collegiale o monocratico.

Articolo sostituito dal d. lgs. 19.2.1998, n. 51.

• La capacità del giudice può essere identificata con la sua idoneità a rendere il giudizio secondo il disegno dell'ordinamento giudiziario, della funzione giurisdizionale, quindi anche nella composizione prevista per la loro formazione collegiale (Corte cost., 392 del 2000).

• L'osservanza delle disposizioni concernenti **la capacità del giudice** e il numero necessario per costituire i collegi stabilito dalle leggi di ordinamento giudiziario è prescritta a pena di **nullità di ordine generale e assoluta** (**Atti** → artt. 178 co. 1 lett. *a* e 179).

• La violazione delle norme dell'ordinamento giudiziario, che stabiliscono le tabelle degli uffici giudicanti (→ **Ord. giud.**, art. 7 *bis*) ed i criteri per l'assegnazione degli affari penali (→ art. 7 *ter*), non dà invece luogo a nullità di ordine generale e assoluta, poiché tali norme non attengono alla capacità del giudice.

• Alla inosservanza delle disposizioni sulla **composizione collegiale o monocratica** del tribunale è dedicata una **disciplina autonoma** (art. 33 *quinquies* s.), dal momento che nell'impostazione seguita dal legislatore tale inosservanza non viene ricondotta né nelle questioni di capacità, né in quelle relative alla competenza, né, infine, in quelle afferenti alla corretta composizione numerica dell'organo giudiziario.

33 *bis*. Attribuzioni del tribunale in composizione collegiale.

1. Sono attribuiti al tribunale in composizione collegiale i seguenti reati, consumati o tentati:

a) delitti indicati nell'art. 407, comma 2, lettera *a*), numeri 3, 4 e 5, sempre che per essi non sia stabilita la competenza della corte di assise;

b) delitti previsti dal capo I del titolo II del libro II del codice penale, esclusi quelli indicati dagli articoli 329, 331, primo comma, 332, 334 e 335;

c) delitti previsti dagli articoli 416, 416 *bis*, 416 *ter*, 420, terzo comma, 429, secondo comma, 431, secondo comma, 432, terzo comma, 433, terzo comma, 433 *bis*, secondo comma, 440, 449, secondo comma, 452, primo comma, numero 2, 513 *bis*, 564, da 600 *bis* a 600 *sexies* puniti con reclusione non inferiore nel massimo a cinque anni, 609 *bis*, 609 *quater* e 644 del codice penale;

d) reati previsti dal Titolo XI del libro V del codice civile, nonché dalle disposizioni che ne estendono l'applicazione a soggetti diversi da quelli in essi indicati;

e) delitti previsti dall'articolo 1136 del codice della navigazione;

f) delitti previsti dagli articoli 6 e 11 della legge costituzionale 16 gennaio 1989, n. 1;

g) delitti previsti dagli articoli 216, 223, 228 e 234 del regio decreto 16 marzo 1942, n. 267, in materia fallimentare, nonché dalle disposizioni che ne estendono l'applicazione a soggetti diversi da quelli in essi indicati;

h) delitti previsti dall'articolo 1 del decreto legislativo 14 febbraio 1948, n. 43, ratificato dalla legge 17 aprile 1956, n. 561, in materia di associazioni di carattere militare;

i) delitti previsti dalla legge 20 giugno 1952, n. 645, attuativa della XII disposizione transitoria e finale della Costituzione;

i bis) delitti previsti dall'articolo 291 *quater* del testo unico approvato con decreto del Presidente della Repubblica 23 gennaio 1973, n. 43;

l) delitto previsto dall'articolo 593 *ter* del codice penale;

m) delitti previsto dall'articolo 2 della legge 25 gennaio 1982, n. 17, in materia di associazioni segrete;

n) delitto previsto dall'articolo 29, secondo comma, della legge 13 settembre 1982, n. 646, in materia di misure di prevenzione;

o) delitto previsto dall'articolo 512 *bis* del codice penale;

p) delitti previsti dall'articolo 6, commi 3 e 4, del decreto legge 26 aprile 1993, n. 122, convertito, con modificazioni, dalla legge 25 giugno 1993, n. 205, in materia di discriminazione razziale, etnica e religiosa;

q) delitti previsti dall'articolo 10 della legge 18 novembre 1995, n. 496, in materia di produzione e uso di armi chimiche.

2. Sono attribuiti altresì al tribunale in composizione collegiale, salva la disposizione dell'articolo 33 *ter*, comma 1, i delitti puniti con la pena della reclusione superiore nel massimo a dieci anni, anche nell'ipotesi del tentativo. Per la determinazione della pena si osservano le disposizioni dell'articolo 4.

Articolo aggiunto dal d. lgs. 19.2.1998, n. 51 e poi così sostituito dalla l. 16.12.1999, n. 479. In ordine al co. 1 lett. *b*, l'art. 332 c.p. è stato abrogato dalla l. 25.6.1999, n. 205. Nel co. 1 lett. *c*, le parole «433 *bis*, secondo comma», sono state inserite dalla l. 28.4.2015, n. 58. La lett. *d* è stata così sostituita dal d. lgs. 11.4.2002, n. 61. La lett. *i bis* è stata inserita dalla l. 19.3.2001, n. 92. La lett. *l* e la lett. *o* sono state così sostituite dal d. lgs. 1.3.2018, n. 21. Il co. 2 è stato modificato dal d.l. 7.4.2000, n. 82, conv., con modif., dalla l. 5.6.2000, n. 144.

• Il tribunale è stato configurato dal d. lgs. 51 del 1998 come un unico ufficio giudiziario che esercita il potere giurisdizionale in **due differenti composizioni**: quella **collegiale** e quella **monocratica**.

• Le attribuzioni del tribunale in composizione collegiale sono individuate secondo un **parametro qualitativo**, fondato sulla specifica identificazione delle fattispecie, ed un **parametro quantitativo**, basato sull'entità della pena (art. 4), secondo cui non si tiene conto della continuazione (→ art. 81 c.p.), della recidiva (→ art. 99 c.p.) e delle circostanze del reato, fatta eccezione delle circostanze aggravanti per le quali la legge stabilisce una pena di specie diversa da quella ordinaria del reato e di quelle ad effetto speciale (→ art. 63 c.p.). Tale criterio, inoltre, trova una **correzione**, dal momento che viene stabilita l'irrilevanza della diminuzione della pena prevista per il tentativo – la reclusione non inferiore a dodici anni, se la pena stabilita è l'ergastolo; e, negli altri casi, la pena stabilita per il delitto è diminuita da un terzo a due terzi (→ art. 56 co. 1 e 2 c.p.) – ai fini dell'attribuzione del reato al giudice collegiale o a quello monocratico.

• **Le attribuzioni** del tribunale in composizione collegiale **non si esauriscono in quelle elencante nell'art. 33 *bis*.** L'art. 48 r.d. 30.1.1941, n. 12 (→ **Ord. giud.**), modificato dal d. lgs. 19.2.1998, n. 51, stabilisce che sull'applicazione delle **misure di prevenzione personali e patrimoniali** – ordinarie e antimafia – **il tribunale giudica sempre in composizione collegiale**. Restano invece **estranee alle attribuzioni del tribunale in composizione collegiale** le misure previste dall'art. 6 d.l. 13.12.1998, n. 401, in tema di **divieto di accesso ai luoghi ove si svolgono competizioni agonistiche** e dall'art. 2 d.l. 26.4.1993, n. 122, conv. con modif. dalla l. 25.6.1993, n. 205, che richiama detto divieto tra **le misure vigenti in materia di discriminazione raziale, etnica e religiosa**.

33 *ter*. Attribuzioni del tribunale in composizione monocratica.

1. Sono attribuiti al tribunale in composizione monocratica i delitti previsti dall'articolo 73 del testo unico approvato con decreto del Presidente della Repubblica 9 ottobre 1990, n. 309, sempre che non siano contestate le aggravanti di cui all'articolo 80, del medesimo testo unico.
2. Il tribunale giudica in composizione monocratica, altresì, in tutti i casi non previsti dall'articolo 33 *bis* o da altre disposizioni di legge.

Articolo aggiunto dal d. lgs. 19.2.1998, n. 51, e poi così sostituito dalla l. 16.12.1999, n. 479. Il co. 1 è stato modificato dal d.l. 7.4.2000, n. 82, conv., con modif., dalla l. 5.6.2000, n. 144.

• In ragione del **criterio qualitativo**, sono attribuiti al tribunale in composizione monocratica i reati di produzione, traffico e detenzione illeciti di sostanze stupefacenti o psicotrope (→ **T.U. stup.**, art. 73), salvo non siano contestate le aggravanti specifiche (→ art. 80).

• In via residuale, sono attribuiti al tribunale in composizione monocratica i reati non espressamente devoluti al giudice collegiale (art. 33 *bis*) o da altre disposizioni di legge, nonché quelli puniti con pena detentiva non superiore a dieci anni (artt. 4 e 33 *bis* co. 2).

• **Nel procedimento innanzi al giudice di pace**, al tribunale in composizione monocratica sono riservate le attribuzioni di giudice competente a conoscere il ricorso sul decreto motivato del giudice onorario che respinge la richiesta di fissazione di una nuova udienza, dopo la dichiarazione di improcedibilità del ricorso diretto per mancata comparizione della persona offesa (art. 90), di giudice dell'appello avverso le sentenze del giudice onorario (→ **Impugnazioni**), nonché di giudice di legittimità per i provvedimenti adottati dal giudice di pace in sede di esecuzione (→ **Giu. Pace**, artt. 4, 31 co. 2, 39 e 41 co. 2).

33 *quater*. Effetti della connessione sulla composizione del giudice.

1. Se alcuni dei procedimenti connessi appartengono alla cognizione del tribunale in composizione collegiale ed altri a quella del tribunale in composizione monocratica, si applicano le disposizioni relative al procedimento davanti al giudice collegiale, al quale sono attribuiti tutti i procedimenti connessi.

Articolo aggiunto dal d. lgs. 19.2.1998, n. 51.

• **L'ambito di applicazione** della norma, come risulta dal tenore letterale in cui vengono espressamente richiamati più procedimenti connessi (art. 12 s.), si estende **all'intero procedimento**.

• La norma esprime la preferenza accordata dal legislatore al tribunale in composizione collegiale e viene completata, da un lato, dalla disposizione secondo cui in fase processuale se alcuni dei processi pendono davanti al tribunale collegiale ed altri davanti al tribunale monocratico, la riunione è disposta davanti al tribunale in composizione collegiale (art. 17 co. 1 *bis*); d'altro lato, la norma in esame rinvia alla disposizione che per la fase esecutiva prescrive l'attribuzione in ogni caso al collegio di più provvedimenti emessi dal tribunale in composizione monocratica e collegiale (→ **Esecuzione**, art. 665 co. 4 *bis*).

Capo VI *bis*
Provvedimenti sulla composizione collegiale o monocratica del tribunale

Il capo è stato inserito dal d. lgs. 19.2.1998, n. 51.

33 *quinquies*. Inosservanza delle disposizioni sulla composizione collegiale o monocratica del tribunale.

1. L'inosservanza delle disposizioni relative all'attribuzione dei reati alla cognizione del tribunale in composizione collegiale o monocratica e delle disposizioni processuali collegate è rilevata o eccepita, a pena di decadenza, prima della conclusione dell'udienza preliminare o, se questa manca, entro il termine previsto dall'articolo 491 comma 1.

2. Entro quest'ultimo termine deve essere riproposta l'eccezione respinta nell'udienza preliminare.

• Le cadenze temporali previste per rilevare d'ufficio ovvero per eccepire ad opera delle parti l'inosservanza delle disposizioni sulla **composizione collegiale** (art. 33 *bis*) o **monocratica** (art. 33 *ter*) e delle **disposizioni processuali collegate** (art. 33 *quater*) sono modellate sulla disciplina dell'incompetenza per territorio (art. 21 co. 2).

• Le **parti private** (artt. 60, 61, 74 e 83 e 89) ed **i loro difensori** (artt. 99 e 100) – ma **non la persona offesa dal reato** (art. 90) né gli **enti e dalle associazioni rappresentativi di interessi lesi dal reato** (art. 91) che non sono parti del procedimento – possono eccepire, quindi, tale inosservanza, ovvero il giudice può rilevarla d'ufficio, prima della conclusione dell'udienza preliminare (→ **Libro V**, art. 421) o, se questa manchi, entro il termine previsto per proporre in dibattimento le questioni preliminari (→ **Giudizio**, art. 491 co. 1). Entro quest'ultimo termine va riproposta l'eccezione respinta nell'udienza preliminare.

• I termini sono previsti a pena di decadenza (→ **Atti**, art. 173).

• Deve essere inoltre considerato che, a seguito di **nuove contestazioni**, il reato può risultare attribuito alla cognizione del tribunale in composizione collegiale anziché monocratica, con la conseguenza che l'inosservanza delle disposizioni sulla composizione del giudice deve essere rilevata o eccepita immediatamente dopo la nuova contestazione ovvero, in caso di concessione di termine a difesa o di nuove contestazioni all'imputato assente, nella prima udienza fissata (→ **Giudizio**, artt. 516 co. 1 *bis* e 517 co. 1 *bis*).

33 *sexies*. Inosservanza dichiarata nell'udienza preliminare.

1. Se nell'udienza preliminare il giudice ritiene che per il reato deve procedersi con citazione diretta a giudizio pronuncia, nei casi previsti dall'articolo 550, ordinanza di trasmissione degli atti al pubblico ministero per l'emissione del decreto di citazione a giudizio a norma dell'articolo 552.

2. Si applicano le disposizioni previste dagli articoli 424, commi 2 e 3, 553 e 554.

Articolo sostituito dalla l. 16.12.1999, n. 479.

• Nella **versione originaria** la disposizione prevedeva che, qualora si fosse in presenza di un caso di citazione diretta a giudizio (→ **Procedimento davanti al tribunale in composizione monocratica**, art. 550), il giudice avrebbe dovuto emettere direttamente il decreto di citazione a giudizio, trasmettendo poi gli atti al p.m.

• Nella **formulazione attuale**, invece, viene privilegiato l'esercizio corretto dell'azione penale, disponendo che il giudice, nel corso dell'udienza preliminare – quindi anche successivamente alla chiusura della discussione (→ **Libro V**, art. 421) – pronuncia ordinanza di trasmissione degli atti al p.m. per l'emissione del decreto di citazione a giudizio (→ **Procedimento davanti al tribunale in composizione monocratica**, art. 552).

• La norma *de qua* ha la funzione di assicurare il **corretto riparto di attribuzioni** e di garantire nel **contempo il più rapido accesso alla fase dibattimentale** nei casi in cui si proceda con citazione diretta a giudizio (→ **Procedimento davanti al tribunale in composizione monocratica**, art. 550).

• **La qualificazione del fatto** costituisce un potere legislativamente delineato come strettamente inerente all'esito decisorio dell'udienza preliminare, secondo l'alternativa tra rinvio a giudizio (→ **Indagini e udienza preliminare**, art. 416) e sentenza di non luogo a procedere (→art. 425). Di conseguenza, il giudice può assumere iniziative di carattere strumentale, dirette ad assicurare l'esito tipico dell'udienza, in un quadro connotato dal progressivo sviluppo del procedimento, rispetto al quale la regressione dello stesso assume carattere eccezionale, in quanto quello sviluppo si rende impossibile. In questa prospettiva è ritenuto abnorme e quindi ricorribile per cassazione (→**Impugnazioni**) l'ordinanza del giudice dell'udienza preliminare, che, investito della richiesta di rinvio a giudizio, disponga la restituzione degli atti al p.m. sull'erroneo presupposto che debba procedersi con citazione diretta a giudizio, trattandosi di atto che impone al p.m. di compiere un'attività processuale *contra legem* ed in violazione dei diritti difensivi, successivamente eccepibile, ed è inidoneo, pertanto, a determinare un'indebita regressione nonché la stasi del procedimento (Cass., SU, 28.4.2022, n. 37502).

• Gli effetti della connessione sull'attribuzione monocratica o collegiale si determinano al momento del **rinvio a giudizio** (→ **Indagini e udienza preliminare**, art. 416) e, qualora venga meno la connessione per effetto di pronuncia di sentenza di proscioglimento e residuino solo reati per i quali è previsto il decreto di citazione a giudizio (→ art. 429), il g.u.p. deve disporre il rinvio a giudizio dinanzi al tribunale in composizione monocratica (Cass., SU, 18.4.2019, n. 48590).

• **L'immediata lettura** dell'ordinanza da parte del giudice equivale alla **notificazione** del provvedimento per le parti presenti (→ **Atti**, art. 148 co. 5).

• Ricevuti gli atti in seguito all'ordinanza del giudice, il p.m. forma il fascicolo per il dibattimento (per il rito ordinario: → **Indagini e udienza preliminare**, art. 431) e lo trasmette al giudice con il decreto di citazione immediatamente dopo la notificazione (→ **Procedimento davanti al tribunale in composizione monocratica**, art. 553).

• Il g.i.p. (→ **Indagini e udienza preliminare**, art. 328) rimane competente ad assumere gli atti urgenti (→ **Giudizio**, art. 467) e provvede sulle misure cautelari (→ **Libro IV**) fino a quando il decreto, unitamente al fascicolo per il dibattimento, non è trasmesso al giudice.

• Se, nel corso del dibattimento, in seguito ad una diversa definizione giuridica o alle nuove contestazioni, il reato risulta tra quelli attribuiti alla cognizione del tribunale per cui è prevista l'udienza preliminare e questa non si è tenuta, deve essere eccepita immediatamente o alla prima udienza utile (→ **Giudizio**, art. 516 co. 1 *ter*) e, in caso di rigetto, deve essere riproposta nei motivi di impugnazione (→ **Libro IX**). Il giudice, qualora l'eccezione sia fondata, dispone con ordinanza la trasmissione degli atti al p.m. (→ **Giudizio**, art. 521 *bis*).

33 *septies*. Inosservanza dichiarata nel dibattimento di primo grado.

1. Nel dibattimento di primo grado instaurato a seguito dell'udienza preliminare, il giudice, se ritiene che il reato appartiene alla cognizione del tribunale in composizione diversa, trasmette gli atti, con ordinanza, al giudice competente a decidere sul reato contestato.

2. Fuori dai casi previsti dal comma 1, se il giudice monocratico ritiene che il reato appartiene alla cognizione del collegio, dispone con ordinanza la trasmissione degli atti al pubblico ministero.

3. Si applica la disposizione dell'articolo 420 *ter*, comma 4.

Articolo sostituito dalla l. 16.12.1999, n. 479.

• L'articolo è stato modificato **per adeguarlo** alle disposizioni che hanno imposto la celebrazione dell'udienza preliminare (→ **Libro V**) anche per un ampio numero di reati attribuiti alla cognizione del giudice monocratico.

• Il legislatore ha previsto **due distinte fattispecie**: **nella prima**, il giudice del dibattimento instaurato a seguito dell'udienza preliminare, qualora ritenga che il reato rientri nella cognizione del tribunale in composizione diversa (art. 33 *quinquies*; → **Giudizio**, artt. 516 co. 1 *bis* e 1 *ter*, 517 co. 1 *bis*), trasmette gli atti con ordinanza (→ **Atti**, art. 125) al giudice competente a decidere sul reato contestato.

• **Nella diversa ipotesi** in cui il giudice monocratico sia stato investito, a seguito di citazione diretta a giudizio (→ **Procedimento davanti al tribunale in composizione monocratica**, art. 550), di un reato che rientri nella sfera di cognizione del giudice collegiale, deve trasmettere gli atti al p.m. con ordinanza, che non può essere impugnata, in forza del principio di tassatività dei mezzi di impugnazione (→ **Impugnazioni**, art. 568).

• **Nel giudizio immediato** (→ **Libro VI**, art. 453 s.) l'inosservanza delle disposizioni, che regolano l'attribuzione dei reati al tribunale in composizione monocratica ovvero in composizione collegiale, comporta per **regola generale la trasmissione degli atti al giudice ritenuto competente senza regressione di fase** e, quindi, senza restituzione degli atti al p.m. (Cass., SU, 26.2.15, De Costanzo).

• Nel caso in cui il giudice *ad quem* non condivida la decisione del giudice remittente, si configura un conflitto di attribuzioni **"analogo"** ai conflitti di competenza tipizzati (art. 28).

• In ogni caso, l'immediata lettura dell'ordinanza da parte del giudice equivale alla notificazione del provvedimento per le parti presenti (→ **Atti**, art. 148 co. 5).

33 *octies*. Inosservanza dichiarata dal giudice di appello o dalla corte di cassazione.

1. Il giudice di appello o la corte di cassazione pronuncia sentenza di annullamento e ordina la trasmissione degli atti al pubblico ministero presso il giudice di primo grado quando ritiene l'inosservanza delle disposizioni sull'attribuzione dei reati alla cognizione del tribunale in composizione collegiale o monocratica, purché la stessa sia stata tempestivamente eccepita e l'eccezione sia stata riproposta nei motivi di impugnazione.

2. Il giudice di appello pronuncia tuttavia nel merito se ritiene che il reato appartiene alla cognizione del tribunale in composizione monocratica.

• Nell'ipotesi d'**inosservanza per difetto** delle regole sulle attribuzioni del tribunale (artt. 33 *bis* e 33 *ter*), il giudice di appello o la corte di cassazione pronuncia **sentenza di annullamento** (→ **Impugnazioni**, artt. 604 e 620) con restituzione degli atti al p.m. presso il giudice di primo grado.

• In particolare, quanto al giudizio di legittimità, risultano ampliati i casi di ricorso, dal momento che la violazione delle regole di attribuzione non è sanzionata a pena di nullità, di inutilizzabilità, di inammissibilità o di decadenza (→ **Impugnazioni**, art. 606 co. 1 lett. *c*).

• L'eccezione deve essere tempestivamente sollevata (art. 33 *quinquies*; → **Giudizio**, artt. 516 co. 1 *bis* e 517 co. 1 *bis*) e deve essere riproposta nei motivi di impugnazione (→ **Libro IX**, art. 581).

33 *nonies*. Validità delle prove acquisite.

1. L'inosservanza delle disposizioni sulla composizione collegiale o monocratica del tribunale non determina l'invalidità degli atti del procedimento, né l'inutilizzabilità delle prove già acquisite.

• In virtù del **principio di conservazione degli atti**, l'inosservanza delle disposizioni sulla composizione collegiale o monocratica del tribunale non determina l'invalidità degli atti del procedimento, né l'inutilizzabilità (→ **Prove**, art. 191; → **Impugnazioni**, art. 606) delle prove già acquisite (art. 26).

• La disposizione normativa va tuttavia temperata con il **principio di immutabilità del giudice** (→ **Giudizio**, art. 525), con la conseguenza che, a fronte del mutamento della persona fisica del giudice in seguito alla corretta applicazione delle disposizioni sulla composizione del tribunale, deve essere disposta la rinnovazione integrale del contraddittorio.

Capo VII
Incompatibilità, astensione e ricusazione del giudice

34. Incompatibilità determinata da atti compiuti nel procedimento.

1. Il giudice che ha pronunciato o ha concorso a pronunciare sentenza in un grado del procedimento non può esercitare funzioni di giudice negli altri gradi, né partecipare al giudizio di rinvio dopo l'annullamento o al giudizio per revisione.

2. Non può partecipare al giudizio il giudice che ha emesso il provvedimento conclusivo dell'udienza preliminare o ha disposto il giudizio immediato o ha emesso decreto penale di condanna o ha deciso sull'impugnazione avverso la sentenza di non luogo a procedere.

2 *bis*. Il giudice che nel medesimo procedimento ha esercitato funzioni di giudice per le indagini preliminari non può emettere il decreto penale di condanna, né tenere l'udienza preliminare; inoltre, anche fuori dei casi previsti dal comma 2, non può partecipare al giudizio.

2 *ter*. Le disposizioni del comma 2 *bis* non si applicano al giudice che nel medesimo procedimento abbia adottato uno dei seguenti provvedimenti:

a) le autorizzazioni sanitarie previste dall'articolo 11 della legge 26 luglio 1975, n. 354;

b) i provvedimenti relativi ai permessi di colloquio, alla corrispondenza telefonica e al visto di controllo sulla corrispondenza, previsti dagli articoli 18 e 18 *ter* della legge 26 luglio 1975, n. 354;

c) i provvedimenti relativi ai permessi previsti dall'articolo 30 della legge 26 luglio 1975, n. 354;

d) il provvedimento di restituzione nel termine di cui all'articolo 175;

e) il provvedimento che dichiara la latitanza a norma dell'articolo 296;

2 *quater*. Le disposizioni del comma 2 *bis* non si applicano inoltre al giudice che abbia provveduto all'assunzione dell'incidente probatorio o comunque adottato uno dei provvedimenti previsti dal titolo VII del libro quinto;

3. Chi ha esercitato funzioni di pubblico ministero o ha svolto atti di polizia giudiziaria o ha prestato ufficio di difensore, di procuratore speciale, di curatore di una parte ovvero di testimone, perito, consulente tecnico o ha proposto denuncia, querela, istanza o richiesta o ha deliberato o ha concorso a deliberare l'autorizzazione a procedere non può esercitare nel medesimo procedimento l'ufficio di giudice.

Il co. 2 *bis* è stato aggiunto dal d. lgs. 19.2.1998, n. 51. La lett. *b* del co. 2 *ter* è stata modificata dalla l. 8.4.2004, n. 95. Il co. 2 *ter* è stato aggiunto dalla l. 16.12.1999, n. 479. Il co. 2 *quater* è stato aggiunto dal d.l. 7.4.2000, n. 82, conv., con modif., dalla l. 5.6.2000, n. 144.

• La Corte cost. è intervenuta con numerose pronunce per precisare i contorni dell'incompatibilità determinata dal compimento di determinati atti all'interno dello stesso grado del procedimento. Ed infatti, Corte cost., **496 del 1990**, ha dichiarato **l'illegittimità del co. 2** nella parte in cui non prevede che non possa partecipare al successivo giudizio abbreviato (→ **Procedimenti speciali**, art. 438 s.) il g.i.p. presso la pretura che abbia emesso l'ordinanza di cui all'art. 554 co. 2; Corte cost., **401 del 1991,** ha dichiarato l'illegittimità del co. 2 nella parte in cui non prevede che non possa partecipare al successivo giudizio abbreviato (→ art. 438 s.) il g.i.p. presso il tribunale che abbia emesso l'ordinanza di cui all'art. 409 co. 5 (→ **Indagini e udienza preliminare**); Corte cost., **502 del 1991**, ha dichiarato l'illegittimità del co. 2, sia nella parte in cui non prevede che non possa partecipare al giudizio dibattimentale il g.i.p. presso la pretura che abbia emesso l'ordinanza di cui all'art. 554 co. 2, sia nella parte in cui non prevede che non possa partecipare al giudizio dibattimentale (→ **Libro VII**) il g.i.p. presso il tribunale che abbia emesso l'ordinanza di cui all'art. 409 co. 5 (→ **Indagini e udienza preliminare**), sia nella parte in cui non prevede l'incompatibilità a partecipare all'udienza dibattimentale (→ **Libro VII**) del g.i.p. presso la pretura che abbia respinto la richiesta di applicazione di pena concordata (→ **Libro VI**) per la ritenuta non concedibilità di circostanze attenuanti; Corte cost., **186**

del 1992, ha dichiarato l'illegittimità del co. 2 nella parte in cui non prevede l'incompatibilità del giudice del dibattimento (→ **Libro VII**), che abbia rigettato la richiesta di applicazione della pena concordata di cui all'art. 444 (→ **Procedimenti speciali**), a partecipare al giudizio; Corte cost., **399 del 1992**, ha dichiarato l'illegittimità del co. 2 nella parte in cui non prevede l'incompatibilità a procedere al dibattimento (→ **Libro VII**) del pretore che, prima dell'apertura di questo, abbia respinto la richiesta di applicazione di pena concordata (→ **Libro VI**) per il ritenuto non ricorrere di un'ipotesi attenuata del reato contestato; Corte cost., **439 del 1993**, ha dichiarato l'illegittimità del co. 2 nella parte in cui non prevede l'incompatibilità a partecipare al giudizio abbreviato (→ **Procedimenti speciali**, art. 438 s.) del g.i.p. che abbia rigettato la richiesta di applicazione di pena concordata di cui all'art. 444 (→ **Procedimenti speciali**); Corte cost., **453 del 1994**, ha dichiarato l'illegittimità del co. 2 nella parte in cui non prevede l'incompatibilità alla funzione di giudizio del g.i.p. il quale, per la ritenuta diversità del fatto, sulla base di una valutazione del complesso delle indagini preliminari (→ **Libro V**), abbia rigettato la domanda di oblazione; Corte cost., **455 del 1994**, ha dichiarato l'illegittimità del co. 2 nella parte in cui non prevede l'incompatibilità alla funzione di giudizio del giudice che abbia, all'esito di precedente dibattimento, riguardante il medesimo fatto storico a carico del medesimo imputato, ordinato la trasmissione degli atti al p.m. a norma dell'art. 521 co. 2 (→ **Giudizio**); Corte cost., **432 del 1995**, ha dichiarato l'illegittimità del co. 2 nella parte in cui non prevede che non possa partecipare al giudizio dibattimentale il g.i.p. che abbia applicato una misura cautelare personale nei confronti dell'imputato (→ **Libro IV**, art. 272 s.); Corte cost., **131 del 1996**, ha dichiarato l'illegittimità del co. 2 nella parte in cui non prevede: *a*) l'incompatibilità alla funzione di giudizio del giudice che come componente del tribunale del riesame (→ **Libro IV**, art. 309) si sia pronunciato sull'ordinanza che dispone una misura cautelare personale nei confronti dell'indagato o dell'imputato; *b*) incompatibilità alla funzione di giudizio del giudice che come componente del tribunale di appello avvero l'ordinanza che provvede in ordine a una misura cautelare personale nei confronti dell'indagato o dell'imputato (→ art. 310) si sia pronunciato su aspetti non esclusivamente formali dell'ordinanza anzidetta (→ **Libro IV**); Corte cost., **155 del 1996**, ha dichiarato l'illegittimità del co. 2 nella parte in cui non prevede che non possa partecipare al giudizio abbreviato (→ **Procedimenti speciali**, art. 438 s.) e disporre l'applicazione della pena su richiesta delle parti il g.i.p. che abbia disposto una misura cautelare personale (→ **Libro IV**); inoltre, in applicazione dell'art. 27, l. 11.3.1953, n. 87, nella parte in cui non prevede che non possa partecipare al giudizio abbreviato (→ **Procedimenti speciali**, art. 438 s.) e disporre l'applicazione della pena su richiesta delle parti (→ art. 444 s.) il g.i.p. che abbia disposto la modifica, la sostituzione o la revoca di una misura cautelare personale ovvero che abbia rigettato una richiesta di applicazione, modifica, sostituzione o revoca di una misura cautelare personale (→ **Misure cautelari**, art. 299) e nella parte in cui non prevede che non possa disporre l'applicazione della pena su richiesta delle parti (→ **Procedimenti speciali**, art. 444 s.) il giudice che, come componente del tribunale del riesame (→ **Misure cautelari**, art. 309), si sia pronunciato sull'ordinanza che dispone una misura cautelare personale nei confronti dell'indagato o dell'imputato (→ art. 272 s.) nonché il giudice che, come componente del tribunale dell'appello avverso l'ordinanza che provvede in origine a una misura cautelare nei confronti dell'indagato o dell'imputato (→ art. 310), si sia pronunciato su aspetti non esclusivamente formali dell'ordinanza anzidetta; Corte cost., **371 del 1996**, ha dichiarato l'illegittimità del co. 2 nella parte in cui non prevede che non possa partecipare al giudizio nei confronti di un imputato il giudice che abbia pronunciato o concorso a pronunciare una precedente sentenza (→ **Atti**, art. 125) nei confronti di altri soggetti, nella quale la posizione di quello stesso imputato, in ordine alla sua responsabilità penale sia stata comunque valutata; Corte cost., **311 del 1997**, ha dichiarato l'illegittimità del co. 2 nella parte in cui non prevede l'incompatibilità alla funzione di g.u.p. nel processo penale a carico di imputati minorenni del g.i.p. che si sia pronunciato in ordine a una misura cautelare personale (→ **Libro IV**) nei confronti dell'imputato; Corte cost., **346 del 1997**, ha dichiarato l'illegittimità del co. 2 nella parte in cui non prevede che non possa pronunciarsi sulla richiesta di emissione del decreto penale di condanna (→ **Procedimenti speciali**) il g.i.p. che abbia emesso l'ordinanza di cui agli artt. 409 co. 5 (→ **Indagini e udienza preliminare**), e 554 co. 2; Corte cost., **290 del 1998**, ha dichiarato l'illegittimità del co. 2 nella parte in cui non prevede, nel processo penale a carico di imputati minorenni, l'incompatibilità alla funzione di g.u.p. del giudice che, come componente del tribunale del riesame (→ **Libro IV**), si sia pronunciato sull'ordinanza che dispone una misura cautelare personale nei confronti dell'indagato o dell'imputato; **con la stessa sentenza**, la Corte ha dichiarato l'illegittimità del co. 2, nella parte in cui non prevede, nel processo penale a carico di imputati minorenni, l'incompatibilità alla funzione di g.u.p. del giudice che, come componente del tribunale dell'appello avverso l'ordinanza che provvede in ordine a una misura cautelare personale nei confronti dell'indagato o dell'imputato (→ **Libro IV**), si sia pronunciato su aspetti non esclusivamente formali dell'ordinanza anzidetta; Corte cost., **241 del 1999**, ha dichiarato l'illegittimità del co. 2 nella parte in cui non prevede che non possa partecipare al giudizio (→ **Libro VII**) nei confronti di un imputato il giudice che abbia pronunciato o concorso a pronunciare sentenza nei confronti di quello stesso imputato per il medesimo fatto (→ **Esecuzione**, art. 649); Corte cost., **51 del 2008**, ha dichiarato l'illegittimità del co. 2 nella parte in cui non prevede l'incompatibilità alla trattazione dell'udienza preliminare (→ **Libro V**) del giudice che abbia ordinato, all'esito di precedente dibattimento (→ **Libro VII**), riguardante il medesimo fatto storico a carico del medesimo imputato, la trasmissione degli atti al p.m., a norma dell'art. 521 co. 2 (→ **Giudizio**).

• La Corte costituzionale ha inoltre puntualizzato ulteriori ipotesi di "incompatibilità verticale": Corte cost., **224 del 2001**, ha dichiarato l'**illegittimità costituzionale del co. 1** nella parte in cui non prevede l'incompatibilità alla funzione di giudice dell'udienza preliminare del giudice che abbia pronunciato o concorso a pronunciare sentenza (→ **Indagini e udienza preliminare**, artt. 425 e 428), poi annullata (→ **Impugnazioni**, art. 623), nei confronti del medesimo imputato e per lo stesso fatto; Corte cost., **183 del 2013**, ha dichiarato l'illegittimità del co. 1 nella parte in cui non prevede che non possa partecipare al giudizio di rinvio dopo l'annullamento il giudice che ha pronunciato o concorso a pronunciare ordinanza di accoglimento o rigetto della richiesta di applicazione in sede esecutiva della disciplina del reato continuato e del concorso formale, ai sensi dell'art. 671 (→ **Esecuzione**).

• Tra le ipotesi di "incompatibilità orizzontale", viceversa, va annoverato il caso in cui il g.i.p. (→ **Indagini e udienza preliminare**, art. 328) abbia emesso il provvedimento conclusivo dell'udienza preliminare (→ **Libro V**, art. 424); non può inoltre partecipare al giudizio (→ **Libro VII**) il giudice che ha disposto il giudizio immediato (→ **Procedimenti speciali**, art. 453 s.), il giudice che ha emesso il decreto penale di condanna (→ art. 459 s.), o ha deciso sull'impugnazione avverso la sentenza di non luogo a procedere (→ **Indagini e udienza preliminare**, art. 428).

• Le cause di incompatibilità, poste a **tutela dell'imparzialità** (→ **Cost.**, art. 111 co. 2), sono dirette a garantire che il giudice possa decidere senza alcun condizionamento derivante da pregressa conoscenza dei fatti della *res iudicanda*.

• D'altra parte, il diritto di ogni individuo ad essere giudicato da un tribunale competente, indipendente e imparziale è stabilito dall'art. **6 Cedu**), ma anche dall'art. **14 Patto int., nonché dall'art. 47, co. 2, della Carta UE** (art. 1). In particolare, la giurisprudenza della Corte di Strasburgo ha elaborato le nozioni di imparzialità soggettiva e di imparzialità oggettiva del giudice: la prima è presunta fino a prova contraria (24.6.2010, Mancel e Branquart c. Belgio), riguarda il foro interiore del magistrato e consiste nell'assenza di pregiudizi sulla colpevolezza dell'imputato (25.7.2002 Perote Pellon c. Spagna). Secondo il principio di imparzialità oggettiva, invece, il giudice non solo deve essere imparziale, ma deve anche apparire tale agli occhi di un osservatore esterno (22.4.2004, Cianetti c. Italia; 28.1.2003, Dell'Utri c. Italia).

• All'interno delle ipotesi d'incompatibilità, vanno individuati i casi derivanti dal compimento di determinati atti in diversi gradi del procedimento. In tale categoria rientra l'eventualità che il giudice abbia pronunciato o concorso a pronunciare sentenza (→ **Atti**, art. 125) in un grado del procedimento, con la conseguenza che tale giudice non potrà partecipare al giudizio di rinvio dopo l'annullamento (→ **Impugnazioni**, art. 627) né al giudizio per revisione (→ art. 629 s.).

• Il legislatore ha inoltre introdotto un'ipotesi **d'incompatibilità assoluta**, cioè valevole per la generalità dei casi e a prescindere dalla sussistenza di valutazioni nel merito della vicenda, che può essere derogata solamente in casi tassativi (co. 2 *ter* e 2 *quater*): il g.i.p., infatti, non può emettere decreto penale di condanna (→ **Procedimenti speciali**, art. 460), non può tenere l'udienza preliminare (→ **Libro V**, art. 416 s.), né partecipare al giudizio (→ **Libro VII**).

• L'incompatibilità può altresì scaturire dall'esercizio nello stesso procedimento di funzioni non giurisdizionali, con la conseguenza che non può esercitare l'ufficio di giudice chi, nel medesimo procedimento, ha esercitato funzioni di p.m. (art. 51) o ha svolto atti di p.g. (art. 55) o ha prestato ufficio di difensore (art. 96 s.), di procuratore speciale, di curatore di una parte (artt. 71 e 77; → **Indagini e udienza preliminare**, artt. 338 e 340; → **Impugnazioni**, artt. 571 e 638; → **Esecuzione**, artt. 666 e 681), ovvero di testimone (→ **Atti**, art. 120; → **Prove**, art. 194 s.), perito (→ **Prove**, art. 221), consulente tecnico (→ **Prove**, artt. 225 e 233; **Indagini e udienza preliminare**, art. 359) o ha proposto denuncia (→ **Libro V**, artt. 331 e 333), querela (→ art. 336), istanza (→ art. 341) o richiesta o ha deliberato o ha concorso a deliberare l'autorizzazione a procedere (→ art. 343).

• Sono previste ulteriori situazioni che possono pregiudicare l'imparzialità del giudice, dagli **artt. 18 e 19 Ord. giud. e dall'art. 12 della legge sulla Corte d'assise** (10.4.1951, n. 287).

35. Incompatibilità per ragioni di parentela, affinità o coniugio.

1. Nello stesso procedimento non possono esercitare funzioni, anche separate o diverse, giudici che sono tra loro coniugi, parenti o affini fino al secondo grado.

• Al fine di assicurare **l'imparzialità dell'organo giudicante** (→ **Cost.**, art. 111 co. 2), viene prevista l'incompatibilità all'interno dello stesso procedimento di giudici che siano legati da un **vincolo di coniugio ovvero siano parenti o affini entro al secondo grado** (→ art. 74 s. c.c.; → **Ord. giud.**, art. 19 co. 3).

• L'incompatibilità stabilita dalla norma impone al giudice **l'obbligo di astenersi** (art. 36 co. 1 lett. *g*).

• L'incompatibilità non regola invece l'ipotesi in cui i magistrati legati dai vincoli di coniugio o di parentela o di affinità fino al secondo grado svolgano nello stesso procedimento la funzione di giudice e quella di p.m. (artt. 36 e 37).

36. Astensione.

1. Il giudice ha l'obbligo di astenersi:

a) se ha interesse nel procedimento o se alcuna delle parti private o un difensore è debitore o creditore di lui, del coniuge o dei figli;

b) se è tutore, curatore, procuratore o datore di lavoro di una delle parti private ovvero se il difensore, procuratore o curatore di una di dette parti è prossimo congiunto di lui o del coniuge;

c) se ha dato consigli o manifestato il suo parere sull'oggetto del procedimento fuori dell'esercizio delle funzioni giudiziarie;

d) se vi è inimicizia grave tra lui o un suo prossimo congiunto e una delle parti private;

e) se alcuno dei prossimi congiunti di lui o del coniuge è offeso o danneggiato dal reato o parte privata;

f) se un prossimo congiunto di lui o del coniuge svolge o ha svolto funzioni di pubblico ministero;

g) se si trova in taluna delle situazioni di incompatibilità stabilite dagli articoli 34 e 35 e dalle leggi dell'ordinamento;

h) se esistono gravi ragioni di convenienza.

2. I motivi di astensione indicati nel comma 1 lettera *b*) seconda ipotesi e lettera *e*) o derivanti da incompatibilità per ragioni di coniugio o affinità, sussistono anche dopo l'annullamento, lo scioglimento o la cessazione degli effetti civili del matrimonio.

3. La dichiarazione di astensione è presentata al presidente della corte o del tribunale che decide con decreto senza formalità di procedura.

4. Sulla dichiarazione di astensione del presidente del tribunale decide il presidente della corte di appello; su quella del presidente della corte di appello decide il presidente della corte di cassazione.

Il co. 4 è stato sostituito dal d. lgs. 19.2.1998, n. 51.

• Corte cost., 113 del 2000, ha ritenuto che nella locuzione «gravi ragioni di convenienza», che figura nel co. 1, lett. *h*, può rientrare anche il caso del giudice che abbia in precedenza pronunciato sentenza di applicazione della pena, ai sensi dell'art. 444 (→ **Procedimenti speciali**), nei confronti di uno o più concorrenti in uno stesso reato, purché a seguito di una valutazione caso per caso sia dimostrato che il precedente funzionale possa creare un pregiudizio all'imparzialità.

• Il giudice ha l'obbligo di astenersi attraverso una dichiarazione scritta (art. 39), con la quale enuncia l'esistenza di una delle ipotesi tassativamente indicate, che metterebbe in pericolo l'imparzialità (→ **Cost.**, art. 111 co. 2) del suo giudizio.

• In particolare, l'obbligo di astenersi sussiste quando: *a*) il giudice ha un interesse nel procedimento o una delle parti (art. 60 s.) o un difensore (art. 96) è debitore o creditore del giudice, del coniuge o dei figli; *b*) il giudice è tutore, curatore (artt. 71, 77; → **Indagini e udienza preliminare**, artt. 338 e 340; → **Impugnazioni**, artt. 571 e 638; → **Esecuzione**, artt. 666 e 681), procuratore o datore di lavoro (→ d. lgs. 9.4.2008, n. 81), di una delle parti private ovvero se il difensore, il curatore o il procuratore di una di dette parti è prossimo congiunto (→ art. 307 co. 4 c.p.) di lui o del coniuge; *c*) il giudice ha dato consigli o manifestato indebitamente il suo parere sull'oggetto del procedimento fuori dell'esercizio delle funzioni giudiziarie; *d*) vi è inimicizia grave fra il giudice o un suo prossimo congiunto e una delle parti private (cfr. art. 51 c.p.c., che prevede altresì quale ipotesi di astensione la grave inimicizia del giudice con i difensori o con i prossimi congiungi di una parte privata); *e*) se alcuno dei prossimi congiunti del giudice o del coniuge è persona offesa (art. 90 s.) o danneggiato dal reato o parte privata (art. 74 s.); *f*) se un prossimo congiunto del giudice o il suo coniuge svolge o ha svolto funzioni di p.m. (art. 51; → **Ord. giud.**, art. 69 s.); *g*) se si trova in una delle situazioni di incompatibilità previste dal codice di rito e dalla legge dell'ordinamento giudiziario (artt. 34 e 35; → **Ord. giud.**, art. 16 s.).

• In particolare, costituisce **indebita manifestazione del proprio convincimento l'anticipazione da parte del giudice di valutazioni sul merito della regiudicanda ovvero sulla colpevolezza o l'innocenza dell'imputato in ordine ai fatti del processo**, compiuta sia all'interno del medesimo procedimento sia in un procedimento diverso, senza che tali dichiarazioni siano imposte o giustificate dalle sequenze procedimentali previste dalla legge o allorché esse invadano, senza necessità e senza nesso funzionale con l'atto da compiere, l'ambito della decisione finale di merito, anticipandone in tutto o in parte gli esiti (Cass., SU, 27.9.2005, Falzone).

• La questione sollevata da una parte e inerente all'incompatibilità del giudice per le precedenti funzioni svolte nel procedimento **hanno natura oggettiva e sono estensibili a tutti i coimputati**, poiché la disposizione in esame attua i principi costituzionali di imparzialità e terzietà del giudice a garanzia del giusto processo (Cass., SU, 16.12.2010, D.M.).

• La **competenza a decidere** sulla dichiarazione di astensione di un giudice di pace (→ **Giu. Pace**, art. 10 co. 1) o di un giudice del tribunale spetta al presidente del tribunale. Sulla richiesta di astensione del presidente del tribunale o di un giudice della corte d'appello decide il presidente della corte d'appello; su quella del presidente della corte d'appello decide il presidente della corte di cassazione.

• **L'art. 31, l. 10.4.1951, n. 287,** stabilisce che sull'astensione e sulla ricusazione dei giudici popolari ovvero dei magistrati che fanno parte del collegio decide il presidente della **corte d'assise o della corte d'assise d'appello** e che sull'astensione o sulla ricusazione del presidente della corte d'assise o della corte d'assise d'appello decide il presidente della corte d'appello.

• La decisione è adottata con **decreto** (→ **Atti**, art. 125), senza formalità di procedura. Il decreto, che può non essere motivato, in forza del principio di tassatività dei mezzi di impugnazione (→ **Libro IX**, art. 568), **non è impugnabile**.

• La **violazione** da parte del giudice dell'obbligo di astenersi non incide sulla sua capacità (art. 33), pertanto non comporta la nullità generale ed assoluta (→ **Atti**, artt. 178 co. 1 lett. *a* e 179) degli atti da lui compiuti, bensì dà luogo al diritto per la parte di ricusare il giudice non astenuto (art. 37), con conseguente nullità dei soli atti compiuti dopo l'accoglimento della ricusazione (art. 42).

• La violazione dell'obbligo di astensione, inoltre, può comportare a carico del giudice una responsabilità disciplinare (→ **Atti**, art. 124) ovvero, qualora ricorrano tutti gli elementi della fattispecie, una responsabilità penale per abuso d'ufficio (→ art. 323 c.p.).

37. Ricusazione.

1. Il giudice può essere ricusato dalle parti:

a) nei casi previsti dall'articolo 36 comma 1 lettere *a*), *b*), *c*) *d*), *e*), *f*), *g*);

b) se nell'esercizio delle funzioni e prima che sia pronunciata sentenza, egli ha manifestato indebitamente il proprio convincimento sui fatti oggetto dell'imputazione.

2. Il giudice ricusato non può pronunciare né concorrere a pronunciare sentenza fino a che non sia intervenuta l'ordinanza che dichiara inammissibile o rigetta la ricusazione.

• Corte cost., 283 del 2000, ha dichiarato **l'illegittimità costituzionale del co. 1** nella parte in cui non prevede che possa essere ricusato dalle parti il giudice che, chiamato a decidere sulla responsabilità di un imputato, abbia espresso in un altro procedimento, anche non penale, una valutazione di merito sullo stesso fatto nei confronti del medesimo soggetto. Corte cost., 10 del 1997, ha dichiarato **l'illegittimità costituzionale del co. 2** nella parte in cui, qualora sia riproposta la dichiarazione di ricusazione, fondata su medesimi motivi, fa divieto al giudice di pronunciare o concorrere a pronunciare la sentenza fino a che non sia intervenuta l'ordinanza che dichiara inammissibile o rigetta la ricusazione.

• L'atto di ricusazione, secondo la Corte di Strasburgo, è **una forma di impugnazione** (→ **Libro IX**), il cui mancato promovimento preclude il ricorso alla Corte Edu (15.11.2001, Rezzonico c. Italia).

• Il procedimento incidentale della ricusazione è diretto ad assicurare le **condizioni d'imparzialità del giudice** (→ **Cost.**, art. 111 co. 2), consentendo alla parte privata di rilevare una delle situazioni tassativamente previste, che possono pregiudicare l'obiettività del giudizio sulla responsabilità penale della persona sottoposta alle indagini o dell'imputato (artt. 60 e 61).

• **Sono ricusabili** il g.i.p. (→ **Libro V**, art. 328), il g.u.p. (→ art. 416 s.), il giudice del dibattimento (→ **Libro VII**, art. 465 s.), mentre si dovrebbe escludere dal novero dei ricusabili il giudice dell'esecuzione (→ **Libro X**, art. 665): l'attività che potrebbe risultare pregiudicata in ragione dell'esistenza di una causa di ricusazione attiene alla definizione della responsabilità penale dell'imputato (o indagato); d'altra parte, la competenza del giudice dell'esecuzione deriva inderogabilmente dalla sua identificazione con il giudice della fase cognitiva, con la conseguenza che non può scindersi il giudicato (→ art. 648) e la deliberazione da assumere nella fase esecutiva. Non possono senz'altro essere ricusati i giudici chiamati a decidere sulla domanda di ricusazione (art. 40 co. 3).

• La proposizione della dichiarazione non determina la sospensione del procedimento principale, con la conseguenza che il giudice può continuare a svolgere le attività arrestandosi però dal prendere la decisione finale. La regola può subire delle **eccezioni**, qualora debbano essere adottati provvedimenti scanditi da termini fissati a pena di decadenza (ad esempio, la decisione sulla convalida dell'arresto → **Indagini e udienza preliminare**, art. 390). In tali ipotesi si ritiene che il giudice nei cui confronti sia stata proposta la dichiarazione di ricusazione possa adottare comunque la decisione: se la ricusazione è dichiarata inammissibile o infondata, il provvedimento assunto dal giudice mantiene i suoi effetti (art. 40); in caso contrario, la decisione risulta viziata da nullità assoluta (→ **Atti**, art. 178 co. 1 lett. *a*).

• In particolare, il decreto di rinvio a giudizio, emesso dal g.u.p., poi ricusato, è affetto da nullità assoluta (→ **Atti**, artt. 178 co. 1 lett. *a* e 179), rilevabile d'ufficio in ogni stato e grado del procedimento (Cass., SU, 23.12.2020, G.M.).

38. Termini e forme per la dichiarazione di ricusazione.

1. La dichiarazione di ricusazione può essere proposta, nell'udienza preliminare, fino a che non siano conclusi gli accertamenti relativi alla costituzione delle parti; nel giudizio, fino a che non sia scaduto il termine previsto dall'articolo 491, comma 1; in ogni altro caso, prima del compimento dell'atto da parte del giudice.

2. Qualora la causa di ricusazione sia sorta o sia divenuta nota dopo la scadenza dei termini previsti dal comma 1, la dichiarazione può essere proposta entro tre giorni. Se la causa è sorta o è divenuta nota durante l'udienza, la dichiarazione di ricusazione deve essere in ogni caso proposta prima del termine dell'udienza.

3. La dichiarazione contenente l'indicazione dei motivi e delle prove è proposta con atto scritto ed è presentata, assieme ai documenti, nella cancelleria del giudice competente a decidere. Copia della dichiarazione è depositata nella cancelleria dell'ufficio cui è addetto il giudice ricusato.

4. La dichiarazione, quando non è fatta personalmente dall'interessato, può essere proposta a mezzo del difensore o di un procuratore speciale. Nell'atto di procura devono essere indicati, a pena di inammissibilità, i motivi della ricusazione.

• Il procedimento incidentale diretto a ricusare il giudice (art. 37) si connota, rispetto alla procedura funzionale ad ottenere l'astensione del giudice (art. 36), per una maggiore complessità derivante anche dalle formalità richieste. **Legittimati** a presentare la dichiarazione di ricusazione, a pena di inammissibilità (art. 41), sono il **p.m.** (art. 51), **le parti private** (art. 60 s.) ed **il difensore** (art. 96 s.), anche se privo di una procura speciale o di un apposito mandato. Più precisamente, la giurisprudenza di legittimità, pur escludendo un'autonoma legittimazione del difensore, ammette che questi possa proporre la dichiarazione di ricusazione quando abbia ricevuto "apposito mandato" ovvero, quando si tratti del difensore dell'imputato latitante o evaso, dato che quest'ultimo è rappresentato "ad ogni effetto" (→ **Atti**, art. 165 co. 4; Cass., SU, 27.1.1995, Battaggia).

• Quanto alle cadenze temporali, la dichiarazione di ricusazione nel corso delle indagini preliminari (→ **Libro V**) può essere proposta fino al compimento dell'atto; nell'udienza preliminare, la dichiarazione può essere presentata fino a che non siano conclusi gli accertamenti relativi alla costituzione delle parti (→ **Libro V**, art. 420); anche in giudizio, la dichiarazione può essere presentata sino al momento immediatamente successivo alla verifica della regolare costituzione delle parti (→ **Libro VII**, art. 491 co. 1). Nelle ipotesi in cui la parte privata abbia avuto conoscenza effettiva e completa successivamente a tali scadenze, la dichiarazione può essere proposta entro tre giorni dal momento in cui se ne ha avuto conoscenza. In ogni caso, se la causa di ricusazione è sorta o è divenuta nota durante l'udienza, la dichiarazione deve essere proposta prima della conclusione dell'udienza. A tale riguardo sembra corretto ritenere che la parte abbia solo l'onere di formulare la dichiarazione di ricusazione prima del termine dell'udienza, con esplicita riserva di formalizzare la dichiarazione nel termine di tre giorni, non potendo essere imposto alla parte di abbandonare l'udienza per presentare la dichiarazione di ricusazione, con i relativi documenti, nella cancelleria competente.

• La parte, che prova di non aver potuto rispettare i termini previsti per la presentazione della dichiarazione in ragione di caso fortuito o di forza maggiore, ha il diritto di ottenere la **restituzione nel termine** (→ **Atti**, art. 175). Anche i termini per la presentazione della richiesta di ricusazione si arrestano per la sospensione feriale (→ l. 7.10.1969, n. 142, art. 1).

• La dichiarazione di ricusazione, a **pena d'inammissibilità** (art. 41; → **Impugnazioni**, art. 606), ha la forma scritta, deve essere motivata con l'indicazione dell'ipotesi di ricusazione e deve essere sottoscritta dalla parte ovvero dal procuratore speciale – in questo caso anche l'atto di procura deve indicare a pena di inammissibilità i motivi di ricusazione – o dal difensore (art. 96 s.). La dichiarazione deve essere presentata in originale nella cancelleria del giudice competente a decidere (art. 40). La documentazione, diretta a dimostrare le ragioni della ricusazione, deve essere allegata e presentata contestualmente alla dichiarazione, a pena di inammissibilità (art. 41).

39. Concorso di astensione e di ricusazione.

1. La dichiarazione di ricusazione si considera come non proposta quando il giudice, anche successivamente ad essa, dichiara di astenersi e l'astensione è accolta.

• Il favore mostrato per l'astensione, anche quale rimedio rispetto all'istituto della ricusazione, è confermato dalla scelta di far prevalere la dichiarazione di astensione (art. 36) anche a seguito dell'inizio del procedimento incidentale di ricusazione (art. 37).

• In caso di accoglimento della dichiarazione di astensione, si determina la caducazione della dichiarazione di ricusazione, che si ha per non proposta (art. 41).

40. Competenza a decidere sulla ricusazione.

1. Sulla ricusazione di un giudice del tribunale o della corte di assise o della corte di assise di appello decide la corte di appello; su quella di un giudice della corte di appello decide una sezione della corte stessa, diversa da quella a cui appartiene il giudice ricusato.

2. Sulla ricusazione di un giudice della corte di cassazione decide una sezione della corte, diversa da quella a cui appartiene il giudice ricusato.

3. Non è ammessa la ricusazione dei giudici chiamati a decidere sulla ricusazione.

Il co. 3 è stato così sostituito dal d. lgs. 19.2.1998, n. 51.

• La devoluzione della competenza a decidere sulla ricusazione alla corte di appello non dà luogo a questioni di nullità di ordine generale e assoluta (→ **Atti**, artt. 178 co. 1 lett. *a* e 179) collegate alla capacità del giudice (art. 33), in quanto l'assegnazione alle singole sezioni è attività di carattere amministrativo, funzionale alle esigenze organizzative dell'ufficio (art. 33 co. 2).

• Sulla ricusazione del **giudice di pace** decide altresì la corte d'appello (→ **Giu. Pace**, art. 10 co. 2).

• I giudici chiamati a decidere non possono essere a loro volta ricusati (art. 37): si tratta di una sorta di immunità, frutto di un compromesso tra l'esigenza di garantire l'imparzialità del giudice (→ **Cost.**, art. 111 co. 2) e quella di evitare un ingiustificato allungamento dei tempi del processo, che contrasterebbe con il canone primario del tempo ragionevole (→ **Cost.**, art. 111 co. 2; → **Cedu**, art. 6 § 1).

41. Decisione sulla dichiarazione di ricusazione.

1. Quando la dichiarazione di ricusazione è stata proposta da chi non ne aveva il diritto o senza l'osservanza dei termini e delle forme previsti dall'articolo 38 ovvero quando i motivi addotti sono manifestamente infondati, la corte, senza ritardo, la dichiara inammissibile con ordinanza avverso la quale è proponibile ricorso per cassazione. La corte di cassazione decide in camera di consiglio a norma dell'articolo 611.

2. Fuori dei casi di inammissibilità della dichiarazione di ricusazione, la corte può disporre, con ordinanza, che il giudice sospenda temporaneamente ogni attività processuale o si limiti al compimento degli atti urgenti.

3. Sul merito della ricusazione la corte decide a norma dell'articolo 127, dopo aver assunto, se necessario, le opportune informazioni.

4. L'ordinanza pronunciata a norma dei commi precedenti è comunicata al giudice ricusato e al pubblico ministero ed è notificata alle parti private.

Articolo così risultante in seguito alle modifiche apportate dal d. lgs. 19.2.1998, n. 51.

• Il giudice che decide sulla ricusazione deve compiere una **delibazione preliminare** sulla legittimazione del proponente e sui requisiti formali della dichiarazione: se la ricusazione è stata proposta da chi non ne aveva il diritto, o senza l'osservanza dei termini o delle forme previste ovvero quando i motivi addotti sono manifestamente infondati (art. 38), la corte senza ritardo dichiara l'inammissibilità della dichiarazione con ordinanza *de plano* (→ **Atti**, art. 125 co. 4).

• La corte che decide sulla ricusazione, inoltre, può disporre **in via cautelare**, sempre con ordinanza (→ **Atti**, art. 125), che il giudice sospenda temporaneamente ogni attività processuale o si limiti al compimento di atti urgenti (art. 37 co. 2). La previsione è priva di sanzione processuale espressa, con la conseguenza che la sua inosservanza può assumere rilievo ai fini della responsabilità disciplinare del magistrato giudicante (→ **Atti**, art. 124).

• Superato il vaglio di ammissibilità della dichiarazione, l'esame nel merito si svolge secondo il modello dell'udienza camerale (→ **Atti**, art. 127; → **Impugnazioni**, art. 611). L'avviso di fissazione dell'udienza per la trattazione della dichiarazione, quindi, deve essere notificato, almeno dieci giorni prima di tale data, a tutte le parti del procedimento: anche se la ricusazione è un atto personalissimo, sembra corretto ritenere che debba essere permesso a tutte le parti l'intervento su una questione che concerne l'imparzialità del giudice (→ **Cost.**, art. 111 co. 2). Di conseguenza, l'omissione dell'avviso, pregiudicando il diritto di difesa (→ **Cost.**, art. 24), in quanto impedisce la presentazione di memorie fino a cinque giorni prima dell'udienza (→ **Atti**, art. 127 co. 2), nonché il diritto di intervento e di rappresentanza, perché non consente di comparire in camera di consiglio, né permette di allegare un eventuale impedimento a comparire, allo scopo di ottenere un rinvio, comporta **la nullità dell'udienza** (→ **Atti**, art. 178 co. 1 lett. *c*).

• L'udienza può concludersi con ordinanza di non luogo a provvedere, qualora il giudice ricusato dichiari di astenersi e l'astensione venga accolta (art. 39). L'udienza può altresì concludersi con un'ordinanza di inammissibilità oppure con un'ordinanza di rigetto: in entrambe queste ultime ipotesi, la corte può condannare la parte privata che abbia proposto la dichiarazione di ricusazione ad una somma da versare alla cassa delle ammende (art. 44).

• L'ordinanza che decide sul merito della ricusazione provvede **contestualmente a dichiarare se e in quale parte** gli atti compiuti precedentemente dal giudice ricusato debbano considerarsi efficaci.

• Tutti i destinatari dell'avviso di fissazione dell'udienza in camera di consiglio sono legittimati a ricorrere per cassazione, con l'impugnazione della sentenza (→ **Impugnazioni**, art. 586), avverso l'ordinanza pronunciata dalla corte d'appello.

42. Provvedimenti in caso di accoglimento della dichiarazione di astensione o ricusazione.

1. Se la dichiarazione di astensione o di ricusazione è accolta, il giudice non può compiere alcun atto del procedimento.

2. Il provvedimento che accoglie la dichiarazione di astensione o di ricusazione dichiara se e in quale parte gli atti compiuti precedentemente dal giudice astenutosi o ricusato conservano efficacia.

• L'organo che adotta il provvedimento di accoglimento è **il giudice** che ha deciso su astensione (art. 36 co. 3 e 4) o ricusazione (art. 40).

• Gli atti probatori compiuti dal giudice dopo il provvedimento che ne accoglie l'astensione o la ricusazione sono inutilizzabili (→ **Prove**, art. 191; → **Impugnazioni**, art. 606); gli atti diversi da quelli di acquisizione delle prove o dalla pronuncia della sentenza (art. 37 co. 2), in ragione dell'accoglimento della dichiarazione di astensione o di ricusazione, che priva il giudice della sua capacità (art. 33), sono affetti dalla nullità di ordine generale e assoluta (**Atti** → artt. 178 co. 1 lett. *a* e 179).

• L'ordinanza (→ **Atti**, art. 125) di accoglimento, che dichiara se e in quale parte gli atti compiuti precedentemente dal giudice che si è astenuto o che è stato ricusato conservano efficacia, è un provvedimento dichiarativo non avente natura decisoria.

• Alla luce del **principio d'immutabilità del giudice** (→ **Giudizio**, art. 525 co. 2), qualora venga accolta la dichiarazione di astensione o di ricusazione, deve essere rinnovato il dibattimento, con la riproposizione di tutta la sequenza procedimentale prevista, ad eccezione dell'ipotesi in cui il provvedimento di accoglimento faccia salvi in tutto o in parte gli atti precedentemente compiuti e sempre che le parti non si oppongano alla lettura dei verbali relativi alle prove in precedenza acquisite (→ **Giudizio**, art. 511 s.). I documenti (→ **Prove**, art. 234 s.), in quanto precostituiti rispetto al procedimento, qualora siano entrati a far parte del fascicolo per il dibattimento (→ **Indagini e udienza preliminare**, art. 431; → **Giudizio**, art. 515) potrebbero, invece, essere utilizzati indipendentemente dalla mancata adozione di un formale provvedimento di rinnovazione del dibattimento da parte del giudice che ha sostituito quello ricusato.

• In caso di **assenza di un'espressa dichiarazione di conservazione di efficacia degli atti** nel provvedimento che accoglie la dichiarazione di astensione o di ricusazione, gli atti compiuti in precedenza dal giudice astenutosi o ricusato **devono considerarsi inefficaci** (Cass., SU, 16.12.2010, Digiacomoantonio).

43. Sostituzione del giudice astenuto o ricusato.

1. Il giudice astenuto o ricusato è sostituito con altro magistrato dello stesso ufficio designato secondo le leggi di ordinamento giudiziario.

2. Qualora non sia possibile la sostituzione prevista dal comma 1, la corte o il tribunale rimette il procedimento al giudice ugualmente competente per materia determinato a norma dell'articolo 11.

• L'organo che adotta il provvedimento di sostituzione è **il giudice** che ha deciso su astensione (art. 36 co. 3 e 4) o ricusazione (art. 40).

• La **sostituzione** avviene mediante la designazione di un altro magistrato dello stesso ufficio (→ **Ord. giud.**, artt. 7 *ter* co. 2 e 97 s.); qualora non sia possibile tale sostituzione, la corte o il tribunale rimette il procedimento al giudice ugualmente competente per materia che ha sede nel capoluogo del distretto di corte di appello determinato dalla legge (art. 11; → **Disp. att.**, art. 1).

• Il giudice di pace astenuto o ricusato è sostituito con altro giudice dello stesso ufficio designato secondo le leggi di ordinamento giudiziario. Qualora non sia possibile tale sostituzione, la corte o il tribunale rimette il procedimento al giudice di pace dell'ufficio più vicino (→ **Giu. Pace**, art. 10 co. 3 e 4).

44. Sanzioni in caso di inammissibilità o di rigetto della dichiarazione di ricusazione.

1. Con l'ordinanza che dichiara inammissibile o rigetta la dichiarazione di ricusazione, la parte privata che l'ha proposta può essere condannata al pagamento a favore della cassa delle ammende di una somma da euro 258 a euro 1.549, senza pregiudizio di ogni azione civile o penale.

• L'irrogazione della sanzione è rimessa alla **valutazione discrezionale** del giudice che decide sulla ricusazione (art. 40; → **Impugnazioni**, art. 606 s.) e deve essere oggetto di motivazione nell'ordinanza (→ **Atti**, art. 125) che dichiara inammissibile o rigetta la dichiarazione di ricusazione (art. 37).

• Il **destinatario** della sanzione può essere soltanto la parte privata in senso sostanziale, ovvero la parte privata che sia fornita di *legitimatio ad causam* (art. 37), con la conseguenza che il provvedimento sanzionatorio non può colpire il difensore (art. 96 s.).

Capo VIII
Rimessione del processo

45. Casi di rimessione.

1. In ogni stato e grado del processo di merito, quando gravi situazioni locali, tali da turbare lo svolgimento del processo e non altrimenti eliminabili, pregiudicano la libera determinazione delle persone che partecipano al processo ovvero la sicurezza o l'incolumità pubblica, o determinano motivi di legittimo sospetto, la corte di cassazione, su richiesta motivata del procuratore generale presso la corte di appello o del pubblico ministero presso il giudice che procede o dell'imputato, rimette il processo ad altro giudice, designato a norma dell'articolo 11.

• La l. 7.11.2002, n. 248 ha integrato la disposizione, aggiungendo tra i casi di rimessione quello in cui le «gravi situazioni locali» determinano «motivi di legittimo sospetto».

• La rimessione è un istituto posto a salvaguardia dell'imparzialità dell'organo giudicante (→ **Cost.**, art. 111 co. 2) e, in generale, del corretto svolgimento dell'accertamento processuale, mirando a evitare che disordini locali possano influenzare l'esito del processo.

• Esso si risolve nella dislocazione della funzione giurisdizionale, la quale, secondo un criterio astratto e predeterminato (art. 11; → **Disp. att.**, art. 1), viene attribuita ad un ufficio giudiziario diverso da quello che sarebbe territorialmente competente, secondo le regole ordinarie (art. 8).

• La rimessione del processo, quindi, interferisce con il principio costituzionale della naturalità del giudice (→ **Cost.**, art. 25 co. 1) e, proprio per tale ragione, il suo funzionamento deve essere condizionato al ricorrere di presupporti precisi e ben determinati.

• La rimessione risulta giustificata quando la situazione perturbante sia anzitutto di natura locale: lo spostamento della sede processuale deve allora risultare utile allo scopo. Ciò, evidentemente, non accadrebbe se la causa perturbante fosse di dimensioni tanto estese da riproporsi in qualunque altra sede. A ben vedere, oggi, l'evoluzione dei mezzi di comunicazione rende l'integrazione di tale presupposto sempre più difficile: non esistono più luoghi separati. Eccettuando casi limite, è difficile che la pressione "ambientale" possa essere riferita ad una situazione spiccatamente locale, che – in quanto tale – possa esser agevolmente arginata mediante lo spostamento della sede processuale.

• Ma non solo. Il carattere "locale" esclude tutte le cause di disordine "interne" al processo: in casi simili a nulla varrebbe mutare l'ufficio giudiziario competente.

• Il pericolo di pregiudizio, poi, non deve essere altrimenti eliminabile: va quindi accertata l'impossibilità di contenerlo ricorrendo all'adozione di interventi, anche di carattere amministrativo.

• La situazione ambientale deve essere tale da esporre a pericolo la sicurezza, l'incolumità pubblica, ovvero l'equilibrio dei partecipanti. Il giudice infatti non è l'unico soggetto vulnerabile; e l'accertamento processuale risulterebbe compromesso anche quando fosse messa in pericolo la libertà di autodeterminazione degli altri attori: parti, difensori, testimoni, consulenti, cancellieri.

• La rimessione è possibile anche quando la pressione locale ingeneri motivi di legittimo sospetto. L'ipotesi è problematica: la formula che la descrive è indeterminata al punto da generare dubbi sulla sua compatibilità con il principio del giudice precostituito per legge (→ **Cost.**, art. 25 co. 1), tuttavia, le Sezioni unite hanno escluso che "il legittimo sospetto" attribuisca alla Corte di cassazione una discrezionalità incondizionata (SU, 28.1.2003, n. 13687).

• La rimessione può essere richiesta in ogni stato e grado del processo di merito. L'esplicito riferimento al processo *di merito* vale ad escludere i procedimenti che siano pendenti in cassazione: ma essendo la cassazione unica, è chiaro che – giunto in quella fase – il processo non potrà essere dislocato in altre sedi.

• D'altro lato, il richiamo alla fase *processuale* esclude che la rimessione possa operare durante le indagini preliminari (→ **Libro V**). La scelta sembra discutibile, se si pone mente a quanto le influenze ambientali potrebbero incidere su atti che, pur compiuti in questa fase, avranno poi rilevanza in giudizio (→ artt. 403, 431 lett. *b* e *c*; → **Giudizio**, artt. 500 co. 1 e 4, 503 co. 5, 512, 513), nonché a quanto queste potrebbero pesare nel giudizio sull'archiviazione.

• Competente a decidere sulla richiesta di rimessione è la corte di cassazione.

46. Richiesta di rimessione.

1. La richiesta è depositata, con i documenti che vi si riferiscono, nella cancelleria del giudice ed è notificata entro sette giorni a cura del richiedente alle altre parti.
2. La richiesta dell'imputato è sottoscritta da lui personalmente o da un suo procuratore speciale.
3. Il giudice trasmette immediatamente alla corte di cassazione la richiesta con i documenti allegati e con eventuali osservazioni.
4. L'inosservanza delle forme e dei termini previsti dai commi 1 e 2 è causa d'inammissibilità della richiesta.

• La rimessione non può essere attivata *ex officio*: è necessaria una richiesta motivata (art. 45) da parte del p.m. nella sede *de qua* o del P.G. presso la corte di appello, nonché dell'imputato (art. 60), o di un suo procuratore speciale.

• La richiesta deve essere depositata nella cancelleria del giudice che procede (g.u.p. in udienza preliminare: → **Libro V**; giudice del dibattimento: → **Giudizio**; giudice d'appello, di rinvio o della revisione: → **Impugnazioni**), con i relativi documenti, e notificata (→ **Atti**, art. 172 s.), entro i successivi sette giorni, alle altre parti (art. 74 s.).

• La richiesta e la relativa documentazione depositate devono essere immediatamente trasmesse alla corte di cassazione dal giudice che procede, il quale può formulare i propri eventuali rilievi.

• La forma scritta, la sottoscrizione personale dell'imputato o del suo procuratore speciale, nonché l'adempimento della notifica entro sette giorni sono richiesti a pena di inammissibilità (→ **Impugnazioni**, art. 606).

47. Effetti della richiesta.

1. In seguito alla presentazione della richiesta di rimessione il giudice può disporre con ordinanza la sospensione del processo fino a che non sia intervenuta l'ordinanza che dichiara inammissibile o rigetta la richiesta. La corte di cassazione può sempre disporre con ordinanza la sospensione del processo.
2. Il giudice deve comunque sospendere il processo prima dello svolgimento delle conclusioni e della discussione e non possono essere pronunciati il decreto che dispone il giudizio o la sentenza quando ha avuto notizia dalla corte di cassazione che la richiesta di rimessione è stata assegnata alle sezioni unite ovvero a sezione diversa dall'apposita sezione di cui all'articolo 610, comma 1. Il giudice non dispone la sospensione quando la richiesta non è fondata su elementi nuovi rispetto a quelli di altra già rigettata o dichiarata inammissibile.
3. La sospensione del processo ha effetto fino a che non sia intervenuta l'ordinanza che rigetta o dichiara inammissibile la richiesta e non impedisce il compimento degli atti urgenti.
4. In caso di sospensione del processo si applica l'articolo 159 del codice penale e, se la richiesta è stata proposta dall'imputato, sono sospesi i termini di cui all'articolo 303, comma 1. La prescrizione e i termini di custodia cautelare riprendono il loro corso dal giorno in cui la corte di cassazione rigetta o dichiara inammissibile la richiesta ovvero, in caso di suo accoglimento, dal giorno in cui il processo dinanzi al giudice designato perviene al medesimo stato in cui si trovava al momento della sospensione. Si osservano in quanto compatibili le disposizioni dell'articolo 304.

• Modificando l'originaria formulazione, la l. 7.11.2002, n. 248 ha introdotto le ipotesi di sospensione facoltativa del processo, sia in capo al giudice procedente, sia in capo alla Corte di cassazione. Inoltre, la novella vieta la sospensione qualora una nuova richiesta non sia fondata su elementi anche essi nuovi.

• La Corte costituzionale (353 del 1996), ha dichiarato l'illegittimità dell'art. 47 co. 1, per contrasto con l'art. 3 Cost., nella parte in cui faceva divieto al giudice di pronunciare la sentenza fino a che non fosse intervenuta l'ordinanza di inammissibilità o di rigetto della richiesta di rimessione. Recependo l'insegnamento della Corte costituzionale, il legislatore ha modificato la disposizione con la l. n. 248 del 2002, inserendo una disciplina anti-abuso, volta ad evitare che reiterate domande possano di fatto paralizzare il processo.

• Il meccanismo di sospensione del processo, in presenza di una richiesta di rimessione, è diversamente modulato. Di regola, la sospensione è discrezionale e può essere disposta sia dal giudice che procede (g.u.p. in udienza preliminare: → **Libro V**; giudice del dibattimento: → **Giudizio**; giudice d'appello, di rinvio o della revisione: → **Impugnazioni**), sia dalla corte di cassazione, su richiesta di parte ovvero *ex officio* (c.d. sospensione facoltativa). È prevista poi un'ipotesi di sospensione obbligatoria con riferimento ai casi in cui l'iter processuale giunga ad una determinata soglia e la corte di cassazione abbia dato comunicazione del provvedimento con cui il presidente della corte, non ravvisando cause di inammissibilità, abbia assegnato il ricorso alle sezioni unite o, comunque, ad una sezione diversa da quella "filtro" (→ **Impugnazioni**, art. 610). In questi casi, il giudice procedente deve sospendere il processo prima delle conclusioni (in sede di udienza preliminare → **Libro V**, art. 421); ovvero della discussione, (in sede dibattimentale → **Giudizio**, art. 523; → **Procedimento davanti al tribunale in composizione monocratica**, art. 559; → **Impugnazioni**, art. 602 co. 4), restando prelusa, rispettivamente, la pronuncia sia del decreto che dispone il giudizio (→ **Indagini e udienza preliminare**, art. 429) sia della sentenza (→ **Giudizio**, art. 529 s.).

• La violazione dell'obbligo di sospensione è causa di nullità assoluta di ordine generale (→ **Atti**, art. 178 lett. *a*).

• La sospensione obbligatoria è esclusa quando la richiesta di rimessione ne reiteri una già valutata e rigettata o dichiarata inammissibile.

• La sospensione in ogni caso permane fin quando non sia pronunciata l'ordinanza con cui la corte di cassazione dichiari inammissibile o rigetti la richiesta. Comunque, durante la sospensione è sempre consentito il compimento di atti urgenti (attività di natura probatoria: → **Prove**; → **Giudizio**, art. 467; nonché eventuali provvedimenti in materia cautelare: → **Libro IV**).

• Al fine di attenuare gli effetti negativi derivanti dalla stasi processuale, sono previsti dei correttivi, volti a neutralizzare possibili richieste dilatorie (→ **Cost.**, art. 111 co. 2; → **Cedu**, art. 6 § 1): durante la sospensione restano sospesi i termini della prescrizione (→ art. 159 c.p.) e, quando la richiesta è proposta dall'imputato, sono sospesi anche i termini di durata massima della custodia cautelare (→ **Libro IV**, art. 303 co. 1). Tali termini ricominciano a decorrere dal giorno in cui la corte di cassazione dichiari inammissibile o rigetti la richiesta; ovvero – se la richiesta è accolta – dal giorno in cui il processo perviene al medesimo stato in cui si trovava quando è stato sospeso.

48. Decisione.

1. La corte di cassazione decide in camera di consiglio a norma dell'articolo 127, dopo aver assunto, se necessario, le opportune informazioni.

2. Il presidente della corte di cassazione, se rileva una causa d'inammissibilità della richiesta, dispone che per essa si proceda a norma dell'articolo 610, comma 1.

3. L'avvenuta assegnazione della richiesta di rimessione alle sezioni unite o a sezione diversa dall'apposita sezione prevista dall'articolo 610, comma 1, è immediatamente comunicata al giudice che procede.

4. L'ordinanza che accoglie la richiesta è comunicata senza ritardo al giudice procedente e a quello designato. Il giudice procedente trasmette immediatamente gli atti del processo al giudice designato e dispone che l'ordinanza della corte di cassazione sia per estratto comunicata al pubblico ministero e notificata alle parti private.

5. Fermo quanto disposto dall'articolo 190 *bis*, il giudice designato dalla corte di cassazione procede alla rinnovazione degli atti compiuti anteriormente al provvedimento che ha accolto la richiesta di rimessione, quando ne è richiesto da una delle parti e non si tratta di atti di cui è divenuta impossibile la ripetizione. Nel processo davanti a tale giudice, le parti esercitano gli stessi diritti e facoltà che sarebbero loro spettati davanti al giudice originariamente competente.

6. Se la corte rigetta o dichiara inammissibile la richiesta delle parti private queste con la stessa ordinanza possono essere condannate al pagamento a favore della cassa delle ammende di una somma da euro 1.000 a euro 5.000, che può essere aumentata fino al doppio, tenuto conto della causa di inammissibilità della richiesta.

6 *bis*. Gli importi di cui al comma 6 sono adeguati ogni due anni con decreto del Ministro della giustizia, di concerto con il Ministro dell'economia e delle finanze, in relazione alla variazione, accertata dall'Istituto nazionale di statistica, dell'indice dei prezzi al consumo per le famiglie di operai e impiegati, verificatasi nel biennio precedente.

• L'articolo è stato prima modificato dalla l. 7.11.2002, n. 248, che ha semplificato la procedura: si è aggiunta la possibilità di assegnare la decisione alla sezione stralcio della cassazione (→ **Impugnazioni**, art. 610 co. 1) e si è affermato esplicitamente che la riassunzione degli atti trova il suo limite nella possibilità di ripetizione e nella disciplina dell'art. 190 *bis*. Dopo invece, con la l. 103 del 2017, è stato aumentato l'importo della condanna al pagamento di una somma in favore della cassa ammende in caso di inammissibilità o rigetto della richiesta di rimessione.

• Il procedimento si svolge in camera di consiglio, nelle forme regolate dall'art. 127 (→ **Atti**). Tuttavia, troveranno applicazione le peculiarità del giudizio di cassazione (→ **Impugnazioni**, art. 613 co. 1 e 2 in materia di partecipazione dei difensori; art. 614 co. 2, secondo cui le parti private possono comparire solo tramite i loro difensori).

• La Corte di cassazione decide con ordinanza (→ **Atti**, art. 125), dopo aver assunto – se necessario – le informazioni opportune.

• L'ordinanza con cui si chiude il giudizio della cassazione potrà essere di inammissibilità, di rigetto o di accoglimento.

• Al fine di disincentivare la presentazione di richieste pretestuose (inammissibili o da rigettare), la Corte di cassazione può condannare l'imputato al pagamento di una somma, che la riforma ha aumentato e graduato.

• Se la richiesta viene accolta, il processo viene dislocato alla sede individuata dall'art. 11 (→ **Disp. att.**, art. 1). Qui non c'è spazio per valutazioni discrezionali (→ **Cost.**, art. 25 co. 1) e il trasferimento avviene anche quando nella nuova sede siano presumibili le medesime condizioni di disordine ambientale.

• Nel caso di accoglimento della richiesta, il problema della conservazione degli atti del processo oggetto di rimessione è risolto in virtù della regola per cui gli atti devono essere rinnovati su richiesta di parte (→ **Prove**, art. 190; → **Giudizio**, art. 495 s.). Ma esiste una duplice eccezione: quando si tratti di atti di cui è impossibile la ripetizione; quando si configurino le due situazioni contemplate dall'art. 190 *bis* (→ **Prove**).

• Nella nuova sede processuale le parti esercitano gli stessi diritti e le stesse facoltà che sarebbero spettati davanti al primo giudice.

49. Nuova richiesta di rimessione.

1. Anche quando la richiesta è stata accolta, il pubblico ministero o l'imputato può chiedere un nuovo provvedimento per la revoca di quello precedente o per la designazione di un altro giudice.

2. L'ordinanza che rigetta o dichiara inammissibile per manifesta infondatezza la richiesta di rimessione non impedisce che questa sia nuovamente proposta purché fondata su elementi nuovi.

3. È inammissibile per manifesta infondatezza anche la richiesta di rimessione non fondata su elementi nuovi rispetto a quelli già valutati in una ordinanza che ha rigettato o dichiarato inammissibile una richiesta proposta da altro imputato dello stesso procedimento o di un procedimento da esso separato.

4. La richiesta dichiarata inammissibile per motivi diversi dalla manifesta infondatezza può essere sempre riproposta.

• La l. 7.11.2002, n. 248 ha eliminato dalla disposizione il rinvio all'art. 47, impedendo così l'operatività della sospensione in presenza di una richiesta avanzata *ex* art. 49 co.

1. La novella ha poi previsto un'ulteriore ipotesi di inammissibilità per manifesta infondatezza allorché la nuova richiesta risulti priva di elementi nuovi rispetto alle precedenti, pur provenendo da altri imputati dello stesso procedimento o di procedimento separato.

• L'ordinanza di rimessione vale *rebus sic stantibus*: essa viene revocata – su richiesta del p.m. (art. 50) o dell'imputato (art. 60) – quando, mutate le circostanze in fatto, non risulti più giustificata. In tale ipotesi bisogna reinvestire il giudice naturale (→ **Cost.**, art. 25 co. 1).

• Può altresì mostrarsi necessario trasferire a sede ulteriore il processo (→ **Disp. att.**, art. 1).

• In linea teorica appare possibile anche una terza, una quarta, e via seguitando, rimessione. Tuttavia, in casi simili, per l'estensione del fattore perturbante, pare evidente l'inutilità dell'istituto: la soluzione migliore sarebbe allora lasciare il processo (o restituirlo) al suo giudice naturale (→ **Cost.**, art. 25 co. 1).

• L'inammissibilità per manifesta infondatezza coinvolge anche la richiesta del coimputato, salva l'ipotesi in cui quest'ultimo si fondi su elementi nuovi.

• La regola vuole che la domanda inammissibile, se dichiarata tale per motivi diversi dalla manifesta infondatezza, sia sempre reiterabile.

Titolo II
PUBBLICO MINISTERO

50. Azione penale.

1. Il pubblico ministero esercita l'azione penale quando non sussistono i presupposti per la richiesta di archiviazione.

2. Quando non è necessaria la querela, la richiesta, l'istanza o l'autorizzazione a procedere, l'azione penale è esercitata di ufficio.

3. L'esercizio dell'azione penale può essere sospeso o interrotto soltanto nei casi espressamente previsti dalla legge.

• L'art. 50 si raccorda con l'**art. 112 Cost.**, che sancisce l'obbligatorietà dell'azione penale (→ **Ord. giud.**, art. 74). A completamento della predetta disposizione costituzionale, infatti, il **co. 1** chiarisce che – dopo lo svolgimento delle indagini (→ **Libro V**, artt. 326, 327, 348, 358-378, 415 *bis*) e comunque entro i termini previsti dall'art. 407 *bis* co. 2 (→ artt. 405, 406, 412, 415 *bis* co. 5, 415 *ter*) – il p.m. deve esercitare l'azione penale, tramite la formulazione dell'imputazione (→ art. 407 *bis* co. 1), qualora non riconosca le condizioni per domandare l'archiviazione al g.i.p. (→ art. 409): in particolare, il riferimento va alle ipotesi in cui gli elementi acquisiti nel corso delle indagini preliminari non consentono di formulare una ragionevole previsione di condanna o di applicazione di una misura di sicurezza diversa dalla confisca, (→ artt. 408, 425 co. 3), manca una condizione di procedibilità, l'indagato risulta non punibile per la particolare tenuità del fatto, il reato è estinto, il fatto non è previsto dalla legge come reato (→ art. 411), o, infine, ne è rimasto ignoto l'autore (→ art. 415).

• Secondo quanto previsto dall'art. 2 d. lgs. 20.2.2006, n. 106, la **titolarità dell'azione penale** spetta, in via esclusiva, al «procuratore della Repubblica», il quale «la esercita personalmente o mediante assegnazione a uno o più magistrati dell'ufficio».

• Merita inoltre di essere ricordato che, per i reati di competenza del giudice di pace procedibili a querela, è prevista la **citazione a giudizio su ricorso della persona offesa** (→ **Giu. Pace**, art. 21): sebbene la natura di tale istituto resti controversa, parte della dottrina vi intravvede la manifestazione di un vero e proprio esercizio privato dell'azione penale.

• L'azione penale è normalmente esercitata d'ufficio (**co. 2**), salvi i casi in cui la legge richieda la sussistenza di una **condizione di procedibilità**, ossia la querela (→ artt. 120-126 c.p.), la richiesta o l'istanza di procedimento (→ artt. 7-11, 127-130 c.p.) e l'autorizzazione a procedere (→ **Indagini e udienza preliminare**, artt. 336-346).

• Di regola, una volta esercitata l'azione penale, il processo non può essere sospeso, né interrotto; il **co. 3**, con una clausola aperta, fa però salve alcune circostanze, tassativamente indicate dalla legge, che consentono tale eventualità: si tratta, tra le altre, della sospensione applicata per esigenze istruttorie (→ **Giudizio**, art. 509), oppure finalizzata alla risoluzione di una controversia sullo stato di famiglia o cittadinanza (art. 3), o di altre questioni civili o amministrative (→ **Libro VII**, art. 479), nonché di quella conseguente alla richiesta di ricusazione (art. 41) o rimessione (art. 47), all'accertamento dell'incapacità dell'imputato di partecipare coscientemente al processo (art. 71) o al sopravvenire della necessità di ottenere l'autorizzazione a procedere (→ **Indagini e udienza preliminare**, art. 344). Possiamo poi ancora ricordare la sospensione del procedimento o del processo per lo svolgimento di un programma di giustizia riparativa (→ **Atti**, art. 129 *bis* co. 4), la sospensione con messa alla prova (→ **Procedimenti speciali**, art. 464 *bis*), nonché quella che può intervenire durante la procedura applicativa di una condanna a pena sostitutiva (→ **Giudizio**, art. 545 *bis* co. 1), oppure qualora, in appello, l'imputato non appellante non sia presente all'udienza (→ **Impugnazioni**, art. 598 *ter*).

• Da diversi anni, si tenta di razionalizzare e condurre a una maggiore "sostenibilità" il predetto obbligo costituzionale di esercizio dell'azione penale (→ **Cost.**, art. 112). Sono così stati elaborati, presso numerosi Uffici di Procura, "**criteri di priorità**" per concentrare preferenzialmente l'attività investigativa verso procedimenti con determinate caratteristiche: possono rilevare, ad esempio, le tipologie di reato perseguito, specifiche condizioni della persona offesa (art. 90 s.), oppure l'avvicinarsi del termine prescrizionale (→ art. 157 c.p.; → **Indagini e udienza preliminare**, artt. 411, 425; → **Giudizio**, art. 531). In mancanza di un'espressa legittimazione codicistica – paragonabile a quanto disposto dall'**art. 132 *bis* Disp. att.** circa la fissazione prioritaria delle udienze di alcuni processi – una base normativa per tali criteri era stata inizialmente rivenuta nel già citato **d. lgs. 106 del 2006**, secondo cui, fra l'altro, «il procuratore della Repubblica può determinare i criteri generali ai quali i magistrati addetti all'ufficio devono attenersi nell'impiego della polizia giudiziaria, nell'uso delle risorse tecnologiche assegnate e nella utilizzazione delle risorse finanziarie delle quali l'ufficio può disporre» (art. 4 co. 1).

• Di recente, i criteri di priorità hanno invece ottenuto piena legittimazione normativa, nell'ambito della cosiddetta "riforma Cartabia": secondo la nuova **lett. *b* dell'art. 2, d. lgs. 106 del 2006**, il procuratore della Repubblica, all'interno del «progetto organizzativo dell'ufficio», determina, fra l'altro, «i criteri di priorità finalizzati a selezionare le notizie di reato da trattare con precedenza rispetto alle altre e definiti, nell'ambito dei criteri generali indicati dal Parlamento con legge, tenendo conto del numero degli affari da trattare, della specifica realtà criminale e territoriale e dell'utilizzo efficiente delle risorse tecnologiche, umane e finanziarie disponibili». Riferimenti a tali criteri sono inoltre stati inseriti nel codice: l'art. 3 *bis* **Disp. att.** ricorda che, nella trattazione delle notizie di reato (→ **Indagini e udienza preliminare**, art. 330 s.) e nell'esercizio dell'azione penale (→ **Libro V**, art. 407 *bis* co. 1), il p.m. deve conformarsi ai criteri di priorità contenuti nel progetto organizzativo dell'ufficio; lo stesso deve fare il Procuratore generale, ai sensi dell'art. 127 *bis* **Disp. att.**, allorché debba disporre l'avocazione (→ artt. 412 e 421 *bis* co. 2).

• Merita da ultimo ricordare che, già prima della loro positivizzazione, i criteri di priorità hanno trovato esplicito riconoscimento anche in diversi atti del Consiglio Superiore della Magistratura (v. «**circolare sulla organizzazione degli Uffici di Procura**» del 16.11.2017; **«linee guida»** dell'11.5.2016), i quali hanno fornito alcune specifiche indicazioni al riguardo. Si può ad esempio ricordare quanto affermato nella **«risoluzione»** del 9.7.2014: si è chiarito che, nella predisposizione dei predetti criteri, il «rischio prescrizione» andrebbe collocato «su di un piano paritario» rispetto ad altri profili, come, ad esempio, la «gravità» e «concreta offensività del reato», la «soggettività del reo» (→ art. 133 c.p.), il «pregiudizio che può derivare dal ritardo per la formazione della prova e per l'accertamento dei fatti», nonché l'«interesse (anche civilistico) della persona offesa» (art. 74 s.).

51. Uffici del pubblico ministero. Attribuzioni del procuratore della Repubblica distrettuale.

1. Le funzioni di pubblico ministero sono esercitate:

a) nelle indagini preliminari e nei procedimenti di primo grado, dai magistrati della procura della Repubblica presso il tribunale;

b) nei giudizi di impugnazione dai magistrati della procura generale presso la corte di appello o presso la corte di cassazione.

2. Nei casi di avocazione, le funzioni previste dal comma 1, lettera *a*), sono esercitate dai magistrati della procura generale presso la corte di appello. Nei casi di avocazione previsti dall'articolo 371 *bis*, sono esercitate dai magistrati della direzione nazionale antimafia e antiterrorismo.

3. Le funzioni previste dal comma 1 sono attribuite all'ufficio del pubblico ministero presso il giudice competente a norma del capo II del titolo I.

3 *bis*. Quando si tratta di procedimenti per i delitti, consumati o tentati, di cui agli articoli 416, sesto e settimo comma, 416, realizzato allo scopo di commettere taluno dei delitti di cui all'articolo 12, commi 1, 3 e 3 *ter*, del testo unico delle disposizioni concernenti la disciplina dell'immigrazione e norme sulla condizione dello straniero, di cui al decreto legislativo 25 luglio 1998, n. 286, 416, realizzato allo scopo di commettere delitti previsti dagli articoli 473 e 474, 600, 601, 602, 416 *bis*, 416 *ter*, 452 *quaterdecies* e 630 del codice penale, per i delitti commessi avvalendosi delle condizioni previste dal predetto articolo 416 *bis* ovvero al fine di agevolare l'attività delle associazioni previste dallo stesso articolo, nonché per i delitti previsti dall'articolo 74 del testo unico approvato con decreto del Presidente della Repubblica 9 ottobre 1990, n. 309, dall'articolo 291 *quater* del testo unico approvato con decreto del Presidente della Repubblica 23 gennaio 1973, n. 43, le funzioni indicate nel comma 1, lettera *a*), sono attribuite all'ufficio del pubblico ministero presso il tribunale del capoluogo del distretto nel cui ambito ha sede il giudice competente.

3 *ter*. Nei casi previsti dal comma 3 *bis* e dai commi 3 *quater* e 3 *quinquies*, se ne fa richiesta il procuratore distrettuale, il procuratore generale presso la corte di appello può, per giustificati motivi, disporre che le funzioni di pubblico ministero per il dibattimento siano esercitate da un magistrato designato dal procuratore della Repubblica presso il giudice competente.

3 *quater*. Quando si tratta di procedimenti per i delitti consumati o tentati con finalità di terrorismo le funzioni indicate nel comma 1, lettera *a*), sono attribuite all'ufficio del pubblico ministero presso il tribunale del capoluogo del distretto nel cui ambito ha sede il giudice competente.

3 *quinquies*. Quando si tratta di procedimenti per i delitti, consumati o tentati, di cui agli articoli 414 *bis*, 600 *bis*, 600 *ter*, 600 *quater*, 600 *quater*.1, 600 *quinquies*, 609 *undecies*, 615 *ter*, 615 *quater*, 615 *quinquies*, 617 *bis*, 617 *ter*, 617 *quater*, 617 *quinquies*, 617 *sexies*, 635 *bis*, 635 *ter*, 635 *quater*, 640 *ter* e 640 *quinquies* del codice penale, le funzioni indicate nel comma 1, lettera *a*), del presente articolo sono attribuite all'ufficio del pubblico ministero presso il tribunale del capoluogo del distretto nel cui ambito ha sede il giudice competente.

La **rubrica** è stata sostituita dal d.l. 20.11.1991, n. 367, conv., con modif., dalla l. 20.1.1992, n. 8. La **lett. *a* del co. 1** è stata modificata dal d. lgs. 19.2.1998, n. 51. Il **secondo periodo del co. 2** è stato aggiunto dal d.l. 20.11.1991, n. 367, conv., con modif., dalla l. 20.1.1992, n. 8 e poi modificato dal d.l. 18.2.2015, n. 7, conv., con modif., dalla l. 17.4.2015, n. 43. Il **co. 3 *bis*** è stato aggiunto dal d.l. 20.11.1991, n. 367, conv., con modif., dalla l. 20.1.1992, n. 8 e poi modificato a più riprese dalla l. 11.8.2003, n. 228; dalla l. 23.7.2009, n. 99; dalla l. 13.8.2010, n. 136; dalla l. 1.10.2012, n. 172; dalla l. 23.2.2015, n. 19; dal d.l. 17.2.2017, n. 13, conv., con modif., dalla l. 13.4.2017, n. 46, dal d. lgs. 1.3.2018, n. 21 e, da ultimo, dal d.l. 14.6.2019, n. 53, conv., con modif., dalla l. 8.8.2019, n. 77. La modifica da ultimo introdotta si applica solo ai procedimenti ivi considerati, iniziati successivamente alla data di entrata in vigore del presente decreto. Il **co. 3 *ter*** è stato aggiunto dal d.l. 20.11.1991, n. 367, conv., con modif., dalla l. 20.1.1992, n. 8 e successivamente modificato dal d.l. 23.5.2008, n. 92, conv., con modif., dalla l. 24.7.2008, n. 125. Il **co. 3 *quater*** è stato aggiunto dal d.l. 18.10.2001, n. 374, conv., con modif., dalla l. 15.12.2001, n. 438 e successivamente modificato dal d.l. 23.5.2008, n. 92, conv., con modif., dalla l. 24.7.2008, n. 125. Il **co. 3 *quinquies*** è stato aggiunto dalla l. 18.3.2008, n. 48 e poi modificato dalla l. 1.10.2012, n. 172.

• Di regola, durante la **fase investigativa**, l'attività di svolgimento (→ **Indagini e udienza preliminare**, artt. 326, 358-378) e di direzione (→ artt. 327, 348) delle indagini è affidata alla Procura della Repubblica presso il tribunale (artt. 6, 33 *bis*, 33 *ter*). Il medesimo

Ufficio ha inoltre il compito di rappresentare la pubblica accusa in ogni **procedimento di primo grado** (→ **Procedimenti speciali**, artt. 438 s., 444 s., 449 s., 453 s., 459 s., 464 *bis* s.; → **Giudizio**, art. 465 s.; → **Procedimento davanti al tribunale in composizione monocratica**, art. 549 s.), pure nell'eventualità che si svolgano davanti alla corte d'assise (art. 5), oppure al giudice di pace (→ **Giu. Pace**, art. 1).

• Nei giudizi di impugnazione (→ **Libro IX**, artt. 570, 593, 608, 625 *bis*, 628 *bis*, 629 *bis*, 632), generalmente intervengono, invece, a seconda del grado, i magistrati della Procura generale presso la corte d'appello, oppure quelli della Procura generale presso la corte di cassazione.

• Come poi precisa il **co. 3**, nel caso concreto, l'ufficio del p.m., tenuto a svolgere le funzioni della pubblica accusa, è quello incardinato presso il **giudice competente** a norma degli artt. 8-16.

• Le regole sopra descritte subiscono però diverse eccezioni. Nei **casi di avocazione** – obbligatoria o facoltativa – previsti dagli artt. 53 co. 3 (omessa sostituzione per l'udienza del magistrato che avrebbe dovuto astenersi), 372 e 412 (ipotesi di avocazione delle indagini), o 421 *bis* (emissione dell'ordinanza di integrazione delle indagini da parte del g.u.p.) (→ **Libro V**), la funzione di p.m. verrà svolta da uno dei magistrati della Procura generale presso la corte d'appello (co. 2); lo stesso compito spetterà invece ai magistrati della Direzione nazionale antimafia e antiterrorismo, qualora le indagini siano state avocate a causa dell'impossibilità di realizzare il coordinamento investigativo promosso dal Procuratore nazionale antimafia e antiterrorismo ai sensi dell'art. 371 *bis*.

• Sempre in deroga al co. 1 lett. *a*, quando si procede per i **delitti elencati nei co. 3 *bis*** (artt. 54 *ter*, 54 *quater* co. 3, 104 co. 3; → **Prove**, artt. 190 *bis*; 266 co. 2 *bis*, 267 co. 1 e 2 *bis*; → **Misure cautelari**, artt. 275 co. 3, 295 co. 3 *bis*; → **Indagini e udienza preliminare**, artt. 328 co. 1 *bis*, 371 *bis*, 406 co. 5 *bis*; → **Procedimenti speciali**, art. 444 co. 1 *bis*; → **Rapporti giurisdizionali con autorità straniere**, artt. 724 co. 9, 727 co. 8; → **Disp. att.**, 146 *bis* co. 1), **3 *quater*** (artt. 54 *ter*, 54 *quater*, 104 co. 3; nonché: → **Libro III**, artt. 266 co. 2 *bis*, 267 co. 1 e 2 *bis*; → **Libro IV**, art. 275 co. 3; → **Libro V**, artt. 328 co. 1 *bis*, 371 *bis*; → **Procedimenti speciali**, art. 444 co. 1 *bis*; → **Rapporti giurisdizionali con autorità straniere**, artt. 724 co. 9, 727 co. 8) e **3 *quinquies*** (→ **Indagini e udienza preliminare**, art. 328 co. 1 *quater*) il ruolo della pubblica accusa è di regola affidato – questa volta *ab origine* – sia per le indagini preliminari (→ artt. 326, 327, 348, 358-378), sia per il procedimento di primo grado (→ **Procedimenti speciali**, artt. 438 s., 444 s., 449 s., 453 s., 459 s., 464 *bis* s.; → **Giudizio**, art. 465 s.; → **Procedimento davanti al tribunale in composizione monocratica**, art. 549 s.), all'ufficio del p.m. presso il tribunale del capoluogo del distretto nel cui ambito ha sede il giudice competente (artt. 8-16). Tuttavia – su richiesta del procuratore distrettuale – il P.G. presso la corte di appello può, per giustificati motivi, disporre che le funzioni di p.m. per il dibattimento (→ **Giudizio**; → **Procedimento davanti al tribunale in composizione monocratica**) siano esercitate da un magistrato designato dal procuratore della Repubblica presso il giudice competente.

• Infine, si può ancora ricordare che l'ultima delle «regole suppletive» previste dall'**art. 9** – attraverso una sostanziale inversione del sopra esposto principio secondo cui la legittimazione del p.m., relativamente a un determinato fatto, dipende da quella del giudice presso cui è incardinato (co. 3) – attribuisce la competenza per territorio «al giudice del luogo in cui ha sede l'ufficio del pubblico ministero che ha provveduto per primo a iscrivere la notizia di reato nel registro previsto dall'articolo 335».

52. Astensione.

1. Il magistrato del pubblico ministero ha la facoltà di astenersi quando esistono gravi ragioni di convenienza.

2. Sulla dichiarazione di astensione decidono, nell'ambito dei rispettivi uffici, il procuratore della Repubblica presso il tribunale e il procuratore generale.

3. Sulla dichiarazione di astensione del procuratore della Repubblica presso il tribunale e del procuratore generale presso la corte di appello decidono, rispettivamente, il procuratore gene-

rale presso la corte di appello e il procuratore generale presso la corte di cassazione.

4. Con il provvedimento che accoglie la dichiarazione di astensione, il magistrato del pubblico ministero astenuto è sostituito con un altro magistrato del pubblico ministero appartenente al medesimo ufficio. Nondimeno, quando viene accolta la dichiarazione di astensione del procuratore della Repubblica presso il tribunale e del procuratore generale presso la corte di appello, può essere designato alla sostituzione altro magistrato del pubblico ministero appartenente all'ufficio ugualmente competente determinato a norma dell'articolo 11.

Il d. lgs. 19.2.1998, n. 51 ha sostituito il co. 3 e modificato i co. 2 e 4.

• Così **come per il giudice** (art. 36), il codice ha previsto l'istituto dell'astensione anche in relazione al p.m. Quest'ultimo, in quanto parte, non può essere ricusato (art. 37 s.); tuttavia, svolgendo una funzione pubblica e rappresentando l'interesse generale alla repressione dei reati (→ **Ord. giud.**, art. 73), non deve nemmeno essere mosso da interessi privati, i quali possono diventare legittimi motivi di astensione.

• L'astensione prevista dalla norma in esame è espressamente configurata come una mera «facoltà», destinata peraltro a operare soltanto qualora emergano «gravi ragioni di convenienza». Tuttavia, l'art. in esame va letto congiuntamente ad altre disposizioni che appaiono ben più stringenti. L'**art. 53** obbliga, infatti, il capo dell'ufficio a **sostituire** il magistrato del p.m. che si trovi in una delle situazioni descritte alle lett. *a*, *b*, *d*, *e*, dell'art. 36 e stabilisce, inoltre, che l'omissione di tale provvedimento comporta l'intervento necessario del P.G. presso la corte d'appello. Analogamente, durante la fase delle indagini, un'eguale inerzia del capo dell'ufficio sfocia in un caso di **avocazione** obbligatoria (→ **Indagini e udienza preliminare**, art. 372). Non bisogna infine dimenticare che la mancata, consapevole, astensione costituisce un **illecito disciplinare** secondo quanto previsto dall'art. 2 co. 1 lett. *c*, d. lgs. 23.2.2006, n. 109, e potrebbe anche configurare una ipotesi di **abuso d'ufficio** *ex* art. 323 c.p.

• Il **co. 4** disciplina la particolare ipotesi in cui si sia astenuto il dirigente dell'ufficio, vale a dire il procuratore della Repubblica presso il tribunale o il P.G. presso la corte di appello: in tal caso, qualora ritenuto opportuno, vi è la possibilità di designare, come sostituto, un magistrato del p.m. appartenente a un **diverso ufficio**; ci si riferisce a quello avente sede nel capoluogo del distretto di corte d'appello individuato tramite i criteri di competenza predisposti per i procedimenti riguardanti i magistrati (art. 11; → **Disp. att.**, art. 1).

• L'**inosservanza** del potere/dovere di astensione non comporta né nullità (→ **Atti**, art. 177 s.), né inutilizzabilità (→ **Prove**, art. 191), venendo in rilievo, secondo l'orientamento maggioritario, soltanto una questione di attendibilità delle prove, da vagliare caso per caso.

53. Autonomia del pubblico ministero nell'udienza. Casi di sostituzione.

1. Nell'udienza, il magistrato del pubblico ministero esercita le sue funzioni con piena autonomia.

2. Il capo dell'ufficio provvede alla sostituzione del magistrato nei casi di grave impedimento, di rilevanti esigenze di servizio e in quelli previsti dall'articolo 36, comma 1, lettere *a*), *b*), *d*), *e*). Negli altri casi il magistrato può essere sostituito solo con il suo consenso.

3. Quando il capo dell'ufficio omette di provvedere alla sostituzione del magistrato nei casi previsti dall'articolo 36, comma 1, lettere *a*), *b*), *d*), *e*), il procuratore generale presso la corte di appello designa per l'udienza un magistrato appartenente al suo ufficio.

• Il generale potere direttivo del capo dell'ufficio (→ d. lgs. 20.2.2006, n. 106) conosce una rilevante attenuazione quando il p.m. si trova in qualsiasi udienza che si svolga con la partecipazione delle parti (fra gli altri, artt. 24 *bis*, 41, 48, 127, 130; → **Prove**, artt. 268 co. 4, 269 co. 2, 252 *bis*; → **Misure cautelari**, artt. 309-311, 324, 325; → **Indagini e udienza preliminare**, artt. 335 *quater* co. 6, 391, 401, 406, 409, 419 s., 428, 435; → **Procedimenti speciali**, artt. 441, 448, 451, 456, 458, 458 *bis*, 464, 464 *ter*.1 co. 6; 464 *quater*; → **Giudizio**, art. 470 s., 545 *bis*; → **Procedimento davanti al tribunale in composizione monocratica**, artt. 554 *bis*, 554 *quater*, 554 *quinquies*, 555; → **Impugnazioni**, artt.

598 *bis* co. 2-4; 599, 599 *bis* co. 3 e 3 *bis*; 602, 611, 614, 625 *bis*, 629 *bis*, 628 *bis*, 636; → **Esecuzione**, artt. 666, 678; → **Rapporti giurisdizionali con autorità straniere**, artt. 704, 734, 743): in tale contesto, il p.m. esercita le proprie funzioni in modo del tutto autonomo, decidendo sulla base delle risultanze acquisite in prima persona e senza rispondere a direttive eteronome. La *ratio* della disposizione consiste quindi nel garantire l'indipendenza del rappresentante del pubblico ministero non solo verso l'esterno, ma anche **verso l'interno dell'ufficio**, in modo tale che possa determinarsi liberamente durante l'incedere dell'udienza (Cass., SU, 24.2.2011, n. 13716).

• Al fine di tutelare ulteriormente l'autonomia del singolo magistrato in tale sede, il **co. 2** disciplina rigidamente il potere di sostituzione del capo dell'ufficio, limitato infatti – salvo il consenso dell'interessato – a specifiche ipotesi, che in parte ricalcano i casi in cui il giudice è tenuto ad astenersi (artt. 36, 52). Ad ogni modo, il provvedimento con cui viene disposta la sostituzione deve essere motivato (sarà dunque un decreto motivato, a pena di nullità → **Atti**, art. 125 co. 3) e va trasmesso al C.S.M., al fine di consentire un controllo sull'operato del dirigente dell'ufficio (→ **Ord. giud.**, art. 70 co. 4).

• Il **co. 3**, per dare effettività alla disposizione precedente, prevede l'intervento del P.G. presso la corte d'appello, qualora il capo dell'ufficio ometta di provvedere alla doverosa sostituzione del magistrato (→ **Indagini e udienza preliminare**, art. 372).

• Il principio di autonomia trova peraltro applicazione anche nei confronti dei **vice procuratori onorari** (→ art. 16 d. lgs. 13.7.2017, n. 116), posto che il sottostante atto di delega non genera un rapporto di dipendenza tra delegato e delegante (Cass., SU, 24.2.2011, n. 13716).

• L'importanza della disposizione in esame è stata ribadita anche a seguito della reintroduzione del concordato in appello: il **co. 4 dell'art. 599 *bis***, infatti, pur stabilendo la possibilità per il P.G. presso la corte di appello di indicare «criteri idonei a orientare la valutazione dei magistrati del pubblico ministero nell'udienza», fa comunque espressamente salva l'autonomia di questi ultimi (→ **Impugnazioni**).

54. Contrasti negativi tra pubblici ministeri.

1. Il pubblico ministero, se durante le indagini preliminari ritiene che il reato appartenga alla competenza di un giudice diverso da quello presso cui egli esercita le funzioni, trasmette immediatamente gli atti all'ufficio del pubblico ministero presso il giudice competente.

2. Il pubblico ministero che ha ricevuto gli atti, se ritiene che debba procedere l'ufficio che li ha trasmessi, informa il procuratore generale presso la corte di appello ovvero, qualora appartenga a un diverso distretto, il procuratore generale presso la corte di cassazione. Il procuratore generale, esaminati gli atti, determina quale ufficio del pubblico ministero deve procedere e ne dà comunicazione agli uffici interessati.

3. Gli atti di indagine preliminare compiuti prima della trasmissione o della designazione indicate nei commi 1 e 2 possono essere utilizzati nei casi e nei modi previsti dalla legge.

3 *bis*. Le disposizioni dei commi 1 e 2 si applicano in ogni altro caso di contrasto negativo fra pubblici ministeri.

Il d. lgs. 14.1.1991, n. 12 ha sostituito la rubrica e aggiunto il co. 3 *bis*.

• Così **come per i «conflitti» di competenza** fra giudici (art. 28 s.), il codice ha previsto una disciplina specifica anche per la risoluzione degli eventuali «contrasti» tra p.m. in merito all'ufficio tenuto a investigare su determinati fatti.

• Nel caso disciplinato dall'art. 54, il p.m. procedente **trasmette gli atti ad altra sede**: egli ritiene, infatti, che il giudice competente (art. 8 s.) per la vicenda sottopostagli non sia quello presso cui è incardinato il suo ufficio e, dunque, di non doversi occupare delle relative indagini (art. 51 co. 3; → **Indagini e udienza preliminare**, artt. 326, 327). Qualora la Procura ricevente sia di opposto avviso, si genera un "contrasto", che viene risolto, a seconda del caso, dal P.G. presso la corte d'appello, o da quello presso la corte di cassazione (art. 54 *ter*; nonché → **Disp. att.**, art. 4).

• In base al co. 3, gli elementi raccolti (→ **Indagini e udienza preliminare**, artt. 347 s., 358 s., 419) prima che emergesse il "contrasto", oppure in pendenza della sua risoluzione, seguono il normale regime di utilizzabilità degli atti d'indagine (artt. 63, 64, 103; → **Prove**, artt. 188, 191, 197-203, 271; → **Misure cautelari**, art. 273; → **Libro V**, artt. 350, 359 *bis* co. 3, 360 co. 5, 370, 407 co. 3, 415 *bis* co. 5, 430-433; → **Giudizio**, artt. 493 co. 3, 500, 503, 511 s., 526; → **Impugnazioni**, art. 602 co. 2).

• L'ult. co., aggiunto successivamente all'emanazione del codice, estende la disciplina sopra esposta ai "contrasti" insorti dopo la fase investigativa (→ **Esecuzione**, art. 655 s.; → **Rapporti giurisdizionali con autorità straniere**).

• In ogni caso, la trasmissione degli atti da un ufficio del p.m. a un altro non è idonea a incidere sull'efficacia dell'eventuale misura cautelare in corso di applicazione (→ **Misure cautelari**, art. 291 s.): l'art. 27, infatti, si riferisce esclusivamente all'ipotesi in cui il giudice, che l'abbia disposta, si dichiari incompetente (art. 22 s.) e quello competente (artt. 4-16), nei venti giorni successivi, non emetta un nuovo provvedimento cautelare.

54 *bis*. Contrasti positivi tra uffici del pubblico ministero.

1. Quando il pubblico ministero riceve notizia che presso un altro ufficio sono in corso indagini preliminari a carico della stessa persona e per il medesimo fatto in relazione al quale egli procede, informa senza ritardo il pubblico ministero di questo ufficio richiedendogli la trasmissione degli atti a norma dell'articolo 54, comma 1.

2. Il pubblico ministero che ha ricevuto la richiesta, ove non ritenga di aderire, informa il procuratore generale presso la corte di appello ovvero, qualora appartenga a un diverso distretto, il procuratore generale presso la corte di cassazione. Il procuratore generale, assunte le necessarie informazioni, determina con decreto motivato, secondo le regole sulla competenza del giudice, quale ufficio del pubblico ministero deve procedere e ne dà comunicazione agli uffici interessati. All'ufficio del pubblico ministero designato sono immediatamente trasmessi gli atti da parte del diverso ufficio.

3. Il contrasto si intende risolto quando, prima della designazione prevista dal comma 2, uno degli uffici del pubblico ministero provvede alla trasmissione degli atti a norma dell'articolo 54, comma 1.

4. Gli atti di indagine preliminare compiuti dai diversi uffici del pubblico ministero sono comunque utilizzabili nei casi e nei modi previsti dalla legge.

5. Le disposizioni dei commi 1, 2 e 3 si applicano in ogni altro caso di contrasto positivo tra pubblici ministeri.

La norma è stata inserita dal d.l. 20.11.1991, n. 367, conv., con modif., dalla l. 20.1.1992, n. 8.

• Si tratta della **situazione inversa** rispetto a quella disciplinata nella disposizione precedente (art. 54): due diversi uffici del p.m. intendono occuparsi della medesima vicenda, considerandola appartenente alla competenza del giudice presso cui sono rispettivamente incardinati (art. 8 s.; art. 51 co. 3). Di qui, l'insorgere di un **contrasto** – questa volta «positivo» – la cui risoluzione è ancora una volta affidata al P.G. presso la corte d'appello, o a quello presso la corte di cassazione.

• Per ulteriori approfondimenti e rinvii sistematici, **v. *sub* art. 54.**

54 *ter*. Contrasti tra pubblici ministeri in materia di criminalità organizzata.

1. Quando il contrasto previsto dagli articoli 54 e 54 *bis* riguarda taluno dei reati indicati nell'articolo 51, commi 3 *bis* e 3 *quater*, se la decisione spetta al procuratore generale presso la corte di cassazione, questi provvede sentito il procuratore nazionale antimafia e antiterrorismo; se spetta al procuratore generale presso la corte di appello, questi informa il procuratore nazionale antimafia e antiterrorismo dei provvedimenti adottati.

La norma è stata inserita dal d.l. 20.11.1991, n. 367, conv., con modif., dalla l. 20.1.1992, n. 8 ed è stata successivamente modificata dal d.l. 18.2.2015, n. 7, conv., con modif., dalla l. 17.4.2015, n. 43.

• L'art. 54 *ter* prevede il coinvolgimento del Procuratore nazionale antimafia e antiterrorismo (→ **Indagini e udienza preliminare**, art. 371 *bis*), nel caso in cui venga risolto un contrasto – «negativo» (art. 54) o «positivo» (art. 54 *bis*) – tra pubblici ministeri, avente come oggetto indagini relative ai reati elencati nei co. 3 *bis* e 3 *quater* dell'**art. 51**: si tratta, cioè, di alcune delle fattispecie criminose per le quali le funzioni di p.m., «nelle indagini preliminari e nei procedimenti di primo grado», sono esercitate dalla "Procura distrettuale", ossia dall'ufficio «del pubblico ministero presso il tribunale del capoluogo del distretto nel cui ambito ha sede il giudice competente».

54 *quater*. Richiesta di trasmissione degli atti a un diverso pubblico ministero.

1. La persona sottoposta alle indagini che abbia conoscenza del procedimento ai sensi dell'articolo 335 o dell'articolo 369 e la persona offesa dal reato che abbia conoscenza del procedimento ai sensi dell'articolo 369, nonché i rispettivi difensori, se ritengono che il reato appartenga alla competenza di un giudice diverso da quello presso il quale il pubblico ministero che procede esercita le sue funzioni, possono chiedere la trasmissione degli atti al pubblico ministero presso il giudice competente enunciando, a pena di inammissibilità, le ragioni a sostegno della indicazione del diverso giudice ritenuto competente.

2. La richiesta deve essere depositata nella segreteria del pubblico ministero che procede con l'indicazione del giudice ritenuto competente.

3. Il pubblico ministero decide entro dieci giorni dalla presentazione della richiesta e, ove la accolga, trasmette gli atti del procedimento all'ufficio del pubblico ministero presso il giudice competente, dandone comunicazione al richiedente. Se non provvede in tal senso, il richiedente, entro i successivi dieci giorni, può chiedere al procuratore generale presso la corte d'appello o, qualora il giudice ritenuto competente appartenga ad un diverso distretto, al procuratore generale presso la corte di cassazione, di determinare quale ufficio del pubblico ministero deve procedere. Il procuratore generale, assunte le necessarie informazioni, provvede alla determinazione, entro venti giorni dal deposito della richiesta, con decreto motivato dandone comunicazione alle parti ed agli uffici interessati. Quando la richiesta riguarda taluno dei reati indicati nell'articolo 51, comma 3 *bis* e comma 3 *quater*, il procuratore generale provvede osservando le disposizioni dell'articolo 54 *ter*.

4. La richiesta non può essere riproposta a pena di inammissibilità salvo che sia basata su fatti nuovi e diversi.

5. Gli atti di indagine preliminare compiuti prima della trasmissione degli atti o della comunicazione del decreto di cui al comma 3 possono essere utilizzati nei casi e nei modi previsti dalla legge.

La disposizione è stata inserita dalla l. 16.12.1999, n. 479 ed è stata successivamente modificata dal d.l. 18.2.2015, n. 7, conv., con modif., dalla l. 17.4.2015, n. 43.

• La persona sottoposta alle indagini (art. 62; → **Indagini e udienza preliminare**, art. 347 s.) e la persona offesa (art. 90 s.), nonché i rispettivi difensori (artt. 96, 97, 101), possono chiedere che gli atti vengano trasmessi all'ufficio del p.m. (art. 51) incardinato presso il giudice, a loro avviso, effettivamente competente (art. 8 s.). Qualora il p.m. procedente non concordi con tale richiesta e quindi ometta la trasmissione, il richiedente ha allora la facoltà di **domandare l'intervento**, a seconda dei casi, del P.G. presso la corte d'appello, o di quello presso la corte di cassazione, il quale prenderà la propria decisione – con decreto motivato (→ **Atti**, art. 125) – in maniera analoga a quanto avviene per i "contrasti" tra uffici del p.m. (artt. 54, 54 *bis*, 54 *ter*; → **Disp. att.**, art. 4 *bis*).

• In riferimento all'attività investigativa svolta dal p.m. (→ **Indagini e udienza preliminare**, art. 358 s.), non è dunque possibile presentare eccezioni di incompetenza (artt. 21 s., 24 *bis* co. 6). Il legislatore ha infatti previsto questo apposito rimedio che rimette al procuratore generale (presso la corte di appello o presso la Corte di cassazione), e non al giudice, la decisione sulla legittimazione degli Uffici di procura (art. 51).

• Per quanto riguarda l'utilizzabilità degli atti già compiuti, **v. *sub* art. 54**.

Titolo III
POLIZIA GIUDIZIARIA

55. Funzioni della polizia giudiziaria.

1. La polizia giudiziaria deve, anche di propria iniziativa, prendere notizia dei reati, impedire che vengano portati a conseguenze ulteriori, ricercarne gli autori, compiere gli atti necessari per assicurare le fonti di prova e raccogliere quant'altro possa servire per l'applicazione della legge penale.

2. Svolge ogni indagine e attività disposta o delegata dall'autorità giudiziaria.

3. Le funzioni indicate nei commi 1 e 2 sono svolte dagli ufficiali e dagli agenti di polizia giudiziaria.

• L'art. 55 elenca alcuni fra i **principali compiti della p.g.** nel contesto del procedimento penale.

• Secondo il **co. 1**, anche indipendentemente da specifiche direttive dell'autorità giudiziaria (→ **Indagini e udienza preliminare**, artt. 327, 348), è compito della p.g. soprattutto acquisire le notizie di reato (→ artt. 330, 347), impedire la prosecuzione delle attività criminose e individuarne gli autori (→ **Misure cautelari**, art. 307 co. 4; → **Libro V**, artt. 326, 349, 380 s.; → **Rapporti giurisdizionali con autorità straniere**, art. 716), nonché, infine, raccogliere le prove (→ **Prove**, artt. 247, 248, 253, 254; → **Indagini e udienza preliminare**, artt. 348, 350 s.; → **Libro XI**, art. 716 co. 1) e ogni altro dato conoscitivo utile per l'accertamento dei fatti (→ **Prove**, art. 187).

• Come precisa il **co. 2**, la p.g. non agisce solo di propria iniziativa ed è anzi tenuta a compiere gli atti richiesti o delegati dall'autorità giudiziaria (artt. 58, 59 e 90 *ter*; → **Atti**, artt. 131, 148 co. 6 e 7; → **Prove**, artt. 247 co. 3, 248 co. 2, 253 co. 3, 256 *bis* co. 2, 267 co. 4; → **Misure cautelari**, artt. 285 e 293; → **Indagini e udienza preliminare**, artt. 327, 348 co. 3, 370, 378, 384, 420 *bis* co. 5, , 420 *quater* co. 3; → **Procedimenti speciali**, artt. 449 co. 5, 464 *bis* co. 5; → **Esecuzione**, artt. 656, 659 s.; → **Rapporti giurisdizionali con autorità straniere**, art. 704).

• Il co. 3 attribuisce le funzioni elencate nei due co. precedenti agli ufficiali e agenti di p.g., la cui individuazione è possibile tramite le indicazioni fornite dall'**art. 57**.

56. Servizi e sezioni di polizia giudiziaria.

1. Le funzioni di polizia giudiziaria sono svolte alla dipendenza e sotto la direzione dell'autorità giudiziaria:

a) dai servizi di polizia giudiziaria previsti dalla legge;

b) dalle sezioni di polizia giudiziaria istituite presso ogni procura della Repubblica e composte con personale dei servizi di polizia giudiziaria;

c) dagli ufficiali e dagli agenti di polizia giudiziaria appartenenti agli altri organi cui la legge fa obbligo di compiere indagini a seguito di una notizia di reato.

• In attuazione del dettato dell'art. **109 Cost.**, all'autorità giudiziaria è stato attribuito un **generale potere di direzione** funzionale sulla p.g. e quest'ultima, inoltre, svolge i suoi compiti (art. 55) direttamente alle dipendenze della prima (artt. 55 co. 2, 58, 59; → **Indagini e udienza preliminare**, artt. 326, 327, 348 co. 3; → **Disp. att.**, art. 9).

• L'art. 56 specifica anche i **tre tipi di strutture** che svolgono funzioni di p.g.: si tratta dei «servizi» (artt. 58 co. 3, 59; → **Disp. att.**, art. 12 s.), delle «sezioni» (artt. 58, 59; → **Disp. att.**, art. 5 s.) e, in via residuale, di ogni altro "organo" di p.g. (art. 58 co. 3), cui la legge attribuisce il compito di svolgere investigazioni a seguito della commissione di un fatto di reato (→ **Indagini e udienza preliminare**, art. 347 s.).

57. Ufficiali e agenti di polizia giudiziaria.

1. Salve le disposizioni delle leggi speciali, sono ufficiali di polizia giudiziaria:

a) i dirigenti, i commissari, gli ispettori, i sovrintendenti e gli altri appartenenti alla polizia di Stato

ai quali l'ordinamento dell'amministrazione della pubblica sicurezza riconosce tale qualità;
b) gli ufficiali superiori e inferiori e i sottufficiali dei carabinieri, della guardia di finanza, degli agenti di custodia e del corpo forestale dello Stato nonché gli altri appartenenti alle predette forze di polizia ai quali l'ordinamento delle rispettive amministrazioni riconosce tale qualità;
c) il sindaco dei comuni ove non abbia sede un ufficio della polizia di Stato ovvero un comando dell'arma dei carabinieri o della guardia di finanza.
2. Sono agenti di polizia giudiziaria:
a) il personale della polizia di Stato al quale l'ordinamento dell'amministrazione della pubblica sicurezza riconosce tale qualità;
b) i carabinieri, le guardie di finanza, gli agenti di custodia, le guardie forestali e, nell'ambito territoriale dell'ente di appartenenza, le guardie delle province e dei comuni quando sono in servizio.
3. Sono altresì ufficiali e agenti di polizia giudiziaria, nei limiti del servizio cui sono destinate e secondo le rispettive attribuzioni, le persone alle quali le leggi e i regolamenti attribuiscono le funzioni previste dall'articolo 55.

• L'art. 57 stabilisce quali sono i soggetti cui è attribuita la **qualifica di ufficiale o agente** di p.g. (art. 55 s.; → **Indagini e udienza preliminare**, artt. 326, 327, 347 s.).

• La distinzione è indubbiamente rilevante, in quanto alcuni atti di p.g., previsti dalla legge processuale, possono essere compiuti **soltanto dagli ufficiali** e non anche dagli agenti: in particolare, solo l'ufficiale può ricevere «impugnazioni, dichiarazioni e richieste» dell'imputato «in stato di arresto, o di detenzione domiciliare, o custodito in un luogo di cura» (→ **Atti**, art. 123 co. 2); essere presente nel luogo, diverso da un ufficio giudiziario o da un ufficio di polizia giudiziaria, da cui si collegano a distanza le persone che devono compiere un atto o partecipare a una udienza (→ art. 133 *ter* co. 8); collaborare con l'autorità giudiziaria nell'acquisizione di «documenti, atti o altre cose», presso «le sedi dei servizi di informazione per la sicurezza» (→ **Prove**, art. 256 *bis* co. 2); procedere alle operazioni di intercettazione (→ art. 267 co. 4), anche mediante captatore informatico (→ art. 268 co. 3 *bis*); consultare le risultanze delle captazioni nell'apposito archivio (→ art. 269 co. 1; → **Disp. att.**, art. 89 *bis* co. 3); eseguire il sequestro conservativo (→ **Misure cautelari**, art. 317 co. 3); procedere, in situazioni di urgenza, al sequestro preventivo (→ art. 321 co. 3 *bis*); ricevere denunce (→ **Indagini e udienza preliminare**, artt. 331 co. 2 e 333 co. 2), referti (→ art. 334 co. 1), querele (→ artt. 337 co. 1, 339, 340) e istanze di procedimento (→ art. 341); assumere «sommarie informazioni dalla persona nei cui confronti vengono svolte le indagini» (→ art. 350), o dalle persone imputate in un procedimento connesso ai sensi dell'art. 12, o collegato *ex* art. 371 co. 2 lett. *b* (→ art. 351 co. 1 *bis*); procedere a perquisizione nei casi indicati dall'art. 352 (→ **Disp. att.**, art. 113), all'acquisizione di plichi o corrispondenza (→ **Libro V**, art. 353), o agli accertamenti urgenti di cui all'art. 354 co. 2 e 3 (→ **Disp. att.**, art. 113); accompagnare l'interessato presso un presidio ospedaliero al fine di sottoporlo agli accertamenti o prelievi previsti dall'art. 359 *bis* co. 3 *bis*; redigere il verbale degli atti elencati negli artt. 373 (→ **Libro V**); disporre l'eventuale immediata liberazione dell'arrestato o del fermato ai sensi dell'art. 389 co. 2; nonché, infine, essere delegato a compiere perquisizioni (→ **Prove**, art. 247 co. 3) e sequestri (→ art. 253 co. 2), o a «esaminare presso banche atti, documenti e corrispondenza nonché dati, informazioni e programmi informatici» (→ art. 248 co. 2).

58. Disponibilità della polizia giudiziaria.

1. Ogni procura della Repubblica dispone della rispettiva sezione; la procura generale presso la corte di appello dispone di tutte le sezioni istituite nel distretto.
2. Le attività di polizia giudiziaria per i giudici del distretto sono svolte dalla sezione istituita presso la corrispondente procura della Repubblica.
3. L'autorità giudiziaria si avvale direttamente del personale delle sezioni a norma dei commi 1 e 2 e può altresì avvalersi di ogni servizio o altro organo di polizia giudiziaria.

• L'articolo rappresenta un'ulteriore manifestazione del "principio di disponibilità" della p.g., che risale alla Costituzione (→ **Cost.**, art. 109) ed emerge da varie disposizioni codicistiche (artt. 55 co. 2, 56; → **Atti**, art. 131; → **Indagini e udienza preliminare**, artt. 327, 348 co. 3). Tale principio, come chiarito dalla Corte costituzionale (229 del 2018), istituisce un rapporto di dipendenza funzionale della p.g. dall'autorità giudiziaria, escludendo interferenze di altri poteri nella conduzione delle indagini, in modo che la direzione di queste ultime sia effettivamente riservata all'autonoma iniziativa e determinazione dell'autorità giudiziaria (art. 56).

• I co. 1 e 2 chiariscono quali sono le "sezioni" (artt. 56, 59; → **Disp. att.**, art. 5 s.) di cui p.m. e giudici possono disporre in prima battuta; il **co. 3** attribuisce comunque all'autorità giudiziaria nel suo complesso la più ampia disponibilità anche di ogni "servizio" (artt. 56 co. 3, 59; → **Disp. att.**, art. 12 s.) e di qualsiasi altro "organo" di p.g. (artt. 56, 59 co. 3).

59. Subordinazione della polizia giudiziaria.

1. Le sezioni di polizia giudiziaria dipendono dai magistrati che dirigono gli uffici presso i quali sono istituite.

2. L'ufficiale preposto ai servizi di polizia giudiziaria è responsabile verso il procuratore della Repubblica presso il tribunale dove ha sede il servizio dell'attività di polizia giudiziaria svolta da lui stesso e dal personale dipendente.

3. Gli ufficiali e gli agenti di polizia giudiziaria sono tenuti a eseguire i compiti a essi affidati inerenti alle funzioni di cui all'articolo 55, comma 1. Gli appartenenti alle sezioni non possono essere distolti dall'attività di polizia giudiziaria se non per disposizione del magistrato dal quale dipendono a norma del comma 1.

Il co. 3 è stato interpolato dal d.l. 27.7.2005, n. 144, conv., con modif., dalla l. 31.7.2005, n. 155.

• L'articolo definisce analiticamente i contorni del rapporto di «subordinazione» esistente fra la magistratura e le varie strutture di p.g. contemplate nell'art. 56 (→ **Cost.**, art. 109; artt. 55 co. 3, 58; → **Indagini e udienza preliminare**, artt. 327, 348 co. 3). Sulle "sezioni" (art. 59; → **Disp. att.**, art. 5 s.) grava il maggior grado di dipendenza funzionale (→ **Disp. att.**, art. 9), mentre il rapporto fra i "servizi" (art. 59; → **Disp. att.**, art. 12 s.) e il p.m. è meno intenso, in quanto caratterizzato dall'intermediazione di una figura dirigenziale, «responsabile verso il Procuratore della Repubblica» (→ **Disp. att.**, artt. 12 co. 2, 14). A chiusura della disposizione, si è comunque voluto precisare che gli ufficiali e gli agenti, anche se dislocati presso "organi" diversi dalle "sezioni" e dai "servizi" (art. 56 lett. *c*), sono pur sempre tenuti a svolgere le attività investigative affidate loro dall'autorità giudiziaria (art. 55 co. 2; → **Disp. att.**, art. 16).

Titolo IV
IMPUTATO

60. Assunzione della qualità di imputato.

1. Assume la qualità di imputato la persona alla quale è attribuito il reato nella richiesta di rinvio a giudizio, di giudizio immediato, di decreto penale di condanna, di applicazione della pena a norma dell'articolo 447, comma 1, nel decreto di citazione diretta a giudizio e nel giudizio direttissimo.

2. La qualità di imputato si conserva in ogni stato e grado del processo, sino a che non sia più soggetta a impugnazione la sentenza di non luogo a procedere, sia divenuta irrevocabile la sentenza di proscioglimento o di condanna o sia divenuto esecutivo il decreto penale di condanna.

3. La qualità di imputato si riassume in caso di revoca della sentenza di non luogo a procedere e qualora sia disposta la revisione del processo oppure la riapertura dello stesso a seguito della rescissione del giudicato o di accoglimento della richiesta prevista dall'articolo 628 *bis*.

Il co. 1 è stato così modificato dalla l. 16.12.1999, n. 479, e il l co. 3 interpolato dal d. lgs. 10.10.2022, n. 150.

• Con la formulazione dell'imputazione da parte del p.m., unico soggetto titolare della pretesa punitiva statuale (→ **Cost.**, art. 112), viene esercitata l'azione penale e si attua il passaggio dalla fase procedimentale a quella più propriamente processuale (→ **Indagini e udienza preliminare**, artt. 407 *bis* e 416). L'attribuzione della qualità di imputato è quindi espressione del principio di separazione delle fasi ed è volta a delineare una precisa distinzione con la figura dell'indagato (art. 61), in un'ottica di graduazione delle qualifiche soggettive (indagato/imputato/condannato), nel rispetto del canone della presunzione di non colpevolezza (→ **Cost.**, art. 27 co. 2; → **Cedu**, art. 6 § 2). Lo *status* di imputato comporta l'applicazione di tutta una serie di diritti e garanzie, propri del giusto processo (→ **Cost.**, art. 111; → **Cedu**, art. 6), privi di quelle limitazioni connaturali al ruolo di indagato e al carattere "fluido" della fase delle indagini preliminari (→ **Libro V**).

• In stretta correlazione all'art. 407 *bis*, l'art. 60 co. 1 individua i fatti costitutivi della qualifica di imputato negli atti di esercizio dell'azione penale (→ **Indagini e udienza preliminare**, art. 407 *bis*; → **Procedimento davanti al tribunale in composizione monocratica**, art. 552) da parte del p.m. (art. 50). Il co. 1 fa, infatti, riferimento alle ipotesi tipiche di esercizio della azione penale mediante formulazione dell'imputazione da parte dell'organo d'accusa: a) **atti postulativi**, quali la richiesta di rinvio a giudizio (→ **Libro V**, artt. 407 *bis* e 416), la richiesta di giudizio immediato (→ **Procedimenti speciali**, art. 453 s.), la richiesta di decreto penale di condanna (→ art. 459 s.) e la richiesta di patteggiamento (→ art. 444 s.); b) **atti d'impulso**, quali la citazione diretta a giudizio (→ **Libro VIII**, art. 552) e l'attivazione del giudizio direttissimo mediante citazione a comparire (→ **Libro VI**, art. 450) o contestazione orale in dibattimento (→ art. 451). L'elencazione degli atti tipici operata dalla disposizione non è peraltro tassativa, dovendosi considerare come l'esercizio dell'azione penale possa avvenire anche attraverso forme diverse, tra cui: le ipotesi di imputazione "coatta" (→ **Libro V**, art. 409 co. 5), la contestazione del reato connesso o del fatto nuovo in udienza preliminare (→ art. 423) o in dibattimento (→ **Giudizio**, art. 516 s.) e le contestazioni previste nell'ambito del giudizio abbreviato (→ **Libro VI**, artt. 438 co. 5 e 441 co. 5). In aggiunta, sono da tenere in debita considerazione le particolari forme del processo davanti al **giudice di pace** (→ **Giu. Pace**).

• L'estensione al procedimento per l'accertamento della responsabilità amministrativa degli enti delle norme del codice di procedura penale in quanto compatibili (→ **Proc. alle società**, art. 34) comporta l'applicazione all'ente delle disposizioni codicistiche dettate per l'imputato (→ art. 35).

• Il principio della irretrattabilità dell'azione penale (art. 50 co. 3) determina la permanenza della qualifica di imputato in capo al soggetto in ogni stato e grado sino alla chiusura del processo tramite provvedimento decisorio a carattere definitivo (→ **Indagini e udienza preliminare**, art. 428; → **Esecuzione**, art. 648 co. 3). Ne consegue che la perdita della qualifica di imputato avviene al momento in cui non sia più impugnabile la sentenza di non luogo a procedere (→ art. 650 co. 2), sia divenuta irrevocabile la sentenza di proscioglimento o di condanna, ovvero sia divenuto esecutivo il decreto penale di condanna (→ art. 648). Inoltre, nonostante non siano ipotesi espressamente indicate dal co. 2 dell'art. 60, la qualità di imputato viene meno anche a seguito di una sentenza che dichiari il difetto di giurisdizione (art. 20 co. 2) o di competenza (art. 22 co. 3), in caso di estinzione del reato per morte dell'imputato (art. 69; → art. 150 c.p.) e di pronuncia di non doversi procedere a seguito della declaratoria di determinate cause di non punibilità (→ **Atti**, art. 129).

• Alla luce delle modifiche intervenute per effetto del d. lgs. 10.10.2022, n. 150, sulla disciplina dell'assenza, nonostante il silenzio del co. 2 dell'art. 60 sul punto, l'imputato perde tale qualifica anche al momento in cui venga pronunciata sentenza inappellabile di non doversi procedere per mancata conoscenza della pendenza del processo da parte dell'imputato ai sensi del novellato art. 420 *quater* (→ **Indagini e udienza preliminare**).

• Una volta caducata la veste di imputato, il co. 3 regola le ipotesi di **riassunzione** della qualifica. *In primis*, la revoca della sentenza di non luogo a procedere con richiesta di rinvio a giudizio da parte del p.m. (→ **Indagini e udienza preliminare**, art. 436 co. 2). In secondo luogo, in caso di revisione del processo, ossia di impugnazione straordinaria nei confronti della ***res iudicata*** (→ **Impu-**

gnazioni, art. 629 s.). In questo caso, la "ri-viviscenza" della qualità di imputato va ricollegata non già al momento della proposizione della domanda di revisione, ma al decreto di citazione emesso dal presidente della corte d'appello competente (→ art. 636) all'esito del vaglio positivo di ammissibilità dell'istanza. Nonostante il silenzio dell'art. 60, il condannato riassume la qualità di imputato anche in caso di restituzione nel termine per proporre impugnazione o opposizione (→ **Atti**, art. 175 co. 7) e di ricorso straordinario per errore materiale o di fatto (→ **Libro IX**, art. 625 *bis*), a seguito del decreto di fissazione dell'udienza camerale (→ art. 625 *bis* co. 4). La riassunzione della qualifica di imputato consegue anche alla revoca della sentenza di non doversi procedere per mancata conoscenza della pendenza del processo inserita dal d. lgs. 10.10.2022, n. 150, nell'ambito della rinnovata disciplina dell'assenza, nel nuovo art. 420 *sexies* (→ **Libro V**). Alla luce del divieto di sottoporre a procedimento penale per il medesimo fatto l'imputato già prosciolto o assolto in via definitiva (→ **Esecuzione**, art. 649), la qualità di imputato non è invece riassumibile in caso di definizione del procedimento con sentenza irrevocabile di assoluzione o di proscioglimento.

• L'art. 5 d. lgs. 10.10.2022, n. 150, ha aggiunto al co. 3 l'ipotesi di riassunzione della qualità di imputato in caso di riapertura del processo a seguito della rescissione del giudicato *ex* art. 629 *bis* (→ **Impugnazioni**) ovvero di accoglimento della richiesta di eliminazione degli effetti pregiudizievoli delle decisioni adottate in violazione della Cedu o dei relativi Protocolli addizionali *ex* art. 628 *bis*.

61. Estensione dei diritti e delle garanzie dell'imputato.

1. I diritti e le garanzie dell'imputato si estendono alla persona sottoposta alle indagini preliminari.
2. Alla stessa persona si estende ogni altra disposizione relativa all'imputato, salvo che sia diversamente stabilito.

• Nella logica del sistema, al termine indagato viene attribuito un significato sostanzialmente "neutro", espressione del principio di separazione delle fasi e del principio di non colpevolezza (→ **Cost.**, art. 27 co. 2; → **Cedu**, art. 6 § 2), ben distante dalla connotazione negativa che poteva essere ricollegata, nel codice previgente, al vocabolo "indiziato". La qualifica denota semplicemente la posizione di chi sia sottoposto alle indagini (→ **Indagini e udienza preliminare**), ossia alla fase iniziale del procedimento volta a verificare la fondatezza della notizia di reato e a fornire elementi per le eventuali determinazioni del p.m. (→ art. 326). A tale soggetto spetta una larga gamma di garanzie e si applicano direttamente alcuni canoni costituzionali (→ **Cost.**, artt. 24 co. 2, 27 co. 2 e 111).

• A differenza di quanto previsto per l'assunzione dello *status* di imputato (art. 60), l'art. 61 non prevede il compimento di atti tipici per l'attribuzione della qualità di indagato, facendo esclusivo riferimento all'esistenza di indagini nei confronti di un dato soggetto. L'iscrizione del nome della persona alla quale il reato è attribuito nell'apposito registro (→ **Indagini e udienza preliminare**, art. 335) non rappresenta infatti automaticamente il momento costitutivo della qualità di indagato, potendo assumere mera valenza ricognitiva nel caso in cui il soggetto abbia già acquisito tale *status* anche precedentemente all'iscrizione. Per il legislatore la qualifica di persona sottoposta alle indagini va quindi apprezzata in chiave sostanziale, al di là dell'adempimento formale relativo all'iscrizione, nel senso di comprendervi al suo interno anche la figura della «persona nei cui confronti vengono svolte le indagini» (→ artt. 349 e 350). Per questa ragione, deve considerarsi indagato chi sia nei fatti destinatario di atti investigativi diretti ad accertare l'eventuale responsabilità per un'ipotesi di reato o la persona raggiunta da elementi indizianti. Significative al riguardo sono le norme che assicurano il trattamento processuale riservato all'indagato anche a colui che ancora non rivesta ufficialmente tale ruolo, ma che sia già sostanzialmente in siffatta posizione (art. 63; → **Disp. att.**, art. 220). Analogamente, si registrano norme che anticipano talune prerogative difensive in favore della persona che rischia di essere sottoposta alle indagini sulla base dell'atto da compiere (→ **Disp. att.**, art. 223).

• Alla luce delle innovazioni apportate dal

d. lgs. 10.10.2022, n. 150, in tema di durata delle indagini preliminari, con specifico riferimento al momento dell'iscrizione della notizia di reato (→ **Indagini preliminari e udienza preliminare**, art. 335) è imposto al pubblico ministero di iscrivere tempestivamente il nominativo della persona alla quale il reato è attribuito non appena risultino indizi a suo carico e, in caso di ritardo, è permessa la retrodatazione al momento nel quale l'iscrizione debba intendersi effettuata. Da tale momento, infatti, decorrono i termini per la conclusione delle indagini preliminari (→ art. 405 co. 2). Inoltre, il giudice per le indagini preliminari, quando deve compiere un atto del procedimento, se ritiene che il reato per cui si procede debba essere attribuito ad una persona non ancora iscritta nel registro delle notizie di reato, ordina con decreto motivato al pubblico ministero, dopo averlo sentito, di procedere all'iscrizione e quest'ultimo vi deve provvedere, indicando anche la data a partire dalla quale decorrono i termini delle indagini (→ art. 335 *ter*). Infine, sempre nell'ambito della novellata disciplina, l'indagato può chiedere al giudice che procede di accertare la tempestività dell'iscrizione che lo riguardi ed il giudice, laddove il ritardo sia inequivocabile e non giustificato, dispone la retrodatazione indicando la data a partire dalla quale devono intendersi iscritti la *notitia criminis* ed il nome dell'indagato (→ art. 335 *quater*).

• La qualifica di indagato permane per l'intera durata della fase delle indagini preliminari, cessando con il provvedimento di archiviazione (→ **Indagini e udienza preliminare**, art. 409) o con l'esercizio dell'azione penale (art. 50) e la conseguente assunzione della veste di imputato (art. 60). La qualità di indagato può essere riacquistata, ad esempio, nel caso di riapertura delle indagini (→ **Libro V**, art. 414), di revoca della sentenza di non luogo a procedere con conseguente ordinanza di riapertura delle indagini (→ art. 436 co. 2) o in alcune ipotesi di regressione del procedimento alla fase delle indagini, nel caso in cui la retrocessione permetta al p.m. di svolgere nuove indagini e di determinarsi nuovamente circa l'esercizio o meno dell'azione penale (artt. 20 co. 2, 22 co. 3, 33 *sexies* co. 1, 33 *septies* co. 2 e 33 *octies* co. 1; → **Libro V**, artt. 139, 415 *bis* e 416 co. 1).

• L'estensione alla persona sottoposta alle indagini dei diritti assicurati all'imputato va interpretata *cum grano salis*. Se, infatti, non vi è dubbio che alcune garanzie (si pensi alla libertà di autodeterminazione) possano essere traslate con pienezza di contenuti, per altre prerogative occorre tenere conto delle caratteristiche peculiari della fase procedimentale e delle sue differenze con lo stadio processuale conseguente all'esercizio dell'azione penale (→ **Indagini e udienza preliminare**, art. 407 *bis*). Inoltre, è importante tenere presente che, alla luce della peculiare struttura delle indagini preliminari e del carattere di riservatezza che contraddistingue l'attività investigativa (→ art. 329), l'indagato potrebbe trovarsi all'oscuro dell'esistenza di un procedimento penale nei suoi confronti fino al momento in cui il p.m. non lo avverta della conclusione delle indagini (→ art. 415 *bis*), non potendo prima di tale momento esercitare le proprie garanzie difensive. In ogni caso, vi sono anche espresse previsioni che assicurano precisi diritti alla persona sottoposta alle indagini (→ artt. 360, 364 co. 3 e 365 co. 2).

• Alla persona giuridica si estendono le disposizioni codicistiche dettate per l'imputato in quanto compatibili (→ **Proc. alle società**, art. 35), con garanzie e diritti che è lecito applicare fin dalla fase delle indagini preliminari.

• Il co. 2 mira ad applicare all'indagato, salva diversa statuizione codicistica, anche le norme relative all'imputato che non stabiliscano diritti o assicurino garanzie. A stretto rigore, il significato garantistico dell'articolo implica un'espansione solo in favore dell'indagato (o, al più, limitato a norme a carattere "neutro") e non consente estensioni *in peius*. Può esserne un esempio la norma riguardante l'incompatibilità con l'ufficio di testimone (→ **Prove**, art. 197 lett. *a* e *b*), estensibile anche all'indagato di reato connesso ai sensi dell'art. 12 co. 1 lett. *c*, e all'indagato per reato collegato, a norma dell'art. 371 co. 2 lett. *b* (→ **Indagini e udienza preliminare**). Analoga conclusione dovrebbe valere per le garanzie riconosciute agli imputati in procedimento connesso a norma dell'art. 210 (→ **Libro III**), da applicare a quanti siano ancora solo indagati, in ragione della loro titolarità del diritto al silenzio e a non autoincriminarsi (art. 64).

62. Divieto di testimonianza sulle dichiarazioni dell'imputato.

1. Le dichiarazioni comunque rese nel corso del procedimento dall'imputato o dalla persona sottoposta alle indagini non possono formare oggetto di testimonianza.

2. Il divieto si estende alle dichiarazioni, comunque inutilizzabili, rese dall'imputato nel corso di programmi terapeutici diretti a ridurre il rischio che questi commetta delitti sessuali a danno di minori.

Il co. 2 è stato aggiunto dal d. lgs. 4.3.2014, n. 39.

• La disposizione possiede una marcata caratura garantistica e, da un punto di vista sistematico, può essere letta quale canone di chiusura rispetto alla regolamentazione di alcuni fondamentali principi. In sostanza, la norma vuole salvaguardare in primo luogo la libertà del soggetto di autodeterminarsi sull'esercizio dello *ius tacendi* (art. 64 co. 3 lett. *b*; → **Cost.**, art. 27 co. 2), vietando altresì che le sue dichiarazioni possano essere raccolte fuori dagli istituti codicistici riservati a questa fondamentale funzione (come gli interrogatori nelle fasi preliminari: → **Indagini e udienza preliminare**, artt. 364 e 388; → **Misure cautelari**, artt. 294 e 299; o come gli esami: → **Libro V**, art. 392; → **Giudizio**, art. 503; → **Impugnazioni**, art. 603). Escludendo la valenza probatoria delle dichiarazioni non acquisite nelle forme prescritte e nella sede procedimentale propria, la disposizione in esame presidia, altresì, il principio del contraddittorio nella formazione della prova (→ **Cost.**, art. 111 co. 3) quale unico metodo legale di conoscenza dei fatti oggetto del giudizio. Viene infine garantita la genuinità della prova (→ **Prove**, art. 192; → **Libro VII**, art. 546), evitando che possano concorrere al convincimento del giudice dati conoscitivi formati secondo modalità che non assicurino uno standard adeguato di attendibilità. Sono allora i **verbali** redatti secondo le prescrizioni previste dalla legge (→ **Atti**, artt. 134-142) e, alla luce delle modifiche operate dal d. lgs. 10.10.2022, n. 150, le **riproduzioni audiovisive** o – in caso di assenza dei mezzi o del personale adibito – le **riproduzioni fonografiche** nel caso degli interrogatori e degli esami delle parti private (→ **Libro IV**, art. 294; → **Libro V**, art. 510) a costituire l'unico supporto idoneo a comprovare quanto affermato dal soggetto. La testimonianza *de relato* (→ **Libro III**, art. 195) non può aggiungere o modificare alcunché di quanto riportato nella verbalizzazione e riproduzione effettuate con le forme e i limiti prestabiliti dalla legge.

• Il divieto di testimonianza indiretta della p.g. sui *dicta* dell'accusato (→ **Prove**, art. 195 co. 4), ha carattere **generale e assoluto**, come si evince dal collegamento sistematico con altre norme che non consentono di utilizzare le dichiarazioni dell'indiziato (art. 63; → **Indagini e udienza preliminare**, art. 350 co. 7; → **Giudizio**, art. 513 co. 1 e 2). Pertanto, non è consentito operare distinzioni fra dichiarazioni orali e dichiarazioni rese in altra forma, o tra dichiarazioni sollecitate (→ **Misure cautelari**, artt. 294 co. 1, 299 co. 3 *ter*, 301 co. 2 *ter*, 302; → **Libro V**, artt. 364 co. 1, 388) e spontanee (→ artt. 350 co. 7, 374 co. 2, 415 *bis* co. 3, 421 co. 2 e 422 co. 4), ovvero tra dichiarazioni dell'imputato o indagato in procedimento connesso o collegato (art. 12 co. 1 lett. *a*; → **Libro V**, art. 371 co. 2 lett. *b*).

• La disposizione esprime una regola di esclusione probatoria alla cui violazione consegue la sanzione dell'inutilizzabilità (→ **Prove**, art. 191; → **Impugnazioni**, art. 606) degli elementi di prova così ottenuti. Della testimonianza avente ad oggetto le dichiarazioni dell'imputato non potrà di regola farsi impiego in sede processuale (→ **Giudizio**; → **Procedimenti speciali**) così come nella fase delle indagini preliminari (→ **Indagini e udienza preliminare**).

• Il divieto in parola non ha alcuna attinenza con la materia delle **intercettazioni telefoniche** (→ **Prove**, art. 266 s.), dal momento che le ammissioni di responsabilità, effettuate in modo spontaneo dall'indagato durante le proprie conversazioni, non sono assimilabili all'interrogatorio. I relativi risultati sono quindi utilizzabili per decidere (→ **Misure cautelari**, art. 273 co. 1 *bis*; → **Procedimenti speciali**, art. 438 s.; → **Giudizio**, art. 526).

• Al contrario, non sono utilizzabili (→ **Prove**, art. 191) le dichiarazioni registrate in modo occulto (con l'impiego di strumenti fonografici) da agenti o ufficiali di p.g. (art. 55), durante i propri colloqui con la persona indagata o con i terzi informati (Cass., SU, 28.5.2003, Torcasio).

• Così come la violazione del divieto comporta l'inutilizzabilità delle dichiarazioni rese nel corso di un'attività ispettiva o di vigilanza (→ **Disp. att.**, art. 220) a un'autorità amministrativa dalla persona sottoposta a procedimento penale, qualora nel colloquio emergano anche semplici dati indicativi di un fatto apprezzabile come reato (Cass., SU, 28.11.2001, Ranieri).

• La previsione di cui al co. 2 è stata inserita nel quadro dell'attuazione della Direttiva UE n. 93 del 2011, relativa alla lotta all'abuso e allo sfruttamento sessuale dei minori. Appare evidente la finalità di favorire l'inserimento dei *sex offenders* in programmi di recupero il cui impiego verrebbe disincentivato dal rischio che eventuali dichiarazioni confessorie ivi effettuate possano aggravare la posizione processuale del soggetto. Un'esigenza similare si registra in tema di **mediazione penale**, dove il legislatore ha stabilito sanzioni di inutilizzabilità *ad hoc* (→ **Giu. Pace**, art. 29 co. 4).

63. Dichiarazioni indizianti.

1. Se davanti all'autorità giudiziaria o alla polizia giudiziaria una persona non imputata ovvero una persona non sottoposta alle indagini rende dichiarazioni dalle quali emergono indizi di reità a suo carico, l'autorità procedente ne interrompe l'esame, avvertendola che a seguito di tali dichiarazioni potranno essere svolte indagini nei suoi confronti e la invita a nominare un difensore. Le precedenti dichiarazioni non possono essere utilizzate contro la persona che le ha rese.

2. Se la persona doveva essere sentita sin dall'inizio in qualità di imputato o di persona sottoposta alle indagini, le sue dichiarazioni non possono essere utilizzate.

• La disposizione trova la principale ragione sistematica nel divieto di commistioni tra lo *status* di imputato o indagato (artt. 60 e 61) e quello di testimone (→ **Prove**, art. 194 s.) o persona informata sui fatti (→ **Indagini e udienza preliminare**, artt. 351 e 362). In quest'ottica, il legislatore mira a prevenire la sovrapposizione tra i due ruoli processuali (→ **Libro III**, art. 198) o comunque a regolamentare l'ipotesi in cui tale intersezione sia già venuta, di fatto, a crearsi (→ art. 384 c.p.). Considerato che la distinzione tra le richiamate figure rileva con particolare riferimento al diritto al silenzio accordato all'indagato (art. 64 co. 3 lett. *b*), l'articolo offre sostanzialmente una tutela anticipata dello *ius tacendi* (e del diritto di difesa: → **Cost.**, art. 24) a colui che formalmente ancora non ricopre la veste di indagato, ma che, nei fatti, l'ha già assunta in ragione delle dichiarazioni auto-incriminanti rilasciate.

• Il principio conosce numerose applicazioni anche in relazione a chi è già indagato o imputato, quando le domande rivoltegli vertono su addebiti ulteriori rispetto a quelli contestati (art. 64 co. 3 e 3 *bis*; → **Prove**, artt. 197 *bis* co. 4 e 5, 208, 209).

• La norma va raccordata altresì con l'art. 391 *bis* co. 9 (→ **Indagini e udienza preliminare**), che prevede simmetricamente un'analoga disciplina nel caso di dichiarazioni indizianti emerse durante l'assunzione di informazioni in sede di indagini difensive.

• All'emergere di indizi di reità, ossia di qualsiasi circostanza idonea a orientare le indagini verso il soggetto e non necessariamente di elementi indiziari ai sensi dell'art. 192 co. 2 (→ **Prove**; in materia cautelare: → **Misure cautelari**, art. 273), l'autorità deve procedere a interrompere l'audizione, a informare il soggetto sulle possibili indagini a suo carico e a invitarlo a nominare un legale fiduciario, anche in vista dell'interrogatorio ai sensi degli artt. 64 e 65 (art. 96 s.). Ove la stessa situazione venga a crearsi nel corso delle indagini difensive (→ **Indagini e udienza preliminare**, Titolo VI *bis*), all'avvocato è invece imposto il solo obbligo di immediata interruzione dell'atto.

• Le dichiarazioni *contra se* effettuate sono sottoposte ad un regime di inutilizzabilità differenziato in chiave soggettiva (→ **Prove**, art. 191). Mentre non possono essere in alcun modo impiegate processualmente nei confronti di colui che le ha rilasciate (→ **Impugnazioni**, art. 606), sono pienamente utilizzabili nei confronti dei terzi (ai sensi del co. 1). La *ratio* della norma, volta a proteggere il diritto al silenzio di chi veda trasformare, durante un atto processuale, la propria posizione da testimone a indagato, non comporta una correlata tutela del soggetto estraneo. Diversamente disciplinata è l'ipotesi in cui il dichiarante sia stato convocato in veste di testimone a fronte di un quadro indiziario preesistente che imponeva di attribuirgli lo statuto di indagato o imputato (come previsto dal co. 2): in questo caso, vige un divieto di utilizzabilità assoluta *erga omnes* (→ **Libro III**, art. 191; → **Libro IX**, art. 606). In tale ultima ipotesi, la ragione del divieto di utilizzazione si rinviene, quindi, nell'esigenza di evitare abusi da parte dell'autorità inquirente, disincentivando l'adozione di comportamenti *contra legem* diretti a ottenere dichiarazioni sulla responsabilità propria o di altre persone. La disposizione garantisce, in ultima analisi, una tutela anticipata da future incompatibilità con l'ufficio di testimone del dichiarante che sia imputato di reati connessi o collegati (→ **Libro III**, artt. 197 co. 1 lett. *a*, 198 co. 2 e 210).

• La questione relativa alla sussistenza *ab inizio* di indizi di reità a carico dell'interessato costituisce accertamento in punto di fatto che, in caso di congrua motivazione da parte del giudice di merito, è sottratto al sindacato di legittimità (→ **Impugnazioni**, art. 606).

64. Regole generali per l'interrogatorio.

1. La persona sottoposta alle indagini, anche se in stato di custodia cautelare o se detenuta per altra causa, interviene libera all'interrogatorio, salve le cautele necessarie per prevenire il pericolo di fuga o di violenze.

2. Non possono essere utilizzati, neppure con il consenso della persona interrogata, metodi e tecniche idonei a influire sulla libertà di autodeterminazione o ad alterare la capacità di ricordare e di valutare i fatti.

3. Prima che abbia inizio l'interrogatorio, la persona deve essere avvertita che:

a) le sue dichiarazioni potranno sempre essere utilizzate nei suoi confronti;

b) salvo quanto disposto dall'articolo 66, comma 1, ha facoltà di non rispondere ad alcuna domanda, ma comunque il procedimento seguirà il suo corso;

c) se renderà dichiarazioni su fatti che concernono la responsabilità di altri, assumerà, in ordine a tali fatti, l'ufficio di testimone, salve le incompatibilità previste dall'articolo 197 e le garanzie di cui all'articolo 197 *bis*.

3 *bis*. L'inosservanza delle disposizioni di cui al comma 3, lettere *a*) e *b*), rende inutilizzabili le dichiarazioni rese dalla persona interrogata. In mancanza dell'avvertimento di cui al comma 3, lettera *c*), le dichiarazioni eventualmente rese dalla persona interrogata su fatti che concernono la responsabilità di altri non sono utilizzabili nei loro confronti e la persona interrogata non potrà assumere, in ordine a detti fatti, l'ufficio di testimone.

Il co. 3 è stato così sostituito dagli attuali co. 3 e 3 *bis* dalla l. 1.3.2001, n. 63.

• L'atto che meglio rappresenta l'apporto conoscitivo dell'imputato e che disvela le opzioni ideologiche di fondo del sistema processuale è sicuramente l'interrogatorio, in bilico tra vero e proprio mezzo di ricerca della prova (→ **Prove**) nelle mani dell'accusa e contributo in chiave difensiva dell'interrogato. La sua collocazione all'interno del **Titolo IV** del **Libro I** dedicato all'imputato vuole valorizzarne la sua finalità difensiva (→ **Cost.**, art. 24 co. 2; → **Cedu**, art. 6 § 3 lett. *c*; → **Patto int.**, art. 14 § 3 lett. *d*; → **Carta UE**, art. 48 § 2). Tuttavia, l'atto conserva una natura complessa capace all'occorrenza di soddisfare anche le strategie investigative dell'accusa (→ **Cost.**, art. 112): è previsto, infatti, che il p.m. possa disporre, previa autorizzazione del g.i.p., l'accompagnamento coattivo dell'interessato che, non legittimamente impedito, non si presenti (→ **Indagini e udienza preliminare**, artt. 375 e 376). Convivono inoltre le finalità di mezzo di identificazione dell'imputato (art. 66) e di contestazione dell'addebito (art. 65; → **Libro V**, artt. 350 co. 1-4, 388 e 391; → **Misure cautelari**, artt. 294 e 299 co. 3 *ter*).

• Le garanzie e le modalità previste nei co. 1 e 2 possono essere considerate una sorta di statuto del prevenuto, applicabile in tutte le situazioni di contatto tra Autorità e cittadino dirette alla raccolta di un contributo conoscitivo. Esse rappresentano la declinazione all'interno del codice di valori fondamentali volti a garantire la dignità della persona interrogata. Rilevano, in tal senso, la presunzione di innocenza (→ **Cost.**, art. 27 co. 2, anche in chiave di regola di trattamento), la libertà morale (→ **Cedu**, art. 3; **Patto int.**, art. 7; →

Carta UE, art. 4; → **Prove**, art. 188) e di autodeterminazione della persona interrogata, nonché lo *status libertatis* dell'accusato nei momenti di esercizio delle sue prerogative (→ **Disp. att.**, artt. 22 e 146).

• Le dichiarazioni della persona che rende l'interrogatorio devono essere il frutto di una cosciente e volontaria decisione, rispetto alla quale è ripudiato qualsiasi metodo o tecnica finalizzato a coartare la libertà di autodeterminazione. Quanto previsto nel co. 2 riprende il principio generale previsto dall'art. 188 (→ **Prove**) in materia di disposizioni generali sulla prova sancendo un vero e proprio divieto indisponibile la cui mancata osservanza comporta l'inutilizzabilità assoluta dei risultati dell'atto compiuto (→ **Libro III**, art. 191; → **Impugnazioni**, art. 606).

• La norma trova applicazione per diversi generi di interrogatorio a seconda del soggetto a cui si riconduca l'iniziativa: il c.d. "interrogatorio investigativo" del p.m. (→ **Indagini e udienza preliminare**, artt. 364; 363 per l'interrogatorio delle persone imputate in un procedimento connesso ai sensi dell'art. 12); l'interrogatorio necessario all'instaurazione del giudizio immediato (→ **Procedimenti speciali**, art. 453 co. 1); l'interrogatorio richiesto dall'indagato che abbia ricevuto la notifica dell'avviso di conclusione delle indagini preliminari (→ **Libro V**, art. 415 *bis*); l'interrogatorio della persona arrestata o del fermato (→ art. 380 s.); gli interrogatori collocati in ambito cautelare e governati dal giudice (→ **Misure cautelari**, artt. 289 co. 2, 294, 299 co. 3 *ter*, 301 co. 2 *ter* e 302; → **Libro V**, art. 391 co. 3); l'interrogatorio in udienza preliminare (→ art. 422) o nel corso dell'integrazione probatoria nel giudizio abbreviato (→ **Libro VI**, art. 441).

• Nonostante il richiamo espresso alle modalità previste all'art. 64, presente nell'art. 350 co. 1 (→ **Indagini e udienza preliminare**), le sommarie informazioni, raccolte ad opera della p.g. dalla persona nei cui confronti vengono svolte le indagini, non sono assimilabili all'interrogatorio, profilandosi come attività squisitamente investigativa e non difensiva. A maggior ragione, tale conclusione vale per le dichiarazioni spontanee che l'indagato dovesse rendere alla p.g. ai sensi dell'art. 350 co. 7 (→ **Libro V**).

• Qualora l'interrogatorio si svolga nei confronti del **detenuto**, è prescritta, a pena di inutilizzabilità, la riproduzione audiovisiva o, se ciò non è possibile, la riproduzione fonografica. Nel caso di indisponibilità degli strumenti di riproduzione audiovisiva e fonografica o di personale tecnico, si provvede con le forme della perizia, ovvero della consulenza tecnica. La disposizione è da intendersi in una logica garantistica e di profilassi rispetto a possibili tentativi di lesione dei diritti fondamentali (→ **Atti**, art. 141 *bis*).

• Il d. lgs. 10.10.2022, n. 150, ha stabilito, da un lato, la possibilità di autorizzare la partecipazione a distanza dell'indagato e del difensore che ne facciano richiesta all'interrogatorio e, dall'altro, la necessità di procedere alla documentazione dell'interrogatorio anche attraverso l'utilizzo di mezzi di riproduzione audiovisiva o – nel caso in cui questi manchino o siano inservibili, o non vi sia personale adibito a ciò – con mezzi di riproduzione fonografica. Nel caso in cui l'interrogatorio sia svolto a distanza su richiesta di parte, si applica l'art. 133 *ter* co. 3 terzo periodo (→ **Atti**) dovendosi quindi sempre disporre la registrazione audiovisiva (→ **Misure cautelari**, art. 294; → **Indagini e udienza preliminare**, art. 373). Tali modalità di documentazione si applicano a tutti gli interrogatori, anche quelli relativi a misure diverse da quella carceraria, le cui modalità di documentazione sono analogamente disciplinate all'art. 141 *bis* (→ **Atti**).

• Il successivo co. 3 si occupa di declinare entrambi i profili, attivo e passivo, del diritto di autodifesa (→ **Cost.**, art. 24 co. 2; → **Cedu**, art. 6 § 3 lett. *c*; → **Patto int.**, art. 14 § 3 lett. *d*; → **Carta UE**, art. 48 § 2) riconoscendo alla persona interrogata tanto il diritto di offrire il proprio contributo conoscitivo, quanto di tacere. Nucleo essenziale della disposizione sono i tre **avvertimenti** che in via preliminare devono essere rivolti al soggetto. Il primo avviso rende edotta la persona del fatto che, attraverso i meccanismi processuali previsti (→ **Giudizio**, artt. 503 e 513, ovvero contestazioni durante l'esame e letture di precedenti dichiarazioni), le sue affermazioni potranno essere recuperate ed utilizzate nei suoi confronti, in deroga al principio di separazione delle fasi (governato dal sistema del doppio fascicolo: → **Indagini e udienza preliminare**, art. 431). La seconda informativa consente all'interrogando di prendere coscienza che, al di là delle sue generalità (art. 66), potrà serbare il silenzio sulle domande rivoltegli (allo *ius tacendi* si accompagna, nel sistema, anche il divieto di trarre inferenze negative dalla mancata collaborazione dell'indagato: → **Misure cautelari**, art. 274 lett. *a*). Il terzo avvertimento si innesta nella complessa disciplina del rapporto tra diritto al silenzio e diritto al confronto con l'accusatore. L'interrogatorio, difatti, si configura quale tassello centrale rispetto alla scelta sistematica di sospingere l'imputato – che renda dichiarazioni *erga alios* – verso l'assunzione del ruolo di testimone (→ **Prove**, art. 194 s.): onde evitare abusi del diritto di tacere (e anche di mentire), il processo riconosce all'imputato un pieno diritto al silenzio in ordine alla **propria responsabilità** (art. 64 co. 3 lett. *b*), ma impone cambio di veste del dichiarante qualora si risolva a coinvolgere altri attraverso le proprie dichiarazioni, in ragione della limitazione del diritto all'autodifesa e in ossequio al principio del contraddittorio inteso come diritto al confronto (→ **Cedu**, art. 6 § 3 lett. *d*), per cui occorre permettere all'accusato di confrontarsi con il proprio accusatore (→ **Cost.**, art. 111 co. 4). Forte dell'avvertimento disciplinato al co. 3 lett. *c*, l'imputato (e l'indagato) sa che la **chiamata in correità** lo impegnerà quale **testimone** [c.d. "**assistito**", soprattutto grazie all'assistenza difensiva (→ **Cost.**, art. 24 co. 2) e all'inutilizzabilità *contra se* delle dichiarazioni che eventualmente lo coinvolgano (→ **Libro III**, art. 191; → **Impugnazioni**, art. 606)] rispetto ai soggetti attinti dalle sue accuse (→ **Libro III**, artt. 192 co. 3 e 197 *bis* co. 6, in tema di valutazione delle relative dichiarazioni): nel rispetto, però, delle incompatibilità stabilite all'art. 197 e con le garanzie fornitegli dall'art. 197 *bis*. Di conseguenza, in caso di "**connessione forte**" (art. 12 lett. *a*), l'imputato assumerà il ruolo di testimone assistito dopo che nei suoi confronti sia stata pronunciata una sentenza definitiva (→ **Esecuzione**, art. 648) di condanna (→ **Libro VII**, art. 533; → **Procedimenti speciali**, art. 442), di proscioglimento (→ **Libro VII**, art. 529 s.; → **Libro VI**, art. 442) o di patteggiamento (→ art. 444 s.). In caso di "**connessione debole**" (art. 12 lett. *c*; → **Libro V**, art. 371 co. 2 lett. *b*), l'imputato può assumere il ruolo di testimone anche prima della irrevocabilità della sentenza (→ **Libro X**, art. 648) che lo riguarda, a patto che gli venga dato – durante l'interrogatorio – il richiamato avvertimento.

• Residualmente, in assenza di preliminari occasioni dichiarative *erga alios*, l'imputato in un procedimento connesso (ai sensi dell'art. 12 lett. *a*, nonché di un reato collegato a norma dell'art. 371 co. 2 lett. *b* → **Indagini e udienza preliminare**) sarà sentito in dibattimento (→ **Giudizio**) a norma dell'art. 210 co. 6 (→ **Prove**), previo avvertimento di cui all'art. 64 co. 3 lett. *c* e con le garanzie previste dall'art. 197 *bis* (→ **Libro III**).

• In ogni caso, ai **testimoni c.d. "assistiti"** si applicano le disposizioni dibattimentali sull'assunzione dell'esame testimoniale (→ **Giudizio**, artt. 498, 499 e 500).

• Gli avvertimenti volti ad informare l'interrogato che se renderà dichiarazioni su fatti che concernono la responsabilità di altri, assumerà in ordine a tali fatti, salvo le situazioni di incompatibilità di cui all'art. 197 (→ **Prove**) e nel rispetto delle garanzie poste dall'art. 197 *bis*, la veste di testimone, non caratterizzano esclusivamente l'assunzione dell'interrogatorio, dal momento che si considerano estese anche all'esame dibattimentale (→ **Libro III**, artt. 208 e 210).

• La delicatezza della disciplina esposta, nella logica del sistema, è comprovata dalle sanzioni conseguenti alla violazione delle prescrizioni. Occorre distinguere tra due diverse ipotesi: mentre l'omissione degli avvertimenti indicati dalle lett. *a* e *b* rende del tutto inutilizzabili le dichiarazioni rese dalla persona interrogata, la mancanza dell'avvertimento di cui alle lett. *c* comporta l'inutilizzabilità delle dichiarazioni eventualmente rese su fatti che concernono la responsabilità di altri nei confronti di questi ultimi, nonché l'impossibilità per la persona interrogata, con riferimento ai medesimi fatti, di assumere la veste di testimone finché la sentenza che lo riguarda non sia divenuta irrevocabile (→ **Prove**, art. 197 co. 1 lett. *b*). Nella prima ipotesi, si configura un'inutilizzabilità "patologica" di carattere **assoluto**, valida *erga omnes* e con riguardo a qualsiasi contesto decisorio (→ **Giudizio**; → **Misure cautelari**; → **Procedimenti speciali**; → **Impugnazioni**), indipendentemente dal tenore (accusatorio o liberatorio) delle dichiarazioni. Nella seconda, la sanzione è limitata alle affermazioni *contra alios*, configurandosi come **relativa**, e l'inutilizzabilità non impedisce la successiva reiterazione delle dichiarazioni, dandone conferma una volta che siano adempiute le modalità procedimentali previste dalla legge.

65. Interrogatorio nel merito.

1. L'autorità giudiziaria contesta alla persona sottoposta alle indagini in forma chiara e precisa il fatto che le è attribuito, le rende noti gli elementi di prova esistenti contro di lei e, se non può derivarne pregiudizio per le indagini, gliene comunica le fonti.

2. Invita, quindi, la persona ad esporre quanto ritiene utile per la sua difesa e le pone direttamente domande.

3. Se la persona rifiuta di rispondere, ne è fatta menzione nel verbale. Nel verbale è fatta anche menzione, quando occorre, dei connotati fisici e di eventuali segni particolari della persona.

• Nessun dubbio circa la *ratio* della disposizione, la quale soddisfa un'esigenza connessa al diritto di difesa (→ **Cost.**, art. 24 co. 2; → **Cedu**, art. 6 § 3 lett. *a*; → **Patto int.**, art. 14 § 3 lett. *a*; → **Carta UE**, art. 48 § 2).

• L'interrogatorio nel merito si apre con la **contestazione integrale dell'addebito formulato**, in modo che la persona sottoposta alle indagini (art. 61) abbia precisa contezza dei fatti che le sono addebitati (→ **Indagini e udienza preliminare**, artt. 350 co. 1-4, 388 e 391; → **Misure cautelari**, artt. 294 e 299 co. 3 *ter*). La mancanza, erroneità o insufficienza della contestazione, incidendo sull'intervento dell'indagato, determina una nullità intermedia (→ **Atti**, art. 178 co. 1 lett. *c*).

• A seguito della contestazione dei fatti, l'autorità procedente rende altresì noti gli **elementi di prova a suo carico** e comunica le **fonti di prova**. Il primo adempimento costituisce un vero e proprio obbligo per l'interrogante, il quale non può operare una distinzione tra gli elementi a sua disposizione, tesa a salvaguardare il segreto istruttorio (→ **Indagini e udienza preliminare**, art. 329 co. 1). La norma non prevede invece l'obbligo di comunicare gli elementi a discarico eventualmente raccolti (→ art. 358). Il secondo adempimento costituisce invece una facoltà, in quanto l'autorità giudiziaria deve comunicare le fonti di prova solo quando ritenga che ciò non arrechi pregiudizio per le indagini (→ **Libro V**). È quindi rimesso alla discrezionalità dell'interrogante il bilanciamento tra le esigenze difensive e il segreto istruttorio (→ art. 329 co. 1).

• Al fine di tutelare il suo diritto di difesa (→ **Cost.**, art. 24) e garantirgli l'esatta comprensione delle accuse mosse nei suoi confronti, l'interrogato alloglotta ha diritto ad essere assistito da un interprete (→ **Atti**, art. 143).

• L'autorità giudiziaria invita, quindi, la persona sottoposta alle indagini a esporre quanto ritiene **utile per la sua difesa** (→ **Cost.**, art. 24); il p.m. ha inoltre la facoltà di porre direttamente domande. Prima che abbia inizio l'assunzione di informazioni, la persona deve essere resa edotta del suo diritto al silenzio (art. 64 co. 3 lett. *b*). L'interrogato, infatti, può rifiutare *in toto* il dialogo con l'autorità procedente oppure può avvalersi della facoltà di non rispondere con riferimento solo ad alcune domande. All'interrogato non è neppure imposto l'obbligo di rispondere secondo verità. In ogni caso, oltre alle forme di documentazione richieste dal d. lgs. 10.10.2022, n. 150 (riproduzione audiovisiva o, laddove non disponibile, fonografica; → **Misure cautelari**, art. 294; → **Indagini e udienza preliminare**, art. 373) è comunque sempre redatto un **verbale** (→ **Atti**, artt. 134; 141 *bis* per l'interrogatorio della persona che si trovi, a qualsiasi titolo, in stato di detenzione; → **Libro V**, art. 373 co. 4) in cui viene riportato se l'indagato si è rifiutato di rispondere alle domande o se ha risposto solo in parte; nel verbale devono essere altresì indicati i connotati fisici ed i segni particolari dell'interrogato. La negazione o il mancato chiarimento da parte dell'indagato dei fatti valutabili a suo carico possono fornire solamente argomenti di prova di carattere residuale e complementare (→ **Prove**, art. 192; → **Libro IV**, art. 273), in presenza di univoci elementi probatori di accusa, non potendo comunque determinare alcun sovvertimento dell'onere probatorio (→ **Cost.**, artt. 27 co. 2 e 112).

• La disciplina relativa alla presenza del difensore varia a seconda della fase procedimentale o processuale nella quale si svolge l'interrogatorio e a seconda del soggetto che ne assume l'iniziativa. In particolare, nel corso delle indagini preliminari (→ **Indagini e udienza preliminare**, art. 326 s.), l'interrogatorio è preceduto dalla notifica dell'invito a presentarsi (→ art. 375), nonché dall'avviso rivolto alla persona sottoposta alle indagini che è assistita da un difensore d'ufficio (art. 97), ma che può nominarne uno di fiducia (art. 96; → **Libro V**, art. 364 co. 2). Se l'indagato invitato a rendere interrogatorio non si presenta, il p.m. dispone l'accompagnamento coattivo su autorizzazione del giudice (→ art. 376; → **Disp. att.**, art. 46).

• Il p.m. può procedere all'interrogatorio dell'arrestato (→ **Indagini e udienza preliminare**, art. 380 s.) o del fermato (→ art. 384), dandone tempestivo avviso al difensore di fiducia ovvero, in mancanza, al difensore d'ufficio (artt. 96 e 97). Tale interrogatorio, insieme a quello dell'indagato in stato di custodia cautelare, deve essere condotto personalmente dal p.m. e non può essere delegato alla p.g. (→ **Libro V**, art. 370 co. 1).

• Il giudice nel corso dell'udienza di convalida dell'arresto o del fermo di indiziato di reato, procede all'interrogatorio dell'arrestato o del fermato, salvo che questi non abbia potuto o si sia rifiutato di comparire; in ogni caso, sente il suo difensore (→ **Indagini e udienza preliminare**, art. 391).

• Fino alla dichiarazione di apertura del dibattimento (→ **Giudizio**, art. 492), il giudice che ha deciso in ordine all'applicazione della misura cautelare (→ **Misure cautelari**, art. 272 s.), se non vi ha proceduto nel corso dell'udienza di convalida dell'arresto o del fermo di indiziato di delitto, procede all'interrogatorio della persona in stato di **custodia cautelare in carcere** immediatamente e comunque non oltre **cinque giorni** dall'inizio dell'esecuzione della custodia, salvo il caso in cui essa sia assolutamente impedita. L'interrogatorio della persona in stato di custodia cautelare deve avvenire entro **quarantotto ore** se il p.m. (art. 50) ne fa istanza nella richiesta di custodia cautelare (→ **Libro IV**, art. 294 co. 1 e 1 *ter*). Se il giudice non procede all'interrogatorio entro tale termine, la misura perde immediatamente efficacia (→ art. 302). Se la persona è sottoposta **ad altra misura cautelare** (→ artt. 282-283; artt. 288-290), l'interrogatorio deve avvenire non oltre **dieci giorni** dall'esecuzione del provvedimento o dalla sua comunicazione. All'esito dell'interrogatorio, il giudice, qualora ne ricorrano le condizioni, può procedere alla revoca o alla sostituzione della misura disposta (→ art. 299). La necessità di preservare la funzione difensiva dell'interrogatorio del giudice ha indotto il legislatore a stabilire che l'eventuale interrogatorio condotto dal p.m. deve seguire e non precedere quello svolto dal giudice (→ art. 294 co. 6). Per evitare qualsiasi pregiudizio alle indagini, il p.m. con la richiesta di custodia cautelare può chiedere al giudice di effettuare l'interrogatorio entro quarantott'ore dall'esecuzione della misura (→ art. 294 co. 1 *ter*).

• In effetti, l'interrogatorio, quale strumento difensivo, trova un'ulteriore valorizzazione in sede di **revoca e di sostituzione dello strumento cautelare**: il giudice, valutati gli elementi addotti per la revoca o la sostituzione della misura, prima di provvedere può assumere l'interrogatorio della persona sottoposta alle indagini. Se l'istanza di revoca o di sostituzione del mezzo cautelare è fondata su elementi nuovi o diversi da quelli già valutati, il giudice è obbligato ad assumere l'interrogatorio dell'interessato che ne abbia fatto richiesta (→ **Misure cautelari**, art. 299 co. 3 *ter*).

• Nella medesima ottica difensiva, il giudice deve disporre l'interrogatorio della persona sottoposta a cautela prima di decidere in ordine alla richiesta di proroga della misura (→ **Misure cautelari**, art. 301 co. 2 *ter*), disposta per esigenze probatorie (→ art. 274 co. 1 lett. *a*), effettuata dal p.m. prima della scadenza del termine.

• Una modalità peculiare di interrogatorio, inoltre, è prevista nel caso in cui, procedendo per un delitto contro la pubblica amministrazione nei confronti di un pubblico ufficiale o di un incaricato di pubblico servizio, venga richiesta dal p.m. la sospensione dall'esercizio di un pubblico ufficio o servizio: in tale ipotesi, infatti, nel corso delle indagini preliminari, prima di decidere sulla richiesta del p.m., il giudice procede all'interrogatorio dell'indagato (→ **Misure cautelari**, art. 289 co. 2).

• Al termine delle indagini, qualora non decida di chiedere l'archiviazione (→ **Indagini e udienza preliminare**, art. 408 s.), il p.m. (art. 50) invia alla persona sottoposta a indagini l'avviso di conclusione delle medesime (→ **Libro V**, art. 415 *bis*). L'avviso contiene, tra l'altro, l'avvertimento (→ art. 415 *bis* co. 3) che l'indagato ha facoltà di presentarsi per rilasciare dichiarazioni spontanee (come, peraltro, può fare sempre durante il corso del processo: → art. 421 co. 2; → **Procedimenti speciali**, art. 441 co. 1; → **Giudizio**, art. 494) ovvero chiedere di essere sottoposto a interrogatorio. In tale ultimo caso, il p.m. deve procedervi; diversamente la richiesta di rinvio a giudizio (→ **Libro V**, art. 416 co. 1) è nulla (→ **Atti**, art. 177 s.).

• Nel corso dell'udienza preliminare (→ **In-**

dagini e udienza preliminare, art. 421 co. 2), l'imputato può richiedere di essere sottoposto a interrogatorio, che il g.u.p. conduce personalmente, ove non disponga che avvenga invece secondo le modalità della *cross examination* dibattimentale (→ **Giudizio**, art. 498 s.).

66. Verifica dell'identità personale dell'imputato.

1. Nel primo atto cui è presente l'imputato, l'autorità giudiziaria lo invita a dichiarare le proprie generalità e quant'altro può valere a identificarlo, ammonendolo circa le conseguenze cui si espone chi si rifiuta di dare le proprie generalità o le dà false.

2. L'impossibilità di attribuire all'imputato le sue esatte generalità non pregiudica il compimento di alcun atto da parte dell'autorità procedente, quando sia certa l'identità fisica della persona. In ogni caso, quando si procede nei confronti di un apolide, di una persona della quale è ignota la cittadinanza, di un cittadino di uno Stato non appartenente all'Unione europea ovvero di un cittadino di uno Stato membro dell'Unione europea privo del codice fiscale o che è attualmente, o è stato in passato, titolare anche della cittadinanza di uno Stato non appartenente all'Unione europea, nei provvedimenti destinati a essere iscritti nel casellario giudiziale è riportato il codice univoco identificativo della persona nei cui confronti il provvedimento è emesso.

3. Le erronee generalità attribuite all'imputato sono rettificate nelle forme previste dall'articolo 130.

La l. 27.9.2021, n. 134 ha introdotto il secondo periodo del co. 2.

• Nel primo atto cui è presente l'imputato (art. 60) o la persona sottoposta alle indagini (art. 61), l'autorità giudiziaria – giudice o p.m. – procede alla sua **identificazione** (c.d. **identificazione anagrafica o personale**), ammonendolo che in caso di rifiuto o di dichiarazione di false generalità, si espone al rischio di incorrere nei reati di falsa attestazione o dichiarazione a un pubblico ufficiale sulla identità o su qualità personali proprie (→ art. 495 c.p.), di false dichiarazioni sulla identità o su qualità personali proprie (→ art. 496 c.p.), di rifiuto d'indicazioni sulla propria identità personale (→ art. 651 c.p.) o di calunnia (→ art. 368 c.p.). La collaborazione dell'imputato (o dell'indagato) alla verifica della sua identità anagrafica rappresenta dunque un obbligo penalmente sanzionato, escluso dall'ambito della tutela del diritto al silenzio riconosciuto all'imputato (art. 64 co. 3 lett. *b*).

• L'autorità giudiziaria deve inoltre invitare il soggetto a dichiarare (→ **Disp. att.**, art. 21) se ha un soprannome o uno pseudonimo, se ha beni patrimoniali, quali sono le sue condizioni di vita individuale, familiare e sociale, se è sottoposto ad altri processi penali, se ha riportato condanne nello Stato o all'estero e, quando ne è il caso, se esercita o ha esercitato uffici o servizi pubblici o servizi di pubblica necessità e se ricopre o ha ricoperto cariche pubbliche. Mentre la richiesta di dichiarare le generalità, compresi soprannome o pseudonimo, è volta all'identificazione dell'imputato (o dell'indagato), le informazioni complementari previste dall'art. 21 disp. att. sono finalizzate all'applicazione di alcuni istituti di natura sostanziale, ad esempio ai fini della determinazione della pena (→ art. 133 c.p.), e processuale, ad esempio per l'applicazione di misure cautelari reali (→ **Misure cautelari**, art. 316 s.) o interdittive (→ **Libro IV**, art. 287 s.).

• Ai sensi del co. 2, l'impossibilità di attribuire le esatte generalità non pregiudica il compimento di alcun atto da parte dell'autorità procedente, quando sia certa l'identità della persona attraverso l'attività identificativa svolta dalla p.g. Tale previsione è applicabile esclusivamente alla fase processuale poiché, nel corso delle indagini preliminari, è ammesso il compimento di atti anche nei confronti di persona non identificata, di cui si ignori quindi la stessa identità fisica (→ **Indagini e udienza preliminare**, art. 415 co. 1).

• L'accertamento in merito all'identità anagrafica va distinto da quello relativo all'**identità fisica** dell'imputato o della persona sottoposta alle indagini. Infatti, mentre il mero errore sulle generalità dell'imputato o della persona sottoposta alle indagini è considerato come un errore materiale, che può essere corretto da chi ha formato l'atto (→ **Atti**, art. 130; → **Esecuzione**, art. 668), l'errata individuazione fisica della persona obbliga il giudice a pronunciare sentenza di proscioglimento (art. 68; → **Libro II**, art. 129; → **Giudizio**, art. 529 s.) o di non luogo a procedere (→ **Indagini e udienza preliminare,** art. 425).

66 *bis*. Verifica dei procedimenti a carico dell'imputato.

1. In ogni stato e grado del procedimento, quando risulta che la persona sottoposta alle indagini o l'imputato è stato segnalato, anche sotto diverso nome, all'autorità giudiziaria quale autore di un reato commesso antecedentemente o successivamente a quello per il quale si procede, sono eseguite le comunicazioni all'autorità giudiziaria competente ai fini dell'applicazione della legge penale.

Articolo inserito dal d.l. 27.7.2005, n. 144, conv., con modif., dalla l. 31.7.2005, n. 155.

• Ai fini di consentire la circolazione delle informazioni raccolte, in ogni stato e grado del procedimento l'autorità giudiziaria che abbia accertato che l'imputato (art. 60) o la persona sottoposta alle indagini (art. 61) è stato segnalato quale autore di un reato diverso da quello per cui si procede, deve darne comunicazione all'autorità competente per l'applicazione della legge penale.

• La disposizione è volta a favorire un'adeguata circolazione di informazioni tra le autorità procedenti (→ **Indagini e udienza preliminare**, art. 371) per conseguire un'esatta identificazione del soggetto indagato o imputato attraverso la ricostruzione dei suoi precedenti e dei suoi carichi penali, nell'ottica di evitare che un soggetto possa godere più volte di benefici, come nel caso della concessione di attenuanti generiche (→ art. 62 *bis* c.p.) o della sospensione condizionale della pena (→ art. 163 s. c.p.), o di vantaggi di natura premiale, con riferimento all'applicazione di misure cautelari personali (→ **Misure cautelari**, art. 272 s.). In caso di accertamento dell'impiego di plurime identità anagrafiche da parte del soggetto indagato o imputato, è possibile l'avvio di un procedimento penale nei confronti dello stesso per false dichiarazioni di identità personali (→ art. 495 s. c.p.).

67. Incertezza sull'età dell'imputato.

1. In ogni stato e grado del procedimento, quando vi è ragione di ritenere che l'imputato sia minorenne, l'autorità giudiziaria trasmette gli atti al procuratore della Repubblica presso il tribunale per i minorenni.

• L'accertamento dell'età dell'imputato (art. 60) o della persona sottoposta alle indagini (art. 61) assume un'importanza decisiva, in quanto il tribunale per i minorenni è competente in via esclusiva per i reati commessi dai minori degli anni diciotto (→ **Proc. minorile**, art. 3). La disposizione risponde all'esigenza di apprestare la più ampia tutela della personalità dell'imputato (o dell'indagato) della cui maggior età si abbia motivo di dubitare.

• L'insorgenza di una situazione d'incertezza sull'età dell'imputato, quindi, determina il trasferimento degli atti al tribunale per i minorenni, che deve disporre, anche d'ufficio, la perizia (→ **Proc. minorile**, art. 8 co. 1), volta a determinare l'età dell'imputato. Nell'ipotesi in cui neppure la perizia riuscisse a chiarire l'età dell'imputato, questa è presunta ad ogni effetto (→ art. 8 co. 2).

• Nella fase delle indagini preliminari (→ **Indagini e udienza preliminare**) la competenza a trasmettere gli atti spetta al **p.m.**, anche nel caso in cui l'incertezza sia stata rilevata dal g.i.p.; qualora, invece, l'incertezza sull'età emerga nel corso dell'udienza preliminare (→ art. 416 s.) ovvero in dibattimento (→ **Giudizio**), è il giudice a disporre la trasmissione degli atti. Infine, nel caso in cui l'incertezza sulla minore età del soggetto sorga nel corso dell'udienza camerale di convalida dell'arresto o del fermo (→ **Libro V**, art. 391), il g.i.p. del tribunale ordinario del luogo dove è stata eseguita la misura dovrà prima decidere sulla convalida e solo successivamente trasmettere gli atti al procuratore della Repubblica presso il Tribunale dei minorenni.

• Gli eventuali atti compiuti dal p.m. (art. 54 co. 3) o dal giudice (art. 26), divenuto incompetente in seguito alla perizia che accerti la minore età dell'imputato o che non risolva il dubbio sull'età, non perdono efficacia, in forza del **principio di conservazione** delle prove. A tal proposito, gli atti compiuti dal giudice incompetente, se ripetibili, sono utilizzabili esclusivamente nell'ambito dell'udienza preliminare e per le contestazioni in dibattimento (art. 26 co. 2; → **Giudizio**, artt. 500 e 503).

68. Errore sull'identità fisica dell'imputato.

1. Se risulta l'errore di persona, in ogni stato e grado del processo il giudice, sentiti il pubblico ministero e il difensore, pronuncia sentenza a norma dell'articolo 129.

• Dall'errore nell'attribuzione delle corrette generalità della persona sottoposta al procedimento (art. 66 co. 2 e 3), deve essere distinto l'errore sull'identità fisica dell'imputato che si verifica nel caso in cui il soggetto a processo sia una persona fisica diversa da quella individuata nell'imputazione (c.d. errore di persona).

• Il legislatore ha disciplinato esclusivamente il caso in cui l'errore emerga durante la fase processuale (→ **Indagini e udienza preliminare**, artt. 407 *bis* e 416). In particolare, nel corso dell'udienza preliminare (→ **Libro V**) ovvero del dibattimento (→ **Giudizio**, art. 484), qualora il giudice dovesse accertare che la persona chiamata a rispondere penalmente non corrisponda con certezza alla persona individuata con l'esercizio dell'azione penale come autore del reato, sentiti obbligatoriamente il p.m. (art. 51) e il difensore (art. 96 s.), pronuncia sentenza di proscioglimento a contenuto processuale (→ **Atti**, art. 129; → **Libro VII**, art. 469). Data la natura processuale della sentenza emessa, è sempre possibile sottoporre il medesimo soggetto a procedimento penale per lo stesso fatto (art. 69 co. 2; → **Libro V**, art. 345 co. 2).

• Esigenze di giustizia sostanziale e di economia processuale portano comunque a ritenere che l'errore sull'identità sia rilevabile anche in fase di indagini preliminari, ove spetterà al p.m. richiedere al g.i.p. l'adozione di un provvedimento di archiviazione (→ **Indagini e udienza preliminare**, art. 411) nei confronti del soggetto diverso rispetto a quello risultante dalla *notitia criminis*. Il legislatore ha espressamente previsto l'immediata liberazione dell'arrestato in flagranza o del fermato nel caso in cui risulti evidente l'errore sulla sua identità (→ **Libro V**, art. 389).

• La disposizione in esame considera espressamente solo il caso in cui l'errore di persona sia certo, non rilevando il dubbio sull'identità dell'imputato, che invece trova compiuta disciplina in sede di esecuzione in caso di incertezza sull'identità del detenuto (→ **Esecuzione**, art. 667). In assenza di una specifica disciplina, deve ritenersi che, qualora sorga un dubbio in merito all'identità del soggetto nel corso del processo (art. 66), il giudice dell'udienza preliminare o del dibattimento debba disporre d'ufficio gli accertamenti necessari attraverso l'utilizzo dei poteri di impulso investigativo (→ **Indagini e udienza preliminare**, art. 421 *bis*) e di natura probatoria (→ art. 422; → **Giudizio**, art. 507; → **Impugnazioni**, art. 603 co. 3) che gli competono. Al contrario, quando la condizione di dubbio sorga nel corso delle indagini preliminari spetterà al p.m. effettuare tutti gli accertamenti necessari. Nel caso in cui alla fine dell'udienza preliminare o del giudizio permanga l'incertezza in merito all'identità dell'imputato, il giudice dovrà emettere, rispettivamente, sentenza di non luogo a procedere o di non doversi procedere (→ **Libro V**, art. 425 co. 3; → **Libro VII**, art. 529 co. 2).

• L'errore di persona può formare autonomo motivo di impugnazione (→ **Impugnazioni**) che, se accolto in sede di legittimità, comporta la pronuncia da parte della corte di cassazione di una sentenza di annullamento senza rinvio (→ **Libro IX**, art. 620 co. 1 lett. *g*).

69. Morte dell'imputato.

1. Se risulta la morte dell'imputato, in ogni stato e grado del processo il giudice, sentiti il pubblico ministero e il difensore, pronuncia sentenza a norma dell'articolo 129.
2. La sentenza non impedisce l'esercizio dell'azione penale per il medesimo fatto e contro la medesima persona, qualora successivamente si accerti che la morte dell'imputato è stata erroneamente dichiarata.

• Gli accertamenti diretti a verificare la permanenza in vita dell'imputato hanno la priorità su ogni ulteriore attività per una duplice ragione: da un lato, la morte dell'imputato estingue il reato (→ art. 150 c.p.); d'altra parte, ragioni di economia processuale impongono di evitare lo svolgimento di un processo privo del soggetto di cui si dovrebbe provare la responsabilità penale.

• Nel corso della fase processuale (→ **Indagini e udienza preliminare**, art. 416) il giudice deve accertare che l'imputato sia in vita; laddove, infatti, dovesse risultare la morte dell'imputato, il giudice, sentiti necessariamente il p.m. ed il difensore, pronuncia sentenza di proscioglimento (→ **Atti**, art. 129), dichiarando l'estinzione del reato per morte del reo, a meno che dagli atti non risulti evidente che il fatto non sussiste, l'imputato non lo ha commesso, il fatto non costituisce reato o non è previsto dalla legge come reato (→ art. 129 co. 2). Infatti, nel rispetto del principio del *favor innocentiae* (→ **Giudizio**, artt. 530 co. 2 e 3 e 531 co. 2) e nell'ottica di tutelare i rilevanti interessi di natura civilistica in capo agli eventuali eredi del defunto (→ **Esecuzione**, art. 652), anche in caso di morte del reo la formula liberatoria nel merito deve prevalere sull'immediata declaratoria della causa di non punibilità.

• In caso di dubbio in merito alla morte dell'imputato, il giudice deve adottare, al termine della relativa fase processuale, una sentenza di non luogo a procedere (→ **Libro V**, art. 425) o di proscioglimento (→ **Giudizio**, art. 531 co. 2).

• Similarmente a quanto previsto per l'errore sull'identità fisica dell'imputato (art. 68), esigenze di economia processuale portano a ritenere che spetti al p.m. compiere tutti gli accertamenti necessari, in caso di dubbio sull'esistenza in vita della persona sottoposta alle indagini (art. 61), e chiedere l'archiviazione del procedimento (→ **Indagini e udienza preliminare**, art. 411) quando ne risulti la morte.

• La declaratoria di estinzione del reato per morte del reo non preclude l'esercizio dell'azione penale (art. 50) per il medesimo fatto e contro la medesima persona, se si accerta che in realtà quest'ultima sia ancora in vita (→ **Esecuzione**, art. 649).

70. Accertamenti sulla capacità dell'imputato.

1. Quando non deve essere pronunciata sentenza di proscioglimento o di non luogo a procedere e vi è ragione di ritenere che, per infermità mentale sopravvenuta al fatto, l'imputato non è in grado di partecipare coscientemente al processo, il giudice, se occorre, dispone, anche di ufficio, perizia.

2. Durante il tempo occorrente per l'espletamento della perizia il giudice assume, a richiesta del difensore, le prove che possono condurre al proscioglimento dell'imputato, e, quando vi è pericolo nel ritardo, ogni altra prova richiesta dalle parti.

3. Se la necessità di provvedere risulta durante le indagini preliminari, la perizia è disposta dal giudice a richiesta di parte con le forme previste per l'incidente probatorio. Nel frattempo restano sospesi i termini per le indagini preliminari e il pubblico ministero compie i soli atti che non richiedono la partecipazione cosciente della persona sottoposta alle indagini. Quando vi è pericolo nel ritardo, possono essere assunte le prove nei casi previsti dall'articolo 392.

• Corte cost., 340 del 1992, ha dichiarato **l'illegittimità costituzionale del co. 1**, limitatamente alle parole **«sopravvenuta al fatto»**. In particolare, la Corte ha ritenuto che la disciplina fosse in contrasto con il diritto di difesa (→ **Cost.**, art. 24), nei casi in cui l'infermità di mente, non coincidente con la totale incapacità di intendere o di volere, risalisse al momento in cui è stato commesso il reato e perdurasse nel corso del procedimento. In una simile ipotesi, infatti, sarebbe rimasto precluso l'epilogo assolutorio.

• L'imputato ha il **diritto di partecipare in maniera consapevole al processo**, potendo esercitare personalmente le facoltà che l'ordinamento processuale gli riconosce, quali, ad esempio, il diritto di non rispondere (art. 64; → **Prove**, art. 208 s.; → **Giudizio**, art. 503), il diritto di rendere dichiarazioni spontanee (→ art. 494), il diritto di scegliere un rito speciale (→ **Procedimenti speciali**, art. 438 s.; art. 444 s.), il diritto di impugnare un provvedimento (→ **Impugnazioni**, art. 571). Di conseguenza, deve essere costantemente valutata la capacità della persona sottoposta alle indagini (art. 61) o dell'imputato (art. 60).

• Nel corso della **fase investigativa** (→ **Indagini e udienza preliminare**), su richiesta di parte, il g.i.p. (→ art. 328) dispone la perizia (→ **Prove**, art. 220 s.) con le forme dell'incidente probatorio (→ **Libro V**, art.

392 s.). In tale ipotesi, i termini delle indagini (→ art. 405 s.) rimangono sospesi ed il p.m. (art. 51) può compiere solamente gli atti che non richiedano la partecipazione cosciente dell'indagato; tuttavia, se dovesse emergere un pericolo di dispersione, le prove possono essere assunte con incidente probatorio. Nella medesima prospettiva l'accertamento peritale comporta la proroga dei termini della custodia cautelare (→ **Misure cautelari**, art. 305 co. 1) per il tempo necessario per l'espletamento della perizia.

• Nel corso della fase processuale, il giudice dispone anche d'ufficio la perizia al ricorrere di una duplice condizione composta da un presupposto negativo e da uno positivo: da un lato, infatti, non devono ricorrere le condizioni per pronunciare una sentenza di proscioglimento (→ **Atti**, art. 129; → **Giudizio**, art. 529 s.) o di non luogo a procedere (→ **Indagini e udienza preliminare**, art. 425); d'altra parte, deve sussistere un *fumus* di incapacità per l'imputato di partecipare coscientemente al processo.

• Durante il tempo necessario per l'espletamento della perizia, l'attività processuale rimane sospesa, salvo che per l'assunzione delle prove che possono condurre al proscioglimento dell'imputato e, quando vi è pericolo di dispersione, di ogni altra prova richiesta non solo dal p.m. (art. 51) ma anche dalle altre parti private (art. 60; art. 74 s.).

• Nel giudizio di legittimità, invece, la sospensione del procedimento non si applica, dal momento che in tale sede l'imputato non partecipa personalmente al processo e la sua difesa è affidata esclusivamente al difensore iscritto nell'albo speciale della corte di cassazione (→ **Impugnazioni**, art. 613 co. 1).

• Nel procedimento di esecuzione (→ **Esecuzione**, art. 666) e nel procedimento di sorveglianza (→ art. 678) l'ipotesi dell'infermità psichica del condannato è invece disciplinata dall'art. 666 co. 8 e dall'art. 148 c.p.

71. Sospensione del procedimento per incapacità dell'imputato.

1. Se, a seguito degli accertamenti previsti dall'articolo 70, risulta che lo stato mentale dell'imputato è tale da impedirne la cosciente partecipazione al procedimento e che tale stato è reversibile, il giudice dispone con ordinanza che il procedimento sia sospeso, sempre che non debba essere pronunciata sentenza di proscioglimento o di non luogo a procedere.

2. Con l'ordinanza di sospensione il giudice nomina all'imputato un curatore speciale, designando di preferenza l'eventuale rappresentante legale.

3. Contro l'ordinanza possono ricorrere per cassazione il pubblico ministero, l'imputato e il suo difensore nonché il curatore speciale nominato all'imputato.

4. La sospensione non impedisce al giudice di assumere prove, alle condizioni e nei limiti stabiliti dall'articolo 70, comma 2. A tale assunzione il giudice procede anche a richiesta del curatore speciale, che in ogni caso ha facoltà di assistere agli atti disposti sulla persona dell'imputato, nonché agli atti cui questi ha facoltà di assistere.

5. Se la sospensione interviene nel corso delle indagini preliminari, si applicano le disposizioni previste dall'articolo 70 comma 3.

6. Nel caso di sospensione, non si applica la disposizione dell'articolo 75 comma 3.

Articolo così modificato dalla l. 23.6.2017, n. 103.

• Una volta accertata come **reversibile** l'incapacità dell'imputato di partecipare coscientemente al processo, il giudice, qualora non debba pronunciare sentenza di proscioglimento (→ **Atti**, art. 129; → **Giudizio**, art. 529 s.) o di non luogo a procedere (→ **Indagini e udienza preliminare**, art. 425), dispone con **ordinanza** (→ **Libro II**, art. 125) la sospensione del procedimento. Qualora, invece, il giudice ritenga che **l'incapacità dell'imputato sia irreversibile**, trova applicazione la disposizione dettata **dall'art. 72 *bis***.

• Qualora il procedimento coinvolga più imputati e i presupposti per la sospensione sussistano solo per uno o per alcuni di essi, ma non anche per gli altri, il giudice dispone la separazione dei processi relativi ad eventuali coimputati (art. 18 co. 1 lett. *c*), salvo che ritenga la riunione assolutamente necessaria per l'accertamento dei fatti.

• Con l'ordinanza di sospensione del procedimento, il giudice nomina un curatore speciale, designando di preferenza l'eventuale rappresentante legale. Poiché l'obbligo del giudice di procedere alla nomina di un curatore speciale è previsto per garantire la necessaria tutela al soggetto incapace, la sua inosservanza, dando luogo alla violazione della integrità e pienezza del contraddittorio, costituisce una nullità di ordine generale (→ **Atti**, art. 178). Dal momento della nomina, le notificazioni alla persona sottoposta alle indagini o all'imputato devono essere eseguite presso il curatore speciale (→ **Libro II**, art. 166). Il curatore speciale, inoltre, è legittimato a proporre l'impugnazione che spetta all'imputato (→ **Impugnazioni**, art. 571 co. 2) ed è chiamato ad esprimere il suo consenso nell'ipotesi in cui l'imputato voglia togliere effetto all'impugnazione proposta dal suo difensore (→ art. 571 co. 4).

• L'ordinanza è immediatamente ricorribile per cassazione (→ **Impugnazioni**, art. 606 s.) dal p.m., dall'imputato, dal suo difensore (art. 96) nonché dal curatore speciale appositamente nominato per l'imputato dichiarato incapace di partecipare al procedimento.

• Durante il periodo di sospensione, si può procedere all'assunzione delle prove da cui derivi il proscioglimento dell'imputato e, quando vi è pericolo di dispersione, per ogni altra prova richiesta non solo dal p.m. (art. 51) ma anche dalle altre parti private (art. 60; art. 74 s.). Il curatore può richiedere l'assunzione di prove a discarico, ha facoltà di assistere agli atti disposti sulla persona dell'imputato, nonché agli atti cui questi ha facoltà di assistere.

• La sospensione disposta nel corso delle indagini preliminari comporta per il p.m. (art. 51) la possibilità di compiere solamente gli atti che non richiedano la partecipazione cosciente dell'indagato; tuttavia, se dovesse emergere un pericolo di dispersione, le prove possono essere assunte con il meccanismo dell'incidente probatorio (→ **Indagini e udienza preliminare**, art. 392 s.).

• Nell'ipotesi in cui vengano compiuti atti implicanti una consapevole partecipazione dell'imputato, quali, ad esempio, interrogatori (art. 64 s.), esami (→ **Prove**, art. 208 s.; → **Giudizio**, art. 503 s.), confronti (→ **Libro III**, art. 211 s.), nel periodo in cui l'imputato risulti privo della capacità di partecipare scientemente, tali atti sono viziati da nullità di ordine generale (→ **Atti**, art. 178 co. 1 lett. *c*), rilevabile, anche d'ufficio, sino alla deliberazione della sentenza di primo grado ovvero, se si sono verificate nel giudizio, dopo la deliberazione della sentenza del grado successivo (→ art. 180). Le prove raccolte, inoltre, sono inutilizzabili (→ **Libro III**, art. 191; → **Impugnazioni**, art. 606).

• La sospensione disposta per incapacità dell'imputato nel corso del processo comporta che non venga invece sospesa l'azione civile per le restituzioni e per il risarcimento del danno (art. 74), che sia stata proposta nei confronti dell'imputato dopo la costituzione di parte civile o dopo la sentenza penale di primo grado (art. 75 co. 3).

72. Revoca dell'ordinanza di sospensione.

1. Allo scadere del sesto mese dalla pronuncia dell'ordinanza di sospensione del procedimento, o anche prima quando ne ravvisi l'esigenza, il giudice dispone ulteriori accertamenti peritali sullo stato di mente dell'imputato. Analogamente provvede a ogni successiva scadenza dei sei mesi, qualora il procedimento non abbia ripreso il suo corso.

2. La sospensione è revocata con ordinanza non appena risulti che lo stato mentale dell'imputato ne consente la cosciente partecipazione al procedimento ovvero che nei confronti dell'imputato deve essere pronunciata sentenza di proscioglimento o di non luogo a procedere.

• Con la previsione del sistema dei controlli periodici il legislatore si è prefissato l'obiettivo di evitare il cristallizzarsi del fenomeno degli "eterni giudicabili", assai frequente nella vigenza del codice abrogato che si limitava a prevedere un ricovero a tempo indeterminato in ospedale psichiatrico giudiziario, senza alcuna verifica sull'evolversi dello stato di mente, con conseguente sospensione *sine die* del procedimento. Allo scadere del sesto mese dall'ordinanza di sospensione (art. 71), o anche prima quando ne ravvisi l'esigenza, il giudice dispone quindi ulteriori accertamenti peritali sul detenuto (→ **Disp. att.**, art. 252); analogamente provvede a ogni successiva scadenza di sei mesi, qualora il procedimento non abbia ripreso il suo corso.

• Gli **accertamenti ulteriori** disposti dal

giudice, ponendosi in linea di continuità con gli accertamenti iniziali sulla capacità dell'imputato (art. 70), devono essere eseguiti con le formalità della perizia (→ **Prove**, art. 220 s.), a pena di nullità (→ **Atti**, artt. 178 co. 1 lett. *c* e 180)

• La sospensione del procedimento è revocata con ordinanza (→ **Atti**, art. 125) non appena sia acquisita la certezza che l'imputato è in grado di partecipare coscientemente al procedimento ovvero che nei suoi confronti deve essere pronunciata sentenza di proscioglimento (→ **Libro II**, art. 129; → **Giudizio**, art. 529 s.) o di non luogo a procedere (→ **Indagini e udienza preliminare**, art. 425).

• Revocata l'ordinanza riprendono a decorrere i termini di durata delle indagini preliminari (→ **Indagini e udienza preliminare**, art. 405 s.), qualora la sospensione sia intervenuta nel corso delle indagini medesime, con l'ulteriore eventualità di pervenire a un'archiviazione del procedimento (→ art. 409) ove ne sussistano i presupposti (→ artt. 408 e 411).

• Controversa in giurisprudenza è l'impugnabilità del provvedimento con il quale il giudice revoca l'ordinanza di sospensione del procedimento per incapacità dell'imputato. Si ritiene preferibile l'indirizzo che ammette l'impugnabilità soltanto congiuntamente alla sentenza. L'impugnazione è comunque ammissibile anche se la sentenza è impugnata soltanto per connessione con l'ordinanza (→ **Impugnazioni**, art. 586 co. 1).

72 *bis*. Definizione del procedimento per incapacità irreversibile dell'imputato.

1. Se, a seguito degli accertamenti previsti dall'articolo 70, risulta che lo stato mentale dell'imputato è tale da impedire la cosciente partecipazione al procedimento e che tale stato è irreversibile, il giudice, revocata l'eventuale ordinanza di sospensione del procedimento, pronuncia sentenza di non luogo a procedere o sentenza di non doversi procedere, salvo che ricorrano i presupposti per l'applicazione di una misura di sicurezza diversa dalla confisca.

Articolo inserito dalla l. 23.6.2017, n. 103.

• Secondo il dettato della disposizione, se, a seguito degli accertamenti previsti (art. 70), risulta che lo stato mentale dell'imputato è tale da **impedire la sua cosciente partecipazione al procedimento** e che tale **stato è irreversibile**, il giudice, revocata l'eventuale ordinanza di sospensione del procedimento, pronuncia sentenza di non luogo a procedere (→ **Indagini e udienza preliminare**, art. 425) o sentenza di non doversi procedere (→ **Giudizio**, art. 529), salvo che ricorrano i presupposti per l'applicazione di una misura di sicurezza diversa dalla confisca (→ art. 199 s. c.p.).

• Il divieto di secondo giudizio per il medesimo fatto nei confronti della stessa persona (c.d. principio del *ne bis in idem*: → **Esecuzione**, art. 649) non opera, con la conseguenza che l'azione penale può essere riproposta (→ **Indagini e udienza preliminare**, art. 345 co. 2) quando, dopo che è stata pronunciata sentenza di non luogo a procedere o sentenza di non doversi procedere, ai sensi della norma *de qua*, lo stato di incapacità venga meno o si accerti che era stato dichiarato erroneamente.

73. Provvedimenti cautelari.

1. In ogni caso in cui lo stato di mente dell'imputato appare tale da renderne necessaria la cura nell'ambito del servizio psichiatrico, il giudice informa con il mezzo più rapido l'autorità competente per l'adozione delle misure previste dalle leggi sul trattamento sanitario per malattie mentali.

2. Qualora vi sia pericolo nel ritardo, il giudice dispone anche di ufficio il ricovero provvisorio dell'imputato in idonea struttura del servizio psichiatrico ospedaliero. L'ordinanza perde in ogni caso efficacia nel momento in cui viene data esecuzione al provvedimento dell'autorità indicata nel comma 1.

3. Quando è stata o deve essere disposta la custodia cautelare dell'imputato, il giudice ordina che la misura sia eseguita nelle forme previste dall'articolo 286.

4. Nel corso delle indagini preliminari, il pubblico ministero provvede all'informativa prevista dal comma 1 e, se ne ricorrono le condizioni, chiede al giudice il provvedimento di ricovero provvisorio previsto dal comma 2.

• Nell'ottica del soddisfacimento dell'esigenza di disporre cure adeguate nell'ambito del servizio psichiatrico, il giudice ha l'obbligo di informare con il mezzo più rapido l'autorità amministrativa competente sia nell'ipotesi in cui viene disposta la sospensione del procedimento in ragione dell'incapacità dell'imputato (art. 60) a partecipare scientemente al processo sia quando viene pronunciata sentenza di proscioglimento (→ **Atti**, art. 129; → **Giudizio**, art. 529 s.) o di non luogo a procedere (→ **Indagini e udienza preliminare**, art. 425).

• In caso di pericolo nel ritardo, il giudice dispone, anche d'ufficio, il ricovero provvisorio dell'imputato in idonea struttura del servizio psichiatrico ospedaliero. L'ordinanza perde, in ogni caso, efficacia nel momento in cui viene sostituita dall'intervento terapeutico disposto dagli organi amministrativi.

• Nella fase delle indagini preliminari (→ **Libro V**, art. 326 s.), è il p.m. ad esercitare i poteri che nella fase processuale spettano al giudice. Nei casi di urgenza e sussistendone i presupposti, il p.m. chiede al giudice per le indagini preliminari (→ art. 328) il provvedimento di ricovero provvisorio.

• Il giudice, in luogo della custodia cautelare in carcere (→ **Misure cautelari**, art. 285), può disporre il ricovero provvisorio in idonea struttura del servizio psichiatrico ospedaliero, adottando i provvedimenti necessari per prevenire il pericolo di fuga (→ art. 286).

Titolo V
PARTE CIVILE, RESPONSABILE CIVILE E CIVILMENTE OBBLIGATO PER LA PENA PECUNIARIA

74. Legittimazione all'azione civile.

1. L'azione civile per le restituzioni e per il risarcimento del danno di cui all'articolo 185 del codice penale può essere esercitata nel processo penale dal soggetto al quale il reato ha recato danno ovvero dai suoi successori universali, nei confronti dell'imputato e del responsabile civile.

• Ogni persona danneggiata da un reato ha facoltà di agire davanti al giudice penale (artt. 76 s., 98, 100; → **Giudizio**, art. 523 co. 2; → **Disp. att.**, art. 212), per ottenere il risarcimento dei danni patrimoniali e non patrimoniali subiti, nonché l'eventuale restituzione di cose (→ art. 185 c.p.; → **Giudizio**, artt. 538-541, 546 co. 1 lett. *e*). Legittimato all'azione civile non è quindi soltanto il soggetto passivo del reato (art. 90 s.), ossia il titolare dell'interesse protetto dalla norma incriminatrice, ma anche il mero **danneggiato**, che abbia riportato un danno eziologicamente riferibile alla condotta dell'autore del reato.

• Il diritto al risarcimento del danno, provocato dal reato, ha trovato precisa tutela normativa anche nel diritto dell'Unione europea. La **direttiva 2012/29/UE** attribuisce, infatti, lo *status* di "vittima", sia alla «persona fisica che ha subito un danno, anche fisico, mentale o emotivo», sia a chi abbia sofferto «perdite economiche» causate direttamente dal reato (art. 2). Inoltre, l'art. 16 esplicitamente riconosce il diritto, per costoro, «di ottenere una decisione in merito al risarcimento da parte dell'autore del reato nell'ambito del procedimento penale entro un ragionevole lasso di tempo» (→ **Cost.**, art. 111 co. 2), facendo tuttavia salva la possibilità che il diritto nazionale riservi tali tematiche ad altre tipologie di «procedimento giudiziario», come, ad esempio, quello civile (art. 75; → **Impugnazioni**, artt. 573, 578, 622).

• I soggetti nei cui confronti la pretesa civilistica – innestata all'interno del processo penale – può essere rivolta sono l'imputato (art. 60) e il responsabile civile (art. 83 s.).

75. Rapporti tra azione civile e azione penale.

1. L'azione civile proposta davanti al giudice civile può essere trasferita nel processo penale fino a quando in sede civile non sia stata pronunciata sentenza di merito anche non passata in giudicato. L'esercizio di tale facoltà comporta rinuncia agli atti del giudizio; il giudice penale provvede anche sulle spese del procedimento civile.

2. L'azione civile prosegue in sede civile se non è trasferita nel processo penale o è stata iniziata quando non è più ammessa la costituzione di parte civile.

3. Se l'azione è proposta in sede civile nei confronti dell'imputato dopo la costituzione di parte civile nel processo penale o dopo la sentenza penale di primo grado, il processo civile è sospeso fino alla pronuncia della sentenza penale non più soggetta a impugnazione, salve le eccezioni previste dalla legge.

• Corte cost., 354 del 1996, ha dichiarato l'**illegittimità costituzionale del co. 3** «nella parte in cui non prevede che la disciplina ivi contenuta non trovi applicazione nel caso di accertato impedimento fisico permanente che non permetta all'imputato di comparire all'udienza, ove questi non consenta che il dibattimento prosegua in sua assenza».

• Il **co. 1** disciplina il caso in cui il danneggiato, dopo aver presentato la propria domanda in sede civile, scelga di rivolgersi al giudice penale (artt. 74, 76); quest'ultimo – se il trasferimento è ancora consentito – deciderà sia sul diritto alle restituzioni e al risarcimento (→ **Giudizio**, artt. 538-540, 546 co. 1 lett. *e*; → art. 185 c.p.), sia sulle spese del procedimento civile ormai estinto (→ art. 541). Qualora, invece, in sede civile sia già intervenuta una sentenza di merito, anche non passata in giudicato, il danneggiato non ha più la possibilità di costituirsi parte civile nel processo penale per far valere profili di danno derivanti dal medesimo reato.

• Al contrario, l'azione civile segue il suo normale corso (co. 2; → **Disp. att.**, art. 211), se non è trasferita in sede penale (co. 1), oppure viene cominciata quando non è più possibile la costituzione di parte civile (art. 79), ma comunque prima che, nel parallelo processo penale, sia emessa sentenza di primo grado (→ **Giudizio**, art. 529 s.). In entrambe le ipotesi, l'eventuale assoluzione, pronunciata dal giudice penale, non ha efficacia di giudicato nel giudizio civile (→ **Esecuzione**, art. 652; v. l'art. 651 per l'efficacia della condanna).

• Se invece il danneggiato presenta la propria domanda in sede civile, dopo la pronuncia della sentenza penale di primo grado (→ **Giudizio**, art. 529 s.), o dopo essersi già costituito parte civile (artt. 74, 76, 82 co. 3), il giudizio civile resta sospeso fino alla conclusione di quello penale (**co. 3**) e subisce l'efficacia di giudicato della decisione definitiva emessa in tale sede (→ **Esecuzione**, artt. 648, 651, 652). Tuttavia, in alcune circostanze, la sospensione non opera: ci si riferisce alle ipotesi in cui la parte civile venga esclusa (art. 88 co. 3), o non accetti il rito abbreviato (→ **Procedimenti speciali**, art. 441 co. 2 e 4; → **Esecuzione**, artt. 651 co. 2, 652 co. 2); sia stata emessa una sentenza di patteggiamento (→ **Libro VI**, art. 444 co. 2), oppure il processo penale venga sospeso per l'incapacità reversibile dell'imputato di parteciparvi coscientemente (art. 71 co. 6) o per lo svolgimento della «prova» (→ **Procedimenti speciali**, art. 464 *quater* co. 8).

76. Costituzione di parte civile.

1. L'azione civile nel processo penale è esercitata, anche a mezzo di procuratore speciale, mediante la costituzione di parte civile.

2. La costituzione di parte civile produce i suoi effetti in ogni stato e grado del processo.

• La domanda civilistica per il risarcimento e le restituzioni (→ art. 185 c.p.; art. 74) può essere proposta in sede penale – anche tramite procuratore speciale (→ **Atti**, art. 122) – soltanto attraverso la **costituzione di parte civile** (artt. 78, 79, 98, 100).

• Il co. 2 dell'art. 76 stabilisce il **principio di "immanenza"** della costituzione di parte civile: l'atto di costituzione (art. 78), una volta presentato – ad esempio in udienza preliminare (→ **Indagini e udienza preliminare**, art. 420) –, non dovrà essere rinnovato nelle successive fasi (→ **Giudizio**, art. 484), o gradi (→ **Impugnazioni**, artt. 573 co. 1, 576, 578, 601, 614, 627). Chi si sia costituito, infatti, conserva la qualità di parte per tutto il corso del processo, senza necessità di compiere specifici adempimenti in relazione ai successivi gradi di giudizio. Va comunque ricordato che – a seguito della recente riforma (**d. lgs. 10.10.2022, n. 150**) – le impugnazioni «per i soli interessi civili» vengono trasferite in sede civile, proseguendo quindi davanti al giudice civile (→ **Libro IX**, art. 573 co. 1 *bis*; v. anche, sempre in relazione alla prosecuzione in sede civile, → artt. 578 co. 1 *bis*, 622).

77. Capacità processuale della parte civile.

1. Le persone che non hanno il libero esercizio dei diritti non possono costituirsi parte civile se non sono rappresentate, autorizzate o assistite nelle forme prescritte per l'esercizio delle azioni civili.

2. Se manca la persona a cui spetta la rappresentanza o l'assistenza e vi sono ragioni di urgenza ovvero vi è conflitto di interessi tra il danneggiato e chi lo rappresenta, il pubblico ministero può chiedere al giudice di nominare un curatore speciale. La nomina può essere chiesta altresì dalla persona che deve essere rappresentata o assistita ovvero dai suoi prossimi congiunti e, in caso di conflitto di interessi, dal rappresentante.

3. Il giudice, assunte le opportune informazioni e sentite se possibile le persone interessate, provvede con decreto, che è comunicato al pubblico ministero affinché provochi, quando occorre, i provvedimenti per la costituzione della normale rappresentanza o assistenza dell'incapace.

4. In caso di assoluta urgenza, l'azione civile nell'interesse del danneggiato incapace per infermità di mente o per età minore può essere esercitata dal pubblico ministero, finché subentri a norma dei commi precedenti colui al quale spetta la rappresentanza o l'assistenza ovvero il curatore speciale.

• Il titolare del diritto al risarcimento e alle restituzioni (→ art. 185 c.p.), che sia privo di "capacità processuale", ossia non abbia la capacità di agire, potrà costituirsi parte civile (art. 76) soltanto tramite il suo legale rappresentante, oppure se debitamente autorizzato o assistito (→ art. 75 c.p.c.).

• Nel caso in cui, però, il danneggiato incapace sia privo di rappresentanza, o assistenza, oppure versi in una situazione di conflitto di interessi con il proprio rappresentante, il giudice potrà essere richiesto (→ **Atti**, art. 121) di nominare – con decreto (→ art. 125) poi comunicato al p.m. (→ art. 153) – un curatore speciale per il compimento dell'atto (→ art. 78 c.p.c.; → **Indagini e udienza preliminare**, art. 338 co. 4).

• In alcune ipotesi di «assoluta» urgenza può però essere direttamente il p.m. a esercitare l'azione civile nel processo penale (art. 83), in attesa del successivo subentro di uno dei soggetti legittimati a norma dei co. 1 e 2.

78. Formalità della costituzione di parte civile.

1. La dichiarazione di costituzione di parte civile è depositata nella cancelleria del giudice che procede o presentata in udienza e deve contenere, a pena di inammissibilità:

a) le generalità della persona fisica o la denominazione dell'associazione o dell'ente che si costituisce parte civile e le generalità del suo legale rappresentante;

b) le generalità dell'imputato nei cui confronti viene esercitata l'azione civile o le altre indicazioni personali che valgono a identificarlo;

c) il nome e il cognome del difensore e l'indicazione della procura;

d) l'esposizione delle ragioni che giustificano la domanda agli effetti civili;

e) la sottoscrizione del difensore.

1 *bis*. Il difensore cui sia stata conferita la procura speciale ai sensi dell'articolo 100, nonché la procura per la costituzione di parte civile a norma dell'articolo 122, se in questa non risulta la volontà contraria della parte interessata, può conferire al proprio sostituto, con atto scritto, il potere di sottoscrivere e depositare l'atto di costituzione.

2. Se è presentata fuori udienza, la dichiarazione deve essere notificata, a cura della parte civile, alle altre parti e produce effetto per ciascuna di esse dal giorno nel quale è eseguita la notificazione.

3. Se la procura non è apposta in calce o a margine della dichiarazione di parte civile, ed è

conferita nelle altre forme previste dall'articolo 100, commi 1 e 2, essa è depositata nella cancelleria o presentata in udienza unitamente alla dichiarazione di costituzione della parte civile.

Il d. lgs. 10.10.2022, n. 150 ha modificato il co. 1 lett. *d* e aggiunto il co. 1 *bis*. Il co. 3 è stato sostituito dalla l. 16.12.1999, n. 479.

• La dichiarazione di costituzione di parte civile (artt. 74, 76) può essere depositata in cancelleria (→ **Atti**, art. 111 *bis*), oppure presentata direttamente in udienza (art. 79; → **Indagini e udienza preliminare**, art. 420; → **Giudizio**, art. 484; → **Procedimento davanti al tribunale in composizione monocratica**, art. 554 *bis* co. 2).

• Nell'atto devono essere inseriti, a pena di inammissibilità, i seguenti elementi: le generalità di chi si costituisce parte civile (artt. 74, 77) e dell'imputato (art. 60), il nominativo del difensore (art. 100), la sua sottoscrizione (→ **Atti**, artt. 110 e 111) e l'indicazione della procura conferitagli (art. 100 co. 1; → **Libro II**, art. 122), nonché la *causa petendi* (→ art. 185 c.p.). Il *petitum* può anche essere definitivamente individuato soltanto in sede di «discussione finale» (art. 82 co. 3; → **Giudizio**, art. 523 co. 2). La specificazione – inserita nella lett. *d* dal **d. lgs. 10.10.2022, n. 150** – secondo cui chi si costituisce ha l'onere di esporre le ragioni della propria domanda «agli effetti civili», si raccorda sistematicamente con quanto stabilito dal nuovo art. 573 co. 1 *bis* (→ **Impugnazioni**): quest'ultimo ha infatti previsto che, nel caso in cui la sentenza sia stata impugnata «per i soli interessi civili» (→ **Impugnazioni**, artt. 574, 576), il procedimento prosegua davanti al giudice civile.

• Il difensore della parte civile (art. 100), al quale sia stata conferita anche la procura per la costituzione di parte civile (art. 76 co. 1; → **Atti**, art. 122), può di regola attribuire al proprio sostituto (art. 102), con atto scritto (→ **Libro II**, art. 110), il potere di sottoscrivere e depositare l'atto di costituzione (co. 1); ciò al fine di favorire tale adempimento.

• La dichiarazione *de qua*, se depositata in cancelleria (→ **Atti**, art. 111 *bis*), anziché presentata in udienza (co. 2), va poi anche notificata alle altre parti (→ **Libro II**, art. 152 s.) e acquista efficacia nei loro confronti solo a far data dall'avvenuta notificazione.

• Nel caso in cui la procura (→ **Atti**, art. 122) sia stata conferita al difensore (art. 100) con separato atto pubblico o scrittura privata autenticata (art. 100 co. 1), deve essere depositata in cancelleria (→ **Libro II**, art. 111 *bis*), o presentata in udienza (→ **Indagini e udienza preliminare**, art. 420; → **Giudizio**, art. 484; → **Procedimento davanti al tribunale in composizione monocratica**, art. 554 *bis* co. 2), insieme all'atto di costituzione.

79. Termine per la costituzione di parte civile.

1. La costituzione di parte civile può avvenire per l'udienza preliminare, prima che siano ultimati gli accertamenti relativi alla costituzione delle parti, o, quando manca l'udienza preliminare, fino a che non siano compiuti gli adempimenti previsti dall'articolo 484 o dall'articolo 554 *bis*, comma 2.
2. I termini previsti dal comma 1 sono stabiliti a pena di decadenza.
3. Quando la costituzione di parte civile è consentita fino a che non siano compiuti gli adempimenti previsti dall'articolo 484, se la stessa avviene dopo la scadenza del termine previsto dall'articolo 468, comma 1, la parte civile non può avvalersi della facoltà di presentare le liste dei testimoni, periti o consulenti tecnici.

I co. 1, 2 e 3 sono stati così modificati dal d. lgs. 10.10.2022, n. 150.

• Il danneggiato deve di norma costituirsi parte civile (art. 78) in udienza preliminare e, in particolare, prima che si concludano le verifiche circa la regolare costituzione delle parti (→ **Indagini e udienza preliminare**, art. 420). La costituzione è possibile davanti al giudice del dibattimento (→ **Giudizio**, art. 484; → **Procedimento davanti al tribunale in composizione monocratica**, art. 554 *bis* co. 2) soltanto qualora l'udienza preliminare non sia prevista (→ **Procedimenti speciali**, artt. 450, 456, 464; → **Libro VIII**, art. 550).

• Come precisa il co. 3, anche qualora la costituzione sia possibile in giudizio (co. 1), ma la parte civile non vi abbia provveduto «almeno sette giorni prima della data fissata per il dibattimento», non potrà godere della facoltà di presentare una propria lista (→ **Giudizio**, art. 468; → **Procedimenti speciali**, art. 451) di testimoni (→ **Prove**, artt. 194-197 *bis*), periti (→ artt. 220-223) e consulenti tecnici (→ artt. 225, 233), di cui chiedere l'esame (→ **Giudizio**, artt. 493, 496, 502, 510).

80. Richiesta di esclusione della parte civile.

1. Il pubblico ministero, l'imputato e il responsabile civile possono proporre richiesta motivata di esclusione della parte civile.
2. Nel caso di costituzione di parte civile per l'udienza preliminare, la richiesta è proposta, a pena di decadenza, non oltre il momento degli accertamenti relativi alla costituzione delle parti nella udienza preliminare o nel dibattimento.
3. Se la costituzione avviene nel corso degli atti preliminari al dibattimento o introduttivi dello stesso, la richiesta è proposta oralmente a norma dell'articolo 491, comma 1.
4. Sulla richiesta il giudice decide senza ritardo con ordinanza.
5. L'esclusione della parte civile ordinata nell'udienza preliminare non impedisce una successiva costituzione fino a che non siano compiuti gli adempimenti previsti dall'articolo 484.

• P.m. (art. 51), imputato (art. 60) e responsabile civile (art. 83 s.) possono chiedere che la parte civile venga esclusa dal processo.

• I termini entro i quali la richiesta deve essere effettuata (→ **Atti**, art. 173 s.) variano a seconda del momento in cui è possibile la costituzione di parte civile (artt. 76, 79): se il danneggiato si è costituito in udienza preliminare (art. 79 co. 1; → **Indagini e udienza preliminare**, art. 420), la domanda di esclusione deve essere presentata entro l'accertamento dibattimentale della regolare costituzione delle parti (→ **Giudizio**, art. 484); qualora invece la costituzione sia avvenuta durante gli «atti preliminari al dibattimento» (→ artt. 465-469) o quelli «introduttivi» (→ art. 484; → **Procedimento davanti al tribunale in composizione monocratica**, art. 554 *bis* co. 2; art. 79 co. 1), il termine ultimo coincide con l'esaurimento delle «questioni preliminari» (→ art. 491).

• Il giudice decide sulla richiesta con ordinanza (→ **Atti**, art. 125), la quale è da considerarsi inoppugnabile da parte del danneggiato (→ **Impugnazioni**, art. 568), restando naturalmente salva, per costui, la possibilità di rivolgersi al giudice civile (art. 75) per coltivare diversamente la propria pretesa risarcitoria (Cass., SU, 19.5.1999, n. 12).

• Nonostante la rivisitazione dei termini per la costituzione di parte civile a opera del **d. lgs. 10.10.2022, n. 150** (art. 79 co. 1), il legislatore ha lasciato intatto il co. 5 dell'art. 80: si potrebbe quindi pensare che l'esclusione della parte civile, avvenuta nel corso dell'udienza preliminare (→ **Indagini e udienza preliminare**, art. 416 s.), non le impedisca di tentare nuovamente di costituirsi fino all'accertamento della regolare costituzione delle parti in dibattimento (→ **Giudizio**, art. 484).

81. Esclusione di ufficio della parte civile.

1. Fino a che non sia dichiarato aperto il dibattimento di primo grado, il giudice, qualora accerti che non esistono i requisiti per la costituzione di parte civile, ne dispone l'esclusione di ufficio, con ordinanza.
2. Il giudice provvede a norma del comma 1 anche quando la richiesta di esclusione è stata rigettata nella udienza preliminare.

• Qualora accerti che non sussistono i presupposti formali o sostanziali per la costituzione della parte civile (→ art. 185 c.p.; artt. 76-79), il giudice, prima della dichiarazione di apertura del dibattimento (→ **Giudizio**, art. 492), è legittimato a escluderla anche in mancanza di una specifica richiesta delle parti (art. 80).

• Il rigetto, in sede di udienza preliminare (→ **Indagini e udienza preliminare**, art.

420 s.), di una richiesta di esclusione (art. 80) non impedisce al giudice di provvedervi, anche d'ufficio, nel successivo dibattimento (co. 2).

82. Revoca della costituzione di parte civile.

1. La costituzione di parte civile può essere revocata in ogni stato e grado del procedimento con dichiarazione fatta personalmente dalla parte o da un suo procuratore speciale in udienza ovvero con atto scritto depositato nella cancelleria del giudice e notificato alle altre parti.

2. La costituzione si intende revocata se la parte civile non presenta le conclusioni a norma dell'articolo 523 ovvero se promuove l'azione davanti al giudice civile.

3. Avvenuta la revoca della costituzione a norma dei commi 1 e 2, il giudice penale non può conoscere delle spese e dei danni che l'intervento della parte civile ha cagionato all'imputato e al responsabile civile. L'azione relativa può essere proposta davanti al giudice civile.

4. La revoca non preclude il successivo esercizio dell'azione in sede civile.

• La costituzione di parte civile può essere espressamente revocata – anche per mezzo di procuratore speciale (→ **Atti**, art. 122) – attraverso una dichiarazione resa direttamente in udienza (→ **Indagini e udienza preliminare**, art. 420 s.; → **Giudizio**, art. 484 s.; → **Impugnazioni**, artt. 602, 614), o contenuta in un atto scritto depositato in cancelleria (→ **Atti**, artt. 110 e 111 *bis*) e poi notificato alle altre parti (→ art. 152 s.).

• Sono previste anche due ipotesi di **revoca tacita**: la prima, quando la parte civile non presenta, al termine del dibattimento (→ **Giudizio**, art. 470 s.), nella discussione finale, «conclusioni scritte, che devono comprendere, quando sia richiesto il risarcimento dei danni, anche la determinazione del loro ammontare» (→ art. 523 co. 2); la seconda, qualora la pretesa risarcitoria venga successivamente avanzata, con egual *causa petendi*, pure in sede civile (art. 75 co. 3; → **Esecuzione**, art. 652), ciò provocando l'estinzione del rapporto processuale civile nel processo penale. Al contrario, l'assenza della parte civile nel procedimento penale di appello (→ **Impugnazioni**, art. 601 s.) non può interpretarsi come revoca tacita o presunta della costituzione, non essendo tale condotta riconducibile alle ipotesi previste dalla norma in esame (Cass., SU, 13.12.1995, n. 930). Sul principio di immanenza della costituzione di parte civile, **v. *sub* art. 76**.

• La revoca preclude al giudice la possibilità di adottare, nei confronti della parte civile, i due provvedimenti di cui all'art. 541 co. 2 (→ **Giudizio**), ossia la condanna «alla rifusione delle spese processuali sostenute dall'imputato e dal responsabile civile per effetto dell'azione civile» e, in caso di «colpa grave», quella ulteriore «al risarcimento dei danni causati» alle medesime parti.

• Anche dopo la revoca, il danneggiato può rivolgersi al giudice civile; tuttavia, il relativo giudizio rimane sospeso (art. 75 co. 3) e subisce l'efficacia di giudicato dell'eventuale sentenza assolutoria pronunciata in sede penale (→ **Esecuzione**, art. 652; v. anche art. 651).

83. Citazione del responsabile civile.

1. Il responsabile civile per il fatto dell'imputato può essere citato nel processo penale a richiesta della parte civile e, nel caso previsto dall'articolo 77, comma 4, a richiesta del pubblico ministero. L'imputato può essere citato come responsabile civile per il fatto dei coimputati per il caso in cui venga prosciolto o sia pronunciata nei suoi confronti sentenza di non luogo a procedere.

2. La richiesta deve essere proposta al più tardi per il dibattimento.

3. La citazione è ordinata con decreto dal giudice che procede. Il decreto contiene:

a) le generalità o la denominazione della parte civile, con l'indicazione del difensore e le generalità del responsabile civile, se è una persona fisica, ovvero la denominazione dell'associazione o dell'ente chiamato a rispondere e le generalità del suo legale rappresentante;

b) l'indicazione delle domande che si fanno valere contro il responsabile civile;

c) l'invito a costituirsi nei modi previsti dall'articolo 84;

d) la data e le sottoscrizioni del giudice e dell'ausiliario che lo assiste.

4. Copia del decreto è notificata, a cura della parte civile, al responsabile civile, al pubblico ministero e all'imputato. Nel caso previsto dall'articolo 77, comma 4, la copia del decreto è notificata al responsabile civile e all'imputato a cura del pubblico ministero. L'originale dell'atto con la relazione di notificazione è depositato nella cancelleria del giudice che procede.

5. La citazione del responsabile civile è nulla se per omissione o per erronea indicazione di qualche elemento essenziale il responsabile civile non è stato posto in condizione di esercitare i suoi diritti nell'udienza preliminare o nel giudizio. La nullità della notificazione rende nulla la citazione.

6. La citazione del responsabile civile perde efficacia se la costituzione di parte civile è revocata o se è ordinata l'esclusione della parte civile.

• Corte cost., 159 del 2022, ha dichiarato l'illegittimità costituzionale dell'art. 83, «nella parte in cui non prevede che, nel caso di responsabilità civile derivante dall'**assicurazione obbligatoria** prevista dall'art. 12, co. 8, della l. 11.2.1992, n. 157 (norme per la protezione della fauna selvatica omeoterma e per il prelievo venatorio), l'assicuratore possa essere citato nel processo penale a richiesta dell'imputato». Corte cost., 112 del 1998, ha dichiarato l'illegittimità costituzionale dell'art. 83, «nella parte in cui non prevede che, nel caso di responsabilità civile derivante dalla **assicurazione obbligatoria** prevista dalla l. 24.12.1989, n. 990, l'assicuratore possa essere citato nel processo penale **a richiesta dell'imputato**». Corte cost., 453 del 1992, ha inoltre dichiarato l'illegittimità costituzionale del co. 5 «nella parte in cui non prevede per la citazione del responsabile civile nel procedimento davanti al pretore il medesimo termine assegnato all'imputato dall'art. 555, terzo comma, dello stesso codice».

• Il responsabile civile – ossia il soggetto che, a norma delle leggi civili, è **obbligato a risarcire il danno causato dall'autore del reato** (→ **Giudizio**, artt. 538 co. 3, 541, 546 co. 1 lett. *e*) – può essere citato per il processo penale su richiesta della parte civile (→ art. 185 c.p.; artt. 74, 76), del p.m. che abbia esercitato l'azione civile nell'interesse del danneggiato (art. 77 co. 4) e – a seguito di alcuni interventi della Corte cost. (112 del 1998, 159 del 2022) – anche dall'imputato (art. 60), ma solo per il caso in cui si tratti di responsabilità civile derivante da talune tipologie di assicurazione obbligatoria (→ l. 990 del 1989; → l. 157 del 1992). Può infine essere citata come responsabile civile per il fatto dei coimputati, la persona la cui posizione sia stata definita, in udienza preliminare (→ **Indagini e udienza preliminare**, art. 418 s.), con sentenza di non luogo a procedere (→ artt. 425, 428, 434-437), oppure sia stata prosciolta (→ **Giudizio**, art. 529 s.).

• La richiesta di citazione deve essere presentata in tempo utile per assicurare al responsabile civile la possibilità di partecipare alle attività dibattimentali (→ **Giudizio**, art. 484). Il giudice decide con un decreto (→ **Atti**, art. 125) che contiene, fra l'altro, l'invito al responsabile civile a costituirsi (art. 84). La parte che ha chiesto la citazione ha l'onore di notificare copia del decreto al responsabile civile citato e alle altre parti (→ **Atti**, artt. 148 co. 6, 152 s.; → **Indagini e udienza preliminare**, art. 419 co. 4); successivamente, l'originale dell'atto notificato, insieme alle relazioni di notificazione (→ **Atti**, art. 168), deve essere depositato in cancelleria (→ art. 111 *bis*).

• L'atto di citazione incompleto o erroneo è nullo (→ **Atti**, artt. 178 lett. *c*, 180), se non pone il responsabile civile nelle condizioni di poter esercitare, in maniera piena ed effettiva, i diritti e le facoltà che la legge gli attribuisce in quanto parte (v. *sub* art. 84). In ogni caso, come precisa ulteriormente il co. 5, la nullità della notificazione (→ **Atti**, art. 171) è già di per sé sufficiente a determinare l'invalidità della citazione.

• Il co. 6 stabilisce, infine, uno stretto nesso di dipendenza fra il responsabile civile e la parte civile: la citazione del primo perde efficacia qualora la seconda venga esclusa (artt. 80, 81), o revochi la sua costituzione (art. 82).

84. Costituzione del responsabile civile.

1. Chi è citato come responsabile civile può costituirsi in ogni stato e grado del processo, anche a mezzo di procuratore speciale, con dichiarazione depositata nella cancelleria del giudice che procede o presentata in udienza.

2. La dichiarazione deve contenere a pena di inammissibilità:

a) le generalità della persona fisica o la denominazione dell'associazione o dell'ente che si costituisce e le generalità del suo legale rappresentante;

b) il nome e il cognome del difensore e l'indicazione della procura;

c) la sottoscrizione del difensore.

3. La procura conferita nelle forme previste dall'articolo 100 comma 1 è depositata nella cancelleria o presentata in udienza unitamente alla dichiarazione di costituzione del responsabile civile.

4. La costituzione produce i suoi effetti in ogni stato e grado del processo.

• Al fine di poter esercitare i diritti e le facoltà riconosciutigli in quanto parte (→ **Prove**, artt. 190, 208; → **Indagini e udienza preliminare**, artt. 421, 427; → **Giudizio**, artt. 468, 493, 495, 496, 503, 523, 541, 542), chi viene citato come responsabile civile (art. 83) deve costituirsi – anche tramite procuratore speciale (→ **Atti**, art. 122) – depositando in cancelleria una dichiarazione scritta (→ **Libro II**, artt. 110 e 111 *bis*), o presentandola direttamente in udienza (→ **Libro V**, art. 420; → **Giudizio**, art. 484; → **Impugnazioni**, artt. 602, 614).

• La dichiarazione deve contenere, fra l'altro, il nominativo del difensore (art. 100), la sua sottoscrizione (→ **Atti**, art. 111), nonché l'indicazione della procura (art. 100 co. 1; → **Atti**, art. 122). Qualora sia stata conferita al difensore con separato atto pubblico o scrittura privata autenticata (art. 100 co. 1), la procura deve essere depositata o presentata unitamente alla dichiarazione di costituzione (co. 1).

• Anche per la costituzione del responsabile civile, così come per quella della parte civile (art. 76 co. 2), vale il **principio di "immanenza"**: l'atto di costituzione, una volta presentato – ad esempio, in udienza preliminare (→ **Indagini e udienza preliminare**, art. 420) –, non deve essere rinnovato nelle fasi successive (→ **Giudizio**, art. 484), o nei successivi gradi del processo (→ **Impugnazioni**, artt. 573, 575, 601, 614, 627). **V. anche *sub* art. 76.**

85. Intervento volontario del responsabile civile.

1. Quando vi è costituzione di parte civile o quando il pubblico ministero esercita l'azione civile a norma dell'articolo 77, comma 4, il responsabile civile può intervenire volontariamente nel processo, anche a mezzo di procuratore speciale, per l'udienza preliminare e, successivamente, fino a che non siano compiuti gli adempimenti previsti dall'articolo 484, presentando una dichiarazione scritta a norma dell'articolo 84, commi 1 e 2.

2. Il termine previsto dal comma 1 è stabilito a pena di decadenza. Se l'intervento avviene dopo la scadenza del termine previsto dall'articolo 468 comma 1, il responsabile civile non può avvalersi della facoltà di presentare le liste dei testimoni, periti o consulenti tecnici.

3. Se è presentata fuori udienza, la dichiarazione è notificata, a cura del responsabile civile, alle altre parti e produce effetto per ciascuna di esse dal giorno nel quale è eseguita la notificazione.

4. L'intervento del responsabile civile perde efficacia se la costituzione di parte civile è revocata o se è ordinata l'esclusione della parte civile.

• Nel caso in cui vi sia stata costituzione di parte civile (art. 76), oppure il p.m. abbia esercitato l'azione civile nell'interesse del danneggiato (art. 77 co. 4), il responsabile civile – anche quando non è stato previamente citato (art. 83) – ha la facoltà di intervenire di propria iniziativa nel processo, eventualmente anche tramite procuratore speciale (→ **Atti**, art. 122).

• L'intervento – che può avvenire già in

vista della partecipazione all'udienza preliminare (→ **Indagini e udienza preliminare**, art. 419 s.), ma, comunque, a pena di decadenza (→ **Atti**, art. 173 s.), non oltre il momento in cui il giudice dibattimentale accerta la regolare costituzione delle parti (→ **Giudizio**, art. 484) – si perfeziona mediante il deposito di una dichiarazione scritta (art. 84 co. 1 e 2; → **Libro II**, artt. 110 e 111) in cancelleria (→ art. 111 *bis*), o con la presentazione della stessa in udienza (→ **Libro V**, art. 420; → **Giudizio**, art. 484). Nel primo caso, peraltro, la dichiarazione deve essere notificata alle altre parti (→ **Atti**, art. 152 s.) ed è efficace nei loro confronti a far data dalla notificazione (co. 3).

• Se l'intervento non avviene «almeno sette giorni prima della data fissata per il dibattimento», il responsabile civile non potrà presentare una propria **lista** (→ **Giudizio**, art. 468) di testimoni (→ **Prove**, artt. 194-197 *bis*), periti (→ artt. 220-223) e consulenti tecnici (→ artt. 225, 233), di cui chiedere l'esame (→ **Giudizio**, artt. 493, 496, 502, 510).

• L'intervento del responsabile civile, così come la sua citazione (art. 83 co. 6), sono legati alla permanenza della parte civile nel processo: qualora quest'ultima venga esclusa (artt. 80, 81), o revochi la sua costituzione (art. 82), l'intervento del primo perde efficacia (co. 4).

86. Richiesta di esclusione del responsabile civile.

1. La richiesta di esclusione del responsabile civile può essere proposta dall'imputato nonché dalla parte civile e dal pubblico ministero che non ne abbiano richiesto la citazione.

2. La richiesta può essere proposta altresì dal responsabile civile che non sia intervenuto volontariamente anche qualora gli elementi di prova raccolti prima della citazione possano recare pregiudizio alla sua difesa in relazione a quanto previsto dagli articoli 651 e 654.

3. La richiesta deve essere motivata ed è proposta, a pena di decadenza, non oltre il momento degli accertamenti relativi alla costituzione delle parti nella udienza preliminare o nel dibattimento. Il giudice decide senza ritardo con ordinanza.

• L'imputato (art. 60), la parte civile (→ art. 185 c.p.; artt. 74, 76) e il p.m. (art. 51), se non hanno chiesto al giudice di citare il responsabile civile (art. 83 co. 1), hanno la facoltà di domandarne l'esclusione.

• Lo stesso responsabile civile – sempre che non sia intervenuto volontariamente (art. 85) – può chiedere di essere escluso, per due ragioni: in primo luogo, per la mancanza dei presupposti formali o sostanziali che ne legittimano la citazione (art. 83); in secondo luogo, quando, nel compendio probatorio, sono presenti elementi (→ **Prove**, art. 187), acquisiti prima che venisse citato, potenzialmente idonei a comprometterne la posizione in vista della celebrazione di giudizi civili o amministrativi (→ **Esecuzione**, artt. 651, 654) susseguenti all'eventuale condanna dell'imputato (→ **Giudizio**, artt. 533, 538-541, 546 co. 1 lett. *e*).

• Secondo il co. 3, la richiesta di esclusione del responsabile civile – su cui il giudice decide con ordinanza (→ **Atti**, art. 125) – deve essere presentata, al più tardi, quando il giudice del dibattimento accerta la regolare costituzione delle parti (→ **Giudizio**, art. 484; → **Atti**, art. 173 s.). Bisogna tuttavia tener conto che l'art. 491 permette la trattazione delle questioni concernenti «la citazione o l'intervento del responsabile civile» anche «subito dopo» tale momento, spostando così leggermente in avanti il termine decadenziale appena citato.

87. Esclusione di ufficio del responsabile civile.

1. Fino a che non sia dichiarato aperto il dibattimento di primo grado, il giudice, qualora accerti che non esistono i requisiti per la citazione o per l'intervento del responsabile civile, ne dispone l'esclusione di ufficio, con ordinanza.

2. Il giudice provvede a norma del comma 1 anche quando la richiesta di esclusione è stata rigettata nella udienza preliminare.

3. L'esclusione è disposta senza ritardo, anche di ufficio, quando il giudice accoglie la richiesta di giudizio abbreviato.

• Il responsabile civile, oltre che su richiesta di parte (art. 86), può essere escluso d'ufficio dal giudice che ritenga insussistenti i presupposti per la sua citazione (art. 83) o il suo intervento (art. 85); tale decisione può essere adottata, con ordinanza (→ **Atti**, art. 125), sino alla dichiarazione di apertura del dibattimento (→ **Giudizio**, art. 492).

• Nel dibattimento (→ **Giudizio**, art. 484 s.), l'esclusione d'ufficio è consentita anche se la richiesta di escludere il responsabile civile (art. 86) è già stata rigettata in sede di udienza preliminare (→ **Libro V**, art. 420).

• In caso di accesso dell'imputato al giudizio abbreviato (→ **Procedimenti speciali**, art. 438), il responsabile civile deve in ogni caso essere escluso, anche d'ufficio. Tale regola discende dalla volontà dei codificatori di sgravare il più possibile il rito speciale in questione dalla presenza di soggetti non indispensabili per i fini dell'accertamento penale.

88. Effetti dell'ammissione o dell'esclusione della parte civile o del responsabile civile.

1. L'ammissione della parte civile o del responsabile civile non pregiudica la successiva decisione sul diritto alle restituzioni e al risarcimento del danno.
2. L'esclusione della parte civile o del responsabile civile non pregiudica l'esercizio in sede civile dell'azione per le restituzioni e il risarcimento del danno. Tuttavia se il responsabile civile è stato escluso su richiesta della parte civile, questa non può esercitare l'azione davanti al giudice civile per il medesimo fatto.
3. Nel caso di esclusione della parte civile non si applica la disposizione dell'articolo 75, comma 3.

• L'articolo fornisce alcune precisazioni sulle conseguenze derivanti dall'ammissione o dall'esclusione della parte civile (artt. 76, 78) e del responsabile civile (artt. 83, 85). Innanzitutto, il co. 1 chiarisce che l'**ammissione** di queste due parti, di per sé, non ha alcuna influenza sulla successiva e separata decisione in merito alla pretesa civilistica (→ art. 185 c.p.; art. 74; → **Giudizio**, artt. 538 s., 546 co. 1 lett. *e*).

• Simmetricamente, secondo il co. 2, il provvedimento di **esclusione** (artt. 80-81, 86-87) non impedisce al danneggiato di ripresentare la medesima domanda in sede civile, salvo un unico limite: se la parte civile ha chiesto l'esclusione del responsabile civile (art. 86), non potrà poi più agire nei suoi confronti per quello stesso fatto.

• Infine, si stabilisce che, nel caso di esclusione della parte civile (artt. 80-81), una successiva azione davanti al giudice civile seguirà il suo corso, senza dover attendere la definizione del processo penale (art. 75) e senza quindi subire gli effetti dell'eventuale giudicato assolutorio pronunciato in tale sede (→ **Esecuzione**, art. 652).

89. Citazione del civilmente obbligato per la pena pecuniaria.

1. La persona civilmente obbligata per la pena pecuniaria è citata per l'udienza preliminare o per il giudizio a richiesta del pubblico ministero o dell'imputato.
2. Si osservano in quanto applicabili le disposizioni relative alla citazione e alla costituzione del responsabile civile. Non si applica la disposizione dell'articolo 87, comma 3.

• Oltre al responsabile civile (art. 83 s.), può essere citata nel processo penale anche la persona «civilmente obbligata per la pena pecuniaria», ossia il soggetto al quale, in caso di insolvibilità del condannato, è fatto obbligo di pagare la multa o l'ammenda irrogata dal giudice (→ artt. 196, 197 c.p.; → **Giudizio**, art. 534; → **Impugnazioni**, art. 599 *bis* co. 1; → **Esecuzione**, art. 660).

• La richiesta di citazione può essere presentata dal p.m. (art. 51) e dall'imputato (art. 60), già in vista dell'udienza preliminare (→ **Indagini e udienza preliminare**, art. 420), oppure anche solo per il successivo dibattimento (→ **Giudizio**, art. 484).

• Quanto alla procedura di citazione e costituzione, l'art. 89 rinvia alle regole stabilite per il responsabile civile (artt. 83 co. 3-5, 84).

• Il civilmente obbligato per la pena pecuniaria può essere anche escluso, sebbene non operi l'ipotesi di esclusione obbligatoria, prevista in relazione al responsabile civile (art. 87 co. 3), qualora l'imputato acceda al giudizio abbreviato (→ **Procedimenti speciali**, art. 438). L'esigenza di snellezza di quest'ultimo rito non ha quindi prevalso sulla necessità di ottenere il pagamento della pena pecuniaria.

Titolo VI
PERSONA OFFESA DAL REATO

90. Diritti e facoltà della persona offesa dal reato.

1. La persona offesa dal reato, oltre ad esercitare i diritti e le facoltà ad essa espressamente riconosciuti dalla legge, in ogni stato e grado del procedimento può presentare memorie e, con esclusione del giudizio di cassazione, indicare elementi di prova.

1 *bis*. La persona offesa ha facoltà di dichiarare o eleggere domicilio. Ai fini della dichiarazione di domicilio la persona offesa può indicare un indirizzo di posta elettronica certificata o altro servizio elettronico di recapito certificato qualificato.

2. La persona offesa minore, interdetta per infermità di mente o inabilitata esercita le facoltà e i diritti a essa attribuiti a mezzo dei soggetti indicati negli articoli 120 e 121 del codice penale.

2 *bis*. Quando vi è incertezza sulla minore età della persona offesa dal reato, il giudice dispone, anche di ufficio, perizia. Se, anche dopo la perizia, permangono dubbi, la minore età è presunta, ma soltanto ai fini dell'applicazione delle disposizioni processuali.

3. Qualora la persona offesa sia deceduta in conseguenza del reato, le facoltà e i diritti previsti dalla legge sono esercitati dai prossimi congiunti di essa o da persona alla medesima legata da relazione affettiva e con essa stabilmente convivente.

Il co. 1 *bis* è stato introdotto dal d. lgs. 10.10.2022, n. 150, mentre il co. 2 *bis* è stato aggiunto dal d. lgs. 15.12.2015, n. 212, che ha altresì modificato il co. 3.

• La disposizione reca significativi punti di contatto con numerose fonti sovranazionali che, negli ultimi decenni, hanno contribuito a dare risalto alla figura della "vittima" nel sistema penale: tra le fonti dell'Unione europea, v. **direttiva 2012/29/UE** e **direttiva 2011/99/UE**; tra quelle del Consiglio d'Europa, **Convenzione c.d. di Lanzarote**, 25.10.2007; **Convenzione c.d. di Istanbul**, 7.4.2011; nonché v. diverse norme della **Cedu**, come gli artt. 2 e 3, specie a fronte degli "obblighi procedurali" riconosciuti in capo agli Stati dalla giurisprudenza della Corte di Strasburgo.

• Rileva, inoltre, la **direttiva 2004/80/CE**, relativa all'indennizzo delle vittime di reati intenzionali violenti, che ha avuto attuazione tramite il d. lgs. 9.11.2007, n. 204 (oggetto di Corte giust., 11.10.2016, causa C-601/14), seguito dalla l. 7.7.2016, n. 122 (c.d. legge europea, v. art. 11 ss.) e di recente modificato dalla l. 19.7.2019, n. 69 (c.d. codice rosso).

• L'art. 90 rappresenta il principale riferimento codicistico in ordine alle prerogative della persona offesa dal reato nel procedimento penale. Il richiamo ai **diritti** e alle **facoltà** che le spettano costituisce un importante **raccordo** rispetto a **specifiche indicazioni contenute in altri articoli del codice di rito** (a parte gli artt. 90 *bis*, 90 *ter* e 90 *quater*, v. gli artt. 54 *quater*, 101, 335, 336, 341, 360, 367, 369, 394, 401, 406, 408-410 *bis*, 415 *bis*, 428, 429, 451, 456, 464 *quater*, 572), nonché in relazione a diverse disposizioni del codice penale, anche in seguito alle modifiche introdotte dalla l. 19.7.2019, n. 69, c.d. codice rosso, in tema di tutela delle vittime di violenza domestica e di genere.

• La valorizzazione del ruolo della persona offesa nel procedimento penale corrisponde a un riferimento specifico, contenuto nella **relazione al progetto preliminare** del codice di rito, tendente a riconoscere forme di "adesione" e di "controllo" rispetto all'attività del p.m., in particolare ai fini dell'esercizio e del proseguimento dell'azione penale.

• La "persona offesa dal reato" può essere definita come il **titolare del bene giuridico** protetto dalla norma incriminatrice ed è individuata quale soggetto passivo della condotta penalmente rilevante. Deve essere mantenuta concettualmente **distinta dal danneggiato dal reato**, ossia colui che – avendo subìto un danno risarcibile, patrimoniale o non patrimoniale, in conseguenza del reato – è legittimato a costituirsi parte civile (art. 74 s.). Dal punto di vista lessicale, la persona offesa viene denominata anche come "**offeso**" oppure sovente, specie nelle fonti sovranazionali, come "**vittima**" (direttiva 2012/29/UE; Convenzione c.d. di Lanzarote, 25.10.2007; Convenzione c.d. di Istanbul, 7.4.2011).

• Si ritiene che possa trattarsi non solo di una **persona fisica**, ma anche di **persone giuridiche**, private o pubbliche. Tuttavia, l'ambito delle persone giuridiche rimane escluso dalla sfera di tutela garantita alla vittima a livello sovranazionale mediante la direttiva 2012/29/UE (art. 2; v. Corte giust., 28.6.2007, Dell'Orto, causa c-467/05).

• Alla persona offesa viene riconosciuta la qualità di **soggetto processuale**, ma non di parte, non essendole attribuiti i diritti ed i poteri spettanti alle parti al fine di ottenere una decisione giurisdizionale sulla regiudicanda. Di ciò si trae conferma sia dalla collocazione sistematica della relativa disciplina in un titolo autonomo del Libro I (Titolo VI), successivo a quello dedicato alle parti private diverse dall'imputato (Titolo V), sia da alcuni articoli del codice che distinguono espressamente queste ultime dalla persona offesa (→ **Atti**, art. 178 lett. *c*; → **Indagini e udienza preliminare**, art. 328).

• È possibile distinguere un **ruolo "attivo"** e un **ruolo "passivo"** della persona offesa nel procedimento penale, poiché essa, da un lato, è titolare di diritti e facoltà che la rendono partecipe dello svolgimento del procedimento; dall'altro lato, è bisognosa di protezione, come emerge specialmente in relazione alle ipotesi di "particolare vulnerabilità" di cui all'art. 90 *quater*, ma anche con riguardo alla possibile adozione di misure cautelari o precautelari (→ **Misure cautelari**; → **Indagini e udienza preliminare**; ambiti interessati dalla l. 19.7.2019, n. 69, c.d. codice rosso) o all'emissione dell'ordine di protezione europeo (d. lgs. 11.2.2015, n. 9, in attuazione della direttiva 2011/99/UE), nonché con riferimento alla tutela dell'offeso in qualità di testimone, mediante l'incidente probatorio (→ **Indagini e udienza preliminare**, artt. 392 co. 1 *bis* e 398 co. 5 *quater*) o in sede dibattimentale (→ **Giudizio**, art. 498 co. 4 *bis*, 4 *ter*, 4 *quater*).

• Tra le prerogative facenti capo alla persona offesa, si segnala la facoltà di nominare un **difensore** (art. 101), nonché la possibilità di accedere al **patrocinio a spese dello Stato**: se ne ricorrono le condizioni (in considerazione del reato per il quale si procede e dell'età dell'offeso), anche in deroga ai limiti di reddito ordinariamente richiesti. Sul punto, rileva la disciplina dell'**art. 76** d.P.R. 30.5.2002, n. 115, più volte riformata (→ **T.U. spese**). In particolare, v. il co. 4 *ter* per i **reati di cui agli artt. 572, 583 *bis*, 609 *bis*, 609 *quater*, 609 *octies* e 612 *bis* c.p.**, nonché, ove commessi **in danno di minori**, per i **reati di cui agli artt. 600, 600 *bis*, 600 *ter*, 600 *quinquies*, 601, 602, 609 *quinquies* e 609 *undecies* c.p.** In base al co. 4 *quater*, il **minore straniero non accompagnato**, coinvolto a qualsiasi titolo in un procedimento giurisdizionale, ha diritto di essere informato dell'opportunità di nominare un legale di fiducia, anche attraverso il tutore nominato o l'esercente la responsabilità genitoriale, e di avvalersi del patrocinio a spese dello Stato. Mentre, ai sensi di un ulteriore successivo co., i **figli minori o i figli maggiorenni economicamente non autosufficienti** rimasti **orfani di un genitore** – a seguito di omicidio commesso in danno dello stesso genitore dal coniuge, anche legalmente separato o divorziato, dall'altra parte dell'unione civile, anche se l'unione civile è cessata, o dalla persona che è o è stata legata da relazione affettiva e stabile convivenza – possono essere ammessi al patrocinio a spese dello Stato, anche in deroga ai limiti di reddito previsti.

• Altresì, quando la persona offesa dal reato, sottoposta a sua volta a procedimento penale, sia destinataria di un provvedimento di archiviazione, oppure di una sentenza di non luogo a procedere o di proscioglimento – per **legittima difesa** – l'**onorario** e le **spese** spettanti al difensore, all'ausiliario del magistrato e al consulente tecnico "sono **liquidati** dal magistrato nella misura e con le modalità previste dagli artt. 82 e 83" **T.U. spese** ed "è ammessa opposizione ai sensi dell'art. 84" dello stesso T.U. Tuttavia, qualora "a seguito della riapertura delle indagini, della revoca o della impugnazione della sentenza di non luogo a procedere o della impugnazione della sentenza di proscioglimento, sia pronunciata sentenza irrevocabile di condanna, lo **Stato** ha diritto di **ripetere le somme anticipate** nei confronti della persona condannata" (→ **T.U. spese**, art. 115 *bis*).

• In attuazione della direttiva 2012/29/UE

(→ **d. lgs. 212 del 2015**), all'offeso alloglotta viene assicurata gratuitamente l'**assistenza linguistica** (→ **Atti**, art. 143 *bis*).

• Degli aspetti relativi all'assistenza difensiva e linguistica, la persona offesa deve essere previamente avvisata, come disposto dall'art. 90 *bis*, lett. *d* ed *e*.

• I diritti e le facoltà della persona offesa possono essere esercitati **in ogni stato e grado del procedimento**, ma è soprattutto nel corso delle **indagini preliminari** (→**Libro V**) che essa può intervenire in modo più incisivo. L'esercizio delle sue prerogative è di fatto condizionato dalla previa conoscenza del procedimento in corso, fermo restando che la stessa apertura delle indagini può trarre origine da una **denuncia**, **querela o istanza** (→ artt. 333, 336 s., 341), proposta proprio dall'offeso.

• In ordine alla **denuncia** e alla **querela**, occorre considerare l'art. 107 **Disp. att.**, che prevede il diritto di ottenere l'attestazione **della ricezione dell'atto**; l'art. 107 *ter* **Disp. att.**, che riconosce all'offeso **alloglotta** il diritto di proporre l'atto stesso e di ottenere la relativa attestazione di ricezione in una lingua da lui conosciuta; nonché l'art. 108 *ter* **Disp. att.**, il quale, previa trasmissione dell'atto in questione da parte del procuratore della Repubblica, affida al P.G. presso la corte d'appello il compito di inoltrare all'autorità giudiziaria competente le denunce o querele presentate da vittime residenti ovvero domiciliate in Italia, per **reati commessi in altri Stati** dell'UE. Inoltre, in base all'art. 335 co. 3 *bis*, decorsi sei mesi dalla presentazione della denuncia o della querela, il denunciante o il querelante possono chiedere all'autorità giudiziaria procedente di essere **informati** dello **stato del procedimento** (→ **Indagini e udienza preliminare**).

• La conoscenza del procedimento, da parte dell'offeso (o del suo difensore), può avere luogo mediante l'informazione di garanzia, la comunicazione su richiesta dell'iscrizione della notizia di reato nell'apposito registro, o l'avviso di conclusione delle indagini per i reati di cui agli artt. 572 e 612 *bis* c.p. (→ **Indagini e udienza preliminare**, artt. 369, 335, 415 *bis*).

• Nell'interesse della persona offesa possono essere svolte **indagini difensive** ai sensi degli artt. 327 *bis* e 391 *bis* ss. (→ **Indagini e udienza preliminare**), finalizzate alla ricerca e all'individuazione di elementi di prova. Ciò, inizialmente, per l'eventualità che si instauri un procedimento penale (c.d. indagini difensive "preventive" *ex* art. 391 *nonies*); in seguito, in ogni stato e grado di quest'ultimo, nonché dopo il formarsi del giudicato (→ art. 327 *bis*).

• Nel corso delle indagini preliminari, il contributo dell'offeso alle attività istruttorie può avere luogo anche mediante la partecipazione ad **accertamenti tecnici non ripetibili**, dei quali deve essere previamente informato (→ **Indagini e udienza preliminare**, art. 360), o attraverso una sollecitazione al p.m. affinché promuova l'**incidente probatorio** (→ artt. 394 e 392 co. 1 *bis*). Per l'instaurazione di quest'ultimo l'offeso può attivarsi autonomamente, tramite il suo difensore, solo in relazione ad eventuali indagini difensive svolte nel suo interesse e, più precisamente, quando un potenziale testimone, chiamato a rendere dichiarazioni nel contesto di tali indagini, si sia rifiutato *ex* art. 391 *bis* co. 3 lett. *d* (→ art. 391 *bis* co. 11). Dell'ordinanza che accoglie la richiesta di incidente probatorio, la persona offesa deve comunque ricevere avviso (→ art. 398), potendo assistervi *ex* art. 401 co. 3, nonché chiedere al giudice di rivolgere domande, tramite il proprio difensore, a chi sia sottoposto ad esame, *ex* art. 401 co. 5.

• Durante le indagini preliminari (→ **Libro V**), inoltre, la persona offesa e il suo difensore – ritenendo che il reato appartenga alla competenza di un giudice diverso da quello presso il quale il p.m. che procede eserciti le proprie funzioni – possono chiedere che gli atti siano trasmessi al p.m. presso il giudice considerato competente, enunciandone le ragioni (art. 54 *quater*).

• Nella fase delle indagini preliminari, peraltro, rileva il ruolo della persona offesa sia propulsivo rispetto all'esercizio dell'azione penale da parte del p.m., sia di controllo sui casi di inazione (→ **Libro V**). Ne sono emblematici, per un verso, il ricorso immediato davanti al giudice di pace (→ **Giu. Pace**, art. 21) e, per altro verso, l'opposizione alla richiesta di archiviazione *ex* art. 410 (→ **Indagini e udienza preliminare**).

• Il contributo della persona offesa è particolarmente incisivo in relazione all'ipotesi di **archiviazione** (→ **Indagini e udienza preliminare**). L'avviso della **richiesta archiviativa** le viene notificato, di regola, solo quando essa abbia previamente dichiarato di volere essere informata. Nelle ipotesi di delitti commessi con violenza alla persona e in quelle di furto in abitazione e furto con strappo (art. 624 *bis* c.p.), però, eccezionalmente l'avviso è notificato anche a prescindere da tale previa dichiarazione (→ art. 408 co. 2 e 3 *bis*). Il medesimo avviso spetta sempre alla persona offesa, anche qualora l'archiviazione sia richiesta per la particolare tenuità del fatto (→ art. 411 co. 2; → art. 131 *bis* c.p.).

• La persona offesa può proporre **opposizione** (→ **Indagini e udienza preliminare**, art. 410) alla richiesta di archiviazione nel termine di venti giorni dalla notifica dell'avviso sopra menzionato, o – nei casi eccezionali ora indicati con riguardo alla necessaria notifica dell'avviso stesso – entro trenta giorni, chiedendo la prosecuzione delle indagini (→ artt. 408, 409, 410). Mentre, quando la suddetta richiesta riguardi il caso di particolare tenuità del fatto, l'opposizione va presentata entro dieci giorni.

• Un'ipotesi di **nullità del provvedimento di archiviazione** – per violazioni della disciplina inerente all'opposizione alla richiesta archiviativa e all'avviso su tale richiesta – è prevista dall'art. 410 *bis* (→ **Libro V**), che riconosce altresì all'interessato la possibilità di proporre **reclamo** innanzi al **tribunale in composizione monocratica**, avverso il predetto provvedimento.

• In vista della chiusura delle indagini preliminari, inoltre, la persona offesa può partecipare all'udienza relativa alla **proroga** dei termini, fissata d'ufficio (→ **Libro V**, art. 406 co. 5); e ha altresì la facoltà di chiedere al P.G. di disporre l'**avocazione**, laddove il termine per le indagini preliminari (stabilito dalla legge o prorogato dal giudice) sia spirato senza che siano state adottate, da parte del p.m., determinazioni in ordine all'esercizio dell'azione penale (→ artt. 412, 413).

• In seguito all'esercizio dell'azione penale, all'offeso viene notificato l'avviso relativo all'**udienza preliminare** (→ **Libro V**, art. 419) e, nel suo interesse, possono essere svolte tramite il difensore **indagini c.d. suppletive** ai sensi dell'art. 419 co. 3. Qualora l'offeso non sia stato presente in udienza, deve essergli notificato anche il decreto che dispone il giudizio (→ art. 429 co. 4). Dopo l'emissione di tale atto, sempre in chiave difensiva può essere effettuata l'**attività integrativa** di indagine *ex* art. 430 co. 1. Alla persona offesa deve, altresì, essere notificata la sentenza di non luogo a procedere (→ artt. 428 e 429), nei confronti della quale essa può proporre appello entro i limiti di cui all'art. 428 co. 2.

• Alla persona offesa, inoltre, è notificato il decreto che dispone il giudizio immediato, emesso su impulso del p.m. o dell'imputato, unitamente alla relativa richiesta se proposta dal p.m. (→ **Procedimenti speciali**, art. 456 co. 3 e 4).

• In **dibattimento**, la persona offesa, quando non ricopre anche il ruolo di parte civile (art. 74 s.), ha una posizione di secondo piano. Essa, tuttavia, fornisce un apporto spesso decisivo all'accertamento, in qualità di **testimone** a carico. Non è prevista, infatti, l'incompatibilità dell'offeso rispetto all'ufficio di testimone (→ **Prove**, art. 197). Di fatto, però, il giudice sarà particolarmente prudente nel valutare la **credibilità** del dichiarante, trattandosi di un soggetto comunque coinvolto nei fatti da accertare e portatore di interessi propri nel procedimento penale. Ciò, fermo restando che **non** si applicano le regole di cui all'art. 192 co. 3 e 4, le quali postulerebbero altrimenti la necessità di **"riscontri esterni"** rispetto alle dichiarazioni rese (→ **Prove**). Incidentalmente va osservato come il tema inerente alla valutazione dell'audizione della persona offesa risulta spesso sotteso alla complessa problematica della **rinnovazione dell'istruzione dibattimentale in appello**, al centro dell'attenzione della giurisprudenza e del legislatore (→ **Impugnazioni**, art. 603).

• Quando l'offeso dal reato (o un suo prossimo congiunto) – chiamato ad assumere la veste di **testimone** – è **prossimo congiunto** dell'imputato, gli viene eccezionalmente **negata** la **possibilità di esimersi** dal deporre, di regola riconosciuta a chi abbia tale legame con l'imputato (→ **Prove**, art. 199 co. 1). Prevalgono, in definitiva, le esigenze dell'accertamento rispetto a quelle di tutela del "sentimento familiare".

• Un aspetto previsto dalla direttiva 2012/29/UE (art. 10) e non specificamente valorizzato nell'ambito interno è quello riguardante il **diritto della vittima di essere sentita e di fornire elementi di prova** (con le opportune cautele, quando si tratti di vittima minorenne o comunque, particolarmente vulnerabile). La persona offesa, in base alla direttiva, ha infatti il diritto di proporsi come dichiarante, seppure è lasciata ai singoli ordinamenti la scelta sul valore probatorio da assegnare alla sua deposizione.

• Non si può parlare di un **diritto alla prova** della vittima, tuttavia la giurisprudenza ha mostrato di avallare la possibilità di una presentazione di **memorie**, da parte della persona offesa, destinate poi a convertirsi in **"liste testimoniali"** (→ **Giudizio**, art. 468), qualora quest'ultima, rivestendo anche la qualità di "danneggiato dal reato", si costituisca parte civile, ma solo dopo la scadenza del termine previsto per il deposito delle liste stesse (tra le altre, Cass., sez. IV, 14.1.2011, n. 4372, in *Guida dir.*, 2011, 25, p. 74).

• Più in generale, quanto alle **memorie** che l'offeso può presentare ai sensi del co. 1, esse sono costituite da **annotazioni** e possono riguardare questioni **sia processuali che di merito**, rilevanti in vista di decisioni interlocutorie oppure nell'ottica della decisione finale. Le memorie possono essere presentate dall'offeso **personalmente** o per mezzo del **proprio difensore**, sia nel corso delle indagini preliminari che successivamente, **in ogni stato e grado del procedimento**, compreso il giudizio in cassazione. L'indicazione di "**elementi di prova**", sempre *ex* co. 1, invece è consentita **solo** nelle diverse fasi del **procedimento di merito**: nel corso delle indagini, al fine di orientare le scelte investigative del p.m. verso determinate fonti probatorie; in giudizio, per sollecitare il giudice ad avvalersi dei propri poteri in punto di prova (→ **Giudizio**, artt. 506 e 507). Ad ogni modo, la presentazione sia di memorie che di elementi di prova, da parte della persona offesa, è un'attività che in linea di massima **non** genera, nell'autorità giudiziaria **obblighi** né di risposta, né tantomeno di seguire le indicazioni prospettate (→ **Atti**, art. 121; → **Indagini e udienza preliminare**, art. 367).

• In ordine alle **impugnazioni**, al di là di quanto già osservato in relazione alla sentenza di non luogo a procedere, va aggiunto che la persona offesa, anche se non costituita parte civile, può **sollecitare il p.m.** (con richiesta motivata) a proporre impugnazione a ogni effetto penale (→ **Impugnazioni**, art. 572).

• Nell'ambito dei procedimenti incidentali di **impugnazione** di provvedimenti in materia **cautelare** (→ **Libro IV**), la persona offesa non ha alcun diritto di partecipazione. Tuttavia, non è escluso che il suo difensore, avuta conoscenza del procedimento pendente dinanzi al tribunale della libertà, presenti direttamente al collegio giudicante i risultati di eventuali indagini difensive, affinché se ne tenga conto per la decisione (→ **Indagini e udienza preliminare**, art. 391 *octies* co. 2).

• Il ruolo della persona offesa è divenuto via via più rilevante anche in una nuova prospettiva, ossia quella relativa alla **giustizia riparativa**. In questo senso, un significativo impulso è derivato dalle fonti sovranazionali (direttiva 2012/29/UE, art. 12). La normativa italiana, in tale ambito, si è per lungo tempo limitata alle sole previsioni inerenti al procedimento davanti al giudice di pace e alle ipotesi di conciliazione in esso contemplate (→ **Giu. Pace**, art. 29 co. 4 e 5; v. anche art. 35, sull'estinzione del reato conseguente a condotte riparatorie). Tuttavia, si scorge ora una maggiore attenzione del legislatore sul punto e non possono passare inosservati due **richiami testuali** alla **"mediazione"**, che interessano particolarmente la vittima. Il primo è incluso nell'ambito della disciplina della **messa alla prova**, ai sensi dell'art. 464 *bis*, il quale prevede che alla richiesta di sospensione del procedimento per messa alla prova sia allegato un programma di trattamento che tenga conto delle "condotte volte a promuovere, ove possibile, la mediazione con la persona offesa". Il secondo è contenuto nell'art. 90 *bis*, in relazione alle **informative** rivolte alla vittima, riguardanti appunto la mediazione, nonché la remissione della querela, la messa alla prova e la particolare tenuità del fatto.

• In controtendenza rispetto a quanto appena illustrato, l'**art. 162 *ter* c.p.** prevede l'**estinzione del reato** in seguito a **condotte riparatorie** della persona sottoposta al procedimento, per i casi in cui sia contemplata dalla legge la remissione della querela, anche **senza** il **consenso** della persona offesa (qualora il giudice riconosca la congruità della somma offerta a titolo di riparazione del danno cagionato dal reato).

• Con riguardo alla sospensione del procedimento con **messa alla prova**, alla persona offesa è riconosciuto il diritto di essere sentita e di ricevere avviso sia dell'udienza di decisione sulla relativa richiesta (→ **Procedimenti speciali**, art. 464 *quater* co. 1), sia dell'udienza di valutazione in esito alla quale il giudice può dichiarare, con sentenza, estinto il reato (→ art. 464 *septies* co. 1). A ciò si aggiunge un autonomo potere di **impugna-**

zione dell'ordinanza che decide sull'istanza di messa alla prova, in caso di mancato avviso dell'udienza o di mancata audizione, nonché la possibilità di sollecitare nelle altre ipotesi l'impugnazione da parte del p.m. (→ art. 464 *quater* co. 7). Senza dimenticare, altresì, che la persona offesa ha il diritto di essere avvisata almeno dieci giorni prima dell'**udienza**, fissata *ex* art. 127 (→ **Atti**), per la valutazione dei presupposti di revoca dell'ordinanza di sospensione del procedimento di messa alla prova (→ **Libro VI**, art. 464 *octies* co. 1).

• Il coinvolgimento della persona offesa è espressamente previsto anche ai fini della pronuncia di non punibilità per **particolare tenuità del fatto**, specie in sede di archiviazione ai sensi dell'art. 411 co. 1 *bis* (→ **Indagini e udienza preliminare**; → **Giu. Pace**, art. 34).

• In relazione all'ipotesi in cui la persona offesa sia **minore d'età**, **interdetta** per infermità mentale o **inabilitata** – in base a quanto previsto dall'art. 90 e dagli artt. 120 e 121 c.p. in materia di querela – occorre distinguere **due diversi regimi**: l'uno per i minori infraquattordicenni e gli inabilitati, l'altro per i minori di anni quattordici e per gli infermi di mente interdetti. Nel **primo** caso, la persona offesa potrà esercitare personalmente i diritti e le facoltà che le spettano, i quali possono essere però esercitati anche dal genitore, dal tutore o dal curatore, in via autonoma e nonostante ogni contraria dichiarazione espressa o tacita dell'infraquattordicenne o dell'inabilitato. Nel **secondo** caso, invece, i diritti e le facoltà della persona offesa sono esercitati esclusivamente dal genitore o dal tutore, oppure – quando essa sia priva di un rappresentante o si trovi in conflitto di interessi con quest'ultimo – da un curatore speciale.

• Va segnalato che, qualora i reati di cui all'art. 392 co. 1 *bis* (→ **Indagini e udienza preliminare**) siano stati commessi nei confronti di un minore, il **termine della prescrizione** decorre **dal compimento del diciottesimo anno di età della persona offesa**, salvo che l'azione penale non sia stata esercitata precedentemente (in quest'ultimo caso, il termine decorre dall'acquisizione della notizia di reato: → art. 158 c.p.).

• Inoltre, quando la **vittima** sia **minorenne** – al di là del possibile riconoscimento della sua particolare vulnerabilità e delle relative conseguenze (art. 90 *quater*) – alla luce dell'art. 24 lett. *a* della direttiva 2012/29/UE, può avere luogo la **registrazione audiovisiva** di ogni sua audizione, da utilizzare ai fini probatori.

• La disciplina relativa alla situazione di **incertezza sulla minore età** della persona offesa (di cui al co. 2 *bis*) è stata introdotta dal d. lgs. 212 del 2015, in attuazione della direttiva 2012/29/UE (art. 24), e ricalca in parte quella prevista con riferimento all'incertezza sulla minore età dell'imputato (→ **Proc. minorile**, art. 8), a sua volta oggetto della **direttiva 2016/800/UE** (v. "considerando" n. 13).

• Per stabilire se la persona offesa sia o meno minorenne (e perciò se, ai sensi del co. 2 dell'art. 90, per l'esercizio dei suoi diritti e delle sue facoltà debbano subentrare nel procedimento i soggetti di cui agli artt. 120 e 121 c.p.), la norma prevede la **perizia** (→ **Prove**, art. 220). Il dato positivo non va inteso però in senso rigoroso e, nel corso delle indagini preliminari, la verifica sull'età può declinarsi nelle forme della **consulenza tecnica** (→ **Prove**, art. 233) o, se del caso, degli **accertamenti tecnici non ripetibili** *ex* art. 360 (→ **Indagini e udienza preliminare**). Mentre, lo strumento dell'**incidente probatorio** può essere utilizzato alle condizioni di cui all'art. 392 co. 1 lett. *f*) e co. 2 (→ **Libro V**), ossia quando la prova sia "non rinviabile", nonché quando la sua assunzione durante il dibattimento ne procurerebbe una sospensione superiore a sessanta giorni.

• La perizia *ex* co. 2 *bis* può essere richiesta dalle parti o disposta d'ufficio. L'autorità giudiziaria chiamata a provvedere, al riguardo, è il giudice procedente, il quale ha l'obbligo, in caso di dubbio sulla minore età, di disporre il relativo accertamento. La norma distingue l'ipotesi in cui si raggiunga la certezza sull'età della persona offesa, da quella in cui il **dubbio** perduri anche in seguito alla verifica. La seconda ipotesi dà vita a una soluzione sussidiaria, per alcuni versi simile a quella già prevista in relazione all'incertezza sulla minore età della persona sottoposta al procedimento, ai sensi dell'art. 8 **Proc. minorile**. Permanendo il dubbio, infatti, si applica una **presunzione di minore età**. Tale presunzione, tuttavia, vale **solo per gli aspetti processuali** e non influisce, quindi, sugli aspetti sostanziali (ad esempio, non rileva né per la qualificazione del fatto, né ai fini del riconoscimento di circostanze aggravanti). In ciò la disciplina differisce da quella inerente all'accusato di minore età, per la quale, quando il dubbio persiste, si applica il procedimento minorile ed eventualmente gli istituti di favore correlati alla minore età, essendo quest'ultima presunta ad ogni effetto (→ **Proc. minorile**, art. 8; → **direttiva 2016/800/UE**, art. 3).

• La verifica sulla minore età si realizza normalmente per mezzo dell'**auxologia**, che si avvale di **accertamenti radiologici**, principalmente sulle **ossa del polso**, per valutare la maturazione scheletrica, o sulle **arcate dentarie**, per osservarne gli stadi di sviluppo. In giurisprudenza, si ritiene che questa verifica, mediante l'esame radiologico, possa essere svolta anche coattivamente, nel rispetto dell'art. 224 *bis* (→ **Prove**). In materia occorre tenere presente la disciplina che, in tema di **tratta**, per l'ipotesi di fondati dubbi sulla minore età della vittima, prevede una procedura multidisciplinare di accertamento (→ **d. lgs. 4.3.2014, n. 24**, in attuazione della **direttiva 2011/36/UE**).

• Qualora la persona offesa sia **deceduta in conseguenza del reato**, i diritti e le facoltà ad essa spettanti possono essere esercitati dai **prossimi congiunti** (→ art. 307 co. 4 c.p., come integrato dal d. lgs. 19.1.2017, n. 6, in materia di "unioni civili" tra persone dello stesso sesso) ai quali, in seguito al d. lgs. 212 del 2015, è stato equiparato **chi conviveva in maniera stabile** con la stessa persona offesa in virtù di una relazione affettiva. Questa estensione comporta notevoli conseguenze sui poteri processuali dei conviventi *more uxorio*.

• L'art. 61 n. 11 *quinquies* c.p. (introdotto dal d.l. 14.8.2013, n. 93, conv. con modif. dalla l. 15.10.2013) prevede una **circostanza aggravante** che ricorre, per determinati reati, quando il fatto sia commesso **in presenza** o in danno **di un minore** (o in danno di una persona in stato di gravidanza). Il minore, **che abbia assistito** alla condotta criminosa (o ne abbia comunque avuto "percezione"), viene considerato egli stesso **"persona offesa dal reato"**, determinandosi, anche per la giurisprudenza, un allargamento dell'ambito della tutela penale. Questa impostazione è stata ribadita a livello normativo – quanto al **delitto di maltrattamenti** contro familiari o conviventi – dal co. 6 dell'art. 572 c.p., introdotto dalla l. 19.7.2019, n. 69 (c.d. codice rosso).

• La violazione delle norme riguardanti diritti e facoltà della persona offesa determina, di per sé, un'ipotesi di **nullità** limitatamente a quanto concerne «la citazione in giudizio della persona offesa dal reato e del querelante»; mentre, in relazione all'inosservanza di altre norme (su intervento, rappresentanza e assistenza dell'offeso) la sanzione processuale ricorre soltanto qualora la persona offesa, cumulando in sé anche la qualifica di danneggiato dal reato, si sia costituita parte civile (→ **Atti**, artt. 178 lett. *c*, 180). In questo panorama si è inserita di recente la già menzionata ipotesi di **nullità del provvedimento di archiviazione** (→ **Libro V**, art. 410 *bis*).

• Sono state prospettate, in dottrina, le situazioni di **carenza di legittimazione** e di **mancanza di capacità** ad assumere la qualità di persona offesa dal reato nel procedimento penale: la prima fattispecie è legata al difetto di titolarità dell'interesse penalmente protetto; la seconda corrisponde, invece, alla situazione di inidoneità ad esercitare in concreto i diritti e le facoltà previsti. In assenza di specifiche indicazioni normative, si è ritenuto che entrambe le fattispecie possano essere eccepite dalle parti oppure rilevate *ex officio*, al fine di determinare l'estromissione del soggetto dal procedimento. La soluzione interpretativa trae spunto dalla disciplina prevista per gli enti rappresentativi di interessi lesi, ai sensi dell'art. 95.

• Il co. 1 *bis*, aggiunto dal d. lgs. 150 del 2022 nell'ambito della c.d. riforma Cartabia, riconosce alla persona offesa la facoltà di dichiarare o eleggere domicilio: tende così a fornire alla stessa la possibilità di agevolare le comunicazioni e al contempo, se lo ritiene, di essere raggiunta dalle stesse in maniera mediata o più riservata. Il sistema risulta agevolato dalla previsione di una soluzione alternativa, rappresentata dalla semplice indicazione di un indirizzo di posta elettronica certificata o altro servizio elettronico di recapito certificato qualificato. La collocazione degli adempimenti nel contesto di una scelta "facoltativa" implica un'evidente diversificazione tra lo statuto della "semplice" persona offesa e quello del querelante. Quanto a quest'ultimo, infatti, il successivo art. 90 *bis* si esprime onerandolo dell'"obbligo" di dichiarare o eleggere domicilio.

• La facoltà prevista dal co. 1 *bis* assume particolare rilievo se considerata in relazione al possibile avvio di programmi di giustizia riparativa, in vista del quale si prospettano informative e comunicazioni alla "vittima" di cui all'art. 42, co. 1 *bis*, d. lgs. 150 del 2022 (art. 90 *bis*.1).

• Gli obiettivi perseguiti dalla c.d. riforma Cartabia, che puntano particolarmente su una valorizzazione della giustizia riparativa, conferiscono alla "vittima" una nuova identità e un nuovo ruolo. Definita in maniera diversa dalla "persona offesa" di cui all'art. 90, la "vittima" in quel contesto è chi abbia ricevuto "qualunque danno" patrimoniale o non patrimoniale, "direttamente dal reato". La qualificazione riecheggia quella del "danneggiato dal reato" legittimato a costituirsi parte civile (art. 76), creando una sovrapposizione in grado di favorire equivoci. Tuttavia, occorre tenere presente che – fatta eccezione per l'avviso di cui all'art. 90 *bis*.1 – ogni indicazione di adempimenti e informative prodromiche alla apertura di un incontro riparativo appare declinata dal legislatore facendo riferimento alla "persona offesa dal reato" o al querelante e riformando le norme riguardanti tali soggetti.

• I profili di rilievo rispetto alla giustizia riparativa possono essere colti in una serie ampia di norme. Hanno una portata più generale gli artt. 129 *bis* e 45 *ter* disp. att. Tra le altre disposizioni, si segnalano soprattutto quelle relative alla querela e alla sua remissione, insieme ai richiami introdotti dal legislatore in materia di riti speciali e di particolare tenuità del fatto (→ art. 152 c.p.; art. 447; art. 131 *bis* c.p.).

90 *bis*. Informazioni alla persona offesa.

1. Alla persona offesa, sin dal primo contatto con l'autorità procedente, vengono fornite, in una lingua a lei comprensibile, informazioni in merito:

a) alle modalità di presentazione degli atti di denuncia o querela, al ruolo che assume nel corso delle indagini e del processo, al diritto ad avere conoscenza della data, del luogo del processo e della imputazione e, ove costituita parte civile, al diritto a ricevere notifica della sentenza, anche per estratto;

a bis) all'obbligo del querelante di dichiarare o eleggere domicilio per la comunicazione e la notificazione degli atti del procedimento, con l'avviso che la dichiarazione di domicilio può essere effettuata anche dichiarando un indirizzo di posta elettronica certificata o altro servizio elettronico di recapito certificato qualificato»;

a ter) alla facoltà del querelante, ove non abbia provveduto all'atto di presentazione della querela, di dichiarare o eleggere domicilio anche successivamente;

a quater) all'obbligo del querelante, in caso di mutamento del domicilio dichiarato o eletto, di comunicare tempestivamente e nelle forme prescritte all'autorità giudiziaria procedente la nuova domiciliazione;

a quinquies) al fatto che, ove abbia nominato un difensore, il querelante sarà domiciliato presso quest'ultimo; che, in mancanza di nomina del difensore, le notificazioni saranno eseguite al querelante presso il domicilio digitale e, nei casi di cui all'articolo 148, comma 4, presso il domicilio dichiarato o eletto; che, in caso di mancanza, insufficienza o inidoneità della dichiarazione o elezione di domicilio, le notificazioni al querelante saranno effettuate mediante deposito presso la segreteria del pubblico ministero procedente o presso la cancelleria del giudice procedente;

b) alla facoltà di ricevere comunicazione del procedimento e delle iscrizioni di cui all'articolo 335, commi 1, 2 e 3 *ter*;

c) alla facoltà di essere avvisata della richiesta di archiviazione;

d) alla facoltà di avvalersi della consulenza legale e del patrocinio a spese dello Stato;

e) alle modalità di esercizio del diritto all'interpretazione e alla traduzione di atti del procedimento;

f) alle eventuali misure di protezione che possono essere disposte in suo favore;

g) ai diritti riconosciuti dalla legge nel caso in cui risieda in uno Stato membro dell'Unione europea diverso da quello in cui è stato commesso il reato;

h) alle modalità di contestazione di eventuali violazioni dei propri diritti;

i) alle autorità cui rivolgersi per ottenere informazioni sul procedimento;

l) alle modalità di rimborso delle spese sostenute in relazione alla partecipazione al procedimento penale;

m) alla possibilità di chiedere il risarcimento dei danni derivanti da reato;

n) alla possibilità che il procedimento sia definito con remissione di querela di cui all'articolo 152 del codice penale, ove possibile;

n bis) al fatto che la mancata comparizione senza giustificato motivo della persona offesa che abbia proposto querela all'udienza alla quale sia stata citata in qualità di testimone comporta la remissione tacita di querela;

o) alle facoltà ad essa spettanti nei procedimenti in cui l'imputato formula richiesta di sospensione del procedimento con messa alla prova o in quelli in cui è applicabile la causa di esclusione della punibilità per particolare tenuità del fatto;

p) alle strutture sanitarie presenti sul territorio, alle case famiglia, ai centri antiviolenza, alle case rifugio e ai servizi di assistenza alle vittime di reato;

p bis) alla facoltà di accedere ai programmi di giustizia riparativa;

p ter) al fatto che la partecipazione del querelante a un programma di giustizia riparativa, concluso con un esito riparativo e con il rispetto degli eventuali impegni comportamentali assunti da parte dell'imputato, comporta la remissione tacita di querela.

L'articolo è stato introdotto dal d. lgs. 15.12.2015, n. 212. La lett. *b* è stata sostituita dalla l. 23.6.2017, n. 103. La lett. *p* è stata così modificata dalla l. 19.7.2019, n. 69 (c.d. codice rosso). Le lett. *a bis*, *a ter*, *a quater*, *a quinquies*, *n bis*, *p bis*, *p ter* sono state introdotte dal d. lgs. 10.10.2022, n. 150, che ha altresì modificato la lett. *n*.

• In linea con la direttiva 2012/29/UE (art. 4), la norma prevede una serie di **informazioni necessarie**, delle quali la vittima è destinataria. Il **diritto all'informazione**, insieme al diritto all'assistenza linguistica, rappresenta una sorta di "precondizione" essenziale per l'effettivo esercizio delle prerogative della persona offesa e del suo ruolo, sia "attivo" che "passivo", all'interno del procedimento penale (art. 90).

• La disposizione va letta insieme a quella successiva, di cui all'**art. 90 *ter***, che aggiunge un ulteriore tassello rispetto agli obblighi informativi, poiché prevede l'avviso inerente al "rilascio" e all'evasione della persona sottoposta al procedimento. Nella stessa prospettiva, riguardante il diritto all'informazione spettante all'offeso, bisogna tenere presente anche il disposto dell'**art. 107 Disp. att.**, il quale riconosce il diritto della persona offesa che proponga denuncia o querela di ricevere un'attestazione della ricezione dell'atto.

• Accanto all'art. 90 *bis*, occorre considerare inoltre l'**art. 143 *bis*** (→ **Atti**), sul **diritto all'interpretazione e traduzione** degli atti (in particolare, v. co. 4), nonché l'**art. 107 *ter***, che prevede la possibilità, per la vittima alloglotta, di presentare denuncia o querela (e di ottenere la relativa attestazione di ricezione dell'atto) in una lingua conosciuta. Le informazioni, infatti, come precisato dalla norma in esame, devono essere rese alla persona offesa in una lingua per lei comprensibile.

• Numerose informazioni devono essere fornite **sin dal primo contatto** della persona offesa **con l'autorità procedente** e, dunque, sovente proprio al momento dell'acquisizione della notizia di reato (in caso di denuncia o querela). Si tratta, invero, di indicazioni che per la maggior parte poco si prestano ad essere inserite in un modulo prestampato. Di conseguenza, l'adempimento relativo alla necessaria informativa richiede un'**adeguata formazione degli operatori** di p.g. e presso gli uffici del p.m., in concreto chiamati a intervenire, e implica altresì l'attivazione di "sportelli per la vittima", mediante l'istituzione, nelle sedi giudiziarie, di uffici e strutture di sostegno in grado di assicurare un'idonea assistenza.

• Tra le innovazioni introdotte nel codice di rito dal d. lgs. 212 del 2015, quelle concernenti le informazioni da fornire alla vittima sono le più complesse e articolate. La lista di informazioni contenuta nell'art. 90 *bis* è ampia e varia e, in parte, è simmetrica a quella prevista dall'art. 369 *bis* (→ **Indagini e udienza preliminare**) in ordine al diritto di difesa della persona sottoposta alle indagini. La disposizione ha valore ricognitivo, di fonte generale, seppure talvolta, nell'elencare i relativi avvisi, il legislatore implicitamente provvede a riconoscere prerogative spettanti all'offeso, altrimenti prive di un chiaro riferimento normativo.

• Tra le **informazioni** previste dall'art. 90 *bis*, un **primo gruppo** riguarda **modalità procedimentali**, da illustrare alla persona offesa in modo da renderla consapevole e partecipe dello svolgersi delle attività giudiziarie. In questo ambito spiccano le informazioni relative alla presentazione di **denuncia e querela**, al ruolo spettante all'offeso durante le indagini preliminari e nelle fasi successive, all'esercizio del diritto all'interpretazione e traduzione degli atti, di cui all'art. 143 *bis* (→ **Atti**), alla **contestazione** di eventuali **violazioni** dei propri diritti (mediante memorie o possibili doglianze, *ex* art. 90), alle autorità cui rivolgersi per ottenere **notizie** sul procedimento, al **rimborso** delle spese sostenute per la partecipazione al procedimento penale, alle eventuali **misure di protezione** di cui l'offeso può beneficiare, alla possibilità che il procedimento si concluda con remissione di querela *ex* art. 152 c.p. o attraverso la mediazione, nonché a strutture sanitarie presenti sul territorio, case famiglia, centri antiviolenza, case rifugio e servizi di assistenza alle vittime di reato (secondo la modifica impressa alla norma dalla l. 19.7.2019, n. 69, in funzione di una più ampia tutela delle vittime dei reati c.d. di violenza di genere).

• Un **secondo gruppo** di avvisi concerne più specificamente **diritti e facoltà** spettanti alla stessa persona offesa, in modo che essa, venendone resa edotta, possa avvalersene. In particolare, si tratta di informazioni sul diritto ad avere **conoscenza** della data, del luogo **del processo**, nonché dell'imputazione; e, ove costituita parte civile, sul diritto a ricevere notifica **della sentenza**, anche per estratto (→ **Indagini e udienza preliminare**, artt. 419, 428, 429). Ancora, sono dovute informazioni alla vittima sulle facoltà di avere **comunicazioni** inerenti alle iscrizioni nel registro delle notizie di reato e allo stato del procedimento (→ art. 335 co. 1, 2 e 3 *bis*), di essere avvisata della **richiesta di archiviazione** (→ art. 408), di avvalersi della **consulenza legale** e di essere ammessa al **patrocinio a spese dello Stato** (a seconda del reato in ordine al quale si procede e dell'età dell'offeso, anche in deroga ai limiti di reddito ordinariamente previsti; → **Soggetti**, art. 101; → **T.U. spese**, art. 76). Inoltre, è prevista l'informazione sull'esercizio del diritto all'**interpretazione** e alla **traduzione** di atti del procedimento (→ **Atti**, art. 143); e, altresì, sui diritti riconosciuti dalla legge per il caso in cui la vittima risieda in uno **Stato membro** dell'UE **diverso** da quello in cui è stato commesso il reato (→ **Disp. att.**, artt. 107 *ter*, 108 *ter*); nonché sulla possibilità di chiedere il risarcimento dei danni derivanti dal reato costituendosi, in presenza dei presupposti, parte civile (art. 74 s.); e, infine, sulle facoltà spettanti alla persona offesa nei procedimenti in cui l'imputato formuli richiesta di sospensione del procedimento con messa alla prova, o in quelli in cui è applicabile la causa di esclusione della punibilità per particolare tenuità del fatto (→ **Procedimenti speciali**, art. 464 *bis* s.; → art. 131 *bis* c.p.).

• La lista di cui all'art. 90 *bis* rivela alcune **carenze** e, al contempo, talune **ridondanze**. Da una parte, manca la previsione di avvisi sulla possibilità della vittima di essere informata con riferimento alle **misure cautelari** *ex* artt. 282 *bis* e 282 *ter*, ai sensi dell'art. 299 co. 3 e 4 *bis* (→ **Libro IV**), nonché sulla possibilità di chiedere di essere resa edotta della **scarcerazione o evasione** del "reo", secondo quanto disposto dall'art. 90 *ter*. Dall'altra parte, viene ripetuta l'indicazione di avvisi già previsti altrove: ad esempio, questo accade per gli avvisi sulla **facoltà** di nominare un **difensore** e sulla possibilità di accedere al **patrocinio a spese dello Stato**, eventualmente anche al di fuori dei necessari requisiti di reddito (art. 101).

• Poiché l'informazione in molti casi prelude a una partecipazione al procedimento, si pone il problema di stabilire in quale misura debbano valere per la persona offesa, in maniera simmetrica, meccanismi simili a quelli fissati dal legislatore per la convocazione dell'imputato e la sua eventuale **assenza** (→ **Libro V**, art. 420 *bis* s.). La disposizione, infatti, non specifica come, in concreto, debbano essere effettuate le notifiche, se vadano ripetute, nonché come far valere possibili vizi. Fermo restando che, da diverse incombenze informative, si potrà prescindere qualora la persona offesa abbia già nominato un difensore di fiducia, per mezzo del quale abbia presentato la denuncia o la querela, ritenendosi talvolta che le ragioni sottese all'obbligo di informazione siano comunque soddisfatte.

• Alla luce del d.l. 18.10.2012, n. 179, conv. dalla l. 17.12.2012, n. 221, e della l. 24.12.2012, n. 228, si osserva che quando la persona offesa abbia esercitato la facoltà di nominare un difensore (secondo l'art. 33 disp. att., domiciliatario *ex lege*), la **notificazione** ad essa rivolta debba essere eseguita tramite **PEC** inoltrata a quest'ultimo (→ **Atti**, art. 154).

• Per concludere, si può rilevare come il disposto normativo sia prevalentemente sprovvisto della previsione di **sanzioni processuali** in conseguenza di eventuali violazioni. L'**art. 178 lett.** *c* (→ **Atti**) prevede un'ipotesi di nullità, ma la sanzione, per la "pura" persona offesa, è limitata ai soli casi di violazione delle norme concernenti la **citazione in giudizio**. Mentre, per i restanti vizi riconducibili alla disposizione, occorre che l'offeso sia anche "parte privata" e perciò che, rivestendo pure la qualifica di "danneggiato dal reato", si sia costituito parte civile. A questo contesto si aggiunge, adesso, la fattispecie di **nullità del provvedimento di archiviazione**, contemplata dall'art. 410 *bis*, introdotto dalla l. 103 del 2017 (→ **Libro V**).

• Una lacuna emerge anche sotto il profilo delle possibili doglianze. La partecipazione della vittima implica, infatti, un susseguirsi di **procedure e decisioni incidentali**, i cui vizi possono essere fatti valere solo mediante **l'impugnazione della sentenza**, *ex* art. 586 (→ **Impugnazioni**). Ma l'unico strumento prospettabile, a disposizione della persona offesa, è l'impugnazione ***ex* artt. 428 e 576**, con i limiti dettati da tali norme (→ **Indagini e udienza preliminare**; → **Impugnazioni**). In definitiva, la persona offesa, quando non ricopra anche il ruolo di parte civile, risulta priva di mezzi idonei a rendere effettivi i propri diritti. Rileva, al riguardo, essenzialmente la possibilità di **sollecitare l'impugnazione del p.m.**, il quale farà proprie le istanze della persona offesa nella misura in cui corrispondano alle strategie seguite dall'accusa ai fini dell'accertamento dei fatti (→ **Impugnazioni**, art. 572). In questo quadro, è stata introdotta ora la possibilità di proporre **reclamo** innanzi al **tribunale in composizione monocratica** per far valere la **nullità del provvedimento di archiviazione**, a norma dell'art. 410 *bis* (→ **Indagini e udienza preliminare**).

• L'elenco delle informative da rivolgere alla persona offesa dal reato, ai sensi dell'art. 90 *ter*, è stato ulteriormente allargato ad opera del d. lgs. 10.10.2022, n. 150. Le integrazioni corrispondono essenzialmente a due esigenze tra loro connesse, che possono essere distinte come segue.

• In primo luogo, le lett. da *a bis* ad *a quinquies* prevedono informative che fanno da sfondo alle modifiche introdotte nel codice di rito con riferimento alle notificazioni al querelante. Emerge con evidenza l'intento del legislatore di responsabilizzare chi si sia determinato a presentare querela. Se i due soggetti (querelante e non) erano prima accomunati dall'art. 154, l'art. 153 *bis* ora previsto è specificamente intitolato «Domicilio del querelante. Notificazioni al querelante». La norma ora citata – la cui operatività non può prescindere dalle correlate informative ora inserite nell'art. 90 *bis* – è finalizzata ad agevolare le comunicazioni tra autorità giudiziaria e querelante. Il rivisitato art. 90 *bis*, dunque, nel prevedere le informazioni da fornire al riguardo al querelante, sottolinea l'obbligo di quest'ultimo di dichiarare o eleggere domicilio per la comunicazione e la notificazione degli atti del procedimento, nonché di comunicarne le variazioni. Fermo restando che il querelante può indicare un indirizzo di posta elettronica certificata o altro servizio elettronico di recapito certificato qualificato. Il citato art. 153 *bis* al quale si rinvia, si sofferma altresì sulle conseguenze del mancato assolvimento degli adempimenti. La predetta differenza di regime che intercorre tra "semplice" persona offesa e querelante risulta con chiarezza anche da un raffronto con la disciplina contenuta nel co. 1 *bis* dell'art. 90, dove per la prima la dichiarazione o elezione di domicilio è prevista come oggetto di una facoltà e non di un obbligo.

• In secondo luogo, è possibile raggruppare gli interventi che hanno comportato l'inserimento delle lett. *n bis*, *p bis* e *p ter*, insieme alla modifica della lett. *n*. Quest'ultima modifica ha comportato la soppressione di un inciso che faceva richiamo alla "mediazione", al fine di consentire una trattazione organica della materia relativa alla giustizia riparativa. È proprio alle innovazioni legate a quest'ultima che si riferiscono le altre norme appena richiamate. Anzitutto, la lett. *p bis* rende necessaria un'informativa prodromica all'accesso ai programmi di giustizia riparativa (→ tra altre norme, v. art. 129 *bis*). Inoltre, le restanti integrazioni sono espressione dello stretto legame tra tale materia e i temi della remissione della querela. Infatti, gli ulteriori avvisi contemplati delle lett. *n bis* e *p ter* citate mirano a rendere edotta la persona offesa rispetto a due possibili cause di remissione tacita "automatica" (→ art. 152 c.p.). L'una deriva dalla partecipazione con esito positivo a programmi di giustizia riparativa (con il conseguente adempimento di eventuali impegni assunti dall'imputato). L'altra dalla mancata comparizione senza giustificato motivo della persona offesa che abbia proposto querela, all'udienza alla quale sia stata citata come testimone. Fattispecie, quest'ultima, che viene valorizzata con chiare finalità deflattive facendo leva su una carenza di interesse e una mancata "diligenza" del querelante nel portare avanti la strada intrapresa presentando la querela.

• Ritornando alla menzionata soppressione dell'esplicito riferimento alla "mediazione", sinora contenuto nella lett. *n*, è opportuno ricordare che esso era stato previsto in base a una soluzione allora innovativa, ad opera del d. lgs. 215 del 2012. Si riproduceva con quel termine una scelta sino ad allora operata soltanto in relazione alla sospensione del procedimento con messa alla prova nell'art. 464 *bis* (→ **Libro VI**; v. pure, per il procedimento davanti al giudice di pace: → **Giu. Pace**, art. 29). Il dato testuale, tuttavia, si discostava già da quanto previsto dalla stessa direttiva 2012/29/UE, in cui si adopera la più ampia formula "giustizia riparativa". A maggior ragione il termine in discorso sarebbe risultato ora riduttivo, di fronte alla manovra normativa che valorizza quest'ultima con l'obiettivo di fornirne una "disciplina organica" (d. lgs. 150 del 2022).

90 *bis*.1. Informazioni alla vittima di cui all'articolo 42, comma 1, lettera *b*), del decreto legislativo attuativo della legge 27 settembre 2021, n. 134.

1. La vittima del reato di cui all'articolo 42, comma 1, lettera *b*), del decreto legislativo attuativo della legge 27 settembre 2021, n. 134, sin dal primo contatto con l'autorità procedente, viene informata in una lingua a lei comprensibile della facoltà di svolgere un programma di giustizia riparativa.

• L'articolo – introdotto dal d. lgs. 150 del 2022, dando seguito alla l. 134 del 2021 – mira ad assicurare l'informativa alla vittima rispetto alla facoltà di svolgere programmi di giustizia riparativa, essendo tale informativa di rilievo ai fini di un suo consenso rispetto alla partecipazione a tali programmi. Il diritto a ricevere una simile informativa, peraltro, corrisponde a quanto previsto da diverse fonti sovranazionali (tra queste, Direttiva 2012/29/UE, art. 12 co. 1 lett. *c*).

• La norma si distingue in quanto non fa riferimento – come le disposizioni che la precedono e la seguono – alla persona offesa dal reato, bensì alla "vittima del reato" intesa secondo quanto stabilito dal d. lgs. 150 del 2022: vale a dire dalla vittima che abbia ricevuto "qualunque danno" patrimoniale o non patrimoniale, "direttamente dal reato". Questa definizione di vittima, fornita dal citato d. lgs., è destinata a valere soltanto nell'ambito della giustizia riparativa.

• A parte l'informativa di carattere generale qui prevista, altri avvisi sono più specificamente imposti in coincidenza con determinati atti: ad esempio, avvertimenti all'accusato in relazione all'applicazione di misure cautelari o precautelari (→ **Libro IV**, art. 293; → **Libro V**, art. 386); all'indagato e alla persona offesa nel contesto dell'informazione di garanzia (→ **Indagini e udienza preliminare**, art. 369); avvertimenti a entrambi i soggetti al momento della procedura archiviativa (→ artt. 408 e 409) o dell'avviso di conclusione delle indagini (→ art. 415 *bis*); un'informativa all'indagato nel decreto di fissazione dell'udienza in seguito alla richiesta di "patteggiamento" (→ **Libro VI**, art. 447); informative all'accusato e alla persona offesa rispettivamente nell'avviso di fissazione dell'udienza preliminare (→ **Libro V**, art. 419), nel decreto che dispone il giudizio (→ art. 429), nella citazione per giudizio direttissimo (→ **Libro VI**, art. 450), nel decreto penale di condanna (→ art. 460), nel decreto di citazione a giudizio (→ **Libro VIII**, art. 552) e nel decreto di citazione per il giudizio di appello (→ **Impugnazioni**, art. 603); nonché avvisi al condannato (→ **Esecuzione**, artt. 656 e 660).

90 *ter*. Comunicazioni dell'evasione e della scarcerazione.

1. Fermo quanto previsto dall'articolo 299, nei procedimenti per delitti commessi con violenza alla persona sono immediatamente comunicati alla persona offesa che ne faccia richiesta, con l'ausilio della polizia giudiziaria, i provvedimenti di scarcerazione e di cessazione della misura

di sicurezza detentiva, ed è altresì data tempestiva notizia, con le stesse modalità, dell'evasione dell'imputato in stato di custodia cautelare o del condannato, nonché della volontaria sottrazione dell'internato all'esecuzione della misura di sicurezza detentiva, salvo che risulti, anche nella ipotesi di cui all'articolo 299, il pericolo concreto di un danno per l'autore del reato.

1 *bis*. Le comunicazioni previste al comma 1 sono sempre effettuate alla persona offesa e al suo difensore, ove nominato, se si procede per il delitto previsto dall'articolo 575 del codice penale, nella forma tentata, o per i delitti, consumati o tentati, previsti dagli articoli 572, 609 *bis*, 609 *ter*, 609 *quater*, 609 *quinquies*, 609 *octies* e 612 *bis* del codice penale, nonché dagli articoli 582 e 583 *quinquies* del codice penale nelle ipotesi aggravate ai sensi degli articoli 576, primo comma, numeri 2, 5 e 5.1, e 577, primo comma, numero 1 e secondo comma, del codice penale.

La disposizione è stata introdotta dal d. lgs. 15.12.2015, n. 212. Il co. 1 *bis* è stato introdotto dalla l. 19.7.2019, n. 69 (c.d. codice rosso), e poi modificato dalla l. 27.9.2021, n. 134.

• Il contenuto della norma rappresenta una specificazione rispetto a quanto stabilito dall'articolo precedente. La disposizione, che prevede **l'avviso sull'evasione e sulla scarcerazione**, deve essere intesa **in senso atecnico**, come spesso si verifica quando un testo normativo derivi dalla trasposizione di una fonte sovranazionale. L'art. 90 *ter* è stato infatti introdotto in attuazione della **direttiva 2012/29/UE** e corrisponde, essenzialmente, a quanto da essa stabilito all'art. 6 par. 5. In quest'ottica, in via interpretativa occorre ricomprendere nell'area applicativa della norma ogni situazione che, di fatto, implichi che il soggetto venga a trovarsi a piede libero, anche se tale condizione sia circoscritta a un periodo di tempo limitato (come accade in corrispondenza di permessi o misure alternative alla detenzione).

• Presupposto essenziale, ai fini dell'avviso, è che la persona offesa abbia previamente chiesto di riceverlo. In mancanza di tale **richiesta**, quindi, prevarrebbe il suo possibile interesse "all'oblio" ed a mantenersi ignara e distante dall'evolversi della vicenda giudiziaria.

• Questa attività di inoltro di avvisi e comunicazioni si colloca nel contesto di un più ampio dialogo, tra autorità e offeso, già in parte istituito a norma dell'art. 299 (in relazione alle misure cautelari di cui agli artt. 282 *bis* e 282 *ter*), al quale l'art. 90 *ter* fa espresso riferimento (→ **Misure cautelari**). Il legislatore, tuttavia, **non specifica** se la comunicazione prevista per la scarcerazione implichi che la **persona offesa** sia **sentita**, né se eventualmente ciò accada antecedentemente, contestualmente, o successivamente al rilascio. A seconda delle soluzioni e delle tempistiche adottate, le indicazioni della vittima potrebbero di fatto influire sulle vicende della libertà personale dell'accusato.

• Per espressa precisazione normativa, l'avviso può essere omesso qualora vi sia "il **pericolo concreto** di un **danno per l'autore del reato**" (→ **direttiva 2012/29/UE**, art. 6 par. 6). In base alla valutazione di tale pericolo, quindi, all'autorità procedente viene riservata una **scelta discrezionale**, che si concreta in un bilanciamento tra esigenze e garanzie che fanno capo rispettivamente alla persona offesa e alla persona sottoposta al procedimento. Ad entrare in gioco, limitando eventualmente l'applicazione della norma, possono essere, ad esempio, pericoli di intimidazioni, ritorsioni o vendette da parte della persona offesa o del suo nucleo familiare o sociale.

• L'avviso previsto dalla norma va inoltrato solo in relazione ai "**delitti commessi con violenza alla persona**". L'ambito applicativo della disposizione si presenta più esteso rispetto a quello relativo all'art. 299 (→ **Misure cautelari**), che è elettivamente riferito a casi di violenza domestica o nelle relazioni affettive (anche considerato il richiamo testuale a strutture di assistenza sociale). Tale ambito è però, a sua volta, per certi versi più ristretto di quello delineato dalla **direttiva 2012/29/UE** (art. 6 par. 6), che prevede l'avviso "almeno" nei casi in cui sussista un pericolo o un rischio concreto di danno nei confronti dell'offeso.

• In sede interpretativa, ci si può domandare se il raggio operativo della disposizione debba ritenersi circoscritto ai **reati** che corrispondano a una fattispecie incriminatrice che rechi il connotato della violenza alla persona. Sembra preferibile, invero, fare riferimento al **caso concreto** e, quindi, considerare necessario l'avviso in relazione ad ogni fattispecie criminosa **effettivamente** realizzata mediante una **condotta violenta**.

• Un altro dubbio riguarda la possibilità di ricondurre alla sfera applicativa della disposizione soltanto i casi di **violenza fisica** o anche quelli di **violenza morale**. In proposito, deve essere ancora una volta preferita l'interpretazione meno restrittiva, in modo da estendere l'applicazione della norma alla seconda tipologia di fattispecie. E ciò, anche sulla scorta di soluzioni ermeneutiche emerse in relazione all'art. 408 (→ **Indagini e udienza preliminare**) e all'art. 299 (→ **Misure cautelari**), che contengono un analogo riferimento testuale ai casi di "violenza alla persona", nonché in linea con le fonti sovranazionali (direttiva 2012/29/UE, direttiva 2011/99/UE, Convenzione c.d. di Istanbul).

• Ai sensi del co. 1 *bis* (introdotto dalla l. 19.7.2019, n. 69, c.d. codice rosso), per i delitti di **violenza domestica o di genere** *ivi* elencati le **comunicazioni** di cui al co. 1 sono **obbligatorie**. Devono essere effettuate, quindi, a prescindere sia dalla mancanza di una previa "richiesta" della persona offesa di essere informata, sia dal "pericolo concreto di un danno per l'autore del reato". Per gli stessi delitti, inoltre, tali comunicazioni – ai fini di una più effettiva tutela della vittima – vanno rivolte tanto **alla persona offesa**, quanto **al suo difensore, se nominato**.

• La norma reca collegamenti anche con l'art. 659 (→ **Esecuzione**) che, in seguito alla l. 69 del 2019, al co. 1 *bis* obbliga il **p.m.** – quando sia chiamato a curare l'**esecuzione di un provvedimento del giudice di sorveglianza** relativo alla scarcerazione del condannato per uno dei delitti *ivi* indicati – a dare **immediata comunicazione**, a mezzo della polizia giudiziaria, alla persona offesa e, ove nominato, al suo difensore.

90 *quater*. Condizione di particolare vulnerabilità.

1. Agli effetti delle disposizioni del presente codice, la condizione di particolare vulnerabilità della persona offesa è desunta, oltre che dall'età e dallo stato di infermità o di deficienza psichica, dal tipo di reato, dalle modalità e circostanze del fatto per cui si procede. Per la valutazione della condizione si tiene conto se il fatto risulta commesso con violenza alla persona o con odio razziale, se è riconducibile ad ambiti di criminalità organizzata o di terrorismo, anche internazionale, o di tratta degli esseri umani, se si caratterizza per finalità di discriminazione, e se la persona offesa è affettivamente, psicologicamente o economicamente dipendente dall'autore del reato.

La disposizione è stata introdotta dal d. lgs. 15.12.2015, n. 212.

• Il disposto dell'art. 90 *quater* risponde all'esigenza di prevedere una **valutazione individuale** delle condizioni di **particolare vulnerabilità** della persona offesa, secondo quanto indicato dall'art. 22 della direttiva 2012/29/UE. Un'anticipazione rispetto a questa scelta normativa è ravvisabile nella riforma di cui al **d. lgs. 4.3.2014, n. 24**, in attuazione della direttiva 2011/36/UE in materia di tratta di esseri umani.

• A svolgere la valutazione sulla particolare vulnerabilità della persona offesa è l'**autorità giudiziaria procedente**. Al riguardo, la norma si presenta lacunosa: più precise indicazioni sarebbero state auspicabili anche in ordine ad altri aspetti formali della decisione.

• I **fattori che rilevano** ai fini della declaratoria di "particolare vulnerabilità" non sono soltanto quelli legati all'**età** e allo stato di **infermità** o di **deficienza psicofisica** – come precedentemente accadeva in base alle previgenti norme del codice di rito e alle relative pronunce della Consulta (Corte cost., 283 del 1997; 63 del 2005) – ma anche molti altri, di carattere sia soggettivo che oggettivo.

• I **fattori di carattere soggettivo** sono legati alle condizioni in cui versi la persona offesa e fanno capo tuttora all'età e allo stato di infermità o di deficienza psichica, ma si riferiscono anche alla dipendenza dell'offeso, sul piano affettivo, psicologico o economico, dall'autore del reato. Quelli **di carattere oggettivo** discendono invece dalla tipologia, dalle modalità e dalle circostanze del reato in ordine al quale si procede. In proposito, la norma prescinde da un elenco di specifiche fattispecie, delimitando invece la sua sfera applicativa in maniera meno netta, cioè in relazione a dati fattuali o ad ambiti criminosi non sempre ben definiti.

• Le **conseguenze** del riconoscimento della "particolare vulnerabilità", previste anch'esse in seguito al d. lgs. 212 del 2015, si declinano per lo più non solo a **tutela della vittima**, ma anche a garanzia della **genuinità dell'accertamento**. Tra esse, in primo luogo rileva la possibilità di effettuare la **riproduzione audiovisiva** delle dichiarazioni della persona offesa, anche al di là del requisito della "assoluta indispensabilità" richiesto dall'art. 134 co. 4 (→ **Atti**). Questa possibilità, similmente prospettata dalla direttiva 2012/29/UE (art. 24) per l'ipotesi di offeso minorenne, rappresenta la premessa per una successiva utilizzazione delle dichiarazioni stesse, così raccolte al riparo da domande suggestive e, al contempo, cristallizzate grazie alla registrazione. La previsione di una più ampia fruibilità della riproduzione audiovisiva va considerata unitamente a quanto disposto dall'art. **190 *bis* co. 1 *bis*** (→ **Prove**). In secondo luogo, infatti, proprio in base a quest'ultima norma – ritoccata dalla l. 19.7.2019, n. 69 (c.d. codice rosso) in modo da ampliarne l'area applicativa – un'ulteriore audizione dell'offeso minorenne o comunque "particolarmente vulnerabile", già sentito nelle sedi e con le condizioni indicate dallo stesso art. 190 *bis*, può essere ammessa solamente qualora debba vertere su fatti e circostanze diversi, oppure se il giudice o una parte lo ritengano assolutamente necessario. Ciò, al fine di **ridurre il numero delle audizioni** della vittima e di limitare le sue occasioni di contatto con la sede dibattimentale, in linea con quanto previsto dalla direttiva 2012/29/UE. Una terza conseguenza della "particolare vulnerabilità" concerne la possibilità, per la p.g. o il p.m., di avvalersi di un **esperto**, in caso di audizione della vittima (→ **Indagini e udienza preliminare**, artt. 351 co. 1 *ter* e 362 co. 1 *bis*). Sempre per **evitare** che la vittima "particolarmente vulnerabile" entri in **contatto con il "reo"** e che sia **chiamata ripetutamente** a rendere dichiarazioni, inoltre, rileva la possibile instaurazione dell'**incidente probatorio** al di fuori dei casi di cui all'art. 392 co. 1 (→ art. 392 co. 1 *bis*). Infine, su istanza della persona offesa o del difensore, in dibattimento può essere disposta l'audizione secondo le **modalità protette *ex* artt. 398 co. 5 *quater*** (→ **Libro V**) e **498 co. 4 *quater*** (→ **Giudizio**).

• Ancora, in una prospettiva più ampia, non si può trascurare che, in base alla direttiva 2012/29/UE (artt. 8 e 9), occorre garantire alla vittima e ai suoi familiari, prima, durante e dopo il procedimento penale, l'accesso a **servizi di assistenza**, riservati e gratuiti.

• La declaratoria di "particolare vulnerabilità" è destinata ad influire anche sul versante del **diritto sostanziale**, ad esempio ai fini del riconoscimento di **circostanze aggravanti**, similmente a quanto si verifica in caso di minore età dell'offeso (accertata e non semplicemente presunta) a norma dell'art. 90.

• Per concludere, si segnala che in diverse ipotesi la giurisprudenza si è mostrata incline a riconoscere, a seconda delle condizioni di vulnerabilità della vittima, il ricorrere delle situazioni eccezionali di **deroga** al principio del contraddittorio, ai sensi del co. 5 dell'art. **111 Cost.**, dovute ad **accertata impossibilità di natura oggettiva** ed a **provata condotta illecita**.

91. Diritti e facoltà degli enti e delle associazioni rappresentativi di interessi lesi dal reato.

1. Gli enti e le associazioni senza scopo di lucro ai quali, anteriormente alla commissione del fatto per cui si procede, sono state riconosciute, in forza di legge, finalità di tutela degli interessi lesi dal reato, possono esercitare, in ogni stato e grado del procedimento, i diritti e le facoltà attribuiti alla persona offesa dal reato.

• I diritti e le facoltà spettanti alla persona offesa possono essere esercitati, in ogni stato e grado del procedimento, anche dagli enti e dalle associazioni rappresentativi di interessi lesi dal reato. La **posizione** di questi soggetti, all'interno del procedimento, è così **equiparata a quella riconosciuta all'offeso**. Del resto, già in base alla direttiva di cui all'art. 2 n. 39 della legge delega emerge l'utilità del contributo procedimentale di enti collettivi, ai fini della repressione di determinati reati, relativi ad aree di interessi di loro pertinenza.

• Tutto ciò, al di là delle ipotesi in cui i suddetti enti ed associazioni siano direttamente danneggiati dal reato e, quindi, legittimati a costituirsi parte civile. Occorre, infatti, **distinguere** il ruolo di tali soggetti, nel rito penale, da quello svolto dalla **parte civile**, che è invece legato al presupposto del danno subìto e, perciò, corrispondente a istanze di carattere risarcitorio.

• Si ritiene che il formale riconoscimento del ruolo dei soggetti suindicati, nel codice di rito, sia emblematico di una tendenza del legislatore ad abbandonare gli schemi di un garantismo rispondente a criteri individualistici, per volgere verso un modello di **"garantismo sociale"**, indirizzato alla **salvaguardia di interessi diffusi**, facenti capo a un numero imprecisato di persone. La previsione normativa, d'altronde, è il frutto di istanze di carattere sociale che in passato avevano portato talvolta a "forzare" l'istituto della costituzione di parte civile per consentire, in via interpretativa, agli enti collettivi di partecipare al procedimento penale.

• La casistica offre **svariati esempi**, riguardanti fattispecie criminose lesive di interessi di carattere diffuso (tra le altre, rilevano ipotesi in materia di tutela dell'ambiente, di frodi finanziarie o alimentari e così via), che coinvolgono un **numero** assai **elevato di persone**, talvolta **non precisabile**. La previsione normativa di cui all'art. 91, infatti, consente l'ingresso nel procedimento penale di enti c.d. esponenziali, rispetto a situazioni che superano la sfera di interessi relativa a singoli individui.

• I **presupposti** stabiliti ai fini dell'intervento, nel procedimento penale, di enti e associazioni, devono essere osservati in maniera rigorosa. La loro previsione risponde all'esigenza di assicurare l'"affidabilità" dell'ente collettivo e di evitare che un accesso incontrollato di soggetti, nella scena processuale, possa intralciare lo svolgimento dell'attività giudiziaria.

• La legittimazione ad accedere al procedimento è riservata ad enti e associazioni che perseguano istituzionalmente **"finalità di tutela degli interessi lesi dal reato"**, secondo quanto risulta dal loro statuto o si possa evincere dalle attività svolte. In proposito, rilevano due specifiche ulteriori condizioni. Da un lato, occorre che tali finalità siano riconosciute **"in forza di legge"**: ciò consente di escludere che la legittimazione possa essere determinata semplicemente in base a norme statutarie. Dall'altro lato, è necessario che il suddetto riconoscimento per legge abbia avuto luogo **anteriormente alla commissione del reato** per il quale si procede: ciò serve a evitare che accedano al procedimento enti o associazioni istituiti *ad hoc* e consente, altresì, di fare affidamento su istituzioni caratterizzate da una certa stabilità nel tempo. Non rileva, invece, il momento di apertura del procedimento penale o di proposizione della denuncia o della querela.

• La norma prevede ancora un altro requisito, in base al quale deve trattarsi di enti ed associazioni **"senza scopo di lucro"**. Questo profilo deve essere considerato insieme a quanto stabilito dall'**art. 92** che, ai fini dell'ingresso dell'ente nel procedimento penale, richiede il **consenso della persona offesa** dal reato. Ebbene, mediante la previsione del requisito *de quo* si tende a evitare il rischio di strumentalizzazioni e manovre collusive che possano rendere meno spontanea la concessione di tale consenso.

• L'**equiparazione** tra ente collettivo e persona offesa, espressamente prevista dalla norma, **non** è in realtà **totale**. Il primo, infatti, non è dotato di alcun potere finché non formuli il proprio **atto di intervento** *ex* art. 93, entro il termine di cui all'art. 94. Prima di tale adempimento, in particolare, non ha diritto a ricevere notificazioni relative all'informazione di garanzia, né può accedere al registro delle notizie di reato ai sensi dell'art. 335 (→ **Indagini e udienza preliminare**). Per il resto, le rispettive prerogative non corrispondono neppure in ordine ad altri aspetti, **differenziandosi** l'ente dalla persona offesa, talvolta **per difetto** e talvolta **per eccesso**: infatti, da una parte, esso non è legittimato a proporre querela o istanza; dall'altra, gli è riservata la facoltà di assumere le iniziative di cui all'art. 505, ossia di chiedere al presidente del collegio giudicante sia di rivolgere domande ai soggetti sottoposti a esame (testimoni, periti, consulenti tecnici e parti private), sia l'ammissione di nuovi mezzi di prova utili all'accertamento dei fatti, sia, ancora, la lettura degli atti contenuti nel fascicolo per il dibattimento *ex* art. 511 co. 6 (→ **Giudizio**).

92. Consenso della persona offesa.

1. L'esercizio dei diritti e delle facoltà spettanti agli enti e alle associazioni rappresentativi di interessi lesi dal reato è subordinato al consenso della persona offesa.

2. Il consenso deve risultare da atto pubblico o da scrittura privata autenticata e può essere prestato a non più di uno degli enti o delle associazioni. È inefficace il consenso prestato a più enti o associazioni.

3. Il consenso può essere revocato in qualsiasi momento con le forme previste dal comma 2.

4. La persona offesa che ha revocato il consenso non può prestarlo successivamente né allo stesso né ad altro ente o associazione.

• L'ingresso di enti ed associazioni rappresentativi di interessi lesi, nel rito penale, è subordinato al **consenso della persona offesa dal reato**. Essendo quest'ultima la titolare del bene giuridico leso dal reato, si tende infatti ad evitare la partecipazione, al suo fianco, di soggetti che non le siano graditi.

• Di regola, le istanze perseguite dalla persona offesa e dagli enti rappresentativi di intessi lesi dal reato finiscono per coincidere. Può accadere, tuttavia, che le loro strategie processuali non siano in sintonia. È in quest'ottica che il legislatore ha stabilito una **priorità degli interessi dell'offeso**.

• Qualora la **persona offesa** sia **deceduta in conseguenza del reato**, ai sensi dell'art. 90 co. 3 la legittimazione a prestare il consenso spetta ai **prossimi congiunti** e a chi con essa **conviveva** stabilmente in virtù di una relazione affettiva. Più in generale, nell'ipotesi di morte dell'offeso, laddove **manchino questi soggetti** si tende a distinguere i casi in cui la morte stessa rappresenti l'evento o la circostanza aggravante del reato, da quelli in cui essa sia sopraggiunta per cause indipendenti: nei primi, si ritiene che l'ente possa accedere al rito anche **senza il consenso** di alcuno, nei secondi invece l'intervento dell'ente si considera **precluso**.

• Il consenso deve essere reso nel rispetto di regole formali particolarmente rigorose. Infatti, occorre che sia prestato mediante **atto pubblico** oppure **scrittura privata autenticata**. Criteri così severi non possono che rimarcare l'importanza del consenso medesimo (e della conseguente partecipazione dell'ente o associazione al procedimento), responsabilizzando colui che lo conceda.

• Per evitare che il procedimento penale debba accogliere un numero eccessivamente elevato di soggetti, la norma prevede che il **consenso non** possa essere prestato, da parte della persona offesa dal reato, **a più di un ente** o associazione. Ove questo limite non sia rispettato, il *placet* che sia stato reso successivamente al primo sarà inefficace.

• Quando vi sia una **pluralità di persone offese**, tuttavia, **ciascuna** di esse potrà prestare il proprio consenso per la partecipazione di **un ente** o associazione. Ne deriva che, nel complesso, il numero massimo di enti o associazioni che possono accedere al procedimento è commisurato al numero delle persone offese dal reato.

• Il consenso, una volta concesso, è revocabile e tale **revoca** può avere luogo **in ogni stato e grado del procedimento**, secondo le **stesse formalità** previste per il **consenso** medesimo e, perciò, mediante atto pubblico o scrittura privata autenticata. Si ritiene che la **revoca** corrisponda all'esercizio di un **diritto potestativo dell'offeso** e che all'ente escluso in seguito alla revoca stessa non spetti alcun risarcimento del danno o indennizzo.

• La concessione del consenso e la sua successiva **revoca** producono un **effetto preclusivo**, in quanto, una volta revocato, il consenso non può essere più concesso "né allo stesso né ad altro ente o associazione". Tutto ciò, al fine di scongiurare il rischio di manovre e accordi poco trasparenti tra la persona offesa, chiamata a dare il proprio *placet* per la partecipazione di enti ed associazioni al procedimento penale, e questi ultimi, interessati ad accedervi.

93. Intervento degli enti o delle associazioni.

1. Per l'esercizio dei diritti e delle facoltà previsti dall'articolo 91 l'ente o l'associazione presenta all'autorità procedente un atto di intervento che contiene a pena di inammissibilità:

a) le indicazioni relative alla denominazione dell'ente o dell'associazione, alla sede, alle disposizioni che riconoscono le finalità di tutela degli interessi lesi, alle generalità del legale rappresentante;

b) l'indicazione del procedimento;

c) il nome e il cognome del difensore e l'indicazione della procura;

d) l'esposizione sommaria delle ragioni che giustificano l'intervento;

e) la sottoscrizione del difensore.

2. Unitamente all'atto di intervento sono presentate la dichiarazione di consenso della persona offesa e la procura al difensore se questa è stata conferita nelle forme previste dall'articolo 100, comma 1.

3. Se è presentato fuori udienza, l'atto di intervento deve essere notificato alle parti e produce effetto dal giorno dell'ultima notificazione.

4. L'intervento produce i suoi effetti in ogni stato e grado del procedimento.

• Ai fini dell'accesso, al procedimento, di enti ed associazioni rappresentativi di interessi lesi dal reato, occorre un **formale atto di intervento**, nel quale devono essere contenuti tutti gli elementi indicati dalla norma, a pena di inammissibilità dell'atto stesso. La disposizione tende a riprodurre il modello dell'atto di costituzione di parte civile (art. 78) ed è espressione del marcato regime di "formalizzazione" che connota la partecipazione dell'ente.

• L'atto di intervento deve contenere una serie di **elementi,** che nel complesso sono **funzionali** all'**accertamento della legittimazione** dell'ente. In particolare, occorre che l'atto includa le indicazioni necessarie ai fini dell'**individuazione** dell'ente o dell'associazione, quelle relative alle disposizioni che riconoscono le **finalità** di tutela degli interessi lesi, le **generalità** del legale rappresentante, gli **estremi del provvedimento**, nonché il nome e il cognome del **difensore** e la **procura speciale**, *ad litem*, oltre alla **sottoscrizione** del solo difensore. Ancora, nell'atto devono essere esposte sommariamente le **ragioni** che giustificano l'intervento. Non è escluso che l'atto contenga o rechi in allegato elementi in più, rispetto a quelli richiesti dalla legge, che si ritengano utili ai fini della valutazione della legittimazione dell'ente. Ad esempio, si può prospettare la produzione dello **statuto**, per attestare la data di costituzione dell'ente. Considerato il ruolo dell'ente, equiparato a quello della persona offesa, la presentazione dell'atto di intervento, così corredato, non implica né una *causa petendi* né un *petitum* e l'eventuale proposizione di domande è considerata *tamquam non esset*.

• L'**atto di intervento** è sottoposto a una **valutazione di ammissibilità** e va **proposto** all'**autorità giudiziaria** dinanzi alla quale il procedimento si svolge quando l'ente esponenziale chiede di accedervi. Nel corso delle indagini preliminari l'atto sarà presentato presso l'ufficio del **p.m.**, mentre nelle fasi successive presso l'ufficio del **giudice competente**.

• Se la presentazione avviene **fuori udienza**, ossia in un momento in cui le parti non assistono allo svolgersi della vicenda processuale, l'atto di intervento deve essere **notificato** a ciascuna di esse e diviene produttivo di effetti solo a partire dalla data dell'ultima notificazione (→ **Libro II**). Emerge, al riguardo, la scelta del legislatore di condizionare l'operatività dell'intervento a una previa instaurazione di una sorta di contraddittorio tra le parti. La data della notifica, peraltro, riveste rilievo in quanto rappresenta il ***dies a quo*** rispetto al termine per proporre **opposizione** ai sensi dell'art. 95.

• Nel corso delle **indagini preliminari** (→ **Libro V**), non essendovi ancora "parti" formalmente costituite, l'**atto** viene portato a conoscenza dei soggetti che rappresentano le figure prodromiche delle "parti" vere e proprie, essendo legittimati a divenire tali. Dunque, esso viene **notificato**, ad esempio, alla persona sottoposta alle indagini e al danneggiato dal reato, in quanto legittimato a costituirsi parte civile. Sembra superflua invece, in questo caso, la notifica al p.m., posto che durante le indagini preliminari è proprio al suo ufficio che viene indirizzato l'atto di intervento.

• Ad ogni modo, l'atto di intervento **non** viene notificato **alla persona offesa**, la quale è già a conoscenza della richiesta formulata dall'ente o associazione, avendo prestato il suo consenso. Seppure, talvolta, in dottrina è stata evidenziata la persistenza di un interesse dell'offeso a conoscere tempi e modi dell'iniziativa dell'ente, anche al fine di avvalersi eventualmente del proprio potere di revoca del consenso precedentemente reso. L'atto, inoltre, **non** viene notificato **ad altri enti esponenziali** che si siano già costituiti, poiché essi sono considerati estranei allo specifico rapporto processuale instaurato mediante l'intervento.

• Ai sensi del co. 2, **unitamente** all'atto di intervento sono presentati altri due atti. Il primo è la **dichiarazione di consenso**, resa dall'offeso nelle forme dell'atto pubblico o della scrittura privata autenticata, senza la quale verrebbe a mancare il riscontro di un presupposto essenziale della partecipazione dell'ente o associazione al procedimento penale. In proposito, tuttavia, si distingue un'opinione secondo cui l'atto di intervento, in assenza del consenso della persona offesa non produce alcun effetto; e un'altra di segno opposto, basata sulla circostanza che l'offeso può esprimere il suo consenso anche successivamente. Il secondo atto è costituito dalla **procura al difensore**, se conferita nelle forme di cui all'art. 100 co. 1 (tale allegazione non è, invece, richiesta in caso di procura conferita in calce o a margine dell'atto). Per la loro partecipazione al procedimento penale, infatti, gli enti esponenziali di interessi lesi devono necessariamente avvalersi di un difensore, dal quale sono rappresentate, in sintonia con quanto previsto per le parti private diverse dall'imputato. In caso di mancato deposito della procura del difensore, l'intervento non produce effetto, risultando carente la rappresentanza necessaria di cui all'art. 100 co. 1, al quale fa richiamo l'art. 101 co. 2.

• In relazione alla **difesa tecnica**, emergono due profili che consentono di **differenziare** enti e associazioni dalla **persona offesa** dal reato; nonché di assimilare la loro posizione, per certi versi, a quella delle parti private diverse dall'imputato. In primo luogo, è prevista la **necessità** della suddetta difesa tecnica, mentre la persona offesa ha semplicemente la "facoltà" di nominare un difensore, ai sensi dell'art. 101, con le forme previste per la nomina del difensore dell'imputato. Del resto, la dottrina osserva come la partecipazione dell'ente sia la conseguenza di un atto di iniziativa dotato di specifiche caratteristiche formali, che richiedono indefettibilmente il contributo del difensore. In secondo luogo, il difensore assume la **rappresentanza** dell'ente o dell'associazione, alla stregua di quanto si verifica per le parti private diverse dall'imputato.

• In linea di principio, si tende a **negare** che sussista un'**incompatibilità** del **difensore della persona offesa** ad assumere anche la difesa dell'ente. Fermo restando che occorrerà considerare **in concreto** un'eventuale **inconciliabilità** delle rispettive strategie difensive. In dottrina si ammette, inoltre, che il difensore possa essere anche il **legale rappresentante dell'ente**.

• La **possibilità**, per l'ente esponenziale, di essere ammesso al **patrocinio a spese dello Stato** viene in linea di massima **esclusa**, in base al dato normativo di cui al **T.U. spese**, seppure in qualche ipotesi si è giunti a un diverso avviso limitatamente al suo intervento durante le indagini preliminari (non essendo in tale fase prevista la costituzione di parte civile; art. 79).

• Una volta che l'accesso al procedimento penale, da parte dell'ente o associazione, abbia regolarmente avuto luogo, esso assume ai sensi del co. 6 il carattere dell'**immanenza**, per il quale continua a produrre i suoi effetti in ogni stato e grado del procedimento, similmente a quanto accade per le parti private diverse dall'imputato (ad esempio, per la parte civile e il responsabile civile; artt. 76, 84). Di conseguenza, non occorre che l'ente o associazione, una volta intervenuto, rinnovi la propria "costituzione" in coincidenza con le singole fasi o i singoli gradi del procedimento.

94. Termine per l'intervento.

1. Gli enti e le associazioni rappresentativi di interessi lesi dal reato possono intervenire nel procedimento fino a che non siano compiuti gli adempimenti previsti dall'articolo 484.

• Gli enti rappresentativi di interessi lesi dal reato hanno ampia possibilità di intervento nel rito penale, essendo legittimati ad accedervi sin dalle indagini preliminari. Tuttavia, per il loro ingresso nel procedimento, è previsto un **termine ultimo**, che – pur non essendo stabilito a pena di decadenza – deve ritenersi inderogabile. Tale termine coincide con l'**accertamento** della **regolare costituzione delle parti**, in sede di atti introduttivi al dibattimento (→ **Giudizio**, artt. 484, 491). In proposito, il legislatore ha inteso adottare una soluzione assimilabile al modello delle preclusioni riguardanti la costituzione e l'intervento, nel processo, delle parti private diverse dall'imputato. E, in effetti, l'accertamento della regolare costituzione delle parti rappresenta, in generale, il momento in cui si cristallizza nel procedimento la partecipazione dei diversi soggetti che ne sono protagonisti.

• Uno specifico problema riguarda l'ipotesi in cui il **reato** che giustifichi l'intervento dell'ente venga **contestato** solo **successivamente** allo scadere del predetto termine, trattandosi di "fatto diverso", "fatto nuovo" o reato concorrente, rispetto alla fattispecie originariamente addebitata (→ **Giudizio**, artt. 516, 517, 518). Da una soluzione più rigorosa deriverebbe la preclusione dell'intervento, mentre un orientamento più elastico consentirebbe di ammettere quest'ultimo, anche sulla scorta di esiti giurisprudenziali relativi alla tardiva costituzione di parte civile (Corte cost., 98 del 1996).

95. Provvedimenti del giudice.

1. Entro tre giorni dalla notificazione eseguita a norma dell'articolo 93, comma 3, le parti possono opporsi con dichiarazione scritta all'intervento dell'ente o dell'associazione. L'opposizione è notificata al legale rappresentante dell'ente o dell'associazione, il quale può presentare le sue deduzioni nei cinque giorni successivi.

2. Se l'intervento è avvenuto prima dell'esercizio dell'azione penale, sull'opposizione provvede il giudice per le indagini preliminari; se è avvenuto nell'udienza preliminare, l'opposizione è proposta prima dell'apertura della discussione; se è avvenuto in dibattimento, l'opposizione è proposta a norma dell'articolo 491, comma 1.

3. I termini previsti dai commi 1 e 2 sono stabiliti a pena di decadenza. Il giudice provvede senza ritardo con ordinanza.

4. In ogni stato e grado del processo il giudice, qualora accerti che non esistono i requisiti per l'esercizio dei diritti e delle facoltà previsti dall'articolo 91, dispone anche di ufficio, con ordinanza, l'esclusione dell'ente o dell'associazione.

• La disposizione prevede la possibilità di proporre **opposizione**, rispetto all'atto di intervento presentato da enti o associazioni, qualora si ritenga che essi siano privi dei requisiti richiesti dalla legge. Si tratta di uno **strumento di verifica** di tali **requisiti**, che innesca un momento incidentale volto a risolvere le relative questioni.

• **Legittimate** a proporre opposizione sono le **parti** del procedimento, siano esse effettive o soltanto potenziali, a seconda della fase in cui il procedimento stesso si trovi. Dal novero dei legittimati viene **esclusa la persona offesa** dal reato, per due ragioni: una di ordine formale e l'altra di ordine logico. In primo luogo, perché è priva della qualifica di "parte", indicata dalla norma; in secondo luogo, in quanto ha già espresso il proprio consenso rispetto alla partecipazione dell'ente ed è in condizioni di revocarlo in ogni momento, ottenendo l'estromissione dell'ente medesimo. Tuttavia, quanto al secondo aspetto, non va trascurato che la persona offesa, in realtà, potrebbe mantenere un interesse ad opporsi, poiché l'eventuale conseguente estromissione dell'ente, a differenza della revoca del consenso, non le precluderebbe la possibilità di prestare nuovamente quest'ultimo a favore di un altro ente. Si ritiene che l'opposizione possa essere proposta anche da un **diverso ente collettivo**, intervenuto con il consenso di un'altra persona offesa, oppure dotato del consenso della stessa persona offesa e intenzionato a ottenere l'estromissione di un soggetto reputato privo dei necessari requisiti, per potergli subentrare (al riguardo, però, si registra un'incongruenza dovuta alla mancata previsione di una notificazione relativa all'atto di intervento fuori udienza e rivolta agli enti già costituitisi; art. 93). È possibile, altresì, che sia **lo stesso ente** a **rinunziare** al proprio intervento, mediante una revoca dello stesso.

• La norma, nel prevedere l'opposizione, specifica i relativi **termini**, stabiliti a pena di **decadenza**. In particolare, fissa diverse tempistiche, che variano a seconda dello stato in cui il procedimento si trovava al **momento dell'intervento** dell'ente o associazione. Qualora quest'ultimo sia avvenuto fuori udienza e, precisamente, durante le **indagini preliminari**, l'opposizione deve essere proposta entro tre giorni dalla notificazione dell'atto di intervento, mediante una dichiarazione scritta, notificata al legale rappresentante dell'ente o dell'associazione, il quale può presentare le proprie deduzioni nei cinque giorni successivi. Diversamente, ove l'intervento dell'ente o dell'associazione abbia avuto luogo nel corso dell'**udienza preliminare**, l'opposizione deve essere proposta prima che il giudice dichiari aperta la discussione (→ **Indagini e udienza preliminare**, art. 421). Quando, invece, l'intervento sia stato eseguito in coincidenza con gli **atti introduttivi del dibattimento**, l'opposizione può essere proposta, al più tardi, subito dopo che siano compiuti per la prima volta gli accertamenti relativi alla regolare costituzione delle parti, *ex* art. 491 co. 1 (→ **Giudizio**).

• Chiamato a decidere sull'opposizione è il **giudice procedente**, a seconda della fase in cui l'opposizione sia proposta. Nel corso delle indagini preliminari, a pronunciarsi è il g.i.p. (→ **Libro V**). L'organo giurisdizionale deve provvedere senza ritardo, con ordinanza, disponendo – in caso di accoglimento dell'opposizione – l'estromissione dell'ente o dell'associazione. È controverso se il provvedimento possa essere motivato anche sommariamente (→ **Atti**; art. 125 co. 3). Mentre è condivisa la tesi che afferma l'inoppugnabilità del provvedimento stesso, salva la possibilità di ritenerlo impugnabile, se emesso in dibattimento, unitamente alla sentenza (→ **Impugnazioni**, art. 586) e in presenza di un interesse al riguardo (perciò, in particolare, in caso di inammissibilità o rigetto della richiesta di esclusione).

• L'estromissione dell'ente o associazione può essere disposta dal giudice, oltre che su iniziativa delle parti, anche ***ex officio***, qualora egli riconosca la carenza dei presupposti necessari per la partecipazione del soggetto al procedimento. Tuttavia, si tende a escludere che quest'ultima ipotesi si verifichi nel corso delle indagini preliminari, posto che il g.i.p. interviene soltanto *ad acta*, nei casi previsti dalla legge (→ **Indagini e udienza preliminare**, art. 328). A parte questo limite, l'organo giurisdizionale può pronunciarsi d'ufficio **in ogni stato e grado del procedimento**, a prescindere dalle cadenze temporali fissate per l'opposizione delle parti. Ciò gli consente un **controllo** non soltanto sulla sussistenza iniziale dei **requisiti** richiesti dalla legge, ma anche sulla loro **permanenza** nel corso dell'intero *iter* procedimentale e sino al formarsi del giudicato. Dopo la scadenza dei termini per l'opposizione delle parti, peraltro, è prospettabile che queste ultime, non potendo più avvalersi di tale strumento, si rivolgano al giudice sollecitando l'emissione di un provvedimento di estromissione *ex* art. 95 co. 4.

• Si ritiene che l'ente, una volta estromesso, possa **riproporre** il proprio **intervento**, sempre nel rispetto dei termini di cui all'art. 94. La soluzione trae conforto dalla disciplina prevista per la parte civile all'art. 80 co. 5, costituendone un'applicazione analogica.

Titolo VII
DIFENSORE

96. Difensore di fiducia.

1. L'imputato ha diritto di nominare non più di due difensori di fiducia.
2. La nomina è fatta con dichiarazione resa all'autorità procedente ovvero consegnata alla stessa dal difensore o trasmessa con raccomandata.
3. La nomina del difensore di fiducia della persona fermata, arrestata o in custodia cautelare, finché la stessa non vi ha provveduto, può essere fatta da un prossimo congiunto, con le forme previste dal comma 2.

• L'imputato [e la **persona sottoposta alle indagini** (art. 61)] è rappresentato ed assistito nel processo dal difensore che, in quanto soggetto dotato di una specifica capacità tecnico-professionale, garantisce un contraddittorio paritario davanti al giudice. La **difesa tecnica**, componente imprescindibile del diritto di difesa (→ **Cost.**, art. 24 co. 2) si affianca alle prerogative esplicabili personalmente (c.d. **autodifesa**). La presenza del difensore è legalmente necessaria ed è irrinunciabile (Corte cost. 125 del 1979) per l'**imputato** (art. 60) [e la **persona sottoposta alle indagini** (art. 61)]: egli può nominarne uno di fiducia *ex* art. 96, ma in difetto, è assistito da un difensore **d'ufficio** (art. 97)]. Anche per le **altre parti private** [parte civile (art. 74 s.), responsabile civile (art. 83 s.) e persona civilmente obbligata per la pena pecuniaria (art. 89)], nonché per gli **enti** rappresentativi degli interessi lesi dal reato (art. 91 s.) la nomina del difensore è obbligatoria. Essi possono stare in giudizio solo se legalmente rappresentati, avendo conferito all'avvocato una procura speciale per atto pubblico o scrittura privata autenticata dallo stesso o da persona abilitata (artt. 100 e 101 co. 2), secondo lo schema previsto nel processo civile (art. 83 c.p.c.). Per la **persona offesa** (art. 90 s.) la nomina di un difensore è strumentale al solo esercizio dei diritti e delle facoltà ad essa attribuiti. Rappresenta invece un onere per il compimento di atti riservati (art. 101 co. 1). L'imputato [o il sottoposto alle indagini], la persona offesa, il danneggiato che intende costituirsi parte civile e il responsabile civile possono chiedere di essere ammessi al **patrocinio a spese dello Stato** (art. 98). Le prerogative processuali del difensore sono di vario genere: alcune gli spettano in virtù della generale estensione dei diritti che la legge riconosce all'imputato e il cui esercizio non riservi a quest'ultimo personalmente (art. 99), altre competono al professionista in via esclusiva ed originaria. Queste ultime attengono all'ambito della difesa tecnica e si concretano in atti o attività che richiedono conoscenze specialistiche, espletabili in udienza – come la formulazione di eccezioni processuali, l'esame delle prove orali, la discussione – o fuori da contesti d'udienza – visione di atti (→ **Indagini e udienza preliminare**, art. 366), espletamento di indagini difensive (→ art. 327 *bis*), richiesta di termini a difesa. Inoltre, mentre sia le parti che i loro difensori, in ogni stato e grado del procedimento, possono presentare memorie o richieste scritte al giudice, mediante deposito nella cancelleria (→ **Atti**, artt. 111 *bis* e 121), nel corso delle indagini preliminari soltanto i difensori hanno facoltà di presentare **memorie e richieste scritte al p.m.** (→ **Indagini e udienza preliminare**, art. 367).

• La nomina di **difensori ulteriori** rispetto al numero previsto (non più di due per imputato, uno soltanto per altre parti private, art. 100), offeso ed enti rappresentativi degli interessi lesi dal reato (art. 101) – è senza effetto finché l'interessato non revochi (art. 107) le nomine che risultano in eccedenza (→ **Disp. att.**, art. 24). La regola non è applicabile nel giudizio di cassazione, nel quale prevale, in quanto speciale, quella dell'art. 613 co. 2 (→ **Libro IX**): la nomina di un terzo difensore iscritto nell'albo delle giurisdizioni superiori ai fini della presentazione del ricorso o successivamente non può essere considerata eccedente e conferisce a quest'ultimo in via esclusiva nella fase di legittimità la titolarità della difesa ed il diritto a ricevere i relativi avvisi (Cass., SU., 15.12.2011, Di Cecca).

• La nomina del patrono è atto personalissimo, non delegabile attraverso procura: sono disciplinarmente eccepibili consigli sulla scelta, forniti da funzionari operatori di di polizia giudiziaria (art. 57) o operatori penitenziari (→ **Disp. att.**, art. 25). Il difensore deve possedere i **requisiti** richiesti dalla legge professionale (r.d.l. 27.11.1933, n. 1578, conv. dalla l. 22.1.1934, n. 36 e l. 31.12.2012, n. 247): in difetto l'atto che richiede la presenza difensiva è nullo *ex* art. 178 lett. *c* (→ **Atti**). Occorrono, cioè, le seguenti qualifiche: **praticante avvocato**, idoneo a patrocinare davanti al giudice di pace (→ d. lgs. 28.8.2000, n. 274) e nel rito monocratico a citazione diretta (→ **Libro VIII**, art. 550), esclusa la nomina come difensore d'ufficio (Corte cost., **106** del **2010**); **avvocato**, abilitato all'esercizio della professione davanti a ogni giudice penale con l'eccezione della corte di cassazione; **avvocato** iscritto nell'**albo speciale** della corte di cassazione, per sottoscrivere ricorso, memorie, motivi nuovi e per svolgere la funzione difensiva davanti al giudice di legittimità.

• La nomina può essere effettuata con una dichiarazione orale resa dall'interessato o con dichiarazione scritta, consegnata o trasmessa alla stessa autorità dal difensore all'autorità procedente, senza particolari formalità (basta una chiara manifestazione della volontà di essere assistito da quel professionista: Cass., SU, 11.7.2006, Scafi) per agevolare l'esercizio del diritto, costituzionalmente tutelato, alla difesa giudiziaria (→ **Cost.**, art. 24 co. 2). Gli effetti della nomina decorrono, per quanto riguarda gli obblighi di informazione gravanti sull'autorità giudiziaria, dalla ricezione della comunicazione da parte di quest'ultima.

• La nomina può intervenire in qualsiasi momento del procedimento anche su invito o a seguito di informativa *ad hoc* da parte degli organi procedenti. Ad es.: dichiarazioni autoindizianti davanti all'autorità giudiziaria o alla p.g. (art. 63 co. 1); assunzione di sommarie informazioni dalla persona sottoposta alle indagini da parte della p.g. (→ **Indagini e udienza preliminare**, art. 350 co. 1-4); perquisizioni, apertura immediata del plico autorizzata dal p.m., accertamenti urgenti su luoghi, cose, persone e sequestro, compiuti di iniziativa dalla p.g. (→ artt. 352, 353 co. 2 e

354) ai quali può assistere il difensore di fiducia facoltà del difensore di assistere (→ art. 356); di tale facoltà è avvisato l'indagato, se presente (→ **Disp. att.**, art. 114). Nei casi in cui sia necessaria una nomina d'ufficio del difensore, il nominativo è comunicato senza ritardo all'imputato [e alla persona sottoposta alle indagini (art. 61)] con l'avvertimento che può essere nominato un difensore di fiducia in qualunque momento (→ **Disp. att.**, art. 28). La nomina può avvenire anche "per l'eventualità che" si instauri un procedimento penale, in vista dello svolgimento **in via preventiva** di **investigazioni difensive** (→ **Indagini e udienza preliminare**, artt. 327 *bis* e 391 *bis* s.), da rilasciare con sottoscrizione autenticata e, anche l'indicazione dei fatti ai quali si riferisce (→ art. 391 *nonies*).

• L'assistenza di un difensore (di fiducia o d'ufficio) è prevista anche per le persone imputate o giudicate in un procedimento connesso o per reato collegato che assumono l'ufficio di testimone (→ **Prove**, art. 197 *bis*) nonché le persone imputate in un procedimento connesso a norma dell'art. 12 lett. *a*, nei confronti delle quali si procede o si è proceduto separatamente e che non possono assumere l'ufficio di testimone (→ art. 210), durante il loro esame; *idem* per l'interessato nel procedimento di **estradizione per l'estero**, anche in vista degli adempimenti successivi all'applicazione di una misura coercitiva (→ **Rapporti giurisdizionali con autorità straniere**, artt. 703 co. 2 e 717 co. 2).

• Un'eccezione alla regola secondo cui la scelta del difensore di fiducia spetta all'imputato (indagato) è prevista per la nomina effettuata dai **prossimi congiunti** (→ art. 307 c.p.) della persona fermata (→ **Indagini e udienza preliminare**, art. 384), arrestata (→ artt. 380 e 381) o in custodia cautelare (→ **Misure cautelari**, art. 285 s.), consentita dal terzo comma, fino a quando non vi abbia provveduto l'interessato per sopperire alle difficoltà pratiche della persona *in vinculis*. Perciò la p.g., con il consenso dell'arrestato o del fermato, deve senza ritardo dare notizia ai familiari dell'avvenuto arresto o fermo (→ **Indagini e udienza preliminare**, art. 387) e avvisare del relativo diritto l'imputato in occasione dell'esecuzione dell'ordinanza di custodia cautelare (→ **Misure cautelari**, art. 293). Per il medesimo motivo è prevista l'informazione immediata ai congiunti dell'ingresso in un istituto penitenziario (→ **Ord. penit.**, art. 29). In ogni caso, l'imputato [e la persona sottoposta alle indagini (art. 61)] in stato di custodia cautelare, l'arrestato e il fermato hanno **diritto di conferire** con il difensore – di fiducia o d'ufficio – sin dall'inizio dell'esecuzione della misura o subito dopo l'arresto o il fermo, a meno che, se si procede per i delitti di cui all'art. 51 co. 3 *bis* e 3 *quater* e sussistono specifiche ed eccezionali ragioni di cautela, il g.i.p., su richiesta del p.m., ovvero il p.m. stesso dispongano la dilazione dell'esercizio del diritto, per un tempo non superiore a cinque giorni (art. 104).

• Le notificazioni all'imputato non detenuto successive alla prima sono eseguite mediante consegna al difensore nominato di fiducia. Tuttavia, il difensore può dichiarare immediatamente all'autorità che procede di non accettare la notificazione (→ **Atti**, art. 157 co. 8 *bis*). L'intervenuta nomina del difensore di fiducia rileva poi anche ai fini della **dichiarazione di assenza** dell'imputato (→ **Indagini e udienza preliminare**, art. 420 *bis* co. 2).

• Al difensore nominato compete la facoltà di svolgere investigazioni per ricercare ed individuare elementi di prova a favore del proprio assistito (→ **Indagini e udienza preliminare**, art. 327 *bis*). In ogni caso, il difensore – così come gli altri soggetti di cui all'art. 391 *bis* – non ha obbligo di denuncia neppure relativamente ai reati dei quali abbia avuto notizia nel corso delle attività investigative svolte (→ art. 334 *bis*).

• Chi ha prestato ufficio di difensore – qualunque sia l'assistito – è **incompatibile** con l'esercizio dell'**ufficio di giudice** nel medesimo procedimento (art. 34), mentre soltanto il difensore che abbia svolto attività di investigazione difensiva – oltre a coloro che hanno formato la documentazione delle dichiarazioni e delle informazioni assunte ai sensi dell'art. 391 *ter* – è **incompatibile** con l'**ufficio di testimone** (→ **Prove**, art. 197 co. 1 lett. *d*).

• Alla nomina del difensore si attribuisce il carattere della «immanenza», nel senso che la stessa, una volta intervenuta, mantiene efficacia per tutti gli stati ed i gradi del procedimento, (e nelle procedure incidentali, ma non viceversa), salve le ipotesi della sopravvenienza di cause risolutive o del mandato temporalmente circoscritto. La nomina effettuata nel corso del giudizio di primo grado spiega i propri effetti per tutta la durata del giudizio di cognizione, nelle diverse fasi di esso nonché in quelle incidentali che ne scaturiscono, senza bisogno di essere reiterata. Può **proporre impugnazione** il difensore dell'imputato al momento del deposito del provvedimento, sia il difensore nominato a tale fine (→ **Impugnazioni**, art. 571 co. 3). Malgrado l'autonomia riconosciuta alla nomina difensiva nella **fase esecutiva** – in difetto, il p.m. designa un difensore d'ufficio *ex* art. 97 (→ **Esecuzione**, art. 655 co. 5) – una peculiare ipotesi di ***prorogatio*** della nomina già conferita nel procedimento di cognizione è prevista per il caso in cui il condannato non abbia nominato un difensore *ad hoc* per la fase dell'esecuzione, in vista della presentazione dell'istanza di una misura alternativa alla detenzione già nelle more della sospensione dell'ordine di esecuzione della sentenza (→ art. 656 co. 5 e 6).

97. Difensore di ufficio.

1. L'imputato che non ha nominato un difensore di fiducia o ne è rimasto privo è assistito da un difensore di ufficio.

2. Il difensore d'ufficio nominato ai sensi del comma 1 è individuato nell'ambito degli iscritti all'elenco nazionale di cui all'articolo 29 delle disposizioni di attuazione. I Consigli dell'ordine circondariali di ciascun distretto di corte d'appello predispongono, mediante un apposito ufficio centralizzato, l'elenco dei professionisti iscritti all'albo e facenti parte dell'elenco nazionale ai fini della nomina su richiesta dell'autorità giudiziaria e della polizia giudiziaria. Il Consiglio nazionale forense fissa, con cadenza annuale, i criteri generali per la nomina dei difensori d'ufficio sulla base della prossimità alla sede del procedimento e della reperibilità.

3. Il giudice, il pubblico ministero e la polizia giudiziaria, se devono compiere un atto per il quale è prevista l'assistenza del difensore e la persona sottoposta alle indagini o l'imputato ne sono privi, danno avviso dell'atto al difensore il cui nominativo è comunicato dall'ufficio di cui al comma 2.

4. Quando è richiesta la presenza del difensore e quello di fiducia o di ufficio nominato a norma dei commi 2 e 3 non è stato reperito, non è comparso o ha abbandonato la difesa, il giudice designa come sostituto un altro difensore immediatamente reperibile per il quale si applicano le disposizioni di cui all'articolo 102. Il pubblico ministero e la polizia giudiziaria, nelle medesime circostanze, richiedono un altro nominativo all'ufficio di cui al comma 2, salva, nei casi di urgenza, la designazione di un altro difensore immediatamente reperibile, previa adozione di un provvedimento motivato che indichi le ragioni dell'urgenza. Nel corso del giudizio può essere nominato sostituto solo un difensore iscritto nell'elenco di cui al comma 2.

5. Il difensore di ufficio ha l'obbligo di prestare il patrocinio e può essere sostituito solo per giustificato motivo.

6. Il difensore di ufficio cessa dalle sue funzioni se viene nominato un difensore di fiducia.

Il co. 2 è stato sostituito dalla l. 6.3.2001, n. 60 e, poi, dal d. lgs. 30.1.2015, n. 6. I co. 3 e 4 sono stati così sostituiti dalla l. 60 del 2001.

• La difesa d'ufficio ricorre – solo per l'**imputato** e non per gli altri soggetti privati – in termini di sussidiarietà rispetto a quella fiduciaria, quando questi [o la **persona sottoposta alle indagini** (art. 61)] non abbia nominato il difensore di fiducia o ne sia rimasto privo. Essa è infatti funzionale a garantire l'effettività della **difesa tecnica**, componente imprescindibile del diritto di difesa (→ **Cost.**, art. 24 co. 2) che si affianca alle prerogative esplicabili personalmente (c.d. **autodifesa**). La designazione del difensore a norma dell'art. 97 è prevista, altresì, ad opera del p.m. (art. 50 s.), nella **fase esecutiva** a favore dell'interessato che non abbia nominato il difensore: quando è prescritta la notificazione dei suoi provvedimenti al difensore (→ **Esecuzione**, art. 655 co. 5); nonché a favore dell'interessato nel procedimento di **estradizione per l'estero**, anche in vista degli adempimenti successivi all'applicazione di una misura coercitiva, ad opera del presidente della corte d'appello (→ **Rapporti giurisdizionali con autorità straniere**, artt. 704 e 717 co. 2). Anche le persone imputate o giudicate in un procedimento connesso o per reato collegato che assumono l'ufficio di testimone (→ **Prove**, art. 197 *bis*) e le persone imputate in un procedimento connesso a norma dell'art. 12 lett. *a*, nei confronti delle quali si procede o si è proceduto separatamente e che non possono assumere l'ufficio di testimone (→ art. 210), durante l'esame sono assistite da un difensore, di fiducia ovvero d'ufficio.

• Così come al difensore di fiducia, anche al difensore d'ufficio competono facoltà e diritti che la legge riconosce all'imputato [e alla persona sottoposta alle indagini (art. 61)], salvo che a questi siano riservati personalmente (art. 99). Il difensore d'ufficio, inoltre, come quello di fiducia, può nominare un **sostituto** (art. 102) e gode di specifiche **garanzie di libertà** in relazione ai poteri investigativi degli organi inquirenti (art. 103).

• Il difensore nominato d'ufficio, ricevuta la comunicazione dell'individuazione effettuata *ex* art. 97 co. 3 (al sostituto è parimenti comunicata la designazione nei casi previsti dall'art. 97 co. 4), ha l'obbligo di prestare il proprio patrocinio *ex* art. 97 co. 5 (solo il difensore di fiducia ha facoltà, *ex* art. 107 di non accettare l'incarico o di rinunciarvi). Allorché si trovi nell'impossibilità di adempiere l'incarico e non abbia nominato un sostituto, egli dovrà avvisare immediatamente l'autorità giudiziaria, indicandone le ragioni, affinché si provveda alla sostituzione (→ **Disp. att.**, art. 30). Al di fuori di tali evenienze, l'**abbandono** della difesa d'ufficio – o di fiducia – o il **rifiuto** della difesa d'ufficio comportano sanzioni disciplinari, per le quali è competente il consiglio dell'ordine forense (art. 105). Il difensore, d'ufficio o di fiducia, nei casi di rinuncia, revoca, incompatibilità e abbandono, ha diritto di chiedere un termine per la difesa (art. 108).

• Per assicurare effettività all'istituto, la disciplina vigente (così come modificata da ultimo dal d. lgs. 30.1.2015, n. 30) prevede che l'individuazione del difensore d'ufficio avvenga (art. 97 co. 2) nell'ambito degli iscritti agli **elenchi dei difensori d'ufficio** di cui all'art. 29 **Disp. att.**, predisposti e aggiornati dal Consiglio nazionale forense; l'attestazione di idoneità presuppone la frequenza di appositi corsi di aggiornamento o il documentato svolgimento di cinque anni di professione forense o in alternativa il requisito del conseguimento del titolo di specialista in diritto penale, la cui regolamentazione attuativa è in via di completamento; la disciplina di dettaglio è contenuta nel «Regolamento per la tenuta e l'aggiornamento dell'elenco unico nazionale degli avvocati iscritti negli albi disponibili ad assumere le difese d'ufficio», predisposto dal C.n.f. il 22.5 2015.

• Un sistema automatico sottrae la scelta del difensore alla discrezionalità dell'autorità procedente: l'ordine forense di ciascun capoluogo del distretto di corte d'appello gestisce un apposito **ufficio centralizzato** che fornisce, mediante linee telefoniche dedicate, i nominativi dei difensori d'ufficio a richiesta dell'autorità giudiziaria e della p.g.; non si ricorre, tuttavia, al sistema informatizzato per procedimenti su materie che richiedono competenze specifiche (→ **Disp. att.**, art. 29 co. 2).

• Anche in ragione del carattere sussidiario della difesa officiosa, in virtù della quale il difensore designato cessa dalle sue funzioni non appena venga nominato un difensore di fiducia (art. 97 co. 6), il nominativo del difensore d'ufficio è comunicato senza ritardo all'imputato [e alla persona sottoposta alle indagini (art. 61)], con l'avvertimento che può essere nominato, in qualunque momento, un difensore di fiducia (→ **Disp. att.**, art. 28). In ogni caso, al compimento del primo atto a cui il difensore ha diritto di assistere e, comunque, prima dell'invito a presentarsi per rendere l'interrogatorio (artt. 64 e 65) ai sensi degli artt. 375 co. 3 e 416 (→ **Indagini e udienza preliminare**) ovvero, al più tardi, contestualmente all'avviso di conclusione delle indagini preliminari di cui all'art. 415 *bis* (→ **Libro V**), il p.m. – a pena di nullità (→ **Atti**, art. 177 s.) degli atti successivi – notifica alla persona sottoposta alle indagini l'**informazione sul diritto di difesa** (→ **Indagini e udienza preliminare**, art. 369 *bis*) con la comunicazione della nomina del difensore d'ufficio contenente – *inter alia* – il nominativo, l'indirizzo e il recapito telefonico del difensore d'ufficio, l'indicazione della facoltà di nominare un difensore di fiducia nonché l'avvertimento che, in mancanza, sarà assistita da quello nominato d'ufficio.

• L'attività del difensore d'ufficio è in ogni caso retribuita (→ **Disp. att.**, art. 31): la previsione dà esecuzione alla direttiva della legge delega per l'approvazione che raccomandava criteri utili ad assicurare «effettività» (n. 105); la Consulta, nel dichiarare non fondata una questione di legittimità concernente la norma, ha notato come la stessa non è affatto incompatibile con la delega nel sancire l'obbligo di retribuzione a carico dell'imputato, anzi così facendo ha eseguito quanto previsto dalla direttiva citata, ritenendo che la retribuzione del difensore d'ufficio fosse correlata all'effettività dell'istituto (Corte cost., 144 del 1995).

• Alla difesa d'ufficio si applica la normativa sul patrocinio a spese dello stato (→ **T.U. spese**): anche se assistito da un difensore d'ufficio, l'imputato [e la persona sottoposta alle indagini (art. 61)] può pertanto chiedere di essere ammesso al **patrocinio statale** (art. 98).

• A tale proposito, con l'informazione sul diritto di difesa (→ **Indagini e udienza preliminare**, art. 369 *bis*) la persona sottoposta alle indagini riceve, tra gli altri, l'avviso dell'obbligo di retribuire il difensore d'ufficio, ove non sussistano le condizioni per l'ammissione al patrocinio a spese dello Stato. In ogni caso, se rimane infruttuosa la procedura esecutiva per il recupero del credito professionale nei confronti dell'assistito (indagato, imputato e condannato) inadempiente, usufruendo all'uopo dell'esenzione da bolli, imposte e spese (→ **Disp. att.**, art. 32), il difensore d'ufficio – comunque esonerato dal recupero in via preventiva se l'assistito è irreperibile – è **retribuito dallo Stato** nella misura e secondo modalità stabilite dall'art. 82 **T.U. spese** per il patrocinante a spese dello Stato; lo Stato, quindi, surroga il difensore nel credito verso l'assistito salvo che questi non ottenga l'ammissione al gratuito patrocinio (→ **T.U. spese**, artt. 116 e 117).

• La regola *ex* art. 97 co. 3 è ribadita *expressis verbis* per gli atti del p.m. con facoltà di assistenza difensiva senza preavviso (→ **Indagini e udienza preliminare**, art. 365), ma non è prevista nel contesto degli omologhi atti compiuti di propria iniziativa dalla p.g. (→ art. 356) [*i.e.*, perquisizioni, apertura immediata del plico autorizzata dal p.m., accertamenti urgenti sui luoghi, sulle cose e sulle persone e sequestro (→ artt. 352, 353 co. 2 e 354)] che deve, però, avvertire la persona sottoposta alle indagini, se presente, della facoltà di farsi assistere dal difensore di fiducia (→ **Disp. att.**, art. 114).

• La stessa p.g., invece, provvede a norma dell'art. 97 co. 3 prima di assumere **sommarie informazioni** dalla persona nei cui confronti vengono svolte le indagini la quale, invitata a nominare un difensore di fiducia, non vi abbia provveduto (→ **Indagini e udienza preliminare**, art. 350 co. 2). Se, tuttavia, il difensore non è stato reperito o non è comparso, la p.g. chiede al p.m. di provvedere a norma dell'art. 97 co. 4.

• L'**elezione di domicilio** presso il difensore d'ufficio non ha effetto se l'autorità che procede non riceve, unitamente alla dichiarazione di elezione, l'assenso del difensore domiciliatario (→ **Atti**, art. 162 co. 4 *bis*).

• Il co. 5 prevede la immutabilità del difensore d'ufficio, che può essere sostituito «solo per giustificato motivo», in modo da assicurare la continuità dell'assistenza tecnico-giuridica e di garantire la concreta ed efficace tutela dei diritti dell'imputato, così equiparando la difesa d'ufficio a quella di fiducia. Collegata all'immutabilità è la disciplina della sostituzione (co. 4), consentita solo per un tempo limitato e solo nei casi in cui, essendo necessaria la presenza di un difensore, il nominato non sia stato reperito, non sia comparso o abbia abbandonato la difesa. Anche in questi casi, titolare dell'ufficio di difesa rimane sempre l'originario difensore designato il quale, cessata la situazione che alla sostituzione ha dato causa, può riprendere immediatamente il suo ruolo e ricominciare a svolgere le sue funzioni non richiedendosi comunicazioni o preavvisi di sorta, e che resta l'unico destinatario della notifica degli atti e segnatamente dei provvedimenti soggetti ad impugnazione (Cass., SU, 11.11.1994, Nicoletti; Cass., SU, 9.7.2003, Mainente). Pertanto, la nomina, da parte del giudice, di un sostituto processuale presuppone un regolare avviso ai titolari del diritto di difesa ed è consentita solo nelle ipotesi tassativamente elencate dal co. 4. e ove, in presenza di una rituale e tempestiva nomina fiduciaria effettuata dall'interessato, il giudice proceda irritualmente alla designazione di un difensore d'ufficio, viene ad essere leso il diritto dell'imputato "ad avere un difensore di sua scelta", riconosciuto dall'art. 6 co. 3 lett. *c* Cedu).

• Anche in relazione al difensore d'ufficio operano il **diritto di conferire** con il difensore (art. 104) sin dall'inizio dell'esecuzione della misura (→ **Misure cautelari**, art. 285 s.) o subito dopo l'arresto o il fermo (→ **Indagini e udienza preliminare**, artt. 380, 381 e 384), la facoltà di svolgere **investigazioni** per ricercare ed individuare elementi di prova a favore del proprio assistito (→ art. 327 *bis*) con l'esonero dall'obbligo di denuncia (→ art. 334 *bis*) nonché le **incompatibilità** con l'esercizio dell'**ufficio di giudice** nel medesimo procedimento (art. 34) e, ricorrendone i presupposti, con l'**ufficio di testimone** (→ **Prove**, art. 197 co. 1 lett. *d*).

• La disciplina codicistica in tema di difesa d'ufficio trova applicazione anche nel procedimento per la responsabilità amministrativa da reato di società o enti di cui al d. lgs. 8.6.2001, n. 231 (→ **Resp. Enti**, art. 40).

98. Patrocinio dei non abbienti.

1. L'imputato, la persona offesa dal reato, il danneggiato che intende costituirsi parte civile e il responsabile civile possono chiedere di essere ammessi al patrocinio a spese dello Stato, secondo le norme della legge sul patrocinio dei non abbienti.

• Sul patrocinio a spese dello Stato vedi gli artt. 74-145 del **T.U. spese** e la l. 20.12.2012, n. 237.

• L'impegno affidato dalla Costituzione alla legge ordinaria di apprestare i mezzi necessari ad assicurare ai non abbienti «i mezzi per agire e difendersi davanti ad ogni giurisdizione» (→ art. 24 co. 3) rappresenta un momento forte della tutela costituzionale del diritto di difesa, collegato all'istanza di effettività della difesa stessa, nonché al rispetto del principio di eguaglianza dei cittadini. Dal canto suo, l'art. 6 co. 3 lett. *c* Cedu riconosce all'accusato, se non ha i mezzi per ricompensare un difensore, il diritto a «poter essere assistito gratuitamente da un avvocato d'ufficio quando lo esigano gli interessi della giustizia». All'entrata in vigore dell'attuale codice la materia era ancora regolata dal r.d. 30.12.1923 n. 3282, a mente del quale la difesa dei non abbienti era «ufficio onorifico e obbligatorio della classe degli avvocati e procuratori». L'art. 98 nell'introdurre il principio del patrocinio finanziato dallo Stato per i non abbienti si limitò ad indicare i soggetti beneficiari; solo con la l. 30.7.1990 n. 217, fu istituito un «patrocinio a spese dello Stato». La rivisitazione della tutela apprestata dalla legge del 1990, che era macchinosa nei meccanismi e costretta da limitazioni di dubbia ragionevolezza, è avvenuta con la l. 29.3.2001 n. 134) nel quadro delle novelle destinati a dare attuazione al principio del «giusto processo» (l. cost. 23.11.1999 n. 2) quale momento necessario – accanto alle indagini difensive (l. 7.12.2000 n. 397, e al potenziamento della difesa d'ufficio, (l. 6.3.2001 n. 60) – di un disegno organico di potenziamento della tutela difensiva. La riforma dell'art. 111 Cost. aveva infatti rafforzato la tutela costituzionale della difesa giudiziaria, esigendo che chi subisce il processo «disponga del tempo e delle condizioni necessarie a preparare la sua difesa». Successivamente la disciplina è stata spostata all'interno del **T.U. spese**. L'amissione al patrocinio a spese dello Stato può essere chiesta non soltanto dai soggetti *ex* art. 98 – imputato (art. 60), persona offesa dal reato (art. 90), danneggiato che intende costituirsi parte civile (art. 74 s.) e responsabile civile (art. 83 s.) – ma, altresì, dalla **persona sottoposta alle indagini** (art. 61) e dal **condannato** (→ **T.U. spese**, art. 74), comunque indipendentemente dalla cittadinanza e a condizione che il non abbiente risieda nel territorio nazionale (→ art. 90).

• L'informazione, tra le altre, della facoltà di essere ammesso al patrocinio a spese dello Stato nei casi previsti dalla legge è data all'**arrestato** e al **fermato** (→ **Indagini e udienza preliminare**, artt. 380, 381 e 384) – e alla **persona allontanata d'urgenza** dalla casa familiare (→ art. 384 *bis*) – dagli ufficiali e agenti di p.g. (art. 57) che hanno eseguito l'arresto o il fermo o hanno avuto in consegna l'arrestato, mediante comunicazione scritta, redatta in forma chiara e precisa, tradotta nella lingua comprensibile alla persona che non conosca la lingua italiana (→ art. 386). Identica comunicazione, con l'informativa anche in merito alla facoltà di essere ammesso al patrocinio a spese dello stato, è fornita all'imputato dall'ufficiale o dall'agente incaricato di eseguire l'ordinanza che ha disposto la **custodia cautelare** (→ **Misure cautelari**, art. 293). Anche l'**informazione sul diritto di difesa**, inviata alla persona sottoposta alle indagini dal p.m. – a pena di nullità (→ **Atti**, art. 177 s.) degli atti successivi – al compimento del primo atto a cui il difensore ha diritto di assistere e, comunque, prima dell'invito a presentarsi per rendere l'interrogatorio (artt. 64 e 65) ai sensi degli artt. 375 co. 3 e 416 (→ **Indagini e udienza preliminare**) ovvero, al più tardi, contestualmente all'avviso di conclusione delle indagini preliminari di cui all'art. 415 *bis* (→ **Libro V**), contiene l'indicazione delle condizioni per l'ammissione al patrocinio a spese dello Stato (→ art. 369 *bis*).

• Quanto alla persona offesa dal reato, sin dal primo contatto con l'autorità procedente le vengono fornite, in una lingua a lei comprensibile, informazioni in merito alla facoltà, tra le altre, di avvalersi della consulenza e del patrocinio a spese dello Stato (art. 90 *bis* co. 1 lett. *d*). Identica informativa – unitamente a quella, più specifica, relativa alla facoltà di nominare un difensore di fiducia per l'esercizio dei diritti e delle facoltà ad essa attribuiti – è fornita alla stessa persona offesa (art. 101 co. 1) da p.m. (art. 50 s.) e p.g. (art. 55 s.) al momento dell'acquisizione della notizia di reato (→ **Indagini e udienza preliminare**, art. 330 s.).

• Quando il **ricorso per cassazione** (→ **Impugnazioni**, art. 606 s.) concerne gli interessi civili (→ art. 573), il presidente, se la parte ne fa richiesta, nomina un difensore secondo le norme sul patrocinio dei non abbienti (→ art. 613).

• Anche al difensore – tanto di fiducia, quale che sia l'assistito, quanto d'ufficio – del soggetto ammesso al patrocinio statale competono facoltà e diritti che la legge riconosce all'imputato [e alla persona sottoposta alle indagini (art. 61)], salvo che a questi siano riservati personalmente (art. 99). Può nominare un **sostituto** (art. 102) e gode di specifiche **garanzie di libertà** in relazione ai poteri investigativi degli organi inquirenti (art. 103).

• Il soggetto ammesso al gratuito patrocinio sceglie il difensore tra gli iscritti negli elenchi, istituiti presso ogni consiglio dell'ordine, degli avvocati per il patrocinio a spese dello Stato ma, se nomina un difensore *extra districtum*, non sono dovute le spese e le indennità di trasferta previste dalla tariffa professionale (→ **T.U. spese**, art. 82). La nomina di un **secondo difensore** fa cessare gli effetti dell'ammissione al gratuito patrocinio (→ **T.U. spese**, art. 91), fatta salva la possibilità accordata a indagato, imputato e condannato di nominare un secondo difensore per la **partecipazione a distanza** al processo penale (→ **Disp. att.**, art. 146 *bis*), limitatamente agli atti che si compiono a distanza (→ **T.U. spese**, art. 100). Sia il **sostituto** (art. 102) che l'**investigatore privato autorizzato** (→ **Disp. att.**, art. 222) possono essere nominati dal difensore del soggetto ammesso al patrocinio a statale anche al di fuori del distretto dove ha sede il giudice che procede, escluse in tal caso le spese e le indennità di trasferta previste dalla tariffa professionale (→ **T.U. spese**, art. 101). Fermo che le parti private, quando è disposta perizia (→ **Prove**, art. 220 s.), nei casi e alle condizioni previste dalla legge sul patrocinio statale dei non abbienti hanno diritto di farsi assistere da un **consulente tecnico** a spese dello Stato (→ art. 225 co. 2), il soggetto ammesso al patrocinio può nominare un consulente tecnico di parte anche *extra districtum*, sempre escluse in tal caso le spese e le indennità di trasferta previste dalle tariffe professionali (→ **T.U. spese**, art. 102). È comunque esclusa la liquidazione delle spese per le consulenze che, all'atto del conferimento, apparivano irrilevanti o superflue ai fini della prova (→ **T.U. spese**, art. 106). Lo straniero ammesso al patrocinio a spese dello Stato che non conosce la lingua italiana può nominare un proprio **interprete** (Corte cost., **254** del **2007**).

99. Estensione al difensore dei diritti dell'imputato.

1. Al difensore competono le facoltà e i diritti che la legge riconosce all'imputato, a meno che essi siano riservati personalmente a quest'ultimo.

2. L'imputato può togliere effetto, con espressa dichiarazione contraria, all'atto compiuto dal difensore prima che, in relazione all'atto stesso, sia intervenuto un provvedimento del giudice.

• La previsione della estensione al difensore di tutti i diritti dell'imputato che non siano riservati a quest'ultimo in via esclusiva rappresenta una novità del codice vigente, collegata alla valorizzazione del ruolo della difesa tecnica in un processo basato sulla dialettica accusatoria (il sistema del 1930 si limitava a prevedere l'estensione del diritto di impugnazione), ed è da ricondurre alla funzione di "rappresentanza generalizzata" del difensore, che si pone in termini di ausilio alle forme di intervento e partecipazione dell'imputato. Si tratta sempre di una situazione caratterizzata da sussidiarietà: i diritti dell'imputato possono essere esercitati dal difensore ma continuano a risultare integri in capo al titolare.

• L'estensione al difensore dei diritti dell'imputato (art. 60) [e della persona sottoposta alle indagini (art. 61)] opera in favore sia del difensore **di fiducia** (art. 96) sia del difensore **d'ufficio** (art. 97), anche in ipotesi di **patrocinio a spese dello Stato** (art. 98).

• Deve escludersi l'estensione *ex* art. 99 con riguardo a diritti e facoltà esplicabili soltanto dall'imputato stesso in prima persona (c.d. **autodifesa**) [ad es.: interrogatorio (artt. 64 e 65); esame (→ **Prove**, art. 208 s.); confronto a cui debba partecipare la persona sottoposta alle indagini o l'imputato (→ **Indagini e udienza preliminare**, art. 364; → **Prove**, art. 211); dichiarazioni spontanee rese in dibattimento (→ **Giudizio**, art. 494)]. Parimenti, non si estendono al difensore diritti e facoltà relativi ad atti c.d. **personalissimi** che, ove non eseguiti personalmente dall'imputato [e dalla persona sottoposta alle indagini (art. 61)], postulano il conferimento di una **procura speciale** (→ **Atti**, art. 122) [ad es.: richiesta di rimessione (art. 46 co. 2); rinuncia all'udienza preliminare con richiesta di giudizio immediato (→ **Indagini e udienza preliminare**, art. 419 co. 5); richiesta di giudizio abbreviato (→ **Procedimenti speciali**, art. 438 co. 5); richiesta di applicazione pena (→ art. 446 co. 3); richiesta di sospensione del procedimento con messa alla prova (→ art. 464 *bis* co. 3); rinuncia all'impugnazione (→ **Libro IX**, art. 589 co. 2); richiesta di rescissione del giudicato (→ art. 629 *bis* co. 2); richiesta di revisione (→ art. 633 co. 1)].

• Le parti e i difensori, in ogni stato e grado del procedimento, possono presentare memorie o richieste scritte al giudice, mediante deposito nella cancelleria (→ **Atti**, art. 121), nel corso delle indagini preliminari. Soltanto i difensori hanno però facoltà di presentare memorie e richieste scritte al p.m. (→ **Indagini e udienza preliminare**, art. 367).

• La previsione di cui al co. 2, che rende risolubili, entro i limiti previsti, gli effetti degli atti compiuti dal difensore, è espressione di una funzione di autodifesa «complementare», grazie alla quale l'imputato resta il *dominus* dell'operazione difensiva. Si tratta di una regola generale – che l'art. 571 co. 4 si limita a specificare in relazione all'atto di impugnazione: → **Libro IX** – applicabile anche relativamente agli atti compiuti in virtù di una procura speciale. Trattandosi di un potere negativo esperibile solo in relazione a singoli atti e non alla globalità dell'attività difensiva, l'indefettibilità della difesa tecnica non viene sminuita; d'altra parte, l'uso di tale potere negativo per elidere l'intera attività difensiva del patrono vorrebbe dire esercitare, in modo surrettizio, una autodifesa esclusiva, che nel nostro sistema processuale non è consentita.

100. Difensore delle altre parti private.

1. La parte civile, il responsabile civile e la persona civilmente obbligata per la pena pecuniaria stanno in giudizio col ministero di un difensore, munito di procura speciale conferita con atto pubblico o scrittura privata autenticata dal difensore o da altra persona abilitata.

2. La procura speciale può essere anche apposta in calce o a margine della dichiarazione di costituzione di parte civile, del decreto di citazione o della dichiarazione di costituzione o di intervento del responsabile civile e della persona civilmente obbligata per la pena pecuniaria. In tali casi l'autografia della sottoscrizione della parte è certificata dal difensore.

3. La procura speciale si presume conferita soltanto per un determinato grado del processo, quando nell'atto non è espressa volontà diversa.

4. Il difensore può compiere e ricevere, nell'interesse della parte rappresentata, tutti gli atti del procedimento che dalla legge non sono a essa espressamente riservati. In ogni caso non può compiere atti che importino disposizione del diritto in contesa se non ne ha ricevuto espressamente il potere.

5. Il domicilio delle parti private indicate nel comma 1 per ogni effetto processuale si intende eletto presso il difensore.

Il co. 1 è stato così modificato dalla l. 16.12.1999, n. 479.

• Per le parti eventuali il codice vigente prevede una rappresentanza necessaria del difensore, sulla scorta del modello processualcivilistico (→ **Cod. proc. civ.**, artt. 82-

84). L'onere del patrocinio per le parti eventuali rappresenta una innovazione rispetto al sistema previgente, in cui queste ultime potevano stare in giudizio personalmente.

• Diversamente dall'imputato (art. 60) [e dalla persona sottoposta alle indagini (art. 61)], che ha diritto di nominare in via fiduciaria non più di due difensori (art. 96), le altre parti private *ex* art. 100 co. 1 – parte civile (art. 74 s.), responsabile civile (art. 83 s.) e persona civilmente obbligata per la pena pecuniaria (art. 89) – stanno in giudizio col ministero di **un difensore** soltanto).

• In ogni caso, la nomina di difensori ulteriori rispetto al numero previsto *ex lege* si considera senza effetto sino a che l'interessato non provveda a revocare (art. 107) le nomine precedenti che risultano in eccedenza (→ **Disp. att.**, art. 24).

• L'assistenza del **difensore d'ufficio** è garantita al **solo imputato** [e alla persona sottoposta alle indagini (art. 61)] che non ha nominato un difensore di fiducia o ne è rimasto privo (art. 97 co. 1).

• Anche il danneggiato che intende costituirsi parte civile e il responsabile civile possono chiedere di essere ammessi al **patrocinio a spese dello Stato** (art. 98).

• Per il difensore delle altre parti private non è prevista l'estensione di facoltà e diritti che competono all'assistito, stabilita in favore del difensore del solo imputato [e della persona sottoposta alle indagini (art. 61)] (art. 99), fermo il potere *ex* art. 100 co. 4 di compiere e ricevere, nell'interesse della parte rappresentata, tutti gli atti che dalla legge non sono a essa espressamente riservati [ad es.: revoca della costituzione di parte civile (art. 82 co. 1); rinuncia all'impugnazione (→ **Libro IX**, art. 589 co. 2)], esclusi gli atti (ad es., una transazione) che implicano disposizione del diritto in contesa. Inoltre, mentre parti e difensori, in ogni stato e grado del procedimento, possono presentare memorie o richieste scritte al giudice, mediante deposito nella cancelleria (→ **Atti**, art. 121), nel corso delle indagini preliminari soltanto i difensori hanno facoltà di presentare memorie e richieste scritte al p.m. (→ **Libro V**, art. 367).

• Ferma la procura *ad litem* al difensore nominato *ex* art. 100, la costituzione di parte civile (art. 76) nonché la costituzione e l'intervento del responsabile civile (artt. 83 e 84) e del civilmente obbligato per la pena pecuniaria (art. 89) possono avvenire anche per mezzo di **procuratore speciale** (→ **Atti**, art. 122). Il difensore munito di procura speciale per la costituzione di parte civile può conferire al sostituto il potere di sottoscrivere e depositare l'atto di costituzione (art. 78 co. 1 *bis*).

• Le disposizioni di cui all'art. 100 si applicano anche per la nomina dei difensori degli **enti** esponenziali degli interessi lesi dal reato che intervengono a norma dell'art. 93 (art. 101 co. 2).

• Le notificazioni alla parte civile, al responsabile civile e alla persona civilmente obbligata per la pena pecuniaria costituiti in giudizio sono eseguite presso i difensori (→ **Atti**, art. 154 co. 4).

• Con il decreto penale di condanna è dato avviso anche alla persona civilmente obbligata per la pena pecuniaria, alla quale il decreto è notificato, della facoltà di nominare un difensore (→ **Procedimenti speciali**, art. 460 co. 1 lett. *g*).

• Anche in relazione al difensore delle altre parti private operano la facoltà di svolgere **investigazioni** per ricercare ed individuare elementi di prova a favore del proprio assistito (→ **Indagini e udienza preliminare**, art. 327 *bis*), con l'esonero dall'obbligo di denuncia (→ art. 334 *bis*), e le **incompatibilità** con l'esercizio dell'ufficio di **giudice** nel medesimo procedimento (art. 34) e, ricorrendone i presupposti, con l'ufficio di **testimone** (→ **Prove**, art. 197 co. 1 lett. *d*).

• La procura richiesta per l'investitura del difensore delle parti eventuali non può essere generale (come prevede l'art. 83 c.p.c.) ma occorre una **procura speciale**, che presuppone una espressa manifestazione di volontà dell'interessato, e implica una valutazione personale e diretta circa il conferimento dell'incarico nel caso concreto. La procura di cui alla disposizione in esame – che conferisce un mandato defensionale con relativo *ius postulandi* nell'interesse della parte, integrando un'ipotesi di rappresentanza necessaria – va distinta dalla procura speciale rilasciata per l'esercizio del diritto a costituirsi o intervenire nel processo (artt. 76 co. 1, 84 co. 1, 85 co. 1, 89 co. 2 e 122), che attiene al diritto di agire nel processo a tutela della situazione sostanziale: anche se incluse in un unico atto, costituiscono oggetto di due distinte manifestazioni di volontà (Cass., SU, 19.5.1991, Pediconi).

• In deroga al principio di immanenza del

mandato che opera in relazione all'imputato, il co. 3 detta una regola mutuata dal processo civile, secondo cui la procura si presume conferita **per un solo grado di giudizio**.

101. Difensore della persona offesa.

1. La persona offesa dal reato, per l'esercizio dei diritti e delle facoltà ad essa attribuiti, può nominare un difensore nelle forme previste dall'articolo 96 comma 2. Al momento dell'acquisizione della notizia di reato il pubblico ministero e la polizia giudiziaria informano la persona offesa dal reato di tale facoltà. La persona offesa è altresì informata della possibilità dell'accesso al patrocinio a spese dello Stato ai sensi dell'articolo 76 del testo unico delle disposizioni legislative e regolamentari in materia di spese di giustizia, di cui al decreto del Presidente della Repubblica 30 maggio 2002, n. 115, e successive modificazioni.

2. Per la nomina dei difensori degli enti e delle associazioni che intervengono a norma dell'articolo 93 si applicano le disposizioni dell'articolo 100.

Il co. 1 è stato modificato dal d.l. 14.8.2013, n. 93, conv., con modif., dalla l. 15.10.2013, n. 119.

• La difesa tecnica, obbligatoria per imputato e parti private, è **facoltativa** per quanto riguarda la persona offesa dal reato, la quale può dunque scegliere di esercitare personalmente i diritti riconosciutigli dalla legge o nominare un difensore che la assiste nel compimento di tutti gli atti. Nondimeno, in taluni contesti processuali [ad es.: nell'ambito degli accertamenti tecnici irripetibili (→ **Indagini e udienza preliminare**, art. 360); nell'udienza di incidente probatorio (→ art. 410 co. 1 e 3)] il diritto alla partecipazione spetta al difensore.

• Sempre nelle forme previste dall'art. 96 co. 2, la persona offesa dal reato (art. 90 s.) – diversamente dall'imputato (art. 60) [e dalla persona sottoposta alle indagini (art. 61)], che ha diritto di nominare in via fiduciaria non più di due difensori (art. 96) – per l'esercizio dei diritti e delle facoltà ad essa attribuiti può nominare *ex* co. 1 **un difensore** soltanto. In ogni caso, la nomina di **difensori ulteriori** rispetto al numero previsto *ex lege* si considera senza effetto sino a che l'interessato non provveda a revocare (art. 107) le nomine precedenti che risultano in eccedenza (→ **Disp. att.**, art. 24). Quando si tratti di giudizio di legittimità (→ **Impugnazioni**), prevale però la designazione del difensore per tale giudizio, *ex* art. 613 co. 2. La norma dispone infatti che nel procedimento davanti alla Corte di cassazione «il difensore è nominato per la proposizione del ricorso o successivamente», e solo «in mancanza di nomina il difensore è quello che ha assistito la parte nell'ultimo giudizio»: data la peculiarità del giudizio di cassazione, di natura esclusivamente tecnica, si attribuisce alla nomina ad esso finalizzata l'intenzione del ricorrente di conferire il mandato difensivo in via esclusiva al professionista che, in relazione alle acquisizioni processuali, al contenuto della sentenza impugnata e alle questioni da proporre o proposte con il ricorso, ritiene possa meglio esplicare la sua difesa ai livelli tecnico-giuridici propri del grado (Cass., SU., 9.10.1996, Carpanelli).

• L'assistenza del **difensore d'ufficio** è garantita al **solo imputato** [e alla persona sottoposta alle indagini (art. 61)] che non ha nominato un difensore di fiducia o ne è rimasto privo (art. 97 co. 1).

• Anche la persona offesa dal reato può chiedere di essere ammessa al **patrocinio a spese dello Stato** (art. 98). A tale fine, sin dal primo contatto con l'autorità procedente alla **persona offesa** vengono fornite, in una lingua a lei comprensibile, **informazioni** in merito alla facoltà, tra le altre, di avvalersi della consulenza e del patrocinio a spese dello Stato (art. 90 *bis* co. 1 lett. *d*), che si aggiungono all'identica informativa – e a quella, più specifica, relativa alla facoltà di nominare un difensore di fiducia per l'esercizio dei diritti e delle facoltà ad essa attribuiti – fornita *ex* co. 1.

• Similmente al difensore dell'imputato [e della persona sottoposta alle indagini (art. 61)], per il quale opera l'estensione di facoltà e diritti che competono all'assistito (art. 99), il difensore della persona offesa *ex* art. 101 co. 1 esercita diritti e facoltà ad essa attribuiti. Nondimeno, mentre parti e difensori, in ogni stato e grado del procedimento, possono presentare memorie o richieste scritte al giudice, mediante deposito nella cancelleria (→ **Atti**, art. 121), nel corso delle indagini preliminari soltanto i difensori hanno facoltà di presentare memorie e richieste scritte al p.m. (→ **Libro V**, art. 367).

• Come il domicilio delle altre parti private per ogni effetto processuale si intende eletto presso il difensore, così il domicilio della persona offesa dal reato che abbia nominato un difensore si intende eletto presso quest'ultimo (→ **Disp. att.**, art. 33).

• Qualunque sia l'assistito, il difensore di fiducia – così come il difensore d'ufficio dell'imputato e della persona sottoposta alle indagini – può nominare un **sostituto** (art. 102) e gode di specifiche **garanzie di libertà** in relazione ai poteri investigativi degli organi inquirenti (art. 103). Il solo difensore di fiducia – sempre indipendentemente dall'assistito – ha facoltà di **non accettare** l'incarico o di **rinunciarvi**, mentre l'interessato può **revocare** l'incarico (art. 107). Al di fuori di tali evenienze, l'**abbandono** della difesa di fiducia – di qualunque assistito – e di quella d'ufficio, così come il **rifiuto** della sola difesa d'ufficio, comportano sanzioni disciplinari, per cui è competente in via esclusiva il consiglio dell'ordine forense, ma l'abbandono della difesa della persona offesa dal reato e degli enti e delle associazioni previste dall'art. 91 non impedisce in alcun caso l'immediata continuazione del procedimento e non interrompe l'udienza (art. 105). Nei casi di rinuncia, revoca, incompatibilità e abbandono, soltanto il **nuovo difensore dell'imputato**, nominato di fiducia o designato d'ufficio, ha diritto di chiedere un **termine** per la difesa (art. 108).

• Anche in relazione al difensore della persona offesa operano la facoltà di svolgere **investigazioni** per ricercare ed individuare elementi di prova a favore del proprio assistito (→ **Indagini e udienza preliminare**, art. 327 *bis*), con l'esonero dall'obbligo di denuncia (→ art. 334 *bis*), e le **incompatibilità** con l'esercizio dell'**ufficio di giudice** nel medesimo procedimento (art. 34) e, ricorrendone i presupposti, con l'**ufficio di testimone** (→ **Prove**, art. 197 co. 1 lett. *d*).

• Gli **enti esponenziali** degli interessi lesi dal reato (art. 91), se sono equiparati all'offeso quanto a diritti e facoltà, soggiacciono ad una disciplina peculiare: per questi, infatti, è prevista, attraverso il richiamo alla norma sulle parti private (art. 100) una **difesa tecnica necessaria**, attraverso un difensore munito di procura speciale. La diversità di regime dipende dalla natura altamente 'tecnica' dell'atto di intervento, nel quale occorre dare atto di tutti i requisiti legittimanti (natura e scopi dell'ente, riconoscimento legale, consenso dell'offeso) nonché dalla circostanza che gli enti esponenziali, nella fase dibattimentale, hanno un ruolo più attivo rispetto a quello della persona offesa.

102. Sostituto del difensore.

1. Il difensore di fiducia e il difensore d'ufficio possono nominare un sostituto.
2. Il sostituto esercita i diritti e assume i doveri del difensore.

Il co. 1 è stato così sostituito dalla l. 6.3.2001, n. 60.

• L'istituto del sostituto, professionista investito temporaneamente in caso di assenza ed in luogo di quello originariamente nominato, il quale resta però titolare della difesa e, cessata la causa che ha dato origine alla sostituzione, può senz'altro riprendere il proprio ruolo (Cass., SU, 11.11.1994, Nicoletti), era previsto dal codice Rocco solo in relazione alla difesa fiduciaria e solo per le ipotesi di «legittimo impedimento». Il codice vigente ne ha potenziato il ruolo, in vista dell'ampliamento qualitativo e quantitativo dell'impegno difensivo richiesto dal nuovo sistema accusatorio. La citata legge del 2001, infatti, ha espressamente previsto tale facoltà per il difensore d'ufficio e ha eliminato il presupposto dell'impedimento.

• Attualmente, pertanto, la nomina del sostituto compete sia al **difensore di fiducia**, indipendentemente dall'assistito (artt. 96, 100 e 101), sia al **difensore d'ufficio** dell'imputato [e della persona sottoposta alle indagini (art. 61)] (art. 97). In particolare, fermo l'obbligo di prestare il patrocinio – salvo giustificato motivo – stabilito per il difensore d'ufficio (art. 97 co. 5), allorché questi, trovandosi nell'impossibilità di adempiere l'incarico, abbia immediatamente avvisato l'autorità giudiziaria, l'investitura di un nuovo difensore si aziona soltanto se quello impedito non ha nominato un sostituto (→ **Disp. att.**, art. 30 co. 3). Le disposizioni di cui all'art.

102 si applicano, altresì, al **difensore immediatamente reperibile** che il giudice designa come sostituto quando è richiesta la presenza del difensore e quello di fiducia o d'ufficio nominato *ex* art. 97 co. 2 e 3 non è stato reperito, non è comparso o ha abbandonato la difesa (art. 97 co. 4).

• Può nominare un sostituto anche il difensore – tanto di fiducia, quale che sia l'assistito, quanto d'ufficio – del soggetto ammesso al **patrocinio a spese dello Stato** (art. 98). In ogni caso, in forza della clausola che attribuisce al sostituto diritti e doveri del difensore *ex* art. 102 co. 2, al sostituto competono facoltà e diritti che la legge riconosce all'imputato [e alla persona sottoposta alle indagini (art. 61)], salvo che a questi siano riservati personalmente (art. 99); parimenti, il sostituto gode di specifiche **garanzie di libertà** in rapporto ai poteri investigativi degli organi inquirenti (art. 103).

• Anche al sostituto, su incarico del difensore nominato, compete la facoltà di svolgere **investigazioni** per ricercare ed individuare elementi di prova a favore dell'assistito (→ **Indagini e udienza preliminare**, art. 327 *bis*), con l'esonero dall'obbligo di denuncia (→ art. 334 *bis*), ferme le **incompatibilità** con l'esercizio dell'**ufficio di giudice** nel medesimo procedimento (art. 34) e, ricorrendone i presupposti, con l'**ufficio di testimone** (→ **Prove**, art. 197 co. 1 lett. *d*).

• Anche se la nomina di un sostituto non è "obbligatoria", il difensore, nel richiedere il rinvio per assoluta impossibilità, ha l'**onere** di specificare l'impossibilità di avvalersi di un sostituto sia nel processo a cui intende partecipare sia in quello di cui si chiede il rinvio; con l'ulteriore conseguenza che, nella valutazione dell'assoluta impossibilità di comparire del difensore impedito, non può restare senza considerazione la facoltà di nominare un sostituto, ove il difensore, potendo ricorrervi, non vi provveda senza motivo (Cass., SU, 25.6.2009, De Marino; Cass., SU, 18.12. 2014, Torchio) salvo che l'impedimento dipenda da motivi di salute (Cass., SU, 21.7 2016, Sarrapochiello).

103. Garanzie di libertà del difensore.

1. Le ispezioni e le perquisizioni negli uffici dei difensori sono consentite solo:

a) quando essi o altre persone che svolgono stabilmente attività nello stesso ufficio sono imputati, limitatamente ai fini dell'accertamento del reato loro attribuito;

b) per rilevare tracce o altri effetti materiali del reato o per ricercare cose o persone specificamente predeterminate.

2. Presso i difensori e gli investigatori privati autorizzati e incaricati in relazione al procedimento, nonché presso i consulenti tecnici non si può procedere a sequestro di carte o documenti relativi all'oggetto della difesa, salvo che costituiscano corpo del reato.

3. Nell'accingersi a eseguire una ispezione, una perquisizione o un sequestro nell'ufficio di un difensore, l'autorità giudiziaria a pena di nullità avvisa il consiglio dell'ordine forense del luogo perché il presidente o un consigliere da questo delegato possa assistere alle operazioni. Allo stesso, se interviene e ne fa richiesta, è consegnata copia del provvedimento.

4. Alle ispezioni, alle perquisizioni e ai sequestri negli uffici dei difensori procede personalmente il giudice ovvero, nel corso delle indagini preliminari, il pubblico ministero in forza di motivato decreto di autorizzazione del giudice.

5. Non è consentita l'intercettazione relativa a conversazioni o comunicazioni dei difensori, degli investigatori privati autorizzati e incaricati in relazione al procedimento, dei consulenti tecnici e loro ausiliari, né a quelle tra i medesimi e le persone da loro assistite.

6. Sono vietati il sequestro e ogni forma di controllo della corrispondenza tra l'imputato e il proprio difensore in quanto riconoscibile dalle prescritte indicazioni, salvo che l'autorità giudiziaria abbia fondato motivo di ritenere che si tratti di corpo del reato.

7. Salvo quanto previsto dal comma 3 e dall'articolo 271, i risultati delle ispezioni, perquisizioni, sequestri, intercettazioni di conversazioni o comunicazioni, eseguiti in violazione delle disposizioni precedenti, non possono essere utilizzati. Fermo il divieto di utilizzazione di cui al primo periodo, quando le comunicazioni e conversazioni sono comunque intercettate, il loro contenuto non può essere trascritto, neanche sommariamente, e nel verbale delle operazioni sono indicate soltanto la data, l'ora e il dispositivo su cui la registrazione è intervenuta.

I co. 2 e 5 sono stati così modificati dalla l. 7.12.2000, n. 397. Il secondo periodo del co. 7 è stato aggiunto dal d. lgs. 29.12.2017, n. 216 (tale previsione, a seguito del d.l. 14.6.2019, n. 53, conv., con modif., dalla l. 8.8.2019, n. 77, che ha ulteriormente prorogato l'entrata in vigore della modifica, si applica alle operazioni di intercettazione relative a provvedimenti autorizzativi emessi dopo il 31.12.2019).

• L'esigenza di tutelare il libero esercizio della difesa tecnica è stata particolarmente sentita dai compilatori del codice vigente, nella consapevolezza che in un processo di parti il libero espletamento della funzione difensiva, al pari di quella di accusa, deve essere garantita rispetto alle possibili ingerenze derivanti dall'uso di poteri investigativi, coercitivi e probatori dell'autorità giudiziaria. Nel porre limiti specifici ai poteri investigativi degli organi inquirenti – segnatamente, in relazione ai mezzi di ricerca della prova (→ **Prove**, Titolo III): ispezioni (→ art. 244 s.), perquisizioni (→ art. 247 s.), sequestri (→ art. 253 s.), intercettazioni (→ art. 266 s.), sequestro e controllo della corrispondenza (→ art. 254) – le garanzie di libertà del difensore *ex* art. 103 sono funzionali alla tutela del **diritto di difesa** (→ **Cost.**, art. 24 co. 2).

• Le stesse garanzie operano in favore sia del **difensore di fiducia**, indipendentemente dall'assistito (artt. 96, 100 e 101), sia del **difensore d'ufficio** dell'imputato [e della persona sottoposta alle indagini (art. 61)] (art. 97). Allo stesso modo, le garanzie *ex* art. 103 competono al difensore – tanto di fiducia, quale che sia l'assistito, quanto d'ufficio – del soggetto ammesso al **patrocinio a spese dello Stato** (art. 98). Le medesime garanzie si estendono anche al **sostituto** (art. 102). Le garanzie di libertà rispetto al sequestro e alle intercettazioni *ex* art. 103 co. 2 e 5 operano, altresì, in favore degli investigatori privati autorizzati e incaricati in relazione al procedimento (→ **Disp. att.**, art. 222) nonché dei consulenti tecnici (→ **Prove**, art. 225 s.), a tutela dei soggetti che, così come il sostituto, su incarico del difensore possono svolgere **investigazioni** per ricercare ed individuare elementi di prova a favore dell'assistito (→ **Indagini e udienza preliminare**, art. 327 *bis*).

• Per essere **riconoscibile** e inibire il sequestro e ogni forma di controllo *ex* art. 103 co. 6, la corrispondenza tra l'imputato e il suo difensore deve riportare sulla busta talune specifiche indicazioni (→ **Disp. att.**, art. 35 co. 1, 2 e 3). Quando sono autorizzati **colloqui telefonici** tra l'imputato detenuto e il suo difensore, ai fini di quanto previsto dall'art. 103 co. 5 non si applica la disposizione che prevede la registrazione delle conversazioni telefoniche autorizzate su richiesta di detenuti o internati per i reati indicati nell'art. 4 *bis* **Ord. penit.** (→ **Disp. att.**, art. 35 co. 4).

• Sono **corpo del reato** – e allorché siano tali, carte o documenti relativi all'oggetto della difesa sono passibili di sequestro *ex* art. 103 co. 2, così come la corrispondenza tra imputato e difensore è suscettibile di sequestro e controllo *ex* art. 103 co. 5 – le cose sulle quali o mediante le quali il reato è stato commesso e le cose che ne costituiscono il prodotto, il profitto o il prezzo (→ **Prove**, art. 253). I limiti imposti dall'art. 103, quali «garanzie di libertà del difensore», con specifico riferimento al sequestro, non possono riguardare documenti nella sfera di pertinenza esclusiva dell'imputato, privi di una finalizzazione attuale all'espletamento delle funzioni del difensore (Cass. SU, 25.2.2010, Mills).

• Il divieto di sequestro non è limitato all'ipotesi in cui esso sia disposto nell'ambito del procedimento in cui si svolge l'opera difensiva o all'ipotesi in cui questa sia ancora in corso, ma opera anche nel caso in cui l'attività investigativa concerne un procedimento diverso: sarebbe irragionevole una differenziazione di disciplina a seconda del procedimento nel quale vengono compiuti gli atti che incidono sul rapporto tra parte e difensore, perché se occorre evitare interferenze in questo rapporto, tale esigenza si presenta con uguali caratteristiche per gli atti compiuti nello stesso procedimento in cui si svolge il rapporto difensivo e per quelli compiuti in altri procedimenti (Cass., SU, 12.11.1993, De Gasperini; Cass., SU, 12.11. 1993, Grollino).

• Il divieto di **trascrizione** e, anche sommariamente, il contenuto di comunicazioni e conversazioni di cui non è consentita l'**intercettazione** e comunque intercettate (co. 7) specifica la previsione generale che vieta la trascrizione, anche sommaria, delle comunicazioni o conversazioni irrilevanti ai fini delle indagini e di quelle che riguardino dati personali definiti sensibili dalla legge (→ **Prove**, art. 268 co. 2 *bis*).

104. Colloqui del difensore con l'imputato in custodia cautelare.

1. L'imputato in stato di custodia cautelare ha diritto di conferire con il difensore fin dall'inizio dell'esecuzione della misura.

2. La persona arrestata in flagranza o fermata a norma dell'articolo 384 ha diritto di conferire con il difensore subito dopo l'arresto o il fermo.

3. Nel corso delle indagini preliminari per i delitti di cui all'articolo 51, commi 3 *bis* e 3 *quater*, quando sussistono specifiche ed eccezionali ragioni di cautela, il giudice su richiesta del pubblico ministero può, con decreto motivato, dilazionare, per un tempo non superiore a cinque giorni, l'esercizio del diritto di conferire con il difensore.

4. Nell'ipotesi di arresto o di fermo, il potere previsto dal comma 3 è esercitato dal pubblico ministero fino al momento in cui l'arrestato o il fermato è posto a disposizione del giudice.

4 *bis*. L'imputato in stato di custodia cautelare, l'arrestato e il fermato, che non conoscono la lingua italiana, hanno diritto all'assistenza gratuita di un interprete per conferire con il difensore a norma dei commi precedenti. Per la nomina dell'interprete si applicano le disposizioni del titolo IV del libro II.

Nel co. 3, le parole «sette giorni», presenti nel testo originario, sono state così modificate dalla l. 8.8.1995, n. 332; le parole «per i delitti di cui all'articolo 51, commi 3 *bis* e 3 *quater*» sono state inserite dalla l. 23.6.2017, n. 103. Il co. 4 *bis* è stato aggiunto dal d. lgs. 4.3.2014, n. 32.

• Nel codice vigente diventa oggetto di un vero e proprio diritto consultare il proprio difensore anche in funzione dell'interrogatorio e, quindi, prima di esso. La previsione mira a consentire a difensore ed assistito di poter concordare le strategie difensive da adottare in sede di interrogatorio, mediante il quale si esercita il contributo personale postumo circa i presupposti della cautela. Anche la Corte europea ha sottolineato l'importanza che il prevenuto benefici dell'assistenza difensiva prima dell'inizio degli interrogatori, specie in vista delle scelte in ordine al diritto al silenzio (6.2.2000, Averill c. Regno Unito).

• Il **diritto di conferire** con il difensore – di fiducia (art. 96) o d'ufficio (art. 97) – accordato *ex* art. 104 co. 1 e 2 all'imputato (art. 60) [e alla persona sottoposta alle indagini (art. 61)] in stato di custodia cautelare (→ **Misure cautelari**, art. 285 s.) fin dall'inizio dell'esecuzione della misura (→ art. 293), nonché alla persona arrestata in flagranza (→ **Indagini e udienza preliminare**, artt. 380 e 381) o fermata (→ art. 384) subito dopo l'arresto o il fermo, compete anche al soggetto detenuto in carcere in espiazione pena (→ **Ord. penit.**, art. 18) fin dall'inizio dell'esecuzione della pena (Corte cost., **212** del **1997**).

• Ai fini dell'esercizio del diritto di conferire con il difensore *ex* art. 104 co. 1 e 2, l'ufficiale o l'agente di p.g. (art. 57), incaricato di eseguire l'ordinanza che ha disposto la custodia cautelare, informa immediatamente il difensore di fiducia eventualmente nominato ovvero quello d'ufficio designato a norma dell'art. 97 (→ **Misure cautelari**, art. 293 co. 1 *bis*); allo stesso modo, dell'avvenuto arresto o fermo gli ufficiali e gli agenti di p.g. informano immediatamente il difensore di fiducia eventualmente nominato ovvero quello d'ufficio designato dal p.m. (art. 50 s.) a norma dell'art. 97 (→ **Indagini e udienza preliminare**, art. 386 co. 2). Per conferire con la persona fermata, arrestata o sottoposta a custodia cautelare, il difensore ha diritto di accedere ai luoghi in cui la persona si trova custodita, documentando la propria qualità *ex* art. 27 **Disp. att.** (→ **Disp. att.**, art. 36 co. 1 e 2).

• La dilazione del diritto di conferire con il difensore che il giudice può disporre nel corso delle indagini preliminari (→ **Libro V**, art. 326 s.) per i delitti di cui all'art. 51, co. 3 *bis* e 3 *quater*, per un periodo non superiore a cinque giorni è assunta *ex* art. 104 co. 3 con decreto motivato (→ **Atti**, art. 125 co. 3) **a pena di nullità** (→ art. 177 s.). La medesima dilazione che compete al p.m. in ipotesi di arresto e fermo è disposta *ex* art. 104 co. 4 fino al momento in cui l'arrestato o il fermato è posto a disposizione del giudice, cioè entro **quarantotto ore** dall'arresto o dal fermo (→ **Indagini e udienza preliminare**, art. 390 co. 1).

• Disposta la dilazione *ex* art. 104 co. 3 e 4, l'interrogatorio della persona sottoposta a misura cautelare personale svolto dal giudice o dal p.m. (→ **Misure cautelari**, art. 294), l'interrogatorio della persona arrestata o fermata svolto dal p.m. (→ **Indagini e udienza pre-**

liminare, art. 388) e l'interrogatorio dell'arrestato o del fermato nell'udienza di convalida svolto dal giudice (→ art. 391) possono essere effettuati anche prima che l'interessato abbia conferito con il proprio difensore.

• Quando è disposta la dilazione *ex* art. 104 co. 3 e 4, copia del relativo decreto è consegnata a chi esercita la custodia ed è da questi esibita all'arrestato, al fermato, alla persona sottoposta a custodia cautelare o al difensore che richiedono il colloquio (→ **Disp. att.**, art. 36 co. 3).

• I giorni per i quali è stato disposto il differimento del colloquio a norma dell'art. 104 co. 3 non si computano nei termini previsti per proporre **richiesta di riesame** (→ **Misure cautelari**, art. 309 co. 3 *bis*). • Il disposto di cui al co. 4 *bis* relativo al diritto della persona *in vinculis* all'assistenza di un **interprete** per conferire col difensore, introdotto dal citato d. lgs. 4.3.2014, n. 32, attua la direttiva 2010/64/UE sull'assistenza linguistica. Nelle ipotesi di arresto o fermo posti in essere dalla polizia giudiziaria quest'ultima deve immediatamente informare il pubblico ministero ove sussista il dubbio sulla mancata conoscenza della lingua italiana da parte del soggetto sottoposto alla misura precautelare.

105. Abbandono e rifiuto della difesa.

1. Il consiglio dell'ordine forense ha competenza esclusiva per le sanzioni disciplinari relative all'abbandono della difesa o al rifiuto della difesa di ufficio.

2. Il procedimento disciplinare è autonomo rispetto al procedimento penale in cui è avvenuto l'abbandono o il rifiuto.

3. Nei casi di abbandono o di rifiuto motivati da violazione dei diritti della difesa, quando il consiglio dell'ordine li ritiene comunque giustificati, la sanzione non è applicata, anche se la violazione dei diritti della difesa è esclusa dal giudice.

4. L'autorità giudiziaria riferisce al consiglio dell'ordine i casi di abbandono della difesa, di rifiuto della difesa di ufficio o, nell'ambito del procedimento, i casi di violazione da parte del difensore dei doveri di lealtà e probità nonché del divieto di cui all'articolo 106, comma 4 *bis*.

5. L'abbandono della difesa delle parti private diverse dall'imputato, della persona offesa, degli enti e delle associazioni previsti dall'articolo 91 non impedisce in alcun caso l'immediata continuazione del procedimento e non interrompe l'udienza.

Il co. 4 è stato così sostituito dalla l. 13.2.2001, n. 45.

• Espressione dell'**autonomia** del procedimento disciplinare rispetto al procedimento penale, la disposizione devolve al consiglio dell'ordine forense la competenza esclusiva per le sanzioni disciplinari relative all'abbandono della difesa o al rifiuto della difesa d'ufficio completa le garanzie di libertà del difensore (art. 103), poste a presidio della funzione difensiva. La previsione sottolinea così la completa autonomia delle scelte difensive da ogni condizionamento dell'autorità giudiziaria, in ossequio al principio di libertà della difesa, e riconferma l'autonomia dell'organizzazione forense rispetto all'ordine giudiziario.

• L'**abbandono** della difesa è configurabile sia nell'ambito della difesa **di fiducia**, qualunque sia l'assistito (artt. 96, 100 e 101), sia della difesa **d'ufficio** dell'imputato [e della persona sottoposta alle indagini (art. 61)] (art. 97).

• Il **rifiuto** della difesa è configurabile soltanto nell'ambito della difesa **d'ufficio** dell'imputato [e della persona sottoposta alle indagini (art. 61)] – anche in ipotesi di designazione del sostituto (art. 97 co. 4) – atteso l'obbligo per il difensore d'ufficio di prestare il patrocinio, fatta salva l'esenzione per giustificato motivo (art. 97 co. 5). Il difensore di fiducia, invece, indipendentemente dal soggetto assistito, ha facoltà di non accettare l'incarico o di rinunciarvi, mentre l'interessato può revocare l'incarico (art. 107).

• A corollario dell'autonomia del procedimento disciplinare sta il ruolo meramente **informativo** svolto (art. 105 co. 4) dall'autorità giudiziaria, che riferisce al consiglio dell'ordine non soltanto i casi di abbandono della difesa e di rifiuto della difesa d'ufficio ma, altresì, i casi di violazione da parte del difensore dei doveri di lealtà e probità nonché del divieto *ex* art. 106 co. 4 *bis* di assumere la difesa di più imputati che abbiano reso dichiarazioni concernenti la responsabilità di altro imputato nel medesimo procedimento (→ **Prove**, art. 210) o in un procedimento connesso (art. 12) ovvero collegato (→ **Indagini e udienza preliminare**, art. 371 co. 2 lett. *b*).

• Fermo restando che l'abbandono della difesa delle parti private diverse dall'imputato, della persona offesa e degli enti e delle associazioni previste dall'art. 91 non impedisce in alcun caso l'immediata continuazione del procedimento e non interrompe l'udienza *ex* art. 105 co. 5, i medesimi soggetti – eccettuata la persona offesa (art. 101 co. 1) – devono provvedere a **nuova nomina** per stare in giudizio, facoltà loro concessa soltanto col ministero di un difensore (artt. 100 e 101 co. 2).

• Nel caso di abbandono, il nuovo difensore dell'imputato o quello designato d'ufficio che ne fa richiesta ha diritto a un **termine a difesa** (art. 108).

• La configurabilità dell'abbandono nel caso di **astensione collettiva** dei professionisti dalle attività giudiziarie (art. 2 *bis* l. 12.6.1990, n. 146 in tema di sciopero nei servizi pubblici essenziali) è stata esclusa sulla base della considerazione secondo cui tali condotte, volte a rivendicare il rispetto dei diritti difensivi ed a sollecitare interventi normativi, siano riconducibili ad una forma di esercizio della difesa, protetto dall'art. 24 Cost. (Corte cost., 146 del 1996). Peraltro, secondo il codice di autoregolamentazione dell'astensione degli avvocati dalle udienze dell'Unione delle Camere penali impone che la protesta non si attui nei procedimenti con detenuti e in quelli riguardanti reati per i quali la prescrizione matura nei successivi quarantacinque giorni.

106. Incompatibilità della difesa di più imputati nello stesso procedimento.

1. Salva la disposizione del comma 4 *bis* la difesa di più imputati può essere assunta da un difensore comune, purché le diverse posizioni non siano tra loro incompatibili.

2. L'autorità giudiziaria, se rileva una situazione di incompatibilità, la indica e ne espone i motivi, fissando un termine per rimuoverla.

3. Qualora l'incompatibilità non sia rimossa, il giudice la dichiara con ordinanza provvedendo alle necessarie sostituzioni a norma dell'articolo 97.

4. Se l'incompatibilità è rilevata nel corso delle indagini preliminari, il giudice, su richiesta del pubblico ministero o di taluna delle parti private e sentite le parti interessate, provvede a norma del comma 3.

4 *bis*. Non può essere assunta da uno stesso difensore la difesa di più imputati che abbiano reso dichiarazioni concernenti la responsabilità di altro imputato nel medesimo procedimento o in procedimento connesso ai sensi dell'articolo 12 o collegato ai sensi dell'articolo 371, comma 2, lettera *b*). Si applicano, in quanto compatibili, le disposizioni dei commi 2, 3 e 4.

Il co. 1 è stato così modificato dalla l. 13.2.2001, n. 45, che ha anche sostituito il co. 4 e aggiunto il co. 4 *bis*.

• Corte cost., 214 del 2002, ha dichiarato la manifesta infondatezza della questione di legittimità del co. 4 *bis* – che era sembrato limitare in maniera ingiustificata il diritto di difesa spettante ad ogni imputato circa la libertà di scelta del proprio difensore qualora non sussistano obiettive ragioni di incompatibilità derivanti dall'impossibilità, per il medesimo difensore, di sostenere tesi difensive contrapposte – notando come la previsione sia frutto di una non irragionevole scelta legislativa: evitare che la scelta di un difensore comune potesse risolversi in un veicolo di circolazione tra più imputati del contenuto delle dichiarazioni rese sulla responsabilità di altri imputati, in quanto la finalità di assicurare la genuinità e la spontaneità delle dichiarazioni garantisce anche il diritto di difesa del destinatario delle dichiarazioni stesse.

• La situazione di incompatibilità tra le diverse posizioni, che preclude al difensore la possibilità – normalmente ammessa *ex* art. 106 co. 1 – di assumere la difesa di più imputati (art. 60) [e di più persone sottoposte alle indagini (art. 61)] nello stesso procedimento, rileva soltanto nell'ambito della difesa di fiducia dell'imputato [e della persona sottoposta alle indagini (art. 61)] (art. 96). La mancata rimozione dell'incompatibilità da parte degli interessati, nondimeno, rende operativa *ex* art. 106 co. 3 e 4 la designazione da parte del giudice dei difensori d'ufficio (art. 97).

• Il contrasto di interessi tra coimputati va valutato in **concreto**, ed occorre che tale contrasto sia **attuale**, ossia valutabile con riferimento al momento in cui vengono posti in essere i singoli atti in relazione ai quali si assume realizzata l'incompatibilità. L'esistenza, nel caso concreto, di una conflittualità assoluta va distinta dall'incompatibilità e deve identificarsi nella **mera divergenza di posizioni** (Cass., SU, 27.6.1987, La Rocca); occorre un nesso di interdipendenza in base al quale un imputato abbia effettivamente interesse a sostenere una tesi difensiva sfavorevole ad un altro imputato, rendendo così impossibile una difesa comune.

• L'autorità giudiziaria **riferisce al consiglio dell'ordine** i casi, tra gli altri, di violazione del divieto *ex* art. 106 co. 4 *bis* di assumere la difesa di più imputati che abbiano reso dichiarazioni concernenti la responsabilità di altro imputato nel medesimo procedimento (→ **Prove**, art. 210) o in un procedimento connesso (art. 12) ovvero collegato (→ **Indagini e udienza preliminare**, art. 371 co. 2 lett. *b*), ferma la competenza esclusiva del consiglio dell'ordine forense per le sanzioni disciplinari (art. 105). In siffatte evenienze, secondo la giurisprudenza, la comunanza di difensore non è causa di nullità (→ **Atti**, art. 177 s.) né di inutilizzabilità (→ **Prove**, art. 191) delle dichiarazioni rese, essendo però necessaria una verifica particolarmente incisiva in punto di loro attendibilità (Cass., SU, 22.2.2007, Dike).

• Nei casi – *inter alia* – di incompatibilità, il nuovo difensore dell'imputato o quello designato d'ufficio che ne fa richiesta ha diritto a un **termine a difesa** (art. 108).

107. Non accettazione, rinuncia o revoca del difensore.

1. Il difensore che non accetta l'incarico conferitogli o vi rinuncia ne dà subito comunicazione all'autorità procedente e a chi lo ha nominato.
2. La non accettazione ha effetto dal momento in cui è comunicata all'autorità procedente.
3. La rinuncia non ha effetto finché la parte non risulti assistita da un nuovo difensore di fiducia o da un difensore di ufficio e non sia decorso il termine eventualmente concesso a norma dell'articolo 108.
4. La disposizione del comma 3 si applica anche nel caso di revoca.

• Data la natura fiduciaria, il rapporto tra difensore ed assistito è sempre soggetto ai poteri dispositivi delle parti; ciò che, tra l'altro, è funzionale all'autonomia ed alla indipendenza dell'attività difensiva: l'art. 107 disciplina formalità ed efficacia degli stessi, per esigenze di certezza ed in particolare per evitare vuoti di difesa.

• Le ipotesi previste sono configurabili solo nell'ambito della difesa **di fiducia**, qualunque sia l'assistito (artt. 96, 100 e 101), la revoca (su iniziativa dell'assistito), la non accettazione e la rinuncia (su iniziativa dello stesso difensore): esse non sono compatibili con la difesa d'ufficio dell'imputato [e della persona sottoposta alle indagini (art. 61)], atteso l'obbligo per il difensore d'ufficio di prestare il patrocinio – anche se designato come sostituto (art. 97 co. 4) – fatta salva l'esenzione per giustificato motivo (art. 97 co. 5). Il **rifiuto** della difesa d'ufficio – al pari dell'abbandono della difesa, di fiducia o d'ufficio – comporta, peraltro, sanzioni disciplinari, per cui è competente in via esclusiva il consiglio dell'ordine forense (art. 105).

• Mentre la non accettazione ha effetto dal momento in cui questa è comunicata all'autorità procedente, fermo restando la conservazione dell'efficacia degli atti compiuti (co. 2), rinuncia e revoca, per esigenza di tutela delle attività in corso, sono caratterizzate da una ultrattività, non avendo effetto (→ **Disp. att.**, art. 24) finché la parte non sia assistita da un nuovo professionista e non sia decorso l'eventuale termine a difesa (art. 107 co. 2).

• La **nomina del terzo difensore** di fiducia dell'imputato, in assenza di revoca espressa di almeno uno dei due già nominati, resta priva di efficacia, salvo che si tratti di nomina per la proposizione dell'atto di impugnazione la quale, in mancanza di contraria indicazione dell'imputato, comporta la revoca dei precedenti difensori (Cass., SU, 15.12.2001, Di Cecca).

108. Termine per la difesa.

1. Nei casi di rinuncia, di revoca, di incompatibilità, e nel caso di abbandono, il nuovo difensore dell'imputato o quello designato d'ufficio che ne fa richiesta ha diritto a un termine congruo, non inferiore a sette giorni, per prendere cognizione degli atti e per informarsi sui fatti oggetto del procedimento.

2. Il termine di cui al comma 1 può essere inferiore se vi è consenso dell'imputato o del difensore o se vi sono specifiche esigenze processuali che possono determinare la scarcerazione dell'imputato o la prescrizione del reato. In tale caso il termine non può comunque essere inferiore a ventiquattro ore. Il giudice provvede con ordinanza.

Articolo così sostituito dalla l. 6.3.2001, n. 60.

• Il termine a difesa viene accordato previa richiesta, al **nuovo difensore** dell'**imputato** (art. 60) [e della persona sottoposta alle indagini (art. 61)], nominato di fiducia (art. 96) o designato d'ufficio (art. 97) nei casi di rinuncia e revoca (art. 107), di incompatibilità (art. 106) ovvero di abbandono (art. 105), il termine a difesa. Tale termine non compete invece al difensore di fiducia delle **altre parti private** [parte civile (art. 74 s.), responsabile civile (art. 83 s.) e persona civilmente obbligata per la pena pecuniaria (art. 89)] (art. 100), della persona offesa (art. 90 s.) nonché degli **enti** e delle **associazioni** rappresentativi degli interessi lesi dal reato (art. 91 s.) che intervengono *ex* art. 93 (art. 101).

• Se il difensore si avvale del termine a difesa *ex* art. 108, rinuncia e revoca hanno effetto solo a partire dalla sua **scadenza** (art. 107 co. 3).

• In ipotesi di divergenza tra imputato e difensore circa il consenso all'abbreviazione del termine a difesa *ex* art. 108 co. 2, prevale la volontà dell'imputato che può togliere effetto, con espressa dichiarazione contraria, all'atto del difensore (art. 99 co. 2).

• I termini di durata massima della custodia cautelare (→ **Misure cautelari**, art. 303) sono sospesi, con ordinanza appellabile (→ art. 310), nei casi, tra gli altri, di concessione di termini per la difesa (→ art. 303 co. 1 lett. *b*).

• La concessione del termine non è motivo di sospensione del termine di durata complessiva della custodia cautelare, fatta salva la situazione di cui all'art. 304 co. 1 lett. *b* in caso di revoca collettiva (→ **Misure cautelari**).

• Corte cost. (450 del 1997 e 162 del 1998) ha ritenuto infondata la questione di illegittimità dell'art. 108 nella parte in cui non prevede il diritto ad ottenere un termine per la difesa **a favore del professionista designato per effetto dell'art. 97 co. 4** nel caso di assenza del difensore nominato in via principale, ritenendo che la semplice mancata comparizione del difensore, ipotesi generata da una indeterminata pluralità di eventi, non è equiparabile ai casi di rinuncia, revoca, incompatibilità e abbandono della difesa. Al sostituto designato d'ufficio in udienza il giudice potrà sempre concedere, per salvaguardare l'effettività della difesa, un differimento *ad horas*.

• Il **diniego del termine a difesa**, ovvero la concessione di termini ridotti rispetto a quelli previsti non possono dar luogo a nullità quando la relativa richiesta non risponda ad alcuna reale esigenza difensiva e l'effettivo esercizio del diritto alla difesa tecnica dell'imputato non abbia subito alcuna lesione o menomazione: Cass., SU, 29.9.2011, Rossi, in una ipotesi di reiterato avvicendamento di difensori – posto in essere in chiusura del dibattimento, secondo una strategia non giustificata da alcuna reale esigenza difensiva, ma a mero scopo dilatorio, in vista di una declaratoria di prescrizione ha ravvisato un abuso delle facoltà processuali, inidoneo a legittimare la proposizione di eccezioni di nullità).

LIBRO II
ATTI

Titolo I
DISPOSIZIONI GENERALI

109. Lingua degli atti.

1. Gli atti del procedimento penale sono compiuti in lingua italiana.

2. Davanti all'autorità giudiziaria avente competenza di primo grado o di appello su un territorio dove è insediata una minoranza linguistica riconosciuta, il cittadino italiano che appartiene a questa minoranza è, a sua richiesta, interrogato o esaminato nella madrelingua e il relativo verbale è redatto anche in tale lingua. Nella stessa lingua sono tradotti gli atti del procedimento a lui indirizzati successivamente alla sua richiesta. Restano salvi gli altri diritti stabiliti da leggi speciali e da convenzioni internazionali.

3. Le disposizioni di questo articolo si osservano a pena di nullità.

• La norma – come le altre previsioni del Libro II – concerne **tutti gli atti del procedimento** (e quindi non solo quelli posti in essere nella fase processuale). È pacifico che il primo atto del procedimento sia quello immediatamente successivo alla ricezione della *notitia criminis* da parte del p.m. o della p.g.; ciò significa che gli atti contenenti la notizia di reato – denuncia, referto, querela, istanza e richiesta (→ **Indagini e udienza preliminare**, art. 330 s.) –, non essendo atti del procedimento, sono sottratti alla disciplina dettata nel Libro II e quindi anche all'obbligo di utilizzo della lingua italiana. È opinione consolidata che debbano essere considerati atti del procedimento anche quelli relativi al procedimento di esecuzione ed al procedimento di sorveglianza (→ **Esecuzione**, artt. 666 e 678). Posto che dal concetto di atto si distingue quello di documento (→ **Prove**, art. 234) – essendo quest'ultimo qualunque scritto o altro supporto idoneo a rappresentare fatti, persone o cose formato al di fuori del processo in cui si chiede che venga introdotto –, ai documenti non si applica la regola dell'obbligatorietà dell'uso della lingua italiana; per gli atti già formati da acquisire al processo, la necessità della traduzione (art. 143 *bis* co. 1; → **Prove**, art. 242 co. 1) si pone solo qualora lo scritto in lingua straniera assuma concreto rilievo rispetto ai fatti da provare (così Cass., SU, 24.4.2014, n. 38343).

• In deroga alla regola generale che prescrive l'uso della lingua italiana, il co. 2 consente al **cittadino appartenente ad una minoranza linguistica riconosciuta** (v. l. 15.12.1999, n. 482) di chiedere di **usare la propria madrelingua** nell'interrogatorio, ove si tratti di imputato o indagato (→ **Soggetti**, artt. 64 e 65), e nell'esame, qualora rivesta la qualità di testimone o parte privata (→ **Prove**, artt. 194 e 208, nonché → **Giudizio**, artt. 498, 500, 503), ed i relativi verbali (art. 137; → **Giudizio**, artt. 480, 481, 483, 510) sono redatti anche in tale lingua. Si ritiene che la previsione in questione operi anche nel caso di esame degli imputati in procedimenti connessi (→ **Prove**, art. 210) e delle persone imputate o giudicate in processo connesso o per reato collegato che assumano l'ufficio di testimone (→ art. 197 *bis*), nonché nell'ipotesi di assunzione da parte della p.g. di sommarie informazioni nei confronti dell'indagato o di persone informate sui fatti (→ **Indagini e udienza preliminare**, artt. 350 e 351).

• Alla luce del **limite territoriale** di cui al co. 2, il trattamento linguistico di favore non può essere invocato al di fuori dei procedimenti davanti all'autorità giudiziaria avente competenza di primo grado o di appello sul territorio dove è insediata la minoranza linguistica; tuttavia, nei casi in cui non opera la garanzia in questione, qualora il cittadino appartenente ad una minoranza linguistica non conosca la lingua italiana, troveranno applicazione le previsioni dettate in tema di traduzione (artt. 143 e 143 *bis*). Una deroga al criterio della territorialità si registra, peraltro, in tema di rimessione (→ **Soggetti**, art. 45): alla stregua della previsione secondo cui, a seguito dell'accoglimento della richiesta di rimessione, nel processo dinnanzi al giudice designato (a norma dell'art. 11) dalla corte di cassazione, le parti esercitano gli stessi diritti e facoltà che sarebbero loro spettati davanti al giudice originariamente competente (→ art. 48 co. 5), i cittadini della minoranza linguistica che rivestono la qualifica di parti possono avvalersi del diritto di utilizzare la propria lingua madre nel processo dinnanzi al nuovo giudice.

• Il co. 2 fa, inoltre, «salvi gli altri diritti stabiliti da leggi speciali e da convenzioni internazionali»: un esempio di **legislazione speciale** che introduce una tutela più ampia e incisiva rispetto a quella codicistica è rappresentato dalla normativa speciale del Trentino-Alto Adige, contenuta negli artt. 99 e 100 dello Statuto Speciale (d.P.R. 31.8.1972, n. 670) e nelle norme di attuazione dello Statuto di cui al d.P.R. 15.7.1988, n. 574.

• Quando è ammesso l'uso di un idioma differente dalla lingua ufficiale del processo, l'imputato e le altre parti private (→ **Soggetti**) «hanno il diritto di **nominare il difensore** senza alcun limite derivante dall'appartenenza etnica o linguistica dello stesso» (→ **Disp. att.**, art. 26 co. 1). Inoltre, là dove sia funzionale ad assicurare l'effettività della difesa, l'autorità giudiziaria, nell'individuare il difensore d'ufficio o nel designare il sostituto del difensore (→ **Soggetti**, art. 97 co. 4; → **Disp. att.**, art. 29), tiene conto dell'appartenenza etnica o linguistica dell'imputato (→ **Disp. att.**, art. 26 co. 2).

• Le disposizioni dettate dalla norma in esame si osservano a pena di **nullità** (art. 177). Più in particolare, quanto alla violazione dell'obbligo di utilizzare la lingua italiana per il compimento degli atti del procedimento, la nullità che ne consegue ha carattere relativo (art. 181). L'inosservanza del disposto del co. 2 determina una nullità, il cui regime giuridico varia a seconda della qualità rivestita dal cittadino appartenente alla minoranza linguistica riconosciuta: se assume il ruolo di testimone (→ **Prove**, art. 194 s.), la nullità è di tipo relativo (art. 181), mentre se si tratta dell'imputato o di un'altra parte privata (→ **Soggetti**) la nullità è a regime intermedio (art. 180) per violazione del diritto all'intervento, all'assistenza e alla rappresentanza (art. 178 co. 1 lett. *c*).

• Le Sezioni unite (Cass., SU, 26.6.2008, n. 36541) hanno statuito che l'atto di impugnazione redatto in lingua straniera, interamente o in uno dei suoi elementi costitutivi (→ **Impugnazioni**, art. 581), è **inammissibile** (→ art. 591 co. 1 lett. *c*).

110. Sottoscrizione degli atti.

1. Quando è richiesta la sottoscrizione di un atto, se la legge non dispone altrimenti, è sufficiente la scrittura di propria mano, in fine dell'atto, del nome e cognome di chi deve firmare.
2. Non è valida la sottoscrizione apposta con mezzi meccanici o con segni diversi dalla scrittura.
3. Se chi deve firmare non è in grado di scrivere, il pubblico ufficiale, al quale è presentato l'atto scritto o che riceve l'atto orale, accertata l'identità della persona, ne fa annotazione in fine dell'atto medesimo.

• La sottoscrizione è generalmente **apposta in calce** all'atto. Derogano a tale regola le previsioni dettate a proposito del verbale (art. 137, nonché → **Giudizio**, art. 483) che richiedono la sottoscrizione alla fine di ogni foglio; secondo la giurisprudenza, peraltro, la nullità relativa (art. 181) di cui all'art. 142 sussiste solo nel caso in cui non sia apposta sull'ultima pagina la sottoscrizione del pubblico ufficiale che lo ha redatto.

• Con riferimento ad alcuni atti dispositivi, il legislatore, in aggiunta alla sottoscrizione, impone l'**ulteriore requisito** dell'**autenticazione della firma** da parte di uno dei soggetti indicati nell'art. 39 **Disp. att.**, ossia il funzionario di cancelleria, il notaio, il difensore, il sindaco o un funzionario da questi delegato, il segretario comunale, il giudice di pace, il presidente del consiglio dell'ordine forense o un consigliere da lui delegato. Più in particolare, all'autenticazione si fa riferimento, ad esempio, a proposito del consenso della persona offesa richiesto per l'esercizio dei diritti e delle facoltà spettanti agli enti e alle associazioni rappresentativi di interessi lesi dal reato (→ **Soggetti**, art. 92 co. 2), della procura speciale richiesta per la nomina del difensore delle parti eventuali (art. 100) e della procura speciale richiesta per il compimento di determinati altri atti (art. 122), della comunicazione del domicilio dichiarato o del domicilio eletto effettuata mediante telegramma o lettera raccomandata (art. 162 co. 1), nonché della querela recapitata da un incaricato o spedita per posta in piego raccomandato (→ **Indagini e udienza preliminare**, art. 337 co. 1). Nel caso di corrispondenza tra l'imputato e il proprio difensore, quando il mittente è il difensore, la sottoscrizione deve essere autenticata dal presidente del consiglio dell'ordine forense di appartenenza o da un suo delegato (→ **Disp. att.**, art. 35 co. 2), affinché tale corrispondenza non sia sequestrabile e controllabile, salvo che l'autorità giudiziaria abbia fondato motivo di ritenere che si tratti del corpo del reato (→ **Soggetti**, art. 103 co. 6; → **Disp. att.**, art. 35).

• Nella nozione di pubblico ufficiale abilitato, a norma del co. 3, ad annotare l'**impossibilità di sottoscrivere** l'atto da parte dell'autore del medesimo – sia per ragioni psicofisiche, temporanee o permanenti, dell'individuo, sia per analfabetismo – non rientra il difensore, che pertanto non può autenticare il crocesegno apposto dall'assistito analfabeta (Cass., SU, 25.11.1998, n. 22). A proposito dell'impossibilità di sottoscrivere l'atto, una disciplina *ad hoc* è dettata in tema di **sottoscrizione della sentenza da parte del giudice collegiale** (→ **Giudizio**, art. 546 co. 2): se, per morte o altro impedimento, il presidente non può sottoscrivere, alla sottoscrizione provvede, previa menzione dell'impedimento, il componente più anziano del collegio; se non può sottoscrivere l'estensore, alla sottoscrizione, previa menzione dell'impedimento, provvede il solo presidente.

• Variegate sono le **conseguenze derivanti dalla mancanza di sottoscrizione** (ovvero dalla sottoscrizione apposta con mezzi meccanici o con segni diversi dalla scrittura, o infine dalla carenza di autenticazione quando questa è richiesta), posto che in determinati casi essa dà luogo a **nullità relativa** *ex* art. 181 (artt. 142, in tema di verbale, e 171 co. 1 lett. *c* e *g*, in tema di nullità delle notificazioni; → **Misure cautelari**, art. 292 co. 2 lett. *e*, ove è previsto espressamente che la nullità dell'ordinanza cautelare sia rilevabile anche *ex officio*; → **Indagini e udienza preliminare**, art. 426 co. 3, in tema di requisiti della sentenza di non luogo a procedere; → **Giudizio**, art. 546 co. 3, in tema di requisiti della sentenza, anche quando, come ha chiarito Cass., SU, 20.12.2012, n. 14978, nel caso di giudice collegiale, manchi la doppia firma del presidente e dell'estensore, al di fuori delle ipotesi di impossibilità di sottoscrivere), in altri ad **inammissibilità** (ad esempio → **Soggetti**, artt. 78, 84, 89 e 93, in relazione alla sottoscrizione del difensore in ordine, rispettivamente, all'atto di costituzione di parte civile, alla dichiarazione di costituzione del responsabile civile e del civilmente obbligato per la pena pecuniaria e all'atto di intervento degli enti o associazioni rappresentativi degli interessi lesi dal reato), in altri ancora a **irregolarità**. A quest'ultimo proposito, si ritiene che costituisca una **mera irregolarità** la mancanza di sottoscrizione dell'ausiliario, prevista in relazione ad alcuni atti del giudice, quali la citazione del responsabile civile (→ **Soggetti**, art. 83 co. 3), l'ordinanza cautelare (→ **Misure cautelari**, art. 292 co. 2 *bis*), il decreto che dispone il giudizio (→ **Indagini e udienza preliminare**, art. 429 co. 1), il decreto penale di condanna (→ **Procedimenti speciali**, art. 460 co. 1). Altra ipotesi di violazione ricondotta alla mera irregolarità è, come detto, quella concernente la previsione della sottoscrizione del verbale alla fine di ogni foglio da parte del pubblico ufficiale che lo ha redatto (art. 137).

111. Data degli atti.

1. Quando la legge richiede la data di un atto, sono indicati il giorno, il mese, l'anno e il luogo in cui l'atto è compiuto. L'indicazione dell'ora è necessaria solo se espressamente prescritta.

2. Se l'indicazione della data di un atto è prescritta a pena di nullità, questa sussiste soltanto nel caso in cui la data non possa stabilirsi con certezza in base ad elementi contenuti nell'atto medesimo o in atti a questo connessi.

• Generalmente la legge richiede la c.d. **data topica**, ossia quella che contiene l'indicazione del giorno, del mese, dell'anno e del luogo in cui l'atto è stato compiuto.

• Deve essere **indicata anche l'ora** solo se tale requisito è espressamente prescritto: ciò si verifica, ad esempio, a proposito della comunicazione della notizia di reato da parte della polizia giudiziaria (→ **Indagini e udienza preliminare**, art. 347 co. 4), del verbale di arresto o di fermo (→ art. 386 co. 3), del decreto di fissazione dell'udienza preliminare (→ art. 418 co. 1), del decreto che dispone il giudizio (→ art. 429 co. 1 lett. *f*), del verbale di udienza (→ **Giudizio**, art. 480 co. 1 lett. *a*), della comunicazione del giudice in caso di esame a domicilio di testimoni, periti e consulenti tecnici (→ art. 502 co. 1), nonché con riferimento alla relazione di notificazione nel caso previsto dall'art. 157 co. 7 (→ **Disp. att.**, art. 59) e in tema di annotazioni della p.g. (→ art. 115 co. 1).

• È opinione consolidata in giurisprudenza che la data del provvedimento del magistrato (sia esso giudice o p.m.) dalla quale decorrono gli **effetti giuridici** dell'atto non è quella della compilazione, bensì quella del deposito (art. 128), mediante il quale il magistrato affida il provvedimento all'ausiliario (art. 126) – cancelliere o segretario – che lo completa con l'attestazione dell'avvenuto adempimento.

• La mancanza della data determina la **nullità** dell'atto solo quando l'indicazione di tale requisito è prescritta a pena di nullità, come si verifica a proposito dell'ordinanza che dispone una misura cautelare personale (→ **Misure cautelari**, art. 292 co. 2 lett. *e*), e sempre che la data non possa stabilirsi con certezza in base ad elementi contenuti nell'atto medesimo o in atti a questo connessi.

In attuazione dell'art. 1 co. 5 lett. *a* l. 27.9.2021, n. 134, l'art. 6 co. 1 lett. *a, b, c* d. lgs. 10.10.2022, n. 150 ha sostituito gli artt. 110 e 111 e ha inserito gli artt. 111 *bis* e 111 *ter*: queste disposizioni, così come molte altre previsioni concernenti il c.d. processo penale telematico, si applicheranno a partire dal quindicesimo giorno successivo alla pubblicazione di specifici regolamenti, che dovranno essere adottati entro il 31 dicembre 2023, o a partire dal diverso termine fissato dalla normativa secondaria (v. art. 87 co. 4 e 5 d. lgs. 150 del 2022). Si riporta di seguito il neo introdotto – ma non ancora operativo – testo degli artt. 110, 111, 111 *bis* e 111 *ter*.

Art. 110. Forma degli atti.

1. Quando è richiesta la forma scritta, gli atti del procedimento penale sono redatti e conservati in forma di documento informatico, tale da assicurarne l'autenticità, l'integrità, la leggibilità, la reperibilità, l'interoperabilità e, ove previsto dalla legge, la segretezza.

2. Gli atti redatti in forma di documento informatico rispettano la normativa, anche regolamentare, concernente la redazione, la sottoscrizione, la conservazione, l'accesso, la trasmissione e la ricezione degli atti e dei documenti informatici.

3. La disposizione di cui al comma 1 non si applica agli atti che, per loro natura o per specifiche esigenze processuali, non possono essere redatti in forma di documento informatico.

4. Gli atti redatti in forma di documento analogico sono convertiti senza ritardo in copia informatica ad opera dell'ufficio che li ha formati o ricevuti, nel rispetto della normativa, anche regolamentare, concernente la redazione, la sottoscrizione, la trasmissione e la ricezione degli atti e dei documenti informatici.

Art. 111. Data e sottoscrizione degli atti.

1. Quando la legge richiede la data di un atto, informatico o analogico, sono indicati il giorno, il mese, l'anno e il luogo in cui l'atto è compiuto. L'indicazione dell'ora è necessaria solo se espressamente prescritta.

2. Se l'indicazione della data di un atto è prescritta a pena di nullità, questa sussiste soltanto nel caso in cui la data non possa stabilirsi con certezza in base ad elementi contenuti nell'atto medesimo o in atti a questo connessi.

2 *bis*. L'atto redatto in forma di documento informatico è sottoscritto, con firma digitale o altra firma

elettronica qualificata, nel rispetto della normativa, anche regolamentare, concernente la sottoscrizione, la trasmissione e la ricezione degli atti e dei documenti informatici.

2 *ter*. La ricezione di un atto orale, trascritto in forma di documento informatico, contiene l'attestazione da parte dell'autorità procedente, che sottoscrive il documento a norma del comma 2 *bis*, della identità della persona che lo ha reso.

2 *quater*. Quando l'atto è redatto in forma di documento analogico e ne è richiesta la sottoscrizione, se la legge non dispone altrimenti, è sufficiente la scrittura di propria mano, in fine dell'atto, del nome e cognome di chi deve firmare. Se chi deve firmare non è in grado di scrivere, il pubblico ufficiale, al quale è presentato l'atto scritto o che riceve l'atto orale, accertata l'identità della persona, ne fa attestazione in fine dell'atto medesimo.

Art. 111 *bis*. Deposito telematico.

1. Salvo quanto previsto dall'articolo 175 *bis*, in ogni stato e grado del procedimento, il deposito di atti, documenti, richieste, memorie ha luogo esclusivamente con modalità telematiche, nel rispetto della normativa, anche regolamentare, concernente la sottoscrizione, la trasmissione e la ricezione degli atti e dei documenti informatici.

2. Il deposito telematico assicura la certezza, anche temporale, dell'avvenuta trasmissione e ricezione, nonché l'identità del mittente e del destinatario, nel rispetto della normativa, anche regolamentare, concernente la sottoscrizione, la trasmissione e la ricezione dei documenti informatici.

3. La disposizione di cui al comma 1 non si applica agli atti e ai documenti che, per loro natura o per specifiche esigenze processuali, non possono essere acquisiti in copia informatica.

4. Gli atti che le parti compiono personalmente possono essere depositati anche con modalità non telematiche.

Art. 111 *ter*. Fascicolo informatico e accesso agli atti.

1. I fascicoli informatici del procedimento penale sono formati, conservati, aggiornati e trasmessi nel rispetto della normativa, anche regolamentare, concernente il fascicolo informatico, in maniera da assicurarne l'autenticità, l'integrità, l'accessibilità, la leggibilità, l'interoperabilità nonché l'agevole consultazione telematica.

2. La disposizione di cui al comma 1 si applica anche quando la legge prevede la trasmissione di singoli atti e documenti contenuti nel fascicolo informatico.

3. Gli atti e i documenti formati e depositati in forma di documento analogico sono convertiti, senza ritardo, in documento informatico e inseriti nel fascicolo informatico, secondo quanto previsto dal comma 1, salvo che per loro natura o per specifiche esigenze processuali non possano essere acquisiti o convertiti in copia informatica. In tal caso, nel fascicolo informatico è inserito elenco dettagliato degli atti e dei documenti acquisiti in forma di documento analogico.

4. Le copie informatiche, anche per immagine, degli atti e dei documenti processuali redatti in forma di documento analogico, presenti nei fascicoli informatici, equivalgono all'originale anche se prive della firma digitale di attestazione di conformità all'originale.

112. Surrogazione di copie agli originali mancanti.

1. Salvo che la legge disponga altrimenti, quando l'originale di una sentenza o di un altro atto del procedimento, del quale occorre fare uso, è per qualsiasi causa distrutto, smarrito o sottratto e non è possibile recuperarlo, la copia autentica ha valore di originale ed è posta nel luogo in cui l'originale dovrebbe trovarsi.

2. A tal fine, il presidente della corte o del tribunale [o il pretore], anche di ufficio, ordina con decreto a chi detiene la copia di consegnarla alla cancelleria, salvo il diritto del detentore di avere gratuitamente un'altra copia autentica.

Al co. 2, le parole tra parentesi quadre sono state soppresse dal d. lgs. 19.2.1998, n. 51, recante norme in materia di istituzione del giudice unico di primo grado.

• Primo rimedio predisposto dal legislatore per l'eventualità in cui l'originale di una sentenza o di un altro atto del procedimento, di cui occorre fare uso, risulti distrutto, smarrito o sottratto e non sia possibile recuperarlo, la surrogazione si sostanzia nell'**attribuzione ad una copia autentica del valore di originale**.

• Al detentore della copia, al quale il presidente della corte o del tribunale ordina con decreto (art. 125) di consegnarla alla cancelleria, è riconosciuto il diritto di avere un'altra copia; in tale eventualità le **spese del rilascio** sono **gratuite**, in deroga alla regola generale che pone a carico del richiedente le spese per il rilascio di copie, estratti e certificati (art. 116 co. 1).

• La cancelleria attesta sulla copia autentica dell'atto che essa sostituisce, ad ogni effetto, l'originale distrutto, smarrito o sottratto (→ **Disp. att.**, art. 40).

• Una norma analoga a quella in esame è dettata in tema di **prova documentale** (→ **Libro III**, art. 234 co. 2), là dove si prevede **l'acquisizione della copia di un documento** del quale occorre fare uso, qualora l'originale sia per qualsiasi causa distrutto, smarrito o sottratto e non sia possibile recuperarlo.

113. Ricostituzione di atti.

1. Se non è possibile provvedere a norma dell'articolo 112, il giudice, anche di ufficio, accerta il contenuto dell'atto mancante e stabilisce con ordinanza se e in quale tenore esso deve essere ricostituito.

2. Se esiste la minuta dell'atto mancante, questo è ricostituito secondo il tenore della medesima, quando alcuno dei giudici che l'hanno sottoscritto riconosce che questo era conforme alla minuta.

3. Quando non si può provvedere a norma dei commi 1 e 2, il giudice dispone con ordinanza la rinnovazione dell'atto mancante, se necessaria e possibile, prescrivendone il modo ed eventualmente indicando anche gli altri atti che devono essere rinnovati.

• Nel completare la disciplina dei rimedi operanti nelle eventualità in cui atti del procedimento siano, per qualsiasi causa, distrutti, smarriti o sottratti e non sia possibile recuperarli, gli istituti previsti nella norma in esame operano in **funzione sussidiaria rispetto alla surrogazione di copie** (art. 112) e secondo un ordine progressivo.

• Se non è possibile procedere alla surrogazione (art. 112), il giudice, anche d'ufficio, provvede con ordinanza (art. 125) alla **ricostituzione** dell'atto mancante, riproducendo l'atto nella sua materialità e nel suo contenuto. Se esiste una minuta, la ricostituzione verrà effettuata sulla base del tenore della medesima, quando alcuno dei giudici che aveva sottoscritto l'atto riconosce che questo era conforme alla minuta.

• Sull'atto ricostituito sono indicati gli estremi dell'ordinanza che ha disposto il rimedio in questione (→ **Disp. att.**, art. 41).

• Quando non si può provvedere neanche alla ricostituzione, il giudice dispone con ordinanza (art. 125) la **rinnovazione** dell'atto mancante, là dove essa sia necessaria e possibile. Una specifica ipotesi di rinnovazione è quella prevista nei casi in cui si accerti la falsità di un atto o di un documento (→ **Giudizio**, art. 537; → **Esecuzione**, art. 675).

114. Divieto di pubblicazione di atti e di immagini.

1. È vietata la pubblicazione, anche parziale o per riassunto, con il mezzo della stampa o con altro mezzo di diffusione, degli atti coperti dal segreto o anche solo del loro contenuto.

2. È vietata la pubblicazione, anche parziale, degli atti non più coperti dal segreto fino a che non siano concluse le indagini preliminari ovvero fino al termine dell'udienza preliminare, fatta eccezione per l'ordinanza indicata dall'articolo 292.

2 *bis*. È sempre vietata la pubblicazione, anche parziale, del contenuto delle intercettazioni non acquisite ai sensi degli articoli 268, 415 *bis* o 454.

3. Se si procede al dibattimento, non è consentita la pubblicazione, anche parziale, degli atti [del fascicolo per il dibattimento, se non dopo la pronuncia della sentenza di primo grado, e di quelli] del fascicolo del pubblico ministero, se non dopo la pronuncia della sentenza in grado di appello. È sempre consentita la pubblicazione degli atti utilizzati per le contestazioni.

4. È vietata la pubblicazione, anche parziale, degli atti del dibattimento celebrato a porte chiuse nei casi previsti dall'articolo 472 commi 1 e 2. In tali casi il giudice, sentite le parti, può disporre il divieto di pubblicazione anche degli atti o di parte degli atti utilizzati per le contestazioni. Il divieto di pubblicazione cessa comunque quando sono trascorsi i termini stabiliti dalla legge sugli archivi di Stato ovvero è trascorso il termine di dieci anni dalla sentenza irrevocabile e la pubblicazione è autorizzata dal ministro della giustizia.

5. Se non si procede al dibattimento, il giudice, sentite le parti, può disporre il divieto di pubblicazione di atti o di parte di atti quando la pubblicazione di essi può offendere il buon costume o comportare la diffusione di notizie sulle quali la legge prescrive di mantenere il segreto nell'interesse dello Stato ovvero causare pregiudizio alla riservatezza dei testimoni o delle parti private. Si applica la disposizione dell'ultimo periodo del comma 4.

6. È vietata la pubblicazione delle generalità e dell'immagine dei minorenni testimoni, persone offese o danneggiati dal reato fino a quando non sono divenuti maggiorenni. È altresì vietata la pubblicazione di elementi che anche indirettamente possano comunque portare alla identificazione dei suddetti minorenni. Il tribunale per i minorenni, nell'interesse esclusivo del minorenne, o il minorenne che ha compiuto i sedici anni, può consentire la pubblicazione.

6 *bis*. È vietata la pubblicazione dell'immagine di persona privata della libertà personale ripresa mentre la stessa si trova sottoposta all'uso di manette ai polsi ovvero ad altro mezzo di coercizione fisica, salvo che la persona vi consenta.

7. È sempre consentita la pubblicazione del contenuto di atti non coperti dal segreto.

La rubrica è stata sostituita dalla l. 16.12.1999, n. 479. Nel co. 2 le parole «fatta eccezione per l'ordinanza indicata dall'articolo 292» sono state aggiunte dal d. lgs. 29.12.2017, n. 216. Il co. 2 *bis* è stato inserito dal d.l. 30.12.2019, n. 161, conv., con modif., dalla l. 28.2.2020, n. 7. Ai sensi dell'art. 1 co. 1 del medesimo provvedimento, come modificato dal d.l. 28 del 2020, conv., con modif., dalla l. 70 del 2020, la previsione si applica ai procedimenti penali iscritti successivamente al 31.8.2020. Il co. 6 è stato modificato dalla l. 3.5.2004, n. 112. Il co. 6 *bis* è stato aggiunto dalla l. 16.12.1999, n. 479.

• Corte cost., 59 del 1995, ha dichiarato l'illegittimità del co. 3, limitatamente alle parole «del fascicolo per il dibattimento, se non dopo la pronuncia della sentenza di primo grado, e di quelli».

• Vi si tutela il c.d. **"segreto esterno" degli atti del procedimento**, ponendo dei divieti, in alcuni casi assoluti e in altri relativi, alla pubblicazione mediante la stampa o altri mezzi di comunicazione.

• Si configura come **assoluto** il divieto di cui al co. 1: è vietata la pubblicazione sia del testo che del contenuto degli **atti**, qualora questi siano **oggetto di segreto investigativo** (→ **Indagini e udienza preliminare**, art. 329). In tale eventualità il segreto "esterno" si ricollega e rinforza quello "interno", impendendo qualsiasi forma di riproduzione, anche parziale o per riassunto, degli atti.

• Il divieto di pubblicazione **si attenua rispetto agli atti non coperti** (o non più coperti) **dal segreto investigativo** (→ **Indagini e udienza preliminare**, art. 329), in quanto ad essere impedita è la pubblicazione del testo, ma non anche del contenuto (cfr. le previsioni dei co. 2 e 7), fino a quando non siano concluse le indagini preliminari (→ **Libro V**, art. 405 s.) ovvero fino al termine dell'udienza preliminare (→ art. 424), fatta eccezione per l'ordinanza cautelare (→ **Libro IV**, art. 292), che non soggiace al richiamato limite di pubblicabilità.

• Il co. 2 *bis* prevede il divieto di pubblicazione, anche parziale, del contenuto delle **intercettazioni non acquisite** ai sensi degli artt. 268, 415 *bis* o 454; il divieto in questione è destinato a permanere anche oltre i termini indicati nel co. 4, al quale non è operato alcun rinvio.

• Se si approda alla fase dibattimentale (→ **Giudizio**), occorre distinguere, a seconda che si tratti di **atti contenuti nel fascicolo per il dibattimento** (→ **Indagini e udienza preliminare**, art. 431) o nel **fascicolo del p.m.** (→ art. 433): nel primo caso, a seguito di Corte cost., 59 del 1995, gli atti sono liberamente pubblicabili fin dal momento della formazione del fascicolo; nel secondo caso gli atti sono generalmente pubblicabili nel contenuto, mentre il testo può essere pubblicato soltanto dopo che è stata pronunciata la sentenza in grado di appello (→ **Impugnazioni**, art. 605). È sempre consentita, invece, la pubblicazione degli **atti utilizzati per le contestazioni** (→ **Giudizio**, artt. 500 e 503).

• Qualora il **dibattimento** sia **celebrato a**

porte chiuse (→ **Giudizio**, art. 472 co. 1 e 2), è vietata la pubblicazione, anche parziale, degli atti. In tali casi, inoltre, il giudice, sentite le parti, può estendere il divieto di pubblicazione anche agli atti o parte di atti utilizzati per le contestazioni (→ artt. 500 e 503). Il divieto in questione è, in ogni caso, destinato a cessare quando sono trascorsi i termini stabiliti dalla legge sugli archivi di Stato (d.P.R. 30.9.1963, n. 1409, nonché d. lgs. 22.1.2004, n. 42 che fissa in quaranta anni dopo la data di conclusione del processo il termine ordinario di scadenza e in settanta anni se si tratta di dati idonei a rivelare lo stato di salute, la vita sessuale o rapporti riservati di tipo familiare) ovvero è trascorso il termine di dieci anni dalla **sentenza irrevocabile** (→ **Esecuzione**, art. 648) e la pubblicazione è autorizzata dal Ministro della giustizia.

• **Se non si procede al dibattimento**, il giudice, dopo aver sentito le parti, può disporre il divieto di pubblicazione di atti o parte di essi, quando la pubblicazione può arrecare pregiudizi di rilevanza pubblica (ledere il buon costume o l'interesse dello Stato al mantenimento del segreto su talune notizie) o privata, quale la riservatezza dei testimoni (→ **Prove**, art. 194) o delle parti private (→ **Soggetti**).

• I divieti di pubblicazione di cui ai co. 6 e 6 *bis* sono volti a tutelare la personalità dei **minorenni** testimoni, persone offese o danneggiati dal reato e delle **persone private della libertà personale**.

• Quanto alle conseguenze derivanti dalla **violazione dei divieti** sanciti dalla disposizione in esame, v. *sub* art. 115.

115. Violazione del divieto di pubblicazione.

1. Salve le sanzioni previste dalla legge penale, la violazione del divieto di pubblicazione previsto dagli articoli 114 e 329 comma 3 lettera *b*) costituisce illecito disciplinare quando il fatto è commesso da impiegati dello Stato o di altri enti pubblici ovvero da persone esercenti una professione per la quale è richiesta una speciale abilitazione dello Stato.

2. Di ogni violazione del divieto di pubblicazione commessa dalle persone indicate nel comma 1 il pubblico ministero informa l'organo titolare del potere disciplinare.

• Oltre alla responsabilità penale (→ artt. 326, 684 e 734 *bis* c.p.), la violazione del divieto di pubblicazione (art. 114), anche nella variante estesa dal p.m. (→ **Indagini e udienza preliminare**, art. 329 co. 3 lett. *b*), comporta **responsabilità disciplinare**, quando il fatto sia commesso da impiegati dello Stato o di altri enti pubblici ovvero da persone esercenti una professione per la quale è richiesta una speciale abilitazione dello Stato.

115 *bis*. Garanzia della presunzione di innocenza.

1. Salvo quanto previsto dal comma 2, nei provvedimenti diversi da quelli volti alla decisione in merito alla responsabilità penale dell'imputato, la persona sottoposta a indagini o l'imputato non possono essere indicati come colpevoli fino a quando la colpevolezza non è stata accertata con sentenza o decreto penale di condanna irrevocabili. Tale disposizione non si applica agli atti del pubblico ministero volti a dimostrare la colpevolezza della persona sottoposta ad indagini o dell'imputato.

2. Nei provvedimenti diversi da quelli volti alla decisione in merito alla responsabilità penale dell'imputato, che presuppongono la valutazione di prove, elementi di prova o indizi di colpevolezza, l'autorità giudiziaria limita i riferimenti alla colpevolezza della persona sottoposta alle indagini o dell'imputato alle sole indicazioni necessarie a soddisfare i presupposti, i requisiti e le altre condizioni richieste dalla legge per l'adozione del provvedimento.

3. In caso di violazione delle disposizioni di cui al comma 1, l'interessato può, a pena di decadenza, nei dieci giorni successivi alla conoscenza del provvedimento, richiederne la correzione, quando è necessario per salvaguardare la presunzione di innocenza nel processo.

4. Sull'istanza di correzione il giudice che procede provvede, con decreto motivato, entro quarantotto ore dal suo deposito. Nel corso delle indagini preliminari è competente il giudice per le indagini preliminari. Il decreto è notificato all'interessato e alle altre parti e comunicato al pubblico ministero, i quali, a pena di decadenza, nei dieci giorni successivi, possono proporre op-

posizione al presidente del tribunale o della corte, il quale decide con decreto senza formalità di procedura. Quando l'opposizione riguarda un provvedimento emesso dal presidente del tribunale o dalla corte di appello si applicano le disposizioni di cui all'articolo 36, comma 4.

L'articolo è stato inserito dal d. lgs. 8.11.2021, n. 188.

• La disposizione rientra nel novero delle norme introdotte dal d. lgs. 188 del 2021 al fine di recepire la **Direttiva 2016/343/UE** sul rafforzamento di alcuni aspetti della presunzione di innocenza e del diritto di presenziare al processo nei procedimenti penali.

• Per contrastare il fenomeno della anticipata criminalizzazione dell'indagato/imputato, si estende il generale **divieto di riferimenti pubblici alla colpevolezza** (→ art. 2 d. lgs. 188 del 2021) anche **ai provvedimenti giudiziari**, stabilendo che in essi la persona sottoposta a indagini o l'imputato (→ **Soggetti**, artt. 60 e 61) non possono essere indicati come colpevoli fino a quando la colpevolezza non è stata accertata con sentenza o decreto penale di condanna irrevocabili (→ **Cost.**, art. 27; → **Cedu**, art. 6; sull'irrevocabilità → **Esecuzione**, art. 648). Si prevedono, peraltro, un'eccezione e una mitigazione alla regola generale.

• La **deroga** concerne i provvedimenti che racchiudono la decisione in merito alla responsabilità penale dell'imputato (→ **Giudizio**, art. 533; → **Procedimenti speciali**, artt. 442, 445 e 460) e i provvedimenti del pubblico ministero volti a dimostrare la colpevolezza della persona sottoposta ad indagini o dell'imputato, quali, ad esempio, gli atti attraverso cui il p.m. esercita l'azione penale (→ **Indagini e udienza preliminare**, art. 407 *bis*) e gli atti di impugnazione (→ **Libro IX**); in ragione delle caratteristiche ontologiche di tali atti, essi sfuggono al divieto di presentare come colpevole l'indagato/imputato che non sia stato condannato con sentenza definitiva.

• La **mitigazione** è quella sancita al co. 2 che, con riferimento ai provvedimenti che presuppongono la valutazione di prove, elementi di prova o indizi di colpevolezza, prevede che l'autorità giudiziaria debba limitare i riferimenti alla colpevolezza della persona sottoposta alle indagini o dell'imputato alle sole indicazioni necessarie a soddisfare i presupposti, i requisiti e le altre condizioni richieste dalla legge per l'adozione del provvedimento. In tali evenienze, il divieto sancito nel co. 1 è attenuato, nel senso che ciò che si esige è solo una maggiore accortezza nella redazione dei provvedimenti. Alla categoria in questione – di non agevole individuazione – sembrano ascrivibili, ad esempio, le ordinanze cautelari (→ **Libro IV**).

• Il rimedio alla violazione del divieto di cui al co. 1 è costituito dalla **richiesta di correzione** che l'interessato può proporre, a pena di decadenza, nei dieci giorni successivi alla conoscenza del provvedimento.

• Sull'istanza di correzione il **giudice che procede** provvede, con decreto motivato (art. 125), entro quarantotto ore dal suo deposito. È precisato che nella fase delle indagini preliminari la competenza spetta al g.i.p. (→ **Libro V**, art. 328), evidentemente anche in relazione ai provvedimenti emessi dal p.m.

• Il decreto è notificato all'interessato e alle altre parti e comunicato al pubblico ministero, i quali, a pena di decadenza, nei dieci giorni successivi, possono proporre **opposizione** al presidente del tribunale o della corte, il quale decide con decreto senza formalità di procedura. Quando l'opposizione concerne un provvedimento emesso dal presidente del tribunale o dalla corte di appello si applicano le disposizioni dettate a proposito della decisione sulla dichiarazione di astensione proposta da tali giudici (→ **Soggetti**, art. 36 co. 4).

116. Copie, estratti e certificati.

1. Durante il procedimento e dopo la sua definizione, chiunque vi abbia interesse può ottenere il rilascio a proprie spese di copie, estratti o certificati di singoli atti.

2. Sulla richiesta provvede il pubblico ministero o il giudice che procede al momento della presentazione della domanda ovvero, dopo la definizione del procedimento, il presidente del collegio o il giudice che ha emesso il provvedimento di archiviazione o la sentenza.

3. Il rilascio non fa venire meno il divieto di pubblicazione stabilito dall'articolo 114.

3 *bis*. Quando il difensore, anche a mezzo di sostituti, presenta all'autorità giudiziaria atti o do-

cumenti redatti in forma di documento analogico, ha diritto al rilascio di attestazione dell'avvenuto deposito, anche in calce ad una copia.

Il co. 3 *bis* è stato aggiunto dalla l. 7.12.2000, n. 397 e, successivamente, modificato dal d. lgs. 10.10.2022, n. 150 (ai sensi dell'art. 87 co. 4 d. lgs. 150 del 2022, la disposizione dell'art. 116 co. 3 *bis* continuerà ad applicarsi, nel testo vigente all'entrata in vigore del d. lgs., «sino al quindicesimo giorno successivo alla pubblicazione dei regolamenti di cui ai commi 1 e 3, ovvero sino al diverso termine di transizione previsto dal regolamento di cui al comma 3 per gli uffici giudiziari e per le tipologie di atti in esso indicati»).

• Si prevede la **disciplina generale del rilascio di copie, estratti e certificati** di atti del procedimento, rispetto alla quale le disposizioni degli articoli successivi (artt. 117, 118 e 118 *bis*) costituiscono norme speciali.

• Le copie, gli estratti e i certificati possono essere **richiesti sia nel corso del procedimento che dopo la sua definizione**. Mediante quest'ultima espressione si allude non solo alla conclusione del procedimento con passaggio in giudicato della sentenza (→ **Esecuzione**, art. 648), ma anche alla definizione anticipata determinata dall'adozione del provvedimento di archiviazione o della sentenza di non luogo a procedere (→ **Indagini e udienza preliminare**, artt. 409 e 425; → **Procedimento davanti al tribunale in composizione monocratica**, art. 554 *ter* co. 1).

• Legittimato alla richiesta è «chiunque vi abbia **interesse**»: ciò significa che non solo le parti private (→ **Soggetti**, artt. 60, 74, 83 e 89), la persona offesa (→ art. 90) e i rispettivi difensori (→ artt. 96, 97, 100 e 101), ma anche soggetti estranei al procedimento possono chiedere il rilascio, sempre che giustifichino la sussistenza di un interesse.

• Il rilascio necessita dell'**autorizzazione** da parte dell'autorità che ha la materiale disponibilità degli atti al momento della richiesta, ossia, durante le indagini preliminari (→ **Libro V**), il p.m. (→ **Soggetti**, art. 51), e successivamente il giudice che procede ovvero, dopo la definizione del procedimento, il presidente del collegio o il giudice che ha emesso il provvedimento conclusivo. La presenza di un segreto investigativo (→ **Indagini e udienza preliminare**, art. 329) costituisce una condizione ostativa implicita, desumibile anche dal raffronto tra la norma in esame e le disposizioni speciali sul rilascio le quali esplicitano invece che, nelle ipotesi ivi disciplinate, l'autorizzazione possa essere accordata anche in deroga al segreto investigativo (artt. 117, 118 e 118 *bis*). La sussistenza del divieto di pubblicazione degli atti (art. 114) non coperti da segreto investigativo non preclude il rilascio, ma determina che il testo dell'atto non possa essere pubblicato.

• La disciplina qui dettata è richiamata a proposito del **rilascio di copia di documenti** che non devono rimanere segreti: quando ne dispone l'acquisizione, il giudice, a richiesta di chi vi abbia interesse, può autorizzare la cancelleria a rilasciare copia autentica (→ **Prove**, art. 243).

• **L'autorizzazione non è dovuta** nei casi in cui è direttamente il legislatore a riconoscere al richiedente il diritto al rilascio di copie, estratti e certificazioni di atti (→ **Disp. att.**, art. 43): ciò è previsto, ad esempio, in relazione alle dichiarazioni rese oralmente dalle parti (art. 141 co. 2), al verbale di avvenuto sequestro (→ **Prove**, art. 258 co. 3), alle trascrizioni delle intercettazioni e alla trasposizione delle registrazioni su idoneo supporto (→ art. 268 co. 8; v. inoltre → **Misure cautelari**, art. 293 co. 3; → **Indagini e udienza preliminare**, art. 415 *bis* co. 2 *bis*; → **Procedimenti speciali**, art. 454 co. 2 *bis*; → **Disp. att.**, art. 89 *bis* co. 4), agli atti trasmessi al tribunale della libertà (→ **Misure cautelari**, artt. 309 co. 8 e 310 co. 2), alle deduzioni presentate circa la richiesta di incidente probatorio (→ **Indagini e udienza preliminare**, art. 396 co. 2), ai verbali degli atti compiuti dal p.m. e dalla p.g. ai quali il difensore ha diritto di assistere (→ art. 366 co. 1), alla documentazione relativa alle indagini espletate (→ artt. 415 *bis* co. 2 e 415 *ter* co. 1; v. anche art. 430 co. 2), agli atti e alle cose trasmesse con la richiesta di rinvio a giudizio (→ art. 419 co. 2 in relazione all'art. 131 **Disp. att.**), agli atti contenuti nel fascicolo del p.m. (→ **Indagini e udienza preliminare**, art. 433 co. 2, nonché → **Procedimenti speciali**, art. 457 co. 2, e → **Procedimento davanti al tribunale in composizione monocratica**, art. 552 co. 1 lett. *g*), alla documentazione delle indagini espletate prima della richiesta di giudizio direttissimo (→ **Procedimenti speciali**, art. 450 co. 6), agli atti e ai documenti contenuti nel fascicolo per il dibattimento (→ **Giudizio**, art. 466; → **Indagini e udienza preliminare**, art. 431). Nessuna autorizzazione è dovuta in ordine alle sentenze, dal momento che sono emanate in nome del popolo (→ **Cost.**, art. 101 co. 1). Ulteriore ipotesi con riferimento alla quale non occorre richiedere l'autorizzazione è quella relativa agli atti depositati in occasione dell'adozione della misura cautelare (→ **Libro IV**, art. 293), posto che Corte cost., 192 del 1997, ha dichiarato l'incostituzionalità dell'art. 293 co. 3, nella parte in cui non prevedeva la facoltà per il difensore di estrarre copia, insieme all'ordinanza che ha disposto la misura cautelare, della richiesta del p.m. e degli atti presentati con la stessa. La norma in questione (a seguito delle modifiche apportate dal d. lgs. 29.12.2017, n. 216) stabilisce che il difensore ha diritto di esame e di copia dei verbali delle comunicazioni e conversazioni intercettate, nonché alla trasposizione, su supporto idoneo alla riproduzione dei dati, delle relative registrazioni (tale diritto era stato riconosciuto già da Corte cost., 336 del 2008).

• In tema di **intercettazioni** (→ **Prove**, art. 266), è inoltre previsto che i difensori delle parti possono ascoltare le registrazioni con apparecchio a disposizione dell'archivio digitale (→ art. 269 co. 1) e possono ottenere copia delle registrazioni e degli atti quando acquisiti a norma degli artt. 268, 415 *bis* e 454 (→ **Disp. att.**, art. 89 *bis* co. 4).

• Il rilascio di copie, nei casi previsti dalla legge, può avvenire mediante la **trasmissione a distanza con mezzi tecnici idonei**, previo accertamento della legittimazione del richiedente (→ **Disp. att.**, art. 42).

• Le **spese del rilascio** sono, di regola, a carico del richiedente. In determinate ipotesi è previsto che il rilascio sia gratuito: v., ad esempio, nel caso di copia autentica rilasciata al detentore della medesima utilizzata in surrogazione dell'originale mancante (art. 112 co. 2) o nell'ipotesi di copia autentica rilasciata a coloro che detenevano legittimamente atti o documenti sequestrati (→ **Prove**, art. 258 co. 1).

• Il difensore (→ **Soggetti**, artt. 96, 97, 100 e 101) che, anche a mezzo di sostituti (→ art. 102), presenta all'autorità giudiziaria atti o documenti ha diritto al **rilascio di attestazione dell'avvenuto deposito**, anche in calce ad una copia. Quando andranno a regime le disposizioni della riforma Cartabia concernenti il processo penale telematico (operative a partire dal quindicesimo giorno successivo alla pubblicazione di specifici regolamenti, che dovranno essere adottati entro il 31.12.2023, o a partire dal diverso termine che verrà fissato dalla normativa secondaria), la previsione in questione riguarderà solo i documenti redatti in forma di documento analogico.

117. Richiesta di copie di atti e di informazioni da parte del pubblico ministero.

1. Fermo quanto disposto dall'articolo 371, quando è necessario per il compimento delle proprie indagini, il pubblico ministero può ottenere dall'autorità giudiziaria competente, anche in deroga al divieto stabilito dall'articolo 329, copie di atti relativi ad altri procedimenti penali e informazioni scritte sul loro contenuto. L'autorità giudiziaria può trasmettere le copie e le informazioni anche di propria iniziativa.

2. L'autorità giudiziaria provvede senza ritardo e può rigettare la richiesta con decreto motivato.

2 *bis*. Il procuratore nazionale antimafia e antiterrorismo, nell'ambito delle funzioni previste dall'articolo 371 *bis*, accede al registro delle notizie di reato, al registro di cui all'articolo 81 del codice delle leggi antimafia e delle misure di prevenzione, di cui al decreto legislativo 6 settembre 2011, n. 159, nonché a tutti gli altri registri relativi al procedimento penale e al procedimento per l'applicazione delle misure di prevenzione. Il procuratore nazionale antimafia e antiterrorismo accede, altresì, alle banche di dati logiche dedicate alle procure distrettuali e realizzate nell'ambito della banca di dati condivisa della Direzione nazionale antimafia e antiterrorismo.

Il co. 2 *bis* è stato aggiunto dal d.l. 8.6.1992, n. 306, conv., con modif., dalla l. 7.8.1992, n. 356, e poi modificato dalla l. 15.7.2009, n. 94 e dal d.l. 18.2.2015, n. 7, conv., con modif., dalla l. 17.4.2015, n. 43.

• In aggiunta alla disciplina generale della richiesta di copie (art. 116), il legislatore ha dettato alcune disposizioni volte a tutelare ulteriori specifiche esigenze sottese al rilascio di copie e informazioni concernenti atti di procedimenti penali. In quest'ottica, la norma disciplina la richiesta di copie di atti e informazioni avanzata dal p.m. (→ **Soggetti**, art. 51), quando è **necessario per il compimento delle proprie indagini** (→ **Libro V**, artt. 326 e 357).

• Alla luce della clausola di salvezza con cui esordisce la disposizione in esame, l'istituto assume carattere residuale rispetto al regime del **coordinamento investigativo tra gli uffici del p.m.** (→ **Indagini e udienza preliminare**, art. 371): si sostiene, pertanto, che esso operi in quelle situazioni – quali, ad esempio, procedimenti pendenti davanti a p.m. dello stesso ufficio giudiziario, ovvero pendenti in fasi o gradi differenti – in cui la più intensa attività di coordinamento non è destinata ad attuarsi.

• Il p.m. (→ **Soggetti**, art. 51) può ottenere dall'autorità giudiziaria procedente l'autorizzazione al rilascio di copie di atti relativi ad altri procedimenti penali e informazioni scritte sul loro contenuto **anche in deroga al segreto investigativo** (→ **Indagini e udienza preliminare**, art. 329). L'autorità giudiziaria procedente può trasmettere le copie e le informazioni anche *motu proprio*.

• L'autorità giudiziaria destinataria della richiesta di rilascio è tenuta a provvedere senza ritardo e può rigettare la richiesta con **decreto motivato** (art. 125).

• In relazione alle finalità di impulso e coordinamento delle indagini concernenti reati di criminalità organizzata di stampo mafioso e terroristico (→ **Indagini e udienza preliminare**, art. 371 *bis*), è riconosciuto **al Procuratore nazionale antimafia e antiterrorismo il potere di accedere** al registro delle notizie di reato (→ art. 335) e a tutti gli altri registri relativi al procedimento penale e al procedimento per l'applicazione delle misure di prevenzione, nonché alle banche di dati logiche dedicate alle procure distrettuali.

118. Richiesta di copie di atti e di informazioni da parte del ministro dell'interno.

1. Il ministro dell'interno, direttamente o a mezzo di un ufficiale di polizia giudiziaria o del personale della Direzione investigativa antimafia appositamente delegato, può ottenere dall'autorità giudiziaria competente, anche in deroga al divieto stabilito dall'articolo 329, copie di atti di procedimenti penali e informazioni scritte sul loro contenuto, ritenute indispensabili per la prevenzione dei delitti per i quali è obbligatorio l'arresto in flagranza. L'autorità giudiziaria può trasmettere le copie e le informazioni anche di propria iniziativa.

1 *bis*. Ai medesimi fini l'autorità giudiziaria può autorizzare i soggetti indicati nel comma 1 all'accesso diretto al registro previsto dall'articolo 335, anche se tenuto in forma automatizzata.

2. L'autorità giudiziaria provvede senza ritardo e può rigettare la richiesta con decreto motivato.

3. Le copie e le informazioni acquisite a norma del comma 1 sono coperte dal segreto di ufficio.

Il co. 1 è stato modificato dal d.l. 8.6.1992, n. 306, conv., con modif., dalla l. 7.8.1992, n. 356. Il co. 1 *bis* è stato aggiunto dal d.l. 8.6.1992, n. 306, conv., con modif., dalla l. 7.8.1992, n. 356.

• Tale disposizione, come la precedente, si configura quale norma speciale rispetto a quella generale in tema di copie, estratti e certificati (art. 116), in ragione della specifica finalità cui tende il rilascio di copie e informazioni e dei soggetti legittimati ad avanzare la richiesta.

• Quanto alle esigenze tutelate, la richiesta di copie e di informazioni qui disciplinata è volta ad assecondare le **attività di prevenzione** dei delitti per i quali è obbligatorio l'arresto in flagranza (→ **Indagini e udienza preliminare**, art. 380).

• La legittimazione a proporre la richiesta è attribuita al **Ministro dell'interno**, direttamente o a mezzo di un ufficiale di p.g. (→ **Soggetti**, art. 57) o del personale della Direzione investigativa antimafia appositamente delegato. Alla trasmissione di copie e informazioni può provvedere di propria iniziativa l'autorità giudiziaria.

• L'autorizzazione è ottenibile **anche in deroga al segreto investigativo** (→ **Indagini e udienza preliminare**, art. 329).

• Sempre per le finalità di prevenzione di cui sopra, l'autorità giudiziaria può autorizzare i soggetti legittimati alla richiesta di copie e informazioni all'**accesso diretto al registro delle notizie di reato** (→ **Indagini e udienza preliminare**, art. 335), anche se tenuto in forma automatizzata.

• L'autorità giudiziaria provvede senza ritardo e può rigettare la richiesta con **decreto motivato** (art. 125).

118 *bis*. Richiesta di copie di atti e di informazioni da parte del Presidente del Consiglio dei Ministri.

1. Il Presidente del Consiglio dei Ministri può richiedere all'autorità giudiziaria competente, anche in deroga al divieto stabilito dall'articolo 329, direttamente o a mezzo del direttore generale del Dipartimento delle informazioni per la sicurezza, copie di atti di procedimenti penali e informazioni scritte sul loro contenuto ritenute indispensabili per lo svolgimento delle attività connesse alle esigenze del Sistema di informazione per la sicurezza della Repubblica.
2. Si applicano le disposizioni dell'articolo 118, commi 2 e 3.
3. L'autorità giudiziaria può altresì trasmettere le copie e le informazioni di cui al comma 1 anche di propria iniziativa. Ai medesimi fini l'autorità giudiziaria può autorizzare l'accesso diretto di funzionari delegati dal direttore generale del Dipartimento delle informazioni per la sicurezza al registro delle notizie di reato, anche se tenuto in forma automatizzata.

Articolo aggiunto dalla l. 3.8.2007, n. 124.

• La disposizione completa l'insieme delle norme (artt. 117 e 118) che si pongono in rapporto di specialità rispetto a quella generale in tema di copie, estratti e certificati (art. 116).

• Il rilascio di copie e informazioni, nonché l'accesso al registro delle notizie di reato (→ **Indagini e udienza preliminare**, art. 335), disciplinati dalla norma in esame, sono finalizzati a garantire lo svolgimento di **attività connesse alle esigenze del Sistema di informazione per la sicurezza della Repubblica**.

• La legittimazione alla richiesta è attribuita al **Presidente del Consiglio dei Ministri**, direttamente o a mezzo del direttore generale del Dipartimento delle informazioni per la sicurezza, e, in relazione all'accesso al registro delle notizie di reato, ai funzionari delegati dal direttore generale del Dipartimento delle informazioni per la sicurezza.

• Quanto ai restanti aspetti della disciplina, v. **art. 118**, le cui previsioni (in particolare, co. 2 e 3) sono richiamate dal co. 2.

119. Partecipazione del sordo, muto o [sordomuto] ad atti del procedimento.

1. Quando un sordo, un muto o un [sordomuto] vuole o deve fare dichiarazioni, al sordo si presentano per iscritto le domande, gli avvertimenti e le ammonizioni ed egli risponde oralmente; al muto si fanno oralmente le domande, gli avvertimenti e le ammonizioni ed egli risponde per iscritto; al [sordomuto] si presentano per iscritto le domande, gli avvertimenti e le ammonizioni ed egli risponde per iscritto.
2. Se il sordo, il muto o il [sordomuto] non sa leggere o scrivere, l'autorità procedente nomina uno o più interpreti, scelti di preferenza fra le persone abituate a trattare con lui.

• La l. 20.2.2006, n. 95 ha previsto che in tutte le disposizioni legislative vigenti il termine «sordomuto» sia sostituito con l'espressione «sordo». Corte cost., 341 del 1999, ha dichiarato l'illegittimità del presente articolo, nella parte in cui non prevede che l'imputato sordo, muto o sordomuto, indipendentemente dal fatto che sappia o meno leggere e scrivere, ha diritto di farsi assistere gratuitamente da un interprete, scelto di preferenza fra le persone abituate a trattare con lui, al fine di poter comprendere l'accusa contro di lui formulata e seguire il compimento degli atti cui partecipa.

• La disposizione si applica in relazione alle numerose **ipotesi in cui il soggetto sordo o muto vuole o deve fare dichiarazioni**. Il riferimento concerne, ad esempio, l'interrogatorio e l'esame dell'imputato (→ **Soggetti**, artt. 64 e 65; → **Prove**, art. 208; → **Giudizio**, art. 503), l'esame degli imputati in procedimenti connessi (→ **Prove**, art. 210) e delle persone imputate o giudicate in processo connesso o per reato collegato che assumano l'ufficio di testimone (→ art. 197 *bis*), l'assunzione da parte della p.g. di sommarie informazioni nei confronti dell'indagato o di persone informate sui fatti (→ **Indagini e udienza preliminare**, artt. 350 e 351), l'assunzione da parte del p.m. di informazioni da persone informate sui fatti e l'interrogatorio di persona imputata in un procedimento connesso (→ artt. 362 e 363), le spontanee dichiarazioni dell'imputato (→ **Giudizio**, art. 494), l'esame del testimone (→ **Prove**, art. 194; → **Giudizio**, artt. 498 e 500), nonché i confronti

(→ **Prove**, art. 211) e le ricognizioni personali e reali (→ artt. 213 e 215).

• L'originaria previsione del co. 2, che imponeva all'autorità procedente la **nomina di interpreti** (art. 143 s.) nell'eventualità in cui alle condizioni di minorazione auditiva si aggiungesse quella dell'analfabetismo, è stata ampliata dalla declaratoria di incostituzionalità (Corte cost., 341 del 1999), mediante la quale si è riconosciuto all'imputato sordo, muto o sordomuto il diritto di farsi assistere gratuitamente da un interprete indipendentemente dal fatto che sappia o meno leggere e scrivere.

• In linea con la prescrizione (co. 2) secondo cui gli interpreti sono scelti di preferenza fra le persone abituate a trattare con il soggetto, nell'ambito delle cause di incapacità e incompatibilità dell'interprete (art. 144 co. 1 lett. *d*) è introdotta una espressa deroga alla disciplina generale, stabilendo che nel caso di cui all'art. 119 la **qualità di interprete può essere assunta da un prossimo congiunto della persona sorda, muta o sordomuta**.

• Si ritiene in dottrina che l'**inosservanza** della disposizione in esame determini, qualora il soggetto sia l'imputato o un'altra parte privata, una **nullità generale a regime intermedio** (artt. 178 co. 1 lett. *c* e 180). In relazione all'omessa nomina dell'interprete v. *sub* art. 143 s.

120. Testimoni ad atti del procedimento.

1. Non possono intervenire come testimoni ad atti del procedimento:

a) i minori degli anni quattordici e le persone palesemente affette da infermità di mente o in stato di manifesta ubriachezza o intossicazione da sostanze stupefacenti o psicotrope. La capacità si presume sino a prova contraria;

b) le persone sottoposte a misure di sicurezza detentive o a misure di prevenzione.

• La facoltà di nominare persone di fiducia come testimoni agli atti del procedimento è riconosciuta, in particolare, nei casi di **ispezione personale** (→ **Prove**, art. 245 co. 1), di **perquisizione personale** (→ art. 249 co. 1) e **di perquisizione locale** (→ art. 250 co. 1).

• La testimonianza c.d. "impropria" non opera in tema di custodia delle cose sequestrate (→ **Prove**, art. 259 co. 1): nell'ambito di tale disciplina la norma in esame è richiamata esclusivamente al fine di indicare le caratteristiche di idoneità del custode delle cose sequestrate, il quale, al pari dei testimoni ad atti del procedimento, non deve essere un minore degli anni quattordici, una persona affetta da infermità di mente o in stato di manifesta ubriachezza o intossicazione, o persona sottoposta a misure di sicurezza detentive o misure di prevenzione.

• Anche i testimoni ad atti del procedimento **sottoscrivono il verbale** delle relative operazioni (art. 137).

• Si ritiene che l'**inosservanza** delle previsioni concernenti la facoltà di far intervenire testimoni ad atti del procedimento determini una **nullità a regime intermedio**, qualora i soggetti interessati alla nomina siano l'imputato o una delle altre parti private (artt. 178 co. 1 lett. *c* e 180); nel caso di soggetti diversi, l'inosservanza genera una mera **irregolarità**. È altresì ricondotto all'irregolarità l'intervento di persone che versano in condizione di inidoneità ai sensi della disposizione in esame.

121. Memorie e richieste delle parti.

1. In ogni stato e grado del procedimento le parti e i difensori possono presentare al giudice memorie o richieste scritte, mediante deposito nella cancelleria.

2. Sulle richieste ritualmente formulate il giudice provvede senza ritardo e comunque, salve specifiche disposizioni di legge, entro quindici giorni.

• **Titolari del potere** di presentare al giudice memorie e istanze sono, anzitutto, le **parti** e i **difensori**. Nel concetto di parte rientra anche il p.m. (→ **Soggetti**, art. 51). Quest'ultimo può essere, a sua volta, destinatario, nella fase delle indagini, delle memorie e richieste scritte formulate dai difensori (→ **Indagini e udienza preliminare**, art. 367) e, diversamente da quanto è previsto per il giudice, non ha di regola l'obbligo di provvedere sulle richieste (quale eccezione a tale regola generale v., peraltro, l'art. 391 *bis* co. 10, in tema di audizione della persona in grado di riferire circostanze utili al difensore che si avvalga della facoltà di non rendere dichiarazioni, nonché l'art. 415 *bis* co. 3, a proposito della richiesta dell'indagato, destinatario dell'avviso di conclusione delle indagini, di essere sottoposto ad interrogatorio).

• Lo *ius postulandi* spetta, altresì, alla **persona sottoposta alle indagini** e alla **persona offesa** (→ **Soggetti**): quanto all'indagato, il potere discende dalla previsione secondo cui «i diritti e le garanzie dell'imputato si estendono alla persona sottoposta alle indagini» (→ art. 61 co. 1); circa la persona offesa, la facoltà di presentare, in ogni stato e grado del processo, memorie è espressamente menzionata tra le prerogative processuali di tale soggetto (→ art. 90 co. 1).

• Legittimato alla presentazione di memorie è, inoltre, **il consulente tecnico** (→ **Prove**, art. 233).

• Sulle peculiari disposizioni volte a regolamentare la facoltà di presentare dichiarazioni e richieste da parte delle **persone detenute o internate** v. *sub* art. 123.

• La norma in esame **non** prevede che le memorie o le istanze **debbano essere notificate** alle parti diverse da quella proponente. Si registrano, peraltro, alcune previsioni che derogano a tale regola generale: v., ad esempio, la disposizione che, nel caso di revoca e sostituzione delle misure cautelari su richiesta dell'imputato o d'ufficio, impone al giudice, prima di provvedere, di sentire il p.m., che può esprimere il proprio parere entro i due giorni successivi (→ **Misure cautelari**, art. 299 co. 3 *bis*).

• Sulle richieste ritualmente formulate il giudice è tenuto a provvedere senza ritardo e comunque, salve specifiche disposizioni di legge, nel termine di **quindici giorni**. **Termini** diversi (e più stringenti) **per la decisione** su determinate istanze sono previsti, ad esempio, in tema di revoca e sostituzione delle misure cautelari (→ **Libro IV**, art. 299 co. 3, che stabilisce il termine di cinque giorni), di incidente probatorio (→ **Indagini e udienza preliminare**, art. 398 co. 1, che prevede il termine di due giorni per provvedere sulla richiesta di incidente probatorio), di udienza preliminare (→ art. 418 co. 1, che pone il termine di cinque giorni, dal deposito della richiesta di rinvio a giudizio, per disporre la fissazione dell'udienza), e di giudizio immediato (→ **Procedimenti speciali**, art. 455 co. 1, che fissa in cinque giorni il termine per la decisione sulla richiesta di giudizio immediato).

• Quanto all'**inosservanza del termine di quindici giorni**, è opinione consolidata che, trattandosi di termine meramente ordinatorio, l'eventuale violazione non comporta alcuna sanzione processuale; nell'ipotesi in questione può configurarsi, peraltro, una responsabilità disciplinare del magistrato (art. 124).

• In assenza di esplicite indicazioni, si ritiene che il provvedimento del giudice sulle istanze assuma la forma dell'**ordinanza** (art. 125).

• Si è affermato in giurisprudenza che l'omesso **esame delle memorie delle parti** determina una nullità di ordine generale a regime intermedio (artt. 178 co. 1 lett. *b-c* e 180) del provvedimento decisorio.

122. Procura speciale per determinati atti.

1. Quando la legge consente che un atto sia compiuto per mezzo di un procuratore speciale, la procura deve, a pena di inammissibilità, essere rilasciata per atto pubblico o scrittura privata autenticata e deve contenere, oltre alle indicazioni richieste specificamente dalla legge, la determinazione dell'oggetto per cui è conferita e dei fatti ai quali si riferisce. Se la procura è rilasciata per scrittura privata al difensore, la sottoscrizione può essere autenticata dal difensore medesimo. La procura è unita agli atti.

2. Per le pubbliche amministrazioni è sufficiente che la procura sia sottoscritta dal dirigente dell'ufficio nella circoscrizione in cui si procede e sia munita del sigillo dell'ufficio.

2 *bis*. La procura speciale è depositata, in copia informatica autenticata con firma digitale o altra firma elettronica qualificata, nel rispetto della normativa, anche regolamentare, concernente la sottoscrizione, la trasmissione e la ricezione dei documenti informatici, con le modalità previste dall'articolo 111 *bis*, salvo l'obbligo di conservare l'originale analogico da esibire a richiesta dell'autorità giudiziaria.

3. Non è ammessa alcuna ratifica degli atti compiuti nell'interesse altrui senza procura speciale nei casi in cui questa è richiesta dalla legge.

L'ultimo periodo del co. 1 è stato aggiunto dalla l. 16.12.1999, n. 479. Il co. 2 *bis* è stato introdotto dal d. lgs. 10.10.2022, n. 150 e si applicherà a partire dal quindicesimo giorno successivo alla pubblicazione di specifici regolamenti in materia di processo penale telematico, che dovranno essere adottati entro il 31.12.2023, o a partire dal diverso termine previsto dalla normativa secondaria (v. art. 87 co. 5 d. lgs. 150 del 2022).

• La **procura speciale** è l'atto mediante il quale un soggetto conferisce ad un altro il potere di compiere atti in suo nome e per suo conto.

• In relazione alle **parti eventuali** (→ **Soggetti**, artt. 74, 84 e 89), bisogna distinguere tra la c.d. **procura *ad litem*** e la c.d. **procura *ad causam***: la prima è quella con cui viene conferita al difensore la rappresentanza processuale necessaria (→ art. 100), in base allo schema del rapporto processual civilistico, che viene così riprodotto in sede penale; la seconda (riconducibile alla norma in esame) è quella con cui vengono trasferiti al procuratore speciale i poteri (ad esempio, quello di costituirsi) connessi all'esercizio dell'azione risarcitoria nel processo penale (→ artt. 76 co. 1, 84 co. 1, 85 co. 1 e 89). Sebbene, di regola, entrambe le procure vengano conferite al difensore, si tratta di due atti differenti quanto a natura e a funzione. Il difensore cui sia stata conferita la procura speciale *ex* art. 100, nonché la procura per la costituzione di parte civile a norma dell'art. 122, se in questa non risulta la volontà contraria della parte interessata, può conferire al proprio sostituto, con atto scritto, il potere di sottoscrivere e depositare l'atto di costituzione (→ art. 78 co. 1 *bis*).

• Quanto all'**imputato/indagato** (→ **Soggetti**, artt. 60 e 61), la procura speciale è richiesta soprattutto ed essenzialmente in relazione al compimento dei c.d. atti personali, cioè a dire atti che, essendo fortemente dispositivi, possono essere compiuti solo dal diretto interessato o da un soggetto munito, appunto, di procura speciale; ciò significa che anche il difensore, se sprovvisto di procura speciale, non può compierli in forza del mero mandato difensivo.

• Più in particolare, nell'ambito degli atti per i quali è previsto il conferimento della procura speciale, là dove non sia l'interessato a compierli personalmente, si collocano, nel contesto del **Libro I**, la dichiarazione di ricusazione (→ art. 38 co. 4), la richiesta di rimessione del processo (→ art. 46 co. 2), nonché, come già accennato, gli atti mediante i quali le parti eventuali esercitano poteri connessi all'azione risarcitoria (→ artt. 76 co. 1, 84 co. 1, 85 co. 1, 89).

• Eventuali **dichiarazioni orali** delle parti attinenti al procedimento possono essere rese, oltre che personalmente, anche a mezzo di procuratore speciale (art. 141 co. 1); in quest'ultima eventualità al verbale (art. 136) è unita la procura speciale.

• A proposito degli atti propulsivi delle indagini preliminari (→ **Libro V**), occorre conferire procura speciale, qualora l'interessato non vi provveda personalmente, per la **presentazione della denuncia e della querela** (→ artt. 333 e 336).

• In ragione del carattere dispositivo e, in particolare, delle rinunce alle garanzie connesse allo svolgimento del rito ordinario, è richiesto il conferimento della procura speciale, qualora l'imputato richieda (non personalmente) determinati **riti speciali**: ciò è previsto per la richiesta di giudizio immediato (→ **Indagini e udienza preliminare**, art. 419 co. 5) e per le richieste di giudizio abbreviato, patteggiamento e sospensione del procedimento con messa alla prova (→ **Procedimenti speciali**, rispettivamente, artt. 438 co. 3, 446 co. 3 e 464 *bis* co. 3; tali disposizioni prevedono comunque che la sottoscrizione dell'imputato debba essere autenticata). Per quanto riguarda l'opposizione "semplice" (ossia non contenente richiesta di abbreviato, patteggiamento o sospensione con messa alla prova) al decreto penale di condanna (→ art. 461), il difensore non deve, invece, essere munito di procura speciale.

• In materia di **impugnazioni** (→ **Libro IX**), un primo riferimento alla procura speciale è contenuto nella disciplina dell'impugnazione dell'imputato (→ art. 571): salvo quanto previsto per il ricorso per cassazione dall'art. 613 co. 1, l'impugnazione può essere proposta dal difensore ovvero dall'imputato personalmente o per mezzo di un procuratore speciale. Inoltre, le parti private possono rinunciare all'impugnazione anche per mezzo di procuratore speciale (→ art. 589 co. 2).

• La richiesta per l'eliminazione degli effetti pregiudizievoli delle decisioni adottate in violazione della Cedu deve essere presentata, a pena di inammissibilità, personalmente dall'interessato o, in caso di morte, da un suo congiunto, a mezzo di difensore munito di procura speciale (→ **Impugnazioni**, art. 628 *bis* co. 2).

• Quanto alla rescissione del giudicato (→ **Impugnazioni**, art. 629 *bis*), è previsto che la richiesta debba essere presentata, a pena di inammissibilità, personalmente dall'interessato o dal difensore munito di procura speciale. Anche la richiesta di revisione deve essere proposta personalmente o per mezzo di un procuratore speciale (→ art. 633 co. 1). La stessa previsione ricorre a proposito della domanda di riparazione dell'errore giudiziario (→ art. 645 co. 1). La giurisprudenza ha precisato che il ricorso straordinario in cassazione per errore di fatto (→ art. 625 *bis*) deve essere proposto dal difensore cassazionista munito di procura speciale ai sensi della norma in esame (Cass., SU, 21.12.2017, n. 8914).

• La procura speciale deve essere **rilasciata**, a pena di inammissibilità, **per atto pubblico o scrittura privata autenticata** (sui soggetti abilitati ad autenticare la sottoscrizione v. → **Disp. att.**, art. 39; v. anche *sub* art. 110). Se la procura è rilasciata per scrittura privata al difensore, la sottoscrizione può essere autenticata dal difensore medesimo.

• La procura speciale in esame può essere **rilasciata anche preventivamente**, ossia per l'eventualità in cui si verifichino i presupposti per il compimento dell'atto al quale la procura si riferisce (→ **Disp. att.**, art. 37).

• La mancanza e l'invalidità della procura speciale (perché carente dei requisiti previsti dalla legge) si ripercuotono sull'atto posto in essere dal soggetto irritualmente investito del potere di compierlo, determinandone l'**inammissibilità**.

• Il co. 2 *bis* si raccorda con le nuove previsioni concernenti il **deposito telematico** (art. 111 *bis*). La norma, così come molte altre disposizioni relative al processo penale telematico, si applicherà a partire dal quindicesimo giorno successivo alla pubblicazione di specifici regolamenti, che dovranno essere adottati entro il 31.12.2023, o a partire dal diverso termine fissato dalla normativa secondaria.

123. Dichiarazioni e richieste di persone detenute o internate.

1. L'imputato detenuto o internato in un istituto per l'esecuzione di misure di sicurezza ha facoltà di presentare impugnazioni, dichiarazioni e richieste con atto ricevuto dal direttore. Esse sono iscritte in apposito registro, sono immediatamente comunicate all'autorità competente e hanno efficacia come se fossero ricevute direttamente dall'autorità giudiziaria.

2. Quando l'imputato è in stato di arresto o di detenzione domiciliare ovvero è custodito in un luogo di cura, ha facoltà di presentare impugnazioni, dichiarazioni e richieste con atto ricevuto da un ufficiale di polizia giudiziaria, il quale ne cura l'immediata trasmissione all'autorità competente. Le impugnazioni, le dichiarazioni e le richieste hanno efficacia come se fossero ricevute direttamente dall'autorità giudiziaria.

2 *bis*. Le impugnazioni, le dichiarazioni, compresa quella relativa alla nomina del difensore, e le richieste, di cui ai commi 1 e 2, sono contestualmente comunicate anche al difensore nominato.

3. Le disposizioni del comma 1 si applicano alle denunce, impugnazioni, dichiarazioni e richieste presentate dalle altre parti private o dalla persona offesa.

La l. 27.9.2021, n. 134, ha introdotto il co. 2 *bis*.

• Al fine di impedire che lo stato detentivo pregiudichi l'esercizio dello *ius postulandi*, la disposizione in esame consente che **la persona *in vinculis* possa presentare impugnazioni, dichiarazioni e richieste** con atto ricevuto dal direttore del carcere, nel caso di imputato detenuto (→ **Misure cautelari**, artt. 285 e 285 *bis*; → **Esecuzione**, art. 656) o internato (→ artt. 206, 216, 219 e 222 c.p.), o, se si tratta dell'imputato in stato di arresto (→ **Misure cautelari**, art. 284) o detenzione domiciliare (→ art. 47 *ter* s. l. 26.7.1975, n. 354) o custodito in un luogo di cura (→ **Libro IV**, art. 286), con atto ricevuto da un ufficiale di p.g. (→ **Soggetti**, art. 57); immediatamente comunicati all'autorità competente e al difensore nominato, gli atti così presentati hanno efficacia come se fossero ricevuti direttamente dall'autorità giudiziaria.

• A proposito dell'**immediata trasmissione**, è prescritto che le impugnazioni, le richieste e le altre dichiarazioni siano comunicate all'autorità giudiziaria competente nel giorno stesso o al più tardi nel giorno successivo mediante estratto o copia autentica anche per mezzo di raccomandata o, nei casi di speciale urgenza, con telegramma o altri mezzi tecnici idonei (→ **Disp. att.**, art. 44). L'assenza di sanzioni processuali per l'ipotesi di inosservanza induce a ritenere, peraltro, che il termine in questione sia meramente ordinatorio.

• A fronte dell'**equiparazione** tra la presentazione dell'atto con le richiamate modalità e la ricezione da parte dell'autorità giudiziaria, la giurisprudenza ha statuito che il *dies a quo* dell'efficacia della nomina del difensore di fiducia (→ **Soggetti**, art. 96), effettuata dal soggetto privato della libertà, decorre dal momento in cui l'atto di nomina è stato ricevuto dal direttore del carcere (Cass., SU, 26.3.1997, n. 2). Nella medesima ottica, si è affermato, in tema di riesame (→ **Misure cautelari**, art. 309), che il termine perentorio previsto per la trasmissione degli atti al giudice *ad quem* (→ art. 309 co. 5) decorre dalla data di presentazione della richiesta ricevuta dal direttore (o dall'ufficiale di polizia), essendo tale ipotesi equiparabile a quella della presentazione della richiesta direttamente al tribunale competente a decidere su di essa (Cass., SU, 22.3.2000, n. 10 che ha esteso alla fattispecie di cui all'art. 123 il principio enunciato da Corte cost., 232 del 1998).

• La facoltà accordata dalla norma in esame alla persona *in vinculis* non esclude, peraltro, che, in alternativa, si possa ricorrere alle **forme ordinarie di presentazione dell'impugnazione** (→ **Libro IX**, art. 582).

• Per le parti private diverse dall'imputato (→ **Soggetti**, artt. 74, 83 e 89) e per la persona offesa (→ art. 90), operano esclusivamente le previsioni del co. 1.

124. Obbligo di osservanza delle norme processuali.

1. I magistrati, i cancellieri e gli altri ausiliari e collaboratori del giudice, gli ufficiali giudiziari, gli ufficiali e gli agenti di polizia giudiziaria sono tenuti a osservare le norme di questo codice anche quando l'inosservanza non importa nullità o altra sanzione processuale.

2. I dirigenti degli uffici vigilano sull'osservanza delle norme anche ai fini della responsabilità disciplinare.

Il co. 1 è stato modificato dal d. lgs. 10.10.2022, n. 151.

• Ricollegata al principio di **legalità processuale** (→ **Cost.**, art. 111 co. 1), la previsione impone **l'obbligo di osservare le norme processuali** anche quando la violazione non determini nullità (art. 177 s.) o altra sanzione processuale.

• **Destinatari** dell'obbligo di osservanza in questione sono i magistrati, i cancellieri e gli altri ausiliari e collaboratori del giudice (art. 126), gli ufficiali giudiziari, gli ufficiali e gli agenti di p.g. (→ **Soggetti**, art. 57). Per tali soggetti il rispetto delle norme processuali costituisce altresì un dovere deontologico; da qui la previsione del co. 2 della norma in esame che impone ai dirigenti degli uffici il compito di vigilare sull'osservanza delle norme anche ai fini della **responsabilità disciplinare** (circa la responsabilità civile dei magistrati e il risarcimento dei danni causati nell'esercizio delle funzioni giudiziarie, v. l. 13.4.1988, n. 117, così come modificata dalla l. 27.2.2015, n. 18).

• Nell'ambito delle ipotesi in cui l'inosservanza determina una **mera irregolarità suscettibile**, però, di **integrare responsabilità disciplinare** la giurisprudenza ha ricondotto, ad esempio, la violazione del principio di segretezza della camera di consiglio (art. 125 co. 4) e l'inosservanza del termine (ordinatorio) di cinque giorni, previsto per il deposito dei provvedimenti del giudice (art. 128).

Titolo II
ATTI E PROVVEDIMENTI DEL GIUDICE

125. Forme dei provvedimenti del giudice.

1. La legge stabilisce i casi nei quali il provvedimento del giudice assume la forma della sentenza, dell'ordinanza o del decreto.

2. La sentenza è pronunciata in nome del popolo italiano.
3. Le sentenze e le ordinanze sono motivate, a pena di nullità. I decreti sono motivati, a pena di nullità, nei casi in cui la motivazione è espressamente prescritta dalla legge.
4. Il giudice delibera in camera di consiglio senza la presenza dell'ausiliario designato ad assisterlo e delle parti. La deliberazione è segreta.
5. Nel caso di provvedimenti collegiali, se lo richiede un componente del collegio che non ha espresso voto conforme alla decisione, è compilato sommario verbale contenente l'indicazione del dissenziente, della questione o delle questioni alle quali si riferisce il dissenso e dei motivi dello stesso, succintamente esposti. Il verbale, redatto in forma di documento analogico dal meno anziano dei componenti togati del collegio e sottoscritto da tutti i componenti, è conservato a cura del presidente in plico sigillato presso la cancelleria dell'ufficio. Non si applicano le disposizioni degli articoli 110, comma 4, e 111 *ter*, comma 3.
6. Tutti gli altri provvedimenti sono adottati senza l'osservanza di particolari formalità e, quando non è stabilito altrimenti, anche oralmente.

Il co. 5 è stato modificato, dapprima, dal d. lgs. 30.10.1989, n. 351 e successivamente dal d. lgs. 10.10.2022, n. 150 (ai sensi dell'art. 87 co. 4 d. lgs. 150 del 2022, la disposizione dell'art. 125 co. 5 continuerà ad applicarsi, nel testo vigente all'entrata in vigore del d. lgs., «sino al quindicesimo giorno successivo alla pubblicazione dei regolamenti di cui ai commi 1 e 3, ovvero sino al diverso termine di transizione previsto dal regolamento di cui al comma 3 per gli uffici giudiziari e per le tipologie di atti in esso indicati»).

• Il co. 1 individua i tre **provvedimenti "tipici"** del giudice nella **sentenza**, nella **ordinanza** e nel **decreto**, precisando che è la legge a stabilire la forma che, di volta in volta, il provvedimento deve assumere. La descrizione dei caratteri propri di ciascuno dei tre provvedimenti in questione è un'operazione solo tendenziale, nel senso che in numerosi casi è possibile registrare delle deviazioni anche significative rispetto alle connotazioni in linea di massima riferibili alla tipologia di appartenenza.

• A livello generale l'elemento che caratterizza le **sentenze** è l'idoneità a chiudere uno stato o un grado del giudizio. Dal punto di vista del contenuto decisorio, una basilare distinzione è quella tra sentenze di proscioglimento e sentenze di condanna. Queste ultime possono essere pronunciate all'esito del dibattimento (→ **Giudizio**, art. 533) ovvero del giudizio abbreviato (→ **Procedimenti speciali**, art. 442 co. 2) e all'esito dei relativi giudizi di appello e, una volta divenute irrevocabili, possono avere efficacia extrapenale (→ **Esecuzione**, artt. 651, 653 e 654); salve alcune eccezioni, è, inoltre, equiparata alle sentenze di condanna la sentenza patteggiata, che non ha efficacia extrapenale nemmeno quando è pronunciata dopo la chiusura del dibattimento (→ **Procedimenti speciali**, art. 445 co. 1 *bis*). Infine, un provvedimento che, pur non assumendo la forma della sentenza, dispone una condanna è il decreto penale (→ art. 460), sempre privo di efficacia extrapenale. Le sentenze di proscioglimento costituiscono un ampio *genus*, nel cui ambito si collocano, anzitutto, le sentenze di assoluzione (→ **Giudizio**, art. 530) che decidono sul merito dell'imputazione e sono suscettibili di acquisire efficacia extrapenale – sia se pronunciate in dibattimento, sia se emesse in esito al giudizio abbreviato –, dopo essere divenute irrevocabili (→ **Esecuzione**, art. 652 s., nonché art. 651 *bis* per le sentenze che dichiarano la particolare tenuità del fatto). Altre sentenze di proscioglimento, diverse da quelle assolutorie, sono la sentenza di non luogo a procedere (→ **Indagini e udienza preliminare**, art. 425; → **Procedimento davanti al tribunale in composizione monocratica**, art. 554 *ter* co. 1), che, a differenza delle altre, non ha attitudine a passare in giudicato (→ **Esecuzione**, art. 648), essendo passibile di revoca (→ **Indagini e udienza preliminare**, art. 434; → **Procedimento davanti al tribunale in composizione monocratica**, art. 554 *quinquies*); le sentenze predibattimentali pronunciate per mancanza di condizione di procedibilità, estinzione del reato e particolare tenuità del fatto (→ **Giudizio**, art. 469); le sentenze di non doversi procedere per mancanza di una condizione di procedibilità (→ art. 529), o per estinzione del reato (→ art. 531; → **Procedimenti speciali**, art. 464 *septies* co. 1); la sentenza di non luogo a procedere o di non doversi procedere per incapacità irreversibile dell'imputato (→ **Soggetti**, art. 72 *bis*); la sentenza di non doversi procedere per l'esistenza di un segreto di Stato (→ **Prove**, artt. 202 co. 3 e 256 co. 3); la sentenza di non doversi procedere per mancata conoscenza della pendenza del processo da parte dell'imputato (→ **Indagini e udienza preliminare**, art. 420 *quater*); la sentenza di non doversi procedere per violazione del *ne bis in idem* (→ **Esecuzione**, art. 649 co. 2); inoltre, occorre considerare che, in ogni stato e grado del processo, il giudice ha l'obbligo di pronunciare con sentenza l'immediata declaratoria di determinate cause di non punibilità (art. 129). Esistono, infine, sentenze che non si inquadrano nelle due categorie del proscioglimento o della condanna: si considerino, ad esempio, le sentenze sulla giurisdizione e sulla competenza pronunciate dopo la chiusura delle indagini preliminari (→ **Soggetti**, artt. 20, 22 co. 2 e 23 s.), quelle emesse dalla corte di cassazione in sede di rinvio pregiudiziale sulla competenza per territorio (→ art. 24 *bis*) e di risoluzione dei conflitti (→ art. 32), nonché quelle pronunciate in materia di rapporti giurisdizionali con autorità straniere (→ **Libro XI**, artt. 704, 724, 734 e 743). Del tutto peculiare è anche la declaratoria di improcedibilità per superamento dei termini di durata massima del giudizio di impugnazione (→ **Indagini e udienza preliminare**, art. 344 *bis*). Salvo quelle sulla competenza che possono dare luogo a un conflitto (→ **Soggetti**, art. 28), le sentenze sono sempre soggette a ricorso per cassazione (→ **Impugnazioni**, art. 568 co. 2), mentre sono appellabili solo se la legge lo prevede espressamente (→ artt. 568 e 593 s.; nonché, ad es., → **Indagini e udienza preliminare**, art. 428; → **Procedimento davanti al tribunale in composizione monocratica**, art. 554 *quater*; → **Procedimenti speciali**, artt. 443 e 448). Sono suscettibili di revisione esclusivamente le sentenze di condanna, di patteggiamento e i decreti penali di condanna irrevocabili (→ **Impugnazioni**, art. 629). Oltre alle decisioni di condanna passate in giudicato, anche le sentenze di proscioglimento irrevocabili che abbiano disposto una misura di sicurezza possono essere oggetto dei rimedi per l'esecuzione delle decisioni della Corte edu (→ art. 628 *bis*) e della rescissione del giudicato (→ art. 629 *bis*). Le decisioni della corte di cassazione sono generalmente inoppugnabili, tranne quelle passibili di ricorso straordinario per errore di fatto (→ art. 625 *bis*).

• L'**ordinanza** è, di solito, un provvedimento decisorio su questioni incidentali che viene emesso all'esito del contraddittorio tra le parti: v., ad esempio, in tema di decisioni sulle questioni incidentali (→ **Giudizio**, art. 478) e sulle questioni preliminari (→ art. 491). Esistono, peraltro, alcune ordinanze idonee a concludere il processo, come l'ordinanza che dichiara l'inammissibilità dell'impugnazione (→ **Libro IX**, art. 591 co. 2), e alcune ordinanze emesse *inaudita altera parte*, come l'ordinanza che applica una misura cautelare personale (→ **Misure cautelari**, art. 292). Ad eccezione delle ordinanze che decidono sulla libertà personale, che sono sempre soggette a ricorso per cassazione, le altre sono impugnabili solo se la legge lo prevede espressamente (→ **Impugnazioni**, art. 568); quando si tratta di ordinanze emesse nel dibattimento, esse, di regola, sono impugnabili solo congiuntamente alla sentenza (→ art. 586).

• Il **decreto**, infine, è tendenzialmente un provvedimento di natura autoritativa e di carattere ordinatorio adottabile – a differenza delle sentenze e delle ordinanze – non soltanto dal giudice, ma anche dal p.m. (→ **Soggetti**, art. 51); di norma tale provvedimento è revocabile in quanto inoppugnabile. Anche in relazione a tale categoria è possibile menzionare delle rilevanti eccezioni rispetto alle caratteristiche appena menzionate: esistono, infatti, decreti che hanno contenuto decisorio e chiudono una fase del giudizio, come il decreto che dispone l'archiviazione *de plano* (→ **Indagini e udienza preliminare**, artt. 409 co. 1 e 410 co. 2), il decreto che dispone il giudizio (→ art. 429) e il decreto penale di condanna (→ **Procedimenti speciali**, art. 459); decreti che possono essere impugnati, quali ad esempio il decreto che dispone il sequestro probatorio (→ **Prove**, art. 257) e il decreto che dispone il sequestro preventivo (→ **Misure cautelari**, art. 322); ed altri idonei finanche a divenire irrevocabili, come il decreto penale di condanna (→ **Procedimenti speciali**, art. 459) che passa in giudicato quando è inutilmente decorso il termine per proporre opposizione o per impugnare l'ordinanza che la dichiara inammissibile (→ art. 461, nonché → **Esecuzione**, art. 648). Anche per i decreti vale il principio di tassatività delle impugnazioni (→ **Libro IX**, art. 568).

• Quanto al contenuto minimo dei provvedimenti, rilevano le prescrizioni dell'art. 125 co. 2 e 3. Riferibile solo alle sentenze, la previsione secondo cui la sentenza è pronunciata in nome del popolo italiano si ricollega al disposto dell'art. 101 co. 1 **Cost.** («la giustizia è amministrata in nome del popolo»). Costituisce espressione dell'art. 111 co. 6 **Cost.** la disposizione dell'art. 125 co. 3, a proposito dell'obbligo di **motivazione**. Più in particolare, le sentenze e le ordinanze devono essere sempre motivate a pena di nullità (art. 177 s.), mentre i decreti sono motivati, a pena di nullità, solo nei casi in cui tale requisito è espressamente richiesto dalla legge: ciò è previsto in numerose ipotesi, quali, ad esempio, l'accompagnamento coattivo (art. 132), il sequestro probatorio (→ **Prove**, art. 253), le intercettazioni (→ art. 267), il sequestro preventivo (→ **Misure cautelari**, art. 321), l'archiviazione (→ **Indagini e udienza preliminare**, artt. 409 co. 1 e 410 co. 2), la riapertura delle indagini (→ art. 414 co. 1), il decreto penale di condanna (→ **Procedimenti speciali**, art. 460, che richiede la concisa esposizione dei motivi di fatto e di diritto su cui è fondata la decisione), la declaratoria di inammissibilità della richiesta introduttiva del procedimento di esecuzione (→ **Libro X**, art. 666 co. 2).

• La **mancanza di motivazione** ricorre non solo nei casi di totale mancanza della parte motiva, ma anche nei casi di motivazione apparente, nonché nell'ipotesi di motivazione graficamente illeggibile (Cass., SU, 28.11.2006, n. 42263). In relazione ai **casi di ricorso per cassazione** (→ **Impugnazioni**, art. 606 co. 1), la mancanza di motivazione è un vizio deducibile ai sensi dell'art. 606 co. 1 lett. *c*, relativo all'inosservanza di norme processuali stabilite a pena di nullità (quale l'art. 125), di inutilizzabilità, di inammissibilità o di decadenza, ovvero dell'art. 606 co. 1 lett. *e*, concernente i vizi della mancanza, della contraddittorietà e della manifesta illogicità della motivazione.

• **Ulteriori requisiti** dei tre provvedimenti tipici sono previsti dalle norme che disciplinano le singole tipologie di provvedimenti: v., ad esempio, le previsioni dettate a proposito dell'ordinanza cautelare (→ **Misure cautelari**, art. 292), del decreto che dispone il giudizio (→ **Indagini e udienza preliminare**, art. 429), del decreto penale di condanna (→ **Procedimenti speciali**, art. 459), e delle sentenze (→ **Giudizio**, art. 546).

• In aggiunta ai tre provvedimenti che assumono la forma di sentenza, ordinanza e decreto si colloca la categoria residuale dei **provvedimenti c.d. atipici**, ossia quelli adottati senza l'osservanza di particolari formalità e, quando non è stabilito altrimenti, anche oralmente. Gli esempi più frequenti di tale categoria sono rappresentati dai provvedimenti emessi dal presidente del collegio nella fase dibattimentale (→ **Giudizio**, art. 470 co. 1, in tema di disciplina dell'udienza; art. 471 co. 6, a proposito della pubblicità dell'udienza; art. 504, in relazione alle opposizioni formulate nel corso dell'esame dei testimoni).

• Il co. 4 sancisce il principio della **segretezza della deliberazione** alla quale il giudice provvede in camera di consiglio senza la presenza del pubblico, delle parti e anche dell'ausiliario designato ad assisterlo (art. 126); possono invece accedere alla camera di consiglio, salva diversa decisione del giudice e sempre che non sussistano determinate situazioni di incompatibilità, i componenti dell'ufficio per il processo «nei limiti in cui è necessario per l'adempimento dei compiti previsti dalla legge» (→ art. 4 co. 3 e 4 d. lgs. 10.10.2022, n. 151). L'espressione «camera di consiglio» che ricorre nella norma in esame allude ad un concetto del tutto diverso da quello di cui all'art. 127: mentre in quest'ultima disposizione la locuzione viene impiegata per designare un peculiare procedimento giurisdizionale caratterizzato da forme diverse e semplificate rispetto a quello delle udienze dibattimentali, diversamente nell'art. 125 la «camera di consiglio» indica il luogo di decisione in cui il giudice si ritira per deliberare in segreto. La violazione del principio di segretezza – il quale si sostanzia nel divieto di divulgare le opinioni espresse e i voti dati dai componenti del collegio che ha adottato il provvedimento –, oltre ad essere causa di responsabilità disciplinare del magistrato, è penalmente sanzionata (→ artt. 326 e 685 c.p.). Alla tutela del principio di segretezza si ricollega anche la previsione in base alla quale, qualora sia necessaria la lettura del verbale di udienza redatto con la stenotipia ovvero l'ascolto o la visione di riproduzioni fonografiche o audiovisive di atti del dibattimento, l'accesso a soggetti estranei (ausiliario e/o tecnico incaricato della documentazione) è possibile solo previa sospensione della deliberazione (→ **Giudizio**, art. 528).

126. Assistenza al giudice.

1. Il giudice, in tutti gli atti ai quali procede, è assistito dall'ausiliario a ciò designato a norma dell'ordinamento, se la legge non dispone altrimenti.

1 *bis*. Il giudice è supportato dall'ufficio per il processo penale nei limiti dei compiti a questo attribuiti dalla legge.

Il co. 1 *bis* è stato aggiunto dal d. lgs. 10.10.2022, n. 151.

• L'ausiliario è il pubblico ufficiale che assiste il giudice nel compimento dei suoi atti, adempiendo alla funzione di documentazione e autenticazione degli stessi. Ad esso spetta, anzitutto, il compito di redigere il **verbale** (artt. 135 co. 1, 136, 137, 141 e 142), eventualmente con l'ausilio di personale tecnico se occorre utilizzare la stenotipia o altro strumento idoneo (art. 135 co. 2; → **Disp. att.**, art. 50), nonché di dirigere il personale tecnico che effettua la riproduzione fonografica o audiovisiva (art. 139 co. 1; → **Disp. att.**, art. 51).

• L'ausiliario deve **sottoscrivere il verbale** che ha redatto (art. 137; → **Giudizio**, art. 483), a pena di nullità (art. 142); per quanto sia prescritta la sottoscrizione di ogni foglio del verbale (art. 137 co. 1), la giurisprudenza ritiene che la nullità relativa (art. 181) di cui all'art. 142 sussista solo qualora la sottoscrizione non sia apposta sull'ultima pagina.

• È prescritta la **sottoscrizione** dell'ausiliario anche in relazione ad alcuni atti del giudice, quali la citazione del responsabile civile (→ **Soggetti**, art. 83 co. 3), l'ordinanza cautelare (→ **Misure cautelari**, art. 292 co. 2 *bis*), il decreto che dispone il giudizio (→ **Indagini e udienza preliminare**, art. 429 co. 1), il decreto penale di condanna (→ **Procedimenti speciali**, art. 460 co. 1); peraltro, secondo la giurisprudenza, in tali eventualità la carenza della sottoscrizione dell'ausiliario costituisce una mera irregolarità.

• L'ausiliario **attesta** l'avvenuto adempimento del **deposito** in cancelleria del provvedimento del giudice (art. 128).

• Nel momento in cui il giudice dichiara aperto il dibattimento (→ **Giudizio**, art. 492), l'ausiliario dà **lettura dell'imputazione**.

• Una espressa deroga alla regola dell'assistenza dell'ausiliario per tutti gli atti del giudice è codificata nell'art. 125 co. 4, là dove è **esclusa la presenza dell'ausiliario** nel momento della deliberazione in **camera di consiglio**. Peraltro, qualora in tale contesto sia necessario procedere alla lettura del verbale di udienza redatto con la stenotipia ovvero l'ascolto o la visione di riproduzioni fonografiche o audiovisive di atti del dibattimento, il giudice sospende la deliberazione e procede a tali operazioni avvalendosi dell'ausiliario ed eventualmente del tecnico incaricato della documentazione (→ **Giudizio**, art. 528). **Possono** invece **accedere** alla camera di consiglio, salva diversa decisione del giudice e sempre che non sussistano determinate situazioni di incompatibilità, **i componenti dell'ufficio per il processo** «nei limiti in cui è necessario per l'adempimento dei compiti previsti dalla legge» (→ art. 4 co. 3 e 4 d. lgs. 10.10.2022, n. 151).

• All'**ufficio per il processo penale** fa espresso riferimento il nuovo co. 1 *bis*, evidenziandone la funzione di supporto all'attività giudiziaria. Si tratta di una struttura organizzativa volta a «garantire la ragionevole durata del processo attraverso l'innovazione dei modelli organizzativi e un più efficiente impiego delle tecnologie dell'informazione e della comunicazione» (→ art. 2 d. lgs. 151 del 2022). In ordine al processo penale, i compiti dell'ufficio per il processo sono declinati nell'art. 6 (UPP presso i tribunali ordinari e le corti di appello), nell'art. 8 (UPP presso la Corte di cassazione) e nell'art. 10 (UPP presso la Procura generale della Corte di cassazione) d. lgs. 151 del 2022.

• I cancellieri e gli altri ausiliari e collaboratori del giudice rientrano tra i soggetti passibili di **responsabilità disciplinare** nelle ipotesi di inosservanza delle norme processuali, pur quando essa non determini una sanzione processuale (art. 124).

• Anche con riferimento agli **atti del p.m.** è prevista l'assistenza dell'ausiliario: v., ad esempio, l'art. 373 co. 6, in tema di documentazione degli atti di indagine (→ **Indagini e udienza preliminare**) e l'art. 552 co. 1, ove è indicato che il decreto di citazione diretta a giudizio (→ **Procedimento davanti al tribunale in composizione monocratica**) contenga, tra l'altro, la sottoscrizione del p.m. e dell'ausiliario che lo assiste (secondo la giurisprudenza, peraltro, la carenza della sottoscrizione dell'ausiliario determina una mera irregolarità).

• Gli ausiliari del giudice e del p.m. sono inclusi nel novero di coloro che **non possono essere assunti come testimoni** nel medesimo procedimento nel quale svolgono o hanno svolto la loro funzione (→ **Prove**, art. 197 co. 1 lett. *d*). Quanto ai componenti dell'ufficio per il processo, l'art. 4 co. 5 d. lgs. 151 del 2022 stabilisce che essi hanno l'obbligo di astenersi dalla deposizione testimoniale.

• Nel caso di **partecipazione a distanza** è previsto che un ausiliario del giudice o del pubblico ministero o un ufficiale di polizia giudiziaria sia presente nel luogo ove si trovano le persone che compiono l'atto o che partecipano all'udienza a distanza, al fine di attestare l'osservanza delle modalità previste e di documentare le operazioni svolte mediante la redazione del verbale (art. 133 *ter* co. 8).

127. Procedimento in camera di consiglio.

1. Quando si deve procedere in camera di consiglio, il giudice o il presidente del collegio fissa la data dell'udienza e ne fa dare avviso alle parti, alle altre persone interessate e ai difensori. L'avviso è comunicato o notificato almeno dieci giorni prima della data predetta. Se l'imputato è privo di difensore, l'avviso è dato a quello di ufficio.

2. Fino a cinque giorni prima dell'udienza possono essere presentate memorie in cancelleria.

3. Il pubblico ministero, gli altri destinatari dell'avviso nonché i difensori sono sentiti se compaiono. Se l'interessato richiede di essere sentito ed è detenuto o internato in luogo posto fuori della circoscrizione del giudice, si provvede mediante collegamento a distanza, oltre che nei casi particolarmente previsti dalla legge, quando l'interessato vi consente. In caso contrario, l'interessato è sentito prima del giorno dell'udienza dal magistrato di sorveglianza del luogo.

4. L'udienza è rinviata se sussiste un legittimo impedimento dell'imputato o del condannato che ha chiesto di essere sentito personalmente e che non sia detenuto o internato in luogo diverso da quello in cui ha sede il giudice.

5. Le disposizioni dei commi 1, 3 e 4, sono previste a pena di nullità.

6. L'udienza si svolge senza la presenza del pubblico.

7. Il giudice provvede con ordinanza comunicata o notificata senza ritardo ai soggetti indicati nel comma 1, che possono proporre ricorso per cassazione.

8. Il ricorso non sospende l'esecuzione dell'ordinanza, a meno che il giudice che l'ha emessa disponga diversamente con decreto motivato.

9. L'inammissibilità dell'atto introduttivo del procedimento è dichiarata dal giudice con ordinanza, anche senza formalità di procedura, salvo che sia altrimenti stabilito. Si applicano le disposizioni dei commi 7 e 8.

10. Il verbale di udienza è redatto [soltanto] in forma riassuntiva a norma dell'articolo 140 comma 2.

Il co. 3 è stato modificato dal d. lgs. 10.10.2022, n. 150.

• Corte cost., 529 del 1990, ha dichiarato, fra l'altro, l'illegittimità costituzionale del co. 10, nella parte in cui, dopo la parola «redatto», prevede «soltanto» anziché «di regola».

• Modalità procedimentale dalle forme meno articolate e solenni rispetto a quelle dell'udienza dibattimentale (→ **Giudizio**), il procedimento in camera di consiglio trova applicazione in molteplici e variegati contesti processuali: in alcuni casi l'archetipo normativo tratteggiato dalla disposizione in esame è integralmente rispettato, in altri casi si riscontrano delle varianti anche in relazione ad una delle caratteristiche principali del modello del Libro II, ossia il contraddittorio orale eventuale. A quest'ultimo proposito, occorre sottolineare che i due **elementi tipici del rito camerale** di cui all'art. 127 sono rappresentati dall'assenza del pubblico e dalla partecipazione eventuale delle parti e degli altri interessati che «sono sentiti se compaiono».

• Nell'ambito del **Libro I** (→ **Soggetti**), il procedimento camerale è richiamato per la decisione sul merito della ricusazione (→ art. 41 co. 3). La trattazione con l'osservanza delle forme previste dall'art. 127 è, altresì, prescritta per la decisione su alcuni ricorsi per cassazione (→ artt. 3 co. 2, 24 *bis* co. 3, 32 co. 1 e 48 co. 1); in tali casi, peraltro, il procedimento camerale si svolgerà con contraddittorio solo cartolare, salvo che, su richiesta di una delle parti ovvero d'ufficio, sia disposta l'udienza partecipata (→ **Impugnazioni**, art. 611).

• Nel contesto del **Libro II**, si provvede in camera di consiglio a norma dell'art. 127 per l'adozione dell'ordinanza che dispone la correzione degli errori materiali (art. 130 co. 2).

• Nel **Libro III** (→ **Prove**), si procede con rito camerale per la decisione sull'opposizione proposta contro il decreto del p.m. reiettivo della richiesta del difensore di autorizzare il consulente tecnico allo svolgimento delle attività previste in tema di consulenza tecnica fuori dei casi di perizia (→ art. 233 co. 1 *bis*), per la decisione sulla distruzione degli atti e documenti relativi ad intercettazioni illegali (→ art. 240 co. 4 e 5; a seguito di Corte cost., 173 del 2009, nel procedimento in questione si devono osservare le forme del contraddittorio rinforzato di cui all'art. 401 co. 1 e 2), per la trattazione dell'opposizione al decreto di perquisizione emesso dal pubblico ministero (→ art. 252 *bis* co. 1), per le decisioni del giudice in materia di restituzione delle cose sequestrate (→ art. 263 co. 2 e 5), ed infine in tema di distruzione delle registrazioni di comunicazioni e conversazioni quando la documentazione non è necessaria per il procedimento (→ art. 269 co. 2).

• Si svolgono in udienza camerale anche i giudizi di **riesame e appello in tema di misure cautelari** (→ **Libro IV**, artt. 309, 310, 322 *bis* e 324). Le forme previste dall'art. 127 sono richiamate anche per il ricorso per cassazione (→ artt. 311 e 325), che, peraltro, verrà deciso a seguito del procedimento camerale cartolare, a meno che, su richiesta di una delle parti o d'ufficio, venga disposta l'udienza partecipata (→ **Impugnazioni**, art. 611)

• Le forme dell'art. 127 si osservano anche nel procedimento per la **riparazione per ingiusta detenzione** (→ **Misure cautelari**), in forza del rinvio, contenuto nell'art. 315, alle norme sulla **riparazione per l'errore giudiziario** (→ **Impugnazioni**) e, segnatamente, all'art. 646 che richiama il modello camerale del Libro II.

• Durante le **indagini preliminari** (→ **Libro V**), l'udienza camerale è fissata dal giudice, qualora, nel caso di incidente sulla tempestività dell'iscrizione attivato autonomamente nella fase delle indagini, ritenga necessario un contraddittorio orale (→ art. 335 *quater* co. 6). L'udienza camerale è, altresì, prevista per la trattazione dell'opposizione proposta avverso il decreto del pubblico ministero di convalida della perquisizione (→ art. 352 co. 4 *bis*) e avverso il decreto del p.m. che abbia dilazionato il deposito degli atti cui hanno diritto di assistere i difensori e le relative prerogative ad essi accordate (→ art. 366 co. 2). Si svolge in camera di consiglio anche l'udienza di convalida dell'arresto o del fermo (→ art. 391 co. 1): in questo caso è prevista, in deroga al modello dell'art. 127, la partecipazione necessaria del difensore. Altra udienza camerale a contraddittorio "rinforzato", ossia con partecipazione necessaria del p.m. e del difensore dell'indagato, è quella nella quale si celebra l'incidente probatorio (→ art. 401 co. 1). Si svolgono con le forme tipiche previste dall'art. 127 l'udienza nella quale si decide sulla richiesta di proroga del termine di durata delle indagini preliminari, qualora il giudice ritenga che allo stato degli atti la proroga non debba essere concessa (→ art. 406 co. 5), e l'udienza fissata per la decisione sulla richiesta di archiviazione, a seguito della proposizione di un'opposizione ammissibile della persona offesa – o anche della persona sottoposta alle indagini nel caso di archiviazione per particolare tenuità del fatto (→ 411 co. 1 *bis*) – ovvero nel caso in cui il giudice ritenga di non poter accogliere *de plano* la richiesta di archiviazione (→ artt. 409 e 410). Si svolge invece con un procedimento camerale a contraddittorio solo cartolare il reclamo dinnanzi al tribunale in composizione monocratica proposto per rilevare la nullità del provvedimento di archiviazione (→ 410 *bis* co. 3).

• Anche l'**udienza preliminare** (→ **Libro V**) si svolge in camera di consiglio, con la partecipazione necessaria del p.m. e del difensore dell'imputato (→ art. 420 co. 1). Le forme tipiche dell'udienza camerale *ex* art. 127 sono, invece, seguite nel giudizio di appello avverso la sentenza di non luogo a procedere, ove venga disposta la trattazione orale *ex* artt. 598 *bis* co. 2 e 3 e 599 (→ art. 428 co. 3; ai sensi del co. 3 *ter*, sull'impugnazione proposta contro la sentenza di non luogo a procedere pronunciata in grado di appello la cassazione decide in camera di consiglio con le forme dell'art. 611), nonché nel procedimento avente ad oggetto la richiesta di revoca della sentenza di non luogo a procedere (→ art. 435 co. 3). La disciplina appena illustrata è riprodotta nelle norme concernenti la nuova **udienza predibattimentale** a seguito di citazione diretta (→ **Procedimento davanti al tribunale in composizione monocratica**, art. 554 *bis* co. 1 in relazione allo svolgimento di tale udienza, art. 554 *quater* co. 3 e 5 a proposito, rispettivamente, del giudizio di appello avverso la sentenza di non luogo a procedere e del ricorso per cassazione contro la sentenza di non luogo a procedere pronunciata in grado di appello, nonché art. 554 *quinquies* co. 3, in relazione alla decisione sulla richiesta di revoca della sentenza di non luogo a procedere).

• Nei **procedimenti speciali** (→ **Libro VI**), l'udienza camerale è prevista, anzitutto, per la celebrazione del **giudizio abbreviato** (→ art. 441 co. 3; → art. 458 co. 2 e co. 2 *bis*, in relazione al giudizio abbreviato richiesto a seguito del rito immediato): posto che per tale rito speciale si osservano, salvo alcune eccezioni, le disposizioni dettate per l'udienza preliminare, anche in questo caso l'udienza camerale è caratterizzata dalla presenza necessaria del p.m. e del difensore dell'imputato; inoltre, è espressamente previsto che quando ne fanno richiesta tutti gli imputati il giudizio si svolga in pubblica udienza (→ art. 441 co. 3). Quanto al **patteggiamento**, se non è richiesto nel contesto di altra udienza (udienza preliminare, udienza predibattimentale, udienza *ex* art. 458 co. 2 *bis* e prima udienza dibattimentale), esso si svolge in un'udienza camerale con contraddittorio eventuale (a tale udienza fa riferimento l'art. 447 co. 1 e 2, in tema di richiesta di applicazione della pena concordata nel corso delle indagini preliminari). Anche la decisione sulla richiesta di **sospensione del procedimento con messa alla prova** (→ art. 464 *bis* s.), se non è pronunciata nel contesto della stessa udienza durante la quale è proposta, è adottata in apposita udienza in camera di consiglio *ex* art. 127 (→ art. 464 *quater* co. 1), della cui fissazione è dato avviso alle parti e alla persona offesa. L'udienza camerale può essere fissata ai sensi dell'art. 127, quando il g.i.p. lo ritiene necessario ai fini della decisione, nel caso di sospensione del procedimento con messa alla prova su proposta del pubblico ministero nel corso delle indagini preliminari (→ art. 464 *ter*.1 co. 6). La celebrazione dell'udienza camerale *ex* art. 127 è, altresì, prevista per la decisione sulla revoca dell'ordinanza di sospensione del procedimento (→ art. 464 *octies* co. 2) e sempre nel contesto camerale dovrebbero essere assunte le decisioni sull'esito della messa alla prova. Alla fissazione di tali udienze camerali previste per i richiamati riti speciali si provvede, altresì, quando essi si svolgano a seguito di opposizione al decreto penale di condanna (→ artt. 461, 464 e 464 *bis*).

• Durante gli **atti preliminari al dibattimento** (→ **Giudizio**), è resa all'esito di udienza in camera di consiglio la sentenza di non doversi procedere di cui all'art. 469.

• In **appello** (→ **Impugnazioni**), la regola generale introdotta dalla riforma Cartabia – sulla scia della disciplina emergenziale da Covid-19 che continua ad applicarsi per gli atti di appello proposti fino al 30.6.2023 – è quella del rito camerale non partecipato, ossia con contraddittorio puramente scritto, salvo che la partecipazione all'udienza sia richiesta da una delle parti legittimate o disposta d'ufficio dalla corte in ragione della rilevanza delle questioni sottoposte al suo esame; in queste evenienze, in cui avrà luogo la trattazione orale, la corte indicherà se l'appello sarà deciso a seguito di udienza pubblica o in camera di consiglio (→ art. 598 *bis*). In particolare, si prevede (→ art. 599) che, quando dispone che l'udienza si svolga con la partecipazione delle parti, la corte provvede con le forme previste dall'art. 127, oltre che nei casi particolarmente previsti dalla legge (→ **Indagini e udienza preliminare**, art. 428 co. 3; → **Procedimento davanti al tribunale in composizione monocratica**, art. 554 *quater* co. 3), quando l'appello ha ad oggetto una sentenza pronunciata all'esito del giudizio abbreviato (→ **Procedimenti speciali**, art. 442) o quando ha esclusivamente per oggetto la specie o la misura della pena, anche con riferimento al giudizio di comparazione fra circostanze, o l'applicabilità delle circostanze attenuanti generiche, di pene sostitutive, della sospensione della pena o della non menzione della condanna nel certificato del casellario giudiziario. Nei casi di procedimento camerale in appello, qualora venga disposta la rinnovazione dell'istruttoria dibattimentale (→ **Impugnazioni**, art. 603), l'udienza dovrà svolgersi con la necessaria partecipazione del p.m. e dei difensori (→

art. 599 co. 3). La trattazione orale, in dibattimento o in camera di consiglio, è prevista altresì nell'ipotesi in cui la corte ritenga di non poter accogliere la richiesta di concordato sui motivi d'appello (→ art. 599 *bis* co. 3).

• Anche in ordine al **ricorso per cassazione** (→ **Impugnazioni**), la riforma Cartabia ha imposto come regola generale il modello cartolare, prevedendo che la trattazione orale, in udienza pubblica o in camera di consiglio, possa avere luogo solo in determinate ipotesi eccezionali (→ art. 611). Con specifico riferimento all'udienza partecipata in camera di consiglio, si prevede, anzitutto, che essa possa essere disposta su richiesta di una delle parti nei casi stabiliti dall'art. 611 co. 1 *bis* lett. *a*, *b*, ossia per la decisione sui ricorsi per i quali la legge prevede la trattazione con l'osservanza delle forme previste dall'art. 127 (→ **Soggetti** artt. 3 co. 2, 24 *bis* co. 3 e 32 co. 1; 48 co. 1; → **Misure cautelari,** artt. 311, co. 5 e 325 co. 3; → **Impugnazioni**, art. 625 *bis* co. 4), nonché sui ricorsi avverso sentenze pronunciate all'esito dell'udienza di appello non partecipata (→ art. 598 *bis*), salvo che l'appello abbia avuto esclusivamente per oggetto la specie o la misura della pena, anche con riferimento al giudizio di comparazione fra circostanze, o l'applicabilità delle circostanze attenuanti generiche, di pene sostitutive, della sospensione della pena o della non menzione della condanna nel certificato del casellario giudiziario. L'udienza partecipata è invece esclusa nei casi per i quali la legge prevede il procedimento in camera di consiglio senza l'intervento delle parti (→ **Indagini e udienza preliminare**, art. 428 co. 3 *ter*; → **Procedimento davanti al tribunale in composizione monocratica**, art. 554 *quater* co. 5; → **Impugnazioni**, artt. 610 co. 1 e 628 *bis* co. 4) e per tutti gli altri ricorsi contro provvedimenti non emessi nel dibattimento (fatta eccezione delle sentenze pronunciate a norma dell'art. 442 → **Procedimenti speciali**). Nelle medesime ipotesi in cui la trattazione orale può essere richiesta dalle parti, la corte di cassazione può disporla d'ufficio in ragione della rilevanza delle questioni sottoposte al suo esame (→ **Impugnazioni**, art. 611 co. 1 *quater*). Inoltre, la procedura cartolare potrà essere derogata qualora la corte ritenga di dare al fatto una definizione giuridica diversa (→ art. 611 co. 1 *sexies*). Tali previsioni saranno operative per i ricorsi proposti dopo il 30.6.2023; per quelli proposti fino a tale data continua ad applicarsi la disciplina emergenziale da Covid-19.

• Occorre sottolineare, infine, che in determinati casi la corte di cassazione dichiara l'inammissibilità del ricorso *de plano*, ossia in assenza di contraddittorio e senza formalità di procedura (→ **Impugnazioni**, art. 610 co. 5 *bis*).

• In relazione al **ricorso straordinario** per cassazione, è previsto (→ **Impugnazioni**, art. 625 *bis* co. 4) che si proceda in camera di consiglio a norma dell'art. 127 (con trattazione orale solo se disposta su richiesta di parte o d'ufficio), qualora la richiesta non sia stata dichiarata inammissibile; peraltro, nel caso di errore materiale rilevato d'ufficio la corte procede senza formalità (→ art. 625 *bis* co. 3).

• La decisione della corte d'appello sulla **rescissione del giudicato** è assunta all'esito del procedimento camerale ai sensi dell'art. 127 (→ **Impugnazioni**, art. 629 *bis* co. 3).

• In **fase esecutiva** (→ **Libro X**) il **procedimento di esecuzione** (→ art. 666) e il **procedimento di sorveglianza** (→ art. 678) sono procedimenti camerali con contraddittorio "rinforzato" dalla necessaria partecipazione del p.m. e del difensore. Ulteriori varianti rispetto al prototipo dell'art. 127 si registrano specialmente nel procedimento di sorveglianza. In particolare, è previsto che, su istanza dell'interessato, l'udienza si svolga in forma pubblica (→ art. 678 co. 3.1.; prima delle modifiche concernenti la norma in questione tale prerogativa era stata riconosciuta da Corte cost., 97 del 2015, e Corte cost., 135 del 2014; nello stesso senso v. Corte cost., 109 del 2015 con riferimento al procedimento di opposizione contro l'ordinanza in materia di applicazione della confisca che si svolge dinnanzi al giudice dell'esecuzione).

• Altra modalità procedimentale prevista nel **Libro X**, suscettibile di sfociare nel procedimento camerale della fase esecutiva, è il c.d. **procedimento *de plano***, caratterizzato dal fatto che il giudice decide sulla richiesta proposta da una parte senza instaurare alcun contraddittorio (neanche scritto) con gli altri interessati; avverso l'ordinanza gli interessati possono proporre, entro quindici giorni dalla comunicazione o notificazione del provvedimento, opposizione e in tal caso si procede con il rito camerale di cui all'art. 666. Disciplinato dall'art. 667 co. 4, in tema dubbio sull'identità fisica della persona detenuta, il procedimento *de plano* si osserva anche in altri casi espressamente previsti: applicazione dell'amnistia e dell'indulto (→ **Esecuzione**, art. 672), estinzione del reato dopo la condanna, pene accessorie, confisca e restituzione delle cose sequestrate, applicazione della riduzione della pena prevista dall'art. 442 co. 2 *bis* (→ art. 676), nonché – secondo quanto disposto dall'art. 678 co. 1 *bis* – nelle ipotesi (di competenza del magistrato di sorveglianza) di rateizzazione e conversione delle pene pecuniarie, remissione del debito, esecuzione delle pene sostitutive della semilibertà e della detenzione domiciliare e delle pene conseguenti alla conversione della pena pecuniaria e nelle materie (di competenza del tribunale di sorveglianza) relative alle richieste di riabilitazione, alla valutazione sull'esito dell'affidamento in prova, alla dichiarazione di estinzione del reato conseguente alla liberazione condizionale e al differimento dell'esecuzione della pena nei casi di cui all'art. 146 co. 1, nn. 1 e 2, c.p. Sempre nel contesto della disciplina del procedimento di sorveglianza deve essere menzionata l'inedita **modalità procedimentale** di cui all'art. 678 co. 1 *ter*: è previsto che, nei casi in cui la pena da espiare non sia superiore a un anno e sei mesi, la decisione sull'istanza di applicazione di una misura alternativa proposta *ex* art. 656 co. 5 possa essere adottata provvisoriamente dal magistrato relatore (designato dal presidente del tribunale di sorveglianza) con ordinanza adottata **senza formalità**; contro l'ordinanza in questione è possibile proporre opposizione – con consequenziale instaurazione del procedimento di sorveglianza "tipico" – nel termine di dieci giorni. Là dove non sia stata proposta opposizione, il tribunale di sorveglianza conferma senza formalità la decisione del magistrato.

• Con riferimento ai **rapporti giurisdizionali con autorità straniere** (→ **Libro XI**), il procedimento camerale si osserva, con qualche variante rispetto al prototipo dell'art. 127, per le decisioni sull'accoglimento della domanda di estradizione per l'estero (→ artt. 704 e 706, nonché artt. 710 e 711; v., altresì, l'art. 712 co. 3 in tema di decisione sul transito), per le decisioni sulla revoca e sostituzione delle misure cautelari (→ art. 718) disposte nei confronti dell'estradando, nonché per alcune decisioni adottate nel procedimento di rogatoria dall'estero (→ art. 724), in quello per il riconoscimento delle sentenze penali straniere (→ artt. 734 co. 1, 736 co. 5 e 741) e di esecuzione all'estero di una sentenza di condanna (→ art. 743 co. 2).

• Muovendo dal presupposto che il **procedimento** di cui all'art. 127 **non trovi applicazione** in quei contesti nei quali non vi è alcun riferimento né alla norma in esame, né alla procedura camerale, si ritiene in giurisprudenza che il modello camerale non debba essere osservato, ad esempio, nei casi di proroga della custodia cautelare di cui all'art. 305 co. 2 (→ **Misure cautelari**), nonché ai fini dell'adozione della declaratoria di inammissibilità delle impugnazioni (→ **Libro IX**) – in relazione al vaglio preliminare di inammissibilità del ricorso per cassazione *ex* art. 610 co. 1 trova applicazione, invece, la procedura dell'art. 611, salvo che nei casi di cui all'art. 610 co. 5 *bis* – e, più in generale, degli atti introduttivi di procedimenti eventuali (lo stesso art. 127, al co. 9, fa riferimento alla declaratoria di inammissibilità dell'atto introduttivo dichiarata con ordinanza anche senza formalità di procedura). Con riferimento all'istituto della restituzione nel termine (art. 175), la giurisprudenza (Cass., SU, 11.4.2006, n. 14991) ha ritenuto che è legittimo provvedere *de plano* sulla richiesta, a meno che il relativo procedimento incidentale si inserisca in un procedimento principale in corso di svolgimento con rito camerale (a contraddittorio orale o cartolare), nel qual caso mutua le forme del procedimento principale.

• Ai sensi del co. 3, se l'interessato richiede di essere sentito ed è detenuto o internato in luogo posto fuori della circoscrizione del giudice, si provvede mediante **collegamento a distanza** (artt. 133 *bis* e 133 *ter*), oltre che nei casi particolarmente previsti dalla legge (→ **Disp. att.**, artt. 45 *bis*, 146 *bis* e 205 *ter*) quando l'interessato vi consente. In caso contrario, l'interessato è sentito prima del giorno dell'udienza dal magistrato di sorveglianza del luogo.

• L'ipotesi di **rinvio** dell'udienza per **legittimo impedimento** di cui al co. 4 dell'art. 127 è decisamente più circoscritta rispetto a quella dettata dall'art. 420 *ter* per l'udienza preliminare (→ **Libro V**) e per il dibattimento (→ **Giudizio**, art. 484 co. 2 *bis*): in particolare, dalla formulazione della norma del Libro II la giurisprudenza prevalente ha desunto che nei procedimenti camerali – diversi dall'udienza preliminare e dal giudizio abbreviato – il legittimo impedimento del difensore non può essere invocato per richiedere il rinvio dell'udienza. Tale conclusione è stata progressivamente rivisitata in tempi più recenti (ad esempio, con riferimento al giudizio camerale di appello conseguente a processo di primo grado celebrato con rito abbreviato, Cass., SU, 21.7.2016, n. 41432 ha ritenuto che sia rilevante l'impedimento del difensore determinato da non prevedibili ragioni di salute), specialmente in relazione ai procedimenti camerali a partecipazione necessaria del difensore.

• L'inosservanza delle disposizioni concernenti la comunicazione dell'avviso dell'udienza, la partecipazione delle parti e il legittimo impedimento dell'imputato o del condannato è causa di **nullità** (artt. 178 co. 1 lett. *b* e *c*, 180 e 181: a seconda delle prescrizioni e del soggetto interessato varia la tipologia di nullità integrata dalla violazione).

• A fronte della previsione di cui al co. 7, che sancisce la ricorribilità **per cassazione dell'ordinanza conclusiva del procedimento**, l'interpretazione prevalente (v., in particolare, Cass., SU, 30.1.2008, n. 7946 e Cass., SU, 6.11.1992, n. 17) ritiene che il ricorso per cassazione è sempre ammesso nei casi di richiamo integrale alla norma generale del Libro II, effettuato mediante l'indicazione che si procede «a norma dell'art. 127» (ad es. nel caso di decisione sull'opposizione avverso il decreto del p.m. in tema di restituzione delle cose sequestrate, di cui all'art. 263 co. 5); diversamente, nei casi di rinvio introdotto con l'espressione si procede «nelle forme previste dall'art. 127», dovendosi intendere che il richiamo è circoscritto solo alle regole di svolgimento dell'udienza camerale e non all'intera disciplina, la ricorribilità in cassazione è condizionata dalla presenza di una espressa previsione in tal senso (si è esclusa, pertanto, la possibilità di proporre ricorso per cassazione dell'ordinanza che decide sulla proroga dei termini di indagine di cui all'art. 406 co. 5, proprio sul rilievo che la norma in questione non prevede tale impugnazione). Quanto al **termine per proporre impugnazione** nei confronti dei provvedimenti emessi in seguito a procedimento in camera di consiglio, esso è fissato (→ **Impugnazioni**, art. 585) in quindici giorni che decorrono dalla comunicazione o notificazione agli interessati.

• Nei procedimenti in camera di consiglio davanti alle corti e ai tribunali viene svolta una **relazione orale**, subito dopo il compimento degli atti introduttivi, da un componente del collegio previamente designato dal presidente (→ **Disp. att.**, art. 45).

128. Deposito dei provvedimenti del giudice.

1. Salvo quanto disposto per i provvedimenti emessi nell'udienza preliminare e nel dibattimento, gli originali dei provvedimenti del giudice sono depositati in cancelleria entro cinque giorni dalla deliberazione. Quando si tratta di provvedimenti impugnabili, l'avviso di deposito contenente l'indicazione del dispositivo è comunicato al pubblico ministero e notificato a tutti coloro cui la legge attribuisce il diritto di impugnazione.

• La **regola generale** del deposito in cancelleria entro cinque giorni dalla deliberazione è dettata con riferimento a tutti i provvedimenti del giudice – tanto se adottati a seguito di procedimento camerale (art. 127), quanto se disposti *de plano* – ad **eccezione** di quelli emessi nell'udienza preliminare (→ **Libro V**, art. 424) e nel dibattimento (→ **Giudizio**, artt. 544-548), i quali, accomunati dalla circostanza che la pubblicazione di tali provvedimenti avviene mediante la lettura del dispositivo (ed eventualmente anche della motivazione) in udienza, sono sottoposti ad autonoma e specifica disciplina. Secondo l'interpretazione prevalente, la stessa disciplina prevista per il dibattimento trova applicazione nel giudizio abbreviato (→ **Procedimenti speciali**, art. 442). Con riferimento al giudizio di appello (→ **Impugnazioni**, art. 598 *bis* co. 1), è previsto che il provvedimento emesso in seguito alla camera di consiglio senza la partecipazione delle parti è depositato in cancelleria al termine dell'udienza; tale deposito equivale alla lettura in udienza ai fini di cui all'art. 545.

• È del tutto pacifico che al mancato rispetto del **termine** (ordinatorio) di cinque giorni, previsto per il deposito, non sia ricollegata alcuna sanzione processuale; l'inosservanza può generare, peraltro, responsabilità disciplinare per il magistrato (art. 124). In determinati casi, tuttavia, la legge stabilisce ulteriori e perentori termini per il deposito: ciò è previsto, tra l'altro, con riferimento all'ordinanza conclusiva del riesame (→ **Misure cautelari**, art. 309), il cui mancato deposito nei tempi previsti determina la perdita di efficacia della misura.

• Quando si tratta di **provvedimenti impugnabili** (→ **Impugnazioni**, art. 568), l'avviso di deposito, contenente l'indicazione del dispositivo, viene comunicato al p.m. (art. 153 co. 2) e notificato (art. 148 s.) a tutti coloro cui è attribuito il diritto di impugnazione.

• A proposito del raccordo tra le previsioni della norma in esame e quelle concernenti il **deposito della sentenza di non luogo a procedere** (→ **Indagini e udienza preliminare**, art. 424), era controverso se la clausola di salvezza attenesse solo alla prima parte dell'art. 128 ovvero anche alle previsioni concernenti l'avviso di deposito. Investite della questione, le Sezioni Unite (Cass., SU, 26.6.2002, n. 31312) hanno affermato che alle parti presenti non deve essere dato avviso del deposito della sentenza di non luogo a procedere, nel caso in cui la stessa, anziché contestualmente, sia motivata entro il trentesimo giorno dalla pronuncia, con la precisazione che in tale eventualità il termine di impugnazione di quindici giorni (→ **Impugnazioni**, art. 585 co. 1 lett. *a*) decorre dalla scadenza del termine di trenta giorni stabilito dall'art. 424 co. 4 (→ **Libro V**).

129. Obbligo della immediata declaratoria di determinate cause di non punibilità.

1. In ogni stato e grado del processo, il giudice, il quale riconosce che il fatto non sussiste o che l'imputato non lo ha commesso o che il fatto non costituisce reato o non è previsto dalla legge come reato ovvero che il reato è estinto o che manca una condizione di procedibilità, lo dichiara di ufficio con sentenza.

2. Quando ricorre una causa di estinzione del reato ma dagli atti risulta evidente che il fatto non sussiste o che l'imputato non lo ha commesso o che il fatto non costituisce reato o non è previsto dalla legge come reato, il giudice pronuncia sentenza di assoluzione o di non luogo a procedere con la formula prescritta.

• Volto a tutelare esigenze di economia processuale e di *favor rei*, il potere-dovere disciplinato dalla norma in esame si sostanzia nell'adozione di un immediato proscioglimento in presenza di determinate **cause di non punibilità**: si tratta, in particolare, di alcune cause di proscioglimento nel merito («il fatto non sussiste», «l'imputato non lo ha commesso», «il fatto non costituisce reato», «il fatto non è previsto dalla legge come reato»), delle cause estintive del reato (→ art. 150 s. c.p.) e di quelle concernenti l'improcedibilità dell'azione penale, nelle quali sono ricomprese, oltre alla carenza di una condizione di procedibilità in senso stretto – ossia querela, istanza, richiesta, autorizzazione a procedere (→ **Indagini e udienza preliminare**, art. 336 s.) – anche il difetto delle condizioni di proseguibilità, come l'errore di persona (→ **Soggetti**, art. 68) o la violazione del *ne bis in idem* (→ **Esecuzione**, art. 649).

• Nel novero delle cause che impongono la declaratoria *ex* art. 129 **non sono richiamate situazioni** di non imputabilità (→ art. 85 s. c.p.) o di non punibilità in senso stretto (quali quelle contemplate nell'art. 649 c.p.), dal momento che le relative formule di proscioglimento possono essere pronunciate solo dopo aver accertato la sussistenza della rilevanza penale e dell'attribuibilità del reato all'imputato. Nella stessa ottica dovrebbe escludersi il proscioglimento immediato nel caso di non punibilità per particolare tenuità del fatto (→ art. 131 *bis* c.p.).

• L'istituto in esame, operando «**in ogni stato e grado del processo**», presuppone che sia stata esercitata l'azione penale (→ **Indagini e udienza preliminare**, art. 407 *bis*). Nella fase delle indagini preliminari la sussistenza di una delle situazioni di cui all'art. 129 determina l'archiviazione (→ art. 408 s.).

• È altresì necessario che il giudice sia investito della piena cognizione sul fatto-reato, con la conseguenza che il proscioglimento immediato non può essere pronunciato nel corso di procedimenti incidentali, quali la ricusazione (→ **Soggetti**, art. 37 s.) e la rimessione (→ art. 45 s.).

• In ordine al rapporto tra la norma in esame e le disposizioni che regolano gli epiloghi proscioglitivi nelle varie fasi e diversi gradi del processo, le Sezioni unite (Cass., SU, 30.3.2005, n. 12283), nell'escludere che l'art. 129 attribuisca un potere di giudizio ulteriore e autonomo, hanno precisato che esso fissa «una regola di condotta» per il giudice il quale, a fronte di una causa di non punibilità, è tenuto ad adottare, nel contraddittorio tra le parti, «la corrispondente decisione allo stato degli atti, senza che possa trovar spazio una qualsiasi attività non essenziale».

• Nel rito ordinario il primo segmento processuale in cui l'art. 129 può trovare applicazione è la fase interinale che va **dalla ricezione della richiesta di rinvio a giudizio** (→ **Indagini e udienza preliminare**, art. 416) **alla fissazione dell'udienza preliminare** (→ art. 418). A questo proposito, si è escluso che il proscioglimento immediato possa essere pronunciato *de plano* (Cass., SU, 30.3.2005, n. 12283): l'esigenza di garantire il contraddittorio tra le parti impone la necessità di seguire le forme del rito camerale dell'udienza preliminare (→ art. 420).

• Quanto al raccordo sistematico tra il proscioglimento immediato e l'epilogo proscioglitivo dell'udienza preliminare (→ **Libro V**, art. 425), è opinione consolidata che l'art. 129 affianchi ed integri l'art. 425, incidendo sui tempi e le modalità dei poteri decisori del giudice: fermo restando che il provvedimento proscioglitivo emesso in udienza preliminare è comunque la sentenza di non luogo a procedere, la rilevazione della sussistenza di una causa di non punibilità impone al giudice di addivenire a tale pronuncia immediatamente, ossia senza che egli possa avvalersi dei poteri istruttori (→ artt. 421 *bis* e 422) volti ad approfondire il *thema decidendum*.

• Con riferimento ai **riti speciali** (→ **Libro VI**), l'art. 129 è espressamente richiamato in tema di patteggiamento (→ art. 444 co. 2), di procedimento per decreto (→ art. 459 co. 3) e di sospensione del procedimento con messa alla prova (→ art. 464 *quater* co. 1) quale condizione ostativa alla possibilità di emettere, rispettivamente, la sentenza di applicazione della pena concordata, il decreto penale di condanna e l'ordinanza di sospensione del processo con messa alla prova. Secondo la giurisprudenza il giudice deve emettere la declaratoria *ex* art. 129 non solo in presenza della prova positiva di innocenza dell'imputato, ma anche nei casi di mancanza assoluta della prova di responsabilità, qualora la stessa non sia colmabile nel prosieguo del procedimento (Cass., SU, 9.6.1995, n. 18). A proposito del procedimento per decreto, la giurisprudenza ha escluso che il g.i.p. possa pronunciare sentenza di proscioglimento *ex* art. 129 a seguito della proposizione dell'atto di opposizione (Cass., SU, 25.3.2010, n. 21243).

• In relazione alla fase degli **atti preliminari al dibattimento** (→ **Giudizio**), si applicano le prescrizioni speciali dell'art. 469, il quale limita il proscioglimento anticipato alle sole formule relative all'improcedibilità dell'azione penale e all'estinzione del reato, sempre che per tale accertamento non sia necessario procedere al dibattimento e il p.m. e l'imputato non si oppongano, nonché al caso della particolare tenuità del fatto (→ art. 131 *bis* c.p.), previa audizione della persona offesa se compare.

• Nel corso del **dibattimento** (→ **Giudizio**) si ritiene possibile, invece, ravvisare margini di applicazione all'art. 129: il riferimento concerne anche i casi in cui, a seguito dell'assunzione delle prove a carico richieste dall'accusa, emerga un'inconsistenza dei risultati probatori tale da rendere superflua la prosecuzione dell'istruttoria dibattimentale.

• L'art. 129 esplica certamente i suoi effetti più rilevanti nei **giudizi di impugnazione** (→ **Libro IX**), dal momento che determina una deroga all'effetto parzialmente devolutivo dell'appello (→ art. 597 co. 1) e del ricorso per cassazione (→ artt. 606 e 609). Così come avviene rispetto ad altre questioni rilevabili d'ufficio in ogni stato e grado del procedimento (→ **Soggetti**, artt. 20 co. 1 e 21 co. 2; art. 179; → **Prove**, art. 191; → **Impugnazioni**, art. 591), anche nelle situazioni di non punibilità previste dalla norma in esame il giudice *ad quem* deve pronunciare la relativa declaratoria a prescindere dalla richiesta di parte e oltre i limiti della devoluzione.

• Circa il rapporto tra la declaratoria di non punibilità e le altre declaratorie che devono essere emesse d'ufficio in ogni stato e grado del processo, particolarmente problematica è la questione della contemporanea sussistenza di una causa di non punibilità e una causa di inammissibilità dell'impugnazione (→ **Libro IX**, art. 591). Mediante numerose pronunce, rese a Sezioni unite, la giurisprudenza ha ritenuto che debba prevalere la declaratoria di inammissibilità (v., tra le altre, Cass., SU,

22.3.2005, n. 23428; Cass., SU, 25.2.2004, n. 24246; Cass., SU, 27.6.2001, n. 33542; Cass., SU, 22.11.2000, n. 32). Ciò nondimeno, in relazione a talune cause di non punibilità, si è giustificata una contraria conclusione: più in particolare, la giurisprudenza ha statuito che l'inammissibilità non preclude la declaratoria di non punibilità nelle ipotesi di morte del reo, di remissione della querela intervenuta in pendenza del ricorso (purché tempestivamente proposto), di *abolitio criminis* o di declaratoria di incostituzionalità della norma penale incriminatrice e di mancata previsione del fatto come reato in conseguenza dell'inapplicabilità delle norme nazionali incompatibili con la normativa comunitaria (Cass., SU, 25.2.2004, n. 24246; Cass., SU, 22.11.2000, n. 32).

• Quanto all'ordine di priorità tra cause di non punibilità e **nullità** (art. 177 s.), si ritiene prevalente la declaratoria di non punibilità (Cass., SU, 27.4.2017, n. 28954, nonché Cass., SU. 27.2.2002, n. 4 e Cass., SU, 28.11.2001, n. 1021, secondo le quali la conclusione vale anche nel giudizio di legittimità, a condizione che l'epilogo proscioglitivo non presupponga specifici accertamenti e valutazioni da parte del giudice di merito).

• Nel **giudizio di rinvio** (→ **Impugnazioni**, art. 627) **successivo ad un annullamento parziale**, l'operatività dell'art. 129 incontra limiti, dal momento che, per espressa previsione normativa (→ art. 624), in tale eventualità la sentenza ha autorità di cosa giudicata (→ **Esecuzione**, art. 648) nelle parti che non hanno connessione essenziale con la parte annullata. Posto che, secondo giurisprudenza consolidata, per parti della sentenza occorre intendere non solo i capi, ma anche i punti della decisione, si ritiene che nel caso di annullamento da parte della cassazione di punti diversi dall'accertamento del fatto e della penale responsabilità, la formazione del giudicato sulla condanna impedisce la declaratoria delle cause di non punibilità (Cass., SU, 26.3.1997, n. 4904), salvo che si tratti di alcune peculiari ipotesi, quali, ad esempio, la morte del reo.

• Il co. 2, nel sancire la regola di giudizio della **prevalenza delle formule di proscioglimento nel merito su quelle estintive**, richiede che le prime risultino **evidenti** sulla base degli atti già raccolti. Tale regola probatoria incrina la portata di garanzia della regola di giudizio votata al *favor rei* (nella forma del *favor innocentiae*), dal momento che finisce per assegnare maggior rilievo all'esigenza di economia processuale. Secondo la Corte costituzionale (362 del 1991; 300 del 1991), l'interesse dell'imputato a ottenere una formula di proscioglimento più favorevole è comunque garantito dalla facoltà riconosciuta al medesimo di rinunciare all'applicazione delle principali cause estintive (prescrizione ed amnistia).

• Il co. 2 è richiamato nella clausola di salvezza della norma che disciplina **il proscioglimento anticipato nella fase predibattimentale** (→ **Giudizio**, art. 469 co. 1): si esclude il proscioglimento anticipato per estinzione del reato o improcedibilità – e occorrerà quindi il passaggio alla fase dibattimentale –, qualora sia possibile addivenire ad un proscioglimento per ragioni di merito.

• Profili problematici si pongono con riferimento alla **fase dibattimentale** (→ **Giudizio**), dal momento che si tratta di stabilire se la regola di prevalenza del proscioglimento nel merito di cui all'art. 129 co. 2, espressamente richiamato in tema di dichiarazione di estinzione del reato (→ art. 531 co. 1), valga anche nei casi di prova mancante, insufficiente o contraddittoria (→ art. 530 co. 2 e 3). In proposito, le Sezioni unite della cassazione hanno statuito che, in presenza di una causa estintiva del reato, può essere pronunciata sentenza di proscioglimento nel merito solo qualora la causa assolutoria emerga dagli atti processuali «positivamente», situazione, questa, che non ricorre nei casi di insufficienza o contraddittorietà della prova (Cass., SU, 28.5.2009, n. 35490). Nella stessa pronuncia si è precisato che, viceversa, la formula assolutoria di merito, anche nelle situazioni di incertezza probatoria, prevarrà sulla sopravvenuta causa estintiva, qualora nel **giudizio d'appello** (→ **Impugnazioni**, art. 593 s.) il giudice sia chiamato a valutare, per la presenza della parte civile, il compendio probatorio ai fini delle statuizioni civili (→ art. 578), oppure ritenga infondata nel merito l'impugnazione del p.m. proposta avverso una sentenza di assoluzione pronunciata in primo grado ai sensi dell'art. 530 co. 2 (→ **Giudizio**).

• La regola della prevalenza concerne solo le ipotesi di concorso tra cause di proscioglimento nel merito e cause estintive, e non anche le **ragioni di proscioglimento in rito**: queste ultime hanno **assoluta priorità su**

ogni altra causa di non punibilità, dal momento che, in assenza di una condizione di procedibilità, il processo non avrebbe dovuto aver luogo.

Art. 129 *bis*. Accesso ai programmi di giustizia riparativa.

1. In ogni stato e grado del procedimento l'autorità giudiziaria può disporre, anche d'ufficio, l'invio dell'imputato e della vittima del reato di cui all'articolo 42, comma 1, lettera *b*), del decreto legislativo attuativo della legge 27 settembre 2021, n. 134, al Centro per la giustizia riparativa di riferimento, per l'avvio di un programma di giustizia riparativa.

2. La richiesta dell'imputato o della vittima del reato di cui all'articolo 42, comma 1, lettera *b*) del decreto legislativo attuativo della legge 27 settembre 2021, n. 134, è proposta personalmente o per mezzo di procuratore speciale.

3. L'invio degli interessati è disposto con ordinanza dal giudice che procede, sentite le parti, i difensori nominati e, se lo ritiene necessario, la vittima del reato di cui all'articolo 42, comma 1, lettera *b*), del decreto legislativo attuativo della legge 27 settembre 2021, n. 134, qualora reputi che lo svolgimento di un programma di giustizia riparativa possa essere utile alla risoluzione delle questioni derivanti dal fatto per cui si procede e non comporti un pericolo concreto per gli interessati e per l'accertamento dei fatti. Nel corso delle indagini preliminari provvede il pubblico ministero con decreto motivato.

4. Nel caso di reati perseguibili a querela soggetta a remissione e in seguito all'emissione dell'avviso di cui all'articolo 415 *bis*, il giudice, a richiesta dell'imputato, può disporre con ordinanza la sospensione del procedimento o del processo per lo svolgimento del programma di giustizia riparativa per un periodo non superiore a centottanta giorni. Si osservano le disposizioni dell'articolo 159, primo comma, numero 3), primo periodo, del codice penale, e dell'articolo 344 *bis*, commi 6 e 8, nonché, in quanto compatibili, dell'articolo 304.

5. Al termine dello svolgimento del programma di giustizia riparativa, l'autorità giudiziaria acquisisce la relazione trasmessa dal mediatore.

L'articolo è stato inserito dal d. lgs. 10.10.2022, n. 150 e si applicherà a partire dal 30.6.2023.

• Uno dei capitoli più innovativi e centrali della riforma Cartabia è indubbiamente quello concernente la **disciplina organica della giustizia riparativa**, alla quale il d. lgs. 150 del 2022 dedica l'intero Titolo IV, ove vengono declinati nozioni, principi, obiettivi, programmi e garanzie, nonché la regolamentazione inerente alla formazione dei mediatori esperti e ai servizi per la giustizia riparativa. Al contempo, il legislatore ha introdotto, nel codice penale, nel codice di procedura penale e nella legge di ordinamento penitenziario, numerose altre disposizioni che completano la disciplina sotto il profilo delle **intersezioni con il procedimento penale e la giustizia "tradizionale"**.

• Tra queste si colloca la previsione in esame che regola l'accesso ai programmi di giustizia riparativa durante la pendenza del procedimento di cognizione: si è scelto di inserire una **norma generale** destinata ad applicarsi in ogni stato e grado del procedimento, piuttosto che prevedere tutta una serie di singole disposizioni per le varie fasi processuali.

• In attuazione della direttiva di delega di cui all'art. 1 co. 18 lett. *c* l. 27.9.2021, n. 134, si prevede che l'accesso ai programmi di giustizia riparativa sia sottoposto al **vaglio dell'autorità giudiziaria**, che disporrà l'invio degli interessati al Centro di giustizia riparativa di riferimento, qualora reputi che lo svolgimento di un programma di giustizia riparativa possa essere utile alla risoluzione delle questioni derivanti dal fatto per cui si procede e non comporti un pericolo concreto per gli interessati (ad esempio, rischio di vittimizzazione secondaria) e per l'accertamento dei fatti (ad esempio, qualora una prova decisiva ancora da assumere sia la testimonianza della vittima).

• L'**autorità giudiziaria competente** è, nella fase delle indagini preliminari, il pubblico ministero, mentre, durante il processo, il giudice che procede. A quest'ultimo proposito, viene specificato (→ **Disp. att.**, art. 45 *ter*) che, a seguito dell'emissione del decreto di citazione diretta a giudizio (→ **Libro VIII**, art. 552), sarà il giudice per le indagini preliminari (→ **Indagini e udienza preliminare**, art. 328) fino a quando il decreto, unitamente al fascicolo, non è trasmesso al giudice a norma dell'art. 553 co. 1; dopo la pronuncia della sentenza e prima della trasmissione degli atti a norma dell'art. 590, provvede il giudice che ha emesso la sentenza; durante la pendenza del ricorso per cassazione (→ **Impugnazioni**), provvede il giudice che ha emesso il provvedimento impugnato.

• Il vaglio sull'opportunità dell'invio può essere attivato **d'ufficio** o può essere **richiesto** personalmente (o per mezzo di procuratori speciali) **dall'imputato e dalla vittima del reato di cui all'art. 42 co. 1 lett. *b* d. lgs. 150 del 2022**, ossia «la persona fisica che ha subìto direttamente dal reato qualunque danno patrimoniale o non patrimoniale, nonché il familiare della persona fisica la cui morte è stata causata dal reato e che ha subito un danno in conseguenza della morte di tale persona». Ai fini della giustizia riparativa, l'accezione di vittima del reato ricomprende ma non si esaurisce in quella di persona offesa *ex* art. 90.

• L'invio è disposto dal giudice con ordinanza (art. 125), **sentite le parti, i difensori nominati e, se lo ritiene necessario, la vittima del reato**.

• La circostanza che l'accesso sia subordinato alla valutazione del giudice che, come si è detto, può attivarsi anche d'ufficio **non implica che i soggetti interessati siano obbligati** ad intraprendere un percorso di giustizia riparativa. Occorre, infatti, evidenziare, per un verso, che il **consenso** (libero, consapevole, informato e sempre revocabile) dei partecipanti è un elemento imprescindibile di qualsiasi percorso di giustizia riparativa (→ artt. 43 co. 1 lett. *d* e 48 co. 1 d. lgs. 150 del 2022) e, per altro verso, che «la mancata effettuazione del programma, l'interruzione dello stesso o il mancato raggiungimento di un esito riparativo non producono effetti sfavorevoli nei confronti della persona indicata come autore dell'offesa» (→ art. 58 co. 2 d. lgs. 150 del 2022).

• Soltanto nei casi di **reati perseguibili a querela soggetta a remissione** e in seguito all'emissione dell'avviso di conclusione delle indagini preliminari (→ **Libro V**, art. 415 *bis*), il giudice, a richiesta dell'imputato, può disporre con ordinanza la **sospensione del procedimento o del processo** per lo svolgimento del programma di giustizia riparativa per un periodo non superiore a centottanta giorni. La previsione si ricollega agli effetti dell'esito riparativo rispetto a tali reati, e cioè a dire l'estinzione del reato per remissione tacita della querela (→ art. 152 co. 3 n. 2 c.p.); in queste evenienze, il rallentamento derivante dalla sospensione si giustifica alla luce della potenziale funzione deflativa svolta dalla giustizia riparativa. Per scongiurare utilizzi strumentali della richiesta di sospensione, si prevede l'osservanza delle disposizioni dell'art. 159 co. 1 n. 3 c.p., e dell'art. 344 *bis* co. 6 e 8, nonché, in quanto compatibili, dell'art. 304. Il meccanismo sospensivo non opera per i procedimenti aventi ad oggetto reati perseguibili d'ufficio e reati perseguibili a querela irrevocabile, rispetto ai quali l'eventuale esito riparativo incide sulla quantificazione della pena (→ art. 58 co. 1 d. lgs. 150 del 2022; art. 62 n. 6 c.p.) o sulla sospensione condizionale (→ art. 163 c.p.).

• Una volta **autorizzato l'invio**, i partecipanti potranno recarsi al Centro per la giustizia riparativa dove riceveranno tutte le informazioni necessarie da parte dei mediatori (→ art. 47 d. lgs. 150 del 2022) ed esprimeranno, in forma scritta, il proprio consenso ad iniziare il programma di giustizia riparativa (→ art. 48 d. lgs. 50 del 2022). I difensori dei soggetti interessati hanno la facoltà di partecipare soltanto ai colloqui preliminari (→ art. 54 co. 2 d. lgs. 150 del 2022) e alla definizione degli accordi relativi all'esito materiale (→ art. 56 co. 5 d. lgs. 150 del 2022), mentre non presenziano agli incontri con i mediatori.

• Al termine dello svolgimento del programma, l'autorità giudiziaria acquisisce la **relazione trasmessa dal mediatore** (→ art. 57 d. lgs. 150 del 2022). L'**esito positivo** del percorso di giustizia riparativa, oltre che ai fini e nei contesti sopra esaminati (estinzione del reato per le fattispecie procedibili a querela; commisurazione della pena e sospensione condizionale della stessa, in relazione ai reati procedibili d'ufficio), può incidere anche in ordine ad altri istituti: il riferimento corre, in particolare, all'esclusione della punibilità per particolare tenuità del fatto (→ art. 131 *bis* c.p.), alla sospensione del procedimento con messa alla prova (→ **Procedimenti speciali**, art. 464 *bis*), nonché ai fini della concessione dei benefici penitenziari (→ **Ord. penit.**, art. 15 *bis*; v. anche artt. 4 *bis* e 13, nonché art. 47 co. 12, ove è disposto che, ai fini della valutazione sull'esito dell'affidamento in prova ai servizi sociali, «è valutato anche lo svolgimento di un programma di giustizia riparativa e l'eventuale esito riparativo»). Viceversa, come già anticipato, il **mancato raggiungimento di un esito riparativo**, così come il mancato svolgimento del programma o l'interruzione dello stesso, non produce effetti sfavorevoli nei confronti della persona indicata come autore dell'offesa (→ art. 58 co. 2 d. lgs. 150 del 2022).

• Al fine di garantire la completa, tempestiva ed effettiva informazione circa la possibilità di accedere ai programmi di giustizia riparativa (art. 1 co. 18 lett. *d* l. 134 del 2021), sono state introdotte numerose norme che prevedono – talvolta in modo sovrabbondante – specifiche **informazioni e avvisi** alla persona offesa e alla vittima *ex* art. 42 d. lgs. 150 del 2022 (→ **Soggetti**, artt. 90 *bis* co. 1 lett. *p bis*, *p ter* e 90 *bis*.1), all'indagato/imputato (→ **Misure cautelari**, art. 293 co. 1 *bis*; → **Indagini e udienza preliminare**, artt. 386 co. 1 lett. *i bis* e 415 *bis* co. 3; → **Procedimenti speciali**, artt. 447 co. 1 e 460 co. 1 lett. *h bis*; → **Esecuzione**, artt. 656 co. 3 e 660 co. 3, in merito all'avviso al condannato), nonché ad indagato/imputato e persona offesa (→ **Indagini e udienza preliminare**, artt. 369 co. 1 *ter*, 408 co. 3, 409 co. 2, 419 co. 3 *bis* e 429 co. 1 lett. *d bis*; → **Procedimento davanti al tribunale in composizione monocratica**, art. 552 co. 1 lett. *h bis*).

130. Correzione di errori materiali.

1. La correzione delle sentenze, delle ordinanze e dei decreti inficiati da errori od omissioni che non determinano nullità, e la cui eliminazione non comporta una modificazione essenziale dell'atto, è disposta, anche di ufficio, dal giudice che ha emesso il provvedimento. Se questo è impugnato, e l'impugnazione non è dichiarata inammissibile, la correzione è disposta dal giudice competente a conoscere dell'impugnazione.

1 *bis*. Quando nella sentenza di applicazione della pena su richiesta delle parti si devono rettificare solo la specie e la quantità della pena per errore di denominazione o di computo, la correzione è disposta, anche d'ufficio, dal giudice che ha emesso il provvedimento. Se questo è impugnato, alla rettificazione provvede la corte di cassazione a norma dell'articolo 619, comma 2.

2. Il giudice provvede in camera di consiglio a norma dell'articolo 127. Dell'ordinanza che ha disposto la correzione è fatta annotazione sull'originale dell'atto.

Il co. 1 *bis* è stato aggiunto dalla l. 23.6.2017, n. 103.

• La correzione degli errori materiali è un rimedio mediante cui lo stesso giudice che ha emesso il provvedimento – ovvero il giudice *ad quem* se il provvedimento è stato impugnato e non è stata dichiarata l'inammissibilità dell'impugnazione – emenda **gli errori e le omissioni materiali** presenti nell'atto, quando essi non determinano nullità (art. 177 s.) e la loro eliminazione non comporta una modificazione essenziale dell'atto medesimo.

• In tali eventualità il giudice **provvede in camera di consiglio** (art. 127) e dell'ordinanza che dispone la correzione è fatta menzione nell'originale dell'atto.

• Sono **passibili di correzione** solo i provvedimenti del giudice emessi nella forma di sentenza, ordinanza e decreto (art. 125 co. 1); ne consegue che il meccanismo in esame non opera in ordine agli atti adottati dal p.m. e con riferimento agli altri atti del giudice adottati senza particolari formalità e, di regola, resi oralmente (art. 125 co. 6).

• Le interpolazioni che si intendono apportare all'atto prima che abbia assunto valenza esterna vengono effettuate non già ai sensi della disposizione in esame, ma mediante la c.d. **correzione *in itinere*** di cui all'art. 48 **Disp. att.**

• Diverse previsioni normative disciplinano ipotesi peculiari/speciali di correzione dei provvedimenti del giudice. In proposito, si segnalano, anzitutto, le disposizioni di cui agli artt. 66 co. 3, 547 e 668, in relazione all'**erronea indicazione delle generalità**: la prima norma stabilisce che sono rettificate nelle forme previste dall'art. 130 le erronee generalità attribuite all'imputato (→ **Soggetti**); la seconda disposizione consente la correzione di alcuni requisiti della sentenza (→ **Giudizio**) – tra i quali l'indicazione della generalità dell'imputato e delle altre parti private – a norma dell'art. 130; la terza previsione richiama le forme dell'art. 130 per procedere alla correzione dell'errore sull'identità anagrafica della persona condannata, precisando che il giudice dell'esecuzione (→ **Libro X**, art. 665) può provvedere con l'autocorrezione soltanto se la persona contro cui si doveva procedere sia stata citata come imputato anche sotto diverso nome per il giudizio (diversamente si rientrerebbe nell'ambito operativo della revisione).

• Ulteriore contesto in cui si ha un rinvio alla procedura di correzione di cui all'art. 130 è quello della **condanna alle spese processuali anticipate dallo Stato** (→ **Giudizio**, art. 535 co. 4): poiché tale statuizione costituisce una conseguenza automatica e necessaria della pronuncia di condanna, nel caso di omissione da parte del giudice, la sentenza è rettificata mediante il meccanismo della correzione degli errori materiali.

• Il meccanismo dell'autocorrezione è altresì richiamato nell'art. 547 (→ **Giudizio**) per l'eventualità in cui occorra completare la **motivazione insufficiente ovvero ove manchi o risulti incompleto uno degli altri requisiti della sentenza** menzionati nell'art. 546, al di fuori delle ipotesi indicate nell'art. 546 co. 3 (ossia, mancanza di motivazione, mancanza o incompletezza nei suoi elementi essenziali del dispositivo e mancanza della sottoscrizione del giudice, che determinano la nullità della sentenza). Alla stregua di tali indicazioni si procede, pertanto, a norma dell'art. 130 per emendare gli errori materiali e le omissioni concernenti non solo (come si è già ricordato) le generalità delle parti, ma anche l'intestazione della sentenza, l'imputazione, l'indicazione delle conclusioni delle parti, l'indicazione degli articoli di legge e la data, nonché – secondo quanto previsto dall'art. 547 – per completare la motivazione insufficiente.

• Particolare fattispecie di correzione è quella prevista nell'art. 619 (→ **Impugnazioni**) che disciplina variegate situazioni in cui la cassazione provvede alla «**rettificazione di errori non determinanti annullamento**» del provvedimento impugnato: errori di diritto nella motivazione ed erronee indicazioni di testi di legge, privi di influenza decisiva sul dispositivo (→ art. 619 co. 1); errori concernenti la denominazione o il computo della pena (→ art. 619 co. 2); sopravvenienza di una legge più favorevole all'imputato, qualora non siano necessari nuovi accertamenti in fatto (→ art. 619 co. 3).

• Nel caso in cui la **rettificazione** della specie e/o quantità della pena per errore di denominazione o di computo concerna la **sentenza patteggiata** si applicano le specifiche previsioni dell'art. 130 co. 1 *bis*: al fine di alleggerire il carico di lavoro del giudice di legittimità, si è stabilito che, nelle ipotesi in questione, spetta allo stesso giudice che ha emesso il provvedimento disporre la correzione; la Corte di cassazione provvede alla rettificazione – a norma dell'art. 619 co. 2 – nella sola eventualità in cui la sentenza sia stata impugnata (evidentemente per denunciare vizi diversi dall'errore materiale).

• Ultima fattispecie di correzione dell'errore materiale è quella del **ricorso straordinario in cassazione** (→ **Impugnazioni**, art. 625 *bis*), il quale, introdotto al fine di apprestare un rimedio per l'emenda degli errori di fatto inficianti i provvedimenti emessi dalla cassazione, fa esplicito riferimento anche all'errore materiale, da intendersi nella stessa accezione di quello dell'art. 130 (Cass., SU, 27.3.2002, n. 16104). Nel caso in cui l'errore materiale sia rilevato d'ufficio si procede alla correzione senza formalità (*id est* non dovrà essere fissata l'udienza *ex* art. 127).

131. Poteri coercitivi del giudice.

Il giudice, nell'esercizio delle sue funzioni, può chiedere l'intervento della polizia giudiziaria e, se necessario, della forza pubblica, prescrivendo tutto ciò che occorre per il sicuro e ordinato compimento degli atti ai quali procede.

• L'uso, da parte del giudice, di poteri coercitivi è finalizzato a garantire il sicuro e ordinato compimento degli atti ai quali procede. A tal fine il giudice può avvalersi della **p.g.** (→ **Soggetti**, art. 55 co. 2) e, se necessario, della **forza pubblica**.

• Anche il **p.m.** (→ **Soggetti**, art. 50) dispone, nell'esercizio delle sue funzioni, di **poteri coercitivi** (→ **Libro V**, art. 378).

• Nel corso del **dibattimento** (→ **Giudizio**, art. 470), il presidente o il p.m., in assenza del primo, per garantire la disciplina dell'udienza si avvalgono, ove occorra, anche della forza pubblica. Possono, ad esempio, ordinare **l'espulsione dall'aula delle persone che turbano il regolare svolgimento dell'udienza**, con divieto di assistere alle ulteriori attività processuali (→ art. 471 co. 4). Pertanto, gli appartenenti alla forza pubblica possono prendere parte all'udienza, in deroga al divieto della presenza di persone armate (→ art. 471 co. 4).

• In assenza di un'espressa indicazione normativa, i provvedimenti possono essere adottati dal giudice oralmente (art. 125 co. 6).

132. Accompagnamento coattivo dell'imputato.

1. L'accompagnamento coattivo è disposto, nei casi previsti dalla legge, con decreto motivato, con il quale il giudice ordina di condurre l'imputato alla sua presenza, se occorre anche con la forza.

2. La persona sottoposta ad accompagnamento coattivo non può essere tenuta a disposizione oltre il compimento dell'atto previsto e di quelli conseguenziali per i quali perduri la necessità della sua presenza. In ogni caso la persona non può essere trattenuta oltre le ventiquattro ore.

• L'accompagnamento coattivo è espressione del potere di coercizione attribuito dalla legge al giudice (art. 131). In tutti i casi, oggetto di espressa previsione normativa, è necessario un decreto che, a pena di nullità, contenga la motivazione (art. 125 co. 3).

• Anche il **p.m.** (→ **Soggetti**, art. 50) può disporre l'accompagnamento coattivo se, nel corso delle **indagini preliminari** (→ **Libro V**, art. 376), si debbano compiere atti quali l'**interrogatorio o il confronto**: in questo caso è necessaria l'autorizzazione del g.i.p. (→ art. 328).

• Pur utilizzando la rubrica *legis* il termine imputato, l'accompagnamento coattivo può essere disposto dal giudice anche nei confronti dell'indagato, durante la fase delle **indagini preliminari** (→ **Libro V**). Ad esempio, nell'ambito dell'**incidente probatorio**, il giudice può disporre l'accompagnamento coattivo dell'indagato (→ **Soggetti**), non comparso senza addurre un legittimo impedimento, quando la sua presenza sia necessaria per compiere uno degli atti di cui all'art. 392 (→ **Libro V**, art. 399).

• E, ancora, disposta, nell'incidente probatorio (→ **Indagini e udienza preliminare**, art. 392 co. 2) o nel giudizio (→ **Libro VII**), una **perizia** (→ **Prove**) che richieda il compimento di atti idonei ad incidere sulla libertà personale (→ art. 224 *bis*) e mancando il consenso della persona da sottoporre all'esame del perito, il giudice, se la persona regolarmente invitata non si presenti senza addurre un legittimo impedimento, può disporre l'accompagnamento coattivo (co. 6). A tal fine, l'ordinanza che dispone l'esecuzione coattiva della perizia, a pena di nullità, deve recare l'avviso che in caso di mancata comparizione senza legittimo impedimento potrà essere disposto l'accompagnamento coattivo (co. 2 lett. *e*). Analogo avviso è contenuto nel decreto motivato emesso dal p.m. per lo svolgimento delle operazioni di cui all'art. 224 *bis* (→ **Prove**), nei casi di urgenza (→ **Indagini e udienza preliminare**, art. 359 *bis* co. 2).

• Durante il giudizio di **primo grado** (→ **Libro VII**), i poteri di coazione possono essere esercitati nei riguardi delle persone imputate in un procedimento connesso a norma dell'art. 12 co. 1 lett. *a*, nei confronti delle quali si procede o si è proceduto separatamente e che non possono assumere l'ufficio di testimone (→ **Prove**, art. 210): queste, una volta citate, hanno l'obbligo di presentarsi al giudice *ex* art. 210 co. 2. Se questi soggetti abbiano già reso dichiarazioni nella fase delle indagini o dell'udienza preliminare (→ **Libro V**, artt. 351 co. 1 *bis*, 363 e 422), il giudice, a richiesta di parte, dispone l'accompagnamento coattivo (→ **Giudizio**, art. 513 co. 2). Inoltre, sempre nella fase del giudizio (in dottrina si ritiene che questa disposizione non sia applicabile in udienza preliminare), l'accompagnamento coattivo (→ art. 490) può essere ordinato nei confronti dell'**imputato** dichiarato **assente** (→ **Indagini e udienza preliminare**, art. 420 *bis*; → **Giudizio**, art. 484 co. 2 *bis*; → **Procedimento davanti al tribunale in composizione monocratica**, art. 554 *bis* co. 2) quando la sua presenza sia necessaria per assumere una prova diversa dall'esame (→ **Prove**, art. 208). L'esclusione di questo mezzo di prova è giustificata dalla sua "incoercibilità", potendo essere assunto soltanto se richiesto dall'imputato o con il suo consenso (→ **Giudizio**, art. 503 co. 1).

• Il provvedimento del giudice è trasmesso, a cura della cancelleria o della segreteria dell'autorità giudiziaria che lo ha emesso, all'organo che deve provvedere all'esecuzione. Una copia è consegnata all'interessato (→ **Disp. att.**, art. 46).

133. Accompagnamento coattivo di altre persone.

1. Se il testimone, il perito, la persona sottoposta all'esame del perito diversa dall'imputato, il consulente tecnico, l'interprete o il custode di cose sequestrate, regolarmente citati o convocati, omettono senza un legittimo impedimento di comparire nel luogo, giorno e ora stabiliti, il giudice può ordinarne l'accompagnamento coattivo e può altresì condannarli, con ordinanza, al pagamento di una somma da euro 51 a euro 516 a favore della cassa delle ammende nonché alle spese alle quali la mancata comparizione ha dato causa.

1 *bis*. La disposizione di cui al comma 1 non si applica in caso di mancata comparizione del querelante all'udienza in cui sia stato citato a comparire come testimone, limitatamente ai casi in cui la mancata comparizione del querelante integra remissione tacita di querela, nei casi in cui essa è consentita.

2. Si applicano le disposizioni dell'articolo 132.

Il testo originario è stato così modificato dalla l. 30.6.2009, n. 85. Il co. 1 *bis* è stato aggiunto dal d. lgs. 10.10.2022, n. 150.

• Perché il giudice possa disporre l'accompagnamento coattivo di persone diverse dall'indagato e dall'imputato – quali il **testimone** (→ **Prove**, art. 194), il **perito** (→ art. 220), la **persona sottoposta all'esame del perito diversa dall'imputato** (→ art. 224), il **consulente tecnico** (→ art. 225), l'**interprete e il traduttore** (artt. 143 e 143 *bis*) o il **custode di cose sequestrate** (→ art. 259) – è necessario che questi soggetti siano stati regolarmente citati (→ **Giudizio**, art. 468; → **Disp. att.**, art. 142) o convocati e non siano comparsi nel giorno e nell'ora stabiliti senza addurre un legittimo impedimento. La norma, pertanto, può trovare applicazione nell'ambito dell'**incidente probatorio** (→ **Indagini e udienza preliminare**, art. 392), **dell'udienza preliminare** (→ art. 422 co. 2, ove si prevede la citazione dei testimoni, dei periti e dei consulenti tecnici), del **giudizio abbreviato** (→ **Procedimenti speciali**) nei casi in cui sia stato subordinato all'integrazione di una prova orale (→ art. 438 co. 5), ovvero il giudice abbia esercitato i poteri di integrazione probatoria (→ art. 441 co. 5 e 6), del **dibattimento** (→ **Libro VII**), del procedimento davanti al **tribunale in composizione monocratica** (→ **Libro VIII**) e in **appello** (→ **Libro IX**) nei casi in cui sia stata disposta la rinnovazione dell'istruzione dibattimentale (→ art. 603).

• Per quanto riguarda l'**interprete** (art. 143) la notificazione del decreto di citazione è disposta con il provvedimento di nomina; nei casi urgenti questo soggetto può essere citato anche oralmente per mezzo dell'ufficiale giudiziario o della p.g. (→ **Disp. att.**, art. 52). Se l'interprete non abbia rispettato il termine per procedere alla traduzione scritta, e sia stato sostituito dal giudice, dopo essere stato citato a comparire per discolparsi, può essere condannato al pagamento di una somma a favore della cassa delle ammende (art. 147; → **Disp. att.**, art. 53).

• Se il giudice ritenga fondate le giustificazioni addotte per la mancata comparizione dai soggetti di cui al co. 1, può revocare la condanna al pagamento della somma di denaro comminata (→ **Disp. att.**, art. 47).

• L'assoluta **impossibilità di comparizione** del testimone, del perito o del consulente tecnico (→ **Prove**) per legittimo impedimento consente, su richiesta di parte, che **l'esame sia condotto nel domicilio** (→ **Giudizio**, art. 502).

• Alla persona offesa-querelante (→ **Libro I**), in virtù di quanto previsto dall'art. 90 *bis*, co. 1, lett. *n bis*, è dovuto l'avviso che la mancata comparizione, senza giustificato motivo, all'udienza alla quale sia stata citata come testimone, comporta la remissione tacita della querela. A tal fine, si è integrato anche l'atto di citazione, con l'ulteriore avvertimento che la mancata comparizione senza giustificato motivo come testimone integra remissione tacita di querela, nei casi in cui essa è consentita (→ **Disp. att.**, art. 142 co. 3 lett. *d bis*).

• In virtù del rinvio all'art. 132, l'accompagnamento coattivo deve essere disposto a mezzo decreto motivato (art. 125 co. 3) e la persona non può essere trattenuta oltre il tempo necessario al compimento dell'esame; in ogni caso, non oltre le ventiquattro ore.

Titolo II *bis*
PARTECIPAZIONE A DISTANZA

133 *bis*. Disposizione generale.

1. Salvo che sia diversamente previsto, quando l'autorità giudiziaria dispone che un atto sia compiuto a distanza o che una o più parti possano partecipare a distanza al compimento di un atto o alla celebrazione di un'udienza si osservano le disposizioni di cui all'articolo 133-*ter*.

L'articolo è stato introdotto dal d. lgs. 10.10.2022, n. 150.

• La l. 134 del 2021 aveva delegato il Governo a «individuare i casi in cui, con il consenso delle parti, la partecipazione all'atto del procedimento o all'udienza possa avvenire a distanza» (art. 1 co. 8 lett. *c*). La "riforma Cartabia", a tal fine, ha inserito due nuovi articoli in un titolo autonomo, dedicato appunto alla "partecipazione a distanza".

• Durante le **indagini preliminari** (→ **Libro V**, art. 350 co. 4 *bis*), quando la persona sottoposta alle indagini e il difensore vi consentono, il p.m., su richiesta della p.g., può autorizzare l'assunzione di sommarie informazioni a distanza. Si osservano, **in quanto compatibili**, le disposizioni dell'art. 133 *ter*. Analoga valutazione di compatibilità dev'essere effettuata quando la p.g. procede all'interrogatorio della persona sottoposta a indagini a distanza (→ art. 370 co. 2).

• Nei casi di partecipazione dell'imputato o del condannato al procedimento in camera di consiglio a distanza (→ **Disp. att.**, art. 45 *bis* co. 3) si applicano, in quanto compatibili, le disposizioni previste dall'art. 146 *bis* co. 4 *bis* **Disp. att.** e dall'art. 133 *ter*.

• La partecipazione all'udienza dell'imputato detenuto all'estero, che non possa essere trasferito in Italia, ha luogo attraverso il collegamento audiovisivo, quando previsto da accordi internazionali e secondo la disciplina in essi contenuta. Per quanto non espressamente disciplinato dagli accordi internazionali, si applica l'art. 133 *ter*; analoga valutazione di "compatibilità" va effettuata rispetto alle modalità e ai presupposti dell'atto (→ **Disp. att.**, art. 205 *ter*).

133 *ter*. Modalità e garanzie della partecipazione a distanza.

1. L'autorità giudiziaria, quando dispone che un atto sia compiuto a distanza o che una o più parti partecipino a distanza al compimento di un atto o alla celebrazione di un'udienza, provvede con decreto motivato. Quando non è emesso in udienza, il decreto è notificato o comunicato alle parti unitamente al provvedimento che fissa la data per il compimento dell'atto o la celebrazione dell'udienza e, in ogni caso, almeno tre giorni prima della data suddetta. Il decreto è comunicato anche alle autorità interessate.

2. Nei casi di cui al comma 1 è attivato un collegamento audiovisivo tra l'aula di udienza o l'ufficio giudiziario e il luogo in cui si trovano le persone che compiono l'atto o che partecipano all'udienza a distanza. Il luogo in cui si trovano le persone che compiono l'atto o che partecipano all'udienza a distanza è equiparato all'aula di udienza.

3. Il collegamento audiovisivo è attuato, a pena di nullità, con modalità idonee a salvaguardare il contraddittorio e l'effettiva partecipazione delle parti all'atto o all'udienza e ad assicurare la contestuale, effettiva e reciproca visibilità delle persone presenti nei diversi luoghi e la possibilità per ciascuna di essa di udire quanto viene detto dalle altre. Nei casi di udienza pubblica è assicurata un'adeguata pubblicità degli atti compiuti a distanza. Dell'atto o dell'udienza è sempre disposta la registrazione audiovisiva.

4. Salvo quanto disposto dai commi 5, 6 e 7, le persone che compiono l'atto o che partecipano all'udienza a distanza si collegano da altro ufficio giudiziario o da un ufficio di polizia giudiziaria individuato dall'autorità giudiziaria, previa verifica della disponibilità di dotazioni tecniche e condizioni logistiche idonee per il collegamento audiovisivo.

5. Le persone detenute, internate, sottoposte a custodia cautelare in carcere o ristrette in carcere a seguito di arresto o di fermo, quando compiono l'atto o partecipano all'udienza a distanza, si collegano dal luogo in cui si trovano.

6. Sentite le parti, l'autorità giudiziaria può autorizzare le persone che compiono l'atto o che partecipano all'udienza a distanza a collegarsi da un luogo diverso da quello indicato nel comma 4.

7. I difensori si collegano dai rispettivi uffici o da altro luogo, purché idoneo. È comunque assicurato il diritto dei difensori o dei loro sostituti di essere presenti nel luogo dove si trova l'assistito. È parimenti sempre assicurato il diritto dei difensori o dei loro sostituti di consultarsi riservatamente tra loro e con l'assistito per mezzo di strumenti tecnici idonei.

8. Nei casi di cui ai commi 4 e 5 e, ove l'autorità giudiziaria non disponga diversamente, nel caso di cui al comma 6, un ausiliario del giudice o del pubblico ministero, individuato anche tra gli ausiliari in servizio presso l'ufficio giudiziario di cui al citato comma 4, o un ufficiale di polizia giudiziaria, individuato in via prioritaria tra il personale in servizio presso le sezioni di polizia giudiziaria e designato tra coloro che non svolgono, né hanno svolto, attività di investigazione o di protezione nei confronti dell'imputato o in relazione ai fatti a lui riferiti, è presente nel luogo ove si trovano le persone che compiono l'atto o che partecipano all'udienza a distanza, ne attesta l'identità e redige verbale delle operazioni svolte a norma dell'articolo 136, in cui dà atto dell'osservanza delle disposizioni di cui al comma 3, primo periodo, e al comma 7, secondo e terzo periodo, delle cautele adottate per assicurare la regolarità dell'esame con riferimento al luogo in cui la persona si trova, nonché dell'assenza di impedimenti o limitazioni all'esercizio dei diritti e delle facoltà ad essa spettanti.

L'articolo è stato introdotto dal d. lgs. 10.10.2022, n. 150.

• Per effetto dell'inserimento di una disciplina di carattere generale, sono state abrogate le disposizioni che regolavano le modalità di realizzazione del collegamento a distanza nei casi di partecipazione al dibattimento a distanza e di esame degli operatori sotto copertura, delle persone che collaborano con la giustizia e degli imputati di reato connesso (→ **Disp. att.**, artt. 146 *bis* co. 2, 3, 4, 5 e 6 e 147 *bis* co. 4).

• Il provvedimento con il quale è disposto che l'atto sia compiuto a distanza o che la partecipazione avvenga a distanza, assume la forma del **decreto motivato** (art. 125 co. 3).

• L'esigenza di coordinare la speditezza processuale con le garanzie partecipative, ha portato il legislatore a prevedere una pluralità di atti ai quali l'imputato può partecipare a distanza, purché vi sia il consenso o la richiesta della parte. Nel **procedimento in camera di consiglio** (art. 127 co. 3) ciò può avvenire se l'interessato, detenuto o internato in luogo posto fuori dalla circoscrizione del giudice, richiede di essere sentito: oltre che nei casi previsti dagli artt. 45 *bis* e 146 *bis* disp. att., quando vi consente.

• Nell'ambito delle **misure cautelari** (→ **Libro IV**), l'imputato può partecipare a distanza all'interrogatorio di garanzia *ex* art. 294 co. 4, su autorizzazione del giudice, previa richiesta dell'interessato o del difensore; e al giudizio di riesame, ai sensi dell'art. 309 co. 8 *bis*, sempre su disposizione del presidente e previo consenso dell'imputato.

• Durante le **indagini preliminari** (→ **Libro V**) l'istituto si applica alle sommarie informazioni dalla persona nei cui confronti vengono svolte le indagini di cui all'art. 350 co. 4 *bis*, su richiesta della p.g., previa autorizzazione del p.m., che può essere rilasciata solo quando l'indagato e il difensore vi consentono; al conferimento dell'incarico e agli accertamenti tecnici non ripetibili sempre su autorizzazione del p.m., previa richiesta della persona sottoposta alle indagini, della persona offesa dal reato, dei difensori e dei consulenti tecnici, *ex* art. 360 co. 3 *bis*; all'interrogatorio della persona sottoposta alle indagini da parte del p.m. (anche se delegato alla p.g.), quando l'indagato e il difensore vi consentono, *ex* art. 371 co. 1 *bis*; all'udienza di convalida, quando l'arrestato, il fermato o il difensore ne facciano richiesta, *ex* art. 391 co. 1.

• Durante **l'udienza preliminare** (→ **Libro V**) si può procedere all'assunzione di prove a distanza, sia quando una particolare disposizione di legge lo prevede, sia quando le parti vi consentono (→ art. 422 co. 2). In **dibattimento** (→ **Libro VII**), la disciplina si applica alle prove dichiarative, ai sensi dell'art. 496 co. 2 *bis*, purché vi sia il consenso delle parti, salvi i casi in cui la legge non preveda altrimenti (→ **Disp. att.** artt. 146 *bis* e 147 *bis*).

• Nel **procedimento di esecuzione** (→ **Libro X**) è possibile quando una particolare disposizione di legge lo prevede o quando l'interessato vi consente. Nell'ambito dei rapporti giurisdizionali con autorità straniere (→ **Libro XI**) la disciplina si applica all'interrogatorio dell'interessato da parte del P.G. nell'ambito del procedimento di estradizione (→ art. 703 co. 2); e all'audizione dell'interessato sottoposto a misura cautelare nell'ambito del procedimento di estradizione (→ art. 717 co. 2).

• Il legislatore ha previsto espressamente la sanzione della **nullità** (art. 177) nel caso di collegamento audiovisivo attuato con modalità inidonee a salvaguardare il contraddittorio e l'effettiva partecipazione delle parti all'atto o all'udienza e ad assicurare la contestuale, effettiva e reciproca visibilità delle persone presenti nei diversi luoghi e la possibilità per ciascuna di essa di udire quanto viene detto dalle altre.

• Spetta al Ministero della Giustizia assicurare che, nei casi di partecipazione a distanza al compimento di atti del procedimento ovvero alla celebrazione delle udienze, i collegamenti telematici agli uffici giudiziari siano realizzati attraverso reti o canali di comunicazione idonei a garantire l'integrità e la sicurezza della trasmissione dei dati (→ **Disp. att.**, art. 147 *quater*).

Titolo III
DOCUMENTAZIONE DEGLI ATTI

134. Modalità di documentazione.

1. Alla documentazione degli atti si procede mediante verbale e, nei casi previsti dalla legge, anche mediante riproduzione audiovisiva o fonografica.
2. Il verbale è redatto, in forma integrale o riassuntiva, con la stenotipia o altro strumento idoneo allo scopo ovvero, in caso di impossibilità di ricorso a tali mezzi, con la scrittura manuale. Si osservano le disposizioni dell'articolo 110.
3. Quando il verbale è redatto in forma riassuntiva o quando la redazione in forma integrale è ritenuta insufficiente, alla documentazione dell'atto si procede altresì mediante riproduzione audiovisiva o fonografica.
4. [Soppresso].

L'articolo è stato modificato dal d. lgs. 10.10.2022, n. 150. A tenore dell'art. 87 co. 4 d. lgs. 150 del 2022, la disposizione dell'art. 134 co. 2 continuerà ad applicarsi, nel testo vigente all'entrata in vigore del d. lgs., «sino al quindicesimo giorno successivo alla pubblicazione dei regolamenti di cui ai commi 1 e 3, ovvero sino al diverso termine di transizione previsto dal regolamento di cui al comma 3 per gli uffici giudiziari e per le tipologie di atti in esso indicati».

• Il verbale è la modalità tipica di documentazione degli atti del giudice ed è redatto dall'**ausiliario** che lo assiste (artt. 126 e 135): mediante verbale, ad esempio, è documentato quanto avviene nel corso del dibattimento (→ **Giudizio**), in **udienza** (→ artt. 480 e 481).

• Se il verbale, ai sensi del co. 2, deve essere redatto con la stenotipia o altro mezzo, e l'ausiliario non possiede le necessarie competenze, è autorizzato dal giudice a farsi **assistere da personale tecnico**, anche estraneo all'amministrazione della giustizia (art. 135; → **Disp. att.**, artt. 50 e 51).

• Quando entreranno a regime le disposizioni della "riforma Cartabia" concernenti il processo penale telematico (operative a partire dal quindicesimo giorno successivo alla pubblicazione di specifici regolamenti, che dovranno essere adottati entro il 31.12.2023, o a partire dal diverso termine che verrà fissato dalla normativa secondaria), per la redazione del verbale si osserveranno le forme del documento informatico (art. 110).

• Un generale rinvio alle modalità di documentazione previste in questo titolo opera per gli **atti d'indagine** del p.m. (→ **Indagini e udienza preliminare**, art. 373 co. 2), della **p.g.** (→ art. 357 co. 3, in virtù del rinvio alle forme e modalità previste dall'art. 373) e del **difensore**, nell'ambito delle investigazioni difensive, salva, in questo caso, la valutazione sulla compatibilità (→ art. 391 *ter* co. 3). In via esemplificativa, è redatto verbale: delle sommarie informazioni assunte dal p.m. dalle persone che possono riferire circostanze utili ai fini delle indagini (→ artt. 362 e 373 co. 1 lett. *d*); delle sommarie informazioni rese e delle dichiarazioni spontanee ricevute dalla p.g. dalla persona nei cui confronti vengono svolte le indagini (→ artt. 350 e 357 co. 2 lett. *b*); delle informazioni acquisite dal difensore da parte di coloro che sono in grado di riferire circostanze utili ai fini dell'attività investigativa (→ artt. 391 *bis* e 391 *ter* co. 3).

• Il verbale **è redatto in lingua italiana** (art. 109 co. 1). Se, però, il **cittadino appartenente ad una minoranza linguistica riconosciuta** abbia chiesto di **usare la propria madrelingua** nell'interrogatorio (→ **Soggetti**, artt. 64 e 65), qualora si tratti di imputato o persona sottoposta ad indagini (→ artt. 60, 61) o nell'esame (→ **Giudizio**, artt. 498, 503), qualora rivesta la qualità di testimone o parte privata (→ **Prove**, artt. 194, 208), anche i verbali sono redatti in questa lingua (art. 109 co. 1).

• Il sistema prevede due forme di verbalizzazione: integrale o riassuntiva. Nel corso del **giudizio** (→ **Libro VII**) il verbale è redatto in forma **integrale** per i **provvedimenti dati oralmente** dal presidente (→ art. 481 co. 2); le **dichiarazioni spontanee** rese dall'imputato (→ art. 494 co. 2), salvo diversa disposizione del giudice; le **domande poste dalle parti o dal presidente** nonché le **risposte** delle persone esaminate nel corso dell'istruzione dibattimentale (→ art. 510 co. 2), fatta salva la possibilità che il giudice disponga la redazione in forma riassuntiva (→ art. 510 co. 3).

• Il verbale di udienza è "di regola" redatto in forma **riassuntiva** nell'**udienza preliminare** (→ **Libro V**, art. 420 co. 4) e, su richiesta di parte, può essere disposta la redazione con la stenotipia. In conseguenza di una pronuncia della Corte cost. (529 del 1990), anche nei procedimenti in **camera di consiglio** (art. 127 co. 10) e in quelli di **esecuzione** (→ **Libro X**, art. 666 co. 9) il verbale è "di regola" redatto in forma riassuntiva, così rimettendo al giudice la possibilità di avvalersi di altra forma di verbalizzazione, in relazione alle concrete esigenze processuali. Nell'ambito dell'**incidente probatorio** (→ **Indagini e udienza preliminare**) è anche redatto verbale in forma riassuntiva dell'interrogatorio reso da soggetti minorenni nel caso di indagini che riguardano ipotesi di reato previste dagli artt. 572, 600, 600 *bis*, 600 *ter* e 600 *quater*, anche se relativo al materiale pornografico di cui all'art. 600 *quater*.1, 600 *quinquies*, 601, 602, 609 *bis*, 609 *ter*, 609 *quater*, 609 *octies*, 609 *undecies* e 612 *bis* c.p., ovvero da maggiorenni in condizioni di particolare vulnerabilità (→ art. 398 co. 5 *bis*). Nel giudizio davanti al **tribunale in composizione monocratica** (→ **Libro VIII**), per esigenze di semplificazione, l'adozione del verbale riassuntivo è rimessa alla concorde volontà delle parti, a meno che il giudice non ritenga necessaria la redazione in forma integrale (→ art. 559 co. 2). È invece sempre redatto in forma riassuntiva il verbale dell'udienza di comparizione predibattimentale (→ art. 554 *bis* co. 8).

• Una disciplina particolare è prevista con riguardo all'interprete (art. 143). Nei casi in cui ricorrano particolari ragioni di urgenza e non sia possibile avere prontamente una traduzione scritta degli atti (art. 143 co. 2), l'autorità giudiziaria dispone, con decreto motivato (art. 125 co. 3), se ciò non pregiudica il diritto di difesa dell'imputato, la traduzione orale, anche in forma riassuntiva, redigendo contestualmente verbale (→ **Disp. att.**, art. 51 *bis* co. 2).

• **Diversi sono i casi in cui deve procedersi alla riproduzione audiovisiva o fonografica, implementati dalla "riforma Cartabia".** Alla documentazione dell'interrogatorio della persona sottoposta a **misura cautelare personale** (→ **Libro IV**, art. 294 co. 6 *bis*) si procede anche con mezzi di riproduzione audiovisiva o, se ciò non è possibile a causa della contingente indisponibilità di mezzi di riproduzione audiovisiva o di personale tecnico, con mezzi di riproduzione fonografica.

• Durante le **indagini preliminari** (→ **Libro V**) la registrazione fonografica è disposta quando si procede per taluno dei reati previsti dall'art. 407 co. 2 lett. *a*, oppure quando la persona chiamata a rendere informazioni ne faccia richiesta (artt. 357 co. 3 *bis* e 373 co. 2 *ter*), previa informazione alla stessa (artt. 351 co. 1 *quater* e 362 co. 1 *quater*); dev'essere effettuata, a pena di inutilizzabilità, quando si tratta di dichiarazioni della persona minorenne, inferma di mente o in condizioni di particolare vulnerabilità, salvo che si verifichi una contingente indisponibilità di strumenti di riproduzione o di personale tecnico e sussistano particolari ragioni di urgenza che non consentano di rinviare l'atto (artt. 357 co. 3 *ter* e 373 co. 2 *quater*). Alla persona chiamata a rendere **sommarie informazioni** (art. 351 co. 1 *quater*) è sempre dato avviso che, salva la contingente indisponibilità di strumenti di riproduzione o di personale tecnico, ha diritto di ottenere, ove ne faccia richiesta, che le dichiarazioni rese siano documentate mediante riproduzione fonografica. Analogo avviso spetta alla persona chiamata a rendere informazioni (art. 362 co. 1 *quater*).

• Nell'ambito dell'**udienza preliminare** (→ **Libro V**) la riproduzione fonografica o audiovisiva è disposta dal giudice su richiesta di parte (→ art. 420 co. 4). In sede di **incidente probatorio** (→ **Indagini e udienza preliminare**), volto all'esame di persone minorenni o maggiorenni in condizioni di particolare vulnerabilità, nel caso di indagini che riguardano ipotesi di reato previste dagli artt. 572, 600, 600 *bis*, 600 *ter* e 600 *quater*, anche se relative al materiale pornografico di cui all'art. 600 *quater*.1, 600 *quinquies*, 601, 602, 609 *bis*, 609 *ter*, 609 *quater*, 609 *octies*, 609 *undecies* e 612 *bis* c.p., le dichiarazioni devono essere documentate integralmente con mezzi di riproduzione fonografica o audiovisiva. La trascrizione della riproduzione – di per sé obbligatoria – è disposta solo se richiesta dalle parti (→ art. 398 co. 5 *bis*).

• Qualora sia stata disposta la traduzione orale in forma riassuntiva degli atti (→ **Disp. att.**, art. 51 *bis* co. 2 e 3), è effettuata anche la riproduzione fonografica (→ **Disp. att.**, art. 51 *bis* co. 4).

• Le informazioni ricevute dal difensore (→ **Soggetti**) nell'ambito dell'**attività di investigazione difensiva** (→ **Libro V**), sono documentate anche mediante riproduzione fonografica, salva la contingente indisponibilità di strumenti di riproduzione o di personale tecnico (→ art. 391 *ter* co. 3 *bis*). Tuttavia, le dichiarazioni della persona minorenne, inferma di mente o in condizioni di particolare vulnerabilità sono documentate integralmente, a pena di **inutilizzabilità**, con mezzi di riproduzione audiovisiva o fonografica, salvo che si verifichi una contingente indisponibilità di strumenti di riproduzione o di personale tecnico e sussistano particolari ragioni di urgenza che non consentano di rinviare l'atto (→ art. 391 *ter* co. 3 *ter*). In queste ipotesi, la trascrizione della riproduzione audiovisiva o fonografica è disposta solo se assolutamente indispensabile (→ art. 391 *ter* co. 3 *quater*).

• La riproduzione fonografica è effettuata nei casi in cui l'autorità giudiziaria abbia autorizzato la traduzione orale degli atti, in luogo di quella scritta, ovvero l'imputato abbia rinunciato a quest'ultima (→ **Disp. att.**, art. 51 *bis* co. 4).

• Nel corso del dibattimento (→ **Libro VII**), l'esame dei testimoni, dei periti, dei consulenti tecnici, delle parti private e delle persone indicate nell'art. 210, nonché gli atti di ricognizione e di confronto (→ **Libro III**), sono documentati **anche mediante mezzi di riproduzione audiovisiva**, salvo la contingente indisponibilità degli stessi (→ **Giudizio**, art. 510 co. 2 *bis*).

• **La documentazione in forma integrale** mediante mezzi di riproduzione audiovisiva delle dichiarazioni rese nel corso del dibattimento, incide sul principio dell'**immediatezza**. Infatti, se muta il giudice, la parte perde il diritto a ottenere l'esame (→ **Giudizio**, art. 495 co. 4 *ter*).

• I nastri o i supporti contenenti le riproduzioni fonografiche o audiovisive sono racchiusi in apposite custodie numerate e sigillate (→ **Disp. att.**, art. 49 co. 1).

• Al fine di evitare il deterioramento, i nastri o i supporti contenenti le riproduzioni fonografiche o audiovisive possono essere conservati anche in contenitori separati dagli atti processuali (→ **Disp. att.**, art. 49 co. 3).

• Una specifica disciplina è dettata per la documentazione del verbale di interrogatorio di persona in stato di detenzione (art. 141 *bis*). Questo deve essere documentato integralmente, a **pena di inutilizzabilità**, con mezzi di riproduzione audiovisiva o, se ciò non è possibile, con mezzi di riproduzione fonografica.

135. Redazione del verbale.

1. Il verbale è redatto dall'ausiliario che assiste il giudice.

2. Quando il verbale è redatto con la stenotipia o altro strumento idoneo, il giudice autorizza l'ausiliario che non possiede le necessarie competenze a farsi assistere da personale tecnico, anche esterno all'amministrazione dello Stato.

L'articolo è stato modificato dal d. lgs. 10.10.2022, n. 150. A tenore dell'art. 87 co. 4 d. lgs. 150 del 2022, la disposizione dell'art. 135 co. 2 continuerà ad applicarsi nel testo vigente all'entrata in vigore del d. lgs. «sino al quindicesimo giorno successivo alla pubblicazione dei regolamenti di cui ai commi 1 e 3, ovvero sino al diverso termine di transizione previsto dal regolamento di cui al comma 3 per gli uffici giudiziari e per le tipologie di atti in esso indicati».

• Nell'ambito delle funzioni di assistenza che competono all'ausiliario del giudice (art. 126) vi sono la redazione del **verbale** (artt. 133 *ter* co. 8, 141; → **Giudizio**, artt. 480, 481, 494, 510 e 559 co. 2; → **Disp. att.**, art. 45 *bis*), **la sua sottoscrizione** (art. 137; → **Giudizio**, art. 483) e la **direzione** del personale tecnico estraneo all'amministrazione dello Stato che debba procedere alla riproduzione fonografica o audiovisiva (art. 139 co. 1; → **Disp. att.**, art. 51). Nel corso del **giudizio** (→ **Libro VII**) il presidente può disporre, anche d'ufficio, che l'ausiliario dia **lettura** di singole parti del verbale al fine di verificarne la fedeltà e completezza (→ art. 482 co. 2).

• Quando entreranno a regime le disposizioni della "riforma Cartabia" concernenti il processo penale telematico (operative a partire dal quindicesimo giorno successivo alla pubblicazione di specifici regolamenti, che dovranno essere adottati entro il 31.12.2023, o a partire dal diverso termine che verrà fissato dalla normativa secondaria), per la redazione del verbale si potranno osservare le forme del documento informatico (art. 110).

• Durante le **indagini preliminari** (→ **Libro V**) alla documentazione degli atti del p.m. vi provvedono l'ufficiale di p.g. ovvero l'ausiliario che lo assiste (→ art. 373 co. 6). Il **difensore** (→ **Soggetti**, artt. 96, 97 e 101), invece, per la materiale redazione del verbale relativo alle dichiarazioni scritte o alle informazioni assunte può avvalersi di persone di sua fiducia (→ **Libro V**, art. 391 *ter* co. 3).

• Il sistema prevede una specifica **causa di incompatibilità ad assumere l'ufficio di testimone** (→ **Prove**) per coloro che abbiano svolto le funzioni di ausiliario del giudice o del p.m. e coloro che abbiano formato la documentazione delle dichiarazioni e delle informazioni assunte ai sensi dell'art. 391 *ter* (→ art. 197 lett. *d*). Quanto ai componenti dell'ufficio per il processo penale – chiamati a supportare il giudice (art. 126 co. 1 *bis*) – questi hanno l'obbligo di astenersi dalla deposizione testimoniale, in virtù di quanto previsto dall'art. 4 co. 5 d. lgs. 10.10.2022, n. 151.

• In sede di **udienza preliminare** (→ **Libro V**) il giudice, su richiesta di parte, dispone la redazione del verbale con la stenotipia (→ art. 420 co. 4).

136. Contenuto del verbale.

1. Il verbale contiene la menzione del luogo, dell'anno, del mese, del giorno e, quando occorre, dell'ora in cui è cominciato e chiuso, le generalità delle persone intervenute, l'indicazione delle cause, se conosciute, della mancata presenza di coloro che sarebbero dovuti intervenire, la descrizione di quanto l'ausiliario ha fatto o ha constatato o di quanto è avvenuto in sua presenza nonché le dichiarazioni ricevute da lui o da altro pubblico ufficiale che egli assiste.

2. Per ogni dichiarazione è indicato se è stata resa spontaneamente o previa domanda e, in tale caso, è riprodotta anche la domanda; se la dichiarazione è stata dettata dal dichiarante, o se questi si è avvalso dell'autorizzazione a consultare note scritte, ne è fatta menzione.

• Sul piano dei contenuti, il verbale di udienza redatto nel corso del **giudizio** (→ **Libro VII**) indica il luogo, la data, l'ora di apertura e di chiusura dell'udienza (art. 111 co. 1); i nomi e i cognomi dei giudici; il nome e il cognome del rappresentante del p.m., le generalità dell'imputato o le altre indicazioni personali che valgono a identificarlo, nonché le generalità delle altre parti e dei loro rappresentanti, i nomi e i cognomi dei difensori. Esso contiene la descrizione delle attività svolte in udienza e riporta sinteticamente le richieste e le conclusioni del p.m. e dei difensori (→ **Libro VII**, art. 481 co. 1).

• Nel caso di **atto da compiersi a distanza o di partecipazione a distanza**, l'ausiliario (art. 135) o, l'ufficiale di p.g., presenti nel luogo dove si trovano le persone che compiono l'atto o che partecipano all'udienza a distanza, redigono verbale nel quale danno atto delle operazioni svolte, dando atto dell'osservanza delle disposizioni di cui al co. 3, primo periodo, e al co. 7, secondo e terzo periodo, dell'art. 133 *ter*, delle cautele adottate per assicurare la regolarità dell'esame con riferimento al luogo dove la persona si trova, nonché dell'assenza di impedimenti o limitazioni all'esercizio dei diritti e delle facoltà ad essi spettanti (art. 133 *ter* co. 8).

• Una specifica disciplina è dettata anche con riguardo al contenuto del verbale di alcuni **mezzi di prova** (→ **Prove**). Se nel corso dell'**esame** dell'imputato (→ **Soggetti**, art. 60), della parte civile che non deve essere sentita come testimone (→ art. 74), del responsabile civile (→ art. 83) e della persona civilmente obbligata per la pena pecuniaria (→ art. 89), uno di questi soggetti rifiuta di rispondere ad una domanda, ne è fatta menzione nel verbale (→ **Prove**, art. 209 co. 2). Durante il **confronto** è fatta menzione delle domande rivolte dal giudice, delle dichiarazioni rese dalle persone messe a confronto e di quanto altro è avvenuto durante l'atto (→ art. 212 co. 2). Nel verbale di **ricognizione** è fatta menzione degli adempimenti posti in essere dal giudice e delle dichiarazioni rese (→ art. 213 co. 2 e 3). Nel verbale di **assunzione della testimonianza** (→ art. 194) sono indicate le generalità dei testi e l'avvertimento dato dal presidente al testimone sull'obbligo di dire la verità (→ **Giudizio**, artt. 497 co. 2 e 510 co. 1).

• Nell'ambito del **giudizio** (→ **Libro VII**) l'ausiliario riproduce integralmente in forma diretta le domande poste dalle parti o dal presidente, nonché le risposte delle persone esaminate (→ art. 510 co. 2). Quanto alle **dichiarazioni spontanee** rese dall'imputato, queste sono documentate integralmente, salva diversa disposizione (→ art. 494 co. 2).

• In ossequio a quanto previsto dal co. 2, se, in sede di **esame incrociato** (→ **Giudizio**, art. 498), il testimone (→ art. 499 co. 5), il perito e il consulente tecnico (→ art. 501 co. 2), sono stati autorizzati a consultare note scritte ne è fatta menzione nel verbale.

137. Sottoscrizione del verbale.

1. Salvo quanto previsto dall'articolo 483, comma 1, il verbale, previa lettura, è sottoscritto alla fine di ogni foglio dal pubblico ufficiale che lo ha redatto, dal giudice e dalle persone intervenute, anche quando le operazioni non sono esaurite e vengono rinviate ad altro momento.
2. Se alcuno degli intervenuti non vuole o non è in grado di sottoscrivere, ne è fatta menzione con l'indicazione del motivo.

• Ai fini della sottoscrizione del verbale, salvo diversa disposizione, è sufficiente la scrittura di propria mano, in fine dell'atto, del **nome e cognome di chi deve firmare** (art. 110 co. 1). La giurisprudenza ammette, comunque, l'uso di sigle autografe. La sottoscrizione non è valida se apposta con mezzi meccanici o con segni diversi dalla scrittura (art. 110 co. 2). Nell'ipotesi in cui il verbale sia redatto in forma stenotipica o con altro strumento meccanico, sarà sottoscritto dagli ausiliari o dai tecnici (art. 135), ciascuno per la parte di propria competenza (→ **Disp. att.**, art. 50 co. 1); se lo strumento usato non consente la immediata impressione di caratteri comuni di scrittura, il nastro è sottoscritto dai soli verbalizzanti (→ art. 50 co. 2).

• Quando **entreranno a regime le disposizioni della "riforma Cartabia"** concernenti il processo penale telematico (operative a partire dal quindicesimo giorno successivo alla pubblicazione di specifici regolamenti, che dovranno essere adottati entro il 31.12.2023, o a partire dal diverso termine che verrà fissato dalla normativa secondaria), per la sottoscrizione del verbale dovrà applicarsi il nuovo art. 111.

• Una specifica disciplina (art. 110 co. 1), in virtù della clausola di riserva cui al co. 1, è stabilita per il verbale di udienza redatto nel **corso del dibattimento** (→ **Libro VII**). Dopo la conclusione dell'udienza o la chiusura del dibattimento, il verbale è sottoscritto alla fine di ogni foglio dal pubblico ufficiale che lo ha redatto ed è presentato al presidente per l'apposizione del visto (→ art. 483 co. 1).

• Quando entreranno a regime le disposizioni della "riforma Cartabia" concernenti il processo penale telematico (operative a partire dal quindicesimo giorno successivo alla pubblicazione di specifici regolamenti, che dovranno essere adottati entro il 31.12.2023, o a partire dal diverso termine che verrà fissato dalla normativa secondaria), per la sottoscrizione del verbale di udienza (→ **Giudizio**), redatto in forma di documento informatico, dovranno applicarsi le modalità di cui all'art. 111 (→ art. 483 co. 1 *bis*).

• La **mancata sottoscrizione** dell'atto da parte del pubblico ufficiale che lo ha redatto è causa di **nullità del verbale** (artt. 142 e 181); la sanzione, tuttavia, per giurisprudenza costante, non opera nel caso di mancata sottoscrizione in ogni foglio.

138. Trascrizione del verbale redatto con il mezzo della stenotipia.

1. Salvo quanto previsto dall'articolo 483, comma 2, i nastri impressi con i caratteri della stenotipia sono trascritti in caratteri comuni non oltre il giorno successivo a quello in cui sono stati formati. Essi sono uniti agli atti del processo, insieme con la trascrizione.

2. Se la persona che ha impresso i nastri è impedita, il giudice dispone che la trascrizione sia affidata a persona idonea anche estranea all'amministrazione dello Stato.

• In virtù della clausola di salvezza di cui al co. 1, il verbale redatto nel corso del **dibattimento** (→ **Libro VII**) deve essere trascritto entro i tre giorni successivi alla sua formazione (→ art. 483 co. 2). Qualora sia necessaria la **lettura del verbale** di udienza redatto con la stenotipia (art. 134 co. 2) ovvero l'ascolto o la visione di riproduzioni fonografiche o audiovisive di atti del dibattimento, il giudice **sospende la deliberazione** e procede in camera di consiglio alle operazioni necessarie, con l'assistenza dell'ausiliario (art. 126) e, eventualmente, del tecnico incaricato della documentazione (→ **Giudizio**, art. 528).

139. Riproduzione fonografica o audiovisiva.

1. La riproduzione fonografica o audiovisiva è effettuata dal personale tecnico, anche estraneo all'amministrazione dello Stato, sotto la direzione dell'ausiliario che assiste il giudice.

2. Quando si effettua la riproduzione fonografica, nel verbale è indicato il momento di inizio e di cessazione delle operazioni di riproduzione.

3. Per la parte in cui la riproduzione fonografica, per qualsiasi motivo, non ha avuto effetto, o non è chiaramente intellegibile, fa prova il verbale redatto in forma riassuntiva.

4. La trascrizione della riproduzione è effettuata da personale tecnico giudiziario. Il giudice può disporre che essa sia affidata a persona idonea estranea all'amministrazione dello Stato.

5. Quando le parti vi consentono, il giudice può disporre che non sia effettuata la trascrizione.

6. Le registrazioni fonografiche o audiovisive e le trascrizioni, se effettuate, sono unite agli atti del procedimento.

• L'interrogatorio di persona che si trovi, a qualunque titolo, in **stato di detenzione**, e che non si svolga in udienza, deve essere documentato integralmente, a **pena di inutilizzabilità**, con mezzi di riproduzione audiovisiva o, se ciò non è possibile, con mezzi di riproduzione fonografica (art. 141 *bis*).

• Alla documentazione dell'interrogatorio della persona sottoposta a **misura cautelare personale** (→ **Libro IV**, art. 294 co. 6 *bis*) si procede anche con mezzi di riproduzione audiovisiva o, se ciò non è possibile a causa della contingente indisponibilità di mezzi di riproduzione audiovisiva o di personale tecnico, con mezzi di riproduzione fonografica.

• Durante le **indagini preliminari** (→ **Libro V**) la registrazione fonografica è disposta quando si procede per taluno dei reati previsti dall'art. 407 co. 2 lett. *a*, oppure quando la persona chiamata a rendere informazioni ne faccia richiesta (artt. 357 co. 3 *bis* e 373 co. 2 *ter*), previa informazione alla stessa (artt. 351 co. 1 *quater* e 362 co. 1 *quater*); dev'essere effettuata, a pena di inutilizzabilità, quando si tratta di dichiarazioni della persona minorenne, inferma di mente o in condizioni di particolare vulnerabilità, salvo che si verifichi una contingente indisponibilità di strumenti di riproduzione o di personale tecnico e sussistano particolari ragioni di urgenza che non consentano di rinviare l'atto (artt. 357 co. 3 *ter* e 373 co. 2 *quater*). Alla persona chiamata a rendere **sommarie informazioni** (art. 351 co. 1 *quater*) è sempre dato avviso che, salva la contingente indisponibilità di strumenti di riproduzione o di personale tecnico, ha diritto di ottenere, ove ne faccia richiesta, che le dichiarazioni rese siano documentate mediante riproduzione fonografica. Analogo avviso spetta alla persona chiamata a rendere informazioni (art. 362 co. 1 *quater*).

• Nell'ambito dell'**udienza preliminare** (→ **Libro V**) la riproduzione fonografica o audiovisiva è disposta dal giudice su richiesta di parte (→ art. 420 co. 4). In sede di **incidente probatorio** (→ **Indagini e udienza preliminare**), volto all'esame di persone minorenni o maggiorenni in condizioni di particolare vulnerabilità, nel caso di indagini che riguardano ipotesi di reato previste dagli artt. 572, 600, 600 *bis*, 600 *ter* e 600 *quater*, anche se relative al materiale pornografico di cui all'art. 600 *quater*.1, 600 *quinquies*, 601, 602, 609 *bis*, 609 *ter*, 609 *quater*, 609 *octies*, 609 *undecies* e 612 *bis* c.p., le dichiarazioni devono essere documentate integralmente con mezzi di riproduzione fonografica o audiovisiva. La trascrizione della riproduzione – di per sé obbligatoria – è disposta solo se richiesta dalle parti (→ art. 398 co. 5 *bis*).

• Nel corso del dibattimento (→ **Libro VII**), l'esame dei testimoni, dei periti, dei consulenti tecnici, delle parti private e delle persone indicate nell'art. 210, nonché gli atti di ricognizione e di confronto, sono documentati **anche mediante mezzi di riproduzione audiovisiva**, salvo la contingente indisponibilità di questi mezzi (→ art. 510 co. 2 *bis*). In questa ipotesi, la trascrizione della riproduzione audiovisiva è disposta solo se richiesta dalle parti (→ art. 510 co. 3 *bis*).

• Le informazioni ricevute dal difensore (→ **Soggetti**) nell'ambito dell'**attività di investigazione difensiva** (→ **Libro V**), sono documentate anche mediante riproduzione fonografica, salva la contingente indisponibilità di strumenti di riproduzione o di personale tecnico (→ art. 391 *ter* co. 3 *bis*). Tuttavia, le dichiarazioni della persona minorenne, inferma di mente o in condizioni di particolare vulnerabilità sono documentate integralmente, a pena di **inutilizzabilità**, con mezzi di riproduzione audiovisiva o fonografica, salvo che si verifichi una contingente indisponibilità di strumenti di riproduzione o di personale tecnico e sussistano particolari ragioni di urgenza che non consentano di rinviare l'atto (→ art. 391 *ter* co. 3 *ter*). In queste ipotesi, la trascrizione della riproduzione audiovisiva o fonografica è disposta solo se assolutamente indispensabile (→ art. 391 *ter* co. 3 *quater*).

• La riproduzione fonografica è effettuata nei casi in cui l'autorità giudiziaria abbia autorizzato la traduzione orale degli atti, in luogo di quella scritta, ovvero l'imputato abbia rinunciato a quest'ultima (→ **Disp. att.**, art. 51 *bis* co. 4).

• Al fine di evitare il deterioramento, i nastri o i supporti contenenti le riproduzioni fonografiche o audiovisive possono essere conservati anche in contenitori separati dagli atti processuali (→ **Disp. att.**, art. 49 co. 3).

140. Modalità di documentazione in casi particolari.

1. Il giudice dispone che si effettui soltanto la redazione contestuale del verbale in forma riassuntiva quando gli atti da verbalizzare hanno contenuto semplice o limitata rilevanza ovvero quando si verifica una contingente indisponibilità di strumenti di riproduzione o di ausiliari tecnici.

2. Quando è redatto soltanto il verbale in forma riassuntiva, il giudice vigila affinché sia riprodotta nell'originaria genuina espressione la parte essenziale delle dichiarazioni, con la descrizione delle circostanze nelle quali sono rese se queste possono servire a valutarne la credibilità.

• La norma, nell'ammettere la sola redazione del verbale in forma riassuntiva, risponde ad esigenze di semplificazione. L'utilizzo della forma riassuntiva è la "regola" nell'**udienza preliminare** (→ **Libro V**, art. 420 co. 4) e, a seguito di Corte cost., 529 del 1990, nei procedimenti in **camera di consiglio** (art. 127 co. 10) e in quelli di **esecuzione** (→ **Libro X**, art. 666 co. 9). Nell'udienza di comparizione predibattimentale a seguito di citazione diretta (→ **Libro VIII**, art. 554 *bis* co. 8), il verbale è redatto in forma riassuntiva. Nel giudizio davanti al **tribunale in composizione monocratica** (→ art. 559 co. 2), l'adozione del verbale riassuntivo è invece rimessa alla concorde volontà delle parti, a meno che il giudice non ritenga necessaria la redazione in forma integrale.

• Nel corso del **giudizio** (→ **Libro VII**) è rimessa alla scelta discrezionale del giudice la redazione in forma riassuntiva delle **dichiarazioni spontanee** rese dall'imputato (→ art. 494 co. 2), nonché delle **domande poste dalle parti o dal presidente** e delle **risposte** delle persone esaminate nel corso dell'istruzione dibattimentale (→ art. 510 co. 3). Dell'interrogatorio reso da persona in stato di detenzione (art. 141 *bis*) è anche redatto verbale in forma riassuntiva.

• Per quanto riguarda la **documentazione degli atti del p.m.**, per le attività diverse da quelle previste dal co. 1 dell'art. 373 (→ **Indagini e udienza preliminare**), si procede mediante la redazione del verbale in forma riassuntiva, ovvero quando si tratta di atti a contenuto semplice o di limitata rilevanza, mediante le annotazioni ritenute necessarie (→ art. 373 co. 3).

• Nell'ambito dell'**incidente probatorio** (→ **Indagini e udienza preliminare**), volto all'esame di persone minorenni o maggiorenni in condizioni di particolare vulnerabilità, nel caso di indagini che riguardano ipotesi di reato previste dagli artt. 572, 600, 600 *bis*, 600 *ter* e 600 *quater*, anche se relative al materiale pornografico di cui all'art. 600 *quater*.1, 600 *quinquies*, 601, 602, 609 *bis*, 609 *ter*, 609 *quater*, 609 *octies*, 609 *undecies* e 612 *bis* c.p., a fronte dell'indisponibilità di strumenti di riproduzione o di personale tecnico, si provvede con le forme della perizia o della consulenza tecnica (→ art. 398 co. 5 *bis*).

• In dibattimento (→ **Libro VII**), la contingente indisponibilità di strumenti di riproduzione o di personale tecnico, non consente di documentare l'esame dei testimoni, dei periti, dei consulenti tecnici, delle parti private e delle persone indicate nell'art. 210, nonché gli atti di ricognizione e confronto, con mezzi di riproduzione audiovisiva (→ art. 510 co. 2 *bis*).

• In deroga a quanto previsto dal co. 2, se nel corso del **dibattimento** (→ **Libro VII**) il giudice abbia disposto che il verbale nel quale si documenta lo svolgimento dell'esame dei testimoni, dei periti, dei consulenti tecnici e delle parti private, sia redatto soltanto in forma riassuntiva, i poteri di **vigilanza** sono esercitati dal **presidente** (→ art. 510 co. 3).

141. Dichiarazioni orali delle parti.

1. Quando la legge non impone la forma scritta, le parti possono fare, personalmente o a mezzo procuratore speciale, richieste o dichiarazioni orali attinenti al procedimento. In tal caso l'ausiliario che assiste il giudice redige il verbale e cura la registrazione delle dichiarazioni a norma degli articoli precedenti. Al verbale è unita, se ne è il caso, la procura speciale.

2. Alla parte che lo richiede è rilasciata, a sue spese, una certificazione ovvero una copia delle dichiarazioni rese.

• Tra le **richieste** che l'imputato può fare personalmente o a mezzo procuratore speciale, **in forma orale**, vi rientrano quelle di accesso ai **riti alternativi** (→ **Libro VI**): in particolare, la richiesta di giudizio abbreviato, semplice o condizionato (→ art. 438); di applicazione della pena su richiesta delle parti, se formulata in udienza (→ art. 446 co. 2); di sospensione del procedimento con messa alla prova (→ art. 464 *bis* co. 1). Quanto alle altre parti, **p.m.**, responsabile civile e lo stesso imputato (→ **Soggetti**), possono chiedere l'**esclusione della parte civile oralmente** (→ art. 80 co. 3), se la richiesta è formulata nel corso degli atti preliminari al dibattimento o introduttivi dello stesso (→ **Libro VII**, art. 491 co. 1).

• **Nell'udienza preliminare** (→ **Libro V**, art. 421 co. 2) e **in ogni stato del dibattimento** (→ **Libro VII**, art. 494), l'imputato può rendere oralmente dichiarazioni spontanee. Le dichiarazioni di **remissione e di accettazione della querela** (→ **Indagini e udienza preliminare**) possono essere fatte e accettate anche oralmente (→ art. 340 co. 2).

• Nel corso del **giudizio** (→ **Libro VII**) le parti possono fare inserire nel verbale, entro i limiti strettamente necessari, ogni dichiarazione cui abbiano interesse, purché non contraria alla legge (→ art. 482).

• In linea generale, il diritto ad ottenere il rilascio, a proprie spese, di certificati o copie di singoli atti è riconosciuto a «chiunque vi abbia interesse» durante il procedimento o dopo la sua definizione (art. 116 co. 1). Nell'ipotesi disciplinata da questa norma, il diritto al rilascio di una certificazione ovvero della copia delle dichiarazioni rese, attribuito soltanto alla parte (→ **Soggetti**), non è però sottoposto ad autorizzazione (art. 116 co. 2), in virtù dell'espresso riconoscimento del diritto (→ **Disp. att.**, art. 43).

141 *bis*. Modalità di documentazione dell'interrogatorio di persona in stato di detenzione.

1. Ogni interrogatorio di persona che si trovi, a qualsiasi titolo, in stato di detenzione, e che non si svolga in udienza, deve essere documentato integralmente, a pena di inutilizzabilità, con mezzi di riproduzione audiovisiva e se ciò non è possibile, con mezzi di riproduzione fonografica. Quando si verifica una indisponibilità di strumenti di riproduzione audiovisiva e fonografica o di personale tecnico, si provvede con le forme della perizia, ovvero della consulenza tecnica. Dell'interrogatorio è anche redatto verbale in forma riassuntiva. La trascrizione della riproduzione è disposta solo se richiesta dalle parti.

L'articolo, introdotto dalla l. 8.8.1995, n. 332, è stato modificato dal d. lgs. 10.10.2022, n. 150.

• La libertà di autodeterminazione della persona sottoposta a provvedimento restrittivo della libertà personale, provvisorio o definitivo, che renda interrogatorio, nonché la genuinità e attendibilità delle sue dichiarazioni, sono salvaguardate, qualora l'atto non si svolga in udienza, attraverso la documentazione integrale mediante riproduzione audiovisiva e, se ciò non sia possibile, mediante riproduzione fonografica. L'**interrogatorio** da riprodurre è, pertanto, quello reso dalla **persona sottoposta ad indagini** (→ **Soggetti**, art. 61), dall'**imputato** (→ art. 60) o dall'**imputato in procedimento connesso o collegato a quello per cui si procede** (→ **Prove**, art. 210), davanti al g.i.p., come nel caso dell'**interrogatorio di garanzia** del soggetto sottoposto alla custodia cautelare in carcere (→ **Libro IV**, art. 294, co. 6 *bis*; v. anche artt. 299 co. 3 *ter* e 301 co. 2 *ter*), o davanti al p.m., come nell'ipotesi dell'interrogatorio nei confronti della persona sottoposta all'indagine (→ **Misure cautelari**, art. 294 co. 6; → **Indagini e udienza preliminare**, artt. 364 co. 1, 373 co. 1 lett. *b*, 388 e 415 *bis* co. 3) o di persona imputata in procedimento connesso (→ art. 363) che versi, a qualsiasi titolo, in stato di detenzione. La norma è richiamata dal co. 3 dell'art. 16 *quater*, inserito dalla l. 13.2.2001, n. 45, nel corpo del d.l. 15.1.1991, n. 8, conv., con modif., dalla l. 15.3.1991, n. 82, per la documentazione del "verbale illustrativo dei contenuti della collaborazione", redatto dal collaboratore di giustizia.

• Considerato che la norma non trova applicazione qualora l'interrogatorio si svolga in udienza, non si dovrà procedere alla riproduzione audiovisiva o fonografica dell'atto svolto dal giudice per le indagini preliminari (→ **Libro V**) nell'ambito dell'**udienza di convalida dell'arresto o del fermo** (→ art. 391) e nell'**udienza preliminare** (→ artt. 421 co. 2 e 422 co. 4).

• La disposizione, nell'ammettere la **trascrizione della riproduzione soltanto se richiesta dalle parti**, si discosta dalla norma generale che facoltizza il giudice a non disporla quando le parti vi consentono (art. 139 co. 5).

• La mancata riproduzione dell'interrogatorio determina la sanzione della **inutilizzabilità dell'atto** (→ **Prove**, art. 191) sia nei confronti dell'indagato, sia *contra alios* (Cass., SU, 8.10.2009, n. 39061). Il vizio che riguarda l'interrogatorio svolto al termine delle indagini preliminari (→ **Libro V**, art. 415 *bis*) non determina la nullità della richiesta di rinvio a giudizio (→ art. 416 co. 1).

• La stessa modalità di documentazione si segue per le dichiarazioni rese in sede di **incidente probatorio** (→ **Indagini e udienza preliminare**), qualora le indagini riguardino ipotesi di reato previste dagli artt. 572, 600, 600 *bis*, 600 *ter* e 600 *quater*, anche se relative al materiale pornografico di cui all'art. 600 *quater*.1, 600 *quinquies*, 601, 602, 609 *bis*, 609 *ter*, 609 *quater*, 609 *octies*, 609 *undecies* e 612 *bis* c.p., e tra le persone interessate all'assunzione della prova vi siano minorenni o maggiorenni in condizioni di particolare vulnerabilità (→ art. 398 co. 5 *bis* e 5 *ter*).

142. Nullità dei verbali.

1. Salve particolari disposizioni di legge, il verbale è nullo se vi è incertezza assoluta sulle persone intervenute o se manca la sottoscrizione del pubblico ufficiale che lo ha redatto.

• Con riguardo all'invalidità dei verbali, il legislatore ha previsto due cause di **nullità speciali** (art. 177): l'incertezza assoluta sulle persone intervenute all'atto o la mancata sottoscrizione del pubblico ufficiale che lo ha redatto. A quest'ultimo riguardo, in giurisprudenza si distingue il verbale riassuntivo che deve essere necessariamente sottoscritto, a pena di nullità, dall'ausiliario del giudice (art. 137), sia pure non in ciascun foglio, dalla trascrizione stenotipica delle udienze o dal testo della relativa registrazione, documenti che devono essere uniti agli atti del processo insieme ai nastri (art. 139); in quest'ultimo caso, l'omessa sottoscrizione da parte del tecnico non è prevista a pena di nullità, perché è sempre possibile procedere ad una nuova trascrizione dei nastri allegati agli atti. Quanto al regime di rilevabilità, per giurisprudenza costante si tratta di **nullità relative** (art. 181), con onere della parte di eccepirle immediatamente dopo il compimento dell'atto, a pena di decadenza (art. 173 co. 1). Secondo la giurisprudenza, non si configura alcuna nullità nel caso in cui dopo che la trascrizione sia stata eseguita venga a mancare la fonoregistrazione (art. 139), sia perché non vi è un'espressa previsione normativa, sia perché la documentazione è attestata dalla trascrizione.

• In virtù del rinvio disposto dall'art. 373 co. 6 (→ **Indagini e udienza preliminare**), la sanzione della nullità si estende alla documentazione degli atti del **p.m.** e della **p.g.** (→ l'art. 357 co. 3, infatti, rinvia all'art. 373).

• Una specifica e ulteriore causa di nullità è prevista per la ricognizione (→ **Prove**), se nel verbale non è fatta menzione degli adempimenti richiesti al giudice e delle dichiarazioni rese (→ art. 213 co. 2 e 3) ovvero delle modalità di svolgimento della ricognizione (→ artt. 214 co. 3, 215 co. 3 e 216 co. 2), nonché in tema di lingua nella quale deve essere redatto il verbale di interrogatorio o esame del cittadino italiano che appartenga ad una minoranza linguistica riconosciuta (art. 109 co. 2).

Titolo IV
TRADUZIONE DEGLI ATTI

143. Diritto all'interprete e alla traduzione di atti fondamentali.

1. L'imputato che non conosce la lingua italiana ha diritto di farsi assistere gratuitamente, indipendentemente dall'esito del procedimento, da un interprete al fine di poter comprendere l'accusa contro di lui formulata e di seguire il compimento degli atti e lo svolgimento delle udienze cui partecipa. Ha altresì diritto all'assistenza gratuita di un interprete per le comunicazioni con il difensore prima di rendere un interrogatorio, ovvero al fine di presentare una richiesta o una memoria nel corso del procedimento.

2. Negli stessi casi l'autorità procedente dispone la traduzione scritta, entro un termine congruo tale da consentire l'esercizio dei diritti e della facoltà della difesa, dell'informazione di garanzia, dell'informazione sul diritto di difesa, dei provvedimenti che dispongono misure cautelari personali, dell'avviso di conclusione delle indagini preliminari, dei decreti che dispongono l'udienza preliminare e la citazione a giudizio, delle sentenze e dei decreti penali di condanna.

3. La traduzione gratuita di altri atti o anche solo di parte di essi, ritenuti essenziali per consentire all'imputato di conoscere le accuse a suo carico, può essere disposta dal giudice, anche su richiesta di parte, con atto motivato, impugnabile unitamente alla sentenza.

4. L'accertamento sulla conoscenza della lingua italiana è compiuto dall'autorità giudiziaria. La conoscenza della lingua italiana è presunta fino a prova contraria per chi sia cittadino italiano.

5. L'interprete e il traduttore sono nominati anche quando il giudice, il pubblico ministero o l'ufficiale di polizia giudiziaria ha personale conoscenza della lingua o del dialetto da interpretare.

6. La nomina del traduttore per gli adempimenti di cui ai commi 2 e 3 è regolata dagli articoli 144 e seguenti del presente titolo. La prestazione dell'ufficio di interprete e di traduttore è obbligatoria.

Articolo così sostituito dal d. lgs. 4.3.2014, n. 32.

• Il diritto all'**assistenza linguistica** previsto dalla disposizione *de qua* si ricollega alla previsione costituzionale in base alla quale la persona accusata di un reato deve essere «assistita da un interprete se non comprende o non parla la lingua impiegata nel processo» (→ **Cost.**, art. 111 co. 3). La garanzia in questione è tutelata anche dalle fonti sovranazionali (→ **Cedu**, art. 6 § 3 lett. *a*, *e*; → **Carta UE**, artt. 47 e 48 co. 2; → **Direttiva** 2010/64/UE; → **Direttiva** 2012/13/UE).

• Il destinatario del diritto all'interprete e alla traduzione disciplinato dalla norma in esame è l'**imputato/indagato** (→ **Soggetti**, artt. 60, 61) **che non conosce la lingua italiana** (quanto alla persona offesa e ad altri soggetti alloglotti, v. *sub* art. 143 *bis*).

• Il diritto alla mediazione linguistica spetta, oltre che allo straniero e all'apolide, anche al cittadino italiano che per svariate ragioni ignori l'idioma nazionale. Al fine di evitare strumentalizzazioni della garanzia in esame, il legislatore ha previsto (co. 4) **una presunzione relativa di conoscenza della lingua nazionale per chi sia cittadino italiano**, superabile qualora l'interessato dimostri di ignorare la lingua italiana.

• In relazione allo **straniero o all'apolide**, non vige per contro una presunzione di ignoranza dell'idioma nazionale. In tema di **accertamento della non conoscenza della lingua italiana**, la giurisprudenza ha precisato che tale requisito non sussiste «qualora l'imputato straniero mostri, in qualsiasi maniera, di rendersi conto del significato degli atti compiuti con il suo intervento o a lui indirizzati e non rimanga completamente inerte ma, al contrario, assuma personalmente iniziative rivelatrici della sua capacità di difendersi adeguatamente» (Cass., SU, 31.5.2000, n. 12).

• Tra i titolari del diritto alla nomina dell'interprete si colloca anche il **soggetto sordo, muto o sordomuto** (art. 119): per effetto della declaratoria di incostituzionalità che ha colpito le previsioni dell'art. 119 (Corte cost., 341 del 1999), l'imputato sordo, muto o sordomuto, indipendentemente dal fatto che sappia o meno leggere e scrivere, ha diritto di farsi assistere gratuitamente da un interprete, scelto di preferenza fra le persone abituate a trattare con lui (v. anche *sub* art. 144).

• A seguito della novella del 2014, sono stati ampliati i contesti in cui opera la garanzia dell'assistenza gratuita dell'interprete e la tipologia di atti che, altrettanto gratuitamente, devono essere tradotti. Il diritto all'**assistenza gratuita dell'interprete** riguarda, anzitutto, il compimento degli **atti orali** ai quali l'imputato/indagato partecipa (come, ad esempio, gli interrogatori e le udienze) ed inoltre i **colloqui con il difensore** (→ **Soggetti**, artt. 96, 97) prima di rendere un interrogatorio (→ artt. 64 e 65; → **Misure cautelari**, art. 294; → **Indagini e udienza preliminare**, artt. 350, 374 co. 2, 388, 421 co. 2) ovvero al fine di presentare una richiesta o una memoria (art. 121) nel corso del procedimento, e comunque nel caso (→ **Soggetti**, art. 104 co. 4 *bis*) di alloglotto in stato di custodia cautelare (→ **Libro IV**, art. 285), fermo e arresto (→ **Indagini e udienza preliminare**, artt. 380 s. e 384). Nell'ambito delle richieste si ritiene che debbano essere ricomprese anche le impugnazioni (→ **Libro IX**; → **Libro IV**). Se per fatti o circostanze particolari l'esercizio del diritto di difesa richiede lo svolgimento di più colloqui in riferimento al compimento del medesimo atto processuale, l'assistenza gratuita dell'interprete può essere assicurata per più di un colloquio (→ **Disp. att.**, art. 51 *bis* co. 1).

• Quanto agli **atti scritti**, nel recepire le indicazioni della direttiva 2010/64/UE e di alcuni orientamenti giurisprudenziali, si è espressamente previsto che debbano essere **tradotti** l'informazione di garanzia (→ **Indagini e udienza preliminare**, art. 369), l'informazione sul diritto di difesa (→ art. 369 *bis*), i provvedimenti che dispongono misure cautelari personali (→ **Libro IV**, artt. 280-290, 276, 292, 299), l'avviso di conclusione delle indagini preliminari (→ **Indagini e udienza preliminare**, art. 415 *bis*), i decreti che dispongono l'udienza preliminare (→ art. 418) e la citazione a giudizio (→ art. 429; → **Procedimenti speciali**, artt. 450 e 456; → **Giudizio**, art. 465; → **Procedimento davanti al tribunale in composizione monocratica**, art. 552), le sentenze (art. 125; → **Procedimenti speciali**, artt. 442, 444 e 464 *septies*; → **Giudizio**, artt. 529, 530, 531 e 533; → **Impugnazioni**, artt. 605, 617 e 637) e i decreti penali di condanna (→ **Procedimenti speciali**, art. 460). Quando ricorrono particolari ragioni di urgenza e non è possibile avere prontamente una traduzione scritta degli atti in questione, l'autorità giudiziaria può disporre, sempre che non risulti pregiudicato il diritto di difesa dell'imputato, la traduzione orale, anche in forma riassuntiva, redigendo contestualmente verbale (→ **Disp. att.**, art. 51 *bis* co. 2). In tale eventualità deve essere effettuata anche la riproduzione fonografica (→ art. 51 *bis* co. 4). La traduzione orale e la riproduzione fonografica sono disposte, inoltre, nel caso in cui l'imputato rinunci consapevolmente – anche dopo essersi confrontato con il difensore – ed espressamente alla traduzione scritta degli atti (→ art. 51 *bis* co. 3 e 4). Ulteriori atti rispetto a quelli menzionati possono essere tradotti (in tutto o in parte), qualora lo disponga il giudice, anche su richiesta di parte, previo riconoscimento che si tratta di atti essenziali per consentire all'imputato di conoscere le accuse a suo carico (art. 143 co. 3); la decisione del giudice in merito alla traduzione degli atti ritenuti essenziali è impugnabile unitamente alla sentenza.

• L'assistenza dell'interprete può svolgersi anche mediante l'utilizzo delle tecnologie di comunicazione a distanza, salvo che ciò possa causare concreto pregiudizio al diritto di difesa (→ **Disp. att.**, art. 51 *bis* co. 5).

• Nell'ipotesi di imputato straniero che si trovi all'estero, l'invito a dichiarare o eleggere domicilio nel territorio dello Stato ovvero a dichiarare un indirizzo di posta elettronica certificata o altro servizio elettronico di recapito certificato qualificato deve essere redatto nella lingua ufficiale dello Stato in cui l'imputato è nato, quando dagli atti non risulta che egli conosca la lingua italiana (art. 169 co. 3; → **Disp. att.**, art. 63).

• L'interprete e il traduttore sono nominati anche quando il giudice, il p.m. o l'ufficiale di p.g. ha personale conoscenza della lingua o del dialetto da interpretare (co. 5). Questa previsione deve essere coordinata con quanto disposto in tema di **traduzione di documenti redatti in lingua straniera** (→ **Prove**, art. 242), là dove è stabilito che il giudice provvede alla traduzione, a norma dell'art. 143, se ciò è necessario alla comprensione. In proposito si ritiene che, in forza del richiamo all'art. 143, la traduzione debba essere necessariamente disposta, salvo che risulti accertata la comprensione del contenuto del documento da parte di tutti gli interessati.

• Quanto alla **nomina e citazione dell'interprete**, sono previste due modalità (→ **Disp. att.**, art. 52): la prima è quella della nomina e citazione con atto scritto notificato all'interprete; la seconda, dettata per i casi di urgenza, è quella della citazione orale per mezzo dell'ufficiale giudiziario o della p.g. Per quanto la prima parte della norma, nel riferirsi al «provvedimento di nomina» e al «decreto di citazione», sembri alludere all'esistenza di due distinti atti, è opinione pressoché unanime che i due adempimenti possano e debbano essere contenuti in un unico atto, destinato ad assumere la forma di decreto (art. 125).

• Attualmente anche per le categorie professionali degli interpreti e traduttori è prevista l'inclusione nell'albo dei periti, istituito presso ogni tribunale (→ **Disp. att.**, artt. 67 e 68). In modo analogo a quanto stabilito per i periti (→ **Prove**, art. 221), si è disposto, da ultimo, che l'autorità giudiziaria debba avvalersi, per la nomina degli interpreti e traduttori, dell'elenco nazionale, istituito presso il Ministero della giustizia, nel quale confluiscono gli elenchi aggiornati degli iscritti, potendo scegliere professionisti diversi da quelli indicati solo in presenza di specifiche e particolari esigenze (→ **Disp. att.**, art. 67 *bis*).

• Dal **carattere obbligatorio dell'ufficio di interprete e di traduttore** (co. 6) deriva che essi, se citati, hanno l'obbligo di comparire: qualora omettano senza un legittimo impedimento di presentarsi nel luogo, giorno e ora stabiliti, il giudice può ordinare l'accompagnamento coattivo e può altresì condannarli al pagamento di una sanzione pecuniaria, nonché alle spese alle quali la mancata comparizione ha dato causa (art. 133). Quanto alla sostituzione dell'interprete che non rispetta il termine per le traduzioni scritte, v. *sub* art. 147.

• L'assistenza linguistica è **gratuita** e i **costi** del servizio sono **sostenuti dallo Stato**, a prescindere dall'esito del procedimento (quindi anche nel caso di condanna). A quest'ultimo proposito, la novella del 2014 ha modificato anche le previsioni dell'art. 5 **T.U. spese**, escludendo la ripetibilità delle spese relative agli interpreti e traduttori nominati ai sensi dell'art. 143.

• In assenza di espresse comminatorie per l'**inosservanza delle previsioni della norma in esame**, si ritiene che l'omessa assistenza dell'interprete o la mancata traduzione, integrando una violazione del diritto all'assistenza dell'imputato, determinino la nullità generale a regime intermedio (artt. 178 lett. *c*, 180) dell'atto "pregiudicato" dall'assenza della prevista mediazione linguistica (ad es. nullità dell'interrogatorio, nel caso di assenza dell'interprete durante il suo svolgimento o durante il colloquio con il difensore in vista dell'espletamento di tale atto, o dell'atto in funzione del quale doveva essere disposta la traduzione); secondo alcuni orientamenti giurisprudenziali l'inosservanza inciderebbe non sulla validità, ma sull'efficacia dell'atto, con la conseguenza che il rimedio dovrebbe essere il differimento di eventuali termini previsti a pena di decadenza.

• Figura diversa da quella presa in considerazione e disciplinata nell'art. 143 è quella del c.d. **interprete di parte o fiduciario**, cioè l'interprete nominato dalla parte privata o dal suo difensore, in aggiunta a quello nominato d'ufficio. In proposito, la Corte costituzionale (254 del 2007) ha dichiarato costituzionalmente illegittimo l'art. 102 T.U. spese, nella parte in cui non prevede la possibilità, per lo straniero ammesso al patrocinio a spese dello Stato che non conosce la lingua italiana, di nominare un proprio interprete.

143 *bis*. Altri casi di nomina dell'interprete.

1. L'autorità procedente nomina un interprete quando occorre tradurre uno scritto in lingua straniera o in un dialetto non facilmente intellegibile ovvero quando la persona che vuole o deve fare una dichiarazione non conosce la lingua italiana. La dichiarazione può anche essere fatta per iscritto e in tale caso è inserita nel verbale con la traduzione eseguita dall'interprete.

2. Oltre che nei casi di cui al comma 1 e di cui all'articolo 119, l'autorità procedente nomina, anche d'ufficio, un interprete quando occorre procedere all'audizione della persona offesa che non conosce la lingua italiana nonché nei casi in cui la stessa intenda partecipare all'udienza e abbia fatto richiesta di essere assistita dall'interprete.

3. L'assistenza dell'interprete può essere assicurata, ove possibile, anche mediante l'utilizzo delle tecnologie di comunicazione a distanza, sempreché la presenza fisica dell'interprete non sia necessaria per consentire alla persona offesa di esercitare correttamente i suoi diritti o di comprendere compiutamente lo svolgimento del procedimento.

4. La persona offesa che non conosce la lingua italiana ha diritto alla traduzione gratuita di atti, o parti degli stessi, che contengono informazioni utili all'esercizio dei suoi diritti. La traduzione può essere disposta sia in forma orale che per riassunto se l'autorità procedente ritiene che non ne derivi pregiudizio ai diritti della persona offesa.

Articolo inserito dal d. lgs. 15.12.2015, n. 212.

• Il **co. 1** della disposizione in esame – che riproduce una norma contenuta nella versione originaria dell'art. 143 – si riferisce alla funzione c.d. tradizionale dell'interprete, ossia quella di garantire ai protagonisti della vicenda processuale la comprensione di atti o dichiarazioni resi in lingua diversa da quella italiana.

• A proposito della **traduzione di atti scritti**, la norma deve essere raccordata con la previsione che ammette l'ingresso nel processo di documenti redatti in lingua straniera, stabilendo che il giudice provvede alla traduzione, a norma dell'art. 143, se ciò è necessario alla comprensione dello stesso (→ **Prove**, art. 242); circa il coordinamento con l'obbligo di nominare l'interprete anche quando l'autorità procedente ha personale conoscenza della lingua o del dialetto da interpretare, v. *sub* art. 143. L'ulteriore ambito di operatività dell'intervento dell'interprete, ai sensi della norma in questione, è quello della traduzione di **dichiarazioni rese da persone che non conoscono la lingua italiana**. Si deve trattare di soggetti – ad esempio testimoni (→ **Prove**, art. 194 s.) o persone informate sui fatti (→ **Indagini e udienza preliminare**, artt. 351 e 362) – diversi dall'imputato/indagato (→ **Soggetti**, artt. 60 e 61) e dalla persona offesa (→ art. 90), dal momento che rispetto al primo opera la previsione dell'art. 143 e rispetto alla seconda si applica la disciplina contenuta negli altri commi della disposizione in esame. Ove le dichiarazioni vengano rese per iscritto, esse sono inserite nel verbale (art. 136) con la traduzione eseguita dall'interprete.

• Quanto alla nomina dell'interprete per il **soggetto sordo, muto o sordomuto**, v. *sub* artt. 119 e 143.

• Le altre previsioni della norma, introdotte dal d. lgs. 212 del 2015 in attuazione della **direttiva 2012/29/UE** che instituisce norme minime in materia di diritti, assistenza e protezione delle vittime di reato, sono volte a potenziare il **diritto della persona offesa** (→ **Soggetti**, art. 90) **di comprendere e di essere compresa nel processo.** Più in dettaglio, è stabilito, anzitutto, che l'autorità procedente provvede, anche d'ufficio, a nominare l'interprete quando occorre procedere all'audizione della persona offesa che non conosce la lingua italiana, nonché nei casi in cui la stessa intenda partecipare all'udienza e abbia fatto richiesta di essere assistita dall'interprete; tale assistenza può essere fornita, ove possibile e qualora ciò pregiudichi l'esercizio delle prerogative della persona offesa, anche mediante l'utilizzo delle tecnologie di comunicazione a distanza. Inoltre, è garantito alla persona offesa che non conosce la lingua italiana il diritto alla traduzione gratuita – in forma scritta o orale – di atti, o parti degli stessi, che contengono informazioni utili all'esercizio dei suoi diritti. Si raccorda a questa previsione la disposizione che impone di fornire (sin dal primo contatto con l'autorità procedente) alla persona offesa, in una lingua a lei comprensibile, tutta una serie di informazioni concernenti i diritti e le prerogative che può esercitare nel procedimento penale (→ **Soggetti**, art. 90 *bis* co. 1). Occorre, altresì, ricordare che è riconosciuto alla persona offesa non italoglotta il diritto di utilizzare una lingua a lei conosciuta in occasione della presentazione di denuncia o querela e di ottenere – su richiesta – la traduzione dell'attestazione di ricezione di tali atti (→ **Disp. att.**, art. 107 *ter*).

• L'assistenza linguistica è **gratuita per la persona offesa**; le spese all'uopo sostenute sono ritenute ripetibili dal condannato, in quanto l'art. 5 **T.U. spese** esclude la ripetibilità solo delle spese relative agli interpreti e traduttori nominati *ex* art. 143.

• A differenza di quanto è previsto a proposito della traduzione disposta per l'imputato (art. 143 co. 3), la norma **non prevede l'impugnabilità del provvedimento** del giudice che abbia negato, in tutto o in parte, la traduzione, sebbene la direttiva 2012/29/UE lo richiedesse.

• Anche in relazione all'interprete nominato ai sensi della norma in esame trovano applicazione le **ulteriori disposizioni del Titolo IV** (artt. 144-147).

• Si ritiene che la mancata nomina dell'interprete per la traduzione di atti scritti o di dichiarazioni orali rese da persone diverse dall'imputato integri una **nullità relativa** (art. 181), posto che per effetto dell'omessa traduzione viene inserito nel procedimento un atto non compiuto in lingua italiana (art. 109 co. 3).

144. Incapacità e incompatibilità dell'interprete.

1. Non può prestare ufficio di interprete, a pena di nullità:

a) il minorenne, l'interdetto, l'inabilitato e chi è affetto da infermità di mente;

b) chi è interdetto anche temporaneamente dai pubblici uffici ovvero è interdetto o sospeso dall'esercizio di una professione o di un'arte;

c) chi è sottoposto a misure di sicurezza personali o a misure di prevenzione;

d) chi non può essere assunto come testimone o ha facoltà d'astenersi dal testimoniare o chi è chiamato a prestare ufficio di testimone o di perito ovvero è stato nominato consulente tecnico nello stesso procedimento o in un procedimento connesso. Nondimeno, nel caso previsto dall'articolo 119, la qualità di interprete può essere assunta da un prossimo congiunto della persona sorda, muta o [sordomuta].

La l. 20.2.2006, n. 95 ha stabilito che in tutte le disposizioni legislative vigenti il termine «sordomuto» sia sostituito con l'espressione «sordo».

• Le previsioni della norma in esame si applicano anche al traduttore (art. 143 co. 6).

• L'ufficio di interprete non può essere prestato dai soggetti che si trovano nelle peculiari condizioni personali o processuali inquadrate nelle due categorie dell'incapacità e dell'incompatibilità. Più in particolare, sono **incapaci** (lett. *a*, *b*, *c*): il minorenne, l'interdetto (→ art. 414 c.c.; → art. 32 c.p.), l'inabilitato (→ art. 415 c.c.), chi è affetto da infermità di mente, l'interdetto (anche temporaneamente) dai pubblici uffici (→ artt. 28, 29 e 31 c.p.), l'interdetto o il sospeso dall'esercizio di una professione o di un'arte (→ artt. 30, 31 e 35 c.p.) e chi è sottoposto a misure di sicurezza personali

(→ art. 215 s. c.p.) o a misure di prevenzione. Sono **incompatibili** (lett. *d*): chi non può essere assunto come testimone (→ **Prove**, art. 197) o ha facoltà di astenersi dal testimoniare (→ artt. 199 e 200) o chi è chiamato a prestare l'ufficio di testimone (→ art. 194) o di perito (→ art. 221) o è stato nominato consulente tecnico (→ art. 225) nello stesso procedimento o in un procedimento connesso (→ **Soggetti**, art. 12). La giurisprudenza ritiene che sia incompatibile a ricoprire il ruolo di interprete colui che, nell'ambito dello stesso procedimento, sia stato incaricato di effettuare, contestualmente e unitamente al trascrittore, la traduzione in lingua italiana delle registrazioni delle conversazioni intercettate (Cass., SU, 24.2.2011, n. 18268).

• Le situazioni di incapacità e incompatibilità dell'interprete (e del traduttore) **coincidono**, in sostanza, **con quelle previste per il perito** (→ **Prove**, art. 222). Si registrano alcune divergenze, peraltro, a proposito dei presupposti per l'operatività degli istituti della ricusazione e dell'astensione: v. *sub* art. 145.

• Una deroga alle disposizioni di cui alla lett. *d*) è contenuta nell'ultimo periodo della norma in esame: nel caso in cui si tratti di **soggetto sordo, muto o sordomuto** la qualità di interprete può essere assunta da un prossimo congiunto (→ art. 307 co. 4 c.p.) dello stesso. Questa disposizione si raccorda con la previsione in base alla quale l'autorità procedente nomina gli interpreti per il soggetto affetto da handicap auditivo e/o mutismo, scegliendoli di preferenza fra le persone abituate a trattare con lui (art. 119 co. 2).

• L'osservanza della disciplina concernente l'incapacità e l'incompatibilità dell'interprete è prevista a pena di **nullità** (art. 177). Secondo la giurisprudenza si tratta di nullità relativa (art. 181).

• La presenza delle cause di incapacità e di incompatibilità costituisce il **presupposto** per l'operatività degli istituti della **ricusazione** e dell'**astensione** dell'interprete (art. 145).

145. Ricusazione e astensione dell'interprete.

1. L'interprete può essere ricusato per i motivi indicati nell'articolo 144, dalle parti private e, in rapporto agli atti compiuti o disposti dal giudice, anche dal pubblico ministero.
2. Quando esiste un motivo di ricusazione, anche se non proposto, ovvero se vi sono gravi ragioni di convenienza per astenersi, l'interprete ha obbligo di dichiararlo.
3. La dichiarazione di ricusazione o di astensione può essere presentata fino a che non siano esaurite le formalità di conferimento dell'incarico e, quando si tratti di motivi sopravvenuti ovvero conosciuti successivamente, prima che l'interprete abbia espletato il proprio incarico.
4. Sulla dichiarazione di ricusazione o di astensione decide il giudice con ordinanza.

• Le previsioni della norma in esame si applicano anche al traduttore (art. 143 co. 6).

• Pur se modellata sulla disciplina dettata a proposito del perito (→ **Prove**, art. 223), la normativa concernente la ricusazione e l'astensione dell'interprete presenta alcune peculiarità. In particolare, mentre tra le cause di astensione e di ricusazione del perito sono richiamate le situazioni delineate in relazione all'astensione e ricusazione del giudice (→ **Soggetti**, art. 36), diversamente i motivi di ricusazione dell'interprete sono individuati esclusivamente nelle cause di incapacità e di incompatibilità dell'interprete (art. 144), il quale, in presenza di tali motivi, ovvero se vi sono gravi ragioni di convenienza per astenersi, ha l'obbligo di dichiararlo.

• La **legittimazione** alla ricusazione dell'interprete è attribuita alle parti private (→ **Soggetti**, artt. 60, 61, 74, 83 e 89) e, in relazione agli atti compiuti o disposti dal giudice, anche al p.m. (→ art. 51).

• La dichiarazione di ricusazione o di astensione deve essere proposta entro i **termini** previsti nel co. 3; peraltro, si ritiene che, qualora la sussistenza di una delle situazioni di incapacità o di incompatibilità sia insorta successivamente all'espletamento dell'incarico, essa possa essere fatta valere come causa di nullità (art. 144).

• È opinione condivisa che la **competenza** a decidere sulla ricusazione o astensione spetti al giudice che procede nel momento in cui viene proposta la dichiarazione di ricusazione o di astensione, anche se la nomina è stata disposta da un altro giudice, dal p.m. o dalla p.g. Nel corso delle indagini preliminari è competente il g.i.p. (→ **Indagini e udienza preliminare**, art. 328).

• La decisione assume la forma dell'**ordinanza** (art. 125).

146. Conferimento dell'incarico.

1. L'autorità procedente accerta l'identità dell'interprete e gli chiede se versi in una delle situazioni previste dagli articoli 144 e 145.

2. Lo ammonisce poi sull'obbligo di adempiere bene e fedelmente l'incarico affidatogli, senz'altro scopo che quello di far conoscere la verità, e di mantenere il segreto su tutti gli atti che si faranno per suo mezzo o in sua presenza. Quindi lo invita a prestare l'ufficio.

2 *bis*. Quando l'interprete o il traduttore risiede nella circoscrizione di altro tribunale, l'autorità procedente, ove non ritenga di procedere personalmente, richiede al giudice per le indagini preliminari del luogo il compimento delle attività di cui ai commi precedenti.

Il co. 2 *bis* è stato inserito dal d. lgs. 4.3.2014, n. 32, come modificato dal d. lgs. 23.6.2016, n. 129.

• Le previsioni della norma in esame si applicano anche al traduttore (art. 143 co. 6).

• Gli **adempimenti a carico dell'autorità** che provvede al conferimento dell'incarico – ovvero del g.i.p. (delegato dall'autorità procedente) della diversa circoscrizione in cui risiede l'interprete o il traduttore (co. 2 *bis*) – si sostanziano nell'accertamento dell'identità dell'interprete, nella richiesta circa la sussistenza di una delle situazioni di incapacità o di incompatibilità (artt. 144 e 145) e nell'ammonimento sugli obblighi e le caratteristiche inerenti all'incarico; all'espletamento di tali attività segue l'invito a prestare l'ufficio.

147. Termine per le traduzioni scritte. Sostituzione dell'interprete.

1. Per la traduzione di scritture che richiedono un lavoro di lunga durata, l'autorità procedente fissa all'interprete un termine che può essere prorogato per giusta causa una sola volta. L'interprete può essere sostituito se non presenta entro il termine la traduzione scritta.

2. L'interprete sostituito, dopo essere stato citato a comparire per discolparsi, può essere condannato dal giudice al pagamento a favore della cassa delle ammende di una somma da euro 51 a euro 516.

• Qualora l'interprete debba procedere alla traduzione di scritture che, richiedendo un lavoro di lunga durata, non può essere immediatamente inserita a verbale (art. 143 *bis* co. 1), l'autorità procedente fissa un **termine** che può essere prorogato per giusta causa una sola volta. Se entro il termine fissato (ed eventualmente prorogato) l'interprete non presenta la traduzione scritta, l'autorità che ha provveduto alla nomina può procedere alla **sostituzione** dello stesso.

• L'interprete sostituito, dopo essere stato citato a comparire per discolparsi, può essere condannato al pagamento a favore della cassa delle ammende di una somma da euro 51 a euro 516. La competenza ad irrogare tale **sanzione pecuniaria** è riconosciuta solo al giudice. A quest'ultimo proposito, è prescritto che nel corso delle indagini preliminari il p.m. richiede al g.i.p. di provvedere all'applicazione della sanzione pecuniaria (→ **Disp. att.**, art. 53).

Titolo V
NOTIFICAZIONI

148. Organi e forme delle notificazioni.

1. Salvo che la legge disponga diversamente, le notificazioni degli atti sono eseguite, a cura della segreteria o della cancelleria, con modalità telematiche che, nel rispetto della normativa anche regolamentare concernente la trasmissione e la ricezione dei documenti informatici, as-

sicurano la identità del mittente e del destinatario, l'integrità del documento trasmesso, nonché la certezza, anche temporale, dell'avvenuta trasmissione e ricezione.

2. La lettura dei provvedimenti alle persone presenti o rappresentate dal difensore e gli avvisi che sono dati dal giudice o dal pubblico ministero verbalmente agli interessati in loro presenza sostituiscono le notificazioni di cui al comma 1, purché ne sia fatta menzione nel verbale.

3. Sostituisce le notificazioni di cui al comma 1 anche la consegna di copia in forma di documento analogico dell'atto all'interessato da parte della cancelleria o della segreteria. Il pubblico ufficiale addetto annota in tal caso sull'originale dell'atto la eseguita consegna e la data in cui essa è avvenuta.

4. In tutti i casi in cui per espressa previsione di legge, per l'assenza o l'inidoneità di un domicilio digitale del destinatario o per la sussistenza di impedimenti tecnici, non è possibile procedere con le modalità indicate al comma 1, e non è stata effettuata la notificazione con le forme previste nei commi 2 e 3, la notificazione disposta dall'autorità giudiziaria è eseguita dagli organi e con le forme stabilite nei commi seguenti e negli ulteriori articoli del presente titolo.

5. Le notificazioni degli atti, salvo che la legge disponga altrimenti, sono eseguite dall'ufficiale giudiziario o da chi ne esercita le funzioni.

6. La notificazione è eseguita dalla polizia giudiziaria nei soli casi previsti dalla legge. Le notificazioni richieste dal pubblico ministero possono essere eseguite dalla polizia giudiziaria nei casi di atti di indagine o provvedimenti che la stessa polizia giudiziaria è delegata a compiere o è tenuta ad eseguire.

7. Nei procedimenti con detenuti ed in quelli davanti al tribunale del riesame l'autorità giudiziaria può disporre che, in caso di urgenza, le notificazioni siano eseguite dalla polizia penitenziaria del luogo in cui i destinatari sono detenuti, con l'osservanza delle norme del presente titolo.

8. L'atto è notificato per intero, salvo che la legge disponga altrimenti, di regola mediante consegna di copia al destinatario oppure, se ciò non è possibile, alle persone indicate nel presente titolo. Quando la notifica non può essere eseguita in mani proprie del destinatario, l'organo competente per la notificazione consegna la copia dell'atto da notificare, fatta eccezione per il caso di notificazione al difensore o al domiciliatario, dopo averla inserita in busta che provvede a sigillare trascrivendovi il numero cronologico della notificazione e dandone atto nella relazione in calce all'originale e alla copia dell'atto.

Il testo è stato modificato dal d. lgs. 10.10.2022, n. 150.

• La "riforma Cartabia" ha inteso prevedere, quale regola generale, quella della notificazione mediante **modalità telematiche**, senza distinzione tra giudice e p.m. In conseguenza, sono stati abrogati i previgenti artt. 150 e 151. Pertanto, la comunicazione di atti del giudice ad altro giudice ovvero dal giudice al p.m. che ha sede diversa da quella del giudice, si esegue con le modalità indicate al co. 1, ovvero nei casi in cui ciò non sia possibile – evenienza che sembra limitata alla sussistenza di impedimenti tecnici – mediante lettera raccomandata con avviso di ricevimento, ovvero nelle comunicazioni tra giudici anche mediante consegna al personale di cancelleria (→ **Disp. att.**, art. 64).

• Il mancato rispetto dei requisiti previsti dal co. 1 dell'art. 148 è causa di **nullità speciale** della notificazione telematica (art. 171 lett. *b bis*).

• Le notificazioni per via telematica sono eseguite all'indirizzo di posta elettronica certificata risultante da pubblici elenchi o comunque accessibili alle pubbliche amministrazioni, secondo la normativa, anche regolamentare, concernente la sottoscrizione, la trasmissione e la ricezione dei documenti informatici (art. 16 co. 4 d.l. 18.10.2012, n. 179).

• **Durante le indagini preliminari** (→ **Libro V**, art. 349 co. 3), la p.g., quando procede all'identificazione della persona nei cui confronti vengono svolte le indagini, la invita a dichiarare o eleggere il domicilio per le notificazioni a norma dell'art. 161, nonché a indicare il recapito della casa di abitazione, del luogo in cui esercita abitualmente l'attività lavorativa e dei luoghi in cui ha temporanea dimora o domicilio, oltre che a indicare i recapiti telefonici o gli indirizzi di posta elettronica nella sua disponibilità.

• In un'ottica di semplificazione delle forme, il co. 2 prevede che le notificazioni possano essere sostituite dalla lettura dei provvedimenti alle persone presenti e dagli avvisi orali dati dal giudice o dal p.m., purché ne sia fatta menzione nel verbale (art. 134). Nell'ambito dell'**udienza preliminare** (→ **Libro V**, art. 420 *ter* co. 4), del **dibattimento** (→ **Libro VII**, art. 484 co. 2 *bis*), e dell'**udienza di comparizione predibattimentale a seguito di citazione diretta** (→ **Libro VIII**, art. 554 *bis* co. 2) la lettura dell'ordinanza che fissa la nuova udienza in caso di impedimento a comparire dell'imputato, sostituisce gli avvisi per tutti coloro che sono o devono considerarsi presenti. All'esito dell'**udienza preliminare** (→ **Libro V**), la lettura, da parte del giudice, della sentenza di non luogo a procedere o del decreto che dispone il giudizio equivale a notificazione per le parti presenti (→ art. 424 co. 2). Una volta revocata la sentenza di non luogo a procedere, se il p.m. chiede il rinvio a giudizio, il giudice fissa l'udienza dandone avviso agli interessati presenti (→ art. 436 co. 2). Durante il **giudizio** (→ **Libro VII**), gli avvisi relativi alla prosecuzione e alla sospensione del dibattimento sostituiscono le notificazioni per coloro che sono comparsi o debbono considerarsi presenti (→ art. 477 co. 3). La lettura della motivazione della sentenza contestualmente al dispositivo equivale a notificazione per le parti che sono o devono considerarsi presenti all'udienza (→ art. 545 co. 3).

• Ancora, ai sensi del co. 3, sostituisce le notificazioni la consegna di copia in forma di documento analogico dell'atto all'interessato, da parte della cancelleria o della segreteria.

• Se non è possibile procedere alla notificazione con le modalità del co. 1, ovvero non sono state osservate le forme di cui ai co. 2 e 3, si riespande la competenza degli **ufficiali giudiziari**. Questi, ricevuto l'atto, devono formare un numero di copie uguale a quello dei destinatari della notificazione; se, invece, le notificazioni sono effettuate dalla **p.g.** (→ **Soggetti**, art. 55) l'atto è trasmesso all'ufficiale di polizia competente per territorio con numero di copie uguale a quello dei destinatari della notificazione (→ **Disp. att.**, art. 54).

• Le modifiche normative che hanno interessato la disciplina sulle notificazioni si sono mosse verso una tendenziale **limitazione nell'impiego della p.g.** come soggetto preposto a questa attività. Tuttavia, le rimane uno spazio operativo. La consegna all'imputato **non detenuto** di copia dell'ordinanza con la quale il giudice abbia disposto la misura della custodia cautelare (→ **Libro IV**, art. 293 co. 1) è infatti effettuata dagli ufficiali o agenti di p.g. Inoltre, nell'assetto della nuova disciplina sull'**assenza dell'imputato**, è stato confermato il ruolo privilegiato della p.g. Prima di pronunciare la sentenza di non doversi procedere per mancata conoscenza della pendenza del processo da parte dell'imputato (→ art. 420 *quater*), se questi non è presente nell'**udienza preliminare** (→ **Libro V**) o nel **giudizio** davanti al tribunale in composizione monocratica (→ **Libro VIII**), fuori dai casi di assenza (→ **Indagini e udienza preliminare**, art. 420 *bis*) e impedimento a comparire (→ art. 420 *ter*), nonché fuori dalle ipotesi di nullità della notificazione (→ art. 420 co. 2), il giudice dispone che l'**avviso di fissazione dell'udienza sia notificato personalmente dalla p.g.**, stante la maggiore efficacia che la ricerca da parte di questo soggetto potrebbe avere (→ **Disp. att.**, art. 143 *bis*). Una volta rintracciato il soggetto, la p.g. deve pure notificare personalmente all'imputato la sentenza di non doversi procedere e dare avviso della riapertura del processo (→ **Libro V**, art. 420 *sexies*).

• L'autorità giudiziaria può disporre che la notificazione all'imputato dell'avviso di fissazione dell'udienza preliminare (→ **Libro V**, art. 450 co. 2), della citazione a giudizio per il rito direttissimo (→ **Libro VI**, art. 450 co. 2), per il rito ordinario (→ **Libro VII**, art. 456), per il procedimento predibattimentale davanti al tribunale in composizione monocratica (→ **Libro VIII**, art. 552) per il giudizio di appello (→ **Libro IX**, art. 601), nonché per il decreto penale di condanna (→ **Libro VI**), sia eseguita dalla p.g. Ciò può avvenire quando sia necessario per evitare la scadenza del termine di prescrizione del reato o il decorso del termine di improcedibilità di cui all'art. 344 *bis* oppure sia in corso di applicazione una misura cautelare ovvero in ogni altro caso in cui sia ritenuto indispensabile e improcrastinabile sulla base di specifiche esigenze (art. 157 *ter* co. 2).

• Va detto che la disposizione di cui al co. 7, in virtù della clausola prevista dall'art. 17 co. 6 l. 155 del 2005, non si applica ai procedimenti relativi ai delitti previsti **dall'art. 407 co. 2 lett. *a* nn. 1, 3 e 4** (→ **Indagini e udienza preliminare**), dove le notifiche continuano a essere eseguite dalla p.g.

• In virtù della clausola di esclusione di cui al co. 8, vi sono ipotesi in cui la legge ammette che l'atto sia **notificato per estratto**. È così per la sentenza con la quale la corte di cassazione abbia deciso i conflitti di giurisdizione o competenza (→ **Soggetti**, art. 32) o si sia pronunciata in sede di rinvio pregiudiziale per la decisione sulla competenza per territorio (→ **Soggetti**, art. 24 *bis*); per l'ordinanza della corte di cassazione che abbia accolto la richiesta di rimessione del processo (→ art. 48 co. 4); per l'ordinanza con la quale il g.i.p. abbia accolto la richiesta di differimento dell'incidente probatorio (→ **Indagini e udienza preliminare**, art. 397 co. 3). Nel corso del **giudizio** (→ **Libro VII**), all'imputato **assente**, è notificato per estratto il verbale contenente le nuove contestazioni (→ art. 520 co. 1). All'esito del giudizio è, in ogni caso, comunicato al P.G. presso la corte di appello l'avviso di deposito con l'estratto della sentenza (→ art. 548 co. 3). La notificazione in modo incompleto, al di fuori delle eccezioni previste al co. 3, integra una **nullità speciale** della stessa (artt. 171 lett. *a* e 177).

• A tutela della riservatezza, quando la notificazione non possa essere eseguita a mani proprie – fatta eccezione per il caso di notificazione al difensore o al domiciliatario – l'autorità giudiziaria consegna copia dell'atto in una busta sigillata, trascrivendo il numero cronologico della notificazione. In detta ipotesi, quando la relazione della notificazione alla persona sottoposta alle indagini attesta la consegna dell'atto a persona diversa dal destinatario, la cancelleria o la segreteria dà avviso di cortesia al destinatario della notifica tramite comunicazione al recapito telefonico o all'indirizzo di posta elettronica indicato ai sensi dell'art. 349 (→ **Indagini e udienza preliminare**), indicandone l'esito (→ **Disp. att.**, art. 63 *bis*).

149. Notificazioni urgenti a mezzo del telefono e del telegrafo.

1. Quando nei casi previsti dall'articolo 148, comma 4, ricorre una situazione di urgenza, il giudice o il pubblico ministero dispongono, anche su richiesta di parte, che le persone diverse dall'imputato siano avvisate o convocate a mezzo del telefono a cura, rispettivamente, della cancelleria o della segreteria.

2. Dell'attività svolta è redatta attestazione che viene inserita nel fascicolo, nella quale si dà atto del numero telefonico chiamato, del nome, delle funzioni o delle mansioni svolte dalla persona che riceve la comunicazione, del suo rapporto con il destinatario e dell'ora della telefonata.

3. Alla comunicazione si procede chiamando il numero telefonico corrispondente ai luoghi indicati nell'articolo 157 commi 1 e 2, o il numero indicato dal destinatario o che dagli atti risulta in uso allo stesso. Essa non ha effetto se non è ricevuta dal destinatario, da persona che conviva anche temporaneamente col medesimo ovvero che sia al suo servizio.

4. La comunicazione telefonica ha valore di notificazione con effetto dal momento in cui è avvenuta, sempre che della stessa sia data immediatamente conferma al destinatario mediante telegramma o, in alternativa, mediante comunicazione all'indirizzo di posta elettronica indicato dallo stesso.

5. Quando non è possibile procedere nel modo indicato nei commi precedenti, la notificazione è eseguita, per estratto, mediante telegramma.

Il testo è stato così modificato dal d.l. 18.10.2001, n. 374, conv. dalla l. 15.12.2001, n. 438 che ha soppresso il richiamo alla p.g. presente nel co. 1. L'articolo è stato da ultimo modificato dal d. lgs. 10.10.2022, n. 150.

• Nell'ampia locuzione «persone diverse dall'imputato» alle quali, nei casi di urgenza, il giudice o il p.m., anche su richiesta delle parti, possono disporre le notificazioni a mezzo **telefono o telegramma**, sono ricompresi, tra gli altri: il difensore (→ **Soggetti**, artt. 96 e 97), il testimone (→ **Prove**, art. 194), il consulente tecnico (→ art. 225), il perito (→ art. 220), l'interprete (artt. 143 e 143 *bis*), il custode di cose sequestrate (→ art. 259), con esclusione quindi dell'imputato e della persona sottoposta ad indagini (→ **Soggetti**). Per l'interprete (artt. 143 e 143 *bis*), nei casi di urgenza, il decreto di citazione può essere notificato anche oralmente per mezzo dell'ufficiale giudiziario o della p.g. (→ **Disp. att.**, art. 52).

• Sulla scorta di quanto previsto al co. 3, la comunicazione telefonica si effettua chiamando il numero corrispondente alla casa di abitazione o al luogo in cui il destinatario della notificazione esercita abitualmente l'attività lavorativa o dove ha temporanea dimora o recapito (art. 157 co. 1 e 2).

• La norma va raccordata con l'art. 64 co. 3 **Disp. att.**, a tenore del quale, quando ricorre una situazione di urgenza o l'atto contiene disposizioni concernenti la libertà personale, la comunicazione di atti del giudice ad altro giudice o al p.m. che ha sede diversa da quella del giudice, è eseguita con il mezzo più celere nelle forme previste da questa disposizione ovvero attraverso la p.g. mediante consegna di copia dell'atto presso la cancelleria o la segreteria

• L'istituto può essere utilizzato per procedere all'**interrogatorio di garanzia** (→ **Misure cautelari**) del quale il giudice deve dare tempestivo avviso al difensore e al p.m. (→ art. 294 co. 4).

• Il co. 5, laddove prevede, nei casi di impossibilità di eseguire la notificazione per via telefonica, la notificazione per estratto, mediante telegramma, introduce una deroga al principio secondo cui l'atto deve essere notificato per intero (art. 148 co. 8).

• Detto telegramma, nonché quello con il quale, a tenore del co. 4, deve essere data conferma dell'avvenuta comunicazione telefonica, sarà spedito dalla cancelleria o segreteria. La copia e la ricevuta di spedizione del telegramma sono allegati agli atti del procedimento (→ **Disp. att.**, art. 55).

150. Forme particolari di notificazione disposte dal giudice.

[Soppresso.]

Articolo abrogato dal d. lgs. 10.10.2022, n. 150.

151. Notificazioni richieste dal pubblico ministero.

[Soppresso.]

Articolo abrogato dal d. lgs. 10.10.2022, n. 150.

152. Notificazioni richieste dalle parti private.

1. Salvo che la legge disponga altrimenti, le notificazioni richieste dalle parti private possono essere sostituite dalla notificazione con modalità telematiche eseguita dal difensore a mezzo di posta elettronica certificata o altro servizio elettronico di recapito certificato ovvero dall'invio di copia dell'atto in forma di documento analogico effettuata dal difensore mediante lettera raccomandata con avviso di ricevimento.

L'articolo è stato modificato dal d. lgs. 10.10.2022, n. 150.

• Qualora le notificazioni siano richieste dalle parti private (→ **Soggetti**) – **imputato** (→ art. 60), **parte civile** (→ art. 74), **responsabile civile** (→ art. 83), **civilmente obbligato per la pena pecuniaria** (→ art. 89) –, come quando la parte civile debba notificare il **decreto del giudice che dispone la citazione del responsabile civile** (→ art. 83 co. 4) o del civilmente obbligato per la pena pecuniaria (→ art. 89 co. 2), esclusivamente al loro difensore è consentito ricorrere alle modalità telematiche o, in alternativa all'invio di copia dell'atto in forma di documento analogico mediante lettera raccomandata con avviso di ricevimento, piuttosto che avvalersi dell'ufficiale giudiziario (art. 148). Spetta poi al difensore documentare questa spedizione depositando in cancelleria copia dell'atto inviato, attestandone la conformità all'originale, e l'avviso di ricevimento. Inoltre il difensore indica se l'atto è stato spedito in busta chiusa o in piego (→ **Disp. att.**, art. 56). Se è richiesto l'**ufficiale giudiziario** per le notifiche delle citazioni ai testimoni, periti, interpreti, consulenti tecnici e imputati *ex* art. 210 (→ **Prove**), le parti devono consegnargli gli atti di citazione in tempo utile e nel numero di copie necessario (→ **Disp. att.**, art. 142).

• Le modalità di effettuazione della notificazione con modalità telematiche da parte del difensore sono oggetto di specifica disciplina (→ **Disp. att.**, art. 56 *bis*). A questo riguardo, è stabilito che la notificazione possa essere eseguita utilizzando **esclusivamente** un domicilio digitale del notificante risultante da pubblici elenchi. Spetta poi all'avvocato redigere la relazione di notificazione su documento informatico sottoscritto con firma digitale o altra firma elettronica qualificata ed allegata al messaggio inviato. La relazione deve recare l'indicazione di una serie di elementi. Quando l'atto da notificarsi è redatto in forma di documento analogico, l'avvocato provvede ad estrarne copia informatica, sulla quale appone attestazione di conformità nel rispetto delle modalità previste per i procedimenti civili. Il difensore documenta l'avvenuta notificazione dell'atto con modalità telematiche depositando in cancelleria il duplicato informatico o la copia informatica dell'atto inviato, unitamente all'attestazione di conformità all'originale, la relazione redatta con le modalità di cui al co. 2, nonché le ricevute di accettazione e di avvenuta consegna generate dal sistema.

153. Notificazioni e comunicazioni al pubblico ministero.

1. Le notificazioni al pubblico ministero sono eseguite, con le modalità previste dall'articolo 148, comma 1, e, nei casi indicati dall'articolo 148, comma 4, direttamente dalle parti o dai difensori, mediante consegna di copia dell'atto in forma di documento analogico nella segreteria. In tale ultimo caso, il pubblico ufficiale addetto annota sull'originale e sulla copia dell'atto le generalità di chi ha eseguito la consegna e la data in cui questa è avvenuta.
2. Le comunicazioni di atti e provvedimenti del giudice al pubblico ministero sono eseguite a cura della cancelleria nello stesso modo, salvo che il pubblico ministero prenda visione dell'atto sottoscrivendolo. In tal caso, il pubblico ufficiale addetto annota sull'originale dell'atto la eseguita consegna e la data in cui questa è avvenuta.

L'articolo è stato modificato dal d. lgs. 10.10.2022, n. 150.

• L'espunzione della locuzione «anche» utilizzata al precedente co. 1 importa che le parti (→ **Soggetti**, artt. 60, 61, 74, 83 e 89), o i loro difensori (→ artt. 96 e 97) si possano avvalere, per le notificazioni al p.m., nei casi tipizzati al co. 4 dell'art. 148, della consegna in forma di documento analogico.

• Tra gli atti che la persona sottoposta ad indagini (→ **Soggetti**, art. 61) può notificare al p.m. durante le **indagini preliminari** (→ **Libro V**) vi è la richiesta di incidente probatorio (→ art. 395); quanto all'imputato, questi deve notificare al p.m. (e alla persona offesa dal reato: → **Soggetti**, art. 90) l'atto di rinuncia all'udienza preliminare (→ **Libro V**, art. 419 co. 5).

• Nel corso delle **indagini e dell'udienza preliminare** (→ **Libro V**), tra gli atti del giudice da comunicare al p.m. vi sono, tra gli altri: l'avviso di fissazione dell'udienza in camera di consiglio in caso di mancato accoglimento della richiesta di archiviazione (→ art. 409 co. 2); l'avviso di fissazione dell'udienza preliminare (→ art. 419 co. 2); l'avviso di fissazione dell'incidente probatorio (→ art. 398 co. 3). Occorre, poi, comunicare al p.m. l'ordinanza con la quale il g.i.p. abbia rigettato la richiesta di incidente probatorio (→ art. 397 co. 3).

• La comunicazione di atti del giudice al p.m. che ha **sede diversa** da quella del giudice, si esegue mediante trasmissione di copia dell'atto con le modalità telematiche di cui all'art. 148 co. 1, o, nei casi di cui all'art. 148 co. 4, con lettera raccomandata con avviso di ricevimento (→ **Disp. att.**, art. 64 co. 2). Una specifica disciplina è dettata per i casi di urgenza o quando l'atto contiene disposizioni concernenti la libertà personale (→ art. 64 co. 3): ricorrendo i casi di cui all'art. 148 co. 4 – quando, cioè, per espressa previsione di legge, per l'assenza o l'inidoneità di un domicilio digitale del destinatario o per la sussistenza di impedimenti tecnici, non è possibile procedere con le modalità indicate al co. 1 dell'art. 148, e non è stata effettuata la notificazione con le forme previste nei co. 2 e 3 – la comunicazione è eseguita col mezzo più celere nelle forme previste dall'art. 149, ovvero è eseguita dalla p.g. mediante consegna di copia dell'atto presso la cancelleria o la segreteria. In questo ultimo caso, la polizia redige verbale, copia del quale è trasmessa al giudice che ha emesso l'atto.

153 *bis*. Domicilio del querelante. Notificazioni al querelante.

1. Il querelante, nella querela, dichiara o elegge domicilio per la comunicazione e la notificazione degli atti del procedimento. A tal fine, può dichiarare un indirizzo di posta elettronica certificata o altro servizio elettronico di recapito certificato qualificato.

2. Il querelante ha comunque facoltà di dichiarare o eleggere domicilio anche successivamente alla formulazione della querela, con dichiarazione raccolta a verbale o depositata con le modalità previste dall'articolo 111-*bis*, ovvero mediante telegramma o lettera raccomandata con sottoscrizione autenticata da un notaio, da altra persona autorizzata o dal difensore. La dichiarazione può essere effettuata anche presso la segreteria del pubblico ministero procedente o presso la cancelleria del giudice procedente.

3. In caso di mutamento del domicilio dichiarato o eletto, il querelante ha l'obbligo di comunicare all'autorità procedente, con le medesime modalità previste dal comma 2, il nuovo domicilio dichiarato o eletto

4. Le notificazioni al querelante che non ha nominato un difensore sono eseguite presso il domicilio digitale e, nei casi di cui all'articolo 148, comma 4, presso il domicilio dichiarato o eletto.

5. Quando la dichiarazione o l'elezione di domicilio mancano o sono insufficienti o inidonee, le notificazioni alla persona offesa che abbia proposto querela sono eseguite mediante deposito dell'atto da notificare nella segreteria del pubblico ministero procedente o nella cancelleria del giudice procedente.

L'articolo è stato introdotto dal d. lgs. 10.10.2022, n. 150. A norma dell'art. 87 co. 5 d. lgs. 150 del 2022, «la dichiarazione e l'elezione di domicilio, prevista dal comma 2 dell'articolo 153 *bis* (...), nonché le comunicazioni previste dal comma 3 dello stesso articolo 153 *bis*, sono effettuate con le forme ivi previste in alternativa al deposito in via telematica» fino al quindicesimo giorno successivo alla pubblicazione dei regolamenti di cui ai co. 1 e 3, ovvero a partire dal diverso termine previsto dal regolamento di cui al co. 3 per gli uffici giudiziari e per le tipologie di atti in esso indicati.

• La disciplina introdotta dalla "riforma Cartabia" per le notificazioni al **querelante** (→ **Libro V**) va raccordata con i nuovi avvisi inseriti all'art. 90 *bis* (→ **Soggetti**), funzionali ad adeguare l'ordinamento agli artt. 4 § 1, lett. *b*, 5 e 6 della direttiva 2012/29/UE. In particolare, il querelante ha l'obbligo di **dichiarare o eleggere domicilio per la comunicazione e la notificazione** degli atti del procedimento, con l'avviso che la dichiarazione di domicilio può essere effettuata anche mediante l'indicazione di un **indirizzo di posta elettronica** certificata o altro servizio elettronico di recapito certificato qualificato (→ art. 90 *bis* co. 1 *a bis*). La dichiarazione o elezione di domicilio può essere formalizzata anche successivamente al deposito della querela (→ art. 90 *bis* co. 1 lett. *a ter*). Questo soggetto è altresì avvisato dell'obbligo, in caso di mutamento del domicilio dichiarato o eletto, di comunicare tempestivamente la nuova domiciliazione (→ art. 90 *bis* co. 1 lett. *a quater*).

• Sino a quando non entreranno a regime le disposizioni della "riforma Cartabia" concernenti il processo penale telematico (operative a partire dal quindicesimo giorno successivo alla pubblicazione di specifici regolamenti, che dovranno essere adottati entro il 31.12.2023, o a partire dal diverso termine che verrà fissato dalla normativa secondaria), la dichiarazione o l'elezione di domicilio prevista dal co. 2, nonché le comunicazioni previste dal co. 3 sono effettuate con le forme ivi previste, in alternativa al deposito in via telematica.

• Le notificazioni alla **persona offesa che non ha proposto querela e non ha nominato un difensore** (→ **Libro I**), sono eseguite presso il domicilio digitale e, nei casi di cui all'art. 148 co. 4, presso il domicilio dichiarato o eletto. Se la dichiarazione o l'elezione di domicilio mancano o sono insufficienti o inidonee, si applica la disciplina per le notificazioni all'imputato non detenuto (art. 157 co. 1, 2, 3, 4 e 8).

• Il domicilio della persona offesa che ha nominato un difensore si intende eletto presso quest'ultimo (→ **Disp. att.**, art. 33).

• Alla persona offesa che, nella notizia di reato o successivamente alla sua presentazione (→ **Libro V**), abbia dichiarato di voler essere informata, è notificata, a cura del giudice, la **richiesta di proroga dei termini** di durata delle indagini preliminari (→ art. 406, co. 3). Anche l'avviso della richiesta di archiviazione (→ art. 408 co. 2) è notificato, a cura del p.m., alla persona offesa che nella notizia di reato o successivamente alla sua presentazione, abbia dichiarato di voler essere informata. In alcune ipotesi la notificazione è dovuta indipendentemente dalla richiesta di parte. Il querelante ha diritto a ricevere comunicazione del **decreto penale di condanna** (→ **Libro VI**, art. 459 co. 4).

154. Notificazioni alla persona offesa, alla parte civile, al responsabile civile e al civilmente obbligato per la pena pecuniaria.

1. Le notificazioni alla persona offesa che non ha proposto querela e non ha nominato un difensore sono eseguite secondo le disposizioni dell'articolo 153 *bis*, comma 4, e, quando anche la dichiarazione o l'elezione di domicilio mancano o sono insufficienti o inidonee, secondo le disposizioni dell'articolo 157, commi 1, 2, 3 4 e 8. Se sono ignoti i luoghi ivi indicati, la notificazione è eseguita mediante deposito dell'atto nella segreteria o nella cancelleria. Qualora risulti dagli atti notizia precisa del luogo di residenza, di dimora o di lavoro abituale all'estero, la persona offesa è invitata mediante raccomandata con avviso di ricevimento a dichiarare o eleggere domicilio nel territorio dello Stato, oppure a dichiarare un indirizzo di posta elettronica certificata o altro servizio elettronico di recapito certificato qualificato. Se nel termine di venti giorni dalla ricezione della raccomandata non viene effettuata alcuna dichiarazione o elezione di domicilio ovvero se la stessa è insufficiente o risulta inidonea, la notificazione è eseguita mediante deposito dell'atto nella segreteria o nella cancelleria. Alla dichiarazione o elezione di domicilio si applicano le disposizioni di cui all'articolo 153 *bis*, commi 2 e 3.

2. La notificazione della prima citazione al responsabile civile e alla persona civilmente obbligata per la pena pecuniaria è eseguita, nei casi di cui all'articolo 148, comma 4, con le forme stabilite per la prima notificazione all'imputato non detenuto.

3. Se si tratta di pubbliche amministrazioni, di persone giuridiche o di enti privi di personalità giuridica, le notificazioni sono eseguite nelle forme stabilite per il processo civile.

4. Le notificazioni alla parte civile, al responsabile civile e alla persona civilmente obbligata per la pena pecuniaria costituiti in giudizio sono eseguite presso i difensori. Il responsabile civile e la persona civilmente obbligata per la pena pecuniaria, se non sono costituiti, quando non dispongono di un domicilio digitale, devono dichiarare o eleggere il proprio domicilio nel luogo in cui si procede o dichiarare un indirizzo di posta certificata o altro servizio elettronico di recapito certificato qualificato, con atto depositato nella cancelleria del giudice competente. In mancanza di tale dichiarazione o elezione o se la stessa è insufficiente o inidonea, le notificazioni sono eseguite mediante deposito nella cancelleria.

L'articolo è stato modificato dal d. lgs. 10.10.2022, n. 150.

• Per le notificazioni alla **persona offesa** (→ **Soggetti**, art. 90) **che ha proposto querela** il legislatore richiama una specifica disciplina (art. 153 *bis*). La notificazione dovrà essere effettuata al querelante che non abbia nominato difensore presso il domicilio digitale e, nei casi previsti dal co. 4 dell'art. 148, presso il domicilio dichiarato o eletto (art. 153 *bis* co. 4). In assenza di dichiarazione o elezione di domicilio, o in caso di insufficienza o inidoneità di tale dichiarazione le notificazioni in suo favore avverranno mediante deposito dell'atto da notificare presso la segreteria o la cancelleria dell'autorità giudiziaria procedente (art. 153 *bis* co. 4 e 5).

• Se la persona offesa dal reato abbia nominato un difensore di fiducia (→ **Soggetti**, artt. 96 e 101), questi ne diviene domiciliatario *ex lege* (→ **Disp. att.**, art. 33).

• Nella fase delle **indagini preliminari** (→ **Libro V**), alla persona offesa che abbia fatto richiesta di essere informata, è notificata la richiesta di archiviazione del p.m. (→ art. 408 co. 2); la richiesta è, invece, sempre notificata alla persona offesa per i delitti commessi mediante violenza alla persona, nonché per il reato di cui all'art. 624 *bis* c.p. (→ art. 408 co. 3 *bis*; Cass., SU, 29.1.2016, n. 10959, ha chiarito che la norma si applica anche ai procedimenti per i reati previsti dagli artt. 612 *bis* e 572 c.p.). Nell'ambito dell'**incidente probatorio**, se il p.m. non accolga la richiesta di promuovere l'incidente probatorio da parte della persona offesa, pronuncia decreto motivato e lo fa notificare (→ art. 394).

• Uno specifico onere è previsto a carico del soggetto che abbia richiesto la revoca o la sostituzione delle **misure cautelari** (→ **Libro IV**) di cui agli artt. 282 *bis*, 282 *ter*, 283, 284 e 285, applicate nei procedimenti per delitti commessi con violenza alla persona (→ art. 299 co. 2 *bis*): quello di notificare la richiesta presso il difensore della persona offesa o, in mancanza, alla persona offesa, salvo che in quest'ultimo caso non abbia provveduto a dichiarare o eleggere domicilio (→ art. 299 co. 4 *bis*). A tal fine si utilizzerà la disciplina dettata per le notificazioni **richieste dalle parti private** (art. 152).

• Tra gli atti che il giudice deve notificare alla persona offesa vi sono l'avviso di fissazione dell'udienza preliminare (→ **Libro V**, art. 419 co. 1), qualora dagli atti risulti l'identità e il domicilio; il decreto di citazione per l'udienza predibattimentale davanti al tribunale in composizione monocratica (→ **Libro VIII**, art. 552 co. 3); il decreto che dispone il giudizio immediato (→ **Procedimenti speciali**, art. 456 co. 3).

• La **parte civile** (→ **Soggetti**, art. 76), il **responsabile civile** (→ art. 83) e la **persona civilmente obbligata per la pena pecuniaria** (→ art. 89) stanno in giudizio con il ministero di un difensore munito di procura speciale (→ art. 100) e, quindi, le notificazioni avvengono presso il difensore. Il loro domicilio, infatti, per ogni effetto processuale, si intende eletto presso il difensore (→ art. 100 co. 5).

• La prima citazione al **responsabile civile** (→ **Soggetti**, art. 83) e alla **persona civilmente obbligata per la pena pecuniaria** (→ art. 89) deve avvenire – nei casi di cui al co. 4 dell'art. 148 – con le forme stabilite per la prima notifica all'**imputato non detenuto** (art. 157). Le successive notifiche sono effettuate presso il difensore se questi soggetti si sono costituiti in giudizio (→ **Soggetti**, artt. 84 e 89); altrimenti, ove non abbiano assolto all'onere di eleggere il domicilio o vi abbiano provveduto in modo insufficiente, le notificazioni sono eseguite mediante deposito in cancelleria.

• Al responsabile civile va notificato, a cura della parte civile, copia del decreto emesso dal giudice che ne dispone la citazione (→ **Soggetti**, art. 83 co. 4); analogamente, al civilmente obbligato per la pena pecuniaria, dalla parte che ne abbia chiesto la citazione (→ art. 89 co. 2).

• L'opposizione all'intervento degli enti e delle associazioni rappresentative degli interessi lesi dal reato (→ **Soggetti**, art. 96) è notificata al legale rappresentante dell'ente o dell'associazione (→ art. 95 co. 1).

155. Notificazioni per pubblici annunzi alle persone offese.

1. Quando per il numero dei destinatari o per l'impossibilità di identificarne alcuni, la notificazione nelle forme ordinarie alle persone offese risulti difficile, l'autorità giudiziaria può disporre, con decreto, che la notificazione sia eseguita mediante pubblicazione dell'atto nel sito internet del Ministero della giustizia per un periodo di tempo determinato. Nel decreto da notificare unitamente all'atto sono designati, quando occorre, i destinatari nei cui confronti la notificazione deve essere eseguita nelle forme ordinarie e sono indicati i modi che appaiono opportuni per portare l'atto a conoscenza degli altri interessati.
2. In ogni caso, copia dell'atto è depositata nella casa comunale del luogo in cui si trova l'autorità procedente e un estratto è inserito nella Gazzetta Ufficiale della Repubblica.
3. La notificazione si ha per avvenuta quando l'ufficiale giudiziario deposita una copia dell'atto, con la relazione e i documenti giustificativi dell'attività svolta, nella cancelleria o segreteria dell'autorità procedente.

L'articolo è stato modificato dal d. lgs. 10.10.2022, n. 150.

• La norma ha portata eccezionale. Ad essa si può ricorrere soltanto ove la notificazione nelle forme ordinarie (art. 156) risulti difficile o per il numero dei destinatari o per l'impossibilità di identificarne alcuni. Destinatari di questa forma di notificazione sono soltanto le persone offese dal reato (→ **Soggetti**, art. 90).

• In luogo della notifica mediante pubblici annunci, la "riforma Cartabia" ha sostituito la pubblicazione nel sito internet del Ministero della giustizia, trattandosi di sistema che consente di accrescere le possibilità di conoscenza dell'atto, sfruttando l'evoluzione tecnologica. La medesima forma è prevista per la pena accessoria della pubblicazione della sentenza penale di condanna (art. 36 co. 2 c.p.).

156. Notificazioni all'imputato detenuto.

1. Le notificazioni all'imputato detenuto, anche successive alle prime, sono eseguite nel luogo di detenzione mediante consegna di copia alla persona.

2. In caso di rifiuto della ricezione, se ne fa menzione nella relazione di notificazione e la copia rifiutata è consegnata al direttore dell'istituto o a chi ne fa le veci. Nello stesso modo si provvede quando non è possibile consegnare la copia direttamente all'imputato, perché legittimamente assente. In tal caso, della avvenuta notificazione il direttore dell'istituto informa immediatamente l'interessato con il mezzo più celere.

3. Le notificazioni all'imputato detenuto in luogo diverso dagli istituti penitenziari, anche successive alla prima, sono eseguite a norma dell'articolo 157, con esclusione delle modalità di cui all'articolo 148, comma 1.

4. Le disposizioni che precedono si applicano anche quando dagli atti risulta che l'imputato è detenuto per causa diversa dal procedimento per il quale deve eseguirsi la notificazione o è internato in un istituto penitenziario.

5. In nessun caso le notificazioni all'imputato detenuto o internato possono essere eseguite con le forme dell'articolo 159.

L'articolo è stato modificato dal d. lgs. 10.10.2022, n. 150.

• La consegna a mani proprie dell'avviso dell'udienza integra una forma di conoscenza qualificata del processo, così legittimando il giudice dell'**udienza preliminare** (→ **Libro V**, art. 420 *bis* co. 1 lett. *a*) o del **giudizio** (→ **Libro VII**, art. 484 co. 2 *bis*) a procedere in assenza dell'imputato detenuto, salva la sussistenza di un impedimento a comparire (→ **Indagini e udienza preliminare**, art. 420 *ter*).

• Gli atti che l'imputato (→ **Soggetti**) rifiuti di ricevere ai sensi del co. 2 e consegnati al direttore, sono inseriti nel fascicolo personale del detenuto. Se l'imputato richiede che gli atti depositati gli siano consegnati, della consegna è fatta menzione in apposito registro (→ **Disp. att.**, art. 57).

• Nella nozione di detenuto, sulla scorta di quanto previsto al co. 3, non vi rientrano le ipotesi di imputato o indagato (→ **Soggetti**, art. 61) che si trovi sottoposto alla misura degli **arresti domiciliari** (→ **Misure cautelari**, art. 284), della **custodia cautelare in luogo di cura** (→ art. 286), ovvero in **stato di arresto o di fermo** e sia custodito nella propria abitazione o in altro luogo di privata dimora ovvero in un luogo pubblico di cura o di assistenza, o in una casa famiglia (→ **Indagini e udienza preliminare**, art. 386 co. 5; → **Misure cautelari**, art. 284 co. 1), dovendo applicarsi la disciplina dettata per l'imputato non detenuto (art. 157), nei limiti in cui sia compatibile. Allo stesso modo per le notifiche al condannato che si trovi sottoposto ad una misura alternativa alla detenzione, come l'affidamento in prova al servizio sociale (→ **Ord. penit.**, art. 47). In questi casi si è espressamente esclusa la possibilità di ricorrere alla notificazione telematica ai sensi del co. 1 dell'art. 148.

• L'ordinanza di **custodia cautelare in carcere** (→ **Misure cautelari**) deve essere notificata all'imputato detenuto, sia pure per diverso procedimento, nelle forme previste da questa disposizione (→ art. 293 co. 1).

• Questa forma di notificazione può essere utilizzata dal procuratore della Repubblica, nell'ambito delle **rogatorie dall'estero** (→ **Rapporti giurisdizionali con autorità straniere**), per la notificazione all'imputato residente o dimorante nel territorio dello Stato, richiesta dall'autorità giudiziaria straniera, quando le convenzioni o gli accordi internazionali consentono la notificazione diretta all'interessato dell'atto di citazione a mezzo posta (art. 170) e questa non viene utilizzata (→ art. 726 *bis*).

• Lo stato detentivo deroga al principio della validità della dichiarazione o elezione di domicilio, effettuata prima o durante la detenzione, in ogni stato e grado del procedimento (art. 164). Secondo la giurisprudenza (Cass., SU, 27.2.2020, n. 12778) la notifica al detenuto effettuata presso il domicilio dichiarato o eletto dà luogo ad una nullità a regime intermedio, soggetta alla sanatoria *ex* art. 184.

• Per le notificazioni all'imputato detenuto non può applicarsi la disciplina dettata per i casi di irreperibilità (art. 159).

157. Prima notificazione all'imputato non detenuto.

1. Nei casi di cui all'articolo 148, comma 4, la prima notificazione all'imputato non detenuto, che non abbia già ricevuto gli avvertimenti di cui all'articolo 161, comma 01, è eseguita me-

diante consegna di copia dell'atto in forma di documento analogico alla persona. Se non è possibile consegnare personalmente la copia, la notificazione è eseguita nella casa di abitazione o nel luogo in cui l'imputato esercita abitualmente l'attività lavorativa. Nella casa di abitazione la consegna è eseguita a una persona che conviva anche temporaneamente ovvero addetta alla casa ovvero al servizio del destinatario o, in mancanza, al portiere o a chi ne fa le veci. In caso di notifica nel luogo in cui l'imputato esercita abitualmente l'attività lavorativa, se non è possibile consegnare personalmente la copia, la consegna è eseguita al datore di lavoro, a persona addetta al servizio del destinatario, ad una persona addetta alla ricezione degli atti o, in mancanza, al portiere o a chi ne fa le veci.

2. Qualora i luoghi indicati nel comma 1 non siano conosciuti, la notificazione è eseguita nel luogo dove l'imputato ha temporanea dimora o recapito, mediante consegna a una delle predette persone.

3. Il portiere o chi ne fa le veci sottoscrive l'originale dell'atto notificato e l'ufficiale giudiziario dà notizia al destinatario dell'avvenuta notificazione dell'atto a mezzo di lettera raccomandata con avviso di ricevimento. Gli effetti della notificazione decorrono dal ricevimento della raccomandata.

4. La copia non può essere consegnata a persona minore degli anni quattordici o in stato di manifesta incapacità di intendere o di volere.

5. L'autorità giudiziaria dispone la rinnovazione della notificazione quando la copia è stata consegnata alla persona offesa dal reato e risulta o appare probabile che l'imputato non abbia avuto effettiva conoscenza dell'atto notificato.

6. La consegna a persona diversa dal destinatario è effettuata in plico chiuso e la relazione di notificazione è effettuata nei modi previsti dall'articolo 148, comma 8.

7. Se le persone indicate nel comma 1 mancano o non sono idonee o si rifiutano di ricevere la copia, si procede nuovamente alla ricerca dell'imputato, tornando nei luoghi indicati nei commi 1 e 2.

8. Se neppure in tal modo è possibile eseguire la notificazione, l'atto è depositato nella casa del comune dove l'imputato ha l'abitazione, o, in mancanza di questa, del comune dove egli esercita abitualmente la sua attività lavorativa. Avviso del deposito stesso è affisso alla porta della casa di abitazione dell'imputato ovvero alla porta del luogo dove egli abitualmente esercita la sua attività lavorativa. L'ufficiale giudiziario, inoltre, invia copia dell'atto, provvedendo alla relativa annotazione sull'originale e sulla copia, tramite lettera raccomandata con avviso di ricevimento nel luogo di residenza anagrafica o di dimora dell'imputato. Gli effetti della notificazione decorrono dal ricevimento della raccomandata.

8 *bis*. [Soppresso.]

8 *ter*. Con la notifica del primo atto, anche quando effettuata con le modalità di cui all'articolo 148, comma 1, l'autorità giudiziaria avverte l'imputato, che non abbia già ricevuto gli avvertimenti di cui all'articolo 161, comma 01, che le successive notificazioni, diverse dalla notificazione dell'avviso di fissazione dell'udienza preliminare, della citazione in giudizio ai sensi degli articoli 450, comma 2, 456, 552 e 601, nonché del decreto penale di condanna, saranno effettuate mediante consegna al difensore di fiducia o a quello nominato d'ufficio. Avverte, inoltre, il destinatario dell'atto dell'onere di indicare al difensore ogni recapito telefonico o indirizzo di posta elettronica nella sua disponibilità, ove il difensore possa effettuare le comunicazioni, nonché di informarlo di ogni loro successivo mutamento.

8 *quater*. L'omessa o ritardata comunicazione da parte del difensore dell'atto notificato all'assistito, non imputabile al fatto di quest'ultimo, non costituisce inadempimento degli obblighi derivanti dal mandato professionale.

L'articolo è stato modificato dal d. lgs. 10.10.2022, n. 150.

• La consegna a mani proprie dell'avviso dell'udienza integra una forma di conoscenza qualificata del processo, così legittimando il giudice dell'**udienza preliminare** (→ **Libro V**, art. 420 *bis* co. 1), del **giudizio** (→ **Libro VII**, art. 484 co. 2 *bis*) o del procedimento davanti al **tribunale in composizione monocratica** (→ **Libro VIII**, art. 554 *bis* co. 2) a procedere in assenza dell'imputato, salvo che sussista una situazione di legittimo impedimento a comparire (→ **Indagini e udienza preliminare**, art. 420 *ter*).

• Il giudice, il p.m. e la p.g., in occasione del primo atto compiuto con l'indagato o l'imputato non detenuti o internati li invitano a dichiarare uni dei luoghi di cui al co. 1, oppure un indirizzo di posta elettronica certificata o altro servizio elettronico di recapito certificato qualificato, ovvero a eleggere domicilio per le notificazioni degli atti introduttivi del giudizio (art. 161 co. 1). La p.g., in sede di identificazione, invita la persona nei cui confronti vengono svolte le indagini a dichiarare o eleggere domicilio per le notificazioni, nonché a indicare il recapito della casa di abitazione, del luogo in cui esercita abitualmente l'attività lavorativa e dei luoghi in cui ha temporanea dimora o domicilio, oltre che a indicare i recapiti telefonici e gli indirizzi di posta elettronica nella sua disponibilità (→ **Libro V**, art. 349 co. 3).

• Laddove non sia possibile la consegna di copia dell'atto a mani dell'imputato o della persona sottoposta ad indagini (→ **Soggetti**, art. 61), in forma di documento analogico, il sistema prevede una progressione decrescente quanto ai luoghi e ai soggetti ai quali notificare l'atto. In caso di mancanza o inidoneità delle persone indicate al co. 1 a ricevere l'atto, il secondo accesso deve avvenire in uno dei giorni successivi e in orario diverso da quello del primo accesso (→ **Disp. att.**, art. 59).

• Una specifica disciplina è stata dettata per le notifiche degli atti introduttivi del giudizio e del decreto penale di condanna (art. 157 *ter*). Il ricorso ai luoghi e alle modalità di cui all'art. 157 co. 1, è possibile soltanto in mancanza di domicilio dichiarato o eletto.

• I luoghi indicati ai co. 1 e 2 sono richiamati per effettuare le notificazioni **urgenti a mezzo comunicazione telefonica** (art. 149 co. 3). Quelli di cui al co. 1 anche per indicare dove l'indagato o imputato possono fare **dichiarazione o elezione di domicilio** per le notificazioni (art. 161 co. 1). A questi si aggiunge l'indirizzo di posta elettronica certificata o altro servizio elettronico di recapito certificato qualificato. Infatti, per le notificazioni al domicilio dichiarato o eletto (art. 161) si osservano, in quanto applicabili, le formalità previste da questa disposizione (art. 163). Quando risulta che per caso fortuito o per forza maggiore l'imputato non è stato nelle condizioni di comunicare il mutamento del luogo dichiarato o eletto (art. 162), si applica la disciplina ivi prevista (art. 161 co. 4).

• Fuori del caso di notificazione al difensore o al domiciliatario, quando la relazione della notificazione alla persona sottoposta alle indagini o all'imputato attesta l'avvenuta **consegna dell'atto a persona fisica diversa dal destinatario,** la cancelleria o la segreteria dà avviso di cortesia al destinatario dell'avvenuta notifica dell'atto tramite comunicazione al recapito telefonico o all'indirizzo di posta elettronica dallo stesso indicato ai sensi dell'art. 349 co. 3, annotandone l'esito (→ **Disp. att.**, art. 63 *bis*).

• La mancanza di sottoscrizione da parte del portiere o di chi ne fa le veci sull'originale dell'atto notificato, prevista al co. 3, è causa di **nullità speciale** della notificazione (artt. 171 lett. *g* e 177).

• Le forme stabilite da questa norma si osservano per la notificazione alla **persona offesa** (→ **Soggetti**, art. 90) sia pure nei limiti di quanto previsto ai co. 1, 2, 3, 4 e 8 (art. 154 co. 1), qualora la dichiarazione o elezione di domicilio manchino o sono insufficienti o inidonee; per la notificazione della **prima citazione al responsabile civile** (→ **Soggetti**, art. 83) e al **civilmente obbligato per la pena pecuniaria** (→ art. 89); per le notificazioni all'**imputato detenuto in luoghi diversi dagli istituti penitenziari** (art. 156 co. 3); per le notificazioni non urgenti a soggetti diversi da quelli indicati negli articoli precedenti (art. 167); nell'ambito delle **rogatorie dall'estero** (→ **Libro XI**), per la notificazione all'imputato residente o dimorante nel territorio dello Stato, richiesta dall'autorità giudiziaria straniera, quando le convenzioni o gli accordi internazionali consentono la notificazione diretta all'interessato dell'atto di citazione a mezzo posta (art. 170) e questa non viene utilizzata (→ **Libro XI**, art. 726 *bis*).

• Se non sia possibile notificare all'imputato non detenuto seguendo le scansioni previste da questa disposizione, prima di emettere il decreto di irreperibilità l'autorità giudiziaria deve disporre nuove ricerche (art. 159 co. 1).

• La **omessa affissione** dell'avviso di deposito nella casa comunale o la mancata comunicazione all'imputato dell'avvenuto deposito a mezzo di lettera raccomandata con avviso di ricevimento, previste al co. 8, integrano una causa di **nullità speciale** della notificazione (artt. 171 lett. *f* e 177).

• Quanto ai rapporti tra imputato e difensore di ufficio (→ **Soggetti**, art. 97), l'elezione di domicilio effettuata presso quest'ultimo non ha effetto se l'autorità che procede non riceve, unitamente alla dichiarazione di elezione, l'assenso del difensore domiciliatario (art. 162 co. 4 *bis*).

• Nel procedimento di **riesame delle misure cautelari reali** (→ **Libro IV**, art. 324 co. 2), se la richiesta sia stata presentata dall'imputato libero e questi non abbia indicato il domicilio presso il quale intende ricevere l'avviso di fissazione dell'udienza, la notifica dell'avviso è effettuata mediante consegna al difensore.

• Il mancato avvertimento, nei casi previsti dal co. 8 *ter*, se la notificazione è eseguita presso il difensore, configura una nullità speciale delle notificazioni (art. 171 lett. *e*).

157 *bis*. Notifiche all'imputato non detenuto successive alla prima.

1. In ogni stato e grado del procedimento, le notificazioni all'imputato non detenuto successive alla prima, diverse dalla notificazione dell'avviso di fissazione dell'udienza preliminare, della citazione in giudizio ai sensi degli articoli 450, comma 2, 456, 552 e 601, nonché del decreto penale di condanna, sono eseguite mediante consegna al difensore di fiducia o di ufficio.

2. Se l'imputato è assistito da un difensore d'ufficio, nel caso in cui la prima notificazione sia avvenuta mediante consegna di copia dell'atto a persona diversa dallo stesso imputato o da persona che con lui conviva, anche temporaneamente, o dal portiere o da chi ne fa le veci e l'imputato non abbia ricevuto gli avvertimenti di cui all'articolo 161, comma 01, le notificazioni successive non possono essere effettuate al difensore. In questo caso anche le notificazioni successive alla prima sono effettuate con le modalità di cui all'articolo 157 sino a quando non si realizzano le condizioni previste al periodo che precede.

L'articolo è stato aggiunto dal d. lgs. 10.10.2022, n. 150.

• Una specifica disciplina, nell'ottica di garantire l'effettiva conoscenza del processo, è stata introdotta per la notificazione degli atti introduttivi del giudizio (art. 157 *ter*), nonché del decreto penale di condanna (→ **Libro VI**), nei riguardi dell'imputato non detenuto (art. 157).

• Nel caso di imputato dichiarato **irreperibile**, l'autorità giudiziaria, dopo avere designato un difensore, ordina che le notificazioni siano eseguite mediante consegna di copia a quest'ultimo (art. 159 co. 1). Anche le notificazioni all'imputato latitante (→ **Libro IV**, art. 296) o evaso sono eseguite mediante consegna di copia al difensore. Il legislatore ha previsto però una specifica deroga per le notificazioni dell'avviso di fissazione dell'udienza preliminare (→ **Libro V**, art. 419), della citazione in giudizio per il giudizio direttissimo (→ **Libro VI**, art. 450 co. 2), per il giudizio ordinario (→ **Libro VII**, art. 456), per il procedimento davanti al tribunale in composizione monocratica (→ **Libro VIII**, art. 552), per il giudizio di appello (→ **Libro IX**, art. 601) e il decreto penale di condanna (→ **Libro VI**): la norma si applica solo se non si è perfezionata la notificazione al domicilio dichiarato o eletto (art. 161 co. 1) oppure, quando manca la dichiarazione o l'elezione di domicilio, solo nel caso in cui non è possibile eseguire la notificazione con le modalità indicate dai co. da 1 a 3 dell'art. 157, se l'imputato è evaso o si è sottratto all'esecuzione della misura cautelare della custodia cautelare in carcere o degli arresti domiciliari, ovvero con le modalità indicate dai co. da 1 a 6 dell'art. 157, se l'imputato si è sottratto all'esecuzione della misura cautelare dell'obbligo di dimora o del divieto di espatrio (art. 165 co. 2).

157 *ter*. Notifiche degli atti introduttivi del giudizio all'imputato non detenuto.

1. La notificazione all'imputato non detenuto dell'avviso di fissazione dell'udienza preliminare, della citazione in giudizio ai sensi degli articoli 450, comma 2, 456, 552 e 601, nonché del decreto penale di condanna, sono effettuate al domicilio dichiarato o eletto ai sensi dell'articolo 161, comma 1. In mancanza di domicilio dichiarato o eletto, la notificazione è eseguita nei luoghi e con le modalità di cui all'articolo 157, con esclusione delle modalità di cui all'articolo 148, comma 1.

2. Quando sia necessario per evitare la scadenza del termine di prescrizione del reato o il decorso del termine di improcedibilità di cui all'articolo 344 *bis* oppure sia in corso di applicazio-

ne una misura cautelare ovvero in ogni altro caso in cui sia ritenuto indispensabile e improcrastinabile sulla base di specifiche esigenze, l'autorità giudiziaria può disporre che la notificazione all'imputato dell'avviso di fissazione dell'udienza preliminare, della citazione a giudizio ai sensi degli articoli 450, comma 2, 456, 552 e 601, nonché del decreto penale di condanna, sia eseguita dalla polizia giudiziaria.

3. In caso di impugnazione proposta dall'imputato o nel suo interesse, la notificazione dell'atto di citazione a giudizio nei suoi confronti è eseguita esclusivamente presso il domicilio dichiarato o eletto, ai sensi dell'articolo 581, commi 1 *ter* e 1 *quater*.

L'articolo è stato aggiunto dal d. lgs. 10.10.2022, n. 150.

• La p.g., nel primo atto compiuto con l'intervento della persona sottoposta alle indagini, se è nelle condizioni di indicare le norme di legge che si assumono violate, la data e il luogo del fatto e l'autorità giudiziaria procedente, ne dà comunicazione alla persona sottoposta alle indagini e la avverte che le successive notificazioni, diverse da quelle riguardanti l'avviso di fissazione dell'udienza preliminare (→ **Libro V**, art. 419), la citazione in giudizio per il giudizio direttissimo (→ **Libro VI**, art. 450 co. 2), per il giudizio ordinario (→ **Libro VII**, art. 456), per il procedimento davanti al tribunale in composizione monocratica (→ **Libro VIII**, art. 552), per il giudizio di appello (→ **Libro IX**, art. 601) e il decreto penale di condanna (→ **Libro VI**), saranno effettuate mediante consegna al difensore di fiducia o a quello nominato d'ufficio (→ **Soggetti**). Contestualmente, la persona sottoposta alle indagini è altresì avvertita che ha l'onere di indicare al difensore ogni recapito, anche telefonico, o indirizzo di posta elettronica nella sua disponibilità, ove il difensore possa effettuare le comunicazioni, nonché di informarlo di ogni successivo mutamento (art. 161 co. 01).

• Per la notificazione degli atti introduttivi del giudizio, laddove il domicilio digitale manchi o sia inidoneo, o vi siano impedimenti tecnici e non è possibile procedere con le forme dell'art. 148, co. 1, e non è stata effettuata la notificazione con le forme previste nei co. 2 e 3 dello stesso art. 148, si può ricorrere al servizio postale (art. 170).

• **Con l'atto di impugnazione** (→ **Libro IX**), delle parti private e dei difensori è depositata, a pena d'inammissibilità, la dichiarazione o elezione di domicilio, ai fini della notificazione del decreto di citazione a giudizio (→ art. 581 co. 1 *ter*). Una specifica disciplina è poi dettata per l'imputato dichiarato assente (→ **Libro V**, art. 420 *bis*). Il difensore deve depositare, a pena d'inammissibilità, specifico **mandato a impugnare**, rilasciato dopo la pronuncia della sentenza e contenente la dichiarazione o elezione di domicilio dell'imputato ai fini della notificazione del decreto di citazione a giudizio (→ **Libro IX**, art. 581 co. 1 *quater*).

158. Prima notificazione all'imputato in servizio militare.

[Soppresso.]

Articolo abrogato dal d. lgs. 10.10.2022, n. 150.

159. Notificazioni all'imputato in caso di irreperibilità.

1. Nei casi di cui all'articolo 148, comma 4, se non è possibile eseguire le notificazioni nei modi previsti dall'articolo 157, l'autorità giudiziaria dispone nuove ricerche dell'imputato, particolarmente nel luogo di nascita, dell'ultima residenza anagrafica, dell'ultima dimora, in quello dove egli abitualmente esercita la sua attività lavorativa e presso l'amministrazione carceraria centrale. Qualora le ricerche non diano esito positivo, l'autorità giudiziaria emette decreto di irreperibilità con il quale, dopo avere designato un difensore all'imputato che ne sia privo, ordina che le notificazioni siano eseguite mediante consegna di copia al difensore.

2. Le notificazioni in tal modo eseguite sono valide a ogni effetto. L'irreperibile è rappresentato dal difensore.

L'articolo è stato modificato dal d. lgs. 10.10.2020, n. 150.

• Prima di emettere il decreto di irreperibilità, l'autorità giudiziaria deve disporre **nuove ricerche** dell'imputato o della persona sottoposta ad indagini (→ **Soggetti**, art. 61). Queste ricerche – condotte dalla p.g. che poi provvede a relazionare in maniera dettagliata l'autorità richiedente (→ **Disp. att.**, art. 61) – per giurisprudenza costante, devono essere eseguite nei luoghi indicati al co. 1 cumulativamente e non alternativamente.

• Un'ulteriore ipotesi in cui il giudice dispone nuove ricerche dell'imputato è prevista nell'ambito della disciplina sulla sentenza di non doversi procedere per mancata conoscenza della pendenza del processo, in udienza preliminare (→ **Libro V**, art. 420 *quater*), nel **giudizio**, ove sia mancata l'udienza preliminare (→ **Libro VII**, art. 484 co. 2 *bis*) o nell'udienza di comparizione predibattimentale a seguito di citazione diretta (→ **Libro VIII**, art. 554 *bis* co. 2), nei casi di assenza dell'imputato (→ **Indagini e udienza preliminare**, art. 420 *bis*). Con la sentenza il giudice dispone che, fino a quando per tutti i reati oggetto di imputazione non sia superato il termine previsto dall'art. 159 ultimo co. c.p., la persona nei cui confronti è stata emessa la sentenza sia ricercata dalla p.g. (→ art. 420 *quater* co. 3).

• La procedura dettata per l'irreperibile non si applica al procedimento per **decreto penale di condanna** (→ **Procedimenti speciali**): pertanto, ove il decreto non possa essere notificato a causa dell'irreperibilità del condannato, il g.i.p. deve revocarlo (→ art. 460 co. 4). Nei riguardi dell'irreperibile, inoltre, non è possibile per il p.m. chiedere il **giudizio immediato** (→ art. 453 co. 1).

• Le forme previste da questa disposizione non possono essere utilizzate per le notificazioni all'imputato detenuto o internato (art. 156 co. 5). Si applica, invece, la disciplina sull'irreperibile ovvero quella dettata per le notificazioni all'imputato non detenuto (art. 157) quando risulta che per caso fortuito o forza maggiore l'imputato non è stato nelle condizioni di comunicare il mutamento del luogo dichiarato o eletto (art. 161 co. 4).

• Altra ipotesi in cui la notificazione viene fatta mediante consegna di copia al difensore si ha quando l'imputato risulti essersi trasferito all'estero dopo la pronuncia del decreto di irreperibilità (art. 169 co. 2). Se emerge che la persona nei cui confronti si procede risiede o dimora all'estero, ma non si hanno notizie sufficienti per procedere alla notifica, l'autorità giudiziaria, prima di pronunciare il decreto di irreperibilità, dispone le ricerche anche fuori del territorio nazionale nei limiti consentiti dalle convenzioni internazionali (art. 169 co. 4).

• Il potere di rappresentanza dell'imputato, attribuito al difensore, di fiducia o di ufficio, previsto al co. 2, è riconosciuto anche nei casi di **latitanza ed evasione** (art. 165 co. 3).

160. Efficacia del decreto di irreperibilità.

1. Il decreto di irreperibilità emesso dal giudice o dal pubblico ministero nel corso delle indagini preliminari cessa di avere efficacia con la notificazione dell'avviso di conclusione delle indagini preliminari ovvero, quando questa manchi, con la chiusura delle indagini preliminari.
2. Il decreto di irreperibilità emesso dal giudice per la notificazione degli atti introduttivi dell'udienza preliminare nonché il decreto di irreperibilità emesso dal giudice o dal pubblico ministero per la notificazione del provvedimento che dispone il giudizio cessano di avere efficacia con la pronuncia della sentenza di primo grado.
3. Il decreto di irreperibilità emesso dal giudice di secondo grado e da quello di rinvio cessa di avere efficacia con la pronuncia della sentenza.
4. Ogni decreto di irreperibilità deve essere preceduto da nuove ricerche nei luoghi indicati nell'articolo 159.

L'articolo è stato così modificato prima dal d. lgs. 14.1.1991, n. 12, e poi dal d. lgs. 10.10.2022, n. 150.

• Il legislatore ha attribuito al decreto di irreperibilità un'efficacia circoscritta nell'ottica di favorire la conoscenza della pendenza del processo.

• Le nuove ricerche da svolgere ai sensi del co. 4 devono essere compiute, cumulativamente, nel luogo di nascita, dell'ultima residenza anagrafica, dell'ultima dimora, in quello dove l'imputato abitualmente esercita attività lavorativa e presso l'amministrazione carceraria centrale (art. 159 co. 1).

161. Domicilio dichiarato, eletto o determinato per le notificazioni.

01. La polizia giudiziaria, nel primo atto compiuto con l'intervento della persona sottoposta alle indagini, se è nelle condizioni di indicare le norme di legge che si assumono violate, la data e il luogo del fatto e l'autorità giudiziaria procedente, ne dà comunicazione alla persona sottoposta alle indagini e la avverte che le successive notificazioni, diverse da quelle riguardanti l'avviso di fissazione dell'udienza preliminare, la citazione in giudizio ai sensi degli articoli 450, comma 2, 456, 552 e 601 e il decreto penale di condanna, saranno effettuate mediante consegna al difensore di fiducia o a quello nominato d'ufficio. Contestualmente la persona sottoposta alle indagini è altresì avvertita che ha l'onere di indicare al difensore ogni recapito, anche telefonico, o indirizzo di posta elettronica nella sua disponibilità, ove il difensore possa effettuare le comunicazioni, nonché di informarlo di ogni successivo mutamento.

1. Il giudice, il pubblico ministero o la polizia giudiziaria, nel primo atto compiuto con l'intervento della persona sottoposta alle indagini o dell'imputato non detenuto né internato, lo invitano a dichiarare uno dei luoghi indicati nell'articolo 157 comma 1, o un indirizzo di posta elettronica certificata o altro servizio elettronico di recapito certificato qualificato, ovvero a eleggere domicilio per le notificazioni dell'avviso di fissazione dell'udienza preliminare, degli atti di citazione in giudizio ai sensi degli articoli 450, comma 2, 456, 552 e 601, nonché del decreto penale di condanna. Contestualmente la persona sottoposta alle indagini o l'imputato, sono avvertiti che hanno l'obbligo di comunicare ogni mutamento del domicilio dichiarato o eletto e che in mancanza di tale comunicazione o nel caso di rifiuto di dichiarare o eleggere domicilio, nonché nel caso in cui il domicilio sia o divenga inidoneo, le notificazioni degli atti indicati verranno eseguite mediante consegna al difensore, già nominato o che è contestualmente nominato, anche d'ufficio.

1 *bis*. Della dichiarazione o della elezione di domicilio, ovvero del rifiuto di compierla, nonché degli avvertimenti indicati nei commi 1 e 2, è fatta menzione nel verbale.

2. [Soppresso.]

3. L'imputato detenuto che deve essere scarcerato per causa diversa dal proscioglimento definitivo e l'imputato che deve essere dimesso da un istituto per l'esecuzione di misure di sicurezza, all'atto della scarcerazione o della dimissione ha l'obbligo di fare la dichiarazione o l'elezione di domicilio con atto ricevuto a verbale dal direttore dell'istituto, che procede a norma del comma 1. La dichiarazione o elezione sono iscritte nell'apposito registro e il verbale è trasmesso immediatamente all'autorità che ha disposto la scarcerazione o la dimissione.

4. Nei casi previsti dai commi 1 e 3, se la dichiarazione o l'elezione di domicilio mancano o sono insufficienti o inidonee, le notificazioni sono eseguite mediante consegna al difensore. Tuttavia, quando risulta che, per caso fortuito o forza maggiore, l'imputato non è stato nella condizione di comunicare il mutamento del luogo dichiarato o eletto, si applicano le disposizioni degli articoli 157 e 159.

4 *bis*. Nei casi di cui ai commi 1 e 3 l'elezione di domicilio presso il difensore è immediatamente comunicata allo stesso

L'articolo è stato modificato prima dal d. lgs. 14.1.1991, n. 12 e, da ultimo, dal d. lgs. 10.10.2022, n. 150.

• Nel corso delle **indagini preliminari** (→ **Libro V**) quando la p.g. procede all'identificazione della persona sottoposta alle indagini (→ **Soggetti**), la invita a dichiarare o eleggere domicilio per le notificazioni, nonché a indicare il recapito della casa di abitazione, del luogo in cui esercita abitualmente l'attività lavorativa e dei luoghi in cui ha temporanea dimora o domicilio, oltre che ad indicare i recapiti telefonici o gli indirizzi di posta elettronica nella sua disponibilità (→ **Indagini e udienza preliminare**, art. 349 co. 3). Della dichiarazione o elezione di domicilio, ovvero del rifiuto di compierla è fatta menzione nel verbale (art. 134). L'invito a dichiarare o eleggere domicilio nel territorio dello Stato ovvero a dichiarare un indirizzo di posta elettronica certificata o altro servizio elettronico di recapito certificato qualificato, è rivolto anche all'imputato che risieda o dimori all'estero, a mezzo raccomandata con avviso di ricevimento (art. 169 co. 1). Se l'imputato abbia dichiarato o eletto domicilio fuori dal comune nel quale ha sede l'autorità giudiziaria procedente, il termine per comparire è prolungato (art. 174 co. 1).

• Secondo quanto previsto dall'art. 16 co. 7 *bis* d.l. 18.10.2012, n. 179, le disposizioni di cui al co. 4 si applicano per l'imputato nelle ipotesi di mancata consegna dei messaggi di posta elettronica certificata per cause non imputabili al destinatario; mentre per le altre parti private si procede al deposito in cancelleria.

• Perché l'elezione di domicilio presso il difensore di ufficio (→ **Soggetti**, art. 97) possa essere efficace, è richiesto l'assenso del difensore domiciliatario, da rendere unitamente alla stessa dichiarazione di elezione. Se non presta l'assenso, il difensore attesta l'avvenuta comunicazione della mancata accettazione o le cause che hanno impedito la comunicazione (art. 162 co. 4 *bis*).

• Per favorire il contatto tra l'imputato e il difensore di ufficio è previsto che contestualmente alla comunicazione all'imputato del nominativo del difensore d'ufficio, sono comunicati anche i recapiti, anche telefonici e telematici (→ **Disp. att.**, art. 28 co. 1 *bis*).

• Come chiarito dalla giurisprudenza (Cass., SU, 27.2.2020, n. 12778), le notifiche all'imputato detenuto, anche qualora abbia eletto o dichiarato domicilio, vanno eseguite nel luogo di detenzione, con le modalità di cui all'art. 156 co. 1 e, quindi, mediante consegna di copia alla persona. Questa lettura ha trovato conferma nel rinnovato art. 156.

• **Nel procedimento di riesame delle misure cautelari reali** (→ **Libro IV**), se la richiesta di riesame (→ art. 324) è presentata dall'imputato non detenuto né internato, questi, ove non abbia già dichiarato o eletto domicilio o non si sia proceduto a tenore del co. 2, deve indicare il domicilio presso il quale intende ricevere l'avviso di fissazione dell'udienza (→ art. 324 co. 2).

• L'elezione o dichiarazione di domicilio è valida per le notificazioni dell'avviso di fissazione dell'udienza preliminare (→ **Libro V**, art. 450 co. 2), della citazione a giudizio per il rito direttissimo (→ **Libro VI,** art. 450 co. 2), per il rito ordinario (→ **Libro VII**, art. 456), per il procedimento predibattimentale davanti al tribunale in composizione monocratica (→ **Libro VIII**, art. 552) per il giudizio di appello (→ **Libro IX**, art. 601), nonché per il decreto penale di condanna (→ **Libro VI**), salvo che per l'imputato detenuto (art. 164).

• Le notificazioni successive alla prima all'imputato non detenuto, diverse da quelle relative agli introduttivi del giudizio, nonché del decreto penale di condanna (art. 157 *ter*), sono effettuate mediante consegna di copia al difensore di fiducia o di ufficio (art. 157 co. 8 *ter*): occorre però che l'imputato sia stato avvertito.

• Se la notificazione del **decreto penale di condanna** (→ **Procedimenti speciali**) nel domicilio dichiarato non sia possibile, il g.i.p. deve revocare il decreto penale di condanna e disporre la restituzione degli atti al p.m. (Corte cost., 504 del 2000).

• Nella fase **esecutiva** (→ **Libro X**) il condannato non detenuto deve fare la dichiarazione o l'elezione di domicilio con la domanda con cui chiede una misura alternativa alla detenzione o altro provvedimento attribuito alla magistratura di sorveglianza (→ art. 677 co. 2 *bis*).

• Se sono stati omessi gli avvertimenti nei casi previsti dagli artt. 157 co. 8 *ter*, e 161 co. 01, 1 e 3 e la notificazione è stata eseguita mediante consegna di copia al difensore si realizza una **nullità speciale** della notificazione (art. 171 lett. *e* e art. 177).

162. Comunicazione del domicilio dichiarato o del domicilio eletto.

1. Il domicilio dichiarato, il domicilio eletto e ogni loro mutamento sono comunicati dall'imputato all'autorità che procede, con le modalità previste dall'articolo 111 *bis* o con dichiarazione raccolta a verbale ovvero mediante telegramma o lettera raccomandata con sottoscrizione autenticata da un notaio o da persona autorizzata o dal difensore.

2. La dichiarazione può essere fatta anche nella cancelleria del tribunale del luogo nel quale l'imputato si trova.

3. Nel caso previsto dal comma 2 il verbale è trasmesso immediatamente all'autorità giudiziaria che procede. Analogamente si provvede in tutti i casi in cui la comunicazione è ricevuta da una autorità giudiziaria che, nel frattempo, abbia trasmesso gli atti ad altra autorità.

4. Finché l'autorità giudiziaria che procede non ha ricevuto il verbale o la comunicazione, sono valide le notificazioni disposte nel domicilio precedentemente dichiarato o eletto.

4 *bis*. L'elezione di domicilio presso il difensore d'ufficio non ha effetto se l'autorità che proce-

de non riceve, unitamente alla dichiarazione di elezione, l'assenso del difensore domiciliatario. Se non presta l'assenso, il difensore attesta l'avvenuta comunicazione da parte sua all'imputato della mancata accettazione della domiciliazione o le cause che hanno impedito tale comunicazione.

L'articolo è stato modificato prima dal d. lgs. 19.2.1998, n. 51, poi dalla l. 23.6.2017, n. 103, e infine dal d. lgs. 10.10.2022, n. 150. A norma dell'art. 87 co. 4 d. lgs. 150 del 2022, «sino al quindicesimo giorno successivo alla pubblicazione dei regolamenti di cui ai commi 1 e 3 del medesimo articolo, ovvero sino al diverso termine di transizione previsto dal regolamento di cui al comma 3 per gli uffici giudiziari e per le tipologie di atti in esso indicati, continuano ad applicarsi» le disposizioni di cui al co. 1, nel testo vigente al momento dell'entrata in vigore del d. lgs. 150 del 2022.

• Le comunicazioni relative al domicilio dichiarato o eletto rientrano nella tipologia degli atti per i quali il legislatore, in aggiunta alla sottoscrizione, qualora l'atto sia compiuto mediante telegramma o lettera raccomandata, impone il requisito dell'**autenticazione della firma** (art. 110 co. 1) da parte del notaio o da persona autorizzata (→ **Disp. att.**, art. 39) o dal difensore. Con l'elezione di domicilio l'imputato deve indicare le **generalità** del domiciliatario (→ art. 62). Se l'elezione di domicilio è effettuata presso il difensore occorre dargliene immediata comunicazione (art. 161 co. 4 *bis*).

• L'**imputato detenuto** che deve essere scarcerato per causa diversa dal proscioglimento definitivo e l'imputato che deve essere dimesso da un istituto per l'esecuzione di misure di sicurezza, all'atto della scarcerazione, o della dimissione, ha **l'obbligo di fare la dichiarazione o elezione di domicilio** con atto ricevuto a verbale dal direttore dell'istituto (art. 161 co. 3).

• Quando entrerà in vigore la disciplina sul processo penale telematico (operativa a partire dal quindicesimo giorno successivo alla pubblicazione di specifici regolamenti, che dovranno essere adottati entro il 31.12.2023, o a partire dal diverso termine che verrà fissato dalla normativa secondaria), le comunicazioni relative al domicilio dichiarato o eletto potranno essere effettuate secondo le modalità telematiche dell'art. 111 *bis*.

• Nella fase **esecutiva** (→ **Libro X**) il condannato non detenuto ha l'obbligo di comunicare ogni mutamento del domicilio dichiarato o eletto (→ art. 677 co. 2 *bis*), con la domanda con la quale chiede una misura alternativa alla detenzione o altro provvedimento attribuito alla magistratura di sorveglianza.

163. Formalità per le notificazioni nel domicilio dichiarato o eletto.

1. Per le notificazioni eseguite nel domicilio dichiarato o eletto a norma degli articoli 161 e 162 si osservano, in quanto applicabili, le disposizioni degli articoli 148 e 157.

L'articolo è stato modificato dal d. lgs. 10.10.2022, n. 150.

• La disposizione rinvia, nel caso di notificazioni da eseguirsi presso il domicilio dichiarato o eletto (artt. 161 e 162), all'applicabilità, in quanto compatibili, delle norme sulle notificazioni in generale (art. 148) e sulla prima notificazione all'imputato non detenuto (art. 157).

164. Efficacia della dichiarazione e dell'elezione di domicilio.

1. La determinazione del domicilio dichiarato o eletto è valida per le notificazioni dell'avviso di fissazione dell'udienza preliminare, degli atti di citazione ai sensi degli articoli 450, comma 2, 456, 552 e 601, nonché del decreto penale, salvo quanto previsto dall'articolo 156, comma 1.

L'articolo è stato modificato dal d. lgs. 10.10.2022, n. 150.

• La dichiarazione o elezione di domicilio è efficace per le notificazioni degli atti introduttivi (art. 157 *ter*), salvo lo *status detentionis* che impone di eseguire le notifiche nelle forme previste appunto per il detenuto (art. 156). Secondo la giurisprudenza (Cass., SU, 27.2.2020, n. 12778) si determina una "sospensione" dell'efficacia della dichiarazione o elezione di domicilio per tutta la durata della detenzione. Un'altra eccezione si ha nel procedimento avanti alla **corte di cassazione** (→ **Impugnazioni**): in questo grado, infatti, il domicilio delle parti è presso i difensori (→ art. 613 co. 2), a meno che l'imputato non sia privo dell'assistenza di un difensore di fiducia (→ art. 613 co. 4).

• La dichiarazione o elezione di domicilio non produce i suoi effetti nella **fase esecutiva** (→ **Libro X**) dove l'ordine di esecuzione e il decreto di sospensione sono notificati nelle forme ordinarie al condannato (→ art. 656 co. 5 e 8 *bis*), e nel quale è necessaria una nuova dichiarazione o elezione di domicilio con la domanda con la quale il condannato chiede una misura alternativa alla detenzione o altro provvedimento attribuito dalla legge alla magistratura di sorveglianza (→ art. 677 co. 2 *bis*).

165. Notificazioni all'imputato latitante o evaso.

1. Le notificazioni all'imputato latitante o evaso sono eseguite mediante consegna di copia al difensore.

1 *bis*. Per le notificazioni dell'avviso di fissazione dell'udienza preliminare e degli atti di citazione in giudizio ai sensi degli articoli 450, comma 2, 456, 552 e 601 la disposizione di cui al comma 1 si applica solo nel caso in cui non si è perfezionata la notificazione al domicilio dichiarato o eletto ai sensi dell'articolo 161, comma 1, oppure, quando manca la dichiarazione o l'elezione di domicilio, solo nel caso in cui non è possibile eseguire la notificazione con le modalità indicate dai commi da 1 a 3 dell'articolo 157, se l'imputato è evaso o si è sottratto all'esecuzione della misura cautelare della custodia cautelare in carcere o degli arresti domiciliari, ovvero con le modalità indicate dai commi da 1 a 6 dell'articolo 157, se l'imputato si è sottratto all'esecuzione della misura cautelare dell'obbligo di dimora o del divieto di espatrio.

2. Se l'imputato è privo di difensore, l'autorità giudiziaria designa un difensore di ufficio.

3. L'imputato latitante o evaso è rappresentato a ogni effetto dal difensore.

L'articolo è stato modificato dal d. lgs. 10.10.2022, n. 150.

• La qualifica di **latitante** è ricavabile dalla lettura degli artt. 295 e 296 (→ **Misure cautelari**). Presuppone che un soggetto, **volontariamente**, si sottragga alla custodia cautelare, agli arresti domiciliari, al divieto di espatrio, all'obbligo di dimora (→ **Libro IV**) o a un ordine con cui si dispone la carcerazione (→ **Esecuzione**, artt. 655 e 656). Con riguardo alle ricerche che devono essere compiute dall'ufficiale di p.g. per rintracciare la persona (→ **Libro IV**, art. 295), queste, come chiarito dalla giurisprudenza, **non devono necessariamente comprendere quelle nei luoghi specificati ai fini della dichiarazione di irreperibilità** (art. 159 co. 1) e, di conseguenza, anche le ricerche all'estero quando ricorrano le condizioni previste dall'art. 169 co. 4. Tuttavia, la p.g. deve svolgere le indagini in modo che risultino esaustive. Se, pertanto, dalle indagini emergano concreti elementi che denotino la presenza in determinati luoghi all'estero della persona ricercata, la p.g. sarà chiamata ad attivare gli strumenti di cooperazione internazionale, atti a consentire il rintraccio dell'imputato, in vista dell'eventuale instaurazione del procedimento di consegna attraverso canali della collaborazione giudiziaria (Cass., SU, 27.3.2014, n. 18822).

• Diversamente da quanto accade per l'imputato irreperibile (art. 159), il decreto di latitanza adottato dal giudice conserva efficacia fino a che si verifichi uno degli eventi che pongono fine alla latitanza stessa (→ **Misure cautelari**, art. 296 co. 4).

• Per l'imputato **latitante** il termine per proporre la **richiesta di riesame** (→ **Misure cautelari**) decorre dalla data della notificazione al difensore eseguita a norma di questo articolo (→ art. 309 co. 2).

• Al latitante è equiparato, per ogni effetto, l'evaso (→ **Misure cautelari**, art. 296 co. 5). Per definire **l'evasione** occorre rinviare al codice penale (→ art. 385 c.p.) che sanziona la condotta del soggetto che, essendo legalmente arrestato o detenuto per un reato, evada.

• Anche l'imputato **irreperibile** (art. 159) è rappresentato dal difensore. Secondo la giurisprudenza (Cass., SU, 11.7.2006, n. 24486) il potere di rappresentanza «a ogni effetto» del difensore di fiducia o d'ufficio dell'imputato latitante o evaso è circoscritto nei limiti di cui all'art. 99 co. 1 (→ **Soggetti**), norma che esclude dalla rappresentanza facoltà e diritti riservati personalmente all'imputato.

166. Notificazioni all'imputato interdetto o infermo di mente.

1. Se l'imputato è interdetto le notificazioni si eseguono a norma degli articoli precedenti e presso il tutore; se l'imputato si trova nelle condizioni previste dall'articolo 71 comma 1, le notificazioni si eseguono a norma degli articoli precedenti e presso il curatore speciale.

• La disciplina prevista da questo articolo non si applica a colui che sia stato **interdetto legalmente** *ex* art. 32 c.p.

• Se l'imputato si trova in uno stato mentale tale da impedirne la **cosciente partecipazione al procedimento** (→ **Soggetti**), le notifiche sono eseguite presso il curatore speciale nominato dal giudice contestualmente all'ordinanza di sospensione del processo (→ art. 71).

• Nella fase **esecutiva** (→ **Libro X**), se l'interessato è infermo di mente, l'avviso di fissazione dell'udienza camerale è notificato anche al curatore o al tutore; se questi ne è privo, il giudice o il presidente del collegio nomina un curatore provvisorio (→ art. 666 co. 8).

167. Notificazioni ad altri soggetti.

1. Le notificazioni a soggetti diversi da quelli indicati negli articoli precedenti si eseguono a norma dell'articolo 148, comma 1. Nel caso previsto dal comma 4 dell'articolo 148, si eseguono a norma dell'articolo 157, commi 1, 2, 3, 4 e 8, salvi i casi di urgenza previsti dall'articolo 149.

L'articolo è stato modificato dal d. lgs. 10.10.2022, n. 150.

• Soggetti diversi da quelli indicati negli articoli precedenti ai quali per le notificazioni si applica la disciplina dettata per l'imputato **non detenuto** (art. 157) sono: i difensori (→ **Soggetti**, artt. 96 e 97), i testimoni (→ **Prove**, art. 194), i consulenti tecnici (→ art. 225), gli interpreti (artt. 143 e 143 *bis*), i periti (→ **Prove**, art. 220), i custodi di cose sequestrate (→ art. 259). La disposizione si applica per la citazione dei **testimoni residenti o dimoranti nel territorio dello Stato**, richiesta da un'autorità giudiziaria straniera (→ **Libro XI**, art. 726). A essa vi provvede il Procuratore della Repubblica del luogo in cui deve essere eseguita.

• La norma, nel fare salvi i casi di urgenza, legittima la notificazione a mezzo telefono o telegrafo (art. 149) e per l'interprete (artt. 143 e 143 *bis*) anche oralmente per mezzo dell'ufficiale giudiziario o della p.g. (→ **Disp. att.**, art. 52).

168. Relazione di notificazione.

1. Per le notificazioni effettuate con modalità telematiche la ricevuta di avvenuta consegna, generata dal sistema, assume valore di relazione di notificazione. Quando la notificazione non è eseguita con modalità telematiche, salvo quanto previsto dall'articolo 157 comma 6, l'ufficiale giudiziario che procede alla notificazione scrive, in calce all'originale e alla copia notificata, la relazione in cui indica l'autorità o la parte privata richiedente, le ricerche effettuate, le generalità della persona alla quale è stata consegnata la copia, i suoi rapporti con il destinatario, le funzioni o le mansioni da essa svolte, il luogo e la data della consegna della copia, apponendo la propria sottoscrizione.

2. Quando vi è contraddizione tra la relazione scritta sulla copia consegnata e quella contenuta nell'originale, valgono per ciascun interessato le attestazioni contenute nella copia notificata.

3. La notificazione produce effetto per ciascun interessato dal giorno della sua esecuzione.

L'articolo è stato modificato dal d. lgs. 10.10.2022, n. 150.

• In ragione della clausola di riserva prevista nel secondo periodo del co. 1, la disciplina ivi dettata non si applica nei casi di notificazione in plico chiuso mediante consegna alla persona convivente, addetta alla casa ovvero al servizio del destinatario, al datore di lavoro, al portiere o a chi ne fa le veci (art. 157 co. 6). In questa ipotesi la copia dell'atto è inserita in una busta che viene sigillata trascrivendovi il numero cronologico della notificazione e dandone atto nella relazione in calce all'originale o alla copia dell'atto (art. 148 co. 8).

• Nell'ambito della procedura per la prima notificazione all'imputato non detenuto, qualora l'atto si depositato nella casa comunale, l'ufficiale giudiziario deve anche inviare copia mediante raccomandata con avviso di ricevimento nel luogo di residenza anagrafica o di dimora dell'imputato. Gli effetti della notificazione decorrono dal ricevimento della raccomandata (art. 157 co. 8).

• Qualora l'**imputato detenuto** rifiuti di ricevere la notificazione ne è fatta menzione nella relazione di notificazione (art. 156 co. 2).

• Quanto alla data in cui è stata consegnata la copia occorre indicare giorno, mese e anno (art. 111 co. 1). Nei casi di prima notificazione all'imputato non detenuto (art. 157), qualora si applichi l'ipotesi prevista dall'art. 157 co. 7, l'ufficiale giudiziario, nella relazione di notificazione, deve indicare anche l'ora in cui sono avvenuti gli accessi (→ **Disp. att.**, art. 59). La **mancata sottoscrizione** (art. 110), da parte dell'ufficiale giudiziario (art. 148) nella relazione della copia notificata con modalità non telematiche è causa di **nullità speciale** della notificazione (artt. 171 lett. *c* e 177).

• In materia di **impugnazioni** (→ **Libro IX**), se la decorrenza è diversa per l'imputato e il suo difensore, opera per entrambi il termine che scade per ultimo (→ art. 585 co. 3).

169. Notificazioni all'imputato all'estero.

1. Quando l'autorità giudiziaria non può procedere alla notificazione con modalità telematiche e risulta dagli atti notizia precisa del luogo di residenza o di dimora all'estero della persona nei cui confronti si deve procedere ovvero del luogo in cui all'estero la persona esercita abitualmente attività lavorativa, il giudice o il pubblico ministero le invia raccomandata con avviso di ricevimento, contenente l'indicazione della autorità che procede, del titolo del reato e della data e del luogo in cui è stato commesso, nonché l'invito a dichiarare o eleggere domicilio nel territorio dello Stato ovvero a dichiarare un indirizzo di posta elettronica certificata o altro servizio elettronico di recapito certificato qualificato. Se nel termine di trenta giorni dalla ricezione della raccomandata o della comunicazione telematica non viene effettuata la dichiarazione o l'elezione di domicilio ovvero se la stessa è insufficiente o risulta inidonea, le notificazioni sono eseguite mediante consegna al difensore.

2. Nello stesso modo si provvede se la persona risulta essersi trasferita all'estero successivamente al decreto di irreperibilità emesso a norma dell'articolo 159.

3. L'invito previsto dal comma 1 è redatto nella lingua dell'imputato straniero quando dagli atti non risulta che egli conosca la lingua italiana.

4. Quando dagli atti risulta che la persona nei cui confronti si deve procedere risiede o dimora all'estero, ma non si hanno notizie sufficienti per provvedere a norma del comma 1, il giudice o il pubblico ministero, prima di pronunciare decreto di irreperibilità, dispone le ricerche anche fuori del territorio dello Stato nei limiti consentiti dalle convenzioni internazionali.

5. Le disposizioni precedenti si applicano anche nel caso in cui dagli atti risulti che la persona è detenuta all'estero.

La disposizione è stata così modificata prima con d. lgs. 14.1.1991, n. 12, poi dal d. lgs. 10.10.2022, n. 150.

• La p.g., nel primo atto compiuto con l'intervento della persona sottoposta alle indagini, se è nelle condizioni di indicare le norme di legge che si assumono violate, la data e il luogo del fatto e l'autorità giudiziaria procedente, ne dà comunicazione alla persona sottoposta alle indagini e la avverte che le successive notificazioni, diverse da quelle riguardanti l'avviso di fissazione dell'udienza preliminare (→ **Libro V**, art. 419), la citazione in giudizio per il giudizio direttissimo (→ **Libro VI**, art. 450 co. 2), per il giudizio ordinario (→ **Libro VII**, art. 456), per il procedimento davanti al tribunale in composizione monocratica (→ **Libro VIII**, art. 552), per il giudizio di appello (→ **Libro IX**, art. 601) e il decreto penale di condanna (→ **Libro VI**), saranno effettuate mediante consegna al difensore di fiducia o a quello nominato d'ufficio (→ **Soggetti**). Contestualmente la persona sottoposta alle indagini è altresì avvertita che ha l'onere di indicare al difensore ogni recapito, anche telefonico, o indirizzo di posta elettronica nella sua disponibilità, ove il difensore possa effettuare le comunicazioni, nonché di informarlo di ogni successivo mutamento (art. 161 co. 01).

• Al fine di dare attuazione a quanto previsto dal co. 3, all'avviso redatto in lingua italiana e sottoscritto dall'autorità procedente è allegata la traduzione nella lingua ufficiale dello Stato in cui l'imputato risulta essere nato (→ **Disp. att.**, art. 63).

• Se non si abbiano notizie sufficienti circa la residenza o la dimora all'estero dell'imputato, prima di emettere il decreto di irreperibilità, l'autorità giudiziaria dispone le ricerche anche al di fuori del territorio dello Stato, nei limiti previsti dalle convenzioni internazionali (→ **Rapporti giurisdizionali con autorità straniere**, art. 696).

170. Notificazioni col mezzo della posta.

1. Nei casi di cui all'articolo 148, comma 4, e ai fini di cui all'articolo 157 *ter*, le notificazioni possono essere eseguite anche col mezzo degli uffici postali, nei modi stabiliti dalle relative norme speciali.

2. È valida la notificazione anche se eseguita col mezzo di un ufficio postale diverso da quello a cui inizialmente fu diretto il piego.

3. Qualora l'ufficio postale restituisca il piego per irreperibilità del destinatario, l'ufficiale giudiziario provvede alle notificazioni nei modi ordinari.

La legge speciale alla quale il co. 1 rinvia è la l. 20.11.1982, n. 890. L'articolo è stato modificato dal d. lgs. 10.10.2022, n. 150.

• La persona offesa (→ **Soggetti**, art. 90) può spedire la dichiarazione di querela per posta in piego raccomandato (→ **Indagini e udienza preliminare**, art. 337 co. 1).

• In tema di rogatorie dall'estero (→ **Rapporti giurisdizionali con autorità straniere**, art. 726 *bis*), quando le convenzioni o gli accordi internazionali consentono la notificazione diretta all'interessato dell'atto di citazione a mezzo posta e questa non viene utilizzata, la richiesta dell'autorità giudiziaria straniera di notificazione all'imputato residente o dimorante nel territorio dello Stato è trasmessa al Procuratore della Repubblica del luogo in cui deve essere eseguita che provvede utilizzando le forme della notificazione all'imputato detenuto (art. 156), non detenuto (art. 157) o in servizio militare (art. 158). È da notare come la norma abbia mantenuto il richiamo all'art. 158, oggetto di abrogazione a opera dell'art. 98 co. 1 lett. *a* d. lgs. 10.10.2022, n. 150.

• Il servizio postale può essere utilizzato dall'ufficiale giudiziario nell'ambito delle notificazioni all'**imputato non detenuto** (art. 157), qualora l'atto sia stato consegnato a persona diversa dal destinatario, ovvero sia stato depositato presso la casa comunale. Questi, infatti, deve comunicare all'imputato l'avvenuto deposito a mezzo di lettera raccomandata con avviso di ricevimento (art. 157 co. 3 e 8).

171. Nullità delle notificazioni.

1. La notificazione è nulla:

a) se l'atto è notificato in modo incompleto, fuori dei casi nei quali la legge consente la notificazione per estratto;

b) se vi è incertezza assoluta sull'autorità o sulla parte privata mittente o richiedente ovvero sul destinatario;

b bis) se, in caso di notificazione eseguita con modalità telematiche, non sono rispettati i requisiti di cui al comma 1 dell'articolo 148;

c) se nella relazione della copia notificata con modalità non telematiche manca la sottoscrizione di chi l'ha eseguita;

d) se sono violate le disposizioni circa la persona a cui deve essere consegnata la copia;

e) se non è stato dato l'avvertimento nei casi previsti dagli articoli 157, comma 8 *ter*, e 161 commi 01, 1 e 3 e la notificazione è stata eseguita mediante consegna al difensore;

f) se è stata omessa l'affissione o non è stata inviata copia dell'atto con le modalità prescritte dall'articolo 157, comma 8;

g) se sull'originale dell'atto notificato manca la sottoscrizione della persona indicata nell'articolo 157, comma 3;

h) [Soppresso.]

L'articolo è stato così modificato dal d. lgs. 10.10.2022, n. 150.

• Con questa disposizione il legislatore ha enucleato delle cause di nullità **speciali** (art. 177) delle notificazioni alle quali si affiancano quelle di carattere **generale** (art. 178). L'elenco si è arricchito di ulteriori previsioni in conseguenza delle innovazioni legate alle notificazioni telematiche.

• La lett. *a* è riconducibile al modo in cui l'atto sia stato notificato. Se, infatti, questo sia stato notificato in modo incompleto, fuori dalle ipotesi in cui la legge ammette la notificazione per estratto (art. 148 co. 8), presentando delle lacune nelle parti essenziali del documento da notificare, si configura la nullità.

• La lett. *b* sanziona l'incertezza "assoluta" in relazione all'autorità, **p.m. o giudice** (artt. 148 e 149), ovvero alla **parte privata** (art. 152) che abbia richiesto di effettuare la notificazione, nonché sul destinatario dell'atto (artt. 153, 153 *bis*, 154, 155, 156, 157, 157 *bis*, 157 *ter*, 159, 165, 166 e 167).

• La lett. *b bis* è legata al mancato rispetto dei requisiti prescritti dal nuovo art. 148 co. 1 per le notifiche telematiche.

• La lett. *c* è correlata all'obbligo che grava sull'ufficiale giudiziario (art. 148 co. 1) di **sottoscrivere** (art. 110 co. 1) la relazione della copia notificata con modalità non telematiche (art. 168 co. 1).

• La lett. *d* riguarda la violazione delle disposizioni sulla persona del **consegnatario**. Diverse sono le situazioni riconducibili all'ambito applicativo di questa previsione: la qualità del consegnatario e i suoi rapporti con il destinatario (artt. 156 co. 2 e 157 co. 1); le capacità del consegnatario (art. 157 co. 4); il mancato rispetto delle disposizioni sui luoghi in cui effettuare le notificazioni (art. 157 co. 1, 2 e 8); la mancata osservanza dell'ordine dei possibili consegnatari (art. 157 co. 1, 2 e 8).

• La lett. *e* è correlata agli obblighi di informazione che gravano sul giudice, il p.m. e la p.g. nei riguardi dell'imputato o dell'indagato nel momento in cui viene invitato a dichiarare o eleggere domicilio per le notificazioni (art. 161), qualora poi la notificazione **sia eseguita mediante consegna di copia dell'atto al difensore** (artt. 157 co. 8 *ter* e art. 161 co. 01, 1 e 3).

• La lett. *f* richiama le forme previste per la notificazione all'**imputato non detenuto** (art. 157). L'omessa affissione dell'avviso di deposito dell'atto presso la casa comunale o la mancata comunicazione di questo adempimento all'interessato sono, infatti, causa di nullità. Anche la successiva lett. *g* è correlata al procedimento per la notificazione all'imputato non detenuto (art. 157): la mancanza nell'originale dell'atto notificato della sottoscrizione del portiere o di chi ne fa le veci è causa di nullità.

Titolo VI
TERMINI

172. Regole generali.

1. I termini processuali sono stabiliti a ore, a giorni, a mesi o ad anni.

2. I termini si computano secondo il calendario comune.

3. Il termine stabilito a giorni, il quale scade in giorno festivo, è prorogato di diritto al giorno successivo non festivo.

4. Salvo che la legge disponga altrimenti, nel termine non si computa l'ora o il giorno in cui ne è iniziata la decorrenza; si computa l'ultima ora o l'ultimo giorno.

5. Quando è stabilito soltanto il momento finale, le unità di tempo stabilite per il termine si computano intere e libere.

6. Il termine per fare dichiarazioni, depositare documenti o compiere altri atti in un ufficio giudiziario si considera scaduto nel momento in cui, secondo i regolamenti, l'ufficio viene chiuso al pubblico.

6 *bis*. Il termine per fare dichiarazioni, depositare documenti o compiere altri atti in un ufficio

giudiziario con modalità telematiche si considera rispettato se l'accettazione da parte del sistema informatico avviene entro le ore 24 dell'ultimo giorno utile.

6 *ter*. Salvo che non sia diversamente stabilito, i termini decorrenti dal deposito telematico, quando lo stesso è effettuato fuori dell'orario di ufficio stabilito dal regolamento, si computano dalla data della prima apertura immediatamente successiva dell'ufficio.

I co. 6 *bis* e 6 *ter* sono stati introdotti dal d. lgs. 10.10.2022, n. 150. A norma dell'art. 87 co. 5 d. lgs. 150 del 2022, entrambe le disposizioni «si applicano a partire dal quindicesimo giorno successivo alla pubblicazione dei regolamenti di cui ai commi 1 e 3, oppure a partire dal diverso termine previsto dal regolamento di cui al comma 3 per gli uffici giudiziari e per le tipologie di atti in esso indicati».

• Con riguardo alla previsione di cui al co. 1, ad esempio, durante la fase delle **indagini preliminari** (→ **Libro V**) è stabilito **ad ore** – ventiquattro – il termine entro il quale il p.m. deve comunicare al g.i.p. (→ art. 328) il decreto motivato (art. 125 co. 3) con il quale, nei casi di urgenza, abbia disposto l'intercettazione (→ **Prove**, art. 267 co. 2). Sono stabiliti a **giorni** – quindici, trenta e quarantacinque – i termini per proporre **impugnazione** (→ **Libro IX**, art. 585) avverso le sentenze. Nel procedimento a carico di ignoti (→ **Libro V**) il p.m. presenta al g.i.p. richiesta di archiviazione ovvero di autorizzazione a proseguire le indagini, entro sei **mesi** dalla registrazione della notizia di reato (→ art. 415 co. 1). Nei procedimenti per reati di particolare gravità il termine massimo di durata delle indagini preliminari è fissato in due **anni** (→ art. 407 co. 2).

• La regola dettata al co. 3, secondo cui il termine che scade il giorno festivo è prorogato al giorno successivo non festivo, si applica anche agli **atti e ai provvedimenti del giudice** e, quindi, anche al termine per la redazione della sentenza (→ **Giudizio**, art. 548: Cass., SU, 29.9.2011, n. 155). La disposizione esclude rilievo all'ipotesi in cui i giorni festivi cadano all'inizio o durante il decorso del termine. Un'eccezione è però prevista in tema di **sospensione del dibattimento** (→ **Libro VII**, art. 477 co. 2) essendo il relativo provvedimento adottato dal giudice per un termine massimo che, computate tutte le dilazioni, non oltrepassa i dieci giorni, esclusi i festivi.

• In deroga a quanto previsto dal co. 4, gli effetti della **custodia cautelare** (→ **Libro IV**, artt. 284, 285 e 286) decorrono dal momento della cattura, dell'arresto o del fermo (→ art. 297 co. 1). Parimenti, gli effetti delle altre misure cautelari (→ artt. 281-283, 288-290) decorrono dal momento in cui è notificata l'ordinanza che le dispone (→ art. 293).

• In relazione a quanto stabilito dal co. 5, si computano intere e libere le unità di tempo relative ai termini per comparire a una udienza (artt. 127 co. 1; → **Prove**, art. 268 co. 6; → **Misure cautelari**, artt. 309 co. 8 e 324 co. 6; → **Indagini e udienza preliminare**, artt. 398 co. 3 e 419 co. 4; → **Procedimenti speciali**, artt. 456 co. 3, 458 co. 2, 464 co. 1, 464 *octies* co. 2 e 465 co. 2; → **Procedimento davanti al tribunale in composizione monocratica**, art. 552 co. 3; → **Impugnazioni**, artt. 601 co. 5 e 610 co. 5; → **Esecuzione**, art. 666 co. 3; → **Rapporti giurisdizionali con autorità straniere**, art. 704 co. 1), nonché quelle relative al momento entro il quale deve essere depositata – almeno sette giorni prima della data fissata per il dibattimento – presso la cancelleria del giudice del dibattimento (→ **Libro VII**) la **lista "testimoniale"** (→ art. 468 co. 1). Analoga disposizione è fissata per il deposito delle liste nel procedimento davanti al tribunale in composizione monocratica (→ **Libro VIII**, art. 555 co. 1).

173. Termini a pena di decadenza. Abbreviazione.

1. I termini si considerano stabiliti a pena di decadenza soltanto nei casi previsti dalla legge.
2. I termini stabiliti dalla legge a pena di decadenza non possono essere prorogati, salvo che la legge disponga altrimenti.
3. La parte a favore della quale è stabilito un termine può chiederne o consentirne l'abbreviazione con dichiarazione ricevuta nella cancelleria o nella segreteria dell'autorità procedente.

• Con questa disposizione il legislatore ha enunciato il principio di **tassatività** in relazione ai termini c.d. "**perentori**". In sostanza, è la legge a stabilire quando si verifica la perdita del potere o della facoltà di compiere un atto se non è rispettato il termine fissato; se l'atto è compiuto nonostante l'avvenuta scadenza del termine, la sanzione è quella dell'inammissibilità.

• In via esemplificativa, è sanzionata con la decadenza: l'inosservanza dei termini per rilevare o eccepire l'**incompetenza** per materia c.d. per difetto (→ **Soggetti**, artt. 21 co. 3 e 23 co. 2), per territorio o per connessione (→ artt. 21 e 23); l'inosservanza delle disposizioni relative all'attribuzione dei reati alla **cognizione del tribunale in composizione collegiale o monocratica e delle disposizioni processuali collegate** (→ art. 33 *quinquies*; → **Giudizio**, artt. 516 co. 1 *bis*, 517 co. 1 *bis* e 521 *bis*). Con riguardo alle **parti private** (→ **Soggetti**) è sanzionato con la decadenza il mancato rispetto dei termini per la costituzione di parte civile (→ art. 79 co. 2); per la richiesta di esclusione della parte civile avanzata dal p.m., dall'imputato e dal responsabile civile (→ art. 80 co. 2); per l'intervento volontario del responsabile civile (→ art. 85 co. 2); per la richiesta di esclusione del responsabile civile avanzata dall'imputato, dalla parte civile e dal p.m. che non ne abbiano richiesto la citazione (→ art. 86 co. 3); per l'opposizione all'intervento dell'ente o dell'associazione rappresentativa degli interessi lesi dal reato (→ art. 95 co. 3). Sono stabiliti a pena di decadenza i termini per rilevare o eccepire le **nullità** (art. 182 co. 3).

• Nei **riti alternativi** (→ **Libro VI**), ricevuta la notifica del decreto che dispone il giudizio immediato l'imputato ha quindici giorni di tempo, a pena di decadenza, per richiedere il giudizio abbreviato (→ art. 458 co. 1); il condannato e il civilmente obbligato per la pena pecuniaria hanno quindici giorni per proporre opposizione al decreto penale di condanna (→ art. 461). Nell'ambito del **giudizio** (→ **Libro VII**), il mancato deposito delle liste testimoniali almeno sette giorni prima della data fissata per il dibattimento, segna l'inammissibilità dell'atto (→ art. 468 co. 1); in sede di **impugnazioni** (→ **Libro IX**), sono previsti a pena di decadenza i termini per proporle (→ art. 585 co. 5). Nel procedimento di **riparazione per l'errore giudiziario** (→ **Impugnazioni**), gli interessati che abbiano ricevuto notizia della domanda con il provvedimento che fissa l'udienza e non formulino le richieste nei termini e nelle forme perviste dall'art. 127 co. 2, decadono dal diritto di presentare la domanda di riparazione successivamente alla chiusura del procedimento stesso (→ art. 646 co. 2 e 4). In sede di **esecuzione** (→ **Libro X**) è sanzionato con la decadenza il mancato rispetto del termine di quindici giorni per proporre opposizione avverso l'ordinanza del giudice dell'esecuzione nei casi di dubbio sull'identità fisica della persona (→ art. 667 co. 4).

• L'inosservanza di una norma processuale stabilita a pena di decadenza e inammissibilità rientra tra i motivi che legittimano la parte a proporre **ricorso per cassazione** (→ **Impugnazioni**, art. 606 co. 1 lett. *c*).

• Nell'ambito della proroga di cui al co. 2 si può distinguere la proroga di diritto, prevista per il termine che scada il giorno festivo (art. 172 co. 2), da quella giudiziale. Quest'ultima può riguardare: i termini di custodia cautelare (→ **Libro IV**, art. 305); i termini di durata delle indagini preliminari (→ **Libro V**, art. 406) e i termini di durata delle indagini ai fini dell'esecuzione dell'incidente probatorio (→ art. 393). Di recente, un meccanismo di proroghe giudiziali è stato previsto con riguardo ai termini fissati dalla legge per la definizione del giudizio di appello e di cassazione (→ **Libro V**, art. 344 *bis* co. 4).

• L'abbreviazione dei termini può essere disposta durante la fase delle **indagini preliminari** (→ **Libro V**) dal p.m. ai fini dell'invito a presentarsi rivolto alla persona sottoposta ad indagini (→ art. 375 co. 4) ovvero per procedere ad atti quali interrogatorio, ispezione o confronto prima del termine fissato, quando vi è fondato motivo di ritenere che il ritardo possa pregiudicare la ricerca o l'assicurazione delle fonti di prova (→ art. 364 co. 5). Quanto al giudice, questi può abbreviare i termini per l'**incidente probatorio** quando occorre procedervi con urgenza (→ art. 400). Nel procedimento davanti al **tribunale in composizione monocratica** (→ **Libro VIII**), possono essere ridotti a quarantacinque, rispetto ai sessanta giorni prima della data fissata per l'udienza di comparizione, i termini per la notifica del decreto di citazione (→ art. 552 co. 3). Tra i termini a favore delle parti vi è quello a difesa, nei casi di modifica dell'imputazione durante il giudizio (→ **Libro VII**, art. 519 co. 1 e 2).

• Il p.m., le parti private e i difensori che siano decaduti possono, in presenza di determinate condizioni, accedere al rimedio della restituzione in termini (art. 175).

174. Prolungamento dei termini di comparizione.

1. Se la residenza dell'imputato risultante dagli atti ovvero il domicilio dichiarato o eletto a norma dell'articolo 161 è fuori del comune nel quale ha sede l'autorità giudiziaria procedente, il termine per comparire è prolungato del numero di giorni necessari per il viaggio. Il prolungamento è di un giorno ogni cinquecento chilometri di distanza, quando è possibile l'uso di mezzi pubblici di trasporto e di un giorno ogni cento chilometri negli altri casi. Lo stesso prolungamento dei termini ha luogo per gli imputati detenuti o internati fuori del comune predetto. In ogni caso il prolungamento dei termini non può essere superiore a tre giorni. Per l'imputato residente all'estero il prolungamento del termine è stabilito dall'autorità giudiziaria, tenendo conto della distanza e dei mezzi di comunicazione utilizzabili.

2. Le stesse disposizioni si applicano quando si tratta di termine stabilito per la presentazione di ogni altra persona per la quale l'autorità procedente emette ordine o invito.

• Presupposto del prolungamento è la **mancata coincidenza** tra la residenza dell'imputato risultante dagli atti, ovvero del domicilio dichiarato o eletto (art. 161) e il comune nel quale ha sede l'autorità giudiziaria procedente. In relazione all'imputato, il termine per comparire, del quale può essere disposto il **prolungamento,** è quello fissato per la comparizione nel procedimento in camera di consiglio (art. 127 co. 1); all'udienza preliminare (→ **Libro V**, art. 419 co. 4); all'udienza per il giudizio direttissimo, nel caso di imputato libero (→ **Procedimenti speciali**, art. 450 co. 2); all'udienza per il giudizio immediato (→ art. 456 co. 3); nel procedimento davanti al tribunale in composizione monocratica (→ **Libro VIII**, art. 552 co. 3); nel procedimento di esecuzione (→ **Libro XI**, art. 666 co. 3).

• La disposizione può trovare applicazione qualora il p.m. abbia invitato la persona sottoposta ad indagini a presentarsi per procedere ad atti che ne richiedono la presenza (→ **Indagini e udienza preliminare**, art. 375); non si applica, invece, ai termini che riguardino il difensore (→ **Soggetti**, artt. 96 e 97), non rientrando nel novero delle persone per le quali l'autorità giudiziaria emette ordine o invito.

175. Restituzione nel termine.

1. Il pubblico ministero, le parti private e i difensori sono restituiti nel termine stabilito a pena di decadenza, se provano di non averlo potuto osservare per caso fortuito o per forza maggiore. La richiesta per la restituzione nel termine è presentata, a pena di decadenza, entro dieci giorni da quello nel quale è cessato il fatto costituente caso fortuito o forza maggiore.

2. L'imputato condannato con decreto penale, che non ha avuto tempestivamente effettiva conoscenza del provvedimento, è restituito, a sua richiesta, nel termine per proporre opposizione, salvo che vi abbia volontariamente rinunciato.

2.1. L'imputato giudicato in assenza è restituito, a sua richiesta, nel termine per proporre impugnazione, salvo che vi abbia volontariamente rinunciato se, nei casi previsti dall'articolo 420 *bis*, commi 2 e 3, fornisce la prova di non aver avuto effettiva conoscenza della pendenza del processo e di non aver potuto proporre impugnazione nei termini senza sua colpa.

2 *bis*. La richiesta indicata ai commi 2 e 2.1 è presentata, a pena di decadenza, nel termine di trenta giorni da quello in cui l'imputato ha avuto effettiva conoscenza del provvedimento. In caso di estradizione dall'estero, il termine per la presentazione della richiesta decorre dalla consegna del condannato.

3. La restituzione non può essere concessa più di una volta per ciascuna parte in ciascun grado del procedimento.

4. Sulla richiesta decide con ordinanza il giudice che procede al tempo della presentazione della stessa. Prima dell'esercizio dell'azione penale provvede il giudice per le indagini preliminari. Se sono stati pronunciati sentenza o decreto di condanna, decide il giudice che sarebbe competente sulla impugnazione o sulla opposizione.

5. L'ordinanza che concede la restituzione nel termine per la proposizione della impugnazione

o della opposizione può essere impugnata solo con la sentenza che decide sulla impugnazione o sulla opposizione.

6. Contro l'ordinanza che respinge la richiesta di restituzione nel termine può essere proposto ricorso per cassazione.

7. Quando accoglie la richiesta di restituzione nel termine per proporre impugnazione, il giudice, se occorre, ordina la scarcerazione dell'imputato detenuto e adotta tutti i provvedimenti necessari per far cessare gli effetti determinati dalla scadenza del termine.

8. Se la restituzione nel termine è concessa a norma del comma 2, non si tiene conto, ai fini della prescrizione del reato, del tempo intercorso tra la notificazione della sentenza contumaciale o del decreto di condanna e la notificazione alla parte dell'avviso di deposito dell'ordinanza che concede la restituzione.

8 *bis*. Se la restituzione nel termine è concessa a norma del comma 2.1, non si tiene conto, ai fini dell'improcedibilità di cui all'articolo 344 *bis*, del tempo intercorso tra il novantesimo giorno successivo alla scadenza del termine previsto dall'articolo 544, come eventualmente prorogato ai sensi dell'articolo 154 delle norme di attuazione, di coordinamento e transitorie del presente codice, e la notificazione alla parte dell'avviso di deposito dell'ordinanza che concede la restituzione.

Il secondo periodo del co. 1 ed il co. 2 *bis* sono stati aggiunti dal d.l. 21.2.2005, n. 17, conv., con modif., dalla l. 22.4.2005, n. 60. Il co. 2 è stato, poi, sostituito dalla l. 28.4.2014, n. 67. Corte cost., 317 del 2009, ha dichiarato l'illegittimità costituzionale del co. 2, nella parte in cui non consente la restituzione dell'imputato, che non abbia avuto effettiva conoscenza del procedimento o del provvedimento, nel termine per proporre impugnazione contro la sentenza contumaciale, nel concorso delle ulteriori condizioni indicate dalla legge, quando analoga impugnazione sia stata proposta in precedenza dal difensore dello stesso imputato. Da ultimo, l'articolo è stato modificato dal d. lgs. 10.10.2022, n. 150.

• La restituzione nel termine è un rimedio attivabile a fronte della decadenza dal potere o dalla facoltà di compiere un atto per il mancato rispetto del termine di legge (art. 173 co. 1). Nella locuzione «parti private», a favore delle quali pure opera il rimedio processuale, vi rientrano l'imputato (→ **Soggetti**, art. 60), la parte civile (→ art. 74), il responsabile civile (→ art. 83) e il civilmente obbligato per la pena pecuniaria (→ art. 89).

• Sul piano definitorio, dottrina e giurisprudenza concordano nel ritenere che il caso fortuito sia un evento imprevisto o imprevedibile, mentre la forza maggiore sia quell'energia causale cui la parte non può in alcun modo resistere. Il caso fortuito e la forza maggiore rilevano anche **nell'udienza preliminare** (→ **Libro V**, art. 420 *ter*); nel **dibattimento** di primo grado (→ **Giudizio**, art. 484 co. 2 *bis*); nell'udienza di comparizione predibattimentale a seguito di citazione diretta (→ **Libro VIII**, art. 554 *bis* co. 2) e in **appello** (→ **Impugnazioni**, art. 598) come situazioni che integrano l'assoluta impossibilità di comparizione in giudizio dell'imputato.

• Il termine per la presentazione della richiesta di restituzione, stabilito a pena di decadenza (art. 173 co. 1), è fissato in giorni (art. 172 co. 1), che decorrono dalla data in cui è cessato il fatto costituente caso fortuito o forza maggiore.

• Particolari problematiche, sul fronte del rispetto dei diritti garantiti nella **Cedu**, ha posto l'istituto della restituzione in termini per proporre impugnazione avverso la sentenza "contumaciale" (→ **Giudizio**, art. 548 co. 3 abr., nella parte relativa alla notifica all'imputato contumace, dalla l. 67 del 2014). Nell'originario assetto codicistico, la restituzione era subordinata alla condizione che l'imputato avesse provato di non avere avuto, senza colpa, effettiva conoscenza della sentenza, sempre che l'impugnazione non fosse stata proposta dal difensore; o che lo stesso, nei casi di sentenza contumaciale notificata mediante consegna al difensore (artt. 159, 161 e 169), non si fosse sottratto volontariamente alla cognizione degli atti del procedimento. Nella sostanza, si richiedeva una sorta di *probatio* diabolica, che rendeva difficile, unitamente alla brevità del termine concesso (dieci giorni), ottenere, nei casi di mancata informazione del procedimento a proprio carico e fuori dai casi di rinuncia a comparire, la riapertura del processo, nel rispetto dei principi di cui all'art. 6 **Cedu**. Con il d.l. 17 del 2005, conv., con modif., dalla l. 60 del 2005, adottato con l'intento di adeguare il sistema alle pronunce di condanna della Corte di Strasburgo (Corte edu, 10.11.2014, *Sejdovic c. Italia*; Corte edu, Grande Camera, 1.3.2006, *Sejdovic c. Italia*), nonché di facilitare l'operatività dell'istituto del mandato di arresto europeo (l. 22.4.2005, n. 69), Governo e Parlamento avevano riscritto, anzitutto, il co. 2. L'imputato condannato con sentenza contumaciale o con decreto penale di condanna (→ **Procedimenti speciali**) era restituito nel termine, salvo che avesse avuto effettiva conoscenza del procedimento o del provvedimento e avesse volontariamente rinunciato a comparire ovvero a proporre impugnazione od opposizione. A tal fine l'autorità giudiziaria avrebbe compiuto ogni necessaria verifica. Per effetto della modifica, il contumace non era più soggetto all'onere di dimostrare la mancata effettiva conoscenza del procedimento: spettava, invece, all'autorità giudiziaria provare l'avvenuta conoscenza del procedimento o del provvedimento e la volontaria rinuncia a comparire per escludere il diritto alla restituzione nel termine. Contestualmente, era stato aumentato a trenta giorni, rispetto ai dieci fissati al co. 1, sempre stabilito a pena di decadenza (art. 172), il termine per accedere alla restituzione. Inoltre, non era riprodotta l'esplicita preclusione ad una restituzione dell'imputato, nel termine per impugnare, in caso di impugnazione già proposta dal difensore. Pur a fronte delle innovazioni apportate, il sistema, tuttavia, scontava il difetto di coordinamento con l'istituto della rinnovazione dell'istruzione dibattimentale in appello in favore del contumace (→ **Impugnazioni**, art. 603 co. 4, prima dell'abrogazione a opera della l. 67 del 2014), superato, in alcuni casi, da un approccio giurisprudenziale convenzionalmente orientato. Inoltre, pur ammessa la rinnovazione delle prove in appello (→ **Impugnazioni**), l'imputato non avrebbe potuto accedere ai procedimenti speciali (→ **Libro VI**). Con la l. 67 del 2014 – che ha abolito l'istituto della contumacia, sostituito con l'assenza (→ **Indagini e udienza preliminare**, art. 420 *bis*), e introdotto la sospensione del procedimento (→ art. 420 *quater*) – era stato riscritto il co. 2, limitando il rimedio soltanto al **condannato con decreto penale di condanna divenuto esecutivo** (→ **Procedimenti speciali**, art. 461). Questi, infatti, nonché la persona civilmente obbligata per la pena pecuniaria (→ art. 462), potranno accedere alla restituzione nel termine qualora non abbiano avuto tempestivamente effettiva conoscenza del provvedimento, salvo che vi abbiano volontariamente rinunciato. Quanto all'imputato dichiarato assente nel corso dell'udienza preliminare (→ **Libro V**, art. 420 *bis*) ovvero nel giudizio (→ **Libro VII**, art. 484 co. 2 *bis*) e condannato con sentenza passata in giudicato, qualora avesse provato la mancata incolpevole conoscenza del processo, per effetto della riforma, avrebbe potuto accedere unicamente al rimedio straordinario della **rescissione del giudicato** (→ **Impugnazioni**, art. 629 *bis*). La "riforma Cartabia" ha inciso in maniera significativa sulla disciplina del giudizio in assenza. Il legislatore ha reintrodotto, a favore dell'imputato giudicato in assenza, la restituzione in termini per impugnare, salvo che vi abbia volontariamente rinunciato. L'istituto è subordinato alla condizione che, nei casi previsti dall'art. 420 *bis* co. 2 e 3 (→ **Libro V**), l'imputato fornisca la prova di non aver avuto effettiva conoscenza della pendenza del processo e di non aver potuto proporre impugnazione nei termini senza sua colpa.

• Nel caso di imputato rispetto al quale si è proceduto in assenza, con l'atto di impugnazione (→ **Libro IX**, art. 581 co. 1 *quater*) del difensore è depositato, a pena d'inammissibilità, **specifico mandato ad impugnare**, rilasciato dopo la pronuncia della sentenza e contenente la dichiarazione o elezione di domicilio ai fini della notificazione del decreto di citazione a giudizio.

• Nel sistema costruito dal d. lgs. 150 del 2022 è stata mantenuta la **rescissione del giudicato** (→ **Impugnazioni**, art. 629 *bis*): il condannato o il prosciolto al quale sia stata applicata la misura di sicurezza, potrà ottenerla purché provi che sia stato dichiarato assente in mancanza dei presupposti previsti dall'art. 420 *bis* (→ **Libro V**) e che non abbia potuto proporre impugnazione della sentenza nei termini senza sua colpa, salvo risulti che abbia avuto effettiva conoscenza della pendenza del processo prima della pronuncia della sentenza.

• **Quando entreranno in vigore le norme della "riforma Cartabia" sul processo penale telematico** (operative a partire dal quindicesimo giorno successivo alla pubblicazione di specifici regolamenti, che dovranno essere adottati entro il 31.12.2023, o a partire dal diverso termine che verrà fissato dalla normativa secondaria), una nuova forma di restituzione in termini sarà prevista, a favore del p.m., delle parti private e dei difensori, a fronte del malfunzionamento dei sistemi informatici certificato ai sensi dei co. 1 e 2 o accertato ai sensi del co. 4 dell'art. 175 *bis*. La condizione è che questi soggetti dimostrino di essersi trovati, per caso fortuito o forza maggiore, nell'impossibilità di redigere o depositare tempestivamente l'atto.

• Il termine di **trenta giorni** per accedere al rimedio decorre, per l'estradato (→ **Rapporti giurisdizionali con autorità straniere**), dalla data di consegna alle autorità italiane; nelle altre ipotesi, dal momento in cui l'interessato ha avuto effettiva conoscenza del provvedimento. In giurisprudenza (Cass., SU, 18.5.2017, n. 28659) si è affermato che qualora la richiesta di restituzione sia stata presentata a mezzo del servizio postale, ai fini della verifica della tempestività, il giudice deve fare riferimento alla data di spedizione.

• Sulla restituzione nel termine il giudice decide con ordinanza (art. 125) ***de plano***, non contemplando il co. 4 un espresso richiamo al modulo camerale (art. 127). Soltanto nell'ipotesi in cui l'istanza si inserisca in un procedimento principale in corso di svolgimento con rito camerale, a contraddittorio orale o cartolare (come avviene quando è presentata in sede di incidente di esecuzione → **Libro X**, art. 666 co. 3), il procedimento mutuerà la forma propria da quella in corso di svolgimento (Cass., SU, 11.4.2006, n. 14991).

• Sul versante dei mezzi di controllo, il co. 5 fa applicazione del principio fissato in tema di impugnazioni (→ **Libro IX**) dall'art. 586 co. 1, per il quale l'impugnazione contro le ordinanze emesse nel corso degli atti preliminari al dibattimento ovvero nel dibattimento (→ **Libro VII**), può essere proposta soltanto con l'impugnazione contro la sentenza. Il successivo co. 6, invece, recependo la deroga contenuta nell'*incipit* di cui all'art. 586 co. 1, ammette il ricorso per cassazione contro l'ordinanza che abbia respinto la richiesta di restituzione.

• La scarcerazione dell'imputato detenuto per causa diversa dal proscioglimento definitivo, comporta l'obbligo di fare la dichiarazione o l'elezione di domicilio con atto ricevuto a verbale dal direttore dell'istituto (art. 161 co. 3). Il co. 7 deve essere posto in relazione con l'art. 670 co. 3 (→ **Esecuzione**) che prevede la possibilità di proporre la richiesta di restituzione nel termine davanti al giudice dell'esecuzione (→ art. 665), unitamente a quella di non esecutività del provvedimento. Il giudice dell'esecuzione, però, si pronuncerà sulla richiesta di restituzione nel termine soltanto se non deve dichiarare la non esecutività del provvedimento. Condizione ostativa alla restituzione è la circostanza che la richiesta sia stata presentata al giudice dell'impugnazione; del pari, non è possibile reiterarla a quest'ultimo se sia già intervenuta una pronuncia del giudice dell'esecuzione.

• Al co. 8 deve ritenersi abrogato il riferimento alla notificazione della sentenza contumaciale (→ **Giudizio**, art. 548 co. 3, soppresso in parte dalla l. 67 del 2014). Pertanto, concessa la restituzione nel termine, non si tiene conto, ai fini della prescrizione del reato (→ art. 157 c.p.) del tempo intercorso tra la notificazione del decreto penale di condanna (→ **Procedimenti speciali**, art. 460 co. 3) e la notificazione alla parte dell'avviso di deposito dell'ordinanza che concede la restituzione.

• La l. 134 del 2021 ha introdotto l'improcedibilità per superamento dei termini di durata massima del giudizio di impugnazione (→ **Libro V**, art. 344 *bis*), differenziandoli in relazione al grado. Nell'ipotesi di restituzione del termine a favore dell'assente, non si tiene conto – ai fini dell'improcedibilità – del termine intercorso tra il novantesimo giorno successivo alla scadenza del termine previsto per la redazione della sentenza (→ **Giudizio**, art. 544) – eventualmente prorogato (→ **Disp. att.**, art. 154, co. 3) – e la notificazione alla parte dell'avviso di deposito dell'ordinanza che concede la restituzione.

• Il giudice che abbia adottato il provvedimento di restituzione nel termine può emettere il decreto penale di condanna, tenere l'udienza preliminare o partecipare al giudizio, non determinandosi un'ipotesi di incompatibilità (→ **Soggetti**, art. 34 co. 2 *ter*).

• Una forma di restituzione nel termine di natura probatoria è prevista nella fase del giudizio, in sede di richieste di prova (→ **Libro VII**, art. 493 co. 2).

175 *bis*. Malfunzionamento dei sistemi informatici.

1. Il malfunzionamento dei sistemi informatici dei domini del Ministero della giustizia è certificato dal direttore generale per i servizi informativi automatizzati del Ministero della giustizia, attestato sul portale dei servizi telematici del Ministero della giustizia e comunicato dal dirigente dell'ufficio giudiziario, con modalità tali da assicurarne la tempestiva conoscibilità ai soggetti interessati. Il ripristino del corretto funzionamento è certificato, attestato e comunicato con le medesime modalità.

2. Le certificazioni, attestazioni e comunicazioni di cui al comma 1 contengono l'indicazione della data e, ove risulti, dell'orario dell'inizio e della fine del malfunzionamento, registrate, in relazione a ciascun settore interessato, dal direttore generale per i servizi informativi del Ministero della giustizia.

3. Nei casi di cui ai commi 1 e 2, a decorrere dall'inizio e sino alla fine del malfunzionamento dei sistemi informatici, atti e documenti sono redatti in forma di documento analogico e depositati con modalità non telematiche, fermo quanto disposto dagli articoli 110, comma 4, e 111-*ter*, comma 3.

4. La disposizione di cui al comma 3 si applica, altresì, nel caso di malfunzionamento del sistema non certificato ai sensi del comma 1, accertato ed attestato dal dirigente dell'ufficio giudiziario, e comunicato con modalità tali da assicurare la tempestiva conoscibilità ai soggetti interessati della data e, ove risulti, dell'orario dell'inizio e della fine del malfunzionamento.

5. Se, nel periodo di malfunzionamento certificato ai sensi dei commi 1 e 2 o accertato ai sensi del comma 4, scade un termine previsto a pena di decadenza, il pubblico ministero, le parti private e i difensori sono restituiti nel termine quando provino di essersi trovati, per caso fortuito o forza maggiore, nell'impossibilità di redigere o depositare tempestivamente l'atto ai sensi del comma 3. Si applicano, in tal caso, le disposizioni dell'articolo 175.

Articolo inserito dal d. lgs. 10.10.2022, n. 150. A tenore dell'art. 87 co. 5, le disposizioni di cui a questo articolo si applicheranno «a partire dal quindicesimo giorno successivo alla pubblicazione dei regolamenti di cui ai commi 1 e 3, ovvero a partire dal diverso termine previsto dal regolamento di cui al comma 3 per gli uffici giudiziari e per la tipologia di atti in esso indicati».

• Quando entrerà in vigore la disciplina sul processo penale telematico (operativa a partire dal quindicesimo giorno successivo alla pubblicazione di specifici regolamenti, che dovranno essere adottati entro il 31.12.2023, o a partire dal diverso termine che verrà fissato dalla normativa secondaria), ai fini della restituzione nel termine dal quale si è decaduti per il malfunzionamento dei sistemi informatici, si applicherà la disciplina generale dettata all'art. 175.

176. Effetti della restituzione nel termine.

1. Il giudice che ha disposto la restituzione provvede, a richiesta di parte e in quanto sia possibile, alla rinnovazione degli atti ai quali la parte aveva diritto di assistere.

2. Se la restituzione nel termine è concessa dalla corte di cassazione, al compimento degli atti di cui è disposta la rinnovazione provvede il giudice competente per il merito.

• Una specifica disciplina in tema di restituzione nell'esercizio delle facoltà dalle quali si è decaduti, è prevista per l'**imputato che sia stato dichiarato «assente»** (→ **Indagini e udienza preliminare**, art. 420 *bis* co. 1, 2 e 3). Ciò avviene nel corso dell'**udienza preliminare** (→ art. 420 *bis* co. 6), se fornisce la prova che, per caso fortuito, forza maggiore o altro legittimo impedimento, si è trovato nell'impossibilità di comparire in tempo utile per esercitare le facoltà dalle quali è decaduto e che non ha potuto trasmettere tempestivamente la prova dell'impedimento senza sua colpa; se, nei casi di cui ai co. 2 e 3 dell'art. 420 *bis*, fornisce la prova di non avere avuto conoscenza effettiva conoscenza della pendenza del processo e di non essere potuto intervenire in tempo utile per esercitare le facoltà dalle quali è decaduto; se comunque risulta che le condizioni per procedere in assenza non erano soddisfatte. Analoghi meccanismi "restitutori" operano per il

giudizio di primo grado (→**Libro VII**, art. 489); per quello di appello (→ **Impugnazioni**), dove è prevista una disciplina specifica per la rinnovazione dell'istruzione dibattimentale (→ art. 603 co. 3 ter) e, infine, per il giudizio di legittimità (→ art. 623 lett. b *bis*).

Titolo VII
NULLITÀ

177. Tassatività.

1. L'inosservanza delle disposizioni stabilite per gli atti del procedimento è causa di nullità soltanto nei casi previsti dalla legge.

• La disposizione introduce il principio di **legalità** e **tassatività** in materia di **nullità**. Solo nei casi stabiliti dalla legge è lecito al giudice dichiarare nullo un atto processuale. La previsione dunque si lega efficacemente all'art. 124, secondo il quale la mera imperfezione dell'atto non necessariamente implica la sua invalidità, e tantomeno la sua inefficacia. Ci troviamo di fronte a un compromesso tra un sistema improntato alla legalità formale pura – dalla quale dovrebbe discendere che ogni imperfezione dell'atto rispetto al modello legale comporti la sua invalidità e inefficacia – e un modello improntato alla sola conservazione degli atti.

• L'art. 177 va letto dunque in congiunzione con l'art. 111 **Cost.**, al cui co. 1 si pone il principio di legalità in materia processuale. Nel processo penale pertanto le violazioni del modello legale dell'atto che implichino la sua invalidità devono essere specificamente previste come tali dal legislatore, rimanendo le altre relegate alla mera irregolarità.

• L'art. 177 costituisce emblema di un principio generale più vasto, da estendere a tutte le ipotesi di invalidità degli atti processuali. In questa ottica, esso va messo in relazione con le altre ipotesi di invalidità: in particolare con la inutilizzabilità (→ **Prove**), per la quale è possibile ricavare, dalla previsione generale dell'art. 191, il principio di legalità, e con l'inammissibilità. Quest'ultima, benché non disciplinata *ex professo* dal codice, viene ricondotta al medesimo principio dagli studiosi, che ricavano dall'art. 591 (tassatività dei motivi di inammissibilità delle impugnazioni: → **Impugnazioni**) il principio più generale della chiusura legale del novero dei casi di inammissibilità.

• Ancora, l'art. 177 deve essere letto in relazione all'art. 606 co. 1 lett. *c* (→ **Impugnazioni**) che individua le ipotesi disciplinate dal diritto positivo di invalidità degli atti (gli *errores in procedendo*), e con l'art. 568, che pone il principio di tassatività delle impugnazioni, posto che, in linea tendenziale, queste rappresentano la modalità primaria – sebbene non la sola – con cui far valere l'invalidità di un atto.

• Da ultimo, occorre tenere presente che da tempo la dottrina e la pratica hanno elaborato due categorie di invalidità che temperano il principio di tassatività delle invalidità, quali l'**inesistenza** e l'**abnormità**. In particolare quest'ultima, concepita come deroga alla sola tassatività delle impugnazioni, è andata diventando un'ipotesi autonoma di invalidità degli atti processuali, cui nella prassi la giurisprudenza sembra fare sempre più spesso ricorso.

• Sebbene proclamato con una tale forza, il principio di legalità e tassatività delle ipotesi di nullità – e più in generale di invalidità degli atti processuali – sembra oggi messo in discussione, emergendo progressivamente una nuova sensibilità verso l'effettiva violazione dei valori di fondo tutelati dalla ipotesi normativa formale. In parte, questo fenomeno, principalmente legato al predominio dei principi generali sulle regole legislative specifiche, è dovuto anche alla tecnica normativa seguita dal legislatore nel redigere non poche previsioni in materia di invalidità. Nello sforzo di non lasciare escluso alcun caso che potesse realizzarsi nella concreta prassi quotidiana, il legislatore ha non di rado delineato previsioni normative prive di fattispecie, e prevalentemente volte alla tutela di valori di fondo (quali l'art. 178, che pone clausole di notevole ampiezza, come la partecipazione e l'assistenza delle parti, l'iniziativa del p.m. nello svolgimento del suo dovere istituzionale – l'esercizio dell'azione penale – la «capacità» del giudice). Considerazioni simili possono svolgersi per alcune ipotesi di sanatoria, in particolare quella relativa all'accettazione, ad opera della parte, degli effetti dell'atto, e ancor più quella operante ove la parte si sia avvalsa della facoltà al cui esercizio l'atto omesso o nullo è preordinato (art. 183).

• Il fenomeno di progressiva perdita di tassatività del sistema delle nullità è destinato ad accentuarsi per effetto della influenza delle **fonti sovranazionali**, in particolare di quelle europee. Negli ultimi anni, infatti, l'UE, cercando di tutelare maggiormente alcuni principi già riconosciuti dalla Corte edu in applicazione della Cedu, ha approvato alcune direttive in materia di diritti dell'imputato e della vittima nel procedimento penale. Tali fonti, intervenute in particolare in materia di diritto a un difensore, di interpretazione e traduzione, di diritto alla informazione e di diritto al silenzio, sono tutte incentrate sulla **effettività in concreto** nella tutela delle prerogative in esse riconosciute. È dunque possibile che, nello sviluppo ermeneutico legato alla attuazione delle direttive, la giurisprudenza sia portata a servirsi di un metodo sempre più empiricamente orientato (volto a verificare il pregiudizio materiale arrecato ai soggetti del procedimento). Ciò potrebbe, in alcuni casi, indurre ad estendere il ventaglio delle ipotesi di invalidità, rispetto a quanto previsto dalla disposizione normativa formale; in altri, all'opposto, a restringerlo (invocando l'innocuità pratica dell'errore *in procedendo*).

• Una apertura verso un **approccio** alle nullità **empiricamente orientato** (volto a verificare se in effetti la parte che la invoca abbia subito un pregiudizio) sembra accolto in effetti dalla giurisprudenza di cassazione. Ad esempio, nel caso Cass., SU, 29.9.2011, Rossi e al., la Suprema Corte non riconobbe la nullità per lesione del diritto di difesa (dovuta alla mancata concessione di un termine) giustificando tale scelta in base alla assenza di un nocumento effettivo. Un metodo analogo – talora applicato in maniera tale da rischiare di snaturare il sistema delle nullità, per come disegnato dal codice – è inoltre solitamente adottato dalla cassazione in materia di modifica della imputazione e di correlazione tra accusa e sentenza (→ **Giudizio**, art. 516 s.): in tale ambito, non di rado, se anche nella sentenza i fatti siano ricostruiti in modo diverso da come descritti nell'atto di imputazione, i giudici di legittimità facilmente rifuggono dal riscontrare la nullità, ove ritengano che, in concreto, l'imputato sia stato comunque in grado di comprendere la natura e i motivi dell'accusa, e di difendersi adeguatamente.

178. Nullità di ordine generale.

1. È sempre prescritta a pena di nullità l'osservanza delle disposizioni concernenti:

a) le condizioni di capacità del giudice e il numero dei giudici necessario per costituire i collegi stabilito dalle leggi di ordinamento giudiziario;

b) l'iniziativa del pubblico ministero nell'esercizio dell'azione penale e la sua partecipazione al procedimento;

c) l'intervento, l'assistenza e la rappresentanza dell'imputato e delle altre parti private nonché la citazione in giudizio della persona offesa dal reato e del querelante.

• La disposizione evidenzia il metodo seguito dal legislatore nel realizzare in concreto il principio di legalità e tassatività in materia di nullità. A fianco di una serie di previsioni *ad hoc*, in calce alla singola norma codicistica (la cui inosservanza comporta la nullità dell'atto perché così specificamente si prescrive: v., per es., l'art. 127 co. 5), è posta una clausola generale, a sua volta contemplante più ipotesi, la cui violazione è sempre causa di nullità, a prescindere dal fatto che ciò sia specificamente stabilito nei singoli articoli del codice. Si tratta della categoria delle **nullità generali**, così dette per l'appunto perché, per verificarne la ricorrenza, l'interprete deve mettere a confronto l'atto realizzato con quanto è previsto all'art. 178, e verificare se il primo rientri in una delle categorie elencate nel secondo. Vi si contrappongono le **nullità speciali**, dando così vita alla bipartizione (nullità generali vs. nullità speciali), la cui caratteristica è quella, come detto, di essere prescritte in calce alla singola disposizione normativa, per l'appunto, a pena di nullità (v., per es., l'art. 525 co. 2: → **Giudizio**).

• A fianco alla bipartizione, la materia in esame presenta altresì una tripartizione, con la quale si classificano le diverse ipotesi di nullità a seconda della gravità (e dunque del regime di rilevabilità) che le connoti: si tratta della tripartizione in nullità **assolute** (art. 179), **intermedie** (art. 180) e **relative** (art. 181).

• Le ipotesi generali dell'art. 178 selezionano i tre soggetti principali del procedimento e del processo penale: il giudice, cui è dedicata la lett. *a*, il p.m. (lett. *b*), e l'imputato e il suo difensore (lett. *c*), cui vengono affiancati la persona offesa dal reato e il querelante (solo per quel che concerne la relativa citazione in giudizio), nonché le altre parti private (→ **Soggetti**).

• Quanto alla lett. *a*, concernente le condizioni di capacità del giudice e il numero dei giudici necessario per costituire i collegi, si tratta di una ipotesi raramente applicata, da leggere in relazione all'art. 33 (→ **Soggetti**). Non si considerano infatti a pena di nullità le disposizioni sulla destinazione del giudice agli uffici giudiziari e alle sezioni, sulla formazione dei collegi e sull'assegnazione dei processi a sezioni, collegi e giudici. Ancora, non rientrano tra i casi di invalidità nemmeno le disposizioni sull'attribuzione degli affari penali al tribunale collegiale o monocratico (→ **Soggetti**). Una previsione letta in modo ricorrente in congiunzione con l'art. 178 lett. *a* è l'art. 525 co. 2 (→ **Giudizio**), secondo il quale la sentenza è affetta da nullità assoluta se non è pronunciata dagli stessi giudici che hanno partecipato al dibattimento. Si tratta dell'unica nullità assoluta prevista *ad hoc* nel codice, e tuttavia, secondo una parte della dottrina, un'ipotesi come quella specificamente stigmatizzata dall'art. 525 co. 2 (→ **Giudizio**) si presterebbe ad essere ricondotta all'art. 178.

• In merito alle nullità predisposte a protezione del p.m., esse valorizzano due aspetti essenziali del suo incarico: l'esercizio dell'**azione penale** (→ **Soggetti**), e in particolare la sua **iniziativa**, e la **partecipazione al procedimento**. Nel primo caso vanno ricondotte le ipotesi della imputazione coatta, ordinata dal g.i.p. *ex* art. 409 (→ **Indagini e udienza preliminare**) e le modifiche all'imputazione per **reato concorrente** e **fatto nuovo** in udienza preliminare (→ art. 423) e dibattimento (→ **Giudizio**, artt. 517 e 518). **Non** altrettanto può dirsi, secondo i più, per il **fatto diverso**, la cui errata modifica non inficia l'iniziativa del p.m. (che, in origine, ha validamente promosso l'azione). Per quel che concerne la partecipazione del p.m. (→ **Soggetti**), la previsione va messa in relazione con le ipotesi di intervento all'udienza preliminare, al dibattimento e nei gradi di impugnazione (nonché nel procedimento di esecuzione). Anche le indagini preliminari (→ **Libro V**), tuttavia, risultano talora incluse (per es., l'incidente probatorio – art. 401 – o l'udienza di archiviazione – art. 409).

• Quanto all'imputato e alle parti private, ambito nel quale è prevedibile si sprigionino gli effetti legati alla adozione delle direttive adottate dalla UE, il codice cerca di tutelare le prerogative più rilevanti di tali soggetti: l'**intervento**, l'**assistenza** e la **rappresentanza**. Con riguardo alla prima categoria, si possono menzionare il procedimento in camera di consiglio (art. 127), l'udienza di archiviazione e l'incidente probatorio, oltre che le previsioni in materia di udienza preliminare (→ **Libro V**, art. 419) e dibattimento (→ **Libro VII**). Più articolato, volendo, l'aspetto dell'assistenza, che richiama il ruolo del patrocinatore legale, e a sua volta richiede di verificare nelle indagini preliminari (→ **Libro V**) per quali atti l'**assistenza** sia **obbligatoria** (→ art. 350 – sommarie informazioni di p.g.; interrogatorio di garanzia: → **Misure cautelari**, art. 294), e quelli per i quali sia invece **facoltativa** (ad es., perquisizioni e sequestri, ma anche interrogatorio del p.m.). Ancora, la previsione invita a riflettere, sempre con riferimento alle indagini, sui casi in cui, pur essendo facoltizzata la presenza del difensore, sia necessario il previo invio dell'invito a comparire (→ **Indagini e udienza preliminare**, art. 364). Sempre sotto questa clausola può essere fatta rientrare la modifica operata dal giudice sul fatto diverso, che, come visto, non lede l'iniziativa del p.m. nell'esercizio dell'azione penale, ma di certo compromette le prerogative di un'adeguata difesa. Infine, per quel che concerne la rappresentanza, occorre richiamare le diverse disposizioni in materia, quali quelle relative al consenso per l'adozione di alcuni riti speciali (→ **Procedimenti speciali**, artt. 438 co. 3 e 446 co. 3), o ancora, l'ipotesi in cui si proceda in assenza dell'imputato (in questi casi, l'art. 420 *bis* co. 3 prevede che questi sia rappresentato dal difensore).

• In relazione alla **persona offesa** e al **querelante** (→ **Soggetti**), possono essere richiamati gli artt. 406 e 408, relativi alla proroga delle indagini e all'opposizione all'archiviazione, nonché l'art. 419 e l'art. 429, rispettivamente sulla citazione all'udienza preliminare e in dibattimento, tutti includenti anche la persona offesa (→ **Indagini e udienza preliminare**). Quanto alle altre **parti private**, oltre alle disposizioni sulla citazione *ex* artt. 419 e 429, occorre menzionare l'art. 100 (→ **Soggetti**), considerato come esse tutte stanno in giudizio per mezzo di un difensore, munito di procura speciale.

179. Nullità assolute.

1. Sono insanabili e sono rilevate di ufficio in ogni stato e grado del procedimento le nullità previste dall'articolo 178 comma 1 lettera *a*), quelle concernenti l'iniziativa del pubblico ministero nell'esercizio dell'azione penale e quelle derivanti dalla omessa citazione dell'imputato o dall'assenza del suo difensore nei casi in cui ne è obbligatoria la presenza.

2. Sono altresì insanabili e sono rilevate di ufficio in ogni stato e grado del procedimento le nullità definite assolute da specifiche disposizioni di legge.

• L'articolo disciplina le **nullità assolute**, ricavandole per sottrazione dalle nullità generali (le rimanenti sono ricondotte dall'art. 180 alle nullità intermedie). Tra le nullità assolute sono ricomprese tutte le ipotesi concernenti la figura del giudice, quelle relative all'iniziativa del p.m. nell'esercizio dell'azione penale (v. *sub* art. 178. V. anche → **Soggetti**, art. 60), e quelle riguardanti l'omessa citazione dell'imputato o l'assenza del suo difensore nei casi in cui ne è obbligatoria la presenza.

• In merito alle disposizioni sulla azione penale (→ **Soggetti**, art. 50), va rimarcato come le previsioni maggiormente coinvolte concernano le modifiche all'imputazione per **reato concorrente** e **fatto nuovo** in udienza preliminare (→ **Libro V**, art. 423) e in dibattimento (→ **Giudizio**, artt. 517 e 518). Non vi sono ricondotte, invece, le violazioni relative al fatto diverso. Ancora, vanno annoverate in questa categoria le ipotesi della imputazione coatta, ordinata dal g.i.p. *ex* art. 409 (→ **Indagini e udienza preliminare**), mentre, per lo meno testualmente, dubbia è la riconducibilità alla nullità assoluta della pretermissione dell'iniziativa del p.m. in materia cautelare, anche se non di rado la giurisprudenza riconosce questo genere di vizio (→ **Libro IV**, art. 291).

• Con riferimento alla difesa, si deve rimarcare che, quanto alla citazione dell'imputato, conta soltanto la sua omissione: gli errori di notifica – che sono i più frequenti – devono dunque essere ricondotti alle nullità generali e intermedie (artt. 178-180), in quanto lesive dell'intervento dell'imputato. Infine, per quel che concerne il difensore, il riferimento include tutte le ipotesi in cui sia necessaria la presenza dello stesso, non importa se preceduta da invito a comparire (come ove si proceda a interrogatorio da parte della p.g. su delega del p.m. → **Indagini e udienza preliminare**, art. 370) o meno (come nel caso delle sommarie informazioni *ex* art. 350).

• Quanto al regime delle rilevabilità, le nullità assolute sono rilevabili anche *ex officio*, e risultano insanabili. Non è dunque applicabile in alcuna maniera l'art. 182 (che si riferisce alle sole nullità di cui agli artt. 180 e 181). Si deve tuttavia porre in relazione la previsione esaminata con l'art. 627 (→ **Impugnazioni**), il cui co. 4 recita che non possono rilevarsi nel giudizio di rinvio nullità, anche assolute, o inammissibilità, verificatesi nei precedenti giudizi o nel corso delle indagini preliminari. Non è dunque esatto affermare che le nullità assolute siano insanabili *tout court*, dal momento che il sistema predispone due meccanismi per ottenere simile effetto: il primo e più tradizionale è costituito dal giudicato (→ **Esecuzione**); mentre il secondo, stabilito espressamente all'art. 627 co. 4, è rappresentato dal giudizio di cassazione (→ **Impugnazioni**). Ove il rinvio non sia dovuto alla necessità di rinnovare una nullità constatata in quella sede, non saranno più invocabili le nullità assolute verificatesi negli stati e nei gradi precedenti.

• Il co. 2 prevede l'ipotesi di nullità assolute speciali, vale a dire indicate nella singola disposizione codicistica *ad hoc*. Se ne rinviene solo una, all'art. 525 co. 2 (→ **Giudizio**), per il caso in cui la sentenza non sia stata adottata dagli stessi giudici che hanno preso parte al dibattimento.

180. Regime delle altre nullità di ordine generale.

1. Salvo quanto disposto dall'articolo 179, le nullità previste dall'articolo 178 sono rilevate anche di ufficio, ma non possono più essere rilevate né dedotte dopo la deliberazione della sentenza di primo grado ovvero, se si sono verificate nel giudizio, dopo la deliberazione della sentenza del grado successivo.

• Il codice ricava per sottrazione le **nullità intermedie** (altre volte definite "relativamente assolute"), una volta ritagliate dal novero delle nullità generali (art. 178) quelle assolute (art. 179). Vanno dunque annoverate tra le nullità intermedie le violazioni concernenti la partecipazione del p.m. al procedimento, quelle che arrechino nocumento all'intervento, assistenza e rappresentanza dell'imputato (tolte le omesse citazioni di imputato e difensore di cui all'art. 179), delle altre parti private, nonché la citazione della persona offesa e del querelante.

• Rientrano tipicamente tra le nullità intermedie per lesione del contraddittorio le ipotesi in cui, nel procedimento camerale, le parti non siano sentite, pur essendo comparse (art. 127 co. 3). Ancora, sono da annoverare nell'alveo di questa categoria i diversi impedimenti a interloquire sulla domanda di una parte avversa (ad esempio, in caso di patteggiamento, quando non sia consentito al p.m. di esprimere il consenso → **Procedimenti speciali**, artt. 446 e 451). Per quel che concerne l'imputato, la violazione del diritto chiedere la sospensione del dibattimento a seguito di modifica dell'imputazione (→ **Giudizio**, art. 519). Sempre in questa categoria viene ricondotta la modifica del fatto operata irritualmente, nell'ipotesi di fatto diverso.

• Le nullità intermedie, come lascia intendere il predicato che le connota, mutuano alcune caratteristiche delle invalidità più gravi (al pari delle assolute, sono rilevabili anche d'ufficio), e altre da quelle più lievi (sono sanabili entro termini relativamente contenuti: con qualche approssimazione, entro la conclusione della fase successiva a quella nella quale si sono verificate). Come le nullità relative, anche a quelle intermedie si applica il regime delle preclusioni (indeducibilità) di cui all'art. 182.

• Va evidenziato il legame con l'art. 604 (→ **Impugnazioni**) e con l'art. 609 co. 2 (questioni rilevabili d'ufficio in cassazione). Il tema è quello della c.d. *perpetuatio nullitatis*, vale a dire l'automatica devoluzione della nullità nel grado d'impugnazione, ove sia stata tempestivamente dedotta, ma non dichiarata dal giudice. La risposta è duplice: la *perpetuatio* opera in appello, ma non in cassazione. A favore di simile conclusione depone, per quel che concerne l'appello, il raffronto tra gli artt. 180 e 181: in relazione a quest'ultimo, il co. 4 impone alla parte interessata l'onere di riproporre la nullità relativa nella fase successiva a quella in cui è stata dedotta. Siccome una disposizione analoga non si ritrova nell'art. 180, si desume, per quanto riguarda le nullità intermedie, che la tempestiva deduzione in primo grado eviti la preclusione della questione in grado d'appello, ove dunque il giudice potrà rilevare il vizio anche se il problema non gli è stato sottoposto attraverso l'impugnazione. All'opposto, l'art. 609 co. 2 (→ **Libro IX**) porta ad escludere la perpetuazione della rilevabilità del vizio per quel che concerne il giudizio in cassazione. In questa sede, la corte – oltre che sui motivi proposti e sulle questioni rilevabili di ufficio in ogni stato e grado del processo – decide di propria iniziativa soltanto sulle questioni **che non sarebbe stato possibile dedurre in grado di appello**: disposizione che implicitamente pare precludere l'operare della *perpetuatio* per le nullità intermedie verificatesi in primo grado (per le quali è appunto **possibile** la deduzione con l'atto d'appello). Del resto, l'art. 606 co. 3 conferma la conclusione raggiunta, disponendo, in linea generale, che non sia ammissibile il ricorso per violazioni di legge non dedotte con i motivi di appello.

• Diverso il caso del *ricorso per saltum* (→ **Impugnazioni**, art. 569): in questa evenienza, la nullità verificatasi in primo grado può essere rilevata dal giudice – benché non dedotta dalla parte – in quanto ci si viene a trovare nell'ambito della «sentenza del grado successivo» prevista dall'art. 180. Qui è il combinato disposto delle due previsioni (artt. 180 e 569) che deroga ai limiti della cognizione *ex officio* prevista in generale dall'art. 609 co. 2 per il giudizio in cassazione.

• La questione relativa ai termini per la rilevabilità non va confusa con quella delle deducibilità (art. 182). Come per le nullità relative, anche per quelle intermedie la parte decade dal potere di dedurre l'invalidità ove vi abbia dato (o concorso a darvi) causa, o ancora quando, avendo assistito all'atto invalido, non abbia proposto la tempestiva eccezione prima del suo compimento o – in caso di impossibilità – immediatamente dopo. Tuttavia, la decadenza dal potere di dedurre comporta soltanto – nel caso delle nullità intermedie – la perdita del diritto, in capo alla parte, a vedere esaminata la questione proposta: al contrario, rimane fermo il potere del giudice di rilevare *sua sponte* il vizio, ove non sia scaduto il termine per l'operare della preclusione. In sintesi, per le nullità intermedie l'indeducibilità dovuta all'inerzia della parte non equivale a sanatoria (diversamente dalle nullità relative, ove i due fenomeni coincidono).

181. Nullità relative.

1. Le nullità diverse da quelle previste dagli articoli 178 e 179 comma 2 sono dichiarate su eccezione di parte.

2. Le nullità concernenti gli atti delle indagini preliminari e quelli compiuti nell'incidente probatorio e le nullità concernenti gli atti dell'udienza preliminare devono essere eccepite prima che sia pronunciato il provvedimento previsto all'articolo 424. Quando manchi l'udienza preliminare, le nullità devono essere eccepite entro il termine previsto dall'articolo 491 comma 1.

3. Le nullità concernenti il decreto che dispone il giudizio ovvero gli atti preliminari al dibattimento devono essere eccepite entro il termine previsto dall'articolo 491 comma 1. Entro lo stesso termine, ovvero con l'impugnazione della sentenza di non luogo a procedere, devono essere riproposte le nullità eccepite a norma del primo periodo del comma 2, che non siano state dichiarate dal giudice.

4. Le nullità verificatesi nel giudizio devono essere eccepite con l'impugnazione della relativa sentenza.

• Al polo opposto rispetto alle **nullità** assolute troviamo quelle **relative**: eccepibili solo dalle parti (e dunque mai rilevabili d'ufficio), sanabili entro termini brevi – entro la fine dell'udienza preliminare (→ **Libro V**) o entro le questioni preliminari al dibattimento (→ **Libro VII**), se realizzate in indagini; con l'atto d'impugnazione (→ **Libro IX**), se realizzate in giudizio –, e caratterizzate da una perfetta sovrapposizione tra indeducibilità e sanatoria (art. 182). Ne deriva che il termine entro il quale far valere il vizio può essere in concreto assai più breve di quello in generale indicato all'art. 181, a causa dell'operare del meccanismo dei termini per dedurre la nullità.

• Quanto al regime d'individuazione, va messo in evidenza come tutte **le nullità relative siano di necessità anche nullità speciali**. Di converso, le ipotesi dell'art. 178 o rientrano tra le nullità assolute, o tra quelle intermedie. Le relative pertanto possono soltanto essere previste in calce alla singola disposizione. Esempi in questo senso sono ricavabili dall'art. 213 co. 3 in tema di ricognizioni (→ **Prove**), o le ipotesi di nullità dei verbali previste all'art. 142.

• Un *quartum genus* di nullità, relativa e speciale, da un lato, e tuttavia rilevabile anche *ex officio*, un *unicum* nel sistema delle nullità, è rappresentato dall'ipotesi di cui all'art. 292 co. 2, in materia di nullità dell'ordinanza cautelare (→ **Misure cautelari**).

• Va infine messo in chiaro che, se è vero che le nullità relative sono per forza anche speciali, non vale l'inverso. In altri termini, non è detto che, solo per il fatto di essere prevista specificamente, una nullità debba necessariamente qualificarsi come relativa, quanto al regime di rilevabilità. Per giungere a tale conclusione, occorrerà escludere che il vizio previsto *ad hoc* in calce alla singola disposizione possa anche essere ricondotto all'art. 178 o all'art. 179. Ad esempio, in tal senso, non v'è dubbio che la nullità prevista dall'art. 522 (→ **Giudizio**), benché speciale, sia da considerare assoluta (nel caso di reato concorrente o di fatto nuovo) o intermedia (per il fatto diverso o la circostanza aggravante). Lo stesso dicasi per l'ipotesi dell'art. 224 *bis* co. 7 (→ **Prove**): qui l'omessa assistenza della persona sottoposta a prelievo o ad accertamenti può essere, di volta in volta, intermedia (ove il soggetto passivo del prelievo sia l'imputato/indagato) o relativa (se all'operazione sia sottoposto un soggetto diverso). Considerazioni analoghe possono essere svolte per la nullità del co. 2 dello stesso articolo (nullità intermedia se sia coinvolto l'imputato, relativa negli altri casi).

182. Deducibilità delle nullità.

1. Le nullità previste dagli articoli 180 e 181 non possono essere eccepite da chi vi ha dato o ha concorso a darvi causa ovvero non ha interesse all'osservanza della disposizione violata.
2. Quando la parte vi assiste, la nullità di un atto deve essere eccepita prima del suo compimento ovvero, se ciò non è possibile, immediatamente dopo. Negli altri casi la nullità deve essere eccepita entro i termini previsti dagli articoli 180 e 181 commi 2, 3 e 4.
3. I termini per rilevare o eccepire le nullità sono stabiliti a pena di decadenza.

183. Sanatorie generali delle nullità.

1. Salvo che sia diversamente stabilito, le nullità sono sanate:
a) se la parte interessata ha rinunciato espressamente ad eccepirle ovvero ha accettato gli effetti dell'atto;
b) se la parte si è avvalsa della facoltà al cui esercizio l'atto omesso o nullo è preordinato.

184. Sanatoria delle nullità delle citazioni, degli avvisi e delle notificazioni.

1. La nullità di una citazione o di un avviso ovvero delle relative comunicazioni e notificazioni è sanata se la parte interessata è comparsa o ha rinunciato a comparire.
2. La parte la quale dichiari che la comparizione è determinata dal solo intento di far rilevare l'irregolarità ha diritto a un termine per la difesa non inferiore a cinque giorni.
3. Quando la nullità riguarda la citazione a comparire al dibattimento, il termine non può essere inferiore a quello previsto dall'articolo 429.

• Sebbene la teoria generale delle invalidità postuli l'equazione imperfetto = inefficace, la realtà normativa ci presenta uno scenario piuttosto diverso. L'atto imperfetto è "**precariamente efficace**", e diventa stabile ove fatti successivi (o non-fatti, come l'inerzia delle parti o del giudice) sopravvengano.

• A questa regola dovrebbero sfuggire le **nullità assolute**, definite insanabili dall'art. 179. Abbiamo visto tuttavia come il decorso del tempo operi anche nei confronti di queste una forma di sanatoria. In particolare, il **giudicato** e il **rinvio** a seguito di **annullamento in cassazione** (→ **Impugnazioni**, art. 627 co. 4) operano come cause di sanatoria (a meno che il rinvio non sia dovuto alla necessità di rinnovare una nullità constatata dal giudice in quella sede). Sebbene dunque l'art. 183 sia intitolato «sanatorie generali» (in quanto in effetti prevede condizioni applicabili a un insieme aperto di ipotesi fattuali), si ricava che, alle fattispecie ivi indicate, si devono aggiungere il **decorso del tempo** (artt. 180 e 181) e le **indeducibilità** (art. 182) che, per quel che concerne le nullità relative, costituiscono una vera e propria causa di sanatoria generale aggiuntiva.

• La prima clausola generale di sanatoria dell'art. 183 è rappresentata dall'**acquiescenza**, che può estrinsecarsi o in via esplicita, come accettazione espressa dell'atto invalido, o in via implicita ma inequivoca (per fatti concludenti). L'ipotesi più problematica, inevitabilmente, è proprio quest'ultima, in quanto la giurisprudenza è propensa ad attribuire effetti sananti a scelte della parte non specificamente concernenti l'accettazione degli effetti dell'atto invalido. Così, per esempio, si tende a interpretare come acquiescenza implicita **la richiesta di giudizio abbreviato o di patteggiamento** (→ **Procedimenti speciali**), lasciando impregiudicate solo le nullità assolute). Questa teoria ermeneutica venne originariamente elaborata dalle Sezioni Unite in un caso risalente (Cass., SU, 21.6.2000, Tammaro), e ripresa in successive pronunce (ad esempio, con specifico riferimento alle nullità, nella decisione Cass., SU, 26.11.2006, Cieslinsky). Da ultimo, va rimarcato che il legislatore ha recepito tale orientamento, trasformando la soluzione giudiziale in diritto positivo, attraverso l'aggiunta del co. 6 *bis* all'art. 438 (→ **Procedimenti speciali**). La disposizione, con riferimento al **rito abbreviato**, stabilisce che la richiesta di giudizio abbreviato determina la sanatoria delle nullità, sempre che non siano assolute (nonché la non rilevabilità delle inutilizzabilità, salve quelle derivanti dalla violazione di un divieto probatorio).

• La seconda ipotesi di sanatoria generale concerne il caso in cui la parte si sia avvalsa della facoltà alla cui tutela la nullità era predisposta. Il legislatore ha così cercato, nella formula vigente, di innervare in maniera più adeguata il principio di legalità, rispetto alla definizione del codice abrogato (in cui si parlava di sanatoria «per conseguimento dello scopo»). In osservanza dell'art. 177, che va inteso anche come canone ermeneutico, occorre che l'interprete, a fronte di un atto nullo, individui la facoltà per la cui salvaguardia l'invalidità era posta, e si domandi poi se la parte interessata sia riuscita effettivamente ad avvalersene.

• Una causa di sanatoria *ad hoc* (tutto sommato derivata dalla clausola generale di cui all'art. 183 lett. *b*)) è prevista in materia di citazioni, avvisi e notificazioni per il p.m. e le parti private. La nullità di una **citazione** o di un avviso è sanata se la parte è **comparsa** o ha **rinunciato a comparire**. Tuttavia, ove essa dichiari che la sua presenza è dovuta al solo fine di far rilevare l'invalidità, le è dovuto un termine a difesa non inferiore a cinque giorni (ma se si verteva in un caso di citazione al dibattimento, si osservano i termini generali → **Indagini e udienza preliminare**, art. 429). La disposizione va dunque letta in congiunzione con le diverse ipotesi di citazione o di avviso di udienza (si vedano, tra le più rilevanti, art. 127 co. 1; → **Indagini e udienza preliminare**, artt. 398 co. 3, 419 co. 1, 2 e 4, 429 co. 3 e 4; → **Impugnazioni**, artt. 601 co. 1, 3, 4, 5 e 610 co. 1). Vi si possono ricondurre anche gli inviti, *in primis* l'invito a comparire (→ **Indagini e udienza preliminare**, artt. 364 e 375). Va rimarcato che nella fattispecie **non** sono ricomprese quelle **omissioni** *ex* art. 179 che comportano la **nullità assoluta** (omessa citazione dell'imputato e del difensore, quando ne sia necessaria la presenza). A tal proposito, va evidenziato che la giurisprudenza considera al pari di una citazione errata – non già, dunque, omessa – la mancata citazione di un difensore, ove l'imputato, come suo diritto, ne abbia nominati due (→ **Soggetti**, art. 96 co. 1). A simile ipotesi dunque, per diritto vivente, si applica la speciale sanatoria dell'art. 184.

185. Effetti della dichiarazione di nullità.

1. La nullità di un atto rende invalidi gli atti consecutivi che dipendono da quello dichiarato nullo.
2. Il giudice che dichiara la nullità di un atto ne dispone la rinnovazione, qualora sia necessaria e possibile, ponendo le spese a carico di chi ha dato causa alla nullità per dolo o colpa grave.
3. La dichiarazione di nullità comporta la regressione del procedimento allo stato o al grado in cui è stato compiuto l'atto nullo, salvo che sia diversamente stabilito.
4. La disposizione del comma 3 non si applica alle nullità concernenti le prove.

• Il sistema delle nullità si completa attraverso la previsione che disciplina gli effetti cagionati dal vizio. L'art. 185 rappresenta dunque una previsione chiave, per comprendere il fenomeno giuridico in questione, e si lega a una ben risalente tradizione culturale tutta imperniata sul **concetto di procedimento**, e di concatenazione degli atti, tipica di vaste branche del diritto pubblico (a partire dal diritto amministrativo). La prima riflessione che sollecita questa disposizione è dunque di carattere teorico, e coinvolge la compatibilità tra un'accezione così tradizionale del concetto di procedimento e del sistema di derivazione dei vizi (che ne è un'inevitabile conseguenza) con il modello accusatorio: questo infatti, tutto incentrato sul dibattimento che ne costituisce il *clou* giuridico (e anche evocativo sul piano politico-culturale), il vero centro e giustificazione del sistema, sembra difficilmente assimilabile con una concezione concatenata e diacronica del processo.

• Ciò posto, la disposizione esprime sin dalle prime battute due concetti chiari. Che, in primo luogo, la nullità di un atto ha la potenzialità giuridica di **espandere i propri effetti agli atti successivi**, purché questi si pongano con l'antecedente in un **rapporto di dipendenza**: in secondo, che ove possibile e necessario, il giudice deve provvedere a **rinnovare l'atto** affetto dal vizio. Quanto alla capacità di contagiare gli atti legati a quello nullo *ab origine*, la legge lascia intendere come sia da escludere il fenomeno dell'invalidità derivata a ritroso (dal momento che la "derivazione" evoca una consequenzialità cronologica). Gli atti inficiati da quello invalido sono dunque solo i successivi, ma non tutti: occorre che siano connessi all'antecedente in chiave logica o giuridica. Tipica a tal proposito è la distinzione tra **atti propulsivi**, la cui realizzazione consente la progressione del procedimento (azione penale, citazione a giudizio, sentenza) e **atti non propulsivi** (che non hanno la capacità di consentire lo sviluppo del procedimento a una fase o a un grado successivi → **Prove**). Talora il legame qualificato è ben chiarito dalla legge: il rapporto tra avviso di conclusione delle indagini (→ **Indagini e udienza preliminare**, art. 415 *bis*) e richiesta di rinvio a giudizio (→ art. 416). In altri casi, come nella sequenza azione, citazione, sentenza, è *in re ipsa*, risultando logicamente indefettibile.

• Diverse rimangono le questioni ambigue: si pensi al rapporto tra decreto di **perquisizione** (supponiamolo affetto da nullità perché non motivato – art. 125 e → **Prove**, art. 247) e **sequestro** operato nell'ambito dell'attività perquirente (→ **Libro III**, art. 252). Sebbene la legge parli di sequestro "conseguente" a perquisizione, rimane tendenzialmente salda nella prassi la teoria del rapporto esclusivamente di tipo storico, sulla base della quale non si riconosce la sussistenza di un legame di derivazione giuridica tra i due fenomeni. Ciò è dovuto al fatto che il sequestro del **corpo del reato** o delle **cose ad esso pertinenti** è comunque **obbligatorio** per l'autorità giudiziaria (→ art. 253). Sotto questo profilo, Cass., SU, 27.3.1996, Sala, pur riconoscendo in linea generale il rapporto di derivazione tra perquisizione e sequestro, escluse che la prova rinvenuta potesse essere dichiarata inutilizzabile qualora – come nel caso in concreto deciso – costituisse corpo del reato (o anche solo cosa pertinente al reato). Questioni difficili da risolvere si pongono in relazione, ad esempio, alla nullità inficiante l'informazione di garanzia (→ **Indagini e udienza preliminare**), che affligge solo l'atto per il quale essa avrebbe dovuto essere inviata, ma non quelli compiuti successivamente. Problematico, in generale, è in linea generale il campo delle prove (→ **Libro III**). Se rimane salda la concezione tradizionale per cui le prove non sono legate giuridicamente agli atti che vi si fondano, è tuttavia tendenzialmente condivisa l'eccezione per cui, se il provvedimento decisorio si basi **esclusivamente sulla prova nulla**, ne mutua il medesimo vizio.

• L'atto viziato va dunque rimosso, e sostituito con un equipollente valido (rinnovazione). Naturalmente, ove ciò sia necessario (supponiamo che la prova nulla possa essere reputata *a posteriori* come non rilevante) e possibile. Un'ipotesi complessa è rinvenibile in caso di **mutamento del giudice in corso del dibattimento**: qui, per evitare la **nullità assoluta** che ne deriverebbe (→ **Giudizio**, art. 525 co. 2: i giudici deliberanti sarebbero diversi da quelli che hanno partecipato al giudizio) occorre rinnovare l'istruttoria dibattimentale (salvo le parti non prestino il consenso all'uso degli atti acquisiti in precedenza: → **Cost.**, art. 111 co. 5). Va detto che la giurisprudenza, nel corso degli anni, ha cercato di restringere in maniera consistente il dovere di rinnovazione della istruttoria dibattimentale in caso di mutamento del giudice: si è così arrivati, di recente, ad addossare alla parte l'onere di indicare «specificamente le ragioni che impongano tale rinnovazione», consentendo correlativamente al giudice di negare la nuova escussione nel caso in cui, in base alle dichiarazioni già espresse davanti al collegio giudicante diversamente formato, ciò appaia manifestamente superfluo (Cass., SU, 30.5.2019, Bajrami).

• La conseguenza inevitabile del rapporto di derivazione è la regressione del procedimento, ove il vizio di nullità sia constatato in una fase o un grado successivi a quello nel quale si è verificato. Il legame è qui da individuare con gli annullamenti in sede di impugnazione (→ **Libro IX**): in appello (→ art. 604) e in cassazione (→ artt. 620-623). Alcune previsioni chiariscono se e sino a che punto si sviluppi il rapporto di derivazione. Per esempio, se la sentenza impugnata sia fondata su un'imputazione modificata illegittimamente aggiungendovi un **fatto nuovo** o un **reato concorrente**, la soluzione è sempre, sia in appello (→ art. 604 co. 3) sia in cassazione (→ art. 620 lett. *e-f*), la **regressione alle indagini** (vale a dire la restituzione degli atti al p.m.). Da qui la conferma che in questi casi è intaccato il potere del magistrato di accusa di promuovere l'azione penale. Se invece la nullità si radica su un **fatto diverso** non (o mal) contestato (→ **Impugnazioni**, artt. 604 co. 1 e 623 lett. *b*), la regressione è al giudice di primo grado (→ **Giudizio**).

186. Inosservanza di norme tributarie.

1. Quando la legge assoggetta un atto a una imposta o a una tassa, l'inosservanza della norma tributaria non rende inammissibile l'atto né impedisce il suo compimento, salve le sanzioni finanziarie previste dalla legge.

• Scontata, ma forse non superflua, la disposizione: il mancato assolvimento dei debiti tributari non può mai avere ripercussioni sulla validità dell'atto processuale.

LIBRO III
PROVE

Titolo I
DISPOSIZIONI GENERALI

187. Oggetto della prova.

1. Sono oggetto di prova i fatti che si riferiscono all'imputazione, alla punibilità e alla determinazione della pena o della misura di sicurezza.

2. Sono altresì oggetto di prova i fatti dai quali dipende l'applicazione di norme processuali.

3. Se vi è costituzione di parte civile, sono inoltre oggetto di prova i fatti inerenti alla responsabilità civile derivante dal reato.

• Scopo della norma è delineare i **confini oggettivi del diritto alla prova** all'interno del sistema. Vi si rinviene un **principio di pertinenza,** cui è sottesa una funzione di tipo **selettivo,** che esprime una scelta di fondo orientata a valorizzare nella dinamica probatoria (→ **Giudizio**) solo i fatti rilevanti ai fini della decisione. Non ogni fatto, quindi, può essere oggetto di prova.

• I fatti delineati nel capo di imputazione sono le modalità della condotta, l'evento, il nesso di causalità, l'elemento soggettivo, le circostanze, la punibilità (mancanza di una causa di giustificazione, di una causa di non punibilità, la capacità di intendere e di volere). In ordine ai fatti che si riferiscono alla determinazione della pena e della misura di sicurezza, ci si riferisce ai criteri di commisurazione della pena previsti dall'art. 133 c.p.

• Circa i fatti da cui dipende l'applicazione di norme processuali, rilevano le questioni che riguardano l'incompatibilità del giudice (→ **Soggetti**, art. 34), i presupposti per la sua ricusazione (→ art. 37 s.) e per la rimessione del processo (→ art. 45), gli elementi a sostegno di una nullità dell'atto (→ **Atti**, art. 177 s.), il giorno della conoscenza dei fatti ai fini della prova della tempestiva presentazione della querela, ma anche i fatti rivelatori di pressioni o intimidazioni nei confronti di un testimone (→ **Giudizio**, art. 500 co. 5) o gli elementi che denotano l'esistenza di un precedente giudicato ai fini dell'applicazione della garanzia del *ne bis in idem* (→ **Esecuzione**, art. 649). Altri temi di prova posso essere l'accertamento della capacità dell'imputato di partecipare coscientemente al processo (→ **Soggetti**, art. 70), o la verifica sull'idoneità fisica o mentale di un soggetto a rendere testimonianza (art. 196). Costituisce fatto processuale anche il legittimo impedimento dell'imputato (→ **Indagini e udienza preliminare**, art. 420 *ter*; → **Giudizio**, art. 484).

• In caso di costituzione di parte civile (→ **Soggetti**, art. 74 s.), vengono in rilievo i fatti che riguardano l'esistenza della responsabilità civile da reato nonché quelli relativi ai danni (patrimoniali o non patrimoniali) cagionati dal reato.

• La disposizione è applicabile anche alle fasi preliminari (→ **Indagini e udienza preliminare**). Rilevano i fatti descritti nella *notitia criminis* e relativi alle "determinazioni" inerenti all'esercizio dell'azione penale (→ art. 326), all'intervento del giudice (→ **Misure cautelari**, artt. 292, 294; → **Indagini e udienza preliminare**, artt. 409, 421 *ter*, 422, 425), del p.m. (→ artt. 362, 363, 374; → **Misure cautelari**, art. 291), del difensore nell'ambito delle indagini difensive (→ **Indagini e udienza preliminare**, artt. 327 *bis* e 391 *bis* s.). In sede di incidente probatorio si richiama l'oggetto della prova (→ artt. 393 co. 1 lett. *a* e 398).

• L'art. 187 costituisce il necessario riferimento sul piano delle richieste di ammissione delle prove (art. 190 co. 1; → **Giudizio**, art. 493 co. 1). Per il giudice, rappresenta la base per il vaglio di **pertinenza (rilevanza)** e **superfluità** (art. 190; → **Giudizio**, art. 495 co. 1).

• I confini dell'oggetto di prova valgono anche per le prove atipiche (art. 189).

• L'oggetto della prova attiene anche alla presentazione delle **liste** (→ **Giudizio**, art. 468): le **«circostanze»** su cui deve vertere l'esame delle fonti orali di prova debbono necessariamente rientrare nei confini cognitivi qui delineati.

• L'art. 187 rappresenta il criterio guida in tema di **assunzione della prova** (→ **Giudizio**, art. 496 s.). Le domande riguardano **fatti specifici** (→ art. 499 co. 1). Ciò permette al giudice di effettuare il controllo sulla pertinenza dei quesiti formulati (→ art. 499 co. 6). I confini dell'oggetto di prova coinvolgono anche le opposizioni formulate dalle parti in sede di esame e controesame e i conseguenti provvedimenti del giudice (→ art. 504).

• Per quanto riguarda la **testimonianza**, l'**oggetto della prova** può risultare **più ampio** rispetto a quanto dispone l'art. 187. Il testimone è esaminato sui fatti che costituiscono oggetto di prova (art. 194 co. 1), ma è possibile estendere l'esame testimoniale anche ai rapporti di parentela e di interesse rinvenibili tra i testimoni e le parti, nonché alle circostanze utili per valutare la credibilità del dichiarante (art. 194 co. 2).

• L'oggetto della prova testimoniale può risultare però anche **più circoscritto** rispetto all'art. 187. È vietato deporre sulla moralità dell'imputato, salvo che si tratti di fatti specifici, idonei a qualificarne la personalità in relazione al reato (→ art. 133 c.p.) e alla pericolosità sociale ed è inoltre vietato esprimere apprezzamenti personali, salva l'impossibilità di separarli dalla deposizione sui fatti (art. 194 co. 2).

• Il perimetro dell'oggetto di prova può mutare in relazione alle vicende dell'imputazione (→ **Giudizio**, art. 519 s.).

• I confini dell'oggetto di prova valgono anche in sede di impugnazioni (→ **Libro IX**, artt. 581, 598, 603, 606, 630).

• Il contenuto dell'art. 187 risulta espressamente richiamato dall'art. 546 co. 1 lett. *e* (→ **Giudizio**) a proposito dei requisiti della motivazione della sentenza.

188. Libertà morale della persona nell'assunzione della prova.

1. Non possono essere utilizzati, neppure con il consenso della persona interessata, metodi o tecniche idonei a influire sulla libertà di autodeterminazione o ad alterare la capacità di ricordare e di valutare i fatti.

• Il divieto probatorio contenuto nella disposizione in esame sottende una scelta di civiltà: il suo scopo è inibire l'uso di strumenti di coercizione della sfera psicologica e morale della persona suscettibili di incidere sulla libertà di autodeterminazione della stessa. Si tratta di una forma di tutela indisponibile. Solidi gli agganci costituzionali e sovranazionali: artt. 2 e 13 **Cost.**; nella specifica prospettiva dell'indagato e dell'imputato (→ **Soggetti**), gli artt. 24 co. 2 (diritto di difesa) e 27 co. 2 (presunzione di innocenza come regola di trattamento) **Cost.**, nonché l'art. 111 co. 4 **Cost.** (tutela del contraddittorio), l'art. 3 **Cedu** (divieto di «tortura» e di «trattamenti inumani e degradanti»), e infine l'art. 4 della **Carta UE**. Sotto questo profilo, la disposizione in esame si raccorda con l'art. 191 co. 2 *bis*.

• La tutela in discorso rileva anche in tema di rimessione del processo (→ **Soggetti**, art. 45).

• L'art. 188 riguarda tutti i casi in cui il giudice ha il potere di escludere le prove vietate dalla legge (art. 190 co. 1; → **Giudizio**, artt. 468 co. 2 e 495 co. 1 e 4). Si applica quindi a tutte le prove, tipiche e atipiche (art. 189).

• L'art. 188 è implicitamente richiamato in sede di esame testimoniale (→ **Giudizio**, art. 499 co. 4).

• Il divieto di cui all'art. 188 trova spazio anche in sede di accertamenti tecnici e di perizie che implicano prelievi coattivi di campioni biologici (art. 224 *bis* co. 4 e 5; → **Indagini e udienza preliminare**, art. 359 *bis*), nonché nell'ambito dei prelievi coattivi a fini identificativi effettuati dalla p.g. (→ art. 349).

• Il divieto si applica in sede di interrogatorio (→ **Soggetti**, art. 64 co. 2), in sede di contestazione del fatto da parte del p.m. all'indagato che si presenti spontaneamente (→ **Indagini e udienza preliminare**, art. 374 co. 2), nell'ambito delle sommarie informazioni dalla persona sottoposta ad indagine, assunte dalla p.g. (→ art. 350), in sede di sommarie informazioni dai potenziali testimoni assunte dalla p.g. e dal p.m. (→ artt. 351 e 362).

• La violazione dei divieti probatori previsti all'art. 188 è presidiata dalla sanzione di inutilizzabilità (art. 191; → **Giudizio**, art. 526; → **Impugnazioni**, art. 606).

189. Prove non disciplinate dalla legge.

1. Quando è richiesta una prova non disciplinata dalla legge, il giudice può assumerla se essa risulta idonea ad assicurare l'accertamento dei fatti e non pregiudica la libertà morale della persona. Il giudice provvede all'ammissione, sentite le parti sulle modalità di assunzione della prova.

• Per adeguarsi agli sviluppi scientifici e tecnologici in materia di strumenti cognitivi, il sistema si apre alle c.d. **prove atipiche**.

• L'oggetto della prova atipica deve rispettare il **principio di pertinenza** di cui all'art. 187. Trova applicazione anche il criterio della superfluità (art. 190 co. 1). È previsto poi un **filtro ammissivo** del tutto peculiare: il giudice deve verificare, nel caso concreto, la **capacità dimostrativa** della prova atipica. V. ora **l'art. 493 co. 1** così come modificato dal **d. lgs. 10.10.2022 n. 150** (→ **Giudizio**), che, in sede **di richieste di prova dibattimentali**, impone alle parti di **illustrare esclusivamente l'ammissibilità della prova atipica**, nel segno della semplificazione e della celerità processuale.

• Trova spazio anche la tutela della libertà di autodeterminazione della persona (art. 188).

• L'ammissione della prova atipica implica un **contraddittorio preventivo**: la richiesta del parere (non vincolante) delle parti sulle modalità di assunzione della prova.

• Posto che spetta alla legge stabilire i casi in cui le prove sono ammesse d'ufficio dal giudice (art. 190 co. 2), ne deriva che le prove atipiche dovrebbero trovare ingresso nel processo solo su richiesta di parte (art. 190 co. 1). Tuttavia, il collegamento sistematico con l'art. 507 (→ **Giudizio**) dovrebbe consentire al giudice di ammettere d'ufficio una prova atipica assolutamente necessaria.

• La peculiare disciplina in materia di prove atipiche riguarda anche la **controprova** (→ **Giudizio**, art. 495 co. 2).

• L'art. 189 dovrebbe estendersi non solo ai mezzi di prova (ad es., ricognizioni informali) ma anche ai mezzi di ricerca della prova e alle attività di indagine atipiche della p.g. (riconoscimento fotografico, controllo satellitare tramite GPS, videoriprese di condotte o spostamenti di persone, *bloodstain pattern analysis*, accessi a sistemi informatici).

190. Diritto alla prova.

1. Le prove sono ammesse a richiesta di parte. Il giudice provvede senza ritardo con ordinanza escludendo le prove vietate dalla legge e quelle che manifestamente sono superflue o irrilevanti.

2. La legge stabilisce i casi in cui le prove sono ammesse d'ufficio.

3. I provvedimenti sull'ammissione della prova possono essere revocati sentite le parti in contraddittorio.

• L'iniziativa probatoria è affidata alle **parti**. La persona offesa non costituita parte civile può presentare «elementi di prova» (→ **Soggetti**, art. 90 co. 1). Nel dibattimento, gli enti rappresentativi di interessi lesi dal reato (→ art. 91 s.) possono chiedere al giudice l'ammissione di nuovi mezzi di prova (→ **Giudizio**, art. 505).

• Le parti hanno il **diritto di chiedere** (al giudice) e di **ottenere** (dal giudice) l'ammissione della prova (→ **Giudizio**, artt. 493 co. 1 e 495 co. 1). Va precisato che l'art. 493 co. 1, così come modificato dal d. lgs. **10.10.2022, n. 150,** prevede che le parti, in sede di richiesta di prova dibattimentale, si limitino ad illustrarne l'ammissibilità secondo i parametri indicati dall'articolo in commento. Evitare perdite di tempo, nel segno dell'efficienza e della semplificazione, è l'obiettivo chiaramente perseguito. V. ora anche l'art. **495 co. 4 *ter* (→ Giudizio), in tema di diritto all'esame in caso di muta-**

mento del giudice nel corso del dibattimento.

• Il diritto alla prova dell'imputato è espressamente garantito dall'art. 111 co. 3 **Cost.**, laddove prevede l'acquisizione di ogni mezzo di prova a favore di tale soggetto. Per il diritto alla prova del p.m. (→ **Soggetti**) si potrebbe far leva sul principio di parità tra le parti *ex* art. 111 co. 2 **Cost.**

• L'ordinanza del giudice è motivata a pena di nullità (→ **Atti**, art. 125) e può essere impugnata solo unitamente alla sentenza (→ **Impugnazioni**, art. 586 co. 1).

• La prova è vietata dalla legge, cioè illegittima, perché viola un divieto probatorio (art. 191; es. un testimone incompatibile: art. 197); la prova è manifestamente irrilevante in quanto non pertinente all'oggetto di prova (art. 187); la prova manifestamente superflua è ridondante in rapporto ad altri mezzi di prova (si tratta di un criterio selettivo diverso – per oggetto, competenza funzionale, contesto e finalità – dal preliminare vaglio di sovrabbondanza richiesto dall'art. 468 → **Giudizio**, che riguarda selettivamente le liste testimoniali e non pregiudica l'ammissione della prova). In via eccezionale, per i casi indicati, opera il vaglio disciplinato all'art. 190 *bis*.

• Il diritto alla **controprova** – a carico e a discarico – sugli stessi fatti (art. 187) oggetto della prova diretta (→ **Giudizio**, art. 495 co. 2) – previsto dalla **Cost.** (art. 111 co. 3) e dalla **Cedu** (art. 6 § 3 lett. *d*) – si sottrae al vaglio di pertinenza (perché insiste sul medesimo ambito della prova diretta già valutata positivamente in tal senso) ma non al controllo di legalità (art. 191) e di non superfluità.

• Il giudice può **revocare** l'ammissione di prove che risultano superflue o ammettere prove in precedenza escluse (→ **Giudizio**, art. 495 co. 4: ad es., a seguito della modifica dell'imputazione). In tale ipotesi (e nei casi *ex* artt. 506 e 507), il dibattimento può essere sospeso e rinviato a nuova data (→ art. 509). Per l'appello v. art. 603 co. 5 (→ **Impugnazioni**).

• La parte può **rinunciare**, previo consenso delle altre parti, alla prova precedentemente ammessa su sua richiesta (→ **Giudizio**, art. 495 co. 4 *bis*).

• Il giudice è dotato di **poteri istruttori d'ufficio** nei casi tassativamente previsti dalla legge. Può disporre la **perizia** (art. 220 s.), anche sulla capacità dell'imputato (→ **Soggetti**, art. 70 s.). Può chiamare a deporre il testimone "di riferimento" in caso di **testimonianza indiretta** (art. 195). In **udienza preliminare** può disporre l'assunzione di nuovi mezzi di prova decisivi ai fini della sentenza di non luogo a procedere (→ **Indagini e udienza preliminare**, art. 422). Nel **giudizio abbreviato** può assumere le prove necessarie ai fini della decisione quando ritenga di non poter decidere allo stato degli atti (→ **Procedimenti speciali**, art. 441 co. 5). Durante l'istruzione dibattimentale può rivolgere domande alle fonti orali e indicare alle parti temi di prova da approfondire (→ **Giudizio**, art. 506). Sempre nel **dibattimento**, una volta terminata l'acquisizione delle prove richieste dalle parti, il giudice può disporre *ex officio* l'assunzione di nuove prove (→ art. 507). In **appello** il giudice **può** disporre l'istruzione dibattimentale, qualora la ritenga necessaria (→ **Impugnazioni**, art. 603 co. 3; v. anche art. 604 co. 6). È invece **obbligato** a disporre la rinnovazione dell'istruzione dibattimentale nel caso di appello del p.m. contro una **sentenza di proscioglimento per motivi attinenti alla valutazione della prova dichiarativa** (→ art. 603 co. 3 *bis*, introdotto dalla l. 23.6.2017, n. 103). Ne risulta così sensibilmente valorizzato il profilo dell'escussione del dichiarante in appello, in linea con la giurisprudenza della Corte edu (v. in particolare 14.6.2011, Dan c. Moldavia).

• Il diritto delle parti di chiedere e ottenere l'ammissione della prova si realizza prevalentemente in **dibattimento** (→ **Giudizio**). Nel corso del processo di primo grado, il procedimento probatorio segue le cadenze degli artt. 468 (deposito anticipato delle liste), 493 (richieste di prova) e 495 (provvedimenti del giudice in ordine alla prova). Quindi, ha inizio l'istruzione dibattimentale (→ art. 496). Per le prove costituende (come le testimonianze) si esegue **l'esame diretto, il controesame e il riesame** (→ artt. 498 e 499). Il metodo di acquisizione della prova in ordine ai verbali contenuti nel fascicolo del dibattimento (→ **Indagini e udienza preliminare**, art. 431) e nei fascicoli di parte (p.m. e difensore) è costituito invece dalla **lettura** (→ **Giudizio**, artt. 511, 512, 515). Le prove documentali sono **allegate al fascicolo per il dibattimento** (→ art. 515).

• Durante le **indagini** e l'**udienza preliminare**, il p.m. (→ **Soggetti**, art. 50) e la persona sottoposta a indagini (→ art. 61) possono chiedere che si assumano prove attraverso l'incidente probatorio (→ **Indagini e udienza preliminare**, art. 392). Un potere di questo tipo può essere esercitato dalle parti anche nel contesto degli atti preliminari al dibattimento, in presenza di prove non rinviabili (→ **Giudizio**, art. 467, che richiama espressamente l'art. 392 → **Indagini e udienza preliminare**).

• Nel **giudizio abbreviato** (→ **Procedimenti speciali**), la richiesta subordinata ad una integrazione probatoria è ammessa solo se le prove risultano necessarie per decidere e compatibili con le finalità di economia processuale tipiche del rito alternativo (→ art. 438 co. 5). Questo limite non opera nel caso dell'art. 441 *bis* co. 5; all'imputato è riconosciuto il diritto alla prova anche in relazione alle nuove contestazioni effettuate dal p.m. *ex* art. 423; in questo caso, al p.m. spetta il diritto alla prova contraria.

• Il **filtro selettivo** del co. 2 trova applicazione in sede di incidente probatorio (→ **Indagini e udienza preliminare**, art. 398) e nel dibattimento di primo grado (→ **Giudizio**, art. 495 co. 1).

• Durante il giudizio di **appello** (→ **Impugnazioni**, art. 603), sono possibili isolati episodi istruttori. Così anche nel giudizio di rinvio dopo l'annullamento ad opera della corte di cassazione (→ art. 627). In appello trova pienamente spazio solo quando le parti chiedono l'ammissione di prove scoperte o sopravvenute dopo il giudizio di primo grado (→ art. 603 co. 2). Per la riassunzione di prove già assunte in primo grado, il criterio diviene la non decidibilità allo stato degli atti (→ art. 603 co. 1).

190 *bis*. Requisiti della prova in casi particolari.

1. Nei procedimenti per taluno dei delitti indicati nell'articolo 51, comma 3 *bis*, quando è richiesto l'esame di un testimone o di una delle persone indicate nell'articolo 210 e queste hanno già reso dichiarazioni in sede di incidente probatorio o in dibattimento nel contraddittorio con la persona nei cui confronti le dichiarazioni medesime saranno utilizzate ovvero dichiarazioni i cui verbali sono stati acquisiti a norma dell'articolo 238, l'esame è ammesso solo se riguarda fatti o circostanze diversi da quelli oggetto delle precedenti dichiarazioni ovvero se il giudice o taluna delle parti lo ritengono necessario sulla base di specifiche esigenze.

1 *bis*. La stessa disposizione si applica quando si procede per uno dei reati previsti dagli articoli 600 *bis*, primo comma, 600 *ter*, 600 *quater*, 600 *quinquies*, 609 *bis*, 609 *ter*, 609 *quater*, anche se relativi al materiale pornografico di cui all'articolo 600 *quater*.1, 609 *quinquies* e 609 *octies* del codice penale, se l'esame richiesto riguarda un testimone minore degli anni diciotto e, in ogni caso, quando l'esame testimoniale richiesto riguarda una persona offesa in condizione di particolare vulnerabilità.

L'articolo è stato introdotto dal d.l. 8.6.1992, n. 306, conv. dalla l. 7.8.1992, n. 356; è stato poi modificato dalla l. 3.8.1998, n. 269, dalla l. 1.3.2001, n. 63, dalla l. 6.2.2006, n. 38, e dal d. lgs. 15.12.2015, n. 212. Il co. 1 *bis* è stato da ultimo modificato dalla l. 19.7.2019, n. 69 (c.d. codice rosso).

• L'articolo prevede **criteri di ammissibilità** delle prove più restrittivi rispetto a quelli statuiti in via generale dall'art. 190. Esso trova applicazione in primo luogo al momento della decisione del giudice sull'ammissibilità delle richieste di prova nel corso degli **atti introduttivi** del **dibattimento** (→ **Giudizio**), come si evince anche dal fatto che esso è richiamato dall'art. 495 co. 1. In seguito l'articolo opera in **appello** (→ **Impugnazioni**), al momento della decisione di ammissibilità della rinnovazione dell'istruzione dibattimentale, *ex* art. 603.

• Nel **giudizio abbreviato** (→ **Procedimenti speciali**), l'art. 190 *bis* va applicato al momento della decisione di ammissibilità dell'eventuale integrazione delle prove (→ artt. 438 co. 5 e 441 co. 5), anche in relazione alle nuove contestazioni effettuate dal p.m. *ex* art. 423.

• L'art. 190 *bis* è richiamato anche dall'art. 48 co. 5 in rapporto alla rinnovazione dell'istruzione dibattimentale in caso di accoglimento della richiesta di **rimessione** del processo (→ **Soggetti**).

• L'art. 190 *bis* va posto in collegamento con l'art. 20 della **Direttiva 2012/29/UE** sulla protezione della vittima, ai sensi del quale le audizioni delle vittime dei reati che si trovino in situazioni di particolare vulnerabilità devono essere limitate allo stretto necessario.

191. Prove illegittimamente acquisite.

1. Le prove acquisite in violazione dei divieti stabiliti dalla legge non possono essere utilizzate.

2. L'inutilizzabilità è rilevabile anche di ufficio in ogni stato e grado del procedimento.

2 *bis*. Le dichiarazioni o le informazioni ottenute mediante il delitto di tortura non sono comunque utilizzabili, salvo che contro le persone accusate di tale delitto e al solo fine di provarne la responsabilità penale.

Il co. 2 *bis* è stato introdotto dalla l. 14.7.2017, n. 110.

• L'articolo disciplina le caratteristiche generali dell'inutilizzabilità, ossia il vizio che è suscettibile di colpire gli atti probatori, e che si affianca alle altre **invalidità** degli atti processuali come le nullità *ex* artt. 177 s. (→ **Atti**).

• Il **regime di rilevabilità** delle inutilizzabilità (che possono essere fatte valere anche d'ufficio in ogni stato e grado del procedimento) è identico a quello delle nullità assolute *ex* art. 179 (→ **Atti**), nonché a quello del difetto di giurisdizione ai sensi dell'art. 29 e dell'incompetenza per materia *ex* art. 21 (→ **Soggetti**).

• In sede di **impugnazioni** (→ **Libro IX**), quando l'inutilizzabilità sia rilevata in **appello**, la corte di appello deve disporre, se possibile, la rinnovazione della prova invalida (→ art. 604), oppure deve riformare la decisione senza tenere conto della medesima (→ art. 605). In **cassazione** l'inutilizzabilità può essere eccepita dalle parti in base all'art. 606 co. 1 lett. *c*, oppure può essere rilevata d'ufficio *ex* art. 609 co. 2. In tali evenienze la corte di cassazione deve annullare con rinvio la sentenza impugnata (→ art. 623) quando la prova vietata sia stata indispensabile ai fini dell'esito della decisione.

• L'inutilizzabilità opera anche nel contesto dei **giudizi speciali** (→ **Libro VI**). Nel **rito abbreviato** (→ art. 438 co. 6 *bis*), peraltro, non possono essere rilevate le inutilizzabilità che colpiscono gli atti di indagine, salve quelle derivanti dalla violazione di un divieto probatorio.

• In giurisprudenza si è osservato, in tema di perquisizione, che, quando quest'ultima sia stata effettuata al di fuori dei casi previsti dalla legge, si è in presenza di un mezzo di ricerca della prova che non è compatibile con la tutela del diritto di libertà del cittadino. Ne deriva che, non potendo essere qualificato come inutilizzabile un mezzo di ricerca della prova, ma solo la prova stessa, la **perquisizione** è, di regola, da ritenersi invalida, e il sequestro eseguito all'esito della medesima non è utilizzabile come prova nel processo. Va, però, fatta salva l'ipotesi del sequestro del corpo del reato o delle cose pertinenti al reato ai sensi dell'art. 253, il quale, costituendo un atto dovuto, rende del tutto irrilevante il modo con cui ad esso si sia pervenuti (Cass., SU, 27.3.1996, Sala). Più di recente, in senso analogo, Corte cost., 219 del 2020, ha dichiarato inammissibile una questione di legittimità dell'art. 191 nella parte in cui, secondo il diritto vivente, non prevede che la sanzione dell'inutilizzabilità della prova riguardi anche gli esiti probatori, ivi compreso il sequestro del corpo del reato o delle cose pertinenti al reato, degli atti di **perquisizione** ed ispezione compiuti dalla polizia giudiziaria fuori dei casi tassativamente previsti dalla legge o comunque non convalidati dall'autorità giudiziaria con provvedimento motivato, nonché la testimonianza in ordine a tali attività (v. anche Corte cost., 116 del 2022 e 247 del 2022).

192. Valutazione della prova.

1. Il giudice valuta la prova dando conto nella motivazione dei risultati acquisiti e dei criteri adottati.

2. L'esistenza di un fatto non può essere desunta da indizi a meno che questi siano gravi, precisi e concordanti.

3. Le dichiarazioni rese dal coimputato del medesimo reato o da persona imputata in un procedimento connesso a norma dell'articolo 12 sono valutate unitamente agli altri elementi di prova che ne confermano l'attendibilità.

4. La disposizione del comma 3 si applica anche alle dichiarazioni rese da persona imputata di un reato collegato a quello per cui si procede, nel caso previsto dall'articolo 371, comma 2, lettera *b*).

• L'articolo pone il principio generale del **convincimento motivato**, e prescrive alcune **regole speciali** di valutazione che operano in rapporto ad alcune specifiche categorie di atti probatori che il legislatore considera particolarmente deboli. L'art. 546 co. 1 lett. *e* (→ **Giudizio**) aggiunge che la motivazione deve contenere l'enunciazione delle ragioni per le quali il giudice ritiene non attendibili le prove contrarie, con riguardo all'accertamento dei fatti che si riferiscono all'imputazione, alla determinazione della pena, alla responsabilità civile derivante da reato e all'accertamento dei fatti da cui dipende l'applicazione delle norme processuali.

• La regola speciale di valutazione prevista dall'art. 192 co. 3 è stata estesa anche alle dichiarazioni dei testimoni assistiti *ex* art. 197 *bis* co. 6), nonché alle sentenze irrevocabili impiegate come prova ai sensi dell'art. 238 *bis*. Inoltre, a mente del richiamo all'art. 192 co. 3 rinvenibile nell'art. 273 co. 1 *bis*, essa opera anche quando le dichiarazioni degli imputati in procedimenti connessi o collegati siano impiegate per rinvenire la presenza dei gravi indizi di colpevolezza indispensabili per applicare una misura cautelare personale (→ **Libro IV**). In ogni caso le regole speciali in questione si possono considerare un'applicazione del canone dell'**oltre ogni ragionevole dubbio** previsto dall'art. 533 co. 1 (→ **Giudizio**).

• Le prescrizioni dell'art. 192 trovano applicazione nel momento in cui, nei vari gradi di giudizio, il giudice proceda alla **deliberazione della sentenza**: si vedano gli artt. 525 s. riguardo al giudizio di primo grado (→ **Giudizio**).

• In giurisprudenza, in tema di valutazione della **prova indiziaria**, si è affermato che il metodo di lettura unitaria e complessiva dell'intero compendio probatorio non si esaurisce in una mera sommatoria degli indizi e non può perciò prescindere dalla operazione propedeutica che consiste nel valutare ogni prova indiziaria singolarmente, ciascuna nella propria valenza qualitativa e nel grado di precisione e gravità, per poi valorizzarla, ove ne ricorrano i presupposti, in una prospettiva globale e unitaria, tendente a porne in luce i collegamenti e la confluenza in un medesimo contesto dimostrativo (Cass., SU, 12.7.2005, Mannino).

• Ai fini della valutazione delle **dichiarazioni del coimputato** o di **persona imputata in un procedimento connesso o collegato** va attentamente vagliata la credibilità del dichiarante alla luce delle sue condizioni socio-economiche e familiare, del suo passato dei rapporti con i chiamati, della genesi remota e prossima delle sue dichiarazioni, nonché alla luce della precisione, coerenza interna, costanza delle dichiarazioni medesime. L'art. 192 co. 3 richiede, inoltre, che l'attendibilità delle dichiarazioni risulti riscontrata estrinsecamente attraverso altri elementi di prova interpretabili come conferma dei fatti dell'accusa (Cass., SU, 21.10.1992, Marino). Tale percorso valutativo non deve muoversi attraverso passaggi rigidamente separati: la credibilità soggettiva del dichiarante e l'attendibilità oggettiva del suo racconto devono essere vagliate unitariamente, non indicando l'art. 192 co. 3 alcuna specifica tassativa sequenza logico-temporale (Cass., SU, 29.11.2012, Aquilina). I riscontri esterni, dal canto loro, devono avere carattere individualizzante, cioè riferirsi ad ulteriori, specifiche circostanze, strettamente e concretamente ricolleganti in modo diretto il chiamato al fatto di cui deve rispondere (Cass., SU, 30.10.2003, Andreotti).

• Le regole dettate dal co. 3 non si applicano alle dichiarazioni della **persona offesa**, le quali possono essere legittimamente poste da sole a fondamento dell'affermazione di responsabilità penale dell'imputato, previa verifica, corredata da idonea motivazione, della credibilità soggettiva del dichiarante e dell'attendibilità intrinseca del suo racconto, che peraltro deve in tal caso essere più penetrante e rigoroso rispetto a quello cui vengono sottoposte le dichiarazioni di qualsiasi testimone (Cass., SU, 19.7.2012, Bell'Arte).

193. Limiti di prova stabiliti dalle leggi civili.

1. Nel processo penale non si osservano i limiti di prova stabiliti dalle leggi civili, eccettuati quelli che riguardano lo stato di famiglia e di cittadinanza.

• Le regole probatorie relative allo stato di **famiglia** e di **cittadinanza** sono destinate ad operare nelle situazioni in cui il giudice penale decida di non sospendere il processo e di rimettere la decisione delle relative questioni al giudice civile ai sensi dell'art. 3 (→ **Soggetti**).

Titolo II
MEZZI DI PROVA

Capo I
Testimonianza

194. Oggetto e limiti della testimonianza.

1. Il testimone è esaminato sui fatti che costituiscono oggetto di prova. Non può deporre sulla moralità dell'imputato, salvo che si tratti di fatti specifici, idonei a qualificarne la personalità in relazione al reato e alla pericolosità sociale.

2. L'esame può estendersi anche ai rapporti di parentela e di interesse che intercorrono tra il testimone e le parti o altri testimoni nonché alle circostanze il cui accertamento è necessario per valutarne la credibilità. La deposizione sui fatti che servono a definire la personalità della persona offesa dal reato è ammessa solo quando il fatto dell'imputato deve essere valutato in relazione al comportamento di quella persona.

3. Il testimone è esaminato su fatti determinati. Non può deporre sulle voci correnti nel pubblico né esprimere apprezzamenti personali salvo che sia impossibile scinderli dalla deposizione sui fatti.

• L'oggetto della prova di cui **all'art. 187** determina i confini dell'escussione del testimone, salve le limitazioni e le estensioni previste dalla disposizione in commento.

• Il divieto di deposizione sulla moralità dell'imputato si raccorda con il divieto di acquisire documenti che contengono informazioni sulla moralità delle parti, dei testimoni, dei consulenti tecnici e dei periti (art. 234 co. 3).

• I fatti specifici idonei a qualificare la personalità dell'imputato in relazione al reato sono quelli indicati nell'art. 133 co. 2 c.p., mentre quelli relativi alla pericolosità sociale sono indicati nell'art. 203 c.p.

• Il divieto di deposizione sulla personalità della persona offesa (→ **Soggetti**) trova una specifica applicazione nei procedimenti per i reati indicati nell'art. 472 co. 3 *bis* (→ **Giudizio**): sono vietate le domande sulla vita privata o sulla sessualità della persona offesa qualora non necessarie alla ricostruzione del fatto.

• Limiti all'oggetto di prova testimoniale emergono sia nel quadro della testimonianza indiretta, posto che il teste diretto va escusso solo sui fatti ai quali il teste indiretto si riferisce (art. 195 co. 1), sia con riferimento alle dichiarazioni comunque rese nel corso del procedimento dall'imputato o dalla persona sottoposta alle indagini (→ **Soggetti**, art. 62).

• Altra restrizione si rinviene in materia di **segreto d'ufficio** (art. 201), di **segreto di Stato**, posto che alcuni soggetti hanno l'obbligo di astenersi dal deporre su fatti coperti da tale forma di segreto (art. 202 co. 1), e di **segreto professionale** (art. 200). Limiti particolari all'oggetto della prova testimoniale sono previsti in caso di testimonianza del **giornalista iscritto all'albo professionale**, che non può essere obbligato a rivelare i nomi dei suoi informatori (art. 200 co. 3), e in sede di esame di ufficiali, agenti di p.g. o dipendenti dei servizi per le informazioni e la sicurezza militare o democratica, i quali possono astenersi dal rivelare i nomi dei rispettivi **informatori** (art. 203).

• Limiti peculiari all'oggetto della prova testimoniale si rinvengono in tema di "testimonianza assistita" (art. 197 *bis* co. 4).

• Il riferimento ai «fatti determinati» si raccorda con la disciplina dei quesiti proponibili nel contesto dell'escussione del testimone (che devono essere «specifici»: → **Giudizio**, art. 499 co. 1), con il divieto di domande nocive e suggestive (→ art. 499 co. 2 e 3), ma anche con il potere del giudice dibattimentale di vigilare sulla pertinenza delle domande, a seguito di opposizione formulata dalle parti (→ art. 504) o d'ufficio (→ art. 499 co. 3).

• Il divieto di deporre sulle voci correnti nel pubblico è in linea con il divieto d'uso dei documenti anonimi (art. 240).

195. Testimonianza indiretta.

1. Quando il testimone si riferisce, per la conoscenza dei fatti, ad altre persone, il giudice, a richiesta di parte, dispone che queste siano chiamate a deporre.
2. Il giudice può disporre anche di ufficio l'esame delle persone indicate nel comma 1.
3. L'inosservanza della disposizione del comma 1 rende inutilizzabili le dichiarazioni relative a fatti di cui il testimone abbia avuto conoscenza da altre persone, salvo che l'esame di queste risulti impossibile per morte, infermità o irreperibilità.
4. Gli ufficiali e gli agenti di polizia giudiziaria non possono deporre sul contenuto delle dichiarazioni acquisite da testimoni con le modalità di cui agli articoli 351 e 357, comma 2, lettere *a*) e *b*). Negli altri casi si applicano le disposizioni dei commi 1, 2 e 3 del presente articolo.
5. Le disposizioni dei commi precedenti si applicano anche quando il testimone abbia avuto comunicazione del fatto in forma diversa da quella orale.
6. I testimoni non possono essere esaminati su fatti comunque appresi dalle persone indicate negli articoli 200 e 201 in relazione alle circostanze previste nei medesimi articoli, salvo che le predette persone abbiano deposto sugli stessi fatti o li abbiano in altro modo divulgati.
7. Non può essere utilizzata la testimonianza di chi si rifiuta o non è in grado di indicare la persona o la fonte da cui ha appreso la notizia dei fatti oggetto dell'esame.

La disposizione è stata modificata con d.l. 8.6.1992, n. 306, conv. dalla l. 7.8.1992, n. 356. Il co. 4 è stato così sostituito dalla l. 1.3.2001, n. 63. Corte cost., 305 del 2008, ha dichiarato, tra l'altro, l'illegittimità del co. 4, ove interpretato nel senso che gli ufficiali e gli agenti di p.g. non possono essere chiamati a deporre sul contenuto delle dichiarazioni rese dai testimoni soltanto se acquisite con le modalità di cui agli artt. 351 e 357 co. 2 lett. *a* e *b*, e non anche nel caso in cui, pur ricorrendone le condizioni, tali modalità non siano state osservate.

• La peculiare disciplina della **testimonianza indiretta** (fatto non direttamente percepito dal dichiarante ma appreso da altri) è preordinata ad assicurare il contraddittorio con il teste di riferimento (o diretto) (→ **Cost.**, art. 111 co. 4).

• L'art. 195 si raccorda logicamente con l'art. 62 (→ **Soggetti**), che contempla il divieto di testimonianza sulle dichiarazioni comunque rese nel corso del procedimento dall'imputato o dalla persona sottoposta alle indagini (→ artt. 60 e 61).

• Ciascuna parte ha il diritto all'ammissione e all'escussione del teste di riferimento (art. 190), con il conseguente dovere del giudice (presidiato dalla sanzione di inutilizzabilità: art. 191) di provvedere in tal senso (salve le eccezioni espressamente contemplate nel co. 3, riconducibili all'area della deroga al contraddittorio costituita dalla accertata impossibilità di natura oggettiva di cui all'art. 111 co. 5 Cost.). La testimonianza del teste di riferimento dovrebbe risultare sempre **pertinente** ai sensi degli artt. 187 e 190, posto che riguarda i **fatti** oggetto dell'esame del teste indiretto (ancorché percepiti da altri), e **non superflua**. Non deve essere tuttavia **vietata dalla legge** (art. 191; ad es., testimone di riferimento incompatibile).

• Il testimone di riferimento non può essere inserito anticipatamente nelle **liste** (→ **Giudizio**, art. 468) in vista della successiva fase dibattimentale, perché l'esigenza di escuterlo sorge solo in occasione dell'esame del teste indiretto. Quindi, in questa materia non trova applicazione neppure il presupposto per il recupero tardivo del testimone non indicato tempestivamente nelle liste (→ art. 493 co. 2).

• Il potere del giudice di escutere *ex officio* il teste di riferimento si raccorda con quanto precisato in via generale nell'art. 190 co. 3, che enuncia il principio di **tassatività** in materia di iniziative probatorie dell'organo giurisdizionale. Naturalmente, al termine dell'istruzione dibattimentale trova spazio anche l'art. 507 (→ **Giudizio**).

• La disciplina in materia di testimonianza indiretta si applica anche all'esame delle parti diverse dall'imputato (art. 209 co. 1) e all'esame di persona imputata in un procedimento connesso o collegato (art. 210 co. 5).

• Il divieto di testimonianza degli ufficiali di p.g. è legato al **principio di separazione delle fasi**: occorre evitare che dichiarazioni assunte dagli inquirenti durante le indagini (→ **Libro V**) possano penetrare nel dibattimento attraverso il racconto di chi le ha raccolte, aggirando così il principio del contraddittorio nella formazione della prova (→ **Cost.**, art. 111 co. 4). Nel complesso, il divieto riguarda le dichiarazioni raccolte dal funzionario di polizia nell'assolvimento dei suoi compiti istituzionali (→ **Soggetti**, art. 55): è limitato al contenuto delle dichiarazioni acquisite dai potenziali testimoni in sede di sommarie informazioni ma anche dalle persone imputate in un procedimento connesso o collegato (→ **Indagini e udienza preliminare**, art. 351 co. 1 e 1 *bis*), alle denunce, querele e istanze presentate oralmente (→ artt. 331, 332, 333, 334), e alle sommarie informazioni assunte dalla persona sottoposta alle indagini e alle dichiarazioni spontanee rese da quest'ultimo soggetto (→ art. 350). Nonostante il silenzio della legge, sotto il divieto in questione dovrebbero cadere anche le informazioni assunte su delega del p.m. (→ artt. 362 e 370).

• Il divieto d'uso della testimonianza di chi si rifiuta o non è in grado di indicare la fonte si raccorda logicamente con altre disposizioni del codice che escludono dal sistema i dati provenienti da **fonti anonime o non verificabili** (artt. 194 co. 3, 203 co. 1, 234 co. 3, 240 co. 1; nonché → **Indagini e udienza preliminare**, art. 333 co. 1) e trova applicazione anche in sede di valutazione dei gravi indizi ai fini dell'applicazione di una misura cautelare (→ **Libro IV**, art. 273 co. 1 *bis*).

• In appello, l'escussione del teste di riferimento avviene alle condizioni indicate nell'art. 603 (→ **Impugnazioni**).

196. Capacità di testimoniare.

1. Ogni persona ha la capacità di testimoniare.

2. Qualora, al fine di valutare le dichiarazioni del testimone, sia necessario verificarne l'idoneità fisica o mentale a rendere testimonianza, il giudice anche di ufficio può ordinare gli accertamenti opportuni con i mezzi consentiti dalla legge.

3. I risultati degli accertamenti che, a norma del comma 2, siano stati disposti prima dell'esame testimoniale non precludono l'assunzione della testimonianza.

• La capacità di testimoniare è presuntivamente riconosciuta ad ogni soggetto e va tenuta distinta dalla peculiare capacità richiesta al testimone *ad acta* (o testimone fidefacente), che risulta invece subordinata alla presenza di specifici requisiti (→ **Atti**, art. 120).

• Gli accertamenti sull'idoneità fisica o mentale del testimone, che trovano naturalmente un limite nel divieto di cui all'art. 188, rientrano nell'ampia categoria delle verifiche sulla **persona del dichiarante** (non quindi sul fatto storico oggetto di prova), previste anche in altre disposizioni del codice (art. 194 co. 2), e possono consistere in perizie (art. 220 s.), esperimenti giudiziali (art. 218 s.), acquisizione di documenti (art. 234 s.).

• Gli accertamenti in discorso possono essere effettuati solo **dopo** l'ammissione della testimonianza. L'esito negativo degli stessi potrebbe quindi giustificare la **revoca** del provvedimento ammissivo (→ **Giudizio**, art. 495 co. 4) o la **rinuncia delle parti** all'escussione del testimone (→ art. 495 co. 4 *bis*).

• La disciplina del co. 2 si raccorda con quella contenuta negli artt. 351 co. 1 *ter*, 362 co. 1 *bis*, 391 *bis* co. 5 *bis*, art. 392 co. 1 *bis* e 398 co. 5 *bis* (→ **Indagini e udienza preliminare**), 498 co. 4 (→ **Giudizio**): con riferimento al testimone minorenne o vittima di abusi, è importante, prima dell'escussione, coinvolgere esperti qualificati per accertare in via preventiva l'idoneità a deporre di tali soggetti.

• L'irrilevanza degli esiti degli accertamenti ai fini dell'escussione del testimone si raccorda con il **diritto alla prova** delle parti (art. 190), e per quanto concerne la valutazione dei risultati, con il **libero convincimento del giudice** (art. 192 co. 1).

197. Incompatibilità con l'ufficio di testimone.

1. Non possono essere assunti come testimoni:

a) i coimputati del medesimo reato o le persone imputate in un procedimento connesso a norma dell'articolo 12, comma 1, lettera *a*), salvo che nei loro confronti sia stata pronunciata sentenza irrevocabile di proscioglimento, di condanna o di applicazione della pena ai sensi dell'articolo 444;

b) salvo quanto previsto dall'articolo 64, comma 3, lettera *c*), le persone imputate in un procedimento connesso a norma dell'articolo 12, comma 1, lettera *c*), o di un reato collegato a norma dell'articolo 371, comma 2, lettera *b*), prima che nei loro confronti sia stata pronunciata sentenza irrevocabile di proscioglimento, di condanna o di applicazione della pena ai sensi dell'articolo 444;

c) il responsabile civile e la persona civilmente obbligata per la pena pecuniaria;

d) coloro che nel medesimo procedimento svolgono o hanno svolto la funzione di giudice, pubblico ministero o loro ausiliario nonché il difensore che abbia svolto attività di investigazione difensiva e coloro che hanno formato la documentazione delle dichiarazioni e delle informazioni assunte ai sensi dell'articolo 391 *ter*.

L'articolo è stato modificato dalla l. 7.12.2000, n. 397 e, poi, dalla l. 1.3.2001, n. 63.

• L'articolo elenca tassativamente le situazioni in cui non è consentita l'assunzione della veste di testimone. Le incompatibilità in questione operano al momento del giudizio (→ **Libro VII**). Nel corso degli **atti preliminari al dibattimento**, il presidente del tribunale o della corte d'assise deve dichiarare inammissibili ai sensi dell'art. 468 le citazioni dei testimoni incompatibili indicati nelle liste depositate dalle parti. Durante gli **atti introduttivi al dibattimento**, il giudice deve respingere *ex* art. 495 le richieste di esame dei testimoni incompatibili presentate dalle parti in base all'art. 493.

• L'art. 64 co. 3 lett. *c* (→ **Soggetti**) prevede che al momento dell'**interrogatorio** nel corso delle indagini, prima che quest'ultimo abbia inizio, deve essere dato **avviso** all'indagato che, se renderà dichiarazioni su fatti che riguardano la responsabilità altrui, assumerà in ordine a tali fatti l'ufficio di testimone salvo però che operi l'incompatibilità *ex* art. 197.

• Nel corso delle **indagini** (→ **Libro V**), le incompatibilità di cui all'art. 197 si estendono anche alle persone informate sui fatti di cui sia stata disposta l'assunzione di informazioni dal p.m. (→ art. 362 co. 1). Si aggiunga che, a fronte del richiamo all'art. 197 co. 1 lett. *c* e *d* effettuato dall'art. 391 *bis* co. 1, il responsabile civile, la persona civilmente obbligata alla pena pecuniaria e coloro che abbiano assunto funzioni giudiziarie o difensive nello stesso procedimento non possono conferire con il difensore, oppure rilasciargli dichiarazioni scritte.

197 *bis*. Persone imputate o giudicate in un procedimento connesso o per reato collegato che assumono l'ufficio di testimone.

1. L'imputato in un procedimento connesso ai sensi dell'articolo 12 o di un reato collegato a norma dell'articolo 371, comma 2, lettera *b*), può essere sempre sentito come testimone quando nei suoi confronti è stata pronunciata sentenza irrevocabile di proscioglimento, di condanna o di applicazione della pena ai sensi dell'articolo 444.

2. L'imputato in un procedimento connesso ai sensi dell'articolo 12, comma 1, lettera *c*), o di un reato collegato a norma dell'articolo 371, comma 2, lettera *b*), può essere sentito come testimone, inoltre, nel caso previsto dall'articolo 64, comma 3, lettera *c*).

3. Nei casi previsti dai commi 1 e 2 il testimone è assistito da un difensore. In mancanza di difensore di fiducia è designato un difensore di ufficio.

4. Nel caso previsto dal comma 1 il testimone non può essere obbligato a deporre sui fatti per i quali è stata pronunciata in giudizio sentenza di condanna nei suoi confronti, se nel procedimento egli aveva negato la propria responsabilità ovvero non aveva reso alcuna dichiarazione. Nel caso previsto dal comma 2 il testimone non può essere obbligato a deporre su fatti che concernono la propria responsabilità in ordine al reato per cui si procede o si è proceduto nei suoi confronti.

5. In ogni caso le dichiarazioni rese dai soggetti di cui al presente articolo non possono essere utilizzate contro la persona che le ha rese nel procedimento a suo carico, nel procedimento di revisione della sentenza di condanna ed in qualsiasi giudizio civile o amministrativo relativo al fatto oggetto dei procedimenti e delle sentenze suddette.

6. Alle dichiarazioni rese dalle persone che assumono l'ufficio di testimone ai sensi del presente articolo si applica la disposizione di cui all'articolo 192, comma 3.

L'articolo è stato introdotto dalla l. 1.3.2001, n. 63. Corte cost., 381 del 2006, ha dichiarato l'illegittimità costituzionale dell'art. 197 *bis* co. 3 e 6, nella parte in cui prevedono, rispettivamente, l'assistenza di un difensore e l'applicazione della disposizione di cui all'art. 192 co. 3 anche per le dichiarazioni rese dalle persone, indicate al co. 1 del medesimo art. 197 *bis*, nei cui confronti sia stata pronunciata sentenza di assoluzione «per non aver commesso il fatto» divenuta irrevocabile. Corte cost., 21 del 2016, ha, inoltre, dichiarato l'illegittimità costituzionale dell'art. 197 *bis* co. 3 e 6, nella parte in cui prevedono, rispettivamente, l'assistenza di un difensore e l'applicazione della disposizione di cui all'art. 192 co. 3 anche per le dichiarazioni rese dalle persone, indicate al co. 1 del medesimo art. 197 *bis*, nei cui confronti sia stata pronunciata sentenza di assoluzione «perché il fatto non sussiste» divenuta irrevocabile.

• Gli imputati in **procedimenti connessi** o **collegati** assumono la qualifica di testimoni assistiti, potendo essere indicati nelle liste *ex* art. 468, chiamati a deporre in giudizio in base agli artt. 493 e 495 ed esaminati in base alle regole previste dagli artt. 497 s. (→ **Giudizio**) quando il processo nei loro confronti si sia concluso con sentenza irrevocabile. I soli imputati in procedimenti uniti da **connessione teleologica** *ex* art. 12 lett. *c* (→ **Soggetti**) e in **procedimenti collegati** *ex* art. 371 co. 2 lett. *b* (→ **Indagini e udienza preliminare**), inoltre, assumono la qualifica di testimoni assistiti anche quando, avvertiti ai sensi dell'art. 64 co. 3 lett. *c* (→ **Soggetti**), hanno reso dichiarazioni su fatti concernenti la responsabilità altrui, e quindi anche prima che il procedimento nei loro confronti si sia concluso.

• Nel corso delle **indagini** (→ **Libro V**), a fronte del richiamo all'art. 197 *bis* ad opera dell'art. 362 co. 1, la disciplina della testimonianza assistita opera anche nei confronti delle persone informate sui fatti di cui sia stata disposta l'assunzione di informazioni dal p.m., qualora queste ultime, avvertite ai sensi dell'art. 64 co. 3 lett. *c* (→ **Soggetti**), abbiano reso dichiarazioni *contra alios*.

• La prima delle **garanzie** previste a favore del testimone assistito è data dall'assistenza di un **difensore**, nominato dall'interessato in base all'art. 96 oppure designato d'ufficio *ex* art. 97 (→ **Soggetti**). Va poi menzionata la facoltà di **astenersi dal deporre** *ex* art. 197 *bis* co. 4, la quale si affianca all'analoga facoltà prevista dall'art. 198 co. 2 per i comuni testimoni. L'art. 197 co. 5 prescrive l'**inutilizzabilità** delle dichiarazioni (art. 191), mentre il co. 6 sottopone le medesime alla speciale **regola di valutazione** statuita dall'art. 192 co. 3.

• In giurisprudenza si è osservato che non sussiste incompatibilità ad assumere l'ufficio di testimone assistito per la persona già indagata in procedimento connesso o per reato probatoriamente collegato, definito con provvedimento di **archiviazione**; l'incompatibilità a testimoniare si applica solo all'imputato, al quale è equiparata la persona indagata nonché il soggetto già imputato, salvo che sia stato irrevocabilmente prosciolto per non avere commesso il fatto (Cass., SU, 17.12.2010, De Simone).

198. Obblighi del testimone.

1. Il testimone ha l'obbligo di presentarsi al giudice e di attenersi alle prescrizioni date dal medesimo per le esigenze processuali e di rispondere secondo verità alle domande che gli sono rivolte.

2. Il testimone non può essere obbligato a deporre su fatti dai quali potrebbe emergere una sua responsabilità penale.

• Sul piano procedimentale, la mancata presentazione del testimone produce gli effetti di cui all'art. 133, cioè **l'accompagnamento coattivo** (→ **Atti**).

• L'obbligo di presentarsi al giudice prevede alcune deroghe con riferimento a particolari soggetti: **cambia la sede di escussione del testimone** (artt. 205 e 206). In alcuni casi, poi, è previsto **l'esame a domicilio** (→ **Giudizio**, art. 502). È possibile poi **effettuare l'esame a distanza mediante collegamento audiovisivo** (→ **Disp. att.**, art. 147 *bis*). Sono previste infine le c.d. **audizioni protette**, in sede di incidente probatorio (→ **Indagini e udienza preliminare**, art. 398 co. 5 *bis*) e in dibattimento (→ **Libro VII**, art. 498 co. 3 *bis*).

• Le prescrizioni fornite al testimone sono

indicate nell'art. 497 co. 2 e 2 *bis* (→ **Giudizio**) e sono presidiate dalla nullità (→ **Atti**, art. 181). Regole peculiari in tema di esame testimoniale sono previste anche negli artt. 145 co. 1 e 149 **Disp. att.**

• Premesso che valgono naturalmente i divieti di cui all'art. 188, il diritto al silenzio del testimone su fatti da cui potrebbe emergere una sua responsabilità penale si raccorda con la garanzia prevista dall'art. 63 co. 1 (→ **Soggetti**), e delinea una forma di **tutela anticipata** rispetto a quella fornita da quest'ultima disposizione: se il testimone conosce i probabili effetti autoincriminanti delle sue dichiarazioni, si avvale del diritto al silenzio. Diversamente, scatta la tutela dell'art. 63 co. 1, che responsabilizza l'autorità procedente (p.g., p.m., giudice).

• La norma presenta poi un diretto collegamento con l'art. 207: dichiarazioni **incomplete o contraddittorie** determinano la rinnovazione degli avvisi di cui all'art. 497 co. 2 (→ **Giudizio**). **L'indebito rifiuto** di testimoniare fa scattare la procedura di cui all'art. 207 co. 1 e cioè l'immediata trasmissione degli atti al p.m. Se emergono **indizi** di **falsa testimonianza**, il giudice, al termine della fase in cui è avvenuta la deposizione, informa il p.m. e gli trasmette la relativa documentazione.

• Il rapporto diritto al silenzio/obbligo di deporre è soggetto ad una disciplina particolare in materia di **testimonianza assistita** (art. 197 *bis* co. 4).

• Le prescrizioni contenute nell'art. 198 si riferiscono a contesti che vedono la presenza del giudice (incidente probatorio, udienza preliminare, procedimenti speciali, dibattimento), ma si applicano anche alle indagini preliminari e difensive (→ **Libro V**, artt. 351, 362, 391 *bis*).

199. Facoltà di astensione dei prossimi congiunti.

1. I prossimi congiunti dell'imputato non sono obbligati a deporre. Devono tuttavia deporre quando hanno presentato denuncia, querela o istanza ovvero essi o un loro prossimo congiunto sono offesi dal reato.

2. Il giudice, a pena di nullità, avvisa le persone predette della facoltà di astenersi chiedendo loro se intendono avvalersene.

3. Le disposizioni dei commi 1 e 2 si applicano anche a chi è legato all'imputato da vincolo di adozione. Si applicano inoltre, limitatamente ai fatti verificatisi o appresi dall'imputato durante la convivenza coniugale o derivante da un'unione civile tra persone dello stesso sesso:

a) a chi, pur non essendo coniuge dell'imputato, come tale conviva o abbia convissuto con esso;

b) al coniuge separato dell'imputato;

c) alla persona nei cui confronti sia intervenuta sentenza di annullamento, scioglimento o cessazione degli effetti civili del matrimonio o dell'unione civile tra persone dello stesso sesso contratti con l'imputato.

L'articolo è stato così modificato dal d. lgs. 19.1.2017, n. 6.

• Il c.d. **segreto familiare** mira ad evitare conflitti psicologici e morali in capo al prossimo congiunto dell'imputato, assicurandogli la piena libertà di autodeterminazione, e viene meno solo in presenza di peculiari situazioni (→ **Soggetti**, art. 90; → **Indagini e udienza preliminare**, artt. 333, 336 s., 341). Le finalità di tutela sottese alla disposizione orientano a ritenere che il prossimo congiunto dell'imputato che risulti **danneggiato** (ma **non persona offesa**) dal reato possa astenersi dal testimoniare.

• L'esenzione vale solo per l'obbligo di rispondere, e non copre quindi gli altri doveri che incombono sul testimone. Il prossimo congiunto è dunque tenuto a comparire davanti al giudice.

• L'omissione dell'avviso circa la facoltà di astensione è presidiato da una **nullità relativa** (→ **Atti**, art. 181) ed è soggetto alla sanatoria generale prevista dall'art. 183 lett. *b*.

• Se il prossimo congiunto si avvale della facoltà di astensione, e nondimeno viene costretto a deporre, trova applicazione l'art. 191.

• La disposizione in commento rileva non solo nei contesti in cui è presente il giudice (incidente probatorio, udienza preliminare, dibattimento, giudizio abbreviato, giudizio direttissimo, giudizio immediato, appello, revisione), ma anche in sede di indagini preliminari e difensive (→ **Libro V**, artt. 351, 362, 391 *bis*).

200. Segreto professionale.

1. Non possono essere obbligati a deporre su quanto hanno conosciuto per ragione del proprio ministero, ufficio o professione, salvi i casi in cui hanno l'obbligo di riferirne all'autorità giudiziaria:

a) i ministri di confessioni religiose, i cui statuti non contrastino con l'ordinamento giuridico italiano;

b) gli avvocati, gli investigatori privati autorizzati, i consulenti tecnici e i notai;

c) i medici e i chirurghi, i farmacisti, le ostetriche e ogni altro esercente una professione sanitaria;

d) gli esercenti altri uffici o professioni ai quali la legge riconosce la facoltà di astenersi dal deporre determinata dal segreto professionale.

2. Il giudice, se ha motivo di dubitare che la dichiarazione resa da tali persone per esimersi dal deporre sia infondata, provvede agli accertamenti necessari. Se risulta infondata, ordina che il testimone deponga.

3. Le disposizioni previste dai commi 1 e 2 si applicano ai giornalisti professionisti iscritti nell'albo professionale, relativamente ai nomi delle persone dalle quali i medesimi hanno avuto notizie di carattere fiduciario nell'esercizio della loro professione. Tuttavia se le notizie sono indispensabili ai fini della prova del reato per cui si procede e la loro veridicità può essere accertata solo attraverso l'identificazione della fonte della notizia, il giudice ordina al giornalista di indicare la fonte delle sue informazioni.

Il co. 1 lett. *b* è stato così sostituito dalla l. 7.12.2000, n. 397. Per i dottori commercialisti, v. d.P.R. 27.10.1953, n. 1067; per i consulenti del lavoro, v. l. 11.1.1979, n. 12.

• La disciplina dei **segreti** deroga alle regole generali in tema di **obblighi testimoniali** (art. 198). Il **segreto professionale** è preordinato in particolare a salvaguardare il libero ed efficace esercizio di attività che implicano una esigenza di riservatezza, e si distingue dal **segreto difensivo** di cui all'art. 103 (→ **Soggetti**).

• Il segreto professionale non è tutelato se sussiste in capo al testimone l'obbligo di riferire i fatti all'autorità giudiziaria (→ **Indagini e udienza preliminare**, artt. 331 e 334): in tal caso viene meno ogni profilo di riservatezza in sede di escussione. Non sussiste alcun obbligo di denuncia in capo al **difensore** e agli altri soggetti di cui all'art. 391 *bis* (→ **Indagini e udienza preliminare**) neppure in ordine ai reati conosciuti nel corso delle investigazioni difensive (→ art. 334 *bis*).

• I dipendenti del servizio pubblico per le tossicodipendenze (e i soggetti a questi equiparati) non possono essere obbligati a deporre davanti all'autorità giudiziaria (e ad altre autorità) su quanto hanno conosciuto in virtù della professione (→ **T.U. stup.**, art. 120 co. 7).

• La disciplina dell'art. 200 si raccorda con quella della testimonianza indiretta (art. 195 co. 6).

• I soggetti indicati nell'art. 200 hanno l'obbligo di consegnare all'autorità giudiziaria che ne faccia richiesta atti, documenti, programmi informatici inerenti all'attività professionale, salvo che oppongano per iscritto il segreto professionale.

• In materia di sequestro, l'art. 256 co. 2 prevede una disciplina simmetrica a quella dell'art. 200. La disciplina dell'art. 200 trova applicazione, con alcune varianti, anche in materia di comunicazioni di servizio di soggetti che appartengono al Dipartimento delle informazioni per la sicurezza e ai Servizi di informazione per la sicurezza (art. 270 *bis*).

• È vietata l'utilizzazione delle **intercettazioni** relative a conversazioni o comunicazioni delle persone indicate nell'art. 200 e relative a fatti conosciuti in ragione del loro ministero, ufficio o professione, salvo che abbiano già deposto su tali fatti o li abbiano divulgati in altro modo (art. 271 co. 2). La documentazione relativa a tali intercettazioni, se non costituisce corpo del reato, deve essere distrutta.

• Il segreto professionale non è soggetto ai limiti previsti dall'art. 204.

• Il segreto professionale può coesistere con il segreto d'ufficio (art. 201, es. medici dipendenti di un ente pubblico, notai, consulenti tecnici del p.m.).

• Gli obblighi previsti dall'art. 198 si riespandono se il giudice, dopo aver compiuto gli accertamenti necessari, ritenga infondate le giustificazioni del testimone e ordini al testimone di deporre.

• Il segreto professionale è tutelato non solo nei contesti in cui interviene il giudice (incidente probatorio, udienza preliminare, dibattimento, giudizio abbreviato, giudizio direttissimo, giudizio, appello, revisione) ma anche nell'ambito dell'attività di indagine del p.m. e della p.g. (→ **Indagini e udienza preliminare**, artt. 351 e 362) nonché in sede di investigazioni difensive (→ art. 391 *bis*).

• Il segreto giornalistico copre i nomi degli informatori e mira a salvaguardare il rapporto fiduciario ed esclusivo con le fonti, in una prospettiva per certi versi analoga a quella coltivata dall'art. 203 con riferimento al c.d. "segreto di polizia".

201. Segreto di ufficio.

1. Salvi i casi in cui hanno l'obbligo di riferirne all'autorità giudiziaria, i pubblici ufficiali, i pubblici impiegati e gli incaricati di un pubblico servizio hanno l'obbligo di astenersi dal deporre su fatti conosciuti per ragioni del loro ufficio che devono rimanere segreti.

2. Si applicano le disposizioni dell'articolo 200, commi 2 e 3.

• Il **segreto d'ufficio** è tutelato in maniera più rigorosa rispetto al segreto professionale (art. 200): è infatti previsto l'**obbligo di astenersi** dalla deposizione testimoniale. Una soluzione posta a salvaguardia del principio del buon andamento della pubblica amministrazione (→ **Cost.**, art. 97 co. 2).

• L'obbligo di astensione viene meno nell'ipotesi di cui il pubblico ufficiale o l'incaricato di un pubblico servizio siano tenuti a presentare la denuncia ai sensi dell'art. 331 (→ **Indagini e udienza preliminare**).

• Il segreto d'ufficio può coesistere con il segreto professionale (art. 200, es. medici dipendenti di un ente pubblico, notai, consulenti tecnici del p.m.).

• Il segreto d'ufficio soggiace ai limiti previsti dall'art. 204.

• La disciplina del segreto d'ufficio si raccorda con quella della testimonianza indiretta (art. 195 co. 6).

• In forza del rinvio all'art. 200 co. 1, anche in materia di segreto d'ufficio è attribuito al giudice il potere di effettuare la verifica sulla **fondatezza del segreto**. Il riferimento all'art. 200 co. 3 risulta invece poco chiaro: segreto professionale e segreto d'ufficio sembrano difficilmente sovrapponibili, a meno di interpretare il rinvio come una estensione al titolare del segreto d'ufficio della tutela circa i nomi degli informatori.

• In materia di segreto d'ufficio trova applicazione la disciplina dell'art. 256.

• La disciplina del segreto d'ufficio si applica non solo nei contesti in cui interviene il giudice (incidente probatorio, udienza preliminare, dibattimento, giudizio abbreviato, giudizio direttissimo, giudizio immediato) ma anche nell'ambito dell'attività di indagine del p.m. e della p.g. (→ **Indagini e udienza preliminare**, artt. 351 e 362) nonché in sede di investigazioni difensive (→ art. 391 *bis*).

202. Segreto di Stato.

1. I pubblici ufficiali, i pubblici impiegati e gli incaricati di un pubblico servizio hanno l'obbligo di astenersi dal deporre su fatti coperti dal segreto di Stato.

2. Se il testimone oppone un segreto di Stato, l'autorità giudiziaria ne informa il Presidente del Consiglio dei Ministri, ai fini dell'eventuale conferma, sospendendo ogni iniziativa volta ad acquisire la notizia oggetto del segreto.

3. Qualora il segreto sia confermato e per la definizione del processo risulti essenziale la conoscenza di quanto coperto dal segreto di Stato, il giudice dichiara non doversi procedere per l'esistenza del segreto di Stato.

4. Se entro trenta giorni dalla notificazione della richiesta il Presidente del Consiglio dei ministri non dà conferma del segreto, l'autorità giudiziaria acquisisce la notizia e provvede per l'ulteriore corso del procedimento.

5. L'opposizione del segreto di Stato, confermata con atto motivato dal Presidente del Consiglio dei ministri, inibisce all'autorità giudiziaria l'acquisizione e l'utilizzazione, anche indiretta, delle notizie coperte dal segreto.

6. Non è, in ogni caso, precluso all'autorità giudiziaria di procedere in base a elementi auto-

nomi e indipendenti dagli atti, documenti e cose coperti dal segreto.

7. Quando è sollevato conflitto di attribuzione nei confronti del Presidente del Consiglio dei ministri, qualora il conflitto sia risolto nel senso dell'insussistenza del segreto di Stato, il Presidente del Consiglio dei ministri non può più opporlo con riferimento al medesimo oggetto. Qualora il conflitto sia risolto nel senso della sussistenza del segreto di Stato, l'autorità giudiziaria non può né acquisire né utilizzare, direttamente o indirettamente, atti o documenti sui quali è stato opposto il segreto di Stato.

8. In nessun caso il segreto di Stato è opponibile alla Corte costituzionale. La Corte adotta le necessarie garanzie per la segretezza del procedimento.

L'articolo è stato così sostituito dalla l. 3.8.2007, n. 124.

• Il **segreto di Stato** è una peculiare figura di segreto d'ufficio e prevede, in capo ad alcuni soggetti, **l'obbligo di astenersi** dal deporre. Il segreto di Stato è posto a tutela di interessi fondamentali dell'ordinamento (integrità territoriale, indipendenza, sicurezza), che giustificano le limitazioni al potere giurisdizionale, ma non se ne dovrebbe abusare (v. Corte edu, 23.2.2016, Nasr e Ghali c. Italia).

• Il segreto di Stato è sottoposto ai limiti previsti **dall'art. 204**.

• Per la sentenza di non doversi procedere da adottare in caso di conferma del segreto di Stato v. l'art. 529 (→ **Giudizio**). La situazione che giustifica l'epilogo "in rito" è assimilabile alla **mancanza di una condizione di procedibilità** (→ **Indagini e udienza preliminare**). Non opera il *ne bis in idem* (→ **Esecuzione**, art. 649) ma si applica l'art. 345 co. 2: sicché il processo dovrebbe riaprirsi nell'ipotesi in cui il segreto di Stato dovesse successivamente cadere.

• Il segreto di Stato non rientra tra le tipologie di segreto rilevanti in materia di testimonianza indiretta (art. 195 co. 6).

• La disciplina del Segreto di Stato dovrebbe applicarsi non solo alle categorie di testimoni "qualificati" indicati nella disposizione in commento ma anche in materia di dichiarazioni rese dall'imputato nel corso del procedimento (→ **Soggetti**, art. 62).

• Il segreto di Stato rileva ai fini dell'art. 256 co. 2.

• La disciplina del segreto di Stato si applica nei contesti in cui interviene il giudice (incidente probatorio, udienza preliminare, dibattimento, giudizio abbreviato, giudizio direttissimo, giudizio immediato) ma anche nell'ambito dell'attività di indagine del p.m. e della p.g. (→ **Indagini e udienza preliminare**, artt. 351 e 362) nonché in sede di investigazioni difensive (→ art. 391 *bis*).

203. Informatori della polizia giudiziaria e dei servizi di sicurezza.

1. Il giudice non può obbligare gli ufficiali e gli agenti di polizia giudiziaria nonché il personale dipendente dai servizi per le informazioni e la sicurezza militare o democratica a rivelare i nomi dei loro informatori. Se questi non sono esaminati come testimoni, le informazioni da essi fornite non possono essere acquisite né utilizzate.

1 *bis*. L'inutilizzabilità opera anche nelle fasi diverse dal dibattimento, se gli informatori non sono stati interrogati né assunti a sommarie informazioni.

Il co. 1 *bis* è stato aggiunto dalla l. 1.3.2001, n. 63.

• Scopo della norma è salvaguardare – nell'interesse generale di giustizia – il **rapporto fiduciario** tra i soggetti ivi indicati e i loro informatori, preservandone l'anonimato (e quindi la sicurezza personale). Qui ci si trova in presenza di un **diritto di tacere** che si differenza **dall'obbligo di tacere** imposto in materia di segreto di Stato (art. 202). Per assicurare l'interesse alla realizzazione della giustizia, il sistema offre ai confidenti di polizia una garanzia di segretezza. La disciplina non è però esente da qualche sospetto di incostituzionalità, sia con riferimento all'art. 109 Cost., dato che la decisione di mantenere l'anonimato è affidata alla polizia, che dispone quindi di un potere autonomo svincolato dall'autorità giudiziaria, sia con riferimento all'art. 3 Cost., posto che sembra verificarsi una disparità di trattamento rispetto alle altre tipologie di segreto, che prevedono meccanismi di verifica giudiziale o politica (come nel caso del segreto di Stato) preordinati a verificare l'effettiva sussistenza del segreto.

• Per effetto della riforma operata dalla l. 3.8.2007, n. 124 (Sistema di informazione per la sicurezza della Repubblica e nuova disciplina del segreto), il riferimento al personale dipendente dai servizi per le informazioni e la sicurezza militare o democratica si riferisce a soggetti che appartengono all'Agenzia informazioni e sicurezza esterna (che ha sostituito il SISMI) e all'Agenzia informazioni e sicurezza interna (che ha sostituito il SISDE).

• L'articolo si raccorda logicamente con l'art. 195, in materia di testimonianza indiretta: l'impossibilità di escutere l'informatore (testimone diretto) preclude l'acquisizione e l'uso delle notizie fornite dallo stesso. L'art. 203 sembra prevedere una disciplina più specifica rispetto a quella dell'art. 195 co. 3: il divieto d'uso opera anche se l'informatore (di cui è stata resa nota l'identità) non può deporre per morte, infermità o irreperibilità.

• **L'estensione dell'inutilizzabilità all'intero contesto del procedimento penale** è in linea con l'ampia sfera operativa dell'art. 203: tale disposizione si applica in sede di **sommarie informazioni** assunte dalla p.g. e dal p.m. (→ **Indagini e udienza preliminare**, artt. 351 e 362), in sede di valutazione dei **gravi indizi di colpevolezza** in ambito **cautelare** (→ **Misure cautelari**, art. 273) e nel contesto delle **intercettazioni** (art. 267 co. 1 *bis*), nell'ambito **dell'incidente probatorio** e in **udienza preliminare** (→ **Indagini e udienza preliminare**, artt. 392 s. e 422), nel **giudizio abbreviato** (→ **Procedimenti speciali**, art. 438 s.) e nella fase degli **atti preliminari al dibattimento** (→ **Giudizio**, art. 467).

• L'art. 203 dovrebbe trovare applicazione anche in sede di trasmissione dell'informativa di reato ai sensi dell'art. 347 (→ **Indagini e udienza preliminare**): la p.g. (→ **Soggetti**) non sarebbe quindi tenuta a comunicare al p.m. i nomi degli informatori.

• Il segreto previsto dall'art. 203 soggiace alle limitazioni di cui all'art. 204. Nondimeno, dal collegamento sistematico con l'art. 66 co. 1 **Disp. att.** risulta che nei fatti, notizie e documenti indicati nell'art. 204 **non sono compresi i nomi degli informatori**.

204. Esclusione del segreto.

1. Non possono essere oggetto del segreto previsto dagli articoli 201, 202 e 203 fatti, notizie o documenti concernenti reati diretti all'eversione dell'ordinamento costituzionale nonché i delitti previsti dagli articoli 285, 416 *bis*, 416 *ter* e 422 del codice penale. Se viene opposto il segreto, la natura del reato è definita dal giudice. Prima dell'esercizio dell'azione penale provvede il giudice per le indagini preliminari su richiesta di parte.

1 *bis*. Non possono essere oggetto del segreto previsto dagli articoli 201, 202 e 203 fatti, notizie o documenti concernenti le condotte poste in essere da appartenenti ai servizi di informazione per la sicurezza in violazione della disciplina concernente la speciale causa di giustificazione prevista per attività del personale dei servizi di informazione per la sicurezza. Si considerano violazioni della predetta disciplina le condotte per le quali, essendo stata esperita l'apposita procedura prevista dalla legge, risulta esclusa l'esistenza della speciale causa di giustificazione.

1 *ter*. Il segreto di Stato non può essere opposto o confermato ad esclusiva tutela della classifica di segretezza o in ragione esclusiva della natura del documento, atto o cosa oggetto della classifica.

1 *quater*. In nessun caso il segreto di Stato è opponibile alla Corte costituzionale. La Corte adotta le necessarie garanzie per la segretezza del procedimento.

1 *quinquies*. Quando il Presidente del Consiglio dei ministri non ritenga di confermare il segreto di Stato, provvede, in qualità di Autorità nazionale per la sicurezza, a declassificare gli atti, i documenti, le cose o i luoghi oggetto di classifica di segretezza, prima che siano messi a disposizione dell'autorità giudiziaria competente.

2. Del provvedimento che rigetta l'eccezione di segretezza è data comunicazione al Presidente del Consiglio dei Ministri.

Il testo originario è stato così modificato dalla l. 3.8.2007, n. 124.

• La disposizione mira a restringere l'area di alcune tipologie di segreto (artt. 201, 202, 203) con riferimento ai fatti, notizie o documenti inerenti alcune tipologie di reato e a condotte elusive di una causa di giustificazione speciale (→ art. 17 s. l. 124 del 2007) poste in essere da soggetti appartenenti ai servizi di informazione per la sicurezza: le istanze di accertamento prevalgono su quelle sottese ai segreti. La limitazione non copre, però, i **nomi degli informatori** nell'ambito del c.d. "segreto di polizia" (→ **Disp. att.**, art. 66 co. 1).

• Naturalmente, l'art. 204, nel limitare la portata di alcuni segreti, si estende a tutti i contesti procedimentali in cui gli stessi trovano applicazione: **sommarie informazioni** assunte dalla p.g. e dal p.m. (→ **Indagini e udienza preliminare**, artt. 351 e 362), valutazione dei **gravi indizi di colpevolezza** in ambito **cautelare** (→ **Misure cautelari**, artt. 203 e 273), **intercettazioni** (artt. 203 e 267 co. 1 *bis*), **incidente probatorio**, **udienza preliminare** (→ **Indagini e udienza preliminare**, artt. 392 s. e 422), **giudizio abbreviato** (→ **Procedimenti speciali**, art. 438 s.), **atti preliminari al dibattimento**, **dibattimento** (→ **Giudizio**, art. 467), **appello** (→ **Impugnazioni**).

• L'art. 204 si raccorda con **l'art. 66 Disp. att.** (procedimento di esclusione del segreto).

205. Assunzione della testimonianza del Presidente della Repubblica e di grandi ufficiali dello Stato.

1. La testimonianza del Presidente della Repubblica è assunta nella sede in cui egli esercita la funzione di Capo dello Stato.

2. Se deve essere assunta la testimonianza di uno dei presidenti delle Camere o del Presidente del Consiglio dei Ministri o della Corte costituzionale, questi possono chiedere di essere esaminati nella sede in cui esercitano il loro ufficio, al fine di garantire la continuità e la regolarità della funzione cui sono preposti.

3. Si procede nelle forme ordinarie quando il giudice ritiene indispensabile la comparizione di una delle persone indicate nel comma 2 per eseguire un atto di ricognizione o di confronto o per altra necessità.

• L'articolo prevede una deroga al generale dovere di presentarsi al giudice previsto dall'art. 198 co. 1. Le sue prescrizioni possono ritenersi applicabili in rapporto alle **ricognizioni** (art. 213 s.) ed ai **confronti** (art. 211 s.) a cui partecipino i soggetti da esso menzionati (salva l'eccezione prevista al co. 3).

• In mancanza di un'espressa disciplina sulle **modalità di raccolta** delle testimonianze in queste evenienze, si può ritenere analogicamente applicabile l'art. 502, il quale prevede l'esame a domicilio dei dichiaranti (→ **Giudizio**).

• Le medesime norme si possono ritenere applicabili anche nel corso delle **indagini**, quando si proceda all'assunzione di informazioni *ex* art. 362 (→ **Libro V**).

206. Assunzione della testimonianza di agenti diplomatici.

1. Se deve essere esaminato un agente diplomatico o l'incaricato di una missione diplomatica all'estero durante la sua permanenza fuori dal territorio dello Stato, la richiesta per l'esame è trasmessa, per mezzo del Ministero della giustizia, all'autorità consolare del luogo. Si procede tuttavia nelle forme ordinarie nei casi previsti dall'articolo 205 comma 3.

2. Per ricevere le deposizioni di agenti diplomatici della Santa Sede accreditati presso lo Stato italiano ovvero di agenti diplomatici di uno stato estero accreditati presso lo Stato italiano o la Santa Sede si osservano le convenzioni e le consuetudini internazionali.

• Le prescrizioni dell'articolo si possono ritenere applicabili anche nel corso delle **indagini**, quando si proceda all'assunzione di informazioni *ex* art. 362 (→ **Libro V**).

206 *bis*. Assunzione della testimonianza.

1. Se deve essere assunta la testimonianza di un cardinale che svolge una funzione di rilievo particolare presso la Santa Sede, questi può chiedere di essere esaminato in un luogo da lui indicato, al fine di garantire la continuità e la regolarità della funzione cui risulta preposto.

2. Rivestono funzioni di rilievo particolare presso la Santa Sede il cardinale decano del Sacro Collegio, i cardinali prefetti dei dicasteri della Curia romana aventi la qualifica di congregazione, il cardinale prefetto del Supremo tribunale della Segnatura apostolica ed il cardinale che presiede la Penitenzieria apostolica.

3. Si procede nelle forme ordinarie nei casi previsti dall'articolo 205, comma 3.

Articolo inserito dalla l. 22.4.2021, n. 70.

207. Testimoni sospettati di falsità o reticenza. Testimoni renitenti.

1. Se nel corso dell'esame un testimone rende dichiarazioni contraddittorie, incomplete o contrastanti con le prove già acquisite, il presidente o il giudice glielo fa rilevare rinnovandogli, se del caso, l'avvertimento previsto dall'articolo 497 comma 2. Allo stesso avvertimento provvede se un testimone rifiuta di deporre fuori dei casi espressamente previsti dalla legge e, se il testimone persiste nel rifiuto, dispone l'immediata trasmissione degli atti al pubblico ministero perché proceda a norma di legge.

2. Con la decisione che definisce la fase processuale in cui il testimone ha prestato il suo ufficio, il giudice, se ravvisa indizi del reato previsto dall'articolo 372 del codice penale, ne informa il pubblico ministero trasmettendogli i relativi atti.

• L'articolo pone gli **adempimenti procedimentali** che spettano al giudice quando il testimone sia sospettato di falsità, oppure risulti reticente o renitente, e che devono essere adottati durante l'esame dibattimentale *ex* artt. 498 s. (→ **Giudizio**). In caso di **sospetta falsità** o di **reticenza**, il giudice ha il potere di informare il p.m. per un eventuale esercizio dell'azione penale nei confronti del testimone (→ **Indagini e udienza preliminare**) solo a seguito della decisione di merito *ex* artt. 525 s. (→ **Giudizio**). Diversamente, egli potrebbe essere **ricusato** per indebita manifestazione del proprio convincimento *ex* art. 37 lett. *b* (→ **Soggetti**). In caso di **renitenza**, al contrario, è prevista la procedibilità già nel corso del dibattimento.

• Le norme in questione sono destinate ad operare nella fase strettamente processuale, e quindi anche nel corso dell'**udienza preliminare** in caso di audizione del dichiarante ai sensi dell'art. 422. Dubbio, invece, se esse siano applicabili in caso di **incidente probatorio** (→ **Indagini e udienza preliminare**).

• L'articolo è applicabile anche in rapporto al **giudizio abbreviato**, quando l'esame del dichiarante sia disposto in base all'art. 438 co. 5 o all'art. 441 co. 5 (→ **Procedimenti speciali**).

Capo II
Esame delle parti

208. Richiesta dell'esame.

1. Nel dibattimento, l'imputato, la parte civile che non debba essere esaminata come testimone, il responsabile civile e la persona civilmente obbligata per la pena pecuniaria sono esaminati se ne fanno richiesta o vi consentono.

• L'articolo prevede il principale presupposto affinché le parti (→ **Soggetti**) possano essere **esaminate** in **dibattimento** in base all'art. 503 (→ **Giudizio**).

209. Regole per l'esame.

1. All'esame delle parti si applicano le disposizioni previste dagli articoli 194, 198, comma 2, e 499 e, se è esaminata una parte diversa dall'imputato, quelle previste dall'articolo 195.

2. Se la parte rifiuta di rispondere a una domanda, ne è fatta menzione nel verbale.

• L'articolo precisa che l'esame delle parti è condotto con il rispetto dei **limiti oggettivi** e delle **modalità** previste per la prova testimoniale e per l'esame in dibattimento dei testimoni (→ **Giudizio**).

210. Esame di persona imputata in un procedimento connesso.

1. Nel dibattimento, le persone imputate in un procedimento connesso a norma dell'articolo 12, comma 1, lettera *a*), nei confronti delle quali si procede o si è proceduto separatamente e che non possono assumere l'ufficio di testimone, sono esaminate a richiesta di parte, ovvero, nel caso indicato nell'articolo 195, anche di ufficio.

2. Esse hanno obbligo di presentarsi al giudice, il quale, ove occorra, ne ordina l'accompagnamento coattivo. Si osservano le norme sulla citazione dei testimoni.

3. Le persone indicate nel comma 1 sono assistite da un difensore che ha diritto di partecipare all'esame. In mancanza di un difensore di fiducia è designato un difensore di ufficio.

4. Prima che abbia inizio l'esame, il giudice avverte le persone indicate nel comma 1 che, salvo quanto disposto dall'articolo 66, comma 1, esse hanno facoltà di non rispondere.

5. All'esame si applicano le disposizioni previste dagli articoli 194, 195, 498, 499 e 500.

6. Le disposizioni dei commi precedenti si applicano anche alle persone imputate in un procedimento connesso ai sensi dell'articolo 12, comma 1, lettera *c*), o di un reato collegato a norma dell'articolo 371, comma 2, lettera *b*), che non hanno reso in precedenza dichiarazioni concernenti la responsabilità dell'imputato. Tuttavia a tali persone è dato l'avvertimento previsto dall'articolo 64, comma 3, lettera *c*), e se esse non si avvalgono della facoltà di non rispondere, assumono l'ufficio di testimone. Al loro esame si applicano, in tal caso, oltre alle disposizioni richiamate dal comma 5, anche quelle previste dagli articoli 197 *bis* e 497.

L'articolo è stato modificato prima dal d.l. 8.6.1992, n. 306, conv. dalla l. 7.8.1992, n. 356, e successivamente dalla l. 1.3.2001, n. 63. Corte cost., 361 del 1998, ha dichiarato l'illegittimità costituzionale dell'art. 210 nella parte in cui non ne è prevista l'applicazione anche all'esame dell'imputato nel medesimo procedimento su fatti concernenti la responsabilità di altri, già oggetto delle sue precedenti dichiarazioni rese all'autorità giudiziaria o alla p.g. su delega del p.m.

• L'articolo prevede un istituto residuale, applicabile nelle situazioni in cui il dichiarante *erga alios* non assuma la veste di **testimone assistito** *ex* art. 197 *bis*. Si tratta di un esame contraddistinto da una **natura ibrida**. Per un verso esso è soggetto ai limiti oggettivi e alle modalità previste per l'esame dei **testimoni comuni**, risultando anche necessario che il dichiarante venga ritualmente indicato nelle **liste** *ex* art. 468 (→ **Giudizio**). In particolare, l'art. 506 co. 2 precisa che, nel corso dell'esame dibattimentale, il **presidente** del collegio giudicante, anche su richiesta di altro componente di quest'ultimo, ha la facoltà di rivolgere domande al dichiarante solo dopo l'esame e il controesame ad opera delle parti (→ **Giudizio**). Per un altro verso, il dichiarante fruisce della **facoltà di non rispondere**, al pari di quanto previsto dall'art. 64 in rapporto alle persone sottoposte alle indagini, nonché dell'assistenza di un difensore nominato dall'interessato in base all'art. 96 oppure designato d'ufficio *ex* art. 97 (→ **Soggetti**). Peraltro, nei procedimenti per uno dei delitti indicati dall'art. 51 co. 3 *bis* (→ **Soggetti**), quando venga richiesto l'esame *ex* art. 210, ma la persona abbia già reso dichiarazioni in sede di incidente probatorio o in dibattimento nel contraddittorio con la persona nei cui confronti le medesime saranno utilizzate, operano i **più restrittivi criteri di ammissione** previsti dall'art. 190 *bis*.

• Agli imputati in procedimenti uniti da connessione teleologica o in procedimenti collegati esaminati in base all'art. 210 è dato l'avvertimento previsto dall'art. 64 co. 3 lett. *c* (→ **Soggetti**), con la conseguenza che, qualora essi rendano dichiarazioni *contra alios*, assumono la qualifica di testimoni assistiti *ex* art. 197 *bis*.

• Le forme previste dall'art. 210 co. 2, 3 e 4 sono richiamate dall'art. 363 ai fini dell'**interrogatorio**, da parte del p.m. nel corso delle **indagini**, delle persone imputate in un procedimento connesso a norma dell'art. 12 (→ **Soggetti**) o di un reato collegato *ex* art. 371 co. 2 lett. *b* (→ **Libro V**). Gli imputati in procedimenti connessi o collegati *ex* art. 210 possono anche essere sentiti dal difensore in sede in **investigazioni difensive** (→ **Indagi-**

ni e udienza preliminare). In tale evenienza, l'art. 391 *bis* co. 10 prevede che, qualora essi si avvalgano della facoltà di non rispondere prevista dal co. 3 alla lett. *d*, il difensore non ha la possibilità di chiedere al p.m. di disporne l'audizione (→ **Libro V**). L'art. 392 co. 1 lett. *d* prevede altresì che gli imputati in procedimenti connessi o collegati *ex* art. 210 possono anche essere sentiti nel corso delle indagini o in udienza preliminare con le forme dell'**incidente probatorio**. Inoltre essi possono essere esaminati in **udienza preliminare** quando il giudice ritenga di disporne l'audizione ai sensi dell'art. 422 (→ **Libro V**).

• Quando gli imputati in procedimenti connessi o collegati *ex* art. 210 hanno già reso dichiarazioni nel corso delle indagini, e sono **assenti** in **giudizio** o **rifiutano** di essere esaminati, si applicano gli adempimenti procedimentali previsti dall'art. 513 co. 2. Valgono in ogni caso i **divieti di lettura** statuiti dall'art. 514 (→ **Giudizio**).

• Nel procedimento davanti al **tribunale in composizione monocratica** (→ **Libro VIII**), ai fini dell'esame gli imputati in procedimenti connessi o collegati *ex* art. 210 vanno ritualmente indicati nelle liste ai sensi dell'art. 555 co. 1. L'art. 559 co. 3 aggiunge che l'esame va condotto con il metodo della ***cross-examination***, salvo che, su concorde richiesta delle parti, venga condotto direttamente dal **giudice**, sulla base delle domande e contestazioni proposte dal p.m. e dai difensori.

• In giurisprudenza si è affermato che, in sede di esame dibattimentale ai sensi del co. 6, di imputato di reato connesso o collegato, l'**avvertimento** di cui all'art. 64 co. 3 lett. *c* (→ **Soggetti**) deve essere dato non solo se il soggetto non ha reso in precedenza dichiarazioni concernenti la responsabilità dell'imputato (come testualmente prevede il co. 6), ma anche se egli abbia già deposto *erga alios* senza aver ricevuto tale avvertimento (Cass., SU, 26.3.2015, Lo Presti).

Capo III
Confronti

211. Presupposti del confronto.

1. Il confronto è ammesso esclusivamente fra persone già esaminate o interrogate, quando vi è disaccordo fra esse su fatti e circostanze importanti.

• Il confronto è un **mezzo di prova** finalizzato a verificare dichiarazioni contrastanti. Le persone già esaminate o interrogate sono i **testimoni** (art. 194 s.), le persone informate sui fatti (→ **Indagini e udienza preliminare**, artt. 351 e 362), le **persone sottoposte ad indagine** (→ **Soggetti**, artt. 64 e 65), gli **imputati** (art. 208) e le **persone imputate in un procedimento connesso** (art. 210). È possibile realizzare un confronto che coinvolga figure eterogenee (ad esempio, contrapponendo un imputato ad un testimone).

• Per quanto riguarda l'indagato e l'imputato, valgono tutte le garanzie previste dal codice per tali categorie di soggetti: in particolare, l'assistenza del difensore e il diritto al silenzio (→ **Soggetti**, artt. 64 e 65). Al testimone o alla persona informata sui fatti si applica l'art. 198.

• I fatti o le circostanze importanti su cui si profila il disaccordo tra i soggetti rientrano nelle categorie di cui all'art. 187. Il confronto può essere ammesso su richiesta di parte (art. 190 co. 1; → **Giudizio**, artt. 493 e 495) oppure d'ufficio ai sensi dell'art. 507 (→ **Giudizio**).

• Se al confronto partecipa la **persona sottoposta ad indagine**, il p.m. deve invitarla a presentarsi (→ **Indagini e udienza preliminare**, artt. 364 co. 1 e 375); si applicano le regole previste negli artt. 364, 366, 369, 369 *bis*, 370. Se la persona da sottoporre a confronto non si presenta, può essere disposto **l'accompagnamento coattivo** (→ **Indagini e udienza preliminare**, art. 376; → **Atti**, artt. 132 e 133). I verbali del confronto sono depositati nella segreteria del p.m. ai sensi dell'art. 366 (→ **Indagini e udienza preliminare**). In materia di confronti dovrebbero trovare applicazione anche gli artt. 62, 63 (→ **Soggetti**) e 195.

• I contesti in cui può essere realizzato il confronto sono i seguenti: **indagini preliminari** (→ **Libro V**; v. infatti il potere espressamente riconosciuto al p.m. dall'art. 364 co. 1, nonché la facoltà di delegare la p.g. ai sensi dell'art. 370); **incidente probatorio** (→

art. 392 co. 1 lett. *e*); **udienza preliminare** (→ art. 422); **giudizio abbreviato** (→ **Procedimenti speciali**, artt. 438 e 441); **atti preliminari al dibattimento** (→ **Giudizio**, artt. 467, 496 s., 507); **appello** (→ **Impugnazioni**, artt. 602 e 603).

212. Modalità del confronto.

1. Il giudice, richiamate le precedenti dichiarazioni ai soggetti tra i quali deve svolgersi il confronto, chiede loro se le confermano o le modificano, invitandoli, ove occorra, alle reciproche contestazioni.

2. Nel verbale è fatta menzione delle domande rivolte dal giudice, delle dichiarazioni rese dalle persone messe a confronto e di quanto altro è avvenuto durante il confronto.

• Il **giudice dirige** il confronto formulando le domande e promuovendo le reciproche contestazioni tra le parti. Si tratta di una regola generale che opera in tutti i contesti procedimentali in cui si realizza il confronto. Di qui le **differenze** rispetto alle modalità di svolgimento dell'esame e controesame delle prove dichiarative in **incidente probatorio** e in **dibattimento**, con le parti protagoniste dell'escussione e il giudice confinato in un ruolo di controllo (→ **Indagini e udienza preliminare**, art. 401 co. 5; → **Giudizio**, artt. 499 s. e 506). Nel confronto le parti non fanno domande, ma vigilano sulla regolarità del procedimento.

• Per quanto riguarda la redazione del verbale, si applica l'art. 134 (→ **Atti**).

Capo IV
Ricognizioni

213. Ricognizione di persone. Atti preliminari.

1. Quando occorre procedere a ricognizione personale, il giudice invita chi deve eseguirla a descrivere la persona indicando tutti i particolari che ricorda; gli chiede poi se sia stato in precedenza chiamato a eseguire il riconoscimento, se, prima e dopo il fatto per cui si procede, abbia visto, anche se riprodotta in fotografia o altrimenti, la persona da riconoscere, se la stessa gli sia stata indicata o descritta e se vi siano altre circostanze che possano influire sull'attendibilità del riconoscimento.

2. Nel verbale è fatta menzione degli adempimenti previsti dal comma 1 e delle dichiarazioni rese.

3. L'inosservanza delle disposizioni previste dai commi 1 e 2 è causa di nullità della ricognizione.

• La ricognizione è un **mezzo di prova** (finalizzato alla **comparazione** con una **pregressa esperienza cognitiva**), perciò distinta dalla individuazione di persone o cose, atto di indagine del p.m. (→ **Indagini e udienza preliminare**, art. 361).

• In tema di ricognizione personale, trovano applicazione i divieti di cui all'art. 188, presidiati dalla sanzione di inutilizzabilità (art. 191).

• Se colui che deve effettuare la ricognizione è un imputato, opera la garanzia del **diritto al silenzio** (→ **Soggetti**, art. 64; art. 210). Nel caso in cui si tratti di un testimone, trovano applicazione gli obblighi di cui all'art. 198.

• La ricognizione può essere quindi effettuata nei seguenti contesti: **incidente probatorio** (→ **Indagini e udienza preliminare**, art. 392 lett. *g*); **udienza preliminare** (→ art. 422); **giudizio abbreviato** (→ **Procedimenti speciali**, artt. 438 e 441); **atti preliminari al dibattimento** e **dibattimento** (→ **Giudizio**, artt. 467, 496 s., 507); **appello** (→ **Impugnazioni**, artt. 602 e 603).

• Su richiesta di parte, il giudice può disporre la **lettura** del verbale della ricognizione in presenza delle condizioni richieste dall'art. 512 (→ **Giudizio**).

• Il giudice può esercitare i **poteri coercitivi** di cui all'art. 131 (→ **Atti**) e disporre l'accompagnamento coattivo (→ art. 133), al fine di assicurare la presenza dei soggetti coinvolti nella ricognizione personale. Con riferimento all'imputato, trova poi applicazione anche l'art. 490 (→ **Giudizio**).

• Per quanto riguarda le c.d. **ricognizioni informali** v. art. 189.

• In ordine alle modalità di svolgimento della ricognizione, sotto il profilo sanzionatorio la disposizione in commento si raccorda con la disciplina delle **nullità relative** (→ **Atti**, artt. 181 e 182).

214. Svolgimento della ricognizione.

1. Allontanato colui che deve eseguire la ricognizione, il giudice procura la presenza di almeno due persone il più possibile somiglianti, anche nell'abbigliamento, a quella sottoposta a ricognizione. Invita quindi quest'ultima a scegliere il suo posto rispetto alle altre, curando che si presenti, sin dove è possibile, nelle stesse condizioni nelle quali sarebbe stata vista dalla persona chiamata alla ricognizione. Nuovamente introdotta quest'ultima, il giudice le chiede se riconosca taluno dei presenti e, in caso affermativo, la invita a indicare chi abbia riconosciuto e a precisare se ne sia certa.

2. Se vi è fondata ragione di ritenere che la persona chiamata alla ricognizione possa subire intimidazione o altra influenza dalla presenza di quella sottoposta a ricognizione, il giudice dispone che l'atto sia compiuto senza che quest'ultima possa vedere la prima.

3. Nel verbale è fatta menzione, a pena di nullità, delle modalità di svolgimento e ricognizione. Il giudice può disporre che lo svolgimento della ricognizione sia documentato anche mediante rilevazioni fotografiche o cinematografiche o mediante altri strumenti o procedimenti.

• **L'attendibilità della ricognizione personale** dipende dall'osservanza di rigorose modalità di svolgimento della stessa, che vanno documentate in un **verbale** (→ **Atti**, art. 134 s.). Tale forma di documentazione è presidiata dalla nullità relativa (→ art. 181).

215. Ricognizione di cose.

1. Quando occorre procedere alla ricognizione del corpo del reato o di altre cose pertinenti al reato, il giudice procede osservando le disposizioni dell'articolo 213, in quanto applicabili.

2. Procurati, ove possibile, almeno due oggetti simili a quello da riconoscere, il giudice chiede alla persona chiamata alla ricognizione se riconosca taluno tra essi e, in caso affermativo, la invita a dichiarare quale abbia riconosciuto e a precisare se ne sia certa.

3. Si applicano le disposizioni dell'articolo 214, comma 3.

• La ricognizione di cose ha per oggetto il corpo del reato e le cose pertinenti al reato (art. 253 co. 2).

• Il rinvio alle disposizioni che regolano il compimento degli atti preliminari in sede di ricognizione personale (art. 213) si spiega alla luce del ruolo paradigmatico svolto da tali prescrizioni.

• Per effetto del rinvio all'art. 214 co. 3, le modalità di svolgimento della ricognizione di cose vanno documentate in un verbale (→ **Atti**, art. 134 s.). Questa forma di documentazione è presidiata dalla nullità relativa (→ art. 181).

216. Altre ricognizioni.

1. Quando dispone la ricognizione di voci, suoni o di quanto altro può essere oggetto di percezione sensoriale, il giudice procede osservando le disposizioni dell'articolo 213, in quanto applicabili.

2. Si applicano le disposizioni dell'articolo 214, comma 3.

• In materia di ricognizione di voci, suoni o altre forme di percezione sensoriale, la disciplina base che regola il compimento degli atti preliminari a tali operazioni è quella della ricognizione personale, **laddove compatibile** (art. 213). Diversamente, si applicano i criteri di cui **all'art. 189**, soprattutto per quanto attiene all'audizione delle parti sulle modalità di assunzione della prova.

• Pur non essendo espressamente richiamato, dovrebbe trovare applicazione in via analogica l'art. 215 co. 2, che prevede la comparazione con due oggetti simili a quello da riconoscere.

• In forza del rinvio all'art. 214 co. 3, le modalità di svolgimento della ricognizione di cose vanno documentate in un **verbale** (→ **Atti**, art. 134 s.). La forma di documentazione in discorso è presidiata dalla nullità relativa (→ art. 181).

217. Pluralità di ricognizioni.

1. Quando più persone sono chiamate ad eseguire la ricognizione della medesima persona o del medesimo oggetto, il giudice procede con atti separati, impedendo ogni comunicazione tra chi ha compiuto la ricognizione e coloro che devono ancora eseguirla.

2. Se una stessa persona deve eseguire la ricognizione di più persone o di più oggetti, il giudice provvede, per ogni atto, in modo che la persona o l'oggetto sottoposti a ricognizione siano collocati tra persone od oggetti diversi.

3. Si applicano le disposizioni degli articoli precedenti.

• Le modalità di svolgimento della ricognizione c.d. **complessa** (riconoscimento della stessa persona o dello stesso oggetto effettuata da più soggetti o riconoscimento di una pluralità di persone o di cose da parte del medesimo soggetto) avviene con modalità tali da preservare la **genuinità** di ciascun riconoscimento.

• Per effetto del rinvio contenuto nel co. 3, risultano estesi alla ricognizione complessa i presupposti, le modalità di svolgimento, la documentazione e le sanzioni previsti negli articoli precedenti.

Capo V
Esperimenti giudiziali

218. Presupposti dell'esperimento giudiziale.

1. L'esperimento giudiziale è ammesso quando occorre accertare se un fatto sia o possa essere avvenuto in un determinato modo.

2. L'esperimento consiste nella riproduzione, per quanto è possibile, della situazione in cui il fatto si afferma o si ritiene essere avvenuto e nella ripetizione delle modalità di svolgimento del fatto stesso.

• Presupposto dell'esperimento giudiziale è lo stato di incertezza sulle modalità di svolgimento di un fatto rilevante ai sensi dell'art. 187 (oggetto della prova). Incertezza che l'esperimento giudiziale mira a risolvere replicando (nei limiti in cui è possibile) un evento del passato.

• L'esperimento giudiziale può essere effettuato nei seguenti contesti: **incidente probatorio** (→ **Indagini e udienza preliminare**, art. 392 lett. *f*); **udienza preliminare** (→ art. 422); **giudizio abbreviato** (→ **Procedimenti speciali**, artt. 438 e 441); **atti preliminari al dibattimento** e **dibattimento** (→ **Giudizio**, artt. 467, 496 s., 507); **appello** (→ **Impugnazioni**, artt. 602 e 603). Nel corso delle indagini (→ **Libro V**) non è previsto un atto omologo all'esperimento giudiziale.

219. Modalità dell'esperimento giudiziale.

1. L'ordinanza che dispone l'esperimento giudiziale contiene una succinta enunciazione dell'oggetto dello stesso e l'indicazione del giorno, dell'ora e del luogo in cui si procederà alle operazioni. Con la stessa ordinanza o con un provvedimento successivo il giudice può designare un esperto per l'esecuzione di determinate operazioni.

2. Il giudice dà gli opportuni provvedimenti per lo svolgimento delle operazioni, disponendo per le rilevazioni fotografiche o cinematografiche o con altri strumenti o procedimenti.

3. Anche quando l'esperimento è eseguito fuori dell'aula di udienza, il giudice può adottare i provvedimenti previsti dall'articolo 471 al fine di assicurare il regolare compimento dell'atto.
4. Nel determinare le modalità dell'esperimento, il giudice, se del caso, dà le opportune disposizioni affinché esso si svolga in modo da non offendere sentimenti di coscienza e da non esporre a pericolo l'incolumità delle persone o la sicurezza pubblica.

• Il provvedimento con cui il giudice dispone l'esperimento giudiziale e designa l'esperto (figura diversa dal perito) incaricato di eseguirlo riveste la forma dell'ordinanza (→ **Atti**, art. 125). L'indicazione del giorno, dell'ora e del luogo delle operazioni mira a garantire la partecipazione del difensore (→ **Soggetti**, art. 96 s.).

• In sede di svolgimento dell'esperimento giudiziale trova applicazione l'art. 188.

• I provvedimenti previsti dall'art. 471 (→ **Giudizio**), finalizzati ad assicurare il regolare svolgimento dell'atto e la riservatezza delle persone che vi partecipano, sono adottati in forma orale e senza formalità.

Capo VI
Perizia

220. Oggetto della perizia.

1. La perizia è ammessa quando occorre svolgere indagini o acquisire dati o valutazioni che richiedono specifiche competenze tecniche, scientifiche o artistiche.
2. Salvo quanto previsto ai fini dell'esecuzione della pena o della misura di sicurezza, non sono ammesse perizie per stabilire l'abitualità o la professionalità nel reato, la tendenza a delinquere, il carattere e la personalità dell'imputato e in genere le qualità psichiche indipendenti da cause patologiche.

• L'articolo fissa le condizioni di ammissibilità della perizia, mezzo di prova che di regola viene assunto in **dibattimento** (→ **Libro VII**). A tale riguardo le norme contenute negli artt. 220 s. vanno integrate con le norme che prevedono l'indicazione dei periti nelle liste di cui all'art. 468 (→ **Giudizio**) e, riguardo al procedimento davanti al tribunale monocratico (→ **Libro VIII**), all'art. 555, nonché con le norme che disciplinano l'esame dibattimentale dei periti (→ **Libro VII**, art. 501; → **Libro VIII**, art. 559 co. 3). L'art. 508 prevede altresì che, quando il giudice dispone una perizia in dibattimento, il perito è immediatamente citato a comparire, mentre l'art. 511 co. 3 precisa che la lettura della relazione peritale è disposta solo dopo l'esame del perito. L'art. 501 co. 1 *bis* e 1 *ter* aggiunge l'obbligo che la relazione del perito o del consulente tecnico sia deposita almeno sette giorni prima dell'esame. La perizia può inoltre essere assunta nell'**incidente probatorio** *ex* artt. 392 co. 1 lett. *f* e co. 2 (→ **Indagini e udienza preliminare**) e 467 (→ **Giudizio**), nonché in **udienza preliminare** *ex* art. 422 (→ **Libro V**); nel **giudizio abbreviato**, qualora sia disposta l'integrazione probatoria *ex* artt. 438 co. 2 o 441 co. 5 (→ **Procedimenti speciali**); in **appello**, qualora sia disposta la rinnovazione dell'istruzione *ex* artt. 603 e 604 co. 5 e 6 e nel **giudizio di rinvio** *ex* art. 627 co. 2, nonché nel giudizio di **revisione** *ex* art. 630 lett. *c* (→ **Impugnazioni**). La perizia può anche essere disposta tramite una **rogatoria** passiva o attiva *ex* artt. 723 s. (→ **Rapporti giurisdizionali con autorità straniere**).

• L'impiego della perizia è specificamente previsto per l'accertamento delle condizioni di salute dell'indagato (→ **Soggetti**) ai fini dell'eventuale **revoca** o **sostituzione** di una **misura cautelare** *ex* art. 299 co. 4 *ter* (→ **Libro IV**); per l'accertamento della **capacità processuale** dell'**imputato** *ex* art. 70 s. e in caso di incertezza sulla **minore età** della **persona offesa** *ex* art. 90 co. 2 *bis* (→ **Soggetti**); ai fini della documentazione dell'**interrogatorio** della persona in stato di **detenzione** *ex* art. 141 *bis* (→ **Atti**).

• L'art. 268 co. 7 prescrive che le forme, i modi e le garanzie previste per l'espletamento delle previste vanno osservate ai fini della **trascrizione** delle **intercettazioni**.

221. Nomina del perito.

1. Il giudice nomina il perito scegliendolo tra gli iscritti negli appositi albi o tra persone fornite di particolare competenza nella specifica disciplina. Quando la perizia è dichiarata nulla, il giudice cura, ove possibile, che il nuovo incarico sia affidato ad altro perito.

2. Il giudice affida l'espletamento della perizia a più persone quando le indagini e le valutazioni risultano di notevole complessità ovvero richiedono distinte conoscenze in differenti discipline.

3. Il perito ha l'obbligo di prestare il suo ufficio, salvo che ricorra uno dei motivi di astensione previsti dall'articolo 36.

• L'articolo individua i criteri per la nomina del perito ad opera del giudice. L'**albo** dei periti a cui esso si riferisce trova una disciplina più specifica negli artt. 67-72 **Disp. att.** Riguardo alla **perizia nummaria**, invece, operano gli speciali criteri di nomina previsti dall'art. 74 **Disp. att.**

222. Incapacità e incompatibilità del perito.

1. Non può prestare ufficio di perito, a pena di nullità:

a) il minorenne, l'interdetto, l'inabilitato e chi è affetto da infermità di mente;

b) chi è interdetto anche temporaneamente dai pubblici uffici ovvero è interdetto o sospeso dall'esercizio di una professione o di un'arte;

c) chi è sottoposto a misure di sicurezza personali o a misure di prevenzione;

d) chi non può essere assunto come testimone o ha facoltà di astenersi dal testimoniare o chi è chiamato a prestare ufficio di testimone o di interprete;

e) chi è stato nominato consulente tecnico nello stesso procedimento o in un procedimento connesso.

• La previsione dell'art. 222 co. 1 lett. *e* trova completamento in quella dell'art. 67 co. 5 **Disp. att.**, ai sensi della quale il giudice deve evitare di designare come periti le persone che svolgano o abbiano svolto attività di **consulenti di parte** in **procedimenti collegati** a norma dell'art. 371 co. 2 (→ **Indagini e udienza preliminare**).

223. Astensione e ricusazione del perito.

1. Quando esiste un motivo di astensione, il perito ha l'obbligo di dichiararlo.

2. Il perito può essere ricusato dalle parti nei casi previsti dall'articolo 36 a eccezione di quello previsto dal comma 1 lettera *h*) del medesimo articolo.

3. La dichiarazione di astensione o di ricusazione può essere presentata fino a che non siano esaurite le formalità di conferimento dell'incarico e, quando si tratti di motivi sopravvenuti ovvero conosciuti successivamente, prima che il perito abbia dato il proprio parere.

4. Sulla dichiarazione di astensione o di ricusazione decide, con ordinanza, il giudice che ha disposto la perizia.

5. Si osservano, in quanto applicabili, le norme sulla ricusazione del giudice.

• Nell'individuare i presupposti e il procedimento ai fini dell'astensione e della ricusazione del perito, l'articolo rinvia, in quanto applicabili, alle norme relative all'astensione e alla ricusazione del **giudice** *ex* art. 36 s. (→ **Soggetti**).

224. Provvedimenti del giudice.

1. Il giudice dispone anche di ufficio la perizia con ordinanza motivata, contenente la nomina del perito, la sommaria enunciazione dell'oggetto delle indagini, l'indicazione del giorno, dell'ora e del luogo fissati per la comparizione del perito.

2. Il giudice dispone la citazione del perito e dà gli opportuni provvedimenti per la comparizione delle persone sottoposte all'esame del perito. Adotta tutti gli altri provvedimenti che si rendono necessari per l'esecuzione delle operazioni peritali.

• Corte cost., 238 del 1996, ha dichiarato l'illegittimità costituzionale dell'art. 224 nella parte in cui consente che il giudice, nell'ambito delle operazioni peritali, disponga misure che comunque incidano sulla libertà personale dell'indagato o dell'imputato o di terzi, al di fuori di quelle specificamente previste nei «casi» e nei «modi» dalla legge.

• Ai fini della citazione del perito prevista dall'articolo è consentito disporre l'**accompagnamento coattivo** *ex* art. 490 (→ **Giudizio**).

• L'art. 224 è richiamato dall'art. 224 *bis*, al fine di individuare il contenuto dell'ordinanza di ammissione delle perizie che richiedono il compimento di atti idonei ad incidere sulla libertà personale.

224 *bis*. Provvedimenti del giudice per le perizie che richiedono il compimento di atti idonei ad incidere sulla libertà personale.

1. Quando si procede per delitto non colposo, consumato o tentato, per il quale la legge stabilisce la pena dell'ergastolo o della reclusione superiore nel massimo a tre anni, per i delitti di cui agli articoli 589 *bis* e 590 *bis* del codice penale e negli altri casi espressamente previsti dalla legge, se per l'esecuzione della perizia è necessario compiere atti idonei ad incidere sulla libertà personale, quali il prelievo di capelli, di peli o di mucosa del cavo orale su persone viventi ai fini della determinazione del profilo del DNA o accertamenti medici, e non vi è il consenso della persona da sottoporre all'esame del perito, il giudice, anche d'ufficio, ne dispone con ordinanza motivata l'esecuzione coattiva, se essa risulta assolutamente indispensabile per la prova dei fatti.

2. Oltre a quanto disposto dall'articolo 224, l'ordinanza di cui al comma 1 contiene, a pena di nullità:

a) le generalità della persona da sottoporre all'esame e quanto altro valga ad identificarla;

b) l'indicazione del reato per cui si procede, con la descrizione sommaria del fatto;

c) l'indicazione specifica del prelievo o dell'accertamento da effettuare e delle ragioni che lo rendono assolutamente indispensabile per la prova dei fatti;

d) l'avviso della facoltà di farsi assistere da un difensore o da persona di fiducia;

e) l'avviso che, in caso di mancata comparizione non dovuta a legittimo impedimento, potrà essere ordinato l'accompagnamento coattivo ai sensi del comma 6;

f) l'indicazione del luogo, del giorno e dell'ora stabiliti per il compimento dell'atto e delle modalità di compimento.

3. L'ordinanza di cui al comma 1 è notificata all'interessato, all'imputato e al suo difensore nonché alla persona offesa almeno tre giorni prima di quello stabilito per l'esecuzione delle operazioni peritali.

4. Non possono in alcun caso essere disposte operazioni che contrastano con espressi divieti posti dalla legge o che possono mettere in pericolo la vita, l'integrità fisica o la salute della persona o del nascituro, ovvero che, secondo la scienza medica, possono provocare sofferenze di non lieve entità.

5. Le operazioni peritali sono comunque eseguite nel rispetto della dignità e del pudore di chi vi è sottoposto. In ogni caso, a parità di risultato, sono prescelte le tecniche meno invasive.

6. Qualora la persona invitata a presentarsi per i fini di cui al comma 1 non compare senza addurre un legittimo impedimento, il giudice può disporre che sia accompagnata, anche coattivamente, nel luogo, nel giorno e nell'ora stabiliti. Se, pur comparendo, rifiuta di prestare il proprio consenso agli accertamenti, il giudice dispone che siano eseguiti coattivamente. L'uso di mezzi di coercizione fisica è consentito per il solo tempo strettamente necessario all'esecuzione del prelievo o dell'accertamento. Si applicano le disposizioni dell'articolo 132, comma 2.

7. L'atto è nullo se la persona sottoposta al prelievo o agli accertamenti non è assistita dal difensore nominato.

L'articolo è stato introdotto dalla l. 30.6.2009, n. 85 ed è stato modificato, da ultimo, dalla l. 23.3.2016, n. 41.

• La perizia che richiede il compimento di atti idonei ad incidere sulla libertà personale può essere disposta in **dibattimento** (→ **Libro VII**) oppure nell'**incidente probatorio** ai sensi dell'art. 392 co. 2, il quale richiama espressamente l'art. 224 *bis* (→ **Indagini e udienza preliminare**). Il **contenuto** dell'**ordinanza** (→ **Atti**) che dispone la perizia va ricavato anche sulla base delle prescrizioni dell'art. 224. Riguardo alla comparizione dell'interessato, si applicano le norme sull'**accompagnamento coattivo** (→ **Atti**). Si applicano altresì l'art. 72 *ter* **Disp. att.** quanto alla redazione del **verbale** delle operazioni peritali, e l'art. 72 *quater* **Disp. att.** quanto alla successiva **distruzione** dei campioni biologici prelevati.

• In sede di **indagini preliminari** (→ **Libro V**), le operazioni previste dall'art. 224 *bis* si svolgono nelle forme e con le garanzie statuite dall'art. 359 *bis*.

• Se la persona da sottoporre a prelievo è **minorenne**, **incapace** ovvero **interdetta** per infermità di mente, riguardo alla prestazione del consenso si applicano le prescrizioni dell'art. 72 *bis* **Disp. att.**

225. Nomina del consulente tecnico.

1. Disposta la perizia, il pubblico ministero e le parti private hanno facoltà di nominare propri consulenti tecnici in numero non superiore, per ciascuna parte, a quello dei periti.

2. Le parti private, nei casi e alle condizioni previste dalla legge sul patrocinio statale dei non abbienti, hanno diritto di farsi assistere da un consulente tecnico a spese dello Stato.

3. Non può essere nominato consulente tecnico chi si trova nelle condizioni indicate nell'articolo 222, comma 1, lettere *a*), *b*), *c*), *d*).

• L'articolo prevede un potere in capo al p.m. e alle parti private tale da sorgere una volta che il giudice abbia disposto la perizia. Per il suo **ambito operativo** è possibile dunque rinviare all'art. 220.

• Il diritto di farsi assistere da un **consulente a spese dello Stato** sorge alle condizioni indicate dall'art. 98 (→ **Soggetti**) e dalle norme a cui quest'ultimo rinvia.

226. Conferimento dell'incarico.

1. Il giudice, accertate le generalità del perito, gli chiede se si trova in una delle condizioni previste dagli articoli 222 e 223, lo avverte degli obblighi e delle responsabilità previste dalla legge penale e lo invita a rendere la seguente dichiarazione: «consapevole della responsabilità morale e giuridica che assumo nello svolgimento dell'incarico, mi impegno ad adempiere al mio ufficio senza altro scopo che quello di far conoscere la verità e a mantenere il segreto su tutte le operazione peritali».

2. Il giudice formula quindi i quesiti, sentiti il perito, i consulenti tecnici, il pubblico ministero e i difensori presenti.

• L'articolo pone una disciplina che deve essere letta congiuntamente alle prescrizioni relative all'**esame** del perito in **dibattimento** (→ **Libro VII**).

227. Relazione peritale.

1. Concluse le formalità di conferimento dell'incarico, il perito procede immediatamente ai necessari accertamenti e risponde ai quesiti con parere raccolto nel verbale.

2. Se, per la complessità dei quesiti, il perito non ritiene di poter dare immediata risposta, può chiedere un termine al giudice.

3. Quando non ritiene di concedere il termine, il giudice provvede alla sostituzione del perito; altrimenti fissa la data, non oltre novanta giorni, nella quale il perito stesso dovrà rispondere ai quesiti e dispone perché ne venga data comunicazione alle parti e ai consulenti tecnici.

4. Quando risultano necessari accertamenti di particolare complessità, il termine può essere prorogato dal giudice, su richiesta motivata del perito, anche più volte per periodi non superiori

a trenta giorni. In ogni caso, il termine per la risposta ai quesiti, anche se prorogato, non può superare i sei mesi.

5. Qualora sia indispensabile illustrare con note scritte il parere, il perito può chiedere al giudice di essere autorizzato a presentare, nel termine stabilito a norma dei commi 3 e 4, relazione scritta.

• L'articolo pone una disciplina che deve essere coordinata con quanto previsto dagli artt. 501 e 508 in rapporto al **dibattimento** (→ **Libro VII**).

• V. ora in particolare, **l'art. 501 co. 1 *bis* e *ter* (d. lgs. 10.10.2022, n. 150) con riferimento ai tempi di deposito della relazione scritta.**

228. Attività del perito.

1. Il perito procede alle operazioni necessarie per rispondere ai quesiti. A tal fine può essere autorizzato dal giudice a prendere visione degli atti, dei documenti e delle cose prodotti dalle parti dei quali la legge prevede l'acquisizione al fascicolo per il dibattimento.

2. Il perito può essere inoltre autorizzato ad assistere all'esame delle parti e all'assunzione di prove nonché a servirsi di ausiliari di sua fiducia per lo svolgimento di attività materiali non implicanti apprezzamenti e valutazioni.

3. Qualora, ai fini dello svolgimento dell'incarico, il perito richieda notizie all'imputato, alla persona offesa o ad altre persone, gli elementi in tal modo acquisiti possono essere utilizzati solo ai fini dell'accertamento peritale.

4. Quando le operazioni peritali si svolgono senza la presenza del giudice e sorgono questioni relative ai poteri del perito e ai limiti dell'incarico, la decisione è rimessa al giudice, senza che ciò importi sospensione delle operazioni stesse.

• Per l'**ambito operativo** delle attività disciplinate dall'articolo si rinvia all'art. 220.

• Ai fini dell'esercizio dei poteri previsti dall'articolo, l'art. 508 co. 2 prevede che il giudice del **dibattimento** debba appositamente designare con ordinanza un **componente del collegio** (→ **Libro VII**).

229. Comunicazioni relative alle operazioni peritali.

1. Il perito indica il giorno, l'ora e il luogo in cui inizierà le operazioni peritali e il giudice ne fa dare atto nel verbale.

2. Della eventuale continuazione delle operazioni peritali il perito dà comunicazione senza formalità alle parti presenti.

• Per l'**ambito operativo** delle attività disciplinate dall'articolo si rinvia all'art. 220.

230. Attività dei consulenti tecnici.

1. I consulenti tecnici possono assistere al conferimento dell'incarico al perito e presentare al giudice richieste, osservazioni e riserve, delle quali è fatta menzione nel verbale.

2. Essi possono partecipare alle operazioni peritali, proponendo al perito specifiche indagini e formulando osservazioni e riserve, delle quali deve darsi atto nella relazione.

3. Se sono nominati dopo l'esaurimento delle operazioni peritali, i consulenti tecnici possono esaminare le relazioni e richiedere al giudice di essere autorizzati a esaminare la persona, la cosa e il luogo oggetto della perizia.

4. La nomina dei consulenti tecnici e lo svolgimento della loro attività non può ritardare l'esecuzione della perizia e il compimento delle altre attività processuali.

• Le attività disciplinate dall'articolo si svolgono in caso di nomina di uno o più **consulenti tecnici** ai sensi dell'art. 225.

231. Sostituzione del perito.

1. Il perito può essere sostituito se non fornisce il proprio parere nel termine fissato o se la richiesta di proroga non è accolta ovvero se svolge negligentemente l'incarico affidatogli.

2. Il giudice, sentito il perito, provvede con ordinanza alla sua sostituzione, salvo che il ritardo o l'inadempimento sia dipeso da cause a lui non imputabili. Copia dell'ordinanza è trasmessa all'ordine o al collegio cui appartiene il perito.

3. Il perito sostituito, dopo essere stato citato a comparire per discolparsi, può essere condannato dal giudice al pagamento a favore della cassa delle ammende di una somma da euro 154 a euro 1.549.

4. Il perito è altresì sostituito quando è accolta la dichiarazione di astensione o di ricusazione.

5. Il perito sostituito deve mettere immediatamente a disposizione del giudice la documentazione e i risultati delle operazioni peritali già compiute.

• Le norme previste dal co. 5 dell'articolo vanno lette insieme alle norme relative alla **sorte** degli **atti compiuti** dal giudice in caso di astensione o di ricusazione *ex* art. 42 co. 2 (→ **Soggetti**).

232. Liquidazione del compenso al perito.

1. Il compenso al perito è liquidato con decreto del giudice che ha disposto la perizia, secondo le norme delle leggi speciali.

• Ai fini della determinazione del compenso del perito si applicano, in particolare, gli artt. 49-56 **T.u. spese**.

233. Consulenza tecnica fuori dei casi di perizia.

1. Quando non è stata disposta perizia, ciascuna parte può nominare, in numero non superiore a due, propri consulenti tecnici. Questi possono esporre al giudice il proprio parere, anche presentando memorie a norma dell'articolo 121.

1 *bis*. Il giudice, a richiesta del difensore, può autorizzare il consulente tecnico di una parte privata ad esaminare le cose sequestrate nel luogo in cui esse si trovano, ad intervenire alle ispezioni, ovvero ad esaminare l'oggetto delle ispezioni alle quali il consulente non è intervenuto. Prima dell'esercizio dell'azione penale l'autorizzazione è disposta dal pubblico ministero a richiesta del difensore. Contro il decreto che respinge la richiesta il difensore può proporre opposizione al giudice, che provvede nelle forme di cui all'articolo 127.

1 *ter*. L'autorità giudiziaria impartisce le prescrizioni necessarie per la conservazione dello stato originario delle cose e dei luoghi e per il rispetto delle persone.

2. Qualora, successivamente alla nomina del consulente tecnico, sia disposta perizia, ai consulenti tecnici già nominati sono riconosciuti i diritti e le facoltà previsti dall'articolo 230, salvo il limite previsto dall'articolo 225, comma 1.

3. Si applica la disposizione dell'articolo 225, comma 3.

L'articolo è stato modificato dalla l. 7.12.2000, n. 397.

• Per l'**ambito operativo** delle attività disciplinate dall'articolo si rinvia all'art. 220.

• L'articolo disciplina anche attività che possono svolgersi nel corso delle indagini preliminari (→ **Libro V**): in particolare, esaminare le **cose sequestrate** nel luogo in cui esse si trovano (si vedano gli art. 253 s.), nonché intervenire alle **ispezioni** o esaminare l'oggetto delle medesime (si rinvia agli art. 244 s.). In tali evenienze il decreto di autorizzazione disposto dal p.m. può essere impugnato nelle forme del procedimento in camera di consiglio *ex* art. 127 (→ **Atti**).

Capo VII
Documenti

234. Prova documentale.

1. È consentita l'acquisizione di scritti o di altri documenti che rappresentano fatti, persone o cose mediante la fotografia, la cinematografia, la fonografia o qualsiasi altro mezzo.

2. Quando l'originale di un documento del quale occorre far uso è per qualsiasi causa distrutto, smarrito o sottratto e non è possibile recuperarlo, può esserne acquisita copia.

3. È vietata l'acquisizione di documenti che contengono informazioni sulle voci correnti nel pubblico intorno ai fatti di cui si tratta nel processo o sulla moralità in generale delle parti, dei testimoni, dei consulenti tecnici e dei periti.

• Il documento è una **prova rappresentativa** di un fatto (art. 187) formata al di fuori del processo (c.d. prova precostituita o extracostituita). Di qui la fondamentale distinzione rispetto ai verbali o alle altre forme di documentazione endoprocedimentale (→ **Atti**, art. 134 s.). Il **documento informatico** è una prova documentale a tutti gli effetti: esso differisce dal documento "classico" non dal punto di vista della rappresentazione dei fatti ma sotto il profilo **dell'incorporamento dei dati** (es. una fotografia o uno scritto possono essere analogici o digitali). In materia di documenti informatici si applicano alcune regole particolari prescritte per le ispezioni (art. 244 co. 2), le perquisizioni (art. 247 co. 1 *bis*; → **Indagini e udienza preliminare**, art. 352 co. 1 *bis*), gli accertamenti urgenti di p.g. (→ **Indagini e udienza preliminare**, art. 354 co. 2), i sequestri (artt. 254 *bis* e 260).

• Il divieto di acquisire documenti contenenti informazioni circa la **moralità delle parti, dei testimoni, dei consulenti tecnici e dei periti** è in linea con la disciplina di cui all'art. 194 co. 1 in materia di limiti alla testimonianza, che però si riferisce al solo imputato.

• Il divieto (art. 191) di acquisire documenti contenenti informazioni sulle voci correnti nel pubblico circa i fatti **oggetto del processo** (art. 187) si raccorda logicamente con il divieto in materia di **testimonianza indiretta** (art. 197 co. 7), con il c.d. "**segreto di polizia**" sui nomi degli informatori (art. 203) e con il divieto di acquisizione di documenti contenenti **dichiarazioni anonime** (art. 240 co. 1).

• Alla prova documentale si applicano le prescrizioni sul **dovere di esibizione e** sui **segreti** (art. 256).

• Ai fini delle investigazioni difensive, il difensore ha la facoltà di accedere ai **documenti in possesso della pubblica amministrazione** (→ **Indagini e udienza preliminare**, art. 391 *quater*).

• La persona sottoposta ad indagini (→ **Soggetti**, art. 61) ha la facoltà di produrre documenti dopo aver ricevuto **l'avviso di conclusione delle indagini** (→ **Indagini e udienza preliminare**, art. 415 *bis*).

• L'imputato può condizionare la **richiesta di giudizio abbreviato** all'acquisizione di una prova documentale (→ **Procedimenti speciali**, art. 438 co. 5).

• La prova documentale non è soggetta alla disciplina in materia di **deposito anticipato** delle **liste testimoniali** (→ **Giudizio**, art. 468). Ciascuna parte ha quindi l'onere di indicare i documenti in sede di **richieste di prova** (→ art. 493 co. 1).

• Se si tratta di una **controprova**, si applicano le regole di cui agli artt. 468 co. 4 e 495 co. 2 (→ **Giudizio**).

• In sede di **escussione** il testimone può **consultare** in aiuto della memoria documenti **da lui redatti** (→ **Giudizio**, art. 499 co. 5). Il perito può consultare documenti, note scritte e pubblicazioni, che possono essere acquisite anche d'ufficio dal giudice (→ art. 501 co. 2).

• I documenti ammessi ai sensi degli artt. 493, 495, 507 (→ **Giudizio**) sono allegati al **fascicolo per il dibattimento** (→ art. 515) e costituiscono materiale per il giudizio.

• La prova documentale può essere acquisita *ex officio* **dal giudice** in **udienza preliminare** (→ **Libro V**, art. 422), nel **giudizio abbreviato** (→ **Procedimenti speciali**, art. 441 co. 5), **al termine dell'istruzione dibattimentale** (→ **Giudizio**, art. 507), in **appello** (→ **Impugnazioni**, art. 603 co. 3) e può costituire una **prova nuova** per la revisione (→ art. 630 lett. *c*).

234 *bis*. Acquisizione di documenti e dati informatici.

1. È sempre consentita l'acquisizione di documenti e dati informatici conservati all'estero, anche diversi da quelli disponibili al pubblico, previo consenso, in quest'ultimo caso, del legittimo titolare.

L'articolo è stato aggiunto dal d.l. 18.2.2015, n. 7, conv., con modif., dalla l. 17.4.2015, n. 43.

• È **sempre** consentita l'**acquisizione** di documenti e dati informatici conservati all'estero, con il consenso del titolare (cioè chi gestisce il sistema di archiviazione dei dati), mentre non è sempre consentita la loro **utilizzazione**: dovrebbero trovare applicazione i **divieti d'uso** previsti in materia di prova documentale.

• I documenti e i dati informatici, una volta ammessi su iniziativa delle parti (→ **Giudizio**, artt. 493, 495) o del giudice (→ art. 507), sono inseriti nel **fascicolo per il dibattimento** (→ art. 515; → **Indagini e udienza preliminare**, art. 431).

235. Documenti costituenti corpo del reato.

1. I documenti che costituiscono corpo del reato devono essere acquisiti qualunque sia la persona che li abbia formati o li detenga.

• A differenza del **documento probatorio**, che rileva per il suo **contenuto rappresentativo**, il documento che costituisce corpo del reato si trova in un rapporto **di stretta compenetrazione con il fatto oggetto di accertamento**.

• Il documento che costituisce corpo del reato va direttamente inserito, previo contraddittorio tra le parti, nel **fascicolo per il dibattimento**, salvo che debba essere custodito altrove (→ **Indagini e udienza preliminare**, art. 431 lett. *h*). Il **documento probatorio**, una volta ammesso ai sensi degli artt. 493, 495, 507 (→ **Giudizio**), è allegato al **fascicolo per il dibattimento** (→ art. 515; → **Indagini e udienza preliminare**, art. 431).

• La disposizione in commento si raccorda con l'art. 240, il quale consente di acquisire e utilizzare **documenti anonimi** che costituiscano **corpo del reato** (art. 253 co. 2) o **provengano comunque dall'imputato** (che si trovino, cioè, nella disponibilità dell'imputato → **Soggetti**, art. 60).

• In sede di controllo della **corrispondenza tra l'imputato e il suo difensore** è consentito il **sequestro** di documenti che costituiscono corpo del reato (→ **Soggetti**, art. 103 co. 6).

• La documentazione delle **intercettazioni** che costituisce **corpo del reato** non deve essere distrutta (art. 271 co. 3). La stessa regola si dovrebbe applicare ai documenti relativi a **traffico telefonico e telematico illegalmente formati o acquisiti** e ai documenti formati attraverso la raccolta **illegale di informazioni** (art. 240 co. 5).

236. Documenti relativi al giudizio sulla personalità.

1. È consentita l'acquisizione dei certificati del casellario giudiziale, della documentazione esistente presso gli uffici del servizio sociale degli enti pubblici e presso gli uffici di sorveglianza nonché delle sentenze irrevocabili di qualunque giudice italiano e delle sentenze straniere riconosciute, ai fini del giudizio sulla personalità dell'imputato o della persona offesa dal reato, se il fatto per il quale si procede deve essere valutato in relazione al comportamento o alle qualità morali di questa.

2. Le sentenze indicate nel comma 1 e i certificati del casellario giudiziale possono inoltre essere acquisiti al fine di valutare la credibilità di un testimone.

• Per quanto riguarda **l'imputato** e la **persona sottoposta ad indagini** (→ **Soggetti**, artt. 60 e 61), la disposizione costituisce una **deroga** al generale divieto di acquisire documenti inerenti alla personalità di tali soggetti (art. 234 co. 3). Scopo della norma è permettere al giudice di effettuare le valutazioni ai fini della **commisurazione della pena** (→ **art. 133 c.p.**), attingendo a **documenti pubblici**, prevalentemente di formazione giudiziale (espressione da intendere in senso lato, cioè comprensiva della fase dell'esecuzione).

• Sotto il profilo funzionale, la disposizione si raccorda con **l'art. 194 co. 2** che consente al testimone di deporre su **fatti specifici** idonei a qualificare la personalità dell'imputato in relazione al reato, mentre opera su un piano **diverso** rispetto allo specifico divieto di **perizia criminologica** (art. 220 co. 2).

• Il riferimento alla **persona offesa dal reato** (→ **Soggetti**, art. 90 s.) si raccorda con la prescrizione di cui all'art. 194 co. 2.

• L'acquisizione della documentazione ai fini della verifica sulla **credibilità del testimone** serve per verificare se quest'ultimo abbia precedenti penali.

237. Acquisizione di documenti provenienti dall'imputato.

1. È consentita l'acquisizione, anche di ufficio, di qualsiasi documento proveniente dall'imputato, anche se sequestrato presso altri o da altri prodotto.

• La circostanza che il documento provenga dall'imputato (paternità, ma anche disponibilità, da intendere in senso ampio, quindi non solo come detenzione materiale) ne giustifica l'utilizzabilità ai fini dell'accertamento. Sotto questo profilo, la disposizione si raccorda con l'art. 240, che contiene una prescrizione analoga in tema di documenti anonimi.

• La scelta di consentire l'acquisizione d'ufficio (art. 190 co. 2; → **Giudizio**, art. 507) dei documenti provenienti dall'imputato rivela la sensibilità del legislatore per questa peculiare risorsa cognitiva.

238. Verbali di prove di altri procedimenti.

1. È ammessa l'acquisizione di verbali di prove di altro procedimento penale, se si tratta di prove assunte nell'incidente probatorio o nel dibattimento.

2. È ammessa l'acquisizione di verbali di prove assunte in un giudizio civile definito con sentenza che abbia acquistato autorità di cosa giudicata.

2 *bis*. Nei casi previsti dai commi 1 e 2 i verbali di dichiarazioni possono essere utilizzati contro l'imputato soltanto se il suo difensore ha partecipato all'assunzione della prova o se nei suoi confronti fa stato la sentenza civile.

3. È comunque ammessa l'acquisizione della documentazione di atti che non sono ripetibili. Se la ripetizione dell'atto è divenuta impossibile per fatti o circostanze sopravvenuti, l'acquisizione è ammessa se si tratta di fatti o circostanze imprevedibili.

4. Al di fuori dei casi previsti dai commi 1, 2, 2 *bis* e 3, i verbali di dichiarazioni possono essere utilizzati nel dibattimento soltanto nei confronti dell'imputato che vi consenta; in mancanza di consenso, detti verbali possono essere utilizzati per le contestazioni previste dagli articoli 500 e 503.

5. Salvo quanto previsto dall'articolo 190 *bis*, resta fermo il diritto delle parti di ottenere a norma dell'articolo 190 l'esame delle persone le cui dichiarazioni sono state acquisite a norma dei commi 1, 2, 2 *bis* e 4 del presente articolo.

Articolo modificato dal d.l. 8.6.1992, n. 306, conv., con modif., dalla l. 7.8.1992, n. 356; successivamente, dalla l. 7.8.1997, n. 267, e infine dalla l. 1.3.2001, n. 63.

• Corte cost., 361 del 1998, ha dichiarato l'illegittimità costituzionale dell'art. 238 nella parte in cui non prevede che, qualora in dibattimento la persona esaminata a norma dell'art. 210 rifiuti o comunque ometta in tutto o in parte di rispondere su fatti concernenti la responsabilità di altri già oggetto delle sue precedenti dichiarazioni, in mancanza di consenso dell'imputato alla utilizzazione si applica l'art. 500 co. 2 *bis* e 4.

• L'articolo individua i criteri di **ammissione** e di **utilizzabilità** in **giudizio** (→ **Libro VII**) delle prove provenienti da altri procedimenti, penali o civili. Riguardo alle prove dichiarative assunte in **incidente probatorio** (→ **Indagini e udienza preliminare**), la prescrizione del co. 2 *bis* va letta congiuntamente a quella dell'art. 403 co. 1 *bis*, ai sensi della quale le medesime non sono utilizzabili nei confronti dell'imputato raggiunto solo successivamente all'incidente da indizi di colpevolezza se il difensore (→ **Soggetti**) non ha partecipato alla loro assunzione, salvo che i suddetti indizi siano emersi dopo che la ripetizione dell'atto sia divenuta impossibile.

• Quanto alle **richieste di prova** nella **fase preliminare al dibattimento** (→ **Libro VII**), l'art. 468 co. 4 *bis* prevede che la parte che intende chiedere l'acquisizione di verbali di prova di altro procedimento penale deve farne espressa richiesta unitamente al deposito delle liste. Se si tratta di verbali di dichiarazioni di persone delle quali la stessa o altra parte chiede la citazione, tuttavia, questa è autorizzata dal presidente solo dopo che in dibattimento il giudice ha ammesso l'esame a norma dell'art. 495. L'art. 495 co. 1, dal canto suo, precisa che quando è stata ammessa l'acquisizione di verbali di prove di altri procedimenti, il giudice provvede alla richiesta di nuova assunzione della stessa prova solo dopo l'acquisizione della documentazione relativa alla prova dell'altro procedimento. Nei **procedimenti** per i **delitti** indicati dall'**art. 51 co. 3 *bis*** (→ **Soggetti**), quando è richiesto l'esame di un testimone o di una delle persone indicate nell'art. 210 e queste hanno già reso dichiarazioni i cui verbali sono stati acquisiti a norma dell'art. 238, si applica lo speciale criterio di ammissione *ex* art. 190 *bis*.

• In **giudizio** (→ **Libro VII**) l'art. 511 *bis* prescrive che il giudice, anche di ufficio, dispone che sia data lettura dei verbali degli atti indicati nell'art. 238. Se però si tratta di verbali di dichiarazioni la lettura è disposta solo dopo l'esame della persona che le ha rese, salvo che l'esame non abbia luogo (→ art. 511 co. 2). Le prescrizioni dell'art. 238, peraltro, operano anche in caso di **rinnovazione dell'istruzione dibattimentale** a seguito del mutamento del collegio giudicante *ex* art. 525.

• La circolazione delle **intercettazioni** fra i diversi procedimenti trova una specifica disciplina all'art. 270. Nella fase delle **indagini preliminari**, la disciplina della circolazione di atti e informazioni è contenuta negli artt. 117 (→ **Atti**) e 371 (→ **Libro V**). Per quanto riguarda le prove provenienti da **procedimenti stranieri**, l'art. 78 co. 1 **Disp. att.** rinvia alle prescrizioni dell'art. 238, precisando al co. 2 che gli atti non ripetibili compiuti dalla polizia straniera possono essere acquisiti nel fascicolo per il dibattimento (→ **Indagini e udienza preliminare**, art. 431; → **Giudizio**, art. 515) se le parti vi consentono ovvero dopo l'esame testimoniale dell'autore degli stessi, compiuto anche mediante rogatoria all'estero in contraddittorio (→ **Rapporti giurisdizionali con autorità straniere**).

238 *bis*. Sentenze irrevocabili.

1. Fermo quanto previsto dall'articolo 236, le sentenze divenute irrevocabili possono essere acquisite ai fini della prova di fatto in esse accertato e sono valutate a norma degli articoli 187 e 192, comma 3.

Articolo introdotto dal d.l. 8.6.1992, n. 306, conv. dalla l. 7.8.1992, n. 356.

• Le sentenze irrevocabili ai sensi dell'art. 648 (→ **Esecuzione**) acquisite come prova sono sottoposte ai vincoli valutativi statuiti dall'art. 192 co. 3.

239. Accertamento della provenienza dei documenti.

1. Se occorre verificarne la provenienza, il documento è sottoposto per il riconoscimento alle parti private o ai testimoni.

• La disposizione sembra riferirsi ad un documento inserito nella dinamica del **procedimento probatorio**, cioè **già acquisito** (→ **Giudizio**, artt. 493, 495, 507, 515). La verifica della **provenienza** comprende sia **l'individuazione dell'autore del documento** (c.d. provenienza in senso stretto) prodotto in giudizio, sia la **corrispondenza** di quest'ultimo con un documento già individuato in determinate circostanze o situato in un certo luogo (c.d. provenienza in senso lato).

• Il riferimento esplicito alla collaborazione delle parti private (→ **Soggetti**, artt. 60, 74 s. 83 s., 89 s.) e dei testimoni (art. 194 s.) non esclude che la provenienza di un documento possa essere accertata con tutti i mezzi di prova disponibili, come la **perizia** e la **consulenza tecnica** (artt. 220 s. e 230).

• L'accertamento della provenienza del documento dovrebbe essere intesa come una **condizione indispensabile** per la sua **utilizzabilità** (art. 191). In forza del collegamento sistematico con **l'art. 240 co. 1**, tuttavia, una soluzione di questo tipo sembra applicabile solo ai **documenti che contengono dichiarazioni**.

240. Documenti anonimi ed atti relativi ad intercettazioni illegali.

1. I documenti che contengono dichiarazioni anonime non possono essere acquisiti né in alcun modo utilizzati, salvo che costituiscano corpo del reato o provengano comunque dall'imputato.

2. Il pubblico ministero dispone l'immediata secretazione e la custodia in luogo protetto dei documenti, dei supporti e degli atti concernenti dati e contenuti di conversazioni o comunicazioni, relativi a traffico telefonico e telematico, illegalmente formati o acquisiti. Allo stesso modo provvede per i documenti formati attraverso la raccolta illegale di informazioni. Di essi è vietato effettuare copia in qualunque forma e in qualunque fase del procedimento ed il loro contenuto non può essere utilizzato.

3. Il pubblico ministero, acquisiti i documenti, i supporti e gli atti di cui al comma 2, entro quarantotto ore, chiede al giudice per le indagini preliminari di disporne la distruzione.

4. Il giudice per le indagini preliminari entro le successive quarantotto ore fissa l'udienza da tenersi entro dieci giorni, ai sensi dell'articolo 127, dando avviso a tutte le parti interessate, che potranno nominare un difensore di fiducia, almeno tre giorni prima della data dell'udienza.

5. Sentite le parti comparse, il giudice per le indagini preliminari legge il provvedimento in udienza e, nel caso ritenga sussistenti i presupposti di cui al comma 2, dispone la distruzione dei documenti, dei supporti e degli atti di cui al medesimo comma 2 e vi dà esecuzione subito dopo alla presenza del pubblico ministero e dei difensori delle parti.

6. Delle operazioni di distruzione è redatto apposito verbale, nel quale si dà atto dell'avvenuta intercettazione o detenzione o acquisizione illecita dei documenti, dei supporti e degli atti di cui al comma 2 nonché delle modalità e dei mezzi usati oltre che dei soggetti interessati, senza alcun riferimento al contenuto degli stessi documenti, supporti e atti.

Articolo così sostituito dal d.l. 22.9.2006, n. 259, conv., con modif., dalla l. 20.11.2006, n. 281.

• Corte cost., 173 del 2009, ha dichiarato: a) l'illegittimità dell'art. 240, co. 4 e 5, nella parte in cui non prevede, per la disciplina del contraddittorio, l'applicazione dell'art. 401, co. 1 e 2; b) l'illegittimità dell'art. 240 co. 6, nella parte in cui non esclude dal divieto di fare riferimento al contenuto dei documenti, supporti e atti, nella redazione del verbale previsto dalla stessa norma, le circostanze inerenti l'attività di formazione, acquisizione e raccolta degli stessi documenti, supporti e atti.

• Il divieto d'uso dei **documenti** che contengono **dichiarazioni anonime** s'inserisce nella più ampia prospettiva volta ad escludere dal sistema tutte le informazioni di provenienza incerta, come tali non verificabili in contraddittorio (per le denunce anonime → **Indagini e udienza preliminare**, art. 333; in materia di testimonianza: **artt. 194 co. 3, 195 co. 7**).

• Il divieto colpisce solo i c.d. **documenti anonimi dichiarativi**; di conseguenza, non si applica ai documenti anonimi **rappresentativi di fatti** (es. scritti, documenti fotografici, fonografici o audiovisivi: qui, del resto, non rileva tanto la provenienza quanto piuttosto l'assenza di alterazioni o manipolazioni dello strumento rappresentativo).

• Dal collegamento sistematico con **l'art. 239** si evince che l'autore del documento contenente dichiarazioni anonime può essere accertato con tutti gli strumenti disponibili (testimonianza, perizia, consulenza tecnica).

• I documenti che contengono dichiarazioni anonime non possono essere né **acquisiti** né **utilizzati** (art. 191). Per quanto riguarda le **deroghe a tale divieto**, il riferimento al **corpo del reato** (**art. 253 co. 2**; es. lettera anonima minatoria) si raccorda sistematicamente con il contenuto **dell'art. 235**, mentre il riferimento alla **provenienza** si ricollega alla previsione di cui **all'art. 237**. La provenienza va intesa come **detenzione**, cioè come **materiale disponibilità** dell'anonimo da parte dell'imputato (→ **Soggetti**, art. 60 s.).

• La disciplina relativa alla **raccolta illegale di informazioni** mira a contrastare una serie di attività lesive della **segretezza delle comunicazioni** e della **riservatezza**. L'obiettivo è evitare che tali dati possano confluire e circolare all'interno del procedimento penale (e, per effetto della pubblicità del processo, cagionare ulteriori danni ai soggetti che hanno subito illecite interferenze nella sfera privata).

• Il riferimento alla raccolta **illegale** di informazioni sembrerebbe includere sia le violazioni della legge processuale (**prova illegittima**) *ex* art. 191, sia le violazioni di norme sostanziali (**prova illecita**). Sotto quest'ultimo profilo, vengono in rilievo le fattispecie penali a tutela della riservatezza.

• Il rigoroso divieto d'uso dei **dati e delle informazioni illegali in ogni fase del procedimento** va raccordato sistematicamente con le altre disposizioni in materia di prova documentale. Di qui l'inutilizzabilità dei dati e delle informazioni illegali che costituiscano corpo del reato (art. 253 co. 2) o che provengano dall'imputato (art. 237). Resta invece la possibilità di utilizzare i dati e le informazioni illegali come **notizia di reato** (→ **Indagini e udienza preliminare**, art. 330).

• A seguito della sentenza della **Corte cost.**, **173** del **2009**, l'udienza camerale (→ **Atti**, art. 127) si svolge con le forme più garantite previste dall'art. **401 co. 1 e 2** in materia di incidente probatorio (→ **Indagini e udienza preliminare**), e quindi con la **partecipazione necessaria** del p.m. e dell'imputato (o della persona sottoposta ad indagini → **Soggetti**), con i relativi presidi sanzionatori (→ **Atti**, art. 178 lett. *b* e 180 per il p.m.; artt. 178 lett. *c* e 179 per l'imputato).

• Il p.m. ha l'obbligo di apporre il segreto e di custodire i dati e le informazioni illegali ai sensi dell'art. 329 (→ **Indagini e udienza preliminare**). Si tratta di attività prodromiche alla distruzione dei dati e delle informazioni illegali. Il verbale relativo a tali operazioni è suscettibile di **lettura** ai sensi dell'art. 512 co. 1 *bis* (→ **Giudizio**).

• Quanto al rapporto tra la disciplina sanzionatoria radicale prevista in materia di dati e informazioni illegali (distruzione e inutilizzabilità) e quella più articolata dettata in materia di intercettazioni (→ art. 271), la soluzione volta ad evitare interferenze in questa delicata materia poggia sulla diversa collocazione topografica delle disposizioni: la raccolta di dati e informazioni illegali è inquadrata nell'ambito della prova documentale, mentre le intercettazioni in senso tecnico sono **atti del procedimento penale**.

241. Documenti falsi.

1. Fuori dei casi previsti dall'articolo 537, il giudice, se ritiene la falsità di un documento acquisito al procedimento, dopo la definizione di questo, ne informa il pubblico ministero trasmettendogli copia del documento.

• La disposizione si raccorda con il generale principio di **autosufficienza della giurisdizione penale**, enunciato in via generale dall'art. 2 (→ **Soggetti**), e riguarda l'ipotesi in cui la falsità di un documento emerga **nel corso del procedimento penale**. Si tratta quindi di una situazione distinta rispetto a quella disciplinata nell'art. 537 (→ **Giudizio**), che concerne l'ipotesi in cui la falsità del documento costituisca **l'oggetto del procedimento** (art. 187) e debba essere dichiarata in **sentenza**, con le conseguenze previste dalla legge (→ **Giudizio**, art. 537; → **Indagini e udienza preliminare**, art. 425 co. 5; → **Procedimenti speciali**, art. 442). La falsità di un documento può essere dichiarata anche in una **sentenza di patteggiamento** (→ **Procedimenti speciali**, art. 444).

• Il documento ritenuto falso deve essere già stato **acquisito** al procedimento (→ **Indagini e udienza preliminare**, art. 422; → **Procedimenti speciali**, artt. 438 co. 5 e 441; → **Giudizio**, artt. 493, 495, 507, 515).

• La previsione circa l'obbligo del giudice

di trasmettere **l'informativa al p.m. sulla falsità del documento all'esito del procedimento** è analoga a quella prevista in materia di **falsa testimonianza** (art. 207 co. 2) e costituisce una **notizia di reato** (→ **Indagini e udienza preliminare**, art. 330).

• Per colmare la lacuna normativa, si suole estendere la disciplina dell'art. 241 anche alla **falsità in atti del procedimento**.

242. Traduzione di documenti. Trascrizione di nastri magnetofonici.

1. Quando è acquisito un documento redatto in lingua diversa da quella italiana, il giudice ne dispone la traduzione a norma dell'articolo 143 se ciò è necessario alla sua comprensione.

2. Quando è acquisito un nastro magnetofonico, il giudice ne dispone, se necessario, la trascrizione a norma dell'articolo 493 *bis*, comma 2.

Le parole «268, comma 7» sono state sostituite con le parole «493 *bis*, comma 2» dal d. lgs. 29.12.2017, n. 216. La modifica, a seguito d.l. 14.6.2019, n. 53 (c.d. decreto sicurezza *bis*), conv., con modif., dalla l. 8.8.2019, n. 77, si applica alle operazioni di intercettazione relative a provvedimenti autorizzativi emessi dopo il 31.12.2019.

• Il rinvio all'art. 143 (→ **Atti**) implica la necessità di avvalersi della collaborazione di un interprete e mira ad assicurare il **contraddittorio** anche nel momento della traduzione.

• La traduzione è facoltativa. Non è prevista alcuna sanzione. La mancata nomina dell'interprete dovrebbe determinare una **nullità a regime intermedio**, concernente l'assistenza dell'imputato e delle altre parti private (→ **Atti**, artt. 178 lett. *c* e 180) oppure la partecipazione del p.m. (→ artt. 178 lett. *b* e 180). Trattandosi di prove documentali, trova applicazione **l'art. 185 co. 4**.

• La trascrizione del nastro magnetofonico avviene nel rispetto delle regole dettate per le intercettazioni dall'art. 493 *bis* (→ **Giudizio**), e, segnatamente, con le forme, i modi e le garanzie previste per la perizia (→ art. 220 s.).

243. Rilascio di copie.

1. Quando dispone l'acquisizione di un documento che non deve rimanere segreto, il giudice, a richiesta di chi ne abbia interesse, può autorizzare la cancelleria a rilasciare copia autentica a norma dell'articolo 116.

• La disposizione in commento costituisce, sul versante della prova documentale, l'equivalente dell'art. 116 in materia di atti del procedimento (→ **Atti**).

• Il presupposto per l'autorizzazione al rilascio di copia autentica del documento è la **non segretezza** dello stesso (→ **Indagini e udienza preliminare**, art. 329). Si prescinde dall'autorizzazione del giudice nell'ipotesi in cui la legge riconosce espressamente al richiedente il diritto al rilascio di copie, estratti o certificati di atti (→ **Disp. att.**, art. 43): v. ad es., gli artt. 366 co. 1 e 415 *bis* co. 2 (→ **Indagini e udienza preliminare**) e l'art. 466 (→ **Giudizio**).

Titolo III
MEZZI DI RICERCA DELLA PROVA

Capo I
Ispezioni

244. Casi e forme delle ispezioni.

1. L'ispezione delle persone, dei luoghi e delle cose è disposta con decreto motivato quando occorre accertare le tracce e gli altri effetti materiali del reato.

2. Se il reato non ha lasciato tracce o effetti materiali, o se questi sono scomparsi o sono stati cancellati o dispersi, alterati o rimossi, l'autorità giudiziaria descrive lo stato attuale e, in quanto possibile, verifica quello preesistente, curando anche di individuare modo, tempo e cause delle even-

tuali modificazioni. L'autorità giudiziaria può disporre rilievi segnaletici, descrittivi e fotografici e ogni altra operazione tecnica, anche in relazione a sistemi informatici o telematici, adottando misure tecniche dirette ad assicurare la conservazione dei dati originali e ad impedirne l'alterazione.

Il co. 2 è stato così modificato dalla l. 18.3.2008, n. 48.

• L'ispezione è finalizzata ad **accertare** su persone, cose o luoghi, le tracce o gli altri effetti materiali del reato ed è oggetto di una riserva di legge e di giurisdizione negli artt. 13 co. 2 e 14 co. 2 **Cost.**

• Il riferimento **all'autorità giudiziaria** implica che l'ispezione possa essere disposta dal **p.m.** (che può delegare la **p.g.** → **Indagini e udienza preliminare**, art. 370 co. 1; la delega è però esclusa con riferimento alle ispezioni personali: v. art. 354 co. 3) e dal **giudice**.

• Le ispezioni trovano spazio in sede di **indagini preliminari**, **nell'udienza preliminare** (→ **Libro V**, art. 422), nel **dibattimento** (→ **Libro VII**, art. 507). Le ispezioni possono trovare applicazione anche in sede di **indagini suppletive** (→ **Indagini e udienza preliminare**, art. 419 co. 3) e nell'ambito delle indagini svolte ai sensi dell'art. 415 *bis* co. 3 e 4; in quanto **atti garantiti**, non possono invece essere compiute nell'ambito dell'attività integrativa di indagine (→ art. 430).

• Al pari degli altri mezzi di ricerca della prova, l'ispezione integra un atto strutturalmente **irripetibile** e confluisce quindi nel **fascicolo per il dibattimento** (→ **Indagini e udienza preliminare**, art. 431 co. 1 lett. *b* e *c*; → **Giudizio**, art. 515).

• Il riferimento ai sistemi informatici e telematici introduce un inedito mezzo di ricerca della prova: **l'ispezione informatica**. Di qui il raccordo con una serie di disposizioni in materia di conservazione di dati digitali e di attività volte a prevenirne l'alterazione (→ **Indagini e udienza preliminare**, art. 354 co. 2; artt. 254 *bis* e 260). L'adozione di misure tecniche volte a conservare i dati originali o ad impedirne l'alterazione è un obbligo di carattere generale imposto dalla peculiarità dei sistemi informatici. Clausole simili compaiono infatti nell'art. 247 co. 1 *bis*, per le perquisizioni, e nell'art. 354 co. 2, con riferimento al c.d. sopralluogo di polizia (→ **Indagini e udienza preliminare**).

• Riferimenti alle ispezioni sono previsti in disposizioni specifiche: **art. 103** (→ **Soggetti**, ispezioni negli uffici dei difensori); **art. 364** (→ **Indagini e udienza preliminare**, nomina e assistenza del difensore); **art. 365** (atti che prevedono la partecipazione del difensore senza preavviso); **art. 366** (deposito degli atti cui hanno diritto di assistere i difensori); **art. 354** (accertamenti urgenti effettuati dalla p.g.: **divieto di procedere ad ispezione personale**).

• Alle ispezioni si applicano le disposizioni relative all'informazione di garanzia e all'informazione sul diritto di difesa (→ **Indagini e udienza preliminare**, artt. 369 e 369 *bis*).

• Il consulente tecnico di una parte privata può, previa autorizzazione del giudice su richiesta del difensore (→ **Soggetti**), intervenire alle ispezioni o esaminare l'oggetto delle stesse (**art. 233 co. 1 *bis***).

• In sede di ispezione possono eventualmente trovare applicazione i poteri coercitivi di cui agli artt. **131** (→ **Atti**) e **378** (→ **Indagini e udienza preliminare**).

• All'ispezione può seguire il sequestro (**art. 253**).

245. Ispezione personale.

1. Prima di procedere all'ispezione personale, l'interessato è avvertito della facoltà di farsi assistere da persona di fiducia, purché questa sia prontamente reperibile e idonea a norma dell'articolo 120.

2. L'ispezione è eseguita nel rispetto della dignità e, nei limiti del possibile, del pudore di chi vi è sottoposto.

3. L'ispezione può essere eseguita anche per mezzo di un medico. In questo caso l'autorità giudiziaria può astenersi dall'assistere alle operazioni.

• In materia di ispezione personale trova applicazione l'**art. 188**.

• L'omissione dell'avviso circa l'assistenza della persona di fiducia dovrebbe determinare una **nullità intermedia** se colui che è sottoposto ad ispezione è l'imputato (→

Atti, artt. 178 lett. *c* e 181).

• Ai sensi dell'art. **79 Disp. att.**, le ispezioni personali sono eseguite da persone dello stesso sesso di quella che vi è sottoposta, salvo che ciò sia impossibile o nei casi di urgenza, o quando le operazioni sono effettuate da chi esercita la professione sanitaria.

• È vietata l'ispezione personale in sede di **accertamenti urgenti di p.g.** (→ **Indagini e udienza preliminare**, art. 354 co. 3).

246. Ispezione di luoghi o di cose.

1. All'imputato e in ogni caso a chi abbia l'attuale disponibilità del luogo in cui è eseguita l'ispezione è consegnata, nell'atto di iniziare le operazioni e sempre che essi siano presenti, copia del decreto che dispone tale accertamento.

2. Nel procedere all'ispezione dei luoghi, l'autorità giudiziaria può ordinare, enunciando nel verbale i motivi del provvedimento, che taluno non si allontani prima che le operazioni siano concluse e può far ricondurre coattivamente sul posto il trasgressore.

• L'ispezione di luoghi o cose è un atto garantito (→ **Indagini e udienza preliminare**, art. 364).

• L'ispezione di luoghi o di cose può essere effettuata anche negli uffici del difensore (→ **Soggetti**, art. 103).

• Si applica l'art. 373 in materia di documentazione degli atti (→ **Indagini e udienza preliminare**).

• In sede di ispezione di luoghi o cose possono eventualmente trovare applicazione i poteri coercitivi di cui agli artt. 131 (→ **Atti**) e 378 (→ **Indagini e udienza preliminare**).

Capo II
Perquisizioni

247. Casi e forme delle perquisizioni.

1. Quando vi è fondato motivo di ritenere che taluno occulti sulla persona il corpo del reato o cose pertinenti al reato, è disposta perquisizione personale. Quando vi è fondato motivo di ritenere che tali cose si trovino in un determinato luogo ovvero che in esso possa eseguirsi l'arresto dell'imputato o dell'evaso, è disposta perquisizione locale.

1 *bis*. Quando vi è fondato motivo di ritenere che dati, informazioni, programmi informatici o tracce comunque pertinenti al reato si trovino in un sistema informatico o telematico, ancorché protetto da misure di sicurezza, ne è disposta la perquisizione, adottando misure tecniche dirette ad assicurare la conservazione dei dati originali e ad impedirne l'alterazione.

2. La perquisizione è disposta con decreto motivato.

3. L'autorità giudiziaria può procedere personalmente ovvero disporre che l'atto sia compiuto da ufficiali di polizia giudiziaria delegati con lo stesso decreto.

Il co. 1 *bis* è stato aggiunto dalla l. 18.3.2008, n. 48.

• Oggetto di una riserva di legge e di giurisdizione negli artt. 13 co. 2 e 14 co. 2 **Cost.**, (v. anche art. 8 § 2 **Cedu**, che ricollega ad una primaria istanza di legalità qualsiasi ingerenza dell'autorità pubblica che limiti il diritto di ogni persona alla sua vita privata e familiare, al suo domicilio e alla sua corrispondenza), la perquisizione consiste in un'**attività di ricerca** effettuata su persone, luoghi, o all'interno di sistemi informatici o telematici.

• La perquisizione è un atto strutturalmente **irripetibile** e il relativo verbale confluisce nel fascicolo per il dibattimento (→ **Indagini e udienza preliminare**, art. 431 co. 1 lett. *b* e *c*; → **Giudizio**, art. 515).

• Il decreto con cui si dispone la perquisizione è motivato a pena di nullità (→ **Atti**, art. 125 co. 3; v. anche art. 250 co. 3). Il decreto di perquisizione non è impugnabile con il riesame (→ **Misure cautelari**, art. 309).

• In materia di perquisizioni trova applicazione la disciplina relativa al dovere di esibizione e segreti di cui all'art. 256.

• Il riferimento all'autorità giudiziaria

comprende il **giudice** e il **p.m.** Il giudice può disporre la perquisizione in sede di udienza preliminare (→ **Indagini e udienza preliminare**, art. 422) o nel dibattimento (→ **Giudizio**, art. 507). Il **p.m.** può delegare la **p.g.** (→ **Indagini e udienza preliminare**, art. 370 co. 1; → **Soggetti**, art. 103 co. 4: la delega è tuttavia esclusa per le perquisizioni negli uffici dei difensori). La p.g. può effettuare di propria **iniziativa** perquisizioni personali o locali sulla base dei presupposti e con le modalità indicare nell'art. 352 (→ **Indagini e udienza preliminare**).

• Le perquisizioni possono essere effettuate anche negli uffici dei difensori (→ **Soggetti**, art. 103). In tal caso, procede personalmente il giudice oppure, nel corso delle indagini preliminari, il p.m. in forza di un decreto motivato di autorizzazione del giudice.

• In materia di perquisizioni personali, si applica l'art. **79 Disp. att.**

• Posto che la perquisizione integra un **atto a sorpresa**, il difensore non ha il diritto di essere avvisato ma può assistervi (→ **Indagini e udienza preliminare**, art. 365 co. 1 e 2). Si applicano le garanzie di cui all'art. 366. Trattandosi di un atto cui il difensore ha diritto di assistere, la perquisizione implica l'invio dell'informazione di garanzia e dell'informazione sul diritto di difesa (→ artt. 369 e 369 *bis*).

248. Richiesta di consegna.

1. Se attraverso la perquisizione si ricerca una cosa determinata, l'autorità giudiziaria può invitare a consegnarla. Se la cosa è presentata, non si procede alla perquisizione, salvo che si ritenga utile procedervi per la completezza delle indagini.

2. Per rintracciare le cose da sottoporre a sequestro o per accertare altre circostanze utili ai fini delle indagini, l'autorità giudiziaria o gli ufficiali di polizia giudiziaria da questa delegati possono esaminare presso banche atti, documenti e corrispondenza nonché dati, informazioni e programmi informatici. In caso di rifiuto, l'autorità giudiziaria procede a perquisizione.

Il co. 2 è stato modificato dalla l. 18.3.2008, n. 48.

• L'invito a **consegnare spontaneamente una cosa specifica** rappresenta un surrogato eventuale della perquisizione. Infatti, si può sempre procedere alla perquisizione per assicurare la completezza delle indagini. La perquisizione presso le banche, invece, può essere effettuata solo in caso di **rifiuto** a consegnare spontaneamente gli atti, i documenti o i dati richiesti. Si applica l'art. 255 in materia di sequestro presso banche.

• Per autorità giudiziaria s'intende il giudice e il p.m. L'esame presso banche di atti, documenti, e altri dati può essere effettuato anche dagli ufficiali di p.g. su delega del p.m. (→ **Indagini e udienza preliminare**, art. 370), mentre l'eventuale successiva perquisizione può essere disposta solo dal giudice o dal p.m.

249. Perquisizioni personali.

1. Prima di procedere alla perquisizione personale è consegnata una copia del decreto all'interessato, con l'avviso della facoltà di farsi assistere da persona di fiducia, purché questa sia prontamente reperibile e idonea a norma dell'articolo 120.

2. La perquisizione è eseguita nel rispetto della dignità e, nei limiti del possibile, del pudore di chi vi è sottoposto.

• In materia di **perquisizione personale** trovano applicazione, oltre alla garanzia della partecipazione del testimone ad atti processuali (→ **Atti**, art. 120), anche le disposizioni che tutelano il diritto del difensore di partecipare, senza preavviso, al compimento di atti di indagine (→ **Indagini e udienza preliminare**, artt. 356 e 365). Si osservano le prescrizioni di cui all'art. **79 Disp. att.** relative alle modalità di svolgimento della perquisizione.

• Soggetto passivo della perquisizione può essere l'imputato o l'indagato (→ **Soggetti**, artt. 60 e 61) ma anche i terzi.

• Contro il decreto che dispone (o convalida) la perquisizione personale può essere proposto ricorso per cassazione (→ **Impugnazioni**, art. 568 co. 2; → **Cost.**, art. 111 co. 7).

250. Perquisizioni locali.

1. Nell'atto di iniziare le operazioni, copia del decreto di perquisizione locale è consegnata all'imputato, se presente, e a chi abbia l'attuale disponibilità del luogo, con l'avviso della facoltà di farsi rappresentare o assistere da persona di fiducia, purché questa sia prontamente reperibile e idonea a norma dell'articolo 120.

2. Se mancano le persone indicate nel comma 1, la copia è consegnata e l'avviso è rivolto a un congiunto, un coabitante o un collaboratore ovvero, in mancanza, al portiere o a chi ne fa le veci.

3. L'autorità giudiziaria, nel procedere alla perquisizione locale, può disporre con decreto motivato che siano perquisite le persone presenti o sopraggiunte, quando ritiene che le stesse possano occultare il corpo del reato o cose pertinenti al reato. Può inoltre ordinare, enunciando nel verbale i motivi del provvedimento, che taluno non si allontani prima che le operazioni siano concluse. Il trasgressore è trattenuto o ricondotto coattivamente sul posto.

• La perquisizione locale è concepita in **funzione probatoria** (ricerca di cose necessarie per l'accertamento del reato) e **coercitiva** (ricerca di persone colpite da provvedimenti restrittivi della libertà personale).

• È prevista la partecipazione del testimone ad atti processuali (→ **Atti**, art. 120), e si applicano anche le disposizioni che tutelano il diritto del difensore di partecipare, senza preavviso, al compimento di atti di indagine (→ **Indagini e udienza preliminare**, artt. 356 e 365). Si osservano le prescrizioni di cui all'art. **80 Disp. att.**

• La perquisizione negli uffici del difensore costituisce una particolare figura di perquisizione locale (→ **Soggetti**, art. 103).

• Gli ufficiali di p.g. possono procedere a perquisizione locale nelle ipotesi previste dall'art. 352 (→ **Indagini e udienza preliminare**).

• La perquisizione personale eseguita nell'ambito della perquisizione locale serve a ricercare il corpo del reato o le cose pertinenti al reato (→ art. 253). In tal caso, l'autorità giudiziaria può esercitare i **poteri coercitivi** di cui agli artt. 131 (→ **Atti**) e 378 (→ **Indagini e udienza preliminare**).

251. Perquisizioni nel domicilio. Limiti temporali.

1. La perquisizione in un'abitazione o nei luoghi chiusi adiacenti a essa non può essere iniziata prima delle ore sette e dopo le ore venti.

2. Tuttavia nei casi urgenti l'autorità giudiziaria può disporre per iscritto che la perquisizione sia eseguita fuori dei suddetti limiti temporali.

• La deroga ai limiti temporali opera anche con riferimento alle perquisizioni effettuate di propria iniziativa dalla p.g. quando il ritardo potrebbe pregiudicarne l'esito (→ **Indagini e udienza preliminare**, art. 352 co. 3). Si applica l'art. **225 Disp. att.**

252. Sequestro conseguente a perquisizione.

1. Le cose rinvenute a seguito della perquisizione sono sottoposte a sequestro con l'osservanza delle prescrizioni degli articoli 259 e 260.

• Il profilo del rapporto tra **perquisizione illegittima e conseguente sequestro** coinvolge l'area operativa dell'art. 191 (c.d. inutilizzabilità derivata).

252 *bis*. Opposizione al decreto di perquisizione emesso dal pubblico ministero.

1. Salvo che alla perquisizione sia seguito il sequestro, contro il decreto di perquisizione emesso dal pubblico ministero la persona nei cui confronti vengono svolte le indagini e la persona nei cui confronti la perquisizione è stata disposta o eseguita possono proporre opposizione, sulla quale il giudice provvede a norma dell'articolo 127.

2. L'opposizione è proposta, a pena di decadenza, entro dieci giorni dalla data di esecuzione del provvedimento o dalla diversa data in cui l'interessato ha avuto conoscenza dell'avvenuta perquisizione.
3. Il giudice accoglie l'opposizione quando accerta che la perquisizione è stata disposta fuori dei casi previsti dalla legge.

Disposizione introdotta dal d. lgs. 10.10.2022, n. 150.

• Il nuovo rimedio dell'**opposizione** al decreto di perquisizione emesso dal **p.m. - attivabile ogni volta in cui alla perquisizione non segua il sequestro** - assicura un **tempestivo controllo** sulla **legittimità dell'atto a sorpresa**. Legittimati a presentare opposizione al decreto di perquisizione sono la persona sottoposta alle indagini (**Soggetti** → art. 61) e la persona che subisce la perquisizione. Il giudice provvede ai sensi dell'art. 127 (→ **Atti**). La legalità della perquisizione ne risulta indubbiamente rafforzata, in linea con la giurisprudenza europea (Corte edu, 27.9.2018, Brazzi c. Italia).

Capo III
Sequestri

253. Oggetto e formalità del sequestro.

1. L'autorità giudiziaria dispone con decreto motivato il sequestro del corpo del reato e delle cose pertinenti al reato necessarie per l'accertamento dei fatti.
2. Sono corpo del reato le cose sulle quali o mediante le quali il reato è stato commesso nonché le cose che ne costituiscono il prodotto, il profitto o il prezzo.
3. Al sequestro procede personalmente l'autorità giudiziaria ovvero un ufficiale di polizia giudiziaria delegato con lo stesso decreto.
4. Copia del decreto di sequestro è consegnata all'interessato, se presente.

• L'articolo individua i presupposti operativi del sequestro **probatorio**, che va tenuto distinto dai **sequestri cautelari** disciplinati dagli artt. 316 s. (→ **Libro IV**), ed in genere segue alle **perquisizioni** *ex* artt. 247 s.

• Competente a disporre il sequestro è l'**autorità giudiziaria** funzionalmente competente per la fase procedimentale in corso. Ciò significa che durante le **indagini preliminari** (→ **Libro V**) il sequestro va di regola disposto dal p.m. In tal caso, le norme previste dagli artt. 253 s. vanno integrate con quelle statuite dagli artt. 353 (riguardo al sequestro dei plichi o della corrispondenza), 365 e 366 (concernenti le garanzie difensive) e 373 (relativa alla documentazione dell'operazione). L'art. 368 prevede altresì che il **g.i.p.** debba esercitare un vaglio sulla decisione del **p.m.** di non disporre il sequestro richiesto dall'interessato.

• In caso di **urgenza**, il sequestro può essere disposto direttamente dalla **p.g.** ai sensi degli artt. 354, 356 e 357, ed è sottoposto ad una convalida da parte del p.m. e all'eventuale riesame *ex* art. 324 (→ **Libro V**, art. 355).

• Nella fase del giudizio (→ **Libro VII**), competente a disporre il sequestro è il **giudice del dibattimento**.

• Quando il sequestro avviene nell'**ufficio** di un **difensore** operano anche le regole specificamente previste dall'art. 103, il quale, in particolare, al co. 4 prevede che il p.m. può procedervi solo se munito di un decreto motivato di autorizzazione emesso dal g.i.p. (→ **Indagini e udienza preliminare**, art. 328).

• Le cose pertinenti al reato e il corpo del reato sottoposte a sequestro sono raccolte nel **fascicolo per il dibattimento** ai sensi dell'art. 431 co. 1 lett. *f* (→ **Libro V**), salvo che debbano essere custodite altrove.

• Durante il **termine per comparire in giudizio** le parti e i loro difensori possono prendere visione delle cose sequestrate ai sensi dell'art. 466 (→ **Giudizio**).

• La disciplina del sequestro va integrata, in caso di una richiesta di **estradizione** proveniente da un'autorità straniera (→ **Libro XI**), con le norme statuite dagli artt. 703 (relative agli accertamenti del P.G.), 704 (che operano in caso di decisione favorevole all'estradizione da parte della corte di appello) e 716 (che riguardano le attività della p.g.).

• In rapporto alla giurisprudenza in tema di sequestro a seguito di perquisizione illegittima, v. art. 191.

254. Sequestro di corrispondenza.

1. Presso coloro che forniscono servizi postali, telegrafici, telematici o di telecomunicazioni è consentito procedere al sequestro di lettere, pieghi, pacchi, valori, telegrammi e altri oggetti di corrispondenza, anche se inoltrati per via telematica, che l'autorità giudiziaria abbia fondato motivo di ritenere spediti dall'imputato o a lui diretti, anche sotto nome diverso o per mezzo di persona diversa, o che comunque possono avere relazione con il reato.

2. Quando al sequestro procede un ufficiale di polizia giudiziaria, questi deve consegnare all'autorità giudiziaria gli oggetti di corrispondenza sequestrati, senza aprirli o alterarli e senza prendere altrimenti conoscenza del loro contenuto.

3. Le carte e gli altri documenti sequestrati che non rientrano fra la corrispondenza sequestrabile sono immediatamente restituiti all'avente diritto e non possono comunque essere utilizzati.

La disposizione è stata così modificata dalla l. 18.3.2008, n. 48.

• L'articolo prevede regole più specifiche per il sequestro della **corrispondenza**, che fruisce di una copertura costituzionale nel **diritto alla riservatezza** (→ **Cost.**, art. 15; → **Cedu**, art. 8).

• Se il sequestro si svolge nella fase delle indagini preliminari (→ **Libro V**), l'articolo va integrato con le prescrizioni dell'art. 353 co. 3. Il sequestro della corrispondenza inoltrata in via telematica da esso previsto va, in particolare, distinto dalle **intercettazioni** di comunicazioni informatiche o telematiche previste dall'art. 266 *bis*.

• La disciplina della **restituzione** prevista dal co. 3 è relativa a cose che per definizione non possono essere sequestrate, e prevede altresì un'**inutilizzabilità** (art. 191). Si tratta di prescrizioni autonome rispetto a quelle statuite dall'art. 262, che invece operano nelle situazioni in cui le cose sequestrate non abbiano capacità rappresentative rilevanti ai fini del procedimento.

• Per l'**ambito operativo** delle attività disciplinate dall'articolo si rinvia all'art. 253.

254 *bis*. Sequestro di dati informatici presso fornitori di servizi informatici, telematici e di telecomunicazioni.

1. L'autorità giudiziaria, quando dispone il sequestro, presso i fornitori di servizi informatici, telematici o di telecomunicazioni, dei dati da questi detenuti, compresi quelli di traffico o di ubicazione, può stabilire, per esigenze legate alla regolare fornitura dei medesimi servizi, che la loro acquisizione avvenga mediante copia di essi su adeguato supporto, con una procedura che assicuri la conformità dei dati acquisiti a quelli originali e la loro immodificabilità. In questo caso è, comunque, ordinato al fornitore dei servizi di conservare e proteggere adeguatamente i dati originali.

L'articolo è stato introdotto dalla l. 18.3.2008, n. 48.

• Prevede regole più specifiche per il sequestro dei **dati informatici**, in rapporto al quale è necessario osservare precise cautele di tipo tecnico, ed impiegare procedure tali da salvaguardare il diritto alla riservatezza (→ **Cost.**, art. 15; → **Cedu**, art. 8) perlomeno nel suo nucleo essenziale.

• Per l'**ambito operativo** delle attività disciplinate dall'articolo si rinvia all'art. 253.

255. Sequestro presso banche.

1. L'autorità giudiziaria può procedere al sequestro presso banche di documenti, titoli, valori, somme depositate in conto corrente e di ogni altra cosa, anche se contenuti in cassette di sicurezza, quando abbia fondato motivo di ritenere che siano pertinenti al reato, quantunque non appartengano all'imputato o non siano iscritti al suo nome.

• L'articolo prevede regole più specifiche per i sequestri presso le **banche**. Le norme da esso previste vanno poste in correlazione con quelle statuite dall'art. 248 co. 2 in rapporto alle perquisizioni presso le banche.

• Per l'**ambito operativo** delle attività disciplinate dall'articolo si rinvia all'art. 253.

256. Dovere di esibizione e segreti.

1. Le persone indicate negli articoli 200 e 201 devono consegnare immediatamente all'autorità giudiziaria, che ne faccia richiesta, gli atti e i documenti, anche in originale se così è ordinato, nonché i dati, le informazioni e i programmi informatici, anche mediante copia di essi su adeguato supporto, e ogni altra cosa esistente presso di esse per ragioni del loro ufficio, incarico, ministero, professione o arte, salvo che dichiarino per iscritto che si tratti di segreto di Stato ovvero di segreto inerente al loro ufficio o professione.

2. Quando la dichiarazione concerne un segreto di ufficio o professionale, l'autorità giudiziaria, se ha motivo di dubitare della fondatezza di essa e ritiene di non potere procedere senza acquisire gli atti, i documenti o le cose indicati nel comma 1, provvede agli accertamenti necessari. Se la dichiarazione risulta infondata, l'autorità giudiziaria dispone il sequestro.

3. Quando la dichiarazione concerne un segreto di Stato, l'autorità giudiziaria ne informa il Presidente del Consiglio dei ministri, chiedendo che ne sia data conferma. Qualora il segreto sia confermato e la prova sia essenziale per la definizione del processo, il giudice dichiara non doversi procedere per l'esistenza di un segreto di Stato.

4. Qualora, entro sessanta giorni dalla notificazione della richiesta, il Presidente del Consiglio dei ministri non dia conferma del segreto, l'autorità giudiziaria dispone il sequestro.

5. Si applica la disposizione dell'articolo 204.

L'articolo è stato modificato dalla l. 18.3.2008, n. 48.

• Vi si prevedono alcune **limitazioni** al potere di sequestro giustificate dalla necessità di tutelare il **segreto professionale** (art. 200), il segreto **di ufficio** (art. 201) e il **segreto di Stato** (art. 202). Tali prescrizioni vanno coordinate con quelle degli artt. 256 *bis* e 256 *ter*.

• Per l'**ambito operativo** delle attività disciplinate dall'articolo si rinvia all'art. 253.

256 *bis*. Acquisizione di documenti, atti o altre cose da parte dell'autorità giudiziaria presso le sedi dei servizi di informazione per la sicurezza.

1. Quando deve disporre l'acquisizione di documenti, atti o altre cose presso le sedi dei servizi di informazione per la sicurezza, presso gli uffici del Dipartimento delle informazioni per la sicurezza o comunque presso uffici collegati all'esercizio delle funzioni di informazione per la sicurezza della Repubblica, l'autorità giudiziaria indica nell'ordine di esibizione, in modo quanto più possibile specifico, i documenti, gli atti e le cose oggetto della richiesta.

2. L'autorità giudiziaria procede direttamente sul posto all'esame dei documenti, degli atti e delle cose e acquisisce agli atti quelli strettamente indispensabili ai fini dell'indagine. Nell'espletamento di tale attività, l'autorità giudiziaria può avvalersi della collaborazione di ufficiali di polizia giudiziaria.

3. Quando ha fondato motivo di ritenere che i documenti, gli atti o le cose esibiti non siano quelli richiesti o siano incompleti, l'autorità giudiziaria informa il Presidente del Consiglio dei ministri, che provvede a disporre la consegna di ulteriori documenti, atti o cose o, se ne ricorrono i presupposti, a confermare l'inesistenza di ulteriori documenti, atti o cose.

4. Quando deve essere acquisito, in originale o in copia, un documento, un atto o una cosa, originato da un organismo informativo estero, trasmesso con vincolo di non divulgazione, l'esame e la consegna immediata sono sospesi e il documento, l'atto o la cosa è trasmesso immediatamente al Presidente del Consiglio dei ministri affinché vengano assunte le necessarie iniziative presso l'autorità estera per le relative determinazioni in ordine all'apposizione del segreto di Stato.

5. Nell'ipotesi prevista al comma 4, il Presidente del Consiglio dei ministri autorizza l'acquisizione del documento, dell'atto o della cosa ovvero oppone o conferma il segreto di Stato entro sessanta giorni dalla trasmissione.
6. Se il Presidente del Consiglio dei ministri non si pronuncia nel termine di cui al comma 5, l'autorità giudiziaria acquisisce il documento, l'atto o la cosa.

L'articolo è stato introdotto dalla l. 3.8.2007, n. 124.

• Prevede regole speciali per i sequestri presso le sedi dei **servizi di *intelligence***, le quali hanno la finalità di offrire una tutela rafforzata delle informazioni ivi detenute, anche al fine di una maggiore protezione del **segreto di Stato** (art. 256).

• Per l'**ambito operativo** delle attività disciplinate dall'articolo si rinvia all'art. 253.

256 *ter*. Acquisizione di atti, documenti o altre cose per i quali viene eccepito il segreto di Stato.

1. Quando devono essere acquisiti, in originale o in copia, documenti, atti o altre cose per i quali il responsabile dell'ufficio detentore eccepisce il segreto di Stato, l'esame e la consegna sono sospesi; il documento, l'atto o la cosa è sigillato in appositi contenitori e trasmesso prontamente al Presidente del Consiglio dei ministri.
2. Nell'ipotesi prevista al comma 1, il Presidente del Consiglio dei ministri autorizza l'acquisizione del documento, dell'atto o della cosa ovvero conferma il segreto di Stato entro trenta giorni dalla trasmissione.
3. Se il Presidente del Consiglio dei ministri non si pronuncia nel termine di cui al comma 2, l'autorità giudiziaria acquisisce il documento, l'atto o la cosa.

L'articolo è stato introdotto dalla l. 3.8.2007, n. 124.

• Prevede alcune **limitazioni** al potere di sequestro giustificate dalla necessità di tutelare il **segreto di Stato** (art. 202), che si affiancano alle prescrizioni dell'art. 256.

• Per l'**ambito operativo** delle attività disciplinate dall'articolo si rinvia all'art. 253.

257. Riesame del decreto di sequestro.

1. Contro il decreto di sequestro l'imputato, la persona alla quale le cose sono state sequestrate e quella che avrebbe diritto alla loro restituzione possono proporre richiesta di riesame, anche nel merito, a norma dell'articolo 324.
2. La richiesta di riesame non sospende l'esecuzione del provvedimento.

• L'articolo prevede il **riesame** del sequestro, rinviando al riguardo alla disciplina prevista dall'art. 324 in rapporto al riesame dei **sequestri cautelari** (→ **Libro IV**). Qualora il riesame conduca all'annullamento del provvedimento di sequestro, opera la disciplina della restituzione delle cose sequestrate prevista dagli artt. 262 s.

258. Copie dei documenti sequestrati.

1. L'autorità giudiziaria può fare estrarre copia degli atti e dei documenti sequestrati, restituendo gli originali, e, quando il sequestro di questi è mantenuto, può autorizzare la cancelleria o la segreteria a rilasciare gratuitamente copia autentica a coloro che li detenevano legittimamente.
2. I pubblici ufficiali possono rilasciare copie, estratti o certificati dei documenti loro restituiti dall'autorità giudiziaria in originale o in copia, ma devono fare menzione in tali copie, estratti o certificati del sequestro esistente.
3. In ogni caso la persona o l'ufficio presso cui fu eseguito il sequestro ha diritto di avere copia del verbale dell'avvenuto sequestro.

4. Se il documento sequestrato fa parte di un volume o di un registro da cui non possa essere separato e l'autorità giudiziaria non ritiene di farne estrarre copia, l'intero volume o registro rimane in deposito giudiziario. Il pubblico ufficiale addetto, con l'autorizzazione dell'autorità giudiziaria, rilascia agli interessati che li richiedono copie, estratti o certificati delle parti del volume o del registro non soggette al sequestro, facendo menzione del sequestro parziale nelle copie, negli estratti e nei certificati.

• L'articolo disciplina l'eventualità della copia dei documenti sequestrati, al fine di evitare il sequestro degli originali. Per quanto riguarda la copia dei **dati informatici**, è possibile rinviare all'art. 254 *bis*.

259. Custodia delle cose sequestrate.

1. Le cose sequestrate sono affidate in custodia alla cancelleria o alla segreteria. Quando ciò non è possibile o non è opportuno, l'autorità giudiziaria dispone che la custodia avvenga in luogo diverso, determinandone il modo e nominando un altro custode, idoneo a norma dell'articolo 120.

2. All'atto della consegna, il custode è avvertito dell'obbligo di conservare e di presentare le cose a ogni richiesta dell'autorità giudiziaria nonché delle pene previste dalla legge penale per chi trasgredisce ai doveri della custodia. Quando la custodia riguarda dati, informazioni o programmi informatici, il custode è altresì avvertito dell'obbligo di impedirne l'alterazione o l'accesso da parte di terzi, salva, in quest'ultimo caso, diversa disposizione dell'autorità giudiziaria. Al custode può essere imposta una cauzione. Dell'avvenuta consegna, dell'avvertimento dato e della cauzione imposta è fatta menzione nel verbale. La cauzione è ricevuta, con separato verbale, nella cancelleria o nella segreteria.

L'articolo è stato modificato dalla l. 18.3.2008, n. 48.

• Disciplina le modalità di custodia delle cose sequestrate, rinviando anche alle prescrizioni dell'art. 120 relative ai **testimoni agli atti** dei procedimenti (→ **Libro II**).

260. Apposizione dei sigilli alle cose sequestrate. Cose deperibili. Distruzione di cose sequestrate.

1. Le cose sequestrate si assicurano con il sigillo dell'ufficio giudiziario e con le sottoscrizioni dell'autorità giudiziaria e dell'ausiliario che la assiste ovvero, in relazione alla natura delle cose, con altro mezzo, anche di carattere elettronico o informatico, idoneo a indicare il vincolo imposto a fini di giustizia.

2. L'autorità giudiziaria fa estrarre copia dei documenti e fa eseguire fotografie o altre riproduzioni delle cose sequestrate che possono alterarsi o che sono di difficile custodia, le unisce agli atti e fa custodire in cancelleria o segreteria gli originali dei documenti, disponendo, quanto alle cose, in conformità dell'articolo 259. Quando si tratta di dati, di informazioni o di programmi informatici, la copia deve essere realizzata su adeguati supporti, mediante procedura che assicuri la conformità della copia all'originale e la sua immodificabilità; in tali casi, la custodia degli originali può essere disposta anche in luoghi diversi dalla cancelleria o dalla segreteria.

3. Se si tratta di cose che possono alterarsi, l'autorità giudiziaria ne ordina, secondo i casi, l'alienazione o la distruzione.

3 *bis*. L'autorità giudiziaria procede, altresì, anche su richiesta dell'organo accertatore, alla distruzione delle merci di cui sono comunque vietati la fabbricazione, il possesso, la detenzione o la commercializzazione quando le stesse sono di difficile custodia, ovvero quando la custodia risulta particolarmente onerosa o pericolosa per la sicurezza, la salute o l'igiene pubblica ovvero quando, anche all'esito di accertamenti compiuti ai sensi dell'articolo 360, risulti evidente la violazione dei predetti divieti. L'autorità giudiziaria dispone il prelievo di uno o più campioni con l'osservanza delle formalità di cui all'articolo 364 e ordina la distruzione della merce residua.

3 *ter*. Nei casi di sequestro nei procedimenti a carico di ignoti, la polizia giudiziaria, decorso il termine di tre mesi dalla data di effettuazione del sequestro, può procedere alla distruzione delle merci contraffatte sequestrate, previa comunicazione all'autorità giudiziaria. La distruzione può avvenire dopo 15 giorni dalla comunicazione salva diversa decisione dell'autorità giudiziaria. È fatta salva la facoltà di conservazione di campioni da utilizzare a fini giudiziari.

L'articolo è stato modificato dalla l. 18.3.2008, n. 48 e, successivamente, dal d.l. 23.5.2008, n. 92, conv. dalla l. 24.7.2008, n. 125.

• Per quanto riguarda i c.d. **sigilli digitali** da apporre sui dati informatici, v. anche l'art. 259.

261. Rimozione e riapposizione dei sigilli.

1. L'autorità giudiziaria, quando occorre procedere alla rimozione dei sigilli, ne verifica prima l'identità e l'integrità con l'assistenza dell'ausiliario. Compiuto l'atto per cui si è resa necessaria la rimozione dei sigilli, le cose sequestrate sono nuovamente sigillate dall'ausiliario in presenza dell'autorità giudiziaria. L'autorità giudiziaria e l'ausiliario appongono presso il sigillo la data e la sottoscrizione.

262. Durata del sequestro e restituzione delle cose sequestrate.

1. Quando non è necessario mantenere il sequestro a fini di prova, le cose sequestrate sono restituite a chi ne abbia diritto, anche prima della sentenza. Se occorre, l'autorità giudiziaria prescrive di presentare a ogni richiesta le cose restituite e a tal fine può imporre cauzione.

2. Nel caso previsto dal comma 1, la restituzione non è ordinata se il giudice dispone, a richiesta del pubblico ministero o della parte civile, che sulle cose appartenenti all'imputato o al responsabile civile sia mantenuto il sequestro a garanzia dei crediti indicati nell'articolo 316.

3. Non si fa luogo alla restituzione e il sequestro è mantenuto ai fini preventivi quando il giudice provvede a norma dell'articolo 321.

3 *bis*. Trascorsi cinque anni dalla data della sentenza non più soggetta ad impugnazione, le somme di denaro sequestrate, se non ne è stata disposta la confisca e nessuno ne ha chiesto la restituzione, reclamando di averne diritto, sono devolute allo Stato.

4. Dopo la sentenza non più soggetta a impugnazione le cose sequestrate sono restituite a chi ne abbia diritto, salvo che sia disposta la confisca.

L'articolo è stato modificato dalla l. 24.12.2007, n. 244.

• La disposizione prevede la possibilità che il sequestro probatorio si trasformi in un **sequestro cautelare** *ex* artt. 316 o 321 (→ **Misure cautelari**).

• La disciplina prevista va posta in correlazione con quella del riesame del sequestro previsto dall'art. 324 (→ **Misure cautelari**), che rappresenta un rimedio complementare a quello della **restituzione**.

263. Procedimento per la restituzione delle cose sequestrate.

1. La restituzione delle cose sequestrate è disposta dal giudice con ordinanza se non vi è dubbio sulla loro appartenenza.

2. Quando le cose sono state sequestrate presso un terzo, la restituzione non può essere ordinata a favore di altri senza che il terzo sia sentito in camera di consiglio con le forme previste dall'articolo 127.

3. In caso di controversia sulla proprietà delle cose sequestrate, il giudice ne rimette la risoluzione al giudice civile del luogo competente in primo grado, mantenendo nel frattempo il sequestro.

4. Nel corso delle indagini preliminari, sulla restituzione delle cose sequestrate il pubblico ministero provvede con decreto motivato.

5. Contro il decreto del pubblico ministero che dispone la restituzione o respinge la relativa richiesta, gli interessati possono proporre opposizione sulla quale il giudice provvede a norma dell'articolo 127.

6. Dopo la sentenza non più soggetta a impugnazione, provvede il giudice dell'esecuzione.

L'articolo è stato modificato dal d. lgs. 14.1.1991, n. 12.

• Attribuisce la **competenza** a decidere sulla restituzione attraverso un criterio di tipo **funzionale**, conferendola al giudice procedente. Quando sia coinvolto un terzo, esso prevede la necessità di applicare le forme procedimentali dell'art. 127 (→ **Atti**).

• La disciplina prevista dal co. 3 in rapporto alla **controversia** sulla **proprietà** delle cose sequestrate è applicabile anche in caso di controversia sulla proprietà delle cose confiscate nella fase dell'esecuzione del giudicato, in forza del rinvio ad essa operato dall'art. 676 co. 2 (→ **Esecuzione**).

• Un'ipotesi di restituzione delle cose sequestrate è specificamente prevista dall'art. 460 co. 2, in caso di pronuncia del **decreto penale di condanna** (→ **Procedimenti speciali**).

264. Provvedimenti in caso di mancata restituzione.

[Soppresso.]

Articolo abrogato dal **T.U. spese**.

265. Spese relative al sequestro penale.

[Soppresso.]

Articolo abrogato dal **T.U. spese**.

Capo IV
Intercettazioni di conversazioni o comunicazioni

266. Limiti di ammissibilità.

1. L'intercettazione di conversazioni o comunicazioni telefoniche e di altre forme di telecomunicazione è consentita nei procedimenti relativi ai seguenti reati:

a) delitti non colposi per i quali è prevista la pena dell'ergastolo o della reclusione superiore nel massimo a cinque anni determinata a norma dell'articolo 4;

b) delitti contro la pubblica amministrazione per i quali è prevista la pena della reclusione non inferiore nel massimo a cinque anni determinata a norma dell'articolo 4;

c) delitti concernenti sostanze stupefacenti o psicotrope;

d) delitti concernenti le armi e le sostanze esplosive;

e) delitti di contrabbando;

f) reati di ingiuria, minaccia, usura, abusiva attività finanziaria, abuso di informazioni privilegiate, manipolazioni del mercato, molestia o disturbo alle persone col mezzo del telefono;

f bis) delitti previsti dall'articolo 600 *ter*, terzo comma, del codice penale, anche se relativi al materiale pornografico di cui all'articolo 600 *quater*.1 del medesimo codice, nonché dall'articolo 609 *undecies*;

f ter) delitti previsti dagli articoli 444, 473, 474, 515, 516, 517 *quater* e 633, secondo comma, del codice penale;

f quater) delitto previsto dall'articolo 612 *bis* del codice penale.

f quinquies) delitti commessi avvalendosi delle condizioni previste dall'articolo 416 *bis* del codice penale ovvero al fine di agevolare l'attività delle associazioni previste dallo stesso articolo.

2. Negli stessi casi è consentita l'intercettazione di comunicazioni tra presenti, che può essere

eseguita anche mediante l'inserimento di un captatore informatico su un dispositivo elettronico portatile. Tuttavia, qualora queste avvengano nei luoghi indicati dall'articolo 614 del codice penale, l'intercettazione è consentita solo se vi è fondato motivo di ritenere che ivi si stia svolgendo l'attività criminosa.

2 *bis*. L'intercettazione di comunicazioni tra presenti mediante inserimento di captatore informatico su dispositivo elettronico portatile è sempre consentita nei procedimenti per i delitti di cui all'articolo 51, commi 3 *bis* e 3 *quater*, e, previa indicazione delle ragioni che ne giustificano l'utilizzo anche nei luoghi indicati dall'articolo 614 del codice penale, per i delitti dei pubblici ufficiali o degli incaricati di pubblico servizio contro la pubblica amministrazione per i quali è prevista la pena della reclusione non inferiore nel massimo a cinque anni, determinata a norma dell'articolo 4.

Al co. 1 la lett. *f* è stata così modificata prima dalla l. 7.3.1996, n. 108 e poi dalla l. 18.4.2005, n. 62. La lett. *f bis* è stata aggiunta dalla l. 3.8.1998, n. 269 e successivamente novellata prima dalla l. 6.2.2006, n. 38 e, infine, dal d. lgs. 4.3.2014, n. 39. La lett. *f ter* è stata interpolata dalla l. 14.1.2013, n. 9 e, da ultimo, ritoccata dal d.l. 4.10.2018, n. 113, conv., con modif., dalla l. 1.12.2018, n. 132. La lett. *f quater* è stata inserita dal d.l. 14.8.2013, n. 93, conv., con modif., dalla l. 15.10.2013, n. 119. La lett. *f quinquies* è stata interpolata dal d.l. 30.12.2019, n. 161, conv., con modif., dalla l. 28.2.2020, n. 7. Il co. 2 è stato così ritoccato dal d. lgs. 29.12.2017, n. 216. Il co. 2 *bis* è stato aggiunto dal d. lgs. 216 del 2017 e in seguito modificato prima dalla l. 9.1.2019, n. 3 e poi dal d.l. 161 del 2019. A norma di quanto stabilito, da ultimo, dal d.l. 30.4.2020, n. 38, conv., con modif., dalla l. 25.6.2020, n. 70, le previsioni del presente articolo novellate dal d. lgs. 216 del 2017 e dal d.l. 161 del 2019 si applicano ai procedimenti penali iscritti dopo il 31.8.2020.

• La disciplina delle intercettazioni di conversazioni o comunicazioni è stata oggetto negli ultimi anni di continui ripensamenti da parte del legislatore. Dopo lunghe discussioni, un'ampia riforma di tale mezzo di ricerca della prova era stata, in prima battuta, apportata dal **d. lgs. 29.12.2017**, n. 216, di attuazione della delega contenuta **nella l. 23.6.2017, n. 103** (c.d. "riforma Orlando"). Tale intervento non ha però convinto gli stessi *conditores*, i quali ne hanno ritardato plurime volte la data di effettiva applicazione pratica. L'*impasse* politica venutasi così a creare è stata, alla fine, risolta grazie al **d.l. 30.12.2019, n. 161, conv., con modif., dalla l. 28.2.2020, n. 7**. Quest'ultimo ha determinato una vera e propria "**controriforma**" del mezzo di ricerca della prova in esame: esso ha, infatti, da un lato, modificato o abrogato in tutto o in parte molte delle previsioni novellate nel 2017, e, da un altro lato, introdotto innovazioni originali. Neppure siffatto intervento ha, però, avuto una gestazione piana. A causa dell'aggravarsi dell'epidemia di COVID-19, il legislatore non è riuscito a rispettare il proposito di far operare il complesso delle nuove norme (così come risultati dalla sommatoria tra le previsioni "superstiti" introdotte dal d. lgs. 216 del 2017 e quelle, invece, modificate o create *ex novo* dal d.l. 161 del 2019) a partire dalla data stabilita dalla l. di conversione 7 del 2020 (ossia 31.4.2020 e 1.5.2020). Da qui la decisione del Governo di allungare ancora i tempi con il d.l. 30.4.2020, n. 28, conv., con modif., dalla l. 25.6.2020, n. 70, il quale ha stabilito che la "riforma Bonafede" delle intercettazioni si applica nell'ambito dei procedimenti penali iscritti dopo il **31.8.2020/1.9.2020**.

• L'art. 266 individua i reati in rapporto ai quali è consentito disporre le intercettazioni, in applicazione dei principi di precisione e di proporzionalità che la Carta fondamentale (→ **Cost.**, artt. 2, 14 e 15), la Convenzione europea dei diritti dell'uomo (→ **Cedu**, art. 8) e la Carta di Nizza (→ **Carta UE**, artt. 7 e 8) impongono ai fini dello svolgimento delle attività lesive del diritto alla riservatezza.

• Una delle novità più significative della recente novella del mezzo di ricerca della prova in esame è quella di aver disciplinato nel codice di rito (artt. 266, 267, 268, 270, 271; → **Disp. att.**, art. 89) l'impiego del captatore informatico (c.d. *virus trojan*) quale forma di intercettazione ambientale. Come noto, in precedenza tale invasivo strumento era regolato solo dalla giurisprudenza, che ne aveva delimitato in via pretoria l'utilizzo in particolar modo tramite un noto arresto delle sezioni unite (**Cass., SU**, 28.4.2016, n. 26889).

• Su un piano generale, il legislatore ha scelto di rendere teoricamente applicabile il **captatore informatico** per tutti i reati intercettabili in via ordinaria (art. 266 co. 1 e 2).

• L'art. 266 co. 2 fissa requisiti di ammissibilità specifici relativi alle intercettazioni ambientali – svolte tramite mezzi ordinari o mediante il captatore informatico – nel domicilio (→ **Cost.**, art. 14; → art. 614 c.p.). La regola generale è quella per cui, laddove le operazioni vengano compiute in tale luogo, la captazione è consentita solo nel caso in cui vi sia il fondato motivo di ritenere che ivi si stia svolgendo l'attività criminosa.

• Il nuovo co. 2 *bis* prevede, però, una disciplina di applicazione semplificata delle intercettazioni, compiute mediante il *virus* informatico, per due categorie di gravi reati. Da un lato, quelli di cui all'art. 51 co. 3 *bis* e 3 *quater* (→ **Soggetti**) [per i quali l'intercettazione mediante captatore informatico è «**sempre consentita**» anche nel domicilio, indipendentemente dai limiti di cui al co. 2] e, da un altro lato, i delitti contro la p.a. (→ **Libro II, Titolo II, c.p.**), compiuti da pubblici ufficiali (→ 357 c.p.) o da incaricati di pubblico servizio (→ art. 358 c.p.), puniti con la pena della reclusione non inferiore nel massimo a cinque anni, determinata a norma dell'art. 4 (→ **Soggetti**) [per cui vanno indicate le ragioni che ne giustificano l'utilizzo nel domicilio, **senza** che sia necessario che in tale luogo si stia svolgendo l'attività criminosa]. Ulteriori facilitazioni circa l'impiego del virus *trojan* per tali categorie di reati sono previste dagli artt. 267 e 270 co. 1 *bis*; il che dimostra come i *conditores* abbiano dato vita a un vero e proprio "binario privilegiato" di utilizzo del captatore con riguardo a tali illeciti penali.

• Sempre in rapporto alle intercettazioni ambientali, l'art. 295 co. 3 *bis* (→ **Misure cautelari**) aggiunge che il giudice (→ **Soggetti**, artt. 1 s.) o il p.m. (→ art. 51) possono disporle quando si tratta di agevolare le **ricerche** di un **latitante** (→ art. 296) in relazione a uno dei delitti previsti dall'art. 51 co. 3 *bis* o dall'art. 407 co. 2 lett. *a* n. 4 (→ **Indagini e udienza preliminare**).

• Le intercettazioni previste dagli artt. 266 s. vanno distinte dalle **intercettazioni preventive**, regolate dall'art. 226 **Disp. att.**

• Per quanto riguarda le intercettazioni di membri del Parlamento, si ricordi la disciplina speciale prevista dalla **l. 20.6.2003, n. 140**, di attuazione delle garanzie previste dall'art. **68 co. 3. Cost.**

• Gli artt. 266 s. non si applicano ad altri mezzi di ricerca della prova lesivi per la *privacy* che, nondimeno, non avendo a oggetto comunicazioni o conversazioni in corso di svolgimento, presentano solo alcune analogie con le intercettazioni. Si pensi alle **videoriprese di comportamenti non comunicativi**, che possono trovare ingresso nel sistema come prova atipica *ex* art. 189 [per contro, come hanno chiarito tanto la Consulta (Corte cost., 135 del 2002), quanto le sezioni unite (Cass., SU, 28.7.2006, Prisco), le videoriprese di **comportamenti comunicativi** rappresentano una forma di intercettazione e, di conseguenza, seguono la disciplina di cui agli artt. 266 s.], e all'**acquisizione** dei **dati** sul **traffico delle comunicazioni**, regolata dall'art. 132 d. lgs. 30.6.2003, n. 196.

266 *bis*. Intercettazioni di comunicazioni informatiche o telematiche.

1. Nei procedimenti relativi ai reati indicati nell'articolo 266, nonché a quelli commessi mediante l'impiego di tecnologie informatiche o telematiche, è consentita l'intercettazione del flusso di comunicazioni relativo a sistemi informatici o telematici ovvero intercorrente tra più sistemi.

L'articolo è stato introdotto dalla l. 23.12.1993, n. 547.

• La norma estende la disciplina dell'art. 266 ad una **tipologia** di intercettazioni **diversa** da quelle tradizionali, relative alle conversazioni e alle comunicazioni in corso di svolgimento attraverso sistemi informatici, e prevede un'ulteriore categoria di reati in rapporto a cui queste ultime sono permesse.

• Le intercettazioni di comunicazioni informatiche o telematiche vanno distinte dal sequestro della corrispondenza inoltrata in via telematica, disciplinato dall'art. 254.

267. Presupposti e forme del provvedimento.

1. Il pubblico ministero richiede al giudice per le indagini preliminari l'autorizzazione a disporre le operazioni previste dall'articolo 266. L'autorizzazione è data con decreto motivato quando vi

sono gravi indizi di reato e l'intercettazione è assolutamente indispensabile ai fini della prosecuzione delle indagini. Il decreto che autorizza l'intercettazione tra presenti mediante inserimento di captatore informatico su dispositivo elettronico portatile indica le specifiche ragioni che rendono necessaria tale modalità per lo svolgimento delle indagini; nonché, se si procede per delitti diversi da quelli di cui all'articolo 51, commi 3 *bis* e 3 *quater*, e dai delitti dei pubblici ufficiali o degli incaricati di pubblico servizio contro la pubblica amministrazione per i quali è prevista la pena della reclusione non inferiore nel massimo a cinque anni, determinata a norma dell'articolo 4, i luoghi e il tempo, anche indirettamente determinati, in relazione ai quali è consentita l'attivazione del microfono.

1 *bis*. Nella valutazione dei gravi indizi di reato si applica l'articolo 203.

2. Nei casi di urgenza, quando vi è fondato motivo di ritenere che dal ritardo possa derivare grave pregiudizio alle indagini, il pubblico ministero dispone l'intercettazione con decreto motivato, che va comunicato immediatamente e comunque non oltre le ventiquattro ore al giudice indicato nel comma 1. Il giudice, entro quarantotto ore dal provvedimento, decide sulla convalida con decreto motivato. Se il decreto del pubblico ministero non viene convalidato nel termine stabilito, l'intercettazione non può essere proseguita e i risultati di essa non possono essere utilizzati.

2 *bis*. Nei casi di cui al comma 2, il pubblico ministero può disporre, con decreto motivato, l'intercettazione tra presenti mediante inserimento di captatore informatico su dispositivo elettronico portatile soltanto nei procedimenti per i delitti di cui all'articolo 51, commi 3 *bis* e 3 *quater* e per i delitti dei pubblici ufficiali o degli incaricati di pubblico servizio contro la pubblica amministrazione per i quali è prevista la pena della reclusione non inferiore nel massimo a cinque anni, determinata a norma dell'articolo 4. A tal fine indica, oltre a quanto previsto dal comma 1, secondo periodo, le ragioni di urgenza che rendono impossibile attendere il provvedimento del giudice. Il decreto è trasmesso al giudice che decide sulla convalida nei termini, con le modalità e gli effetti indicati al comma 2.

3. Il decreto del pubblico ministero che dispone l'intercettazione indica le modalità e la durata delle operazioni. Tale durata non può superare i quindici giorni, ma può essere prorogata dal giudice con decreto motivato per periodi successivi di quindici giorni, qualora permangano i presupposti indicati nel comma 1.

4. Il pubblico ministero procede alle operazioni personalmente ovvero avvalendosi di un ufficiale di polizia giudiziaria.

5. In apposito registro riservato gestito, anche con modalità informatiche, e tenuto sotto la direzione e la sorveglianza del Procuratore della Repubblica, sono annotati, secondo un ordine cronologico, i decreti che dispongono, autorizzano, convalidano o prorogano le intercettazioni e, per ciascuna intercettazione, l'inizio e il termine delle operazioni.

Il co. 1 è stato modificato prima dal d. lgs. 29.12.2017, n. 216, poi dalla l. 9.1.2019, n. 3, , dal d.l. 30.12.2019, n. 161, conv., con modif., dalla l. 28.2.2020, n. 7 e, da ultimo, dal d.l. 30.9.2021, n. 132, conv. con modif., dalla l. 23.11.2021, n. 178. Il co. 1 *bis* è stato interpolato dalla l. 1.3.2001, n. 63. Il co. 2 *bis* è stato inserito dal d. lgs. 216 del 2017 e poi novellato dal d.l. 161 del 2019. Il co. 5 è stato così sostituito dal medesimo d.l. 161 del 2019. A norma di quanto stabilito, da ultimo, dal d.l. 30.4.2020, n. 38, conv., con modif., dalla l. 25.6.2020, n. 70, le previsioni del presente articolo novellate dal d. lgs. 216 del 2017 e dal d.l. 161 del 2019 si applicano ai procedimenti penali iscritti dopo il 31.8.2020.

• In ossequio alla riserva di giurisdizione di cui all'art. **15 co. 2 Cost.** [sulla quale v. già la storica sentenza **Corte cost., 34 del 1973**], l'art. 267 co. 1 prevede che le intercettazioni – indipendentemente se eseguite con mezzi ordinari o tramite captatore informatico [artt. 266 co. 2 e 2 *bis*; 268 co. 3 *bis*; 270 co. 1 *bis*; 271 co. 1 *bis*; → **Disp. att.**, art. 89 co. 1, 2 *bis* e 2 *ter*)] – sono di norma disposte dal g.i.p. (→ **Indagini e udienza preliminare**, art. 328) su richiesta del p.m. (→ **Soggetti**, art. 51).

• La previsione in esame fissa **due requisiti** essenziali [che si vanno ad aggiungere a quello edittale di cui all'art. 266] affinché il giudice (→ **Soggetti**, artt. 1 s.) possa disporre con decreto motivato (→ **Atti**, 125) le intercettazioni. Un tanto può avvenire solo: *a*) laddove lo strumento captativo sia «assolutamente indispensabile per la prosecuzione delle indagini» (→ **Libro V**); *b*) vi siano «gravi indizi di reato». Merita ricordare che la regola di giudizio da ultimo citata rappresenta una delle meno esigenti previste nel processo penale italiano; per contro, criteri decisori più severi sono stabiliti per disporre una misura cautelare (→ **Libro IV**, art. 273), per esercitare l'azione penale (→ **Disp. att.**, art. 125), per sciogliere l'alternativa tra rinvio a giudizio (→ **Indagini e udienza preliminare**, art. 429) e sentenza di non luogo a procedere (→ art. 425), nonché per pronunciare una sentenza di condanna (→ **Giudizio**, art. 533).

• Il co. 1 detta un requisito ulteriore per le intercettazioni compiute mediante *virus trojan* (**art. 266 co. 2**): per disporre quest'ultime bisogna indicare le ragioni che rendono necessario tale mezzo intrusivo di indagine, nonché [per tutti i reati diversi da quelli di cui all'art. 51 co. 3 *bis* e 3 *quater* e dai delitti contro la p.a. (→ **Libro II, Titolo II, c.p.**), compiuti da pubblici ufficiali (→ 357 c.p.) o da incaricati di pubblico servizio (→ art. 358 c.p.), puniti con la pena della reclusione non inferiore nel massimo a cinque anni, determinata a norma dell'art. 4 (→ **Soggetti**)] i luoghi e il tempo in relazione ai quali è consentita l'attivazione del microfono. Circa la disciplina concernente l'utilizzo del captatore informatico nel domicilio (→ **Cost.**, art. 14; → art. 614 c.p.) **v. *sub* art. 266**.

• In applicazione della logica del **doppio binario**, il d.l. 13.5.1991, n. 152, conv. dalla l. 12.7.1991, n. 203, ha introdotto alcuni **requisiti speciali di ammissibilità** per le intercettazioni relative ai procedimenti per determinati **gravi delitti** (in particolare concernenti la criminalità organizzata). Ad esempio, l'art. 13 del d.l. 152 del 1991 prevede che, per disporre le intercettazioni per tali reati, basta che vi siano "sufficienti" (e non "gravi") indizi di reato.

• Quanto all'**ambito operativo**, dal riferimento al g.i.p. discende che le intercettazioni possano essere disposte solo nella fase delle **indagini preliminari** (→ **Libro V**), e non durante le indagini suppletive (→ **Indagini e udienza preliminare**, art. 419 co. 3) o integrative (→ art. 430), durante il dibattimento (→ **Giudizio**), nei gradi successivi di giudizio (→ **Impugnazioni**) o in fase esecutiva (→ **Libro X**).

• **In casi d'urgenza** è il p.m. ad autorizzare l'inizio delle captazioni con decreto motivato, il quale [sempre in ossequio alla riserva di giurisdizione di cui all'art. **15 co. 2 Cost.**] va però prima comunicato e poi convalidato, entro un limite di tempo tassativo, dal g.i.p. Se il decreto del p.m. non viene convalidato nel termine stabilito i risultati delle intercettazioni non possono essere utilizzati [(art. 191), (→ **Impugnazioni**, art. 606)].

• Per quanto concerne il **captatore informatico**, il legislatore ha ulteriormente previsto che **l'intercettazione può essere disposta d'urgenza** dal p.m. soltanto per i gravi delitti di cui all'art. **51 co. 3 *bis* e 3 *quater*** e per i reati dei pubblici ufficiali o degli incaricati di pubblico servizio contro la **pubblica amministrazione** per i quali è prevista la pena della reclusione non inferiore nel massimo a **cinque anni**, determinata a norma dell'art. 4.

• Il co. 3 stabilisce che il p.m., nel decreto che dispone le intercettazioni, indica la modalità (artt. 266 e 266 *bis*) e la durata delle operazioni. Quest'ultime non possono superare i quindici giorni, ma sono suscettibili di proroga da parte del g.i.p. [per periodi successivi di quindici giorni] laddove permangano i requisiti dell'assoluta indispensabilità ai fini dello svolgimento delle indagini e dei gravi indizi di reato [nonché, se del caso, della necessità di utilizzare il captatore informatico].

• I decreti che dispongono, autorizzano, convalidano o prorogano le captazioni, vanno annotati in apposito registro riservato, gestito sotto la direzione e la sorveglianza del Procuratore della Repubblica (→ **Soggetti**, art. 51) e, in seguito, vanno depositati (art. 268 co. 4) presso l'archivio delle intercettazioni, disciplinato dall'art. 269 co. 1 e dall'art. 89 *bis* disp. att.

• L'art. 295 co. 3 (→ **Misure cautelari**) aggiunge che i requisiti operativi previsti dagli artt. 266 e 267, nonché le regole statuite dagli artt. 268, 269 e 270, si applicano anche alle intercettazioni disposte per agevolare le **ricerche del latitante** (→ 296).

• Le intercettazioni sono, in ogni caso, **vietate** dall'art. 343 co. 2 (→ **Indagini e udienza preliminare**) fino a quando non venga disposta l'**autorizzazione a procedere**, laddove necessaria; nonché dall'art. 103 co. 5 (→ **Soggetti**), quando riguardino conversazioni o comunicazioni dei **difensori** (→ art. 96 s.), degli **investigatori privati** (→ art. 327 *bis*), dei **consulenti tecnici** (artt. 225, 233) e loro ausiliari, oppure conversazioni o comunicazioni tra i medesimi e le **persone** da loro **assistite**.

• Da un punto di vista esecutivo [in generale sui profili legati alle modalità di svolgimento delle operazioni di intercettazione v. *sub* **art. 268**, nonché → **Disp. att.**, art. 89], sebbene il co. 4 dell'art. 267 affermi che il p.m. può procedere personalmente alle operazioni, nella prassi accade che egli incarichi dello svolgimento delle stesse la p.g. (→ **Soggetti**, art. 57).

• L'art. **271 co. 1** sanziona espressamente con l'inutilizzabilità [(art. 191) (→ **Impugnazioni**, art. 606)] il mancato rispetto delle disposizioni previste dall'art. 267 [come hanno chiarito le sezioni unite (Cass., SU, 17.11.2004, n. 45189), la previsione *de qua* contempla una delle poche ipotesi in cui l'inutilizzabilità è prevista come conseguenza non della violazione di un divieto probatorio, ma delle norme relative alle modalità di assunzione di una prova].

268. Esecuzione delle operazioni.

1. Le comunicazioni intercettate sono registrate e delle operazioni è redatto verbale.

2. Nel verbale è trascritto, anche sommariamente, il contenuto delle comunicazioni intercettate.

2 *bis*. Il pubblico ministero dà indicazioni e vigila affinché nei verbali non siano riportate espressioni lesive della reputazione delle persone o quelle che riguardano dati personali definiti sensibili dalla legge, salvo che risultino rilevanti ai fini delle indagini.

3. Le operazioni possono essere compiute esclusivamente per mezzo degli impianti installati nella procura della Repubblica. Tuttavia, quando tali impianti risultano insufficienti o inidonei ed esistono eccezionali ragioni di urgenza, il pubblico ministero può disporre, con provvedimento motivato, il compimento delle operazioni mediante impianti di pubblico servizio o in dotazione alla polizia giudiziaria

3 *bis*. Quando si procede a intercettazione di comunicazioni informatiche o telematiche, il pubblico ministero può disporre che le operazioni siano compiute anche mediante impianti appartenenti a privati. Per le operazioni di avvio e di cessazione delle registrazioni con captatore informatico su dispositivo elettronico portatile, riguardanti comunicazioni e conversazioni tra presenti, l'ufficiale di polizia giudiziaria può avvalersi di persone idonee di cui all'articolo 348, comma 4.

4. I verbali e le registrazioni sono immediatamente trasmessi al pubblico ministero per la conservazione nell'archivio di cui all'articolo 269, comma 1. Entro cinque giorni dalla conclusione delle operazioni, essi sono depositati presso l'archivio di cui all'articolo 269, comma 1, insieme ai decreti che hanno disposto, autorizzato, convalidato o prorogato l'intercettazione, rimanendovi per il tempo fissato dal pubblico ministero, salvo che il giudice non riconosca necessaria una proroga.

5. Se dal deposito può derivare un grave pregiudizio per le indagini, il giudice autorizza il pubblico ministero a ritardarlo non oltre la chiusura delle indagini preliminari.

6. Ai difensori delle parti è immediatamente dato avviso che, entro il termine fissato a norma dei commi 4 e 5, per via telematica hanno facoltà di esaminare gli atti e ascoltare le registrazioni ovvero di prendere cognizione dei flussi di comunicazioni informatiche o telematiche. Scaduto il termine, il giudice dispone l'acquisizione delle conversazioni o dei flussi di comunicazioni informatiche o telematiche indicati dalle parti, che non appaiano irrilevanti, procedendo anche di ufficio allo stralcio delle registrazioni e dei verbali di cui è vietata l'utilizzazione e di quelli che riguardano categorie particolari di dati personali, sempre che non ne sia dimostrata la rilevanza. Il pubblico ministero e i difensori hanno diritto di partecipare allo stralcio e sono avvisati almeno ventiquattro ore prima.

7. Il giudice, anche nel corso delle attività di formazione del fascicolo per il dibattimento ai sensi dell'articolo 431, dispone la trascrizione integrale delle registrazioni ovvero la stampa in forma intellegibile delle informazioni contenute nei flussi di comunicazioni informatiche o telematiche da acquisire, osservando le forme, i modi e le garanzie previsti per l'espletamento delle perizie. Le trascrizioni o le stampe sono inserite nel fascicolo per il dibattimento. Il giudice, con il consenso delle parti, può disporre l'utilizzazione delle trascrizioni delle registrazioni ovvero delle informazioni contenute nei flussi di comunicazioni informatiche o telematiche effettuate dalla polizia giudiziaria nel corso delle indagini. In caso di contestazioni si applicano le disposizioni di cui al primo periodo.

8. I difensori possono estrarre copia delle trascrizioni e fare eseguire la trasposizione della registrazione su idoneo supporto. In caso di intercettazione di flussi di comunicazioni informatiche o telematiche i difensori possono richiedere copia su idoneo supporto dei flussi intercettati, ovvero copia della stampa prevista dal comma 7.

Il **co. 2 *bis*** è stato inserito d. lgs. 29.12.2017, n. 216 e poi sostituito dal d.l. 30.12.2019, n. 161, conv., con modif., dalla l. 28.2.2020, n. 7. Il **co. 3 *bis*** è stato inserito dalla l. 23.12.1993, n. 547 e poi modificato dal d. lgs. 29.12.2017, n. 216. Il **co. 4** è stato sostituito, una prima volta, dal d. lgs. 29.12.207, n. 216, e poi, da ultimo, dal d.l. 30.12.2019, n. 161, conv., con modif., dalla l. 28.2.2020, n. 7. I **co. 5**, **6**, **7** e **8** sono stati dapprima abrogati dal d. lgs. 29.12.2017, n. 216, e poi reintrodotti, seppur con alcune interpolazioni, dal d.l. 30.12.2019, n. 161, conv., con modif., dalla l. 28.2.2020, n. 7.

• Corte cost., 336 del 2008, ha dichiarato l'illegittimità costituzionale dell'art. 268 nella parte in cui non prevede che, dopo la notificazione o l'esecuzione dell'ordinanza che dispone una misura cautelare personale, il difensore possa ottenere la **trasposizione su nastro magnetico** delle registrazioni di conversazioni o comunicazioni intercettate, utilizzate ai fini dell'adozione del provvedimento cautelare, anche se non depositate (→ **Misure cautelari**, art. 293 co. 3).

• La norma disciplina anzitutto le **modalità di svolgimento** delle operazioni di intercettazione. A tal fine, si prevede (co. 1) che le comunicazioni captate (artt. 266-266 *bis*) vengano registrate e che, delle attività compiute, sia predisposta verbalizzazione (→ **Atti**, art. 134 s.; → **Indagini e udienza preliminare**, artt. 357 e 373; → **Disp. att.**, art. 89 co. 1). All'interno del verbale, deve essere anche trascritto, seppur in maniera sommaria, il contenuto delle interlocuzioni oggetto di registrazione (co. 2): tali trascrizioni prendono tradizionalmente il nome di "**brogliacci di ascolto**" (co. 7; → **Misure cautelari**, artt. 291-293). Nella redazione dei "brogliacci", come precisa il co. 2 *bis*, va omessa la trascrizione di espressioni lesive della reputazione delle persone (artt. 194 co. 1 e 234 co. 3) o di informazioni riguardanti **dati personali "sensibili"** (co. 6; → direttiva UE 2016/680; → d. lgs. 18.5.2018, n. 51), salvo che risultino «rilevanti» ai fini delle indagini (artt. 187, 190, 190 *bis*). Sul corretto svolgimento di tale compito, da parte della p.g. (art. 267 co. 4; → **Soggetti**, art. 55), vigila il p.m. (→ art. 50), il quale, preliminarmente, deve impartire indicazioni in merito.

• Le operazioni di intercettazione, di regola, vanno compiute con gli impianti ubicati presso la Procura della Repubblica (→ **Disp. att.**, art. 89 co. 3 e 4); in caso di urgenza, nonché di contestuale insufficienza o inidoneità di questi ultimi, il p.m. può, con decreto motivato (→ **Atti**, art. 125), ordinare l'uso di impianti esterni (co. 3).

• L'inosservanza delle regole stabilite nei sopra esaminati co. 1 e 3 comporta l'inutilizzabilità del materiale probatorio captato (artt. 271 co. 1, 191; → **Misure cautelari**, art. 273 co. 2).

• Sempre in relazione alle apparecchiature tramite cui vengono compiute le operazioni d'intercettazione, il co. 3 *bis* prevede la possibilità di utilizzare **impianti privati** per captare comunicazioni informatiche o telematiche (art. 266 *bis*). Si è inoltre previsto che, ai fini dell'attivazione e dello spegnimento del captatore informatico (artt. 266 co. 2 e 2 *bis*, 271 co. 1 *bis*), gli ufficiali di p.g. (→ **Soggetti**, artt. 55 e 57), addetti all'ascolto (art. 267 co. 4), possano avvalersi di professionisti dotati di specifiche competenze tecniche (→ **Indagini e udienza preliminare**, art. 384 co. 4; → **Disp. att.**, art. 89 co. 2 e 5).

• Verbali e registrazioni (co. 1 e 2) sono man mano trasmessi al p.m., il quale deve destinarli ad apposito archivio (art. 269; → **Misure cautelari**, art. 291 co. 1; → **Disp. att.**, art. 89 *bis* co. 1 e 92 co. 1 *bis*). Pur già materialmente conservati presso l'archivio, tali atti vi vengono giuridicamente "**depositati**" (co. 6) – affinché le parti (→ **Soggetti**, art. 60) possano prenderne contezza – entro cinque giorni dalla conclusione delle operazioni di captazione (→ **Atti**, art. 173); insieme a verbali e registrazioni sono oggetto di deposito i decreti che hanno disposto (art. 267 co. 2 e 3), autorizzato (art. 267 co. 1), convalidato (art. 267 co. 2), o prorogato (art. 267 co. 3), le intercettazioni (267 co. 5).

• I difensori delle parti (→ **Soggetti**, art. 96) ricevono avviso che, durante il tempo del deposito (art. 269 co. 1; → **Disp. att.**, art. 89 *bis* co. 3) – fissato dal p.m., ma prorogabile dal giudice (→ **Indagini e udienza preliminare**, art. 328) –, possono esaminare i verbali (co. 1 e 2) e i decreti (art. 267), ascoltare le registrazioni (co. 1), nonché consultare i flussi di comunicazioni informatiche o telematiche (art. 266 *bis*). Queste attività avvengono in via telematica, tramite le apparecchiature messe a disposizione nella sede dell'archivio (→ **Disp. att.**, art. 89 *bis* co. 4).

• Sui materiali depositati – ormai conoscibili dall'indagato – viene meno il segreto investigativo (→ **Indagini e udienza preliminare**, art. 329 co. 1). Gli stessi, tuttavia, continuano a restare di regola segreti (→ artt. 326 e 379 *bis* c.p.) per via di quanto specificamente disposto dall'art. 269 co. 1, con annesso divieto di pubblicarli (→ **Atti**, art. 114 co. 1), ribadito *ad hoc* nell'art. 114 co. 2 *bis*.

• Qualora vi sia il rischio di un grave pregiudizio per il buon esito delle investigazioni ancora in corso (→ **Indagini e udienza preliminare**, art. 326), il p.m. può essere autorizzato a ritardare il deposito (co. 5), anche fino alla chiusura della fase investigativa (→ artt. 405, 406, 415 *bis* co. 2 *bis*, 415 *ter*).

• Alla conclusione del periodo di deposito (co. 6), il giudice (→ **Indagini e udienza preliminare**, art. 328) dispone la formale **acquisizione delle captazioni** indicate dalle parti (→ **Soggetti**, artt. 50 e 60): possono tuttavia essere accolte soltanto le richieste riguardanti captazioni che «non appaiano irrilevanti» (artt. 187 e 190; → **Misure cautelari**, art. 291 co. 1; → **Libro V**, art. 415 *bis* co. 2 *bis*; → **Procedimenti speciali**, art. 454 co. 2 *bis*; → **Giudizio**, art. 495). Il giudice può inoltre procedere, anche di propria iniziativa – ossia senza aver ricevuto alcuno stimolo in tal senso –, allo stralcio di verbali (co. 1 e 2) e registrazioni (co. 1) oggetto di un divieto probatorio (artt. 191 e 271), nonché di quelli riguardanti specifiche categorie di dati personali (co. 2 *bis*; → direttiva UE 2016/680; d. lgs. 18.5.2018, n. 51); questi ultimi potranno però essere acquisiti se le parti ne dimostrino la «rilevanza».

• L'acquisizione avviene nella cosiddetta "**udienza di stralcio**", un'udienza camerale (→ **Atti**, art. 127) a cui le parti (→ **Soggetti**, artt. 50 e 60) – come specifica l'ultima parte del co. 6 – hanno diritto di partecipare (→ **Libro II**, art. 178).

• Sulle captazioni così acquisite cade definitivamente ogni forma di segreto (→ **Indagini e udienza preliminare**, art. 329 co. 1; art. 269 co. 1) e le stesse diventano anche pubblicabili, per il momento, nel solo contenuto (→ **Atti**, art. 114 co. 7). I verbali e le registrazioni (co. 1 e 2) continueranno a essere conservati presso l'archivio, ma – come si deduce dal secondo periodo dell'art. 269 co. 1 – una loro copia sarà inserita nel **fascicolo delle investigazioni** svolte (→ art. 373; **Libro II**, art. 111 *ter*). Senza dover attendere la conclusione delle indagini (→ artt. 415 *bis* co. 2, 415 *ter*), i difensori hanno già diritto di ottenere copia di registrazioni, verbali e decreti (co. 4, art. 267 co. 5), relativi alle intercettazioni acquisite (→ **Disp. att.**, art. 89 *bis* co. 4).

• Le registrazioni (co. 1) e i flussi di comunicazioni informatiche o telematiche (art. 266 *bis*), acquisiti nel corso della "udienza di stralcio" (co. 6), sono rispettivamente oggetto di **trascrizione** integrale e **stampa** in forma intellegibile. Tali attività, da compiersi preferibilmente allorché vengano formati i fascicoli in sede di udienza preliminare (→ **Libro V**, art. 431 s.), sono svolte da un perito di nomina giudiziale (art. 221); i risultati del lavoro dell'esperto verranno poi inseriti nel fascicolo per il dibattimento (→ art. 431; → **Atti**, art. 111 *ter*).

• Se vi è il consenso delle parti (→ **Soggetti**, artt. 50, 60, 74 s.), anziché interpellare il perito (art. 221), può essere disposta l'utilizzazione (→ **Indagini e udienza preliminare**, art. 431) delle trascrizioni sommarie di cui al co. 2.

• I difensori (→ **Soggetti**, art. 96 s.) hanno diritto di estrarre copia di trascrizioni e stampe (co. 7), nonché di ottenere la trasposizione su supporti idonei delle registrazioni (co. 1) e dei flussi di comunicazioni informatiche o telematiche (art. 266 *bis*).

• In merito alle procedure di acquisizione delle captazioni, **alternative** a quella sopra esaminata, che sono state codificate dal legislatore, v. *sub* artt. 415 *bis* co. 2 *bis* (→ **Indagini e udienza preliminare**) e 454 co. 2 *bis* (→ **Procedimenti speciali**).

269. Conservazione della documentazione.

1. I verbali e le registrazioni, e ogni altro atto ad esse relativo, sono conservati integralmente in apposito archivio gestito e tenuto sotto la direzione e la sorveglianza del Procuratore della Repubblica dell'ufficio che ha richiesto ed eseguito le intercettazioni. Non sono coperti da se-

greto solo i verbali e le registrazioni delle comunicazioni e conversazioni acquisite al fascicolo di cui all'articolo 373, comma 5, o comunque utilizzati nel corso delle indagini preliminari. Al giudice per le indagini preliminari e ai difensori delle parti, successivamente al deposito effettuato ai sensi degli articoli 268 e 415 *bis* o nel caso previsto dall'articolo 454, comma 2 *bis*, per l'esercizio dei loro diritti e facoltà è consentito l'accesso all'archivio e l'ascolto delle conversazioni o comunicazioni registrate.

2. Salvo quanto previsto dall'articolo 271, comma 3, le registrazioni sono conservate fino alla sentenza non più soggetta a impugnazione. Tuttavia gli interessati, quando la documentazione non è necessaria per il procedimento, possono chiederne la distruzione, a tutela della riservatezza, al giudice che ha autorizzato o convalidato l'intercettazione. Il giudice decide in camera di consiglio a norma dell'articolo 127.

3. La distruzione, nei casi in cui è prevista, viene eseguita sotto controllo del giudice. Dell'operazione è redatto verbale.

Il **co. 1** è stato sostituito dal d. lgs. 29.12.2017, n. 216, e poi, nuovamente, dal d.l. 30.12.2019, n. 161, conv., con modif., in l. 28.2.2020, n. 7. Il **co. 2** è stato modificato dal d. lgs. 29.12.2017, n. 216, e poi sostituito dal d.l. 30.12.2019, n. 161, conv., con modif., in l. 28.2.2020, n. 7.

• Verbali, registrazioni (art. 268 co. 1 e 2) e «ogni atto a esse relativo», come i decreti (artt. 267 e 268 co. 4), vengono conservati in un apposito archivio (art. 268 co. 4; → **Misure cautelari**, art. 291 co. 1; → **Disp. att.**, artt. 89 *bis* co. 1 e 92 co. 1 *bis*). L'archivio è tenuto e gestito sotto la direzione e la sorveglianza del Procuratore della Repubblica (→ d. lgs. 20.2.2006, n. 106) dell'ufficio (→ **Soggetti**, art. 50) che ha richiesto ed eseguito le intercettazioni (artt. 267 e 268).

• Dopo il deposito, che può subito seguire alla conclusione delle operazioni di intercettazione (art. 268 co. 4 e 6), oppure essere ritardato (art. 268 co. 5; → **Indagini e udienza preliminare**, artt. 415 *bis* co. 2 *bis*, 415 *ter*; → **Procedimenti speciali**, art. 454 co. 2 *bis*), il g.i.p. (→ **Libro V**, art. 328) e i difensori delle parti (→ **Soggetti**, art. 96 s.) possono fare accesso all'archivio e ascoltare le captazioni (→ **Disp. att.**, art. 89 *bis* co. 3 e 4). Tale opportunità è prodromica, ad esempio, all'indicazione delle intercettazioni di cui s'intende chiedere l'acquisizione e alla susseguente decisione del giudice (art. 268 co. 6); oppure alla consultazione delle captazioni poste a base della domanda (→ **Misure cautelari**, artt. 273, 291 co. 1) e dell'ordinanza cautelari (→ artt. 292 co. 2 *quater* e 293 co. 3; → **Disp. att.**, art. 92 co. 1 *bis*).

• Sempre il co. 1 chiarisce quali sono i verbali e le registrazioni (art. 268 co. 1 e 2) non più coperti dallo speciale **segreto**, previsto in materia di intercettazioni (v. anche *sub* art. 268): si tratta anzitutto di quelli che – a seguito della "udienza di stralcio" (art. 268) o di una delle altre procedure previste dal codice (→ **Indagini e udienza preliminare**, art. 415 *bis* co. 2 *bis*; → **Procedimenti speciali**, art. 454 co. 2 *bis*) – vengono "acquisiti" e sono momentaneamente inseriti in copia nel fascicolo delle investigazioni svolte (→ **Indagini e udienza preliminare**, art. 373 co. 5; → **Atti**, artt. 111 *ter*, 114 co. 7; → **Disp. att.**, art. 89 *bis*). In secondo luogo, tale segreto non opera in relazione a verbali e registrazioni «comunque utilizzati nel corso delle indagini preliminari»: si fa qui riferimento alle captazioni, pur non ancora formalmente acquisite (→ art. 114 co. 2 *bis*; → art. 684 c.p.), ma già utilizzate, ad esempio, in materia cautelare (→ **Misure cautelari**, artt. 273, 291 co. 1, 292 co. 2 *quater* e 293 co. 3; → **Disp. att.**, art. 92 co. 1 *bis*), oppure al fine di giustificare il compimento di ulteriori atti investigativi (artt. 244, 247, 253, 267).

• Di regola, le registrazioni (art. 268 co. 1) vengono **conservate** fino al passaggio in giudicato della sentenza (→ **Esecuzione**, art. 648). È però possibile ottenerne la distruzione anticipata, qualora si tratti di elementi non necessari ai fini del procedimento (→ **Prove**, artt. 187, 190; → **Procedimenti speciali**, art. 438 co. 5; → **Giudizio**, art. 507; → **Impugnazioni**, art. 603 co. 3): la richiesta – da indirizzare al giudice (→ **Indagini e udienza preliminare**, art. 328), che ha autorizzato (art. 267 co. 1) o convalidato (art. 267 co. 2) l'operazione di intercettazione – può provenire da chiunque abbia un interesse a tutelare la sua riservatezza (→ direttiva UE 2016/680; → d. lgs. 18.5.2018, n. 51). La decisione viene presa nel contesto di un'udienza camerale (→ **Atti**, art. 127) e le successive operazioni di distruzione – di cui è redatto verbale (→ art. 134 s.) – vengono eseguite sotto il controllo del giudice.

• La disciplina di conservazione e distruzione appena esposta si applica alle intercettazioni legittimamente acquisite (art. 191); per quelle acquisite in violazione di divieti probatori – e dunque **inutilizzabili** indipendentemente dalla loro efficacia dimostrativa – vale quanto previsto dal successivo **art. 271**.

• In relazione al trattamento da riservare alle cosiddette intercettazioni "**illegali**", v. *sub* art. 240.

270. Utilizzazione in altri procedimenti.

1. I risultati delle intercettazioni non possono essere utilizzati in procedimenti diversi da quelli nei quali sono stati disposti, salvo che risultino rilevanti e indispensabili per l'accertamento di delitti per i quali è obbligatorio l'arresto in flagranza e dei reati di cui all'articolo 266, comma 1.

1 *bis*. Fermo restando quanto previsto dal comma 1, i risultati delle intercettazioni tra presenti operate con captatore informatico su dispositivo elettronico portatile possono essere utilizzati anche per la prova di reati diversi da quelli per i quali è stato emesso il decreto di autorizzazione qualora risultino indispensabili per l'accertamento dei delitti indicati dall'articolo 266, comma 2 *bis*.

2. Ai fini della utilizzazione prevista dal comma 1, i verbali e le registrazioni delle intercettazioni sono depositati presso l'autorità competente per il diverso procedimento. Si applicano le disposizioni dell'articolo 268, commi 6, 7 e 8.

3. Il pubblico ministero e i difensori delle parti hanno altresì facoltà di esaminare i verbali e le registrazioni in precedenza depositati nel procedimento in cui le intercettazioni furono autorizzate.

Il co. 1 è stato così sostituito dal d.l. 30.12.2019, n. 161, conv., con modif., dalla l. 28.2.2020, n. 7. Il co. 1 *bis* è stato inserito dal d. lgs. 29.12.2017, n. 216 e poi modificato dal d.l. 161 del 2019. A norma di quanto stabilito, da ultimo, dal d.l. 30.4.2020, n. 38, conv., con modif., dalla l. 25.6.2020, n. 70, le previsioni del presente articolo novellate dal d.l. 161 del 2019 si applicano ai procedimenti penali iscritti dopo il 31.8.2020.

• L'articolo regola la fattispecie della **circolazione** delle intercettazioni in **procedimenti diversi**, dettando una disciplina *ad hoc*, più restrittiva, rispetto a quella generale in materia di uso obliquo delle prove, stabilita dall'art. **238**.

• Secondo la tesi maggioritaria in dottrina, dopo l'approvazione del d.l. 161 del 2019, la circolazione delle intercettazioni, compiute con mezzi ordinari, sarebbe ammessa, sia per i delitti per cui è previsto l'arresto obbligatorio in flagranza (→ **Indagini e udienza preliminare**, art. 380; → art. 13 co. 13 *ter* d. lgs. 25.7.1998, n. 286), sia per tutti i reati per cui il mezzo di ricerca della prova in esame è astrattamente ammissibile (art. 266 co. 1).

• Il co. 1 *bis* stabilisce che l'uso dei risultati delle intercettazioni, compiute con captatore informatico (artt. 266 co. 2 e 2 *bis*; 267 co. 1 e 2 *bis*; 268 co. 3 *bis*; 270 co. 1 *bis*; 271 co. 1 *bis*; → **Disp. att.**, art. 89 co. 1, 2 *bis* e 2 *ter*), per la prova di **reati diversi** da quelli per i quali è stato emesso il decreto di autorizzazione (art. 267), è consentito solo se quest'ultimi rientrano tra quelli elencati nell'art. 51 co. 3 *bis* o 3 *quater* (→ **Soggetti**), oppure tra i delitti contro la p.a. (→ **Libro II, Titolo II, c.p.**), compiuti da pubblici ufficiali (→ 357 c.p.) o da incaricati di pubblico servizio (→ art. 358 c.p.), puniti con la pena della reclusione non inferiore nel massimo a cinque anni, determinata a norma dell'art. 4 (→ **Soggetti**).

• I co. 1 e 1 *bis* dell'art. 270 contengono due divieti probatori, la cui violazione è sanzionata da inutilizzabilità [(art. 191), (→ **Impugnazioni**, art. 606)].

• La Consulta (**Corte cost., 366 del 1991 e 63 del 1994**) ha ritenuto esistente un nesso diretto tra art. 270 e art. **15 Cost.** Più in particolare, la Corte costituzionale ha affermato che, consentire di utilizzare in modo incondizionato le intercettazioni in altri procedimenti «trasformerebbe l'intervento del giudice» [(→ **Soggetti**, artt. 1 s.); (→ **Indagini e udienza preliminare**, art. 328); (art. 267)] «richiesto dall'art. 15 della Costituzione in un'inammissibile autorizzazione in bianco, con conseguente lesione della "sfera privata" legata alla garanzia della libertà di comunicazione».

• Corte cost., **366** del **1991** ha chiarito la disciplina dell'art. 270 è estranea «al tema della possibilità di dedurre "**notizie di rea-**

to"» (→ **Indagini e udienza preliminare**, art. 330) «dalle intercettazioni legittimamente disposte nell'ambito di altro procedimento». Dal canto loro, le sezioni unite (**Cass., SU, 26.6.2014, n. 32697**) hanno ulteriormente precisato che le bobine delle intercettazioni sfuggono al divieto dell'art. 270, allorquando costituiscano esse stesse **corpo del reato** (art. 253 co. 2).

• Il massimo collegio (**Cass., SU, 2.1.2020, n. 51**), risolvendo un annoso contrasto giurisprudenziale, ha, inoltre, di recente stabilito che il divieto di cui alla previsione in esame **non opera** con riferimento a reati che risultino connessi *ex* art. 12 (→ **Soggetti**) a quelli in relazione ai quali l'autorizzazione era stata disposta in origine, sempreché essi rientrino nei limiti di ammissibilità previsti dall'art. 266 co. 1.

• L'art. 295 co. 3 (→ **Misure cautelari**) afferma che le disposizioni di cui all'art. 270 si applicano, ove possibile, nel caso in cui siano disposte intercettazioni al fine di agevolare le ricerche del latitante (→ **art. 296**).

• In ottemperanza al generale **principio dispositivo** in materia probatoria (**art. 190**) di norma spetterà alle parti del procedimento *ad quem* attivarsi per ottenere il trasferimento della captazione disposta *aliunde*. La giurisprudenza ammette però che la circolazione possa essere disposta anche d'ufficio per iniziativa del giudice [(→ **Giudizio**, art. 507) e (190 co. 2)].

• Da un punto di vista esecutivo, l'art. 270 co. 2 prescrive di depositare nella regiudicanda *ad quem* i verbali e le registrazioni [(→ **Atti**, art. 134); (artt. 268, 269); (→ **Disp. att.**, art. 89)], nonché di ripetere in tale sede la procedura prescritta dai co. 6, 7 e 8 dell'art. **268**. Per contro, la previsione in esame **non stabilisce** in modo espresso la necessità di depositare nella regiudicanda di arrivo anche i **decreti** (→ art. 125) che hanno disposto, autorizzato, convalidato o prorogato l'intercettazione (art. 267). Ciò, peraltro, non toglie che, come hanno rilevato le sezioni unite (Cass., SU, 17.11.2004, n. 45189), la parte interessata a far valere nel procedimento *ad quem* l'eventuale inutilizzabilità delle captazioni di cui è chiesto il trasferimento, derivante dalla mancanza o dall'illegittimità dell'atto autorizzativo originario, possa procurarsi e produrre i decreti autorizzativi.

• Il co. 3 stabilisce che il p.m. (→ **Soggetti**, art. 51) e i difensori (→ artt. 96 s.) hanno altresì la facoltà di esaminare i verbali e le registrazioni in precedenza depositati nel procedimento *a quo*.

270 *bis*. Comunicazioni di servizio di appartenenti al Dipartimento delle informazioni per la sicurezza e ai servizi di informazione per la sicurezza.

1. L'autorità giudiziaria, quando abbia acquisito, tramite intercettazioni, comunicazioni di servizio di appartenenti al Dipartimento delle informazioni per la sicurezza o ai servizi di informazione per la sicurezza, dispone l'immediata secretazione e la custodia in luogo protetto dei documenti, dei supporti e degli atti concernenti tali comunicazioni.

2. Terminate le intercettazioni, l'autorità giudiziaria trasmette al Presidente del Consiglio dei ministri copia della documentazione contenente le informazioni di cui intende avvalersi nel processo, per accertare se taluna di queste informazioni sia coperta da segreto di Stato.

3. Prima della risposta del Presidente del Consiglio dei ministri, le informazioni ad esso inviate possono essere utilizzate solo se vi è pericolo di inquinamento delle prove, o pericolo di fuga, o quando è necessario intervenire per prevenire o interrompere la commissione di un delitto per il quale sia prevista la pena della reclusione non inferiore nel massimo a quattro anni. Resta ferma la disciplina concernente la speciale causa di giustificazione prevista per attività del personale dei servizi di informazione per la sicurezza.

4. Se entro sessanta giorni dalla notificazione della richiesta il Presidente del Consiglio dei ministri non oppone il segreto, l'autorità giudiziaria acquisisce la notizia e provvede per l'ulteriore corso del procedimento.

5. L'opposizione del segreto di Stato inibisce all'autorità giudiziaria l'utilizzazione delle notizie coperte dal segreto.

6. Non è in ogni caso precluso all'autorità giudiziaria di procedere in base ad elementi autonomi e indipendenti dalle informazioni coperte dal segreto.

7. Quando è sollevato conflitto di attribuzione nei confronti del Presidente del Consiglio dei ministri, qualora il conflitto sia risolto nel senso dell'insussistenza del segreto di Stato, il Presidente del Consiglio dei ministri non può più opporlo con riferimento al medesimo oggetto. Qualora il conflitto sia risolto nel senso della sussistenza del segreto di Stato, l'autorità giudiziaria non può acquisire né utilizzare, direttamente o indirettamente, atti o documenti sui quali è stato opposto il segreto di Stato.

8. In nessun caso il segreto di Stato è opponibile alla Corte costituzionale. La Corte adotta le necessarie garanzie per la segretezza del procedimento.

L'articolo è stato introdotto dalla l. 3.8.2007, n. 124.

• L'articolo è finalizzato alla protezione del **segreto di Stato**, ponendo una serie di regole che si affiancano a quelle stabilite dall'art. 202 in merito alla testimonianza, e dagli artt. 256, 256 *bis* e 256 *ter* in merito alle prove documentali.

271. Divieti di utilizzazione.

1. I risultati delle intercettazioni non possono essere utilizzati qualora le stesse siano state eseguite fuori dei casi consentiti dalla legge o qualora non siano state osservate le disposizioni previste dagli articoli 267 e 268, commi 1 e 3.

1 *bis*. Non sono in ogni caso utilizzabili i dati acquisiti nel corso delle operazioni preliminari all'inserimento del captatore informatico sul dispositivo elettronico portatile e i dati acquisiti al di fuori dei limiti di tempo e di luogo indicati nel decreto autorizzativo.

2. Non possono essere utilizzate le intercettazioni relative a conversazioni o comunicazioni delle persone indicate nell'articolo 200, comma 1, quando hanno a oggetto fatti conosciuti per ragione del loro ministero, ufficio o professione, salvo che le stesse persone abbiano deposto sugli stessi fatti o li abbiano in altro modo divulgati.

3. In ogni stato e grado del processo il giudice dispone che la documentazione delle intercettazioni previste dai commi 1, 1 *bis* e 2 sia distrutta, salvo che costituisca corpo del reato.

Il d. lgs. 29.12.2017, n. 216 ha introdotto il co. 1 *bis* e modificato il co. 3.

• L'articolo delinea il **regime di utilizzabilità** (art. 191) delle intercettazioni, individuando le norme la cui violazione comporta inutilizzabilità: si tratta delle ipotesi in cui le stesse siano state eseguite fuori dai casi previsti dalla legge (art. 266), oppure si sia verificata un'inosservanza delle regole riguardanti autorizzazioni, proroghe e procedure d'urgenza (art. 267), o delle disposizioni in materia di registrazione, verbalizzazione e impianti utilizzabili (art. 268 co. 1 e 3).

• Il co. 1 *bis* disciplina le ipotesi di inutilizzabilità relative al **captatore informatico** (art. 266 co. 2 e 2 *bis*): non sono utilizzabili i dati catturati nel corso delle operazioni di installazione del *software* all'interno del dispositivo da controllare (art. 268 co. 3 *bis*; → **Disp. att.**, art. 89 co. 2), oppure quelli acquisiti al di fuori dei limiti temporali e spaziali stabiliti dal giudice (art. 267 co. 1)

• In parziale analogia a quanto previsto per la testimonianza indiretta (art. 195 co. 6), il co. 2 prevede poi l'inutilizzabilità delle captazioni che coinvolgano soggetti appartenenti alle categorie vincolate al **segreto professionale** (art. 200), salvo che costoro abbiano già altrimenti reso noti – ad esempio, tramite deposizione (→ **Indagini e udienza preliminare**, art. 362; → **Giudizio**, art. 497 s.) – i fatti coperti da segreto.

• Un divieto ulteriore – alla cui inosservanza consegue inutilizzabilità (→ **Soggetti**, art. 103 co. 7) – è specificamente previsto in rapporto alle conversazioni o comunicazioni dei **difensori** (→ art. 96 s.), degli **investigatori privati**, dei **consulenti tecnici** e loro ausiliari (→ **Indagini e udienza preliminare**, art. 327 *bis* co. 3), oppure alle conversazioni o comunicazioni tra i medesimi e le **persone** da loro **assistite** (→ **Libro II**, art. 103 co. 5).

• Qualora, in ogni stato e grado del processo (→ **Indagini e udienza preliminare**, art. 416 s.), venga ravvisata una delle cause di inutilizzabilità in parola, è necessario procedere immediatamente – in deroga a quanto previsto dall'art. 269 co. 2 – alla **distruzione** di tutta la documentazione (artt. 267 co. 5 e

268 co. 1 e 2) relativa alle intercettazioni viziate. Un'eccezione è prevista per il caso in cui la medesima documentazione costituisca corpo del reato (art. 253 co. 2).

• Secondo quanto affermato dalla Corte costituzionale (1 del 2013) – che, nello specifico, si stava occupando della sorte di intercettazioni "casuali" ai danni del **Presidente della Repubblica** – la decisione relativa alla distruzione di intercettazioni invalide «per ragioni sostanziali», ossia «derivanti dalla violazione di una protezione 'assoluta' del colloquio per la qualità degli interlocutori o per la pertinenza del suo oggetto» (ad esempio, art. 200) deve essere adottata dal giudice senza l'intervento delle parti.

LIBRO IV

MISURE CAUTELARI

Titolo I
MISURE CAUTELARI PERSONALI

• Alla tematica cautelare il legislatore ha dedicato l'intero **Libro IV** collocato in una posizione di autonomia fra la **parte statica** e la **parte dinamica** del codice.

• Le misure cautelari si distinguono in **misure cautelari personali** (→ Titolo I) e **misure cautelari reali** (→ Titolo II). Tra le misure cautelari personali si distinguono, a loro volta, le misure cautelari personali **coercitive** (→ Titolo I, Capo II, artt. 280-286) e le misure cautelari personali **interdittive** (→ Titolo I, Capo III, artt. 287-290).

• Il presente Libro traduce concretamente il **principio di tassatività e di legalità** dei provvedimenti incidenti sulla libertà personale, sancito sia a livello costituzionale (→ **Cost.**, art. 13 co. 2: riserva di legge), sia a livello codicistico (art. 272); nonché il principio della **riserva di giurisdizione** (→ **Cost.**, art. 13 co. 2; art. 279).

• Ulteriore criterio che trova sviluppo nel Libro IV, è quello della **pluralità graduata**, espressione del principio del minor sacrificio necessario per la libertà personale (→ **Cost.**, art. 13 co. 1).

• Il Capo I contiene delle «disposizioni generali» che trovano applicazione tanto alle misure cautelari coercitive quanto a quelle interdittive.

Capo I
Disposizioni generali

272. Limitazioni alle libertà della persona.

1. Le libertà della persona possono essere limitate con misure cautelari soltanto a norma delle disposizioni del presente titolo.

• La norma traspone nel codice di rito il **principio di legalità e di tassatività** espresso dalla **Costituzione** (→ art. 13). Il legislatore ha previsto un catalogo di **misure**, distinte in **coercitive** ed **interdittive**, anziché prevedere la sola carcerazione preventiva. Le misure sono graduate in progressione, in base all'afflittività sulla sfera giuridica dell'individuo.

273. Condizioni generali di applicabilità delle misure.

1. Nessuno può essere sottoposto a misure cautelari se a suo carico non sussistono gravi indizi di colpevolezza.

1 *bis*. Nella valutazione dei gravi indizi di colpevolezza si applicano le disposizioni degli articoli 192, commi 3 e 4, 195, comma 7, 203 e 271, comma 1.

2. Nessuna misura può essere applicata se risulta che il fatto è stato compiuto in presenza di una causa di giustificazione o di non punibilità o se sussiste una causa di estinzione del reato ovvero una causa di estinzione della pena che si ritiene possa essere irrogata.

Il co. 1 *bis* è stato introdotto dalla l. 1.3.2001, n. 63.

• I **gravi indizi di colpevolezza** sono il presupposto primo per l'applicazione della misura. Si tratta generalmente del materiale probatorio reperito nel corso delle **indagini preliminari**, anche attraverso l'**incidente probatorio** (→ **Indagini e udienza prelimi-**

nare, art. 392). Il termine «indizi» va qui inteso in senso diverso dal significato di prova indiretta o critica di cui all'art. 192 (→ **Prove**), poiché ricomprende tutti gli elementi conoscitivi presentati al giudice dal p.m. (→ **Soggetti**).

• Il giudice è chiamato a compiere una valutazione prognostica di colpevolezza dell'imputato, in rapporto alla conclusione **del giudizio** (→ **Libro VII**, art. 533).

• Il riferimento del co. 1 *bis* è a disposizioni riguardanti sia l'uso, sia la valutazione delle prove: due momenti diversi nella procedura probatoria (→ **Prove**, artt. 191 e 192). Viene richiamata anzitutto la **regola prudenziale** per cui i riscontri esterni individualizzanti sono necessari per valutare la dichiarazione resa dal coindagato o dal coimputato del medesimo reato o da persona indagata in un procedimento connesso o collegato (→ art. 192 co. 3 e 4); si stabilisce inoltre l'**inutilizzabilità** (→ art. 191) della testimonianza *de relato*, se non si è indicata la fonte (→ art. 195 co. 7), delle notizie ricevute dagli informatori della p.g., se questi non sono stati sentiti (→ art. 203), nonché dei risultati di intercettazioni illegittimamente compiute (→ art. 271).

• Ulteriore condizione per l'applicazione della misura cautelare è data dall'insussistenza di una di quelle situazioni che durante (→ **Atti**, art. 129) o all'esito del giudizio (→ **Libro VII**) comporterebbero la mancata applicazione della sanzione.

• Le condizioni di applicabilità delle misure cautelari devono essere presenti al momento in cui la misura viene disposta, e devono altresì persistere per tutto il periodo in cui la forma di cautela è applicata, pena la revoca o sostituzione della misura (art. 299 co. 1 e 2).

• La condizione figura tra quelle che, se mancanti, legittimano la riparazione per **ingiusta detenzione** (art. 314).

274. Esigenze cautelari.

1. Le misure cautelari sono disposte:

a) quando sussistono specifiche ed inderogabili esigenze attinenti alle indagini relative ai fatti per i quali si procede, in relazione a situazioni di concreto ed attuale pericolo per l'acquisizione o la genuinità della prova, fondate su circostanze di fatto espressamente indicate nel provvedimento a pena di nullità rilevabile anche d'ufficio. Le situazioni di concreto ed attuale pericolo non possono essere individuate nel rifiuto della persona sottoposta alle indagini o dell'imputato di rendere dichiarazioni né nella mancata ammissione degli addebiti;

b) quando l'imputato si è dato alla fuga o sussiste concreto e attuale pericolo che egli si dia alla fuga, sempre che il giudice ritenga che possa essere irrogata una pena superiore a due anni di reclusione. Le situazioni di concreto ed attuale pericolo non possono essere desunte esclusivamente dalla gravità del titolo di reato per cui si procede;

c) quando, per specifiche modalità e circostanze del fatto e per la personalità della persona sottoposta alle indagini o dell'imputato, desunta da comportamenti o atti concreti o dai suoi precedenti penali, sussiste il concreto e attuale pericolo che questi commetta gravi delitti con uso di armi o di altri mezzi di violenza personale o diretti contro l'ordine costituzionale ovvero delitti di criminalità organizzata o della stessa specie di quello per cui si procede. Se il pericolo riguarda la commissione di delitti della stessa specie di quello per cui si procede, le misure di custodia cautelare sono disposte soltanto se trattasi di delitti per i quali è prevista la pena della reclusione non inferiore nel massimo a quattro anni ovvero, in caso di custodia cautelare in carcere, di delitti per i quali è prevista la pena della reclusione non inferiore nel massimo a cinque anni nonché per il delitto di finanziamento illecito dei partiti di cui all'articolo 7 della legge 2 maggio 1974, n. 195, e successive modificazioni. Le situazioni di concreto ed attuale pericolo, anche in relazione alla personalità dell'imputato, non possono essere desunte esclusivamente dalla gravità del titolo di reato per cui si procede.

La norma è stata così modificata dalla l. 8.8.1995, n. 332, dal d.l. 1.7.2013, n. 78, conv. dalla l. 9.8.2013, n. 94 e, da ultimo, dalla l. 16.4.2015, n. 47.

• Se la misura è basata sull'esigenza di natura probatoria, il giudice è tenuto ad indicare la data di scadenza del provvedimento (art. 292 lett. *d*). Del pari, è prevista l'estinzione della misura al decorso del termine (art. 301 co. 1), salva la possibilità di rinnovazione. La **nullità** del provvedimento cautelare va inquadrata tra le ipotesi previste agli artt. 177 s. (→ **Atti**).

• L'ultimo periodo della lett. *a* tutela il **diritto al silenzio** dell'imputato (→ **Soggetti**, art. 64 co. 3 lett. *b*).

• Per il pericolo di fuga, quanto all'ambito oggettivo di applicabilità delle misure (artt. 280-287), si è aggiunta una delimitazione più specifica *quoad poenam*.

• L'imputato che si è dato alla fuga versa in una condizione di latitanza (art. 296).

• Al giudice *de libertate* spetta l'esposizione delle esigenze cautelari nella motivazione dell'ordinanza (art. 292 lett. *c*).

• La lettera *c*, nell'individuare i limiti edittali relativi all'esigenza cautelare di concreto ed attuale pericolo di reiterazione del reato, distingue fra **custodia in carcere** (art. 285) ed **altre misure custodiali** – *genus* che ricomprende al suo interno la custodia cautelare in istituto a custodia attenuata per detenute madri (art. 285 *bis*), la custodia cautelare in luogo di cura (art. 286) e gli arresti domiciliari (art. 284).

275. Criteri di scelta delle misure.

1. Nel disporre le misure, il giudice tiene conto della specifica idoneità di ciascuna in relazione alla natura e al grado delle esigenze cautelari da soddisfare nel caso concreto.

1 *bis*. Contestualmente ad una sentenza di condanna, l'esame delle esigenze cautelari è condotto tenendo conto anche dell'esito del procedimento, delle modalità del fatto e degli elementi sopravvenuti, dai quali possa emergere che, a seguito della sentenza, risulta taluna delle esigenze indicate nell'articolo 274, comma 1, lettere *b*) e *c*).

2. Ogni misura deve essere proporzionata all'entità del fatto e alla sanzione che sia stata o si ritiene possa essere irrogata.

2 *bis*. Non può essere applicata la misura della custodia cautelare in carcere o quella degli arresti domiciliari se il giudice ritiene che con la sentenza possa essere concessa la sospensione condizionale della pena. Salvo quanto previsto dal comma 3 e ferma restando l'applicabilità degli articoli 276, comma 1 *ter*, e 280, comma 3, non può applicarsi la misura della custodia cautelare in carcere se il giudice ritiene che, all'esito del giudizio, la pena detentiva irrogata non sarà superiore a tre anni. Tale disposizione non si applica nei procedimenti per i delitti di cui agli articoli 423 *bis*, 572, 612 *bis*, 612 *ter* e 624 *bis* del codice penale, nonché all'articolo 4 *bis* della legge 26 luglio 1975, n. 354, e successive modificazioni, e quando, rilevata l'inadeguatezza di ogni altra misura, gli arresti domiciliari non possano essere disposti per mancanza di uno dei luoghi di esecuzione indicati nell'articolo 284, comma 1, del presente codice.

2 *ter*. Nei casi di condanna di appello le misure cautelari personali sono sempre disposte, contestualmente alla sentenza, quando, all'esito dell'esame condotto a norma del comma 1 *bis*, risultano sussistere esigenze cautelari previste dall'articolo 274 e la condanna riguarda uno dei delitti previsti dall'articolo 380, comma 1, e questo risulta commesso da soggetto condannato nei cinque anni precedenti per delitti della stessa indole.

3. La custodia cautelare in carcere può essere disposta soltanto quando le altre misure coercitive o interdittive, anche se applicate cumulativamente, risultino inadeguate. Quando sussistono gravi indizi di colpevolezza in ordine ai delitti di cui agli articoli 270, 270 *bis* e 416 *bis* del codice penale, è applicata la custodia cautelare in carcere, salvo che siano acquisiti elementi dai quali risulti che non sussistono esigenze cautelari. Salvo quanto previsto dal secondo periodo del presente comma, quando sussistono gravi indizi di colpevolezza in ordine ai delitti di cui all'articolo 51, commi 3 *bis* e 3 *quater*, del presente codice nonché in ordine ai delitti di cui agli articoli 575, 600 *bis*, primo comma, 600 *ter*, escluso il quarto comma, 600 *quinquies* e, quando non ricorrano le circostanze attenuanti contemplate, 609 *bis*, 609 *quater* e 609 *octies* del codice penale, è applicata la custodia cautelare in carcere, salvo che siano acquisiti elementi dai quali risulti che non sussistono esigenze cautelari o che, in relazione al caso concreto, le esigenze cautelari possono essere soddisfatte con altre misure.

3 *bis*. Nel disporre la custodia cautelare in carcere il giudice deve indicare le specifiche ragioni per cui ritiene inidonea, nel caso concreto, la misura degli arresti domiciliari con le procedure di controllo di cui all'articolo 275 *bis*, comma 1.

4. Quando imputati siano donna incinta o madre di prole di età non superiore a sei anni con lei

convivente, ovvero padre, qualora la madre sia deceduta o assolutamente impossibilitata a dare assistenza alla prole, non può essere disposta né mantenuta la custodia cautelare in carcere, salvo che sussistano esigenze cautelari di eccezionale rilevanza. Non può essere disposta la custodia cautelare in carcere, salvo che sussistano esigenze cautelari di eccezionale rilevanza, quando imputato sia persona che ha superato l'età di settanta anni.

4 *bis*. Non può essere disposta né mantenuta la custodia cautelare in carcere quando l'imputato è persona affetta da AIDS conclamata o da grave deficienza immunitaria accertate ai sensi dell'articolo 286 *bis*, comma 2, ovvero da altra malattia particolarmente grave, per effetto della quale le sue condizioni di salute risultano incompatibili con lo stato di detenzione e comunque tali da non consentire adeguate cure in caso di detenzione in carcere.

4 *ter*. Nell'ipotesi di cui al comma 4 *bis*, se sussistono esigenze cautelari di eccezionale rilevanza e la custodia cautelare presso idonee strutture sanitarie penitenziarie non è possibile senza pregiudizio per la salute dell'imputato o di quella degli altri detenuti, il giudice dispone la misura degli arresti domiciliari presso un luogo di cura o di assistenza o di accoglienza. Se l'imputato è persona affetta da AIDS conclamata o da grave deficienza immunitaria, gli arresti domiciliari possono essere disposti presso le unità operative di malattie infettive ospedaliere ed universitarie o da altre unità operative prevalentemente impegnate secondo i piani regionali nell'assistenza ai casi di AIDS, ovvero presso una residenza collettiva o casa alloggio di cui all'articolo 1, comma 2, della legge 5 giugno 1990, n. 135.

4 *quater*. Il giudice può comunque disporre la custodia cautelare in carcere qualora il soggetto risulti imputato o sia stato sottoposto ad altra misura cautelare per uno dei delitti previsti dall'articolo 380, relativamente a fatti commessi dopo l'applicazione delle misure disposte ai sensi dei commi 4 *bis* e 4 *ter*. In tal caso il giudice dispone che l'imputato venga condotto in un istituto dotato di reparto attrezzato per la cura e l'assistenza necessarie.

4 *quinquies*. La custodia cautelare in carcere non può comunque essere disposta o mantenuta quando la malattia si trova in una fase così avanzata da non rispondere più, secondo le certificazioni del servizio sanitario penitenziario o esterno, ai trattamenti disponibili e alle terapie curative.

5. [Soppresso.]

La norma è stata così modificata: dal d.l. 12.1.1991, n. 5, non conv. in l.; dal d.l. 13.3.1991, n. 76 non conv. in l.; dal d.l. 13.5.1991, n. 152, conv., con modif., dalla l. 12.7.1991, n. 203; dal d.l. 9.9.1991, n. 292, conv., con modif., dalla l. 8.11.1991, n. 356; dal d.l. 11.9.1992, n. 374, non conv. in l.; dal d.l. 12.11.1992, n. 431, non conv. in l.; dal d.l. 12.1.1993, n. 3, non conv. in l.; dal d.l. 13.3.1993, n. 60, non conv. in l.; dal d.l. 14.5.1993, n. 139, conv., con modif., dalla l. 14.7.1993, n. 222; dalla l. 8.8.1995, n. 332; dalla l. 12.7.1999, n. 231; dal d.l. 24.11.2000, n. 341, conv., con modif., dalla l. 19.1.2001, n. 4; dalla l. 26.3.2001, n. 128; dal d.l. 23.2.2009, n. 11, conv., con modif., dalla l. 23.4.2009, n. 38; dalla l. 21.4.2011, n. 62; dal d.l. 26.6.2014, n. 92, conv., con modif., dalla l. 11.8.2014, n. 117, dalla l. 16.4.2015, n. 47 e, da ultimo, dalla l. 19.7.2019, n. 69 (c.d. codice rosso).

• **Corte cost.**, **265 del 2010**, ha dichiarato l'illegittimità del secondo e terzo periodo del co. 3, come modificato dal d.l. 11 del 2009, conv., con modif., dalla l. 38 del 2009, nella parte in cui – nel prevedere che, quando sussistono gravi indizi di colpevolezza in ordine ai delitti di cui agli artt. 600 *bis* co. 1, 609 *bis* e 609 *quater* c.p., è applicata la custodia cautelare in carcere, salvo che siano acquisiti elementi dai quali risulti che non sussistono esigenze cautelari – non fa salva, altresì, l'ipotesi in cui siano acquisiti elementi specifici, in relazione al caso concreto, dai quali risulti che le esigenze cautelari possono essere soddisfatte con altre misure. La stessa Corte, **164 del 2011**, ha dichiarato l'illegittimità del secondo e terzo periodo del co. 3, come modificato dal d.l. 11 del 2009, conv., con modif., dalla l. 38 del 2009, nella parte in cui – nel prevedere che, quando sussistono gravi indizi di colpevolezza in ordine al delitto di cui all'art. 575 c.p., è applicata la custodia cautelare in carcere, salvo che siano acquisiti elementi dai quali risulti che non sussistono esigenze cautelari – non fa salva, altresì, l'ipotesi in cui siano acquisiti elementi specifici, in relazione al caso concreto, dai quali risulti che le esigenze cautelari possono essere soddisfatte con altre misure. Corte cost., **231 del 2011**, ha dichiarato l'illegittimità del secondo periodo del co. 3, come modificato dal d.l. 11 del 2009, conv., con modif., dalla l. 38 del 2009, nella parte in cui – nel prevedere che, quando sussistono gravi indizi di colpevolezza in ordine al delitto di cui all'art. 74 d.P.R. 9.10.1990, n. 309, è applicata la custodia cautelare in carcere, salvo che siano acquisiti elementi dai quali risulti che non sussistono esigenze cautelari – non fa salva, altresì, l'ipotesi in cui siano acquisiti elementi specifici, in relazione al caso concreto, dai quali risulti che le esigenze cautelari possono essere soddisfatte con altre misure. Corte cost., **231 del 2011**, ha dichiarato illegittimità costituzionale dell'art. 12 co. 4 *bis* del d. lgs. 25.7.1998, n. 286 (Testo unico delle disposizioni concernenti la disciplina dell'immigrazione e norme sulla condizione dello straniero), aggiunto dall'art. 1 co. 26 lett. *f* della l. 15.7.2009, n. 94, nella parte in cui – nel prevedere che, quando sussistono gravi indizi di colpevolezza in ordine ai reati previsti dal co. 3 del medesimo articolo, è applicata la custodia cautelare in carcere, salvo che siano acquisiti elementi dai quali risulti che non sussistono esigenze cautelari – non fa salva, altresì, l'ipotesi in cui siano acquisiti elementi specifici, in relazione al caso concreto, dai quali risulti che le esigenze cautelari possono essere soddisfatte con altre misure. Corte cost., **110 del 2012**, ha dichiarato l'illegittimità del secondo periodo del co. 3, come modificato dal d.l. 11 del 2009, conv., con modif., dalla l. 38 del 2009, nella parte in cui – nel prevedere che, quando sussistono gravi indizi di colpevolezza in ordine al delitto di cui all'art. 416 c.p., realizzato allo scopo di commettere i delitti previsti dagli artt. 473 e 474 c.p., è applicata la custodia cautelare in carcere, salvo che siano acquisiti elementi dai quali risulti che non sussistono esigenze cautelari – non fa salva, altresì, l'ipotesi in cui siano acquisiti elementi specifici, in relazione al caso concreto, dai quali risulti che le esigenze cautelari possono essere soddisfatte con altre misure. Corte cost., **57 del 2013**, ha dichiarato l'illegittimità del secondo periodo del co. 3, come modificato dal d.l. 11 del 2009, conv., con modif., dalla l. 38 del 2009, nella parte in cui – nel prevedere che, quando sussistono gravi indizi di colpevolezza in ordine ai delitti commessi avvalendosi delle condizioni previste dall'art. 416 *bis* c.p. ovvero al fine di agevolare l'attività delle associazioni previste dallo stesso art., è applicata la custodia cautelare in carcere, salvo che siano acquisiti elementi dai quali risulti che non sussistono esigenze cautelari – non fa salva, altresì, l'ipotesi in cui siano acquisiti elementi specifici, in relazione al caso concreto, dai quali risulti che le esigenze cautelari possono essere soddisfatte con altre misure. Corte cost., **213 del 2013**, ha dichiarato l'illegittimità del secondo periodo del co. 3, come modificato dal d.l. 11 del 2009, conv., con modif., dalla l. 38 del 2009, nella parte in cui – nel prevedere che, quando sussistono gravi indizi di colpevolezza in ordine al delitto di cui all'art. 630 c.p., è applicata la custodia cautelare in carcere, salvo che siano acquisiti elementi dai quali risulti che non sussistono esigenze cautelari – non fa salva, altresì, l'ipotesi in cui siano acquisiti elementi specifici, in relazione al caso concreto, dai quali risulti che le esigenze cautelari possono essere soddisfatte con altre misure. Corte cost., **232 del 2013**, ha dichiarato l'illegittimità del terzo periodo del co. 3, come modificato dal d.l. 11 del 2009, conv., con modif., dalla l. 38 del 2009, nella parte in cui – nel prevedere che, quando sussistono gravi indizi di colpevolezza in ordine al delitto di cui all'art. 609 *octies* c.p., è applicata la custodia cautelare in carcere, salvo che siano acquisiti elementi dai quali risulti che non sussistono esigenze cautelari – non fa salva, altresì, l'ipotesi in cui siano acquisiti elementi specifici, in relazione al caso concreto, dai quali risulti che le esigenze cautelari possono essere soddisfatte con altre misure. Corte cost., **48 del 2015**, ha dichiarato l'illegittimità del terzo periodo del co. 3, come modificato dal d.l. 11 del 2009, conv., con modif., dalla l. 38 del 2009, nella parte in cui – nel prevedere che, quando sussistono gravi indizi di colpevolezza in ordine al delitto di cui all'art. 416 *bis* c.p. è applicata la custodia cautelare in carcere, salvo che siano acquisiti elementi dai quali risulti che non sussistono esigenze cautelari – non fa salva, altresì, rispetto al concorrente esterno nel suddetto delitto, l'ipotesi in cui siano acquisiti elementi specifici, in relazione al caso concreto, dai quali risulti che le esigenze cautelari possono essere soddisfatte con altre misure.

• L'*incipit* della norma dà traduzione al principio di tassatività e si riferisce al catalogo di **misure coercitive** (artt. 280-286) e **interdittive** (artt. 287-290).

• I co. 1 e 2 sanciscono rispettivamente il **principio di adeguatezza e** quello di **proporzionalità**, ossia i criteri che guidano la discrezionalità del giudice nella scelta della misura cautelare da adottare nel caso concreto.

• Il primo periodo del co. 3 individua nella custodia carceraria l'*extrema ratio* del sistema cautelare. Tale configurazione discende direttamente dai principi costituzionali posti a tutela della libertà personale e della presunzione di innocenza (→ **Cost.**, artt. 13 e 27 co. 2). In virtù di tale caratteristica, il giudice, quando applica la misura inframuraria, è tenuto a esplicitare le ragioni per cui si sono ritenute inadeguate misure meno afflittive (art. 292 co. 2 lett. *c bis*).

• I periodi del co. 3 successivi al primo rappresentano una deroga alla concretezza delle esigenze di cui all'art. 274. Infatti la sussistenza dei *pericula libertatis* (art. 274) è presunta in via relativa dal legislatore quando sussistono indizi di colpevolezza rispetto ad una serie di ipotesi criminose di particolare gravità. Tale presunzione comporta che il giudice, in deroga a quanto previsto in via generale (art. 292 co. 2 lett. *c*), non sia chiamato a motivare puntualmente circa le specifiche esigenze che concretamente giustificano l'adozione della cautela. Al contrario, egli deve esplicitare – a seconda delle varie ipotesi – se risultano ragioni che eventualmente lo inducano a ritenere insussistenti o meno intense le esigenze cautelari e, conseguentemente, a non disporre la custodia cautelare in carcere. La presunzione *iuris tantum* si traduce in un sostanziale ribaltamento dell'onere probatorio gravante sulle parti: finisce con gravare sulla difesa la dimostrazione circa l'insussistenza dell'intera gamma di *pericula* di cui all'art. 274.

• Il legislatore affianca a quella riguardante la sussistenza delle esigenze cautelari un'ulteriore presunzione che, in deroga al principio di adeguatezza (art. 275 co. 1) e al carattere di *extrema ratio* della custodia carceraria (art. 275 co. 3, primo periodo), individua in tale misura la sola idonea a fronteggiare i *pericula libertatis*. In relazione ad un primo gruppo di fattispecie criminose tale presunzione risulta assoluta, dunque insuscettibile di prova contraria. Con riferimento ad un secondo gruppo di reati il legislatore (sulla scia delle pronunce della Corte costituzionale sopra richiamate) fa salva la possibilità di dimostrare l'adeguatezza di misure meno gravose a soddisfare i *pericula* del caso concreto. L'onere di dimostrare l'idoneità di misure meno afflittive della custodia carceraria a fronteggiare le concrete esigenze cautelari grava sulla difesa. Ciò rappresenta una deroga all'ordinario criterio di ripartizione dell'onere probatorio.

• Il co. 3 *bis* prevede un ulteriore onere motivazionale volto a limitare il ricorso alla custodia cautelare (art. 285), in virtù di quanto disposto nei commi precedenti.

• I co. 1 *bis* e 1 *ter* fanno riferimento all'applicazione della misura cautelare a seguito della sentenza di condanna di primo grado (→ **Giudizio**, art. 533), ovvero ad una sentenza di condanna in appello (→ **Impugnazioni**, art. 605). In caso di condanna a seguito di giudizio d'appello, la valutazione obbligatoria del giudice in ordine alla sussistenza di almeno una esigenza cautelare viene svolta solo per quelle fattispecie di reato che prevedono l'arresto obbligatorio (→ **Indagini e udienza preliminare**, art. 380 co. 1).

• I co. 4 s. contengono alcune specificazioni del principio di adeguatezza (art. 275 co. 1) e del carattere di *extrema ratio* della misura inframuraria. Il legislatore introduce infatti una sorta di presunzione di non necessità della custodia cautelare in carcere variamente modulata in rapporto a particolari condizioni soggettive del destinatario del provvedimento: donna incinta, madre o talora padre, persona ultrasettantenne o affetta da gravi malattie.

275 *bis*. Particolari modalità di controllo.

1. Nel disporre la misura degli arresti domiciliari anche in sostituzione della custodia cautelare in carcere, il giudice, salvo che le ritenga non necessarie in relazione alla natura e al grado delle esigenze cautelari da soddisfare nel caso concreto, prescrive procedure di controllo mediante mezzi elettronici o altri strumenti tecnici, quando ne abbia accertato la disponibilità da parte della polizia giudiziaria. Con lo stesso provvedimento il giudice prevede l'applicazione della misura della custodia cautelare in carcere qualora l'imputato neghi il consenso all'adozione dei mezzi e strumenti anzidetti.

2. L'imputato accetta i mezzi e gli strumenti di controllo di cui al comma 1 ovvero nega il con-

senso all'applicazione di essi, con dichiarazione espressa resa all'ufficiale o all'agente incaricato di eseguire l'ordinanza che ha disposto la misura. La dichiarazione è trasmessa al giudice che ha emesso l'ordinanza ed al pubblico ministero, insieme con il verbale previsto dall'articolo 293, comma 1.

3. L'imputato che ha accettato l'applicazione dei mezzi e strumenti di cui al comma 1 è tenuto ad agevolare le procedure di installazione e ad osservare le altre prescrizioni impostegli.

Trattasi del c.d. "braccialetto elettronico", dispositivo che ha fatto la sua comparsa nell'ordinamento con il d.l. 24.11.2000, n. 341, conv., con modif., dalla l. 19.1.2001, n. 4. Successivamente il co. 1 è stato modificato dal d.l. 23.12.2013, n. 146, conv., con modif., dalla l. 21.2.2014, n. 10.

• Come precisato a più riprese anche dalla giurisprudenza, la norma non ha introdotto una nuova misura coercitiva bensì una **modalità di esecuzione** della misura cautelare degli **arresti domiciliari** (art. 284).

• La Corte di cassazione ha specificato che all'indisponibilità di strumenti di controllo elettronico da parte della polizia non può conseguire l'automatica applicazione della custodia cautelare in carcere, né degli arresti domiciliari c.d. tradizionali, dovendo in ogni caso il giudice valutare la **specifica idoneità, adeguatezza e proporzionalità** di ciascuna misura in relazione alle esigenze cautelari da soddisfare nel caso concreto (Cass., SU, 28.4.2016, Lovisi).

• Le modalità di controllo in esame si applicano anche alla misura cautelare dell'allontanamento dalla casa familiare qualora si proceda per determinati delitti (art. 282 *bis* co. 6) e a quella del divieto di avvicinamento ai luoghi frequentati dalla persona offesa (art. 282 *ter*), nonché alla misura alternativa della detenzione domiciliare (→ **Ord. penit.**, artt. 47 *ter* e 58 *quinquies*).

• Le previsioni che disciplinano le modalità di installazione ed uso, nonché la descrizione dei tipi e delle caratteristiche dei mezzi elettronici e degli altri strumenti tecnici destinati al controllo sono contenute in un decreto ministeriale (→ d.m. del ministero dell'interno del 2.2.2001). Indicazioni di natura operativa sono contenute anche all'interno di circolari emanate dalle singole Procure della Repubblica [→ v., a titolo esemplificativo, Linee guida della Procura di Tivoli per l'applicazione della l. 134/2021, dell'11.10.2021, ove si stabilisce che nel caso di applicazione della misura del divieto di avvicinamento alla persona offesa o ai luoghi da essa abitualmente frequentati (art. 282 *ter*) con il c.d. braccialetto elettronico, la distanza da osservare dovrà essere di almeno 1 km e comunque mai inferiore a 500 metri] e ove si prevede che, negli stessi casi, la Procura chiederà il consenso della persona offesa a dotarsi di un dispositivo di tracciamento di prossimità (c.d. anti-stalking), capace di rilevare la presenza dell'indagato a una distanza inferiore a quella prescritta e segnalarla immediatamente all'autorità).

276. Provvedimenti in caso di trasgressione alle prescrizioni imposte.

1. In caso di trasgressione alle prescrizioni inerenti a una misura cautelare, il giudice può disporre la sostituzione o il cumulo con altra più grave, tenuto conto dell'entità, dei motivi e delle circostanze della violazione. Quando si tratta di trasgressione alle prescrizioni inerenti a una misura interdittiva, il giudice può disporre la sostituzione o il cumulo anche con una misura coercitiva.

1 *bis*. Quando l'imputato si trova nelle condizioni di cui all'articolo 275, comma 4 *bis*, e nei suoi confronti è stata disposta misura diversa dalla custodia cautelare in carcere, il giudice, in caso di trasgressione delle prescrizioni inerenti alla diversa misura cautelare, può disporre anche la misura della custodia cautelare in carcere. In tal caso il giudice dispone che l'imputato venga condotto in un istituto dotato di reparto attrezzato per la cura e l'assistenza necessarie.

1 *ter*. In deroga a quanto previsto nel comma 1, in caso di trasgressione alle prescrizioni degli arresti domiciliari concernenti il divieto di allontanarsi dalla propria abitazione o da altro luogo di privata dimora, il giudice dispone la revoca della misura e la sostituzione con la custodia cautelare in carcere, salvo che il fatto sia di lieve entità.

La norma è stata così modificata dalla l. 12.7.1999, n. 231; dal d.l. 24.11.2000, n. 341, conv., con modif., dalla l. 19.1.2001, n. 4; nonché, da ultimo, dalla l. 16.4.2015, n. 47.

• Il riferimento è alle prescrizioni imposte con gli arresti domiciliari (art. 284 co. 1).

• Il co. 1 fa riferimento all'ipotesi di cumulo delle misure cautelari a seguito dalla trasgressione della misura imposta. Caso generale di applicazione congiunta *ab origine* è invece quello contemplato nell'art. 275 co. 3.

• Il co. 1 *bis* disciplina l'ipotesi in cui la trasgressione alle prescrizioni sia stata posta in essere dall'imputato affetto da AIDS conclamata o da grave deficienza immunitaria (art. 275 co. 4 *bis*).

• Il co. 1 *ter* introduce una deroga specifica, nel caso in cui sia violato il divieto di allontanarsi dalla propria abitazione (art. 284 co. 1; → art. 385 c.p.).

277. Salvaguardia dei diritti della persona sottoposta a misure cautelari.

1. Le modalità di esecuzione delle misure devono salvaguardare i diritti della persona ad esse sottoposta, il cui esercizio non sia incompatibile con le esigenze cautelari del caso concreto.

• Una specifica ipotesi di tutela è quella prevista in tema di applicazione degli arresti domiciliari con braccialetto elettronico (art. 275 *bis*), che prevede la necessità del consenso dell'imputato.

• Con riferimento alla custodia cautelare in carcere, un'ulteriore espressione del principio qui enunciato si ritrova nell'art. 285 co. 2.

278. Determinazione della pena agli effetti dell'applicazione delle misure.

1. Agli effetti dell'applicazione delle misure, si ha riguardo alla pena stabilita dalla legge per ciascun reato consumato o tentato. Non si tiene conto della continuazione, della recidiva e delle circostanze del reato, fatta eccezione della circostanza aggravante prevista al numero 5) dell'articolo 61 del codice penale e della circostanza attenuante prevista dall'articolo 62 n. 4 del codice penale nonché delle circostanze per le quali la legge stabilisce una pena di specie diversa da quella ordinaria del reato e di quelle ad effetto speciale.

L'articolo è stato così modificato dal d.l. 1.3.1991, n. 60, conv., con modif., dalla l. 22.4.1991, n. 133; dalla l. 8.8.1995, n. 332 e dalla l. 26.3.2001, n. 128.

• La disposizione indica come calcolare la pena ai fini di quanto previsto come limite generale di applicabilità delle misure coercitive (art. 280) ed interdittive (art. 287). Ai fini del computo, per determinare la «pena stabilita dalla legge», si ha riguardo al quadro edittale da applicare per il delitto tentato (→ art. 56 c.p.) ed alle sole circostanze richiamate dalla disposizione normativa (→ artt. 61 n. 5, 62 n. 4 e 63 co. 3 c.p.).

• Secondo quanto stabilito dall'art. 1 co. 1 *quater* d.l. 31.3.2014, n. 52, conv., con modif., dalla l. 30.5.2014, n. 1, i criteri dettati dal presente articolo operano anche al fine di determinare quale sia il massimo edittale di pena detentiva, prevista per il reato contestato, cui va ragguagliato il limite temporale insuperabile di durata delle misure di sicurezza detentive provvisorie (art. 312) e definitive, compreso il ricovero nelle residenze per l'esecuzione delle misure di sicurezza. Tuttavia, la disposizione di cui al primo periodo non si applica se il procedimento riguarda delitti puniti con la pena dell'ergastolo.

279. Giudice competente.

1. Sull'applicazione e sulla revoca delle misure nonché sulle modifiche delle loro modalità esecutive, provvede il giudice che procede. Prima dell'esercizio dell'azione penale provvede il giudice per le indagini preliminari.

• L'attuale codice ha rimesso in via esclusiva al **giudice** (→ **Soggetti**) il potere di applicare misure cautelari personali (→ **Cost.**, artt. 13 co. 2 e 111 co. 7). Il p.m. (→ **Soggetti**) deve presentare una richiesta (art. 291) al giudice competente, il quale con ordinanza potrà accogliere o rigettare la richiesta (art. 292).

• La norma va coordinata con l'art. 214

Disp. att., che lascia al p.m. la possibilità di disporre solo le **misure precautelari** (→ **Indagini e udienza preliminare**).

• Se la richiesta si colloca in un momento antecedente a quello dell'esercizio dell'azione penale (→ **Indagini e udienza preliminare**, art. 405) la competenza spetta al **g.i.p.** (→ art. 328). Nel caso si indaghi per uno dei reati indicati nell'art. 51 co. 3 *bis* (→ **Soggetti**), è competente il g.i.p. distrettuale. Qualora la richiesta cautelare avvenga durante il **processo** (→ **Indagini e udienza preliminare**, art. 416 s.; → **Giudizio**) la competenza si radica in capo al **giudice** della fase in corso, quale competenza accessoria rispetto a quella principale.

• Lo stesso vale in caso di sostituzione della misura (artt. 276, 299).

• Durante la pendenza del **ricorso per cassazione** (→ **Impugnazioni**), provvede il giudice che ha emesso il provvedimento impugnato (→ **Disp. att.**, art. 91).

• Il codice sancisce il principio della conservazione delle misure cautelari emesse da un **giudice incompetente** (→ **Soggetti**, art. 27). Il giudice, che già abbia dichiarato la propria incompetenza (→ art. 20 s.), al fine di soddisfare una urgenza rispetto alle esigenze di cui all'art. 274 emette ugualmente il provvedimento cautelare (art. 291 co. 2).

Capo II
Misure coercitive

• Le ordinanze (→ **Atti**, art. 125) che applicano una delle misure coercitive, previste dal Capo II, Titolo I, costituiscono l'ambito oggettivo del **riesame** (art. 309).

280. Condizioni di applicabilità delle misure coercitive.

1. Salvo quanto disposto dai commi 2 e 3 del presente articolo e dall'articolo 391, le misure previste in questo capo possono essere applicate solo quando si procede per delitti per i quali la legge stabilisce la pena dell'ergastolo o della reclusione superiore nel massimo a tre anni.

2. La custodia cautelare in carcere può essere disposta solo per delitti, consumati o tentati, per i quali sia prevista la pena della reclusione non inferiore nel massimo a cinque anni e per il delitto di finanziamento illecito dei partiti di cui all'articolo 7 della legge 2 maggio 1974, n. 195, e successive modificazioni.

3. La disposizione di cui al comma 2 non si applica nei confronti di chi abbia trasgredito alle prescrizioni inerenti ad una misura cautelare.

L'articolo è stato così sostituito dalla l. 8.8.1995, n. 332. Il co. 2 è stato modificato dal d.l. 1.7.2013, n. 78, conv., con modif., dalla l. 9.8.2013, n. 94.

• Le misure coercitive sono applicabili se sussiste il duplice presupposto dei gravi indizi di colpevolezza (art. 273) e delle esigenze cautelari (art. 274) e si procede per un **reato di una certa gravità**.

• Ai fini dell'individuazione dei **criteri di computo della pena** occorre riferirsi all'art. 278.

• Sono tuttavia configurabili alcune **eccezioni**: (*i*) applicazione di una cautela in sede di udienza di convalida dell'arresto in flagranza (→ **Indagini e udienza preliminare**, art. 391 co. 5); (*ii*) applicazione della misura più gravosa tra le cautelari, la custodia carceraria, salvo che la stessa vada applicata a seguito della trasgressione delle prescrizioni inerenti ad una precedente cautela (art. 276); (*iii*) previsione di cui all'art. 282 *bis* co. 6.

281. Divieto di espatrio.

1. Con il provvedimento che dispone il divieto di espatrio, il giudice prescrive all'imputato di non uscire dal territorio nazionale senza l'autorizzazione del giudice che procede.

2. Il giudice dà le disposizioni necessarie per assicurare l'esecuzione del provvedimento, anche al fine di impedire l'utilizzazione del passaporto e degli altri documenti di identità validi per l'espatrio.

2 *bis*. [Con l'ordinanza che applica una delle altre misure coercitive previste dal presente capo, il giudice dispone in ogni caso il divieto di espatrio.]

Il co. 2 *bis* è stato aggiunto dal d.l. 8.6.1992, n. 306, conv., con modif., dalla l. 7.8.1992, n. 356.

• Corte cost., 109 del 1994 ha dichiarato l'illegittimità costituzionale del co. 2 *bis*.

• La misura è destinata ad incidere sulla **libertà di circolazione** (→ **Cost.**, art. 16).

• Il provvedimento che dispone la cautela è un'**ordinanza** (→ **Atti**, art. 125; art. 292 co. 1), che deve contenere, a pena di nullità (→ **Atti**, art. 181, relativa ma rilevabile anche d'ufficio), i requisiti di cui al co. 2 dell'art. 292. Il fatto che il provvedimento, in quanto ordinanza, debba essere motivato, a pena di nullità, è previsto in termini generali dall'art. 125 co. 3 (→ **Atti**).

• Ai sensi dell'art. 291 co. 1, l'ordinanza è emessa dal **giudice** (→ **Soggetti**) competente (art. 279), in base alla riserva di giurisdizione (→ **Cost.**, art. 13 co. 2).

• L'ordinanza che applica la misura **si esegue mediante notifica** (→ **Atti**, art. 148 s.) all'imputato (art. 293 co. 2).

• I **termini di durata** della misura sono quelli stabiliti dall'art. 308.

• In relazione a questa misura, **l'interrogatorio di garanzia** deve realizzarsi entro 10 giorni dall'esecuzione (art. 294 co. 1 *bis*); il mancato rispetto del termine comporta la perdita di efficacia immediata della misura (art. 302; Corte cost., 95 del 2001).

282. Obbligo di presentazione alla polizia giudiziaria.

1. Con il provvedimento che dispone l'obbligo di presentazione alla polizia giudiziaria, il giudice prescrive all'imputato di presentarsi a un determinato ufficio di polizia giudiziaria.

2. Il giudice fissa i giorni e le ore di presentazione tenendo conto dell'attività lavorativa e del luogo di abitazione dell'imputato.

• La misura è destinata ad incidere sulla **libertà di circolazione** (→ **Cost.**, art. 16). Viene altresì in rilievo la previsione dell'art. 23 **Cost.**, per cui nessuno può essere obbligato ad una prestazione personale non imposta da legge.

• Il provvedimento che dispone la cautela è un'**ordinanza** (→ **Atti**, art. 125; art. 292 co. 1), che deve contenere, a pena di nullità (→ **Atti**, art. 181, relativa ma rilevabile anche d'ufficio), i requisiti di cui al co. 2 dell'art. 292.

• Ai sensi dell'art. 291 co. 1, l'ordinanza in questione è emessa dal **giudice** (→ **Soggetti**) competente (art. 279), in base alla riserva di giurisdizione (→ **Cost.**, art. 13 co. 2).

• La norma che individua i servizi e le sezioni di **p.g.**, tra i cui uffici sarà individuato quello ove l'imputato (→ **Soggetti**, art. 60) è tenuto a presentarsi, è l'art. 56 (→ **Soggetti**).

• L'ordinanza che applica la misura **si esegue mediante notifica** (→ **Atti**, art. 148 s.) all'imputato (art. 293 co. 2).

• I **termini di durata** della misura sono quelli stabiliti dall'art. 308.

• In relazione a questa misura **l'interrogatorio di garanzia** deve compiersi entro 10 giorni dall'esecuzione (art. 294 co. 1 *bis*); il mancato rispetto del termine comporta la perdita di efficacia immediata della misura (art. 302; Corte cost., 95 del 2001).

282 *bis*. Allontanamento dalla casa familiare.

1. Con il provvedimento che dispone l'allontanamento il giudice prescrive all'imputato di lasciare immediatamente la casa familiare, ovvero di non farvi rientro, e di non accedervi senza l'autorizzazione del giudice che procede. L'eventuale autorizzazione può prescrivere determinate modalità di visita.

2. Il giudice, qualora sussistano esigenze di tutela dell'incolumità della persona offesa o dei suoi prossimi congiunti, può inoltre prescrivere all'imputato di non avvicinarsi a luoghi determinati abitualmente frequentati dalla persona offesa, in particolare il luogo di lavoro, il domicilio della famiglia di origine o dei prossimi congiunti, salvo che la frequentazione sia necessaria per motivi di lavoro. In tale ultimo caso il giudice prescrive le relative modalità e può imporre limitazioni.

3. Il giudice, su richiesta del pubblico ministero, può altresì ingiungere il pagamento periodico di un assegno a favore delle persone conviventi che, per effetto della misura cautelare disposta, rimangano prive di mezzi adeguati. Il giudice determina la misura dell'assegno tenendo conto delle circostanze e dei redditi dell'obbligato e stabilisce le modalità ed i termini del versamento. Può ordinare, se necessario, che l'assegno sia versato direttamente al beneficiario da parte del datore di lavoro dell'obbligato, detraendolo dalla retribuzione a lui spettante. L'ordine di pagamento ha efficacia di titolo esecutivo.

4. I provvedimenti di cui ai commi 2 e 3 possono essere assunti anche successivamente al provvedimento di cui al comma 1, sempre che questo non sia stato revocato o non abbia comunque perduto efficacia. Essi, anche se assunti successivamente, perdono efficacia se è revocato o perde comunque efficacia il provvedimento di cui al comma 1. Il provvedimento di cui al comma 3, se a favore del coniuge o dei figli, perde efficacia, inoltre, qualora sopravvenga l'ordinanza prevista dall'articolo 708 del codice di procedura civile ovvero altro provvedimento del giudice civile in ordine ai rapporti economico-patrimoniali tra i coniugi ovvero al mantenimento dei figli.

5. Il provvedimento di cui al comma 3 può essere modificato se mutano le condizioni dell'obbligato o del beneficiario, e viene revocato se la convivenza riprende.

6. Qualora si proceda per uno dei delitti previsti dagli articoli 570, 571, 572, 582, limitatamente alle ipotesi procedibili d'ufficio o comunque aggravate, 600, 600 *bis*, 600 *ter*, 600 *quater*, 600 *septies*.1, 600 *septies*.2, 601, 602, 609 *bis*, 609 *ter*, 609 *quater*, 609 *quinquies*, 609 *octies* e 612, secondo comma, 612 *bis*, del codice penale, commesso in danno dei prossimi congiunti o del convivente, la misura può essere disposta anche al di fuori dei limiti di pena previsti dall'articolo 280, anche con le modalità di controllo previste all'articolo 275 *bis*.

L'articolo è stato introdotto dalla l. 4.4.2001, n. 154. L'ult. co. è stato così modificato dalla l. 1.10.2012, n. 172; dal d.l. 14.8.2013, n. 93, conv., con modif., dalla l. 15.10.2013, n. 119 e, da ultimo, dal d.l. 4.10.2018, n. 113 (c.d. decreto sicurezza) conv., con modif., dalla l. 1.12.2018, n. 132.

• La misura incide sulla **libertà di movimento e circolazione** (→ **Cost.**, art. 16).

• Il provvedimento che dispone la cautela è un'**ordinanza** (→ **Atti**, art. 125; art. 292 co. 1), che deve contenere, a pena di nullità (→**Atti**, art. 181, relativa ma rilevabile anche d'ufficio), i requisiti di cui al co. 2 dell'art. 292.

• Ai sensi dell'art. 291 co. 1, l'ordinanza in questione è emessa dal **giudice** (→ **Soggetti**) competente (art. 279), in base alla riserva di giurisdizione (→ **Cost.**, art. 13 co. 2).

• L'ordinanza che applica la misura **si esegue mediante notifica** (→ **Atti**, art. 148 s.) all'imputato (art. 293 co. 2).

• L'adozione di questi provvedimenti cautelari è comunicata alla **persona offesa** (→ **Soggetti**, art. 90 s.), nonché ai servizi socio-assistenziali del territorio e all'autorità di pubblica sicurezza, per eventuali provvedimenti relativi alle armi, es. revoca porto d'armi (art. 282 *quater*).

• Quando si proceda per delitti commessi con violenza alla persona, il legislatore (art. 299 co. 2 *bis*, 3, 4 *bis*) ha inteso rendere note all'**offeso** dal reato (→ **Soggetti**, art. 90 s.), oltre all'adozione della misura (art. 282 *quater*), le vicende di revoca e sostituzione *in melius* della stessa, ed attribuirle la possibilità di interloquire in via preventiva, presentando memorie ai sensi dell'art. 121 (→ **Atti**).

• Il co. 2 della presente disposizione prevede l'**applicazione cumulativa** della misura dell'allontanamento dalla casa familiare con il divieto di avvicinamento ai luoghi frequentati dalla persona offesa (art. 282 *ter*). L'applicazione congiunta di cautele risulta possibile solo nei casi e nei modi espressamente previsti dalla legge (art. 272; → **Cost.**, art. 13 co. 2), ossia, oltre al caso specifico dell'art. 282 *bis* co. 2: (*i*) nei casi di trasgressione delle prescrizioni relative ad una misura già applicata (art. 276 co. 1); (*ii*) nel caso della scarcerazione per decorrenza dei termini, quando si proceda per uno dei delitti di cui all'art. 407 co. 2 lett. *a* (→ **Indagini e udienza preliminare**; art. 307 co. 1 *bis*); (*iii*) anche *ab origine*, qualora l'alternativa all'applicazione congiunta sia la custodia cautelare in carcere (art. 275 co. 3 primo periodo, accentuazione del carattere di *extrema ratio* della misura inframuraria).

• Le **ragioni di tutela dell'incolumità dell'offeso** (→ **Soggetti**) **o delle persone a costui legate** non compaiono nel catalogo dei *pericula* in vista dei quali è legittima la restrizione *ante iudicium* della libertà (art. 274).

• Le prescrizioni aggiuntive di cui ai co. 2 e 3 possono essere successive all'adozione della cautela ai sensi del co. 1, a condizione che non sia stata **revocata** (art. 299 co. 1) o abbia comunque **perduto efficacia** (vuoi per una delle fattispecie di estinzione automatica: art. 300 s., vuoi per lo spirare di termini stabiliti a pena di perdita di efficacia della misura: art. 309 co. 10).

• Qualora si proceda per determinati delitti commessi in danno dei prossimi congiunti o del convivente, la misura può applicarsi a prescindere dai **limiti di pena** di cui all'art. 280, anche con le modalità di controllo del c.d. braccialetto elettronico (art. 275 *bis*).

• I **termini di durata** della misura sono quelli stabiliti dall'art. 308.

• In relazione a questa misura **l'interrogatorio di garanzia** deve tenersi entro 10 giorni dall'esecuzione (art. 294 co. 1 *bis*); il mancato rispetto del termine comporta la perdita di efficacia immediata della misura (art. 302; Corte cost., 95 del 2001).

282 *ter*. Divieto di avvicinamento ai luoghi frequentati dalla persona offesa.

1. Con il provvedimento che dispone il divieto di avvicinamento il giudice prescrive all'imputato di non avvicinarsi a luoghi determinati abitualmente frequentati dalla persona offesa ovvero di mantenere una determinata distanza da tali luoghi o dalla persona offesa, anche disponendo l'applicazione delle particolari modalità di controllo previste dall'articolo 275 *bis*.

2. Qualora sussistano ulteriori esigenze di tutela, il giudice può prescrivere all'imputato di non avvicinarsi a luoghi determinati abitualmente frequentati da prossimi congiunti della persona offesa o da persone con questa conviventi o comunque legate da relazione affettiva ovvero di mantenere una determinata distanza da tali luoghi o da tali persone.

3. Il giudice può, inoltre, vietare all'imputato di comunicare, attraverso qualsiasi mezzo, con le persone di cui ai commi 1 e 2.

4. Quando la frequentazione dei luoghi di cui ai commi 1 e 2 sia necessaria per motivi di lavoro ovvero per esigenze abitative, il giudice prescrive le relative modalità e può imporre limitazioni.

L'articolo è stato introdotto dal d.l. 23.2.2009, n. 11, conv., con modif., dalla l. 23.4.2009, n. 38. Il co. 1 è stato così modificato dalla l. 19.7.2019, n. 69 (c.d. codice rosso).

• La misura incide sulla **libertà di movimento e circolazione** (→ **Cost.**, art. 16) e, ove accompagnata dalla prescrizione di cui al co. 3, anche sulla libertà di comunicazione (→ **Cost.**, art. 15).

• Il **nucleo essenziale** della misura cautelare è costituito, ai sensi di quanto previsto al co. 1, dal **divieto di avvicinarsi** a luoghi abitualmente frequentati dalla persona offesa, ovvero dall'**obbligo di mantenere una determinata distanza** dagli stessi luoghi o dalla persona offesa in quanto tale, cui si aggiungono, eventualmente, le **prescrizioni accessorie** di cui ai commi successivi.

• La Corte di cassazione ha evidenziato la necessità che il giudice, ove disponga, anche cumulativamente, le misure cautelari del divieto di avvicinamento ai **luoghi** abitualmente frequentati dalla persona offesa e/o di mantenimento della distanza dai medesimi, debba **indicarli in maniera specifica e dettagliata**. Nel caso in cui, invece, ritenga necessaria e sufficiente la sola misura dell'obbligo di mantenersi a **distanza dalla persona offesa** non è tenuto ad indicare i relativi luoghi, potendo limitarsi a **determinare la stessa** (Cass., SU, 29.4.2021, G.).

• Il provvedimento che dispone la cautela è un'**ordinanza** (→ **Atti**, art. 125; art. 292 co. 1), che deve contenere, a pena di nullità (→ **Atti**, art. 181, relativa ma rilevabile anche d'ufficio), i requisiti di cui al co. 2 dell'art. 292.

• Ai sensi dell'art. 291 co. 1, l'ordinanza in questione è emessa dal **giudice** (→ **Soggetti**) competente (art. 279), in base alla riserva di giurisdizione (→ **Cost.**, art. 13 co. 2).

• L'ordinanza che applica la misura **si esegue mediante notifica** (→ **Atti**, art. 148 s.) all'imputato (art. 293 co. 2).

• L'adozione di questi provvedimenti cautelari è comunicata alla **persona offesa** (→ **Soggetti**, art. 90 s.), nonché ai servizi socio-assistenziali del territorio e all'autorità di pubblica sicurezza, in vista di eventuali provvedimenti relativi ad armi, es. revoca porto d'armi (art. 282 *quater*).

• Quando si proceda per delitti commessi con violenza alla persona, il legislatore (art. 299 co. 2 *bis*, 3, 4 *bis*) ha inteso rendere note all'**offeso** dal reato (→ **Soggetti**, art. 90 s.), oltre all'adozione della misura (art. 282 *quater*), le vicende di revoca e sostituzione *in melius* della stessa, ed attribuirle la possibilità di interloquire in via preventiva, presentando memorie ai sensi dell'art. 121 (→ **Atti**).

• L'esigenza al cui soddisfacimento è funzionale la misura, ossia le **ragioni di tutela dell'incolumità dell'offeso** (→ **Soggetti**) **o delle persone a costui legate** non compaiono nel catalogo dei *pericula* in vista dei quali è legittima la restrizione *ante iudicium* della libertà (art. 274).

• I **termini di durata** della misura sono quelli stabiliti dall'art. 308.

• In relazione a questa misura **l'interrogatorio di garanzia** deve realizzarsi entro 10 giorni dall'esecuzione (art. 294 co. 1 *bis*); il mancato rispetto del termine comporta la perdita di efficacia immediata della misura (art. 302; Corte cost., 95 del 2001).

282 *quater*. Obblighi di comunicazione.

1. I provvedimenti di cui agli articoli 282 *bis* e 282 *ter* sono comunicati all'autorità di pubblica sicurezza competente, ai fini dell'eventuale adozione dei provvedimenti in materia di armi e munizioni. Essi sono altresì comunicati alla parte offesa e, ove nominato, al suo difensore e ai servizi socio-assistenziali del territorio. Quando l'imputato si sottopone positivamente ad un programma di prevenzione della violenza organizzato dai servizi socio-assistenziali del territorio, il responsabile del servizio ne dà comunicazione al pubblico ministero e al giudice ai fini della valutazione ai sensi dell'articolo 299, comma 2.

1 *bis*. Con la comunicazione prevista dal comma 1, la persona offesa è informata della facoltà di richiedere l'emissione di un ordine di protezione europeo.

L'articolo, introdotto dal d.l. 23.2.2009, n. 11, conv., con modif., dalla l. 23.4.2009, n. 38, è stato così modificato dal d.l. 14.8.2013, n. 93, conv., con modif., dalla l. 15.10.2013, n. 119, dal d. lgs. 11.2.2015, n. 9 e, da ultimo, dalla l. 19.7.2019, n. 69 (c.d. codice rosso).

• La «parte offesa» non è prevista tra i soggetti del processo; correttamente il rimando è alla **persona offesa** dal reato (→ **Soggetti**, art. 90 s.).

• Qualora la persona offesa sia deceduta in conseguenza del reato, i diritti che la legge processuale le riconosce (tra cui il diritto a ricevere le comunicazioni previste dall'art. 282 *quater*) sono esercitati dai **prossimi congiunti** (→ **Soggetti**, art. 90 co. 3).

• Della positiva sottoposizione dell'imputato (→ **Soggetti**, art. 60 s.) ad uno dei programmi indicati dal secondo periodo della disposizione, il giudice terrà conto nella valutazione di attenuazione delle esigenze di cautela prodromica alla **sostituzione migliorativa** del trattamento cautelare (art. 299 co. 2).

• L'ordine di protezione europeo è una decisione con la quale l'autorità di un Paese dell'Unione Europea dispone che gli effetti di una misura di protezione – disposta a tutela di una persona vittima di un atto penalmente rilevante – si estendano al territorio di un altro Paese membro nel quale la persona protetta risieda o soggiorni o dichiari di voler risiedere o soggiornare (→ art. 2 co. 1 lett. *c* d. lgs. 9 del 2015).

283. Divieto e obbligo di dimora.

1. Con il provvedimento che dispone il divieto di dimora, il giudice prescrive all'imputato di non dimorare in un determinato luogo e di non accedervi senza l'autorizzazione del giudice che procede.

2. Con il provvedimento che dispone l'obbligo di dimora, il giudice prescrive all'imputato di non allontanarsi, senza l'autorizzazione del giudice che procede, dal territorio del comune di dimora abituale ovvero, al fine di assicurare un più efficace controllo o quando il comune di dimora abituale non è sede di ufficio di polizia, dal territorio di una frazione del predetto comune o dal

territorio di un comune viciniore ovvero di una frazione di quest'ultimo. Se per la personalità del soggetto o per le condizioni ambientali la permanenza in tali luoghi non garantisce adeguatamente le esigenze cautelari previste dall'articolo 274, l'obbligo di dimora può essere disposto nel territorio di un altro comune o frazione di esso, preferibilmente nella provincia e comunque nell'ambito della regione ove è ubicato il comune di abituale dimora.

3. Quando dispone l'obbligo di dimora, il giudice indica l'autorità di polizia alla quale l'imputato deve presentarsi senza ritardo e dichiarare il luogo dove fisserà la propria abitazione. Il giudice può prescrivere all'imputato di dichiarare all'autorità di polizia gli orari e i luoghi in cui sarà quotidianamente reperibile per i necessari controlli, con obbligo di comunicare preventivamente alla stessa autorità le eventuali variazioni dei luoghi e degli orari predetti.

4. Il giudice può, anche con separato provvedimento, prescrivere all'imputato di non allontanarsi dall'abitazione in alcune ore del giorno, senza pregiudizio per le normali esigenze di lavoro.

5. Nel determinare i limiti territoriali delle prescrizioni, il giudice considera, per quanto è possibile, le esigenze di alloggio, di lavoro e di assistenza dell'imputato. Quando si tratta di persona tossicodipendente o alcooldipendente che abbia in corso un programma terapeutico di recupero nell'ambito di una struttura autorizzata, il giudice stabilisce i controlli necessari per accertare che il programma di recupero prosegua.

6. Dei provvedimenti del giudice è data in ogni caso immediata comunicazione all'autorità di polizia competente, che ne vigila l'osservanza e fa rapporto al pubblico ministero di ogni infrazione.

• La misura incide sulla **libertà di circolazione** (→ **Cost.**, art. 16).

• Il provvedimento che dispone la cautela è un'**ordinanza** (→ **Atti**, art. 125; art. 292 co. 1), che deve contenere, a pena di nullità (→ **Atti**, art. 181, relativa ma rilevabile anche d'ufficio), i requisiti di cui al co. 2 dell'art. 292.

• Ai sensi dell'art. 291 co. 1, l'ordinanza in questione è emessa dal **giudice** (→ **Soggetti**) competente (art. 279), in base alla riserva di giurisdizione (→ **Cost.**, art. 13 co. 2).

• L'ordinanza che applica la misura **si esegue mediante notifica** (→ **Atti**, art. 148 s.) all'imputato (art. 293 co. 2).

• Chi si sottrae volontariamente a questo provvedimento è considerato **latitante** (art. 296; a seguito della redazione di verbale di vane ricerche, art. 295).

• Misura che presenta caratteristiche simili a quella di cui all'**art. 282 *ter***, ma è maggiormente gravosa in quanto il territorio coinvolto è un intero Comune.

• Se il giudice ritiene la misura idonea a soddisfare i *pericula libertatis* del caso concreto (art. 274) soltanto se accompagnata dalla prescrizione aggiuntiva del non allontanamento dall'abitazione in determinate ore del giorno (co. 4), il contenuto affittivo rende l'obbligo di dimora assai **prossimo agli arresti domiciliari** (art. 284).

• Ai sensi dell'art. 299 co. 2 *bis*, 3, 4 *bis* vanno rese note alla **persona offesa** dal reato (→ **Soggetti**, art. 90 s.), se commesso con violenza alla persona, le vicende di revoca e sostituzione *in melius* della misura, così che questa possa presentare memorie ai sensi dell'art. 121 (→ **Atti**).

• La p.g. (→ **Soggetti**, art. 55 s.), menzionata al co. 3, comunica al p.m. (→ art. 50 s.) le **trasgressioni** relative alle prescrizioni imposte ai fini di un'attivazione del meccanismo di aggravio della restrizione cautelare (art. 276).

• I **termini di durata** della misura sono quelli stabiliti dall'art. 308.

• In relazione a questa misura **l'interrogatorio di garanzia** deve realizzarsi entro 10 giorni dall'esecuzione (art. 294 co. 1 *bis*); il mancato rispetto del termine comporta la perdita di efficacia immediata della misura (art. 302; Corte cost., 95 del 2001).

284. Arresti domiciliari.

1. Con il provvedimento che dispone gli arresti domiciliari, il giudice prescrive all'imputato di non allontanarsi dalla propria abitazione o da altro luogo di privata dimora ovvero da un luogo pubblico di cura o di assistenza ovvero, ove istituita, da una casa famiglia protetta.

1 *bis*. Il giudice dispone il luogo degli arresti domiciliari in modo da assicurare comunque le prioritarie esigenze di tutela della persona offesa dal reato.

1 *ter*. La misura cautelare degli arresti domiciliari non può essere eseguita presso un immobile occupato abusivamente.

2. Quando è necessario, il giudice impone limiti o divieti alla facoltà dell'imputato di comunicare con persone diverse da quelle che con lui coabitano o che lo assistono.

3. Se l'imputato non può altrimenti provvedere alle sue indispensabili esigenze di vita ovvero versa in situazione di assoluta indigenza, il giudice può autorizzarlo ad assentarsi nel corso della giornata dal luogo di arresto per il tempo strettamente necessario per provvedere alle suddette esigenze ovvero per esercitare una attività lavorativa.

4. Il pubblico ministero o la polizia giudiziaria, anche di propria iniziativa, possono controllare in ogni momento l'osservanza delle prescrizioni imposte all'imputato.

5. L'imputato agli arresti domiciliari si considera in stato di custodia cautelare.

5 *bis*. Non possono essere, comunque, concessi gli arresti domiciliari a chi sia stato condannato per il reato di evasione nei cinque anni precedenti al fatto per il quale si procede, salvo che il giudice ritenga, sulla base di specifici elementi, che il fatto sia di lieve entità e che le esigenze cautelari possano essere soddisfatte con tale misura. A tale fine il giudice assume nelle forme più rapide le relative notizie.

L'articolo è stato così modificato dal d.l. 24.11.2000, n. 341, conv., con modif., dalla l. 19.1.2001, n. 4; dalla l. 26.3.2001, n. 128; dalla l. 21.4.2011, n. 62; dal d.l. 1.7.2013, n. 78, conv. dalla l. 9.8.2013, n. 94; dalla l. 16.4.2015, n. 47 e, infine, dal d.l. 4.10.2018, n. 113, conv., con modif., dalla l. 1.12.2018, n. 132.

• Si tratta di una misura custodiale, limitativa della **libertà personale** (→ **Cost.**, art. 13), e, ove accompagnata dalla prescrizione aggiuntiva di cui al co. 2, anche della libertà di comunicazione (→ **Cost.**, art. 15).

• Il provvedimento che dispone la cautela è un'**ordinanza** (→ **Atti**, art. 125; art. 292 co. 1), che deve contenere, a pena di nullità (→ **Atti**, art. 181, relativa ma rilevabile anche d'ufficio), i requisiti di cui al co. 2 dell'art. 292.

• Ai sensi dell'art. 291 co. 1, l'ordinanza in questione è emessa dal **giudice** (→ **Soggetti**) competente (art. 279), in base alla riserva di giurisdizione (→ **Cost.**, art. 13 co. 2).

• Per quanto attiene alle **modalità di esecuzione** degli arresti domiciliari, copia dell'ordinanza viene consegnata al destinatario della misura e lo stesso è tradotto, se necessario *manu militari*, presso il luogo di esecuzione della cautela (art. 293 co. 2).

• Le **ragioni di tutela dell'offeso** non compaiono nel catalogo delle esigenze in vista delle quali è legittima la restrizione *ante iudicium* della libertà (art. 274).

• L'**equiparazione** degli arresti domiciliari **alla custodia cautelare** comporta che: (*i*) ai sensi dell'art. 657 (→ **Esecuzione**) il tempo trascorso assoggettato alla misura si scomputa dal calcolo finale della pena (art. 285 co. 3); (*ii*) i termini di durata massima coincidono con quelli previsti per le misure custodiali (art. 303); (*iii*) è possibile richiedere la riparazione per ingiusta detenzione qualora se ne verifichino i presupposti (art. 314).

• In relazione all'esigenza di cui alla lett. *c* dell'art. 274, quando il pericolo riguarda la commissione di **delitti della stessa specie** di quello per cui si procede, la misura può essere disposta solo se si tratti di delitti per cui è prevista la pena della reclusione non inferiore nel massimo a quattro anni.

• La **trasgressione** della prescrizione relativa al non allontanarsi comporta, ai sensi dell'art. 276 co. 1 *ter*, la sostituzione con custodia carceraria, salvo che il fatto sia di lieve entità.

• La previsione del co. 5 *bis* costituisce una deroga al carattere di *extrema ratio* della custodia cautelare in carcere (art. 275 co. 3).

• Di regola la misura si attua mediante le «particolari modalità di controllo» del c.d. **braccialetto elettronico** (art. 275 *bis*).

• Ai sensi dell'art. 299 co. 2 *bis*, 3, 4 *bis* vanno rese note alla **persona offesa** dal reato (→ **Soggetti**, art. 90 s.), se commesso con violenza alla persona, le vicende di revoca e sostituzione *in melius* della misura, così che questa possa presentare memorie ai sensi dell'art. 121 (→ **Atti**).

• Chi si sottrae volontariamente a questo provvedimento è considerato **latitante** (art. 296; a seguito della redazione di verbale di vane ricerche, art. 295).

• La misura degli arresti domiciliari presso luoghi di cura, assistenza o accoglienza si applica ai soggetti affetti da **gravi patologie** (art. 275 co. 4 *bis*) quando ricorrano esigenze cautelari di eccezionale rilevanza (art. 275 co. 4 *ter*).

• In relazione a questa misura **l'interrogatorio di garanzia** deve svolgersi immediatamente e comunque entro cinque giorni dall'esecuzione (art. 294 co. 1); il mancato rispetto del termine comporta la perdita di efficacia immediata della misura (art. 302).

285. Custodia cautelare in carcere.

1. Con il provvedimento che dispone la custodia cautelare, il giudice ordina agli ufficiali e agli agenti di polizia giudiziaria che l'imputato sia catturato e immediatamente condotto in un istituto di custodia per rimanervi a disposizione dell'autorità giudiziaria.

2. Prima del trasferimento nell'istituto la persona sottoposta a custodia cautelare non può subire limitazione della libertà, se non per il tempo e con le modalità strettamente necessarie alla sua traduzione.

3. Per determinare la pena da eseguire, la custodia cautelare subita si computa a norma dell'articolo 657, anche quando si tratti di custodia cautelare subita all'estero in conseguenza di una domanda di estradizione ovvero nel caso di rinnovamento del giudizio a norma dell'articolo 11 del codice penale.

• La misura è destinata ad incidere sulla **libertà personale** (→ **Cost.**, art. 13) con la medesima intensità della sanzione della reclusione.

• Il provvedimento che dispone la cautela è un'**ordinanza** (→ **Atti**, art. 125; art. 292 co. 1), che deve contenere, a pena di nullità (→ **Atti**, art. 181, relativa ma rilevabile anche d'ufficio), i requisiti di cui al co. 2 dell'art. 292.

• Ai sensi dell'art. 291 co. 1, l'ordinanza in questione è emessa dal **giudice** (→ **Soggetti**) competente (art. 279), in base alla riserva di giurisdizione (→ **Cost.**, art. 13 co. 2).

• L'ordinanza che dispone la custodia cautelare **si esegue mediante** consegna a colui che vi deve essere sottoposto di copia del provvedimento e sua traduzione, se necessario *manu militari*, presso l'istituto di custodia (art. 293 co. 2).

• La custodia in carcere rappresenta l'***extrema ratio*** dell'intervento cautelare (art. 275 co. 3).

• In ossequio alla caratteristica di *extrema ratio*, qualora il giudice adotti questa cautela è previsto un **aggravio dell'onere motivazionale** (è necessario che tutte le altre misure, anche applicate cumulativamente, siano risultate inadeguate a fronteggiare efficacemente le esigenze del caso concreto: art. 292 co. 1 lett. *c bis*; puntuale motivazione è richiesta per spiegare come mai non sia sufficiente a soddisfare i *pericula* del caso concreto la misura degli arresti domiciliari con braccialetto elettronico: art. 275 co. 3 *bis*).

• Le **condizioni di applicabilità** della custodia carceraria sono più rigorose, rispetto a quelle delle altre misure (art. 280 co. 2).

• In relazione all'esigenza di cui alla **lett. *c* dell'art. 274**, quando il pericolo riguarda la commissione di delitti della stessa specie di quello per cui si procede, la misura può essere disposta solo se si tratti di fattispecie per cui è prevista la pena della reclusione non inferiore nel massimo a cinque anni e per il delitto di finanziamento illecito ai partiti.

• Con riferimento ai soggetti affetti dalle **patologie** di cui all'art. 275 co. 4 *bis*, la misura carceraria si può applicare in via del tutto eccezionale (nei casi previsti dall'art. 275 co. 4 *quater* e dall'art. 276 co. 1 *bis*); il divieto di disporla è invece assoluto quando la patologia si trova in fase così avanzata da non rispondere più alle cure (art. 275 co. 4 *quinquies*).

• Vi sono talune **eccezioni** al carattere di *extrema ratio* della misura carceraria (art. 275 co. 3 periodi successivi al primo; art. 276 co. 1 *ter*; art. 284 co. 5 *bis*).

• Il co. 2 costituisce specificazione di quanto disposto, in via generale a **tutela dei diritti** di chi sia sottoposto ad una misura cautelare, dall'art. 277.

• Ai sensi dell'art. 299 co. 2 *bis*, 3, 4 *bis* vanno rese note alla **persona offesa** dal reato (→ **Soggetti**, art. 90 s.), se commesso con violenza alla persona, le vicende di revoca e sostituzione *in melius* della misura, così che questa possa presentare memorie ai sensi dell'art. 121 (→ **Atti**).

• Chi si sottrae volontariamente a questo provvedimento è considerato **latitante** (art. 296; a seguito della redazione di verbale di vane ricerche, art. 295).

• Del periodo trascorso in stato custodiale si tiene conto ai fini della **determinazione della pena** (→ **Esecuzione**, art. 657). Ciò vale anche quando il regime di custodia sia stato subito all'estero conseguentemente ad una domanda di estradizione (→ **Rapporti giurisdizionali con autorità straniere**).

• Chi sia stato assoggettato alla misura può richiedere la **riparazione per ingiusta detenzione** qualora se ne verifichino i presupposti (art. 314).

• Qualora il soggetto si trovi in stato di custodia cautelare e non abbia ancora provveduto alla **nomina di un difensore** di fiducia vi può provvedere un prossimo congiunto (→ **Soggetti**, art. 96 co. 3).

• È espressamente previsto che il soggetto in stato custodiale abbia il **diritto di conferire** con il difensore fin dall'inizio dell'esecuzione della misura (→ **Soggetti**, art. 104).

• I **termini di durata** massima sono quelli previsti per le misure custodiali (art. 303).

• In relazione a questa misura **l'interrogatorio di garanzia** deve svolgersi immediatamente e comunque entro 5 giorni dall'esecuzione (art. 294 co. 1); il mancato rispetto del termine comporta la perdita di efficacia immediata della misura (art. 302).

285 *bis*. Custodia cautelare in istituto a custodia attenuata per detenute madri.

1. Nelle ipotesi di cui all'articolo 275, comma 4, se la persona da sottoporre a custodia cautelare sia donna incinta o madre di prole di età non superiore a sei anni, ovvero padre, qualora la madre sia deceduta o assolutamente impossibilitata a dare assistenza alla prole, il giudice può disporre la custodia presso un istituto a custodia attenuata per detenute madri, ove le esigenze cautelari di eccezionale rilevanza lo consentano.

L'articolo è stato introdotto dalla l. 21.4.2011, n. 62.

• Qualora ricorrano esigenze cautelari (art. 274) di eccezionale rilevanza, in relazione ai soggetti contemplati dalla disposizione, può derogarsi al divieto di applicazione della misura di cui all'art. 285 (**art. 275 co. 4**).

• La disposizione rappresenta ulteriore specificazione del **principio di adeguatezza** (art. 275 co. 1): ove i *pericula libertatis* di eccezionale rilevanza lo consentano i soggetti indicati dal presente articolo vanno assoggettati alla misura presso un istituto a custodia attenuata per madri.

• In relazione all'esigenza di cui alla **lett. *c* dell'art. 274**, quando il pericolo riguarda la commissione di delitti della stessa specie di quello per cui si procede, la misura può essere disposta solo se si tratti di delitti per cui è prevista la pena della reclusione non inferiore nel massimo a quattro anni.

286. Custodia cautelare in luogo di cura.

1. Se la persona da sottoporre a custodia cautelare si trova in stato di infermità di mente che ne esclude o ne diminuisce grandemente la capacità di intendere o di volere, il giudice, in luogo della custodia in carcere, può disporre il ricovero provvisorio in idonea struttura del servizio psichiatrico ospedaliero, adottando i provvedimenti necessari per prevenire il pericolo di fuga. Il ricovero non può essere mantenuto quando risulta che l'imputato non è più infermo di mente.

2. Si applicano le disposizioni dell'articolo 285, commi 2 e 3.

• La misura è destinata ad incidere sulla **libertà personale** (→ **Cost.**, art. 13).

• Il provvedimento che dispone la cautela è un'**ordinanza** (→ **Atti**, art. 125; art. 292 co. 1), che deve contenere, a pena di nullità (→ **Atti**, art. 181, relativa ma rilevabile anche d'ufficio), i requisiti di cui al co. 2 dell'art. 292.

• Ai sensi dell'art. 291 co. 1, l'ordinanza in questione è emessa dal **giudice** (→ **Soggetti**) competente (art. 279), in base alla riserva di giurisdizione (→ **Cost.**, art. 13 co. 2).

• L'ordinanza che dispone la custodia cautelare **si esegue mediante** consegna a colui che vi deve essere sottoposto di copia del provvedimento e sua traduzione, se necessario *manu militari*, presso l'istituto di custodia (art. 293 co. 2).

• Chi sia stato assoggettato alla misura può richiedere la **riparazione per ingiusta detenzione** quando vi siano i presupposti (art. 314).

• Ai sensi dell'art. 299 co. 2 *bis*, 3, 4 *bis* vanno rese note alla **persona offesa** dal reato (→ **Soggetti**, art. 90 s.), se commesso con violenza alla persona, le vicende di revoca e sostituzione *in melius* della misura, così che questa possa presentare memorie ai sensi dell'art. 121 (→ **Atti**).

• Chi si sottrae volontariamente a questo provvedimento è considerato **latitante** (art. 296; a seguito della redazione di verbale di vane ricerche, art. 295).

• L'applicabilità del co. 2 dell'art. 285 comporta che prima del trasferimento nell'istituto l'imputato non possa subire limitazione della libertà ulteriori rispetto a quelle strettamente necessarie alla traduzione. Si tratta di un'applicazione specifica di quanto generalmente disposto a salvaguardia dei diritti della persona sottoposta a misure cautelare (art. 277).

• Ai sensi dell'art. 285 co. 3, il periodo trascorso in stato custodiale si tiene conto ai fini della **determinazione della pena** (→ **Esecuzione**, art. 657). Ciò vale anche quando il regime di custodia sia stato subito all'estero conseguentemente ad una domanda di estradizione (→ **Rapporti giurisdizionali con autorità straniere**).

• In relazione all'esigenza di cui alla **lett. *c* dell'art. 274**, quando il pericolo riguarda la commissione di delitti della stessa specie di quello per cui si procede, la misura può essere disposta solo se si tratti di delitti per cui è prevista la pena della reclusione non inferiore nel massimo a quattro anni.

• I **termini di durata** massima coincidano con quelli previsti per le misure custodiali (art. 303).

• In relazione a questa misura **l'interrogatorio di garanzia** deve svolgersi immediatamente e comunque entro 5 giorni dall'esecuzione (art. 294 co. 1); il mancato rispetto del termine comporta la perdita di efficacia immediata della misura (art. 302).

286 *bis*. Divieto di custodia cautelare.

1. [Soppresso.]

2. Con decreto del Ministro della salute, da adottare di concerto con il Ministro della giustizia, sono definiti i casi di AIDS conclamata o di grave deficienza immunitaria e sono stabilite le procedure diagnostiche e medico-legali per il loro accertamento.

3. Quando ricorrono esigenze diagnostiche al fine di accertare la sussistenza delle condizioni di salute di cui all'articolo 275, comma 4 *bis*, ovvero esigenze terapeutiche nei confronti di persona che si trovi in tali condizioni, se tali esigenze non possono essere soddisfatte nell'ambito penitenziario, il giudice può disporre il ricovero provvisorio in idonea struttura del Servizio sanitario nazionale per il tempo necessario, adottando, ove occorra, i provvedimenti idonei a evitare il pericolo di fuga. Cessate le esigenze di ricovero, il giudice provvede a norma dell'articolo 275.

L'articolo è stato introdotto, con diversa formulazione, dal d.l. 13.7.1992, n. 335 non conv.; dal d.l. 11.9.1992, n. 374, non conv.; dal d.l. 12.11.1992, n. 431, non conv.; dal d.l. 12.1.1993, n. 3, non conv.; dal d.l. 13.3.1993, n. 60, non conv.; dal d.l. 14.5.1993, n. 139, conv., con modif., dalla l. 14.7.1993, n. 222 e modificato, da ultimo, dalla l. 12.7.1999, n. 231.

• Il co. 4 *bis* dell'art. 275 (richiamato dal co. 3), rappresenta una specificazione del carattere di ***extrema ratio*** della custodia carceraria (art. 275 co. 3), e prevede il divieto di disporre tale misura con riferimento a soggetti affetti da determinate patologie.

• Cessate le ragioni diagnostiche o terapeutiche che avevano determinato il ricovero ai sensi del co. 3, il giudice provvede ad individuare la misura alla luce dei principi di **adeguatezza e proporzionalità** (art. 275).

Capo III
Misure interdittive

• Le misure disciplinate in questo capo sono state previste con lo scopo di ampliare il novero delle misure cautelari e, al contempo, di evitare il ricorso alle misure coercitive (art. 280 s.). Esse constano della limitazione o sospensione di diritti e facoltà correlate a qualità soggettive che hanno rivestito un ruolo particolare nella condotta penalmente rilevante oggetto di accertamento.

287. Condizioni di applicabilità delle misure interdittive.

1. Salvo quanto previsto da disposizioni particolari, le misure previste in questo capo possono essere applicate solo quando si procede per delitti per i quali la legge stabilisce la pena dell'ergastolo o della reclusione superiore nel massimo a tre anni.

• Con riferimento alle **condizioni di applicabilità** delle misure interdittive, stante la loro natura di misure cautelari, trovano operatività gli artt. 273 e 274. Per quanto riguarda i reati per i quali è possibile ricorrere alle suddette misure, valgono gli stessi limiti previsti per le misure coercitive (art. 280).

• Dal momento che le misure *de quibus* corrispondono alle pene accessorie (→ artt. 28, 30, 32 *bis*, 34, 35 e 35 *bis* c.p.), ai sensi dell'art. 662 co. 2 (→ **Esecuzione**) le misure interdittive sono **scomputate** dalle corrispondenti pene accessorie conseguenti alla sentenza di condanna (→ **Giudizio**, art. 533).

• Quanto ai profili soggettivi, le misure in questione non trovano applicazione nel **processo minorile**.

• Dal punto di vista degli **adempimenti esecutivi**, ai sensi dell'art. 293 co. 4, il provvedimento che dispone la misura (art. 292) deve essere comunicato all'organo eventualmente competente a disporre l'interdizione in via ordinaria.

• In caso di **violazione della prescrizione** opera l'art. 276 co. 1, in base al quale il giudice (→ **Soggetti**) competente (art. 279) può disporre la sostituzione o il cumulo della misura interdittiva con un'altra più grave, anche coercitiva. Inoltre, poiché le misure interdittive incidono sulla capacità d'agire (→ art. 2 c.c.), l'inosservanza del loro contenuto condiziona la validità dell'atto posto in essere.

• A differenza delle misure coercitive (art. 280 s.) e di quelle di sicurezza applicate provvisoriamente (art. 312 s.), i provvedimenti relativi alle misure interdittive sono suscettibili soltanto di **appello**, e non di riesame (artt. 309 co. 1 e 310 co. 1) o di ricorso *per saltum* (art. 311 co. 2). Ancora in tema di impugnazioni, è opportuno sottolineare che l'interesse ad impugnare (→ **Impugnazioni**, art. 568 co. 4) viene meno nel caso in cui sopravvenga la revoca della misura o questa perda efficacia (art. 299 s.): infatti, come affermato a partire da Cass., SU, 20.12.1993, Corso, alla stregua di quanto previsto per le misure coercitive (art. 280 s.) diverse dalla custodia cautelare (art. 285 s.) e degli arresti domiciliari (art. 284), anche in relazione alle misure interdittive **non trova applicazione l'istituto della riparazione per ingiusta detenzione** (artt. 314 e 315).

288. Sospensione dall'esercizio della responsabilità genitoriale.

1. Con il provvedimento che dispone la sospensione dall'esercizio della responsabilità genitoriale, il giudice priva temporaneamente l'imputato, in tutto o in parte, dei poteri a essa inerenti.

2. Qualora si proceda per un delitto contro la libertà sessuale, ovvero per uno dei delitti previsti dagli articoli 530 e 571 del codice penale, commesso in danno di prossimi congiunti, la misura può essere disposta anche al di fuori dei limiti di pena previsti dall'articolo 287, comma 1.

La rubrica è stata modificata dal d. lgs. 28.12.2013, n. 154. Il richiamo ai «delitti contro la libertà sessuale» e al delitto di corruzione di minorenne (→ art. 530 c.p.) deve essere coordinato con il disposto di cui alla l. 15.2.1996, n. 66.

289. Sospensione dall'esercizio di un pubblico ufficio o servizio.

1. Con il provvedimento che dispone la sospensione dall'esercizio di un pubblico ufficio o servizio, il giudice interdice temporaneamente all'imputato, in tutto o in parte, le attività a essi inerenti.

2. Qualora si proceda per un delitto contro la pubblica amministrazione, la misura può essere disposta a carico del pubblico ufficiale o dell'incaricato di un pubblico servizio, anche al di fuori dei limiti di pena previsti dall'articolo 287, comma 1. Nel corso delle indagini preliminari, prima di decidere sulla richiesta del pubblico ministero di sospensione dall'esercizio di un pubblico ufficio o servizio, il giudice procede all'interrogatorio dell'indagato, con le modalità indicate agli articoli 64 e 65. Se la sospensione dall'esercizio di un pubblico ufficio o servizio è disposta dal giudice in luogo di una misura coercitiva richiesta dal pubblico ministero, l'interrogatorio ha luogo nei termini di cui al comma 1 *bis* dell'articolo 294.

3. La misura non si applica agli uffici elettivi ricoperti per diretta investitura popolare.

Il co. 2 è stato modificato dalla l. 16.7.1997, n. 234, e, successivamente, dalla l. 16.4.2015, n. 47.

• Nel corso delle **indagini preliminari** (→ **Libro V**), quando il p.m. (→ **Soggetti**, art. 50) presenta richiesta di sospensione dall'esercizio dell'attività di un pubblico ufficio o servizio, il giudice (→ **Soggetti**) competente (art. 279) deve procedere all'interrogatorio (c.d. "**interrogatorio di garanzia**", art. 294) della persona sottoposta a indagini (→ art. 61) **prima di decidere** (e non successivamente, come avviene per tutte le altre misure per le quali è previsto il medesimo adempimento). Viceversa, quando la sospensione dall'esercizio di un pubblico ufficio o servizio è disposta dal giudice in luogo di una misura coercitiva (art. 280 s.) richiesta dal p.m., si ripristina la regola generale in base alla quale l'interrogatorio di garanzia si svolge successivamente all'applicazione della misura interdittiva (art. 294 co. 1 *bis*). La Suprema Corte ritiene che all'interrogatorio possa procedersi successivamente anche nella ipotesi in cui la misura interdittiva sia stata richiesta in via cumulativa o alternativa all'emissione di quella coercitiva. Tale lettura risulterebbe imposta dalla soluzione legislativa di separare le fattispecie in cui si discute esclusivamente di misura interdittiva (nel qual caso vi è una sorta di presunzione di minor urgenza e di minore rilievo dell'elemento sorpresa) da quelle in cui si discute, contestualmente, anche di misure coercitive (Cass. VI, 4.2.2016, Del Principe; Cass. VI, 22.9.2016, Piccolo).

289 *bis*. Divieto temporaneo di contrattare con la pubblica amministrazione.

1. Con il provvedimento che dispone il divieto di contrattare con la pubblica amministrazione, il giudice interdice temporaneamente all'imputato di concludere contratti con la pubblica amministrazione, salvo che per ottenere le prestazioni di un pubblico servizio. Qualora si proceda per un delitto contro la pubblica amministrazione, la misura può essere disposta anche al di fuori dei limiti di pena previsti dall'articolo 287, comma 1.

L'articolo è stato aggiunto dalla l. 9.1.2019, n. 3.

• La disposizione *de qua* riproduce, in questo ambito, quanto già previsto dal d. lgs. 8.6.2001, n. 231 con riguardo al procedimento per l'accertamento della responsabilità da reato degli enti (→ **Processo alle società**).

• Se si procede per i reati contro la P.A., l'applicazione di questa misura "di nuovo conio", ricalcata sul modello della sanzione accessoria di cui all'art. 32 *quater* c.p., può prescindere dai limiti di pena *ex* art. 287 co. 1.

290. Divieto temporaneo di esercitare determinate attività professionali o imprenditoriali.

1. Con il provvedimento che dispone il divieto di esercitare determinate professioni, imprese o uffici direttivi delle persone giuridiche e delle imprese, il giudice interdice temporaneamente all'imputato, in tutto o in parte, le attività a essi inerenti.

2. Qualora si proceda per un delitto contro l'incolumità pubblica o contro l'economia pubblica, l'industria e il commercio ovvero per alcuno dei delitti previsti dalle disposizioni penali in materia di società e di consorzi o dagli articoli 353, 355, 373, 380 e 381 del codice penale, la misura può essere disposta anche al di fuori dei limiti di pena previsti dall'articolo 287, comma 1.

• Il contenuto di questa misura interdittiva trova corrispondenza nelle sanzioni accessorie di cui agli artt. 30, 32 *bis*, 35 e 35 *bis* c.p.

Capo IV
Forma ed esecuzione dei provvedimenti

291. Procedimento applicativo.

1. Le misure sono disposte su richiesta del pubblico ministero, che presenta al giudice competente gli elementi su cui la richiesta si fonda, compresi i verbali di cui all'articolo 268, comma 2, limitatamente alle comunicazioni e conversazioni rilevanti, e comunque conferiti nell'archivio di cui all'articolo 269, nonché tutti gli elementi a favore dell'imputato e le eventuali deduzioni e memorie difensive già depositate.

1 *bis*. [Soppresso.]

1 *ter*. Quando è necessario, nella richiesta sono riprodotti soltanto i brani essenziali delle comunicazioni e conversazioni intercettate.

2. Se riconosce la propria incompetenza per qualsiasi causa, il giudice, quando ne ricorrono le condizioni e sussiste l'urgenza di soddisfare taluna delle esigenze cautelari previste dall'articolo 274, dispone la misura richiesta con lo stesso provvedimento con il quale dichiara la propria incompetenza. Si applicano in tal caso le disposizioni dell'articolo 27.

2 *bis*. In caso di necessità o urgenza il pubblico ministero può chiedere al giudice, nell'interesse della persona offesa, le misure patrimoniali provvisorie di cui all'articolo 282 *bis*. Il provvedimento perde efficacia qualora la misura cautelare sia successivamente revocata.

La disposizione è stata modificata dal d. lgs. 14.1.1991, n. 12; dalla l. 8.8.1995, n. 332; dalla l. 4.4.2001, n. 154; dal d. lgs. 29.12.2017, n. 216; e, infine, dal d.l. 30.12.2019, n. 161, conv., con modif., dalla l. 28.2.2020, n. 7. Tuttavia, ai sensi dell'art. 9 d. lgs. 216 del 2017, da ultimo interpolato con il d.l. 30.4.2020, n. 28, conv., con modif., dalla l. 25.6.2020, n. 70, la modifica legislativa, che ha integrato il co. 1 con le parole «compresi i verbali di cui all'articolo 268, comma 2, limitatamente alle comunicazioni e conversazioni rilevanti» e inserito il co. 1 *ter*, si applica ai procedimenti penali iscritti dopo il 31.8.2020. Analogamente, secondo quanto previsto dall'art. 2 co. 8 d.l. 161 del 2019, anch'esso in parte riscritto dal d.l. 28 del 2020, la modifica che ha introdotto nel co. 1 l'espressione «e comunque conferiti nell'archivio di cui all'art. 269» trova operatività esclusivamente in relazione ai procedimenti penali avviati successivamente al 31.8.2020.

• In virtù del principio della domanda cautelare, l'avvio del procedimento incidentale finalizzato all'applicazione di una misura cautelare è segnato dalla **richiesta del p.m.** (→ **Soggetti**, art. 50), il cui contenuto tiene conto del momento processuale nel quale la stessa si colloca. In particolare, al p.m. è consentito operare una selezione tra gli elementi da porre a fondamento dell'istanza cautelare e ciò assume una particolare rilevanza nella fase delle **indagini preliminari** (→ **Libro V**) dal momento che, se così non fosse, si realizzerebbe un'anticipata *discovery* di tutti i risultati delle indagini (art. 293 co. 3). Come emerge dal co. 1, l'obbligo di integrale trasmissione riguarda esclusivamente gli «elementi a favore dell'imputato», nonché le «eventuali deduzioni e memorie difensive». Ad avviso della Suprema Corte, tali espressioni devono essere riferite, rispettivamente: agli elementi che hanno un'oggettiva natura favorevole, e non anche a quelli che possano apparire favorevoli in forza di argomentazioni o ricostruzioni logiche (Cass. IV, 22.4.2010, Di Donato; Cass. I, 4.10.2017, Navarria); alle sole memorie difensive depositate dall'indagato nel corso del procedimento in relazione al quale è presentata la richiesta di misura cautelare, a nulla rilevando che al pubblico ministero siano altresì note quelle depositate in procedimenti diversi (Cass. VI, 23.3.2017, p.m. in proc. Di Giorgi).

• La disciplina prevede che, conseguentemente all'atto del deposito degli atti per l'appunto posti a sostegno della richiesta di misura cautelare (art. 291), l'ufficio requirente provveda al conferimento all'**archivio digitale** (→ **Prove**, art. 269; → **Disp. Att.**, art. 89 *bis*) dei verbali – comprensivi dei cc.dd. "brogliacci di ascolto" (→ art. 268 co. 2) – delle operazioni di intercettazione richiamate ai fini della procedura in esame. La *ratio* è quella di evitare in qualsiasi modo la possibilità di utilizzo di materiali captativi che non siano custoditi nell'archivio, gestito e tenuto sotto la direzione e la sorveglianza del Procuratore della Repubblica dell'ufficio che ha richiesto ed eseguito le intercettazioni.

• Tanto nell'istanza del p.m. (art. 291 co. 1) quanto nell'ordinanza del giudice che concede la misura (art. 292), possono essere riprodotti **soltanto i brani essenziali delle comunicazioni intercettate**, vale a dire che è ammessa la trascrizione integrale dei passaggi rilevanti di una comunicazione o conversazione solo là dove essi siano necessari per fondare la domanda cautelare o per motivare la decisione giurisdizionale.

• Quando l'applicazione della misura venga richiesta nel corso del **giudizio** (→ **Libro VII**), il p.m. può fondare la propria domanda su tutti gli elementi raccolti nel corso delle indagini preliminari (→ **Libro V**), non operando, in questo ambito, il principio di separazione delle fasi.

• Se sussistono le condizioni di cui agli artt. 273 e 274 e il p.m. ne fa richiesta, le misure cautelari coercitive (→ art. 280 s.) possono essere disposte dal giudice (→ **Soggetti**) competente (art. 279), anche ad **esito dell'udienza di convalida** (→ **Indagini e udienza preliminare**, art. 391 co. 5). Inoltre, occorre tenere presente che nei casi di arresto facoltativo *ex* art. 381 co. 2 e nelle ipotesi in cui l'arresto è consentito anche fuori dai casi di flagranza (→ art. 382), non valgono, ai fini dell'applicazione della misura coercitiva, i limiti di pena stabiliti dagli artt. 274 co. 1 lett. *c* e 280.

• Della richiesta è investito il giudice (→ **Soggetti**) funzionalmente competente (art. 279) al quale spetta, se sussistono le condizioni, disporre la misura richiesta o una misura meno afflittiva: infatti, il menzionato principio della domanda cautelare esclude che l'organo giudicante possa applicare una misura più gravosa.

• Nel caso in cui il giudice risulti **incompetente** ma sussista l'urgenza di soddisfare taluna delle esigenze cautelari di cui all'art. 274, il provvedimento cautelare viene adottato in deroga all'art. 22 (→ **Soggetti**) e la misura così emessa ha un'efficacia limitata nel tempo (→ art. 27).

292. Ordinanza del giudice.

1. Sulla richiesta del pubblico ministero il giudice provvede con ordinanza.

2. L'ordinanza che dispone la misura cautelare contiene, a pena di nullità rilevabile anche d'ufficio:

a) le generalità dell'imputato o quanto altro valga a identificarlo;

b) la descrizione sommaria del fatto con l'indicazione delle norme di legge che si assumono violate;

c) l'esposizione e l'autonoma valutazione delle specifiche esigenze cautelari e degli indizi che giustificano in concreto la misura disposta, con l'indicazione degli elementi di fatto da cui sono desunti e dei motivi per i quali essi assumono rilevanza, tenuto conto anche del tempo trascorso dalla commissione del reato;

c bis) l'esposizione e l'autonoma valutazione dei motivi per i quali sono stati ritenuti non rilevanti gli elementi forniti dalla difesa, nonché, in caso di applicazione della misura della custodia cautelare in carcere, l'esposizione e l'autonoma valutazione delle concrete e specifiche ragioni per le quali le esigenze di cui all'articolo 274 non possono essere soddisfatte con altre misure;

d) la fissazione della data di scadenza della misura, in relazione alle indagini da compiere, allorché questa è disposta al fine di garantire l'esigenza cautelare di cui alla lettera *a*) del comma 1 dell'articolo 274;

e) la data e la sottoscrizione del giudice.

2 *bis*. L'ordinanza contiene altresì la sottoscrizione dell'ausiliario che assiste il giudice, il sigillo dell'ufficio e, se possibile, l'indicazione del luogo in cui probabilmente si trova l'imputato.

2 *ter*. L'ordinanza è nulla se non contiene la valutazione degli elementi a carico e a favore dell'imputato, di cui all'articolo 358, nonché all'articolo 327 *bis*.

2 *quater*. Quando è necessario per l'esposizione delle esigenze cautelari e degli indizi, delle comunicazioni e conversazioni intercettate sono riprodotti soltanto i brani essenziali.

3. L'incertezza circa il giudice che ha emesso il provvedimento ovvero circa la persona nei cui confronti la misura è disposta esime gli ufficiali e gli agenti incaricati dal darvi esecuzione.

L'articolo è stato modificato: dal d.l. 13.11.1990, n. 324, non conv.; dal d.l. 12.1.1991, n. 5, non conv.; dal d.l. 13.3.1991, n. 76, non conv.; dal d.l. 13.5.1991, n. 152, conv. dalla l. 12.7.1991, n. 203; dalla l. 8.8.1995, n. 332; dalla l. 7.12.2000, n. 397; dalla l. 16.4.2015, n. 47 e, infine, dal d. lgs. 29.12.2017, n. 216. Ai sensi dell'art. 9 d. lgs. 216 del 2017, da ultimo ritoccato dal d.l. 30.4.2020, n. 28, conv., con modif., dalla l. 25.6.2020, n. 70, la modifica legislativa che ha introdotto il co. 2 *quater* si applica ai procedimenti penali iscritti dopo il 31.8.2020.

• Il provvedimento con cui il giudice (→ **Soggetti**) competente (art. 279) si pronuncia sulla richiesta del p.m. (→ art. 50) assume la forma dell'**ordinanza** (→ **Atti**, art. 125) che deve essere motivata a pena di nullità (→ art. 177 s.).

• La mancanza (o la carente indicazione) di uno dei requisiti previsti dal co. 2 è sanzionata con la **nullità** (→ **Atti**, art. 177 s.): tale nullità, data la tassatività delle ipotesi contemplate dall'art. 178, non è riconducibile alla categoria delle nullità di ordine generale ma, in quanto rilevabile anche d'ufficio, neppure a quella delle nullità relative (→ art. 181). Analoghe considerazioni non valgono, invece, per l'ipotesi prevista dal co. 2 *ter*, dove è assente il riferimento alla rilevabilità anche d'ufficio.

• Quanto al requisito di cui al co. 2 lett. *b*, in diverse occasioni, la giurisprudenza di legittimità ha avuto modo di chiarire che il giudice (→ **Soggetti**) può modificare la qualificazione giuridica attribuita dal p.m. (→ art. 50) al fatto, fermo restando che l'eventuale modifica non produce effetti oltre il procedimento incidentale (Cass. V, 28.11.2013, Pisano; Cass. II, 29.10.2008, Mauri; Cass., SU, 10.6.1996, Di Francesco).

• In relazione al contenuto del co. 2 lett. *c*, là dove il giudice (→ **Soggetti**) ravvisi un *periculum libertatis* diverso o ulteriore da quello individuato dal p.m. (→ art. 50), il principio della domanda cautelare (art. 290) non può ritenersi violato: come statuito anche dalla Suprema Corte nella pronuncia Cass. III, 8.9.2016, Borikov, una volta investito della richiesta, il giudice cautelare (art. 279) è funzionalmente competente ad esercitare i più ampi poteri di valutazione degli indizi di colpevolezza (art. 273) e delle necessità cautelari (art. 274). Ancora, in relazione al concetto di "autonoma valutazione" è stato affermato che al giudice è imposto di esplicitare le valutazioni sottese all'adozione della misura, mentre gli elementi fattuali possono essere trascritti così come indicati nella richiesta del p.m. e senza alcuna aggiunta, costituendo il dato oggettivo posto alla base dell'istanza cautelare (Cass. VI, 11.9.2017, Hasani).

• Con particolare riferimento all'indicazione delle intercettazioni (→ **Prove**, art. 266 s.) utilizzate ai fini della decisione, occorre sottolineare che, nell'ordinanza con cui concede la misura, delle comunicazioni o conversazioni captate il giudice potrà riprodurre «soltanto i brani essenziali» funzionali ad esporre le esigenze cautelari (art. 274) o gli indizi (art. 273). Nella stessa ottica di limitazione di inutili quanto dannose ostensioni, il giudice, allorché trasmette a fini esecutivi l'ordinanza cautelare, restituisce al p.m. gli atti relativi alle intercettazioni che non ritiene rilevanti o utilizzabili (→ **Disp. Att.**, art. 92 co. 1 *bis*), affinché siano conservate nell'archivio digitale (→ **Prove**, art. 269; → **Disp. Att.**, art. 89 *bis*).

• L'ordinanza può contenere anche la decisione con cui viene **differito il colloquio tra imputato** (→ **Soggetti**, art. 60) **sottoposto a custodia cautelare e difensore** (→ art. 96) disciplinato dall'art. 104.

• I provvedimenti che dispongono una misura cautelare possono essere **impugnati** con riesame (art. 309), appello (art. 310) e ricorso per cassazione (art. 311). Inoltre, quando con l'ordinanza in questione sia stata disposta la custodia cautelare, è possibile attivare, nei casi e modi previsti dalla legge, il procedimento di **riparazione per l'ingiusta detenzione** (artt. 314 e 315).

293. Adempimenti esecutivi.

1. Salvo quanto previsto dall'articolo 156, l'ufficiale o l'agente incaricato di eseguire l'ordinanza che ha disposto la custodia cautelare consegna all'imputato copia del provvedimento unitamente a una comunicazione scritta, redatta in forma chiara e precisa e, per l'imputato che non conosce la lingua italiana, tradotta in una lingua a lui comprensibile, con cui lo informa:

a) della facoltà di nominare un difensore di fiducia e di essere ammesso al patrocinio a spese dello Stato nei casi previsti dalla legge;

b) del diritto di ottenere informazioni in merito all'accusa;

c) del diritto all'interprete ed alla traduzione di atti fondamentali;

d) del diritto di avvalersi della facoltà di non rispondere;

e) del diritto di accedere agli atti sui quali si fonda il provvedimento;

f) del diritto di informare le autorità consolari e di dare avviso ai familiari;

g) del diritto di accedere all'assistenza medica di urgenza;

h) del diritto di essere condotto davanti all'autorità giudiziaria non oltre cinque giorni dall'inizio dell'esecuzione, se la misura applicata è quella della custodia cautelare in carcere ovvero non oltre dieci giorni se la persona è sottoposta ad altra misura cautelare;

i) del diritto di comparire dinanzi al giudice per rendere l'interrogatorio, di impugnare l'ordinanza che dispone la misura cautelare e di richiederne la sostituzione o la revoca;

i bis) della facoltà di accedere ai programmi di giustizia riparativa.

1 *bis*. Qualora la comunicazione scritta di cui al comma 1 non sia prontamente disponibile in una lingua comprensibile all'imputato, le informazioni sono fornite oralmente, salvo l'obbligo di dare comunque, senza ritardo, comunicazione scritta all'imputato.

1 *ter*. L'ufficiale o l'agente incaricato di eseguire l'ordinanza informa immediatamente il difensore di fiducia eventualmente nominato ovvero quello di ufficio designato a norma dell'articolo 97 e redige verbale di tutte le operazioni compiute, facendo menzione della consegna della comunicazione di cui al comma 1 o dell'informazione orale fornita ai sensi del comma 1 *bis*. Il verbale è immediatamente trasmesso al giudice che ha emesso l'ordinanza e al pubblico ministero.

2. Le ordinanze che dispongono misure diverse dalla custodia cautelare sono notificate all'imputato.

3. Le ordinanze previste dai commi 1 e 2, dopo la loro notificazione o esecuzione, sono depositate nella cancelleria del giudice che le ha emesse insieme alla richiesta del pubblico ministero e agli atti presentati con la stessa. Avviso del deposito è notificato al difensore. Il difensore ha diritto di esaminare e di estrarre copia dei verbali delle comunicazioni e conversazioni intercettate di cui all'art. 291 comma 1. Ha in ogni caso diritto alla trasposizione, su supporto idoneo alla riproduzione dei dati, delle relative registrazioni.

4. Copia dell'ordinanza che dispone una misura interdittiva è trasmessa all'organo eventualmente competente a disporre l'interdizione in via ordinaria.

4 *bis*. Copia dell'ordinanza che dispone la custodia cautelare in carcere nei confronti di madre di prole di minore età è comunicata al procuratore della Repubblica presso il tribunale per i minorenni del luogo di esecuzione della misura.

La disposizione è stata modificata dalla l. 8.8.1995, n. 332; dal d. lgs. 1.7.2014, n. 101 in attuazione della Direttiva 2012/13/UE sul diritto all'informazione nei procedimenti penali, dal d. lgs. 29.12.2017, n. 216; dal d.l. 4.10.2018, n. 113 conv. dalla l. 1.12.2018, n. 132 che ha introdotto il co. 4 *bis*; dal d.l. 30.12.2019, n. 161, conv., con modif., dalla l. 28.2.2020, n. 7; e, infine, dal d. lgs. 10.10.2022, n. 150 (che ha inserito la lett. *i bis* all'interno dell'elenco di cui al co. 1.

• Corte cost., **192 del 1997**, ha dichiarato l'illegittimità del co. 3, nella parte in cui non prevede la facoltà per il difensore di estrarre copia, insieme all'ordinanza che ha disposto la misura cautelare, della richiesta del p.m. e degli atti presentati con la stessa.

• Mentre le ordinanze applicative delle **misure cautelari non custodiali** sono eseguite mediante la notificazione (→ **Atti**, art. 148) del provvedimento all'imputato (→ **Soggetti**, art. 60 s.), alle **misure custodiali** (artt. 284, 285, 285 *bis* e 286) è data esecuzione con la consegna all'imputato di copia del provvedimento (art. 292) e con il suo immediato trasferimento in un istituto di custodia (questo il senso del riferimento alla «cattura», contenuto nell'art. 285 co. 1; → **Disp. att.**, art. 94).

• Per quanto riguarda il **computo dei termini di durata delle misure** (→ **Atti**, art. 172), gli effetti della custodia cautelare decorrono, *ex* art. 297 co. 1, dal momento della cattura, dell'arresto o del fermo (→ **Indagini e udienza preliminare**, artt. 380 e 381; art. 384), mentre gli effetti delle altre misure dal momento della notifica della relativa ordinanza (art. 297 co. 2).

• Tra gli **adempimenti** diretti a dare esecuzione alle ordinanze che dispongono una misura cautelare, emergono soprattutto quelli funzionali all'effettivo esercizio del diritto di difesa (→ **Cost.**, artt. 24 e 111 co. 3), sia sotto il profilo dell'autodifesa, sia sotto quello della difesa tecnica (→ **Soggetti**, art. 96 s.). In particolare, in attuazione della **Direttiva 2012/13/UE** sul diritto all'informazione nei procedimenti penali, si prevede che, al momento dell'esecuzione del provvedimento che dispone la custodia cautelare (→ **Disp. att.**, art. 92), l'imputato (→ **Soggetti**, art. 60) debba ricevere una **comunicazione**, il cui contenuto ricalca quello di cui all'art. 4 («Comunicazione dei diritti al momento dell'arresto») della suddetta Direttiva. Con specifico riferimento al diritto alla traduzione degli atti (→ **Atti**, art. 143 s.) espressamente garantito dalle Carte dei diritti (→ **Cedu**, art. 6 § 3 lett. *a*; → **Carta UE**, artt. 47 e 48 co. 2), cui peraltro rinvia anche il poc'anzi menzionato art. 4, la disposizione in esame deve essere coordinata con il dettato dell'art. 143 co. 2 così come modificato dal d. lgs. 4.3.2014, n. 32 di trasposizione della **Direttiva 2010/64/UE** sul diritto – per l'appunto – alla interpretazione ed alla traduzione nei procedimenti penali: tale previsione afferma, infatti, che «l'autorità procedente dispone la traduzione scritta, entro un termine congruo tale da consentire l'esercizio dei diritti e delle facoltà della difesa», anche «dei provvedimenti che dispongono misure cautelari personali».

• Una volta eseguite o notificate, le ordinanze in questione – che, stando a quanto ora previsto dal d. lgs. 10.10.2022, n. 150, sono redatte, di regola, «in forma di documento informatico» (→ **Atti**, art. 110) – devono essere **depositate in cancelleria** con modalità telematiche (art. 111 *bis*); dell'avvenuto deposito deve essere **notificato avviso al difensore** (→ **Soggetti**, art. 96 s.), sia ai fini di un pieno esercizio del diritto di difesa nell'interrogatorio previsto dal successivo art. 294, sia ai fini delle eventuali impugnazioni (artt. 309 co. 3, 310 co. 2 e 311 co. 2).

• Con specifica attenzione alle facoltà difensive sussistenti al momento del deposito degli atti posti a sostegno del titolo cautelare, i plurimi interventi correttivi operati sul **co. 3** dell'articolo in esame hanno infine stabilito che il difensore (→ **Soggetti**, art. 96 s.) ha diritto di esame e di copia dei verbali delle comunicazioni e conversazioni intercettate di cui all'art. 291 co. 1 e, «in ogni caso», in ossequio a **Corte cost., 336 del 2008**, il «diritto alla trasposizione, su supporto idoneo alla riproduzione dei dati, delle relative registrazioni». Siffatte precisazioni stanno a significare, da un lato, che alla difesa dovranno essere rese disponibili tutte le captazioni poste a base dell'ordinanza cautelare (comprensive altresì di quelle scartate e restituite al p.m. da parte del giudice; → **Disp. Att.**, art. 92 co. 1 *bis*) e, dall'altro, che soltanto a seguito dell'attivazione dell'udienza di stralcio di cui all'art. 268 (→ **Prove**) o, comunque, dei meccanismi selettivi di cui agli artt. 415 *bis* (→ **Indagini e udienza preliminare**) e 454 (→ **Procedimenti speciali**), il difensore conseguirà il diritto all'accesso indiscriminato a tutte le intercettazioni. Coerentemente, ancora, con quanto stabilito da Corte cost., 336 del 2008, la giurisprudenza di legittimità ha ritenuto che la violazione del diritto di ottenere la trasposizione delle registrazioni determini una nullità (→ **Atti**) di ordine generale a regime intermedio *ex* art. 178 lett. *c* (Cass., SU, 22.4.2010, Lasala; Cass. IV, 15.11.2017, Zekthi).

• Secondo quanto affermato dalle SU della Suprema Corte, il deposito dell'ordinanza applicativa (art. 292), della richiesta del p.m. e degli atti con essa presentati (art. 291) deve precedere l'interrogatorio della persona sottoposta a misura cautelare, prescritto dall'art. 294, a pena di nullità a carattere intermedio (→ **Atti**), come tale deducibile solo fino al compimento dell'atto che comporta la perdita di efficacia della misura ai sensi dell'art. 302 (Cass., SU, 28.6.2005, Vitale).

• Quanto agli **aspetti** più propriamente **operativi** connessi all'esecuzione di una misura di custodia e, dunque, alla traduzione della persona in stato detentivo, si applica la disciplina dettata dall'art. 42 *bis* **Ord. penit.**

• A mente dell'art. 97 co. 1 **Disp. att.**, i provvedimenti con i quali è disposta una misura cautelare personale (art. 292), così come quelli di revoca o estinzione (art. 299 s.), devono essere comunicati, a cura della cancelleria del giudice che li ha emessi, alla c.d. "Banca dati misure cautelari", ovvero ad un sistema concepito per poter ricostruire la situazione attuale e quella pregressa di ciascuna misura cautelare personale disposta nel corso di un procedimento penale. Istituito alla stregua di un modulo del Sistema informativo della cognizione penale (SICP; v. Delibera del CSM "Verifica dello stato di informatizzazione del processo penale" del 14.10.2015), questo *database* non risulta ancora pienamente attuato, giacché non viene uniformemente alimentato a livello locale e nazionale.

294. Interrogatorio della persona sottoposta a misura cautelare personale.

1. Fino alla dichiarazione di apertura del dibattimento, il giudice che ha deciso in ordine all'applicazione della misura cautelare se non vi ha proceduto nel corso dell'udienza di convalida dell'arresto o del fermo di indiziato di delitto procede all'interrogatorio della persona in stato di custodia cautelare in carcere immediatamente e comunque non oltre cinque giorni dall'inizio dell'esecuzione della custodia, salvo il caso in cui essa sia assolutamente impedita.

1 *bis*. Se la persona è sottoposta ad altra misura cautelare, sia coercitiva che interdittiva, l'interrogatorio deve avvenire non oltre dieci giorni dalla esecuzione del provvedimento o dalla sua notificazione. Il giudice, anche d'ufficio, verifica che all'imputato in stato di custodia cautelare in carcere o agli arresti domiciliari sia stata data la comunicazione di cui all'articolo 293, comma 1, o che comunque sia stato informato ai sensi del comma 1 *bis* dello stesso articolo, e provvede, se del caso, a dare o a completare la comunicazione o l'informazione ivi indicate.

1 *ter*. L'interrogatorio della persona in stato di custodia cautelare deve avvenire entro il termine di quarantotto ore se il pubblico ministero ne fa istanza nella richiesta di custodia cautelare.

2. Nel caso di assoluto impedimento, il giudice ne dà atto con decreto motivato e il termine per l'interrogatorio decorre nuovamente dalla data in cui il giudice riceve comunicazione della cessazione dell'impedimento o comunque accerta la cessazione dello stesso.

3. Mediante l'interrogatorio il giudice valuta se permangono le condizioni di applicabilità e le esigenze cautelari previste dagli articoli 273, 274 e 275. Quando ne ricorrono le condizioni, provvede, a norma dell'articolo 299, alla revoca o alla sostituzione della misura disposta.

4. Ai fini di quanto previsto dal comma 3, l'interrogatorio è condotto dal giudice con le modalità indicate negli articoli 64 e 65. Al pubblico ministero e al difensore, che ha obbligo di intervenire, è dato tempestivo avviso del compimento dell'atto. Il giudice può autorizzare la persona sottoposta a misura cautelare e il difensore che ne facciano richiesta a partecipare a distanza all'interrogatorio.

4 *bis*. Quando la misura cautelare è stata disposta dalla corte di assise o dal tribunale, all'interrogatorio procede il presidente del collegio o uno dei componenti da lui delegato.

5. Per gli interrogatori da assumere nella circoscrizione di altro tribunale, il giudice o il presidente, nel caso di organo collegiale, qualora non ritenga di procedere personalmente e non sia possibile provvedere ai sensi del terzo periodo del comma 4, richiede il giudice per le indagini preliminari del luogo.

6. L'interrogatorio della persona in stato di custodia cautelare da parte del pubblico ministero non può precedere l'interrogatorio del giudice.

6 *bis*. Alla documentazione dell'interrogatorio si procede anche con mezzi di riproduzione audiovisiva o, se ciò non è possibile a causa della contingente indisponibilità di mezzi di riproduzione audiovisiva o di personale tecnico, con mezzi di riproduzione fonografica. È fatta salva l'applicazione dell'articolo 133 *ter*, comma 3, terzo periodo, nei casi in cui è autorizzata la partecipazione a distanza all'interrogatorio.

L'articolo è stato così modificato dal d. lgs. 14.1.1991, n. 12; dalla l. 8.8.1995, n. 332; dal d.l. 22.2.1999, n. 29, conv. dalla l. 21.4.1999, n. 109; dalla l. 1.3.2001, n. 63; dal d. lgs. 1.7.2014, n. 101; e, da ultimo, dal d. lgs. 10.10.2022, n. 150 che, oltre ad aver aggiunto il co. 6 *bis*, ha integrato i co. 4 e 5.

• La Corte costituzionale si era pronunciata sulla disposizione in esame, prima che il testo di legge ne recepisse i dettami, in due occasioni. **Corte cost., 77 del 1997**, aveva dichiarato l'illegittimità costituzionale dell'art. 294 co. 1 nella parte in cui non prevedeva, fino alla trasmissione degli atti al giudice del dibattimento, la celebrazione immediata (o comunque non successiva al quinto giorno dall'inizio dell'esecuzione della custodia carceraria) dell'interrogatorio "di garanzia" della persona in stato di custodia cautelare in carcere. **Corte cost., 32 del 1999**, aveva dichiarato l'illegittimità costituzionale dell'art. 294 co. 1 nella parte in cui non prevedeva l'interrogatorio di garanzia del soggetto sottoposto a custodia cautelare in carcere fino all'apertura del dibattimento.

• Gran parte degli adempimenti esecutivi di cui al precedente art. 293 sono prodromici all'**interrogatorio "di garanzia" della persona sottoposta a misura cautelare**. Del resto, difettando un confronto giurisdizionalmente garantito precedente all'esecuzione dell'ordinanza cautelare, il **contraddittorio con il soggetto ristretto** risulta indispensabile alla luce dell'art. 5 § 3 **Cedu**. Concepito essenzialmente in funzione di tutela della persona sottoposta alla custodia cautelare in carcere (art. 285), opera anche nei confronti dei soggetti destinatari di altre misure coercitive (art. 280 s.) o interdittive (art. 287 s.), nonché di quelli nei cui confronti sia stata disposta l'applicazione provvisoria di misure di sicurezza (art. 313).

• L'inosservanza dei **termini** (→ **Atti**, art. 172 s.) fissati dai primi due co. comporta, ai sensi dell'art. 302 (così come modificato da Corte cost., 95 del 2001), l'immediata perdita di efficacia della misura.

• Fino alla dichiarazione di apertura del dibattimento (→ **Giudizio**, art. 492), la **conduzione dell'interrogatorio** è affidata al giudice (→ **Soggetti**) che ha deciso sull'applicazione della misura cautelare. Pertanto, **prima dell'esercizio dell'azione penale** (→ **Indagini e udienza preliminare**, art. 405), è competente il g.i.p. (→ art. 328) mentre, una volta **sollevata l'imputazione**, il g.u.p.

• L'aver previsto come obbligatoria la **presenza del difensore** (→ **Soggetti**, art. 96) fa sì che, in caso di sua assenza, l'atto risulti affetto da nullità assoluta (→ **Atti**, art. 179).

• Per quanto riguarda le **modalità di svolgimento dell'interrogatorio**, oltre alle regole generali dettate dagli artt. 64 e 65, a cui rinvia il co. 4 (→ **Soggetti**), il legislatore detta un regime diverso a seconda che l'indagato sia o meno libero. Nel primo caso, il co. 6 *bis* prevede di documentare l'atto anche con mezzi di riproduzione audiovisiva o, in mancanza delle risorse tecniche o umane necessarie, con mezzi di riproduzione fonografica. Nel secondo, quando cioè il soggetto è in stato di detenzione, occorre tener conto dell'art. 141 *bis* (→ **Atti**), a mente del quale dovrà essere disposta, a pena di inutilizzabilità, la documentazione integrale mediante appositi strumenti di riproduzione audiovisiva o, se ciò non è possibile, fonografica (→ **Prove**, art. 191; → **Impugnazioni**, art. 606 lett. *c*). Dietro apposita richiesta, peraltro, il giudice può autorizzare la persona sottoposta a misura cautelare e il suo difensore a partecipare all'interrogatorio da remoto (→ **Atti**, art. 133 *bis* s.).

• Le dichiarazioni saranno acquisibili al fascicolo dibattimentale (→ **Indagini e udienza preliminare**, art. 431) ai sensi dell'art. 503 co. 6 (→ **Giudizio**).

• Un interrogatorio di garanzia *sui generis*, perché deve aver luogo prima (e non dopo) che venga disposta la misura, è quello disciplinato dall'art. 289 co. 2 nel caso di sottoposizione della persona alla misura interdittiva della sospensione da un pubblico ufficio o servizio.

• Come previsto dal co. 6, al **p.m.** (→ **Soggetti**, art. 50) **è fatto divieto di interrogare la persona in stato di custodia cautelare prima del giudice**; tuttavia, quando la custodia cautelare rappresenti lo sviluppo di un *iter* iniziato con l'arresto o il fermo di indiziato di delitto (→ **Indagini e udienza preliminare**, artt. 380 e 384), al p.m. resta pur sempre la possibilità di interrogare, prima dell'organo giurisdizionale, la persona privata della libertà personale (→ art. 388).

• L'**interrogatorio non è necessario** nel caso in cui il giudice vi abbia già provveduto in sede di udienza di convalida dell'arresto o del fermo di indiziato di delitto (→ **Indagini e udienza preliminare**, art. 391), nonché quando la misura sia eseguita nel **dibattimento** (→ **Giudizio**), anche se disposta anteriormente. Ad avviso della Suprema Corte, tale adempimento non deve avere luogo nemmeno nell'ipotesi in cui, ai sensi dell'art. 299 co. 4, le esigenze cautelari risultino aggravate e il giudice, su richiesta del p.m., disponga la **sostituzione della misura applicata con un'altra più grave ovvero l'applicazione con modalità più gravose.** In questo senso, a rilevare è – secondo la giurisprudenza di legittimità – la diversa natura della situazione in cui si viene a trovare l'imputato di fronte all'originaria privazione della libertà rispetto a quella conseguente all'aggravamento del regime cautelare (Cass. VI, 26.6.2007, Azfi; Cass. III, 18.11.2008, Lofti; Cass. IV, 29.5.2009, Spano). Ancora, come statuito a più riprese dalle SU della Corte di cassazione, **non è necessario procedere all'interrogatorio di garanzia**: qualora la custodia cautelare venga **disposta dopo la sentenza di condanna** (→ **Giudizio**, art. 533), in quanto la cognizione piena di tutte le questioni di merito del giudice del dibattimento e le ampie possibilità della difesa assorbono le finalità dell'interrogatorio di garanzia (Cass., SU, 22.1.2009, La Mari); nell'ipotesi di aggravamento delle misure cautelari **a seguito della trasgressione alle prescrizioni imposte** (art. 276), stante l'impossibilità di ricorrere ad una interpretazione analogica dell'art. 294 in assenza della medesima ragione giustificativa: nelle ipotesi previste dall'art. 276 non vengono infatti in discussione i due più significativi elementi che costituiscono i presupposti fondamentali per l'applicazione di ogni misura cautelare, ovvero la gravità indiziaria (art. 273) e l'esistenza delle esigenze cautelari (art. 274; Cass., SU, 18.12.2008, Giannone); per il caso di emissione di nuova misura cautelare custodiale conseguente ad una **dichiarazione di inefficacia di quella precedente** ai sensi dei co. 5 e 10 dell'art. 309, sempre che tale adempimento sia stato regolarmente espletato con riferimento alla misura divenuta inefficace e che l'ultima ordinanza cautelare non contenga elementi nuovi e diversi (Cass., SU, 24.4.2014, p.m. in proc. Sandomenico); e, infine, là dove il tribunale del riesame (art. 309 co. 7), in **accoglimento dell'appello del pubblico ministero avverso la decisione di rigetto del giudice delle indagini preliminari**, disponga l'applicazione di una misura cautelare coercitiva (Cass., SU, 26.3.2020, Salvati).

295. Verbale di vane ricerche.

1. Se la persona nei cui confronti la misura è disposta non viene rintracciata e non è possibile procedere nei modi previsti dall'articolo 293, l'ufficiale o l'agente redige ugualmente il verbale, indicando specificamente le indagini svolte, e lo trasmette senza ritardo al giudice che ha emesso l'ordinanza.

2. Il giudice, se ritiene le ricerche esaurienti, dichiara, nei casi e con le modalità previste dall'articolo 296, lo stato di latitanza, altrimenti dispone la prosecuzione delle ricerche.

3. Al fine di agevolare le ricerche del latitante, il giudice o il pubblico ministero, nei limiti e con le modalità previste dagli articoli 266 e 267, può disporre l'intercettazione di conversazioni o comunicazioni telefoniche e di altre forme di telecomunicazione. Si applicano, ove possibile, le disposizioni degli articoli 268, 269 e 270.

3 *bis*. Fermo quanto disposto nel comma 3 del presente articolo e nel comma 5 dell'articolo 103, il giudice o il pubblico ministero può disporre l'intercettazione di comunicazioni tra presenti quando si tratta di agevolare le ricerche di un latitante in relazione a uno dei delitti previsti dall'articolo 51, comma 3 *bis* nonché dell'articolo 407, comma 2, lettera *a*), n. 4.

3 *ter*. Nei giudizi davanti alla corte d'assise, ai fini di quanto previsto dai commi 3 e 3 *bis*, in luogo del giudice provvede il presidente della corte.

La disposizione è stata modificata dal d.l. 8.6.1992, n. 306, conv. dalla l. 7.8.1992, n. 356; dal d.l. 18.10.2001, n. 374, conv. dalla l. 15.12.2001, n. 438; dalla l. 14.2.2006, n. 56; dal d. lgs. 29.12.2017, n. 216; dal d.l. 30.12.2019, n. 161, conv. con modif., dalla l. 28.2.2020, n. 7; e, infine, dal d. lgs. 10.10.2022, n. 150, che ha modificato il co. 2.

• L'ipotesi disciplinata dalla previsione in commento è quella in cui, a fronte dell'impossibilità di rintracciare il destinatario della misura, gli adempimenti esecutivi *ex* art. 293 risultino impraticabili. Nello specifico, a venire in considerazione sono, da un lato, le ricerche da parte dell'ufficiale o dell'agente incaricato dell'esecuzione, e, dall'altro, la possibilità di fare ricorso alle intercettazioni non come mezzo di ricerca della prova (→ **Prove**, art. 244 s.). Quanto al primo aspetto, le SU della Suprema Corte hanno statuito che, ai fini della dichiarazione di latitanza di cui al successivo art. 296, tenuto conto delle differenze che non rendono compatibili tale condizione con quella della irreperibilità (→ **Atti**, art. 159 s.), le ricerche effettuate dalla polizia giudiziaria (→ **Soggetti**, art. 55 s.) ai sensi dell'art. in commento – pur dovendo essere tali da risultare esaustive al duplice scopo di consentire al giudice di valutare l'impossibilità di procedere alla esecuzione della misura per il mancato rintraccio dell'imputato e la volontaria sottrazione di quest'ultimo alla esecuzione della misura emessa nei suoi confronti – non devono necessariamente comprendere quelle nei luoghi specificati dal codice di rito ai fini della dichiarazione di irreperibilità e, di conseguenza, neanche le ricerche all'estero quando ricorrano le condizioni previste dall'art. 169 co. 4 (Cass., SU, 27.3.2014, Avram; conf. Cass. VI, 23.3.2017, Lleshaj). Con riguardo al secondo profilo, al giudice (→ **Soggetti**) o al p.m. (→ art. 50) è appunto consentito ricorrere all'intercettazione di conversazioni o comunicazioni telefoniche e di altre forme di telecomunicazione, al fine specifico di ricercare il latitante. E lo stesso vale per la possibilità di disporre l'intercettazione di comunicazioni tra presenti (→ **Prove**, art. 266 co. 2), quando si tratti di persona dichiarata latitante in relazione ad uno dei delitti previsti dall'art. 51 co. 3 *bis* (→ **Soggetti**), nonché dell'art. 407 co. 2 lett. *a* n. 4 (→ **Indagini e udienza preliminare**); in questo caso non opera il limite di cui all'art. 266 co. 2, in quanto già derogato in via generale con riferimento ai procedimenti per delitti di criminalità organizzata.

296. Latitanza.

1. È latitante chi volontariamente si sottrae alla custodia cautelare, agli arresti domiciliari, al divieto di espatrio, all'obbligo di dimora o a un ordine con cui si dispone la carcerazione.

2. La latitanza è dichiarata con decreto motivato. Se la dichiarazione consegue alla mancata esecuzione di un'ordinanza applicativa di misure cautelari, nel decreto sono indicati gli elementi che provano l'effettiva conoscenza della misura e la volontà di sottrarvisi. Con il provvedimento che dichiara la latitanza, il giudice designa un difensore di ufficio al latitante che ne sia privo e ordina che sia depositata in cancelleria copia dell'ordinanza con la quale è stata disposta la misura rimasta ineseguita. Avviso del deposito è notificato al difensore.

3. Gli effetti processuali conseguenti alla latitanza operano soltanto nel procedimento penale nel quale essa è stata dichiarata.

4. La qualità di latitante permane fino a che il provvedimento che vi ha dato causa sia stato revocato a norma dell'articolo 299 o abbia altrimenti perso efficacia ovvero siano estinti il reato o la pena per cui il provvedimento è stato emesso.

4 *bis*. Quando il provvedimento che ha dato causa alla dichiarazione di latitanza è eseguito, se il processo è in corso, all'imputato è comunicata la data dell'udienza successiva.

5. Al latitante per ogni effetto è equiparato l'evaso.

Il d. lgs. 10.10.2022, n. 150, oltre ad aver aggiunto il co. 4 *bis*, ha integrato il co. 2.

• Escluso ogni effetto sanzionatorio, la **rilevanza processuale della latitanza** si esaurisce nella particolare forma di notificazione degli atti prevista dalla disposizione di cui all'art. 165 (→ **Atti**), così come riformata dal d. lgs. 10.10.2022, n. 150.

• La latitanza produce anche **effetti di natura sostanziale**. Essa integra una circostanza aggravante comune ai sensi dell'art. 61 n. 6 c.p. (l'avere il colpevole commesso il reato durante la latitanza conseguente ad un reato precedente) ed una circostanza aggravante speciale ai sensi degli artt. 576 co. 1 n. 3 e 585 c.p. (omicidio o lesioni personali commessi dal latitante per sottrarsi alla misura coercitiva disposta nei suoi confronti, ovvero per procurarsi i mezzi di sussistenza).

• Quanto alla rilevanza che la condizione di latitante assume al di fuori dell'ambito penale, si osserva, a titolo meramente esemplificativo, che l'erogazione del reddito di cittadinanza deve essere sospesa nei confronti del soggetto dichiarato latitante (art. 7 *ter* d.l. 28.1.2019, n. 4 conv. dalla l. 28.3.2019, n. 75). A tale proposito, Corte cost., 126 del 2021, ha ritenuto non fondata la questione di legittimità relativa a tale ipotesi di sospensione, rientrando nella discrezionalità del legislatore l'individuazione dei requisiti di onorabilità cui subordinare la concessione del beneficio.

• Lo ***status* di latitante viene meno** quando il provvedimento che vi ha dato causa è stato revocato *ex* art. 299, ovvero ha perso efficacia per estinzione della misura (artt. 300, 301, 302 e 303), e ancora quando sono estinti il reato (→ art. 150 s. c.p.) o la pena (→ art. 171 s. c.p.) per cui si procede (art. 273). Al di fuori di queste ipotesi, lo stato di latitanza cessa a seguito dell'arresto del soggetto (→ **Indagini e udienza preliminare**) o della sua spontanea costituzione: in questi casi, viene meno, infatti, ogni ipotizzabile persistente sottrazione al provvedimento imposto (Cass., SU, 26.3.2003, Caridi).

• Dichiarata la latitanza, trova operatività l'adempimento previsto dal co. 1 dell'art. 97 **Disp. att.** (v. *sub* art. 293).

297. Computo dei termini di durata delle misure.

1. Gli effetti della custodia cautelare decorrono dal momento della cattura, dell'arresto o del fermo.

2. Gli effetti delle altre misure decorrono dal momento in cui l'ordinanza che le dispone è notificata a norma dell'articolo 293.

3. Se nei confronti di un imputato sono emesse più ordinanze che dispongono la medesima misura per uno stesso fatto, benché diversamente circostanziato o qualificato, ovvero per fatti diversi commessi anteriormente alla emissione della prima ordinanza in relazione ai quali sussiste connessione ai sensi dell'articolo 12, comma 1, lettere *b*) e *c*), limitatamente ai casi di reati commessi per eseguire gli altri, i termini decorrono dal giorno in cui è stata eseguita o notificata la prima ordinanza e sono commisurati all'imputazione più grave. La disposizione non si applica relativamente alle ordinanze per fatti non desumibili dagli atti prima del rinvio a giudizio disposto per il fatto con il quale sussiste connessione ai sensi del presente comma.

4. Nel computo dei termini della custodia cautelare si tiene conto dei giorni in cui si sono tenute le udienze e di quelli impiegati per la deliberazione della sentenza nel giudizio di primo grado o nel giudizio sulle impugnazioni solo ai fini della determinazione della durata complessiva della custodia a norma dell'articolo 303, comma 4.

5. Se l'imputato è detenuto per un altro reato o è internato per misura di sicurezza, gli effetti della misura decorrono dal giorno in cui è notificata l'ordinanza che la dispone, se sono compatibili con lo stato di detenzione o di internamento; altrimenti decorrono dalla cessazione di questo. Ai soli effetti del computo dei termini di durata massima, la custodia cautelare si considera compatibile con lo stato di detenzione per esecuzione di pena o di internamento per misura di sicurezza.

L'articolo è stato così sostituito dalla l. 8.8.1995, n. 332. Inoltre, in chiave di interpretazione autentica del co. 4, si rinvia a quanto disposto dal d.l. 1.3.1990, n. 60.

• Corte cost., 408 del 2005, ha dichiarato l'illegittimità del co. 3, nella parte in cui non si applica anche a fatti diversi non connessi, quando risulti che gli elementi per emettere la nuova ordinanza erano già desumibili dagli atti al momento della emissione della precedente ordinanza. Successivamente, Corte cost., 233 del 2011, ha dichiarato l'illegittimità del co. 3 nella parte in cui – con riferimento alle ordinanze che dispongono misure cautelari per fatti diversi – non prevede che la regola in tema di decorrenza dei termini in esso stabilita si applichi anche quando, per i fatti contestati con la prima ordinanza, l'imputato sia stato condannato con sentenza passata in giudicato anteriormente all'adozione della seconda misura.

• Dal momento che i termini (→ **Atti**, art. 172 s.) della custodia cautelare cominciano a decorrere dalla cattura (art. 285 co. 1), dall'arresto o dal fermo (→ **Indagini e udienza preliminare**, artt. 380, 381 e 384), si assiste ad una **deroga al principio del *dies a quo non computatur in termino*** sancito dall'art. 172 co. 4 (→ **Atti**).

• Il co. 3 contiene un generale divieto di "**contestazioni a catena**": nel caso di emissione di più ordinanze cautelari che dispongono la medesima misura nei confronti dell'imputato, che siano state emesse con riferimento allo «stesso fatto» ovvero a «fatti diversi» legati dal vincolo della connessione

(→ **Soggetti**, art. 12 co. 1 lett. *b* e *c*), trova applicazione la regola della retrodatazione dei termini con riguardo alla prima misura cautelare eseguita ed in relazione al reato più grave. Tale computo deve tener conto dell'intera durata della custodia cautelare subìta, anche se relativa a fasi non omogenee (Cass., SU, 28.5.2020, Mazzitelli).

• L'istituto disciplinato dal co. 4 (c.d. "**congelamento o neutralizzazione dei termini**") opera automaticamente nella fase del giudizio (→ **Libro VII**) e consente, alla stregua della sospensione (art. 304) e della proroga (art. 305), di oltrepassare i c.d. "termini di fase" (art. 303 co. 1).

298. Sospensione dell'esecuzione delle misure.

1. L'esecuzione di un ordine con cui si dispone la carcerazione nei confronti di un imputato al quale sia stata applicata una misura cautelare personale per un altro reato ne sospende l'esecuzione, salvo che gli effetti della misura disposta siano compatibili con la espiazione della pena.

2. La sospensione non opera quando la pena è espiata in regime di misure alternative alla detenzione.

• L'**ordine con cui si dispone la carcerazione** è emesso, ai sensi dell'art. 656 (→ **Esecuzione**), dal p.m. (→ **Soggetti**, art. 50) quando deve essere eseguita una sentenza di condanna (→ **Giudizio**, art. 533) a pena detentiva.

• Le **misure alternative alla detenzione**, disciplinate dall'art. 47 s. **Ord. penit.**, possono incidere solo sulla fase esecutiva della pena principale e sono di competenza del tribunale di sorveglianza (→ **Esecuzione**, art. 677 s.).

Capo V
Estinzione delle misure

299. Revoca e sostituzione delle misure.

1. Le misure coercitive e interdittive sono immediatamente revocate quando risultano mancanti, anche per fatti sopravvenuti, le condizioni di applicabilità previste dall'articolo 273 o dalle disposizioni relative alle singole misure ovvero le esigenze cautelari previste dall'articolo 274.

2. Salvo quanto previsto dall'articolo 275, comma 3, quando le esigenze cautelari risultano attenuate ovvero la misura applicata non appare più proporzionata all'entità del fatto o alla sanzione che si ritiene possa essere irrogata, il giudice sostituisce la misura con un'altra meno grave ovvero ne dispone l'applicazione con modalità meno gravose.

2 *bis*. I provvedimenti di cui ai commi 1 e 2 relativi alle misure previste dagli articoli 282 *bis*, 282 *ter*, 283, 284, 285 e 286, applicate nei procedimenti aventi ad oggetto delitti commessi con violenza alla persona, devono essere immediatamente comunicati, a cura della polizia giudiziaria, ai servizi socio-assistenziali e alla persona offesa e, ove nominato, al suo difensore.

3. Il pubblico ministero e l'imputato richiedono la revoca o la sostituzione delle misure al giudice, il quale provvede con ordinanza entro cinque giorni dal deposito della richiesta. La richiesta di revoca o di sostituzione delle misure previste dagli articoli 282 *bis*, 282 *ter*, 283, 284, 285 e 286, applicate nei procedimenti di cui al comma 2 *bis* del presente articolo, che non sia stata proposta in sede di interrogatorio di garanzia, deve essere contestualmente notificata, a cura della parte richiedente ed a pena di inammissibilità, presso il difensore della persona offesa o, in mancanza di questo, alla persona offesa, salvo che in quest'ultimo caso essa non abbia provveduto a dichiarare o eleggere domicilio. Il difensore e la persona offesa possono, nei due giorni successivi alla notifica, presentare memorie ai sensi dell'articolo 121. Decorso il predetto termine il giudice procede. Il giudice provvede anche di ufficio quando assume l'interrogatorio della persona in stato di custodia cautelare o quando è richiesto della proroga del termine per le indagini preliminari o dell'assunzione di incidente probatorio ovvero quando procede all'udienza preliminare o al giudizio.

3 *bis*. Il giudice, prima di provvedere in ordine alla revoca o alla sostituzione delle misure coercitive e interdittive, di ufficio o su richiesta dell'imputato, deve sentire il pubblico ministero. Se nei due giorni successivi il pubblico ministero non esprime il proprio parere, il giudice procede.

3 *ter*. Il giudice, valutati gli elementi addotti per la revoca o la sostituzione delle misure, prima di provvedere può assumere l'interrogatorio della persona sottoposta alle indagini. Se l'istanza di revoca o di sostituzione è basata su elementi nuovi o diversi rispetto a quelli già valutati il giudice deve assumere l'interrogatorio dell'imputato che ne ha fatto richiesta.

4. Fermo quanto previsto dall'articolo 276, quando le esigenze cautelari risultano aggravate, il giudice, su richiesta del pubblico ministero, sostituisce la misura applicata con un'altra più grave ovvero ne dispone l'applicazione con modalità più gravose o applica congiuntamente altra misura coercitiva o interdittiva.

4 *bis*. Dopo la chiusura delle indagini preliminari, se l'imputato chiede la revoca o la sostituzione della misura con altra meno grave ovvero la sua applicazione con modalità meno gravose, il giudice, se la richiesta non è presentata in udienza, ne dà comunicazione al pubblico ministero, il quale, nei due giorni successivi, formula le proprie richieste. La richiesta di revoca o di sostituzione delle misure previste dagli articoli 282 *bis*, 282 *ter*, 283, 284, 285 e 286, applicate nei procedimenti di cui al comma 2 *bis* del presente articolo, deve essere contestualmente notificata, a cura della parte richiedente ed a pena di inammissibilità, presso il difensore della persona offesa o, in mancanza di questo, alla persona offesa, salvo che in quest'ultimo caso essa non abbia provveduto a dichiarare o eleggere domicilio.

4 *ter*. In ogni stato e grado del procedimento, quando non è in grado di decidere allo stato degli atti, il giudice dispone, anche di ufficio e senza formalità, accertamenti sulle condizioni di salute o su altre condizioni o qualità personali dell'imputato. Gli accertamenti sono eseguiti al più presto e comunque entro quindici giorni da quello in cui la richiesta è pervenuta al giudice. Se la richiesta di revoca o di sostituzione della misura della custodia cautelare in carcere è basata sulle condizioni di salute di cui all'articolo 275, comma 4 *bis*, ovvero se tali condizioni di salute sono segnalate dal servizio sanitario penitenziario, o risultano in altro modo al giudice, questi, se non ritiene di accogliere la richiesta sulla base degli atti, dispone con immediatezza, e comunque non oltre il termine previsto nel comma 3, gli accertamenti medici del caso, nominando perito ai sensi dell'articolo 220 e seguenti, il quale deve tener conto del parere del medico penitenziario e riferire entro il termine di cinque giorni, ovvero, nel caso di rilevata urgenza, non oltre due giorni dall'accertamento. Durante il periodo compreso tra il provvedimento che dispone gli accertamenti e la scadenza del termine per gli accertamenti medesimi, è sospeso il termine previsto dal comma 3.

4 *quater*. Si applicano altresì le disposizioni di cui all'articolo 286 *bis*, comma 3.

La disposizione è stata così modificata dal d. lgs. 14.1.1991, n. 12; dal d.l. 9.9.1991, n. 292, conv. dalla l. 8.11.1991, n. 356; dalla l. 8.8.1995, n. 332; dalla l. 12.7.1999, n. 231; dal d.l. 14.8.2013, n. 93, conv. dalla l. 15.10.2013, n. 119, dalla l. 16.4.2015, n. 47 e, da ultimo, dalla l. 19.7.2019, n. 69 (c.d. codice rosso).

• L'istituto della **revoca** delle misure cautelari – che a differenza del riesame (art. 309) e dell'appello (art. 310) non costituisce un mezzo di impugnazione – dà attuazione al principio secondo cui le condizioni di applicabilità previste dall'art. 273 e le esigenze cautelari di cui all'art. 274 devono sussistere durante tutto il corso del procedimento; di conseguenza, là dove una di queste venga a mancare, la misura deve essere revocata.

• La **sostituzione** della misura originaria (*in peius* o *in melius*), così come la determinazione di modalità diverse di esecuzione (più o meno gravose), è disposta quale conseguenza dell'accertato aggravamento o attenuazione delle esigenze cautelari o del venir meno della proporzione tra il tipo di sacrificio per la libertà imposto con la misura cautelare e i due elementi di raffronto (l'entità del fatto addebitato e la sanzione irrogabile all'esito del processo). La rilevanza riconosciuta al primo dei due fattori deve considerarsi espressione del **principio di adeguatezza** (art. 275 co. 1); il secondo, invece, evoca il **principio di proporzionalità** (art. 275 co. 2).

• Il provvedimento di revoca o di sostituzione *in melius* della misura cautelare postula, di regola, un'**iniziativa di parte** a meno che non ricorra una delle seguenti fattispecie tassative: quando il giudice deve procedere all'interrogatorio della persona sottoposta a custodia cautelare (art. 294), quando è richiesto della proroga dei termini delle indagini preliminari (→ **Libro V**, art. 406) o di assumere l'incidente probatorio (→ art. 392), o quando procede all'udienza preliminare (→ art. 416) o al giudizio (→ **Libro VII**). I provvedimenti che sostituiscono la misura originaria con un'altra più grave (sostituzione *in peius*), quelli che ne aggravano le modalità di esecuzione e quelli che applicano congiuntamente una misura coercitiva (art. 280 s.) o interdittiva (art. 287 s.) richiedono, conformemente al principio della domanda cautelare (art. 291), un **atto propulsivo del p.m.** (→ **Soggetti**, art. 50). Sull'istanza di revoca o sostituzione della misura il giudice provvede *de plano*, in quanto, come affermato anche dalla Suprema Corte, l'adozione delle forme del procedimento camerale *ex* art. 127 (→ **Atti**) è riservata alle sole ipotesi espressamente indicate e non estensibile alle altre (Cass. I, 2.2.1994, Currelli).

• Il **termine** (→ **Atti**, art. 172 s.) **di cinque giorni** entro il quale il giudice (→ **Soggetti**) deve provvedere ha carattere ordinatorio (→ **Atti**, art. 173); pertanto la sua violazione non dà luogo ad alcuna nullità (→ art. 177 s.).

• La richiesta del **parere al p.m.** è obbligatoria e la sua omissione, in quanto concernente la partecipazione del p.m. al procedimento, costituisce una causa di nullità intermedia (→ **Atti**, artt. 178 lett. *b* e 180).

• Con riguardo all'**avviso che deve essere notificato alla persona offesa** (→ **Soggetti**, art. 90) ai sensi dei co. 3 e 4 *bis*, adempimento – questo – previsto in attuazione della Direttiva 2012/29/UE, le SU della Corte di cassazione hanno stabilito, innanzitutto, che l'inciso «salvo che [...] non» deve essere inteso come «a condizione [...] che». Ne consegue, quindi, che, là dove la persona offesa non abbia provveduto a nominare un difensore o eleggere o dichiarare domicilio, la comunicazione non è dovuta, non potendo assumere rilevanza il «domicilio evincibile *ex actis* ai sensi dell'art. 154, comma 1» (→ **Atti**). Nella stessa pronuncia si è affermato altresì che, in caso di **decesso della persona offesa** (→ **Soggetti**, art. 90), il suddetto avviso deve essere recapitato, «con le stesse modalità previste per la vittima, ai prossimi congiunti o alla persona a quella legata da relazione affettiva e stabilmente convivente». (Cass., SU, 30.9.2021, Gallo).

• Prima di decidere sulla domanda di revoca o sostituzione, il giudice può sentire l'indagato (→ **Soggetti**, art. 61); l'**interrogatorio** diventa obbligatorio ove l'imputato (→ art. 60) lo abbia specificamente richiesto, quando l'istanza sia basata su elementi nuovi o diversi. L'atto si svolge secondo quanto previsto dagli artt. 64 e 65; al p.m. (→ art. 50) e al difensore (→ art. 96) dovrà essere dato tempestivo avviso e le dichiarazioni così assunte saranno acquisibili al fascicolo dibattimentale (→ **Indagini e udienza preliminare**, art. 431) ai sensi degli artt. 503 co. 6 e 513 (→ **Giudizio**).

• Quanto alle **impugnazioni**, i provvedimenti emessi dal giudice a norma del presente articolo sono suscettibili di appello (art. 310). Con particolare riferimento alla persona offesa (→ **Soggetti**, art. 90 s.), le SU della Suprema Corte hanno escluso la legittimazione della stessa a contestare, anche mediante ricorso per cassazione, l'ordinanza di revoca o sostituzione della misura cautelare coercitiva, emessa nell'ambito di procedimenti aventi ad oggetto delitti commessi con violenza alla persona (co. 2 *bis*), senza rispettare il termine previsto dal co. 3 per il deposito di memorie *ex* art. 121 (→ **Atti**) (Cass., SU, 14.7.2022, n. 36754).

• Alla revoca di una misura cautelare consegue la perdita di efficacia anche delle relative **misure accessorie** (artt. 282 *bis* co. 4 e 291 co. 2 *bis*).

• Disposta la revoca o la sostituzione, si applica il co. 3 dell'art. 97 **Disp. att.** (v. *sub* art. 293).

• In caso di sostituzione della custodia in carcere (art. 285) con gli arresti domiciliari (art. 284), opera l'art. 97 *bis* **Disp. att.** che consente all'imputato (→ **Soggetti**, art. 60) di raggiungere con i propri mezzi il luogo di esecuzione della misura individuato a norma dell'art. 284, a meno che il giudice non ne disponga l'accompagnamento qualora ritenga sussistenti specifiche esigenze processuali ovvero altre esigenze di sicurezza (anche a seguito della segnalazione operata dal p.m., dal direttore dell'istituto penitenziario o dalle forze di polizia).

300. Estinzione o sostituzione delle misure per effetto della pronuncia di determinate sentenze.

1. Le misure disposte in relazione a un determinato fatto perdono immediatamente efficacia quando, per tale fatto e nei confronti della medesima persona, è disposta l'archiviazione ovvero è pronunciata sentenza di non luogo a procedere o di proscioglimento.

2. Se l'imputato si trova in stato di custodia cautelare e con la sentenza di proscioglimento o di non luogo a procedere è applicata la misura di sicurezza del ricovero in ospedale psichiatrico giudiziario, il giudice provvede a norma dell'articolo 312.

3. Quando, in qualsiasi grado del processo, è pronunciata sentenza di condanna, le misure perdono efficacia se la pena irrogata è dichiarata estinta ovvero condizionalmente sospesa.

4. La custodia cautelare perde altresì efficacia quando è pronunciata sentenza di condanna, ancorché sottoposta a impugnazione, se la durata della custodia già subita non è inferiore all'entità della pena irrogata.

4 *bis*. Quando, in qualsiasi grado del processo, è pronunciata sentenza di condanna o sentenza di applicazione della pena ai sensi dell'articolo 444, ancorché sottoposta a impugnazione, alla pena pecuniaria sostitutiva o al lavoro di pubblica utilità sostitutivo, di cui alla legge 24 novembre 1981 n. 689, non può essere mantenuta la custodia cautelare. Negli stessi casi, quando è pronunciata sentenza di condanna o sentenza di applicazione della pena ai sensi dell'articolo 444 alla pena della detenzione domiciliare sostitutiva, non può essere mantenuta la custodia cautelare in carcere. In ogni caso, il giudice può sostituire la misura in essere con un'altra meno grave di cui ricorrono i presupposti, ai sensi dell'articolo 299.

5. Qualora l'imputato prosciolto o nei confronti del quale sia stata emessa sentenza di non luogo a procedere sia successivamente condannato per lo stesso fatto, possono essere disposte nei suoi confronti misure coercitive quando ricorrono le esigenze cautelari previste dall'articolo 274, comma 1, lettere *b*) o *c*).

Il d. lgs. 10.10.2022, n. 150, oltre ad aver aggiunto il co. 4 *bis*, ha integrato la rubrica dell'articolo con le parole «o sostituzione».

• Stante la natura provvisoria e strumentale delle misure cautelari, le decisioni adottate nell'ambito del procedimento principale producono effetti anche sui provvedimenti cautelari. L'articolo in esame disciplina le ipotesi di caducazione automatica delle misure per effetto dell'emissione di determinate pronunce. In particolare, per quanto concerne le **sentenze di proscioglimento**, a rilevare sono quelle di non luogo a procedere (→ **Atti**, art. 129 co. 2; → **Indagini e udienza preliminare**, art. 425) emesse dal g.i.p. (→ art. 328) all'esito dell'udienza preliminare, nonché quelle di assoluzione nel merito (→ **Giudizio**, art. 530) e quelle di non doversi procedere (→ artt. 529 e 531) rese ad esito del dibattimento. Ad esse è poi equiparato il provvedimento di archiviazione (→ **Indagini e udienza preliminare**, art. 409). Con riferimento alle **sentenze di condanna** (→ **Procedimenti speciali**; → **Giudizio**, art. 533; → **Impugnazioni**, art. 605), vengono in considerazione quelle cui non consegue l'espiazione della pena per estinzione (→ art. 171 s. c.p.) o sospensione condizionale della stessa (→ art. 163 c.p.) e quelle che infliggono una pena superiore alla custodia cautelare sofferta. Al ricorrere dei medesimi presupposti, l'effetto estintivo consegue anche alle sentenze di applicazione della pena su richiesta delle parti (→ **Procedimenti speciali,** art. 444 s.) (Cass. VI, 27.6.1990, Ben Alì).

• Onde evitare che, in ipotesi di concorrenza tra pene sostitutive e provvedimenti *de libertate*, l'imputato sia sottoposto a un trattamento eccessivamente gravoso, il legislatore ha previsto che, se con la sentenza di condanna o di patteggiamento vengono applicate le sanzioni della pena pecuniaria sostitutiva o del lavoro di pubblica utilità sostitutivo (→ rispettivamente artt. 56 *quater* e 56 *bis* l. 24.11.1981, n. 689), la misura cautelare di tipo custodiale (custodia cautelare in carcere e arresti domiciliari) non può essere mantenuta. Parimenti, se l'imputato viene condannato alla pena della detenzione domiciliare sostitutiva (→ art. 56 l. 24.11.1981, n. 689), la custodia cautelare in carcere non può proseguire. Resta fermo che, qualora ne ricorrano i presupposti, il giudice – ai sensi dell'art. 299 – può sostituire dette misure cautelari con provvedimenti caratterizzati da un minor grado di afflittività.

301. Estinzione di misure disposte per esigenze probatorie.

1. Le misure disposte per le esigenze cautelari previste dall'articolo 274, comma 1, lettera *a*), perdono immediatamente efficacia se alla scadenza del termine previsto dall'art. 292, comma 2, lettera *d*), non ne è ordinata la rinnovazione.

2. La rinnovazione è disposta dal giudice con ordinanza, su richiesta del pubblico ministero, anche per più di una volta, entro i limiti previsti dagli articoli 305 e 308.

2 *bis*. Salvo il disposto dell'articolo 292, comma 2, lettera *d*), quando si procede per reati diversi sia da quelli previsti dall'articolo 407, comma 2, lettera *a*), numeri da 1 a 6, sia da quelli per il cui accertamento sono richieste investigazioni particolarmente complesse per la molteplicità di fatti tra loro collegati ovvero per l'elevato numero di persone sottoposte alle indagini o di persone offese, ovvero per reati per il cui accertamento è richiesto il compimento di atti di indagini all'estero, la custodia cautelare in carcere disposta per il compimento delle indagini previste dall'articolo 274, comma 1, lettera *a*), non può avere durata superiore a trenta giorni.

2 *ter*. La proroga della medesima misura è disposta, per non più di due volte ed entro il limite complessivo di novanta giorni, dal giudice con ordinanza, su richiesta inoltrata dal pubblico ministero prima della scadenza, valutate le ragioni che hanno impedito il compimento delle indagini per le cui esigenze la misura era stata disposta e previo interrogatorio dell'imputato.

L'articolo è stato così modificato dalla l. 8.8.1995, n. 332.

• Corte cost., 219 del 1994, ha dichiarato l'illegittimità costituzionale del co. 2, nella parte in cui non prevede che, ai fini dell'adozione del provvedimento di rinnovazione della misura cautelare personale, debba essere previamente sentito il difensore della persona da assoggettare alla misura.

• Qualora il provvedimento cautelare venga applicato a tutela esclusiva di esigenze di carattere probatorio (art. 274 co. 1 lett. *a*), esso si caratterizza, in base al combinato disposto dell'articolo *de quo* con l'art. 292 co. 2 lett. *d*, per avere un'**efficacia temporalmente predefinita**.

• Contro l'ordinanza di rinnovazione della custodia cautelare per esigenze probatorie è esperibile appello (art. 310).

302. Estinzione della custodia per omesso interrogatorio della persona in stato di custodia cautelare.

1. La custodia cautelare [disposta nel corso delle indagini preliminari] perde immediatamente efficacia se il giudice non procede all'interrogatorio entro il termine previsto dall'articolo 294. Dopo la liberazione, la misura può essere nuovamente disposta dal giudice, su richiesta del pubblico ministero, previo interrogatorio, allorché, valutati i risultati di questo, sussistono le condizioni indicate negli articoli 273, 274 e 275. Nello stesso modo si procede nel caso in cui la persona, senza giustificato motivo, non si presenta a rendere interrogatorio. Si osservano le disposizioni dell'articolo 294 commi 3, 4 e 5.

• Corte cost., 77 del 1997, ha dichiarato l'illegittimità del presente articolo limitatamente alle parole «disposta nel corso delle indagini preliminari». La stessa Corte cost., con la sentenza 95 del 2001, ha dichiarato l'illegittimità del presente articolo nella parte in cui non prevede che le misure cautelari coercitive, diverse dalla custodia cautelare, e quelle interdittive, perdono immediatamente efficacia se il giudice non procede all'interrogatorio entro il termine previsto dall'art. 294 co. 1 *bis*.

• Ogniqualvolta il giudice (→ **Soggetti**) competente (art. 279) non proceda all'interrogatorio di garanzia entro il termine previsto dall'art. 294 co. 1, la **custodia cautelare** (art. 285) disposta fino all'apertura del dibattimento (→ **Giudizio**, art. 492) perde efficacia. La stessa fattispecie estintiva opera, a seguito di Corte cost., 95 del 2001, anche con riguardo alle **altre misure coercitive** (art. 280 s.) **e interdittive** (art. 287 s.), cui si riferisce l'art. 294 co. 1 *bis*.

• La perdita di efficacia della misura cautelare può derivare anche dalla nullità (→ **Atti**, art. 177 s.) dell'interrogatorio, come nelle ipotesi di mancato avviso al difensore (→ **Soggetti**, art. 96 s.; Cass., SU, 26.3.1997, Procopio) o ad uno dei due difensori (→ art. 96 co. 1; Cass., SU, 16.7.2009), nonché di omesso deposito, nella cancelleria del giudice, ai sensi dell'art. 293 co. 3, dell'ordinanza applicativa (art. 292), della richiesta del p.m. o degli atti ad essa allegati (art. 291; Cass., SU, 28.6.2005, Vitale; v. *sub* art. 294). Per contro, la caducazione della misura non può mai conseguire all'inutilizzabilità per mancato rispetto delle modalità di documentazione (→ **Atti**, art. 141 *bis*).

303. Termini di durata massima della custodia cautelare.

1. La custodia cautelare perde efficacia quando:

a) dall'inizio della sua esecuzione sono decorsi i seguenti termini senza che sia stato emesso il provvedimento che dispone il giudizio o l'ordinanza con cui il giudice dispone il giudizio abbreviato ai sensi dell'articolo 438, ovvero senza che sia stata pronunciata la sentenza di applicazione della pena su richiesta delle parti:

1) tre mesi, quando si procede per un delitto per il quale la legge stabilisce la pena della reclusione non superiore nel massimo a sei anni;

2) sei mesi, quando si procede per un delitto per il quale la legge stabilisce la pena della reclusione superiore nel massimo a sei anni, salvo quanto previsto dal numero 3;

3) un anno, quando si procede per un delitto per il quale la legge stabilisce la pena dell'ergastolo o la pena della reclusione non inferiore nel massimo a venti anni ovvero per uno dei delitti indicati nell'articolo 407, comma 2, lettera *a*), sempre che per lo stesso la legge preveda la pena della reclusione superiore nel massimo a sei anni;

b) dall'emissione del provvedimento che dispone il giudizio o dalla sopravvenuta esecuzione della custodia sono decorsi i seguenti termini senza che sia stata pronunciata sentenza di condanna di primo grado:

1) sei mesi, quando si procede per un delitto per il quale la legge stabilisce la pena della reclusione non superiore nel massimo a sei anni;

2) un anno, quando si procede per un delitto per il quale la legge stabilisce la pena della reclusione non superiore nel massimo a venti anni, salvo quanto previsto dal numero 1;

3) un anno e sei mesi, quando si procede per un delitto per il quale la legge stabilisce la pena dell'ergastolo o la pena della reclusione superiore nel massimo a venti anni;

3 *bis*) qualora si proceda per i delitti di cui all'articolo 407, comma 2, lettera *a*), i termini di cui ai numeri 1, 2 e 3 sono aumentati fino a sei mesi. Tale termine è imputato a quello della fase precedente ove non completamente utilizzato, ovvero ai termini di cui alla lettera *d*) per la parte eventualmente residua. In quest'ultimo caso i termini di cui alla lettera *d*) sono proporzionalmente ridotti;

b bis) dall'emissione dell'ordinanza con cui il giudice dispone il giudizio abbreviato o dalla sopravvenuta esecuzione della custodia sono decorsi i seguenti termini senza che sia stata pronunciata sentenza di condanna ai sensi dell'articolo 442:

1) tre mesi, quando si procede per un delitto per il quale la legge stabilisce la pena della reclusione non superiore nel massimo a sei anni;

2) sei mesi, quando si procede per un delitto per il quale la legge stabilisce la pena della reclusione non superiore nel massimo a venti anni, salvo quanto previsto nel numero 1;

3) nove mesi, quando si procede per un delitto per il quale la legge stabilisce la pena dell'ergastolo o la pena della reclusione superiore nel massimo a venti anni;

c) dalla pronuncia della sentenza di condanna di primo grado o dalla sopravvenuta esecuzione della custodia sono decorsi i seguenti termini senza che sia stata pronunciata sentenza di condanna in grado di appello:

1) nove mesi, se vi è stata condanna alla pena della reclusione non superiore a tre anni;

2) un anno, se vi è stata condanna alla pena della reclusione non superiore a dieci anni;

3) un anno e sei mesi, se vi è stata condanna alla pena dell'ergastolo o della reclusione superiore a dieci anni;

d) dalla pronuncia della sentenza di condanna in grado di appello o dalla sopravvenuta esecuzione della custodia sono decorsi gli stessi termini previsti dalla lettera *c*) senza che sia stata pronunciata sentenza irrevocabile di condanna, salve le ipotesi di cui alla lettera *b*), numero 3 *bis*. Tuttavia, se vi è stata condanna in primo grado, ovvero se la impugnazione è stata proposta esclusivamente dal pubblico ministero, si applica soltanto la disposizione del comma 4.

2. Nel caso in cui, a seguito di annullamento con rinvio da parte della corte di cassazione o per altra causa, il procedimento regredisca a una fase o a un grado di giudizio diversi ovvero sia rinviato ad altro giudice, dalla data del provvedimento che dispone il regresso o il rinvio ovvero dalla sopravvenuta esecuzione della custodia cautelare decorrono di nuovo i termini previsti dal comma 1 relativamente a ciascuno stato e grado del procedimento.

3. Nel caso di evasione dell'imputato sottoposto a custodia cautelare, i termini previsti dal comma 1 decorrono di nuovo, relativamente a ciascuno stato e grado del procedimento, dal momento in cui venga ripristinata la custodia cautelare.

4. La durata complessiva della custodia cautelare, considerate anche le proroghe previste dall'articolo 305, non può superare i seguenti termini:

a) due anni, quando si procede per un delitto per il quale la legge stabilisce la pena della reclusione non superiore nel massimo a sei anni;

b) quattro anni, quando si procede per un delitto per il quale la legge stabilisce la pena della reclusione non superiore nel massimo a venti anni, salvo quanto previsto dalla lettera *a*);

c) sei anni, quando si procede per un delitto per il quale la legge stabilisce la pena dell'ergastolo o della reclusione superiore nel massimo a venti anni.

La norma è stata così modificata dal d.l. 1.3.1991, n. 60, conv. dalla l. 22.4.1991, n. 133; dal d.l. 9.9.1991, n. 292, conv. dalla l. 8.11.1991, n. 356; dal d. lgs. 7.4.2000, n. 82, conv. dalla l. 5.6.2000, n. 144 e, da ultimo, dal d.l. 24.11.2000, n. 341, conv. dalla l. 19.1.2001, n. 4.

• Corte cost., 299 del 2005, ha dichiarato l'illegittimità del co. 2, nella parte in cui non consente di computare ai fini dei termini massimi di fase determinati dall'art. 304 co. 6, i periodi di custodia cautelare sofferti in fasi o in gradi diversi dalla fase o dal grado in cui il procedimento è regredito.

• In attuazione dell'art. 13 co. 5 **Cost.**, la disposizione in oggetto prevede, anzitutto, una serie di termini (→ **Atti**, art. 172 s.) di durata massima della custodia cautelare in relazione a diversi stati procedimentali (c.d. **termini intermedi o di fase**). Più in dettaglio, sono cinque le fasce processuali nell'ambito delle quali vengono individuati termini massimi di varia entità:

– la prima decorre dall'inizio dell'esecuzione della misura (art. 293) e si protrae sino al provvedimento che dispone il giudizio di primo grado (→ **Indagini e udienza preliminare**, art. 429) ovvero all'ordinanza (→ **Atti**, art. 125) con cui il giudice dispone il giudizio *ex* art. 438 (→ **Procedimenti speciali**) o, ancora, alla sentenza *ex* art. 444 (→ **Libro VI**);

– la seconda decorre dall'emissione del provvedimento che dispone il giudizio (→ **Indagini e udienza preliminare**, art. 429) o dalla sopravvenuta esecuzione della custodia cautelare e si chiude con la pronuncia della sentenza di condanna nel giudizio di appello (→ **Impugnazioni**, art. 593);

– la terza decorre dall'emissione dell'ordinanza dispositiva del giudizio abbreviato (→ **Procedimenti speciali**, art. 440) o dalla sopravvenuta esecuzione della misura per concludersi con l'eventuale sentenza di condanna di cui all'art. 442;

– la quarta spazia dalla sentenza di primo grado (→ **Giudizio**), o dalla sopravvenuta esecuzione della custodia, alla sentenza di condanna in grado di appello (→ **Impugnazioni**, art. 605);

– la quinta, infine, decorre dalla pronuncia della sentenza di condanna in grado di appello (→ **Impugnazioni**), o dalla sopravvenuta esecuzione della custodia, e termina con la pronuncia della sentenza irrevocabile (→ **Esecuzione**, art. 648).

I termini *de quibus* possono essere **superati** allorquando trovino applicazione gli istituti del c.d. "congelamento" (art. 297 co. 4), della sospensione (art. 304) e della proroga (art. 305) dei termini.

• Con riferimento all'ipotesi di **regressione del procedimento**, oltre ai casi di annullamento con rinvio da parte della Corte di Cassazione (→ **Impugnazioni**, art. 623), si annoverano anche altre ipotesi, quali, ad es.: l'incompetenza dichiarata nel dibattimento di primo grado o in giudizio d'appello (→ **Soggetti**, artt. 23 e 24) e la declaratoria di nullità (→ **Atti**, art. 185 co. 3; in appello: → **Impugnazioni**, art. 604).

• Quanto ai **termini di durata complessiva** (c.d. "termini complessivi") della custodia cautelare di cui al co. 4 della disposizione in esame, occorre tenere presente che essi risultano, di regola (art. 304), non suscettibili di superamento.

• Per ciò che concerne la durata massima delle misure diverse dalla custodia in carcere, v. art. 308.

• È opportuno sottolineare che, in tema di rapporti tra termini di fase ed efficacia temporale delle declaratorie di incostituzionalità, la Suprema Corte ha avuto modo di affermare che la "*lex mitior*" derivante dalla reviviscenza del trattamento sanzionatorio più favorevole per le droghe leggere, quale effetto della sentenza n. 32 del 2014 della Corte cost., non produce effetti sulle fasi esaurite: la vicenda cautelare deve ritenersi esaurita fase per fase, poiché ciascuna di esse costituisce un segmento autonomo di un'attività complessa (Cass., SU, 17.7.2014, Pinna).

304. Sospensione dei termini di durata massima della custodia cautelare.

1. I termini previsti dall'articolo 303 sono sospesi, con ordinanza appellabile a norma dell'articolo 310, nei seguenti casi:

a) nella fase del giudizio, durante il tempo in cui il dibattimento è sospeso o rinviato per impedimento dell'imputato o del suo difensore ovvero su richiesta dell'imputato o del suo difensore, sempre che la sospensione o il rinvio non siano stati disposti per esigenze di acquisizione della prova o a seguito di concessione di termini per la difesa;

b) nella fase del giudizio, durante il tempo in cui il dibattimento è sospeso o rinviato a causa della mancata presentazione, dell'allontanamento o della mancata partecipazione di uno o più difensori che rendano privo di assistenza uno o più imputati;

c) nella fase del giudizio, durante la pendenza dei termini previsti dall'articolo 544, commi 2 e 3;

c bis) nel giudizio abbreviato, durante il tempo in cui l'udienza è sospesa o rinviata per taluno dei casi indicati nelle lettere *a*) e *b*) e durante la pendenza dei termini previsti dall'articolo 544, commi 2 e 3;

c ter) nei casi previsti dall'articolo 545 *bis*, durante il tempo intercorrente tra la lettura del dispositivo indicato al comma 1 dello stesso articolo e l'udienza fissata per la decisione sulla eventuale sostituzione della pena detentiva con una pena sostitutiva ai sensi dell'articolo 53 della legge 24 novembre 1981, n. 689; in tal caso, la sospensione dei termini previsti dall'articolo 303 non può comunque avere durata superiore a sessanta giorni.

2. I termini previsti dall'articolo 303 possono essere altresì sospesi quando si procede per taluno dei reati indicati nell'articolo 407, comma 2, lettera *a*), nel caso di dibattimenti o di giudizi abbreviati particolarmente complessi, durante il tempo in cui sono tenute le udienze o si delibera la sentenza nel giudizio di primo grado o nel giudizio sulle impugnazioni.

3. Nei casi previsti dal comma 2, la sospensione è disposta dal giudice, su richiesta del pubblico ministero, con ordinanza appellabile a norma dell'articolo 310.

4. I termini previsti dall'articolo 303, comma 1, lettera *a*), sono sospesi, con ordinanza appellabile a norma dell'articolo 310, se l'udienza preliminare è sospesa o rinviata per taluno dei casi indicati nel comma 1, lettere *a*) e *b*), del presente articolo.

5. Le disposizioni di cui alle lettere *a*) e *b*) del comma 1, anche se riferite al giudizio abbreviato, e di cui al comma 4 non si applicano ai coimputati ai quali i casi di sospensione non si riferiscono e che chiedono che si proceda nei loro confronti previa separazione dei processi.

6. La durata della custodia cautelare non può comunque superare il doppio dei termini previsti

dall'articolo 303, commi 1, 2 e 3 senza tenere conto dell'ulteriore termine previsto dall'articolo 303, comma 1, lettera *b*), numero 3 *bis*) e i termini aumentati della metà previsti dall'articolo 303, comma 4, ovvero, se più favorevole, i due terzi del massimo della pena temporanea prevista per il reato contestato o ritenuto in sentenza. A tal fine la pena dell'ergastolo è equiparata alla pena massima temporanea.

7. Nel computo dei termini di cui al comma 6, salvo che per il limite relativo alla durata complessiva della custodia cautelare, non si tiene conto dei periodi di sospensione di cui al comma 1, lettera *b*).

L'articolo è stato così modificato dal d.l. 1.3.1991, n. 60, conv. dalla l. 22.4.1991, n. 133; dalla l. 8.8.1995, n. 332; dal d.l. 7.4.2000, n. 82, conv. dalla l. 5.6.2000, n. 144; nonché, di recente, dal d. lgs. 10.10.2022, n. 150, che ha inserito la lett. *c ter* all'interno dell'elenco di cui al co. 1.

• La sospensione del decorso dei termini (→ **Atti**, art. 172 s.) della custodia cautelare (art. 303) opera sia nella fase dell'**udienza preliminare** (→ **Libro V**) che in quella del **giudizio** (→ **Libro VII**). Essa è riconducibile a fattori legati ad iniziative o comunque a comportamenti dell'imputato (→ **Soggetti**, art. 60) o del suo difensore (→ art. 96), ai periodi necessari alla redazione della motivazione delle sentenze giudiziali quando non vi si procede contestualmente alla redazione del dispositivo (→ **Giudizio**, art. 544 co. 2), ovvero alla celebrazione di processi particolarmente complessi che riguardano determinati reati. A seguito della modifica introdotta dal d. lgs. 10.10.2022, n. 150, la sospensione trova applicazione altresì nel lasso di tempo compreso tra la lettura del dispositivo e l'udienza fissata ai sensi dell'art. 545 *bis*.

• Il provvedimento di sospensione, che assume la forma dell'ordinanza (→ **Atti**, art. 125 co. 3) ed è appellabile (art. 310), determina l'allungamento dei termini di durata della custodia cautelare, sia quelli di fase (art. 303 co. 1-3), sia quelli complessivi (art. 303 co. 4), comportando, in tal modo, l'applicazione di **nuovi termini** (sia di fase, sia complessivi) **non più superabili**.

• L'istituto è strettamente collegato al dettato dell'art. 159 c.p., secondo cui la sospensione dei termini di custodia cautelare determina altresì la sospensione del corso della **prescrizione**.

• La sospensione dei termini di custodia cautelare non va confusa con la **sospensione dell'esecuzione** della stessa o di altra misura cautelare limitativa della libertà personale che si verifica, ai sensi dell'art. 289, quando nei confronti dello stesso soggetto viene data esecuzione ad un ordine di carcerazione per altro reato (→ **Esecuzione**, art. 656). In questo caso, infatti, i periodi durante i quali l'esecuzione della misura cautelare rimane sospesa non vengono conteggiati, né al fine dello scomputo della stessa dalla pena detentiva che si debba scontare in esecuzione di una condanna irrevocabile (→ art. 648), né ai fini della riparazione per ingiusta detenzione (art. 314).

305. Proroga della custodia cautelare.

1. In ogni stato e grado del procedimento di merito, quando è disposta perizia sullo stato di mente dell'imputato, i termini di custodia cautelare sono prorogati per il periodo di tempo assegnato per l'espletamento della perizia. La proroga è disposta con ordinanza dal giudice, su richiesta del pubblico ministero, sentito il difensore. L'ordinanza è soggetta a ricorso per cassazione nelle forme previste dall'articolo 311.

2. Nel corso delle indagini preliminari, il pubblico ministero può altresì chiedere la proroga dei termini di custodia cautelare che siano prossimi a scadere, quando sussistono gravi esigenze cautelari che, in rapporto ad accertamenti particolarmente complessi o a nuove indagini disposte ai sensi dell'articolo 415 *bis*, comma 4, rendano indispensabile il protrarsi della custodia. Il giudice, sentiti il pubblico ministero e il difensore, provvede con ordinanza appellabile a norma dell'articolo 310. La proroga è rinnovabile una sola volta. I termini previsti dall'articolo 303, comma 1 non possono essere comunque superati di oltre la metà.

L'articolo è stato così modificato dal d.l. 7.4.2000, n. 82, conv., con modif., dalla l. 5.6.2000, n. 144.

• Corte cost., 434 del 1995, ha precisato che il co. 2 deve essere interpretato nel senso che il giudice non possa essere esonerato dal rispetto del contraddittorio, ma al tempo stesso non debba essere vincolato all'obbligo di determinate forme, essendo invece libero di scegliere, caso per caso, quelle più opportune per assicurare in modo celere e semplificato una effettiva dialettica tra accusa e difesa.

• Mentre la proroga dei termini di custodia cautelare conseguente alla perizia (→ **Prove**, art. 220) sullo stato di mente dell'imputato (→ **Soggetti**, art. 60) è **obbligatoria** e opera **in ogni stato e grado del procedimento di merito**, quella connessa ad esigenze cautelari (art. 274) e quella legata allo svolgimento di nuove indagini (→ **Indagini e udienza preliminare**, art. 415 *bis* co. 4) "**possono**" essere disposte **solo nel corso delle indagini preliminari**.

• Quanto alla durata della proroga, nel caso contemplato dal co. 1, essa coincide con il periodo di tempo assegnato per l'espletamento della perizia (Cass. VI, 18.6.2010, Giannico; Cass. III, 15.12.2017, B.); nelle ipotesi disciplinate dal co. 2, invece, stante l'assenza di un parametro normativo di riferimento, è il giudice che individua il periodo, tenuto conto della necessità prospettata dal p.m. (→ **Soggetti**, art. 50) in contraddittorio con il difensore (→ art. 96).

• A differenza della sospensione (art. 304), l'istituto della proroga può comportare il **superamento dei soli termini di fase** (art. 303 co. 1-3) e non di quelli complessivi (art. 303 co. 4).

• Quanto all'**impugnazione** dell'ordinanza (→ **Atti**, art. 125) che dispone la proroga, occorre distinguere: mentre il provvedimento emesso ai sensi del co. 1 è ricorribile per cassazione (art. 311), quello emesso ai sensi del co. 2 è appellabile (art. 310).

306. Provvedimenti conseguenti alla estinzione delle misure.

1. Nei casi in cui la custodia cautelare perde efficacia secondo le norme del presente titolo, il giudice dispone con ordinanza l'immediata liberazione della persona sottoposta alla misura.

2. Nei casi di perdita di efficacia di altre misure cautelari, il giudice adotta con ordinanza i provvedimenti necessari per la immediata cessazione delle misure medesime.

• Disposta la cessazione della misura, trovano operatività gli **adempimenti** di cui agli artt. 94 co. 1 *ter*, 97 co. 3 (v. *sub* art. 293), 98, 131 *bis* e 154 *bis* **Disp. att.**

307. Provvedimenti in caso di scarcerazione per decorrenza dei termini.

1. Nei confronti dell'imputato scarcerato per decorrenza dei termini il giudice dispone le altre misure cautelari di cui ricorrano i presupposti, solo se sussistano le ragioni che avevano determinato la custodia cautelare.

1 *bis*. Qualora si proceda per taluno dei reati indicati nell'articolo 407, comma 2, lettera *a*), il giudice dispone le misure cautelari indicate dagli articoli 281, 282 e 283 anche cumulativamente.

2. La custodia cautelare, ove risulti necessaria a norma dell'articolo 275, è tuttavia ripristinata:

a) se l'imputato ha dolosamente trasgredito alle prescrizioni inerenti a una misura cautelare disposta a norma del comma 1, sempre che, in relazione alla natura di tale trasgressione, ricorra taluna delle esigenze cautelari previste dall'articolo 274;

b) contestualmente o successivamente alla sentenza di condanna di primo o di secondo grado, quando ricorre l'esigenza cautelare prevista dall'articolo 274, comma 1, lettera *b*).

3. Con il ripristino della custodia, i termini relativi alla fase in cui il procedimento si trova decorrono nuovamente ma, ai fini del computo del termine previsto dall'articolo 303, comma 4, si tiene conto anche della custodia anteriormente subita.

4. Gli ufficiali e gli agenti di polizia giudiziaria possono procedere al fermo dell'imputato che, trasgredendo alle prescrizioni inerenti a una misura cautelare disposta a norma del comma 1 o nell'ipotesi prevista dal comma 2, lettera *b*), stia per darsi alla fuga. Del fermo è data notizia senza ritardo, e comunque entro le ventiquattro ore, al procuratore della Repubblica presso il tribunale del luogo ove il fermo è stato eseguito. Si applicano, in quanto compatibili, le disposizioni sul fermo di indiziato di delitto. Con il provvedimento di convalida, il giudice per le indagini

preliminari, se il pubblico ministero ne fa richiesta, dispone con ordinanza, quando ne ricorrono le condizioni, la misura della custodia cautelare e trasmette gli atti al giudice competente.

5. La misura disposta a norma del comma 4 cessa di avere effetto se, entro venti giorni dalla ordinanza, il giudice competente non provvede a norma del comma 2 lettera *a*).

L'articolo è stato così modificato dal d.l. 1.3.1991, n. 60, conv. dalla l. 22.4.1991, n. 133 e, da ultimo, dal d.l. 24.11.2000, n. 341, conv. dalla l. 19.1.2001, n. 4.

• Nel considerare l'evenienza in cui le misure cautelari custodiali (art. 284 s.) perdano efficacia per decorrenza dei termini (art. 303), la disposizione individua le condizioni ed i limiti per l'applicazione di altre misure cautelari, nonché per l'eventuale ripristino della custodia cautelare.

• Quanto all'espressione «solo se sussistono le ragioni che avevano determinato la custodia cautelare» di cui al co. 1, ad avviso della giurisprudenza prevalente deve farsi riferimento tanto all'ipotesi di permanenza di tutte, alcune o una sola delle esigenze originarie, quanto a quella di sopravvenienza di nuove esigenze, intervenute alla stessa data della scarcerazione o anche in epoca successiva (Cass. III, 26.2.2019, Di Cristina, Cass. VI, 12.3.2014, Riva; Cass. III, 11.7.2013, P.; Cass. VI, 10.4.2002, Domingo). Secondo un orientamento minoritario è invece necessario che sussistano nuove e comprovate esigenze cautelari, diverse da quelle originarie, sopravvenute successivamente alla scarcerazione (Cass. II, 22.3.2013, Sinesi; Cass. I, 10.1.2005, Cela).

• Ai sensi del co. 4, la p.g. (→ **Soggetti**, art. 57) può procedere al fermo dell'imputato (→ art. 60) che stia per darsi alla fuga (art. 274 co. 1 lett. *b*), a condizione che vi sia stata trasgressione delle prescrizioni cautelari disposte ai sensi del co. 1 ovvero che vi sia stata sentenza di condanna di primo o di secondo grado (→ **Procedimenti speciali**; → **Giudizio**, art. 533; → **Impugnazioni**, art. 605). Si applica, in quanto compatibile, la disciplina del fermo di indiziato di delitto (→ **Indagini e udienza preliminare**, art. 384 s.) ed il relativo procedimento di convalida (→ art. 391), all'esito del quale, su richiesta del p.m. (in applicazione del principio della domanda cautelare), il g.i.p. (→ art. 328) può disporre, se ne ricorrono le condizioni, la misura custodiale (artt. 284, 285 e 286).

308. Termini di durata massima delle misure diverse dalla custodia cautelare.

1. Le misure coercitive diverse dalla custodia cautelare perdono efficacia quando dall'inizio della loro esecuzione è decorso un periodo di tempo pari al doppio dei termini previsti dall'articolo 303.

2. Le misure interdittive non possono avere durata superiore a dodici mesi e perdono efficacia quando è decorso il termine fissato dal giudice nell'ordinanza. In ogni caso, qualora siano state disposte per esigenze probatorie, il giudice può disporne la rinnovazione nei limiti temporali previsti dal primo periodo del presente comma.

2 *bis*. [Soppresso.]

3. L'estinzione delle misure non pregiudica l'esercizio dei poteri che la legge attribuisce al giudice penale o ad altre autorità nell'applicazione di pene accessorie o di altre misure interdittive.

L'articolo è stato così modificato dalla l. 6.11.2012, n. 190 e, poi, dalla l. 16.4.2015, n. 47. Il d.l. 17.3.2020, n. 18, conv., con modif., dalla l. 24.4.2020, n. 27, così come modificato, dapprima, dal d.l. 8.4.2020, n. 23, conv., con modif., dalla l. 5.6.2020, n. 40 e, successivamente, dal d.l. 30.4.2020, n. 28, conv., con modif., dalla l. 25.6.2020, n. 70, ha disposto la sospensione dei termini di cui al presente art. per il periodo compreso tra il 9.3.2020 e l'11.5.2020. Tale previsione non si applica nei procedimenti in cui, nel suddetto periodo o nei sei mesi successivi, scadono i termini massimi di cui all'art. 304 co. 6, nonché in quelli in cui l'imputato o il difensore presentano apposita richiesta affinché si proceda.

• I termini di durata massima delle misure diverse dalla custodia cautelare sono disciplinati in modo differente a seconda che si tratti di misure **coercitive** (art. 280 s.) o **interdittive** (art. 287 s.). Resta in ogni caso salva la possibilità per il giudice penale di irrogare pene accessorie (→ art. 28 s. c.p.) o altre misure interdittive.

• Si applica l'art. 97 co. 3 **Disp. att.** (v. *sub* art. 293).

Capo VI
Impugnazioni

309. Riesame delle ordinanze che dispongono una misura coercitiva.

1. Entro dieci giorni dalla esecuzione o notificazione del provvedimento, l'imputato può proporre richiesta di riesame, anche nel merito, della ordinanza che dispone una misura coercitiva, salvo che si tratti di ordinanza emessa a seguito di appello del pubblico ministero.

2. Per l'imputato latitante il termine decorre dalla data di notificazione eseguita a norma dell'articolo 165. Tuttavia, se sopravviene l'esecuzione della misura, il termine decorre da tale momento quando l'imputato prova di non avere avuto tempestiva conoscenza del provvedimento.

3. Il difensore dell'imputato può proporre la richiesta di riesame entro dieci giorni dalla notificazione dell'avviso di deposito dell'ordinanza che dispone la misura.

3 *bis*. Nei termini previsti dai commi 1, 2 e 3 non si computano i giorni per i quali è stato disposto il differimento del colloquio, a norma dell'articolo 104, comma 3.

4. La richiesta di riesame è presentata nella cancelleria del tribunale indicato nel comma 7. Si osservano le forme previste dall'articolo 582.

5. Il presidente cura che sia dato immediato avviso all'autorità giudiziaria procedente la quale, entro il giorno successivo, e comunque non oltre il quinto giorno, trasmette al tribunale gli atti presentati a norma dell'articolo 291, comma 1, nonché tutti gli elementi sopravvenuti a favore della persona sottoposta alle indagini.

6. Con la richiesta di riesame possono essere enunciati anche i motivi e l'imputato può chiedere di comparire personalmente. Chi ha proposto la richiesta ha, inoltre, facoltà di enunciare nuovi motivi davanti al giudice del riesame facendone dare atto a verbale prima dell'inizio della discussione.

7. Sulla richiesta di riesame decide, in composizione collegiale, il tribunale del luogo nel quale ha sede la corte di appello o la sezione distaccata della corte di appello nella cui circoscrizione è compreso l'ufficio del giudice che ha emesso l'ordinanza.

8. Il procedimento davanti al tribunale si svolge in camera di consiglio nelle forme previste dall'articolo 127. L'avviso della data fissata per l'udienza è comunicato, almeno tre giorni prima, al pubblico ministero presso il tribunale indicato nel comma 7 e, se diverso, a quello che ha richiesto l'applicazione della misura; esso è notificato, altresì, entro lo stesso termine, all'imputato ed al suo difensore. Fino al giorno dell'udienza gli atti restano depositati in cancelleria, con facoltà per il difensore di esaminarli e di estrarne copia.

8 *bis*. Il pubblico ministero che ha richiesto l'applicazione della misura può partecipare all'udienza in luogo del pubblico ministero presso il tribunale indicato nel comma 7. L'imputato che ne abbia fatto richiesta ai sensi del comma 6 ha diritto di comparire personalmente o, quando una particolare disposizione di legge lo prevede, di partecipare a distanza. Il presidente può altresì disporre la partecipazione a distanza dell'imputato che vi consenta.

9. Entro dieci giorni dalla ricezione degli atti il tribunale, se non deve dichiarare l'inammissibilità della richiesta, annulla, riforma o conferma l'ordinanza oggetto del riesame decidendo anche sulla base degli elementi addotti dalle parti nel corso dell'udienza. Il tribunale può annullare il provvedimento impugnato o riformarlo in senso favorevole all'imputato anche per motivi diversi da quelli enunciati ovvero può confermarlo per ragioni diverse da quelle indicate nella motivazione del provvedimento stesso. Il tribunale annulla il provvedimento impugnato se la motivazione manca o non contiene l'autonoma valutazione, a norma dell'articolo 292, delle esigenze cautelari, degli indizi e degli elementi forniti dalla difesa.

9 *bis*. Su richiesta formulata personalmente dall'imputato entro due giorni dalla notificazione dell'avviso, il tribunale differisce la data dell'udienza da un minimo di cinque ad un massimo di dieci giorni se vi siano giustificati motivi. In tal caso il termine per la decisione e quello per il deposito dell'ordinanza sono prorogati nella stessa misura.

10. Se la trasmissione degli atti non avviene nei termini di cui al comma 5 o se la decisione sulla richiesta di riesame o il deposito dell'ordinanza del tribunale in cancelleria non interven-

gono nei termini prescritti, l'ordinanza che dispone la misura coercitiva perde efficacia e, salve eccezionali esigenze cautelari specificamente motivate, non può essere rinnovata. L'ordinanza del tribunale deve essere depositata in cancelleria entro trenta giorni dalla decisione salvi i casi in cui la stesura della motivazione sia particolarmente complessa per il numero degli arrestati o la gravità delle imputazioni. In tali casi, il giudice può disporre per il deposito un termine più lungo, comunque non eccedente il quarantacinquesimo giorno da quello della decisione.

La disposizione normativa è stata modificata dalla l. 8.8.1995, n. 332; nonché successivamente dal d.l. 10.5.1996, n. 250 non conv.; dal d.l. 8.7.1996, n. 355 non conv.; dal d.l. 6.9.1996, n. 464 non conv.; dal d.l. 23.10.1996, n. 553, conv., con modif., dalla l. 23.12.1996, n. 652; dal d. lgs. 19.2.1998, n. 51; dalla l. 16.4.2015, n. 47 e, da ultimo, dal d. lgs. 10.10.2022, n. 150.

• Corte cost., **71 del 1996**, ha dichiarato l'illegittimità degli artt. 309 e 310, nella parte in cui non prevedono la possibilità di valutare la sussistenza dei gravi indizi di colpevolezza nell'ipotesi in cui sia stato emesso il decreto che dispone il giudizio a norma dell'art. 429. La stessa Corte, **293 del 2013**, ha dichiarato l'illegittimità dell'art. 309 in quanto interpretato nel senso che la deducibilità, nel procedimento di riesame, della retrodatazione della decorrenza dei termini di durata massima delle misure cautelari, prevista dall'art. 297 co. 3, sia subordinata – oltre che alla condizione che, per effetto della retrodatazione, il termine sia già scaduto al momento dell'emissione dell'ordinanza cautelare impugnata – anche a quella che tutti gli elementi per la retrodatazione risultino da detta ordinanza.

• Il riesame risponde alle esigenze poste dall'**art. 5 § 4 Cedu**, che prevede per ogni persona privata della libertà personale il «diritto di indirizzare un ricorso ad un tribunale affinché esso decida, entro brevi termini, sulla legalità della sua detenzione e ne ordini la scarcerazione se la detenzione è illegale».

• Per **l'esecuzione** e la **notificazione** di una misura cautelare si veda l'art. 293 in tema di adempimenti esecutivi.

• Le misure **coercitive** sono quelle di cui agli artt. 280 s. Ad esse si aggiunge l'applicazione provvisoria di una misura di sicurezza, equiparata ai fini delle impugnazioni alla custodia cautelare (art. 313 co. 3).

• L'appello del **p.m.** di cui al co. 1 è disciplinato all'art. 310.

• La **latitanza** cui fa riferimento il co. 2 è disciplinata all'art. 296.

• L'art. 582 richiamato al co. 4 disciplina le **modalità di presentazione dell'impugnazione** secondo le norme generali (→ **Impugnazioni**).

• La redazione del **verbale** nominato al co. 6 trova la sua disciplina agli artt. 135 s. (→ **Atti**).

• L'art. 127 richiamato al co. 4 regola il procedimento in **camera di consiglio** (→ **Atti**).

• La **notificazione** (co. 8) si svolge secondo le regole ordinarie previste agli artt. 148 s. (→ **Atti**).

• Al co. 8 si trova una concretizzazione dell'**estensione al difensore** dei diritti dell'imputato, sancita in via generale dall'art. 99 (→ **Soggetti**).

• Un motivo di **inammissibilità** specifico della richiesta di riesame è dettato dall'art. 311 co. 2, e si concretizza qualora sia stato proposto ricorso per cassazione.

• Il co. 9 rimanda all'art. 292, in forza del quale è normato il contenuto dell'ordinanza di applicazione di una misura cautelare, in particolare per quanto riguarda gli **oneri motivazionali** (art. 292 co. 2 lett. *c* e *c bis*).

• Per quanto riguarda le **esigenze cautelari** citate al co. 9, occorre fare riferimento all'art. 274, che le elenca. Gli indizi e gli elementi forniti dalla difesa sono invece in prevalenza quelli provenienti dalla investigazione privata (→ **Indagini e udienza preliminare**), depositati durante le indagini preliminari anche in vista di una decisione del g.i.p. (→ art. 328) per la quale non sia previsto l'intervento dell'assistito (→ art. 391 *octies* co. 2).

• Costituendo il riesame un ordinario mezzo di impugnazione (→ **Libro IX**), per tutto quanto non è espressamente disciplinato dal presente articolo vigono i principi sanciti in materia e in particolare le **regole generali** di cui all'art. 568 (principio di tassatività, interesse ad impugnare, principio di conservazione dell'impugnazione).

• Poiché il riesame è volto a riformare un'ordinanza in materia di libertà personale, è consentita l'**impugnazione autonoma** dell'ordinanza cautelare anche se emessa nel corso degli atti preliminari o durante il dibattimento (→ **Giudizio**), indipendentemente dall'impugnazione contro la sentenza (→ **Impugnazioni**, art. 586 co. 3).

• Il riesame costituisce mezzo d'impugnazione contro un provvedimento in materia di libertà personale; *ex* art. 588 co. 2 (→ **Impugnazioni**) è dunque escluso ogni **effetto sospensivo** dell'impugnazione stessa.

• A differenza di quanto vale per l'appello (→ **Impugnazioni**, art. 597 co. 1) si tratta di un mezzo d'impugnazione ad **effetto interamente devolutivo**. Di conseguenza non vi è necessità di ricorrere alla disciplina generale dettata per la presentazione di motivi nuovi *ex* art. 585 co. 4.

• Possono essere oggetto di riesame le ordinanze che dispongono una misura personale coercitiva (→ Capo II), emesse all'esito dell'ordinario **procedimento cautelare** (art. 291 s.) come anche, in presenza di una misura precautelare (→ **Indagini e udienza preliminare**) all'esito della relativa **udienza di convalida** (→ art. 391 co. 5).

• Per effetto dell'art. 61 (→ **Soggetti**), legittimata a proporre richiesta di riesame è anche la **persona sottoposta alle indagini**.

• La tardiva o mancata trasmissione degli atti presentati a sostegno della richiesta cautelare (art. 291) nonché di tutti gli elementi sopravvenuti a favore della persona sottoposta alle indagini determina, in virtù del combinato disposto dei co. 5 e 10, **l'immediata inefficacia** della misura cautelare.

• L'obbligo di trasmettere gli elementi sopravvenuti a favore della persona sottoposta alle indagini (co. 5) e il peso dato all'autonoma valutazione degli elementi forniti dalla difesa (co. 9) trovano la loro origine nell'art. 291 co. 1 (obbligo del p.m. di trasmettere **elementi a favore** dell'imputato in sede di richiesta della misura) e nell'art. 292 co. 2 *ter* (obbligo per il giudice decidente di valutare anche gli elementi favorevoli all'imputato). La stessa difesa ha, in forza dell'art. 327 *bis* (→ **Indagini e udienza preliminare**), facoltà di svolgere investigazioni a favore del proprio assistito. Le modalità delle **investigazioni difensive** sono normate dagli artt. 391 *bis* s., e le risultanze che ne conseguono confluiranno nel fascicolo del difensore, disciplinato dall'art. 391 *octies* (→ **Libro V**).

• Disciplina generale dei casi di **inammissibilità** di un mezzo di impugnazione, cui anche in questo caso occorre fare riferimento, è data dall'art. 591 (→ **Impugnazioni**). Tale norma trova applicazione nei limiti di compatibilità con la disciplina del riesame. In particolare, non si ha inammissibilità nel caso di inosservanza dei requisiti formali dell'atto di impugnazione (→ art. 581, come modificato dalla l. 23.6.2017, n. 103), specialmente con riferimento all'indicazione specifica dei motivi.

• Il diritto di **presenziare** all'udienza del riesame è disciplinato dal co. 8 *bis*. La norma implica il diritto per i detenuti ristretti al di fuori del distretto di competenza di essere tradotti, salvo che ricorrano i presupposti per la partecipazione a distanza all'udienza in camera di consiglio (→ **Disp. att.**, art. 45 *bis*). L'imputato può partecipare a distanza anche in assenza di tali presupposti, a condizione che abbia prestato il consenso a procedere con tali modalità. Si applicano le disposizioni che disciplinano in via generale la partecipazione a distanza (→ **Atti**, artt. 133 *bis* e 133 *ter*).

• Il possibile **differimento** dell'udienza su richiesta della persona sottoposta alla misura costituisce diretto precipitato del principio costituzionale che sancisce il diritto di difesa (→ **Cost.**, art. 24).

• La riforma dell'ordinanza da parte del giudice del riesame è possibile solo in senso favorevole alla persona sottopostavi per effetto dell'art. 291 co. 1, che attribuisce al p.m. soltanto l'**iniziativa** per richiedere una misura cautelare.

• Il mancato rispetto dei termini previsti dal co. 10 provoca la cessazione immediata di efficacia dell'ordinanza cautelare, ciò che configura un'ipotesi di **estinzione automatica** della misura che si affianca alle ulteriori ipotesi disciplinate agli artt. 300 s.

• In base all'art. 83 co. 9 d.l. 17.3.2020, n. 18 (conv., con modif., dalla l. 24.4.2020, n. 27, come modificato dal d.l. 30.4.2020, n. 28, conv., con modif., dalla l. 25.6.2020, n. 70), i termini previsti dal presente articolo rimangono sospesi per il tempo in cui il procedimento è rinviato a causa dell'emergenza epidemiologica da Covid-19 (secondo quanto stabilito dal co. 7 lett. *g* del medesimo art. 83 d.l. n. 18 del 2020) e in ogni caso non oltre il 30.6.2020.

310. Appello.

1. Fuori dei casi previsti dall'articolo 309, comma 1, il pubblico ministero, l'imputato e il suo difensore possono proporre appello contro le ordinanze in materia di misure cautelari personali, enunciandone contestualmente i motivi.

2. Si osservano le disposizioni dell'articolo 309, commi 1, 2, 3, 4 e 7. Dell'appello è dato immediato avviso all'autorità giudiziaria procedente che, entro il giorno successivo, trasmette al tribunale l'ordinanza appellata e gli atti su cui la stessa si fonda. Il procedimento davanti al tribunale si svolge in camera di consiglio nelle forme previste dall'articolo 127. Fino al giorno dell'udienza gli atti restano depositati in cancelleria con facoltà per il difensore di esaminarli e di estrarne la copia. Il tribunale decide entro venti giorni dalla ricezione degli atti con ordinanza depositata in cancelleria entro trenta giorni dalla decisione. L'ordinanza del tribunale deve essere depositata in cancelleria entro trenta giorni dalla decisione salvi i casi in cui la stesura della motivazione sia particolarmente complessa per il numero degli arrestati o la gravità delle imputazioni. In tali casi, il giudice può indicare nel dispositivo un termine più lungo, non eccedente comunque il quarantacinquesimo giorno da quello della decisione.

3. L'esecuzione della decisione con la quale il tribunale, accogliendo l'appello del pubblico ministero, dispone una misura cautelare è sospesa fino a che la decisione non sia divenuta definitiva.

L'articolo è stato così modificato dalla l. 8.8.1995, n. 332 e, successivamente, dalla l. 16.4.2015, n. 47.

• Corte cost., **71 del 1996**, ha dichiarato l'illegittimità degli artt. 309 e 310, nella parte in cui non prevedono la possibilità di valutare la sussistenza dei gravi indizi di colpevolezza nell'ipotesi in cui sia stato emesso il decreto che dispone il giudizio a norma dell'art. 429.

• L'art. 309 legittima l'imputato a proporre richiesta di riesame avverso le ordinanze che dispongono una misura coercitiva, tranne se questa è emessa a seguito di appello del p.m.

• Le disposizioni richiamate al co. 2 sono quelle relative ai **termini** e alle **modalità di presentazione** dell'impugnazione, nonché al **tribunale competente** ad esprimersi. Per tutti questi punti valgono le stesse regole previste all'art. 309 per il riesame.

• Anche per l'appello valgono i principi generali in materia di impugnazioni (→ **Libro IX**), in particolare le **regole generali** *ex* art. 568.

• Il richiamo alle regole generali delle impugnazioni comporta che i motivi d'appello debbano essere specifici (→ **Libro IX**, art. 581 lett. *d*). La specificità deve essere valutata con riferimento, da un lato, al motivo in sé (nel senso che lo stesso non deve essere generico o astratto; si parla in proposito di specificità intrinseca), dall'altro lato, alla motivazione dell'ordinanza cautelare (nel senso che il motivo deve fare riferimento ad un determinato passaggio argomentativo: c.d. specificità estrinseca).

• Se l'ordinanza cautelare viene emessa nel corso degli atti preliminari o durante il dibattimento (→ **Giudizio**), è consentita l'**impugnazione autonoma** del provvedimento, in quanto trattasi di ordinanza in materia di libertà personale, *ex* art. 586 co. 3 (→ **Impugnazioni**).

• Il co. 3 è da leggere insieme all'art. 588 co. 2 (→ **Impugnazioni**), di cui costituisce una deroga. L'**effetto sospensivo** infatti normalmente non opera rispetto alle impugnazioni di provvedimenti in materia di libertà personale. In questo caso invece si stabilisce che la pronuncia di accoglimento dell'appello da parte del p.m. diviene esecutiva solo con la sua definitività.

• Del tutto analogamente all'appello avverso le sentenze (→ **Impugnazioni**), si tratta di un mezzo d'impugnazione ad **effetto parzialmente devolutivo**.

• Per effetto dell'art. 61 (→ **Soggetti**), legittimata a proporre appello è anche la **persona sottoposta alle indagini**.

311. Ricorso per cassazione.

1. Contro le decisioni emesse a norma degli articoli 309 e 310, il pubblico ministero che ha richiesto l'applicazione della misura, l'imputato e il suo difensore possono proporre ricorso per

cassazione entro dieci giorni dalla comunicazione o dalla notificazione dell'avviso di deposito del provvedimento. Il ricorso può essere proposto anche dal pubblico ministero presso il tribunale indicato nel comma 7 dell'articolo 309.

2. Entro i termini previsti dall'articolo 309, commi 1, 2 e 3, l'imputato e il suo difensore possono proporre direttamente ricorso per cassazione per violazione di legge contro le ordinanze che dispongono una misura coercitiva. La proposizione del ricorso rende inammissibile la richiesta di riesame.

3. Il ricorso è presentato nella cancelleria del giudice che ha emesso la decisione ovvero, nel caso previsto dal comma 2, in quella del giudice che ha emesso l'ordinanza. Si osservano le forme previste dall'articolo 582. Il giudice cura che sia dato immediato avviso all'autorità giudiziaria procedente che, entro il giorno successivo, trasmette gli atti alla corte di cassazione.

4. Nei casi previsti dai commi 1 e 2, i motivi devono essere enunciati contestualmente al ricorso, ma il ricorrente ha facoltà di enunciare nuovi motivi davanti alla corte di cassazione, prima dell'inizio della discussione.

5. La corte di cassazione decide entro trenta giorni dalla ricezione degli atti osservando le forme previste dall'articolo 127.

5 *bis*. Se è stata annullata con rinvio, su ricorso dell'imputato, un'ordinanza che ha disposto o confermato la misura coercitiva ai sensi dell'articolo 309, comma 9, il giudice decide entro dieci giorni dalla ricezione degli atti e l'ordinanza è depositata in cancelleria entro trenta giorni dalla decisione. Se la decisione ovvero il deposito dell'ordinanza non intervengono entro i termini prescritti, l'ordinanza che ha disposto la misura coercitiva perde efficacia, salvo che l'esecuzione sia sospesa ai sensi dell'articolo 310, comma 3, e, salve eccezionali esigenze cautelari specificamente motivate, non può essere rinnovata.

L'articolo è stato così modificato dal d.l. 8.7.1996, n. 355 non conv.; dal d.l. 6.9.1996, n. 464 non conv.; dal d.l. 23.10.1996, n. 553, conv., con modif., dalla l. 23.12.1996, n. 652; dalla l. 16.4.2015, n. 47 e, da ultimo, dal d. lgs. 10.10.2022, n. 150.

• Contro i provvedimenti restrittivi della libertà personale è la stessa **Costituzione** a richiedere la predisposizione di un ricorso in cassazione (→ **Cost.**, art. 111 co. 7), da cui discende la previsione codicistica di cui all'art. 568 co. 2 (→ **Impugnazioni**).

• Gli artt. 309 e 310 nominati al co. 1 richiamano le decisioni emesse a seguito di riesame o di appello avverso l'ordinanza di applicazione di una misura cautelare.

• Il riferimento all'art. 309 co. 7 fa sì che possa proporre ricorso per cassazione anche il p.m. presso il tribunale competente a decidere per il riesame.

• Proprio per garantire l'effettività del diritto di ricorrere per cassazione, l'ordinanza di applicazione di una misura cautelare deve essere **notificata** o **comunicata** *ex* art. 127 co. 7 (→ **Atti**) a tutti i soggetti a ciò legittimati.

• Il ricorso per cassazione ***per saltum*** previsto al co. 2 del presente articolo è disciplinato all'art. 569 (→ **Impugnazioni**). Le **misure coercitive**, le uniche per le quali può essere utilizzato tale strumento, sono quelle di cui agli artt. 280 s., a cui si aggiunge l'applicazione provvisoria di una misura di sicurezza, equiparata ai fini delle impugnazioni alla custodia cautelare (art. 313 co. 3).

• La corte di cassazione decide in **camera di consiglio**, come emerge dal richiamo all'art. 127 (→ **Atti**) presente nel co. 5.

• Per la normativa sulle **esigenze cautelari** richiamate dal co. 5 *bis* si faccia riferimento all'art. 274.

• Per quanto non è derogato dalla presente disciplina, vigono, anche per il ricorso per cassazione, i principi generali in materia di impugnazioni (→ **Libro IX**), come le **regole generali** di cui all'art. 568.

• Il ricorso può essere presentato dall'imputato personalmente o dal difensore. Non paiono applicabili gli artt. 571 co. 1 e 613 co. 1 (→ **Impugnazioni**), come modificati dalla l. 23.6.2017, n. 103, che escludono la legittimazione personale dell'imputato (→ **Soggetti**).

• Tra le norme dettate in via generale per il ricorso per cassazione, ma destinate a trovare applicazione anche nell'impugnazione cautelare, vi è la nuova procedura per la dichiarazione di inammissibilità (→ **Impugnazioni**, art. 610 co. 5 *bis*, introdotto dalla l. 23.6.2017, n. 103). Il legislatore prevede, in relazione alle cause di inammissibilità ritenute di più agevole individuazione (→ art. 591 lett. *a* limitatamente al difetto di legittimazione, lett. *b*, lett. *c*, ad eccezione delle inammissibilità dovute a inosservanza dei requisiti formali dell'atto di impugnazione, lett. *d*), che la corte provveda senza formalità, e che contro il provvedimento sia esperibile il ricorso straordinario per errore materiale o di fatto (→ art. 625 *bis*).

• I **motivi** per i quali è possibile proporre ricorso per cassazione sono quelli elencati all'art. 606 (→ **Impugnazioni**), salvo per il ricorso *per saltum*, ammesso solo per violazione di legge (→ art. 606 lett. *b*).

• La possibilità di proporre **motivi nuovi** davanti alla corte di cassazione è una deroga alla disciplina generale (→ **Impugnazioni**) la quale prevede un termine di 15 giorni prima dell'udienza (→ artt. 585 co. 4 e 611 co. 1).

• Le **pronunce** della corte di cassazione si risolvono nell'alternativa ordinaria (→ **Impugnazioni**) fra rigetto del ricorso (→ art. 615 co. 2) e annullamento della decisione impugnata (→ artt. 620 e 623).

• L'annullamento **con rinvio** di cui al co. 5 *bis* è da raccordarsi con la disciplina prevista all'art. 623 (→ **Impugnazioni**).

• Vige l'art. 588 co. 2 (→ **Impugnazioni**), che preclude l'**effetto sospensivo** per le impugnazioni volte a riformare provvedimenti in materia di libertà personale.

• Il ricorso per cassazione è previsto, *ex* art. 391 co. 4, anche per le ordinanze che dispongono o negano la **convalida** di una misura precautelare (→ **Indagini e udienza preliminare**).

• Per effetto dell'art. 61 (→ **Soggetti**), legittimata a proporre ricorso per cassazione è anche la **persona sottoposta alle indagini**.

• L'istituto della rinnovazione, richiamato dal co. 5 *bis*, trova la sua *sedes materiae* nell'art. 301.

• In base all'art. 83 co. 9 d.l. 17.3.2020, n. 18 (conv., con modif., dalla l. 24.4.2020, n. 27, come modificato dal d.l. 30.4.2020, n. 28, conv., con modif., dalla l. 25.6.2020, n. 70), i termini previsti dal presente articolo rimangono sospesi per il tempo in cui il procedimento è rinviato a causa dell'emergenza epidemiologica da Covid-19 (secondo quanto stabilito dal co. 7 lett. *g* del medesimo art. 83 d.l. n. 18 del 2020) e in ogni caso non oltre il 30.6.2020.

Capo VII
Applicazione provvisoria di misure di sicurezza

• Nonostante la loro collocazione topografica, le misure contemplate in questo capo presentano natura, presupposti e contenuti sostanzialmente diversi rispetto alle misure cautelari personali.

312. Condizioni di applicabilità.

1. Nei casi previsti dalla legge, l'applicazione provvisoria delle misure di sicurezza è disposta dal giudice, su richiesta del pubblico ministero, in qualunque stato e grado del procedimento, quando sussistono gravi indizi di commissione del fatto e non ricorrono le condizioni previste dall'articolo 273, comma 2.

• Benché (→ art. 199 s. c.p.) siano solite trovare applicazione a seguito della pronuncia di una sentenza **dibattimentale** (→ **Giudizio**, artt. 530 co. 4 e 533 co. 1), le misure di sicurezza possono essere disposte in via provvisoria **in ogni stato e grado del procedimento** (→ art. 206 c.p.). La competenza a disporre l'applicazione provvisoria della misura di sicurezza è del giudice (→ **Soggetti**) che ha la disponibilità del procedimento (art. 279).

• Nonostante il legislatore abbia assimilato alle misure cautelari le misure di sicurezza applicate provvisoriamente, queste presentano **presupposti** diversi dalle prime: in particolare, è richiesta la sussistenza di «gravi indizi di commissione del fatto» per il quale si procede, col che si viene a prescindere dalle connotazioni soggettive insite nella nozione di «colpevolezza» di cui all'art. 273 co. 1. L'art. 313 co. 1 richiede l'ulteriore requisito della pericolosità sociale dell'imputato.

• Sono, invece, identiche le **condizioni preclusive** all'adozione delle misure, vale a dire l'eventuale sussistenza di cause di non punibilità, scriminanti o cause estintive del reato o della pena (→ art. 273 co. 2). Inoltre, come emerge dalla lettura del co. 1 della disposizione in esame, anche qui non è contemplata l'iniziativa *ex officio* del giudice (→ **Soggetti**), essendo necessaria una richiesta da parte del p.m. (→ **art. 50; principio della domanda cautelare**: art. 291).

• Là dove i destinatari dell'applicazione provvisoria delle misure in questione siano **minorenni**, trovano operatività gli artt. 36-39 **Proc. minorile** (v. anche → artt. 223, 224, 225 e 232 c.p.).

313. Procedimento.

1. Il giudice provvede con ordinanza a norma dell'articolo 292, previo accertamento sulla pericolosità sociale dell'imputato. Ove non sia stato possibile procedere all'interrogatorio della persona sottoposta alle indagini prima della pronuncia del provvedimento, si applica la disposizione dell'articolo 294.

2. Salvo quanto previsto dall'articolo 299, comma 1, ai fini dell'articolo 206, comma 2 del codice penale, il giudice procede a nuovi accertamenti sulla pericolosità sociale dell'imputato nei termini indicati nell'articolo 72.

3. Ai fini delle impugnazioni, la misura prevista dall'articolo 312 è equiparata alla custodia cautelare. Si applicano le norme sulla riparazione per l'ingiusta detenzione.

• Dal momento che il giudice (→ **Soggetti**) deve procedere ad una valutazione periodica della pericolosità sociale, non si applica la disciplina dei **termini di durata** delle misure cautelari (artt. 303 e 308).

• Come risulta dalla lettera del co. 1, l'interrogatorio può avere luogo successivamente all'applicazione della misura secondo quanto previsto dall'art. 294 solo là dove «non sia stato possibile» svolgerlo preliminarmente. Proprio con riguardo a quest'ultima evenienza, ci si è interrogati sull'applicabilità o meno del termine di cinque giorni entro cui deve procedersi all'interrogatorio ai sensi del menzionato art. 294. Ad avviso di parte della giurisprudenza di legittimità, al giudice (→ **Soggetti**) è fatto obbligo di procedere entro cinque giorni all'interrogatorio a pena di perdita di efficacia del provvedimento, in quanto il rinvio all'art. 294 va riferito a tutto il sistema della disciplina delle misure cautelari, ivi compreso, dunque, l'art. 302 (Cass. V, 17.12.1997, Mollame). Viceversa, secondo un diverso indirizzo, nel caso in cui non si sia proceduto all'interrogatorio nel termine di cinque giorni, la misura non perde efficacia visto che, per un verso, il co. 1 dell'art. 313 non richiama l'art. 302 e, per l'altro, l'assimilazione della misura di sicurezza alla custodia cautelare (art. 285 s.), stabilita dal co. 3 dell'art. 313, vale unicamente ai fini dell'impugnazione (Cass. VI, 10.11.1992, p.m. in proc. Tolone; Cass. II, 23.9.2010, Alexandra).

• Quanto al regime delle **impugnazioni**, in virtù dell'equiparazione alla custodia cautelare, trovano applicazione gli artt. 309-311.

• In **fase esecutiva** (→ **Esecuzione**, art. 657), il p.m. (→ **Soggetti**, art. 50), nell'effettuare il computo della pena da eseguire, dovrà detrarre il periodo in cui il soggetto è stato provvisoriamente sottoposto ad una misura di sicurezza a carattere detentivo (→ art. 215 c.p.).

• È opportuno evidenziare che, ai sensi dell'ultimo periodo del co. 3, anche con riferimento alle misure in questione opera **l'istituto della riparazione per l'ingiusta detenzione** (artt. 314 e 315).

Capo VIII
Riparazione per l'ingiusta detenzione

314. Presupposti e modalità della decisione.

1. Chi è stato prosciolto con sentenza irrevocabile perché il fatto non sussiste, per non aver commesso il fatto, perché il fatto non costituisce reato o non è previsto dalla legge come reato,

ha diritto a un'equa riparazione per la custodia cautelare subita, qualora non vi abbia dato o concorso a darvi causa per dolo o colpa grave. L'esercizio da parte dell'imputato della facoltà di cui all'articolo 64, comma 3, lettera b), non incide sul diritto alla riparazione di cui al primo periodo.

2. Lo stesso diritto spetta al prosciolto per qualsiasi causa o al condannato che nel corso del processo sia stato sottoposto a custodia cautelare, quando con decisione irrevocabile risulti accertato che il provvedimento che ha disposto la misura è stato emesso o mantenuto senza che sussistessero le condizioni di applicabilità previste dagli articoli 273 e 280.

3. Le disposizioni dei commi 1 e 2 si applicano, alle medesime condizioni, a favore delle persone nei cui confronti sia pronunciato provvedimento di archiviazione ovvero sentenza di non luogo a procedere.

4. Il diritto alla riparazione è escluso per quella parte della custodia cautelare che sia computata ai fini della determinazione della misura di una pena ovvero per il periodo in cui le limitazioni conseguenti all'applicazione della custodia siano state sofferte anche in forza di altro titolo.

5. Quando con la sentenza o con il provvedimento di archiviazione è stato affermato che il fatto non è previsto dalla legge come reato per abrogazione della norma incriminatrice, il diritto alla riparazione è altresì escluso per quella parte di custodia cautelare sofferta prima della abrogazione medesima.

Il secondo periodo del co. 1 è stato aggiunto dal d. lgs. 8.11.2021, n. 188.

• Corte cost., **310 del 1996**, ha dichiarato l'illegittimità del presente articolo, nella parte in cui non prevede il diritto all'equa riparazione anche per la detenzione ingiustamente patita a causa di erroneo ordine di esecuzione. Corte cost., **109 del 1999**, ha dichiarato: a) l'illegittimità del co. 1, nella parte in cui non prevede che chi è stato prosciolto con sentenza irrevocabile perché il fatto non sussiste, per non avere commesso il fatto, perché il fatto non costituisce reato o non è previsto dalla legge come reato, ha diritto a un'equa riparazione per la detenzione subìta a causa di arresto in flagranza o di fermo di indiziato di delitto, entro gli stessi limiti stabiliti per la custodia cautelare; b) l'illegittimità del co. 2, nella parte in cui non prevede che lo stesso diritto nei medesimi limiti spetta al prosciolto per qualsiasi causa o al condannato che nel corso del processo sia stato sottoposto ad arresto in flagranza o a fermo di indiziato di delitto quando, con decisione irrevocabile, siano risultate insussistenti le condizioni per la convalida. La stessa Corte, **219 del 2008**, ha dichiarato l'illegittimità del presente articolo, nella parte in cui, nell'ipotesi di detenzione cautelare sofferta, condiziona in ogni caso il diritto all'equa riparazione al proscioglimento nel merito dalle imputazioni, secondo quanto precisato in motivazione.

• Dalla **Costituzione** stessa (→ art. 24 co. 4) discende l'obbligo per il legislatore di approntare meccanismi idonei a riparare gli errori giudiziari. Questo avviene in senso stretto con la disciplina specifica di cui agli artt. 643 s. (→ **Impugnazioni**), e in senso lato con la presente normativa. Anche la **Cedu** pone la necessità di rimedi riparatori accessibili a fronte di una detenzione illegittima (→ art. 5 § 5).

• Le misure custodiali che danno diritto alla riparazione per ingiusta detenzione sono, oltre alla custodia cautelare in carcere (art. 285), anche la custodia in istituto a custodia attenuata per detenute madri o in luoghi di cura (artt. 285 *bis* e 286) e gli arresti domiciliari (art. 284 co. 5). A queste si aggiunge l'applicazione provvisoria di una misura di sicurezza, per la quale anche, *ex* art. 313 co. 3, si applicano le norme relative alla riparazione per l'ingiusta detenzione.

• L'**irrevocabilità** delle sentenze è disciplinata dall'art. 648 (→ **Esecuzione**).

• La norma esplicita (co. 1) le formule di assoluzione (→ **Giudizio**) di cui all'art. 530, mentre fa un riferimento solo indiretto (co. 2) alle ulteriori **formule di proscioglimento**, che coincidono con le disposizioni di cui agli artt. 529 e 531 e alle ipotesi di condanna, di cui agli artt. 533 s.

• Gli artt. 274 e 280, citati dal co. 2, disciplinano rispettivamente le condizioni generali di applicabilità di una misura cautelare e le **condizioni di applicabilità** di una misura coercitiva.

• Il riferimento alla custodia cautelare abbraccia, stante l'equiparazione *ex* art. 284 co. 5, anche la misura degli **arresti domiciliari**.

• Il provvedimento di **archiviazione**, che costituisce ulteriore presupposto per ottenere la riparazione, è disciplinato agli artt. 408 s., mentre per la **sentenza di non luogo a pro-**

cedere occorre fare riferimento all'art. 425 (→ **Indagini e udienza preliminare**).

• Il **computo** della custodia cautelare ai fini della determinazione della pena viene operato *ex* art. 657 (→ **Esecuzione**).

• L'**abrogazione** della norma incriminatrice è disciplinata all'art. 2 co. 2 c.p.

• L'esclusione della riparazione nel caso vi siano stati **colpa grave o dolo** nel causare o concorrere a causare l'ingiusta detenzione è da leggersi in parallelo a quanto ugualmente stabilito dall'art. 643 co. 1 in merito alla, pur diversa, riparazione per errore giudiziario (→ **Esecuzione**).

• Una forma particolare di riparazione per ingiusta detenzione è data dall'art. 102 *bis* **Disp. att.**, che prevede la reintegrazione nel posto di lavoro per ingiusta detenzione.

• L'esercizio del **diritto al silenzio** da parte dell'indagato in sede di interrogatorio (→ **Libro I**, art. 64 co. 3 lett. *b*) non incide sul diritto alla riparazione. Prima di questa espressa previsione legislativa, la giurisprudenza ha ritenuto che il comportamento reticente dell'indagato in sede di interrogatorio, ove causalmente rilevante sulla determinazione cautelare, incida sull'accertamento dell'eventuale colpa grave ostativa al riconoscimento del diritto alla riparazione in quanto condotta equivoca ed ambigua non equiparabile al silenzio serbato nell'esercizio delle facoltà difensive (Cass. IV, 30.6.22, D.).

315. Procedimento per la riparazione.

1. La domanda di riparazione deve essere proposta, a pena di inammissibilità, entro due anni dal giorno in cui la sentenza di proscioglimento o di condanna è divenuta irrevocabile, la sentenza di non luogo a procedere è divenuta inoppugnabile o è stata effettuata la notificazione del provvedimento di archiviazione alla persona nei cui confronti è stato pronunciato a norma del comma 3 dell'articolo 314.

2. L'entità della riparazione non può comunque eccedere euro 516.456,90.

3. Si applicano, in quanto compatibili, le norme sulla riparazione dell'errore giudiziario.

L'articolo è stato così modificato dalla l. 16.12.1999, n. 479.

• Corte cost., **446 del 1997**, ha dichiarato l'illegittimità costituzionale del co. 1 nella parte in cui prevede che il termine per proporre la domanda di riparazione decorre dalla pronuncia del provvedimento di archiviazione, anziché dal giorno in cui, ricorrendo le condizioni previste dal co. 3, è stata effettuata la notificazione del provvedimento.

• Legittimati a proporre la domanda sono i soggetti di cui all'art. 314.

• La **notificazione** del provvedimento di **archiviazione** è prevista per la persona sottoposta alle indagini (→ **Soggetti**) qualora a questa sia stata applicata la misura della custodia cautelare, come disciplinato dall'art. 409 co. 1 (→ **Indagini e udienza preliminare**).

• Il **rinvio** alle norme sulla riparazione dell'errore giudiziario (→ **Impugnazioni**, art. 643 s.) implica che organo **competente** a decidere sulla riparazione sia la corte di appello (→ art. 646 co. 1), mentre è l'art. 102 **Disp. att.** a chiarirci che si tratta della corte d'appello nel cui distretto è stato pronunciato il provvedimento in questione (con ulteriori precisazioni in caso di sentenza della corte di cassazione).

• Sempre in virtù del rinvio operato dalla norma, il procedimento si svolge secondo le **regole camerali** (→ **Atti**, art. 127), e può anche concludersi con l'attribuzione all'interessato di una **provvisionale** a titolo alimentare (→ **Impugnazioni**, art. 646 co. 5).

Titolo II
MISURE CAUTELARI REALI

Capo I
Sequestro conservativo

316. Presupposti ed effetti del provvedimento.

1. Se vi è fondata ragione di ritenere che manchino o si disperdano le garanzie per il pagamento delle spese di procedimento e di ogni altra somma dovuta all'erario dello Stato, il pub-

blico ministero, in ogni stato e grado del processo di merito, chiede il sequestro conservativo dei beni mobili o immobili dell'imputato o delle somme o cose a lui dovute, nei limiti in cui la legge ne consente il pignoramento.

1 *bis*. Quando procede per il delitto di omicidio commesso contro il coniuge, anche legalmente separato o divorziato, contro l'altra parte dell'unione civile, anche se l'unione civile è cessata, o contro la persona che è o è stata legata da relazione affettiva e stabile convivenza, il pubblico ministero rileva la presenza di figli della vittima minorenni o maggiorenni economicamente non autosufficienti e, in ogni stato e grado del procedimento, chiede il sequestro conservativo dei beni di cui al comma 1, a garanzia del risarcimento dei danni civili subiti dai figli delle vittime.

2. Se vi è fondata ragione di ritenere che manchino o si disperdano le garanzie delle obbligazioni civili derivanti dal reato, la parte civile può chiedere il sequestro conservativo dei beni dell'imputato o del responsabile civile, secondo quanto previsto dal comma 1.

3. Il sequestro disposto a richiesta del pubblico ministero giova anche alla parte civile.

4. Per effetto del sequestro i crediti indicati nei commi 1 e 2 si considerano privilegiati, rispetto a ogni altro credito non privilegiato di data anteriore e ai crediti sorti posteriormente, salvi, in ogni caso, i privilegi stabiliti a garanzia del pagamento dei tributi.

L'articolo è stato così modificato dalla l. 11.1.2018, n. 4 e, da ultimo, dal d. lgs. 10.10.2022, n. 150 (che ha eliminato dal co. 1 le parole «della pena pecuniaria»).

• Le misure cautelari reali trovano applicazione indipendentemente ed autonomamente rispetto alle misure cautelari personali (art. 272 s.), essendo da queste ultime distinte per le **finalità** perseguite e per i **presupposti** applicativi previsti dalla legge. In particolare, il sequestro conservativo mira a sottrarre temporaneamente il patrimonio sequestrato alla disponibilità dell'**imputato** (→ **Soggetti**, art. 60) e, se citato, del **responsabile civile** (→ art. 83) onde garantire il ristoro allo Stato e alle persone danneggiate dalle conseguenze patrimoniali di un reato. Anteriormente al d. lgs. 10.10.2022, n. 150, il sequestro conservativo poteva essere disposto anche a garanzia del pagamento delle pene pecuniarie. Nel superare «l'impostazione civilistica della pena pecuniaria come credito da riscuotere» (così la Relazione illustrativa al d. lgs. 150 del 2022), la riforma ha escluso il ricorso alla misura cautelare reale con riferimento, per l'appunto, alle sanzioni che incidono sul patrimonio del condannato.

• Per quanto riguarda i presupposti, non è richiesta la sussistenza dei «gravi indizi di colpevolezza» (art. 273 co. 1), ma è sufficiente la formulazione dell'imputazione (→ **Indagini e udienza preliminare**, art. 405). Inoltre, non è necessaria l'esistenza di una delle esigenze cautelari previste dall'art. 274, bensì la presenza di fondate ragioni per ritenere che possano mancare o si disperdano le garanzie dei crediti rivendicabili. A questo proposito, le SU della Suprema Corte hanno avuto modo di chiarire che per l'adozione del sequestro conservativo è sufficiente che vi sia il fondato motivo per ritenere che manchino le garanzie del credito, ossia che il patrimonio del debitore sia attualmente insufficiente per l'adempimento delle obbligazioni di cui all'art. 316 co. 1 e 2, non occorrendo invece che sia simultaneamente configurabile un futuro depauperamento del debitore. Pertanto, le garanzie "mancano" «quando sussista la certezza, allo stato, dell'attuale inettitudine del patrimonio del debitore a far fronte interamente all'obbligazione nel suo ammontare presumibilmente accertato»; si "disperdono" «quando l'atteggiamento assunto dal debitore è tale da far desumere l'eventualità di un depauperamento di un patrimonio attualmente sufficiente ad assicurare la garanzia a causa di un comportamento del debitore idoneo a non adempiere l'obbligazione. I due eventi, come chiaramente espresso dall'art. 316 con la formula disgiuntiva, rilevano (o possono rilevare) autonomamente» (Cass., SU, 25.9.2014, Zambito).

• In ordine alla circostanza disciplinata dal co. 1 *bis*, il p.m. (→ **Soggetti**, art. 50) è tenuto a compiere un accertamento circa la presenza di figli della persona offesa (→ art. 90) minorenni o maggiorenni economicamente non autosufficienti.

• Quanto alla **legittimazione attiva**, conformemente al principio della "domanda cautelare" (art. 291), il provvedimento che dispone il sequestro conservativo è emesso su richiesta del p.m. (→ **Soggetti**, art. 50) o della parte civile (→ art. 74 s.).

• Dal momento che, fatta salva la particolare ipotesi di cui al co. 1 *bis*, la richiesta può essere effettuata solo nel **giudizio di merito**, è esclusa la possibilità di emissione del sequestro nella fase delle indagini preliminari (→ **Libro V**) e nel corso del giudizio di legittimità (→ **Impugnazioni**, art. 606 s.).

• Il sequestro conservativo e, più in generale, le misure cautelari reali si differenziano anche dal **sequestro probatorio** che costituisce un mezzo di ricerca della prova (→ **Prove**, art. 253) e che risponde, pertanto, alla diversa finalità di acquisire un bene utilizzabile come fonte di prova.

317. Forma del provvedimento. Competenza.

1. Il provvedimento che dispone il sequestro conservativo a richiesta del pubblico ministero o della parte civile è emesso con ordinanza del giudice che procede.

2. Se è stata pronunciata sentenza di condanna, di proscioglimento o di non luogo a procedere, soggetta a impugnazione, il sequestro è ordinato, prima che gli atti siano trasmessi al giudice dell'impugnazione, dal giudice che ha pronunciato la sentenza e, successivamente, dal giudice che deve decidere sull'impugnazione. Dopo il provvedimento che dispone il giudizio e prima che gli atti siano trasmessi al giudice competente, provvede il giudice per le indagini preliminari.

3. Il sequestro è eseguito dall'ufficiale giudiziario con le forme prescritte dal codice di procedura civile per l'esecuzione del sequestro conservativo sui beni mobili o immobili.

4. Salvo quanto disposto dal comma 1 *ter* dell'articolo 578, gli effetti del sequestro cessano quando la sentenza di proscioglimento o di non luogo a procedere non è più soggetta a impugnazione. La cancellazione della trascrizione del sequestro di immobili è eseguita a cura del pubblico ministero. Se il pubblico ministero non provvede, l'interessato può proporre incidente di esecuzione.

Il d. lgs. 10.10.2022, n. 150 ha inserito nel co. 4 la formula «[s]alvo quanto disposto dal comma 1 *ter* dell'articolo 578».

• Alla stregua di quanto previsto per le misure cautelari personali (art. 292), il provvedimento con cui il giudice (→ **Soggetti**) dispone il sequestro conservativo riveste la forma dell'**ordinanza** (→ **Atti**, art. 125), motivata a pena di nullità (→ art. 177 s.).

• Come per le misure cautelari personali (art. 272 s.), competente a decidere è, di regola, il **giudice che procede** (art. 279). Una disciplina particolare è dettata per i momenti di quiescenza del procedimento, in coincidenza con il rinvio a giudizio (→ **Indagini e udienza preliminare**, art. 416 s.) o nella fase successiva alla pronuncia di una sentenza impugnabile (→ art. 425; → **Giudizio**, artt. 529-531 e 533).

• Quanto alle conseguenze della cessazione degli effetti della misura, v. artt. 103 e 218 **Disp. att.**

318. Riesame dell'ordinanza di sequestro conservativo.

1. Contro l'ordinanza di sequestro conservativo chiunque vi abbia interesse può proporre richiesta di riesame, anche nel merito, a norma dell'articolo 324.

2. La richiesta di riesame non sospende l'esecuzione del provvedimento.

• L'**ordinanza** di sequestro conservativo è disciplinata all'art. 317.

• L'**interesse ad impugnare** è elemento necessario già per quanto stabilito dall'art. 568 co. 4 (→ **Impugnazioni**), che detta le regole generali per le impugnazioni, valide anche per le impugnazioni cautelari.

• Il **principio di tassatività** (→ **Impugnazioni**, art. 568 co. 1) è ribadito con specifico riguardo ai sequestri all'art. 229 **Disp. att.**

• La **sospensione** del provvedimento come effetto della sua impugnazione è disciplinata in via generale all'art. 588 (→ **Impugnazioni**), di cui la presente norma costituisce una specificazione.

319. Offerta di cauzione.

1. Se l'imputato o il responsabile civile offre cauzione idonea a garantire i crediti indicati nell'articolo 316, il giudice dispone con decreto che non si faccia luogo al sequestro conservativo e stabilisce le modalità con cui la cauzione deve essere prestata.

2. Se l'offerta è proposta con la richiesta di riesame, il giudice revoca il sequestro conservativo quando ritiene la cauzione proporzionata al valore delle cose sequestrate.

3. Il sequestro è altresì revocato dal giudice se l'imputato o il responsabile civile offre, in qualunque stato e grado del processo di merito, cauzione idonea.

• L'offerta di cauzione avanzata dall'imputato (→ **Soggetti**, art. 60) o dal responsabile civile (→ art. 83) può **svolgere due diverse funzioni**: impeditiva del sequestro, se avanzata prima dell'esecuzione; sostitutiva del sequestro, se proposta durante il processo di merito o con la richiesta di riesame.

320. Esecuzione sui beni sequestrati.

1. Il sequestro conservativo si converte in pignoramento quando diventa esecutiva la sentenza che condanna l'imputato e il responsabile civile al risarcimento del danno in favore della parte civile, fatto salvo quanto previsto dal comma 2 *bis* dell'articolo 539. La conversione non estingue il privilegio previsto dall'articolo 316, comma 4.

2. Salva l'azione per ottenere con le forme ordinarie il pagamento delle somme che rimangono ancora dovute, l'esecuzione forzata sui beni sequestrati ha luogo nelle forme prescritte dal codice di procedura civile. Sul prezzo ricavato dalla vendita dei beni sequestrati e sulle somme depositate a titolo di cauzione e non devolute alla cassa delle ammende, sono pagate, nell'ordine, le somme dovute alla parte civile a titolo di risarcimento del danno e di spese processuali, le spese di procedimento e ogni altra somma dovuta all'erario dello Stato.

L'articolo è stato così modificato dalla l. 11.1.2018, n. 4 e, più di recente, dal d. lgs. 10.10.2022, n. 150.

• Qualora vi sia stata costituzione di parte civile (→ **Soggetti**, art. 74 s.), il giudice, ove sia accertata la responsabilità dell'imputato (→ art. 60), decide anche circa il risarcimento del danno (→ **Giudizio**, art. 538 s.).

• Il codice di procedura civile contiene una disciplina analitica delle forme e modalità con cui ha luogo l'esecuzione forzata (→ **Del processo di esecuzione**, Libro III). Tale disciplina è stata da ultimo modificata dal d. lgs. 10.10.2022, n. 149 che, con l'obiettivo di snellire le procedure e di rendere più rapida l'attività di espropriazione forzata, ha introdotto una serie di novità in punto, tra l'altro, di custodia dei beni pignorati e di delega delle operazioni di vendita a un professionista.

• L'inapplicabilità del sequestro conservativo a garanzia del pagamento della pena pecuniaria sancita dal d. lgs. 150 del 2022 (art. 316), ha reso necessario escludere la conversione – anteriormente prevista – del provvedimento ablativo in pignoramento a seguito del passaggio in giudicato della sentenza di condanna al pagamento di una pena pecuniaria.

Capo II
Sequestro preventivo

321. Oggetto del sequestro preventivo.

1. Quando vi è pericolo che la libera disponibilità di una cosa pertinente al reato possa aggravare o protrarre le conseguenze di esso ovvero agevolare la commissione di altri reati, a richiesta del pubblico ministero il giudice competente a pronunciarsi nel merito ne dispone il sequestro con decreto motivato. Prima dell'esercizio dell'azione penale provvede il giudice per le indagini preliminari.

2. Il giudice può altresì disporre il sequestro delle cose di cui è consentita la confisca.

2 *bis*. Nel corso del procedimento penale relativo a delitti previsti dal capo I del titolo II del libro secondo del codice penale il giudice dispone il sequestro dei beni di cui è consentita la confisca.

3. Il sequestro è immediatamente revocato a richiesta del pubblico ministero o dell'interessato quando risultano mancanti, anche per fatti sopravvenuti, le condizioni di applicabilità previste dal comma 1. Nel corso delle indagini preliminari provvede il pubblico ministero con decreto motivato, che è notificato a coloro che hanno diritto di proporre impugnazione. Se vi è richiesta di revoca dell'interessato, il pubblico ministero, quando ritiene che essa vada anche in parte respinta, la trasmette al giudice, cui presenta richieste specifiche nonché gli elementi sui quali fonda le sue valutazioni. La richiesta è trasmessa non oltre il giorno successivo a quello del deposito nella segreteria.

3 *bis*. Nel corso delle indagini preliminari, quando non è possibile, per la situazione di urgenza, attendere il provvedimento del giudice, il sequestro è disposto con decreto motivato dal pubblico ministero. Negli stessi casi, prima dell'intervento del pubblico ministero, al sequestro procedono ufficiali di polizia giudiziaria, i quali, nelle quarantotto ore successive, trasmettono il verbale al pubblico ministero del luogo in cui il sequestro è stato eseguito. Questi, se non dispone la restituzione delle cose sequestrate, richiede al giudice la convalida e l'emissione del decreto previsto dal comma 1 entro quarantotto ore dal sequestro, se disposto dallo stesso pubblico ministero, o dalla ricezione del verbale, se il sequestro è stato eseguito di iniziativa dalla polizia giudiziaria.

3 *ter*. Il sequestro perde efficacia se non sono osservati i termini previsti dal comma 3 *bis* ovvero se il giudice non emette l'ordinanza di convalida entro dieci giorni dalla ricezione della richiesta. Copia dell'ordinanza è immediatamente notificata alla persona alla quale le cose sono state sequestrate.

L'articolo è stato così modificato dal d. lgs. 14.1.1991, n. 12 e, successivamente, dalla l. 27.3.2001, n. 97.

• A differenza del sequestro conservativo (art. 316), quello preventivo **mira** ad impedire che la disponibilità di cose pertinenti al reato possa aggravarne o protrarne le conseguenze ovvero agevolare la commissione di altri reati.

• Con riferimento ai **presupposti applicativi**, si apprezzano alcune differenze rispetto a quanto previsto per le misure cautelari personali (→ art. 272 s.): da una parte, è richiesta la sussistenza di elementi idonei a suffragare la configurabilità in concreto della fattispecie di reato ipotizzata e non è presente alcun riferimento ai «gravi indizi di colpevolezza» (art. 273), dall'altra, le esigenze cautelari sono quelle specificamente previste dai primi due commi dell'articolo in esame e non quelle descritte dall'art. 274. Peraltro, a proposito del primo fra i requisiti appena menzionati, la giurisprudenza di legittimità ha affermato che, stante l'impossibilità di estendere alle misure cautelari reali le condizioni generali previste dall'art. 273, ai fini della doverosa verifica della legittimità del provvedimento con il quale sia stato ordinato il sequestro preventivo di un bene pertinente ad uno o più reati, è preclusa ogni valutazione sulla sussistenza degli indizi di colpevolezza e sulla gravità degli stessi (Cass., SU, 25.3.1993, Gifuni; Cass., SU, 23.2.2000, Mariano; Cass. I, 30.1.2018, Armeli).

• Il sequestro preventivo è disposto dal **giudice** competente a decidere nel merito (→ **Soggetti**, art. 4 s.), nonché, prima dell'esercizio dell'azione penale, dal g.i.p. (→ **Indagini e udienza preliminare**, artt. 328 e 405) con **decreto motivato** (→ **Atti**, art. 125 co. 3) su richiesta del p.m. (→ **Soggetti**, art. 50; v. anche: principio della domanda cautelare, art. 291). Nel corso delle indagini preliminari (→ **Libro V**), la suddetta regola può subire delle eccezioni. In particolare, quando non è possibile attendere il provvedimento del g.i.p., il sequestro preventivo è disposto con decreto motivato del p.m. Prima dell'intervento di quest'ultimo, in caso di urgenza, procedono al sequestro gli **ufficiali di p.g.** (→ **Soggetti**, art. 57), i quali trasmettono il verbale al p.m. stesso.

• Oggetto del sequestro preventivo possono essere altresì le cose di cui è consentita la **confisca** (→ art. 240 c.p.; art. 186 codice della strada; art. 12 *sexies* d.l. 8.8.1992, n. 306, conv. dalla l. 7.8.1992, n. 356), compresa quella **per equivalente** (→ art. 322 *ter* c.p.). In tal caso, il provvedimento di sequestro deve contenere la concisa motivazione anche in punto di *periculum in mora*, da rapportare alle ragioni che rendono necessaria l'anticipazione dell'effetto ablativo della confisca rispetto alla definizione del giudizio (Cass., SU, 24.6.2021, Ellade). Quanto ai limiti del sequestro (e della confisca per equivalente), sono stati ritenuti operanti quelli previsti dall'art 545 c.p.c. (Cass., SU, 24.2.2022, Cinaglia).

• Il sequestro preventivo può essere disposto anche in sede di riconoscimento di una sentenza straniera (→ **Rapporti giurisdizionali autorità straniere**, art. 737).

• Il sequestro preventivo può essere disposto anche quando non è più necessario mantenere il sequestro ai fini di prova (→ **Prove**, art. 262 co. 3), nonché nel corso del procedimento volto all'accertamento della **responsabilità degli enti per illeciti amministrativi dipendenti da reato** (→ **Processo alle società**, art. 53).

• L'**esecuzione** del sequestro preventivo segue la disciplina dettata dall'art. 104 **Disp. att.**

322. Riesame del decreto di sequestro preventivo.

1. Contro il decreto di sequestro emesso dal giudice l'imputato e il suo difensore, la persona alla quale le cose sono state sequestrate e quella che avrebbe diritto alla loro restituzione possono proporre richiesta di riesame, anche nel merito, a norma dell'articolo 324.

2. La richiesta di riesame non sospende l'esecuzione del provvedimento.

L'articolo è stato così modificato dal d. lgs. 14.1.1991, n. 12.

• Si tratta di una norma "gemella" rispetto all'art. 257 (→ **Prove**), in tema di **sequestro probatorio**.

• Il **principio di tassatività** (→ **Impugnazioni**, art. 568 co. 1) che vige in materia di impugnazioni è ribadito con specifico riguardo ai sequestri all'art. 229 **Disp. att.**

• La **sospensione** del provvedimento come effetto della sua impugnazione è disciplinata in via generale all'art. 588 (→ **Impugnazioni**), di cui la presente norma costituisce una specificazione.

322 *bis*. Appello.

1. Fuori dei casi previsti dall'articolo 322, il pubblico ministero, l'imputato e il suo difensore, la persona alla quale le cose sono state sequestrate e quella che avrebbe diritto alla loro restituzione, possono proporre appello contro le ordinanze in materia di sequestro preventivo e contro il decreto di revoca del sequestro emesso dal pubblico ministero.

1 *bis*. Sull'appello decide, in composizione collegiale, il tribunale del capoluogo della provincia nella quale ha sede l'ufficio che ha emesso il provvedimento.

2. L'appello non sospende l'esecuzione del provvedimento. Si applicano, in quanto compatibili, le disposizioni dell'articolo 310.

L'articolo è stato aggiunto dal d. lgs. 14.1.1991, n. 12, ed è stato, in seguito, modificato con d.l. 8.7.1996, n. 355 non conv.; con d.l. 6.9.1996, n. 464 non conv.; con d.l. 23.10.1996, n. 553, conv. dalla l. 23.12.1996, n. 652 e, da ultimo, con d. lgs. 19.2.1998, n. 51.

• Il **tribunale competente** a decidere è lo stesso che decide sul riesame (art. 324 co. 5).

• Il **decreto di revoca** è disciplinato all'art. 321 co. 3.

• La **sospensione** del provvedimento come effetto della sua impugnazione è disciplinata in via generale all'art. 588 (→ **Impugnazioni**), di cui la presente norma costituisce una specificazione.

323. Perdita di efficacia del sequestro preventivo.

1. Con la sentenza di proscioglimento o di non luogo a procedere, ancorché soggetta a impugnazione, il giudice ordina che le cose sequestrate siano restituite a chi ne abbia diritto, quando non deve disporre la confisca a norma dell'articolo 240 del codice penale. Il provvedimento è immediatamente esecutivo.

2. Quando esistono più esemplari identici della cosa sequestrata e questa presenta interesse a fini di prova, il giudice, anche dopo la sentenza di proscioglimento o di non luogo a procedere impugnata dal pubblico ministero, ordina che sia mantenuto il sequestro di un solo esemplare e dispone la restituzione degli altri esemplari.

3. Se è pronunciata sentenza di condanna, gli effetti del sequestro permangono quando è stata disposta la confisca delle cose sequestrate.

4. La restituzione non è ordinata se il giudice dispone, a richiesta del pubblico ministero o della parte civile, che sulle cose appartenenti all'imputato o al responsabile civile sia mantenuto il sequestro a garanzia dei crediti indicati nell'articolo 316.

• Ai sensi del co. 1 della disposizione in esame, il giudice, salvi i casi di confisca *ex* art. 240 c.p., ordina la restituzione dei beni sequestrati quando pronuncia sentenza di proscioglimento (→ **Giudizio**, art. 529 s.) o sentenza di non luogo a procedere (→ **Indagini e udienza preliminare**, art. 425). Nel caso della sentenza di condanna (→ **Giudizio**, art. 533 co. 1), invece, a norma del co. 3, gli effetti del sequestro permangono se è stata disposta la confisca.

• Là dove il p.m. (→ **Soggetti**, art. 50) o la parte civile (→ art. 74) presentino apposita richiesta, il sequestro preventivo può essere convertito in conservativo a garanzia dei crediti indicati nell'art. 316. In ossequio alla regola prevista dal co. 1, anche in questo caso deve essere intervenuta sentenza di condanna (→ **Giudizio**, art. 533).

• Il p.m. può impugnare le sentenze di proscioglimento e di non luogo a procedere nei casi previsti dalla legge (→ **Impugnazioni**, artt. 568 co. 3, 570).

Capo III
Impugnazioni

324. Procedimento di riesame.

1. La richiesta di riesame è presentata, nella cancelleria del tribunale indicato nel comma 5, entro dieci giorni dalla data di esecuzione del provvedimento che ha disposto il sequestro o dalla diversa data in cui l'interessato ha avuto conoscenza dell'avvenuto sequestro.

2. La richiesta è presentata con le forme previste dall'articolo 582. Se la richiesta è proposta dall'imputato non detenuto né internato, questi, ove non abbia già dichiarato o eletto domicilio o non si sia proceduto a norma dell'articolo 161, comma 2, deve indicare il domicilio presso il quale intende ricevere l'avviso previsto dal comma 6; in mancanza, l'avviso è notificato mediante consegna al difensore. Se la richiesta è proposta da un'altra persona e questa abbia omesso di dichiarare il proprio domicilio, l'avviso è notificato mediante deposito in cancelleria.

3. La cancelleria dà immediato avviso all'autorità giudiziaria procedente che, entro il giorno successivo, trasmette al tribunale gli atti su cui si fonda il provvedimento oggetto del riesame.

4. Con la richiesta di riesame possono essere enunciati anche i motivi. Chi ha proposto la richiesta ha, inoltre, facoltà di enunciare nuovi motivi davanti al giudice del riesame, facendone dare atto a verbale prima dell'inizio della discussione.

5. Sulla richiesta di riesame decide, in composizione collegiale, il tribunale del capoluogo della provincia nella quale ha sede l'ufficio che ha emesso il provvedimento nel termine di dieci giorni dalla ricezione degli atti.

6. Il procedimento davanti al tribunale si svolge in camera di consiglio nelle forme previste dall'articolo 127. Almeno tre giorni prima, l'avviso della data fissata per l'udienza è comunicato al pubblico ministero e notificato al difensore e a chi ha proposto la richiesta. Fino al giorno dell'udienza gli atti restano depositati in cancelleria.

7. Si applicano le disposizioni dell'articolo 309, commi 9, 9 *bis* e 10. La revoca del provvedimento di sequestro può essere parziale e non può essere disposta nei casi indicati nell'articolo 240, comma 2, del codice penale.

8. Il giudice del riesame, nel caso di contestazione della proprietà, rinvia la decisione della controversia al giudice civile, mantenendo nel frattempo il sequestro.

L'articolo è stato così modificato dal d. lgs. 14.1.1991, n. 12; dal d. lgs. 19.2.1998, n. 51; infine, dalla l. 16.4.2015, n. 47.

• La procedura esposta è da applicarsi in caso di riesame contro un decreto che dispone il sequestro preventivo (art. 318 co. 1), ma anche per il riesame avverso un provvedimento di **sequestro probatorio** (→ **Prove**), operando in tal senso il rinvio di cui all'art. 257 co. 1. Lo stesso procedimento di riesame vige infine anche quale impugnazione contro il decreto di convalida di sequestro, *ex* art. 355 co. 3 (→ **Indagini e udienza preliminare**).

• Per la dichiarazione o l'elezione di **domicilio**, di cui al co. 2, occorre fare riferimento all'art. 161 (→ **Atti**), il cui co. 2, richiamato dalla normativa in esame, si riferisce all'invito a dichiarare o eleggere domicilio trasmesso nel caso la persona sottoposta alle indagini (→ **Soggetti**) non vi abbia già provveduto.

• La possibilità di proporre **motivi nuovi** davanti al giudice del riesame (co. 4) è una deroga alla disciplina generale (→ **Impugnazioni**) la quale per la proposizione di nuovi motivi prevede un termine di 15 giorni prima dell'udienza (→ art. 585 co. 4).

• Le norme riguardanti la redazione del **verbale** si trovano agli artt. 135 s., mentre per il regime delle **notificazioni** occorre fare riferimento agli artt. 148 s. (→ **Atti**).

• Le disposizioni dell'art. **309 co. 9, 9 *bis* e 10** richiamate al co. 7 disciplinano i provvedimenti che possono essere emessi all'esito del procedimento d'impugnazione, le modalità e i termini da rispettare.

• L'art. 240 co. 2 c.p., citato al co. 7, regola i casi in cui è prevista la **confisca** nelle ipotesi in cui essa è obbligatoria.

• Il rinvio della decisione al giudice civile in caso di contestazione delle proprietà costituisce una delle eccezioni alla regola generale in tema di **cognizione** del giudice penale (→ **Soggetti**) cui fa riferimento l'art. 2 co. 1.

325. Ricorso per cassazione.

1. Contro le ordinanze emesse a norma degli articoli 322 *bis* e 324, il pubblico ministero, l'imputato e il suo difensore, la persona alla quale le cose sono state sequestrate e quella che avrebbe diritto alla loro restituzione possono proporre ricorso per cassazione per violazione di legge.

2. Entro il termine previsto dell'articolo 324 comma 1, contro il decreto di sequestro emesso dal giudice può essere proposto direttamente ricorso per cassazione. La proposizione del ricorso rende inammissibile la richiesta di riesame.

3. Si applicano le disposizioni dell'articolo 311 commi 3, 4 e 5.

4. Il ricorso non sospende l'esecuzione della ordinanza.

L'articolo è stato così modificato dal d. lgs. 14.1.1991, n. 12. Il co. 3 è stato così modificato dalla l. 23.6.2017, n. 103.

• Rispetto ai **motivi** di ricorso in cassazione (→ **Impugnazioni**) elencati all'art. 606, è possibile proporre riesame di una misura cautelare reale esclusivamente per violazione di legge (→ art. 606 lett. *b*).

• L'art. 324, citato al co. 2, prevede un **termine** di dieci giorni dall'esecuzione del provvedimento o dalla data in cui l'interessato ha avuto conoscenza dell'avvenuto sequestro.

• L'art. **311 co. 3 e 4**, che si applica in forza del co. 3, regola le modalità di presentazione del ricorso e la disciplina concernente la proposizione dei motivi d'impugnazione.

• La **sospensione** del provvedimento come effetto della sua impugnazione è disciplinata in via generale all'art. 588 (→ **Impugnazioni**), di cui la norma in commento costituisce una specificazione.

• La disposizione ammette un'ipotesi specifica di **ricorso immediato** per cassazione (→ **Impugnazioni**) disciplinato in via generale dall'art. 569.

PARTE SECONDA

LIBRO V
INDAGINI PRELIMINARI E UDIENZA PRELIMINARE

Titolo I
DISPOSIZIONI GENERALI

326. Finalità delle indagini preliminari.
1. Il pubblico ministero e la polizia giudiziaria svolgono, nell'ambito delle rispettive attribuzioni, le indagini necessarie per le determinazioni inerenti all'esercizio dell'azione penale.

• Nella cornice del principio di obbligatorietà dell'azione penale (→ **Cost.**, art. 112), l'art. 326 codifica il principio di **tendenziale completezza** delle indagini (Corte cost., **88** del **1991**), ulteriormente valorizzato dal riconoscimento all'imputato del pieno diritto di accedere al giudizio abbreviato (→ **Procedimenti speciali**, art. 438 s.) ottenendo di essere giudicato sulla base degli elementi acquisiti nelle indagini preliminari a semplice richiesta (Corte cost., **115** del **2001**).

• Al fine di sciogliere l'alternativa tra richiesta di archiviazione (artt. 408, 411 e 415) ed esercizio dell'azione penale (art. 407 *bis*), il **p.m.** (→ **Soggetti**, art. 50) svolge ogni attività necessaria, inclusi gli accertamenti su fatti e circostanze a favore della persona sottoposta alle indagini (art. 358). La **p.g.** (→ art. 55), di cui il p.m., nel dirigere le indagini, dispone direttamente (art. 327), continua a svolgere attività di propria iniziativa anche dopo la comunicazione della notizia di reato (art. 347), secondo le modalità all'uopo indicate (art. 348 s.), oltre a compiere atti specificamente delegati dal p.m. (art. 370).

• Nella fase investigativa l'esercizio delle funzioni giurisdizionali è affidato al **g.i.p.** (art. 328), che provvede, nei casi previsti dalla legge, sulle richieste del p.m., delle parti private [persona sottoposta alle indagini (→ **Soggetti**, art. 61)] e della persona offesa dal reato (→ art. 90), ma senza poteri di iniziativa nella conduzione dell'inchiesta [giudice «per» le indagini preliminari].

• Quanto alla **difesa tecnica** nel corso delle indagini preliminari, è previsto il diritto dell'indagato all'**assistenza del difensore** a taluni atti investigativi della p.g. o del p.m., **con preavviso** [sommarie informazioni dalla persona sottoposta alle indagini assunte di iniziativa dalla p.g. (art. 350 co. 1-4); interrogatorio (→ **Soggetti**, artt. 64 e 65), ispezione (→ **Prove**, art. 244 s.), individuazione di persone (art. 361), confronto cui debba partecipare la persona sottoposta alle indagini (→ **Prove**, art. 211 s.), compiuti personalmente dal p.m. (art. 364) o delegati alla p.g. (art. 370 co. 2); accertamenti tecnici non ripetibili (art. 360)] o **senza preavviso** [nell'ambito delle indagini di iniziativa della p.g. (art. 356): perquisizioni (art. 352), apertura immediata del plico autorizzata dal pubblico ministero (art. 353 co. 2), accertamenti urgenti sui luoghi, sulle cose e sulle persone e sequestro (art. 354); nell'ambito delle indagini condotte dal p.m. (art. 365) o delegate alla p.g. (art. 370 co. 2): atti di perquisizione (→ art. 247 s.) o sequestro (→ art. 253 s.)]. I difensori hanno anche facoltà di presentare **memorie** e **richieste scritte** al p.m. (artt. 367 e 368) o al g.i.p. (→ **Atti**, art. 121). Assume, inoltre, peculiare rilievo l'**attività investigativa** che il **difensore** ha facoltà di svolgere per ricercare e individuare elementi di prova a favore del proprio assistito (art. 327 *bis*), nelle forme e per le finalità stabilite dagli artt. 391 *bis* s.

• Ferma la funzione essenzialmente endofasica, insita nell'essere preordinati a orientare il p.m. nella scelta tra esercitare o meno l'azione penale, i risultati delle indagini preliminari manifestano, altresì, attitudine propriamente probatoria rispetto a talune importanti decisioni di competenza del giudice, di cui vengono a costituire la base cognitiva (c.d. **polivalenza** o **polifunzionalità**). Nella fase investigativa, le risultanze dell'indagine sostengono la motivazione dei provvedimenti del g.i.p. limitativi dei diritti fondamentali della persona [**misure cautelari** (→ **Libro IV**), personali (→ art. 272 s.) e reali (→ art. 316 s.); **intercettazioni** (→ **Prove**, art. 266 s.)]. Con il consenso dell'imputato (→ **Cost.**, art. 111 co. 5), inoltre, gli atti investigativi forniscono la piattaforma probatoria per le decisioni che definiscono i **riti alternativi al dibattimento** [giudizio abbreviato (→ **Procedimenti speciali**, art. 438 s.), applicazione della pena su richiesta delle parti (→ art. 444 s.), procedimento per decreto (→ art. 459 s.)] e per la verifica funzionale alla sospensione del procedimento con messa alla prova (→ art. 464 *bis* s.). Gli atti di indagine possono, infine, essere utilizzati come prove in vista della sentenza conclusiva del **giudizio** (→ **Libro VII**), allorché ricorrano le condizioni stabilite dalla legge per l'acquisizione al fascicolo per il dibattimento *ab initio* (art. 431) o in sede di richieste di prova (→ **Giudizio**, art. 493; → **Procedimento davanti al tribunale in composizione monocratica**, art. 555) ovvero per la lettura dibattimentale e il conseguente impiego probatorio [nell'ambito delle contestazioni al testimone (→ **Giudizio**, art. 500) o alla parte (→ art. 503); nelle ipotesi di verbali di prova di altri procedimenti (→ art. 511 *bis*), di atti di cui è divenuta impossibile la ripetizione (→ art. 512), di dichiarazioni rese da persona residente all'estero (→ art. 512 *bis*), di dichiarazioni rese dall'imputato nel corso delle indagini preliminari o nell'udienza preliminare (→ art. 513)], configurandosi come casi eccezionali in cui è ammesso che la formazione della prova non abbia luogo in contraddittorio «per consenso dell'imputato o per accertata impossibilità di natura oggettiva o per effetto di provata condotta illecita» (→ **Cost.**, art. 111 co. 5).

• Le investigazioni eventualmente espletate dopo la richiesta di rinvio a giudizio (art. 416) [**indagini c.d. suppletive** (art. 419 co. 3)] ovvero successivamente all'emissione del decreto che dispone il giudizio (429) [**attività integrativa di indagine** (art. 430)], collocandosi ad azione penale già esercitata, non condividono la finalità delle indagini preliminari ma sono dirette, nel primo caso, ad arricchire la piattaforma cognitiva del giudice (art. 421) in vista dell'epilogo dell'udienza preliminare (art. 418 s.) o della decisione che definisce i procedimenti speciali (→ **Libro VI**) che ivi si innestino; nella seconda ipotesi, a formulare richieste al giudice del dibattimento (art. 430).

327. Direzione delle indagini preliminari.

1. Il pubblico ministero dirige le indagini e dispone direttamente della polizia giudiziaria che, anche dopo la comunicazione della notizia di reato, continua a svolgere attività di propria iniziativa secondo le modalità indicate nei successivi articoli.

Articolo così modificato dalla l. 26.3.2001, n. 128.

• ***Dominus*** delle indagini, il p.m. (→ **Soggetti**, art. 50) ne assume la **direzione** e compie, sia personalmente che tramite la **diretta disponibilità** della p.g. (→ art. 55), tutte le attività necessarie per orientarsi in ordine all'esercizio dell'azione penale (art. 326).

• In tale contesto, si osservano le disposizioni concernenti la distribuzione del lavoro tra gli uffici di procura (→ **Soggetti**, art. 51), ivi inclusi i criteri per individuare l'ufficio titolare delle indagini per i reati di competenza della corte d'assise (→ **Disp. att.**, art. 238). Rilevano, in particolare, le attribuzioni delle procure distrettuali quando si procede per uno dei gravi reati indicati nei co. 3 *bis*, 3 *quater* e 3 *quinquies* dell'art. 51 (→ **Soggetti**) nonché le ipotesi di avocazione da parte del procuratore generale presso la corte d'appello o del procuratore nazionale antimafia e antiterrorismo *ex* art. 51 co. 2. Sono, altresì, regolati i contrasti negativi o positivi tra pubblici ministeri nel corso della fase investigativa (→ artt. 54, 54 *bis* e 54 *ter*) ed è prevista la facoltà, per la persona sottoposta alle indagini e per la persona offesa dal reato, di richiedere la trasmissione degli atti a un diverso p.m. (→ art. 54 *quater*).

• Il principio che accorda al p.m. la diretta

disponibilità della p.g. presenta una chiara matrice costituzionale (→ **Cost.**, art. 109: «L'autorità giudiziaria dispone direttamente della polizia giudiziaria») e ritrova nel codice plurime specificazioni. Anzitutto, nelle previsioni che assicurano al magistrato inquirente la **disponibilità autonoma ed effettiva** della p.g.: l'autorità giudiziaria (per la procura nazionale antimafia e antiterrorismo: art. 371 *bis*) si avvale direttamente del personale delle **sezioni di p.g.** istituite presso l'ufficio (→ **Soggetti**, art. 56 co. 1 lett. *b*) – ovvero di altre sezioni, la cui attività è coordinata, in relazione a tali richieste, dal capo dell'ufficio del pubblico ministero presso cui è istituita la sezione (→ **Disp. att.**, art. 9) – e può altresì avvalersi di **ogni servizio o altro organo di p.g.** (→ **Soggetti**, art. 58 co. 3), con le ulteriori precisazioni per cui le sezioni dipendono dai magistrati che dirigono gli uffici presso i quali sono istituite e i loro appartenenti non possono essere distolti dall'attività di p.g. se non per disposizione del magistrato dal quale dipendono (→ art. 59). Per altro verso, rilevano le specifiche disposizioni che attribuiscono al p.m. determinati poteri [di chiedere l'intervento della p.g. nell'esercizio dei propri poteri coercitivi (→ **Atti**, art. 131, richiamato dall'art. 378); di impartire direttive circa lo svolgimento delle indagini (art. 348 co. 3); di avvalersi della p.g. per il compimento di attività di indagine e di atti specificamente delegati (art. 370)] che confermano il rapporto di **dipendenza funzionale** tra p.g. e p.m.

• Impregiudicato il potere di **dirigere le indagini** riconosciuto al magistrato inquirente, il vincolo funzionale tra p.g. e p.m. risulta meno stringente rispetto all'impianto originario del codice: per effetto delle modifiche apportate con la l. 128 del 2001, agli organi di polizia è accordato un grado di **autonomia** nello svolgimento dei propri compiti, in misura variabile in rapporto all'intervento del p.m. In particolare, la p.g. – oltre alle funzioni investigative in fase di acquisizione della *notitia criminis* (→ **Soggetti**, art. 55 co. 1; art. 330) e nel lasso temporale tra il suo reperimento e la comunicazione al p.m. [ordinariamente prescritta entro un termine elastico: «senza ritardo» (art. 347)] – continua a svolgere di propria iniziativa attività anche dopo la comunicazione della notizia di reato, prima che il p.m. assuma la direzione delle indagini (c.d. attività **autonoma** di indagine). Dopo l'intervento del p.m. (art. 348 co. 3), la p.g. compie gli atti investigativi specificamente delegati dal magistrato inquirente *ex* art. 370 (c.d. attività **delegata** di indagine), esegue le direttive del p.m. (c.d. attività **guidata** di indagine) e svolge, di propria iniziativa, tutte le altre attività di indagine per accertare i reati ovvero richieste da elementi successivamente emersi, assicurando le fonti di prova, con il dovere di informarne prontamente il p.m. (c.d. attività **parallela** di indagine).

327 *bis*. Attività investigativa del difensore.

1. Fin dal momento dell'incarico professionale, risultante da atto scritto, il difensore ha facoltà di svolgere investigazioni per ricercare ed individuare elementi di prova a favore del proprio assistito, nelle forme e per le finalità stabilite nel titolo VI *bis* del presente libro.

2. La facoltà indicata al comma 1 può essere attribuita per l'esercizio del diritto di difesa, in ogni stato e grado del procedimento, nell'esecuzione penale e per promuovere il giudizio di revisione.

3. Le attività previste dal comma 1 possono essere svolte, su incarico del difensore, dal sostituto, da investigatori privati autorizzati e, quando sono necessarie specifiche competenze, da consulenti tecnici.

Articolo aggiunto dalla l. 7.12.2000, n. 397.

• Non più relegata tra le norme di attuazione (→ **Disp. att.**, art. 38 abr.), l'attività investigativa del difensore (c.d. inchiesta privata o "parallela") trova oggi collocazione codicistica sin dalle prime disposizioni generali del Libro V, dedicate ai soggetti della fase investigativa. L'innesto operato con la l. 397 del 2000 – cui si aggiunge, per la disciplina di dettaglio, il nuovo **Titolo VI *bis*** (→ **Investigazioni difensive**), che regola le «**forme**» d'azione [dichiarative (artt. 391 *bis* e 391 *quinquies*) e reali (artt. 391 *quater*, 391 *sexies*, 391 *septies* e 391 *decies*)] e di documentazione (artt. 391 *ter* e 391 *sexies*), nonché le «**finalità**» (artt. 391 *octies* e 391 *decies*) – pone le premesse per l'esercizio del "**diritto di difendersi indagando**", nella cornice costituzionale sorretta da diritto di difesa (→ **Cost.**, art. 24 co. 2), parità tra le parti (→ art. 111 co. 2) e contraddittorio (→ art. 111 co. 2 e 4).

• Legittimato all'investigazione è il **difensore** (→ **Soggetti**, art. 96 s.), cui compete la facoltà di ricercare e individuare elementi di prova a favore del proprio assistito [e cioè: l'imputato (→ art. 60), la persona sottoposta alle indagini (→ art. 61), la persona offesa (→ art. 90), gli enti e le associazioni rappresentativi di interessi lesi dal reato (→ art. 91) nonché le parti private – parte civile (→ art. 74), responsabile civile (→ art. 83) e civilmente obbligato per la pena pecuniaria (→ art. 89) – anche potenziali], in virtù della nomina difensiva dell'imputato o dell'indagato [in via fiduciaria (→ art. 96) o d'ufficio (→ art. 97)], delle altre parti private (→ art. 100), della persona offesa e degli enti rappresentativi (→ art. 101), e comunque anche nell'ambito del patrocinio dei non abbienti (→ art. 98). Su incarico del difensore, e sempre nel rispetto delle forme espressamente regolate dagli artt. 391 *bis* s., le attività investigative possono essere svolte dal **sostituto** (→ art. 102), dall'**investigatore privato autorizzato** (→ **Disp. coord.**, art. 222) e dal **consulente tecnico** [nominato in costanza di perizia (→ **Prove**, art. 225) o extraperitale (→ art. 233)].

• Tutti i soggetti dell'investigazione difensiva godono delle **garanzie di libertà** del difensore (→ **Soggetti**, art. 103) e **non** hanno **obbligo di denuncia** neppure relativamente ai reati dei quali abbiano avuto notizia nel corso delle attività investigative da essi svolte (art. 334 *bis*). Il difensore che abbia svolto attività di investigazione difensiva e coloro che hanno formato la documentazione delle dichiarazioni e delle informazioni assunte ai sensi dell'art. 391 *ter* sono **incompatibili** con l'ufficio di **testimone** (→ **Prove**, art. 197 co. 1 lett. *d*).

• Sul piano **temporale**, oltre all'investigazione difensiva che può compiersi in ogni stato e grado del procedimento (c.d. **procedimentale**), ivi inclusa l'attività eventualmente espletata dopo la richiesta di rinvio a giudizio (art. 416) [c.d. **suppletiva**: art. 419 co. 3] ovvero successivamente all'emissione del decreto che dispone il giudizio (429) [attività **integrativa** di indagine: art. 430], la facoltà di ricercare elementi di prova a favore del proprio assistito può essere esercitata a procedimento penale concluso [c.d. **successiva**: nell'esecuzione penale (→ **Libro X**) e per promuovere il giudizio di revisione (→ **Impugnazioni**, art. 629), ma anche in vista della riapertura delle indagini (art. 414) o della revoca della sentenza di non luogo procedere (art. 434)] nonché per l'eventualità che si instauri un procedimento penale [c.d. **preventiva** (art. 391 *nonies*)].

• In difetto di previsione *ad hoc*, è dubbia la legittimazione a compiere indagini difensive all'**estero**, ferma la facoltà del difensore di sollecitare l'autorità giudiziaria ad acquisire essa stessa gli elementi di prova mediante rogatoria all'estero (→ **Rapporti giurisdizionali con autorità straniere**, art. 727) ovvero, nei rapporti con gli Stati membri dell'Unione europea, di richiedere al p.m. o al giudice che procede l'emissione di un ordine europeo di indagine (→ art. 31, d. lgs. 21.6.2017, n. 108).

• Sul versante **cautelare**, è prevista la nullità (→ **Atti**, art. 177 s.) dell'ordinanza che dispone la misura cautelare personale se non contiene la valutazione degli elementi a carico e a favore dell'imputato, «di cui all'art. 358, nonché all'art. 327 *bis*» (→ **Misure cautelari**, art. 292 co. 2 *ter*).

328. Giudice per le indagini preliminari.

1. Nei casi previsti dalla legge, sulle richieste del pubblico ministero, delle parti private e della persona offesa dal reato, provvede il giudice per le indagini preliminari.

1 *bis*. Quando si tratta di procedimenti per i delitti indicati nell'articolo 51, commi 3 *bis* e 3 *quater*, le funzioni di giudice per le indagini preliminari sono esercitate, salve specifiche disposizioni di legge, da un magistrato del tribunale del capoluogo del distretto nel cui ambito ha sede il giudice competente.

1 *ter*. [Soppresso.]

1 *quater*. Quando si tratta di procedimenti per i delitti indicati nell'articolo 51, comma 3 *quinquies*, le funzioni di giudice per le indagini preliminari e le funzioni di giudice per l'udienza pre-

liminare sono esercitate, salve specifiche disposizioni di legge, da un magistrato del tribunale del capoluogo del distretto nel cui ambito ha sede il giudice competente.

Il co. 1 *bis* è stato aggiunto dal d.l. 20.11.1991, n. 367, conv., con modif., dalla l. 20.1.1992, n. 8, e poi così modificato dal d.l. 23.5.2008, n. 92, conv., con modif., dalla l. 24.7.2008, n. 125, che ha anche abrogato il co. 1 *ter* e aggiunto il co. 1 *quater*.

• Titolare di **competenza funzionale *ad acta*** nella fase pre-imputativa [c.d. giurisdizione **senza azione** (art. 407 *bis*)], il g.i.p. – organo monocratico privo di poteri investigativi (giudice «per» le indagini preliminari anziché "delle" indagini preliminari) – interviene, nei casi previsti dalla legge, con cognizione degli atti soltanto **incidentale** e nei limiti delle questioni devolute dalle istanze del p.m. (→ **Soggetti**, art. 50), delle parti private [persona sottoposta alle indagini (→ art. 61) e soggetti suscettivi di assumere, a processo instaurato, le vesti di parte civile (→ art. 74), responsabile civile (→ art. 83) e civilmente obbligato per la pena pecuniaria (→ art. 89)] e della persona offesa dal reato (→ art. 90).

• Le funzioni del g.i.p. sono di **garanzia** e di **controllo**, con articolate finalità: tutelare le **libertà** e i **diritti fondamentali** dell'individuo al cospetto di possibili limitazioni [misure cautelari (→ **Libro IV**), personali (→ art. 272 s.) e reali (→ art. 316 s.); intercettazioni (→ **Prove**, art. 266 s.)]; intervenire nel contesto delle **indagini difensive**, sia per autorizzare il compimento di atti determinati [colloquio, ricezione di dichiarazioni o assunzione di informazioni dalla persona detenuta, prima dell'esercizio dell'azione penale (art. 391 *bis* co. 7); accesso a luoghi privati o non aperti al pubblico quando manca il consenso di chi ne ha la disponibilità (art. 391 *septies*)] sia per sopperire alla carenza di poteri coercitivi del difensore [disponendo l'incidente probatorio per assumere la testimonianza o l'esame della persona che abbia esercitato la facoltà di non rispondere (art. 391 *bis* co. 11) ovvero il sequestro della documentazione in possesso della pubblica amministrazione che abbia opposto il rifiuto, allorché il p.m. non ritenga di provvedervi su richiesta dell'interessato (artt. 391 *quater*, 367 e 368)]; anticipare l'assunzione della prova [mediante **incidente probatorio** (art. 392)]; verificare il rispetto dei **tempi** di svolgimento delle indagini [nel contesto della procedura di proroga del termine delle indagini (art. 406)]; assicurare l'osservanza del principio di **obbligatorietà dell'azione penale** (→ **Cost.**, art. 112) [nel contesto della procedura di archiviazione della notizia di reato (art. 408 s.)].

• Sul piano della **competenza territoriale** (→ **Soggetti**, art. 8 s.), le funzioni di g.i.p. sono esercitate da un magistrato facente parte dell'organico del tribunale (appartenente all'apposita sezione istituita in ciascun tribunale ordinario costituito in sezioni: → **Ord. giud.**, art. 46 co. 3) nel cui circondario è stato commesso il reato, quand'anche sia competente per materia la corte d'assise (→ **Disp. att.**, art. 238). Se, tuttavia, si procede per i reati che attribuiscono la titolarità delle indagini alle procure distrettuali (→ **Soggetti**, art. 51 co. 3 *bis*, 3 *quater* e 3 *quinquies*), le funzioni di g.i.p. – e di g.u.p. (art. 328 co. 1 *bis*, nell'interpretazione autentica di cui all'art. 4 *bis* del d.l. 7.4.2000, n. 82, conv. dalla l. 5.6.2000, n. 144, e art. 328 co. 1 *quater*) – sono esercitate da un magistrato del **tribunale del capoluogo del distretto** in cui ha sede il giudice competente, salve specifiche disposizioni di legge. **Deroga** alle regole di competenza territoriale del g.i.p. – ed esula, altresì, dalle attribuzioni del g.i.p. distrettuale anche quando il titolo di reato ne radicherebbe l'investitura – la convalida del fermo o dell'arresto, attività attribuita al g.i.p. competente in relazione al luogo dove l'arresto o il fermo è stato eseguito (art. 390 co. 1). L'esecuzione delle rogatorie internazionali (→ **Rapporti giurisdizionali con autorità straniere**, art. 724), invece, determina sempre l'investitura del g.i.p. distrettuale del luogo in cui gli atti devono compiersi, a condizione che si tratti di acquisizioni probatorie da compiersi davanti al giudice o di attività che secondo la legge italiana devono essere svolte dal giudice (diversamente, provvede il procuratore della Repubblica distrettuale).

• Nel corso delle indagini preliminari, il g.i.p. può rilevare il **difetto di giurisdizione** (→ **Soggetti**, art. 20) ovvero la propria **incompetenza** per qualsiasi causa (→ art. 22): in entrambe le ipotesi, il giudice pronuncia ordinanza, produttiva di effetti limitatamente al provvedimento richiesto, e dispone la restituzione degli atti al p.m. (→ artt. 20 co. 2 e

22 co. 1 e 2). In attuazione del **principio di conservazione degli atti** assunti dal giudice incompetente, le **prove** acquisite conservano efficacia nei limiti stabiliti dall'art. 26 (→ **Soggetti**), mentre le **misure cautelari** (→ **Libro IV**), personali (→ art. 272 s.) e reali (→ art. 316 s.), cessano di avere efficacia se nel termine di venti giorni dall'ordinanza di trasmissione degli atti il giudice competente non le conferma ai sensi degli artt. 292, 317 e 321 (→ **Soggetti**, art. 27). Sempre nel corso delle indagini preliminari, invece, non può essere proposto **conflitto positivo** (→ art. 28 co. 3) fondato su ragioni di competenza per territorio determinata dalla connessione (→ art. 16).

• Benché **g.i.p.** e **g.u.p.** siano espressione dello stesso ufficio giudiziario – si tratta dell'apposita sezione istituita in ciascun tribunale ordinario costituito in sezioni, i cui giudici sono appunto incaricati «dei provvedimenti previsti dal codice di procedura penale per la fase delle indagini preliminari e per l'udienza preliminare» (→ **Ord. giud.**, art. 46 co. 3) – ne è sancita l'**alternatività delle funzioni nel medesimo procedimento**: in tale contesto, il magistrato che ha svolto funzioni di g.i.p., oltre a non poter emettere il decreto penale di condanna (→ **Procedimenti speciali**, art. 459 s.) né partecipare al giudizio (→ **Libro VII**), non può tenere l'udienza preliminare (art. 416 s.), integrandosi specifiche ipotesi di **incompatibilità** determinata da atti compiuti nel procedimento (→ **Soggetti**, art. 34 co. 2 *bis*), fatte salve le ipotesi in cui, nella fase investigativa, il magistrato abbia limitato il proprio intervento all'adozione dei provvedimenti *ex* art. 34 co. 2 *ter* ovvero alle attività *ex* art. 34 co. 2 *quater*, ritenute inidonee a comprometterne l'imparzialità di giudizio a processo instaurato.

• In applicazione dell'art. 105 **Disp. att.**, con regolamento ministeriale (→ **Disp. att.**, art. 206) sono stati stabiliti i casi e le modalità di **registrazione e custodia** dei provvedimenti del g.i.p.

329. Obbligo del segreto.

1. Gli atti d'indagine compiuti dal pubblico ministero e dalla polizia giudiziaria, le richieste del pubblico ministero di autorizzazione al compimento di atti di indagine e gli atti del giudice che provvedono su tali richieste sono coperti dal segreto fino a quando l'imputato non ne possa avere conoscenza e, comunque, non oltre la chiusura delle indagini preliminari.

2. Quando è strettamente necessario per la prosecuzione delle indagini, il pubblico ministero può, in deroga a quanto previsto dall'articolo 114, consentire, con decreto motivato, la pubblicazione di singoli atti o di parti di essi. In tal caso, gli atti pubblicati sono depositati presso la segreteria del pubblico ministero.

3. Anche quando gli atti non sono più coperti dal segreto a norma del comma 1, il pubblico ministero, in caso di necessità per la prosecuzione delle indagini, può disporre con decreto motivato:

a) l'obbligo del segreto per singoli atti, quando l'imputato lo consente o quando la conoscenza dell'atto può ostacolare le indagini riguardanti altre persone;

b) il divieto di pubblicare il contenuto di singoli atti o notizie specifiche relative a determinate operazioni.

Il co. 1 è stato così integrato dal d. lgs. 29.12.2017, n. 216. La modifica, che ha inserito il riferimento alle richieste del pubblico ministero di autorizzazione al compimento di atti di indagine e gli atti del giudice che provvedono su tali richieste, a seguito del d.l. 30.4.2020, n. 28, conv., con modif., dalla l. 25.6.2020, n. 70, si applica ai procedimenti penali iscritti dopo il 31.8.2020. Il co. 2 è stato così modificato dal d. lgs. 8.11.2021, n. 188.

• In accoglimento del ricorso per conflitto di attribuzione tra poteri dello Stato, proposto dal procuratore di Bari nei confronti del Governo, la Corte costituzionale ha **annullato** la disposizione di cui all'art. 18 d. lgs. 19.8.2016, n. 177, laddove prevede che «il capo della polizia direttore generale della pubblica sicurezza e i vertici delle altre Forze di polizia adottano apposite istruzioni attraverso cui i responsabili di ciascun presidio di polizia interessato **trasmettono alla propria scala gerarchica** le notizie relative all'inoltro delle informative di reato all'autorità giudiziaria, indipendentemente dagli obblighi prescritti dalle norme del codice di procedura penale», ritenendo tale disposizione lesiva delle attribuzioni costituzionali del p.m. garantite dall'**art. 109 Cost.** in quanto la **deroga al segreto investigativo** mette a rischio le indagini condotte dall'autorità giudiziaria (Corte cost., **229** del **2018**).

• Allo scopo di garantire l'efficacia delle indagini, l'art. 329 regola la c.d. segretezza **interna** (*i.e.*, nei confronti dei protagonisti della vicenda processuale), da cui il divieto di rivelazione penalmente tutelato (→ artt. 326 e 379 *bis* c.p.), che affianca la c.d. segretezza **esterna** preservata dal **divieto di pubblicazione** di atti (→ **Atti**, art. 114), anch'esso fonte di responsabilità penale (→ art. 684 c.p.) e disciplinare (→ **Atti**, art. 115) in ipotesi di violazione.

• Oggetto di **segreto investigativo** sono gli **atti di indagine** compiuti dal p.m. (art. 358 s.) e dalla p.g. (→ **Soggetti**, art. 55) nonché le **richieste del p.m.** di autorizzazione al compimento di atti di indagine e gli **atti del giudice** che provvedono su tali richieste [segnatamente, in materia di intercettazioni (→ **Prove**, art. 267)]. Il vincolo, dunque, non copre gli altri atti compiuti dal g.i.p. (art. 328), la notizia di reato (art. 330 s.), l'informazione di garanzia (art. 369), i provvedimenti precautelari [arresto in flagranza (artt. 380 e 381), fermo (art. 384), allontanamento d'urgenza dalla casa familiare (art. 384 *bis*)], la richiesta di misura cautelare del p.m. e il conseguente provvedimento del giudice (→ **Misure cautelari**, personali art. 272 s. e reali art. 316 s.) e gli atti dell'investigazione difensiva (art. 391 *bis* s.). Nella prospettiva di tutelare l'efficacia delle investigazioni condotte dagli inquirenti sia pubblici (p.m. e p.g.) che privati (difensore e ausiliari: art. 327 *bis*), è sancito, inoltre, un reciproco divieto di indagine sull'inchiesta dell'avversario, essendo precluso richiedere alle persone già sentite dagli altri soggetti inquirenti notizie sulle **domande formulate** o sulle **risposte date** (artt. 351 co. 1, 362 co. 1 e 391 *bis* co. 4), con lo specifico dovere per il solo difensore di avvertire la persona interpellata dell'annesso divieto di rivelazione (art. 391 *bis* co. 3 lett. *e*).

• Il segreto investigativo viene meno con differenti cadenze temporali, in ragione della **conoscibilità** dell'atto da parte dell'imputato (→ **Soggetti**, art. 60) [*rectius*, indagato (→ art. 61)]: **immediatamente**, per gli atti a cui l'indagato o il suo difensore (→ art. 96 s.) abbiano partecipato in prima persona; al momento della notificazione dell'**avviso di deposito**, per gli atti a cui il difensore, pur avendo diritto di assistere, non abbia presenziato (art. 366) ovvero, per le intercettazioni, con l'avviso ai difensori delle parti delle facoltà conseguenti al deposito di verbali, registrazioni e decreti (→ **Prove**, art. 268 co. 6), fatto salvo in entrambi i casi il ritardato deposito (art. 366 co. 2; → **Prove**, art. 268 co. 5). Sul piano operativo, gli atti d'indagine con diritto all'assistenza difensiva sono raccolti in separato fascicolo sulla cui copertina è segnata la data di deposito nella segreteria del p.m. e sono riuniti agli atti non depositati alla scadenza del termine fissato dalla legge (→ **Disp. att.**, art. 118). Per tutti gli altri atti, il segreto viene meno con la **chiusura delle indagini preliminari** [nell'ambito della procedura di archiviazione (art. 408 s.) ovvero a seguito dell'avviso di conclusione delle indagini preliminari (art. 415 *bis*)]. Esulano, quindi, dal vincolo gli atti investigativi eventualmente compiuti dopo la richiesta di rinvio a giudizio (art. 416) [indagini c.d. suppletive: art. 419 co. 3] ovvero successivamente all'emissione del decreto che dispone il giudizio (429) [attività integrativa di indagine: art. 430].

• Fermo il potere del p.m., in caso di necessità per la prosecuzione delle indagini, di incidere sulla durata del vincolo – sia riducendolo (c.d. **desegretazione**: art. 329 co. 2) sia ampliandolo (c.d. **segretazione**: art. 329 co. 3) – integra una peculiare fattispecie di segretazione, presidiata da sanzione penale *ad hoc* (→ art. 379 *bis* ult. periodo c.p.), l'ipotesi in cui il p.m., con decreto motivato, imponga alle persone sentite il **divieto di comunicare** i fatti e le circostanze oggetto dell'indagine di cui hanno conoscenza (**art. 391 *quinquies***), con ricadute sul concreto svolgimento delle investigazioni difensive (art. 391 *bis* s.). Se sussistono specifiche esigenze attinenti all'attività di indagine, il p.m. può disporre, con decreto motivato, il **segreto sulle iscrizioni** nel registro delle notizie di reato, per un periodo non superiore a tre mesi e non rinnovabile (art. 335 co. 3 *bis*). Senza pregiudizio del segreto investigativo, decorsi sei mesi dalla data di presentazione della denuncia, ovvero della querela, la persona offesa dal reato può chiedere di essere informata dall'autorità che ha in carico il procedimento circa lo stato del medesimo (art. 335 co. 3

ter). Anche in merito a tale facoltà, alla persona offesa sono fornite informazioni, in una lingua a lei comprensibile, sin dal primo contatto con l'autorità procedente (→ **Soggetti**, art. 90 *bis* co. 1 lett. *b*).

• Accordata la facoltà, a chiunque vi abbia interesse, di ottenere anche durante il procedimento il rilascio di copie, estratti o certificati di singoli atti, fermo il divieto di pubblicazione di cui all'art. 114 (→ **Atti**, art. 116), il segreto investigativo conosce **deroghe**, giustificate dal principio di collaborazione istituzionale, allorché l'a.g. competente trasmetta al p.m. – su richiesta di questi o di propria iniziativa – copie di atti relativi ad altri procedimenti penali e informazioni scritte sul loro contenuto (→ art. 117), ovvero trasmetta – anche di propria iniziativa – al ministro dell'interno copie di atti di procedimenti penali e informazioni scritte sul loro contenuto, ritenute indispensabili per prevenire delitti per cui è obbligatorio l'arresto in flagranza (→ art. 118).

Titolo II
NOTIZIA DI REATO

330. Acquisizione delle notizie di reato.

1. Il pubblico ministero e la polizia giudiziaria prendono notizia dei reati di propria iniziativa e ricevono le notizie di reato presentate o trasmesse a norma degli articoli seguenti.

• L'**apprensione** della notizia di reato di propria iniziativa, attività espressamente prevista tra le funzioni della **p.g.** (→ **Soggetti**, art. 55), è qui affidata anche al **p.m.** (→ art. 51) – che infatti deve iscrivere nell'apposito registro sia le notizie «pervenute» sia quelle che abbia «acquisito di propria iniziativa» (art. 335) – ma è ammessa dalla giurisprudenza a condizione che il magistrato inquirente non compia atti di esercizio di poteri autoritativi e coercitivi [ispezioni (→ **Prove**, art. 244 s.), perquisizioni (→ art. 247 s.), sequestri (→ art. 253 s.), intercettazioni (→ art. 266 s.)]. Benché l'attività di ricerca della notizia di reato da parte del p.m. abbia natura pre-procedimentale – se la *notitia criminis* è appresa dal p.m., il procedimento ha inizio con l'iscrizione *ex* art. 335 – l'attività investigativa deve essere rispettosa delle garanzie difensive (→ **Disp. coord.**, artt. 220 e 223). Tuttavia, benché non sia consentito l'esercizio di poteri procedimentali tipici "a carattere esplorativo" [*i.e.* per la ricerca di notizie di reato], in capo al p.m. può sorgere il potere/dovere di **nuove iscrizioni** sulla base dei risultati di atti investigativi compiuti in riferimento ad altri procedimenti.

• La **ricezione** da parte della p.g. e del p.m. delle notizie di reato **qualificate** [sono tali la denuncia (artt. 331-333), il referto (art. 334) nonché le dichiarazioni orali o scritte in cui si sostanziano talune condizioni di procedibilità (→ **Titolo III**) – querela (artt. 336-340), istanza (art. 341) e richiesta (art. 342), esclusa l'autorizzazione a procedere (artt. 343-344) – purché la p.g. o il p.m. non abbiano già acquisito la *notitia criminis* prima del verificarsi di tali condizioni] avviene mediante presentazione o trasmissione ai sensi degli artt. 331 s. Resta ferma la possibilità di ricevere notizie di reato **non qualificate** attraverso strumenti di conoscenza diversi da quelli tipizzati dalla legge [es.: percezione diretta dei fatti, voce pubblica, fonte confidenziale, fonte giornalistica, informative acquisite casualmente nel corso di indagini per fatti diversi (secondo la giurisprudenza, anche quelle acquisite mediante **attività investigative illegittime**)]. Se, tuttavia, un magistrato addetto all'ufficio della procura viene a conoscenza **fuori dall'esercizio delle sue funzioni** di fatti che possano determinare l'inizio dell'azione penale o di indagini preliminari, può segnalarli per iscritto al titolare dell'ufficio, il quale, quando non sussistono i presupposti per la richiesta di archiviazione (art. 408 s.) e non intende procedere personalmente, provvede a designare per la trattazione uno o più magistrati dell'ufficio (→ **Ord. giud.**, art. 70 co. 5). In ogni caso, gli atti in cui si sostanziano le notizie di reato qualificate si collocano al di fuori della sequenza del procedimento penale – che ha inizio con l'atto immediatamente successivo alla ricezione della *notitia criminis* – e sono, pertanto, sottratti alla disciplina degli atti (→ **Libro II**).

• Al momento dell'acquisizione della notizia di reato, il p.m. e la p.g. informano la **persona offesa dal reato** (→ **Soggetti**, art.

90 s.) della facoltà di nominare un difensore nelle forme previste dall'art. 96 co. 2 e di accedere al patrocinio a spese dello Stato (→ art. 101).

• Appresa o ricevuta la notizia di reato, la p.g. ha l'obbligo di **riferirla** tempestivamente al p.m. (art. 347) e il p.m. deve provvedere all'**iscrizione** nell'apposito registro (art. 335).

• L'atto contenente la notizia di reato e la documentazione relativa alle indagini sono conservati, assieme agli atti trasmessi dalla p.g. a norma dell'art. 357 [tra questi, denunce, istanze, querele depositate per iscritto e referti, posti tutti a disposizione del magistrato inquirente (art. 357 co. 5)], in apposito **fascicolo** presso l'ufficio del p.m. (art. 373 co. 5). **Chiuse le indagini**, il fascicolo contenente la notizia di reato, la documentazione relativa alle indagini espletate (art. 373) e i verbali degli atti compiuti davanti al g.i.p. (art. 328) [in particolare, i verbali degli atti assunti in incidente probatorio (art. 392)] è trasmesso al giudice con la richiesta di archiviazione (artt. 408, 411 e 415) ovvero con la richiesta di rinvio a giudizio (art. 416) o, ancora, con la richiesta di giudizio immediato (→ **Procedimenti speciali**, art. 454 co. 2) o di decreto penale di condanna (→ art. 459 co. 1), formulate dal p.m. **Dopo il decreto che dispone il giudizio** (art. 429), l'atto contenente la notizia di reato confluisce nel fascicolo del p.m. (art. 433), fatto salvo l'inserimento nel fascicolo per il dibattimento degli atti relativi alla procedibilità dell'azione penale (art. 431 co. 1 lett. *a*), la cui lettura è consentita ai soli fini di accertare l'esistenza della condizione di procedibilità (→ **Giudizio**, art. 511 co. 4).

331. Denuncia da parte di pubblici ufficiali e incaricati di un pubblico servizio.

1. Salvo quanto stabilito dall'articolo 347, i pubblici ufficiali e gli incaricati di un pubblico servizio che, nell'esercizio o a causa delle loro funzioni o del loro servizio, hanno notizia di un reato perseguibile di ufficio, devono farne denuncia per iscritto, anche quando non sia individuata la persona alla quale il reato è attribuito.

2. La denuncia è presentata o trasmessa senza ritardo al pubblico ministero o a un ufficiale di polizia giudiziaria.

3. Quando più persone sono obbligate alla denuncia per il medesimo fatto, esse possono anche redigere e sottoscrivere un unico atto.

4. Se, nel corso di un procedimento civile o amministrativo, emerge un fatto nel quale si può configurare un reato perseguibile di ufficio, l'autorità che procede redige e trasmette senza ritardo la denuncia al pubblico ministero.

• **Notizia di reato** (art. 330) "qualificata" poiché disciplinata dalla legge, la denuncia da parte di **pubblici ufficiali** (→ art. 357 c.p.) e **incaricati di un pubblico servizio** (→ art. 358 c.p.) costituisce un **dovere** – penalmente sanzionato (→ artt. 361 e 362 c.p.), fatta salva la causa di non punibilità *ex* art. 384 c.p. – allorché la notizia di un reato perseguibile d'ufficio (→ **Soggetti**, art. 50) sia appresa nell'esercizio o a causa delle loro funzioni (diversamente, trova applicazione l'art. 333). Per la **p.g.** (→ art. 55), rimane fermo l'obbligo di riferire al p.m. (→ art. 51) la notizia di reato appresa o ricevuta, nei modi e tempi stabiliti dall'**art. 347**.

• Modalità di denuncia, sempre per iscritto, sono la presentazione o trasmissione al **p.m.** o a un **ufficiale di p.g.** (→ **Soggetti**, art. 57): ricevuta la notizia di reato (art. 330), la p.g. ha l'obbligo di riferirla tempestivamente al p.m. (art. 347) e il p.m. deve provvedere all'iscrizione nell'apposito registro (art. 335).

• Quando nel corso di un **procedimento civile o amministrativo** emerge un fatto nel quale si può configurare un reato perseguibile d'ufficio e l'autorità che procede, ai sensi dell'art. 331 co. 4, redige e trasmette senza ritardo la denuncia al p.m., il procuratore della Repubblica informa senza ritardo il giudice civile o amministrativo delle richieste da lui formulate [richiesta di archiviazione (art. 408 s.) o esercizio dell'azione penale (art. 405)] alla conclusione delle indagini (→ **Disp. att.**, art. 106). Infatti, gli sviluppi del procedimento penale potrebbero condizionare l'azione in ambito civile (→ **Soggetti**, art. 75); nonché, quanto alle sentenze irrevocabile, avere un'efficacia extra penale nei giudizi civili o amministrativi di danno (→ **Esecuzione**, artt. 651, 652, 653 e 654).

• Disposizioni normative di carattere speciale (che continuano a trovare applicazione: → **Disp. coord.**, art. 221) prevedono **modalità diverse** da quelle indicate negli artt. 331 e 347 per l'inoltro della denuncia all'autorità giudiziaria ovvero consentono di presentare la denuncia stessa ad altra autorità che a quella abbia l'obbligo di riferire.

• Le deroghe all'obbligo di deporre in ipotesi di **segreto professionale** (→ **Prove**, art. 200) e di **segreto d'ufficio** (→ art. 201) non operano nei casi in cui i soggetti a conoscenza dei fatti hanno l'obbligo di riferirne all'autorità giudiziaria.

332. Contenuto della denuncia.

1. La denuncia contiene la esposizione degli elementi essenziali del fatto e indica il giorno dell'acquisizione della notizia nonché le fonti di prova già note. Contiene inoltre, quando è possibile, le generalità, il domicilio e quanto altro valga alla identificazione della persona alla quale il fatto è attribuito, della persona offesa e di coloro che siano in grado di riferire su circostanze rilevanti per la ricostruzione dei fatti.

• Nei **contenuti minimi**, la denuncia del pubblico ufficiale e dell'incaricato di un pubblico servizio (art. 331) coincide in larga parte con la comunicazione della notizia di reato dalla p.g. al p.m. (art. 347): elementi essenziali del fatto; fonti di prova; generalità, domicilio e ogni ulteriore dato che serva per identificare la persona alla quale il fatto è attribuito – «persona nei cui confronti vengono svolte le indagini» in caso di comunicazione della p.g. – nonché la persona offesa e le eventuali persone informate sui fatti. La denuncia non indica, invece, gli «altri elementi sino ad allora raccolti» e le «attività compiute», contenuti tipici della sola comunicazione *ex* art. 347 e riferibili alle indagini che la p.g. può svolgere tra l'acquisizione della *notitia criminis* e la sua trasmissione al p.m. «senza ritardo». L'indicazione della **data** in cui la notizia di reato è stata acquisita – nella sua comunicazione, la p.g. indica anche l'ora (art. 347 co. 4) – consente di verificare la tempestività della denuncia, anche tenuto conto delle responsabilità penali non soltanto per omissione ma, altresì, per **ritardo nella denuncia** da parte del pubblico ufficiale (→ art. 361 c.p.) e dell'incaricato di un pubblico servizio (→ art. 362 c.p.).

333. Denuncia da parte di privati.

1. Ogni persona che ha notizia di un reato perseguibile di ufficio può farne denuncia. La legge determina i casi in cui la denuncia è obbligatoria.

2. La denuncia è presentata oralmente o per iscritto, personalmente o a mezzo di procuratore speciale, al pubblico ministero o a un ufficiale di polizia giudiziaria; se è presentata per iscritto, è sottoscritta dal denunciante o da un suo procuratore speciale.

3. Delle denunce anonime non può essere fatto alcun uso, salvo quanto disposto dall'articolo 240.

• **Notizia di reato** (art. 330) "qualificata" poiché disciplinata dalla legge, la denuncia da parte del **privato** (e dei soggetti pubblici che abbiano avuto notizia di un reato fuori dell'esercizio delle loro funzioni o del loro servizio e non a causa dei medesimi: art. 331) costituisce una **facoltà**, ma diviene **obbligatoria** – con penale responsabilità per omessa denuncia immediata (→ art. 364 c.p.), fatta salva la causa di non punibilità *ex* art. 384 c.p. – nei casi stabiliti per legge [delitti contro la personalità dello Stato puniti con l'ergastolo (→ art. 364 c.p.); fatti o circostanze relative a un sequestro di persona a scopo di estorsione; delitti da cui provengono denaro o cose di cui si sia venuti in possesso senza conoscerne la provenienza delittuosa, nel momento in cui si acquisisce tale conoscenza (→ art. 709 c.p.); furto di armi o di parti di esse o di esplosivi di qualsiasi natura; ad ogni modo, chiunque rinvenga un'arma o parte di essa è tenuto ad effettuarne immediatamente il deposito presso l'Autorità locale di Pubblica Sicurezza o, in mancanza, al più vicino comando dei Carabinieri (→ art. 20 l. 18.4.1975, n. 110); per i rappresentanti di enti sportivi (affiliati o riconosciuti dal CONI e dall'UNIRE) nell'esercizio o a causa delle loro funzioni, le frodi in competizioni sportive (→ artt. 1 e 3 l. 13.12.1989, n. 401)].

• Modalità di denuncia è la presentazione al **p.m.** (→ **Soggetti**, art. 51) o a un **ufficiale di p.g.** (→ art. 57): ricevuta la notizia di reato (art. 330), la p.g. ha l'obbligo di riferirla tempestivamente al p.m. (art. 347) e il p.m. deve provvedere all'iscrizione nell'apposito registro (art. 335). Se si tratta di persona sottoposta a restrizione della libertà personale, la denuncia è presentata con atto ricevuto dal **direttore dell'istituto**, viene iscritta in apposito registro, è immediatamente comunicata all'autorità competente e ha efficacia come se ricevuta direttamente dall'autorità giudiziaria (→ **Atti**, art. 123). In ogni caso, il denunciante ha diritto di ottenere **attestazione** di ricezione dall'autorità davanti alla quale la denuncia è stata presentata, mentre persona offesa e danneggiato, anche nel corso delle indagini preliminari e sempre che non ne derivi pregiudizio per l'esito delle stesse, possono ottenere dal p.m. attestazione circa la mancata identificazione della persona alla quale il reato è attribuito (→ **Disp. att.**, art. 107). La persona offesa che **non conosce** la **lingua italiana**, se presenta denuncia o propone querela (art. 336 s.) dinnanzi alla procura della Repubblica presso il tribunale del capoluogo del distretto, ha diritto di utilizzare una lingua a lei conosciuta. Negli stessi casi, ha diritto di ottenere, previa richiesta, la traduzione in una lingua a lei conosciuta dell'attestazione di ricezione della denuncia o della querela (→ **Disp. att.**, art. 107 *ter*). Quando la persona offesa denunciante o querelante (art. 336 s.) sia residente o abbia il domicilio nel territorio dello Stato, il procuratore della Repubblica trasmette al P.G. presso la corte d'appello (→ **Soggetti**, art. 51) le denunce e le querele per reati commessi in altri Stati dell'Unione europea, affinché ne curi l'invio all'autorità giudiziaria competente (→ **Disp. att.**, art. 108 *ter*).

• Quanto alle **forme** di cui all'art. 333 co. 2 [richiamate, sia pure con talune peculiarità, per la dichiarazione di querela (art. 337 co. 1) e, tramite rinvio a quest'ultima, per l'istanza di procedimento (art. 341)], il privato, diversamente dai soggetti pubblici *ex* art. 331, può presentare denuncia anche **oralmente** – ciò che impone la redazione di **verbale** da parte della p.g. (art. 357 co. 2 lett. *a*) e del p.m. (art. 373 co. 1 lett. *a*) – e a mezzo di procuratore speciale (→ **Atti**, art. 122), ferma la sottoscrizione del denunciante o del procuratore speciale se presentata per iscritto. Per ufficiali e agenti di p.g. sussiste lo specifico **divieto** di **testimonianza indiretta** sul contenuto delle dichiarazioni acquisite – *inter alia* – con le modalità di cui all'art. 357 co. 2 lett. *a* (→ **Prove**, art. 195 co. 4; Corte cost., **305** del **2008**). La denuncia presentata per iscritto è posta dalla p.g. a disposizione del p.m., insieme alla documentazione dell'attività svolta (art. 357 co. 4 e 5). Nel caso di denunce inviate a mezzo di posta elettronica, anche certificata, si esclude un obbligo di valutazione ai fini dell'iscrizione di notizie di reato a carico dell'Ufficio di Procura ricevente (→ Circolare del Ministero della Giustizia, 11.11.2016, *Circolare in tema di attuazione del registro unico penale e criteri generali di utilizzo*).

• Le **denunce anonime**, nel cui ambito occorre distinguere i c.d. "anonimi apparenti" dove l'autore risulta fisicamente individuato o individuabile (→ Circolare del Ministero della Giustizia, 11.11.2016, *Circolare in tema di attuazione del registro unico penale e criteri generali di utilizzo*), sono annotate in apposito registro (→ **Disp. att.**, art. 108; → **Reg. es.**, art. 5) [c.d. "**modello 46**", diverso dal registro delle notizie di reato (art. 335)], con divieto di uso processuale se non nei casi in cui è consentito l'utilizzo dei documenti contenenti dichiarazioni anonime (→ **Prove**, art. 240 co. 1) [*i.e.*, denuncia anonima costituente corpo del reato o comunque proveniente dall'imputato].

• Chi ha proposto la denuncia è **incompatibile** con l'esercizio dell'ufficio di giudice nel medesimo procedimento (→ **Soggetti**, art. 34) e **non** può avvalersi della facoltà di **astenersi dal deporre** come testimone riconosciuta ai prossimi congiunti dell'imputato (→ **Prove**, art. 199).

334. Referto.

1. Chi ha l'obbligo del referto deve farlo pervenire entro quarantotto ore o, se vi è pericolo nel ritardo, immediatamente al pubblico ministero o a qualsiasi ufficiale di polizia giudiziaria del

luogo in cui ha prestato la propria opera o assistenza ovvero, in loro mancanza, all'ufficiale di polizia giudiziaria più vicino.

2. Il referto indica la persona alla quale è stata prestata assistenza e, se è possibile, le sue generalità, il luogo dove si trova attualmente e quanto altro valga a identificarla nonché il luogo, il tempo e le altre circostanze dell'intervento; dà inoltre le notizie che servono a stabilire le circostanze del fatto, i mezzi con i quali è stato commesso e gli effetti che ha causato o può causare.

3. Se più persone hanno prestato la loro assistenza nella medesima occasione, sono tutte obbligate al referto, con facoltà di redigere e sottoscrivere un unico atto.

• **Notizia di reato** (art. 330) "qualificata" poiché disciplinata dalla legge, il referto da parte dell'**esercente una professione sanitaria**, che abbia prestato assistenza od opera in casi che possano presentare i caratteri di un delitto (non di una contravvenzione) procedibile d'ufficio (→ **Soggetti**, art. 50 co. 2), costituisce un **obbligo** penalmente sanzionato (→ art. 365 co. 1 c.p.), eccettuate le ipotesi in cui il referto esporrebbe la persona assistita a procedimento penale (→ art. 365 co. 2 c.p.) e salva la causa di non punibilità *ex* art. 384 c.p. Il medico che opera presso una struttura pubblica riveste la qualifica di **incaricato di un pubblico servizio** (→ art. 358 c.p.) ed è pertanto gravato dall'obbligo di denuncia dei fatti appressi nell'esercizio o a causa delle proprie funzioni che possano integrare un reato procedibile d'ufficio (art. 331).

• Modalità di referto è l'inoltro entro i termini prescritti dall'art. 334 co. 1 al **p.m.** (→ **Soggetti**, art. 51) o a **qualsiasi ufficiale di p.g.** (→ art. 57) del luogo in cui il sanitario ha prestato la propria opera o assistenza (in mancanza, all'ufficiale di p.g. più vicino): ricevuta la notizia di reato (art. 330), la p.g. ha l'obbligo di riferirla tempestivamente al p.m. (art. 347) e il p.m. deve provvedere all'iscrizione nell'apposito registro (art. 335).

• L'indicazione, tra le altre, del **tempo** dell'intervento consente di verificare la tempestività del referto, anche tenuto conto delle responsabilità penali non soltanto per omissione ma, altresì, per **ritardo** (→ art. 365 c.p.).

• La deroga all'obbligo di deporre in ipotesi di **segreto professionale**, prevista per medici, chirurghi, farmacisti, ostetriche e ogni altro esercente una professione sanitaria (→ **Prove**, art. 200 co. 1 lett. *c*), non opera nei casi in cui i soggetti a conoscenza dei fatti hanno l'obbligo di riferirne all'autorità giudiziaria.

334 *bis*. Esclusione dell'obbligo di denuncia nell'ambito dell'attività di investigazioni difensiva.

1. Il difensore e gli altri soggetti di cui all'articolo 391 *bis* non hanno obbligo di denuncia neppure relativamente ai reati dei quali abbiano avuto notizia nel corso delle attività investigative da essi svolte.

Articolo aggiunto dalla l. 7.12.2000, n. 397.

• Malgrado l'articolo escluda l'obbligo di denuncia da parte del difensore (→ **Soggetti**, art. 96 s.) e degli altri soggetti di cui all'art. 391 *bis* [sostituto (→ art. 102), investigatore privato autorizzato (→ **Disp. coord.**, art. 222) e consulente tecnico, nominato in costanza di perizia (→ **Prove**, art. 225) o extraperitale (→ art. 233)], «neppure» in relazione ai reati dei quali abbiano avuto notizia nel corso delle attività di **investigazione difensiva** (→ **Titolo VI *bis***), secondo le Sezioni Unite della corte di cassazione il difensore, nel documentare i risultati della sua indagine (art. 391 *ter*), assume la **qualifica di pubblico ufficiale** (→ art. 357 c.p.), integrando il reato di falsità ideologica in atto pubblico (→ art. 479 c.p.) in ipotesi di infedele o incompleta documentazione (**Cass., SU**, 27.6.2006, Schera).

335. Registro delle notizie di reato.

1. Il pubblico ministero iscrive immediatamente, nell'apposito registro custodito presso l'ufficio, ogni notizia che gli perviene o che ha acquisito di propria iniziativa, contenente la rappresentazione di un fatto, determinato e non inverosimile, riconducibile in ipotesi a una fattispecie incriminatrice. Nell'iscrizione sono indicate, ove risultino, le circostanze di tempo e di luogo del fatto.

1 *bis*. Il pubblico ministero provvede all'iscrizione del nome della persona alla quale il reato è attribuito non appena risultino, contestualmente all'iscrizione della notizia di reato o successivamente, indizi a suo carico.

1 *ter*. Quando non ha provveduto tempestivamente ai sensi dei commi 1 e 1 *bis*, all'atto di disporre l'iscrizione il pubblico ministero può altresì indicare la data anteriore a partire dalla quale essa deve intendersi effettuata.

2. Se nel corso delle indagini preliminari muta la qualificazione giuridica del fatto ovvero questo risulta diversamente circostanziato, il pubblico ministero cura l'aggiornamento delle iscrizioni previste dal comma 1 senza procedere a nuove iscrizioni.

3. Ad esclusione dei casi in cui si procede per uno dei delitti di cui all'articolo 407, comma 2, lettera *a*), le iscrizioni previste ai commi 1 e 2 sono comunicate alla persona alla quale il reato è attribuito, alla persona offesa e ai rispettivi difensori, ove ne facciano richiesta.

3 *bis*. Se sussistono specifiche esigenze attinenti all'attività di indagine, il pubblico ministero, nel decidere sulla richiesta, può disporre, con decreto motivato, il segreto sulle iscrizioni per un periodo non superiore a tre mesi e non rinnovabile.

3 *ter*. Senza pregiudizio del segreto investigativo, decorsi sei mesi dalla data di presentazione della denuncia, ovvero della querela, la persona offesa dal reato può chiedere di essere informata dall'autorità che ha in carico il procedimento circa lo stato del medesimo.

Il d. lgs. 10.10.2022, n. 150 ha così modificato il co. 1 e aggiunto i co. 1 *bis* e 1 *ter*. Gli attuali co. 3 e 3 *bis* così sostituiscono, in virtù della l. 8.8.1995, n. 332, l'originario co. 3. Il co. 3 *ter* è stato aggiunto dalla l. 23.6.2017, n. 103.

• Nel registro *ex* art. 335 il p.m. (→ **Soggetti**, art. 51) iscrive ogni **notizia di reato** (c.d. iscrizione **oggettiva**), pervenuta o acquisita di propria iniziativa (art. 330). A tali fini, la segreteria della procura della Repubblica annota sugli atti che possono contenere notizie di reato la data e l'ora in cui sono pervenuti in ufficio e li sottopone immediatamente al procuratore della Repubblica (→ **Disp. att.**, art. 109). La "riforma Cartabia" (→ d. lgs. 150 del 2022) ha apportato dei correttivi alla disciplina, introducendo un criterio di selezione delle notizie pervenute: il p.m. dovrà iscrivere quelle che contengono una rappresentazione di un fatto determinato, non inverosimile e ipoteticamente riconducibile a una fattispecie penalistica; inoltre, laddove possibile, l'iscrizione deve essere circostanziata. Nel medesimo registro è iscritto il nome della persona alla quale il reato è attribuito (c.d. iscrizione **soggettiva**), adempimento cui la giurisprudenza riconosce efficacia non costitutiva, bensì ricognitiva della qualifica di persona sottoposta alle indagini (→ **Soggetti**, art. 61). Iscritto il nominativo, la segreteria della procura richiede i certificati anagrafici, il certificato del casellario giudiziale e il certificato dei carichi pendenti (→ **Disp. att.**, art. 110). Anche in merito all'iscrizione nominale la novella ha apportato delle modifiche: in particolare si è cercato di vincolare il p.m. a un obbligo di iscrizione tempestiva del nominativo della persona cui il reato è provvisoriamente attribuito (→ **Soggetti**, art. 61) da effettuarsi contestualmente alla formalizzazione della notizia di reato ovvero non appena emergano indizi a carico. Per di più, se non avesse prontamente provveduto, il p.m. è tenuto a retrodatare l'iscrizione al momento in cui avrebbe dovuto iscrivere il nominativo dell'indagato, anticipando così la decorrenza dei termini per le indagini preliminari (art. 405 s.) e, di conseguenza, per le determinazioni conseguenti alla chiusura delle stesse (per l'archiviazione art. 408 s. o il rinvio a giudizio artt. 416, 447, 449, 453, 459 e 550; per il procedimento davanti al giudice di pace → **Giu. Pace**, artt. 20, 20 *bis* e 20 *ter*).

• Mentre l'iscrizione soggettiva si effettua nel registro corrispondente al "**modello 21**", la notizia a carico di ignoti è iscritta nel registro corrispondente al "**modello 44**". Nel registro *ex* art. 335 non vanno iscritte le pseudo-notizie di reato – atti e informative del tutto privi di rilevanza penale poiché rappresentazioni (verosimili) di fatti palesemente leciti ovvero rappresentazioni (di fatti illeciti) manifestamente inverosimili – che sono annotate nel registro corrispondente al "**modello 45**", né le denunce anonime (art. 333 co. 3), annotate nel registro corrispondente al "**modello 46**" (→ **Disp. att.**, art. 108; → **Reg. es.**, art. 5). Per le iscrizioni a "modello 44" e a "modello 45" è possibile il passaggio a "modello 21", ricorrendone i presupposti (→ Circolare del Ministero della Giustizia, 11.11.2016, *Circolare in tema di attuazione del registro unico penale e criteri generali di utilizzo*). Acquisita la notizia dell'**illecito amministrativo dipendente da reato**, il p.m. annota nel registro di cui all'art. 335 gli elementi identificativi dell'ente e, ove possibile, le generalità del legale rappresentante nonché il reato da cui dipende l'illecito (→ **Processo alle società**, art. 55).

• Quanto agli **effetti**, dall'iscrizione **nominativa** decorre il termine di durata delle indagini preliminari – e per la richiesta di rinvio a giudizio (art. 405 co. 2), fatta salva la diversa decorrenza stabilita *ex* art. 405 co. 3 e 4 nei casi in cui è necessaria la querela (art. 336 s.), l'istanza (art. 341), la richiesta (art. 342) o l'autorizzazione a procedere (art. 343) – ovvero il termine per la richiesta di autorizzazione a procedere (art. 344) e per la richiesta di emissione del decreto penale di condanna (→ **Procedimenti speciali**, art. 459); dall'iscrizione **oggettiva** decorrono i termini nei casi di procedimento contro ignoti (art. 415 co. 1), di giudizio direttissimo a carico della persona che nel corso dell'interrogatorio abbia reso confessione (→ **Procedimenti speciali**, art. 449 co. 5) e di giudizio immediato richiesto dal p.m. (→ art. 454 co. 1). La priorità temporale nell'iscrizione della *notitia criminis* costituisce l'ultima delle regole suppletive per determinare la **competenza per territorio**, anche in ipotesi di reati commessi all'estero (→ **Soggetti**, artt. 9 co. 3 e 10 co. 2).

• Secondo la giurisprudenza, sviluppatasi prima dei correttivi introdotti con la "Riforma Cartabia", benché l'art. 335 co. 1 imponga l'iscrizione della notizia di reato «immediatamente» e quella del nome «contestualmente o dal momento in cui risulta», secondo le Sezioni Unite della Corte di cassazione (**Cass.**, **SU**, 24.9.2009, Lattanzi; **Cass.**, **SU**, 23.4.2009, Fruci) l'**iscrizione tardiva** è priva di conseguenze agli effetti di quanto previsto dall'art. 407 co. 3, in punto di inutilizzabilità (→ **Prove**, art. 191) degli atti investigativi compiuti oltre il termine di durata delle indagini preliminari senza che il p.m. abbia esercitato l'azione penale (art. 405) o richiesto l'archiviazione (artt. 408, 411 e 415), fermi i profili di responsabilità disciplinare (→ **Atti**, art. 124) e penale (→ art. 328 c.p.). Compete al procuratore della Repubblica e al P.G. presso la corte di appello assicurare l'osservanza delle disposizioni relative all'iscrizione delle notizie di reato (artt. 1 co. 2 e 6 co. 1 d. lgs. 20.2.2006, n. 106).

• Poiché il mutamento della qualificazione giuridica o delle circostanze del fatto nel corso delle indagini preliminari impone al p.m. il solo **aggiornamento** delle iscrizioni *ex* art. 335 co. 2, può aversi **nuova iscrizione** – e relativa decorrenza dei termini – soltanto per fatti di reato diversi o con riferimento ad autori ulteriori, fermo il dovere di procedere a nuova iscrizione quando è autorizzata la **riapertura** delle indagini (art. 414 co. 2).

• Funzionale alla conoscenza del procedimento (→ **Cost.**, art. 111 co. 3), il diritto alla **comunicazione delle iscrizioni** nel registro delle notizie di reato, che l'art. 335 riconosce alla persona alla quale il reato è attribuito (→ **Soggetti**, art. 61), alla persona offesa dal reato (→ art. 90 s.) e ai rispettivi difensori (→ artt. 96 s. e 101) che ne facciano richiesta. Oggetto di informativa *ad hoc*, solo quando deve compiere un atto al quale il difensore ha diritto di assistere, alla persona sottoposta alle indagini e all'offeso con l'invio dell'**informazione di garanzia** da parte del p.m. (art. 369 co. 1 *bis*). Nei soli riguardi della persona offesa, l'informazione in merito alla facoltà di ricevere comunicazione del procedimento e delle iscrizioni di cui all'art. 335 co. 1, 2 e 3 *ter* è prevista **sin dal primo contatto** con l'autorità procedente (→ **Soggetti**, art. 90 *bis* co. 1 lett. *b*). In mancanza di una specifica richiesta, ovvero quando l'esistenza del procedimento non è comunicabile, non è richiesta la proroga dei termini di indagine (art. 406) o la stessa avvenga *de plano* (art. 406 co. 5 *bis*) non vengono compiuti atti garantiti (art. 366) o atti a sorpresa, quali ispezioni, perquisizioni e sequestri (→ **Prove**, art. 244 s.; art. 365), oppure disposte misure precautelari (art. 380 s.) o cautelari (→

Misure cautelari, artt. 293 e 317), l'indagato ha conoscenza di un'indagine a suo carico con l'invio dell'avviso di conclusione delle indagini preliminari (art. 415 *bis*) oppure con l'archiviazione (art. 409).

• A fronte delle richieste, la segreteria della procura della Repubblica fornisce le informazioni se la risposta è positiva e non sussistono gli impedimenti a rispondere di cui all'art. 335 co. 3 e 3 *bis*; in caso contrario (risposta negativa ovvero risposta positiva in presenza di impedimenti), è utilizzata la formula «Non risultano iscrizioni suscettibili di comunicazione» (→ **Disp. att.**, art. 110 *bis*). La persona sottoposta alle indagini che abbia conoscenza del procedimento ai sensi dell'art. 335 o dell'art. 369 – la persona offesa soltanto in tale ultimo caso – se ritiene che il reato appartenga alla competenza (→ **Soggetti**, art. 4 s.) di un giudice diverso da quello presso il quale il p.m. che procede esercita le sue funzioni, può chiedere la trasmissione degli atti presso il giudice competente (→ art. 54 *quater*). Quando è indispensabile per prevenire delitti per cui è obbligatorio l'arresto in flagranza (art. 380), l'autorità giudiziaria può autorizzare l'**accesso diretto** al registro di cui all'art. 335 da parte del ministro dell'interno o dei soggetti da questi appositamente delegati (→ **Atti**, art. 118).

335 *bis*. Limiti all'efficacia dell'iscrizione ai fini civili e amministrativi.

1. La mera iscrizione nel registro di cui all'articolo 335 non può, da sola, determinare effetti pregiudizievoli di natura civile o amministrativa per la persona alla quale il reato è attribuito.

Articolo inserito dal d. lgs. 10.10.2022, n. 150.

• La norma manifesta una chiara volontà legislativa di estendere l'area di tutela della **presunzione di innocenza** (→ **Cost.**, art. 27 co. 2) nei confronti della persona sottoposta alle indagini, prima ancora che lo stesso acquisti la qualifica di imputato (→ **Soggetti**, art. 61). La presunzione in parola, declinata come **regola di trattamento** [vale a dire, divieto di equiparare l'imputato al condannato con sentenza definita], deve avere una portata tale da tutelare, *a fortiori*, il soggetto investito di sospetti sufficienti da indurre il p.m. all'iscrizione nominale della notizia di reato.

• Sotto un profilo più eminentemente precettivo, l'ampiezza della regola costituzionale opera trasversalmente nei diversi rami dell'ordinamento: è fatto divieto di trarre un qualsiasi effetto deteriore, "pregiudizievole", nei confronti della persona sottoposta alle indagini nei procedimenti civili o amministrativi, per la mera circostanza di essere lo stesso sottoposto ad accertamento penalistico. In particolare, è vietata l'adozione di un qualsiasi provvedimento **a carattere "punitivo" o "afflittivo"** determinato dall'iscrizione del nominativo del soggetto nel registro delle notizie di reato (art. 335).

335 *ter*. Ordine di iscrizione del nome della persona sottoposta ad indagini.

1. Quando deve compiere un atto del procedimento, il giudice per le indagini preliminari, se ritiene che il reato per cui si procede debba essere attribuito a una persona che non è stata ancora iscritta nel registro delle notizie di reato, sentito il pubblico ministero, gli ordina con decreto motivato di provvedere all'iscrizione.
2. Il pubblico ministero provvede all'iscrizione, indicando la data a partire dalla quale decorrono i termini delle indagini. Resta salva la facoltà di proporre la richiesta di cui all'articolo 335 *quater*.

Articolo inserito dal d. lgs. 10.10.2022, n. 150.

• La norma si pone nel solco riformista rivolto a **limitare il potere discrezionale di scelta del p.m.** relativo al momento in cui effettuare l'iscrizione nominale. La disposizione dovrebbe operare, principalmente, nelle indagini contro ignoti (art. 415), ma non se ne può escludere l'applicazione in riferimento a nuove e ulteriori iscrizioni di nominativi di indagati.

• È attribuito al g.i.p., ogni volta che venga a chiamato a compiere un atto del procedimento, il potere di verificare se il reato per cui si procede debba essere **attribuito a una specifica persona**, già individuata e il cui nominativo non è ancora stato iscritto. La forma del provvedimento (→ **Atti**, art. 125) è il decreto motivato, emesso dopo aver sentito il p.m. procedente. Prima della modifica legislativa, l'abrogato co. 2 dell'art. 415 consentiva di esercitare un simile potere solo in caso di richiesta di proroga delle indagini (art. 406) o di richiesta di archiviazione (art. 408 s.).

• La disposizione si pone in linea con quanto previsto dai nuovi co. 1 *bis* e 1 *ter* dell'art. 335, introdotti per vincolare il p.m. alla tempestiva iscrizione nominale e, eventualmente, alla sua retrodatazione al momento in cui la si sarebbe dovuta iscrivere. Viene così configurato un sistema rivolto a vincolare il p.m., sottoposto al controllo di un g.i.p. le cui nuove funzioni non snaturano la tipica configurazione come **organo di tutela giurisdizionale** (art. 328), sprovvisto di iniziativa, ma il cui potere di verifica si attiva quando venga investito di una qualsiasi altra richiesta procedimentale.

• Ferma la possibilità dell'indagato di richiedere un accertamento in merito alla **tempestività dell'iscrizione nominale** (art. 335 *quater*) e la sua eventuale retrodatazione, il p.m. è vincolato alla decisione del g.i.p. e, a seguito del decreto motivato emesso da quest'ultimo, è tenuto all'iscrizione del nominativo dell'indagato e all'indicazione della data a partire dalla quale devono iniziare a decorrere i termini investigativi.

335 *quater*. Accertamento della tempestività dell'iscrizione nel registro delle notizie di reato.

1. La persona sottoposta alle indagini può chiedere al giudice di accertare la tempestività dell'iscrizione nel registro di cui all'articolo 335 della notizia di reato che la riguarda e del suo nome, con richiesta di retrodatazione che indichi, a pena di inammissibilità, le ragioni che la sorreggono e gli atti del procedimento dai quali è desunto il ritardo.

2. La retrodatazione è disposta dal giudice quando il ritardo è inequivocabile e non è giustificato.

3. La richiesta di retrodatazione deve essere proposta, a pena di inammissibilità, entro venti giorni da quello in cui la persona sottoposta alle indagini ha avuto facoltà di prendere conoscenza degli atti che dimostrano il ritardo nell'iscrizione. Ulteriori richieste sono ammissibili soltanto se proposte nello stesso termine e fondate su atti diversi, in precedenza non conoscibili.

4. Salvo quanto disposto dal comma 5, la richiesta è proposta al giudice che procede o, nel corso delle indagini preliminari, al giudice per le indagini preliminari.

5. Durante le indagini preliminari, quando il giudice deve adottare una decisione con l'intervento del pubblico ministero e della persona sottoposta alle indagini e la retrodatazione è rilevante ai fini della decisione, la richiesta può anche essere presentata nell'ambito del relativo procedimento e trattata e decisa nelle forme di questo.

6. Salvo che sia proposta in udienza oppure ai sensi del comma 5, la richiesta è depositata presso la cancelleria del giudice, con la prova dell'avvenuta notificazione al pubblico ministero. Il pubblico ministero, entro sette giorni, può depositare memorie e il difensore del richiedente può prenderne visione ed estrarne copia. Entrambe le parti hanno facoltà di depositare ulteriori memorie entro i sette giorni successivi. Decorso tale ultimo termine, il giudice, se ritiene che non sia necessario un contraddittorio orale, provvede sulla richiesta; altrimenti, fissa la data dell'udienza in camera di consiglio, dandone avviso al pubblico ministero e al difensore del richiedente. All'udienza, il pubblico ministero e il difensore sono sentiti se compaiono. La decisione è adottata con ordinanza.

7. Nel corso dell'udienza preliminare o del giudizio, se non è proposta in udienza, la richiesta è depositata nella cancelleria del giudice e viene trattata e decisa in udienza.

8. In caso d'accoglimento della richiesta, il giudice indica la data nella quale deve intendersi iscritta la notizia di reato e il nome della persona alla quale il reato stesso è attribuito.

9. Fermo quanto disposto nel secondo periodo del comma 3, la parte la cui richiesta di retrodatazione è stata respinta ovvero, in caso di accoglimento della richiesta, il pubblico ministero e la parte civile possono, a pena di decadenza, chiedere che la questione sia nuovamente esaminata prima della conclusione dell'udienza preliminare o, se questa manca, entro il termine previsto dall'articolo 491, comma 1. Nel dibattimento preceduto da udienza preliminare, la

domanda di nuovo esame della richiesta di retrodatazione può essere proposta solo se già avanzata nell'udienza preliminare.

10. L'ordinanza del giudice dibattimentale può essere impugnata nei casi e nei modi previsti dai primi due commi dell'articolo 586.

Articolo inserito dal d. lgs. 10.10.2022, n. 150.

• Coerentemente con la *ratio* che ha animato, in questo settore, la **volontà riformista**, si è deciso di introdurre specifiche regole rivolte a verificare tempi e modi dell'iscrizione da parte del p.m. della notizia di reato nell'apposito registro (art. 335). Si è voluto superare quell'orientamento giurisprudenziale che riteneva non si potessero attivare veri e propri controlli giurisdizionali, al di fuori della specifica ipotesi disciplinata dalla legge, *id est* l'eventualità che si proceda contro ignoti (art. 415 co. 2).

• Il vaglio in ordine alla tempestività dell'iscrizione, ora, è operato non solo dal g.i.p. d'ufficio nella fase delle indagini preliminari (art. 335 *ter*), ma pure quando è chiamato **a compiere un atto del procedimento**, su iniziativa della persona sottoposta alle indagini (→ **Soggetti**, art. 61); la quale può domandare al giudice di accertare la corretta datazione dell'iscrizione della notizia di reato a lui "provvisoriamente" attribuito, nonché della tempistica relativa all'iscrizione del proprio nominativo nel suddetto registro.

• Premesso che la richiesta deve sempre essere motivata – a pena di inammissibilità – con l'indicazione delle ragioni e degli atti del procedimento da cui si evince il ritardo, il giudice procedente [il g.i.p. nel corso delle indagini preliminari (art. 328)] dispone la retrodatazione quando il ritardo è palese ("inequivocabile") e non è sorretto da adeguata giustificazione.

• Quanto al termine (→ **Atti**, art. 173), la richiesta della persona sottoposta alle indagini deve essere presentata entro venti giorni dal giorno in cui la stessa ha avuto facoltà di prendere visione degli atti sui quali si fonda l'istanza di retrodatazione. Il termine è perentorio poiché il mancato rispetto comporta l'inammissibilità della richiesta. Ulteriori e nuove richieste possono essere proposte se fondate su altri atti, diversi e non conoscibili precedentemente, entro venti giorni a decorrere dalla possibilità di consultarli.

• Quando nella fase delle indagini preliminari il g.i.p. deve adottare un provvedimento nel contradditorio tra p.m. e persona indagata – e la retrodatazione rileva ai fini della sua pronuncia – la richiesta può essere presentata nell'ambito del medesimo procedimento e decisa nelle forme e modi dello stesso. La medesima regola opera tutte le volte nelle quali la richiesta sia presentata in udienza. Se non è proposta in udienza, nelle fasi dell'udienza preliminare e del giudizio, la richiesta di retrodatazione è depositata in cancelleria e viene trattata e decisa in udienza.

• Ad eccezioni di queste ipotesi, al fine di garantire un contradditorio perlomeno cartolare sulla richiesta, la stessa deve essere presentata nella cancelleria del giudice procedente, previa notifica al p.m., il quale entro sette giorni può depositare memorie che sono accessibili al difensore dell'indagato (→ **Soggetti**, art. 96 s.), il quale può prenderne visione ed estrarne copia. Entrambi possono depositare ulteriori memorie nei sette giorni successivi. Se il giudice ritiene di poter decidere all'esito del contradditorio cartolare provvede sulla richiesta; in alternativa, qualora consideri opportuno il contradditorio orale, può fissare la data dell'udienza in camera di consiglio (→ **Atti**, art. 127), dandone avviso al p.m. e al difensore dell'indagato richiedente.

• La forma della decisione è l'ordinanza (→ **Atti**, art. 125) che, in caso di accoglimento, deve contenere l'indicazione cronologica di retrodatazione, vale a dire il giorno a partire dal quale la notizia di reato e il nominativo del soggetto si considereranno iscritti.

• Il provvedimento emesso in fase di indagini preliminari può essere rivalutato dal g.u.p. (art. 416 s.). La rinnovazione può essere domandata dall'indagato, quando la richiesta era stata respinta ovvero, se era stata accolta, su istanza del p.m. o della parte civile. Il temine per la presentazione, stabilito a pena di decadenza (→ **Atti**, art. 173), coincide con la formulazione delle conclusioni in udienza preliminare (art. 421) oppure, se quest'ultima non si tiene, nel corso della trattazione delle questioni preliminari al dibattimento, subito dopo che sia stato compiuto per la prima volta l'accertamento della costituzione delle parti (→ **Giudizio**, art. 491 co. 1). Nuova rivalutazione può essere richiesta al giudice dibattimentale quando la stessa fosse stata proposta nei termini al g.u.p. L'ordinanza con la quale il giudice dibattimentale decide sulla richiesta, al pari delle altre ordinanze dibattimentali, può essere impugnata solo con la sentenza, anche per mera correlazione con la stessa (→ **Impugnazioni**, art. 586 co. 1 e 2).

Titolo III
CONDIZIONI DI PROCEDIBILITÀ

336. Querela.

1. La querela è proposta mediante dichiarazione nella quale, personalmente o a mezzo di procuratore speciale, si manifesta la volontà che si proceda in ordine a un fatto previsto dalla legge come reato.

• **La querela è un atto giuridico negoziale di diritto pubblico. È** inserita tra le **condizioni di procedibilità** – quando non sono necessarie, l'azione penale è esercitata d'ufficio (→ **Soggetti**, art. 50 co. 2) – la querela (→ art. 120 s. c.p.) assume i caratteri della **notizia di reato** (art. 330) allorché p.m. (→ **Soggetti**, art. 51) e p.g. (→ art. 55) non abbiano già acquisito la *notitia criminis* prima del verificarsi di tale condizione. La querela contiene al suo interno sia una dichiarazione di scienza sia la espressa manifestazione della volontà di procedere penalmente, da parte del titolare dell'interesse protetto dalla norma penale incriminatrice [la persona offesa (→ art. 90)]. Infatti, il **diritto di querela** (→ art. 120 c.p.) spetta a ogni persona offesa da un reato per cui non debba procedersi d'ufficio o dietro richiesta (→ artt. 8 s., 127 e 313 c.p.) o istanza (→ art. 130 c.p.). Sul piano dei **contenuti**, la querela si differenzia della denuncia (art. 333) in quanto dichiarazione, resa personalmente o a mezzo di procuratore speciale (→ **Atti**, art. 122), contenente la **manifestazione di volontà** che si proceda in ordine a un fatto previsto dalla legge come reato.

• Il verbale della dichiarazione orale di querela, inserito nel **fascicolo per il dibattimento** quale atto relativo alla procedibilità dell'azione penale (art. 431 co. 1 lett. *a*), è suscettibile di **lettura** in dibattimento ai soli fini di accertare l'esistenza della condizione di procedibilità (→ **Giudizio**, art. 511 co. 4).

• Quando è necessaria la querela, il **termine** per lo svolgimento delle indagini decorre dal momento in cui questa perviene al p.m. (art. 405 co. 3), fermo che in mancanza di una condizione di procedibilità che può ancora sopravvenire possono essere compiuti taluni atti di indagine e di assunzione anticipata della prova *ex* art. 392 (art. 346). Sul versante **precautelare**, invece, se il delitto è procedibile a querela, l'arresto in flagranza [obbligatorio (art. 380) e facoltativo (art. 381)] e l'allontanamento d'urgenza dalla casa familiare (art. 384 *bis*) possono essere eseguiti soltanto se la querela viene proposta, anche con le modalità specificamente previste per tali situazioni, fatto salvo il dovere di porre immediatamente l'arrestato in libertà ove l'avente diritto dichiari di rimettere la querela (artt. 380 co. 3, 381 co. 3 e 384 *bis* co. 2).

• Nel corso delle indagini preliminari, quando è prescritta la querela e questa manca (né può sopravvenire: art. 346), il p.m. deve chiedere al g.i.p. (art. 328) l'**archiviazione** della notizia di reato (art. 411). In ogni stato e grado del processo, il giudice che riconosce la mancanza di una condizione di procedibilità lo dichiara d'ufficio con sentenza (→ **Atti**, art. 129 co. 1). Se il p.m. esercita l'azione penale in difetto della prescritta condizione di procedibilità, il giudice pronuncia, in udienza preliminare (art. 418 s.), **sentenza di non luogo a procedere** (art. 425 co. 1), e, nel predibattimento (→ **Giudizio**, art. 469 co. 1) e nel dibattimento (→ art. 529 co. 1), **sentenza di non doversi procedere**, enunciandone la causa nel dispositivo (segnatamente, perché «**l'azione penale non doveva essere iniziata**»). Nel giudizio d'**appello** (→ **Impugnazioni**, art. 593 s.), se il giudice riconosce erronea la pronuncia di primo grado che ha dichiarato che l'azione penale non poteva essere iniziata, ordina, occorrendo, la rinnovazione del dibattimento e decide nel merito (→ art. 604 co. 6). Nel giudizio di **cassazione** (→ art. 606 s.), la corte pronuncia sentenza di annullamento senza rinvio se l'azione penale non doveva essere iniziata (→ art. 620 co. 1 lett. *a*). Nondimeno, il provvedimento di archiviazione, la sentenza di non luogo a procedere o la sentenza di non doversi procedere con cui è stata dichiarata la mancanza di querela, quand'anche non più soggetti a impugnazione, non impediscono l'esercizio dell'azione penale per il medesimo fatto nei confronti della stessa persona se è in seguito proposta la querela (art. 345), in **deroga** al principio del ***ne bis in idem*** (→ **Esecuzione**, art. 649 co. 1).

• Chi ha proposto la querela è **incompatibile** con l'esercizio dell'ufficio di giudice nel medesimo procedimento (→ **Soggetti**, art. 34) e **non** può avvalersi della facoltà di **astenersi dal deporre** come testimone riconosciuta ai prossimi congiunti dell'imputato (→ **Prove**, art. 199).

• Ferma l'osservanza delle disposizioni concernenti la citazione in giudizio del **querelante** a pena di nullità (→ **Atti**, art. 178 co. 1 lett. *c*), il giudice, con la sentenza di non luogo a procedere (art. 425) perché il fatto non sussiste o l'imputato non l'ha commesso, condanna il querelante alle spese e ai danni (art. 427); lo stesso vale in caso di assoluzione (→ **Giudizio**, art. 530) con le medesime formule (→ art. 542, che richiama l'art. 427).

337. Formalità della querela.

1. La dichiarazione di querela è proposta, con le forme previste dall'articolo 333, comma 2, alle autorità alle quali può essere presentata denuncia ovvero a un agente consolare all'estero. Essa, con sottoscrizione autentica, può essere anche recapitata da un incaricato o spedita per posta in piego raccomandato.

2. Quando la dichiarazione di querela è proposta oralmente, il verbale in cui essa è ricevuta è sottoscritto dal querelante o dal procuratore speciale.

3. La dichiarazione di querela proposta dal legale rappresentante di una persona giuridica, di un ente o di una associazione deve contenere la indicazione specifica della fonte dei poteri di rappresentanza.

4. L'autorità che riceve la querela provvede all'attestazione della data e del luogo della presentazione, all'identificazione della persona che la propone e alla trasmissione degli atti all'ufficio del pubblico ministero.

• Quanto a modalità di **proposizione**, la querela segue le regole stabilite per la denuncia da parte del privato (art. 333 co. 2), con talune peculiarità: tra i destinatari, è previsto anche l'agente consolare all'estero; tra le forme di presentazione, è ammesso il recapito mediante **incaricato** o la spedizione postale in **piego raccomandato**, purché la sottoscrizione – in deroga alla disposizione generale che ritiene sufficiente la scrittura di propria mano, in fine dell'atto, del nome e cognome di chi deve firmare (→ **Atti**, art. 110) – risulti **autenticata**, fermo che tra i soggetti abilitati ad autenticare la sottoscrizione di atti è compreso anche il «difensore» (→ **Disp. att.**, art. 39). La querela presentata per iscritto è posta dalla p.g. (→ **Soggetti**, art. 55) a disposizione del p.m. (→ art. 51), insieme alla documentazione dell'attività svolta (art. 357 co. 4 e 5). Se la querela è proposta **oralmente**, la p.g. e il p.m. redigono verbale (artt. 357 co. 2 lett. *a* e 373 co. 1 lett. *a*), sottoscritto dal querelante o dal procuratore speciale (→ **Atti**, art. 122). Per ufficiali e agenti di p.g. (→ **Soggetti**, art. 57) sussiste lo specifico **divieto** di **testimonianza indiretta** sul contenuto delle dichiarazioni acquisite – *inter alia* – con le modalità di cui all'**art. 357 co. 2 lett. *a*** (→ **Prove**, art. 195 co. 4; Corte cost., **305** del **2008**).

• L'attestazione della **data** – giorno, mese, anno e luogo, essendo l'ora necessaria soltanto se prescritta espressamente (→ **Atti**, art. 111) – consente di verificare la tempestività della querela, da proporre entro tre mesi dal giorno della notizia del fatto che costituisce reato (→ art. 124 c.p.), a meno che non siano previsti termini più lunghi (dodici mesi *ex* **artt. 609 *septies* co. 2** e sei mesi *ex* art. **612 *bis* co. 4 c.p.**) o una diversa decorrenza [come nel caso di curatore speciale nominato per la querela (art. 338)], mentre sembra dubbia la possibilità di restituzione nel termine (→ **Atti**, art. 175). Per il proponente querela valgono le regole stabilite per il denunciante in ordine al diritto di ottenere **attestazione** della ricezione e della mancata identificazione della persona alla quale il reato è attribuito (→ **Disp. att.**, art. 107) nonché, ricorrendone i presupposti, di utilizzare una lingua conosciuta e di ottenere, previa richiesta, la traduzione in una lingua conosciuta dell'attestazione di ricezione (→ **Disp. att.**, art. 107 *ter*), fermo che quando la persona offesa querelante sia residente o abbia il domicilio nel territorio dello Stato compete al procuratore della Repubblica trasmettere al P.G. presso la corte d'appello (→ **Soggetti**, art. 51) le querele per reati commessi in altri Stati dell'Unione europea, affinché ne curi l'invio all'autorità giudiziaria competente (→ **Disp. att.**, art. 108 *ter*).

338. Curatore speciale per la querela.

1. Nel caso previsto dell'articolo 121 del codice penale, il termine per la presentazione della querela decorre dal giorno in cui è notificato al curatore speciale il provvedimento di nomina.

2. Alla nomina provvede, con decreto motivato, il giudice per le indagini preliminari del luogo in cui si trova la persona offesa, su richiesta del pubblico ministero.

3. La nomina può essere promossa anche dagli enti che hanno per scopo la cura, l'educazione, la custodia o l'assistenza dei minorenni.

4. Il curatore speciale ha facoltà di costituirsi parte civile nell'interesse della persona offesa.

5. Se la necessità della nomina del curatore speciale sopravviene dopo la presentazione della querela, provvede il giudice per le indagini preliminari o il giudice che procede.

• Il curatore speciale è nominato non soltanto per la presentazione della querela (→ art. 121 c.p.), con facoltà di costituirsi parte civile (→ **Soggetti**, art. 74 s.) nell'interesse della persona offesa (→ art. 90 s.), ma, altresì, ricorrendone i presupposti, per esercitare la facoltà di **accettare la remissione** della querela (→ art. 155 co. 4 c.p.). Anche in tale ipotesi, la nomina si effettua a norma dell'art. 338 (art. 340 co. 3).

339. Rinuncia alla querela.

1. La rinuncia espressa alla querela è fatta personalmente o a mezzo di procuratore speciale, con dichiarazione sottoscritta, rilasciata all'interessato o a un suo rappresentante. La dichiarazione può anche essere fatta oralmente a un ufficiale di polizia giudiziaria o a un notaio, i quali, accertata l'identità del rinunciante, redigono verbale. Questo non produce effetti se non è sottoscritto dal dichiarante.

2. La rinuncia sottoposta a termini o a condizioni non produce effetti.

3. Con la stessa dichiarazione può essere fatta rinuncia anche all'azione civile per le restituzioni e per il risarcimento del danno.

• La rinuncia al diritto di querela, che ne impedisce l'esercizio da parte del titolare, può essere **espressa** nelle forme di cui all'art. 339, ovvero **tacita**, quando chi ha facoltà di proporre querela ha compiuto fatti incompatibili con la volontà di querelarsi (→ art. 124 co. 2 e 3 c.p.). In ogni caso, la rinuncia si estende di diritto a tutti coloro che hanno commesso il reato (→ art. 124 co. 4 c.p.).

• Rimane ferma la distinzione tra rinuncia – espressa o tacita – al diritto di querela e rinuncia all'**azione civile** per le restituzioni e per il risarcimento del danno (→ **Soggetti**, art. 74 s.), che può essere eventualmente fatta con la stessa dichiarazione di rinuncia alla querela *ex* art. 339 co. 3.

340. Remissione della querela.

1. La remissione della querela è fatta e accettata personalmente o a mezzo di procuratore speciale, con dichiarazione ricevuta dall'autorità procedente o da un ufficiale di polizia giudiziaria che deve trasmetterla immediatamente alla predetta autorità.

2. La dichiarazione di remissione e quella di accettazione sono fatte con le forme previste per la rinuncia espressa alla querela.

3. Il curatore speciale previsto dall'articolo 155, comma 4, del codice penale è nominato a norma dell'articolo 338.

4. Le spese del procedimento sono a carico del querelato, salvo che nell'atto di remissione sia stato diversamente convenuto.

Il co. 4 è stato così sostituito dalla l. 25.6.1999, n. 205.

• Benché sia previsto che remissione (→ art. 152 c.p.) e accettazione (→ art. 155 c.p.) siano fatte con le forme per la rinuncia espressa alla querela (art. 339) – ferma la possibilità di **ricusa tacita** *ex* art. 155 co. 1 c.p. – è ammessa anche la **remissione tacita** quando interviene in sede **extraprocessuale** (→ art. 152 co. 2 c.p.).

• In relazione al delitto di atti persecutori, nelle ipotesi di procedibilità a querela la remissione può essere **soltanto processuale** (→ art. 612 *bis* co. 4 c.p.). In materia di reati sessuali procedibili a querela (→ artt. 609 *bis*, 609 *ter* e 609 *quater* c.p.) e per il delitto di atti persecutori commesso mediante minacce reiterate nei modi di cui all'art. 612 co. 2 c.p. (minaccia grave) la querela è **irrevocabile** (→ artt. 609 *septies* e 612 *bis* co. 4 c.p.).

• Nei delitti procedibili a querela, la remissione – accettata dal querelato (→ art. 155 co. 1 c.p.) – **estingue il reato** (→ art. 152 co. 1 c.p.). In siffatta evenienza, durante le indagini, il p.m. (→ **Soggetti**, art. 51) deve chiedere al g.i.p. (art. 328) l'**archiviazione** della notizia di reato (art. 411); ad azione penale esercitata (art. 405), il giudice pronuncia, in udienza preliminare (art. 418 s.), **sentenza di non luogo a procedere** (art. 425 co. 1), e, nel predibattimento (→ **Giudizio**, art. 469 co. 1) e nel dibattimento (→ art. 531 co. 1), **sentenza di non doversi procedere**, enunciandone la causa nel dispositivo. Se, tuttavia, ricorre una causa di estinzione del reato ma dagli atti risulta **evidente** che il fatto non sussiste o che l'imputato non l'ha commesso o che il fatto non costituisce reato o non è previsto dalla legge come reato, il giudice pronuncia sentenza di assoluzione (→ art. 530) o di non luogo a procedere con la formula prescritta (→ **Atti**, art. 129 co. 2). Nel procedimento davanti al tribunale in composizione monocratica (→ **Libro VIII**), in sede di udienza di comparizione a seguito della **citazione diretta a giudizio** il giudice, quando il reato è perseguibile a querela, verifica se il querelante è disposto a rimettere la querela e il querelato ad accettare la remissione (→ art. 555 co. 3). Se il reato è estinto per remissione della querela, in ipotesi di sentenza di non luogo a procedere trova applicazione l'art. 340 co. 4 che pone a carico del querelato le **spese del procedimento**, salvo che nell'atto di remissione sia stato diversamente convenuto (art. 427 co. 5). Nei casi di procedibilità a querela soggetta a remissione, è ammessa l'estinzione del reato per condotte riparatorie (→ art. 162 *ter* c.p.).

• Sul versante **precautelare**, posto che l'arresto in flagranza [obbligatorio (art. 380) e facoltativo (art. 381)] e l'allontanamento d'urgenza dalla casa familiare (art. 384 *bis*), se il delitto è procedibile a querela, possono essere eseguiti soltanto se la querela viene proposta, sussiste il dovere di porre immediatamente l'arrestato in libertà ove l'avente diritto dichiari di rimettere la querela (artt. 380 co. 3, 381 co. 3 e 384 *bis* co. 2).

341. Istanza di procedimento.

1. L'istanza di procedimento è proposta dalla persona offesa con le forme della querela.

• Inserita tra le **condizioni di procedibilità** – quando non sono necessarie, l'azione penale è esercitata d'ufficio (→ **Soggetti**, art. 50 co. 2) – l'istanza (→ art. 130 c.p.) assume i caratteri della **notizia di reato** (art. 330) allorché p.m. (→ **Soggetti**, art. 51) e p.g. (→ art. 55) non abbiano già acquisito la *notitia criminis* prima del verificarsi di tale condizione. Con l'istanza, in particolare, la persona offesa (→ art. 90 s.) chiede al p.m. di procedere per un **reato commesso all'estero** dal cittadino italiano o dallo straniero nei casi previsti dagli artt. 9 co. 2 e 10 co. 1 c.p.

• Quanto alle **modalità di proposizione**, si osservano le forme della querela (art. 337), inclusi gli adempimenti in capo a p.g. e p.m. in punto di conservazione dell'istanza presentata per iscritto (art. 357 co. 4 e 5) e di redazione del verbale se proposta **oralmente** (artt. 357 co. 2 lett. *a* e 373 co. 1 lett. *a*). Per ufficiali e agenti di p.g. (→ **Soggetti**, art. 57) opera lo specifico **divieto** di **testimonianza indiretta** sul contenuto delle dichiarazioni acquisite – *inter alia* – con le modalità di cui all'**art. 357 co. 2 lett.** ***a*** (→ **Prove**, art. 195 co. 4; Corte cost., **305** del **2008**).

• In relazione all'istanza, valgono le medesime regole stabilite con riguardo alla querela (art. 337) in punto di: inserimento nel **fascicolo per il dibattimento** (art. 431 co. 1 lett. *a*) e **lettura** ai soli fini di accertare l'esistenza della condizione di procedibilità (→ **Giudizio**, art. 511 co. 4); decorrenza del **termine** per lo svolgimento delle indagini (art. 405 co. 3), fermo *medio tempore* il compimento di taluni atti di indagine e di assunzione anticipata della prova *ex* art. 392 (art. 346); conseguenze se la prescritta istanza manca (né può sopravvenire: art. 346) [nel corso delle indagini preliminari, **archiviazione** della notizia di reato (art. 411); in ogni stato e grado del processo, declaratoria d'ufficio con sentenza (→ **Atti**, art. 129 co. 1); in udienza preliminare (art. 418 s.), **sentenza di non luogo a procedere** (art. 425 co. 1), e, nel predibattimento (→ **Giudizio**, art. 469 co. 1) e nel dibattimento (→ art. 529 co. 1), **sentenza di non doversi procedere**, perché «**l'azione penale non doveva essere iniziata**»; nel giudizio d'**appello** (→ **Impugnazioni**, art. 593 s.), rinnovazione del dibattimento e decisione nel merito, se erronea la pronuncia di primo grado di improcedibilità (→ art. 604 co. 6); nel giudizio di **cassazione** (→ art. 606 s.), sentenza di annullamento senza rinvio se l'azione penale non doveva essere iniziata (→ art. 620 co. 1 lett. *a*)]; assenza di preclusione all'esercizio dell'azione penale per il medesimo fatto nei confronti della stessa persona se è in seguito proposta l'istanza (art. 345), in **deroga** al principio del ***ne bis in idem*** (→ **Esecuzione**, art. 649 co. 1); per chi ha proposto l'istanza, **incompatibilità** con l'esercizio dell'ufficio di giudice nel medesimo procedimento (→ **Soggetti**, art. 34) e **non** operatività della facoltà di **astenersi dal deporre** come testimone riconosciuta ai prossimi congiunti dell'imputato (→ **Prove**, art. 199).

342. Richiesta di procedimento.

1. La richiesta di procedimento è presentata al pubblico ministero con atto sottoscritto dall'autorità competente.

• Inserita tra le **condizioni di procedibilità** – quando non sono necessarie, l'azione penale è esercitata d'ufficio (→ **Soggetti**, art. 50 co. 2) – la richiesta (→ artt. 127-129 c.p.) assume i caratteri della **notizia di reato** (art. 330) allorché p.m. (→ **Soggetti**, art. 51) e p.g. (→ art. 55) non abbiano già acquisito la *notitia criminis* prima del verificarsi di tale condizione. Con la richiesta, in particolare, un'autorità pubblica – di regola, il **Ministro della giustizia** – chiede al p.m. di procedere per determinati reati (→ artt. 7-11 e 313 c.p.).

• In relazione alla richiesta, valgono le medesime regole stabilite con riguardo alla querela (art. 337) in punto di: inserimento nel **fascicolo per il dibattimento** quale atto relativo alla procedibilità dell'azione penale (art. 431 co. 1 lett. *a*); decorrenza del **termine** per lo svolgimento delle indagini (art. 405 co. 3), fermo *medio tempore* il compimento di taluni atti di indagine e di assunzione anticipata della prova *ex* art. 392 (art. 346); conseguenze se la prescritta richiesta manca (né può sopravvenire: art. 346) [nel corso delle indagini preliminari, **archiviazione** della notizia di reato (art. 411); in ogni stato e grado del processo, declaratoria d'ufficio con sentenza (→ **Atti**, art. 129 co. 1); in udienza preliminare (art. 418 s.), **sentenza di non luogo a procedere** (art. 425 co. 1), e, nel predibattimento (→ **Giudizio**, art. 469 co. 1) e nel dibattimento (→ art. 529 co. 1), **sentenza di non doversi procedere**, perché «**l'azione penale non doveva essere iniziata**»; nel giudizio d'**appello** (→ **Impugnazioni**, art. 593 s.), rinnovazione del dibattimento e decisione nel merito, se erronea la pronuncia di primo grado di improcedibilità (→ art. 604 co. 6); nel giudizio di **cassazione** (→ art. 606 s.), sentenza di annullamento senza rinvio se l'azione penale non doveva essere iniziata (→ art. 620 co. 1 lett. *a*)]; assenza di preclusione all'esercizio dell'azione penale per il medesimo fatto nei confronti della stessa persona se in seguito è proposta la richiesta (art. 345), in **deroga** al principio del ***ne bis in idem*** (→

Esecuzione, art. 649 co. 1); per chi ha proposto la richiesta, **incompatibilità** con l'esercizio dell'ufficio di giudice nel medesimo procedimento (→ **Soggetti**, art. 34).

343. Autorizzazione a procedere.

1. Qualora sia prevista l'autorizzazione a procedere, il pubblico ministero ne fa richiesta a norma dell'articolo 344.

2. Fino a quando non sia stata concessa l'autorizzazione, è fatto divieto di disporre il fermo o misure cautelari personali nei confronti della persona rispetto alla quale è prevista l'autorizzazione medesima nonché di sottoporla a perquisizione personale o domiciliare, a ispezione personale, a ricognizione, a individuazione, a confronto, a intercettazione di conversazioni o di comunicazioni. Si può procedere all'interrogatorio solo se l'interessato lo richiede.

3. Gli atti previsti dal comma 2 sono consentiti, anche prima della richiesta di autorizzazione, quando la persona è colta nella flagranza di uno dei delitti indicati nell'articolo 380, commi 1 e 2. Tuttavia, quando l'autorizzazione a procedere o l'autorizzazione al compimento di determinati atti sono prescritte da disposizioni della Costituzione o di leggi costituzionali, si applicano tali disposizioni, nonché, in quanto compatibili con esse, quelle di cui agli articoli 344, 345 e 346.

4. Gli atti compiuti in violazione di quanto stabilito nei commi 2 e 3 non possono essere utilizzati.

5. L'autorizzazione a procedere, una volta concessa, non può essere revocata.

Il co. 3 è stato così modificato dalla l. 20.6.2003, n. 140.

• Inserita tra le **condizioni di procedibilità** – quando non sono necessarie, l'azione penale è esercitata d'ufficio (→ **Soggetti**, art. 50 co. 2) – l'autorizzazione a procedere (→ art. 313 c.p.) **non** assume i caratteri della **notizia di reato** (art. 330), poiché presuppone che p.m. (→ **Soggetti**, art. 51) e p.g. (→ art. 55) abbiano già acquisito la *notitia criminis* prima del verificarsi di tale condizione. L'autorizzazione a procedere, in particolare, è la condizione di procedibilità richiesta (dal p.m.: art. 344) a talune specifiche autorità, **per esercitare l'azione penale** (art. 405 co. 1) nei confronti di determinati soggetti. In particolare: del **Presidente del Consiglio dei ministri** o di un **ministro**, per reati commessi nell'esercizio delle funzioni (c.d. reati ministeriali *ex* art. 96 **Cost.**), con autorizzazione concessa dalla Camera o dal Senato; di un **giudice ordinario** o **aggregato** della **Corte costituzionale**, con autorizzazione concessa dalla Corte costituzionale; dell'autore dei **delitti contro la personalità dello Stato** previsti dall'art. 313 co. 1-3 c.p., con autorizzazione concessa dal ministro della giustizia; dell'autore del delitto di **vilipendio** ai danni delle Assemblee legislative o di una di queste *ex* art. 313 co. 3 c.p., con autorizzazione concessa dall'Assemblea vilipesa. Diverse dalle autorizzazioni a procedere sono le **autorizzazioni *ad acta***, che condizionano l'adozione di taluni provvedimenti coercitivi nei confronti di determinati soggetti sottoposti a procedimento penale [in particolare, l'autorizzazione richiesta alla Camera di appartenenza dei membri del Parlamento (→ **Cost.**, art. 68) per sottoporli a perquisizione personale (→ **Prove**, art. 249) o domiciliare (→ art. 251); per arrestarli o privarli altrimenti della libertà personale, o mantenerli in detenzione, salvo che si tratti di dare esecuzione a una sentenza irrevocabile di condanna (→ **Esecuzione**, art. 648 s.) o che il parlamentare sia colto nell'atto di commettere un delitto per il quale è previsto l'arresto obbligatorio in flagranza (art. 380); per sottoporli a intercettazione, in qualsiasi forma, di conversazioni o comunicazioni (→ **Prove**, art. 266 s.) e a sequestro di corrispondenza (→ art. 254)]. L'autorizzazione può rendersi necessaria anche **per l'esecuzione** (→ **Libro X**) di un provvedimento: in tale caso – così come nell'ipotesi in cui la necessità sia sorta nel corso dell'esecuzione – il p.m. ne fa richiesta all'autorità competente e l'esecuzione rimane sospesa fino a quando l'autorizzazione non viene concessa (→ art. 655 co. 4).

• Quando è necessaria l'autorizzazione a procedere, il decorso del **termine** per lo svolgimento delle indagini è sospeso dal momento della richiesta (art. 344) a quello in cui l'autorizzazione perviene al p.m. (art. 405 co. 4). Benché in mancanza di una condizione di procedibilità che può ancora sopravvenire possano essere compiuti taluni atti di indagine e di assunzione anticipata della prova *ex* art. 392 (art. 346), fino a quando non sia stata concessa l'autorizzazione a procedere sono specificamente **vietati** gli atti previsti dall'art. 343 co. 2, a pena di **inutilizzabilità** (→ **Prove**, art. 191; → **Impugnazioni**, art. 606) espressamente prevista dall'art. 343 co. 4. Gli stessi atti sono tuttavia esperibili, *ex* art. 343 co. 3, anche prima della richiesta di autorizzazione se la persona è colta nella flagranza (art. 382) di uno dei delitti per cui è previsto l'arresto obbligatorio ai sensi dell'art. 380 co. 1 e 2.

• In relazione alla autorizzazione a procedere, valgono le medesime regole stabilite con riguardo alla querela (art. 337) in punto di: inserimento nel **fascicolo per il dibattimento** quale atto relativo alla procedibilità dell'azione penale (art. 431 co. 1 lett. *a*); conseguenze se la prescritta autorizzazione a procedere manca (né può sopravvenire: artt. 343 e 346) [nel corso delle indagini preliminari, **archiviazione** della notizia di reato (art. 411); in ogni stato e grado del processo, declaratoria d'ufficio con sentenza (→ **Atti**, art. 129 co. 1); in udienza preliminare (art. 418 s.), **sentenza di non luogo a procedere** (art. 425 co. 1), e, nel predibattimento (→ **Giudizio**, art. 469 co. 1) e nel dibattimento (→ art. 529 co. 1), **sentenza di non doversi procedere**, perché «**l'azione penale non doveva essere iniziata**»; nel giudizio d'**appello** (→ **Impugnazioni**, art. 593 s.), rinnovazione del dibattimento e decisione nel merito, se erronea la pronuncia di primo grado di improcedibilità (→ art. 604 co. 6); nel giudizio di **cassazione** (→ art. 606 s.), sentenza di annullamento senza rinvio se l'azione penale non doveva essere iniziata (→ art. 620 co. 1 lett. *a*)]; assenza di preclusione all'esercizio dell'azione penale per il medesimo fatto nei confronti della stessa persona se in seguito è concessa l'autorizzazione ovvero è venuta meno la condizione personale che rendeva necessaria l'autorizzazione (art. 345), in **deroga** al principio del ***ne bis in idem*** (→ **Esecuzione**, art. 649 co. 1); per chi ha deliberato o ha concorso a deliberare l'autorizzazione a procedere, **incompatibilità** con l'esercizio dell'ufficio di giudice nel medesimo procedimento (→ **Soggetti**, art. 34).

344. Richiesta di autorizzazione a procedere.

1. Il pubblico ministero chiede l'autorizzazione prima di procedere a giudizio direttissimo o di richiedere il giudizio immediato, il rinvio a giudizio, il decreto penale di condanna o di emettere il decreto di citazione a giudizio. La richiesta deve, comunque, essere presentata entro trenta giorni dalla iscrizione nel registro delle notizie di reato del nome della persona per la quale è necessaria l'autorizzazione.

2. Se la persona per la quale è necessaria l'autorizzazione è stata arrestata in flagranza, il pubblico ministero richiede l'autorizzazione a procedere immediatamente e comunque prima della udienza di convalida.

3. Il giudice sospende il processo e il pubblico ministero richiede senza ritardo l'autorizzazione a procedere qualora ne sia sorta la necessità dopo che si è proceduto a giudizio direttissimo ovvero dopo che sono state formulate le richieste previste dalla prima parte del comma 1. Se vi è pericolo nel ritardo, il giudice provvede all'assunzione delle prove richieste dalle parti.

4. Quando si procede nei confronti di più persone per alcune delle quali soltanto è necessaria l'autorizzazione e questa tarda ad essere concessa, si può procedere separatamente contro gli imputati per i quali l'autorizzazione non è necessaria.

Gli originari primi due periodi sono stati così sostituiti, con l'attuale primo periodo del co. 1, dal d. lgs. 19.2.1998, n. 51.

• L'autorizzazione a procedere richiesta senza ritardo dal p.m. (→ **Soggetti**, art. 51) ai sensi dell'art. 344 co. 3, sul presupposto che ne sia sorta la necessità **dopo che si è proceduto** a giudizio direttissimo (→ **Procedimenti speciali**, art. 449 s.) ovvero dopo che sono state formulate le «richieste» previste dalla prima parte dell'art. 344 co. 1 [di giudizio immediato (→ art. 453 s.), di rinvio a giudizio (art. 416), di decreto penale di condanna (→ **Procedimenti speciali**, art. 459)] (c.d. **condizione di proseguibilità dell'azione**), costituisce una **deroga** al principio di irretrattabilità dell'azione penale secondo cui, per l'appunto, l'esercizio dell'azione penale può essere sospeso o interrotto soltanto nei casi espressamente previsti dalla legge (→ **Soggetti**, art. 50 co. 3).

• La sospensione processuale, che deriva dalla situazione indicata nell'art. 344 co. 3, se ordinata nei confronti di uno o più imputati soltanto giustifica la **separazione dei processi** (→ **Soggetti**, art. 18 co. 1 lett. *a*), fermo restando che ai sensi dell'art. 344 co. 4 si può procedere separatamente contro gli imputati per i quali l'autorizzazione non occorre a fronte del **ritardo** nella concessione dell'autorizzazione, necessaria per taluna soltanto delle persone nei confronti delle quali si procede.

• Con la richiesta di autorizzazione a procedere il p.m. enuncia il fatto per il quale intende procedere, indicando le norme di legge che si assumono violate, e fornisce all'autorità competente gli elementi sui quali la richiesta si fonda (→ **Disp. att.**, art. 111).

344 *bis*. Improcedibilità per superamento dei termini di durata massima del giudizio di impugnazione.

1. La mancata definizione del giudizio di appello entro il termine di due anni costituisce causa di improcedibilità dell'azione penale.

2. La mancata definizione del giudizio di cassazione entro il termine di un anno costituisce causa di improcedibilità dell'azione penale.

3. I termini di cui ai commi 1 e 2 del presente articolo decorrono dal novantesimo giorno successivo alla scadenza del termine previsto dall'articolo 544, come eventualmente prorogato ai sensi dell'articolo 154 delle norme di attuazione, di coordinamento e transitorie del presente codice, per il deposito della motivazione della sentenza.

4. Quando il giudizio di impugnazione è particolarmente complesso, in ragione del numero delle parti o delle imputazioni o del numero o della complessità delle questioni di fatto o di diritto da trattare, i termini di cui ai commi 1 e 2 sono prorogati, con ordinanza motivata del giudice che procede, per un periodo non superiore a un anno nel giudizio di appello e a sei mesi nel giudizio di cassazione. Ulteriori proroghe possono essere disposte, per le ragioni e per la durata indicate nel periodo precedente, quando si procede per i delitti commessi per finalità di terrorismo o di eversione dell'ordinamento costituzionale per i quali la legge stabilisce la pena della reclusione non inferiore nel minimo a cinque anni o nel massimo a dieci anni, per i delitti di cui agli articoli 270, terzo comma, 306, secondo comma, 416 *bis*, 416 *ter*, 609 *bis*, nelle ipotesi aggravate di cui all'articolo 609 *ter*, 609 *quater* e 609 *octies* del codice penale, nonché per i delitti aggravati ai sensi dell'articolo 416 *bis*.1, primo comma, del codice penale e per il delitto di cui all'articolo 74 del testo unico delle leggi in materia di disciplina degli stupefacenti e sostanze psicotrope, prevenzione, cura e riabilitazione dei relativi stati di tossicodipendenza, di cui al decreto del Presidente della Repubblica 9 ottobre 1990, n. 309. Nondimeno, quando si procede per i delitti aggravati ai sensi dell'articolo 416 *bis*.1, primo comma, del codice penale, i periodi di proroga non possono superare complessivamente tre anni nel giudizio di appello e un anno e sei mesi nel giudizio di cassazione.

5. Contro l'ordinanza che dispone la proroga del termine previsto dal comma 1, l'imputato e il suo difensore possono proporre ricorso per cassazione, a pena di inammissibilità, entro cinque giorni dalla lettura dell'ordinanza o, in mancanza, dalla sua notificazione. Il ricorso non ha effetto sospensivo. La Corte di cassazione decide entro trenta giorni dalla ricezione degli atti osservando le forme previste dall'articolo 611. Quando la Corte di cassazione rigetta o dichiara inammissibile il ricorso, la questione non può essere riproposta con l'impugnazione della sentenza.

6. I termini di cui ai commi 1 e 2 sono sospesi, con effetto per tutti gli imputati nei cui confronti si sta procedendo, nei casi previsti dall'articolo 159, primo comma, del codice penale e, nel giudizio di appello, anche per il tempo occorrente per la rinnovazione dell'istruzione dibattimentale. In caso di sospensione per la rinnovazione dell'istruzione dibattimentale, il periodo di sospensione tra un'udienza e quella successiva non può comunque eccedere sessanta giorni. Quando è necessario procedere a nuove ricerche dell'imputato, ai sensi dell'art. 159 del presente codice, per la notificazione del decreto di citazione per il giudizio di appello o degli avvisi

di cui all'articolo 613, comma 4, i termini di cui ai commi 1 e 2 del presente articolo sono altresì sospesi, con effetto per tutti gli imputati nei cui confronti si sta procedendo, tra la data in cui l'autorità giudiziaria dispone le nuove ricerche e la data in cui la notificazione è effettuata.

7. La declaratoria di improcedibilità non ha luogo quando l'imputato chiede la prosecuzione del processo.

8. Fermo restando quanto previsto dall'articolo 624, le disposizioni di cui ai commi 1, 4, 5, 6 e 7 del presente articolo si applicano anche nel giudizio conseguente all'annullamento della sentenza con rinvio al giudice competente per l'appello. In questo caso, il termine di durata massima del processo decorre dal novantesimo giorno successivo alla scadenza del termine previsto dall'articolo 617.

9. Le disposizioni del presente articolo non si applicano nei procedimenti per i delitti puniti con l'ergastolo, anche come effetto dell'applicazione di circostanze aggravanti.

Articolo inserito dalla l. 27.9.2021, n. 134. A norma dell'art. 2 co. 3 della medesima legge la disposizione si applica ai soli procedimenti di impugnazione che hanno a oggetto reati commessi a far data dall'1.1.2020. Tuttavia, l'art. 2 co. 4 l. 27.9.2021, n. 134 stabilisce che «per i procedimenti di cui al comma 3 nei quali, alla data di entrata in vigore della presente legge, siano già pervenuti al giudice dell'appello o alla Corte di cassazione gli atti trasmessi ai sensi dell'articolo 590 del codice di procedura penale, i termini di cui ai commi 1 e 2 dell'articolo 344 *bis* del codice di procedura penale decorrono dalla data di entrata in vigore della presente legge»; la stessa legge, all'art. 2 co. 5, ha altresì disposto che «nei procedimenti di cui al comma 3 nei quali l'impugnazione è proposta entro la data del 31 dicembre 2024, i termini previsti dai commi 1 e 2 dell'articolo 344 *bis* del codice di procedura penale sono, rispettivamente, di tre anni per il giudizio di appello e di un anno e sei mesi per il giudizio di cassazione. Gli stessi termini si applicano nei giudizi conseguenti ad annullamento con rinvio pronunciato prima del 31 dicembre 2024. In caso di pluralità di impugnazioni, si fa riferimento all'atto di impugnazione proposto per primo».

• La norma introduce uno strumento rivolto a contenere i tempi del processo penale, tramite un intervento limitato ai giudizi di impugnazione. L'improcedibilità per superamento dei termini massimi dei giudizi di appello e cassazione opera come una sorta di **"prescrizione processuale"** (per la prescrizione "sostanziale" → art. 157 c.p.), che dovrebbe avere un effetto acceleratorio nei giudizi in fase di gravame (→ **Impugnazioni**, art. 568 s.). La stessa disciplina si applica anche al giudizio di appello che si celebri a seguito di annullamento con rinvio da parte della Corte di cassazione. È espressamente esclusa l'applicazione dell'istituto dell'improcedibilità per i delitti puniti con la pena dell'ergastolo (→ art. 22 c.p.), anche se come effetto dell'applicazione di circostanze aggravanti speciali (→ artt. 576 e 577 c.p.).

• Nel rispetto della presunzione di innocenza (→ **Cost.**, art. 27 co. 2), l'imputato può sempre **chiedere la prosecuzione del processo**, inibendo così la dichiarazione di improcedibilità. Similmente alla prescrizione "sostanziale" (→ art. 157 c.p.), pertanto, è sempre prevista la possibilità dell'imputato di ottenere la prosecuzione del processo al fine di ottenere una sentenza a lui favorevole.

• L'improcedibilità è stabilita con termini differenti rispetto ai due giudizi, in ragione della tipologia e durata degli stessi: **due anni per l'appello** (→ **Impugnazioni**, art. 593 s.), **un anno per il giudizio dinnanzi alla Corte di cassazione** (→ art. 606 s.). Più articolato risulta essere il calcolo del *dies a quo* [*i.e.* la data di inizio della decorrenza di un termine (→ **Atti**, art. 172 s.)], poiché si tratta di un **riferimento temporale "dinamico"**, derivante dal momento in cui verrà depositata la motivazione della sentenza oggetto di impugnazione (→ **Giudizio**, art. 544; → **Disp. att.**, art. 154). Più precisamente il termine di due anni per il giudizio di appello e di un anno per quello di cassazione inizieranno a decorrere trascorsi novanta giorni dalla scadenza termine per depositare la motivazione [in riferimento al giudizio di appello a seguito dell'annullamento stabilito dalla Corte di cassazione il termine decorre dalla scadenza dei termini stabiliti per il deposito della motivazione di cui all'art. 617 (→ **Impugnazioni**)].

• I termini il cui decorso genera l'improcedibilità dell'azione penale (→ **Soggetti**, art. 50) possono essere **prorogati** nelle ipotesi tassativamente indicate dalla norma, purché le dilazioni non superino nel complesso i tre anni nel giudizio di appello e un anno e sei mesi in quello di cassazione. La decisione in ordine alla proroga spetta al giudice procedente, con ordinanza motivata (→ **Atti**, art. 125). La norma fa riferimento a situazioni che richiedono una dilazione temporale perché il **giudizio di impugnazione è particolarmente complesso** per il numero di parti presenti, per i diversi capi di imputazione o, ancora, poiché le questioni di fatto o di diritto sono particolarmente complesse. Le ulteriori – ed eventuali – proroghe sono ancorate a un requisito oggettivo, inerente **la gravità della fattispecie delittuosa** per la quale si procede.

• L'ordinanza motivata che decide in ordine alla proroga dei termini per la maturazione dell'improcedibilità ha **contenuto valutativo** e contro la stessa l'imputato e il suo difensore possono **proporre ricorso per cassazione**, entro cinque giorni dalla lettura dell'ordinanza o, in mancanza, dalla sua notificazione. Il termine è previsto a pena di inammissibilità. **Il ricorso non ha effetto sospensivo** – come dire che il giudizio prosegue in attesa che la Corte di cassazione decida sullo stesso – e deve essere definito, in camera di consiglio (→ **Impugnazioni**, art. 611), entro **trenta giorni** dalla ricezione degli atti.

• La decorrenza temporale è interrotta in presenza delle cause di **sospensione dei termini prescrizionali** (→ art. 159 c.p.) nonché, nel giudizio di appello, durante il tempo necessario per la **rinnovazione dell'istruzione dibattimentale** per un termine non eccedente, tra un'udienza e l'altra, i sessanta giorni. La sospensione è inoltre prevista durante il periodo necessario alle nuove ricerche degli **imputati irreperibili** (→ **Atti**, art. 159) e quello necessario per le notifiche agli imputati sprovvisti di un difensore di fiducia (→ **Impugnazioni**, art. 613 co. 4). Nel lasso temporale intercorrente tra il periodo in cui l'autorità dispone le nuove ricerche e quello nel quale le notificazioni sono effettuate, la sospensione del termine per le dichiarazioni di improcedibilità opera per tutti gli imputati nei cui confronti si stia procedendo in un procedimento riunito (→ **Soggetti**, art. 17).

345. Difetto di una condizione di procedibilità. Riproponibilità dell'azione penale.

1. Il provvedimento di archiviazione e la sentenza di proscioglimento o di non luogo a procedere, anche se non più soggetta a impugnazione, con i quali è stata dichiarata la mancanza della querela, della istanza, della richiesta o dell'autorizzazione a procedere, non impediscono l'esercizio dell'azione penale per il medesimo fatto e contro la medesima persona se è in seguito proposta la querela, l'istanza, la richiesta o è concessa l'autorizzazione ovvero se è venuta meno la condizione personale che rendeva necessaria l'autorizzazione.

2. La stessa disposizione si applica quando il giudice accerta la mancanza di una condizione di procedibilità diversa da quelle indicate nel comma 1, nonché quando, dopo che è stata pronunciata sentenza di non luogo a procedere o di non doversi procedere a norma dell'articolo 72 *bis*, lo stato di incapacità dell'imputato viene meno o si accerta che è stato erroneamente dichiarato.

Il co. 2 è stato così interpolato dalla l. 23.6.2017, n. 103.

• Se sopravvengono le condizioni di procedibilità **tipiche** indicate nell'art. 345 co. 1 [querela (art. 336), istanza (art. 341), richiesta (art. 342) e autorizzazione a procedere (art. 343)] o **diverse** da quelle di cui al **co. 1**, nonché quando lo stato irreversibile di incapacità dell'imputato di partecipare al procedimento (→ **Soggetti**, art. 72 *bis*) viene meno o si accerta che è stato erroneamente dichiarato, ai sensi dell'art. 345 non opera il **divieto di secondo giudizio** per il medesimo fatto nei confronti della stessa persona (c.d. principio del *ne bis in idem*) (→ **Esecuzione**, art. 649) malgrado siano stati pronunciati, a seconda dei casi, provvedimento di archiviazione (art. 411), sentenza di non luogo a procedere (art. 425) o sentenza di proscioglimento (→ **Giudizio**, art. 529) per mancanza della condizione di procedibilità.

346. Atti compiuti in mancanza di una condizione di procedibilità.

1. Fermo quanto disposto dall'articolo 343, in mancanza di una condizione di procedibilità che può ancora sopravvenire, possono essere compiuti gli atti di indagine preliminare necessari ad assicurare le fonti di prova e, quando vi è pericolo nel ritardo, possono essere assunte le prove previste dall'articolo 392.

• La norma ha la funzione di assicurare le fonti di prova, permettendo così lo svolgimento di attività investigativa pur in mancanza di una condizione di procedibilità (art. 336 s.) e purché la stessa possa ancora sopravvenire, per non disperdere elementi che potrebbero essere necessari per un futuro procedimento. Appartiene alle **funzioni** della **p.g.** (→ **Soggetti**, art. 55): si tratta di attività che ufficiali e agenti (→ art. 57) devono compiere anche di propria iniziativa e, altresì, dopo la comunicazione al p.m. (→ art. 51) della notizia di reato (art. 347), allo scopo di raccogliere ogni elemento utile alla ricostruzione del fatto e alla individuazione del colpevole (art. 348). Similmente a quanto previsto circa i tempi per la comunicazione della *notitia criminis* al magistrato inquirente (art. 347), la p.g. **riferisce** senza ritardo al p.m. l'attività compiuta ai sensi dell'art. 346, ovvero immediatamente anche in forma orale se sussistono ragioni di urgenza o si tratta di uno dei delitti *ex* art. 407 co. 2 lett. a, n. 1-6, comunque con dovere di trasmettere al magistrato la documentazione delle attività compiute se questi ne fa richiesta (→ **Disp. att.**, art. 112).

• Durante le indagini preliminari (art. 326 s.), l'assunzione anticipata delle prove previste dall'art. 392 avviene secondo le modalità stabilite per l'**incidente probatorio** (art. 393 s.).

• Fino a quando non sia stata concessa l'**autorizzazione a procedere**, oltre ai limiti generali fissati dall'art. 346 in relazione alla mancanza di una qualsiasi delle condizioni di procedibilità (art. 336 s.), nei confronti della persona rispetto alla quale è prevista l'autorizzazione medesima sono specificamente **vietati** gli atti previsti dall'art. 343 co. 2 [fermo (art. 384), misure cautelari personali (→ **Misure cautelari**, art. 280 s.), perquisizione personale (→ **Prove**, art. 249) o domiciliare (→ art. 251), ispezione personale (→ art. 245), ricognizione (→ art. 213), individuazione (→ **Indagini e udienza preliminare**, art. 361), confronto (→ **Prove**, 211), intercettazione (→ art. 266), fatto salvo l'interrogatorio (→ **Soggetti**, artt. 64 e 65) solo se lo richiede l'interessato (art. 374)], a pena di **inutilizzabilità** (→ **Prove**, art. 191; → **Impugnazioni**, art. 606) espressamente prevista dall'art. 343 co. 4. Gli stessi atti, tuttavia, sono esperibili anche prima della richiesta di autorizzazione (art. 343 co. 3), se la persona è colta nella flagranza (art. 382) di uno dei delitti per cui è previsto l'arresto obbligatorio ai sensi dell'art. 380 co. 1 e 2.

• In generale, le prove assunte in violazione dei divieti stabiliti dalla legge non possono essere utilizzate (→ **Prove**, art. 191; → **Impugnazioni**, art. 606).

• Nel corso delle indagini preliminari, quando è prescritta una condizione di procedibilità e questa manca né può sopravvenire, il p.m. deve chiedere al g.i.p. (art. 328) l'**archiviazione** della notizia di reato (art. 411).

Titolo IV
ATTIVITÀ A INIZIATIVA DELLA POLIZIA GIUDIZIARIA

347. Obbligo di riferire la notizia del reato.

1. Acquisita la notizia di reato, la polizia giudiziaria, senza ritardo, riferisce al pubblico ministero, per iscritto, gli elementi essenziali del fatto e gli altri elementi sino ad allora raccolti, indicando le fonti di prova e le attività compiute, delle quali trasmette la relativa documentazione.

2. Comunica, inoltre, quando è possibile, le generalità, il domicilio e quanto altro valga alla identificazione della persona nei cui confronti vengono svolte le indagini, della persona offesa e di coloro che siano in grado di riferire su circostanze rilevanti per la ricostruzione dei fatti.

2 *bis*. Qualora siano stati compiuti atti per i quali è prevista l'assistenza del difensore della persona nei cui confronti vengono svolte le indagini, la comunicazione della notizia di reato è trasmessa al più tardi entro quarantotto ore dal compimento dell'atto, salve le disposizioni di legge che prevedono termini particolari.

3. Se si tratta di taluno dei delitti indicati nell'articolo 407, comma 2, lettera *a*), numeri da 1) a 6), del presente codice, o di uno dei delitti previsti dagli articoli 572, 609 *bis*, 609 *ter*, 609 *quater*, 609 *quinquies*, 609 *octies*, 612 *bis* e 612 *ter* del codice penale, ovvero dagli articoli 582 e 583 *quinquies* del codice penale nelle ipotesi aggravate ai sensi degli articoli 576, primo comma, numeri 2, 5 e 5.1, e 577, primo comma, numero 1, e secondo comma, del medesimo codice

penale, e, in ogni caso, quando sussistono ragioni di urgenza, la comunicazione della notizia di reato è data immediatamente anche in forma orale. Alla comunicazione orale deve seguire senza ritardo quella scritta con le indicazioni e la documentazione previste dai commi 1 e 2.

4. Con la comunicazione, la polizia giudiziaria indica il giorno e l'ora in cui ha acquisito la notizia.

Il d.l. 8.6.1992, n. 306, conv., con modif., dalla l. 7.8.1992, n. 356, ha così sostituito il co. 1, inserito il co. 2 *bis* e modificato il primo periodo del co. 3, che è stato poi così sostituito dalla l. 8.8.1995, n. 332. Il co. 3 è stato da ultimo modificato dalla l. 19.7.2019, n. 69 (c.d. Codice Rosso).

• In accoglimento del ricorso per conflitto di attribuzione tra poteri dello Stato, proposto dal procuratore di Bari nei confronti del Governo, la Corte costituzionale ha **annullato** la disposizione di cui all'art. 18 d. lgs. 19.8.2016, n. 177, laddove prevede che «il capo della polizia direttore generale della pubblica sicurezza e i vertici delle altre Forze di polizia adottano apposite istruzioni attraverso cui i responsabili di ciascun presidio di polizia interessato **trasmettono alla propria scala gerarchica** le notizie relative all'inoltro delle informative di reato all'autorità giudiziaria, indipendentemente dagli obblighi prescritti dalle norme del codice di procedura penale», ritenendo tale disposizione lesiva delle attribuzioni costituzionali del p.m. garantite dall'**art. 109 Cost.** in quanto la **deroga al segreto investigativo** mette a rischio le indagini condotte dall'autorità giudiziaria (Corte cost., **229** del **2018**).

• La disciplina della denuncia da parte di pubblici ufficiali e incaricati di un pubblico servizio (artt. 331 e 332) non trova applicazione nei riguardi della p.g. (→ **Soggetti**, art. 55), sottoposta al dovere specifico di **riferire al p.m.** (→ art. 51) la notizia di reato appresa o ricevuta (art. 330), secondo forme, tempi e contenuti stabiliti dall'art. 347 [in luogo della comunicazione scritta è ammessa la consegna su supporto magnetico o la trasmissione per via telematica (→ **Disp. att.**, art. 108 *bis*)]. L'indicazione del **giorno** e dell'**ora** in cui la notizia di reato è stata acquisita – nella denuncia, pubblici ufficiali e incaricati di pubblico servizio indicano soltanto il giorno (art. 332) – consente di verificare la tempestività della comunicazione (prescritta «senza ritardo», «entro quarantotto ore» o «immediatamente», nei casi previsti, rispettivamente, dai co. 1, 2 *bis* e 3 dell'art. 347), anche tenuto conto delle **responsabilità** non soltanto per omissione ma, altresì, per ritardo, rilevanti sul piano penale (→ artt. 361 e 363 c.p.) e disciplinare (→ **Disp. att.**, art. 16). La p.g. procede, inoltre, alla **identificazione** (art. 349) della persona nei cui confronti vengono svolte le indagini (→ **Soggetti**, art. 61) e delle persone in grado di riferire circostanze rilevanti per la ricostruzione dei fatti, attività utile anche ai fini della comunicazione, quando possibile, dei relativi dati *ex* art. 347 co. 2.

• L'informativa obbligatoria e tempestiva da parte della p.g. si riconnette al dovere del p.m. di **iscrivere** immediatamente nell'apposito registro ogni notizia di reato, pervenuta o acquisita di propria iniziativa (art. 335). La p.g., peraltro, anche dopo la comunicazione della *notitia criminis* continua a svolgere attività di propria iniziativa (artt. 327 e 348).

• La disposizione di cui al co. 3, per cui la comunicazione della notizia di reato è data **immediatamente** e anche in forma orale, si collega alla previsione per cui il p.m. assume informazioni dalla persona offesa e da chi ha presentato denuncia, querela o istanza nel termine di **tre giorni** dall'iscrizione della notizia di reato (art. 362 co. 1 *ter*) e ai doveri, per la stessa p.g., di procedere **senza ritardo** al compimento degli atti delegati e di porre, sempre senza ritardo, la documentazione dell'attività a disposizione del p.m. (art. 370 co. 2 *bis* e 2 *ter*), con il fine comune di imprimere rapidità alle indagini in ordine ai reati ivi indicati (**Corte edu**, 2.3.2017, Talpis c. Italia).

• Disposizioni normative di carattere speciale (che continuano a trovare applicazione: → **Disp. coord.**, art. 221) prevedono **modalità diverse** da quelle indicate negli artt. 331 e 347 per l'inoltro della denuncia all'autorità giudiziaria ovvero consentono di presentare la denuncia stessa ad altra autorità che a quella abbia l'obbligo di riferire.

• Emesso il decreto che dispone il giudizio (art. 429), la comunicazione della notizia di reato dalla p.g. al p.m. non rientra nel contenuto del fascicolo per il dibattimento (art. 431 co. 1) – fatta salva l'ipotesi di acquisizione concordata (art. 431 co. 2) – e confluisce nel **fascicolo del p.m.** (art. 433).

• Oltre a riferire la notizia di reato *ex* art.

347, la p.g. deve: informare «prontamente» il magistrato inquirente delle attività che svolge di propria iniziativa, **dopo l'intervento del p.m.**, per accertare i reati ovvero richieste da elementi successivamente emersi, assicurando le fonti di prova (art. 348 co. 3: c.d. attività **parallela** di indagine); riferire al p.m. l'attività compiuta *ex* art. 346 in **mancanza di una condizione di procedibilità** (→ **Disp. att.**, art. 112); dare «immediata notizia» al p.m. in caso di c.d. **fermo identificativo** (art. 349 co. 4-6), di **arresto** o di **fermo** (art. 386 co. 1).

348. Assicurazione delle fonti di prova.

1. Anche successivamente alla comunicazione della notizia di reato, la polizia giudiziaria continua a svolgere le funzioni indicate nell'articolo 55 raccogliendo in specie ogni elemento utile alla ricostruzione del fatto e alla individuazione del colpevole.

2. Al fine indicato nel comma 1, procede, fra l'altro:

a) alla ricerca delle cose e delle tracce pertinenti al reato nonché alla conservazione di esse e dello stato dei luoghi;

b) alla ricerca delle persone in grado di riferire su circostanze rilevanti per la ricostruzione dei fatti;

c) al compimento degli atti indicati negli articoli seguenti.

3. Dopo l'intervento del pubblico ministero, la polizia giudiziaria compie gli atti ad essa specificamente delegati a norma dell'articolo 370, esegue le direttive del pubblico ministero ed inoltre svolge di propria iniziativa, informandone prontamente il pubblico ministero, tutte le altre attività di indagine per accertare i reati ovvero richieste da elementi successivamente emersi e assicura le nuove fonti di prova.

4. La polizia giudiziaria, quando, di propria iniziativa o a seguito di delega del pubblico ministero, compie atti od operazioni che richiedono specifiche competenze tecniche, può avvalersi di persone idonee le quali non possono rifiutare la propria opera.

Il d.l. 8.6.1992, n. 306, conv., con modif., dalla l. 7.8.1992, n. 356, ha così sostituito il co. 1 e modificato il co. 3, che è stato poi così sostituito dalla l. 26.3.2001, n. 128.

• Nell'ambito delle proprie attribuzioni, la **p.g.** (→ **Soggetti**, art. 55) svolge le indagini necessarie per le determinazioni inerenti all'esercizio dell'azione penale (art. 326), unitamente al **p.m.** (→ art. 51) che dirige le indagini e dispone direttamente della p.g. (art. 327; → **Cost.**, art. 109). In particolare, a norma del co. 1, anche successivamente alla comunicazione della notizia di reato al p.m. (art. 347), la p.g. continua a svolgere attività di propria iniziativa (art. 327) (c.d. attività **autonoma** di indagine), mentre incontra taluni specifici limiti operativi dopo l'intervento del magistrato inquirente, indicati dall'art. 348 co. 3 (c.d. attività **delegata**, **guidata** ovvero **parallela** di indagine). Ulteriori limiti sono previsti per gli atti compiuti in mancanza di una **condizione di procedibilità** (art. 346), con divieti specifici qualora sia necessaria l'autorizzazione a procedere, fino a quando non sia stata concessa (art. 343). Sul versante **precautelare**, la p.g. procede all'arresto in flagranza [obbligatorio (art. 380) e facoltativo (art. 381)] e al fermo di propria iniziativa (art. 384 co. 2 e 3) – l'allontanamento urgente dalla casa familiare richiede sempre l'autorizzazione del p.m. (art. 384 *bis*) – con il dovere di dare notizia immediata al p.m. del luogo ove l'arresto o il fermo è stato eseguito (art. 386).

• Abilitata dall'art. 348 co. 2 lett. *c* a compiere «tra l'altro» gli atti «indicati negli articoli seguenti» [c.d. attività **tipica** di indagine: attività identificative (art. 349), sommarie informazioni (artt. 350 e 351), perquisizioni (art. 352), acquisizioni di plichi o di corrispondenza (art. 353), accertamenti urgenti e sequestro (art. 354), con dovere, ordinariamente prescritto, di redigere verbale (art. 357)], la p.g. può svolgere investigazioni ulteriori (c.d. attività **atipica** di indagine), fermi i criteri cui la legge subordina l'ammissione delle prove non disciplinate dalla legge (→ **Prove**, art. 189) e fatto salvo il rispetto dei diritti fondamentali la cui limitazione è consentita soltanto con le garanzie della riserva di legge e dell'atto motivato dell'autorità giudiziaria (→ **Cost.**, artt. 13, 14 e 15). Sussistono, poi, taluni atti investigativi **preclusi** alla p.g. [interrogatorio in senso tecnico (→ **Soggetti**, artt. 64 e 65) di propria iniziativa; sommarie informazioni dalla persona arrestata, fermata o allontanata d'urgenza dalla casa familiare (art. 350 co. 1); sequestro e apertura di plichi e corrispondenza (art. 353); ispezione personale (art. 354 co. 3); perquisizioni, ispezioni e sequestri presso gli uffici dei difensori (→ **Soggetti**, art. 103); intercettazioni (→ **Prove**, art. 266 s.)] e altri atti che la legge disciplina come propri del p.m., ma **non riservati** al solo magistrato inquirente [individuazione (art. 361), confronto (art. 364)].

• La legge stabilisce le condizioni in cui la p.g. può **omettere** o **ritardare** atti di propria competenza, eseguire c.d. **operazioni sotto copertura** ovvero **operazioni controllate** per il pagamento del riscatto in relazione ai delitti di cui all'art. 630 c.p. (art. 9 l. 16.3.2006, n. 146, modificato dall'art. 8 l. 13.8.2010, n. 136 nonché, da ultimo, dall'art. 1 co. 8 l. 9.1.2019, n. 3).

• Gli **ausiliari** di cui la p.g. può avvalersi *ex* art. 348 co. 4 possono essere scelti tra le persone iscritte nell'albo dei periti (→ **Disp. att.**, art. 67) – criterio dettato di regola per la scelta del consulente tecnico del p.m. (art. 359; → **Disp. att.**, art. 73) – e sono passibili di responsabilità penale, ricorrendone i presupposti, in ipotesi di rifiuto di prestare la propria opera (→ artt. 328 e 366 c.p.). In particolare, l'ufficiale di p.g. può avvalersi di persone idonee *ex* art. 348 co. 4 per le operazioni di avvio e di cessazione delle registrazioni con captatore informatico su dispositivo elettronico portatile, riguardanti comunicazioni e conversazioni tra presenti (→ **Prove**, art. 268 co. 3 *bis*) nonché per la disattivazione del captatore, al termine delle operazioni, con modalità tali da renderlo inidoneo a successivi impieghi (→ **Disp. att.**, art. 89 co. 5).

349. Identificazione della persona nei cui confronti vengono svolte le indagini e di altre persone.

1. La polizia giudiziaria procede alla identificazione della persona nei cui confronti vengono svolte le indagini e delle persone in grado di riferire su circostanze rilevanti per la ricostruzione dei fatti.

2. Alla identificazione della persona nei cui confronti vengono svolte le indagini può procedersi anche eseguendo, ove occorra, rilievi dattiloscopici, fotografici e antropometrici nonché altri accertamenti. I rilievi di cui al periodo precedente sono sempre eseguiti quando si procede nei confronti di un apolide, di una persona della quale è ignota la cittadinanza, di un cittadino di uno Stato non appartenente all'Unione europea ovvero di un cittadino di uno Stato membro dell'Unione europea privo del codice fiscale o che è attualmente, o è stato in passato, titolare anche della cittadinanza di uno Stato non appartenente all'Unione europea. In tale caso, la polizia giudiziaria trasmette al pubblico ministero copia del cartellino fotodattiloscopico e comunica il codice univoco identificativo della persona nei cui confronti sono svolte le indagini.

2 *bis*. Se gli accertamenti indicati dal comma 2 comportano il prelievo di capelli o saliva e manca il consenso dell'interessato, la polizia giudiziaria procede al prelievo coattivo nel rispetto della dignità personale del soggetto, previa autorizzazione scritta, oppure resa oralmente e confermata per iscritto, del pubblico ministero.

3. Quando procede alla identificazione, la polizia giudiziaria invita la persona nei cui confronti vengono svolte le indagini a dichiarare o a eleggere il domicilio per le notificazioni a norma dell'articolo 161, nonché ad indicare il recapito della casa di abitazione, del luogo in cui esercita abitualmente l'attività lavorativa e dei luoghi in cu ha temporanea dimora o domicilio, oltre che ad indicare i recapiti telefonici o gli indirizzi di posta elettronica nella sua disponibilità. Osserva inoltre le disposizioni dell'articolo 66.

4. Se taluna delle persone indicate nel comma 1 rifiuta di farsi identificare ovvero fornisce generalità o documenti di identificazione in relazione ai quali sussistono sufficienti elementi per ritenerne la falsità, la polizia giudiziaria la accompagna nei propri uffici e ivi la trattiene per il tempo strettamente necessario per la identificazione e comunque non oltre le dodici ore ovvero, previo avviso anche orale al pubblico ministero, non oltre le ventiquattro ore, nel caso che l'identificazione risulti particolarmente complessa oppure occorra l'assistenza dell'autorità consolare o di un interprete ed in tal caso con facoltà per il soggetto di chiedere di avvisare un familiare o un convivente.

5. Dell'accompagnamento e dell'ora in cui questo è stato compiuto è data immediata notizia al pubblico ministero il quale, se ritiene che non ricorrono le condizioni previste dal comma 4, ordina il rilascio della persona accompagnata.

6. Al pubblico ministero è data altresì notizia del rilascio della persona accompagnata e dell'ora in cui esso è avvenuto.

Il d.l. 27.7.2005, n. 144, conv., con modif., dalla l. 31.7.2005, n. 155, ha aggiunto il co. 2 *bis* e così modificato il co. 4. Il secondo e il terzo periodo del co. 2 sono stati aggiunti dalla l. 27.9.2021, n. 134. Il primo periodo del co. 3 è stato integrato dal d. lgs. 10.10.2022, n. 150.

• Espressione di attività **tipica** di indagine della p.g. (→ **Soggetti**, art. 55; art. 348 co. 2 lett. *c*), l'identificazione è diretta ad **accertare l'identità** della persona sottoposta alle indagini (→ art. 61) e delle persone in grado di riferire circostanze rilevanti per la ricostruzione dei fatti, tutte passibili di responsabilità penali in caso di rifiuto (→ art. 651 c.p.) o di false dichiarazioni (→ artt. 495 e 496 c.p.). Di tali persone, oltre che dell'offeso dal reato (→ **Soggetti**, art. 90), la p.g., ove possibile, all'atto di riferire la notizia di reato al p.m. (→ art. 51; art. 347), comunica generalità, domicilio e ogni altro elemento identificativo (art. 347 co. 2). L'identificazione si distingue dall'individuazione (art. 361), atto investigativo con finalità ricognitiva.

• Alla sola **identificazione dell'indagato** sono dedicate le modalità operative *ex* **art. 349 co. 2** che prevedono, ove occorra, l'esecuzione di rilievi (dattiloscopici, fotografici e antropometrici) nonché altri accertamenti, con il limite degli atti invasivi della libertà personale (→ **Cost.**, art. 13 co. 2). Il **prelievo coattivo** di campioni biologici (capelli e saliva), che la p.g. può eseguire a scopo identificativo previa autorizzazione del p.m. *ex* **art. 349 co. 2 *bis***, qualora sia svolto nel contesto delle attività investigative del magistrato inquirente [art. 359 *bis*, che rinvia alle operazioni oggetto della **perizia c.d. coattiva** (→ **Prove**, art. 224 *bis*: atti idonei ad incidere sulla libertà personale, quali il prelievo di capelli, di peli o di mucosa del cavo orale su persone viventi ai fini della determinazione del profilo del DNA o accertamenti medici)] richiede l'autorizzazione del g.i.p. (art. 328), fatti salvi i casi di urgenza e ferma la successiva convalida.

• Le dichiarazioni sulle proprie **generalità *ex* art. 66 co. 1**, richieste dalla p.g. alla persona nei cui confronti vengono svolte le indagini (con il corredo di notizie *ex* art. 21 **Disp. att.**) nel corso dell'identificazione ai sensi dell'**art. 349 co. 3** [che all'uopo richiama le disposizioni sulla verifica dell'identità personale dell'imputato (→ **Soggetti**, art. 66) nonché l'invito a dichiarare o eleggere il domicilio per le notificazioni (→ **Atti**, art. 161)], esulano dall'esercizio della facoltà di non rispondere nel corso dell'interrogatorio della persona sottoposta alle indagini (→ **Soggetti**, art. 64). L'invito, in particolare, a indicare i recapiti telefonici e gli indirizzi di posta elettronica nella sua disponibilità, risulta funzionale al rintraccio dell'indagato o dell'imputato (per le comunicazioni di cortesia o per le interlocuzioni con il difensore) ed è, pertanto, da tenere distinto rispetto alla facoltà del prevenuto di indicare un indirizzo di posta elettronica certificata o altro servizio elettronico di recapito certificato qualificato ai fini della dichiarazione o elezione di domicilio (→ **Atti**, art. 161).

• Il c.d. **fermo identificativo** *ex* **art. 349 co. 4-6** si distingue nettamente dal **fermo di indiziato di delitto** (art. 384): sia per la **finalità** [identificativa, non pre-cautelare], sia per i **destinatari** [persona nei cui confronti vengono svolte indagini e persone in grado di riferire su circostanze utili per la ricostruzione dei fatti, non «persona gravemente indiziata di un delitto» (art. 384 co. 1)], sia per i **presupposti** [rifiuto di farsi identificare o generalità e documenti di identificazione per cui sussistono sufficienti elementi per ritenerne la falsità, non «pericolo di fuga» (art. 384 co. 1)] sia, infine, per gli **adempimenti esecutivi** [nel solo caso di trattenimento sino alle ventiquattro ore, avviso anche orale al p.m. e facoltà per il soggetto di chiedere di avvisare un familiare o un convivente, in luogo dei doveri più stringenti cui la p.g. è tenuta quando esegue il fermo di indiziato di delitto (art. 386 s.)]. Ciò posto, l'impossibilità di identificare l'indiziato figura espressamente tra gli «specifici elementi», sulla base dei quali è possibile ritenere fondato il pericolo di fuga che legittima il **fermo di indiziato di delitto** (art. 384 co. 1).

• Il personale di custodia con qualifica di

ufficiale o di agente di p.g. (→ **Soggetti**, art. 57) trattiene a norma dell'art. 349 la persona che si presenta nell'**istituto penitenziario** dichiarando di avere commesso un reato per cui è obbligatorio l'arresto in flagranza (art. 380), redige verbale e ne dà notizia immediata all'autorità giudiziaria competente (→ **Disp. att.**, art. 94 co. 2).

• Delle operazioni e degli accertamenti previsti dall'art. 349, la p.g. redige **verbale** (art. 357 co. 2 lett. *e*): conservato nell'apposito fascicolo presso l'ufficio del p.m. nel corso delle indagini preliminari (art. 373 co. 5), dopo il decreto che dispone il giudizio (art. 429) il verbale è destinato a confluire nel fascicolo del p.m. (art. 433), fatta salva l'acquisizione al fascicolo per il dibattimento in presenza dei relativi presupposti (art. 431; → **Giudizio**, artt. 493 co. 3 e 507 co. 1 *bis*).

350. Sommarie informazioni dalla persona nei cui confronti vengono svolte le indagini.

1. Gli ufficiali di polizia giudiziaria assumono, con le modalità previste dall'articolo 64, sommarie informazioni utili per le investigazioni dalla persona nei cui confronti vengono svolte le indagini che non si trovi in stato di arresto o di fermo a norma dell'articolo 384, e nei casi di cui all'articolo 384 *bis*.

2. Prima di assumere le sommarie informazioni, la polizia giudiziaria invita la persona nei cui confronti vengono svolte le indagini a nominare un difensore di fiducia e, in difetto, provvede a norma dell'articolo 97, comma 3.

3. Le sommarie informazioni sono assunte con la necessaria assistenza del difensore, al quale la polizia giudiziaria dà tempestivo avviso. Il difensore ha l'obbligo di presenziare al compimento dell'atto.

4. Se il difensore non è stato reperito o non è comparso, la polizia giudiziaria richiede al pubblico ministero di provvedere a norma dell'articolo 97, comma 4.

4 *bis*. Quando la persona sottoposta alle indagini e il difensore vi consentono, il pubblico ministero, su richiesta della polizia giudiziaria, può autorizzare lo svolgimento dell'atto a distanza. Si osservano, in quanto compatibili, le disposizioni dell'articolo 133 *ter*.

5. Sul luogo o nell'immediatezza del fatto, gli ufficiali di polizia giudiziaria possono, anche senza la presenza del difensore, assumere dalla persona nei cui confronti vengono svolte le indagini, anche se arrestata in flagranza o fermata a norma dell'articolo 384, notizie e indicazioni utili ai fini della immediata prosecuzione delle indagini.

6. Delle notizie e delle indicazioni assunte senza l'assistenza del difensore sul luogo o nell'immediatezza del fatto a norma del comma 5 è vietata ogni documentazione e utilizzazione.

7. La polizia giudiziaria può altresì ricevere dichiarazioni spontanee dalla persona nei cui confronti vengono svolte le indagini, ma di esse non è consentita la utilizzazione nel dibattimento, salvo quanto previsto dall'articolo 503, comma 3.

Il co. 1 è stato così modificato dal d.l. 14.8.2013, n. 93, conv., con modif., dalla l. 15.10.2013, n. 119. Il co. 7, dapprima dichiarato incostituzionale limitatamente all'inciso «salvo quanto previsto dall'articolo 503 comma 3» (Corte cost., 259 del 1991), è stato così sostituito dal d.l. 8.6.1992, n. 306, conv., con modif., dalla l. 7.8.1992, n. 356. Il co. 4 *bis* è stato inserito dal d. lgs. 10.10.2022, n. 155.

• Sotto l'unitaria rubrica «Sommarie informazioni dalla persona nei cui confronti vengono svolte le indagini», la norma contempla tre forme distinte in cui si esprime una **tipica** attività di indagine **a iniziativa** della p.g. (→ **Soggetti**, art. 55; art. 348 co. 2 lett. *c*): l'assunzione delle «sommarie informazioni» *ex* **art. 350 co. 1-4 *bis***; l'assunzione delle «notizie e indicazioni utili» rese sul luogo o nell'immediatezza del fatto *ex* art. **350 co. 5-6**; l'assunzione delle «dichiarazioni spontanee» *ex* art. **350 co. 7**, unica ipotesi, quest'ultima, che non è specificamente riservata agli ufficiali di p.g. (→ art. 57).

• In aggiunta ai casi regolati dall'art. 350, il contatto tra organi di polizia e persona sottoposta alle indagini (→ art. 61) si realizza anche nel contesto dell'**interrogatorio delegato** dal p.m. (art. 370).

• Le sommarie informazioni *ex* art. 350 co. 1-4 *bis* (c.d. "quasi-interrogatorio") sono assunte nel rispetto delle garanzie stabilite dall'art. 64 (→ **Soggetti**), ma non è prevista la contestazione del fatto (→ art. 65). Su richiesta della p.g., con il consenso della persona sottoposta alle indagini e del difensore, il p.m. può autorizzare lo svolgimento dell'atto a distanza, secondo le disposizioni dell'art. 133 *ter* (→ **Atti**), in quanto compatibili.

• L'assenza del **difensore**, la cui presenza è prescritta come obbligatoria alla sola assunzione di informazioni *ex* art. 350 co. 1-4 *bis*, è riconducibile alle ipotesi di nullità di ordine generale a regime assoluto (→ **Atti**, art. 178 s.).

• Le dichiarazioni comunque rese nel corso del procedimento dall'imputato o dalla persona sottoposta alle indagini (→ **Soggetti**, art. 62) non possono formare oggetto di testimonianza (→ **Prove**, art. 194 s.). Sono, inoltre, inutilizzabili (→ **Prove**, art. 191; → **Impugnazioni**, art. 606), le dichiarazioni della persona che doveva essere sentita sin dall'inizio in qualità di imputato o di persona sottoposta alle indagini (→ **Soggetti**, art. 63 co. 2).

• Fermo il **divieto** di **documentare** e di utilizzare le notizie e le indicazioni utili assunte sul luogo o nell'immediatezza del fatto senza l'assistenza del difensore ai sensi dell'art. 350 co. 5 e 6, delle sommarie informazioni rese e delle dichiarazioni spontanee ricevute dalla persona sottoposta alle indagini la p.g. redige **verbale** (art. 357 co. 2 lett. *b*), configurandosi per ufficiali e agenti di p.g. lo specifico **divieto** di **testimonianza indiretta** sul contenuto di tali dichiarazioni (→ **Prove**, art. 195 co. 4; Corte cost., **305** del **2008**).

• Il verbale delle sommarie informazioni e delle dichiarazioni spontanee, che viene conservato, nel corso delle indagini preliminari, nell'apposito fascicolo presso l'ufficio del p.m. (art. 373 co. 5), dopo il decreto che dispone il giudizio (art. 429) confluisce nel **fascicolo del p.m.** (art. 433), fatta salva l'acquisizione concordata all'atto della formazione del fascicolo per il dibattimento (art. 431 co. 2) ovvero in sede di richieste di prova (→ **Giudizio**, art. 493 co. 3; → **Procedimento davanti al tribunale in composizione monocratica**, art. 555 co. 4) che lo rende passibile di impiego probatorio, previa lettura (→ **Giudizio**, art. 511).

• Mentre le sommarie informazioni che la p.g. assume di propria iniziativa dalla persona sottoposta alle indagini *ex* art. 350 co. 1-4 *bis* sono utilizzabili in dibattimento per le **contestazioni** nell'esame dell'imputato (→ **Giudizio**, art. 503 co. 3) e sono suscettive di lettura nel caso di irripetibilità sopravvenuta (→ art. 512), soltanto le dichiarazioni oggetto dell'interrogatorio delegato alla p.g. dal p.m. (art. 370 co. 1) possono essere acquisite al fascicolo del dibattimento anche previa contestazione nel corso dell'esame dell'imputato (→ **Giudizio**, art. 503 co. 5) e mediante lettura se l'imputato è assente o rifiuta di sottoporsi all'esame (→ art. 513 co. 1).

351. Altre sommarie informazioni.

1. La polizia giudiziaria assume sommarie informazioni dalle persone che possono riferire circostanze utili ai fini delle indagini. Si applicano le disposizioni del secondo e terzo periodo del comma 1 dell'articolo 362.

1 *bis*. All'assunzione di informazioni da persona imputata in un procedimento connesso ovvero da persona imputata di un reato collegato a quello per cui si procede nel caso previsto dall'articolo 371, comma 2, lettera *b*), procede un ufficiale di polizia giudiziaria. La persona predetta, se priva del difensore, è avvisata che è assistita da un difensore di ufficio, ma che può nominarne uno di fiducia. Il difensore deve essere tempestivamente avvisato e ha diritto di assistere all'atto.

1 *ter*. Nei procedimenti per i delitti previsti dagli articoli 572, 600, 600 *bis*, 600 *ter*, 600 *quater*, 600 *quater*.1, 600 *quinquies*, 601, 602, 609 *bis*, 609 *quater*, 609 *quinquies*, 609 *octies*, 609 *undecies* e 612 *bis* del codice penale, la polizia giudiziaria, quando deve assumere sommarie informazioni da persone minori, si avvale dell'ausilio di un esperto in psicologia o in psichiatria infantile, nominato dal pubblico ministero. Allo stesso modo procede quando deve assumere sommarie informazioni da una persona offesa, anche maggiorenne, in condizione di particolare vulnerabilità. In ogni caso, assicura che la persona offesa particolarmente vulnerabile, in occasione della richiesta di sommarie informazioni, non abbia contatti con la persona sottoposta ad indagini e non sia

chiamata più volte a rendere sommarie informazioni, salva l'assoluta necessità per le indagini.
1 *quater*. Alla persona chiamata a rendere sommarie informazioni è sempre dato avviso che, salva la contingente indisponibilità di strumenti di riproduzione o di personale tecnico, ha diritto di ottenere, ove ne faccia richiesta, che le dichiarazioni rese siano documentate mediante riproduzione fonografica.

Il secondo periodo del co. 1 è stato aggiunto dal d.l. 8.6.1992, n. 306, conv., con modif., dalla l. 7.8.1992, n. 356, e poi così sostituito dalla l. 1.3.2001, n. 63. Il co. 1 *bis* è stato aggiunto dal d.l. 306 del 1992, conv., con modif., dalla l. 356 del 1992. Il co. 1 *ter* è stato aggiunto dalla l. 1.10.2012, n. 172, e poi così modificato, in sede di conversione, dal d.l. 14.8.2013, n. 93, conv., con modif., dalla l. 15.10.2013, n. 119. Il secondo e il terzo periodo del co. 1 *ter* sono stati aggiunti dal d. lgs. 15.12.2015, n. 212. Il co. 1 *quater* è stato inserito dal d. lgs. 10.10.2022, n. 150.

• Sotto l'unitaria rubrica «Altre sommarie informazioni», la norma contempla tre distinte ipotesi in cui si esplica una **tipica** attività di indagine **a iniziativa** della p.g. (→ **Soggetti**, art. 55; art. 348 co. 2 lett. *c*): l'assunzione di sommarie informazioni dalle persone che possono riferire circostanze utili ai fini delle indagini *ex* **art. 351 co. 1**, dalla persona imputata in procedimento connesso o collegato *ex* **art. 351 co. 1 *bis***, quest'ultima specificamente riservata agli ufficiali di p.g. (→ art. 57), nonché da persone minori e dalla persona offesa, anche maggiorenne, in condizione di particolare vulnerabilità *ex* **art. 351 co. 1 *ter***., di cui soltanto la seconda ipotesi è. Le sommarie informazioni dalle persone informate sui fatti, in particolare, costituiscono atto **omologo** alla testimonianza (→ **Prove**, art. 194 s.).

• Stante il rinvio alla disciplina stabilita per il corrispondente atto del p.m. (art. 362), anche la p.g. non può chiedere alle **persone già sentite** dal difensore o dal suo sostituto (artt. 327 *bis*, 391 *bis* e 391 *ter*) informazioni sulle domande formulate e sulle risposte date. Il divieto di indagine sull'inchiesta dell'avversario [la cui violazione è riconducibile alla sanzione generale di inutilizzabilità (→ **Prove**, art. 191; → **Impugnazioni**, art. 606)] opera in termini reciproci anche nel contesto dell'investigazione difensiva (art. 391 *bis* co. 4) con il corredo di un avvertimento *ad hoc* che l'inquirente privato deve impartire alla persona interpellata (art. 391 *bis* co. 3 lett. *e*), ferma la sanzione espressa di inutilizzabilità nell'ipotesi di violazione di entrambe le prescrizioni (art. 391 *bis* co. 6). Sempre in forza del rimando all'art. 362, la p.g. osserva, altresì, talune specifiche disposizioni stabilite in materia di **testimonianza** [→ **Prove**, art. 194 s.; segnatamente: incompatibilità a testimoniare (→ art. 197); testimonianza assistita (→ art. 197 *bis*), da ritenere operante per l'assunzione di informazioni dalla persona imputata in procedimento connesso o collegato *ex* art. 351 co. 1 *bis*; obblighi del testimone (→ art. 198); facoltà di astensione dei prossimi congiunti (→ art. 199); segreti (→ artt. 200, 201, 202, 203)], che non sono richiamate, invece, nel contesto dell'investigazione difensiva, salve le incompatibilità previste dall'art. 197 co. 1 lett. *c* e *d* (art. 391 *bis* s.).

• Il mancato avviso tempestivo al difensore e la violazione del diritto di assistere all'atto, nei casi di cui all'art. 351 co. 1 *bis*, sono riconducibili alle ipotesi di **nullità** di ordine generale (→ **Atti**, art. 178 s.).

• L'ausilio dell'**esperto** in psicologia o in psichiatria infantile, di cui la p.g. si avvale quando deve assumere sommarie informazioni da persona **minore** nei procedimenti per i delitti indicati nell'art. 351 co. 1 *ter*, è previsto anche nel contesto dei corrispondenti atti del p.m. (art. 362 co. 1 *bis*) e del difensore (art. 391 *bis* co. 5 *bis*): in questa seconda ipotesi, la sanzione di inutilizzabilità (→ **Prove**, art. 191; → **Impugnazioni**, art. 606) per il caso di violazione è oggetto di previsione espressa (art. 391 *bis* co. 6). La p.g. procede «allo stesso modo», *ex* art. 351 co. 1 *ter* secondo periodo, quando deve assumere sommarie informazioni dalla **persona offesa** (→ **Soggetti**, art. 90), anche maggiorenne, in condizione di **particolare vulnerabilità** (→ art. 90 *quater*). Tale disposizione è riprodotta con riferimento all'atto corrispondente del p.m. (art. 362 co. 1 *bis* secondo periodo) ma non nel contesto delle investigazioni difensive (art. 391 *bis* s.).

• Ferme le responsabilità penali in ipotesi di **rifiuto** di fornire le informazioni richieste (→ art. 650 c.p.) – nel caso di **mendacio**, in difetto di previsione espressa che punisca le false dichiarazioni alla polizia giudiziaria, può residuare una responsabilità a titolo di calunnia (→ art. 368 c.p.) o di favoreggiamento (→ art. 378 c.p.) [sono invece sanzionate le false informazioni al p.m. (→ art. 371 *bis* c.p.), le false dichiarazioni al difensore (→ art. 371 *ter* c.p.) e la falsa testimonianza (→ art. 372 c.p.)] – **non** è consentito l'**arresto** della persona richiesta di fornire informazioni dalla p.g. o dal p.m. per reati concernenti il contenuto delle informazioni o il rifiuto di fornirle (art. 381 co. 4 *bis*).

• Nel contesto delle sommarie informazioni, opera la disciplina delle **dichiarazioni indizianti** (→ **Soggetti**, art. 63), sia con riferimento alle dichiarazioni auto-indizianti rese dalla persona non imputata né sottoposta alle indagini (co. 1) sia in relazione alle dichiarazioni rese dalla persona che doveva essere sentita sin dall'inizio in qualità di imputato o di persona sottoposta alle indagini (co. 2).

• Delle informazioni assunte, la p.g. redige **verbale** (art. 357 co. 2 lett. *c*), configurandosi per ufficiali e agenti di p.g. lo specifico **divieto** di **testimonianza indiretta** sul contenuto di tali dichiarazioni (→ **Prove**, art. 195 co. 4; Corte cost., **305** del **2008**). Alla documentazione delle informazioni assunte a norma dell'art. 351 si procede, altresì, mediante **riproduzione fonografica** (art. 357 co. 3 *bis*) quando le indagini riguardano taluno dei delitti di cui all'art. 407 co. 2 lett. *a* oppure quando la persona informata sui fatti ne faccia richiesta, ricevendo l'apposito avviso al riguardo a norma dell'art. 351 co. 1 *quater*. È inoltre prescritta la documentazione **integrale**, a pena di **inutilizzabilità**, con mezzi di riproduzione audiovisiva o fonografica delle dichiarazioni della persona minorenne, inferma di mente o in condizioni di particolare vulnerabilità, salva la contingente indisponibilità di strumenti di riproduzione o di personale tecnico e la sussistenza di particolari ragioni di urgenza che non consentano di rinviare l'atto (art. 357 co. 3 *ter*).

• Il verbale delle sommarie informazioni *ex* art. 351, che è conservato, nel corso delle indagini preliminari, nell'apposito fascicolo presso l'ufficio del p.m. (art. 373 co. 5), dopo il decreto che dispone il giudizio (art. 429) confluisce nel **fascicolo del p.m.** (art. 433), fatta salva l'acquisizione concordata all'atto della formazione del fascicolo per il dibattimento (art. 431 co. 2) ovvero in sede di richieste di prova (→ **Giudizio**, art. 493 co. 3; → **Procedimento davanti al tribunale in composizione monocratica**, art. 555 co. 4) che lo rende passibile di impiego probatorio, previa lettura (→ **Giudizio**, art. 511).

• Le sommarie informazioni che la p.g. assume di propria iniziativa *ex* art. 351 sono utilizzabili in dibattimento per le **contestazioni** nell'esame del testimone (→ **Giudizio**, art. 500) o delle parti private [nella fattispecie, diverse dall'imputato] (→ art. 503 co. 3). È ammessa la **lettura** dibattimentale e il conseguente impiego probatorio delle sommarie informazioni che la p.g. assume di propria iniziativa *ex* art. 351, in ipotesi di atti di cui è divenuta impossibile la ripetizione (→ art. 512) ovvero di dichiarazioni rese da persona residente all'estero (→ art. 512 *bis*). Con specifico riferimento alle informazioni assunte ad iniziativa della p.g. da persona imputata in procedimento connesso o collegato *ex* art. 351 co. 1 *bis*, non opera la lettura dibattimentale delle dichiarazioni rese dalle persone indicate nell'art. 210 (→ art. 513 co. 2), opzione riservata alle sole dichiarazioni rese al p.m. o alla p.g. su delega del magistrato inquirente, ovvero al difensore (art. 391 *decies* co. 1).

352. Perquisizioni.

1. Nella flagranza del reato o nel caso di evasione, gli ufficiali di polizia giudiziaria procedono a perquisizione personale o locale quando hanno fondato motivo di ritenere che sulla persona si trovino occultate cose o tracce pertinenti al reato che possono essere cancellate o disperse ovvero che tali cose o tracce si trovino in un determinato luogo o che ivi si trovi la persona sottoposta alle indagini o l'evaso.

1 *bis*. Nella flagranza del reato, ovvero nei casi di cui al comma 2 quando sussistono i presupposti e le altre condizioni ivi previsti, gli ufficiali di polizia giudiziaria, adottando misure tecniche dirette ad assicurare la conservazione dei dati originali e ad impedirne l'alterazione, procedono altresì alla perquisizione di sistemi informatici o telematici, ancorché protetti da misure di sicurezza, quando hanno fondato motivo di ritenere che in questi si trovino occultati dati, informazioni, programmi informatici o tracce comunque pertinenti al reato che possono essere cancellati o dispersi.

2. Quando si deve procedere alla esecuzione di un'ordinanza che dispone la custodia cautela-

re o di un ordine che dispone la carcerazione nei confronti di persona imputata o condannata per uno dei delitti previsti dall'articolo 380 ovvero al fermo di una persona indiziata di delitto, gli ufficiali di polizia giudiziaria possono altresì procedere a perquisizione personale o locale se ricorrono i presupposti indicati nel comma 1 e sussistono particolari motivi di urgenza che non consentono la emissione di un tempestivo decreto di perquisizione.

3. La perquisizione domiciliare può essere eseguita anche fuori dei limiti temporali dell'articolo 251 quando il ritardo potrebbe pregiudicarne l'esito.

4. La polizia giudiziaria trasmette senza ritardo, e comunque non oltre le quarantotto ore, al pubblico ministero del luogo dove la perquisizione è stata eseguita il verbale delle operazioni compiute. Il pubblico ministero, nelle quarantotto ore successive, decide con decreto motivato sulla convalida della perquisizione.

4 *bis*. Salvo che alla perquisizione sia seguito il sequestro, entro dieci giorni dalla data in cui hanno avuto conoscenza del decreto di convalida, la persona nei cui confronti vengono svolte le indagini e la persona nei cui confronti la perquisizione è stata disposta o eseguita possono proporre opposizione, sulla quale il giudice provvede a norma dell'articolo 127. Si applica la disposizione di cui all'articolo 252 *bis*, comma 3.

Il co. 1 *bis* è stato aggiunto dalla l. 18.3.2008, n. 48. Il d. lgs. 10.10.2022 ha così modificato il secondo periodo del co. 4 e ha inserito il co. 4 *bis*.

• La perquisizione (→ **Prove**, art. 247 s.), personale (→ art. 249) o locale (→ art. 250), rientra nell'ambito dell'attività **tipica** di indagine **a iniziativa** della p.g. (→ **Soggetti**, art. 55; art. 348 co. 2 lett. *c*) e può essere eseguita in ipotesi particolari e in presenza di presupposti specifici: nella flagranza di reato o nel caso di evasione *ex* **art. 352 co. 1** [se domiciliare (→ **Prove**, art. 251), anche fuori dei limiti temporali dell'art. 251, *ex* art. 352 co. 3]; quando si procede all'esecuzione di un'ordinanza che dispone la custodia cautelare (→ **Misure cautelari**, art. 293 s.), di un ordine che dispone la carcerazione (→ **Esecuzione**, art. 656) o del fermo di indiziato di delitto (art. 384) *ex* **art. 352 co. 2**; nella flagranza del reato e nei casi del comma 2, se si tratta di perquisizione di sistemi informatici o telematici *ex* **art. 352 co. 1 *bis***.

• La limitazione delle libertà fondamentali implicita nella perquisizione a iniziativa della p.g. è ammessa nei soli casi e modi previsti dalla legge (→ **Cost.**, artt. 13 e 14), in presenza di situazioni di necessità e urgenza, ferma la tempestiva richiesta di convalida al p.m. (→ **Soggetti**, art. 51) *ex* art. 352 co. 4. Riservata agli **ufficiali** di p.g. (→ art. 57), la perquisizione può essere compiuta anche dagli **agenti** di p.g. (→ art. 57) nei casi di particolare necessità e urgenza (→ **Disp. att.**, art. 113).

• In conformità con quanto statuito dalla Corte di Strasburgo, secondo la quale le misure che incidono sul diritto al rispetto della vita privata (→ **Cedu**, art. 8) devono essere soggette a controllo giurisdizionale (**Corte edu**, 27.9.2018, Brazzi c. Italia), e in linea con quanto è stato previsto nel caso di decreto di perquisizione, non seguito da sequestro, emesso dal p.m. (→ **Prove**, art. 252 *bis*), il co. 4 *bis* dell'art. 352 consente alla persona nei cui confronti sono svolte le indagini e alla persona nei cui confronti la perquisizione è stata disposta o eseguita, salvo che alla perquisizione sia seguito il sequestro, l'**opposizione** al decreto di convalida, sulla quale il giudice provvede a norma dell'art. 127 (→ **Atti**), accogliendo l'opposizione quando accerta che la perquisizione è stata eseguita fuori dei casi previsti dalla legge, a norma dell'art. 252 *bis* co. 3 (→ **Prove**). Secondo la giurisprudenza, contro il decreto del p.m. che dispone (o convalida) la perquisizione personale è proponibile il ricorso per cassazione (→ **Impugnazioni**, art. 568 co. 2; → **Cost.**, art. 111 co. 7). Il decreto con cui il p.m. convalida il sequestro del corpo del reato (→ **Prove**, art. 253) o delle cose a questo pertinenti, eseguito *motu proprio* dalla p.g. (art. 354 co. 2), è impugnabile mediante riesame (art. 355).

• La persona rispetto alla quale è prevista l'**autorizzazione a procedere** non può essere sottoposta a perquisizione personale o domiciliare, fino a quando l'autorizzazione medesima non sia stata concessa, a meno che la persona non sia colta nella flagranza di uno dei delitti per cui l'arresto è obbligatorio (art. 343 co. 2 e 3).

• È sempre preclusa alla p.g. la perquisizione presso gli **uffici dei difensori**, dovendo procedere personalmente il giudice ovvero, nel corso delle indagini preliminari, il p.m. in forza di motivato decreto di autorizzazione del giudice (→ **Soggetti**, art. 103 co. 4).

• Il difensore (→ **Soggetti**, art. 96 s.) della persona sottoposta alle indagini (→ art. 61) ha **facoltà di assistere**, senza diritto al preavviso, alle perquisizioni di cui all'art. 352 (art. 356), previsione la cui violazione è riconducibile alle ipotesi di nullità di ordine generale (→ **Atti**, art. 178 s.).

• Delle perquisizioni *ex* art. 352 la p.g. redige **verbale** (art. 357 co. 2 lett. *d*). Trasmesso tempestivamente al magistrato inquirente nei termini di cui all'art. 352 co. 4 per l'eventuale convalida, nel corso delle indagini preliminari il verbale è conservato nell'apposito fascicolo presso l'ufficio del p.m. (art. 373 co. 5). Dopo il decreto che dispone il giudizio (art. 429), il verbale di perquisizione è raccolto nel fascicolo per il dibattimento (art. 431 co. 1 lett. *b*) ed è passibile di impiego probatorio, previa lettura (→ **Giudizio**, art. 511).

• Ferme le **responsabilità** penali (→ art. 609 c.p.) e disciplinari (→ **Disp. att.**, art. 16) in ipotesi di perquisizione arbitraria o illegittima, secondo le Sezioni Unite della corte di cassazione (**Cass., SU**, 27.3.1996, Sala) è **nulla** (→ **Atti**, art. 177 s.) la perquisizione effettuata senza l'autorizzazione del magistrato e al di fuori dei casi e modi stabiliti dalla legge ed è **inutilizzabile** (→ **Prove**, art. 191; → **Impugnazioni**, art. 606) il successivo sequestro, fatta salva l'ipotesi di sequestro obbligatorio del corpo del reato o delle cose pertinenti al reato (→ **Prove**, art. 253).

• Le disposizioni dell'**art. 41 t.u.l.p.s.** (perquisizioni locali in materia di armi ad opera della p.g.) e dell'**art. 33 l. 7.1.1929, n. 4** (perquisizioni domiciliari ad opera della polizia tributaria in ipotesi di violazioni finanziarie che costituiscono reato) continuano a trovare applicazione (→ **Disp. coord.**, art. 225).

353. Acquisizione di plichi o di corrispondenza.

1. Quando vi è necessità di acquisire plichi sigillati o altrimenti chiusi, l'ufficiale di polizia giudiziaria li trasmette intatti al pubblico ministero per l'eventuale sequestro.

2. Se ha fondato motivo di ritenere che i plichi contengano notizie utili alla ricerca e all'assicurazione di fonti di prova che potrebbero andare disperse a causa del ritardo, l'ufficiale di polizia giudiziaria informa col mezzo più rapido il pubblico ministero il quale può autorizzarne l'apertura immediata e l'accertamento del contenuto.

3. Se si tratta di lettere, pieghi, pacchi, valori, telegrammi o altri oggetti di corrispondenza, anche se in forma elettronica o se inoltrati per via telematica, per i quali è consentito il sequestro a norma dell'articolo 254, gli ufficiali di polizia giudiziaria, in caso di urgenza, ordinano a chi è preposto al servizio postale, telegrafico, telematico o di telecomunicazione di sospendere l'inoltro. Se entro quarantotto ore dall'ordine della polizia giudiziaria il pubblico ministero non dispone il sequestro, gli oggetti di corrispondenza sono inoltrati.

I co. 2 e 3 sono stati così modificati dalla l. 18.3.2008, n. 48.

• L'acquisizione di plichi sigillati o chiusi *ex* **art. 353 co. 1** – cui è associata la rapida informativa al p.m. (→ **Soggetti**, art. 51) che può autorizzarne l'immediata apertura e l'accertamento del contenuto *ex* art. 353 co. 2 – e il c.d. fermo di corrispondenza *ex* **art. 353 co. 3** integrano una **tipica** attività di indagine **a iniziativa** della p.g. (→ **Soggetti**, art. 55; art. 348 co. 2 lett. *c*), riservata ai soli **ufficiali** di p.g. (→ art. 56) [la legittimazione degli agenti di p.g. (→ art. 57), nei casi di particolare necessità e urgenza, è circoscritta agli atti di cui agli artt. 352 e 354 co. 2 e 3 (→ **Disp. att.**, art. 113)]. La libertà e la segretezza della corrispondenza e delle comunicazioni (→ **Cost.**, art. 15) è garantita dall'art. 353 riservando al **p.m.** il potere di disporre il sequestro dei plichi e della corrispondenza, ovvero di autorizzare l'apertura dei plichi e l'accertamento del contenuto. In ogni caso, l'ufficiale di p.g. deve consegnare all'autorità giudiziaria gli oggetti di corrispondenza senza aprirli o alterarli e senza prendere altrimenti conoscenza del loro contenuto, quando procede al sequestro di corrispondenza (→ **Prove**, art. 254). Disposto (dal p.m.) ed eseguito (dalla p.g.) il sequestro, l'interessato può impugnare il decreto di sequestro mediante riesame (→ art. 257) e chiedere il rilascio di copie dei documenti sequestrati (→ art. 258).

• Il difensore (→ **Soggetti**, art. 96 s.) della persona sottoposta alle indagini (→ art. 61) ha **facoltà di assistere**, senza diritto al preavviso, all'immediata apertura del plico autorizzata dal p.m. *ex* art. 353 co. 2 (art. 356), previsione la cui violazione è riconducibile alle ipotesi di nullità di ordine generale (→ **Atti**, art. 178 s.).

• Delle operazioni *ex* art. 353 la p.g. redige **verbale** (art. 357 co. 2 lett. *e*). Conservato, nel corso delle indagini preliminari, nell'apposito fascicolo presso l'ufficio del p.m. (art. 373 co. 5), dopo il decreto che dispone il giudizio (art. 429) il verbale delle operazioni è raccolto nel fascicolo per il dibattimento (art. 431 co. 1 lett. *b*) ed è passibile di impiego probatorio, previa lettura (→ **Giudizio**, art. 511).

354. Accertamenti urgenti sui luoghi, sulle cose e sulle persone. Sequestro.

1. Gli ufficiali e gli agenti di polizia giudiziaria curano che le tracce e le cose pertinenti al reato siano conservate e che lo stato dei luoghi e delle cose non venga mutato prima dell'intervento del pubblico ministero.

2. Se vi è pericolo che le cose, le tracce e i luoghi indicati nel comma 1 si alterino o si disperdano o comunque si modifichino e il pubblico ministero non può intervenire tempestivamente, ovvero non ha ancora assunto la direzione delle indagini, gli ufficiali di polizia giudiziaria compiono i necessari accertamenti e rilievi sullo stato dei luoghi e delle cose. In relazione ai dati, alle informazioni e ai programmi informatici o ai sistemi informatici o telematici, gli ufficiali della polizia giudiziaria adottano, altresì, le misure tecniche o impartiscono le prescrizioni necessarie ad assicurarne la conservazione e ad impedirne l'alterazione e l'accesso e provvedono, ove possibile, alla loro immediata duplicazione su adeguati supporti, mediante una procedura che assicuri la conformità della copia all'originale e la sua immodificabilità. Se del caso, sequestrano il corpo del reato e le cose a questo pertinenti.

3. Se ricorrono i presupposti previsti dal comma 2, gli ufficiali di polizia giudiziaria compiono i necessari accertamenti e rilievi sulle persone diversi dalla ispezione personale. [Soppresso.]

Il co. 2 è stato così modificato prima dalla l. 26.3.2001, n. 128 e poi dalla l. 18.3.2008, n. 48. L'ultimo periodo del co. 3 è stato soppresso dalla l. 30.6.2009, n. 85.

• La norma regola diverse ipotesi nelle quali si esplica un'attività **tipica** di indagine **a iniziativa** della p.g. (→ **Soggetti**, art. 55; art. 348 co. 2 lett. *c*). Vi rientrano: la c.d. attività di conservazione *ex* **art. 354 co. 1**; gli accertamenti e i rilievi sullo stato dei luoghi e delle cose e le operazioni relative a dati, informazioni, programmi, sistemi informatici o telematici *ex* **art. 354 co. 2 primo e secondo periodo** (c.d. sopralluoghi); il sequestro del corpo del reato e delle cose a questo pertinenti *ex* **art. 354 co. 2 terzo periodo**; nonché gli accertamenti e i rilievi sulle persone *ex* **art. 354 co. 3** [diversi dall'ispezione personale (→ **Prove**, art. 245)]. Nell'ambito delle ipotesi indicate, i c.d. sopralluoghi, incluso quello informatico, il sequestro del corpo del reato (→ **Prove**, art. 253) e delle cose a questo pertinenti nonché gli accertamenti e i rilievi sulla persona sono atti riservati agli **ufficiali** di p.g. (→ **Soggetti**, art. 57) *ex* art. 354 co. 2 e 3; gli stessi atti possono essere compiuti anche dagli **agenti** di p.g. (→ art. 57) nei casi di particolare necessità e urgenza (→ **Disp. att.**, art. 113).

• Nell'eseguire gli accertamenti e i rilievi *ex* art. 354 co. 2 e 3 che richiedano specifiche competenze tecniche, la p.g. può avvalersi di **persone idonee** le quali non possono rifiutare la propria opera (art. 348 co. 4).

• Al sequestro operato *motu proprio* dalla p.g. *ex* art. 354 co. 2 conseguono adempimenti specifici in punto di **convalida** da parte del p.m. (→ **Soggetti**, art. 51) ed eventuale **riesame** del relativo decreto (art. 355). È sempre precluso alla p.g. il sequestro negli **uffici dei difensori**, cui procede personalmente il giudice ovvero, nel corso delle indagini preliminari, il p.m. in forza di motivato decreto di autorizzazione del giudice (→ art. 103 co. 4).

• Il difensore (→ **Soggetti**, art. 96 s.) della persona sottoposta alle indagini (→ art. 61) ha **facoltà di assistere**, senza diritto al preavviso, agli atti *ex* art. 354 (art. 356), previsione la cui violazione è riconducibile alle ipotesi di nullità di ordine generale (→ **Atti**, art. 178 s.).

• Dei sequestri nonché delle operazioni e degli accertamenti *ex* art. 354 la p.g. redige **verbale** (art. 357 co. 2 lett. *d* ed *e*). In particolare, in ipotesi di sequestro la p.g. enuncia nel verbale il motivo del provvedimento e ne consegna copia alla persona alla quale le cose sono state sequestrate, con successiva trasmissione tempestiva al p.m. (art. 355).

• Conservati, nel corso delle indagini preliminari, nell'apposito fascicolo presso l'ufficio del p.m. (art. 373 co. 5), dopo il decreto che dispone il giudizio (art. 429) il verbale di sequestro e quello delle operazioni e degli accertamenti sono raccolti nel fascicolo per il dibattimento (art. 431 co. 1 lett. *b*) e sono passibili di impiego probatorio, previa lettura (→ **Giudizio**, art. 511).

355. Convalida del sequestro e suo riesame.

1. Nel caso in cui abbia proceduto a sequestro, la polizia giudiziaria enuncia nel relativo verbale il motivo del provvedimento e ne consegna copia alla persona alla quale le cose sono state sequestrate. Il verbale è trasmesso senza ritardo, e comunque non oltre le quarantotto ore, al pubblico ministero del luogo dove il sequestro è stato eseguito.

2. Il pubblico ministero, nelle quarantotto ore successive, con decreto motivato convalida il sequestro se ne ricorrono i presupposti ovvero dispone la restituzione delle cose sequestrate. Copia del decreto di convalida è immediatamente notificata alla persona alla quale le cose sono state sequestrate.

3. Contro il decreto di convalida, la persona nei cui confronti vengono svolte le indagini e il suo difensore, la persona alla quale le cose sono state sequestrate e quella che avrebbe diritto alla loro restituzione possono proporre, entro dieci giorni dalla notifica del decreto ovvero dalla diversa data in cui l'interessato ha avuto conoscenza dell'avvenuto sequestro, richiesta di riesame, anche nel merito, a norma dell'articolo 324.

4. La richiesta di riesame non sospende l'esecuzione del provvedimento.

• La limitazione delle libertà fondamentali (→ **Cost.**, artt. 13 e 14) implicita nel sequestro a iniziativa della p.g. (→ **Soggetti**, art. 55; art. 354 co. 2) è ammessa per una durata soltanto provvisoria: a norma dei **co. 1 e 2**, al sequestro deve seguire il decreto motivato di convalida da parte del p.m. (→ **Soggetti**, art. 51), avverso il quale è proponibile riesame ai sensi dei **co. 3 e 4**.

• Fatti salvi i termini più brevi previsti da leggi speciali, che continuano a trovare applicazione (→ **Disp. coord.**, art. 229), la mancata convalida entro le quarantotto ore successive alla trasmissione del verbale dalla p.g. al p.m. *ex* art. 355 co. 2 – adempimento a sua volta prescritto senza ritardo e, comunque, non oltre le quarantotto ore *ex* art. 355 co. 1 – legittima l'interessato a chiedere la **restituzione** delle cose sequestrate (→ **Prove**, art. 263) (Corte cost., 151 del 1993).

• Contro l'ordinanza che a norma dell'art. 324 decide la richiesta di riesame – impugnazione esperibile non soltanto avverso il decreto di convalida del sequestro *ex* art. 355 co. 3, ma anche nei confronti del decreto con cui il p.m. dispone il sequestro probatorio (→ **Prove**, art. 253 s.) e dei provvedimenti di sequestro conservativo (→ **Misure cautelari**, art. 316 s.) e preventivo (→ art. 321 s.) emessi dal giudice su richiesta del p.m. – è possibile proporre **ricorso per cassazione** per violazione di legge (→ art. 325). Avverso il decreto con cui il p.m. convalida il sequestro compiuto dalla p.g. di propria iniziativa *ex* art. 355 co. 2 non è esperibile direttamente il ricorso per cassazione, strumento azionabile contro il «decreto di sequestro emesso dal giudice» (→ art. 325).

• Secondo le Sezioni Unite della corte di cassazione (Cass., SU, 27.3.1996, Sala), è **nulla** (→ **Atti**, art. 177 s.) la perquisizione effettuata senza l'autorizzazione del magistrato e al di fuori dei casi e modi stabiliti dalla legge ed è **inutilizzabile** (→ **Prove**, art. 191; → **Impugnazioni**, art. 606) il successivo sequestro, fatta salva l'ipotesi di sequestro obbligatorio del corpo del reato o delle cose pertinenti al reato (→ **Prove**, art. 253).

356. Assistenza del difensore.

1. Il difensore della persona nei cui confronti vengono svolte le indagini ha facoltà di assistere, senza diritto di essere preventivamente avvisato, agli atti previsti dagli articoli 352 e 354 oltre

che all'immediata apertura del plico autorizzata dal pubblico ministero a norma dell'articolo 353, comma 2.

• Tipici atti "a sorpresa" compiuti di propria iniziativa dalla p.g. (→ **Soggetti**, art. 55; art. 348 co. 2 lett. *c*), le perquisizioni (art. 352), l'apertura immediata del plico autorizzata dal p.m. (art. 353 co. 2), gli accertamenti urgenti sui luoghi, sulle cose e sulle persone e il sequestro (art. 354) prevedono la facoltà di assistere da parte del difensore (→ **Soggetti**, art. 96 s.) della persona sottoposta alle indagini (→ art. 61), **senza** diritto al **preavviso**. L'assunzione di sommarie informazioni dalla persona sottoposta alle indagini (art. 350 co. 1-4) integra, invece, un tipico atto ad iniziativa della p.g. **con preavviso** al difensore, la cui presenza è **obbligatoria** (art. 350 co. 3). Il difensore ha **diritto di assistere**, altresì, all'individuazione di persone (artt. 361 e 364), atto che la legge disciplina come proprio del p.m. (→ **Soggetti**, art. 51) senza tuttavia riservarne la titolarità al solo magistrato inquirente.

• Nel procedere al compimento di tali atti, la p.g. **avverte** la persona sottoposta alle indagini, se presente, che ha **facoltà di farsi assistere** dal difensore di fiducia (→ **Disp. att.**, art. 114), previsione la cui violazione è riconducibile alle ipotesi di nullità di ordine generale (→ **Atti**, art. 178 s.). Diversamente da quanto stabilito per gli atti del p.m. con facoltà di assistenza difensiva senza preavviso (art. 365), **non** è prevista la **designazione** del **difensore d'ufficio** qualora l'indagato sia privo del difensore di fiducia. Secondo la disciplina dei mezzi di ricerca dalla prova (→ **Libro III**), in occasione delle perquisizioni personali (→ art. 249) e locali (→ art. 250) l'interessato è avvisato, altresì, della facoltà di farsi assistere da **persona di fiducia**, purché prontamente reperibile e idonea a norma dell'art. 120.

• In relazione agli atti cui i difensori hanno diritto di assistere – con o senza preavviso – compiuti sia dal p.m. che dalla p.g., è previsto il **deposito** del relativo verbale (art. 366).

357. Documentazione dell'attività di polizia giudiziaria.

1. La polizia giudiziaria annota secondo le modalità ritenute idonee ai fini delle indagini, anche sommariamente, tutte le attività svolte, comprese quelle dirette alla individuazione delle fonti di prova.

2. Fermo quanto disposto in relazione a specifiche attività, redige verbale dei seguenti atti:

a) denunce, querele e istanze presentate oralmente;

b) sommarie informazioni rese e dichiarazioni spontanee ricevute dalla persona nei cui confronti vengono svolte le indagini;

c) informazioni assunte, a norma dell'articolo 351;

d) perquisizioni e sequestri;

e) operazioni e accertamenti previsti dagli articoli 349, 353 e 354;

f) atti, che descrivono fatti e situazioni, eventualmente compiuti sino a che il pubblico ministero non ha impartito le direttive per lo svolgimento delle indagini.

3. Il verbale è redatto da ufficiali o agenti di polizia giudiziaria nelle forme e con le modalità previste dall'articolo 373.

3 *bis*. Quando le indagini riguardano taluno dei delitti di cui all'articolo 407, comma 2, lettera *a*), oppure quando la persona informata sui fatti ne faccia richiesta, alla documentazione delle informazioni di cui al comma 2, lettera *c*), si procede altresì mediante riproduzione fonografica a mezzo di strumenti tecnici idonei ad opera della polizia giudiziaria, salva la contingente indisponibilità di strumenti di riproduzione o di personale tecnico.

3 *ter*. Le dichiarazioni della persona minorenne, inferma di mente o in condizioni di particolare vulnerabilità sono documentate integralmente, a pena di inutilizzabilità, con mezzi di riproduzione audiovisiva o fonografica, salvo che si verifichi una contingente indisponibilità di strumenti di riproduzione o di personale tecnico e sussistano particolari ragioni di urgenza che non consentano di rinviare l'atto.

3 *quater*. La trascrizione della riproduzione audiovisiva o fonografica di cui ai commi 3 *bis* e 3 *ter* è disposta solo se assolutamente indispensabile e può essere effettuata dalla polizia giudiziaria.

4. La documentazione dell'attività di polizia giudiziaria è posta a disposizione del pubblico ministero.
5. A disposizione del pubblico ministero sono altresì poste le denunce, le istanze e le querele presentate per iscritto, i referti, il corpo del reato e le cose pertinenti al reato.

La lett. *c* è stata così sostituita dal d.l. 8.6.1992, n. 306, conv., con modif., dalla l. 7.8.1992, n. 356. I co. 3 *bis*, 3 *ter* e 3 *quater* sono stati inseriti dal d. lgs. 10.10.2022, n. 150.

• Nel regolare la documentazione dell'attività di p.g., l'art. 357 fissa la distinzione tra **annotazione** (**co. 1**), della quale sono dettati taluni contenuti minimi (→ **Disp. att.**, art. 115 co. 1), e **verbale** (**co. 2 e 3**), per la cui redazione gli ufficiali e gli agenti di p.g. (→ **Soggetti**, art. 57) seguono le forme e i modi stabiliti dall'art. 373 per i verbali degli atti del p.m. (→ art. 51), con rinvio alle modalità previste dal Titolo III del Libro II (→ **Atti**, art. 134 s.). Fermo il dovere di conservare copia di verbali e annotazioni presso l'ufficio di p.g. (→ **Disp. att.**, art. 115), la norma contempla una forma aggiuntiva di documentazione "rafforzata" delle informazioni assunte a norma dell'art. 351: mediante **riproduzione fonografica** (quando le indagini riguardano taluno dei delitti di cui all'art. 407 co. 2 lett. *a*), oppure quando la persona informata sui fatti ne faccia richiesta: **co. 3 *bis***) ovvero integralmente, a pena di inutilizzabilità, con mezzi di **riproduzione audiovisiva o fonografica** (per le dichiarazioni della persona minorenne, inferma di mente o in condizioni di particolare vulnerabilità: **co. 3 *ter***).

• A norma dei co. 4 e 5, sono posi a disposizione del p.m. sia la documentazione dell'attività di p.g. sia le denunce (art. 331 s.), le istanze (art. 341) e le querele (art. 336 s.) presentate per iscritto, i referti (art. 334), il corpo del reato e le cose a questo pertinenti (→ **Prove**, art. 253). Una volta trasmessi a norma dell'art. 357, gli atti sono conservati in apposito fascicolo presso l'ufficio del p.m. (art. 373 co. 5). **Chiuse le indagini**, il fascicolo contenente la notizia di reato (art. 330), la documentazione relativa alle indagini espletate (art. 373) e i verbali degli atti compiuti davanti al g.i.p. (art. 328) [in particolare, i verbali degli atti assunti in incidente probatorio (art. 392)] è trasmesso al giudice con la richiesta di archiviazione (artt. 408, 411 e 415) ovvero con la richiesta di rinvio a giudizio (art. 416) o, ancora, con la richiesta di giudizio immediato (→ **Procedimenti speciali**, art. 454 co. 2) o di decreto penale di condanna (→ art. 459 co. 1), formulate dal p.m. **Dopo il decreto che dispone il giudizio** (art. 429), la documentazione dell'attività di p.g. confluisce nel fascicolo del p.m. (art. 433), fatta salva l'acquisizione al fascicolo per il dibattimento – sia all'atto della sua formazione (art. 431) sia in sede di richieste di prova (→ **Giudizio**, art. 493 co. 3; → **Procedimento davanti al tribunale in composizione monocratica**, art. 555 co. 4) – che la rende passibile di impiego probatorio, previa lettura (→ **Giudizio**, art. 511). Fuori dei casi previsti dagli artt. 511, 512, 512 *bis* e 513, è vietata la lettura dei verbali delle dichiarazioni (→ art. 514 co. 1) nonché dei verbali e degli altri atti di documentazione delle attività compiute dalla p.g. (→ art. 514 co. 2).

• Per ufficiali e agenti di p.g. sussiste lo specifico **divieto** di **testimonianza indiretta** sul contenuto delle dichiarazioni acquisite con le modalità di cui agli artt. 351 e 357 co. 2 lett. *a* e *b* (→ **Prove**, art. 195 co. 4; Corte cost., **305** del **2008**).

Titolo V
ATTIVITÀ DEL PUBBLICO MINISTERO

358. Attività di indagine del pubblico ministero.

1. Il pubblico ministero compie ogni attività necessaria ai fini indicati nell'articolo 326 e svolge altresì accertamenti su fatti e circostanze a favore della persona sottoposta alle indagini.

• Nel solco del principio di obbligatorietà dell'azione penale (→ **Cost.**, art. 112), il p.m. (→ **Soggetti**, art. 50), «ai fini indicati nell'art. 326» [sciogliere l'alternativa tra richiesta di **archiviazione** (artt. 408, 411 e 415) ed esercizio dell'**azione penale** (art. 407 *bis*)], a norma dell'art. 358 svolge ogni attività necessaria, inclusi gli accertamenti su fatti e circostanze a favore della persona sottoposta alle indagini (→ **Soggetti**, art. 61), dovendo presentare la richiesta di archiviazione per infondatezza della notizia di reato quando gli elementi acquisiti nel corso delle indagini preliminari non consentono di formulare una ragionevole previsione di condanna (art. 408). Da queste premesse discende il principio di **tendenziale completezza** delle indagini preliminari (Corte cost., **88** del **1991**), ulteriormente valorizzato dal riconoscimento all'imputato del pieno diritto di accedere al giudizio abbreviato (→ **Procedimenti speciali**, art. 438 s.) ottenendo di essere giudicato sulla base degli elementi acquisiti nelle indagini preliminari a semplice richiesta (Corte cost., **115** del **2001**).

• Se il p.m. omette di compiere accertamenti su fatti e circostanze a favore della persona sottoposta alle indagini ai sensi dell'art. 358, **non** è prevista una **sanzione processuale** *ad hoc*, trattandosi di obbligo funzionale a un corretto e razionale esercizio dell'azione penale (Corte cost., **96** del **1997**). Analogamente, il p.m. non è tenuto a compiere gli atti di indagine richiesti dall'indagato dopo la notifica dell'avviso di conclusione delle indagini preliminari (art. 415 *bis* co. 3). In entrambi i casi, nondimeno, si profila il rischio di imputazioni azzardate qualora il giudice dell'udienza preliminare (art. 416 s.) o il giudice dell'udienza di comparizione predibattimentale a seguito di citazione diretta (→ **Procedimento davanti al tribunale in composizione monocratica**, art. 554 *bis* s.) ritenga che gli elementi acquisiti nel corso delle indagini preliminari non consentano di formulare una ragionevole previsione di condanna, situazione che impone la pronuncia della sentenza di non luogo a procedere (art. 425; → art. 554 *ter*) . Sul versante **cautelare** è invece prevista la **nullità** (→ **Atti**, art. 177 s.) dell'ordinanza che dispone la misura personale se non contiene la valutazione degli elementi a carico e a favore dell'imputato, «di cui all'art. 358, nonché all'art. 327 *bis*» (→ **Misure cautelari**, art. 292 co. 2 *ter*).

• Impregiudicato il dovere del p.m. di compiere anche accertamenti *pro reo* allo scopo specifico di scegliere se esercitare o meno l'azione penale (art. 326), la facoltà di svolgere investigazioni per ricercare e individuare elementi di prova a favore del proprio assistito compete al difensore con l'ausilio degli ulteriori soggetti abilitati allo svolgimento delle **investigazioni difensive** (artt. 327 *bis* e 391 *bis* s.).

• Il compimento di «ogni attività necessaria» per le finalità di cui all'art. 326 si esprime sia attraverso attività **tipiche** – vi rientrano i mezzi di ricerca della prova (→ **Prove**, art. 244 s.), quali **ispezioni**, **perquisizioni**, **sequestri** e **intercettazioni**, nonché gli atti di indagine c.d. omologhi a taluni mezzi di prova (→ art. 194 s.), come l'**accertamento tecnico** (artt. 359 e 360), l'**individuazione di persone o cose** (art. 361), l'**assunzione di informazioni** (art. 362), l'**interrogatorio della persona imputata nel procedimento connesso** (art. 363) e il **confronto** (art. 364) [atti omologhi, rispettivamente, a perizia (→ **Prove**, art. 220 s.), ricognizione (→ art. 213), testimonianza (→ art. 194 s.), esame dell'imputato nel procedimento connesso (→ art. 210) e confronto (→ art. 211)] – sia mediante attività **atipiche**, fermi i criteri cui la legge subordina l'ammissione delle prove non disciplinate dalla legge (→ art. 189) e fatto salvo il rispetto dei diritti fondamentali la cui limitazione è consentita soltanto con le garanzie della riserva di legge e dell'atto motivato dell'autorità giudiziaria (→ **Cost.**, artt. 13, 14 e 15).

359. Consulenti tecnici del pubblico ministero.

1. Il pubblico ministero, quando procede ad accertamenti, rilievi segnaletici, descrittivi o fotografici e ad ogni altra operazione tecnica per cui sono necessarie specifiche competenze, può nominare e avvalersi di consulenti, che non possono rifiutare la loro opera.

2. Il consulente può essere autorizzato dal pubblico ministero ad assistere a singoli atti di indagine.

• Incaricato nella **fase investigativa** dal p.m. (→ **Soggetti**, art. 51) per le finalità indicate dall'art. 359, il consulente tecnico può essere nominato anche nella **fase processuale**, sia quando è disposta perizia (→ **Prove**, art. 225) sia al di fuori delle ipotesi di perizia

(→ art. 233). In ogni caso, il p.m. nomina il consulente tecnico scegliendo di regola una persona iscritta negli **albi dei periti** (→ **Disp. att.**, art. 73), prescrizione che non viene ribadita in relazione al consulente delle parti private [investigativo (art. 327 *bis*), nominato in costanza di perizia (→ **Prove**, art. 225) o extra-peritale (→ art. 233)] né con riguardo agli ausiliari di cui la p.g. (→ **Soggetti**, art. 55) può avvalersi quando compie atti od operazioni che richiedono specifiche competenze, sia di propria iniziativa che a seguito di delega del p.m. (art. 348 co. 4). Il p.m. ha il potere di citare con apposito decreto il consulente tecnico (art. 377), il quale ai sensi dell'art. 359 co. 1 non può rifiutare la propria opera.

• Diversamente da quanto stabilito per il compimento di accertamenti tecnici non ripetibili, in cui è prescritto l'avviso senza ritardo alla persona sottoposta alle indagini (→ **Soggetti**, art. 61), alla persona offesa (→ art. 90) e ai rispettivi difensori (→ art. 96 s.) per l'esercizio di talune specifiche prerogative (art. 360; → **Disp. att.**, art. 117), nel contesto delle attività di cui all'art. 359, cioè semplici rilievi e accertamenti tecnici ripetibili, **non** si prevede coinvolgimento alcuno dei **soggetti privati**.

• Delle attività tecniche *ex* art. 359 è redatto **verbale in forma riassuntiva** ovvero **annotazione** (art. 373 co. 3) e tale documentazione è conservata in apposito fascicolo presso l'ufficio del p.m. (art. 373 co. 5). Dopo il decreto che dispone il giudizio (art. 429), la documentazione confluisce nel fascicolo del p.m. (art. 433), fatta salva l'acquisizione concordata al fascicolo per il dibattimento – sia all'atto della sua formazione (art. 431 co. 2) sia in sede di richieste di prova (→ **Giudizio**, art. 493 co. 3; → **Procedimento davanti al tribunale in composizione monocratica**, art. 555 co. 4) – che la rende passibile di impiego probatorio, previa lettura (→ **Giudizio**, art. 511). Al di fuori di tale ipotesi, è ammessa la lettura degli atti assunti dal p.m. quando, per fatti o circostanze imprevedibili, ne è divenuta impossibile la ripetizione (→ art. 512).

• Durante la **fase processuale**, quando non è stata disposta perizia i consulenti tecnici nominati dalla parte possono esporre al giudice il proprio parere, anche presentando memorie a norma dell'art. 121 (→ **Prove**, art. 233 co. 1). Se nominati nei casi di perizia, i consulenti tecnici possono assistere al conferimento dell'incarico al perito e presentare al giudice richieste, osservazioni e riserve, di cui è fatta menzione nel verbale, nonché partecipare alle operazioni peritali, proponendo al perito specifiche indagini e formulando osservazioni e riserve, delle quali deve darsi atto nella relazione, fatto salvo il potere di esaminare le relazioni e di chiedere al giudice di essere autorizzati a esaminare la persona, la cosa e il luogo oggetto della perizia, se nominati dopo l'esaurimento delle operazioni peritali (→ **Prove**, art. 230).

• In ogni caso, la parte che intende chiedere l'**esame** del consulente tecnico [investigativo (artt. 327 *bis* e 359), peritale (→ **Prove**, art. 225) o extraperitale (→ art. 233)] deve provvedere al deposito dell'apposita lista almeno sette giorni prima della data fissata per il dibattimento, a pena di inammissibilità (→ **Giudizio**, art. 468). L'esame dibattimentale segue le disposizioni sull'esame dei testimoni (→ art. 497 s.), in quanto applicabili (→ art. 501 co. 1): al fine di favorire un contraddittorio informato, consapevole ed efficace sulla prova scientifica, è previsto che, almeno sette giorni prima dell'udienza fissata per l'esame del perito, quest'ultimo depositi in cancelleria la propria relazione scritta e che provveda allo stesso modo la parte che ha nominato un consulente tecnico nonché quella che ne abbia chiesto l'esame (→ art. 501 co. 1 *bis* e 1 *ter*), con facoltà di consultare documenti, note scritte e pubblicazioni, nonché le relazioni depositate, che possono essere acquisiti anche d'ufficio (→ art. 501), e con la possibilità dell'esame a domicilio, in caso di assoluta impossibilità a comparire per legittimo impedimento (→ art. 502).

359 *bis*. Prelievo coattivo di campioni biologici su persone viventi.

1. Fermo quanto disposto dall'articolo 349, comma 2 *bis*, quando devono essere eseguite le operazioni di cui all'articolo 224 *bis* e non vi è il consenso della persona interessata, il pubblico ministero ne fa richiesta al giudice per le indagini preliminari che le autorizza con ordinanza quando ricorrono le condizioni ivi previste.

2. Nei casi di urgenza, quando vi è fondato motivo di ritenere che dal ritardo possa derivare grave o irreparabile pregiudizio alle indagini, il pubblico ministero dispone lo svolgimento delle operazioni con decreto motivato contenente i medesimi elementi previsti dal comma 2 dell'articolo 224 *bis*, provvedendo a disporre l'accompagnamento coattivo, qualora la persona da sottoporre alle operazioni non si presenti senza addurre un legittimo impedimento, ovvero l'esecuzione coattiva delle operazioni, se la persona comparsa rifiuta di sottoporvisi. Entro le quarantotto ore successive il pubblico ministero richiede al giudice per le indagini preliminari la convalida del decreto e dell'eventuale provvedimento di accompagnamento coattivo. Il giudice provvede con ordinanza al più presto e comunque entro le quarantotto ore successive, dandone avviso immediatamente al pubblico ministero e al difensore.

3. Nei casi di cui ai commi 1 e 2, le disposizioni degli articoli 132, comma 2, e 224 *bis*, commi 2, 4 e 5, si applicano a pena di nullità delle operazioni e di inutilizzabilità delle informazioni così acquisite. Si applicano le disposizioni di cui al comma 2 dell'articolo 191.

3 *bis*. Nei casi di cui agli articoli 589 *bis* e 590 *bis* del codice penale, qualora il conducente rifiuti di sottoporsi agli accertamenti dello stato di ebbrezza alcolica ovvero di alterazione correlata all'uso di sostanze stupefacenti o psicotrope, se vi è fondato motivo di ritenere che dal ritardo possa derivare grave o irreparabile pregiudizio alle indagini, il decreto di cui al comma 2 e gli ulteriori provvedimenti ivi previsti possono, nei casi di urgenza, essere adottati anche oralmente e successivamente confermati per iscritto. Gli ufficiali di polizia giudiziaria procedono all'accompagnamento dell'interessato presso il più vicino presidio ospedaliero al fine di sottoporlo al necessario prelievo o accertamento e si procede all'esecuzione coattiva delle operazioni se la persona rifiuta di sottoporvisi. Del decreto e delle operazioni da compiersi è data tempestivamente notizia al difensore dell'interessato, che ha facoltà di assistervi, senza che ciò possa comportare pregiudizio nel compimento delle operazioni. Si applicano le previsioni di cui ai commi 1 e 2 dell'articolo 365. Entro le quarantotto ore successive, il pubblico ministero richiede la convalida del decreto e degli eventuali ulteriori provvedimenti al giudice per le indagini preliminari, che provvede al più presto e comunque entro le quarantotto ore successive, dandone immediato avviso al pubblico ministero e al difensore. Le operazioni devono sempre svolgersi nel rispetto delle condizioni previste dai commi 4 e 5 dell'articolo 224 *bis*.

Articolo aggiunto dalla l. 30.6.2009, n. 85. Il co. 3 *bis* è stato aggiunto dalla l. 23.3.2016, n. 41.

• Oggetto dell'attività investigativa del **p.m.** regolata dall'art. 359 *bis* sono le operazioni riconducibili alla **perizia c.d. coattiva** (→ **Prove**, art. 224 *bis*: atti idonei ad incidere sulla libertà personale, quali il prelievo di capelli, di peli o di mucosa del cavo orale su persone viventi ai fini della determinazione del profilo del DNA o accertamenti medici), consentita quando si procede per delitto non colposo, consumato o tentato, per il quale la legge stabilisce la pena dell'ergastolo o della reclusione superiore nel massimo a tre anni, per i delitti di cui agli artt. 589 *bis* e 590 *bis* c.p. e negli altri casi previsti dalla legge (→ art. 224 *bis*).

• A norma dell'art. 359, quando devono essere eseguite le operazioni di cui all'art. 224 *bis* e non vi è il consenso della persona interessata, il p.m. deve farne richiesta al g.i.p., che le autorizza con ordinanza quando ricorrono le condizioni ivi previste, nel rispetto delle garanzie poste a tutela della libertà personale (→ **Cost.**, art. 13).

• Nell'ambito delle investigazioni difensive (art. 391 *bis* s.), non è previsto un atto corrispondente a quello regolato dall'art. 359 *bis*. Per il difensore rimane ferma la facoltà di presentare richiesta *ad hoc* al p.m. (art. 367) affinché vi provveda lo stesso magistrato inquirente ovvero di promuovere incidente probatorio (art. 392 co. 2).

• In relazione alla perizia c.d. coattiva, oltre alla nullità (→ **Atti**, art. 178 s.) dell'ordinanza carente dei contenuti prescritti dalla legge (→ **Prove**, art. 224 *bis* co. 2), è sancita la nullità dell'atto se la persona sottoposta al prelievo o agli accertamenti non è assistita dal **difensore** nominato (→ art. 224 *bis* co. 7), previsione la cui inosservanza non è oggetto di comminatoria espressa, né di nullità né di inutilizzabilità (→ art. 191), nel contesto del prelievo coattivo *ex* art. 359 *bis*.

• La p.g. (→ **Soggetti**, art. 55) previa autorizzazione del p.m. (→ art. 51), procede al **prelievo coattivo** di campioni biologici (capelli e saliva) a scopo identificativo (art. 349

co. 2 *bis*), attività esclusa dal campo di applicazione dell'art. 359 *bis*.

• Delle operazioni *ex* art. 359 *bis* è redatto **verbale in forma riassuntiva** ovvero **annotazione** (art. 373 co. 3) e tale documentazione è conservata in apposito fascicolo presso l'ufficio del p.m. (art. 373 co. 5). Dopo il decreto che dispone il giudizio (art. 429), la documentazione confluisce nel fascicolo del p.m. (art. 433), fatta salva l'acquisizione concordata al fascicolo per il dibattimento – sia all'atto della sua formazione (art. 431 co. 2) sia in sede di richieste di prova (→ **Giudizio**, art. 493 co. 3; → **Procedimento davanti al tribunale in composizione monocratica**, art. 555 co. 4) – che la rende passibile di impiego probatorio, previa lettura (→ **Giudizio**, art. 511). Al di fuori di tale ipotesi, è ammessa la lettura degli atti assunti dal p.m. quando, per fatti o circostanze imprevedibili, ne è divenuta impossibile la ripetizione (→ art. 512). Dopo la definizione del procedimento con decreto di archiviazione (art. 409 co. 1) o dopo la sentenza non più soggetta a impugnazione (→ **Esecuzione**, art. 648), i campioni biologici prelevati *ex* art. 359 *bis* sono oggetto di **distruzione** (→ **Disp. att.**, art. 72 *quater*).

360. Accertamenti tecnici non ripetibili.

1. Quando gli accertamenti previsti dall'articolo 359 riguardano persone, cose o luoghi il cui stato è soggetto a modificazione, il pubblico ministero avvisa, senza ritardo, la persona sottoposta alle indagini, la persona offesa dal reato e i difensori del giorno, dell'ora e del luogo fissati per il conferimento dell'incarico e della facoltà di nominare consulenti tecnici.

2. Si applicano le disposizioni dell'articolo 364, comma 2.

3. I difensori nonché i consulenti tecnici eventualmente nominati hanno diritto di assistere al conferimento dell'incarico, di partecipare agli accertamenti e di formulare osservazioni e riserve.

3 *bis*. Il pubblico ministero può autorizzare la persona sottoposta alle indagini, la persona offesa dal reato, i difensori e i consulenti tecnici eventualmente nominati, che ne facciano richiesta, a partecipare a distanza al conferimento dell'incarico o agli accertamenti.

4. Qualora, prima del conferimento dell'incarico, la persona sottoposta alle indagini formuli riserva di promuovere incidente probatorio, il pubblico ministero dispone che non si proceda agli accertamenti salvo che questi, se differiti, non possano più essere utilmente compiuti.

4 *bis*. La riserva di cui al comma 4 perde efficacia e non può essere ulteriormente formulata se la richiesta di incidente probatorio non è proposta entro il termine di dieci giorni dalla formulazione della riserva stessa.

5. Fuori del caso di inefficacia della riserva di incidente probatorio previsto dal comma 4 *bis*, se il pubblico ministero, malgrado l'espressa riserva formulata dalla persona sottoposta alle indagini e pur non sussistendo le condizioni indicate nell'ultima parte del comma 4, ha ugualmente disposto di procedere agli accertamenti, i relativi risultati non possono essere utilizzati nel dibattimento.

Il co. 4 *bis* è stato inserito dalla l. 23.6.2017, n. 103. Il co. 5 è stato modificato dal d.l. 8.6.1992, n. 306, conv., con modif., dalla l. 7.8.1992, n. 356; poi, dalla l. 103 del 2017. Il co. 3 *bis* è stato inserito dal d. lgs. 10.10.2022, n. 150.

• La disciplina di cui all'art. 360 si applica non soltanto quando gli accertamenti previsti dall'art. 359 riguardano persone, cose o luoghi il cui stato è **soggetto a modificazione** [ne è un esempio l'autopsia (→ **Disp. att.**, art. 116)] ma, altresì, nei casi in cui l'accertamento tecnico **determina modificazioni** di cose, luoghi e persone tali da rendere l'atto non ripetibile (→ art. 117). In entrambe le situazioni, si tratta di **accertamento tecnico non ripetibile** (l'art. 359 regola, invece, i semplici rilievi e gli accertamenti tecnici ripetibili), quale attività **tipica** di indagine del p.m. (→ **Soggetti**, art. 51).

• Secondo la Corte costituzionale, anche i **prelievi** e le altre **operazioni di repertazione**, quando richiedono valutazioni e scelte circa il procedimento da adottare o competenze e abilità tecniche non comuni, ricadono nella disciplina dell'art. 360 (Corte cost., 239 del 2017).

• L'accertamento tecnico non ripetibile rientra nella categoria degli atti investigativi per cui è prevista l'**assistenza difensiva** con **diritto di preavviso** [dovuto, nella fattispecie, alla persona sottoposta alle indagini (→ **Soggetti**, art. 61), alla persona offesa (→ art. 90) e ai rispettivi difensori (→ art. 96 s.)]. L'omesso avviso è riconducibile alle ipotesi di nullità (→ **Atti**, art. 178 s.). In quanto atto al quale il difensore ha diritto di assistere, al suo compimento il p.m. invia l'**informazione di garanzia** (art. 369) nonché l'**informazione sul diritto di difesa** (art. 369 *bis*), notificata sempre al compimento del primo atto garantito dall'assistenza difensiva oltre che in corrispondenza delle ulteriori attività ivi previste. In relazione agli atti cui i difensori hanno diritto di assistere – con o senza preavviso – compiuti sia dal p.m. che dalla p.g. (→ **Soggetti**, art. 55), è previsto il **deposito** del relativo verbale (art. 366). Nel contesto degli accertamenti tecnici non ripetibili compiuti in sede di **investigazioni difensive**, l'avviso senza ritardo da parte del difensore è prescritto nei riguardi del solo p.m., per l'esercizio delle facoltà previste dall'art. 360, in quanto compatibili (art. 391 *decies*).

• Qualora il p.m. autorizzi la partecipazione a distanza al conferimento dell'incarico o agli accertamenti a norma del co. 3 *bis*, si osservano le modalità e le garanzie della partecipazione a distanza stabilite dall'art. 133 *ter* (→ **Atti**, art. 133 *bis*).

• In caso di **incidente probatorio** (art. 392 s.), che sia disposto dal g.i.p. (art. 328) su richiesta della persona sottoposta alle indagini, formulata entro il termine di dieci giorni dalla riserva *ex* co. 4, l'accertamento tecnico irripetibile perde la connotazione di atto investigativo del p.m. per svolgersi con le forme garantite proprie della procedura incidentale (art. 401 s.). Qualora il p.m. abbia ugualmente disposto di procedere con gli accertamenti, malgrado l'espressa riserva formulata dalla persona sottoposta alle indagini (salvo il caso di riserva inefficace *ex* co. 4 *bis*) e in difetto delle condizioni di indifferibilità di cui al co. 4, i risultati dell'atto – inutilizzabili «in dibattimento» *ex* co. 5 – sono suscettibili di impiego nei **riti alternativi al dibattimento** [giudizio abbreviato (→ **Procedimenti speciali**, art. 438 s.), applicazione della pena su richiesta delle parti (→ art. 444 s.), procedimento per decreto (→ art. 459 s.)], per la verifica funzionale alla sospensione del procedimento con messa alla prova (→ art. 464 *bis* s.) e per le decisioni incidentali [es: **misure cautelari** (→ **Libro IV**)].

• Degli accertamenti tecnici compiuti è redatto **verbale** (art. 373 co. 1 lett. *e*). Conservato, nel corso delle indagini preliminari, in apposito fascicolo presso l'ufficio del p.m. (art. 373 co. 5), dopo il decreto che dispone il giudizio (art. 429) il verbale degli accertamenti tecnici non ripetibili è raccolto nel fascicolo per il dibattimento (art. 431 co. 1 lett. *c*) ed è passibile di impiego probatorio, previa lettura (→ **Giudizio**, art. 511).

361. Individuazione di persone e di cose.

1. Quando è necessario per la immediata prosecuzione delle indagini, il pubblico ministero procede alla individuazione di persone, di cose o di quanto altro può essere oggetto di percezione sensoriale.

2. Le persone, le cose e gli altri oggetti sono presentati ovvero sottoposti in immagine a chi deve eseguire la individuazione.

3. Se ha fondata ragione di ritenere che la persona chiamata alla individuazione possa subire intimidazione o altra influenza dalla presenza di quella sottoposta a individuazione, il pubblico ministero adotta le cautele previste dall'articolo 214, comma 2.

• Connotata da valenza propulsiva e investigativa – in quanto necessaria «per la immediata prosecuzione delle indagini» *ex* art. 361 co. 1 – l'individuazione di persone e di cose è atto di indagine omologo alla **ricognizione** (→ **Prove**, art. 213 s.). Durante le indagini e l'udienza preliminare, quando particolari ragioni di urgenza non consentono di rinviare l'atto al dibattimento, il p.m. (→ **Soggetti**, art. 51) e la persona sottoposta alle indagini (→ art. 61) possono chiedere al g.i.p. (art. 328) che si proceda con **incidente probatorio** a una ricognizione (art. 392 co. 1 lett. *g*).

• La sola individuazione di persone è compresa tra gli atti per cui è prevista l'**assistenza difensiva** con **diritto di preavviso** (art. 364).

• La persona rispetto alla quale è prevista l'**autorizzazione a procedere** non può essere sottoposta a individuazione, fino a quando l'autorizzazione medesima non sia stata concessa, a meno che la persona non sia colta nella flagranza di uno dei delitti per cui l'arresto è obbligatorio (art. 343 co. 2 e 3).

• Delle individuazioni *ex* art. 361 è redatto **verbale in forma riassuntiva** ovvero **annotazione** (art. 373 co. 3) e tale documentazione è conservata in apposito fascicolo presso l'ufficio del p.m. (art. 373 co. 5). Dopo il decreto che dispone il giudizio (art. 429), la documentazione confluisce nel fascicolo del p.m. (art. 433), fatta salva l'acquisizione concordata al fascicolo per il dibattimento – sia all'atto della sua formazione (art. 431 co. 2) sia in sede di richieste di prova (→ **Giudizio**, art. 493 co. 3; → **Procedimento davanti al tribunale in composizione monocratica**, art. 555 co. 4) – che la rende passibile di impiego probatorio, previa lettura (→ **Giudizio**, art. 511). Al di fuori di tale ipotesi, è ammessa la lettura degli atti assunti dal p.m. quando, per fatti o circostanze imprevedibili, ne è divenuta impossibile la ripetizione (→ art. 512).

362. Assunzione di informazioni.

1. Il pubblico ministero assume informazioni dalle persone che possono riferire circostanze utili ai fini delle indagini. Alle persone già sentite dal difensore o dal suo sostituto non possono essere chieste informazioni sulle domande formulate e sulle risposte date. Si applicano le disposizioni degli articoli 197, 197 *bis*, 198, 199, 200, 201, 202 e 203.

1 *bis*. Nei procedimenti per i delitti di cui all'articolo 351, comma 1 *ter*, il pubblico ministero, quando deve assumere informazioni da persone minori, si avvale dell'ausilio di un esperto in psicologia o in psichiatria infantile. Allo stesso modo provvede quando deve assumere sommarie informazioni da una persona offesa, anche maggiorenne, in condizione di particolare vulnerabilità. In ogni caso, assicura che la persona offesa particolarmente vulnerabile, in occasione della richiesta di sommarie informazioni, non abbia contatti con la persona sottoposta ad indagini e non sia chiamata più volte a rendere sommarie informazioni, salva l'assoluta necessità per le indagini.

1 *ter*. Quando si procede per il delitto previsto dall'articolo 575 del codice penale, nella forma tentata, o per i delitti, consumati o tentati, previsti dagli articoli 572, 609 *bis*, 609 *ter*, 609 *quater*, 609 *quinquies*, 609 *octies* e 612 *bis* del codice penale, ovvero dagli articoli 582 e 583 *quinquies* del codice penale nelle ipotesi aggravate ai sensi degli articoli 576, primo comma, numeri 2, 5 e 5.1, e 577, primo comma, numero 1, e secondo comma, del medesimo codice, il pubblico ministero assume informazioni dalla persona offesa e da chi ha presentato denuncia, querela o istanza entro il termine di tre giorni dall'iscrizione della notizia di reato, salvo che sussistano imprescindibili esigenze di tutela di minori di anni diciotto o della riservatezza delle indagini, anche nell'interesse della persona offesa.

1 *quater*. Alla persona chiamata a rendere informazioni è sempre dato avviso che, salva la contingente indisponibilità di strumenti di riproduzione o di personale tecnico, ha diritto di ottenere, ove ne faccia richiesta, che le dichiarazioni rese siano documentate mediante riproduzione fonografica.

L'articolo è stato così modificato dal d.l. 8.6.1992, n. 306, conv., con modif., dalla l. 7.8.1992, n. 356. Il secondo periodo del co. 1 è stato aggiunto dalla l. 7.12.2000, n. 397. L'ultimo periodo è stato così sostituito dalla l. 1.3.2001, n. 63. Il co. 1 *bis* è stato aggiunto dalla l. 1.10.2012, n. 172. Il secondo e il terzo periodo del co. 1 *bis* sono stati aggiunti dal d. lgs. 15.12.2015, n. 212. Il co. 1 *ter* è stato inserito dalla l. 19.7.2019, n. 69 (c.d. Codice Rosso), e da ultimo modificato dalla l. 27.9.2021, n. 134. Il co. 1 *quater* è stato inserito dal d. lgs. 10.10.2022, n. 150.

• L'assunzione di informazioni dalle persone che possono riferire circostanze utili ai fini delle indagini *ex* **co. 1** nonché da persone minori e dalla persona offesa (→ **Soggetti**, art. 90), anche maggiorenne, in condizione di particolare vulnerabilità *ex* **co. 1 *bis*** è atto di indagine del p.m. (→ art. 50 s.) a cui corrisponde, tra le attività a iniziativa della p.g. (→ art. 55), l'assunzione di altre sommarie informazioni dalle medesime persone informate sui fatti (art. 351 co. 1 e 1 *ter*). L'assunzione di informazioni, in particolare, costituisce atto **omologo** alla testimonianza (→ **Prove**, art. 194 s.).

• In forza di previsione richiamata anche per il corrispondente atto della p.g. (art. 351

co. 1 secondo periodo), ai sensi del co. 1 secondo periodo il p.m. non può chiedere alle **persone già sentite** dal difensore o dal suo sostituto (artt. 327 *bis*, 391 *bis* e 391 *ter*) informazioni sulle domande formulate e sulle risposte date. Il divieto di indagine sull'inchiesta dell'avversario [la cui violazione è riconducibile alla sanzione generale di inutilizzabilità (→ **Prove**, art. 191; → **Impugnazioni**, art. 606)] opera in termini reciproci anche nel contesto dell'investigazione difensiva (art. 391 *bis* co. 4) con il corredo di un avvertimento *ad hoc* che l'inquirente privato deve impartire alla persona interpellata (art. 391 *bis* co. 3 lett. *e*), ferma la sanzione espressa di inutilizzabilità nell'ipotesi di violazione di entrambe le prescrizioni (art. 391 *bis* co. 6). Estesa alla p.g. (art. 351 co. 1 secondo periodo) è pure la previsione di cui al co. 1 terzo periodo, che rende applicabili all'assunzione di informazioni da parte del p.m. talune specifiche disposizioni stabilite in materia di **testimonianza** [→ **Prove**, art. 194 s.; segnatamente: incompatibilità a testimoniare (→ art. 197); testimonianza assistita (→ art. 197 *bis*); obblighi del testimone (→ art. 198); facoltà di astensione dei prossimi congiunti (→ art. 199); segreti (→ artt. 200, 201, 202 e 203)], che invece non sono richiamate, eccetto l'art. 197 co. 1 lett. *c* e *d*, nel contesto dell'investigazione difensiva (art. 391 *bis* s.).

• L'assunzione di informazioni **non** è compresa tra gli atti per cui è previsto il diritto all'**assistenza del difensore** della persona sottoposta alle indagini (artt. 364 e 365).

• Quando deve procedere all'assunzione di informazioni, atto che richiede la presenza delle persone in grado di riferire su circostanze utili ai fini delle indagini, il p.m. emette decreto di citazione (art. 377).

• L'ausilio dell'**esperto** in psicologia o in psichiatria infantile, di cui il p.m. si avvale quando deve assumere sommarie informazioni da persona **minore** nei procedimenti per i delitti indicati nell'art. 351 co. 1 *ter*, è previsto anche nel contesto dei corrispondenti atti della p.g. (art. 351 co. 1 *ter*) e del difensore (art. 391 *bis* co. 5 *bis*): in questa seconda ipotesi, la sanzione di inutilizzabilità (→ **Prove**, art. 191; → **Impugnazioni**, art. 606) per il caso di violazione è oggetto di previsione espressa (art. 391 *bis* co. 6). Il p.m. provvede «allo stesso modo», *ex* co. 1 *bis* secondo periodo, quando deve assumere sommarie informazioni dalla **persona offesa** (→ **Soggetti**, art. 90), anche maggiorenne, in condizione di **particolare vulnerabilità** (→ art. 90 *quater*). Tale disposizione replica quanto stabilito per il corrispondente atto della p.g. (art. 351 co. 1 *ter* secondo periodo), mentre non è riprodotta nel contesto delle investigazioni difensive (art. 391 *bis* s.).

• La previsione del co. 1 *ter*, per cui il p.m. assume informazioni dalla persona offesa e da chi ha presentato denuncia, querela o istanza nel termine di **tre giorni** dall'iscrizione della notizia di reato, si collega all'obbligo per la p.g. di dare al p.m. comunicazione della notizia di reato **immediatamente** e anche in forma orale (art. 347 co. 3) e ai doveri, per la stessa p.g., di procedere **senza ritardo** al compimento degli atti delegati e di porre, sempre senza ritardo, la documentazione dell'attività a disposizione del p.m. (art. 370 co. 2 *bis* e 2 *ter*), con il fine comune di imprimere rapidità alle indagini in ordine ai reati ivi indicati (Corte edu, 2.3.2017, Talpis c. Italia).

• Quando il p.m., su richiesta del difensore, dispone l'audizione della persona interpellata in sede di **indagini difensive** che abbia esercitato la facoltà di non rispondere, si applicano le disposizioni dell'art. 362 anche con riferimento alle informazioni richieste dal difensore (art. 391 *bis* co. 10).

• Ferme le responsabilità penali in ipotesi di **falsità** o **reticenza** nel contesto delle informazioni rese al p.m. (→ art. 371 *bis* c.p.) – manca, invece, una previsione espressa che punisca le false dichiarazioni alla p.g., mentre sono sanzionate le false dichiarazioni al difensore (→ art. 371 *ter* c.p.) e la falsa testimonianza (→ art. 372 c.p.) – **non** è consentito l'**arresto** della persona richiesta di fornire informazioni dalla p.g. o dal p.m. per reati concernenti il contenuto delle informazioni o il rifiuto di fornirle (art. 381 co. 4 *bis*).

• Nel contesto delle sommarie informazioni assunte ai sensi dell'art. 362 opera la disciplina delle **dichiarazioni indizianti** (→ **Soggetti**, art. 63), sia con riferimento alle dichiarazioni auto-indizianti rese dalla persona non imputata né sottoposta alle indagini (co. 1) sia in relazione alle dichiarazioni rese dalla persona che doveva essere sentita sin dall'inizio in qualità di imputato o di persona sottoposta alle indagini (co. 2).

• Delle informazioni assunte è redatto **verbale** (art. 373 co. 1 lett. *d*). Alla documentazione delle informazioni assunte si procede, altresì, mediante **riproduzione fonografica** (art. 373 co. 2 *ter*) quando le indagini riguardano taluno dei delitti di cui all'art. 407 co. 2 lett. *a* oppure quando la persona informata sui fatti ne faccia richiesta, ricevendo l'apposito avviso al riguardo a norma dell'art. 362 co. 1 *quater*. È inoltre prescritta la documentazione **integrale**, a pena di **inutilizzabilità**, con mezzi di riproduzione audiovisiva o fonografica delle dichiarazioni della persona minorenne, inferma di mente o in condizioni di particolare vulnerabilità, salva la contingente indisponibilità di strumenti di riproduzione o di personale tecnico e la sussistenza di particolari ragioni di urgenza che non consentano di rinviare l'atto (art. 373 co. 2 *quater*).

• Il verbale delle informazioni, che è conservato, nel corso delle indagini preliminari, nell'apposito fascicolo presso l'ufficio del p.m. (art. 373 co. 5), dopo il decreto che dispone il giudizio (art. 429) confluisce nel **fascicolo del p.m.** (art. 433), fatta salva l'acquisizione concordata all'atto della formazione del fascicolo per il dibattimento (art. 431 co. 2) ovvero in sede di richieste di prova (→ **Giudizio**, art. 493 co. 3; → **Procedimento davanti al tribunale in composizione monocratica**, art. 555 co. 4) che lo rende passibile di impiego probatorio, previa lettura (→ **Giudizio**, art. 511).

• Le informazioni che il p.m. assume sono utilizzabili in dibattimento per le **contestazioni** nell'esame del testimone (→ **Giudizio**, art. 500) o delle parti private [nella fattispecie, diverse dall'imputato] (→ art. 503 co. 3). È ammessa la **lettura** dibattimentale e il conseguente impiego probatorio delle informazioni che il p.m. assume *ex* art. 362, in ipotesi di atti di cui è divenuta impossibile la ripetizione (→ art. 512) ovvero di dichiarazioni rese da persona residente all'estero (→ art. 512 *bis*).

363. Interrogatorio di persona imputata in un procedimento connesso.

1. Le persone imputate in un procedimento connesso a norma dell'articolo 12 sono interrogate dal pubblico ministero sui fatti per cui si procede nelle forme previste dall'articolo 210, commi 2, 3, 4 e 6.

2. La disposizione del comma 1 si applica anche alle persone imputate di un reato collegato a quello per cui si procede, nel caso previsto dall'articolo 371, comma 2, lettera *b*).

Il co. 1 è stato così modificato dalla l. 1.3.2001, n. 63.

• L'**interrogatorio** *ex* art. 363 della persona imputata (→ **Soggetti**, art. 60) – ovvero indagata (→ art. 61) – in procedimento connesso o collegato è atto di indagine del p.m. (→ art. 50 s.) a cui corrisponde, tra le attività a iniziativa della p.g. (→ art. 55), l'assunzione di informazioni da persona imputata in procedimento connesso o collegato (art. 351 co. 1 *bis*) le cui regole, tuttavia, non coincidono con quelle stabilite dall'art. 363.

• Diversamente dall'atto di p.g. (art. 351 co. 1 *bis*), infatti, l'interrogatorio svolto dal p.m. segue *expressis verbis* talune delle **forme** dettate per l'esame della persona imputata in un procedimento connesso [→ **Prove**, **art. 210**: obbligo di presentazione, con possibile accompagnamento coattivo (**co. 2**); assistenza del difensore con diritto di partecipare all'esame ed eventuale designazione del difensore d'ufficio (**co. 3**); facoltà di non rispondere e relativo avviso (**co. 4**); avvertimento *ex* art. 64 co. 3 lett. *c*, in ipotesi di connessione *ex* art. 12 co. 1 lett. *c* o di collegamento *ex* art. 371 co. 2 lett. *b*, in ordine all'assunzione dell'ufficio di testimone ove non sia esercitata la facoltà di non rispondere (**co. 6**), con conseguente applicazione delle norme sulla testimonianza assistita (→ **Prove**, art. 197 *bis*), appositamente richiamate nella disciplina dell'assunzione di informazioni *ex* art. 362]. Per l'atto compiuto dalla p.g. *ex* art. 351 co. 1 *bis* è, invece, previsto soltanto il diritto del difensore di assistere all'atto, previo tempestivo avviso, ma la sua partecipazione non è prescritta come necessaria.

• Dell'interrogatorio *ex* art. 363 è redatto **verbale** (art. 373 co. 1 lett. *d bis*). Alla sua documentazione si procede anche con mezzi di **riproduzione audiovisiva** o, se ciò non è possibile a causa della contingente indisponibilità di mezzi di riproduzione audiovisiva o di personale tecnico, con mezzi di **riproduzione fonografica** (art. 373 co. 2 *bis*).

• Conservato, nel corso delle indagini preliminari, nell'apposito fascicolo presso l'ufficio del p.m. (art. 373 co. 5), dopo il decreto che dispone il giudizio (art. 429) il verbale dell'interogatorio *ex* art. 363 confluisce nel **fascicolo del p.m.** (art. 433), fatta salva l'acquisizione concordata all'atto della formazione del fascicolo per il dibattimento (art. 431 co. 2) ovvero in sede di richieste di prova (→ **Giudizio**, art. 493 co. 3; → **Procedimento davanti al tribunale in composizione monocratica**, art. 555 co. 4) che lo rende passibile di impiego probatorio, previa lettura (→ **Giudizio**, art. 511).

• L'interrogatorio *ex* art. 363, quando si converte in assunzione di informazioni *ex* art. 362 con applicazione delle norme sulla testimonianza assistita (art. 197 *bis*), è utilizzabile in dibattimento per le **contestazioni** nell'esame del testimone (→ **Giudizio**, art. 500). Diversamente dall'assunzione di informazioni a iniziativa della p.g. da persona imputata in procedimento connesso o collegato (art. 351 co. 1 *bis*), è ammessa la **lettura** dibattimentale delle dichiarazioni rese dalle persone indicate nell'art. 210 (→ art. 513 co. 2), opzione riservata alle sole dichiarazioni rese al p.m. o alla p.g. su delega del magistrato inquirente, ovvero al difensore (art. 391 *decies* co. 1).

364. Nomina e assistenza del difensore.

1. Il pubblico ministero, se deve procedere a interrogatorio, ovvero a ispezione, a individuazione di persone o confronto cui deve partecipare la persona sottoposta alle indagini, la invita a presentarsi a norma dell'articolo 375.

2. La persona sottoposta alle indagini priva del difensore è altresì avvisata che è assistita da un difensore di ufficio, ma che può nominarne uno di fiducia.

3. Al difensore di ufficio o a quello di fiducia in precedenza nominato è dato avviso almeno ventiquattro ore prima del compimento degli atti indicati nel comma 1 e delle ispezioni a cui non deve partecipare la persona sottoposta alle indagini.

4. Il difensore ha in ogni caso diritto di assistere agli atti indicati nei commi 1 e 3, fermo quanto previsto dall'articolo 245.

5. Nei casi di assoluta urgenza, quando vi è fondato motivo di ritenere che il ritardo possa pregiudicare la ricerca o l'assicurazione delle fonti di prova, il pubblico ministero può procedere a interrogatorio, a ispezione, a individuazione di persone o a confronto anche prima del termine fissato dandone avviso al difensore senza ritardo e comunque tempestivamente. L'avviso può essere omesso quando il pubblico ministero procede a ispezione e vi è fondato motivo di ritenere che le tracce o gli altri effetti materiali del reato possano essere alterati. È fatta salva, in ogni caso, la facoltà del difensore d'intervenire.

6. Quando procede nei modi previsti dal comma 5, il pubblico ministero deve specificamente indicare, a pena di nullità, i motivi della deroga e le modalità dell'avviso.

7. È vietato a coloro che intervengono agli atti di fare segni di approvazione o disapprovazione. Quando assiste al compimento degli atti, il difensore può presentare al pubblico ministero richieste, osservazioni e riserve delle quali è fatta menzione nel verbale.

Le parole «, a individuazione di persone», contenute nei co. 1 e 5, sono state inserite dal d. lgs. 15.9.2016, n. 184.

• Prima della modifica operata con d. lgs. 15.9.2016, n. 184, la Consulta aveva escluso il contrasto dell'art. 364 con l'art. 24 co. 2 Cost. per violazione del diritto di difesa, nella parte in cui non estende[va] all'individuazione (art. 361), nei casi di partecipazione della persona sottoposta alle indagini, la garanzia dell'assistenza tecnica del difensore (Corte cost., 265 del 1991).

• V. *sub* **art. 365**.

365. Atti ai quali il difensore ha diritto di assistere senza avviso.

1. Il pubblico ministero, quando procede al compimento di atti di perquisizione o sequestro, chiede alla persona sottoposta alle indagini, che sia presente, se è assistita da un difensore di fiducia e, qualora ne sia priva, designa un difensore di ufficio a norma dell'articolo 97, comma 3.

2. Il difensore ha facoltà di assistere al compimento dell'atto, fermo quanto previsto dall'articolo 249.

3. Si applicano le disposizioni dell'articolo 364, comma 7.

• Nel corso delle indagini preliminari, la **difesa tecnica** – di cui sono manifestazione attiva sia la facoltà dei difensori di presentare memorie e richieste scritte al p.m. (artt. 367 e 368) o al g.i.p. (→ **Atti**, art. 121) sia l'attività investigativa che il difensore può svolgere per ricercare e individuare elementi di prova a favore del proprio assistito (art. 327 *bis*), nelle forme e per le finalità stabilite dagli artt. 391 *bis* s. – si realizza, anzitutto, nel diritto della persona sottoposta alle indagini (→ **Soggetti**, art. 61) all'**assistenza del difensore** (→ art. 96 s.) a taluni atti investigativi (c.d. atti "garantiti") del p.m. (→ art. 51) o della p.g. (→ art. 55).

La disciplina dettata negli artt. 364 e 365 con specifico riferimento agli atti di indagine del **p.m.** – richiamata *expressis verbis* per gli atti delegati alla p.g. (art. 370 co. 2) – si completa con la corrispondente regolamentazione riferita alle attività compiute dalla **p.g.** di propria iniziativa (art. 356), oltre che con singole disposizioni relative ad atti investigativi determinati.

• L'assistenza difensiva è accordata: per taluni atti, con **diritto al preavviso** [sommarie informazioni dalla persona sottoposta alle indagini assunte di iniziativa dalla p.g. (art. 350 co. 1-4); interrogatorio (→ **Soggetti**, artt. 64 e 65), ispezione (→ **Prove**, art. 244 s.), individuazione di persone (art. 361), confronto cui debba partecipare la persona sottoposta alle indagini (→ art. 211 s.), compiuti personalmente dal p.m. (**art. 364**) o delegati alla p.g. (art. 370 co. 2); accertamenti tecnici non ripetibili (art. 360)]; per altri atti, **senza preavviso** (c.d. "atti a sorpresa") [nell'ambito delle indagini di iniziativa della p.g. (art. 356): perquisizioni (art. 352), apertura immediata del plico autorizzata dal pubblico ministero (art. 353 co. 2), accertamenti urgenti sui luoghi, sulle cose e sulle persone e sequestro (art. 354); nell'ambito delle indagini condotte dal p.m. (**art. 365**) o delegate alla p.g. (art. 370 co. 2): atti di perquisizione (→ **Prove**, art. 247 s.) o sequestro (→ art. 253 s.)].

La designazione del **difensore d'ufficio** (→ **Soggetti**, art. 97) alla persona sottoposta alle indagini che ne sia priva, adempimento prescritto per gli atti del p.m. *ex* artt. 364 co. 2 e 365 co. 1, nel contesto delle attività a iniziativa della p.g. è prevista per le sommarie informazioni dalla persona sottoposta alle indagini (art. 350 co. 2) ma non per gli atti con assistenza difensiva senza preavviso (art. 356). Il diritto all'assistenza del difensore o di una persona di fiducia è assicurato anche al soggetto da sottoporre a prelievo coattivo di campioni biologici, cui compete l'avviso in ordine a tale facoltà (art. 359 *bis*, in relazione al disposto di cui all'art. 224 *bis* co. 2 lett. *d*).

• Mentre il **mancato avviso**, quando prescritto, è riconducibile alle ipotesi di nullità (→ **Atti**, art. 178 s.), la **mancata assistenza difensiva** è causa di nullità soltanto in relazione agli atti che prevedono la partecipazione del difensore come obbligatoria (→ **Atti**, art. 179) [sommarie informazioni dalla persona sottoposta alle indagini di iniziativa della p.g. (art. 350 co. 3); interrogatorio e confronto cui partecipi la persona indagata, delegati alla p.g. (art. 370 co. 1)]. L'assistenza del difensore nominato, prescritta a pena di nullità della perizia c.d. coattiva (→ **Prove**, art. 224 *bis* co. 7), non è presidiata da sanzione processuale *ad hoc* in occasione del prelievo coattivo di campioni biologici effettuato nel corso delle indagini preliminari (art. 359 *bis*).

• In relazione agli atti cui i difensori hanno diritto di assistere – con o senza preavviso – compiuti sia dal p.m. che dalla p.g., è previsto il **deposito** del relativo verbale (art. 366). Al compimento di un atto al quale il difensore ha diritto di assistere – «solo» da tale momento – il p.m. invia l'**informazione di garanzia** (art. 369) nonché l'**informazione sul diritto di difesa** (art. 369 *bis*), notificata sempre al compimento del primo atto garantito dall'assistenza difensiva oltre che in corrispondenza delle ulteriori attività ivi previste.

• L'assistenza da parte del difensore della persona sottoposta alle indagini **non è prevista** per gli ulteriori atti investigativi della p.g. [altre sommarie informazioni (art. 351)] o del p.m. [individuazione di cose (art. 361), assunzione di informazioni (art. 362), interrogatorio di persona imputata in procedimento connesso (art. 363)].

• Degli interrogatori e dei confronti con la persona sottoposta alle indagini nonché delle ispezioni, delle perquisizioni e dei sequestri è redatto **verbale** (art. 373 co. 1 lett. *b* e *c*). Alla documentazione degli interrogatori si procede anche con mezzi di **riproduzione audiovisiva** o, se ciò non è possibile a causa della contingente indisponibilità di mezzi di riproduzione audiovisiva o di personale tecnico, con mezzi di **riproduzione fonografica** (art. 373 co. 2 *bis*).

366. Deposito degli atti cui hanno diritto di assistere i difensori.

1. Salvo quanto previsto da specifiche disposizioni, i verbali degli atti compiuti dal pubblico ministero e dalla polizia giudiziaria ai quali il difensore ha diritto di assistere, sono depositati nella segreteria del pubblico ministero entro il terzo giorno successivo al compimento dell'atto, con facoltà per il difensore di esaminarli ed estrarne copia nei cinque giorni successivi. Quando non è stato dato avviso del compimento dell'atto, al difensore è immediatamente notificato l'avviso di deposito e il termine decorre dal ricevimento della notificazione. Il difensore ha facoltà di esaminare le cose sequestrate nel luogo in cui esse si trovano e, se si tratta di documenti, di estrarne copia.

2. Il pubblico ministero, con decreto motivato, può disporre, per gravi motivi, che il deposito degli atti indicati nel comma 1 e l'esercizio della facoltà indicata nel terzo periodo dello stesso comma siano ritardati, senza pregiudizio di ogni altra attività del difensore, per non oltre trenta giorni. Contro il decreto del pubblico ministero la persona sottoposta ad indagini ed il difensore possono proporre opposizione al giudice, che provvede ai sensi dell'articolo 127.

La l. 7.12.2000, n. 397, ha aggiunto il co. 1 e ha così sostituito il co. 2.

• A completamento della disciplina che regola il diritto all'assistenza difensiva a taluni atti investigativi del p.m. (→ **Soggetti**, art. 51) e della p.g. (→ art. 55) – con preavviso (artt. 350 co. 1-4, 360, 364 e 370 co. 2) o senza preavviso (artt. 356, 365 e 370 co. 2) – è prescritto il **deposito** dei relativi verbali [raccolti in separato fascicolo sino alla scadenza del termine per esaminarli ed estrarne copia (→ **Disp. att.**, art. 118)], con immediata notifica dell'**avviso di deposito** al difensore al quale non è stato dato avviso del compimento dell'atto (artt. 356, 365 e 370 co. 2).

• La facoltà del difensore di **esaminare gli atti** ed **estrarre copia** *ex* art. 366 co. 1 primo periodo si caratterizza in termini di specialità rispetto alla facoltà, accordata a chiunque vi abbia interesse, di ottenere anche durante il procedimento il rilascio di copie, estratti o certificati di singoli atti, fermo il divieto di pubblicazione di cui all'art. 114 (→ **Atti**, art. 116).

• Nell'esercizio della facoltà di **esaminare le cose sequestrate** nel luogo in cui esse si trovano *ex* art. 366 co. 1 terzo periodo, il difensore può avvalersi di un consulente tecnico, chiedendo apposita autorizzazione (→ **Prove**, art. 233 co. 1 *bis* e 1 *ter*).

• Il regime di conoscibilità dell'atto, in virtù della partecipazione personale da parte della persona sottoposta alle indagini (→ **Soggetti**, art. 61) o del difensore (→ art. 96 s.) ovvero con la notificazione dell'avviso di deposito *ex* art. 366, determina il venir meno del **segreto investigativo** (art. 329).

367. Memorie e richieste dei difensori.

1. Nel corso delle indagini preliminari i difensori hanno facoltà di presentare memorie e richieste scritte al pubblico ministero.

• V. *sub* **art. 368.**

368. Provvedimenti del giudice sulla richiesta di sequestro.

1. Quando, nel corso delle indagini preliminari, il pubblico ministero ritiene che non si debba disporre il sequestro richiesto dall'interessato, trasmette la richiesta con il suo parere, al giudice per le indagini preliminari.

• Nel corso delle indagini preliminari, la **difesa tecnica** – di cui sono manifestazione sia il diritto della persona sottoposta alle indagini (→ **Soggetti**, art. 61) all'assistenza difensiva a taluni atti investigativi del p.m. (→ art. 50 s.) e della p.g. (→ art. 55) [con preavviso (artt. 350 co. 1-4, 360, 364 e 370 co. 2) o senza preavviso (artt. 356, 365 e 370 co. 2)] sia l'attività investigativa che il difensore può svolgere per ricercare e individuare elementi di prova a favore del proprio assistito (art. 327 *bis*), nelle forme e per le finalità stabilite dagli artt. 391 *bis* s. – si esprime, altresì, nella facoltà dei difensori di presentare **memorie** e **richieste** scritte al p.m. *ex* **artt. 367** e **368**, ovvero al g.i.p. (→ **Atti**, art. 121).

• Quanto all'interlocuzione con il p.m., l'art. 367 **non** prevede un **dovere** di **risposta** o di **attivazione** a seguito dell'interpello difensivo, fatta salva *ex* art. 368 la trasmissione al g.i.p. (art. 328), con il proprio parere, della richiesta di sequestro formulata dall'interessato che il magistrato inquirente ritenga di non disporre [il meccanismo è applicabile anche in caso di rifiuto opposto dalla pubblica amministrazione alla richiesta di documenti formulata dal difensore-inquirente (**art. 391** ***quater***)]. Allo stesso modo, a fronte delle istanze della difesa, il p.m. non è tenuto a disporre l'**audizione** della persona che abbia esercitato la facoltà di non rispondere in sede di investigazioni difensive (**art. 391** ***bis*** **co. 10**) né a compiere gli atti di indagine richiesti dall'indagato dopo la notifica dell'**avviso di conclusione indagini** (art. 415 *bis* co. 3). Sussistono, nondimeno, sollecitazioni in tal senso derivanti dal principio di **tendenziale completezza** delle indagini preliminari (→ **Cost.**, art. 112; Corte cost., **88** del **1991**; **115** del **2001**; artt. 326 e 358).

369. Informazione di garanzia.

1. Solo quando deve compiere un atto al quale il difensore ha diritto di assistere, il pubblico ministero notifica alla persona sottoposta alle indagini e alla persona offesa una informazione di garanzia con indicazione delle norme di legge che si assumono violate, della data e del luogo del fatto e con invito a esercitare la facoltà di nominare un difensore di fiducia.

1 *bis*. Il pubblico ministero informa altresì la persona sottoposta alle indagini e la persona offesa del diritto alla comunicazione previsto dall'articolo 335, comma 3.

1 *ter*. Il pubblico ministero avvisa inoltre la persona sottoposta alle indagini e la persona offesa che hanno facoltà di accedere ai programmi di giustizia riparativa.

2. [Soppresso.]

Il co. 1 è stato così modificato dalla l. 8.8.1995, n. 332. Il co. 1 *bis* è stato aggiunto dal d. lgs. 1.7.2014, n. 101. Il d. lgs. 10.10.2022, n. 150, ha modificato il co. 1, inserito il co. 1 *ter* e abrogato il co. 2.

• Strettamente connessa all'esigenza di assicurare che «la persona accusata di un reato sia, nel più breve tempo possibile, informata riservatamente della natura e dei motivi dell'accusa elevata a suo carico» (→ **Cedu**, art. 6 § 3 lett. *a*; → **Cost.**, art. 111 co. 3), l'informazione di garanzia è inviata dal p.m. (→ **Soggetti**, art. 50 s.), alla persona sottoposta alle indagini (→ art. 61) e alla persona offesa dal reato (→ art. 90 s.), «**solo**» al compimento di un atto garantito dall'assistenza difensiva [con preavviso (artt. 360, 364 e 370 co. 2) o senza preavviso (artt. 365 e 370 co. 2)]. L'omesso adempimento è riconducibile alle ipotesi di nullità (→ **Atti**, art. 178 s.).

• Alla sola persona sottoposta alle indagini, il p.m. notifica, altresì, l'**informazione sul diritto di difesa** *ex* **art. 369** ***bis***, sempre al compimento del primo atto garantito dall'assistenza difensiva o, comunque, in corrispondenza delle ulteriori attività ivi stabilite, a pena di nullità – qui prevista *expressis verbis* – degli atti successivi.

• Alla sola persona offesa, sin dal primo contatto con l'autorità procedente vengono fornite, in una lingua a lei comprensibile, talune specifiche **informazioni** in merito a diritti e facoltà riconosciuti all'offeso dal reato (→ **Soggetti**, art. 90 *bis*).

• Ulteriori strumenti che consentono di acquisire conoscenza del procedimento, oltre agli atti che prevedono il coinvolgimento personale della persona sottoposta alle indagini, della persona offesa e dei rispettivi difensori, sono il diritto alla comunicazione delle **iscrizioni** nel **registro delle notizie di reato** (art. 335 co. 3) – con informativa *ad hoc* sia all'indagato che all'offeso nell'informazione di garanzia *ex* art. 369 co. 1 *bis* [alla sola persona offesa, l'informazione in merito alla facoltà di ricevere comunicazione del procedimento e delle iscrizioni di cui all'art. 335 co. 1, 2 e 3 *ter* è prevista sin dal primo contatto con l'autorità procedente (→ **Soggetti**, art. 90 *bis* co. 1 lett. *b*)] – nonché l'**avviso di conclusione delle indagini preliminari** (art. 415 *bis*).

• L'avviso alla persona sottoposta alle indagini (o all'imputato: → **Soggetti**, art. 60) e alla persona offesa della facoltà di accedere ai programmi di **giustizia riparativa** (→ **Atti**, art. 129 *bis*) è impartito, altresì, con l'avviso di fissazione a seguito della richiesta di archiviazione (art. 409), con l'avviso di fissazione dell'udienza preliminare (art. 419 co. 3 *bis*), con il decreto che dispone il giudizio (art. 429 co. 1 lett. *d bis*) e con il decreto di citazione diretta a giudizio (→ **Procedimento davanti al tribunale in composizione monocratica**, art. 552 co. 1 lett. *h bis*).

• La persona sottoposta alle indagini che abbia conoscenza del procedimento ai sensi dell'art. 335 o dell'art. 369 – la persona offesa soltanto in tale ultimo caso – se ritiene che il reato appartenga alla competenza (→ **Soggetti**, art. 4 s.) di un giudice diverso da quello presso il quale il p.m. che procede esercita le sue funzioni, può chiedere la trasmissione degli atti presso il giudice competente (→ art. 54 *quater*).

• In attuazione della **direttiva 2010/64/UE** sul diritto all'interpretazione e alla traduzione nei procedimenti penali, se l'imputato non conosce la lingua italiana è prevista la **traduzione scritta** dell'informazione di garanzia *ex* art. 369 e dell'informazione sul diritto di difesa *ex* art. 369 *bis*.

369 *bis*. Informazione della persona sottoposta alle indagini sul diritto di difesa.

1. Al compimento del primo atto a cui il difensore ha diritto di assistere e, comunque, prima dell'invito a presentarsi per rendere l'interrogatorio ai sensi del combinato disposto degli articoli 375, comma 3, e 416, ovvero, al più tardi, contestualmente all'avviso della conclusione delle indagini preliminari ai sensi dell'articolo 415 *bis*, il pubblico ministero, a pena di nullità degli atti successivi, notifica alla persona sottoposta alle indagini la comunicazione della nomina del difensore d'ufficio.

2. La comunicazione di cui al comma 1 deve contenere:

a) l'informazione della obbligatorietà della difesa tecnica nel processo penale, con l'indicazione della facoltà e dei diritti attribuiti dalla legge alla persona sottoposta alle indagini;

b) il nominativo del difensore d'ufficio e il suo indirizzo e recapito telefonico;

c) l'indicazione della facoltà di nominare un difensore di fiducia con l'avvertimento che, in mancanza, l'indagato sarà assistito da quello nominato d'ufficio;

d) l'indicazione dell'obbligo di retribuire il difensore d'ufficio ove non sussistano le condizioni per accedere al beneficio di cui alla lettera *e*) e l'avvertimento che, in caso di insolvenza, si procederà ad esecuzione forzata;

d bis) l'informazione del diritto all'interprete ed alla traduzione di atti fondamentali;

e) l'indicazione delle condizioni per l'ammissione al patrocinio a spese dello Stato.

Articolo aggiunto dalla l. 6.3.2001, n. 60. Il d. lgs. 1.7.2014, n. 101, ha così modificato il co. 1 e ha aggiunto la lett. *d bis* del co. 2.

• V. *sub* **art. 369**.

370. Atti diretti e atti delegati.

1. Il pubblico ministero compie personalmente ogni attività di indagine. Può avvalersi della polizia giudiziaria per il compimento di attività di indagine e di atti specificamente delegati, ivi compresi gli interrogatori ed i confronti cui partecipi la persona sottoposta alle indagini che si trovi in stato di libertà, con l'assistenza necessaria del difensore.

1 *bis*. Quando la persona sottoposta alle indagini e il difensore vi consentono, il pubblico ministero può disporre che l'interrogatorio della persona sottoposta alle indagini si svolga a distanza. Allo stesso modo, il pubblico ministero provvede nei casi in cui il compimento dell'interrogatorio è delegato alla polizia giudiziaria ai sensi del comma 1.

2. Quando procede a norma del comma 1, la polizia giudiziaria osserva le disposizioni degli

articoli 364, 365 e 373 e, nel caso di cui al comma 1 *bis*, le disposizioni dell'articolo 133 *ter* in quanto compatibili.

2 *bis*. Se si tratta del delitto previsto dall'articolo 575 del codice penale, nella forma tentata, o di uno dei delitti, consumati o tentati, previsti dagli articoli 572, 609 *bis*, 609 *ter*, 609 *quater*, 609 *quinquies*, 609 *octies*, 612 *bis* e 612 *ter* del codice penale, ovvero dagli articoli 582 e 583 *quinquies* del codice penale nelle ipotesi aggravate ai sensi degli articoli 576, primo comma, numeri 2, 5 e 5.1, e 577, primo comma, numero 1 e secondo comma, del medesimo codice, la polizia giudiziaria procede senza ritardo al compimento degli atti delegati dal pubblico ministero.

2 *ter*. Nei casi di cui al comma 2 *bis*, la polizia giudiziaria pone senza ritardo a disposizione del pubblico ministero la documentazione dell'attività nelle forme e con le modalità previste dall'articolo 357.

3. Per singoli atti da assumere nella circoscrizione di altro tribunale, qualora non ritenga di procedere personalmente e, nei casi di interrogatorio, di provvedere ai sensi del comma 1 *bis*, il pubblico ministero può delegare, secondo la rispettiva competenza per materia, il pubblico ministero presso il tribunale [o la pretura] del luogo.

4. Quando ricorrono ragioni di urgenza o altri gravi motivi, il pubblico ministero delegato a norma del comma 3 ha facoltà di procedere di propria iniziativa anche agli atti che a seguito dello svolgimento di quelli specificamente delegati appaiono necessari ai fini delle indagini.

Il co. 1 è stato così sostituito dal d.l. 8.6.1992, n. 306, conv., con modif., dalla l. 7.8.1992, n. 356. Le parole fra parentesi quadre, nel co. 3, sono state soppresse dal d. lgs. 19.2.1998, n. 51. I co. 2 *bis* e 2 *ter* sono stati inseriti dalla l. 19.7.2019, n. 69 (c.d. Codice Rosso). Il co. 2 *bis* è stato modificato dalla l. 27.9.2021, n. 134. Il d. lgs. 10.10.2022, n. 150, ha inserito il co. 1 *bis* e integrato i co. 2 e 3.

• La disciplina conferma il rapporto di **dipendenza funzionale** tra p.m. e p.g., in attuazione del principio generale (art. 327) – di chiara matrice costituzionale (→ **Cost.**, art. 109) – secondo cui il p.m. (→ **Soggetti**, art. 50 s.), *dominus* delle indagini, ne assume la direzione e dispone direttamente della p.g. (→ art. 55).

• Impregiudicato il potere di dirigere le indagini riconosciuto al magistrato inquirente, dopo l'intervento del p.m. (art. 348 co. 3) la p.g. compie non soltanto gli atti investigativi specificamente delegati *ex* art. 370 (c.d. attività **delegata** di indagine), ma, altresì, esegue le direttive del p.m. (c.d. attività **guidata** di indagine) e svolge, di propria iniziativa, tutte le altre attività di indagine per accertare i reati ovvero richieste da elementi successivamente emersi, assicurando le fonti di prova, fermo il dovere di informarne prontamente il p.m. (c.d. attività **parallela** di indagine).

• Oltre all'interrogatorio (→ **Soggetti**, artt. 64 e 65) e al confronto (→ **Prove**, art. 211) cui partecipi la persona sottoposta alle indagini (→ **Soggetti**, art. 61) che non si trovi in stato di libertà – attività per le quali la delega è preclusa *ex* art. 370 co. 1 – il p.m. **non può delegare** la p.g. per il compimento di ispezioni, perquisizioni o sequestri presso gli uffici dei difensori, dovendo provvedere, nel corso delle indagini preliminari, personalmente il magistrato inquirente in forza di motivato decreto di autorizzazione del giudice (→ art. 103 co. 4).

• A norma del co. 1 *bis*, con il consenso della persona sottoposta alle indagini e del difensore, il p.m. può disporre lo svolgimento dell'atto a distanza, anche nei casi in cui il compimento dell'interrogatorio è delegato alla p.g., nell'osservanza delle disposizioni dell'art. 133 *ter* (→ **Atti**), in quanto compatibili.

• I doveri, stabiliti dai co. 2 *bis* e 2 *ter*, di procedere **senza ritardo** al compimento degli atti delegati e di porre, sempre senza ritardo, la documentazione dell'attività a disposizione del p.m., si collegano all'obbligo per la p.g. di dare al p.m. comunicazione della notizia di reato **immediatamente** e anche in forma orale (art. 347 co. 3) e alla previsione per cui il p.m. assume informazioni dalla persona offesa e da chi ha presentato denuncia, querela o istanza nel termine di **tre giorni** dall'iscrizione della notizia di reato (art. 362 co. 1 *ter*), con il fine comune di imprimere rapidità alle indagini in ordine ai reati ivi indicati (**Corte edu**, 2.3.2017, Talpis c. Italia).

371. Rapporti tra diversi uffici del pubblico ministero.

1. Gli uffici diversi del pubblico ministero che procedono a indagini collegate, si coordinano tra loro per la speditezza, economia ed efficacia delle indagini medesime. A tali fini provvedono allo scambio di atti e di informazioni nonché alla comunicazione delle direttive rispettivamente impartite alla polizia giudiziaria. Possono altresì procedere, congiuntamente, al compimento di specifici atti.

2. Le indagini di uffici diversi del pubblico ministero si considerano collegate:

a) se i procedimenti sono connessi a norma dell'articolo 12 [ovvero si tratta di reato continuato o di reati commessi da più persone in danno reciproco le une delle altre];

b) se si tratta di reati dei quali gli uni sono stati commessi in occasione degli altri, o per conseguirne o assicurarne al colpevole o ad altri il profitto, il prezzo, il prodotto o l'impunità, o che sono stati commessi da più persone in danno reciproco le une delle altre, ovvero se la prova di un reato o di una sua circostanza influisce sulla prova di un altro reato o di un'altra circostanza;

c) se la prova di più reati deriva, anche in parte, dalla stessa fonte.

3. Salvo quanto disposto dall'articolo 12, il collegamento delle indagini non ha effetto sulla competenza.

Nel co. 2, la l. 1.3.2001, n. 63, ha soppresso le parole tra parentesi quadre nella lett. *a* e ha così sostituito la lett. *b*.

• Il **collegamento investigativo** sussistente nelle ipotesi di cui all'art. 371 co. 2 lett. *a*, *b* e *c* prelude al **coordinamento investigativo** tra uffici diversi del p.m. (→ **Soggetti**, art. 51), con finalità di speditezza, economia ed efficacia delle indagini collegate, ai sensi dell'art. 371 co. 1.

• Quando il coordinamento non è stato promosso o non risulta effettivo, il P.G. presso la corte di appello (→ **Soggetti**, art. 51 co. 1 lett. *b*) può **riunire** i procuratori della Repubblica (→ art. 51 co. 1 lett. *a*) che procedono a indagini collegate, anche di intesa con i P.G. presso le corti d'appello interessate se i procuratori della Repubblica appartengono a distretti diversi (→ **Disp. att.**, art. 118 *bis*). Se tali riunioni non hanno dato esito e si procede per i delitti di cui agli artt. 270 *bis*, 280, 285, 286, 289 *bis*, 305, 306, 416 c.p. nei casi in cui è obbligatorio l'arresto in flagranza, e 422 c.p., il P.G. presso la corte di appello, assunte le necessarie informazioni, dispone con decreto motivato l'**avocazione** delle indagini preliminari (**art. 372 co. 1 *bis***).

• L'istituzione delle **procure distrettuali** (→ **Soggetti**, art. 51 co. 3 *bis*, 3 *quater* e 3 *quinquies*), cui sono attribuite le funzioni di p.m. nelle indagini preliminari e nel procedimento di primo grado per i delitti di cui all'**art. 51 co. 3 *bis*, 3 *quater*** e **3 *quinquies***, previene in radice il mancato coordinamento tra procuratori della Repubblica del medesimo distretto.

• Nei procedimenti per i delitti indicati nell'**art. 51 co. 3 *bis*** e **co. 3 *quater*** e in relazione ai procedimenti di prevenzione antimafia e antiterrorismo, nei confronti dei procuratori distrettuali (→ **Soggetti**, art. 51 co. 3 *bis* e 3 *quater*) le funzioni di impulso al coordinamento sono esercitate dal **procuratore nazionale antimafia e antiterrorismo** (**art. 371 *bis***) [attraverso – *inter alia* – specifiche **direttive** per prevenire o risolvere i contrasti in ordine alle modalità per realizzare il coordinamento (co. 3 lett. *f*), **riunioni** per risolvere i contrasti insorti malgrado le direttive impartite, che hanno impedito di promuovere o di rendere effettivo il coordinamento (co. 3 lett. *g*) o, infine, **avocazione** delle indagini preliminari per i delitti indicati nell'art. 51 co. 3 *bis* e 3 *quater*, quando le riunioni disposte non hanno dato esito e il coordinamento non è stato possibile a causa della perdurante e ingiustificata inerzia nell'attività di indagine e della ingiustificata e reiterata violazione dei doveri previsti dall'art. 371 ai fini del coordinamento delle indagini (co. 3 lett. *h*)]. Nei casi di avocazione da parte del procuratore nazionale antimafia e antiterrorismo (art. 371 *bis* co. 3 lett. *h*), le funzioni di pubblico ministero nelle indagini preliminari e nel procedimento di primo grado sono esercitate da magistrati della **Direzione nazionale antimafia e antiterrorismo** (→ **Soggetti**, art. 51 co. 2).

• Se le indagini preliminari riguardano procedimenti in cui è indispensabile mantenere il collegamento tra più uffici del p.m. a norma dell'art. 371, la **durata massima** delle indagini è di due anni (art. 407 co. 2 lett. *d*).

• I casi di collegamento investigativo *ex* art. 371 co. 2 lett. *b* sono tra quelli che giustificano la **riunione** dei processi (→ **Soggetti**, art. 17).

• Con riferimento alla persona imputata (→ **Soggetti**, art. 60) o sottoposta alle indagini (→ art. 61) nel procedimento collegato ai sensi dell'**art. 371 co. 2 lett. *b***, sono previsti un particolare criterio di valutazione delle dichiarazioni rese (→ **Prove**, art. 192 co. 4), una specifica ipotesi di incompatibilità a testimoniare (→ art. 197 co. 1 lett. *b*), un peculiare statuto per acquisire il suo contributo dichiarativo in indagini (artt. 351 co. 1 *bis* e 363 co. 2) o nel processo (→ **Prove**, artt. 197 *bis* e 210 co. 6), con ricadute anche in punto di incompatibilità del difensore (→ **Soggetti**, art. 106 co. 4 *bis*).

371 *bis*. Attività di coordinamento del procuratore nazionale antimafia e antiterrorismo.

1. Il procuratore nazionale antimafia e antiterrorismo esercita le sue funzioni in relazione ai procedimenti per i delitti indicati nell'articolo 51, comma 3 *bis* e comma 3 *quater*, e in relazione ai procedimenti di prevenzione antimafia e antiterrorismo. In relazione ai procedimenti per i delitti di cui all'articolo 51, comma 3 *bis* dispone della direzione investigativa antimafia e dei servizi centrali e interprovinciali delle forze di polizia e impartisce direttive intese a regolarne l'impiego a fini investigativi. In relazione ai procedimenti per i delitti di cui all'articolo 51, comma 3 *quater*, si avvale altresì dei servizi centrali e interprovinciali delle forze di polizia e impartisce direttive intese a regolarne l'impiego a fini investigativi.

2. Il procuratore nazionale antimafia e antiterrorismo esercita funzioni di impulso nei confronti dei procuratori distrettuali al fine di rendere effettivo il coordinamento delle attività di indagine, di garantire la funzionalità dell'impiego della polizia giudiziaria nelle sue diverse articolazioni e di assicurare la completezza e tempestività delle investigazioni.

3. Per lo svolgimento delle funzioni attribuitegli dalla legge, il procuratore nazionale antimafia e antiterrorismo, in particolare:

a) d'intesa con i procuratori distrettuali interessati, assicura il collegamento investigativo anche per mezzo dei magistrati della Direzione nazionale antimafia e antiterrorismo;

b) cura, mediante applicazioni temporanee dei magistrati della direzione nazionale antimafia e antiterrorismo e delle procure distrettuali, la necessaria flessibilità e mobilità che soddisfino specifiche e contingenti esigenze investigative o processuali;

c) ai fini del coordinamento investigativo e della repressione dei reati provvede all'acquisizione e all'elaborazione di notizie, informazioni e dati attinenti alla criminalità organizzata e ai delitti di terrorismo, anche internazionale;

d-e) [Soppresse;]

f) impartisce ai procuratori distrettuali specifiche direttive alle quali attenersi per prevenire o risolvere contrasti riguardanti le modalità secondo le quali realizzare il coordinamento nell'attività di indagine;

g) riunisce i procuratori distrettuali interessati al fine di risolvere i contrasti che, malgrado le direttive specifiche impartite, sono insorti e hanno impedito di promuovere o di rendere effettivo il coordinamento;

h) dispone con decreto motivato, reclamabile al procuratore generale presso la corte di cassazione, l'avocazione delle indagini preliminari relative a taluno dei delitti indicati nell'articolo 51, comma 3 *bis* e comma 3 *quater*, quando non hanno dato esito le riunioni disposte al fine di promuovere o rendere effettivo il coordinamento e questo non è stato possibile a causa della:

1) perdurante e ingiustificata inerzia nella attività di indagine;

2) ingiustificata e reiterata violazione dei doveri previsti dall'articolo 371 ai fini del coordinamento delle indagini;

3) [Soppresso.]

4. Il procuratore nazionale antimafia e antiterrorismo provvede alla avocazione dopo aver assunto sul luogo le necessarie informazioni personalmente o tramite un magistrato della direzione nazionale antimafia e antiterrorismo all'uopo designato. Salvi casi particolari, il procura-

tore nazionale antimafia e antiterrorismo o il magistrato da lui designato non può delegare per il compimento degli atti di indagine altri uffici del pubblico ministero.

La rubrica è stata così modificata dal d.l. 18.2.2015, n. 7, conv., con modif., dalla l. 17.4.2015, n. 43. L'articolo è stato aggiunto dal d.l. 20.11.1991, n. 367, conv., con modif., dalla l. 20.1.1992, n. 8. Il co. 1, il co. 2, il primo alinea del co. 3, le lett. *a*, *b*, *c* e *h* del co. 3 e il co. 4 sono stati così modificati dal d.l. 7 del 2015, conv., con modif., dalla l. 43 del 2015. Le lett. *d* ed *e* del co. 3 sono state soppresse dall'allegato alla l. 8 del 1992, che ha convertito in legge il d.l. 367 del 1991. Il n. 3 del co. 3 è stato soppresso dall'allegato alla l. 8 del 1992, che ha convertito in legge il d.l. 367 del 1991.

• V. *sub* **art. 371**.

372. Avocazione delle indagini.

1. Il procuratore generale presso la corte di appello dispone con decreto motivato, e assunte, quando occorre, le necessarie informazioni, l'avocazione delle indagini preliminari quando:

a) in conseguenza dell'astensione o della incompatibilità del magistrato designato non è possibile provvedere alla sua tempestiva sostituzione;

b) il capo dell'ufficio del pubblico ministero ha omesso di provvedere alla tempestiva sostituzione del magistrato designato per le indagini nei casi previsti dall'articolo 36 comma 1 lettere *a*), *b*), *d*), *e*).

1 *bis*. Il procuratore generale presso la corte di appello, assunte le necessarie informazioni, dispone altresì con decreto motivato l'avocazione delle indagini preliminari relative ai delitti previsti dagli articoli 270 *bis*, 280, 285, 286, 289 *bis*, 305, 306, 416 nei casi in cui è obbligatorio l'arresto in flagranza e 422 del codice penale quando, trattandosi di indagini collegate, non risulta effettivo il coordinamento delle indagini previste dall'articolo 371, comma 1, e non hanno dato esito le riunioni per il coordinamento disposte o promosse dal procuratore generale anche d'intesa con altri procuratori generali interessati.

Il co. 1 *bis*, aggiunto dal d.l. 9.9.1991, n. 292, conv., con modif., dalla l. 8.11.1991, n. 356, è stato così sostituito dal d.l. 20.11.1991, n. 367 conv., con modif., dalla l. 20.1.1992, n. 8.

• L'avocazione è lo strumento di natura **eccezionale** mediante il quale il P.G. presso la corte di appello subentra al procuratore della Repubblica presso il tribunale nell'esercizio delle funzioni di p.m. (→ **Soggetti**, art. 50 s.), nelle indagini preliminari e nei procedimenti di primo grado (→ art. 51 co. 2).

• In aggiunta alle situazioni *ex* co. 1 lett. *a* e *b*, che configurano ipotesi di avocazione c.d. **automatica** sul presupposto di un'inerzia in senso stretto, e al caso regolato dal co. 1 *bis*, qualificabile come avocazione c.d. **obbligatoria** (benché frutto di una valutazione complessa), la legge contempla ipotesi di avocazione c.d. **discrezionale**.

• Più precisamente, il P.G. presso la corte di appello «può disporre» l'avocazione, con decreto motivato, se il p.m. non ha disposto la notifica dell'avviso di conclusione delle indagini preliminari (art. 415 *bis*), oppure non ha esercitato l'azione penale o richiesto l'archiviazione, entro i termini previsti dagli artt. 407 *bis* co. 2, 415 *bis* co. 5 *ter* e 415 *ter* co. 3 (**art. 412 co. 1**). In tale evenienza, sia la persona sottoposta alle indagini (→ **Soggetti**, art. 61) che la persona offesa dal reato (→ art. 90 s.) possono chiedere al P.G. di disporre l'avocazione (**art. 413**).

• Ulteriori casi di avocazione c.d. discrezionale sono previsti nel contesto della procedura di archiviazione della notizia di reato (art. 408 s.), allorché il g.i.p. (art. 328) abbia fissato entro tre mesi udienza in camera di consiglio (art. 409 co. 2), dandone comunicazione al P.G. presso la corte d'appello *ex* art. 409 co. 3, non avendo accolto in prima battuta la richiesta di archiviazione formulata dal p.m. (**art. 412 co. 2**) oppure perché ritiene ammissibile l'opposizione alla richiesta di archiviazione presentata dalla persona offesa dal reato (**art. 410 co. 3**). Allo stesso modo, il P.G. presso la corte d'appello può disporre l'avocazione a seguito della comunicazione del provvedimento con cui il giudice dell'udienza preliminare (art. 418 s.) ha ordinato al p.m. l'integrazione delle indagini ritenute incomplete (**art. 421 *bis* co. 2**).

• L'avocazione c.d. discrezionale può essere, inoltre, disposta dal P.G. presso la corte di appello a seguito della comunicazione del decreto motivato con cui il giudice, su richiesta della persona sottoposta alle indagini o della persona offesa, non avendo il p.m. esercitato l'azione penale né richiesto l'archiviazione alla scadenza dei termini di cui all'art. 407 *bis* co. 2, abbia ordinato al procuratore della Repubblica di assumere le determinazioni sull'azione penale entro un termine non superiore a venti giorni (**art. 415 *bis* co. 5 *quater***).

• In ipotesi di mancato coordinamento investigativo a fronte di indagini collegate (art. 371), fermo il potere di avocazione del P.G. presso la corte di appello *ex* art. 372 co. 1 *bis*, se si procede per i delitti di cui all'**art. 51 co. 3 *bis* e co. 3 *quater*** (→ **Soggetti**), l'avocazione è di competenza del **procuratore nazionale antimafia e antiterrorismo** (**art. 371 *bis* co. 3 lett. *h***). In tale evenienza, le funzioni di p.m. nelle indagini preliminari e nel procedimento di primo grado sono esercitate da magistrati della Direzione nazionale antimafia e antiterrorismo (→ **Soggetti**, art. 51 co. 2).

373. Documentazione degli atti.

1. Salvo quanto disposto in relazione a specifici atti, è redatto verbale:

a) delle denunce, querele e istanze di procedimento presentate oralmente;

b) degli interrogatori e dei confronti con la persona sottoposta alle indagini;

c) delle ispezioni, delle perquisizioni e dei sequestri;

d) delle informazioni assunte a norma dell'articolo 362;

d bis) dell'interrogatorio assunto a norma dell'articolo 363;

e) degli accertamenti tecnici compiuti a norma dell'articolo 360.

2. Il verbale è redatto secondo le modalità previste nel titolo III del libro II.

2 *bis*. Alla documentazione degli interrogatori di cui al comma 1, lettere *b*) e *d bis*), si procede anche con mezzi di riproduzione audiovisiva o, se ciò non è possibile a causa della contingente indisponibilità di mezzi di riproduzione audiovisiva o di personale tecnico, con mezzi di riproduzione fonografica.

2 *ter*. Quando le indagini riguardano taluno dei delitti di cui all'articolo 407, comma 2, lettera *a*), oppure quando la persona informata sui fatti ne faccia richiesta, alla documentazione delle informazioni di cui al comma 1, lettera *d*), si procede altresì mediante riproduzione fonografica, salva la contingente indisponibilità di strumenti di riproduzione o di personale tecnico.

2 *quater*. Le dichiarazioni della persona minorenne, inferma di mente o in condizioni di particolare vulnerabilità sono documentate integralmente, a pena di inutilizzabilità, con mezzi di riproduzione audiovisiva o fonografica, salvo che si verifichi una contingente indisponibilità di strumenti di riproduzione o di personale tecnico e sussistano particolari ragioni di urgenza che non consentano di rinviare l'atto.

2 *quinquies*. La trascrizione della riproduzione audiovisiva o fonografica di cui ai commi 2 *bis* e 2 *ter* è disposta solo se assolutamente indispensabile e può essere effettuata anche dalla polizia giudiziaria che assiste il pubblico ministero.

3. Alla documentazione delle attività di indagine preliminare, diverse da quelle previste dal comma 1, si procede soltanto mediante la redazione del verbale in forma riassuntiva ovvero, quando si tratta di atti a contenuto semplice o di limitata rilevanza, mediante le annotazioni ritenute necessarie.

4. Gli atti sono documentati nel corso del loro compimento ovvero immediatamente dopo quando ricorrono insuperabili circostanze, da indicarsi specificamente, che impediscono la documentazione contestuale.

5. L'atto contenente la notizia di reato e la documentazione relativa alle indagini sono conservati in apposito fascicolo presso l'ufficio del pubblico ministero assieme agli atti trasmessi dalla polizia giudiziaria a norma dell'articolo 357.

6. Alla redazione del verbale e delle annotazioni provvede l'ufficiale di polizia giudiziaria o l'ausiliario che assiste il pubblico ministero. Si applica la disposizione dell'articolo 142.

Nel co. 1, il d.l. 8.6.1992, n. 306, conv., con modif., dalla l. 7.8.1992, n. 356, ha così sostituito la lett. *d* e ha aggiunto la lett. *d bis*. Il d. lgs. 10.10.2022, n. 150 ha modificato la lett. *d*) del co. 1 e inserito i co. 2 *bis*, 2 *ter*, 2 *quater* e 2 *quinquies*.

• Nel regolare la documentazione degli atti del p.m., la norma fissa la distinzione tra **verbale (co. 1)** [con rinvio a forme e modalità previste dal Titolo III del **Libro II** (→ **Atti**, art. 134 s.) *ex* art. 373 co. 2] e **verbale in forma riassuntiva** ovvero **annotazioni** (**co. 3**), per le quali ultime sono previsti requisiti di contenuto minimo (→ **Disp. att.**, artt. 115 co. 1 e 119).

• La previsione contempla, inoltre, talune ipotesi di documentazione "rafforzata". Si tratta degli interrogatori (→ **Soggetti**, art. 64 e 65) e dei confronti (→ **Prove**, art. 211 s.) con la persona sottoposta alle indagini e dell'interrogatorio assunto a norma dell'art. 363, documentati anche con mezzi di **riproduzione audiovisiva** o, se ciò non è possibile a causa della contingente indisponibilità di mezzi di riproduzione audiovisiva o di personale tecnico, con mezzi di **riproduzione fonografica** (**co. 2 *bis***). Regole peculiari valgono, altresì, per la documentazione delle informazioni assunte a norma dell'art. 362: mediante **riproduzione fonografica** (quando le indagini riguardano taluno dei delitti di cui all'articolo 407, comma 2, lettera *a*), oppure quando la persona informata sui fatti ne faccia richiesta: **co. 2 *ter***) ovvero integralmente, a pena di inutilizzabilità, con mezzi di **riproduzione audiovisiva o fonografica** (per le dichiarazioni della persona minorenne, inferma di mente o in condizioni di particolare vulnerabilità: **co. 2 *quater***).

• Il verbale è **nullo** (→ **Atti**, art. 177 s.) se vi è incertezza assoluta sulle persone intervenute o se manca la sottoscrizione del pubblico ufficiale che lo ha redatto (→ art. 142, richiamato dall'art. 373 co. 6).

• Quando il p.m. (→ **Soggetti**, art. 50 s.) si avvale della **p.g.** (→ art. 55) per il compimento di attività di indagine e di atti specificamente delegati, la p.g. osserva le forme di documentazione di cui all'art. 373 (art. 370 co. 2). In ogni caso, quando redige verbale della propria attività di indagine la p.g. osserva le forme e le modalità di cui all'art. 373 (art. 357 co. 3).

• **Chiuse le indagini**, il fascicolo contenente la notizia di reato (art. 330), la documentazione relativa alle indagini espletate – inclusi *ex* art. 373 co. 5 gli atti trasmessi dalla p.g. a norma dell'art. 357 – e i verbali degli atti compiuti davanti al g.i.p. (art. 328) [in particolare, i verbali degli atti assunti in incidente probatorio (art. 392)] è trasmesso al giudice con la richiesta di archiviazione (artt. 408, 411 e 415) ovvero con la richiesta di rinvio a giudizio (art. 416) o, ancora, con la richiesta di giudizio immediato (→ **Procedimenti speciali**, art. 454 co. 2) o di decreto penale di condanna (→ art. 459 co. 1), formulate dal p.m. **Dopo il decreto che dispone il giudizio** (art. 429), la documentazione degli atti del magistrato inquirente confluisce nel fascicolo del p.m. (art. 433), fatta salva l'acquisizione al fascicolo per il dibattimento – sia all'atto della sua formazione (art. 431) sia in sede di richieste di prova (→ **Giudizio**, art. 493 co. 3; → **Procedimento davanti al tribunale in composizione monocratica**, art. 555 co. 4) – che la rende passibile di impiego probatorio, previa lettura (→ **Giudizio**, art. 511). Fuori dei casi previsti dagli artt. 511, 512, 512 *bis* e 513, è vietata la lettura dei verbali delle dichiarazioni (→ art. 514 co. 1) nonché dei verbali e degli altri atti di documentazione delle attività compiute dalla p.g. (→ art. 514 co. 2).

374. Presentazione spontanea.

1. Chi ha notizia che nei suoi confronti sono svolte indagini, ha facoltà di presentarsi al pubblico ministero e di rilasciare dichiarazioni.
2. Quando il fatto per cui si procede è contestato a chi si presenta spontaneamente e questi è ammesso a esporre le sue discolpe, l'atto così compiuto equivale per ogni effetto all'interrogatorio. In tale ipotesi, si applicano le disposizioni previste dagli articoli 64, 65 e 364.
3. La presentazione spontanea non pregiudica l'applicazione di misure cautelari.

• Nell'ambito dell'attività d'indagine del p.m. (→ **Soggetti**, art. 50 s.), l'interrogatorio (→ artt. 64 e 65) può seguire la presentazione **spontanea** della persona sottoposta alle indagini (→ art. 61) *ex* art. 374, ovvero svolgersi su **invito** dello stesso magistrato inquirente (artt. 375 e 376).

• Con l'**avviso di conclusione delle indagini preliminari**, l'indagato è avvisato anche della facoltà di presentarsi per rilasciare dichiarazioni ovvero chiedere di essere sottoposto a interrogatorio; in simile evenienza, se è formulata richiesta di interrogatorio il p.m. deve procedervi (art. 415 *bis* co. 3).

• Quando è necessaria l'**autorizzazione a procedere**, l'interrogatorio, atto vietato nei confronti della persona rispetto alla quale è prevista l'autorizzazione fino a quando la stessa non sia stata concessa, diviene esperibile se lo richiede l'interessato (art. 343 co. 2).

• Se, dopo la presentazione spontanea, il p.m. contesta il fatto ai sensi dell'art. 374 co. 2, rendendo applicabili le disposizioni di cui agli artt. 64, 65 (→ **Soggetti**) e 364, le dichiarazioni assunte possono essere utilizzate per le **contestazioni** nell'esame dell'imputato (→ **Giudizio**, art. 503 co. 3) nonché, previa contestazione, acquisite al fascicolo per il dibattimento (→ art. 503 co. 5), trattandosi di dichiarazioni alle quali il difensore aveva diritto di assistere (art. 364). Le dichiarazioni rese dall'imputato al p.m. possono essere acquisite al fascicolo del dibattimento mediante **lettura** se l'imputato è assente o rifiuta di sottoporsi all'esame (→ art. 513 co. 1).

375. Invito a presentarsi.

1. Il pubblico ministero invita la persona sottoposta alle indagini a presentarsi quando deve procedere ad atti che ne richiedono la presenza.

2. L'invito a presentarsi contiene:

a) le generalità o le altre indicazioni personali che valgono a identificare la persona sottoposta alle indagini;

b) il giorno, l'ora e il luogo della presentazione nonché l'autorità davanti alla quale la persona deve presentarsi;

c) il tipo di atto per il quale l'invito è predisposto;

d) l'avvertimento che il pubblico ministero potrà disporre a norma dell'articolo 132 l'accompagnamento coattivo in caso di mancata presentazione senza che sia stato addotto legittimo impedimento.

3. Quando la persona è chiamata a rendere l'interrogatorio, l'invito contiene altresì la sommaria enunciazione del fatto quale risulta dalle indagini fino a quel momento compiute. L'invito può inoltre contenere, ai fini di quanto previsto dall'articolo 453, comma 1, l'indicazione degli elementi e delle fonti di prova e l'avvertimento che potrà essere presentata richiesta di giudizio immediato.

4. L'invito a presentarsi è notificato almeno tre giorni prima di quello fissato per la comparizione, salvo che, per ragioni di urgenza, il pubblico ministero ritenga di abbreviare il termine, purché sia lasciato il tempo necessario per comparire.

L'ultimo periodo del co. 3 è stato aggiunto dal d. lgs. 14.1.1991, n. 12.

• Previsto quando il p.m. (→ **Soggetti**, art. 50 s.) deve procedere ad atti che richiedono la **presenza** della persona sottoposta alle indagini (→ art. 61), l'invito a presentarsi è notificato in vista dell'interrogatorio (→ artt. 64 e 65), ovvero di altri atti di indagine quali l'ispezione (→ **Prove**, art. 244 s.), l'individuazione (art. 361) o il confronto (→ **Prove**, art. 211; art. 364).

• Fermo l'avvertimento alla persona sottoposta alle indagini che il p.m. potrà disporre l'**accompagnamento coattivo** (→ **Atti**, art. 132) in caso di mancata presentazione senza che sia stato addotto legittimo impedimento, quando si tratta di procedere ad atti di interrogatorio o confronto l'accompagnamento coattivo è disposto dal p.m. su **autorizzazione** del **giudice** (art. 376).

• Se l'indagato ha richiesto l'interrogatorio a seguito dell'avviso di conclusione delle indagini preliminari (art. 415 *bis* co. 3), è **nulla** (→ **Atti**, art. 177 s.) la richiesta di rinvio a giudizio non preceduta dall'invito a presentarsi *ex* art. 375 co. 3 (art. 416 co. 1).

• Tra i presupposti per il **giudizio immediato** richiesto dal p.m. (→ **Procedimenti speciali**, art. 453 co. 1), è previsto che la persona sottoposta alle indagini sia stata interrogata sui fatti dai quali emerge l'evidenza della prova ovvero che la stessa, a seguito di invito a presentarsi emesso con l'osservanza delle forme indicate nell'art. 375 co. 3, abbia omesso di comparire senza addurre un legittimo impedimento e sempre che non si tratti di persona irreperibile.

376. Accompagnamento coattivo per procedere a interrogatorio o a confronto.

1. Quando si tratta di procedere ad atti di interrogatorio o confronto, l'accompagnamento coattivo è disposto dal pubblico ministero su autorizzazione del giudice.

• Posto che l'accompagnamento coattivo (→ **Atti**, art. 132) della persona sottoposta alle indagini (→ **Soggetti**, art. 61) può essere disposto dal p.m. (→ art. 50 s.) in caso di mancata presentazione senza che sia stato addotto legittimo impedimento (art. 375 co. 2 lett. *d*), anche l'accompagnamento coattivo su autorizzazione del giudice *ex* art. 376 interviene se l'invito a presentarsi è andato deserto in **difetto di legittimo impedimento**.

377. Citazioni di persone informate sui fatti.

1. Il pubblico ministero può emettere decreto di citazione quando deve procedere ad atti che richiedono la presenza della persona offesa e delle persone in grado di riferire su circostanze utili ai fini delle indagini.

2. Il decreto contiene:

a) le generalità della persona;

b) il giorno, l'ora e il luogo della comparizione nonché l'autorità davanti alla quale la persona deve presentarsi;

c) l'avvertimento che il pubblico ministero potrà disporre a norma dell'articolo 133 l'accompagnamento coattivo in caso di mancata comparizione senza che sia stato addotto legittimo impedimento.

3. Il pubblico ministero provvede allo stesso modo per la citazione del consulente tecnico, dell'interprete e del custode delle cose sequestrate.

• V. *sub* **art. 362.**

378. Poteri coercitivi del pubblico ministero.

1. Il pubblico ministero ha, nell'esercizio delle sue funzioni, i poteri indicati nell'articolo 131.

• In attuazione del principio generale (art. 327) – di chiara matrice costituzionale (→ **Cost.**, art. 109) – secondo cui il p.m. (→ **Soggetti**, art. 51), *dominus* delle indagini, ne assume la direzione e dispone direttamente della p.g. (→ art. 55), l'art. 378 conferisce al magistrato inquirente il potere di chiedere l'intervento della p.g. (→ **Atti**, art. 131), a conferma del rapporto di **dipendenza funzionale** tra p.m. e p.g.

Titolo VI
ARRESTO IN FLAGRANZA E FERMO

379. Determinazione della pena.

1. Agli effetti delle disposizioni di questo titolo, la pena è determinata a norma dell'articolo 278.

• Per determinare i minimi e i massimi edittali di pena, sulla cui base individuare le ipotesi di reato che consentono di disporre le misure dell'**arresto in flagranza** – obbligatorio (art. 380) e facoltativo (art. 381) – e del **fermo di indiziato di delitto** (art. 384) [i reati per cui è possibile disporre l'allontanamento d'urgenza dalla casa familiare, invece, sono indicati soltanto nominativamente, mediante rinvio ai delitti di cui all'art. 282 *bis* co. 6 (art. 384 *bis*)], si seguono gli stessi criteri stabiliti agli effetti dell'applicazione delle **misure cautelari personali** (→ **Misure cautelari**, art. 278).

380. Arresto obbligatorio in flagranza.

1. Gli ufficiali e gli agenti di polizia giudiziaria procedono all'arresto di chiunque è colto in flagranza di un delitto non colposo, consumato o tentato, per il quale la legge stabilisce la pena dell'ergastolo o della reclusione non inferiore nel minimo a cinque anni e nel massimo a venti anni.

2. Anche fuori dei casi previsti dal comma 1, gli ufficiali e gli agenti di polizia giudiziaria procedono all'arresto di chiunque è colto in flagranza di uno dei seguenti delitti non colposi, consumati o tentati:

a) delitti contro la personalità dello Stato previsti nel titolo I del libro II del codice penale per i quali è stabilita la pena della reclusione non inferiore nel minimo a cinque anni o nel massimo a dieci anni;

a bis) delitto di violenza o minaccia ad un Corpo politico, amministrativo o giudiziario o ai suoi singoli componenti previsto dall'articolo 338 del codice penale;

b) delitto di devastazione e saccheggio previsto dall'articolo 419 del codice penale;

c) delitti contro l'incolumità pubblica previsti nel titolo VI del libro II del codice penale per i quali è stabilita la pena della reclusione non inferiore nel minimo a tre anni o nel massimo a dieci anni;

d) delitto di riduzione in schiavitù previsto dall'articolo 600, delitto di prostituzione minorile previsto dall'articolo 600 *bis*, primo comma, delitto di pornografia minorile previsto dall'articolo 600 *ter*, commi primo e secondo, anche se relativo al materiale pornografico di cui all'articolo 600 *quater*.1, e delitto di iniziative turistiche volte allo sfruttamento della prostituzione minorile previsto dall'articolo 600 *quinquies* del codice penale;

d.1) delitti di intermediazione illecita e sfruttamento del lavoro previsti dall'articolo 603 *bis*, secondo comma, del codice penale;

d bis) delitto di violenza sessuale previsto dall'articolo 609 *bis*, escluso il caso previsto dal terzo comma, e delitto di violenza sessuale di gruppo previsto dall'articolo 609 *octies* del codice penale;

d ter) delitto di atti sessuali con minorenne di cui all'articolo 609 *quater*, primo e secondo comma, del codice penale;

e) delitto di furto quando ricorre la circostanza aggravante prevista dall'articolo 4 della legge 8 agosto 1977, n. 533, o taluna delle circostanze aggravanti previste dall'articolo 625, primo comma, numeri 2), prima ipotesi, 3) e 5), nonché 7 *bis*), del codice penale, salvo che ricorra, in questi ultimi casi, la circostanza attenuante di cui all'articolo 62, primo comma, numero 4), del codice penale;

e bis) delitti di furto previsti dall'articolo 624 *bis* del codice penale, salvo che ricorra la circostanza attenuante di cui all'articolo 62, primo comma, numero 4), del codice penale;

f) delitto di rapina previsto dall'articolo 628 del codice penale e di estorsione previsto dall'articolo 629 del codice penale;

f bis) delitto di ricettazione, nell'ipotesi aggravata di cui all'articolo 648, primo comma, secondo periodo, del codice penale;

g) delitti di illegale fabbricazione, introduzione nello Stato, messa in vendita, cessione, detenzione e porto in luogo pubblico o aperto al pubblico di armi da guerra o tipo guerra o parti di esse, di esplosivi, di armi clandestine nonché di più armi comuni da sparo escluse quelle previste dall'articolo 2, comma terzo, della legge 18 aprile 1975, n. 110;

h) delitti concernenti sostanze stupefacenti o psicotrope puniti a norma dell'articolo 73 del testo unico approvato con decreto del Presidente della Repubblica 9 ottobre 1990, n. 309, salvo che per i delitti di cui al comma 5 del medesimo articolo;

i) delitti commessi per finalità di terrorismo o di eversione dell'ordine costituzionale per i quali la legge stabilisce la pena della reclusione non inferiore nel minimo a quattro anni o nel massimo a dieci anni;

l) delitti di promozione, costituzione, direzione e organizzazione delle associazioni segrete previste dall'articolo 1 della legge 25 gennaio 1982, n. 17 [della associazione di tipo mafioso prevista dall'articolo 416 *bis* comma 2 del codice penale], delle associazioni di carattere militare previste dall'articolo 1 della legge 17 aprile 1956, n. 561, delle associazioni, dei movimenti o dei gruppi previsti dagli articoli 1 e 2, della legge 20 giugno 1952, n. 645, delle organizzazioni, associazioni, movimenti o gruppi di cui all'articolo 3, comma 3, della legge 13 ottobre 1975, n. 654;

l bis) delitti di partecipazione, promozione, direzione e organizzazione della associazione di tipo mafioso prevista dall'articolo 416 *bis* del codice penale;

l ter) delitti di violazione dei provvedimenti di allontanamento dalla casa familiare e del divieto di avvicinamento ai luoghi frequentati dalla persona offesa, di maltrattamenti contro familiari e conviventi e di atti persecutori, previsti dagli articoli 387 *bis*, 572 e 612 *bis* del codice penale;

m) delitti di promozione, direzione, costituzione e organizzazione della associazione per delinquere prevista dall'articolo 416, commi 1 e 3, del codice penale, se l'associazione è diretta alla commissione di più delitti fra quelli previsti dal comma 1 o dalle lettere *a*), *b*), *c*), *d*), *f*), *g*), *i*) del presente comma;

m bis) delitti di fabbricazione, detenzione o uso di documento di identificazione falso previsti dall'articolo 497 *bis* del codice penale;

m ter) delitti di promozione, direzione, organizzazione, finanziamento o effettuazione di trasporto di persone ai fini dell'ingresso illegale nel territorio dello Stato, di cui all'articolo 12, commi 1 e 3, del testo unico delle disposizioni concernenti la disciplina dell'immigrazione e norme sulla condizione dello straniero, di cui al decreto legislativo 25 luglio 1998, n. 286, e successive modificazioni;

m quater) delitto di omicidio colposo stradale previsto dall'articolo 589 bis, secondo e terzo comma, del codice penale.

m quinquies) delitto di resistenza o di violenza contro una nave da guerra, previsto dall'articolo 1100 del codice della navigazione.

3. Se si tratta di delitto perseguibile a querela, l'arresto in flagranza è eseguito se la querela viene proposta, anche con dichiarazione resa oralmente all'ufficiale o all'agente di polizia giudiziaria presente nel luogo. Se l'avente diritto dichiara di rimettere la querela, l'arrestato è posto immediatamente in libertà.

Al co. 2, la lett. *a bis* è stata inserita dalla l. 3.7.2017, n. 105; la lett. *d* è stata così modificata prima dalla l. 3.8.1998, n. 269, e poi dalla l. 6.2.2006, n. 38; la lett. *d.1* è stata inserita dalla l. 29.10.2016, n. 199; la lett. *d bis* è stata aggiunta dal d.l. 23.2.2009, n. 11, conv., con modif., dalla l. 23.4.2009, n. 38; la lett. *d ter* è stata aggiunta dalla l. 1.10.2012, n. 172; la lett. *e* è stata prima modificata dalla l. 26.3.2001, n. 128, poi sostituita dalla l. 15.7.2009, n. 94, e, infine, così modificata dal d.l. 14.8.2013, n. 93, conv., con modif., dalla l. 15.10.2013, n. 119; la lett. *e bis* è stata aggiunta dalla l. 26.3.2001, n. 128; la lett. *f bis* è stata inserita dal d.l. 93 del 2013, conv., con modif., dalla l. 119 del 2013; la lett. *g* è stata così sostituita dal d.l. 13.5.1991, n. 152, conv., con modif., dalla l. 12.7.1991, n. 203; la lett. *h* è stata prima sostituita dal d.l. 8.8.1991, n. 247, conv., con modif., dalla l. 5.10.1991, n. 314; poi così modificata dal d.l. 23.12.2013, n. 146, conv., con modif., dalla l. 21.2.2014, n. 10; la lett. *i* è stata così modificata dal d.l. 27.7.2005, n. 144, conv., con modif., dalla l. 31.7.2005, n. 155; nella lett. *l*, le parole tra parentesi quadre sono state soppresse dal d.l. 8.6.1992, n. 306, conv., con modif., dalla l. 7.8.1992, n. 356; la lett. *l* è stata così modificata dal d.l. 26.4.1993, n. 122, conv., con modif., dalla l. 25.6.1993, n. 205; la lett. *l bis* è stata aggiunta dal d.l. 306 del 1992, conv., con modif., dalla l. 356 del 1992; la lett. *l ter* è stata inserita dal d.l. 93 del 2013 conv., con modif., dalla l. 119 del 2013 e da ultimo modificata dalla l. 27.9.2021, n. 134; la lett. *m bis* è stata aggiunta dal d.l. 18.2.2015, n. 7, conv., con modif., dalla l. 17.4.2015, n. 43; la lett. *m ter* è stata aggiunta dal d.l. 18.2.2015, n. 7, conv., con modif., dalla l. 17.4.2015, n. 43; la lett. *m quater* è stata aggiunta dalla l. 23.3.2016, n. 41. La lett. *m quinquies* è stata inserita dal d.l. 14.6.2019, n. 53 (c.d. decreto sicurezza *bis*), conv., con modif., dalla l. 8.8.2019, n. 77.

• Annoverabile, con il fermo di indiziato di delitto (art. 384) e l'allontanamento d'urgenza dalla casa familiare (art. 384 *bis*), tra le c.d. **misure precautelari**, l'arresto in flagranza – obbligatorio *ex* art. 380 o facoltativo *ex* art. 381 – si inquadra nella previsione costituzionale che consente all'autorità di pubblica sicurezza di adottare provvedimenti provvisori limitativi della libertà personale «in casi eccezionali di necessità ed urgenza, indicati tassativamente dalla legge», con dovere di **comunicazione** all'autorità giudiziaria entro **quarantotto ore**, in vista della **convalida** che deve intervenire nelle successive **quarantotto ore**, pena la revoca e la perdita di efficacia della misura (→ **Cost.**, art. 13 co. 3).

• **Presupposto** per l'arresto è lo **stato di**

flagranza (art. 382) – condizione parimenti richiesta, con riguardo ai delitti di cui all'art. 282 *bis* co. 6 (→ **Misure cautelari**), per l'allontanamento d'urgenza dalla casa familiare (art. 384 *bis*); non così per il fermo di indiziato di delitto, che può essere disposto anche fuori dei casi di flagranza (art. 384) – in relazione a talune fattispecie di reato **espressamente** indicate negli artt. 380 e 381 ovvero individuate sulla base dei minimi e dei massimi di **pena edittale**, per la cui determinazione si osservano gli stessi **criteri** stabiliti dall'art. 278 per l'applicazione delle **misure cautelari personali** (art. 379). In ipotesi eccezionali, l'arresto è consentito anche fuori dei casi di flagranza [ad es., in relazione al reato di evasione *ex* art. 385 c.p. (d.l. 13.5.1991, n. 152, conv., con modif., dalla l. 12.7.1991, n. 203) o, ancora, in caso di trasgressione dell'ordine di espulsione o allontanamento dello straniero dallo Stato disposto dal giudice (→ artt. 235 co. 3, 312 co. 2 c.p.)].

• **Titolari** del potere di arresto sono gli **ufficiali** e gli **agenti** di **p.g.** (→ **Soggetti**, art. 57). Nell'ipotesi di reato commesso in udienza, il **p.m.** (→ art. 50 s.) dispone l'arresto dell'autore nei casi consentiti (→ **Giudizio**, art. 476 co. 1). **Ogni persona** è autorizzata a procedere all'arresto in flagranza, nei soli casi di delitti perseguibili d'ufficio (→ **Soggetti**, art. 50 co. 2) in cui per la p.g. l'arresto è obbligatorio *ex* art. 380 (art. 383).

• L'arresto in flagranza – così come il fermo di indiziato di delitto (art. 384) e l'allontanamento d'urgenza dalla casa familiare (art. 384 *bis*) – **non è consentito** quando, tenuto conto delle circostanze del fatto, appare che questo è stato commesso nell'adempimento di un dovere o nell'esercizio di una facoltà legittima ovvero in presenza di una causa di non punibilità (art. 385). **Non è consentito**, altresì, l'arresto della persona richiesta di fornire informazioni dalla p.g. (art. 351) o dal p.m. (art. 362) per reati concernenti il contenuto delle informazioni o il rifiuto di fornirle (art. 381 co. 4 *bis*); allo stesso modo, **non è consentito** l'arresto del testimone in udienza per reati concernenti il contenuto della deposizione (→ **Giudizio**, art. 476 co. 2).

• Sul piano degli **adempimenti esecutivi** (art. 386 s.) – espressamente stabiliti per l'arresto e per il fermo (art. 384), ma applicabili anche in caso di allontanamento d'urgenza dalla casa familiare in quanto compatibili (art. 384 *bis* co. 2) – la p.g., con il consenso dell'arrestato, deve senza ritardo dare notizia ai **familiari** dell'avvenuto arresto (art. 387), essendo peraltro consentito al prossimo congiunto effettuare la **nomina del difensore** di fiducia della persona arrestata, finché la stessa non vi abbia provveduto (→ **Soggetti**, art. 96 co. 3).

• In raccordo con la **direttiva 2013/48/UE** sul diritto di avvalersi di un difensore nel procedimento penale, la persona arrestata in flagranza, subito dopo l'arresto, ha diritto di **conferire** con il **difensore** (→ art. 96 s.) – con l'assistenza gratuita di un **interprete** se non conosce la lingua italiana, in attuazione della **direttiva 2010/64/UE** sul diritto all'interpretazione e alla traduzione nei procedimenti penali – fatto salvo il potere, esercitabile dal p.m. fino al momento in cui l'arrestato è posto a disposizione del giudice (art. 390), di **dilazionare** per un tempo non superiore a cinque giorni il colloquio con il difensore per specifiche ed eccezionali ragioni di cautela, ma soltanto nei procedimenti per i delitti di cui all'art. 51 co. 3 *bis* e 3 *quater* (→ **Soggetti**, art. 104).

• È inoltre previsto (art. 387 *bis*) che la p.g., in ipotesi di arresto (o di fermo) di **madre** con prole di minore età, senza ritardo ne dia notizia al p.m. territorialmente competente nonché al procuratore della Repubblica presso il tribunale per i minorenni del luogo dell'arresto (o del fermo).

• In ogni caso il p.m., dandone tempestivo avviso al difensore di fiducia (→ **Soggetti**, art. 96) o, in mancanza, al difensore d'ufficio (→ art. 97), può procedere all'**interrogatorio** (→ artt. 64 e 65) dell'arrestato (art. 388).

• Fermi i **doveri** della p.g. che ha eseguito l'arresto (art. 386) e fatti salvi i casi di liberazione **immediata** (art. 389), il p.m., entro quarantotto ore dall'arresto, **richiede** la **convalida** al g.i.p. (art. 328) competente in relazione al luogo dove l'arresto è stato eseguito (art. 390), il quale entro le quarantotto ore successive fissa l'**udienza** di **convalida** (art. 391).

• L'arresto in flagranza – così come l'allontanamento d'urgenza dalla casa familiare (art. 384 *bis*) – rileva quale presupposto per l'instaurazione del **giudizio direttissimo** (→ **Procedimenti speciali**, art. 449 s.), con talune peculiarità di svolgimento nel procedimento davanti al tribunale in composizione monocratica (→ **Libro VIII**, art. 558). Il momento dell'arresto – o del fermo (art. 384) – determina, altresì, la **decorrenza** degli effetti della **custodia cautelare** disposta nei confronti della persona arrestata in flagranza (→ **Misure cautelari**, art. 297).

• Dalla persona nei cui confronti vengono svolte le indagini (→ **Soggetti**, art. 61) che si trovi in stato di arresto – ovvero di fermo (art. 384) o nei casi di allontanamento d'urgenza dalla casa familiare (art. 384 *bis*) – gli ufficiali di p.g. **non possono** assumere **sommarie informazioni** (art. 350 co. 1). **Possono**, tuttavia, sul luogo o nell'immediatezza del fatto, assumere **notizie e indicazioni utili** ai fini dell'immediata prosecuzione delle indagini dalla persona nei cui confronti vengono svolte le indagini, anche se arrestata in flagranza [o fermata (art. 384)] (art. 350 co. 5). Il p.m. **non può delegare** la p.g. per il compimento dell'interrogatorio (→ **Soggetti**, artt. 64 e 65) e del confronto (→ **Prove**, art. 211) cui partecipi la persona sottoposta alle indagini che **non** si trovi in **stato di libertà** (art. 370 co. 1).

• La categoria dei reati per cui l'arresto è obbligatorio ai sensi dell'art. 380 rileva ai fini dell'applicazione di alcuni particolari istituti che vi fanno testuale rinvio: il rilascio di **copie** di atti e informazioni scritte sul loro contenuto, anche in deroga al divieto derivante dal segreto investigativo (art. 329) nonché l'accesso diretto al **registro delle notizie di reato** (art. 335), che il ministro dell'interno può ottenere dall'autorità giudiziaria competente quando si tratta di attività indispensabili per la prevenzione dei delitti per i quali è obbligatorio l'arresto in flagranza (→ **Soggetti**, art. 118 co. 1 e 1 *bis*); l'utilizzo dei risultati delle **intercettazioni** in procedimenti diversi da quelli nei quali sono state disposte, a condizione che risultino rilevanti e indispensabili per l'accertamento di delitti per i quali è obbligatorio l'arresto in flagranza (oltre che dei reati di cui all'art. 266 co. 1) (→ **Prove**, art. 270). Nella flagranza dei reati *ex* art. 380 è altresì consentito compiere, anche prima della richiesta di **autorizzazione a procedere**, gli atti investigativi altrimenti vietati, nei confronti della persona rispetto alla quale è prevista l'autorizzazione medesima, fino a quando questa non è stata concessa (art. 343 co. 3). In ogni caso, se la persona per la quale è necessaria l'autorizzazione a procedere è stata arrestata in flagranza, il p.m. richiede l'autorizzazione immediatamente e comunque prima dell'udienza di convalida (art. 344). Quando, inoltre, si deve procedere all'esecuzione di un'ordinanza che dispone la custodia cautelare (→ **Misure cautelari**, art. 293) o di un ordine che dispone la carcerazione (→ **Esecuzione**, art. 656) nei confronti di una persona imputata (→ **Soggetti**, art. 60) o condannata (→ **Esecuzione**, art. 656) per uno dei delitti previsti dall'art. 380 [ovvero al fermo di una persona indiziata di delitto (art. 384)], gli ufficiali di p.g. possono procedere di propria iniziativa a **perquisizione personale** (→ **Prove**, art. 249) o **locale** (→ art. 250), in presenza degli ulteriori presupposti (art. 352).

381. Arresto facoltativo in flagranza.

1. Gli ufficiali e gli agenti di polizia giudiziaria hanno facoltà di arrestare chiunque è colto in flagranza di un delitto non colposo, consumato o tentato, per il quale la legge stabilisce la pena della reclusione superiore nel massimo a tre anni ovvero di un delitto colposo per il quale la legge stabilisce la pena della reclusione non inferiore nel massimo a cinque anni.

2. Gli ufficiali e gli agenti di polizia giudiziaria hanno altresì facoltà di arrestare chiunque è colto in flagranza di uno dei seguenti delitti:

a) peculato mediante profitto dell'errore altrui previsto dall'articolo 316 del codice penale;

b) corruzione per un atto contrario ai doveri d'ufficio prevista dagli articoli 319, comma 4, e 321 del codice penale;

c) violenza o minaccia a un pubblico ufficiale prevista dall'articolo 336, comma 2, del codice penale;

d) commercio e somministrazione di medicinali guasti e di sostanze alimentari nocive previsti dagli articoli 443 e 444 del codice penale;

e) corruzione di minorenni prevista dall'articolo 530 del codice penale;

f) lesione personale prevista dall'articolo 582 del codice penale;

f bis) violazione di domicilio prevista dall'articolo 614, primo e secondo comma, del codice penale;

g) furto previsto dall'articolo 624 del codice penale;
h) danneggiamento aggravato a norma dell'articolo 635, comma 2, del codice penale;
i) truffa prevista dall'articolo 640 del codice penale;
l) appropriazione indebita prevista dall'articolo 646 del codice penale;
l bis) offerta, cessione o detenzione di materiale pornografico previste dagli articoli 600 *ter*, quarto comma, e 600 *quater* del codice penale, anche se relative al materiale pornografico di cui all'articolo 600 *quater*.1 del medesimo codice;
m) alterazione di armi e fabbricazione di esplosivi non riconosciuti previste dagli articoli 3 e 24 comma 1 della legge 18 aprile 1975, n. 110;
m bis) [soppressa];
m ter) falsa attestazione o dichiarazione a un pubblico ufficiale sulla identità o su qualità personali proprie o di altri, prevista dall'articolo 495 del codice penale;
m quater) fraudolente alterazioni per impedire l'identificazione o l'accertamento di qualità personali, previste dall'articolo 495 *ter* del codice penale;
m quinquies) delitto di lesioni colpose stradali gravi o gravissime previsto dall'articolo 590 *bis*, secondo, terzo, quarto e quinto comma, del codice penale.

3. Se si tratta di delitto perseguibile a querela, l'arresto in flagranza può essere eseguito se la querela viene proposta, anche con dichiarazione resa oralmente all'ufficiale o all'agente di polizia giudiziaria presente nel luogo. Se l'avente diritto dichiara di rimettere la querela, l'arrestato è posto immediatamente in libertà.

4. Nelle ipotesi previste dal presente articolo si procede all'arresto in flagranza soltanto se la misura è giustificata dalla gravità del fatto ovvero dalla pericolosità del soggetto desunta dalla sua personalità o dalle circostanze del fatto.

4 *bis*. Non è consentito l'arresto della persona richiesta di fornire informazioni dalla polizia giudiziaria o dal pubblico ministero per reati concernenti il contenuto delle informazioni o il rifiuto di fornirle.

Il primo alinea del co. 2 è stato così sostituito dal d. lgs. 14.1.1991, n. 12. Al co. 2, la lett. *c* è stata così modificata dal d. lgs. 12 del 1991; la lett. *f bis* è stata aggiunta dalla l. 15.7.2009, n. 94; la lett. *l bis* è stata aggiunta dalla l. 6.2.2006, n. 38; la lett. *m bis* è stata abrogata dal d.l. 18.2.2015, n. 7, conv., con modif., dalla l. 17.4.2015, n. 43; le lett. *m ter* e *m quater* sono state aggiunte dal d.l. 23.5.2008, n. 92, conv., con modif., dalla l. 24.7.2008, n. 125; la lett. *m quinquies* è stata aggiunta dalla l. 23.3.2016, n. 41. Il co. 4 *bis* è stato aggiunto dalla l. 8.8.1995, n. 332.

• V. *sub* **art. 380**.

382. Stato di flagranza.

1. È in stato di flagranza chi viene colto nell'atto di commettere il reato ovvero chi, subito dopo il reato, è inseguito dalla polizia giudiziaria, dalla persona offesa o da altre persone ovvero è sorpreso con cose o tracce dalle quali appaia che egli abbia commesso il reato immediatamente prima.

2. Nel reato permanente lo stato di flagranza dura fino a quando non è cessata la permanenza.

• Lo stato di flagranza *ex* art. 382 costituisce il presupposto per l'**arresto**, obbligatorio (art. 380), facoltativo (art. 381) o da parte dei privati (art. 383), fatte salve ipotesi eccezionali in cui l'arresto è consentito anche fuori dei casi di flagranza [ad es., in relazione al reato di evasione *ex* art. 385 c.p. (art. 3 d.l. 13.5.1991, n. 152, conv., con modif., dalla l. 12.7.1991, n. 203) o, ancora, in caso di trasgressione dell'ordine di espulsione o allontanamento dello straniero dallo Stato disposto dal giudice (→ artt. 235 co. 3, 312 co. 2 c.p.)]. La medesima condizione è richiesta per l'**allontanamento d'urgenza dalla casa familiare**, in relazione ai delitti di cui all'art. 282 *bis* co. 6 (art. 384 *bis*). Ne prescinde, invece, il **fermo di indiziato di delitto**, che può essere ordinariamente disposto anche fuori dei casi di flagranza (art. 384).

• In aggiunta alle ipotesi di **flagranza c.d.**

propria e di **flagranza c.d. impropria** (o quasi flagranza) di cui all'art. 382 co. 1, la legislazione speciale ha previsto la **flagranza c.d. differita**, che legittima l'arresto, entro le quarantotto ore dal fatto, di colui il quale ne risulti l'autore sulla base di documentazione video fotografica (art. 8 co. 1 *ter* l. 13.12.1989, n. 401, in materia di contrasto ai fenomeni di violenza in occasione di manifestazioni sportive, fattispecie estesa al caso di reati commessi con violenza alle persone o alle cose, compiuti alla presenza di più persone anche in occasioni pubbliche, quando non è possibile procedere immediatamente all'arresto per ragioni di sicurezza o incolumità pubblica).

• Nella flagranza del reato gli ufficiali di p.g. (→ **Soggetti**, art. 57) possono procedere di propria iniziativa a **perquisizione personale** (→ **Prove**, art. 249) o **locale** (→ art. 250), in presenza degli ulteriori presupposti (art. 352). Nella flagranza dei reati *ex* art. 380 è altresì consentito compiere, anche prima della richiesta di **autorizzazione a procedere**, gli atti investigativi che altrimenti, nei confronti della persona rispetto alla quale è prevista l'autorizzazione, sono vietati fino a quando questa non è stata concessa (art. 343 co. 3).

383. Facoltà di arresto da parte dei privati.

1. Nei casi previsti dall'articolo 380 ogni persona è autorizzata a procedere all'arresto in flagranza, quando si tratta di delitti perseguibili di ufficio.

2. La persona che ha eseguito l'arresto deve senza ritardo consegnare l'arrestato e le cose costituenti il corpo del reato alla polizia giudiziaria la quale redige il verbale della consegna e ne rilascia copia.

• Accordato a ogni persona il potere di arresto in flagranza, nei soli casi di delitti perseguibili d'ufficio (→ **Soggetti**, art. 50 co. 2) in cui per la p.g. (→ art. 55) l'arresto è obbligatorio *ex* art. 380, rimane ferma la facoltà di **denuncia** da parte dei privati che abbiano notizia di un qualsiasi reato perseguibile d'ufficio, fatti salvi i casi in cui la denuncia è obbligatoria (art. 333).

• Al privato non è invece consentito procedere al fermo di indiziato di delitto (art. 384) ovvero all'allontanamento d'urgenza dalla casa familiare (art. 384 *bis*). Il **verbale** della consegna dell'arrestato e delle cose costituenti il corpo del reato (→ **Prove**, art. 253) è redatto dalla p.g. nelle forme e con le modalità previste per il verbale di atti del p.m. *ex* art. 373 (art. 357 co. 3).

384. Fermo di indiziato di delitto.

1. Anche fuori dei casi di flagranza, quando sussistono specifici elementi che, anche in relazione alla impossibilità di identificare l'indiziato, fanno ritenere fondato il pericolo di fuga, il pubblico ministero dispone il fermo della persona gravemente indiziata di un delitto per il quale la legge stabilisce la pena dell'ergastolo o della reclusione non inferiore nel minimo a due anni e superiore nel massimo a sei anni ovvero di un delitto concernente le armi da guerra e gli esplosivi o di un delitto commesso per finalità di terrorismo, anche internazionale, o di eversione dell'ordine democratico.

2. Nei casi previsti dal comma 1 e prima che il pubblico ministero abbia assunto la direzione delle indagini, gli ufficiali e gli agenti di polizia giudiziaria procedono al fermo di propria iniziativa.

3. La polizia giudiziaria procede inoltre al fermo di propria iniziativa qualora sia successivamente individuato l'indiziato ovvero sopravvengono specifici elementi, quali il possesso di documenti falsi, che rendano fondato il pericolo che l'indiziato sia per darsi alla fuga e non sia possibile, per la situazione di urgenza, attendere il provvedimento del pubblico ministero.

Il co. 1 è stato così modificato prima dalla l. 26.3.2001, n. 128 e poi dal d.l. 27.7.2005, n. 144, conv., con modif., dalla l. 31.7.2005, n. 155. Il co. 3 è stato così modificato dal d.l. 144 del 2005, conv. con modif., dalla l. 155 del 2005.

• Annoverabile, con l'arresto in flagranza – obbligatorio (art. 380) o facoltativo (art. 381) – e l'allontanamento d'urgenza dalla casa familiare (art. 384 *bis*), tra le c.d. **misure pre-**

cautelari, il fermo di indiziato di delitto *ex* art. 384 si inquadra nella medesima cornice costituzionale (→ **Cost.**, art. 13 co. 3).

• Quanto ai **presupposti**, il fermo può essere disposto nei confronti della persona «**gravemente indiziata di un delitto**» – per l'applicazione delle misure cautelari personali si richiedono, analogamente, «gravi indizi di colpevolezza» (→ **Misure cautelari**, art. 273), mentre per disporre le intercettazioni occorrono «gravi indizi di reato» (→ **Prove**, art. 267 co. 1) – in relazione a talune categorie di delitti **espressamente** indicate nell'art. 384 ovvero individuate sulla base dei minimi e dei massimi di **pena edittale**, per la cui determinazione si osservano gli stessi **criteri** stabiliti dall'art. 278 per l'applicazione delle **misure cautelari personali** (art. 379).

• Il fondato **pericolo di fuga** – se «concreto e attuale», il pericolo che l'imputato (→ **Soggetti**, art. 60) [o la persona sottoposta alle indagini (→ art. 61)] si dia alla fuga integra una specifica esigenza cautelare in vista dell'applicazione delle misure cautelari personali (→ **Misure cautelari**, art. 274 co. 1 lett. *b*) – ai fini del fermo deve essere ritenuto tale sulla base di specifici elementi, anche in relazione all'impossibilità di identificare l'indiziato. A questi fini, rilevano i poteri conferiti alla p.g. (→ **Soggetti**, art. 55) nell'ambito delle proprie attività di indagine: in particolare, il c.d. **fermo identificativo** (art. 349 co. 4-6), che si distingue nettamente per finalità, destinatari, presupposti e adempimenti esecutivi rispetto al fermo di indiziato di delitto *ex* art. 384.

• Il fermo di indiziato di delitto prescinde dallo **stato di flagranza** (art. 382).

• **Titolare** del potere di disporre il fermo [con decreto (→ **Disp. att.**, art. 122)] è il **p.m.** (→ **Soggetti**, art. 50 s.). La **p.g.**, invece, oltre ai casi in cui procede di propria iniziativa *ex* art. 384 co. 2 e 3, può procedere *motu proprio* al fermo dell'**imputato** che **stia per darsi alla fuga**, in rapporto ad alcune vicende relative alle misure cautelari disposte o ripristinate in caso di scarcerazione per decorrenza dei termini (→ **Misure cautelari**, art. 307 co. 4). Al **privato**, cui è accordata la facoltà di arresto in flagranza (art. 383), non è consentito procedere al fermo di indiziato di delitto.

• Il fermo di indiziato di delitto – così come l'arresto in flagranza [obbligatorio (art. 380) o facoltativo (art. 381)] e l'allontanamento d'urgenza dalla casa familiare (art. 384 *bis*) – **non è consentito** quando, tenuto conto delle circostanze del fatto, appare che questo è stato commesso nell'adempimento di un dovere o nell'esercizio di una facoltà legittima ovvero in presenza di una causa di non punibilità (art. 385).

• Il fermo condivide con l'arresto (artt. 380 e 381) gli **adempimenti esecutivi** stabiliti espressamente per entrambi (art. 386 s.) e applicabili anche in caso di allontanamento d'urgenza dalla casa familiare in quanto compatibili (art. 384 *bis* co. 2). Segnatamente: i doveri per la p.g. che ha eseguito il fermo (art. 386); la notizia ai **familiari** dell'avvenuto fermo (art. 387), con la possibile **nomina del difensore** di fiducia della persona fermata da parte del prossimo congiunto; gli adempimenti nel caso di fermo di **madre** di prole di minore età (art. 387 *bis*); il diritto del fermato di **conferire** con il **difensore** (→ art. 96 s.) – con l'assistenza gratuita di un **interprete** se non conosce la lingua italiana – subito dopo il fermo, fatto salvo il potere del p.m. di **dilazionare** il colloquio nei procedimenti per i soli delitti di cui all'art. 51 co. 3 *bis* e 3 *quater* (→ **Soggetti**, art. 104), prerogative connesse alla **direttiva 2010/64/UE** sul diritto all'interpretazione e alla traduzione nei procedimenti penali e alla **direttiva 2013/48/UE** sul diritto di avvalersi di un difensore nel procedimento penale; l'**interrogatorio** (→ artt. 64 e 65) da parte del p.m. (art. 388).

• Se non ricorrono i casi di liberazione **immediata** (art. 389), entro quarantotto ore dal fermo il p.m. **richiede** la **convalida** al g.i.p. (art. 328) competente in relazione al luogo dove il fermo è stato eseguito (art. 390), il quale entro le quarantotto ore successive fissa l'**udienza** di **convalida** (art. 391).

• Diversamente dall'arresto in flagranza (artt. 380 e 381) e dall'allontanamento d'urgenza dalla casa familiare (art. 384 *bis*), il fermo **non** rileva quale presupposto per l'instaurazione del **giudizio direttissimo** (→ **Procedimenti speciali**, art. 449 s.). Il momento del fermo – o dell'arresto in flagranza (artt. 380 e 381) – determina, invece, la **decorrenza** degli effetti della **custodia cautelare** disposta nei confronti della persona fermata (→ **Misure cautelari**, art. 297).

• Dalla persona nei cui confronti vengono svolte le indagini (→ **Soggetti**, art. 61) che si trovi in stato di fermo – ovvero di arresto (artt. 380 e 381) o nei casi di allontanamento d'urgenza dalla casa familiare (art. 384 *bis*) – gli ufficiali di p.g. **non possono** assumere **sommarie informazioni** (art. 350 co. 1). **Possono**, tuttavia, sul luogo o nell'immediatezza del fatto, assumere **notizie e indicazioni utili** ai fini dell'immediata prosecuzione delle indagini dalla persona nei cui confronti vengono svolte le indagini, anche se fermata [o arrestata in flagranza (art. 384)] (art. 350 co. 5). Il p.m. **non può delegare** la p.g. per il compimento dell'interrogatorio (→ **Soggetti**, artt. 64 e 65) e del confronto (→ **Prove**, art. 211) cui partecipi la persona sottoposta alle indagini che **non** si trovi in **stato di libertà** (art. 370 co. 1).

• Nei confronti della persona rispetto alla quale è prevista l'**autorizzazione a procedere** è fatto divieto di disporre il fermo, fino a quando l'autorizzazione medesima non è stata concessa (art. 343 co. 3). Quando, inoltre, si deve procedere al fermo di una persona indiziata di delitto [ovvero all'esecuzione di un'ordinanza che dispone la custodia cautelare (→ **Misure cautelari**, art. 293) o di un ordine che dispone la carcerazione (→ **Esecuzione**, art. 656) nei confronti di una persona imputata (→ **Soggetti**, art. 60) o condannata (→ **Esecuzione**, art. 656) per uno dei delitti previsti dall'art. 380], gli ufficiali di p.g. possono altresì procedere di propria iniziativa a **perquisizione personale** (→ **Prove**, art. 249) o **locale** (→ art. 250), in presenza degli ulteriori presupposti (art. 352).

384 *bis*. Allontanamento d'urgenza dalla casa familiare.

1. Gli ufficiali ed agenti di polizia giudiziaria hanno facoltà di disporre, previa autorizzazione del pubblico ministero, scritta, oppure resa oralmente e confermata per iscritto, o per via telematica, l'allontanamento urgente dalla casa familiare con il divieto di avvicinarsi ai luoghi abitualmente frequentati dalla persona offesa, nei confronti di chi è colto in flagranza dei delitti di cui all'articolo 282 *bis*, comma 6, ove sussistano fondati motivi per ritenere che le condotte criminose possano essere reiterate ponendo in grave ed attuale pericolo la vita o l'integrità fisica o psichica della persona offesa. La polizia giudiziaria provvede senza ritardo all'adempimento degli obblighi di informazione previsti dall'articolo 11 del decreto-legge 23 febbraio 2009, n. 11, convertito, con modificazioni, dalla legge 23 aprile 2009, n. 38, e successive modificazioni.

2. Si applicano in quanto compatibili le disposizioni di cui agli articoli 385 e seguenti del presente titolo. Si osservano le disposizioni di cui all'articolo 381, comma 3. Della dichiarazione orale di querela si dà atto nel verbale delle operazioni di allontanamento.

Articolo aggiunto dal d.l. 14.8.2013, n. 93, conv., con modif., dalla l. 15.10.2013, n. 119.

• Annoverabile, con l'arresto in flagranza – obbligatorio (art. 380) e facoltativo (art. 381) – e il fermo di indiziato di delitto (art. 384), tra le c.d. **misure precautelari**, l'allontanamento d'urgenza dalla casa familiare con divieto di avvicinarsi ai luoghi abitualmente frequentati dalla persona offesa si inquadra nella medesima cornice costituzionale (→ **Cost.**, art. 13 co. 3).

• **Presupposto** per l'allontanamento d'urgenza dalla casa familiare è lo **stato di flagranza** (art. 382) in relazione ai **delitti di cui all'art. 282 *bis* co. 6** [per i quali, se commessi in danno dei prossimi congiunti o del convivente, può essere disposta la misura cautelare dell'**allontanamento dalla casa familiare**, anche al di fuori dei limiti di pena previsti dall'art. 280, anche con le modalità di cui all'art. 275 *bis* (→ **Misure cautelari**, art. 282 *bis*)].

• **Titolari** del potere di disporre l'allontanamento sono gli **ufficiali** e gli **agenti** di **p.g.** (→ **Soggetti**, art. 57), previa autorizzazione del p.m. (→ art. 50 s.) conferita nelle forme prescritte dall'art. 384 *bis* co. 1, in presenza delle ulteriori condizioni ivi previste in relazione alla reiterabilità delle condotte con grave e attuale pericolo per la vita o l'integrità fisica o psichica della **persona offesa** (→ art. 90 s.). A questa, la p.g. deve fornire senza ritardo le **informazioni** relative ai centri antiviolenza presenti sul territorio, in particolare nella zona di residenza, mettendo direttamente in contatto con le strutture assistenziali la persona offesa che ne faccia richiesta (d.l. 23.2.2009, n. 11, conv. dalla l. 23.4.2009, n. 38). Al **privato**, cui è accordata la facoltà di arresto in flagranza (art. 383), non è consentito procedere all'allontanamento d'urgenza dalla casa familiare.

• Poiché le disposizioni di cui agli artt. 385 s. – espressamente dettate per l'arresto in flagranza [obbligatorio (art. 380) o facoltativo (art. 381)] e per il fermo di indiziato di delitto (art. 384) – si applicano all'allontanamento d'urgenza «in quanto compatibili» *ex* art. 384 *bis* co. 2, l'allontanamento medesimo **non è consentito** quando, tenuto conto delle circostanze del fatto, appare che questo è stato commesso nell'adempimento di un dovere o nell'esercizio di una facoltà legittima ovvero in presenza di una causa di non punibilità (art. 385). Parimenti, in forza del richiamo *ex* art. 384 *bis* co. 2 all'**art. 381 co. 3** dettato per l'arresto facoltativo in flagranza (ma identica disposizione è contenuta nella disciplina dell'arresto obbligatorio in flagranza: art. 380 co. 3), se si tratta di delitto perseguibile a **querela** (art. 336 s.) l'allontanamento d'urgenza può essere eseguito se la querela viene proposta, anche con dichiarazione resa oralmente all'ufficiale o all'agente di p.g. presente sul luogo, salvo che l'avente diritto dichiari di rimettere la querela.

• Così come l'arresto in flagranza (artt. 380 e 381) – e diversamente dal fermo di indiziato di delitto (art. 384) – l'allontanamento d'urgenza dalla casa familiare rileva quale presupposto per l'instaurazione del **giudizio direttissimo** (→ **Procedimenti speciali**, art. 449 s.) con talune peculiarità di svolgimento nel procedimento davanti al tribunale in composizione monocratica (→ **Libro VIII**, art. 558).

• Nei casi di allontanamento d'urgenza dalla casa familiare, gli ufficiali di p.g. **non possono** assumere **sommarie informazioni** (art. 350 co. 1) dalla persona sottoposta alle indagini (→ **Soggetti**, art. 61), così come quando la stessa si trovi in stato di arresto (artt. 380 e 381) o di fermo (art. 384).

385. Divieto di arresto o di fermo in determinate circostanze.

1. L'arresto o il fermo non è consentito quando, tenuto conto delle circostanze del fatto, appare che questo è stato compiuto nell'adempimento di un dovere o nell'esercizio di una facoltà legittima ovvero in presenza di una causa di non punibilità.

• Riferita espressamente all'arresto (artt. 380 e 381) e al fermo (art. 384), la diposizione si applica anche all'**allontanamento d'urgenza dalla casa familiare**, in quanto compatibile (art. 384 *bis* co. 2).

• Simmetrico – ma non del tutto coincidente – è il divieto di disporre le **misure cautelari personali**, il quale opera se risulta che il fatto è stato compiuto in presenza «di una causa di giustificazione o di non punibilità» o «se sussiste una causa di estinzione del reato ovvero una causa di estinzione della pena che si ritiene possa essere irrogata» (→ **Misure cautelari**, art. 273 co. 2).

386. Doveri della polizia giudiziaria in caso di arresto o di fermo.

1. Gli ufficiali e gli agenti di polizia giudiziaria che hanno eseguito l'arresto o il fermo o hanno avuto in consegna l'arrestato, ne danno immediata notizia al pubblico ministero del luogo ove l'arresto o il fermo è stato eseguito. Consegnano all'arrestato o al fermato una comunicazione scritta, redatta in forma chiara e precisa e, se questi non conosce la lingua italiana, tradotta in una lingua a lui comprensibile, con cui lo informano:

a) della facoltà di nominare un difensore di fiducia e di essere ammesso al patrocinio a spese dello Stato nei casi previsti dalla legge;

b) del diritto di ottenere informazioni in merito all'accusa;

c) del diritto all'interprete ed alla traduzione di atti fondamentali;

d) del diritto di avvalersi della facoltà di non rispondere;

e) del diritto di accedere agli atti sui quali si fonda l'arresto o il fermo;

f) del diritto di informare le autorità consolari e di dare avviso ai familiari;

g) del diritto di accedere all'assistenza medica di urgenza;

h) del diritto di essere condotto davanti all'autorità giudiziaria per la convalida entro novantasei ore dall'avvenuto arresto o fermo;

i) del diritto di comparire dinanzi al giudice per rendere l'interrogatorio e di proporre ricorso per cassazione contro l'ordinanza che decide sulla convalida dell'arresto o del fermo;

i bis) della facoltà di accedere ai programmi di giustizia riparativa.

1 *bis*. Qualora la comunicazione scritta di cui al comma 1 non sia prontamente disponibile in una lingua comprensibile all'arrestato o al fermato, le informazioni sono fornite oralmente, salvo l'obbligo di dare comunque, senza ritardo, comunicazione scritta all'arrestato o al fermato.

1 *ter*. La comunicazione scritta di cui al comma 1 viene allegata agli atti in forma di documento informatico. Se l'originale è redatto in forma di documento analogico, si osservano le disposizioni degli articoli 110, comma 4, e 111 *ter*, comma 3.

2. Dell'avvenuto arresto o fermo gli ufficiali e gli agenti di polizia giudiziaria informano immediatamente il difensore di fiducia eventualmente nominato ovvero quello di ufficio designato dal pubblico ministero a norma dell'articolo 97.

3. Qualora non ricorra l'ipotesi prevista dall'articolo 389, comma 2, gli ufficiali e gli agenti di polizia giudiziaria pongono l'arrestato o il fermato a disposizione del pubblico ministero al più presto e comunque non oltre ventiquattro ore dall'arresto o dal fermo. Entro il medesimo termine trasmettono il relativo verbale, anche per via telematica, salvo che il pubblico ministero autorizzi una dilazione maggiore. Il verbale contiene l'eventuale nomina del difensore di fiducia, l'indicazione del giorno, dell'ora e del luogo in cui l'arresto o il fermo è stato eseguito e l'enunciazione delle ragioni che lo hanno determinato nonché la menzione dell'avvenuta consegna della comunicazione scritta o dell'informazione orale fornita ai sensi del comma 1 *bis*.

4. Gli ufficiali e gli agenti di polizia giudiziaria pongono l'arrestato o il fermato a disposizione del pubblico ministero mediante la conduzione nella casa circondariale o mandamentale del luogo dove l'arresto o il fermo è stato eseguito, salvo quanto previsto dall'articolo 558.

5. Il pubblico ministero può disporre che l'arrestato o il fermato sia custodito, in uno dei luoghi indicati nel comma 1 dell'articolo 284 ovvero, se ne possa derivare grave pregiudizio per le indagini, presso altra casa circondariale o mandamentale.

6. Gli ufficiali e gli agenti di polizia giudiziaria trasmettono il verbale di fermo anche al pubblico ministero che lo ha disposto, se diverso da quello indicato nel comma 1.

7. L'arresto o il fermo diviene inefficace se non sono osservati i termini previsti dal comma 3.

Il co. 1 è stato così sostituito e il co. 1 *bis* è stato aggiunto dal d. lgs. 1.7.2014, n. 101. Il co. 3 è stato sostituito dal d. lgs. 14.1.1991, n. 12, e, successivamente, così modificato prima dal d.l. 1.7.2013, n. 78, conv., con modif., dalla l. 9.8.2013, n. 94, e poi dal d. lgs. 101 del 2014. Il co. 4 è stato prima sostituito dal d. lgs. 12 del 1991, e poi così modificato dal d.l. 22.12.2011, n. 211, conv., con modif., dalla l. 17.2.2012, n. 9. Il co. 5 è stato così modificato dalla l. 8.8.1995, n. 332. Il co. 7 è stato così modificato dal d. lgs. 12 del 1991. Il d. lgs. 10.10.2022, n. 150, ha inserito la lett. *i bis* nel co. 1 e il co. 1 *ter*.

• Riferita espressamente all'arresto (artt. 380 e 381), anche a seguito di consegna dell'arrestato da parte del privato (art. 383), e al fermo (art. 384), la disposizione che prevede i doveri della p.g. (→ **Soggetti**, art. 55) – al cui adempimento possono provvedere anche ufficiali e agenti di p.g. (→ art. 57) diversi da quelli che hanno eseguito l'arresto o il fermo (→ **Disp. att.**, art. 120) – si applica anche all'**allontanamento d'urgenza dalla casa familiare**, in quanto compatibile (art. 384 *bis* co. 2).

• Così come l'immediata notizia dell'arresto e del fermo *ex* art. 386 co. 1 va data al p.m. (→ **Soggetti**, art. 50 s.) del luogo ove l'arresto o il fermo è stato eseguito, anche la successiva **convalida** del fermo o dell'arresto è attribuita al **g.i.p.** (art. 328) competente in relazione al **luogo** dove l'arresto o il fermo è stato **eseguito** (art. 390 co. 1), in deroga alle regole di competenza territoriale (→ art. 8 s.).

• L'**informativa** ai sensi dell'**art. 386 co. 1** e **co. 1 *bis***, inserita in attuazione della **direttiva 2012/13/UE** sul diritto all'informazione nei procedimenti penali (e affine alle c.d. *Miranda warnings* di cui alla sentenza della Corte Suprema degli Stati Uniti Miranda *v.* Arizona del 1966), nell'**udienza di convalida** è oggetto di **verifica** da parte del giudice, il quale provvede, se del caso, a dare o completare la comunicazione o l'informazione (art. 391 co. 2).

• L'avviso alla persona sottoposta alle indagini circa la facoltà di accedere ai programmi di **giustizia riparativa** (→ **Atti**, art. 129

bis) di cui alla lett. *i bis* del co. 1 dell'art. 386 è impartito anche in occasione dell'informativa al momento dell'esecuzione dell'ordinanza che ha disposto la custodia cautelare (→ **Misure cautelari**, art. 293) nonché con l'avviso di conclusione delle indagini preliminari (art. 415 *bis*) e nel decreto di fissazione dell'udienza di applicazione della pena su richiesta delle parti nel corso delle indagini preliminari (→ **Procedimenti speciali**, art. 447).

• Conformemente a quanto stabilito in relazione agli atti del procedimento penale per i quali sia richiesta la forma scritta (→ **Atti**, art. 110), anche la comunicazione di cui all'art. 386 co. 1 è redatta e conservata in forma di **documento informatico**, dovendosi provvedere alla sua conversione in copia informatica qualora sia stata redatta in forma di documento analogico, nel rispetto degli artt. 110 co. 4 e 111 *ter* co. 3.

• Il dovere *ex* **art. 386 co. 2** di **informare** immediatamente dell'avvenuto arresto o fermo il **difensore** di fiducia eventualmente nominato (→ **Soggetti**, art. 96) [la nomina può essere effettuata da un prossimo congiunto della persona arrestata o fermata, finché la stessa non vi ha provveduto (→ art. 96 co. 3), e anche per questo la p.g. deve dare, con il consenso dell'arrestato o del fermato, notizia ai familiari (art. 387)] o quello designato dal p.m. d'ufficio (→ **Soggetti**, art. 97), si riconnette, in raccordo con la **direttiva 2013/48/UE** sul diritto di avvalersi di un difensore nel procedimento penale, al diritto dell'arrestato o del fermato di **conferire** con il difensore subito dopo l'arresto o il fermo – con l'assistenza gratuita di un **interprete** se non conosce la lingua italiana, in attuazione della **direttiva 2010/64/UE** sul diritto all'interpretazione e alla traduzione nei procedimenti penali – fatto salvo il potere del p.m. di **dilazionare** il colloquio, ma soltanto nei procedimenti per i delitti di cui all'art. 51 co. 3 *bis* e 3 *quater* (→ **Soggetti**, art. 104).

• Se l'arresto o il fermo è divenuto inefficace per inosservanza del **termine** di ventiquattro ore entro cui la p.g. deve porre l'arrestato o il fermato a **disposizione** del **p.m.** e trasmettere il relativo **verbale** *ex* **art. 386 co. 3**, il p.m. o l'ufficiale di p.g. dispone l'immediata liberazione (art. 389). L'osservanza dei termini *ex* art. 386 co. 3 è prescritta, altresì, tra le condizioni per la **convalida** dell'arresto o del fermo (art. 391 co. 4).

• Il dovere di porre l'arrestato (o il fermato) a disposizione del p.m. mediante la conduzione nella casa circondariale o mandamentale del luogo in cui l'arresto (o il fermo) è stato eseguito *ex* **art. 386 co. 4 non** si applica nelle ipotesi di arresto in flagranza per i **reati** attribuiti al **tribunale in composizione monocratica** (→ **Libro VIII**), disciplinate dall'**art. 558**: in tali situazioni, di regola, all'arresto in flagranza segue il giudizio direttissimo davanti al giudice del dibattimento (**co. 1**); quando il giudice non tiene udienza (**co. 2**) ovvero quando il p.m. ordina che l'arrestato sia posto a sua disposizione (**co. 4**), il p.m. dispone che l'arrestato sia custodito in uno dei **luoghi** in cui può essere eseguita la misura cautelare degli arresti domiciliari (→ **Misure cautelari**, art. 284 co. 1) ovvero, ricorrendo i presupposti specificamente stabiliti (inclusi i casi di cui al **co. 4 *ter***), presso idonee strutture nella disponibilità della p.g. (c.d. **camere di sicurezza**), e soltanto in via residuale dispone che sia condotto nella casa circondariale del luogo dove l'arresto è stato eseguito (**co. 4 *bis***).

387. Avviso dell'arresto o del fermo ai familiari.

1. La polizia giudiziaria, con il consenso dell'arrestato o del fermato, deve senza ritardo dare notizia ai familiari dell'avvenuto arresto o fermo.

• Riferita espressamente all'arresto (artt. 380 e 381) e al fermo (art. 384), la disposizione si applica anche all'**allontanamento d'urgenza dalla casa familiare**, in quanto compatibile (art. 384 *bis* co. 2). Il **prossimo congiunto** della persona arrestata o fermata, finché la stessa non vi ha provveduto, può effettuare la nomina del **difensore** di fiducia (→ **Soggetti**, art. 96 co. 3).

387 *bis*. Adempimenti della polizia giudiziaria nel caso di arresto o di fermo di madre di prole di minore età.

1. Nell'ipotesi di arresto o di fermo di madre con prole di minore età, la polizia giudiziaria che lo ha eseguito senza ritardo ne dà notizia al pubblico ministero territorialmente competente, nonché al procuratore della Repubblica presso il tribunale per i minorenni del luogo dell'arresto o del fermo.

Articolo aggiunto dal d.l. 4.10.2018, n. 113, conv., con modif., dalla l. 1.12.2018, n. 132.

388. Interrogatorio dell'arrestato o del fermato.

1. Il pubblico ministero può procedere all'interrogatorio dell'arrestato o del fermato, dandone tempestivo avviso al difensore di fiducia ovvero, in mancanza, al difensore di ufficio.

2. Durante l'interrogatorio, osservate le forme previste dall'articolo 64, il pubblico ministero informa l'arrestato o il fermato del fatto per cui si procede e delle ragioni che hanno determinato il provvedimento comunicandogli inoltre gli elementi a suo carico e, se non può derivarne pregiudizio per le indagini, le fonti.

• Riferita espressamente all'arresto (artt. 380 e 381) e al fermo (art. 384), la disposizione che prevede l'interrogatorio da parte del p.m. (→ **Soggetti**, art. 50 s.) si applica anche all'**allontanamento d'urgenza dalla casa familiare**, in quanto compatibile (art. 384 *bis* co. 2).

• In sede di interrogatorio *ex* art. 388, la presenza del **difensore** di fiducia o d'ufficio (→ **Soggetti**, artt. 96 e 97) – al quale compete il tempestivo avviso, la cui omissione o tardività impediente è riconducibile alle ipotesi di nullità di ordine generale (→ **Atti**, art. 178 s.) – **non** è prescritta come **obbligatoria** [è tale, invece, la partecipazione del difensore all'interrogatorio dell'arrestato o del fermato cui procede il giudice nell'udienza di convalida (art. 391 co. 3)]. Fermi il richiamo all'art. 64 e l'ulteriore informativa dovuta all'arrestato o al fermato ai sensi del co. 2, **non** è prescritta la **contestazione** del fatto «in forma chiara e precisa» (→ **Soggetti**, art. 65).

• Fino al momento in cui l'arrestato o il fermato è posto a disposizione del giudice, compete al p.m., nel corso delle indagini preliminari per i soli delitti di cui all'art. 51 co. 3 *bis* e 3 *quater* e ricorrendone i presupposti, il potere di **dilazionare** l'esercizio del diritto di **conferire** con il **difensore** (→ **Soggetti**, art. 96 s.) subito dopo l'arresto o il fermo (→ art. 104).

• Mentre l'interrogatorio della persona in stato di **custodia cautelare** da parte del p.m. **non** può precedere l'interrogatorio del giudice (→ **Misure cautelari**, art. 294 co. 6), l'interrogatorio da parte del p.m. *ex* art. 388 può essere effettuato **prima** dell'interrogatorio a cui procede il giudice nell'udienza di convalida (art. 391 co. 3), sempre con l'obbligo di **documentare integralmente**, a pena di inutilizzabilità (→ **Prove**, art. 191; → **Impugnazioni**, art. 606), con mezzi di riproduzione audiovisiva o, se ciò non sia possibile, con mezzi di riproduzione fonografica, ogni interrogatorio di persona che si trovi, a qualsiasi titolo, in «stato di detenzione», a meno che non si svolga in udienza (→ **Atti**, art. 141 *bis*).

• Dalla persona nei cui confronti vengono svolte le indagini (→ **Soggetti**, art. 61) che si trovi in stato di arresto (artt. 380 e 381) ovvero di fermo (art. 384) o nei casi di allontanamento d'urgenza dalla casa familiare (art. 384 *bis*), gli ufficiali di p.g. **non possono** assumere **sommarie informazioni** (art. 350 co. 1). **Possono**, tuttavia, sul luogo o nell'immediatezza del fatto, assumere **notizie e indicazioni utili** ai fini dell'immediata prosecuzione delle indagini dalla persona nei cui confronti vengono svolte le indagini, anche se arrestata in flagranza o fermata (art. 350 co. 5). Il p.m. **non può delegare** la p.g. per il compimento dell'interrogatorio [e del confronto (→ **Prove**, art. 211)] cui partecipi la persona sottoposta alle indagini che **non** si trovi in **stato di libertà** (art. 370 co. 1).

• Le dichiarazioni assunte nell'interrogatorio *ex* art. 388 possono essere utilizzate per le **contestazioni** nell'esame dell'imputato (→ **Giudizio**, art. 503 co. 3) nonché, previa contestazione, acquisite al fascicolo per il dibattimento (→ art. 503 co. 5), trattandosi di dichiarazioni alle quali il difensore aveva diritto di assistere (art. 364). Le medesime dichiarazioni possono essere acquisite al fascicolo del dibattimento mediante **lettura** se l'imputato è assente o rifiuta di sottoporsi all'esame (→ **Giudizio**, art. 513 co. 1).

389. Casi di immediata liberazione dell'arrestato o del fermato.

1. Se risulta evidente che l'arresto o il fermo è stato eseguito per errore di persona o fuori dei casi previsti dalla legge o se la misura dell'arresto o del fermo è divenuta inefficace a norma degli articoli 386, comma 7, e 390, comma 3, il pubblico ministero dispone con decreto motivato che l'arrestato o il fermato sia posto immediatamente in libertà.

2. La liberazione è altresì disposta prima dell'intervento del pubblico ministero dallo stesso ufficiale di polizia giudiziaria, che ne informa subito il pubblico ministero del luogo dove l'arresto o il fermo è stato eseguito.

• Riferita espressamente all'arresto (artt. 380 e 381) e al fermo (art. 384), la disposizione si applica anche all'**allontanamento d'urgenza dalla casa familiare**, in quanto compatibile (art. 384 *bis* co. 2).

• Se non ricorre l'ipotesi di liberazione immediata *ex* art. 389 co. 2 – che compete al solo **ufficiale di p.g.** (→ **Soggetti**, art. 57), anche se diverso da quello che ha eseguito l'arresto o il fermo (→ **Disp. att.**, art. 120) – entro il termine di **ventiquattro ore** gli ufficiali e gli agenti di p.g. (→ **Soggetti**, art. 57) pongono l'arrestato o il fermato a disposizione del p.m. (→ art. 51), trasmettendo il verbale (**art. 386 co. 3**).

• Qualora non debba ordinare l'immediata liberazione dell'arrestato o del fermato, il **p.m.** entro **quarantotto ore** dall'arresto o dal fermo richiede al g.i.p. (art. 328) la convalida (**art. 390 co. 1**). Il g.i.p. fissa l'udienza di convalida al più presto e comunque entro le **quarantotto ore** successive (**art. 390 co. 2**).

• In aggiunta ai casi dell'art. 389, il p.m. dispone con decreto motivato che l'arrestato o il fermato sia posto immediatamente in libertà anche quando ritiene di **non** dover richiedere al g.i.p. l'applicazione di **misure coercitive** (→ **Disp. att.**, art. 121 co. 1): in tale ipotesi, diversamente dai casi di liberazione immediata *ex* art. 389, si celebra comunque l'**udienza di convalida** (art. 391) di cui il giudice deve dare avviso senza ritardo anche alla persona liberata (→ **Disp. att.**, art. 121 co. 2).

390. Richiesta di convalida dell'arresto o del fermo.

1. Entro quarantotto ore dall'arresto o dal fermo il pubblico ministero, qualora non debba ordinare la immediata liberazione dell'arrestato o del fermato, richiede la convalida al giudice per le indagini preliminari competente in relazione al luogo dove l'arresto o il fermo è stato eseguito.

2. Il giudice fissa l'udienza di convalida al più presto e comunque entro le quarantotto ore successive dandone avviso, senza ritardo, al pubblico ministero e al difensore.

3. L'arresto o il fermo diviene inefficace se il pubblico ministero non osserva le prescrizioni del comma 1.

3 *bis*. Se non ritiene di comparire, il pubblico ministero trasmette al giudice, per l'udienza di convalida, le richieste in ordine alla libertà personale con gli elementi su cui le stesse si fondano.

Il co. 3 *bis* è stato aggiunto dal d. lgs. 14.1.1991, n. 12.

• La richiesta di convalida *ex* art. 390 è riconducibile alla previsione costituzionale che consente all'autorità di pubblica sicurezza di adottare provvedimenti provvisori limitativi della libertà personale «in casi eccezionali di necessità ed urgenza, indicati tassativamente dalla legge», con dovere di **comunicazione** all'autorità giudiziaria entro **quarantotto ore**, in vista della **convalida** che deve intervenire nelle seguenti **quarantotto ore**, pena la revoca e la perdita di efficacia della misura (→ **Cost.**, art. 13 co. 3).

• Riferita espressamente all'arresto (artt. 380 e 381) e al fermo (art. 384), la disposizione si applica anche all'**allontanamento d'urgenza dalla casa familiare**, in quanto compatibile (art. 384 *bis* co. 2).

• La **richiesta di convalida** *ex* art. 390 co.

1 è **alternativa** alla **liberazione immediata** dell'arrestato o del fermato (art. 389), che il p.m. ordina quando la misura è stata eseguita per **errore** di persona o fuori dei **casi** previsti dalla legge ovvero è divenuta **inefficace** a norma dell'**art. 386 co. 7** (inosservanza del termine di ventiquattro ore dall'arresto o dal fermo, entro cui la p.g. deve mettere a disposizione del p.m. l'arrestato o il fermato e trasmettere il relativo verbale *ex* art. 386 co. 3) ovvero dell'**art. 390 co. 3** (inosservanza del termine di quarantotto ore dall'arresto o dal fermo, entro cui il p.m. deve chiedere al g.i.p. la convalida *ex* art. 390 co. 1). Quando invece il p.m. dispone con decreto motivato che l'arrestato o il fermato sia posto immediatamente in libertà poiché ritiene di **non** dover richiedere al g.i.p. l'applicazione di **misure coercitive** (→ **Disp. att.**, art. 121 co. 1), diversamente dai casi di liberazione immediata *ex* art. 389 si celebra comunque l'**udienza di convalida** (art. 391), di cui il giudice deve dare avviso senza ritardo anche alla persona liberata (→ **Disp. att.**, art. 121 co. 2).

• L'osservanza del termine *ex* art. 390 co. 1 è compresa tra le condizioni per la **convalida** dell'arresto o del fermo (art. 391 co. 4).

• L'investitura del g.i.p. competente in relazione al luogo dove l'arresto o il fermo è stato eseguito *ex* art. 390 co. 1 **deroga** alle regole di **competenza territoriale** (→ **Soggetti**, art. 8 s.), secondo cui le funzioni di g.i.p. sono esercitate da un magistrato facente parte dell'organico del tribunale (appartenente all'apposita sezione istituita in ciascun tribunale ordinario costituito in sezioni: → **Ord. giud.**, art. 46 co. 3) nel cui circondario è stato commesso il reato, quand'anche sia competente per materia la corte d'assise (→ **Disp. att.**, art. 238).

• Fino al momento in cui l'arrestato o il fermato è posto a disposizione del giudice, compete al p.m., nel corso delle indagini preliminari per i soli delitti di cui all'art. 51 co. 3 *bis* e 3 *quater* e ricorrendone i presupposti, il potere di **dilazionare** l'esercizio del diritto di **conferire** con il **difensore** (→ **Soggetti**, art. 96 s.) subito dopo l'arresto o il fermo (→ art. 104).

391. Udienza di convalida.

1. L'udienza di convalida si svolge in camera di consiglio con la partecipazione necessaria [del pubblico ministero e] del difensore dell'arrestato o del fermato. Quando l'arrestato, il fermato o il difensore ne fanno richiesta il giudice può autorizzarli a partecipare a distanza.

2. Se il difensore di fiducia o di ufficio non è stato reperito o non è comparso, il giudice provvede a norma dell'articolo 97, comma 4. Il giudice altresì, anche d'ufficio, verifica che all'arrestato o al fermato sia stata data la comunicazione di cui all'articolo 386, comma 1, o che comunque sia stato informato ai sensi del comma 1 *bis* dello stesso articolo, e provvede, se del caso, a dare o a completare la comunicazione o l'informazione ivi indicate.

3. Il pubblico ministero, se comparso, indica i motivi dell'arresto o del fermo e illustra le richieste in ordine alla libertà personale. Il giudice procede quindi all'interrogatorio dell'arrestato o del fermato, salvo che questi non abbia potuto o si sia rifiutato di comparire; sente in ogni caso il suo difensore.

4. Quando risulta che l'arresto o il fermo è stato legittimamente eseguito e sono stati osservati i termini previsti dagli articoli 386, comma 3, e 390, comma 1, il giudice provvede alla convalida con ordinanza. Contro l'ordinanza che decide sulla convalida, il pubblico ministero e l'arrestato o il fermato possono proporre ricorso per cassazione.

5. Se ricorrono le condizioni di applicabilità previste dall'articolo 273 e taluna delle esigenze cautelari previste dall'articolo 274, il giudice dispone l'applicazione di una misura coercitiva a norma dell'articolo 291. Quando l'arresto è stato eseguito per uno dei delitti indicati nell'articolo 381, comma 2, ovvero per uno dei delitti per i quali è consentito anche fuori dai casi di flagranza, l'applicazione della misura è disposta anche al di fuori dei limiti di pena previsti dagli articoli 274, comma 1, lettera *c*), e 280.

6. Quando non provvede a norma del comma 5, il giudice dispone con ordinanza la immediata liberazione dell'arrestato o del fermato.

7. Le ordinanze previste dai commi precedenti, se non sono pronunciate in udienza, sono comunicate o notificate a coloro che hanno diritto di proporre impugnazione. Le ordinanze pro-

nunciate in udienza sono comunicate al pubblico ministero e notificate all'arrestato o al fermato, se non comparsi. I termini per l'impugnazione decorrono dalla lettura del provvedimento in udienza ovvero dalla sua comunicazione o notificazione. L'arresto o il fermo cessa di avere efficacia se l'ordinanza di convalida non è pronunciata o depositata nelle quarantotto ore successive al momento in cui l'arrestato o il fermato è stato posto a disposizione del giudice.

Nel co. 1, le parole tra parentesi quadre sono state soppresse dal d. lgs. 14.1.1991, n. 12 e il secondo periodo è stato aggiunto dal d. lgs. 10.10.2022, n. 150. Il co. 2 è stato così modificato dal d. lgs. 1.7.2014, n. 101. I co. 3 e 7 sono stati sostituiti dal d. lgs. 12 del 1991. Il co. 4 è stato modificato dal d. lgs. 12 del 1991. Il co. 5 è stato sostituito dal d. lgs. 12 del 1991 e poi così modificato dalla l. 26.3.2001, n. 128.

• L'udienza di convalida *ex* art. 391 è riconducibile alla previsione costituzionale che consente all'autorità di pubblica sicurezza di adottare provvedimenti provvisori limitativi della libertà personale «in casi eccezionali di necessità ed urgenza, indicati tassativamente dalla legge», con dovere di **comunicazione** all'autorità giudiziaria entro **quarantotto ore**, in vista della **convalida** che deve intervenire nelle seguenti **quarantotto ore**, pena la revoca e la perdita di efficacia della misura (→ **Cost.**, art. 13 co. 3).

• Riferita espressamente all'arresto (artt. 380 e 381) e al fermo (art. 384), la disposizione si applica anche all'**allontanamento d'urgenza dalla casa familiare**, in quanto compatibile (art. 384 *bis* co. 2).

• Fissata dal g.i.p. (art. 328) entro le quarantotto ore successive alla richiesta di convalida (art. 390 co. 2) da parte dal p.m. (→ **Soggetti**, art. 50 s.), l'udienza si svolge nel **luogo** dove l'arrestato o il fermato è **custodito** [la casa circondariale o mandamentale del luogo dove la misura è stata eseguita (art. 386 co. 4)], salvo il caso di custodia nel proprio domicilio o altro luogo di privata dimora [ciò si verifica quando il p.m. dispone la custodia in uno dei luoghi *ex* art. 284 co. 1 (art. 386 co. 5)], essendo tuttavia consentito al giudice disporre con decreto motivato il trasferimento dell'arrestato o del fermato per la comparizione **davanti a sé**, quando sussistono eccezionali motivi di necessità o di urgenza (→ **Disp. att.**, art. 123).

• Celebrata in **camera di consiglio** (→ **Atti**, art. 127) ai sensi dell'art. 391 co. 1, l'udienza di convalida si svolge con la partecipazione **necessaria** del **difensore** di fiducia o d'ufficio (→ **Soggetti**, art. 96 s.) – se il difensore non è stato reperito o non è comparso, il giudice designa come sostituto un altro difensore prontamente reperibile (→ art. 97 co. 4) – la cui assenza è riconducibile alle ipotesi di nullità di ordine generale a regime assoluto (→ **Atti**, art. 178 s.). Diversamente, il **p.m.** – la cui partecipazione **non** è **necessaria** – se ritiene di non comparire trasmette al giudice, per l'udienza di convalida, le **richieste** in ordine alla libertà personale con gli elementi su cui le stesse si fondano (art. 390 co. 3 *bis*).

• Qualora il giudice autorizzi l'arrestato, il fermato o il difensore che ne fanno richiesta a **partecipare a distanza** a norma del co. 1 secondo periodo, si osservano le modalità e le garanzie della partecipazione a distanza stabilite dall'art. 133 *ter* (→ **Atti**, art. 133 *bis*).

• Il giudice che ha svolto nell'udienza di convalida l'interrogatorio (→ **Soggetti**, artt. 64 e 65) dell'arrestato o del fermato – adempimento prescritto salvo che questi «non abbia potuto o si sia rifiutato di comparire» *ex* art. 391 co. 3 – **non** è tenuto a procedere all'**interrogatorio** della stessa persona alla quale, in esito alla convalida, abbia applicato *ex* art. 391 co. 5 una **misura cautelare personale** (→ **Libro IV**, art. 294 co. 1).

• Le dichiarazioni rese a norma dell'art. 391 possono essere utilizzate per le **contestazioni** nell'esame dell'imputato (→ **Giudizio**, art. 503 co. 3) nonché, previa contestazione, acquisite al fascicolo per il dibattimento (→ art. 503 co. 5 e 6). Le medesime dichiarazioni possono essere acquisite al fascicolo del dibattimento mediante **lettura** se l'imputato è assente o rifiuta di sottoporsi all'esame (→ art. 513 co. 1).

• Le disposizioni di cui all'art. 391 si applicano anche al giudizio di convalida che si svolge quando il p.m. presenta direttamente l'imputato in stato di **arresto** davanti al giudice del dibattimento per la convalida e il contestuale **giudizio direttissimo** (→ **Procedimenti speciali**, art. 449 co. 1), pure quando si procede per un reato attribuito al tribunale in **composizione monocratica** (→ **Libro VIII**, art. 558 co. 4). In entrambe le ipotesi, se l'arresto è convalidato si procede immediatamente a giudizio; diversamente, il giudice restituisce gli atti al p.m., fatta salva la possibilità di procedere comunque a giudizio direttissimo quando l'imputato e il p.m. vi consentono (→ **Procedimenti speciali**, art. 449 co. 2 e 3; → **Procedimento davanti al tribunale in composizione monocratica**, art. 558 co. 5 e 6).

• Una peculiare procedura di convalida è prevista quando la **p.g.** procede *motu proprio* al **fermo dell'imputato** che **stia per darsi alla fuga**, in rapporto a talune vicende relative alle misure cautelari disposte o ripristinate in caso di scarcerazione per decorrenza dei termini (→ **Misure cautelari**, art. 307 co. 4).

• Se la persona per la quale è necessaria l'**autorizzazione a procedere** (art. 343) è stata arrestata in flagranza, il p.m. richiede l'autorizzazione immediatamente e comunque prima della udienza di convalida (art. 344).

Titolo VI *bis*
INVESTIGAZIONI DIFENSIVE

Il titolo VI *bis*, con gli artt. da 391 *bis* a 391 *decies*, è stato aggiunto dalla l. 7.12.2000, n. 397.

391 *bis*. Colloquio, ricezione di dichiarazioni e assunzione di informazioni da parte del difensore.

1. Salve le incompatibilità previste dall'articolo 197, comma 1, lettere *c*) e *d*), per acquisire notizie il difensore, il sostituto, gli investigatori privati autorizzati o i consulenti tecnici possono conferire con le persone in grado di riferire circostanze utili ai fini dell'attività investigativa. In questo caso, l'acquisizione delle notizie avviene attraverso un colloquio non documentato.

2. Il difensore o il sostituto possono inoltre chiedere alle persone di cui al comma 1 una dichiarazione scritta ovvero di rendere informazioni da documentare secondo le modalità previste dall'articolo 391 *ter*.

3. In ogni caso, il difensore, il sostituto, gli investigatori privati autorizzati o i consulenti tecnici avvertono le persone indicate nel comma 1:

a) della propria qualità e dello scopo del colloquio;

b) se intendono semplicemente conferire ovvero ricevere dichiarazioni o assumere informazioni indicando, in tal caso, le modalità e la forma di documentazione;

c) dell'obbligo di dichiarare se sono sottoposte ad indagini o imputate nello stesso procedimento, in un procedimento connesso o per un reato collegato;

d) della facoltà di non rispondere o di non rendere la dichiarazione;

e) del divieto di rivelare le domande eventualmente formulate dalla polizia giudiziaria o dal pubblico ministero e le risposte date;

f) delle responsabilità penali conseguenti alla falsa dichiarazione.

4. Alle persone già sentite dalla polizia giudiziaria o dal pubblico ministero non possono essere richieste notizie sulle domande formulate o sulle risposte date.

5. Per conferire, ricevere dichiarazioni o assumere informazioni da una persona sottoposta ad indagini o imputata nello stesso procedimento, in un procedimento connesso o per un reato collegato, è dato avviso, almeno ventiquattro ore prima, al suo difensore la cui presenza è necessaria. Se la persona è priva di difensore, il giudice, su richiesta del difensore che procede alle investigazioni, dispone la nomina di un difensore di ufficio ai sensi dell'articolo 97.

5 *bis*. Nei procedimenti per i delitti di cui all'articolo 351, comma 1 *ter*, il difensore, quando assume informazioni da persone minori, si avvale dell'ausilio di un esperto in psicologia o in psichiatria infantile.

6. Le dichiarazioni ricevute e le informazioni assunte in violazione di una delle disposizioni di cui ai commi precedenti non possono essere utilizzate. La violazione di tali disposizioni costituisce illecito disciplinare ed è comunicata dal giudice che procede all'organo titolare del potere disciplinare.

7. Per conferire, ricevere dichiarazioni o assumere informazioni da persona detenuta, il difensore deve munirsi di specifica autorizzazione dal giudice che procede nei confronti della stes-

sa, sentiti il suo difensore ed il pubblico ministero. Prima dell'esercizio dell'azione penale l'autorizzazione è data dal giudice per le indagini preliminari. Durante l'esecuzione della pena provvede il magistrato di sorveglianza.

8. All'assunzione di informazioni non possono assistere la persona sottoposta alle indagini, la persona offesa e le altre parti private.

9. Il difensore o il sostituto interrompono l'assunzione di informazioni da parte della persona non imputata ovvero della persona non sottoposta ad indagini, qualora essa renda dichiarazioni dalle quali emergano indizi di reità a suo carico. Le precedenti dichiarazioni non possono essere utilizzate contro la persona che le ha rese.

10. Quando la persona in grado di riferire circostanze utili ai fini dell'attività investigativa abbia esercitato la facoltà di cui alla lettera *d*) del comma 3, il pubblico ministero, su richiesta del difensore, ne dispone l'audizione che fissa entro sette giorni dalla richiesta medesima. Tale disposizione non si applica nei confronti delle persone sottoposte ad indagini o imputate nello stesso procedimento e nei confronti delle persone sottoposte ad indagini o imputate in un diverso procedimento nelle ipotesi previste dall'articolo 210. L'audizione si svolge alla presenza del difensore che per primo formula le domande. Anche con riferimento alle informazioni richieste dal difensore si applicano le disposizioni dell'articolo 362.

11. Il difensore, in alternativa all'audizione di cui al comma 10, può chiedere che si proceda con incidente probatorio all'assunzione della testimonianza o all'esame della persona che abbia esercitato la facoltà di cui alla lettera *d*) del comma 3, anche al di fuori delle ipotesi previste dall'articolo 392, comma 1.

Il co. 5 *bis* è stato aggiunto dalla l. 1.10.2012, n. 172.

• «**Colloquio**», «**ricezione di dichiarazioni**» e «**assunzione di informazioni**» *ex* art. 391 *bis* sono le forme **dichiarative** delle investigazioni che il difensore (→ **Soggetti**, art. 96 s.) – nonché il sostituto (→ art. 102), l'investigatore privato autorizzato (→ **Disp. coord.**, art. 222) e il consulente tecnico peritale (→ **Prove**, art. 225) o extraperitale (→ art. 233), sempre su incarico del difensore e nei limiti consentiti dagli artt. 391 *bis* s. – è legittimato a svolgere per ricercare e individuare elementi di prova a favore del proprio assistito (art. 327 *bis*). Escluso il colloquio – che è non documentato, *ex* art. 391 *bis* co. 1 – quando riceve la dichiarazione scritta o assume informazioni il difensore segue forme di **documentazione** *ad hoc* (**art. 391** ***ter***). Costituiscono, invece, forme **reali** d'azione la richiesta di documentazione alla pubblica amministrazione (art. 391 *quater*), l'accesso ai luoghi, anche privati o non aperti al pubblico (artt. 391 *sexies* e 391 *septies*) nonché gli atti non ripetibili e gli accertamenti tecnici non ripetibili (art. 391 *decies*).

• Tutti i soggetti dell'investigazione difensiva godono delle **garanzie di libertà** del difensore (→ **Soggetti**, art. 103) e **non** hanno **obbligo di denuncia** neppure relativamente ai reati dei quali abbiano avuto notizia nel corso delle attività investigative da essi svolte (art. 334 *bis*). Il difensore che abbia compiuto attività di investigazione difensiva, e coloro che hanno formato la documentazione delle dichiarazioni e delle informazioni assunte ai sensi dell'art. 391 *ter*, sono **incompatibili** con l'ufficio di **testimone** (→ **Prove**, art. 197 co. 1 lett. *d*).

• Ferma la particolare **direzione finalistica** delle investigazioni difensive [«ricercare e individuare elementi di prova a favore» dell'assistito (art. 327 *bis*)] che le differenzia dalle attività di indagine del **p.m.** (→ **Soggetti**, art. 50 s.) e della **p.g.** (→ art. 55) [«necessarie per le determinazioni inerenti all'esercizio dell'azione penale» (art. 326)], l'inchiesta dichiarativa della difesa *ex* art. 391 *bis* presenta molteplici peculiarità anche sul piano operativo, rispetto ai corrispondenti atti dei pubblici inquirenti [altre sommarie informazioni da parte della p.g. (**art. 351**) ovvero assunzione di informazioni (**art. 362**) e interrogatorio di persona imputata in un procedimento connesso (**art. 363**) da parte del p.m.].

• Sul piano generale, talune specifiche disposizioni stabilite in materia di **testimonianza** [→ **Prove**, art. 194 s.; segnatamente: incompatibilità a testimoniare (→ art. 197), testimonianza assistita (→ art. 197 *bis*), obblighi del testimone (→ art. 198), facoltà di astensione dei prossimi congiunti (→ art. 199), segreti (→ artt. 200, 201, 202, 203)] sono rese applicabili nell'assunzione di informazioni di matrice pubblica (artt. 351 co. 1 secondo periodo e 362 co. 1 terzo periodo), ma non sono richiamate nell'investigazione difensiva, salve le incompatibilità previste dall'art. 197 co. 1 lett. *c* e *d* (art. 391 *bis* s.).

• Nel contesto degli **avvertimenti preliminari** *ex* art. 391 *bis* co. 3 – da impartire «in ogni caso» a pena di inutilizzabilità (→ **Prove**, art. 191; → **Impugnazioni**, art. 606), espressamente prevista dall'art. 391 *bis* co. 6 – gli avvisi in ordine alla facoltà di non rispondere o di non rendere la dichiarazione (**lett.** *d*) e alle responsabilità penali conseguenti alla falsa dichiarazione (**lett.** *f*) si riconnettono al reato di **false dichiarazioni al difensore** (→ art. 371 *ter* c.p.), che punisce il mendacio di chi non si è avvalso della facoltà di non rispondere [la reticenza, invece, rileva nel reato di false informazioni al p.m. (→ art. 371 *bis* c.p.) o in termini di inosservanza dei provvedimenti dell'autorità (→ art. 650 c.p.) in caso di rifiuto di fornire le informazioni richieste dalla p.g., atteso che le persone interpellate ai fini delle indagini dai pubblici inquirenti hanno obbligo di presentarsi e di rispondere secondo verità, con il limite dei fatti da cui potrebbe emergere una loro responsabilità penale (→ **Prove**, art. 198, richiamato dagli artt. 351 co. 1 secondo periodo e 362 co. 1 terzo periodo)].

• Il **divieto** di indagine sull'**inchiesta dell'avversario** *ex* art. 391 *bis* co. 4, con il corredo di un avvertimento *ad hoc* che l'inquirente privato deve impartire alla persona interpellata *ex* art. 391 *bis* co. 3 (**lett.** *e*), ferma la sanzione espressa di inutilizzabilità *ex* art. 391 *bis* co. 6 nell'ipotesi di violazione di entrambe le prescrizioni, opera in termini reciproci – benché senza avviso alla fonte interpellata – anche nell'indagine dei pubblici inquirenti (artt. 351 co. 1 secondo periodo e 362 co. 1 secondo periodo), che non possono chiedere alle **persone già sentite** dal difensore o dal suo sostituto informazioni sulle domande formulate e sulle risposte date, divieto la cui violazione è riconducibile alla sanzione generale di inutilizzabilità (→ **Prove**, art. 191; → **Impugnazioni**, art. 606).

• Accordata al difensore-inquirente la facoltà di conferire, ricevere dichiarazioni o assumere informazioni da una persona sottoposta alle indagini (→ **Soggetti**, art. 61) o imputata (→ art. 60) nello **stesso procedimento** o in altro **connesso** (→ art. 12) o **collegato** (art. 371) *ex* art. 391 *bis* co. 5 – cui è funzionale l'avviso alla fonte dell'obbligo di dichiarare se riveste siffatte qualifiche *ex* art. 391 *bis* co. 3 (**lett.** *c*) – **non** sono **richiamate** nel contesto dell'indagine difensiva [e neppure nel corrispondente atto di p.g. (art. 351 co. 1 *bis*)] talune delle **forme** dettate per l'esame della persona imputata in un procedimento connesso [→ **Prove**, **art. 210**: obbligo di presentazione, con possibile accompagnamento coattivo (**co. 2**); assistenza del difensore con diritto di partecipare all'esame (**co. 3**); facoltà di non rispondere e relativo avviso (**co. 4**); avvertimento *ex* art. 64 co. 3 lett. *c*, in ipotesi di connessione *ex* art. 12 co. 1 lett. *c* o di collegamento *ex* art. 371 co. 2 lett. *b*, in ordine all'assunzione dell'ufficio di testimone ove non sia esercitata la facoltà di non rispondere (**co. 6**), con conseguente applicazione delle norme sulla testimonianza assistita (→ **Prove**, art. 197 *bis*)] che il p.m., invece, deve seguire nell'interrogatorio della persona imputata in un procedimento connesso (art. 363). È però prevista la presenza necessaria del difensore, con avviso almeno ventiquattro ore prima *ex* art. 391 *bis* co. 5 [così come nel corrispondente atto di p.g. si stabilisce il diritto all'assistenza difensiva con preavviso *ex* art. 351 co. 1 *bis*].

• L'ausilio dell'**esperto** in psicologia o in psichiatria infantile, di cui il difensore si avvale quando deve assumere sommarie informazioni da persona **minore** nei procedimenti per i delitti indicati nell'art. 351 co. 1 *ter*, è previsto anche per gli omologhi atti della p.g. (art. 351 co. 1 *ter*) e del p.m. (art. 362 co. 1 *bis*): soltanto nel contesto dell'indagine difensiva, tuttavia, la sanzione di inutilizzabilità (→ **Prove**, art. 191; → **Impugnazioni**, art. 606) per il caso di violazione è oggetto di previsione espressa (art. 391 *bis* co. 6). La disposizione secondo cui la p.g. (art. 351 co. 1 *ter* secondo periodo) e il p.m. (art. 362 co. 1 *bis* secondo periodo) procedono «allo stesso modo» – cioè con l'ausilio dell'esperto – quando devono assumere sommarie informazioni dalla **persona offesa** (→ **Soggetti**, art. 90), anche maggiorenne, in condizione di **particolare vulnerabilità** (→ art. 90 *quater*), non è riprodotta nel contesto delle investigazioni dichiarative *ex* art. 391 *bis*.

• Impregiudicati i doveri stabiliti per il difensore-inquirente allorché la persona non imputata o non sottoposta alle indagini renda dichiarazioni dalle quali emergano indizi di reità a suo carico *ex* art. 391 *bis* co. 9, non è richiamata la disciplina dettata per il caso di **dichiarazioni indizianti** (→ **Soggetti**, art. 63) che opera, invece, nel contesto delle sommarie informazioni assunte dalla p.g. (art. 351) e dal p.m. (art. 362).

• L'indagine dichiarativa *ex* art. 391 *bis* può essere svolta anche in via **preventiva** per l'eventualità che si instauri un procedimento penale, con esclusione degli atti che richiedono l'autorizzazione o l'intervento dell'autorità giudiziaria (art. 391 *nonies*).

• Ferma l'estensione temporale dell'inchiesta "parallela" (art. 327 *bis* co. 2), il difensore può svolgere indagini dichiarative *ex* art. 391 *bis* anche dopo la richiesta di rinvio a giudizio (art. 416) [indagini c.d. **suppletive**: art. 419 co. 3] ovvero successivamente all'emissione del decreto che dispone il giudizio (429) [attività **integrativa** di indagine: art. 430], fatto salvo il **divieto** (art. 430 *bis*) – valido anche per p.m. e p.g. – di assumere informazioni dalla persona ammessa d'ufficio dal giudice (→ **Giudizio**, art. 507), indicata nella richiesta di incidente probatorio (art. 393), ammessa e citata per l'udienza preliminare (art. 422 co. 2) ovvero indicata nella lista testi presentata dalle altre parti (→ **Giudizio**, art. 468).

• I risultati delle indagini dichiarative di cui all'art. 391 *bis* possono essere presentati al p.m. ovvero al giudice, nel corso delle indagini preliminari (art. 326 s.) e nell'udienza preliminare (art. 418 s.), e confluiscono nel **fascicolo del difensore** (art. 391 *octies*), inserito, dopo la chiusura delle indagini (art. 405 s.), nel «fascicolo di cui all'art. 433» [*rectius*, nel fascicolo delle indagini preliminari (art. 373 co. 5)]. Dopo il decreto che dispone il giudizio (art. 429), i risultati delle indagini dichiarative presenti nel fascicolo del difensore confluiscono nel **fascicolo del p.m.** (art. 433), fatta salva l'acquisizione concordata all'atto della formazione del **fascicolo per il dibattimento** (art. 431 co. 2) ovvero in sede di richieste di prova (→ **Giudizio**, art. 493 co. 3; → **Procedimento davanti al tribunale in composizione monocratica**, art. 555 co. 4) che li rende passibili di impiego probatorio, previa lettura (→ **Giudizio**, art. 511). Nel dibattimento, delle dichiarazioni inserite nel fascicolo del difensore (art. 391 *octies*) [già immesse nel fascicolo delle indagini (art. 373 co. 5) dopo la loro chiusura (art. 405 s.) e poi confluite nel fascicolo del p.m. (art. 433) dopo il decreto che dispone il giudizio (art. 429)] le parti possono servirsi ai fini delle contestazioni (→ **Giudizio**, art. 500) e delle letture (→ art. 511 s.), a norma degli **artt. 500, 512 e 513** (art. 391 *decies*).

391 *ter*. Documentazione delle dichiarazioni e delle informazioni.

1. La dichiarazione di cui al comma 2 dell'articolo 391 *bis*, sottoscritta dal dichiarante, è autenticata dal difensore o da un suo sostituto, che redige una relazione nella quale sono riportati:

a) la data in cui ha ricevuto la dichiarazione;

b) le proprie generalità e quelle della persona che ha rilasciato la dichiarazione;

c) l'attestazione di avere rivolto gli avvertimenti previsti dal comma 3 dell'articolo 391 *bis*;

d) i fatti sui quali verte la dichiarazione.

2. La dichiarazione è allegata alla relazione.

3. Le informazioni di cui al comma 2 dell'articolo 391 *bis* sono documentate dal difensore o da un suo sostituto che possono avvalersi per la materiale redazione del verbale di persone di loro fiducia. Si osservano le disposizioni contenute nel titolo III del libro secondo, in quanto applicabili.

3 *bis*. Le informazioni di cui al comma 3 sono documentate anche mediante riproduzione fonografica, salva la contingente indisponibilità di strumenti di riproduzione o di personale tecnico.

3 *ter*. Le dichiarazioni della persona minorenne, inferma di mente o in condizioni di particolare vulnerabilità sono documentate integralmente, a pena di inutilizzabilità, con mezzi di riproduzione audiovisiva o fonografica, salvo che si verifichi una contingente indisponibilità di strumenti di riproduzione o di personale tecnico e sussistano particolari ragioni di urgenza che non consentano di rinviare l'atto.

3 *quater*. La trascrizione della riproduzione audiovisiva o fonografica di cui ai commi 3 *bis* e 3 *ter* è disposta solo se assolutamente indispensabile.

I co. 3 *bis*, 3 *ter* e 3 *quater* sono stati aggiunti dal d. lgs. 10.10.2022, n. 150.

• Dettate per le indagini dichiarative della difesa (art. 391 *bis*), le forme di documentazione di cui all'art. 391 *ter* co. 1 e 2 si osservano per la **ricezione della dichiarazione scritta** (art. 391 *bis* co. 2) e quelle di cui all'art. 391 *ter* co. 3 per l'**assunzione di informazioni** (art. 391 *bis* co. 2). Non si applicano al **colloquio**, espressamente «non documentato» (art. 391 *bis* co. 1).

• La norma contempla una forma aggiuntiva di documentazione "rafforzata": sia delle informazioni assunte a norma dell'art. 391 *bis* co. 2, che sono documentate anche mediante **riproduzione fonografica** (salva la contingente indisponibilità di strumenti di riproduzione o di personale tecnico: **co. 3 *bis***); sia dichiarazioni della persona minorenne, inferma di mente o in condizioni di particolare vulnerabilità, che sono documentate integralmente, a pena di inutilizzabilità, con mezzi di **riproduzione audiovisiva o fonografica** (salvo che si verifichi una contingente indisponibilità di strumenti di riproduzione o di personale tecnico e sussistano particolari ragioni di urgenza che non consentano di rinviare l'atto: **co. 3 *ter***).

• L'osservanza delle forme di documentazione di cui all'art. 391 *ter*, richiamate testualmente nella disciplina delle indagini dichiarative (art. 391 *bis* co. 2), ricade nelle «disposizioni di cui ai commi precedenti» la cui violazione rende **inutilizzabili** (→ **Prove**, art. 191; → **Impugnazioni**, art. 606) le dichiarazioni assunte e le informazioni ricevute (art. 391 *bis* co. 6).

• Oltre al difensore che abbia svolto attività di investigazione difensiva, anche coloro che hanno formato la documentazione delle dichiarazioni e delle informazioni assunte ai sensi dell'art. 391 *ter* sono **incompatibili** con l'ufficio di **testimone** (→ **Prove**, art. 197 co. 1 lett. *d*).

• Secondo le Sezioni Unite della corte di cassazione il difensore, nel documentare i risultati della sua indagine *ex* art. 391 *ter*, assume la **qualifica di pubblico ufficiale** (→ art. 357 c.p.), integrando il reato di falsità ideologica in atto pubblico (→ art. 479 c.p.) in ipotesi di infedele o incompleta documentazione (Cass., SU, 27.6.2006, Schera).

391 *quater*. Richiesta di documentazione alla pubblica amministrazione.

1. Ai fini delle indagini difensive, il difensore può chiedere i documenti in possesso della pubblica amministrazione e di estrarne copia a sue spese.
2. L'istanza deve essere rivolta all'amministrazione che ha formato il documento o lo detiene stabilmente.
3. In caso di rifiuto da parte della pubblica amministrazione si applicano le disposizioni degli articoli 367 e 368.

• La «**richiesta di documentazione alla pubblica amministrazione**» *ex* art. 391 *quater* è una forma **reale** (segnatamente, "documentale") delle investigazioni che il difensore (→ **Soggetti**, art. 96 s.) – come i suoi ausiliari (art. 327 *bis* co. 3), sempre su incarico del difensore e nei limiti consentiti dagli artt. 391 *bis* s. – è legittimato a svolgere per ricercare e individuare elementi di prova a favore del proprio assistito (art. 327 *bis*).

• Tutti i soggetti dell'investigazione difensiva godono delle **garanzie di libertà** del difensore (→ **Soggetti**, art. 103) e **non** hanno **obbligo di denuncia** neppure relativamente ai reati dei quali abbiano avuto notizia nel corso delle attività investigative da essi svolte (art. 334 *bis*). Il difensore che abbia compiuto attività di investigazione difensiva – nonché coloro che hanno formato la documentazione delle dichiarazioni e delle informazioni assunte ai sensi dell'art. 391 *ter* – sono **incompatibili** con l'ufficio di **testimone** (→ **Prove**, art. 197 co. 1 lett. *d*).

• A fronte del rifiuto opposto dalla pubblica amministrazione alla richiesta di documenti formulata dal difensore-inquirente, l'art. 391 *quater* rende applicabili sia la facoltà di presentare al p.m. (→ **Soggetti**, art. 50 s.), nel corso delle indagini preliminari, memorie e richieste scritte (**art. 367**) sia il meccanismo secondo cui il p.m., quando ritiene che non si debba disporre il sequestro richiesto dall'interessato, trasmette al g.i.p. (art. 328) la richiesta con il proprio parere (**art. 368**).

• L'indagine documentale *ex* art. 391 *quater* può essere svolta anche in via **preventiva** per l'eventualità che si instauri un procedimento penale, con esclusione degli atti che richiedono l'autorizzazione o l'intervento dell'autorità giudiziaria (art. 391 *nonies*).

• Ferma l'estensione temporale dell'inchiesta "parallela" (art. 327 *bis* co. 2), il difensore può compiere indagini documentali *ex* art. 391 *quater* anche dopo la richiesta di rinvio a giudizio (art. 416) [indagini c.d. **suppletive**: art. 419 co. 3] ovvero successivamente all'emissione del decreto che dispone il giudizio (429) [attività **integrativa** di indagine: art. 430].

• I risultati delle indagini documentali di cui all'art. 391 *quater* possono essere presentati al p.m. ovvero al giudice, nel corso delle indagini preliminari (art. 326 s.) e nell'udienza preliminare (art. 418 s.), e confluiscono nel **fascicolo del difensore** (art. 391 *octies*), inserito, dopo la chiusura delle indagini (art. 405 s.), nel «fascicolo di cui all'art. 433» [*rectius*, nel fascicolo delle indagini preliminari (art. 373 co. 5)]. Dopo il decreto che dispone il giudizio (art. 429), i risultati delle indagini documentali presenti nel fascicolo del difensore confluiscono nel **fascicolo del p.m.** (art. 433), fatte salve in dibattimento la richiesta (→ **Giudizio**, art. 493) e l'ammissione (→ art. 495) quali prove documentali (→ **Prove**, art. 234 s.) che li rendono passibili di impiego probatorio, previa lettura (→ **Giudizio**, art. 511).

391 *quinquies*. Potere di segretazione del pubblico ministero.

1. Se sussistono specifiche esigenze attinenti all'attività di indagine, il pubblico ministero può, con decreto motivato, vietare alle persone sentite di comunicare i fatti e le circostanze oggetto dell'indagine di cui hanno conoscenza. Il divieto non può avere una durata superiore a due mesi.

2. Il pubblico ministero, nel comunicare il divieto di cui al comma 1 alle persone che hanno rilasciato le dichiarazioni, le avverte delle responsabilità penali conseguenti all'indebita rivelazione delle notizie.

• Benché innestato nella disciplina delle investigazioni difensive (art. 391 *bis* s.), il **potere di segretazione** del p.m. (→ **Soggetti**, art. 50 s.) *ex* art. 391 *quinquies* – presidiato da sanzione penale *ad hoc* (→ art. 379 *bis* ult. periodo c.p.) – costituisce una forma peculiare di **segreto investigativo** (art. 329).

• Nella prospettiva di tutelare l'efficacia delle investigazioni condotte dagli inquirenti sia pubblici (p.m. e p.g.) che privati (difensore e ausiliari: art. 327 *bis*), è sancito un reciproco divieto di indagine sull'inchiesta dell'avversario, essendo precluso richiedere alle persone già sentite dalla controparte notizie sulle **domande formulate** o sulle **risposte date** (artt. 351 co. 1 secondo periodo, 362 co. 1 secondo periodo e 391 *bis* co. 4), con lo specifico dovere per il solo difensore-inquirente di avvertire la persona interpellata del relativo divieto di rivelazione (art. 391 *bis* co. 3 lett. *e*).

391 *sexies*. Accesso ai luoghi e documentazione.

1. Quando effettuano un accesso per prendere visione dello stato dei luoghi e delle cose ovvero per procedere alla loro descrizione o per eseguire rilievi tecnici, grafici, planimetrici, fotografici o audiovisivi, il difensore, il sostituto e gli ausiliari indicati nell'articolo 391 *bis* possono redigere un verbale nel quale sono riportati:

a) la data ed il luogo dell'accesso;

b) le proprie generalità e quelle delle persone intervenute;

c) la descrizione dello stato dei luoghi e delle cose;

d) l'indicazione degli eventuali rilievi tecnici, grafici, planimetrici, fotografici o audiovisivi eseguiti, che fanno parte integrante dell'atto e sono allegati al medesimo. Il verbale è sottoscritto dalle persone intervenute.

• L'«**accesso ai luoghi**» *ex* art. 391 *sexies* – è una forma **reale** di investigazione (c.d. "sopralluogo") che il difensore (→ **Soggetti**, art. 96 s.) – come i suoi ausiliari (art. 327 *bis* co. 3), sempre su incarico del difensore e nei limiti consentiti dagli artt. 391 *bis* s. – è legittimato a svolgere per ricercare e individuare elementi di prova a favore del proprio assistito (art. 327 *bis*).

• Le forme di **documentazione** prescritte per le indagini dichiarative (artt. 391 *bis* e 391 *ter*) non riguardano il sopralluogo difensivo, di cui è possibile redigere «verbale» secondo le indicazioni dello stesso art. 391 *sexies*.

• Se i luoghi sono «**privati o non aperti al pubblico**» e manca il consenso della persona che ne ha la disponibilità, l'accesso è autorizzato dal giudice, su richiesta del difensore, fermi i limiti specifici nel caso di abitazione e pertinenze (art. 391 *septies*).

• Il difensore, nell'esercizio della facoltà di **esaminare le cose sequestrate** nel luogo in cui esse si trovano (art. 366 co. 1 terzo periodo), può avvalersi di un consulente tecnico, chiedendo apposita autorizzazione – al giudice (→ **Soggetti**, art. 1 s.) ovvero al p.m. (→ art. 50 s.), se prima dell'esercizio dell'azione penale (→ art. 50) – sia a tali fini sia per consentire al consulente tecnico di intervenire alle ispezioni ovvero di esaminare l'oggetto delle ispezioni alle quali non è intervenuto (→ **Prove**, art. 233 co. 1 *bis* e 1 *ter*).

• Tutti i soggetti dell'investigazione difensiva godono delle **garanzie di libertà** del difensore (→ **Soggetti**, art. 103) e **non** hanno **obbligo di denuncia** neppure relativamente ai reati dei quali abbiano avuto notizia nel corso delle attività investigative da essi svolte (art. 334 *bis*). Il difensore che abbia compiuto attività di investigazione difensiva – nonché coloro che hanno formato la documentazione delle dichiarazioni e delle informazioni assunte ai sensi dell'art. 391 *ter* – sono **incompatibili** con l'ufficio di **testimone** (→ **Prove**, art. 197 co. 1 lett. *d*).

• I sopralluoghi *ex* artt. 391 *sexies* e 391 *septies* possono essere svolti anche in via **preventiva** per l'eventualità che si instauri un procedimento penale, con esclusione degli atti che richiedono l'autorizzazione o l'intervento dell'autorità giudiziaria (art. 391 *nonies*).

• Ferma l'estensione temporale dell'inchiesta "parallela" (art. 327 *bis* co. 2), il difensore può compiere sopralluoghi *ex* artt. 391 *sexies* e 391 *septies* anche dopo la richiesta di rinvio a giudizio (art. 416) [indagini c.d. **suppletive**: art. 419 co. 3] ovvero successivamente all'emissione del decreto che dispone il giudizio (429) [attività **integrativa** di indagine: art. 430].

• I risultati dei sopralluoghi di cui agli artt. 391 *sexies* e 391 *septies* possono essere presentati al p.m. ovvero al giudice, nel corso delle indagini preliminari (art. 326 s.) e nell'udienza preliminare (art. 418 s.), e confluiscono nel **fascicolo del difensore** (art. 391 *octies*), inserito, dopo la chiusura delle indagini (art. 405 s.), nel «fascicolo di cui all'art. 433» [*rectius*, nel fascicolo delle indagini preliminari (art. 373 co. 5)]. Dopo il decreto che dispone il giudizio (art. 429), i risultati dei sopralluoghi presenti nel fascicolo del difensore confluiscono nel **fascicolo del p.m.** (art. 433), fatta salva l'acquisizione al **fascicolo per il dibattimento**: sia all'atto della sua **formazione** [è il caso degli atti non ripetibili (diversi dagli accertamenti) compiuti in occasione dell'accesso ai luoghi (**art. 431 co. 1 lett. *c***), quando il difensore ha già presentato la relativa documentazione nel corso delle indagini preliminari o dell'udienza preliminare (art. 391 *decies* co. 2) o quando il p.m. ha esercitato la facoltà di assistervi (art. 391 *decies* co. 3 e 4); ovvero degli atti acquisiti su accordo delle parti (**art. 431 co. 2**)]; sia in sede di **richieste di prova**, sempre su accordo delle parti (→ **Giudizio**, art. 493 co. 3; → **Procedimento davanti al tribunale in composizione monocratica**, art. 555 co. 4)], divenendo passibili di impiego probatorio, previa lettura (→ **Giudizio**, art. 511).

391 *septies*. Accesso ai luoghi privati o non aperti al pubblico.

1. Se è necessario accedere a luoghi privati o non aperti al pubblico e non vi è il consenso di chi ne ha la disponibilità, l'accesso, su richiesta del difensore, è autorizzato dal giudice, con decreto motivato che ne specifica le concrete modalità.

2. Nel caso di cui al comma 1, la persona presente è avvertita della facoltà di farsi assistere da persona di fiducia, purché questa sia prontamente reperibile e idonea a norma dell'articolo 120.

3. Non è consentito l'accesso ai luoghi di abitazione e loro pertinenze, salvo che sia necessario accertare le tracce e gli altri effetti materiali del reato.

• V. *sub* **art. 391 *sexies***.

391 *octies*. Fascicolo del difensore.

1. Nel corso delle indagini preliminari e nell'udienza preliminare, quando il giudice deve adottare una decisione con l'intervento della parte privata, il difensore può presentargli direttamente gli elementi di prova a favore del proprio assistito.

2. Nel corso delle indagini preliminari il difensore che abbia conoscenza di un procedimento penale può presentare gli elementi difensivi di cui al comma 1 direttamente al giudice, perché ne tenga conto anche nel caso in cui debba adottare una decisione per la quale non è previsto l'intervento della parte assistita.

3. La documentazione di cui ai commi 1 e 2 è inserita nella parte del fascicolo informatico riservata al difensore. I documenti redatti e depositati in forma di documento analogico sono conservati in originale o, se il difensore ne chiede la restituzione, in copia, presso l'ufficio del giudice per le indagini preliminari. Della documentazione il pubblico ministero può prendere visione ed estrarre copia prima che venga adottata una decisione su richiesta delle altre parti o con il loro intervento. Dopo la chiusura delle indagini preliminari il fascicolo del difensore è inserito nel fascicolo di cui all'articolo 433.

4. Il difensore può, in ogni caso, presentare al pubblico ministero gli elementi di prova a favore del proprio assistito.

Il co. 3 è stato così modificato dal d. lgs. 10.10.2022, n. 150.

• Destinato a raccogliere la documentazione degli elementi di prova a favore dell'assistito, che il difensore «**può**» presentare direttamente al giudice (→ **Soggetti**, art. 1 s.) nel corso delle indagini preliminari (art. 326 s.) o dell'udienza preliminare (art. 418 s.) ai sensi dell'art. 391 *octies* co. 1 e 2, il **fascicolo del difensore** – formato e conservato presso l'ufficio del g.i.p. (art. 328) – si distingue dall'apposito **fascicolo** (**c.d. delle indagini**) tenuto presso l'ufficio del p.m. (→ **Soggetti**, art. 50 s.), in cui sono conservati l'atto contenente la notizia di reato (art. 330), la documentazione relativa alle indagini del magistrato inquirente (art. 359 s.) nonché la documentazione delle attività della p.g. (art. 347 s.) che la stessa (→ **Soggetti**, art. 55) trasmette al p.m. a norma dell'art. 357 (art. 373 co. 5).

• Tenuto conto della nuova previsione del deposito telematico (→ **Atti**, art. 111 *bis*) e dell'istituzione del fascicolo informatico (→ art. 111 *ter*) quali elementi centrali del processo penale telematico, la norma al co. 3 precisa che la documentazione presentata ai sensi dei co. 1 e 2 è inserita nella parte del **fascicolo informatico** riservata al difensore.

• Ferma la possibilità di presentare «in ogni caso» al p.m. gli elementi di prova a favore del proprio assistito *ex* art. 391 *octies* co. 4, con l'**avviso di conclusione delle indagini preliminari** il p.m. avverte l'indagato (→ **Soggetti**, art. 61) della facoltà, tra le altre, di depositare documentazione relativa a investigazioni del difensore (art. 415 *bis* co. 3).

• Inserito, **dopo la chiusura delle indagini** (art. 405 s.), nel «fascicolo di cui all'art. 433» [***rectius***, nel **fascicolo delle indagini** (art. 373 co. 5)], il *dossier* del difensore ne segue le sorti: il fascicolo contenente la notizia di reato, la documentazione relativa alle indagini espletate (art. 373) e i verbali degli atti compiuti davanti al g.i.p. (art. 328) [in particolare, i verbali degli atti assunti in incidente probatorio (art. 392)] è **trasmesso al giudice** con la richiesta di archiviazione (artt. 408, 411 e 415) ovvero con la richiesta di rinvio a giudizio (art. 416) o, ancora, con la richiesta di giudizio immediato (→ **Procedimenti speciali**, art. 454 co. 2) o di decreto penale di condanna (→ art. 459 co. 1), formulate dal p.m. Quando l'imputato chiede il **giudizio abbreviato** immediatamente dopo il deposito dei risultati delle indagini difensive, il giudice provvede solo dopo che sia decorso il termine non superiore a sessanta giorni, eventualmente richiesto dal pubblico ministero, per lo svolgimento di indagini suppletive limitatamente ai temi introdotti dalla difesa. In tal caso, l'imputato ha facoltà di revocare la richiesta (→ art. 438 co. 4).

• Dopo il decreto che dispone il giudizio (art. 429), il fascicolo del difensore confluisce nel **fascicolo del p.m.** (art. 433), fatta salva l'acquisizione al **fascicolo per il dibattimento**: sia all'atto della sua **formazione** [è il caso degli accertamenti tecnici irripetibili (**artt. 431 co. 1 lett. *c*** e **391 *decies* co. 3 e 4**) e degli atti non ripetibili (diversi dagli accertamenti) compiuti in occasione dell'accesso ai luoghi (**art. 431 co. 1 lett. *c***) – in tale ultima ipotesi, quando il difensore ha già presentato la relativa documentazione nel corso delle indagini preliminari o dell'udienza preliminare (art. 391 *decies* co. 2) o quando il p.m. ha esercitato la facoltà di assistervi (art. 391 *decies* co. 3 e 4) – ovvero degli atti acquisiti su accordo delle parti (**art. 431 co. 2**)]; sia in sede di **richieste di prova**, sempre su accordo delle parti (→ **Giudizio**, art. 493 co. 3; → **Procedimento davanti al tribunale in composizione monocratica**, art. 555 co. 4)], divenendo passibili di impiego probatorio, previa lettura (→ **Giudizio**, art. 511).

• Nel **dibattimento**, delle dichiarazioni inserite nel fascicolo del difensore [già immesse nel fascicolo delle indagini (art. 373 co. 5) dopo la loro chiusura (art. 405 s.) e poi confluite nel fascicolo del p.m. (art. 433) dopo il decreto che dispone il giudizio (art. 429)] le parti possono servirsi ai fini delle contestazioni (→ **Giudizio**, art. 500) e delle letture (→ art. 511 s.), a norma degli **artt. 500, 512 e 513** (art. 391 *decies*).

391 *nonies*. Attività investigativa preventiva.

1. L'attività investigativa prevista dall'articolo 327 *bis*, con esclusione degli atti che richiedono l'autorizzazione o l'intervento dell'autorità giudiziaria, può essere svolta anche dal difensore che ha ricevuto apposito mandato per l'eventualità che si instauri un procedimento penale.

2. Il mandato è rilasciato con sottoscrizione autenticata e contiene la nomina del difensore e l'indicazione dei fatti ai quali si riferisce.

• Sul piano **temporale**, oltre alle indagini c.d. **preventive** che possono svolgersi per l'eventualità che si instauri un procedimento penale *ex* art. 391 *nonies* – esclusi gli atti che richiedono l'autorizzazione o l'intervento dell'autorità giudiziaria (co. 1) e ferma l'esigenza di apposito mandato con sottoscrizione autenticata (co. 2) – la facoltà di ricercare elementi di prova a favore del proprio assistito (art. 327 *bis* co. 2) può essere esercitata in ogni stato e grado del procedimento (indagine c.d. **procedimentale**), ivi inclusa l'attività eventualmente espletata dopo la richiesta di rinvio a giudizio (art. 416) [indagini c.d. **suppletive**: art. 419 co. 3] ovvero successivamente all'emissione del decreto che dispone il giudizio (429) [attività **integrativa** di indagine: art. 430], nonché a procedimento penale concluso [indagine c.d. **successiva**: nell'esecuzione penale (→ **Libro X**), per promuovere il giudizio di revisione (→ **Impugnazioni**, art. 629), ma anche in vista della riapertura delle indagini (art. 414) o della revoca della sentenza di non luogo procedere (art. 434)].

• Atti che non richiedono l'autorizzazione o l'intervento dell'autorità giudiziaria e che possono essere compiuti in via preventiva sono il **colloquio**, la **ricezione di dichiarazioni scritte** e l'**assunzione di informazioni** (art. 391 *bis*) [se la persona esercita la facoltà di non rispondere o di non rendere la dichiarazione (art. 391 *bis* co. 3 lett. *d*), sono preclusi i rimedi dell'audizione richiesta al p.m. (art. 391 *bis* co. 10) o dell'incidente probatorio richiesto al g.i.p. (art. 391 *bis* co. 11)] esclusi i casi di persona sottoposta alle indagini o imputata nello stesso procedimento o in altro connesso o collegato che sia priva di difensore e di persona detenuta (art. 391 *bis* co. 5 e 7); la **richiesta di documentazione alla pubblica amministrazione** (art. 391 *quater*) [in ipotesi di rifiuto, sono preclusi i rimedi delle memorie e richieste scritte al p.m. (art. 367) e della richiesta di sequestro trasmessa dal p.m. al g.i.p. nel caso di diniego (art. 368)]; l'**accesso ai luoghi** (art. 391 *sexies*) [sono preclusi gli accertamenti tecnici non ripetibili e gli altri atti non ripetibili (art. 391 *decies* co. 3)]; l'**accesso ai luoghi privati o non aperti al pubblico** (art. 391 *septies*) [se manca il consenso della persona che ne ha la disponibilità, è precluso il rimedio dell'autorizzazione del giudice (art. 391 *septies* co. 1)].

391 *decies*. Utilizzazione della documentazione delle investigazioni difensive.

1. Delle dichiarazioni inserite nel fascicolo del difensore le parti possono servirsi a norma degli articoli 500, 512 e 513.

2. Fuori del caso in cui è applicabile l'articolo 234, la documentazione di atti non ripetibili com-

piuti in occasione dell'accesso ai luoghi, presentata nel corso delle indagini preliminari o nell'udienza preliminare, è inserita nel fascicolo previsto dall'articolo 431.

3. Quando si tratta di accertamenti tecnici non ripetibili, il difensore deve darne avviso, senza ritardo, al pubblico ministero per l'esercizio delle facoltà previste, in quanto compatibili, dall'articolo 360. Negli altri casi di atti non ripetibili di cui al comma 2, il pubblico ministero, personalmente o mediante delega alla polizia giudiziaria, ha facoltà di assistervi.

4. Il verbale degli accertamenti compiuti ai sensi del comma 3 e, quando il pubblico ministero ha esercitato la facoltà di assistervi, la documentazione degli atti compiuti ai sensi del comma 2 sono inseriti nel fascicolo del difensore e nel fascicolo del pubblico ministero. Si applica la disposizione di cui all'articolo 431, comma 1, lettera *c*).

• L'art. 391 *decies* co. 1, che prevede per le parti la possibilità di servirsi delle **dichiarazioni** inserite nel fascicolo del difensore (art. 391 *octies*) [già immesse nel fascicolo delle indagini (art. 373 co. 5) dopo la loro chiusura (art. 405 s.) e poi confluite nel fascicolo del p.m. (art. 433) dopo il decreto che dispone il giudizio (art. 429)] ai fini delle contestazioni (→ **Giudizio**, art. 500) e delle letture (→ art. 511 s.) a norma degli **artt. 500, 512 e 513**, non richiama l'utilizzo delle dichiarazioni medesime ai fini delle contestazioni nell'esame delle parti (→ art. 503) né la lettura delle dichiarazioni rese da persona residente all'estero (→ art. 512 *bis*).

• Gli «**atti non ripetibili compiuti in occasione dell'accesso ai luoghi**» *ex* art. 391 *decies* co. 2 e «**gli accertamenti tecnici non ripetibili**» *ex* art. 391 *decies* co. 3 sono una forma **reale** (segnatamente, "tecnica") delle investigazioni che il difensore (→ **Soggetti**, art. 96 s.) – come i suoi ausiliari (art. 327 *bis* co. 3), sempre su incarico del difensore e nei limiti consentiti dagli artt. 391 *bis* s. – è legittimato a svolgere per ricercare e individuare elementi di prova a favore del proprio assistito (art. 327 *bis*).

• Tutti i soggetti dell'investigazione difensiva godono delle **garanzie di libertà** del difensore (→ **Soggetti**, art. 103) e **non** hanno **obbligo di denuncia** neppure relativamente ai reati dei quali abbiano avuto notizia nel corso delle attività investigative da essi svolte (art. 334 *bis*). Il difensore che abbia compiuto attività di investigazione difensiva – nonché coloro che hanno formato la documentazione delle dichiarazioni e delle informazioni assunte ai sensi dell'art. 391 *ter* – sono **incompatibili** con l'ufficio di **testimone** (→ **Prove**, art. 197 co. 1 lett. *d*).

• Fermo, quando si tratta di **accertamenti tecnici non ripetibili**, il dovere di **avviso** senza ritardo al p.m. (→ **Soggetti**, art. 51) per l'esercizio delle facoltà, in quanto compatibili, previste dall'art. 360 [nominare consulenti tecnici (→ **Prove**, art. 233), con diritto di assistere al conferimento dell'incarico, di partecipare agli accertamenti e di formulare osservazioni e riserve; formulare riserva e richiesta di incidente probatorio (art. 392)], l'art. 391 *decies* **non** prescrive analogo adempimento nei riguardi di **altri soggetti** del procedimento [persona sottoposta alle indagini (→ **Soggetti**, art. 61) e persona offesa (→ art. 90 s.)] e dei rispettivi difensori (→ art. 96 s.).

• La facoltà di assistere agli **altri atti non ripetibili** (diversi dagli accertamenti), accordata dall'art. 391 *decies* co. 3 al p.m. [personalmente o mediante delega alla p.g. (→ **Soggetti**, art. 55)] e non ad altri soggetti del procedimento [persona sottoposta alle indagini (→ art. 61) e persona offesa (→ art. 90 s.)] e ai rispettivi difensori (→ art. 96 s.), non è preceduta da **alcun avviso** al magistrato inquirente.

• Con riguardo ai verbali degli accertamenti tecnici non ripetibili e, quando il p.m. ha esercitato la facoltà di assistervi, degli altri atti non ripetibili, l'art. 391 *decies* co. 4 **prescrive** l'inserimento nel **fascicolo del difensore** (art. 391 *octies*) e **nel fascicolo del p.m.** [*rectius*, delle indagini (art. 373 co. 5)], con successiva acquisizione al fascicolo per il dibattimento (art. 431 co. 1 lett. *c*): in questi casi, pertanto, **non** si applica la disciplina generale sulla formazione del fascicolo del difensore (**art. 391 *octies* co. 1, 2 e 3**), secondo cui il difensore «**può**» presentare al giudice gli elementi a favore del proprio assistito nel corso delle indagini preliminari e dell'udienza preliminare, ipotesi in cui la relativa documentazione è inserita nel (solo) fascicolo del difensore, formato e conservato presso l'ufficio del g.i.p. (art. 328).

Titolo VII
INCIDENTE PROBATORIO

392. Casi.

1. Nel corso delle indagini preliminari il pubblico ministero e la persona sottoposta alle indagini possono chiedere al giudice che si proceda con incidente probatorio:

a) all'assunzione della testimonianza di una persona, quando vi è fondato motivo di ritenere che la stessa non potrà essere esaminata nel dibattimento per infermità o altro grave impedimento;

b) all'assunzione di una testimonianza quando, per elementi concreti e specifici, vi è fondato motivo di ritenere che la persona sia esposta a violenza, minaccia, offerta o promessa di denaro o di altra utilità affinché non deponga o deponga il falso;

c) all'esame della persona sottoposta alle indagini su fatti concernenti la responsabilità di altri;

d) all'esame delle persone indicate nell'articolo 210 e all'esame dei testimoni di giustizia;

e) al confronto tra persone che in altro incidente probatorio o al pubblico ministero hanno reso dichiarazioni discordanti, quando ricorre una delle circostanze previste dalle lettere *a*) e *b*);

f) a una perizia o a un esperimento giudiziale, se la prova riguarda una persona, una cosa o un luogo il cui stato è soggetto a modificazione non evitabile;

g) a una ricognizione, quando particolari ragioni di urgenza non consentono di rinviare l'atto al dibattimento.

1 *bis*. Nei procedimenti per i delitti di cui agli articoli 572, 600, 600 *bis*, 600 *ter*, 600 *quater*, anche se relativi al materiale pornografico di cui all'articolo 600 *quater*.1, 600 *quinquies*, 601, 602, 609 *bis*, 609 *quater*, 609 *quinquies*, 609 *octies*, 609 *undecies* e 612 *bis* del codice penale il pubblico ministero, anche su richiesta della persona offesa, o la persona sottoposta alle indagini possono chiedere che si proceda con incidente probatorio all'assunzione della testimonianza di persona minorenne ovvero della persona offesa maggiorenne, anche al di fuori delle ipotesi previste dal comma 1. In ogni caso, quando la persona offesa versa in condizione di particolare vulnerabilità, il pubblico ministero, anche su richiesta della stessa, o la persona sottoposta alle indagini possono chiedere che si proceda con incidente probatorio all'assunzione della sua testimonianza.

2. Il pubblico ministero e la persona sottoposta alle indagini possono altresì chiedere una perizia che, se fosse disposta nel dibattimento, ne potrebbe determinare una sospensione superiore a sessanta giorni ovvero che comporti l'esecuzione di accertamenti o prelievi su persona vivente previsti dall'articolo 224 *bis*.

Le lett. *c* e *d* sono state così modificate dalla l. 7.8.1997, n. 267. Alla lett. *d* le parole «e all'esame dei testimoni di giustizia» sono state aggiunte dalla l. 11.1.2018, n. 6. Il co. 1 *bis*, inserito dalla l. 15.2.1996, n. 66, è stato così, da ultimo, sostituito dalla l. 1.10.2012, n. 172. Il secondo periodo del co. 1 *bis* è stato modificato dal d.l. 23.2.2009, n. 11, conv., con modif., dalla l. 23.4.2009, n. 38 e sostituito dalla l. 172 del 2012. Successivamente, il co. 1 *bis* è stato così modificato dal d. lgs. 15.12.2015, n. 212. Nel co. 2, le parole «ovvero che comporti l'esecuzione di accertamenti o prelievi su persona vivente previsti dall'art. 224 *bis*» sono state aggiunte dalla l. 30.6.2009, n. 85.

• Corte cost., **77 del 1994**, ha dichiarato l'illegittimità costituzionale degli artt. 392 e 393 nella parte in cui non consentono che, nei casi previsti dalla prima di tali disposizioni, l'incidente probatorio possa essere richiesto ed eseguito anche nella fase dell'udienza preliminare.

• Pur trovando la propria sede naturale in dibattimento (→ **Giudizio**), la formazione della prova può eccezionalmente avere luogo nella fase delle indagini preliminari (art. 326 s.), nei casi tassativamente previsti dalla legge, attraverso l'incidente probatorio.

• Nella fase preliminare, in mancanza di una condizione di procedibilità (art. 336 s.) che possa ancora sopravvenire, è possibile assumere prove nei casi previsti dall'art. 392, qualora vi sia pericolo nel ritardo dell'assunzione (art. 346).

• A seguito della sentenza della Corte cost., 77 del 1994, la formazione anticipata della prova attraverso l'incidente probatorio può avvenire anche in udienza preliminare (art. 416 s.). Se l'assunzione della prova è indifferibile, l'incidente probatorio può essere chiesto ed espletato anche successivamente alla scadenza delle indagini preliminari e prima dell'udienza preliminare (Corte cost., 368 del 2002).

• Nella fase degli atti preliminari al dibattimento (→ **Giudizio**, artt. 465-469), negli stessi casi indicati dall'art. 392, le parti possono chiedere l'assunzione di atti urgenti (art. 467).

• Oltre ai casi tassativamente indicati dall'art. 392, è possibile acquisire con incidente probatorio la testimonianza (→ **Prove**, art. 194) o l'esame (→ art. 208) della persona che si sia avvalsa della facoltà di non rispondere o di non rendere dichiarazioni al difensore (art. 391 *bis* co. 11).

• Il p.m. (→ **Soggetti**, art. 50), la persona sottoposta alle indagini (→ art. 61) o l'imputato (→ art. 60) nella fase dell'udienza preliminare possono chiedere al giudice (art. 328) di procedere con incidente probatorio all'assunzione di una testimonianza (→ **Prove**, art. 194) quando vi è fondato motivo di ritenere che il teste non possa essere esaminato in dibattimento (→ **Giudizio**) per infermità o altro grave impedimento. Se la persona viene sentita nella fase preliminare dal p.m. (art. 362), dalla p.g. (art. 351) o dal difensore (art. 391 *bis*), senza le modalità previste per l'incidente probatorio, le dichiarazioni rese possono essere acquisite in giudizio tramite lettura (→ **Giudizio**, artt. 511-514) solo se le stesse sono divenute irripetibili per infermità, morte o altro grave impedimento sopravvenuto ed imprevedibile.

• Al fine di garantire la genuinità della prova, è possibile assumere con le forme dell'incidente probatorio una testimonianza (→ **Prove**, art. 194) quando vi sia il pericolo che il teste possa subire pressioni per non deporre o deporre il falso. Se la persona è sentita nella fase prodromica senza le forme dell'incidente probatorio, le dichiarazioni rese possono essere utilizzate in dibattimento ai fini delle contestazioni (→ **Giudizio**, art. 500) e sono acquisite al fascicolo del dibattimento in caso di provata condotta illecita (→ art. 500 co. 4; → **Cost.**, art. 111 co. 5).

• Nella diversa prospettiva di garantire la non dispersione di dichiarazioni rese da persone che in dibattimento possono avvalersi della facoltà di non rispondere (→ **Prove**, art. 210 co. 4), le lett. *c* e *d* consentono di procedere con incidente probatorio all'esame dell'imputato (→ art. 208) su fatti concernenti la responsabilità altrui, e dell'imputato in procedimento connesso (→ art. 210). La recente riformulazione della lett. *d* consente, inoltre, di procedere all'esame del testimone di giustizia. In tali casi, ricorrendo le situazioni previste dall'art. 513 co. 1 e 2, le dichiarazioni rese in incidente probatorio sono acquisite tramite lettura (→ **Giudizio**, artt. 511-514).

• La perizia (→ **Prove**, art. 220) può essere disposta con incidente probatorio quando abbia ad oggetto persone, cose o luoghi il cui stato è soggetto a modificazione non evitabile. Negli stessi casi di urgenza, ove il p.m. intenda disporre un accertamento tecnico ai sensi dell'art. 360, la persona sottoposta alle indagini può opporre un veto, formulando riserva di incidente probatorio, affinché la relativa prova venga assunta con le garanzie del contraddittorio e della giurisdizionalità (art. 360 co. 4). Nel caso di accertamenti tecnici non ripetibili, la riserva di incidente probatorio formulata dall'imputato perde efficacia e non può essere nuovamente ripresentata se la richiesta non è proposta entro il termine di dieci giorni dalla formulazione della riserva (art. 360 co. 4 *bis*). Nella fase delle indagini preliminari, la perizia può essere disposta con le forme dell'incidente probatorio anche quando occorre svolgere accertamenti in ordine alla capacità dell'indagato (→ **Soggetti**, art. 70), ai fini dell'eventuale sospensione del processo (→ art. 71). Al di fuori delle ipotesi considerate, la perizia può essere assunta con incidente probatorio quando questa potrebbe comportare una sospensione del dibattimento superiore a sessanta giorni (→ **Giudizio**, art. 508), o nelle ipotesi di cui all'art. 224 *bis* che, per l'elevato livello di specializzazione tecnica e di dotazione tecnologica, potrebbe richiedere tempi lunghi di svolgimento. Nel corso del dibattimento (→ **Giudizio**), il presidente dispone d'ufficio la citazione del perito nominato nell'incidente probatorio (→ art. 468 co. 5).

• Nei casi indicati dal co. 1 *bis*, il p.m., anche su richiesta della persona offesa (→ **Soggetti**, art. 90), e l'indagato, possono chiedere che si proceda nelle forme dell'incidente probatorio, in assenza delle situazioni di non rinviabilità indicate dalle lett. *a* e *b*, all'assunzione della testimonianza di persona minorenne (→ **Giudizio**, art. 498 co. 4 *ter*) o della persona offesa maggiorenne (→ art. 498

co. 4 *quater*), o, in ogni caso, della persona offesa che versi in condizione di particolare vulnerabilità (→ **Soggetti**, art. 90 *quater*). L'attenzione rivolta ai minori, anche al di fuori dei delitti di violenza sessuale, deriva dalla nota pronuncia Corte giust. 16.6.2005, Pupino, causa C-105/03. Con tale sentenza la Corte di Giustizia ha osservato che in base alla Decisione quadro 2001/220/GAI, sulla posizione della vittima nel processo penale, il giudice nazionale ha la possibilità, per le vittime particolarmente vulnerabili, di utilizzare una procedura speciale come l'indicente probatorio diretto all'assunzione anticipata della prova se tale procedura tutela le vittime, impedisce la perdita degli elementi di prova e riduce al minimo la ripetizione delle deposizioni da parte delle stesse vittime. Nei casi previsti dall'art. 190 *bis* (→ **Prove**), le dichiarazioni rese dal testimone minore degli anni sedici e, in ogni caso, le dichiarazioni rese dalla persona offesa vulnerabile (→ **Soggetti**, art. 90 *quater*) sono utilizzate in dibattimento, essendone ammessa la ripetizione solo se il giudice o una delle parti reputi l'esame necessario sulla base di specifiche esigenze o nel caso in cui lo stesso abbia ad oggetto fatti e circostanze diverse (→ **Prove**, art. 190 *bis* co. 1 *bis*). Quando occorre assumere l'esame delle persone indicate al comma 1 *bis*, è previsto il deposito degli atti di indagine del p.m. (art. 393 co. 2 *bis*) di cui l'imputato può chiedere copia (art. 398 co. 3 *bis*).

• Le nullità (→ **Atti**, art. 177 s.) concernenti gli atti compiuti nell'incidente probatorio devono essere eccepite prima che venga emesso il provvedimento conclusivo dell'udienza preliminare (→ art. 181 co. 2).

393. Richiesta.

1. La richiesta è presentata entro i termini per la conclusione delle indagini preliminari e comunque in tempo sufficiente per l'assunzione della prova prima della scadenza dei medesimi termini e indica:

a) la prova da assumere, i fatti che ne costituiscono l'oggetto e le ragioni della sua rilevanza per la decisione dibattimentale;

b) le persone nei confronti delle quali si procede per i fatti oggetto della prova;

c) le circostanze che, a norma dell'articolo 392, rendono la prova non rinviabile al dibattimento.

2. La richiesta proposta dal pubblico ministero indica anche i difensori delle persone interessate a norma del comma 1 lettera *b*), la persona offesa e il suo difensore.

2 *bis*. Con la richiesta di incidente probatorio di cui all'articolo 392, comma 1 *bis*, il pubblico ministero deposita tutti gli atti di indagine compiuti.

3. Le disposizioni dei commi 1 e 2 si osservano a pena di inammissibilità.

4. Il pubblico ministero e la persona sottoposta alle indagini possono chiedere la proroga del termine delle indagini preliminari ai fini dell'esecuzione dell'incidente probatorio. Il giudice provvede con decreto motivato, concedendo la proroga per il tempo indispensabile all'assunzione della prova quando risulta che la richiesta di incidente probatorio non avrebbe potuto essere formulata anteriormente. Nello stesso modo il giudice provvede se il termine per le indagini preliminari scade durante l'esecuzione dell'incidente probatorio. Del provvedimento è data in ogni caso comunicazione al procuratore generale presso la corte di appello.

Il co. 2 *bis* è stato inserito dalla l. 15.2.1996, n. 66.

• Corte cost., 77 del 1994, ha dichiarato l'illegittimità costituzionale degli artt. 392 e 393 nella parte in cui non consentono che, nei casi previsti dalla prima di tali disposizioni, l'incidente probatorio possa essere richiesto ed eseguito anche nella fase dell'udienza preliminare.

• Nella fase delle indagini preliminari (art. 326 s.), la richiesta di incidente probatorio deve essere presentata, a pena di inammissibilità, entro i termini previsti per la conclusione delle indagini preliminari (art. 405 co. 2) e, comunque, in tempo sufficiente per l'assunzione della prova entro i suddetti termini. Ai fini dell'esecuzione dell'incidente probatorio è possibile chiedere la proroga delle indagini. In questo caso, a differenza della procedura disciplinata dall'art. 406, la richiesta di proroga può essere presentata dal p.m. (→ **Soggetti**, art. 50) o dallo stesso indagato

(→ art. 61) e la proroga può essere concessa solo per il tempo necessario all'assunzione anticipata della prova. In questo caso, incombe sulla parte richiedente l'onere di dimostrare che prima di quel momento non sussistevano i presupposti richiesti dall'art. 392. Del provvedimento è data comunicazione al procuratore generale presso la corte di appello (art. 393 co. 4).

• La richiesta di incidente probatorio può essere presentata dal p.m. e dall'indagato; in quest'ultimo caso, non trattandosi di una facoltà riservata personalmente alla persona sottoposta alle indagini, la legittimazione spetta anche al difensore (→ **Soggetti**, art. 99). La persona offesa (→ art. 90), è titolare di uno *ius postulandi*, potendo solo sollecitare il p.m. a promuovere l'incidente probatorio (art. 394).

• Al fine di consentire il vaglio giurisdizionale in ordine all'ammissibilità della richiesta di incidente probatorio (→ **Prove**, art. 190 co. 1), quest'ultima deve indicare la prova da assumere e le circostanze che la rendono non rinviabile in dibattimento (art. 392); i fatti che ne costituiscono l'oggetto (→ **Prove**, art. 187); le ragioni della sua rilevanza ai fini della decisione (→ art. 190 co. 1; → **Giudizio**, art. 495), nonché le persone nei confronti delle quali si procede per i fatti oggetto di prova.

• Nei casi previsti dall'art. 392 co. 1 *bis*, unitamente alla richiesta, il p.m. deve depositare tutti gli atti di indagine. La persona sottoposta alle indagini e i difensori hanno diritto di ottenerne copia (art. 398 co. 3 *bis*). Negli altri casi di incidente probatorio è, invece, previsto il solo deposito delle dichiarazioni rese dalla persona da esaminare. Le parti possono prendere visione ed estrarne copia almeno due giorni prima dell'udienza (art. 398 co. 3).

• Dopo l'emissione del decreto che dispone il giudizio (art. 429), nel corso delle indagini integrative (art. 430), è vietato al p.m. (→ **Soggetti**, art. 50), al difensore (→ art. 96 s.) e alla p.g. (→ art. 55) assumere informazioni dalla persona indicata nella richiesta di incidente probatorio (art. 430 *bis*).

394. Richiesta della persona offesa.

1. La persona offesa può chiedere al pubblico ministero di promuovere un incidente probatorio.

2. Se non accoglie la richiesta, il pubblico ministero pronuncia decreto motivato e lo fa notificare alla persona offesa.

• Priva di un autonomo potere di promuovere incidente probatorio, la persona offesa dal reato (→ **Soggetti**, art. 90) può sollecitare il p.m. (→ art. 50) affinché formuli richiesta in tal senso. Durante le indagini preliminari, il difensore della persona offesa (→ art. 101) può chiedere ed ottenere che si proceda con incidente probatorio nel caso previsto dall'art. 391 *bis* co. 11.

• Sull'impossibilità per la persona offesa di poter richiedere personalmente al g.i.p. l'incidente probatorio è sorto un conflitto giurisprudenziale a livello sovranazionale. A tal proposito, Corte edu 24.2.2005, Sottani c. Italia, ha affermato che si tratta del diritto dell'offeso all'esperimento immediato di un mezzo di prova il quale può rivelarsi essenziale per una efficace costituzione di parte civile. In senso contrario, invece, Corte giust., 21.12.2011, C-507/10, xy, ha ritenuto la legislazione italiana compatibile con gli standard di tutela previsti dalla Decisione quadro 2001/220/GAI. L'adozione di specifiche tutele nei confronti delle vittime particolarmente vulnerabili non richiede, pertanto, il diritto di beneficiare in qualunque ipotesi di un regime come quello dell'incidente probatorio nel corso delle indagini preliminari. A seguito di Corte cost., 77 del 1994, nella fase dell'udienza preliminare (art. 416), la persona offesa costituita parte civile (→ **Soggetti**, art. 79) può avanzare al g.u.p. (art. 328) richiesta di incidente probatorio.

• Ai sensi dell'art. 90 co. 3 (→ **Soggetti**) analogo diritto di sollecitare il p.m. alla richiesta di incidente probatorio spetta ai prossimi congiunti della persona deceduta in conseguenza del reato. Nel caso in cui la persona offesa sia minorenne o inferma di mente, ai sensi degli artt. 90 co. 3 (→ **Soggetti**), 120 e 121 (→ **Atti**), il potere di sollecitare il p.m. compete a coloro che esercitano la potestà genitoriale o al curatore speciale. Anche gli enti e le associazioni rappresentative di interessi lesi dal reato (→ **Soggetti**, art. 91) sono legittimati a sollecitare l'iniziativa probatoria del titolare delle indagini. Nella fase delle indagini preliminari (art. 326 s.), analogo *ius postulandi* non è, invece, riconosciuto al danneggiato dal reato (→ **Atti**, art. 79) al quale è altresì preclusa la costituzione di parte civile prima dell'udienza preliminare.

• Per ciò che concerne il contenuto e i termini di presentazione della richiesta, in assenza di indicazioni specifiche, vale quanto previsto dall'art. 393.

• A seguito della richiesta della persona offesa, in caso di rigetto, il p.m. emette, a pena di nullità (→ **Atti**, art. 177) decreto motivato (→ art. 125 co. 3) il quale deve essere notificato alla persona offesa (→ art. 154) che può, tuttavia, presentare nuova istanza. Stante il principio di tassatività delle impugnazioni (→ **Impugnazioni**, art. 568), il provvedimento di rigetto del p.m. non può essere impugnato. In ogni caso, le ragioni del rigetto possono essere valorizzate ai fini di un'eventuale opposizione alla richiesta di archiviazione presentata dalla persona offesa ai sensi dell'art. 410.

395. Presentazione e notificazione della richiesta.

1. La richiesta di incidente probatorio è depositata nella cancelleria del giudice per le indagini preliminari, unitamente a eventuali cose o documenti, ed è notificata a cura di chi l'ha proposta, secondo i casi, al pubblico ministero e alle persone indicate nell'articolo 393, comma 1, lettera *b*). La prova della notificazione è depositata in cancelleria.

• La richiesta di incidente probatorio, redatta secondo l'archetipo normativo delineato dall'art. 393, è presentata presso la cancelleria del g.i.p. competente (art. 328) unitamente a eventuali cose o documenti che possano dimostrare la sussistenza dei presupposti legittimanti l'assunzione anticipata della prova.

• La sola richiesta (priva dei documenti correlati) deve essere notificata (→ **Atti**, art. 148) alle persone indicate dall'art. 393 co. 1 lett. *b* affinché queste ultime possano presentare deduzioni sull'ammissibilità e sulla fondatezza della richiesta, depositare cose, produrre documenti o eventuali atti di indagine, anche difensiva (art. 391 *bis* s.), nonché indicare altri fatti che vadano ad ampliare il *thema probandum* (art. 396).

• Non è prevista la notifica alla persona offesa (→ **Soggetti**, art. 90), dal momento che quest'ultima non è autonomamente legittimata a promuovere l'incidente probatorio (art. 394) e, dunque, non può prendere parte alla fase del contraddittorio cartolare che si instaura a seguito della notificazione della richiesta (art. 396).

396. Deduzioni.

1. Entro due giorni dalla notificazione della richiesta, il pubblico ministero ovvero la persona sottoposta alle indagini può presentare deduzioni sull'ammissibilità e sulla fondatezza della richiesta, depositare cose, produrre documenti nonché indicare altri fatti che debbano costituire oggetto della prova e altre persone interessate a norma dell'articolo 393, comma 1, lettera *b*).

2. Copia delle deduzioni è consegnata dalla persona sottoposta alle indagini alla segreteria del pubblico ministero, che comunica senza ritardo al giudice le indicazioni necessarie per gli avvisi. La persona sottoposta alle indagini può prendere visione ed estrarre copia delle deduzioni da altri presentate.

• A seguito della notifica della richiesta di incidente probatorio si attiva, in capo ai contro interessati, un diritto al contraddittorio cartolare. Il termine di due giorni previsto per l'esercizio del contraddittorio non è prescritto a pena di decadenza (→ **Atti**, art. 173) e ciò induce a ritenere che le deduzioni possano essere proposte anche oltre la scadenza indicata dall'art. 396. Nel caso di differimento dell'incidente probatorio, la richiesta deve essere presentata, a pena di decadenza, nella cancelleria del giudice entro i termini previsti (→ **Atti**, art. 173) dall'art. 396. Il limite preclusivo alla presentazione delle deduzioni è segnato dal momento di apertura dell'udienza ai sensi dell'art. 401 co. 4.

• La facoltà di presentare deduzioni va riconosciuta in via autonoma anche al difensore (→ **Soggetti**, art. 96) dell'indagato (→ art. 61).

397. Differimento dell'incidente probatorio.

1. Il pubblico ministero può chiedere che il giudice disponga il differimento dell'incidente probatorio richiesto dalla persona sottoposta alle indagini quando la sua esecuzione pregiudicherebbe uno o più atti di indagine preliminare. Il differimento non è consentito quando pregiudicherebbe l'assunzione della prova.

2. La richiesta di differimento è presentata a pena di inammissibilità nella cancelleria del giudice entro il termine previsto dall'articolo 396, comma 1, e indica:

a) l'atto o gli atti di indagine preliminare che l'incidente probatorio pregiudicherebbe e le cause del pregiudizio;

b) il termine del differimento richiesto.

3. Il giudice, se non dichiara inammissibile o rigetta la richiesta di incidente probatorio, provvede entro due giorni con ordinanza con la quale accoglie, dichiara inammissibile o rigetta la richiesta di differimento. L'ordinanza di inammissibilità o di rigetto è immediatamente comunicata al pubblico ministero.

4. Nell'accogliere la richiesta di differimento il giudice fissa l'udienza per l'incidente probatorio, non oltre il termine strettamente necessario al compimento dell'atto o degli atti di indagine preliminare indicati nel comma 2 lettera *a*). L'ordinanza è immediatamente comunicata al pubblico ministero e notificata per estratto alle persone indicate nell'articolo 393, comma 1, lettera *b*). La richiesta di differimento e l'ordinanza sono depositate alla udienza.

• La richiesta di differimento dell'incidente probatorio, che può essere presentata solo dal p.m. (→ **Soggetti**, art. 50), mira ad evitare che l'assunzione anticipata della prova possa, di fatto, pregiudicare il compimento di singoli atti di indagine.

• La richiesta di differimento dell'incidente probatorio deve essere presentata, a pena di decadenza (→ **Atti**, art. 173), nella cancelleria del giudice entro i termini previsti dall'art. 396 per il deposito delle deduzioni e deve indicare l'atto o gli atti di indagine preliminare che rischiano di essere pregiudicati; le cause del pregiudizio e il termine del differimento richiesto.

• Il provvedimento del giudice viene comunicato integralmente solo al p.m. mentre per le persone indicate nell'art. 393 co. 1 lett. *b* è disposta una notifica per estratto limitata alla sola parte del dispositivo in cui è indicato il termine del differimento. La conoscenza integrale dell'ordinanza (→ **Atti**, art. 125) e della richiesta di differimento è posticipata all'udienza, quando non sussiste più il pericolo di compromissione delle indagini.

398. Provvedimenti sulla richiesta di incidente probatorio.

1. Entro due giorni dal deposito della prova della notifica e comunque dopo la scadenza del termine previsto dall'articolo 396, comma 1, il giudice pronuncia ordinanza con la quale accoglie, dichiara inammissibile o rigetta la richiesta di incidente probatorio. L'ordinanza di inammissibilità o di rigetto è immediatamente comunicata al pubblico ministero o notificata alle persone interessate.

2. Con l'ordinanza che accoglie la richiesta il giudice stabilisce:

a) l'oggetto della prova nei limiti della richiesta e delle deduzioni;

b) le persone interessate all'assunzione della prova individuate sulla base della richiesta e delle deduzioni;

c) la data dell'udienza. Tra il provvedimento e la data dell'udienza non può intercorrere un termine superiore a dieci giorni.

3. Il giudice fa notificare alla persona sottoposta alle indagini, alla persona offesa e ai difensori avviso del giorno, dell'ora e del luogo in cui si deve procedere all'incidente probatorio almeno due giorni prima della data fissata con l'avvertimento che nei due giorni precedenti l'udienza possono prendere cognizione ed estrarre copia delle dichiarazioni già rese dalla persona da esaminare. Nello stesso termine l'avviso è comunicato al pubblico ministero.

3 *bis*. La persona sottoposta alle indagini ed i difensori delle parti hanno diritto di ottenere copia degli atti depositati ai sensi dell'articolo 393, comma 2 *bis*.

4. Se si deve procedere a più incidenti probatori, essi sono assegnati alla medesima udienza, sempre che non ne derivi ritardo.
5. Quando ricorrono ragioni di urgenza e l'incidente probatorio non può essere svolto nella circoscrizione del giudice competente, quest'ultimo può delegare il giudice per le indagini preliminari del luogo dove la prova deve essere assunta.
5 *bis*. Nel caso di indagini che riguardano ipotesi di reato previste dagli articoli 572, 600, 600 *bis*, 600 *ter*, anche se relativo al materiale pornografico di cui all'art. 600 *quater*.1, 600 *quinquies*, 601, 602, 609 *bis*, 609 *ter*, 609 *quater*, 609 *octies*, 609 *undecies* e 612 *bis* del codice penale, il giudice, ove fra le persone interessate all'assunzione della prova vi siano minorenni, con l'ordinanza di cui al comma 2, stabilisce il luogo, il tempo e le modalità particolari attraverso cui procedere all'incidente probatorio, quando le esigenze di tutela delle persone lo rendono necessario od opportuno. A tal fine l'udienza può svolgersi anche in luogo diverso dal tribunale, avvalendosi il giudice, ove esistano, di strutture specializzate di assistenza o, in mancanza, presso l'abitazione della persona interessata all'assunzione della prova. Le dichiarazioni testimoniali debbono essere documentate integralmente con mezzi di riproduzione fonografica o audiovisiva. Quando si verifica una indisponibilità di strumenti di riproduzione o di personale tecnico, si provvede con le forme della perizia ovvero della consulenza tecnica. Dell'interrogatorio è anche redatto verbale in forma riassuntiva. La trascrizione della riproduzione è disposta solo se richiesta dalle parti.
5 *ter*. Il giudice, su richiesta di parte, applica le disposizioni di cui al comma 5 *bis* quando fra le persone interessate all'assunzione della prova vi siano maggiorenni in condizione di particolare vulnerabilità, desunta anche dal tipo di reato per cui si procede.
5 *quater*. Fermo quanto previsto dal comma 5 *ter*, quando occorre procedere all'esame di una persona offesa che versa in condizione di particolare vulnerabilità si applicano le disposizioni di cui all'articolo 498, comma 4 *quater*.

Nel co. 3, le parole da «con l'avvertimento che nei due giorni» fino a «rese dalla persona da esaminare» sono state inserite dalla l. 7.8.1997, n. 267. Il co. 3 *bis* è stato inserito dalla l. 15.2.1996, n. 66. Il co. 5 *bis* è stato inserito dalla l. 15.2.1996, n. 66. Al co. 5 *bis*, le parole «572» sono state inserite dal d.l. 14.8.2013, n. 93, conv., con modif., dalla l. 15.10.2013, n. 119; le parole «600» e «601», «602» sono state inserite dalla l. 11.8.2003, n. 228; le parole «anche se relativo al materiale pornografico di cui all'art. 600 *quater*.1», sono state inserite dalla l. 6.2.2006, n. 38; le parole «600 *bis*, 600 *ter*, 600 *quinquies*» sono state inserite dalla l. 3.8.1998, n. 269; le parole «609 *undecies*» sono state inserite dalla l. 1.10.2012, n. 172; le parole «e 609 *octies*» sono state così sostituite dalle attuali «609 *octies* e 612 *bis*» dal d.l. 23.2.2009, n. 11, conv., con modif., dalla l. 23.4.2009, n. 38; le parole «vi siano minori di anni sedici» sono state così sostituite dalle attuali «vi siano minorenni» dal d.l. 11 del 2009, conv., con modif., dalla l. 38 del 2009; le parole «quando le esigenze del minore» sono state così sostituite dalle attuali «quando le esigenze di tutela delle persone» dal d.l. 11 del 2009, conv., con modif., dalla l. 38 del 2009; le parole «l'abitazione dello stesso minore» sono state così sostituite dalle attuali «l'abitazione della persona interessata all'assunzione della prova» dal d.l. 11 del 2009, conv., con modif., dalla l. 38 del 2009. Il co. 5 *ter* è stato aggiunto dal d. lgs. 4.3.2014, n. 24. Il co. 5 *quater* è stato aggiunto dal d. lgs. 15.12.2015, n. 212.

• Corte cost., 262 del 1998, ha dichiarato l'illegittimità costituzionale del co. 5 *bis*, nella parte in cui non prevede l'ipotesi di reato di cui all'art. 609 *quinquies* c.p. fra quelle in presenza delle quali, ove fra le persone interessate all'assunzione della prova vi siano minori di anni sedici, il giudice stabilisce il luogo, il tempo e le modalità particolari attraverso cui procedere all'incidente probatorio, quando le esigenze del minore lo rendono necessario od opportuno. Corte cost., 63 del 2005, ha dichiarato l'illegittimità costituzionale del co. 5 *bis*, nella parte in cui non prevede che il giudice possa provvedere nei modi ivi previsti all'assunzione della prova ove fra le persone interessate vi sia un maggiorenne infermo di mente, quando le esigenze di questi lo rendano necessario od opportuno.

• Depositata la prova dell'avvenuta notifica della richiesta di incidente probatorio e decorsi i termini per presentare eventuali deduzioni (art. 396), il giudice (art. 328) pronuncia ordinanza (→ **Atti**, art. 125) con la quale accoglie, dichiara inammissibile o rigetta la richiesta. Qualora il provvedimento del giudice venga emesso prima della scadenza del termine previsto dall'art. 396, si configura una mera irregolarità suscettibile di comportare eventuali conseguenze sul piano disciplinare.

• Nel valutare l'ammissibilità della richiesta, il giudice deve tenere conto degli specifici presupposti indicati negli artt. 392 e 393; del rispetto dei termini e della legittimazione dell'istante.

• Il giudice ammette le prove espressamente indicate nell'art. 392, tenendo, altresì conto delle disposizioni generali in materia di prove (→ **Libro III**, artt. 190 e 190 *bis*), in quanto compatibili con la disciplina dell'incidente probatorio.

• Con l'ordinanza di accoglimento il giudice dispone anche la citazione delle persone che devono comparire per l'assunzione della prova e, quando occorre procedere ad una perizia (→ **Prove**, art. 224), provvede con il medesimo provvedimento a nominare un perito (→ **Disp. att.**, art. 124). In caso di richiesta di incidente probatorio avente ad oggetto l'esame testimoniale, il giudice può disporre *ex officio* lo svolgimento di accertamenti peritali aventi ad oggetto la capacità di testimoniare del soggetto esaminando, Cass., SU, 23.3.2017, n. 39746.

• Al di fuori dell'ipotesi in cui abbia accolto la richiesta di differimento dell'incidente (art. 397), il giudice fissa la data dell'udienza entro un termine non superiore a dieci giorni rispetto alla data del provvedimento. In casi di urgenza, per assicurare la non dispersione della prova, il giudice può disporre l'abbreviazione dei termini ordinari (art. 400).

• L'ordinanza di inammissibilità o di rigetto deve essere immediatamente comunicata al p.m. (→ **Soggetti**, art. 50) e notificata alle persone interessate.

• Quando si tratta dei reati previsti dagli artt. 572, 600, 600 *bis*, 600 *ter*, 600 *quater*.1, 600 *quinquies*, 601, 602, 609 *bis*, 609 *ter*, 609 *quater*, 609 *octies*, 609 *undecies* e 612 *bis* c.p. e deve essere assunta la testimonianza di soggetti minori degli anni sedici o maggiorenni infermi di mente (Corte cost., 63 del 2005), l'ordinanza di ammissione può contenere una serie di prescrizioni volte a tutelare le esigenze di protezione di tali soggetti che versano in condizioni di vulnerabilità (→ **Soggetti**, art. 90 *quater*). In tale ultimo senso, la Corte di Giustizia, con la nota pronuncia 16.6.2005, Pupino, causa C-105/03, ha statuito che il giudice nazionale deve garantire un livello di tutela adeguato nel corso della deposizione di bambini in età infantile considerate vittime vulnerabili. Il rinvio alle forme dibattimentali di acquisizione della prova previste dall'art. 401 co. 5 consente di procedere all'esame del minore con modalità protette. Inoltre, le cautele imposte dall'art. 498 co. 4 *quater* consentono al giudice di effettuare l'esame del dichiarante tramite l'uso di specchi unidirezionali ed impianti citofonici, i quali garantiscono la comunicazione con l'ambiente in cui si trovano le parti processuali, senza il rischio che il dichiarante venga intimorito o suggestionato dalla loro presenza.

• Le dichiarazioni testimoniali rese dai soggetti indicati al co. 5 *bis* devono essere documentate integralmente con mezzi di produzione fonografica o audiovisiva (→ **Atti**, artt. 110 e 134 co. 1 come modificati dal d. lgs. 10.10.2022, n. 150).

• Analoghe cautele vengono utilizzate dal giudice quando l'incidente probatorio abbia ad oggetto l'assunzione della testimonianza di un soggetto maggiorenne che versa in condizioni di particolare vulnerabilità (→ **Soggetti**, art. 90 *quater*) desunta anche dal tipo di reato per cui si procede.

• Qualora si debba procedere, ai sensi dell'art. 392 co. 2, all'assunzione in forma coattiva di una perizia per l'esecuzione di accertamenti o prelievi su persona vivente, il testo dell'ordinanza deve contenere anche le più specifiche indicazioni previste dall'art. 224 *bis* co. 2 (→ **Prove**).

• L'ordinanza del giudice può essere impugnata (→ **Impugnazioni**, art. 586) unitamente alla sentenza conclusiva del giudizio di primo grado.

399. Accompagnamento coattivo della persona sottoposta alle indagini.

1. Se la persona sottoposta alle indagini, la cui presenza è necessaria per compiere un atto da assumere con l'incidente probatorio, non compare senza addurre un legittimo impedimento, il giudice ne ordina l'accompagnamento coattivo.

• Se, di regola, la persona sottoposta alle indagini (→ **Soggetti**, art. 61) ha facoltà di assistere all'incidente probatorio (art. 401 co. 3), quando la sua presenza è necessaria per il compimento di alcuni atti quali, ad esempio, la ricognizione (→ **Prove**, art. 213), il confronto (→ art. 211) o l'esperimento giudiziale (→ art. 218), il giudice (art. 328) può disporne l'accompagnamento coattivo. La norma costituisce applicazione del principio generale sancito dall'art. 132 (→ **Atti**), che conferisce al giudice, nei casi previsti dalla legge, il potere di ordinare l'accompagnamento coattivo dell'imputato.

• Qualora la persona sottoposta alle indagini debba essere sottoposta, ai sensi dell'art. 392 co. 2, ad una perizia per il compimento di atti idonei ad incidere sulla libertà personale (→ **Prove**, art. 224 *bis*), la disposizione in esame va integrata con la norma di cui all'art. 224 *bis* co. 6.

400. Provvedimenti per i casi di urgenza.

1. Quando per assicurare l'assunzione della prova è indispensabile procedere con urgenza all'incidente probatorio, il giudice dispone con decreto motivato che i termini previsti dagli articoli precedenti siano abbreviati nella misura necessaria.

• Nel caso in cui la prova debba essere assunta con urgenza, il giudice dispone con decreto motivato (→ **Atti**, art. 125 co. 3), che i termini ordinari previsti per la presentazione delle deduzioni (art. 396 co. 1), quelli per il differimento dell'incidente probatorio (art. 397 co. 1) nonché, quelli indicati dall'art. 398 per la fissazione dell'udienza, siano abbreviati nella misura in cui assicurino l'assunzione della prova.

• Stante il principio di tassatività delle impugnazioni (→ **Libro IX**, art. 568), il decreto del giudice è inoppugnabile.

401. Udienza.

1. L'udienza si svolge in camera di consiglio con la partecipazione necessaria del pubblico ministero e del difensore della persona sottoposta alle indagini. Ha altresì il diritto di parteciparvi il difensore della persona offesa.

2. In caso di mancata comparizione del difensore della persona sottoposta alle indagini, il giudice designa altro difensore a norma dell'articolo 97, comma 4.

3. La persona sottoposta alle indagini e la persona offesa hanno diritto di assistere all'incidente probatorio quando si deve esaminare un testimone o un'altra persona. Negli altri casi possono assistere previa autorizzazione del giudice.

4. Non è consentita la trattazione e la pronuncia di nuovi provvedimenti su questioni relative all'ammissibilità e alla fondatezza della richiesta.

5. Le prove sono assunte e documentate con le forme stabilite per il dibattimento. Il difensore della persona offesa può chiedere al giudice di rivolgere domande alle persone sottoposte ad esame.

6. Salvo quanto previsto dall'articolo 402, è vietato estendere l'assunzione della prova a fatti riguardanti persone diverse da quelle i cui difensori partecipano all'incidente probatorio. È in ogni caso vietato verbalizzare dichiarazioni riguardanti tali soggetti.

7. Se l'assunzione della prova non si conclude nella medesima udienza, il giudice ne dispone il rinvio al giorno successivo non festivo, salvo che lo svolgimento delle attività di prova richieda un termine maggiore.

8. Il verbale, le cose e i documenti acquisiti nell'incidente probatorio sono trasmessi al pubblico ministero. I difensori hanno diritto di prenderne visione ed estrarne copia.

Nel co. 5, la parola «documentate» è stata inserita dal d. lgs. 10.10.2022, n. 150.

• Rispetto all'udienza dibattimentale, l'udienza dell'incidente probatorio deroga al principio di pubblicità (→ **Giudizio**, art. 471) e si svolge in camera di consiglio. A differenza dell'archetipo normativo delineato dall'art. 127 (→ **Atti**), l'udienza incidentale per l'assunzione anticipata della prova si caratterizza per il contraddittorio necessario, essendo prevista la partecipazione obbligatoria del p.m. (→ **Soggetti**, art. 50) e del difensore (→ art. 96 s.) della persona sottoposta alle indagini (→ art. 61). Nel caso in cui manchi il difensore di fiducia (→ art. 96), il giudice nomina un difensore d'ufficio.

• L'assenza del p.m. o del difensore dell'indagato determina un'ipotesi di nullità di ordine generale che, nel primo caso, è a regime intermedio (→ **Atti**, artt. 178, lett. *b* e 180) e, nel secondo caso, di tipo assoluto (→ art. 179).

• È prevista la partecipazione facoltativa del difensore della persona offesa (→ **Soggetti**, art. 90).

• L'indagato (→ **Soggetti**, art. 61) e la persona offesa (→ art. 90) hanno diritto di assistere all'incidente probatorio solo nel caso in cui occorra assumere una prova dichiarativa; nelle altre ipotesi di incidente probatorio la loro partecipazione deve essere autorizzata dal giudice.

• La sentenza di assoluzione (→ **Giudizio**, art. 529 s.) pronunciata sulla base della prova assunta in incidente probatorio produce gli effetti di cui all'art. 652 (→ **Esecuzione**) nei confronti del danneggiato dal reato (→ **Soggetti**, art. 74), il quale sia stato posto in grado di partecipare alla procedura incidentale a norma dell'art. 404.

• Durante l'udienza il giudice procede all'assunzione e alla documentazione (→ **Atti,** artt. 110 e 134 come modificati dal d. lgs. 150 del 2022) delle prove seguendo le forme previste per il dibattimento (→ **Giudizio**, art. 495 s.). Nell'ipotesi in cui vengano assunte prove dichiarative l'audizione avviene mediante esame incrociato (→ artt. 498 e 499) e le parti possono contestare al soggetto esaminato le eventuali difformità tra quanto dichiarato nel corso dell'incidente probatorio e quanto precedentemente riferito nel corso delle indagini preliminari (→ artt. 500 e 503). Per consentire alle parti di effettuare contestazioni (→ art. 500) durante l'incidente probatorio, il p.m. procede al preventivo deposito dei verbali delle dichiarazioni già rese dalla persona da esaminare dei quali è consentito alle parti prendere visione ed estrarre copia nei due giorni precedenti l'udienza (art. 398 co. 3). Nel caso di soggetti vulnerabili che necessitano dell'audizione protetta (art. 398 co. 5 *bis*), le ordinarie modalità di svolgimento dell'udienza incidentale possono subire delle deroghe (→ **Giudizio**, artt. 498 co. 4, 4 *bis*, 4 *ter* e 4 *quater*).

• Le modalità di svolgimento dell'udienza incidentale dettate dall'art. 401 possono subire eccezioni ed adattamenti nel caso di partecipazione a distanza dell'imputato mediante collegamenti audiovisivi (→ **Atti,** art. 133 *bis* e 133 *ter* come inseriti dal d. lgs. 150 del 2022).

• Il giudice ha potere di intervenire, ai sensi dell'art. 499 co. 6 (→ **Giudizio**), durante l'esame, al fine di assicurare la pertinenza delle domande, la genuinità delle risposte, la lealtà dell'esame e la correttezza delle contestazioni. Sulle opposizioni formulate dalle parti il giudice decide immediatamente e senza formalità (→ art. 504).

• Al fine di circoscrivere il contraddittorio (→ **Cost.**, art. 111) ai fatti indicati nell'ordinanza di ammissione dell'incidente probatorio (art. 398), è previsto il divieto di verbalizzare dichiarazioni riguardanti persone diverse da quelle i cui difensori partecipano all'incidente probatorio (art. 401 co. 6). Tale divieto può essere superato solo nel caso in cui il p.m. o il difensore dell'indagato richiedano ed ottengano l'estensione dell'incidente probatorio (art. 402). Al di fuori di tali ipotesi operano i limiti di utilizzabilità previsti dall'art. 403.

• Una volta conclusa l'assunzione della prova, il verbale, le cose e i documenti acquisiti, nonché i nastri relativi alle riprese fonografiche o audiovisive (art. 398 co. 5 *bis*) devono essere trasmessi al p.m., raccolti in un apposito fascicolo (→ **Disp. att.**, art. 118) e depositati presso la segreteria del p.m.

402. Estensione dell'incidente probatorio.

1. Se il pubblico ministero o il difensore della persona sottoposta alle indagini chiede che la prova si estenda ai fatti o alle dichiarazioni previsti dall'articolo 401, comma 6, il giudice, se ne ricorrono i requisiti, dispone le necessarie notifiche a norma dell'articolo 398, comma 3, rinviando l'udienza per il tempo strettamente necessario e comunque non oltre tre giorni. La richiesta non è accolta se il rinvio pregiudica l'assunzione della prova.

• Al fine di superare il divieto stabilito dall'art. 401 co. 6, è consentito l'ampliamento del *thema probandum*. Legittimati alla richiesta sono il p.m. (→ **Soggetti**, art. 50) e il difensore (→ art. 96) dell'indagato.

• Come per la richiesta di differimento dell'incidente probatorio, anche l'accoglimento della richiesta di estensione incontra un limite invalicabile il quale si sostanzia nel pregiudizio che un eventuale rinvio potrebbe arrecare all'acquisizione della prova.

• Il giudice decide con ordinanza (→ **Atti**, art. 125) con la quale dichiara inammissibile, rigetta o accoglie la richiesta di estensione. In quest'ultimo caso, il giudice dispone le notificazioni a norma dell'art. 398 co. 3, al fine di integrare il contraddittorio (→ **Cost.**, art. 111).

403. Utilizzabilità nel dibattimento delle prove assunte con incidente probatorio.

1. Nel dibattimento le prove assunte con l'incidente probatorio sono utilizzabili soltanto nei confronti degli imputati i cui difensori hanno partecipato alla loro assunzione.

1 *bis*. Le prove di cui al comma 1 non sono utilizzabili nei confronti dell'imputato raggiunto solo successivamente all'incidente probatorio da indizi di colpevolezza se il difensore non ha partecipato alla loro assunzione, salvo che i suddetti indizi siano emersi dopo che la ripetizione dell'atto sia divenuta impossibile.

Il co. 1 *bis* è stato aggiunto dalla l. 7.8.1997, n. 267.

• Al termine dell'udienza camerale disciplinata dall'art. 401, i verbali delle prove assunte con incidente probatorio, le cose e i documenti acquisiti, nonché i nastri relativi alle riprese fonografiche o audiovisive disposte a norma dell'art. 398 co. 5 *bis* sono trasmessi al p.m. e raccolti in un apposito fascicolo (→ **Disp. att.**, art. 118).

• I verbali delle prove assunte con incidente probatorio confluiscono *ab initio* nel fascicolo per il dibattimento (art. 431 co. 1 lett. *e*) e, in giudizio (→ **Libro VII**), sono oggetto di lettura a norma dell'art. 511. Salvo quanto previsto dall'art. 190 *bis* (→ **Prove**), la rinnovazione delle prove assunte nella fase preliminare è ammessa a richiesta di parte (→ art. 190) o disposta d'ufficio dal giudice (→ **Giudizio**, art. 507).

• I verbali di prove formate in incidente probatorio sono utilizzabili in altro procedimento a norma dell'art. 238 co. 1 e 2 *bis* (→ **Prove**).

• Le prove formate in incidente probatorio sono utilizzabili in dibattimento solo nei confronti degli imputati (→ **Soggetti**, art. 60) i cui difensori (→ art. 96), anche nominati d'ufficio (→ artt. 97; 401 co. 2) abbiano partecipato all'espletamento dello stesso.

• Un'espressa limitazione soggettiva di utilizzabilità (→ **Prove**, art. 191) è prevista nei confronti degli imputati raggiunti da indizi di colpevolezza in un momento successivo all'acquisizione della prova, nel caso di mancata presenza del difensore. L'inutilizzabilità opera solo per il dibattimento; di talché, non è precluso l'utilizzo della prova in sede cautelare (→ **Misure cautelari**) o nell'ambito dei procedimenti speciali (→ **Libro VI**, artt. 442 co. 1 *bis*; 444 co. 2). Una deroga è contemplata solo nel caso in cui i suddetti indizi siano emersi dopo che la ripetizione dell'atto sia divenuta impossibile, stante la impossibilità, nell'ipotesi considerata, di integrare il contraddittorio. La norma in esame trova il proprio fondamento costituzionale nell'art. 111 co. 5, il quale consente di derogare al contraddittorio nel caso di «accertata impossibilità di natura oggettiva».

• Ulteriore limite di verbalizzazione e, *a fortiori*, di utilizzabilità è previsto dall'art. 401 co. 6 per le dichiarazioni riguardanti persone diverse da quelle i cui difensori hanno partecipato all'incidente probatorio.

404. Efficacia dell'incidente probatorio nei confronti della parte civile.

1. La sentenza pronunciata sulla base di una prova assunta con incidente probatorio a cui il danneggiato dal reato non è stato posto in grado di partecipare non produce gli effetti previsti dall'articolo 652, salvo che il danneggiato stesso ne abbia fatta accettazione anche tacita.

• La sentenza penale irrevocabile di assoluzione ha efficacia di giudicato nei giudizi civili o amministrativi (→ **Esecuzione**, art. 652) per le restituzioni o il risarcimento dei danni nei confronti del danneggiato che si sia costituito parte civile (→ **Soggetti**, art. 76) o che sia stato posto nelle condizioni di costituirsi parte civile. Questo effetto vincolante viene escluso dall'art. 404 per il danneggiato che non ha partecipato all'assunzione della prova in incidente probatorio. L'espresso rinvio dell'art. 404 al solo art. 652 induce a ritenere, *a contrario*, che la sentenza di condanna emessa a seguito del dibattimento conservi efficacia vincolante (→ **Esecuzione**, art. 651) nei confronti del danneggiato circa l'affermazione della sussistenza del fatto, della sua illiceità e della responsabilità dell'imputato.

• L'art. 404 prevede un onere di attivazione in capo al danneggiato dal reato (→ **Soggetti**, art. 74) che intenda escludere nei propri confronti l'efficacia di giudicato della sentenza di assoluzione, dal momento che l'accettazione, anche tacita, consente l'operatività degli effetti di cui all'art. 652.

• L'accettazione per *facta concludentia* può riscontrarsi, ad esempio, nell'ipotesi in cui il danneggiato si sia avvalso dei risultati della procedura incidentale o nel caso in cui si sia costituito parte civile (→ **Soggetti**, art. 76) ed abbia omesso di eccepire l'inutilizzabilità della prova (→ **Prove**, art. 191; → **Impugnazioni**, art. 606).

Titolo VIII
CHIUSURA DELLE INDAGINI PRELIMINARI

405. Termini per la conclusione delle indagini preliminari.

1. [Soppresso.]

1 *bis*. Il pubblico ministero, al termine delle indagini, formula richiesta di archiviazione quando la Corte di cassazione si è pronunciata in ordine alla insussistenza dei gravi indizi di colpevolezza, ai sensi dell'articolo 273, e non sono stati acquisiti, successivamente, ulteriori elementi a carico della persona sottoposta alle indagini.

2. Salvo quanto previsto dagli articoli 406 e 415 *bis*, il pubblico ministero conclude le indagini preliminari entro il termine di un anno dalla data in cui il nome della persona alla quale è attribuito il reato è iscritto nel registro delle notizie di reato. Il termine è di sei mesi, se si procede per una contravvenzione, e di un anno e sei mesi, se si procede per taluno dei delitti indicati nell'articolo 407, comma 2.

3. Se è necessaria la querela, l'istanza o la richiesta di procedimento, il termine decorre dal momento in cui queste pervengono al pubblico ministero.

4. Se è necessaria l'autorizzazione a procedere, il decorso del termine è sospeso dal momento della richiesta a quello in cui l'autorizzazione perviene al pubblico ministero.

La rubrica è stata così sostituita dal d. lgs. 10.10.2022, n. 150. Il co. 1 è stato abrogato dal medesimo d. lgs. 150 del 2022. Il co. 1 *bis* è stato aggiunto dalla l. 20.2.2006, n. 46. Il co. 2 è stato così sostituito dal d. lgs. 150 del 2022. Ai sensi dell'art. 88 *bis* d. lgs. 150 del 2022, introdotto dalla l. 30.12.2022, n. 199, che ha convertito con modif. il d.l. 31.10.2022, n. 162, la versione previgente della disposizione in esame continua ad applicarsi nei procedimenti pendenti (alla data di entrata in vigore del d. lgs. 150 del 2022), in relazione alle notizie di reato delle quali il p.m. ha già disposto l'iscrizione nel registro di cui all'art. 335, nonché in relazione alle notizie di reato iscritte successivamente, quando ricorrono le condizioni previste dall'art. 12 e, se si procede per taluno dei delitti indicati nell'art. 407 co. 2, anche quando ricorrono le condizioni previste dall'art. 371 co. 2 lett. *b* e *c*.

• Corte cost., 121 del 2009, ha dichiarato l'illegittimità costituzionale del co. 1 *bis*.

• Il d. lgs. 10.10.2022, n. 150, di attuazione della l. 27.9.2021, n. 134 (c.d. "**riforma Cartabia**"), ha ristrutturato profondamente l'articolo in esame. Nella versione previgente, esso regolava anche la tematica dell'avvio dell'azione penale (→ **Cost.**, art. 112; → **Soggetti**, art. 50; → **Ord. giud.**, art. 74) da parte del p.m. (→ **Soggetti**, art 51). Oggi tale profilo è disciplinato dal combinato disposto tra l'art. 50 e il nuovo art. 407 *bis*, il quale al co. 2 stabilisce dei termini specifici entro cui il p.m. è tenuto ad avviare il processo o a richiedere l'archiviazione (artt. 408, 411 e 415). Correttamente, il legislatore ha, pertanto, abrogato il co. 1 della disposizione in esame – ripreso nel nuovo art. 407 *bis* – e modificato la rubrica della stessa, la quale ormai si riferisce soltanto ai termini per la conclusione delle indagini preliminari. Per contro, a causa di un difetto di coordinamento, non è stato abrogato il **co. 7 dell'art. 406**, il quale continua a rinviare alle richieste del p.m. ai sensi dell'articolo in esame, sebbene le stesse siano oramai contenute nell'autonomo art. 407 *bis*.

• L'articolo stabilisce i **termini ordinari** di durata delle indagini preliminari, suddividendoli in base a un criterio tripartito, fondato sulla gravità del reato per cui si procede. Per quanto concerne le contravvenzioni, l'arco temporale è di **sei mesi**, mentre per la generalità dei delitti esso è di **un anno**. Per quanto concerne, invece, i gravi delitti elencati all'art. 407 co. 2, la durata ordinaria delle indagini è di **un anno e sei mesi**. In tutti e tre i casi, il termine decorre dall'iscrizione soggettiva della notizia di reato nell'apposito registro (art. 335) *ex* art. 405 co. 2, ovvero dal momento in cui le condizioni di procedibilità [querela (art. 336), istanza (art. 341), richiesta (art. 342)] pervengono al p.m., ai sensi del co. 3. Il decorso di suddetto termine è sospeso ove sia necessario richiedere l'autorizzazione a procedere (art. 343) [dal momento della richiesta a quello in cui l'autorizzazione perviene al p.m. (→ **Soggetti**, art. 51)], nonché nel caso in cui, nel corso delle indagini, risulti la necessità di disporre perizia per accertamenti sulla capacità dell'imputato di partecipare coscientemente al processo (→ art. 70 co. 3).

• A seguito dell'approvazione della "riforma Cartabia", il termine del co. 2 è suscettivo di un'unica **proroga** (art. 406): essa è concedibile dal g.i.p. (art. 328; → **Soggetti**, art. 1 s.), per la durata di massimo **sei mesi**, in caso di complessità delle indagini. Per contro, mentre i termini di **durata massima** delle indagini preliminari, dettati dall'art. 407, sono rimasti invariati per i delitti (essi sono, rispettivamente, di 18 mesi, per la generalità dei delitti, e di 24 mesi, con riguardo ai gravi reati di cui all'art. 407 co. 2), quelli per le contravvenzioni sono stati accorciati a **un anno.**

• Quando è **ignoto** l'autore del reato, il termine di **sei mesi** decorre dalla data della registrazione (oggettiva) della notizia di reato (art. 335) ed entro tale scadenza il p.m. richiede l'archiviazione ovvero l'autorizzazione a proseguire le indagini (art. 415).

• L'art. 407 co. 3 prevede, quale regola generale, quella dell'inutilizzabilità (→ **Prove**, art. 191; → **Impugnazioni**, art. 606) degli atti di indagine compiuti dopo la scadenza del termine stabilito dalla legge o prorogato dal giudice per la conclusione delle indagini (art. 406). Sono, invece, utilizzabili, ricorrendone i presupposti, gli atti di indagine svolti dopo la presentazione della richiesta di proroga e prima della comunicazione del provvedimento del giudice (**art. 406 co. 8**) nonché, sempre ricorrendone i presupposti, le dichiarazioni rilasciate dall'indagato, l'interrogatorio del medesimo (→ **Soggetti**, art. 64) e i nuovi atti di indagine del p.m. compiuti dopo la notificazione dell'avviso di conclusione delle indagini, ancorché sia decorso il termine stabilito dalla legge o prorogato dal giudice di durata delle indagini (**art. 415 *bis* co. 5**).

• Non superiore a **sei mesi** e **improrogabile** è il termine per il compimento delle indagini che il giudice stabilisce con l'ordinanza che ne dispone la **riapertura**, emessa a seguito della richiesta di **revoca** della **sentenza di non luogo a procedere** formulata dal p.m. (art. 436 co. 3).

406. Proroga dei termini.

1. Il pubblico ministero, prima della scadenza, può richiedere al giudice, quando le indagini sono complesse, la proroga del termine previsto dall'articolo 405. La richiesta contiene l'indicazione della notizia di reato e l'esposizione dei motivi che la giustificano.

2. La proroga può essere autorizzata per una sola volta e per un tempo non superiore a sei mesi.

2 *bis*. [Soppresso.]

2 *ter*. [Soppresso.]

3. La richiesta di proroga è notificata, a cura del giudice, con l'avviso della facoltà di presentare memorie entro cinque giorni dalla notificazione, alla persona sottoposta alle indagini nonché alla persona offesa dal reato che, nella notizia di reato o successivamente alla sua presentazione, abbia dichiarato di volere esserne informata. Il giudice provvede entro dieci giorni dalla scadenza del termine per la presentazione delle memorie.

4. Il giudice autorizza la proroga del termine con ordinanza emessa in camera di consiglio senza intervento del pubblico ministero e dei difensori.

5. Qualora ritenga che allo stato degli atti non si debba concedere la proroga, il giudice, entro il termine previsto dal comma 3 secondo periodo, fissa la data dell'udienza in camera di con-

siglio e ne fa notificare avviso al pubblico ministero, alla persona sottoposta alle indagini nonché, nella ipotesi prevista dal comma 3, alla persona offesa dal reato. Il procedimento si svolge nelle forme previste dall'articolo 127.

5 *bis*. Le disposizioni dei commi 3, 4 e 5 non si applicano se si procede per taluno dei delitti indicati nell'articolo 51 comma 3 *bis* e nell'articolo 407, comma 2, lettera *a*), numeri 4 e 7 *bis*. In tali casi, il giudice provvede con ordinanza entro dieci giorni dalla presentazione della richiesta, dandone comunicazione al pubblico ministero.

6. Se non ritiene di respingere la richiesta di proroga, il giudice autorizza con ordinanza il pubblico ministero a proseguire le indagini.

7. Con l'ordinanza che respinge la richiesta di proroga, il giudice, se il termine per le indagini preliminari è già scaduto, fissa un termine non superiore a dieci giorni per la formulazione delle richieste del pubblico ministero a norma dell'articolo 405.

8. Gli atti di indagine compiuti dopo la presentazione della richiesta di proroga e prima della comunicazione del provvedimento del giudice sono comunque utilizzabili sempre che, nel caso di provvedimento negativo, non siano successivi alla data di scadenza del termine originariamente previsto per le indagini.

La rubrica è stata così modificata dal d. lgs. 10.10.2022, n. 150. L'articolo è stato sostituito dal d.l. 8.6.1992, n. 306, conv., con modif., dalla l. 7.8.1992, n. 356. Il co. 2 è stato modificato dal d. lgs. 150 del 2022, il quale ha, inoltre, abrogato i co. 2 *bis* e 2 *ter*. Il co. 5 *bis* è stato così novellato dapprima dal d.l. 24.11.2000, n. 341, conv., con modif., dalla l. 19.1.2001, n. 4 e poi dal d.l. 5.4.2001, n. 98, conv. dalla l. 14.5.2001, n. 196. Ai sensi dell'art. 88 *bis* del d. lgs. 150 del 2022, introdotto dalla l. 30.12.2022, n. 199, che ha convertito con modif. il d.l. 31.10.2022, n. 162, la versione previgente della disposizione in esame continua ad applicarsi nei procedimenti pendenti (alla data di entrata in vigore del d. lgs. 150 del 2022), in relazione alle notizie di reato delle quali il p.m. ha già disposto l'iscrizione nel registro di cui all'art. 335, nonché in relazione alle notizie di reato iscritte successivamente, quando ricorrono le condizioni previste dall'art. 12 e, se si procede per taluno dei delitti indicati nell'art. 407 co. 2, anche quando ricorrono le condizioni previste dall'art. 371 co. 2 lett. *b* e *c*.

• La "**riforma Cartabia**" (d. lgs. 150 del 2022, attuativo della l. 27.9.2021, n. 134) ha riformulato l'articolo, eliminando la possibilità, prima riconosciuta, di prorogare più volte – ma comunque entro i limiti massimi di durata delle indagini preliminari, dettati dall'art. 407 – i termini "ordinari" delle indagini, stabiliti all'art. **405**. Oggi i suddetti termini possono essere prorogati un'unica volta, per un tempo **non superiore a sei mesi**, solo nel caso in cui le indagini siano **complesse**.

• In via generale, è ipotizzabile che l'art. **407 co. 2**, lett. *b*, *c* e *d* tipizzi dei casi di complessità investigativa "presunta", idonei a consentire sempre la proroga dei termini di durata delle indagini. Lo stesso vale anche per la peculiare fattispecie di proroga che il p.m. (→ **Soggetti**, art. 51) e l'indagato (→ art. 61) possono richiedere ai fini dell'esecuzione dell'**incidente probatorio** (art. 393 co. 4), la quale può essere concessa per il tempo indispensabile all'assunzione della prova.

• Nell'ambito del procedimento di cui alla disposizione in esame, la persona sottoposta alle indagini potrebbe, eventualmente, chiedere al g.i.p. (art. 328; → **Soggetti**, art. 1 s.) di accertare la tempestività dell'iscrizione della notizia di reato nel registro di cui all'art. 335, secondo la disciplina prevista dall'art. **335 *quater***. Nella stessa sede, potrebbe trovare applicazione anche il nuovo art. **335 *ter***, il quale stabilisce che, laddove il giudice ritenga che il reato per cui si procede debba essere attribuito a una persona il cui nome non sia stato ancora iscritto nel registro delle notizie di reato, può, anche d'ufficio, ordinare al p.m. di provvedere.

• A valle della scelta, compiuta dal d. lgs. 150 del 2022, di introdurre all'interno del nuovo art. 407 *bis* degli inediti termini di riflessione per le determinazioni del p.m. (→ **Soggetti**, art. 51), entro cui egli deve decidere se esercitare l'azione penale (→ **Cost.**, art. 112; → **Soggetti**, art. 50; → **Ord. giud.**, art. 74) o richiedere l'archiviazione (artt. 408, 411 e 415), il legislatore avrebbe dovuto abrogare il riferimento all'ordine di provvedere, in caso di diniego di proroga, contenuto al co. 7 della previsione in commento. Tale rinvio è ormai privo di senso dal momento che l'art. 405 si limita a stabilire i termini "ordinari" delle indagini, mentre non regola più la tematica delle forme e dei termini per l'inizio dell'azione penale.

• L'art. 407 co. 3 prevede, quale regola generale, quella dell'inutilizzabilità (→ **Prove**, art. 191; → **Impugnazioni**, art. 606) degli atti di indagine compiuti dopo la scadenza del termine stabilito dalla legge o prorogato dal giudice per la conclusione delle indagini.

• Il **contraddittorio cartolare** che può coinvolgere la persona sottoposta alle indagini (→ **Soggetti**, art. 61) e la persona offesa dal reato (→ art. 90 s.) ai sensi dei co. 3 e co. 4, nonché l'eventuale **udienza** in camera di consiglio (→ **Atti**, art. 127), **non** trovano applicazione quando si procede per i delitti di criminalità organizzata per cui la titolarità delle indagini è attribuita alle procure distrettuali (→ **Soggetti**, art. 51 co. 3 *bis*), ovvero per taluni dei gravi delitti per cui la legge prevede un termine di durata massima delle indagini pari a due anni (art. 407 co. 1 lett. *a* n. 4 e 7 *bis*).

• Secondo la giurisprudenza assolutamente maggioritaria (**Cass.**, **SU**, 6.11.1992, Bernini) l'ordinanza (→ **Atti**, art. 125) che decide sulla richiesta di proroga non è ricorribile in cassazione (→ **Impugnazioni**, art. 606), posto che il richiamo, contenuto nel co. 5 alle «forme previste dall'art. 127», riguarderebbe le sole regole di svolgimento dell'udienza camerale, non implicando la ricezione dell'intero modello procedimentale previsto da tale norma.

• La **persona offesa**, oltre a poter dichiarare, nella notizia di reato (art. 330 s.) o successivamente alla sua presentazione, di **voler essere informata** della richiesta di proroga *ex* co. 3, può richiedere analoga informativa e ottenere la notifica dell'avviso della richiesta di **archiviazione**, avviso dovuto «in ogni caso» per i delitti commessi con violenza alla persona e per il reato di cui all'art. 624 *bis* c.p. (art. 408 co. 2 e 3 *bis*).

• Anche il termine per il compimento delle **nuove indagini** che l'indagato ha richiesto al p.m. dopo la notificazione dell'**avviso di conclusione delle indagini preliminari** – trenta giorni dalla richiesta – è suscettivo di **proroga** da parte del g.i.p. su richiesta del p.m., per una sola volta e per non più di sessanta giorni (art. 415 *bis* co. 4). È, invece, **improrogabile** il termine – non superiore a sei mesi – per il compimento delle indagini che il giudice stabilisce con l'ordinanza che ne dispone la **riapertura**, emessa a seguito della richiesta di **revoca** della **sentenza di non luogo a procedere** formulata dal p.m. (art. 436 co. 3).

• Quando è richiesto della proroga del termine delle indagini preliminari, il g.i.p. provvede anche d'ufficio alla **revoca** o alla **sostituzione** delle **misure cautelari personali** (→ **Libro IV**, art. 299 co. 3).

407. Termini di durata massima delle indagini preliminari.

1. Salvo quanto previsto dall'articolo 393, comma 4, la durata delle indagini preliminari non può comunque superare diciotto mesi, o, se si procede per una contravvenzione, un anno.

2. La durata massima è tuttavia di due anni se le indagini preliminari riguardano:

a) i delitti appresso indicati:

1) delitti di cui agli articoli 285, 286, 416 *bis* e 422 del codice penale, 291 *ter*, limitatamente alle ipotesi aggravate previste dalle lettere *a*), *d*) ed *e*) del comma 2, e 291 *quater*, comma 4, del testo unico approvato con decreto del Presidente della Repubblica 23 gennaio 1973, n. 43;

2) delitti consumati o tentati di cui agli articoli 575, 628, terzo comma, 629, secondo comma, e 630 dello stesso codice penale;

3) delitti commessi avvalendosi delle condizioni previste dall'articolo 416 *bis* del codice penale ovvero al fine di agevolare l'attività delle associazioni previste dallo stesso articolo;

4) delitti commessi per finalità di terrorismo o di eversione dell'ordinamento costituzionale per i quali la legge stabilisce la pena della reclusione non inferiore nel minimo a cinque anni o nel massimo a dieci anni, nonché delitti di cui agli articoli 270, terzo comma e 306, secondo comma, del codice penale;

5) delitti di illegale fabbricazione, introduzione nello Stato, messa in vendita, cessione, detenzione e porto in luogo pubblico o aperto al pubblico di armi da guerra o tipo guerra o parti di esse, di esplosivi, di armi clandestine nonché di più armi comuni da sparo escluse quelle previste dall'articolo 2, comma terzo, della legge 18 aprile 1975, n. 110;

6) delitti di cui agli articoli 73, limitatamente alle ipotesi aggravate ai sensi dell'articolo 80, comma 2, e 74 del testo unico delle leggi in materia di disciplina degli stupefacenti e sostanze psicotrope, prevenzione, cura e riabilitazione dei relativi stati di tossicodipendenza, approvato con

decreto del Presidente della Repubblica 9 ottobre 1990, n. 309, e successive modificazioni;

7) delitto di cui all'articolo 416 del codice penale nei casi in cui è obbligatorio l'arresto in flagranza;

7 *bis*) dei delitti previsto dagli articoli 600, 600 *bis*, primo comma, 600 *ter*, primo e secondo comma, 601, 602, 609 *bis* nelle ipotesi aggravate previste dall'articolo 609 *ter*, 609 *quater*, 609 *octies* del codice penale, nonché dei delitti previsti dall'articolo 12, comma 3, del testo unico di cui al decreto legislativo 25 luglio 1998, n. 286, e successive modificazioni;

b) notizie di reato che rendono particolarmente complesse le investigazioni per la molteplicità di fatti tra loro collegati ovvero per l'elevato numero di persone sottoposte alle indagini o di persone offese;

c) indagini che richiedono il compimento di atti all'estero;

d) procedimenti in cui è indispensabile mantenere il collegamento tra più uffici del pubblico ministero a norma dell'articolo 371.

3. Salvo quanto previsto dall'articolo 415 *bis*, non possono essere utilizzati gli atti di indagine compiuti dopo la scadenza del termine per la conclusione delle indagini preliminari stabilito dalla legge o prorogato dal giudice.

3 *bis*. [Soppresso.]

Il co. 1 è stato così modificato dal d. lgs. 10.10.2022, n. 150. Il co. 2 lett. *a* n. 1 è stato così sostituito dalla l. 19.3.2001; il n. 4 è stato così modificato prima dal d.l. 5.4.2001, n. 98, conv. dalla l. 14.5.2001, n. 196; poi dal d.l. 18.10.2001, n. 374, conv., con modif., dalla l. 15.12.2001, n. 438; il n. 7 è stato così sostituito, da ultimo, dalla l. 8.8.1995, n. 332; il n. 7 *bis* è stato aggiunto dal d.l. 24.11.2000, n. 341, conv., con modif., dalla l. 19.1.2001, n. 4 e poi così modificato dalla l. 11.8.2003, n. 228, dalla l. 15.7.2009, n. 94 e dalla l. 1.10.2012, n. 172. Il co. 3 è stato dapprima modificato dalla l. 16.12.1999, n. 479 e, da ultimo, dal d. lgs. 150 del 2022. Il co. 3 *bis* è stato prima inserito dalla l. 23.6.2017, n. 103 e poi abrogato dal d. lgs. 150 del 2022. Ai sensi dell'art. 88 *bis* del d. lgs. 150 del 2022, introdotto dalla l. 30.12.2022, n. 199, che ha convertito con modif. il d.l. 31.10.2022, n. 162, la versione previgente della disposizione in esame continua ad applicarsi nei procedimenti pendenti (alla data di entrata in vigore del d. lgs. 150 del 2022), in relazione alle notizie di reato delle quali il p.m. ha già disposto l'iscrizione nel registro di cui all'art. 335, nonché in relazione alle notizie di reato iscritte successivamente, quando ricorrono le condizioni previste dall'art. 12 e, se si procede per taluno dei delitti indicati nell'art. 407 co. 2, anche quando ricorrono le condizioni previste dall'art. 371 co. 2 lett. *b* e *c*.

• La fissazione da parte del legislatore di termini massimi di durata delle indagini risponde all'esigenza [di rilievo costituzionale (→ **Cost.**, art. 111 co. 2), convenzionale (→ **Cedu**, art. 6 § 1) ed eurounitario (→ **Carta UE**, art. 47)] di assicurare la **ragionevole durata** del procedimento penale, nonché – come hanno chiarito le **Sezioni Unite** (Cass., SU, 28.3.2006, n. 13040) – a quella di far sì che il giudizio (→ **Libro VII**) non si svolga a un'eccessiva distanza temporale dai fatti oggetto d'indagine, con conseguente compromissione della sua efficacia epistemica.

• La previsione secondo cui la durata delle indagini preliminari non può **comunque** superare i termini stabiliti dai co. 1 e 2, neppure a seguito della proroga (art. 406), è espressamente **derogata** ove ricorra la peculiare procedura di proroga del termine delle indagini preliminari che il p.m. (→ **Soggetti**, art. 51) e la persona sottoposta alle indagini (→ art. 61) possono richiedere ai fini dell'esecuzione dell'**incidente probatorio** (art. 393 co. 4).

• Ferma l'**inutilizzabilità** (→ **Prove**, art. 191; → **Impugnazioni**, art. 606) degli **atti di indagine** compiuti **dopo la scadenza** del termine stabilito dall'art. 405 o prorogato dal giudice ai sensi dell'art. 406, sono **comunque utilizzabili**, ricorrendone i presupposti, gli atti di indagine compiuti dopo la presentazione della richiesta di proroga e prima della comunicazione del provvedimento del giudice (art. 406 co. 8) nonché, sempre ricorrendone i presupposti, le dichiarazioni rilasciate dall'indagato, l'interrogatorio del medesimo (→ **Soggetti**, art. 64) e i nuovi atti di indagine del p.m. compiuti dopo la notificazione dell'avviso di conclusione delle indagini (art. 415 *bis* co. 5).

• Superando un orientamento giurisprudenziale contrario, avallato dalle Sezioni unite (**Cass., SU**, 24.9.2009, n. 40538; **Cass., SU**, 21.6.2000, n. 16), il d. lgs. 150 del 2022, mediante l'interpolazione di un nuovo art. 335 *quater*, ha attribuito al g.i.p. (art. 328; → **Soggetti**, art. 1 s.) il potere di accertare la tempestività dell'iscrizione da parte del p.m.

(→ art. 51) della notizia di reato nel registro di cui all'art. 335, e, quando il ritardo è inequivocabile e non è giustificato, di disporne la retrodatazione.

• I **reati di cui al co. 2** – talora, alcuni soltanto di essi – costituiscono il presupposto per l'operatività di molteplici istituti processuali: separazione di processi (→ **Soggetti**, art. 18 co. 1 lett. *e bis*), eventualmente anche contestuale alla pronuncia di una sentenza di condanna (→ **Giudizio**, art. 533 co. 3 *bis*); attribuzioni del tribunale in composizione collegiale (→ **Soggetti**, art. 33 co. 1 lett. *a*); intercettazioni tra presenti per la ricerca del latitante (→ **Prove**, art. 295 co. 3 *bis*); in materia di misure cautelari (→ **Libro IV**): durata delle misure disposte per esigenze probatorie (→ art. 301), termini di durata massima della custodia cautelare (→ art. 303) e loro sospensione (→ art. 304), provvedimenti in caso di scarcerazione per decorrenza dei termini (→ art. 307); comunicazione delle iscrizioni nel registro delle notizie di reato (art. 335 co. 3); comunicazione della notizia di reato al p.m. (art. 347 co. 3); documentazione degli atti mediante mezzi di riproduzione audiovisiva o fonografica (artt. 357 co. 3 *bis* e 373); termine di durata delle indagini preliminari (art. 405); contraddittorio cartolare e udienza camerale nell'ambito della procedura di proroga (art. 406 co. 5 *bis*); termine entro cui il p.m. è tenuto a esercitare l'azione penale o a richiedere l'archiviazione (art. 407 *bis* co. 2); differimento dell'avviso di conclusione delle indagini preliminari (art. 415 *bis* co. 5 *bis*); termine a partire dal quale la persona sottoposta alle indagini (→ **Soggetti**, art. 61) e la persona offesa (→ art. 90) possono chiedere al g.i.p. di ordinare al p.m. di prendere le proprie determinazioni sull'azione penale (art. 415 *ter* co. 3).

407 *bis*. Inizio dell'azione penale. Forme e termini.

1. Il pubblico ministero, quando non deve richiedere l'archiviazione, esercita l'azione penale, formulando l'imputazione, nei casi previsti nei titoli II, III, IV, V e V *bis* del libro VI ovvero con richiesta di rinvio a giudizio.

2. Il pubblico ministero esercita l'azione penale o richiede l'archiviazione entro tre mesi dalla scadenza del termine di cui all'articolo 405, comma 2, o, se ha disposto la notifica dell'avviso della conclusione delle indagini preliminari, entro tre mesi dalla scadenza dei termini di cui all'articolo 415 *bis*, commi 3 e 4. Il termine è di nove mesi nei casi di cui all'articolo 407, comma 2.

Articolo inserito dal d. lgs. 10.10.2022, n. 150. Ai sensi dell'art. 88 *bis* del medesimo decreto, introdotto dalla l. 30.12.2022, n. 199, che ha convertito con mod. il d.l. 31.10.2022, n. 162, la disposizione in esame non si applica ai procedimenti pendenti (alla data di entrata in vigore del d. lgs. 150 del 2022), in relazione alle notizie di reato delle quali il p.m. ha già disposto l'iscrizione nel registro di cui all'art. 335, nonché in relazione alle notizie di reato iscritte successivamente, quando ricorrono le condizioni previste dall'art. 12 e, se si procede per taluno dei delitti indicati nell'art. 407 co. 2, anche quando ricorrono le condizioni previste dall'art. 371 co. 2 lett. *b* e *c*.

• Mediante l'introduzione del presente articolo, la **"riforma Cartabia"** (d. lgs. 10.10.2022, n. 150, di attuazione della l. 27.9.2021, n. 134) ha inteso separare la disciplina dei termini di durata delle indagini preliminari, dettati dagli artt. **405, 406 e 407**, da quella riguardante le forme e i termini per le determinazioni del p.m. (→ **Soggetti**, art. 51) sull'azione penale (→ art. 50; → **Ord. giud.**, art. 74). Si è così istituita – e regolata a livello cronologico – una specifica fase procedimentale, in cui l'accusa è tenuta a valutare, anche secondo la nuova regola di giudizio della ragionevole previsione di condanna (**art. 408**), se vi sono i presupposti per esercitare l'azione penale, ovvero se è necessario richiedere l'archiviazione (**artt. 408, 411 e 415**). Questa fase di "riflessione" si apre alla scadenza dei termini finali delle indagini preliminari (art. 405), eventualmente prorogati (art. 406) dal g.i.p. (art. 328; → **Soggetti**, art. 1 s.), oppure, qualora sia stato notificato l'avviso di conclusione delle indagini di cui all'**art. 415 *bis***, dalle date di scadenza previste dai co. 3 e 4 della medesima previsione. Il *sub* procedimento dovrebbe, invece, chiudersi entro tre mesi per la generalità dei reati ed entro nove mesi per i reati indicati nell'art. 407 co. 2.

• Nel solco del principio di obbligatorietà (→ **Cost.**, art. 112), il **p.m.** (→ **Soggetti**, art. 51), quando **non** sussistono i presupposti per la **richiesta di archiviazione** (artt. 408, 411 e 415), esercita l'**azione penale** formulando l'imputazione, dopo avere svolto ogni attività necessaria ai fini delle proprie determinazioni (art. 326), inclusi gli accertamenti su fatti e circostanze a favore della persona sottoposta alle indagini (art. 358). Quando è **ignoto** l'autore del reato, l'alternativa è tra richiesta di archiviazione e richiesta di autorizzazione a proseguire le indagini (art. 415).

• Forme di esercizio dell'azione penale, oltre a quelle indicate nel co. 1 – richiesta di rinvio a giudizio (art. 416) e atti di instaurazione di taluni **procedimenti speciali** (→ **Libro VI**, Titoli II, III, IV, V e V *bis*) [applicazione della pena su richiesta delle parti (→ art. 444 s.), giudizio direttissimo (→ art. 449 s.), giudizio immediato (→ art. 453 s.), procedimento per decreto (→ art. 459 s.) e messa alla prova (→ art. 464 *bis* s.)] – sono anche il decreto di citazione diretta a giudizio (→ **Procedimento davanti al tribunale in composizione monocratica**, art. 552), la contestazione suppletiva in udienza preliminare (art. 423), in dibattimento (→ **Giudizio**, artt. 517 e 518) e nel giudizio abbreviato (→ **Procedimenti speciali**, art. 441 *bis*), la **c.d. imputazione coatta** nel contesto della procedura di archiviazione (art. 409 co. 5).

• L'osservanza delle disposizioni concernenti l'iniziativa del p.m. nell'esercizio dell'azione penale è sempre prescritta a pena di **nullità assoluta** (→ **Atti**, artt. 178 co. 1 lett. *b* e 179 co. 1).

• Assume la qualità di **imputato** la persona cui il reato è attribuito con l'atto di esercizio dell'azione penale (→ **Soggetti**, art. 60).

• La **chiusura delle indagini preliminari** costituisce un momento da cui derivano molteplici **effetti** sulle dinamiche di svariati istituti processuali: forme e contenuti della declaratoria di difetto di giurisdizione (→ **Soggetti**, art. 20 co. 2) o di incompetenza (→ art. 22 co. 3); divieto di pubblicazione di atti e di immagini (→ **Atti**, art. 114 co. 2); segreto investigativo (art. 329 co. 1); deposito ritardato di verbali e registrazioni delle intercettazioni (→ **Prove**, art. 268 co. 5; art. 415 *bis* co. 2 *bis*); inserimento nel «fascicolo di cui all'art. 433» [*rectius*, nel fascicolo delle indagini (art. 373 co. 5)] del fascicolo del difensore (art. 391 *octies* co. 3); richiesta di incidente probatorio (art. 393 co. 1) [ferma la declaratoria di incostituzionalità degli artt. 392 e 393, nella parte in cui non consentono che, nei casi previsti dalla prima di tali disposizioni, l'incidente probatorio possa essere richiesto ed eseguito anche nella fase dell'udienza preliminare (**Corte cost.**, 77 del 1994)].

• Onde assicurare maggiore effettività ai nuovi termini di riflessione per le determinazioni del p.m. (→ **Soggetti**, art. 51), il legislatore ha introdotto un **duplice meccanismo di sblocco**, attivabile in caso di inerzia (parziale o totale) dell'accusa. Laddove il p.m. abbia notificato l'avviso di conclusione delle indagini, ma non abbia preso in tempo le sue determinazioni sull'azione penale, viene in gioco la procedura di cui all'art. **415 *bis* co. 5 *quater***, tramite cui la persona sottoposta alle indagini (→ **Soggetti**, art. 61) e la persona offesa (→ art. 90) possono chiedere al g.i.p. di ordinare al p.m. di prendere la propria decisione in proposito. Allorquando il p.m. sia stato totalmente inerte, non depositando neppure l'avviso di conclusione delle indagini, si applica, invece, la complessa procedura regolata dal nuovo art. **415 *ter***. Esso, oltre a prevedere una nuova forma di ostensione patologica "spontanea" (co. 1) e una "coatta" (co. 2) di tutti gli atti di indagine da parte del p.m., contempla a sua volta un meccanismo di determinazione "forzosa": scaduti i termini di riflessione supplementari (pari a un mese per la generalità dei reati e a tre mesi per quelli di cui di cui all'art. 407 co. 2, decorrenti, rispettivamente, dalla notifica del deposito spontaneo o forzoso degli atti di indagine), l'indagato e la persona offesa possono chiedere al g.i.p. di ordinare al p.m. di prendere le proprie determinazioni sull'azione penale (**art. 415 *ter* co. 3**).

• Anche nel rinnovato assetto, un ruolo rilevante in questo contesto è attributo al P.G. presso la corte d'appello (→ **Soggetti**, art. 51), il quale può, tra l'altro, disporre l'**avocazione** (art. 412) se il p.m. non ha disposto la notifica dell'avviso di conclusione delle indagini preliminari (art. 415 *bis*), oppure non ha esercitato l'azione penale o richiesto l'archiviazione, entro i termini previsti dagli artt. 407 *bis*, 415 *bis* co. 5 *ter*, ovvero 415 *ter* co. 3, nonché a seguito delle comunicazioni previste dagli artt. 409 co. 3 e 415 *bis* co. 5 *quater*. A tal fine, la segreteria del p.m. è tenuta a trasmettere ogni settimana al P.G. i dati relativi a una serie di procedimenti, fra i quali quelli per cui il p.m. non ha né esercitato l'azione penale, né richiesto l'archiviazione, entro i termini previsti dall'art. 407 *bis* (→ **Disp. att.**, art. 127).

• Nell'esercizio dell'azione penale il p.m. è tenuto a conformarsi ai "**criteri di priorità**" (ideati, negli anni, da numerose Procure, al fine di rendere gestibile in "concreto" l'obbligo costituzionale di esercitare l'azione penale e, da ultimo, "codificati" all'**art. 1** del d. lgs. 20.2.2006, n. 106, come modificato dalla l. 17.6.2022, n. 71), contenuti nel progetto organizzativo dell'ufficio a cui egli appartiene (→ **Disp. att.**, art. 3 *bis*).

408. Richiesta di archiviazione per infondatezza della notizia di reato.

1. Quando gli elementi acquisiti nel corso delle indagini preliminari non consentono di formulare una ragionevole previsione di condanna o di applicazione di una misura di sicurezza diversa dalla confisca, il pubblico ministero presenta al giudice richiesta di archiviazione. Con la richiesta è trasmesso il fascicolo contenente la notizia di reato, la documentazione relativa alle indagini espletate e i verbali degli atti compiuti davanti al giudice per le indagini preliminari.

2. Fuori dei casi di rimessione della querela, l'avviso della richiesta è notificato, a cura del pubblico ministero, alla persona offesa che, nella notizia di reato o successivamente alla sua presentazione, abbia dichiarato di volere essere informata circa l'eventuale archiviazione.

3. Nell'avviso è precisato che, nel termine di venti giorni, la persona offesa può prendere visione degli atti e presentare opposizione con richiesta motivata di prosecuzione delle indagini preliminari. Nell'avviso è indicata anche l'informazione della facoltà di accedere ai programmi di giustizia riparativa.

3 *bis*. Per i delitti commessi con violenza alla persona e per il reato di cui all'articolo 624 *bis* del codice penale, l'avviso della richiesta di archiviazione è in ogni caso notificato, a cura del pubblico ministero alla persona offesa ed il termine di cui al comma 3 è elevato a trenta giorni.

I co. 1 e 2 sono stati così modificati dal d. lgs. 10.10.2022, n. 150. Il co. 3 è stato novellato dapprima dalla l. 23.6.2017, n. 103 e poi dal d. lgs. 150 del 2022. Il co. 3 *bis*, aggiunto dal d.l. 14.8.2013, n. 93, conv., con modif., dalla l. 15.10.2013, n. 119, è stato così modificato dalla l. 103 del 2017.

• Nel solco del principio di obbligatorietà dell'azione penale (→ **Cost.**, art. 112), il **p.m.** (→ **Soggetti**, art. 51) esercita l'**azione penale** (→ art. 50; art. 407 *bis* co. 1; → **Ord. giud.**, art. 74) formulando l'imputazione quando **non** sussistono i presupposti per la **richiesta di archiviazione** [per infondatezza della notizia di reato, ai sensi dell'art. 408, ovvero negli altri casi di archiviazione (art. 411) o di reato commesso da persone ignote (art. 415)], dopo avere svolto nel corso delle indagini preliminari ogni attività necessaria ai fini delle proprie determinazioni (art. 326), inclusi gli accertamenti su fatti e circostanze a favore della persona sottoposta alle indagini (art. 358).

• La "**riforma Cartabia**" (d. lgs. 150 del 2022, attuativo della l. 27.9.2021, n. 134) ha modificato il criterio decisorio dell'archiviazione per infondatezza della notizia di reato (art. 330 s.). Sul punto, la novella è intervenuta in due sensi: essa ha, per un verso, abrogato il previgente art. 125 Disp. att., e, per un altro, stabilito direttamente nel co. 1 dell'art. 408 la regola per cui il p.m. è tenuto a presentare al g.i.p. (art. 328; → **Soggetti**, art. 1 s.) richiesta di archiviazione quando gli elementi acquisiti nel corso delle indagini preliminari non consentono di formulare una **ragionevole previsione di condanna** (→ **Giudizio**, art. 533), o di applicazione di una misura di sicurezza (→ art. 199 s. c.p.) diversa dalla confisca (v., ad es.,→ art. 240 c.p.). Un criterio decisorio corrispondente è stato inserito anche per quanto concerne la sentenza di non luogo a procedere, emessa tanto all'esito di udienza preliminare (→ art. 425), quanto nell'ambito dell'udienza predibattimentale celebrata dinnanzi al Tribunale in composizione monocratica (→ **Libro VIII**, art. 554 *quater*).

• Oltre all'ipotesi di infondatezza della *notitia criminis*, il p.m. presenta al g.i.p. richiesta di archiviazione in **altri casi** (**art. 411**): quando risulta che manca una condizione di procedibilità (art. 336 s.), che la persona sottoposta alle indagini (→ **Soggetti**, art. 61) non è punibile per particolare tenuità del fatto (→ art. 131 *bis* c.p.), che il reato è estinto (→ art. 150 s. c.p.) o che il fatto non è previsto dalla legge come reato. Inoltre, quando è **ignoto** l'autore del reato il p.m. presenta al g.i.p. richiesta di archiviazione in alternativa alla richiesta di autorizzazione a proseguire le indagini (**art. 415**).

• Secondo le Sezioni unite (**Cass., SU**, 22.11.2000, p.m. in c. Buonarroti), è escluso che il p.m. debba chiedere al g.i.p. un provvedimento di archiviazione in relazione alle c.d. **pseudonotizie** di reato – atti e informative del tutto privi di rilevanza penale poiché rappresentazioni (verosimili) di fatti palesemente leciti ovvero rappresentazioni (di fatti illeciti) manifestamente inverosimili – che non vanno iscritte nel registro delle notizie di reato (art. 335), ma sono annotate nell'apposito registro delle non-notizie di reato ("**modello 45**").

• I termini "ordinari" entro cui il p.m. (→ **Soggetti**, art. 51) deve scegliere se esercitare l'azione penale (→ art. 50; → **Ord. giud.**, art. 74) o richiedere l'archiviazione sono stabiliti dall'art. 407 *bis* co. 2. Nel caso in cui l'accusa rimanga inerte, la persona sottoposta alle indagini (→ **Soggetti**, art. 61) e la persona offesa (→ art. 90) possono, a seconda dei casi, attivare il duplice meccanismo di sblocco giudiziale della stasi procedimentale, contemplato dagli artt. 415 *bis* co. 5 *quater* e 415 *ter* co. 3.

• Dopo la chiusura delle indagini (art. 405 s.), anche il **fascicolo del difensore** (art. 391 *octies*) è inserito [non nel «fascicolo di cui all'art. 433», bensì] nel fascicolo delle indagini (art. 373 co. 5), trasmesso al giudice, tra l'altro, con la richiesta di archiviazione ai sensi dell'art. 408 co. 1.

• Il **termine** di venti giorni entro cui presentare opposizione *ex* co. 3 – elevato a trenta giorni per i reati commessi con violenza alla persona e per il reato di cui all'art. 624 *bis* c.p. *ex* co. 3 *bis* – **non** è stabilito a pena di **decadenza** (→ **Atti**, art. 173). Quando l'avviso della richiesta di archiviazione è notificato alla persona offesa ai sensi del co. 2, il p.m. **trasmette** gli atti al g.i.p. **dopo** la **presentazione dell'opposizione** della persona offesa (art. 410) ovvero **dopo** la **scadenza del termine di venti giorni** accordato dal co. 3 per prendere visione degli atti e presentare opposizione (→ **Disp. att.**, art. 126).

• Se emesso in mancanza dell'avviso di cui agli artt. 408 co. 2 e 3 *bis* e 411 co. 1 *bis* ovvero prima che il termine di cui ai co. 3 e 3 *bis* dell'art. 408 sia scaduto senza che sia stato presentato l'atto di opposizione, il **decreto** di archiviazione è **nullo** (→ **Atti**, art. 177 s.), con possibilità per l'interessato di proporre **reclamo** innanzi al tribunale in composizione monocratica (art. 410 *bis*).

• La **persona offesa** (→ **Soggetti**, art. 90 s.), oltre a poter dichiarare, nella notizia di reato (art. 330 s.) o successivamente alla sua presentazione, di **voler essere informata** e ottenere la notifica dell'avviso della richiesta di archiviazione, avviso comunque non dovuto in caso di remissione della querela (→ art. 152 c.p.), può richiedere analoga informativa della richiesta di proroga (art. 406 co. 3).

• Nell'avviso di cui all'art. 408 co. 3 la persona offesa è, del pari, informata della facoltà di accedere ai programmi di **giustizia riparativa** (→ **Atti**, art. 129 *bis*; → art. 42 s. d. lgs. 150 del 2022).

• Il massimo collegio (**Cass., SU**, 29.1.2016, n. 10959) ha chiarito che la disposizione del co. 3 *bis*, che stabilisce l'obbligo di avvisare sempre la persona offesa della richiesta di archiviazione, è riferibile anche ai reati di atti persecutori (→ art. 612 *bis* c.p.) e maltrattamenti contro familiari e conviventi (→ art. 572 c.p.), in quanto l'espressione «violenza alla persona» deve essere intesa alla luce del concetto di violenza morale e di genere, così come risultante dalle pertinenti disposizioni di diritto internazionale (→ **Convenzione di Istanbul**, artt. 3, 33 e 34) e di diritto eurounitario (→ **Direttiva 2012/29/UE**, considerando 17 e 18; → **Direttiva 2011/36/UE**).

• L'art. 408, richiamato negli **altri casi** di archiviazione (art. 411 co. 1), ferme le disposizioni peculiari se l'archiviazione è richiesta per particolare tenuità del fatto (art. 411 co. 1 *bis*), nell'ipotesi di reato commesso da persone **ignote** si osserva in quanto applicabile (art. 415 co. 3).

• Non sussiste incompatibilità ad assumere l'ufficio di testimone (→ **Prove**, art. 197) per la persona già indagata in un procedimento connesso *ex*. art. 12 co. 1 lett. *c* (→ **Soggetti)** o collegato ex art. 371 co. 2 lett. c, la cui posizione sia stata definita con provvedimento di archiviazione (**Cass., SU**, 17.12.2009, n. 12067).

409. Provvedimenti del giudice sulla richiesta di archiviazione.

1. Fuori dei casi in cui sia stata presentata l'opposizione prevista dall'articolo 410, il giudice, se accoglie la richiesta di archiviazione, pronuncia decreto motivato e restituisce gli atti al pubblico ministero. Il provvedimento che dispone l'archiviazione è notificato alla persona sottoposta alle indagini se nel corso del procedimento è stata applicata nei suoi confronti la misura della custodia cautelare.

2. Se non accoglie la richiesta, il giudice entro tre mesi fissa la data dell'udienza in camera di consiglio e ne fa dare avviso al pubblico ministero, alla persona sottoposta alle indagini e alla persona offesa dal reato. La persona sottoposta alle indagini e la persona offesa sono altresì informate della facoltà di accedere ai programmi di giustizia riparativa. Il procedimento si svolge nelle forme previste dall'articolo 127. Fino al giorno dell'udienza gli atti restano depositati in cancelleria con facoltà del difensore di estrarne copia.

3. Della fissazione dell'udienza il giudice dà inoltre comunicazione al Procuratore generale presso la Corte di appello.

4. A seguito dell'udienza, il giudice, se ritiene necessarie ulteriori indagini, le indica con ordinanza al pubblico ministero, fissando il termine indispensabile per il compimento di esse, altrimenti provvede entro tre mesi sulle richieste.

5. Fuori del caso previsto dal comma 4, il giudice, quando non accoglie la richiesta di archiviazione, dispone con ordinanza che, entro dieci giorni, il pubblico ministero formuli l'imputazione. Entro due giorni dalla formulazione dell'imputazione, il giudice fissa con decreto l'udienza preliminare. Si osservano, in quanto applicabili, le disposizioni degli articoli 418 e 419.

6. [Soppresso.]

Il secondo periodo del co. 1 è stato aggiunto dalla l. 16.12.1999, n. 479. Il co. 2 è stato modificato dapprima dalla l. 7.12.2000, n. 397; poi dalla l. 23.6.2017, n. 103 e, infine, dal d. lgs. 10.10.2022, n. 150. Il co. 4 è stato interpolato dalla l. 103 del 2017, che ha altresì soppresso il co. 6.

• L'**art. 409 co. 1** – secondo cui il giudice [g.i.p. (art. 328); (→ **Soggetti**, art. 1 s.)], se accoglie la richiesta di archiviazione (artt. 408, 411 e 415), pronuncia decreto motivato (→ **Atti**, art. 125) e restituisce gli atti al p.m. (→ **Soggetti**, art. 51) – non si applica nei casi in cui è presentata **opposizione** alla richiesta di archiviazione (art. 410): in quest'ultima evenienza il g.i.p. dispone l'archiviazione con decreto motivato e restituisce gli atti al p.m. solo «se l'**opposizione** è **inammissibile** e la **notizia di reato** è **infondata**» (art. 410 co. 2). Fuori da siffatta ipotesi [*i.e.*, se l'opposizione è ammissibile (indipendentemente dalla valutazione sulla fondatezza della *notitia criminis*, ovvero se la notizia di reato non è infondata (indipendentemente dall'ammissibilità o meno dell'opposizione)], il g.i.p. procede *ex* **art. 409 co. 2-5** (art. 410 co. 3). Conseguentemente, se il giudice, benché sia stata presentata opposizione, omette di pronunciarsi sulla sua ammissibilità o dichiara l'opposizione inammissibile, salvi i casi di inosservanza dell'art. 410 co. 1 [mancata indicazione dell'oggetto dell'investigazione suppletiva e dei relativi elementi di prova], il **decreto** di archiviazione è **nullo** (→ **Atti**, art. 177 s.), con possibilità per l'interessato di proporre **reclamo** innanzi al tribunale in composizione monocratica (art. 410 *bis*).

• Nel caso in cui non ritenga accoglibile la richiesta di archiviazione, il giudice è tenuto a instaurare un procedimento camerale (→ **Atti**, art. 127) in contraddittorio (→ **Cost.**, 111 co. 2) tra p.m. (→ **Soggetti**, art. 51), indagato (→ art. 61) e persona offesa dal reato (→ art. 90), circa la fondatezza della manifestazione della volontà dell'accusa di non esercitare l'azione penale. In questo contesto, l'indagato e la persona offesa sono altresì informati della possibilità di accedere ai programmi di giustizia riparativa (→ **art. 129 *bis***; → art. 42 s. d. lgs. 150 del 2022).

• La comunicazione della fissazione dell'udienza al P.G. presso la corte d'appello (→ **Soggetti**, art. 51), ai sensi del co. 3, è funzionale all'**avocazione** che lo stesso P.G. può disporre (art. 412 co. 2).

• Gli istituti delle c.d. indagini coatte (art. 409 co. 4) e dell'imputazione coatta (art. 409 co. 5) sono teleologicamente volti a salvaguardare il principio di obbligatorietà dell'azione penale (→ **Cost.**, art. 112).

• Secondo la Corte costituzionale (**460** del **2001**), l'imputazione coatta – la quale è riconducibile alle forme di esercizio dell'azione penale (art. 405) – **non** deve essere preceduta dall'**avviso di conclusione delle indagini preliminari** (art. 415 *bis*). Sul piano della c.d. **incompatibilità funzionale** (→ **Soggetti**, art. 34), il g.i.p. presso il tribunale che abbia emesso l'ordinanza di cui all'art. 409 co. 5 non può partecipare al successivo giudizio abbreviato (→ **Procedimenti speciali**, art. 438 s.) (Corte cost., **401** del **1991**), al giudizio dibattimentale (→ **Libro VII**, art. 465 s.) (Corte cost., **502** del **1991**) né pronunciarsi sulla richiesta di emissione del decreto penale di condanna (→ **Procedimenti speciali**, art. 459 s.) (Corte cost., **346** del **1997**).

• Fermo il rispetto delle disposizioni in materia di fissazione e di atti introduttivi dell'udienza preliminare (artt. 418 e 419), richiamati in quanto applicabili dall'art. 409 co. 5, il g.i.p. fa notificare all'imputato (→ **Soggetti**, art. 60) e alla persona offesa dal reato (→ art. 90 s.) il **decreto** di fissazione dell'**udienza preliminare**, nel quale sono enunciati gli elementi prescritti per la richiesta di rinvio a giudizio (art. 417 co. 1 lett. *a*, *b* e *c*), senza la domanda di emissione del decreto che dispone il giudizio (→ **Disp. att.**, art. 128).

• Soltanto se pronunciata dal g.i.p. in esito all'udienza celebrata in violazione di talune specifiche disposizioni che regolano il procedimento in camera di consiglio (→ **Atti**, art. 127 co. 5, che sanziona l'inosservanza dei co. 1, 3 e 4 della medesima previsione), l'**ordinanza** di archiviazione è **nulla** (→ art. 177 s.) con possibilità per l'interessato di proporre **reclamo** innanzi al tribunale in composizione monocratica (art. 410 *bis*).

• L'art. 409, richiamato negli **altri casi** di archiviazione (art. 411 co. 1), ferme le disposizioni peculiari se l'archiviazione è richiesta per particolare tenuità del fatto (art. 411 co. 1 *bis*; → art. 131 *bis* c.p.), nell'ipotesi di reato commesso da persone **ignote** si osserva in quanto applicabile (art. 415 co. 3).

• Le misure cautelari disposte in relazione a un determinato fatto **perdono immediatamente efficacia** quando, per tale fatto e nei confronti della medesima persona, è disposta l'archiviazione (→ **Misure cautelari**, art. 300 co. 1). La notificazione (→ **Atti**, art. 148 s.) del provvedimento archiviativo alla persona sottoposta alle indagini, nei cui confronti è stata applicata una misura custodiale, è funzionale al suo diritto di richiedere un'**equa riparazione** per l'ingiusta custodia cautelare subita, ricorrendone le condizioni (→ **Cost.**, art. 24 co. 4; → **Libro IV**, artt. 314 e 315).

410. Opposizione alla richiesta di archiviazione.

1. Con l'opposizione alla richiesta di archiviazione la persona offesa dal reato chiede la prosecuzione delle indagini preliminari indicando, a pena di inammissibilità, l'oggetto della investigazione suppletiva e i relativi elementi di prova.

2. Se l'opposizione è inammissibile e la notizia di reato è infondata, il giudice dispone l'archiviazione con decreto motivato e restituisce gli atti al pubblico ministero.

3. Fuori dei casi previsti dal comma 2, il giudice provvede a norma dell'articolo 409, commi 2, 3, 4 e 5, ma, in caso di più persone offese, l'avviso per l'udienza è notificato al solo opponente.

• L'istituto dell'opposizione alla richiesta di archiviazione assicura alla persona offesa dal reato (→ **Soggetti**, art. 90 s) il diritto di chiedere il riesame della decisione del p.m. di non esercitare l'azione penale (→ **Direttiva 2012/29/UE**, art. 11).

• Funzionale all'opposizione alla richiesta di archiviazione *ex* art. 410 è l'**avviso** notificato (→ **Atti**, art. 151), a cura del p.m. (→ **Soggetti**, art. 51), alla persona offesa che non abbia rimesso la querela e che nella notizia di reato (art. 330 s.) o successivamente alla sua presentazione abbia dichiarato di volere essere informata circa l'eventuale archiviazione (art. 408 co. 2); avviso dovuto «in ogni caso» per i delitti commessi con violenza alla persona e per il reato di cui all'art. 624 *bis* c.p. (art. 408 co. 3 *bis*).

• Benché il co. 1 prescriva di indicare con l'opposizione l'**oggetto** dell'**investigazione suppletiva** e i relativi **elementi di prova**, a pena di inammissibilità, nelle situazioni in cui le indagini siano state esaurientemente espletate ovvero il titolo del reato o le concrete modalità di realizzazione del fatto rendano non necessaria alcuna indagine, la persona offesa può **egualmente** presentare atto di opposizione, indicando motivi volti a dimostrare la non infondatezza della notizia di reato (Corte cost., **95** del **1997**).

• Secondo le Sezioni unite della Corte di cassazione (**Cass., SU**, 30.6.2004, n. 29477), è ammissibile l'opposizione della persona offesa che non abbia chiesto di essere avvisata in caso di richiesta di archiviazione e che sia stata **informata *aliunde*** della richiesta. Il massimo Collegio (Cass., SU, 14.2.1996, n. 2) ha ulteriormente chiarito che l'inammissibilità dell'opposizione può derivare esclusivamente dalla mancanza delle condizioni tassativamente previste dal co. 1, le quali, in quanto costituenti un limite al diritto dell'interessato all'attivazione del contraddittorio (→ **Cost.**, 111 co. 2), non sono suscettibili di estensioni, né possono consistere in valutazioni anticipate di merito ovvero in prognosi di fondatezza da parte del giudice.

• Il **termine** di venti giorni entro cui presentare opposizione (art. 408 co. 2) – elevato a trenta giorni per i reati commessi con violenza alla persona e per il reato di cui all'art. 624 *bis* c.p. (art. 408 co. 3 *bis*) – **non** è stabilito a pena di **decadenza** (→ **Atti**, art. 173). Quando l'avviso della richiesta di archiviazione è notificato alla persona offesa ai sensi dell'art. 408 co. 2, il p.m. **trasmette** gli atti al g.i.p. (art. 328) **dopo** la **presentazione dell'opposizione** della persona offesa ovvero **dopo** la **scadenza del termine di venti giorni** accordato dall'art. 408 co. 3 per prendere visione degli atti e presentare opposizione (→ **Disp. att.**, art. 126).

• Se emesso in mancanza dell'avviso di cui agli artt. 408 co. 2 e 3 *bis* e 411 co. 1 *bis*, ovvero prima che il termine di cui ai co. 3 e 3 *bis* dell'art. 408 sia scaduto senza che sia stato presentato l'atto di opposizione, il **decreto** di archiviazione è **nullo** (→ **Atti**, art. 177 s.) con possibilità per l'interessato di proporre **reclamo** innanzi al tribunale in composizione monocratica (art. 410 *bis*).

• Quando il giudice (→ **Soggetti**, art. 1) procede «a norma dell'art. 409 co. 2, 3, 4 e 5», secondo quanto prescrive l'art. 410 co. 3 [*i.e.*, fuori dei casi in cui l'opposizione è inammissibile e la notizia di reato è infondata, regolati dall'art. 410 co. 2], deve dare comunicazione della fissazione dell'udienza al P.G. presso la corte d'appello (→ art. 51); adempimento funzionale all'**avocazione** che lo stesso P.G. può disporre (art. 412 co. 2).

• Se il giudice, benché sia stata presentata opposizione, omette di pronunciarsi sulla sua ammissibilità o dichiara l'opposizione inammissibile, salvi i casi di inosservanza dell'art. 410 co. 1, il **decreto** di archiviazione è **nullo** (→ **Atti**, art. 177 s.), con possibilità per l'interessato di proporre **reclamo** innanzi al tribunale in composizione monocratica (art. 410 *bis*).

• Nel caso in cui il p.m. riproponga richiesta di archiviazione all'esito delle nuove investigazioni, disposte in seguito al mancato accoglimento della precedente richiesta opposta dalla persona offesa, il giudice può provvedere sulla stessa con decreto (→ **Atti**, art. 125), se non vi è nuova opposizione o se questa risulta inammissibile (Cass., SU, 27.5.2010, n. 23909).

• L'art. 410, richiamato negli **altri casi** di archiviazione (art. 411 co. 1), ferme le disposizioni peculiari se l'archiviazione è richiesta per particolare tenuità del fatto (art. 411 co. 1 *bis*; → art. 131 *bis* c.p.), nell'ipotesi di reato commesso da persone **ignote** si osserva in quanto applicabile (art. 415 co. 3).

410 *bis*. Nullità del provvedimento di archiviazione.

1. Il decreto di archiviazione è nullo se è emesso in mancanza dell'avviso di cui ai commi 2 e 3 *bis* dell'articolo 408 e al comma 1 *bis* dell'articolo 411 ovvero prima che il termine di cui ai commi 3 e 3 *bis* del medesimo articolo 408 sia scaduto senza che sia stato presentato l'atto di opposizione. Il decreto di archiviazione è altresì nullo se, essendo stata presentata opposizione, il giudice omette di pronunciarsi sulla sua ammissibilità o dichiara l'opposizione inammissibile, salvi i casi di inosservanza dell'articolo 410, comma 1.

2. L'ordinanza di archiviazione è nulla solo nei casi previsti dall'articolo 127, comma 5.

3. Nei casi di nullità previsti dai commi 1 e 2, l'interessato, entro quindici giorni dalla conoscenza del provvedimento, può proporre reclamo innanzi al tribunale in composizione monocratica, che provvede con ordinanza non impugnabile, senza intervento delle parti interessate, previo avviso, almeno dieci giorni prima, dell'udienza fissata per la decisione alle parti medesime, che possono presentare memorie non oltre il quinto giorno precedente l'udienza.

4. Il giudice, se il reclamo è fondato, annulla il provvedimento oggetto di reclamo e ordina la

restituzione degli atti al giudice che ha emesso il provvedimento. Altrimenti conferma il provvedimento o dichiara inammissibile il reclamo, condannando la parte privata che lo ha proposto al pagamento delle spese del procedimento e, nel caso di inammissibilità, anche al pagamento di una somma in favore della cassa delle ammende nei limiti di quanto previsto dall'articolo 616, comma 1.

Articolo inserito dalla l. 23.6.2017, n. 103.

• L'art. 410 *bis* [il quale dà vita a un'ulteriore forma di tutela, rispetto a quella offerta dall'art. 410, al diritto della vittima di chiedere il riesame della decisione di non esercitare l'azione penale (→ **Direttiva 2012/29/UE**, art. 11)] ha introdotto una disciplina totalmente innovativa in tema di rimedi attivabili nei confronti dei provvedimenti di archiviazione (artt. 408, 411 e 415), sostituendo in questa materia il tradizionale mezzo del ricorso per cassazione (→ **Impugnazioni**, art. 606), previsto dall'art. 409 co. 6, oggi abrogato.

• I casi di nullità (→ **Atti**, art. 177 s.), stabiliti dall'art. 410 *bis* con riguardo al **decreto** (co. 1) e all'**ordinanza** (co. 2) (→ art. 125), sono tutti riconducibili a **violazioni** del **contraddittorio** (→ **Cost.**, art. 111 co. 2) nell'ambito del procedimento di archiviazione (art. 408 s.). In tali casi, l'interessato – *i.e.*, la persona offesa dal reato (→ **Soggetti**, art. 90) ovvero, nell'ipotesi di archiviazione per particolare tenuità del fatto (art. 411 co. 1 *bis*; → art. 131 *bis* c.p.), anche la persona sottoposta alle indagini (→ art. 61) – può proporre reclamo a norma dell'art. 410 *bis* co. 3.

• Se l'ordinanza che decide il reclamo è pronunciata in violazione del contraddittorio, secondo la giurisprudenza (da ultimo, Cass., Sez. V, 20.5.2021, n. 27695) – essendo il provvedimento non impugnabile *ex* art. 410 *bis* co. 3 – è possibile proporre **istanza di revoca** invocata sul presupposto di tale vizio.

411. Altri casi di archiviazione.

1. Le disposizioni degli articoli 408, 409 e 410 e 410 *bis* si applicano anche quando risulta che manca una condizione di procedibilità, che la persona sottoposta alle indagini non è punibile ai sensi dell'articolo 131 *bis* del codice penale per particolare tenuità del fatto, che il reato è estinto o che il fatto non è previsto dalla legge come reato.

1 *bis*. Se l'archiviazione è richiesta per particolare tenuità del fatto, il pubblico ministero deve darne avviso alla persona sottoposta alle indagini e alla persona offesa, precisando che, nel termine di dieci giorni, possono prendere visione degli atti e presentare opposizione in cui indicare, a pena di inammissibilità, le ragioni del dissenso rispetto alla richiesta. Il giudice, se l'opposizione non è inammissibile, procede ai sensi dell'articolo 409, comma 2, e, dopo avere sentito le parti, se accoglie la richiesta, provvede con ordinanza. In mancanza di opposizione, o quando questa è inammissibile, il giudice procede senza formalità e, se accoglie la richiesta di archiviazione, pronuncia decreto motivato. Nei casi in cui non accoglie la richiesta il giudice restituisce gli atti al pubblico ministero, eventualmente provvedendo ai sensi dell'articolo 409, commi 4 e 5.

Il co. 1 è stato modificato dal d. lgs. 16.3.2015, n. 28; poi, dalla l. 23.6.2017, n. 103. Il co. 1 *bis* è stato aggiunto dal d. lgs. 28 del 2015.

• Nel solco del principio di obbligatorietà dell'azione penale (→ **Cost.**, art. 112), il **p.m.** (→ **Soggetti**, art. 51) esercita l'**azione penale** (→ art. 50; → **Ord. giud.**, art. 74) formulando l'imputazione (art. 405) quando **non** sussistono i presupposti per la **richiesta di archiviazione** [nei casi di cui all'art. 411, di infondatezza della notizia di reato (art. 408) o di reato commesso da persone ignote (art. 415)], dopo avere svolto nel corso delle indagini preliminari ogni attività necessaria ai fini delle proprie determinazioni (art. 326), inclusi gli accertamenti su fatti e circostanze a favore della persona sottoposta alle indagini (art. 358). Quando è **ignoto** l'autore del reato, l'alternativa è tra richiesta di archiviazione e richiesta di autorizzazione a proseguire le indagini (art. 415).

• Oltre ai casi *ex* art. 411, il p.m. presenta al g.i.p. (art. 328; → **Soggetti**, art. 1 s.) richiesta di archiviazione (art. 408) quando gli elementi acquisiti nel corso delle indagini preliminari non consentono di formulare una ragionevole previsione di condanna (→ **Giudi-**

zio, art. 533), o di applicazione di una misura di sicurezza (→ art. 199 s. c.p.) diversa dalla confisca (v., ad es., → art. 240 c.p.). Inoltre, quando è **ignoto** l'autore del reato il p.m. presenta al g.i.p. richiesta di archiviazione in alternativa alla richiesta di autorizzazione a proseguire le indagini (**art. 415**).

• Il provvedimento di archiviazione – così come la sentenza non luogo a procedere (art. 425) o la sentenza di non doversi procedere (→ **Giudizio**, art. 529) – con cui è stata dichiarata la mancanza di una condizione di procedibilità, quand'anche non più soggetto a impugnazione, non impedisce l'esercizio dell'azione penale per il medesimo fatto nei confronti della stessa persona se in seguito **sopravviene** la **condizione di procedibilità** (art. 345), in **deroga** al principio del ***ne bis in idem*** (→ **Carta UE**, art. 50; → **Protocollo VII Cedu**, art. 4; → **Esecuzione**, art. 649 co. 1).

• Nell'ipotesi di reato commesso da persone **ignote**, le disposizioni di cui all'art. 411 si osservano se applicabili (art. 415 co. 3).

• In forza di richiamo espresso, anche nei casi *ex* art. 411 – ferme le disposizioni peculiari se l'archiviazione è richiesta per particolare tenuità del fatto *ex* art. 411 co. 1 *bis* – si applicano le disposizioni di cui agli **artt. 408, 409** e **410**.

• Secondo la giurisprudenza dominante (**Cass.**, **SU**, 30.5.2019, n. 38954), il provvedimento di archiviazione *ex* art. 411 co. 1 *bis* per tenuità del fatto (→ art. 131 *bis* c.p.) deve essere iscritto nel casellario giudiziale, ferma restando la non menzione nei certificati a richiesta dell'interessato, del datore di lavoro e della pubblica amministrazione.

• Se emesso in mancanza dell'avviso di cui all'art. 411 co. 1 *bis*, il **decreto** di archiviazione è **nullo** (→ **Atti**, art. 177 s.) con possibilità per l'interessato di proporre **reclamo** innanzi al tribunale in composizione monocratica (art. 410 *bis*).

412. Avocazione delle indagini preliminari per mancato esercizio dell'azione penale.

1. Il procuratore generale presso la corte di appello può disporre, con decreto motivato, l'avocazione delle indagini preliminari, se il pubblico ministero non ha disposto la notifica dell'avviso di conclusione delle indagini preliminari, oppure non ha esercitato l'azione penale o richiesto l'archiviazione, entro i termini previsti dagli articoli 407 *bis*, comma 2, 415 *bis*, comma 5 *ter*, 415 *ter*, comma 3. Il procuratore generale svolge le indagini preliminari indispensabili e formula le sue richieste entro trenta giorni dal decreto di avocazione. Si applicano, in quanto compatibili, le disposizioni di cui agli articoli 415 *bis*, commi 5 *quater* e 5 *quinquies*, e 415 *ter*, commi 1 e 3.

2. I procuratore generale può altresì disporre l'avocazione a seguito delle comunicazioni previste dagli articoli 409, comma 3, e 415 *bis*, comma 5 *quater*.

Il co. 1 è stato dapprima modificato dalla l. 23.6.2017, n. 103 e poi dal d. lgs. 10.10.2022, n. 150. Il co. 2 è stato modificato dal d. lgs. 150 del 2022. Ai sensi dell'art. 88 *bis* del d. lgs. 150 del 2022, introdotto dalla l. 30.12.2022, n. 199, che ha convertito con modif. il d.l. 31.10.2022, n. 162, la versione previgente della disposizione in esame continua ad applicarsi nei procedimenti pendenti (alla data di entrata in vigore del d. lgs. 150 del 2022), in relazione alle notizie di reato delle quali il p.m. ha già disposto l'iscrizione nel registro di cui all'art. 335, nonché in relazione alle notizie di reato iscritte successivamente, quando ricorrono le condizioni previste dall'art. 12 e, se si procede per taluno dei delitti indicati nell'art. 407 co. 2, anche quando ricorrono le condizioni previste dall'art. 371 co. 2 lett. *b* e *c*.

• L'avocazione è lo strumento di natura **eccezionale** mediante cui il **P.G. presso la corte d'appello** subentra al procuratore della Repubblica presso il tribunale nell'esercizio delle funzioni di p.m. (→ **Soggetti**, art. 50 s.), nelle indagini preliminari e nei procedimenti di primo grado (→ art. 51 co. 2).

• L'istituto di cui all'art. 412 è funzionalmente volto a salvaguardare il principio di **obbligatorietà** dell'azione penale (→ **Cost.**, art. 112), nonché la **ragionevole durata** del procedimento (→ art. 111 co. 2).

• Da un punto di vista formale, il provvedimento di avocazione va disposto tramite decreto motivato (→ **Atti**, art. 125).

• Ai fini dell'avocazione di cui all'art. 412, la segreteria del p.m. trasmette ogni settimana al P.G. presso la corte di appello i dati relativi ai procedimenti: a) per i quali il p.m. non ha disposto l'avviso di conclusione delle indagini preliminari (art. 415 *bis*), né ha presto le sue determinazioni entro i termini previsti dall'art. 407 *bis* co. 2; b) nei quali il p.m. non ha assunto le determinazioni sull'azione penale nei termini di cui all'art. 415 *ter* co. 3, primo e secondo periodo; c) in procedimenti diversi, nei quali il p.m. non ha esercitato l'azione penale, né richiesto l'archiviazione, entro i termini previsti dagli art. 407 *bis* e 415 *ter* co. 3, quarto periodo (→ **Disp. att.**, art. 127). Nelle ipotesi di cui all'art. 412 co. 1, la persona sottoposta alle indagini (→ **Soggetti**, art. 61) o la persona offesa dal reato (→ art. 90 s.) può chiedere al P.G. presso la corte d'appello di disporre l'avocazione (art. 413).

• In aggiunta alle situazioni *ex* **art. 412 co. 1**, il P.G. presso la corte d'appello «**dispone**» l'avocazione nelle ipotesi di impossibilità di provvedere alla tempestiva sostituzione del magistrato designato a seguito di astensione o di incompatibilità (**art. 372 co. 1 lett. *a***) e di omessa tempestiva sostituzione del magistrato da parte del capo dell'ufficio, ricorrendo alcune tra le fattispecie che avrebbero imposto al giudice di astenersi e consentito alle parti di ricusarlo (**art. 372 co. 1 lett. *b***).

• In aggiunta alle situazioni *ex* **art. 412 co. 2**, tra i casi di avocazione c.d. **discrezionale** rientra l'ipotesi in cui il procuratore generale presso la corte d'appello disponga l'avocazione a seguito della comunicazione del provvedimento con cui il giudice dell'udienza preliminare (art. 418 s.) ha ordinato al p.m. l'integrazione delle indagini ritenute incomplete (**art. 421 *bis* co. 2**).

• In ipotesi di mancato **coordinamento investigativo** a fronte di indagini collegate (art. 371), fermo il potere di avocazione del P.G. presso la corte d'appello (**art. 372 co. 1 *bis***), se si procede per i delitti di cui all'art. 51 co. 3 *bis* e co. 3 *quater* l'avocazione è di competenza del procuratore nazionale antimafia e antiterrorismo (**art. 371 *bis* co. 3 lett. *h***). In tale evenienza, le funzioni di pubblico ministero nelle indagini preliminari e nel procedimento di primo grado sono esercitate da magistrati della Direzione nazionale antimafia e antiterrorismo (→ **Soggetti**, art. 51 co. 2).

• La giurisprudenza (Cass., SU, 11.7.2001, n. 34536) ha chiarito che, qualora il p.m. (→ **Soggetti**, art. 51), dinnanzi a un atto contenente una notizia di reato (art. 330 s.) abbia omesso l'iscrizione (art. 335) nel registro mod. 21, ovvero l'abbia eseguita nel registro delle c.d. pseudonotizie di reato (mod. 45), il P.G. ha la **facoltà** di avocare le indagini preliminari.

• Nel disporre l'avocazione, il P.G. è chiamato a tener conto dei criteri di priorità (**art. 13 co. 1 lett. *a* e *b*** del d. lgs. 106 del 2006), contenuti nel progetto organizzativo dell'ufficio della procura della Repubblica che ha iscritto la notizia di reato (→ **Disp. att.**, art. 127 *bis*).

413. Richiesta della persona sottoposta alle indagini o della persona offesa dal reato.

1. La persona sottoposta alle indagini o la persona offesa dal reato può chiedere al procuratore generale di disporre l'avocazione a norma dell'articolo 412, comma 1.

2. Disposta l'avocazione, il procuratore generale svolge le indagini preliminari indispensabili e formula le sue richieste entro trenta giorni dalla richiesta proposta a norma del comma 1.

• V. *sub* **art. 412**.

414. Riapertura delle indagini.

1. Dopo il provvedimento di archiviazione emesso a norma degli articoli precedenti, il giudice autorizza con decreto motivato la riapertura delle indagini su richiesta del pubblico ministero motivata dalla esigenza di nuove investigazioni. La richiesta di riapertura delle indagini è respinta quando non è ragionevolmente prevedibile la individuazione di nuove fonti di prova che, da sole o unitamente a quelle già acquisite, possono determinare l'esercizio dell'azione penale.

2. Quando è autorizzata la riapertura delle indagini, il pubblico ministero procede a nuova iscrizione a norma dell'articolo 335.

2 *bis*. Gli atti di indagine compiuti in assenza di un provvedimento di riapertura del giudice sono inutilizzabili.

Il co. 1 è stato modificato dal d. lgs. 10.10.2022, n. 150, il quale ha anche inserito il co. 2 *bis*.

• Secondo la Corte costituzionale (**27** del **1995**), il provvedimento del g.i.p. (art. 328) che autorizza la riapertura delle indagini *ex* art. 414 ha natura di **condizione di procedibilità** (art. 336 s.). In ogni stato e grado del processo, il giudice che riconosce la mancanza di una condizione di procedibilità lo dichiara d'ufficio con sentenza (→ **Atti**, art. 129 co. 1). Se il p.m. esercita l'azione penale (→ **Cost.**, art. 112; → **Soggetti**, art. 50; art. 407 *bis*; → **Ord. giud.**, art. 74) in difetto della prescritta condizione di procedibilità, il giudice pronuncia, in udienza preliminare (art. 418 s.) o nel corso dell'udienza predibattimentale nell'ambito del procedimento a citazione diretta di fronte al tribunale in composizione monocratica (→ **Libro VIII**, art. 554 *ter*) **sentenza di non luogo a procedere** (art. 425 co. 1), e, negli atti preliminari al dibattimento (→ **Giudizio**, art. 469 co. 1) e nel dibattimento (→ art. 529 co. 1), **sentenza di non doversi procedere**, enunciandone la causa nel dispositivo (segnatamente, perché «**l'azione penale non doveva essere iniziata**»).

• Superando un previo indirizzo giurisprudenziale (cfr., ad es., Cass., Sez. V, 17.2.2020, n. 13802), il nuovo secondo periodo del co. 1, così come modificato dalla "**riforma Cartabia**" (d. lgs. 150 del 2022, attuativo della l. 27.9.2021, n. 134), stabilisce che la richiesta di riapertura è respinta quando non è ragionevolmente prevedibile l'individuazione di **nuove fonti di prova** che, da sole o unitamente a quelle già acquisite, possono determinare l'esercizio dell'azione penale.

• Ai sensi del co. 2 *bis* dell'art. 414, il **difetto di autorizzazione** alla riapertura delle indagini determina l'inutilizzabilità (→ **Prove**, art. 191) degli atti di indagine eventualmente compiuti dopo il provvedimento di archiviazione (art. 408 s.).

• Le **sezioni unite** (Cass., SU, 24.6.2010, n. 33885) hanno chiarito che il difetto di autorizzazione alla riapertura preclude, del pari, l'esercizio dell'azione penale per lo stesso fatto di reato, oggettivamente e soggettivamente considerato, da parte del medesimo ufficio del p.m. (→ **Soggetti**, art. 51).

• Poiché il mutamento della qualificazione giuridica o delle circostanze del fatto nel corso delle indagini preliminari impone al p.m. il solo **aggiornamento** delle iscrizioni (art. 335 co. 2), fermo il dovere di procedere a nuova iscrizione quando è autorizzata la **riapertura** delle indagini ai sensi dell'art. 414 co. 2, può aversi **nuova iscrizione** – e relativa decorrenza dei termini (art. 405 co. 2) – soltanto per fatti di reato diversi o con riferimento ad autori ulteriori.

• Sul piano temporale delle **investigazioni difensive** (artt. 327 *bis* e 391 *bis* s.), oltre alle indagini c.d. **preventive** che possono svolgersi per l'eventualità che si instauri un procedimento penale (art. 391 *nonies*), la facoltà di ricercare elementi di prova a favore del proprio assistito (art. 327 *bis* co. 2) può essere esercitata in ogni stato e grado del procedimento (indagine c.d. **procedimentale**), ivi inclusa l'attività eventualmente espletata dopo la richiesta di rinvio a giudizio (art. 416) [indagini c.d. **suppletive** (art. 419 co. 3)] ovvero successivamente all'emissione del decreto che dispone il giudizio (429) [attività **integrativa** di indagine (art. 430)], nonché a procedimento penale concluso [indagine c.d. **successiva**: nell'esecuzione penale (→ **Libro X**), per promuovere il giudizio di revisione (→ **Impugnazioni**, art. 629), ma anche in vista della riapertura delle indagini *ex* art. 414 o della revoca della sentenza di non luogo a procedere (art. 434)].

• Secondo la giurisprudenza prevalente (**Cass.**, **SU**, 28.3.2006, n. 13040) nel procedimento contro ignoti (art. 415) non è richiesta l'autorizzazione del g.i.p. alla riapertura delle indagini dopo il provvedimento di archiviazione per essere rimasti sconosciuti gli autori del reato, in quanto il regime autorizzatorio prescritto nell'art. 414 c.p.p. è diretto a garantire la posizione della persona già individuata e sottoposta ad indagini (→ **Soggetti**, art. 61), mentre nel procedimento contro ignoti l'archiviazione ha la semplice funzione di legittimare il congelamento delle indagini, senza alcuna preclusione allo svolgimento di ulteriori attività investigative, ricollegabili direttamente al principio di obbligatorietà (→ **Cost.**, art. 112).

415. Reato commesso da persone ignote.

1. Quando è ignoto l'autore del reato il pubblico ministero, entro sei mesi dalla data della registrazione della notizia di reato, presenta al giudice richiesta di archiviazione ovvero di autorizzazione a proseguire le indagini.

2. Quando accoglie la richiesta di archiviazione ovvero di autorizzazione a proseguire le indagini, il giudice pronuncia decreto motivato e restituisce gli atti al pubblico ministero.

2 *bis*. [Soppresso].

3. Si osservano, in quanto applicabili, le altre disposizioni di cui al presente titolo.

4. Nell'ipotesi di cui all'articolo 107 *bis* delle norme di attuazione, di coordinamento e transitorie, la richiesta di archiviazione ed il decreto del giudice che accoglie la richiesta sono pronunciati cumulativamente con riferimento agli elenchi trasmessi dagli organi di polizia con l'eventuale indicazione delle denunce che il pubblico ministero o il giudice intendono escludere, rispettivamente, dalla richiesta o dal decreto.

Articolo così sostituito dalla l. 16.12.1999, n. 479. Il co. 2 è stato modificato dal d. lgs. 10.10.2022, n. 150, che ha anche soppresso il co. 2 *bis*.

• In materia di iscrizione della notizia di reato (art. 335), mentre l'iscrizione soggettiva si effettua nel registro corrispondente al "**modello 21**", la notizia a carico di ignoti è iscritta nel registro corrispondente al "**modello 44**".

• Le denunce a carico di ignoti sono trasmesse all'ufficio di procura competente (→ **Soggetti**, art. 51) da parte degli organi di p.g. (→ art. 55), unitamente agli eventuali atti di indagine svolti per la identificazione degli autori del reato, con **elenchi mensili** (→ **Disp. att.**, art. 107 *bis*). In tale ipotesi, la richiesta di archiviazione e il decreto del giudice [g.i.p. (art. 328); (→ **Soggetti**, art. 1 s.)] che accoglie la richiesta sono pronunciati **cumulativamente** ai sensi dell'art. 415 co. 4.

• Secondo le Sezioni Unite (Cass., SU, 28.3.2006, n. 13040), le disposizioni in materia di **riapertura delle indagini** (art. 414) **non** si applicano in caso di archiviazione disposta per essere ignoto l'autore del reato ex art. 415. Il massimo collegio (Cass., SU, 28.3.2006, n. 13041 e 13040) ha ulteriormente chiarito che la previsione di un **termine massimo** per il compimento delle indagini preliminari (art. 407) trova applicazione anche nei procedimenti a carico di ignoti, con la conseguenza che è legittimo il provvedimento con il quale il g.i.p., nell'accordare la proroga del termine per le investigazioni, ne fissi la durata.

• Nel caso in cui il g.i.p. ritenga che il reato per cui si procede debba essere attribuito a una persona che non è stata ancora iscritta nel registro delle notizie di reato, può, dopo aver sentito il p.m., ordinare allo stesso con decreto motivato (→ **Atti**, art. 125) di provvedere all'iscrizione (art. **335 *ter***). In tal caso, il p.m. deve indicare la data a partire dalla quale decorrono i termini delle indagini (art. 405).

415 *bis*. Avviso all'indagato della conclusione delle indagini preliminari.

1. Salvo quanto previsto dai commi 5 *bis* e 5 *ter*, prima della scadenza del termine previsto dal comma 2 dell'articolo 405, anche se prorogato, il pubblico ministero, se non deve formulare richiesta di archiviazione ai sensi degli articoli 408 e 411, fa notificare alla persona sottoposta alle indagini e al difensore nonché, quando si procede per i reati di cui agli articoli 572 e 612 *bis* del codice penale, anche al difensore della persona offesa o, in mancanza di questo, alla persona offesa avviso della conclusione delle indagini preliminari.

2. L'avviso contiene la sommaria enunciazione del fatto per il quale si procede, delle norme di legge che si assumono violate, della data e del luogo del fatto, con l'avvertimento che la documentazione relativa alle indagini espletate è depositata presso la segreteria del pubblico ministero e che l'indagato e il suo difensore hanno facoltà di prenderne visione ed estrarne copia.

2 *bis*. Qualora non si sia proceduto ai sensi dell'articolo 268, commi 4, 5 e 6, l'avviso contiene inoltre l'avvertimento che l'indagato e il suo difensore hanno facoltà di esaminare per via telematica gli atti depositati relativi ad intercettazioni ed ascoltare le registrazioni ovvero di prendere cognizione dei flussi di comunicazioni informatiche o telematiche e che hanno la facoltà di estrarre copia delle registrazioni o dei flussi indicati come rilevanti dal pubblico ministero. Il difensore può, entro il termine di venti giorni, depositare l'elenco delle ulteriori registrazioni ritenute rilevanti e di cui chiede copia. Sull'istanza provvede il pubblico ministero con decreto mo-

tivato. In caso di rigetto dell'istanza o di contestazioni sulle indicazioni relative alle registrazioni ritenute rilevanti il difensore può avanzare al giudice istanza affinché si proceda nelle forme di cui all'articolo 268, comma 6.

3. L'avviso contiene altresì l'avvertimento che l'indagato ha facoltà, entro il termine di venti giorni, di presentare memorie, produrre documenti, depositare documentazione relativa ad investigazioni del difensore, chiedere al pubblico ministero il compimento di atti di indagine, nonché di presentarsi per rilasciare dichiarazioni ovvero chiedere di essere sottoposto ad interrogatorio. Se l'indagato chiede di essere sottoposto ad interrogatorio il pubblico ministero deve procedervi. Con l'avviso l'indagato e la persona offesa alla quale lo stesso è notificato sono altresì informati che hanno facoltà di accedere ai programmi di giustizia riparativa.

4. Quando il pubblico ministero, a seguito delle richieste dell'indagato, dispone nuove indagini, queste devono essere compiute entro trenta giorni dalla presentazione della richiesta. Il termine può essere prorogato dal giudice per le indagini preliminari, su richiesta del pubblico ministero, per una sola volta e per non più di sessanta giorni.

5. Le dichiarazioni rilasciate dall'indagato, l'interrogatorio del medesimo ed i nuovi atti di indagine del pubblico ministero, previsti dai commi 3 e 4, sono utilizzabili se compiuti entro il termine stabilito dal comma 4, ancorché sia decorso il termine stabilito dalla legge o prorogato dal giudice.

5 *bis*. Il pubblico ministero, prima della scadenza del termine previsto dal comma 2 dell'articolo 405, può presentare richiesta motivata di differimento della notifica dell'avviso di cui al comma 1 al procuratore generale presso la corte di appello:

a) quando è stata richiesta l'applicazione della misura della custodia cautelare in carcere o degli arresti domiciliari e il giudice non ha ancora provveduto o quando, fuori dai casi di latitanza, la misura applicata non è stata ancora eseguita;

b) quando la conoscenza degli atti d'indagine può concretamente mettere in pericolo la vita o l'incolumità di una persona o la sicurezza dello Stato ovvero, nei procedimenti per taluno dei delitti indicati nell'articolo 407, comma 2, arrecare un concreto pregiudizio, non evitabile attraverso la separazione dei procedimenti o in altro modo, per atti o attività di indagine specificamente individuati, rispetto ai quali non siano scaduti i termini di indagine e che siano diretti all'accertamento dei fatti, all'individuazione o alla cattura dei responsabili o al sequestro di denaro, beni o altre utilità di cui è obbligatoria la confisca.

5 *ter*. Entro venti giorni dal deposito della richiesta del pubblico ministero, se ne ricorrono i presupposti, il procuratore generale autorizza con decreto motivato il differimento per il tempo strettamente necessario e, comunque, per un periodo complessivamente non superiore a sei mesi o, se si procede per taluno dei delitti indicati nell'articolo 407, comma 2, non superiore a un anno. In caso contrario, il procuratore generale ordina con decreto motivato al procuratore della Repubblica di provvedere alla notifica dell'avviso di cui al comma 1 entro un termine non superiore a venti giorni. Copia del decreto con cui il procuratore generale rigetta la richiesta di differimento del pubblico ministero è notificata alla persona sottoposta alle indagini e alla persona offesa che, nella notizia di reato o successivamente, abbia dichiarato di volere essere informata della conclusione delle indagini.

5 *quater*. Alla scadenza dei termini di cui all'articolo 407 *bis*, comma 2, se il pubblico ministero non ha esercitato l'azione penale, né richiesto l'archiviazione, la persona sottoposta alle indagini e la persona offesa possono chiedere al giudice di ordinare al pubblico ministero di assumere le determinazioni sull'azione penale. Sulla richiesta il giudice provvede, nei venti giorni successivi, con decreto motivato. In caso di accoglimento, il giudice ordina al procuratore della Repubblica di assumere le determinazioni sull'azione penale entro un termine non superiore a venti giorni. Copia del decreto è comunicata al pubblico ministero e al procuratore generale presso la corte di appello e notificato alla persona che ha formulato la richiesta.

5 *quinquies*. Il pubblico ministero trasmette al giudice e al procuratore generale copia dei provvedimenti assunti in conseguenza dell'ordine emesso ai sensi del comma 5 *quater*.

5 *sexies*. Nei casi di cui al comma 5 *quater*, se non ha già ricevuto la notifica dell'avviso di con-

clusione delle indagini preliminari ai sensi del comma 1, alla persona offesa dal reato che, nella notizia di reato o successivamente, abbia dichiarato di volere essere informata della conclusione delle indagini è notificato l'avviso previsto dal comma 1 dell'articolo 415 *ter*. Si applicano le disposizioni di cui al comma 2 del medesimo articolo 415 *ter*.

Articolo aggiunto dalla l. 16.12.1999, n. 479. Il co. 1 è stato modificato dapprima dal d.l. 14.8.2013, n. 93, conv., con modif., dalla l. 15.10.2013, n. 119 e, da ultimo, dal d. lgs. 10.10.2022, n. 150. Il co. 2 *bis* è stato aggiunto dal d.l. 30.12.2019, n. 161, conv., con modif., dalla l. 28.2.2020, n. 7 e, a norma del d.l. 30.4.2020, n. 28, conv., con modif., dalla l. 25.6.2020, n. 70, risulta applicabile ai procedimenti penali iscritti successivamente al 31.8.2020. I co. 3 e 5 sono stati modificati dal d. lgs. 150 del 2022, il quale ha, del pari, introdotto i co. da 5 *bis* a 5 *sexies*. Ai sensi dell'art. 88 *bis* del d. lgs. 150 del 2022, introdotto dalla l. 30.12.2022, n. 199, che ha convertito con modif. il d.l. 31.10.2022, n. 162, la versione previgente della disposizione in esame continua ad applicarsi nei procedimenti pendenti (alla data di entrata in vigore del d. lgs. 150 del 2022), in relazione alle notizie di reato delle quali il p.m. ha già disposto l'iscrizione nel registro di cui all'art. 335, nonché in relazione alle notizie di reato iscritte successivamente, quando ricorrono le condizioni previste dall'art. 12 e, se si procede per taluno dei delitti indicati nell'art. 407 co. 2, anche quando ricorrono le condizioni previste dall'art. 371 co. 2 lett. *b* e *c*.

• L'art. 415 *bis* rappresenta il principale istituto attraverso cui il legislatore italiano assicura alla persona sottoposta alle indagini (→ **Soggetti**, art. 61) il diritto a essere informata (→ **Cost.**, art. 111 co. 3; → **Direttiva 2012/13/UE**; → **Cedu**, art. 6 § 3 lett. *a*), tanto dell'accusa rivolta a suo carico, quanto, soprattutto, del materiale investigativo raccolto dal p.m. (→ **Soggetti**, art. 51) nel corso delle indagini preliminari (art. 316 s.). Si tratta, pertanto, di un fondamentale strumento di salvaguardia del diritto di difesa (→ **Cost.**, art. 24 co. 2; → **Carta di Nizza**, art. 48 § 2).

• Alla persona sottoposta alle indagini, il p.m. notifica, altresì, l'**informazione sul diritto di difesa** (art. 369 *bis*), sempre al compimento del primo atto garantito dalla assistenza difensiva (art. 369) o, comunque, in corrispondenza delle ulteriori attività ivi previste e, al più tardi, **contestualmente** all'avviso della conclusione delle indagini preliminari *ex* **art. 415 *bis***, a pena di nullità (→ **Atti**, art. 177 s.) degli atti successivi.

• Poiché il **termine**, eventualmente prorogato (art. 406) entro cui il p.m. è tenuto a concludere le indagini preliminari è stabilito «**salvo quanto previsto dall'art. 415 *bis***» (art. 405 co. 2), è sufficiente che entro la scadenza sia stato notificato alla persona sottoposta alle indagini (→ **Soggetti**, art. 61) e al difensore (→ art. 96 s.) l'avviso di conclusione delle indagini di cui all'art. 415 *bis*, anch'esso alternativo alla richiesta di archiviazione (artt. 408 e 411).

• Allo stesso modo, poiché l'**inutilizzabilità** (→ **Prove**, art. 191; → **Impugnazioni**, art. 606) degli **atti di indagine** compiuti **dopo la scadenza** del termine è stabilita «**salvo quanto previsto dall'art. 415 *bis***» (art. 407 co. 3), è sufficiente che entro la scadenza del termine sia stato notificato alla persona sottoposta alle indagini (→ **Soggetti**, art. 61) e al difensore (→ art. 96 s.) l'avviso di conclusione delle indagini di cui all'art. 415 *bis*.

• Se non preceduti dall'avviso di conclusione delle indagini *ex* art. 415 *bis*, sono affetti da **nullità** la richiesta di rinvio a giudizio (art. 416 co. 1) e il decreto di citazione diretta a giudizio (→ **Procedimento davanti al tribunale in composizione monocratica**, art. 552 co. 2). Parimenti, se l'indagato ha richiesto l'interrogatorio a seguito dell'avviso di conclusione delle indagini preliminari *ex* art. 415 *bis* co. 3, sono affetti da **nullità** la richiesta di rinvio a giudizio (art. 416 co. 1) e il decreto di citazione diretta a giudizio (→ art. 552 co. 2) ove non preceduti dall'invito a presentarsi di cui all'art. 375 co. 3. Le sezioni unite (Cass., SU, 26.9.2006, n. 39298) hanno inoltre chiarito che l'omessa traduzione (→ **Atti**, art. 143; → **Direttiva 2010/64/UE**) dell'avviso di conclusione delle indagini preliminari, in una lingua nota all'indagato alloglotta, ne determina la **nullità** *ex* artt. 178 co. 1 lett. *c* e 180 [la quale però è sanata nel caso in cui l'interessato faccia richiesta di giudizio abbreviato (→ **Procedimenti speciali**, art. 438 co. 6 *bis*)].

• Secondo la Corte costituzionale, l'avviso di conclusione delle indagini **non** è condizione di validità rispetto ad **altre forme** di esercizio dell'azione penale, quali la c.d. imputazione coatta *ex* art. 409 co. 5 (Corte cost., **460** del **2002**), la richiesta di giudizio immediato (Corte cost., **203** del **2002**), la richiesta di decreto penale di condanna (Corte cost., **32** del **2003**).

• Il p.m. non è tenuto a compiere gli atti di indagine richiesti dall'indagato dopo la notifica dell'avviso di conclusione indagini *ex* art. 415 *bis* co. 3, così come, più in generale, **non** è prevista **sanzione processuale** *ad hoc* se il p.m. omette di compiere accertamenti su fatti e circostanze a favore della persona sottoposta alle indagini (art. 358).

• Fermo, *ex* co. 3, l'avvertimento all'indagato della facoltà, tra le altre, di depositare documentazione relativa a **investigazioni del difensore**, la possibilità di presentare al p.m. gli elementi di prova a favore del proprio assistito è accordata «**in ogni caso**» dalle disposizioni in materia di indagini difensive (art. 391 *octies* co. 4).

• Mediante il meccanismo di *discovery* delle intercettazioni (→ **Prove**, art. 266 s.) al termine delle indagini, introdotto al co. 2 *bis* dell'art. 415 *bis*, il legislatore ha in larga parte codificato una prassi diffusa da tempo in vari uffici requirenti. La principale fonte ispiratrice è stata la "Circolare Spataro" (circolare n. 513/16/S.P. del 15.2.2016 della Procura della Repubblica presso il Tribunale di Torino), la quale aveva manifestato il suo favore circa «la necessità» di attivare la procedura di stralcio delle captazioni «contestualmente all'avviso di cui all'art. 415-*bis*». Lo strumento così configurato opera nel caso in cui il g.i.p. (art. 328) autorizzi il deposito tardivo delle captazioni ai sensi del nuovo art. 268 co. 5 e [a differenza della normale udienza di stralcio (→ **Prove**, art. 268 co. 6)] vede come protagoniste principali le parti, intervenendo il giudice (→ **Soggetti**, art. 1 s.) unicamente in caso vi sia una divergenza tra di esse.

• La "riforma Cartabia" (d. lgs. 150 del 2022, attuativo della l. 27.9.2021, n. 134) ha introdotto un inedito meccanismo di differimento della notifica dell'avviso di cui al co. 1, attivabile per iniziativa del p.m., prima della scadenza del termine per la conclusione delle indagini preliminari (**art. 405**). Esso opera in due macro-ipotesi: a) quando è stata richiesta l'applicazione della custodia cautelare in carcere (→ **Misure cautelari**, art. 285) o degli arresti domiciliari (→ art. 284) e il giudice (art. 328) non abbia ancora provveduto o quando, fuori dai casi di latitanza (→ art. 296), la misura applicata non è stata eseguita; b) laddove la *discovery* degli atti possa mettere in pericolo la vita o l'incolumità di una persona o la sicurezza dello Stato, nonché, nei procedimenti di cui al co. 2 dell'art. 407, arrecare un concreto pregiudizio, non evitabile attraverso la separazione dei procedimenti (→ **Soggetti**, art. 18) o in altro modo, per atti o attività di indagine specificamente individuati, rispetto ai quali non siano scaduti i termini di indagine (artt. 405, 406 e 407) e che siano diretti all'accertamento dei fatti, all'individuazione o alla cattura dei responsabili o al sequestro di denaro, beni o altre utilità (→ **Prove**, art. 253 s.; → **Misure cautelari,** artt. 316 s. e 321 s.) di cui è obbligatoria la confisca (→ **art. 240 co. 2 c.p.**). Sulla richiesta di differimento decide il P.G. presso la corte d'appello (→ **Soggetti**, art. 51). Nel caso di rigetto, copia del decreto del P.G. è notificata (→ **Atti**, art. 148 s.) all'indagato e alla persona offesa (→ **Soggetti**, art. 90 s.) che, nella notizia di reato (art. 335) o in seguito, abbia dichiarato di voler essere informata della conclusione delle indagini.

• Dalla scadenza dei termini di cui all'art. 415 *bis* co. 3 e 4 decorre l'arco cronologico – rispettivamente, di tre mesi per la generalità dei reati e di nove mesi per quelli indicati dall'art. 407 co. 2 – entro cui il p.m. deve prendere le proprie determinazioni sull'azione penale (**art. 407 *bis* co. 2**).

• Onde assicurare una migliore tutela del canone della "ragionevole durata" (→ **Cost**., art. 111; → **Cedu**, art. 6 § 1), il legislatore ha introdotto un duplice meccanismo di sblocco, attivabile in caso di inerzia (parziale o totale) dell'accusa all'esito delle indagini preliminari. Laddove il p.m. abbia notificato l'avviso di conclusione delle indagini, ma non abbia preso in tempo le sue determinazioni sull'azione penale, viene in gioco la procedura di cui all'art. **415 *bis* co. 5 *quater***, tramite cui la persona sottoposta alle indagini e la persona offesa possono chiedere al g.i.p. di ordinare al p.m. a decidersi. Allorquando, il p.m. sia stato totalmente inerte, non depositando neppure l'avviso di conclusione delle indagini, si applica, invece, la complessa procedura regolata dal nuovo art. **415 *ter***. Essa, oltre a prevedere una nuova forma di ostensione patologica "spontanea" (co. 1) e una "coatta" (co. 2) di tutti gli atti di indagine da parte del p.m., contempla a sua volta un meccanismo di determinazione "forzosa": scaduti dei termini supplementari di riflessione (pari a un mese per la generalità dei reati e a tre mesi per quelli di cui di cui all'art. 407 co. 2, decorrenti, rispettivamente, dalla notifica del deposito spontaneo o forzoso degli atti di indagine), l'indagato e la persona offesa possono chiedere al g.i.p. di ordinare al p.m. di prendere le proprie determinazioni.

• Il P.G. può, con decreto motivato, disporre l'avocazione delle indagini, se il p.m. non ha disposto la notifica dell'avviso *ex* art. 415 *bis*, oppure non ha esercitato l'azione penale (→ **Soggetti**, art. 50; → **Ord. giud.**, art. 74) o richiesto l'archiviazione (artt. 408 e 411) entro i termini previsti dall'art. 415 *bis* co. 5 *ter* (**art. 412 co. 1**). Il P.G. può altresì disporre l'avocazione a seguito delle comunicazioni previste dal co. 5 *quater* dell'art. 415 *bis* (**art. 412 co. 2**). Ai fini dell'avocazione, la segreteria del p.m. è tenuta a trasmettere, ogni settimana, al P.G. i dati relativi a una serie di procedimenti, da raggrupparsi in distinti elenchi riepilogativi (→ **Disp. att.**, art. 127).

• Con l'avviso di conclusione delle indagini preliminari il p.m. può proporre all'indagato la sospensione del procedimento con messa alla prova, indicando la durata e i contenuti essenziali del programma trattamentale (→ **Procedimenti speciali**, art. 464 *ter*.1; → **Disp. att.**, art. 141 *bis* co. 1 *bis*).

• Nel caso di reati perseguibili a querela soggetta a remissione (→ art. 152 c.p.) e in seguito all'emissione dell'avviso di conclusione delle indagini preliminari, il giudice, a richiesta dell'imputato, può disporre con ordinanza la sospensione del procedimento o del processo per lo svolgimento di un programma di **giustizia riparativa** per un periodo non superiore a centottanta giorni (→ **Atti**, art. 129 *bis* co. 4).

415 *ter*. Diritti e facoltà dell'indagato e della persona offesa in caso di inosservanza dei termini per la conclusione delle indagini preliminari.

1. Salvo quanto previsto dal comma 4, alla scadenza dei termini di cui all'articolo 407 *bis*, comma 2, se il pubblico ministero non ha disposto la notifica dell'avviso della conclusione delle indagini preliminari, né ha esercitato l'azione penale o richiesto l'archiviazione, la documentazione relativa alle indagini espletate è depositata in segreteria. Alla persona sottoposta alle indagini e alla persona offesa che, nella notizia di reato o successivamente, abbia dichiarato di volere essere informata della conclusione delle indagini è altresì immediatamente notificato avviso dell'avvenuto deposito e della facoltà di esaminarla ed estrarne copia. L'avviso contiene altresì l'indicazione della facoltà di cui al comma 3. Copia dell'avviso è comunicata al procuratore generale presso la corte di appello.

2. Quando, decorsi dieci giorni dalla scadenza dei termini di cui all'articolo 407 *bis*, comma 2, non riceve la comunicazione prevista al comma 1, se non dispone l'avocazione delle indagini preliminari, il procuratore generale ordina con decreto motivato al procuratore della Repubblica di provvedere alla notifica dell'avviso di deposito di cui al comma 1 entro un termine non superiore a venti giorni. Copia del decreto è notificata alla persona sottoposta alle indagini e alla persona offesa che, nella notizia di reato o successivamente, abbia dichiarato di volere essere informata della conclusione delle indagini.

3. Se dalla notifica dell'avviso di deposito indicato al comma 1 o del decreto indicato al comma 2 è decorso un termine pari a un mese senza che il pubblico ministero abbia assunto le determinazioni sull'azione penale, la persona sottoposta alle indagini e la persona offesa possono chiedere al giudice di ordinare al pubblico ministero di provvedere. Il termine è pari a tre mesi nei casi di cui all'articolo 407, comma 2. Si applicano il secondo, il terzo e il quarto periodo del comma 5 *quater* nonché il comma 5 *quinquies* dell'articolo 415 *bis*. Quando, in conseguenza dell'ordine emesso dal giudice, è notificato l'avviso di conclusione delle indagini preliminari, i termini di cui all'articolo 407 *bis*, comma 2, sono ridotti di due terzi.

4. Prima della scadenza dei termini previsti dall'articolo 407 *bis*, comma 2, quando ricorrono le circostanze di cui al comma 5 *bis* dell'articolo 415 *bis*, il pubblico ministero può presentare richiesta motivata di differimento del deposito e della notifica dell'avviso di deposito di cui al comma 1 al procuratore generale. Sulla richiesta il procuratore generale provvede ai sensi del comma 5 *ter* dell'articolo 415 *bis*. Le disposizioni del presente comma non si applicano quando il pubblico ministero ha già presentato la richiesta di differimento prevista dal comma 5 *bis* dell'articolo 415 *bis*.

Articolo inserito dal d. lgs. 10.10.2022, n. 150. Ai sensi dell'art. 88 *bis* del medesimo decreto, introdotto dalla l. 30.12.2022, n. 199, che ha convertito con modif. il d.l. 31.10.2022, n. 162, la disposizione in esame non si applica ai procedimenti pendenti (alla data di entrata in vigore del d. lgs. 150 del 2022), in relazione alle notizie di reato delle quali il p.m. ha già disposto l'iscrizione nel registro di cui all'art. 335, nonché in relazione alle notizie di reato iscritte successivamente, quando ricorrono le condizioni previste dall'art. 12 e, se si procede per taluno dei delitti indicati nell'art. 407 co. 2, anche quando ricorrono le condizioni previste dall'art. 371 co. 2 lett. *b* e *c*.

• Mediante l'introduzione del presente articolo, la **"riforma Cartabia"** (d. lgs. 10.10.2022, n. 150, di attuazione della l. 27.9.2021, n. 134) ha inteso presidiare l'effettività dei termini, stabiliti dall'art. 407 *bis* co. 2, entro cui il p.m. (→ **Soggetti**, art. 51) è tenuto a esercitare l'azione penale (→ art. 50; art. 407 *bis* co. 1; → **Ord. giud.**, art. 74) o a chiedere l'archiviazione (artt. 408, 411 e 415). Onde evitare il protrarsi di una situazione di stallo indefinita all'esito delle indagini, problematica alla luce del principio costituzionale della "ragionevole durata" (→ **Cost.**, art. 111; → **Cedu**, art. 6 § 1), la previsione contempla, infatti, un meccanismo di sblocco, attivabile in caso di **inerzia "totale" dell'accusa**; ovverosia laddove, alla scadenza dei termini di cui all'art. 407 *bis* co. 2, il p.m. non abbia né depositato l'avviso di conclusione delle indagini (art. 415 *bis*), né preso le proprie determinazioni sull'azione penale.

• In tale evenienza è prevista, anzitutto, una forma di **ostensione patologica "spontanea"** (co. 1) e una **"coatta"** (co. 2) di tutti gli atti di indagine raccolti dal p.m. nel corso delle indagini. La *discovery* "coatta" opera sulla base di un decreto motivato del P.G. presso la corte di appello (→ **Soggetti**, art. 51), il quale va notificato all'indagato (→ art. 61) e alla persona offesa (→ art. 90 s.), che nella notizia di reato (art. 330 s.) o successivamente abbia dichiarato di volere essere informata della conclusione delle indagini (art. 405 s.). Nondimeno, il co. 4 contempla una forma di autorizzazione del P.G. al differimento dell'ostensione degli atti d'indagine, operante nelle circostanze previste dal **co. 5 *bis* dell'art. 415 *bis***.

• Il co. 3 disciplina un ulteriore mezzo di sblocco, operante nel caso in cui, scaduti dei termini di riflessione supplementari (pari a un mese per la generalità dei reati e a tre mesi per quelli di cui di cui all'art. 407 co. 2, decorrenti, rispettivamente, dalla notifica del deposito spontaneo o forzoso degli atti di indagine), il p.m. non assuma comunque le proprie determinazioni sull'azione penale. In questo caso, l'indagato e la persona offesa possono chiedere al g.i.p. (art. 328; → **Soggetti**, art. 1 s.) di ordinare al p.m. di provvedere, in modo analogo a quanto previsto dal co. 5 *quater* dell'art. 415 *bis*.

• Anche il rinnovato assetto normativo riconosce al P.G. il potere di **avocare le indagini** (art. 412): esso è attivabile, tra l'altro, laddove il p.m. non abbia esercitato l'azione penale o richiesto l'archiviazione entro i termini previsti dall'art. 415 *ter* co. 3. A tal fine, la segreteria del p.m. è tenuta a trasmettere ogni settimana al P.G. i dati ai procedimenti cui il p.m. non ha assunto le determinazioni sull'azione penale entro i suddetti termini (→ **Disp. att.**, art. 127).

• Laddove il p.m. abbia notificato l'avviso di conclusione delle indagini di cui all'art. 415 *bis*, ma non abbia esercitato l'azione penale o richiesto l'archiviazione, viene in gioco il meccanismo di sblocco di cui all'art. **415 *bis* co. 5 *quater***, tramite cui la persona sottoposta alle indagini e la persona offesa possono chiedere al g.i.p. (art. 328) di ordinare al p.m. (→ **Soggetti**, art. 51) di assumere le proprie determinazioni.

Titolo IX
UDIENZA PRELIMINARE

416. Presentazione della richiesta del pubblico ministero.

1. La richiesta di rinvio a giudizio è depositata dal pubblico ministero nella cancelleria del giudice. La richiesta di rinvio a giudizio è nulla se non è preceduta dall'avviso previsto dall'articolo 415 *bis*, nonché dall'invito a presentarsi per rendere l'interrogatorio ai sensi dell'articolo 375, comma 3, qualora la persona sottoposta alle indagini abbia chiesto di essere sottoposta ad interrogatorio entro il termine di cui all'articolo 415 *bis*, comma 3.

2. Con la richiesta è trasmesso il fascicolo contenente la notizia di reato, la documentazione

relativa alle indagini espletate e i verbali degli atti compiuti davanti al giudice per le indagini preliminari. Il corpo del reato e le cose pertinenti al reato sono allegati al fascicolo, qualora non debbano essere custoditi altrove.

2 *bis*. [Soppresso].

Il co. 1 è stato così modificato dalla l. 16.12.1999, n. 479. Il co. 2 *bis*, aggiunto dalla l. 21.2.2006, n. 102 e modificato dalla l. 23.3.2016, n. 41, è stato soppresso dal d. lgs. 10.10.2022, n. 150.

• Attraverso la richiesta di rinvio a giudizio il p.m. (→ **Soggetti**, art. 50) esercita **l'azione penale** (art. 407 *bis*). Con il deposito della richiesta nella cancelleria del giudice (art. 328) termina la fase delle indagini preliminari (art. 326 s.) e la persona sottoposta alle indagini (→ **Soggetti**, art. 61) assume la qualità di imputato (→ art. 60).

• Nell'ipotesi prevista dall'art. 409 co. 5, il p.m. deposita un atto che descrive l'imputazione. Il giudice notifica all'imputato e alla persona offesa (→ **Soggetti**, art. 90) il decreto di fissazione dell'udienza preliminare a norma dell'art. 128 **Disp. att.**

• Nel procedimento dinanzi al **tribunale in composizione monocratica** (→ **Libro VIII**), qualora si proceda per uno dei reati previsti dall'art. 550, il p.m. esercita l'azione penale attraverso l'emissione del decreto che dispone il giudizio (→ art. 552).

• Nell'ambito dei **procedimenti speciali** (→ **Libro VI**), l'azione penale è esercitata nelle forme previste dall'art. 407 *bis* co. 1.

• La richiesta di rinvio a giudizio è **nulla** (→ **Atti**, art. 177 s.) se non è preceduta dalla notifica dell'avviso di conclusione delle indagini (art. 415 *bis*) o dall'invito a comparire per rendere interrogatorio (art. 375 co. 3), qualora quest'ultimo sia stato richiesto dall'indagato entro il termine di venti giorni dalla notifica dell'avviso (art. 415 *bis* co. 3). Nel procedimento con citazione diretta (→ **Procedimento davanti al tribunale in composizione monocratica**), la mancanza dell'avviso di cui all'art. 415 *bis* comporta la nullità del decreto di citazione a giudizio (→ art. 552 co. 2).

• Il giudice competente a svolgere funzioni di g.u.p. è individuato a norma dell'art. 328. Nel caso in cui si proceda per uno dei delitti indicati dall'art. 51 co. 3 *bis* (→ **Soggetti**), le funzioni di g.u.p. sono esercitate da un magistrato del tribunale del capoluogo del distretto nel cui ambito ha sede il giudice competente (d.l. 7.4.2000, n. 82, conv. dalla l. 5.6.2000, n. 144).

• Fermi restando i termini di durata delle indagini preliminari (artt. 405 co. 2 e 3; 406; 407), l'esercizio dell'azione penale non preclude il compimento di **attività suppletiva** di indagine (art. 419 co. 3) da parte del p.m. e dei difensori (→ **Soggetti**, art. 96 s.) dopo il deposito della richiesta di rinvio a giudizio o di ulteriore **attività integrativa** (art. 430) successivamente all'emissione del decreto che dispone il giudizio (art. 429). Anche nel corso dell'udienza preliminare è possibile un **supplemento investigativo** su impulso del g.u.p. (art. 421 *bis*).

• Ulteriori indagini **suppletive** possono essere compiute dal p.m. successivamente alla richiesta di giudizio abbreviato, nella ipotesi di cui all'art. 438 co. 4.

• Unitamente alla richiesta di rinvio a giudizio, il p.m. deve trasmettere il fascicolo contenente la notizia di reato (art. 335 co. 1), compresi gli atti relativi alla procedibilità dell'azione penale (artt. 336-346); la documentazione dell'attività espletata dalla p.g. (art. 357), dal p.m. (art. 373), gli atti compiuti dopo l'avviso di conclusione delle indagini (art. 415 *bis* co. 3) e i verbali degli atti compiuti dinanzi al g.i.p., nel novero dei quali rientrano l'incidente probatorio (artt. 391 *bis* co. 11 e 392 s.), l'interrogatorio di garanzia (→ **Misure cautelari**, art. 294), la convalida delle misure precautelari (art. 391). Si sottraggono all'obbligo di trasmissione i verbali e le registrazioni delle operazioni di intercettazione (→ **Prove**, art. 266 s.), che restano custoditi negli uffici del p.m. fino alla pronuncia della sentenza irrevocabile (→ art. 269 co. 2). Il corpo del reato (→ **Prove**, art. 253) e le cose pertinenti al reato sono allegate al fascicolo se non devono essere custodite altrove.

• Nel fascicolo devono essere inserite, altresì, le memorie e richieste presentate al p.m. dal difensore (art. 367), nonché la documentazione dell'attività difensiva e i documenti trasmessi dal difensore al titolare delle indagini sia nel corso delle indagini preliminari (art. 391 *octies* co. 4), sia successivamente alla notifica dell'avviso di cui all'art. 415 *bis*.

• Nell'ambito dei **procedimenti speciali** (→ **Libro VI**) a matrice consensuale, gli atti contenuti nel fascicolo trasmesso unitamente alla richiesta di rinvio a giudizio costituiscono il substrato probatorio ai fini della decisione emessa all'esito del giudizio abbreviato (→ art. 442 co. 1 *bis*), ovvero della sentenza di applicazione della pena su richiesta delle parti (→ art. 444 co. 2) o della sospensione del procedimento con messa alla prova (→ art. 464 *quater*).

• Se gli atti di indagine riguardano più imputati o più imputazioni, il p.m. procede alla formazione del fascicolo ai sensi dell'art. 130 **Disp. att.**

• Il fascicolo delle indagini – già in precedenza messo a disposizione dell'indagato e, in casi particolari, della persona offesa (→ **Soggetti**, art. 90), con la notifica dell'avviso di conclusione delle indagini (art. 415 *bis* co. 2) –, resta depositato nella cancelleria del g.u.p. fino alla fine dell'udienza preliminare (→ **Disp. att.**, art. 131), affinché le parti e i difensori possano prenderne visione ed estrarne copia (art. 419 co. 2).

417. Requisiti formali della richiesta di rinvio a giudizio.

1. La richiesta di rinvio a giudizio contiene:

a) le generalità dell'imputato o le altre indicazioni personali che valgono a identificarlo nonché le generalità della persona offesa dal reato qualora ne sia possibile l'identificazione;

b) l'enunciazione, in forma chiara e precisa, del fatto, delle circostanze aggravanti e di quelle che possono comportare l'applicazione di misure di sicurezza, con l'indicazione dei relativi articoli di legge;

c) l'indicazione delle fonti di prova acquisite;

d) la domanda al giudice di emissione del decreto che dispone il giudizio;

e) la data e la sottoscrizione.

La lett. *b* è stata così sostituita dalla l. 16.12.1999, n. 479.

• La richiesta di rinvio a giudizio costituisce la modalità ordinaria, ma non esclusiva, con cui il p.m. (→ **Soggetti**, art. 50) esercita **l'azione penale**, a cui si affiancano altri atti tipici di formulazione dell'accusa espressamente previsti dall'art. 407 *bis* [nello specifico, nell'ambito dei **procedimenti speciali** (→ **Libro VI**), richiesta di applicazione della pena (→ art. 444 s.); richiesta di giudizio direttissimo (→ art. 449 s.); richiesta di giudizio immediato (→ art. 453 s.); richiesta di procedimento per decreto (→ art. 459 s.)], nonché il decreto di citazione diretta a giudizio dinanzi al tribunale in composizione monocratica (→ **Procedimento davanti al tribunale in composizione monocratica**, artt. 550-552 s.).

• Ulteriori modalità di esercizio dell'azione penale sono considerate anche l'**imputazione coatta** ordinata dal g.i.p. (art. 328) in caso di mancato accoglimento della richiesta di archiviazione (art. 409 co. 5), nonché la contestazione, in udienza preliminare (art. 423), in dibattimento (→ **Giudizio**, artt. 517 e 518) o, nei casi consentiti, in giudizio abbreviato (→ **Procedimenti speciali**, art. 441 *bis*) del **reato connesso** o del **fatto nuovo**.

• Con la richiesta di rinvio a giudizio, il p.m. contesta formalmente l'imputazione (artt. 407 *bis* e 417 co. 1 lett. *b*), destinata a sostituire l'**addebito provvisorio** già formulato nella fase preliminare (art. 335). Per tale ragione, il modello legale di imputazione esige un rigore descrittivo molto più elevato rispetto allo *standard* che caratterizza il contenuto informativo nei meccanismi tipici di conoscenza dell'addebito preliminare [il riferimento è, in particolare, al livello di "sommarietà" cui deve attestarsi la descrizione del fatto nell'avviso di conclusione delle indagini (art. 415 *bis* co. 2), ovvero ai *minima* prescritti per l'informazione di garanzia, in cui ci si accontenta della indicazione delle norme di legge che si assumono violate, del luogo e della data dei fatti (art. 369 co. 1)].

• Parametri di chiarezza e precisione identici a quelli previsti per la richiesta di rinvio a giudizio caratterizzano il contenuto imputativo del **decreto che dispone il giudizio** [art. 429 co. 1 lett. *c*; per i procedimenti a citazione diretta → **Procedimento davanti al tribunale in composizione monocratica**, art. 552 co. 1 lett. *c*].

• L'**inosservanza** dei requisiti descrittivi dell'imputazione trova rimedio sanzionatorio nel nuovo meccanismo delineato dall'art. 421 co. 1 e 1 *bis*.

• Il principio di perfettibilità che caratterizza l'accusa nell'attuale modello processuale consente, in udienza preliminare, la **modifica**

dell'imputazione se risulta che il fatto è diverso; ovvero se emerge una circostanza aggravante, un reato connesso a norma dell'art. 12 co. 1 lett. *b* o un fatto nuovo [art. 423; analoga modifica dell'imputazione è consentita in dibattimento (→ **Giudizio**, artt. 516; 517; 518) e nel giudizio abbreviato (→ **Procedimenti speciali**, art. 441 *bis*)].

418. Fissazione dell'udienza.

1. Entro cinque giorni dal deposito della richiesta, il giudice fissa con decreto il giorno, l'ora e il luogo dell'udienza in camera di consiglio, provvedendo a norma dell'articolo 97 quando l'imputato è privo di difensore di fiducia.

2. Tra la data di deposito della richiesta e la data dell'udienza non può intercorrere un termine superiore a trenta giorni.

La parola «due» è stata sostituita dall'attuale «cinque» dalla l. 16.12.1999, n. 479.

• Nel caso previsto dall'art. 409 co. 5, il giudice (art. 328) fa notificare (→ **Atti**, art. 148 s.) all'imputato e alla persona offesa (→ **Soggetti**, art. 90 s.; → **Atti**, art. 154 s.) il decreto di fissazione dell'udienza preliminare a norma dell'art. 128 **Disp. att.**

• A differenza di quanto previsto per il decreto di giudizio immediato (→ **Procedimenti speciali**, art. 456 co. 2) e per il decreto di citazione diretta a giudizio (→ **Procedimento davanti al tribunale in composizione monocratica**, art. 552 co. 1 lett. *f*)), il decreto che fissa l'udienza preliminare non contiene l'avvertimento all'imputato in ordine alla facoltà di chiedere il giudizio abbreviato (→ **Procedimenti speciali**, art. 438 s.) e il patteggiamento (→ art. 444 s.).

• Nel periodo che va dal deposito della richiesta di rinvio a giudizio (art. 416) allo svolgimento dell'udienza preliminare, il giudice non può adottare con provvedimento *de plano* l'immediata declaratoria di determinate cause di non punibilità *ex* art. 129, ma deve dare impulso al rito tipico della fase in corso che è quello camerale dell'udienza preliminare e solo nell'ambito di questa può emettere, ricorrendone i presupposti, la detta declaratoria (Cass., SU, 25.1.2005, n. 12283).

• Nell'emettere il decreto che fissa l'udienza preliminare, il giudice ne dispone la **traduzione scritta** nel caso in cui l'imputato o la persona offesa non conoscano la lingua italiana (→ **Atti**, art. 143 co. 2; per la persona offesa, art. 143 *bis*).

• Tra la data di deposito della richiesta di rinvio a giudizio (art. 416) e la data di fissazione dell'udienza preliminare, il p.m. (→ **Soggetti**, art. 50) e i difensori (→ art. 96 s.) possono svolgere **attività suppletiva di indagine** (art. 419 co. 3).

• Il termine indicato dall'art. 418 co. 2 opera anche nel caso in cui il p.m. abbia esercitato l'azione penale (→ **Soggetti**, art. 50), a seguito dell'ordinanza di imputazione coatta emessa dal g.i.p. ai sensi dell'art. 409 co. 5.

• Entro il termine di trenta giorni che deve intercorrere tra la data di deposito della richiesta di rinvio a giudizio (art. 416) e la data di fissazione dell'udienza preliminare si colloca il termine per comparire stabilito dall'art. 419 co. 4, la cui inosservanza è prevista a pena di nullità (art. 419 co. 7).

419. Atti introduttivi.

1. Il giudice fa notificare all'imputato e alla persona offesa, della quale risulti agli atti l'identità e il domicilio, l'avviso del giorno, dell'ora e del luogo dell'udienza, con la richiesta di rinvio a giudizio formulata dal pubblico ministero e con l'avvertimento all'imputato che, qualora non compaia, si applicheranno le disposizioni di cui agli articoli 420 *bis*, 420 *ter*, 420 *quater*, 420 *quinquies* e 420 *sexies*.

2. L'avviso è altresì comunicato al pubblico ministero e notificato al difensore dell'imputato con l'avvertimento della facoltà di prendere visione degli atti e delle cose trasmessi a norma dell'articolo 416, comma 2, e di presentare memorie e produrre documenti.

3. L'avviso [comunicato al pubblico ministero] contiene inoltre l'invito a trasmettere la documentazione relativa alle indagini eventualmente espletate dopo la richiesta di rinvio a giudizio.

3 *bis*. L'imputato e la persona offesa sono altresì informati che hanno facoltà di accedere ai programmi di giustizia riparativa.

4. Gli avvisi sono notificati e comunicati almeno dieci giorni prima della data dell'udienza. Entro lo stesso termine è notificata la citazione del responsabile civile e della persona civilmente obbligata per la pena pecuniaria.

5. L'imputato può rinunciare all'udienza preliminare e richiedere il giudizio immediato con dichiarazione presentata in cancelleria, personalmente o a mezzo di procuratore speciale, almeno tre giorni prima della data dell'udienza. Quando la dichiarazione è presentata a mezzo di procuratore speciale, si osservano le modalità previste dall'articolo 111 *bis*, commi 1 e 2. L'atto di rinuncia è notificato al pubblico ministero e alla persona offesa dal reato a cura dell'imputato.

6. Nel caso previsto dal comma 5, il giudice emette decreto di giudizio immediato.

7. Le disposizioni dei commi 1 e 4 sono previste a pena di nullità.

Il co. 1 è stato così modificato dal d.l. 7.4.2000, n. 82, conv., con modif., dalla l. 5.6.2000, n. 144 e, successivamente, dalla l. 28.4.2014, n. 67 e dal d. lgs. 10.10.2022, n. 150. Nel co. 3, le parole tra parentesi quadre sono state soppresse dalla l. 7.12.2000, n. 397. Il co. 3 *bis* è stato inserito dal d. lgs. 10.10.2022, n. 150, che ha modificato anche il co. 5.

• Strumentale a garantire un'adeguata realizzazione del contraddittorio, la disciplina degli avvisi di fissazione dell'udienza preliminare contempla contenuti e modalità informative differenti a seconda dei diversi destinatari.

• In particolare, l'avviso di fissazione dell'udienza preliminare deve essere notificato (→ **Atti**, art. 148 s.), unitamente alla richiesta di rinvio a giudizio (art. 417) all'imputato (→ **Soggetti**, art. 60), con l'avvertimento che, non comparendo, si applicheranno le disposizioni normative in materia di assenza, impedimento a comparire ed improcedibilità per mancata conoscenza della pendenza del processo (artt. 420 *bis*-420 *sexies*). In particolare, se l'imputato, anche se detenuto, non si presenta ad una udienza e risulta che l'assenza sia dovuta ad assoluta impossibilità di comparire, il giudice deve rinviare l'udienza e disporre la notificazione dell'ordinanza di rinvio all'imputato (art. 420 *ter*). Se l'imputato non è presente, e non ricorrono i presupposti per procedere in assenza o un legittimo impedimento, il giudice pronuncia sentenza di non doversi procedere per mancata conoscenza della pendenza del processo (artt. 420 *quater*-420 *sexies*).

• Al fine di garantire il diritto dell'imputato di partecipare al proprio processo, la **notificazione** dell'avviso di fissazione dell'udienza preliminare è eseguita presso il **domicilio dichiarato o eletto** (→ art. 157 *ter* co. 1). In mancanza dell'indicazione di tale domicilio, la notificazione è eseguita nei luoghi e con le modalità dell'art. 157. Se l'imputato è latitante (→ **Misure cautelari**, art. 296) o evaso, la notificazione è eseguita mediante consegna al difensore (→ **Atti**, art. 165 co. 1 *bis*). Se non è possibile eseguire le notificazioni, il giudice emette **decreto di irreperibilità** (→ artt. 159 e 160 co. 2).

• In giurisprudenza si è avuto modo di precisare che l'omessa (o irregolare) notifica dell'avviso di fissazione dell'udienza preliminare all'imputato è equiparabile ai casi di omessa citazione, configurante un'ipotesi di nullità di ordine generale, a regime assoluto (→ **Atti**, art. 179): Cass., SU, 24.11.2016, n. 7697.

• L'avviso di fissazione dell'udienza preliminare è, altresì, notificato (→ **Atti**, art. 154) alla persona offesa (→ **Soggetti**, art. 90), la quale, in caso di mancata costituzione di parte civile (→ **Soggetti**, art. 76), può impugnare la sentenza di non luogo a procedere (art. 425) con appello (→ **Impugnazioni**, art. 593 s.) solo nei casi di nullità (→ **Atti**, art. 177 s.) derivante da difetto di notifica o inosservanza del termine di comparizione (artt. 428 co. 2 e 419 co. 7).

• Nell'ipotesi prevista dall'art. 409 co. 5, il giudice fa notificare all'imputato e alla persona offesa il decreto (→ **Atti**, art. 125) di fissazione dell'udienza preliminare a norma dell'art. 128 **Disp. att.**

• Oltre ad essere comunicato (→ **Atti**, art. 153) al p.m. (→ **Soggetti**, art. 50), l'avviso è, infine, notificato al difensore (→ art. 96 s.) dell'imputato con l'avvertimento della possibilità di prendere visione del fascicolo depositato unitamente alla richiesta di rinvio a giudizio. Tale facoltà, che opera "fino alla conclusione dell'udienza preliminare" è riconosciuta anche a tutte le parti, alla persona offesa e ai difensori (→ **Disp. att.**, art. 131). Sebbene non sia espressamente menzionato nel novero dei destinatari dell'avviso, il difensore della persona offesa (→ **Soggetti**, art. 101) ha diritto di ricevere l'avviso di fissazione dell'udienza preliminare, in quanto domiciliatario *ex lege* della stessa persona offesa (→ **Disp. att.**, art. 33).

• La persona civilmente obbligata per la pena pecuniaria (→ **Soggetti**, art. 89) e il responsabile civile (→ art. 83) sono citati per l'udienza preliminare.

• Il termine (→ **Atti**, art. 172) per comparire non può essere inferiore a dieci giorni, ma è suscettibile di prolungamento nei casi previsti dall'art. 174 co. 1. L'inosservanza delle disposizioni concernenti termini e modalità di comunicazione e notificazione degli avvisi comporta una nullità (→ **Atti**, art. 177 s.), destinata ad operare in maniera differente a seconda dei diversi soggetti interessati (in particolare, per il regime delle sanatorie di tali nullità, v. art. 184).

• Per quanto concerne il compimento di attività investigativa, nonostante l'art. 407 co. 3 sancisca l'inutilizzabilità (→ **Prove**, art. 191) degli atti compiuti successivamente alla scadenza del termine (art. 405), eventualmente prorogato (art. 406) di durata delle indagini (art. 407), è comunque consentito, dopo l'esercizio dell'azione penale, il compimento di **indagini suppletive** (art. 419 co. 3) da parte del p.m. e dei difensori, strumentali a garantire la completezza del materiale investigativo. Sotto questo profilo, le indagini suppletive condividono la stessa "destinazione d'uso" del supplemento istruttorio disposto su impulso del g.u.p. in udienza preliminare (art. 421 *bis*), in quanto entrambi funzionali alla emanazione del provvedimento conclusivo dell'udienza preliminare (art. 424) o della decisione da adottare all'esito del giudizio abbreviato (→ **Procedimenti speciali**, art. 442 co. 1 *bis*), ma non anche alle determinazioni inerenti all'esercizio dell'azione penale (art. 326). Nello svolgimento delle indagini suppletive vigono i divieti previsti, a pena di inutilizzabilità (→ **Prove**, art. 191; → **Impugnazioni**, art. 606), dall'art. 430 *bis*. In assenza di un termine massimo per il deposito degli atti delle indagini suppletive, si ritiene che queste ultime possano essere depositate anche in udienza preliminare, prima della discussione (art. 421) (Corte cost., 117 del 2011). Nell'ipotesi in cui il deposito avvenga in udienza, spetta al giudice (art. 328) disporre eventuali differimenti «congrui alle singole, concrete fattispecie» (Corte cost., 16 del 1994).

• Nel caso in cui l'imputato chieda il giudizio abbreviato immediatamente dopo il deposito dei risultati delle indagini difensive, il giudice provvede solo dopo che sia decorso il termine non superiore a sessanta giorni, eventualmente richiesto dal p.m., per lo svolgimento di **indagini suppletive** limitatamente ai temi introdotti dalla difesa (→ **Procedimenti speciali**, art. 438 co. 4).

• La continuità investigativa è garantita anche successivamente all'emissione del decreto che dispone il giudizio (art. 429), attraverso la possibilità riconosciuta alle parti di compiere **indagini integrative** ai fini delle proprie richieste al giudice del dibattimento (artt. 430 e 430 *bis*).

• L'imputato ha diritto di rinunciare all'udienza preliminare optando in favore del **giudizio immediato** (→ **Procedimenti speciali**, art. 453 co. 3), con dichiarazione presentata, personalmente (→ **Soggetti**, art. 99) o a mezzo di procuratore speciale (→ **Atti**, art. 122) nella cancelleria del g.i.p. almeno tre giorni prima dell'udienza. In tal caso è, tuttavia, preclusa allo stesso una successiva richiesta di giudizio abbreviato o di patteggiamento (→ **Procedimenti speciali**, art. 458 co. 3). Per tale ragione, nell'ipotesi in esame, a differenza di quanto previsto dall'art. 456 co. 2, il decreto di giudizio immediato non contiene l'avviso in ordine alla facoltà di esercitare lo *ius variandi*.

• Il giudizio immediato può essere chiesto anche dal pubblico ministero, alle condizioni e nei termini previsti, rispettivamente, dagli artt. 453 e 454.

420. Costituzione delle parti.

1. L'udienza si svolge in camera di consiglio con la partecipazione necessaria del pubblico ministero e del difensore dell'imputato.

2. Il giudice procede agli accertamenti relativi alla costituzione delle parti ordinando la rinnova-

zione degli avvisi, delle citazioni, delle comunicazioni e delle notificazioni di cui dichiara la nullità.

2 *bis*. In caso di regolarità delle notificazioni, se l'imputato non è presente, e non ricorre alcuna delle condizioni di cui all'articolo 420 *ter*, il giudice procede ai sensi dell'articolo 420 *bis*.

2 *ter*. Salvo che la legge disponga altrimenti, l'imputato che, dopo essere comparso, si allontana dall'aula di udienza o che, presente ad una udienza, non compare alle successive, è considerato presente ed è rappresentato dal difensore. È altresì considerato presente l'imputato che richiede per iscritto, nel rispetto delle forme di legge, di essere ammesso ad un procedimento speciale o che è rappresentato in udienza da un procuratore speciale nominato per la richiesta di un procedimento speciale.

3. Se il difensore dell'imputato non è presente il giudice provvede a norma dell'articolo 97, comma 4.

4. Il verbale dell'udienza preliminare è redatto di regola in forma riassuntiva a norma dell'articolo 140, comma 2; il giudice, su richiesta di parte, dispone la riproduzione fonografica o audiovisiva ovvero la redazione del verbale con la stenotipia.

L'originario art. 420 è stato così sostituito, con gli attuali artt. 420 e 420 *quinquies*, dalla l. 16.12.1999, n. 479. I co. 2 *bis* e 2 *ter* sono stati inseriti dal d. lgs. 10.10.2022, n. 150.

• L'udienza preliminare si svolge in **camera di consiglio** (→ **Atti**, art. 127). Solo nel caso in cui, in tale sede, venga disposto il giudizio abbreviato (→ **Procedimenti speciali**, art. 438 s.), su richiesta di tutti gli imputati (→ **Soggetti**, art. 60), si procede con le forme dell'udienza pubblica (→ **Procedimenti speciali**, art. 441 co. 3).

• Rispetto al modello di udienza camerale delineato dall'art. 127, l'udienza preliminare si caratterizza per il **contradditorio necessario** tra p.m. (→ **Soggetti**, art. 50) e difensore (→ art. 96) dell'imputato (→ art. 60), la cui mancata partecipazione è causa di nullità [a regime intermedio (→ **Atti**, artt. 178 co. 1 lett. *b* e 180) o assoluto (→ artt. 178 co. 1 lett. *c* e 179), a seconda che manchi, rispettivamente, il primo o il secondo] dell'udienza e del provvedimento conclusivo della stessa (art. 424).

• Nella fase di apertura dell'udienza, il g.u.p. (art. 328) deve controllare la regolarità degli avvisi e citazioni, nonché la tempestività e correttezza delle comunicazioni e notificazioni di avvisi e citazioni (art. 419).

• Ove risulti o appaia probabile un legittimo impedimento dell'imputato o del difensore, il g.u.p. deve rinviare l'udienza a norma dell'art. 420 *ter*. Se non ricorrono tali condizioni e non sussistono i presupposti per procedere in assenza dell'imputato (art. 420 *bis*), il giudice pronuncia sentenza inappellabile di non doversi procedere per mancata conoscenza della pendenza del processo (artt. 420 *quater*-420 *sexies*).

• La presenza necessaria della difesa tecnica impone la nomina del difensore d'ufficio (→ **Soggetti**, art. 97) nel caso in cui quello di fiducia (→ art. 96) non sia presente senza addurre un legittimo impedimento (art. 420 *ter*).

• Nella fase processuale dedicata alla verifica della regolare costituzione delle parti deve essere proposta, a pena di decadenza (→ **Atti**, art. 173), la richiesta di esclusione della parte civile (→ **Soggetti**, art. 80 co. 2) e del responsabile civile (→ art. 86 co. 3).

• Fino a che non siano conclusi gli accertamenti relativi alla regolare costituzione delle parti, deve essere, altresì, proposta la dichiarazione di ricusazione del giudice (→ **Soggetti**, art. 38 co. 1), individuato a norma dell'art. 328, a meno che la causa di ricusazione non sorga durante l'udienza. A quest'ultimo riguardo, va ricordato che, al di fuori delle ipotesi espressamente previste dall'art. 34 co. 2 *ter* e 2 *quater*, non può tenere l'udienza preliminare il giudice che, nel medesimo procedimento, abbia svolto funzioni di g.i.p. (→ **Soggetti**, art. 34 co. 2 *bis*). Peraltro, la Corte costituzionale ha affermato l'incompatibilità a svolgere funzioni di g.u.p. per il giudice che abbia pronunciato o concorso a pronunciare sentenza, poi annullata, nei confronti del medesimo imputato, per lo stesso fatto (Corte cost., 224 del 2001); abbia emesso decreto che dispone il giudizio successivamente annullato (Corte cost., 335 del 2002); abbia pronunciato sentenza di non luogo a procedere successivamente annullata (Corte cost., 271 del 2003), ovvero, all'esito del precedente dibattimento riguardante il medesimo fatto storico a carico dello stesso imputato, abbia disposto la trasmissione degli atti al p.m., a norma dell'art. 521 co. 2 (Corte cost., 400 del 2008).

• Il verbale è redatto dall'ausiliario del giudice (→ art. 135), sotto la vigilanza di quest'ultimo (→ art. 140 co. 2). Nel caso in cui si acceda al dibattimento (→ **Libro VII**), il verbale dell'udienza preliminare confluisce nel fascicolo del p.m. (art. 433 co. 1).

• La eventuale nullità dichiarata nelle ipotesi di cui all'art. 419 co. 7 impone la **rinnovazione** degli atti, a cui il g.u.p. deve provvedere a norma dell'art. 143 **Disp. att.** La citazione del responsabile civile è nulla nei casi previsti dall'art. 83 co. 5 (→ **Soggetti**).

420 *bis*. Assenza dell'imputato.

1. Se l'imputato, libero o detenuto, non è presente all'udienza, il giudice procede in sua assenza:

a) quando l'imputato è stato citato a comparire a mezzo di notificazione dell'atto in mani proprie o di persona da lui espressamente delegata al ritiro dell'atto;

b) quando l'imputato ha espressamente rinunciato a comparire o, sussistendo un impedimento ai sensi dell'articolo 420 *ter*, ha rinunciato espressamente a farlo valere.

2. Il giudice procede in assenza dell'imputato anche quando ritiene altrimenti provato che lo stesso ha effettiva conoscenza della pendenza del processo e che la sua assenza all'udienza è dovuta ad una scelta volontaria e consapevole. A tal fine il giudice tiene conto delle modalità della notificazione, degli atti compiuti dall'imputato prima dell'udienza, della nomina di un difensore di fiducia e di ogni altra circostanza rilevante.

3. Il giudice procede in assenza anche fuori dai casi di cui ai commi 1 e 2, quando l'imputato è stato dichiarato latitante o si è in altro modo volontariamente sottratto alla conoscenza della pendenza del processo.

4. Nei casi previsti dai commi 1, 2 e 3 il giudice dichiara l'imputato assente. Salvo che la legge disponga altrimenti, l'imputato dichiarato assente è rappresentato dal difensore.

5. Fuori dai casi previsti dai commi 1, 2 e 3, prima di procedere ai sensi dell'art. 420 *quater*, il giudice rinvia l'udienza e dispone che l'avviso di cui all'articolo 419, la richiesta di rinvio a giudizio e il verbale d'udienza siano notificati all'imputato personalmente ad opera della polizia giudiziaria.

6. L'ordinanza che dichiara l'assenza dell'imputato è revocata anche d'ufficio se, prima della decisione, l'imputato compare. L'imputato è restituito nel termine per esercitare le facoltà dalle quali è decaduto:

a) se fornisce la prova che, per caso fortuito, forza maggiore o altro legittimo impedimento, si è trovato nell'assoluta impossibilità di comparire in tempo utile per esercitare le facoltà dalle quali è decaduto e che non ha potuto trasmettere tempestivamente la prova dell'impedimento senza sua colpa;

b) se, nei casi previsti dai commi 2 e 3, fornisce la prova di non aver avuto effettiva conoscenza della pendenza del processo e di non essere potuto intervenire senza sua colpa in tempo utile per esercitare le facoltà dalle quali è decaduto;

c) se comunque risulta che le condizioni per procedere in sua assenza non erano soddisfatte.

7. Fuori del caso previsto dal comma 6, se che le condizioni per procedere in assenza non erano soddisfatte, il giudice revoca, anche d'ufficio, l'ordinanza che dichiara l'assenza dell'imputato e provvede ai sensi del comma 5.

Articolo inserito dalla l. 16.12.1999, n. 479, sostituito dalla l. 28.4.2014, n. 67 e successivamente così modificato dal d. lgs. 10.10.2022, n. 150.

• Soppressa la **contumacia**, l'istituto dell'assenza presuppone che l'imputato (→ **Soggetti**, art. 60) non sia presente al processo per una scelta libera e consapevole. In tal caso, egli è rappresentato dal difensore (→ art. 96).

• Strumentale a garantire la conoscenza del processo da parte dell'imputato non detenuto è la **notificazione** (→ **Atti**, art. 148 s.) dell'avviso di fissazione dell'udienza preliminare presso il domicilio **eletto o dichiarato** (→ art.

157 *ter* co. 1). In mancanza di quest'ultimo, la notificazione è eseguita con le modalità dell'art. 157; se l'imputato è latitante (→ **Misure cautelari**, art. 296) o evaso, la notifica dell'avviso di fissazione dell'udienza preliminare è eseguita mediante consegna al difensore (→ **Atti**, art. 165 co. 1 *bis*).

• Fuori dei casi di mancata, volontaria presenza, e ove non sussista un legittimo impedimento (art. 420 *ter*), l'assenza dell'imputato determina la improcedibilità per mancata conoscenza della pendenza del processo, a norma degli artt. 420 *quater*, 420 *quinquies* e 420 *sexies*.

• Nel procedimento dinanzi al **tribunale in composizione monocratica** (→ **Libro VIII**) con citazione diretta, la disciplina dell'assenza trova applicazione nell'**udienza di comparizione predibattimentale** (→ art. 554 *bis* co. 2).

• In **giudizio** (→ **Libro VII**) la disciplina dell'assenza trova applicazione nelle sole ipotesi in cui manchi l'udienza preliminare. È, tuttavia, sempre applicabile la disciplina dell'assenza per allontanamento volontario, stante il generico rinvio all'art. 420 co. 2 *ter* primo periodo, in quanto compatibile (→ art. 484 co. 2 *bis*).

• Il richiamo alle disposizioni dell'udienza preliminare contenuto nell'art. 441 co. 1 e la compatibilità dell'istituto dell'assenza con le caratteristiche del **giudizio abbreviato** (→ **Procedimenti speciali**, art. 438 s.) consente di estendere anche a tale rito l'ambito di operatività della disposizione in esame.

• Mentre la tardiva comparizione dell'imputato in udienza comporta la **revoca**, anche d'ufficio, dell'ordinanza dichiarativa dell'assenza (art. 420 *bis* co. 6), l'esperibilità di eventuali **rimedi restitutori** è subordinata alla sussistenza di presupposti sia in udienza preliminare (art. 420 *bis* co. 6); in **dibattimento** (→ **Giudizio**, art. 489 co. 2 e 2 *bis*); nel processo di **appello** (→ **Impugnazioni**, art. 604 co. 5 *ter*); in **cassazione** (→ art. 623 co. 1 lett. *b bis*), nonché, dopo il passaggio in giudicato della sentenza (→ **Esecuzione**, art. 648), ai fini della rescissione del giudicato (→ **Impugnazioni**, art. 629 *bis*).

• In particolare, in **udienza preliminare**, l'imputato assente tardivamente comparso può esercitare le facoltà dalle quali è decaduto se mancavano le condizioni per procedere in assenza o se dimostra l'incolpevole impedimento o ignoranza (art. 420 *bis* co. 6).

• In **dibattimento** (→ **Giudizio**), se risulta che l'imputato era stato dichiarato assente in mancanza dei presupposti previsti dall'art. 420 *bis*, il giudice, anche d'ufficio, dichiara la **nullità del decreto che dispone il giudizio** e restituisce gli atti al g.u.p. (→ art. 489 co. 1).

• In caso di **sanatoria della nullità**, l'imputato è restituito nel termine per formulare richiesta di procedimenti speciali o per esercitare le facoltà dalle quali è decaduto (→ **Giudizio**, art. 489 co. 2).

• Nei giudizi di **impugnazione** (→ **Libro IX**) il difetto delle condizioni legittimanti la dichiarazione di assenza determina la **nullità della sentenza impugnata** e la restituzione degli atti al giudice del grado o della fase che procedeva quando si è verificata la nullità (in appello, art. 604 co. 5 *bis*; in cassazione, art. 623 co. 1 lett. *b* e *b bis*, limitatamente alla sentenza di condanna).

• Al di fuori delle ipotesi di erronea declaratoria dello stato di assenza, l'annullamento con restituzione nell'esercizio delle facoltà dalle quali l'imputato è decaduto è consentita se ricorre la prova, gravante sulla difesa, della impossibilità di comparire in tempo utile per esercitare le facoltà e di trasmettere tempestivamente la prova dell'impedimento, senza colpa; ovvero se l'imputato dimostra la mancanza di effettiva conoscenza della pendenza del processo e l'impossibilità di intervenire in tempo utile per esercitare le facoltà dalle quali è decaduto, purché senza colpa (in dibattimento → **Giudizio**, art. 489 co. 2 *bis*; in appello → **Impugnazioni**, art. 604 co. 5 *ter*; in cassazione → art. 623 co. 1 lett. *b bis*).

• Se si è proceduto in assenza, **l'atto di impugnazione del difensore** (di fiducia o d'ufficio) deve essere depositato, a pena di inammissibilità, unitamente a **specifico mandato ad impugnare** (→ **Impugnazioni**, art. 581 co. 1 *quater*).

• I termini per l'impugnazione del difensore dell'imputato giudicato in assenza sono aumentati di quindici giorni (→ **Impugnazioni**, art. 585 co. 1 *bis*).

• Nel giudizio di **appello**, la rinnovazione dell'istruzione dibattimentale in caso di imputato assente latitante è disposta ai sensi dell'art. 190 *bis* (→ **Prove**; → **Impugnazioni**, art. 603 co. 3 *ter*).

• L'imputato giudicato in assenza è **restituito nel termine** per impugnare al ricorrere delle condizioni previste dall'art. 175 co. 1, 2 e 2 *bis* (→ **Atti**).

• L'**accompagnamento coattivo** dell'imputato assente è previsto solo per il dibattimento "quando la sua presenza sia necessaria per l'assunzione di una prova diversa dall'esame" (→ **Giudizio**, art. 490). Stante la natura eccezionale dell'istituto, che può essere disposto esclusivamente "nei casi previsti dalla legge" (→ **Atti**, art. 132 co. 1) deve ritenersi che in udienza preliminare il giudice non possa disporre l'accompagnamento coattivo dell'imputato assente per assumere una prova, se non con le forme dell'incidente probatorio (art. 399).

• Dopo il passaggio in giudicato della sentenza (→ **Esecuzione**, art. 648), il condannato o il sottoposto a misure di sicurezza può chiedere la **rescissione del giudicato**, qualora ricorrano le condizioni previste dall'art. 629 *bis* (→ **Impugnazioni**).

• È da ritenere che l'inedito congegno per l'esecuzione delle pronunce della Corte edu, previsto dal nuovo art. 628 *bis* (→ **Impugnazioni**) possa essere utilizzato anche in caso di violazione delle garanzie partecipative *ex* art. 6 Cedu.

420 *ter*. Impedimento a comparire dell'imputato o del difensore.

1. Quando l'imputato, anche se detenuto, non si presenta ad un'udienza e risulta che l'assenza è dovuta ad assoluta impossibilità di comparire per caso fortuito, forza maggiore o altro legittimo impedimento, il giudice, anche d'ufficio, rinvia con ordinanza ad una nuova udienza e dispone la notificazione dell'ordinanza medesima all'imputato.

2. Con le medesime modalità di cui al comma 1 il giudice provvede quando appare probabile che l'assenza dell'imputato sia dovuta ad assoluta impossibilità di comparire per caso fortuito o forza maggiore. Tale probabilità è liberamente valutata dal giudice e non può formare oggetto di discussione successiva né motivo di impugnazione.

3. [Soppresso].

4. In ogni caso la lettura dell'ordinanza che fissa la nuova udienza sostituisce [la citazione e] gli avvisi per tutti coloro che sono o devono considerarsi presenti.

5. Il giudice provvede a norma del comma 1 nel caso di assenza del difensore, quando risulta che l'assenza stessa è dovuta ad assoluta impossibilità di comparire per legittimo impedimento, purché prontamente comunicato. Tale disposizione non si applica se l'imputato è assistito da due difensori e l'impedimento riguarda uno dei medesimi ovvero quando il difensore impedito ha designato un sostituto o quando l'imputato chiede che si proceda in assenza del difensore impedito.

5 *bis*. Agli effetti di cui al comma 5 il difensore che abbia comunicato prontamente lo stato di gravidanza si ritiene legittimamente impedito a comparire nei due mesi precedenti la data presunta del parto e nei tre mesi successivi ad esso.

Articolo inserito dalla l. 16.12.1999, n. 479. Il co. 1 è stato così modificato dal d. lgs. 10.10.2022, n. 150 che ha altresì soppresso il co. 3 e le parole tra parentesi quadre del co. 4. Il co. 5 *bis* è stato aggiunto dalla l. 27.12.2017, n. 205.

• Al fine di garantire l'effettività del diritto di difesa (→ **Cost.**, art. 24), inteso nella sua duplice accezione di difesa tecnica ed autodifesa, è previsto il rinvio dell'udienza preliminare quando l'imputato (→ **Soggetti**, art. 60) o il difensore (→ art. 96) si trovino in una oggettiva ed assoluta situazione di impossibilità di partecipare all'udienza per caso fortuito, forza maggiore o altro legittimo impedimento.

• Quando l'imputato non compare in udienza pur essendo stato regolarmente citato (art. 419 co. 1) e non sussistono cause di legittimo impedimento, il giudice deve dichiararne l'assenza nei casi previsti dall'art. 420 *bis*; nelle rimanenti ipotesi pronuncia sentenza di non doversi procedere per mancata conoscenza della pendenza del processo a norma degli artt. 420 *quater*-420 *sexies*.

• In **giudizio** (→ **Libro VII**), trova applicazione la disciplina dell'impedimento a comparire dell'imputato e del difensore, stante l'espresso rinvio operato dall'art. 484 co. 2 *bis*.

• Analogamente, il generico richiamo alle disposizioni dell'udienza preliminare contenuto nell'art. 441 co. 1 consente di estendere anche al **giudizio abbreviato** (→ **Procedimenti speciali**, art. 438 s.) l'ambito di operatività delle disposizioni sull'impedimento a comparire, stante la compatibilità dell'istituto con le caratteristiche peculiari del rito.

• È opinione condivisa che, al di fuori dell'udienza preliminare e dell'udienza di celebrazione del giudizio abbreviato, entrambe caratterizzate da contraddittorio necessario tra p.m. e difensore dell'imputato, nell'ambito dei procedimenti incidentali la cui disciplina ricalca le forme dell'art. 127 (→ **Atti**), il legittimo impedimento del difensore non possa giustificare il rinvio dell'udienza.

• La celebrazione dell'udienza preliminare nei casi in cui sussista un legittimo impedimento dell'imputato o del difensore comporta una nullità di ordine generale (→ **Atti**, art. 178 co. 1 lett. *c*).

• In **appello** (→ **Impugnazioni**, art. 593 s.), nei casi in cui si sia proceduto in assenza dell'imputato, se vi è la prova del legittimo impedimento, il giudice dichiara la nullità della sentenza a norma dell'art. 604 co. 5 *bis* e dispone, ricorrendone i presupposti, la restituzione nel termine per esercitare le facoltà dalle quali l'imputato è decaduto (→ art. 604 co. 5 *ter*); in cassazione (→ art. 606 s.), la corte annulla la sentenza di condanna e dispone, ricorrendone i presupposti, la regressione del procedimento dinanzi al giudice del grado e della fase in cui può essere esercitata la facoltà dalla quale l'imputato è decaduto (→ art. 623 co. 1 lett. *b bis*).

420 *quater*. Sentenza di non doversi procedere per mancata conoscenza della pendenza del processo da parte dell'imputato.

1. Fuori dei casi previsti dagli articoli 420 *bis* e 420 *ter*, se l'imputato non è presente, il giudice pronuncia sentenza inappellabile di non doversi procedere per mancata conoscenza della pendenza del processo da parte dell'imputato.

2. La sentenza contiene:

a) l'intestazione "in nome del popolo italiano" e l'indicazione dell'autorità che l'ha pronunciata;

b) le generalità dell'imputato e le altre indicazioni personali che valgono ad identificarlo, nonché le generalità delle altre parti private;

c) l'imputazione;

d) l'indicazione dell'esito delle notifiche e delle ricerche effettuate;

e) l'indicazione della data fino alla quale dovranno continuare le ricerche per rintracciare la persona nei cui confronti la sentenza è emessa;

f) il dispositivo, con l'indicazione degli articoli di legge applicati;

g) la data e la sottoscrizione del giudice.

3. Con la sentenza il giudice dispone che, fino a quando per tutti i reati oggetto di imputazione non sia superato il termine previsto dall'articolo 159, ultimo comma, del codice penale, la persona nei cui confronti è stata emessa la sentenza sia ricercata dalla polizia giudiziaria e, nel caso in cui sia rintracciata, le sia personalmente notificata la sentenza.

4. La sentenza contiene altresì:

a) l'avvertimento alla persona rintracciata che il processo a suo carico sarà riaperto davanti alla stessa autorità giudiziaria che ha pronunciato la sentenza;

b) quando la persona non è destinataria di un provvedimento applicativo della misura cautelare degli arresti domiciliari o della custodia in carcere per i fatti per cui si procede, l'avviso che l'udienza per la prosecuzione del processo è fissata:

1) il primo giorno non festivo del successivo mese di settembre, se la persona è stata rintracciata nel primo semestre dell'anno;

2) il primo giorno non festivo del mese di febbraio dell'anno successivo, se la persona è stata rintracciata nel secondo semestre dell'anno;

c) l'indicazione del luogo in cui l'udienza si terrà;

d) l'avviso che, qualora la persona non compaia e non ricorra alcuno dei casi di cui all'articolo 420 *ter*, si procederà in sua assenza e sarà rappresentata dal difensore.

5. Alla sentenza si applicano le disposizioni di cui ai commi 2 e 3 dell'articolo 546.

6. Decorso il termine di cui al comma 3 senza che la persona nei cui confronti è stata emessa la sentenza sia stata rintracciata, la sentenza di non doversi procedere per mancata conoscenza della pendenza del processo non può più essere revocata.

7. In deroga a quanto disposto dall'articolo 300, le misure cautelari degli arresti domiciliari e della custodia in carcere perdono efficacia solo quando la sentenza non è più revocabile ai sensi del comma 6. In deroga a quanto disposto dagli articoli 262, 317, 323, gli effetti dei provvedimenti che hanno disposto il sequestro probatorio, il sequestro conservativo e il sequestro preventivo permangono fino a quando la sentenza non è più revocabile ai sensi del comma 6.

Articolo inserito dalla l. 16.12.1999, n. 479, modificato dalla l. 28.4.2014, n. 67 e così sostituito dal d. lgs. 10.10.2022, n. 150.

• In **dibattimento** (→ **Giudizio**) non trova applicazione l'inedita sentenza di non doversi procedere per mancata conoscenza della pendenza del processo.

• Nel procedimento dinanzi al **tribunale in composizione monocratica** (→ **Libro VIII**), la sentenza di non doversi procedere per mancata conoscenza della pendenza del processo può essere emessa, ricorrendone i presupposti, nell'udienza di comparizione predibattimentale a seguito di citazione diretta (→ art. 554 *bis*).

• In **appello** (→ **Impugnazioni**), il giudice, se l'imputato non appellante è assente, dispone, con ordinanza, la sospensione del processo quando ricorrono le condizioni previste dall'art. 598 *ter* co. 2.

• Al fine di dare attuazione alla *vocatio in iudicium* contenuta nella sentenza di non doversi procedere, è previsto, a carico dei dirigenti degli uffici giudicanti, l'adozione dei provvedimenti organizzativi necessari per la celebrazione dell'udienza per la riassunzione del processo (→ **Disp. Att.**, art. 132 *ter*).

• Onde evitare la dispersione di elementi utili per la eventuale ripresa del processo, l'art. 420 *quinquies* consente, anche dopo la conclusione della sequenza procedimentale con l'emanazione della sentenza di improcedibilità, l'assunzione di **atti urgenti**.

• La sentenza di non doversi procedere può essere **revocata** alle condizioni e nei tempi stabiliti dall'art. 420 *sexies*, con conseguente riapertura del processo.

• Ascrivibile nel novero degli atti che pongono fine alla sequenza procedimentale, la sentenza di non doversi procedere emessa a norma dell'art. 420 *quater* determina la perdita dello *status* di imputato (→ **Soggetti**, art. 60).

• Quando il giudice emette sentenza di non doversi procedere a norma dell'art. 420 *quater*, ne dispone la trasmissione alla locale sezione di polizia giudiziaria, per l'inserimento nel Centro elaborazione dati (→ **Disp. Att.**, art. 143 *bis*).

• La sentenza di non doversi procedere è suscettibile di essere iscritta nel casellario giudiziale sebbene il **d.p.r. 14.11.2002, n. 313** continui a prevedere l'iscrizione del provvedimento con cui il giudice dispone la sospensione del procedimento ai sensi dell'art. 420 *quater* (→ art. 3 co. 1 lett. *i ter* d.p.r. 313 del 2002).

420 *quinquies*. Atti urgenti.

1. Finché le ricerche della persona nei cui confronti è stata emessa la sentenza di non doversi procedere ai sensi dell'articolo 420 *quater* sono in corso, il giudice che l'ha pronunciata assume, a richiesta di parte, le prove non rinviabili nelle forme di cui all'articolo 401. Del giorno, dell'ora e del luogo stabiliti per il compimento dell'atto è dato avviso almeno ventiquattro ore prima al pubblico ministero, alla persona offesa e ai difensori già nominati nel procedimento in cui è stata pronunciata la sentenza.

2. Per lo stesso periodo di tempo indicato nel comma 1, il giudice che ha pronunciato la sentenza di non doversi procedere ai sensi dell'articolo 420 *quater* resta competente a provvedere sulle misure cautelari e sui provvedimenti di sequestro fino alla perdita di efficacia prevista dal comma 7 dell'articolo 420 *quater*.

Articolo inserito dalla l. 16.12.1999, n. 479, modificato dalla l. 28.4.2014, n. 67 e così sostituito dal d. lgs. 10.10.2022, n. 150.

• A differenza di quanto previsto per l'omologo istituto contemplato nella fase degli atti preliminari al dibattimento (→ **Giudizio**, art. 467), le prove non rinviabili che possono essere acquisite dopo la pronuncia di non doversi procedere non sono limitate ai casi di incidente probatorio, non essendo previsto alcun rinvio all'art. 392.

420 *sexies*. Revoca della sentenza di non doversi procedere per mancata conoscenza della pendenza del processo.

1. Quando rintraccia la persona nei cui confronti è stata emessa sentenza di non doversi procedere ai sensi dell'articolo 420 *quater*, la polizia giudiziaria le notifica la sentenza e le dà avviso della riapertura del processo, nonché della data dell'udienza, individuata ai sensi dell'articolo 420 *quater*, comma 4, lettera *b*), nella quale è citata a comparire davanti all'autorità giudiziaria che ha emesso la sentenza.

2. La polizia giudiziaria provvede altresì agli adempimenti previsti dall'articolo 161 e, quando la persona rintracciata risulta priva del difensore, procede ai sensi dell'articolo 97, comma 4, comunicando alla persona rintracciata il nominativo del difensore di ufficio nominato. In ogni caso, la persona rintracciata è avvisata che al difensore sarà notificato avviso della data di udienza individuata ai sensi del comma 1. Delle attività svolte e degli avvisi dati alla persona rintracciata la polizia redige processo verbale.

3. La polizia giudiziaria trasmette senza ritardo al giudice la relazione di notificazione della sentenza e il verbale di cui al comma 2.

4. Il giudice con decreto revoca la sentenza e, salvo quanto previsto al comma 6, fa dare avviso al pubblico ministero, al difensore dell'imputato e alle altre parti della data dell'udienza fissata ai sensi dell'articolo 420 *quater*, comma 4, lettera *b*). L'avviso è comunicato o notificato almeno venti giorni prima della data predetta.

5. Nell'udienza fissata per la prosecuzione ai sensi dell'articolo 420 *quater*, comma 4, lettera *b*), il giudice procede alla verifica della regolare costituzione delle parti. Salva l'applicazione degli articoli 420 e 420 *ter*, si procede sempre ai sensi dell'articolo 420 bis, comma 1, lettera *a*).

6. Quando la sentenza è revocata nei confronti di un imputato che, all'atto della sua pronuncia, era destinatario della misura cautelare degli arresti domiciliari o della custodia in carcere per i fatti per cui si procede, il giudice fissa l'udienza per la prosecuzione e dispone che l'avviso del giorno, dell'ora e del luogo dell'udienza sia notificato all'imputato, al difensore dell'imputato e alle altre parti, nonché comunicato al pubblico ministero, almeno venti giorni prima. All'udienza il giudice procede alla verifica della regolare costituzione delle parti. Si applicano gli articoli 420, 420 *bis* e 420 *ter*.

Articolo inserito dal d. lgs. 10.10.2022, n. 150.

• Con la revoca, la persona nei cui confronti era stata emessa la sentenza di non doversi procedere per mancata conoscenza dell'esistenza del processo acquista nuovamente lo *status* di imputato (→ **Soggetti**, art. 60).

• In seguito alla revoca deve essere eliminata l'iscrizione della sentenza di non doveri procedere emessa a norma dell'art. 420 *quater* dal casellario giudiziale.

421. Discussione.

1. Conclusi gli accertamenti relativi alla costituzione delle parti, se rileva una violazione dell'articolo 417, comma 1, lettera *b*), il giudice, sentite le parti, invita il pubblico ministero a riformulare l'imputazione. Qualora il pubblico ministero non provveda, il giudice, sentite le parti, dichiara anche d'ufficio la nullità della richiesta di rinvio a giudizio e dispone, con ordinanza, la restituzione degli atti al pubblico ministero.

1 *bis*. L'imputazione modificata è inserita nel verbale di udienza e contestata all'imputato se presente in aula, anche mediante collegamento a distanza. In caso contrario, il giudice sospende il processo e rinvia a una nuova udienza e dispone che il verbale sia notificato all'imputato entro un termine non inferiore a dieci giorni dalla data della nuova udienza.

2. Se non dispone la restituzione degli atti al pubblico ministero, il giudice dichiara aperta la discussione. Il pubblico ministero espone sinteticamente i risultati delle indagini preliminari e

gli elementi di prova che giustificano la richiesta di rinvio a giudizio. L'imputato può rendere dichiarazioni spontanee e chiedere di essere sottoposto all'interrogatorio, per il quale si applicano le disposizioni degli articoli 64 e 65. Su richiesta di parte, il giudice dispone che l'interrogatorio sia reso nelle forme previste dagli articoli 498 e 499. Prendono poi la parola, nell'ordine, i difensori della parte civile, del responsabile civile, della persona civilmente obbligata per la pena pecuniaria e dell'imputato che espongono le loro difese. Il pubblico ministero e i difensori possono replicare una sola volta.

3. Il pubblico ministero e i difensori formulano e illustrano le rispettive conclusioni utilizzando gli atti contenuti nel fascicolo trasmesso a norma dell'articolo 416, comma 2, nonché gli atti e i documenti ammessi dal giudice prima dell'inizio della discussione.

4. Se il giudice ritiene di poter decidere allo stato degli atti, dichiara chiusa la discussione.

Il co. 1 è stato così sostituito dal d. lgs. 10.10.2022, n. 150 che ha altresì inserito il co. 1 *bis* e il primo periodo del co. 2. Il secondo periodo del co. 2 è stato così sostituito dalla l. 16.12.1999, n. 479. Il terzo periodo del co. 2 è stato inserito dalla l. 7.8.1997, n. 267.

• Finalizzato a colmare il vuoto normativo relativo ai possibili rimedi sanzionatori da attivare in caso di insufficiente descrizione del fatto contestato nella richiesta di rinvio a giudizio, l'inedito meccanismo a tappe obbligate introdotto dal d. lgs. 150 del 2022 sostituisce il "percorso virtuoso" al riguardo delineato dalla giurisprudenza di legittimità al fine di evitare l'indebita regressione del processo [Cass., SU, 1.2.2008, n. 5307, secondo cui nel caso di imputazione generica o indeterminata contenuta nella richiesta di rinvio a giudizio, il g.u.p. (→ **Libro V**, art. 328) avrebbe dovuto invitare il p.m. a modificare l'imputazione a norma dell'art. 423 e, solo in caso di inerzia del titolare dell'accusa, avrebbe potuto restituire a quest'ultimo gli atti, in analogia con quanto previsto per il giudizio (→ **Libro VII**) dall'art. 521 co. 2].

• L'analogo difetto di indeterminatezza dell'imputazione contenuta nel decreto che dispone il giudizio (art. 429 co. 1 lett. *c*) è sanzionata con la nullità (→ **Atti**, art. 177 s.) del provvedimento conclusivo dell'udienza preliminare (art. 429 co. 2)

• Terminata la verifica della regolare costituzione delle parti (art. 420), e prima che abbia inizio la discussione, deve essere presentata, a pena di decadenza (→ **Atti**, art. 173), l'opposizione nei confronti dell'intervento degli enti o delle associazioni rappresentative degli interessi lesi dal reato, avvenuto in udienza preliminare (→ **Soggetti**, art. 95 co. 2).

• Il g.u.p. provvede all'ammissione di atti e documenti, nel novero dei quali vanno ricomprese le memorie (→ **Atti**, art. 121; → **Prove**, art. 233 co. 1) e le prove documentali [→ **Prove**, art. 234 s., tra le quali rientrano anche i verbali di prove di altro procedimento (→ art. 238) e le sentenze irrevocabili (→ art. 238 *bis*)] prodotte ai sensi dell'art. 419 co. 2; i risultati dell'attività di indagine suppletiva (art. 419 co. 3); gli atti delle investigazioni difensive presentati ai sensi dell'art. 391 *octies* co. 1, nonché gli eventuali atti urgenti acquisiti dopo la pronuncia della sentenza di non doversi procedere per mancanza di conoscenza della pendenza del processo, a norma dell'art. 420 *quinquies*. Non sono previsti criteri di ammissibilità del materiale probatorio analoghi a quelli che operano per il dibattimento (→ **Giudizio**, art. 495; → **Prove**, artt. 190 e 190 *bis*) ma è opinione unanimemente condivisa che gli atti e i documenti di cui si chiede l'ammissione debbano essere comunque rilevanti in ordine ai fatti indicati nel capo di imputazione (art. 417 co. 1 lett. *b*).

• In caso di deposito, nel corso dell'udienza, di atti di indagine suppletiva, spetta al g.u.p. disporre eventuali «differimenti congrui alle singole, concrete fattispecie, sì da contemperare l'esigenza di celerità con la garanzia dell'effettività del contraddittorio» (Corte cost., 16 del 1994).

• A seguito di Corte cost., 77 del 1994, nel corso dell'udienza preliminare è possibile chiedere, nei casi previsti dall'art. 392, **incidente probatorio**.

• Una volta aperta la discussione prendono la parola il p.m. e i difensori delle parti nell'ordine indicato dall'art. 493 co. 2 (→ **Giudizio**).

• È previsto un possibile contributo autodifensivo dell'imputato, che può rendere dichiarazioni spontanee [tali dichiarazioni possono essere rilasciate anche nel corso delle indagini preliminari, al p.m. (art. 374) o alla p.g. (art. 350 co. 7) o in dibattimento (→ **Giudizio**, art. 494)] o chiedere di essere sottoposto ad interrogatorio (→ **Soggetti**, artt.

64 e 65) il quale, su richiesta di parte, può essere reso con le forme dell'esame incrociato (→ **Giudizio**, artt. 498 e 499). I verbali delle dichiarazioni rese dall'imputato in udienza preliminare possono essere acquisiti in giudizio (→ **Libro VII**), tramite lettura (→ artt. 511-514) sia nel caso in cui le stesse siano state rese nelle forme previste dagli artt. 498 e 499 (→ art. 514 co. 1), sia nell'ipotesi in cui in dibattimento l'imputato sia stato assente o abbia rifiutato di sottoporsi all'esame o di rispondere (→ art. 513 co. 1).

• Fino a che non siano formulate le conclusioni, è possibile chiedere il giudizio abbreviato (→ **Procedimenti speciali**, art. 438 co. 2), il patteggiamento (→ art. 446 co. 1) e la sospensione del procedimento con messa alla prova (→ art. 464 *bis* co. 2).

421 *bis*. Ordinanza per l'integrazione delle indagini.

1. Quando non provvede a norma del comma 4 dell'articolo 421, il giudice, se le indagini preliminari sono incomplete, indica le ulteriori indagini, fissando il termine per il loro compimento e la data della nuova udienza preliminare. Del provvedimento è data comunicazione al procuratore generale presso la corte d'appello.

2. Il Procuratore generale presso la corte d'appello può disporre con decreto motivato l'avocazione delle indagini a seguito della comunicazione prevista dal comma 1. Si applica, in quanto compatibile, la disposizione dell'articolo 412, comma 1.

Articolo inserito dalla l. 16.12.1999, n. 479.

• Il potere del g.u.p. (art. 328) di sollecitare lo svolgimento di ulteriore attività investigativa mira a garantire la **completezza delle indagini** (artt. 326, 358) in rapporto al giudizio prognostico tipico dell'udienza preliminare (artt. 424 e 425), nell'ottica di consentire il controllo giurisdizionale in ordine al corretto esercizio dell'azione penale (→ **Soggetti**, art. 50; art. 407 bis), a presidio del principio di obbligatorietà dell'azione penale stessa (→ **Cost.**, art. 112).

• Pur consentendo, di fatto, un prolungamento delle indagini (artt. 405, 406 e 407), il supplemento investigativo su impulso del g.u.p. non costituisce una deroga al principio di irretrattabilità dell'azione penale (→ **Soggetti**, art. 50).

• Ulteriore controllo in ordine alla completezza del materiale investigativo con consequenziale azione di impulso nei confronti del p.m. (→ **Soggetti**, art. 50) può essere esercitato dal g.i.p. (art. 328) in seguito alla richiesta, non accolta da quest'ultimo (art. 409), o opposta dalla persona offesa (art. 410), di archiviazione (art. 408 s.). Le evidenti analogie tra le due ipotesi considerate non devono, tuttavia, indurre a sottovalutare le profonde diversità funzionali esistenti tra le stesse: mentre il supplemento di indagine disposto a seguito dell'epilogo archiviativo condivide la stessa finalità delle indagini preliminari (art. 326), quello ordinato in udienza preliminare è funzionalmente orientato all'emanazione del provvedimento conclusivo della stessa (art. 424) o alla decisione finale da emettere all'esito del giudizio abbreviato (→ **Procedimenti speciali**, art. 442 co. 1 *bis*). In entrambi i casi, è prevista la comunicazione (art. 409 co. 3) al P.G. presso la corte d'appello (→ **Soggetti**, art. 51), che può disporre l'avocazione delle indagini (art. 412).

• In caso di rinvio a giudizio, i verbali dell'attività investigativa sollecitata dal g.u.p. confluiscono nel fascicolo del p.m. (art. 433).

422. Attività di integrazione probatoria del giudice.

1. Quando non provvede a norma del comma 4 dell'articolo 421, ovvero a norma dell'articolo 421 *bis*, il giudice può disporre, anche d'ufficio, l'assunzione delle prove delle quali appare evidente la decisività ai fini della sentenza di non luogo a procedere.

2. Il giudice, se non è possibile procedere immediatamente all'assunzione delle prove, fissa la data della nuova udienza e dispone la citazione dei testimoni, dei periti, dei consulenti tecnici e delle persone indicate nell'articolo 210 di cui siano stati ammessi l'audizione o l'interrogatorio. Quando una particolare disposizione di legge lo prevede, il giudice dispone che l'esame si svolga a distanza. Il giudice può altresì disporre che l'esame si svolga a distanza quando le parti vi consentono.

3. L'audizione e l'interrogatorio delle persone indicate nel comma 2 sono condotti dal giudice. Il pubblico ministero e i difensori possono porre domande, a mezzo del giudice, nell'ordine previsto dall'articolo 421, comma 2. Successivamente, il pubblico ministero e i difensori formulano e illustrano le rispettive conclusioni.
4. In ogni caso l'imputato può chiedere di essere sottoposto all'interrogatorio, per il quale si applicano le disposizioni degli articoli 64 e 65. Su richiesta di parte, il giudice dispone che l'interrogatorio sia reso nelle forme previste dagli articoli 498 e 499.
4 *bis*. [Soppresso.]

Articolo così sostituito dalla l. 16.12.1999, n. 479. L'ultimo periodo del co. 2 è stato aggiunto dal d. lgs. 10.10.2022, n. 150. Il co. 4 *bis* è stato aggiunto dal d. lgs. 29.12.2017, n. 216 e successivamente soppresso dal d.l. 30.12.2019, n. 161, conv., con modif., dalla l. 28.2.2020, n. 7.

• Il potere del g.u.p. (art. 328) di disporre d'ufficio l'assunzione di nuove prove trova fondamento nell'art. 190 (→ **Atti**) e può essere esercitato alla stregua del parametro della evidente decisività della singola prova, da valutare in relazione alla regola di giudizio di cui all'art. 425.

• In **dibattimento** (→ **Giudizio**, art. 507) e in **appello** (→ **Impugnazioni**, art. 603 co. 3) il giudice acquisisce d'ufficio nuove prove se lo ritiene assolutamente necessario.

• L'art. 422 non trova applicazione nell'ambito del **giudizio abbreviato** (→ **Procedimenti speciali**, art. 438 s.), dal momento che in tale contesto l'esercizio del potere probatorio del g.u.p. è condizionato dal diverso parametro della "non decidibilità allo stato degli atti" (→ art. 441 co. 5).

• A differenza del dibattimento (→ **Libro VII**), in udienza preliminare l'assunzione della prova è condotta dal giudice; l'imputato (→ **Soggetti**, art. 60) può successivamente chiedere di essere sottoposto ad interrogatorio (→ artt. 64 e 65) il quale, su richiesta di parte, può essere condotto con le forme dell'esame incrociato (→ **Giudizio**, artt. 498 e 499).

• Le prove acquisite in udienza preliminare su iniziativa del giudice confluiscono nel fascicolo del p.m. (art. 433); a richiesta di parte, tuttavia, i verbali delle dichiarazioni assunte dal g.u.p. ed utilizzati in giudizio (→ **Libro VII**) ai fini delle contestazioni (→ art. 500) sono allegati al *dossier* dibattimentale (art. 431) e vengono utilizzati come prova nei confronti delle parti che hanno partecipato alla loro assunzione (→ art. 500 co. 6).

• Sono, inoltre, acquisiti al fascicolo per il dibattimento tramite lettura (→ **Giudizio**, artt. 511-514) gli atti assunti dal g.u.p. di cui sia divenuta impossibile la ripetizione per fatti o circostanze sopravvenute ed imprevedibili (→ art. 512); le dichiarazioni rese dall'imputato (→ **Soggetti**, art. 60) o dal coimputato (→ **Prove**, art. 210) nei casi previsti dall'art. 513, nonché le dichiarazioni rese nelle forme previste dagli artt. 498 e 499 (art. 514 co. 1).

• Nel caso di **processi riuniti** (→ **Soggetti**, art. 17), il g.u.p. dispone la separazione se è necessario acquisire prove d'ufficio solo nei confronti di alcuni coimputati o per una o più imputazioni (→ art. 18).

• A seguito dell'acquisizione probatoria disposta dal giudice, le parti possono formulare le rispettive conclusioni. Fino a questo momento è possibile chiedere il giudizio abbreviato (→ **Procedimenti speciali**, art. 438 s.), il patteggiamento (→ art. 444 s.) e la sospensione del procedimento con messa alla prova (→ art. 464 *bis* s.).

• Dopo il provvedimento adottato al g.u.p. a norma dell'art. 422 co. 1, è vietato alla p.g. (→ **Soggetti**, art. 55), al p.m. (→ art. 50) e ai difensori (→ art. 96 s.) assumere informazioni dalle persone chiamate a deporre (art. 430 *bis*), pena la inutilizzabilità (→ **Prove**, art. 191) degli atti assunti in violazione del divieto.

423. Modificazione dell'imputazione.

1. Se nel corso dell'udienza il fatto risulta diverso da come è descritto nell'imputazione ovvero emerge un reato connesso a norma dell'articolo 12, comma 1, lettera *b*), o una circostanza aggravante, il pubblico ministero modifica l'imputazione [e la contesta all'imputato presente. Se l'imputato non è presente, la modificazione della imputazione è comunicata al difensore, che rappresenta l'imputato ai fini della contestazione].

1 *bis*. Se rileva che il fatto, le circostanze aggravanti e quelle che possono comportare l'applicazione di misure di sicurezza non sono indicati nell'imputazione in termini corrispondenti a quanto emerge dagli atti o che la definizione giuridica non è corretta, il giudice invita il pubblico ministero a operare le necessarie modificazioni. Se la difformità indicata permane, sentite le parti, il giudice dispone con ordinanza, anche d'ufficio, la restituzione degli atti al pubblico ministero.

1 *ter*. Nei casi di modifica dell'imputazione ai sensi dei commi 1 e 1 *bis*, si applicano le disposizioni di cui all'articolo 421, comma 1 *bis*.

2. Se risulta a carico dell'imputato un fatto nuovo non enunciato nella richiesta di rinvio a giudizio, per il quale si debba procedere di ufficio, il giudice ne autorizza la contestazione se il pubblico ministero ne fa richiesta e vi è il consenso dell'imputato.

Nel co. 1 le parole tra parentesi sono state soppresse dal d. lgs. 10.10.2022, n. 150, che ha inserito i co. 1 *bis* e 1 *ter*.

• Formulata con la richiesta di rinvio a giudizio (art. 417 co. 1 lett. *b*), l'imputazione è modificata dal p.m. (→ **Soggetti**, art. 50) nel corso dell'udienza preliminare o in dibattimento (→ **Giudizio**) se risulta che il **fatto è diverso** (art. 423; → **Giudizio**, art. 516) ovvero emerge una **circostanza aggravante o un reato connesso a norma dell'art. 12 co. 1 lett.** ***b*** (art. 423; → **Giudizio**, art. 517).

• Se risulta a carico dell'imputato un **fatto nuovo** procedibile d'ufficio e non enunciato nel capo di imputazione (art. 417 co. 1 lett. *b*; → **Giudizio**, art. 429 co. 1 lett. *c*; → **Procedimento davanti al tribunale in composizione monocratica**, art. 552 co. 1 lett. *c*), il p.m. procede alla relativa iscrizione nel registro delle notizie di reato (art. 335) o, in alternativa, alla contestazione dello stesso in udienza, se vi è il consenso dell'imputato presente e l'autorizzazione del giudice (423; → **Giudizio**, art. 518).

• Solo in dibattimento (→ **Giudizio**), nei casi di modifica dell'imputazione, l'imputato ha diritto di chiedere un termine a difesa e, comunque, le parti hanno diritto di chiedere nuove prove (→ art. 519).

• La modifica dell'imputazione opera anche nell'ipotesi disciplinata dall'art. 409 co. 5.

• Al di fuori delle ipotesi di modifica dell'imputazione nei casi previsti dalla disposizione in esame, il g.u.p. può dare al fatto una qualificazione giuridica diversa da quella enunciata nell'imputazione, in analogia con quanto previsto per il giudizio (→ **Libro VII**) dall'art. 521 co. 1.

• Se il giudice del dibattimento accerta la diversità del fatto, dispone la restituzione degli atti al p.m. a norma dell'art. 521 co. 2, al fine di garantire la **correlazione tra accusa e sentenza**.

• La contestazione di un fatto nuovo (art. 423 co. 2; → **Giudizio**, art. 518) o di un reato connesso (art. 423 co. 1; → **Giudizio**, art. 517) costituisce **atto di esercizio dell'azione penale** (art. 407 *bis*). La modifica dell'imputazione può determinare effetti sulla competenza: in tal caso, il g.u.p. pronuncia sentenza con cui dichiara la propria incompetenza (→ **Soggetti**, art. 22 co. 3) o emette ordinanza di restituzione degli atti al p.m., affinché proceda con citazione diretta a giudizio (→ art. 33 *sexies*).

• Nel caso di **imputazione generica o indeterminata** contenuta nella richiesta di rinvio a giudizio (art. 417 co. 1 lett. *b*) trova applicazione il meccanismo delineato dall'art. 421 co. 1.

• Nel corso del **giudizio abbreviato** (→ **Procedimenti speciali**, art. 438 s.), la modifica dell'imputazione è possibile solo a seguito dell'integrazione probatoria disposta su richiesta dell'imputato (→ art. 438 co. 5) o d'ufficio dal giudice (→ art. 441 co. 5). Se, a seguito delle contestazioni, si procede per delitti puniti con la pena dell'ergastolo, il giudice revoca, anche d'ufficio, l'ordinanza con cui è stato disposto il giudizio abbreviato e fissa l'udienza preliminare o la sua prosecuzione (→ art. 441 *bis* co. 1 *bis*). Analogamente, se l'imputato chiede che il procedimento prosegua nelle forme ordinarie, il giudice revoca l'ordinanza con cui era stato disposto il giudizio abbreviato e fissa l'udienza preliminare o la sua prosecuzione (→ art. 441 *bis* co. 4).

• Durante le **indagini preliminari** (art. 326 s.), pure in assenza di una formale imputazione, il p.m. cura l'aggiornamento delle iscrizioni nel registro delle notizie di reato (art. 335 co. 2) se muta la qualificazione giuridica del fatto ovvero questo risulta diversamente circostanziato.

424. Provvedimenti del giudice.

1. Subito dopo che è stata dichiarata chiusa la discussione, il giudice procede alla deliberazione pronunciando sentenza di non luogo a procedere o decreto che dispone il giudizio.

2. Il giudice dà immediata lettura del provvedimento. La lettura equivale a notificazione per le parti presenti.

3. Il provvedimento è immediatamente depositato in cancelleria. Le parti hanno diritto di ottenerne copia.

4. Qualora non sia possibile procedere alla redazione immediata dei motivi della sentenza di non luogo a procedere, il giudice provvede non oltre il trentesimo giorno da quello della pronuncia.

• La fase finale dell'udienza preliminare segna il limite temporale per sollevare importanti questioni: in particolare, il difetto di competenza per territorio (→ **Soggetti**, art. 8 s.) o per connessione (→ art. 12 s.) deve essere rilevato o eccepito, a pena di decadenza (→ **Atti**, art. 173), prima della conclusione dell'udienza (→ **Soggetti**, art. 21 co. 2 e 3); nello stesso termine occorre rilevare o eccepire l'inosservanza delle disposizioni concernenti la composizione monocratica o collegiale del tribunale (→ **Soggetti**, art. 33 *quinquies*). Analogamente, le nullità (→ **Atti**, art. 177 s.) concernenti gli atti delle indagini preliminari (art. 326 s.) e quelli compiuti nell'incidente probatorio (artt. 391 *bis* e 392 s.) nonché le nullità che riguardano la stessa udienza preliminare devono essere eccepite prima che sia pronunciato il provvedimento conclusivo dell'udienza (→ art. 181 co. 2). Nelle ipotesi considerate, dunque, l'udienza preliminare potrebbe concludersi, rispettivamente, con una sentenza con cui il g.u.p. dichiara la propria incompetenza per territorio o per connessione (→ **Soggetti**, art. 22 co. 3); con un'ordinanza di trasmissione degli atti al p.m. (→ art. 33 *sexies*) affinché quest'ultimo emetta decreto di citazione diretta a giudizio (→ **Procedimento davanti al tribunale in composizione monocratica**, art. 552), o, ancora, con un provvedimento che, nel dichiarare la nullità, disponga la regressione del procedimento (→ **Atti**, art. 185). Ulteriori esiti "alternativi" dell'udienza sono, inoltre, rappresentati dalla sentenza con cui il giudice rilevi il difetto di giurisdizione (→ **Soggetti**, art. 20 co. 2) o di competenza "per qualsiasi causa" (→ art. 22 co. 3), ovvero dal provvedimento con cui il giudice, in applicazione di quanto previsto dall'art. 423 co. 1 *bis*, dispone la restituzione degli atti al **p.m.**, qualora accerti che il fatto, le circostanze aggravanti e quelle che possono comportare l'applicazione di misure di sicurezza non sono indicati nell'imputazione in termini corrispondenti a quanto emerge dagli atti o che la definizione giuridica non è corretta.

• Al di fuori di simili epiloghi, una volta chiusa la discussione (artt. 421 co. 2 e 3 e 422 co. 3), il giudice pronuncia decreto che dispone il giudizio (art. 429) o sentenza di non luogo a procedere (art. 425).

• L'eventuale decreto che dispone il giudizio è comunicato alle amministrazioni ed enti di appartenenza nei casi previsti dall'**art. 133 Disp. att.**

• Nel caso in cui il g.u.p. emetta sentenza di non luogo a procedere, è possibile provvedere alla redazione dei motivi non oltre il trentesimo giorno da quello della pronuncia. Non opera per la sentenza in esame la possibilità di indicare un termine più lungo per la redazione dei motivi, come previsto, per il giudizio (→ **Libro VII**), dall'art. 544 co. 3.

• Con la pronuncia che definisce l'udienza preliminare cessa di avere efficacia il decreto di irreperibilità emesso dal g.u.p. o dal p.m. nel corso delle indagini preliminari (→ **Atti**, art. 160 co. 1), qualora si sia proceduto in assenza dell'imputato (art. 420 *bis*).

• Una volta pronunciato il decreto che dispone il giudizio, il g.u.p. conserva la propria competenza funzionale in ordine all'applicazione di eventuali misure cautelari, personali (→ **Misure cautelari**, art. 272 s.) e reali (→ artt. 317 e 321), fino al momento in cui il fascicolo per il dibattimento (art. 431) non sia stato trasmesso al giudice competente (art. 432).

• Il giudice che ha emesso il provvedimento conclusivo dell'udienza preliminare non può partecipare al giudizio (→ **Soggetti**, art. 34 co. 2).

425. Sentenza di non luogo a procedere.

1. Se sussiste una causa che estingue il reato o per la quale l'azione penale non doveva essere iniziata o non deve essere proseguita, se il fatto non è previsto dalla legge come reato ovvero quando risulta che il fatto non sussiste o che l'imputato non lo ha commesso o che il fatto non costituisce reato o che si tratta di persona non punibile per qualsiasi causa, il giudice pronuncia sentenza di non luogo a procedere, indicandone la causa nel dispositivo.

2. Ai fini della pronuncia della sentenza di cui al comma 1, il giudice tiene conto delle circostanze attenuanti. Si applicano le disposizioni dell'articolo 69 del codice penale.

3. Il giudice pronuncia sentenza di non luogo a procedere anche quando gli elementi acquisiti non consentono di formulare una ragionevole previsione di condanna.

4. Il giudice non può pronunciare sentenza di non luogo a procedere se ritiene che dal proscioglimento dovrebbe conseguire l'applicazione di una misura di sicurezza diversa dalla confisca.

5. Si applicano le disposizioni dell'articolo 537.

L'articolo è stato sostituito dalla l. 16.12.1999, n. 479. Il co. 3 è stato così modificato dal d. lgs. 10.10.2022, n. 150. Il co. 4 è stato modificato dal d.l. 7.4.2000, n. 82, conv., con modif., dalla l. 5.6.2000, n. 144.

• Corte cost., 41 del 1993, ha dichiarato costituzionalmente illegittimo, per contrasto con gli artt. 3, 24 e 76 Cost., il co. 1 nella parte in cui stabilisce che il giudice pronuncia sentenza di non luogo a procedere quando risulta evidente che l'imputato è persona non imputabile.

• Le importanti modifiche che hanno interessato l'intera architettura delle indagini preliminari e dell'udienza preliminare, innalzando notevolmente il livello di completezza del materiale probatorio a disposizione del giudice, hanno imposto un *restyling* dell'art. 425 ad opera prima della l. 16.12.1999, n. 479 e, successivamente, del d. lgs. 10.10.2022, n. 150, finalizzato a garantire coerenza sistematica alla regola di giudizio contenuta nella disposizione da ultimo richiamata, attraverso l'equivalenza sintattica tra la formula di proscioglimento cui allude il nuovo co. 3 dell'art. 425 e la *regula iuris* contenuta nel**l'art. 408.**

• Il richiamo alla sentenza di non luogo a procedere, contenuto nell'art. 129 co. 2 (→ **Atti**), impone al g.u.p. di dare prevalenza alle formule di proscioglimento in fatto e in diritto rispetto alle eventuali, concorrenti cause di estinzione del reato.

• Il giudice emette sentenza di non luogo a procedere anche nel caso in cui, in udienza preliminare, rilevi la violazione del **divieto di *bis in idem***, qualora accerti che l'imputato è già stato giudicato con sentenza irrevocabile per lo stesso fatto, pure se diversamente considerato per titolo, grado e circostanze (→ **Esecuzione**, art. 649).

• Caratterizzata da un'efficacia preclusiva allo stato degli atti, la sentenza di non luogo a procedere emessa per **mancanza di una condizione di procedibilità** (artt. 336-346) non preclude il successivo esercizio dell'azione penale (→ **Soggetti**, art. 50) per il medesimo fatto, nei confronti della stessa persona, se la condizione richiesta interviene successivamente, nei termini e alle condizioni normativamente previste (art. 345).

• Seppure ancora soggetta ad impugnazione, la sentenza di non luogo a procedere determina immediati effetti estintivi delle **misure cautelari** (→ **Libro IV**) sia reali che personali. Sotto il primo profilo, l'art. 323 co. 1 stabilisce che, nell'emettere la sentenza, il g.u.p. sia tenuto ad ordinare la restituzione delle cose sottoposte a sequestro preventivo (→ art. 321 s.), qualora non debba disporne la confisca. Solo dopo che la sentenza di non luogo a procedere sia divenuta inoppugnabile (→ **Esecuzione**, art. 650), cessano gli effetti del sequestro conservativo (→ **Misure cautelari**, art. 317). Sotto il secondo profilo, invece, la misura cautelare applicata in relazione ad un determinato fatto perde immediatamente efficacia quando per lo stesso fatto e nei confronti della stessa persona sia emessa sentenza di non luogo a procedere (→ art. 300). Se l'imputato è detenuto, è posto in libertà subito dopo la lettura del dispositivo della sentenza (→ **Disp. att.**, art. 131 *bis*). Nel caso in cui la sentenza di non luogo a procedere sia divenuta inoppugnabile (→ **Esecuzione**, art. 650), viene meno la qualità di imputato (→ **Soggetti**, art. 60 co. 2) e quest'ultimo, ove sottoposto a custodia cautelare (→ **Misure cautelari**, art. 285), ha diritto ad ottenere una riparazione per l'ingiusta detenzione subita, qualora ricorrano le condizioni previste dall'art. 314 (→ **Libro IV**). In speculare prospettiva, l'art. 300 co. 5 (→ **Misure cautelari**) introduce una presunzione di pericolosità nei confronti dell'imputato prosciolto con sentenza di non luogo a procedere e successivamente condannato per lo stesso fatto, il quale può essere sottoposto a misure cautelari coercitive quando ricorrano le esigenze cautelari di cui all'art. 274 co. 1 lett. *b* e *c* (→ **Misure cautelari**).

• In ambito probatorio (→ **Prove**), dopo che la sentenza sia divenuta inoppugnabile (→ **Esecuzione**, art. 650), le cose sottoposte a sequestro probatorio (→ **Prove**, art. 253 s.) sono restituite a chi ne abbia diritto, salva l'ipotesi in cui sia disposta confisca (→ art. 262 co. 4).

• Da una lettura in chiave sistematica degli artt. 241 (→ **Prove**); 425 co. 5; 537 (→ **Giudizio**), è possibile sostenere che con la sentenza di non luogo a procedere il g.u.p. possa dichiarare la falsità di un atto o documento e disporre la cancellazione totale o parziale ovvero la ripristinazione, la rinnovazione o la riforma dell'atto o documento, a condizione che ciò non pregiudichi l'interesse di terzi non intervenuti come parti nel procedimento.

• La sentenza di non luogo a procedere è impugnabile (→ **Impugnazioni**) a norma dell'art. 428; essa acquista forza esecutiva quando non è più soggetta ad impugnazione (→ **Esecuzione**, art. 650), ma non diviene irrevocabile perché ne è ammessa la revoca nei casi previsti dall'art. 434.

• La sentenza di non luogo a procedere non esplica efficacia extrapenale nei giudizi civili o amministrativi di danno (→ **Esecuzione**, art. 652).

• L'imputato nei cui confronti è stata emessa sentenza di non luogo a procedere può essere citato come responsabile civile nei confronti dei coimputati (→ **Soggetti**, art. 83 co. 1).

426. Requisiti della sentenza.

1. La sentenza contiene:

a) l'intestazione «in nome del popolo italiano» e l'indicazione dell'autorità che l'ha pronunciata;

b) le generalità dell'imputato o le altre indicazioni personali che valgono a identificarlo nonché le generalità delle altre parti private;

c) l'imputazione;

d) l'esposizione sommaria dei motivi di fatto e di diritto su cui la decisione è fondata;

e) il dispositivo, con l'indicazione degli articoli di legge applicati;

f) la data e la sottoscrizione del giudice.

2. In caso di impedimento del giudice, la sentenza è sottoscritta dal presidente del tribunale previa menzione della causa della sostituzione.

3. Oltre che nel caso previsto dall'articolo 125 comma 3, la sentenza è nulla se manca o è incompleto nei suoi elementi essenziali il dispositivo ovvero se manca la sottoscrizione del giudice.

• L'archetipo normativo della sentenza di non luogo a procedere va ad integrare i requisiti minimi previsti per le sentenze e, in generale, per i provvedimenti del giudice, dall'art. 125 (→ **Atti**).

• **L'imputazione** indicata nella sentenza di non luogo a procedere corrisponde all'addebito contenuto nella richiesta di rinvio a giudizio (art. 417 co. 1 lett. *b*), eventualmente modificato dal p.m. (→ **Soggetti**, art. 50) in udienza, a norma degli artt. 421 co. 1 e 423. Sebbene espressamente previsto solo per il giudizio (→ **Libro VII**), il principio di correlazione tra l'imputazione contestata e la sentenza opera anche nella fase dell'udienza preliminare, sicché nella sentenza di non luogo a procedere il g.u.p. può dare al fatto una qualificazione giuridica diversa, nei limiti di cui all'art. 521 (→ **Giudizio**).

• La **motivazione**, espressamente prevista a pena di nullità dall'art. 125 co. 3 (→ **Atti**) per tutte le sentenze e le ordinanze, deve essere redatta nelle forme della "esposizione sommaria" dei motivi di fatto e di diritto su cui la decisione è fondata.

• In caso di impedimento del giudice, la sentenza è sottoscritta dal presidente del tribunale. In assenza di una espressa tipizzazione delle cause di impedimento, occorre rinviare alla norma contenuta nell'art. 546 co. 2 che allude alla morte o ad altro impedimento grave (→ **Giudizio**). Non è previsto l'obbligo di sottoscrizione da parte dell'ausiliario del giudice (→ **Atti**, art. 126), il quale è, invece, tenuto ad apporre la propria firma in calce al decreto che dispone il giudizio (art. 429 co. 1 lett. *g*).

• Al di fuori delle ipotesi di nullità espressamente previste dal co. 3 della disposizione in esame, eventuali irregolarità sono emendabili dallo stesso g.u.p. con la procedura prevista per la correzione degli errori materiali (→ **Atti**), qualora ricorrano i presupposti di cui all'art. 130.

427. Condanna del querelante alle spese e ai danni.

1. Quando si tratta di reato per il quale si procede a querela della persona offesa, con la sentenza di non luogo a procedere perché il fatto non sussiste o l'imputato non lo ha commesso il giudice condanna il querelante al pagamento delle spese del procedimento anticipate dallo Stato.

2. Nei casi previsti dal comma 1, il giudice, quando ne è fatta domanda, condanna inoltre il querelante alla rifusione delle spese sostenute dall'imputato e, se il querelante si è costituito parte civile, anche di quelle sostenute dal responsabile civile citato o intervenuto. Quando ricorrono giusti motivi, le spese possono essere compensate in tutto o in parte.

3. Se vi è colpa grave, il giudice può condannare il querelante a risarcire i danni all'imputato e al responsabile civile che ne abbiano fatto domanda.

4. Contro il capo della sentenza di non luogo a procedere che decide sulle spese e sui danni possono proporre impugnazione, a norma dell'articolo 428, il querelante, l'imputato e il responsabile civile.

5. Se il reato è estinto per remissione della querela, si applica la disposizione dell'articolo 340, comma 4.

• Corte cost., 180 del 1993, ha dichiarato l'illegittimità costituzionale del co. 1, nella parte in cui prevede, nel caso di proscioglimento dell'imputato per non aver commesso il fatto, che il giudice condanni il querelante al pagamento delle spese anticipate dallo Stato anche quando risulti che l'attribuzione del reato all'imputato non sia ascrivibile a colpa del querelante. Corte cost., 423 del 1993, ha dichiarato l'illegittimità costituzionale del co. 1 nella parte in cui prevede, nel caso di proscioglimento dell'imputato perché il fatto non sussiste o per non aver commesso il fatto, che il giudice condanni il querelante al pagamento delle spese anticipate dallo Stato anche in assenza di qualsiasi colpa a questi ascrivibile nell'esercizio del diritto di querela.

• La condanna del querelante al pagamento delle spese e dei danni può intervenire, alle stesse condizioni, anche in **giudizio** (→ **Libro VII**), stante l'espresso rinvio alla disposizione in esame operato dall'art. 542.

• Nella fase delle **indagini preliminari** (art. 326 s.), non è previsto che con il provvedimento di archiviazione il querelante possa essere condannato al pagamento delle spese anticipate dallo Stato, nel caso in cui gli elementi giudicati non idonei a sostenere l'accusa in giudizio investano la sussistenza del fatto o la commissione dello stesso da parte del querelato sottoposto a indagini (Corte cost., 134 del 1993).

428. Impugnazione della sentenza di non luogo a procedere.

1. Contro la sentenza di non luogo a procedere possono proporre appello:

a) il procuratore della Repubblica e il procuratore generale nei casi di cui all'articolo 593 *bis* comma 2;

b) l'imputato, salvo che con la sentenza sia stato dichiarato che il fatto non sussiste o che l'imputato non lo ha commesso.

2. La persona offesa può proporre appello nei soli casi di nullità previsti dall'articolo 419, comma 7.

3. Sull'impugnazione la corte di appello decide in camera di consiglio con le forme previste dall'articolo 127. In caso di appello del pubblico ministero, la corte, se non conferma la sentenza, pronuncia decreto che dispone il giudizio, formando il fascicolo per il dibattimento secondo le disposizioni degli articoli 429 e 431, o sentenza di non luogo a procedere con formula meno favorevole all'imputato. In caso di appello dell'imputato, la corte, se non conferma la sentenza, pronuncia sentenza di non luogo a procedere con formula più favorevole all'imputato.

3 *bis*. Contro la sentenza di non luogo a procedere pronunciata in grado di appello possono ricorrere per cassazione l'imputato e il procuratore generale solo per i motivi di cui alle lettere *a*), *b*) e *c*) del comma 1 dell'articolo 606.

3 *ter*. Sull'impugnazione la corte di cassazione decide in camera di consiglio con le forme previste dall'articolo 611.

3 *quater*. Sono inappellabili le sentenze di non luogo a procedere relative a reati puniti con la sola pena pecuniaria o con pena alternativa.

Articolo prima variamente interpolato dalla l. 23.6.2017, n. 103, poi modificato dal d. lgs. 6.2.2018, n. 11. Il co. 3 *quater* è stato così modificato dal d. lgs. 10.10.2022, n. 150.

• La persona offesa (→ **Soggetti**, art. 90) può appellare nelle ipotesi di nullità (art. 419 co. 7) derivanti da difetto di notifica dell'avviso di fissazione dell'udienza preliminare (art. 419 co. 1) o da inosservanza del termine per comparire (art. 419 co. 4).

• Il querelante (art. 336), l'imputato e il responsabile civile (→ **Soggetti**, art. 83) possono impugnare il capo della sentenza che abbia deciso sulle spese e sui danni (art. 427 co. 4).

• Con l'impugnazione della sentenza di non luogo a procedere devono essere riproposte le nullità eccepite a norma dell'art. 181 co. 2 primo periodo, che non siano state dichiarate dal g.u.p. (→ **Atti**, art. 181 co. 3).

• Il termine per impugnare è di quindici giorni, previsto dall'art. 585 co. 1 lett. *a* (→ **Impugnazioni**) per i provvedimenti emessi in camera di consiglio (→ **Atti**, art. 127).

• Pur non divenendo irrevocabile (→ **Esecuzione**, art. 648), la sentenza di non luogo a procedere si caratterizza per un'efficacia preclusiva allo stato degli atti, in quanto è suscettibile di revoca (art. 434 s.) se sopravvengono o si scoprono nuove prove che, da sole o congiuntamente a quelle già acquisite, possono determinare il rinvio a giudizio (art. 429). Proprio per tale ragione, dal momento in cui la sentenza in esame non è più soggetta ad impugnazione, viene meno la qualità di imputato (→ **Soggetti**, art. 60 co. 2), che può essere riassunta solo in caso di revoca della sentenza stessa (→ art. 60 co. 3).

• Il giudice che ha deciso sull'impugnazione della sentenza di non luogo a procedere non può partecipare al giudizio (→ **Soggetti**, art. 34 co. 2).

429. Decreto che dispone il giudizio.

1. Il decreto che dispone il giudizio contiene:

a) le generalità dell'imputato e le altre indicazioni personali che valgono a identificarlo nonché le generalità delle altre parti private, con l'indicazione dei difensori;

b) l'indicazione della persona offesa dal reato qualora risulti identificata;

c) l'enunciazione, in forma chiara e precisa, del fatto, delle circostanze aggravanti e di quelle che possono comportare l'applicazione di misure di sicurezza, con l'indicazione dei relativi articoli di legge;

d) l'indicazione sommaria delle fonti di prova e dei fatti cui esse si riferiscono;

d bis) l'avviso all'imputato e alla persona offesa che hanno facoltà di accedere ai programmi di giustizia riparativa;

e) il dispositivo con l'indicazione del giudice competente per il giudizio;

f) l'indicazione del luogo, del giorno e dell'ora dell'udienza per la prosecuzione del processo davanti al giudice del dibattimento;

g) la data e la sottoscrizione del giudice e dell'ausiliario che l'assiste.

2. Il decreto è nullo se l'imputato non è identificato in modo certo ovvero se manca o è insufficiente l'indicazione di uno dei requisiti previsti dal comma 1 lettere *c*) e *f*).

2 *bis*. [Soppresso].

3. Tra la data del decreto e la data fissata per il giudizio deve intercorrere un termine non inferiore a venti giorni.

3 *bis*. Qualora si proceda per i reati di cui agli articoli 589, secondo comma, e 589 *bis* del codice penale, il termine di cui al comma 3 non può essere superiore a sessanta giorni.

4. [Soppresso].

La lett. *c* del co. 1 è stata così modificata dalla l. 16.12.1999, n. 479. La lett. *d bis* è stata aggiunta dal d. lgs. 10.10.2022, n. 150 che ha anche modificato la lett. *f*. Il co. 2 *bis* è stato aggiunto dalla l. 12.4.2019, n. 33 e soppresso dal d. lgs. 10.10.2022, n. 150. Il co. 3 *bis* è stato aggiunto dalla l. 21.2.2006, n. 102 e poi modificato dalla l. 23.3.2016, n. 41. Il co. 4, così sostituito prima dalla l. 16.12.1999, n. 479 e poi dal d.l. 7.4.2000, n. 82 nel testo integrato dalla relativa l. di conversione n. 144 del 2000, è stato soppresso dal d. lgs. 10.10.2022, n. 150.

• Onde consentire un efficace esercizio del diritto di difesa, il decreto che dispone il giudizio deve essere tradotto nel caso in cui l'imputato (→ **Soggetti**, art. 60) o la persona offesa (→ artt. 90 e 90 *bis*) non conoscano la lingua italiana (→ **Atti**, art. 143 co. 2; per la persona offesa: art. 143 *bis* co. 4).

• Al fine di garantire l'imparzialità del giudice dibattimentale (→ **Cost.**, art. 111 co. 2), il **decreto che dispone il giudizio non è motivato**, ma deve contenere solo l'enunciazione sommaria delle fonti di prova e dei fatti (→ **Prove**, art. 187) cui si riferiscono.

• Gli ulteriori elementi caratterizzanti il provvedimento in esame appaiono strumentali a garantire la **contestazione dell'accusa e la *vocatio in iudicium***: sotto il primo profilo, il decreto deve contenere l'imputazione, che corrisponde all'addebito formulato dal p.m. (→ **Soggetti**, art. 50) con la richiesta di rinvio a giudizio (art. 417 co. 1 lett. *b*), eventualmente modificato, in udienza preliminare, a norma degli artt. 421 e 423.

• Nel decreto che dispone il giudizio la contestazione dell'accusa si caratterizza per lo stesso livello di approfondimento descrittivo previsto per la richiesta di rinvio a giudizio (art. 417 co. 1 lett. *b*). Solo per il decreto, tuttavia, è direttamente comminata la sanzione della nullità in caso di mancanza o genericità dell'imputazione (art. 429 co. 2). Per le ipotesi di indeterminatezza dell'imputazione contenuta nella richiesta di rinvio a giudizio opera il meccanismo a tappe obbligate introdotto dall'art. 421.

• **L'imputazione** può subire modifiche pure in dibattimento (→ **Giudizio**) negli stessi casi previsti dall'art. 423, al fine di essere adeguata alle risultanze processuali, qualora risulti che il fatto è diverso (→ art. 516); se emerge una circostanza aggravante o un reato connesso a norma dell'art. 12 co. 1 lett. *b* (→ art. 517) o un fatto nuovo (→ art. 518). Al termine del giudizio (→ **Libro VII**), infatti, deve sussistere piena correlazione tra l'imputazione contestata all'imputato e quella ritenuta in sentenza (→ art. 521 co. 2). Al giudice è consentito solo modificare la qualificazione giuridica del fatto, ai sensi dell'art. 521 co. 1. L'inosservanza delle disposizioni concernenti la modifica dell'imputazione è causa di nullità della sentenza emessa all'esito del dibattimento (→ **Giudizio**, art. 522). In appello (→ **Impugnazioni**), il giudice deve annullare la sentenza ai sensi dell'art. 604 co. 1, 2 e 3.

• La *vocatio in iudicium* è realizzata dall'insieme dei requisiti indicati dalle lettere *e* ed *f* del co. 1 dell'art. 429. Quando si procede per i reati di cui agli artt. 589 co. 2 e 589 *bis* c.p., è prevista un'accelerazione del termine per comparire (art. 429 co. 3 *bis*).

• Nella fase degli atti preliminari al dibattimento (→ **Giudizio**, artt. 465-469), il presidente del tribunale o della corte d'assise può modificare la data dell'udienza alle condizioni e nel rispetto dei termini stabiliti dall'art. 465.

• Stante il principio di tassatività delle impugnazioni (**Libro IX**, art. 568 co. 1), **il decreto che dispone il giudizio non è impugnabile**. Le eventuali nullità (→ **Atti**, art. 177 s.), espressamente previste dall'art. 429 co. 2, devono essere sollevate in giudizio (→ **Libro VII**), tra le questioni preliminari (→ art. 491 co. 1) dinanzi al giudice del dibattimento (→ **Atti**, art. 181 co. 3). Al di fuori delle nullità espressamente previste, alla rinnovazione della citazione a giudizio o della relativa notificazione provvede il presidente del tribunale (→ **Disp. att.**, art. 143).

• Subito dopo l'emissione del decreto che dispone il giudizio, il g.u.p. forma il fascicolo per il dibattimento a norma dell'art. 431. Quest'ultimo, unitamente al decreto, è trasmesso alla cancelleria del giudice competente per il giudizio (art. 432). Durante il termine per comparire, le parti e i difensori hanno facoltà di prenderne visione e di estrarne copia (→ **Giudizio**, art. 466).

• Dopo l'emissione del decreto che dispone il giudizio, p.m. e difensori possono compiere indagini integrative (artt. 430 e 430 *bis*).

• Nel **procedimento dinanzi al tribunale in composizione monocratica** (→ **Libro VIII**), il decreto di citazione a giudizio è emesso, al termine delle indagini preliminari, dal p.m. a norma dell'art. 552.

• Nell'ambito dei **procedimenti speciali** (→ **Libro VI**), la citazione a giudizio segue sequenze atipiche: quando procede a giudizio direttissimo, se l'imputato è libero, il p.m. lo cita con decreto emesso a norma dell'art. 450 co. 2 e 3. Il decreto di giudizio immediato è, invece, emesso dal g.i.p. ai sensi dell'art. 456.

430. Attività integrativa di indagine del pubblico ministero e del difensore.

1. Successivamente all'emissione del decreto che dispone il giudizio, il pubblico ministero e il difensore possono, ai fini delle proprie richieste al giudice del dibattimento, compiere attività integrativa di indagine, fatta eccezione degli atti per i quali è prevista la partecipazione dell'imputato o del difensore di questo.

2. La documentazione relativa all'attività indicata nel comma 1 è immediatamente depositata nella segreteria del pubblico ministero con facoltà delle parti di prenderne visione e di estrarne copia.

Articolo così sostituito dalla l. 7.12.2000, n. 397.

• Strumentale a consentire un efficace diritto alla prova (→ **Prove**, art. 190), il principio di continuità investigativa consente alle parti di svolgere attività di indagine non solo dopo il deposito della richiesta di rinvio a giudizio (art. 419 co. 3), ma anche successivamente all'emissione del decreto che dispone il giudizio (art. 429).

• L'attività integrativa di indagine è funzionale esclusivamente alle richieste di prova in dibattimento (→ **Giudizio**, artt. 493, 495, 507) e in ciò si distingue sia rispetto alle indagini preliminari, finalizzate alle determinazioni del p.m. in ordine all'esercizio dell'azione penale (art. 326); sia rispetto alle indagini suppletive (art. 419 co. 3), strumentali alla emanazione del provvedimento finale dell'udienza preliminare (art. 424).

• Il potere del difensore di compiere indagini integrative appare perfettamente coerente con la facoltà, riconosciuta a quest'ultimo dall'art. 327 *bis*, di svolgere investigazioni per ricercare ed individuare elementi di prova a favore del proprio assistito, ai fini dell'esercizio del diritto di difesa in ogni stato e grado del procedimento.

• Nel corso dell'attività integrativa non possono essere compiuti atti per i quali è prevista la partecipazione dell'imputato (→ **Soggetti**, art. 60) e del suo difensore (→ art. 96 s.), nel novero dei quali rientrano sia gli atti garantiti (art. 364), sia gli atti ai quali il difensore ha diritto di assistere, senza preavviso (artt. 356 e 365). Con specifico riferimento all'**attività integrativa del difensore**, il limite in esame riguarda essenzialmente l'assunzione di informazioni da persona indagata o imputata nello stesso procedimento, in procedimento connesso o per reato collegato (art. 391 *bis* co. 5), nonché l'accesso a luoghi privati o non aperti al pubblico (art. 391 *septies*). Analogamente, si esclude che nel corso delle indagini integrative possano essere disposte intercettazioni telefoniche (→ **Prove**, art. 266 s.), che trovano sede naturale nella fase delle indagini preliminari (art. 326 s.).

• Il divieto di assumere atti per i quali è prevista la partecipazione del difensore deve, peraltro, essere integrato con l'ulteriore divieto di assumere informazioni dalle persone indicate dall'art. 430 *bis*. Gli atti assunti in violazione dei divieti richiamati sono inutilizzabili (→ **Prove**, art. 191).

• Depositata nella segreteria del p.m., la documentazione dell'attività integrativa è inserita nel fascicolo del pubblico ministero ed in quello del difensore solo dopo che le parti ne abbiano fatto uso per le richieste probatorie al giudice dibattimentale e quest'ultimo le abbia accolte (art. 433 co. 3).

• In giudizio (→ **Libro VII**), gli atti di indagine integrativa confluiti nel fascicolo del p.m. a norma dell'art. 433 co. 3 non sono utilizzabili ai fini della lettura a norma dell'art. 513 co. 1 e 2.

430 *bis*. Divieto di assumere informazioni.

1. È vietato al pubblico ministero, alla polizia giudiziaria e al difensore assumere informazioni dalla persona ammessa ai sensi dell'articolo 507 o indicata nella richiesta di incidente probatorio o ai sensi dell'articolo 422, comma 2, ovvero nella lista prevista dall'articolo 468 e presentata dalle altre parti processuali. Le informazioni assunte in violazione del divieto sono inutilizzabili.

2. Il divieto di cui al comma 1 cessa dopo l'assunzione della testimonianza e nei casi in cui questa non sia ammessa o non abbia luogo.

Articolo inserito dalla l. 16.12.1999, n. 479.

• Nella **fase delle indagini preliminari** (art. 326 s.), è vietato al p.m. (→ **Soggetti**, art. 50), alla p.g. (→ art. 55) e al difensore (→ artt. 96, 97) assumere informazioni dalle persone indicate nella richiesta di incidente probatorio (art. 393), ovvero, testimoni (art. 392 co. 1 lett. *a* e *b* e co. 1 *bis*); coimputati *ex* art. 210 (art. 392 co. 1 lett. *d*); persone tra cui effettuare il confronto (art. 392 co. 1 lett. *e*).

• Durante **le indagini suppletive** (art. 419 co. 3; → **Procedimenti speciali**, art. 438 co. 4) e nel corso dell'udienza preliminare, è vietato assumere informazioni dalle persone indicate nella richiesta di incidente probatorio (art. 393) e dalle persone citate dal giudice *ex* art. 422, ovvero testimoni (→ **Prove**, art. 194 s.), periti (→ art. 220 s.), consulenti tecnici (→ art. 230), coimputati *ex* art. 210.

• **Nel corso delle indagini integrative** (art. 430) è vietato assumere informazioni dalle persone indicate nella lista testimoniale (→ **Giudizio**, art. 468), ossia testimoni, periti, consulenti tecnici o coimputati ex art. 210 ovvero dalle persone il cui esame sia stato disposto d'ufficio dal giudice a norma dell'art. 507.

• Gli atti assunti in violazione del divieto sono inutilizzabili (→ **Prove**, art. 191; → **Impugnazioni**, art. 606) anche a fini cautelari (→ **Misure cautelari**) e nell'ambito dei procedimenti speciali (→ **Libro VI**).

• Il divieto cessa dopo l'assunzione della testimonianza (→ **Giudizio**, art. 497 s.); o dopo l'esame dei periti e consulenti tecnici (→ art. 501 s.) o dei coimputati (→ **Prove**, art. 210); in caso di mancata assunzione della prova o se quest'ultima non possa avere luogo.

431. Fascicolo per il dibattimento.

1. Immediatamente dopo l'emissione del decreto che dispone il giudizio, il giudice provvede nel contraddittorio delle parti alla formazione del fascicolo per il dibattimento. Se una delle parti ne fa richiesta il giudice fissa una nuova udienza, non oltre il termine di quindici giorni, per la formazione del fascicolo. Nel fascicolo per il dibattimento sono raccolti:

a) gli atti relativi alla procedibilità dell'azione penale e all'esercizio dell'azione civile;

b) i verbali degli atti non ripetibili compiuti dalla polizia giudiziaria;

c) i verbali degli atti non ripetibili compiuti dal pubblico ministero e dal difensore;

d) i documenti acquisiti all'estero mediante rogatoria internazionale e i verbali degli atti non ripetibili assunti con le stesse modalità;

e) i verbali degli atti assunti nell'incidente probatorio;

f) i verbali degli atti, diversi da quelli previsti dalla lettera *d*), assunti all'estero a seguito di rogatoria internazionale ai quali i difensori sono stati posti in grado di assistere e di esercitare le facoltà loro consentite dalla legge italiana;

g) il certificato generale del casellario giudiziario e gli altri documenti indicati nell'articolo 236, nonché, quando si procede nei confronti di un apolide, di una persona della quale è ignota la cittadinanza, di un cittadino di uno Stato non appartenente all'Unione europea ovvero di un cittadino di uno Stato membro dell'Unione europea privo del codice fiscale o che è attualmente, o è stato in passato, titolare anche della cittadinanza di uno Stato non appartenente all'Unione europea, una copia del cartellino fotodattiloscopico con indicazione del codice univoco identificativo;

h) il corpo del reato e le cose pertinenti al reato, qualora non debbano essere custoditi altrove.

2. Le parti possono concordare l'acquisizione al fascicolo per il dibattimento di atti contenuti nel fascicolo del pubblico ministero, nonché della documentazione relativa all'attività di investigazione difensiva.

Articolo così sostituito dalla l. 16.12.1999, n. 479. Nel co. 1 lett. *c*, le parole «e dal difensore» sono state aggiunte dalla l. 7.12.2000, n. 397. Il co. 1 lett. *g* è stato modificato dalla l. 27.9.2021, n. 134.

• Strumentale a garantire la separazione funzionale delle fasi (e l'imparzialità del giudice: → **Cost.**, art. 111), il **sistema del doppio fascicolo** preclude al giudice del dibattimento la conoscenza degli atti formati nelle fasi precedenti il giudizio.

• Gli atti esclusi dal *dossier* dibattimentale confluiscono nel fascicolo del p.m. (art. 433).

• La trasmigrazione degli atti nel fascicolo per il dibattimento è condizione necessaria, ma non sufficiente, per consentire l'utilizzabilità degli stessi ai fini della deliberazione (→ **Giudizio**, art. 526), essendo a tale scopo richiesta anche la **lettura** (→ art. 511). L'acquisizione e la successiva lettura delle dichiarazioni orali di querela (art. 336) e di istanza (art. 341) è, tuttavia, consentita in dibattimento solo per accertare la sussistenza delle condizioni di procedibilità (→ art. 511 co. 4).

• Nel novero degli **atti irripetibili** compiuti dal p.m. (→ **Soggetti**, art. 50), dalla p.g. (→ art. 55) e dai difensori (→ art. 96 s.) devono essere ricompresi solo quegli atti caratterizzati da una irripetibilità congenita o intrinseca all'atto stesso, come, in via meramente esemplificativa, le trascrizioni delle intercettazioni di conversazioni o comunicazioni (→ **Prove**, art. 268 co. 7), i risultati degli accertamenti tecnici irripetibili disposti dal p.m. (art. 360), i verbali di perquisizioni (→ **Prove**, art. 247 s.). Con particolare riferimento all'acquisizione di atti compiuti dal **difensore**, l'art. 391 *decies* co. 2 prevede che la documentazione di atti non ripetibili compiuti in occasione dell'accesso a luoghi, se presentata nel corso delle indagini preliminari o dell'udienza preliminare, debba essere inserita nel fascicolo per il dibattimento. Per converso, non possono trasmigrare nel fascicolo per il dibattimento quegli atti la cui irripetibilità sia dovuta a fatti e circostanze imprevedibili al momento della loro formazione; questi ultimi possono essere acquisiti solo successivamente, in giudizio, tramite lettura (→ **Giudizio**, art. 512).

• A seguito dell'entrata in vigore del d. lgs. 15.2.2016, n. 34, con cui è stata data attuazione alla decisione quadro 2002/465/GAI, è previsto che nel fascicolo per il dibattimento confluiscano anche gli atti irripetibili compiuti dalle squadre investigative comuni.

• I verbali delle prove formate in **incidente probatorio** (art. 392 s.) ed acquisite al fascicolo dibattimentale sono utilizzabili in giudizio (→ **Libro VII**) solo nei confronti degli imputati (→ **Soggetti**, art. 60) i cui difensori hanno partecipato alla formazione anticipata della prova (art. 403 co. 1), salvo i casi di sopravvenuta irripetibilità della stessa (art. 403 co. 1 *bis*).

• Con particolare riferimento agli **atti e documenti formati all'estero** (→ **Rapporti giurisdizionali con autorità straniere**), è consentita l'acquisizione di atti non ripetibili assunti tramite rogatoria internazionale; ovvero di atti ripetibili ai quali il difensore sia stato in grado di assistere. È sempre ammessa l'acquisizione di documenti assunti all'estero tramite rogatoria internazionale. A quest'ultimo riguardo, va precisato che la documentazione di atti di un procedimento penale compiuti da autorità giudiziaria straniera può essere acquisita esclusivamente a norma dell'art. 78 **Disp. att.**; mentre le dichiarazioni rese da persona residente all'estero, anche a seguito di rogatoria internazionale (→ **Rapporti giurisdizionali con autorità straniere**, art. 723 s.), sono suscettibili di lettura (→ **Giudizio**, artt. 511-514), alle condizioni indicate dall'art. 512 *bis*. In ogni caso, tutti gli atti assunti all'estero tramite rogatoria (→ **Rapporti giurisdizionali con autorità straniere**, art. 727 s.) sono soggetti ai divieti di utilizzabilità (→ **Prove**, art. 191) espressamente previsti dall'art. 729. Ulteriori prescrizioni sono, infine, previste per gli atti assunti all'estero tramite ordine europeo di indagine. Stabilisce, infatti, l'art. 36 d. lgs. 21.6.2017, n. 108 – con cui è stata data attuazione alla Direttiva 2014/41/UE – che confluiscono nel fascicolo per il dibattimento i documenti e i verbali degli atti non ripetibili acquisiti all'estero mediante ordine di indagine e i verbali degli atti, anche non ripetibili, assunti con le stesse modalità, ai quali i difensori sono stati posti in grado di assistere e di esercitare le facoltà loro riconosciute dalla legge italiana.

• Nel novero delle cose pertinenti al reato (→ **Prove**, art. 253) non possono essere comprese le prove documentali (→ art. 234), acquisibili in giudizio a seguito di richiesta delle parti (→ **Giudizio**, art. 493) e del conseguente provvedimento di ammissione del giudice (→ art. 495).

• Dopo la formazione in contraddittorio tra le parti, nel fascicolo per il dibattimento entrano anche gli eventuali verbali degli **atti urgenti** (→ **Giudizio**, art. 467) compiuti, nei casi dell'art. 392, nella fase degli atti preliminari al dibattimento (→ artt. 465-469).

• L'acquisizione concordata di atti al fascicolo per il dibattimento – con cui si introduce una deroga al contraddittorio che trova il proprio fondamento costituzionale nell'art. 111 co. 5 **Cost.** – costituisce solo una delle molteplici **fenomenologie di acquisizione consensuale della prova**, nell'ambito delle quali è possibile annoverare il giudizio abbreviato (→ **Procedimenti speciali**, art. 438 s.); il patteggiamento (→ art. 444 s.); il meccanismo consensuale volto a consentire la circolazione di prove formate *aliunde* (→ **Prove**, art. 238 co. 4); le due fattispecie di contestazione con acquisizione disciplinate dall'art. 500 co. 3 e 7 (→ **Giudizio**); le due ipotesi di lettura a matrice consensuale delle dichiarazioni rilasciate, nella fase preliminare o in udienza preliminare, dall'imputato (→ **Soggetti**, art. 60), o dal coimputato (→ art. 12 co. 1 lett. *a*) in procedimento connesso ma separato (→ **Giudizio**, art. 513 co. 1 e 2).

• **L'accordo probatorio** che caratterizza la formazione negoziata del fascicolo può essere concluso anche in dibattimento (→ **Giudizio**, art. 493 co. 3; nell'ambito del procedimento con citazione diretta → **Procedimento davanti al tribunale in composizione monocratica**, art. 555 co. 4). Peraltro, una volta terminata, in tale fase, l'acquisizione delle prove, il giudice ha facoltà di disporre, anche d'ufficio, l'assunzione delle stesse prove già acquisite nell'incartamento decisorio su concorde volontà delle parti sia in udienza preliminare, sia in dibattimento (→ **Giudizio**, art. 507 co. 1 *bis*).

• Nell'ambito dei procedimenti di anticipazione del dibattimento, la formazione del fascicolo decisorio segue sequenze atipiche: nel giudizio direttissimo (→ **Procedimenti speciali**, art. 450 co. 4) e nel procedimento a citazione diretta (→ **Procedimento davanti al tribunale in composizione monocratica**, art. 553) è formato dal p.m. Nel rito immediato (→ **Procedimenti speciali**, art. 457) provvede la cancelleria del g.i.p.

• La formazione in contraddittorio del fascicolo per il dibattimento non preclude la possibilità di sollevare eventuali questioni attinenti al contenuto dello stesso, in giudizio (→ **Libro VII**) tra le questioni preliminari (→ art. 491 co. 2).

432. Trasmissione e custodia del fascicolo per il dibattimento.

1. Il decreto che dispone il giudizio è trasmesso senza ritardo, con il fascicolo previsto dall'articolo 431 e con l'eventuale provvedimento che abbia disposto misure cautelari in corso di esecuzione, alla cancelleria del giudice competente per il giudizio.

• Unitamente al decreto che dispone il giudizio (art. 429) devono essere trasmessi alla cancelleria del giudice competente per il giudizio il fascicolo per il dibattimento (art. 431); le ordinanze applicative di misure cautelari personali (→ **Misure cautelari**, art. 292); le ordinanze che dispongono l'applicazione provvisoria di una misura di sicurezza (→ art. 313); le ordinanze che dispongono il sequestro conservativo (→ art. 317) e il decreto che dispone il sequestro preventivo (→ art. 321).

• I provvedimenti applicativi di misure cautelari ancora in corso di esecuzione non confluiscono nel fascicolo per il dibattimento e non sono utilizzabili a fini decisori.

• Fino al momento in cui il fascicolo non

sia pervenuto presso la cancelleria del giudice dibattimentale, il g.u.p. (art. 328) conserva la competenza funzionale in ordine all'applicazione, revoca o sostituzione delle misure cautelari (per il sequestro conservativo: → art. 317 co. 2).

• Nell'ambito del **procedimento a citazione diretta** (→ **Procedimento davanti al tribunale in composizione monocratica**), il p.m. (→ **Soggetti**, art. 50) forma il fascicolo (art. 431) e lo trasmette al giudice dell'udienza di comparizione predibattimentale (→ **Procedimento davanti al tribunale in composizione monocratica**, art. 554 *bis*) con il decreto di citazione (→ art. 552) immediatamente dopo la notificazione (→ art. 553). Fino al momento in cui il decreto di citazione (→ art. 552), unitamente al fascicolo per il dibattimento non è trasmesso al giudice, il g.i.p. (art. 328) è competente ad assumere eventuali atti urgenti (→ **Giudizio**, art. 467) e a provvedere in ordine alle misure cautelari (→ **Procedimento davanti al tribunale in composizione monocratica**, art. 554).

433. Fascicolo del pubblico ministero.

1. Gli atti diversi da quelli previsti dall'articolo 431 sono trasmessi al pubblico ministero con gli atti acquisiti all'udienza preliminare unitamente al verbale dell'udienza.
2. I difensori hanno facoltà di prendere visione ed estrarre copia, nella segreteria del pubblico ministero, degli atti raccolti nel fascicolo formato a norma del comma 1.
3. Nel fascicolo del pubblico ministero ed in quello del difensore è altresì inserita la documentazione dell'attività prevista dall'articolo 430 quando di essa le parti si sono servite per la formulazione delle richieste al giudice del dibattimento e quest'ultimo le ha accolte.

Il co. 3 è stato così modificato dalla l. 7.12.2000, n. 397.

• Ad esclusione degli atti acquisiti al fascicolo per il dibattimento (art. 431), nel fascicolo del p.m. confluiscono gli atti delle indagini trasmessi dal p.m. medesimo (→ **Soggetti**, art. 50) a norma dell'art. 416; il verbale dell'udienza preliminare (art. 420 co. 4) e le memorie e i documenti acquisiti nel corso della stessa (artt. 419 co. 2 e 421 co. 3); la documentazione delle indagini suppletive (art. 419 co. 3); i risultati del supplemento investigativo disposto su impulso del g.u.p. (art. 421 *bis*), e le prove assunte d'ufficio a norma dell'art. 422.

• Nel fascicolo del p.m. confluisce, altresì, il **fascicolo del difensore** (art. 391 *octies* co. 3) e la documentazione dell'**attività integrativa di indagine** (art. 430) compiuta dal p.m. e dal difensore (→ **Soggetti**, art. 96), qualora le parti ne abbiano fatto uso ai fini delle richieste al giudice dibattimentale (→ **Giudizio**, art. 493) e quest'ultimo le abbia accolte (→ art. 495).

• Sebbene di regola inutilizzabili a fini decisori in **giudizio** (→ **Libro VII**), gli atti contenuti nel fascicolo del p.m. possono, in casi eccezionali, trasmigrare all'interno del fascicolo dibattimentale ed essere utilizzati come prova. In particolare, sono acquisiti al fascicolo per il dibattimento i verbali delle dichiarazioni utilizzati per le contestazioni, nei casi espressamente previsti dall'art. 500 co. 4, 5, 6 e 7 e dall'art. 503 co. 5. Sono, inoltre, acquisibili tramite lettura (→ art. 515) gli atti di cui sia divenuta impossibile la ripetizione per fatti o circostanze imprevedibili (→ art. 512); le dichiarazioni rese da persona residente all'estero (→ art. 512 bis), nonché le dichiarazioni rese dall'imputato o dalle persone indicate nell'art. 210 co. 1 (→ **Prove**), qualora ricorrano, rispettivamente, le condizioni previste dall'art. 513 co. 1 e 2 (→ **Giudizio**).

• Al di fuori delle ipotesi appena indicate, in **giudizio** (→ **Libro VII**) le parti possono concordare l'acquisizione al fascicolo del dibattimento degli atti compiuti dal p.m., dalla p.g. e dal difensore (→ art. 493 co. 3; analogo accordo probatorio è consentito anche in udienza preliminare, nella fase di formazione del fascicolo per il dibattimentale: art. 431 co. 2). Il giudice può comunque disporre l'assunzione in contraddittorio dei mezzi di prova relativi ad atti acquisiti al fascicolo per il dibattimento, su accordo delle parti (→ art. 507 co. 1 *bis*).

• Nell'ambito dei **procedimenti speciali** (→ **Libro VI**), gli atti contenuti nel fascicolo del p.m. sono utilizzati a fini decisori per la sentenza emessa all'esito del giudizio abbreviato (→ art. 438 s.); per la sentenza di applicazione della pena richiesta dalle parti (→ art. 444 s.); per la sospensione del procedimento con messa alla prova (→ art. 464 *bis* s.), nei casi in cui tali procedimenti vengano chiesti prima della dichiarazione di apertura del dibattimento.

Titolo X
REVOCA DELLA SENTENZA DI NON LUOGO A PROCEDERE

434. Casi di revoca.

1. Se dopo la pronuncia di una sentenza di non luogo a procedere sopravvengono o si scoprono nuove fonti di prova che, da sole o unitamente a quelle già acquisite, possono determinare il rinvio a giudizio, il giudice per le indagini preliminari, su richiesta del pubblico ministero, dispone la revoca della sentenza.

• Pur non potendo aspirare alla irrevocabilità (→ **Esecuzione**, art. 648), idonea a determinare il divieto di un secondo giudizio a norma dell'art. 649, la sentenza di non luogo a procedere (art. 425) si caratterizza, tuttavia, per un **effetto preclusivo "allo stato degli atti"**, in quanto condiziona l'avvio di un nuovo procedimento penale per lo stesso fatto (per la nozione di medesimo fatto, → **Esecuzione**, art. 649), nei confronti della stessa persona, al sopravvenire di nuovi elementi probatori idonei a fondare un provvedimento di revoca da parte del g.i.p. (art. 328).

• Un'analoga efficacia preclusiva *rebus sic stantibus* caratterizza il **provvedimento di archiviazione** (art. 409): anche in questo caso, la riapertura delle indagini è subordinata ad un apposito provvedimento del g.i.p. (art. 414). Sotto questo profilo, dunque, il decreto di revoca della sentenza di non luogo a procedere e quello di riapertura delle indagini condividono la stessa natura di condizioni atipiche di procedibilità legittimanti lo *ius agendi* del p.m. (→ **Soggetti**, art. 50).

• Ai fini dell'accoglimento della richiesta di revoca della sentenza di non luogo a procedere, il g.i.p. è tenuto a formulare un giudizio prognostico in ordine alla ragionevole previsione di condanna (in base alla *regula iuris* indicata dall'art. 425 co. 3) sulla base delle nuove fonti di prova, considerate da sole o unitamente a quelle già acquisite [che corrispondono agli atti delle indagini trasmessi con la richiesta di rinvio a giudizio (art. 416); alle eventuali produzioni probatorie effettuate in udienza preliminare (art. 419 co. 2; art. 421 co. 3); alle risultanze del supplemento istruttorio disposto a norma dell'art. 421 *bis*; e alle eventuali prove acquisite d'ufficio dal g.u.p. *ex* art. 422]. A tale scopo, il p.m. deve trasmettere nella cancelleria del giudice gli atti relativi alle nuove fonti di prova (art. 435).

• Alla revoca della sentenza di non luogo a procedere consegue la **reviviscenza della qualità di imputato** (→ **Soggetti**, art. 60 co. 3).

• Anche in assenza del provvedimento di revoca, la sentenza di non luogo a procedere emessa per morte dell'imputato (→ **Soggetti**, art. 69) o per mancanza di una condizione di procedibilità (artt. 336-346) non impedisce un nuovo esercizio dell'azione penale (→ **Soggetti**, art. 50; art. 407 *bis*) per lo stesso fatto, nei confronti della stessa persona, qualora si accerti che la morte era stata erroneamente dichiarata (→ art. 69 co. 2) o nel caso in cui la condizione richiesta sopravvenga nei modi e nei termini previsti dalla legge (art. 345).

435. Richiesta di revoca.

1. Nella richiesta di revoca il pubblico ministero indica le nuove fonti di prova, specifica se queste sono già state acquisite o sono ancora da acquisire e richiede, nel primo caso, il rinvio a giudizio e, nel secondo, la riapertura delle indagini.
2. Con la richiesta sono trasmessi alla cancelleria del giudice gli atti relativi alle nuove fonti di prova.
3. Il giudice, se non dichiara inammissibile la richiesta, designa un difensore all'imputato che ne sia privo, fissa la data dell'udienza in camera di consiglio e ne fa dare avviso al pubblico

ministero, all'imputato, al difensore e alla persona offesa. Il procedimento si svolge con le forme previste dall'articolo 127.

• Pur evocando assonanze con il provvedimento di riapertura delle indagini (art. 414), la revoca della sentenza di non luogo a procedere si caratterizza per una procedura maggiormente garantita: mentre il primo è emesso dal g.i.p. (art. 328) *inaudita altera parte*, la seconda richiede la celebrazione di un'udienza camerale, da svolgersi secondo l'archetipo normativo delineato dall'art. 127 (→ **Atti**) ed alla quale possono partecipare il p.m. (→ **Soggetti**, art. 50), l'imputato (→ art. 60), il difensore (→ art. 96 s.) e la persona offesa (→ art. 90 s.). Se l'imputato è privo di un difensore di fiducia (→ art. 96), il giudice provvede alla nomina del difensore d'ufficio (→ art. 97). La differenza si spiega agevolmente in ragione del fatto che, a differenza dell'archiviazione (art. 408 s.), che rappresenta l'alternativa all'esercizio dell'azione penale (→ **Soggetti**, art. 50), la sentenza di non luogo a procedere interviene dopo l'esercizio dell'azione penale, e all'esito dell'udienza preliminare (art. 418 s.), a sua volta caratterizzata da contraddittorio necessario (art. 420 co. 1) e attività probatoria (artt. 421 co. 3, 421 *bis* e 422).

• L'eventuale declaratoria di inammissibilità della richiesta di revoca è impugnabile a norma dell'art. 437.

436. Provvedimenti del giudice.

1. Sulla richiesta di revoca il giudice provvede con ordinanza.

2. Quando revoca la sentenza di non luogo a procedere, il giudice, se il pubblico ministero ha chiesto il rinvio a giudizio, fissa l'udienza preliminare, dandone avviso agli interessati presenti e disponendo per gli altri la notificazione; altrimenti ordina la riapertura delle indagini.

3. Con l'ordinanza di riapertura delle indagini, il giudice stabilisce per il loro compimento un termine improrogabile non superiore a sei mesi.

4. Entro la scadenza del termine, il pubblico ministero, qualora sulla base dei nuovi atti di indagine non debba chiedere l'archiviazione, trasmette alla cancelleria del giudice la richiesta di rinvio a giudizio.

• Il provvedimento con cui il giudice dichiara inammissibile, rigetta o accoglie la richiesta di revoca assume la forma dell'ordinanza (→ **Atti**, art. 125). Solo i primi due provvedimenti sono ricorribili per cassazione nei casi previsti dall'art. 437. L'ordinanza che accoglie la richiesta di revoca è, invece, inoppugnabile.

• Se le nuove fonti di prova sono già state acquisite (es. documenti), il giudice (art. 328) deve fissare l'udienza preliminare (art. 418 s.). La lettura del provvedimento equivale a notificazione per le parti presenti (→ **Atti**, art. 148 co. 5); per gli altri soggetti, è disposta la notificazione (→ art. 148 s.). L'udienza preliminare si svolge secondo le cadenze ordinarie e può concludersi con l'emissione del decreto che dispone il giudizio (art. 429) o con la pronuncia della sentenza di non luogo a procedere (art. 425), la quale, a sua volta, è impugnabile a norma dell'art. 428 o revocabile ai sensi dell'art. 434. In questo caso, l'ordinanza di revoca costituisce una rinnovazione dell'azione penale (→ **Soggetti**, art. 50) già esercitata con la precedente richiesta di rinvio a giudizio (art. 417), alla quale consegue la reviviscenza dello *status* di imputato (→ **Soggetti**, art. 60 co. 3).

• Il procedimento di riapertura delle indagini, che non può avere una durata superiore a sei mesi, differisce dalla procedura disciplinata dall'art. 414, la quale prevede che il p.m. (→ **Soggetti**, art. 50) proceda a nuova iscrizione a norma dell'art. 335 e che si svolge nei tempi, eventualmente prorogabili, previsti dagli artt. 405 s. In entrambi i casi, le nuove indagini, che si aggiungono a quelle già svolte, possono concludersi con una ulteriore richiesta di rinvio a giudizio (art. 417) o con una richiesta di archiviazione (artt. 408 e 411). Quest'ultima ipotesi si caratterizza per molteplici distonie sotto il profilo sistematico, configurandosi come un non esercizio dell'azione penale successivo ad un precedente esercizio della stessa e che interviene dopo che il soggetto ha già riacquistato lo *status* di imputato (→ **Soggetti**, art. 60).

437. Ricorso per cassazione.

1. Contro l'ordinanza che dichiara inammissibile o rigetta la richiesta di revoca il pubblico ministero può proporre ricorso per cassazione solamente per i motivi indicati all'articolo 606, comma 1, lettere *b*), *d*) ed *e*).

Articolo modificato dalla l. 26.3.2001, n. 128.

LIBRO VI
PROCEDIMENTI SPECIALI

Titolo I
GIUDIZIO ABBREVIATO

438. Presupposti del giudizio abbreviato.

1. L'imputato può chiedere che il processo sia definito all'udienza preliminare allo stato degli atti, salve le disposizioni di cui al comma 5 del presente articolo e all'articolo 441, comma 5.

1 *bis*. Non è ammesso il giudizio abbreviato per i delitti puniti con la pena dell'ergastolo.

2. La richiesta può essere proposta, oralmente o per iscritto, fino a che non siano formulate le conclusioni a norma degli articoli 421 e 422.

3. La volontà dell'imputato è espressa personalmente o per mezzo di procuratore speciale e la sottoscrizione è autenticata è autenticata da un notaio, da altra persona autorizzata o dal difensore.

4. Sulla richiesta il giudice provvede con ordinanza con la quale dispone il giudizio abbreviato. Quando l'imputato chiede il giudizio abbreviato immediatamente dopo il deposito dei risultati delle indagini difensive, il giudice provvede solo dopo che sia decorso il termine non superiore a sessanta giorni, eventualmente richiesto dal pubblico ministero, per lo svolgimento di indagini suppletive limitatamente ai temi introdotti dalla difesa. In tal caso, l'imputato ha facoltà di revocare la richiesta.

5. L'imputato, ferma restando la utilizzabilità ai fini della prova degli atti indicati nell'articolo 442, comma 1 *bis*, può subordinare la richiesta ad una integrazione probatoria necessaria ai fini della decisione. Il giudice dispone il giudizio abbreviato se, tenuto conto degli atti già acquisiti ed utilizzabili, l'integrazione probatoria richiesta risulta necessaria ai fini della decisione e il giudizio abbreviato realizza comunque una economia processuale, in relazione ai prevedibili tempi dell'istruzione dibattimentale. In tal caso il pubblico ministero può chiedere l'ammissione di prova contraria. Resta salva l'applicabilità dell'articolo 423.

5 *bis*. Con la richiesta presentata ai sensi del comma 5 può essere proposta, subordinatamente al suo rigetto, la richiesta di cui al comma 1, oppure quella di applicazione della pena ai sensi dell'articolo 444.

6. In caso di dichiarazione di inammissibilità o di rigetto, ai sensi, rispettivamente, dei commi 1 *bis* e 5, la richiesta può essere riproposta fino al termine previsto dal comma 2.

6 *bis*. La richiesta di giudizio abbreviato proposta nell'udienza preliminare determina la sanatoria delle nullità, sempre che non siano assolute, e la non rilevabilità delle inutilizzabilità, salve quelle derivanti dalla violazione di un divieto probatorio. Essa preclude altresì ogni questione sulla competenza per territorio del giudice.

6 *ter*. Qualora la richiesta di giudizio abbreviato proposta nell'udienza preliminare sia stata dichiarata inammissibile ai sensi del comma 1 *bis*, il giudice, se all'esito del dibattimento ritiene che per il fatto accertato sia ammissibile il giudizio abbreviato, applica la riduzione della pena ai sensi dell'articolo 442, comma 2. In ogni altro caso in cui la richiesta di giudizio abbreviato proposta nell'udienza preliminare sia stata dichiarata inammissibile o rigettata, l'imputato può riproporre la richiesta prima dell'apertura del dibattimento e il giudice, se ritiene illegittima la dichiarazione di inammissibilità o ingiustificato il rigetto, ammette il giudizio abbreviato.

L'articolo è stato modificato prima dalla l. 16.12.1999, n. 479, poi dalla l. 23.6.2017, n. 103, poi dalla l. 12.4.2019, n. 33, applicabile ai fatti commessi dopo il 20.4.2019, e, infine, dal d. lgs. 10.10.2022, n. 150.

• Corte cost., 169 del 2003, ha dichiarato l'illegittimità costituzionale del co. 6, nella parte in cui non prevede che, in caso di rigetto della richiesta di giudizio abbreviato subordinata ad una integrazione probatoria, l'imputato possa rinnovare la richiesta prima della dichiarazione di apertura del dibattimento di primo grado e il giudice possa disporre il giudizio abbreviato. Corte cost., 214 del 2021, ha dichiarato manifestamente infondata la questione di legittimità costituzionale del co. 1 *bis* sollevata in riferimento all'art. 3 Cost. osservando che non è manifestamente irragionevole o arbitraria la scelta legislativa di riconnettere il divieto di giudizio abbreviato alla comminatoria astratta della pena dell'ergastolo; tale pena infatti esprime un giudizio di speciale disvalore della figura astratta del reato che il legislatore, sulla base di una valutazione discrezionale, ha ritenuto di formulare. In precedenza, Corte cost., 208 del 2021, aveva ritenuto infondata analoga questione sollevata con riferimento alla ragionevole durata del processo di cui all'art. 111 co. 2 Cost.

• Il giudizio abbreviato si instaura unicamente su richiesta dell'imputato (→ **Soggetti**, art. 60), proposta oralmente (dandosene atto a verbale: → **Atti**, art. 141) o per iscritto, fino a che non siano formulate le conclusioni dell'udienza preliminare (→ **Indagini e udienza preliminare**, artt. 421 e 422), quindi anche dopo il supplemento investigativo e l'eventuale assunzione probatoria. Quando il giudizio venga richiesto dopo il deposito delle investigazioni difensive (→ art. 391 *bis* s.), il p.m. può chiedere un termine per lo svolgimento di indagini suppletive (→ art. 419 co. 3), limitatamente ai temi introdotti dalla difesa con le proprie investigazioni (→ **Prove**, art. 187; per la non necessità di riconoscere tale potere di supplemento investigativo al p.m., Corte cost., 184 del 2009 e 117 del 2011). In questi casi, l'imputato, valutati i risultati dell'attività investigativa del p.m., ha facoltà di revocare la richiesta di ammissione al rito (per analoga possibilità di revoca v. art. 441 *bis*).

• Con la richiesta, formulabile dopo l'esercizio dell'azione penale, l'imputato chiede che il procedimento sia definito all'udienza preliminare (→ **Libro V**, art. 418 s.), rinunciando all'elaborazione dibattimentale (→ **Giudizio**) della prova (→ **Cost.**, art. 111 co. 5; → **Cedu**, art. 6).

• In caso di procedimento **soggettivamente cumulativo**, verrà disposta la separazione dei procedimenti (→ **Libro I**, art. 18 co. 2), consentendo lo svolgimento del rito solo per i soggetti richiedenti. In questi casi, secondo la giurisprudenza, il termine ultimo per presentare la richiesta scade nel momento in cui l'avvocato presenta le conclusioni e non in quello della formulazione delle conclusioni da parte dell'ultimo difensore (Cass., SU, 27.3.2014, Frija).

• In seguito alle modifiche apportate dalla l. 103 del 2017, la richiesta di giudizio abbreviato presentata in udienza preliminare determina la sanatoria delle nullità (→ **Atti**, art. 183; Cass., SU, 26.9.2006, n. 39298) che non siano assolute (→ artt. 180 e 181), la non rilevabilità delle inutilizzabilità, salvo quelle derivanti dalla violazione di un divieto probatorio (→ **Prove**, art. 191; Cass., SU, 21.6.2000, Tammaro), nonché la preclusione a sollevare ogni questione sulla competenza territoriale (→ **Soggetti**, art. 8 s.).

• La richiesta di giudizio abbreviato può essere **semplice**, ossia funzionale alla definizione del processo allo stato degli atti (salva l'applicazione dell'art. 441 *bis*), o **condizionata** ad una integrazione probatoria. Nel primo caso, il giudice accoglie la richiesta; nel secondo, tenendo conto degli atti già acquisiti e utilizzabili, valuta se la richiesta risulta necessaria ai fini della decisione e se il giudizio abbreviato realizzi comunque una economia processuale, in relazione ai prevedibili tempi dell'istruzione dibattimentale (→ **Giudizio**, art. 496 e s.). In caso di accoglimento, il p.m. ha diritto alla **prova contraria** (→ **Giudizio**, art. 495).

• La parte civile non ha potere di formulare richieste probatorie ma, secondo la giurisprudenza, una volta che il giudice abbia disposto d'ufficio la perizia, può nominare consulenti tecnici (Cass., 27.10.2021, Mocetti).

• Nei casi di citazione diretta a giudizio (→ **Procedimento davanti al tribunale in composizione monocratica**) il rito abbreviato può essere chiesto nell'udienza di comparizione predibattimentale (→ art. 554 *ter* co. 2).

• Qualora sia stato instaurato il giudizio direttissimo (art. 449), il giudice avverte l'imputato della facoltà di richiedere il giudizio abbreviato (art. 451 co. 5) e il mancato avvertimento dà luogo ad una nullità di ordine generale (→ **Atti**, art. 178 lett. *c*). L'imputato può formulare la propria richiesta prima che sia dichiarato aperto il dibattimento (art. 452 co. 2), ossia *in limine litis* (→ **Giudizio**, art. 491).

• Similmente, in caso di giudizio immediato, l'imputato è avvertito della facoltà di richiedere il giudizio abbreviato (art. 456; → **Atti**, art. 178 lett. *c*) che deve formulare – a pena di decadenza – entro quindici giorni (→

art. 172 s.) dalla notificazione del decreto di giudizio immediato, o, in caso di rigetto della richiesta condizionata, nell'udienza ad hoc fissata dal g.i.p. per la valutazione delle richieste di rito speciale (art. 458 co. 1 e 2 *bis*).

• La richiesta di giudizio abbreviato può anche essere formulata con l'opposizione al decreto penale di condanna (art. 461 co. 3).

• I **termini** previsti sono tutti a pena di decadenza (→ **Atti**, art. 173; → **Impugnazioni**, art. 606). Tuttavia, l'imputato può chiedere, nei casi in cui si sia proceduto in assenza in mancanza dei presupposti previsti dall'art. 420 *bis* (→ **Indagini e udienza preliminare**, art. 402 *bis*), di essere rimesso in termini per esercitare le facoltà da cui era decaduto (→ **Giudizio**, art. 489; → **Impugnazioni**, artt. 604 e 623).

• In seguito ad alcune pronunce della Corte cost. (237 del 2012, 333 del 2009, 273 del 2014 e 139 del 2015), recepite dal legislatore con il d. lgs. 150 del 2022, il giudizio abbreviato può essere richiesto nel **dibattimento** (→ **Giudizio,** art. 519) qualora il p.m. (→ **Soggetti**, art. 51) contesti un fatto diverso (→ **Giudizio**, art. 516) o un reato concorrente o una circostanza aggravante (eccetto la recidiva: → art. 517), in quest'ultimo caso sempre che la nuova contestazione riguardi un fatto che già risultava dagli atti di indagine al momento dell'esercizio dell'azione penale (→ **Indagini e udienza preliminare**, art. 407 *bis*).

• La volontà è espressa personalmente (→ **Soggetti**, art. 99) o a mezzo di procuratore speciale (→ art. 122). In questo caso la sottoscrizione può essere autenticata (→ art. 110) dal difensore, dal notaio o da altra persona autorizzata.

• Il giudizio viene **disposto** con ordinanza motivata (→ **Atti**, art. 125 co. 3).

• L'imputato che richieda il giudizio abbreviato condizionato può presentare, subordinatamente al suo rigetto, richiesta di giudizio abbreviato semplice o richiesta di applicazione della pena (art. 444).

• In seguito alle modifiche introdotte prima con la l. 33 del 2019 e, poi, con il d. lgs. 150 del 2022, il giudice, all'esito del dibattimento, può applicare la riduzione della pena prevista se, dichiarata inammissibile la richiesta di giudizio abbreviato proposta in udienza preliminare perché formulata per un delitto punito con l'ergastolo, ritenga che per il fatto accertato sia ammissibile il giudizio abbreviato. Si deve ritenere che, nel corso del dibattimento, per la modifica dell'imputazione (→ **Giudizio**, art. 516) o per una nuova qualificazione giuridica del fatto (→ art. 521) sia venuta meno la causa di inammissibilità dell'istanza. In ogni altro caso di dichiarazione di inammissibilità della richiesta di giudizio abbreviato o di rigetto ingiustificato della stessa, l'imputato ha la possibilità di ripresentare la richiesta prima della dichiarazione di apertura del dibattimento (→ art. 492). Il giudice dibattimentale sindaca la decisione del g.u.p. (→ **Indagini e udienza preliminare**, art. 328) e, ove ritenga illegittima la dichiarazione di inammissibilità o ingiustificato il diniego, dispone il giudizio abbreviato. Secondo la giurisprudenza, il giudice, all'esito del dibattimento, può, *re melius perpensa*, applicare la riduzione della pena negata *in limine litis*.

439. Richiesta di giudizio abbreviato.

[Soppresso.]

Articolo abrogato dalla l. 16.12.1999, n. 479.

440. Provvedimenti del giudice.

[Soppresso.]

Articolo abrogato dalla l. 16.12.1999, n. 479.

441. Svolgimento del giudizio abbreviato.

1. Nel giudizio abbreviato si osservano, in quanto applicabili, le disposizioni previste per l'udienza preliminare, fatta eccezione per quelle di cui agli articoli 422 e 423.

2. La costituzione di parte civile, intervenuta dopo la conoscenza dell'ordinanza che dispone il giudizio abbreviato, equivale ad accettazione del rito abbreviato.

3. Il giudizio abbreviato si svolge in camera di consiglio; il giudice dispone che il giudizio si svolga in pubblica udienza quando ne fanno richiesta tutti gli imputati.

4. Se la parte civile non accetta il rito abbreviato non si applica la disposizione di cui all'articolo 75, comma 3.

5. Quando il giudice ritiene di non poter decidere allo stato degli atti assume, anche d'ufficio, gli elementi necessari ai fini della decisione. Resta salva in tale caso l'applicabilità dell'articolo 423.

6. All'assunzione delle prove di cui al comma 5 del presente articolo e all'articolo 438, comma 5. si procede nelle forme previste dall'articolo 422, commi 2, 3 e 4. Le prove dichiarative sono documentate nelle forme previste dall'articolo 510.

L'articolo è stato modificato prima dalla l. 16.12.1999, n. 479 e, poi, dal d. lgs. 10.10.2022, n. 150.

• Quanto alle disposizioni applicabili, ad es., il rito si svolge in **camera di consiglio** senza la presenza del pubblico (→ **Atti**, art. 127), salvo la richiesta di tutte le parti in favore della pubblicità (→ **Giudizio**, artt. 471, 472, 473 e 476).

• L'imputato partecipa a distanza nei casi previsti dall'art. 146 *bis* co. 1, 1 *bis* e 1 *quater* **Disp. att.**, qualora il giudizio si svolga in pubblica udienza (→ **Disp. att.**, art. 134 *bis*), e negli stessi casi, nonché in quello previsto dall'art. 146 *bis* co. 1 *ter* **Disp. att.**, quando si proceda in camera di consiglio (→ art. 45 *bis*).

• Il giudice può procedere, se ritiene di non poter decidere allo stato degli atti (→ **Indagini e udienza preliminare**, art. 422; → **Giudizio**, art. 507; → **Impugnazioni**, art. 603), ad una assunzione probatoria d'ufficio, sollecitabile da tutte le parti, ivi compresa la parte civile (→ **Soggetti**, art. 75).

• Circa l'assunzione delle prove, all'audizione dei testimoni (→ **Prove**, art. 194), dei periti (→ art. 221), dei consulenti tecnici (→ art. 225) e dei coimputati (→ art. 210) procede direttamente il giudice, salvo che le parti chiedano la *cross examination*. L'esame può anche svolgersi a distanza, quando è previsto da una particolare disposizione di legge o le parti vi consentano. Il richiamo al co. 4 dell'art. 422 sembrerebbe rendere possibile anche l'interrogatorio dell'imputato (→ **Soggetti**, art. 64; → **Indagini e udienza preliminare**, art. 364). Tutte le prove dichiarative sono documentate con mezzi di riproduzione audiovisive, analogamente a quanto avviene nel dibattimento (→ **Giudizio**, art. 510).

• La **parte civile** (→ **Soggetti**, art. 75) non può interloquire sulla richiesta di rito speciale e non è titolare di un diritto alla prova (neanche nelle ipotesi in cui spetta al p.m. il diritto alla prova contraria), tuttavia, secondo la giurisprudenza, una volta che il giudice abbia disposto d'ufficio la perizia, può nominare consulenti tecnici (Cass., 27.10.2021, Mocetti). La sua costituzione (→ art. 76), dopo la conoscenza dell'ordinanza ammissiva del rito, equivale ad accettazione di esso, sicché la pronuncia in sede penale avrà efficacia di giudicato nei suoi confronti (→ **Esecuzione**, artt. 651 e 652). In caso di mancata accettazione del rito, la parte civile può instaurare il rito civile autonomo, senza subire la sospensione necessaria (→ **Soggetti**, art. 75 co. 3).

• Quanto alle altre **parti eventuali**, il **responsabile civile** viene escluso dal processo, anche d'ufficio, quando il giudice accoglie la richiesta di giudizio abbreviato (→ **Soggetti**, art. 87 co. 3; Corte cost., 216 del 2016). Nulla viene detto, invece, quanto al **civilmente obbligato** per la pena pecuniaria (→ art. 89). La **persona offesa** conserva il potere di presentare memorie e indicare elementi di prova (→ art. 90).

441 *bis*. Provvedimenti del giudice a seguito di nuove contestazioni sul giudizio abbreviato.

1. Se, nei casi disciplinati dagli articoli 438, comma 5, e 441, comma 5, il pubblico ministero procede alle contestazioni previste dall'articolo 423, comma 1, l'imputato può chiedere che il procedimento prosegua nelle forme ordinarie.

1 *bis*. Se, a seguito delle contestazioni, si procede per delitti puniti con la pena dell'ergastolo, il giudice revoca, anche d'ufficio, l'ordinanza con cui era stato disposto il giudizio abbreviato e fissa l'udienza preliminare o la sua eventuale prosecuzione. Si applica il comma 4.

2. La volontà dell'imputato è espressa nelle forme previste dall'articolo 438, comma 3.

3. Il giudice, su istanza dell'imputato o del difensore, assegna un termine non superiore a dieci giorni, per la formulazione della richiesta di cui ai commi 1 e 2 ovvero per l'integrazione della difesa, e sospende il giudizio per il tempo corrispondente.

4. Se l'imputato chiede che il procedimento prosegua nelle forme ordinarie, il giudice revoca l'ordinanza con cui era stato disposto il giudizio abbreviato e fissa l'udienza preliminare o la sua eventuale prosecuzione. Gli atti compiuti ai sensi degli articoli 438, comma 5, e 441, comma 5, hanno la stessa efficacia degli atti compiuti ai sensi dell'articolo 422. La richiesta di giudizio abbreviato non può essere riproposta. Si applicano le disposizioni dell'articolo 303, comma 2.

5. Se il procedimento prosegue nelle forme del giudizio abbreviato, l'imputato può chiedere l'ammissione di nuove prove, in relazione alle contestazioni ai sensi dell'articolo 423, anche oltre i limiti previsti dall'articolo 438, comma 5, ed il pubblico ministero può chiedere l'ammissione di prova contraria.

L'articolo è stato introdotto dal d.l. 7.4.2000, n. 82, conv., con modif., dalla l. 5.6.2000, n. 144. Il co. 4 è stato poi modificato dal d.l. 24.11.2000, n. 341, conv., con modif., dalla l. 19.1.2001, n. 4. Il co. 1 *bis* è stato introdotto dalla l. 12.4.2019, n. 33, applicabile ai fatti commessi dopo il 20.4.2019.

• In seguito all'istruzione, e solo per i fatti emergenti da questa (Cass., SU, 18.4.2019, Andriy; Corte cost., 140 del 2010), può sorgere la necessità di aggiornare la contestazione, perché il **fatto** risulta **diverso** da come descritto nel capo di imputazione (→ **Giudizio**, art. 516) ovvero emerge un **reato connesso** o una **circostanza aggravante** (→ art. 517). In questi casi, l'imputato può chiedere – previa concessione, su istanza propria o del difensore, di un termine a difesa (→ **Soggetti**, art. 108) – che si proceda con le forme ordinarie o nelle forme del giudizio abbreviato.

• La l. 33 del 2019 ha introdotto una nuova ipotesi di revoca d'ufficio dell'ordinanza ammissiva del giudizio abbreviato, collegata all'esclusione del rito per i reati puniti con l'ergastolo. Si procede con le forme ordinarie quando, a seguito delle nuove contestazioni, il reato risulta punito con la pena dell'ergastolo.

• Quando chiede che si proceda con il rito ordinario (→ **Giudizio**), gli atti compiuti, al pari di quelli dell'udienza preliminare (→ **Libro V**), avranno un limitato utilizzo in dibattimento (→ **Giudizio**, artt. 500 e 503). In caso di ritorno al rito ordinario, se l'imputato è sottoposto a misura cautelare custodiale (→ **Misure cautelari**, artt. 284, 285 e 286), i termini di durata della cautela decorrono nuovamente dalla data del provvedimento che dispone il regresso (→ art. 303 co. 2).

• Nel caso in cui il giudizio abbreviato sia stato instaurato su trasformazione di un altro rito (art. 438), e l'imputato, dopo le nuove contestazioni, chiede che si proceda con le forme ordinarie, il giudice, revocata l'ordinanza di ammissione al giudizio abbreviato (→ **Atti**, art. 125), fissa l'udienza per la prosecuzione del rito originariamente instaurato.

• Se, invece, l'imputato opta per la prosecuzione nelle forme del giudizio abbreviato, potrà chiedere, in relazione alle "nuove" contestazioni, l'**ammissione di prove**, esercitando così il suo diritto alla prova (→ **Prove**, art. 190). Il p.m. potrà chiedere la prova contraria (→ **Giudizio**, art. 495).

• La parte civile (→ **Soggetti**, art. 75) non può apportare contributi probatori, né è prevista una sua interlocuzione.

442. Decisione.

1. Terminata la discussione, il giudice provvede a norma degli articoli 529 e seguenti.

1 *bis*. Ai fini della deliberazione il giudice utilizza gli atti contenuti nel fascicolo di cui all'articolo 416, comma 2, la documentazione di cui all'articolo 419, comma 3, e le prove assunte nell'udienza.

2. In caso di condanna, la pena che il giudice determina tenendo conto di tutte le circostanze è diminuita della metà se si procede per una contravvenzione e di un terzo se si procede per un delitto.

2 *bis*. Quando né l'imputato, né il suo difensore hanno proposto impugnazione contro la sentenza di condanna, la pena inflitta è ulteriormente ridotta di un sesto dal giudice dell'esecuzione.

3. [Soppresso.]

4. Si applica la disposizione dell'articolo 426, comma 2.

L'articolo è stato modificato dalla l. 16.12.1999, n. 479; dalla l. 23.6.2017, n. 103, poi dalla l. 12.4.2019, n. 33 (applicabile ai fatti commessi dopo il 20.4.2019) e, infine, dal d. lgs. 10.10.2022, n. 150.

• Il giudice emette una decisione che deve essere pubblicata mediante lettura del dispositivo in udienza (→ **Giudizio**, art. 545). La tipologia delle **sentenze pronunciabili** è quella dibattimentale (→ art. 529 s.) e la pronuncia avrà efficacia di giudicato (→ **Esecuzione**, artt. 651 e 652), nei confronti della parte civile (→ **Soggetti**, art. 74 s.) che abbia accettato il rito.

• La scelta del rito comporta, in caso di condanna, una **riduzione della pena**. Nel caso in cui né l'imputato né il suo difensore propongano impugnazione (→ **Soggetti**, art. 60, 96; → **Impugnazioni**, art. 571) la pena inflitta è ulteriormente ridotta dal giudice dell'esecuzione (→ **Esecuzione,** art. 665).

• Anche se non espressamente previsto, il giudice potrà dare al fatto una qualificazione giuridica diversa (→ **Giudizio**, art. 521). Cfr. art. 443 co. 3.

• Ai fini della decisione, il giudice utilizza gli **atti acquisiti** (→ **Prove**, art. 191) nelle fasi anteriori all'avvio del rito speciale, ossia: documenti (→ art. 234), atti trasmessi dal p.m. con la richiesta di rinvio a giudizio (→ **Indagini e udienza preliminare**, art. 416 co. 2); memorie prodotte ai sensi dell'art. 419 co. 2; interrogatorio (→ art. 422) e dichiarazioni spontanee dell'imputato (→ **Giudizio**, art. 494); gli atti raccolti a seguito delle indagini *iussu iudicis* (→ **Indagini e udienza preliminare**, art. 421); le prove assunte direttamente dal g.u.p. (→ art. 422); le investigazioni difensive (→ art. 391 *bis* s.) e le eventuali indagini suppletive (→ art. 419 co. 3); l'incidente probatorio (→ art. 392 s.). Il giudice utilizzerà, ovviamente, anche gli atti raccolti in udienza a seguito dell'integrazione probatoria disposta su richiesta dell'imputato o d'ufficio.

• Ai fini della decisione, non potranno essere utilizzati gli atti acquisiti in violazione di specifici divieti di legge (→ **Prove**, art. 191), mentre potranno essere utilizzati gli atti affetti da c.d. inutilizzabilità fisiologica (→ **Giudizio**, art. 526; Cass., SU, 21.6.2000, Tammaro).

• Lo schema motivazionale della sentenza (→ **Atti**, art. 125) ricalca quello della pronuncia dibattimentale (→ **Giudizio**, art. 546). Quando la condanna è a pena sostitutiva, il giudice può sospendere il processo per acquisire la documentazione e le informazioni necessarie per la decisione (→ art. 545 *bis*).

• In caso di impedimento del giudice, la sentenza è sottoscritta dal presidente del tribunale previa menzione della causa di sostituzione (→ **Giudizio**, art. 546 co. 3).

443. Limiti all'appello.

1. L'imputato e il pubblico ministero non possono proporre appello contro le sentenze di proscioglimento.

2. [Soppresso.]

3. Il pubblico ministero non può proporre appello contro le sentenze di condanna, salvo che si tratti di sentenza che modifica il titolo del reato.

4. Il giudizio di appello si svolge con le forme previste dall'articolo 599.

L'articolo è stato modificato dalla l. 16.12.1999, n. 479 e, successivamente, dalla l. 20.6.2006, n. 46.

• Corte cost., 320 del 2007, ha dichiarato l'illegittimità costituzionale dell'art. 2 della l. 20.6.2006, n. 46, nella parte in cui, modificando il co. 1, esclude che il p.m. possa appellare le sentenze di proscioglimento emesse a seguito di giudizio abbreviato. Corte cost., 274 del 2009, ha dichiarato l'illegittimità costituzionale, per contrasto con gli artt. 3 e 24 co. 2 Cost., del co. 1, come modificato dalla l. 46 del 2006, nella parte in cui esclude che l'imputato possa proporre appello contro le sentenze di assoluzione per difetto di imputabilità, derivante da vizio totale di mente, emesse nel corso del giudizio abbreviato.

• Quanto al regime di impugnazione, la disposizione si segnala come specificazione dell'impugnabilità soggettiva (→ **Impugnazioni**, art. 568 co. 3) e oggettiva (→ artt. 568 co. 1 e 593), individuando soggetti e casi di appello della sentenza.

• Resta ferma la **ricorribilità per cassazione** (→ **Cost.**, art. 111 co. 7; → **Impugnazioni**, artt. 568 co. 2, 607 co. 1 e 608). In particolare, la giurisprudenza ha affermato che è ammissibile il ricorso per cassazione del p.m. avverso la sentenza di condanna emessa all'esito del giudizio abbreviato che abbia omesso di statuire in ordine alla misura di sicurezza dell'espulsione dello straniero dal territorio nazionale (Cass., S.U., 13.6.2022, p.m. in proc. Abdul Rahman Banadin).

• Quanto ai limiti all'**appello** (→ **Libro IX**, art. 593), la disposizione, modificata dalla l. 46 del 2006, è stata oggetto di diverse pronunce della Corte costituzionale che hanno ridisegnato l'appellabilità oggettiva delle pronunce.

• Il p.m. (→ **Impugnazioni**, art. 570) può appellare il proscioglimento (→ **Giudizio**, art. 529 s.) e le condanne (→ art. 533) solo in caso di modifica del titolo di reato (→ art. 521). Quanto al p.m. competente all'impugnazione v. l'art. 593 *bis* inserito dal d. lgs. 6.2.2018, n. 11.

• L'imputato (→ **Impugnazioni**, art. 571) può appellare le sentenze di condanna (→ **Giudizio**, art. 533) e i proscioglimenti esclusivamente nelle ipotesi di difetto di imputabilità derivante da vizio totale di mente (→ art. 530 co. 4; → art. 88 c.p.; → **Impugnazioni**, art. 593).

• Il giudizio di appello (→ **Impugnazioni**, art. 596 co. 3) si svolge in camera di consiglio (→ art. 599) con le forme di cui all'art. 127 (→ **Atti**).

• Il d. lgs. 150 del 2022 ha previsto, riprendendo quanto già affermato dalla giurisprudenza (Cass., SU, 19.1.2017, Patalano; Corte cost., 124 del 2019) la possibilità di una **rinnovazione istruttoria** (→ **Impugnazioni**, art. 603), in caso di appello del p.m. avverso la sentenza di proscioglimento per motivi attinenti alla valutazione della prova dichiarativa nei soli casi di integrazione probatoria richiesta dall'imputato o disposta d'ufficio (→ **Impugnazioni**, art. 603 co. 3 *bis*).

Titolo II
APPLICAZIONE DELLA PENA SU RICHIESTA DELLE PARTI

444. Applicazione della pena su richiesta.

1. L'imputato e il pubblico ministero possono chiedere al giudice l'applicazione, nella specie e nella misura indicata, di una pena sostitutiva o di una pena pecuniaria, diminuita fino a un terzo, ovvero di una pena detentiva quando questa, tenuto conto delle circostanze e diminuita fino a un terzo, non supera cinque anni soli o congiunti a pena pecuniaria. L'imputato e il pubblico ministero possono altresì chiedere al giudice di non applicare le pene accessorie o di applicarle per una durata determinata, salvo quanto previsto dal comma 3 *bis*, e di non ordinare la confisca facoltativa o di ordinarla con riferimento a specifici beni o a un importo determinato.

1 *bis*. Sono esclusi dall'applicazione del comma 1 i procedimenti per i delitti di cui all'articolo 51, commi 3 *bis* e 3 *quater*, i procedimenti per i delitti di cui agli articoli 600 *bis*, 600 *ter*, primo, secondo, terzo e quinto comma, 600 *quater*, secondo comma, 600 *quater*.1, relativamente alla condotta di produzione o commercio di materiale pornografico, 600 *quinquies*, nonché 609 *bis*, 609 *ter*, 609 *quater* e 609 *octies* del codice penale, nonché quelli contro coloro che siano stati dichiarati delinquenti abituali, professionali e per tendenza, o recidivi ai sensi dell'articolo 99, quarto comma, del codice penale, qualora la pena superi due anni soli o congiunti a pena pecuniaria.

1 *ter*. Nei procedimenti per i delitti previsti dagli articoli 314, 317, 318, 319, 319 *ter*, 319 *quater* e 322 *bis* del codice penale, l'ammissibilità della richiesta di cui al comma 1 è subordinata alla restituzione integrale del prezzo o del profitto del reato.

2. Se vi è il consenso anche della parte che non ha formulato la richiesta e non deve essere pronunciata sentenza di proscioglimento a norma dell'articolo 129, il giudice, sulla base degli atti, se ritiene corrette la qualificazione giuridica del fatto, l'applicazione e la comparazione delle circostanze prospettate dalle parti, le determinazioni in merito alla confisca, nonché congrue le pene indicate, ne dispone con sentenza l'applicazione enunciando nel dispositivo che vi è stata la richiesta delle parti. Se vi è costituzione di parte civile, il giudice non decide sulla relativa domanda; l'imputato è tuttavia condannato al pagamento delle spese sostenute dalla parte civile, salvo che ricorrano giusti motivi per la compensazione totale o parziale. Non si applica la disposizione dell'articolo 75, comma 3. Si applica l'articolo 537 *bis*.

3. La parte, nel formulare la richiesta, può subordinarne l'efficacia, alla concessione della sospensione condizionale della pena. In questo caso il giudice, se ritiene che la sospensione condizionale non può essere concessa, rigetta la richiesta.

3 *bis*. Nei procedimenti per i delitti previsti dagli articoli 314, primo comma, 317, 318, 319, 319 *ter*, 319 *quater*, primo comma, 320, 321, 322, 322 *bis* e 346 *bis* del codice penale, la parte, nel formulare la richiesta, può subordinarne l'efficacia all'esenzione dalle pene accessorie previste dall'articolo 317 *bis* del codice penale ovvero all'estensione degli effetti della sospensione condizionale anche a tali pene accessorie. In questi casi il giudice, se ritiene di applicare le pene accessorie o ritiene che l'estensione della sospensione condizionale non possa essere concessa, rigetta la richiesta.

Il testo originario dell'articolo è stato modificato in seguito alla l. 16.12.1999, n. 479 e, successivamente, alla l. 12.6.2003, n. 134, alla l. 6.2.2006, n. 38, alla l. 1.10.2012, n. 172, alla l. 27.5.2015, n. 69, alla l. 11.1.2018, n. 4, alla l. 9.1.2019, n. 3, e, infine, al d. lgs. 10.10.2022, n. 150.

• L'applicazione della pena su richiesta delle parti, il c.d. **patteggiamento**, è un rito premiale che si fonda sulla proposta di una delle parti – imputato (→ **Soggetti**, art. 60) o p.m. (→ art. 51) – accettata dall'altra parte e ratificata dal giudice.

• Oggetto dell'accordo è l'applicazione di una pena (sostitutiva, pecuniaria o detentiva) che le parti quantificano tenendo conto delle circostanze, del concorso materiale di reati e dell'eventuale continuazione, e applicando una riduzione fino ad un terzo. Il tetto massimo della pena patteggiabile è di cinque anni di reclusione soli o congiunti ad una pena pecuniaria (c.d. **patteggiamento** *maior*).

• In seguito alle modifiche introdotte con il d. lgs. 150 del 2022, l'oggetto dell'accordo può estendersi anche alla richiesta di non applicazione delle pene accessorie o di applicazione delle stesse per una durata determinata, e/o all'esclusione della confisca facoltativa o alla sua limitazione a specifici beni o a un importo determinato (→ art. 240 c.p.).

• L'accesso al rito è **precluso** per i soggetti che sono stati dichiarati delinquenti abituali (→ artt. 102, 103 e 104 c.p.), professionali (→ art. 105 c.p.) o per tendenza (→ art. 108 c.p.) o recidivi, ai sensi dell'art. 99 co. 4 c.p., e se si tratta di imputati per i delitti specificatamente indicati nel co. 1 *bis*. Questi soggetti, tuttavia, potranno accedere al patteggiamento nel caso in cui la pena che richiedono non superi i due anni di reclusione soli o congiunti a pena pecuniaria (c.d. **patteggiamento** *minor*). La l. 69 del 2015 ha poi inserito una **condizione di ammissibilità** della richiesta: qualora la pena superi i due anni di reclusione, l'ammissibilità dell'accesso al rito è subordinata, per determinati reati contro la pubblica amministrazione, tassativamente indicati dal co. 1 *ter*, alla restituzione integrale del prezzo o del profitto del reato (→ **Impugnazioni**, art. 606).

• La richiesta di patteggiamento può essere subordinata alla concessione della sospensione condizionale della pena (→ art. 163 c.p.), salvo il caso in cui l'accordo riguardi l'applicazione di una pena sostitutiva stante l'incompatibilità sancita dall'art. 61 *bis* l. 689 del 1981.

• In giurisprudenza si è puntualizzato che la sospensione condizionale della pena deve estendersi anche agli obblighi ulteriori eventualmente connessi *ex lege* alla concessione del beneficio, indicandone, quando previsto, la durata, con la conseguenza che, in mancanza di pattuizione anche su tali elementi, la sospensione non può essere accordata e, qualora al suo riconoscimento sia subordinata l'efficacia della stessa richiesta di patteggiamento, questa deve essere integralmente rigettata (Cass., SU, 27.1.2022, Boccardo).

• La l. 3 del 2019 ha inserito una nuova ipotesi di richiesta subordinata. Per i delitti tassativamente indicati dal co. 3 *bis*, la parte, nel formulare la richiesta, può subordinarne l'efficacia all'esenzione dalle pene accessorie previste dall'art. 317 *bis* c.p. ovvero all'estensione degli effetti della sospensione condizionale anche a tali pene accessorie. Qualora il giudice non la ritenga accoglibile, rigetta la richiesta.

• In caso di accordo, qualora il giudice ritenga corretta la prospettazione delle parti, l'epilogo è una pronuncia equiparata ad una sentenza di condanna (→ **Giudizio**, art. 533). Per l'espresso richiamo dell'art. 537 *bis*, con la sentenza di patteggiamento per uno dei fatti previsti dall'art. 463 c.c., il giudice dichiara l'indegnità dell'imputato a succedere.

• La sentenza emessa nei confronti di un lavoratore dipendente di un'amministrazione pubblica va comunicata all'amministrazione di appartenenza (→ **Disp. att.**, art. 154 *ter*).

• La decisione si fonda sugli atti contenuti nel fascicolo del p.m. (→ **Disp. att.**, art. 135); non vi sarà, quindi, acquisizione probatoria (→ **Cost.**, art. 111 co. 5; → **Prove**, art. 190; → **Giudizio**, art. 495).

• Il giudice è vincolato all'accordo, nel senso che non può modificarlo, ma solo accoglierlo o rigettarlo. Il giudice **rigetta** l'accordo quando, sulla base degli atti a disposizione, ritiene: che ricorra una causa di immediata declaratoria di non punibilità (→ **Atti**, art. 129); che non sia corretta la qualificazione giuridica del fatto (→ **Giudizio**, art. 521), l'applicazione e la comparazione di circostanze (→ artt. 61, 62, 62 *bis* e 69 c.p.), le determinazioni in merito alla confisca o che le pene non siano congrue (→ **Cost.**, art. 27; Corte cost., 313 del 1990).

• La parte civile (→ **Soggetti**, art. 74), se costituita, non potrà ottenere il risarcimento del danno, ma solo la refusione delle spese sostenute (Corte cost., 443 del 1990). Potrà però immediatamente trasferire l'azione civile nella sede propria (→ art. 75).

• Nel caso di **più sentenze di applicazione della pena su richiesta delle parti** pronunciate in procedimenti distinti nei confronti della stessa persona, questa (→ **Soggetti**, art. 60) e il p.m. (→ art. 51) possono chiedere al giudice dell'esecuzione (→ **Libro X**, art. 656) l'applicazione della disciplina del concorso formale e del reato continuato (→ art. 671) quando concordano sull'entità della pena e questa non superi i cinque anni, soli o congiunti a pena pecuniaria, o i due anni nei casi previsti dal co. 1 *bis* (→ **Disp. att.**, art. 188).

• Il rito non trova applicazione nel giudizio minorile (→ **Proc. minorile**) né davanti al giudice di pace (→ **Giu. Pace**; Corte cost., 50 del 2016).

445. Effetti dell'applicazione della pena su richiesta.

1. La sentenza prevista dall'articolo 444, comma 2, quando la pena irrogata non superi i due anni di pena detentiva soli o congiunti a pena pecuniaria, non comporta la condanna al pagamento delle spese del procedimento né l'applicazione di pene accessorie e di misure di sicurezza, fatta eccezione della confisca nei casi previsti dall'articolo 240 del codice penale. Nei casi previsti dal presente comma è fatta salva l'applicazione del comma 1 *ter*.

1 *bis*. La sentenza prevista dall'articolo 444, comma 2, anche quando è pronunciata dopo la chiusura del dibattimento, non ha efficacia e non può essere utilizzata a fini di prova nei giudizi civili, disciplinari, tributari o amministrativi, compreso il giudizio per l'accertamento della responsabilità contabile. Se non sono applicate pene accessorie, non producono effetti le disposizioni di leggi diverse da quelle penali che equiparano la sentenza prevista dall'articolo 444, comma 2, alla sentenza di condanna. Salvo quanto previsto dal primo e dal secondo periodo o da diverse disposizioni di legge, la sentenza è equiparata a una pronuncia di condanna.

1 *ter*. Con la sentenza di applicazione della pena di cui all'articolo 444, comma 2, del presente codice per taluno dei delitti previsti dagli articoli 314, primo comma, 317, 318, 319, 319 *ter*, 319 *quater*, primo comma, 320, 321, 322, 322 *bis* e 346 *bis* del codice penale, il giudice può applicare le pene accessorie previste dall'articolo 317 *bis* del codice penale.

2. Il reato è estinto, ove sia stata irrogata una pena detentiva non superiore a due anni soli o congiunti a pena pecuniaria, se nel termine di cinque anni, quando la sentenza concerne un delitto, ovvero di due anni, quando la sentenza concerne una contravvenzione, l'imputato non commette un delitto ovvero una contravvenzione della stessa indole. In questo caso si estingue ogni effetto penale, e se è stata applicata una pena pecuniaria o una sanzione sostitutiva, l'applicazione non è comunque di ostacolo alla concessione di una successiva sospensione condizionale della pena.

Il testo originario dell'articolo è stato modificato prima dalla l. 27.3.2001, n. 97, poi dalla l. 12.6.2003, n. 134, poi dalla l. 9.1.2019, n. 3 e, infine, dal d. lgs. 10.10.2022, n. 150.

• La sentenza che applica la pena, anche se pronunciata all'esito del dibattimento (→ **Giudizio**, art. 524), non ha efficacia nei giudizi civili (→ **Esecuzione**, art. 651) nei procedimenti disciplinari (→ art. 653), nei giudizi tributari e amministrativi (→ art. 654), compreso il giudizio per l'accertamento della responsabilità contabile. Inoltre la sentenza di patteggiamento non potrà essere utilizzata come prova nei medesimi giudizi (→ **Prove**, art. 238).

• Qualora la pena applicata non superi i due anni di reclusione (c.d. **patteggiamento** *minor*) il soggetto sarà esonerato dal pagamento delle spese del procedimento (→ **Giudizio**, art. 535) e non subirà l'applicazione di pene accessorie e misure di sicurezza (→ art. 533), fatta eccezione per la confisca obbligatoria (→ art. 240 c.p.) e per le pene accessorie di cui all'art. 317 bis c.p. che il giudice può applicare quando si procede per uno dei delitti tassativamente indicati dal comma 1 *ter*.

• La pronuncia è equiparata ad una sentenza di condanna (→ **Giudizio**, art. 533), ma se non sono applicate pene accessorie, non producono effetti le disposizioni di leggi diverse da quelle penali che equiparano la sentenza prevista dall'art. 444, co. 2, alla sentenza di condanna. In ogni caso, da questa equiparazione deriva, ad esempio, che il giudice può dichiarare la falsità di atti e/o documenti (→ art. 537) o, in caso di delitti in danno dell'ambiente, ordinare il recupero e, ove possibile, il ripristino dei luoghi (→ art. 452 *duodecies* c.p.).

• È poi previsto, sempre qualora la pena non superi i due anni di reclusione, un **effetto estintivo** del reato (→ **Esecuzione**, art. 676). Quest'effetto non si produce se la persona si sottrae volontariamente all'esecuzione della pena (→ **Disp. att.**, art. 136).

• Nel caso di **concorso formale** e di riconoscimento della **continuazione**, il termine di estinzione previsto dal co. 2 decorre per tutti i reati dalla data in cui è divenuta irrevocabile l'ultima pronuncia (→ **Disp. att.**, art. 137).

446. Richiesta di applicazione della pena e consenso.

1. Le parti possono formulare la richiesta prevista dall'articolo 444, comma 1, fino alla presentazione delle conclusioni di cui agli articoli 421, comma 3, e 422, comma 3, e fino alla dichiarazione di apertura del dibattimento di primo grado nel giudizio direttissimo. Se è stato notificato il decreto di giudizio immediato, la richiesta è formulata entro il termine e con le forme stabilite dall'articolo 458, comma 1 o all'udienza prevista dal comma 2-*bis* dello stesso articolo.

2. La richiesta e il consenso nell'udienza sono formulati oralmente; negli altri casi sono formulati con atto scritto.

3. La volontà dell'imputato è espressa personalmente o a mezzo di procuratore speciale e la sottoscrizione è autenticata da un notaio, da altra persona autorizzata o dal difensore.

4. Il consenso sulla richiesta può essere dato entro i termini previsti dal comma 1, anche se in precedenza era stato negato.

5. Il giudice, se ritiene opportuno verificare la volontarietà della richiesta o del consenso, dispone la comparizione dell'imputato.

6. Il pubblico ministero, in caso di dissenso, deve enunciarne le ragioni.

Il testo originario dell'articolo è stato modificato in seguito alla l. 16.12.1999, n. 479 e, poi, dal d. lgs. 10.10.2022, n. 150.

• La previsione indica solo il **termine finale** per la presentazione della richiesta; ne segue che essa è presentabile fin dalle indagini preliminari (→ **Indagini e udienza preliminare**). Nel giudizio ordinario, la richiesta può essere presentata fino alla conclusione **dell'udienza preliminare** (→ **Libro V**, art. 421), e quindi anche dopo l'eventuale supplemento istruttorio (→ artt. 421 *bis* e 422) nonché in via subordinata in caso di rigetto della richiesta di giudizio abbreviato condizionato (art. 438 co. 5 *bis*). Nel giudizio direttissimo (art. 449) la richiesta può essere formulata fino alla dichiarazione di apertura del dibattimento (→ **Giudizio**, art. 492). Nel giudizio immediato (art. 454) la richiesta va formulata entro quindici giorni dalla notifica (→ **Atti**, art. 148 s.) del decreto di giudizio immediato ovvero nell'udienza camerale fissata dal g.i.p. per la valutazione delle richieste di riti speciali. Nel procedimento per decreto (art. 459), la richiesta va formulata nell'opposizione. Nel caso di giudizio per citazione diretta (→ **Procedimento davanti al tribunale in composizione monocratica**) la richiesta può essere formulata fino a quando il giudice non si sia pronunciato sul merito dell'accusa nell'udienza di comparizione (art. 554 *ter*).

• I termini sono previsti a pena di decadenza, tuttavia l'imputato può chiedere, nei casi in cui si sia proceduto in assenza in mancanza dei presupposti previsti dall'art. 420 *bis* (→ **Indagini e udienza preliminare**, art. 402 *bis*), di essere rimesso in termini per esercitare le facoltà da cui era decaduto (→ **Giudizio**, art. 489). Inoltre, sempre qualora si sia proceduto in assenza, la richiesta può essere formulata anche davanti al giudice dell'appello (→ **Impugnazioni**, art. 604).

• In caso di procedimenti soggettivamente cumulativi, l'ammissione al rito per un imputato comporta la separazione dei procedimenti (→ **Soggetti**, art. 18).

• In seguito ad alcune pronunce della Corte cost. (265 del 1994 e 184 del 2014), recepite dal legislatore con il d. lgs. 150 del 2022, l'applicazione della pena su richiesta delle parti può essere formulata nel **dibattimento** (→ **Libro VII**, art. 519) qualora il p.m. (→ **Soggetti**, art. 51) contesti un fatto diverso (→ **Giudizio**, art. 516), un reato concorrente o una circostanza aggravante (diversa dalla recidiva: → art. 517) sempre che la nuova contestazione riguardi un fatto che già risultava dagli atti di indagine al momento dell'esercizio dell'azione penale (→ **Indagini e udienza preliminare**, art. 407 *bis*). I termini sono tutti **perentori** (→ **Atti**, art. 175) e vanno osservati a pena di decadenza (→ **Impugnazioni**, art. 606). Anche il consenso della parte che non ha formulato la richiesta deve intervenire negli stessi termini, salvo nei casi in cui è dato al p.m. un termine per esprimere il consenso quando la richiesta è formulata con l'opposizione al decreto penale di condanna (art. 464) o dopo la notifica del decreto di giudizio immediato (art. 458 *bis*).

• La richiesta dell'imputato è **atto personalissimo** (→ **Soggetti**, art. 99), sicché va presentata personalmente o da un suo procuratore speciale (→ **Atti**, art. 122), e la sottoscrizione è autenticata da un notaio, da altra persona autorizzata o dal difensore. In udienza la richiesta è formulata oralmente e ne va dato atto nel verbale (→ art. 141). Il giudice può disporre anche la comparizione dell'imputato (→ art. 132) per verificare la volontarietà della richiesta. Nel caso in cui la richiesta sia formulata fuori udienza, va presentata in forma scritta. Analogamente deve essere espresso il consenso alla richiesta. Il p.m. in caso di dissenso deve motivare la propria decisione.

447. Richiesta di applicazione della pena nel corso delle indagini preliminari.

1. Nel corso delle indagini preliminari, il giudice, se è presentata una richiesta congiunta o una richiesta con il consenso scritto dell'altra parte, fissa, con decreto, l'udienza per la decisione, assegnando, se necessario, un termine al richiedente per la notificazione all'altra parte. Nel decreto di fissazione dell'udienza la persona sottoposta alle indagini è informata che ha facoltà di accedere ai programmi di giustizia riparativa. Almeno tre giorni prima dell'udienza il fascicolo del pubblico ministero è depositato nella cancelleria del giudice.

2. Nell'udienza il pubblico ministero e il difensore sono sentiti se compaiono.

3. Se la richiesta è presentata da una parte, il giudice fissa con decreto un termine all'altra parte per esprimere il consenso o il dissenso e dispone che la richiesta e il decreto siano notificati a cura del richiedente. Prima della scadenza del termine non è consentita la revoca o la modifica della richiesta e in caso di consenso si procede a norma del comma 1.

Il testo originario dell'articolo è stato modificato in seguito al d. lgs. 10.10.2022, n. 150.

• La richiesta può essere presentata anche nel corso delle indagini preliminari al g.i.p. (→ **Indagini e udienza preliminare**, art. 328). Vi sono tre modalità di presentazione della richiesta. Può essere presentata una richiesta congiunta che viene depositata nella cancelleria del g.i.p. che, con decreto (→ **Atti**, art. 125), fissa l'udienza camerale (→ art. 127). Se la richiesta proviene da una sola delle parti, ed è provvista del consenso dell'altra parte, il giudice fissa con decreto (→ art. 125) l'udienza camerale (→ art. 127). In tutti e due i casi, l'indagato è informato che ha la facoltà di accedere ai programmi di giustizia riparativa. Qualora, infine, la richiesta provenga da una sola parte, il giudice fissa con decreto un termine all'altra parte per esprimere il consenso o il dissenso e dispone che la richiesta e il decreto siano notificati a cura della parte richiedente (→ artt. 148 s., 152 e

153). Durante la pendenza del termine per esprimere il consenso la richiesta non può essere revocata.

• La richiesta o il consenso del p.m. (→ **Soggetti**, art. 51) alla richiesta formulata dall'indagato (→ art. 61) costituisce atto di esercizio dell'azione penale (→ **Indagini e udienza preliminare**, art. 407 *bis*). Il giudice non può provvedere *de plano*, ma deve fissare l'udienza **a pena di nullità** (→ **Atti**, artt. 178 lett. *c* e 180), le parti sono sentite se compaiono.

• Non è previsto alcun avviso alla parte civile (→ **Soggetti**, art. 74), che a rigore non è presente durante le indagini preliminari. Né è previsto avviso alla persona offesa (→ art. 90).

• Almeno tre giorni prima dell'udienza (→ **Atti**, art. 172) il fascicolo del p.m. (→ **Indagini e udienza preliminare**, art. 373) è depositato presso la cancelleria del giudice.

448. Provvedimenti del giudice.

1. Nell'udienza prevista dall'articolo 447, nell'udienza preliminare, nel giudizio direttissimo e nel giudizio immediato, il giudice, se ricorrono le condizioni per accogliere la richiesta prevista dall'articolo 444, comma 1, pronuncia immediatamente sentenza. Nel caso di dissenso da parte del pubblico ministero o di rigetto della richiesta da parte del giudice per le indagini preliminari, l'imputato, prima della dichiarazione di apertura del dibattimento di primo grado, può rinnovare la richiesta e il giudice, se la ritiene fondata, pronuncia immediatamente sentenza. La richiesta non è ulteriormente rinnovabile dinanzi ad altro giudice. Nello stesso modo il giudice provvede dopo la chiusura del dibattimento di primo grado o nel giudizio di impugnazione quando ritiene ingiustificato il dissenso del pubblico ministero o il rigetto della richiesta.

1 *bis*. Nei casi previsti dal comma 1, quando l'imputato e il pubblico ministero concordano l'applicazione di una pena sostitutiva di cui all'articolo 53 della legge 24 novembre 1981 n. 689, il giudice, se non è possibile decidere immediatamente, sospende il processo e fissa una apposita udienza non oltre sessanta giorni, dandone contestuale avviso alle parti e all'ufficio di esecuzione penale esterna competente. Si applica, in quanto compatibile, l'articolo 545 *bis*, comma 2.

2. In caso di dissenso, il pubblico ministero può proporre appello; negli altri casi la sentenza è inappellabile.

2 *bis*. Il pubblico ministero e l'imputato possono proporre ricorso per cassazione contro la sentenza solo per motivi attinenti all'espressione della volontà dell'imputato, al difetto di correlazione tra la richiesta e la sentenza, all'erronea qualificazione giuridica del fatto e all'illegalità della pena o della misura di sicurezza.

3. Quando la sentenza è pronunciata nel giudizio di impugnazione, il giudice decide sull'azione civile a norma dell'articolo 578, comma 1.

Il testo originario dell'articolo è stato modificato dalla l. 16.12.1999, n. 479. La l. 23.6.2017, n. 103 ha introdotto il co. 2 *bis*. Il co. 1 *bis* è stato invece introdotto dal d. lgs. 10.10.2022, n. 150, che ha anche modificato il co. 3.

• Quando ricorrono le condizioni (art. 444 co. 2), il giudice pronuncia immediatamente **sentenza** (→ **Atti**, art. 125; → **Giudizio**, art. 546).

• Nel caso di dissenso del p.m. (→ **Soggetti**, art. 51) o di rigetto della richiesta da parte del g.i.p. (→ **Indagini e udienza preliminare**, art. 328), l'imputato (→ **Soggetti**, art. 60) può rinnovare la sua richiesta prima della dichiarazione di apertura del dibattimento (→ **Giudizio**, art. 492). Per la pronuncia della sentenza di patteggiamento sarà necessario il consenso del p.m. In questo caso il giudice deciderà sulla base degli atti del fascicolo del p.m. (→ **Disp. att.**, art. 135). In caso di accoglimento della richiesta, sarà immediatamente pronunciata sentenza; in caso di rigetto proseguirà il dibattimento, davanti ad un altro giudice (→ **Soggetti**, art. 34).

• La pena richiesta potrà essere applicata anche all'esito del dibattimento di primo grado (→ **Giudizio**, art. 524) o nel giudizio di impugnazione (→ **Libro IX**, art. 601) quando il giudice ritenga ingiustificato il dissenso del p.m. (art. 446 co. 6) o il precedente rigetto della richiesta. In questo caso, se vi era stata condanna in primo grado (→ **Giudizio**, artt. 533 e 538) il giudice potrà decidere sull'azione civile (→ **Impugnazioni**, art. 578).

• Qualora le parti concordano per l'applicazione di una **pena sostitutiva** (art. 53 l.

24.11.1981, n. 689), il giudice, se non è possibile decidere immediatamente, sospende il processo per poter acquisire la documentazione e le informazioni necessarie, dandone avviso alle parti e all'ufficio di esecuzione penale esterna competente (→ **Giudizio**, art. 545 *bis*).

• La sentenza è **inappellabile** dall'imputato (→ **Impugnazioni**, art. 568), ma **ricorribile per cassazione** (→ **Cost.**, art. 111 co. 7). Il p.m., se aveva espresso il dissenso, potrà appellare la sentenza (→ **Impugnazioni**, art. 596), negli altri casi la pronuncia è inappellabile, e sarà quindi solo ricorribile per cassazione (→ artt. 607, 608 e 620). Il legislatore ha espressamente individuato i motivi di ricorso per cassazione avverso la sentenza di applicazione della pena. Attualmente, la sentenza è ricorribile solo per motivi attinenti: all'espressione della volontà dell'imputato (art. 446; → **Atti**, art. 132); al difetto di correlazione tra la richiesta e la sentenza (art. 444); all'erronea qualificazione giuridica del fatto (→ **Giudizio**, art. 521); all'illegalità della pena o della misura di sicurezza (→ **Cost.**, art. 25). Qualora, invece, occorra solo rettificare la specie e la quantità della pena per errore di denominazione o di computo, alla correzione procede, anche d'ufficio, il giudice che ha emesso il provvedimento (→ **Atti**, art. 130). Se questo è impugnato, alla rettificazione provvede la corte di cassazione (→ **Impugnazioni**, art. 619). I termini per impugnare sono, ad avviso della giurisprudenza, quelli per i provvedimenti in camera di consiglio (→ art. 585 co. 1 lett. *a*; co. 2 lett. *a*). In caso di appello del p.m., il ricorso per cassazione dell'imputato si converte in appello (→ art. 580). La parte civile (→ **Soggetti**, art. 75) può impugnare solo il capo relativo alla refusione delle spese processuali (→ **Giudizio**, art. 541).

• La sentenza che applica la pena è suscettibile di **revisione** (→ **Impugnazioni**, art. 630). Il riferimento a «sentenza penale» e a condannato dovrebbe portare a ritenere esperibile anche i rimedi per l'esecuzione delle decisioni della Corte edu (→ art. 628 *bis*)

Titolo III
GIUDIZIO DIRETTISSIMO

449. Casi e modi del giudizio direttissimo.

1. Quando una persona è stata arrestata in flagranza di un reato, il pubblico ministero, se ritiene di dover procedere, può presentare direttamente l'imputato in stato di arresto davanti al giudice del dibattimento, per la convalida e il contestuale giudizio, entro quarantotto ore dall'arresto. Si applicano al giudizio di convalida le disposizioni dell'articolo 391, in quanto compatibili.

2. Se l'arresto non è convalidato, il giudice restituisce gli atti al pubblico ministero. Il giudice procede tuttavia a giudizio direttissimo quando l'imputato e il pubblico ministero vi consentono.

3. Se l'arresto è convalidato, si procede immediatamente al giudizio.

4. Il pubblico ministero, quando l'arresto in flagranza è già stato convalidato, procede al giudizio direttissimo presentando l'imputato in udienza non oltre il trentesimo giorno dall'arresto, salvo che ciò pregiudichi gravemente le indagini.

5. Il pubblico ministero procede inoltre al giudizio direttissimo, salvo che ciò pregiudichi gravemente le indagini, nei confronti della persona che nel corso dell'interrogatorio ha reso confessione. L'imputato libero è citato a comparire a una udienza non successiva al trentesimo giorno dalla iscrizione nel registro delle notizie di reato. L'imputato in stato di custodia cautelare per il fatto per cui si procede è presentato all'udienza entro il medesimo termine. Quando una persona è stata allontanata d'urgenza dalla casa familiare ai sensi dell'articolo 384 *bis*, la polizia giudiziaria può provvedere, su disposizione del pubblico ministero, alla sua citazione per il giudizio direttissimo e per la contestuale convalida dell'arresto entro le successive quarantotto ore, salvo che ciò pregiudichi gravemente le indagini. In tal caso la polizia giudiziaria provvede comunque, entro il medesimo termine, alla citazione per l'udienza di convalida indicata dal pubblico ministero.

6. Quando il reato per cui è richiesto il giudizio direttissimo risulta connesso con altri reati per i quali mancano le condizioni che giustificano la scelta di tale rito, si procede separatamente per gli altri reati e nei confronti degli altri imputati, salvo che ciò pregiudichi gravemente le indagini. Se la riunione risulta indispensabile, prevale in ogni caso il rito ordinario.

Il d.l. 23.5.2008, n. 92, conv., con modif., dalla l. 24.7.2008, n. 125, nel sostituire il co. 4, ha reso "obbligatoria" l'ipotesi di giudizio direttissimo in esso contemplata, in precedenza rimessa alla discrezionalità del p.m.; coniato una clausola di salvezza che elide la situazione di doverosità a fronte di un "grave pregiudizio per le indagini"; portato da quindici a trenta giorni il termine di attivazione del rito. Contestualmente, il d.l. 92 del 2008, conv., con modif., dalla l. 125 del 2008, ha sostituito il primo periodo del co. 5, rendendo "obbligatoria" anche la fattispecie di giudizio direttissimo ivi prevista, con il consueto temperamento del "grave pregiudizio per le indagini", ed è intervenuto sul secondo periodo dello stesso co. 5, sostituendo la parola «quindicesimo» con la parola «trentesimo», per allungare i tempi di instaurazione del processo. Successivamente, il d.l. 14.8.2013, n. 93, conv., con modif., dalla l. 15.10.2013, n. 119, ha interpolato il co. 5 con l'aggiunta degli ultimi due periodi, per affiancare, alle tradizionali fattispecie di giudizio direttissimo, una nuova ipotesi, esperibile nei confronti del soggetto sottoposto alla misura precautelare dell'allontanamento d'urgenza dalla casa familiare *ex* art. 384 *bis*.

• Articolato in una gamma diversificata di ipotesi, molte delle quali contemplate da leggi speciali, il rito direttissimo ha carattere acceleratorio, deflativo dell'udienza preliminare (→ **Libro V**), muove da una fase investigativa temporalmente contratta e fa perno su una fase del giudizio (→ **Libro VII**) dai tratti semplificati. Pertanto, può ben dirsi che la relativa disciplina assicuri la **ragionevole durata del processo**, in linea con le prescrizioni della Carta fondamentale (→ **Cost.**, art. 111 co. 2) e delle fonti sovranazionali (→ **Cedu**, art. 6 co. 1; → **Patto int.**, art. 14 co. 3 lett. *c*; → **Carta UE**, art. 47 co. 2).

D'altronde, la ristrettezza dei tempi previsti per l'esercizio dell'azione penale garantisce anche il diritto dell'imputato (→ **Soggetti**, art. 90) ad essere **informato, nel più breve tempo possibile, della natura e dei motivi dell'accusa** formulata a suo carico (→ **Indagini e udienza preliminare**, art. 407 *bis*), coerentemente con il dettato costituzionale (→ **Cost.**, art. 111 co. 3) e convenzionale (→ **Cedu**, art. 6 co. 3 lett. *a*; → **Patto int.**, art. 14 co. 3 lett. *a*).

• La disposizione in esame "mette a fuoco" le ipotesi "tipiche" di giudizio direttissimo, il cui tratto comune va individuato in una situazione di particolare consistenza e levigatezza probatoria, che rende proficuo un sollecito esito dibattimentale (→ **Giudizio**) per la tendenziale superfluità di ulteriori indagini da parte del p.m. (→ **Soggetti**, art. 51).

• Il giudizio direttissimo è previsto, con alcune specifiche varianti, nel procedimento davanti al tribunale in composizione monocratica (→ **Libro VIII**) ed è esperibile nel **rito minorile** – anche nei confronti dell'imputato accompagnato *ex* art. 18 *bis* d.P.R. 22.9.1988, n. 448 – ove sia possibile compiere gli accertamenti sulla personalità del minorenne (→ **Proc. minorile**, art. 9) e assicurare all'imputato l'assistenza di cui al successivo art. 12, sempre che non ne derivi grave pregiudizio alle esigenze educative del minore (→ art. 25 co. 2, 2 *bis* e 2 *ter*), mentre è espressamente escluso nel procedimento dinanzi al giudice di pace (→ **Giu. Pace**, art. 2 co. 1 lett. *h*; tale rito speciale, tuttavia, pare in qualche misura evocato dagli **artt. 20 *bis*** e **20 *ter*** introdotti dalla l. 15.7.2009, n. 94).

• Il co. 1 disciplina l'ipotesi "tradizionale" del rito, che presuppone l'**arresto nella flagranza** – o "**quasi flagranza**" – **del reato** (→ **Indagini e udienza preliminare**, art. 380 s.). Trattasi di misura precautelare eseguita di propria iniziativa da ufficiali o agenti di p.g. (→ **Soggetti**, artt. 55 e 57), della quale, di regola, va chiesta la convalida (→ **Indagini e udienza preliminare**, art. 391) al g.i.p. (→ art. 328). In tal caso, il p.m. (→ **Soggetti**), ove ritenga di dover procedere (→ art. 50; → **Indagini e udienza preliminare**, art. 407 *bis*), può, in deroga al percorso ordinario, presentare direttamente l'arrestato *in vinculis* al cospetto del giudice del dibattimento (→ **Giudizio**), per la convalida e il contestuale giudizio direttissimo, entro il termine – perentorio (→ **Atti**, art. 173 co. 1) – di quarantotto ore dall'arresto, alla cui inosservanza si connette la perdita di efficacia della misura (→ **Indagini e udienza preliminare**, art. 390 co. 1 e 3). Per costituire valido titolo ai fini del giudizio direttissimo, l'arresto deve essere convalidato. Nell'ipotesi considerata, la procedura di convalida – cui si applicano le disposizioni dell'art. 391 (→ **Libro V**) nei limiti della compatibilità –, innestandosi nella fase del giudizio (→ **Libro VII**), è caratterizzata dalla **pubblicità** (→ art. 471), in deroga al disposto dell'art. 391 co. 1 (→ **Indagini e udienza preliminare**), che conferisce al rito marcati tratti di esemplarità.

• Può tuttavia procedersi al giudizio direttissimo, nonostante la mancata convalida, se l'imputato (→ **Soggetti**, art. 60) e il p.m. (→ art. 51) vi consentono. Con riferimento alla manifestazione del consenso da parte dell'imputato, è discutibile l'operatività dell'art. 99, comportando tale atto la rinuncia alle fasi preliminari al giudizio (→ **Indagini e udienza preliminare**), in particolare all'udienza preliminare (→ art. 419 co. 5). In questa prospettiva, sembrerebbe più corretto ritenere che il difensore (→ **Soggetti**, art. 96 s.) possa surrogarsi al proprio assistito solo se munito di **procura speciale** a norma dell'art. 122 (→ **Atti**).

• In caso di **mancata convalida** e in difetto di accordo alla celebrazione del rito direttissimo, il giudice (→ **Soggetti**) restituisce gli atti al p.m. (→ art. 51) affinché il procedimento riprenda il suo corso ordinario, dalla fase delle **indagini preliminari** (→ **Libro V**).

• Un terzo itinerario, descritto dal co. 4, muove dalla scelta del p.m. (→ **Soggetti**), nel caso di arresto in flagranza di reato (→ **Indagini e udienza preliminare**, art. 380 s.), di richiedere, nelle successive quarantotto ore, la convalida al g.i.p. (→ art. 328), ai sensi dell'art. 390 co. 1. A differenza del primo percorso, che implica ampio margine di discrezionalità dell'agire, in tal caso, a fronte della convalida dell'arresto, il p.m. – sciolta l'alternativa tra **richiesta di archiviazione** (→ art. 408 s.) ed **esercizio dell'azione penale** (→ **Soggetti**, art. 50; → **Libro V**, art. 407 *bis*) a favore della seconda opzione – è tenuto a promuovere il giudizio direttissimo, mediante presentazione dell'imputato all'udienza dibattimentale (→ **Giudizio**) nel termine (→ **Atti**) di trenta giorni dall'arresto – alla cui inosservanza, secondo la giurisprudenza di legittimità, consegue una mera nullità relativa (→ art. 181), anziché, come sembrerebbe più corretto, una nullità a regime intermedio (→ artt. 178 co. 1 lett. *c* e 180) –, a meno che non ne derivi un grave pregiudizio alle indagini (→ **Libro V**). La novella del 2008, raddoppiando l'originario termine di quindici giorni per l'attivazione del rito speciale, ha sacrificato uno dei tratti tipici del procedimento in questione: la prossimità del giudizio (→ **Libro VII**) al fatto di reato; nel contempo, ha posto le premesse per un ampliamento delle occasioni di giudizio direttissimo, consentendo di trattare in modo accelerato anche quelle vicende giudiziarie che richiedono un approfondimento investigativo impossibile da compiere in soli quindici giorni. La sostituzione della forma verbale – può procedere/procede –, anch'essa dovuta alla riforma del 2008, solo apparentemente ha trasformato questa ipotesi di giudizio direttissimo, da facoltativa, in obbligatoria. A ben vedere, la valutazione discrezionale sull'opportunità di avviare il rito speciale, estromessa dalla porta principale, viene fatta rientrare da una porta secondaria, attraverso l'innesto, nel tessuto della norma, della clausola derogatoria «salvo che ciò pregiudichi gravemente le indagini», ispirata al principio di "completezza" delle stesse (cfr., tra le altre, Corte cost., 88 del 1991 e 115 del 2001). D'altronde, il prematuro esercizio dell'azione penale, a fronte di indagini (→ **Libro V**) incomplete, frustrerebbe direttamente l'obbligatorietà dell'azione penale (→ **Cost.**, art. 112), perché un esercizio incauto dell'azione equivale a un non esercizio. L'accesso al modulo *de quo* presuppone indefettibilmente la convalida – alla cui mancanza, nel giudizio direttissimo "istantaneo", può supplire il consenso delle parti –, sia pure a cura di un giudice diverso da quello chiamato a decidere sul merito. È invece controverso – nonostante il co. 4 individui come modalità introduttiva del rito quella della "presentazione" – se occorra, oltre alla convalida, anche la successiva applicazione di una **misura cautelare custodiale** (→ **Libro IV**). In ogni caso, quanto alla verifica della condizione legale espressa, il giudice (→ **Soggetti**) del dibattimento (→ **Libro VII**) deve limitarsi ad accertare la sussistenza **dell'ordinanza di cui all'art. 391 co. 4** (→ **Indagini e udienza preliminare**), essendogli inibito un sindacato sull'operato del g.i.p., che possa coinvolgere, tra l'altro, la sussistenza dello stato di flagranza (Corte cost., 229 del 2010).

• Un'ulteriore ipotesi di giudizio direttissimo, oggi, "obbligatorio" – ancorché evitabile ove ne derivi grave pregiudizio alle indagini (→ **Libro V**) – è legata alla **confessione** resa dall'imputato (→ **Soggetti**, art. 60) nel corso dell'**interrogatorio**, condotto secondo le regole di cui agli artt. 64 e 65 (→ **Libro I**) dal p.m. (→ art. 51), dalla p.g. (→ art. 55) delegata (→ **Indagini e udienza preliminare**, art. 370) o dal g.i.p. (→ art. 328). È irrilevante che si tratti di interrogatorio cautelare (→ **Misure cautelari**, artt. 294, 299 co. 3 e 3 *ter*, 301 co. 2 *ter*, 302) o investigativo (→ **Indagini e udienza preliminare**, artt. 364, 370, 374 co. 2, 388 e 391 co. 3), in quanto, indipendentemente dal contesto in cui viene rilasciata, la dichiarazione confessoria – che implica ammissione di responsabilità in ordine a un fatto di reato completo in tutti i suoi elementi costitutivi – integra il presupposto dell'evidenza probatoria che rende opportuno un immediato transito alla fase dibattimentale (→ **Giudizio**). In questa ipotesi, l'imputato libero è citato a comparire ad una udienza che dovrà tenersi entro il termine (→ **Atti**) di trenta giorni (così raddoppiato dall'intervento riformatore del 2008) dall'iscrizione nominativa nel registro delle notizie di reato *ex* art. 335 (→ **Indagini e udienza preliminare**); quello in stato di custodia cautelare per il fatto per cui si procede è presentato all'udienza entro lo stesso termine. Quanto al controllo giurisdizionale sul presupposto della confessione, la Corte costituzionale ha osservato che l'art. 452, nel prevedere la restituzione degli atti al p.m. ove il giudizio direttissimo sia stato promosso fuori dai casi indicati dall'art. 449, non esclude che il verbale (→ **Atti**, art. 134 s.) di interrogatorio contenente la confessione possa essere allegato al fascicolo per il dibattimento, intendendo estensivamente la locuzione «atti relativi alla procedibilità» di cui all'art. 431 co. 1 lett. *a* (→ **Indagini e udienza preliminare**), come comprensiva di quelli relativi alle condizioni idonee a giustificare la scelta del rito; come pure, non esclude che il giudice (→ **Soggetti**) possa effettuare detta verifica nel corso dell'istruzione dibattimentale (→ **Giudizio**), avvalendosi di tutta una serie di attività ivi estrinsecabili (Corte cost., 452 del 1990).

• Parallelamente all'innesto, nel 2013, nel tessuto delle misure precautelari (→ **Indagini e udienza preliminare**, artt. 379-391), dell'art. 384 *bis*, che disciplina l'**allontanamento d'urgenza dalla casa familiare**, il legislatore ha ritenuto opportuno introdurre nel co. 5 una nuova fattispecie di **giudizio direttissimo "istantaneo"**, indissolubilmente legato alla convalida in sede dibattimentale (→ **Giudizio**) dell'inedita misura precautelare che la p.g. (→ **Soggetti**), autorizzata dal p.m., può disporre – prescrivendo anche il divieto di avvicinarsi ai luoghi abitualmente frequentati dalla persona offesa (→ art. 90) – nei confronti di colui che sia colto in flagranza (→ **Indagini e udienza preliminare**, art. 382) di uno dei delitti di cui all'art. 282 *bis* co. 6 (→ **Misure cautelari**), ove sussistano fondati motivi per ritenere che le condotte criminose possano essere reiterate, ponendo in grave e attuale pericolo la vita o l'integrità fisica o psichica della persona offesa. In tal caso, il rito direttissimo è attivabile secondo modalità semplificate che evocano quelle dell'omologo giudizio davanti al tribunale monocratico (→ **Libro VIII**, art. 558): la p.g. (→ **Soggetti**, art. 55) può provvedere, su disposizione del p.m. (→ art. 51), entro il termine – perentorio (→ **Atti**, art. 173 co. 1) – di quarantotto ore dall'esecuzione dell'allontanamento (e non, come erroneamente prevede la norma, dall'arresto) – la cui scadenza determina la perdita di efficacia della misura (→ **Libro V**, artt. 384 *bis* co. 2 e 390 co. 1 e 3) – alla citazione a piede libero della persona allontanata, salvo che non ne derivi grave pregiudizio alle indagini. Ove tale rischio si materializzi, occorre richiedere la convalida al g.i.p. (→ art. 328), ma, in una simile evenienza, la via del rito speciale sarebbe preclusa. Se è indiscutibile che, anche in questa ipotesi di direttissimo, il giudice dibattimentale (→ **Giudizio**), ove ritenga di non convalidare la misura precautelare, debba restituire gli atti al p.m., non è altrettanto scontato che il consenso delle parti (→ **Soggetti**) apra, comunque, l'accesso al rito.

• Il co. 6, nel definire gli effetti della **connessione** (→ **Soggetti**, art. 12) sul giudizio direttissimo, ove per alcuni reati manchino le condizioni che giustificano la scelta di tale rito, fissa la regola della **separazione delle regiudicande** (→ artt. 18 e 19), che garantisce una rapida definizione dei procedimenti rispetto ai quali sussistono i presupposti del giudizio direttissimo. L'eccezione, ancorata al parametro oggettivo del "grave pregiudizio per le indagini" (→ **Libro V**), è la trattazione unitaria (→ **Soggetti**, artt. 17 e 19) con il rito ordinario.

• I **giudizi direttissimi "atipici"**, originariamente aboliti dall'art. 233 **Disp. att.** (con le sole eccezioni delle ipotesi relative ai reati in materia di armi ed esplosivi ed ai reati commessi a mezzo stampa, poi espunte da Corte cost., 68 del 1991), sono stati successivamente reintrodotti dal legislatore, nella veste "obbligatoria", per rispondere alle ripetute **istanze emergenziali**. Riti direttissimi "atipici" sono oggi previsti per i reati:

a) concernenti le armi e gli esplosivi (art. 12 *bis* d.l. 8.6.1992, n. 306, conv., con modif., dalla l. 7.8.1992, n. 356, poi modificato dalla l. 16.12.1999, n. 479);

b) di discriminazione razziale, etnica e religiosa (art. 6 co. 5 d.l. 26.4.1993, n. 122, conv. dalla l. 25.6.1993, n. 205);

c) commessi durante o in occasione delle manifestazioni sportive (art. 8 *bis* l. 13.12.1989, n. 401, inserito dal d.l. 20.8.2001, n. 336, conv. dalla l. 19.10.2001, n. 377 e poi modificato dal d.l. 8.2.2007, n. 8, conv. dalla l. 4.4.2007, n. 41);

d) di trasgressione dell'ordine di espulsione o allontanamento impartito dal giudice come misura di sicurezza (→ artt. 235 ult. co. e 312 co. 2 c.p., come sostituiti dal d.l. 23.5.2008, n. 92, conv. dalla l. 24.7.2008, n. 125);

e) violazione del divieto di reingresso nel territorio dello Stato da parte dello straniero extracomunitario già espulso (art. 13 *ter* d. lgs. 25.7.1998, n. 286, introdotto dalla l. 30.7.2002, n. 189 e successivamente modificato dal d.l. 14.9.2004, n. 241, conv. dalla l. 12.11.2004, n. 271); a sua volta, l'art. 10 *bis* d. lgs. 286 del 1998, introdotto dalla l. 15.7.2009, n. 94 (e successivamente modificato dal d.l. 23.6.2011, n. 89, conv. dalla l. 2.8.2011, n. 129, e dal d.l. 4.10.2018, n. 113, conv. dalla l. 1.12.2018, n. 132), al co. 3, sottopone il procedimento per il reato di ingresso e soggiorno illegale nel territorio dello Stato di cui al precedente co. 1 alla disciplina contenuta negli artt. 20 *bis*, 20 *ter* e 32 *bis* d. lgs. 28.8.2000, n. 274 (inseriti dalla l. 94 del 2009), che contempla una particolare specie di giudizio direttissimo davanti al **giudice di pace**; analogo richiamo è contenuto nell'art. 14 co. 5 *quinquies* d. lgs. 286 del 1998, sostituito dal d.l. 89 del 2011, conv. dalla l. 129 del 2011, rispetto ai procedimenti per i reati di cui all'art. 14 co. 5 *ter* e 5 *quater*, stesso d. lgs. 286 del 1998.

f) trasgressione del divieto di reingresso nel territorio dello Stato da parte dello straniero comunitario di cui sia stato ordinato l'allontanamento (art. 20 co. 16 d. lgs. 6.2.2007, n. 30).

• Quanto alla ***ratio***, è indiscusso il fondamento politico dei moduli "atipici", che tendono a favorire un giudizio celere ed esemplare con riferimento a reati di particolare allarme sociale. Questi i **tratti caratterizzanti** delle diverse fattispecie: la delimitazione dell'ambito applicativo *ratione materiae* e, talvolta, *ratione personae*; l'affrancamento del giudizio direttissimo dai tradizionali presupposti dell'arresto in flagranza (→ **Indagini e udienza preliminare**) e della confessione; l'obbligatorietà del percorso procedimentale; la tendenziale – in quanto non riguardante le ipotesi di cui alle precedenti lett. *d*, *e* ed *f* – esclusione del rito semplificato a fronte della "necessità di speciali indagini". Problematica risulta l'applicazione della disciplina dei termini per l'instaurazione del rito direttissimo (→ **Atti**; v. anche Corte cost., 199 del 2007) alle ipotesi *extra codicem*, mentre dovrebbe trovare quieta applicazione la previsione di carattere generale del co. 6, nel caso di connessione con altri reati per i quali non è previsto il rito speciale.

450. Instaurazione del giudizio direttissimo.

1. Quando procede a giudizio direttissimo, il pubblico ministero fa condurre direttamente all'udienza l'imputato arrestato in flagranza o in stato di custodia cautelare.

2. Se l'imputato è libero, il pubblico ministero, lo cita a comparire all'udienza per il giudizio direttissimo. Il termine per comparire non può essere inferiore a tre giorni.

3. La citazione contiene i requisiti previsti dall'articolo 429, comma 1, lettera *a*), *b*), *c*), *d bis*), *f*), con l'indicazione del giudice competente per il giudizio nonché la data e la sottoscrizione. Si applica inoltre la disposizione dell'articolo 429, comma 2.

4. Il decreto, unitamente al fascicolo previsto dall'articolo 431, formato dal pubblico ministero, è trasmesso alla cancelleria del giudice competente per il giudizio.

5. Al difensore è notificato senza ritardo a cura del pubblico ministero l'avviso della data fissata per il giudizio.

6. Il difensore ha facoltà di prendere visione e di estrarre copia, nella segreteria del pubblico ministero, della documentazione relativa alle indagini espletate.

Il d.l. 23.5.2008, n. 92, conv., con modif., dalla l. 24.7.2008, n. 125, per esigenze di coordinamento con le modifiche apportate all'art. 449, ha sostituito nel co. 1 l'*incipit* «Se ritiene di procedere a giudizio direttissimo» con le attuali parole «Quando procede a giudizio direttissimo». Da ultimo, il d. lgs. 10.10.2022, n. 150, attuativo della l. delega 27.9.2021, n. 134, ha ampliato il contenuto della citazione, integrando il co. 3 con un apposito richiamo al nuovo requisito contemplato dalla lett. *d bis* dell'art. 429: «l'avviso all'imputato e alla persona offesa che hanno facoltà di accedere ai programmi di giustizia riparativa».

• È da escludere che l'instaurazione del giudizio direttissimo debba essere preceduta dalla notificazione dell'**avviso di conclusione delle indagini preliminari** (→ **Libro V**, art. 415 *bis*).

• Nella peculiare struttura del giudizio direttissimo, una serie di attività prodromiche al dibattimento (→ **Giudizio**) sono affidate, in deroga alle ordinarie regole, al p.m. (→ **Soggetti**, art. 51) e assumono specifiche forme, adeguate alla celerità del rito: costituzione del rapporto processuale, formazione del fascicolo dibattimentale (→ **Indagini e udienza preliminare**, art. 431) e avviso al difensore (→ **Soggetti**, artt. 96 e 97) della data fissata per il giudizio.

• Per quanto concerne le modalità di instaurazione del giudizio (→ **Libro VII**), il codice prevede un'alternativa: il p.m. (→ **Soggetti**) fa condurre direttamente all'udienza l'imputato (→ art. 60) **arrestato in flagranza di reato** (→ **Indagini e udienza preliminare**, art. 380 s.) o **in stato di custodia cautelare** (→ **Libro IV**, artt. 284-286) per esercitare in tale sede l'azione penale (→ **Soggetti**, art. 50 co. 1; → **Indagini e udienza preliminare**, art. 407 *bis*) con la contestazione, in forma orale, dell'imputazione, ai sensi dell'art. 451 co. 4; se, invece, l'imputato è libero, l'inquirente "lo cita a comparire" all'udienza nel rispetto del termine dilatorio (→ **Atti**, art. 172 co. 5) di tre giorni, la cui inosservanza determina una nullità a regime intermedio (→ artt. 178 co. 1 lett. *c* e 180). Nello stesso modo procede se l'imputato è sottoposto a una misura cautelare di carattere non custodiale (→ **Misure cautelari**, artt. 280-283) o è detenuto per altro titolo. La citazione a comparire a mezzo decreto del p.m. – anch'essa annoverabile tra i modi di esercizio dell'azione penale (→ **Indagini e udienza preliminare**, art. 407 *bis*) – evoca l'atto introduttivo del processo dinanzi al tribunale monocratico per i reati di cui all'art. 550 (→ **Libro VIII**, art. 552). Il suo contenuto, peraltro, ricalca i tratti essenziali del decreto che dispone il giudizio, adottato, nel rito ordinario, dal g.u.p., a norma dell'art. 429 (→ **Indagini e udienza preliminare**). La prevista applicabilità del co. 2 di tale articolo comporta la **nullità** (→ **Atti**) del decreto di citazione, ove l'imputato non sia identificato in modo certo ovvero manchi o non sia sufficiente l'indicazione dell'imputazione (→ **Indagini e udienza preliminare**, art. 407 *bis*) o del luogo, del giorno e dell'ora della comparizione, con l'avvertimento all'imputato che non comparendo sarà giudicato in contumacia (*rectius*, in assenza) (→ **Giudizio**, art. 484 co. 2 *bis*, in relazione all'art. 420 *bis*). Mentre determina una mera irregolarità (→ **Atti**, art. 177) la mancata indicazione della persona offesa (→ **Soggetti**, art. 90) che risulti identificata o l'omesso avviso all'indagato (→ art. 61) e alla persona offesa della facoltà di accedere ai programmi di giustizia riparativa (→ artt. 42-67 d. lgs. 150 del 2022).

• Occorre ritenere che spetti al presidente del tribunale, su richiesta del p.m., **indicare la data e l'ora dell'udienza** e **individuare il giudice dibattimentale** (→ **Disp. att.**, artt. 132 co. 2 e 160).

• Ai processi da celebrare nelle forme del giudizio direttissimo è assicurata **priorità assoluta** nella formazione dei ruoli di udienza e nella trattazione (→ **Disp. att.**, art. 132 *bis* co. 1 lett. *f* e 2).

• La peculiare fisionomia del giudizio direttissimo comporta che la selezione degli atti da inserire nel **fascicolo per il dibattimento** – nel percorso ordinario, formato dal g.u.p. (→ **Indagini e udienza preliminare**, art. 431) nel contraddittorio delle parti – sia attribuita al p.m., indipendentemente dalla condizione dell'imputato (→ **Soggetti**; → **Disp. att.**, art. 138). Nel caso di imputato *in vinculis* presentato davanti al giudice (→ **Soggetti**) del dibattimento (→ **Giudizio**) per la convalida dell'arresto (→ **Indagini e udienza preliminare**) e il contestuale rito direttissimo, il fascicolo è formato subito dopo il giudizio di convalida dal p.m. presente all'udienza (→ **Disp. att.**, art. 138). Ove si proceda nei confronti di imputato libero, il decreto di citazione e il fascicolo sono trasmessi dal p.m. alla cancelleria del giudice competente per il giudizio (→ **Libro VII**).

• Mentre, nel rito ordinario, il difensore (→ **Soggetti**), di fiducia (→ art. 96) o d'ufficio (→ art. 97), dell'imputato (→ art. 60) prende contezza della data fissata per il giudizio (→ **Libro VII**) direttamente all'esito udienza preliminare (→ **Libro V**) – celebrata con la sua necessaria partecipazione (→ artt.

420 co. 1 e 418 co. 1) – per effetto della lettura del decreto *ex* art. 429, nel giudizio direttissimo grava sul p.m. (→ **Soggetti**) il dovere di assicurare la **notifica** (→ **Atti**, art. 148 s.), senza ritardo, di apposito avviso al **difensore**, ai sensi del co. 5. Peraltro, una volta accertata l'**adeguatezza del mezzo usato**, con riferimento al tempo disponibile e all'insussistenza di strumenti di comunicazione alternativi, è irrilevante la mancata conoscenza dell'avviso da parte del difensore. In tale prospettiva, ad esempio, va riconosciuta la ritualità dell'avviso registrato nella segreteria telefonica del difensore designato al momento dell'arresto (→ **Indagini e udienza preliminare**, art. 386), ma da questi ignorato a causa del malfunzionamento dell'apparecchiatura o dell'omesso ascolto, gravando sul difensore medesimo l'onere di assicurarsi della perfetta funzionalità degli apparecchi di cui è dotato il proprio studio professionale e di ascoltare le comunicazioni memorizzate (Cass., SU, 30.10.2002, Arrivoli). Sempre che – occorre ritenere oggi, alla luce dei riformulati artt. 148 co. 4 e 149 co. 1 – non sia stato possibile procedere alla notificazione dell'avviso con le modalità telematiche indicate dall'art. 148 co. 1 (→ **Atti**). La mancata assistenza difensiva legata all'omissione dell'avviso determina una nullità generale assoluta (→ **Atti**, artt. 178 co. 1 lett. *c* e 179 co. 1); mentre il ritardo nell'avviso provoca una nullità a regime intermedio (→ artt. 178 co. 1 lett. *c* e 180).

• Ai sensi del co. 6, il difensore ha facoltà di prendere visione e di estrarre copia, nella segreteria del p.m. (→ **Soggetti**, art. 51), della documentazione (→ **Atti**, art. 134 s.) relativa alle indagini espletate (→ **Libro V**), sulla falsariga di quanto previsto, nel rito ordinario, dall'**art. 433**. Nonostante il silenzio del legislatore, si deve ritenere che le parti, in applicazione dell'art. 466, vantino analogo diritto rispetto alla documentazione inserita nel **fascicolo di cui all'art. 431** (→ **Indagini e udienza preliminare**), che viene custodito presso la cancelleria del giudice (→ **Soggetti**) dibattimentale (→ **Giudizio**).

451. Svolgimento del giudizio direttissimo.

1. Nel corso del giudizio direttissimo si osservano le disposizioni degli articoli 470 e seguenti.

2. La persona offesa e i testimoni possono essere citati anche oralmente da un ufficiale giudiziario o da un agente di polizia giudiziaria.

3. Il pubblico ministero, l'imputato e la parte civile possono presentare nel dibattimento testimoni senza citazione.

4. Il pubblico ministero, fuori del caso previsto dall'articolo 450, comma 2, contesta l'imputazione all'imputato presente.

5. Il presidente avvisa l'imputato della facoltà di chiedere il giudizio abbreviato ovvero l'applicazione della pena a norma dell'articolo 444.

6. L'imputato è altresì avvisato della facoltà di chiedere un termine per preparare la difesa non superiore a dieci giorni. Quando l'imputato si avvale di tale facoltà, il dibattimento è sospeso fino all'udienza immediatamente successiva alla scadenza del termine.

• Una volta instaurato, il giudizio direttissimo segue le forme ordinarie, salvo alcune inevitabili deroghe – desumibili dal richiamo, contenuto nel co. 1, ai soli artt. 470 s. (→ **Giudizio**) e imposte dalla ristrettezza dei tempi e dalla semplificazione delle forme – relative alla fase degli atti preliminari al dibattimento (→ artt. 465-469): è preclusa la possibilità di procedere all'**assunzione di atti urgenti** (→ art. 467); non può essere emessa una **sentenza anticipata di proscioglimento** (→ art. 469); infine, non è applicabile la disciplina delle **liste testimoniali** (→ art. 468). Ridotti appaiono i margini per anticipare o differire la **data fissata per l'udienza** (→ art. 465). L'esplicito rinvio agli artt. 470 s. implica, per converso, la presenza, anche nel rito direttissimo, degli **atti introduttivi al dibattimento** (→ art. 484 s.). Il giudice deve accertare la **regolare costituzione delle parti** (→ art. 484) e risolvere le eventuali **questioni preliminari** (→ art. 491).

• Sempre in una prospettiva acceleratoria, i co. 2 e 3 consentono che la persona offesa (→ **Soggetti**, art. 90) e i testimoni (→ **Prove**) siano citati anche **oralmente** da un **ufficiale giudiziario** o da un **agente di p.g.** (→ **Soggetti**) oppure presentati direttamente al dibattimento, a cura del **p.m.** (→ art. 51), dell'**imputato** (→ art. 60) e della **parte civile** (→ art. 74), senza che sia necessaria la preventiva indicazione dei testi – né la specificazione delle circostanze sulle quali deve vertere l'esame (→ **Giudizio**, art. 497 s.) – nelle apposite liste di cui all'art. 468. Sebbene il legislatore appaia reticente sul punto, ragioni di coerenza sistematica inducono a ritenere che la disciplina derogatoria si estenda anche ai consulenti tecnici (→ **Prove**) e agli imputati di reato connesso o collegato *ex* art. 210.

• Il p.m. (→ **Soggetti**), ove abbia instaurato il rito speciale facendo condurre direttamente all'udienza dibattimentale (→ **Giudizio**) l'imputato (→ **Soggetti**) *in vinculis*, esercita in tale sede l'**azione penale** (→ art. 50 co. 1) con la contestazione, in forma orale, dell'accusa all'imputato presente (→ **Indagini e udienza preliminare**, art. 407 *bis*).

• Nel novero degli atti introduttivi vanno, certamente, inclusi anche gli avvisi che il presidente è tenuto a dare all'imputato (→ **Soggetti**) a pena di nullità intermedia (→ **Atti**, artt. 178 co. 1 lett. *c* e 180), circa la sua facoltà di chiedere il giudizio abbreviato (artt. 438-443) o, in alternativa, l'applicazione della pena (artt. 444-447), nonché un termine (dilatorio: → **Atti**, art. 172 co. 5) per preparare la difesa (come tale, presidiato da una nullità di ordine generale a regime intermedio: → **Atti**, artt. 178 co. 1 lett. *c* e 180) non superiore a dieci giorni: ove l'interpellato si avvalga di questa seconda opzione, il giudizio è sospeso (→ **Libro VII**, art. 477 co. 2) fino all'udienza immediatamente successiva alla scadenza del termine.

• Nonostante il co. 6 sia rimasto immutato dopo l'ingresso nel panorama dei riti speciali della sospensione del procedimento con messa alla prova (artt. 464 *bis*-464 *nonies*, introdotti dalla l. 28.4.2014, n. 67), cui il giudizio direttissimo può "cedere il testimone" fino alla dichiarazione di apertura del dibattimento di primo grado (→ **Giudizio**, art. 492), ai sensi dell'art. 464 *bis* co. 2, sembra corretto ritenere che il giudice debba avvisare l'imputato anche della facoltà di formulare la relativa richiesta.

• In caso di **rigetto della richiesta di giudizio abbreviato subordinata all'assunzione di prove integrative** (→ art. 438 co. 5), l'imputato (→ **Soggetti**, art. 60) non può reiterare la domanda, in quanto l'identità tra giudice (→ **Soggetti**, art. 1 s.) chiamato a delibare la richiesta "condizionata" e giudice del dibattimento (→ **Giudizio**) rende inapplicabile il controllo introdotto da Corte cost., 169 del 2003. Tuttavia, il rigetto della domanda, ove deliberato sull'**erroneo presupposto** che le **prove** (→ **Libro III**, art. 194 s.) dedotte **non siano necessarie** ai fini della decisione (→ art. 442), inficia la legalità del procedimento di quantificazione della pena da infliggere qualora si pervenga, in esito al dibattimento, ad una sentenza di condanna (→ **Giudizio**, art. 533). Pertanto, in tal caso, il giudice che abbia respinto *in limine litis* (→ **Giudizio**, art. 492) la richiesta di accesso al rito abbreviato deve successivamente applicare, anche d'ufficio, la **riduzione di pena prevista dall'art. 442 co. 2**, ove riconosca, pure alla luce dell'istruttoria espletata (→ **Giudizio**, art. 496 s.), che quel rito si sarebbe dovuto invece celebrare (Cass., SU, 27.10.2004, Wajib).

• Nel caso di **giudizio direttissimo "istantaneo"**, il giudice della convalida dell'arresto (→ **Indagini e udienza preliminare**) non è incompatibile (→ **Soggetti**, art. 34) allo svolgimento del contestuale rito direttissimo, dal momento che la convalida è un atto prodromico al giudizio (→ **Libro VII**) e non integra una pronuncia autonoma tale da determinare pregiudizio.

452. Trasformazione del rito.

1. Se il giudizio direttissimo risulta promosso fuori dei casi previsti dall'articolo 449, il giudice dispone con ordinanza la restituzione degli atti al pubblico ministero.

2. Se l'imputato chiede il giudizio abbreviato, il giudice, prima che sia dichiarato aperto il dibattimento, dispone con ordinanza la prosecuzione del giudizio con il rito abbreviato. Si osservano, in quanto applicabili, le disposizioni degli articoli 438, commi 3 e 5, 441, 441 *bis*, 442 e 443; si applicano altresì le disposizioni di cui all'articolo 438, comma 6 *bis*; nel caso di cui all'articolo 441 *bis*, comma 4, il giudice, revocata l'ordinanza con cui era stato disposto il giudizio abbreviato, fissa l'udienza per il giudizio direttissimo.

La l. 16.12.1999, n. 479 ha sostituito il co. 2 al fine di adattare la nuova fisionomia del giudizio abbreviato – delineata dalla stessa l. 479 del 1999 – alla particolare situazione processuale che vede il rito premiale germogliare sul tronco del giudizio direttissimo. Successivamente, il d.l. 7.4.2000, n. 82, conv., con modif., dalla l. 5.6.2000, n. 144, ha sostituito il secondo periodo del co. 2, per coordinarne il contenuto con la contestuale modifica della disciplina del giudizio abbreviato, dovuta all'innesto dell'art. 441 *bis*, e, nel contempo, per fissare una regola speciale che prevede la regressione alle forme del giudizio direttissimo tutte le volte in cui l'imputato si avvalga della facoltà contemplata dal co. 4 del citato art. 441 *bis*. Il co. 2 è stato da ultimo modificato dalla l. 23.6.2017, n. 103, che vi ha inserito il richiamo all'art. 438 co. 6 *bis*. La l. 103 del 2017 ha interpolato il co. 4, estendendo alla richiesta di rito abbreviato formulata prima della dichiarazione di apertura del dibattimento l'efficacia sanante e preclusiva di cui all'art. 438 co. 6 *bis*.

• **Corte cost., 183 del 1990**, ha dichiarato l'illegittimità del co. 2 (con riferimento al testo antecedente alla l. 479 del 1999), nella parte in cui non prevedeva che il p.m., quando non consentiva alla richiesta di trasformazione del giudizio direttissimo in giudizio abbreviato, dovesse enunciare le ragioni del suo dissenso e nella parte in cui non prevedeva che il giudice, quando, a giudizio direttissimo concluso, riteneva ingiustificato il dissenso del p.m., potesse applicare all'imputato la riduzione di pena contemplata dall'art. 442 co. 2. Per la Corte è stato agevole stigmatizzare l'ingiustificata disparità di trattamento (→ **Cost.**, art. 3) che la disciplina determinava tra giudizio abbreviato e applicazione della pena su richiesta delle parti: era implausibile che il p.m., di fronte ad una richiesta di giudizio abbreviato, potesse sacrificare, oltre al rito, anche l'effetto sulla pena, senza neppure dover enunciare le ragioni del proprio dissenso, a differenza di quanto avveniva di fronte ad una richiesta di applicazione della pena da parte dell'imputato: richiesta che il p.m. poteva sacrificare, in ordine al rito, solo enunciando le ragioni del suo dissenso e, in ordine alla pena richiesta, solo se il suo dissenso non fosse stato ritenuto ingiustificato dal giudice dopo la chiusura del dibattimento di primo grado.

• *In limine litis*, il giudice (→ **Soggetti**) del dibattimento (→ **Giudizio**) verifica la sussistenza dei presupposti per la corretta instaurazione del rito: il richiamo ai casi di cui all'art. 449 rende evidente che debba sindacare l'esistenza di una precedente convalida (→ **Indagini e udienza preliminare**), ove non vi abbia provveduto personalmente nel medesimo arco temporale, oppure la presenza *in actis* del verbale (→ **Atti**, art. 134 s.) che documenta la **confessione dell'imputato** (→ **Soggetti**, art. 60), come pure il rispetto dei termini (→ **Atti**) previsti per la conduzione in udienza dell'imputato *in vinculis* o per la citazione a comparire dell'imputato libero. Ove la verifica dia esito negativo, il giudice dispone con ordinanza (→ **Atti**, art. 125 co. 1 e 3) la restituzione degli atti al p.m. (→ **Soggetti**). Sono controversi i margini di manovra attribuiti all'inquirente in seguito alla restituzione degli atti, posto che, da un lato, il principio di **irretrattabilità dell'azione penale** (→ **Cost.**, art. 112; → **Soggetti**, art. 50 co. 3) sembrerebbe di ostacolo alla possibilità di formulare un'eventuale richiesta di archiviazione (→ **Indagini e udienza preliminare**, art. 408 s.) e, dall'altro, il rischio di contravvenire a tale principio presupporrebbe un'azione penale conforme al modello legale (→ art. 407 *bis*), mentre la restituzione degli atti al p.m. è il risultato di un procedimento mal instaurato.

• Sono incerti anche gli effetti della restituzione degli atti sulle misure cautelari (→ **Libro IV**), non essendovi uniformità di vedute sulla applicabilità dell'art. 27 (→ **Soggetti**) in caso di adozione del provvedimento cautelare (→ **Misure cautelari**) da parte del giudice (→ **Soggetti**) del dibattimento (→ **Giudizio**) che abbia disposto la regressione del procedimento.

• Instaurato il giudizio direttissimo, l'imputato (→ **Soggetti**, art. 60) può chiedere il giudizio abbreviato prima della dichiarazione di apertura del dibattimento *ex* art. 492 (→ **Giudizio**). In tal caso, il giudice (→ **Soggetti**) dispone con **ordinanza** (→ **Atti**, art. 125 co. 1 e 3) la prosecuzione del giudizio con le forme del rito premiale. A differenza delle ipotesi regolate dagli artt. 458 e 464, relativamente al giudizio immediato e al procedimento per decreto, il rito in esame non regredisce, ma si innesta nel giudizio dibattimentale (→ **Libro VII**) e viene celebrato dinanzi al giudice, eventualmente collegiale – tribunale o corte di assise (→ **Soggetti**) – di tale segmento processuale. Nonostante il lessico normativo («dispone») lasci intendere un certo automatismo nella conversione del rito, residua senz'altro un vaglio giudiziale sull'ammissibilità della richiesta, che si esaurisce in una verifica formale a fronte di una richiesta "semplice", per divenire valutazione anche di merito – in ordine alla necessità dell'integrazione probatoria e alla realizzazione, con il rito abbreviato, di una economia processuale, in relazione ai prevedibili tempi dell'istruzione dibattimentale – al cospetto di una richiesta "complessa" *ex* art. 438 co. 5. In caso di rigetto della richiesta semplice o condizionata di rito abbreviato, l'imputato non potrà rinnovare la domanda al giudice dibattimentale, a sensi dell'art. 438 co. 6 *ter* (v. già, limitatamente alla richiesta condizionata, **Corte cost., 169 del 2003**), stante la coincidenza del contesto temporale in cui si situerebbero le due istanze e la medesimezza dell'organo giurisdizionale chiamato a valutarle. Peraltro, il giudice (→ **Soggetti**) del dibattimento (→ **Libro VII**), all'esito dello stesso, accertata l'erroneità del provvedimento reiettivo della richiesta di giudizio abbreviato, potrà applicare la **riduzione di pena** contemplata per il rito premiale. Quanto alla possibilità di accedere al giudizio abbreviato a seguito del dissenso opposto dal p.m. (→ **Soggetti**, art. 50) alla richiesta di patteggiamento avanzata dall'imputato, sebbene l'uso della congiunzione avversativa «o» nell'art. 451 co. 5 sembrerebbe sottendere l'irreversibilità della scelta originariamente effettuata, pare preferibile ritenere che non vi siano preclusioni alla permeabilità tra i due riti premiali, a condizione, ovviamente, che non sia stato ancora dichiarato aperto il dibattimento. L'accesso al rito abbreviato è senz'altro consentito in relazione all'imputazione modificata (→ **Giudizio**, art. 516 s.) dal p.m. nel corso del giudizio direttissimo, ai sensi del novellato art. 519.

• Anche la richiesta di rito abbreviato formulata nell'ambito del giudizio direttissimo, al pari di quella "tipica" proposta in udienza preliminare (→ **Libro V**), alla luce del richiamo operato dal co. 4 all'art. 438 co. 6 *bis*, determina la sanatoria delle nullità a regime intermedio e relative (→ **Atti**, artt. 180 e 181) e dell'inutilizzabilità "fisiologica" (→ **Giudizio**, art. 526 co. 1) e preclude ogni questione sulla competenza territoriale del giudice (→ **Soggetti**, art. 21 s.).

• È controverso se il **rito abbreviato** incuneato nella fase del giudizio (→ **Libro VII**) debba celebrarsi pubblicamente (→ art. 471) o in **camera di consiglio** (→ **Atti**, art. 127), in forza del richiamo alle disposizioni previste per l'udienza preliminare (→ **Libro V**) – tra cui l'art. 420 co. 1 – operato dall'art. 441 co. 1.

• La prevista operatività della disciplina del giudizio abbreviato, in quanto compatibile, ha imposto un adeguamento della disposizione contenuta nel co. 4 dell'art. 441 *bis* per l'eventualità che l'imputato (→ **Soggetti**, art. 60), a seguito della modifica dell'imputazione *ex* art. 423 (→ **Indagini e udienza preliminare**), scelga di non proseguire con il rito premiale: il giudice (→ **Soggetti**), revocata l'ordinanza (→ **Atti**, art. 125 co. 1 e 3) con cui aveva disposto il giudizio abbreviato, fissa non già l'udienza preliminare (→ **Libro V**) – come avviene nel modello ordinario – bensì una nuova udienza affinché il processo prosegua in dibattimento (→ **Giudizio**) con le forme del rito direttissimo.

• L'imputato (→ **Soggetti**, art. 60), prima della dichiarazione di apertura del dibattimento (→ **Giudizio**, art. 492), può altresì chiedere l'applicazione della pena *ex* art. 444 (art. 446 co. 1). In tal caso, il giudice (→ **Soggetti**), accertata la sussistenza dei presupposti formali e sostanziali del rito, si limita a pronunciare direttamente la sentenza, senza adottare alcun provvedimento (→ **Atti**, art. 125) che operi in modo formale il passaggio al procedimento premiale richiesto, come invece avviene per il giudizio abbreviato.

• Inoltre, l'imputato (→ **Soggetti**, art. 60), sempre fino alla dichiarazione di apertura del dibattimento (→ **Giudizio**), può chiedere, nei casi previsti dall'art. 168 *bis* c.p., la sospensione del procedimento con messa alla prova (art. 464 *bis* co. 2).

• È evidente come la possibilità di chiedere la conversione del rito risponda a basilari criteri di uguaglianza: garantire a colui che è sottoposto a giudizio direttissimo la possibilità, riconosciuta all'imputato (→ **Soggetti**) del processo ordinario, di accedere ai benefici associati ai riti premiali.

Titolo IV
GIUDIZIO IMMEDIATO

453. Casi e modi di giudizio immediato.

1. Quando la prova appare evidente, salvo che ciò pregiudichi gravemente le indagini, il pubblico ministero chiede il giudizio immediato se la persona sottoposta alle indagini è stata interrogata sui fatti dai quali emerge l'evidenza della prova ovvero, a seguito di invito a presentarsi emesso con l'osservanza delle forme indicate nell'articolo 375 comma 3 secondo periodo, la stessa abbia omesso di comparire, sempre che non sia stato adottato un legittimo impedimento e che non si tratti di persona irreperibile.

1 *bis*. Il pubblico ministero richiede il giudizio immediato, anche fuori dai termini di cui all'articolo 454, comma 1, e comunque entro centottanta giorni dall'esecuzione della misura, per il reato in relazione al quale la persona sottoposta alle indagini si trova in stato di custodia cautelare, salvo che la richiesta pregiudichi gravemente le indagini.

1 *ter*. La richiesta di cui al comma 1 *bis* è formulata dopo la definizione del procedimento di cui all'articolo 309, ovvero dopo il decorso dei termini per la proposizione della richiesta di riesame.

2. Quando il reato per cui è richiesto il giudizio immediato risulta connesso con altri reati per i quali mancano le condizioni che giustificano la scelta di tale rito, si procede separatamente per gli altri reati e nei confronti degli altri imputati, salvo che ciò pregiudichi gravemente le indagini. Se la riunione risulta indispensabile, prevale in ogni caso il rito ordinario.

3. L'imputato può chiedere il giudizio immediato a norma dell'articolo 419, comma 5.

L'articolo è stato modificato dal d. lgs. 14.1.1991, n. 12 e, poi, dal d.l. 23.5.2008, n. 92, conv. dalla l. 24.7.2008, n. 125.

• Il giudizio immediato, che è un rito deflattivo dell'udienza preliminare (→ **Libro V**) e anticipatorio del dibattimento (→ **Libro VII**), può essere chiesto dall'**imputato** (→ **Soggetti**, art. 60) rinunciando all'udienza preliminare (→ **Indagini e udienza preliminare**, art. 419) o con l'opposizione al decreto penale di condanna (art. 461) o dal **p.m.** (→ **Soggetti**, art. 50). In quest'ultimo caso, costituisce atto di esercizio dell'azione penale (→ **Indagini e udienza preliminare**, art. 407 *bis*), che non deve essere proceduto dall'avviso di conclusione delle indagini preliminari *ex* art. 415 *bis* (Corte cost., 203 del 2002). Attualmente il giudizio immediato può essere chiesto anche davanti al tribunale in composizione monocratica (→ **Procedimento davanti al tribunale in composizione monocratica**, art. 558 *bis*).

• Si conoscono due forme di giudizio immediato a richiesta del p.m.: l'immediato **ordinario** e il c.d. immediato **custodiale**.

• Il primo tipo, ossia il **giudizio immediato ordinario**, ha come presupposti: l'**evidenza della prova** (per tale intendendosi un giudizio sul materiale disponibile che rende inutile il filtro dell'udienza preliminare: → **Libro V**, art. 425), il previo **interrogatorio** dell'imputato sui fatti dai quali emerge l'evidenza probatoria (→ **Soggetti**, art. 65; → **Misure cautelari**, artt. 294, 299 co. 3 *ter*, 301 co. 2 *ter* e 302; → **Indagini e udienza preliminare**, artt. 364, 374 co. 2, 388 e 391) o il mero invito a rendere interrogatorio (→ **Libro V**, art. 375), se la persona ha omesso di comparire, sempre che non sia addotto un legittimo impedimento (→ art. 420 *ter*) e che non si tratti di persona irreperibile (→ **Atti**, artt. 159 e 160). Nell'ipotesi ordinaria, la richiesta va formulata entro 90 giorni dall'iscrizione del nominativo del soggetto nel registro delle notizie di reato (→ **Indagini e udienza preliminare**, art. 335). Ad avviso della giurisprudenza, solo il secondo presupposto sarebbe sindacabile dal giudice del dibattimento (→ **Giudizio**): in carenza **dell'interrogatorio** o dell'invito a rendere interrogatorio si determina una **nullità** a regime intermedio attinente al diritto alla difesa (→ **Atti**, artt. 178 lett. *c* e 180) del decreto che dispone il giudizio immediato.

• Il secondo tipo, inserito dal d.l. 92 del 2008, conv. dalla l. 125 del 2008 (c.d. **giudizio immediato custodiale**) presuppone che la persona si trovi in stato di custodia cautelare (→ **Misure cautelari**, art. 285) e il reato per cui si chiede il giudizio immediato deve essere quello per il quale è stata disposta la misura cautelare coercitiva. La richiesta va formulata entro centottanta giorni dall'esecuzione della misura cautelare (→ art. 293) – sicché non è instaurabile nei confronti del latitante (→ art. 296) – e può essere formulata dopo la definizione del giudizio di riesame (→ art. 309) ovvero decorsi i termini per la proposizione del riesame (ossia dieci giorni dall'esecuzione della misura). Il d.l. 92 del 2008 ha reso obbligatoria l'instaurazione del rito al ricorrere dei presupposti (il p.m. «richiede»), ma con la possibilità di non adempiere all'obbligo nelle ipotesi in cui la presentazione della richiesta pregiudicherebbe le indagini del p.m. (→ **Indagini e udienza preliminare**). Si tratta di una valutazione non sindacabile da alcun giudice. Inoltre, è sempre il pregiudizio per le indagini a giustificare la riunione (→ **Soggetti**, art. 18) di procedimenti connessi (→ art. 12), che altrimenti dovrebbero essere trattati separatamente. Quando è disposta la riunione prevale il rito ordinario (con conseguente eventuale fissazione dell'udienza preliminare: → **Libro V**).

454. Presentazione della richiesta del pubblico ministero.

1. Entro novanta giorni dalla iscrizione della notizia di reato nel registro previsto dall'articolo 335, il pubblico ministero trasmette la richiesta di giudizio immediato alla cancelleria del giudice per le indagini preliminari.

2. Con la richiesta è trasmesso il fascicolo contenente la notizia di reato, la documentazione relativa alle indagini espletate e i verbali degli atti compiuti davanti al giudice per le indagini preliminari. Il corpo del reato e le cose pertinenti al reato, sono allegati al fascicolo, qualora non debbano essere custoditi altrove.

2 *bis*. Qualora non abbia proceduto ai sensi dell'articolo 268, commi 4, 5 e 6, con la richiesta il pubblico ministero deposita l'elenco delle intercettazioni di comunicazioni o conversazioni o dei flussi di comunicazioni informatiche o telematiche rilevanti ai fini di prova. Entro quindici giorni dalla notifica prevista dall'articolo 456, comma 4, il difensore può depositare l'elenco delle ulteriori registrazioni ritenute rilevanti e di cui chiede copia. Sull'istanza provvede il pubblico ministero con decreto motivato. In caso di rigetto dell'istanza o di contestazioni sulle indicazioni relative alle registrazioni ritenute rilevanti il difensore può avanzare al giudice istanza affinché si proceda nelle forme di cui all'articolo 268, comma 6. Il termine di cui al presente comma può essere prorogato di dieci giorni su richiesta del difensore.

Il co. 2 *bis* è stato inserito dal d.l. 30.12.2019, n. 161, conv., con modif., dalla l. 28.2.2020, n. 7, che aveva previsto l'applicazione della disposizione per i procedimenti penali iscritti successivamente al 30.4.2020. Con d.l. 30.4.2020, n. 28, conv. dalla l. 25.6.2020, n. 70, il termine è stato spostato al 31.8.2020.

• La disposizione, che indica il termine di novanta giorni dall'iscrizione del nome della persona nel registro delle notizie di reato (→ **Indagini e udienza preliminare**, art. 335; → **Disp. trans.**, art. 258 co. 2), si riferisce unicamente al c.d. giudizio immediato **ordinario**. Per il giudizio immediato custodiale i termini sono 180 giorni dall'esecuzione della misura (art. 453). La giurisprudenza ha ritenuto rilevabile da parte del g.i.p. l'inosservanza dei termini per la proposizione del giudizio immediato, ordinario e custodiale, ritenendo il termine un presupposto del rito (Cass., SU, 26.6.2014, Squicciarino).

• La richiesta, formulata dal p.m. (→ **Soggetti**, art. 51), costituisce atto di esercizio dell'azione penale (→ **Indagini e udienza preliminare**, art. 407 *bis*) ed ha i requisiti di cui all'art. 417; essa va trasmessa al g.i.p. (→ art. 328) unitamente al fascicolo (→ **Disp. att.**, art. 139) contenente la notizia di reato (→ **Indagini e udienza preliminare**, art. 330), la documentazione delle indagini espletate (→ artt. 357 e 373), i verbali degli atti compiuti davanti al g.i.p. (→ **Misure cautelari**, artt. 294 e 299; → **Indagini e udienza preliminare**, artt. 391 e 392), il corpo del reato e le cose pertinenti al reato (→ **Prove**, art. 253), qualora non debbano essere custoditi altrove (→ art. 259; → **Indagini e udienza preliminare**, artt. 373 co. 5 e 416 co. 2) e le eventuali investigazioni difensive (→ art. 391 *bis* s.), nonché l'elenco delle intercettazioni, telefoniche e telematiche, rilevanti ai fini di prova, se non già depositate (→ **Prove**, art. 268).

• Entro quindici giorni dalla notifica del decreto di giudizio immediato, il difensore può indicare ulteriori intercettazioni ritenute rilevanti. Sull'istanza provvede il p.m. In caso di contestazioni, il difensore può avanzare istanza al giudice affinché decida nella c.d. udienza stralcio (→ **Prove**, art. 268 co. 6). Vengono quindi selezionate le registrazioni rilevanti e utilizzabili nel giudizio (→ **Indagini e udienza preliminare**, art. 431).

455. Decisione sulla richiesta di giudizio immediato.

1. Il giudice, entro cinque giorni, emette decreto con il quale dispone il giudizio immediato ovvero rigetta la richiesta ordinando la trasmissione degli atti al pubblico ministero.

1 *bis*. Nei casi di cui all'articolo 453, comma 1 *bis*, il giudice rigetta la richiesta se l'ordinanza che dispone la custodia cautelare è stata revocata o annullata per sopravvenuta insussistenza dei gravi indizi di colpevolezza.

Il testo dell'articolo è stato modificato dal d.l. 23.5.2008, n. 92, conv. dalla l. 24.7.2008, n. 125.

• Il giudice decide sulla richiesta entro cinque giorni (si tratta di termine ordinatorio: → **Atti**, art. 172). Il vaglio del giudice riguarda i presupposti del rito, ivi compreso il rispetto dei termini per l'instaurazione dello stesso. In particolare, nel caso di giudizio immediato c.d. **custodiale**, il rigetto della richiesta avverrà anche se l'ordinanza che dispone la misura cautelare è stata nel frattempo (ossia tra la richiesta del p.m. e la decisione del g.i.p.) revocata (→ **Misure cautelari**, art. 299) o annullata per sopravvenuta insussistenza dei **gravi indizi di colpevolezza** (→ art. 273). Se accoglie la richiesta, il giudice emette decreto (→ **Atti**, art. 125) con cui dispone il giudizio immediato, altrimenti ordina la trasmissione degli atti al p.m.

• Avverso il decreto che dispone il giudizio immediato o il rigetto della richiesta del p.m. (→ **Soggetti**, art. 51) non è ammesso alcun mezzo di impugnazione, stante il principio di tassatività delle impugnazioni (→ **Impugnazioni**, art. 568).

456. Decreto di giudizio immediato.

1. Al decreto che dispone il giudizio immediato si applicano le disposizioni dell'articolo 429, commi 1 e 2.

2. Il decreto contiene anche l'avviso che l'imputato può chiedere il giudizio abbreviato ovvero l'applicazione della pena a norma dell'articolo 444 ovvero la sospensione del procedimento con messa alla prova.

3. Il decreto è comunicato al pubblico ministero e notificato all'imputato e alla persona offesa almeno trenta giorni prima della data fissata per il giudizio.

4. All'imputato e alla persona offesa, unitamente al decreto, è notificata la richiesta del pubblico ministero.

5. Al difensore dell'imputato è notificato avviso alla data fissata per il giudizio entro il termine previsto dal comma 3.

L'articolo è stato modificato dalla l. 1.3.2001, n. 63 e, poi, dal d. lgs. 10.10.2022, n. 150.

• Corte cost., 19 del 2020, ha dichiarato l'illegittimità costituzionale del co. 2 nella parte in cui non prevede che il decreto che dispone il giudizio immediato contenga l'avviso della facoltà dell'imputato di chiedere la sospensione del procedimento con messa alla prova.

• Il decreto che dispone il giudizio immediato (→ **Atti**, art. 125 co. 3) presenta tutti i requisiti del **decreto che dispone il giudizio** a norma degli artt. 429 co. 1 e 2 (→ **Indagini e udienza preliminare**; → **Disp. att.**, art. 132). Ne segue che il decreto è **nullo** qualora l'imputato (→ **Soggetti**, art. 60) non venga identificato in modo certo o risulti mancante e insufficiente l'enunciazione del fatto o l'indicazione degli elementi atti a permettere la comparizione nel luogo e nella data fissati per il dibattimento (→ **Atti**, art. 178 s.). Inoltre, il decreto contiene l'avviso che l'imputato può chiedere il **giudizio abbreviato** (art. 438) o **l'applicazione della pena su richiesta delle parti** (art. 444) e, in seguito al d. lgs. 150 del 2022, la **sospensione del procedimento con messa alla prova** (v. Corte cost., 19 del 2020). L'omissione di questi avvisi determina, secondo la giurisprudenza (anche costituzionale), una **nullità** a regime intermedio attinente alla difesa (→ **Atti**, artt.

178 lett. *c* e 180: Corte cost., 148 del 2004).

• Nel caso di imputato straniero che non conosca la lingua italiana il decreto va tradotto (→ **Atti**, art. 143).

• Il decreto è comunicato (→ **Atti**, art. 153) al p.m. (→ **Soggetti**, art. 51) e notificato (→ **Atti**, art. 148 s.) all'imputato (→ **Soggetti**, art. 60) e alla persona offesa (→ art. 90), insieme alla richiesta del p.m., almeno trenta giorni prima della data fissata per il giudizio (computando gli eventuali prolungamenti: → **Atti**, art. 174). Si tratta di un **termine dilatorio** (→ art. 172 co. 5), la cui violazione determina una **nullità** a regime intermedio (→ artt. 178 lett. *c* e 180).

• Al difensore dell'imputato (→ **Soggetti**, artt. 96 e 97) è notificato l'avviso almeno trenta giorni prima della data fissata per l'udienza (→ **Atti**, art. 172 co. 5). La notifica difettosa va rinnovata dal tribunale, senza determinare regressione (→ **Disp. att.**, art. 143). Durante questi termini l'imputato e il difensore possono prendere visione degli atti ed estrarne copia (→ art. 139).

457. Trasmissione degli atti.

1. Decorsi i termini previsti dall'articolo 458, comma 1, il decreto che dispone il giudizio immediato è trasmesso, con il fascicolo formato a norma dell'articolo 431, al giudice competente per il giudizio.

2. Gli atti non inseriti nel fascicolo previsto dal comma 1, sono restituiti al pubblico ministero. Si applica la disposizione dell'articolo 433, comma 2.

• Decorsi quindici giorni dalla notifica del decreto di giudizio immediato, se l'imputato (→ **Soggetti**, art. 60) non ha fatto alcuna richiesta di riti speciali (artt. 438, 444 e 464 *bis*), il decreto è trasmesso, insieme al fascicolo per il dibattimento (→ **Indagini e udienza preliminare**, art. 431; → **Prove**, art. 268) al **giudice competente per il giudizio** (→ **Libro VII**).

• Gli atti non inseriti nel fascicolo per il dibattimento sono restituiti al p.m. e inseriti nel suo fascicolo (→ **Indagini e udienza preliminare**, art. 433); i difensori (→ **Soggetti**, art. 96 s.) hanno facoltà di prenderne visione ed estrarne copia (→ **Disp. att.**, art. 139).

• Si ritiene che possa essere trasmessa anche l'attività integrativa di indagine (→ **Indagini e udienza preliminare**, art. 433 co. 3).

458. Richiesta di giudizio abbreviato.

1. L'imputato, a pena di decadenza, può chiedere il giudizio abbreviato depositando nella cancelleria del giudice per le indagini preliminari la richiesta, con la prova della avvenuta notifica al pubblico ministero, entro quindici giorni dalla notificazione del decreto di giudizio immediato. Si applicano le disposizioni di cui all'articolo 438, comma 6 *bis*. Con la richiesta l'imputato può eccepire l'incompetenza per territorio del giudice.

2. Il giudice fissa in ogni caso con decreto l'udienza in camera di consiglio per la valutazione della richiesta, dandone avviso almeno cinque giorni prima al pubblico ministero, all'imputato, al difensore e alla persona offesa. Qualora riconosca la propria incompetenza, il giudice la dichiara con sentenza e ordina la trasmissione degli atti al pubblico ministero presso il giudice competente. Nel giudizio si osservano, in quanto applicabili, le disposizioni degli articoli 438, commi 3, 5 e 6 *ter*, 441, 441 *bis*, 442 e 443; nel caso di cui all'articolo 441 *bis* comma 4, il giudice, revocata l'ordinanza con cui era stato disposto il giudizio abbreviato, fissa l'udienza per il giudizio immediato.

2 *bis*. Se il giudice rigetta la richiesta di giudizio abbreviato di cui all'articolo 438, comma 5, l'imputato, alla stessa udienza, può chiedere il giudizio abbreviato ai sensi dell'articolo 438, comma 1, l'applicazione della pena ai sensi dell'articolo 444 oppure la sospensione del procedimento con messa alla prova.

2 *ter*. Se non è accolta alcuna richiesta di cui al comma precedente, il giudice rimette le parti al giudice del dibattimento, dandone comunicazione in udienza alle parti presenti o rappresentate.

3. Le disposizioni del presente articolo non si applicano quando il giudizio immediato è stato richiesto dall'imputato a norma dell'articolo 419, comma 5.

Il testo originario dell'articolo è stato così modificato dalla l. 16.12.1999, n. 479; successivamente, dal d.l. 7.4.2000, n. 82, conv. dalla l. 5.6.2000, n. 144, dalla l. 1.3.2001, n. 63, dalla l. 23.6.2017, n. 103 e, infine, dal d. lgs. 10.10.2022, n. 150.

• Corte cost., 120 del 2002, ha dichiarato l'illegittimità del co. 1, nella parte in cui prevede che il termine entro cui l'imputato può chiedere il giudizio abbreviato decorre dalla notificazione del decreto del giudizio immediato, anziché dell'ultima notificazione, all'imputato o al difensore, rispettivamente del decreto ovvero dell'avviso della data fissata per il giudizio immediato. Corte cost., 169 del 2003, ha dichiarato, tra l'altro, l'illegittimità del co. 2, nella parte in cui non prevede che, in caso di rigetto della richiesta di giudizio abbreviato subordinata ad una integrazione probatoria, l'imputato possa rinnovare la richiesta prima della dichiarazione di apertura del dibattimento di primo grado e il giudice possa disporre il giudizio abbreviato. Corte cost., 1 del 2015, ha dichiarato l'illegittimità costituzionale dell'art. 458 co. 1 e dell'art. 1 co. 1 **Proc. minorile**, nella parte in cui prevedono che, nel processo a carico di imputati minorenni, nel caso di giudizio abbreviato richiesto dall'imputato in seguito a un decreto di giudizio immediato, la composizione dell'organo giudicante sia quella monocratica del g.i.p. e non quella collegiale prevista dall'art. 50 *bis* co. 2 **Ord. giud.**

• La richiesta di giudizio abbreviato va formulata, **a pena di decadenza** (→ **Atti**, art. 175), dall'imputato personalmente (→ **Soggetti**, art. 60) o dal suo procuratore speciale (→ **Atti**, art. 122) entro quindici giorni dalla notificazione del decreto di giudizio immediato (il termine è stato così elevato dalla l. 63 del 2001), insieme alla prova dell'avvenuta comunicazione al p.m. (→ art. 153), depositando la richiesta nella cancelleria del g.i.p. (→ **Indagini e udienza preliminare**, art. 328). La presentazione della richiesta di giudizio abbreviato determina la sanatoria delle nullità non assolute (→ **Atti**, artt. 180, 181) e la non rilevabilità delle inutilizzabilità, salvo quelle derivanti da violazione di un divieto probatorio (→ **Prove**, art. 191). Inoltre, è al momento della presentazione della richiesta che l'imputato può eccepire l'incompetenza per territorio (→ **Soggetti**, art. 8 s.; Cass., 4.6.2021, Yasimski).

• Presentata la richiesta, il giudice fissa sempre con decreto (→ **Atti**, art. 125) l'udienza in camera di consiglio (→ art. 127), per la verifica dell'ammissibilità del rito e della propria competenza nonché per lo svolgimento del giudizio abbreviato, dandone avviso al p.m. (→ **Soggetti**, art. 51), all'imputato (→ art. 60) e alla persona offesa (→ artt. 90 e 91) almeno cinque giorni prima dell'udienza (→ **Atti**, art. 172 co. 5). Qualora il giudice riconosca la propria incompetenza, la dichiara con sentenza e ordina la trasmissione degli atti al p.m. presso il giudice competente (→ **Soggetti**, art. 22), altrimenti si apre il giudizio nel quale si osservano le disposizioni del rito abbreviato, quanto a modalità di richiesta (ordinaria o condizionata: art. 438 co. 3, 5 e 6 *ter*), svolgimento del giudizio (art. 441) e relativa decisione (art. 442), limiti all'appello (art. 443).

• Si applicano altresì le disposizioni in caso di modifica dell'imputazione (art. 441 *bis*) con la specificazione che, in caso di revoca dell'ordinanza ammissiva del rito abbreviato (→ **Atti**, art. 125), riprenderà il giudizio immediato, ossia il dibattimento (→ **Giudizio**).

• In seguito alle modifiche dovute al d. lgs. 150 del 2022, se il giudice rigetta la richiesta di giudizio abbreviato condizionato, l'imputato, alla stessa udienza, può chiedere il giudizio abbreviato semplice, l'applicazione della pena ai sensi dell'art. 444 oppure la sospensione del procedimento con messa alla prova.

• Visto il richiamo al co. 6 *ter* dell'art. 438, si deve ritenere che l'imputato possa rinnovare la richiesta illegittimamente dichiarata inammissibile o ingiustificatamente respinta prima dell'apertura del dibattimento di primo grado (→ **Giudizio**, art. 492) e il giudice disporre che si proceda nelle forme del giudizio abbreviato (Corte cost., 169 del 2003; art. 438). Deve altresì ritenersi che il giudice dibattimentale possa operare la riduzione della pena nel caso in cui, all'esito del giudizio, per il fatto accertato sia ammissibile il giudizio abbreviato, precedentemente non ammesso perché formulato per un reato punito con la pena dell'ergastolo.

• La richiesta di conversione del rito a favore degli altri riti speciali premiali non può essere presentata dall'imputato (→ **Soggetti**, art. 60) che abbia chiesto il giudizio immediato rinunciando all'udienza preliminare (→ **Libro V**).

• Il giudizio abbreviato, a seguito di giudizio immediato nei confronti degli imputati **minorenni**, si svolge davanti ad un organo collegiale (Corte cost., 1 del 2015).

• La sentenza emessa all'esito del giudizio immediato sarà **impugnabile** nelle stesse forme e con gli stessi limiti di una sentenza dibattimentale (→ **Libro IX**, art. 596 s.) e ne avrà identici contenuti, anche quanto a pene sostitutive (→ **Giudizio**, art. 545 *bis*).

• In caso di rigetto delle richieste formulate dall'imputato, il giudice rimette le parti al giudice del dibattimento (→ **Giudizio**).

458 *bis*. Richiesta di applicazione della pena.

1. Quando è formulata la richiesta prevista dall'articolo 446, il giudice fissa in ogni caso con decreto l'udienza in camera di consiglio per la decisione, dandone avviso almeno cinque giorni prima al pubblico ministero, all'imputato, al difensore e alla persona offesa.

2. Nel caso di dissenso da parte del pubblico ministero o di rigetto della richiesta da parte del giudice, l'imputato, nella stessa udienza, può chiedere la sospensione del procedimento con messa alla prova oppure il giudizio abbreviato ai sensi dell'articolo 438. Se il giudice dispone il giudizio abbreviato, si applica l'ultimo periodo del comma 2 dell'articolo 458. Nel caso di rigetto delle richieste, si applica l'articolo 458, comma 2 *ter*.

L'articolo è stato inserito dal d. lgs. 10.10.2022, n. 150.

• La richiesta di applicazione della pena va formulata, **a pena di decadenza** (→ **Atti**, art. 175), dall'imputato personalmente (→ **Soggetti**, art. 60) o dal suo procuratore speciale (→ **Atti**, art. 122) entro quindici giorni dalla notificazione del decreto di giudizio immediato.

• Presentata la richiesta, il giudice fissa con decreto (→ **Atti**, art. 125) l'**udienza in camera di consiglio** (→ art. 127), per la verifica dell'ammissibilità del rito e per lo svolgimento del rito, dandone avviso al p.m. (→ **Soggetti**, art. 51), all'imputato (→ art. 60), al difensore (→ art. 96) e alla persona offesa (→ artt. 90 e 91) almeno cinque giorni prima dell'udienza (→ **Atti**, art. 172 co. 5).

• In caso di dissenso del p.m. o di rigetto della richiesta da parte del giudice, l'imputato, nella stessa udienza, può chiedere la **sospensione del processo con messa alla prova** o il **giudizio abbreviato**, nel quale si osservano le consuete disposizioni quanto a modalità di richiesta (ordinaria o condizionata: art. 438 co. 3, 5 e 6 *ter*), svolgimento del giudizio (art. 441) e relativa decisione (art. 442), limiti all'appello (art. 443). Si applicano altresì le disposizioni in caso di modifica dell'imputazione (art. 441 *bis*) con la specificazione che, in caso di revoca dell'ordinanza ammissiva del rito abbreviato (→ **Atti**, art. 125), riprenderà il giudizio immediato, ossia il dibattimento (→ **Giudizio**).

• Nel caso non sia accolta alcuna richiesta, il giudice rimette le parti al giudice del dibattimento (→ **Giudizio**).

• La richiesta di conversione del rito a favore degli altri riti speciali premiali non può essere presentata dall'imputato (→ **Soggetti**, art. 60) che abbia chiesto il giudizio immediato rinunciando all'udienza preliminare (→ **Libro V**).

Titolo V
PROCEDIMENTO PER DECRETO

459. Casi di procedimento per decreto.

1. Nei procedimenti per reati perseguibili di ufficio ed in quelli perseguibili a querela se questa è stata validamente presentata e se il querelante non ha nella stessa dichiarato di opporvisi, il pubblico ministero, quando ritiene che si debba applicare soltanto una pena pecuniaria, anche se inflitta in sostituzione di una pena detentiva, può presentare al giudice per le indagini preliminari, entro un anno dalla data in cui il nome della persona alla quale il reato è attribuito è iscritto nel registro delle notizie di reato e previa trasmissione del fascicolo, richiesta motivata di emissione del decreto penale di condanna, indicando la misura della pena.

1 *bis*. Nel caso di irrogazione di una pena pecuniaria in sostituzione di una pena detentiva, il giudice, per determinare l'ammontare della pena pecuniaria, individua il valore giornaliero al

quale può essere assoggettato l'imputato e lo moltiplica per i giorni di pena detentiva. Il valore giornaliero non può essere inferiore a 5 euro e superiore a 250 euro e corrisponde alla quota di reddito giornaliero che può essere impiegata per il pagamento della pena pecuniaria, tenendo conto delle complessive condizioni economiche, patrimoniali e di vita dell'imputato e del suo nucleo familiare. Alla pena pecuniaria irrogata in sostituzione della pena detentiva si applica l'articolo 133 *ter* del codice penale. Entro gli stessi limiti, la pena detentiva può essere sostituita altresì con il lavoro di pubblica utilità di cui all'articolo 56 *bis* della legge 24 novembre 1981, n. 689, se l'indagato, prima dell'esercizio dell'azione penale, ne fa richiesta al pubblico ministero, presentando il programma di trattamento elaborato dall'ufficio di esecuzione penale esterna con la relativa dichiarazione di disponibilità dell'ente.

1 *ter*. Quando è stato emesso decreto penale di condanna a pena pecuniaria sostitutiva di una pena detentiva, l'imputato, personalmente o a mezzo di procuratore speciale, nel termine di quindici giorni dalla notificazione del decreto, può chiedere la sostituzione della pena detentiva con il lavoro di pubblica utilità di cui all'articolo 56 *bis* della legge 24 novembre 1981, n. 689, senza formulare l'atto di opposizione. Con l'istanza, l'imputato può chiedere un termine di sessanta giorni per depositare la dichiarazione di disponibilità dell'ente o dell'associazione di cui all'articolo 56 *bis* primo comma, e il programma dell'ufficio di esecuzione penale esterna. Trascorso detto termine, il giudice che ha emesso il decreto di condanna può operare la sostituzione della pena detentiva con il lavoro di pubblica utilità. In difetto dei presupposti, il giudice respinge la richiesta ed emette decreto di giudizio immediato.

2. Il pubblico ministero può chiedere l'applicazione di una pena diminuita sino alla metà rispetto al minimo edittale.

3. Il giudice, quando non accoglie la richiesta, se non deve pronunciare sentenza di proscioglimento a norma dell'articolo 129, restituisce gli atti al pubblico ministero.

4. Del decreto penale è data comunicazione al querelante.

5. Il procedimento per decreto non è ammesso quando risulta la necessità di applicare una misura di sicurezza personale.

L'articolo è stato sostituito dalla l. 16.12.1999, n. 479. Il co. 1 *bis* è stato introdotto dalla l. 23.6.2017, n. 103. Successivamente, il d. lgs. 10.10.2022, n. 150, in attuazione della direttiva di cui all'art. 1 co. 10 lett. *d* n. 1) l. delega 27.9.2021, n. 134, è intervenuto sul co. 1, dilatando da sei mesi ad un anno il termine per la presentazione della richiesta di decreto penale, e, coerentemente con criteri contenuti nell'art. 1 co. 17 lett. *e* ed *l* l. 134 del 2021, ha sostituito il co. 1 *bis* e ha inserito il co. 1 *ter*.

• **Corte cost.**, **23** del **2015**, ha dichiarato l'illegittimità del co. 1, come sostituito dalla l. 479 del 1999, nella parte in cui prevede la facoltà del querelante di opporsi, in caso di reati perseguibili a querela, alla definizione del procedimento con l'emissione di decreto penale di condanna. Per la Corte, la disposizione si pone in contrasto con gli artt. 3 e 111 Cost. In particolare, una volta ampliato il catalogo dei reati per i quali è possibile definire il procedimento con il decreto penale di condanna comprendendovi anche quelli procedibili a querela, l'attribuzione al querelante di un potere di veto rispetto alla definizione del procedimento mediante il decreto penale di condanna introduce un evidente elemento di irrazionalità, in quanto: a) distingue irragionevolmente la posizione del querelante rispetto a quella della persona offesa dal reato per i reati perseguibili d'ufficio; b) non corrisponde ad alcun interesse meritevole di tutela del querelante stesso; c) è intrinsecamente contraddittoria rispetto alla mancata previsione di una analoga facoltà di opposizione alla definizione del processo mediante l'applicazione della pena su richiesta delle parti; d) reca un significativo *vulnus* all'esigenza di rapida definizione del processo; e) è incoerente sul piano sistematico con le esigenze di deflazione proprie dei riti alternativi premiali.

• Inquadrabile tra i riti speciali di tipo premiale (→ **Libro VI**, artt. 438 s. e 444 s.), il procedimento per decreto ne enfatizza l'effetto deflativo – che, nelle intenzioni del legislatore, assume rilievo cruciale per garantire il funzionamento del processo accusatorio (Corte cost., 23 del 2015) –, sfociando in una decisione (→ **Atti**, art. 125) sul merito dell'imputazione (→ **Indagini e udienza preliminare**, art. 407 *bis* co. 1) all'esito delle indagini preliminari (→ **Libro V**): in tal modo, la sequenza ordinaria subisce una radicale amputazione, che coinvolge le fasi dell'udienza preliminare (→ **Libro V**) e del giudizio (→ **Libro VII**; → **Procedimento davanti al tribunale in composizione monocratica**, artt. 549-555 e 559), in piena aderenza al principio della **ragionevole durata del processo** (→ **Cost.**, art. 111 co. 2; → **Cedu**, art. 6 co. 1; → **Patto int.**, art. 14 co. 3 lett. *c*; → **Carta UE**, art. 47 co. 2). Certamente, consentendo di pervenire all'adozione di una pronuncia di condanna, *inaudita altera parte*, sulla base di dati gnoseologici unilateralmente acquisiti nel corso delle indagini preliminari (→ **Libro V**), il procedimento *de quo* **deroga al principio del contraddittorio nella formazione della prova** (→ **Cost.**, art. 111 co. 4). Nondimeno, la prevista facoltà dell'imputato (→ **Soggetti**, art. 60) di opporsi al decreto di condanna e di ottenere, in tal modo, l'instaurazione del giudizio dibattimentale (→ **Libro VII**; → **Procedimento davanti al tribunale in composizione monocratica**, artt. 549, 554, 555, 557 co. 2 e 3, 559; cfr. *infra*, art. 461), istituendo una diretta correlazione tra la sua acquiescenza al provvedimento emesso (→ **Atti**, art. 125) e la definitiva perdita del metodo dialettico di elaborazione della prova (→ **Giudizio**, art. 496 s.), riconduce la dinamica processuale tra «i casi», costituzionalmente tollerati, di deroga al contraddittorio «per consenso dell'imputato» (→ **Cost.**, art. 111 co. 5).

• Il procedimento per decreto è espressamente escluso per i **reati attribuiti alla competenza del giudice di pace** (→ **Giu. Pace**, art. 2 co. 1 lett. *l*) e nel **rito minorile** (→ **Proc. minorile**, art. 25 co. 1), mentre è applicabile agli **illeciti amministrativi dipendenti da reato imputabili agli enti** (→ **Processo alle società**, art. 64).

• La richiesta di decreto penale di condanna non deve essere preceduta dalla notificazione dell'avviso di conclusione delle indagini preliminari *ex* art. 415 *bis* (→ **Indagini e udienza preliminare**), ritenuto non compatibile con la struttura del procedimento monitorio (Corte cost., 32 del 2003, 131 del 2003 e 292 del 2004).

• Il p.m. (→ **Soggetti**, art. 51), prima di presentare richiesta di decreto penale, può avvisare l'**indagato** (→ **Soggetti**, art. 61), ove ne ricorrano i presupposti, che ha facoltà di chiedere l'ammissione all'**oblazione** e che il pagamento della stessa estingue il reato (→ **Disp. att.**, art. 141 co. 2).

• Presupposto della richiesta di decreto penale, nei procedimenti per reati perseguibili a querela, è che questa sia stata validamente proposta (→ art. 120 s. c.p.; → **Indagini e udienza preliminare**, art. 336 s.).

• Il termine di **un anno** (→ **Atti**, art. 172) previsto per l'attivazione del rito – da ritenersi ordinatorio, al pari del precedente termine semestrale (→ **Atti**, art. 173 co. 1; → Cass., SU, 6.3.1992, Glarey) – si raccorda con il termine, parimenti annuale, di durata delle indagini (→ **Libro V**, art. 405) per i reati diversi dalle contravvenzioni (per i quali vale il più breve termine di sei mesi) e dai delitti di cui all'art. 407 co. 2 (per i quali opera il termine di un anno e sei mesi).

• Il termine in questione **decorre** dalla data di **iscrizione nominativa della notizia di reato** nel registro (c.d. **Modello 21**: → **Indagini e udienza preliminare**, art. 335 co. 1).

• La modifica, ad opera della l. 15.7.2009, n. 94, del **criterio di ragguaglio** tra pene pecuniarie e pene detentive fissato dall'art. 135 c.p. – all'epoca richiamato dall'art. 53 l. 24.11.1981, n. 689 ai fini della determinazione della pena pecuniaria sostitutiva di quella detentiva – aveva reso meno appetibile la scelta del rito monitorio. Il co. 1 *bis*, con l'obiettivo di potenziare gli effetti premiali del procedimento per decreto e il flusso delle opzioni degli imputati per la condanna che ne segna l'epilogo, aveva successivamente individuato nel *range* tra 75 euro ed il suo triplo la sanzione pecuniaria giornaliera, tenuto conto della condizione economica complessiva dell'imputato e del suo nucleo familiare. La previsione di quest'ultimo parametro era un naturale riflesso del principio di uguaglianza (→ **Cost.**, art. 3), che impone di evitare un'impropria parificazione di situazioni tra loro diverse, ed era funzionale a garantire un maggior grado di individualizzazione della pena, in ossequio al principio di personalità della responsabilità penale (→ art. 27 co. 3), risultando evidente, ad esempio, come l'impatto della sanzione pecuniaria sia diverso a seconda della sussistenza o meno di oneri di mantenimento di altri componenti del nucleo familiare privi di proprie risorse (Corte cost., 155 del 2019). Il valore minimo giornaliero previsto dal co. 1 *bis* era poi assurto a parametro generale per la sostituzione della pena detentiva breve con la pena pecuniaria, per effetto della declaratoria di illegittimità costituzionale dell'art. 53 co. 2 l. 689 del 1981, nella parte in cui faceva riferimento, invece, alla somma di 250 euro prevista dall'art. 135 c.p. (Corte cost., 28 del 2022). La Corte costituzionale, peraltro, aveva fatto salva la possibilità che nell'esercizio della delega di cui alla l. 134 del 2021, venissero individuate soluzioni ancora più adeguate a garantire la piena conformità della disciplina della sostituzione della pena detentiva con la pena pecuniaria ai principi costituzionali. Anche per venire incontro a questo auspicio della Corte, il d. lgs. 150 del 2022, coerentemente con le discipline vigenti in altri Paesi europei, ha fissato, tanto nel nuovo art. 56 *quater* l. 689 del 1981, quanto nel rimodulato co. 1 *bis* l **valore minimo giornaliero** in **5 euro** (la cui individuazione resta, così, sganciata dall'art. 135 c.p.). Risulta ancora oggi differenziato il **valore massimo giornaliero** (anch'esso stabilito autonomamente rispetto all'art. 135 c.p., nella misura predeterminata dall'art. 1 co. 17 lett. *l* l. 134 del 2021): in generale pari a 2.500 euro (art. 56 *quater* l. 689 del 1981), si attesta a **250 euro** (e non più a 225 euro) quando la sostituzione della pena detentiva ha luogo nel procedimento per decreto (co. 1 *bis*). Può ben dirsi, pertanto, che l'effetto premiale connesso al rito è rapportato in maniera esponenziale al valore massimo giornaliero. Riguardo ai criteri che orientano la discrezionalità del giudice, oggi, viene dato espresso rilievo al concetto di **«quota di reddito giornaliero che può essere impiegata per il pagamento della pena pecuniaria»**, nonché alle **condizioni «di vita» e «patrimoniali»** dell'imputato e del suo nucleo familiare, accanto a quelle «economiche». In questa prospettiva, l'ampia forbice prevista per l'individuazione, da parte del giudice, del valore giornaliero al quale può essere assoggettato l'imputato – tra 5 e 250 euro – è diretta a soddisfare l'esigenza di commisurazione della pena alle effettive condizioni economiche, patrimoniali e di vita del soggetto, che normalmente riflettono un divario altrettanto ampio nella società: la medesima condanna a pena detentiva, sostituita con la pena pecuniaria, può infatti essere pronunciata nei confronti di una persona disoccupata e ai limiti dell'indigenza, ovvero di una persona facoltosa. Mentre la pena detentiva inflitta ai due imputati non determina disparità di trattamento, incidendo su un bene – la libertà personale – dei quali entrambi dispongono nella stessa misura – altrettanto non può dirsi per la pena pecuniaria, che incide su un bene – il patrimonio – che non ha la medesima consistenza. Resta ferma l'applicabilità dell'art. 133 *ter* c.p., che, nella versione emendata dal d. lgs. 150 del 2022, autorizza il giudice, in relazione alle riferite condizioni economiche e patrimoniali dell'imputato, a disporre il pagamento rateizzato, senza interessi, della pena pecuniaria, in misura non inferiore a 15 euro mensili, per una durata da sei a sessanta mesi.

• L'art. 1 co. 17 lett. *e* l. delega 134 del 2021 aveva previsto, in generale, che il decreto penale potesse contenere una condanna non solo alla pena pecuniaria, ma anche al lavoro di pubblica utilità sostitutivo. Sebbene il tenore letterale della disposizione non escludesse una più ampia soluzione, il legislatore delegato, con l'ultimo periodo del novellato co. 1 *bis*, ha optato per una interpretazione restrittiva, stabilendo che la pena detentiva (…) – per la cui determinazione, in caso di concorso formale o di reato continuato, si tiene conto dell'art. 81 c.p. (art. 53 co. 3 d. lgs. 150 del 2022) –, negli stessi limiti di un anno in cui è surrogabile da quella pecuniaria, può essere sostituita, alternativamente, con il **lavoro di pubblica utilità** (v. anche art. 53 co. 2 d. lgs. 150 del 2022). Esigenze di coordinamento tra il procedimento per decreto, caratterizzato da un contraddittorio (→ **Cost.**, art. 111 co. 3 e 4) eventuale e differito, con i tratti morfologici del lavoro di pubblica utilità – la verificata non opposizione dell'imputato e la necessità di elaborare un programma di lavoro presso un ente accreditato e disponibile – lasciano intendere che l'ambito di operatività dell'ultimo periodo del co. 1 *bis* riguardi il caso in cui l'indagato (→ **Soggetti**, art. 61) sia a conoscenza del procedimento a suo carico, eventualmente per iniziativa degli organi inquirenti (→ artt. 50 s. e 55 s.; → **Indagini e udienza preliminare**), e abbia interesse ad attivarsi presso il p.m. (→ **Soggetti**, art. 51) per giungere a un decreto penale di condanna al lavoro di pubblica utilità sostitutivo, presentando la documentazione necessaria: programma di trattamento dell'ufficio di esecuzione penale esterna (→ **Ord. penit.**, art. 72; → art. 118 d.P.R. 30.6.2000, n. 230) e dichiarazione di disponibilità dell'ente. Peraltro, nella consapevolezza che l'assoluta maggioranza dei decreti penali verrà emessa per pene pecuniarie, in considerazione dell'esigenza di celerità del procedimento e della difficoltà di attivazione dell'indagato prima dell'esercizio dell'azione penale, il legislatore delegato, con l'inserimento del co. 1 *ter*, ha deciso di aprire uno spazio operativo al lavoro di pubblica utilità anche dopo l'emissione del decreto penale di condanna a pena pecuniaria sostitutiva, secondo il seguente schema: *a*) il decreto penale di condanna a pena pecuniaria sostitutiva è notificato (→ **Atti**, art. 148 s.) all'imputato; *b*) nel termine – perentorio (→ art. 173 co. 1) – di quindici giorni dalla notificazione del decreto – corrispondente a quello per proporre opposizione (art. 461 co. 1) – l'imputato, personalmente o a mezzo di procuratore speciale (→ art. 122) – e, dunque, con atto personalissimo, in deroga alle condizioni dell'opposizione –, può chiedere la sostituzione della pena detentiva con il lavoro di pubblica utilità (→ art. 56 *bis* d. lgs. 150 del 2022), senza formulare l'atto di opposizione (sulla scia di una prassi giurisprudenziale invalsa nell'applicazione dell'art. 186 co. 9 *bis* d. lgs. 30.4.1992, n. 285; *c*) con la stessa istanza (→ **Atti**, art. 121), l'interessato può chiedere un termine – apparentemente, ordinatorio (→ art. 173 co. 1) – di sessanta giorni per depositare la dichiarazione di disponibilità dell'ente o dell'associazione e il programma dell'ufficio di esecuzione penale esterna; *d*) spirato questo secondo termine, il giudice (→ **Soggetti**) che ha adottato il decreto di condanna può sostituire la pena detentiva con il lavoro di pubblica utilità, se ne ricorrono i presupposti, o respinge l'istanza, emettendo decreto di giudizio immediato (art. 456).

• A fronte della richiesta di decreto penale, il g.i.p. (→ **Indagini e udienza preliminare**, art. 328) è tenuto preliminarmente a verificare se ricorrono le condizioni di cui all'**art. 129** (→ **Atti**), dovendo, in tal caso, emettere **sentenza di proscioglimento** con la formula prescritta (→ **Giudizio**, art. 529 s.), che può essere impugnata (→ **Libro IX**) solo con ricorso per cassazione (→ art. 606), ai sensi dell'art. 568 co. 2 (Cass., SU, 30.9.2010, Dalla Serra; Cass., SU, 11.5.1993, Amato). Peraltro, laddove ritenga di dichiarare l'estinzione del reato per amnistia o prescrizione, l'organo giudicante deve restituire gli atti al p.m. (→ **Soggetti**, art. 51) affinché accerti se l'**imputato** (→ art. 60) intenda prestare il consenso all'epilogo processuale (Corte cost., 580 del 1990). La sentenza *ex* art. 129 va adottata anche quando, pur non risultando la prova positiva dell'innocenza dell'imputato, risulti l'**impossibilità assoluta** di acquisire la **prova** della sua **colpevolezza** (Cass., SU, 9.6.1995, Cardoni). Mentre, nelle residue situazioni di **mancanza "rimediabile", insufficienza o contraddittorietà probatoria**, alle quali prima del dibattimento (→ **Giudizio**, 530 co. 2) l'art. 129 non consente di attribuire valore processuale, il g.i.p. deve limitarsi a **restituire gli atti al p.m.** con il provvedimento (→ **Atti**, art. 125) con cui ne rigetta la richiesta (Cass., SU, 9.6.1995, Cardoni), postulando l'emissione del decreto penale di condanna l'accertamento di responsabilità dell'imputato al di là di ogni ragionevole dubbio (→ **Giudizio**, art. 533 co. 1). Nel procedimento monitorio, l'art. 459 co. 3 attribuisce al g.i.p. un potere di controllo completo, nel rito e nel merito, sulla richiesta del p.m.: la restituzione degli atti all'organo d'accusa, qualora non sia pronunciata sentenza di proscioglimento *ex* art. 129 (→ **Atti**), non è sottoposta ad alcuna espressa condizione, incontrando quale unico limite il rispetto delle attribuzioni istituzionali dell'inquirente circa le modalità di esercizio dell'azione penale e di strutturazione dell'imputazione (→ **Indagini e udienza preliminare**, art. 407 *bis* co. 1), essendo inibito al giudice negare il provvedimento richiesto per ragioni di opportunità concernenti la natura dell'istituto e la sua efficacia (Cass., SU, 18.1.2018, Ksouri; Cass., SU, 18.1.2018, P.). In questa prospettiva, il giudice potrebbe anche restituire gli atti al p.m. perché valuti la possibilità di chiedere l'archiviazione della notizia di reato (→ **Indagini e udienza preliminare**, art. 330 s.) per particolare tenuità del fatto, a norma dell'art. 131 *bis* c.p. (→ art. 411 co. 1 *bis*). In questo caso, infatti, sarebbe da escludere la rilevabilità *ex* art. 129 (→ **Atti**) della causa di non punibilità: il punto di criticità è determinato dalla difficoltà di armonizzare l'accertamento di responsabilità sotteso alla declaratoria *ex* art. 131 *bis* c.p. con la particolare procedura delineata dall'art. 459, contrassegnata dalla totale assenza di contraddittorio (→ **Cost.**, art. 111 co. 3 e 4) con l'imputato e la persona offesa (→ **Soggetti**, art. 90). Tale *deficit* dialettico si rivela particolarmente nefasto per l'imputato il quale, piuttosto che vedersi prosciolto con una sentenza da cui promanano effetti pregiudizievoli (→ art. 131 *bis* co. 3; → art. 3 co. 1 lett. *f* d.P.R. 14.11.2002, n. 313; Cass., SU, 25.2.2016, Tushaj), potrebbe preferire essere condannato con decreto suscettibile di opposizione, in vista di una ampia pronuncia assolutoria in sede dibattimentale (→ **Giudizio**, 530). D'altronde, l'invito a verificare il carattere "particolarmente tenue" dell'illecito contestato non implica alcuna invasione delle competenze dell'organo inquirente, ma appartiene all'attività di qualificazione giuridica propria del giudice (Cass., SU, 18.1.2018, Ksouri; Cass., SU, 18.1.2018, P.). Nello stesso ordine di idee, il giudice (→ **Indagini e udienza preliminare**, art. 328) può rigettare la richiesta del p.m. con provvedimento restitutorio degli atti, nel caso in cui ritenga **non adeguata la misura della pena** in essa indicata (Corte cost., 447 del 1990).

• L'adozione del decreto penale presuppone il rispetto delle formalità prescritte dall'art. 169 c.p.p. (→ **Atti**) ove l'**imputato risieda o dimori all'estero**: in una simile evenienza, pertanto, l'autorità giudiziaria deve preventivamente invitarlo, a mezzo raccomandata con avviso di ricevimento, a dichiarare o eleggere domicilio nel territorio dello Stato «ovvero a dichiarare un indirizzo di posta elettronica certificata o altro servizio elettronico di recapito certificato qualificato», in vista della successiva notificazione del decreto (Corte cost., 225 del 1993). La disposizione è compatibile con gli **artt. 2, 3 § 1 lett. *c* e 6 § 1 e 3 Direttiva 2012/13/UE**, sul diritto all'informazione nei procedimenti penali, i quali non ostano a una normativa nazionale di uno Stato membro che, nell'ambito di un procedimento penale, imponga all'imputato non residente in tale Stato di nominare un domiciliatario ai fini della notifica di un decreto penale di condanna emesso nei suoi confronti (Corte giust., 15.10.2015, Covaci, causa C-216/14; conf. Corte giust., 22.3.2017, Tranca e a., cause C-124/16, C-188/16 e C-213/16).

• Nel procedimento per decreto è precluso l'esercizio dell'**azione civile** (→ **Soggetti**, art. 74 s.), in quanto la richiesta di decreto penale, che segna la conclusione delle **indagini preliminari** (→ **Libro V**), non è preventivamente ostensibile agli interessati. Ne deriva che la parte civile e il responsabile civile (→ **Soggetti**) sono estromessi dalla scena processuale.

460. Requisiti del decreto di condanna.

1. Il decreto di condanna contiene:

a) le generalità dell'imputato o le altre indicazioni personali che valgano a identificarlo nonché, quando occorre, quelle della persona civilmente obbligata per la pena pecuniaria;

b) l'enunciazione del fatto, delle circostanze e delle disposizioni di legge violate;

c) la concisa esposizione dei motivi di fatto e di diritto su cui la decisione è fondata, comprese le ragioni dell'eventuale diminuzione della pena al di sotto del minimo edittale;

d) il dispositivo, con l'indicazione specifica della riduzione di un quinto della pena pecuniaria nel caso previsto dalla lettera *h ter*);

e) l'avviso che l'imputato e la persona civilmente obbligata per la pena pecuniaria possono proporre opposizione entro quindici giorni dalla notificazione del decreto e che l'imputato può chiedere mediante l'opposizione il giudizio immediato ovvero il giudizio abbreviato o l'applicazione della pena a norma dell'articolo 444;

f) l'avvertimento all'imputato e alla persona civilmente obbligata per la pena pecuniaria che, in caso di mancata opposizione, il decreto diviene esecutivo;

g) l'avviso che l'imputato e la persona civilmente obbligata per la pena pecuniaria hanno la facoltà di nominare un difensore;

h) la data e la sottoscrizione del giudice e dell'ausiliario che lo assiste;

h bis) l'avviso all'imputato della facoltà di accedere ai programmi di giustizia riparativa;

h ter) l'avviso che può essere effettuato il pagamento della pena pecuniaria in misura ridotta di un quinto, nel termine di quindici giorni dalla notificazione del decreto, con rinuncia all'opposizione.

2. Con il decreto di condanna il giudice applica la pena nella misura richiesta dal pubblico ministero indicando l'entità dell'eventuale diminuzione della pena stessa al di sotto del minimo edittale; ordina la confisca, nei casi previsti dall'articolo 240, secondo comma, del codice penale, o la restituzione delle cose sequestrate; concede la sospensione condizionale della pena [e la non menzione della condanna nel certificato penale spedito a richiesta di privati]. Nei casi previsti dagli articoli 196 e 197 del codice penale, dichiara altresì la responsabilità della persona civilmente obbligata per la pena pecuniaria.

3. Copia del decreto è comunicata al pubblico ministero ed è notificata con il precetto al condannato, al difensore d'ufficio o al difensore di fiducia eventualmente nominato ed alla persona civilmente obbligata per la pena pecuniaria.
4. Se non è possibile eseguire la notificazione per irreperibilità dell'imputato, il giudice revoca il decreto penale di condanna e restituisce gli atti al pubblico ministero.
5. Il decreto penale di condanna non comporta la condanna al pagamento delle spese del procedimento, né l'applicazione di pene accessorie. Nel termine di quindici giorni dalla notifica del decreto il condannato può effettuare il pagamento della sanzione nella misura ridotta di un quinto, con rinuncia all'opposizione. Il decreto, anche se divenuto esecutivo non ha efficacia di giudicato nel giudizio civile o amministrativo. Il reato è estinto se il condannato ha pagato la pena pecuniaria e, nel termine di cinque anni, quando il decreto concerne un delitto, ovvero di due anni, quando il decreto concerne una contravvenzione, non commette un delitto ovvero una contravvenzione della stessa indole. In questo caso si estingue ogni effetto penale e la condanna non è comunque di ostacolo alla concessione di una successiva sospensione condizionale della pena.

La l. 16.12.1999, n. 479, nel sostituire il co. 2, ha escluso, coerentemente con la contestuale rivisitazione del co. 5, che nel decreto penale possa trovare spazio la condanna al pagamento delle spese del procedimento; ha circoscritto l'operatività della confisca ai casi previsti dall'art. 240 co. 2 c.p.; ha precisato che la non menzione della condanna concerne il certificato penale spedito a richiesta (anziché "privata") "di privati". Nel riscrivere il co. 5, ha allineato gli incentivi a prestare acquiescenza al decreto penale a quelli contemplati dall'art. 445 per favorire la richiesta di pena dell'imputato o la sua adesione all'iniziativa del p.m. In quest'ordine di idee, ha previsto che il decreto penale esoneri dal pagamento delle spese del procedimento e precluda l'applicazione di pene accessorie e che il reato sia estinto se nel termine di cinque anni, quando il decreto concerne un delitto, ovvero di due anni, quando il decreto concerne una contravvenzione, l'imputato non commette un delitto ovvero una contravvenzione della stessa indole, con l'ulteriore conseguenza che, in tal caso, si estingue ogni effetto penale e la condanna non osta alla concessione di una successiva sospensione condizionale della pena. La novella ha conservato l'originario riferimento alla impermeabilità del giudizio civile o amministrativo all'efficacia vincolante del decreto penale di condanna. Successivamente, il d.l. 7.4.2000, n. 82, conv., con modif., dalla l. 5.6.2000, n. 144, è intervenuto sul co. 2, sopprimendo il riferimento alla concessione della non menzione della condanna nel certificato penale richiesto dai privati, beneficio, oggi, assicurato *ipso iure* dagli artt. 24 lett. *e* e 25 lett. *e* d.P.R. 14.11.2002, n. 313. In seguito, la l. 6.3.2001, n. 60, nel sostituire il co. 3, ha incluso il difensore di ufficio o quello di fiducia eventualmente nominato tra i destinatari della notifica del decreto penale di condanna e dell'annesso precetto. Da ultimo, il d. lgs. 10.10.2022, n. 150, in attuazione della direttiva fissata nell'art. 1 co. 10 lett. *d* n. 2 l. delega 27.9.2021, n. 134, ha modificato il co. 5, subordinando l'effetto estintivo del reato ivi previsto al pagamento della pena pecuniaria; muovendo dal criterio stabilito nell'art. 1 co. 10 lett. *d* n. 3 l. 134 del 2021, volto a incentivare il pagamento in tempi brevi della pena pecuniaria e la contestuale rinuncia all'opposizione con l'ulteriore riduzione di un quinto della sanzione, ha modificato il co. 1, integrando la lett. *d* e aggiungendo la lett. *h ter*, e interpolato il co. 5; infine, in linea con il criterio stabilito nell'art. 1 co. 18 lett. *d* l. 134 del 2021, ha esteso il contenuto informativo del decreto penale alla facoltà per l'imputato di accedere ai programmi di giustizia riparativa, innestando nel co. 1 la nuova lett. *h bis*.

• **Corte cost., 504 del 2000**, ha dichiarato l'illegittimità del co. 4, nella parte in cui non prevede la revoca del decreto penale di condanna e la restituzione degli atti al p.m. anche nel caso in cui non sia possibile la notificazione nel domicilio dichiarato a norma dell'art. 161. Secondo la Corte, se la *ratio* della specifica disciplina di cui all'art. 460 co. 4 è quella di ancorare il regime della notificazione alla conoscenza effettiva del decreto penale, in modo che il destinatario dell'atto sia posto in condizione di esercitare concretamente la scelta tra opposizione e acquiescenza, e se, in attuazione di questa *ratio*, il legislatore ha ritenuto che detta scelta, a causa delle rilevanti conseguenze che ne derivano, non può essere demandata esclusivamente al difensore, tanto da aver stabilito l'incompatibilità tra il decreto penale di condanna e la irreperibilità dell'imputato, non vi è ragione per cui la revoca del decreto penale non debba essere prevista anche nel caso in cui, essendo inidonea o insufficiente la dichiarazione di domicilio, la notificazione dovrebbe essere eseguita mediante consegna al difensore a norma dell'art. 161 co. 4. Infatti, anche in tale ipotesi, l'impossibilità di eseguire la notificazione al domicilio dichiarato dall'imputato comporta l'alta probabilità che questi non abbia conoscenza effettiva del decreto e che l'eventuale proposizione dell'opposizione sia rimessa esclusivamente alla valutazione e alla iniziativa del difensore. Pertanto, la disparità di disciplina riservata a queste due situazioni, che dovrebbero ricevere un trattamento analogo sotto il profilo delle garanzie di effettiva conoscibilità del decreto penale di condanna, si risolve in una menomazione del diritto di difesa *ex* art. 24 co. 2 Cost., anche in relazione all'art. 3 Cost. **Corte cost., 201 del 2016**, ha dichiarato l'illegittimità costituzionale del co. 1 lett. *e*, nella parte in cui non prevede che il decreto penale di condanna contenga l'avviso della facoltà dell'imputato di chiedere mediante l'opposizione la sospensione del procedimento con messa alla prova. Chiari e serrati i passaggi argomentativi di questa seconda pronuncia: la richiesta di riti alternativi costituisce una modalità qualificante di esercizio del diritto di difesa; quando il termine perentorio entro cui formulare la richiesta è anticipato rispetto a contesti processuali – come l'udienza preliminare o dibattimentale – in cui è obbligatoria la presenza del difensore, occorre dare apposito avviso della relativa facoltà all'imputato, per consentirgli di determinarsi correttamente nelle proprie scelte difensive; dunque, poiché nel procedimento per decreto il termine entro il quale chiedere la messa alla prova è anticipato rispetto al giudizio, e corrisponde a quello per proporre opposizione, la mancata previsione tra i requisiti del decreto penale di condanna di un avviso, come quello previsto dall'art. 460 co. 1 lett. *e* per i riti speciali, in ordine alla facoltà dell'imputato di chiedere la messa alla prova comporta una lesione del diritto di difesa e la conseguente violazione dell'art. 24 co. 2 Cost.

• Il provvedimento che accoglie la richiesta del **p.m.** (→ **Soggetti**) assume la forma del **decreto** (→ **Atti**, art. 125 co. 1), connaturata alla peculiarità del rito che conduce alla sua pronuncia. L'eventuale mancanza della prescritta motivazione genererebbe una **nullità speciale** (→ art. 125 co. 3), di **ordine relativo** (→ art. 181), del decreto penale.

• Al di là della statuizione di condanna, il contenuto del decreto penale diverge parzialmente da quello della omologa sentenza emessa all'esito del **dibattimento** (→ **Giudizio**, art. 533) o del giudizio abbreviato (art. 442 co. 1).

• Stando alla nuova lett. *d* del co. 1, il giudice (→ **Soggetti**, art. 1 s.), nel decreto penale – e prima ancora il p.m. (→ art. 51), nella sua richiesta –, deve indicare **due pene pecuniarie alternative**: quella intera, che l'imputato (→ art. 60) acquiescente al decreto penale dovrebbe pagare trascorsi quindici giorni (→ **Atti**, artt. 172 co. 1 e 173 co. 1) dalla notificazione (→ art. 148 s.) del provvedimento (→ art. 125), e quella ulteriormente ridotta di un quinto, che potrebbe pagare entro detto termine (→ art. 173 co. 1), rinunciando preventivamente all'opposizione.

• Quando per il reato in corso di accertamento è ammessa l'oblazione (→ artt. 162 e 162 *bis* c.p.) e il **p.m.** (→ **Soggetti**) non ha dato l'avviso previsto dall'**art. 141 co. 2 Disp. att.**, nel decreto penale, ai sensi del successivo **co. 3** della disposizione attuativa, deve essere fatta menzione della relativa facoltà dell'imputato (→ art. 60).

• L'imputato (→ **Soggetti**, art. 60) e la persona civilmente obbligata per la pena pecuniaria (→ art. 89) vanno resi edotti della possibilità di **nominare un difensore di fiducia** (→ artt. 96 e 100).

• L'art. 143 co. 2 (→ **Atti**) impone la **traduzione scritta del decreto penale** di condanna emesso nei confronti dell'**imputato alloglotto**. La disposizione, integrando la specifica architettura del procedimento speciale, riflette il diritto dell'accusato ad essere informato in tempi brevi e «in una lingua a lui comprensibile» della natura e dei motivi dell'accusa formulata a suo carico, tradizionalmente riconosciuto dalle fonti primarie di tipo pattizio (→ **Cedu**, art. 6 co. 3 lett. *a*; → **Patto int.**, art. 14 co. 3 lett. *a*). Nello stesso solco si colloca l'**art. 3 Direttiva 2010/64/UE**, sul diritto all'interpretazione e alla traduzione nei procedimenti penali, il quale va inteso nel senso che il decreto penale di condanna costituisce un «documento fondamentale», ai sensi del § 1 di tale articolo, del quale deve essere garantita una traduzione scritta all'imputato che non comprende la lingua del procedimento, affinché quest'ultimo sia in grado di esercitare il suo diritto di difesa e sia quindi tutelata l'equità del procedimento (Corte giust., 12.10.2017, Sleutjes, causa C-278/16).

• Le cose di cui il giudice, con il decreto penale, ordina la confisca (→ art. 240 co. 2 c.p.) o la restituzione all'avente diritto sono quelle sottoposte a **sequestro probatorio** (→ **Prove**) **o preventivo** (→ **Misure cautelari**). Invero, quand'anche disposto, su richiesta del p.m. (→ **Soggetti**, art. 51), nel breve tratto processuale che separa l'esercizio dell'azione penale *ex* artt. 405 (→ **Indagini e udienza preliminare**) e 459 co. 1 dal provvedimento del giudice, il **sequestro conservativo**, una volta divenuto esecutivo il decreto penale, si convertirebbe in pignoramento (→ **Misure cautelari**, art. 320 co. 1).

• Di regola, la notificazione all'**imputato irreperibile** è eseguita mediante consegna di copia dell'atto al difensore, ai sensi dell'art. 159 (→ **Atti**). Viceversa, nel caso di specie, il giudice, al cospetto dell'impossibilità di eseguire la notificazione per irreperibilità dell'imputato (o nel domicilio dichiarato a norma dell'art. 161), revoca il decreto penale di condanna e restituisce gli atti al p.m. (→ **Soggetti**).

• Come si è visto (cfr. *supra*, art. 459), l'**imputato** (→ **Soggetti**, art. 60) **residente o domiciliato all'estero** deve essere invitato, a mezzo raccomandata con avviso di ricevimento, a dichiarare o eleggere domicilio nel territorio dello Stato «ovvero a dichiarare un indirizzo di posta elettronica certificata o altro servizio elettronico di recapito certificato qualificato», ai sensi dell'art. 169 co. 1 (→ **Atti**). Dopodiché, il decreto penale di condanna sarà notificato nel domicilio dichiarato o eletto nel territorio dello Stato ovvero, in difetto di tale elezione o dichiarazione nel termine di trenta giorni (→ art. 172 s.) dalla ricezione della raccomandata o della comunicazione telematica o di loro insufficienza o inidoneità, mediante consegna al difensore di fiducia (→ **Soggetti**, art. 96), se nominato dall'imputato a seguito dell'interpello o, in mancanza, al difensore di ufficio (→ art. 97). Ad avviso di una risalente decisione della Corte costituzionale, la notifica nelle mani del difensore di fiducia o di ufficio, qualora l'imputato non abbia dichiarato o eletto domicilio in Italia, appare idonea ad assicurare il diritto di difesa (→ **Cost.**, art. 24 co. 2), in quanto l'imputato ha puntuale notizia del procedimento – attraverso l'interpello *ex* art. 169 c.p.p. – e dispone di un adeguato termine – di trenta giorni – per assumere le proprie determinazioni in ordine all'utilità di indicare uno specifico recapito degli atti del procedimento stesso (Corte cost., 225 del 1993). Se non che, dopo la **declaratoria additiva di incostituzionalità dell'art. 460 co. 4** (Corte cost., 504 del 2000), è plausibile ritenere che anche la notificazione del decreto penale di condanna al difensore, di fiducia o d'ufficio, dell'imputato residente all'estero, che nel termine stabilito non abbia proceduto alla dichiarazione o elezione di domicilio in Italia ovvero abbia indicato o eletto un domicilio insufficiente o inidoneo, non soddisfi l'esigenza, sottesa alla previsione dell'art. 460 co. 4, di ancorare il regime della notificazione alla conoscenza effettiva del decreto penale, in modo che il destinatario dell'atto possa esercitare concretamente l'opzione tra opposizione e acquiescenza. Più in generale, la Corte di Giustizia dell'Unione Europa (Corte giust., 22.3.2017, Tranca e a., cause C-124/16, C-188/16 e C-213/16), dapprima, ha chiarito come gli **artt. 2, 3 § 1 lett. *c* e 6 § 1 e 3 Direttiva 2012/13/UE**, sul diritto all'informazione nei procedimenti penali, non ostino alla normativa di uno Stato membro che, nell'ambito di un procedimento penale, imponga all'imputato non residente o non domiciliato in tale Stato di nominare un domiciliatario al fine di ricevere la notificazione di un decreto penale di condanna emesso nei suoi confronti, a condizione che l'imputato benefici effettivamente *in toto* del termine stabilito per proporre opposizione avverso il decreto stesso (Corte giust., 15.10.2015, Covaci, causa C-216/14); successivamente, ha puntualizzato come le stesse disposizioni consentano di ancorare, nel diritto interno, la decorrenza del termine per presentare opposizione avverso il decreto penale di condanna, prima che acquisisca carattere esecutivo (→ **Esecuzione**, artt. 648 e 650), alla notifica del provvedimento al domiciliatario dell'imputato, segnalando peraltro come l'**art. 6 Direttiva 2012/13/UE** prescriva che, nell'esecuzione del decreto penale di condanna, la persona interessata, non appena abbia avuto effettiva conoscenza del provvedimento (→ **Atti**, art. 125), sia messa nella stessa situazione in cui si sarebbe trovata se detto decreto le fosse stato notificato personalmente e, in particolare, disponga interamente del termine di opposizione, beneficiando, se necessario, di una rimessione in termini (→ art. 175; v. *infra*, art. 462).

• Il co. 5 – al pari dell'art. 445 co. 1 – deroga, in chiave incentivante, alla regola stabilita per il **dibattimento** (→ **Giudizio**) dall'art. 535 (applicabile al **giudizio abbreviato** in virtù del rinvio operato dall'art. 442 co. 1), in forza della quale la sentenza di condanna pone a carico del condannato il pagamento delle spese processuali.

• Altra deroga, anch'essa ascrivibile al novero dei benefici connessi al rito (per la sentenza che applica la pena su richiesta delle parti cfr. art. 445 co. 1 *bis*), è quella che esclude l'efficacia vincolante del provvedimento di condanna divenuto **esecutivo** (→ **Esecuzione**, artt. 648 e 650) nel giudizio civile o amministrativo, ordinariamente prevista dagli artt. 651 e 654 (→ **Libro X**).

• Riguardo all'estinzione del reato, la disciplina del procedimento per decreto diverge in parte da quella del patteggiamento (art. 444 s.). A fronte di un decreto penale di condanna, l'effetto estintivo presuppone che il condannato si sia astenuto dal commettere un delitto o una contravvenzione della stessa indole nel termine di cinque o, rispettivamente, di due anni e abbia **pagato "effettivamente"** la pena pecuniaria. Al cospetto di una sentenza *ex* art. 444, l'estinzione del reato, fatto salvo il primo presupposto, incontra un limite nella sola "volontaria" sottrazione alla esecuzione della pena pecuniaria (→ **Disp. att.**, art. 136). La sfasatura di regime giuridico è giustificata dalla più accentuata premialità che connota il decreto penale rispetto alla sentenza che applica la pena concordata. Il condannato in via monitoria, infatti, non solo può fruire di una riduzione di pena sino alla metà del minimo edittale, ma, oggi, in caso di pagamento tempestivo e di acquiescenza al decreto penale, beneficia di una ulteriore riduzione, pari a un quinto della pena inflitta.

461. Opposizione.

1. Nel termine di quindici giorni dalla notificazione del decreto, l'imputato e la persona civilmente obbligata per la pena pecuniaria, personalmente o a mezzo del difensore eventualmente nominato, possono proporre opposizione con le forme previste dall'articolo 582 nella cancelleria del giudice per le indagini preliminari che ha emesso il decreto ovvero nella cancelleria del tribunale o del giudice di pace del luogo in cui si trova l'opponente.

2. La dichiarazione di opposizione deve indicare, a pena di inammissibilità, gli estremi del decreto di condanna, la data del medesimo e il giudice che lo ha emesso. Ove non abbia già provveduto in precedenza, nella dichiarazione l'opponente può nominare un difensore di fiducia.

3. Con l'atto di opposizione l'imputato può chiedere al giudice che ha emesso il decreto di condanna il giudizio immediato ovvero il giudizio abbreviato o l'applicazione della pena a norma dell'articolo 444.

4. L'opposizione è inammissibile, oltre che nei casi indicati nel comma 2, quando è proposta fuori termine o da persona non legittimata.

5. Se non è proposta opposizione o se questa è dichiarata inammissibile, il giudice che ha emesso il decreto di condanna ne ordina l'esecuzione.

6. Contro l'ordinanza di inammissibilità l'opponente può proporre ricorso per cassazione.

Il d. lgs. 19.2.1998, n. 51, recante l'istituzione del giudice unico, è intervenuto sul co. 1, sostituendo le parole «della pretura» con le attuali: «del tribunale». Successivamente, la l. 16.12.1999, n. 479 ha inserito nello stesso co. le parole «o del giudice di pace» Da ultimo, con il d. lgs. 10.10.2022, n. 150, le parole «mediante dichiarazione ricevuta», contenute sempre nel co. 1, sono state surrogate dall'espressione «con le forme previste dall'articolo 582».

• In dottrina, la natura dell'opposizione è controversa, confrontandosi le opinioni di chi la ritiene un mezzo di **impugnazione** (→ **Libro IX**) e chi un mezzo di gravame (al pari del **riesame** delle ordinanze che dispongono misure coercitive nel procedimento cautelare → **Libro IV**, art. 309).

• Un'appendice normativa in materia di opposizione al decreto penale di condanna è contemplata nel **procedimento davanti al tribunale in composizione monocratica** (→ **Libro VIII**, art. 557).

• Nel rito ordinario, l'**ostensione integrale del fascicolo** contenente la documentazione relativa alle indagini espletate – che nel procedimento *de quo* (→ **Disp. att.**, art. 140) è successiva alla notificazione del decreto penale e copre l'arco temporale concesso alle parti e ai difensori (→ **Soggetti**, artt. 60 s. e 96 s.) per proporre opposizione – si realizza a seguito della notificazione dell'avviso *ex* **art. 415 *bis*** o della nuova fattispecie di deposito prevista dall'art. 415 *ter* (→ **Indagini e udienza preliminare**).

• La peculiare conformazione del rito, che sfocia in un provvedimento emesso (di regola: art. 459 co. 1 *bis*) *inaudita altera parte*, ha imposto una disciplina non perfettamente sovrapponibile a quella generale delle impugnazioni (→ **Libro IX**) e specifica dei singoli mezzi in materia di **legittimazione soggettiva** a proporre il rimedio (→ artt. 569, 570, 571, 572, 574, 575, 576, 593, 595 co. 1, 607, 608, 625 *bis* e 632), **contenuto dell'atto** (→ art. 581), **casi di inammissibilità** (→ artt. 581, 595 co. 4, 606 co. 3, 625 *bis* co. 4, 629 *bis* co. 2 e 634).

• Con riferimento all'inammissibilità derivante da ***deficit* strutturali della dichiarazione di opposizione**, contemplata dal co. 2, la Suprema Corte ha precisato che gli elementi indicati nella norma non costituiscono requisiti formali ineliminabili dell'atto, ma hanno **carattere indicativo ed equipollente**, nel senso che devono consentire, globalmente o alternativamente, l'**individuazione certa del provvedimento opposto** (→ **Atti**, art. 125). Pertanto, ove sia rispettata tale condizione, l'opposizione è ammissibile anche se manchi taluno dei predetti elementi (Cass., SU, 6.3.1992, Glarey).

• Anteriormente all'entrata in vigore del d. lgs. 150 del 2022, l'opposizione poteva essere presentata «mediante dichiarazione ricevuta» nella cancelleria del giudice indicato nel co. 1 o della sezione distaccata di tribunale del luogo in cui si trovava l'opponente (→ **Disp. att.**, art. 163 *ter*). Si riteneva poi che, al pari dell'atto di impugnazione (→ **Libro IX**), e a dispetto del tenore letterale dell'art. 461 co. 1, l'opposizione potesse essere proposta, ai sensi dell'art. 583 (→ **Impugnazioni**), mediante telegramma o con atto da trasmettere tramite raccomandata (Corte cost., 225 del 1993). La "Riforma Cartabia" ha riscritto la disciplina, a dire il vero, in modo poco lineare. Il co. 1 dell'art. 461 rinvia oggi alle «forme previste dall'articolo 582» (→ **Impugnazioni**). La norma in materia di impugnazioni, a sua volta, nell'attuale co. 1, richiama il deposito telematico di cui all'art. 111 *bis* (→ **Atti**), facendo salva, nel successivo co. 1 *bis*, la possibilità per le parti private (→ **Soggetti**) di avvalersi dell'originaria modalità analogica di presentazione dell'atto. Nel contempo, sono stati abrogati gli artt. 582 co. 2 e 583 (art. 98 co. 1 lett. *a* d. lgs. 150 del 2022), mentre è passato indenne alla riforma l'art. 163 *ter* disp. att. Se non che, la disciplina transitoria dell'art. 87 co. 4 e 5 d. lgs. 150 del 2022 prevede che il **testo originario dell'art. 461 co. 1** (e dell'art. 582 co. 1) **continui ad applicarsi** fino al quindicesimo giorno successivo alla pubblicazione dei regolamenti del Ministro della giustizia di cui ai co. 1 e 3 del citato art. 87, ovvero sino al diverso termine di transizione fissato dal regolamento di cui al c. 3, e che solo a partire da questa *deadline* operi il nuovo co. 1 *bis* dell'art 582. Fino a tale data, il difensore può inviare l'opposizione a mezzo PEC, con le modalità previste dalla disposizione transitoria di cui all'art. 87 *bis* d. lgs. 150 del 2022. A regime, il deposito telematico *ex* art. 111 *bis* (→ **Atti**) costituirà l'unica modalità a disposizione del difensore per proporre l'opposizione; viceversa, l'imputato (→ **Soggetti,** art. 60) e la persona civilmente obbligata per la pena pecuniaria (→ art. 89; → artt. 196 e 197 c.p.) potranno optare, in alternativa, per la presentazione, anche a mezzo di incaricato, nella cancelleria del giudice previsto dall'art. 461 co. 1 o dall'art. 163 *ter* disp. att.

• Il difensore (→ **Soggetti**, art. 96 s.), a mezzo del quale sia eventualmente proposta opposizione, deve essere munito di **procura speciale** *ex* art. 122 (→ **Atti**) per poter chiedere il giudizio abbreviato, l'applicazione della pena *ex* art. 444 e la sospensione del procedimento con messa alla prova, mentre, stando ad una puntualizzazione giurisprudenziale, può proporre la domanda di oblazione (→ **Disp. att.**, art. 141; → artt. 162 e 162 *bis* c.p.), anche se privo di procura *ad actum*, in base alla generale abilitazione conferitagli dall'art. 99 co. 1 (→ **Soggetti**). Invero, la domanda di oblazione, che non è espressamente riservata dalla legge all'imputato (→ art. 60), costituisce un atto di mero impulso processuale, inidoneo a incidere irreversibilmente sul contenuto della pronuncia (→ **Giudizio**, art. 529 s.), sulle modalità di svolgimento del procedimento (→ **Cost.**, art. 111 co. 3 e 4) o sulle relative regole di giudizio (→ **Giudizio**, artt. 529-531 e 533 co. 1; → **Atti**, art. 129). A fronte di una domanda presentata dal difensore, l'imputato può in ogni tempo, anche dopo il provvedimento di ammissione, non solo togliere ad essa effetto mediante una dichiarazione espressa, a norma dell'art. 99 co. 2 (→ **Soggetti**), ma può, soprattutto, decidendo di non pagare la somma determinata dal giudice (→ **Soggetti**, art. 1 s.), dare corso all'ordinario rito dibattimentale (→ **Giudizio**, art. 465 s.; → **Procedimento davanti al tribunale in composizione monocratica**, artt. 549, 554, 555, 557 co. 2 e 3 e 559). In altri termini, solo il pagamento della somma dovuta, specificata nell'ordinanza ammissiva, di cui deve essere dato avviso all'interessato, a norma dell'art. 141 co. 4 disp. att., fa sorgere in capo all'organo giudicante il dovere di dichiarare con sentenza l'estinzione del reato (→ **Giudizio**, art. 531; → **Disp. att.**, art. 141 co. 4; → artt. 162 co. 2 e 162 *bis* co. 6 c.p.) e costituisce, pertanto, un atto "personalissimo", pur se certamente delegabile (Cass., SU, 29.10.2009, D'Agostino).

• La sanzione dell'inammissibilità prevista dal co. 4 per l'opposizione tardiva lascia intendere che il termine di quindici giorni entro il quale questa deve essere proposta ha natura **decadenziale**, in linea con il disposto dell'art. 173 co. 1 (→ **Atti**).

• La **verifica sull'ammissibilità** dell'opposizione non è riservata esclusivamente al g.i.p. (→ **Indagini e udienza preliminare**, art. 328), ma può essere compiuta anche nel giudizio conseguente all'opposizione (→ **Libro VII**; art. 465 s.; **Procedimento davanti al tribunale in composizione monocratica**, artt. 549, 557 co. 2 e 3 e 559), finché il decreto penale di condanna non sia stato revocato (Cass., SU, 6.3.1992, Glarey).

• Non emergono indicazioni normative e giurisprudenziali univoche in ordine alla possibilità per l'**imputato alloglotto** (→ **Soggetti**, artt. 60; → **Atti**, art. 143) di proporre l'**opposizione in lingua diversa da quella italiana**. Per un verso, l'art. 109 (→ **Atti**) impone il compimento degli atti del procedimento in lingua italiana, a pena di nullità (→ **Atti**, art. 181), e la Suprema Corte (Cass., SU, 26.6.2008, Akimenko) ha già affermato che l'atto di impugnazione (→ **Libro IX**, art. 581) redatto in lingua straniera è inammissibile (→ art. 591), in quanto carente dei requisiti di forma di cui all'art. 581 (→ **Impugnazioni**), non rilevando in senso contrario l'art. 143 (→ **Atti**), tenuto conto che il meccanismo di tutela ivi previsto garantisce all'imputato che non conosca la lingua italiana di farsi tradurre in lingua nota, mediante l'assistenza di un interprete, gli atti processuali recettizi, ma non anche quello di fruire della stessa assistenza linguistica per l'esercizio di facoltà discrezionali e in relazione ad atti che l'imputato decida di redigere nel proprio interesse, per i quali può valersi dell'assistenza di un proprio interprete di fiducia, a spese dello Stato in caso di indigenza (→ d.P.R. 30.5.2002, n. 115; Corte cost., 254 del 200); per altro verso, l'art. 143 *bis* (→ **Atti**) contempla, oggi, la nomina di un interprete quando occorre tradurre in lingua italiana dichiarazioni, anche scritte, della persona che non conosce la lingua italiana e la Corte di Giustizia dell'Unione Europea ha precisato che, in tanto, gli **artt. da 1 a 3 Direttiva 2010/64/UE**, sul diritto all'interpretazione e alla traduzione nei procedimenti penali, non ostano a una normativa nazionale che, nell'ambito di un procedimento penale, precluda alla persona nei cui confronti sia stato emesso decreto penale di condanna di proporre opposizione per iscritto avverso il decreto stesso in una lingua diversa da quella del procedimento (→ art. 109), sebbene tale persona non padroneggi quest'ultima lingua, in quanto, le autorità competenti non ritengano, conformemente all'art. 3 § 3 di tale Direttiva, che, alla luce del procedimento di cui trattasi e delle circostanze del caso di specie, detta opposizione costituisca un «documento fondamentale» (Corte giust., 15.10.2015, Covaci, causa C-216/14).

• Il decreto penale di condanna acquista **forza esecutiva**, ai sensi dell'art. 650 (→ **Esecuzione**), quando è divenuto irrevocabile, ossia, stando all'art. 648 (→ **Libro X**), qualora sia inutilmente decorso il termine per proporre opposizione o quello per impugnare (→ **Libro IX**) l'ordinanza che l'abbia dichiarata l'inammissibile ovvero – nell'ipotesi, non indicata espressamente, del ricorso per cassazione (→ art. 606) proposto tempestivamente avverso la predetta declaratoria – dal giorno in cui è pronunciata l'ordinanza o la sentenza che dichiara inammissibile (→ artt. 591, 606 co. 3 e 615 co. 2) o rigetta (→ art. 615 co. 2) il ricorso. Coerenti le conseguenze in tema di **revisione** (→ art. 629 s.) e di ***ne bis in idem*** (→ **Esecuzione**, art. 649).

462. Restituzione nel termine per proporre opposizione.

1. L'imputato e la persona civilmente obbligata per la pena pecuniaria sono restituiti nel termine per proporre opposizione a norma degli articoli 175 e 175 *bis*.

La norma è stata così modificata dal d. lgs. 10.10.2022, n. 150.

• La restituzione nel termine per proporre opposizione al decreto penale di condanna è variamente modulata dall'**art. 175** (→ **Atti**), a seconda del soggetto richiedente (→ **Soggetti**). In particolare, mentre la persona civilmente obbligata per la pena pecuniaria e il difensore (→ artt. 89 e 100), ai sensi del co. 1, devono provare di non aver potuto osservare il termine per caso fortuito o forza maggiore, l'imputato (→ art. 60), oltre a potersi avvalere dell'ipotesi restitutoria generale, vanta, in virtù della fattispecie specifica prevista dal co. 2, un diritto restitutorio per il sol fatto che non abbia avuto tempestivamente effettiva conoscenza del provvedimento e non abbia volontariamente rinunciato a proporre opposizione. Il modello generico contempla un termine perentorio di dieci giorni (→ **Atti**, art. 172 s.) da quello in cui è cessato il fatto costituente caso fortuito o forza maggiore per presentare la richiesta di restituzione. Il paradigma specifico prevede, per l'omologo adempimento, un termine, anch'esso perentorio, di trenta giorni da quello in cui l'imputato ha avuto effettiva conoscenza del provvedimento o, in caso di estradizione dall'estero (→ **Rapporti giurisdizionali con autorità straniere**, art. 720 s.) da quello della consegna del condannato.

• Il co. 1, come modificato dal d. lgs. 150 del 2022, nel richiamare l'art. 175 *bis* (→ **Atti**), si fa carico dell'eventuale scadenza del termine per proporre opposizione durante il **malfunzionamento**, "certificato" e "non", **dei sistemi informatici** dei domini del Ministero della giustizia o relativi ad uno specifico ufficio giudiziario o ambito locale. In una simile evenienza, l'imputato (→ **Soggetti**, art. 60). che abbia avuto effettiva conoscenza del decreto penale, la persona civilmente obbligata per la pena pecuniaria (→ art. 89; → artt. 196 e 197 c.p.) e il difensore (→ **Soggetti**, art. 96 s.) sono restituiti nel termine ove dimostrino di non aver potuto, per caso fortuito o forza maggiore, redigere o depositare tempestivamente l'atto con la tradizionale modalità analogica (→ **Atti**, art. 175 *bis* co. 5). Va segnalato che il **testo originario dell'art. 462 co. 1 continuerà ad applicarsi** fino al quindicesimo giorno successivo alla pubblicazione dei regolamenti del Ministro della giustizia di cui ai co. 1 e 3 dell'art. 87 d. lgs. 150 del 2022, ovvero sino al diverso termine di transizione fissato dal regolamento di cui al co. 3, e che solo a partire da questa data sarà operativo l'art. 175 *bis* (art. 87 co. 4 e 5 d. lgs. 150 del 2022).

• Sulla richiesta decide il g.i.p. (→ **Indagini e udienza preliminare**, art. 328; Cass., SU, 17.1.2006, Sciacca). L'ordinanza che concede la restituzione nel termine può essere impugnata solo con la sentenza che decide sulla opposizione (→ **Impugnazioni**), mentre quella che respinge la richiesta è ricorribile per cassazione (→ art. 606 s.). In ogni caso, quando è concessa la restituzione nel termine, non si tiene conto, ai fini della prescrizione del reato, del tempo intercorso tra la notificazione del decreto di condanna e la notificazione alla parte dell'avviso di deposito dell'ordinanza che concede la restituzione.

463. Opposizione proposta soltanto da alcuni interessati.

1. L'esecuzione del decreto di condanna pronunciato a carico di più persone imputate dello stesso reato rimane sospesa nei confronti di coloro che non hanno proposto opposizione fino a quando il giudizio conseguente all'opposizione proposta da altri coimputati non sia definito con pronuncia irrevocabile.

2. Se l'opposizione è proposta dal solo imputato o dalla sola persona civilmente obbligata per la pena pecuniaria, gli effetti si estendono anche a quella fra le dette parti che non ha proposto opposizione.

• La disciplina dell'effetto estensivo dell'opposizione trova il suo *pendant* in materia di **impugnazioni** (→ **Libro IX**), negli artt. 587, 601 co. 1, 627 co. 5 e 636 co. 1. In quest'ambito, peraltro, la presenza di un contraddittorio anticipato rispetto alla sentenza impugnata e la necessaria enunciazione dei motivi di censura del provvedimento (→ art. 581) giustificano una differente modulazione dell'effetto estensivo del mezzo: connesso alla tipologia delle doglianze proposte, esso non paralizza il passaggio in giudicato della sentenza nei confronti dei non impugnanti (→ **Esecuzione**).

• La sentenza che definisce il giudizio conseguente all'opposizione diventa irrevocabile secondo le cadenze stabilite dall'**art. 648** (→ **Esecuzione**), ossia quando è inutilmente decorso il termine per proporre appello o quello per impugnare l'ordinanza che lo dichiara inammissibile ovvero, se è stato proposto ricorso per cassazione, quando è pronunciata l'ordinanza o la sentenza che dichiara inammissibile o rigetta il ricorso (→ **Impugnazioni**).

464. Giudizio conseguente all'opposizione.

1. Se l'opponente ha chiesto il giudizio immediato, il giudice emette decreto a norma dell'articolo 456, commi 1, 3 e 5. Se l'opponente ha chiesto il giudizio abbreviato, il giudice fissa con decreto l'udienza dandone avviso almeno cinque giorni prima al pubblico ministero, all'imputato, al difensore e alla persona offesa; nel giudizio si osservano, in quanto applicabili, le disposizioni degli articoli 438, commi 3 e 5, 441, 441 *bis*, 442 e 443; si applicano altresì le disposizioni di cui all'articolo 438, comma 6 *bis*; nel caso di cui all'articolo 441 *bis*, comma 4, il giudice, revocata l'ordinanza con cui era stato disposto il giudizio abbreviato, fissa l'udienza per il giudizio conseguente all'opposizione. Se l'opponente ha chiesto l'applicazione della pena a norma dell'articolo 444, il giudice fissa con decreto un termine entro il quale il pubblico ministero deve esprimere il consenso, disponendo che la richiesta e il decreto siano notificati al pubblico ministero a cura dell'opponente. Ove il pubblico ministero non abbia espresso il consenso nel termine stabilito ovvero l'imputato non abbia formulato nell'atto di opposizione alcuna richiesta, il giudice emette decreto di giudizio immediato.

2. Il giudice, se è presentata domanda di oblazione contestuale all'opposizione, decide sulla domanda stessa prima di emettere i provvedimenti a norma del comma 1.

3. Nel giudizio conseguente all'opposizione, l'imputato non può chiedere il giudizio abbreviato o l'applicazione della pena su richiesta, né presentare domanda di oblazione. In ogni caso, il giudice revoca il decreto penale di condanna.

4. Il giudice può applicare in ogni caso una pena anche diversa e più grave di quella fissata nel decreto di condanna e revocare i benefici già concessi.

5. Con la sentenza che proscioglie l'imputato perché il fatto non sussiste, non è previsto dalla legge come reato ovvero è commesso in presenza di una causa di giustificazione, il giudice revoca il decreto di condanna anche nei confronti degli imputati dello stesso reato che non hanno proposto opposizione.

La l. 16.12.1999, n. 479 ha sostituito l'originario primo periodo del co. 1 con gli attuali primi tre periodi per adeguare le cadenze conseguenti alla presentazione dell'opposizione con contestuale richiesta di **giudizio abbreviato** alla nuova conformazione di tale rito. La l. 479 del 1999 ha anche sostituito il co. 3 che, nell'odierna formulazione, preclude richieste di riti deflativi del dibattimento nel giudizio conseguente all'opposizione. Successivamente, il d.l. 7.4.2000, n. 82, conv., con modif., dalla l. 5.6.2000, n. 144, ha sostituito, nel co. 1, le parole da «al giudizio» fino alla fine del secondo periodo con le attuali da «nel giudizio …» fino a «… conseguente all'opposizione». Da ultimo, la l. 23.6.2017, n. 103, ha modificato il co. 1, inserendovi il richiamo all'art. 438 co. 6 *bis*.

• **Corte cost., 169 del 2003**, ha dichiarato, tra l'altro, l'illegittimità del secondo periodo del co. 1, per l'irragionevole limitazione del diritto di difesa che ne deriva (→ **Cost.**, art. 24 co. 2), nella parte in cui non prevede che, in caso di rigetto della richiesta di giudizio abbreviato subordinata ad una integrazione probatoria, l'imputato possa rinnovare la richiesta prima della dichiarazione di apertura del dibattimento di primo grado e il giudice possa disporre il giudizio abbreviato. **Corte cost., 81 del 1991**, ha dichiarato l'illegittimità del co. 1 (con riferimento al testo antecedente alla l. 479 del 1999), nella parte in cui non prevedeva che il p.m., in caso di dissenso, fosse tenuto ad enunciarne le ragioni e nella parte in cui non prevedeva che il giudice, quando, a dibattimento concluso, riteneva ingiustificato il dissenso del p.m., potesse applicare all'imputato la riduzione di pena contemplata dall'art. 442 co. 2. Era evidente, per la Corte, l'irrazionale disparità (→ art. 3) cui la normativa impugnata dava luogo tanto nei rapporti fra p.m. ed imputato, quanto nei rapporti fra imputato ed imputato. Invero, non risponde(va) a esigenze di coerenza e ragionevolezza una disciplina che autorizza(va) il p.m. ad opporsi non soltanto a una determinata scelta del rito processuale, ma anche a una consistente riduzione della pena da infliggere all'imputato in caso di condanna, senza neppure dover esternare le ragioni di tale opposizione, così sottraendola all'obiettiva ed imparziale valutazione del giudice. Per giunta, in un sistema, come quello del nuovo codice, imperniato sul principio di «partecipazione dell'accusa e della difesa su basi di parità in ogni stato e grado del procedimento» (art. 2 n. 3 l. 16.2.1987, n. 81), non dovrebbe essere consentito che i rapporti fra p.m. ed imputato si sbilancino al punto che il primo, con un semplice atto di volontà immotivato e, perciò, incontrollabile, si trovi in grado di privare il secondo di un rilevante vantaggio sostanziale. Con la possibilità di un ulteriore squilibrio nel trattamento fra due imputati destinatari di un'identica imputazione e portatori di un'analoga capacità a delinquere, qualora il p.m. adotti un atteggiamento consenziente nei confronti dell'uno e dissenziente nei confronti dell'altro, senza nemmeno dover esternarne le ragioni e vederle sottoposte ad un qualsiasi controllo giurisdizionale. **Corte cost., 23 del 1992**, ha dichiarato l'illegittimità del co. 1 (con riferimento al testo antecedente alla l. 479 del 1999), nella parte in cui non prevedeva che il giudice, all'esito del dibattimento, ritenendo che il processo fosse definibile allo stato degli atti dal g.i.p., potesse applicare la riduzione di pena prevista dall'art. 442 co. 2. Nell'occasione, la Corte riteneva che sottrarre al giudice del dibattimento il controllo sul presupposto della decidibilità allo stato degli atti, che aveva conseguenze sulla misura della pena, quando la pretesa dell'imputato, nonostante l'adesione del p.m., non fosse soddisfatta dal g.i.p., peraltro in un ambito prevalentemente rimesso alla disponibilità delle parti, avrebbe limitato in modo irragionevole il diritto di difesa dell'imputato (→ **Cost.**, art. 24 co. 2).

• Anche la richiesta di rito abbreviato proposta con l'opposizione al decreto penale di condanna, al pari di quella "tipica" formulata in udienza preliminare (→ **Libro V**), alla luce del richiamo operato dal co. 1 all'art. 438 co. 6 *bis*, determina la sanatoria delle nullità a regime intermedio e relative (→ **Atti**, artt. 180 e 181) e dell'inutilizzabilità "fisiologica" (→ **Giudizio**, art. 526 co. 1) e preclude ogni questione sulla competenza territoriale del giudice (→ **Soggetti**, art. 21 s.).

• Si è visto come, grazie al meccanismo di controllo introdotto da Corte cost., 169 del 2003, la **richiesta "condizionata" di giudizio abbreviato** (art. 438 co. 5), proposta con l'opposizione al decreto penale di condanna e rigettata dal g.i.p. (→ **Indagini e udienza preliminare**, art. 328), possa essere rinnovata prima della dichiarazione di apertura del dibattimento (→ **Giudizio**, art. 492; → **Procedimento davanti al tribunale in composizione monocratica**, art. 555). Ove pure in questa sede la domanda venga **respinta** sull'**erroneo presupposto** che le **prove** indicate non **siano necessarie** ai fini della decisione, il giudice del dibattimento (→ **Giudizio**, art. 470 s.; → **Procedimento davanti al tribunale in composizione monocratica**, art. 559), all'esito dello stesso, in caso di condanna (→ **Giudizio**, art. 533), accertata – anche alla luce dell'istruttoria espletata (→ art. 496 s.) – l'erroneità del provvedimento reiettivo (→ **Atti**, art. 125), deve applicare la **riduzione di pena prevista dall'art. 442 co. 2**, incorrendo altrimenti in una violazione dei criteri legali di quantificazione della pena (Cass., SU, 27.10.2004, Wajib).

• Il giudice dispone, nelle forme del giudizio immediato, il passaggio alla **fase dibattimentale** (→ **Giudizio**), ove l'imputato (→ **Soggetti**, art. 60), nell'atto di opposizione, non formuli richieste di riti deflativi del dibattimento o il p.m. (→ art. 51) non presti il consenso, nel termine stabilito, alla richiesta di applicazione della pena *ex* art. 444.

• La rigidità della disposizione contenuta nel co. 3 è stata mitigata interpretativamente: (oltre che per la richiesta rigettata di giudizio abbreviato "condizionato" ad una integrazione probatoria, anche) per la **domanda di oblazione** (→ **Disp. att.**, art. 141; → artt. 162 e 162 *bis* c.p.) che sia stata correttamente proposta in sede di opposizione a decreto penale, ed **erroneamente rigettata**, non opera, nel giudizio conseguente all'opposizione, il divieto di presentazione di un'ulteriore domanda, sicché è dovere del giudice del dibattimento prendere in considerazione detta richiesta (Cass., SU, 29.10.2009, D'Agostino).

• Una volta proposta l'opposizione al decreto penale di condanna, non vi è spazio operativo per l'art. 129 (→ **Atti**), il quale non attribuisce all'organo giudicante (→ **Soggetti**, art. 1 s.) un potere di giudizio ulteriore, inteso quale occasione atipica di decidere la *res iudicanda*, ma detta «una regola di condotta o di giudizio, la quale si affianca a quelle proprie della fase o del grado in cui il processo si trova» (Cass., SU, 25.1.2005, De Rosa). Pertanto, il g.i.p. (→ **Indagini e udienza preliminare**, art. 328) è vincolato all'adozione di uno degli atti di impulso previsti tassativamente dall'art. 464 e non può pronunciarsi nuovamente sullo stesso fatto-reato – revocando il decreto penale fuori dei casi tassativamente previsti –, pena l'abnormità strutturale (o genetica) della decisione di proscioglimento (Cass., SU, 25.3.2010, Zedda). Tuttavia, ove abbinata ad una domanda di oblazione, l'opposizione non determina – se non all'esito del rigetto di detta domanda – l'instaurazione di un giudizio a carattere *lato sensu* impugnatorio (→ **Libro IX**), al giudice del quale è logico che resti affidata la verifica in ordine all'applicabilità dell'art. 129 (→ **Atti**), ma avvia un sub-procedimento (→ **Disp. att.**, art. 141) davanti allo stesso g.i.p., che prevede anche l'interlocuzione del p.m. (→ **Soggetti**, art. 51), in esito al quale il giudice è chiamato ad adottare un provvedimento decisorio (→ **Atti**, art. 125) che implica un esame nel merito dell'imputazione (→ **Indagini e udienza preliminare**, art. 407 *bis* co. 1). Ne deriva che prima di pronunciarsi sull'oblazione, il giudice, è tenuto a verificare, secondo il canone prefigurato dall'art. 129 co. 2 (→ **Atti**), che non vi siano evidenze probatorie che impongano una pronuncia di proscioglimento più favorevole all'imputato (Cass., SU, 25.3.2010, Zedda; Corte cost., 14 del 2015).

• Ove, a seguito di opposizione, si instauri il giudizio immediato, spetta al presidente del tribunale, su richiesta del g.i.p., **indicare la data e l'ora dell'udienza** e **individuare il giudice dibattimentale** (→ **Disp. att.**, artt. 132 co. 2 e 160).

• La celebrazione del dibattimento (→ **Libro VII**) davanti ad un **giudice di primo grado** differenzia ulteriormente l'opposizione dalle impugnazioni (→ **Libro IX**), tradizionalmente caratterizzate dalla devoluzione della *res iudicanda* ad un giudice di rango superiore.

• Al giudizio conseguente all'opposizione non può partecipare il giudice che ha emesso il decreto penale di condanna, stante il disposto dell'**art. 34 co. 2** (→ **Soggetti**).

• In detto giudizio, in ossequio al co. 4, non opera il **divieto di *reformatio in peius*** che invece, in applicazione dell'art. 597 co. 3 (→ **Libro IX**), caratterizza il giudizio di **impugnazione** instaurato dal solo imputato.

• Il perimetro dell'**effetto estensivo** della sentenza emessa nel giudizio di impugnazione (→ **Libro IX**) è tracciato dall'art. 587, che enuclea quattro ipotesi – concorso di più persone nello stesso reato (→ **Soggetti**, art. 12 lett. *a*), riunione di procedimenti (→ art. 17), impugnazione proposta dall'imputato in presenza del responsabile civile e/o della persona civilmente obbligata per la pena pecuniaria, impugnazione delle predette parti eventuali al cospetto di un imputato inerte – in cui l'impugnazione proposta da una delle parti giova anche alle altre, nel rispetto di determinati presupposti. In particolare, occorre che i motivi dedotti, eccezion fatta per la terza ipotesi, abbiano carattere non esclusivamente personale e, in caso di riunione di procedimenti, riguardino violazioni della legge processuale.

Titolo V *bis*
SOSPENSIONE DEL PROCEDIMENTO CON MESSA ALLA PROVA

Il presente titolo è stato inserito dalla l. 28.4.2014, n. 67.

464 *bis*. Sospensione del procedimento con messa alla prova.

1. Nei casi previsti dall'articolo 168 *bis* del codice penale l'imputato, anche su proposta del pubblico ministero, può formulare richiesta di sospensione del procedimento con messa alla prova. Se il pubblico ministero formula la proposta in udienza, l'imputato può chiedere un ter-

mine non superiore a venti giorni per presentare la richiesta di sospensione del procedimento con messa alla prova.

2. La richiesta può essere proposta, oralmente o per iscritto, fino a che non siano formulate le conclusioni a norma degli articoli 421 e 422 o fino alla dichiarazione di apertura del dibattimento di primo grado nel giudizio direttissimo oppure, nel procedimento di citazione diretta a giudizio, fino alla conclusione dell'udienza predibattimentale prevista dall'articolo 554 *bis*. Se è stato notificato il decreto di giudizio immediato, la richiesta è formulata entro il termine e con le forme stabiliti dall'articolo 458, comma 1. Nel procedimento per decreto, la richiesta è presentata con l'atto di opposizione.

3. La volontà dell'imputato è espressa personalmente o per mezzo di procuratore speciale e la sottoscrizione è autenticata da un notaio, da altra persona autorizzata o dal difensore.

4. All'istanza è allegato un programma di trattamento, elaborato d'intesa con l'ufficio di esecuzione penale esterna, ovvero, nel caso in cui non sia stata possibile l'elaborazione, la richiesta di elaborazione del predetto programma. Il programma in ogni caso prevede:

a) le modalità di coinvolgimento dell'imputato, nonché del suo nucleo familiare e del suo ambiente di vita nel processo di reinserimento sociale, ove ciò risulti necessario e possibile;

b) le prescrizioni comportamentali e gli altri impegni specifici che l'imputato assume anche al fine di elidere o di attenuare le conseguenze del reato, considerando a tal fine il risarcimento del danno, le condotte riparatorie e le restituzioni, nonché le prescrizioni attinenti al lavoro di pubblica utilità ovvero all'attività di volontariato di rilievo sociale;

c) le condotte volte a promuovere, ove possibile, la mediazione con la persona offesa e lo svolgimento di programmi di giustizia riparativa.

5. Al fine di decidere sulla concessione, nonché ai fini della determinazione degli obblighi e delle prescrizioni cui eventualmente subordinarla, il giudice può acquisire, tramite la polizia giudiziaria, i servizi sociali o altri enti pubblici, tutte le ulteriori informazioni ritenute necessarie in relazione alle condizioni di vita personale, familiare, sociale ed economica dell'imputato. Tali informazioni devono essere portate tempestivamente a conoscenza del pubblico ministero e del difensore dell'imputato.

Il d. lgs. 10.10.2022, n. 150, in attuazione della l. delega 27.9.2021, n. 134, ha modificato il co. 1 innestandovi la disciplina della messa alla prova attivata su proposta del p.m.; ha modificato il co. 2, individuando nella conclusione dell'udienza predibattimentale di cui all'art. 554 *bis*, appena coniata, il confine temporale per la formulazione della richiesta nel procedimento di citazione diretta a giudizio; ha trapiantato nel co. 3 il contenuto precettivo dell'art. 583 co. 3, per esigenze di coordinamento con l'avvenuta abrogazione quest'ultimo articolo; ha aggiunto nella lett. *d* del co. 4 le parole «e lo svolgimento di programmi di giustizia riparativa», coerentemente con lo spirito della riforma.

• Forgiata, con forti connotazioni sostanziali (→ artt. 168 *bis*-168 *quater* c.p.), dalla l. 28.4.2014, n. 67, la nuova forma di ***probation*** processuale – non completamente nuova nel panorama normativo, in quanto mutua alcune caratteristiche dall'omologo istituto previsto in **ambito minorile** (→ **Proc. minorile**, artt. 28 e 29) e dall'**affidamento in prova al servizio sociale** quale misura penitenziaria alternativa alla detenzione (→ **Ord. penit.**, art. 47) – evidenzia tratti originali rispetto agli altri procedimenti speciali. Il legislatore ha perseguito un duplice obiettivo: offrire agli autori di reati di minor allarme sociale un **percorso di reinserimento alternativo** (→ **Cost.**, art. 27 co. 3) e **risparmiare tempo e risorse in sede giudiziaria**, in assonanza con il canone di ragionevole durata del processo (→ **Cost.**, art. 111 co. 2; → **Cedu**, art. 6 co. 1; → **Patto int.**, art. 14 co. 3 lett. *c*; → **Carta UE**, art. 47 co. 2). Come per i restanti riti deflativi del dibattimento (→ **Giudizio**), la **volontà dell'imputato** (→ **Soggetti**, art. 60) vale ad autorizzare l'uso probatorio (→ **Libro III**, art. 192) di **atti non formati in contraddittorio** (→ **Cost.**, art. 111 co. 5) per la verifica (sia pure "in negativo" e basata su una regola di giudizio sfumata rispetto a quella ordinaria: cfr. art. 464 *quater* co. 1) della colpevolezza.

• Un nervo scoperto della disciplina è l'obbligo posto a carico dell'imputato (→ **Soggetti**, art. 60) di svolgere un programma di trattamento a carattere sanzionatorio in forza di un titolo esecutivo provvisorio e, dunque, senza che sia pronunciata o pronunciabile alcuna condanna (→ **Giudizio**, art. 533), ancorché non definitiva (→ **Esecuzione**, art.

648). Da qui i dubbi di compatibilità con il dettato costituzionale, in riferimento alla **presunzione di non colpevolezza** (→ **Cost.**, art. 27 co. 2), sul rilievo che la messa alla prova comporterebbe la negazione della garanzia formale racchiusa nel principio secondo cui l'imputato non può essere considerato e tantomeno trattato come colpevole sino alla condanna penale definitiva. I dubbi sono stati fugati dal Giudice delle leggi, che ha escluso qualsiasi conflitto tra la sospensione del processo con messa alla prova e l'art. 27 co. 2 Cost. Innanzitutto, essa, come l'applicazione della pena su richiesta delle parti (→ art. 444 s.), se non presuppone una condanna (→ **Giudizio**, art. 533), non postula neppure una affermazione di colpevolezza (→ art. 533 co. 1), fondandosi, bensì, sulla volontà dell'imputato che, in questo caso, chiede un trattamento alternativo alla pena che sarebbe stata applicata in caso di condanna, così rinunciando alla facoltà di contestare l'accusa (→ **Indagini e udienza preliminare**, art. 407 *bis* co. 1): tanto basterebbe, quindi, a ritenere la messa alla prova conforme alla presunzione di non colpevolezza, come in passato è avvenuto, sulla base delle stesse considerazioni, rispetto al patteggiamento (Corte cost., 91 del 2018, in relazione a Corte cost., 313 del 1990). Inoltre, il nuovo rito speciale, cui non è del tutto estranea una valutazione di responsabilità dell'imputato, sia pure con la regola di giudizio "in negativo" dell'art. 129 (→ **Atti**), a differenza del patteggiamento – il quale sfocia in una sentenza «equiparata» ad una condanna (→ art. 445 co. 1 *bis*), che costituisce titolo esecutivo (→ **Esecuzione**, art. 648) per l'applicazione di una pena –, ruota attorno ad un'ordinanza (→ **Atti**, art. 125) di ammissione alla prova, che non costituisce titolo per dare esecuzione coattiva (→ **Libro X**) alle relative prescrizioni, giacché anche l'esperimento dell'attività trattamentale, non assimilabile ad una pena *stricto sensu* intesa, si basa sulla volontà dell'imputato e mette capo, in caso di esito positivo della prova, ad una sentenza di non doversi procedere per estinzione del reato (→ **Giudizio**, art. 531; Corte cost., 91 del 2018). Altro profilo di criticità dell'istituto rispetto al dettato costituzionale è stato ravvisato nella vaghezza dell'apparato sanzionatorio, che entrerebbe in tensione con il **principio di tassatività e determinatezza legale della pena** (→ **Cost.**, art. 25 co. 2). In particolare, le sanzioni risulterebbero indeterminate sia sul piano quantitativo, con riferimento, cioè, alla misura temporale della prova, sia sul piano qualitativo, potendo risolversi il trattamento in vincoli conformativi e ablatori della libertà personale di diversa intensità. Anche queste perplessità sono state dissipate dalla Corte costituzionale (Corte cost., 91 del 2018). Sotto il profilo temporale, benché le norme censurate non lo specifichino, la durata massima del lavoro di pubblica utilità e, quindi, anche quella della prova è ricavabile necessariamente dalla durata della sospensione del procedimento, pari a uno o due anni (art. 464 *quater* co. 5), e per la sua concreta determinazione il giudice (→ **Soggetti**, art. 1 s.) deve tenere conto dei criteri previsti dall'art. 133 c.p. Per quanto attiene all'aspetto qualitativo, il principio di legalità può dirsi soddisfatto, come è avvenuto con la disciplina in esame, attraverso l'indicazione normativa dei «tipi di condotta» che possono formare oggetto del programma di trattamento, dei quali, poi, si può affidare la specificazione all'u.e.p.e. (→ **Disp. att.**, art. 141 *ter*) e al giudice, con il consenso dell'imputato. Il trattamento, infatti, per sua natura, in quanto caratterizzato da una finalità specialpreventiva e risocializzante, deve essere ampiamente modulabile nei suoi contenuti – comprensivi sia della parte "afflittiva", sia di quella "rieducativa" – tenendo conto della personalità dell'imputato e dei reati oggetto dell'imputazione (→ **Indagini e udienza preliminare**, art. 407 *bis* co. 1; Corte cost., 91 del 2018; cfr. anche Corte cost., 54 del 2017 e Cass., SU, 31.3.2016, Rigacci).

• **Corte cost., 174 del 2022**, ha dichiarato l'illegittimità dell'art. 168 *bis* co. 4 c.p., nella parte in cui non prevede che l'imputato possa essere ammesso alla sospensione del procedimento con messa alla prova nell'ipotesi in cui si proceda per reati connessi, ai sensi dell'art. 12 co. 1 lett. *b*, con altri reati per i quali tale beneficio sia già stato concesso. Per la Corte, la disposizione si pone in contrasto con l'art. 3 Cost., determinando una irragionevole disparità di trattamento tra l'imputato cui tutti i reati commessi in esecuzione di un medesimo disegno criminoso vengano contestati nell'ambito di un unico procedimento, nel quale egli ha la possibilità di accedere al beneficio della sospensione del procedimento con messa alla prova, e l'imputato nei cui confronti l'azione penale venga inizialmente esercitata solo in relazione ad alcuni di tali reati, e che si veda contestare gli altri, per effetto di una scelta discrezionale del p.m. o di altre evenienze processuali, nell'ambito di un diverso procedimento, dopo che egli abbia già avuto accesso alla messa alla prova. Questo secondo imputato, infatti, si trova nell'impossibilità di ottenere una seconda volta il beneficio, cui avrebbe invece potuto accedere ove tutti i reati gli fossero stati contestati in un unico procedimento. La norma censurata, in altri termini, fa dipendere la possibilità di accedere a uno dei riti alternativi previsti dal legislatore – possibilità che costituisce «una modalità, tra le più qualificanti, di esercizio del diritto di difesa» dell'imputato di cui all'art. 24 Cost. – dalle scelte contingenti del p.m. o da circostanze casuali, sulle quali l'imputato stesso non può in alcun modo influire. Sotto un ulteriore ma connesso profilo, la preclusione normativa finisce per frustrare lo stesso intento legislativo di sanzionare in maniera unitaria il concorso formale e il reato continuato, attraverso un aumento della pena prevista per il reato più grave, secondo la regola generale posta dall'art. 81 co. 2 c.p., applicabile anche in sede esecutiva, in forza dell'art. 671. Invero, posto che la messa alla prova dell'imputato maggiorenne ha anche una innegabile connotazione sanzionatoria rispetto al reato per il quale si procede, l'interdizione a ricorrervi per chi abbia già avuto accesso al beneficio in relazione ad altro reato commesso con un'unica condotta o in esecuzione di un medesimo disegno criminoso si traduce nell'impossibilità di sanzionare in modo sostanzialmente unitario tutti i reati avvinti dal concorso formale o dalla continuazione, in contrasto con la logica sistematica del codice penale.

• Nell'attuare il criterio di delega che imponeva di «estendere l'ambito di applicabilità della sospensione del procedimento con messa alla prova dell'imputato, oltre ai casi previsti dall'articolo 550 co. 2 c.p., a ulteriori specifici reati, puniti con pena edittale detentiva non superiore nel massimo a sei anni, che si [*prestassero*] a percorsi risocializzanti o riparatori, da parte dell'autore, compatibili con l'istituto» (l. 134 del 2021), il legislatore delegato, senza modificare il riferimento contenuto nell'art. 168 *bis* c.p. ai limiti oggettivi, ha ampliato la sfera operativa della messa alla prova **intervenendo estensivamente sul catalogo dei reati** per i quali si procede con **citazione diretta** ai sensi dell'**art. 550 co. 2** (→ **Procedimento davanti al tribunale in composizione monocratica**).

• Il co. 1 prevede che l'imputato (→ **Soggetti**, art. 60) possa formulare la richiesta di sospensione del procedimento con messa alla prova anche su **proposta del p.m.** (→ art. 168 *bis* c.p.; → **Soggetti**, art. 51). Sebbene in sede processuale il ruolo del p.m. nella sollecitazione della richiesta sia destinato ad essere residuale, avendo l'interessato piena cognizione degli elementi di prova a suo carico, non può escludersi una marginale utilità dell'istituto in funzione suppletiva, laddove la mancata attivazione dell'imputato sia ascrivibile ad una deficitaria assistenza difensiva (→ **Soggetti**, art. 96 s.). Laddove il p.m. formuli la proposta di sospensione del procedimento con messa alla prova, l'imputato può chiedere un termine (→ **Atti**, art. 172 s.) non superiore a venti giorni per ponderare la proposta e, eventualmente, formalizzare la richiesta di programma trattamentale all'ufficio di esecuzione penale esterna (→ **Ord. penit**., art. 72). Il termine coincide con quello attribuito all'indagato (→ **Soggetti**, art. 61) dall'art. 464 *ter*.1 co. 2 per valutare la proposta formulata dal p.m. all'esito delle indagini preliminari (→ **Libro V**, art. 415 *bis*).

• La richiesta dell'**imputato** (→ **Soggetti**, art. 60), nel rito ordinario, può essere formulata non oltre la presentazione delle conclusioni in **udienza preliminare** (→ **Libro V**, art. 421). Al riguardo, l'art. 421 prevede che, esauriti gli accertamenti relativi alla costituzione delle parti, il giudice (→ **Soggetti**) dichiara aperta la discussione: dopodiché prendono la parola il p.m. (→ art. 51) e, successivamente, una volta espletato l'eventuale interrogatorio dell'imputato (→ artt. 64 e 65), i difensori delle parti private (→ art. 100). Il p.m. e i difensori sono chiamati a formulare nuove conclusioni ove il giudice abbia disposto, anche d'ufficio, il supplemento probatorio di cui all'art. 422. Nel **giudizio direttissimo**, la richiesta può essere proposta fino alla **dichiarazione di apertura del dibattimento** (→ **Giudizio**, art. 492;). Nel **procedimento di citazione diretta a giudizio** (→ **Libro VIII**), lo sbarramento è segnato dalla conclusione dell'udienza predibattimentale *ex* art. 554 *bis*. Nel giudizio immediato, vanno osservati i termini e le forme stabiliti dall'art. 458 co. 1. Nel procedimento per decreto la richiesta accompagna l'atto di opposizione *ex* art. 461.

• I termini prescritti per la formulazione della richiesta devono ritenersi perentori *ex* **art. 173 co. 1** (→ **Atti**).

• Deve, peraltro, ritenersi che l'imputato (→ **Soggetti**, art. 60) possa accedere alla sospensione del processo con messa alla prova anche all'esito del giudizio, dibattimentale (→ **Giudizio**, art. 470 s.; → **Procedimento davanti al tribunale in composizione monocratica**, artt. 558 e 559; art. 449 s. e art. 453 s.) o abbreviato (art. 438 s.), quando il rigetto della richiesta presentata entro i termini previsti dal co. 2, dovuto al superamento dei limiti di pena legati al *nomen iuris* originariamente attribuito al fatto (→ **Indagini e udienza preliminare**, artt. 405 e 417), si riveli *ex post* ingiustificato, sulla base della **riqualificazione giuridica del** medesimo **fatto** operata dal giudice (→ **Soggetti**, art. 1 s.) ai sensi dell'art. 521 co. 1 (→ **Giudizio**). Diversamente, la disciplina entrerebbe in evidente attrito con il diritto di difesa (→ **Cost.**, art. 24 co. 2) e con il principio di uguaglianza (→ **Cost.**, art. 3), in quanto l'errore compiuto dal p.m. (→ **Soggetti**, art. 51) al momento dell'esercizio dell'azione penale (→ **Indagini e udienza preliminare**, art. 407 *bis*), circa la qualificazione giuridica del fatto (→ art. 417), pur tempestivamente contestato dall'imputato, si risolverebbe in un irreparabile pregiudizio a danno di quest'ultimo, quanto alla possibilità di scelta di un rito alternativo e dei connessi benefici sul piano sanzionatorio (Corte cost., 131 del 2019; v. anche Cass., SU, 31.3.2016, Sorcinelli).

• La richiesta è un atto **personalissimo** dell'imputato (→ **Soggetti**, art. 60) e, come tale, può essere presentata da persona diversa solo se questa è munita di procura speciale a norma dell'**art. 122** (→ **Atti**).

• Se la richiesta è presentata per iscritto, la relativa sottoscrizione deve essere autenticata dal notaio, da altra persona autorizzata o dal difensore (→ **Soggetti**, art. 96 s.).

• D'intesa con gli **uffici di esecuzione penale esterna** (→ **Ord. penit.**, art. 72), va elaborato il programma di trattamento da allegare all'istanza di sospensione del procedimento con messa alla prova. Qualora risulti impossibile predisporre preventivamente il programma in questione, l'istanza sospensiva deve essere corredata da un'apposita richiesta in tal senso.

• Tra le previsioni trattamentali "necessarie", dopo la recente interpolazione del co. 4 lett. *c*, figurano anche quelle relative allo **svolgimento di programmi di giustizia riparativa** (→ artt. 42-67 d. lgs. 150 del 2022).

• Le informazioni che il **giudice** (→ **Soggetti**, art. 1 s.), al fine di decidere sulla richiesta, può acquisire, tra l'altro, dalla **p.g.** (→ art. 55 s.), devono essere rese note tempestivamente sia al **p.m.** (→ art. 51), sia al **difensore** (→ art. 96 s.) **dell'imputato** (→ art. 60) per garantire un contraddittorio preventivo.

464 *ter*. Richiesta di sospensione del procedimento con messa alla prova nel corso delle indagini preliminari.

1. Nel corso delle indagini preliminari, il giudice, se è presentata una richiesta di sospensione del procedimento con messa alla prova, trasmette gli atti al pubblico ministero affinché esprima il consenso o il dissenso nel termine di cinque giorni.

2. Se il pubblico ministero presta il consenso, il giudice provvede ai sensi dell'articolo 464 *quater*.

3. Il consenso del pubblico ministero deve risultare da atto scritto e sinteticamente motivato, unitamente alla formulazione dell'imputazione.

4. Il pubblico ministero, in caso di dissenso, deve enunciarne le ragioni. In caso di rigetto, l'imputato può rinnovare la richiesta prima dell'apertura del dibattimento di primo grado e il giudice, se ritiene la richiesta fondata, provvede ai sensi dell'articolo 464 *quater*.

• Il legislatore, allo scopo di potenziare l'efficacia deflativa del nuovo istituto, ha previsto che la richiesta di sospensione del procedimento con messa alla prova possa essere avanzata anche nel corso delle **indagini preliminari** (→ **Libro V**), secondo lo schema già sperimentato in tema di applicazione della pena *ex* art. 444 (art. 447). In tal caso, però, non è sufficiente l'iniziativa dell'indagato (→ **Soggetti**, art. 61), ma è necessario anche il consenso del p.m. (→ art. 51).

• Il **termine** (→ **Atti**) di cinque giorni, entro il quale il p.m., ricevuti gli atti dal g.i.p. (→ **Indagini e udienza preliminare**, art. 328), è chiamato ad esprimere il suo consenso o dissenso rispetto alla richiesta dell'indagato (→ **Soggetti**), in mancanza di una specifica previsione di decadenza *ex* art. 173 co. 1 (→ **Atti**), deve ritenersi meramente **ordinatorio**.

• Alla luce del co. 3, può ben dirsi che la l. 28.4.2014, n. 67, a suo tempo, abbia introdotto una nuova forma speciale di **assunzione della qualità di imputato** (→ **Soggetti**, art. 60) e di **esercizio dell'azione penale** (→ **Indagini e udienza preliminare**), senza peraltro assicurare il necessario coordinamento con gli artt. 60 (→ **Libro I**) e 405 (→ **Libro V**), rimasti immutati. Di recente, il d. lgs. 150 del 2022 ha in parte "rammendato" il tessuto codicistico (→ art. 407 *bis* co. 1).

• La sospensione del procedimento con messa alla prova presuppone che l'organo d'accusa (→ **Soggetti**, art. 51) abbia sciolto l'**alternativa azione/archiviazione** (→ **Indagini e udienza preliminare**) *ex* art. 407 *bis*. Pertanto, ove non abbia raccolto elementi idonei a sostenere l'accusa in giudizio (→ **Libro VII**) al momento della richiesta dell'indagato (e sempre che dati probatori in questa direzione non emergano dalla documentazione inoltrata dai servizi sociali), il p.m. (→ **Soggetti**) dovrà negare il consenso e proseguire nelle indagini o, ritenendo le stesse superflue, chiedere l'archiviazione al g.i.p. (→ **Libro V**, art. 328).

• La **dichiarazione di apertura del dibattimento di primo grado** (→ **Giudizio**) *ex* art. 492 rappresenta la *deadline* (→ **Atti**, art. 173 co. 1) per la rinnovazione, da parte dell'imputato (→ **Soggetti**, art. 60), della richiesta di sospensione del procedimento con messa alla prova rigettata nel corso delle indagini preliminari (→ **Libro V**) per il dissenso motivato del p.m. (→ **Soggetti**, art. 50).

464 *ter*.1. Sospensione del procedimento con messa alla prova su proposta del pubblico ministero nel corso delle indagini preliminari.

1. Il pubblico ministero, con l'avviso previsto dall'articolo 415 *bis*, può proporre alla persona sottoposta ad indagini la sospensione del procedimento con messa alla prova, indicando la durata e i contenuti essenziali del programma trattamentale. Ove lo ritenga necessario per formulare la proposta, il pubblico ministero può avvalersi dell'ufficio di esecuzione penale esterna.

2. Nel caso previsto dal comma 1, entro il termine di venti giorni, la persona sottoposta ad indagini può aderire alla proposta con dichiarazione resa personalmente o a mezzo di procuratore speciale, depositata presso la segreteria del pubblico ministero.

3. Quando la persona sottoposta ad indagini aderisce alla proposta, il pubblico ministero formula l'imputazione e trasmette gli atti al giudice per le indagini preliminari, dando avviso alla persona offesa dal reato della facoltà di depositare entro dieci giorni memorie presso la cancelleria del giudice.

4. Nel caso previsto dal comma 3, il giudice per le indagini preliminari, se non deve pronunciare sentenza di proscioglimento a norma dell'articolo 129 e quando ritiene che la proposta del pubblico ministero cui ha aderito l'imputato sia conforme ai requisiti indicati dall'articolo 464 *quater*, comma 3, primo periodo, richiede all'ufficio di esecuzione penale esterna di elaborare il programma di trattamento d'intesa con l'imputato.

5. Nel caso previso dal comma 4, l'ufficio di esecuzione penale esterna trasmette al giudice entro novanta giorni il programma di trattamento elaborato d'intesa con l'imputato.

6. Quando lo ritiene necessario ai fini della decisione, il giudice per le indagini preliminari fissa udienza ai sensi dell'articolo 127. Il giudice, se ritiene opportuno verificare la volontarietà della richiesta, dispone la comparizione dell'imputato.

7. Il giudice, valutata l'idoneità del programma trattamentale elaborato ai sensi del comma 5, eventualmente integrato o modificato con il consenso dell'imputato nel corso dell'udienza prevista dal comma 6, dispone con ordinanza la sospensione del procedimento con messa alla prova.

Articolo introdotto dal d. lgs. 10.10.2022, n. 150 in armonia con il criterio fissato nell'art. 1 co. 22 lett. *b* l. delega 134 del 2021.

• L'art. 464 *ter*.1, sul presupposto che il criterio dettato dalla l. 134 del 2021 non indica quale fase procedimentale debba ospitare la nuova figura di messa alla prova su **proposta del p.m.** (→ art. 168 *bis* c.p.; → **Soggetti**, art. 51), si fa carico di disciplinarne l'ingresso in un momento propedeutico all'esercizio dell'azione penale (→ art. 50; → **Indagini e udienza preliminare**, art. 407 *bis*), con l'obiettivo di assicurare un significativo effetto deflativo e l'anticipazione dei percorsi risocializzanti (→ **Cost.**, art. 27 co. 3) o riparatori (→ art. 42 s. d. lgs. 150 del 2022).

• La scelta di raccordare temporalmente e funzionalmente la proposta del p.m. (→ **Soggetti**, art. 51) con l'**avviso di conclusione delle indagini preliminari** (→ **Libro V**, art. 415 *bis*; → **Disp. att.**, art. 141 *bis* co. 1 *bis*), per quanto disallineata rispetto alla facoltà dell'indagato (→ **Soggetti**, art. 61) di formulare la richiesta già durante le indagini preliminari (→ **Libro V**), scongiura il rischio di prassi elusive dei principi di obbligatorietà dell'azione penale (→ **Cost.**, art. 112; → **Soggetti**, art. 50 co. 1) e di tendenziale completezza delle indagini (Corte cost., 88 del 1991), favorendo, per ciò stesso, la piena consapevolezza delle determinazioni dell'indagato e il potenziamento della funzione di controllo del g.i.p. (→ **Indagini e udienza preliminare**, art. 328).

• La proposta che il p.m. (→ **Soggetti**, art. 51) «**può**» formulare, con l'eventuale ausilio dell'ufficio di esecuzione penale esterna (→ **Ord. penit.**, art. 72), tenuto a fornire le indicazioni richieste nel termine – ordinatorio (→ **Atti**, art. 173 co. 1) – di trenta giorni (→ **Disp. Att.**, art. 141 *ter* co. 1 *bis*), deve indicare la «**durata e i contenuti essenziali del programma trattamentale**», posto che l'elaborazione del programma definitivo postula il necessario apporto consensuale dell'imputato (→ **Soggetti**, art. 60).

• Ricevuta la proposta del p.m. (→ **Soggetti**, art. 51), l'indagato (→ art. 61), nello stesso termine – ordinatorio (→ **Atti**, art. 173 co. 1) – di venti giorni previsto per l'esercizio delle facoltà di cui all'art. 415 *bis* co. 3 (→ **Indagini e udienza preliminare**), può decidere di aderirvi con dichiarazione resa personalmente o a mezzo di procuratore speciale (→ **Atti**, art. 122), depositata (→ art. 111 *bis*) presso la segreteria del p.m. La mancata adesione alla proposta non ha effetti preclusivi, ben potendo l'imputato (→ **Soggetti**, art. 60) richiedere la sospensione del processo con messa alla prova dopo l'esercizio dell'azione penale (→ art. 50; → **Indagini e udienza preliminare**, art. 407 *bis*), secondo le ordinarie scansioni.

• L'adesione dell'indagato (→ **Soggetti**, art. 61) alla proposta attiva un **procedimento tendenzialmente cartolare**, che si snoda, nella fase iniziale, attraverso la formulazione, da parte del p.m. (→ art. 51), dell'imputazione, la successiva trasmissione degli atti al g.i.p. (→ **Indagini e udienza preliminare**, art. 328) e il contestuale avviso alla persona offesa dal reato (→ **Soggetti**, art. 90 s.) della facoltà di depositare, entro dieci giorni, memorie (→ **Atti**, art. 121) presso la cancelleria del giudice (→ **Soggetti**, art. 1 s.). La formulazione dell'imputazione integra un ulteriore «caso» di esercizio dell'azione penale (→ **Indagini e udienza preliminare**, art. 407 *bis* co. 1). Il coinvolgimento della persona offesa è circoscritto, in linea generale, alla presentazione di memorie – differentemente da quanto accade nella procedura delineata dagli artt. 464 *ter* e 464 *quater*, ma in linea con il meccanismo cartolare innestato nel procedimento di revoca o sostituzione di talune misure coercitive applicate per reati commessi con violenza alla persona (→ **Misure cautelari**, art. 293 co. 3) o in quello di reclamo avverso il provvedimento di archiviazione (→ **Indagini e udienza preliminare**, art. 410 *bis*) –, a meno che il giudice non ritenga necessario fissare udienza, a norma dell'art. 127 (→ **Atti**). Il termine – ordinatorio (→ art. 173 co. 1) – di dieci giorni, riservato alla persona offesa per la presentazione di memorie, è speculare al termine dilatorio (→ art. 172 co. 5) previsto dall'art. 127 co. 1 per la notificazione dell'avviso di fissazione dell'udienza camerale.

• Ricevuti gli atti – e le eventuali memorie (→ **Atti**, art. 121) presentate dalla persona offesa (→ **Soggetti**, art. 90 s.) – il g.i.p. (→ **Indagini e udienza preliminare**, art. 328), dopo aver valutato la richiesta presentata dall'indagato (→ **Soggetti**, art. 61) – ormai divenuto imputato (→ art. 60) – su proposta del p.m. (→ art. 51), può: *a*) rigettarla e pronunciare sentenza di proscioglimento (ricorribile per cassazione → **Impugnazioni**, artt. 586 co. 2 e 606; Cass., SU, 30.9.2010, Dalla Serra; Cass., SU, 11.5.1993, Amato), quando rilevi preliminarmente che ricorrono le condizioni di cui all'**art. 129** (→ **Atti**); *b*) **rigettarla** e disporre la restituzione degli atti al p.m., ove, alla luce dei parametri di cui all'art. 133 c.p., reputi inidonei i contenuti essenziali del programma di trattamento o ritenga che l'imputato possa commettere ulteriori reati (art. 464 *quater* co. 3); *c*) chiedere all'ufficio di esecuzione penale esterna (→

Ord. penit., art. 72) di elaborare il **programma "definitivo"** d'intesa con l'imputato, qualora, escluso l'epilogo proscioglitivo, ravvisi la conformità della proposta a entrambi i requisiti. previsti dall'art. 464 *quater* co. 3. È plausibile ammettere che il g.i.p. possa rigettare la richiesta anche quando non condivida la qualificazione giuridica del fatto dedotta nell'imputazione o consideri il medesimo fatto di particolare tenuità, ai sensi dell'art. 131 *bis* c.p. (Cass., SU, 18.1.2018, p.m. in c. Ksouri). Nell'ipotesi sub *c*), l'ufficio di esecuzione penale esterna deve trasmettere al g.i.p. entro novanta giorni il programma di trattamento elaborato d'intesa con l'imputato. Il termine – meramente ordinatorio (→ **Atti**, art. 173 co. 1) – contempera adeguatamente le esigenze di celerità del procedimento (→ **Cost.**, art. 111 co. 2) con quelle di sostenibilità del carico di lavoro che grava sugli uffici di esecuzione penale esterna. Dopo aver ricevuto il programma completo, il g.i.p. passa al vaglio conclusivo sulla richiesta. In questa sede, il percorso cartolare può cedere il testimone al **rito camerale** (→ **Atti**, art. 127) nel caso in cui il g.i.p. ritenga necessario acquisire ulteriori informazioni, ai fini della decisione, sulla proposta avanzata concordemente dal p.m. e dall'imputato o sul programma di trattamento oppure reputi opportuno verificare la volontarietà della richiesta disponendo la comparizione dell'imputato. Nel corso dell'udienza il giudice può eventualmente acquisire il consenso dell'imputato all'**integrazione o modifica del programma trattamentale**. All'esito della verifica finale, e del possibile approfondimento camerale, il g.i.p., in caso di valutazione positiva, dispone con ordinanza (→ art. 125) la sospensione del procedimento con messa alla prova; viceversa, ove non ritenga percorribile tale alternativa, respinge la richiesta restituendo gli atti al p.m. per l'ulteriore corso del procedimento.

464 *quater*. Provvedimento del giudice ed effetti della pronuncia.

1. Il giudice, se non deve pronunciare sentenza di proscioglimento a norma dell'articolo 129, decide con ordinanza nel corso della stessa udienza, sentite le parti nonché la persona offesa, oppure in apposita udienza in camera di consiglio, della cui fissazione è dato contestuale avviso alle parti e alla persona offesa. Si applica l'articolo 127.

2. Il giudice, se ritiene opportuno verificare la volontarietà della richiesta, dispone la comparizione dell'imputato.

3. La sospensione del procedimento con messa alla prova è disposta quando il giudice, in base ai parametri di cui all'articolo 133 del codice penale, reputa idoneo il programma di trattamento presentato e ritiene che l'imputato si asterrà dal commettere ulteriori reati. A tal fine, il giudice valuta anche che il domicilio indicato nel programma dell'imputato sia tale da assicurare le esigenze di tutela della persona offesa dal reato.

4. Il giudice, anche sulla base delle informazioni acquisite ai sensi del comma 5 dell'articolo 464 *bis*, e ai fini di cui al comma 3 del presente articolo può integrare o modificare il programma di trattamento, con il consenso dell'imputato.

5. Il procedimento non può essere sospeso per un periodo:

a) superiore a due anni quando si procede per reati per i quali è prevista una pena detentiva, sola, congiunta o alternativa alla pena pecuniaria;

b) superiore a un anno quando si procede per reati per i quali è prevista la sola pena pecuniaria.

6. I termini di cui al comma 5 decorrono dalla sottoscrizione del verbale di messa alla prova dell'imputato.

7. Contro l'ordinanza che decide sull'istanza di messa alla prova possono ricorrere per cassazione l'imputato e il pubblico ministero, anche su istanza della persona offesa. La persona offesa può impugnare autonomamente per omesso avviso dell'udienza o perché, pur essendo comparsa, non è stata sentita ai sensi del comma 1. L'impugnazione non sospende il procedimento.

8. Nel caso di sospensione del procedimento con messa alla prova non si applica l'articolo 75, comma 3.

9. In caso di reiezione dell'istanza, questa può essere riproposta nel giudizio, prima della dichiarazione di apertura del dibattimento.

• Il giudice (→ **Soggetti**) decide sull'istanza di sospensione del procedimento con messa alla prova soltanto dopo aver accertato che non ricorrano le condizioni per emettere **sentenza di proscioglimento** a norma dell'**art. 129** (→ **Atti**).

• La decisione viene assunta, nel contraddittorio (→ **Cost.**, art. 111) con le parti (→ **Soggetti**) e la persona offesa (→ art. 90), nell'**udienza preliminare** (→ **Libro V**) o predibattimentale (→ **Procedimento davanti al tribunale in composizione monocratica**, art. 554 *bis*) o agli esordi di quella **dibattimentale** (→ **Giudizio**, artt. 484-492), qualora la richiesta sia formulata in dette sedi, oppure in apposita **udienza camerale**, secondo lo schema procedurale di cui all'art. 127 (→ **Atti**), ove l'istanza sia avanzata nel corso delle indagini preliminari (→ **Libro V**), a seguito di decreto di giudizio immediato o in sede di opposizione al decreto penale. Deroga a questo schema la decisione adottata *ex* art. 464 *ter*.1, senza fissazione di udienza, sulla base di un contraddittorio meramente cartolare.

• Il provvedimento del giudice, assumendo la forma dell'**ordinanza** (→ **Atti**, art. 125 co. 1), deve essere motivato a pena di **nullità** (→ art. 125 co. 3) **relativa** (→ art. 181).

• La **ricorribilità in cassazione** (→ **Impugnazioni**, art. 606) contro l'ordinanza è variamente modulata: se l'imputato (→ **Soggetti**, art. 60) e il p.m. (→ art. 51) non incontrano limiti oggettivi, la persona offesa (→ art. 90) può impugnare autonomamente solo a tutela del proprio diritto al contraddittorio, a norma dell'art. 606 co. 1 lett. *c* (→ **Impugnazioni**), per non aver ricevuto l'avviso dell'udienza o per non esservi stata ammessa a interloquire; negli altri casi, non le resta che sollecitare il p.m. ad impugnare. La Suprema Corte (Cass., SU, 31.3.2016, Rigacci), con una **lettura "correttiva"** del dato normativo, ha puntualizzato che il co. 7, nel prevedere il ricorso per cassazione (→ art. 606), in via autonoma e immediata, si riferisce unicamente all'ordinanza (→ **Atti**, art. 125) che, accogliendo la richiesta dell'imputato, abbia disposto la sospensione del procedimento con messa alla prova; viceversa, l'ordinanza che ha rigettato la richiesta formulata prima del giudizio (→ **Libro VII**) non è impugnabile (→ **Libro IX**), in quanto è offerta all'imputato la possibilità di rinnovare la domanda fino alla dichiarazione di apertura del dibattimento (→ **Giudizio**, art. 492; → **Procedimento davanti al tribunale in composizione monocratica**, art. 555 co. 2); a sua volta, il provvedimento di rigetto predibattimentale è appellabile (→ **Impugnazioni**, art. 593 s.) – o ricorribile *per saltum* (→ **Impugnazioni**, art. 569) – unitamente alla sentenza di primo grado (→ **Giudizio**, art. 529 s.), secondo la regola generale fissata dall'art. 586 (→ **Impugnazioni**).

• L'offeso (→ **Soggetti**, art. 90), non avendo un potere di veto rispetto all'introduzione del rito speciale, ove rivesta anche la qualità di danneggiato dal reato e si sia costituito parte civile (→ art. 74 s.) prima dell'ammissione dell'imputato al *probation*, potrà comunque trasferire l'azione civile in sede propria, senza che operi il consueto effetto sospensivo del rito civile (→ **art. 75 co. 3**), coerentemente con quanto accade in altre ipotesi eccezionali di **esclusione** (→ artt. 88 co. 3 e 444 co. 2) o **esodo volontario** (→ artt. 71 co. 6 e 441 co. 4) della parte civile dal processo penale.

• La **dichiarazione di apertura del dibattimento di primo grado** (→ **Libro VII**) *ex* art. 492 rappresenta il momento ultimo (→ **Atti**, art. 173 co. 1) entro il quale l'imputato (→ **Soggetti**, art. 60) può riproporre la richiesta di sospensione del procedimento con messa alla prova che sia stata rigettata in una fase anteriore (→ **Indagini e udienza preliminare**) per carenza delle condizioni di ammissibilità (cfr. però *supra*, art. 464 *bis*, in relazione a Corte cost., 131 del 2019).

• L'ordinanza di sospensione del procedimento con messa alla prova è iscritta nel **casellario giudiziale** (→ **Casellario**, art. 3 co. 1 lett. *i bis*). L'iscrizione, in quanto diretta a rendere operativo il divieto di seconda concessione (→ art. 168 *bis* co. 4 c.p.), non può essere cancellata.

• Nel silenzio del legislatore, deve ritenersi mutuabile, rispetto al **verbale**, dalla cui sottoscrizione decorrono i termini di sospensione del processo con messa alla prova, la corrispondente disciplina prevista in tema di **affidamento in prova al servizio sociale** (→ **Ord. penit.**, art. 47; → art. 97 d.P.R. 30.6.2000, n. 230). Al riguardo, l'art. 141 *ter* co. 1 **Disp. att.** stabilisce che le funzioni dei servizi sociali per il *probation* processuale sono svolte dagli uffici locali di esecuzione penale esterna (→ **Ord. penit.**, art. 72).

464 *quinquies*. Esecuzione dell'ordinanza di sospensione del procedimento con messa alla prova.

1. Nell'ordinanza che dispone la sospensione del procedimento con messa alla prova, il giudice stabilisce il termine entro il quale le prescrizioni e gli obblighi relativi alle condotte riparatorie o risarcitorie imposti devono essere adempiuti; tale termine può essere prorogato, su istanza dell'imputato, non più di una volta e solo per gravi motivi. Il giudice può altresì, con il consenso della persona offesa, autorizzare il pagamento rateale delle somme eventualmente dovute a titolo di risarcimento del danno.

2. L'ordinanza è immediatamente trasmessa all'ufficio di esecuzione penale esterna che deve prendere in carico l'imputato.

3. Durante la sospensione del procedimento con messa alla prova, il giudice, sentiti l'imputato e il pubblico ministero, può modificare con ordinanza le prescrizioni originarie, ferma restando la congruità delle nuove prescrizioni rispetto alle finalità della messa alla prova.

• Nel rito minorile, le prescrizioni dirette a riparare le conseguenze del reato, che possono essere impartite dal giudice con l'ordinanza di sospensione del processo (→ **Proc. minorile**, art. 28 co. 2), non si differenziano dagli altri adempimenti imposti all'imputato (→ **Soggetti**, art. 60). Viceversa, l'istituto di nuovo conio riserva una specifica autonomia alle prescrizioni e agli obblighi concernenti le condotte riparatorie o risarcitorie, tanto da prevedere la fissazione di un apposito termine (→ **Atti**) per il loro adempimento, che, ricorrendo gravi motivi, può essere prorogato, su istanza dell'imputato, non più di una volta.

• L'ordinanza di sospensione va immediatamente trasmessa all'**ufficio locale di esecuzione penale esterna** – che svolge le funzioni del servizio sociale (→ **Disp. att.**, art. 141 *ter* co. 1) – perché prenda in carico l'imputato (→ **Soggetti**, art. 60) ammesso alla prova. L'ufficio, durante il periodo in cui il processo è sospeso, informa periodicamente il giudice dei comportamenti dell'imputato, eventualmente proponendo modifiche o abbreviazioni del programma, nonché, in caso di grave o reiterata trasgressione, le revoca del provvedimento di sospensione, e redige relazione finale sul decorso e sull'esito della prova (→ **Disp. att.**, art. 141 *ter* co. 4 e 5).

• Ogni modifica delle prescrizioni originarie può essere disposta previo interpello dell'imputato (→ **Soggetti**, art. 60) e del p.m. (→ art. 51). Un'eventuale omissione al riguardo genererebbe una **nullità di ordine generale a regime intermedio** (→ **Atti**, artt. 178 co. 1 lett. *b* e *c*, 180). Va osservato che per la fissazione dei contenuti del programma (→ **Disp. att.**, art. 141 *ter* co. 2) e per le relative integrazioni o modifiche da apportare in sede di ammissione della prova (art. 464 *quater* co. 4) è necessario il consenso dell'imputato, mentre ogni modifica postuma ai termini dello "scambio" tra l'impegno assunto e i benefici sostanziali e processuali che ne derivano può essere disposta dal giudice *ex auctoritate*, semplicemente dopo aver "sentito" l'imputato. Senza dire che la persona offesa (→ **Soggetti**, art. 90), chiamata a interloquire in fase di ammissione del progetto (art. 464 *quater* co. 1), viene ignorata quando se ne devono modificare le prescrizioni, che potrebbero riguardarla direttamente.

• Anche il provvedimento con cui il giudice (→ **Soggetti**) modifica le prescrizioni originarie assume la **forma dell'ordinanza** (→ **Atti**, art. 125 co. 1) e, come tale, deve essere motivato, conseguendone altrimenti una nullità speciale (→ art. 125 co. 3) di tipo relativo (→ art. 181).

464 *sexies*. Acquisizione di prove durante la sospensione del procedimento con messa alla prova.

1. Durante la sospensione del procedimento con messa alla prova il giudice, con le modalità stabilite per il dibattimento, acquisisce, a richiesta di parte, le prove non rinviabili e quelle che possono condurre al proscioglimento dell'imputato.

• La parentesi probatoria, che può aprirsi nel periodo di sospensione del procedimento, evoca quella contemplata dagli artt. 70 co. 2 e 71 co. 4 per il caso di sospensione dovuta a

incapacità processuale dell'imputato (→ **Soggetti**, art. 60). Tuttavia, la disciplina gemella si differenzia da quella in esame affidando al **solo difensore** (→ art. 96 s.) – anziché, indistintamente, alle parti – l'**iniziativa per l'assunzione delle prove in grado di condurre al proscioglimento dell'imputato**.

• L'**epilogo liberatorio** – qualificato, in senso lato, di "proscioglimento" – per l'imputato, che consente la ripresa delle cadenze procedimentali a soli fini probatori, abbraccia anche quello contemplato, per l'udienza preliminare, dall'art. 425 (→ **Libro V**). Si deve pertanto supporre che il giudice, ove l'esperimento istruttorio confermi la prognosi favorevole all'imputato, fissi un'udienza dello stesso tipo di quella in cui la sospensione è stata disposta – udienza preliminare, udienza dibattimentale (→ **Giudizio**, art. 470 s.; → **Procedimento davanti al tribunale in composizione monocratica**, art. 559), udienza in camera di consiglio *ex* art. 127 (→ **Atti**) – e, previo contraddittorio sul punto, emetta sentenza di non luogo a procedere (→ **Indagini e udienza preliminare**) o di proscioglimento (→ **Giudizio**, art. 529 s.; → **Atti**, art. 129).

• Per quanto riguarda l'acquisizione delle prove non rinviabili, è da ritenere che i **presupposti** cui si allude siano gli stessi previsti dall'**art. 392** per l'incidente probatorio (→ **Indagini e udienza preliminare**).

• Tenuto conto che le forme acquisitive devono essere le stesse previste per il dibattimento (→ **Giudizio**, art. 496 s.), si rende necessario applicare la **disciplina dell'incidente probatorio** (→ **Indagini e udienza preliminare**) ove la sospensione del procedimento sia avvenuta in udienza preliminare (Corte cost., 77 del 1994) o nel corso delle indagini preliminari. Ove si ammetta che il provvedimento sospensivo possa incunearsi anche nella fase degli atti preliminari al dibattimento (→ **Giudizio**, art. 465 s.), se ne deve coerentemente far discendere l'operatività del **regime previsto dall'art. 467 per gli atti urgenti**.

464 *septies*. Esito della messa alla prova.

1. Decorso il periodo di sospensione del procedimento con messa alla prova, il giudice dichiara con sentenza estinto il reato se, tenuto conto del comportamento dell'imputato e del rispetto delle prescrizioni stabilite, ritiene che la prova abbia avuto esito positivo. A tale fine acquisisce la relazione conclusiva dell'ufficio di esecuzione penale esterna che ha preso in carico l'imputato e fissa l'udienza per la valutazione dandone avviso alle parti e alla persona offesa.
2. In caso di esito negativo della prova, il giudice dispone con ordinanza che il procedimento riprenda il suo corso.

Il d. lgs. 10.10.2022, n. 150 ha sostituito nel co. 2 la parola «processo» con la parola «procedimento».

• Decorso il periodo di sospensione, il giudice fissa un'apposita udienza, dello stesso tipo di quella in cui la sospensione è stata disposta – udienza preliminare (→ **Libro V**), udienza dibattimentale (→ **Giudizio**, art. 470 s.; → **Procedimento davanti al tribunale in composizione monocratica**, art. 559), udienza in camera di consiglio *ex* art. 127 (→ **Atti**) – per **valutare in contraddittorio il periodo di prova**. Al riguardo è ipotizzabile una nullità generale assoluta, ai sensi degli artt. 178 co. 1 lett. *c* e 179 (→ **Atti**), in caso di mancato avviso dell'udienza all'imputato (→ **Soggetti**, art. 60), e una nullità a regime intermedio, a norma degli artt. 178 co. 1 lett. *b* e *c*, e 180 (→ **Atti**), a fronte di analoga omissione nei confronti del p.m. (→ **Soggetti**, art. 51) e delle parti accessorie (→ art. 74 s.); mentre, ove manchi l'avviso alla persona offesa (→ art. 90), è configurabile, alternativamente, una nullità di ordine generale a regime intermedio, in applicazione estensiva degli artt. 178 co. 1 lett. *c*, e 180 (→ **Atti**), se è stata fissata l'udienza dibattimentale (→ **Libro VII**), o una nullità speciale relativa, ai sensi dell'art. 181 (→ **Atti**), in relazione agli artt. 419 co. 1 e 4 (→ **Libro V**) e 127 co. 1 e 5 (→ **Atti**), al cospetto dell'udienza preliminare o di altra udienza camerale.

• La **base conoscitiva** della verifica è costituita principalmente dalla relazione conclusiva dell'ufficio locale di esecuzione esterna che, unitamente alle relazioni periodiche dello stesso ufficio, va depositata in cancelleria almeno dieci giorni prima dell'udienza (→ **Disp. att.**, art. 141 *ter* co. 6). Tale disposizione, peraltro, incoerentemente, riconosce alle sole parti (→ **Soggetti**) la facoltà di prendere visione ed estrarre copia della relazione.

• L'esito positivo della prova, **estinguendo il reato** per cui si procede (→ art. 168 *ter* co. 2 c.p.), è suggellato, a seconda dei contesti, da una sentenza di **non luogo a procedere** (→ **Indagini e udienza preliminare**, art. 425) o di **proscioglimento** (→ **Giudizio**, art. 529; → **Atti**, art. 129).

• In caso di esito negativo della prova, il giudice dispone la **ripresa dell'itinerario procedimentale** dal momento in cui era stato sospeso, e dunque, dall'udienza preliminare (→ **Libro VI**), dal dibattimento (→ **Giudizio**) – eventualmente fissato nelle forme del giudizio immediato, nel caso di sospensione dell'omologo rito o del procedimento per decreto –, o dalle indagini preliminari (→ **Libro V**), peraltro ormai concluse con l'esercizio, irretrattabile, dell'azione penale (→ **Cost.**, art. 112; → **Soggetti**, art. 50 co. 3).

• Il provvedimento con cui il giudice (→ **Soggetti**) dispone che il procedimento riprenda il suo corso assume la **forma dell'ordinanza** (→ **Atti**, art. 125 co. 1) e, come tale, deve essere motivato, derivandone altrimenti una nullità speciale (→ art. 125 co. 3) di tipo relativo (→ art. 181).

• Il procedimento, teoricamente, può proseguire dinanzi allo stesso giudice che ha valutato negativamente il periodo di prova, **non essendo configurabile**, in assenza di un intervento additivo della Corte costituzionale, un'ipotesi di **incompatibilità *ex* art. 34** (→ **Soggetti**).

• In caso di condanna dell'imputato (→ **Giudizio**, art. 533 s.) nel processo riavviato, la pena conseguente andrebbe determinata tenendo conto del **criterio di ragguaglio previsto dall'art. 657 *bis*** (→ **Esecuzione**).

464 *octies*. Revoca dell'ordinanza.

1. La revoca dell'ordinanza di sospensione del procedimento con messa alla prova è disposta anche d'ufficio dal giudice con ordinanza.

2. Al fine di cui al comma 1 del presente articolo il giudice fissa l'udienza ai sensi dell'articolo 127 per la valutazione dei presupposti della revoca, dandone avviso alle parti e alla persona offesa almeno dieci giorni prima.

3. L'ordinanza di revoca è ricorribile per cassazione per violazione di legge.

4. Quando l'ordinanza di revoca è divenuta definitiva, il procedimento riprende il suo corso dal momento in cui era rimasto sospeso e cessa l'esecuzione delle prescrizioni e degli obblighi imposti.

• L'art. 168 *quater* c.p. contempla un **elenco tassativo di fattispecie** che impongono la revoca dell'ordinanza di sospensione del procedimento con messa alla prova. Le condotte, attive od omissive, descritte svelano *a posteriori* la volontà dell'imputato di sottrarsi agli impegni del programma di prova o attestano una recrudescenza della sua pericolosità sociale.

• La valutazione dei presupposti della revoca avviene in contraddittorio (→ **Cost.**, art. 111), nel rispetto del **modello camerale di cui all'art. 127** (→ **Atti**). Deve pertanto ritenersi che sia l'omissione dell'avviso dell'udienza, sia la sua tardività generino una nullità (→ art. 127 co. 1 e 5) della stessa udienza, che si propaga al provvedimento conclusivo *ex* art. 185 co. 1 (→ **Libro II**).

• Il provvedimento con cui il giudice (→ **Soggetti**), anche su eventuale sollecitazione dell'ufficio locale di esecuzione esterna (→ **Disp. att.**, art. 141 *ter* co. 4), dispone la revoca assume la **forma dell'ordinanza** (→ **Atti**, art. 125 co. 1) e, come tale, deve essere motivato, conseguendone altrimenti una nullità speciale (→ art. 125 co. 3) di tipo relativo (→ art. 181).

• Il **ricorso per cassazione** (→ **Impugnazioni**) contro l'ordinanza di revoca è ammesso solo per violazione di legge (→ **Cost.**, art. 111 co. 7).

• L'ordinanza di revoca diventa **esecutiva** (→ **Esecuzione**) quando sono spirati i termini per impugnarla ovvero dal giorno in cui il ricorso è dichiarato inammissibile o rigettato (→ artt. 648 e 650).

464 *novies*. Divieto di riproposizione della richiesta di messa alla prova.

1. Nei casi di cui all'articolo 464 *septies*, comma 2, ovvero di revoca dell'ordinanza di sospensione del procedimento con messa alla prova, l'istanza non può essere riproposta.

• La **preclusione** qui stabilita, che dovrebbe comportare la dichiarazione di inammissibilità dell'istanza eventualmente riproposta, non è contemplata espressamente con riferimento al ***probation* minorile**, mentre trova un ***pendant* parziale e "mitigato"** nel divieto triennale di concessione dell'affidamento in prova in sede penitenziaria (→ **Ord. penit.**, art. 58 *quater* co. 2 e 3).

LIBRO VII
GIUDIZIO

Titolo I
ATTI PRELIMINARI AL DIBATTIMENTO

465. Atti del presidente del tribunale o della corte di assise.

1. Il presidente del tribunale o della corte di assise, ricevuto il decreto che dispone il giudizio, può, con decreto, per giustificati motivi, anticipare l'udienza o differirla non più di una volta.

2. Il provvedimento è comunicato al pubblico ministero e notificato alle parti private, alla persona offesa e ai difensori; nel caso di anticipazione, fermi restando i termini previsti dall'articolo 429 commi 3 e 4, il provvedimento è comunicato e notificato almeno sette giorni prima della nuova udienza.

• Tra il decreto (→ **Atti**, art. 125) che dispone la fase del giudizio (→ **Indagini e udienza preliminare**, art. 429; → **Procedimenti speciali**, art. 456; → **Procedimento davanti al tribunale in composizione monocratica**, art. 552) e la celebrazione del dibattimento s'innesta una serie di **adempimenti e attività** – obbligatori e facoltativi – avente una **funzione preparatoria e organizzativa**. In questa fase prodromica al dibattimento (il cui esaurirsi è siglato dall'**accertamento circa la regolare costituzione delle parti**: art. 484) i poteri esercitabili sono attribuiti al **presidente** del tribunale o della corte d'assise; solo successivamente (con l'avvio di attività di tipo **valutativo-decisoria**) il c.p.p. richiamerà genericamente "il giudice" intendendo così evocare adempimenti e poteri da riferire all'organo collegiale nel suo complesso: ad es. modifica o revoca di misure cautelari (→ **Libro IV**, artt. 279 e 299), pronuncia sentenza anticipata di proscioglimento (art. 469).

• **Giustificati motivi** potrebbero indurre il presidente dell'organo collegiale a **differire** la trattazione di un processo – siglata nella data indicata nel decreto che dispone il giudizio, ai sensi dell'art. 429 lett. *f* (→ **Indagini e udienza preliminare**) – (ad es. eventuale concomitanza di altri procedimenti a carico del medesimo imputato avanti a altro organo giudicante) ovvero disporne l'**anticipazione** [ad es. per l'imputato detenuto i cui termini di scarcerazione sono prossimi alla scadenza (→ **Misure cautelari**, art. 303), o in relazione a reati che si avviano verso la prescrizione]. Si tratta, invero, di espressione assai generica e riferibile a qualsiasi situazione che abbia una concreta possibilità di valutazione. Espressione, fra l'altro, frequentemente utilizzata nel c.p.p.: in materia di attribuzioni del procuratore della Repubblica distrettuale (→ **Soggetti**, art. 51 co. 3 *ter*); in relazione alla sostituzione del difensore d'ufficio (→ art. 97 co. 5); con riferimento alla mancata presentazione della persona per rendere l'interrogatorio, ai sensi dell'art. 294, e alla conseguente possibilità di riadozione della misura cautelare (→ art. 302); in materia di decisioni sulle questioni civili, riguardanti la provvisoria esecuzione delle disposizioni relative (→ art. 540) ovvero la condanna alle spese (→ art. 541 co. 2). Il potere di anticipazione o differimento dell'udienza è riconosciuto, in base al rinvio alle disposizioni relative al giudizio di primo grado operato dall'art. 598 (→ **Impugnazioni**), anche al presidente del collegio di **corte d'appello** e della **corte d'assise d'appello**. Questa possibilità, sia in termini anticipatori che dilatori, è limitata a **una sola occasione**. Il limite non è, però, coordinato a una qualche sanzione in caso di sua violazione, sicché questa resterebbe priva di effetto stante il principio di tassatività delle nullità (→ **Atti**, art. 177).

• Il decreto presidenziale (→ **Atti**, art. 125) che dispone il differimento o l'anticipazione del processo è **portato a conoscenza** del p.m. (tramite comunicazione *ex* art. 153 co. 2), delle parti private interessate [→ **Sogget-**

ti, artt. 60, 76, 83 e 89, attraverso notificazione ai sensi dell'art. 148 s. (→ **Atti**)].

• Se, da un canto, non sembrano porsi particolari problemi per il caso del differimento (in quanto il termine a difesa, previsto dall'art. 429 co. 3, non subirebbe evidentemente alcuna contrazione), dall'altro, l'anticipazione della trattazione dell'udienza deve necessariamente tener conto dell'**impossibilità di ridurre il termine di venti giorni** che deve intercorrere fra la data di notifica del decreto contenente l'avviso della "nuova" udienza dibattimentale e la stessa.

466. Facoltà dei difensori.

1. Durante il termine per comparire, le parti e i loro difensori hanno facoltà di prendere visione, nel luogo dove si trovano, delle cose sequestrate, di esaminare in cancelleria gli atti e i documenti raccolti nel fascicolo per il dibattimento e di estrarne copia.

• Al fine di garantire un'adeguata realizzazione del contraddittorio dibattimentale (sul piano della possibilità di disporre del tempo e dei mezzi/condizioni necessari per preparare la difesa → **Cost.**, art. 111 co. 3; → **Cedu**, art. 6 co. 3 lett. *b*), tutte le parti e i relativi difensori possono **visionare le cose sequestrate**, lì dove le stesse si trovano (→ **Prove**, art. 259), e accedere agli atti contenuti nel **fascicolo del dibattimento** (→ **Indagini e udienza preliminare**, art. 431). La facoltà è esercitabile sin dal momento di comunicazione (al p.m.) e di notifica (alle parti e ai relativi difensori) del decreto che dispone il giudizio (→ art. 429) o del decreto di citazione a giudizio (→ **Procedimento davanti al tribunale in composizione monocratica**, art. 552).

• Il **termine a comparire** muta in relazione alle forme di insaturazione della fase del giudizio dibattimentale: è non inferiore a venti giorni in caso di decreto che dispone il giudizio (→ **Indagini e udienza preliminare**, art. 429 co. 3); è di almeno trenta giorni in caso di decreto di giudizio immediato (→ **Procedimenti speciali**, art. 456 co. 3); è di almeno sessanta giorni prima della data fissata per l'udienza di comparizione predibattimentale (→ **Procedimento davanti al tribunale in composizione monocratica**, art. 554 *bis*) in caso di citazione diretta a giudizio (→ **Procedimento davanti al tribunale in composizione monocratica**, art. 552 co. 3).

• La disposizione ripete una prescrizione già inserita per la fase dell'udienza preliminare (→ **Indagini e udienza preliminare**, art. 419 co. 2).

• Questo potere non è riconosciuto alla **persona offesa** (→ **Soggetti**, art. 90) posto che la stessa non è parte del processo; lo può divenire, sussistendone i presupposti e limitatamente a giudizi dibattimentali non introdotti dall'udienza preliminare (→ art. 79 co. 1), solo costituendosi parte civile (→ art. 75).

• La disposizione risulta speciale rispetto alla regola generale secondo cui durante il procedimento e dopo la sua definizione, chiunque vi abbia interesse può ottenere il rilascio a proprie spese di copie, estratti o certificati (→ **Atti**, art. 116).

467. Atti urgenti.

1. Nei casi previsti dall'articolo 392, il presidente del tribunale o della corte di assise dispone, a richiesta di parte, l'assunzione delle prove non rinviabili, osservando le forme previste per il dibattimento.

2. Del giorno, dell'ora e del luogo stabiliti per il compimento dell'atto è dato avviso almeno ventiquattro ore prima al pubblico ministero, alla persona offesa e ai difensori.

3. I verbali degli atti compiuti sono inseriti nel fascicolo per il dibattimento.

• Benché la rubrica faccia generico riferimento agli atti, il co. 1 specifica come l'esigenza di anticipazione riguardi esclusivamente l'**assunzione delle prove** che si appalesino non rinviabili alla fase dell'istruzione dibattimentale (artt. 496-515); criterio di ammissione che si cumula a quelli ordinari sanciti dall'art. 190 (→ Prove). La disposizione completa, così, un itinerario privo di lacune che, attraverso l'istituto dell'**incidente probato-**

rio (→ **Indagini e udienza preliminare,** art. 392 s.), dalle indagini preliminari, attraverso l'udienza preliminare (Corte cost., 77 del 1994), approda agli atti preliminari al dibattimento spinto dall'esigenza di non pregiudicare l'assunzione di una prova non rinviabile. Tale itinerario è stato da ultimo integrato dalla possibilità – riconosciuta, su richiesta di parte, al giudice che ha emesso sentenza di non doversi procedere ai sensi dell'art. 420 *quater* (→ **Indagini e udienza preliminare**) – di assumere prove non rinviabili laddove non si siano ancora esaurite le ricerche dell'imputato che risulta non aver avuto conoscenza della pendenza del processo (→ art. 420 *quinquies*).

• Il richiamo all'art. 392 è limitato ai casi che rendono possibile l'anticipazione dell'assunzione della prova – così da rendere l'istituto affine all'incidente probatorio (→ **Indagini e udienza preliminare**, art. 392) –, mentre le **forme** sono quelle tipiche dell'**istruzione dibattimentale** (artt. 496-515), integrate dalle disposizioni relative alle *species* di prove da assumere (→ **Libro III**) e con le specificità proprie derivanti dalla concreta disciplina dettata dalla norma in esame.

• La **richiesta di parte** si pone quale condizione necessaria per accedere al modello anticipato di assunzione della prova ed è manifestazione del potere dispositivo siglato, in via generale, dall'art. 190 (→ **Prove**) che limita la possibilità per il giudice di disporre officiosamente l'assunzione di mezzi di prova a ipotesi eccezionali e tassativamente previste dalla legge (→ **Indagini e udienza preliminare**, art. 422; → **Procedimenti speciali**, art. 441 co. 5; artt. 507 e 523 co. 6; → **Impugnazioni**, art. 603 co. 3).

• Il richiamo alle forme disciplinanti il dibattimento implica il rinvio alle disposizioni che regolano le modalità di assunzione della prova. Ciò implica, innanzitutto, che all'assunzione della prova si provveda pubblicamente (art. 471) innanzi al **giudice nella sua composizione ordinaria** (così da garantire l'identità fra chi assume la prova e chi decide: art. 525 co. 2) e nel contraddittorio fra le parti necessarie (p.m. e imputato), eventuali (parte civile, responsabile civile, civilmente obbligato per la pena pecuniaria), se già costituite, e la persona offesa; rilevano, quindi, gli impedimenti legittimi a comparire che possono imporre la necessità del rinvio (→ **Indagini e udienza preliminare**, art. 420 *ter*).

• L'inserimento della prova assunta ai sensi dell'art. 467 fra gli atti del **fascicolo per il dibattimento** ricalca la regola sancita dall'art. 431 lett. *e*) relativamente agli atti assunti *ex* artt. 392 s. (→ **Indagini e udienza preliminare**, art. 431) e cristallizza la sintonia di questa diposizione con l'istituto dell'incidente probatorio (→ artt. 392-404). L'utilizzazione di questa prova è, pertanto, veicolata dalla lettura consentita ai sensi dell'art. 511.

468. Citazione di testimoni, periti e consulenti tecnici.

1. Le parti che intendono chiedere l'esame di testimoni, periti o consulenti tecnici nonché delle persone indicate nell'articolo 210 devono, a pena di inammissibilità, depositare in cancelleria, almeno sette giorni prima della data fissata per il dibattimento, la lista con la indicazione delle circostanze su cui deve vertere l'esame.

2. Il presidente del tribunale o della corte di assise, quando ne sia fatta richiesta, autorizza con decreto la citazione dei testimoni, periti o consulenti tecnici nonché delle persone indicate nell'articolo 210, escludendo le testimonianze vietate dalla legge e quelle manifestamente sovrabbondanti. Il presidente può stabilire che la citazione dei testimoni, periti o consulenti tecnici nonché delle persone indicate nell'articolo 210 sia effettuata per la data fissata per il dibattimento ovvero per altre successive udienze nelle quali ne sia previsto l'esame. In ogni caso, il provvedimento non pregiudica la decisione sull'ammissibilità della prova a norma dell'articolo 495.

3. I testimoni e i consulenti tecnici indicati nelle liste possono anche essere presentati direttamente al dibattimento.

4. In relazione alle circostanze indicate nelle liste, ciascuna parte può chiedere la citazione a prova contraria di testimoni, periti e consulenti tecnici non compresi nella propria lista, ovvero presentarli al dibattimento.

4 *bis*. La parte che intende chiedere l'acquisizione di verbali di prove di altro procedimento pe-

nale deve farne espressa richiesta unitamente al deposito delle liste. Se si tratta di verbali di dichiarazioni di persone delle quali la stessa o altra parte chiede la citazione, questa è autorizzata dal presidente solo dopo che in dibattimento il giudice ha ammesso l'esame a norma dell'articolo 495.

5. Il presidente in ogni caso dispone di ufficio la citazione del perito nominato nell'incidente probatorio a norma dell'articolo 392, comma 2.

Il testo originario è stato così modificato in seguito al d.l. 8.6.1992, n. 306, conv., con modif., dalla l. 7.8.1992, n. 356 e, successivamente, alla l. 16.12.1999, n. 479.

• La disposizione tende a garantire l'**efficacia del contraddittorio** fra le parti attraverso un'anticipata conoscenza del programma probatorio che le stesse intendono rappresentare Si vuole in tal modo evitare l'introduzione di **prove a sorpresa** onerando le parti a una tempestiva e anticipata indicazione dei temi da approfondire e degli strumenti attraverso i quali lo si vuole fare; sì da poter consentire alla controparte l'esercizio del diritto all'ammissione della **prova contraria** (art. 495 co. 2) e la piena esplicazione del **diritto a controesaminare** il testimone (art. 498 s.). Essa è espressione del generale principio della *discovery* rinvenibile anche nella fase del giudizio d'appello (→ **Impugnazioni**, art. 603 co. 1). L'indicazione delle fonti di prova, per le quali è fatto alle parti onere di una tempestiva anticipazione, è da intendersi in termini tassativi in quanto costituente un rilevante ostacolo a un esercizio incondizionato del diritto alla prova (→ **Libro III**, art. 190). Si tratta, in realtà, di un **onere "imperfetto"** in quanto l'inerzia della parte può essere superata dall'intervento officioso del giudice *ex* art. 507.

• Il progetto probatorio, anticipato con la presentazione della lista, è vagliato dal presidente dell'organo giudicante (art. 465) a cui è eventualmente richiesto di **autorizzare con decreto la citazione** dei soggetti ivi indicati, nei soli termini dell'eventuale esclusione delle prove vietate dalla legge e di quelle manifestamente sovrabbondanti (→ **Prove**, art. 190). Tra le prime vi rientrano, certamente, quelle relative a ipotesi d'incompatibilità con l'ufficio di testimone (→ art. 197), mentre ne restano fuori i casi in cui il testimone possa solo avvalersi della facoltà di non rispondere (→ art. 199). È riservato, invece, al giudice, nella sua composizione integrale, il **provvedimento di ammissione** delle prove richieste (art. 495). Ciò avverrà, in esito a un controllo di merito che coinvolge anche il vaglio circa la manifesta irrilevanza, solo dopo che le parti abbiano esposto cosa intendano dimostrare e abbiano illustrato "esclusivamente" come le prove richieste si allineino ai parametri di ammissibilità di cui agli artt. 189 e 190 (art. 493).

• La sanzione dell'**inammissibilità** della lista scaturisce, innanzitutto, dalla mancata osservanza del termine perentorio dei sette giorni prima della data fissata per il dibattimento (→ **Atti**, art. 173), da intendersi come intero e libero (escludendosi, quindi, il *dies a quo* e il *dies ad quem*: → art. 172 co. 5). In caso di rinvio del dibattimento con rinnovo della citazione (→ **Indagini e udienza preliminare**, art. 420 *ter*) o di rinvio disposto prima dell'esaurimento della fase degli atti introduttivi (artt. 484-495), le parti riacquistano interamente il diritto a depositare la lista testimoniale anteriormente all'udienza di rinvio.

• Quanto all'**indicazione delle circostanze** su cui deve vertere l'esame, saranno le richieste di prova (art. 493) a siglarne la definitiva consistenza, in linea con una tendenza volta a ridimensionare l'area dell'inammissibilità saldata al difetto di specificazione delle stesse in sede di presentazione della lista.

• Il ricorso all'autorizzazione presidenziale, prevista dal co. 2, serve esclusivamente a fornire alle parti – specie a quelle private che ne sono prive (→ **Soggetti**) – uno **strumento di coercizione** nei confronti dei testimoni e degli altri soggetti indicati nell'art. 468 che possano apparire renitenti alla parte richiedente.

• Circa la preventiva indicazione dei **verbali di prova di altro procedimento** di cui si chiede l'acquisizione, occorre fare riferimento all'art. 238 co. 5 (→ **Prove**): è fatto, cioè, sempre salvo il diritto (→ art. 190) di ottenere la citazione delle persone delle quali s'intendono acquisire le dichiarazioni verbalizzate; diritto, comunque, modulabile in forza delle deroghe previste dall'art. 190 *bis*.

Questo diritto riguarda sia la parte che abbia fatto richiesta di acquisizione dei verbali, sia le altre parti. Esse, però, non possono introdurre automaticamente in dibattimento i soggetti che hanno reso le dichiarazioni; la presenza dei relativi verbali, potendo rendere superflua (→ art. 190) l'audizione diretta dei dichiaranti, impone che il provvedimento presidenziale di autorizzazione alla citazione venga emesso solo dopo che il giudice abbia ammesso l'esame (art. 495).

• In ordine al **potere d'ufficio** previsto in capo al presidente dell'organo giudicante (art. 465), esso è espressione di una delle deroghe al potere dispositivo delle parti in punto di prova (→ **Libro III**, art. 190 co. 2). Questo potere è esercitabile solo **in relazione alla perizia complessa** effettuata *ex* art. 392 co. 2 (→ **Indagini e udienza preliminare**): una perizia che avrebbe comportato, se effettuata durante il dibattimento (art. 508), una sospensione dello stesso superiore ai sessanta giorni.

469. Proscioglimento prima del dibattimento.

1. Salvo quanto previsto dall'articolo 129 comma 2, se l'azione penale non doveva essere iniziata o non deve essere proseguita ovvero se il reato è estinto e se per accertarlo non è necessario procedere al dibattimento, il giudice, in camera di consiglio, sentiti il pubblico ministero e l'imputato e se questi non si oppongono, pronuncia sentenza inappellabile di non doversi procedere enunciandone la causa nel dispositivo.

1 *bis*. La sentenza di non doversi procedere è pronunciata anche quando l'imputato non è punibile ai sensi dell'articolo 131 *bis* del codice penale, previa audizione in camera di consiglio anche della persona offesa se compare.

Il co. 1 *bis* è stato inserito dal d. lgs. 16.3.2015, n. 28.

• La norma assolve a una **funzione deflativa** dell'istruzione dibattimentale evitandone *in limine* un'instaurazione superflua. Il proscioglimento *ex* art. 469 può essere disposto, infatti, entro la fase della verifica della regolare costituzione delle parti (art. 484) e prima della dichiarazione di apertura del dibattimento (art. 492) ed è consentito solo nelle ipotesi in cui la **causa non attenga al merito** della regiudicanda e non ne occorra una più accurata verifica, circa la sua esistenza, in dibattimento.

• Il perimetro di operatività del proscioglimento predibattimentale è da intendersi **tassativamente**: solo per la mancanza – originaria o sopravvenuta – di un presupposto di procedibilità (difetto di querela, istanza, richiesta, autorizzazione a procedere: → **Indagini e udienza preliminare**, art. 336 s.) ovvero per la riscontrata estinzione del reato.

• Il proscioglimento predibattimentale **non può essere pronunciato dal giudice d'appello**: vi osta il rimando alle norme sul giudizio di primo grado (→ **Impugnazioni**, art. 598) che non comprende, pertanto, l'art. 469, e l'apposita disciplina delle decisioni d'appello da adottarsi in camera di consiglio (→ **Impugnazioni**, artt. 598 *bis*, 599 e 599 *bis*).

• La **riserva relativa all'art. 129 co. 2** (→ **Atti**) vale a sottolineare come il proscioglimento prima del dibattimento sia da escludere, con riferimento alle formule "il fatto non sussiste, l'imputato non lo ha commesso, il fatto non costituisce reato o non è previsto dalla legge come reato", anche qualora le stesse risultassero evidenti. L'**evidenza**, nel predibattimento, può emergere solo dagli atti contenuti nel **fascicolo per il dibattimento** (→ **Indagini e udienza preliminare**, art. 431); l'unico nella disponibilità del giudice. Questa ridotta conoscenza può essere sufficiente per una pronuncia di improcedibilità dell'azione penale (→ art. 431 lett. *a*), ma non per un proscioglimento nel merito che impone un maggiore approfondimento e, quindi, la celebrazione di un giudizio contraddistinto dalla garanzia del pieno contraddittorio per la prova.

• Il procedimento funzionale alla pronuncia ai sensi dell'art. 469 si svolge in **camera di consiglio** (→ **Atti**, art. 127); privo, pertanto, del carattere della pubblicità, proprio del dibattimento (art. 471). In deroga rispetto alla regola fissata dall'art. 127 co. 3 – a norma della quale le parti sono sentite solo se compaiono – **l'audizione del p.m. e dell'imputato è obbligatoria** in quanto funzionale a raccoglierne l'assenso o l'opposizione alla definizione predibattimentale. La pronuncia del proscioglimento in violazione del diritto d'interpello vantato dalle parti o in spregio all'opposizione manifestata dal p.m. o dall'imputato rende nulla la decisione *ex* art. 178 lett. *b* o *c* [a seconda che la lesione investa la sfera d'intervento del primo o del secondo (→ **Atti**)]. L'**interpello** coinvolge le sole parti necessarie e non quelle eventuali; la parte civile (→ **Soggetti**, art. 79) conserva intatto, infatti, ogni suo diritto nella sede naturale, ove può immediatamente trasferire la propria pretesa (→ art. 75), in quanto la sentenza di predibattimentale non investe il merito della regiudicanda.

• L'integrazione del catalogo dei casi di proscioglimento predibattimentale con l'ipotesi contemplata dall'art. 131 *bis* c.p. (**non punibilità per particolare tenuità del fatto**) – già prevista per l'archiviazione (→ **Indagini e udienza preliminare**, art. 411) – amplia la platea dei soggetti cui spetta il diritto di essere interpellati: la persona offesa (→ **Soggetti**, art. 90), però, non essendo parte necessaria della fase del giudizio è sentita solo se compare.

Titolo II
DIBATTIMENTO

Capo I
Disposizioni generali

470. Disciplina dell'udienza.

1. La disciplina dell'udienza e la direzione del dibattimento sono esercitate dal presidente che decide senza formalità; in sua assenza la disciplina dell'udienza è esercitata dal pubblico ministero.

2. Per l'esercizio delle funzioni indicate in questo capo, il presidente o il pubblico ministero si avvale, ove occorra, anche della forza pubblica, che dà immediata esecuzione ai relativi provvedimenti.

• Il titolo che si apre con l'art. 470 contiene la disciplina del **dibattimento**, fase centrale dell'attuale modello processuale, destinata all'acquisizione probatoria e che si colloca in posizione intermedia rispetto a quelle degli atti preliminari (→ **Titolo I**) e degli atti successivi al dibattimento (→ **Titolo III**), che rispettivamente la precedono e la seguono.

• Per quel che riguarda le **udienze** dibattimentali, va precisato che ogni dibattimento può impegnarne anche più d'una, come desumibile dall'art. 477, che regolamenta proprio l'ipotesi di impossibilità di concludere il dibattimento in un'unica udienza.

• In materia di disciplina dell'udienza e direzione del dibattimento, il presidente agisce **senza alcuna formalità** e, conseguentemente, anche oralmente (→ **Atti**, art. 125 co. 6), con integrale riproduzione delle relative disposizioni nel verbale di udienza (art. 481 co. 2). L'esclusivo riferimento al presidente dell'organo collegiale va ovviamente esteso anche al giudice in **composizione monocratica**, sia esso il tribunale (→ **Procedimento davanti al tribunale in composizione monocratica**) che il giudice di pace.

• A titolo esemplificativo, rientrano nel potere di **disciplina** dell'udienza: i provvedimenti relativi alla regolamentazione delle presenze in aula durante la pubblica udienza (art. 471), alle modalità di partecipazione dell'imputato in udienza qualora siano necessarie cautele per prevenire il pericolo di fuga *ex* art. 474, o i provvedimenti in materia di formazione del ruolo per i dibattimenti (→ **Reg. es.**, art. 20 co. 4 e 5); mentre vanno ricondotti al potere di **direzione** del dibattimento: i provvedimenti volti a regolare la discussione sulle questioni preliminari (art. 491), a impedire divagazioni, ripetizioni, interruzioni, lettura o esposizione del contenuto di atti d'indagine, al momento delle richieste di prova delle parti (art. 493 co. 4), ad ammonire l'imputato che in sede di spontanee dichiarazioni non si attenga all'oggetto dell'imputazione o a togliergli la parola (art. 494 co. 1), o a regolare la discussione finale (art. 523).

• Avverso i provvedimenti in questione è possibile sollevare questione incidentale *ex* art. 478.

• Il potere disciplinare del **p.m.** opera in

via sussidiaria, in assenza dell'organo giurisdizionale, come avviene, ad es., durante la fase di deliberazione della sentenza in camera di consiglio (art. 525).

• Per quel che riguarda il ricorso alla **forza pubblica** da parte del giudice, si tratta di una prerogativa generale rientrante nell'ambito dei suoi poteri coercitivi (→ **Atti**, art. 131), estesi anche al p.m. ai sensi dell'art. 378 (→ **Indagini e udienza preliminare**). Fuori dai casi di ricorso alla forza pubblica, è l'**ufficiale giudiziario** ad assistere il giudice e a eseguire gli ordini del presidente o, in sua assenza, del p.m. (→ **Reg. es.**, art. 21 co. 2).

471. Pubblicità dell'udienza.

1. L'udienza è pubblica a pena di nullità.

2. Non sono ammessi nell'aula di udienza coloro che non hanno compiuto gli anni diciotto, le persone che sono sottoposte a misure di prevenzione e quelle che appaiono in stato di ubriachezza, di intossicazione o di squilibrio mentale.

3. Se alcuna di queste persone deve intervenire all'udienza come testimone, è fatta allontanare non appena la sua presenza non è più necessaria.

4. Non è consentita la presenza in udienza di persone armate, fatta eccezione per gli appartenenti alla forza pubblica, né di persone che portino oggetti atti a molestare. Le persone che turbano il regolare svolgimento dell'udienza sono espulse per ordine del presidente o, in sua assenza, del pubblico ministero, con divieto di assistere alle ulteriori attività processuali.

5. Per ragioni di ordine, il presidente può disporre, in casi eccezionali, che l'ammissione nell'aula di udienza sia limitata a un determinato numero di persone.

6. I provvedimenti menzionati nel presente articolo sono dati oralmente e senza formalità.

• La pubblicità dell'udienza rappresenta una delle fondamentali componenti del **processo equo** di cui agli artt. 6 § 1 **Cedu**, 14 § 1 **Patto int.** e 47 § 2 **Carta UE**.

• Si tratta di una garanzia che riguarda esclusivamente l'udienza dibattimentale e non, invece e come evidente, quelle che devono svolgersi secondo lo schema della camera di consiglio (→ **Atti**, art. 127 co. 6), quali: l'udienza preliminare (→ **Libro V**, art. 418 co. 1); le udienze del giudizio abbreviato (→ **Procedimenti speciali**, art. 441 co. 3), procedimento nel quale il giudice può disporre, comunque, su richiesta di tutti gli imputati, la celebrazione in pubblica udienza *ex* art. 441 co. 3 seconda parte; o, ancora, in appello, le udienze in camera di consiglio senza la partecipazione delle parti (→ **Impugnazioni**, art. 598 *bis*) o con la partecipazione delle stesse (→ art. 599); o in seguito a ricorso per cassazione (→ art. 611).

• L'udienza dibattimentale è pubblica a pena di **nullità** da qualificarsi come **relativa** (→ **Atti**, art. 181) e le eccezioni a tale regola generale sono disciplinate nell'art. 472.

• Peculiare disciplina è prevista nell'ambito del procedimento penale innanzi al Tribunale per i **minorenni**, il cui dibattimento si celebra, di regola, a porte chiuse, salva diversa unanime volontà degli imputati che abbiano compiuto gli anni sedici e assenza di infrasedicenni (→ **Proc. minorile**, art. 33).

• La possibilità di **espulsione** di chi turbi il regolare svolgimento dell'udienza è finalizzata all'allontanamento di soggetti determinati; qualora, invece, il turbamento dipenda da situazioni riconducibili al pubblico presente, complessivamente inteso, si provvede alla prosecuzione del giudizio a porte chiuse (art. 472 co. 3).

• La pubblicità dell'udienza comporta la possibilità di autorizzazione presidenziale della **videoripresa** del dibattimento (→ **Disp. att.**, art. 147), da escludersi, invece, per i dibattimenti che si svolgano a porte chiuse (art. 472; → art. 147 co. 4), salve le ipotesi in cui, nonostante il provvedimento di chiusura, il giudice può acconsentire alla presenza dei giornalisti (art. 473 co. 2).

• I provvedimenti relativi alla regolare partecipazione alla pubblica udienza sono adottati senza l'osservanza di particolari formalità, anche oralmente (→ **Atti**, art. 125 co. 6; nonché art. 470 co. 1 prima parte), e rientrano nel generale potere di disciplina dell'udienza attribuito al presidente del collegio o, in sua assenza, al p.m. (art. 470 co. 1 seconda parte), al quale, tuttavia, sembra riservato il solo potere di espulsione di cui al co. 4 della disposizione in esame.

472. Casi in cui si procede a porte chiuse.

1. Il giudice dispone che il dibattimento o alcuni atti di esso si svolgano a porte chiuse quando la pubblicità può nuocere al buon costume ovvero, se vi è richiesta dell'autorità competente, quando la pubblicità può comportare la diffusione di notizie da mantenere segrete nell'interesse dello Stato.

2. Su richiesta dell'interessato, il giudice dispone che si proceda a porte chiuse all'assunzione di prove che possono causare pregiudizio alla riservatezza dei testimoni ovvero delle parti private in ordine a fatti che non costituiscono oggetto dell'imputazione. Quando l'interessato è assente o estraneo al processo, il giudice provvede di ufficio.

3. Il giudice dispone altresì che il dibattimento o alcuni atti di esso si svolgano a porte chiuse quando la pubblicità può nuocere alla pubblica igiene, quando avvengono da parte del pubblico manifestazioni che turbano il regolare svolgimento delle udienze ovvero quando è necessario salvaguardare la sicurezza di testimoni o di imputati.

3 *bis*. Il dibattimento relativo ai delitti previsti dagli articoli 600, 600 *bis*, 600 *ter*, 600 *quinquies*, 601, 602, 609 *bis*, 609 *ter* e 609 *octies* del codice penale si svolge a porte aperte; tuttavia, la persona offesa può chiedere che si proceda a porte chiuse anche solo per una parte di esso. Si procede sempre a porte chiuse quando la parte offesa è minorenne. In tali procedimenti non sono ammesse domande sulla vita privata o sulla sessualità della persona offesa se non sono necessarie alla ricostruzione del fatto.

4. Il giudice può disporre che avvenga a porte chiuse l'esame dei minorenni.

Con d. lgs. 29.12.2017, n. 216, era stato inserito al co. 1 il seguente secondo periodo: «Il giudice dispone che si proceda a porte chiuse alle operazioni di cui all'articolo 268 *ter* quando le parti rinnovano richieste non accolte o richiedono acquisizioni, anche ulteriori, e quando le ragioni della rilevanza a fini di prova emergono nel corso dell'istruzione dibattimentale»; periodo soppresso con l'art. 2 co. 1 lett. *p* d.l. 30.12.2019, n. 161, conv., con modif., dalla l. 28.2.2020, n. 7. Ai sensi dell'art. 2 co. 8 d.l. 161 del 2019, modificato con l'art. 1 co. 2 d.l. 30.4.2020, n. 28, conv., con modif., dalla l. 25.6.2020, n. 70, il citato art. 2 co. 1 si sarebbe dovuto applicare «ai procedimenti penali iscritti successivamente al 31 agosto 2020». Il co. 3 *bis* è stato inserito dalla l. 15.2.1996, n. 66, poi modificato dalla l. 3.8.1998, n. 269, con cui sono state aggiunte le parole «600 *bis*, 600 *ter*, 600 *quinquies*», e dalla l. 11.8.2003, n. 228, con cui sono state aggiunte le parole «600» e «601, 602».

• Eccezioni alla regola generale della pubblicità del giudizio, di cui all'art. 471, sono contemplate già negli artt. 6 § 1 **Cedu** e 14 § 1 **Patto int.** e concernono esclusivamente l'istruzione dibattimentale, dovendosi necessariamente garantire, invece, la pubblicità della successiva lettura in udienza del **dispositivo** e dell'eventuale motivazione contestuale (art. 545).

• Il riferimento alle **notizie da mantenere segrete nell'interesse dello Stato** (co. 1) è da intendersi come più ampio rispetto alla categoria della formale apposizione di un segreto di Stato (→ **Prove**, art. 202), mentre quello ai **fatti che non costituiscono oggetto dell'imputazione** è da ricondursi alla materia dell'oggetto della prova, relativa, in primo luogo, proprio ai fatti che si riferiscono all'imputazione (→ art. 187 co. 1).

• La necessità di tutelare la riservatezza della **persona offesa** (→ **Soggetti**, art. 90), nei procedimenti per **violenza sessuale, prostituzione e pornografia minorile e schiavitù**, si pone a completamento di un'ampia serie di ulteriori previsioni derogatorie rispetto all'ordinario svolgimento processuale, caratterizzanti la vasta categoria dei reati genericamente a sfondo sessuale (pur se non sempre vi è piena coincidenza nel catalogo di reati richiamati, di volta in volta, dalle differenti previsioni), in principal modo in materia: di tutele nell'acquisizione di sommarie informazioni dalle persone minorenni informate sui fatti ad opera della p.g. (→ **Indagini e udienza preliminare**, art. 351 co. 1 *ter*), del p.m. (→ art. 362 co. 1 *bis*) o del difensore (→ art. 391 *bis* co. 5 *bis*) o di anticipazione dell'escussione testimoniale in incidente probatorio (→ **Prove**, art. 190 *bis* co. 1 *bis*, con un puntuale riferimento al minore degli anni sedici; → art. 392 co. 1 *bis*, per l'escussione sia del testimone minorenne che della persona offesa anche maggiorenne) e tutele nell'ambito della stessa se a essere interessato all'assunzione della prova sia un minorenne o un maggiorenne infermo di mente e ciò sia in fase anticipata che in dibattimento (→ art. 398 co. 5 *bis*; art. 498 co. 4 *bis* e *ter*, nel quale il riferimento esplicito è alle vittime). Il giudizio a porte chiuse diviene sempre obbligatorio qualora la parte (*rectius* persona) offesa dei menzionati reati di violenza sessuale, prostituzione e pornografia minorile e schiavitù sia **minorenne**, per gli evidenti traumi che la pubblicità potrebbe determinare sulla sua personalità ancora *in fieri*, e diversamente da quanto previsto per il procedimento avanti al tribunale per i minorenni, dove l'imputato sedicenne ha la possibilità di chiedere il giudizio pubblico (→ **Proc. minorile**, art. 33 co. 2). Nell'ultima parte del co. 3 *bis* sono previsti, inoltre, limiti all'oggetto della testimonianza aggiuntivi rispetto alle generali previsioni in materia proprio di testimonianza (→ art. 194).

• Qualora gli episodi in grado di incidere sul **regolare svolgimento delle udienze** non siano da ricondurre al pubblico genericamente inteso, ma a soggetti determinati, non sarà necessario proseguire il dibattimento a porte chiuse, essendo sufficiente attivare il potere presidenziale di espellere dall'aula i singoli elementi di disturbo (art. 471 co. 4).

• La tutela della personalità ancora in via di formazione di un **testimone minorenne** (non necessariamente la persona offesa e senza alcuna indicazione circa la tipologia del reato per cui si stia procedendo) consente al giudice di disporre che avvenga a porte chiuse anche il relativo esame, con un intervento che si lega in maniera ideale con le altre cautele comunque adottabili quando debba essere escusso un minorenne (art. 498 co. 4, 4 *bis* e 4 *ter*).

• La celebrazione del dibattimento a porte chiuse, in deroga alla generale previsione di pubblicità di cui all'art. 471, determina il conseguente divieto di pubblicazione anche parziale degli atti dibattimentali (→ **Atti**, art. 114 co. 4) e di ripresa o trasmissione delle udienze (→ **Disp. att.**, art. 147 co. 4). Nei casi di cui al co. 3, il giudice può consentire la presenza dei giornalisti (art. 473 co. 2).

473. Ordine di procedere a porte chiuse.

1. Nei casi previsti dall'articolo 472, il giudice, sentite le parti, dispone, con ordinanza pronunciata in pubblica udienza, che il dibattimento o alcuni atti di esso si svolgano a porte chiuse. L'ordinanza è revocata con le medesime forme quando sono cessati i motivi del provvedimento.

2. Quando si è ordinato di procedere a porte chiuse, non possono per alcun motivo essere ammesse nell'aula di udienza persone diverse da quelle che hanno il diritto o il dovere di intervenire. Nei casi previsti dall'articolo 472 comma 3, il giudice può consentire la presenza dei giornalisti.

3. I testimoni, i periti e i consulenti tecnici sono assunti secondo l'ordine in cui vengono chiamati e, fatta eccezione di quelli che sia necessario trattenere nell'aula di udienza, vi rimangono per il tempo strettamente necessario.

• Il giudice dispone lo svolgimento del dibattimento o solo di alcuni atti di esso a porte chiuse con **ordinanza** (→ **Atti**, art. 125 co. 1), pubblicata in udienza mediante lettura, allegata al verbale (art. 481 co. 2), revocabile in ogni momento e impugnabile solo unitamente alla sentenza che conclude il dibattimento (→ **Impugnazioni**, art. 586). L'ordinanza in questione sarà affetta da **nullità**, qualificabile come **relativa** (→ art. 181), qualora dovesse essere priva di motivazione (→ art. 125 co. 3) o pronunciata non in pubblica udienza. Nullità anche in assenza di contraddittorio, in quest'ultima ipotesi, tuttavia, la mancata audizione delle parti determina una nullità a **regime intermedio**, riconducibile ai casi di cui all'art. 178 co. 1 lett. *b* e *c* (→ **Atti**, art. 180). Si tratta di un provvedimento del **giudice**, che non può essere adottato, pertanto, dal solo presidente, nell'ambito del suo generale potere di disciplina dell'udienza ai sensi dell'art. 470 co. 1. L'ordinanza di procedere a porte chiuse può riguardare l'intero **dibattimento** o alcuni atti di esso, ma non momenti ulteriori rispetto alla fase dibattimentale strettamente intesa, quale, ad. es., il post-dibattimento, dovendosi necessariamente garantire la pubblicità della lettura in udienza del dispositivo e dell'eventuale motivazione contestuale (art. 545).

• Qualora si proceda a porte chiuse, anche i **testimoni** (→ **Prove**, art. 194), i **periti** (→

art. 220) e i **consulenti tecnici** (→ artt. 225 e 233), di regola, rimangono nell'aula d'udienza esclusivamente per il tempo strettamente necessario alla loro deposizione e tale disposizione è da ritenersi estensibile anche agli **interpreti** (→ **Atti**, art. 143), nonché alle **persone imputate in un procedimento connesso** da sottoporre a esame (→ art. 210) e ai soggetti da sottoporre a **confronto** (→ art. 211) o a **ricognizione** (→ art. 213), ivi comprese le ulteriori almeno due persone necessarie per lo svolgimento della ricognizione medesima, *ex* art. 213 co. 1. Invece, unitamente al **giudice** (→ **Soggetti**, art. 1), alle **parti necessarie** (→ artt. 51 e 60), a quelle **eventuali** (→ artt. 74, 83 e 89), alla **persona offesa** (→ art. 90) e agli ipotizzabili **enti o associazioni rappresentativi di interessi lesi dal reato** (→ art. 91), tutti con i loro rispettivi **difensori** (→ artt. 96 e 97), presenti in aula saranno anche l'**ausiliario** del giudice (→ art. 126) e gli eventuali soggetti chiamati per garantire l'assistenza della **persona offesa minorenne** ai sensi dell'art. 609 *decies* co. 3 e 4 c.p., nonché il familiare o esperto di psicologia infantile, chiamati a intervenire durante l'audizione di un **testimone minorenne** (art. 498 co. 4).

• Una peculiare ipotesi di atto dibattimentale che deve svolgersi a porte chiuse si determina quando il giudice abbia ritenuto necessario il procedersi alla ricognizione o, comunque, a ogni altro atto che implichi l'osservazione di **persone che collaborano con la giustizia** e che siano state destinatarie di un decreto di cambiamento delle generalità ai sensi dell'art. 3 d. lgs. 29.3.1993, n. 119 (→ **Disp. att.**, art. 147 *ter* co. 1). In questi casi, il dibattimento si svolge a porte chiuse per tutto il tempo in cui la persona interessata dal decreto sul cambio di generalità si trovi nell'aula d'udienza (→ art. 147 *ter* co. 2).

474. Assistenza dell'imputato all'udienza.

1. L'imputato assiste all'udienza libero nella persona, anche se detenuto, salvo che in questo caso siano necessarie cautele per prevenire il pericolo di fuga o di violenza.

1 *bis*. Il giudice, sentite le parti, dispone con ordinanza l'impiego delle cautele di cui al comma 1. È comunque garantito il diritto dell'imputato e del difensore di consultarsi riservatamente, anche attraverso l'impiego di strumenti tecnici idonei, ove disponibili. L'ordinanza è revocata con le medesime forme quando sono cessati i motivi del provvedimento.

Il co. 1 *bis* è stato aggiunto dal d. lgs. 8.11.2021, n. 188.

• Le disposizioni comportanti limitazioni alla libertà personale dell'imputato presente in udienza vengono adottate dal presidente o, in sua assenza, dal p.m., rientrando nel generale **potere di disciplina dell'udienza** (art. 470 co. 1). Le cautele adottabili per prevenire il pericolo di fuga o violenza possono andare dal semplice posizionamento dell'imputato in un luogo diverso dall'ordinario posto a fianco del proprio difensore (→ **Disp. att.**, art. 146), fino all'uso di postazioni fisicamente contenitive.

• Ai sensi dell'art. 146 *bis* **Disp. att.**, e salvo apposito contrario decreto motivato del giudice (→ co. 1 *ter*), il detenuto per taluno dei delitti indicati nell'art. 51 co. 3 *bis* (→ **Soggetti**) o nell'art. 407 co. 2 lett. *a* n. 4 (→ **Indagini e udienza preliminare**), **partecipa al dibattimento a distanza**, mediante collegamento audiovisivo, anche nei processi relativi a reati per i quali sia in libertà o in quelli, penali o civili, nei quali debba essere esaminato quale testimone (co. 1); partecipazione a distanza, inoltre, alle udienze dei processi nei quali è imputata pure per la persona ammessa a programmi o misure di protezione (co. 1 *bis*) o, ancora, qualora intervenga apposito decreto motivato del giudice per le specifiche ragioni di cui al co. 1 *quater*. Modalità virtuali che devono essere ritenute non in contrasto con i principi dell'**equo processo**, per il non trovarsi la difesa, per ciò solo, in posizione di svantaggio rispetto alle altre parti (Corte edu, 5.10.2006, Viola c. Italia; Corte edu, 27.11.2007, Zagaria c. Italia; Corte edu, 27.11.2007, Asciutto c. Italia).

475. Allontanamento coattivo dell'imputato.

1. L'imputato che, dopo essere stato ammonito, persiste nel comportarsi in modo da impedire il regolare svolgimento dell'udienza, è allontanato dall'aula con ordinanza del presidente.

2. L'imputato allontanato si considera presente ed è rappresentato dal difensore.

3. L'imputato allontanato può essere riammesso nell'aula di udienza, in ogni momento, anche di ufficio. Qualora l'imputato debba essere nuovamente allontanato, il giudice può disporre con la stessa ordinanza che sia espulso dall'aula, con divieto di partecipare ulteriormente al dibattimento, se non per rendere le dichiarazioni previste dagli articoli 503 e 523, comma 5.

• L'allontanamento dell'imputato dall'aula di udienza, la sua riammissione nonché l'eventuale successiva espulsione sono disposti con **ordinanza** motivata a pena di nullità (→ **Atti**, art. 125 co. 3), da qualificarsi a regime intermedio, per la sua incidenza sulla piena esplicazione del diritto di difesa (→ artt. 178 co. 1 lett. *c* e 180), pubblicata in udienza mediante lettura, allegata al verbale (art. 481 co. 2) e impugnabile solo unitamente alla sentenza che conclude il dibattimento (→ **Impugnazioni**, art. 586). Gli iniziali ammonimento e allontanamento dell'imputato rientrano, in particolare, nell'ambito dei poteri presidenziali di direzione dell'udienza, eccezionalmente attribuiti al p.m., in caso di assenza del presidente (art. 470).

• Una volta allontanato o espulso dall'aula in cui si sta celebrando il dibattimento, l'imputato si considera, comunque, **presente** ed è rappresentato dal proprio difensore, analogamente a quanto avviene, fin dall'udienza preliminare, per l'eventualità dell'imputato giudicato *in absentia* (→ **Indagini e udienza preliminare**, art. 420 *bis* co. 4). La rappresentanza attribuita al difensore, tuttavia, non consente a quest'ultimo di compiere, per ciò solo, gli atti che debbano qualificarsi come strettamente personali, per i quali si rende necessario il rilascio di una **procura speciale** (→ **Atti**, art. 122).

• Il **reingresso in aula** dell'imputato allontanato o espulso deve ritenersi ammissibile non solo qualora debba procedersi all'esame dell'imputato (art. 503) o quest'ultimo chieda di concludere la discussione finale (art. 523 co. 5), ma anche quando la sua presenza sia necessaria per il compimento di un confronto (→ **Prove**, art. 221), di una ricognizione (→ art. 213), di una perizia (→ art. 220) o di un'ispezione (→ art. 244), tutte ipotesi nelle quali sarebbe possibile anche l'accompagnamento coattivo dell'imputato medesimo (art. 490).

• Evidenti esigenze di regolare celebrazione del dibattimento impongono, infine, l'estensione della disposizione in esame anche alla possibile necessità di allontanamento delle **parti private diverse dall'imputato** (→ **Soggetti**, artt. 74, 83 e 89) o della **persona offesa** (→ art. 90), come pure del **p.m.** (→ art. 51) e dei **difensori** (→ artt. 96 e 97), dei quali si renderà imprescindibile la sostituzione con altro rappresentante dell'ufficio, per il primo, e con un eventuale difensore d'ufficio, per i secondi (→ art. 97).

• Al potere di allontanamento coattivo dell'imputato dalla sede dibattimentale si contrappone quello di **accompagnamento coattivo** dell'assente (art. 490).

• Una peculiare ipotesi di allontanamento coattivo è prevista nell'ambito del processo penale a carico di imputati **minorenni**, qualora l'allontanamento possa rivelarsi funzionale, sentite le parti, all'esclusivo interesse dello stesso minorenne (→ **Proc. minorile**, artt. 31 co. 2 e 33 co. 4).

• L'art. 8 **direttiva UE 2016/343**, pur statuendo che gli Stati membri sono tenuti a garantire il diritto dell'imputato e dell'indagato di presenziare al proprio procedimento, fa salve proprio le previsioni nazionali che attribuiscono all'autorità giurisdizionale il potere di escluderli temporaneamente dallo stesso, qualora sia necessario per garantirne il corretto svolgimento e siano, comunque, rispettati i diritti della difesa (co. 5).

476. Reati commessi in udienza.

1. Quando viene commesso un reato in udienza, il pubblico ministero procede a norma di legge, disponendo l'arresto dell'autore nei casi consentiti.

2. Non è consentito l'arresto del testimone in udienza per reati concernenti il contenuto della deposizione.

• A eccezione dei reati concernenti il contenuto delle deposizioni, ipotesi nelle quali il presidente dispone la trasmissione degli atti al p.m., affinché proceda a norma di legge (→ **Prove**, art. 207), nell'eventualità di reati commessi in udienza, potrà essere disposto, nei casi consentiti dalla legge, l'arresto in flagranza della persona ritenuta responsabile della relativa condotta, ma, diversamente dalla generale disciplina in materia di arresto, su

esclusiva iniziativa del p.m. e non della p.g. (→ **Indagini e udienza preliminare**, artt. 380 e 381). Analogo divieto di arresto per i reati concernenti il contenuto delle informazioni fornite dal testimone o il rifiuto di renderle è previsto anche per la persona richiesta di fornire **informazioni alla p.g. o al p.m.** (→ art. 381 co. 4 *bis*).

• Una volta disposto l'arresto in flagranza, il p.m. procede a norma di legge, ciò che impone, innanzitutto, la richiesta di **convalida** (→ **Indagini e udienza preliminare**, art. 390).

• Qualora il reato commesso veda come persona offesa o danneggiata uno dei **magistrati** presenti in udienza, si deroga alla regola generale di attribuzione della competenza territoriale secondo il criterio del *locus commissi delicti* (→ **Soggetti**, art. 11).

477. Durata e organizzazione del dibattimento.

1. Quando non è possibile esaurire il dibattimento in una sola udienza, il presidente, dopo la lettura dell'ordinanza con cui provvede sulle richieste di prova, sentite le parti, stabilisce il calendario delle udienze, assicurando celerità e concentrazione e indicando per ciascuna udienza le specifiche attività da svolgere.

2. Il giudice può sospendere il dibattimento soltanto per ragioni di assoluta necessità e per un termine massimo che, computate tutte le dilazioni, non oltrepassi i dieci giorni, esclusi i festivi.

3. Il presidente dà oralmente gli avvisi opportuni e l'ausiliario ne fa menzione nel verbale. Gli avvisi sostituiscono le citazioni e le notificazioni per coloro che sono comparsi o debbono considerarsi presenti.

La rubrica è stata modificata e il co. 1 è stato sostituito dal d. lgs. 10.10.2022, n. 150.

• La previsione in esame, nel ribadire il principio di **concentrazione** – cui viene affiancato quello di **celerità** – del dibattimento, attraverso l'eccezionalità dei casi nei quali lo stesso possa non concludersi in un'unica udienza, dà concreta applicazione alle esigenze di efficienza del processo e al più generale principio di sua **ragionevole durata**, sancito negli artt. 111 co. 2 **Cost.** e 6 § 1 **Cedu**, nonché nell'art. 5 § 3 **Cedu**, per l'eventualità che l'imputato sia sottoposto a custodia cautelare.

• Quando sia necessaria la prosecuzione del dibattimento in udienze successive alla prima, il presidente provvede sulle richieste di prova, dando lettura della relativa ordinanza (art. 495 co. 1) e, sentite le parti, stabilisce il calendario delle ulteriori udienze.

• Nelle eccezionali ipotesi di sospensione del dibattimento, il presidente formula gli **avvisi** oralmente (→ **Atti**, art. 125 co. 6). Avvisi che, menzionati dall'ausiliario (→ art. 126) nel verbale, sostituiscono le citazioni e le notificazioni alle persone presenti o rappresentate dal difensore (→ art. 148 co. 2) e ciò vale sia per la posizione dell'imputato non comparso (→ **Indagini e udienza preliminare**, art. 420 co. 2 *ter*) o allontanato coattivo (475 co. 2 e 3) che per il medesimo difensore, qualora rappresentato da un sostituto (→ **Soggetti**, artt. 97 co. 4 e 102; art. 484 co. 2; Cass., SU, 28.2.2006, Grassia); eventualità, quest'ultima, che non rende necessaria, ad es., la notificazione della sentenza pubblicata in udienza (art. 545 co. 3).

• Specifiche possibilità di sospensione del dibattimento sono previste in caso: di **questioni pregiudiziali** sullo stato di famiglia o di cittadinanza (→ **Soggetti**, art. 3); di dichiarazione di **ricusazione** (→ art. 41 co. 2); di **richiesta di rimessione** del processo (→ art. 47); di reversibile **incapacità dell'imputato** a partecipare coscientemente al procedimento (→ art. 71); di concessione di un **termine a difesa** a un nuovo difensore (→ art. 108); di richiesta di **autorizzazione a procedere** (→ **Indagini e udienza preliminare**, art. 344 co. 3); di concessione di un termine a difesa all'imputato presentato al dibattimento per il **giudizio direttissimo** (→ **Procedimenti speciali**, art. 451 co. 6); di **questioni civili o amministrative** la cui soluzione sia demandata alle competenti sedi civili o amministrative (art. 479); di ammissione della **perizia** (art. 508); di **esigenze istruttorie** (art. 509); di concessione di un **termine a difesa** all'imputato, qualora sia stata modificata l'imputazione (art. 519 co. 2); di nuove contestazioni all'**imputato assente** (art. 520 co. 2); di convalida dell'arresto e conseguente **giudizio direttissimo** innanzi al tribunale in composizione monocratica (→ **Procedimento davanti al tribunale in composizione monocratica**, art. 558 co. 7); di **rinnovazione dell'istruzione dibattimentale in appello** (→ **Impugnazioni,** art. 603 co. 6).

• Il rinvio della prima udienza dibattimentale, quando non si sia ancora esaurita la fase della verifica sulla regolare costituzione delle parti, ricolloca le medesime nella piena legittimità di compiere anche gli atti i cui termini di scadenza dipendano dall'**apertura del dibattimento**, come, ad es., la costituzione di parte civile (→ **Soggetti**, art. 79) o la presentazione della lista testimoniale (art. 468).

• Qualora la sospensione del dibattimento intervenga, invece, dopo che siano già state acquisite prove dichiarative, la ripresa dibattimentale deve avvenire dinnanzi al medesimo giudice che ha disposto la sospensione e partecipato all'istruttoria, in ossequio al principio di **immutabilità del giudice** (art. 525 co. 2), salva l'applicabilità in caso contrario della previsione di cui all'art. 495 co. 4 *ter*.

• Eventuali rinvii dell'udienza dibattimentale possono essere disposti anche **fuori udienza**, analogamente a quanto previsto per le anticipazioni o i differimenti della prima udienza, che vanno formalmente comunicati e notificati alle parti (art. 465), a pena di nullità (→ **Atti**, art. 178 co. 1 lett. *b* e *c*).

• La sospensione del dibattimento sollecitata dalla difesa determina anche la **sospensione dei termini di durata massima della custodia cautelare**, salve le eventualità riconnesse a esigenze istruttorie o a concessione di termini a difesa (→ **Misure cautelari**, artt. 303 e 304 co. 1 lett. *a*).

478. Questioni incidentali.

1. Sulle questioni incidentali proposte dalle parti nel corso del dibattimento il giudice decide immediatamente con ordinanza, previa discussione nei modi previsti dall'articolo 491.

• Nonostante ne siano richiamate le modalità, le questioni incidentali, che vengono decise con **ordinanza** motivata a pena di nullità (→ **Atti**, art. 125 co. 3), pubblicata in udienza mediante lettura, allegata al verbale (art. 481 co. 2) e impugnabile solo unitamente alla sentenza che conclude il dibattimento (→ **Impugnazioni**, art. 586), vanno tenute distinte dalle questioni preliminari, potendo essere proposte dalle parti in ogni momento del dibattimento e potendo inerire a qualsivoglia questione necessiti essere decisa per potersi proseguire oltre nel giudizio, mentre alle questioni preliminari è assegnata una specifica collocazione temporale e specifici ambiti contenutistici (art. 491).

• Integrano esempi di questioni incidentali: le **questioni pregiudiziali** sullo stato di famiglia o di cittadinanza (→ **Soggetti**, art. 3) e tutte le altre sulle **questioni civili o amministrative** di diversa natura rispetto alle prime (→ **Soggetti**, art. 2; art. 479), le questioni sul **contenuto del verbale** (art. 481), quelle relative alle **opposizioni nel corso dell'esame testimoniale** (art. 504), nonché quelle inerenti all'esercizio dei **poteri presidenziali di disciplina e direzione dell'udienza** (art. 470).

479. Questioni civili o amministrative.

1. Fermo quanto previsto dall'articolo 3, qualora la decisione sull'esistenza del reato dipenda dalla risoluzione di una controversia civile o amministrativa di particolare complessità, per la quale sia già in corso un procedimento presso il giudice competente, il giudice penale, se la legge non pone limitazioni alla prova della posizione soggettiva controversa, può disporre la sospensione del dibattimento, fino a che la questione non sia stata decisa con sentenza passata in giudicato.

2. La sospensione è disposta con ordinanza, contro la quale può essere proposto ricorso per cassazione. Il ricorso non ha effetto sospensivo.

3. Qualora il giudizio civile o amministrativo non si sia concluso nel termine di un anno, il giudice, anche di ufficio, può revocare l'ordinanza di sospensione.

• Salvo che sia diversamente stabilito, ogni questione civile o amministrativa incidente sulla decisione del giudice penale può essere da questo risolta con efficacia limitata al solo giudizio nel quale è presa (→ **Soggetti**, art. 2), con una disciplina funzionale anche alla garanzia della **ragionevole durata** del procedimento (→ **Cost.**, art. 111 co. 2). A determinate condizioni, tuttavia, il giudice può sospendere il dibattimento (art. 477 co. 2), per attendere che la soluzione della questione civile o amministrativa intervenga nell'apposita competente sede giurisdizionale. Un'ipotesi peculiare, e autonomamente disciplinata, riguarda le questioni pregiudiziali relative allo **stato di famiglia o di cittadinanza** (→ **Soggetti**, art. 3), questioni che, diversamente da quelle oggetto della previsione in esame, non devono essere di particolare complessità, bensì serie, consentono una sospensione senza limiti di tempo e la cui decisione definitiva ha efficacia di giudicato nel processo penale. In caso di questioni civili o amministrative non di stato, invece, la sentenza passata in giudicato che concluda il relativo giudizio sarà acquisita al processo penale ai fini della prova del fatto in essa accertato (→ **Prove**, art. 238 *bis*).

• Fra i presupposti per la sospensione del dibattimento è indicata anche l'insussistenza, nel giudizio civile o amministrativo in corso, di alcuna **limitazione alla prova** della posizione soggettiva controversa e ciò in coerenza con la regola generale che esclude che nel processo penale possano osservarsi i limiti di prova stabiliti dalle leggi civili, con l'unica eccezione per quelli previsti nell'ambito dei giudizi che riguardino lo stato di famiglia e di cittadinanza (→ **Prove**, art. 193).

• L'eventuale facoltativa sospensione del dibattimento è disposta con **ordinanza** motivata a pena di nullità (→ **Atti**, art. 125 co. 3), pubblicata in udienza mediante lettura, allegata al verbale (art. 481 co. 2) e immediatamente impugnabile mediante ricorso per cassazione (→ **Impugnazioni**, art. 606), dall'effetto non sospensivo (→ art. 588 co. 2); mentre il provvedimento che neghi la sospensione sarà impugnabile solo unitamente alla sentenza che conclude il dibattimento (→ art. 586). Legittimate all'impugnazione sono, in ogni caso, tutte le parti indistintamente (→ art. 568 co. 3). Analogamente a quanto previsto per le questioni pregiudiziali di stato (→ **Soggetti**, art. 3), la sospensione non impedisce il compimento degli **atti urgenti**. In caso di dibattimenti cumulativi, infine, la sospensione disposta solo per uno o alcuni imputati comporta la **separazione** dei processi, salvo che il giudice ritenga la riunione assolutamente necessaria per l'accertamento dei fatti (→ **Soggetti**, art. 18 co. 1 lett. *b*).

• La revoca della sentenza civile o amministrativa, posta a fondamento di una sentenza o di un decreto penale di condanna, legittima la richiesta di **revisione** della relativa pronuncia (→ **Impugnazioni**, art. 630 co. 1 lett. *b*).

480. Verbale di udienza.

1. L'ausiliario che assiste il giudice redige il verbale di udienza, nel quale sono indicati:

a) il luogo, la data, l'ora di apertura e di chiusura dell'udienza;

b) i nomi e i cognomi dei giudici;

c) il nome e il cognome del rappresentante del pubblico ministero, le generalità dell'imputato o le altre indicazioni personali che valgono a identificarlo nonché le generalità delle altre parti e dei loro rappresentanti, i nomi e i cognomi dei difensori.

2. Il verbale di udienza è inserito nel fascicolo per il dibattimento.

• A redigere il verbale di udienza (→ **Atti**, art. 135 s.) è l'ausiliario che assiste il giudice nell'udienza medesima (→ art. 126). Il verbale deve contenere, fra l'altro, l'indicazione delle **generalità** di tutti i soggetti che abbiano partecipato all'udienza (→ **Atti**, art. 136 co. 1), e l'eventuale assoluta incertezza sulle persone intervenute determina la **nullità** del verbale stesso (→ art. 142). Il verbale è poi inserito nel fascicolo del dibattimento (artt. 483 co. 3 e 515; → **Indagini e udienza preliminare**, art. 431).

• In caso di redazione del verbale mediante stenotipia, qualora se ne renda necessaria la lettura durante la deliberazione della sentenza in camera di consiglio, il giudice può sospendere la deliberazione medesima, affinché si provveda alla trascrizione immediata del verbale stenotipico (art. 528).

481. Contenuto del verbale.

1. Il verbale descrive le attività svolte in udienza e riporta sinteticamente le richieste e le conclusioni del pubblico ministero e dei difensori.

2. I provvedimenti dati oralmente dal presidente sono riprodotti in modo integrale. I provvedimenti del giudice pubblicati in udienza mediante lettura sono allegati al verbale.

• Il verbale va redatto in forma **integrale** o **riassuntiva** e, in quest'ultima ipotesi o quando la forma integrale sia ritenuta insufficiente, va accompagnato dalla **riproduzione audiovisiva o fonografica** (→ **Atti**, art. 134 co. 3; tendenziale prevalenza della forma riassuntiva, in caso di consenso delle parti, per i dibattimenti innanzi al tribunale in composizione monocratica, → **Procedimento davanti al tribunale in composizione monocratica**, art. 559 co. 2), stenotipica o, comunque, con altro strumento idoneo o manuale (→ **Atti**, artt. 134 co. 2 e 140), garantendosi la forma di documento **informatico** (→ art. 110).

• Il verbale contiene l'indicazione puntuale di tutto quanto avvenuto in udienza (→ **Atti**, art. 136), con particolare riferimento alla materia dell'istruzione probatoria [tendenzialmente documentata anche con mezzi **audiovisivi**, in caso di esame dei testimoni, dei periti, dei consulenti tecnici, delle parti private e delle persone indicate nell'art. 210 (→ **Prove**), di ricognizione e confronto, art. 510 co. 2 *bis*] e alle eventuali dichiarazioni spontanee dell'imputato (art. 494 co. 2), e riporta la sintetica indicazione delle richieste e delle conclusioni delle parti (art. 523) e l'integrale contenuto dei provvedimenti dati oralmente dal presidente (→ **Atti**, art. 125 co. 6; art. 470).

482. Diritto delle parti in ordine alla documentazione.

1. Le parti hanno diritto di fare inserire nel verbale, entro i limiti strettamente necessari, ogni dichiarazione a cui abbiano interesse, purché non contraria alla legge. Le memorie scritte presentate dalle parti a sostegno delle proprie richieste e conclusioni sono allegate al verbale.

2. Il presidente può disporre, anche di ufficio, che l'ausiliario dia lettura di singole parti del verbale al fine di verificarne la fedeltà e la completezza. Sulla domanda di rettificazione o di cancellazione nonché sulle questioni relative a quanto previsto dal comma 1, il presidente decide con ordinanza.

• Le parti hanno diritto all'inserimento nel verbale (art. 481) delle **dichiarazioni** a cui abbiano interesse (→ **Atti**, art. 141) e quelle spontanee dell'imputato, in particolare, devono essere riprodotte integralmente (→ art. 134 co. 2) dall'ausiliario (→ art. 126), salva diversa disposizione del giudice (art. 494 co. 2). Espresso diritto delle parti è previsto anche per l'allegazione al verbale delle memorie scritte (→ art. 121), presentate a sostegno delle proprie richieste e conclusioni (art. 523).

• Qualora sorgano questioni, di natura incidentale (art. 478), in merito alla fedeltà e completezza del verbale, sulla relativa domanda di rettificazione o cancellazione nonché sulle eventuali questioni in merito a dichiarazioni o memorie, il presidente (diversamente dalle altre generali questioni incidentali, la cui decisione è demandata al giudice, *ex* art. 478) decide con **ordinanza**, motivata a pena di nullità (→ **Atti**, art. 125 co. 3), pubblicata in udienza mediante lettura, allegata al verbale (art. 481 co. 2) e impugnabile solo unitamente alla sentenza che conclude il dibattimento (→ **Impugnazioni**, art. 586).

483. Sottoscrizione e trascrizione del verbale.

1. Subito dopo la conclusione dell'udienza o la chiusura del dibattimento, il verbale, sottoscritto alla fine di ogni foglio dal pubblico ufficiale che lo ha redatto, è presentato al presidente per l'apposizione del visto.

1 *bis*. Il verbale redatto in forma di documento informatico è sottoscritto dal pubblico ufficiale che lo ha redatto secondo le modalità di cui all'articolo 111 e sottoposto al presidente per

l'apposizione del visto con firma digitale o altra firma elettronica qualificata.

2. Salvo quanto previsto dall'articolo 528, i nastri impressi con i caratteri della stenotipia sono trascritti in caratteri comuni non oltre tre giorni dalla loro formazione.

3. I verbali e le trascrizioni sono acclusi al fascicolo per il dibattimento.

Il co. 1 *bis* è stato aggiunto dal d. lgs. 10.10.2022, n. 150.

• Una volta conclusa una singola udienza o l'intero dibattimento (art. 524), il pubblico ufficiale ausiliario del giudice (→ **Atti**, art. 126), che ha redatto il verbale (→ art. 135), lo presenta al giudice medesimo, dopo averlo sottoscritto (→ art. 137), a pena di nullità (→ art. 177), mentre integra mera irregolarità il mancato visto presidenziale. Secondo la previsione generale in tema di **forma degli atti**, a prevalere deve essere la forma del documento **informatico** (→ art. 110) e il verbale in siffatta modalità redatto viene sottoscritto dal pubblico ufficiale che vi ha provveduto con **firma** digitale o altra firma elettronica qualificata (→ art. 111 co. 2-*bis*) e sottoposto al visto del presidente da apporre con medesima modalità. Il verbale e le trascrizioni dei nastri impressi con i caratteri della stenotipia (→ art. 138) saranno poi inseriti nel **fascicolo del dibattimento** (artt. 480 co. 2, 515; → **Indagini e udienza preliminare**, art. 431).

• La necessità di dare lettura del verbale di udienza redatto con la stenotipia può comportare anche la **sospensione della deliberazione** della decisione finale in camera di consiglio, affinché si proceda alle necessarie operazioni (art. 528).

Capo II
Atti introduttivi

484. Costituzione delle parti.

1. Prima di dare inizio al dibattimento, il presidente controlla la regolare costituzione delle parti.

2. Qualora il difensore dell'imputato non sia presente, il presidente designa come sostituto altro difensore a norma dell'articolo 97 comma 4.

2 *bis*. Si applicano, in quanto compatibili, le disposizioni degli articoli 420, comma 2 *ter*, primo periodo, e 420 *ter*, nonché, nei casi in cui manca l'udienza preliminare, anche le disposizioni di cui agli articoli 420, 420 *bis*, 420 *quater*, 420 *quinquies* e 420 *sexies*.

Il co. 2 *bis* è stato aggiunto dalla l. 16.12.1999, n. 479 e modificato dal d. lgs 10.10.2022, n. 150.

• La dichiarazione di apertura del dibattimento (art. 492) presuppone un positivo esito della verifica sulla regolare costituzione delle parti processuali, nonché, ancor prima, sulla stessa capacità e composizione del giudice. Tutte verifiche funzionali al prevenire il configurarsi di eventuali **nullità** (→ **Atti**, art. 178).

• Per quel che riguarda, in particolare, la posizione dell'**imputato**, è considerato presente e rappresentato dal difensore se, dopo essere comparso, si allontani dall'aula di udienza o se, presente a una udienza, non compaia alle successive (→ **Indagini e udienza preliminare**, art. 420 co. 2 *ter* primo periodo). Qualora risulti che l'assenza dell'imputato sia dovuta ad assoluta impossibilità di comparire per **caso fortuito**, **forza maggiore** o altro **legittimo impedimento**, si impone il rinvio della celebrazione del dibattimento a una nuova udienza, con notificazione della relativa ordinanza all'imputato (→ art. 420 *ter* co. 1), così come quando si configuri la nullità della notificazione del provvedimento di rinvio a giudizio, per mancata identificazione, in modo certo, dell'imputato e per mancata o insufficiente enunciazione, in forma chiara e precisa, del fatto, delle circostanze aggravanti e di quelle che possano comportare l'applicazione di misure di sicurezza e dei relativi articoli di legge e indicazione del giorno, dell'ora e del luogo dell'udienza (→ art. 429 co. 2). Analoghi adempimenti in caso di legittimo impedimento del **difensore** (→ art. 420 *ter* co. 5).

• Se rispetto alla disciplina dell'assenza dell'imputato, il dibattimento si configura come una prosecuzione di quanto previsto in udienza preliminare (→ **Indagini e udienza preliminare**, art. 420 *bis*), nei casi in cui la medesima manchi (→ **Procedimento davanti al tribunale in composizione monocratica**, art. 550) troverà applicazione, in sede di **udienza di comparizione predibattimentale a seguito di citazione diretta** (→ art. 554 *bis* co. 2), l'intero blocco normativo che regolamenta l'assenza dell'imputato in udienza preliminare (→ **Indagini e udienza preliminare**, artt. 420-420 *sexies*). In queste ipotesi, il giudice dovrà verificare se risulti che l'imputato sia stato citato a mezzo di regolare notificazione, abbia rinunciato ad assistere al giudizio, sia, comunque, a conoscenza della pendenza del processo a suo carico e l'assenza consegua a una scelta volontaria e consapevole, o si sia in qualche modo sottratto, sempre volontariamente, a tale conoscenza o sia stato dichiarato latitante (→ art. 420 *bis* co. 1, 2 e 3). A rilevare è la condotta di chi abbia agito intenzionalmente al fine d'impedire all'autorità di informarlo in maniera formale dell'esistenza del processo (Corte giust., 19.5.2022, n. 569/20). La conoscenza dell'esistenza del processo o la libera rinuncia a parteciparvi consentiranno la prosecuzione del dibattimento nell'assenza dell'imputato (→ art. 420 *bis* co. 4). In ipotesi diverse da quelle appena menzionate, invece, il giudice rinvierà l'udienza e disporrà la notificazione personale all'imputato, mediante la p.g. (→ **Atti**, art. 148 co. 6), dell'avviso del giorno, dell'ora e del luogo della nuova udienza (→ **Indagini e udienza preliminare**, art. 419 co. 1), della richiesta di rinvio a giudizio (→ artt. 416 e 417) e del verbale di udienza (→ art. 402 *bis* co. 5).

485. Rinnovazione della citazione.

[Soppresso.]

Articolo abrogato dalla l. 16.12.1999, n. 479.

486. Impedimento a comparire dell'imputato o del difensore.

[Soppresso.]

Articolo abrogato dalla l. 16.12.1999, n. 479.

487. Contumacia dell'imputato.

[Soppresso.]

Articolo abrogato dalla l. 16.12.1999, n. 479.

488. Assenza e allontanamento volontario dell'imputato.

[Soppresso.]

Articolo abrogato dalla l. 16.12.1999, n. 479.

489. Rimedi per l'imputato contro il quale si è proceduto in assenza nell'udienza preliminare.

1. Se vi è la prova che nel corso dell'udienza preliminare l'imputato è stato dichiarato assente in mancanza dei presupposti previsti dall'articolo 420 *bis*, il giudice, anche d'ufficio, dichiara la nullità del decreto di rinvio a giudizio e restituisce gli atti al giudice dell'udienza preliminare.

2. La nullità prevista dal comma 1 è sanata se non è eccepita dall'imputato che è comparso o ha rinunciato a comparire, ferma la possibilità dello stesso di essere restituito nel termine per formulare le richieste di procedimenti speciali e di esercitare le ulteriori facoltà dalle quali sia decaduto. In ogni caso, la nullità non può essere rilevata o eccepita se risulta che l'imputato era nelle condizioni di comparire all'udienza preliminare.

2 *bis*. Fuori dai casi previsti dal comma 1, ferma restando la validità degli atti regolarmente

compiuti in precedenza, l'imputato è restituito nel termine per esercitare le facoltà dalle quali è decaduto:

a) se fornisce la prova che, per caso fortuito, forza maggiore o altro legittimo impedimento, si è trovato nell'assoluta impossibilità di comparire in tempo utile per esercitare la facoltà dalla quale è decaduto e che non ha potuto trasmettere tempestivamente la prova dell'impedimento senza sua colpa;

b) se, nei casi previsti dai commi 2 e 3 dell'articolo 420 *bis*, fornisce la prova di non aver avuto effettiva conoscenza della pendenza del processo e di non esser potuto intervenire senza sua colpa in tempo utile per esercitare le facoltà dalle quali è decaduto.

Articolo modificato dal d. lgs. 19.2.1998, n. 51, successivamente dalla l. 28.4.2014, n. 67 e infine dal d. lgs. 10.10.2022, n. 150.

• In caso di udienza preliminare celebratasi *in absentia* dell'imputato (→ **Indagini e udienza preliminare**, art. 420 *bis*), se vi è la prova della mancanza dei relativi presupposti, il giudice, anche d'ufficio, dichiara la nullità (→ **Atti**, art. 177 s.) del decreto di rinvio a giudizio (→ **Indagini e udienza preliminare**, art. 429); una nullità a regime intermedio (→ **Atti**, art. 180), inerente all'intervento dell'imputato (→ art. 178 lett. *c*).

• Coerentemente con quanto previsto in sede di disciplina delle sanatorie generali (→ **Atti**, artt. 183 e 184), la nullità è sanata dalla scelta dell'imputato, che non la eccepisca, di comparire in udienza o di rinunciare a tale comparizione. L'imputato comparso o rinunciante verrà, comunque, restituito nel termine per esercitare ogni facoltà dalla quale sia decaduto e, in particolare, presentare richiesta di uno dei procedimenti speciali volontaristici e premiali: il **giudizio abbreviato** (→ **Procedimenti speciali**, art. 438), l'**applicazione della pena su richiesta delle parti** (→ art. 444) e la **sospensione del procedimento con messa alla prova** (→ art. 464 *bis*). Tutti procedimenti attivabili, di regola, esclusivamente entro il momento della formulazione delle conclusioni delle parti in udienza preliminare (→ artt. 438 co. 2, 446 co. 1 e 464 *bis* co. 2, norme che rinviano espressamente a → **Indagini e udienza preliminare**, artt. 421 e 422). Impossibilità di rilevare o eccepire la nullità, comunque, quando risulti provato che l'imputato fosse nelle condizioni di comparire all'udienza preliminare (→ art. 420 *bis* co. 2).

• Qualora i presupposti affinché si procedesse *in absentia* dell'imputato (→ **Indagini e udienza preliminare**, art. 420 *bis*) non possano dirsi presenti, l'imputato è restituito nel termine (→ **Atti**, art. 175) per avvalersi delle facoltà a lui riservate e dalle quali sia decaduto (→ art. 173), se prova di non essere comparso in udienza per una impossibilità di natura assoluta determinata da caso fortuito, forza maggiore (→ art. 175 co. 1) o altro legittimo impedimento, o di non aver avuto consapevolezza della pendenza del processo e non esser potuto intervenire tempestivamente per causa a lui non imputabile, quando il g.u.p. abbia ritenuto, invece, l'assenza frutto di una scelta volontaria e consapevole (→ **Indagini e udienza preliminare**, art. 420 *bis* co. 2) o in caso di dichiarazione di latitanza o erronea presunzione di una volontaria sottrazione alla conoscenza della pendenza del processo (→ art. 420 *bis* co. 3).

• Analogo riposizionamento ai blocchi di partenza pure quando la nullità per mancato rispetto nel giudizio di primo grado dei presupposti di cui all'art. 420 *bis* co. 1, 2 e 3 (→ **Indagini e udienza preliminare**) venga dichiarata in **appello**; anche in questo caso con nullità sanata se non eccepita nell'atto d'appello e non rilevabile né eccepibile se risulti provato che l'imputato fosse a conoscenza della pendenza del processo e in condizione di comparire prima della pronuncia della sentenza impugnata (→ **Impugnazioni**, art. 604 co. 5 *bis*). In appello opera, inoltre, la medesima restituzione nel termine di cui al co. 2 *bis* della previsione in esame (→ art. 604 co. 5 *ter*). Regressione del procedimento al grado e fase in cui si sia verificata la nullità (→ art. 604 co. 5 *bis*) o nella quale potrà essere esercitata la facoltà dalla quale l'imputato era decaduto (→ art. 604 co. 5 *ter*) anche in sede di ricorso in **cassazione** e sempre che non sia provato che l'imputato fosse a conoscenza della pendenza del processo e in condizione di comparire prima della pronuncia della sentenza impugnata (→ art. 623 co. 1 lett. *b bis*). Trasmissione degli atti al giudice della fase o del grado in cui si sia verificata la nullità, infine, pure in caso di **rescissione del giudicato** (→ art. 629 *bis* co. 3), richiesta dal condannato o dal sottoposto a una misura di sicurezza il quale provi che nei suoi confronti si sia irritualmente proceduto *in absentia* (→ art. 629 *bis* co. 1). Regressioni, queste ultime, verso il giudice che procedeva nel momento in cui si è verificato il vizio, previste in ossequio allo schema della nullità derivata (→ **Atti**, art. 185 co. 3).

490. Accompagnamento coattivo dell'imputato assente.

1. Il giudice, a norma dell'articolo 132, può disporre l'accompagnamento coattivo dell'imputato assente, quando la sua presenza è necessaria per l'assunzione di una prova diversa dall'esame.

Articolo così modificato, anche nella rubrica, con la soppressione delle parole «o contumace», dalla l. 28.4.2014, n. 67.

• Qualora ne sia necessaria la presenza per l'assunzione di una prova diversa dall'esame (possibile solo se l'imputato ne faccia richiesta o vi consenta: → **Prove**, art. 208), quale un confronto (→ art. 211), una ricognizione (→ art. 213), una perizia (→ artt. 220 e 224 *bis*) o un'ispezione (→ art. 244), il giudice può disporre, anche d'ufficio, l'accompagnamento coattivo (→ **Atti**, art. 132) dell'imputato assente (→ **Indagini e udienza preliminare**, artt. 420 co. 2 *bis* e 2 *ter*, 420 *bis*), mediante **decreto motivato** (→ **Atti**, art. 125 co. 3; → **Cost.**, art. 13 co. 2), **ricorribile per cassazione** (→ **Impugnazioni**, art. 606 s.), argomentando *ex* art. 111 co. 7 **Cost.**

• Ulteriori specifiche ipotesi di accompagnamento coattivo sono previste qualora debba procedersi: all'**esame di una persona imputata in un procedimento connesso** (→ **Prove**, artt. 210 co. 2 e 513 co. 2); a un **prelievo coattivo di campioni biologici** (→ **Indagini e udienza preliminare**, art. 359 *bis* co. 2); all'**identificazione della persona nei cui confronti vengono svolte le indagini e delle persone in grado di riferire sui fatti** (→ art. 349 co. 4); ad atti che richiedano la **presenza della persona sottoposta alle indagini** (→ art. 375 co. 2 lett. *d*); a **interrogatorio o a confronto** (→ art. 376); a **citazioni di persone informate sui fatti** (→ art. 377 co. 2 lett. *c*); in **incidente probatorio**, a un atto per il compimento del quale sia necessaria la presenza della persona sottoposta alle indagini (→ art. 399); nonché quando si riveli necessaria la presenza dell'imputato **minorenne** non comparso nel suo processo (→ **Proc. minorile**, artt. 31 co. 1 e 33 co. 4).

• Le **modalità** per l'esecuzione dell'accompagnamento coattivo sono indicate nell'art. 46 **Disp. att.**

• Al potere di accompagnamento coattivo dell'imputato assente si contrappone quello di **allontanamento coattivo** dal dibattimento (art. 475).

491. Questioni preliminari.

1. Le questioni concernenti la competenza per territorio o per connessione, le nullità indicate nell'articolo 181, commi 2 e 3, la costituzione di parte civile, la citazione o l'intervento del responsabile civile e della persona civilmente obbligata per la pena pecuniaria e l'intervento degli enti e delle associazioni previsti dall'articolo 91 sono precluse se non sono proposte subito dopo compiuto per la prima volta l'accertamento della costituzione delle parti e sono decise immediatamente.

2. La disposizione del comma 1 si applica anche alle questioni concernenti il contenuto del fascicolo per il dibattimento e la riunione o la separazione dei giudizi, salvo che la possibilità di proporle sorga soltanto nel corso del dibattimento.

3. Le questioni preliminari sono discusse dal pubblico ministero e da un difensore per ogni parte privata. La discussione deve essere contenuta nei limiti di tempo strettamente necessari alla illustrazione delle questioni. Non sono ammesse repliche.

4. Il giudice provvede in merito agli atti che devono essere acquisiti al fascicolo per il dibattimento ovvero eliminati da esso.

5. Sulle questioni preliminari il giudice decide con ordinanza.

• A poter essere proposte, a pena di decadenza (→ **Atti**, art. 173), esclusivamente a dibattimento non ancora aperto (art. 492), subito dopo la conclusione della verifica sulla regolare costituzione delle parti (art. 484), sono, innanzitutto, le questioni inerenti: alla **competenza per territorio o per connessione** (→ **Soggetti**, art. 21 co. 2 e 3), ma non a quella per materia (→ art. 21 co. 1) o al difetto di giurisdizione (→ art. 20 co. 1), rilevabili, anche d'ufficio, in ogni stato e grado del procedimento, dovendosi far salve, inoltre, anche le dichiarazioni dibattimentali di incompetenza da parte dello stesso giudice, legittimato a concludere il dibattimento, con sentenza dichiarativa della propria incompetenza, per qualsiasi causa (→ art. 23 co. 2); alle **nullità relative**, verificatesi nelle fasi antecedenti al giudizio (→ **Atti**, art. 181 co. 2 e 3), con esclusione, pertanto, di quelle, come ovvio, attinenti al giudizio medesimo ancora da aprirsi (→ art. 181 co. 4) e di quelle a regime intermedio, che possono essere fatte valere proprio entro l'intero giudizio di primo grado o dopo la sua conclusione (→ art. 180) o, inoltre, di quelle assolute, insanabili e, conseguentemente, rilevabili in ogni stato e grado del procedimento (→ art. 179). Da sollevare entro lo stesso momento anche ogni questione concernente la regolarità della costituzione, citazione o intervento avvenuti negli atti preliminari o introduttivi al dibattimento delle **parti private diverse dall'imputato** (→ **Soggetti**, artt. 80 co. 2, per quel che riguarda la parte civile, 86 co. 3, per il responsabile civile, e 89 co. 2, per il civilmente obbligato per la pena pecuniaria) e degli **enti e** delle **associazioni rappresentativi di interessi lesi dal reato** (→ art. 95 co. 2), indipendentemente dalla circostanza che esse siano state già sollevate o meno durante le formalità di apertura dell'udienza preliminare (→ **Indagini e udienza preliminare**, art. 420; Cass., SU, 19.5.1999, Pediconi). Il catalogo di cui al co. 1 non integra, comunque, un *numerus clausus*, giacché il termine indicato viene espressamente individuato quale ultimo momento entro il quale proporre, a pena di decadenza, specifiche questioni preliminari anche in diverse altre previsioni. È ciò che avviene in caso: di **incompetenza per materia c.d. per eccesso** (→ **Soggetti**, art. 23 co. 2); di inosservanza delle disposizioni relative all'attribuzione dei reati al **tribunale in composizione collegiale o monocratica** (→ art. 33 *quinquies*); di proposizione di una dichiarazione di **ricusazione** nel giudizio (→ art. 38 co. 1); di eccezione per la mancata celebrazione dell'udienza preliminare, nonostante non si vertesse in ipotesi di esercizio dell'azione penale da parte del p.m. mediante **citazione diretta a giudizio** (→ **Procedimento davanti al tribunale in composizione monocratica**, art. 550 co. 3).

• Qualora la possibilità sorga solo nel corso del dibattimento, non sussiste, invece, alcuna preclusione alla proposizione, in tale successivo momento, delle questioni inerenti al contenuto del fascicolo per il dibattimento, normativamente predeterminato in modo tassativo (→ **Indagini e udienza preliminare**, art. 431), o concernenti il carattere eventualmente cumulativo del giudizio (→ **Soggetti**, artt. 17 e 18).

• Il presidente garantisce la stringatezza della discussione delle parti sulle questioni sollevate, mediante provvedimenti, pure informali, rientranti nei suoi **poteri di direzione del dibattimento** (art. 470 co. 1). Le parti private (→ **Soggetti**, artt. 60, 76, 83 e 89) partecipano alla discussione con l'intervento di un unico **difensore** e ciò anche qualora l'imputato ne abbia nominati due (→ art. 96 co. 1).

• La decisione del giudice interviene con **ordinanza**, motivata a pena di nullità (→ **Atti**, art. 125 co. 3), pubblicata in udienza mediante lettura, allegata al verbale (art. 481 co. 2) e impugnabile solo unitamente alla sentenza che conclude il dibattimento (→ **Impugnazioni**, art. 586).

• In caso di eliminazione di atti dal fascicolo per il dibattimento, questi sono restituiti al p.m. (→ **Disp. att.**, art. 148), affinché siano custoditi nel suo fascicolo con i rimanenti atti delle indagini e dell'udienza preliminare (→ **Libro V**, art. 433).

492. Dichiarazione di apertura del dibattimento.

1. Compiute le attività indicate negli articoli 484 e seguenti, il presidente dichiara aperto il dibattimento.

2. L'ausiliario che assiste il giudice dà lettura dell'imputazione.

• Una volta verificata la regolare costituzione delle parti (art. 484) e dichiarato aperto il dibattimento ad opera del presidente, l'ausiliario del giudice (→ **Atti**, art. 126) legge l'**imputazione** contenuta nel decreto che dispone il giudizio (→ **Indagini e udienza preliminare**, art. 429 co. 1 lett. *c*) o nella citazione diretta a giudizio, qualora l'udienza preliminare non faccia parte dell'*iter* ordinario del procedimento (→ **Procedimento davanti al tribunale in composizione monocratica**, art. 552 co. 1 lett. *c*), o ancora negli atti di esercizio dell'azione penale nell'ambito di procedimenti speciali deflattivi anch'essi dell'udienza preliminare, quali il giudizio direttissimo o il giudizio immediato (→ **Procedimenti speciali**, artt. 450 e 456). La dichiarazione di apertura del dibattimento determina la preclusione rispetto alla proponibilità delle **questioni preliminari** di cui all'art. 491; mentre fino a quel momento non opera il principio di immutabilità del giudice, ancorato alla fase dell'istruzione probatoria (artt. 525 co. 2 e 495 co. 4 *ter*), con conseguente irrilevanza di eventuali mutazioni del giudicante prima dell'inizio di essa.

• Un'eventuale mancata lettura dell'imputazione da parte dell'ausiliario non comporta alcuna nullità ai sensi dell'art. 178 co. 1 lett. *c* (→ **Atti**), giacché la **contestazione** del fatto all'imputato si è già realizzata con la conoscenza del decreto che dispone il giudizio (→ **Indagini e udienza preliminare**, art. 424 co. 2; → **Procedimento davanti al tribunale in composizione monocratica**, art. 552 co. 3).

493. Richieste di prova.

1. Il pubblico ministero, i difensori della parte civile, del responsabile civile, della persona civilmente obbligata per la pena pecuniaria e dell'imputato nell'ordine indicano i fatti che intendono provare e chiedono l'ammissione delle prove, illustrandone esclusivamente l'ammissibilità ai sensi degli articoli 189 e 190, comma 1.

2. È ammessa l'acquisizione di prove non comprese nella lista prevista dall'articolo 468 quando la parte che le richiede dimostra di non averle potute indicare tempestivamente.

3. Le parti possono concordare l'acquisizione al fascicolo per il dibattimento di atti contenuti nel fascicolo del pubblico ministero, nonché della documentazione relativa all'attività di investigazione difensiva.

4. Il presidente impedisce ogni divagazione, ripetizione e interruzione e ogni lettura o esposizione del contenuto degli atti compiuti durante le indagini preliminari.

Articolo così sostituito dalla l. 16.12.1999, n. 479, successivamente il comma 1 è stato modificato dal d. lgs. 10.10.2022, n. 150.

• Con le richieste di prova si apre il subprocedimento relativo alla materia istruttoria, la cui evoluzione procedimentale è scandibile nelle quattro fasi consecutive: della richiesta (art. 493; art. 555 co. 4), dell'ammissione (art. 495), dell'acquisizione (art. 496) e della valutazione e decisione (art. 525).

• La richiesta di ammissione delle prove ad opera delle parti può essere accompagnata esclusivamente dall'illustrazione degli elementi che ne supportino l'ammissibilità, perché non vietate dalla legge e non manifestamente superflue o irrilevanti (→ **Prove**, art. 190 co. 1), nonché, qualora si tratti di prove non disciplinate dalla legge, idonee ad assicurare l'accertamento dei fatti e non in grado di pregiudicare la libertà morale della persona (→ art. 189). Analoga previsione anche nell'ambito della disciplina dell'udienza dibattimentale a seguito di citazione diretta (→ **Procedimento davanti al tribunale in composizione monocratica**, art. 555 co. 4).

• Sulle richieste di prova formulate dalle parti, il giudice provvede con **ordinanza** (→ **Atti**, art. 125) motivata, revocabile (art. 495 co. 1), pubblicata in udienza mediante lettura e allegata al verbale (art. 481 co. 2).

• Qualora fra le prove delle quali le parti chiedano l'ammissione al giudice vi siano l'esame di testimoni (→ **Prove**, art. 194; artt. 497-500), l'esame di periti o consulenti tecnici (→ art. 220; artt. 501 e 502), l'esame di persone imputate in un procedimento connesso (→ art. 210), o l'acquisizione di verbali di prove di altro procedimento penale (→ art. 238), la parte interessata deve avere precedentemente depositato in cancelleria, a pena di inammissibilità, l'apposita **lista** (art. 468). Quando, tuttavia, una parte ottenga l'ammissione di prove non tempestivamente indicate nella lista, dimostrando l'incolpevole omissione, le altre parti potranno formulare apposita richiesta al giudice (→ **Atti**, artt. 121 e 141), finalizzata alla concessione di una sospensione del dibattimento per l'assoluta necessità (art. 477 co. 2) di adeguare le proprie strategie al *novum* appena introdotto, anche al fine di potersi avvalere del conseguente diritto alla controprova (art. 495; in questi termini, Corte cost., 92 del 2003).

• La possibilità, attribuita alle parti, di concordare l'**acquisizione al fascicolo del dibattimento** (→ **Indagini e udienza preliminare**, art. 431) di atti contenuti nel fascicolo del p.m. (→ art. 433), nonché della documentazione relativa alle indagini difensive (→ art. 391 *octies* co. 3), oltre a essere ribadita nell'ambito dell'udienza di comparizione a seguito della citazione diretta a giudizio innanzi al tribunale in composizione monocratica (→ **Procedimento davanti al tribunale in composizione monocratica**, art. 555 co. 4), è prevista già in sede di formazione dello stesso fascicolo per il dibattimento (→ **Indagini e udienza preliminare**, art. 431 co. 2) e ritorna, ma con più limitata portata, anche in caso di contestazioni durante l'esame testimoniale, momento nel quale le parti possono accordarsi per l'acquisizione al fascicolo dibattimentale delle dichiarazioni precedentemente rese dal testimone, e a lui contestate, contenute nel fascicolo del p.m. (art. 500 co. 7), fascicolo nel quale, dopo la chiusura delle indagini preliminari, confluisce anche la documentazione delle indagini difensive (→ art. 391 *octies* co. 3). L'acquisizione al fascicolo dibattimentale attribuisce a tali atti pieno valore probatorio, rientrando, così, i medesimi, nell'alveo del materiale utilizzabile dal giudice ai fini della propria deliberazione (art. 526 co. 1). La possibilità di migrazione di atti verso il fascicolo del dibattimento, su iniziativa di parte, pur se dal legislatore ordinario subordinata all'intervento di un accordo, va fatta discendere direttamente dalla previsione costituzionale che colloca il consenso dell'imputato fra le tre eccezioni – insieme all'accertata impossibilità di natura oggettiva (art. 512) e alla provata condotta illecita (art. 500 co. 4 e 5) – che consentono di derogare alla generale imprescindibilità del contraddittorio nella formazione della prova (→ **Cost.**, art. 111 co. 5).

• Gli interventi del presidente, volti a evitare divagazioni, ripetizioni, interruzioni, letture o esposizioni del contenuto degli atti d'indagine, rientrano nell'ambito dei poteri di **direzione del dibattimento** (art. 470 co. 1).

493 *bis*. Trascrizione delle intercettazioni.

[Soppresso.]

Articolo prima introdotto dal d. lgs. 29.12.2017, n. 216 e successivamente abrogato dal d.l. 30.12.2019, n. 161, conv., con modif., dalla l. 28.2.2020, n. 7. Ai sensi dell'art. 2 co. 8, modificato con l'art. 1 co. 2 d.l. 30.4.2020, n. 28, conv., con modif., dalla l. 25.6.2020, n. 70, il citato art. 2 co. 1 si sarebbe dovuto applicare «ai procedimenti penali iscritti successivamente al 31 agosto 2020».

494. Dichiarazioni spontanee dell'imputato.

1. Esaurita l'esposizione introduttiva, il presidente informa l'imputato che egli ha facoltà di rendere in ogni stato del dibattimento le dichiarazioni che ritiene opportune, purché esse si riferiscano all'oggetto dell'imputazione e non intralcino l'istruzione dibattimentale. Se nel corso delle dichiarazioni l'imputato non si attiene all'oggetto dell'imputazione, il presidente lo ammonisce e, se l'imputato persiste, gli toglie la parola.

2. L'ausiliario riproduce integralmente le dichiarazioni rese a norma del comma 1, salvo che il giudice disponga che il verbale sia redatto in forma riassuntiva.

• Una volta conclusa, ad opera delle parti, l'indicazione dei fatti che esse intendono provare e richieste al giudice le prove a tal fine strumentali (art. 493), l'imputato viene informato della facoltà di rendere, in ogni stato del dibattimento, spontanee dichiarazioni – anche orali (→ **Atti**, art. 141 co. 1) –, che non esorbitino dall'**oggetto dell'imputazione** (→ **Prove**, art. 187 co. 1). L'eventuale omissione dell'avviso integra **nullità a regime intermedio** (→ **Atti**, art. 180), per mancata osservanza di una disposizione concernente l'intervento dell'imputato (→ art. 178 co. 1 lett. *c*). All'altro estremo del procedimento, si colloca, invece, la previsione che attribuisce, in ogni caso, all'imputato e al suo difensore il diritto di avere, al termine della discussione e subito prima della dichiarazione di chiusura del dibattimento (art. 524), la parola per ultimi, se lo richiedono, a pena di nullità speciale (art. 523 co. 5), da qualificare anch'essa a regime intermedio.

• Le dichiarazioni dell'imputato non devono intralciare l'istruzione dibattimentale (art. 496) e la possibilità di togliergli la parola, se non si attenga all'oggetto dell'imputazione intralciando proprio l'attività istruttoria, rientra fra i poteri presidenziali di direzione del dibattimento (art. 470 co. 1), nei cui confronti l'imputato potrà sollevare **questione incidentale** (art. 478). L'imputato che, nonostante l'ammonimento presidenziale e l'ordine di tacere, prosegua nell'intralciare il dibattimento può essere **coattivamente allontanato** dall'aula con ordinanza del presidente (art. 475).

• La **verbalizzazione** delle spontanee dichiarazioni dell'imputato, ad opera dell'ausiliario del giudice (→ **Atti**, art. 126), da compiersi, di regola, in forma integrale, può avvenire in maniera riassuntiva esclusivamente su specifica indicazione del giudice (→ art. 134), che dovrà, tuttavia, vigilare affinché delle dichiarazioni sia riprodotta nel verbale (art. 481 co. 1) la parte essenziale nella sua originaria espressione (→ art. 140 co. 2).

• La facoltà di rendere spontanee dichiarazioni è espressamente attribuita anche nel corso delle **indagini preliminari** innanzi alla p.g. o nell'eventualità di presentazione spontanea del sottoposto alle indagini innanzi al p.m. (→ **Indagini e udienza preliminare**, artt. 350 co. 7 e 374 co. 1).

495. Provvedimenti del giudice in ordine alla prova.

1. Il giudice, sentite le parti, provvede con ordinanza all'ammissione delle prove a norma degli articoli 190, comma 1, e 190 *bis*. Quando è stata ammessa l'acquisizione di verbali di prove di altri procedimenti, il giudice provvede in ordine alla richiesta di nuova assunzione della stessa prova solo dopo l'acquisizione della documentazione relativa alla prova dell'altro procedimento.

2. L'imputato ha diritto all'ammissione delle prove indicate a discarico sui fatti costituenti oggetto delle prove a carico; lo stesso diritto spetta al pubblico ministero in ordine alle prove a carico dell'imputato sui fatti costituenti oggetto delle prove a discarico.

3. Prima che il giudice provveda sulla domanda, le parti hanno facoltà di esaminare i documenti di cui è chiesta l'ammissione.

4. Nel corso dell'istruzione dibattimentale, il giudice decide con ordinanza sulle eccezioni proposte dalle parti in ordine alla ammissibilità delle prove. Il giudice, sentite le parti, può revocare con ordinanza l'ammissione di prove che risultano superflue o ammettere prove già escluse.

4 *bis*. Nel corso dell'istruzione dibattimentale ciascuna delle parti può rinunziare, con il consenso dell'altra parte, all'assunzione delle prove ammesse a sua richiesta.

4 *ter*. Se il giudice muta nel corso del dibattimento, la parte che vi ha interesse ha diritto di ottenere l'esame delle persone che hanno già reso dichiarazioni nel medesimo dibattimento nel contraddittorio con la persona nei cui confronti le dichiarazioni medesime saranno utilizzate, salvo che il precedente esame sia stato documentato integralmente mediante mezzi di riproduzione audiovisiva. In ogni caso, la rinnovazione dell'esame può essere disposta quando il giudice la ritenga necessaria sulla base di specifiche esigenze.

Nel co. 1, le parole «dell'art. 190, comma 1» sono state sostituite dalle parole «degli artt. 190, comma 1 e 190 *bis*», dal d.l. 8.6.1992, n. 306, conv., con modif., dalla l. 7.8.1992, n. 356; l'ultimo periodo del co. 1 è stato aggiunto dal medesimo d.l. 306 del 1992. Il co. 4 *bis* è stato aggiunto dalla l. 7.12.2000, n. 397. Il co. 4 *ter* è stato aggiunto dal d. lgs. 10.10.2022, n. 150.

• Una volta avviato, con le richieste delle parti (art. 493), il sub-procedimento probatorio, il giudice è tenuto a provvedere al giudizio di ammissione delle prove, da compiersi nel contraddittorio sulla base del triplice ordine di criteri di **legalità, utilità e pertinenza**, destinati a riempire di contenuto il generale **diritto alla prova** attribuito alle parti (→

Prove, art. 190 co. 1), salvo l'eccezionale, più rigoroso, vaglio riservato a particolari richieste istruttorie (→ art. 190 *bis*), nell'ambito dei procedimenti per reati di criminalità organizzata (→ **Soggetti**, art. 51 co. 3 *bis*) o a sfondo sessuale. Il giudice provvede con **ordinanza**, motivata (→ **Atti**, art. 125 co. 3) a pena di nullità generale a regime intermedio (→ art. 180) da dedurre immediatamente dalla parte presente pena la sanatoria (→ art. 182 co. 2), pubblicata in udienza mediante lettura, allegata al verbale (art. 481 co. 2) e impugnabile solo unitamente alla sentenza che conclude il giudizio (→ **Impugnazioni**, art. 586). La decisione deve intervenire subito dopo la formulazione delle richieste ad opera delle parti, ma quando a essere chiesta sia l'ammissione di prove documentali (→ **Prove**, art. 234), alle stesse deve essere concessa la possibilità di esaminarle, per poter formulare eventuali eccezioni. Al diritto alla prova riconosciuto alle parti si accompagna, comunque, a temperare il carattere tendenzialmente accusatorio del modello di rito penale, un potere officioso attribuito al giudice (→ artt. 190 co. 2; artt. 506 e 507). Per esplicito richiamo normativo, i limiti delineati nell'art. 495 co. 1 assumono rilievo anche in materia di rinnovazione dell'istruzione dibattimentale in **appello**, in caso di nuove prove sopravvenute o scoperte dopo il giudizio di primo grado (→ **Impugnazioni**, art. 603 co. 2).

• Il provvedimento di ammissione delle prove è dotato di autonomia rispetto all'autorizzazione alla citazione compiuta dal presidente circa le prove orali indicate nella lista presentata nella fase predibattimentale, ben potendo essere negata, pertanto, l'ammissione dell'audizione di soggetti la cui citazione sia stata in precedenza autorizzata (art. 468 co. 2). Quando venga ammessa l'acquisizione di **verbali di prove di altri procedimenti** (→ **Prove**, art. 238), in precedenza indicati dal richiedente nella propria lista testimoniale (art. 468 co. 4 *bis*), l'ammissione di una nuova escussione dello stesso dichiarante sui medesimi temi di prova affrontati nel diverso procedimento (come già l'autorizzazione alla sua citazione, *ex* art. 468 co. 4 *bis*) può aversi solo dopo l'acquisizione della documentazione probatoria in questione, mediante lettura (art. 511 *bis*).

• Specificazione del generale diritto alla prova attribuito alle parti (→ **Prove**, art. 190) è il loro ulteriore diritto alla **prova contraria** riconosciuto al p.m. (→ **Soggetti**, art. 51) e all'imputato (→ art. 60) rispetto a quelle introdotte dalla controparte. Diritto che si esplica già in relazione al contenuto della lista testimoniale, rimanendo svincolata la controprova dal termine decadenziale per la presentazione della medesima (art. 468 co. 4). Diritto alla controprova per il p.m. anche in un rito a prova contratta quale il **giudizio abbreviato**, in caso di intervenute richieste di prova dell'imputato (→ **Procedimenti speciali**, artt. 438 co. 5 e 441 *bis* co. 5). Il mancato rispetto del diritto all'ammissione e assunzione di una controprova, qualificabile come decisiva, legittima, infine, la parte alla proposizione del **ricorso per cassazione** (→ **Impugnazioni**, art. 606 co. 1 lett. *e*), pur se non *per saltum* (→ art. 569 co. 3).

• L'ordinanza con la quale il giudice decide immediatamente in merito alle richieste di ammissione delle prove è emessa sulla base delle limitate conoscenze a sua disposizione in questo momento iniziale del dibattimento, conseguentemente sarà sempre **modificabile**, a seguito delle **eccezioni** formulate dalle parti nel corso dell'istruzione dibattimentale (art. 496), mediante la **revoca**, sempre con analoga ordinanza e sentite le parti in contraddittorio, dell'ammissione delle prove che risultino, a un giudizio successivo e, quindi, più consapevole, superflue o mediante l'ammissione di prove in precedenza escluse (→ **Prove**, art. 190 co. 3). In tal caso (come anche nei casi di cui agli artt. 506 e 507), il dibattimento può essere sospeso e rinviato a nuova data (art. 509). Sempre nel corso dell'istruzione dibattimentale (art. 496), ogni parte può rinunciare, con il consenso dell'altra, alle prove richieste.

• I documenti ammessi dal giudice (come anche i verbali degli atti di cui è stata data lettura in udienza) vengono inseriti nel **fascicolo dibattimentale** (art. 515).

• Espressamente ricondotta nell'alveo del generale diritto alla prova delle parti è stata anche l'ipotesi del mutamento, nel corso del dibattimento, del giudice che dovrebbe poi concorrere a deliberare la sentenza (art. 525 co. 2); eventualità già oggetto di significativa attenzione in giurisprudenza (Cass., SU, 30.5.2019, Bajrami). La parte interessata avrà diritto a ottenere la rinnovazione dell'esame di chi abbia già reso dichiarazioni nel medesimo dibattimento nel contraddittorio con la stessa persona nei cui confronti le stesse saranno utilizzate, salva una loro integrale riproduzione audiovisiva (→ **Atti**, art. 134). In ossequio ai poteri integrativi in punto di prova del giudice dibattimentale (art. 507), questo potrà disporre, comunque, la rinnovazione quando la ritenga necessaria sulla base di specifiche esigenze, analogamente a quanto previsto in materia di requisiti della prova in casi particolari (→ **Prove**, art. 190 *bis* co. 1), ma senza che la necessarietà debba qualificarsi come assoluta (diversamente da quanto previsto nell'art. 507 co. 1).

Capo III
Istruzione dibattimentale

496. Ordine e modalità dell'assunzione delle prove.

1. L'istruzione dibattimentale inizia con l'assunzione delle prove richieste dal pubblico ministero e prosegue con l'assunzione di quelle richieste da altre parti, nell'ordine previsto dall'articolo 493 comma 2.

2. Le parti possono concordare un diverso ordine di assunzione delle prove.

2 *bis*. Salvo che una particolare disposizione di legge preveda diversamente, il giudice può disporre, con il consenso delle parti, che l'esame dei testimoni, dei periti, dei consulenti tecnici, delle persone indicate nell'articolo 210 e delle parti private si svolga a distanza.

La rubrica e il contenuto (con l'aggiunta del co. 2 *bis*) sono stati modificati dal d. lgs. 10.10.2022, n. 150.

• La disposizione governa l'ordine e le modalità (in presenza o a distanza) da adottare nell'assunzione delle **prove costituende**: quelle, cioè, che si formano davanti al giudice (esami dei testimoni, dei consulenti tecnici, dei periti, dei soggetti *ex* art. 210 → **Prove**), anche ricorrendo all'impiego di risorse tecnologiche capaci di consentire la **comparizione da remoto** (tramite video collegamento) del dichiarante. La sequenza individuata è coerente all'intero impianto sistematico che assegna al p.m. l'onere di dimostrare il proprio assunto accusatorio (→ **Misure cautelari**, art. 291; → **Indagini e udienza preliminare**, artt. 416 co. 2 e 419 co. 3) e ripropone il medesimo ordine previsto per la fase delle richieste di prova (art. 493).

• Sfugge alla perentorietà di questo ordine **l'esame delle parti private** (→ **Prove**, art. 208). Esso si colloca, qualunque parte lo abbia richiesto e seguendo l'ordine previsto dall'art. 503 co. 1, dopo l'assunzione delle prove a carico dell'imputato (→ **Disp. att.**, art. 150). L'esame di persona imputata in un procedimento connesso (→ **Prove**, art. 210) è trattato, invece, quanto alla sua collocazione, secondo l'ordine delineato dall'art. 496.

• L'**accordo delle parti**, idoneo ad alterare l'ordine imposto dalla disposizione in esame, non vale a mutare, invece, quello stabilito dall'art. 503 co. 1 (relativo all'esame delle parti private).

• Quando l'assunzione di una fonte di prova dichiarativa è contemporaneamente richiesta da più parti sulle **medesime circostanze** (artt. 468 e 493), l'ordine imposto dall'art. 496 non è derogabile sicché la precedenza è da assegnare al p.m.

• Quanto alla possibilità che la prova dichiarativa venga **assunta a distanza** – solo a fronte dell'espresso consenso delle parti, salvo che la legge non preveda altrimenti (→ **Disp. att.**, artt. 146 *bis* e 147 *bis*) – occorre che i collegamenti siano realizzati nel rispetto di specifici **requisiti tecnici di sicurezza** (→ art. 147 *quater*) e che siano assicurate le modalità e le garanzie prescritte dall'art. 133 *ter* (→ **Atti**): che siano, cioè, garantiti i **diritti fondamentali** delle parti e il canone epistemologico del **contraddittorio** (→ **Cost.**, art. 111 co. 3 e 4).

497. Atti preliminari all'esame dei testimoni.

1. I testimoni sono esaminati l'uno dopo l'altro nell'ordine prescelto dalle parti che li hanno indicati.

2. Prima che l'esame abbia inizio, il presidente avverte il testimone dell'obbligo di dire la verità.

Salvo che si tratti di persona minore degli anni quattordici, il presidente avverte altresì il testimone delle responsabilità previste dalla legge penale per i testimoni falsi o reticenti e lo invita a rendere la seguente dichiarazione: «Consapevole della responsabilità morale e giuridica che assumo con la mia deposizione, mi impegno a dire tutta la verità e a non nascondere nulla di quanto è a mia conoscenza». Lo invita quindi a fornire le proprie generalità.

2 *bis*. Gli ufficiali e gli agenti di polizia giudiziaria, anche appartenenti ad organismi di polizia esteri, i dipendenti dei servizi di informazione per la sicurezza, gli ausiliari, nonché le interposte persone, chiamati a deporre, in ogni stato e grado del procedimento, in ordine alle attività svolte sotto copertura ai sensi dell'articolo 9 della legge 16 marzo 2006, n. 146, e della legge 3 agosto 2007, n. 124, e successive modificazioni, invitati a fornire le proprie generalità, indicano quelle di copertura utilizzate nel corso delle attività medesime.

3. L'osservanza delle disposizioni del comma 2 è prescritta a pena di nullità.

Il testo originario è stato così modificato in seguito alla l. 13.8.2010, n. 136, e successivamente dal d.l. 18.2.2015, n. 7, conv. dalla l. 17.4.2015, n. 43.

• Una volta che il giudice ha ammesso le prove richieste (art. 495), ogni parte è **libera di gestire** l'ordine di assunzione dei testimoni (e dei consulenti tecnici e dei periti) dei quali ha chiesto l'ammissione (art. 493).

• Quanto all'**impegno** che è chiamato ad assumere il testimone prima della sua audizione (avvenga essa in presenza o a distanza, ai sensi dell'art. 496 co. 2 *bis*), la disposizione concorre a integrare, insieme a quelle che seguono (artt. 498, 499 e 500), la disciplina della testimonianza (→ **Prove**, artt. 194-207) dal punto di vista dinamico. Essa, infatti, è informata al principio sancito dall'art. 198, che impone al testimone il dovere di **rispondere secondo verità**, e deve trovare applicazione ogni qualvolta si debba procedere all'assunzione di una prova testimoniale: nell'incidente probatorio (→ **Indagini e udienza preliminare**, art. 392 s.), in udienza preliminare (→ art. 422), nel giudizio abbreviato (→ **Procedimenti speciali**, art. 441 co. 6), nel giudizio d'appello (→ **Impugnazioni**, art. 603).

• Tanto l'**ammonizione** impartita dal giudice circa l'obbligo di dire la verità e l'**avvertimento** in ordine alle conseguenze penali derivanti dalla violazione di suddetto obbligo, quanto l'**impegno** assunto dal testimone nella formula prescritta dall'art. 497, sono imposti a pena di nullità (→ **Atti**), da qualificarsi quale relativa (→ art. 181) e, quindi, solo eccepibili *ex* art. 182 co. 2 e sanabili ai sensi dell'art. 183: ad es. nell'ipotesi in cui la parte, avendo proceduto all'esame o al controesame (art. 499), possa dirsi abbia accettato gli effetti dell'atto (→ art. 183 lett. *a*). Di questi adempimenti deve essere fornita **documentazione** nel verbale di assunzione dei mezzi di prova (art. 510 co. 2).

• L'avvertimento previsto dal co. 2 va **rinnovato** quando il presidente – o il giudice – rilevi nel corso dell'esame che il testimone stia rendendo dichiarazioni contraddittorie, incomplete o contrastanti rispetto a prove già acquisite ovvero si rifiuti di deporre fuori dei casi espressamente previsti dalla legge (→ **Prove**, art. 207). Nel caso di persistenza nel rifiuto, il presidente dispone (con ordinanza: → **Atti**, art. 125) l'immediata trasmissione della notizia di reato al p.m. (→ **Indagini e udienza preliminare**, art. 331) perché proceda a norma di legge (art. 476 co. 2).

• Sia gli avvertimenti del giudice, sia la dichiarazione d'impegno del testimone, da obbligatori diventano eventuali qualora il soggetto da assumere sia titolare di una **facoltà di astensione dal testimoniare** (→ **Prove**, artt. 199, 200 e 203). Preventivamente avvisato dal giudice di tale facoltà, al soggetto che se ne avvale, ovviamente, non viene impartito alcun avvertimento e non gli è imposta alcuna dichiarazione d'impegno. Questi adempimenti formali non sono prescritti quando il testimone sia un soggetto **minore degli anni quattordici**, in ragione della non imputabilità dello stesso (→ art. 98 c.p.).

• Al di là dei suesposti avvertimenti e dichiarazioni di impegno, al fine di **preservare la genuinità e la spontaneità della deposizione**, coloro che sono stati citati per rendere testimonianza, prima del loro esame, non possono comunicare con alcuna delle parti, con i difensori e i consulenti tecnici, né assistere all'esame di altre persone, né vedere, udire o, comunque, essere informati su quanto avviene in aula (→ **Disp. att.**, art. 149).

• Quanto alla testimonianza degli **ufficiali o agenti di polizia giudiziaria** che abbiano operato **sotto copertura** (così come delle persone che collaborano con la giustizia e degli imputati di reato connesso), la relativa disciplina è integrata dalle ulteriori cautele tese a garantire la sicurezza di tali persone, previste dall'art. 147 *bis* **Disp. att.**

498. Esame diretto e controesame dei testimoni.

1. Le domande sono rivolte direttamente dal pubblico ministero o dal difensore che ha chiesto l'esame del testimone.

2. Successivamente altre domande possono essere rivolte dalle parti che non hanno chiesto l'esame, secondo l'ordine indicato nell'articolo 496.

3. Chi ha chiesto l'esame può proporre nuove domande.

4. L'esame testimoniale del minorenne è condotto dal presidente su domande e contestazioni proposte dalle parti. Nell'esame il presidente può avvalersi dell'ausilio di un familiare del minore o di un esperto in psicologia infantile. Il presidente, sentite le parti, se ritiene che l'esame diretto del minore non possa nuocere alla serenità del teste, dispone con ordinanza che la deposizione prosegua nelle forme previste dai commi precedenti. L'ordinanza può essere revocata nel corso dell'esame.

4 *bis*. Si applicano, se una parte lo richiede ovvero se il presidente lo ritiene necessario, le modalità di cui all'articolo 398, comma 5 *bis*.

4 *ter*. Quando si procede per i reati di cui agli articoli 572, 600, 600 *bis*, 600 *ter*, 600 *quater*, 600 *quinquies*, 601, 602, 609 *bis*, 609 *ter*, 609 *quater*, 609 *octies* e 612 *bis* del codice penale, l'esame del minore vittima del reato ovvero del maggiorenne infermo di mente vittima del reato viene effettuato, su richiesta sua o del suo difensore, mediante l'uso di un vetro specchio unitamente ad un impianto citofonico.

4 *quater*. Fermo quanto previsto dai precedenti commi, quando occorre procedere all'esame di una persona offesa che versa in condizioni di particolare vulnerabilità, il giudice, se la persona offesa o il suo difensore ne fa richiesta, dispone l'adozione di modalità protette.

Il testo originario è stato così modificato dalla l. 3.8.1998, n. 269, poi dalla l. 11.8.2003, n. 228, dal d.l. 23.2.2009, n. 11, conv. dalla l. 23.4.2009, n. 38, dal d.l. 14.8.2013, n. 93, conv. dalla l. 15.10.2013, n. 119 e, infine, dal d. lgs. 15.12.2015, n. 212.

• La disposizione risponde a una duplice esigenza: assicurare il **contraddittorio per la prova**, quale metodo più efficace per la formazione di conoscenze processuali affidabili (→ **Cost.**, art. 111 co. 4); garantire all'imputato il **diritto di interrogare o fare interrogare i testimoni a carico** (→ **Cost.**, art. 111 co. 3; → **Cedu**, art. 6 § 3 lett. *d*).

• La sequenza fissata dall'art. 498 costituisce un modello che trova applicazione con riferimento all'assunzione di ogni **prova orale rappresentativa** (→ **Libro III**): non solo per la testimonianza (→ art. 194 s.), ma anche per l'esame delle parti private (art. 503), dei periti e dei consulenti tecnici (art. 501).

• A essa occorre fare riferimento in ogni segmento processuale in cui si provveda ad assumere una prova dichiarativa **richiesta dalle parti**: sia nel giudizio di primo grado (artt. 468 e 493); sia quando la richiesta è avanzata nel corso delle indagini preliminari (→ **Libro V**) con le forme dell'incidente probatorio (→ artt. 392, 393 e 401); sia in appello (→ **Impugnazioni**) ai sensi dell'art. 603 co. 1 e 2. Quando, invece, l'assunzione è **disposta d'ufficio** (→ **Prove**, art. 190 co. 2; → **Indagini preliminari e udienza preliminare**, art. 422; → **Procedimenti speciali**, art. 441 co. 5; artt. 507 e 523 co. 6; → **Impugnazioni**, art. 603 co. 3 e co. 3 *bis*) è lo stesso **giudice a provvedere direttamente all'esame**, stabilendo solo all'esito dello stesso quale sia la parte che debba condurre l'esame diretto (→ **Disp. att.**, art. 151 co. 2). Al modello imposto dall'art. 498 si deroga, invero, nell'**udienza preliminare**: la prova è sempre assunta direttamente dal giudice; anche quando è sollecitata dalle parti, che conservano solo il diritto a porre domande tramite il giudice (→ **Libro V**, art. 422 co. 3). Le regole dell'esame incrociato possono essere adottate in udienza preliminare solo su istanza di parte e limitatamente all'interrogatorio dell'imputato (→ **Soggetti**, art. 64). Allo stesso modo si procede all'assunzione della prova nel corso del giudizio abbreviato (→ **Procedimenti speciali**, art. 441 co. 6).

• L'esame e il controesame è condotto dalle parti attraverso l'ausilio delle **dichiara-**

zioni – eventualmente rese in precedenza dai soggetti compulsati nel corso delle indagini preliminari (→ **Libro V**, artt. 350, 351, 362 e 363), delle investigazioni difensive (→ artt. 391 *bis* e 391 *ter*) e dell'udienza preliminare (→ art. 422) – raccolte nel **fascicolo del p.m.** (→ art. 433).

• Onde evitare interventi "a catena" e senza limiti, non è prevista la possibilità di un ulteriore controesame a seguito delle nuove domande formulate da chi aveva condotto l'esame.

• Le forme di gestione protetta del testimone vulnerabile (quanto alle condizioni dalle quali si desume la "**particolare vulnerabilità**" della persona offesa v. art. 90 *quater* → **Soggetti**), previste dai co. 4, 4 *bis*, 4 *ter* e 4 *quater*, si applicano anche nei casi di sua assunzione nell'incidente probatorio e valgono a integrare gli ulteriori presidi di garanzia ivi prescritti (→ **Indagini e udienza preliminare**, artt. 398 co. 5 *bis*, 5 *ter* e 5 *quater*, 401 co. 5). La necessità che l'esame presidenziale del **testimone minorenne** venga gestito attraverso le domande e le contestazioni (art. 500) **suggerite** dalle parti nasce dalla circostanza che il giudice, al momento dell'assunzione della testimonianza, ha una conoscenza limitata ai pochi atti contenuti nel fascicolo per il dibattimento (→ **Indagini e udienza preliminare**, art. 431) e alle sole prove già assunte nel corso dell'istruzione dibattimentale.

499. Regole per l'esame testimoniale.

1. L'esame testimoniale si svolge mediante domande su fatti specifici.

2. Nel corso dell'esame sono vietate le domande che possono nuocere alla sincerità delle risposte.

3. Nell'esame condotto dalla parte che ha chiesto la citazione del testimone e da quella che ha un interesse comune sono vietate le domande che tendono a suggerire le risposte.

4. Il presidente cura che l'esame del testimone sia condotto senza ledere il rispetto della persona.

5. Il testimone può essere autorizzato dal presidente a consultare, in aiuto della memoria, documenti da lui redatti.

6. Durante l'esame, il presidente, anche di ufficio, interviene per assicurare la pertinenza delle domande, la genuinità delle risposte, la lealtà dell'esame e la correttezza delle contestazioni, ordinando, se occorre, l'esibizione del verbale nella parte in cui le dichiarazioni sono state utilizzate per le contestazioni.

Il testo originario è stato così modificato dalla l. 1.3.2001, n. 63.

• Anche questa disposizione, come le due precedenti, contribuisce a integrare il modello disciplinare della testimonianza (→ **Prove**, art. 194 s.) e, pertanto, se ne esclude l'applicabilità per l'assunzione delle sommarie informazioni da parte di persone informate sui fatti nel corso delle indagini preliminari (→ **Libro V**, artt. 351 e 362).

• Nell'esigere che le domande al testimone vertano su **fatti specifici**, l'art. 499 non fa altro che ribadire il precetto contenuto nell'art. 194, con i limiti ivi previsti (→ **Prove**). Così si evitano domande generiche non aderenti all'oggetto della testimonianza o che possano consentire al testimone di divagare e discostarsi dalle circostanze indicate nella lista di cui all'art. 468.

• Il divieto di **domande "nocive"** ha natura generica: coinvolge ogni domanda idonea ad alterare la genuinità e sincerità della risposta; riguarda ogni soggetto titolare di un potere di domanda (non solo le parti, ma anche il giudice). La violazione di tale divieto, così come di quello "specifico" in ordine alla proposizione di domande suggestive, comporta l'inutilizzabilità della relativa risposta (→ **Prove**, art. 191).

• Il **rispetto della persona** è un requisito, su cui vigila il presidente del collegio, che caratterizza non solo la conduzione dell'esame testimoniale ma anche l'esecuzione di alcuni mezzi di ricerca della prova (→ **Libro III**): è prescritto a garanzia delle persone sottoposte a ispezione (→ art. 245 co. 2) e a perquisizione personale (→ art. 249 co. 2). Ciò deriva dalla necessità che le esigenze dell'accertamento non travolgano le **garanzie costituzionali** (→ **Cost.**, artt. 13 e 27). Risponde alla medesima istanza di tutela la prescrizione che, onde porlo al riparo dal rischio di autoincriminazione, esime il testimone dall'obbligo di rispondere su fatti dai quali potrebbe emergere una propria responsabilità penale (→ **Prove**, art. 198 co. 2).

• La possibilità di agevolare il **ricordo del testimone** attraverso la consultazione di documenti auto redatti (appunti) non incrina il principio dell'oralità che caratterizza la fase del giudizio. Questa possibilità è consentita, sempre su autorizzazione del presidente, anche agli ufficiali e agenti di p.g. (art. 514 co. 2) con riferimento ai verbali e agli atti di documentazione delle attività dagli stessi compiute (→ **Indagini e udienza preliminare**, art. 357). Alla medesima funzione concorre – senza, però, che la consultazione sia preceduta da autorizzazione presidenziale – la disposizione dettata in materia di esame dei periti e dei consulenti tecnici (art. 501 co. 2).

• Il **presidente** dell'organo giudicante interviene, nel corso dell'escussione dei testimoni, quale **garante** dell'accertamento dei fatti e del corretto esercizio dei diritti che la parti esercitano in tale direzione. Il suo intervento può realizzarsi *ex officio* o su sollecitazione di parte, esercitata attraverso opposizioni (art. 504).

• L'ordine di **esibizione del verbale** utilizzato per la **contestazione** (art. 500) è volto a verificare che la stessa sia stata mossa correttamente (in presenza, cioè, di un effettivo contrasto) e deve riguardare solo la parte valsa a tale scopo (per evitare che il giudice conosca, oltre i limiti segnati dalla contestazione, atti non formati nel contraddittorio).

500. Contestazioni nell'esame testimoniale.

1. Fermi i divieti di lettura e di allegazione, le parti, per contestare in tutto o in parte il contenuto della deposizione, possono servirsi delle dichiarazioni precedentemente rese dal testimone e contenute nel fascicolo del pubblico ministero. Tale facoltà può essere esercitata solo se sui fatti o sulle circostanze da contestare il testimone abbia già deposto.

2. Le dichiarazioni lette per la contestazione possono essere valutate ai fini della credibilità del teste.

3. Se il teste rifiuta di sottoporsi all'esame o al controesame di una delle parti, nei confronti di questa non possono essere utilizzate, senza il suo consenso, le dichiarazioni rese ad altra parte, salve restando le sanzioni penali eventualmente applicabili al dichiarante.

4. Quando, anche per le circostanze emerse nel dibattimento, vi sono elementi concreti per ritenere che il testimone è stato sottoposto a violenza, minaccia, offerta o promessa di denaro o di altra utilità, affinché non deponga ovvero deponga il falso, le dichiarazioni contenute nel fascicolo del pubblico ministero precedentemente rese dal testimone sono acquisite al fascicolo del dibattimento e quelle previste dal comma 3 possono essere utilizzate.

5. Sull'acquisizione di cui al comma 4 il giudice decide senza ritardo, svolgendo gli accertamenti che ritiene necessari, su richiesta della parte, che può fornire gli elementi concreti per ritenere che il testimone è stato sottoposto a violenza, minaccia, offerta o promessa di denaro o di altra utilità.

6. A richiesta di parte, le dichiarazioni assunte dal giudice a norma dell'articolo 422 sono acquisite al fascicolo del dibattimento e sono valutate ai fini della prova nei confronti delle parti che hanno partecipato alla loro assunzione, se sono state utilizzate per le contestazioni previste dal presente articolo. Fuori dal caso previsto dal periodo precedente, si applicano le disposizioni di cui ai commi 2, 4 e 5.

7. Fuori dai casi di cui al comma 4, su accordo delle parti le dichiarazioni contenute nel fascicolo del pubblico ministero precedentemente rese dal testimone sono acquisite al fascicolo del dibattimento.

Il testo originario è stato così modificato dal d.l. 8.6.1992, n. 306, conv., con modif., dalla l. 7.8.1992, n. 356 e, poi, dalla l. 1.3.2001, n. 63.

• Diversamente da quanto avviene per altre disposizioni – dove il richiamo al concetto di "contestazione" vale a siglare l'attribuzione di un addebito penalmente rilevante (→ **Soggetti**, art. 65; → **Indagini e udienza preliminare**, art. 374 co. 2) – qui la "contestazione" costituisce lo strumento attraverso il quale le parti del contraddittorio dibattimentale (necessarie o eventuali: → **Soggetti**) oppongono al teste escusso in dibattimento **l'esistenza di un contrasto** fra quanto dallo stesso affermato in questa sede e quanto in precedenza riferito: durante le indagini preliminari (→ **Libro V**), al p.m. (→ art. 362), alla p.g. (→ art. 351), al difensore (→ art. 391 *bis*), o, nel corso dell'udienza preliminare, al g.i.p. (→ art. 422).

• Possono essere utilizzate per la contestazione solo **dichiarazioni** rese in precedenza dal **medesimo soggetto** escusso in dibattimento; anche quando queste dichiarazioni siano state rese nell'ambito di altro procedimento (→ **Prove**, art. 238 co. 4). Si tratta, quindi, di un istituto diverso da quello contemplato dall'art. 207 (→ **Prove**) che attribuisce al giudice il potere di "contestare" il contrasto non con quanto dallo stesso teste affermato precedentemente (del quale, fra l'altro, il giudice non può avere conoscenza: → **Indagini e udienza preliminare**, art. 431) ma con altre prove già acquisite al dibattimento (già allegate, pertanto, al relativo fascicolo: art. 515), qualsiasi sia la loro natura o provenienza.

• La "riserva" contemplata al co. 1 – fermi i divieti di lettura (art. 514) e di allegazione (art. 515) – sigla la non omologabilità fra la **lettura effettuata dalle parti** ai fini contestativi e quella operata dal giudice (artt. 511, 511 *bis*, 512, 512 *bis* e 513) che, invece, funge da veicolo per l'utilizzabilità dell'atto ai fini della decisione (art. 526).

• Benché l'**atto utilizzato per la contestazione**, vertendo su di una dichiarazione resa nelle fasi precedenti a quella del giudizio, è normalmente inserito nel **fascicolo del p.m.** (→ **Indagini e udienza preliminare**, art. 433), nulla esclude che all'uopo possa essere utilizzato un atto contenuto nel **fascicolo per il dibattimento** (→ art. 431). Ciò avviene, ad es., quando il teste, escusso in dibattimento, riferisca sulle medesime circostanze su cui ha già deposto in incidente probatorio (→ **Libro V**, art. 392 s.). In questo caso la "non rinviabilità", che aveva giustificato l'assunzione anticipata della prova, non si è tradotta in un'effettiva irripetibilità dell'atto e, quindi, l'esame dibattimentale (art. 497 s.) della persona che ha reso la dichiarazione nell'incidente probatorio deve precedere la lettura del relativo verbale (art. 511 co. 2). Analogo è l'itinerario per l'utilizzo di verbali di prova di altri procedimenti (art. 511 *bis*).

• Estravagante, rispetto all'istituto della contestazione, è la **prescrizione contemplata al co. 3**. Essa costituisce estrinsecazione dell'ossequio al principio costituzionale del contraddittorio per la prova (→ **Cost.**, art. 111 co. 4; nella sola prospettiva dell'accusato, quale diritto di interrogare o fare interrogare i testimoni a carico: → **Cedu**, art. 6 § 3 lett. *d*). Si tratta di un'ipotesi di **inutilizzabilità** (→ **Prove**, art. 191) **soggettivamente orientata**, in quanto spiega i suoi effetti solo nei confronti della parte che si è vista negare il diritto all'esame o al controesame (art. 498). L'eventuale consenso di quest'ultima elimina, così, la preclusione all'utilizzabilità (in linea con quanto previsto dall'art. 111 co. 5 **Cost.**).

• Fuori dalla funzionalità ai soli fini della valutazione circa la **credibilità del testimone** (co. 2), le ipotesi che, invece, aprono la via all'**allegazione al fascicolo del dibattimento** (art. 515) dei verbali, contenenti le dichiarazioni, utilizzati per le contestazioni ricalcano le deroghe al contraddittorio nella formazione della prova sancite dall'art. 111 co. 5 **Cost.**

• Quanto al caso del testimone che risulti sottoposto a **violenza, minaccia, offerta o promessa di denaro** (co. 4), l'ipotesi richiama le medesime modalità attraverso le quali si possono realizzare forme di alterazione della capacità di autodeterminazione del testimone (→ **Prove**, art. 188) già evocate dall'art. 392 lett. *b*, quali "pericoli" da evitare tramite un'anticipata assunzione della prova in incidente probatorio (→ **Indagini e udienza preliminare**).

• La disposizione (co. 5) impone in questi casi l'innesto di una vera e propria **procedura incidentale**, volta all'accertamento dell'effettivo inquinamento probatorio: si tratta, infatti, di verificare la sussistenza del fatto da cui dipende l'applicazione di questa norma processuale (→ **Prove**, art. 187 co. 2).

• L'**acquisizione**, in seguito a contestazione, delle dichiarazioni assunte davanti al giudice dell'udienza preliminare (→ **Libro V**, art. 422) è veicolata da una richiesta di parte e ne è limitata la valutazione ai fini della prova nei soli confronti di coloro che hanno partecipato alla loro assunzione (così come avviene in relazione ai verbali di prove di altro procedimento: → **Libro III**, art. 238 co. 2 *bis*).

501. Esame dei periti e dei consulenti tecnici.

1. Per l'esame dei periti e dei consulenti tecnici si osservano le disposizioni sull'esame dei testimoni, in quanto applicabili.

1 *bis*. Almeno sette giorni prima dell'udienza fissata per il suo esame, il perito autorizzato ai sensi dell'articolo 227, comma 5, deposita in cancelleria la propria relazione scritta. Nello stesso termine la parte che ha nominato un consulente tecnico deposita in cancelleria l'eventuale relazione scritta del consulente.

1 *ter*. Fuori dai casi previsti al comma 1 *bis*, la parte che ha chiesto l'esame di un consulente tecnico deposita l'eventuale relazione almeno sette giorni prima dell'udienza fissata per quell'esame.

2. Il perito e il consulente tecnico hanno in ogni caso facoltà di consultare documenti, note scritte e pubblicazioni, nonché le relazioni depositate ai sensi dei commi 1 *bis* e 1 *ter*, che possono essere acquisiti anche di ufficio.

Il testo originario è stato così modificato dal d. lgs. 10.10.2022, n. 150.

• In dibattimento si può procedere all'**escussione del perito** (→ **Prove**, art. 221) che ha svolto la propria attività nell'ambito della medesima fase (art. 508), sia di quello che, investito dal g.i.p. (→ **Libro V**, art. 328), vi ha provveduto nell'incidente probatorio (→ art. 392 s.) o nell'udienza preliminare (→ art. 422).

• In caso di **perizia complessa**, svolta in **incidente probatorio** (→ **Indagini e udienza preliminare**, art. 392 co. 2), la citazione del perito è disposta dal giudice *ex officio* (→ **Prove**, art. 190 co. 2) indipendentemente dalla richiesta di una delle parti (art. 468 co. 5).

• Il **preventivo deposito delle relazioni scritte** presso la cancelleria del giudice [entro sette giorni dall'audizione del perito o dei consulenti, infra o extra peritali (→ **Prove**, artt. 225 e 233)] tende ad assicurare, rendendolo adeguatamente informato, una maggiore effettività ed efficacia al contraddittorio per la prova scientifica. Tale adempimento, avente mera **funzione informativa**, non altera il momento dell'effettiva acquisizione delle relazioni scritte, possibile solo dopo l'esame dei periti e dei consulenti (art. 511).

• L'esame del **consulente tecnico** (→ **Prove**, art. 233; → **Indagini e udienza preliminare**, artt. 359 e 360) è sempre veicolata dalla richiesta di parte (artt. 468 e 493), anche quando si tratta di consulenza tecnica effettuata in ambito peritale (→ **Prove**, art. 225).

• L'esame del perito e del consulente tecnico segue le stesse **regole previste per l'esame del testimone** (art. 497 s.), ma con qualche differenza.

• Innanzitutto, il perito non rende la dichiarazione d'impegno prevista per il testimone (art. 497 co. 2) bensì quella specifica indicata all'art. 226 (→ **Prove**). Nessuna disposizione regola in modo espresso, invece, l'avvio dell'esame del consulente. Si ritiene, comunque, che il consulente sia tenuto a rendere la formula prevista dall'art. 497 co. 2.

• Così come previsto per i testimoni (art. 499), anche i periti e i consulenti possono consultare, durante il loro esame, **propri scritti.** Oltre alla **relazione** (→ **Prove,** artt. 227, 230 e 233) preventivamente depositata, e diversamente dal testimone, essi possono consultare anche altri **documenti e pubblicazioni** utilizzati per svolgere la propria attività. Tanto gli scritti autografi, quanto i documenti e le pubblicazioni possono essere allegati, anche *ex officio* (→ art. 190 co. 2), al fascicolo per il dibattimento (art. 515) e utilizzati per la decisione (art. 526).

502. Esame a domicilio di testimoni, periti e consulenti tecnici.

1. In caso di assoluta impossibilità di un testimone, di un perito o di un consulente tecnico a comparire per legittimo impedimento, il giudice, a richiesta di parte, può disporne l'esame nel luogo in cui si trova, dando comunicazione, a norma dell'articolo 477, comma 3, del giorno, dell'ora e del luogo dell'esame.

2. L'esame si svolge con le forme previste dagli articoli precedenti, esclusa la presenza del pubblico. L'imputato e le altre parti private sono rappresentati dai rispettivi difensori. Il giudice, quando ne è fatta richiesta, ammette l'intervento personale dell'imputato interessato all'esame.

• L'esame domiciliare rappresenta un'**ipotesi eccezionale**: segue a una regolare citazione per essere esaminati (artt. 468, 507 e 508); è saldata all'**assoluta impossibilità** dei soggetti dichiaranti a comparire davanti al giudice a causa di un legittimo impedimento (secondo le ipotesi, quindi, già previste per l'imputato: → **Indagini e udienza preliminare**, art. 420 *ter*). Si tratta, quindi, di un'impossibilità da circoscrivere ai soli casi in cui l'impedimento sia tale da non potersene eludere gli effetti attraverso il differimento dell'esame ad altro momento dell'istruzione dibattimentale (art. 509).

• Anche per l'esame a domicilio, previo **consenso delle parti**, è possibile procedere tramite collegamento audiovisivo (art. 496 co. 2 *bis*).

• Può svolgersi "a distanza" – senza accedere, cioè, all'aula di udienza – attraverso **collegamento audiovisivo**, anche l'esame di persona a qualunque titolo detenuta presso un istituto penitenziario (→ **Disp. att.**, art. 146 *bis* co. 1 *quater*), dei "collaboratori di giustizia" e dei "testimoni di giustizia" (→ art. 147 *bis*).

• La competenza a disporre l'esame a domicilio è attribuita al giudice – inteso, quindi, quale organo giudicante – su **istanza di parte** e sulla base di una valutazione discrezionale. La parte istante, verosimilmente, sarà la stessa che ha chiesto l'ammissione (art. 493) della persona impossibilitata a comparire. Quando l'iniziativa probatoria proviene dal giudice (art. 507) l'opzione domiciliare potrebbe essere avviata prescindendo da un impulso di parte: così anche per l'assunzione della prova disposta *ex officio* in udienza preliminare (→ **Libro V**, art. 422) e in appello (→ **Impugnazioni**, art. 603 co. 3).

• L'escussione domiciliare, oltre che per il testimone (→ **Prove**, art. 194) – anche per quello c.d. "assistito" (→ art. 197 *bis*) –, per il perito (→ art. 221) e per il consulente (→ art. 225), deve intendersi possibile anche per gli **imputati in procedimento connesso** (→ art. 210) stante il rinvio agli stessi operato dall'art. 513 co. 2. Pur in assenza di apposito richiamo, la disposizione in esame si applica anche nei casi di assunzione dell'esame sia delle **più alte cariche dello Stato** (Presidente della Repubblica, Presidenti delle Camere, Presidente del Consiglio e Presidente della Corte costituzionale), sia degli agenti diplomatici o di incaricati di una missione diplomatica all'estero durante la loro permanenza all'estero; per essi, vale la disciplina specifica (→ artt. 205 e 206).

• All'esame domiciliare può ricorrersi, qualora **manchino strutture specializzate di assistenza**, per l'escussione del **testimone minorenne**: sia in incidente probatorio (→ **Indagini e udienza preliminare**, art. 398 co. 5 *bis*), sia nel corso del dibattimento (art. 498 co. 4 *bis*). In questi casi vi si provvede anche in assenza di un'espressa richiesta di parte quando il presidente lo ritiene necessario (→ art. 398 co. 5 *bis*).

• L'istituto non è, ovviamente, applicabile all'**esame dell'imputato** (art. 503): godendo di un diritto pieno a partecipare al processo che lo riguarda, in caso di legittimo impedimento a comparire dell'imputato (→ **Indagini e udienza preliminare**) il processo viene rinviato (→ art. 420 *ter*).

• L'applicazione dell'esame domiciliare a ipotesi estranee al campo di operatività della disposizione integra una mera **irregolarità**; è escluso – in assenza di espressa previsione – il ricorso sia alla nullità (→ **Atti**, art. 177), sia all'inutilizzabilità (→ **Prove**, art. 191).

• L'esame domiciliare avviene tramite il ricorso alle forme ordinarie (art. 498 s.) con la sola eccezione connessa all'**esclusione del pubblico**, così derogando al principio della pubblicità dibattimentale (art. 474). All'escussione partecipano necessariamente il p.m. (→ **Soggetti**, art. 50) e i difensori dell'imputato (→ art. 96 s.) e delle altre parti private (→ art. 102). Solo per l'**imputato**, e non per le altre parti private, è consentito l'**intervento personale** qualora lo stesso ne faccia richiesta. Posto che l'accesso al luogo ove si svolge l'esame costituirebbe, in questi casi, esercizio di un diritto dell'imputato "interessato" all'esame, l'ingiustificata violazione di tale diritto comporterebbe una nullità a regime intermedio (→ **Atti**, artt. 178 lett. *c* e 180).

503. Esame delle parti private.

1. Il presidente dispone l'esame delle parti che ne abbiano fatto richiesta o che vi abbiano

consentito, secondo il seguente ordine: parte civile, responsabile civile, persona civilmente obbligata per la pena pecuniaria e imputato.

2. L'esame si svolge nei modi previsti dagli articoli 498 e 499. Ha inizio con le domande del difensore o del pubblico ministero che l'ha chiesto e prosegue con le domande, secondo, i casi, del pubblico ministero e dei difensori della parte civile, del responsabile civile, della persona civilmente obbligata per la pena pecuniaria, del coimputato e dell'imputato. Quindi, chi ha iniziato l'esame può rivolgere nuove domande.

3. Fermi i divieti di lettura e di allegazione, il pubblico ministero e i difensori, per contestare in tutto o in parte il contenuto della deposizione, possono servirsi delle dichiarazioni precedentemente rese dalla parte esaminata e contenute nel fascicolo del pubblico ministero. Tale facoltà può essere esercitata solo se sui fatti e sulle circostanze da contestare la parte abbia già deposto.

4. Si applica la disposizione dell'articolo 500, comma 2.

5. Le dichiarazioni alle quali il difensore aveva diritto di assistere assunte dal pubblico ministero o dalla polizia giudiziaria su delega del pubblico ministero sono acquisite nel fascicolo per il dibattimento, se sono state utilizzate per le contestazioni previste dal comma 3.

6. La disposizione prevista dal comma 5 si applica anche per le dichiarazioni rese a norma degli articoli 294, 299, comma 3 *ter*, 391 e 422.

Il testo originario è stato così modificato dal d.l. 8.6.1992, conv., con modif., dalla l. 7.8.1992, n. 356; poi dalla l. 8.8.1995, n. 332, e, infine, dalla l. 1.3.2001, n. 63.

• La disposizione **integra** la disciplina prevista nel **Libro III** (→ **Prove**, art. 208 s.) e **si completa**, quanto all'esame dell'imputato, con quella dettata all'art. 513.

• Quanto all'**ammissione dell'esame delle parti**, essa sfugge all'onere della previa indicazione nella lista disciplinata dall'art. 468. La richiesta deve essere formulata, a pena di decadenza, ai sensi dell'art. 493 e l'esame è ammesso, come per gli altri mezzi di prova, con ordinanza del giudice *ex* art. 495.

• L'**ordine di assunzione** degli esami delle parti private, così come previsto dalla presente disposizione, non è derogabile (diversamente da quanto consentito dall'art. 496 co. 2) e si colloca dopo l'assunzione delle prove a carico dell'imputato (→ **Disp. att.**, art. 150).

• Il solo richiamo, quanto alle **modalità di svolgimento dell'esame**, agli artt. 498 e 499 implica che alla parte non è rivolto l'avvertimento né è imposta la dichiarazione d'impegno *ex* art. 497. Se, però, si tratta della parte civile (→ **Soggetti**, art. 74) che è anche testimone, quest'ultima qualifica prevale per cui essa sarà tenuta a rispondere secondo verità (→ **Prove**, art. 208). Al pari di tutte le altre prove aventi natura dichiarativa, anche per l'esame delle parti private, previo consenso delle stesse e del p.m., può procedersi a distanza, tramite **collegamento audiovisivo** (art. 496 co. 2 *bis*).

• All'esame [secondo quanto disposto dall'art. 209 (→ **Prove**)] si applicano anche le disposizioni che regolano **l'oggetto e i limiti della testimonianza** (→ art. 194), l'esenzione dall'obbligo di rispondere a domande autoindizianti (→ art. 198 co. 2) e, con esclusione dell'imputato (→ **Soggetti**, art. 60), la testimonianza indiretta (→ **Prove**, art. 195).

• L'esame delle parti è un **mezzo di prova eventuale** in quanto la sua esperibilità è rimessa alla volontà delle stesse, declinabile o come richiesta di esservi sottoposti o come adesione all'altrui sollecitazione (→ **Prove**, art. 208). La parte gode, così, della **facoltà di non sottoporsi all'esame**; anche nelle ipotesi in cui sia stata la stessa a richiederlo. Ne deriva che, nel caso in cui si avvalga di tale facoltà, il giudice non può dedurre da tale scelta alcunché. Nel caso in cui si tratti dell'imputato che abbia già reso dichiarazioni **nel corso delle indagini o nell'udienza preliminare** (→ **Libro V**, artt. 294, 299 co. 3, 370, 375, 388, 391 co. 3, 421 co. 2 e 422 co. 4) trova applicazione l'art. 513. Qualora, però, abbia accettato di sottoporsi all'esame, la parte è tenuta a rispondere a tutte le domande (fermo restando il limite dell'art. 198 co. 2 → **Prove**) e, in caso di mancata risposta a qualche domanda, la sua condotta può formare oggetto di valutazione da parte del giudice (→ art. 192 co. 1). Per tale ragione di questo rifiuto è fatta **menzione nel verbale** (→ **Atti**, art. 136) di cui all'art. 510 (→ **Prove**, art. 209 co. 2).

• Quanto alla disciplina delle **contestazioni** – applicabile secondo i medesimi requisiti imposti dall'art. 500 – il richiamo espresso a quanto disposto dall'art. 500 co. 2 ne sancisce l'utilizzo ai medesimi fini di valutazione della credibilità del dichiarante. Possono essere utilizzate ai fini contestativi le dichiarazioni rese dall'imputato durante le indagini (→ **Libro V**, artt. 350 co. 7, 364 co. 5, 374 e 388) o l'udienza preliminare (→ artt. 421 co. 2 e 422 co. 4). Non è possibile muovere contestazioni all'imputato che rende **dichiarazioni spontanee** (art. 494) in ragione del fatto che il loro carattere spontaneo esclude ogni domanda o interpello ad opera delle parti (art. 499) e dello stesso giudice (art. 506).

• In seguito a contestazione, le **dichiarazioni acquisibili** al fascicolo per il dibattimento (→ **Indagini e udienza preliminare**, art. 431) e utilizzabili per la decisione (attraverso loro successiva lettura: art. 511) sono solo quelle "garantite" (alle quali, cioè, il difensore aveva diritto di assistere) rese, durante le indagini (→ **Libro V**), **dall'imputato al p.m.** (→ art. 375; → **Soggetti**, art. 64) o, **su delega** di quest'ultimo, **alla p.g.** (→ **Libro V**, art. 370). Restano, pertanto, escluse dall'ambito di operatività siglato dal co. 5 sia le sommarie informazioni assunte di propria iniziativa dalla p.g. (→ art. 350 co. 1), sia le dichiarazioni rese spontaneamente dall'indagato alla p.g. (→ art. 350 co. 7). Alla medesima disciplina sono assoggettate – sempre nell'ipotesi in cui siano state utilizzate per le contestazioni – le dichiarazioni rese negli **interrogatori davanti al giudice**: nell'interrogatorio di garanzia, a seguito di esecuzione di ordinanza applicativa di una misura cautelare (→ **Libro IV**, art. 294 co. 3) o nell'interrogatorio finalizzato a provvedere alla revoca o alla sostituzione della misura cautelare (→ art. 299 co. 3 *ter*); nell'interrogatorio reso in sede di udienza di convalida di arresto o fermo (→ **Libro V**, art. 391 co. 3); nell'interrogatorio reso in udienza preliminare, anche quale attività di integrazione probatoria (→ artt. 421 co. 2 e 422 co. 4).

• Le **dichiarazioni contestate** all'imputato durante l'esame – e acquisite al fascicolo dibattimentale (art. 515) ai sensi dei co. 5 e 6 – possono essere utilizzate, per quel che concerne la responsabilità dei coimputati, ai soli fini di valutare la credibilità del dichiarante, salvo che gli stessi coimputati prestino il consenso all'utilizzazione piena ovvero ricorrano le circostanze indicate all'art. 500 co. 4.

504. Opposizione nel corso dell'esame dei testimoni.

1. Salvo che la legge disponga diversamente, sulle opposizioni formulate nel corso dell'esame dei testimoni, dei periti, dei consulenti tecnici e delle parti private il presidente decide immediatamente e senza formalità.

• Le **parti del contraddittorio per la prova** possono muovere opposizione nel corso dell'escussione del testimone (→ **Prove**, artt. 194, 195 e 197 *bis*), del perito (→ art. 221), del consulente tecnico (→ artt. 225, 233, 359 e 360) e delle parti private [→ **Soggetti**: parte civile (art. 76), responsabile civile (art. 83), civilmente obbligato per la pena pecuniaria (art. 89), tutte esaminate ai sensi dell'art. 503] per l'inosservanza, da parte di uno degli antagonisti della dialettica probatoria, di una regola che governa l'assunzione della prova dichiarativa e ne assicura la corretta formazione. L'opposizione, così, può essere mossa avverso la **domanda non pertinente** al tema di prova (→ **Libro III**, art. 194), generica, **nociva o suggestiva** (art. 499 co. 1, 2 e 3), posta in **violazione di una qualche limitazione** espressamente prevista (→ **Prove**, artt. 198 co. 2 e 197 *bis* co. 4), ovvero **lesiva della dignità** dell'esaminato (art. 499 co. 4), nonché per arginare una **contestazione** (art. 500) **irrituale**.

• L'ambito di operatività dell'art. 504 è **più ampio**, pertanto, di quello siglato dall'art. 499 co. 6. Al fine di «assicurare la pertinenza delle domande, la genuinità delle risposte, la lealtà dell'esame e la correttezza delle contestazioni», tra l'altro, l'intervento presidenziale può realizzarsi anche d'ufficio.

• L'opposizione, altresì, **differisce dall'eccezione** (art. 495 co. 4): quest'ultima, infatti, si colloca nella fase dell'ammissione della prova – e non dell'assunzione – e riguarda tutte le prove (anche quelle precostituite, quali i documenti: → **Prove**, art. 234 s.) e non solo quelle dichiarative.

• L'eccezione, inoltre, è rivolta all'organo giudicante nel suo complesso, mentre sull'opposizione decide il **presidente del collegio**, cui spetta la direzione del dibattimento (art. 470).

• L'opposizione è proposta **oralmente dalla parte** e su di essa il presidente decide immediatamente e senza formalità, onde assicurare la speditezza del dibattimento, prima che l'esaminato risponda alla domanda.

505. Facoltà degli enti e delle associazioni rappresentativi di interessi lesi dal reato.

1. Gli enti e le associazioni intervenuti nel processo a norma dell'articolo 93 possono chiedere al presidente di rivolgere domande ai testimoni, ai periti, ai consulenti tecnici e alle parti private che si sono sottoposte a esame. Possono altresì chiedere al giudice l'ammissione di nuovi mezzi di prova utili all'accertamento dei fatti.

• Gli enti e le associazioni rappresentativi di interessi lesi dal reato (→ **Soggetti**, art. 93) possono intervenire nell'istruzione dibattimentale sollecitando – tramite il loro difensore (→ art. 101 co. 2) – il presidente dell'organo giudicante a **rivolgere domande** ai soggetti escussi nel dibattimento. È, infatti, loro **precluso l'interpello diretto** (art. 498). La sollecitazione non è, però, vincolante in quanto spetta all'organo giurisdizionale valutare l'**opportunità** e la **pertinenza** della domanda (art. 499 co. 4 e 6).

• Questo potere non è riconosciuto alla **persona offesa** (→ **Soggetti**, art. 90), benché la stessa abbia reso possibile l'intervento dell'ente prestando il consenso *ex* art. 92; ciò perché la persona offesa, nella maggior parte dei casi (→ art. 74, se danneggiata dal reato), può costituirsi parte civile (→ art. 76) ed esercitare, in quanto parte, il proprio diritto alla prova (→ **Libro III**, art. 190; artt. 468, 493, 498, 499, 500 e 504).

• Quanto alla richiesta di ammissione di **nuovi mezzi di prova** (→ **Libro III**, artt. 194-243) utili all'accertamento dei fatti, questa è rivolta non al solo presidente ma al **giudice**, inteso quale organo giurisdizionale nel suo complesso. Anche in questo caso l'accoglimento della richiesta è rimesso a una **scelta discrezionale** del giudice circa l'utilità dei nuovi mezzi di prova: secondo un parametro più selettivo, quindi, rispetto a quello sancito dall'art. 190. La richiesta di ammissione di nuovi mezzi di prova è sottratta ai termini imposti alle iniziative istruttorie delle parti (artt. 468, 493); di qui l'esigenza di riconoscere all'imputato il diritto alla successiva **ammissione della prova a discarico** (art. 495 co. 2).

• Gli enti e le associazioni rappresentativi di interessi lesi dal reato (→ **Soggetti**) possono, altresì, chiedere al giudice la **lettura** o l'**indicazione** degli atti ai sensi dell'art. 511.

506. Poteri del presidente in ordine all'esame dei testimoni e delle parti private.

1. Il presidente, anche su richiesta di altro componente del collegio, in base ai risultati delle prove assunte nel dibattimento a iniziativa delle parti o a seguito delle letture disposte a norma degli articoli 511, 512 e 513, può indicare alle parti temi di prova nuovi o più ampi, utili per la completezza dell'esame.

2. Il presidente, anche su richiesta di altro componente del collegio, può rivolgere domande ai testimoni, ai periti, ai consulenti tecnici, alle persone indicate nell'articolo 210 ed alle parti già esaminate, solo dopo l'esame e il controesame. Resta salvo il diritto delle parti di concludere l'esame secondo l'ordine indicato negli articoli 498, commi 1 e 2, e 503, comma 2.

Il testo originario è stato così modificato dalla l. 16.12.1999, n. 479.

• Secondo la logica del sistema accusatorio è alle parti che spetta l'iniziativa in materia di prova (→ **Libro III**, art. 190) che le stesse esercitano sia in chiave di richiesta di ammissione (artt. 468 e 493), sia in ottica di assunzione (artt. 498, 499 e 500). Al **giudice** residua un **ruolo di controllo**, quanto all'ammissione (art. 495) e all'assunzione (art. 499 co. 4 e 6), ma anche sussidiario, in ordine alla **facoltà** di indicare temi di prova nuovi o più ampi e di formulare domande. Questo potere si sostanzia in una possibile **integrazione** che presuppone l'esercizio di iniziative probatorie da parte sia del p.m. sia dalle parti private.

• Circa l'**ampliamento del tema di prova** (→ **Libro III**, art. 187) – delineato dalle parti attraverso l'indicazione delle circostanze nella lista *ex* art. 468, illustrato con le richieste di prova (art. 493), rappresentato tramite la *cross examination* (artt. 498, 499 e 500) – occorre che, oltre a essersi espletata l'istruttoria dibattimentale, il potere di integrazione risponda a un'**esigenza di completamento** dell'esame della fonte di prova rispetto al tema introdotto e sviluppato dalle parti. Esso si esplica, pertanto, solo in base ai risultati delle prove già assunte – in quanto il giudice non ha accesso agli atti contenuti nel fascicolo del p.m. (→ **Indagini e udienza preliminare**, art. 433) – e non consente al giudice di perseguire un'**autonoma ricostruzione del fatto**.

• Le **parti non** sono, comunque, **vincolate** all'invito presidenziale. Nel caso in cui queste non ne tengano conto, il giudice potrebbe disporre, sul tema "nuovo" o "più ampio", l'assunzione d'ufficio di nuovi mezzi di prova (art. 507).

• Quanto al potere del presidente di formulare domande ai testimoni (→ **Prove**, artt. 194, 195 e 197 *bis*), ai periti (→ art. 221), ai consulenti tecnici (→ artt. 225, 233, 359 e 360), agli imputati in procedimento connesso (→ **Soggetti**, art. 12) o collegato (→ **Indagini e udienza preliminare**, art. 371 co. 2 lett. *b*) e alle parti private (esaminate ai sensi dell'art. 503), siamo nell'ambito di un **potere gestito autonomamente** e senza sollecitazione esterna (come avviene *ex* art. 505).

• Per l'esercizio del potere di domanda sussiste il medesimo limite già imposto per il possibile ampliamento del *thema probandum*: **l'esaurimento dell'escussione condotta dalle parti** (artt. 498 e 499). Le domande devono vertere, invece, esclusivamente sulle **circostanze indicate dalle parti** (artt. 468 e 493) e sulle quali si è formato il provvedimento ammissivo (art. 495). Analogo limite al potere di domanda del giudice opera sia nell'incidente probatorio (→ **Libro V**, art. 392 s.) sia nel dibattimento d'appello (→ **Impugnazioni**, art. 603).

• Per porre le domande ai **periti** e ai **consulenti tecnici**, il giudice può avvalersi delle **relazioni scritte** depositate almeno sette giorni prima del loro esame (art. 501 co. 1 *bis* e co. 1 *ter*).

• Anche per le domande poste dal presidente dell'organo giudicante dovrebbero operare le regole, poste dall'art. 499 co. 2 e 4, circa il **divieto di domande nocive** della sincerità delle risposte e lesive del rispetto della persona. Non appare, però, agevole individuare sia chi dovrebbe vigilare sul rispetto di tali prescrizioni, sia chi dovrebbe decidere sull'eventuale opposizione proposta dalla parte (art. 504).

• Il diritto di **concludere l'esame** della fonte sentita dal presidente spetta a tutte le parti e non solo a quella che aveva chiesto l'assunzione della prova. L'eventuale violazione di tale diritto costituisce nullità a regime intermedio (→ **Atti**, artt. 178 e 180).

• L'**iniziativa** – sia in punto di integrazione del tema di prova, sia in ordine alla formulazione di domande alla fonte di prova – può provenire da un **qualsiasi componente del collegio giudicante**, mentre è al **presidente** che resta affidata la **direzione** tanto dell'attività integrativa, quanto dell'escussione della fonte (espressione del generale potere di direzione del dibattimento *ex* art. 470). Benché i poteri indicati dalla disposizione siano affidati espressamente al presidente, l'eventuale loro esercizio da parte di un componente del collegio costituisce mera irregolarità priva di sanzione stante il principio di tassatività delle nullità (→ **Atti**, art. 177).

507. Ammissione di nuove prove.

1. Terminata l'acquisizione delle prove, il giudice, se risulta assolutamente necessario, può disporre anche di ufficio l'assunzione di nuovi mezzi di prove.

1 *bis*. Il giudice può disporre a norma del comma 1 anche l'assunzione di mezzi di prova relativi agli atti acquisiti al fascicolo per il dibattimento a norma degli articoli 431, comma 2, e 493, comma 3.

Il co. 1 *bis* è stato aggiunto dalla l. 16.12.1999, n. 479.

• Al pari di altre disposizioni riguardanti la fase dell'**udienza preliminare** [→ **Libro V**: il giudice può ordinare un'integrazione di indagine preliminare (art. 421 *bis*) o svolgere attività di integrazione probatoria (art. 422)], del **giudizio abbreviato** [→ **Procedimenti speciali**: il giudice può assumere gli elementi necessari quando ritenga di non poter decidere allo stato degli atti (art. 441 co. 5)] e del **giudizio d'appello** [→ **Impugnazioni**: il giudice può disporre l'istruzione dibattimentale, qualora la ritenga assolutamente necessaria (art. 603 co. 3 e v. anche art. 604 co. 6), ovvero nel caso di appello del p.m. avverso una sentenza di proscioglimento per motivi attinenti alla valutazione della prova dichiarativa (art. 603 co. 3 *bis*)], l'art. 507 opera quale **deroga al principio dispositivo** che vede le parti protagoniste dell'iniziativa probatoria (→ **Prove**, art. 190 co. 2): sia durante le **indagini** (→ **Libro V**) con la richiesta di incidente probatorio (→ artt. 392 e 393); sia nel **giudizio abbreviato**, ai sensi degli artt. 438 co. 5 e 441 *bis* co. 5 (→ **Procedimenti speciali**); sia nel giudizio di primo grado (artt. 468 e 493); sia nel giudizio di **appello** *ex* art. 603 co. 1 e 2 (→ **Impugnazioni**) o nel **giudizio di rinvio** dopo l'annullamento ad opera della corte di cassazione (→ art. 627). La disposizione, pertanto, rappresenta una sorta di **norma di chiusura** del procedimento di elaborazione della prova dibattimentale. Essa tende ad assicurare, nel dibattimento, la **funzione conoscitiva** del processo anche attraverso la rimozione degli ostacoli posti dalle decadenze cui può incorrere il diritto alla prova delle parti (→ **Prove**, art. 190), saldato al rispetto delle cadenze temporali e contenutistiche imposte dagli artt. 468 e 493.

• Con la locuzione «anche d'ufficio» si intende precisare come alle **parti** – e anche agli enti esponenziali (→ **Soggetti**, art. 91) che parti non sono – residua un potere di sollecitazione (per gli enti e le associazioni rappresentativi di interessi lesi dal reato v. art. 505) cui, però, non corrisponde un diritto all'ammissione della prova *ex* art. 190 (→ **Prove**).

• Quanto ai criteri che regolano l'intervento *ex officio*, quello dettato dalla locuzione «terminata l'acquisizione delle prove» è da intendersi in **termini meramente temporali** e non logici. Ciò nonostante, dal punto di vista sistematico, l'operatività dell'art. 507 andrebbe coordinata all'esistenza di una **qualche attività istruttoria** documentata nel fascicolo dibattimentale (art. 515) dalla quale può desumersi la necessità dell'integrazione.

• Il criterio dell'**assoluta necessità** della prova sigla il carattere eccezionale dell'intervento ai sensi dell'art. 507, anche se si connota per la sua **ampia valenza discrezionale**. Esso è identico al parametro che consente di derogare al principio dispositivo in appello (→ **Impugnazioni**, art. 603 co. 3); equiparabile alla «evidente decisività» che guida l'integrazione *ex officio* in udienza preliminare (→ **Libro V**, art. 422) e all'impossibilità di «decidere allo stato degli atti», che ne apre la via nel giudizio abbreviato (→ **Procedimenti speciali**, art. 441 co. 5).

• La novità che deve caratterizzare la prova da assumere può riguardare tanto il **mezzo** (→ **Prove**, artt. 194-243) quanto il **tema** (→ art. 187). Nella prima ipotesi potrebbe trattarsi della **prova sopravvenuta** e scoperta successivamente all'allegazione di parte *ex* art. 493, ma anche di quella **preesistente** e conosciuta, non richiesta per tempo dalle parti ai sensi degli artt. 468 e 493 (v., per il giudizio d'appello, → **Impugnazioni**, art. 603 co. 1 e 2). Nel secondo caso si tratterebbe della **sopravvenienza**, nel corso dell'istruzione dibattimentale, di uno **specifico tema**, mai approfondito prima, da verificare attraverso l'assunzione di una prova.

• L'ammissione della nuova prova comporta il riemergere del **diritto alla controprova** (art. 495 co. 2) per la quale non opera il criterio ammissivo dell'assoluta necessità, imposto dall'art. 507, bensì quello generale dell'art. 190 (→ **Prove**).

• Quanto alle **modalità di assunzione** della prova, ammessa ai sensi dell'art. 507, occorre rinviare all'art. 151 **Disp. att.** Nel caso in cui si tratti di una prova sollecitata da una parte si segue l'**ordine di escussione** previsto dall'art. 496; nel caso in cui la prova è introdotta *ex officio* l'esame è condotto dal presidente che, terminata l'escussione, determina quale parte dovrà effettuare l'esame diretto e quale il controesame (secondo lo schema delineato dall'art. 498).

• Circa i poteri del giudice in ordine a prove acquisite tramite il **consenso delle parti** – espresso, al momento della formazione dei fascicoli, ai sensi dell'art. 431 co. 2 (→ **Indagini e udienza preliminare**), ovvero, in fase di richiesta di ammissione delle prove, a norma dell'art. 493 co. 3 – il co. 1 *bis* dell'art. 507 non funge da modello di integrazione di eventuali lacune del materiale probatorio, quanto da strumento teso a bilanciare un *deficit* di affidabilità di una prova non formata nel contraddittorio e davanti al giudice che la deve valutare. Si tratta di un potere che il giudice può esercitare **anche su sollecitazione delle parti** che, *re melius per-*

pensa, si sono rese conto della necessità di sostituire l'atto formato fuori dal contraddittorio e acquisito con il consenso, con la prova da elaborare nel contraddittorio (artt. 498 e 499). Il rinvio ivi contenuto al co. 1 della medesima disposizione serve a rimarcare l'applicabilità del parametro ammissivo della «assoluta necessità».

508. Provvedimenti conseguenti all'ammissione della perizia nel dibattimento.

1. Se il giudice, di ufficio o su richiesta di parte, dispone una perizia, il perito è immediatamente citato a comparire e deve esporre il suo parere nello stesso dibattimento. Quando non è possibile provvedere in tale modo, il giudice pronuncia ordinanza con la quale, se è necessario, sospende il dibattimento e fissa la data della nuova udienza nel termine massimo di sessanta giorni.

2. Con l'ordinanza il giudice designa un componente del collegio per l'esercizio dei poteri previsti dall'articolo 228.

3. Nella nuova udienza il perito risponde ai quesiti ed è esaminato a norma dell'articolo 501.

• In dibattimento **l'accertamento peritale** (per la cui disciplina → **Prove**, art. 220 s.) può essere sia **chiesto dalle parti** (già negli atti introduttivi – ai sensi dell'art. 493 – ma anche successivamente), sia essere **disposto d'ufficio**. In entrambi i casi vi si procede nel momento in cui se ne ravvisi la necessità sulla base degli atti a disposizione (non necessariamente, pertanto, in seguito a una rituale richiesta *ex* art. 493 o, «terminata l'acquisizione delle prove», quando ciò risulti assolutamente necessario ai sensi dell'art. 507). Qualora la perizia sia disposta su richiesta di parte (art. 493), deve inserirsi nell'ordine di assunzione previsto dall'art. 496.

• La **citazione** del perito (→ **Prove**, art. 224) è sempre effettuata dal giudice anche se la prova è stata richiesta dalla parte. Essa viene fatta immediatamente e nella stessa udienza dibattimentale l'esperto (una volta assolte le procedure di conferimento dell'incarico: art. 226) viene invitato a rendere il proprio parere (→ art. 227); ciò in ossequio al principio di concentrazione che caratterizza la fase del giudizio. L'ipotesi della **sospensione del dibattimento** (artt. 477 co. 2 e 509) e di fissazione dell'udienza entro sessanta giorni (termine da considerarsi ordinatorio: → **Atti**, art. 172 s.) è saldata al caso in cui l'accertamento peritale sia particolarmente **complesso**, sì da rendere impossibile la risposta immediata al quesito. Di qui la puntualizzazione che l'ordinanza (→ art. 125) di sospensione è adottata solo «se è necessario» (così come previsto, in termini generali, anche dall'art. 477).

• La **direzione della perizia** è affidata a un componente del collegio designato, con la medesima ordinanza di sospensione, dal presidente dell'organo giudicante. A costui competono tutte le decisioni riguardanti i poteri del perito e i limiti dell'incarico (→ **Prove**, art. 228 co. 4).

• Il parere peritale può assumere la veste di **relazione scritta**. Ciò non esime, però, il perito dall'illustrare oralmente in dibattimento le proprie conclusioni. La relazione (da depositare presso la cancelleria del giudice almeno sette giorni prima dell'esame: art. 501 co. 1 *bis*) verrà acquisita, attraverso la sua **lettura**, solo dopo l'esame del perito (art. 511 co. 3).

• L'**esame** è condotto secondo le regole imposte dall'art. 501 e nel rispetto dell'ordine sancito dall'art. 496. Quando la perizia è disposta *ex officio* l'ordine è stabilito ai sensi dell'art. 151 co. 2 **Disp. att.**: «il presidente vi provvede direttamente stabilendo, all'esito, la parte che deve condurre l'esame diretto».

509. Sospensione del dibattimento per esigenze istruttorie.

1. Nei casi previsti dagli articoli 495, comma 4, 506 e 507 il giudice, qualora non sia possibile provvedere nella medesima udienza, sospende il dibattimento per il tempo strettamente necessario, fissando la data della nuova udienza.

• La disposizione vale a integrare il contenuto dell'art. 477 (durata e organizzazione del dibattimento) specificando alcune ipotesi che rendono possibile la sospensione del dibattimento. Si tratta di **esigenze probatorie** sorte successivamente all'inizio dell'istruttoria dibattimentale e dopo, quindi, l'avvenuta calendarizzazione delle udienze; tutte collegate a un ampliamento della piattaforma probatoria, così come prospettata dalle richieste di parte (artt. 468, 493) e definita con l'ordinanza ammissiva del giudice (art. 495).

• Le **tre ipotesi** di sospensione riguardano: l'ammissione della prova in precedenza esclusa (art. 495 co. 4) perché ritenuta superflua o non rilevante (→ **Prove**, art. 190); l'indicazione presidenziale di nuovi o più ampi temi di prova, utili per la completezza dell'esame (art. 506 co. 1); l'ammissione *ex officio* di nuovi mezzi di prova (art. 507). A esse si aggiunge l'ipotesi specifica, contemplata all'art. 508 co. 1, relativa all'ammissione di una **perizia complessa** (così come definita, in ordine alla disciplina dell'incidente probatorio, dall'art. 392 co. 2: → **Indagini e udienza preliminare**) in dibattimento, e quelle previste dagli artt. 519 e 520, saldate all'esercizio del diritto dell'imputato di chiedere l'ammissione di nuove prove in caso di **mutamento dell'imputazione nel corso del dibattimento** (artt. 516, 517 e 518). Analogo modello sospensivo, saldato all'emergenza di esigenze istruttorie, è previsto sia nell'**udienza preliminare** (→ art. 422 co. 2), sia **nel giudizio abbreviato** (quando la richiesta del rito è formulata "immediatamente dopo" il deposito dei risultati dell'indagine difensiva, onde consentire – entro il termine di sessanta giorni – lo svolgimento al p.m. di indagini suppletive: → **Procedimenti speciali,** art. 438 co. 4), sia nel **giudizio d'appello** (→ **Impugnazioni**, art. 603 co. 6).

• Diversamente dagli artt. 477 e 508 [ma anche dall'art. 603 co. 6 (→ **Impugnazioni**) e dall'art. 438 co. 4 (→ **Procedimenti speciali**)], in cui la durata della sospensione è espressamente stabilita (pur se in termini da considerare ordinatori), la disposizione in esame si limita ad alludere al «**tempo strettamente necessario**» e non richiede il requisito dell'assoluta necessità.

• In quanto saldata a esigenze di tipo istruttorio, la sospensione non incide sui **termini di durata della custodia cautelare** che, ai sensi dell'art. 304 co. 1 lett. *a*, continuano a decorrere (→ **Misure cautelari**).

• La sospensione non opera automaticamente nelle evenienze istruttorie siglate dagli artt. 495 co. 4, 506 e 507 ma il giudice deve, comunque, verificare se sia possibile provvedere nella medesima udienza.

• Quanto agli **avvisi** cui il giudice deve provvedere onde comunicare l'avvenuta sospensione e la data della nuova udienza, si applica la previsione di cui all'art. 477 co. 3.

510. Verbale di assunzione dei mezzi di prova.

1. Nel verbale sono indicate le generalità dei testimoni, dei periti, dei consulenti tecnici e degli interpreti ed è fatta menzione di quanto previsto dall'articolo 497, comma 2.

2. L'ausiliario che assiste il giudice documenta nel verbale lo svolgimento dell'esame dei testimoni, dei periti, dei consulenti tecnici e delle parti private, riproducendo integralmente in forma diretta le domande poste dalle parti o dal presidente nonché le risposte delle persone esaminate.

2 *bis*. L'esame dei testimoni, dei periti, dei consulenti tecnici, delle parti private e delle persone indicate nell'articolo 210, nonché gli atti di ricognizione e confronto, sono documentati anche con mezzi di riproduzione audiovisiva, salva la contingente indisponibilità di strumenti di riproduzione o di personale tecnico.

3. Quando il giudice dispone che il verbale sia redatto solo in forma riassuntiva, i poteri di vigilanza previsti dall'articolo 140, comma 2, sono esercitati dal presidente.

3 *bis*. La trascrizione della riproduzione audiovisiva di cui al comma 2 *bis* è disposta solo se richiesta dalle parti.

I co. 2 *bis* e 3 *bis* sono stati aggiunti dal d. lgs. 10.10.2022, n. 150.

• La disciplina contenuta nella presente disposizione è da considerare una **specificazione** di quella prevista in materia di documentazione degli atti (→ **Libro II**) dagli artt. 134-142.

• Questo modello va utilizzato, oltre che per la prova assunta in dibattimento, anche per quella raccolta in **incidente probatorio** (→ **Indagini e udienza preliminare**, art. 392 s.) e nell'**udienza preliminare** (→ art.

422), nonché per gli **atti urgenti** (→ art. 420 *quinquies*; art. 467).

• Il verbale è redatto dall'**ausiliare** che assiste il giudice *ex* art. 126 (→ **Atti**).

• Quanto al **profilo contenutistico** del verbale – oltre a quelli già previsti dall'art. 136 (→ **Atti**) – il primo requisito è costituito dalla generalità dei soggetti esaminati. La disposizione non fa alcun riferimento alle parti, in quanto queste sono generalizzate in atti già inseriti nel fascicolo per il dibattimento (→ **Indagini e udienza preliminare**, art. 431): l'imputato, nel decreto che dispone il giudizio ai sensi dell'art. 429 co. 1 lett. *a*; la parte civile, nell'atto di costituzione *ex* art. 78 co. 1 lett. *a* (→ **Soggetti**); il responsabile civile, nella dichiarazione di costituzione a norma dell'art. 84 co. 2 lett. *a* (→ **Libro I**).

• La **forma ordinaria** di documentazione delle prove dichiarative assunte in dibattimento è rappresentata dalla documentazione in forma **integrale**, attraverso l'indicazione delle domande formulate e delle risposte rese. Fatti salvi i casi di contingente indisponibilità degli strumenti per poterla realizzare, per assicurare una rappresentazione più accurata dell'atto – sia esso l'esame di un testimone, di un perito, di un consulente tecnico, di una parte privata o di una delle persone indicate nell'art. 210, o l'effettuazione di un confronto (→ **Prove**, art. 211 s.) o di una ricognizione (→ art. 213 s.) – alla scrittura si aggiunge la **riproduzione audiovisiva**. Tale forma di documentazione – da considerare, insieme alla riproduzione fonografica, quale modalità generale di documentazione (→ **Atti**, art. 134) – è prevista anche per l'assunzione della prova dichiarativa in **incidente probatorio** (→ **Indagini e udienza preliminare**, art. 401 co. 5) e per l'integrazione probatoria nell'ambito del **giudizio abbreviato** (→ **Procedimenti speciali**, art. 441 co. 6). L'impiego della riproduzione audiovisiva fa venir meno il diritto della parte interessata a ottenere la **riassunzione di una prova dichiarativa**, assunta nel medesimo dibattimento e così documentata, in caso di **mutamento del giudice** (art. 495 co. 4 *ter*).

• Rispetto alla documentazione in forma integrale, quella in forma **riassuntiva** costituisce l'**eccezione** (→ **Atti**, art. 134 co. 2). Alla verbalizzazione in forma riassuntiva si può ricorrere nelle medesime ipotesi indicate nell'art. 140 co. 1: quando il giudice ritenga che si tratti di prove di **semplice contenuto** o di **limitata rilevanza**, ovvero quando vi sia una contingente **indisponibilità di mezzi di riproduzione** (stenotipia o altro strumento meccanico: → art. 134 co. 2) o di **ausiliari tecnici** (→ art. 135 co. 2).

• La decisione sulle forme della verbalizzazione viene assunta dal giudice, mentre i poteri di vigilanza sulla verbalizzazione in forma riassuntiva sono assegnati al presidente. La riproduzione in forma integrale esclude l'operatività del co. 2.

511. Letture consentite.

1. Il giudice, anche di ufficio, dispone che sia data lettura, integrale o parziale, degli atti contenuti nel fascicolo per il dibattimento.

2. La lettura di verbali di dichiarazioni è disposta solo dopo l'esame della persona che le ha rese, a meno che l'esame non abbia luogo.

3. La lettura della relazione peritale è disposta solo dopo l'esame del perito.

4. La lettura dei verbali delle dichiarazioni orali di querela o di istanza è consentita ai soli fini dell'accertamento della esistenza della condizione di procedibilità.

5. In luogo della lettura, il giudice, anche di ufficio, può indicare specificamente gli atti utilizzabili ai fini della decisione. L'indicazione degli atti equivale alla loro lettura. Il giudice dispone tuttavia la lettura, integrale o parziale, quando si tratta di verbali di dichiarazioni e una parte ne fa richiesta. Se si tratta di altri atti, il giudice è vincolato alla richiesta di lettura solo nel caso di un serio disaccordo sul contenuto di essi.

6. La facoltà di chiedere la lettura o l'indicazione degli atti, prevista dai commi 1 e 5, è attribuita anche agli enti e alle associazioni intervenuti a norma dell'articolo 93.

• Il mero **inserimento** di un atto nel fascicolo per il dibattimento (→ **Indagini e udienza preliminare**, art. 431) non è sufficiente per la sua effettiva acquisizione: solo la **lettura**, o l'**indicazione** (che ne costituisce un surrogato), ne rende legittimo l'uso ai fini della decisione (art. 526). Sono soggetti a lettura non solo gli atti riconducibili al catalogo di cui all'art. 431, ma anche quelli che solo dopo la sua formazione concorrono a integrarne il contenuto (art. 515): fra essi, ad es., gli **atti urgenti** assunti ai sensi dell'art. 467; i verbali di dichiarazioni, nelle parti utilizzate per le **contestazioni**, acquisiti (artt. 500 co. 4 e 6, 503 co. 5 e 6) anche su accordo delle parti (art. 500 co. 7).

• Non è leggibile, né indicabile, il provvedimento che abbia disposto **misure cautelari** (**Libro IV** → art. 292) in corso di esecuzione, in quanto non facente parte del fascicolo per il dibattimento ma costituendone solo un allegato (→ **Indagini e udienza preliminare**, art. 432) al fine di segnalare lo stato personale dell'imputato.

• La lettura dell'atto può essere **integrale o parziale**; la parte non oggetto di lettura, né di indicazione, non è utilizzabile per la decisione (→ **Prove**, art. 191) in quanto non legittimamente acquisita ai sensi dell'art. 526.

• L'**iniziativa** alla lettura può essere assunta dalle **parti** – in linea con il diritto loro affidato dall'art. 190 (→ **Prove**) – ovvero ***ex officio*** dal giudice che può procedervi personalmente o avvalendosi di un ausiliario (→ **Atti**, art. 126); allo stesso modo si procede, a norma dall'art. 482, quando occorre verificare la fedeltà e la completezza di un verbale (→ art. 134 s.). Benché non siano parti, la richiesta può provenire anche dal **difensore** degli **enti** e delle associazioni intervenute ai sensi dell'art. 93 (→ **Soggetti**), ma non dalla persona offesa (→ art. 90) che può, al più, sollecitare con il proprio difensore (→ art. 101) una richiesta da parte del p.m.

• La lettura **non è surrogabile** dall'indicazione quando è richiesta dalle parti e si tratti di verbali contenenti dichiarazioni, ovvero verbali di altra natura ma sul cui contenuto le parti manifestano disaccordo (co. 5).

• La disposizione indica un preciso **ordine di priorità** per l'acquisizione di verbali contenenti dichiarazioni quando l'esame della fonte [→ **Prove**, testimone (→ art. 194), testimone "assistito" (→ art. 197 *bis*) e imputato in procedimento connesso o collegato (→ art. 210)] sia svolto in dibattimento. La precedenza all'**esame orale** (artt. 498 e 499) tende a evitare che la deposizione in giudizio sia condizionata dalla lettura del verbale e si risolva in una mera conferma delle risultanze già in atti. Il riferimento è non solo ai verbali delle dichiarazioni assunte in **incidente probatorio** (→ **Indagini e udienza preliminare**, art. 392) e all'estero in sede di **rogatoria** internazionale (→ **Rapporti giurisdizionali con autorità straniere**, art. 727), ma anche a quelli delle dichiarazioni raccolte durante le **indagini** o in **udienza preliminare** (→ **Libro V**, artt. 351, 362, 391 *bis* e 422) e dei quali le parti abbiano **concordato** l'acquisizione al fascicolo per il dibattimento (→ artt. 431 co. 2 e 493 co. 3), quando le stesse non abbiano, comunque, rinunciato all'assunzione orale della fonte in dibattimento o il giudice – anche d'ufficio – l'abbia ugualmente disposta (art. 507 co. 1 *bis*).

• Alla medesima esigenza risponde la regola che pospone la lettura della **relazione peritale** (→ **Prove**, art. 227) all'esame del perito (art. 501): sia nei casi di perizia disposta in dibattimento (art. 508); sia nell'ipotesi di perizia svolta nell'incidente probatorio (→ **Indagini e udienza preliminare**, art. 392 co. 1 lett. *f* e co. 2) da cui deriva una relazione giacente nel fascicolo per il dibattimento (→ art. 431 co. 1 lett. *e*). Il **preventivo deposito** della stessa – entro sette giorni prima dell'esame del perito – presso la cancelleria del giudice (art. 501 co. 1 *bis*) assolve a una mera **funzione informativa** – onde meglio articolare il contraddittorio per la prova scientifica - e non già acquisitiva (veicolabile esclusivamente tramite la lettura).

• Quanto alla lettura degli atti che costituiscono **presupposto di procedibilità** dell'azione penale (→ **Indagini e udienza preliminare**, artt. 336 e 341), essa funge da meccanismo di controllo circa la loro effettiva esistenza. Ne resta, pertanto, escluso un loro utilizzo per finalità probatorie posto che il co. 4 pone un vero e proprio divieto in tal senso (→ **Prove**, art. 191).

• Trattandosi di atti già confluiti nel fascicolo dibattimentale (art. 515), è attraverso la loro lettura *ex* art. 511 che si rende possibile l'utilizzazione di **prove formate davanti a un giudice diverso** rispetto a quello chiamato ad adottare la decisione, nei casi di mutamento della sua persona fisica o della composizione del collegio giudicante: l'acquisizione tramite lettura costituisce lo strumento per rispettare il principio di immutabilità del giudice imposto dall'art. 525 co. 2.

511 *bis*. Lettura di verbali di prove di altri procedimenti.

1. Il giudice, anche di ufficio, dispone che sia data lettura dei verbali degli atti indicati nell'articolo 238. Si applica il comma 2 dell'articolo 511.

Questo articolo è stato aggiunto dal d.l. 8.6.1992, n. 306, conv., con modif., dalla l. 7.8.1992, n. 356.

• La disposizione vale a integrare quella precedente quanto al modello di acquisizione dei verbali di prove formati in **altro procedimento** (→ **Prove**, art. 238), dei quali è stata richiesta dalle parti l'ammissione (artt. 468 co. 4 *bis* e 493) disposta dal giudice ai sensi dell'art. 495.

• Anche in questi casi l'**esame** del dichiarante **precede la lettura**, sempreché la parte ne abbia fatto espressa richiesta (art. 495 co. 1) e nei limiti imposti dall'art. 190 *bis* (→ **Prove**).

• Come per la disposizione precedente, la lettura può essere disposta **su istanza di parte o d'ufficio**, in quanto si tratta di atti già conosciuti al giudice poiché confluiti nel fascicolo dibattimentale (art. 515).

512. Lettura di atti per sopravvenuta impossibilità di ripetizione.

1. Il giudice, a richiesta di parte, dispone che sia data lettura degli atti assunti dalla polizia giudiziaria, dal pubblico ministero, dai difensori delle parti private e dal giudice nel corso dell'udienza preliminare quando, per fatti o e circostanze imprevedibili, ne è divenuta impossibile la ripetizione.

1 *bis*. È sempre consentita la lettura dei verbali relativi all'acquisizione ed alle operazioni di distruzione degli atti di cui all'articolo 240.

Il testo originario è stato così modificato dal d.l. 8.6.1992, n. 306, conv., con modif., dalla l. 7.8.1992, n. 356 e, successivamente, dalla l. 7.12.2000, n. 397 e, infine, dal d.l. 22.9.2006, n. 259, conv. dalla l. 20.11.2006, n. 281.

• Corte cost., 218 del 2020, ha dichiarato l'illegittimità costituzionale del co. 1 nella parte in cui non prevede che, alle condizioni ivi stabilite, sia data lettura delle dichiarazioni rese al giudice per le indagini preliminari in sede di interrogatorio di garanzia dall'imputato di un reato collegato a norma dell'art. 371, co. 2, lett. *b*, che, avendo ricevuto l'avvertimento di cui all'art. 64, co. 3, lett. *c*, sia stato citato per essere sentito come testimone.

• Fuori dalle ipotesi di letture disciplinate dalle due disposizioni che precedono (attinenti agli atti contenuti nel fascicolo dibattimentale) la lettura può coinvolgere, quale modello acquisitivo, **atti contenuti nel fascicolo del p.m.** (→ **Indagini e udienza preliminare**, art. 433) – ivi inclusi quelli delle indagini integrative (→ art. 430) – consentendone la trasmigrazione a quello dibattimentale (art. 515). Si tratta di **lettura effettiva** non surrogabile dalla mera indicazione (art. 511).

• La disposizione appare dotata di solide radici sul piano costituzionale (→ **Cost.**, art. 111 co. 5) ma appare distonica rispetto al precetto convenzionale (→ **Cedu**, art. 6 § 3 lett. *d*) e alla **giurisprudenza della Corte edu**. I Giudici europei, infatti, sono fermi nell'affermare che l'impossibilità di escutere il dichiarante a carico non sia sufficiente a giustificare una **condanna fondata in via esclusiva o determinante sulle dichiarazioni di questi**, quando la difesa non abbia avuto **«un'occasione adeguata e sufficiente» di interrogarlo o farlo interrogare** (Corte edu, 13.10.2005, Bracci c. Italia; Corte edu, 8.2.2007, Kollcacu c. Italia). Di qui l'interpretazione costituzionalmente e convenzionalmente orientata della giurisprudenza di legittimità, secondo la quale le dichiarazioni recuperate mediante letture vanno esaminate **congiuntamente ad altri elementi di riscontro** (Cass., SU, 25.11.2010, De Francesco).

• Trattandosi di atti contenuti nel fascicolo del p.m. – dei quali, pertanto, il giudice non ha diretta conoscenza – il loro passaggio, attraverso la lettura, al fascicolo dibattimentale non può che avvenire **su istanza di parte** (in ossequio al principio imposto dall'art. 190 co. 1 → **Prove**). Proprio l'espresso riferimento alla richiesta di parte, porta a escludere che l'iniziativa possa essere assunta da soggetti che parti non siano (→ **Libro I**), come la persona offesa (→ art. 90) e gli enti rappresentativi di interessi lesi dal reato (→ art. 91).

• Gli atti leggibili sono quelli assunti, durante le **indagini preliminari** (→ **Libro V**), dalla p.g. (→ art. 351), dal p.m. (→ artt. 359 e 362), dal difensore (→ art. 391 *bis*) e, nella fase dell'**udienza preliminare**, dal g.u.p. (→ art. 422). Occorre, inoltre, che gli stessi siano documentati mediante **verbale** (→ **Atti**, art. 134 s.: in particolare, per gli atti di p.g. → **Libro V**, art. 357 co. 2; per gli atti del p.m. → art. 373; per gli atti del difensore → art. 391 *ter*): è, infatti, ai soli «verbali di cui è stata data lettura» che si riferisce l'art. 515 nell'indicare gli atti destinati a confluire nel fascicolo dibattimentale.

• La **irripetibilità** degli atti si concreta nell'impossibilità oggettiva di riprodurre in dibattimento, attraverso l'elaborazione orale della prova (art. 496 s.), il contenuto dell'atto compiuto nella fase delle indagini o nell'udienza preliminare. A condizione, però, che tale irripetibilità assuma i caratteri dell'**imprevedibilità** quanto ai fatti e alle circostanze che l'hanno causata.

• L'imprevedibilità, da vagliare tramite un **giudizio prognostico** ***ex post***, va commisurata con riferimento al momento in cui l'atto fu confezionato (indagine preliminare, investigazione difensiva o udienza preliminare); rispetto, quindi, all'eventuale sussistenza di quei presupposti che, evidenziandone la «non rinviabilità», ne avrebbero dovuto suggerire l'assunzione con le forme dell'incidente probatorio (→ **Indagini e udienza preliminare**, art. 392).

• Tanto l'impossibile ripetizione dell'atto, quanto l'imprevedibilità della stessa, costituiscono l'oggetto dell'**accertamento incidentale** (→ **Prove**, art. 187 co. 2) da cui discende l'applicazione dell'art. 512.

• Circa la lettura dei verbali relativi all'acquisizione e distruzione delle **intercettazioni illegali** e dei documenti formati attraverso la raccolta illegale di informazioni (→ **Prove**, art. 240 co. 2), l'assenza di precisazioni riguardo all'iniziativa di parte lascia intendere che la lettura sia esperibile anche *ex officio*.

512 *bis*. Lettura di dichiarazioni rese da persona residente all'estero.

1. Il giudice, a richiesta di parte, può disporre, tenuto conto degli altri elementi di prova acquisiti, che sia data lettura dei verbali di dichiarazioni rese da persona residente all'estero anche a seguito di rogatoria internazionale se essa, essendo stata citata, non è comparsa e solo nel caso in cui non ne sia assolutamente possibile l'esame dibattimentale.

L'articolo è stato introdotto dal d.l. 8.6.1992, conv., con modif., dalla l. 7.8.1992, n. 356; poi così sostituito dalla l. 16.12.1999, n. 479.

• La previsione – nella quale la lettura, in assenza di una clausola che espressamente lo consenta, non può essere surrogata dall'indicazione [così, art. 511 per atti contenuti nel fascicolo *ex* art. 431 (→ **Indagini e udienza preliminare**)] – si riferisce alle dichiarazioni rese da chi, al momento della celebrazione dell'istruzione dibattimentale, risieda su territorio straniero **indipendentemente dalla cittadinanza**.

• Gli atti leggibili sono – con un'espressa specificazione non contenuta nell'art. 512 – i soli verbali di dichiarazioni contenute nel **fascicolo del p.m.** (→ **Indagini e udienza preliminare**, art. 433): dichiarazioni raccolte dalla p.g. (→ art. 351), dal p.m. (→ art. 362), dai difensori (→ art. 391 *bis*) o da giudice (→ art. 422). Occorre che queste dichiarazioni siano documentate con la forma del **verbale** (→ **Atti**, art. 134 s.).

• Per quanto riguarda le dichiarazioni assunte a seguito di **rogatorie internazionali** (→ **Rapporti giurisdizionali con autorità straniere**, art. 727 s.) il riferimento è ai verbali di quelle assunte in un contesto procedimentale **non garantito** dalla partecipazione della difesa; questi ultimi, infatti, sono inseriti *ab origine* nel fascicolo per il dibattimento (→ **Indagini e udienza preliminare**, art. 431 lett. *f*) e letti, *ex* art. 511 co. 2, dopo l'esame del dichiarante, salvo il caso in cui, per qualsiasi ragione, questo non abbia luogo.

• La prima condizione per procedere alla lettura è costituita dalla sussistenza di una corretta, effettiva e valida **citazione del dichiarante** non comparso, effettuata con le modalità prevista dall'art. 727, per le rogatorie internazionali, o con quelle prescritte dalle convenzioni in materia di cooperazione giudiziaria (→ **Rapporti giurisdizionali con autorità straniere**, art. 696 co. 1). Alla mancata comparizione del testimone regolarmente citato non può essere equiparata, ai fini della lettura *ex* art. 512 *bis*, l'astensione dal deporre del dichiarante comparso. Quanto all'assoluta impossibilità di svolgere l'esame, deve trattarsi di un **ostacolo permanente di carattere oggettivo** che impedisca la comparizione in giudizio del dichiarante residente all'estero, sì da ricondurre l'ipotesi nell'alveo delle deroghe al metodo del contraddittorio per la prova (→ **Cost.**, art. 111 co. 3).

• A differenza della disposizione che precede (art. 512), l'imprevedibilità dell'impossibilità di assumere la prova in contraddittorio non è un requisito richiesto per il recupero dibattimentale delle dichiarazioni rese dal soggetto residente all'estero.

• La lettura è, inoltre, subordinata alla valutazione degli «altri elementi di prova»; una condizione che induce a ritenere che essa dovrebbe essere disposta solo quando le dichiarazioni da acquisire appaiano necessarie o, addirittura, decisive **sulla scorta delle prove già in atti** (già incluse, cioè, nel fascicolo dibattimentale *ex* art. 515); secondo un criterio, quindi, che evoca quello di cui agli artt. 507 e 523 co. 6.

• Poiché la lettura riguarda atti che, per la loro collocazione (→ **Indagini e udienza preliminare**, fascicolo *ex* art. 433), sono conosciuti solo dalle parti (e ignoti al giudice), essa può essere veicolata solo da una **richiesta di parte**. La stessa parte che ne fa richiesta si assume l'onere della prova in ordine ai presupposti che la legittimano (**Libro III** → artt. 187 e 190).

513. Lettura delle dichiarazioni resa dall'imputato nel corso delle indagini preliminari o nell'udienza preliminare.

1. Il giudice, se l'imputato è assente ovvero rifiuta di sottoporsi all'esame, dispone, a richiesta di parte, che sia data lettura dei verbali delle dichiarazioni rese dall'imputato al pubblico ministero o alla polizia giudiziaria su delega del pubblico ministero o al giudice nel corso delle indagini preliminari o nell'udienza preliminare, ma tali dichiarazioni non possono essere utilizzate nei confronti di altri senza il loro consenso salvo che ricorrano i presupposti di cui all'articolo 500, comma 4.

2. Se le dichiarazioni sono state rese dalle persone indicate nell'articolo 210, comma 1, il giudice, a richiesta di parte, dispone, secondo i casi, l'accompagnamento coattivo del dichiarante o l'esame a domicilio o la rogatoria internazionale ovvero l'esame in altro modo previsto dalla legge con le garanzie del contraddittorio. Se non è possibile ottenere la presenza del dichiarante, ovvero procedere all'esame in uno dei modi suddetti, si applica la disposizione dell'articolo 512 qualora l'impossibilità dipenda da fatti o circostanze imprevedibili al momento delle dichiarazioni. Qualora il dichiarante si avvalga della facoltà di non rispondere, il giudice dispone la lettura dei verbali contenenti le suddette dichiarazioni soltanto con l'accordo delle parti.

3. Se le dichiarazioni di cui ai commi 1 e 2 del presente articolo sono state assunte ai sensi dell'articolo 392, si applicano le disposizioni di cui all'articolo 511.

Il testo originario è stato così modificato dalla l. 7.8.1997, n. 267; poi dalla l. 1.3.2001, n. 63; infine, dalla l. 28.4.2014, n. 67.

• La disposizione governa l'esigenza di bilanciamento fra il **diritto al silenzio** dell'imputato (→ **Soggetti**, art. 64 co. 3 lett. *b*; → **Prove**, art. 208) e l'**interesse processuale** al recupero del patrimonio di conoscenze dello stesso. Si tratta della possibilità di recupero di dichiarazioni raccolte – spesso unilateralmente – in fasi del procedimento **anteriori al dibattimento** (→ **Indagini e udienza preliminare**); rese dall'accusato o dall'imputato in procedimento connesso (→ **Prove**, art. 210); ipotesi tassative, insuscettibili di applicazione analogica.

• La norma è applicabile alle sole dichiarazioni documentate mediante **verbale** (→ **Atti**, art. 134 s.) nel corso delle **indagini preliminari** e nell'**udienza preliminare** del medesimo procedimento, in quanto alla circolazione di atti da un procedimento all'altro provvedono gli artt. 238 (→ **Prove**) e 511 *bis*.

• Trattandosi di lettura [effettiva e non semplice "indicazione" (art. 511)] di atti contenuti nel fascicolo del p.m. (→ **Indagini e udienza preliminare**, art. 433), il procedimento acquisitivo è avviato da una **richiesta**

di parte (→ **Soggetti**): p.m. e parti private costituite [imputato (→ art. 60) e parte civile (→ art. 74)].

• Sono leggibili solo gli atti aventi **natura dichiarativa**, esclusivamente se raccolti, nelle indagini preliminari e nell'udienza preliminare (→ **Libro V**), dai soggetti elencati in modo tassativo dall'art. 513: dal **p.m.** (→ artt. 364, 374 e 388); dalla p.g. **su delega** del p.m.; dal g.i.p. Sono, pertanto, escluse le sommarie informazioni assunte dalla p.g. di propria iniziativa (→ art. 350), in quanto sottratte alla disciplina generale dell'interrogatorio dell'indagato (→ **Soggetti**, art. 65), così come quelle rese al p.m. in sede di indagini integrative (→ **Libro V**, art. 430), poiché compiute dopo il decreto che dispone il giudizio (→ art. 429). Benché non siano espressamente richiamate dall'art. 513, è l'art. 391 *decies* co. 2 (→ **Indagini e udienza preliminare**) a sancire la leggibilità anche delle dichiarazioni assunte dal **difensore** *ex* art. 391 *bis* e raccolte ai sensi dell'art. 391 *ter*. Tra le dichiarazioni rese al **giudice**, sono leggibili quelle assunte dal g.i.p. – sia nell'ambito della **vicenda cautelare** (→ **Libro IV**, artt. 289 co. 2, 294 co. 3 e 299 co. 3 *ter*), sia in sede di **convalida** dell'arresto o del fermo (→ art. 391) – e dal g.u.p. (→ **Libro V**, artt. 421 co. 2 e 422 co. 4). Se, nel corso dell'**udienza preliminare**, l'interrogatorio è stato effettuato con le forme di cui agli artt. 498 e 499, l'adozione di questo metodo "garantito" ne consente la lettura *ex* art. 514 a prescindere dalla condotta processuale del dichiarante. Sono, invece, lette a norma dell'art. 511 le dichiarazioni dell'imputato o del soggetto di cui all'art. 210 (→ **Prove**) assunte in **incidente probatorio** (→ **Indagini e udienza preliminare**, art. 392 co. 1 lett. *c* e *d*, in quanto i relativi verbali sono inseriti *ab origine* nel fascicolo dibattimentale *ex* art. 431; a condizione, però, che all'assunzione della prova abbia partecipato anche la difesa dell'imputato nei cui confronti i verbali vengono prodotti (→ art. 403).

• Presupposto della lettura è il comportamento processuale dell'imputato o dell'imputato in procedimento connesso: **assenza** (→ **Indagini e udienza preliminare**, art. 420 *bis*) o **rifiuto** di sottoporsi all'esame (→ **Prove**, art. 208 e art. 503). Quanto all'assenza occorre, quindi, che l'imputato sia **a conoscenza** del procedimento in corso a suo carico o si sia **volontariamente sottratto** alla conoscenza di esso; è, quindi, saldata alla libera scelta dell'imputato di partecipare o meno al dibattimento. In queste ipotesi il giudice non può ricorrere all'**accompagnamento coattivo** (→ **Atti**, art. 132); strumento utilizzabile solo quando la presenza dell'imputato sia richiesta dalla necessità di assumere un atto diverso dall'esame (art. 490). All'assenza non può essere ricondotta l'ipotesi del decesso che va affrontata, ai fini del recupero della dichiarazione *erga alios* resa in precedenza, attraverso l'applicazione dell'art. 512. In presenza di questi presupposti la lettura produce l'**acquisizione dei verbali** delle dichiarazioni al fascicolo dibattimentale (art. 515) e la loro utilizzabilità per la decisione (art. 526): piena, relativamente alle dichiarazioni *in re propria*; limitatamente a coloro (altri imputati nel medesimo procedimento) che vi acconsentano, per quelle concernenti la responsabilità altrui (→ **Cost.**, art. 111 co. 5). Quando l'assenza o il rifiuto di rispondere sul **fatto altrui** è da ricondurre non a una libera scelta dell'imputato ma a **pressioni illecite** (art. 500 co. 4), la verifica di queste va condotta ai sensi dell'art. 500 co. 5.

• Quanto alle **persone indicate nell'art. 210 co. 1** (→ **Prove**), cui fa riferimento il co. 2, si tratta degli imputati del medesimo reato (→ **Soggetti**, art. 12 co. 1 lett. *a*), processati separatamente e nei confronti dei quali il procedimento sia ancora pendente o concluso con un provvedimento di archiviazione (→ **Indagini e udienza preliminare**, art. 409) o una sentenza di non luogo a procedere ai sensi dell'art. 425; soggetti, quindi, che **non possono assumere l'ufficio di testimone** (→ **Prove**, art. 197) e che possono, pertanto, avvalersi della facoltà di non rispondere (→ art. 210 co. 4). Il loro esame deve essere **richiesto dalle parti** (artt. 468 e 493) e disposto dal giudice (art. 495).

• La prima ipotesi di lettura, considerata dal co. 2, è riconducibile all'area della **sopravvenuta irripetibilità dell'atto**, non prevedibile al momento della sua formazione (art. 512): irreperibilità, morte, latitanza, amnesia patologica, incapacità. Si tratta di cause estreme rispetto alle quali i rimedi funzionali ad assicurare la presenza in dibattimento del dichiarante, pur se sperimentati, non sono valsi a nulla. La sola mancata comparizione del dichiarante, infatti, non è sufficiente a giustificare la lettura; essa è subordinata al fallimento di una serie di **adempimenti volti**

a realizzare un esame in contraddittorio. L'elenco degli strumenti [accompagnamento coattivo (→ **Atti**, art. 133), rogatoria internazionale (→ **Rapporti giurisdizionali con autorità straniere**, art. 727), esame a domicilio (art. 502), esame a distanza (art. 496 co. 2 *bis*; → **Disp. att.**, art. 147 *bis*)], però, **non è tassativo** – visto che la stessa disposizione prevede l'utilizzo di ogni «altro modo previsto dalla legge» – e non sancisce un ordine di priorità.

• La lettura è, inoltre, disposta nel caso in cui l'imputato in procedimento connesso si avvalga della **facoltà di non rispondere** (→ **Prove**, art. 210 co. 4) e le parti concordino l'acquisizione delle sue dichiarazioni. All'**accordo** partecipano tutte le parti del contraddittorio dibattimentale: p.m., imputati, parte civile eventualmente costituita.

• Qualora risulti una **"condotta illecita"** volta a impedire l'esame in contraddittorio (art. 500 co. 4), il recupero delle dichiarazioni dei soggetti *ex* art. 210 co. 1 (→ **Prove**) tramite lettura è consentita, benché manchi nel co. 2 un rinvio espresso all'art. 500 co. 4 e 5.

• L'inosservanza delle disposizioni dell'art. 513 produce l'**inutilizzabilità** (→ **Prove**, art. 191) delle dichiarazioni lette in quanto illegittimamente acquisite al fascicolo dibattimentale (art. 526).

514. Letture vietate.

1. Fuori dei casi previsti dagli articoli 511, 512, 512 *bis* e 513, non può essere data lettura dei verbali delle dichiarazioni rese dall'imputato, dalle persone indicate nell'articolo 210 e dai testimoni alla polizia giudiziaria, al pubblico ministero o al giudice nel corso delle indagini preliminari o nella udienza preliminare, a meno che nell'udienza preliminare le dichiarazioni siano state rese nelle forme previste dagli articoli 498 e 499, alla presenza dell'imputato o del suo difensore.

2. Fuori dei casi previsti dall'articolo 511, è vietata la lettura dei verbali e degli altri atti di documentazione delle attività compiute dalla polizia giudiziaria. L'ufficiale o l'agente di polizia giudiziaria esaminato come testimone può servirsi di tali atti a norma dell'articolo 499, comma 5.

Il testo originario è stato così modificato dalla l. 7.8.1997, n. 267.

• L'art. 514 è **norma di chiusura** del sistema delle letture vietando quelle che non siano espressamente permesse e ribadendo il principio di tassatività che lo governa. Costituendo, inoltre, il divieto una **regola di esclusione** (→ **Prove**, art. 191) sono inutilizzabili gli atti letti in violazione dell'art. 514 (essendo illegittimamente acquisiti non possono essere posti a base della decisione *ex* art. 526).

• L'elencazione dei casi di lettura presenta **alcune lacune**, benché ciò non valga a neutralizzare il generale divieto di lettura fuori dai casi consentiti: manca alcun riferimento all'art. 511 *bis*, né compaiono richiami al meccanismo delle contestazioni con effetto acquisitivo (previste dagli artt. 500 e 503), né – quanto ai soggetti abilitati ad acquisire dichiarazioni – al difensore.

• Il divieto di lettura può essere superato dall'**accordo fra le parti**, sempre che non si tratti di un'inutilizzabilità (→ **Prove**, art. 191) derivante da un'assunzione *contra legem*. L'accordo – funzionale a veicolare l'atto dal fascicolo del p.m. (→ **Indagini e udienza preliminare**, art. 433) a quello dibattimentale (→ art. 431) e, pertanto, a renderne possibile la consequenziale sua lettura (art. 511) – può realizzarsi già in sede di **formazione del fascicolo** per il dibattimento (→ art. 431 co. 2), ovvero al momento delle **richieste di prova** (art. 493 co. 3), in esito a una **contestazione** (art. 500 co. 7) e, comunque, ogni qualvolta le parti concordemente **rinuncino** all'elaborazione orale della prova dichiarativa "accontentandosi" di acquisire l'atto formato nelle fasi precedenti (salvo il contrario avviso manifestato dal giudice *ex* art. 507 co. 1 *bis*).

• Sono leggibili, sottraendosi al generale divieto di lettura, le dichiarazioni rese dall'imputato nell'**interrogatorio assunto nell'udienza preliminare** (→ **Libro V**, artt. 421 co. 2 e 422 co. 4), a condizione che ciò sia avvenuto – su richiesta di parte – attraverso il metodo acquisitivo della *cross examination* (artt. 498, 499) e alla presenza dell'imputato o del suo difensore. Il riferimento all'imputato e al difensore è ridondante rispetto alle dichiarazioni *in re propria* (essendo l'imputato stesso il dichiarante e risultando necessaria la presenza del difensore, *ex* art. 420 co. 1), mentre acquista rilievo circa le dichiarazioni rese *erga alios*.

515. Allegazione di atti al fascicolo per il dibattimento.

1. I verbali degli atti di cui è stata data lettura e i documenti ammessi a norma dell'articolo 495 sono inseriti, unitamente al verbale di udienza, nel fascicolo per il dibattimento.

• Il fascicolo per il dibattimento non contiene, **all'esito dell'istruzione dibattimentale**, solo gli atti che lo compongono *ab origine* a norma dell'art. 431 (→ **Indagini e udienza preliminare**) – così come formato dopo l'emissione del decreto che dispone il giudizio (→ art. 429) – e che vanno letti o indicati ai sensi dell'art. 511.

• Al fascicolo sono, altresì, allegati gli atti che vi si aggiungono **nel corso del giudizio**: i **documenti** (→ **Prove**, art. 234 s.) ammessi a norma dell'art. 495; il **verbale d'udienza** (art. 510); i verbali degli atti già contenuti nel **fascicolo del p.m.** (→ **Indagini e udienza preliminare**, art. 433) e acquisiti, su **accordo delle parti**, *ex* art. 493 co. 3, o **letti in giudizio** ai sensi degli artt. 512, 512 *bis* e 513, o utilizzati per le contestazioni e acquisiti (artt. 500 co. 4 e 6, 503 co. 5 e 6) anche su accordo delle parti (art. 500 co. 7); i verbali di prova di **altri procedimenti** (→ **Prove**, art. 238) letti ai sensi dell'art. 511 *bis*.

• Il riferimento della disposizione ai «verbali degli atti di cui è stata data lettura» implica il divieto di allegare al fascicolo per il dibattimento atti documentati in **forma diversa dal verbale** (→ **Atti**, art. 134 s.) come le semplici "annotazioni" del p.m. o della p.g. (→ **Indagini e udienza preliminare**, artt. 357 co. 1 e 373 co. 3).

Capo IV
Nuove contestazioni

516. Modifica della imputazione.

1. Se nel corso dell'istruzione dibattimentale il fatto risulta diverso da come descritto nel decreto che dispone il giudizio, e non appartiene alla competenza di un giudice superiore, il pubblico ministero modifica l'imputazione e procede alla relativa contestazione.

1 *bis*. Se a seguito della modifica il reato risulta attribuito alla cognizione del tribunale in composizione collegiale anziché monocratica, l'inosservanza delle disposizioni sulla composizione del giudice è rilevata o eccepita, a pena di decadenza, immediatamente dopo la nuova contestazione ovvero, nei casi indicati dagli articoli 519, comma 2, e 520, comma 2, prima del compimento di ogni altro atto nella nuova udienza fissata a norma dei medesimi articoli.

1 *ter*. Se a seguito della modifica risulta un reato per il quale è prevista l'udienza preliminare, e questa non si è tenuta, l'inosservanza delle relative disposizioni è eccepita, a pena di decadenza, entro il termine indicato dal comma 1 *bis*.

Il co. 1 *bis* è stato aggiunto dal d. lgs. 19.2.1998, n. 51; il co. 1 *ter* è stato aggiunto dalla l. 16.12.1999, n. 479.

• Diversamente da quanto avviene per la fase dell'udienza preliminare (→ **Libro V**) – dove tutte le vicende modificative dell'imputazione sono racchiuse in un'unica disposizione (→ art. 423) – per la fase dibattimentale il legislatore ha predisposto un **reticolo di norme** volte a regolare le diverse ipotesi di immutazione del fatto contestato all'imputato.

• La "nuova" contestazione sigla il **divario** fra il fatto enunciato nell'atto di impulso della fase dibattimentale – decreto che dispone il giudizio (→ **Indagini e udienza preliminare**, art. 429); decreto di giudizio direttissimo o di giudizio immediato (→ **Procedimenti speciali**, artt. 450 e 456); decreto di citazione diretta a giudizio (→ **Procedimento davanti al tribunale in composizione monocratica**, art. 552) – e quello eventualmente rappresentato nel corso dell'istruzione dibattimentale (artt. 496-515).

• Lo stretto legame esistente fra possibilità di intervenire in chiave modificativa dell'imputazione ed **emergenze informative** è evidenziato anche nell'ambio del **giudizio abbreviato** (→ **Procedimenti speciali**). In questo rito speciale, a fronte di un generale divieto in tal senso (→ art. 441 co. 1), la "nuova" contestazione è consentita solo in seguito all'effettuazione di un'**attività di integrazione probatoria** (→ art. 441 *bis*) che, alterando l'originario stato degli atti, abbia originato la "nuova" imputazione.

• L'operazione descritta dall'art. 516 (ma anche dall'art. 517) consta di **due fasi**: la "**modifica**" dell'imputazione e la sua immediata "**contestazione**" all'imputato. Compete esclusivamente al p.m. (→ **Soggetti**, art. 50) sia l'onere di adeguare l'imputazione alle emergenze offerte dal dibattimento, sia l'obbligo di contestarne all'imputato i "diversi" contenuti; ciò deve avvenire prima che il giudice, in sede di deliberazione, si veda costretto a non decidere sul merito provocando una nuova iniziativa dell'organo d'accusa con il provvedimento di trasmissione degli atti (art. 521 co. 2). Si intende, in tal modo, escludere qualsiasi **coinvolgimento del giudice** nella funzione di impulso processuale, per garantirne la imparzialità di giudizio (→ art. 34), e assicurare un'evidente economia processuale: consentendo, così, una sollecita definizione della regiudicanda e evitando la regressione del procedimento.

• La possibilità riconosciuta al p.m. di operare in chiave modificativa dell'imputazione incontra il limite imposto dalla **competenza del giudice** avanti al quale si procede (→ **Soggetti**). La condizione espressa è che il p.m. possa procedere alla "diversa" contestazione nel processo in corso solo se il "diverso" fatto non appartenga alla competenza **per materia** (→ artt. 5 e 6) del giudice superiore. È consentito, invece, procedere in deroga tanto alla competenza **per territorio** – ordinaria (→ artt. 8-11 *bis*) o determinata da connessione (→ art. 16) – quanto a quella **per materia del giudice inferiore**. In ogni caso, nonostante il p.m. abbia operato nei limiti consentiti, nulla impedisce al giudice di dichiararsi incompetente (→ art. 23).

• Per i casi in cui la nuova contestazione si rifletta sull'attribuzione della regiudicanda al **giudice collegiale** (→ **Soggetti**, art. 33 *bis*) o **monocratico** (→ art. 33 *ter*), la disposizione attribuisce rilievo alle sole variazioni dell'imputazione che introducono fattispecie per le quali la legge riconosce la maggiore garanzia della collegialità del giudizio. In questi casi, infatti, l'inosservanza delle disposizioni in tema di attribuzione può essere rilevata o eccepita entro un **termine perentorio** (previsto, quindi, a pena di decadenza: → **Atti**, art. 173) assai breve [immediatamente dopo la contestazione ovvero da coordinare alle facoltà che l'imputato ha, eventualmente, scelto di invocare (art. 519 co. 2) o al suo *status* di non presente (art. 520)]. Il giudice monocratico – investito, in seguito alla contestazione del fatto diverso, della cognizione di un reato appartenente alle attribuzioni del giudice collegiale – può, così, dichiarare il **difetto di attribuzione** e trasmettere gli atti con ordinanza (→ **Atti**, art. 125) al tribunale nella diversa composizione. Nell'ipotesi inversa (da reato attribuito al tribunale collegiale a fattispecie attribuita al giudice monocratico) il p.m. è libero di operare la contestazione ed è preclusa ogni eccezione di parte o rilevazione del giudice.

• Analogo modello opera nei casi in cui la modifica della contestazione comporti di procedere per un diverso reato per il quale, magari a parità di attribuzione, l'azione penale andava promossa attraverso il filtro dell'**udienza preliminare** *ex* art. 416 (→ **Libro V**): solo le maggiori garanzie offerte dalla celebrazione dell'udienza preliminare possono consentire, laddove l'imputato non ne abbia potuto godere in base all'originaria contestazione, di eccepirne o rilevarne la mancata celebrazione negli stessi limiti temporali previsti dal co. 1 *bis*.

517. Reato concorrente e circostanze aggravanti risultanti dal dibattimento.

1. Qualora nel corso dell'istruzione dibattimentale emerga un reato connesso a norma dell'articolo 12 comma 1 lettera *b*) ovvero una circostanza aggravante e non ve ne sia menzione nel decreto che dispone il giudizio, il pubblico ministero contesta all'imputato il reato o la circostanza, purché la cognizione non appartenga alla competenza di un giudice superiore.

1 *bis*. Si applicano le disposizioni previste dall'articolo 516, commi 1 *bis* e 1 *ter*.

Il co. 1 *bis* è stato, dapprima, aggiunto dal d. lgs. 19.2.1998, n. 51 e, successivamente, modificato dalla l. 16.12.1999, n. 479.

• La norma disciplina le ipotesi in cui, nel corso dell'istruzione dibattimentale, emerga un **reato connesso** *ex* art. 12 lett. *b* [→ **Soggetti**; il riferimento è ai casi di **concorso formale di reati** (→ art. 81 co. 1 c.p.) o di reati avvinti dal vincolo della **continuazione** (→ art. 81 co. 2 c.p.)], ovvero una **circostanza aggravante**; ivi compresa la **recidiva** (→ art.

99 c.p.), essendo un elemento da cui derivano conseguenze negative sul piano sanzionatorio.

• Si tratta, anche qui, di un potere esclusivo del p.m. (→ **Soggetti**) che deve essere doverosamente esercitato (→ art. 50) e che il giudice non può inibire. Il giudice, inoltre, non può ingerirsi nell'iniziativa del p.m. attraverso l'utilizzazione del potere di cui all'art. 521 co. 2. Questa ingerenza è da escludere anche con riferimento alle circostanze aggravanti, sebbene la loro mancata contestazione nel corso del dibattimento di primo grado ne comporti una definitiva fuoriuscita dal circuito decisionale in forza del principio del *ne bis in idem* (→ **Esecuzione**, art. 649 co. 1).

• Anche in questa ipotesi – così come avviene nei casi di contestazione del "fatto diverso" (art. 516) – si applicano le disposizioni dell'art. 516 co. 1 *bis* e 1 *ter*: la cognizione del tribunale in formazione **collegiale** rimane ferma; il difetto di cognizione dell'organo **monocratico**, invece, può essere rilevato o eccepito entro i termini sanciti dall'art. 516 co. 1 *bis*; la **mancanza dell'udienza preliminare**, in relazione al reato connesso o al reato "ora" aggravato, può essere eccepita dall'imputato entro i medesimi termini.

• Circa i **tempi della contestazione**, essa può essere mossa anche dopo la fine dell'istruzione dibattimentale, dovendosi far coincidere il termine finale con la chiusura del dibattimento (art. 524), posto che anche la discussione finale può essere interrotta per l'assunzione di nuove prove (art. 523 co. 6) idonee a immutare l'originaria imputazione.

518. Fatto nuovo risultante dal dibattimento.

1. Fuori dei casi previsti dall'articolo 517, il pubblico ministero procede nelle forme ordinarie se nel corso del dibattimento risulta a carico dell'imputato un fatto nuovo non enunciato nel decreto che dispone il giudizio e per il quale si debba procedere di ufficio.

2. Tuttavia il presidente, qualora il pubblico ministero ne faccia richiesta, può autorizzare la contestazione nella medesima udienza, se vi è consenso dell'imputato presente e non ne deriva pregiudizio per la speditezza dei procedimenti.

• Nel caso in cui l'istruzione dibattimentale dovesse evidenziare l'insorgenza di un **"nuovo" fatto** mai contestato in precedenza e slegato da alcun vincolo di connessione (→ **Soggetti**, art. 12) con il reato per il quale si sta procedendo, la regola siglata dal co. 1 è in linea con i principi generali: il p.m. procede con le **forme ordinarie** (→ **Indagini e udienza preliminare**), esercitando l'azione penale (attraverso le forme enunciate nell'art. 407 *bis*) in un **separato procedimento**.

• Quella indicata nel co. 2 costituisce un'eccezione veicolata dalla **volontà dell'imputato presente** (da intendersi tale anche quando collegato da remoto: → **Disp. att.**, art. 146 *bis*): il suo consenso alla contestazione immediata nel *simultaneus processus* deve essere corredato dall'**autorizzazione presidenziale** fondata sull'assenza di pregiudizio per la **speditezza dei procedimenti** (→ **Cost.**, art. 111). La regola è identica a quella prescritta per la fase dell'**udienza preliminare** (→ **Libro V**), ai sensi dell'art. 423 co. 2, e riproduce il medesimo limite della procedibilità *ex officio* della "nuova" contestazione. È proprio la soppressione dell'intera fase preliminare del procedimento (→ **Indagini e udienza preliminare**) e del predibattimento – con la conseguente perdita di fondamentali garanzie difensive – a imporre la condizione del consenso dell'imputato per l'integrazione dell'accusa. Quanto all'ulteriore requisito dell'autorizzazione presidenziale, il vaglio circa l'eventuale pregiudizio per la speditezza dei procedimenti – criterio generalmente imposto dall'art. 17 co. 1 (→ **Soggetti**) per governare l'opportunità della **riunione di processi** – assume in questi casi una notevole importanza. Il cumulo delle regiudicande consentito dal co. 2, infatti, potrebbe riferirsi a un fatto non connesso ai sensi dell'art. 12 ovvero non collegato probatoriamente *ex* art. 17 co. 1 lett. *b*: fuori, quindi, dal perimetro siglato dall'art. 17.

• Diversamente dalle disposizioni che precedono, l'art. 518 non presenta regole di raccordo con la disciplina sulla **composizione del tribunale** (→ **Soggetti**, artt. 33 *bis* e 33 *ter*) e sulle connesse regole procedurali: il consenso dell'imputato, con l'avallo dell'autorizzazione giudiziale, è idoneo a legittimare la deroga alla cognizione del tribunale collegiale e/o alla rinuncia all'udienza preliminare.

519. Diritti delle parti.

1. Nei casi previsti dagli articoli 516, 517 e 518, comma 2, salvo che la contestazione abbia per oggetto la recidiva, il presidente informa l'imputato che può chiedere un termine per la difesa e formulare richiesta di giudizio abbreviato, di applicazione della pena a norma dell'articolo 444 o di sospensione del procedimento con messa alla prova, nonché di richiedere l'ammissione di nuove prove.

2. Se l'imputato fa richiesta di un termine per la difesa, il presidente sospende il dibattimento per un tempo non inferiore al termine per comparire previsto dall'articolo 429, ma comunque non superiore a quaranta giorni. In ogni caso l'imputato può, a pena di decadenza entro l'udienza successiva, formulare richiesta di giudizio abbreviato, di applicazione della pena a norma dell'articolo 444 o di sospensione del procedimento con messa alla prova, nonché richiedere l'ammissione di nuove prove.

3. Il presidente dispone la citazione della persona offesa, osservando un termine non inferiore a cinque giorni.

Il testo originario è stato così modificato dal d. lgs. 10.10.2022, n. 150.

• Una volta effettuata (artt. 516 e 517) o, comunque, consentita (art. 518) la "nuova" contestazione, l'imputato potrebbe vedersi alterata la propria **linea difensiva**. L'imputato deve essere, quindi, posto nelle condizioni di fare fronte alle nuove emergenze, anche sotto il profilo della possibile scelta di un **rito alternativo di natura premiale**, ivi compresa la sospensione del processo con messa alla prova (→ **Procedimenti speciali**). Di qui la previsione della possibilità di formulare immediatamente la richiesta di accesso a un di rito alternativo o di ammissione di nuove prove, o di chiedere un termine a difesa (proprio al fine di meglio vagliare simili opportunità).

• Benché non espressamente evocata dalla disposizione, resta ferma la possibilità per l'imputato (nel rispetto della tempistica fissata da questa norma e sempre che il reato oggetto di nuova contestazione lo consenta) di essere ammesso al **procedimento per oblazione** (→ **Disp. att.**, art. 141 co. 4 *bis*).

• Spetta al presidente dell'organo collegiale (quale espressione del suo generale potere di direzione del dibattimento *ex* art. 470 co. 1) informare l'imputato in ordine alla possibilità di formulare **richiesta di giudizio abbreviato, di applicazione della pena o di sospensione del procedimento con messa alla prova** oltre al diritto di chiedere un **termine a difesa**. L'omessa informazione su tali diritti – così come la mancata concessione del termine richiesto –, incidendo sull'esercizio del diritto di intervento dell'imputato, produce una nullità (art. 522) di ordine generale (→ **Atti**, art. 178 co. 1 lett. *c*) riconducibile al novero di quelle intermedie *ex* art. 180.

• La richiesta del termine ne rende **obbligatoria la concessione** almeno nella misura minima del termine a comparire (venti giorni) imposto dall'art. 429 con riferimento al decreto che dispone il giudizio (→ **Indagini e udienza preliminare**). Trattandosi di un termine posto a favore dell'imputato, questo è **abbreviabile** solo dietro il suo consenso, secondo la regola generale posta dall'art. 173 co. 3 (→ **Atti**). Il rinvio al termine previsto dall'art. 429 opera anche in relazione ai processi instaurati con **citazione diretta a giudizio** (→ **Procedimento davanti al tribunale in composizione monocratica**), nonostante la diversa entità del termine di comparizione per l'udienza predibattimentale previsto dall'art. 552 co. 3 (sessanta giorni). La modulazione dell'estensione del termine a difesa, oltre il minimo di venti e entro limite massimo di quaranta giorni, è rimessa alla **valutazione discrezionale** del giudice fondata sulla complessità dei "nuovi" addebiti. La concessione del termine richiesto comporta la **sospensione del dibattimento** (art. 477 co. 2); tale sospensione non ha alcun riflesso sui termini di durata della misura cautelare custodiale (→ **Libro IV**) che, ai sensi dell'art. 304 co. 1 lett. *a*, continuano a decorrere.

• L'imputato, ottenuto tale termine, dovrà formulare le proprie richieste entro l'udienza successiva: la prevista sanzione della **decadenza** vale a rendere "perentorio" il termine concesso (→ **Atti**, art. 173).

• Quanto al diritto all'**ammissione di nuove prove**, la Corte costituzionale ne ha precisato il perimetro soggettivo (241 del 1992, 50 del 1995) – estendendolo anche al p.m. e alle parti private diverse dall'imputato (→ **Soggetti**) – e meglio definito il limite operativo (Corte cost., 241 del 1992) – sganciandolo dal criterio maggiormente selettivo della "assoluta necessità", *ex* art. 507, e ricorrendo a quello generale sancito dall'art. 190 (→ **Prove**). Quanto alle **modalità** e ai **tempi** di introduzione della nuova prova, le parti formulano le proprie richieste, ai sensi dell'art. 493, immediatamente dopo la "nuova" contestazione ovvero, se vi è stata sospensione del dibattimento, alla prima udienza successiva.

• La citazione della **persona offesa** (→ **Soggetti**, art. 90) è funzionale all'eventuale costituzione di parte civile (→ art. 76) a seguito della variazione dell'accusa. L'omessa citazione dell'offeso integra una nullità a regime intermedio ai sensi degli artt. 178 co. 1 lett. *c* e 180 (→ **Atti**).

520. Nuove contestazioni all'imputato non presente.

1. Quando intende contestare i fatti o le circostanze indicati negli articoli 516 e 517 all'imputato che non è presente in aula, neppure mediante collegamento a distanza, il pubblico ministero chiede al presidente che la contestazione sia inserita nel verbale del dibattimento e che il verbale sia notificato per estratto all'imputato, con l'avvertimento che entro l'udienza successiva può formulare richiesta di giudizio abbreviato, di applicazione della pena a norma dell'articolo 444 o di sospensione del procedimento con messa alla prova, nonché richiedere l'ammissione di nuove prove.

2. In tal caso il presidente sospende il dibattimento e fissa una nuova udienza per la prosecuzione, osservando i termini indicati nell'articolo 519, commi 2 e 3.

Il testo originario è stato così modificato dalla l. 28.4.2014, n. 67 e, successivamente, insieme alla rubrica, dal d. lgs. 10.10.2022, n. 150.

• La diposizione introduce il potere del p.m. di procedere alla nuova contestazione – limitatamente ai casi di cui agli artt. 516 e 517 – anche nei confronti dell'**imputato che non presenzia al dibattimento** (neanche attraverso collegamento a distanza: → **Disp. att.**, art. 146 *bis*) al momento della modifica dell'imputazione. Resta esclusa l'ipotesi prevista dall'art. 518 co. 2 (contestazione del "fatto nuovo" nel *simultaneus processus*) in quanto il consenso dell'imputato ne costituisce presupposto ineliminabile e non surrogabile da alcun potere di rappresentanza *ex lege* in capo al difensore (→ **Indagini e udienza preliminare**, art. 420 *bis* co. 3), né tramite il conferimento di procura speciale.

• L'inserimento della contestazione nel **verbale d'udienza** (art. 480), la sua **notificazione per estratto** all'imputato non presente, la **sospensione del dibattimento** e la fissazione di una **nuova udienza**, con l'espresso **avvertimento** che entro tale termine sarà possibile avanzare richiesta di **giudizio abbreviato, applicazione delle pena *ex* art. 444, di sospensione del procedimento con messa alla prova**, ovvero di **ammissione di nuove prove**, costituiscono l'insieme degli adempimenti consequenziali e obbligatori in quanto funzionali all'integrazione del contraddittorio (art. 519) nei confronti dell'imputato e della persona offesa. Per tale ragione l'estratto del verbale, contenente gli avvertimenti sopra evidenziati, compendia tutti i requisiti stabiliti dall'art. 429 (→ **Indagini e udienza preliminare**) dovendo operare quale **equipollente dell'atto di citazione**. Evidente è, sul punto, la differenza con il modello adottato per la fase dell'**udienza preliminare** (→ art. 421 co. 1 *bis*, come richiamato dall'art. 423 co. 1 *ter*) nel corso della quale, in caso di "nuova" contestazione all'imputato non presente in aula (o in audio-video collegamento), la notifica del verbale che la contiene non è accompagnata da alcuna ulteriore comunicazione, se non quella relativa all'indicazione della nuova udienza di rinvio.

• La nozione di **non presenza**, richiamata nella disposizione, va intesa nella sua accezione più ampia, comprensiva di tutte le situazioni di **assenza dell'imputato** contemplate nell'art. 420 *bis* (→ **Indagini e udienza preliminare**).

521. Correlazione tra l'imputazione contestata e la sentenza.

1. Nella sentenza il giudice può dare al fatto una definizione giuridica diversa da quella enunciata nell'imputazione, purché il reato non ecceda la sua competenza né risulti attribuito alla cognizione del tribunale in composizione collegiale anziché monocratica.

2. Il giudice dispone con ordinanza la trasmissione degli atti al pubblico ministero se accerta che il fatto è diverso da come descritto nel decreto che dispone il giudizio ovvero nella contestazione effettuata a norma degli articoli 516, 517 e 518, comma 2.

3. Nello stesso modo il giudice procede se il pubblico ministero ha effettuato una nuova contestazione fuori dei casi previsti dagli articoli 516, 517 e 518, comma 2.

Il testo originario è stato prima modificato dal l. 7.8.1997, n. 267; poi dal d. lgs. 19.2.1998, n. 51; dalla l. 16.12.1999, n. 479; infine, dal d.l. 7.4.2000, n. 82, conv. dalla l. 5.6.2000, n. 144.

• L'obbligo di mantenere correlate l'imputazione e la sentenza funge, da un canto, da presidio al diritto di difesa dell'imputato (→ **Cost.**, art. 24) e, dall'altro, vale a ribadire il ruolo di *dominus* dell'azione penale affidato al p.m. (→ **Cost.**, art. 112). Il **principio di correlazione** opera, pertanto, quale vincolo sia per le sentenze di condanna (art. 533), sia per quelle di proscioglimento (artt. 529, 530 e 531).

• Non scalfisce tale assetto il potere del giudice – espressione del principio *iura novit curia* – di **qualificare**, con la propria decisione, **diversamente il reato ascritto**: di attribuire, cioè, al fatto (immodificato nella sua struttura oggettiva) un diverso *nomen iuris* rispetto a quello rubricato nell'imputazione (anche in seguito alle immutazioni operate ai sensi degli artt. 516, 517 e 518). Analogo potere è riconosciuto al **giudice d'appello e di legittimità**: ciò benché la disciplina delle impugnazioni (→ **Libro IX**) non contenga un'espressa previsione in tal senso. Allo stesso modo il potere di cui all'art. 521 co. 1 opera in relazione alle decisioni adottate in ambito **cautelare** (→ **Libro IV**): sia in sede di applicazione della misura (→ art. 292); sia in sede di riesame (→ art. 309) o appello (→ art. 310). Diverso l'*iter* procedimentale nel corso dell'**udienza preliminare** (→ **Libro V**): in caso di non corretta qualificazione giuridica assegnata al fatto contestato, il g.u.p. non provvede alla riqualificazione, ma invita il p.m. a operare le necessarie modificazioni (→ art. 423 co. 1 *bis*).

• È idonea a ledere l'equità del processo (→ **Cedu**, art. 6 § 1 e 3 lett. *a* e *b*) l'eventuale riqualificazione giuridica del fatto senza che all'imputato sia stata, comunque, concessa l'opportunità di esercitare il proprio **diritto di difesa in modo concreto ed effettivo**. Ciò comporta che l'imputato sia informato in tempo utile non solo dei fatti materiali posti a fondamento dell'accusa, ma anche della qualificazione giuridica agli stessi attribuita (Corte edu, 11.12.2007, Drassich c. Italia). Di qui l'obbligo per il giudice di informazione, prima della decisione, circa l'eventualità della modifica della qualificazione giuridica originariamente data al fatto.

• La condizione che la riqualificazione del fatto non incida sulla **competenza** e sulla **composizione del giudice** implica che, nei limiti di quella per difetto, l'eventuale incompetenza sia dichiarata con sentenza a norma dell'art. 23 (→ **Soggetti**), così come il *deficit* di **attribuzione** (dal giudice monocratico a quello collegiale) sia pronunciata con ordinanza *ex* art. 33 *septies*: entrambi i provvedimenti (→ **Atti**, art. 125) comportano la trasmissione degli atti al p.m.

• La **restituzione degli atti** al p.m. – qualora il giudice riscontri l'esistenza di un divario fra il fatto contestato *ab origine* (*ex* art. 429 → **Indagini e udienza preliminare**) o modificato nel corso del dibattimento (artt. 516-518) e quanto effettivamente rappresentato durante l'istruzione – è finalizzata a consentire l'esercizio dell'azione penale in relazione al diverso fatto ritenuto: occorre, così, procedere a una **nuova iscrizione** *ex* art. 335 con la conseguente riapertura delle indagini preliminari, all'esito delle quali il p.m. assumerà le proprie determinazioni (→ **Libro V**). Questo itinerario – pur in presenza di un meccanismo che affida al g.u.p. il compito di invitare il p.m. a operare le necessarie modificazioni – è contemplato anche per l'analoga evenienza manifestatasi nell'ambito dell'**udienza preliminare**, laddove la difformità permanga nonostante la sollecitazione del giudice a rimuoverla (→ art. 423 co. 1 *bis*).

• Il difetto di correlazione, oltre che nel

giudizio di primo grado, può essere rilevato anche in fase d'**impugnazione** (→ **Libro IX**): tanto nel giudizio d'appello (→ art. 604), quanto in quello di cassazione (→ art. 623 co. 1 lett. *b*).

• Quanto all'ipotesi di trasmissione degli atti al p.m. contemplata al co. 3, la previsione è linea con l'impostazione complessiva che esclude un potere preventivo di controllo del giudice sulla correttezza delle nuove contestazioni, consentendogli di intervenire solo dopo l'iniziativa del p.m.

521 *bis*. Modifiche della composizione del giudice a seguito di nuove contestazioni.

1. Se, in seguito ad una diversa definizione giuridica o alle contestazioni previste dagli articoli 516, commi 1 *bis* e 1 *ter*, 517, comma 1 *bis*, e 518, il reato risulta tra quelli attribuiti alla cognizione del tribunale per cui è prevista l'udienza preliminare e questa non si è tenuta, il giudice dispone con ordinanza la trasmissione degli atti al pubblico ministero.

2. L'inosservanza della disposizione prevista dal comma 1 deve essere eccepita, a pena di decadenza, nei motivi di impugnazione.

Articolo introdotto dal d. lgs. 19.2.1998, n. 51 e poi modificato dalla l. 16.12.1999, n. 479.

• Ispirata da evidenti esigenze di **efficienza del sistema**, onde evitare il più possibile la realizzazione del fenomeno della regressione del procedimento, la disposizione limita il ricorso allo strumento della trasmissione degli atti al p.m. ai soli casi in cui la "nuova" contestazione (artt. 516, 517 e 518) o la diversa qualificazione giuridica attribuita al fatto (art. 521) abbiano dato vita a una fattispecie incriminatrice per cui è prevista **l'udienza preliminare** (→ **Libro V**); laddove, ovviamente, l'originaria contestazione non l'avesse contemplata trattandosi di reato a citazione diretta ai sensi dell'art. 552 (→ **Procedimento davanti al tribunale in composizione monocratica**).

• Non comporta la **regressione** l'ipotesi in cui alla "nuova" contestazione o alla riqualificazione del fatto, pur incisiva sull'attribuzione fra tribunale monocratico e collegiale (→ **Soggetti**, art. 33 *quinquies*), si sia proceduto nell'ambito di un giudizio instaurato davanti al giudice monocratico a seguito di udienza preliminare (→ **Indagini e udienza preliminare**). In queste ipotesi, ai sensi dell'art. 33 *septies* co. 1 (→ **Libro I**), sarà sufficiente la **trasmissione degli atti** al tribunale collegiale non dovendosi, comunque, procedere all'udienza preliminare (→ **Libro V**).

522. Nullità della sentenza per difetto di contestazione.

1. L'inosservanza delle disposizioni previste in questo capo è causa di nullità.

2. La sentenza di condanna pronunciata per un fatto nuovo, per un reato concorrente o per una circostanza aggravante senza che siano state osservate le disposizioni degli articoli precedenti è nulla soltanto nella parte relativa al fatto nuovo, al reato concorrente o alla circostanza aggravante.

• Ogni violazione delle regole imposte dagli artt. 516-521 *bis* è sanzionata con la **nullità** (→ **Atti**). Ciò significa che ogni disfunzione relativa alle nuove contestazioni non può che produrre l'invalidità dell'atto.

• Quanto alla **tipologia** della nullità provocata dalle violazioni delle regole stabilite negli artt. 516 s., esse non appartengono tutte alla medesima *species*. Occorre, infatti, distinguere fra le disposizioni che siglano i **presupposti** della modifica dell'imputazione (artt. 516, 517 e 518) e quelle che governano i **diritti delle parti**, incisi dall'intervento sull'accusa (artt. 519 e 520). Nel primo caso, il vizio afferisce all'iniziativa del p.m. nell'esercizio dell'**azione penale** (→ **Atti**, art. 178 co. 1 lett. *b*) e integra, pertanto, una **nullità assoluta** *ex* art. 179 co. 1; così come integra una nullità assoluta la pronuncia in ordine a un fatto nuovo, un reato concorrente o una circostanza aggravante emessa senza l'iniziativa del p.m. Nella seconda ipotesi, sono riconducibili al novero delle **nullità a regime intermedio** (→ artt. 178 co. 1 lett. *c* e

180) l'inosservanza delle disposizioni concernenti gli **avvertimenti all'imputato** (art. 519 co. 1), i **termini a difesa** (art. 519 co. 2), la **citazione dell'offeso** (art. 519 co. 3); integra, invece, una **nullità assoluta** per **omessa citazione dell'imputato** (→ artt. 178 co. 1 lett. *c* e 179) l'inosservanza dell'art. 520.

• La nullità della sentenza – sancita dal co. 2 – scaturente dal **difetto di correlazione** (art. 521) può essere vagliata in una duplice prospettiva: sia come assoluta (→ **Atti**, artt. 178 co. 1 lett. *b* e 179), qualora la si guardi dall'ottica del p.m. e, quindi, dell'incidenza sulla sua iniziativa quanto all'esercizio dell'azione penale (→ **Indagini e udienza preliminare**, art. 407 *bis*); sia a regime intermedio (→ **Atti**, artt. 178 co. 1 lett. *c* e 180), allorché si privilegi la dimensione della lesione del diritto di difesa.

• La limitazione della nullità al solo **capo o punto della sentenza** affetto dal vizio è espressione del principio *utile per inutile non vitiatur* e realizza la funzione di conservazione degli atti processuali.

• Il vizio di correlazione fra accusa e sentenza va rilevato nel giudizio d'impugnazione (→ **Libro IX**): sia in **appello** (→ art. 604), sia in **cassazione** (→ art. 606 co. 1 lett. *c*).

Capo V
Discussione finale

523. Svolgimento della discussione.

1. Esaurita l'assunzione delle prove, il pubblico ministero e successivamente i difensori della parte civile, del responsabile civile, della persona civilmente obbligata per la pena pecuniaria e dell'imputato formulano e illustrano le rispettive conclusioni, anche in ordine alle ipotesi previste dall'articolo 533, comma 3 *bis*.

2. La parte civile presenta conclusioni scritte, che devono comprendere, quando sia richiesto il risarcimento dei danni, anche la determinazione del loro ammontare.

3. Il presidente dirige la discussione e impedisce ogni divagazione, ripetizione e interruzione.

4. Il pubblico ministero e i difensori delle parti private possono replicare; la replica è ammessa una sola volta e deve essere contenuta nei limiti strettamente necessari per la confutazione degli argomenti avversari.

5. In ogni caso l'imputato e il difensore devono avere, a pena di nullità, la parola per ultimi se la domandano.

6. La discussione non può essere interrotta per l'assunzione di nuove prove, se non in caso di assoluta necessità. Se questa si verifica, il giudice provvede a norma dell'articolo 507.

Il testo originario è stato così modificato dal d.l. 24.11.2000, n. 341, conv. dalla l. 19.1.2001, n. 4.

• L'ordine imposto per lo sviluppo delle **argomentazioni orali** delle parti (→ **Soggetti**), all'esito dell'istruzione dibattimentale, è il medesimo previsto per l'articolazione delle richieste di prova (art. 493) e per la loro assunzione (art. 496). Si tratta di un ordine coerente con l'onere attribuito al p.m. di sostenere l'accusa (→ **Soggetti**, art. 50) e l'esigenza di garantire nel modo più completo il diritto di difesa (→ **Cost.**, art. 24). È un ordine, infatti, già sancito per la fase dell'**udienza preliminare** (→ **Libro V**, art. 421 co. 2) e ribadito per il giudizio d'**impugnazione** (→ **Libro IX**): sia per il dibattimento d'appello (→ art. 602 co. 4, attraverso il rinvio all'art. 523), sia per quello in cassazione (→ art. 614 co. 4).

• La medesima logica governa il **diritto di replica** di tutte le parti (sempre secondo lo stesso ordine e realizzabile, pertanto, solo nel caso in cui sia il p.m. a replicare per primo) e il diritto dell'imputato (→ **Soggetti**, art. 60) e del suo difensore (→ art. 96 s.) di avere la parola per ultimi. Nonostante il co. 5 sanzioni espressamente con la **nullità** (→ **Atti**, art. 178 co. 1 lett. *c*) solo la violazione di quest'ultimo diritto, è evidente che analoga sanzione sia invocabile in caso di lesione del diritto di replica.

• La formulazione e illustrazione delle conclusioni consiste nel rassegnare al giudice il *petitum* e nell'argomentare le ragioni che lo sostengono. Il tutto si svolge **oralmente**, sotto la direzione del presidente (art. 470 co. 1), e il verbale d'udienza conterrà solo **l'indicazione delle conclusioni** (art. 481 co. 1).

• Benché la disposizione espressamente attribuisca alla **parte civile** (→ **Soggetti**, art. 73) – obbligata a indicarne l'ammontare quando avanza richiesta di risarcimento del danno – l'onere di rassegnare le proprie **conclusioni per iscritto** (pena la sua revoca ai sensi dell'art. 82 co. 2), nulla vieta alle altre parti di redigere (a integrazione o sostituzione dell'argomentazione orale) una **memoria scritta** (→ **Atti**, art. 121): essa è allegata al **verbale d'udienza** (art. 482 co. 1) e, quindi, inserita nel **fascicolo dibattimentale** (art. 515).

• Il potere del presidente di direzione della discussione opera anche nel **dibattimento d'appello** (→ **Impugnazioni**), *ex* art. 602 co. 4 (grazie al richiamo ivi contenuto proprio all'art. 523), e in quello di **cassazione**, a norma dell'art. 614 co. 1.

• Quanto alla possibilità di **interruzione** della discussione per **finalità probatorie**, il richiamo all'art. 507 comprende anche la condizione di applicabilità dello stesso in ordine al parametro dell'**assoluta necessità**.

524. Chiusura del dibattimento.

1. Esaurita la discussione, il presidente dichiara chiuso il dibattimento.

• Specularmente a quanto avviene per l'apertura del dibattimento (art. 492), anche la sua chiusura è siglata da una **dichiarazione presidenziale**.

• La dichiarazione di chiusura si colloca **all'esaurimento della discussione** (art. 523) e costituisce passo irreversibile cui deve seguire la fase della deliberazione della sentenza (artt. 525-528); fatta salva l'ipotesi di una riapertura della fase istruttoria *ex* art. 507 (art. 525 co. 3).

• La dichiarazione di chiusura produce **l'effetto di precludere** alle parti (p.m. e parti private → **Soggetti**) l'esercizio dei poteri, dei diritti e delle facoltà che possono essere esercitati solo durante il dibattimento: il p.m. non può più effettuare nuove o diverse contestazioni (artt. 516-518); l'imputato non può più rendere dichiarazioni spontanee (art. 494); le parti non possono più eccepire le nullità (→ **Atti**, art. 180) che si sono verificate prima della fase del giudizio (→ **Indagini e udienza preliminare**).

Titolo III
SENTENZA

Capo I
Deliberazione

525. Immediatezza della deliberazione.

1. La sentenza è deliberata subito dopo la chiusura del dibattimento.

2. Alla deliberazione concorrono, a pena di nullità assoluta, gli stessi giudici che hanno partecipato al dibattimento. Se alla deliberazione devono concorrere i giudici supplenti in sostituzione dei titolari impediti, i provvedimenti già emessi conservano efficacia se non sono espressamente revocati.

3. Salvo quanto previsto dall'articolo 528, la deliberazione non può essere sospesa se non in caso di assoluta impossibilità. La sospensione è disposta dal presidente con ordinanza.

• L'esigenza che sia mantenuta l'**immutabilità del giudice** decidente rispetto a quello che abbia partecipato all'istruzione probatoria è direttamente riconducibile alle garanzie di cui agli artt. 6 § 3 **Cedu** e 14 § 3 **Patto int.**

• In una serrata sequenza temporale, volta a garantire il principio di **continuità processuale**, strettamente connesso a quello di concentrazione della fase dibattimentale, che dovrebbe esaurirsi, se possibile, in un'unica udienza (art. 477 co. 1), la deliberazione della sentenza segue immediatamente alla chiusura del dibattimento (art. 524) e, conseguentemente, alla fase di acquisizione delle prove (art. 496).

• Diversamente dall'eventuale inosservanza del principio di concentrazione, priva di conseguenze sanzionatorie, la mancata garanzia dell'**immutabilità del giudice**, ovvero della totale coincidenza fra i soggetti deliberanti e coloro in presenza dei quali si sia svolta l'istruzione dibattimentale, si ripercuote sulla sentenza determinandone la nullità; la rilevanza del vizio emerge, in particolare, per il trattarsi dell'unica ipotesi di nullità speciale qualificata dal legislatore come assoluta (→ **Atti**, art. 179 co. 2) e ciò nonostante potesse già farsi rientrare all'interno dei vizi concernenti le condizioni di capacità del giudice (→ artt. 178 co. 1 lett. *a* e 179 co. 1).

• Si è ritenuto non integrare violazione del diritto all'equo processo (→ **Cedu**, art. 6 § 3) la sottoscrizione della sentenza da parte di un giudice che non abbia partecipato al dibattimento né alla deliberazione della decisione, in sostituzione del magistrato componente il collegio giudicante successivamente impedito, ma che a tali attività aveva ritualmente preso parte, contribuendo a determinare la decisione (Corte edu, 23.2.2021, Iancu c. Romania). Per l'ipotesi di partecipazione alla deliberazione di **giudici supplenti**, in sostituzione di titolari impediti, è prevista, inoltre, la perdurante efficacia dei provvedimenti in precedenza emessi con la partecipazione del giudice poi impedito (Corte edu, 4.12.2003, Milan c. Italia), salva l'eventualità di loro revoca espressa. Si tratta di una scelta normativa opposta a quella operante nel caso in cui un giudice venga sostituito per intervenuta astensione o ricusazione, quando necessita una specifica dichiarazione dell'organo che abbia accolto la richiesta di sostituzione del giudice in merito al se e in quale parte gli atti compiuti dal giudice astenuto o ricusato conservino efficacia (→ **Soggetti**, art. 42 co. 2).

• La diversa composizione dell'organo giudicante, rispetto a quello innanzi al quale sia stata originariamente acquisita una **prova dichiarativa** (*nulla quaestio*, invece, per le prove documentali: → **Prove**, art. 234), attribuisce alle parti il diritto di ottenere la **rinnovazione dell'esame** delle persone che hanno reso dichiarazioni nel medesimo dibattimento nel contraddittorio con colui nei cui confronti le dichiarazioni saranno utilizzate (art. 495 co. 4 *ter*), salvo che il precedente esame sia sta integralmente riprodotto in maniera audiovisiva (→ **Atti**, art. 134). In materia, **Corte cost.**, 132 del 2019, ha sottolineato come il diritto della parte a una rinnovazione dell'audizione dei testimoni di fronte al nuovo giudice o al mutato collegio **non è assoluto**, ma "modulabile", entro limiti di ragionevolezza, dal legislatore. E ciò in linea con quanto affermato dalla **Corte edu**, che ritiene non determinare violazione del diritto all'equo processo una non integrale rinnovazione dell'istruttoria, con impossibilità di riesaminare le fonti di prova, quando intervengano altre **garanzie compensative**, quali, ad es., la disponibilità di verbali completi delle precedenti deposizioni o adeguate possibilità di confronto con le fonti d'accusa nella fase precedente (Corte edu, 2.5.2019, Famulyak c. Ucraina) o quando il richiedente la rinnovazione non indichi in maniera specifica gli elementi di novità necessari alla propria strategia processuale (Corte edu, 10.2.2005, Graviano c. Italia). Il tutto anche per le necessarie esigenze di **bilanciamento fra i diritti della difesa e l'eventuale protezione delle vittime**, specie se vulnerabili (Corte giust., 29.7.2019, Gambino e altro). Recependo tali indicazioni, si è argomentato come un obbligo di rinnovazione dovrebbe coinvolgere anche la fase di **ammissione della prova** (art. 495), pur se i provvedimenti precedentemente adottati dal giudice diversamente composto sono da considerarsi ribaditi se non espressamente modificati o revocati (Cass., SU, 30.5.2019, Bajrami). Rimane salva l'utilizzabilità, mediante lettura, delle dichiarazioni già assunte, quando la rinnovazione **non sia stata richiesta o non sia più possibile**, per il verificarsi di un'ipotesi di sopravvenuta impossibilità di ripetizione (Cass., SU, 30.5.2019, Bajrami), analogamente, in quest'ultimo caso, a quanto previsto per il diverso fenomeno dell'acquisizione al fascicolo dibattimentale, per sopravvenuta e imprevedibile impossibilità di ripetizione, di atti assunti dalla p.g., dal p.m., dai difensori delle parti private, o dal giudice nel corso dell'udienza preliminare e contenuti nel fascicolo delle indagini (art. 512). Legittima, comunque, l'utilizzabilità a seguito di lettura anche l'accordo delle parti, in linea con quanto previsto in materia di formazione del fascicolo per il dibattimento (→ **Indagini e udienza preliminare**, art. 431 co. 2).

• La sospensione della deliberazione in camera di consiglio, sia nelle ipotesi di lettura del verbale (art. 528) sia in quelle di assoluta impossibilità, è disposta dal presidente con ordinanza motivata (→ **Atti**, art. 125 co. 1 e 3).

526. Prove utilizzabili ai fini della deliberazione.

1. Il giudice non può utilizzare ai fini della deliberazione prove diverse da quelle legittimamente acquisite nel dibattimento.

1 *bis*. La colpevolezza dell'imputato non può essere provata sulla base di dichiarazioni rese da chi, per libera scelta, si è sempre volontariamente sottratto all'esame da parte dell'imputato o del suo difensore.

Il co. 1 *bis* è stato aggiunto dalla l. 1.3.2001, n. 63.

• La regola inserita nel 2001 con il co. 1 *bis* riproduce, in maniera quasi letterale, il principio formalizzato nell'art. 111 co. 4 **Cost.** e già sancito nell'art. 6 § 3 lett. *d* **Cedu**.

• Il giudice decide il merito della vicenda esclusivamente sulla base delle **prove acquisite nel corso dell'istruzione dibattimentale** (art. 496) **legittimamente** (→ **Prove**, art. 191), ovverosia nel rispetto dei divieti stabiliti dalla legge (→ **Soggetti**, artt. 62, 63 e 103; → **Prove**, artt. 195, 197, 203, 234, 240, 254, 270 e 271); la norma riveste, pertanto, il ruolo di previsione di chiusura del sistema probatorio nel suo complesso. Inutilizzabili, in particolare, per il combinato disposto con l'art. 514, le dichiarazioni rese dall'imputato (→ **Soggetti**, art. 60), dalle persone indicate nell'art. 210 e dai testimoni (→ **Prove,** art. 194 s.) alla p.g. (→ **Indagini e udienza preliminare**, artt. 350 e 351), al p.m. (→ artt. 362 e 363) o al giudice nel corso delle indagini preliminari o nell'udienza preliminare (→ art. 422), a meno che, in quest'ultima ipotesi, siano state rese con le forme previste negli artt. 498 e 499, alla presenza dell'imputato o del suo difensore (→ art. 422 co. 4).

• La sottrazione al contraddittorio che, ai sensi del co. 1 *bis*, rende inutilizzabili le dichiarazioni accusatorie è solo quella **volontariamente e liberamente** finalizzata in tale direzione, anche quando non in via esclusiva. La dichiarazione in precedenza resa e divenuta irripetibile per cause imprevedibili, pertanto, può essere letta, ai sensi dell'art. 512, divenendo inutilizzabile *contra reum* solo qualora sia dimostrabile l'intenzionalità da parte del dichiarante della situazione di irripetibilità sopravvenuta (Cass., SU, 25.11.2010, De Francesco).

• Nessun richiamo alla norma in esame è rinvenibile in contesti diversi da quello dibattimentale: né nell'art. 442 (→ **Procedimenti speciali**), nel quale, in materia di decisione nel giudizio **abbreviato** (→ art. 438), sono richiamati esclusivamente gli artt. 529 s.; né in materia di **applicazione della pena su richiesta delle parti** (→ art. 444).

• Il divieto di cui all'art. 526 co. 1 *bis* dovrebbe recedere, tuttavia, in presenza del **consenso** delle parti circa l'acquisizione della dichiarazione al fascicolo dibattimentale (→ **Indagini e udienza preliminare**, art. 431 co. 2).

527. Deliberazione collegiale.

1. Il collegio, sotto la direzione del presidente, decide separatamente le questioni preliminari non ancora risolte e ogni altra questione relativa al processo. Qualora l'esame del merito non risulti precluso dall'esito della votazione, sono poste in decisione le questioni di fatto e di diritto concernenti l'imputazione e, se occorre, quelle relative all'applicazione delle pene e delle misure di sicurezza nonché quelle relative alla responsabilità civile.

2. Tutti i giudici enunciano le ragioni della loro opinione e votano su ciascuna questione qualunque sia stato il voto espresso sulle altre. Il presidente raccoglie i voti cominciando dal giudice con minore anzianità di servizio e vota per ultimo. Nei giudizi davanti alla corte di assise votano per primi i giudici popolari, cominciando dal meno anziano per età.

3. Se nella votazione sull'entità della pena o della misura di sicurezza si manifestano più di due opinioni, i voti espressi per la pena o la misura di maggiore gravità si riuniscono a quelli per la pena o la misura gradatamente inferiore, fino a che venga a risultare la maggioranza. In ogni altro caso, qualora vi sia parità di voti, prevale la soluzione più favorevole all'imputato.

• La disciplina sulla deliberazione collegiale della sentenza conclusiva del giudizio deve essere integrata con la previsione generale dettata in materia di provvedimenti giurisdizionali e relativa, in particolare, alla segretezza della stessa (→ **Atti**, art. 125 co. 4; con conseguente divieto di testimonianza e relativo obbligo di astenersi da deposizioni sul procedimento di formazione della decisione e sulle opinioni e voti espressi dai componenti del collegio: Cass., SU, 30.10.2002, Carnevale) e all'eventuale redazione di un **verbale** in forma di documento **analogico** contenente l'indicazione delle *dissenting opinions* e le relative succinte motivazioni, da conservare in un plico sigillato nella cancelleria del giudice (→ art. 125 co. 5).

• La deliberazione collegiale, operata necessariamente dagli stessi giudici che hanno partecipato al dibattimento (art. 525), segue un preciso e rigoroso ordine, improntato a priorità logica e *favor rei*, imponendo una progressiva e, conseguentemente, separata decisione delle singole questioni che l'organo giurisdizionale è chiamato a risolvere. Vanno affrontate, innanzitutto, le **questioni preliminari** ancora aperte (art. 491) e ogni altra decisione di carattere processuale in grado di incidere sulla prosecuzione del giudizio, per il loro poter precludere la deliberazione sul merito dell'addebito formulato a carico dell'imputato, determinando un proscioglimento per cause di mero rito (art. 529). Segue l'esame collegiale **delle questioni di fatto o di diritto attinenti al merito** dell'imputazione, come originariamente formulata nel decreto che dispone il giudizio (→ **Indagini e udienza preliminare**, art. 429) o successivamente modificata in sede dibattimentale (art. 516 s.). Qualora la decisione si orienti verso una pronuncia di condanna (art. 533), vanno successivamente affrontate le questioni relative all'applicazione delle **pene** (art. 533) e delle possibili **misure di sicurezza** (→ art. 199 s. c.p.), nonché quelle relative alle eventuali **questioni civili** innestate nel giudizio penale (art. 538).

• La sequenza, rigorosamente prospettata dalla previsione in esame, non è garantita da alcuna previsione di nullità (→ **Atti**, art. 177), e ciò per venire incontro a ogni possibile peculiarità delle questioni che il collegio può essere chiamato ad affrontare nel caso concreto.

• Inerendo, infine, alla progressione logica della decisione in quanto tale, la previsione si applica, nei limiti della compatibilità, anche alle decisioni del **giudice monocratico** (→ **Libro VIII**).

528. Lettura del verbale in camera di consiglio.

1. Qualora sia necessaria la lettura del verbale di udienza redatto con la stenotipia ovvero l'ascolto o la visione di riproduzioni fonografiche o audiovisive di atti del dibattimento, il giudice sospende la deliberazione e procede in camera di consiglio alle operazioni necessarie, con l'assistenza dell'ausiliario ed eventualmente del tecnico incaricato della documentazione.

• La disposizione regolamenta una specifica ipotesi di eccezionale sospensione della deliberazione, che si aggiunge a quella generale di sospensione in caso di assoluta impossibilità di prosecuzione (art. 525 co. 3). Si tratta dell'eventuale esigenza di leggere il verbale di udienza (art. 480) redatto con la stenotipia, procedendo a immediata trascrizione (→ **Atti**, art. 138), o di prendere diretta conoscenza di atti in formato audiovisivo (→ art. 139). Una volta sospesa la deliberazione, il giudice provvederà alle necessarie operazioni con l'assistenza dell'ausiliario (→ art. 126) ed eventualmente del tecnico incaricato della documentazione (→ artt. 138 co. 2 e 139). In tali situazioni, tuttavia, non si rivela necessario che la sospensione sia disposta con ordinanza, e ciò diversamente da quanto previsto nell'art. 525 co. 3, né il riferimento a operazioni disposte in camera di consiglio è da intendersi alle forme partecipate di cui all'art. 127 (→ **Atti**).

Capo II
Decisione

Sezione I
Sentenza di proscioglimento

529. Sentenza di non doversi procedere.

1. Se l'azione penale non doveva essere iniziata o non deve essere proseguita, il giudice pronuncia sentenza di non doversi procedere indicandone la causa nel dispositivo.

2. Il giudice provvede nello stesso modo quando la prova dell'esistenza di una condizione di procedibilità è insufficiente o contraddittoria.

• La sentenza di non doversi procedere consegue alle situazioni di carenza, originaria o sopravvenuta, di una **condizione di procedibilità** (→ **Indagini e udienza preliminare**, art. 336 s.), da indicare puntualmente nel dispositivo della pronuncia (art. 544). Specifica ipotesi di sentenza di non doversi procedere perché l'azione penale non doveva essere iniziata si ha, in particolare, nel caso di violazione del **divieto di** *bis in idem* (→ **Esecuzione**, art. 649). Sentenza di non doversi procedere anche quando sia accerti l'irreversibile incapacità dell'imputato, tale da impedirne la cosciente partecipazione al dibattimento (→ **Soggetti**, art. 72 *bis*). Nell'ambito dei gradi successivi al primo, nuova ipotesi di improcedibilità dell'azione penale si configura con il superamento dei termini di durata massima del giudizio di impugnazione (→ **Indagini e udienza preliminare**, art. 344 *bis*).

• Una regola di giudizio analoga a quella espressamente prevista al co. 2 per le ipotesi di **insufficienza o contraddittorietà della prova** dell'esistenza di una condizione di procedibilità è prevista anche per la pronuncia di assoluzione nel merito (art. 530 co. 2).

530. Sentenza di assoluzione.

1. Se il fatto non sussiste, se l'imputato non lo ha commesso, se il fatto non costituisce reato o non è previsto dalla legge come reato ovvero se il reato è stato commesso da persona non imputabile o non punibile per un'altra ragione, il giudice pronuncia sentenza di assoluzione indicandone la causa nel dispositivo.

2. Il giudice pronuncia sentenza di assoluzione anche quando manca, è insufficiente o è contraddittoria la prova che il fatto sussiste, che l'imputato lo ha commesso, che il fatto costituisce reato o che il reato è stato commesso da persona imputabile.

3. Se vi è la prova che il fatto è stato commesso in presenza di una causa di giustificazione o di una causa personale di non punibilità ovvero vi è dubbio sull'esistenza delle stesse, il giudice pronuncia sentenza di assoluzione a norma del comma 1.

4. Con la sentenza di assoluzione il giudice applica, nei casi previsti dalla legge, le misure di sicurezza.

• In caso di assoluzione, **la causa** della pronuncia in tal senso deve essere espressamente indicata nel dispositivo della sentenza (art. 546). Il catalogo delle possibili cause di proscioglimento si caratterizza, secondo quanto indicato già in materia di immediata declaratoria di determinate cause di non punibilità, per un vincolante ordine di priorità nella scelta della formula (→ **Atti**, art. 129).

• Dovendo, in particolare, la pronuncia di condanna conseguire a un giudizio di colpevolezza oltre ogni ragionevole dubbio (art. 533 co. 1), va emessa sentenza di assoluzione anche ogni qualvolta si determini **mancanza, insufficienza o contraddittorietà della prova della colpevolezza** medesima, dovendosi fare ricorso pure in tali ipotesi alle medesime formule elencate al co. 1, analogamente a quanto previsto in caso di sentenza di non doversi procedere (art. 529 co. 2); l'insufficienza e la contraddittorietà rappresentano, infatti, puntuali criteri valutativi e non autonome formule decisorie.

• L'ipotesi di **dubbio** sull'esistenza di una causa di giustificazione (→ art. 50 s. c.p.) o di una causa personale di non punibilità va letta alla stessa stregua dei casi di mancanza, insufficienza o contraddittorietà della prova di cui al co. 2 di questo articolo e al precedente co. 2 dell'art. 529.

• In caso di applicazione, con la sentenza di assoluzione, di **misure di sicurezza** (→ art. 199 s. c.p.) e in attesa che la sentenza passi in giudicato (→ **Esecuzione**, art. 648), il giudice può disporne l'applicazione provvisoria (→ **Misure cautelari**, art. 312). Un'ipotesi particolare di applicazione provvisoria della misura di sicurezza del ricovero in un ospedale psichiatrico giudiziario (→ **Prove**, art. 222 c.p., oggi sostituiti dalle residenze per l'esecuzione della misura di sicurezza sanitaria, REMS) si ha quando la sentenza di proscioglimento riguardi un imputato che si trovi in stato di custodia cautelare, con conseguente estinzione proprio della relativa misura cautelare (→ **Misure cautelari**, art. 300 co. 2). Qualora sia disposta la **confisca**, la provvisoria applicazione passerà attraverso la sopravvivenza di un provvedimento di sequestro preventivo (→ art. 323 co. 3). L'applicazione di una misura di sicurezza legittima all'**impugnazione** della relativa sentenza (→ **Libro IX**, art. 579).

531. Dichiarazione di estinzione del reato.

1. Salvo quanto disposto dall'articolo 129, comma 2, il giudice, se il reato è estinto, pronuncia sentenza di non doversi procedere enunciandone la causa nel dispositivo.

2. Il giudice provvede nello stesso modo quando vi è dubbio sull'esistenza di una causa di estinzione del reato.

• La possibilità di una pronuncia di assoluzione nel merito, perché risulta evidente che il fatto non sussiste, l'imputato non lo ha commesso, il fatto non costituisce reato o non è previsto dalla legge come reato prevale sempre, per ragioni di *favor rei*, su quella di estinzione del reato *ex* artt. 150 s. c.p. (→ **Atti**, art. 129 co. 2).

• Anche in materia di esistenza di una causa di estinzione del reato, analogamente a quanto già rilevato in tema di esistenza di una causa di giustificazione (→ art. 50 s. c.p.) o di una causa personale di non punibilità, le ipotesi di **dubbio** vanno individuate nella mancanza, insufficienza o contraddittorietà della prova di cui agli artt. 529 co. 2 e 530 co. 2.

• Una pronuncia di immediata declaratoria di una causa di estinzione del reato (nonché di proscioglimento perché l'azione penale non doveva essere iniziata o proseguita o per non punibilità ai sensi dell'art. 131 *bis* c.p.) può aversi, inoltre, già in sede **predibattimentale** (art. 469).

532. Provvedimenti sulle misure cautelari personali.

1. Con la sentenza di proscioglimento, il giudice ordina la liberazione dell'imputato in stato di custodia cautelare e dichiara la cessazione delle altre misure cautelari personali eventualmente disposte.

2. La stessa disposizione si applica nel caso di sentenza di condanna che concede la sospensione condizionale della pena.

• Il proscioglimento – con sentenza di non doversi procedere (art. 529) o con sentenza di assoluzione (art. 530) – dell'imputato ristretto in custodia cautelare, dovendosi intendere per essa sia la custodia in carcere, nelle sue diverse esplicazioni, sia gli arresti domiciliari (→ **Misure cautelari**, artt. 284-286), come pure dell'imputato al quale siano state applicate altre misure coercitive a carattere non custodiale (→ artt. 281-283) o misure interdittive (→ artt. 288-290), si rivela incompatibile con il permanere delle limitazioni della libertà personale (→ artt. 300 co. 1 e 306), se non disposte anche per altri titoli.

• Analoga logica incompatibilità si riscontra fra le misure cautelari personali e la sentenza di condanna se a essa non segua nessuna pena da eseguire per essere stata la stessa condizionalmente sospesa (→ art. 163 c.p.) ovvero dichiarata estinta (→ **Misure cautelari**, art. 300 co. 3).

• Ulteriore incompatibilità (→ **Misure cau-

telari, art. 300 co. 4 *bis*), infine, fra custodia cautelare (→ artt. 284-286) e pena pecuniaria o lavoro di pubblica utilità sostitutivi (→ art. 53 l. 24.11.1981, n. 689) comminati con sentenza di condanna (art. 533) o sentenza di applicazione della pena su richiesta delle parti (→ **Procedimenti speciali,** art. 444), nonché fra custodia cautelare in carcere (→ **Misure cautelari**, artt. 285-286) e detenzione domiciliare sostitutiva (→ art. 53 l. 24.11.1981, n. 689) applicata con le medesime sentenze.

Sezione II
Sentenza di condanna

533. Condanna dell'imputato.

1. Il giudice pronuncia sentenza di condanna se l'imputato risulta colpevole del reato contestatogli al di là di ogni ragionevole dubbio. Con la sentenza il giudice applica la pena e le eventuali misure di sicurezza.

2. Se la condanna riguarda più reati, il giudice stabilisce la pena per ciascuno di essi e quindi determina la pena che deve essere applicata in osservanza delle norme sul concorso di reati e di pene o sulla continuazione. Nei casi previsti dalla legge il giudice dichiara il condannato delinquente o contravventore abituale o professionale o per tendenza.

3. Quando il giudice ritiene di dover concedere la sospensione condizionale della pena o la non menzione della condanna nel certificato del casellario giudiziale, provvede in tal senso con la sentenza di condanna.

3 *bis*. Quando la condanna riguarda procedimenti per i delitti di cui all'articolo 407, comma 2, lettera *a*), anche se connessi ad altri reati, il giudice può disporre, nel pronunciare la sentenza, la separazione dei procedimenti anche con riferimento allo stesso condannato quando taluno dei condannati si trovi in stato di custodia cautelare e, per la scadenza dei termini e la mancanza di altri titoli, sarebbe rimesso in libertà.

Il co. 1 è stato modificato dalla l. 20.2.2006, n. 46; originariamente era già stato modificato con il d.l. 24.11.2000, n. 341, conv. dalla l. 19.1.2001, n. 4. Il co. 3 *bis* è stato aggiunto dal d.l. 24.11.2000, n. 341, conv. dalla l. 19.1.2001, n. 4.

• L'affermazione di responsabilità dell'imputato impone il ricorso al rigoroso canone valutativo del ***beyond any reasonable doubt* (BARD)**, secondo un giudizio che, nel fondamentale rispetto della **presunzione d'innocenza**, sancita negli artt. 27 co. 2 Cost., 6 § 2 Cedu, 14 § 2 Patto int. e 48 § 1 Carta UE, deve innervarsi su parametri di alta probabilità logica (Cass., SU, 10.7.2002, Franzese).

• Ai fini della **commisurazione della pena** per il reato contestato (→ **Indagini e udienza preliminare**, art. 429), si applicano i parametri previsti nell'art. 133 c.p. per la valutazione della gravità del reato, tenendo conto, nel caso si sia proceduto per più reati riuniti dal vincolo della continuazione (→ **Soggetti**, artt. 12 e 17 co. 1 lett. *a*), degli ulteriori criteri previsti per il concorso di reati e di pene (→ artt. 71-79 c.p.) o per la continuazione (→ art. 81 c.p.), dovendosi specificare, a pena di **nullità** (→ **Atti**, art. 125 co. 3), la sanzione stabilita per ciascun reato, quello ritenuto più grave e l'aumento per la continuazione (Cass., SU, 21.4.1995, Zouine).

• La sentenza di condanna è anche la sede per le dichiarazioni di delinquente o contravventore abituale (→ artt. 102-104 c.p.), professionale (→ art. 105 c.p.) o per tendenza (→ art. 108 c.p.), nonché per la concessione della sospensione condizionale della pena (→ art. 163 c.p.) o della non menzione della condanna nel certificato del casellario giudiziale (→ art. 175 c.p.).

• Possono accompagnare la sentenza di condanna, inoltre, a titolo esemplificativo, anche statuizioni in materia di: demolizione di opere abusive (art. 31 co. 9 d.P.R. 6.6.2001, n. 380); svolgimento di attività non retribuite a favore della collettività (art. 2 co. 1 d.m. 4.8.1994, n. 569, in materia di discriminazioni e genocidio); sanzioni amministrative pecuniarie e sanzioni amministrative accessorie della sospensione o revoca della patente (art. 222 co. 1 d. lgs. 30.4.1992, n. 285, codice della strada); divieto di espatrio e ritiro della patente (→ **T.U. stup.**, art. 85); divieto di accesso nei luoghi in cui si svolgono manifestazioni sportive e obbligo di presentarsi in un ufficio o comando di polizia durante lo svolgimento delle medesime manifestazioni (art. 6 co. 7 l. 13.12.1989, n. 401); privazione dei diritti elettorali e di pubblici uffici e cessazione dell'efficacia della registrazione della stampa (artt. 5 co. 2 e 8 co. 3 l. 20.6.1952, n. 645).

• In caso di procedimenti connessi (→ **Soggetti**, art. 12), la **separazione** di alcuni di essi (→ art. 18), al momento della pronuncia della sentenza di condanna nei confronti di soggetti che si trovino in stato di custodia cautelare (→ **Misure cautelari**, artt. 284-286), consegue all'esigenza di evitarne la rimessione in libertà per scadenza dei termini cautelari (→ art. 303) e mancanza di altri titoli di custodia.

• Quando, in udienza preliminare, l'imputato abbia proposto richiesta di giudizio abbreviato dichiarata inammissibile ai sensi del co. 1 *bis* dell'art. 438, il giudice, che pronunci sentenza di condanna ritenendo, all'esito del dibattimento, che il **giudizio abbreviato** sarebbe stato ammissibile per il fatto accertato, applica la riduzione della pena prevista nell'art. 442 co. 2 (→ **Procedimenti speciali**, art. 438 co. 6 *ter*). Analogamente, verrà applicata la **pena richiesta dall'imputato**, quando questi abbia formulato tempestivamente istanza ai sensi dell'art. 444 (→ art. 446 co. 1) e il giudice dibattimentale ritenga ingiustificato il dissenso del p.m. o il rigetto della richiesta (→ art. 448 co. 1).

534. Condanna del civilmente obbligato per la pena pecuniaria.

1. Nei casi previsti dagli articoli 196 e 197 del codice penale e nelle leggi speciali, il giudice condanna la persona civilmente obbligata a pagare, se il condannato risulterà insolvibile, una somma pari alla pena pecuniaria a questo inflitta.

• Alla condanna dell'imputato – anche in caso di decreto penale di condanna (→ **Procedimenti speciali**, art. 460 co. 2) –, nell'ipotesi di sua **insolvibilità**, si accompagna l'ulteriore condanna della persona civilmente obbligata per la pena pecuniaria (→ **Soggetti**, art. 89), conseguente alle situazioni di civile obbligazione per somme pari all'ammontare della multa o dell'ammenda inflitte a persone dipendenti soggette ad autorità, direzione o vigilanza (→ art. 196 c.p.) o alle analoghe situazioni di obbligazioni civili a carico degli enti forniti di personalità giuridica, eccettuati lo Stato, le regioni, le provincie e i comuni, per reati funzionali commessi da rappresentanti, amministratori o personale dipendente (→ art. 197 c.p.).

• La condanna della persona civilmente obbligata per la pena pecuniaria legittima tale soggetto a proporre **impugnazione** contro le disposizioni della sentenza riguardanti la responsabilità dell'imputato, con il mezzo che la legge attribuisce a quest'ultimo (→ **Impugnazioni**, art. 575 co. 2).

535. Condanna alle spese.

1. La sentenza di condanna pone a carico del condannato il pagamento delle spese processuali.
2. [Soppresso.]
3. Sono poste a carico del condannato le spese di mantenimento durante la custodia cautelare, a norma dell'articolo 692.
4. Qualora il giudice non abbia provveduto circa le spese, la sentenza è rettificata a norma dell'articolo 130.

Il co. 1 è stato modificato dalla l. 18.6.2009, n. 69; il co. 2 è stato abrogato dalla medesima legge.

• Le spese da porre a carico del condannato sono sia quelle del procedimento sia, se la condanna è a pena detentiva, quelle relative al mantenimento durante la custodia cautelare (→ **Misure cautelari**, art. 285 s.; → **Esecuzione**, art. 692).

• In caso di mancata pronuncia sulle spese, il ricorso alla procedura di **correzione degli errori materiali** dei provvedimenti giudiziali (→ **Atti**, art. 130) è possibile, non trattandosi di omissione che integri nullità della sentenza (→ art. 177).

536. Pubblicazione della sentenza come effetto della condanna.

1. Nei casi previsti dall'articolo 36 del codice penale, il giudice stabilisce nel dispositivo se la sentenza deve essere pubblicata per intero o per estratto e designa il giornale o i giornali in cui deve essere inserita.

• La pubblicazione della sentenza disposta dal giudice nel dispositivo (art. 544), quale **pena accessoria** comune ai delitti e alle contravvenzioni (→ artt. 19 co. 3 e 36 c.p.), va tenuta distinta dalla pubblicazione della sentenza come riparazione del danno, rientrante fra le diverse statuizioni sulle questioni civili (art. 543). In ogni caso, quello di eseguire la pubblicazione integra un **obbligo** a carico del direttore o vice direttore responsabile del giornale o periodico designato (→ **Esecuzione**, art. 694).

537. Pronuncia sulla falsità di documenti.

1. La falsità di un atto o di un documento, accertata con sentenza di condanna, è dichiarata nel dispositivo.

2. Con lo stesso dispositivo è ordinata la cancellazione totale o parziale, secondo le circostanze e, se è il caso, la ripristinazione, la rinnovazione o la riforma dell'atto o del documento, con la prescrizione del modo con cui deve essere eseguita. La cancellazione, la ripristinazione, la rinnovazione o la riforma non è ordinata quando possono essere pregiudicati interessi di terzi non intervenuti come parti nel procedimento.

3. La pronuncia sulla falsità è impugnabile, anche autonomamente, con il mezzo previsto dalla legge per il capo che contiene la decisione sull'imputazione.

4. Le disposizioni del presente articolo si applicano anche nel caso di sentenza di proscioglimento.

• L'eventuale pronuncia sulla falsità di documenti può trovare spazio nel dispositivo (art. 544) sia di una pronuncia di **condanna** (art. 533) che di **proscioglimento** (art. 530).

• Fuori dei casi previsti dall'art. 537, il giudice, dopo la definizione del procedimento, informa il p.m. della falsità di un documento, trasmettendone copia (→ **Atti**, art. 241). Qualora, invece, l'accertata falsità di un atto o di un documento non sia stata dichiarata nel dispositivo della sentenza e il relativo capo non sia stato impugnato, passando in giudicato (→ **Esecuzione**, art. 648), sarà il giudice dell'esecuzione (→ art. 665), su richiesta di ogni interessato, a dichiararla (→ art. 675). Le **modalità** di cancellazione totale o parziale, ripristinazione, rinnovazione o riforma di un documento sono disciplinate nell'art. 675 co. 2, 3 e 4.

• Nel rispetto del principio di tassatività dei casi e dei mezzi di impugnazione (→ **Libro IX**, art. 568), l'**impugnazione** della pronuncia sulla falsità avviene con il mezzo previsto per impugnare il capo sulla responsabilità penale.

537 *bis*. Indegnità a succedere.

1. Quando pronuncia sentenza di condanna per uno dei fatti previsti dall'articolo 463 del codice civile, il giudice dichiara l'indegnità dell'imputato a succedere.

Articolo introdotto dalla l. 11.1.2018, n. 4.

• In caso di condanna (art. 533) per uno dei fatti che, ai sensi del catalogo contenuto nell'art. 463 c.c., determinano esclusione dell'imputato dalla successione per **indegnità**, il giudice dichiara in sentenza tale condizione.

• La previsione opera anche in caso di applicazione della pena su richiesta delle parti (→ **Procedimenti speciali**, art. 444 co. 2).

Sezione III
Decisione sulle questioni civili

538. Condanna per la responsabilità civile.

1. Quando pronuncia sentenza di condanna, il giudice decide sulla domanda per le restituzioni e il risarcimento del danno, proposta a norma degli articoli 74 e seguenti.

2. Se pronuncia condanna dell'imputato al risarcimento del danno, il giudice provvede altresì alla liquidazione, salvo che sia prevista la competenza di altro giudice.

3. Se il responsabile civile è stato citato o è intervenuto nel giudizio, la condanna alle restituzioni e al risarcimento del danno è pronunciata anche contro di lui in solido, quando è riconosciuta la sua responsabilità.

• Corte cost., 173 del 2022, ha dichiarato l'**illegittimità costituzionale** del presente articolo nella parte in cui non prevede che il giudice, quando pronuncia sentenza di proscioglimento per la **particolare tenuità** del fatto (→ art. 131 *bis* c.p.), decide sulla domanda per le restituzioni e il risarcimento del danno proposta dalla parte civile (→ **Soggetti**, art. 74 s.).

• In caso di condanna (art. 533), il giudice deve provvedere anche rispetto alle richieste di **restituzioni e risarcimento** avanzate dal danneggiato o dai suoi successori universali (→ **Soggetti**, art. 74). Le richieste presentate, in sede di conclusioni, dalla parte civile in materia di risarcimento del danno devono contenere anche la determinazione dell'ammontare del danno (art. 523 co. 2). La liquidazione del danno, tuttavia, potrebbe anche mancare e aversi una **condanna generica** al risarcimento (art. 539).

• La condanna alle restituzioni e al risarcimento del danno può coinvolgere anche il **responsabile civile** per il fatto dell'imputato, citato nel processo (→ **Soggetti**, art. 83) a richiesta della parte civile o del p.m. (nei casi d'urgenza in cui quest'ultimo eserciti l'azione civile nell'interesse di un danneggiato infermo di mente o minorenne, ai sensi dell'art. 77 co. 4) o volontariamente intervenuto (→ art. 85).

• Dalle statuizioni sulla responsabilità civile discende la legittimazione dell'imputato, del responsabile civile e della parte civile all'**impugnazione** delle stesse (→ **Libro IX**, art. 574 s.).

• Qualora, tuttavia, il giudizio si sia concluso con l'**applicazione della pena su richiesta delle parti**, il giudice non si pronuncia sulla domanda della parte civile, salva quella relativa alle spese sostenute (→ **Procedimenti speciali**, art. 444 co. 2). Mentre se si procede con le forme del **giudizio abbreviato**, il giudice si pronuncia sulla responsabilità civile, solo in caso di costituzione di parte civile intervenuta dopo la conoscenza dell'ordinanza che dispone il giudizio abbreviato o di accettazione dello stesso se la costituzione è intervenuta prima (→ art. 441 co. 2 e 4).

539. Condanna generica ai danni e provvisionale.

1. Il giudice, se le prove acquisite non consentono la liquidazione del danno, pronuncia condanna generica e rimette le parti davanti al giudice civile.

2. A richiesta della parte civile, l'imputato e il responsabile civile sono condannati al pagamento di una provvisionale nei limiti del danno per cui si ritiene già raggiunta la prova.

2 *bis*. Nel caso di cui al comma 1, quando si procede per l'omicidio del coniuge, anche legalmente separato o divorziato, dell'altra parte dell'unione civile, anche se l'unione civile è cessata, o della persona che è o è stata legata da relazione affettiva e stabile convivenza, il giudice, rilevata la presenza di figli della vittima minorenni o maggiorenni economicamente non autosufficienti, costituiti come parte civile, provvede, anche d'ufficio, all'assegnazione di una provvisionale in loro favore, in misura non inferiore al 50 per cento del presumile danno, da liquidare in separato giudizio civile; nel caso vi siano beni dell'imputato già sottoposti a sequestro conservativo, in deroga all'articolo 320, comma 1, il sequestro si converte in pignoramento con la sentenza di condanna di primo grado, nei limiti della provvisionale accordata.

Il co. 2 *bis* è stato introdotto dalla l. 11.1.2018, n. 4.

• Eccezionalmente, rispetto alla regola generale di cui all'art. 538 co. 2, la decisione sul ***quantum debeatur*** può essere scissa da quella sull'***an debeatur*** ed essere rimessa al giudice civile, che non incontrerà alcuna limitazione circa la ricostruzione di tale *quantum*, giacché l'efficacia di giudicato della sentenza penale di condanna irrevocabile nei giudizi di danno è sempre limitata all'accertamento della sussistenza del fatto, della sua illiceità e all'affermazione che l'imputato lo ha commesso (→ **Esecuzione**, art. 651). In quest'ipotesi, tuttavia, non potrebbe aversi la subordinazione della concessione dell'eventuale beneficio della sospensione condizionale della pena all'adempimento dell'obbligo del risarcimento del danno in favore del danneggiato (→ art. 165 co. 1 c.p.), giacché tale subordinazione richiede che il giudice determini il *quantum* del danno (Cass., SU, 23.6.2022, L.I.).

• La condanna alla provvisionale dell'imputato (→ **Soggetti**, art. 60) e del responsabile civile (→ art. 83), su richiesta della parte civile (→ art. 74), ripropone lo schema di cui all'art. 278 co. 2 c.p.c. ed è immediatamente esecutiva (art. 540 co. 2).

• In caso di condanna per l'omicidio di un soggetto al quale si sia, o si sia stati, uniti da legami di qualsivoglia natura – *coniugio*, unione civile, relazione affettiva e stabile convivenza (anche cessate) – e qualora vi sia stata in giudizio costituzione di parte civile (→ **Soggetti**, art. 74) di **figli della vittima minorenni o maggiorenni se economicamente non autosufficienti**, il giudice, anche d'ufficio, assegna loro una provvisionale in misura minima percentualmente prefissata e ancorata al criterio del «presumibile danno» e non a quello «del danno per cui si ritiene già raggiunta la prova», di cui al co. 1.

• Inoltre, non sarà necessario attendere l'esecutività (→ **Esecuzione**, art. 650) – di regola, coincidente con la raggiunta irrevocabilità (→ art. 648) – della sentenza di condanna al risarcimento del danno (art. 538) in favore della parte civile (→ **Soggetti**, art. 74), per aversi la **conversione in pignoramento** (→ art. 686 c.p.c.) di un eventuale **sequestro conservativo** (→ **Misure cautelari**, artt. 316 e 320), disposto su beni dell'imputato (come richiesto nell'art. 320 co. 1, che fa salvo proprio «quanto previsto dal comma 2 *bis* dell'articolo 539»). Il momento della conversione è anticipato, invece, a quello della pronuncia della sentenza di condanna di primo grado, nei limiti della provvisionale. Si tratta, in particolare, del «sequestro conservativo dei beni mobili o immobili dell'imputato o delle somme o cose a lui dovute, nei limiti in cui la legge ne consente il pignoramento» (→ art. 316 co. 1), che, in ogni stato e grado del procedimento, il pubblico ministero deve chiedere qualora si proceda per il medesimo reato richiamato nel co. 2 *bis* e si rilevi la presenza di figli minorenni o maggiorenni non autosufficienti (→ art. 316 co. 1 *bis*), da garantire in via cautelare in funzione del risarcimento dei danni civili subiti (→ art. 185 c.p.).

540. Provvisoria esecuzione delle disposizioni civili.

1. La condanna alle restituzioni e al risarcimento del danno è dichiarata provvisoriamente esecutiva, a richiesta della parte civile, quando ricorrono giustificati motivi.

2. La condanna al pagamento della provvisionale è immediatamente esecutiva.

• La richiesta di provvisoria esecutività della condanna alle restituzioni e al risarcimento del danno (art. 538) consente alla parte civile (→ **Soggetti**, art. 74) di non dover attendere il passaggio in giudicato della pronuncia (→ **Esecuzione**, art. 648) per giovarsi delle statuizioni a sé favorevoli.

• La mancata pronuncia sulla richiesta di provvisoria esecuzione o il suo rigetto consentono alla parte civile di riproporla al giudice dell'**appello** (→ **Impugnazioni**, art. 600), le cui decisioni sull'azione civile sono immediatamente esecutive (→ art. 605 co. 2). Su richiesta dell'imputato o del responsabile civile, l'esecuzione della condanna civile può essere sospesa dalla **corte di cassazione**, in pendenza di un ricorso, quando possa derivarne grave e irreparabile danno (→ art. 612).

• La condanna al pagamento di una **provvisionale** consegue, dietro richiesta della parte civile (art. 539 co. 2) o d'ufficio (nelle ipotesi di cui all'art. 539 co. 2 *bis*), a un raggiungimento della prova del danno soltanto parziale.

• Sulla provvisoria esecuzione delle condanne in favore del danneggiato, in materia di responsabilità civile derivante dalla **circolazione dei veicoli** a motore e dei natanti, interviene espressamente l'art. 213 **Disp. coord.**

541. Condanna alle spese relative all'azione civile.

1. Con la sentenza che accoglie la domanda di restituzione o di risarcimento del danno, il giudice condanna l'imputato e il responsabile civile in solido al pagamento delle spese processuali in favore della parte civile, salvo che ritenga di disporne, per giusti motivi, la compensazione totale o parziale.

2. Con la sentenza che rigetta la domanda indicata nel comma 1 o che assolve l'imputato per cause diverse dal difetto di imputabilità, il giudice, se ne è fatta richiesta, condanna la parte civile alla rifusione delle spese processuali sostenute dall'imputato e dal responsabile civile per effetto dell'azione civile, sempre che non ricorrano giustificati motivi per la compensazione totale o parziale. Se vi è colpa grave, può inoltre condannarla al risarcimento dei danni causati all'imputato o al responsabile civile.

• La **condanna dell'imputato** alle spese relative all'azione civile può conseguire all'accoglimento della domanda di restituzione o di risarcimento del danno (art. 538), a sua volta eventualmente conseguente alla pronuncia di una sentenza di condanna (art. 533), e può coinvolgere anche quelle sostenute dalla parte civile (→ **Soggetti**, art. 74) nel procedimento civile ai cui atti la stessa abbia rinunciato, trasferendo nel processo penale l'originaria domanda proposta davanti al giudice civile (→ art. 75 co. 1). La liquidazione delle spese è compiuta sulla base della relativa **nota**, che la parte civile deve presentare al più tardi unitamente alle conclusioni (→ **Disp. att.**, art. 153).

• L'eventuale **condanna della parte civile** alla rifusione delle spese sostenute dall'imputato (→ **Soggetti**, art. 60) e dal responsabile civile (→ art. 83), per effetto dell'azione civile, consegue alla pronuncia che rigetti le richieste di quest'ultima per le restituzioni e il risarcimento del danno (→ art. 74) o che assolva l'imputato (art. 530), per cause diverse dal difetto d'imputabilità (→ art. 85 c.p.). Qualora, inoltre, l'imputato abbia chiesto la condanna della parte civile al risarcimento dei danni e alla rifusione delle spese processuali, sarà legittimato a proporre **impugnazione** contro le relative disposizioni della sentenza di assoluzione (→ **Impugnazioni**, art. 574 co. 2).

542. Condanna del querelante alle spese e ai danni.

1. Nel caso di assoluzione perché il fatto non sussiste o perché l'imputato non lo ha commesso, quando si tratta di reato perseguibile a querela, si applicano le disposizioni dell'articolo 427 per ciò che concerne la condanna del querelante al pagamento delle spese del procedimento anticipate dallo Stato nonché alla rifusione delle spese e al risarcimento del danno in favore dell'imputato e del responsabile civile.

2. L'avviso del deposito della sentenza è notificato al querelante.

• La condanna di chi abbia proposto querela (→ **Indagini e udienza preliminare**, art. 336; → art. 120 c.p.) alla rifusione delle **spese del procedimento anticipate dallo Stato** (→ **T.U. spese**, artt. 4 e 200) e di quelle sostenute **dall'imputato**, nonché al risarcimento dei danni patiti dal medesimo e dal responsabile civile (qualora vi sia stata la costituzione di parte civile del querelante-danneggiato con susseguente citazione o intervento dello stesso responsabile civile → **Soggetti**, artt. 76 e 83 s.), può aversi quando l'imputato sia stato assolto con le prime due **formule** totalmente **liberatorie** in cima alla gerarchia di cui agli artt. 530 co. 1 e 129 (→ **Atti**). Per effetto, poi, di Corte cost., 423 del 1993, che ha dichiarato la parziale illegittimità costituzionale dell'analoga previsione contenuta nell'art. 427 co. 1 (→ **Indagini e udienza preliminare**), il giudice, in caso di proscioglimento dell'imputato perché il fatto non sussiste o per non aver commesso il fatto, non può condannare il querelante al pagamento delle spese anticipate dallo Stato in **assenza di qualsiasi colpa** a questi ascrivibile nell'esercizio del diritto di querela; analogamente si era già espressa anche Corte cost., 180 del 1993, escludendo la possibilità di condanna, in caso di proscioglimento dell'imputato per non aver commesso il fatto, quando risulti che l'attribuzione del reato all'imputato non sia ascrivibile a colpa del querelante.

• La condanna alle spese e ai danni legittima il querelante all'**impugnazione** della relativa pronuncia (→ **Impugnazioni**, art. 576 co. 2), ciò che impone la **notifica** allo stesso dell'avviso del deposito della sentenza (art. 548); legittimato all'impugnazione è anche l'imputato (→ art. 574 co. 2).

543. Ordine di pubblicazione della sentenza come riparazione del danno.

1. La pubblicazione della sentenza di condanna a norma dell'articolo 186 del codice penale è ordinata dal giudice su richiesta della parte civile con la stessa sentenza.

2. La pubblicazione ha luogo a spese del condannato e, se del caso, anche del responsabile civile, per una o due volte, per estratto o per intero, in giornali indicati dal giudice.

3. Se l'inserzione non avviene nel termine stabilito dal giudice con la sentenza, la parte civile può provvedervi direttamente con diritto a ripetere le spese dall'obbligato.

• La pubblicazione della sentenza di condanna (art. 533), come riparazione del danno, da disporre su richiesta della parte civile (→ **Soggetti**, art. 74) e a spese del condannato ed eventualmente anche del responsabile civile (→ art. 83), ha natura di **sanzione civile** (→ art. 186 c.p.) e va tenuta distinta dalla pubblicazione della sentenza come effetto della condanna (art. 536), quale pena accessoria comune ai delitti e alle contravvenzioni (→ artt. 19 co. 3 e 36 c.p.). In ogni caso, quello di eseguire la pubblicazione integra un **obbligo** a carico del direttore o vice direttore responsabile del giornale o periodico designato (→ **Esecuzione**, art. 694).

Capo III
Atti successivi alla deliberazione

544. Redazione della sentenza.

1. Conclusa la deliberazione, il presidente redige e sottoscrive il dispositivo. Subito dopo è redatta una concisa esposizione dei motivi di fatto e di diritto su cui la sentenza è fondata.

2. Qualora non sia possibile procedere alla redazione immediata dei motivi in camera di consiglio, vi si provvede non oltre il quindicesimo giorno da quello della pronuncia.

3. Quando la stesura della motivazione è particolarmente complessa per il numero delle parti o per il numero e la gravità delle imputazioni, il giudice, se ritiene di non poter depositare la sentenza nel termine previsto dal comma 2, può indicare nel dispositivo un termine più lungo, non eccedente comunque il novantesimo giorno da quello della pronuncia.

3 *bis*. Nelle ipotesi previste dall'articolo 533, comma 3 *bis*, il giudice provvede alla stesura della motivazione per ciascuno dei procedimenti separati, accordando precedenza alla motivazione della condanna degli imputati in stato di custodia cautelare. In tal caso il termine di cui al comma 3 è raddoppiato per la motivazione della sentenza cui non si è accordata precedenza.

Nel co. 2, l'originario termine di trenta giorni è stato ridotto a quindici dal d.l. 1.3.1991, n. 60, conv., con modif., dalla l. 22.4.1991, n. 133. Il co. 3 *bis* è stato aggiunto dal d.l. 24.11.2000, n. 341, conv., con modif., dalla l. 19.1.2001, n. 4.

• Secondo una serrata tempistica, la redazione della sentenza si colloca immediatamente dopo la sua deliberazione, avutasi, a sua volta, subito dopo la chiusura del dibattimento (art. 525). In caso di motivazione differita, individuazione e possibile sostituzione del suo estensore, bozza e originale della stessa ed eventuale proroga del relativo termine sono disciplinate nelle norme di attuazione (→ **Disp. att.**, art. 154).

• Dispositivo e motivazione integrano il contenuto imprescindibile della sentenza, la cui assenza determinerebbe **nullità** speciale (→ **Atti**; art. 546 co. 3).

• L'ordine di precedenza nella stesura della motivazione, in caso di procedimenti separati (→ **Soggetti**, art. 18), consegue all'intervenuta **separazione**, al momento della pronuncia della sentenza di condanna (art. 533 co. 3 *bis*) e anche con riferimento al medesimo condannato, dei procedimenti inerenti a quelle specifiche fattispecie di reato – pur se connesse ad altre (→ art. 12) – nominativamente indicate dal legislatore per consentire proroghe dei termini delle indagini preliminari fino a una durata massima di due anni (→ **Indagini e udienza preliminare**, art. 407 co. 2 lett. *a*), quando vi siano condannati in stato di **custodia cautelare**, che potrebbero riguadagnare la libertà per scadenza dei termini e mancanza di altri titoli di custodia, pur se i termini cautelari (→ **Misure cautelari**, art. 303), sono sospesi, con ordinanza (→ **Atti**, art. 125 co. 1), fra l'altro, nella fase del giudizio (ordinario o abbreviato), proprio durante la pendenza di quelli previsti nei co. 2 e 3 della previsione in esame (→ **Misure cautelari**, art. 304 co. 1 lett. *c* e *c bis*).

• Il deposito della motivazione (art. 548) assume un peculiare rilievo in materia di **termini per l'impugnazione** della decisione, condizionandone durata e decorso. Il termine per proporre l'impugnazione sarà proporzionato a quello avuto a disposizione dal giudice estensore della sentenza: più lungo il secondo altrettanto sarà da dirsi per il primo (→ **Impugnazioni**, art. 585 co. 1), il cui decorso sarà determinato dal tempestivo o ritardato deposito della motivazione della pronuncia da impugnare (→ art. 585 co. 2).

• L'eventuale mancanza, contraddittorietà o manifesta illogicità della motivazione potrà essere fatta valere, non solo mediante appello, ma anche in sede di ricorso per cassazione (→ **Impugnazioni**, art. 606 co. 1 lett. *e*).

545. Pubblicazione della sentenza.

1. La sentenza è pubblicata in udienza dal presidente o da un giudice del collegio mediante la lettura del dispositivo.

2. La lettura della motivazione redatta a norma dell'articolo 544, comma 1, segue quella del dispositivo e può essere sostituita con un'esposizione riassuntiva.

3. La pubblicazione prevista dal comma 2 equivale a notificazione della sentenza per le parti che sono o devono considerarsi presenti all'udienza.

• La pubblicazione della sentenza segue alla sua redazione (art. 544) e avviene mediante **lettura** di dispositivo e motivazione, in caso di loro redazione contestuale (art. 544 co. 1), o del solo dispositivo, in caso di motivazione differita (art. 544 co. 2 e 3). La regola si applica anche ai giudizi camerali (Cass., SU, 21.1.10, Marcarino).

• Qualora la pronuncia sia di proscioglimento, alla lettura in udienza del dispositivo seguirà l'immediata scarcerazione dell'imputato *in vinculis* (→ **Misure cautelari**, art. 285 s.), non detenuto per altra causa, con i conseguenti adempimenti finalizzati a consentire il disbrigo delle formalità connesse all'intervenuta liberazione (→ **Disp. att.**, art. 154 *bis*).

• Ai fini della notificazione della sentenza, devono considerarsi presenti all'udienza e rappresentati dal difensore coloro nei cui confronti si sia proceduto *in absentia*, per il concretizzarsi di una delle ipotesi previste nell'art. 420 *bis* (→ **Indagini e udienza preliminare**) o per allontanamento coattivo (art. 475).

545 *bis*. Condanna a pena sostitutiva.

1. Quando è stata applicata una pena detentiva non superiore a quattro anni e non è stata ordinata la sospensione condizionale, subito dopo la lettura del dispositivo, il giudice, se ricorrono le condizioni per sostituire la pena detentiva con una delle pene sostitutive di cui all'articolo 53 della legge 24 novembre 1981, n. 689, ne dà avviso alle parti. Se l'imputato, personalmen-

te o a mezzo di procuratore speciale, acconsente alla sostituzione della pena detentiva con una pena diversa dalla pena pecuniaria, ovvero se può aver luogo la sostituzione con detta pena, il giudice, sentito il pubblico ministero, quando non è possibile decidere immediatamente, fissa una apposita udienza non oltre sessanta giorni, dandone contestuale avviso alle parti e all'ufficio di esecuzione penale esterna competente; in tal caso il processo è sospeso.

2. Al fine di decidere sulla sostituzione della pena detentiva e sulla scelta della pena sostitutiva ai sensi dell'articolo 58 della legge 24 novembre 1981, n. 689, nonché ai fini della determinazione degli obblighi e delle prescrizioni relative, il giudice può acquisire dall'ufficio di esecuzione penale esterna e, se del caso, dalla polizia giudiziaria tutte le informazioni ritenute necessarie in relazione alle condizioni di vita, personali, familiari, sociali, economiche e patrimoniali dell'imputato. Il giudice può richiedere, altresì, all'ufficio di esecuzione penale esterna, il programma di trattamento della semilibertà, della detenzione domiciliare e del lavoro di pubblica utilità con la relativa disponibilità dell'ente. Agli stessi fini, il giudice può acquisire altresì, dai soggetti indicati dall'articolo 94 del decreto del Presidente della Repubblica 9 ottobre 1990, n. 309, la certificazione di disturbo da uso di sostanze o di alcol ovvero da gioco d'azzardo e il programma terapeutico, che il condannato abbia in corso o a cui intenda sottoporsi. Le parti possono depositare documentazione all'ufficio di esecuzione penale esterna e, fino a cinque giorni prima dell'udienza, possono presentare memorie in cancelleria.

3. Acquisiti gli atti, i documenti e le informazioni di cui ai commi precedenti, all'udienza fissata, sentite le parti presenti, il giudice, se sostituisce la pena detentiva, integra il dispositivo indicando la pena sostitutiva con gli obblighi e le prescrizioni corrispondenti; si applicano gli articoli 57 e 61 della legge 24 novembre 1981, n. 689. In caso contrario, il giudice conferma il dispositivo. Del dispositivo integrato o confermato è data lettura in udienza ai sensi e per gli effetti dell'articolo 545.

4. Quando il processo è sospeso ai sensi del comma 1, la lettura della motivazione redatta a norma dell'articolo 544, comma 1, segue quella del dispositivo integrato o confermato e può essere sostituita con un'esposizione riassuntiva. Fuori dai casi di cui all'articolo 544, comma 1, i termini per il deposito della motivazione decorrono, ad ogni effetto di legge, dalla lettura del dispositivo, confermato o integrato, di cui al comma 3.

Articolo aggiunto dal d. lgs. 10.10.2022, n. 150.

• Al fine di evitare differimenti dell'esecuzione delle c.d. pene detentive brevi (→ **Esecuzione**, art. 656 co. 5), il giudice, in caso di condanna (art. 533) a pena detentiva non superiore a quattro anni e non condizionatamente sospesa (art. 533 co. 3; → art. 163 c.p.), se ne ricorrono le condizioni, subito dopo la lettura del dispositivo (art. 545 co. 1) e, quindi, nella medesima udienza, deve avvisare le parti della possibilità di applicazione di una pena sostitutiva delle pene detentive brevi (→ art. 20 *bis* c.p.).

• La richiesta dell'imputato appartiene al catalogo degli **atti personalissimi** (→ **Soggetti**, art. 99 co. 1), sicché può essere presentata, in via esclusiva, personalmente o a mezzo di un procuratore speciale (→ **Atti**, art. 122).

• In caso di consenso dell'imputato alla sostituzione della pena detentiva con una pena diversa dalla pena pecuniaria o di possibilità di tale sostituzione, il giudice, se non può decidere immediatamente e sentito il pubblico ministero, fissa **apposita udienza**, avvisando le parti (art. 477 co. 3) e l'ufficio di esecuzione penale esterna competente.

• Se la pena detentiva viene sostituita, il giudice deve integrare il **dispositivo** (art. 546 co. 1 lett. *f*)), in caso contrario confermarlo.

• In seguito alla sospensione di cui al co. 1, la lettura del dispositivo è seguita da quella della motivazione contestualmente redatta (art. 544 co. 1). Qualora non sia possibile una redazione contestuale della motivazione, dalla lettura del dispositivo in udienza, originaria o appositamente fissata ai sensi del co. 1, decorrono i termini per deposito della stessa (art. 544 co. 2 e 3).

• Analoga previsione si rinviene anche nell'ambito della disciplina sul processo penale a carico di imputati minorenni, nel cui contesto il giudice potrà sostituire: le pene detentive non superiori a quattro anni con la semilibertà o la detenzione domiciliare; quelle non superiori a tre anni, in presenza del consenso del minorenne non più soggetto a obbligo di istruzione, con il lavoro di pubblica utilità; quelle non superiori a un anno, con la pena pecuniaria (→ **Proc. minorile**, art. 30).

546. Requisiti della sentenza.

1. La sentenza contiene:

a) l'intestazione «in nome del popolo italiano» e l'indicazione dell'autorità che l'ha pronunciata;

b) le generalità dell'imputato o le altre indicazioni personali che valgono a identificarlo nonché le generalità delle altre parti private;

c) l'imputazione;

d) l'indicazione delle conclusioni delle parti;

e) la concisa esposizione dei motivi di fatto e di diritto su cui la decisione è fondata, con l'indicazione dei risultati acquisiti e dei criteri di valutazione della prova adottati e con l'enunciazione delle ragioni per le quali il giudice ritiene non attendibili le prove contrarie, con riguardo:

1) all'accertamento dei fatti e delle circostanze che si riferiscono all'imputazione e alla loro qualificazione giuridica;

2) alla punibilità e alla determinazione della pena, secondo le modalità stabilite dal comma 2 dell'articolo 533, e della misura di sicurezza;

3) alla responsabilità civile derivante dal reato;

4) all'accertamento dei fatti dai quali dipende l'applicazione di norme processuali;

f) il dispositivo, con l'indicazione degli articoli di legge applicati;

g) la data e la sottoscrizione del giudice.

2. La sentenza emessa dal giudice collegiale è sottoscritta dal presidente e dal giudice estensore. Se, per morte o altro impedimento, il presidente non può sottoscrivere, alla sottoscrizione provvede, previa menzione dell'impedimento, il componente più anziano del collegio; se non può sottoscrivere l'estensore, alla sottoscrizione, previa menzione dell'impedimento, provvede il solo presidente.

3. Oltre che nel caso previsto dall'articolo 125, comma 3, la sentenza è nulla se manca o è incompleto nei suoi elementi essenziali il dispositivo ovvero se manca la sottoscrizione del giudice.

La lett. *e* è stata così sostituita dalla l. 23.6.2017, n. 103.

• L'intestazione della sentenza garantisce il dettato costituzionale secondo il quale «La giustizia è amministrata in nome del popolo» (→ **Cost.**, art. 101 co. 1).

• A dover essere indicate nella sentenza sono le **generalità** dell'imputato e delle eventuali altre parti private, ovvero la parte civile (→ **Soggetti**, art. 76), il responsabile civile (→ art. 83) e il civilmente obbligato per la pena pecuniaria (→ art. 89).

• L'**imputazione** che deve essere contenuta nella sentenza è quella originariamente formulata all'esito dell'udienza preliminare e cristallizzata nel decreto che dispone il giudizio (→ **Indagini e udienza preliminare**, art. 429), contenuta nella citazione diretta a giudizio, qualora l'udienza preliminare non faccia parte dell'*iter* ordinario del procedimento (→ **Procedimento davanti al tribunale in composizione monocratica**, art. 552), o ancora negli atti di esercizio dell'azione penale nell'ambito di procedimenti deflattivi anch'essi privi dell'udienza preliminare, quali il giudizio direttissimo o il giudizio immediato (→ **Procedimenti speciali**, artt. 450 e 456), eventualmente aggiornata a seguito di nuove contestazioni dibattimentali all'imputato (artt. 516-522). La decisione del giudice deve garantire l'esatta correlazione tra l'imputazione contestata e la sentenza (art. 521), salva una possibile diversa qualificazione giuridica del medesimo fatto enunciato nell'imputazione, che non ecceda, comunque, la competenza per materia del giudice o la ripartizione delle attribuzioni fra tribunale in composizione collegiale o monocratica (→ **Soggetti**, art. 33 *bis* s.) e sempre che l'imputato abbia la possibilità di difendersi rispetto alla nuova qualificazione, quanto meno nel giudizio d'impugnazione (Corte edu, 11.12.2007, Drassich c. Italia).

• La sentenza deve contenere anche l'indicazione delle **conclusioni**, che le parti hanno formulato una volta esaurita l'attività istruttoria di assunzione delle prove (art. 523).

• Con la modifica del 2017, è stato predisposto lo schema legale della **parte motiva in fatto** della sentenza, che deve contenere l'esplicita e analitica indicazione dei **criteri di valutazione della prova** (→ **Prove**, art. 192), con riguardo a tutti gli elementi **oggetto della prova** medesima (→ art. 187), sulla falsariga della struttura progressiva delle deliberazioni collegiali (art. 527 co. 1). Si è delineato un modello funzionale a una migliore scansione in punti della decisione e all'individuazione del patrimonio probatorio a fondamento della stessa, così da guidare l'eventuale impugnazione ad opera delle parti, la cui forma è stata maggiormente articolata (→ **Impugnazioni**, art. 581), e la conseguente parziale devoluzione al giudice d'appello (→ art. 597). Un canovaccio contenutistico che non può applicarsi integralmente a tutte le tipologie di sentenze, come, in particolare, alle sentenze di applicazione della pena su richiesta delle parti (→ **Procedimenti speciali**, art. 448; Cass., SU, 27.5.1992, Di Benedetto).

• Per quel che riguarda la **data** della sentenza, devono essere indicati il giorno, il mese, l'anno e il luogo di redazione (→ **Atti**, art. 111 co. 1), mentre la **sottoscrizione** della sentenza redatta in forma di documento informatico deve aversi con **firma digitale o altra firma elettronica qualificata** (→ art. 111 co. 2 *bis*). In caso di sentenze emesse dal giudice collegiale, il relativo dispositivo viene sottoscritto dal presidente (art. 544 co. 1). La designazione di un eventuale giudice estensore diverso dal presidente del collegio avviene da parte di quest'ultimo (→ **Disp. att.**, art. 154 co. 1). La sottoscrizione da parte del componente più **anziano** del collegio presuppone la morte del presidente o un suo impedimento qualificabile come effettivo, serio, grave e duraturo (Cass., SU, 29.10.2009, Galdieri).

• Le **sentenze** – allo stesso modo delle ordinanze – sono sempre **motivate** a pena di **nullità** (→ **Atti**, art. 125 co. 3; → **Cost.**, art. 111), qualificabile come a regime intermedio, perché incidente sulla corretta esplicazione del diritto al pieno contraddittorio fra le parti e sull'efficacia delle loro strategie in materia di possibili impugnazioni (→ **Atti**, artt. 178 co. 1 lett. *c* e 180). L'eventuale mancanza, contraddittorietà o manifesta illogicità della motivazione potrà essere fatta valere, non solo mediante appello, ma anche in sede di ricorso per cassazione (→ **Impugnazioni**, art. 606 co. 1 lett. *e*).

• Diversamente dalla incompletezza del **dispositivo**, che determina la nullità parziale della sentenza, limitatamente al capo di imputazione interessato, la sua totale mancanza determina l'**inesistenza** della decisione, impedendone il passaggio in giudicato (→ **Esecuzione**, art. 648). La nullità per omessa **sottoscrizione** della sentenza è, invece, di tipo relativo (→ **Atti**, art. 181) e, se dedotta dalle parti con ricorso per cassazione (→ **Impugnazioni**, art. 606 lett. *c*), comporta annullamento senza rinvio e restituzione degli atti al giudice di merito, affinché si provveda a una nuova redazione della sentenza-documento e a un suo nuovo deposito (Cass., SU, 20.12.2012, R.D.).

547. Correzione della sentenza.

1. Fuori dei casi previsti dall'articolo 546, comma 3, se occorre completare la motivazione insufficiente ovvero se manca o è incompleto alcuno degli altri requisiti previsti dall'articolo 546, si procede anche di ufficio alla correzione della sentenza a norma dell'articolo 130.

• L'eventuale correzione della sentenza avviene in **camera di consiglio** (→ **Atti**, art. 127).

• La correzione degli errori materiali o di fatto contenuti nei provvedimenti pronunciati dalla corte di cassazione, incidendo sull'immodificabilità degli stessi è stata autonomamente disciplinata (→ **Impugnazioni**, art. 625 *bis*).

• Diversa da quella della correzione è l'eventualità di cancellature, nonché variazioni e aggiunte, da effettuare mediante postille alla sentenza (→ **Disp. att.**, art. 48).

548. Deposito della sentenza.

1. La sentenza è depositata in cancelleria immediatamente dopo la pubblicazione ovvero entro i termini previsti dall'articolo 544, commi 2 e 3. Il pubblico ufficiale addetto vi appone la sottoscrizione e la data del deposito.

2. Quando la sentenza non è depositata entro il trentesimo giorno o entro il diverso termine indicato dal giudice a norma dell'articolo 544, comma 3, l'avviso di deposito è comunicato al pubblico ministero e notificato alle parti private cui spetta il diritto di impugnazione. È notificato altresì a chi risulta difensore dell'imputato al momento del deposito della sentenza.

3. L'avviso di deposito con l'estratto della sentenza è in ogni caso comunicato al procuratore generale presso la corte di appello.

Con la l. 28.4.2014, n. 67, nel co. 3, dopo le parole «in ogni caso», sono state soppresse le parole «notificato all'imputato contumace e». Con il d.l. 13.5.1991, n. 152, era stato oggetto di modificazione il co. 2, per coordinarlo con l'intervenuta modificazione dell'art. 544 co. 2, avutasi con il d.l. 1.3.1991, n. 60, conv., con modif., dalla l. 22.4.1991, n. 133; la modifica in questione, tuttavia, è venuta meno in sede di conv. del d.l. 152 del 1991, ad opera della l. 12.7.1991, n. 203.

• In caso di **motivazione contestuale** (art. 544 co. 1), il deposito della sentenza segue immediatamente alla pubblicazione della medesima (art. 545) e non incide sui termini per la proposizione dell'impugnazione, che decorrono, comunque, dalla lettura del provvedimento in udienza (→ **Impugnazioni**, art. 585 co. 2 lett. *b*).

• La **sottoscrizione** del pubblico ufficiale addetto al deposito della sentenza redatta in forma di documento informatico deve aversi con **firma digitale o altra elettronica qualificata** (→ **Atti**, art. 111 co. 2 *bis*) e apposizione del giorno, mese, anno e luogo di deposito (→ art. 111 co. 1).

• In caso di **motivazione differita**, la comunicazione al p.m. (→ **Atti**, art. 153) o la notificazione alle parti private (→ artt. 154 e 156 s.) dell'avviso di deposito della sentenza sono dovute per il mancato rispetto sia del termine espressamente indicato dal giudice, nei casi di particolare complessità per numero delle parti o per numero e gravità delle imputazioni (art. 544 co. 3), sia di quello di quindici giorni (art. 544 co. 2) previsto, in via generale, per l'eventualità di motivazione della sentenza non contestuale al dispositivo (art. 544 co. 1) e ciò nonostante il mancato coordinamento fra i diversi termini di quindici giorni, richiamato nell'art. 544 co. 2 (per come modificato dal d.l. 1.3.1991, n. 60, conv., con modif., dalla l. 22.4.1991, n. 133) e di trenta giorni, presente nell'art. 548 co. 2 (così Corte cost., 364 del 1993). In tali ipotesi, i termini per l'impugnazione decorrono dalla comunicazione o notificazione dell'avviso di deposito (→ **Impugnazioni**, art. 585 co. 2 lett. *c*).

• La comunicazione dell'avviso di deposito con l'estratto della sentenza al P.G. presso la corte d'appello consegue al suo essere compreso fra i legittimati all'impugnazione (→ **Impugnazioni**, art. 570 co. 1) e i termini per la sua impugnazione decorrono dal giorno in cui è stata eseguita la comunicazione dell'avviso con l'estratto, rispetto ai provvedimenti emessi in udienza da qualsiasi giudice della sua circoscrizione diverso dalla corte d'appello (→ art. 585 co. 2 lett. *d*).

• Il medesimo avviso e l'estratto della sentenza vanno notificati anche alle **parti private diverse dall'imputato** (→ **Soggetti**, art. 74 s.; → **Atti**, art. 154) non comparse, salva, per la parte civile, l'ipotesi in cui tale assenza abbia comportato la mancata presentazione delle conclusioni a norma dell'art. 523, ciò che, ai sensi dell'art. 82 co. 2, determina la revoca della costituzione di parte civile, analogamente all'intervenuto promovimento dell'azione davanti al giudice civile (→ **Disp. att.**, art. 23 co. 2).

LIBRO VIII
PROCEDIMENTO DAVANTI AL TRIBUNALE IN COMPOSIZIONE MONOCRATICA

• La rubrica del libro VIII è stata sostituita dal d. lgs. 19.2.1998, n. 51. Successivamente, l'intero libro VIII, originariamente composto dagli artt. 549-567, è stato così sostituito, con gli artt. 549-559, dalla l. 16.12.1999, n. 479. Da ultimo, il d. lgs. 10.10.2022, n. 150 ha modificato gli artt. 550, 552, 553, 555 ed ha inserito gli artt. 554 *bis,* 554 *ter,* 554 *quater,* 554 *quinquies,* 558 *bis*.

Titolo I
DISPOSIZIONE GENERALE

549. Norme applicabili al procedimento davanti al tribunale in composizione monocratica.

1. Nel procedimento davanti al tribunale in composizione monocratica, per tutto ciò che non è previsto nel presente libro o in altre disposizioni, si osservano le norme contenute nei libri che precedono, in quanto applicabili.

• L'impianto originario del codice era strutturato su una ripartizione della competenza per materia (→ **Soggetti**, art. 8 s.) assegnata ad organi giudiziari diversi: tribunale e pretura, fatte salve le attribuzioni della corte d'assise. Con il d. lgs. 51 del 1998, istitutivo del giudice unico di primo grado e con la conseguente soppressione delle preture, il libro VIII fu modificato con un intervento di mero coordinamento secondo il mutato assetto dell'organizzazione giudiziaria, escluse le disposizioni degli artt. 33 *bis* s. (→ **Libro I**), volte a ripartire le attribuzioni tra tribunale in composizione collegiale e in composizione monocratica. Si lasciarono inalterate gran parte delle precedenti norme; si sostituì la locuzione "pretore", nelle norme di riferimento, con quella di giudice. La riforma lasciò in vigore l'art. 559, che era formulato con gli stessi contenuti dell'attuale art. 554 ed era strutturato sul presupposto che, per i reati attribuiti alla competenza pretorile, non fosse prevista l'udienza preliminare. Ne conseguiva che il mutato assetto delle competenze attribuisse alla cognizione del giudice monocratico reati di particolare gravità, privando l'imputato sia della garanzia della collegialità, sia dell'udienza preliminare (→ **Libro V**) anche per reati gravi. La l. 479 del 1999 ha abrogato l'art. 559 ed ha introdotto il modulo con udienza preliminare davanti al tribunale in composizione monocratica, avvicinando ulteriormente questo procedimento a quello collegiale.

• La previsione del principio di **complementarità**, attraverso la locuzione «in quanto applicabili», consente l'attrazione delle regole ordinarie nell'ambito del rito monocratico, per tutto ciò che non sia espressamente disciplinato. L'operatività di tale meccanismo di integrazione non è subordinata soltanto alla mancanza di regole speciali, ma alla concreta compatibilità strutturale; si pensi alle regole dell'udienza preliminare (→ **Libro V**) non compatibili con le peculiarità del modulo con citazione diretta.

• Esemplificando, giacché non tutti i procedimenti devoluti alla cognizione del tribunale in composizione monocratica prevedono il passaggio attraverso l'udienza preliminare (→ **Libro V**), il mancato coordinamento tra l'art. 409 co. 5, in tema di archiviazione, e la previsione di reati a citazione diretta, in ipotesi di "imputazione coatta", va ricostruito nel senso che il g.i.p. debba invitare il p.m. a formulare l'imputazione con la conseguente emissione del decreto di citazione a giudizio. Tale percorso interpretativo è imposto anche dall'art. 33 *sexies* (→ **Soggetti**), secondo cui il giudice emette ordinanza (→ **Atti**, art. 125) di trasmissione degli atti al p.m., se nell'udienza preliminare ritiene che per il reato si debba procedere con citazione diretta a giudizio *ex* art. 550.

• Il modulo procedurale a citazione diretta aspira alla semplificazione della successione degli atti e, talvolta, alla ricerca degli esiti conciliativi, sotto il peso condizionante del criterio della compatibilità strutturale.

Titolo II
CITAZIONE DIRETTA A GIUDIZIO

550. Casi di citazione diretta a giudizio.

1. Il pubblico ministero esercita l'azione penale con la citazione diretta a giudizio quando si tratta di contravvenzioni ovvero di delitti puniti con la pena della reclusione non superiore nel massimo a quattro anni o con la multa, sola o congiunta alla predetta pena detentiva. Si applicano, in quanto compatibili, le disposizioni di cui all'articolo 415 *bis*. Per la determinazione della pena si osservano le disposizioni dell'articolo 4.

2. Le disposizioni del comma 1 si applicano anche quando si procede per i reati previsti dagli articoli 336, 337, 337 *bis*, primo e secondo comma, 340, terzo comma, 343, secondo comma, 348, terzo comma, 349, secondo comma, 351, 372, 374 *bis*, 377, terzo comma, 377 *bis*, 385, secondo comma, con esclusione delle ipotesi in cui la violenza o la minaccia siano state commesse con armi o da più persone riunite, 390, 414, 415, 454, 460, 461, 467, 468, 493 *ter*, 495, 495 *ter*, 496, 497 *bis*, 497 *ter*, 527, secondo comma, 556, 588, secondo comma, con esclusione delle ipotesi in cui nella rissa taluno sia rimasto ucciso o abbia riportato lesioni gravi o gravissime, 590 *bis*, 611, 614, quarto comma, 615, primo comma, 619, secondo comma, 625, 635, terzo comma, 640, secondo comma, 642, primo e secondo comma, 646 e 648 del codice penale, nonché quando si procede per i reati previsti:

a) dall'articolo 291 bis del testo unico delle disposizioni legislative in materia doganale, di cui al decreto del Presidente della Repubblica 23 gennaio 1973, n. 43;

b) dagli articoli 4, quarto comma, 10, terzo comma, e 12, quinto comma, della legge 18 aprile 1975, n. 110;

c) dagli articoli 82, comma 1, del testo unico delle leggi in materia di disciplina degli stupefacenti e sostanze psicotrope, prevenzione, cura e riabilitazione dei relativi stati di tossicodipendenza, di cui al decreto del Presidente della Repubblica 9 ottobre 1990, n. 309;

d) dagli articoli 75, comma 2, 75 *bis* e 76, commi 1,5,7 e 8, del codice delle leggi antimafia e delle misure di prevenzione, di cui al decreto legislativo del 6 settembre 2011, n. 159;

e) dall'articolo 55 *quinquies*, comma 1, del decreto legislativo del 30 marzo 2001, n. 165;

f) dagli articoli 5, comma 8 *bis*, 10, comma 2 *quater,* 13, comma 13 *bis* e 26 *bis*, comma 9 del testo unico delle disposizioni concernenti la disciplina dell'immigrazione e norme sulla condizione dello straniero, di cui al decreto legislativo 25 luglio 1998, n. 286;

g) dagli articoli 5, commi 1 e 1 *bis*, del decreto legislativo 10 marzo 2000, n. 74.

3. Se il pubblico ministero ha esercitato l'azione penale con citazione diretta per un reato per il quale è prevista l'udienza preliminare e la relativa eccezione è proposta entro il termine indicato dall'articolo 491, comma 1, il giudice dispone con ordinanza la trasmissione degli atti al pubblico ministero.

Il co. 1 è stato modificato dal d.l. 7.4.2000, n. 82, conv., con modif., dalla l. 5.6.2000, n. 144. La lett. *e bis* del co. 2 è stata inserita dall'art. 1 co. 5 lett. *f* l. 23.3.2016, n. 41, a decorrere dal 25.3.2016, ai sensi di quanto disposto dall'art. 1 co. 8, della medesima l. 41 del 2016. Il co. 2 è stato così sostituito dal d. lgs. 10.10.2022, n. 150.

• I criteri di identificazione del riparto delle attribuzioni tra struttura collegiale e monocratica, nonché della suddivisione delle fattispecie da accertare con richiesta di rinvio a giudizio o con citazione diretta, sono di tipo misto: un canone quantitativo basato sulla pena ed un canone qualitativo, che richiama espressamente fattispecie di reato. L'opzione risponde alla necessità di suddividere gli affari penali secondo una valutazione attenta all'effettiva idoneità dell'organo giudiziario ad occuparsene e alla tipologia della sequenza procedurale previsto per l'accertamento.

• In attuazione dei criteri di delega (l. 134 del 2021) è stato ampliato l'ambito dei delitti per i quali è previsto l'esercizio dell'azione penale con le forme del decreto di citazione diretta a giudizio. Ad esso sono riconducibili fattispecie il cui trattamento sanzionatorio si colloca in una forbice tra i quattro ed i sei anni di reclusione. Il decreto attuativo ha individuato ulteriori figure criminose, selezionandole tra i delitti puniti con la pena della reclusione non superiore nel massimo a sei anni, anche se congiunta alla pena della multa, che non presentassero rilevanti difficoltà di accertamento. Ancora una volta, ricorrono il criterio formale del massimo edittale della pena detentiva e quello sostanziale, fondato sulla limitata complessità accertativa. Quest'ultimo criterio ha esteso la discrezionalità del legislatore delegato. Nel modulo a citazione diretta rientrano, tra gli altri reati, l'evasione aggravata da violenza o minaccia (→ art. 385 co. 2 prima parte c.p.), le contraffazioni di pubblici sigilli (→ artt. 467 e 468 c.p.), l'indebito utilizzo, la falsificazione, la detenzione o la cessione di carte credito (→ art. 493 *ter* c.p.), la truffa aggravata (→ art. 640 cpv. c.p.), la frode in assicurazione (→ art. 642 c.p.), l'appropriazione indebita (→ art. 646 c.p.) e il contrabbando di tabacchi lavorati esteri (→ art. 291 *bis* del D.P.R. n. 43 del 23.1.1973).

• Quanto alle ipotesi di reato circostanziate, per le quali sono previste pene diverse o circostanze aggravanti ad effetto speciale, ma che nella forma base risultano a citazione diretta, la riforma ha inteso uniformare il trattamento processuale, con l'esclusione anche per esse dell'udienza preliminare, nei limiti in cui sia consentito dai predeterminati criteri selettivi.

• La pena si determina in base all'art. 4 (→ **Soggetti**), che si muove nell'ambito delle **competenze**, sebbene le ipotesi di citazione diretta siano riconducibili alla categoria delle **attribuzioni**. Ciò significa che i rapporti tra tribunale in composizione monocratica e collegiale non sono regolati dalle prescrizioni in tema di competenza per materia, bensì dalle norme sulla capacità e composizione del giudice, di cui all'art. 33.

• Più specificamente, l'inosservanza delle disposizioni sulla composizione collegiale o monocratica del tribunale va rilevata o eccepita, a pena di decadenza, entro il termine previsto dall'art. 491 co. 1 (→ **Giudizio**), se manca l'udienza preliminare (→ **Libro V**), ai sensi dell'art. 33 *quinquies* (→ **Soggetti**). L'opzione normativa è diversa da quella dell'art. 21 co. 1, ed avente ad oggetto l'**incompetenza per materia**, che è rilevabile, anche d'ufficio, in ogni stato e grado del processo.

• Il **controllo** del giudice, investito del procedimento, sulla regolarità della propria composizione rispetto ai criteri di ripartizione degli affari penali è orientato dalla regola di cui all'art. 33 *septies* (→ **Soggetti**), secondo cui qualora il dibattimento (→ **Libro VII**) sia stato instaurato a seguito di udienza preliminare (→ **Libro V**) ed il tribunale, in composizione collegiale, ritenga che il reato appartenga alla cognizione del giudice monocratico, deve, in ogni caso, trasmettere gli atti, con ordinanza, al giudice competente. Viceversa, il giudice monocratico rimette con ordinanza gli atti al p.m. nell'ipotesi in cui il reato appartenga alla cognizione del collegio. Il regime alternativo, prescritto per la rimessione degli atti da parte del giudice monocratico, appare condizionato dalla circostanza che il dibattimento, erroneamente instaurato dinanzi a tale giudice, sia stato preceduto o meno dall'udienza preliminare, poiché nella prima ipotesi sono fatti salvi i diritti di difesa (→ **Cost.**, art. 24) dell'imputato (→ **Soggetti**, art. 60 s.), con particolare riferimento alla possibilità di chiedere la definizione del processo in applicazione dei riti alternativi (→ **Libro VI**), mentre tali facoltà risulterebbero compromesse nell'ipotesi di citazione diretta a giudizio e di successiva trasmissione del processo al giudice collegiale.

• La disciplina ha risentito dei rilievi che hanno indotto la Corte costituzionale a dichiarare (76 del 1993) l'illegittimità dell'art. 23 co. 1 (→ **Soggetti**), nella parte in cui disponeva la rimessione degli atti al giudice competente, anziché al p.m., nelle ipotesi di incompetenza per materia. Una declaratoria di illegittimità fondata sulla lesione dei diritti di difesa dell'imputato, quale conseguenza, in particolare, dell'impossibilità di chiedere la definizione del giudizio attraverso i riti speciali (→ **Libro VI**) dinanzi al giudice competente nell'ipotesi di rimessione degli atti da parte del giudice incompetente; situazione che non si verifica nell'udienza preliminare (→ **Libro V**).

• Il perimetro normativo, delineato dai co. 1 e 2, non tiene conto delle **circostanze** del reato, fatta eccezione delle circostanze aggravanti per le quali la legge stabilisce una pena di specie diversa da quella ordinaria e di quelle ad effetto speciale. Più specificamente, l'opzione legislativa si spiega con l'intento di colmare la lacuna, che si evince dal combinato disposto dell'art. 550 co. 1 e dall'art. 4 (→ **Soggetti**), là dove si prevede che «si ha riguardo alla pena stabilita dalla legge per ciascun reato consumato o tentato», *id est* alla pena edittale, stabilendo che «non si tiene conto della continuazione, della recidiva e delle circostanze del reato».

• Tale opzione normativa è riprodotta nell'art. **168 *bis* c.p.**, al fine di identificare i delitti per i quali possa essere richiesta la **sospensione del processo con messa alla prova**. Il sistema ha così una sua completezza e coerenza, rendendo applicabile la messa alla prova a tutti quei delitti per i quali si procede a citazione diretta a giudizio dinanzi al giudice in composizione monocratica.

• Il **co. 3** prescrive che il giudice monocratico, adito con citazione diretta per un reato che implichi la garanzia dell'udienza preliminare (→ **Libro V**), disponga con ordinanza la restituzione degli atti al p.m. Ai sensi degli artt. 33 *sexies* e 550 co. 3, si impone una verifica formale e meramente cartolare, all'esito della quale può accadere che il g.u.p. restituisca gli atti al p.m. con ordinanza (→ **Atti**, art. 125), avendo la richiesta ad oggetto un reato a citazione diretta, oppure che il giudice monocratico emetta ordinanza di restituzione degli atti al p.m., essendo stato adito con citazione diretta per una fattispecie che, invece, prevedeva l'udienza preliminare.

• Né l'organo dell'accusa potrebbe sollecitare, osservata l'ordinanza restitutoria, il tribunale in composizione monocratica a disattendere *in iure* la precedente valutazione del g.u.p., affinché definisca la regiudicanda, pervenuta alla fase del **giudizio**, secondo le sue originarie aspettative, in quanto una successiva regressione del procedimento sarebbe questa volta imposta dall'art. 521 *bis* (→ **Libro VII**), secondo cui «se, in seguito ad una diversa definizione giuridica (...), il reato risulta tra quelli attribuiti alla cognizione del tribunale per cui è prevista l'udienza preliminare e questa non si è tenuta, il giudice dispone con ordinanza la restituzione degli atti al pubblico ministero». Il che significa che in questi casi l'art. 33 *sexies* tradirebbe la sua vocazione acceleratoria e si porrebbe in contrasto con l'art. 521 *bis*. In sintesi, a fronte di una richiesta di rinvio a giudizio (→ **Indagini e udienza preliminare**, art. 405), non condivisa quanto alla qualificazione giuridica, il g.u.p. può definire correttamente il fatto sul quale è chiamato a pronunciarsi, ma non può disporre la regressione del procedimento ad una fase ormai esaurita. Pertanto, va ricondotto alla categoria dell'abnormità (vizio ricondotto tra quelli giustiziabili davanti alla corte di cassazione → **Impugnazioni**, art. 606) ogni provvedimento che alteri la sequenza procedimentale in senso indebitamente regressivo: è abnorme l'ordinanza del g.u.p. che, investito di richiesta di rinvio a giudizio, disponga la trasmissione degli atti al p.m. per l'emissione del decreto di citazione a giudizio sull'erroneo presupposto che la richiesta riguardi un reato punito con la pena della reclusione non superiore nel massimo a quattro anni.

551. Procedimenti connessi.

1. Nel caso di procedimenti connessi, se la citazione diretta a giudizio è ammessa solo per alcuni di essi, il pubblico ministero presenta per tutti la richiesta di rinvio a giudizio a norma dell'articolo 416.

• La norma impone la presentazione della richiesta di rinvio a giudizio ogniqualvolta, in caso di procedimenti connessi (→ **Soggetti**, art. 12 s.), la citazione diretta sia ammessa soltanto per alcuni di essi. Nella logica del *simultaneus processus* prevale l'*iter* procedurale più garantito, che è quello con richiesta di rinvio a giudizio a norma dell'art. 416 (→ **Indagini e udienza preliminare**), atto introduttivo dell'udienza preliminare in cui il giudice esercita il controllo sull'idoneità degli elementi di prova a sostenere l'accusa in giudizio (→ **Disp. att.**, art. 125).

• Il vincolo connettivo si identifica soltanto

con le situazioni tipizzate dalle lett. *b* o *c* dell'art. 12 co. 1, vale a dire «se una persona è imputata di più reati commessi con una sola azione od omissione ovvero con più azioni od omissioni ovvero con più azioni od omissioni esecutive di un medesimo disegno criminoso»; se dei reati per cui si procede gli uni sono stati commessi per eseguire o per occultare gli altri.

• Non si profila un divieto di far ricorso ai **riti alternativi** (→ **Libro VI**) per le ipotesi in cui, nella forma ordinaria, la domanda di giudizio debba passare attraverso il vaglio dell'udienza preliminare (→ **Libro V**).

• La chiave di lettura dell'art. 551 maggiormente aderente al sistema è quella secondo cui, in caso di connessione, i reati a citazione diretta seguono la sorte di quelli diversi, qualunque essa sia. Non costituisce una valida obiezione il rilievo secondo cui il **giudizio immediato** (→ **Libro VI**) privi l'imputato (→ **Soggetti**, art. 60 s.) del deposito degli atti *ex* art. 415 *bis* (→ **Indagini e udienza preliminare**), che, invece, vi sarebbe nel caso di citazione diretta. Neppure potrebbe dirsi che l'incompatibilità del rito immediato con la procedura a citazione diretta comporti, per i reati pertinenti a quest'ultima, la mancanza delle condizioni che giustificano la scelta dello stesso rito immediato, con la conseguente operatività dell'art. 553 co. 2. La scelta sarebbe tra la separazione dei procedimenti, con recupero della citazione diretta, e la prevalenza del rito ordinario nell'ipotesi di connessione inscindibile. Il p.m. può procedere congiuntamente mediante richiesta di giudizio immediato, qualora i reati perseguibili con citazione diretta siano connessi a fattispecie per le quali dovrebbe essere instaurata l'udienza preliminare, ma per tutti i reati in questione vi sia **evidenza della prova**, oltre a ricorrere le ulteriori condizioni di cui all'art. 453 (→ **Procedimenti speciali**).

552. Decreto di citazione a giudizio.

1. Il decreto di citazione a giudizio contiene:

a) le generalità dell'imputato o le altre indicazioni personali che valgono a identificarlo nonché le generalità delle altre parti private, con l'indicazione dei difensori;

b) l'indicazione della persona offesa, qualora risulti identificata;

c) l'enunciazione del fatto, in forma chiara e precisa, delle circostanze aggravanti e di quelle che possono comportare l'applicazione di misure di sicurezza, con l'indicazione dei relativi articoli di legge;

d) l'indicazione del giudice competente per l'udienza di comparizione predibattimentale nonché del luogo, del giorno e dell'ora della comparizione, con l'avvertimento all'imputato che non comparendo sarà giudicato in assenza;

e) l'avviso che l'imputato ha facoltà di nominare un difensore di fiducia e che, in mancanza, sarà assistito dal difensore di ufficio;

f) l'avviso che, qualora ne ricorrano i presupposti, l'imputato, entro il termine di cui all'articolo 554 *ter*, comma 2, può presentare le richieste previste dagli articoli 438, 444 e 464 *bis* ovvero presentare domanda di oblazione;

g) l'avviso che il fascicolo relativo alle indagini preliminari è depositato nella cancelleria del giudice e che le parti e i loro difensori hanno facoltà di prenderne visione ed estrarne copia;

h) la data e la sottoscrizione del pubblico ministero e dell'ausiliario che lo assiste;

h bis) l'avviso che l'imputato e la persona offesa hanno facoltà di accedere ad un programma di giustizia riparativa.

[1 *bis*. Qualora si proceda per taluni dei reati previsti dall'articolo 590, terzo comma, del codice penale, e per i reati previsti dall'articolo 590 *bis* del medesimo codice, il decreto di citazione a giudizio deve essere emesso entro trenta giorni dalla chiusura delle indagini preliminari.]

1 *ter*. Qualora si proceda per taluni dei reati previsti dall'articolo 590, terzo comma, del codice penale, e per i reati previsti dall'articolo 590 *bis* del medesimo codice la data di comparizione di cui al comma 1, lettera *d*), è fissata non oltre novanta giorni dalla emissione del decreto.

2. Il decreto è nullo se l'imputato non è identificato in modo certo ovvero se manca o è

insufficiente l'indicazione di uno dei requisiti previsti dalle lettere *c*), *d*), *e*) ed *f*) del comma 1. Il decreto è altresì nullo se non è preceduto dall'avviso previsto dall'articolo 415 *bis*, nonché dall'invito a presentarsi per rendere l'interrogatorio ai sensi dell'articolo 375, comma 3, qualora la persona sottoposta alle indagini lo abbia richiesto entro il termine di cui al comma 3 del medesimo articolo 415 *bis*.

3. Il decreto di citazione è notificato, a pena di nullità, all'imputato, al suo difensore e alla parte offesa almeno sessanta giorni prima della data fissata per l'udienza di comparizione predibattimentale. Nei casi di urgenza, di cui deve essere data motivazione, il termine è ridotto a quarantacinque giorni.

4. Il decreto di citazione è depositato dal pubblico ministero nella segreteria.

Il co. 1 è stato modificato dal d. lgs. 10.10.2022, n. 150. I co. 1 *bis* e 1 *ter* sono stati introdotti dalla l. 21.2.2006, n. 102 e successivamente modificati dalla l. 23.3.2016, n. 41. Il co. 1 *bis* è stato poi abrogato dal d. lgs. 10.10.2022, n. 150. Il co. 3 è stato innovato dal d. lgs. 10.10.2022, n. 150, che ha anche modificato il co. 4.

• L'articolo predispone il modello legale dell'atto propulsivo, che si sostanzia nell'esercizio dell'azione penale ed è, al contempo, finalizzato alla *vocatio in iudicium* dell'imputato. Esso è annoverato tra gli atti che determinano il mutamento di *status* da persona sottoposta alle indagini ad imputato (→ **Soggetti**, art. 60; → **Indagini e udienza preliminare**, art. 405). Sul piano strutturale, appare esplicito il rinvio alle altre parti private (→ **Soggetti**, art. 74 s.) ed alla persona offesa (→ art. 90), nonché ai loro difensori (→ art. 86 s.), simmetricamente al paradigma delineato dall'art. 429 (→ **Indagini e udienza preliminare**), sebbene manchi il riferimento alle fonti prova (→ **Libro III**) e ai fatti cui esse si riferiscono.

• La **formulazione dell'imputazione** deve avere i connotati della **chiarezza** e della **precisione**, la cui inosservanza è sanzionata a pena di **nullità** (→ **Atti**, art. 177 s.), così come previsto per il decreto che dispone il giudizio (→ **Indagini e udienza preliminare**, art. 429). Tuttavia, nel modulo della citazione diretta manca l'udienza preliminare, che attribuisce al giudice la responsabilità dell'atto introduttivo del giudizio (→ **Libro VII**) ed individua nel p.m., titolare dell'azione e dell'imputazione, l'organo vincolato allo schema contestativo nei termini indicati in sede giurisdizionale, al fine di uniformare il fatto alle risultanze processuali. Il controllo del g.u.p. sulla validità dell'imputazione si esplica nella verifica delle eventuali lacune imputative, innanzitutto attraverso il meccanismo di cui all'art. 421 co. 1 (→ **Indagini e udienza preliminare**), secondo cui il giudice, sentite le parti, invita il p.m. a riformulare l'imputazione e nell'ipotesi in cui non vi provveda, il giudice, sentite le parti, dichiara anche d'ufficio la nullità della richiesta di rinvio a giudizio, disponendo con ordinanza la restituzione degli atti al p.m. Diversamente, si dichiara aperta la discussione. All'organo dell'accusa è attribuito il compito d'integrazione e di aggiornamento della contestazione indeterminata o generica; l'inadempimento di tale obbligo rischia di inficiare la corretta enunciazione dell'imputazione nel provvedimento conclusivo che dispone il giudizio, vanificando la garanzia del filtro rispetto alle imputazioni azzardate e determinando la situazione invalidante di cui all'art. 429 co. 2 (→ **Indagini e udienza preliminare**), nonché la regressione del processo all'udienza preliminare. Viceversa, nell'ipotesi di esercizio dell'azione penale con decreto di citazione a giudizio, mancando l'udienza preliminare, l'enunciazione del fatto in forma chiara e precisa costituisce il *thema decidendum*, che deve essere fissato in termini idonei a superare la verifica preliminare di validità nell'udienza di comparizione predibattimentale.

• L'inosservanza dei parametri di chiarezza e precisione è espressamente sanzionata con la nullità del decreto dall'art. 552 co. 2. Il trattamento legale del vizio è previsto nel co. 5 dell'art. 554 *bis* secondo cui nell'udienza di comparizione predibattimentale, il giudice, anche d'ufficio, sentite le parti, invita il pubblico ministero a riformulare l'imputazione e, ove lo stesso non vi provveda, dichiara con ordinanza la nullità dell'imputazione e dispone la restituzione degli atti al p.m. Si estende, quindi, all'udienza predibattimentale il rimedio previsto dall'art. 421 co. 1. Va posto in debito risalto che non si tratta più di una nullità relativa (→ **Atti**, art. 181 co. 3), che va eccepita entro il termine previsto dall'art. 491 co. 1 (→ **Giudizio**), ed al cui accertamento da parte del giudice del dibattimento consegue l'immediata regressione del procedimento allo stato o al grado in cui è stato compiuto l'atto nullo (→ **Atti**, art. 185 co. 3). Per rimuovere la causa della nullità, il p.m. dovrà procedere al corretto adeguamento dell'ipotesi accusatoria deficitaria o imprecisa, mediante l'esaustiva ridescrizione del fatto, sulla base degli elementi di fatto e delle ragioni giuridiche indicati nell'ordinanza del giudice del dibattimento (Cass., SU, 10.12.1997, Di Battista). In definitiva, ad opera della riforma Cartabia anche nel modulo a citazione diretta si realizza un controllo rafforzato sull'imputazione, evidenziando, però, una contraddizione interna: se, da un lato, l'obiettivo è quello di ridurre gli spazi applicativi dell'udienza preliminare; dall'altro, si introduce un meccanismo plasmato sulla funzione tipica della stessa, pure per quei delitti che non la prevedono come fase processuale. Con la conseguenza di una perdita di identità della citazione diretta a giudizio, non essendo più tale in virtù del filtro generalizzato previsto per tutte le fattispecie di reato tra l'accusa e il dibattimento.

• Il decreto di citazione è **nullo** anche quando l'imputato non sia identificato in modo certo; inoltre, quando l'atto non indichi il giudice competente per l'udienza di comparizione predibattimentale; non specifichi il luogo, il giorno e l'ora della comparizione con l'avvertimento all'imputato che non comparendo sarà giudicato in assenza: tutti elementi indispensabili per consentire all'imputato l'esercizio del diritto ad intervenire nel processo. Non costituisce, invece, causa di nullità la mancata identificazione del giudice-persona fisica, addetto alla trattazione del processo sulla base dei criteri ai quali il presidente del tribunale si attiene nella formazione dei ruoli di udienza, poiché essa non è prescritta dalla legge. L'eventuale omissione non comporta l'incertezza assoluta del luogo di comparizione e dell'organo giurisdizionale davanti alla quale l'imputato è chiamato a comparire.

• L'omissione dell'avviso di cui al co. 1, lett. *f*, è causa di **nullità speciale relativa**, essendo l'avviso strumentale alla tempestività delle richieste di cui agli artt. 438 e 444 (→ **Procedimenti speciali**) e della domanda di oblazione, che devono essere proposte, a pena di decadenza, prima della pronuncia della sentenza di non luogo a procedere (art. 554 *ter* co. 2). Non è invece sanzionata l'omissione dell'avviso rivolto all'imputato e alla persona offesa avente ad oggetto la facoltà di accedere ad un programma di giustizia riparativa. Sicuramente, invece, è riconducibile ad una nullità generale a regime intermedio ai sensi dell'art. 178 lett. *c* (→ **Atti**) il mancato avviso del deposito del fascicolo inerente alle indagini preliminari nella cancelleria del giudice – non più nella segreteria del p.m. –, essendo esso il presupposto per l'esercizio della facoltà di prenderne visione e di estrarne copia.

• L'inosservanza dell'obbligo di inoltro dell'avviso di conclusione delle indagini (→ **Indagini e udienza preliminare**, art. 415 *bis*), determina una nullità, sul cui regime la giurisprudenza è divisa. Secondo un primo orientamento esso sarebbe di tipo intermedio (→ **Atti**, art. 180); secondo altra ricostruzione, di tipo relativo (→ art. 181).

• Con riferimento alla sottoscrizione dell'ausiliario, va osservato che la sua mancanza è riconducibile ad una mera **irregolarità** improduttiva di effetti invalidanti, atteso che essa non adempie ad alcuna funzione di verifica del contenuto dell'atto, ma ne attesta soltanto il deposito. Per quanto concerne, invece, l'omissione della **sottoscrizione del p.m.**, parte della giurisprudenza ha ritenuto che determini l'inesistenza del decreto, essendo la sottoscrizione un elemento essenziale ai fini del perfezionamento – e, quindi, della giuridica esistenza – del decreto stesso, in funzione dell'esercizio dell'azione penale che compete, in via esclusiva, al p.m. Altra parte della giurisprudenza ha negato la configurabilità dell'inesistenza perché i vizi del decreto sono espressamente individuati dal legislatore, laddove l'inesistenza riguarda l'atto, che per difetto di alcuni elementi strutturali essenziali si pone al di fuori del sistema, non essendo riconoscibile all'esterno, cioè, è inidoneo a produrre effetti sia nell'ambito sia al di fuori del processo. Ne discende che l'incompletezza del decreto, non essendo sanzionata a pena di nullità dall'art. 552, o è riconducibile ad una mera irregolarità dell'atto, oppure è causa di una nullità di ordine generale (→ **Atti**, art. 178 lett. *b*), che segue il regime assoluto *ex* art. 179 co. 1.

• Si verifica una nullità assoluta ed insanabile della citazione diretta dell'imputato anche nel caso in cui la notificazione della citazione sia stata omessa. L'omissione di tale atto introduttivo del procedimento penale rende il giudizio affetto da nullità insanabile. Questa causa di invalidità non è suscettibile di sanatoria (→ **Atti**, art. 184 co. 2). Se, invece, la notificazione sia stata eseguita nelle forme diverse da quelle prescritte e sia inidonea a determinare la conoscenza effettiva dell'atto, essa è causa di una nullità di ordine generale (→ art. 178 lett. *c*). Viceversa, la violazione delle regole inerenti alle modalità di esecuzione è causa di una nullità speciale relativa (→ se riconducibile all'art. 171).

553. Trasmissione degli atti al giudice dell'udienza di comparizione predibattimentale.

1. Il pubblico ministero forma il fascicolo per il dibattimento e lo trasmette al giudice, unitamente al fascicolo del pubblico ministero e al decreto di citazione immediatamente dopo la notificazione.

La norma è stata innovata dal d. lgs. 10.10.2022, n. 150.

• Nell'ottica della semplificazione, non è il giudice a provvedere alla formazione del fascicolo per il dibattimento in contraddittorio tra le parti (→ **Indagini e udienza preliminare**, art. 431), ma il p.m., che trasmette sia il fascicolo sia il decreto notificato e, in seguito, all'interpolazione normativa, ad opera del decreto attuativo, anche il fascicolo delle indagini preliminari.

• Nel periodo che intercorre tra l'avvenuto esercizio dell'azione penale e l'udienza di comparizione predibattimentale, l'individuazione del giudice che procede deve tenere conto della concreta disponibilità del fascicolo processuale da parte della relativa cancelleria, tenuta prima della materiale trasmissione degli atti, all'effettuazione dei prescritti adempimenti; soprattutto, però, mostra di non tenere in considerazione il principio secondo cui le disposizioni relative all'assegnazione di processi a sezioni, collegi e giudici non si considerano attinenti alla capacità del giudice (→ **Soggetti**, art. 33 co. 2), e la loro eventuale violazione non determina nullità (→ **Atti**, art. 178 lett. *a*), a meno che non si sia in presenza di veri e propri stravolgimenti dei canoni essenziali dell'ordinamento giudiziario ovvero dell'assegnazione di un affare penale del tutto arbitraria o *extra ordinem*, al di fuori, insomma, di ogni criterio tabellare.

554. Atti urgenti.

1. Il giudice per le indagini preliminari è competente ad assumere gli atti urgenti a norma dell'articolo 467 e provvede sulle misure cautelari fino a quando il decreto, unitamente al fascicolo per il dibattimento, non è trasmesso al giudice a norma dell'articolo 553, comma 1.

• La disposizione, sebbene appaia strutturata sui reati a citazione diretta, va applicata a tutte le fattispecie che rientrano nell'ambito della competenza del tribunale in composizione monocratica con o senza udienza preliminare. Il riferimento all'art. 553, e non anche agli artt. 432 (→ **Indagini e udienza preliminare**) e 457 (→ **Procedimenti speciali**) costituisce un difetto di coordinamento superabile attraverso l'interpretazione estensiva, in quanto alla locuzione "decreto" non può essere attribuito il solo significato di decreto di citazione a giudizio, ma anche di decreto di giudizio immediato (→ art. 456), nonché di decreto che dispone il giudizio (→ **Indagini e udienza preliminare**, art. 429), per le fattispecie che richiedono l'udienza preliminare. Gli artt. 432 e 457, salvo variazioni lessicali, hanno un contenuto del tutto analogo all'art. 553 co. 1, richiamato dall'art. 554, senza che il mancato rinvio sia produttivo di conseguenze sul piano dell'uniforme trattamento della disciplina.

• In materia cautelare (→ **Libro IV**), si tratta della manifestazione peculiare del principio generale di ordine sistematico, secondo cui è competente ad adottare i relativi provvedimenti il **giudice che procede** e che ha la disponibilità degli atti processuali. Parimenti, l'art. 27 (→ **Soggetti**) attribuisce al giudice incompetente, che abbia la disponibilità degli atti, il potere di emettere misure cautelari, le quali cessano di avere efficacia solo se non siano confermate, nel termine di venti giorni dall'ordinanza di trasmissione, dal giudice competente, ossia dal giudice al quale siano pervenuti gli atti in forza dell'ordinanza medesima.

• Il combinato disposto dell'art. 317 co. 2 (→ **Misure cautelari**) con l'art. 554 identifica una regola certa nel passaggio da una fase all'altra del processo in presenza di atti urgenti da espletare o di un bisogno cautelare da soddisfare.

• Se l'art. 554 si riferisce anche al procedimento davanti al tribunale in composizione monocratica con udienza preliminare (→ **Libro V**), spetta al g.u.p. emanare il decreto di sequestro preventivo (→ **Misure cautelari**), dopo che sia stato emesso il decreto che dispone il giudizio (→ **Indagini e udienza preliminare**) e prima che gli atti siano stati trasmessi al giudice competente. Dopo la formazione del fascicolo per il dibattimento (→ art. 431), il giudice lo trasmette senza ritardo, unitamente al decreto *ex* art. 429 o ad eventuali misure cautelari in corso di esecuzione, alla cancelleria del giudice competente per il giudizio; ne deriva la sollecita esecuzione dell'adempimento; inoltre, potrà intercorrere un ragionevole, purché breve e processualmente non sanzionabile, lasso di tempo che non preclude l'adozione di misure cautelari. Eventuali ritardi nella formazione del fascicolo per il dibattimento e nella sua trasmissione al giudice competente per il giudizio non possono incidere sulla competenza, essendo l'inerzia suscettibile, se ingiustificata, esclusivamente di rilievi disciplinari.

554 *bis*. Udienza di comparizione predibattimentale a seguito di citazione diretta.

1. L'udienza di comparizione predibattimentale si svolge in camera di consiglio con la partecipazione necessaria del pubblico ministero e del difensore dell'imputato.

2. Il giudice procede agli accertamenti relativi alla costituzione delle parti, ordinando la rinnovazione degli avvisi, delle citazioni, delle comunicazioni e delle notificazioni di cui dichiara la nullità. Se l'imputato non è presente si applicano le disposizioni di cui agli articoli 420, 420 *bis*, 420 *ter*, 420 *quater*, 420 *quinquies* e 420 *sexies*.

3. Le questioni indicate nell'articolo 491, commi 1 e 2, o quelle che la legge prevede siano proposte entro i termini di cui all'articolo 491, comma 1, sono precluse se non proposte subito dopo compiuto, per la prima volta, l'accertamento della costituzione delle parti e sono decise immediatamente. Esse non possono essere riproposte nell'udienza dibattimentale. Si applicano i commi 3, 4 e 5 dell'articolo 491.

4. Il giudice, quando il reato è perseguibile a querela, verifica se il querelante, ove presente, è disposto a rimettere la querela e il querelato ad accettare la remissione.

5. In caso di violazione della disposizione di cui all'articolo 552, comma 1, lettera *c),* il giudice, anche d'ufficio, sentite le parti, invita il pubblico ministero a riformulare l'imputazione e, ove lo stesso non vi provveda, dichiara, con ordinanza, la nullità dell'imputazione e dispone la restituzione degli atti al pubblico ministero.

6. Al fine di consentire che il fatto, la definizione giuridica, le circostanze aggravanti e quelle che possono comportare l'applicazione di misure di sicurezza, siano indicati in termini corrispondenti a quanto emerge dagli atti, il giudice, anche d'ufficio, sentite le parti, invita il pubblico ministero ad apportare le necessarie modifiche e, ove lo stesso non vi provveda, dispone, con ordinanza, la restituzione degli atti al pubblico ministero. Quando il pubblico ministero modifica l'imputazione, procede alla relativa contestazione e la modifica dell'imputazione è inserita nel verbale di udienza. Quando l'imputato non è presente in aula, neppure mediante collegamento a distanza, il giudice sospende il processo, rinvia a una udienza e dispone che il verbale sia notificato all'imputato entro un termine non inferiore a dieci giorni dalla data della nuova udienza.

7. Se a seguito della modifica dell'imputazione, il reato risulta attribuito alla cognizione del tribunale in composizione collegiale anziché monocratica, l'inosservanza delle disposizioni sulla composizione del giudice è rilevata o eccepita, a pena di decadenza, immediatamente dopo la nuova contestazione ovvero, nel caso indicato nell'ultimo periodo del comma 6, prima del compimento di ogni altro atto nella nuova udienza fissata a norma del medesimo comma. Se, a seguito della modifica, risulta un reato per il quale è prevista l'udienza preliminare e questa non si è tenuta, la relativa eccezione è proposta, a pena di decadenza, entro gli stessi termini indicati nel periodo che precede.

8. Il verbale dell'udienza predibattimentale è redatto in forma riassuntiva a norma dell'articolo 140, comma 2.

L'articolo è stato inserito dal d. lgs. 10.10.2022, n. 150.

• L'udienza di comparizione predibattimentale è un mezzo che persegue un duplice scopo: consentire un vaglio preliminare, più snello di quello previsto dall'art. 416 s., circa la fondatezza e la completezza dell'azione penale; concentrare in un momento anticipato, precisamente definito nella sua collocazione, tutte le attività prodromiche a quelle propriamente istruttorie e decisorie tipiche della fase dibattimentale, per una più efficiente organizzazione di questo momento dell'attività giudiziaria (Relazione di accompagnamento allo schema di decreto legislativo approvato dal Consiglio dei Ministri il 4.8.2022). Si è introdotto, quindi, un filtro per i delitti a citazione diretta fondato sul vaglio degli atti di indagine ad opera di un giudice del dibattimento, che sebbene diverso da colui che sarà chiamato a celebrare il dibattimento, esercita poteri e compiti non congeniali ad un organo giudicante. Si vuole dire che l'udienza predibattimentale si sostanzia in una sequenza di atti interna alla fase processuale del giudizio.

• L'anticipazione del termine ultimo per la costituzione di parte civile, tra gli adempimenti previsti dal co. 2, altro non è che una specificazione del termine già previsto dall'art. 79 (→ **Soggetti**), che correla la decadenza all'esaurimento degli accertamenti di cui all'art. 484, qualora la costituzione della parte civile non avvenga in udienza preliminare (→ **Libro V**) o fuori udienza. Il che significa che essa non è più consentita oltre l'udienza predibattimentale. Parimenti il termine di proposizione delle altre questioni preliminari, che era già identificabile nella fase immediatamente successiva alla regolare costituzione delle parti. Una volta definite le questioni preliminari, non potranno più essere reiterate davanti al giudice dell'udienza dibattimentale. Tra esse va annoverato pure il rinvio pregiudiziale alla Corte di cassazione (→ **Soggetti**, art. 24 *bis*) per la decisione sulla competenza territoriale. Il potere del giudice di rinnovare gli avvisi, le citazioni, le comunicazioni e le notificazioni di cui dichiara la nullità, costituisce un'attribuzione funzionale già derivante dall'art. 143 **Disp. att.**

• L'udienza di comparizione predibattimentale è strutturata come luogo di definizione anticipata del processo. In quest'ottica, si spiega anche la previsione dell'obbligatorietà del tentativo di conciliazione ad opera del giudice di cui al co. 4, qualora il reato sia perseguibile a querela di parte. Vero è che la persona offesa (→ **Soggetti**) è libera di scegliere se presenziare o meno al processo instauratosi a seguito della presentazione di querela. Tuttavia, l'assenza della persona offesa in udienza non è più comportamento neutro, cioè, non univocamente interpretabile, in quanto attribuibile alle più diverse ragioni o valutazioni, di natura non necessariamente abdicativa o remissoria. Difatti, sul versante della remissione della querela (→ art. 152 c.p.), si sono susseguiti tre interventi novellistici, trattandosi di un mezzo che determina la chiusura anticipata del procedimento, con contrazione dei tempi processuali, mediante l'estinzione del reato. Una prima modifica ha esteso l'operatività dell'istituto anche alle contravvenzioni, nelle ipotesi in cui è prevista la procedibilità a querela. Inoltre, l'interpolazione del nuovo terzo co. all'interno dell'art. 152 c.p. n. 1 prevede quale inedita situazione di rimessione tacita (extraprocessuale) della querela la partecipazione del querelante ad un programma di giustizia riparativa concluso con esito positivo. Al n. 2 del co. 3 dell'art. 152 c.p. è, invece, disciplinata l'ipotesi di remissione tacita della querela in caso di mancata comparizione del querelante senza giustificato motivo all'udienza alla quale sia stato citato a comparire come testimone. Il legislatore delegato ha così recepito una prassi degli uffici giudicanti, adottata a fini deflattivi. Invero, la giurisprudenza di legittimità aveva ritenuto che costituisse un'ulteriore causa di remissione tacita, di ordine processuale – accanto a quella extraprocessuale – l'assenza del querelante all'udienza dibattimentale, qualora fosse stato previamente ed espressamente avvertito dal giudice che quella scelta avrebbe rappresentato un fatto incompatibile con la volontà di persistere nella querela (Cass., SU, 23.6.2016, n. 31668).

• L'udienza si svolge in camera di consiglio con la partecipazione necessaria del p.m. e del difensore dell'imputato. Le attribuzioni funzionali del giudice sono mutuate dall'udienza preliminare (→ **Libro V**). Il controllo sulla genericità dell'imputazione, espressamente sanzionata dall'art. 552 co. 1 lett. *c*, ha ad oggetto un atto inficiato da nullità, la cui causa di invalidità può essere rimossa attraverso il potere sollecitatorio, conferito al giudice dal co. 5 avviando un meccanismo interno di rinnovazione dell'atto da parte del p.m. In tal modo si evita la regressione del procedimento in un'ottica di leale collaborazione tra i soggetti processuali. Diversamente, qualora l'organo dell'accusa non avesse un comportamento collaborativo, il giudice come *extrema ratio* dichiara la nullità dell'imputazione con ordinanza e dispone la restituzione degli atti al p.m.

• Altra e differente situazione è quella della non riscontrata corrispondenza degli atti di indagine con la descrizione del fatto e con la qualificazione giuridica, vale a dire, l'errore nell'operazione di sussunzione del fatto storico nella fattispecie legale astratta. Qui il potere/dovere del giudice di sollecitare il p.m. e, in mancanza di una volontà collaborativa, di restituirgli gli atti, si traduce nell'anticipazione dei correttivi, previsti nell'udienza dibattimentale. Lo scopo sembrerebbe essere la contrazione dei tempi richiesti dall'operatività dei rimedi di cui agli artt. 516 s. e 521 (→ **Giudizio**). Ma i meccanismi di avviso all'imputato, di rinvio dell'udienza e di eventuale regressione del procedimento ne impediscono la funzione di accelerazione, facendo salva l'esigenza di prevenire le vicende modificative dell'imputazione e di snellire l'operato del giudice del dibattimento. Da un mero raffronto tra il co. 5 e il co. 6 emerge che soltanto nell'eventualità di incongruenza degli atti rispetto all'imputazione è sancita la garanzia che la contestazione sia inserita nel verbale di udienza e notificata all'imputato non presente in aula, garanzia non ugualmente predisposta per la situazione di cui al co. 5, cioè per l'atto imputativo privo dei connotati normativi di chiarezza e di precisione. La lacuna si riverbera inevitabilmente sull'effettività del diritto di difesa.

554 *ter*. Provvedimenti del giudice.

1. Se, sulla base degli atti trasmessi ai sensi dell'articolo 553, sussiste una causa che estingue il reato o per la quale l'azione penale non doveva essere iniziata o non dove essere proseguita, se risulta che il fatto non è previsto dalla legge come reato ovvero che il fatto non sussiste o che l'imputato non lo ha commesso o che il fatto non costituisce reato o che l'imputato non è punibile per qualsiasi causa, il giudice pronuncia sentenza di non luogo a procedere. Il giudice pronuncia sentenza di non luogo a procedere anche quando gli elementi acquisiti non consentono una ragionevole previsione di condanna. Si applicano in quanto compatibili, le disposizioni di cui agli articoli 425, comma 2, 426 e 427. Il giudice non può pronunciare sentenza di non luogo a procedere se ritiene che dal proscioglimento dovrebbe conseguire l'applicazione di una misura di sicurezza diversa dalla confisca.

2. L'istanza di giudizio abbreviato, di applicazione della pena a norma dell'articolo 444, di sospensione del processo con messa alla prova, nonché la domanda di oblazione sono proposte, a pena di decadenza, prima della pronuncia della sentenza di cui al comma 1. Entro lo stesso termine, quando l'imputato e il pubblico ministero concordano l'applicazione di una pena sostitutiva di cui all'articolo 53 della legge 24 novembre 1981, n. 689, il giudice, se non è possibile decidere immediatamente, sospende il processo e fissa un'apposita udienza non oltre sessanta giorni, dandone contestuale avviso alle parti e all'ufficio di esecuzione penale esterna competente. Si applica, in quanto compatibile, l'articolo 545 *bis* comma 2.

3. Se non sussistono le condizioni per pronunciare sentenza di non luogo a procedere e in assenza di definizioni alternative di cui al comma 2, il giudice fissa per la prosecuzione del giudizio la data dell'udienza dibattimentale davanti ad un giudice diverso e dispone la restituzione del fascicolo del pubblico ministero.

4. Tra la data del provvedimento e la data fissata per l'udienza dibattimentale deve intercorrere un termine non inferiore a venti giorni.

La disposizione è stata inserita dal d. lgs. 10.10.2022, n. 150.

• Il giudice dell'udienza predibattimentale decide allo stato degli atti, essendo privo di poteri istruttori integrativi. Eppure, alquanto estesa è l'area del proscioglimento predibattimentale, rispetto all'angusta strutturazione dell'art. 469 (→ **Giudizio**). Infatti, ai sensi del co. 1 il giudice non soltanto può emettere sentenza di non luogo a procedere qualora sussista una causa di estinzione del reato, o a mancare sia una condizione di procedibilità (→ **Libro V**, art. 336 s.), o risulta che il fatto non sia previsto come reato o che il fatto non sussiste o che l'imputato non lo abbia commesso o che il fatto non costituisca reato, ma anche quando l'imputato non sia punibile per qualsiasi causa. Si supera, quindi, la limitata prospettiva dell'art. 469 (→ **Libro VII**), legittimando l'uso di un ampio potere proscioglitivo al fine di decongestionare il dibattimento. Difatti, la sentenza di non luogo a procedere è l'epilogo processuale dell'udienza predibattimentale anche quando gli elementi acquisiti non consentano una ragionevole previsione di condanna; non potrà essere pronunciata, invece, se dal proscioglimento debba conseguire l'applicazione di una misura di sicurezza diversa dalla confisca. Non si tratta, quindi, di un'udienza volta ad affrontare le questioni prodromiche alla formazione dibattimentale delle prove, ma di un rafforzato sindacato preliminare sull'accusa, utilizzando la stessa regola decisoria stabilita per le richieste di archiviazione e di rinvio a giudizio (→ **Indagini e udienza preliminare**). L'obiettivo è quello di impedire non soltanto l'esercizio dell'azione penale quando gli elementi raccolti non giustifichino una ragionevole previsione di condanna, ma anche la celebrazione di dibattimenti inutili. Si tratta sicuramente di una diagnosi che presuppone la completezza degli atti investigativi, avendo ad oggetto gli elementi conoscitivi in quel momento disponibili. Non sfugge però che la prospettiva dell'utilità del giudizio trasforma la diagnosi in una prognosi circa la probabilità ragionevole di un mutamento di quei risultati in un eventuale dibattimento. Qui si annida la discrezionalità libera della valutazione che potrebbe essere orientata a favorire rinvii a giudizio anche a fronte di indagini preliminari dall'esito incerto, suscettibili di un consolidamento in chiave accusatoria in giudizio. Tuttavia, la Commissione ha ritenuto che, alla luce dell'evoluzione della fase preliminare, vada superato il criterio dell'astratta utilità dell'accertamento dibattimentale; a seguito di indagini che – in linea con quanto richiesto dalla Corte costituzionale – devono risultare tendenzialmente complete (e possono avere una durata significativa), il pubblico ministero sarà chiamato a esercitare l'azione penale solo quando gli elementi raccolti risultino – sulla base di una sorta di "diagnosi prognostica" – tali da poter condurre alla condanna dell'imputato secondo la regola dell'oltre ogni ragionevole dubbio, tanto in un eventuale giudizio abbreviato, quanto nel dibattimento. Al contrario laddove il quadro cognitivo si connoti per la mancanza di elementi capaci di sorreggere una pronuncia di condanna, il p.m. dovrà optare per l'inazione (Relazione della Commissione Lattanzi). La *ratio*, dunque, è ispessire il filtro di controllo sui risultati delle indagini preliminari, per evitare imputazioni prive di fondamento. E se così fosse, lo sforzo valutativo dovrebbe spingersi fino ad impedire l'instaurazione del dibattimento nei casi di incompletezza, insufficienza o contraddittorietà delle prove, nonché nel caso di ragionevole dubbio (→ **Giudizio**, art. 533). Il che significa che già la piattaforma investigativa dovrebbe essere adeguata a sostenere una ragionevole previsione di condanna.

• Prima della pronuncia della sentenza di non luogo a procedere costituisce il limite temporale, a pena di decadenza, entro cui le parti potranno chiedere che il processo segua le forme di un rito alternativo. La fissazione della data dell'udienza dibattimentale ha connotazione residuale, presupponendo sia la mancanza delle condizioni per emanare la sentenza di non luogo a procedere, sia la non definizione del processo con un procedimento speciale (→ **Libro VI**). In tal caso, si ha la restituzione del fascicolo del p.m. e la prosecuzione del giudizio davanti a diversa persona fisica del giudice.

554 *quater*. Impugnazione della sentenza di non luogo a procedere.

1. Contro la sentenza di non luogo a procedere possono proporre appello:

a) il procuratore della Repubblica e il procuratore generale nei casi di cui all'articolo 593 *bis*, comma 2;

b) l'imputato, salvo che con la sentenza sia stato dichiarato che il fatto non sussiste o che l'imputato non lo ha commesso.

2. La persona offesa può proporre appello nei soli casi di nullità previsti dall'articolo 552, comma 3.

3. Sull'impugnazione la corte di appello decide in camera di consiglio con le forme previste dall'articolo 127. In caso di appello del pubblico ministero, la corte, se non conferma la sentenza, fissa la data per l'udienza dibattimentale davanti ad un giudice diverso da quello che ha pronunciato la sentenza o pronuncia sentenza di non luogo a procedere con formula meno favorevole

all'imputato. In caso di appello dell'imputato, la corte, se non conferma la sentenza, pronuncia sentenza di non luogo a procedere con formula più favorevole all'imputato.

4. Contro la sentenza di non luogo a procedere pronunciata in grado di appello possono ricorrere per cassazione l'imputato e il procuratore generale solo per i motivi di cui alle lettere *a), b),* e *c)* del comma 1 dell'articolo 606.

5. Sull'impugnazione la corte di cassazione decide in camera di consiglio con le forme previste dall'articolo 611.

6. Sono inappellabili le sentenze di non luogo a procedere relative a reati puniti con la sola pena pecuniaria o con pena detentiva.

La disposizione è stata inserita dal d. lgs. 10.10.2022, n. 150.

• Viene riprodotto lo schema dell'impugnazione della sentenza di non luogo a procedere *ex* art. 428 (→ **Indagini e udienza preliminare**). Nell'ambito di una riforma del sistema delle impugnazioni (→ **Libro IX**) finalizzata a preservare l'effettività del controllo in cassazione, la l. 103 del 2017 ha previsto, nuovamente, l'appellabilità di tale sentenza. La legittimazione soggettiva ad impugnare la sentenza innanzi alla corte di appello è attribuita al procuratore della Repubblica e al procuratore generale nelle situazioni di cui all'art. 593 *bis* co. 2; all'imputato e alla persona offesa, sia pure limitatamente alle ipotesi di nullità inerenti alla sua citazione in giudizio. La decisione è assunta in camera di consiglio, ma i poteri del giudice d'appello mutano se ad appellare sia il p.m. In questo caso, la corte, se non conferma la pronuncia, dà avvio all'udienza dibattimentale, fissandone la data. Essa si svolgerà davanti ad un giudice persona fisica diversa. Viceversa, avendo accolto l'appello proposto dal p.m., può anche emanare una sentenza di non luogo a procedere con formula meno favorevole all'imputato. Se l'appello è, invece, proposto dall'imputato, si ha la contrazione degli epiloghi decisori, dal momento che la corte, non confermando la sentenza, può soltanto pronunciare una decisione di non luogo a procedere con formula più favorevole all'imputato. Quando non è più soggetta ad impugnazione, la sentenza acquista forza esecutiva (→ **Libro X**, art. 650 co. 2), producendo effetti preclusivi, ma la sua stabilità è limitata, potendo essere sempre revocata.

• Il ricorso per cassazione è ammesso per i soli motivi di cui alle lett. *a, b* e *c* dell'art. 606 (→ **Impugnazioni**), con l'esclusione dei vizi della motivazione (lett. *e*). L'intento, ovviamente, è quello di disincentivare le impugnazioni meramente pretestuose. Tuttavia, ai sensi dell'art. 111 Cost. tutti i provvedimenti giurisdizionali devono essere motivati, il che presuppone una doverosa enunciazione, con funzione endoprocessuale, delle argomentazioni poste alla base della decisione ed idonee a rilevarne la *ratio,* al fine di assicurare una verifica di merito e di legittimità su di essi. Non a caso è sempre ammessa la ricorribilità per cassazione contro le sentenze per violazione di legge (→ **Cost.**, art. 111 co. 7). E la locuzione "violazione di legge", ivi rinvenibile, si presta a comprendere il vizio di contraddittorietà o di manifesta illogicità della motivazione; diversamente resterebbe frustato quell'inderogabile controllo sull'attività giurisdizionale.

554 *quinquies.* Revoca della sentenza di non luogo a procedere.

1. Se dopo la pronuncia della sentenza di non luogo a procedere sopravvengono o si scoprono nuove fonti di prova che, da sole o unitamente a quelle già acquisite, possono determinare l'utile svolgimento del giudizio, il giudice su richiesta del pubblico ministero dispone la revoca della sentenza.

2. Con la richiesta di revoca il pubblico ministero trasmette alla cancelleria del giudice gli atti relativi alle nuove fonti di prova.

3. Il giudice, se non dichiara inammissibile la richiesta, designa un difensore all'imputato che ne sia privo, fissa la data dell'udienza in camera di consiglio e ne fa dare avviso al pubblico ministero, all'imputato, al difensore, alla persona offesa e alle altre parti costituite. Il procedimento si svolge nelle forme previste dall'articolo 127.

4. Sulla richiesta il giudice provvede con ordinanza e quando revoca la sentenza di non luogo a procedere fissa la data dell'udienza per la prosecuzione del giudizio ai sensi dell'articolo 554

ter, commi 3 e 4. In questo caso, le istanze di cui all'articolo 554 *ter*, comma 2, sono proposte, a pena di decadenza, prima dell'apertura del dibattimento.

5. Si applica l'articolo 437.

L'articolo è stato inserito dal d. lgs. 10.10.2022, n. 150.

• Questa disposizione conferma ulteriormente le analogie tra l'udienza predibattimentale e l'udienza preliminare, essendo stata coniata sul paradigma della revoca della sentenza di non luogo a procedere di cui all'art. 434 (→ **Indagini e udienza preliminare**). I presupposti legittimanti il provvedimento di revoca sono la sopravvenienza o la scoperta di nuove fonti di prova, che possono giustificare l'instaurazione del giudizio. Con la richiesta, il p.m. trasmette alla cancelleria del giudice gli atti dai quali emergono le nuove fonti di prova. L'efficacia preclusiva della decisione impedisce lo svolgimento di indagini prima che sia emesso il provvedimento di revoca. Pertanto, i nuovi elementi di prova devono essere stati acquisiti *aliunde*, cioè nel corso di indagini estranee al procedimento già definito o provenire da altri procedimenti, ovvero essere stati reperiti in modo casuale o spontaneamente offerti. La giurisprudenza di legittimità ha escluso che essi possano essere il risultato di indagini finalizzate alla verifica ed all'approfondimento degli elementi emersi, dovendo, invece, essere connotati dalla casualità (Cass., SU, 23.2.2000, n. 8).

• Alla luce della nuova regola di giudizio, il giudice può disporre la revoca soltanto qualora le nuove fonti di prova, da sole o unitamente a quelle già acquisite, possano determinare l'utile svolgimento del giudizio e non più la mera possibilità del rinvio a giudizio. Nell'eventualità in cui la richiesta del p.m. sia ammissibile, è fissata l'udienza in camera di consiglio ai sensi dell'art. 127 (→ **Atti**), allo scopo di instaurare un confronto dialettico sul materiale addotto dall'organo dell'accusa. Se il convincimento del giudice è revocare la sentenza, con ordinanza fissa anche la data di prosecuzione del giudizio davanti al giudice del dibattimento, non essendovi alcuna possibilità di autorizzare la riapertura delle indagini (→ **Libro V**).

555. Udienza dibattimentale a seguito della citazione diretta.

1. Almeno sette giorni prima della data fissata per l'udienza dibattimentale, le parti devono, a pena di inammissibilità, depositare in cancelleria le liste dei testimoni, periti o consulenti tecnici nonché delle persone indicate nell'articolo 210 di cui intendono chiedere l'esame.

[2. Prima della dichiarazione di apertura del dibattimento, l'imputato o il pubblico ministero può presentare la richiesta prevista dall'articolo 444, comma 1; l'imputato, inoltre, può richiedere il giudizio abbreviato o presentare domanda di oblazione.]

[3. Il giudice, quando il reato è perseguibile a querela, verifica se il querelante è disposto a rimettere la querela e il querelato ad accettare la remissione.]

4. Le parti, dopo la dichiarazione di apertura del dibattimento, indicano i fatti che intendono provare e chiedono l'ammissione delle prove, illustrandone esclusivamente l'ammissibilità, ai sensi degli articoli 189 e 190, comma 1; inoltre, le parti possono concordare l'acquisizione al fascicolo per il dibattimento di atti contenuti nel fascicolo del pubblico ministero, nonché della documentazione relativa all'attività di investigazione difensiva.

5. Per tutto ciò che non è espressamente previsto si osservano le disposizioni contenute nel libro settimo, in quanto compatibili.

I co. 2 e 3 sono stati abrogati dal d. lgs. 10.10.2022, n. 150.

• Il co. 1 ripropone in maniera stringata i contenuti normativi dell'art. 468 co. 1 (→ **Giudizio**) con riferimento all'onere di deposito delle liste almeno sette giorni prima della data fissata per l'udienza, a pena di inammissibilità. L'attività di deposito assolve alla funzione di sollecitare un provvedimento autorizzativo di natura meramente formale, che implica la distinzione tra il momento del deposito della lista, quello dell'autorizzazione alla citazione e quello ulteriore della citazione stessa. Siffatta distinzione non si rinviene nel contesto dell'art. 555. Pertanto, il diritto riconosciuto alle parti dall'art. 468 co. 3 qui diviene regola: i testimoni e i consulenti tecnici (→ **Prove**) indicati nelle liste sono presentati direttamente al dibattimento.

• Non si comprende, invece, la logica dell'omesso riferimento all'indicazione delle circostanze su cui deve vertere l'esame (→ **Giudizio**, art. 468). La lacuna è incompatibile con il diritto alla controprova (→ art. 495 co. 2), che costituisce espressione fondamentale del diritto di difesa (→ **Cost.**, art. 24), dal momento che la prova a discarico è caratterizzata da una correlazione critico-funzionale alla prova contraria o alla prova a carico, tale da richiedere un'indicazione, anche schematica, del tema o dei temi di prova, che così si mira a confutare o comunque a contrastare (→ **Giudizio**, art. 495). La lacuna non può trovare soluzione nel co. 5 che, ponendo la condizione «per tutto ciò che non è espressamente previsto», impedisce l'operatività della clausola «in quanto compatibili» per quelle situazioni normative espressamente disciplinate e, in quanto tali, speciali.

• L'attenzione sulle richieste di prova si spiega, invece, nel chiaro intento di rafforzare il filtro di ammissibilità del giudice nell'ottica dell'economia processuale. Si perviene così al compromesso di un'attività illustrativa, il cui scopo non esclude l'efficacia persuasiva, sebbene essa non sia prevista tra i criteri di cui all'art. 190 co. 1, ma implicata dall'art. 189, come idoneità ad assicurare l'accertamento dei fatti (→ **Prove**). Da qui il pretesto per elevare il parametro di idoneità probatoria a requisito di carattere generale, contribuendo in tal modo ad ispessire il filtro di ammissibilità e, conseguentemente, ad accelerare lo svolgimento del dibattimento. Se così fosse, però, ad essere negata sarebbe la presunzione *iuris tantum* di ammissibilità della prova, essendo il giudice chiamato ad esercitare un potere meramente ricognitivo, controllando la manifesta irrilevanza e superfluità della stessa rispetto all'indicazione dei fatti da provare ad opera delle parti. L'avverbio manifestamente rafforza la regola, posta a presidio del diritto alla prova, secondo cui l'incertezza in ordine all'utilità di un mezzo dovrebbe sempre risolversi con un suo provvedimento ammissivo. Vero è che la connotazione derogatoria dell'art. 189 (→ **Libro III**) non si presta ad alcuna estensione analogica, essendo la sua efficacia circoscritta alle prove non disciplinate dalla legge, che in quanto tali richiedono un criterio di ammissibilità a maglie più strette. Tuttavia, vi è chi sostiene che sia proprio la valutazione di rilevanza della richiesta di prova a comportare il vaglio sulla sua capacità persuasiva. Il che significa che i contenuti illustrativi dell'ammissibilità delle istanze potrebbero essere strumentalizzati ai fini di un giudizio prognostico che si risolverebbe in un'anticipazione del risultato di prova. Gli effetti sarebbero dirompenti, con riverberi sull'esercizio del diritto alla controprova, che risulterebbe ridimensionato da uno spazio di discrezionalità critica rispetto ad una garanzia funzionale all'effettività del contraddittorio. A destare preoccupazione sono le insidie sottese all'attività illustrativa e l'uso improprio dei criteri generali di ammissione della prova. Né può considerarsi dirimente l'obiezione secondo cui il giudice dibattimentale, avendo una limitata conoscenza della causa, non sia in grado di valutare la prova prima che essa sia assunta, perché l'innesto di un'attività illustrativa nella fase di ammissione non solo estende l'ambito cognitivo giudiziale, ma si presta a consentire valutazioni prognostiche circa gli esiti dell'accertamento. Sicché possono riemergere prassi devianti, come il tentativo delle parti di immettere dati spuri nell'area cognitiva del giudice; né può considerarsi un valido rimedio il compito di impedire ogni divagazione, ripetizione e interruzione previsto dall'art. 493 co. 4 (→ **Giudizio**).

Titolo III
PROCEDIMENTI SPECIALI

556. Giudizio abbreviato e applicazione della pena su richiesta.

1. Per il giudizio abbreviato e per l'applicazione della pena su richiesta si osservano, rispettivamente, le disposizioni dei titoli I e II del libro sesto, in quanto applicabili.

2. Se manca l'udienza preliminare, si applicano, secondo i casi, le disposizioni degli articoli 555, comma 2, 557 e 558, comma 8. Si osserva altresì, in quanto applicabile, la disposizione dell'articolo 441 *bis*; nel caso di cui al comma 4 di detto articolo, il giudice, revocata l'ordinanza con cui era stato disposto il giudizio abbreviato, fissa l'udienza per il giudizio.

• La disciplina dei procedimenti speciali (→ **Libro VI**), pur rinvenendo un'autonoma collocazione nel contesto del titolo III, non si sostanzia in una differenziazione rilevante dei moduli delineati. Il distinguo è tra le fattispecie di reato che prevedono l'udienza preliminare (→ **Libro V**) e quelle che, essendo riconducibili all'area dell'art. 550, non la contemplano. Se, invece, l'azione penale (→ **Indagini e udienza preliminare**) è esercitata con il decreto di citazione diretta a giudizio, l'imputato può presentare la richiesta di giudizio abbreviato, di patteggiamento, di sospensione del processo con messa alla prova, nonché la domanda di oblazione prima della pronuncia della sentenza di non luogo a procedere (art. 554 *ter* co. 2); con l'atto di opposizione o subito dopo l'udienza di convalida dell'arresto in flagranza (→ **Libro V**, art. 391).

• Il rinvio esplicito ai provvedimenti del giudice a seguito di nuove contestazioni nel giudizio abbreviato (→ **Procedimenti speciali**) si spiega nell'ottica della facoltà attribuita all'imputato di chiedere che il procedimento prosegua nelle forme ordinarie, dovendo in quest'ipotesi il giudice revocare l'ordinanza con cui era stato disposto il rito speciale e fissare non l'udienza preliminare (→ **Libro V**), bensì l'udienza dibattimentale.

557. Procedimento per decreto.

1. Con l'atto di opposizione l'imputato chiede al giudice di emettere il decreto di citazione a giudizio ovvero chiede il giudizio abbreviato o l'applicazione della pena a norma dell'articolo 444 o presenta domanda di oblazione.
2. Nel giudizio conseguente all'opposizione, l'imputato non può chiedere il giudizio abbreviato o l'applicazione della pena su richiesta, né presentare domanda di oblazione. In ogni caso, il giudice revoca il decreto penale di condanna.
3. Si osservano le disposizioni del titolo V del libro sesto, in quanto applicabili.

• L'imputato, contestualmente all'atto di opposizione (→ **Procedimenti speciali**, art. 461), può manifestare le proprie strategie difensive, optando per il decreto di citazione a giudizio, oppure per il giudizio abbreviato (→ art. 438 s.), per l'applicazione di pena su richiesta delle parti (→ art. 444 s.) o per l'oblazione (→ art. 162 c.p.).

• La formulazione della norma si presenta parzialmente difforme dall'art. 461 co. 3 (→ **Procedimenti speciali**); non prevede il giudizio immediato (→ art. 453 s.), diversamente da quanto dispone l'art. 464, secondo cui «se l'opponente ha chiesto il giudizio immediato, il giudice emette decreto a norma dell'art. 456 commi 1, 3 e 5». Queste disposizioni non operano con riferimento al giudizio conseguente all'opposizione a decreto penale, che si svolge davanti al giudice monocratico, in quanto non superano il vaglio di applicabilità di cui all'art. 557 co. 3. La giurisprudenza, invece, ritenendo che tale clausola non funga da sbarramento, identifica il termine dilatorio per la comparizione della parte in quello di almeno trenta giorni, previsto dall'art. 456 co. 3. In tal modo, si deroga al termine di sessanta giorni, di cui all'art. 552 co. 3, sulla base di una compatibilità funzionale, che trascura le ragioni di un'incompatibilità strutturale oggettiva. Quest'ultima si rinviene nella peculiarità del dato normativo secondo cui «con l'atto di opposizione l'imputato chiede al giudice di emettere il decreto di citazione a giudizio» (co. 1). Vero è che il termine dei sessanta giorni ha la sua ragion d'essere nella concessione all'imputato, citato a giudizio, di un *tempus* in ordine alla valutazione dell'accesso ai riti speciali (→ **Libro VI**), a differenza della situazione descritta dall'art. 557, che presuppone l'avvenuta definizione delle determinazioni inerenti ai riti. Tuttavia, la prospettiva funzionale non può comportare l'irrilevanza del dato strutturale, consistente nella mancata previsione del giudizio immediato nel procedimento davanti al tribunale in composizione monocratica.

• A sensi dell'art. 464 co. 1 (→ **Procedimenti speciali**), il g.i.p., se l'opponente ha chiesto la citazione diretta, emette il relativo decreto; se ha optato per l'abbreviato (→ art. 438 s.), fissa l'udienza avanti a sé; se ha chiesto l'applicazione di pena (→ art. 444 s.), chiede il parere del p.m.; se ha inoltrato domanda di oblazione (→ art. 162 s. c.p.), decide immediatamente decidere sulla stessa prima di emanare ulteriori provvedimenti. Anche la domanda di oblazione va presentata entro il termine di quindici giorni dalla notificazione del decreto penale, contestualmente all'atto di opposizione.

• Le Sezioni unite hanno precisato che a fronte della contestazione di una fattispecie per la quale non sia ammessa l'oblazione ordinaria di cui all'art. 162 c.p., né quella speciale prevista dall'art. 162 *bis* c.p., l'imputato ha l'onere di sollecitare il giudice alla riqualificazione del fatto e, contestualmente, a formulare istanza di oblazione, qualora il fatto possa essere diversamente qualificato in un reato che ammetta l'oblazione. Con la conseguenza che, in mancanza di tale espressa richiesta, è precluso il diritto a fruire dell'oblazione, ove il giudice provveda d'ufficio *ex* art. 521 (→ **Giudizio**) ad assegnare al fatto la diversa qualificazione che consentirebbe l'applicazione del beneficio (Cass., SU, 22.7.2014, n. 32351). L'imputato ha l'onere di far presente immediatamente il ricorrere di eventuali qualificazioni giuridiche che possano ammetterlo a fruire di quel beneficio; ciò, nell'esercizio coerente dei poteri e delle facoltà processuali che competono alle parti, in funzione dell'attuazione del principio di collaborazione e della ragionevole durata del processo (→ **Cost.**, art. 111).

• L'opposizione innesca la fase in cui il **contraddittorio** tra accusa e difesa si esplica in modo pieno, con le medesime garanzie e modalità previste nella sequenza ordinaria (Corte cost., 8 del 2003), comprese le regole inerenti alle nuove contestazioni in dibattimento (→ **Libro VII**, art. 516 s.), sia per l'abrogazione dell'art. 562 ad opera della l. 16.12.1999, n. 479, sia per il rinvio alla disciplina prevista per il procedimento davanti al tribunale in composizione collegiale, ai sensi dell'art. 559 co. 1.

• Nel giudizio conseguente all'opposizione l'imputato non può avanzare la richiesta di riti deflattivi (→ **Libro VI**), né presentare domanda di oblazione (→ art. 162 s. c.p.); il giudice deve revocare il decreto penale di condanna. D'altra parte, l'esigenza di contenere i tempi di definizione del processo sarebbe frustrata qualora l'imputato potesse – senza perdere i benefici connessi all'oblazione od ai riti speciali – modificare le sue determinazioni assunte in sede di opposizione.

558. Convalida dell'arresto e giudizio direttissimo.

1. Gli ufficiali o gli agenti di polizia giudiziaria che hanno eseguito l'arresto in flagranza o che hanno avuto in consegna l'arrestato lo conducono direttamente davanti al giudice del dibattimento per la convalida dell'arresto e il contestuale giudizio, sulla base della imputazione formulata dal pubblico ministero. In tal caso citano anche oralmente la persona offesa e i testimoni e avvisano il difensore di fiducia o, in mancanza, quello designato di ufficio a norma dell'articolo 97, comma 3.

2. Quando il giudice non tiene udienza, gli ufficiali o gli agenti di polizia giudiziaria che hanno eseguito l'arresto o che hanno avuto in consegna l'arrestato gliene danno immediata notizia e presentano l'arrestato all'udienza che il giudice fissa entro quarantotto ore dall'arresto. Non si applica la disposizione prevista dall'articolo 386, comma 4.

3. Il giudice al quale viene presentato l'arrestato autorizza l'ufficiale o l'agente di polizia giudiziaria a una relazione orale e quindi sente l'arrestato per la convalida dell'arresto.

4. Se il pubblico ministero ordina che l'arrestato in flagranza sia posto a sua disposizione, lo può presentare direttamente all'udienza, in stato di arresto, per la convalida e il contestuale giudizio, entro quarantotto ore dall'arresto. Si applicano al giudizio di convalida le disposizioni dell'articolo 391, in quanto compatibili.

4 *bis*. Salvo quanto previsto dal comma 4 *ter*, nei casi di cui ai commi 2 e 4 il pubblico ministero dispone che l'arrestato sia custodito in uno dei luoghi indicati nel comma 1 dell'articolo 284. In caso di mancanza, indisponibilità o inidoneità di tali luoghi, o quando essi sono ubicati fuori dal circondario in cui è stato eseguito l'arresto, o in caso di pericolosità dell'arrestato, il pubblico ministero dispone che sia custodito presso idonee strutture nella disponibilità degli ufficiali o agenti di polizia giudiziaria che hanno eseguito l'arresto o che hanno avuto in consegna l'arrestato. In caso di mancanza, indisponibilità o inidoneità di tali strutture, o se ricorrono altre specifiche ragioni di necessità o di urgenza, il pubblico ministero dispone con decreto motivato che l'arrestato sia condotto nella casa circondariale del luogo dove l'arresto è stato eseguito ovvero, se ne possa derivare grave pregiudizio per le indagini, presso altra casa circondariale vicina.

4 *ter*. Nei casi previsti dall'articolo 380, comma 2, lettere e *bis*) ed *f*), il pubblico ministero dispone che l'arrestato sia custodito presso idonee strutture nella disponibilità degli ufficiali o agenti di polizia giudiziaria che hanno eseguito l'arresto o che hanno avuto in consegna l'arrestato. Si applica la disposizione di cui al comma 4 *bis*, terzo periodo.

5. Se l'arresto non è convalidato, il giudice restituisce gli atti al pubblico ministero. Il giudice procede tuttavia a giudizio direttissimo quando l'imputato e il pubblico ministero vi consentono.

6. Se l'arresto è convalidato a norma dei commi precedenti, si procede immediatamente al giudizio.

7. L'imputato ha facoltà di chiedere un termine per preparare la difesa non superiore a cinque giorni. Quando l'imputato si avvale di tale facoltà, il dibattimento è sospeso fino all'udienza immediatamente successiva alla scadenza del termine.

8. Subito dopo l'udienza di convalida, l'imputato può formulare richiesta di giudizio abbreviato ovvero di applicazione della pena su richiesta. In tal caso il giudizio si svolge davanti allo stesso giudice del dibattimento. Si applicano le disposizioni dell'articolo 452, comma 2.

9. Il pubblico ministero può, altresì, procedere al giudizio direttissimo nei casi previsti dall'articolo 449, commi 4 e 5.

Il co. 4 è stato sostituito dal d.l. 22.12.2011, n. 211, conv., con modif., dalla l. 17.2.2012, n. 9, che ha anche introdotto i co. 4 *bis* e 4 *ter*.

• La prima differenza con la sequenza ordinaria descritta dagli artt. 449-452 (→ **Procedimenti speciali**) è nella legittimazione degli ufficiali o degli agenti di p.g. a condurre l'arrestato in flagranza (→ **Indagini e udienza preliminare**) davanti al giudice del dibattimento per la convalida ed il contestuale giudizio. Essi possono essere autorizzati dal giudice ad espletare una relazione orale al fine di acquisire conoscenze utili per la convalida.

• La ristrettezza dei tempi del procedimento, connessa allo *status custodiae* (→ **Libro IV**), non richiede che l'avviso dell'udienza davanti al giudice del dibattimento sia oggetto di formale notificazione, potendo essere adempiuto anche **oralmente**, a mezzo telefono da un ufficiale di p.g., ricevuto personalmente dal difensore, senza la necessità che sia stato seguito da conferma mediante telegramma, ovvero a mezzo fax. A prevalere è l'esigenza funzionale di portare immediatamente a conoscenza del difensore (→ **Soggetti**, art. 96 s.) la data e l'orario dell'udienza di convalida da fissare entro 48 ore dall'arresto (→ **Indagini e udienza preliminare**, art. 379 s.); perciò, si ritiene osservato l'avviso al difensore della convalida dell'arresto e del contestuale giudizio direttissimo qualora esso sia dato dalla p.g., *ex* art. 558 co. 1. Nella stessa direzione si muove anche la disposizione di cui all'art. 450 co. 5 (→ **Procedimenti speciali**), in cui si statuisce che l'avviso della data fissata per il giudizio debba avvenire senza ritardo.

• Il problema è costituito dall'identificazione del momento *a quo* in ordine alla verifica dell'osservanza dei termini della presentazione dell'arrestato davanti al tribunale; cioè, se esso sia quello della formale redazione del relativo verbale oppure quello dell'effettiva apprensione fisica della persona arrestata. Secondo la giurisprudenza di legittimità, ai fini del controllo del rispetto dei termini per la convalida, si deve fare riferimento non già al momento della redazione formale del verbale (che può tardare anche varie ore), ma al momento effettivo della concreta apprensione fisica del soggetto, che è quello della reale privazione della libertà. Tale regola subisce un correttivo solo ove il tempo ulteriore trascorso si sia reso necessario per gli accertamenti sull'identità della persona arrestata *ex* art. 349 co. 4 (→ **Indagini e udienza preliminare**). Nell'eventualità in cui non vi sia né presentazione né citazione, il tribunale, che sarebbe competente per il merito, non può procedere ad un giudizio speciale (→ **Libro VI**). L'instaurazione di quest'ultimo spetta al p.m. attraverso l'esercizio dell'azione penale in forma alternativa a quella ordinaria e soltanto nei limiti in cui sia accompagnata da valida presentazione o citazione dell'imputato, con la conseguente riduzione dei termini ed alterazione delle modalità di quasi tutte le cadenze e le facoltà difensive. La notifica della citazione a comparire nel giudizio direttissimo (→ **Procedimenti speciali**) è atto del p.m. perché l'azione penale è esercitata con essa, e non con la semplice emissione della citazione; se manca la notifica, il decreto di presentazione è nullo e, pertanto, il giudice ha il potere di restituire gli atti al p.m. In altre parole, la notifica è parte integrante del promovimento dell'azione penale giacché la costituzione del rapporto processuale si verifica con la presentazione all'udienza dell'imputato arrestato (→ **Indagini e udienza preliminare**) o in stato di custodia cautelare (→ **Libro IV**) ovvero, nel caso di imputato in stato di libertà, con l'emissione del decreto di citazione seguita dalla trasmissione degli atti al giudice.

• A norma dell'art. 450 co. 4 (→ **Procedimenti speciali**), il decreto va trasmesso alla cancelleria del giudice competente per il giudizio, unitamente al fascicolo per il dibattimento (→ **Indagini e udienza preliminare**, art. 431) formato dall'organo dell'accusa; quest'ultimo, anche dopo la notifica del decreto, può determinarsi al non esercizio dell'azione penale, omettendo di trasmettere il fascicolo al giudice.

• Il modulo di presentazione dell'arrestato in flagranza (→ **Indagini e udienza preliminare**) ad opera del p.m. è previsto nella sola ipotesi in cui quest'ultimo abbia chiesto che il soggetto *in vinculis* sia posto a sua disposizione. «Entro quarantotto» ore dal momento dell'arresto è un termine finale previsto dal co. 4 per la presentazione della richiesta di convalida da parte del p.m., essendo irrilevante l'orario di effettiva cognizione dei fatti da parte del giudicante.

• Attraverso la clausola «in quanto compatibili», si estendono al giudizio di convalida le regole di cui all'art. 391 (→ **Indagini e udienza preliminare**): ad es., si estende la norma che impone al giudice investito della richiesta di provvedere in ogni caso alla convalida della misura precautelare, prescindendo dalla propria competenza; si estendono i co. 3 e 7 dell'art. 391 che, riconoscendo esplicitamente la possibilità dell'assenza fisica dell'indagato, non la considerano come causa impeditiva della convalida dell'arresto. Di conseguenza va qualificato illegittimo il provvedimento con cui il giudice monocratico, investito della richiesta di convalida dell'arresto (→ **Indagini e udienza preliminare**) e di prosecuzione del procedimento nelle forme del rito direttissimo (→ **Procedimenti speciali**), ometta di pronunciarsi a causa dell'evasione dell'imputato dagli arresti domiciliari (→ **Misure cautelari**), disponendo la restituzione degli atti al p.m., poiché la mancata presentazione dell'imputato – all'udienza di convalida – non costituisce una patologia del procedimento, né si rivela di ostacolo alla ratifica del provvedimento coercitivo e alla prosecuzione del giudizio.

• Ragioni di ordine sistematico inducono ad assimilare il modulo della convalida dell'arresto nei casi di mancata comparizione (legittima o non) dell'indagato *in vinculis*, sia che essa si instauri innanzi al g.i.p., sia che si sviluppi davanti al tribunale. Ne discende che la situazione di impedimento, che non consente la presenza fisica dell'arrestato all'udienza, non preclude né l'effettività della richiesta del p.m., né il giudizio direttissimo.

• L'operazione legislativa di bilanciamento dell'eccessiva contrazione dei tempi, necessaria ai fini della speditezza processuale, con le garanzie difensive è rinvenibile nei co. 6 e 7, secondo cui dopo la convalida si procede immediatamente al giudizio e l'imputato può chiedere un termine a difesa. Si ricorda che il ricorso all'interprete (→ **Atti**, art. 143 s.) è un diritto della persona arrestata, necessario a rendere possibile il diritto dell'imputato ad espletare la propria attività difensiva, anche in forma di autodifesa. La natura del processo penale e degli interessi in esso coinvolti richiedono la diretta e personale partecipazione dell'imputato, onde l'autodifesa costituisce diritto primario, immanente a tutto l'*iter* processuale, dalla fase istruttoria (→ **Indagini e udienza preliminare**) a quella di giudizio (Corte cost., 341 del 1999; 9 del 1993; 99 del 1975; 186 del 1973; 205 del 1971). Alla luce dell'innovata formulazione dell'art. 143 (→ **Atti**), l'imputato che non conosce la lingua italiana ha diritto di farsi assistere gratuitamente, indipendentemente dall'esito del procedimento, da un interprete al fine di poter comprendere l'accusa contro di lui formulata e di seguire il compimento degli atti e lo svolgimento delle udienze alle quali partecipa; ha altresì diritto all'assistenza gratuita di un interprete per le comunicazioni con il difensore prima di rendere un interrogatorio (→ **Soggetti**, art. 64 s.), ovvero al fine di presentare una richiesta o una memoria nel corso del procedimento.

• Nel giudizio direttissimo (→ **Procedimenti speciali**), la convalida dell'arresto (→ **Indagini e udienza preliminare**), pur prescindendo dall'interrogatorio (→ **Soggetti**, art. 64 s.), non esaurisce la fase, ma, introducendo il rito, impone all'imputato (→ art. 60) di compiere precise scelte processuali: richiesta di termini a difesa, giudizio ordinario, rito abbreviato (→ **Procedimenti speciali**), applicazione concordata della pena. Si tratta di strategie difensive alle quali sono collegate preclusioni, che richiedono un previo contatto con il difensore (→ **Soggetti**, art. 96 s.) che, nel caso di imputato alloglotta, non può che avvenire per il tramite dell'interprete (→ **Atti**, art. 143 s.). Dunque, non si possono addurre cause di forza maggiore o di caso fortuito per giustificare il venir meno da parte dell'autorità giudiziaria procedente all'obbligo di assicurarsi che la materiale conduzione dell'indagato arrestato nell'aula d'udienza costituisca valida "presentazione" al tribunale, *ex* artt. 558 e 449 (→ **Procedimenti speciali**).

558 *bis*. Giudizio immediato.

1. Per il giudizio immediato si osservano le disposizioni del titolo IV del libro sesto, in quanto compatibili.

2. Nel caso di emissione del decreto di giudizio immediato non si procede all'udienza predibattimentale prevista dall'articolo 554 *bis*.

L'articolo è stato inserito dal d. lgs. 10.10.2022, n. 150.

• L'ampliamento delle fattispecie di reato a citazione diretta, in ragione dei più elevati limiti edittali, non esclude la possibilità che per essi siano applicate misure custodiali (→ **Libro IV**). Da qui l'interesse ad accelerare la definizione del processo. In questa prospettiva, il legislatore ha esteso al modulo della citazione diretta la forma di esercizio dell'azione penale con il decreto di giudizio immediato (→ **Procedimenti speciali**), che consente di saltare l'udienza predibattimentale.

Titolo IV
DIBATTIMENTO

559. Dibattimento.

1. Il dibattimento si svolge secondo le norme stabilite per il procedimento davanti al tribunale in composizione collegiale, in quanto applicabili.

2. Anche fuori dei casi previsti dall'articolo 140, il verbale di udienza è redatto soltanto in forma riassuntiva se le parti vi consentono e il giudice non ritiene necessaria la redazione in forma integrale.

3. L'esame diretto e il controesame dei testimoni, dei periti, dei consulenti tecnici, delle persone indicate nell'articolo 210 e delle parti private sono svolti dal pubblico ministero e dai difensori. Su concorde richiesta delle parti, l'esame può essere condotto direttamente dal giudice sulla base delle domande e contestazioni proposte dal pubblico ministero e dai difensori.

4. In caso di impedimento del giudice, la sentenza è sottoscritta dal presidente del tribunale previa menzione della causa della sostituzione.

• Le regole della fase dibattimentale sono enunciate in un'unica disposizione, giacché al procedimento davanti al tribunale in composizione monocratica, con o senza udienza preliminare, si estende la disciplina prevista per il procedimento in composizione collegiale (→ **Libro VII**).

• La clausola «in quanto applicabili» funge da criterio di prevalenza di talune deroghe espressamente previste. L'esemplificazione è costituita dalle modalità di **verbalizzazione**, dal momento che se le parti vi consentono e il giudice non ritiene necessaria la redazione in forma integrale, il verbale è redatto in forma riassuntiva, anche fuori dai casi indicati dall'art. 140 (→ **Atti**). Si amplia, cioè, l'ambito delle situazioni in cui non è obbligatoria la forma della verbalizzazione integrale, oltre ai casi di atti a contenuto speciale o di limitata rilevanza ovvero di contingente indisponibilità di strumenti di riproduzione o di ausiliari tecnici. La semplificazione della forma non rientra nella piena disponibilità delle parti, essendo sottoposta al vaglio giurisdizionale di necessarietà. Si è affidata alle parti ed al giudice l'operazione di contemperamento tra esigenze di economia processuale e la garanzia della trascrizione integrale connessa alla formazione della prova dichiarativa.

• Le esigenze di economia processuale, sebbene rispondenti all'efficienza della giurisdizione ed alla durata ragionevole del processo (→ **Cost.**, art. 111) non possono stravolgere le dinamiche processuali, che si fondano sul principio del **contraddittorio** nella formazione della prova secondo le modalità di cui agli artt. 498 e 499 (→ **Giudizio**) e poste a presidio del giusto processo e della terzietà del giudice (→ **Cost.**, art. 111). Sicché, l'evenienza residuale della conduzione diretta dell'esame da parte dell'organo della giurisdizione *ex* co. 3 è anch'essa attribuita alla concorde richiesta delle parti, che indicano i temi probatori specifici, poiché soltanto le parti conoscono il contenuto del fascicolo del p.m. (→ **Indagini e udienza preliminare**, art. 433).

• In virtù della clausola «in quanto applicabili» si applica anche in questo contesto il nuovo co. 2 *bis* dell'art. 496 (→ **Libro VII**) secondo cui «salvo che una particolare disposizione di legge preveda diversamente, il giudice può disporre, con il consenso delle parti, che l'esame dei testimoni, dei periti, dei consulenti tecnici, delle persone indicate nell'art. 210 e delle parti private si svolga a distanza». L'intento è quello di accelerare le procedure, ridurre lo stress delle vittime e degli imputati chiamati a comparire. Tutto ciò non è, comunque, senza danni. Il contraddittorio necessita di forme rituali, la precondizione su cui fonda è che la verità si manifesti contro il volere stesso delle parti, proprio nel conflitto tra tesi ed antitesi in un rapporto di immediatezza con il giudice, che esclude l'intermediazione di uno schermo. Né può considerarsi esaustiva, dal punto di vista delle garanzie, la previsione di cui all'art. 133 *ter* co. 3 (→ **Libro II**), non a caso rubricata «modalità e garanzie della partecipazione a distanza». Essa richiede, a pena di nullità, modalità idonee a salvaguardare il contraddittorio e l'effettiva partecipazione delle parti all'atto. Ma la locuzione "modalità idonee" indica una categoria del tutto indeterminata, introducendo la tecnica del bilanciamento caso per caso e la logica del pregiudizio effettivo, che svuotano di significato l'espressa previsione del rimedio sanzionatorio. Anche il libero convincimento del giudice ha bisogno della materialità, formandosi attraverso la partecipazione alla verificabilità e alla falsificabilità delle ipotesi accusatorie in forza del loro carattere assertivo; mediante la partecipazione alla loro prova empirica in forza non di qualsiasi procedura, bensì di quelle procedure, che si prestino a consentirne la verificazione e la confutazione. Soltanto per questa via si può assicurare il massimo grado di razionalità ed attendibilità del giudizio.

• Parimenti non è opinabile l'operatività del co. 4 *ter* dell'innovato art. 495 (→ **Giudizio**). La prima parte della disposizione riconosce il diritto alla rinnovazione probatoria, ritenendo poi l'immediatezza in senso sostanziale derogabile dalla riproduzione audiovisiva del precedente esame. Quest'ultima andrebbe a compensare l'esigenza che quel giudice che partecipa alla deliberazione abbia assistito, in prima persona, alla formazione delle prove utilizzabili ai fini della condanna o del proscioglimento dell'imputato. Viene accolto il suggerimento della Corte costituzionale (132 del 2019), che nella declaratoria di inammissibilità della questione inerente all'illegittimità dell'art. 525 co. 2, aveva prospettato il ricorso a garanzie compensative, in linea con quelle indicate dalla giurisprudenza europea. Tuttavia, l'eccezione è destinata a diventare la regola in virtù del co. 2 *bis* dell'art. 510 (→ **Giudizio**) secondo cui «l'esame dei testimoni, dei periti, dei consulenti tecnici, delle parti private e delle persone indicate nell'articolo 210, nonché gli atti di ricognizione e confronto, sono documentati anche con mezzi di riproduzione audiovisiva». A ciò si aggiunga che nella strutturazione dell'art. 495 co. 4 *ter* (→ **Libro VII**) la videoregistrazione da mera modalità di documentazione è divenuta un atto del procedimento *stricto sensu* con efficacia surrogatoria rispetto all'immediatezza. Eppure, la riproduzione del video in dibattimento realizza un'oralità attenuata ed inverte il metodo di acquisizione richiesto dall'immediatezza/partecipazione; sostituisce, cioè, il contraddittorio *per* la prova con il contraddittorio *sulla* prova. Va posto in debito risalto che, invece, l'art. 525 co. 2 eleva l'immediatezza a regola di decisione come presupposto oggettivo di legalità della sentenza di proscioglimento e della sentenza di condanna. Il carattere vincolato del comportamento richiesto al giudice, cioè la partecipazione al dibattimento, si desume dalla previsione della nullità assoluta, unico caso di invalidità con espressa previsione del regime (→ **Atti**).

• La motivazione (→ **Atti**, art. 125; → **Prove**, art. 192; → **Giudizio**, art. 525 s.) della sentenza emessa dal giudice monocratico non può essere redatta in sostituzione dal presidente del tribunale, ai sensi del co. 4. Già nella vigenza dell'abrogato art. 567, la sottoscrizione da parte del presidente del tribunale, in luogo del magistrato impedito, presupponeva che quest'ultimo avesse redatto almeno la minuta della sentenza pronunciata, poiché la sostituzione non può riguardare la redazione della motivazione, compito che spetta esclusivamente a chi ha partecipato alla deliberazione.

• Vi è, infatti, un'intrinseca connessione tra dispositivo/decisione e motivazione/documento formale, momento conclusivo di un *iter* procedimentale complesso e inscindibile riferibile, necessariamente, ad un unico soggetto.

• Nell'udienza dibattimentale, le funzioni di accusa possono essere svolte dai soggetti indicati dall'art. 72 **Ord. giud.**, nominati per delega del procuratore della Repubblica presso il tribunale. Si tratta di uditori giudiziari, di vice procuratori onorari addetti all'ufficio, di laureati in giurisprudenza che frequentano il secondo anno della scuola di specializzazione di cui all'art. 16 d. lgs. 17.11.1997, n. 398 o da personale in quiescenza da non più di due anni, che, nei cinque anni precedenti, abbia svolto le funzioni di ufficiale di p.g. Oggetto di delega possono essere tutte le fattispecie riconducibili all'art. 550, analogamente a quanto stabilito per i giudici onorari (→ **Ord. giud.**, art. 43 *bis*).

560. Giudizio abbreviato.

[Soppresso.]

Articolo abrogato dalla l. 16.12.1999, n. 479.

561. Udienza per il giudizio abbreviato.

[Soppresso.]

Articolo abrogato dalla l. 16.12.1999, n. 479.

562. Trasformazione del rito.

[Soppresso.]

Articolo abrogato dalla l. 16.12.1999, n. 479.

563. Applicazione della pena su richiesta.

[Soppresso.]

Articolo abrogato dalla l. 16.12.1999, n. 479.

564. Tentativo di conciliazione.

[Soppresso.]

Articolo abrogato dalla l. 16.12.1999, n. 479.

565. Procedimento per decreto.

[Soppresso.]

Articolo abrogato dalla l. 16.12.1999, n. 479.

566. Convalida dell'arresto e giudizio direttissimo.

[Soppresso.]

Articolo abrogato dalla l. 16.12.1999, n. 479.

567. Dibattimento.

[Soppresso.]

Articolo abrogato dalla l. 16.12.1999, n. 479.

LIBRO IX
IMPUGNAZIONI

Titolo I
DISPOSIZIONI GENERALI

568. Regole generali.

1. La legge stabilisce i casi nei quali i provvedimenti del giudice sono soggetti a impugnazione e determina il mezzo con cui possono essere impugnati.

2. Sono sempre soggetti a ricorso per cassazione, quando non sono altrimenti impugnabili, i provvedimenti con i quali il giudice decide sulla libertà personale e le sentenze, salvo quelle sulla competenza che possono dare luogo a un conflitto di giurisdizione o di competenza a norma dell'articolo 28.

3. Il diritto di impugnazione spetta soltanto a colui al quale la legge espressamente lo conferisce. Se la legge non distingue tra le diverse parti, tale diritto spetta a ciascuna di esse.

4. Per proporre impugnazione è necessario avervi interesse.

4 *bis*. Il pubblico ministero propone impugnazione diretta a conseguire effetti favorevoli all'imputato solo con ricorso per cassazione.

5. L'impugnazione è ammissibile indipendentemente dalla qualificazione a essa data dalla parte che l'ha proposta. Se l'impugnazione è proposta a un giudice incompetente, questi trasmette gli atti al giudice competente.

Il d. lgs. 6.2.2018, n. 11 ha aggiunto il co. 4 *bis*, che circoscrive i mezzi di impugnazione proponibili dal p.m. a favore dell'imputato al ricorso per cassazione.

• L'art. 2 **Prot. 7 Cedu** riconosce il diritto del destinatario di una condanna per un illecito penale a un riesame del suo caso ad opera di un giudice superiore.

• L'art. 568 enuncia il principio di **tassatività**, che regola la materia delle impugnazioni ordinarie. Il principio di tassatività si riferisce ai provvedimenti impugnabili, ai mezzi di impugnazione proponibili, ai motivi d'impugnazione e ai soggetti legittimati a proporla.

• In primo luogo, in forza del principio di tassatività, possono essere impugnati solo i **provvedimenti** espressamente indicati dalla legge (per casi di inoppugnabilità assoluta vedi il decreto che dispone il giudizio (→ **Indagini e udienza preliminare**, art. 429) e il decreto che dispone il giudizio immediato (→ **Procedimenti speciali**, art. 455).

• Le sentenze della Corte di cassazione (art. 615 s.) di regola sono inoppugnabili (→ **Esecuzione**, art. 648 co. 2), fatta eccezione per alcune decisioni contro le quali può essere proposto il ricorso straordinario per errore di fatto (art. 625 *bis*).

• Contro le sentenze che si pronunciano sulla giurisdizione o sulla competenza che possono dar luogo a conflitti occorre seguire l'apposita procedura di risoluzione (→ **Soggetti**, art. 28 s.).

• Le censure proposte avverso un provvedimento inoppugnabile sono inammissibili (art. 591, lett. *b*).

• In secondo luogo, sempre in forza del principio di tassatività, l'impugnazione può essere proposta soltanto con il **mezzo** espressamente previsto dalla legge (→ **Misure cautelari**, artt. 309 e 310; → **Indagini e udienza preliminare**, artt. 428 e 434; → **Procedimenti speciali**, art. 448 co. 2; per casi di inappellabilità di sentenze comunque ricorribili per cassazione v. art. 593).

• Come disposto dalla Carta costituzionale (→ **Cost.**, art. 111 co. 7), contro le sentenze (→ **Atti**, art. 125; → **Indagini e udienza preliminare**, art. 425; → **Procedimenti speciali**, artt. 442, 448, 469; → **Giudizio**, art. 529 s.; art. 605) e contro i provvedimenti sulla libertà personale (→ **Misure cautelari**, artt. 292, 299, 309, 310) è sempre ammesso il ricorso per cassazione (art. 606).

• La censura delle **ordinanze** pronunciate nel corso degli atti preliminari o in dibattimento può essere proposta solo con l'impugnazione della sentenza (art. 586).

• L'errore della parte nella qualificazione giuridica del mezzo di impugnazione, tuttavia, non comporta inammissibilità (art. 591); il giudice incompetente cui sia stato erroneamente indirizzato l'atto, se accerta la volontà di impugnare e la oggettiva impugnabilità dell'atto (Cass., SU, 31.10.2001, Bonaventura), lo trasmette al giudice competente (art. 596; → **Giu. Pace**, art. 39).

• In terzo luogo, la legge indica, in relazione a ciascun mezzo di impugnazione, quali siano i **motivi** consentiti (v. ad es. art. 606 co. 3; → **Indagini e udienza preliminare**, art. 410 *bis*; → **Procedimenti speciali**, art. 448 co. 2 *bis*).

• Con il ricorso per cassazione per violazione di legge, garantito dall'art. 111 co. 7 Cost., può essere fatta valere l'abnormità del provvedimento (Cass., SU, 10.12.1997, Di Battista).

• Infine, quanto ai **soggetti**, tutte le parti sono legittimate a impugnare, salvo che la legge non conferisca espressamente tale diritto soltanto ad alcune (→ **Procedimenti speciali**, art. 443 co. 3). In qualche caso, la legge accorda il diritto ad impugnare a chiunque vi abbia interesse (→ **Misure cautelari**, art. 318).

• L'impugnazione dei legittimati è ammissibile solo se costoro vi abbiano interesse (art. 591). L'interesse va inteso come finalità dell'impugnante di rimuovere un pregiudizio o conseguire un vantaggio (Cass., SU, 27.10.2011, Marinaj) e va valutato con riferimento alla prospettazione di parte: il giudice non può anticipare il giudizio sulla fondatezza dell'impugnazione.

• Il p.m. (art. 570), in quanto organo deputato a vigilare sull'osservanza della legge (→ **Ord. giud.**, art. 73), può proporre impugnazione anche a favore dell'imputato. A seguito del d. lgs. 11 del 2018, tale facoltà, tuttavia, può essere esercitata solo con il ricorso per cassazione, quindi per motivi di legittimità (art. 606 co. 1). La riforma va letta in correlazione con i nuovi limiti all'appellabilità della sentenza di condanna da parte del p.m. (art. 593 *bis*).

569. Ricorso immediato per cassazione.

1. La parte che ha diritto di appellare la sentenza di primo grado può proporre direttamente ricorso per cassazione.

2. Se la sentenza è appellata da una delle altre parti, si applica la disposizione dell'articolo 580. Tale disposizione non si applica se, entro quindici giorni dalla notificazione del ricorso, le parti che hanno proposto appello dichiarano tutte di rinunciarvi per proporre direttamente ricorso per cassazione. In tale caso, l'appello si converte in ricorso e le parti devono presentare entro quindici giorni dalla dichiarazione suddetta nuovi motivi, se l'atto di appello non aveva i requisiti per valere come ricorso.

3. La disposizione del comma 1 non si applica nei casi previsti dall'articolo 606, comma 1, lettere *d*) ed *e*). In tali casi, il ricorso eventualmente proposto si converte in appello.

4. Fuori dei casi in cui nel giudizio di appello si sarebbe dovuta annullare la sentenza di primo grado, la corte di cassazione, quando pronuncia l'annullamento con rinvio della sentenza impugnata a norma del comma 1, dispone che gli atti siano trasmessi al giudice competente per l'appello.

• Contro le sentenze e i provvedimenti sulla libertà personale è sempre possibile proporre ricorso per cassazione per violazione di legge (→ **Cost.**, art. 111 co. 7).

• Perciò, avverso la sentenza di primo grado (→ **Giudizio**, art. 529 s.), i legittimati a proporre appello (art. 593) possono scegliere di proporre ricorso immediato alla corte di cassazione (art. 606).

• Nel caso in cui alcuni dei legittimati abbiano proposto appello, mentre altri abbiano proposto direttamente ricorso per cassazione, il ricorso si converte in appello (art. 580). Tuttavia, entro quindici giorni dalla notificazione del ricorso (art. 584), chi ha proposto appello può dichiarare la propria rinuncia (art. 589), optando per il ricorso immediato. Se tutti gli appellanti si avvalgono della medesima facoltà, **l'appello si converte in ricorso**. Se l'atto d'appello non ha i requisiti del ricorso (art.

606), entro quindici giorni le parti possono presentare motivi nuovi (art. 585 co. 4).

• Il ricorso immediato per cassazione può essere proposto solo per **motivi di pura legittimità** (→ **Cost.**, art. 111 co. 7). Nel caso si denunci la mancata acquisizione di una prova decisiva (→ **Giudizio**, art. 495 co. 2; art. 606 lett. *d*) o un vizio della motivazione (→ **Atti**, art. 125 co. 3; art. 606 lett. *e*), il ricorso immediato si converte in appello.

• In caso di **annullamento** con rinvio (art. 623 lett. *c* e *d*) gli atti vanno trasmessi al giudice competente per l'appello (art. 596); quando però la corte di cassazione riscontri l'esistenza di un vizio processuale (art. 606 lett. *c*), che avrebbe imposto al giudice di appello l'annullamento della sentenza impugnata (art. 604 co. 1, 4 e 5 *bis*), dispone la trasmissione degli atti al giudice di primo grado (art. 623 lett. *b*).

570. Impugnazione del pubblico ministero.

1. Il procuratore della Repubblica presso il tribunale e il procuratore generale presso la corte di appello possono proporre impugnazione, nei casi stabiliti dalla legge, quali che siano state le conclusioni del rappresentante del pubblico ministero. Salvo quanto previsto dall'art. 593 *bis*, comma 2, il procuratore generale può proporre impugnazione nonostante l'impugnazione o l'acquiescenza del pubblico ministero presso il giudice che ha emesso il provvedimento.
2. L'impugnazione può essere proposta anche dal rappresentante del pubblico ministero che ha presentato le conclusioni.
3. Il rappresentante del pubblico ministero che ha presentato le conclusioni e che ne fa richiesta nell'atto di appello può partecipare al successivo grado di giudizio quale sostituto del procuratore generale presso la corte di appello. La partecipazione è disposta dal procuratore generale presso la corte di appello qualora lo ritenga opportuno. Gli avvisi spettano in ogni caso al procuratore generale.

Il co. 1 è stato ritoccato dal d. lgs. 6.2.2018, n. 11, per armonizzarne il disposto con la riforma della legittimazione del p.m. a proporre appello (art. 593 *bis*).

• Qualora la legge accordi al p.m. (→ **Soggetti**, art. 50 s.) la **legittimazione a impugnare** (art. 568 co. 3), essa spetta anzitutto al magistrato che ha sostenuto l'accusa in primo grado (→ **Soggetti**, art. 53). Nei procedimenti di criminalità organizzata può trattarsi non del procuratore distrettuale ma del magistrato designato presso il giudice competente (→ art. 51 co. 3 *ter*).

• Inoltre, indipendentemente dalle conclusioni di quest'ultimo (→ **Giudizio**, art. 523), può proporre impugnazione il procuratore della Repubblica presso il tribunale (per la previsione di regole speciali, → **Misure cautelari**, art. 311 co. 1; art. 608).

• Infine, può proporre impugnazione il Procuratore generale presso la corte d'appello, ma solo nei casi di avocazione o qualora il procuratore della Repubblica abbia prestato acquiescenza al provvedimento (art. 593 *bis* co. 2). Per ottenere una tempestiva conoscenza delle scelte del procuratore della Repubblica, il procuratore generale promuove intese con gli uffici del distretto (→ **Disp. att.**, art. 166 *bis*).

• Di regola la **partecipazione al giudizio** di impugnazione è riservata al procuratore generale presso il giudice competente (art. 596; → **Giu. Pace**, art. 39). Il magistrato che ha presentato le conclusioni nel giudizio di primo grado, tuttavia, nell'atto di appello può chiedere di partecipare al giudizio di secondo grado (art. 598). La decisione spetta al P.G. presso la corte d'appello. La disposizione non si applica al ricorso per cassazione (Cass., SU, 30.4.1997, Dessimone).

• La notificazione degli avvisi (→ **Atti**) alle parti (art. 584) va effettuata comunque dal P.G. presso la corte d'appello.

571. Impugnazione dell'imputato.

1. Salvo quanto previsto per il ricorso per cassazione dall'articolo 613, comma 1, l'imputato può proporre impugnazione personalmente o per mezzo di un procuratore speciale nominato anche prima della emissione del provvedimento.

2. Il tutore per l'imputato soggetto alla tutela e il curatore speciale per l'imputato incapace di intendere o di volere, che non ha tutore, possono proporre l'impugnazione che spetta all'imputato.

3. Può inoltre proporre impugnazione il difensore dell'imputato al momento del deposito del provvedimento ovvero il difensore nominato a tal fine.

4. L'imputato, nei modi previsti per la rinuncia, può togliere effetto all'impugnazione proposta dal suo difensore. Per l'efficacia della dichiarazione nel caso previsto dal comma 2, è necessario il consenso del tutore o del curatore speciale.

Nella versione originaria del codice, nel co. 3 si stabiliva che «contro una sentenza contumaciale, il difensore può proporre impugnazione solo se munito di specifico mandato rilasciato con la nomina o anche successivamente nelle forme per questa previste». La norma è stata abrogata dalla l. 16.12.1999, n. 479, ma il d. lgs. 10.10.2022, n. 150 l'ha reintrodotta nell'art. 581 co. 1 *quater*, per i casi in cui si sia proceduto in assenza, con esclusivo riferimento all'atto di appello. Con l. 23.6.2017, n. 103, il co. 1 è stato ritoccato, in conseguenza dell'abolizione della facoltà di proporre ricorso per cassazione personalmente da parte dell'imputato (art. 613).

• L'**imputato** (→ **Soggetti**, art. 60 s.) è legittimato a impugnare i provvedimenti del giudice nei limiti di quanto specificamente previsto nella disciplina dell'atto o del mezzo di impugnazione (→ **Misure cautelari**, artt. 309-311; → **Indagini e udienza preliminare**, art. 428; → **Procedimenti speciali**, artt. 443, 461, 464 *quater*; artt. 593, 607).

• L'imputato può proporre impugnazione personalmente (artt. 582 e 583) o incaricare altri di tale compito mediante una procura speciale (→ **Atti**, art. 122), conferita dopo la pronuncia del provvedimento o anche in previsione di tale pronuncia (→ **Disp. att.**, art. 37). Un'eccezione è prevista con riferimento al ricorso per cassazione, che può essere presentato soltanto da difensori iscritti all'albo speciale (art. 613).

• L'impugnazione del minorenne può essere proposta dall'esercente la responsabilità genitoriale (→ **Proc. minorile**, art. 34). Qualora l'imputato, minore o interdetto, sia soggetto alla tutela, l'impugnazione può essere proposta dal tutore (→ art. 424 c.c.); se l'imputato incapace di intendere e volere non ha tutore, l'impugnazione può essere proposta dal curatore speciale (→ **Soggetti**, art. 71).

• Accanto all'impugnazione dell'imputato, può essere proposta, sempre nel suo interesse, autonoma impugnazione da parte del **difensore** che assiste l'imputato al momento del deposito del provvedimento oppure da parte del difensore appositamente nominato a tal fine (→ **Soggetti**, art. 96). La legittimazione compete anche al difensore d'ufficio il quale sia stato momentaneamente sostituito (→ art. 97 co. 4; Cass., SU, 11.11.1994, Nicoletti). Se si tratta di ricorso per cassazione, il difensore dev'essere iscritto all'albo speciale (art. 613). A seguito del d. lgs. 150 del 2022, se nei confronti dell'imputato si è proceduto in assenza (→ **Indagini e udienza preliminare**, art. 420 *bis*), il difensore può proporre appello soltanto se munito di specifico mandato ad impugnare, rilasciato dopo la pronuncia (art. 581, co. 1 *quater*).

• L'imputato, prima che intervenga il provvedimento del giudice, può togliere effetto all'impugnazione del difensore (→ **Soggetti**, art. 99 co. 2) con le forme stabilite per la rinuncia (art. 589).

572. Richiesta della parte civile o della persona offesa.

1. La parte civile, la persona offesa, anche se non costituita parte civile, e gli enti e le associazioni intervenuti a norma degli articoli 93 e 94, possono presentare richiesta motivata al pubblico ministero di proporre impugnazione a ogni effetto penale.

2. Il pubblico ministero, quando non propone impugnazione, provvede con decreto motivato da notificare al richiedente.

• Qualora intendano sottoporre a censura la decisione con riferimento ai capi penali che riguardano la responsabilità dell'imputato (→ **Giudizio**, art. 529 s.), la parte civile (→ **Sog-**

getti, art. 75), la persona offesa (→ art. 90) e gli enti o associazioni rappresentanti di interessi lesi dal reato intervenuti nel processo (→ artt. 91 e 93), possono presentare al p.m. (→ art. 50) una richiesta motivata di proporre l'impugnazione (art. 570).

• Il p.m., qualora non proponga l'impugnazione, deve giustificare il proprio diniego con un decreto motivato (→ **Atti**, art. 125) che va notificato al richiedente (→ art. 154).

573. Impugnazione per i soli interessi civili.

1. L'impugnazione per gli interessi civili è proposta, trattata e decisa con le forme ordinarie del processo penale.

1 *bis*. Quando la sentenza è impugnata per i soli interessi civili, il giudice d'appello e la Corte di cassazione, se l'impugnazione non è inammissibile, rinviano per la prosecuzione, rispettivamente, al giudice o alla sezione civile competente, che decide sulle questioni civili utilizzando le prove acquisite nel processo penale e quelle eventualmente acquisite nel giudizio civile.

2. L'impugnazione per i soli interessi civili non sospende l'esecuzione delle disposizioni penali del provvedimento impugnato.

Il d. lgs. 10.10.2022, n. 150 ha ritoccato il co. 1 ed aggiunto il co. 1 *bis*, introducendo una nuova disciplina per l'impugnazione proposta per i soli interessi civili.

• Il giudizio di impugnazione che debba occuparsi, insieme ai temi penali, anche di quelli civili, concernenti le spese del procedimento (→ **Giudizio**, artt. 535, 541 e 542), le restituzioni e il risarcimento del danno (→ artt. 538-540), si svolge secondo le regole ordinariamente previste per le cause penali, sia per quanto riguarda l'atto di impugnazione (art. 591), sia per quanto riguarda il giudizio (artt. 596 s. e 610 s.), sia per quanto riguarda la decisione (artt. 605 e 615 s.).

• Per gli effetti dell'annullamento in sede di legittimità soltanto dei capi relativi agli interessi civili, vedi art. 622.

• Qualora la sentenza venga impugnata soltanto con riferimento ai capi (art. 591) che riguardano gli interessi civili (artt. 574-576), la decisione sui capi penali diventa irrevocabile (→ **Esecuzione**, art. 648); l'impugnazione non sospende l'esecuzione della sentenza di condanna (art. 588).

• In tali casi al giudice dell'impugnazione compete un preliminare vaglio di ammissibilità (artt. 591 e 606 co. 3). Se tale vaglio è superato, trasmette gli atti al giudice civile competente, davanti al quale prosegue il processo sugli interessi civili. In questa sede possono essere acquisite nuove prove, così come possono essere valutate quelle già acquisite nel processo penale (art. 602 co. 3).

574. Impugnazione dell'imputato per gli interessi civili.

1. L'imputato può proporre impugnazione contro i capi della sentenza che riguardano la sua condanna alle restituzioni e al risarcimento del danno e contro quelli relativi alla rifusione delle spese processuali.

2. L'imputato può altresì proporre impugnazione contro le disposizioni della sentenza di assoluzione relative alle domande da lui proposte per il risarcimento del danno e per la rifusione delle spese processuali.

3. L'impugnazione è proposta col mezzo previsto per le disposizioni penali della sentenza.

4. L'impugnazione dell'imputato contro la pronuncia di condanna penale o di assoluzione estende i suoi effetti alla pronuncia di condanna alle restituzioni, al risarcimento dei danni e alla rifusione delle spese processuali, se questa pronuncia dipende dal capo o dal punto impugnato.

• In caso di condanna, oltre ai capi penali, l'imputato (→ **Soggetti**, art. 60) è legittimato a impugnare i capi della sentenza relativi agli interessi civili che lo condannano alle restituzioni e al risarcimento del danno (→ **Giudizio**, artt. 538-540) al pagamento o alla rifusione delle spese processuali (→ artt. 535, 541 e 542; → **Esecuzione**, art. 692).

• In caso di assoluzione, l'imputato può impugnare le disposizioni della sentenza relative alla richiesta di risarcimento del danno e alla rifusione delle spese processuali da lui proposta nei confronti della parte civile o del querelante (→ **Giudizio**, artt. 541-542).

• Le disposizioni relative agli interessi civili vanno censurate con lo stesso mezzo di impugnazione proponibile avverso le disposizioni penali della sentenza (→ **Procedimenti speciali**, artt. 443 e 448; art. 593; art. 569; art. 607).

• Se la sentenza è impugnata soltanto con riferimento agli interessi civili, il giudizio prosegue davanti al giudice civile (art. 574 co. 1 *bis*).

• Quando l'imputato impugna i capi penali della sentenza di condanna o di assoluzione, (→ **Giudizio**, artt. 530 e 533), gli effetti si estendono anche alle disposizioni che riguardano gli interessi civili, se queste sono logicamente o giuridicamente dipendenti (cfr. art. 587).

575. Impugnazione del responsabile civile e della persona civilmente obbligata per la pena pecuniaria.

1. Il responsabile civile può proporre impugnazione contro le disposizioni della sentenza riguardanti la responsabilità dell'imputato e contro quelle relative alla condanna di questi e del responsabile civile alle restituzioni, al risarcimento del danno e alla rifusione delle spese processuali. L'impugnazione è proposta col mezzo che la legge attribuisce all'imputato.

2. Lo stesso diritto spetta alla persona civilmente obbligata per la pena pecuniaria nel caso in cui sia stata condannata.

3. Il responsabile civile può altresì proporre impugnazione contro le disposizioni della sentenza di assoluzione relative alle domande proposte per il risarcimento del danno e per la rifusione delle spese processuali.

• Il responsabile civile (→ **Soggetti**, art. 83) è legittimato a impugnare la sentenza di condanna sia in relazione ai capi che riguardano la responsabilità penale dell'imputato (→ **Giudizio**, art. 533), sia in relazione alle disposizioni che condannano il medesimo imputato e il responsabile civile al risarcimento del danno (→ art. 538) e alla rifusione delle spese processuali sostenute dalla parte civile (→ art. 541 co. 1).

• Il responsabile civile è altresì legittimato a impugnare la sentenza di assoluzione (→ art. 530) con riferimento alle disposizioni che si riferiscono alla richiesta di condanna della parte civile alla rifusione delle spese processuali e al risarcimento dei danni (→ art. 541 co. 2).

• La persona civilmente obbligata per la pena pecuniaria (→ **Soggetti**, art. 89) è legittimata a impugnare la sentenza di condanna sia in relazione ai capi che riguardano la responsabilità penale dell'imputato (→ **Giudizio**, art. 533), sia in relazione alle disposizioni che condannano il civilmente obbligato al pagamento della multa o dell'ammenda (→ art. 534).

• Il responsabile civile e il civilmente obbligato per la pena pecuniaria (→ **Soggetti**, artt. 83 s. e 89) possono proporre impugnazione con lo stesso mezzo che la legge attribuisce all'imputato (→ **Procedimenti speciali**, art. 443 e art. 448; art. 593; art. 569; art. 607).

576. Impugnazione della parte civile e del querelante.

1. La parte civile può proporre impugnazione contro i capi della sentenza di condanna che riguardano l'azione civile e, ai soli effetti della responsabilità civile, contro la sentenza di proscioglimento pronunciata nel giudizio. La parte civile può altresì proporre impugnazione contro la sentenza pronunciata a norma dell'articolo 442, quando ha consentito alla abbreviazione del rito.

2. Lo stesso diritto compete al querelante condannato a norma dell'articolo 542.

Con la l. 20.2.2006, n. 46, l'articolo è stato modificato, eliminando nel primo periodo l'inciso «con il mezzo previsto per il pubblico ministero» e, nel secondo periodo, l'inciso «con lo stesso mezzo e negli stessi casi», svincolando così i rimedi accordati alla parte civile da quelli accordati al p.m.

• La **parte civile** (→ **Soggetti**, art. 74 s.) è legittimata ad impugnare la sentenza di condanna limitatamente alle disposizioni relative agli interessi civili, vale a dire quelle che decidono sulla richiesta di restituzioni e di risarcimento del danno (→ **Giudizio**, art. 538), sulla provvisionale (→ art. 539), sulla provvisoria esecuzione (→ art. 540) e sulle spese (→ art. 541).

• Anche dopo la riforma del 2006, la parte civile risulta legittimata a proporre impugnazione con i mezzi dell'appello e del ricorso per cassazione (Cass., SU, 29.3.2007, Poggiali).

• La parte civile, dopo la sentenza di proscioglimento dell'imputato, che non contiene disposizioni sugli interessi civili (→ art. 529 s.), può trasferire l'azione nella sede civile e argomentare in quella sede le sue ragioni (→ **Soggetti**, art. 82). Il processo però sarebbe destinato a essere sospeso (→ art. 75 co. 3) ed eventualmente pregiudicato da alcune sentenze irrevocabili di proscioglimento (→ **Esecuzione**, artt. 651 *bis* e 652). La parte civile perciò è legittimata a impugnare la sentenza per chiedere la condanna dell'imputato alle restituzioni e al risarcimento del danno (→ **Giudizio**, art. 538 s.).

• Prima dell'ultima riforma, anche nel caso in cui la sentenza fosse stata impugnata solo con riferimento alle disposizioni relative agli interessi civili, il giudice dell'impugnazione era chiamato a una riconsiderazione, sia pure senza effetti sul giudicato (→ **Esecuzione**, art. 648), dei profili penalistici. Trattandosi di rivalutare, sia pure incidentalmente, la responsabilità dell'imputato, la scelta del legislatore non era stata considerata irragionevole (Corte cost., 176 del 2019).

• Tuttavia, a seguito del d. lgs. 150 del 2022, se la sentenza è stata impugnata soltanto con riferimento agli interessi civili, il giudizio prosegue davanti al giudice civile (art. 574 co. 1 *bis*).

• I giudici delle leggi hanno affermato, sulla scorta di una pronuncia della Corte di Strasburgo (Corte edu, sez. III, 20.10.2021, Pasquini c. San Marino), che, a tutela della presunzione di non colpevolezza (→ **Cost.**, art. 27 co. 2), quando deve pronunciarsi solo sulla responsabilità civile, il giudice «non è chiamato a verificare se si sia integrata la fattispecie penale tipica» (Corte cost., 182 del 2021).

• Se la sentenza è stata impugnata anche con riferimento ai capi penali, il giudice d'appello, in caso di accoglimento dell'impugnazione della parte civile può direttamente condannare l'imputato al risarcimento dei danni (Cass., SU, 11.7.2006, Negri).

• Se l'impugnazione è accolta dalla corte di cassazione, la sentenza è annullata con rinvio al giudice civile (art. 622).

• La parte civile che abbia accettato il rito abbreviato o si sia costituita dopo la conoscenza dell'ordinanza che lo ha disposto (→ **Procedimenti speciali**, art. 441) è legittimata a impugnare la decisione, nei medesimi limiti previsti per le sentenze pronunciate all'esito del rito ordinario.

• In caso di proscioglimento, **il querelante** condannato al pagamento o alla rifusione delle spese processuali oppure al risarcimento dei danni subiti dall'imputato e dal responsabile civile (→ **Giudizio**, art. 542) è legittimato a impugnare la sentenza. Una regola analoga è prevista nel caso di sentenza di non luogo a procedere (→ **Indagini e udienza preliminare**, art. 427).

577. Impugnazione della persona offesa per i reati di ingiuria e diffamazione.
[Soppresso.]

Articolo abrogato dalla l. 20.2.2006, n. 46.

578. Decisione sugli effetti civili nel caso di estinzione del reato per amnistia o per prescrizione e nel caso di improcedibilità per superamento dei termini di durata massima del giudizio di impugnazione.

1. Quando nei confronti dell'imputato è stata pronunciata condanna, anche generica, alle restituzioni o al risarcimento dei danni cagionati dal reato, a favore della parte civile, il giudice di appello e la corte di cassazione, nel dichiarare il reato estinto per amnistia o per prescrizione, decidono sull'impugnazione ai soli effetti delle disposizioni e dei capi della sentenza che concernono gli interessi civili.

1 *bis*. Quando nei confronti dell'imputato è stata pronunciata condanna, anche generica, alle restituzioni o al risarcimento dei danni cagionati dal reato, a favore della parte civile, e in ogni caso di impugnazione della sentenza anche per gli interessi civili, il giudice di appello e la Corte di cassazione, se l'impugnazione non è inammissibile, nel dichiarare improcedibile l'azione penale per il superamento dei termini di cui ai commi 1 e 2 dell'articolo 344 *bis*, rinviano per la prosecuzione al giudice o alla sezione civile competente nello stesso grado, che decidono sulle questioni civili utilizzando le prove acquisite nel processo penale e quelle eventualmente acquisite nel giudizio civile.

1 *ter*. Nei casi di cui al comma 1 *bis*, gli effetti del sequestro conservativo disposto a garanzia delle obbligazioni civili derivanti dal reato permangono fino a che la sentenza che decide sulle questioni civili non è più soggetta a impugnazione.

La rubrica è stata modificata dalla l. 27.9.2021, n. 134, che ha anche aggiunto il co. 1 *bis*. Il d. lgs. 10.10.2022, n. 150 ha modificato nuovamente il co. 1 *bis* e introdotto il co. 1 *ter*, per meglio disciplinare la prosecuzione del giudizio davanti al giudice civile.

• Le decisioni sugli interessi civili, ossia sulle questioni che riguardano le restituzioni e di risarcimento del danno (→ **Giudizio**, art. 538), la provvisionale (→ art. 539), la provvisoria esecuzione (→ art. 540) e le spese (→ art. 541), presuppongono una sentenza di condanna (→ art. 533). Di regola perciò le sentenze di proscioglimento non si pronunciano sui temi civili (→ **Giudizio**, art. 529 ss.).

• Tuttavia, quando la sentenza di primo grado ha condannato l'imputato (→ **Soggetti**, art. 60) alle restituzioni o al risarcimento del danno in favore della parte civile (→ **Giudizio**, art. 538), anche senza provvedere contestualmente alla liquidazione (→ art. 539), il giudice d'appello (art. 605) e la corte di cassazione (art. 620 co. 1 lett. *a*), nel pronunciare una sentenza di non doversi procedere perché il reato è estinto (→ **Giudizio**, art. 531) per amnistia (→ art. 151 c.p.) o prescrizione (→ art. 157 s. c.p.), possono decidere sull'impugnazione relativa agli interessi civili. La formula terminativa del proscioglimento per estinzione del reato, infatti, presuppone l'assenza dei presupposti per un'assoluzione nel merito (→ **Atti**, art. 129 co. 2), e quindi una sia pur implicita valutazione di responsabilità.

• Se il giudice dell'impugnazione si avvede che l'estinzione del reato, anche se non rilevata, era maturata già prima della sentenza impugnata, deve revocare le statuizioni civili (Cass., SU, 28.4.22, Di Paola).

• Diversamente, quando matura l'improcedibilità per superamento dei termini massimi di durata dei giudizi di impugnazione (→ **Indagini e udienza preliminare**, art. 344 *bis*), il giudice non ha spazio per un accertamento incidentale della responsabilità diretto a valutare l'eventuale concorrenza di cause di proscioglimento nel merito (→ **Giudizio**, art. 529); non può dunque ritenere, neppure implicitamente, che il fatto sussista, che l'imputato lo abbia commesso, etc. (→ art. 530). Il d. lgs. 150 del 2022 ha perciò stabilito che il processo, sempre che l'impugnazione non sia inammissibile (art. 591), ai fini della cognizione relativa alle questioni sugli interessi civili, prosegue davanti al giudice civile.

• Competente per la prosecuzione del processo è il giudice o la sezione civile pari grado, che potrà acquisire prove in quella sede, come pure valutare quelle già acquisite nel processo penale (art. 602, co. 3).

• Il sequestro conservativo disposto nel procedimento penale a garanzia delle obbligazioni civili (→ **Misure cautelari**, art. 316 co. 2) conserva i suoi effetti fino a quando la sentenza civile non diventa irrevocabile.

578 *bis*. Decisione sulla confisca in casi particolari nel caso di estinzione del reato per amnistia o per prescrizione.

1. Quando è stata ordinata la confisca in casi particolari prevista dal primo comma dell'articolo 240 *bis* del codice penale e da altre disposizioni di legge o la confisca prevista dall'articolo 322 *ter* del codice penale, il giudice di appello o la corte di cassazione, nel dichiarare il reato estinto per prescrizione o per amnistia, decidono sull'impugnazione ai soli effetti della confisca, previo accertamento della responsabilità dell'imputato.

Articolo inserito dal d. lgs. 1.3.2018, n. 21 e poi modificato dalla l. 9.1.2019, n. 3, che ha aggiunto l'ipotesi della confisca disposta a seguito della condanna per uno dei delitti contro la pubblica amministrazione previsti dagli artt. 314-320 c.p.

• Al pari della disposizione precedente, l'art. 578 *bis* si occupa degli effetti di un proscioglimento per estinzione del reato, per prescrizione o amnistia, pronunciato dal giudice dell'impugnazione, con particolare riferimento alle sorti delle disposizioni del provvedimento di primo grado relative alla confisca.

• Di regola la misura di sicurezza della confisca, salvi alcuni casi in cui essa è comunque obbligatoria, presuppone una sentenza di condanna (→ art. 240 c.p.). Tuttavia, quando la sentenza di primo grado, nel condannare l'imputato (→ **Giudizio**, art. 533), abbia disposto la confisca prevista in casi particolari (→ art. 240 *bis* c.p.) o da altre disposizioni di legge (Cass., SU, 30.1.2020, Perroni, in tema di lottizzazione abusiva di cui al T.U. 6.6.2001, n. 380) oppure, a seguito della l. 9.1.2019, n. 3, abbia disposto la confisca in seguito alla condanna per taluno dei delitti dei pubblici ufficiali contro la pubblica amministrazione (→ art. 322 *ter* c.p.), il giudice d'appello (art. 605) e la corte di cassazione (art. 620 co. 1 lett. *a*), nel pronunciare una sentenza di non doversi procedere perché il reato è estinto (→ **Giudizio**, art. 531) per amnistia (→ art. 151 c.p.) o prescrizione (→ art. 157 s. c.p.), possono decidere sull'impugnazione relativa alla confisca.

• Come impongono la giurisprudenza della Corte costituzionale (48 del 2015) e della Corte europea (Corte edu, Grande Camera, 28.6.2018, G.I.E.M. e altri c. Italia), data la natura talora sostanzialmente sanzionatoria della confisca, si prevede espressamente che il giudice dell'impugnazione, ai fini della conferma del provvedimento ablatorio disposto in primo grado, sia tenuto all'accertamento della responsabilità dell'imputato. In tal senso la disposizione in esame deroga anche alla regola sulla priorità delle formule di proscioglimento (→ **Atti**, art. 129 co. 2), consentendo di dichiarare l'estinzione del reato solo qualora la colpevolezza sia provata oltre ogni ragionevole dubbio (→ **Giudizio**, art. 533).

578 *ter*. Decisione sulla confisca e provvedimenti sui beni in sequestro nel caso di improcedibilità per superamento dei termini di durata massima del giudizio di impugnazione.

1. Il giudice di appello o la Corte di cassazione, nel dichiarare l'azione penale improcedibile ai sensi dell'articolo 344 *bis*, dispongono la confisca nei casi in cui la legge la prevede obbligatoriamente anche quando non è stata pronunciata condanna.

2. Fuori dai casi di cui al comma 1, se vi sono beni in sequestro di cui è stata disposta confisca, il giudice di appello o la Corte di cassazione, nel dichiarare l'azione penale improcedibile ai sensi dell'articolo 344 *bis*, dispongono con ordinanza la trasmissione degli atti al procuratore della Repubblica presso il tribunale del capoluogo del distretto o al procuratore nazionale antimafia e antiterrorismo competenti a proporre le misure patrimoniali di cui al titolo II del Libro I del decreto legislativo 6 settembre 2011, n. 159.

3. Il sequestro disposto nel procedimento penale cessa di avere effetto se, entro novanta giorni dalla ordinanza di cui al comma 2, non è disposto il sequestro ai sensi dell'articolo 20 o 22 del decreto legislativo 6 settembre 2011, n. 159.

Articolo inserito dal d. lgs. 10.10.2022, n. 150.

• Al pari della disposizione di cui all'art. 578 co. 1 *bis*, la disposizione si occupa degli effetti di un proscioglimento per improcedibilità per superamento dei termini massimi di durata dei giudizi di impugnazione (→ **Indagini e udienza preliminare**, art. 344 *bis*), con particolare riferimento alle sorti delle disposizioni del provvedimento di primo grado relative alla confisca.

• Quando pronuncia una sentenza di non doversi procedere per improcedibilità (→ **Giudizio**, art. 529), il giudice non ha spazio per un accertamento incidentale della responsabilità diretto a valutare la sussistenza dei presupposti per un'assoluzione nel merito (→ art. 529); non può dunque ritenere, neppure implicitamente, che il fatto sussista, che l'imputato lo abbia commesso, etc. (→ art. 530).

• Data la sua natura talora sostanzialmente sanzionatoria, la confisca invece, come impongono la giurisprudenza della Corte costituzionale (48 del 2015) e della Corte europea (Corte edu, Grande Camera, 28.6.2018, G.I.E.M. e altri c. Italia), richiede l'accertamento della responsabilità dell'imputato. Il d. lgs. 10.1022 n. 150 ha perciò stabilito che quando il giudice d'appello (art. 605) o la corte di cassazione (art. 620 lett. *a*) dichiarano l'improcedibilità cronologica non possono disporre la confisca se non nei casi in cui è essa obbligatoria anche in assenza di condanna (→ art. 240 co. 2 c.p.).

• Negli altri casi, se in primo grado, unitamente alla condanna, è stata disposta la confisca (→ **Giudizio**, art. 533 co. 1) dei beni in sequestro preventivo (**Misure cautelari**,→ art. 321 co. 2 *bis*), il giudice dell'impugnazione trasmette gli atti ai soggetti legittimati alla proposta di misure di prevenzione patrimoniali (→ art. 16 d. lgs. 6.9.2011, n. 159). Il sequestro decade se entro novanta giorni non viene richiesto e disposto il sequestro di prevenzione (→ artt. 20 e 22 d. lgs. 6.9.2011, n. 159).

579. Impugnazione di sentenze che dispongono misure di sicurezza.

1. Contro le sentenze di condanna o di proscioglimento è data impugnazione anche per ciò che concerne le misure di sicurezza, se l'impugnazione è proposta per un altro capo della sentenza che non riguardi esclusivamente gli interessi civili.

2. L'impugnazione contro le sole disposizioni della sentenza che riguardano le misure di sicurezza è proposta a norma dell'articolo 680, comma 2.

3. L'impugnazione contro la sola disposizione che riguarda la confisca è proposta con gli stessi mezzi previsti per i capi penali.

Con la l. 16.12.1999, n. 479, è stata eliminata la possibilità di proporre l'impugnazione contro le misure di sicurezza eventualmente disposte con la sentenza di non luogo a procedere.

• La decisione sulla confisca, contenuta nella sentenza di condanna (→ artt. 240 e 240 *bis* c.p.) o di proscioglimento (→ art. 240 co. 2 c.p.), può essere censurata coi mezzi di impugnazione ordinari in via autonoma, anche in assenza di altri motivi (art. 581 co. 1 lett. *d*), con gli stessi mezzi previsti per i capi penali.

• Le disposizioni che riguardano le altre misure di sicurezza diverse dalla confisca (→ art. 199 s. c.p.) possono invece essere censurate coi mezzi d'impugnazione ordinari (artt. 593 e 606) solo se contestualmente vengono proposti motivi che si riferiscono ai capi relativi alla responsabilità penale (→ **Procedimenti speciali**, artt. 443 e 448 co. 2 *bis*; art. 593; art. 569; art. 607). Diversamente l'impugnazione va proposta al tribunale di sorveglianza (→ **Esecuzione**, art. 680).

580. Conversione del ricorso in appello.

1. Quando contro la stessa sentenza sono proposti mezzi di impugnazione diversi, nel caso in cui sussista la connessione di cui all'articolo 12, il ricorso per cassazione si converte nell'appello.

Con la l. 20.2.2006, n. 46, è stato aggiunto l'inciso che limita la conversione ai casi di connessione di cui all'art. 12 (→ **Soggetti**).

• La sentenza di primo grado può contenere più capi (→ **Giudizio**, art. 533 co. 2) i quali risultino soggettivamente od oggettivamente connessi (→ **Soggetti**, art. 12). Contro due o più di essi, potrebbero essere contemporaneamente proposti l'appello (art. 593) e il ricorso immediato per cassazione (art. 569). In tal caso, per il principio di unicità dell'impugnazione, il ricorso per cassazione si converte in appello.

• I motivi di impugnazione (art. 581) restano quelli originariamente presentati. Il giudice d'appello pronuncia la sentenza sulla base dei suoi ordinari poteri decisori (art. 605).

• Se invece tutti coloro che avevano proposto appello dichiarano di rinunciarvi, l'appello si converte in ricorso e, previa presentazione di motivi nuovi, l'impugnazione sarà trattata in sede di legittimità (art. 569 co. 2).

581. Forma dell'impugnazione.

1. L'impugnazione si propone con atto scritto nel quale sono indicati il provvedimento impugnato, la data del medesimo, il giudice che lo ha emesso, con l'enunciazione specifica, a pena d'inammissibilità:

a) dei capi o dei punti della decisione ai quali si riferisce l'impugnazione;

b) delle prove delle quali si deduce l'inesistenza, l'omessa assunzione o l'omessa o erronea valutazione;

c) delle richieste, anche istruttorie;

d) dei motivi, con l'indicazione delle ragioni di diritto e degli elementi di fatto che sorreggono ogni richiesta.

1 *bis*. L'appello è inammissibile per mancanza di specificità dei motivi quando, per ogni richiesta, non sono enunciati in forma puntuale ed esplicita i rilievi critici in relazione alle ragioni di fatto o di diritto espresse nel provvedimento impugnato, con riferimento ai capi e ai punti della decisione ai quali si riferisce l'impugnazione.

1 *ter*. Con l'atto di impugnazione delle parti private e dei difensori è depositata, a pena d'inammissibilità, la dichiarazione o elezione di domicilio, ai fini della notificazione del decreto di citazione a giudizio.

1 *quater*. Nel caso di imputato rispetto al quale si è proceduto in assenza, con l'atto di impugnazione del difensore è depositato, a pena d'inammissibilità, specifico mandato ad impugnare, rilasciato dopo la pronuncia della sentenza e contenente la dichiarazione o l'elezione di domicilio dell'imputato, ai fini della notificazione del decreto di citazione a giudizio.

Con l. 23.6.2017, n. 103, l'articolo è stato riscritto; con l'atto di impugnazione ora vanno indicate le prove che si assumono viziate e la specificità è richiesta per tutti i requisiti dell'impugnazione. Con il d. lgs. 10.10.2022, n. 150 sono stati aggiunti i co. da 1 *bis* a 1 *quater*.

• La disposizione indica quali sono i requisiti di forma dell'impugnazione, prescritti a pena di inammissibilità (art. 591).

• L'impugnazione va proposta con atto scritto, in lingua italiana (→ **Atti**, art. 109), che identifichi il provvedimento mediante l'indicazione della sua forma (→ art. 125), della data di emissione (→ art. 111) e del giudice che lo ha emesso.

• Nell'atto di impugnazione occorre necessariamente indicare, in modo specifico: 1) i capi della sentenza impugnati (qualora il provvedimento ne contenga più di uno) (→ **Giudizio**, art. 533 co. 2) i punti della decisione oggetto di censura; 3) i motivi dell'impugnazione (artt. 597 co. 1 e 609 co. 1), vale a dire le ragioni di diritto e gli elementi di fatto su cui si fondano le richieste; 4) il provvedimento decisorio che si richiede al giudice dell'impugnazione (artt. 605 e 620 s.).

• Se i motivi riguardano profili istruttori, nell'atto di impugnazione occorre indicare in modo specifico le prove di cui si denuncia l'inesistenza (→ art. 526 co. 1), l'omessa assunzione (→ **Prove**, art. 190; art. 606 lett. *d*), l'omessa o erronea valutazione (→ **Prove**, art. 192 co. 1; → art. 546 lett. *e*).

• Se si mira alla rinnovazione dell'istruzione dibattimentale in appello (art. 603), occorre indicare specificamente quali sono le prove di cui si domanda l'acquisizione.

• Sempre per quanto riguarda l'appello, il d. lgs. 150 del 2022 ha chiarito, conformemente a quanto avevano già affermato le Sezioni unite (Cass., SU, 27.10.2016, Galtelli), che la necessaria specificità dei motivi va intesa nel senso che l'impugnante deve indicare gli argomenti su cui si fonda la critica alle ragioni di fatto e diritto addotte nella motivazione della sentenza impugnata (→ **Giudizio**, art. 546).

• Le stesse regole valgono per la presentazione di motivi nuovi (→ **Disp. att.**, art. 167).

• Per garantire che la notificazione della citazione a giudizio vada a buon fine (artt. 601 e 610 co. 5), il d. lgs. 150 del 2022 ha stabilito che, quando impugnano le parti private o i difensori (artt. 571-576) si debba contestualmente depositare la dichiarazione o l'elezione di domicilio (→ **Atti**, art. 161). All'appellante, perciò, non si applica la disciplina del procedimento in assenza (art. 598 *ter* co. 1).

• Se impugna il difensore dell'imputato che in primo grado è stato giudicato in assenza (→ **Indagini e udienza preliminare**, art. 420 *bis*), occorre depositare, oltre alla dichiarazione o all'elezione di domicilio, anche uno specifico mandato a impugnare, conferito dopo la pronuncia della sentenza (→ **Giudizio**, art. 545). A tal fine sono sufficienti le forme della nomina (→ **Soggetti**, art. 96).

582. Presentazione dell'impugnazione.

1. Salvo che la legge disponga altrimenti, l'atto di impugnazione è presentato mediante deposito con le modalità previste dall'articolo 111 *bis* nella cancelleria del giudice che ha emesso il provvedimento impugnato.

1 *bis*. Le parti private possono presentare l'atto con le modalità di cui al comma 1 oppure personalmente, anche a mezzo di incaricato, nella cancelleria del giudice che ha emesso il provvedimento impugnato. In tal caso, il pubblico ufficiale addetto vi appone l'indicazione del giorno in cui riceve l'atto e della persona che lo presenta, lo sottoscrive, lo unisce agli atti del procedimento e rilascia, se richiesto, attestazione della ricezione.

2. [soppresso]

Articolo modificato dal d. lgs. 10.10.2022 n. 150, che ha allineato le modalità di presentazione dell'impugnazione alla nuova disciplina del deposito telematico, ha introdotto il co. 1 *bis* e soppresso il co. 2.

• Sulla base delle indicazioni della l. delega 27.9.2021, n. 134, al fine di svecchiare le procedure e abbreviare i tempi di celebrazione dei giudizi, il d. lgs. 150 del 2022 ha posto le basi per la c.d. transizione digitale e telematica del processo. Le nuove disposizioni saranno applicabili a partire dal quindicesimo giorno successivo alla pubblicazione di alcuni decreti ministeriali, previsti per il 31 dicembre 2023, contenenti le regole tecniche su deposito, comunicazioni e notificazioni degli atti. *Medio tempore* è previsto un regime transitorio (artt. 87 e 87 *bis*, d. lgs. 150 del 2022).

• In forza dell'art. 94 co. 2 d. lgs. 150 del 2022 (come modificato dall'art. 5 *duodecies* l. 31.12.2022, n. 199 di conversione del d.l. 31.10.2022, n. 162), per le impugnazioni proposte entro il 30.6.2023 continuano ad applicarsi le disposizioni di cui all'art. 23 co. 8, primo, secondo, terzo, quarto e quinto periodo, e 9, nonché le disposizioni di cui all'art. 23 *bis* co. 1, 2, 3, 4 e 7, d.l. 28.10.2020, n. 137, convertito, con modificazioni, dalla l. 18.12.2020, n. 176. Se sono proposte ulteriori impugnazioni avverso il medesimo provvedimento dopo il 30.6.2023, si fa riferimento all'atto di impugnazione proposto per primo.

• La nuova disciplina, che abbraccia tutto il procedimento, riguarda anche la fase delle impugnazioni. In particolare, le impugnazioni vanno presentate con le modalità previste per il deposito telematico (→ **Atti**, art. 111 *bis*). Anche le impugnazioni cautelari vanno presentate con le medesime modalità (→ **Misure cautelari**, artt. 309, co. 4 e 310). L'art. 164 disp. att., sul deposito delle copie dell'atto di impugnazione, è stato abrogato (→ art. 98, d. lgs. 150 del 2022).

• In alternativa, le parti private (→ **Soggetti**, artt. 60, 76, 83 e 89) possono presentare l'impugnazione *more antiquo* in forma cartacea presso la cancelleria del giudice che ha emesso il provvedimento impugnato.

• Non è più prevista la possibilità di presentare l'impugnazione presso la cancelleria di un giudice diverso; il co. 2, infatti, è stato abrogato.

• Regole peculiari valgono per l'imputato, le altre parti private o la persona offesa, per il caso in cui siano detenute o internate in un istituto per l'esecuzione di misure di sicurezza, o per il solo imputato sottoposto a una diversa forma di restrizione della libertà personale (→ **Atti**, art. 123).

• L'osservanza delle disposizioni di cui all'art. 582 è prescritta a pena di inammissibilità (art. 591 co. 1 lett. *c*).

583. Spedizione dell'atto di impugnazione.

[Soppresso.]

Articolo abrogato dal d. lgs. 10.10.2022, n. 150.

584. Notificazione della impugnazione.

1. A cura della cancelleria del giudice che ha emesso il provvedimento impugnato, l'atto di impugnazione è comunicato al pubblico ministero presso il medesimo giudice ed è notificato alle parti private senza ritardo.

• La cancelleria del giudice che ha emesso il provvedimento impugnato ed ha ricevuto l'impugnazione (artt. 581 e 582), dopo aver annotato in calce al provvedimento i suoi estremi (→ **Disp. att.**, art. 165) provvede senza ritardo alla comunicazione dell'atto al p.m. (→ **Atti**, art. 153 co. 2) e alla notificazione alle parti private (→ artt. 154 e 156 s.).

• La notificazione va eseguita nei confronti delle parti non impugnanti, ma non dei loro difensori (Cass., SU, 29.1.2003, Innocenti).

• A partire dalla ricezione della comunicazione o della notificazione decorrono i termini per la proposizione dell'appello incidentale (art. 595).

585. Termini per l'impugnazione.

1. Il termine per proporre impugnazione, per ciascuna delle parti, è:

a) di quindici giorni, per i provvedimenti emessi in seguito a procedimento in camera di consiglio e nel caso previsto dall'articolo 544 comma 1;

b) di trenta giorni, nel caso previsto dall'articolo 544 comma 2;

c) di quarantacinque giorni, nel caso previsto dall'articolo 544 comma 3.

1 *bis*. I termini previsti dal comma 1 sono aumentati di quindici giorni per l'impugnazione del difensore dell'imputato giudicato in assenza.

2. I termini previsti dal comma 1 decorrono:

a) dalla notificazione o comunicazione dell'avviso di deposito del provvedimento emesso in seguito a procedimento in camera di consiglio;

b) dalla lettura del provvedimento in udienza, quando è redatta anche la motivazione, per tutte le parti che sono state o che debbono considerarsi presenti nel giudizio, anche se non sono presenti alla lettura;

c) dalla scadenza del termine stabilito dalla legge o determinato dal giudice per il deposito della sentenza ovvero, nel caso previsto dall'articolo 548 comma 2, dal giorno in cui è stata eseguita la notificazione o la comunicazione dell'avviso di deposito;

d) dal giorno in cui è stata eseguita la comunicazione dell'avviso di deposito con l'estratto del provvedimento, per il procuratore generale presso la corte di appello rispetto ai provvedimenti emessi in udienza da qualsiasi giudice della sua circoscrizione diverso dalla corte di appello.

3. Quando la decorrenza è diversa per l'imputato e per il suo difensore, opera per entrambi il termine che scade per ultimo.

4. Fino a quindici giorni prima dell'udienza possono essere presentati nella cancelleria del giudice della impugnazione motivi nuovi, con le forme previste dall'articolo 582. L'inammissibilità dell'impugnazione si estende ai motivi nuovi.

5. I termini previsti dal presente articolo sono stabiliti a pena di decadenza.

La lett. *d* del co. 1 è stata modificata dalla l. 28.4.2014, n. 67, escludendo il riferimento all'imputato contumace. Il d. lgs. 10.10.2022, n. 150 ha introdotto il co. 1 *bis* e ritoccato il co. 4.

• La disposizione individua il *dies a quo* e i termini (→ **Atti**, art. 172) per la proposizione delle impugnazioni e dei motivi nuovi. La durata dei termini è stabilita, in linea di massima, in proporzione alla presumibile complessità della motivazione (→ **Prove**, art. 192 co. 1), desunta dai tempi del suo deposito (→ **Giudizio**, art. 544).

• In particolare, il termine è di **quindici giorni** per i provvedimenti pronunciati in camera di consiglio, che vanno depositati entro cinque giorni (→ **Atti**, art. 128), e decorre dalla data di notificazione o comunicazione del deposito del provvedimento.

• Per le sentenze che consentono una redazione immediata dei motivi (→ **Giudizio**, art. 544 co. 1) il termine è ancora di quindici giorni e decorre, ma solo per le parti presenti o che debbano essere considerate tali (→ art. 475 co. 2), dalla data di lettura del provvedimento in udienza (→ art. 545).

• Il termine è di **trenta giorni**, quando la motivazione della sentenza viene depositata entro quindici giorni dalla pronuncia (→ art. 544 co. 2).

• Il termine è di **quarantacinque giorni**, quando la motivazione della sentenza viene depositata oltre il quindicesimo giorno, in un tempo successivo fissato dal giudice (→ art. 544 co. 3), e decorre dalla scadenza del termine di deposito (→ art. 548 co. 1); se però il deposito è tardivo, il termine decorre dalla notificazione o comunicazione dell'avviso di deposito (→ art. 548 co. 2).

• In caso di impugnazione dell'imputato giudicato in assenza (→ **Indagini e udienza preliminare**, art. 420 *bis*), per consentire l'assolvimento dei nuovi oneri dell'impugnazione (art. 581 co. 1 *quater*) tutti i termini sono aumentati di quindici giorni.

• Quando il termine di decorrenza è diverso per l'imputato e per il difensore, ad es. perché il difensore dell'imputato assente (→ **Indagini e udienza preliminare**, art. 420 *bis*) assiste alla lettura in udienza del provvedimento contestualmente motivato, vale per entrambi il termine più lungo.

• Entro quindici giorni dalla data fissata per l'udienza, con le modalità del deposito telematico (art. 582) possono essere presentati motivi nuovi (art. 611).

• Nella materia cautelare in molti casi i motivi nuovi possono essere enunciati anche soltanto prima dell'inizio della discussione (→ **Misure cautelari**, artt. 309, 311, 324 e 325). L'atto che contiene tali motivi deve essere depositato nella cancelleria del giudice dell'impugnazione in un numero di copie sufficiente per tutte le parti (→ **Disp. att.**, art. 164). Nell'atto occorre specificare i capi e i punti della decisione ai quali i motivi nuovi si riferiscono (→ art. 167).

• I termini per proporre l'impugnazione, incluso il riesame cautelare (→ **Disp. att.**, art. 99), o i motivi nuovi sono stabiliti a pena di decadenza (→ **Atti**, art. 173). L'esercizio del diritto di impugnazione dopo la scadenza dei termini comporta inammissibilità dell'atto (art. 591).

586. Impugnazione di ordinanze emesse nel dibattimento.

1. Quando non è diversamente stabilito dalla legge, l'impugnazione contro le ordinanze emesse nel corso degli atti preliminari ovvero nel dibattimento può essere proposta, a pena di inammissibilità, soltanto con l'impugnazione contro la sentenza. L'impugnazione è tuttavia ammissibile anche se la sentenza è impugnata soltanto per connessione con l'ordinanza.

2. L'impugnazione dell'ordinanza è giudicata congiuntamente a quella contro la sentenza, salvo che la legge disponga altrimenti.

3. Contro le ordinanze in materia di libertà personale è ammessa l'impugnazione immediata, indipendentemente dall'impugnazione contro la sentenza.

• Per evitare la frammentazione del processo in una pluralità di subprocedimenti incidentali, il codice stabilisce che le ordinanze pronunciate dal giudice (→ **Atti**, art. 125) nel corso degli atti preliminari al dibattimento (→ **Giudizio**, art. 465 s.) o nel corso del dibattimento (→ art. 470 s.) a pena di inammissibilità (art. 591) non possono essere impugnate autonomamente, ma solo insieme alla sentenza, anche se le censure sono rivolte esclusivamente contro l'ordinanza.

• A tale regola fa eccezione in via generale l'impugnazione avverso le ordinanze in materia di libertà personale (→ **Misure cautelari**, artt. 292, 299, 304 s. e 309 s.), che è immediatamente consentita.

• Altre ipotesi derogatorie possono essere specificamente previste dalla legge (→ **Procedimenti speciali**, art. 464 *quater* co. 7; **Giudizio**, art. 479).

587. Estensione dell'impugnazione.

1. Nel caso di concorso di più persone in uno stesso reato, l'impugnazione proposta da uno degli imputati, purché non fondata su motivi esclusivamente personali, giova anche agli altri imputati.

2. Nel caso di riunione di procedimenti per reati diversi, l'impugnazione proposta da un imputato giova a tutti gli altri imputati soltanto se i motivi riguardano violazioni della legge processuale e non sono esclusivamente personali.

3. L'impugnazione proposta dall'imputato giova anche al responsabile civile e alla persona civilmente obbligata per la pena pecuniaria.

4. L'impugnazione proposta dal responsabile civile o dalla persona civilmente obbligata per la pena pecuniaria giova all'imputato anche agli effetti penali, purché non sia fondata su motivi esclusivamente personali.

• La disposizione disciplina il c.d. effetto estensivo dell'impugnazione, che, in caso di pronuncia di una sentenza cumulativa nei confronti di più coimputati, al ricorrere di determinati presupposti consente anche ai coimputati che non abbiano proposto impugnazione di partecipare al giudizio ed eventualmente di beneficiare degli effetti dell'impugnazione proposta da altri coimputati.

• In particolare, purché i motivi proposti (art. 591) non siano esclusivamente personali, l'impugnazione proposta da uno degli imputati (→ **Soggetti**, art. 60) estende i suoi effetti anche nei confronti dei concorrenti nel reato (→ art. 110 c.p.) non impugnanti, giudicati cumulativamente per effetto della riunione dei procedimenti connessi ai sensi dell'art. 12 lett. *a* (→ **Soggetti**, art. 17 co. 1 lett. *a*).

• Negli altri casi di riunione (→ **Soggetti**, art. 17) di procedimenti connessi (→ art. 12 lett. *b* e *c*) o collegati (→ **Indagini e udienza preliminare**, art. 371 co. 2 lett. *b*), l'impugnazione estende i suoi effetti solo se viene denunciata l'inosservanza di una norma processuale (art. 606 lett. *c*) e sempre che tale violazione non abbia interessato esclusivamente l'impugnante.

• Sono beneficiari dell'effetto estensivo anche coloro che abbiano concordato la pena in appello (art. 599 *bis*), abbiano rinunciato all'impugnazione (art. 589) oppure coloro la cui impugnazione sia stata dichiarata inammissibile (art. 591) (Cass., SU, 12.7.2007, Aguneche).

• L'impugnazione proposta dall'imputato estende i suoi effetti (art. 574) anche al responsabile civile (→ **Soggetti**, art. 83) e al civilmente obbligato per la pena pecuniaria (→ art. 89). L'impugnazione proposta da costoro (art. 575) giova all'imputato solo se non sia fondata su motivi esclusivamente personali.

• Negli atti preliminari al giudizio, il giudice d'appello provvede alla citazione dei coimputati non impugnanti che beneficiano dell'effetto estensivo (art. 601). L'art. 599 *ter*, introdotto dal d. lgs. 150 del 2022, stabilisce che, nel caso in cui il coimputato non appellante, citato *ex* art. 587, non sia comparso, occorre valutare la sussistenza dei presupposti per procedere in assenza (→ **Indagini e udienza preliminare**, art. 420 *bis*).

• In caso di inammissibilità o rigetto dell'impugnazione, il coimputato citato *ex* art. 587 va condannato alle spese in solido con l'imputato impugnante (art. 592 co. 2). La prescrizione (→ art. 157 ss. c.p.) maturata dopo la sentenza opera solo nei confronti dell'impugnante (Cass., SU, 24.1.2018, Visconti). A meno che le censure non siano esclusivamente personali, l'annullamento della sentenza ad opera della corte di cassazione giova anche al non ricorrente, che può partecipare al giudizio di rinvio (art. 627 co. 4).

588. Sospensione della esecuzione.

1. Dal momento della pronuncia, durante i termini per impugnare e fino all'esito del giudizio di impugnazione, l'esecuzione del provvedimento impugnato è sospesa, salvo che la legge disponga altrimenti.

2. Le impugnazioni contro i provvedimenti in materia di libertà personale non hanno in alcun caso effetto sospensivo.

• In forza dell'art. 27 co. 2 **Cost.**, che enuncia il principio della presunzione di non colpevolezza, prima della condanna definitiva (→ **Esecuzione**, art. 648), l'imputato (→ **Soggetti**, art. 60) non può essere sottoposto a un'anticipazione della pena.

• L'esecuzione del provvedimento (→ **Esecuzione**, art. 650) perciò è sospesa fino alla scadenza dei termini per impugnare (art. 585) e, in caso di impugnazione, fino al termine del giudizio.

• L'effetto sospensivo dell'impugnazione non si produce in relazione ai provvedimenti in materia di libertà personale (→ **Misure cautelari**, artt. 292, 299, 304 s. e 309 s.) e in altri casi specificati dalla legge (→ **Giudizio**, artt. 540 e 573). In particolare, l'impugnazione dei provvedimenti pronunciati nella fase esecutiva di regola non ha effetto sospensivo (→ **Esecuzione**, artt. 666 co. 7 e 680 co. 3).

589. Rinuncia all'impugnazione.

1. Il pubblico ministero presso il giudice che ha pronunciato il provvedimento impugnato può rinunciare alla impugnazione da lui proposta fino all'apertura del dibattimento. Successivamente la dichiarazione di rinuncia può essere effettuata prima dell'inizio della discussione dal pubblico ministero presso il giudice della impugnazione, anche se l'impugnazione stessa è stata proposta da altro pubblico ministero.

2. Le parti private possono rinunciare all'impugnazione anche per mezzo di procuratore speciale.

3. La dichiarazione di rinuncia è presentata a uno degli organi competenti a ricevere l'impugnazione nelle forme e nei modi previsti dagli articoli 581 e 582 ovvero, in dibattimento, prima dell'inizio della discussione.

4. Quando l'impugnazione è trattata e decisa in camera di consiglio, la dichiarazione di rinuncia può essere effettuata, prima dell'udienza, dal pubblico ministero che ha proposto l'impugnazione e, successivamente, dal pubblico ministero presso il giudice dell'impugnazione, anche se la stessa è stata proposta da altro pubblico ministero.

Il co. 3 è stato ritoccato dal d. lgs. 10.10.2022, n. 150, che ha escluso il riferimento alle modalità di presentazione dell'impugnazione di cui all'abrogato art. 583.

• Chi ha proposto l'impugnazione può rinunciarvi. La rinuncia comporta l'inammissibilità sopravvenuta dell'impugnazione (art. 591 co. 1 lett. *d*).

• La rinuncia può essere proposta dal p.m. (→ **Soggetti**, art. 50) presso il giudice del provvedimento impugnato (art. 570) fino all'apertura del dibattimento (artt. 602 e 614) o prima dell'udienza, se l'impugnazione viene trattata e decisa in camera di consiglio (→ **Atti**, art. 127; → **Indagini e udienza preliminare**, artt. 428 co. 3; artt. 599 e 611); il p.m. presso il giudice dell'impugnazione, anche non impugnante, può proporre la rinuncia fino all'inizio della discussione.

• Le parti private (→ **Soggetti**, artt. 60, 76, 83 e 89) possono rinunciare all'impugnazione a mezzo di procuratore speciale (→ **Atti**, art. 122). Il difensore è legittimato al compimento dell'atto solo se munito di procura speciale, anche se l'impugnazione sia stata da lui autonomamente proposta (art. 571 co. 3) (Cass., SU, 24.11.2015, Celso).

• La rinuncia deve rivestire le medesime forme dell'impugnazione (art. 581) e va proposta nei modi previsti per la presentazione dell'atto (art. 582), oppure può essere depositata in dibattimento prima dell'inizio della discussione.

• La rinuncia all'appello, quando altri imputati hanno adito la Suprema Corte, converte l'impugnazione in ricorso (art. 569 co. 2).

590. Trasmissione di atti in seguito all'impugnazione.

1. Al giudice della impugnazione sono trasmessi senza ritardo il provvedimento impugnato, l'atto di impugnazione e gli atti del procedimento.

• L'atto di impugnazione (art. 581) presentato al giudice che ha emesso il provvedimento impugnato (art. 582) va trasmesso al giudice dell'impugnazione insieme agli atti del procedimento.

• A tali atti vanno distintamente allegate una serie di informazioni utili per la cura di adempimenti e scadenze (→ **Disp. att.**, art. 165 *bis* co. 1).

• Se si tratta di ricorso per cassazione, proposto per contraddittorietà tra sentenza e atti del processo (art. 606 co. 1 lett. *e*), occorre un allegato relativo agli atti probatori specificamente indicati dal ricorrente (→ **Disp. att.**, art. 165 *bis* co. 2).

591. Inammissibilità dell'impugnazione.

1. L'impugnazione è inammissibile:

a) quando è proposta da chi non è legittimato o non ha interesse;

b) quando il provvedimento non è impugnabile;

c) quando non sono osservate le disposizioni degli articoli 581, 582, 585 e 586;

d) quando vi è rinuncia all'impugnazione.

2. Il giudice dell'impugnazione, anche di ufficio, dichiara con ordinanza l'inammissibilità e dispone l'esecuzione del provvedimento impugnato.

3. L'ordinanza è notificata a chi ha proposto l'impugnazione ed è soggetta a ricorso per cassazione. Se l'impugnazione è stata proposta personalmente dall'imputato, l'ordinanza è notificata anche al difensore.

4. L'inammissibilità, quando non è stata rilevata a norma del comma 2, può essere dichiarata in ogni stato e grado del procedimento.

Il co. 1 lett. *c* è stato ritoccato dal d. lgs. 10.10.2022, n. 150, che ha escluso il riferimento alle modalità di presentazione dell'impugnazione di cui all'abrogato art. 583.

• La disposizione individua le cause d'inammissibilità generali, ossia previste per tutte le impugnazioni.

• Tali cause di inammissibilità sono costituite dal difetto di legittimazione (artt. 568 co. 3, 570, 571, 574, 575 e 576), dalla mancanza di interesse (art. 568 co. 4) dall'inoppugnabilità del provvedimento (artt. 568 co. 1 e 586), dall'inosservanza delle prescrizioni in tema di forma (art. 581) e di presentazione (art. 582) dell'atto, dalla decadenza (art. 585) e dalla rinuncia (art. 589).

• Altre cause d'inammissibilità sono previste con riferimento a specifici mezzi di impugnazione (artt. 606 co. 3, 613 co. 1, 634).

• L'inammissibilità può essere rilevata d'ufficio in ogni stato e grado del procedimento ed è espressamente prevista quale motivo di ricorso per cassazione (art. 606 co. 1 lett. *c*).

• L'ordinanza che dichiara l'inammissibilità (→ **Atti**, art. 125) va notificata (→ art. 148 s.) a chi ha proposto l'impugnazione e al difensore (→ **Soggetti**, artt. 96 e 97), se l'impugnazione è stata proposta personalmente dall'imputato (art. 571 co. 1).

• L'ordinanza che dichiara l'inammissibilità dell'appello è ricorribile per cassazione (art. 606). Durante il termine per ricorrere (art. 585), l'esecuzione del provvedimento è sospesa (art. 588); se nessuno impugna, il provvedimento diventa irrevocabile (→ **Esecuzione**, art. 648).

• In cassazione, l'inammissibilità del ricorso per le cause di cui alle lett. *a*, limitatamente al difetto di legittimazione, *b*, *c*, esclusa l'inosservanza delle disposizioni dell'art. 581, e *d* può essere dichiarata senza formalità di procedura (art. 610 co. 5 *bis*).

• La rilevazione di una causa d'inammissibilità del ricorso per cassazione, a meno che non si tratti di rinuncia all'impugnazione (art. 589), non consente la declaratoria d'ufficio di una delle cause di non punibilità (→ **Atti**, art. 129) (Cass., SU, 22.11.2000, De Luca), nemmeno se la prescrizione, allora non rilevata, era maturata prima della sentenza di appello (Cass., SU, 17.12.15, Ricci). Si fa eccezione nel caso di estinzione del reato per rimessione della querela (→ **Indagini e udienza preliminare**, art. 340), che può essere dichiarata anche quando il ricorso è inammissibile (Cass., SU, 25.2.2004, Chiasserini).

• La decisione della cassazione che dichiara inammissibile il ricorso è inoppugnabile e determina il passaggio in giudicato della sentenza (→ **Esecuzione**, art. 648 co. 2). Qualora ne ricorrano i presupposti, contro la decisione può essere proposto il ricorso straordinario per errore di fatto (artt. 610 co. 5 *bis* e 625 *bis*).

592. Condanna alle spese nei giudizi di impugnazione.

1. Con il provvedimento che rigetta o dichiara inammissibile l'impugnazione, la parte privata che l'ha proposta è condannata alle spese del procedimento.

2. I coimputati che hanno partecipato al giudizio a norma dell'articolo 587 sono condannati alle spese in solido con l'imputato che ha proposto l'impugnazione.

3. L'imputato che nel giudizio di impugnazione riporta condanna penale è condannato alle spese dei precedenti giudizi, anche se in questi sia stato prosciolto.

4. Nei giudizi di impugnazione per i soli interessi civili, la parte privata soccombente è condannata alle spese.

• Con il provvedimento che dichiara inammissibile o rigetta l'impugnazione (artt. 605, 616, 625 *bis*, 634 e 637) la parte privata (→ **Soggetti**, artt. 60, 76, 83 e 89) è condannata al pagamento delle spese (→ **Giudizio**, art. 535), in solido con il non impugnante che, beneficiando dell'effetto estensivo (art. 587), ha partecipato al giudizio (art. 601).

• Colui che è stato condannato nel giudizio di impugnazione (artt. 605 e 627) è tenuto alle spese anche se nei precedenti gradi aveva ottenuto una sentenza di proscioglimento (→ **Giudizio**, art. 529 s.).

• Nei giudizi di impugnazione per i soli interessi civili (art. 573) è tenuta alle spese la parte privata soccombente.

Titolo II
APPELLO

593. Casi di appello.

1. Salvo quanto previsto dagli articoli 443, comma 3, 448, comma 2, 579 e 680, l'imputato può appellare contro le sentenze di condanna mentre il pubblico ministero può appellare contro le medesime sentenze solo quando modificano il titolo del reato o escludono la sussistenza di una circostanza aggravante ad effetto speciale o stabiliscono una pena di specie diversa da quella ordinaria del reato.

2. Il pubblico ministero può appellare contro le sentenze di proscioglimento. L'imputato può appellare contro le sentenze di proscioglimento emesse al termine del dibattimento, salvo che si tratti di sentenze di assoluzione perché il fatto non sussiste o perché l'imputato non lo ha commesso.

3. Sono in ogni caso inappellabili le sentenze di condanna per le quali è stata applicata la sola pena dell'ammenda o la pena sostitutiva del lavoro di pubblica utilità, nonché le sentenze di proscioglimento relative a reati puniti con la sola pena pecuniaria o con pena alternativa.

Articolo modificato dalla l. 24.11.1999, n. 468; dalla l. 26.3.2001, n. 128; dalla l. 20.2.2006, n. 46; infine così sostituito ad opera del d. lgs. 6.2.2018, n. 11 e modificato dal d. lgs. 10.10.2022, n. 150.

• La Corte cost. ha dichiarato incostituzionale l'art. 1 della l. 46 del 2006 dapprima (26 del 2007) nella parte in cui «sostituendo l'art. 593 del codice di procedura penale, esclude che il pubblico ministero possa appellare contro le sentenze di proscioglimento, fatta eccezione per le ipotesi previste dall'art. 603, comma 2, del medesimo codice, se la nuova prova è decisiva»; poi (85 del 2008), nella parte in cui «sostituendo l'art. 593 del codice di procedura penale, esclude che l'imputato possa appellare contro le sentenze di proscioglimento relative a reati diversi dalle contravvenzioni punite con la sola ammenda o con pena alternativa, fatta eccezione per le ipotesi previste dall'articolo 603, comma 2, del medesimo codice, se la nuova prova è decisiva».

• L'articolo definisce l'**appellabilità soggettiva e oggettiva** delle sentenze (→ **Atti**, art. 125). Quanto al decreto penale di condanna (→ **Procedimenti speciali**, art. 459), il sistema non contempla impugnazioni, ma l'opposizione (→ art. 461). Sono, invece, appellabili le ordinanze in materia di misure cautelari personali (→ **Libro IV**, art. 310) e di sequestro preventivo (→ art. 322 *bis*), al di fuori dei casi in cui è previsto il riesame (→ artt. 309, 322), nonché, con l'appello contro la sentenza, le ordinanze emesse nel dibattimento (art. 586).

• Sono enunciati i casi di appello dell'imputato (→ **Soggetti**, art. 60) e, in senso più restrittivo, del p.m. (→ art. 50). Infatti, vi sono **limiti asimmetrici** al potere di appello del p.m. avverso le sentenze di condanna (co. 1) e dell'imputato avverso le sentenze di proscioglimento (co. 2). Sul primo versante, è vietato l'appello in situazioni in cui, pure, il p.m. avrebbe interesse (sentenze di condanna a una pena ritenuta incongrua), scelta ritenuta legittima da Corte cost., 34 del 2020. Sul secondo versante, i limiti all'**appello dell'imputato contro le sentenze di proscioglimento** emesse al termine del dibattimento riguardano casi in cui, comunque, egli non avrebbe interesse a impugnare (art. 568 co. 4). Resta, peraltro, fermo il **potere del p.m. di appellare contro le sentenze di proscioglimento** (co. 2), ben spiegabile con le attribuzioni previste dall'**Ord. giud.** per la parte pubblica, con riguardo, fra l'altro, «alla osservanza delle leggi», nonché «alla pronta e regolare amministrazione della giustizia» (→ art. 73 co. 1). Il p.m. può appellare contro le sentenze di proscioglimento (co. 2), mentre l'imputato può appellare contro le sentenze di condanna (co. 1), eccetto che nell'ipotesi di cui al nuovo co. 3.

• Altre disposizioni riconoscono la legittimazione a proporre appello alle **parti private eventuali** (→ **Soggetti**, art. 74 s.), vale a dire al responsabile civile e alla persona civilmente obbligata per la pena pecuniaria (art. 575), nonché alla parte civile (art. 576). Ancora, la legittimazione ad appellare è attribuita alla persona alla quale le cose sono state sequestrate e a quella che avrebbe diritto alla loro restituzione (→ **Misure cautelari**, art. 322 *bis*), quale è il **terzo** titolare di diritti reali o personali di godimento sui beni in sequestro preventivo (→ **Disp. att.**, art. 104 *bis* co. 1 *quinquies*).

• Avverso le sentenze emesse dal **giudice di pace** (→ d. lgs. 28.8.2000, n. 274), la legittimazione all'appello spetta al p.m. (→ art. 36) e all'imputato (→ art. 37), nonché alla persona offesa che abbia proposto ricorso immediato al giudice di pace (→ art. 38).

• Nell'ambito dei riti alternativi al dibattimento (→ **Procedimenti speciali**), ulteriori limiti al potere di appello derivano dalla disciplina del giudizio abbreviato (→ art. 443 co. 3) e dell'applicazione della pena su richiesta delle parti (→ art. 448 co. 2). Inoltre, operano le apposite norme in materia di impugnazione dei provvedimenti che dispongano misure di sicurezza (art. 579; → **Esecuzione**, art. 680).

• Sebbene non sia richiamata in questa sede, occorre ricordare che non è appellabile la sentenza di non doversi procedere, emessa in camera di consiglio prima del dibattimento di primo grado (→ **Giudizio**, art. 469). Nemmeno è appellabile la sentenza di non doversi procedere per mancata conoscenza della pendenza del processo da parte dell'imputato (→ art. 420 *quater*).

• Sul piano oggettivo, a seguito delle riforme del 2018 e del 2022, sono **inappellabili** le sentenze di condanna che applicano la sola pena dell'ammenda o la pena sostitutiva del lavoro di pubblica utilità e le sentenze di proscioglimento relative a reati puniti con la sola pena pecuniaria o con pena alternativa (co. 3). La scelta del legislatore è da intendersi costituzionalmente compatibile, se si aderisce all'impostazione tradizionale che esclude l'esistenza di un vero e proprio diritto al doppio grado di giurisdizione nel merito, alla luce sia dell'art. 111 co. 7 **Cost.**, che degli artt. 2 co. 1 Protocollo n. 7 alla **Cedu** e 14 co. 5 **Patto int.**

593 *bis*. Appello del pubblico ministero.

1. Nei casi consentiti, contro le sentenze del giudice per le indagini preliminari, della corte d'assise e del tribunale può appellare il procuratore della Repubblica presso il tribunale.

2. Il procuratore generale presso la corte d'appello può appellare soltanto nei casi di avocazione o qualora il procuratore della Repubblica abbia prestato acquiescenza al provvedimento.

Articolo introdotto dal d. lgs. 6.2.2018, n. 11.

• La previsione del co. 2 circoscrive il potere d'impugnare del P.G. presso la corte d'appello, previsto dall'art. 570.

• Data l'attribuzione dell'azione penale alla titolarità esclusiva del **procuratore della Repubblica** (d. lgs. 20.2.2006, n. 106, modificato dalla l. 24.10.2006, n. 269), è a questo soggetto che deve riconoscersi il potere di appello (art. 570 co. 1), in linea con la lettura più rigorosa che ricollega tale potere a quello di azione (trattandosi di prosecuzione dell'azione penale). Inoltre, la legittimazione ad appellare va riconosciuta al magistrato o ai magistrati dell'ufficio ai quali il procuratore abbia assegnato l'esercizio dell'azione. Resta peraltro ferma la legittimazione del rappresentante del p.m. che ha presentato le conclusioni in primo grado (art. 570 co. 2).

• Sui poteri del P.G. in materia di impugnazione delle sentenze di primo grado: → **Disp. att.**, art. 166 *bis*, ove si stabilisce come il P.G. presso la corte d'appello – al fine di avere tempestiva notizia sulle determinazioni relative all'impugnazione delle sentenze di prime cure – promuova «intese o altre forme di coordinamento» con i procuratori del distretto.

594. Appello del pubblico ministero.

[Soppresso.]

Articolo abrogato dal d. lgs. 19.2.1998, n. 51.

595. Appello incidentale.

1. L'imputato che non ha proposto impugnazione può proporre appello incidentale entro quindici giorni da quello in cui ha ricevuto la notificazione prevista dall'articolo 584.
2. L'appello incidentale è proposto, presentato e notificato a norma degli articoli 581, 582 e 584.
3. Entro quindici giorni dalla notificazione dell'impugnazione presentata dalle altre parti, l'imputato può presentare al giudice, mediante deposito in cancelleria, memorie o richieste scritte.
4. L'appello incidentale perde efficacia in caso di inammissibilità dell'appello principale o di rinuncia allo stesso.

Articolo così modificato dal d. lgs. 6.2.2018, n. 11.

• Legittimato all'appello incidentale risulta ora, dopo la riforma del 2018, il solo imputato (→ **Soggetti**), a dimostrazione di un'asimmetria fra il potere d'impugnare dell'imputato e del p.m. (art. 593), che funge da **riequilibrio** rispetto alla inevitabile supremazia della parte pubblica nelle fasi precedenti e, pertanto, non è in contrasto con il principio costituzionale della **parità fra le parti** (→ **Cost.**, art. 111 co. 2).

• L'abolizione dell'appello incidentale del p.m. rafforza, a livello sistematico, il divieto della *reformatio in peius* (art. 597 co. 3) e il collegamento fra l'azione penale e l'appello concepito come **dovere** dell'organo di accusa, operante se ne ricorrano i presupposti (→ **Cost.**, art. 112). È del resto evidente l'obiettivo della novella di deflazionare il carico giudiziario, in linea con il principio della **ragionevole durata** del processo (→ **Cost.**, art. 111).

• La **dipendenza** dell'appello incidentale dall'appello principale è sancita dalla previsione della perdita di efficacia dell'appello incidentale in caso di inammissibilità dell'appello principale (art. 591) o di rinuncia allo stesso (art. 589). Inoltre, secondo la giurisprudenza (Cass., SU, 17.10.2006, Michaeler), l'appello incidentale può essere proposto soltanto in relazione ai **punti** della decisione (art. 581 lett. *a*) oggetto dell'appello principale (art. 593), nonché a quelli che hanno connessione essenziale con essi (art. 593).

• La finalità deflativa perseguita dalla riforma del 2018 emerge anche sullo sfondo della inedita previsione (co. 3) di un termine per la presentazione al giudice di appello di **memorie o richieste scritte** (→ **Libro II**, art. 121), da depositare in cancelleria entro quindici giorni dalla notificazione dell'impugnazione presentata dalle altre parti.

596. Giudice competente.

1. Sull'appello proposto contro le sentenze pronunciate dal tribunale decide la corte di appello.
2. Sull'appello proposto contro le sentenze della corte di assise decide la corte di assise di appello.
3. Salvo quanto previsto dall'articolo 428, sull'appello contro le sentenze pronunciate dal giudice per le indagini preliminari [presso il tribunale], decidono, rispettivamente, la corte di appel-

lo e la corte di assise di appello, a seconda che si tratti di reato di competenza del tribunale o della corte di assise.

Il co. 1 è stato sostituito dal d. lgs. 19.2.1998, n. 51. Nel co. 3 le parole fra parentesi quadre sono state soppresse dal d. lgs. 19.2.1998, n. 51.

• L'articolo prevede la **competenza funzionale** della corte di appello e della corte di assise di appello a decidere sull'appello proposto contro le sentenze pronunciate, rispettivamente, dal tribunale e dalla corte di assise (co. 1 e 2), e dal g.i.p. a seconda che si tratti di reato di competenza del tribunale o della corte di assise (co. 3).

• Il co. 3 fa peraltro salva la competenza della corte di appello a decidere sull'appello proposto contro la sentenza di non luogo a procedere ai sensi dell'art. 428 (→ **Indagini e udienza preliminare**).

• La disciplina in discorso non esaurisce il novero dei giudici di secondo grado previsti dall'ordinamento: difatti, avverso le sentenze emesse dal giudice di pace (→ **Giu. Pace**, art. 39) opera, quale giudice d'appello, il tribunale in composizione monocratica (→ **Soggetti**, art. 33 *ter*). Inoltre, la sezione per le persone, per i minorenni e per le famiglie istituita presso la corte di appello giudica sull'impugnazione dei provvedimenti pronunciati in primo grado dalla sezione distrettuale del Tribunale per le persone, per i minorenni e per le famiglie (→ **Ord. giud.**, art. 58, modificato dal d. lgs. 10.10.2022, n. 149).

597. Cognizione del giudice di appello.

1. L'appello attribuisce al giudice di secondo grado la cognizione del procedimento limitatamente ai punti della decisione ai quali si riferiscono i motivi proposti.

2. Quando appellante è il pubblico ministero:

a) se l'appello riguarda una sentenza di condanna, il giudice può, entro i limiti della competenza del giudice di primo grado, dare al fatto una definizione giuridica più grave, mutare la specie o aumentare la quantità della pena, revocare benefici, applicare, quando occorre, misure di sicurezza e adottare ogni altro provvedimento imposto o consentito dalla legge;

b) se l'appello riguarda una sentenza di proscioglimento, il giudice può pronunciare condanna ed emettere i provvedimenti indicati nella lettera *a*) ovvero prosciogliere per una causa diversa da quella enunciata nella sentenza appellata;

c) se conferma la sentenza di primo grado, il giudice può applicare, modificare o escludere, nei casi determinati dalla legge, le pene accessorie e le misure di sicurezza.

3. Quando appellante è il solo imputato, il giudice non può irrogare una pena più grave per specie o quantità, applicare una misura di sicurezza nuova o più grave, prosciogliere l'imputato per una causa meno favorevole di quella enunciata nella sentenza appellata né revocare benefici, salva la facoltà, entro i limiti indicati nel comma 1, di dare al fatto una definizione giuridica più grave, purché non venga superata la competenza del giudice di primo grado.

4. In ogni caso, se è accolto l'appello dell'imputato relativo a circostanze o a reati concorrenti, anche se unificati per la continuazione, la pena complessiva irrogata è corrispondentemente diminuita.

5. Con la sentenza possono essere applicate anche di ufficio la sospensione condizionale della pena, la non menzione della condanna nel certificato del casellario giudiziale e una o più circostanze attenuanti; può essere altresì effettuato, quando occorre, il giudizio di comparazione a norma dell'articolo 69 del codice penale.

• Il co. 1 sancisce i **limiti della cognizione** del giudice di appello, in base ai **punti** della decisione (→ **Giudizio**, art. 525 s.) ai quali si riferiscono i motivi proposti (art. 581), secondo il parametro di specificità enunciato dalla legge (art. 581). Viene, così, delineato l'effetto **parzialmente devolutivo** del mezzo d'impugnazione.

• A differenza dei capi (art. 581 lett. *a*), i **punti della sentenza** sono costituiti, secondo la giurisprudenza, dai «presupposti della pronuncia finale su ogni reato, quali l'accertamento del fatto, l'attribuzione di esso all'imputato, la qualificazione giuridica, l'inesistenza di cause di giustificazione, la colpevolezza, e – nel caso di condanna – l'accertamento delle circostanze aggravanti ed attenuanti e la relativa comparazione, la determinazione della pena, la sospensione condizionale di essa» (Cass., SU, 17.10.2006, Michaeler). La stessa giurisprudenza estende la cognizione del giudice di appello anche ai punti «**strettamente connessi**» con quelli specificamente indicati nei motivi d'impugnazione «o da essi dipendenti».

• Il principio della parziale devoluzione previsto dal co. 1 è derogato, in primo luogo, dal potere del giudice di appello di decidere le **questioni rilevabili d'ufficio** in ogni stato e grado del procedimento. Si pensi al difetto di giurisdizione (→ **Soggetti**, art. 20), all'incompetenza per materia (→ art. 21), alle cause di non punibilità (→ **Atti**, art. 129), alle nullità assolute (→ art. 179), all'inutilizzabilità (→ **Prove**, art. 191), al *ne bis in idem* (→ **Esecuzione**, art. 649). In secondo luogo, operano le eccezioni di cui al co. 5, relative alla sospensione condizionale della pena (→ art. 163 c.p.), alla non menzione della condanna nel certificato del casellario giudiziale (→ art. 175 c.p.) alle circostanze attenuanti (→ art. 62 s. c.p.), al giudizio di comparazione fra circostanze (→ art. 69 c.p.), ma non le sanzioni sostitutive delle pene detentive brevi (secondo Cass., SU, 19.1.2017, Patalano).

• I co. 2-4 limitano inoltre i **poteri decisori** del giudice di secondo grado in caso di appello del p.m. (→ **Soggetti**, art. 50) o dell'imputato (→ art. 60). Nel secondo caso (co. 3), opera fra l'altro il divieto di irrogare una pena più grave, di applicare una misura di sicurezza nuova o più grave, di prosciogliere l'imputato per una causa meno favorevole e di revocare i benefici, ma il giudice d'appello può dare al fatto una definizione giuridica più grave (→ **Giudizio**, art. 521), entro i limiti della devoluzione (co. 1) e purché non venga superata la competenza del giudice di primo grado (→ **Soggetti**, art. 5 s.). Il co. 4 precisa ulteriormente il divieto della *reformatio in peius*, imponendo, in caso di accoglimento dell'appello dell'imputato relativo a circostanze o a reati concorrenti, una corrispondente **diminuzione della pena** complessiva irrogata. Precisa la giurisprudenza che il giudice di appello, anche quando esclude una circostanza aggravante e per l'effetto irroga una pena inferiore, non può fissare la pena base in misura superiore rispetto a quella fissata in primo grado (Cass., SU, 27.9.2005, n. 40910).

• Nel caso di appello del p.m. (co. 2), cade il divieto della *reformatio in peius* e può essere aggravata la definizione giuridica del fatto, ma non può comunque essere superata la **competenza del giudice di primo grado**. Il giudice di appello dovrà in tal caso annullare la sentenza e trasmettere gli atti al p.m. (→ **Soggetti**, art. 24, come innovato da Corte cost., 214 del 1993). Nei limiti della devoluzione, il giudice di appello può inoltre decidere in senso più favorevole all'imputato.

• La giurisprudenza afferma che non viola il principio devolutivo né il divieto della *reformatio in peius* la sentenza di appello che accolga la richiesta di una **provvisionale** proposta per la prima volta in quel giudizio dalla parte civile non appellante (Cass., SU, 27.10.2016, C.), necessariamente citata (art. 601 co. 4).

598. Estensione delle norme sul giudizio di primo grado al giudizio di appello.

1. In grado di appello si osservano, in quanto applicabili, le disposizioni relative al giudizio di primo grado, salvo quanto previsto dagli articoli seguenti.

• L'articolo estende al giudizio di appello l'applicazione delle disposizioni relative al giudizio di primo grado (→ **Giudizio**), soltanto «in quanto applicabili» e facendo **salve le disposizioni speciali** previste dagli artt. 599 s. Viene, così, confermata la diversità strutturale rispetto al primo grado di giudizio. L'appello non configura un secondo giudizio, ma un **controllo** del giudizio effettuato da un altro giudice, a miglior tutela dell'effettiva osservanza delle garanzie del **giusto processo** (→ **Cost.**, art. 111) da parte del giudice di primo grado.

598 *bis*. Decisioni in camera di consiglio senza la partecipazione delle parti.

1. La corte provvede sull'appello in camera di consiglio. Se non è diversamente stabilito e in deroga a quanto previsto dall'articolo 127, essa giudica sui motivi, sulle richieste e sulle memorie senza la partecipazione delle parti. Fino a quindici giorni prima dell'udienza, il procurato-

re generale presenta le sue richieste e tutte le parti possono presentare motivi nuovi, memorie e, fino a cinque giorni prima, memorie di replica. Il provvedimento emesso in seguito a camera di consiglio è depositato in cancelleria al termine dell'udienza. Il deposito equivale alla lettura in udienza ai fini di cui all'articolo 545.

2. L'appellante e, in ogni caso, l'imputato o il suo difensore possono chiedere di partecipare all'udienza. La richiesta è irrevocabile ed è presentata, a pena di decadenza, nei termini di quindici giorni dalla notifica del decreto di citazione di cui all'articolo 601 o dell'avviso della data fissata per il giudizio di appello. La parte privata può presentare la richiesta esclusivamente a mezzo del difensore. Quando la richiesta è ammissibile, la corte dispone che l'udienza si svolga con la partecipazione delle parti e indica se l'appello sarà deciso a seguito di udienza pubblica o in camera di consiglio, con le forme previste dall'articolo 127. Il provvedimento è comunicato al procuratore generale e notificato ai difensori.

3. La corte può disporre d'ufficio che l'udienza si svolga con la partecipazione delle parti per la rilevanza delle questioni sottoposte al suo esame, con provvedimento nel quale è indicato se l'appello sarà deciso a seguito di udienza pubblica o in camera di consiglio, con le forme previste dall'articolo 127. Il provvedimento è comunicato al procuratore generale e notificato ai difensori, salvo che ne sia stato dato avviso con il decreto di citazione di cui all'articolo 601.

4. La corte, in ogni caso, dispone che l'udienza si svolga con la partecipazione delle parti quando ritiene necessario procedere alla rinnovazione dell'istruzione dibattimentale a norma dell'articolo 603.

Articolo introdotto dal d. lgs. 10.10.2022, n. 150.

• L'articolo definisce lo spazio operativo e il regime del rito camerale d'appello senza la partecipazione delle parti (→ **Soggetti**). Il **rito camerale non partecipato** costituisce la **forma ordinaria di celebrazione del giudizio di appello**. Infatti, ai sensi del co. 1, la corte procede in tal senso se non è diversamente stabilito e in deroga all'art. 127 (→ **Atti**). L'ottica è pertanto quella della massima semplificazione delle forme e della massima accelerazione dei tempi di celebrazione dell'appello, in linea con l'obiettivo di rendere efficiente il processo penale (→ art. 111 co. 2 Cost.). Il co. 1 prevede che, quando la corte provvede con il rito camerale non partecipato, giudica sui motivi (art. 581), nonché sulle richieste e sulle memorie (art. 595 co. 3). Resta, però, ferma la cognizione del giudice di appello che non riguarda i motivi, ma i punti della decisione ai quali si riferiscono i motivi proposti (art. 597 co. 1). Le **richieste** vengono presentate dal P.G. presso la corte d'appello, mentre le **memorie** possono essere presentate da tutte le parti. In entrambi i casi, è previsto il termine fino a quindici giorni prima dell'udienza (→ **Atti**, art. 172 s.). Entro lo stesso termine, tutte le parti appellanti possono presentare **motivi nuovi** (art. 585 co. 4), mentre per le **memorie di replica** è previsto il termine fino a cinque giorni prima dell'udienza. È stabilito che il provvedimento conclusivo del rito camerale non partecipato è depositato in cancelleria al termine dell'udienza e che il deposito equivale alla lettura in udienza della sentenza ai fini dell'art. 545. Non si procede, pertanto, alla comunicazione e notificazione del provvedimento (→ art. 127 co. 7) e non si applica la disciplina sui termini per impugnare i provvedimenti emessi in seguito a procedimento in camera di consiglio (art. 585 co. 1 lett. *a* e co. 2 lett. *a*).

• Il co. 2 prevede le modalità di presentazione e gli effetti della richiesta di partecipazione all'udienza. La richiesta può essere presentata dall'appellante (artt. 570 s.) e, in ogni caso, dall'imputato (→ **Soggetti**, art. 60) o dal suo difensore (→ art. 96). La richiesta, irrevocabile, viene presentata entro il termine, previsto a pena di decadenza (→ **Atti**, art. 173), di quindici giorni dalla notifica del decreto di citazione per il giudizio di appello (art. 601) o dall'avviso della data fissata per il giudizio di appello (art. 601 co. 5). Si tratta del primo snodo che, in ordine temporale, va tenuto in considerazione negli atti preliminari al giudizio di appello. Il **secondo snodo** è, invece, costituito dal già richiamato termine fino a quindici giorni prima dell'udienza, prescritto per la presentazione dei motivi nuovi di appello, delle richieste e delle memorie (co. 1), nonché per la richiesta di concordato (art. 599 *bis* co. 1). Il **terzo snodo** è, infine, costituito dal termine fino a cinque giorni prima dell'udienza, stabilito per le memorie di replica. La parte privata (→ **Soggetti**, art. 60 s.) può presentare la richiesta di partecipazione all'udienza esclusivamente a mezzo del difensore (→ art. 96 s.). La corte, e non il solo presidente, accerta l'ammissibilità della richiesta; in caso di valutazione positiva, **dispone che l'udienza si svolga con la partecipazione delle parti** e indica se l'appello sarà deciso a seguito di **pubblica udienza**, ai sensi dell'art. 602, **o in camera di consiglio**, con le forme partecipate di cui all'art. 127. Il provvedimento è comunicato al P.G. e notificato ai soli difensori.

• I co. 3 e 4 prevedono due ipotesi di trasformazione del rito camerale non partecipato in rito partecipato, in assenza di una richiesta. La corte può disporre d'ufficio che l'udienza si svolga con la partecipazione delle parti per la rilevanza delle questioni sottoposte al suo esame con l'appello. Il provvedimento indica se l'appello sarà deciso in pubblica udienza (art. 602) o con rito camerale partecipato (→ **Atti**, art. 127); è comunicato al P.G. e notificato ai difensori, salvo che ne sia stato dato avviso con il decreto di citazione a giudizio di cui all'art. 601. La corte d'appello deve, in ogni caso, disporre che l'udienza (pubblica o in camera di consiglio) si svolga con la partecipazione delle parti quando ritiene necessario disporre la rinnovazione dell'istruzione dibattimentale (art. 603). La norma salvaguarda i principi costituzionali dell'immediatezza, con riferimento al rapporto del giudice con le fonti di prova (→ art. 111 co. 3 Cost.), e del contraddittorio nella formazione della prova (→ art. 111 co. 4 Cost.).

598 *ter*. Assenza dell'imputato in appello.

1. In caso di regolarità delle notificazioni, l'imputato appellante non presente all'udienza di cui agli articoli 599 e 602 è sempre giudicato in assenza anche fuori dei casi di cui all'articolo 420 *bis*.
2. In caso di regolarità delle notificazioni, se l'imputato non appellante non è presente all'udienza di cui agli articoli 599 e 602 e le condizioni per procedere in assenza, ai sensi dell'articolo 420 *bis*, commi 1, 2 e 3, non risultano soddisfatte, la corte dispone, con ordinanza, la sospensione del processo e ordina le ricerche dell'imputato ai fini della notificazione del decreto di citazione. L'ordinanza contiene gli avvisi di cui all'articolo 420 *quater*, comma 4, lettere b), c) e d). Non si applicano le ulteriori disposizioni di cui all'articolo 420 *quater*, nonché gli articoli 420 *quinquies* e 420 *sexies*.
3. Durante la sospensione del processo la corte, con le modalità stabilite per il dibattimento, acquisisce, a richiesta di parte, le prove non rinviabili.
4. Nell'udienza di cui all'articolo 598 *bis*, la corte accerta la regolarità della notificazione e, quando nei confronti dell'imputato non appellante le condizioni per procedere in assenza, ai sensi dell'articolo 420 *bis* commi 1, 2 e 3, non risultano soddisfatte, provvede ai sensi del comma 2.

Articolo introdotto dal d. lgs. 10.10.2022, n. 150.

• L'articolo definisce, nei co. da 1 a 3, l'ambito applicativo della disciplina dell'assenza dell'imputato (→ **Indagini e udienza preliminare**, art. 420 *bis*) nel giudizio di appello celebrato con rito camerale partecipato (art. 599) oppure in pubblica udienza (art. 602). Il co. 1 regola il caso dell'**imputato appellante regolarmente citato** (art. 601) **e non presente**, prevedendo la celebrazione del giudizio in assenza, anche quando manchino i presupposti previsti dall'art. 420 *bis*. Va tenuto conto che l'imputato appellante ha dichiarato o eletto domicilio ai fini della notificazione del decreto di citazione a giudizio (art. 581 co. 1 *ter*).

• Il co. 2 si riferisce al diverso caso dell'**imputato non appellante regolarmente citato e non presente**, prevedendo la celebrazione del giudizio in assenza, solo quando ricorrano i presupposti previsti dall'art. 420 *bis* co. 1, 2 e 3. Nel caso in cui tali presupposti non ricorrano, la corte ordina, in deroga all'art. 420 *quater*, la **sospensione del processo** e le **ricerche dell'imputato** ai fini della notificazione del decreto di citazione. Non è pertanto previsto che venga emessa la sentenza di proscioglimento prevista dall'art. 420 *quater*. Gli avvisi di cui all'art. 420 *quater* co. 4, lett. *b*, *c* e *d*, devono essere dati con l'ordinanza predetta. Non operano, per incompatibilità con la disciplina in discorso, le ulteriori disposizioni sulle conseguenze della sentenza di non doversi procedere per mancata conoscenza della pendenza del processo da parte dell'imputato.

• Il co. 3 richiede che le **prove non rinviabili** (→ **Indagini e udienza preliminare**, art. 420 *quinquies*) vengano acquisite, a richiesta di parte (→ **Soggetti**), con le modalità stabilite per il dibattimento.

• Il co. 4 estende la disciplina di cui al co. 2 all'ulteriore caso in cui, nel giudizio di appello celebrato con **rito camerale non partecipato** (art. 598 *bis*), non risultino soddisfatte, **nei confronti dell'imputato non appellante**, le condizioni per celebrare il giudizio in assenza ai sensi dell'art. 420 *bis* co. 1, 2 e 3.

599. Decisioni in camera di consiglio con la partecipazione delle parti.

1. Quando dispone che l'udienza si svolga con la partecipazione delle parti, la corte provvede con le forme previste dall'articolo 127, oltre che nei casi particolarmente previsti dalla legge, quando l'appello ha ad oggetto una sentenza pronunciata a norma dell'articolo 442 o quando ha esclusivamente per oggetto la specie o la misura della pena, anche con riferimento al giudizio di comparazione fra circostanze, o l'applicabilità delle circostanze attenuanti generiche, di pene sostitutive, della sospensione della pena o della non menzione della condanna nel certificato del casellario giudiziale.

2. L'udienza è rinviata se sussiste un legittimo impedimento dell'imputato che ha manifestato la volontà di comparire.

3. Nel caso di rinnovazione dell'istruzione dibattimentale, il giudice assume le prove in camera di consiglio, a norma dell'articolo 603, con la necessaria partecipazione del pubblico ministero e dei difensori. Se questi non sono presenti quando è disposta la rinnovazione, il giudice fissa una nuova udienza e dispone che copia del provvedimento sia comunicata al pubblico ministero e notificata ai difensori.

4. [Soppresso.]

5. [Soppresso.]

La rubrica e il co. 1 sono stati sostituiti dal d. lgs. 10.10.2022, n. 150. I co. 4 e 5 sono stati sostituiti dalla l. 19.1.1999, n. 14, poi abrogati dal d.l. 23.5.2008, n. 92, conv., con modif., dalla l. 24.7.2008, n. 125.

• L'articolo definisce lo spazio operativo e il regime del **rito camerale d'appello con la partecipazione delle parti**. La corte provvede con il rito camerale partecipato, oltre che per assumere le decisioni previste dal co. 1, ivi incluso il caso di appello contro le sentenze emesse nel giudizio abbreviato (→ **Procedimenti speciali**, art. 443 co. 4), nelle fattispecie in cui la legge si limita a stabilire che il giudice di appello provvede in camera di consiglio, come accade per assumere i provvedimenti relativi alle condanne civili previsti dall'art. 600.

• Nel rito camerale d'appello partecipato si applicano, in base al co. 1, le disposizioni previste dall'art. 127 (→ **Atti**), in un'ottica di **semplificazione delle forme** coerente con l'obiettivo della **ragionevole durata del processo** (→ **Cost.**, art. 111). Non si tratta, peraltro, di un rinvio integrale alla disciplina di genere del procedimento in camera di consiglio. In primo luogo, il provvedimento conclusivo è una **sentenza** (→ **Atti**, art. 125), e non un'ordinanza come nel caso dell'art. 127 co. 7. In secondo luogo, è maggiormente garantito, rispetto all'art. 127 co. 3, il **diritto dell'imputato di partecipare all'udienza camerale**, che ai sensi del co. 2 viene rinviata nel caso in cui abbia manifestato la volontà di comparire, se sussiste un legittimo impedimento. Secondo la giurisprudenza (Cass., SU, 24.6.2010, F.), l'**imputato detenuto o sottoposto a misure limitative della libertà personale**, che abbia tempestivamente manifestato in qualsiasi modo la volontà di comparire all'udienza, ha diritto di presenziare al giudizio camerale d'appello avverso la sentenza pronunciata in giudizio abbreviato, anche se ristretto in luogo posto fuori dalla circoscrizione del giudice procedente, a pena di nullità assoluta.

• Non si configura come necessaria la **partecipazione del p.m.** (→ **Soggetti**, art. 50) **e dei difensori** (→ art. 96 s.), in linea con la previsione generale dell'art. 127 co. 3. La giurisprudenza ha d'altronde affermato che nel giudizio camerale di appello, a seguito di processo di primo grado celebrato con rito abbreviato (→ **Procedimenti speciali**), è applicabile l'art. 420 *ter* co. 5 (→ **Indagini e udienza preliminare**) ed è, pertanto, rilevante l'impedimento del difensore determinato da serie, imprevedibili e attuali ragioni di salute (Cass., SU, 21.7.2016, n. 31668).

• In terzo luogo, è previsto (co. 3) un limitato spazio per compiere **attività probatoria** in camera di consiglio, in caso di rinnovazione dell'istruzione dibattimentale (art. 603). In questo caso, in deroga all'art. 127 co. 3, è sancita la necessaria partecipazione del p.m. e dei difensori, a garanzia del contraddittorio nella formazione della prova (→ **Cost.**, art. 111). La formulazione del co. 3 fa inoltre ritenere che l'**attività assuntiva** debba essere **svolta d'ufficio dal giudice**, in deroga alle forme applicabili alla rinnovazione compiuta nel dibattimento (art. 603).

• Dal momento che la partecipazione al giudizio abbreviato può avvenire **a distanza**, nei casi di cui all'art. 146 *bis* co. 1, 1 *bis* e 1 *quater* (→ **Disp. att.**, artt. 134 *bis* e 146 *bis*) anche quando il rito si svolga in udienza pubblica, si può concludere che l'imputato partecipi a distanza al rito abbreviato in seconde cure, che pure si svolge sempre in camera di consiglio. La materia della partecipazione a distanza è regolata dalla nuova disciplina introdotta dal d. lgs. 150 del 2022 (→ **Atti**, artt. 133 *bis* s.).

599 *bis*. Concordato anche con rinuncia ai motivi di appello.

1. Le parti possono dichiarare di concordare sull'accoglimento, in tutto o in parte, dei motivi di appello, con rinuncia agli altri eventuali motivi. Se i motivi dei quali viene chiesto l'accoglimento comportano una nuova determinazione della pena, il pubblico ministero, l'imputato e la persona civilmente obbligata per la pena pecuniaria indicano al giudice anche la pena sulla quale sono d'accordo. La dichiarazione e la rinuncia sono presentate nelle forme previste dall'articolo 589 e nel termine, previsto a pena di decadenza, di quindici giorni prima dell'udienza.

2. [Soppresso]

3. Quando procede nelle forme di cui all'articolo 598 *bis*, la corte, se ritiene di non poter accogliere la richiesta concordata tra le parti, dispone che l'udienza si svolga con la partecipazione di queste e indica se l'appello sarà deciso a seguito di udienza pubblica o in camera di consiglio, con le forme previste dall'art. 127. Il provvedimento è comunicato al procuratore generale e notificato alle altre parti. In questo caso la richiesta e la rinuncia perdono effetto, ma possono essere riproposte in udienza.

3 *bis*. Quando procede con udienza pubblica o in camera di consiglio con la partecipazione delle parti, la corte, se ritiene di non poter accogliere la richiesta concordata tra le parti, dispone la prosecuzione del giudizio.

3 *ter*. La richiesta e la rinuncia ai motivi non hanno effetto se la corte decide in modo difforme dall'accordo.

4. Fermo restando quanto previsto dal comma 1 dell'articolo 53, il procuratore generale presso la corte di appello, sentiti i magistrati dell'ufficio e i procuratori della Repubblica del distretto, indica i criteri idonei a orientare la valutazione dei magistrati del pubblico ministero nell'udienza, tenuto conto della tipologia dei reati e della complessità dei procedimenti.

Articolo introdotto dalla l. 23.6.2017, n. 103 e modificato dal d. lgs. 10.10.2022, n. 150.

• L'art. contiene la disciplina del concordato sui motivi di appello. L'istituto è caratterizzato da una **logica deflativa**, ma è strutturalmente diverso dall'applicazione della pena su richiesta delle parti (→ **Procedimenti speciali**, art. 444 s.), non essendovi profili premiali. Il concordato ha per oggetto l'accoglimento, in tutto o in parte, dei motivi di appello, con rinuncia agli altri eventuali motivi. Può ricomprendere una nuova determinazione della pena (ove discenda dai motivi dei quali viene chiesto l'accoglimento). La dichiarazione di concordato e la rinuncia ai motivi sono presentate nelle forme previste, in generale, per la rinuncia all'impugnazione (art. 589), **entro il termine, previsto a pena di decadenza** (→ **Atti**, art. 173), **di quindici giorni prima dell'udienza**. È lo stesso termine previsto per la presentazione delle richieste del P.G. e delle memorie e dei motivi nuovi di tutte le parti, quando si procede con il rito camerale non partecipato (art. 598 *bis* co. 1).

• Il d. lgs. 150 del 2022, ha eliminato le

preclusioni soggettive e oggettive previste dall'abrogato co. 2. Inoltre, l'articolo non menziona parte civile e responsabile civile (→ **Soggetti**, art. 74 s.), ma non è irragionevole assegnare anche a tali parti il potere di concordare l'accoglimento dei motivi sulle questioni civili (→ **Giudizio**, art. 538 s.).

• I co. 3 e 3 *bis* prevedono le due ipotesi in cui la richiesta concordata venga presentata nel rito camerale non partecipato (art. 598 *bis*) ovvero con rito partecipato, in udienza pubblica (art. 602) o in camera di consiglio (art. 599). Nel primo caso (co. 3), il **rigetto** della richiesta comporta la **trasformazione del rito** non partecipato in rito partecipato. La norma è finalizzata a incentivare l'accoglimento della richiesta concordata da parte della corte. La richiesta e la rinuncia perdono effetto, ma possono essere **riproposte in udienza**. Nel secondo caso (co. 3 *bis*), il rigetto comporta la **prosecuzione del giudizio**. In ogni caso, se la corte decide in modo difforme dall'accordo (ad es., applicando una pena diversa da quella indicata), la richiesta di concordato e la rinuncia ai motivi perdono effetto.

• Il co. 4 attribuisce al P.G. presso la corte di appello il compito d'indicare i **criteri** per la decisione del magistrato del p.m. nell'udienza, in linea con la struttura gerarchica degli uffici del pubblico ministero (→ **Soggetti**, art. 50). Resta peraltro ferma la piena autonomia del suddetto magistrato nell'udienza (→ art. 53).

600. Provvedimenti in ordine all'esecuzione delle condanne civili.

1. Se il giudice di primo grado ha omesso di pronunciare sulla richiesta di provvisoria esecuzione proposta a norma dell'articolo 540, comma 1, ovvero l'ha rigettata, la parte civile può riproporla mediante impugnazione della sentenza di primo grado al giudice di appello il quale, a richiesta della parte, provvede con ordinanza in camera di consiglio.

2. Il responsabile civile e l'imputato possono chiedere con le stesse forme la revoca o la sospensione della provvisoria esecuzione.

3. Su richiesta delle stesse parti, il giudice di appello può disporre, con le forme previste dal comma 1, che sia sospesa l'esecuzione della condanna al pagamento della provvisionale quando possa derivarne grave e irreparabile danno.

• Corte cost., 353 del 1994, ha dichiarato l'illegittimità costituzionale del co. 3 nella parte in cui prevede che il giudice d'appello può disporre la sospensione dell'esecuzione della condanna al pagamento della provvisionale «quando possa derivarne grave ed irreparabile danno» anziché «quando ricorrono gravi motivi».

• Il co. 1 completa la tutela della **parte civile** (→ **Soggetti**, art. 74) nei casi in cui il giudice di primo grado abbia omesso di pronunciare sulla provvisoria esecuzione della condanna alle restituzioni e al risarcimento del danno ovvero abbia rigettato la richiesta, ai sensi dell'art. 540 co. 1 (→ **Giudizio**). L'attivazione del meccanismo presuppone che la parte civile abbia riproposto la richiesta mediante impugnazione della sentenza di primo grado (art. 576). Il giudice d'appello decide con ordinanza (→ **Atti**, art. 125) in camera di consiglio (art. 598 *bis*). Il co. 1 non si applica, invece, all'omessa condanna in primo grado al pagamento della provvisionale (→ **Giudizio**, art. 539 co. 2).

• Con il medesimo *iter*, il **responsabile civile** (→ **Soggetti**, art. 83) e l'**imputato** (→ art. 60) possono chiedere la revoca o la sospensione della provvisoria esecuzione della condanna alle restituzioni e al risarcimento (co. 2). Analogamente, ai sensi del co. 3, tali parti possono chiedere che sia sospesa l'esecuzione della condanna alla **provvisionale** (→ **Giudizio**, art. 540 co. 2), sul presupposto dell'esistenza di **«gravi motivi»**, dopo l'intervento di Corte cost., 353 del 1994.

601. Atti preliminari al giudizio.

1. Fuori dei casi previsti dall'articolo 591, il presidente ordina senza ritardo la citazione dell'imputato appellante; ordina altresì la citazione dell'imputato non appellante se vi è appello del pubblico ministero, se ricorre alcuno dei casi previsti dall'articolo 587.

2. Quando la corte, anteriormente alla citazione, dispone che l'udienza si svolga con la partecipazione delle parti, ne è fatta menzione nel decreto di citazione. Nello stesso decreto è altresì indicato se l'appello sarà deciso a seguito di udienza pubblica ovvero in camera di consiglio, con le forme previste dall'articolo 127.

3. Il decreto di citazione per il giudizio di appello contiene i requisiti previsti dall'articolo 429, comma 1, lettere *a*), *d bis*), *f*), *g*) nonché l'indicazione del giudice competente e, fuori dal caso previsto dal comma 2, l'avviso che si procederà con udienza in camera di consiglio senza la partecipazione delle parti, salvo che l'appellante o, in ogni caso, l'imputato o il suo difensore chiedano di partecipare nel termine perentorio di quindici giorni dalla notifica del decreto. Il decreto contiene altresì l'avviso che la richiesta di partecipazione può essere presentata dalla parte privata esclusivamente a mezzo del difensore. Il termine per comparire non può essere inferiore a quaranta giorni.

4. È ordinata in ogni caso la citazione del responsabile civile, della persona civilmente obbligata per la pena pecuniaria e della parte civile; questa è citata anche quando ha appellato il solo imputato contro una sentenza di proscioglimento.

5. Almeno quaranta giorni prima della data fissata per il giudizio di appello, è notificato avviso ai difensori.

6. Il decreto di citazione è nullo se l'imputato non è identificato in modo certo ovvero se manca o è insufficiente l'indicazione di uno dei requisiti previsti dall'articolo 429, comma 1, lettera *f*).

Articolo modificato dal d. lgs. 10.10.2022, n. 150.

• La fase preliminare al giudizio di secondo grado si apre dopo la trasmissione degli atti al giudice di appello in seguito all'impugnazione (art. 590), con la **citazione per il giudizio di appello** (co. 1). In **primo grado**, invece, gli atti preliminari, disciplinati dagli artt. 465-469 (→ **Giudizio**), iniziano dopo che il presidente del tribunale abbia ricevuto il decreto che dispone il giudizio (→ art. 465), trasmesso dal giudice dell'udienza preliminare, con il fascicolo del dibattimento (→ **Indagini e udienza preliminare**, art. 431) e gli altri atti previsti dall'art. 432. Secondo la giurisprudenza (Cass., SU, 27.4.2017, Iannelli), nel giudizio di appello non è consentito pronunciare sentenza predibattimentale di proscioglimento ai sensi dell'art. 469.

• Peraltro, non si fa luogo alla citazione per il giudizio di appello nel caso in cui il giudice di secondo grado dichiari l'**inammissibilità** dell'impugnazione a norma dell'art. 591.

• Il contenuto del decreto di citazione (co. 3), pur richiamando l'art. 429 (→ **Indagini e udienza preliminare**), è adattato alla fisionomia del giudizio di secondo grado. Non ricomprende l'enunciazione, in forma chiara e precisa, del fatto (→ art. 429 lett. *c*), dal momento che l'imputazione rientra fra i requisiti della sentenza (→ **Giudizio**, art. 546 lett. *c*) impugnata, che viene essa pure trasmessa senza ritardo al giudice di appello (art. 590). Il d. lgs. 150 del 2022, ha adattato il contenuto del decreto di citazione alle nuove modalità di celebrazione del giudizio. Così, se la corte ha disposto che l'udienza si svolga con la partecipazione delle parti (art. 598 *bis* co. 3), il decreto menziona se l'appello sarà deciso in seguito a udienza pubblica (art. 602) o in camera di consiglio con la partecipazione delle parti (art. 599). Nel caso in cui la corte non abbia esercitato il potere dell'art. 598 *bis* co. 3, il decreto di citazione contiene l'avviso che si procederà in camera di consiglio senza la partecipazione delle parti (art. 598 *bis*), a meno che le persone legittimate non chiedano di partecipare entro il termine perentorio (→ **Atti**, art. 173) di quindici giorni dalla notifica del decreto.

• La citazione (da ordinarsi senza ritardo) riguarda l'**imputato appellante e**, nelle situazioni indicate nel co. 1, l'imputato **non appellante**. Si tratta dell'ipotesi in cui abbia appellato il p.m. (art. 593 *bis*) e di quella in cui opera l'**effetto estensivo dell'impugnazione** (art. 587).

• Peraltro, sono sempre citate le parti private eventuali. La previsione della necessaria citazione della **parte civile** (→ **Soggetti**, art. 74 s.), anche in caso di appello del solo imputato contro una sentenza di proscioglimento (art. 593), si spiega sia alla luce del principio di immanenza della costituzione di parte civile nel processo penale (→ **Libro I**, art. 76 co. 2), sia con il fine di evitare la formazione di un giudicato penale di assoluzione sfavorevole al danneggiato e vincolante in sede extrapenale (→ **Esecuzione**, art. 652).

• Il co. 6 commina una **nullità** (→ **Atti**, art. 177 s.) del decreto di citazione nel caso in cui l'imputato non venga identificato in modo certo e nell'ipotesi di mancata o insufficiente indicazione di uno dei requisiti previsti all'art. 429 co. 1 lett. *f* (→ **Indagini e udienza preliminare**). Il decreto va notificato almeno quaranta giorni prima dell'udienza. Trattasi di un **termine** di natura dilatoria (→ **Atti**, art. 172 s.).

602. Dibattimento di appello.

1. Fuori dei casi previsti dall'articolo 599, quando dispone che l'udienza si svolga con la partecipazione delle parti, la corte provvede in pubblica udienza. Nell'udienza, il presidente o il consigliere da lui delegato fa la relazione della causa.

1 *bis*. [Soppresso]

2. [Soppresso.]

3. Nel dibattimento può essere data lettura, anche di ufficio, di atti del giudizio di primo grado nonché, entro i limiti previsti dagli articoli 511 e seguenti, di atti compiuti nelle fasi antecedenti.

4. Per la discussione si osservano le disposizioni dell'articolo 523.

Il co. 1 *bis* è stato introdotto dalla l. 23.6.2017, n. 103, e poi abrogato dal d. lgs. 10.10.2022, n. 150. Il co. 2 è stato prima sostituito dalla l. 19.1.1999, n. 14, poi abrogato dal d.l. 23.5.2008, n. 92, conv., con modif., dalla l. 24.7.2008, n. 125.

• L'articolo regola lo svolgimento dell'udienza dibattimentale nel giudizio di secondo grado, a integrazione delle disposizioni relative al giudizio di primo grado applicabili (→ **Libro VII**), ai sensi dell'art. 598. Si procede quindi, innanzitutto, al controllo sulla regolare costituzione delle parti (→ art. 484) e all'eventuale trattazione delle questioni preliminari (→ art. 491), tra le quali si segnalano quelle concernenti il contenuto del fascicolo per il dibattimento (→ **Indagini e udienza preliminare**, art. 431; → **Libro VII**, art. 515).

• Dopodiché il presidente (→ **Giudizio**, art. 470) o il consigliere da lui delegato fa la **relazione** della causa. La previsione risulta coerente con la funzione di controllo della sentenza impugnata rivestita dal giudizio di appello.

• In linea con la logica dell'appello, radicalmente diversa da quella del giudizio di primo grado (→ **Libro VII**, art. 496 s.), il co. 3 dà ampio spazio al potere di lettura, anche d'ufficio, degli atti compiuti nel **giudizio di primo grado** (→ art. 526) e, entro i limiti previsti dagli artt. 511 s., di quelli compiuti **nelle fasi antecedenti** (→ **Indagini e udienza preliminare**), inseriti, a seguito della lettura già avvenuta in primo grado, nel fascicolo del dibattimento (→ **Libro VII**, art. 514). Già da questa previsione si comprende il limitato spazio consentito per lo svolgimento di attività probatoria durante il secondo grado (art. 603).

603. Rinnovazione dell'istruzione dibattimentale.

1. Quando una parte, nell'atto di appello o nei motivi presentati a norma dell'articolo 585, comma 4, ha chiesto la riassunzione di prove già acquisite nel dibattimento di primo grado o l'assunzione di nuove prove, il giudice se ritiene di non essere in grado di decidere allo stato degli atti, dispone la rinnovazione dell'istruzione dibattimentale.

2. Se le nuove prove sono sopravvenute o scoperte dopo il giudizio di primo grado, il giudice dispone la rinnovazione dell'istruzione dibattimentale nei limiti previsti dall'articolo 495, comma 1.

3. La rinnovazione dell'istruzione dibattimentale è disposta di ufficio se il giudice la ritiene assolutamente necessaria.

3 *bis*. Nel caso di appello del pubblico ministero contro una sentenza di proscioglimento per motivi attinenti alla valutazione della prova dichiarativa, il giudice, ferme le disposizioni di cui ai commi da 1 a 3, dispone la rinnovazione dell'istruzione dibattimentale nei soli casi di prove dichiarative assunte in udienza nel corso del giudizio dibattimentale di primo grado o all'esito di integrazione probatoria disposta nel giudizio abbreviato a norma degli articoli 438, comma 5, e 441, comma 5.

3 *ter*. Il giudice dispone altresì la rinnovazione dell'istruzione dibattimentale, quando l'imputato ne fa richiesta ai sensi dell'articolo 604, comma 5 *ter* e 5 *quater*. Tuttavia, quando nel giudizio di primo grado si è proceduto in assenza dell'imputato ai sensi dell'articolo 420 *bis*, comma 3, la rinnovazione dell'istruzione dibattimentale è disposta ai sensi dell'articolo 190 *bis*.

4. [Soppresso.]

5. Il giudice provvede con ordinanza, nel contraddittorio delle parti.

6. Alla rinnovazione dell'istruzione dibattimentale, disposta a norma dei commi precedenti, si procede immediatamente. In caso di impossibilità, il dibattimento è sospeso per un termine non superiore a dieci giorni.

Il co. 3 *bis* è stato introdotto dalla l. 23.6.2017, n. 103 e poi modificato dal d. lgs. 10.10.2022, n. 150, che ha anche introdotto il co. 3 *ter*. Il co. 4 è stato abrogato dalla l. 28.4.2014, n. 67.

• L'articolo prevede **limitati spazi** per lo svolgimento di **attività probatoria** nel giudizio di secondo grado, attraverso la rinnovazione dell'istruzione dibattimentale. Alla rinnovazione fanno riferimento anche le disposizioni sul procedimento in camera di consiglio (art. 599 co. 3) e sulla fattispecie di erronea declaratoria di estinzione del reato o d'improcedibilità in primo grado (art. 604 co. 6).

• L'eccezionalità dell'**assunzione probatoria** in appello emerge innanzitutto dalla fattispecie prevista dal co. 1, per il caso in cui sia chiesta la riassunzione di prove già acquisite nel dibattimento di primo grado (→ **Giudizio**, art. 526) o l'assunzione di nuove prove. La norma detta il rigido **criterio ammissivo** della rinnovazione a condizione che il giudice ritenga di non essere in grado di decidere **allo stato degli atti**. Analogo criterio compare nella disciplina del giudizio abbreviato (→ **Procedimenti speciali**) per l'assunzione anche d'ufficio degli elementi necessari ai fini della decisione (→ art. 441 co. 5).

• Il **diritto alla prova** (→ **Prove**, art. 190) è invece garantito alle parti se si tratta di **nuove prove sopravvenute o scoperte** dopo il giudizio di primo grado. In tal caso il giudice dispone la rinnovazione dell'istruzione dibattimentale secondo le regole generali (→ art. 190) previste dall'art. 495 co. 1 (→ **Giudizio**).

• La rinnovazione dell'istruzione dibattimentale può inoltre essere disposta **di ufficio** se il giudice la ritiene assolutamente necessaria, in linea con il criterio di ammissione delle nuove prove nel giudizio di primo grado (→ **Giudizio**, art. 507).

• Il co. 3 *bis* disciplina un'ulteriore fattispecie di rinnovazione per il caso in cui il p.m. (→ **Soggetti**, art. 50 s.) abbia appellato una sentenza di proscioglimento (→ **Giudizio**, art. 529 s.) per **motivi** (art. 581 lett. *d*) **attinenti alla valutazione della prova dichiarativa** (→ **Prove**, art. 192). L'innovazione legislativa è stata concepita – seppur in termini innovativi – sulla scia della giurisprudenza della Corte edu che si è occupata della situazione di chi è stato **condannato, per la prima volta in appello**, senza che il giudice risentisse i testimoni escussi in primo grado. Ciò viola, secondo la Corte di Strasburgo, l'art. 6 § 1 e 3 lett. *d* **Cedu**, in quanto chi è chiamato a decidere sulla colpevolezza di un individuo deve, in linea di principio, sentire i testimoni di persona, per valutarne la credibilità (Corte edu, 5.7.2011, Dan c. Moldavia). Infatti, quando il giudice di appello è chiamato a esaminare una causa in fatto e in diritto e a studiare nel complesso la questione della colpevolezza o dell'innocenza, non può, per motivi di equità del processo, decidere di tali questioni senza una **diretta valutazione dei mezzi di prova** (Corte edu, 29.6.2017, Lorefice c. Italia; v. anche Corte edu, 16.7.2019, Júlíus Þór Sigurþórsson c. Islanda).

• Parallelamente si è mossa la giurisprudenza di legittimità interna, innanzitutto affermando, prima della novella del 2017 (Cass., SU, 28.4.2016, Dasgupta), che è affetta da vizio di motivazione *ex* art. 606 lett. *e*, per mancato rispetto del canone di giudizio "al di là di ogni ragionevole dubbio", di cui all'art. 533 co. 1 (→ **Giudizio**), la sentenza di appello che, su impugnazione del p.m. (→ **Soggetti**), affermi la responsabilità dell'imputato, in riforma di una sentenza assolutoria, operando una diversa valutazione di **prove dichiarative ritenute decisive**, delle quali non sia stata disposta la rinnovazione a norma dell'art. 603 co. 3. Il principio di diritto è stato poi esteso (Cass., SU, 19.1.2017, Patalano) al caso della riforma della sentenza assolutoria emessa all'esito di un **giudizio abbreviato** (→ **Procedimenti speciali**, art. 438 s.), sia pur precisando che l'obbligo di rinnovazione non scatta qualora emerga che la lettura della

prova compiuta dal primo giudice (nel giudizio ordinario o abbreviato) sia stata **travisata** per omissione, invenzione o falsificazione. Dopo l'innesto del co. 3 *bis*, la stessa giurisprudenza ha ulteriormente escluso l'obbligo di rinnovazione qualora il giudice d'appello **riformi in senso assolutorio la sentenza di condanna di primo grado** (Cass., SU, 21.12.2017, Troise). Quanto alla rivalutazione della c.d. "prova esperta" (→ **Prove**, art. 220 s.), si è affermato che l'omessa rinnovazione della **prova peritale** acquisita in forma dichiarativa (→ **Giudizio**, art. 501) da parte del giudice di appello che proceda, sulla base di un diverso apprezzamento della stessa, alla riforma della sentenza di assoluzione, determina una nullità di ordine generale a regime intermedio (→ **Atti**, art. 180) della sentenza, deducibile con il ricorso per cassazione *ex* art. 606 lett. *c*, mentre la pronuncia di riforma adottata sulla base della rivalutazione della relazione del perito, **acquisita in forma puramente cartolare** (→ **Prove**, art. 227), è sindacabile per vizio di motivazione *ex* art. 606 lett. *e*, sempre che la prova negata, confrontata con le ragioni addotte a sostegno della decisione, sia di natura tale da poter determinare una diversa conclusione del processo (Cass., SU, 28.1.2019, Pavan). La Corte cost., 124 del 2019, dichiarando non fondata la questione di legittimità costituzionale sollevata in relazione alla nuova disciplina del co. 3 *bis*, ha peraltro avallato i principi sanciti dalla giurisprudenza di legittimità per il tema della prova dichiarativa, anche con riguardo all'applicazione della disciplina in commento ai casi di giudizio abbreviato. Il d. lgs. 150 del 2022, ha infine modificato il co. 3 *bis* circoscrivendo il dovere di rinnovazione al caso in cui la prova dichiarativa sia stata assunta in udienza nel corso del giudizio dibattimentale di primo grado (→ **Giudizio**, art. 496 s.) o nel giudizio abbreviato di primo grado (→ **Libro VI**, art. 438 co. 5, art. 441 co. 5). La riforma ha anche introdotto il co. 3 *ter*, relativo alla rinnovazione nei casi di restituzione nel termine dell'imputato nei cui confronti il giudizio di primo grado è stato celebrato in assenza (art. 604 co. 5 *ter*). La disposizione stabilisce l'applicazione dell'art. 190 *bis* (→ **Prove**) per disporre la rinnovazione, limitando pertanto il principio costituzionale dell'immediatezza (→ art. 111 co. 3 Cost.), nel caso in cui si sia proceduto in assenza nei confronti dell'imputato che sia stato dichiarato latitante o si sia in altro modo volontariamente sottratto alla conoscenza della pendenza del processo (→ art. 420 *bis* co. 3).

604. Questioni di nullità.

1. Il giudice di appello, nei casi previsti dall'articolo 522, dichiara la nullità in tutto o in parte della sentenza appellata e dispone la trasmissione degli atti al giudice di primo grado, quando vi è stata condanna per un fatto diverso o applicazione di una circostanza aggravante per la quale la legge stabilisce una pena di specie diversa da quella ordinaria del reato o di una circostanza aggravante ad effetto speciale, sempre che non vengano ritenute prevalenti o equivalenti circostanze attenuanti.

2. Quando sono state ritenute prevalenti o equivalenti circostanze attenuanti o sono state applicate circostanze aggravanti diverse da quelle previste dal comma 1, il giudice di appello esclude le circostanze aggravanti, effettua, se occorre, un nuovo giudizio di comparazione e ridetermina la pena.

3. Quando vi è stata condanna per un reato concorrente o per un fatto nuovo, il giudice di appello dichiara nullo il relativo capo della sentenza ed elimina la pena corrispondente, disponendo che del provvedimento sia data notizia al pubblico ministero per le sue determinazioni.

4. Il giudice di appello, se accerta una delle nullità indicate nell'articolo 179, da cui sia derivata la nullità del provvedimento che dispone il giudizio o della sentenza di primo grado, la dichiara con sentenza e rinvia gli atti al giudice che procedeva quando si è verificata la nullità. Nello stesso modo il giudice provvede se accerta una delle nullità indicate nell'articolo 180 che non sia stata sanata e da cui sia derivata la nullità del provvedimento che dispone il giudizio o della sentenza di primo grado.

5. Se si tratta di altre nullità che non sono state sanate, il giudice di appello può ordinare la rinnovazione degli atti nulli o anche, dichiarata la nullità, decidere nel merito, qualora riconosca che l'atto non fornisce elementi necessari al giudizio.

5 *bis*. Nei casi in cui nel giudizio di primo grado si è proceduto in assenza dell'imputato, se vi è la prova che la dichiarazione di assenza è avvenuta in mancanza dei presupposti previsti dall'articolo 420 *bis*, commi 1, 2 e 3, il giudice di appello dichiara la nullità della sentenza e dispone la trasmissione degli atti al giudice che procedeva quando si è verificata la nullità. La nullità è sanata se non è stata eccepita nell'atto di appello. In ogni caso, la nullità non può essere rilevata o eccepita se risulta che l'imputato era a conoscenza della pendenza del processo ed era nelle condizioni di comparire in giudizio prima della pronuncia della sentenza impugnata.

5 *ter*. Fuori dai casi previsti dal comma 5 *bis*, ferma restando la validità degli atti regolarmente compiuti in precedenza, l'imputato è sempre restituito nel termine per esercitare le facoltà dalle quali è decaduto:

a) se fornisce la prova che, per caso fortuito, forza maggiore o altro legittimo impedimento, si è trovato nell'assoluta impossibilità di comparire in tempo utile per esercitare le facoltà dalle quali è decaduto e che non ha potuto trasmettere tempestivamente la prova dell'impedimento senza sua colpa;

b) se, nei casi previsti dai commi 2 e 3 dell'articolo 420 *bis*, fornisce la prova di non aver avuto effettiva conoscenza della pendenza del processo e di non essere potuto intervenire senza sua colpa in tempo utile per esercitare le facoltà dalle quali è decaduto.

5 *quater*. Nei casi di cui al comma 5 *ter*, il giudice di appello annulla la sentenza e dispone la trasmissione degli atti al giudice della fase nella quale può essere esercitata la facoltà dalla quale l'imputato è decaduto, salvo che questi chieda l'applicazione della pena ai sensi dell'articolo 444 ovvero l'oblazione o esclusivamente la rinnovazione dell'istruzione dibattimentale. In questi casi provvede il giudice di appello. Quando il giudice di appello rigetta l'istanza di applicazione della pena ai sensi dell'articolo 444 o di oblazione, le stesse non possono essere riproposte.

6. Quando il giudice di primo grado ha dichiarato che il reato è estinto o che l'azione penale non poteva essere iniziata o proseguita, il giudice di appello, se riconosce erronea tale dichiarazione, ordina, occorrendo, la rinnovazione del dibattimento e decide nel merito.

7. Quando il giudice di primo grado ha respinto la domanda di oblazione, il giudice di appello, se riconosce erronea tale decisione, accoglie la domanda e sospende il dibattimento fissando un termine massimo non superiore a dieci giorni per il pagamento delle somme dovute. Se il pagamento avviene nel termine, il giudice di appello pronuncia sentenza di proscioglimento.

8. Nei casi previsti dal comma 1, se annulla una sentenza della corte di assise o del tribunale collegiale, il giudice di appello dispone la trasmissione degli atti ad altra sezione della stessa corte o dello stesso tribunale ovvero, in mancanza, alla corte o al tribunale più vicini. Se annulla una sentenza del tribunale monocratico o di un giudice per le indagini preliminari, dispone la trasmissione degli atti al medesimo tribunale; tuttavia il giudice deve essere diverso da quello che ha pronunciato la sentenza annullata.

Il co. 5 *bis* è stato aggiunto dalla l. 28.4.2014, n. 67. I co. 5 *ter* e 5 *quater* sono stati aggiunti dal d. lgs. 10.10.2022, n. 150. Il co. 8 è stato così sostituito dal d. lgs. 19.2.1998, n. 51.

• L'articolo stabilisce i casi in cui il giudice di appello dichiara la nullità (→ **Atti**, art. 177 s.) in tutto o in parte della sentenza appellata. L'**annullamento** completa la tipologia dei provvedimenti terminativi del giudizio di appello, ricomprendente anche la conferma o la riforma della sentenza appellata (art. 605). A seguito dell'annullamento, il giudice d'appello deve in alcuni casi disporre la trasmissione degli atti al giudice di primo grado o che procedeva quando si è verificata la nullità ovvero al p.m., in altri adottare ulteriori provvedimenti terminativi.

• Il co. 1 prevede la declaratoria di nullità della sentenza nei casi previsti dall'art. 522, per **difetto di contestazione** (→ **Giudizio**, art. 516 s.). Il giudice dispone, con ordinanza (→ **Atti**), la trasmissione degli atti al giudice di primo grado, quando vi è stata condanna per un **fatto diverso** (→ **Giudizio**, art. 516) o applicazione di una **circostanza aggravante** (→ art. 517) speciale o ad effetto speciale. Tuttavia, quando vengono ritenute prevalenti o equivalenti circostanze attenuanti o sono state applicate circostanze aggravanti diverse da quelle speciali o ad effetto speciale, in base al co. 2 il giudice di appello esclude le aggravanti e **riforma** (art. 605) la sentenza rideterminando la pena, dopo aver eventualmente effettuato un nuovo giudizio di comparazione. Ancora, se il difetto di contestazione deriva dalla condanna per un **reato concorrente** (→ art. 517) o per un **fatto nuovo** che si aggiunge a quello contestato (→ art. 518), in base al co. 3 il giudice di appello riforma la sentenza eliminando la pena corrispondente al capo dichiarato nullo; annulla la sentenza se si tratta di **fatto nuovo che si sostituisce a quello contestato**; dispone in ogni caso che sia data notizia al p.m. per le sue determinazioni (→ **Indagini e udienza preliminare**, art. 405).

• Viene poi distinto il trattamento delle **nullità assolute** (→ **Atti**, art. 179) **e a regime intermedio** (→ art. 180) non sanate (→ art. 183), da cui sia derivata la nullità del provvedimento che dispone il giudizio o della sentenza di primo grado (→ art. 185 co. 1), dal trattamento delle **altre nullità** non sanate. Nel primo caso, in base al co. 4, il giudice di appello dichiara la nullità con sentenza, rinviando gli atti al giudice che procedeva quando si è verificata la nullità, o trasmettendoli al p.m. in caso d'invalidità dell'imputazione. Nel secondo, in base al co. 5, il giudice di appello può ordinare la rinnovazione degli atti nulli, qualora sia necessaria e possibile (→ art. 185 co. 2), o in caso contrario **decidere nel merito**, confermando o riformando la sentenza (art. 605).

• Il giudice di appello rinvia gli atti al giudice che procedeva quando si è verificata l'invalidità, in base al co. 5 *bis*, anche quando dichiara la nullità della sentenza causata dall'illegittima celebrazione del processo in **assenza dell'imputato** (→ **Indagini e udienza preliminare**, art. 420 *bis*). Tuttavia, la nullità è sanata se non è stata eccepita con l'atto di appello (→ **Atti**, art. 181 co. 4) e non può essere rilevata o eccepita se risulta che l'imputato era a conoscenza della pendenza del processo ed era nelle condizioni di comparire in giudizio prima della sentenza impugnata.

• Il co. 5 *ter* delinea due casi di **restituzione dell'imputato nel termine** alla quale consegue, ai sensi del co. 5 *quater*, l'annullamento della sentenza e la trasmissione degli atti al giudice che procedeva, per l'esercizio della facoltà dalla quale l'imputato è decaduto, a meno che l'imputato stesso non chieda l'applicazione della pena ai sensi dell'art. 444, l'oblazione o la rinnovazione dell'istruzione dibattimentale. In primo luogo, l'imputato è restituito nel termine quando sia accertata l'assoluta impossibilità di comparire tempestivamente, per caso fortuito, forza maggiore o altro legittimo impedimento (→ **Libro V**, art. 420 *ter*), e di trasmettere tempestivamente la prova dell'impedimento senza colpa (lett. *a*). In secondo luogo, l'imputato è restituito nel termine nel caso in cui sia accertata la mancata effettiva conoscenza della pendenza del processo e l'impossibilità di intervenire senza colpa tempestivamente (lett. *b*).

• L'alternativa tra conferma e riforma della sentenza (art. 605) si apre pure nel caso previsto dal co. 6, in cui il giudice d'appello riconosce l'**erronea dichiarazione di estinzione del reato** (→ **Giudizio**, art. 531) **o d'improcedibilità** (→ art. 529) in primo grado, ordina, occorrendo, la rinnovazione del dibattimento (art. 603) e decide nel merito.

• A una sentenza di proscioglimento mette capo l'estinzione del reato a seguito dell'oblazione (→ **Disp. att.**, art. 141) attivata in appello secondo il meccanismo del co. 7. Nel caso in cui il giudice di primo grado abbia erroneamente respinto la **domanda di oblazione** (→ artt. 162 e 162 *bis* c.p.), il giudice accoglie la domanda e sospende il dibattimento fissando un termine massimo per il pagamento delle somme dovute, a seguito del quale viene riformata la sentenza appellata (art. 605).

605. Sentenza.

1. Fuori dei casi previsti dall'articolo 604, il giudice di appello pronuncia sentenza con la quale conferma o riforma la sentenza appellata.

2. Le pronunce del giudice di appello sull'azione civile sono immediatamente esecutive.

3. Copia della sentenza di appello, con gli atti del procedimento, è trasmessa senza ritardo, a cura della cancelleria, al giudice di primo grado, quando questi è competente per l'esecuzione e non è stato proposto ricorso per cassazione.

• Il co. 1 delinea la tipologia di pronunce terminative del giudizio di appello, alle quali si aggiunge l'annullamento (art. 604). La stessa formulazione legislativa dimostra che, in appello, il giudice accerta non direttamente l'esistenza del dovere di punire (oggetto del giudizio di primo grado), ma **se la sentenza debba essere confermata, riformata o annullata**. Infatti, nel giudizio di secondo grado, la fondatezza dell'imputazione (→ **Indagini e udienza preliminare**, art. 417) è vagliata nei limiti dati dall'effetto parzialmente devolutivo (art. 597 co. 1) e dall'eventuale divieto della *reformatio in peius* (art. 597 co. 3).

• Il co. 2 prevede l'immediata esecutività delle **pronunce sull'azione civile** (→ **Soggetti**, art. 74 s.). La norma riguarda sia il caso della **conferma** delle disposizioni civili, anche se non dichiarate provvisoriamente esecutive in primo grado (→ **Giudizio**, art. 540), sia il caso della **riforma** della sentenza di proscioglimento, con la condanna per la prima volta in appello, anche per la responsabilità civile (→ art. 538), o della sentenza di condanna, con il proscioglimento per la prima volta in appello. Peraltro, se si tratta di riforma della sentenza che abbia condannato anche per la responsabilità civile, a causa dell'**estinzione del reato per amnistia o prescrizione**, il giudice di appello decide sull'impugnazione ai soli effetti delle disposizioni e dei capi della sentenza concernenti gli interessi civili (art. 578), con pronuncia ancora una volta immediatamente esecutiva.

Titolo III
RICORSO PER CASSAZIONE

Capo I
Disposizioni generali

606. Casi di ricorso.

1. Il ricorso per cassazione può essere proposto per i seguenti motivi:

a) esercizio da parte del giudice di una potestà riservata dalla legge a organi legislativi o amministrativi ovvero non consentita ai pubblici poteri;

b) inosservanza o erronea applicazione della legge penale o di altre norme giuridiche, di cui si deve tener conto nell'applicazione della legge penale;

c) inosservanza delle norme processuali stabilite a pena di nullità, di inutilizzabilità, di inammissibilità o di decadenza;

d) mancata assunzione di una prova decisiva, quando la parte ne ha fatto richiesta anche nel corso dell'istruzione dibattimentale limitatamente ai casi previsti dall'articolo 495, comma 2;

e) mancanza, contraddittorietà o manifesta illogicità della motivazione, quando il vizio risulta dal testo del provvedimento impugnato ovvero da altri atti del processo specificamente indicati nei motivi di gravame.

2. Il ricorso, oltre che nei casi e con gli effetti determinati da particolari disposizioni, può essere proposto contro le sentenze pronunciate in grado di appello o inappellabili.

2 *bis*. Contro le sentenze di appello pronunciate per reati di competenza del giudice di pace, il ricorso può essere proposto soltanto per i motivi di cui al comma 1, lettere a), b) e c).

3. Il ricorso è inammissibile se è proposto per motivi diversi da quelli consentiti dalla legge o manifestamente infondati ovvero, fuori dei casi previsti dagli articoli 569 e 609, comma 2, per violazioni di legge non dedotte con i motivi di appello.

La lett. *d* e la lett. *e* sono state sostituite dalla l. 20.2.2006, n. 46. Il co. 2 *bis* è stato introdotto dal d. lgs. 6.2.2018, n. 11.

• La disposizione dà attuazione all'art. 111 co. 7 Cost., poiché specifica, da un lato, le sentenze impugnabili e, dall'altro, la nozione di "violazione di legge".

• Il co. 2 individua i **casi nei quali può essere proposto il ricorso per cassazione**: dopo aver fatto salve le **norme speciali** – contenute nel codice o in leggi speciali – che prevedono specificamente il ricorso per cassazione avverso determinati provvedimenti (→ **Soggetti**, artt. 3, 41 e 71; → **Atti**, artt. 127 e 175 co. 6; → **Misure cautelari**, artt. 305 co. 1, 311 e 325; → **Indagini e udienza preliminare**, artt. 344 *bis* co. 5, 391 co. 4, 409 co. 6, 428 e 437; → **Procedimenti speciali**, artt. 448 co. 2 *bis*, 461 co. 6, 464 *qua-*

ter co. 7 e 464 *octies* co. 3; → **Giudizio**, art. 479 co. 2; artt. 591 co. 3, 634 co. 2, 635 co. 2 e 646 co. 3; → **Procedimento davanti al tribunale in composizione monocratica**, art. 554 *quater* co. 4; → **Esecuzione**, artt. 660 co. 5 e 666 co. 2 e 6; → **Rapporti giurisdizionali con autorità straniere**, artt. 696 *nonies*, 719, 736 co. 6 e 737 co. 2), detta una previsione generale che integra quella dell'art. 568 co. 2, ammettendo la ricorribilità delle sentenze pronunciate in grado di appello e di quelle inappellabili (sulla base del combinato disposto del comma in questione e dell'art. 620 lett. *d*, la Corte ammette il ricorso avverso i **provvedimenti abnormi**).

• Il co. 1 elenca **tassativamente i motivi che possono essere fatti valere davanti alla Corte Suprema**. La proposizione di un ricorso per un vizio diverso ne determina l'**inammissibilità** (co. 3).

Con riguardo ai singoli motivi di ricorso:

– lett. *a*: si tratta dell'**eccesso o usurpazione o straripamento di potere** che rappresenta un'eredità della funzione originaria del tribunale di cassazione, quale organo vòlto a garantire il rispetto del principio di separazione dei poteri;

– lett. *b*: illustra i tipici ***errores in iudicando***. L'inosservanza deve essere riferita alla **mancata applicazione**, mentre l'erronea applicazione ricomprende l'**applicazione affetta da errore**, anche se determinato dalla **falsa interpretazione** della norma sostanziale. L'inosservanza o l'erronea applicazione rilevano anche quando riguardino una norma extra-penale, sempre che di questa si debba tener conto nell'applicazione della legge penale: è il caso di una norma civile o amministrativa richiamata per risolvere una questione pregiudiziale (ad es. la norma relativa al testamento o all'atto pubblico in relazione ai reati di falso) oppure delle c.d. norme penali in bianco;

– lett. *c*: richiama gli ***errores in procedendo*** determinati dall'inosservanza delle norme processuali previste dal codice o da leggi speciali, sempre che siano poste a pena di **nullità** (→ **Atti**, art. 177 s.), **inammissibilità** (art. 591), **decadenza** (→ **Soggetti**, art. 79) oppure **inutilizzabilità** (→ **Prove**, artt. 191 e 271);

– lett. *d*: contempla un *error in procedendo* specifico, previsto per offrire maggior tutela al **diritto alla prova** (→ **Prove**, art. 190) e al **contraddittorio tra le parti** (→ **Giudizio**). La disposizione consente di censurare la mancata assunzione solo della prova richiesta ai sensi dell'art. 495 co. 2, vale a dire la **controprova**. Ulteriore requisito è che essa sia una **controprova decisiva**, ovvero che, se posta a confronto con le argomentazioni contenute nella motivazione, si possa concludere che sarebbe stata idonea, ove esperita, a determinare certamente una diversa decisione;

– lett. *e*: delinea il **difetto di motivazione** (→ **Giudizio**, art. 546) censurabile con il ricorso per cassazione, in tre diverse declinazioni.

• La prima è la **mancanza di motivazione** (→ **Atti**, art. 125; → **Giudizio**, art. 546), vizio di carattere formale che si sostanzia nell'**inesistenza di un discorso giustificativo**, totale o parziale. Tale mancanza va distinta: dall'assenza grafica della motivazione, che determina **nullità** (→ **Atti**, art. 125), censurabile ai sensi della lett. *c*; dalla insufficienza della motivazione, mero **errore materiale correggibile** (→ **Giudizio**, art. 547) attraverso il procedimento descritto dall'art. 130.

• La seconda declinazione corrisponde alla **contraddittorietà processuale**, ossia il contrasto tra le informazioni poste a base della motivazione e quelle desumibili dagli atti del processo. Si tratta di un vizio che accoglie al suo interno solo due gravissime patologie: il **travisamento della prova** e l'**omessa valutazione di una prova decisiva**.

• La terza ipotesi è quella della **manifesta illogicità della motivazione**. Questa sussiste sia nel caso di errori relativi alla c.d. giustificazione interna (contraddittorietà tra le premesse del ragionamento e tra le conclusioni e le premesse) sia nel caso di vizi riguardanti la giustificazione esterna (il giudice di merito ha posto a fondamento della ricostruzione probatoria massime di esperienza **universalmente rifiutate** o **manifestamente inaccettabili** oppure **leggi scientifiche palesemente contraddette da conoscenze tecniche** e/o **scientifiche**: → **Prove**, art. 192).

• Al fine di ridurre l'eccessivo carico della Corte di cassazione, negli ultimi anni il legislatore ha introdotto alcune **norme speciali rispetto a quella contenuta nel primo co**. Ci si riferisce, *in primis*, all'art. 448 co. 2 *bis* che limita sensibilmente i motivi di ricorso avverso le sentenze di patteggiamento (→ **Procedimenti speciali**, art. 448 co. 2 *bis*); si rammenta inoltre il co. 2 *bis* della disposizione in esame, che esclude la possibilità di censurare in cassazione il vizio di motivazione e la violazione del diritto alla controprova nel caso di sentenze di appello pronunciate per reati di competenza del giudice di pace; si deve, ancora, richiamare l'art. 608 co. 1 *bis*, che prevede analoga limitazione con riguardo al ricorso proposto dal pubblico ministero contro una sentenza di proscioglimento confermata in appello (c.d. **doppia conforme assolutoria**). Da ultimo, anche contro la sentenza di non luogo a procedere pronunciata in grado di appello l'imputato e il procuratore generale possono ricorrere in cassazione solo per i motivi di cui al co. 1 lett. *a*, *b* e *c* (→ **Indagini e udienza preliminare**, art. 428 co. 3 *bis*).

• Anche la sentenza di non luogo a procedere pronunciata all'esito dell'udienza preliminare è ricorribile solo per i motivi di cui alle lett. *a*), *b*) e c) del presente articolo (→ **Indagini e udienza preliminare**, art. 428 co. 3 *bis*).

• Analogamente, il d. lgs. 150 del 2022, nell'introdurre, in seno al rito a citazione diretta (→ **Procedimento davanti al tribunale in composizione monocratica**, art. 550), l'**udienza di comparizione predibattimentale** (→ **Procedimento davanti al tribunale in composizione monocratica**, art. 554 *bis*), ha previsto che la **sentenza di non luogo a procedere** pronunciata in grado di appello sia ricorribile per cassazione solo per i medesimi motivi (→ **Procedimento davanti al tribunale in composizione monocratica**, art. 554 *quater* co. 4).

• Il co. 3 enumera alcune **cause speciali di inammissibilità**, da sommare a quelle generali previste dall'art. 591 co. 1. L'inammissibilità del ricorso viene dichiarata secondo le linee procedimentali tratteggiate dall'art. 610.

• Qualora i vizi di motivazione di cui al co. 1 lett. *b* non emergano dal testo del provvedimento impugnato, ma da altri atti del processo specificamente indicati nei motivi di impugnazione, la giurisprudenza di legittimità valuta la mancata allegazione degli stessi da parte del ricorrente, o della cancelleria del giudice *a quo*, quale causa di inammissibilità del ricorso (art. 581). A proposito degli adempimenti connessi alla formazione e trasmissione del fascicolo al giudice dell'impugnazione, nel caso specifico del ricorso per cassazione, rilevano la Circolare del Ministero della Giustizia, 16.5.2016, *Circolare in materia di formazione e tenuta dei fascicoli processuali da trasmettere alla Corte di Cassazione*; il nuovo art. 165 *bis* co. 2 disp. att. (→ **Disp. att.**) e la Circolare del Primo Presidente e del Procuratore Generale della Cassazione del 7.4.2019, *Adempimenti prescritti dalla Circolare ministeriale in data 16 maggio 2016; aggiornamento a seguito dell'introduzione dell'art. 165* bis *disp. att.*

• Il d. lgs. 150 del 2022 ha introdotto il rinvio pregiudiziale alla Corte di cassazione per la decisione sulla competenza per territorio (→ **Soggetti**, art. 24 *bis*).

• Il d. lgs. 150 del 2022 ha introdotto, nell'ambito del giudizio abbreviato, un caso di rinuncia all'impugnazione, alla quale consegue l'ulteriore riduzione di un sesto della pena inflitta da parte del giudice dell'esecuzione (→ **Procedimenti speciali**, art. 442 co. 2 *bis*). Questa deve essere intesa come rinuncia totale, sia all'appello sia al ricorso per cassazione.

607. Ricorso dell'imputato.

1. L'imputato può ricorrere per cassazione contro la sentenza di condanna o di proscioglimento ovvero contro la sentenza inappellabile di non luogo a procedere.

2. Può, inoltre, ricorrere contro le sole disposizioni della sentenza che riguardano le spese processuali.

• L'articolo deve essere letto congiuntamente agli artt. 571 co. 1 e 613 co. 1, come modificati dalla l. 23.6.2017, n. 103.

• Nel riformato contesto normativo, il ricorso avverso qualunque tipo di provvedimento non può essere proposto dalla parte personalmente, dovendo essere sottoscritto, a pena di inammissibilità, dai difensori iscritti nell'albo speciale della Corte di cassazione (art. 613 co. 1). Va, quindi, distinta la legittimazione a proporre il ricorso, che attiene alla titolarità sostanziale del diritto di impugnazione, dalle modalità della proposizione, riguardanti il concreto esercizio del menzionato diritto (Cass., SU, 21.12.2017, Aiello).

608. Ricorso del pubblico ministero.

1. Il procuratore generale presso la corte di appello può ricorrere per cassazione contro ogni sentenza di condanna o di proscioglimento pronunciata in grado di appello o inappellabile.

1 *bis*. Se il giudice di appello pronuncia sentenza di conferma di quella di proscioglimento, il ricorso per cassazione può essere proposto solo per i motivi di cui alle lettere *a)*, *b)* e *c)* del comma 1 dell'articolo 606.

2. Il procuratore della Repubblica presso il tribunale può ricorrere per cassazione contro ogni sentenza inappellabile, di condanna o di proscioglimento, pronunciata dalla corte di assise, dal tribunale o dal giudice per le indagini preliminari presso il tribunale.

3. [Soppresso.]

4. Il procuratore generale e il procuratore della Repubblica presso il tribunale possono anche ricorrere nei casi previsti dall'articolo 569 e da altre disposizioni di legge.

• Il co. 3 è stato soppresso dal d. lgs. 19.2.1998, n. 51. Il co. 4 è stato sostituito dal d. lgs. 19.2.1998, n. 51. Il co. 1 *bis* è stato inserito dalla l. 23.6.2017, n. 103.

• Il co. 1 *bis* è stato inserito al fine di limitare la ricorribilità per cassazione del p.m. nel caso di cosiddetta **doppia conforme assolutoria** (art. 606).

609. Cognizione della corte di cassazione.

1. Il ricorso attribuisce alla corte di cassazione la cognizione del procedimento limitatamente ai motivi proposti.

2. La corte decide altresì le questioni rilevabili di ufficio in ogni stato e grado del processo e quelle che non sarebbe stato possibile dedurre in grado di appello.

• L'**oggetto del giudizio di cassazione** è rappresentato, anzitutto, dai vizi denunciati con il ricorso. Con riguardo a questo primo profilo emerge nitidamente la differenza rispetto all'altro mezzo di impugnazione ordinario: nell'appello, l'impugnante devolve al giudice la cognizione limitatamente ai punti ai quali si riferiscono i motivi proposti. Egli circoscrive un argomento entro i cui limiti il giudice si pronuncia *ex novo*, quante e quali siano le questioni in esso coinvolte (art. 597); nel giudizio di cassazione, il ricorrente deduce gli asseriti errori della sentenza e la Corte decide accogliendo o rigettando i relativi motivi.

• La cognizione della Corte viene estesa, però, dal dettato del co. 2, anche alle «questioni rilevabili di ufficio in ogni stato e grado del processo». La Corte è chiamata, quindi, a verificare la sussistenza: dell'**incompetenza per materia** (→ **Soggetti**, art. 21), di vizi quali **nullità assolute** (→ **Atti**, art. 179), **inammissibilità** (art. 591) e **inutilizzabilità** (→ **Prove**, art. 191), delle **cause di non punibilità** previste dall'**art. 129** (particolarmente significativo è il potere-dovere di dichiarare la sopravvenuta prescrizione del reato). In merito alla rilevabilità d'ufficio delle **violazioni della Cedu** si segnala un contrasto interpretativo ora risolto, positivamente dalle Sezioni unite (Cass., SU, 28.4.2016, Dasgupta).

• Presupposto imprescindibile per l'operatività dei limiti all'effetto devolutivo e per l'esercizio dei poteri ufficiosi della cassazione è la **valida instaurazione del procedimento**. Il ricorso inammissibile non è idoneo a costituire un valido rapporto di impugnazione (Cass., SU, 22.11.2000, De Luca). Nel caso di inammissibilità dello stesso, la Corte, dunque, non potrà dichiarare le cause di non punibilità (→ **Atti**, art. 129), nello specifico – ad esempio – la **prescrizione del reato**, sia essa maturata anteriormente al ricorso o sopravvenuta (Cass., SU, 17.12.2015, Ricci), oppure dichiarare la sussistenza di un vizio processuale o, ancora, l'incompetenza per materia.

• Tuttavia, a fronte di un contrasto giurisprudenziale, le Sezioni unite hanno recentemente chiarito come spetti alla Corte di cassazione, anche in caso di ricorso inammissibile, di rilevare d'ufficio l'illegalità della pena quando sia stata applicata una sanzione fin dall'origine contraria al disposto normativo, perché di specie diversa da quella di legge o irrogata in misura superiore al massimo edittale, in attuazione degli artt. 3,

13, 25 e 27 Cost. (Cass., SU, 31.03.2022 M.E.S.).

• Il limite all'effetto devolutivo opera solo con riguardo alle questioni relative ai soggetti del rapporto processuale e non anche ai soggetti terzi (Cass., SU, 30.1.2020, Perroni).

Capo II
Procedimento

610. Atti preliminari.

1. Il presidente della corte di cassazione, se rileva una causa di inammissibilità dei ricorsi, li assegna ad apposita sezione. Il presidente della sezione fissa la data per la decisione in camera di consiglio. La cancelleria dà comunicazione del deposito degli atti e della data dell'udienza al procuratore generale ed ai difensori nel termine di cui al comma 5. L'avviso contiene l'enunciazione della causa di inammissibilità rilevata con riferimento al contenuto dei motivi di ricorso. Si applica il comma 1 dell'articolo 611. Ove non venga dichiarata l'inammissibilità, gli atti sono rimessi al presidente della corte.

1 *bis*. Il presidente della corte di cassazione provvede all'assegnazione dei ricorsi alle singole sezioni secondo i criteri stabiliti dalle leggi di ordinamento giudiziario.

2. Il presidente, su richiesta del procuratore generale, dei difensori delle parti o anche di ufficio, assegna il ricorso alle sezioni unite quando le questioni proposte sono di speciale importanza o quando occorre dirimere contrasti insorti tra le decisioni delle singole sezioni.

3. Il presidente della corte, se si tratta delle sezioni unite, ovvero il presidente della sezione fissa la data per la trattazione del ricorso in udienza pubblica o in camera di consiglio e designa il relatore. Il presidente dispone altresì la riunione dei giudizi nei casi previsti dall'articolo 17 e la separazione dei medesimi quando giovi alla speditezza della decisione.

4. [Soppresso.]

5. Almeno trenta giorni prima della data dell'udienza, la cancelleria ne dà avviso al procuratore generale e ai difensori, indicando se il ricorso sarà deciso a seguito di udienza pubblica ovvero in camera di consiglio.

5 *bis*. Nei casi previsti dall'articolo 591, comma 1, lettere *a)*, limitatamente al difetto di legittimazione, *b)*, *c)*, esclusa l'inosservanza delle disposizioni dell'articolo 581, e *d)*, la corte dichiara senza formalità di procedura l'inammissibilità del ricorso. Allo stesso modo la corte dichiara l'inammissibilità del ricorso contro la sentenza di applicazione della pena su richiesta delle parti e contro la sentenza pronunciata a norma dell'articolo 599 *bis*. Contro tale provvedimento è ammesso il ricorso straordinario a norma dell'articolo 625 *bis*.

Il co. 1 è stato sostituito dalla l. 26.3.2001, n. 128 e interpolato dalla l. 23.6.2017, n. 103. Il co. 1 *bis* è stato aggiunto dalla l. 26.3.2001, n. 128. Il co. 4 è stato abrogato dalla l. 26.3.2001, n. 128. Il co. 5 è stato modificato dalla l. 26.3.2001, n. 128. Il co. 5 *bis* è stato inserito dalla l. 23.6.2017, n. 103.

• Nella fase degli atti preliminari del procedimento di cassazione un momento cruciale è rappresentato dal vaglio della sussistenza di eventuali **cause di inammissibilità dell'impugnazione**. Qualora i magistrati addetti allo spoglio che operano per conto del primo presidente rilevino un'ipotesi di inammissibilità (artt. 591 e 606 co. 3), il ricorso viene affidato alla **settima sezione**. Il presidente fissa la data per la decisione che viene comunicata dalla cancelleria al procuratore generale e ai difensori (→ **Soggetti**, art. 96 s.), con l'indicazione della causa di inammissibilità rilevata con riferimento al contenuto dei motivi di ricorso, al fine di consentire l'instaurazione del contraddittorio cartolare. L'udienza si svolge in camera di consiglio (→ **Atti**, art. 127) **senza l'intervento dei difensori**. Il contraddittorio cartolare, assicurato dal richiamo all'applicazione dell'art. 611 co. 1, anche prima della modifica di quest'ultima disposizione per mano del d. lgs. 150 del 2022, appariva idoneo a contemperare le esigenze di tutela del ricorrente e di celere svolgimento del vaglio sull'ammissibilità ed è oggi coerente con le scelte operate dal legislatore in merito alle forme della trattazione del ricorso per cassazione (art. 611).

• La settima sezione di cui al co. 1 è predeterminata con rotazione biennale dal provvedimento tabellare riguardante la Corte di cassazione (→ **Disp. att.**, art. 169 *bis*).

• Quando **non venga rilevata alcuna causa di inammissibilità** oppure quando la sezione settima **restituisca gli atti dopo aver accertato l'insussistenza della causa originariamente supposta**, il presidente della Corte assegna il ricorso alle singole sezioni in base ai **criteri stabiliti dall'ordinamento giudiziario** (→ art. 7 *ter*). Si tratta di criteri obiettivi e predeterminati, indicati in via generale dal CSM ed approvati contestualmente alle tabelle degli uffici e con la medesima procedura (→ **Ord. giud.**, art. 7 *ter*).

• Su richiesta del procuratore generale, dei difensori delle parti (→ **Soggetti**) o anche d'ufficio, il primo presidente assegna il ricorso alle **Sezioni unite**, quando le questioni sono di **speciale importanza** oppure quando occorre **dirimere contrasti insorti tra le decisioni delle singole sezioni**. Un ulteriore caso di rimessione è previsto dall'art. 618 co. 1 *bis*.

• Per consentire alle parti di preparare il contraddittorio, queste devono essere avvisate della data dell'udienza almeno trenta giorni prima (→ **Atti**, art. 172 s.), con la specifica indicazione della tipologia procedimentale che verrà adottata per la decisione del ricorso, ossia l'udienza pubblica o la camera di consiglio (→ art. 127).

• Il co. 5 *bis*, introdotto dalla riforma Orlando, al fine di consentire una **semplificazione procedurale**, prevede che la Cassazione possa dichiarare l'inammissibilità del ricorso **"senza formalità di procedura"** – ossia ***de plano*** – in alcuni casi tassativamente indicati. Si tratta anzitutto delle ipotesi di sussistenza di "**vizi meramente formali**": difetto di legittimazione a impugnare; non impugnabilità del provvedimento; violazione delle disposizioni di cui agli artt. 582, 585, 586 e rinuncia all'impugnazione. Si ricorre alla stessa procedura semplificata anche nel caso di inammissibilità del ricorso avverso la **sentenza di "patteggiamento"** (→ **Procedimenti speciali**, art. 444 s.), oppure di quella emessa ai sensi del **nuovo concordato sui motivi di appello** di cui all'art. 599 *bis*. Contro il provvedimento con cui la Corte dichiara l'inammissibilità all'esito di tale procedura è ammesso, esplicitamente, il ricorso straordinario di cui all'art. 625 *bis*. Atteso che tale rimedio sarebbe già esperibile per impugnare il provvedimento in questione, poiché esso produce un giudicato di condanna, la specificazione va intesa in modo da ricomprendere nel suo ambito **qualsiasi ricorso**, anche quello proposto in materia cautelare o in altri procedimenti incidentali.

• Dopo l'introduzione dell'**improcedibilità** per superamento dei termini di durata massima del giudizio di impugnazione (→ **Indagini e udienza preliminare**, art. 344 *bis*), si discute del **rapporto** fra questa e l'inammissibilità del ricorso, per stabilire quale delle **due declaratorie** debba prevalere. La prevalenza dell'inammissibilità sembra potersi dedurre dal testo degli artt. 573 co. 1 *bis* e 578 co. 1 *bis* (→ 573 co 1 *bis*; 578 co. 1 *bis*). Questa è la tesi sposata dalla giurisprudenza di legittimità che, per motivarla, si riferisce alla mancata costituzione di un valido rapporto processuale e al giudicato sostanziale (Cass., VII, 19.11.2021, C.P.A.).

611. Procedimento

1. La corte provvede sui ricorsi in camera di consiglio. Se non è diversamente stabilito e in deroga a quanto previsto dall'articolo 127, la corte giudica sui motivi, sulle richieste del procuratore generale e sulle memorie senza la partecipazione del procuratore generale e dei difensori. Fino a quindici giorni prima dell'udienza il procuratore generale presenta le sue richieste e tutte le parti possono presentare motivi nuovi, memorie e, fino a cinque giorni prima, memorie di replica.

1 *bis*. Nei procedimenti per la decisione sui ricorsi contro le sentenze pronunciate nel dibattimento o ai sensi dell'articolo 442 il procuratore generale e i difensori possono chiedere la trattazione in pubblica udienza. Gli stessi possono chiedere la trattazione in camera di consiglio con la loro partecipazione per la decisione:

a) sui ricorsi per i quali la legge prevede la trattazione con l'osservanza delle forme previste dall'articolo 127;

b) sui ricorsi avverso sentenze pronunciate all'esito di udienza in camera di consiglio senza la partecipazione delle parti, a norma dell'articolo 598 *bis*, salvo che l'appello abbia avuto esclusivamente per oggetto la specie o la misura della pena, anche con riferimento al giudizio di comparazione fra circostanze, o l'applicabilità delle circostanze attenuanti generiche, di pene sostitutive, della sospensione della pena o della non menzione della condanna nel certificato del casellario giudiziario.

1 *ter*. Le richieste di cui al comma 1 *bis* sono irrevocabili e sono presentate, a pena di decadenza, nel termine di dieci giorni dalla ricezione dell'avviso di fissazione dell'udienza. Quando ritiene ammissibile la richiesta proposta, la corte dispone che l'udienza si svolga con la partecipazione del procuratore generale e dei difensori. La cancelleria dà avviso del provvedimento al procuratore generale e ai difensori, indicando se il ricorso sarà trattato in udienza pubblica o in camera di consiglio, con le forme previste dall'articolo 127.

1 *quater*. Negli stessi casi di cui al comma 1 *bis*, la corte può disporre d'ufficio la trattazione del ricorso in udienza pubblica o in camera di consiglio con la partecipazione del procuratore generale e dei difensori per la rilevanza delle questioni sottoposte al suo esame, dandone comunicazione alle parti mediante l'avviso di fissazione dell'udienza.

1 *quinquies*. Nei procedimenti da trattare con le forme previste dall'articolo 127, l'avviso di fissazione dell'udienza è comunicato o notificato almeno venti giorni prima dell'udienza e i termini di cui ai commi 1 e 1 *ter* sono ridotti a cinque giorni per la richiesta di intervenire in udienza, a dieci giorni per le memorie e a tre giorni per le memorie di replica.

1 *sexies*. Se ritiene di dare al fatto una definizione giuridica diversa, la corte dispone con ordinanza il rinvio per la trattazione del ricorso in udienza pubblica o in camera di consiglio con la partecipazione delle parti, indicando la ragione del rinvio e dandone comunicazione alle parti con l'avviso di fissazione della nuova udienza.

Articolo così sostituito dal d. lgs. 10.10.2022, n. 150.

• Ai sensi dell'articolo, completamente riscritto, con fini di contenimento di tempi e risorse, dal d. lgs. 150 del 2022, la Corte provvede, di regola, in **camera di consiglio non partecipata:** in deroga a quanto previsto dall'art. 127 (→ **Atti**, art. 127) e salvo diverse previsioni di legge (art. 706; l. 22.4.2005, n. 69, art. 22), il giudice di legittimità decide senza la partecipazione del procuratore generale e dei difensori (analogamente a quanto previsto per il giudizio di appello: art. 598 *bis*). La previsione della deroga rispetto al disposto dell'art. 127 è volta, come esplicitato dalla Rel. Illustrativa al d. lgs. 150 del 2022, ad escludere equivoci e a sancire la prevalenza della disposizione in questione su tutte quelle che richiamano l'art. 127 con riguardo al ricorso in cassazione.

• Il **contraddittorio** è instaurato **cartolarmente**. Il procuratore generale presenta le sue richieste fino a **quindici giorni** prima dell'udienza; entro lo stesso termine tutte le parti possono depositare motivi nuovi e richieste, nonché, fino a **cinque giorni** prima, memorie di replica.

• La **trattazione in pubblica udienza**, che rappresenta l'eccezione, può essere chiesta dal procuratore generale e dai difensori quando il ricorso sia proposto avverso sentenze pronunciate in dibattimento o a conclusione del giudizio abbreviato (→ **Procedimenti speciali**, art. 442).

• Ulteriore modulo eccezionale è quello che consente la **partecipazione** del procuratore generale e dei difensori **al procedimento in camera di consiglio**, su richiesta degli stessi, in ipotesi determinate:

a) nel caso di ricorsi per cui la legge prevede la trattazione *ex* art. 127: artt. 3 co. 2, 32 co. 1, 41 co. 3, 48 co. 1 (→ **Soggetti**); art. 311 co. 5 e 325 co. 3 (→ **Misure cautelari**); 625 *bis* co. 4;

b) nell'ipotesi di sentenze pronunciate dalla corte d'appello in camera di consiglio e senza la partecipazione delle parti ai sensi dell'art. 598 *bis*, salvo il caso in cui l'appello abbia avuto esclusivamente ad oggetto le questioni tassativamente elencate (art. 611 co. 1 *bis* lett. *b*).

• La richiesta del procuratore generale o dei difensori per derogare alla procedura ordinaria deve essere presentata, **a pena di decadenza**, entro **dieci giorni** dalla ricezione dell'avviso di fissazione dell'udienza ed è **irrevocabile**. Non pare debba essere motivata.

• Nei medesimi casi elencati dal co. 1 *bis*

la trattazione in pubblica udienza o la partecipazione del procuratore generale e dei difensori in camera di consiglio **può** (facoltativamente) essere **disposta d'ufficio** dalla Corte di cassazione per la **rilevanza delle questioni oggetto di ricorso**, dando relativa comunicazione alle parti con l'avviso di fissazione dell'udienza (co. 1 *quater*).

• La **trattazione in camera di consiglio** non partecipata è **inderogabile** nelle ipotesi di sentenze emesse al di fuori dal dibattimento (salvo quelle a conclusione del giudizio abbreviato) e quando la stessa sia prevista da particolari disposizioni di legge: artt. 3 co. 2, 32 co. 1, 41 co. 1 e 3, 48 co. 1 (→ **Soggetti**); art. 311 co. 5 e 325 co. 3 (→ **Misure cautelari**); art. 428 co. 3 *ter* (→ **Indagini e udienza preliminare**); art. 554 *quater* co. 5 (→ **Giudizio**); artt. 610 co. 1, 612, 624 co. 2, 625 *bis* co. 4; art. 666 co. 6 (→ **Esecuzione**); artt. 706 co. 2 e 718 co. 1 (→ **Rapporti giurisdizionali con autorità straniere**).

• La Corte deve **obbligatoriamente** disporre il **rinvio per la trattazione in pubblica udienza** o in camera di consiglio partecipata quando ritenga di dare al fatto una **qualificazione giuridica diversa** (co. 1 *sexies*). La previsione è stata inserita per evitare riqualificazioni a sorpresa, in conformità con quanto statuito dalla giurisprudenza sovranazionale (Corte edu, 11.12.2007, Drassich c. Italia) e con le posizioni elaborate dalla giurisprudenza di legittimità in merito alla correlazione fra accusa e sentenza, con specifico riguardo alla non compressione del diritto al contraddittorio (Cass., V, 3.5.2021, C.A. e altri). La disposizione si applica senza eccezioni.

• Nei procedimenti che richiedono la trattazione nelle forme di cui all'art. 127 (→ **Atti**), viene previsto un termine *ad hoc* per comunicare o notificare l'avviso di fissazione dell'udienza (almeno **venti giorni prima**) e i termini previsti dal co. 1 e 1 *bis* sono ridotti: **cinque** giorni per la richiesta di intervenire in udienza, **dieci** per le memorie e **tre** per le memorie di replica.

• L'art. 94 co. 2 d. lgs. 150 del 2022 aveva dettato la disciplina transitoria per le disposizioni contenute nell'art. 611. Questo è stato, poi, sostituito dall'art. 5 *duodecies* del **d.l. 31.10.2022, n. 162, conv. dalla l. 30.12.2022, n. 190**. Il nuovo testo dell'art. 94 d. lgs. 150 del 2022 prevede: «Per le impugnazioni proposte entro il 30 giugno 2023 continuano ad applicarsi le disposizioni di cui all'articolo 23, commi 8, primo, secondo, terzo, quarto e quinto periodo, e 9, nonché le disposizioni di cui all'articolo 23 *bis*, commi 1, 2, 3, 4 e 7, del decreto-legge 28 ottobre 2020, n. 137, convertito, con modificazioni, dalla legge 18 dicembre 2020, n. 176. Se sono proposte ulteriori impugnazioni avverso il medesimo provvedimento dopo il 30 giugno 2023, si fa riferimento all'atto di impugnazione proposto per primo».

612. Sospensione dell'esecuzione della condanna civile.

1. A richiesta dell'imputato o del responsabile civile, la corte di cassazione può sospendere, in pendenza del ricorso, l'esecuzione della condanna civile, quando può derivarne grave e irreparabile danno. La decisione sulla richiesta di sospensione della condanna civile è adottata dalla corte di cassazione con ordinanza in camera di consiglio.

• Qualora ricorrano giustificati motivi, il giudice può disporre la provvisoria esecutività del provvedimento con cui condanna l'imputato alle restituzioni ed al risarcimento del danno, sia in primo grado (→ **Giudizio**, art. 540) sia in appello (art. 600). Inoltre, il codice prevede l'immediata esecutività delle pronunce del giudice di appello sull'azione civile (art. 605 co. 2). Quando l'esecuzione della condanna civile può determinare **grave e irreparabile danno**, l'imputato e il responsabile civile (→ **Soggetti**) possono chiedere alla Corte di sospenderla in pendenza del ricorso. La Corte decide con ordinanza in camera di consiglio (→ **Atti**, art. 127).

613. Difensori.

1. L'atto di ricorso, le memorie e i motivi nuovi devono essere sottoscritti, a pena di inammissibilità, da difensori iscritti nell'albo speciale della corte di cassazione. Davanti alla corte medesima le parti sono rappresentate dai difensori.

2. Per tutti gli atti che si compiono nel procedimento davanti alla corte, il domicilio delle parti è presso i rispettivi difensori, salvo quanto previsto dal comma 4. Il difensore è nominato per la proposizione del ricorso o successivamente; in mancanza di nomina il difensore è quello che ha assistito la parte nell'ultimo giudizio, purché abbia i requisiti indicati nel comma 1.

3. Se l'imputato è privo del difensore di fiducia, il presidente del collegio provvede a norma dell'articolo 97.

4. Gli avvisi che devono essere dati al difensore sono notificati anche all'imputato che non sia assistito da difensore di fiducia.

5. Quando il ricorso concerne gli interessi civili, il presidente, se la parte ne fa richiesta, nomina un difensore secondo le norme sul patrocinio dei non abbienti.

Il co. 1 è stato modificato dalla l. 23.6.2017, n. 103.

• Con il precipuo scopo di defatigare la Corte e di porre termine alla prassi particolarmente diffusa dei ricorsi redatti dal difensore privo dell'abilitazione al patrocinio in cassazione, ma sottoscritti dall'imputato, la l. 103 del 2017 ha **eliminato le parole iniziali** del co. 1, che consentivano il ricorso personale della parte. La scelta è stata valutata come costituzionalmente legittima, poiché il legislatore può imporre discrezionalmente la rappresentanza tecnica per l'esercizio del diritto all'impugnazione in cassazione, senza, per questo, produrre effetti limitativi delle facoltà difensive (Cass., SU, 21.12.2017, Aiello).

• Dopo la riforma Orlando, quindi, l'atto di ricorso (artt. 581 e 606), le memorie e i motivi nuovi (art. 584 co. 4) devono essere sempre sottoscritti, a pena di inammissibilità, da **difensori iscritti nell'albo speciale** della Corte di cassazione, proprio al fine di assicurare un certo grado di qualificazione professionale davanti alla giurisdizione superiore. Tale regola – così come tutte le disposizioni contenute nel Titolo III del Libro IX del codice di rito – si applica a qualsiasi ricorso per cassazione: non solo a quello avverso le sentenze di merito, ma anche a tutti i ricorsi avverso provvedimenti di natura cautelare, esecutiva, estradizionale o di prevenzione (Cass., SU, 21.12.2017, Aiello).

• Nel procedimento davanti alla cassazione le parti sono **rappresentate dai difensori**. Anche a tal proposito, la ragionevolezza dell'esclusione dell'autodifesa trova giustificazione nell'elevato livello di qualificazione professionale richiesto dall'esercizio del diritto di difesa in cassazione (Cass., SU, 21.12.2017, Aiello).

• La limitazione della scelta dell'imputato ai soli difensori iscritti all'albo dei cassazionisti non sembra contrastare il dettato della Cedu (→ **Cedu**, art. 6 § 3 lett. *c*). La libertà di scelta del difensore, nell'interpretazione consolidata della Corte edu, non è, infatti, un diritto assoluto (Corte edu, 26.7.2002, Meftha e al. c. Francia).

• Solo nel caso in cui l'imputato sia assistito da un difensore d'ufficio (→ **Soggetti**, art. 97), gli avvisi relativi al procedimento vanno notificati anche all'imputato stesso. In tale ipotesi non opera la previsione generale di cui al co. 2 in base alla quale per tutti gli atti compiuti nel procedimento di cassazione il domicilio delle parti è presso i loro difensori.

• Non è palese se l'art. 581 co. 1 *ter*, introdotto dal d. lgs. 150 del 2022 (secondo il cui dettato con l'atto di impugnazione è depositata, a pena di inammissibilità, la dichiarazione o elezione di domicilio, ai fini della notificazione del decreto di citazione), si applichi anche al ricorso per cassazione. Il dato testuale, ovvero il riferimento alla notifica del decreto di citazione, porterebbe a propendere per la soluzione negativa, considerato che nell'ambito del ricorso sono notificati avvisi di fissazione dell'udienza di trattazione, di regola ai soli difensori (art. 610 co. 5) o, nel caso del co. 4 del presente articolo, anche all'imputato che non sia assistito da un difensore di fiducia, con conseguente deroga alla regola prevista dal co. 2 in merito al domicilio delle parti. In maniera opposta, si potrebbe prospettare l'applicazione dell'art. 581 co. 1 *ter* anche al ricorso per cassazione proprio per far fronte all'ipotesi, originaria o sopravvenuta, di assistenza dell'imputato da parte di un difensore d'ufficio, intendendo il concetto di "decreto di citazione a giudizio" come riferibile anche all'avviso di fissazione dell'udienza di trattazione del ricorso per cassazione.

• Per quanto attiene all'imputato nei cui confronti si è proceduto in **assenza**, la disposizione va coordinata con le novità introdotte dal d. lgs. 150 del 2022. Il nuovo art. 581 co. 1 *quater* pare riferibile anche al ricorso per cassazione. Pertanto, con l'atto di impugnazione del difensore, dovrà essere depositato, a pena di inammissibilità, specifico mandato ad impugnare rilasciato dopo la pronuncia della sentenza (art. 581 co. 1 *quater*).

614. Dibattimento.

1. Le norme concernenti la pubblicità, la polizia e la disciplina delle udienze e la direzione della discussione nei giudizi di primo e di secondo grado si osservano davanti alla corte di cassazione, in quanto siano applicabili.

2. Le parti private possono comparire per mezzo dei loro difensori.

3. Nell'udienza stabilita, il presidente procede alla verifica della costituzione delle parti e della regolarità degli avvisi, dandone atto a verbale; quindi, il presidente o un consigliere da lui delegato fa la relazione della causa.

4. Dopo la requisitoria del pubblico ministero, i difensori della parte civile, del responsabile civile, della persona civilmente obbligata per la pena pecuniaria e dell'imputato espongono nell'ordine le loro difese. Non sono ammesse repliche.

• Lo svolgimento delle udienze dibattimentali nel procedimento di cassazione è disciplinato dalle disposizioni previste per il primo grado (→ **Giudizio**, art. 470 s.), in quanto applicabili, considerate le peculiarità del rito in questione (→ **Disp. att.**, art. 168).

• Ai sensi del co. 3, il presidente ha l'obbligo di verificare la costituzione delle parti così come la regolarità degli avvisi e di darne atto a verbale, attività tipiche anche dell'udienza preliminare (→ **Libro V**) e del giudizio (→ **Libro VII**). La disposizione **evidenzia l'importanza di tale atto introduttivo**, volto ad evitare errori che, se commessi, non potrebbero essere rimediati, considerato che la Corte è giudice di ultima istanza. Questo accorgimento preventivo non è in grado, tuttavia, di scongiurare in modo assoluto la violazione del contraddittorio. A tal proposito, viene, quindi, in rilievo un rimedio postumo, rappresentato dal ricorso straordinario per errore di fatto (art. 625 *bis*). La giurisprudenza di legittimità, valuta, infatti, come deducibile per mezzo del menzionato mezzo di impugnazione il mancato rilievo che l'avviso per l'udienza davanti alla Corte di cassazione non era stato notificato al difensore di fiducia dell'imputato, considerandolo, appunto, un errore di fatto.

• Dopo la requisitoria del pubblico ministero e l'esposizione dei difensori delle parti non sono ammesse repliche, salvo che la questione sia dedotta per la prima volta nel corso della discussione, nel qual caso il presidente può concedere nuovamente la parola alle parti già intervenute (→ **Disp. att.**, art. 171).

Capo III
Sentenza

615. Deliberazione e pubblicazione.

1. La corte di cassazione delibera la sentenza in camera di consiglio subito dopo terminata la pubblica udienza salvo che, per la molteplicità o per l'importanza delle questioni da decidere, il presidente ritenga indispensabile differire la deliberazione ad altra udienza prossima. Si osservano, in quanto applicabili, le disposizioni degli articoli 527 e 546.

2. Se non provvede a norma degli articoli 620, 622 e 623, la corte dichiara inammissibile o rigetta il ricorso.

3. La sentenza è pubblicata in udienza subito dopo la deliberazione, mediante lettura del dispositivo fatta dal presidente o da un consigliere da lui delegato.

4. Prima della lettura, il dispositivo è sottoscritto dal presidente.

• La disposizione è stata originariamente concepita per disciplinare la deliberazione della sentenza nel caso dei procedimenti celebrati in pubblica udienza, che costituiva la regola ai sensi dell'art. 611 prima della riforma operata dal d. lgs. 150 del 2022.

• La deliberazione, dunque, nelle ipotesi oggi residuali (art. 611 co. 1 *bis*, 1 *quater*, 1 *sexties*), deve avvenire in camera di consiglio, al **termine della pubblica udienza.** La previsione si discosta da quanto stabilito per i giudizi di merito (→ **Giudizio**, art. 525). Tale deliberazione può, però, essere rinviata ad altra udienza prossima nei casi in cui il presidente ritenga indispensabile il differimento per la molteplicità o l'importanza delle questioni da decidere. Si tratta di un'eccezione al principio di concentrazione che trova la sua *ratio* sia nel perseguimento di esigenze di funzionalità sia nell'intento di assicurare la tendenziale uniformità delle decisioni.

• Il presente articolo non è stato modificato dal d. lgs. 150 del 2022, presentando un difetto di coordinamento con il novellato art. 611. Sarebbe stato opportuno riscriverlo alla luce delle ribaltate regole sulle forme di trattazione del ricorso per cassazione, esplicitando se le disposizioni che lo compongono siano o meno applicabili anche alla trattazione in camera di consiglio.

616. Spese e sanzione pecuniaria in caso di rigetto o di inammissibilità del ricorso.

1. Con il provvedimento che dichiara inammissibile o rigetta il ricorso, la parte privata che lo ha proposto è condannata al pagamento delle spese del procedimento. Se il ricorso è dichiarato inammissibile, la parte privata è inoltre condannata con lo stesso provvedimento al pagamento a favore della cassa delle ammende di una somma da euro 258 a euro 2.065, che può essere aumentata fino al triplo, tenuto conto della causa di inammissibilità del ricorso. Nello stesso modo si può provvedere quando il ricorso è rigettato.

1 *bis*. Gli importi di cui al comma 1 sono adeguati ogni due anni con decreto del Ministro della giustizia, di concerto con il Ministro dell'economia e delle finanze, in relazione alla variazione, accertata dall'Istituto nazionale di statistica, dell'indice dei prezzi al consumo per le famiglie di operai e impiegati, verificatasi nel biennio precedente.

Il co. 1 è stato modificato dalla l. 23.6.2017, n. 103, che ha inserito anche il co. 1 *bis*.

• La Corte costituzionale ha dichiarato l'illegittimità costituzionale del presente articolo «nella parte in cui non prevede che la corte di cassazione, in caso di inammissibilità del ricorso, possa non pronunciare la condanna in favore della cassa delle ammende, a carico della parte privata che abbia proposto il ricorso **senza versare in colpa** nella determinazione della causa di inammissibilità» (Corte cost., 186 del 2000).

• Prevedendo la condanna del ricorrente al **pagamento delle spese** del procedimento nel caso di soccombenza, la disposizione riafferma il disposto generale dell'art. 592.

• La norma contempla anche la condanna al versamento di una **somma a favore della cassa delle ammende** nelle ipotesi di declaratoria di inammissibilità o di rigetto del ricorso. Questa è obbligatoria nel primo caso, sempre che siano ravvisabili profili di colpa del ricorrente, mentre è facoltativa quando il ricorso viene rigettato. Si tratta di una **misura di carattere sanzionatorio**, la cui giustificazione risiede nel principio di responsabilità processuale enunciato dalla Corte costituzionale e costituisce disincentivo per i ricorsi proposti a meri fini dilatori. In virtù di tale fondamento, la sanzione pecuniaria dovrebbe essere proporzionata al grado di "temerarietà" del ricorso. Nella prassi, però, la cassazione tende ad applicarla in misura fissa. Per porre rimedio a tale deriva applicativa, la riforma Orlando ha previsto la possibilità di un **aumento fino al triplo della somma**. La nuova previsione è, per un verso, imperfetta perché, forse, sarebbe stato più opportuno diversificare la disciplina con riguardo alle varie cause di inammissibilità del ricorso; per altro verso è apprezzabile perché tende a scoraggiare la proposizione di ricorsi meramente dilatori. Disposizione analoga è stata inserita (→ **Soggetti**, art. 48 co. 6), per quanto attiene alla richiesta di rimessione del processo.

La novella ha, poi, introdotto il co. 1 *bis*, imponendo l'adeguamento biennale degli importi stabiliti al co. 1 alle variazioni Istat dei prezzi al consumo.

• Alla dichiarazione di inammissibilità del ricorso **non** segue la **condanna** al pagamento di una somma in favore della cassa per le ammende qualora la questione con esso dedotta sia di **particolare importanza** ed **oggetto** di **contrasto al momento della sua proposizio-**

ne (Cass., SU, 30.9.2010, Dalla Serra).

• Analogamente, l'inammissibilità per sopravvenuta carenza di interesse per cause non imputabili al ricorrente, comporta che questo non possa essere condannato né al pagamento delle spese processuali né al versamento di una somma a favore della Cassa per le ammende (Cass., SU, 14.7.2004, L.M.).

617. Motivazione e deposito.

1. Conclusa la deliberazione, il presidente o il consigliere da lui designato redige la motivazione. Si osservano le disposizioni concernenti la sentenza nel giudizio di primo grado, in quanto applicabili.

2. La sentenza, sottoscritta dal presidente e dall'estensore, è depositata in cancelleria non oltre il trentesimo giorno dalla deliberazione.

3. Qualora il presidente lo disponga, la corte si riunisce in camera di consiglio per la lettura e l'approvazione del testo della motivazione. Sulle proposte di rettifica, integrazione o cancellazione la corte delibera senza formalità.

• Nel caso di annullamento con rinvio (art. 623), la sentenza enuncia specificamente il principio di diritto al quale il giudice del rinvio deve attenersi (→ **Disp. att.**, art. 173 co. 2).

• Anche nell'ipotesi del ricorso rimesso alle Sezioni unite (artt. 610 e 618) il principio di diritto sul quale si basa la decisione deve essere enunciato esplicitamente (→ **Disp. att.**, art. 173 co. 3).

• Nella più recente giurisprudenza la Corte edu, proprio in relazione alle decisioni della cassazione, con riguardo al rispetto del dettato dell'art. **6 § 1 Cedu**, ha ribadito che sebbene i giudici non siano tenuti a motivare il rigetto di ogni argomentazione addotta da una parte, essi non possono non esaminare adeguatamente i principali motivi di ricorso e non rispondere agli stessi, soprattutto quando questi attengono ai diritti e alle libertà garantiti dalla Cedu o dai suoi Protocolli, nel qual caso l'esame deve essere svolto con particolare cura e rigore, dandone conto nella motivazione (Corte edu, 6.2.2020, Felloni c. Italia).

• La mancata definizione del giudizio di cassazione entro il termine di un anno costituisce causa di **improcedibilità dell'azione penale** *ex* art. 344 *bis* co. 2, fatta salva la possibilità di prorogare il termine nel caso di giudizio particolarmente complesso ai sensi dei successivi commi della medesima norma (→ **Indagini e udienza preliminare**, art. 344 *bis*).

• Le disposizioni di cui all'art. 344 *bis* co. 1, 4, 5, 6 e 7 si applicano anche al **giudizio di rinvio** dinnanzi al giudice competente per l'appello, fatto salvo il disposto dell'art. 624. In tale ipotesi i termini di durata massima del procedimento, ai fini dell'improcedibilità, decorrono dal novantesimo giorno successivo alla scadenza del termine previsto dal co. 2 del presente articolo (→ **Indagini e udienza preliminare**, art. 344 *bis* co. 7).

618. Decisioni delle sezioni unite.

1. Se una sezione della corte rileva che la questione di diritto sottoposta al suo esame ha dato luogo, o può dar luogo, a un contrasto giurisprudenziale, su richiesta delle parti o di ufficio, può con ordinanza rimettere il ricorso alle sezioni unite.

1 *bis*. Se una sezione della corte ritiene di non condividere il principio di diritto enunciato dalle sezioni unite, rimette a queste ultime, con ordinanza, la decisione del ricorso.

1 *ter*. Il principio di diritto può essere enunciato dalle sezioni unite, anche d'ufficio, quando il ricorso è dichiarato inammissibile per una causa sopravvenuta.

I co. 1 *bis* e 1 *ter* sono stati aggiunti dalla l. 23.6.2017, n. 103.

• L'**uniformità della giurisprudenza** contribuisce all'affermazione dell'uguaglianza dei cittadini di fronte alla legge (→ **Cost.**, art. 3) e della certezza del diritto, beni particolarmente rilevanti in ambito penale. Si tratta, quindi, di un **valore fondamentale**. Guardando alla funzione nomofilattica della Corte di cassazione (→ **Ord. giud.**, art. 65) ed alla sua importanza, il codice prevede, già nella sua versione originaria, che il ricorso possa essere affidato alle Sezioni unite, non solo dal Presidente (art. 610), ma anche dalla sezione assegnataria, quando la questione di diritto sottoposta al suo esame abbia già dato luogo o possa dar luogo ad un **contrasto giurisprudenziale**

• Anche a livello convenzionale è stato rimarcato il valore cruciale del "***principe de la sécurité juridique***", che sarebbe implicito nel dettato della Cedu. In tale contesto i giudici delle corti supreme nazionali ricoprono un ruolo fondamentale per il superamento dei contrasti giurisprudenziali e, quindi, per l'attuazione del principio di certezza del diritto oltre che per il rispetto del dettato dell'art. 6 § 1 Cedu (Corte edu, 6.12.2007, Beian c. Romania).

• La riforma Orlando è intervenuta modificando la disposizione in esame, con il palese scopo di **rafforzare la funzione nomofilattica** della Corte di cassazione. *In primis*, è stato introdotto un nuovo **co. 1 *bis*** che prevede un meccanismo finalizzato a **ridurre i contrasti giurisprudenziali**. Analogamente a quanto previsto in sede civile (art. 374 co. 3 c.p.c.), la Sezione semplice che non condivide un principio di diritto affermato dalle Sezioni unite deve rimettere la decisione del ricorso a queste ultime. Si aggiunge, inoltre, il **co. 1 *ter***, che consente alle Sezioni unite di pronunciarsi sulla questione di diritto loro sottoposta, anche d'ufficio, **nonostante l'inammissibilità del ricorso** per causa sopravvenuta.

• Al fine di assicurare all'ordinamento penale maggiore "certezza" e "prevedibilità", il nuovo co. 1 *bis* incide sulla ripartizione dei compiti all'interno delle varie articolazioni della cassazione, affidando l'attuazione e la protezione del **"sistema nomofilattico" alle Sezioni unite**. Oggi spetta solo a queste ultime decidere quando sia opportuno mutare un loro precedente orientamento interpretativo. Le **sezioni semplici** mantengono, anche dopo la riforma, un **duplice ruolo rilevante**. Da un lato, queste possono interpretare senza vincoli il dettato normativo prima dell'emanazione di un principio di diritto da parte delle Sezioni unite. Dall'altro lato, non sono obbligate ad uniformarsi al principio di diritto enunciato dalle sezioni unite se non lo condividono (per tale ragione la procedura in questione non dovrebbe essere assimilata ad un vero e proprio "vincolo del precedente"), ma possono sollecitare con l'ordinanza di rimessione il loro *revirement*, svolgendo, quindi, una funzione vitale per l'evoluzione fisiologica del sistema.

• Ancora nell'ottica sovranazionale, tale meccanismo può essere considerato idoneo, secondo le linee interpretative della Corte edu, ad escludere le violazioni delle garanzie sancite dalla **Cedu** che vengono in rilievo per quanto attiene alla certezza del diritto e al principio di prevedibilità (Corte edu, 28.6.2007, Perez Arias c. Spagna).

• Il codice **non prevede alcun rimedio a** disposizione delle parti per eccepire la possibile violazione dell'art. 618 co. 1 *bis*, nel caso in cui una singola sezione semplice non rispetti la procedura. L'ipotesi di devoluzione obbligatoria non sembra sanzionata esplicitamente dalla legge; inoltre, la dottrina maggioritaria non ritiene possa invocarsi la responsabilità disciplinare dei componenti del collegio

• Nel caso disciplinato dal co. 1, il presidente della Corte può restituire il ricorso alla sezione rimettente, qualora alle Sezioni unite siano stati assegnati altri ricorsi sulla medesima questione o il contrasto giurisprudenziale risulti oramai superato (→ **Disp. att.**, art. 172 co. 1).

619. Rettificazione di errori non determinanti annullamento.

1. Gli errori di diritto nella motivazione e le erronee indicazioni di testi di legge non producono l'annullamento della sentenza impugnata, se non hanno avuto influenza decisiva sul dispositivo. La corte tuttavia specifica nella sentenza le censure e le rettificazioni occorrenti.

2. Quando nella sentenza impugnata si deve soltanto rettificare la specie o la quantità della pena per errore di denominazione o di computo, la corte di cassazione vi provvede senza pronunciare annullamento.

3. Nello stesso modo si provvede nei casi di legge più favorevole all'imputato, anche se sopravvenuta dopo la proposizione del ricorso, qualora non siano necessari nuovi accertamenti di fatto.

• Generalmente, l'istituto della rettificazione viene ricondotto alla correzione dell'errore materiale (→ **Atti**, art. 130; → **Giudizio**, artt. 535 e 547). La rettificazione contemplata dall'art. 619 racchiude, però, al suo interno **quattro diverse fattispecie**: *a*) la sentenza di rigetto fondata su una riformulazione del giudizio di diritto; *b*) il provvedimento di correzione di un errore materiale; *c*) la sentenza di riforma della specie o della quantità della pena per errore di denominazione o di computo; *d*) la sentenza di riforma per l'applicazione di una legge più favorevole (→ art. 2 co. 4 c.p.), anche se sopravvenuta. Si tratta di una distinzione che rileva soprattutto a livello teorico e non trova riscontro in giurisprudenza. Nella prassi, infatti, si ammette, sia pure in maniera non esplicita, solo la distinzione tra le due ipotesi previste dai co. 1 e 2, generalmente fatte rientrare nell'ambito della correzione dell'errore materiale, e il caso contemplato dal co. 3, che conduce sostanzialmente ad una sentenza di riforma, analoga a quella prevista dall'art. 620 co. 1 lett. *l*.

• La rettificazione degli errori di diritto innocui risponde all'esigenza di scongiurare l'annullamento della decisione impugnata tutte le volte in cui la Corte di cassazione può ovviare ad **errori di diritto**, **insufficienze motivazionali** o **cadute di attenzione** da parte del giudice *a quo*, lasciando inalterato l'essenziale del contesto decisorio assunto con la sentenza esaminata (ad es. emerge dalla motivazione della sentenza impugnata che è più corretta la formula di proscioglimento "il fatto non sussiste" rispetto a quella "il fatto non costituisce reato"). Il co. 2 consente alla Corte di evitare l'annullamento e di procedere direttamente alla correzione anche nel caso di **errore di denominazione o di computo della pena**. La giustificazione di tale norma va ricercata nel principio di ragionevole durata del processo (→ **Cost.**, art. 111 co. 2), il quale esclude che siano rimesse dalla Cassazione al giudice di rinvio questioni relative alla sola determinazione della pena, quando si sia ormai in presenza di un giudicato sull'accertamento del reato e sulla responsabilità dell'imputato. Si riconduce a questa seconda ipotesi, ad esempio, il caso della **riduzione di pena in misura inferiore ad un terzo**, in sede di giudizio abbreviato (Cass., V, 15.6.2022, T.C.).

• Il co. 3 consente di pronunciare sentenza di rettificazione anche nel caso di **applicazione di una norma più favorevole** all'imputato (→ **Soggetti**, art. 60 s.) – sopravvenuta o meno – sempre che il giudizio di merito non presupponga un accertamento di fatto, interdetto alla Corte di cassazione. Si tratta di un'ipotesi differente dalle altre due poiché integra un'ipotesi di rettificazione che coincide senza dubbio con una pronuncia di riforma del provvedimento impugnato: la Corte modifica direttamente il contenuto della sentenza oggetto di ricorso. Viene ricondotto nell'ambito di applicazione del co. 3 anche il caso di patteggiamento per più reati uniti dal vincolo della continuazione, qualora, nelle more del giudizio di legittimità, sopravvenga l'*abolitio criminis* per uno dei reati satellite. La Corte di cassazione rettificherà la sentenza, provvedendo all'eliminazione della parte di pena fissata dalle parti per il reato abrogato (Cass., SU, 19.7.2018, F.).

620. Annullamento senza rinvio.

1. Oltre che nei casi particolarmente previsti dalla legge, la corte pronuncia sentenza di annullamento senza rinvio:

a) se il fatto non è previsto dalla legge come reato, se il reato è estinto o se l'azione penale non doveva essere iniziata o proseguita;

b) se il reato non appartiene alla giurisdizione del giudice ordinario;

c) se il provvedimento impugnato contiene disposizioni che eccedono i poteri della giurisdizione, limitatamente alle medesime;

d) se la decisione impugnata consiste in un provvedimento non consentito dalla legge;

e) se la sentenza è nulla a norma e nei limiti dell'articolo 522 in relazione a un reato concorrente;

f) se la sentenza è nulla a norma e nei limiti dell'articolo 522 in relazione a un fatto nuovo;

g) se la condanna è stata pronunciata per errore di persona;

h) se vi è contraddizione fra la sentenza o l'ordinanza impugnata e un'altra anteriore concernente la stessa persona e il medesimo oggetto, pronunciata dallo stesso o da un altro giudice penale;

i) se la sentenza impugnata ha deciso in secondo grado su materia per la quale non è ammesso l'appello;

l) se la corte ritiene di poter decidere, non essendo necessari ulteriori accertamenti di fatto, o di rideterminare la pena sulla base delle statuizioni del giudice di merito o di adottare i provvedimenti necessari, e in ogni altro caso in cui ritiene superfluo il rinvio.

La lett. *l* è stata sostituita dalla l. 23.6.2017, n. 103.

• L'**annullamento senza rinvio** è il **secondo possibile esito** del giudizio di cassazione. Il **criterio della superfluità del rinvio** lega tutte le ipotesi espressamente contemplate ed è ripreso dalla lett. *l*, la quale, consacrandolo a clausola di chiusura, consente di considerare il precedente elenco meramente esemplificativo.

• La lettura sistematica della disposizione e dell'art. 621 permette di identificare diversi effetti della sentenza di annullamento e, in modo correlato, una sua duplice fisionomia. Si configura come **decisione a puro effetto rescindente** quella che si limita a cassare il provvedimento e a cancellare il giudizio, lasciando impregiudicate le successive vicende della *res in iudicium deducta*. Si sostanzia, invece, in una **decisione rescindente con contestuale giudizio rescissorio** quando il giudice di legittimità annulla il provvedimento impugnato sostituendolo con una nuova decisione. All'interno di quest'ultima categoria, si possono scorgere due ipotesi ulteriori: quella in cui la sentenza di annullamento della Corte sostituisce interamente la decisione impugnata, avente ad oggetto un vero e proprio **proscioglimento**, e quella in cui la Corte annulla parzialmente la sentenza impugnata, sostituendo alcune pronunce in essa contenute, potendo essere qualificato come **sentenza di riforma**.

• Con riguardo ai singoli casi di annullamento senza rinvio: la **lett. *a*** prescrive di annullare senza rinvio la sentenza impugnata se risulta che il **fatto non è previsto dalla legge come reato**, se accerta l'**estinzione del reato** e, infine, quando ritiene che l'**azione penale non doveva essere iniziata o proseguita**. Benché nella disposizione non si trovi un riferimento alle formule "il fatto non sussiste" e "l'imputato non lo ha commesso" si ritiene che queste rilevino anche nel processo di cassazione, poiché il dettato dell'art. 129 (→ **Atti**) obbliga a pronunciare l'immediata declaratoria di tali cause di non punibilità in ogni stato e grado del processo. La **lett. *b*** prescrive l'annullamento senza rinvio nel caso del **difetto relativo di giurisdizione** mentre quella della **lett. *c*** si riferisce all'ipotesi del **difetto assoluto di giurisdizione** o dell'**eccesso di potere.** La **lett. *d*** fa riferimento ai provvedimenti non consentiti dalla legge. Tra questi spiccano, per importanza, i **provvedimenti abnormi**. Le **lett. *e*** ed ***f*** prescrivono l'annullamento senza rinvio nei casi di **difetto di contestazione**, rispettivamente del **reato concorrente** e del **fatto nuovo** (→ **Giudizio**, art. 522). La mancanza di correlazione tra accusa e sentenza relativa a un **fatto diverso** comporta, invece, l'annullamento con rinvio. La **lett. *g*** si riferisce all'errore sull'identità fisica della persona e si ricollega alla previsione dell'art. 68 (→ **Soggetti**). La **lett. *h*** ha ad oggetto l'ipotesi del **conflitto pratico di giudicati** (→ **Esecuzione**, art. 669): va letta congiuntamente alla previsione dell'art. 621 che, di fatto, dettando un criterio per individuare il provvedimento di cui ordinare l'esecuzione nel caso di contrasto, prevede una regola per determinare il provvedimento che deve essere annullato senza rinvio La **lett. *i*** si riferisce al caso in cui il giudice di secondo grado abbia deciso su una materia per cui non è previsto l'appello e, pertanto, di competenza della Corte di cassazione. In questa ipotesi, ai sensi dell'art. 621 (art. 568), nel rispetto del principio di economia processuale, la Corte annulla e riqualifica l'impugnazione come ricorso. La **lett. *l*** sancisce il criterio della superfluità del giudizio di rinvio. È una **clausola aperta**, che, in sostanza, attribuisce alla stessa Cassazione il potere di indicare in concreto i confini dell'annullamento senza rinvio, al di là dei casi esemplificati dalle lettere precedenti, e, conseguentemente, di determinare lo spazio da riservare al giudizio di rinvio. A seguito della costituzionalizzazione del **principio della ragionevole durata del processo** (→ **Cost.**, art. 111 co. 2), la Corte tende a privilegiare le esigenze di economia e quindi a interpretare in modo estensivo la nozione di superfluità del giudizio di rinvio. Al fianco della clausola generale, già nella versione originaria della lett. *l*, si collocava l'ipotesi in cui la Corte ritiene di poter dare (ora adottare) i provvedimenti necessari. La riforma Orlando ha ampliato le ipotesi di annullamento senza rinvio ai sensi della lett. *l*, con un evidente intento deflativo, traendo ispirazione dall'analoga previsione contenuta nell'art. 384 co. 2 c.p.c. In base a tali modifiche, la Corte annulla senza rinvio anche quando «ritiene di poter decidere, non essendo necessari ulteriori accertamenti». Tale formula rischia, come già evidenziato dalla dottrina, di consentire alla Corte un'eccessiva (auto)espansione dei propri poteri cognitivi, in nome di esigenze di economia processuale. La seconda ipotesi modificata è quella in cui la Corte può limitarsi a rideterminare la pena «sulla base delle statuizioni del giudice di merito».

• A tal proposito le Sezioni unite hanno puntualizzato che la Corte può pronunciare «sentenza di annullamento senza rinvio se ritiene superfluo il rinvio e se, anche all'esito di valutazioni discrezionali, può decidere la causa alla stregua degli elementi di fatto già accertati o sulla base delle statuizioni adottate dal giudice di merito, non risultando perciò necessari ulteriori accertamenti di fatto» (Cass., SU, 30.11.2017, Matrone).

• In materia di confisca di prevenzione disposta sulla base della pericolosità generica, quando il ricorso sia stato presentato per far valere la declaratoria di incostituzionalità pronunciata con sentenza n. 24 del 2019, l'annullamento senza rinvio riguarda solo la misura fondata esclusivamente sull'art. 1 co. 1 lett. *a* del d. lgs. 6.10.2011, n. 159 (Cass., SU, 16.12.2021, F.E.).

621. Effetti dell'annullamento senza rinvio.

1. Nel caso previsto dall'articolo 620 comma 1 lettera *b*), la corte dispone che gli atti siano trasmessi all'autorità competente, che essa designa; in quello previsto dalla lettera *e*) e in quello previsto dalla lettera *f*), la corte dispone che del provvedimento sia data notizia al pubblico ministero per le sue determinazioni; in quello previsto dalla lettera *h*), ordina l'esecuzione della prima sentenza o ordinanza, ma, se si tratta di una sentenza di condanna, ordina l'esecuzione della sentenza che ha inflitto la condanna meno grave determinata a norma dell'articolo 669; in quello previsto dalla lettera *i*), ritiene il giudizio qualificando l'impugnazione come ricorso; in quello previsto dalla lettera *l*), procede alla determinazione della pena o dà i provvedimenti che occorrono.

622. Annullamento della sentenza ai soli effetti civili.

1. Fermi gli effetti penali della sentenza, la corte di cassazione, se ne annulla solamente le disposizioni o i capi che riguardano l'azione civile ovvero se accoglie il ricorso della parte civile contro la sentenza di proscioglimento dell'imputato, rinvia quando occorre al giudice civile competente per valore in grado di appello, anche se l'annullamento ha per oggetto una sentenza inappellabile.

• In collegamento con il dettato dell'art. 576, la disposizione prevede **due diverse ipotesi di annullamento**: l'**annullamento delle sole disposizioni o capi civili** e l'**annullamento della sentenza di proscioglimento** dell'imputato avverso la quale ha proposto ricorso la parte civile (→ **Soggetti**, art. 74 s.).

623. Annullamento con rinvio.

1. Fuori dei casi previsti dagli articoli 620 e 622:

a) se è annullata un'ordinanza, la corte di cassazione dispone che gli atti siano trasmessi al giudice che l'ha pronunciata, il quale provvede uniformandosi alla sentenza di annullamento;

b) se è annullata una sentenza di condanna nei casi previsti dall'articolo 604, commi 1 e 4, la Corte di cassazione dispone che gli atti siano trasmessi al giudice di primo grado;

b bis) se è annullata una sentenza di condanna nei casi previsti dall'articolo 604, comma 5 *bis*, la Corte di cassazione dispone che gli atti siano trasmessi al giudice del grado e della fase in cui si è verificata la nullità o, nei casi previsti dall'articolo 604, comma 5 *ter*, al giudice del grado e della fase nella quale può essere esercitata la facoltà dalla quale l'imputato è decaduto, salvo risulti che l'imputato era a conoscenza della pendenza del processo e nelle condizioni di comparire in giudizio prima della pronuncia della sentenza impugnata;

c) se è annullata la sentenza di una corte di assise di appello o di una corte di appello ovvero di una corte di assise o di un tribunale in composizione collegiale, il giudizio è rinviato rispettivamente a un'altra sezione della stessa corte o dello stesso tribunale o, in mancanza, alla corte o al tribunale più vicini;

d) se è annullata la sentenza di un tribunale monocratico o di un giudice per le indagini preliminari, la corte di cassazione dispone che gli atti siano trasmessi al medesimo tribunale; tuttavia, il giudice deve essere diverso da quello che ha pronunciato la sentenza annullata.

La lett. *b* è stata così sostituita dalla l. 28.4.2014, n. 67. La lett. *b bis* è stata introdotta dal d. lgs. 10.10.2022, n. 150; la lett. *c* è stata modificata dal d. lgs. 19.2.1998, n. 51. La lett. *d* è stata sostituita dal d. lgs. 19.2.1998, n. 51.

• Corte cost., 183 del 2013, ha dichiarato l'**illegittimità costituzionale** della lett. *a* nella parte in cui non prevede che non possa partecipare al giudizio di rinvio, dopo l'annullamento, il giudice che ha pronunciato o concorso a pronunciare ordinanza di accoglimento o rigetto della richiesta di applicazione in sede esecutiva della disciplina del reato continuato e del concorso formale, ai sensi dell'art. 671.

• Corte cost., 7 del 2022, ha dichiarato l'**illegittimità costituzionale** della lett. *a*, nella parte in cui non prevede che il giudice dell'esecuzione debba essere diverso da quello che ha pronunciato l'ordinanza sulla richiesta di rideterminazione della pena, a seguito di declaratoria di illegittimità costituzionale di una norma incidente sul trattamento sanzionatorio, annullata con rinvio dalla Corte di cassazione.

• La disposizione in esame consente, da un lato, di definire **l'ambito di applicazione dell'annullamento con rinvio** e, dall'altro, di **individuare il giudice cui trasmettere gli atti** per lo svolgimento del giudizio rescissorio.

• La Corte annulla con rinvio **fuori dai casi nei quali pronuncia annullamento senza rinvio o annullamento ai soli effetti civili**. La scelta di determinare in via residuale le ipotesi di annullamento con rinvio trova la sua radice nella concezione tradizionale del "sistema della cassazione". Poiché il ricorso per cassazione è concepito come impugnazione diretta a un organo dotato di cognizione limitata alla legittimità e di giurisdizione meramente negativa, è consequenziale considerare l'annullamento con rinvio quale regola e l'annullamento senza rinvio come eccezione. Atteso che i casi di cassazione con rinvio sono definiti per mezzo di clausole aperte (art. 620), i confini tra le due pronunce non sono sempre identificabili con precisione (il problema si è posto ripetutamente in **materia di patteggiamento: → Procedimenti speciali**, art. 444 s.).

• Il **giudice *ad quem* viene individuato a seconda della tipologia del provvedimento adottato**. Nel caso di ordinanza (→ **Atti**, art. 125) sarà il medesimo giudice – con i limiti individuati da Corte cost., 183 del 2013 – mentre, quando sia annullata con rinvio una sentenza il giudice sarà diverso. In modo specifico, se si tratta di sentenza annullata per invalidità ai sensi dell'art. 604 co. 1 e 4, la cassazione deve pronunciare l'annullamento con rinvio al giudice di primo grado (→ **Giudizio**).

• Nell'ambito dei rimedi restitutori relativi al processo *in absentia* (→ **Indagini e udienza preliminare**, art. 420 *bis*), la Corte di cassazione deve annullare la sentenza di condanna quando si è proceduto in assenza e si verificano le ipotesi previste dall'art. 604 co. 5 *bis* e 5 *ter*, salvo che, in quest'ultimo caso, risulti che l'imputato (→ **Soggetti**, art. 60) era a conoscenza della pendenza del processo e si trovava nelle condizioni di comparire in giudizio, prima della pronuncia della sentenza. Nella prima ipotesi (assenza dichiarata al di fuori dei presupposti) dispone che gli atti siano trasmessi al giudice del grado e della fase in cui si è verificata la nullità; nella seconda (assenza dichiarata nelle ipotesi previste dalla legge, con prova, da parte dell'imputato, dei presupposti indicati dall'art. 604 co. 5 *ter*), gli atti vanno trasmessi al giudice del grado e della fase nella quale può essere esercitata la facoltà dalla quale l'imputato è decaduto.

• Le **lett.** ***c*** e ***d*** dettano regole generali che valgono a prescindere dalla causa di annullamento, dirette a individuare il giudice competente per il rinvio della sentenza **pronunciata da un giudice collegiale** o **da un giudice monocratico.**

624. Annullamento parziale.

1. Se l'annullamento non è pronunciato per tutte le disposizioni della sentenza, questa ha autorità di cosa giudicata nelle parti che non hanno connessione essenziale con la parte annullata.

2. La corte di cassazione, quando occorre, dichiara nel dispositivo quali parti della sentenza diventano irrevocabili. L'omissione di tale dichiarazione è riparata dalla corte stessa in camera di consiglio con ordinanza che deve trascriversi in margine o in fine della sentenza e di ogni copia di essa posteriormente rilasciata. L'ordinanza può essere pronunciata di ufficio ovvero su domanda del giudice competente per il rinvio, del pubblico ministero presso il medesimo giudice o della parte privata interessata. La domanda si propone senza formalità.

3. La corte di cassazione provvede in camera di consiglio senza l'osservanza delle forme previste dall'articolo 127.

• Qualora la Corte annulli esclusivamente alcune "**disposizioni**" o "**parti**" della sentenza, questa acquisisce autorità di cosa giudicata (→ **Esecuzione**, art. 648) per le parti non annullate, che non presentano una connessione essenziale con le precedenti.

• Per interpretare la disposizione e per delinearne il reale ambito di applicazione è indispensabile interrogarsi sul significato del concetto di "disposizioni" o "parti". Tale operazione esegetica è indispensabile per comprendere se il codice si riferisca **esclusivamente ai capi** della sentenza o se voglia richiamare **anche i punti** della stessa, (per i concetti di capi e punti: art. 581). Sulla base di tali concetti, possono essere distinte due tipologie di annullamento parziale: l'**annullamento parziale proprio**, che si determina quando la Corte annulla solamente un segmento della sentenza, vale a dire uno o più punti contenuti nel medesimo capo; l'**annullamento parziale improprio**, che si determina qualora la cassazione annulli uno o più capi di una sentenza complessa (dal punto di vista soggettivo o oggettivo). In quest'ultimo caso, la Corte non pronuncia un vero e proprio annullamento parziale poiché i capi sono, singolarmente, pronunce autosufficienti, contenute solo in modo contingente e casuale nella stessa sentenza e di fatto, quindi, annulla una o più pronunce. L'orientamento pretorio dominante, scelto anche dalle Sezioni unite, ritiene che l'art. 624, utilizzando il termine parti che acquisiscono autorità di cosa giudicata dopo che è stato pronunciato un annullamento parziale, intenda richiamare **qualsiasi statuizione avente un'autonomia giuridico-concettuale**. Vale a dire che la disposizione trova applicazione anche in caso di annullamento di singoli punti, ossia di annullamento parziale proprio.

• Ulteriore aspetto problematico ha ad oggetto il riferimento all'**autorità di cosa giudicata** (→ **Esecuzione**, art. 648). L'annullamento parziale (che sia proprio o improprio) determina per la parte della sentenza non annullata (e non connessa in modo essenziale con quella oggetto di annullamento) l'immodificabilità delle statuizioni in essa contenute. Si tratta della c.d. **formazione progressiva del giudicato.** La sua implicazione pratica più rilevante, per quanto attiene alla disposizione in esame, è che, in caso di annullamento parziale della sola statuizione concernente la determinazione della pena, il giudicato (progressivo) formatosi sull'accertamento del reato e della responsabilità dell'imputato, con la definitività della decisione su tali parti, impedisce al giudice del rinvio di applicare le **cause sopravvenute di estinzione del reato** (salvo la morte dell'imputato o la remissione della querela), di rilevare le **cause di estinzione già esistenti e non prese in considerazione** (Cass., SU, 26.3.1997, Attinà), nonché di applicare la **norma sopravvenuta più favorevole** (Cass., SU, 27.3.2014, C.). Si deve, però, distinguere l'ipotesi dell'***abolitio criminis*** sopravvenuta all'annullamento, in pendenza del giudizio di rinvio, che secondo le Sezioni unite fa venire meno l'esistenza del reato, minando la potestà punitiva statuale. In nome dell'economia dei giudizi, di fronte ad un'ipotesi che può dar luogo alla revoca della sentenza di condanna (→ **Esecuzione**, art. 673), si ammette un analogo potere del giudice del rinvio.

• In caso di annullamento parziale improprio, deve essere **posta in esecuzione** la parte della sentenza divenuta irrevocabile. Nell'ipotesi di annullamento parziale proprio, invece, le Sezioni unite hanno scisso l'innegabile *trait d'union* fra irrevocabilità ed esecutività (→ **Esecuzione**, art. 650) e hanno escluso che, in questo caso, si possa eseguire la parte della sentenza non annullata coperta sì dal giudicato, ma con una **valenza interna priva di effetti immediati sul piano dell'esecuzione**.

• Anche i confini della **connessione essenziale** incidono sulla portata della disposizione e della formazione progressiva del giudicato. A tal proposito la giurisprudenza, con l'avvallo delle Sezioni unite, tende stabilmente ad escludere tale nesso fra il punto della sentenza riguardante solo la **determinazione della pena** e quello avente ad oggetto l'affermazione della responsabilità (Cass., SU, 29.10.2020, G.A.).

624 *bis*. Cessazione delle misure cautelari.

1. La corte di cassazione, nel caso di annullamento della sentenza d'appello, dispone la cessazione delle misure cautelari.

Articolo inserito dalla l. 26.3.2001, n. 128.

• La disposizione deve essere letta congiuntamente a quella dettata dall'art. 275 co. 2 *ter* (→ **Misure cautelari**) e, sia pure in presenza di un dato testuale non chiaro, sembra volta a prevedere un'autonoma causa di estinzione delle sole misure cautelari personali **applicate contestualmente alla sentenza di condanna in appello** e, quindi, non di qualsiasi misura cautelare in qualunque ipotesi di annullamento. La norma viene in particolare rilievo quando la Cassazione annulli con rinvio, considerato che nel caso di annullamento senza rinvio la perdita di efficacia delle misure consegue all'applicazione della regola generale dettata dall'art. 300 co. 1 (→ **Misure cautelari**).

• Il dettato dell'art. 624 *bis* deve essere coordinato, per quanto attiene alla dichiarazione di improcedibilità per superamento dei termini di durata massima del giudizio di impugnazione (→ **Indagini e udienza preliminare**, art. 344 *bis*), con il disposto dell'art. 578 *ter* (art. 578 *ter*) e, in particolare, con il co. 3 (art. 578 *ter* co. 3).

625. Provvedimenti conseguenti alla sentenza.

1. In caso di annullamento con rinvio, la cancelleria della corte di cassazione trasmette senza ritardo gli atti del processo con la copia della sentenza al giudice che deve procedere al nuovo giudizio.

2. In caso di rigetto o di dichiarazione di inammissibilità del ricorso, la cancelleria trasmette gli atti e la copia del solo dispositivo al giudice che ha emesso la decisione impugnata.

3. In caso di annullamento senza rinvio o di rettificazione, la cancelleria trasmette al giudice indicato nel comma 2 gli atti e la copia della sentenza.

4. In ogni caso la cancelleria del giudice che ha emesso la decisione impugnata esegue annotazione, in margine o in fine dell'originale, della decisione della corte.

625 *bis*. Ricorso straordinario per errore materiale o di fatto.

1. È ammessa, a favore del condannato, la richiesta per la correzione dell'errore materiale o di fatto contenuto nei provvedimenti pronunciati dalla corte di cassazione.

2. La richiesta è proposta dal procuratore generale o dal condannato, con ricorso presentato alla corte di cassazione entro centottanta giorni dal deposito del provvedimento. La presentazione del ricorso non sospende gli effetti del provvedimento, ma, nei casi di eccezionale gravità, la corte provvede, con ordinanza, alla sospensione.

3. L'errore materiale di cui al comma 1 può essere rilevato dalla corte di cassazione, d'ufficio,

in ogni momento e senza formalità. L'errore di fatto può essere rilevato dalla corte di cassazione, d'ufficio, entro novanta giorni dalla deliberazione.

4. Quando la richiesta è proposta fuori dell'ipotesi prevista al comma 1 o, quando essa riguardi la correzione di un errore di fatto, fuori del termine previsto al comma 2, ovvero risulta manifestamente infondata, la corte, anche d'ufficio, ne dichiara con ordinanza l'inammissibilità; altrimenti procede in camera di consiglio, a norma dell'articolo 127 e, se accoglie la richiesta, adotta i provvedimenti necessari per correggere l'errore.

Articolo inserito dalla l. 26.3.2001, n. 128 e modificato dalla l. 23.6.2017, n. 103.

• La disposizione prevede due rimedi avverso le decisioni pronunciate dalla Corte di cassazione. Il primo consiste in uno strumento per correggere l'**errore materiale**, speciale rispetto a quello previsto dall'art. 130 (Cass., SU, 27.3.2002, Basile), ma, analogamente a quest'ultimo, attivabile d'ufficio senza limiti di tempo (→ **Atti**). Esso è finalizzato alla rimozione di una svista, una distrazione espressiva, da cui è scaturita una divergenza tra la volontà del giudice e la materiale rappresentazione grafica della stessa. Il secondo rimedio consiste in un **mezzo di impugnazione straordinaria** (Cass., SU, 27.3.2002, Basile) volto ad eliminare un provvedimento viziato da un **errore di fatto**, determinato da un errore di percezione nel quale la Corte di cassazione sia incorsa nella lettura degli atti interni al giudizio e che rileva quando abbia condotto ad una decisione diversa da quella che sarebbe stata adottata in mancanza dell'errore di fatto medesimo.

• Poiché il ricorso per errore di fatto, quale vero e proprio mezzo straordinario di impugnazione, deve essere considerato un'eccezione al fondamentale **principio di inoppugnabilità delle decisioni della Corte di cassazione**, la giurisprudenza concorda nell'ammetterlo **solo avverso i provvedimenti della cassazione che rendono definitiva una sentenza di condanna o che contribuiscono alla stabilizzazione del giudicato** (→ **Esecuzione**, art. 648). Rimangono, invece, fuori dall'ambito di applicazione del rimedio straordinario le decisioni pronunciate dalla cassazione all'interno di procedimenti incidentali (soprattutto *ante iudicatum*).

• A titolo esemplificativo, per identificare le decisioni che non possono essere oggetto del rimedio in questione, si rammentano: i provvedimenti in fase cautelare; le decisioni in materia di misure di prevenzione; quelle in materia di rimessione del processo; quelle pronunciate in ambito di estradizione, di mandato di arresto europeo, nonché tutte quelle decisioni nelle quali la pronuncia della cassazione, pur avendo come presupposto il giudicato, non è destinata ad incidere in alcun modo sull'accertamento della responsabilità, come nelle decisioni in materia di indennizzo per ingiusta detenzione o di riabilitazione. La giurisprudenza di legittimità tende a ritenere inammissibile il ricorso straordinario per errore di fatto avverso la decisione con la quale la Corte di cassazione ha dichiarato *de plano* l'inammissibilità del ricorso *ex* art. 610 co. 5 *bis*.

• Sul versante opposto, la Corte tende ad ammettere l'utilizzazione del mezzo di impugnazione straordinario avverso la sentenza con cui la stessa cassazione ha dichiarato inammissibile o rigettato il ricorso contro la decisione della corte d'appello, pronunciata sulla **richiesta di revisione**, nonché avverso la decisione della suprema Corte emessa su ricorso avverso **l'ordinanza del giudice dell'esecuzione, quando tale decisione, intervenendo a stabilizzare il giudicato, determina l'irrimediabilità del pregiudizio derivante dall'errore di fatto**. La S.C. ha elencato, a titolo esemplificativo, gli ulteriori seguenti casi: a) la decisione che abbia ad oggetto le procedure di cui agli artt. 671 e 673; b) la decisione sul ricorso avverso l'ordinanza negativa del giudice dell'esecuzione chiamato a decidere, *ex* art. 670, una questione riguardante la validità della notifica della sentenza di condanna di merito; c) decisione sull'ordinanza che respinga una richiesta di restituzione nel termine per impugnare una sentenza di condanna (Cass., SU, 21.7.2016, Nunziata).

• Con riguardo al procedimento, la Corte deve compiere un **vaglio preliminare circa l'ammissibilità del ricorso** (considerando le ipotesi elencate dal co. 4), che viene dichiarata con ordinanza anche d'ufficio. Solo qualora il ricorso sia ammissibile la Corte procede in camera di consiglio a norma dell'art. 127 (→ **Atti**), da coordinarsi con il riscritto art. 611 (e, dunque, in modo non partecipato). All'esito dell'udienza, se la Corte accoglie il ricorso, adotta i provvedimenti necessari per correggere l'errore. Questi ultimi variano a seconda delle caratteristiche dei casi concreti: in talune ipotesi, non si potrà che annullare la pronuncia impugnata, mentre in presenza di altre la Corte potrà sostituirla con un'altra pronuncia.

• Nell'ipotesi della **correzione dell'errore materiale**, quando il procedimento venga attivato d'ufficio, la riforma Orlando ha operato una semplificazione. L'errore potrà essere rilevato in ogni momento e senza formalità, non dovendo ricorrere al paradigma camerale di cui all'art. 127.

• Anche nel caso **dell'errore di fatto**, la l. 103 del 2017 ha permesso che la Corte lo rilevi d'ufficio, entro novanta giorni dalla deliberazione. Tale modifica, che elide una delle più importanti differenze fra i due rimedi previsti dalla disposizione, appare in contrasto con la natura dello strumento, quale vero e proprio mezzo di impugnazione.

625 *ter*. Rescissione del giudicato.

[Soppresso.]

Articolo abrogato dalla l. 23.6.2017, n. 103, che ha inserito l'art. 629 *bis*.

626. Effetti della sentenza sui provvedimenti di natura personale o reale.

1. Quando, in seguito alla sentenza della corte di cassazione, deve cessare una misura cautelare ovvero una pena accessoria o una misura di sicurezza, la cancelleria ne comunica immediatamente il dispositivo al procuratore generale presso la corte medesima perché dia i provvedimenti occorrenti.

• La sentenza pronunciata dalla Corte di cassazione determina la cessazione della misura cautelare nei casi contemplati dal **Libro IV**, artt. 300 e 323.

• La previsione del presente articolo deve essere coordinata, in materia di improcedibilità dell'azione penale per superamento dei termini di durata massima del giudizio di impugnazione (→ **Indagini e udienza preliminare**, art. 344 *bis*), con il disposto dell'art. 578 *ter*.

627. Giudizio di rinvio dopo annullamento.

1. Nel giudizio di rinvio non è ammessa discussione sulla competenza attribuita con la sentenza di annullamento, salvo quanto previsto dall'articolo 25.

2. Il giudice di rinvio decide con gli stessi poteri che aveva il giudice la cui sentenza è stata annullata, salve le limitazioni stabilite dalla legge. Se è annullata una sentenza di appello e le parti ne fanno richiesta, il giudice dispone la rinnovazione dell'istruzione dibattimentale per l'assunzione delle prove rilevanti per la decisione.

3. Il giudice di rinvio si uniforma alla sentenza della corte di cassazione per ciò che concerne ogni questione di diritto con essa decisa.

4. Non possono rilevarsi nel giudizio di rinvio nullità, anche assolute, o inammissibilità, verificatesi nei precedenti giudizi o nel corso delle indagini preliminari.

5. Se taluno degli imputati, condannati con la sentenza annullata, non aveva proposto ricorso, l'annullamento pronunciato rispetto al ricorrente giova anche al non ricorrente, salvo che il motivo dell'annullamento sia esclusivamente personale. L'imputato che può giovarsi di tale effetto estensivo deve essere citato e ha facoltà di intervenire nel giudizio di rinvio.

• Il giudice del rinvio decide con gli **stessi poteri** che aveva il giudice della sentenza annullata. In realtà, i confini dei menzionati poteri sono differenti nel caso in cui l'annullamento sia stato pronunciato per violazione o erronea applicazione della legge penale (art. 606 lett. *b*) oppure per mancanza o manifesta illogicità della motivazione (art. 606 lett. *e*). Nella prima evenienza è intangibile l'accertamento dei fatti come svolto dalla sentenza annullata; nella seconda ipotesi, invece, i poteri del giudice del rinvio raggiungono la massima estensione, considerato che l'annullamento travolge gli accertamenti e le valutazioni già compiuti. Egli deve quindi svolgere un nuovo ed integrale esame del materiale probatorio (→ **Prove**; → **Giudizio**), disponendo degli stessi poteri del giudice che ha pronunciato la sentenza annullata. Qualora sia annullata una sentenza d'appello, il giudice, su richiesta di parte, deve disporre la rinnovazione delle prove rilevanti, senza che operino i limiti di cui all'art. 603, nel rispetto di un pieno esercizio del diritto alla prova (→ artt. 190 e 190 *bis*).

• Nonostante la menzionata identità di poteri del giudice del rinvio, la legge prevede alcune limitazioni:

– di regola, ai sensi del co. 1, non è ammessa discussione sulla competenza attribuita dalla sentenza di annullamento. Si tratta della c.d. **irretrattabilità del foro commissorio**, corollario dell'incontrovertibilità delle decisioni della Corte Suprema. Secondo il disposto del richiamato art. 25 (→ **Soggetti**) tale irretrattabilità non opera qualora risultino nuovi fatti che comportino una diversa definizione giuridica da cui derivi la competenza di un giudice superiore;

– l'obbligo sancito dal co. 3 di **uniformarsi alla sentenza della cassazione** per ciò che concerne ogni questione di diritto con essa decisa (obbligo che riguarda solo il giudice di rinvio e non anche altri giudici che nel medesimo procedimento siano competenti per diverse fasi o gradi);

– il divieto di proporre **nullità** (→ **Atti**, artt. 178 s.) e **inammissibilità** (artt. 591 e 606) verificatesi durante le indagini preliminari (→ **Libro V**) o nei precedenti giudizi (la regola che impone la preclusione consegue all'inoppugnabilità delle sentenze della Corte di cassazione. Queste coprono il dedotto e il deducibile e, quindi, contengono, implicitamente, una decisione negativa con riguardo alla sussistenza della nullità o dell'inammissibilità);

– il **giudicato implicito** che si forma sulle questioni già decise dalla Corte di cassazione (il vincolo derivante dalla soluzione delle questioni di diritto, secondo un orientamento pretorio, si estenderebbe anche alle questioni decise implicitamente dalla cassazione, ossia a quelle che avrebbero dovuto essere esaminate d'ufficio dalla Corte);

– l'**annullamento parziale** che preclude al giudice di rinvio di intervenire sui capi o sui punti della sentenza non annullati, a meno che non abbiano connessione essenziale con quelli annullati (art. 624);

– il **divieto di *reformatio in peius***. A fronte di un'affermazione esplicita di tale divieto esclusivamente per il giudizio di appello (art. 597), giurisprudenza e dottrina, in modo pressoché costante, lo qualificano come principio di portata generale applicabile anche al giudizio di rinvio, ove, però, a ricorrere sia stato il solo imputato.

• Il co. 5 prevede l'**effetto estensivo dell'impugnazione**, ribadendo il principio generale desumibile dall'art. 587. A differenza di quest'ultima disposizione, il co. 5 si riferisce, però, ragionevolmente, visto l'ambito, ai motivi dell'annullamento e non ai motivi dell'impugnazione.

628. Impugnabilità della sentenza del giudice di rinvio.

1. La sentenza del giudice di rinvio può essere impugnata con ricorso per cassazione se pronunciata in grado di appello e col mezzo previsto dalla legge se pronunciata in primo grado.

2. In ogni caso la sentenza del giudice di rinvio può essere impugnata soltanto per motivi non riguardanti i punti già decisi dalla corte di cassazione ovvero per inosservanza della disposizione dell'articolo 627, comma 3.

• La disposizione prevede l'impugnabilità della sentenza del giudice di rinvio e, nel co. 2, ne delimita i confini. Deve, quindi, essere letta congiuntamente al dettato degli artt. 625 co. 1 e 627 co. 3. In virtù della c.d. **formazione progressiva del giudicato**, al giudice del rinvio viene devoluto il potere decisorio solo sui punti che hanno formato oggetto dell'annullamento e, quindi, la sentenza può essere impugnata solo per motivi che non riguardino i punti già decisi dalla Corte di cassazione, oppure per inosservanza dell'obbligo di uniformarsi alla sentenza di annullamento per ciò che concerne tutte le questioni di diritto con essa decise.

Titolo III *bis*
RIMEDI PER L'ESECUZIONE DELLE DECISIONI DELLA CORTE EUROPEA DEI DIRITTI DELL'UOMO

Il titolo III *bis*, con l'art. 628 *bis*, è stato aggiunto dal d. lgs. 10.10.2022, n. 150.

628 *bis*. Richiesta per l'eliminazione degli effetti pregiudizievoli delle decisioni adottate in violazione della Convenzione europea per la salvaguardia dei diritti dell'uomo e delle libertà fondamentali o dei Protocolli addizionali.

1. Il condannato e la persona sottoposta a misura di sicurezza possono richiedere alla Corte di cassazione di revocare la sentenza penale o il decreto penale di condanna pronunciati nei loro confronti, di disporre la riapertura del procedimento o, comunque, di adottare i provvedimenti necessari per eliminare gli effetti pregiudizievoli derivanti dalla violazione accertata dalla Corte europea dei diritti dell'uomo, quando hanno proposto ricorso per l'accertamento di una violazione dei diritti riconosciuti dalla Convenzione per la salvaguardia dei diritti dell'uomo e delle libertà fondamentali o dai Protocolli addizionali alla Convenzione e la Corte ha accolto il ricorso con decisione definitiva, oppure ha disposto la cancellazione dal ruolo del ricorso ai sensi dell'articolo 37 della Convenzione a seguito del riconoscimento unilaterale della violazione da parte dello Stato.

2. La richiesta di cui al comma 1 contiene l'indicazione specifica delle ragioni che la giustificano ed è presentata personalmente dall'interessato o, in caso di morte, da un suo congiunto, a mezzo di difensore munito di procura speciale, con ricorso depositato presso la cancelleria del giudice che ha emesso la sentenza o il decreto penale di condanna nelle forme previste dall'articolo 582, entro novanta giorni dalla data in cui è divenuta definitiva la decisione della Corte europea che ha accertato la violazione o dalla data in cui è stata emessa la decisione che ha disposto la cancellazione del ricorso dal ruolo. Unitamente alla richiesta sono depositati, con le medesime modalità, la sentenza o il decreto penale di condanna, la decisione emessa dalla Corte europea e gli eventuali ulteriori atti e documenti che giustificano la richiesta.

3. Le disposizioni del comma 2, primo periodo, si osservano a pena di inammissibilità.

4. Sulla richiesta la Corte di cassazione decide in camera di consiglio a norma dell'articolo 611. Se ne ricorrono i presupposti, la corte dispone la sospensione dell'esecuzione della pena o della misura di sicurezza ai sensi dell'articolo 635.

5. Fuori dei casi di inammissibilità, la Corte di cassazione accoglie la richiesta quando la violazione accertata dalla Corte europea, per natura e gravità, ha avuto una incidenza effettiva sulla sentenza o sul decreto penale di condanna pronunciati nei confronti del richiedente. Se non sono necessari ulteriori accertamenti di fatto o comunque risulta superfluo il rinvio, la Corte assume i provvedimenti idonei a rimuovere gli effetti pregiudizievoli derivanti dalla violazione, disponendo, ove occorra, la revoca della sentenza o del decreto penale di condanna. Altrimenti trasmette gli atti al giudice dell'esecuzione o dispone la riapertura del processo nel grado e nella fase in cui si procedeva al momento in cui si è verificata la violazione e stabilisce se e in quale parte conservano efficacia gli atti compiuti nel processo in precedenza svoltosi.

6. La prescrizione riprende il suo corso dalla pronuncia della Corte di cassazione che dispone la riapertura del processo davanti al giudice di primo grado.

7. Quando la riapertura del processo è disposta davanti alla corte di appello, fermo restando quanto previsto dall'articolo 624, si osservano le disposizioni di cui ai commi 1, 4, 5, 6 e 7 dell'articolo 344 *bis* e il termine di durata massima del processo decorre dal novantesimo giorno successivo alla scadenza del termine di cui all'articolo 128.

8. Le disposizioni del presente articolo si applicano anche quando la violazione accertata dalla Corte europea riguardi il diritto dell'imputato a partecipare al processo.

• Con l'introduzione, ad opera del **d. lgs. 10.10.2022, n. 150**, del **nuovo istituto** della richiesta per l'eliminazione degli effetti pregiudizievoli delle decisioni adottate in violazione della Cedu o dei relativi Protocolli addizionali, si è finalmente data risposta a una domanda divenuta ormai pressante, colmando una lacuna, troppo a lungo lasciata senza soluzione, del sistema processuale penale italiano e creando, conformemente a quanto richiesto dall'art. 46 Cedu, uno specifico **meccanismo di adeguamento** alle **pronunce di condanna** adottate nei confronti del nostro Paese dalla **Corte di Strasburgo**.

• Inviti, sempre più stringenti, a muoversi in tale direzione erano, come è noto, giunti da oltralpe. Al riguardo vale solo la pena di ricordare come la stessa Corte edu, in adesione a quanto affermato nella **Raccomandazione del Comitato dei Ministri del Consiglio d'Europa R (2000) 2**, avesse in passato affermato come l'adempimento dell'obbligo giuridico sussistente, ai sensi dell'art. 46 Cedu, in capo allo Stato condannato di adottare le misure per rimuovere la violazione accertata non potesse, in alcuni casi, ai fini di una effettiva *restitutio in integrum*, non passare che attraverso la instaurazione, su richiesta dell'interessato, di un nuovo processo ovvero la riapertura del procedimento (Corte edu, 3.3.2005, Stoichkov c. Bulgaria). Nel perdurante silenzio del legislatore italiano una provvisoria risposta era venuta dalla giurisprudenza, sia ordinaria (che aveva, negli anni, sperimentato, con esiti non sempre egualmente apprezzabili, l'applicabilità ai suddetti fini di strumenti normativi già esistenti, quali la restituzione nei termini per la proposizione dell'impugnazione disciplinata dall'art. 175, il ricorso straordinario in cassazione per errore di fatto di cui all'art. 625 *bis* o l'incidente di esecuzione regolato dall'art. 670) sia costituzionale. A tale ultimo riguardo, con **sent. n. 113 del 2011 la Corte costituzionale**, dichiarando la illegittimità dell'art. 630 nella parte in cui non prevedeva un diverso caso di revisione della sentenza o del decreto penale di condanna al fine di conseguire la riapertura del processo quando ciò risultasse necessario, in ragione dell'art. 46 Cedu, per conformarsi ad una decisione definitiva della Corte edu, aveva finito di fatto per canalizzare verso la revisione ogni istanza volta al riconoscimento in Italia delle conseguenze della declaratoria di iniquo giudicato previamente assunta a Strasburgo. Eppure la stessa Corte costituzionale era apparsa consapevole che l'esito raggiunto fosse solo parzialmente soddisfacente (per la difficoltà di piegare il tradizionale mezzo della revisione allo scopo *ex novo* affidatole), prefigurando la opportunità di un successivo intervento del legislatore nel senso della previsione di uno strumento *ad hoc*.

• Al fine di rimarcare l'**autonomia dell'istituto di nuovo conio** (e la sua specificità all'interno del variegato catalogo dei rimedi impugnatori) il d. lgs. 150 del 2022 ha collocato la relativa disciplina, all'interno del libro IX, in un **titolo III *bis***, appositamente creato e recante una sola disposizione, inserito tra il titolo III e il titolo IV. In quanto esperibile avverso sentenze o decreti penali di condanna divenuti irrevocabili, il nuovo meccanismo risulta, comunque, **classificabile** tra i **mezzi straordinari di impugnazione**.

• Il co. 1 definisce i presupposti sulla base dei quali è attivabile il rimedio e i **soggetti legittimati**. Possono avanzare richiesta il **condannato** e la **persona sottoposta a misura di sicurezza** che abbiano proposto ricorso alla Corte edu per l'accertamento di una violazione dei diritti riconosciuti dalla Cedu o dai Protocolli addizionali. Benché la disposizione non specifichi, a differenza di quanto previsto per la rescissione del giudicato (art. 629 *bis*) che lo *status* (di condannato o sottoposto a misura di sicurezza) sia stato definito **con sentenza passata in giudicato**, deve egualmente ritenersi – in forza dell'art. 35 Cedu che pone come condizione di ammissibilità del ricorso alla Corte di Strasburgo il previo esaurimento dei rimedi giuridici interni – che solo il soggetto rispetto al quale si sia formato il giudicato in ordine alla decisione che lo riguarda (id est: la sentenza o il decreto penale di condanna sia divenuto irrevocabile) possa accedere al rimedio in esame. Nella nozione di condannato va ricompreso, anche ai fini della disposizione in esame – conformemente all'orientamento interpretativo di recente affermatosi in giurisprudenza con riferimento alla revisione (Cass., SU, 25.10.2018, Milanesi) –, anche colui nei cui confronti sia stata pronunciata, ai sensi dell'art. 578, una mera condanna alle restituzioni o al risarcimento dei danni a favore della parte civile con contestuale declaratoria di estinzione, per intervenuta amnistia o prescrizione, del reato ascrittogli. Con riguardo all'altra categoria di soggetti individuati come legittimati permane una certa incertezza sul fatto che il riferimento ivi contenuto alle misure di sicurezza vada inteso solo a quelle di carattere personale ovvero anche a quelle di natura patrimoniale (confisca), con estensione, abbracciando la seconda ipotesi, anche alle situazioni di cui agli artt. 578 *bis* e 578 *ter*.

• L'espresso riferimento alla circostanza che l'interessato abbia proposto ricorso alla Corte edu pare escludere, in virtù del principio di tassatività che vige in tema di impugnazioni, che la legittimazione possa venire estesa a quei soggetti (definiti in dottrina come **i c.d. fratelli minori**) che, pur non avendo adito la Corte edu, lamentino l'iniquità del procedimento svoltosi a loro carico per vizi analoghi a quelli rilevati dai giudici europei in relazione ad altre vicende processuali. La scelta del legislatore si pone in controtendenza rispetto agli ultimi esiti ai quali era giunta la giurisprudenza con riferimento alla fattispecie della c.d. revisione europea: con un recente intervento, si era affermato che la possibilità di attivare il meccanismo di impugnazione straordinaria spettasse anche a questi ultimi soggetti, a condizione, però, che la pronuncia – invocata come termine di riferimento per sostenere la iniquità derivata anche del loro procedimento – avesse avuto la natura di sentenza "pilota" ai sensi dell'art. 61 del Regolamento della Corte edu, ovvero si inscrivesse, per quanto concerne la dedotta violazione della normativa pattizia, in un orientamento consolidato (Cass., SU, 24.10.2019, Genco). Come si ricava dal co. 2 della disposizione in esame, è previsto che, **in caso di morte dell'interessato**, la richiesta possa essere presentata da un suo **congiunto**. Diversamente da quanto previsto in tema di revisione dall'art. 632, non si fa, invece, menzione dell'erede, né è previsto che ad attivare la procedura possa essere il p.m.

• Il **presupposto necessario** per promuovere il nuovo rimedio impugnatorio è che la **Corte edu** abbia **accolto** il **ricorso** dell'interessato con decisione definitiva. A questo esito viene equiparata la situazione per cui, ai sensi dell'art. 37 Cedu, a seguito del riconoscimento unilaterale della violazione lamentata dal ricorrente da parte dello Stato convenuto, sia stata disposta la cancellazione dal ruolo del ricorso. Il generico riferimento ai diritti sanciti nella Cedu o nei relativi Protocolli addizionali porta a ritenere che la richiesta possa essere avanzata quale che sia il tipo di violazione accertata, tanto se essa riguardi norme sostanziali quanto se concerni norme procedurali, purché siano derivati effetti pregiudizievoli da rimuovere attraverso la proposizione della impugnazione straordinaria.

• La richiesta va presentata, secondo le forme previste dalla normativa generale in tema di impugnazione (art. 582), mediante **ricorso** depositato presso la cancelleria del giudice che ha emesso la sentenza o il decreto penale di condanna; personalmente, se a farlo è l'interessato (in controtendenza rispetto a quanto stabilito per il ricorso ordinario per cassazione dall'art. 613); a mezzo di difensore munito di procura speciale se, in caso di morte dell'interessato, proceda il congiunto. Il richiamo dell'art. 582 porta con sé l'applicabilità anche al ricorso *de quo* delle nuove previsioni in tema di deposito telematico (→ **Atti**, art. 110 *bis*) introdotte dal d. lgs. 150 del 2022. Per alcuni rilevanti profili di diritto intemporale riguardanti questo specifico punto occorre fare riferimento alle disposizioni transitorie in materia di processo penale telematico contenute nello stesso succitato d. lgs. (artt. 87 e 87 *bis* d. lgs. 150 del 2022). Il ricorso deve contenere l'**indicazione specifica**, oltre che del **petitum**, che, in forza dei diversi epiloghi decisori cui può dar luogo la procedura in esame, potrà assumere forma diversa (revoca della sentenza o del decreto, riapertura del procedimento, altri provvedimenti necessari per eliminare gli effetti pregiudizievoli derivanti dalla violazione della normativa convenzionale), anche delle **ragioni** che la giustificano. La formula, che ricalca quella dell'art. 633 in tema di revisione, per quanto abbastanza indeterminata, allude alla necessità che il ricorrente, non solo espliciti il tipo di violazione accertata, ma dimostri in che modo essa abbia avuto una effettiva incidenza sulla sentenza o sul decreto pronunciato nei suoi confronti. La richiesta va presentata entro il **termine** di novanta giorni dalla data in cui è divenuta definitiva la decisione della Corte edu ovvero in cui è stata emessa la decisione che ha disposto la cancellazione dal ruolo del ricorso. Il secondo periodo del co. 2 prevede, poi, sulla falsariga della normativa in materia di revisione (art. 633), che unitamente alla richiesta e con le medesime modalità, il ricorrente debba depositare anche il provvedimento impugnato (sentenza o decreto), la decisione della Corte edu e gli eventuali ulteriori atti e documenti a supporto della richiesta. Ma, a differenza di quanto prescritto con riguardo alla revisione (art. 634), il mancato assolvimento di questo **onere di allegazione** non comporta la inammissibilità della richiesta. È da ritenersi, inoltre, che trovi applicazione anche con riferimento al mezzo di impugnazione in esame la disposizione di carattere generale di cui al nuovo art. 581 co. 1 *ter*: ne consegue che, con la richiesta, vada depositata da parte dell'interessato, a pena di inammissibilità, anche la **dichiarazione o elezione di domicilio**, ai fini della notificazione del decreto di citazione a giudizio (per la previsione di limiti alla immediata applicabilità della disposizione di nuovo conio v. art. 89 co. 3 d. lgs. 150 del 2022).

• Sulla richiesta decide la **Corte di cassazione** che procede in camera di consiglio **a norma dell'art. 611**. Si applicano, pertanto, le forme previste dal nuovo rito cartolare non partecipato, introdotto dal d. lgs. 150 del 2022, alla luce del quale la S.C. giudica sui motivi, sulle richieste del procuratore generale e sulle memorie senza la partecipazione del pm. e dei difensori. È fatta salva la possibilità di passaggio alla trattazione orale ai sensi dell'art. 127 nei casi previsti dallo stesso art. 611, rispettivamente, al co. 1 *bis* (sulla base di una richiesta di parte, da presentarsi nei termini indicati dal successivo co. 1 *ter*) e co. 1 *quater* (quando sia la medesima S.C. a disporlo, d'ufficio, sulla base della rilevanza delle questioni sottoposte al suo esame). Va ricordato come, sul punto relativo alla applicabilità della nuova disciplina in tema di giudizio di legittimità ai procedimenti in corso, sia stato previsto che per «le impugnazioni proposte entro il 30 giugno 2023 continuano ad applicarsi le disposizioni di cui all'articolo 23, commi 8, primo, secondo, terzo, quarto e quinto periodo, e 9, nonché le disposizioni di cui all'articolo 23 *bis*, commi 1, 2, 3, 4 e 7, del decreto-legge 28 ottobre 2020, n. 137, convertito, con modificazioni, dalla legge 18 dicembre 2020, n. 176. Se sono proposte ulteriori impugnazioni avverso il medesimo provvedimento dopo il 30 giugno 2023, si fa riferimento all'atto di impugnazione proposto per primo» (*ex* art. 94 d. lgs. 150 del 2022, come riformato dal d.l. 31.10.2022, n. 162, conv. dalla l. 30.12.2022, n. 199).

• Il co. 4 prevede che la S.C., nel corso del procedimento di impugnazione, ove ne ricorrano i presupposti, possa disporre la **sospensione** dell'**esecuzione** della pena o della misura di sicurezza ai sensi dell'art. 635. Il rinvio alla disposizione dettata per la revisione implica che, nel momento in cui disponga la sospensione, la S.C. possa applicare nei confronti dell'interessato, laddove ritenga sussistente un *periculum libertatis* (→ **Misure cautelari**, art. 274), una misura cautelare tra quelle regolamentate dagli artt. 281, 282, 283 e 284. Il provvedimento, adottabile *de plano* con la forma dell'ordinanza, può essere successivamente revocato nell'ipotesi di trasgressione da parte dell'interessato delle prescrizioni impostegli, con conseguente ripristino dell'esecuzione. L'attribuzione al giudice di legittimità di un così ampio potere cautelare, se appare rispondere a esigenze di giustizia, richiede la necessità di adottare, al fine di evitare pericolosi cortocircuiti normativi, alcuni opportuni adeguamenti: posto che deve ritenersi applicabile anche nel caso *de quo* il disposto del co. 2 dell'art. 635, nella parte in cui prevede la impugnabilità mediante ricorso per cassazione dell'ordinanza che abbia deciso sulla sospensione, sulla applicazione di eventuali misure cautelari e sulla revoca, va da sé che l'eventuale ricorso presentato debba venire assegnato a un collegio diverso da quello che abbia emesso provvedimento impugnato.

• Particolarmente delicato appare il compito assegnato alla S.C. in sede di esame della richiesta presentata. La Corte deve procedere a una **valutazione complessa**, nell'ambito della quale possono distinguersi **tre diversi e distinti passaggi**, ordinabili, secondo un criterio di progressione logico-giuridica, all'interno di una sequenza predefinita: a) vaglio preliminare di ammissibilità della richiesta; b) verifica della effettiva incidenza sul provvedimento impugnato (sentenza o decreto penale) della violazione della normativa convenzionale sulla base della natura e gravità di quest'ultima; c) individuazione delle misure da adottare al fine di rimuovere gli effetti pregiudizievoli della violazione accertata. Una volta esclusi eventuali profili di **inammissibilità della richiesta** (oggetto di possibile declaratoria anche prima della fissazione dell'udienza camerale, con procedura *de plano* dalla S.C. ai sensi del co. 5 *bis* dell'art. 610), la Corte è chiamata a valutare, anzitutto, se e in quale misura le violazioni riscontrate dai giudici europei abbiano influito sul giudicato nazionale ai fini di verificare se sussistano le condizioni che giustifichino un suo, parziale o totale, superamento. Nell'ipotesi in cui questa verifica si concluda in senso positivo, si apre la fase nella quale l'attenzione della S.C. si sposta sulla tipologia di misure da adattare allo scopo di individuare, rispetto alla specifica fattispecie sottoposta a scrutinio, la forma più idonea di riparazione. Qui si apre un ventaglio di soluzioni cui corrisponde una gamma di scenari diversificati, il che rende il nuovo strumento introdotto un **rimedio flessibile e polivalente**. Una prima grossolana bipartizione, emergente dal testo normativo, può tracciarsi a seconda che la situazione richieda o meno ulteriori accertamenti. Nella seconda ipotesi, è la stessa Corte ad assumere i provvedimenti idonei a rimuovere gli effetti pregiudizievoli derivanti dalla violazione della normativa convenzionale, disponendo, ove occorra, la revoca della sentenza o del decreto penale. Allo stesso modo la S.C. procede anche nei casi in cui ritenga comunque superfluo il rinvio ad altro giudice. In tutte le altre situazioni la Corte, non potendo provvedere direttamente, investe della questione altro giudice. E qui la disposizione registra una ulteriore biforcazione tra l'ipotesi in cui la S.C. si limita a trasmettere gli atti al giudice dell'esecuzione e quella nella quale viene disposta la riapertura del processo nel grado e nella fase in cui si è verificata la violazione. In quest'ultimo caso, ove l'esigenza di *restitutio in integrum*, che fonda e pervade il nuovo rimedio impugnatorio, si manifesta nella forma più chiara ed evidente, la S.C. provvede altresì a stabilire se e in quale parte conservino efficacia gli atti compiuti nel processo in precedenza svoltosi. In conseguenza della riapertura del processo il condannato (→ **Soggetti**, art. 60 co. 3), riassume la qualità di imputato.

• I co. 6 e 7 si preoccupano di coordinare la nuova ipotesi di riapertura del procedimento, conseguente ad accoglimento della richiesta di cui all'art. 628 *bis*, con la normativa in tema di prescrizione e di improcedibilità per superamento dei termini di durata massima del giudizio di impugnazione. Sotto il primo profilo si prevede, per l'ipotesi di trasmissione degli atti al giudice di primo grado, sulla falsariga di quanto già previsto nel caso di regressione del procedimento al primo grado a seguito di annullamento con rinvio da parte della S.C. ai sensi dell'art. 623 (→ art. 131 *bis* c.p.), che la **prescrizione** riprenda a decorrere. Il *dies a quo* è determinato in quello della pronuncia della S.C. che abbia disposto la riapertura del processo. Sotto il secondo aspetto, a venire in rilievo è la fattispecie in cui sia stato disposto dalla S.C. il rinvio al giudice di appello. Con un approccio analogo a quello impiegato precedentemente, anche qui il legislatore, nell'individuare la soluzione applicabile, fa chiaro riferimento a quanto già normativamente stabilito per l'ipotesi di regressione del procedimento al giudizio di secondo grado a seguito di annullamento con rinvio ad opera della Corte di cassazione (→ **Libro V**, art. 344 *bis* co. 8). Nella specie si prevede, quindi, espressamente che, anche con riguardo alla situazione in cui la riapertura del giudizio di seconde cure sia stata determinata ai sensi dell'art. 628 *bis*, ai fini della **improcedibilità** trovino applicazione i co. 1, 4, 5, 6 e 7 dell'art. 344 *bis* (in tema di determinazione della durata ordinaria, disciplina delle proroghe e della sospensione del termine di durata, esclusione della dichiarazione di improcedibilità per avvenuta decorrenza del termine a fronte della richiesta avanzata dall'imputato alla prosecuzione del processo). Per esigenze di coordinamento viene modificato il *dies a quo* ai fini del calcolo della durata del nuovo giudizio di appello, facendolo coincidere con il novantesimo giorno dalla scadenza (non del termine di cui all'art. 617 ma) del termine, fissato dall'art. 128, per il deposito da parte della S.C. del provvedimento di cui al co. 4.

• La estrema latitudine delle ipotesi di violazione della normativa convenzionale rilevanti ai fini dell'attivazione del meccanismo determina, come già opportunamente avvertito dal legislatore delegante (l. 134 del 2021), una **possibile sovrapponibilità** dell'area di operatività del rimedio impugnatorio di nuovo conio con quella dell'istituto della **rescissione del giudicato** (art. 629 *bis*). Questo effetto può determinarsi nell'ipotesi in cui il *vulnus* certificato da parte dei giudici di Strasburgo abbia riguardato il diritto dell'accusato a partecipare al proprio giudizio. Nell'operare quel necessario coordinamento suggerito dalla legge delega la scelta del legislatore delegato è stata nel senso di dare preferenza, nell'ipotesi di concorso tra i due mezzi di impugnazione straordinaria, a quello di cui all'art. 628 *bis*.

• Il varo del nuovo istituto è stato accompagnato dalla previsione di una apposita disciplina destinata a regolare alcuni rilevanti **profili di diritto intertemporale** (art. 91

d. lgs. 150 del 2022). Per un verso, si è stabilito che per il caso di violazioni della normativa convenzionale giudizialmente accertate prima dell'entrata in vigore della nuova normativa, il termine per proporre richiesta di cui al co. 2 decorra dal giorno successivo alla data di entrata in vigore. In questo senso, fugando il campo da ogni possibile dubbio interpretativo, si è così preventivamente ed espressamente sancita l'applicabilità del rimedio di nuovo conio anche a situazioni di iniquo giudicato verificatesi antecedentemente alla sua introduzione. Per altro verso, si è previsto che, laddove si proceda per reati commessi in data anteriore al 1.1.2020 (e quindi sottratti all'operatività del c.d. blocco della prescrizione al momento della pronuncia di primo grado, introdotto dalla l. 9.1.2019, n. 3), la ripresa del termine di decorrenza della prescrizione scatti ogniqualvolta la S.C., ai sensi del co. 5 disponga la riapertura del processo (e non solo, come previsto a regime dal co. 6, nell'ipotesi di riapertura del processo avanti al giudice di primo grado).

Titolo IV
REVISIONE

629. Condanne soggette a revisione.

1. È ammessa in ogni tempo a favore dei condannati, nei casi determinati dalla legge, la revisione delle sentenze di condanna o delle sentenze emesse ai sensi dell'articolo 444, comma 2, o dei decreti penali di condanna, divenuti irrevocabili, anche se la pena è già stata eseguita o è estinta.

Articolo modificato dalla l. 12.6.2003, n. 134.

• Riconducibile, nella sua *ratio*, a una esigenza di giustizia sostanziale, la revisione mira a rimuovere gli effetti pregiudizievoli di provvedimenti giurisdizionali divenuti definitivi che, a fronte di emergenze successivamente conosciute, risultino frutto di ingiustizia.

• Al pari del ricorso straordinario per cassazione per errore di fatto (art. 625 *bis*), della richiesta per l'eliminazione degli effetti pregiudizievoli delle decisioni adottate in violazione della Convenzione per la salvaguardia dei diritti dell'uomo e delle libertà fondamentali o dei Protocolli addizionali (art. 628 *bis*) e della rescissione del giudicato (art. 629 *bis*), la revisione è un mezzo di **impugnazione** di **carattere straordinario**, in quanto esperibile contro decisioni divenute ormai irrevocabili (→ **Esecuzione**, art. 648).

• La revisione è – ordinariamente – ammessa **solo a favore dei condannati**. In questa prospettiva, tale rimedio straordinario risulta proponibile avverso le sole sentenze di condanna (→ **Giudizio**, art. 533), e i decreti penali (→ **Procedimenti speciali**, art. 460) divenuti irrevocabili (→ **Esecuzione**, art. 648). Con l. 134 del 2003, mettendo fine a una lunga *querelle* interpretativa che aveva diviso dottrina e giurisprudenza, è stato esplicitamente previsto che possano essere oggetto di revisione anche le sentenze di patteggiamento (→ **Procedimenti speciali**, art. 448). L'espresso riferimento, però, alla sola sentenza pronunciata ai sensi dell'art. 444 co. 2 sembrerebbe dover portare a escludere, sulla base del principio di tassatività (art. 568) che informa l'intero sistema delle impugnazioni penali, l'esperibilità della revisione nei casi di applicazione postuma della pena su richiesta (→ **Libro VI**, art. 448 co. 2), nonostante l'evidente assimilabilità della situazione *de qua* con quella esplicitamente richiamata. Il rimedio straordinario in oggetto deve ritenersi, secondo l'orientamento giurisprudenziale più tradizionale, precluso rispetto alle sentenze di proscioglimento, indipendentemente dalla formula e dal contenuto specifico della pronuncia (→ **Giudizio**, art. 529 s.). Di recente è emerso un diverso indirizzo propenso a estendere per via interpretativa l'ambito oggettivo di applicabilità dell'istituto, includendovi, in particolare, la decisione con cui, nel dichiarare estinto il reato, la corte d'appello o la corte di cassazione abbia, ai sensi dell'art. 578, confermato la condanna, disposta con la sentenza impugnata, alle restituzioni e al risarcimento dei danni a favore della parte civile (Cass., SU, 25.10.2018, Milanesi).

• Conformemente alla natura della revisione quale strumento *in bonam partem*, è altresì escluso che il relativo giudizio possa concludersi con una pronuncia sfavorevole al condannato (art. 631).

• Va peraltro rilevato che l'ordinamento consente, in talune **ipotesi eccezionali**, di riformare il giudicato anche ***contra reum***. È il caso, oggi disciplinato dall'art. 16 *septies* d.l. 15.1.1991, n. 8, conv., con modif., dalla l. 15.3.1991, n. 82 (introdotto, *ex post*, nel tessuto originario del provvedimento legislativo, dalla l. 13.2.2001, n. 45), in relazione all'ipotesi in cui – essendosi proceduto per delitto commesso per finalità di terrorismo o di eversione dell'ordinamento costituzionale ovvero ricompreso tra quelli di cui all'art. 51 co. 3 *bis* o per uno dei delitti previsti dagli artt. 600 *bis*, 600 *ter*, 600 *quater*, anche se relativi al materiale pornografico di cui all'art. 600 *quater* 1, e 600 *quinquies* c.p. – le circostanze attenuanti, che il codice penale o le disposizioni speciali prevedono in materia di collaborazione relativamente a tali fattispecie criminose, siano state applicate per effetto di dichiarazioni risultate poi false o reticenti, ovvero chi ha beneficiato delle circostanze attenuanti predette commetta, entro dieci anni dal passaggio in giudicato della sentenza, un delitto per il quale l'arresto in flagranza è obbligatorio, a condizione che tale delitto risulti indicativo della permanenza del soggetto nel circuito criminale.

• A differenza di quanto previsto in via generale per i mezzi di impugnazione (art. 585), la proposizione della revisione **non è soggetta a termini** (→ **Atti**, art. 172 s.), potendo quest'ultima essere promossa in ogni tempo, anche allorquando la pena sia già stata eseguita ovvero si sia estinta.

• Vale la pena di ricordare come l'art. 73 d. lgs. 8.6.2001, n. 231 (→ **Processo alle società)**, estenda l'esperibilità della revisione anche con riguardo alle sentenze relative alla responsabilità degli enti per gli illeciti amministrativi dipendenti da reato. In proposito, si prevede l'applicabilità delle disposizioni contenute nel titolo IV del libro IX del codice di rito, in quanto compatibili, ad eccezione degli artt. 643-647, concernenti la riparazione dell'errore giudiziario.

629 *bis*. Rescissione del giudicato.

1. Fuori dei casi disciplinati dell'articolo 628 *bis*, il condannato o la persona sottoposta a misura di sicurezza con sentenza passata in giudicato nei cui confronti si sia proceduto in assenza può ottenere la rescissione del giudicato qualora provi che sia stato dichiarato assente in mancanza dei presupposti previsti dall'articolo 420 *bis*, e che non abbia potuto proporre impugnazione della sentenza nei termini senza sua colpa, salvo risulti che abbia avuto effettiva conoscenza della pendenza del processo prima della pronuncia della sentenza.

2. La richiesta è presentata alla corte di appello nel cui distretto ha sede il giudice che ha emesso il provvedimento, a pena di inammissibilità, personalmente dall'interessato o da un difensore munito di procura speciale entro trenta giorni dal momento dell'avvenuta conoscenza della sentenza.

3. La corte di appello provvede ai sensi dell'articolo 127 e, se accoglie la richiesta, revoca la sentenza e dispone la trasmissione degli atti al giudice della fase o del grado in cui si è verificata la nullità.

4. Si applicano gli articoli 635 e 640.

Articolo inserito dalla l. 23.6.2017, n. 103 e poi così integralmente sostituito dal d. lgs. 10.10.2022, n. 150, che ha stabilito che la disposizione continui ad applicarsi nella sua precedente formulazione quando, nei processi pendenti alla data di entrata in vigore del d. lgs., sia stata già pronunciata, in qualsiasi stato e grado del procedimento, ordinanza con la quale si è disposto procedersi in assenza dell'imputato.

• L'istituto della rescissione del giudicato – introdotto per la prima volta nel sistema processuale penale italiano dalla riforma (l. 28.4.2014, n. 67) con la quale nel 2014, sulla spinta delle censure provenienti dalla Corte edu (*ex plurimis*, 1.3.2006, Sejdovic c. Italia), venne formalmente abrogato il c.d. rito contumaciale; oggetto di successiva rimanipolazione legislativa nel 2017 con la l. 103 del 2017 (alla quale si deve anche la attuale collocazione topografica dell'istituto, originariamente incluso nel titolo III del libro IX dedicato al ricorso per cassazione sub art. 625 *ter* e spostato, sempre all'interno del libro IX, ma al titolo IV, relativo alla revisione in ragione della attribuzione della competenza a decidere – anziché come inizialmente previsto alla corte di cassazione – in capo alla corte d'appello) – non poteva non richiamare nuovamente l'attenzione del legislatore nel momento in cui si metteva mano all'ennesima, rivisitazione della normativa in tema di processo *in absentia.* E questo è, infatti, puntualmente avvenuto con la l. 27.9.2021, n. 134 e il conseguente d. lgs. 150 del 2022, che hanno ridisegnato in modo significativo il profilo dell'istituto in esame.

• Nel solco delle indicazioni provenienti da fonti di natura sovranazionale (giurisprudenza della Corte edu; diritto eurounitario) l'impianto normativo costruito dal legislatore italiano in tema di processo in assenza dell'imputato si regge su due pilastri fondamentali: unitamente alla individuazione di una serie di specifiche condizioni destinate ad operare *ex ante* quali presupposti *sine qua non* per procedere ancorché l'accusato non sia presente in aula, è stata prevista – conformemente a quanto sancito a livello di normativa europea (→ direttiva 2016/343/UE, art. 9) – una serie di rimedi postumi, di natura restitutoria, a tutela dell'imputato giudicato in assenza, finalizzati a consentire a quest'ultimo di vedersi riconosciuto l'esercizio di quel diritto di partecipazione precedentemente negatogli. Focalizzando l'attenzione su tali rimedi, è facile notare come, rispetto a quelli destinati a intervenire prima del passaggio in giudicato della sentenza (→ **Esecuzione**, art. 648 s.) – e oggi disciplinati, rispettivamente, all'art. 420 *bis* co. 6 con riguardo all'udienza preliminare (→ **Libro V**), all'art. 554 *bis* co. 2 con riguardo all'udienza predibattimentale nel rito monocratico (→ **Libro VIII**), all'art. 489 co. 1, 2 e 2 *bis* con riguardo al dibattimento (→ **Libro VII**), all'art. 604 co. 5 *bis*, 5 *ter* e 5 *quater* per quanto concerne il grado di appello, e all'art. 623 lett. *b bis* nel giudizio di cassazione – la rescissione del giudicato si ponga come soluzione estrema destinata a operare alla stregua di una sorta di **"valvola di chiusura" del sistema** per il caso in cui la sentenza sia divenuta ormai definitiva.

• Nonostante la formale inclusione nel titolo riservato alla revisione, la rescissione del giudicato si configura, ancor oggi, come un distinto e autonomo strumento revocatorio del giudicato, riconducibile alla categoria delle **impugnazioni straordinarie**.

• Come anticipato, il d. lgs. 150 del 2022 ha proceduto a una riconfigurazione dell'istituto: sulla pianta originaria sono state innestate rilevanti novità, per di più non tutte immediatamente applicabili, sicché l'attuale normativa appare un mosaico a tessere multicolori, fatto di passato, presente e futuro. . Questo effetto è già visibile guardando al profilo relativo ai soggetti legittimati ad avanzare richiesta di rescissione. Al riguardo, è oggi previsto che possa ottenere la rescissione del giudicato il **condannato** o il sottoposto a misura di sicurezza con sentenza divenuta definitiva (quindi, anche il **prosciolto** purché sia stata disposta nei suoi confronti l'applicazione di una misura di sicurezza) nei cui confronti si sia proceduto in assenza. Mentre il riferimento al condannato pare aprire le porte della rescissione anche a colui nei cui confronti sia stata emessa sentenza di applicazione della pena su richiesta delle parti (→ **Procedimenti speciali**, art. 444 s.), qualche dubbio sembrerebbe residuare in ordine alla legittimazione anche del soggetto condannato ai soli effetti civili (art. 578), ma le recenti aperture della giurisprudenza nel senso della legittimazione del medesimo soggetto a proporre sia ricorso straordinario per errore materiale o di fatto (Cass., SU, 21.6.2012, Marani) sia richiesta di revisione (Cass., SU, 25.10.2018, Milanesi) spingono verso una soluzione positiva. Con riguardo alla seconda categoria di soggetti legittimati in quanto "sottoposti a misura di sicurezza", rimane incertezza sul fatto che in questa prospettiva acquisti rilevanza solo la applicazione di una misura di sicurezza di carattere personale ovvero anche l'adozione di una misura di sicurezza patrimoniale (confisca), ancorché sganciata da una pronuncia di condanna (come nei casi di cui ai nuovi artt. 578 *bis* e 578 *ter*).

• A differenza, però, di quanto era in precedenza previsto, ai fini della legittimazione ad avanzare istanza di rescissione non è più richiesto che nei confronti del condannato o sottoposto a misura di sicurezza si sia proceduto in assenza per tutta la durata del processo. Ne deriva una estensione dell'ambito applicativo dello strumento in esame, azionabile anche da soggetto giudicato in assenza solo in una singola fase del processo.

• Novità rilevanti sono state introdotte anche sotto il profilo delle condizioni alle quali risulta legato l'accoglimento della richiesta, con il conseguente reintegro dell'accusato nell'esercizio dei suoi diritti partecipativi. La disposizione subordina la risposta positiva alla domanda avanzata alla concorrente sussistenza di due presupposti: che l'interessato sia stato dichiarato assente in mancanza dei presupposti previsti dall'art. 420 *bis* e che egli non abbia potuto proporre impugnazione della sentenza nei termini senza sua colpa (e non risulti che abbia comunque avuto effettiva conoscenza della pendenza del processo prima della pronuncia della sentenza). Suscita, inoltre, più di una perplessità la scelta del legislatore di porre a carico dell'interessato un tale gravoso onore probatorio, avente ad oggetto tanto l'erronea dichiarazione dell'assenza che l'incolpevole impossibilità di impugnare la sentenza, il che rischia di riaprire un non auspicabile contenzioso tra il nostro Paese e la Corte edu. Va detto che l'aver previsto siffatto onere in capo al richiedente, se implica, da un lato, l'allegazione di una documentazione a sostegno, non esclude, dall'altro, che la corte d'appello possa acquisire, anche in sede di esame preliminare, documentazione integrativa al fine di chiarire aspetti ambigui o colmare possibili lacune o verificare la rispondenza della documentazione esibita alla realtà processuale secondo quanto, già in passato, affermato con riferimento alla previgente normativa, in giurisprudenza (Cass., SU, 17.7.2014, Burba).

• La **richiesta** – da presentarsi alla corte di appello (*id est*: nella cancelleria della corte di appello) nel cui distretto ha sede «il giudice che ha emesso il provvedimento» da intendersi come quello che ha pronunciato la sentenza posta in esecuzione – va avanzata, **a pena di inammissibilità**, personalmente dall'interessato ovvero dal difensore – in deroga alla regola generale stabilita dall'art. 571 co. 3 – solo se munito di procura speciale. Il **termine** di trenta giorni decorre oggi non più dalla avvenuta conoscenza del procedimento (come era in precedenza previsto), ma da quella della sentenza. La modifica intervenuta sul punto si spiega in ragione di quella che ha, come abbiamo visto, investito le condizioni di azionabilità dello strumento. Deve ritenersi che siano applicabili – nel rispetto della disciplina transitoria appositamente dettata al riguardo dal d. lgs. 150 del 2022 – anche alla richiesta di rescissione le nuove disposizioni sia in materia di deposito telematico in forza del rinvio contenuto nell'art. 582 (→ art. 110 *bis*) sia in tema di contenuto dell'atto di impugnazione (art. 581 co. 1 *ter* e co. 1 *quater*).

• In continuità con le scelte fatte dal legislatore del 2017 è stata mantenuta la previsione espressa secondo la quale il procedimento avanti alla corte d'appello si debba svolgere con le forme di cui all'art. 127 (→ **Atti**), ossia attraverso la instaurazione di un **contraddittorio** tra le parti in udienza camerale.

• È rimasto fermo altresì il rinvio agli **artt. 635 e 640**, di cui si predica, quindi, l'applicazione, oltre che in sede di giudizio di revisione, anche nell'ambito della procedura di rescissione. Ne consegue, per un verso, che, in pendenza del procedimento, la corte d'appello possa sospendere l'esecuzione della pena o della misura di sicurezza, applicando nei confronti del richiedente, se del caso, una delle misure cautelari previste dagli artt. 281, 282, 283 e 284 (→ **Libro IV**); e, per l'altro, che il provvedimento finale emesso dalla corte d'appello (che, nonostante i possibili dubbi derivanti dal rinvio all'art. 127, è ragionevole ritenere debba assumere la forma della sentenza), tanto quello che accolga la richiesta, quanto quello che la respinga, sia sottoponibile a ricorso per cassazione.

• Il d. lgs. 150 del 2022 ha provveduto a ridefinire anche i **poteri decisori** della corte d'appello. Nella specie, mentre, ai sensi della previgente disciplina, l'accoglimento della domanda di rescissione comportava, in tutti i casi, la revoca della sentenza e la trasmissione degli atti al giudice di primo grado, oggi si prevede che, nella stessa situazione, la corte d'appello, unitamente alla revoca della sentenza, disponga la trasmissione degli atti al giudice della fase o del grado in cui si è verificata la nullità. La diversa perimetrazione dei poteri decisori della corte appare coerente rispetto al contestuale ampliamento dell'ambito di operatività dell'istituto, non più accessibile, come si è visto, sulla base della riformata disciplina, solo al soggetto rimasto assente per tutta la durata del processo e per il quale quindi l'unica forma di effettiva *restitutio in integrum* non avrebbe potuto che passare attraverso una regressione *ab initio* del processo. Nel nuovo giudizio è destinata, in ogni caso, a trovare applicazione la disciplina generale in tema di incompatibilità (→ **Soggetti**, art. 34), per cui non potranno andare a comporre il nuovo organo giudicante gli stessi giudici-persone fisiche che hanno pronunciato o concorso a pronunciare, in primo grado o nei giudizi di impugnazioni, sentenza nella precedente sequenza processuale. Il nuovo co. 3 dell'art. 60 (→ **Libro I**) come riformulato dal d. lgs. 150 del 2022, include, oggi, opportunamente, in maniera espressa tra le situazioni che determinano la **riacquisizione della qualità di imputato** anche l'ipotesi di riapertura del processo a seguito di rescissione del giudicato.

• La clausola di riserva, con il quale si apre la nuova formulazione della disposizione, allude alla possibilità di una sovrapposizione tra lo strumento della rescissione e quello, introdotto *ex novo* con il d. lgs. 150 del 2022, di cui all'**art. 628 *bis***, volto alla rimozione degli effetti pregiudizievoli derivanti dalle decisioni adottate in violazione delle garanzie sancite dalla Cedu (o dai relativi Protocolli addizionali). Tale eventualità può concretizzarsi laddove l'accertata violazione riguardi proprio il diritto dell'accusato di partecipare al proprio processo (consacrato nell'art. 6 Cedu). Il senso della clausola iniziale sembrerebbe quello di una preferenza, in siffatta eventualità, per il rimedio di cui all'art. 628 *bis* sicché il condannato o il prosciolto sottoposto a misura di sicurezza giudicato in assenza con decisione irrevocabile che abbia già visto riconosciuta la violazione dei propri diritti di partecipazione dalla Corte edu, al fine di ottenere la doverosa *restitutio in integrum*, debba agire non azionando il rimedio della rescissione, ma quello di cui all'art. 628 *bis*.

• A corredo della disposizione in oggetto sono stati previsti **idonei meccanismi informativi** volti a garantire rispetto ai soggetti potenzialmente interessati la conoscenza della sussistenza del rimedio. In questo senso vanno lette le interpolazioni, realizzate con il d. lgs. 150 del 2022, degli artt. 656 co. 5 e 660 co. 3. È stato così previsto che, nel provvedimento che attiva l'esecuzione penale, ossia l'ordine di esecuzione, tanto quello relativo a pene detentive quanto quello concernente pene pecuniarie, sia contenuto l'avviso per cui, se il processo si è svolto in assenza, il condannato può, nel termine di trenta giorni dalla conoscenza della sentenza, chiedere, in presenza dei relativi presupposti, la rescissione del giudicato (ovvero la restituzione nel termine per impugnare). Desta perplessità la circostanza che, mentre nel caso di pene pecuniarie il condannato debba sempre essere informato, nell'ipotesi di pene detentive l'ordine di esecuzione debba contenere l'avviso *de quo* solo laddove, ai sensi del co. 5 dell'art. 656, il p.m. sia tenuto, contestualmente alla formulazione dell'ordine di esecuzione, a sospenderlo con decreto, ossia rispetto a fattispecie di condanne a pene detentive (in concreto da scontare) medio-basse.

• Il legislatore del 2022 ha ritenuto opportuno prevedere una specifica **disciplina transitoria** con riguardo alle novità introdotte in materia di processo in assenza, ivi comprese quelle concernenti la rescissione del giudicato. Al riguardo, il d. lgs. 150 del 2022 detta una regola generale, secondo la quale quando, nei processi pendenti alla data di entrata in vigore del d. lgs., sia stata già pronunciata, in qualsiasi stato e grado del procedimento, ordinanza con la quale si sia disposto procedersi in assenza dell'imputato, continuano ad applicarsi le disposizioni anteriormente vigenti. Ciò implica, con riguardo allo specifico caso dell'istituto in esame, che troverà ancora, alle condizioni dettate dall'art. 89 co. 2 e nei limiti da esse desumibili, applicazione la disposizione di cui all'art. 629 *bis* nella formulazione antecedente alla riforma.

630. Casi di revisione.

1. La revisione può essere richiesta:

a) se i fatti stabiliti a fondamento della sentenza o del decreto penale di condanna non possono conciliarsi con quelli stabiliti in un'altra sentenza penale irrevocabile del giudice ordinario o di un giudice speciale;

b) se la sentenza o il decreto penale di condanna hanno ritenuto la sussistenza del reato a carico del condannato in conseguenza di una sentenza del giudice civile o amministrativo, successivamente revocata, che abbia deciso una delle questioni pregiudiziali previste dall'articolo 3 ovvero una delle questioni previste dall'articolo 479;

c) se dopo la condanna sono sopravvenute o si scoprono nuove prove che, sole o unite a quel-

le già valutate, dimostrano che il condannato deve essere prosciolto a norma dell'articolo 631;
d) se è dimostrato che la condanna venne pronunciata in conseguenza di falsità in atti o in giudizio o di un altro fatto previsto dalla legge come reato.

• Corte cost., 113 del 2011, ha dichiarato l'illegittimità costituzionale del presente articolo nella parte in cui non prevede un diverso caso di revisione della sentenza o del decreto penale di condanna al fine di conseguire la riapertura del processo, quando ciò sia necessario, ai sensi dell'art. 46 § 1 **Cedu**, per conformarsi ad una sentenza definitiva della Corte edu.

• Il codice ricollega la esperibilità della revisione a una serie di motivi specificamente previsti. L'elenco dei casi di revisione, da considerarsi tassativo, si apre (lett. *a*) con l'ipotesi rappresentata dal c.d. **conflitto teorico di giudicati**, che si verifica quando sussiste una oggettiva incompatibilità tra i fatti sui quali si fonda la sentenza o il decreto penato penale oggetto dell'impugnazione straordinaria e quelli stabiliti in un'altra sentenza penale irrevocabile del giudice ordinario o di un giudice speciale, situazione da non confondere con la mera contraddittorietà logica tra le valutazioni effettuate nelle due decisioni. La lettera della disposizione induce a ritenere che non possano essere presi, come termini di raffronto a fini della verifica della inconciliabilità tra giudicati, non solo eventuali sentenze pronunciate da un giudice civile o amministrativo, ma anche il decreto penale di condanna, ancorché divenuto irrevocabile, come pure la sentenza di non luogo a procedere (→ **Indagini e udienza preliminare**, art. 425), alla quale va equiparata la sentenza emessa, ai sensi dell'art. 61 d. lgs. 8.6.2001, n. 231 (→ **Processo alle società**), nei confronti dell'ente, o il provvedimento con il quale sia stata disposta l'archiviazione (→ art. 408 s.). Si tende a escludere, nella medesima prospettiva, rilevanza anche alla sentenza di patteggiamento (→ **Procedimenti speciali**, art. 444 s.) in ragione della sommarietà dell'accertamento contenuto in tale tipologia di pronuncia. Questa fattispecie, caratterizzata dalla peculiarità per cui il rapporto di incompatibilità attiene alle premesse storiche delle decisioni in conflitto, va tenuta distinta dal c.d. **conflitto pratico tra giudicati**, che si verifica invece nell'ipotesi in cui più sentenze siano state pronunciate, in violazione del principio del *ne bis in idem* (→ **Esecuzione**, art. 649), contro la stessa persona per il medesimo fatto (→ art. 666).

• La lett. *b* prevede che possa essere sottoposto a revisione la sentenza o il decreto penale di condanna che abbia ritenuto la sussistenza del reato in conseguenza di una sentenza del giudice civile o amministrativo, che abbia, a sua volta, deciso una delle questioni pregiudiziali previste dall'art. 3 (→ **Soggetti**) ovvero una delle questioni di cui all'art. 479 (→ **Giudizio**), e che sia stata successivamente revocata.

• Il terzo caso (lett. *c*), certamente il più rilevante, coincide con la situazione in cui, dopo la condanna, sopravvengano o si scoprano nuove prove (→ **Libro III**) che, da sole o unitamente a quelle già valutate, dimostrino che il condannato debba essere prosciolto, dovendosi qui ritenere il *novum* probatorio – tale da legittimare la richiesta di revisione – integrato non solo da prove insorte dopo il passaggio in giudicato nella condanna (prove *noviter repertae*) o da prove preesistenti, ma scoperte e, quindi, prodotte successivamente (prove *noviter productae*), ma anche, secondo il più recente orientamento della giurisprudenza di legittimità, anche da prove già acquisite nel precedente giudizio, ma non valutate, neppure implicitamente (Cass., SU, 26.9.2001, Pisano). È dubbio se con riferimento alla **prova scientifica** il necessario carattere di novità possa essere soddisfatto dalla possibilità di sottoporre elementi già noti e valutati nel primo giudizio a diverse e più affidabili metodologie di indagine: in senso positivo è orientata la giurisprudenza più recente.

• La lett. *d*, infine, fa riferimento all'ipotesi in cui la condanna sia dipesa dalla commissione di un **falso o di un altro reato**, successivamente accertato in separato giudizio con sentenza irrevocabile di condanna ovvero, nell'eventualità in cui la pronuncia della condanna sia risultata in quella sede preclusa dalla sussistenza di una causa di estinzione del reato o dalla mancanza di una condizione di procedibilità, oggetto di indagine incidentale nell'ambito dello stesso giudizio di revisione.

• Con sent. 113 del 2011 la Corte cost., dichiarando l'illegittimità costituzionale dell'art. 630 in *parte qua*, aveva introdotto una nuova ipotesi di revisione rispondente al preciso scopo di consentire di dare attuazione all'obbligo previsto dall'**art. 46 Cedu**, che impone allo Stato convenuto, a fronte di una sentenza della Corte edu nella quale sia accertata la violazione di una garanzia convenzionale, di conformarsi alla decisione adottando le idonee misure riparatorie individuali intese a consentire la *restitutio in integrum* a favore dell'interessato. Questa inedita fattispecie (c.d. **revisione europea**) presentava caratteri di assoluta originalità, discostandosi, a cominciare dalla stessa *ratio*, dai casi c.d. classici di revisione. Per il resto la stessa Corte costituzionale era apparsa consapevole della eterogeneità della nuova figura, sottolineando, per un verso, come, pur a fronte di una condanna europea, la necessità della riapertura del processo, lungi dall'essere un esito scontato, dovesse essere apprezzata – caso per caso ad opera del giudice – in relazione alla natura della violazione accertata, alla luce delle indicazioni contenute nella stessa sentenza della Corte edu nonché in quella interpretativa eventualmente sollecitata dal Comitato dei Ministri; precisando, per altro verso, come rispetto al caso *de quo* le singole disposizioni relative al giudizio di revisione avrebbero potuto trovare applicazione solo in quanto compatibili, dovendo, in particolare, il giudice escludere quelle inconciliabili, sul piano logico-giuridico, con l'obiettivo perseguito. Dando seguito a una indicazione espressa dalla stessa Corte cost. nella citata decisione, il legislatore ha, solo da ultimo, introdotto, con d. lgs. 150 del 2022, un autonomo strumento di natura impugnatoria (art. 628 *bis*) verso il quale canalizzare le richieste di revoca di sentenze o decreti penali di condanna al fine di rimuovere gli effetti pregiudizievoli derivanti dalla violazione delle previsioni contenute nella Cedu ovvero nei Protocolli addizionali.

• Va ricordato come, ai sensi dell'art. 28 d. lgs. 6.9.2011, n. 159, nella versione risultante a seguito delle modifiche apportate dalla l. 17.10.2017, n. 161, le forme previste dagli artt. 630 s. per la revisione si applichino, in quanto compatibili, anche all'istituto della revocazione della decisione definitiva sulla confisca di prevenzione.

631. Limiti della revisione.

1. Gli elementi in base ai quali si chiede la revisione devono, a pena d'inammissibilità della domanda, essere tali da dimostrare, se accertati, che il condannato deve essere prosciolto a norma degli articoli 529, 530 o 531.

• Nell'ambito del preliminare vaglio di ammissibilità della richiesta di revisione (art. 634), il giudice di merito è chiamato a compiere una valutazione prognostica in astratto – e non in concreto – sulla idoneità dei nuovi elementi dedotti a determinare, ove eventualmente accertati, il proscioglimento dell'interessato, ribaltando l'esito del primo giudizio. Deve ritenersi esclusa, in questa fase, una penetrante anticipazione dell'apprezzamento di merito riservato al vero e proprio giudizio di revisione. Il richiamo *tout court* alla normativa dibattimentale (→ **Giudizio**) comporta l'operatività, anche ai fini della valutazione *de qua*, delle regole di giudizio ivi stabilite per il proscioglimento. Sicché, ai fini della ricevibilità della richiesta di revisione, è sufficiente che i nuovi elementi siano potenzialmente idonei a determinare anche solo quella situazione di insufficienza, incertezza o contraddittorietà del quadro probatorio esplicitata negli artt. 529 co. 2, 530 co. 2 e 3 o 531 co. 2 (→ **Libro VII**). Peraltro, proprio l'applicabilità in questi termini delle **formule dubitative** potrebbe creare non poche incongruenze laddove la richiesta di revisione venga proposta rispetto a una **sentenza** emessa in esito a **patteggiamento** (→ **Procedimenti speciali**, art. 444 s.), posto che in tale sede il giudice è tenuto, oltre che a controllare i termini dell'accordo intervenuto tra le parti, a verificare soltanto se sussistano le condizioni per la immediata declaratoria di una causa di non punibilità ai sensi dell'art. 129: la revisione finirebbe per trasformarsi in strumento per reintrodurre nel processo temi ed esiti implicitamente esclusi in forza della scelta compiuta con l'adesione al rito speciale. La soluzione interpretativa più coerente con il sistema nonché in grado di non frustrare le finalità deflative proprie del patteggiamento, rimarrebbe, secondo alcuni, allora quella di subordinare l'esperibilità del rimedio straordinario sulla pronuncia negoziata alle condizioni proscioglitive desumibili dal combinato disposto degli artt. 129 (→ **Atti**) e 444 co. 2 (→ **Libro VI**).

632. Soggetti legittimati alla richiesta.

1. Possono chiedere la revisione:

a) il condannato o un suo prossimo congiunto ovvero la persona che ha sul condannato l'autorità tutoria e, se il condannato è morto, l'erede o un prossimo congiunto;

b) il procuratore generale presso la corte di appello nel cui distretto fu pronunciata la sentenza di condanna. Le persone indicate nella lettera *a*) possono unire la propria richiesta a quella del procuratore generale.

• L'esigenza di giustizia sostanziale, sottesa all'intero istituto in esame, è probabilmente alla base anche della scelta del legislatore di prevedere in maniera più ampia, rispetto alle normali regole in materia di impugnazione, il novero dei soggetti legittimati a presentare richiesta di revisione.

• Da un canto, tra i soggetti privati titolari del potere di impugnare in via straordinaria, oltre al condannato (al quale va equiparato, alla luce della più recente evoluzione giurisprudenziale, il soggetto prosciolto dall'accusa penale a seguito di estinzione del reato per amnistia o per prescrizione, ma condannato, ai sensi dell'art. 578, alle restituzioni e al risarcimento dei danni a favore della parte civile), destinatario diretto degli effetti pregiudizievoli del provvedimento negativo, vengono indicati anche il prossimo congiunto (→ art. 307 co. 4 c.p., come modificato dal d. lgs. 19.1.2017, n. 6, nel senso della inclusione tra i prossimi congiunti anche della parte di un'unione civile tra persone dello stesso sesso), la persona che ha sul condannato l'autorità tutoria, dovendosi intendere solo il tutore e non anche il curatore, nonché, nel caso di decesso del condannato, l'erede o un prossimo congiunto. Diversamente da quanto previsto in via generale dall'art. 571 co. 3, il difensore non è espressamente richiamato, sicché deve escludersi che questi, anche qualora abbia assistito il condannato nel primo giudizio, sia di per sé legittimato a presentare richiesta, a meno che sia munito di procura speciale.

• Sull'altro versante, in funzione dell'interesse pubblico all'affermazione della verità e della giustizia, è attribuito il potere di proporre rimedio anche al P.G. presso la corte d'appello nel cui distretto è stata pronunciata la sentenza di condanna.

633. Forma della richiesta.

1. La richiesta di revisione è proposta personalmente o per mezzo di un procuratore speciale. Essa deve contenere l'indicazione specifica delle ragioni e delle prove che la giustificano e deve essere presentata, unitamente a eventuali atti e documenti, nella cancelleria della corte di appello individuata secondo i criteri di cui all'articolo 11.

2. Nei casi previsti dall'articolo 630 comma 1 lettere *a*) e *b*), alla richiesta devono essere unite le copie autentiche delle sentenze o dei decreti penali di condanna ivi indicati.

3. Nel caso previsto dall'articolo 630 comma 1 lettera *d*), alla richiesta deve essere unita copia autentica della sentenza irrevocabile di condanna per il reato ivi indicato.

Il co. 1 è stato sostituito dalla l. 23.11.1998, n. 405.

• La richiesta di revisione può essere proposta dai soggetti indicati nell'art. 632 personalmente o per mezzo di un procuratore speciale nominato ai sensi dell'art. 122 (→ **Atti**; → **Disp. att.**, art. 39). Si ritengono, per il resto, applicabili, in assenza di una compiuta regolamentazione, le prescrizioni generali contenute nell'artt. 582 in tema di presentazione dell'impugnazione. Tramite l'ulteriore rinvio oggi contenuto nell'art. 582, risultano a loro volta riferibili anche alla richiesta di revisione le nuove previsioni in tema di deposito telematico introdotte dal d. lgs. 10.10.2022, n. 150 (→ **Atti**, art. 110 *bis*). Al riguardo va ricordata come l'entrata in vigore delle nuove modalità di presentazione per via telematica è stata affiancata dalla previsione di una apposita disciplina transitoria. (artt. 87 e 87 *bis* d. lgs. 150 del 2022).

• In conformità con i requisiti imposti in via generale con riguardo al contenuto dell'atto di impugnazione (art. 581) si prevede che la richiesta di revisione debba contenere l'indicazione **specifica** delle ragioni e delle prove che la giustificano, al fine di consentire al giudice di poter procedere alla preliminare verifica di ammissibilità prevista dall'art. 634. Deve ritenersi, altresì, applicabile anche alla richiesta di revisione quanto disposto dal nuovo co. 1 *ter* dell'art. 581 introdotto dal d. lgs. 150 del 2022 secondo cui con l'atto di impugnazione delle parti private va depositata, a pena di inammissibilità, la dichiarazione o elezione di domicilio, ai fini della notificazione del decreto di citazione a giudizio (ricordando come ai sensi dell'art. 89 co. 3 dello stesso succitato d. lgs. la disposizione di nuovo conio sia destinata a operare per le sole impugnazioni proposte avverso sentenze pronunciate in data successiva a quella di entrata in vigore del d. lgs.).

• Unitamente alla richiesta va altresì prodotta copia autentica del provvedimento con il quale sussiste il conflitto teorico (art. 630 lett. *a*), del provvedimento di revoca della sentenza del giudice civile o amministrativo (art. 630 lett. *b*) o della sentenza irrevocabile di condanna per il falso o per altro reato dal quale è dipesa la condanna da sottoporre a revisione (art. 630 lett. *c*).

• L'interessato può inoltre allegare altri atti o documenti ritenuti utili. Tra questi va ricompresa, nel caso di richiesta proveniente dal condannato, anche la documentazione dell'eventuale attività investigativa svolta dopo il passaggio in giudicato della sentenza, atteso che ai sensi della disciplina generale è riconosciuto al difensore del condannato, sulla base del mero mandato, la facoltà di ricercare elementi di prova a favore del proprio assistito al fine di promuovere il giudizio di revisione (→ **Indagini e udienza preliminare**, art. 327 *bis* co. 2). Al riguardo, il Supremo Collegio ha chiarito che il difensore, nell'esercizio della propria attività investigativa diretta ad attivare il procedimento di riapertura del processo, debba rivolgersi, ai fini della autorizzazione per il prelievo di campioni su reperti sequestrati e in custodia all'autorità giudiziaria, al giudice dell'esecuzione (→ **Esecuzione**, art. 665) e non a quello competente a decidere sulla eventuale richiesta di revisione.

• L'impugnazione va proposta alla **corte d'appello** competente per il giudizio di revisione, individuata applicando i **criteri** di cui all'**art. 11** (→ **Soggetti**; → **Disp. att.**, art. 1). La l. 405 del 1998 ha modificato in questo senso la versione originaria della disposizione – che prevedeva la competenza della corte d'appello del distretto in cui fossero stati emessi la sentenza o il decreto penale impugnato – in modo da assicurare un più forte presidio all'imparzialità del giudice chiamato a pronunciarsi sul rimedio straordinario rispetto a possibili rischi di condizionamento ambientale. Deve ritenersi che vada considerata comunque ammissibile la richiesta di revisione presentata nella cancelleria di corte d'appello incompetente: in applicazione dell'**art. 568 co. 5**, espressione del principio generale del *favor impugnationis*, la richiesta deve, in questo caso, essere trasmessa al giudice competente.

634. Declaratoria d'inammissibilità.

1. Quando la richiesta è proposta fuori delle ipotesi previste dagli articoli 629 e 630 o senza l'osservanza delle disposizioni previste dagli articoli 631, 632, 633, 641 ovvero risulta manifestamente infondata, la corte di appello anche di ufficio dichiara con ordinanza l'inammissibilità e può condannare il privato che ha proposto la richiesta al pagamento a favore della cassa delle ammende di una somma da euro 258 a euro 2.065.

2. L'ordinanza è notificata al condannato e a colui che ha proposto la richiesta, i quali possono ricorrere per cassazione. In caso di accoglimento del ricorso, la corte di cassazione rinvia il giudizio di revisione ad altra corte di appello individuata secondo i criteri di cui all'articolo 11.

Il co. 2 è stato modificato dalla l. 23.11.1998, n. 405.

• L'attuale configurazione del giudizio di revisione prevede una articolazione in due fasi: la prima, preliminare, volta alla valutazione della sola ammissibilità della richiesta; la seconda, consistente nel vero giudizio il cui esito positivo porta alla rescissione della precedente sentenza di condanna. Nella prima fase, ispirata a ragioni di economia processuale, la corte d'appello è chiamata a "fermare", dichiarandone la inammissibilità, eventuali richieste che siano state presentate nonostante l'assenza delle condizioni dettate dalla legge ai fini della instaurazione del giudizio di revisione.

• L'inammissibilità della richiesta di revisione derivante da qualsiasi causa – proposizione della stessa avverso provvedimenti non soggetti al rimedio straordinario (art. 629) oppure da parte di soggetti non legittimati (art. 632); presentazione fuori dai casi tassativamente previsti (art. 630); mancato rispetto dei limiti della revisione (art. 631) ovvero delle forme stabilite per l'istanza (art. 633); riproposizione di una richiesta già rigettata (art. 641) oppure manifesta infondatezza dell'istanza – è dichiarata dalla corte, anche d'ufficio, con una procedura *de plano* – **senza**, cioè, la necessità di instaurare un previo **contraddittorio** tra le parti – tramite, un provvedimento che assume la forma dell'ordinanza (→ **Atti**, art. 125). Qualora, però, il parere del p.m. sia stato, seppur irritualmente, acquisito ai fini della valutazione di ammissibilità, esso deve essere tempestivamente comunicato alla parte richiedente (Cass., SU, 19.1.2012, Dander).

• Vale la pena di aggiungere che, poiché, con riferimento a quanto non espressamente previsto dalla disciplina specificamente dettata dal codice per tale peculiare mezzo di impugnazione, trovano applicazione le regole generali in materia (art. 591), deve ritenersi che valgano, quali cause di inammissibilità della richiesta di revisione, sia l'inosservanza delle disposizioni contenute nell'art. 582 riguardanti le modalità di presentazione della richiesta sia la rinuncia effettuata dal soggetto che abbia precedentemente proposto l'istanza (art. 589).

• Con l'intento di disincentivare iniziative **temerarie**, il codice prevede che, nell'ipotesi in cui la richiesta sia dichiarata inammissibile, il proponente possa essere condannato al pagamento di una sanzione pecuniaria, analogamente a quanto stabilito in materia di ricorso per cassazione (art. 616).

• L'ordinanza con la quale viene dichiarata l'inammissibilità deve essere notificata al condannato, sia o meno il proponente, nonché a colui che abbia presentato richiesta di revisione, i quali sono legittimati a proporre **ricorso per cassazione** (art. 606). In caso di accoglimento del ricorso, la corte di cassazione annulla con rinvio (art. 623) ad altra corte d'appello individuata a norma dell'art. 11 (→ **Soggetti**). La disposizione, nella sua originaria versione, stabiliva il rinvio ad altra sezione della medesima corte d'appello o, in subordine, alla corte d'appello più vicina. La l. 23.11.1998, n. 405 ha sostituito l'iniziale indicazione con quella oggi prevista in nome dell'esigenza di imparzialità del nuovo giudice chiamato, a seguito di annullamento con rinvio, a rivalutare l'ammissibilità della richiesta di revisione. Le Sezioni Unite, risolvendo un contrasto esistente all'interno della stessa giurisprudenza di legittimità, si sono espresse a favore della proponibilità del **ricorso straordinario** in cassazione **per errore di fatto** (art. 625 *bis*) avverso la sentenza con la quale la corte di cassazione abbia rigettato o dichiarato inammissibile il ricorso presentato dal condannato contro la decisione negativa della corte d'appello pronunciata in sede di revisione (Cass., SU, 21.7.2016, Nunziata). Non appare ad oggi, però, del tutto scontata la riferibilità di tale principio di diritto anche alle decisioni della S.C. rese a seguito di ricorso proposto ai sensi (non dell'art. 640, ma) dell'art. 634.

• Va segnalato, infine, che – ai sensi dell'art. 591 co. 4, da ritenersi applicabile, in quanto disposizione di portata generale, anche al rimedio straordinario in esame – l'inammissibilità della richiesta, qualora non sia stata rilevata nella fase preliminare, può essere dichiarata dal giudice, d'ufficio o su istanza di parte, anche successivamente, sia nel corso del giudizio di revisione sia con la sentenza conclusiva della procedura (Cass., SU, 26.9.2001, Pisano).

635. Sospensione dell'esecuzione.

1. La corte di appello può in qualunque momento disporre, con ordinanza, la sospensione dell'esecuzione della pena o della misura di sicurezza, applicando, se del caso, una delle misure coercitive previste dagli articoli 281, 282, 283 e 284. In ogni caso di inosservanza della misura, la corte di appello revoca l'ordinanza e dispone che riprenda l'esecuzione della pena o della misura di sicurezza.

2. Contro l'ordinanza che decide sulla sospensione dell'esecuzione, sull'applicazione delle mi-

sure coercitive e sulla revoca, possono ricorrere per cassazione il pubblico ministero e il condannato.

• Benché la richiesta di revisione non abbia di per sé efficacia sospensiva (art. 588), durante il giudizio di revisione, la corte d'appello può disporre, anche d'ufficio, la **sospensione della esecuzione della pena o della misura di sicurezza**. La fattispecie in oggetto non va confusa con il differimento dell'esecuzione della pena, previsto dagli artt. 146 e 147 c.p. che rimane di competenza della magistratura di sorveglianza.

• Il provvedimento di sospensione può essere emesso ***de plano***, senza la necessità di osservare le forme del procedimento camerale di cui all'art. 127, e assume la forma dell'ordinanza. Esso postula una concreta **prognosi positiva** da parte della corte d'appello in ordine all'**accoglimento** della richiesta di revisione. Per cui, benché la previsione non fissi limiti temporali precisi, è opinione diffusa che tale provvedimento possa essere adottato solo dopo che la richiesta di revisione abbia superato positivamente il vaglio preliminare di ammissibilità di cui all'art. 634.

• Laddove ravvisi la sussistenza di rilevanti *pericula libertatis* (→ **Misure cautelari**, art. 274) il giudice può, contestualmente alla sospensione della pena o della misura di sicurezza, applicare una misura cautelare coercitiva tra quelle previste dagli artt. 281, 282, 283 e 284.

• In caso di inosservanza della misura cautelare, la corte d'appello, valutate la natura e la gravità della violazione, revoca l'ordinanza e dispone che riprenda l'esecuzione della pena o della misura di sicurezza (→ **Misure cautelari**, art. 276).

• Trattandosi di decisioni incidenti sulla libertà personale i provvedimenti con i quali la corte abbia disposto in ordine alla sospensione dell'esecuzione, all'applicazione delle misure coercitive o alla revoca, sono sottoponibili a ricorso per cassazione da parte sia del p.m. che del condannato (art. 606).

636. Giudizio di revisione.

1. Il presidente della corte di appello emette il decreto di citazione a norma dell'articolo 601.

2. Si osservano le disposizioni del titolo I e del titolo II del libro VII in quanto siano applicabili e nei limiti delle ragioni indicate nella richiesta di revisione.

• Una volta conclusosi con esito positivo il vaglio preliminare di ammissibilità della richiesta (art. 634), la fase del vero e proprio giudizio si apre con il decreto di citazione. Il richiamo, qui espresso, all'art. 601 va oggi inteso *cum grano salis*, anche alla luce del rinvio operato dal successivo co. 2 dell'art. 634 – ai fini della determinazione in via generale della disciplina applicabile al giudizio di revisione – alla normativa in tema di giudizio di primo (e non di secondo) grado, nel limitato senso, per un verso, di individuare il contenuto essenziale del decreto di citazione (definibile a partire dal disposto di cui all'art. 429 co. 1 lett. *a*, *f* e *g*),) e, per l'altro, di indicarne i **destinatari**. Quest'ultimo dovrà, anzitutto, essere notificato al condannato che riassume da questo momento la qualità di imputato (→ **Soggetti**, art. 60). È stata correttamente notata la singolarità della posizione dell'interessato durante questa fase: condannato, perché la sentenza sottoposta a revisione non è ancora annullata, e, allo stesso tempo, imputato, perché egli, nell'ulteriore giudizio che deve nuovamente conoscere e statuire sull'oggetto del processo, partecipa con i poteri, i diritti e le facoltà tradizionalmente spettanti a tale soggetto. In forza dell'effetto estensivo (art. 587) riferibile anche allo strumento della revisione, andrà citato il coimputato, anche prosciolto. La citazione delle altre parti private risulterà, invece, subordinata alla sussistenza in capo alle stesse di un interesse, coincidente con il fatto che nel pregresso giudizio la condanna abbia comportato il sorgere nei loro confronti di situazioni giuridiche soggettive, favorevoli o sfavorevoli, sulle quali l'eventuale revoca del giudicato potrebbe incidere. Ciò vale per il responsabile civile (→ **Soggetti**, art. 83), per la persona civilmente obbligata per la pena pecuniaria (→ art. 89) e, *a fortiori*, per la parte civile (→ art. 76), la cui citazione per il giudizio di revisione costituisce il presupposto affinché, nel caso di accoglimento della richiesta, possa essere ordinata la restituzione delle somme a lei versate dal condannato a titolo di risarcimento del danno (art. 639).

• Nel giudizio di revisione si applicano le norme che disciplinano gli **atti preliminari al dibattimento** (→ **Libro VII**, art. 467 s.) e quelle relative al **dibattimento** (→ art. 470 s.). Il rinvio alle norme che regolano il dibattimento di primo grado, volto ad assicurare, rispetto ai limiti imposti nel giudizio di appello, la più ampia esplicazione del contraddittorio, risulta comunque sottoposto alla previsione di un doppio filtro. Per un verso, la operatività della normativa di riferimento è condizionata ad un previo scrutinio di compatibilità con gli effetti preclusivi derivanti dall'esistenza di un giudicato e con la funzione revocatoria del rimedio straordinario. Sotto questo profilo, difficilmente può trovare, ad esempio, applicazione nel giudizio di revisione la disciplina in tema di modifica dell'imputazione (→ art. 516 s.). Per altro verso, le disposizioni ritenute applicabili vanno, comunque, interpretate alla luce delle ragioni poste alla base della richiesta di revisione. In questa prospettiva, se il rinvio alle norme del dibattimento comporta, in tema di prova, l'applicabilità dell'art. 495 e, di conseguenza, dell'art. 190 (→ **Prove**) con riguardo ai criteri di ammissione, per quanto concerne la rilevanza dei mezzi di prova richiesti occorrerà considerare la funzionalità degli stessi ai fini della dimostrazione dei fatti posti a fondamento della richiesta di revisione.

637. Sentenza.

1. La sentenza è deliberata secondo le disposizioni degli articoli 525, 526, 527 e 528.
2. In caso di accoglimento della richiesta di revisione, il giudice revoca la sentenza di condanna o il decreto penale di condanna e pronuncia il proscioglimento indicandone la causa nel dispositivo.
3. Il giudice non può pronunciare il proscioglimento esclusivamente sulla base di una diversa valutazione delle prove assunte nel precedente giudizio.
4. In caso di rigetto della richiesta, il giudice condanna la parte privata che l'ha proposta al pagamento delle spese processuali e, se è stata disposta la sospensione, dispone che riprenda l'esecuzione della pena o della misura di sicurezza.

• Nell'ambito del giudizio di revisione sono destinate a trovare comunque applicazione, in quanto espressamente richiamate, le norme che disciplinano, rispettivamente, il principio di immutabilità del giudice (→ **Giudizio**, art. 525), le prove utilizzabili ai fini della decisione (→ art. 526), la deliberazione collegiale (→ art. 527) e la lettura del verbale in camera di consiglio (→ art. 528). Dal momento che non è qui ripresa la clausola di compatibilità inserita, invece, nella disposizione precedente (art. 636), l'applicazione delle previsioni appena ricordate dovrebbe essere integrale, con esclusione di qualsiasi margine di apprezzamento in capo al giudice.

• Gli **epiloghi** del giudizio di revisione si inscrivono (fatta salva la possibilità della declaratoria di inammissibilità della richiesta anche nella stessa sentenza conclusiva: art. 634) all'interno della **alternativa** tra accoglimento e rigetto della istanza di revisione.

• Con l'**accoglimento** della richiesta il giudice dispone la revoca del precedente provvedimento di condanna (sentenza o decreto penale) con contestuale proscioglimento del condannato-imputato, indicandone la causa nel dispositivo. La rescissione esplicita del giudicato è collocata dal codice, quindi, solo all'esito del giudizio instaurato con la richiesta di revisione: in tal modo, il legislatore ha inteso tutelare il valore fondamentale del giudicato in misura maggiore che in passato, quando l'annullamento era ancorato a meri sintomi di ingiustizia.

• Al rigetto della richiesta di revisione consegue la condanna del richiedente al pagamento delle spese del procedimento in forza del canone di soccombenza, conformemente al principio generale espresso dall'art. 592.

• Con il provvedimento reiettivo della richiesta la corte d'appello dispone altresì il **ripristino** dell'**esecuzione** della **pena** o della **misura di sicurezza**, precedentemente sospesa ai sensi dell'art. 634. Superando alcune iniziali incertezze, il Supremo Collegio ha chiarito come la ripresa dell'esecuzione della pena o della misura di sicurezza debba avere effetto immediato, indipendentemente, quindi, dall'eventuale impugnazione, ai sensi dell'art. 640, della sentenza emessa dal giudice della revisione.

• Il co. 3 vieta di pronunciare il proscioglimento esclusivamente sulla base di una diversa valutazione delle prove assunte nel precedente giudizio (per l'esclusione dall'ambito di operatività della previsione in oggetto dell'ipotesi in cui la prova, precedentemente assunta, non sia stata, neppure implicitamente, valutata nel corso del primo giudizio: art. 630). Qualche dubbio residua in ordine alla portata generale di questa regola decisoria, che pare, più opportunamente, attagliarsi unicamente all'ipotesi di revisione prevista dall'art. 630 lett. *c*.

• È il caso di ricordare come, in deroga a quanto disposto dall'art. 637, sia previsto, con riguardo alla specifica ipotesi di revisione in *malam partem* di cui all'art. dall'art. 16 *septies* d.l. 15.1.1991, n. 8, conv., con modif., dalla l. 15.3.1991, n. 82 (→ art. 629), che il giudice, ove accolga la richiesta, riformi la sentenza di condanna e determini la nuova misura della pena.

638. Revisione a favore del condannato defunto.

1. In caso di morte del condannato dopo la presentazione della richiesta di revisione, il presidente della corte di appello nomina un curatore, il quale esercita i diritti che nel processo di revisione sarebbero spettati al condannato.

• La medesima logica – fondata sull'esigenza di giustizia sostanziale incarnata nel mezzo di impugnazione in esame – che sottende la previsione che attribuisce all'erede o al prossimo congiunto del condannato deceduto la legittimazione a proporre richiesta di revisione (art. 632), esclude che la morte del condannato, intervenuta dopo la presentazione della richiesta, precluda l'accertamento. Diversamente da quanto stabilito dalla normativa generale secondo cui la morte dell'imputato (→ **Soggetti**, art. 69) determina la fine del processo con la pronuncia di una sentenza a norma dell'art. 129 (→ **Atti**), si prevede che il giudizio di revisione prosegua, con il solo obbligo in capo al presidente della corte d'appello di nominare un **curatore**.

639. Provvedimenti in accoglimento della richiesta.

1. La corte di appello, quando pronuncia sentenza di proscioglimento a seguito di accoglimento della richiesta di revisione, anche nel caso previsto dall'articolo 638, ordina la restituzione delle somme pagate in esecuzione della condanna per le pene pecuniarie, per le misure di sicurezza patrimoniali, per le spese processuali e di mantenimento in carcere e per il risarcimento dei danni a favore della parte civile citata per il giudizio di revisione. Ordina altresì la restituzione delle cose che sono state confiscate, a eccezione di quelle previste nell'articolo 240 comma 2 n. 2 del codice penale.

• Alla sentenza di proscioglimento emessa all'esito del giudizio di revisione la legge ricollega una serie di **effetti ripristinatori**, tra i quali l'art. 639 include la **restituzione** – che la corte d'appello è tenuta a disporre *ex lege* – sia delle **somme pagate** in esecuzione della sentenza di condanna (per le pene pecuniarie, le misure di sicurezza patrimoniali, le spese processuali e di mantenimento in carcere nonché per il risarcimento dei danni a favore della parte civile a condizione che questa ultima sia stata citata per il giudizio di revisione) sia delle **cose** che siano state **confiscate**, ad eccezione di quelle per le quali l'art. 240 co. 2 c.p. prevede la confisca obbligatoria.

640. Impugnabilità della sentenza.

1. La sentenza pronunciata nel giudizio di revisione è soggetta al ricorso per cassazione.

• La pronuncia emessa all'esito del nuovo processo – in forza del principio di tassatività (art. 568) – non è sottoponibile a un nuovo giudizio di merito, essendo esperibile nei suoi confronti solo il **ricorso per cassazione** (→ **Cost.**, art. 111 co. 7) per i motivi contemplati nell'art. 606 e nel rispetto dei limiti ordinariamente imposti al sindacato della S.C.

• Possono proporre ricorso avverso la sentenza emessa dalla corte d'appello sia i soggetti legittimati alla richiesta di revisione, a condizione che abbiano in concreto proposto la istanza (salvo che per il condannato e il P.G. cui è attribuita comunque la legittimazione a impugnare) sia coloro che abbiano partecipato al giudizio di revisione, qualora risultino titolari di un interesse al ricorso (art. 636).

• Nel caso di **annullamento con rinvio** da parte della corte di cassazione, non trova applicazione la disposizione speciale di cui all'art. 634 co. 2, ma, in assenza di una esplicita indicazione contraria, la norma generale (art. 623) secondo cui il giudizio è rinviato ad altra sezione della medesima corte d'appello che ha deliberato la sentenza annullata o, in mancanza, alla corte d'appello più vicina.

• Va ricordato come, dopo una iniziale fase di incertezza, sia stato chiarito in giurisprudenza che la sentenza con la quale la corte di cassazione abbia rigettato o dichiarato inammissibile il ricorso proposto dal condannato contro la decisione negativa della corte d'appello pronunciata in sede di revisione è sottoponibile a **ricorso straordinario** in cassazione **per errore di fatto** (art. 625 *bis*) (Cass., SU, 21.7.2016, Nunziata).

641. Effetti dell'inammissibilità o del rigetto.

1. L'ordinanza che dichiara inammissibile la richiesta o la sentenza che la rigetta non pregiudica il diritto di presentare una nuova richiesta fondata su elementi diversi.

• La decisione sfavorevole sull'istanza di revisione non comporta un divieto assoluto di riproposizione della stessa ma determina solo **effetti limitatamente preclusivi**, subordinando la presentazione di una nuova richiesta all'allegazione di nuovi elementi.

• È opinione comune in dottrina che tale preclusione non operi nel caso di declaratoria di **inammissibilità** della richiesta per **vizi meramente formali** (come la mancata produzione della documentazione prevista dall'art. 633 co. 2) sanabili attraverso la ripresentazione della domanda depurata dai difetti riscontrati.

• La disposizione, riferendo la diversità agli elementi e non alle ragioni, non impedisce che la nuova richiesta si fondi sul medesimo motivo – individuato tra i "casi" di revisione indicati nell'art. 630 – purché la sua fondatezza venga supportata da una diversa piattaforma probatoria.

• In assenza di una disposizione analoga a quella di cui all'art. 634 co. 2 deve ritenersi che la decisione sulla nuova richiesta di revisione, eventualmente proposta, spetti alla medesima corte d'appello che abbia già negativamente valutato la precedente.

642. Pubblicazione della sentenza di accoglimento della richiesta.

1. La sentenza di accoglimento, a richiesta dell'interessato, è affissa per estratto, a cura della cancelleria, nel comune in cui la sentenza di condanna era stata pronunciata e in quello dell'ultima residenza del condannato. L'ufficiale giudiziario deposita in cancelleria il certificato delle eseguite affissioni.

2. Su richiesta dell'interessato, il presidente della corte di appello dispone con ordinanza che l'estratto della sentenza sia pubblicato a cura della cancelleria in un giornale, indicato nella richiesta; le spese della pubblicazione sono a carico della cassa delle ammende.

• Tra gli interventi di natura riparatoria, collegati alla rescissione del giudicato conseguente all'accoglimento della richiesta di revisione, oltre a quello disciplinato dall'art. 643, il codice prevede anche l'affissione e la pubblicazione della sentenza di accoglimento (art. 627).

• Nella specie l'interessato può chiedere, a titolo di riparazione morale, tanto che la sentenza venga affissa, per estratto, sia nel comune in cui la pronuncia di condanna venne emessa sia in quello della propria ultima residenza quanto che essa venga pubblicata per estratto in un giornale di sua scelta con addebito delle relative spese a carico della cassa delle ammende.

643. Riparazione dell'errore giudiziario.

1. Chi è stato prosciolto in sede di revisione, se non ha dato causa per dolo o colpa grave all'errore giudiziario, ha diritto a una riparazione commisurata alla durata dell'eventuale espiazione della pena o internamento e alle conseguenze personali e familiari derivanti dalla condanna.

2. La riparazione si attua mediante pagamento di una somma di denaro ovvero, tenuto conto delle condizioni dell'avente diritto e della natura del danno, mediante la costituzione di una rendita vitalizia. L'avente diritto, su sua domanda, può essere accolto in un istituto, a spese dello Stato.

3. Il diritto alla riparazione è escluso per quella parte della pena detentiva che sia computata nella determinazione della pena da espiare per un reato diverso, a norma dell'articolo 657 comma 2.

• L'istituto della riparazione dell'errore giudiziario è volto a dare attuazione alla **direttiva costituzionale** (→ **Cost.**, art. 24 co. 4) che prescrive al legislatore di determinare le condizioni e i modi per la riparazione dell'errore giudiziario. Il riferimento all'"errore giudiziario" potrebbe teoricamente ricomprendere qualsiasi statuizione erronea dell'autorità giudiziaria: in realtà, la locuzione è sempre stata intesa **in senso restrittivo**, conformemente, per altro, alla opzione adottata nell'**art. 3** del **Protocollo n. 7** alla **Cedu**.

• Due sono le condizioni in presenza delle quali si perfeziona il diritto alla riparazione. La prima è costituita dal **proscioglimento a seguito di giudizio di revisione**: il che significa che assumeranno rilievo, sia l'assoluzione *ex* art. 530 (→ **Giudizio**), quale che sia la formula adottata, sia la sentenza di non doversi procedere emessa ai sensi degli artt. 529 e 531. La seconda condizione, di carattere negativo, è costituita dal **non aver l'interessato dato causa per dolo o colpa grave all'errore giudiziario**. In questa clausola trova espressione il più generale canone di autoresponsabilità, in base al quale soggetto passivo di un pregiudizio è soltanto chi non lo abbia potuto evitare o non abbia contribuito, in qualche modo, a determinarlo. A differenza di quanto previsto per la **riparazione per l'ingiusta detenzione** (→ **Misure cautelari**, art. 314), istituto con il quale quello in esame condivide la *ratio*, non è sufficiente che la condotta dell'interessato abbia concorso a provocare l'errore giudiziario, ma è necessario che l'abbia direttamente causato, determinando nell'autorità giudiziaria il convincimento circa la colpevolezza dell'accusato.

• Il diritto alla riparazione è escluso per quella parte della pena detentiva che sia computata nella determinazione della pena da espiare per un reato diverso *ex* art. 657 co. 2 (→ **Esecuzione**).

• L'istituto in esame si differenzia da quello della riparazione per l'ingiusta detenzione anche sotto il profilo della **quantificazione della riparazione**. Al riguardo si esclude che la disciplina di cui agli artt. 643 e 646 soggiaccia a quegli stessi parametri che la legge prevede in materia di riparazione per ingiusta detenzione. Ciò in quanto i dati da valutare ai fini della riparazione dell'errore giudiziario non si riducono alla sola durata della privazione della libertà patita (corrispondente al *quantum* di pena, anche accessoria, eseguita ovvero di misura di sicurezza detentiva subita), ma comprendono anche le conseguenze personali e familiari derivanti dalla condanna. In questo senso, da un lato, appare coerente la scelta del legislatore di non fissare un massimo liquidabile, che finirebbe per snaturare la fisionomia dell'istituto; dall'altro, risulta condivisibile l'indicazione, proveniente dalla giurisprudenza di legittimità, a favore dell'utilizzo, da parte del giudice nella determinazione dell'indennizzo, di criteri prevalentemente equitativi, con particolare riguardo alle voci di danno non esattamente quantificabili, quali quelle connesse all'interruzione dell'attività lavorativa e dei rapporti sociali e affettivi ovvero al peggioramento non voluto delle abitudini di vita.

• La riparazione può assumere **forme diverse**, potendosi tradurre, sulla base di una scelta discrezionale del giudice, nella liquidazione di una somma di denaro ovvero nella costituzione di una rendita vitalizia a favore dell'avente diritto, o, ancora, previa richiesta dell'interessato, nel ricovero di quest'ultimo in un istituto a spese dello Stato.

644. Riparazione in caso di morte.

1. Se il condannato muore, anche prima del procedimento di revisione, il diritto alla riparazione spetta al coniuge, ai discendenti e ascendenti, ai fratelli e sorelle, agli affini entro il primo grado e alle persone legate da vincolo di adozione con quella deceduta.

2. A tali persone, tuttavia, non può essere assegnata a titolo di riparazione una somma maggiore di quella che sarebbe stata liquidata al prosciolto. La somma è ripartita equitativamente in ragione delle conseguenze derivate dall'errore a ciascuna persona.

3. Il diritto alla riparazione non spetta alle persone che si trovino nella situazione di indegnità prevista dall'articolo 463 del codice civile.

• In forza della clausola di adeguamento automatico contenuta nell'art. 1 co. 20 l. 20.5.2016, n. 76, deve ritenersi che, nel caso di morte del condannato che avesse contratto un'unione civile con persona dello stesso sesso, il diritto alla riparazione spetti anche al rispettivo *partner*.

645. Domanda di riparazione.

1. La domanda di riparazione è proposta, a pena di inammissibilità, entro due anni dal passaggio in giudicato della sentenza di revisione ed è presentata per iscritto, unitamente ai documenti ritenuti utili, personalmente o per mezzo di procuratore speciale, nella cancelleria della corte di appello che ha pronunciato la sentenza.

2. Le persone indicate nell'articolo 644 possono presentare la domanda nello stesso termine, anche per mezzo del curatore indicato nell'articolo 638 ovvero giovarsi della domanda già proposta da altri. Se la domanda è presentata soltanto da alcuna delle predette persone, questa deve fornire l'indicazione degli altri aventi diritto.

• Per ragioni di certezza il codice prevede un termine per la proposizione della domanda di riparazione, analogamente a quanto contemplato in materia di riparazione per l'ingiusta detenzione (→ **Misure cautelari**, art. 315). In proposito deve ritenersi che il decorso del **termine** comporti la definitiva perdita del diritto alla riparazione da parte del soggetto che non abbia tempestivamente avanzato richiesta.

• La **richiesta** va proposta dall'avente diritto personalmente o tramite procuratore speciale.

• Nel **caso di morte del condannato**, le persone di cui all'art. 644 possono presentare domanda anche per mezzo del procuratore speciale indicato nell'art. 638. La domanda può essere proposta collettivamente da tutti gli interessati ovvero singolarmente da ciascuno di essi. In questa seconda ipotesi l'istante deve però specificare l'identità degli altri aventi diritti, al fine che la domanda venga notificata anche a costoro e che questi ultimi possano quindi giovarsene (per l'ipotesi di decadenza di questi ultimi dal diritto di presentare domanda di riparazione, nel caso in cui, dopo aver ricevuto notificazione della domanda, non formulino successivamente, nei termini e con le forme previste dall'art. 127, le proprie richieste: art. 646 co. 4).

• Unitamente alla richiesta vanno presentati i **documenti ritenuti utili**. Al riguardo è previsto che essi siano rilasciati gratuitamente dagli uffici competenti e che siano esenti da imposta di bollo (→ **Disp. att.**, art. 176).

646. Procedimento e decisione.

1. Sulla domanda di riparazione la corte di appello decide in camera di consiglio osservando le forme previste dall'articolo 127.

2. La domanda, con il provvedimento che fissa l'udienza, è comunicata al pubblico ministero ed è notificata, a cura della cancelleria, al ministro del tesoro presso l'avvocatura dello stato che ha sede nel distretto della corte e a tutti gli interessati, compresi gli aventi diritto che non hanno proposto la domanda.

3. L'ordinanza che decide sulla domanda di riparazione è comunicata al pubblico ministero e

notificata a tutti gli interessati, i quali possono ricorrere per cassazione.
4. Gli interessati che, dopo aver ricevuto la notificazione prevista dal comma 2, non formulano le proprie richieste nei termini e nelle forme previsti dall'articolo 127, comma 2, decadono dal diritto di presentare la domanda di riparazione successivamente alla chiusura del procedimento stesso.
5. Il giudice, qualora ne ricorrano le condizioni, assegna all'interessato una provvisionale a titolo di alimenti.

• Il procedimento per decidere sulla domanda di riparazione dell'errore giudiziario segue le forme del rito camerale (→ **Atti**, art. 127). L'ordinanza conclusiva – con la quale il giudice, a seconda dei casi, dichiara inammissibile la domanda, la rigetta o la accoglie, assegnando eventualmente, sulla base dei parametri stabiliti dall'art. 438 c.c., all'interessato una **provvisionale** a titolo di alimenti – è **impugnabile** tramite ricorso per cassazione (art. 606).

647. Risarcimento del danno e riparazione.
1. Nel caso previsto dall'articolo 630 comma 1 lettera *d*), lo Stato, se ha corrisposto la riparazione, si surroga, fino alla concorrenza della somma pagata, nel diritto al risarcimento dei danni contro il responsabile.

• Nel caso in cui l'errore giudiziario sia dipeso, ai sensi dell'art. 630 co. 1 lett. *d*, da falsità in atti o in giudizio o da altro fatto previsto dalla legge come reato, la vittima, a differenza di quanto previsto in passato, non è tenuta ad agire previamente nei confronti del responsabile, potendo rivolgersi direttamente, al fine di ottenere la riparazione, allo Stato, il quale a sua volta si surroga, fino alla concorrenza della somma corrisposta, nel diritto al risarcimento dei danni contro il responsabile.

LIBRO X
ESECUZIONE

Titolo I
GIUDICATO

648. Irrevocabilità delle sentenze e dei decreti penali.

1. Sono irrevocabili le sentenze pronunciate in giudizio contro le quali non è ammessa impugnazione diversa dalla revisione.

2. Se l'impugnazione è ammessa, la sentenza è irrevocabile quando è inutilmente decorso il termine per proporla o quello per impugnare l'ordinanza che la dichiara inammissibile. Se vi è stato ricorso per cassazione, la sentenza è irrevocabile dal giorno in cui è pronunciata l'ordinanza o la sentenza che dichiara inammissibile o rigetta il ricorso.

3. Il decreto penale di condanna è irrevocabile quando è inutilmente decorso il termine per proporre opposizione o quello per impugnare l'ordinanza che la dichiara inammissibile.

• L'irrevocabilità è caratteristica che, nel senso proprio del termine, la legge riconosce alle sole sentenze pronunciate in **giudizio** – cioè in dibattimento (→ **Giudizio**) o all'esito di un rito speciale deflattivo del dibattimento (→ **Procedimenti speciali**, artt. 442, 444 co. 2 e 464 *septies*) –, in ragione del fatto che le **sentenze di non luogo a procedere**, emesse all'esito dell'udienza preliminare (→ **Libro V**, art. 425) o dell'udienza predibattimentale a seguito di citazione diretta davanti al tribunale in composizione monocratica (→ **Procedimento davanti al tribunale in composizione monocratica**, art. 554 *ter* co. 1), – sono invece suscettibili di **revoca** allorché sopravvengano o si scoprano nuove prove che, sole o unite a quelle già acquisite, possono determinare il rinvio a giudizio o l'utile svolgimento di questo (→ artt. 434 e 554 *quinquies*).

• L'irrevocabilità della sentenza si perfeziona quando questa non sia *ab origine* (co. 1), o non sia più (co. 2), impugnabile con mezzi **ordinari** d'impugnazione (→ **Impugnazioni**, art. 593 s., art. 606 s.): dunque non incide sull'irrevocabilità della sentenza la perdurante esperibilità contro la medesima, oltreché della revisione (→ art. 629 s.), a cui il co. 1 fa espresso riferimento, del ricorso straordinario per cassazione (→ art. 625 *bis*) o della rescissione del giudicato (→ art. 629 *bis*).

• Le sentenze *ab origine* inoppugnabili per via ordinaria sono irrevocabili dal giorno della pronuncia: giusta l'art. 111 co. 7 **Cost.**, secondo cui «contro le sentenze [...] è sempre ammesso ricorso in Cassazione per violazione di legge», si tratta, peraltro, delle sole sentenze emesse dalla Cassazione, o – data l'espressa previsione di inoppugnabilità (→ **Cost.**, art. 137 co. 3) – dalla Corte costituzionale nei procedimenti seguenti alla messa in stato d'accusa del Presidente della Repubblica (→ **Cost.**, art. 134 co. 3).

• Le sentenze impugnabili divengono "automaticamente" irrevocabili alla **scadenza del termine perentorio** per impugnarle (→ **Impugnazioni**, art. 585) – a prescindere dal momento in cui l'impugnazione, eventualmente proposta tardivamente, sia dichiarata inammissibile (→ art. 591 co. 1 lett. *c*) –, o per impugnare l'ordinanza che dichiari **inammissibile** l'impugnazione per cause diverse dalla tardività (→ art. 591 co. 2); al di fuori di tali casi, l'irrevocabilità si perfeziona quando l'*iter*, innestato dall'impugnazione, è definitivamente concluso per declaratoria di inammissibilità (→ artt. 610 co. 5 *bis* e 611) o rigetto del ricorso per cassazione (→ art. 615 co. 2).

• Il **decreto penale** di condanna (→ **Procedimenti speciali**, art. 460) diviene irrevocabile alla scadenza dei termini per proporre **opposizione** al decreto stesso (→ art. 461), o per proporre ricorso per cassazione avverso l'ordinanza che dichiara l'inammissibilità dell'opposizione (→ art. 461 co. 6). Come nel caso delle sentenze, non impedisce il perfezionamento dell'irrevocabilità l'esperibilità, avverso il decreto penale, della revisione (→ **Impugnazioni**, art. 629).

• Un regime assolutamente peculiare è previsto per la **sentenza di non doversi procedere per mancata conoscenza della pendenza del processo da parte dell'imputato** (→ **Indagini e udienza preliminare**, art. 420 *quater*), che seppure, ancorché divenuta inoppugnabile, sia revocabile nel caso in cui il già imputato venga rintracciato, diventa **non più revocabile** se, decorso il particolare termine prescrizionale di cui all'art. 159 u.c. **c.p.** (→ art. 420 *quater* co. 3 e 6), ciò non sia ancora avvenuto.

• Nel caso in cui la corte di cassazione disponga l'**annullamento parziale** della sentenza impugnata, le **parti** di sentenza non annullate, e non essenzialmente connesse a quelle annullate, divengono **irrevocabili** nonostante la pendenza del giudizio di rinvio sulle parti residue (→ **Impugnazioni**, art. 624 co. 1 e 2), dando luogo alla c.d. **formazione progressiva del giudicato**. Secondo una consolidata giurisprudenza (fra le altre, Cass., SU, 26.3.1997, Attinà; Cass., SU, 19.1.2000, Tuzzolino; Cass., SU, 21.6.2012, Brunetto) devono considerarsi "parti", a tali effetti, sia i **capi** (→ art. 581 co. 1 lett. *a*) di una sentenza cumulativa – per tale intendendosi quella che decide, in conseguenza della riunione di procedimenti (→ **Soggetti**, art. 17), su più imputati o imputazioni –, sia i **punti** (→ **Impugnazioni**, art. 581 co. 1 lett. *a*) attinenti alla sussistenza del fatto e alla responsabilità dell'imputato nel caso in cui, di una sentenza di condanna, vengano annullate le sole disposizioni sanzionatorie.

649. Divieto di un secondo giudizio.

1. L'imputato prosciolto o condannato con sentenza o decreto penale divenuti irrevocabili non può essere di nuovo sottoposto a procedimento penale per il medesimo fatto, neppure se questo viene diversamente considerato per il titolo, per il grado o per le circostanze, salvo quanto disposto dagli articoli 69 comma 2 e 345.

2. Se ciò nonostante viene di nuovo iniziato procedimento penale, il giudice in ogni stato e grado del processo pronuncia sentenza di proscioglimento o di non luogo a procedere, enunciandone la causa nel dispositivo.

• **Corte cost., 200 del 2016**, ha dichiarato l'illegittimità costituzionale del presente articolo nella parte in cui esclude che il fatto sia il medesimo per la sola circostanza che sussiste un concorso formale tra il reato già giudicato con sentenza divenuta irrevocabile e il reato per cui è iniziato il nuovo procedimento penale. **Corte cost., 149 del 2022**, ha dichiarato l'illegittimità costituzionale della stessa disposizione nella parte in cui non prevede che il giudice pronunci sentenza di proscioglimento o di non luogo a procedere nei confronti di un imputato per uno dei delitti previsti dall'art. 171 *ter* della l. 22.4.1941, n. 633 (Protezione del diritto d'autore e di altri diritti connessi al suo esercizio), che, in relazione al medesimo fatto, sia già stato sottoposto a procedimento, definitivamente conclusosi, per l'illecito amministrativo di cui all'art. 174 *bis* della medesima legge.

• Il *ne bis in idem*, o effetto preclusivo del giudicato, scaturisce dalle **sentenze** o dai **decreti penali irrevocabili** (art. 648), e si traduce nel divieto di sottoporre ad un nuovo procedimento penale per il medesimo fatto "storico" – anche se diversamente considerato per il *nomen iuris*, il grado o le circostanze – la persona già definitivamente condannata (→ **Giudizio**, art. 533), prosciolta (→ artt. 529-531), o attinta da una sentenza di applicazione della pena su richiesta delle parti (la quale è equiparata, per quanto non diversamente disposto, alla sentenza di condanna) (→ **Procedimenti speciali**, art. 445 co. 1 *bis*). Tale effetto non consegue – in senso proprio – alla **sentenza di non luogo a procedere** (→ **Indagini e udienza preliminare**, art. 425; **Procedimento davanti al tribunale in composizione monocratica**, art. 554 *ter* co. 1), inidonea a divenire irrevocabile (art. 648), siccome suscettibile di revoca (→ **Libro V**, artt. 434 e → **Libro VIII**, art. 554 *quinquies*). Anche tale sentenza, una volta divenuta inoppugnabile, ha però portata limitatamente preclusiva, impedendo l'avvio di un nuovo procedimento penale in assenza del provvedimento di revoca.

• Il principio in questione, seppure non affermato espressamente in Costituzione – benché taluno lo tragga, quale indefettibile componente di un "giusto processo", dalla clausola generale *ex* art. 111 co. 1 **Cost.** – trova esplicita enunciazione nella normativa convenzionale (→ art. 4 Prot. 7 **Cedu**), e per tale via acquisisce rango sovraordinato rispetto alla legge ordinaria (→ **Cost.**, art. 117 co. 1). Nell'accezione convenzionale, peraltro, tale principio ha un ambito applicativo più esteso, tenuto conto che, per la Corte edu, hanno natura penale – e godono quindi dello "statuto" sostanziale e processuale degli illeciti penali, ivi compreso il *ne bis in idem* – anche illeciti qualificati civili o amministrativi dalla legge nazionale, ove la relativa struttura, la gravità delle sanzioni per essi previste o le finalità che queste ultime intendono assolvere, ne comporti una sostanziale assimilazione agli illeciti "propriamente" penali (fra le altre, Corte edu, 4.3.2014, Grande Stevens c. Italia). Resta però ferma la possibilità di duplicare i procedimenti *de eadem re*, rispettivamente volti ad accertare illeciti effettivamente penali o sostanzialmente qualificabili tali, quando detti procedimenti siano a tal punto connessi nella sostanza e nel tempo da costituire, di fatto, parte di un unico sistema integrato di repressione dell'illecito (Corte edu, 15.11.2016, A e B c. Norvegia). Recependo le suddette indicazioni della Corte edu, la Corte cost. (149 del 2022) ha di recente esteso la portata del *ne bis in idem* fuori della materia "formalmente" penale, sia pure limitatamente ad una specifica fattispecie di "doppio binario sanzionatorio" posta a tutela del diritto d'autore: l'art. 649 è stato infatti dichiarato illegittimo, per contrasto con gli artt. 117 **Cost.** e 4 Prot. 7 **Cedu**, in quanto non prevede che l'imputato per uno dei delitti *ex* art. 171 *ter*, l. 633 del 1941 debba essere prosciolto quando, per il medesimo fatto, sia già stato sottoposto a procedimento, definitivamente concluso, per l'illecito amministrativo *ex* art. 171 *bis* l. cit. L'accezione convenzionale di *ne bis in idem*, sulla cui base il "medesimo fatto" si ravvisa nell'identità delle circostanze concrete da cui la condotta è scaturita e non nell'identità della fattispecie legale (Corte edu, 10.2.2009, Zolotukhin c. Russia), è poi alla base della declaratoria di incostituzionalità (200 del 2016), per violazione degli artt. 117 **Cost.** e 4 Prot. 7 **Cedu**, dell'art. 649, nella parte in cui, secondo il diritto vivente nazionale, consente di tornare a procedere per il medesimo accadimento concreto per la sola circostanza che questo possa integrare una fattispecie di reato formalmente concorrente con quella già giudicata. Nella stessa occasione la Corte cost., recependo quanto già affermato dalle Sezioni unite (Cass., SU, 28.6.2005, Donati), ha peraltro chiarito che la medesimezza del fatto, ai fini del *ne bis in idem*, non si esaurisce nella coincidenza della condotta, ma postula la corrispondenza fra tutti gli elementi costitutivi del reato (condotta, evento, nesso causale) intesi nella dimensione storico-naturalistica, e con riferimento alle medesime circostanze di tempo, di luogo e di persona.

• Il principio del *ne bis in idem* rientra altresì fra i diritti fondamentali dell'Unione europea (→ **Carta UE**, art. 50). Anche nel sistema dell'Unione, il principio ha un ambito applicativo più esteso rispetto all'art. 649, perché incentrato su una nozione sostanziale di 'materia penale', pressoché sovrapponibile a quella convenzionale. Dato il rango paracostituzionale del diritto dell'UE (→ **Cost.**, art. 11), il giudice interno – limitatamente alle materie oggetto di tale diritto – potrebbe essere tenuto a disapplicare le norme nazionali che, a fronte di un giudicato (anche) formalmente o (solo) sostanzialmente penale, permettono di tornare a procedere, penalmente o in via civile/amministrativa, *de eadem re et persona*. Come chiarito dalla Corte giust., peraltro, una limitazione della garanzia *ex* art. 50 **Carta UE**, con conseguente legittimo cumulo di procedimenti e/o sanzioni amministrativi e penali, può essere giustificata alle condizioni di cui all'art. 52 § 1 **Carta UE**, vale a dire quando sia strettamente necessaria, nel rispetto del principio di proporzionalità, per offrire tutela adeguata ed effettiva agli interessi – anche finanziari – dell'UE (Corte giust., 20.3.2018, Menci, causa c-524/15; Corte giust. 20.3.2018, Garlsson, causa c-537/16; Corte giust. 20.3.2018, Di Puma, causa c-597/16).

• In deroga al *ne bis in idem*, non preclude un nuovo procedimento penale per il medesimo fatto nei confronti della stessa persona: a) la sentenza irrevocabile di proscioglimento per essere il reato estinto per **morte dell'imputato** (→ **Soggetti**, art. 69 co. 1) se, dopo il giudicato, risulta che la morte fu dichiarata per errore (→ art. 69 co. 2); b) la sentenza irrevocabile di proscioglimento per **difetto di**

una condizione di procedibilità, se quest'ultima in seguito sopravviene (→ **Indagini e udienza preliminare**, art. 345); c) la sentenza irrevocabile di non doversi procedere per **incapacità irreversibile dell'imputato di partecipare al procedimento** (→ **Soggetti**, art. 72 *bis*) se lo stato di incapacità viene meno o si accerta che è stato erroneamente dichiarato (→ **Indagini e udienza preliminare**, art. 345).

• L'esistenza di un pregresso giudicato *in idem* costituisce una **condizione atipica di improcedibilità** dell'azione penale (→ **Indagini e udienza preliminare**, art. 345 co. 2): di conseguenza, se ciononostante viene iniziato un nuovo procedimento penale, e non ne viene immediatamente richiesta e disposta l'**archiviazione** "perché l'azione penale non può essere iniziata" (→ art. 411 co. 1), il giudice, in ogni stato e grado del processo, dovrà rilevare l'improcedibilità con **sentenza di non luogo a procedere** (→ artt. 425 e 554 *ter* co. 1; art. 649 co. 2) o **di proscioglimento** (→ **Giudizio**, art. 529; art. 649 co. 2). Una disciplina in parte diversa si applica, peraltro, nel **giudizio di cassazione** (→ **Impugnazioni**), all'esito del quale, se risulta una contraddizione fra la decisione impugnata ed altra anteriore concernente lo stesso fatto e la stessa persona, la corte di legittimità pronuncia sentenza di **annullamento senza rinvio** (→ art. 620 co. 1 lett. *h*), disponendo, di regola, l'esecuzione del primo provvedimento, ma – nel caso si tratti di una sentenza di condanna – l'esecuzione della **condanna meno grave** (→ art. 621), determinata secondo i criteri preposti a risolvere il conflitto pratico di giudicati (art. 669).

• È rimedio preventivo del rischio di *bis in idem* la disciplina dei **conflitti positivi di giurisdizione e di competenza** (→ **Soggetti**, artt. 28-32), sulla cui base compete alla corte di cassazione attribuire la giurisdizione o la competenza ad un solo organo giurisdizionale, allorché uno o più giudici ordinari e uno o più giudici speciali, oppure due o più giudici ordinari, contemporaneamente prendano cognizione del medesimo fatto attribuito alla stessa persona, e nessuno si dichiari spontaneamente incompetente. Preso atto che tale rimedio non copre, però, i casi in cui due procedimenti *de eadem re et persona* pendano presso un medesimo ufficio giudiziario, le Sezioni Unite, ravvisando nel *ne bis in idem* un principio generale dell'ordinamento di cui l'art. 649 rappresenta un «singolo, specifico, punto di emersione», hanno affermato che dette ipotesi di **litispendenza** vanno «risolte dichiarando nel secondo processo, pur in mancanza di una sentenza irrevocabile, l'impromovibilità dell'azione penale» (Cass., SU, 28.6.2005, Donati).

• Nel caso invece in cui, non essendosi rilevato il *bis in idem*, siano "patologicamente" divenute irrevocabili nei confronti della stessa persona più sentenze (o decreti penali) per lo stesso fatto, spetta al **giudice dell'esecuzione** (art. 665) risolvere il **conflitto pratico di giudicati** che ne deriva, di regola dando esecuzione, in applicazione del *favor rei*, al solo giudicato più favorevole, con contestuale revoca degli altri (art. 669).

• Nell'ambito dei rapporti di cooperazione giudiziaria con le autorità straniere, è applicazione del *ne bis in idem* la regola per cui, in caso di riconoscimento di una sentenza straniera ai fini esecutivi, è vietata l'estradizione del condannato e la sua sottoposizione ad un nuovo procedimento nello Stato per il medesimo fatto già oggetto della decisione straniera, anche se diversamente considerato per il titolo, il grado o le circostanze (→ **Rapporti giurisdizionali con autorità straniere**, art. 739).

650. Esecutività delle sentenze e dei decreti penali.

1. Salvo che sia diversamente disposto, le sentenze e i decreti penali hanno forza esecutiva quando sono divenuti irrevocabili.

2. Le sentenze di non luogo a procedere hanno forza esecutiva quando non sono più soggette a impugnazione.

• In ragione dell'**effetto sospensivo** delle impugnazioni ordinarie (→ **Impugnazioni**, art. 588 co. 2) – diretto corollario, quanto alle statuizioni penali dei provvedimenti di condanna, della presunzione di non colpevolezza dell'imputato sino alla condanna definitiva (→ **Cost.**, art. 27 co. 2) –, le **sentenze pronunciate in giudizio** e i **decreti penali** hanno **forza esecutiva** solo allorché, in ragione dell'originaria o sopravvenuta **inoppugnabilità**, siano divenuti **irrevocabili** (art. 648). Quanto alle **sentenze di non luogo a procedere** (→ **Indagini e udienza preliminare**, art. 425; **Procedimento davanti al tribunale in composizione monocratica**, art. 554 *ter* co. 1), l'esecutività si perfeziona nel momento della scadenza dei termini per impugnare o della definitiva conclusione del procedimento seguente all'impugnazione (appello e/o ricorso per cassazione: → art. 428 co. 3, 3 *bis* e 3 *quater*; art. 554 *quater*).

• Le SU hanno affermato che sebbene, a seguito di annullamento parziale della corte di cassazione, le parti di sentenza non annullate e non essenzialmente connesse a quelle annullate passino in giudicato pur in pendenza di giudizio di rinvio – compresi i punti attinenti alla responsabilità dell'imputato, se il rinvio sia stato disposto per le sole statuizioni sanzionatorie – (→ **Impugnazioni**, art. 624 co. 1 e 2; art. 648), al c.d. giudicato parziale non corrisponde necessariamente l'esecutività frazionata della sentenza, ai quali fini occorre che la pena principale, quantomeno per uno dei "capi" del provvedimento, sia determinata in modo **"certo" e "compiuto"** (Cass., SU, 29.10.2020, Gialluisi).

• Giusta la clausola di salvaguardia in apertura del co. 1, sono eccezionalmente esecutive prima del passaggio in giudicato: a) la condanna di primo grado alle **restituzioni e al risarcimento del danno** quando il giudice, a richiesta della parte civile, la dichiari **provvisoriamente esecutiva** per gravi motivi (→ **Giudizio**, art. 540); b) la condanna al pagamento di una **provvisionale** (→ artt. 539 co. 2 e 2 *bis* e 540 co. 2); c) tutte le **statuizioni civili della sentenza di appello** (→ **Impugnazioni**, art. 605 co. 2); d) le **misure di sicurezza** eventualmente disposte con sentenza di proscioglimento o di condanna (→ **Giudizio**, artt. 530 co. 4 e 533 co. 1), ove, nei casi stabiliti dall'art. 206 c.p., ne sia stabilita dal giudice la **provvisoria applicazione** a norma degli artt. 312, 313 (→ **Misure cautelari**) e 658 co. 1 secondo periodo.

• Secondo taluno, ulteriori ipotesi di esecutività provvisoria, nella specie di una sentenza di proscioglimento (o di non luogo a procedere), sarebbero ravvisabili – in favore dell'imputato e quindi nel rispetto dell'art. 27 co. 2 **Cost.** – nell'**immediata perdita di efficacia**, per effetto della pronuncia di tale sentenza ancorché impugnabile o impugnata, delle **misure cautelari personali** (→ **Libro IV**, art. 300 co. 1) e del **sequestro preventivo** (→ art. 323 co. 1) eventualmente disposti.

651. Efficacia della sentenza penale di condanna nel giudizio civile o amministrativo di danno.

1. La sentenza penale irrevocabile di condanna pronunciata in seguito a dibattimento ha efficacia di giudicato, quanto all'accertamento della sussistenza del fatto, della sua illiceità penale e all'affermazione che l'imputato lo ha commesso, nel giudizio civile o amministrativo per le restituzioni e il risarcimento del danno promosso nei confronti del condannato e del responsabile civile che sia stato citato ovvero sia intervenuto nel processo penale.

2. La stessa efficacia ha la sentenza irrevocabile di condanna pronunciata a norma dell'articolo 442, salvo che vi si opponga la parte civile che non abbia accettato il rito abbreviato.

• Nell'attuale sistema processuale i rapporti fra azione penale e azione civile per le restituzioni e il risarcimento del danno derivante da reato (→ **Soggetti**, art. 74 s.), e più in generale fra processo civile o amministrativo e processo penale, sono ispirati ad un modello di tendenziale separazione (→ *arg. ex* art. 75 co. 2): di conseguenza i casi, in cui il giudicato penale ha efficacia vincolante nei giudizi civili o amministrativi di danno, o in altri giudizi extra-penali, sono tassativamente previsti dalla legge e sono di stretta interpretazione.

• Fra i provvedimenti idonei, una volta divenuti irrevocabili (art. 648), a produrre effetti vincolanti nel giudizio extra-penale di danno rientra, anzitutto, la **sentenza di condanna**, a condizione che sia pronunciata in seguito a **dibattimento** (→ **Giudizio**, art. 533) oppure – fermi i limiti soggettivi del co. 2 (v. *infra*) – a **giudizio abbreviato** (→ **Procedimenti speciali**, art. 442 co. 1). Per espressa previsione legislativa, nessuna efficacia nel giudizio civile o amministrativo di danno è invece attribuita alla sentenza di applicazione della pena su richiesta delle parti

(→ **Procedimenti speciali**, art. 445 co. 1 *bis*), anche se pronunciata dopo la chiusura del dibattimento (→ artt. 448 co. 1 e 445 co. 1 *bis*), e al decreto penale di condanna (→ art. 460 co. 5). La sentenza di applicazione della pena su richiesta delle parti, inoltre, non può essere utilizzata nei medesimi giudizi nemmeno a fini di prova (→ art. 445 co. 1 *bis*).

• Sotto il profilo **oggettivo**, la sentenza di condanna vincola il giudice civile o amministrativo limitatamente all'accertamento, inequivocabilmente sotteso a tale sentenza *ex* art. 533 co. 1 (→ **Giudizio**), della sussistenza del fatto, della relativa illiceità penale e della commissione del medesimo ad opera dell'imputato.

• Sotto il profilo **soggettivo**, l'accertamento sotteso alla sentenza di condanna dibattimentale è sempre vincolante nei confronti del **condannato**, che, in quanto parte necessaria del processo penale, ha potuto ivi esercitare il diritto di difesa anche in ordine ai riflessi civili del fatto-reato contestatogli. Quanto, invece, al **responsabile civile**, gli effetti extra-penali si producono a condizione che il medesimo sia stato messo in grado di partecipare al processo penale, cioè sia stato **citato** (→ **Soggetti**, art. 83 co. 1; Corte cost., 112 del 1998) o sia **intervenuto volontariamente** (→ artt. 85 e 86 co. 2). Con riguardo, infine, al **danneggiato**, mentre la condanna **dibattimentale** è sempre vincolante – quand'anche costui non si sia costituito o non sia stato messo in grado di costituirsi parte civile (→ **Soggetti**, art. 75 co. 2) –, la condanna emessa nel **giudizio abbreviato** non produce effetti extra-penali ove il danneggiato stesso, che seppure costituito parte civile **non abbia accettato** il rito speciale (→ **Procedimenti speciali**, art. 441 co. 4), vi si **opponga**.

651 *bis*. Efficacia della sentenza di proscioglimento per particolare tenuità del fatto nel giudizio civile o amministrativo di danno.

1. La sentenza penale irrevocabile di proscioglimento pronunciata per particolare tenuità del fatto in seguito a dibattimento ha efficacia di giudicato quanto all'accertamento della sussistenza del fatto, della sua illiceità penale e all'affermazione che l'imputato lo ha commesso, nel giudizio civile o amministrativo per le restituzioni e il risarcimento del danno promosso nei confronti del prosciolto e del responsabile civile che sia stato citato ovvero sia intervenuto nel processo penale.

2. La stessa efficacia ha la sentenza irrevocabile di proscioglimento pronunciata per particolare tenuità del fatto a norma dell'articolo 442, salvo che vi si opponga la parte civile che non abbia accettato il rito abbreviato.

Articolo inserito dal d. lgs. 16.3.2015, n. 28.

• Benché la sentenza dichiarativa della non punibilità dell'imputato per particolare tenuità del fatto (→ art. 131 *bis* c.p.) rientri fra le sentenze di **proscioglimento**, e più nel dettaglio – in quanto dichiarativa, appunto, di una causa di non punibilità – fra le sentenze di **assoluzione** (→ **Giudizio**, art. 530 co. 1 e 3), la relativa efficacia nei giudizi civili o amministrativi di danno ricalca – con riguardo, rispettivamente, alle tipologie decisorie idonee a produrre il vincolo di giudicato, e ai limiti oggettivi e soggettivi di tale vincolo – l'analoga efficacia della sentenza di condanna (art. 651), e si rivolge quindi, almeno tendenzialmente, a favore del danneggiato. Ciò discende dal fatto che l'assoluzione "per tenuità" sottende, come la condanna, l'**accertamento della sussistenza del fatto-reato e della responsabilità dell'imputato**: data la gerarchia delle formule di assoluzione *ex* art. 530 co. 1 (→ **Giudizio**), infatti, se tale accertamento non fosse pienamente raggiunto, il giudice dovrebbe prosciogliere l'imputato con le più favorevoli formule "perché il fatto non sussiste", "per non aver commesso il fatto", "perché il fatto non costituisce reato" o "non è previsto dalla legge come reato". Proprio su tali basi, onde restituire coerenza al sistema e tutela alla parte civile, **Corte cost.**, 173 del 2022, ha dichiarato illegittimo l'art. 538 (→ **Giudizio**) in quanto non prevede che il giudice decida sulla domanda risarcitoria della parte civile anche quando pronuncia sentenza di proscioglimento per particolare tenuità del fatto.

• Rilievo extra-penale è riconosciuto alle sole **sentenze irrevocabili di proscioglimento "per tenuità"** pronunciate **in seguito a dibat-**

timento oppure – salvi i limiti soggettivi del co. 2 – a **giudizio abbreviato**. Non sono quindi vincolanti, nel giudizio civile o amministrativo di danno, né la sentenza di proscioglimento "per tenuità" emessa nel pre-dibattimento (→ **Giudizio**, art. 469 co. 1 *bis*), né – a maggior ragione – la declaratoria di tenuità del fatto adottata con sentenza di non luogo a procedere (→ **Indagini e udienza preliminare**, art. 425; → **Procedimento davanti al tribunale in composizione monocratica**, art. 554 *ter* co. 1), data, fra l'altro, l'inidoneità di quest'ultima a divenire irrevocabile (art. 648).

• Sotto il profilo **oggettivo**, la sentenza di proscioglimento per particolare tenuità del fatto, come quella di condanna (art. 651), ha efficacia di giudicato limitatamente all'accertamento della sussistenza del fatto e della sua illiceità penale – con esclusione, quindi, della vincolatività extra-penale della valutazione di tenuità –, nonché all'affermazione che l'imputato lo ha commesso.

• Sotto il profilo **soggettivo** il "giudicato di tenuità", ancora sulla falsariga di quello di condanna (art. 651), è sempre vincolante per il **prosciolto**, mentre può essere opposto al **responsabile civile** solo se questi sia stato **citato** o sia **intervenuto volontariamente** nel processo penale (→ **Soggetti**, artt. 83 e 85). Il **danneggiato** può opporsi all'effetto vincolante della sentenza di proscioglimento per tenuità solo se questa sia stata emessa nel **giudizio abbreviato**, a condizione che egli, allorché costituito **parte civile, non abbia accettato** il rito speciale (→ **Procedimenti speciali**, art. 441 co. 4).

652. Efficacia della sentenza penale di assoluzione nel giudizio civile o amministrativo di danno.

1. La sentenza penale irrevocabile di assoluzione pronunciata in seguito a dibattimento ha efficacia di giudicato quanto all'accertamento che il fatto non sussiste o che l'imputato non lo ha commesso o che il fatto è stato compiuto nell'adempimento di un dovere o nell'esercizio di una facoltà legittima, nel giudizio civile o amministrativo per le restituzioni e il risarcimento del danno promosso dal danneggiato o nell'interesse dello stesso, sempre che il danneggiato si sia costituito o sia stato posto in condizione di costituirsi parte civile, salvo che il danneggiato dal reato abbia esercitato l'azione in sede civile a norma dell'articolo 75 comma 2.

2. La stessa efficacia ha la sentenza irrevocabile di assoluzione pronunciata a norma dell'articolo 442, se la parte civile ha accettato il rito abbreviato.

Il co. 1 è stato così modificato dalla l. 27.3.2001, n. 97.

• Effetti extra-penali sfavorevoli al danneggiato sono riconosciuti, nei rigorosi limiti oggettivi e soggettivi chiariti *infra*, soltanto alle sentenze irrevocabili di **assoluzione**, a condizione che siano state emesse **in seguito a dibattimento** (→ **Giudizio**, art. 530) o a **giudizio abbreviato** (→ **Procedimenti speciali**, art. 442 co. 1). Non hanno quindi efficacia vincolante nei giudizi civili o amministrativi di danno le sentenze dibattimentali (o emesse in esito a giudizio abbreviato) di non doversi procedere (→ **Giudizio**, artt. 529, 531), le sentenze di proscioglimento predibattimentale (→ art. 469), le sentenze di proscioglimento immediato (→ **Atti**, art. 129) emesse dal giudice investito di una richiesta di patteggiamento (→ **Procedimenti speciali**, art. 444 co. 2), decreto penale (→ art. 459 co. 3) o messa alla prova (→ art. 464 *quater* co. 1), né, a maggior ragione, la sentenza di non luogo a procedere (→ **Indagini e udienza preliminare**, art. 425; → **Procedimento davanti al tribunale in composizione monocratica**, art. 554 *ter* co. 1), fra l'altro inidonea a divenire irrevocabile (art. 648).

• Sotto il profilo **oggettivo**, l'efficacia vincolante è limitata all'**accertamento** che il **fatto non sussiste**, l'**imputato non lo ha commesso**, o il **fatto è stato commesso in presenza delle scriminanti dell'adempimento di un dovere o dell'esercizio di una facoltà legittima** (→ artt. 50, 51, 52, 53 c.p.). Posto che i fatti, di possibile rilievo extra-penale, devono essere positivamente "accertati", non sono idonee a produrre il vincolo di giudicato le sentenze di assoluzione pronunciate per mancanza, insufficienza o contraddittorietà della prova del fatto e della responsabilità dell'imputato (→ **Giudizio**, art. 530 co. 2), oppure per il dubbio sull'esistenza di una scriminante (→ art. 530 co.

3). Tali pronunce, benché adottate con formula astrattamente rilevante ai fini extrapenali – "il fatto non sussiste", "l'imputato non lo ha commesso", "il fatto non costituisce reato" per essere stato commesso in presenza di un'esimente – non sottendono, infatti, alcun "accertamento". Ne discende che il giudice civile (o amministrativo), investito dell'azione risarcitoria, potrà verificare la sussistenza del vincolo di giudicato solo attraverso l'esame della **motivazione** della sentenza (→ art. 546 lett. *e*), non bastando il riferimento alla formula assolutoria di cui al dispositivo (→ artt. 530 co. 1 e 546 lett. *f*).

• Dal punto di vista **soggettivo** la sentenza di assoluzione, sempre vincolante, nel giudizio risarcitorio promosso dal danneggiato o nel suo interesse, per il **prosciolto** e per il **responsabile civile** – ai quali tale decisione si suppone favorevole –, può invece essere opposta al **danneggiato** solo se questi, nel processo penale, abbia avuto modo di esercitare i suoi diritti difensivi, vuoi perché si è **costituito parte civile** (→ **Soggetti**, art. 74 s.) – sempreché non sia stato successivamente escluso (→ artt. 88 co. 2 e 3 e 75 co. 3) –, vuoi perché, quantomeno, è stato **messo in grado di costituirsi** (in particolare, attraverso la notifica dell'avviso di fissazione dell'udienza preliminare, peraltro prevista solo in favore del danneggiato che sia anche persona offesa: → **Indagini e udienza preliminare**, art. 419 co. 1). In deroga a questa regola, e in ossequio al *favor separationis*, il giudicato penale assolutorio **non è però opponibile** al **danneggiato** che, pur messo in grado di costituirsi parte civile, abbia esercitato l'**azione di danno in sede civile** prima della sentenza penale di primo grado (→ **Soggetti**, art. 75 co. 2 e 3).

• Affinché i diritti difensivi del danneggiato, **già costituito parte civile**, non siano pregiudicati da successive "evenienze" del processo penale a lui non ascrivibili, l'eventuale giudicato assolutorio **non è opponibile**: a) al danneggiato che, dopo la costituzione di parte civile, sia stato "costretto" ad esperire l'azione risarcitoria nella sede propria – così revocando la costituzione (→ **Soggetti**, art. 82 co. 2) –, perché, in particolare, il processo penale ha subito una sospensione per l'**incapacità fisica o psichica dell'imputato** a parteciparvi (→ **Soggetti**, art. 75 co. 3, in relazione all'art. 71 co. 6); b) alla parte civile che **non abbia accettato il giudizio abbreviato**, nel caso in cui il processo sia stato celebrato con tale rito speciale (art. 652 co. 2; → **Procedimenti speciali**, art. 441 co. 3). Sempre a salvaguardia dei diritti difensivi del danneggiato, infine, non gli può essere opposto, salvo che ne abbia fatto accettazione espressa o tacita, il giudicato assolutorio fondato su una prova acquisita con **incidente probatorio** a cui il danneggiato stesso non abbia potuto partecipare (→ **Indagini e udienza preliminare**, art. 404).

653. Efficacia della sentenza penale nel giudizio disciplinare.

1. La sentenza penale irrevocabile di assoluzione ha efficacia di giudicato nel giudizio per responsabilità disciplinare davanti alle pubbliche autorità quanto all'accertamento che il fatto non sussiste o non costituisce illecito penale ovvero che l'imputato non lo ha commesso.

1 *bis*. La sentenza irrevocabile di condanna ha efficacia di giudicato nel giudizio per responsabilità disciplinare davanti alle pubbliche autorità quanto all'accertamento della sussistenza del fatto, della sua illiceità penale e all'affermazione che l'imputato lo ha commesso.

Rubrica e co. 1 sono stati così modificati dalla l. 27.3.2001, n. 97, che ha pure aggiunto il co. 1 *bis*.

• Nei giudizi di responsabilità disciplinare davanti alle pubbliche autorità, è riconosciuta efficacia di giudicato nei confronti del condannato o del prosciolto: a) alla **sentenza irrevocabile di condanna** quanto all'accertamento, ad essa necessariamente sotteso *ex* art. 533 co. 1 (→ **Giudizio**), che il fatto sussiste ed è penalmente illecito, e che l'imputato lo ha commesso; b) alla **sentenza irrevocabile di assoluzione**, quanto all'**accertamento** che il fatto non sussiste o non costituisce illecito penale, ovvero che l'imputato non lo ha commesso (il riferimento normativo all'"accertamento" esclude l'efficacia di giudicato in sede disciplinare dell'assoluzione per mancanza, insufficienza o contraddittorietà probatoria (→ **Giudizio**, art. 530 co. 2).

• Non vincolano il giudice disciplinare, di conseguenza, né la sentenza di applicazione della pena su richiesta delle parti – alla quale non può nemmeno riconoscersi valore probatorio – (→ **Procedimenti speciali**, art. 445

co. 1 *bis*), né il decreto penale di condanna (→ **Procedimenti speciali**, art. 461 co. 5), né alcun provvedimento *lato sensu* "proscioglitivo" diverso dalla sentenza di assoluzione (→ **Indagini e udienza preliminare**, art. 425; → **Procedimento davanti al tribunale in composizione monocratica**, art. 554-*ter* co. 1; → **Giudizio**, artt. 469, 529, 531).

654. Efficacia della sentenza penale di condanna o di assoluzione in altri giudizi civili o amministrativi.

1. Nei confronti dell'imputato, della parte civile e del responsabile civile che si sia costituito o sia intervenuto nel processo penale, la sentenza penale irrevocabile di condanna o di assoluzione pronunciata in seguito a dibattimento ha efficacia di giudicato nel giudizio civile o amministrativo, quando in questo si controverte intorno a un diritto o a un interesse legittimo il cui riconoscimento dipende dall'accertamento degli stessi fatti materiali che furono oggetto del giudizio penale, purché i fatti accertati siano stati ritenuti rilevanti ai fini della decisione penale e purché la legge civile non ponga limitazioni alla prova della posizione soggettiva controversa.

• La disposizione regola i casi, residuali, di efficacia del giudicato penale nell'ambito dei giudizi civili o amministrativi **diversi** da quelli per le restituzioni e il risarcimento del danno o disciplinari.

• Le **tipologie decisorie** suscettibili, nei limiti oggettivi e soggettivi che si chiariranno *infra*, di determinare tali ulteriori effetti extra-penali, sono individuate nelle sole **sentenze irrevocabili di condanna e di assoluzione** pronunciate **in seguito a dibattimento** (→ **Giudizio**, artt. 530 e 533), con esclusione, quindi, delle sentenze di condanna o di assoluzione pronunciate nel giudizio abbreviato (→ **Procedimenti speciali**, art. 442 co. 1, in relazione agli artt. 530, 533), dei provvedimenti *lato sensu* proscioglitivi diversi dalle sentenze di assoluzione (→ **Indagini e udienza preliminare**, art. 425; → **Procedimento davanti al tribunale in composizione monocratica**, art. 554 *ter* co. 1; → **Giudizio**, artt. 469, 529, 531), della sentenza di applicazione della pena su richiesta delle parti anche se pronunciata in seguito a dibattimento – alla quale non può riconoscersi nemmeno valore di prova – (→ **Procedimenti speciali**, art. 445 co. 1 *bis*), e del decreto penale di condanna (→ art. 460 co. 5).

• Dal punto di vista **oggettivo**, il giudicato penale ha efficacia limitatamente ai **fatti materiali, accertati** nel giudizio penale e ritenuti **rilevanti** per la decisione ivi pronunciata, da cui dipenda, nel giudizio civile o amministrativo, il riconoscimento del diritto o interesse legittimo controverso. I riferimenti normativi alla "materialità" e alla "rilevanza" sembrano circoscrivere il rilievo extra-penale ai fatti "storici" oggetto dell'imputazione. Richiedendosi, d'altra parte, che tali fatti, in positivo o in negativo, risultino "accertati", il vincolo di giudicato non può scaturire da una sentenza di assoluzione per mancanza, insufficienza o contraddittorietà probatoria (→ **Giudizio**, art. 530 co. 2), la quale non sottende alcun accertamento. Ulteriore condizione, perché la sentenza penale produca gli effetti *ex* art. 654, è che – nel giudizio civile o amministrativo *ad quem* – **la legge civile non ponga limiti alla prova** della posizione soggettiva controversa: tale condizione discende dal fatto che i limiti civili alla prova, a meno che riguardino lo stato di famiglia o di cittadinanza, non operano nel giudizio penale (→ **Prove**, art. 193), sì che il relativo giudicato potrebbe fondarsi su prove vietate nel giudizio extra-penale di destinazione.

• Quanto ai **limiti soggettivi**, gli effetti extra-penali *ex* art. 654 si producono esclusivamente nei confronti di chi sia stato "parte" effettiva – e non solo potenziale – del processo penale, cioè nei confronti dell'**imputato** (→ **Soggetti**, art. 60), della **parte civile** (→ art. 74 s.) e del **responsabile civile** che si sia **costituito** a seguito di citazione (→ art. 84), o che sia **intervenuto volontariamente** (→ art. 85).

Titolo II
ESECUZIONE DEI PROVVEDIMENTI GIURISDIZIONALI

655. Funzioni del pubblico ministero.

1. Salvo che sia diversamente disposto, il pubblico ministero presso il giudice indicato nell'articolo 665 cura di ufficio l'esecuzione dei provvedimenti.
2. Il pubblico ministero propone le sue richieste al giudice competente e interviene in tutti i procedimenti di esecuzione.
3. Quando occorre, il pubblico ministero può chiedere il compimento di singoli atti a un ufficio del pubblico ministero di altra sede.
4. Se per l'esecuzione di un provvedimento è necessaria l'autorizzazione, il pubblico ministero ne fa richiesta all'autorità competente; l'esecuzione è sospesa fino a quando l'autorizzazione non è concessa. Allo stesso modo si procede quando la necessità dell'autorizzazione è sorta nel corso dell'esecuzione.
5. I provvedimenti del pubblico ministero dei quali è prescritta nel presente titolo la notificazione al difensore, sono notificati, a pena di nullità, entro trenta giorni dalla loro emissione, al difensore nominato dall'interessato o, in mancanza, a quello designato dal pubblico ministero a norma dell'articolo 97, senza che ciò determini la sospensione o il ritardo dell'esecuzione.

• Tra le attribuzioni del **p.m.** (→ **Soggetti**, art. 50 s.), l'art. 73 co. 1 **Ord. giud.** menziona espressamente anche quella di far eseguire «i giudicati ed ogni altro provvedimento del giudice, nei casi stabiliti dalla legge», mentre l'art. 78 **Ord. giud.** richiama la funzione di **promuovere** «la **esecuzione** delle **sentenze** e degli **altri provvedimenti del giudice penale**, secondo le disposizioni del codice di procedura penale e delle leggi a queste complementari».

• Di regola, spetta dunque al p.m. presso il giudice competente (art. 665) curare **d'ufficio** – in quanto organo di giustizia – l'esecuzione dei provvedimenti giurisdizionali (→ **Reg. es.**, artt. 28 e 29): l'**azione esecutiva** riveste le stesse caratteristiche dell'azione penale nel giudizio di cognizione (→ **Soggetti**, art. 50): **obbligatorietà** (→ **Cost.**, art. 112); **officiosità** (→ **Soggetti**, art. 50 co. 2); **irretrattabilità** (→ art. 50 co. 3).

• L'ufficio del p.m. legittimato all'esercizio delle funzioni proprie dell'esecuzione viene individuato *per relationem*, attraverso il riferimento all'organo giurisdizionale che ha emesso il provvedimento della cui esecuzione si tratta, in applicazione del criterio generale in forza del quale la legittimazione del p.m. si determina in relazione alla competenza del giudice (→ **Soggetti**, art. 51 co. 3). La **titolarità dell'azione esecutiva** risulta, quindi, attribuita al **procuratore della Repubblica** o al **P.G. presso la corte d'appello**, a seconda che la competenza come giudice dell'esecuzione spetti al tribunale (→ **Soggetti**, art. 6) o alla corte d'appello (→ **Impugnazioni**, art. 593); soltanto laddove, in conseguenza di una sentenza emessa dalla corte di cassazione, debba cessare una misura cautelare, una pena accessoria o una misura di sicurezza, la titolarità dell'azione esecutiva spetta al **P.G. presso la corte di cassazione** (→ **Impugnazioni**, art. 626; → **Reg. es.**, art. 28). Altra deroga alla regola generale secondo cui l'esecuzione dei provvedimenti del giudice spetta all'ufficio del p.m. istituito presso il giudice dell'esecuzione attiene al riconoscimento di una sentenza penale straniera: provvede il **P.G. presso la corte d'appello** che ha deliberato il riconoscimento (→ **Rapporti giurisdizionali con autorità straniere**, art. 738 co. 2). Una ulteriore eccezione è prevista dalla normativa extracodicistica ed è rappresentata dal **Procedimento di accusa del Presidente della Repubblica** davanti alla Corte costituzionale: l'art. 31 l. 25.1.1962, n. 20 prevede che i poteri attribuiti dal c.p. e dal c.p.p. al pubblico ministero nell'esecuzione penale siano esercitati dal **P.G. presso la Corte d'appello di Roma**.

• I **provvedimenti dotati di forza esecutiva**, come già accennato, non sono soltanto quelli passati in giudicato *ex* art. 648, cioè la sentenza (→ **Atti**, art. 125; → **Giudizio**, art. 533) e il decreto penale di condanna (→ **Procedimenti speciali**, art. 460), ma **ogni atto contenente un comando suscettibile di essere attuato coattivamente**, vale a dire a prescindere dalla disponibilità del soggetto passivo, come, ad es., l'ordinanza applicativa di una misura cautelare personale (→ **Libro IV**, art. 292 s.; → **Disp. att.**, art. 92) o reale (→ **Libro IV**, art. 317 co. 3; → **Disp. att.**, art. 104 co. 2).

• Il p.m. propone le sue **richieste** al **giudice competente** (art. 665) ed è **legittimato ad intervenire** – a pena di nullità a regime intermedio (→ **Atti**, artt. 178 e 180) – **in tutti i procedimenti di esecuzione** (art. 666 co. 4). Se necessario, può però **delegare** il compimento di **singoli atti** a un **ufficio del p.m. di un'altra sede**: si tratta di un meccanismo previsto anche nella fase delle **indagini preliminari** (→ **Libro V**), nel corso della quale è in particolare previsto che, per singoli atti da assumere nella circoscrizione di altro tribunale, il p.m., qualora non ritenga di procedere personalmente e, nei casi di interrogatorio, di procedere a distanza, possa delegare, secondo la rispettiva competenza per materia, il p.m. presso il tribunale del luogo (→ art. 370 co. 3).

• Se per l'esecuzione di un provvedimento è necessaria l'**autorizzazione a procedere** (→ **Indagini e udienza preliminare**, art. 343; nonché → **Cost.**, art. 68; → art. 313 c.p.), il p.m. deve farne richiesta all'autorità competente e l'esecuzione resta sospesa fino a quando l'autorizzazione non sia stata concessa; allo stesso modo si procede quando la necessità dell'autorizzazione è sorta nel corso della procedura esecutiva.

• Anche nella fase esecutiva è garantito il **diritto di difesa** (→ **Cost.**, art. 24 co. 2); peraltro, la nomina del **difensore di fiducia** (→ **Soggetti**, art. 96) effettuata nel giudizio di cognizione non estende i suoi effetti alla fase dell'esecuzione, sicché il condannato deve procedere ad una **nuova nomina**, in difetto della quale è legittima la nomina del **difensore d'ufficio** (→ art. 97) da parte del p.m. (un'eccezione alla regola della non ultrattività della nomina effettuata in sede di cognizione è però prevista dall'art. 656 co. 5, con riferimento alla fattispecie sospensiva dell'ordine di esecuzione).

• I **provvedimenti del p.m.** dei quali è prescritta la **notificazione** (→ **Atti**, art. 148 s.) al difensore – provvedimenti contro i quali non è ammessa autonoma impugnazione al di fuori dell'incidente di esecuzione (art. 666) – sono notificati, a pena di nullità (→ art. 177 s.), entro 30 giorni dalla loro emissione, al **difensore di fiducia** (→ **Soggetti**, art. 96) nominato dall'interessato secondo le regole generali o, in mancanza, a quello **d'ufficio** (→ art. 97) designato dal p.m., senza che ciò determini la sospensione o il ritardo dell'esecuzione (artt. 656 co. 3 e 4, 657 co. 5, 659 co. 1 e 663 co. 3).

656. Esecuzione delle pene detentive.

1. Quando deve essere eseguita una sentenza di condanna a pena detentiva, il pubblico ministero emette ordine di esecuzione, con il quale, se il condannato non è detenuto, ne dispone la carcerazione. Copia dell'ordine è consegnata all'interessato.

2. Se il condannato è già detenuto, l'ordine di esecuzione è comunicato al Ministro della giustizia e notificato all'interessato.

3. L'ordine di esecuzione contiene le generalità della persona nei cui confronti deve essere eseguito e quant'altro valga a identificarla, l'imputazione, il dispositivo del provvedimento e le disposizioni necessarie all'esecuzione nonché l'avviso al condannato che ha facoltà di accedere ai programmi di giustizia riparativa. L'ordine è notificato al difensore del condannato.

3 *bis*. L'ordine di esecuzione della sentenza di condanna a pena detentiva nei confronti di madre di prole di minore età è comunicato al procuratore della Repubblica presso il tribunale per i minorenni del luogo di esecuzione della sentenza.

4. L'ordine che dispone la carcerazione è eseguito secondo le modalità previste dall'articolo 277.

4 *bis*. Al di fuori dei casi previsti dal comma 9 lettera *b*), quando la residua pena da espiare, computando le detrazioni previste dall'articolo 54 della legge 26 luglio 1975, n. 354, non supera i limiti indicati dal comma 5, il pubblico ministero, prima di emettere l'ordine di esecuzione, previa verifica dell'esistenza di periodi di custodia cautelare o di pena dichiarata fungibile relativi al titolo esecutivo da eseguire, trasmette gli atti al magistrato di sorveglianza affinché provveda all'eventuale applicazione della liberazione anticipata. Il magistrato di sorveglianza provvede senza ritardo con ordinanza adottata ai sensi dell'articolo 69 *bis* della legge 26 luglio

1975, n. 354. La presente disposizione non si applica nei confronti dei condannati per i delitti di cui all'articolo 4 *bis* della legge 26 luglio 1975, n. 354.

4 *ter*. Quando il condannato si trova in stato di custodia cautelare in carcere il pubblico ministero emette l'ordine di esecuzione e, se ricorrono i presupposti di cui al comma 4 *bis*, trasmette senza ritardo gli atti al magistrato di sorveglianza per la decisione sulla liberazione anticipata.

4 *quater*. Nei casi previsti dal comma 4 *bis*, il pubblico ministero emette i provvedimenti previsti dai commi 1, 5 e 10 dopo la decisione del magistrato di sorveglianza.

5. Se la pena detentiva, anche se costituente residuo di maggiore pena, non è superiore a tre anni, quattro anni nei casi previsti dall'articolo 47 *ter*, comma 1, della legge 26 luglio 1975, n. 354, o sei anni nei casi di cui agli articoli 90 e 94 del testo unico approvato con decreto del Presidente della Repubblica 9 ottobre 1990, n. 309, e successive modificazioni, il pubblico ministero, salvo quanto previsto dai commi 7 e 9, ne sospende l'esecuzione. L'ordine di esecuzione e il decreto di sospensione sono notificati al condannato e al difensore nominato per la fase dell'esecuzione o, in difetto, al difensore che lo ha assistito nella fase del giudizio, con l'avviso che entro trenta giorni può essere presentata istanza, corredata dalle indicazioni e dalla documentazione necessaria, volta ad ottenere la concessione di una delle misure alternative alla detenzione di cui agli articoli 47, 47 *ter* e 50, comma 1, della l. 26 luglio 1975, n. 354, e successive modificazioni, e di cui all'articolo 94 del testo unico approvato con decreto del Presidente della Repubblica 9 ottobre 1990, n. 309, e successive modificazioni, ovvero la sospensione dell'esecuzione della pena di cui all'articolo 90 dello stesso testo unico. L'avviso informa altresì che, ove non sia presentata l'istanza o la stessa sia inammissibile ai sensi degli articoli 90 e seguenti del citato testo unico, l'esecuzione della pena avrà corso immediato. Con l'avviso il condannato è informato che ha facoltà di accedere ai programmi di giustizia riparativa e che, se il processo si è svolto in sua assenza, nel termine di trenta giorni dalla conoscenza della sentenza può chiedere, in presenza dei relativi presupposti, la restituzione nel termine per proporre impugnazione o la rescissione del giudicato.

6. L'istanza deve essere presentata dal condannato o dal difensore di cui al comma 5 ovvero allo scopo nominato al pubblico ministero, il quale la trasmette, unitamente alla documentazione, al tribunale di sorveglianza competente in relazione al luogo in cui ha sede l'ufficio del pubblico ministero. Se l'istanza non è corredata dalla documentazione utile, questa, salvi i casi di inammissibilità, può essere depositata nella cancelleria del tribunale di sorveglianza fino a cinque giorni prima dell'udienza fissata a norma dell'articolo 666, comma 3. Resta salva, in ogni caso, la facoltà del tribunale di sorveglianza di procedere anche d'ufficio alla richiesta di documenti o di informazioni, o all'assunzione di prove a norma dell'articolo 666, comma 5. Il tribunale di sorveglianza decide non prima del trentesimo e non oltre il quarantacinquesimo giorno dalla ricezione della richiesta.

7. La sospensione dell'esecuzione per la stessa condanna non può essere disposta più di una volta, anche se il condannato ripropone nuova istanza sia in ordine a diversa misura alternativa, sia in ordine alla medesima, diversamente motivata, sia in ordine alla sospensione dell'esecuzione della pena di cui all'articolo 90 del testo unico approvato con decreto del Presidente della Repubblica 9 ottobre 1990, n. 309, e successive modificazioni.

8. Salva la disposizione del comma 8 *bis*, qualora l'istanza non sia tempestivamente presentata, o il tribunale di sorveglianza la dichiari inammissibile o la respinga, il pubblico ministero revoca immediatamente il decreto di sospensione dell'esecuzione. Il pubblico ministero provvede analogamente quando l'istanza presentata è inammissibile ai sensi degli articoli 90 e seguenti del testo unico di cui al decreto del Presidente della Repubblica 9 ottobre 1990, n. 309, e successive modificazioni, nonché, nelle more della decisione del tribunale di sorveglianza, quando il programma di recupero di cui all'articolo 94 del medesimo testo unico non risulta iniziato entro cinque giorni dalla data di presentazione della relativa istanza o risulta interrotto. A tal fine il pubblico ministero, nel trasmettere l'istanza al tribunale di sorveglianza, dispone gli opportuni accertamenti.

8 *bis*. Quando è provato o appare probabile che il condannato non abbia avuto effettiva conoscenza dell'avviso di cui al comma 5, il pubblico ministero può assumere, anche presso il

difensore, le opportune informazioni, all'esito delle quali può disporre la rinnovazione della notifica.

9. La sospensione dell'esecuzione di cui al comma 5 non può essere disposta:

a) nei confronti dei condannati per i delitti di cui all'articolo 4 *bis* della legge 26 luglio 1975, n. 354, e successive modificazioni, nonché di cui agli articoli 423 *bis*, 572, secondo comma, 612 *bis*, terzo comma, 624 *bis* del codice penale, fatta eccezione per coloro che si trovano agli arresti domiciliari disposti ai sensi dell'art. 89 del testo unico di cui al decreto del Presidente della Repubblica 9 ottobre 1990, n. 309, e successive modificazioni;

b) nei confronti di coloro che, per il fatto oggetto della condanna da eseguire, si trovano in stato di custodia cautelare in carcere nel momento in cui la sentenza diviene definitiva;

c) [soppresso.]

10. Nella situazione considerata dal comma 5, se il condannato si trova agli arresti domiciliari per il fatto oggetto della condanna da eseguire, e se la residua pena da espiare determinata ai sensi del comma 4 *bis* non supera i limiti indicati dal comma 5, il pubblico ministero sospende l'esecuzione dell'ordine di carcerazione e trasmette gli atti senza ritardo al tribunale di sorveglianza perché provveda alla eventuale applicazione di una delle misure alternative di cui al comma 5. Fino alla decisione del tribunale di sorveglianza, il condannato permane nello stato detentivo nel quale si trova e il tempo corrispondente è considerato come pena espiata a tutti gli effetti. Agli adempimenti previsti dall'articolo 47 *ter* della legge 26 luglio 1975, n. 354, e successive modificazioni, provvede in ogni caso il magistrato di sorveglianza.

Articolo sostituito dalla l. 27.5.1998, n. 165. Il co. 3 è stato così modificato dal d. lgs. 10.10.2022, n. 150. Il co. 3 *bis* è stato inserito dal d.l. 4.10.2018, n. 113, conv., con modif., dalla l. 1.12.2018, n. 132. I co. 4 *bis*, 4 *ter* e 4 *quater* sono stati aggiunti dal d.l. 1.7.2013, n. 78, conv., con modif., dalla l. 9.8.2013, n. 94. Il co. 5 è stato così modificato dal d.l. 24.11.2000, n. 341, conv., con modif., dalla l. 19.1.2001, n. 4, dal d.l. 30.12.2005, n. 272, conv., con modif., dalla l. 21.2.2006, n. 49 e, successivamente, dal d.l. 1.7.2013, n. 78, conv., con modif., dalla l. 9.8.2013, n. 94, e dal d. lgs. 10.10.2022, n. 150. Il co. 6 è stato così modificato dal d.l. 24.11.2000, n. 341, conv. con modif., dalla l. 19.1.2001, n. 4, dal d.l. 30.12.2005, n. 272, conv., con modif., dalla l. 21.2.2006, n. 49, e dal d. lgs. 2.10.2018, n. 123. Il co. 8 è stato così modificato dal d.l. 24.11.2000, n. 341, conv., con modif., dalla l. 19.1.2001, n. 4, e dal d.l. 30.12.2005, n. 272, conv., con modif., dalla l. 21.2.2006, n. 49. Il co. 8 *bis* è stato inserito dal d.l. 24.11.2000, n. 341, conv., con modif., dalla l. 19.1.2001, n. 4. Il co. 9 è stato così modificato dal d.l. 30.12.2005, n. 272, conv., con modif., dalla l. 21.2.2006, n. 49, dal d.l. 23.5.2008, n. 92, conv., con modif., dalla l. 24.7.2008, n. 125 e, successivamente, dal d.l. 1.7.2013, n. 78, conv., con modif., dalla l. 9.8.2013, n. 94, che ha anche soppresso la lett. *c*. Il co. 10 è stato così modificato dal d.l. 24.11.2000, n. 341, conv., con modif., dalla l. 19.1.2001, n. 4 e dal d.l. 1.7.2013, n. 78, conv., con modif., dalla l. 9.8.2013, n. 94.

• **Corte cost., 3 del 2023**, ha dichiarato l'illegittimità costituzionale del co. 9 lett. *a*, nella parte in cui stabilisce che non può essere disposta la sospensione dell'esecuzione nei confronti dei condannati per il delitto di incendio boschivo colposo di cui all'art. 423 *bis* co. 2 c.p. **Corte cost., 41 del 2018**, ha dichiarato l'illegittimità costituzionale del co. 5, nella parte in cui prevede che il pubblico ministero sospende l'esecuzione della pena detentiva, anche se costituente residuo di maggiore pena, non superiore a 3 anni, anziché a 4 anni. **Corte cost., 90 del 2017**, ha dichiarato l'illegittimità costituzionale del co. 9 lett. *a* nella parte in cui non consente la sospensione dell'esecuzione della pena detentiva nei confronti dei minorenni condannati per i delitti ivi indicati. **Corte cost., 125 del 2016**, ha dichiarato l'illegittimità costituzionale del co. 9 lett. *a* nella parte in cui stabilisce che non può essere disposta la sospensione dell'esecuzione nei confronti delle persone condannate per il delitto di furto con strappo.

• Se deve essere eseguita una **sentenza di condanna** (→ **Giudizio**, art. 533) a **pena detentiva** (→ art. 18 co. 1 c.p.), il p.m. (→ **Soggetti**, art. 50 s.) emette un **ordine di esecuzione**, con il quale, se il condannato non è detenuto, ne dispone la **carcerazione**; dopo l'eventuale cattura, copia dell'ordine è consegnata all'**interessato**. Se invece il condannato è già detenuto, l'ordine di esecuzione è comunicato al **Ministro della giustizia** e notificato all'interessato (→ **Atti**, art. 148 s.). Qualora, poi, l'ordine di esecuzione della sentenza di condanna a pena detentiva sia emesso nei confronti di **madre di prole di**

minore età, deve essere comunicato al **procuratore della Repubblica presso il tribunale per i minorenni** (→ **Proc. minorile**, art. 2) del luogo di esecuzione della sentenza, affinché siano adottati i provvedimenti ritenuti più opportuni nell'interesse dei minori. Per l'esecuzione all'estero di sentenze penali italiane, v. art. 742 (→ **Rapporti giurisdizionali con autorità straniere**).

• L'ordine di esecuzione – atto propulsivo del procedimento, da notificare al difensore del condannato – deve contenere: le **generalità** della persona nei cui confronti deve essere eseguito e quanto altro valga a identificarla; l'**imputazione;** il **dispositivo** del provvedimento e le disposizioni necessarie all'esecuzione; nonché l'avviso al condannato che ha **facoltà di accedere ai programmi di giustizia riparativa** (→ **Atti**, art. 129 *bis*; → artt. 42 s. d. lgs. 10.10.2022, n. 150).

• L'ordine di carcerazione deve essere eseguito salvaguardando i **diritti della persona**, il cui esercizio non sia incompatibile con l'esecuzione medesima, come previsto dall'art. 277, espressamente richiamato, per l'esecuzione delle misure cautelari personali (→ **Libro IV**).

• Quando si deve procedere all'esecuzione di un ordine che dispone la carcerazione nei confronti di una persona condannata per un delitto per il quale è previsto l'arresto obbligatorio in flagranza (→ **Indagini e udienza preliminare**, art. 380), gli ufficiali di p.g. (→ **Soggetti**, art. 55 s.) possono procedere a **perquisizione personale, locale o di sistemi informatici o telematici** (→ **Prove**, art. 247 s.) se hanno fondato motivo di ritenere che sulla persona si trovino occultate cose o tracce pertinenti al reato che possono essere cancellate o disperse ovvero che tali cose o tracce si trovino in un determinato luogo ovvero ancora in un sistema informatico e sussistono particolari motivi di urgenza che non consentono l'emissione di un tempestivo decreto di perquisizione (→ **Indagini e udienza preliminare**, art. 352).

• Se il condannato destinatario dell'ordine di carcerazione non viene rintracciato, l'ufficiale o agente di p.g. redige il **verbale** (→ **Atti**, art. 134) **di vane ricerche**, indicando specificamente le indagini svolte e lo trasmette al p.m. che ha emesso l'ordine, il quale, se ritiene tali indagini esaurienti (→ **Misure cautelari**, art. 295 co. 1 e 2) e che il condannato si è sottratto volontariamente all'esecuzione, lo dichiara **latitante** (→ art. 296 co. 1). Lo stato di latitanza permane fino a quando siano estinti il reato o la pena per cui il provvedimento è stato emesso (→ art. 296 co. 4). Per agevolare le ricerche del latitante, il giudice o il p.m. può disporre l'**intercettazione di comunicazioni** (→ **Prove**, art. 266 s.), incluse quelle "ambientali" se si tratta di latitante in relazione a uno dei gravi delitti di cui agli artt. 51 co. 3 *bis* o 407 co. 2 lett. *a* n. 4 (→ **Misure cautelari**, art. 295 co. 3 e 3 *bis* → **Prove**, artt. 266, 267, 268, 269). Restano ferme le garanzie di libertà del difensore *ex* art. 103 co. 5 (→ **Soggetti**).

• Al di fuori dell'ipotesi prevista dal co. 9 lett. *b*, quando la residua pena da espiare, computando le detrazioni previste dall'art. 54 **Ord. penit.** a titolo di liberazione anticipata, non supera i limiti indicati dal co. 5, il p.m., prima di emettere l'ordine di esecuzione, previa verifica dell'esistenza di periodi di custodia cautelare o di pena dichiarata fungibile relativi al titolo esecutivo da eseguire, trasmette gli atti al magistrato di sorveglianza affinché provveda all'eventuale applicazione della **liberazione anticipata** (→ art. 176 c.p.; art. 54 **Ord. penit.**). Il magistrato di sorveglianza provvede senza ritardo con ordinanza (→ art. 69 *bis* **Ord. penit.**). Tale disposizione non si applica, però, nei confronti dei condannati per i delitti di cui all'art. 4 *bis* **Ord. penit.**

• La **l. 165** del **1998** (**c.d. "legge Simeone"**) ha previsto l'istituto della **sospensione dell'esecuzione delle pene detentive "brevi"** per **evitare la carcerazione** di **soggetti in possesso dei requisiti per ottenere le misure alternative alla detenzione** e che quindi, se entrassero in carcere, ne aggraverebbero inutilmente la situazione di (strutturale) sovraffollamento, dovendo uscirne non appena concessa loro la misura; in tal modo si evita a questi condannati il traumatico contatto con la realtà carceraria, potendo essi beneficiare fin dall'inizio di una modalità di espiazione meno afflittiva e più adeguata alla rieducazione. Il d.l. 78 del 2013, conv., con modif., nella l. 94 del 2013, ha ampliato i margini di applicabilità dell'istituto (offrendo così una prima risposta normativa alla sentenza-pilota **Corte edu, 8.1.2013, Torreggiani c. Italia**, che ha considerato lesive del divieto di pene inumane o degradanti le condizioni detentive in alcuni penitenziari italiani, tali da sottoporre i detenuti ad una sofferenza ritenuta superiore al disagio fisiologicamente inerente alla privazione della libertà personale, indicando allo Stato italiano una serie di rimedi da adottare al fine di diminuire il sovraffollamento). **Corte cost.**, **41** del **2018**, ha poi portato da 3 a 4 anni il limite di pena detentiva per poter beneficiare della sospensione: si è posto così riparo a un difetto di coordinamento normativo tra l'art. 47 co. 3 *bis* **Ord. penit.** – introdotto dal d.l. 23.12.2013, n. 146, conv., con modif., nella l. 21.2.2014, n. 10 – che ha previsto una particolare forma di affidamento in prova (c.d. "allargato") per pene detentive non superiori a 4 anni e l'art. 656 co. 5, che, non essendo stato modificato, continuava a prevedere come regola la sospensione dell'esecuzione solo per pene non superiori a 3 anni. L'ordine di esecuzione e il decreto di sospensione sono **notificati** al **condannato** e al **difensore** nominato per la fase dell'esecuzione o, in difetto, al difensore che lo ha assistito nella fase del giudizio – in deroga alla disciplina di cui all'art. 655 co. 5 – con l'avviso che entro 30 giorni può essere presentata **istanza**, corredata dalle indicazioni e dalla documentazione necessari, volta ad ottenere la concessione di **una delle misure alternative alla detenzione** di cui agli artt. 47, 47 *ter* e 50 co. 1, **Ord. penit.** (rispettivamente, affidamento in prova al servizio sociale, detenzione domiciliare, semilibertà) o di cui all'art. 94 **T.U. stup.** (affidamento in prova in casi particolari), ovvero la sospensione dell'esecuzione della pena di cui all'art. 90 dello stesso **T.U. stup.** L'avviso informa altresì che, ove non sia presentata l'istanza o la stessa sia inammissibile ai sensi degli artt. 90 s. del cit. **T.U. stup.**, l'esecuzione della pena avrà corso immediato. Con l'avviso il condannato è informato che ha facoltà di accedere ai **programmi di giustizia riparativa** (→ **Atti**, art. 129 *bis*; → art. 42 s. d. lgs. 10.10.2022, n. 150) e che, se il **processo** si è svolto in sua **assenza** (→ **Indagini e udienza preliminare**, art. 420 *bis* s.), nel termine di 30 giorni dalla conoscenza della sentenza può chiedere, in presenza dei relativi presupposti, la **restituzione nel termine** (→ **Atti**, art. 175) per proporre impugnazione (→ **Libro IX**) o la rescissione del giudicato (→ art. 629 *bis*).

• La sospensione dell'esecuzione di cui al co. 5 **non può essere disposta**: *a*) nei confronti dei condannati per i gravi delitti di cui all'art. 4 *bis* **Ord. penit.** (che non ammettono comunque misure alternative: c.d. "reati ostativi"), nonché dei condannati per i delitti di maltrattamenti contro familiari e conviventi, se il fatto è commesso in presenza o in danno di persona minore, di donna incinta o di persona con disabilità ovvero se il fatto è commesso con armi (→ art. 572 co. 2 c.p.), atti persecutori nei confronti di un minore, di una donna incinta o di una persona disabile ovvero commessi con armi o da persona travisata 612 *bis* co. 3 c.p.) e furto in abitazione (→ art. 624 *bis* c.p.; per il furto con strappo, v. invece Corte cost., 125 del 2016), fatta eccezione per coloro che si trovano agli arresti domiciliari disposti *ex* art. 89 **T.U. stup.**; *b*) nei confronti di coloro che, per il fatto oggetto della condanna da eseguire, si trovano in stato di custodia cautelare in carcere (→ **Libro IV**, art. 285) nel momento in cui la sentenza diventa definitiva (art. 648) (in questo caso, essendo già in corso una detenzione, la sospensione non otterrebbe lo scopo al quale è finalizzata, ovvero evitare al condannato l'impatto con il carcere e, al contempo, ridurre il sovraffollamento).

• L'**istanza** deve essere presentata dal **condannato** o dal **suo difensore** (destinatario della notificazione dell'ordine di esecuzione e del decreto di sospensione ovvero allo scopo nominato) al p.m., il quale la trasmette, con la relativa documentazione, al **tribunale di sorveglianza** competente in relazione al luogo in cui ha sede l'ufficio del p.m. (art. 677), il quale deve decidere con decreto non prima del 30° e non oltre il 45° giorno dalla ricezione dell'istanza. Se l'istanza non è corredata dalla documentazione utile, questa può essere depositata nella cancelleria del tribunale di sorveglianza fino a 5 giorni prima dell'**udienza in camera di consiglio** (art. 666 co. 3), salvi i casi in cui il deposito della documentazione a corredo dell'istanza sia previsto a pena d'inammissibilità (→ artt. 91 co. 2 e 94 co. 1 **T.U. stup.**). Resta salva, in ogni caso, la facoltà del tribunale di sorveglianza di procedere anche d'ufficio alla richiesta di documenti o di informazioni, o all'assunzione di prove in contraddittorio (→ **Prove**), secondo quanto previsto in generale in tema di procedimento di esecuzione (art. 666 co. 5).

• Allo scopo di scongiurare un possibile abuso della disciplina in esame, la sospensione dell'esecuzione per la stessa condanna **non può essere disposta più di una volta,** anche se il condannato ripropone nuova istanza sia in ordine a diversa misura alternativa, sia in ordine alla medesima, diversamente motivata, sia in ordine alla sospensione dell'esecuzione della pena di cui all'art. 90 **T.U. stup.**

• Salva la disposizione del co. 8 *bis*, qualora l'istanza non sia tempestivamente presentata o il tribunale di sorveglianza la dichiari inammissibile o la respinga, il p.m. **revoca** immediatamente il **decreto di sospensione dell'esecuzione**. Il p.m. provvede analogamente quando l'istanza presentata è inammissibile (→ artt. 90 s. **T.U. stup.**), nonché, nelle more della decisione del tribunale di sorveglianza, quando il programma di recupero (→ art. 94 del medesimo **T.U. stup.**) non risulta iniziato entro 5 giorni dalla data di presentazione della relativa istanza o risulta interrotto. A tal fine il p.m., nel trasmettere l'istanza al tribunale di sorveglianza, dispone gli opportuni accertamenti.

• Quando è provato o appare probabile che il condannato non abbia avuto effettiva conoscenza dell'avviso di cui al co. 5, il p.m. può assumere, anche presso il difensore (→ **Soggetti**, art. 96 s.), le opportune informazioni, all'esito delle quali può disporre la rinnovazione della notifica (→ **Atti**, art. 148 s.).

• Continuano ad osservarsi le disposizioni di leggi o decreti che prevedono **speciali modalità per l'esecuzione delle pene in istituti penitenziari** (→ **Disp. att.**, art. 216). Modalità particolari sono previste, in ragione di peculiari esigenze: per gli appartenenti alle forze di polizia (→ art. 79 l. 1.4.1981, n. 121); per la polizia penitenziaria (→ art. 20 l. 15.12.1990, n. 395); per i collaboratori di giustizia (→ art. 13 *bis* d.l. 15.1.1991, n. 8, conv., con modif., dalla l. 15.3.1991, n. 82 e artt. 7 e 8 d.m. 24.11.1994, n. 687).

• Sull'**esecuzione presso il domicilio** delle pene detentive non superiori a 18 mesi, previa sospensione dell'ordine di carcerazione, v. l. 26.11.2010, n. 199 (c.d. **legge "svuotacarceri"**), modificata dal d.l. 22.12.2011, n. 211, conv., con modif., dalla l. 17.2.2012, n. 9.

• Per quanto concerne l'esecuzione di pene detentive nei confronti del **minorenne**, v. artt. 10-11 d. lgs. 2.10.2018, n. 121.

657. Computo della custodia cautelare e delle pene espiate senza titolo.

1. Il pubblico ministero, nel determinare la pena detentiva da eseguire, computa il periodo di custodia cautelare subita per lo stesso o per altro reato, anche se la custodia è ancora in corso. Allo stesso modo procede in caso di applicazione provvisoria di una misura di sicurezza detentiva, se questa non è stata applicata definitivamente.
2. Il pubblico ministero computa altresì il periodo di pena detentiva espiata per un reato diverso, quando la relativa condanna è stata revocata, quando per il reato è stata concessa amnistia o quando è stato concesso indulto, nei limiti dello stesso.
3. Nei casi previsti dai commi 1 e 2, il condannato può chiedere al pubblico ministero o, in caso di condanna alla pena del lavoro di pubblica utilità sostitutivo, al giudice che i periodi di custodia cautelare e di pena detentiva espiata, operato il ragguaglio, siano computati per la determinazione della pena pecuniaria o della pena sostituiva da eseguire, nei casi previsti dal comma 2, può altresì chiedere che le pene sostitutive espiate siano computate nelle pene sostitutive da eseguire per altro reato.
4. In ogni caso sono computate soltanto la custodia cautelare subita o le pene espiate dopo la commissione del reato per il quale deve essere determinata la pena da eseguire.
5. Il pubblico ministero provvede con decreto, che deve essere notificato al condannato e al suo difensore.

Il co. 3 è stato così modificato dal d. lgs. 10.10.2022, n. 150.

• In base al criterio di "**fungibilità della pena**" (→ art. 137 co. 2 c.p.) – espressione del *favor libertatis* (→ **Cost.**, art. 13) – il p.m. (art. 655), nel determinare la pena detentiva (→ artt. 23 e 25 c.p.) da eseguire, deve **computare** il periodo di **custodia cautelare**, subita per lo stesso o per altro reato, anche se la custodia è ancora in corso (→ **Misure cautelari**, art. 285 co. 3): hanno rilievo sia la custodia cautelare in carcere (→ art. 285), sia la custodia in luogo di cura (→ art. 286), sia gli arresti domiciliari (→ art. 284), nonché le **misure c.d. precautelari** dell'arresto in flagranza e del fermo di indiziato di delitto (→ **Indagini e udienza preliminare**, artt. 380 s. e 384). Nel caso debba trovare esecuzione la pena dell'ergastolo (→ art. 22 c.p.), non sarà ovviamente possibile operare lo scorporo dell'eventuale custodia cautelare subita, trattandosi di pena perpetua; tuttavia il computo del c.d. "**presofferto**" andrà comunque effettuato, allo scopo di verificare la maturazione del periodo di espiazione necessario per l'accesso ad alcuni istituti previsti dall'Ord. penit. (ad es., la semilibertà, per la cui concessione è richiesta la soglia di 20 anni di pena espiata: → **Ord. penit.**, art. 50 co. 5).

• Allo stesso modo previsto per il computo della custodia cautelare si procede in caso di **applicazione provvisoria** di una **misura di sicurezza detentiva** per lo stesso o per altro reato (→ **Misure cautelari**, art. 312 s.), a condizione che la misura non sia stata applicata definitivamente (→ art. 206 co. 2 c.p.): hanno rilievo sia il ricovero in una residenza per l'esecuzione delle misure di sicurezza (struttura introdotta dalla l. 30.5.2014, n. 81, che ha previsto la soppressione degli ospedali psichiatrici giudiziari), sia il ricovero in una casa di cura e custodia (→ art. 206 c.p.).

• Il p.m. deve, altresì, computare il periodo di **pena detentiva espiata per un reato diverso** laddove la pena sia stata espiata **senza titolo**, vale a dire: a) quando la relativa condanna è stata revocata a seguito di revisione (→ **Impugnazioni**, art. 637), *abolitio criminis* per abrogazione normativa o declaratoria d'illegittimità costituzionale (art. 673), risoluzione del conflitto pratico di giudicati (art. 669); b) quando per il reato è stata concessa amnistia (→ art. 151 c.p.); c) quando è stato concesso indulto (→ art. 174 c.p.), nei limiti dello stesso.

• Nei casi di cui all'art. 657 co. 1 e 2 sopra ricordati il condannato può chiedere al p.m., o, in caso di condanna alla pena del lavoro di pubblica utilità sostitutivo (→ art. 20 *bis* c.p.), al giudice, che i periodi di custodia cautelare e di pena detentiva espiata, operato il **ragguaglio**, siano computati per la determinazione della pena pecuniaria (art. 660; → art. 18 co. 2 c.p.) o della pena sostituiva (art. 661; v. artt. 53 s. l. 24.11.1981, n. 689) da eseguire; può altresì chiedere che, nei casi previsti dall'art. 657 co. 2, le pene sostitutive espiate siano computate nelle pene sostitutive da eseguire per altro reato.

• In ogni caso sono computate soltanto la custodia cautelare subìta o le pene espiate **dopo la commissione del reato** per il quale deve essere determinata la pena da eseguire: ciò al fine di evitare che un periodo di limitazione della libertà personale possa costituire un incentivo alla futura commissione di reati, una sorta di "credito penale" per delinquere in seguito impunemente (cfr. **Corte cost., 198 del 2014**).

• Ai fini della determinazione della pena detentiva da eseguire, occorre tenere altresì conto sia della **custodia cautelare** che della **pena espiata all'estero** (→ **Rapporti giurisdizionali con autorità straniere**, artt. 722 e 738 co. 1). In particolare, la custodia cautelare all'estero in conseguenza di una domanda di estradizione presentata dallo Stato (art. 720) è computata non solo agli effetti della durata massima complessiva (→ **Misure cautelari**, art. 303 co. 4), fermo quanto disposto dall'art. 304 co. 6, in tema di sospensione, ma anche – a seguito di **Corte cost., 253 del 2004** – agli effetti della durata dei termini di fase (→ **Libro IV**, art. 303 co. 1, 2 e 3) (art. 722). La pena espiata nello Stato di condanna è computata ai fini dell'esecuzione nei casi di riconoscimento di una sentenza penale straniera (art. 738 co. 1). Si tiene conto della custodia cautelare subita all'estero anche in caso di rinnovamento del giudizio *ex* art. 11 c.p. (→ **Misure cautelari**, art. 285 co. 3).

• Il decreto con il quale il p.m. provvede al calcolo del c.d. "presofferto" deve essere notificato (→ **Atti**, art. 148 s.) sia al condannato che al suo difensore (→ **Soggetti**, art. 96 s.) entro 30 giorni (art. 655 co. 5) ed è censurabile davanti al giudice dell'esecuzione (art. 665).

• **Per la parte della custodia cautelare computata** ai fini della determinazione della misura di una pena, è **escluso** il diritto alla **riparazione** per **ingiusta detenzione** (→ **Misure cautelari**, art. 314 co. 4). Analogamente, è escluso il diritto alla riparazione dell'**errore giudiziario** per quella parte della pena detentiva che sia computata nella determinazione della pena da espiare per un reato diverso, a norma dell'art. 657 co. 2 (→ **Impugnazioni**, art. 643 co. 3). **Cass., SU, 10.7.2008, n. 31416**, ha invero precisato che il p.m., nel determinare la pena da espiare, è tenuto a computare, *ex* art. 657, il periodo di custodia cautelare che il condannato ha subito per un altro reato, anche nel caso in cui il medesimo abbia per detto periodo ottenuto un'equa riparazione per l'ingiusta detenzione; tuttavia, al fine di evitare che l'interessato consegua un'indebita locupletazione, ove la somma liquidata a titolo di riparazione sia già stata corrisposta, lo Stato può agire per il suo recupero esperendo l'azione di ingiustificato arricchimento (→ art. 2041 c.c.).

• Per i **minorenni**, non soltanto il periodo di custodia cautelare, ma anche il periodo di **permanenza in casa** e quello trascorso **in comunità** sono computati nella pena da eseguire: v. artt. 21 co. 4 e 22 co. 3 **Proc. minorile.**

657 *bis*. Computo del periodo di messa alla prova dell'imputato in caso di revoca.

1. In caso di revoca o di esito negativo della messa alla prova, il pubblico ministero, nel determinare la pena da eseguire, detrae un periodo corrispondente a quello della prova eseguita. Ai fini della detrazione, tre giorni di prova sono equiparati a un giorno di reclusione o di arresto, ovvero a 250 euro di multa o di ammenda.

Articolo inserito dalla l. 28.4.2014, n. 67.

• **Corte cost.**, **68 del 2019**, ha ritenuto infondate le questioni di legittimità costituzionale dell'**art. 29 Proc. minorile** e del presente articolo, nella parte in cui non prevedono che, in caso di esito negativo della messa alla prova di soggetto minorenne, il giudice determina la pena da eseguire tenuto conto della consistenza e della durata delle limitazioni patite e del comportamento tenuto dal minorenne durante il periodo di sottoposizione alla messa alla prova.

• In caso di **fallimento della messa alla prova** (→ **Procedimenti speciali**, art. 464 *bis* s.) – ovvero nel caso in cui la prova abbia avuto esito negativo (→ art. 464 *septies*), o l'ordinanza di sospensione del processo con messa alla prova sia stata revocata (art. 464 *novies*; → art. 168 *quater* c.p.) – il p.m., nel determinare la **pena da eseguire**, deve **detrarre** un **periodo corrispondente a quello della prova eseguita**, la quale, com'è noto, implica la prestazione di lavoro di pubblica utilità (→ art. 168 *bis* c.p.; 464 *bis*): 3 giorni di prova equivalgono a 1 giorno di pena detentiva (→ artt. 23 e 25 c.p.) ovvero a 250 euro di pena pecuniaria (→ artt. 24 e 26 c.p.). La previsione è ricalcata su quella del calcolo del c.d. "**presofferto**" o indebitamente sofferto (art. 657), in ordine al computo della custodia cautelare (→ **Misure cautelari**) e delle pene espiate senza titolo al fine di determinare la pena detentiva da eseguire.

658. Esecuzione delle misure di sicurezza ordinate con sentenza.

1. Quando deve essere eseguita una misura di sicurezza, diversa dalla confisca, ordinata con sentenza, il pubblico ministero presso il giudice indicato nell'articolo 665 trasmette gli atti al pubblico ministero presso il magistrato di sorveglianza competente per i provvedimenti previsti dall'articolo 679. Le misure di sicurezza di cui sia stata ordinata l'applicazione provvisoria a norma dell'articolo 312 sono eseguite dal pubblico ministero presso il giudice che ha emesso il provvedimento, il quale provvede a norma dell'articolo 659 comma 2.

• Se deve essere **eseguita** una **misura di sicurezza** personale o patrimoniale (→ art. 199 s. c.p.), **diversa dalla confisca** (→ artt. 240 e 240 *bis* c.p.), ordinata con sentenza (→ **Atti**, art. 125), il p.m. presso il giudice dell'esecuzione competente (art. 665) deve trasmettere gli atti al **p.m. presso il magistrato di sorveglianza** (art. 678 co. 3), affinché siano adottati i provvedimenti (art. 679) idonei ad accertare la pericolosità sociale del soggetto interessato (→ art. 203 c.p.). La cancelleria del magistrato di sorveglianza iscrive in apposito registro l'estratto del provvedimento che ha disposto tali misure e forma un fascicolo nel quale sono raccolti l'estratto medesimo e tutti gli atti del procedimento (→ **Reg. es.**, art. 31).

• Le misure di sicurezza di cui sia stata ordinata l'applicazione provvisoria (→ **Misure cautelari**, art. 312) – nella fase delle indagini preliminari (→ **Libro V**) o nella successiva fase del giudizio (→ **Libro VII**) – sono invece eseguite dal **p.m. presso il giudice che ha emesso il provvedimento** (art. 665), il quale dovrà adottare tutte le determinazioni più opportune (art. 659 co. 2).

• Per l'individuazione del p.m. competente alla trasmissione all'estero di sentenze di condanna, v. art. 4 d. lgs. 7.9.2010, n. 161.

• Continuano ad osservarsi le disposizioni di leggi o decreti che prevedono **speciali modalità per l'esecuzione delle misure di sicurezza in istituti penitenziari** (→ **Disp. att.**, art. 216). Per i **collaboratori di giustizia** v. art. 13 *bis* d.l. 15.1.1991, n. 8, conv., con modif., dalla l. 15.3.1991, n. 82 e d.m. 23.4.2004, n. 161.

• Per l'esecuzione delle **misure di sicurezza** nei confronti dei **minori**, v. artt. 36 e 40 **Proc. minorile**.

659. Esecuzione di provvedimenti del giudice di sorveglianza.

1. Quando a seguito di un provvedimento del giudice di sorveglianza deve essere disposta la carcerazione o la scarcerazione del condannato, il pubblico ministero che cura l'esecuzione della sentenza di condanna emette ordine di esecuzione con le modalità previste dall'articolo 656 comma 4. Tuttavia, nei casi di urgenza, il pubblico ministero presso il giudice di sorveglianza che ha adottato il provvedimento può emettere ordine provvisorio di esecuzione che ha effetto fino a quando non provvede il pubblico ministero competente.

1 *bis*. Quando a seguito di un provvedimento del giudice di sorveglianza deve essere disposta la scarcerazione del condannato per il delitto previsto dall'articolo 575 del codice penale, nella forma tentata, o per uno dei delitti, consumati o tentati, previsti dagli articoli 572, 609 *bis*, 609 *ter*, 609 *quater*, 609 *quinquies*, 609 *octies* e 612 *bis* del codice penale, nonché dagli articoli 582 e 583 *quinquies* del codice penale nelle ipotesi aggravate ai sensi degli articoli 576, primo comma, numeri 2, 5 e 5.1, e 577, primo comma, numero 1 e secondo comma, del codice penale, il pubblico ministero che cura l'esecuzione ne dà immediata comunicazione, a mezzo della polizia giudiziaria, alla persona offesa e, ove nominato, al suo difensore.

2. I provvedimenti relativi alle misure di sicurezza diverse dalla confisca sono eseguiti dal pubblico ministero presso il giudice di sorveglianza che li ha adottati. Il pubblico ministero comunica in copia il provvedimento all'autorità di pubblica sicurezza e, quando ne è il caso, emette ordine di esecuzione, con il quale dispone la consegna o la liberazione dell'interessato.

Il co. 1 *bis* è stato introdotto dalla l. 19.7.2019, n. 69 e poi modificato dalla l. 27.9.2021, n. 134.

• Laddove, a seguito di un provvedimento del giudice di sorveglianza (art. 677 s.), deve essere disposta la **carcerazione** o la **scarcerazione** del condannato, il **p.m. che cura l'esecuzione** della sentenza di condanna (art. 655) emette **ordine di esecuzione** con le modalità previste dall'art. 656 co. 3 (così va interpretato il rinvio dopo la sostituzione dell'art. 656 con l. 27.5.1998, n. 165), da notificare al difensore (→ **Soggetti**, art. 96 s.) del condannato.

• Nei casi di **urgenza**, tuttavia, il **p.m. presso il giudice di sorveglianza** che ha adottato il provvedimento (art. 678 co. 3) può emettere **ordine provvisorio di esecuzione**, che ha effetto fino a quando non provvede il p.m. effettivamente competente.

• I provvedimenti relativi alle **misure di sicurezza personali o patrimoniali** (→ art. 199 s. c.p.) diverse dalla confisca (→ artt. 240 e 240 *bis* c.p.) sono eseguiti dal **p.m. presso il giudice di sorveglianza** (artt. 678 co. 3 e 679) che li ha adottati (→ **Disp. att.**, art. 189; → **Reg. es.**, art. 31 co. 2), il quale deve comunicare in copia il provvedimento all'autorità di pubblica sicurezza e, se necessario, emette ordine di esecuzione, con il quale dispone la consegna o la liberazione dell'interessato.

• Il nuovo co. 1 *bis*, inserito dalla l. 69 del 2019 (c.d. legge "**Codice rosso**") e modificato dalla l. 134 del 2021 (c.d. "**Riforma Cartabia**"), ha stabilito che il provvedimento del giudice di sorveglianza che dispone la scarcerazione del condannato per il delitto di omicidio, nella forma tentata (→ art. 575 c.p.), o per uno dei reati, consumati o tentati, espressione di violenza domestica o di genere indicati (→ artt. 572, 609 *bis*, 609 *ter*, 609 *quater*, 609 *quinquies*, 609 *octies* e 612 *bis* c.p., nonché artt. 582 e 583 *quinquies* c.p. nelle ipotesi aggravate ai sensi degli artt. 576 co. 1 n. 2, 5 e 5.1, e 577 co. 1 n. 1 e co. 2 c.p.), deve essere immediatamente comunicato dal p.m., per mezzo della polizia giudiziaria, alla persona offesa e al suo difensore, ove nominato.

• I provvedimenti del tribunale di sorveglianza che concedono l'affidamento in prova, la detenzione domiciliare o la semilibertà ai detenuti devono essere eseguiti immediatamente dalle direzioni carcerarie, senza necessità dell'ordine di esecuzione del p.m. competente: v. **circ. Min. giustizia 25.9.2003, n. 21**.

660. Esecuzione delle pene pecuniarie.

1. Quando deve essere eseguita una condanna a pena pecuniaria, anche in sostituzione di una pena detentiva, il pubblico ministero emette ordine di esecuzione con il quale ingiunge al condannato il pagamento.

2. L'ordine è notificato al condannato e al suo difensore nominato per la fase dell'esecuzione o, in difetto, al difensore che lo ha assistito nella fase del giudizio, e contiene le generalità della persona nei cui confronti deve essere eseguito e quanto altro valga a identificarla, l'imputazione, il dispositivo del provvedimento, l'indicazione dell'ammontare della pena, nonché le modalità del pagamento, che può avvenire in un'unica soluzione ovvero in rate mensili ai sensi dell'articolo 133 *ter* del codice penale, secondo quanto disposto dal giudice nella sentenza o nel decreto di condanna. Nei casi dell'articolo 534, l'ordine di esecuzione è notificato altresì al civilmente obbligato per la pena pecuniaria.

3. L'ordine di esecuzione contiene altresì l'intimazione al condannato a pena pecuniaria di provvedere al pagamento entro il termine di novanta giorni dalla notifica e l'avviso che, in mancanza, la pena pecuniaria sarà convertita nella semilibertà sostitutiva o, in caso di accertata insolvibilità, nel lavoro di pubblica utilità sostitutivo o nella detenzione domiciliare sostitutiva, ai sensi degli articoli 102 e 103 della legge 24 novembre 1981, n. 689, ovvero, quando deve essere eseguita una pena pecuniaria sostitutiva, nella semilibertà sostitutiva o nella detenzione domiciliare sostitutiva, ovvero, in caso di accertata insolvibilità, nel lavoro di pubblica utilità sostitutivo o nella detenzione domiciliare sostitutiva, ai sensi dell'articolo 71 della legge 24 novembre 1981, n. 689. L'ordine di esecuzione contiene inoltre l'avviso al condannato che, quando non è già stato disposto nella sentenza o nel decreto di condanna, entro venti giorni, può depositare presso la segreteria del pubblico ministero istanza di pagamento rateale della pena pecuniaria, ai sensi dell'articolo 133 *ter* del codice penale. Se è presentata istanza di pagamento rateale, il pubblico ministero trasmette gli atti al magistrato di sorveglianza competente, che procede ai sensi dell'articolo 667, comma 4. Con l'avviso il condannato è informato che, se il processo si è svolto in sua assenza, nel termine di trenta giorni dalla conoscenza della sentenza può chiedere, in presenza dei relativi presupposti, la restituzione nel termine per proporre impugnazione o la rescissione del giudicato. Nell'avviso il condannato è altresì informato che ha facoltà di accedere ai programmi di giustizia riparativa.

4. Quando con la sentenza o con il decreto di condanna è stato disposto il pagamento in rate mensili, ai sensi dell'articolo 133 *ter* del codice penale, l'ordine di esecuzione contiene l'indicazione del numero delle rate, dell'importo e delle scadenze di ciascuna per il pagamento. Con l'ordine di esecuzione il pubblico ministero ingiunge al condannato di pagare la prima rata entro trenta giorni dalla notifica del provvedimento, avvertendolo che in caso di mancato tempestivo pagamento della prima rata sono previsti l'automatica decadenza dal beneficio e il pagamento della restante parte della pena in un'unica soluzione, da effettuarsi, a pena di conversione ai sensi del comma 3, entro i sessanta giorni successivi.

5. Quando è provato o appare probabile che il condannato non abbia avuto effettiva conoscenza dell'ordine di esecuzione, il pubblico ministero può assumere, anche presso il difensore, le opportune informazioni, all'esito delle quali può disporre la rinnovazione della notifica.

6. Entro il termine indicato nell'ordine di esecuzione, il pubblico ministero accerta l'avvenuto pagamento della multa o dell'ammenda da parte del condannato e dichiara l'avvenuta esecuzione della pena. In caso di pagamento rateale, il pubblico ministero accerta l'avvenuto pagamento delle rate e, dopo l'ultima, dichiara l'avvenuta esecuzione della pena.

7. Quando accerta il mancato pagamento della pena pecuniaria, ovvero di una rata della stessa, entro il termine indicato nell'ordine di esecuzione, il pubblico ministero trasmette gli atti al magistrato di sorveglianza competente per la conversione ai sensi degli articoli 102 e 103 della legge 24 novembre 1981, n. 689, ovvero, quando si tratta di pena pecuniaria sostitutiva, ai sensi dell'articolo 71 della medesima legge n. 689 del 1981. In ogni caso, se il pagamento del-

la pena pecuniaria è stato disposto in rate mensili, è convertita la parte non ancora pagata.

8. Il procedimento per la conversione della pena pecuniaria, anche sostitutiva, è disciplinato dall'articolo 667, comma 4. Per la conversione della pena pecuniaria, ai sensi degli articoli 71, 102 e 103 della legge 24 novembre 1981, n. 689, si applica, in quanto compatibile, l'articolo 545 *bis*, comma 2.

9. Il magistrato di sorveglianza provvede alla conversione della pena pecuniaria con ordinanza, previo accertamento della condizione di insolvenza ovvero di insolvibilità del condannato. A tal fine dispone le opportune indagini nel luogo del domicilio o della residenza, ovvero dove si ha ragione di ritenere che il condannato possieda beni o cespiti di reddito e richiede, se necessario, informazioni agli organi finanziari o di polizia giudiziaria.

10. Quando il mancato pagamento della pena pecuniaria è dovuto a insolvibilità, il condannato può chiedere al magistrato di sorveglianza il differimento della conversione per un tempo non superiore a sei mesi, rinnovabile per una sola volta se lo stato di insolvibilità perdura. Ai fini della estinzione della pena pecuniaria per decorso del tempo, non si tiene conto del periodo durante il quale la conversione è stata differita.

11. Se vi è stata condanna ai sensi dell'articolo 534 ed è accertata l'insolvibilità del condannato, il magistrato di sorveglianza ne dà comunicazione al pubblico ministero, il quale ordina al civilmente obbligato per la pena pecuniaria di provvedere al pagamento della multa o dell'ammenda entro il termine di cui al comma 3, ovvero, in caso di pagamento rateale, entro il termine di cui al comma 4. Qualora il civilmente obbligato per la pena pecuniaria non provveda al pagamento entro i termini stabiliti, il pubblico ministero ne dà comunicazione al magistrato di sorveglianza che provvede alla conversione della pena nei confronti del condannato.

12. L'ordinanza di conversione è eseguita dal magistrato di sorveglianza, ai sensi degli articoli 62 e 63 della legge 24 novembre 1981, n. 689, in quanto compatibili.

13. Il ricorso contro l'ordinanza di conversione ne sospende l'esecuzione.

14. Per l'esecuzione delle pene sostitutive conseguenti alla conversione della pena pecuniaria si applica l'articolo 107 della legge 24 novembre 1981, n. 689.

15. Le pene sostitutive, conseguenti alla conversione della pena pecuniaria, sono immediatamente revocate dal magistrato di sorveglianza quando risulta che il condannato ha pagato la multa o l'ammenda, dedotta la somma corrispondente alla durata della pena conseguente alla conversione già espiata. Durante l'esecuzione, il condannato può chiedere al magistrato di sorveglianza di essere ammesso al pagamento rateale, ai sensi dell'articolo 133 *ter* del codice penale. In tal caso, dopo il pagamento della prima rata, l'esecuzione della pena conseguente alla conversione è sospesa e riprende in caso di mancato pagamento di una delle rate.

L'articolo era stato abrogato dal **T.U. spese**. **Corte cost., 212 del 2003**, ha però dichiarato l'illegittimità costituzionale dell'art. 299 **T.U. spese**, nella parte in cui aveva abrogato l'art. 660, facendo quindi rivivere l'articolo. Da ultimo, il testo è stato così sostituito dal d. lgs. 10.10.2022, n. 150.

• Prima del d. lgs. 10.10.2022, n. 150 (c.d. "Riforma Cartabia"), per l'esecuzione delle pene pecuniarie era previsto che la cancelleria del giudice dell'esecuzione (art. 665) dovesse trasmettere i ruoli al concessionario della riscossione (Equitalia Giustizia s.p.a.), il quale procedeva alla riscossione coattiva. La pena pecuniaria rappresentava, dunque, un credito vantato dallo Stato e il procedimento previsto dal TU Spese risultava farraginoso e assolutamente inefficace e inidoneo a recuperare le somme dovute dal condannato.

• Il nuovo testo dell'art. 660, introdotto dal d. lgs. 10.10.2022, n. 150, mira a dare attuazione ai criteri direttivi della delega contenuta nella l. 27.9.2021, n. 134 (art. 1 co. 16): razionalizzazione e semplificazione del procedimento di esecuzione delle pene pecuniarie principali; revisione, secondo criteri di equità, efficienza ed effettività, dei meccanismi della procedura di conversione della pena pecuniaria, in caso di mancato pagamento per insolvenza o insolvibilità del condannato; previsione di procedure amministrative efficaci, in grado di assicurare l'effettiva riscossione della pena pecuniaria e la sua conversione in caso di mancato pagamento. Le **pene pecuniarie** sono ritenute delle vere e proprie sanzioni penali e devono rappresentare una seria **alternativa alla pena detentiva**.

• Si prevede che, una volta passata in giudicato (art. 648) la sentenza di condanna (art. 533) o il decreto penale di condanna (→ **Procedimenti speciali**, art. 460) a pena pecuniaria – anche se in sostituzione di pena detentiva (art. 661) – il pubblico ministero, come previsto per le pene detentive (art. 656), deve emettere **ordine di esecuzione,** con il quale **ingiunge al condannato il pagamento**. All'ordine di esecuzione è allegato anche un modulo precompilato per il pagamento, che può avvenire anche in modalità telematica (→ **Disp. att.**, art. 181 *bis*).

• L'ordine deve essere notificato al **condannato** e al suo **difensore** (→ **Soggetti** art. 96 s.) nominato per la fase dell'esecuzione o, in difetto di nomina, al difensore che lo ha assistito nella fase del giudizio, nonché, in caso di condanna del **civilmente obbligato per la pena pecuniaria** (**Giudizio**, art. 534), anche a quest'ultimo (→ **Soggetti**, art. 89; → artt. 196 e 197 c.p.).

• Quando è provato o appare probabile che il condannato non abbia avuto effettiva conoscenza dell'ordine di esecuzione, il p.m. può assumere, anche presso il difensore, le opportune informazioni, all'esito delle quali può disporre la rinnovazione della notifica (→ **Atti**, art. 148 s.).

• L'ordine di esecuzione deve contenere: le **generalità** della persona nei cui confronti deve essere eseguito e quanto altro valga a identificarla; l'**imputazione**; il **dispositivo** del provvedimento; l'indicazione dell'**ammontare della pena**; nonché le **modalità del pagamento**, che può avvenire in **unica soluzione** o in **rate mensili** (→ art. 133 *ter* c.p.), secondo quanto disposto dal giudice nella sentenza di condanna (→ **Giudizio**, art. 533) o nel decreto penale (→ **Procedimenti speciali**, art. 460).

• L'ordine di esecuzione deve altresì contenere l'**intimazione** al condannato a pena pecuniaria di provvedere al **pagamento entro 90 giorni** dalla notifica e l'avviso che, in difetto, la pena pecuniaria sarà convertita nella **semilibertà sostitutiva** o, in caso di accertata insolvibilità (e, quindi, di inadempimento incolpevole), nel **lavoro di pubblica utilità sostitutivo** o nella **detenzione domiciliare sostitutiva** (→ artt. 102 e 103 l. 24.11.1981, n. 689) ovvero, quando deve essere eseguita una pena pecuniaria sostitutiva, nella semilibertà sostitutiva o nella detenzione domiciliare sostitutiva, ovvero, in caso di accertata insolvibilità, nel lavoro di pubblica utilità sostitutivo o nella detenzione domiciliare sostitutiva (→ art. 71 l. 689 del 1981).

• L'ordine di esecuzione deve, ancora, contenere l'avviso al condannato che, quando non è già stato disposto nella sentenza di condanna (→ **Giudizio**, art. 533) o nel decreto penale (→ **Procedimenti speciali**, art. 460), entro 20 giorni può depositare presso la segreteria del p.m. **istanza di pagamento rateale** (→ art. 133 *ter* c.p.). In quest'ultimo caso il p.m. trasmette gli atti al magistrato di sorveglianza (art. 677) affinché autorizzi la rateizzazione: questi procede *ex* art. 667 co. 4.

• Con l'avviso il condannato è informato che, se il processo si è svolto in sua **assenza** (→ **Indagini e udienza preliminare**, art. 420 *bis* s.; → **Giudizio**, art. 484 co. 2) nel termine di 30 giorni dalla conoscenza della sentenza (ovvero dalla notificazione dell'ordine di esecuzione) può chiedere, in presenza dei relativi presupposti, la **restituzione nel termine** (→ **Atti**, art. 175) per proporre impugnazione (→ **Impugnazioni**) o la rescissione del giudicato (→ art. 629 *bis*). Nell'avviso il condannato è altresì informato che ha facoltà di accedere ai programmi di giustizia riparativa (→ **Atti**, art. 129 *bis*; → art. 42 s. d. lgs. 150 del 2022).

• Quando con la sentenza di condanna (→ **Giudizio**, art. 533) o con il decreto penale (→ **Procedimenti speciali**, art. 460) è stato disposto il pagamento in rate mensili (→ 133 *ter*), l'ordine di esecuzione contiene l'indicazione del numero delle rate, dell'importo e delle scadenze di ciascuna per il pagamento. Con l'ordine di pagamento il p.m. ingiunge al condannato di pagare la prima rata entro 30 giorni dalla notifica del provvedimento, avvertendolo che in caso di mancato tempestivo pagamento della prima rata sono previsti l'automatica decadenza dal beneficio e il pagamento della restante parte della pena in unica soluzione, da effettuarsi, a pena di conversione, entro i successivi 60 giorni.

• Entro il termine indicato nell'ordine di esecuzione, il p.m. accerta l'avvenuto pagamento della pena pecuniaria (→ art. 18 co. 2 c.p.) da parte del condannato e dichiara l'avvenuta esecuzione della pena.

• Quando è accertato il mancato pagamento della pena pecuniaria (→ art. 18 co. 2 c.p.) o di una rata di essa (→ art. 133 *ter* c.p.) entro il termine indicato nell'ordine di esecuzione, il p.m. trasmette gli atti al magistrato di sorveglianza competente per territorio (artt. 677-678) per la **conversione** in **semilibertà sostitutiva** o **lavoro di pubblica utilità sostitutivo** (ovvero, se il condannato si oppone, in **detenzione domiciliare sostitutiva**) (→ art. 136 c.p.; artt. 102-103 l. n. 689 del 1981) ovvero, quando si tratta di pena pecuniaria sostitutiva, ai sensi dell'art. 71 l. n. 689 del 1981. Se la pena è stata rateizzata, è convertita la parte non ancora pagata.

• Il procedimento per la conversione della pena pecuniaria, anche sostitutiva, è disciplinato dall'art. 667 co. 4. Per la conversione della pena pecuniaria, ai sensi degli artt. 71, 102 e 103 l. n. 689 del 1981, si applica, in quanto compatibile, l'art. 545 *bis* co. 2 (→ **Giudizio**). Dunque, il giudice può acquisire dall'U.e.p.e. e, se del caso, dalla p.g. (→ **Soggetti**, art. 55) tutte le informazioni ritenute necessari in relazione alle condizioni di vita personale, familiare, sociale, economica e patrimoniale dell'imputato e può richiedere all'U.e.p.e. il programma di trattamento della semilibertà, della detenzione domiciliare e del lavoro di pubblica utilità.

• Il magistrato di sorveglianza (art. 677) provvede alla conversione della multa o dell'ammenda con ordinanza, previo accertamento della condizione di **insolvenza** ovvero di **insolvibilità** del condannato: a tal fine dispone le **opportune indagini** nel luogo del domicilio o della residenza, ovvero dove si ha ragione di ritenere che il condannato possieda beni o cespiti di reddito e richiede, se necessario, informazioni agli organi finanziari o di polizia giudiziaria (→ **Soggetti**, art. 55).

• Quando il mancato pagamento è dovuto a insolvibilità, il condannato può chiedere al magistrato di sorveglianza (art. 677) il **differimento della conversione** per un tempo non superiore a **6 mesi**, rinnovabile per una sola volta se lo stato di insolvibilità perdura. Ovviamente, ai fini dell'estinzione della pena pecuniaria per decorso del tempo (→ artt. 172-173 c.p.), non si tiene conto del periodo durante il quale la conversione è stata differita.

• Se vi è stata condanna della persona civilmente obbligata per la pena pecuniaria (→ **Soggetti**, art. 89; → artt. 196 e 197 c.p.; → **Giudizio**, art. 534) ed è accertata l'**insolvibilità del condannato**, il magistrato di sorveglianza (art. 677) ne dà comunicazione al p.m., il quale ordina al civilmente obbligato per la pena pecuniaria di provvedere al pagamento della multa o dell'ammenda entro 90 giorni, ovvero, in caso di pagamento rateale, entro 30 giorni. Qualora il civilmente obbligato non provveda entro i termini stabiliti, il pubblico ministero ne dà comunicazione al magistrato di sorveglianza (art. 677), che provvede alla conversione (→ art. 136 c.p.).

• L'ordinanza di conversione è eseguita dal magistrato di sorveglianza (art. 677) a norma degli artt. 62-63 l. 689 del 1981, in quanto compatibili.

• Il ricorso contro l'ordinanza di conversione – con la quale il magistrato di sorveglianza determina le modalità delle sanzioni conseguenti in osservanza delle norme vigenti – ne sospende l'esecuzione (→ **Impugnazioni**, art. 588 co. 1).

• Per l'esecuzione delle pene sostitutive conseguenti alla conversione della pena pecuniaria si applica l'art. 107 l. 689 del 1981.

• Le pene sostitutive, conseguenti alla conversione della pena pecuniaria, sono immediatamente revocate dal magistrato di sorveglianza quando risulta che il condannato ha pagato la multa o l'ammenda, dedotta la somma corrispondente alla durata della pena conseguente alla conversione già espiata. Durante l'esecuzione, il condannato può chiedere al magistrato di sorveglianza (art. 677) di essere ammesso al pagamento rateale (→ 133 *ter* c.p.). In tal caso, dopo il pagamento della prima rata, l'esecuzione della pena conseguente alla conversione è sospesa e riprende in caso di mancato pagamento di una delle rate.

• Entro il 31 maggio di ciascun anno, il Ministro della giustizia riferisce alle competenti commissioni parlamentari in merito all'attuazione della nuova disciplina in materia di esecuzione e conversione delle pene pecuniarie; i relativi dati statistici, a fini di **monitoraggio**, sono trasmessi annualmente al Parlamento, unitamente alla predetta relazione (→ art. 79 d. lgs. 150 del 2022).

• Sulla **disciplina transitoria** in materia di esecuzione e conversione delle pene pecuniarie v. art. 97 d. lgs. 150 del 2022.

• La disciplina in materia di esecuzione delle pene pecuniarie si applica anche ai procedimenti di competenza del giudice di pace (→ **Giu. pace**, art. 42 *bis*). Sulla conversione per mancato pagamento della pena pecuniaria → **Giu. Pace**, art. 55.

661. Esecuzione delle pene sostitutive.

1. Quando deve essere eseguita una sentenza di condanna a una delle pene sostitutive della semilibertà e della detenzione domiciliare, il pubblico ministero trasmette la sentenza al magistrato di sorveglianza, che provvede senza ritardo ai sensi dell'articolo 62 della legge 24 novembre 1981, n. 689. Fino alla decisione del magistrato di sorveglianza, se il condannato alla pena sostitutiva della semilibertà o della detenzione domiciliare è in custodia cautelare, permane nello stato detentivo in cui si trova e il tempo corrispondente è considerato come pena espiata a tutti gli effetti. In tutti gli altri casi, le misure cautelari disposte perdono immediatamente efficacia.

1 *bis*. L'esecuzione del lavoro di pubblica utilità è ordinata dal giudice che ha applicato la pena, il quale provvede ai sensi dell'articolo 63 della legge 24 novembre 1981, n. 689.

2. La pena pecuniaria, quale sanzione sostitutiva, è eseguita a norma dell'articolo 660.

La rubrica è stata così modificata dal d. lgs. 10.10.2022, n. 150. Il co. 1 è stato sostituito dal d. lgs. 10.10.2022, n. 150, al quale si deve anche l'inserimento del co. 1 *bis*.

• Per eseguire le **pene sostitutive della detenzione carceraria** (→ art. 20 *bis* c.p.) – **semilibertà** (→ art. 55 l. 24.11.1981, n. 689) e **detenzione domiciliare** (→ art. 56 l. 689 del 1981) – il p.m. deve trasmettere la sentenza di condanna (→ **Giudizio**, art. 533) al magistrato di sorveglianza territorialmente competente (artt. 677-678), che deve provvedere senza ritardo (→ art. 62 s. l. 689 del 1981) a stabilire le relative modalità di esecuzione.

• Fino alla decisione del magistrato di sorveglianza (art. 677), se il condannato alla pena sostitutiva della semilibertà (→ art. 55 l. 689 del 1981) o della detenzione domiciliare (→ art. 56 l. 689 del 1981) è in custodia cautelare (→ **Libro IV**, art. 285) permane nello **stato detentivo** in cui si trova e il tempo corrispondente è detratto dalla pena da espiare (art. 657; → **Libro IV**, art. 300 co. 4 *bis*). Negli altri casi, le misure cautelari disposte perdono immediatamente efficacia.

• L'esecuzione del lavoro di pubblica utilità (→ art. 56 *bis* l. 689 del 1981) è ordinata dal giudice che ha applicato la pena (→ art. 63 l. 689 del 1981).

• L'esecuzione della **pena pecuniaria** quale sanzione sostitutiva (→ artt. 53 e 71 l. 689 del 1981) è disposta secondo quanto previsto dall'art. 660.

• La cancelleria del magistrato di sorveglianza iscrive in apposito registro l'estratto del provvedimento che ha disposto le pene sostitutive (→ art. 20 *bis* c.p.) e forma un fascicolo nel quale sono raccolti l'estratto medesimo e tutti gli atti del procedimento (→ **Reg. es.**, art. 31).

• In ordine al **regime transitorio**, v. art. 95 d. lgs. 150 del 2022.

• Per i minorenni, v. art. 30 **Proc. minorile** e art. 24 **Disp. att. Proc. minorile.**

662. Esecuzione delle pene accessorie.

1. Per l'esecuzione delle pene accessorie, il pubblico ministero, fuori dei casi previsti dagli articoli 32 e 34 del codice penale, trasmette l'estratto della sentenza di condanna agli organi della polizia giudiziaria e di pubblica sicurezza e, occorrendo, agli altri organi interessati, indicando le pene accessorie da eseguire. Nei casi previsti dagli articoli 32 e 34 del codice penale, il pubblico ministero trasmette l'estratto della sentenza al giudice civile competente.

2. Quando alla sentenza di condanna consegue una delle pene accessorie previste dagli articoli 28, 30, 32 *bis* e 34 del codice penale, per la determinazione della relativa durata si computa la misura interdittiva di contenuto corrispondente eventualmente disposta a norma degli articoli 288, 289 e 290.

• Ai fini dell'esecuzione delle **pene accessorie** (→ artt. 19 e 28 s. c.p.), il **p.m. presso il giudice dell'esecuzione** (artt. 655 e 665) – fuori dei casi di interdizione legale (→ art. 32 c.p.) e di decadenza dalla responsabilità genitoriale o sospensione dall'esercizio di essa (→ art. 34 c.p.) – deve trasmettere l'**estratto della sentenza di condanna** (→ **Giudizio**, art. 533) agli **organi della p.g. e di pubblica sicurezza** e, occorrendo, alle **altre autorità amministrative interessate**, indicando le pene accessorie da eseguire. Nei casi previsti dagli artt. 32 e 34 c.p., il p.m. deve, invece, trasmettere l'estratto della sentenza al **giudice civile competente**. Quando alla condanna (per determinate tipologie di reato) consegue *ope legis* una pena accessoria predeterminata dalla legge nella specie e nella durata, il p.m. ne richiede l'applicazione al giudice dell'esecuzione, se non si è provveduto con la sentenza di condanna (→ **Disp. att.**, art. 183).

• Quando alla sentenza di condanna (→ **Giudizio**, art. 533) consegue la pena accessoria dell'interdizione dai pubblici uffici (→ art. 28 c.p.), dell'interdizione da una professione o da un'arte (→ art. 30 c.p.), dell'interdizione temporanea dagli uffici direttivi delle persone giuridiche e delle imprese (→ art. 32 *bis* c.p.) ovvero della decadenza o sospensione dall'esercizio della responsabilità genitoriale (→ art. 34 c.p.), per la determinazione della relativa durata si computa la misura interdittiva di contenuto corrispondente (→ **Misure cautelari**), eventualmente disposta a norma degli artt. 288, 289 e 290, che disciplinano rispettivamente la sospensione dall'esercizio della responsabilità genitoriale, la sospensione dall'esercizio di un pubblico ufficio o servizio e il divieto temporaneo di esercitare determinate attività professionali o imprenditoriali. Il meccanismo è analogo a quello previsto in ordine al computo del c.d. "presofferto" ai fini della determinazione della pena da espiare (c.d. "**principio di fungibilità**": art. 657).

663. Esecuzione di pene concorrenti.

1. Quando la stessa persona è stata condannata con più sentenze o decreti penali per reati diversi, il pubblico ministero determina la pena da eseguirsi, in osservanza delle norme sul concorso di pene.
2. Se le condanne sono state inflitte da giudici diversi, provvede il pubblico ministero presso il giudice indicato nell'articolo 665 comma 4.
3. Il provvedimento del pubblico ministero è notificato al condannato e al suo difensore.

• Il **p.m.**, se **una stessa persona** è stata **condannata** per **reati diversi** con **più sentenze** (→ **Giudizio**, art. 533) o **decreti penali** (→ **Procedimenti speciali**, art. 460) divenuti irrevocabili (art. 648), deve determinare la pena da eseguirsi, in osservanza delle norme sul concorso di pene (c.d. "**cumulo**": → art. 80 c.p.). Dovrà, dunque, emettere il c.d. "**provvedimento di unificazione**", in virtù del quale viene computata la pena complessiva da applicare al condannato mediante il ricorso a criteri che, in alcuni casi, esulano dalla pura e semplice somma algebrica dell'entità delle varie sanzioni.

• Qualora le condanne siano state inflitte da giudici diversi, è chiamato a provvedere il **p.m.** presso il giudice competente per l'esecuzione, vale a dire il **giudice che ha emesso il provvedimento divenuto irrevocabile per ultimo**, ovvero il **giudice ordinario** se i provvedimenti sono stati emessi da giudici ordinari e giudici speciali (art. 665 co. 4).

• Il provvedimento di cumulo del p.m. – che, sebbene l'art. 663 non lo specifichi, ha la forma del **decreto** – deve essere notificato (→ **Atti**, art. 148 s.) sia al condannato che al suo difensore (→ **Soggetti**, art. 96 s.) entro 30 giorni (art. 655 co. 5), a pena di nullità (→ **Atti**, art. 177 s.), per consentire loro, eventualmente, di attivare un **incidente di esecuzione** (art. 666).

664. Esecuzione di altre sanzioni pecuniarie.

1. Le somme dovute per sanzioni disciplinari pecuniarie o per condanna alla perdita della cauzione o in conseguenza della dichiarazione di inammissibilità o di rigetto di una richiesta, sono devolute alla cassa delle ammende anche quando ciò non sia espressamente stabilito.
2. I relativi provvedimenti possono essere revocati dal giudice, su richiesta dell'interessato o del pubblico ministero, prima della conclusione della fase del procedimento nella quale sono stati adottati, sempre che la revoca non sia vietata.
3. [Soppresso.]
4. Per l'esecuzione delle sanzioni conseguenti a violazioni amministrative accertate nel pro-

cesso penale, il pubblico ministero trasmette l'estratto della sentenza esecutiva all'autorità amministrativa competente.

Il co. 3 è stato abrogato dal **T.U. spese**. V. ora l'art. 202 **T.U. spese**.

• Le somme dovute per **sanzioni disciplinari pecuniarie** o per condanna alla **perdita della cauzione** o per le **spese di giustizia** in conseguenza della dichiarazione d'**inammissibilità o rigetto** di una richiesta avanzata in corso di giudizio da uno dei soggetti privati legittimati sono devolute alla **cassa delle ammende**, anche quando ciò non sia espressamente stabilito. Tra le ipotesi previste dal c.p.p., v.: l'inammissibilità o il rigetto della dichiarazione di ricusazione (→ **Soggetti**, art. 44); l'inammissibilità o il rigetto della richiesta di rimessione (→ art. 48 co. 6 e 6 *bis*); la mancata comparizione, senza un legittimo impedimento, di persone diverse dall'imputato (testimone, perito, consulente tecnico, interprete, custode di cose sequestrate: (→ **Atti**, art. 133 co. 1); la sostituzione dell'interprete per mancato rispetto del termine fissato per le traduzioni scritte (→ art. 147 co. 2); la sostituzione del perito per mancato rispetto del termine fissato per le traduzioni scritte (→ **Prove**, art. 231 co. 3); la perdita della cauzione imposta al custode delle cose sequestrate (→ art. 259 co. 2); la perdita della cauzione da parte del soggetto a cui le cose sequestrate sono state restituite (→ art. 262 co. 1); la perdita della cauzione offerta dall'imputato o dal responsabile civile a garanzia dei crediti per i quali è stato richiesto sequestro conservativo (→ **Misure cautelari**, art. 319 co. 1); l'inammissibilità o il rigetto del ricorso per cassazione (→ **Impugnazioni**, art. 616 co. 1 e 1 *bis*,); l'inammissibilità o rigetto della richiesta di revisione (→art. 634 co. 1); il mancato rispetto da parte del direttore o del vicedirettore responsabile di un giornale o periodico delle previsioni in tema di pubblicazione delle sentenze e di obbligo di inserzione (art. 694 co. 4); le condanne per inosservanza di determinate prescrizioni nel procedimento davanti al giurì d'onore (→ **Disp. att.**, art. 180 co. 3).

• Salvo che la legge disponga altrimenti, i provvedimenti che applicano le sanzioni pecuniarie previste dall'art. 664 co. 1 sono adottati con **ordinanza** (→ **Disp. att.**, art. 184; → **Atti**, art. 125). Possono essere revocati dal giudice, su richiesta del soggetto condannato o del p.m., prima della conclusione della fase del procedimento nella quale sono stati adottati, sempre che la revoca non sia vietata.

• Qualora la sanzione pecuniaria irrogata sia conseguente a violazioni amministrative accertate nel processo penale dall'organo procedente, il p.m. deve trasmettere l'estratto della sentenza esecutiva all'**autorità amministrativa competente** a curare il relativo procedimento di esecuzione.

Titolo III
ATTRIBUZIONI DEGLI ORGANI GIURISDIZIONALI

Capo I
Giudice dell'esecuzione

665. Giudice competente.

1. Salvo diversa disposizione di legge, competente a conoscere dell'esecuzione di un provvedimento è il giudice che lo ha deliberato.

2. Quando è stato proposto appello, se il provvedimento è stato confermato o riformato soltanto in relazione alla pena, alle misure di sicurezza o alle disposizioni civili, è competente il giudice di primo grado; altrimenti è competente il giudice di appello.

3. Quando vi è stato ricorso per cassazione e questo è stato dichiarato inammissibile o rigettato ovvero quando la corte ha annullato senza rinvio il provvedimento impugnato, è competente il giudice di primo grado, se il ricorso fu proposto contro provvedimento inappellabile ovvero a norma dell'articolo 569, e il giudice indicato nel comma 2 negli altri casi. Quando è stato pronunciato l'annullamento con rinvio, è competente il giudice di rinvio.

4. Se l'esecuzione concerne più provvedimenti emessi da giudici diversi, è competente il giudice

che ha emesso il provvedimento divenuto irrevocabile per ultimo. Tuttavia, se i provvedimenti sono stati emessi da giudici ordinari e giudici speciali, è competente in ogni caso il giudice ordinario.

4 *bis*. Se l'esecuzione concerne più provvedimenti emessi dal tribunale in composizione monocratica e collegiale, l'esecuzione è attribuita in ogni caso al collegio.

Il co. 4 è stato sostituito dagli attuali co. 4 e 4 *bis* ad opera del d. lgs. 19.2.1998, n. 51.

• Mentre nel giudizio di cognizione il controllo giurisdizionale è ineludibile, nella fase esecutiva il giudice dell'esecuzione interviene in via incidentale solo se sollecitato. Peraltro, la locuzione "**giudice dell'esecuzione**" non designa uno specifico organo giurisdizionale, ma è la qualifica mediante la cui attribuzione il c.p.p. distribuisce tra gli organi giurisdizionali di merito la **competenza funzionale** a modificare o a risolvere l'efficacia del provvedimento passato in giudicato. In dettaglio, **competente** a conoscere dell'esecuzione di un provvedimento è il **giudice che lo ha deliberato**: dunque, potrebbe assumere il ruolo di giudice dell'esecuzione il tribunale, la corte di assise, la corte di appello, la corte di assise di appello, il g.i.p. – quando l'esecuzione concerne una condanna a seguito di patteggiamento o di decreto penale di condanna –, o il g.u.p. – quando l'esecuzione concerne una condanna a seguito di giudizio abbreviato. Ciò salvo che la **legge disponga diversamente** (→ **Rapporti giurisdizionali con autorità straniere**, art. 738 co. 2, il quale individua nel P.G. presso la corte d'appello che ha deliberato il riconoscimento della sentenza straniera l'organo competente a darvi esecuzione; → art. 15 l. 20.12.2012, n. 237, che individua nella Corte d'appello di Roma l'organo competente in materia di esecuzione dei provvedimenti della Corte penale internazionale).

• Laddove sia stato proposto appello (→ **Impugnazioni**, art. 593), se il provvedimento è stato confermato o riformato soltanto in relazione alla pena, alle misure di sicurezza o alle disposizioni civili, la competenza spetta al **giudice di primo grado** (→ **Giudizio**), essendo rimasto sostanzialmente invariato il nucleo prescrittivo della decisione censurata; se, viceversa, il **giudice d'appello** è intervenuto con una statuizione del tutto distinta da quella emanata dal giudice di 1° grado – sebbene, ovviamente, nell'ambito della cognizione riconosciutagli dalla legge (→ **Impugnazioni**, art. 597) –, la competenza spetta a lui (art. 596).

• Qualora sia stato proposto ricorso per cassazione (→ **Impugnazioni**) e questo sia stato dichiarato inammissibile (art. 611) o rigettato (art. 615 co. 2) ovvero quando la corte ha annullato senza rinvio il provvedimento impugnato (art. 620) è competente il **giudice di 1° grado** (→ **Giudizio**), se il ricorso fu proposto contro provvedimento inappellabile (→ **Impugnazioni**, art. 593) ovvero *per saltum* (art. 569), il **giudice d'appello** negli altri casi (art. 596). Quando è stato pronunciato l'annullamento con rinvio (art. 623), è competente il **giudice di rinvio**.

• Se l'esecuzione concerne più provvedimenti emessi da giudici diversi, è competente per tutti il **giudice che ha emesso il provvedimento divenuto irrevocabile** (art. 648) **per ultimo.** Questa regola prevede però due eccezioni: 1) se alcuni provvedimenti sono stati emessi da giudici ordinari e altri da giudici speciali, è competente in ogni caso il **giudice ordinario**; 2) se alcuni provvedimenti sono stati emessi dal tribunale in composizione monocratica (→ **Soggetti**, art. 33 *bis*) e altri dal tribunale in composizione collegiale (→ **Soggetti**, art. 33 *ter*), l'esecuzione è attribuita in ogni caso al **tribunale collegiale**. Quest'ultima è una regola che assume valenza generale nel codice, che assegna sempre la prevalenza al giudice collegiale, rappresentando la collegialità sicuramente una maggiore garanzia: tra le ipotesi in cui opera tale regola possono ricordarsi la riunione di processi e la connessione di procedimenti (→ **Soggetti**, art. 17 co. 1 *bis* e art. 33 *quater*).

• Per quanto concerne i provvedimenti emessi dal **giudice di pace** (→ **Giu. Pace**, art. 4), il giudice che ha emesso una sentenza è giudice dell'esecuzione rispetto ad essa, comunque questa sia stata riformata in appello (→ **Giu. Pace**, art. 39). Se l'esecuzione concerne più provvedimenti emessi da giudici di pace diversi, giudice dell'esecuzione è il giudice di pace che ha emesso il provvedimento divenuto irrevocabile (art. 648) per ultimo. Se i provvedimenti sono stati emessi dal giudice di pace e da un altro giudice ordinario, quest'ultimo è il giudice dell'esecuzione. Se sono stati emessi dal giudice di pace e da un giudice speciale, giudice dell'esecuzione è il tribunale in composizione collegiale del circondario in cui il giudice di pace ha sede (→ **Giu. Pace**, art. 40).

666. Procedimento di esecuzione.

1. Il giudice dell'esecuzione procede a richiesta del pubblico ministero, dell'interessato o del difensore.

2. Se la richiesta appare manifestamente infondata per difetto delle condizioni di legge ovvero costituisce mera riproposizione di una richiesta già rigettata, basata sui medesimi elementi, il giudice o il presidente del collegio, sentito il pubblico ministero, la dichiara inammissibile con decreto motivato, che è notificato entro cinque giorni all'interessato. Contro il decreto può essere proposto ricorso per cassazione.

3. Salvo quanto previsto dal comma 2, il giudice o il presidente del collegio, designato il difensore di ufficio all'interessato che ne sia privo, fissa la data dell'udienza in camera di consiglio e ne fa dare avviso alle parti e ai difensori. L'avviso è comunicato o notificato almeno dieci giorni prima della data predetta. Fino a cinque giorni prima dell'udienza possono essere depositate memorie in cancelleria.

4. L'udienza si svolge con la partecipazione necessaria del difensore e del pubblico ministero. L'interessato che ne fa richiesta è sentito personalmente. A tal fine si procede mediante collegamento a distanza, quando una particolare disposizione di legge lo prevede o quando l'interessato vi consente. Tuttavia, se è detenuto o internato in luogo posto fuori della circoscrizione del giudice e non consente all'audizione mediante collegamento a distanza, l'interessato è sentito prima del giorno dell'udienza dal magistrato di sorveglianza del luogo, salvo che il giudice ritenga di disporre la traduzione.

5. Il giudice può chiedere alle autorità competenti tutti i documenti e le informazioni di cui abbia bisogno; se occorre assumere prove, procede in udienza nel rispetto del contraddittorio.

6. Il giudice decide con ordinanza. Questa è comunicata o notificata senza ritardo alle parti e ai difensori, che possono proporre ricorso per cassazione. Si osservano in quanto applicabili, le disposizioni sulle impugnazioni e quelle sul procedimento in camera di consiglio davanti alla corte di cassazione.

7. Il ricorso non sospende l'esecuzione dell'ordinanza, a meno che il giudice che l'ha emessa disponga diversamente.

8. Se l'interessato è infermo di mente, l'avviso previsto dal comma 3 è notificato anche al tutore o al curatore; se l'interessato ne è privo, il giudice o il presidente del collegio nomina un curatore provvisorio. Al tutore e al curatore competono gli stessi diritti dell'interessato.

9. Il verbale di udienza è redatto soltanto in forma riassuntiva a norma dell'articolo 140 comma 2.

Il co. 4 è stato così modificato dal d. lgs. 10.10.2022, n. 150.

• **Corte cost., 135 del 2014**, ha dichiarato l'illegittimità costituzionale del co. 3 di questo articolo e degli artt. 678 co. 1 e 679 co. 1, nella parte in cui non consentono che, su istanza degli interessati, il procedimento per l'applicazione delle misure di sicurezza si svolga, davanti al magistrato di sorveglianza e al tribunale di sorveglianza, nelle forme dell'**udienza pubblica**. **Corte cost., 97 del 2015**, ha dichiarato l'illegittimità costituzionale del co. 3 di questo articolo e dell'art. 678 co. 1, nella parte in cui non consentono che, su istanza degli interessati, il procedimento davanti al tribunale di sorveglianza, nelle materie di sua competenza, si svolga nelle forme dell'**udienza pubblica**. **Corte cost., 109 del 2015**, ha dichiarato l'illegittimità costituzionale del co. 3 di questo articolo e degli artt. 667 co. 4 e 676, nella parte in cui non consentono che, su istanza degli interessati, il procedimento di opposizione contro l'ordinanza in materia di applicazione della confisca si svolga davanti al giudice dell'esecuzione, nelle forme dell'**udienza pubblica**. **Corte cost., 529 del 1990**, ha dichiarato l'illegittimità costituzionale del co. 9 di questo articolo, nella parte in cui dopo la parola «redatto» prevede «soltanto» anziché «di regola».

• Il giudice dell'esecuzione pronuncia i suoi provvedimenti in esito ad un procedimento definito "**procedimento di esecuzione**" ovvero "**incidente di esecuzione**" (artt. 669, 670, 671, 673, 674, 676), che inizia a richiesta del **p.m.** (art. 655), dell'**interessato** o del **suo difensore** (di fiducia o d'ufficio, espressamente nominato: → **Soggetti**, art. 96 s.).

• Se la richiesta appare manifestamente infondata per difetto delle condizioni di legge (ad es., per mancanza di legittimazione del richiedente o per incompetenza del giudice adito) ovvero costituisce mera riproposizione di una richiesta già rigettata, basata sui medesimi elementi, il giudice o il presidente del collegio, sentito il p.m., la dichiara inammissibile con **decreto motivato** (→ **Atti**, art. 125), che è notificato entro 5 giorni all'interessato ed è ricorribile per cassazione (→ **Impugnazioni**, art. 606). **Cass., SU, 21.1.2010, n. 18288**, ha però affermato che il mutamento di giurisprudenza, intervenuto con decisione delle SU, integrando un nuovo elemento di diritto, rende ammissibile la riproposizione, in sede esecutiva, della richiesta di applicazione dell'indulto in precedenza rigettata e non incontra la preclusione *ex* art. 666 co. 2, secondo cui è inammissibile la richiesta basata sui medesimi elementi di altra istanza già rigettata, posto che l'art. 7 **Cedu**, nell'interpretazione della Corte edu (17.9.2000, 10249 del 2003, Scoppola c. Italia), include nel concetto di legalità sia il diritto di produzione legislativa che quello di derivazione giurisprudenziale.

• Salva l'ipotesi d'inammissibilità, il giudice o il presidente del collegio, designato il difensore d'ufficio (→ **Soggetti**, art. 97) all'interessato che ne sia privo, fissa la data dell'**udienza in camera di consiglio** (→ **Atti**, art. 127; sono molto numerose le ipotesi di procedimento camerale *ex* art. 127 previste: → artt. 32, 41, 48, 130, 263, 269, 309, 310, 311, 324, 355, 391, 401, 406, 409, 410, 428, 435, 443, 469, 547, 599, 611, 646, 704, 714, 734, 741 e 743) e ne fa dare avviso alle parti e ai difensori. L'avviso è comunicato o notificato (→ **Atti**, art. 148 s.) almeno 10 giorni prima della data predetta; fino a 5 giorni prima dell'udienza possono essere depositate memorie in cancelleria (→ **Atti**, art. 121).

• L'udienza si svolge con la partecipazione necessaria del difensore (→ **Atti**, art. 179) e del p.m. L'interessato che ne fa richiesta è sentito personalmente: a tal fine si procede mediante collegamento a distanza (→ **Atti**, artt. 133 *bis* e 133 *ter*) se lo prevede una particolare disposizione di legge o se l'interessato vi consente. Tuttavia, se è detenuto o internato (→ **Atti**, art. 123) in luogo posto fuori della circoscrizione del giudice e non consente all'audizione mediante collegamento a distanza, l'interessato è sentito prima del giorno dell'udienza dal magistrato di sorveglianza del luogo, a meno che il giudice ritenga di disporre la traduzione, ritenendo opportuna una partecipazione diretta in udienza.

• Un magistrato componente del collegio giudicante svolge la relazione orale (→ **Disp. att.**, art. 45). Il giudice può chiedere alle autorità competenti tutti i documenti (→ **Prove**, art. 234 s.) e le informazioni di cui abbia bisogno; se occorre assumere prove (→ **Libro III**), procede in udienza nel rispetto del contraddittorio (→ **Cost.**, art. 111 co. 4); procede senza particolari formalità (→ **Disp. att.**, art. 185) anche per quanto concerne la citazione e l'esame dei testimoni (→ **Giudizio**, artt. 468 e 497 s.) e l'espletamento della perizia (→ **Prove**, art. 220 s.).

• Il giudice decide con **ordinanza** (→ **Atti**, art. 125), che deve essere comunicata o notificata (art. 148 s.) senza ritardo alle parti e ai difensori, che possono proporre **ricorso per cassazione** (→ **Impugnazioni**, art. 606): si osservano, in quanto applicabili, le disposizioni sulle impugnazioni (→ **Libro IX**), e quelle sul procedimento in camera di consiglio davanti alla corte di cassazione (→ **Impugnazioni**, art. 611).

• Il ricorso non sospende l'esecuzione dell'ordinanza, a meno che il giudice che l'ha emessa disponga diversamente (→ **Impugnazioni**, art. 588).

• Se l'interessato è infermo di mente, l'avviso previsto dal co. 3 è notificato anche al tutore o al curatore (→ art. 424 c.c.); se l'interessato ne è privo, il giudice o il presidente del collegio nomina un curatore provvisorio. Al tutore e al curatore competono gli stessi diritti dell'interessato.

• Il **verbale di udienza** (→ **Atti**, art. 134 s.) è redatto, **di regola** (a seguito di **Corte cost., 529 del 1990**), in **forma riassuntiva** (→ **Atti**, art. 140 co. 2), con obbligo del giudice di vigilare affinché sia riprodotta nell'originaria genuina espressione la parte essenziale delle dichiarazioni, con la descrizione delle circostanze nelle quali sono rese se queste possono servire a valutarne la credibilità. La medesima prescrizione si ritrova con riferimento in generale al procedimento camerale (→ **Atti**, art. 127 co. 10) e all'udienza preliminare (→ **Libro V**, art. 420 co. 4).

• La disciplina dettata dall'art. 666 si estende al procedimento di esecuzione davanti al giudice di pace. Contro il decreto del giudice di pace che dichiari inammissibile la richiesta e contro l'ordinanza che decida sulla richiesta l'interessato, entro 15 giorni dalla notificazione del provvedimento, può proporre ricorso, per motivi di legittimità, al tribunale in composizione monocratica nel cui circondario ha sede il giudice di pace. Il tribunale decide con ordinanza non impugnabile. Con le forme del procedimento di esecuzione, il giudice di pace modifica anche le modalità di esecuzione della permanenza domiciliare e del lavoro di pubblica utilità (→ **Giu. Pace**, artt. 41 e 44).

667. Dubbio sull'identità fisica della persona detenuta.

1. Se vi è ragione di dubitare dell'identità della persona arrestata per esecuzione di pena o perché evasa mentre scontava una condanna, il giudice dell'esecuzione la interroga e compie ogni indagine utile alla sua identificazione anche a mezzo della polizia giudiziaria.

2. Quando riconosce che non si tratta della persona nei cui confronti deve compiersi l'esecuzione, ne ordina immediatamente la liberazione. Se l'identità rimane incerta, ordina la sospensione dell'esecuzione, dispone la liberazione del detenuto e invita il pubblico ministero a procedere a ulteriori indagini.

3. Se appare evidente che vi è stato un errore di persona e non è possibile provvedere tempestivamente a norma dei commi 1 e 2, la liberazione può essere ordinata in via provvisoria con decreto motivato dal pubblico ministero del luogo dove l'arrestato si trova. Il provvedimento del pubblico ministero ha effetto fino a quando non provvede il giudice competente, al quale gli atti sono immediatamente trasmessi.

4. Il giudice dell'esecuzione provvede in ogni caso senza formalità con ordinanza comunicata al pubblico ministero e notificata all'interessato. Contro l'ordinanza possono proporre opposizione davanti allo stesso giudice il pubblico ministero, l'interessato e il difensore, in tal caso si procede a norma dell'articolo 666. L'opposizione è proposta, a pena di decadenza, entro quindici giorni dalla comunicazione o dalla notificazione dell'ordinanza.

5. Se la persona detenuta deve essere giudicata per altri reati, l'ordinanza è comunicata all'autorità giudiziaria procedente.

I co. 1 e 4 sono stati così sostituiti dal d. lgs. 14.1.1991, n. 12.

• **Corte cost.**, **109 del 2015**, ha dichiarato l'illegittimità costituzionale del co. 4 e degli artt. 666 co. 3 e 676, nella parte in cui non consentono che, su istanza degli interessati, il procedimento di opposizione contro l'ordinanza in materia di applicazione della confisca si svolga davanti al giudice dell'esecuzione, nelle forme dell'**udienza pubblica**.

• Se vi è **dubbio sull'identità fisica della persona** arrestata in esecuzione di un **ordine di carcerazione** (art. 656) o perché evasa (→ art. 385 c.p.) mentre scontava una condanna (→ **Giudizio**, art. 533), il giudice dell'esecuzione (art. 665) la **interroga** (→ **Soggetti**, art. 64 s.) e compie ogni **indagine utile** alla sua **identificazione**, anche a mezzo della p.g. (→ **Soggetti**, art. 55 s.).

• Quando riconosce che non si tratta della persona nei cui confronti deve compiersi l'esecuzione (→ **Soggetti**, art. 68), il giudice deve ordinarne **immediatamente** la **liberazione**. Se invece l'identità rimane incerta, il giudice deve ordinare la **sospensione** dell'**esecuzione**, disporre la liberazione del detenuto e invitare il p.m. a procedere a ulteriori indagini.

• Se appare evidente che vi è stato un errore di persona e non è possibile provvedere tempestivamente con le modalità ora ricordate, la liberazione può essere ordinata **in via provvisoria** con decreto motivato dal p.m. del luogo dove l'arrestato si trova. Il provvedimento del p.m. ha effetto fino a quando non provvede il giudice competente (art. 665), al quale gli atti sono immediatamente trasmessi. Una **disciplina analoga** è prevista nella fase delle indagini preliminari (→ **Libro V**) con riferimento all'**arresto in flagranza** (→ art. 380 s.) e al **fermo di indiziato di delitto** (→ art. 384): se risulta evidente che l'arresto o il fermo è stato eseguito per errore di persona, il p.m. dispone con decreto motivato che l'arrestato o il fermato sia posto **immediatamente in libertà**; prima dell'intervento del p.m., la liberazione è disposta dallo stesso ufficiale di p.g., che ne deve informare subito il p.m. del luogo in cui l'arresto o il fermo è stato eseguito (→ art. 389).

• Il giudice dell'esecuzione provvede in ogni caso senza formalità con **ordinanza** (→ **Atti**, art. 125) comunicata al p.m. e notificata all'interessato (→ **Atti**, art. 148 s.). Contro l'ordinanza possono proporre **opposizione** davanti allo stesso giudice il p.m., l'interessato e il difensore (→ **Soggetti**, art. 96 s.). In tal caso si procede a norma dell'art. 666: l'opposizione è proposta, a pena di decadenza, entro 15 giorni dalla comunicazione o dalla notificazione dell'ordinanza. Se la persona detenuta deve essere giudicata per altri reati, l'ordinanza è comunicata all'autorità giudiziaria procedente.

• Laddove l'errore di persona, cioè il dubbio sull'identità fisica, emerga nei confronti dell'imputato durante il giudizio di cognizione, in ogni stato e grado del processo, il giudice, sentiti il p.m. e il difensore, deve pronunciare sentenza a norma dell'art. 129, che prevede l'obbligo dell'**immediata declaratoria di determinate cause di non punibilità** (→ **Atti**): si tratterà di una sentenza di non luogo a procedere se emessa in udienza preliminare (→ **Libro V**, art. 425) ovvero di una sentenza di non doversi procedere, se emessa in giudizio (→ **Libro VII**, art. 529).

668. Persona condannata per errore di nome.

1. Se una persona è stata condannata in luogo di un'altra per errore di nome, il giudice dell'esecuzione provvede alla correzione nelle forme previste dall'articolo 130 soltanto se la persona contro cui si doveva procedere è stata citata come imputato anche sotto altro nome per il giudizio; altrimenti si provvede a norma dell'articolo 630 comma 1 lettera *c*). In ogni caso l'esecuzione contro la persona erroneamente condannata è sospesa.

• Qualora una persona sia stata **condannata** (→ **Giudizio**, art. 533) in luogo di un'altra per **errore di nome** (→ **Soggetti**, art. 66), il giudice dell'esecuzione (art. 665) deve provvedere alla **correzione** delle generalità nelle forme previste per gli **errori materiali** (→ **Atti**, art. 130), procedura utilizzabile tutte le volte in cui sentenze, ordinanze o decreti (→ **Atti**, art. 125) siano inficiati da errori od omissioni che non determinano nullità (→ art. 177 s.) e la cui eliminazione non comporti una modificazione essenziale dell'atto (per altre ipotesi di correzione degli errori materiali, v.: → **Soggetti**, art. 66 co. 3, in caso di erronee generalità attribuite all'imputato; → **Giudizio**, art. 535 co. 4, in caso di omissione nella sentenza di condanna del provvedimento circa le spese; → art. 547, in caso di motivazione insufficiente della sentenza o di mancanza o incompletezza di alcuno dei requisiti non essenziali della sentenza stessa; → **Impugnazioni**, art. 619, sulle rettificazioni che la corte di cassazione indica come occorrenti ovvero che provvede direttamente ad effettuare senza pronunciare annullamento).

• Il ricorso alla procedura della correzione degli errori materiali (**procedimento camerale**: → **Atti**, art. 127) è tuttavia possibile soltanto **se la persona** contro cui si doveva procedere sia stata **citata come imputato** (→ **Soggetti**, art. 60), anche sotto altro nome (→ art. 66 co. 3), per il giudizio (→ **Libro VII**, art. 465) e, quindi, sia stata posta in condizione di difendersi; diversamente, si dovrà provvedere con la **richiesta di revisione** (→ **Impugnazioni**), essendo dopo la condanna sopravvenute o scoperte **nuove prove** che, sole o unite a quelle già valutate, dimostrano che il condannato deve essere prosciolto (→ **Impugnazioni**, art. 630 co. 1 lett. *c*). L'**esecuzione** contro la persona erroneamente condannata è in ogni caso **sospesa**.

669. Pluralità di sentenze per il medesimo fatto contro la stessa persona.

1. Se più sentenze di condanna divenute irrevocabili sono state pronunciate contro la stessa persona per il medesimo fatto, il giudice ordina l'esecuzione della sentenza con cui si pronunciò la condanna meno grave, revocando le altre.

2. Quando le pene irrogate sono diverse, l'interessato può indicare la sentenza che deve essere eseguita. Se l'interessato non si avvale di tale facoltà prima della decisione del giudice dell'esecuzione, si applicano le disposizioni dei commi 3 e 4.

3. Se si tratta di pena pecuniaria e pena detentiva, si esegue la pena pecuniaria. Se si tratta di pene detentive o pecuniarie di specie diversa, si esegue la pena di minore entità, se le pene sono di uguale entità, si esegue rispettivamente l'arresto o l'ammenda. Se si tratta di pena detentiva o pecuniaria e della sanzione sostitutiva della semidetenzione o della libertà controllata, si esegue, in

caso di pena detentiva, la sanzione sostitutiva e, in caso di pena pecuniaria, quest'ultima.

4. Quando le pene principali sono uguali, si tiene conto della eventuale applicazione di pene accessorie o di misure di sicurezza e degli altri effetti penali. Quando le condanne sono identiche, si esegue la sentenza divenuta irrevocabile per prima.

5. Se la sentenza revocata era stata in tutto o in parte eseguita, l'esecuzione si considera come conseguente alla sentenza rimasta in vigore.

6. Le stesse disposizioni si applicano se si tratta di più decreti penali o di sentenze e di decreti ovvero se il fatto è stato giudicato in concorso formale con altri fatti o quale episodio di un reato continuato, premessa, ove necessaria, la determinazione della pena corrispondente.

7. Se più sentenze di non luogo a procedere o più sentenze di proscioglimento sono state pronunciate nei confronti della stessa persona per il medesimo fatto, il giudice, se l'interessato entro il termine previsto dal comma 2 non indica la sentenza che deve essere eseguita, ordina l'esecuzione della sentenza più favorevole, revocando le altre.

8. Salvo quanto previsto dagli articoli 69 comma 2 e 345, se si tratta di una sentenza di proscioglimento e di una sentenza di condanna o di un decreto penale, il giudice ordina l'esecuzione della sentenza di proscioglimento revocando la decisione di condanna. Tuttavia, se il proscioglimento è stato pronunciato per estinzione del reato verificatasi successivamente alla data in cui è divenuta irrevocabile la decisione di condanna, si esegue quest'ultima.

9. Se si tratta di una sentenza di non luogo a procedere e di una sentenza pronunciata in giudizio o di un decreto penale, il giudice ordina l'esecuzione della sentenza pronunciata in giudizio o del decreto.

• Il giudice dell'esecuzione può essere chiamato ad intervenire per risolvere un **conflitto pratico di giudicati**, laddove cioè diverse decisioni irrevocabili (art. 648) statuiscono sul medesimo fatto in ordine alla stessa persona.

• Se **più sentenze di condanna** (→ **Giudizio**, art. 533) divenute irrevocabili sono state pronunciate contro la **stessa persona** per il **medesimo fatto** (in violazione del **principio del *ne bis in idem***: art. 649), il giudice ordina l'esecuzione della sentenza con cui si pronunciò la **condanna meno grave** – in applicazione del **principio del *favor rei*** (→ **Atti**, art. 129 co. 2) –, revocando le altre. Il provvedimento di revoca deve essere annotato nella sentenza di condanna a cura della cancelleria del giudice che l'ha emessa (→ **Disp. att.**, art. 193).

• Quando le **pene irrogate** sono **diverse**, l'**interessato può indicare la sentenza** che deve essere eseguita. Se l'interessato non si avvale di tale facoltà prima della decisione del giudice dell'esecuzione, si applicano le disposizioni dei co. 3 e 4.

• Se si tratta di pena pecuniaria e pena detentiva (→ art. 18 c.p.), si esegue la **pena pecuniaria**. Se si tratta di pene detentive o pecuniarie di specie diversa (→ art. 17 c.p.), si esegue la **pena di minore entità**; se le pene sono di uguale entità, si esegue rispettivamente l'**arresto** o l'**ammenda**. Se si tratta di pena detentiva o pecuniaria e della pena della semilibertà sostitutiva o della detenzione domiciliare sostitutiva (→ artt. 55 e 56 l. 24.11.1981, n. 689), si esegue, in caso di pena detentiva, la **pena sostitutiva** e, in caso di pena pecuniaria, quest'ultima.

• Quando le pene principali sono uguali, si tiene conto dell'eventuale applicazione di pene accessorie (→ artt. 19, 20 e 28 s. c.p.) o di misure di sicurezza (→ art. 199 s. c.p.) e degli altri effetti penali. Quando le condanne sono identiche, si esegue la **sentenza divenuta irrevocabile** (art. 648) **per prima**.

• Se la sentenza revocata era stata in tutto o in parte eseguita, l'esecuzione si considera come conseguente alla sentenza rimasta in vigore.

• Le stesse disposizioni si applicano se si tratta di **più decreti penali** (→ **Procedimenti speciali**, art. 460) o di **sentenze e** di **decreti** ovvero se il fatto è stato giudicato in concorso formale con altri fatti (→ art. 81 co. 1 c.p.) o quale episodio di un reato continuato (→ art. 81 co. 2 c.p.), premessa, ove necessaria, la determinazione della pena corrispondente.

• Se **più sentenze di non luogo a procedere** (→ **Indagini e udienza preliminare**, art. 425) o **più sentenze di proscioglimento** (→ **Giudizio**, art. 529 s.) sono state pronunciate nei confronti della **stessa persona** per il **medesimo fatto** (art. 649), il giudice, se l'interessato non indica la sentenza che deve essere eseguita, ordina l'esecuzione della **sentenza più favorevole**, revocando le altre.

• Salve le ipotesi di erronea dichiarazione di morte dell'imputato (**Soggetti**, art. 69 co. 2) e di difetto di una condizione di procedibilità poi sopravvenuta (**Indagini e udienza preliminare**, art. 345), se si tratta di una sentenza di proscioglimento (→ **Giudizio**, art. 529 s.) e di una sentenza di condanna (→ art. 533) o di un decreto penale (→ **Procedimenti speciali**, art. 460), il giudice **ordina l'esecuzione della sentenza di proscioglimento** revocando la decisione di condanna. Tuttavia, se il proscioglimento è stato pronunciato per estinzione del reato (→ art. 150 s. c.p.) verificatasi successivamente alla data in cui è divenuta irrevocabile la decisione di condanna, si esegue quest'ultima. Se si tratta di una sentenza di non luogo a procedere (→ **Indagini e udienza preliminare**, art. 425) e di una sentenza pronunciata in giudizio (→ **Libro VII**, art. 529 s.) o di un decreto penale di condanna (→ **Procedimenti speciali**, art. 460), il giudice ordina l'esecuzione della sentenza pronunciata in giudizio o del decreto.

670. Questioni sul titolo esecutivo.

1. Quando il giudice dell'esecuzione accerta che il provvedimento manca o non è divenuto esecutivo, valutata anche nel merito l'osservanza delle garanzie previste nel caso di irreperibilità del condannato, lo dichiara con ordinanza e sospende l'esecuzione, disponendo, se occorre, la liberazione dell'interessato e la rinnovazione della notificazione non validamente eseguita. In tal caso decorre nuovamente il termine per l'impugnazione.

2. Quando è proposta impugnazione od opposizione, il giudice dell'esecuzione, dopo aver provveduto sulla richiesta dell'interessato, trasmette gli atti al giudice di cognizione competente. La decisione del giudice dell'esecuzione non pregiudica quella del giudice dell'impugnazione o dell'opposizione, il quale, se ritiene ammissibile il gravame, sospende con ordinanza l'esecuzione che non sia già stata sospesa.

3. Se l'interessato, nel proporre richiesta perché sia dichiarata la non esecutività del provvedimento, eccepisce che comunque sussistono i presupposti e le condizioni per la restituzione nel termine a norma dell'articolo 175, e la relativa richiesta non è già stata proposta al giudice dell'impugnazione, il giudice dell'esecuzione, se non deve dichiarare la non esecutività del provvedimento, decide sulla restituzione. In tal caso, la richiesta di restituzione nel termine non può essere riproposta al giudice dell'impugnazione. Si applicano le disposizioni dell'articolo 175 commi 7 e 8.

• Quando il giudice dell'esecuzione (art. 665) accerta che **il provvedimento manca** o **non è divenuto esecutivo** (art. 650), valutata anche nel merito l'osservanza delle garanzie previste nel caso di irreperibilità del condannato (→ **Atti**, art. 159), lo dichiara con **ordinanza** (→ art. 125) e **sospende l'esecuzione**, disponendo, se occorre, la **liberazione dell'interessato** e la **rinnovazione della notificazione** non validamente eseguita. In tal caso decorre nuovamente il termine per l'impugnazione (→ **Libro IX**, art. 585).

• Quando è proposta impugnazione (→ **Libro IX**, art. 581 s.) od opposizione (→ **Procedimenti speciali**, art. 461), il giudice dell'esecuzione, dopo aver provveduto sulla richiesta dell'interessato, trasmette gli atti al giudice di cognizione competente. La decisione del giudice dell'esecuzione non pregiudica quella del giudice dell'impugnazione o dell'opposizione, il quale, se ritiene ammissibile il gravame, sospende con ordinanza (→ **Atti**, art. 125) l'esecuzione che non sia già stata sospesa (→ **Impugnazioni**, art. 588).

• Se l'interessato, nel proporre richiesta perché sia dichiarata la non esecutività del provvedimento, eccepisce la sussistenza dei presupposti e delle condizioni per la **restituzione nel termine** (→ **Atti**, art. 175) e la relativa richiesta non è già stata proposta al giudice dell'impugnazione, il giudice dell'esecuzione, se non deve dichiarare la non esecutività del provvedimento, decide sulla restituzione. In tal caso, la richiesta di restituzione nel termine non può essere riproposta al giudice dell'impugnazione. Si procede all'eventuale scarcerazione dell'imputato detenuto e, ai fini della prescrizione del reato, non si computa il tempo intercorso tra la notificazione della sentenza o del decreto di condanna e la notificazione alla parte dell'avviso di deposito dell'ordinanza che concede la restituzione (→ **Atti**, art. 175 co. 7 e 8).

671. Applicazione della disciplina del concorso formale e del reato continuato.

1. Nel caso di più sentenze o decreti penali irrevocabili pronunciati in procedimenti distinti contro la stessa persona, il condannato o il pubblico ministero possono chiedere al giudice dell'esecuzione l'applicazione della disciplina del concorso formale o del reato continuato, sempre che la stessa non sia stata esclusa dal giudice della cognizione. Fra gli elementi che incidono sull'applicazione della disciplina del reato continuato vi è la consumazione di più reati in relazione allo stato di tossicodipendenza.

2. Il giudice dell'esecuzione provvede determinando la pena in misura non superiore alla somma di quelle inflitte con ciascuna sentenza o ciascun decreto.

2 *bis*. Si applicano le disposizioni di cui all'articolo 81, quarto comma, del codice penale.

3. Il giudice dell'esecuzione può concedere altresì la sospensione condizionale della pena e la non menzione della condanna nel certificato del casellario giudiziale, quando ciò consegue al riconoscimento del concorso formale o della continuazione. Adotta infine ogni altro provvedimento conseguente.

Il periodo finale del co. 1 è stato aggiunto dal d.l. 30.12.2005, n. 272, conv., con modif., dalla l. 21.2.2006, n. 49. Il co. 2 *bis* è stato inserito dalla l. 5.12.2005, n. 251.

• Nel caso di **più sentenze** (→ **Giudizio**, art. 533) o **decreti penali** (→ **Procedimenti speciali**, art. 460) irrevocabili (art. 648) pronunciati in **procedimenti distinti** contro la **stessa persona**, il condannato o il p.m. (art. 655) possono chiedere al giudice dell'esecuzione (art. 665) l'applicazione della disciplina del **concorso formale** (→ art. 81 co. 1 c.p.) o del **reato continuato** (→ art. 81 co. 2 c.p.), sempre che la stessa non sia stata esclusa dal giudice della cognizione. La *ratio* della previsione è realizzare la **parità di trattamento** tra il soggetto giudicato per reati diversi in procedimenti diversi, condannato per tali reati con più sentenze o decreti penali divenuti irrevocabili, e il soggetto che, essendo stato imputato di reati connessi *ex* art. 12 lett. *b* in un processo cumulativo (→ **Soggetti**) ha potuto fruire dell'art. 81 c.p. già in fase di cognizione. Alla richiesta vanno allegate le copie delle sentenze o dei decreti irrevocabili, che in mancanza potranno essere acquisite comunque anche d'ufficio (→ **Disp. att.**, art. 186).

• Il giudice dell'esecuzione (art. 665), in caso di accoglimento della richiesta, assume come reato più grave quello per cui è stata inflitta la pena più grave, anche se per alcuni reati si sia proceduto con giudizio abbreviato (→ **Disp. att.**, art. 187; sul giudizio abbreviato → **Procedimenti speciali**, art. 438 s.) e provvede determinando la pena complessiva in misura non superiore alla somma algebrica di quelle inflitte con ciascuna sentenza o ciascun decreto irrevocabile.

• **Cass., SU, 22.2.2018, n. 35852**, ha precisato che l'applicazione della continuazione tra reati giudicati con rito ordinario ed altri giudicati con rito abbreviato comporta che soltanto nei confronti di questi ultimi deve operare la riduzione della pena a norma dell'art. 442 co. 2 (→ **Procedimenti speciali**).

• Nel caso di più sentenze di applicazione della pena su richiesta delle parti (→ **Libro VI**, art. 444 s.) pronunciate in procedimenti distinti contro la stessa persona, questa e il p.m. possono chiedere al giudice dell'esecuzione l'applicazione della disciplina del concorso formale (→ art. 81 co. 1 c.p.) o del reato continuato (→ art. 81 co. 2 c.p.) quando concordano sull'entità della sanzione sostitutiva o della pena detentiva, sempre che quest'ultima non superi complessivamente 5 anni, soli o congiunti a pena pecuniaria, ovvero 2 anni, soli o congiunti a pena pecuniaria nei casi previsti dall'art. 444 co. 1 *bis*. Il giudice, se ritiene ingiustificato il dissenso del p.m., accoglie ugualmente la richiesta (→ **Disp. att.**, art. 188).

• In virtù del rinvio all'art. 81 co. 4 c.p., se i reati in concorso formale o in continuazione con quello più grave sono commessi da soggetti ai quali sia stata applicata la recidiva (art. 99 co. 4 c.p.), l'aumento della quantità di pena non può essere comunque inferiore ad 1/3 della pena stabilita per il reato più grave.

• **Cass., SU, 24.11.2016, n. 6296**, ha puntualizzato che, in sede di applicazione della disciplina del reato continuato, il giudice dell'esecuzione non può quantificare gli aumenti di pena per i reati-satellite in misura superiore a quelli fissati dal giudice della cognizione con la sentenza irrevocabile di condanna.

• Il giudice dell'esecuzione può concedere altresì i benefici della **sospensione condizionale della pena** (→ art. 163 c.p.) e della **non menzione della condanna nel certificato del casellario giudiziale** (→ art. 175 c.p.), quando ciò consegue al riconoscimento del concorso formale o della continuazione, e adottare ogni altro provvedimento conseguente.

672. Applicazione dell'amnistia e dell'indulto.

1. Per l'applicazione dell'amnistia o dell'indulto il giudice dell'esecuzione procede a norma dell'articolo 667 comma 4.

2. Quando, in conseguenza dell'applicazione dell'amnistia o dell'indulto, occorre applicare o modificare una misura di sicurezza a norma dell'articolo 210 del codice penale, il giudice dell'esecuzione dispone la trasmissione degli atti al magistrato di sorveglianza.

3. Il pubblico ministero che cura l'esecuzione della sentenza di condanna può disporre provvisoriamente la liberazione del condannato detenuto ovvero la cessazione delle sanzioni sostitutive e delle misure alternative prima che essa sia definitivamente ordinata con il provvedimento che applica l'amnistia o l'indulto.

4. L'amnistia e l'indulto devono essere applicati, qualora il condannato ne faccia richiesta, anche se è terminata l'esecuzione della pena.

5. L'amnistia e l'indulto condizionati hanno per effetto di sospendere l'esecuzione della sentenza o del decreto penale fino alla scadenza del termine stabilito nel decreto di concessione o, se non fu stabilito termine, fino alla scadenza del quarto mese dal giorno della pubblicazione del decreto. L'amnistia e l'indulto condizionati si applicano definitivamente se, alla scadenza del termine, è dimostrato l'adempimento delle condizioni o degli obblighi ai quali la concessione del beneficio è subordinata.

Il co. 1 è stato così sostituito dal d. lgs. 14.1.1991, n. 12.

• Il giudice dell'esecuzione (art. 665) per l'applicazione dell'**amnistia** (→ **Cost.**, art. 79; art. 151 c.p.) o dell'**indulto** (→ **Cost.**, art. 79; art. 174 c.p.) – che sono rispettivamente cause di estinzione del reato e della pena – procede a norma dell'art. 667 co. 4, dunque senza formalità con **ordinanza** (→ **Atti**, art. 125) comunicata al p.m. e notificata all'interessato. Si tratta di **un procedimento semplificato, c.d. "a contraddittorio differito"**, perché soltanto laddove le parti proporranno opposizione davanti allo stesso giudice, entro 15 giorni dalla comunicazione o notificazione del provvedimento, si attiverà l'ordinario procedimento *ex* art. 666.

• Quando, in conseguenza dell'applicazione dell'amnistia o dell'indulto, occorre applicare o modificare una misura di sicurezza (→ art. 210 c.p.), il giudice dell'esecuzione dispone la trasmissione degli atti al magistrato di sorveglianza (art. 677).

• Il p.m. che cura l'esecuzione della sentenza di condanna (art. 655) può disporre provvisoriamente la liberazione del condannato detenuto ovvero la cessazione delle pene sostitutive (→ art. 53 s. l. 24.11.1981, n. 689) e delle misure alternative (→ **Ord. penit.**, art. 47 s.: affidamento in prova al servizio sociale, detenzione domiciliare, semilibertà) prima che essa sia definitivamente ordinata con il provvedimento che applica l'amnistia o l'indulto. Qualora il condannato ne faccia richiesta, l'amnistia e l'indulto devono essere applicati anche se è terminata l'esecuzione della pena.

• **Cass., SU, 21.1.2010, n. 18288**, ha affermato che il mutamento di giurisprudenza, intervenuto con decisione delle SU, integrando un nuovo elemento di diritto, rende ammissibile la riproposizione, in sede esecutiva, della richiesta di applicazione dell'indulto in precedenza rigettata e non incontra la preclusione *ex* art. 666 co. 2, secondo cui è inammissibile la richiesta basata sui medesimi elementi di altra istanza già rigettata.

• Il co. 5 dispone che l'**amnistia** e **l'indulto condizionati** (→ artt. 151 co. 4 e 174 co. 3 c.p.) hanno per effetto di sospendere l'esecuzione della sentenza (→ **Giudizio**, art. 533 s.) o del decreto penale di condanna (→ **Procedimenti speciali**, art. 460) fino alla scadenza del termine stabilito nel decreto di concessione o, se non fu stabilito un termine, fino alla scadenza del 4° mese dal giorno della pubblicazione del decreto. Si applicano definitivamente se, alla scadenza del termine, è dimostrato l'adempimento delle condizioni o degli obblighi ai quali la concessione del beneficio è subordinata. A seguito della modifica dell'art. 79 **Cost.**, ad opera della l. cost. 6.3.1992, n. 1, il riferimento al decreto di concessione (da parte del Presidente della Repubblica) deve intendersi alla legge.

673. Revoca della sentenza per abolizione del reato.

1. Nel caso di abrogazione o di dichiarazione di illegittimità costituzionale della norma incriminatrice, il giudice dell'esecuzione revoca la sentenza di condanna o il decreto penale dichiarando che il fatto non è previsto dalla legge come reato e adotta i provvedimenti conseguenti.

2. Allo stesso modo provvede quando è stata emessa sentenza di proscioglimento o di non luogo a procedere per estinzione del reato o per mancanza di imputabilità.

• In caso di ***abolitio criminis*** (→ art. 2 co. 2 c.p.) o di declaratoria d'**illegittimità costituzionale della norma incriminatrice** (→ **Cost.**, art. 136; → art. 30 ult. co. l. 11.3.1953, n. 87), il giudice competente per l'esecuzione (art. 665) ha il potere di **revocare la sentenza di condanna** (→ **Giudizio**, art. 533 s.) o il decreto penale di condanna (→ **Procedimenti speciali**, art. 460), dichiarando che **il fatto non è previsto dalla legge come reato** con l'adozione dei provvedimenti conseguenti: il provvedimento di revoca è annotato nella sentenza di condanna (→ **Giudizio**, art. 533) a cura della cancelleria del giudice che l'ha emessa (→ **Disp. att.**, art. 193).

• **Cass., SU, 29.10.2015, n. 26259**, ha puntualizzato che il giudice dell'esecuzione può revocare la sentenza di condanna definitiva pronunciata dopo l'intervenuta abolizione della norma incriminatrice, nel caso in cui quest'ultima non sia stata rilevata dal giudice di cognizione; la revocabilità della sentenza va, invece, esclusa nella diversa ipotesi in cui, in assenza di interventi del legislatore, si verifichi un **mutamento dell'interpretazione giurisprudenziale** di una disposizione rimasta invariata, in quanto tale mutamento – anche se sancito dalle SU – non determina alcun effetto abrogativo della disposizione interpretata. In precedenza, su quest'ultimo punto, v. **Corte cost., 230 del 2012**.

• Il giudice dell'esecuzione provvede allo stesso modo previsto dal co. 1 quando è stata emessa sentenza di **proscioglimento** (→ **Giudizio**, art. 529 s.) o di **non luogo a procedere** (→ **Indagini e udienza preliminare**, art. 425) per **estinzione del reato** (→ art. 150 s. c.p.) o per **mancanza d'imputabilità** (→ art. 85 s. c.p.).

• All'abrogazione legislativa deve ritenersi equiparabile la **declaratoria d'incompatibilità** di una fattispecie criminosa con la **normativa dell'UE** ad opera della **Corte giust.**, la quale determina l'obbligo di disapplicare la normativa italiana in favore di quella eurounitaria (v., ad es., Corte giust., 29.4.2011, C-61/11, El Dridi).

• Altra situazione nella quale il giudice dell'esecuzione è legittimato ad intervenire è quella della **declaratoria di incostituzionalità** di **una norma che incida sulla determinazione della pena** (Corte edu, 17.9.2009, Scoppola c. Italia; Corte cost., 210 del 2013; Cass., SU, 24.10.2013, n. 18821; nonché Corte cost., 251 del 2012 e Cass., SU, 29.5.2014, n. 42858).

674. Revoca di altri provvedimenti.

1. La revoca della sospensione condizionale della pena, della grazia o dell'amnistia o dell'indulto condizionati e della non menzione della condanna nel certificato del casellario giudiziale è disposta dal giudice dell'esecuzione, qualora non sia stata disposta con la sentenza di condanna per altro reato.

1 *bis*. Il giudice dell'esecuzione provvede altresì alla revoca della sospensione condizionale

della pena quando rileva l'esistenza delle condizioni di cui al terzo comma dell'articolo 168 del codice penale.

Il co. 1 *bis* è stato aggiunto dalla l. 26.3.2001, n. 128.

• La **revoca** della **sospensione condizionale** della pena (→ art. 168 c.p.), della **grazia** (→ art. 174 co. 1 c.p.), dell'**amnistia** o dell'**indulto condizionati** (→ artt. 151 co. 4 e 174 co. 3 c.p.) e della **non menzione della condanna nel certificato del casellario giudiziale** (→ art. 175 co. 3 c.p.) è disposta dal **giudice dell'esecuzione** (art. 665), qualora non sia stata disposta con la sentenza di condanna (→ **Giudizio**, art. 533) per altro reato.

• Il giudice dell'esecuzione provvede altresì alla revoca della sospensione condizionale della pena quando rileva l'esistenza delle condizioni di cui all'art. 168 co. 3 c.p., vale a dire se è stata concessa in violazione dell'art. 164 co. 4 c.p. in presenza di cause ostative.

• Al riguardo, **Cass., SU, 23.4.2015, n. 37345**, ha precisato che il giudice dell'esecuzione può revocare il beneficio della sospensione condizionale della pena concesso in violazione dell'art. 164 co. 4 c.p. in presenza di cause ostative, a meno che tali cause non fossero documentalmente note al giudice della cognizione e, ai fini della necessaria verifica, deve acquisire il fascicolo del giudizio.

675. Falsità di documenti.

1. Se la falsità di un atto o di un documento, accertata a norma dell'articolo 537, non è stata dichiarata nel dispositivo della sentenza e non è stata proposta impugnazione per questo capo, ogni interessato può chiedere al giudice dell'esecuzione che la dichiari.

2. La cancellazione totale del documento, disposta dal giudice della cognizione o dell'esecuzione, è eseguita mediante annotazione della sentenza o dell'ordinanza a margine di ciascuna pagina del medesimo e attestazione di tale adempimento nel verbale, con la dichiarazione che il documento non può avere alcun effetto giuridico. Il documento rimane allegato al verbale e una copia di questo è rilasciata in sostituzione del documento stesso a chi lo possedeva o lo aveva in deposito, quando la copia è stata richiesta per un legittimo interesse.

3. Negli altri casi, il testo del documento, quale risulta in seguito alla cancellazione parziale o alla ripristinazione, rinnovazione o riforma, è inserito per intero nel verbale. Se il documento era in deposito pubblico, è restituito al depositario unitamente a una copia autentica del verbale a cui deve rimanere allegato. Se il documento era posseduto da un privato, la cancelleria lo conserva allegato al verbale e ne rilascia copia quando questa è richiesta per un legittimo interesse. Tale copia vale come originale per ogni effetto giuridico.

4. Per l'osservanza dei predetti adempimenti, il giudice o il presidente del collegio dà le disposizioni occorrenti nel relativo verbale.

• La **falsità** di **un atto** (→ **Libro II**) o di **un documento** (→ **Prove**, art. 234 s.), accertata con sentenza di condanna (→ **Giudizio**, art. 533) dal **giudice di primo grado** (→ art. 537), deve essere dichiarata nel **dispositivo della sentenza** (→ art. 546 lett. *f*); ove questo non sia avvenuto e non sia stata proposta impugnazione per questo capo (→ **Libro IX**), ogni interessato può chiedere al **giudice competente per l'esecuzione** (art. 665) che la dichiari.

• La **cancellazione** totale del documento (→ **Giudizio**, art. 537 co. 2), disposta dal giudice della cognizione o dell'esecuzione, è eseguita mediante **annotazione della sentenza o dell'ordinanza** (→ **Atti**, art. 125) **a margine di ciascuna pagina** del medesimo e attestazione di tale adempimento nel verbale (→ **Atti**, art. 134 s.), con la dichiarazione che il documento non può avere alcun effetto giuridico. Il documento rimane allegato al verbale e una **copia** di questo è rilasciata in sostituzione del documento stesso a chi lo possedeva o lo aveva in deposito, quando la copia è stata richiesta per un legittimo interesse (→ **Atti**, art. 116; → **Prove**, art. 258).

• Negli altri casi, il testo del documento, quale risulta in seguito alla cancellazione parziale o alla ripristinazione, rinnovazione o riforma, è inserito per intero nel verbale (→ **Atti**, art. 134 s.). Se il documento era in deposito pubblico, è restituito al depositario unitamente a una copia autentica del verbale a cui deve rimanere allegato; se il documento era nella disponibilità di un privato, la cancelleria lo conserva allegato al verbale e ne rilascia copia quando questa è richiesta per un legittimo interesse. Tale copia vale come originale per ogni effetto giuridico (→ **Atti**, art. 116; → **Prove**, art. 258).

• Per l'osservanza dei predetti adempimenti, il giudice o il presidente del collegio dà le necessarie disposizioni nel relativo **verbale** (→ **Atti**, art. 134 s.).

676. Altre competenze.

1. Il giudice dell'esecuzione è competente a decidere in ordine all'estinzione del reato dopo la condanna, all'estinzione della pena quando la stessa non consegue alla liberazione condizionale o all'affidamento in prova al servizio sociale, in ordine alle pene accessorie, alla confisca o alla restituzione delle cose sequestrate e all'applicazione della riduzione della pena prevista dall'articolo 442, comma 2 *bis*. In questi casi il giudice dell'esecuzione procede a norma dell'articolo 667 comma 4.

2. Qualora sorga controversia sulla proprietà delle cose confiscate, si applica la disposizione dell'articolo 263 comma 3.

3. Quando accerta l'estinzione del reato o della pena, il giudice dell'esecuzione la dichiara anche di ufficio adottando i provvedimenti conseguenti.

Il co. 1, dapprima sostituito dal d. lgs. 14.1.1991, n. 12, è stato successivamente modificato dalla l. 24.12.2007, n. 244, dal d.l. 16.9.2008, n. 143, conv., con modif., dalla l. 13.11.2008, n. 181 e, da ultimo, dal d. lgs. 10.10.2022, n. 150.

• **Corte cost.**, **109 del 2015**, ha dichiarato l'illegittimità costituzionale di questo articolo e degli artt. 666 co. 3 e 667 co. 4, nella parte in cui non consentono che, su istanza degli interessati, il procedimento di opposizione contro l'ordinanza in materia di applicazione della confisca si svolga, davanti al giudice dell'esecuzione, nelle forme dell'udienza pubblica. **Corte cost.**, **25 del 2018**, ha precisato come la confisca, limitatamente a quella obbligatoria, essendo strettamente connessa all'accertamento del reato commesso, non può che essere disposta dal giudice competente per l'esecuzione della sentenza e non già dal magistrato di sorveglianza.

• Il **giudice dell'esecuzione** (art. 665) – oltre alle attribuzioni previste espressamente dagli artt. 667-675 – è altresì competente a decidere in ordine all'**estinzione del reato** dopo la condanna (→ art. 151 s. c.p.), all'**estinzione della pena** (→ art. 171 s. c.p.) quando tale estinzione non consegue alla liberazione condizionale (→ art. 176 c.p.) o all'affidamento in prova al servizio sociale (→ art. 47 **Ord. penit.**), alle **pene accessorie** (→ artt. 19 e 28 s. c.p.), alla **confisca** (→ artt. 240 e 240 *bis* c.p.) o alla **restituzione delle cose sequestrate** (→ **Prove**, artt. 262-263) non ordinata nella sentenza irrevocabile (art. 648), nonché alla riduzione, prevista dall'art. 442 co. 2 *bis*, di 1/6 della pena inflitta a seguito di giudizio abbreviato (→ **Procedimenti speciali**, art. 438 s.) quando né l'imputato né il suo difensore hanno proposto impugnazione (→ **Libro IX**) contro la sentenza di condanna.

• La procedura in tutte le ipotesi ora ricordate è comune a quella prevista in caso di dubbio sull'identità fisica della persona detenuta (art. 667 co. 4), nel senso che il giudice provvede in ogni caso **senza formalità** con **ordinanza** (→ **Atti**, art. 125) comunicata al p.m. e notificata all'interessato. Il p.m., l'interessato o il difensore possono proporre opposizione contro tale ordinanza, davanti allo stesso giudice, entro 15 giorni dalla sua comunicazione o notificazione, secondo quanto previsto per il procedimento di esecuzione dall'art. 666. V. però **Corte cost.**, **109 del 2015**.

• In caso di **controversia sulla proprietà delle cose sequestrate**, il giudice deve rimetterne la risoluzione al **giudice civile del luogo** competente in primo grado, mantenendo nel frattempo il sequestro (→ **Prove**, art. 263 co. 3).

• Nonostante la rubrica "Altre competenze", nemmeno l'art. 676 esaurisce i poteri del giudice dell'esecuzione: al di là di quanto indicato negli artt. 667-676, dunque, il giudice è chiamato a decidere **tutte le questioni che l'esecuzione di un provvedimento comporta** (art. 665 co. 1): ad es., al giudice dell'esecuzione potrà essere chiesto di applicare l'effetto estensivo dell'impugnazione (→ **Libro IX**, art. 587), laddove non vi abbia provveduto il giudice dell'impugnazione.

Capo II
Magistratura di sorveglianza

677. Competenza per territorio.

1. La competenza a conoscere le materie attribuite alla magistratura di sorveglianza appartiene al tribunale o al magistrato di sorveglianza che hanno giurisdizione sull'istituto di prevenzione o di pena in cui si trova l'interessato all'atto della richiesta, della proposta o dell'inizio di ufficio del procedimento.

2. Quando l'interessato non è detenuto o internato, la competenza, se la legge non dispone diversamente, appartiene al tribunale o al magistrato di sorveglianza che ha giurisdizione sul luogo in cui l'interessato ha la residenza o il domicilio. Se la competenza non può essere determinata secondo il criterio sopra indicato, essa appartiene al tribunale o al magistrato di sorveglianza del luogo in cui fu pronunciata la sentenza di condanna, di proscioglimento o di non luogo a procedere, e, nel caso di più sentenze di condanna o di proscioglimento, al tribunale o al magistrato di sorveglianza del luogo in cui fu pronunciata la sentenza divenuta irrevocabile per ultima.

2 *bis*. Il condannato, non detenuto, ha l'obbligo, a pena di inammissibilità, di fare la dichiarazione o l'elezione di domicilio con la domanda con la quale chiede una misura alternativa alla detenzione o altro provvedimento attribuito dalla legge alla magistratura di sorveglianza. Il condannato, non detenuto, ha altresì l'obbligo di comunicare ogni mutamento del domicilio dichiarato o eletto. Si applicano, in quanto compatibili, le disposizioni previste dall'articolo 161.

Il co. 2 *bis* è stato aggiunto dal d.l. 18.10.2001, n. 374, conv., con modif., dalla l. 15.12.2001, n. 438.

• La **magistratura di sorveglianza** è composta dal **"magistrato di sorveglianza"**, istituito presso i tribunali indicati nella tabella A allegata all'ordinamento penitenziario e talora dotato di competenza per più circondari, e dal **"tribunale di sorveglianza"**, avente competenza distrettuale. In alcuni casi questi organi sono designati cumulativamente con la dizione **"giudice di sorveglianza"** (art. 659; → **Disp. att.**, art. 189).

• Il parametro per l'identificazione del **giudice di sorveglianza territorialmente competente** per le materie attribuite dall'ordinamento vigente (art. 678 s.) – vale a dire individualizzare il trattamento penitenziario e verificare l'adeguatezza della pena rispetto al **fine della rieducazione e risocializzazione del condannato** (→ **Cost.**, art. 27 co. 3) – è lo stato di detenzione o internamento dell'interessato. In questo caso, la competenza appartiene al tribunale o al magistrato di sorveglianza che ha **giurisdizione sull'istituto di prevenzione o pena** in cui si trova all'atto della richiesta, della proposta o dell'inizio d'ufficio del procedimento (→ **Ord. penit.**, art. 69 s.). In deroga a tale regola generale, nei confronti dei **collaboratori di giustizia** ammessi a speciale programma di protezione la competenza appartiene al magistrato o al tribunale di sorveglianza del **luogo in cui la persona ha il domicilio** (art. 13 *ter* d.l. 15.1.1991, n. 8, conv., con modif., dalla l. 15.3.1991, n. 82).

• Se, invece, l'interessato non è detenuto o internato, la competenza appartiene al tribunale o al magistrato di sorveglianza che ha giurisdizione sul **luogo in cui l'interessato ha la residenza o il domicilio** (→ art. 43 c.c.), ove la legge non disponga diversamente. Qualora la competenza non possa essere determinata secondo tale criterio (non essendo conosciuti i luoghi di residenza o domicilio), essa appartiene al tribunale o al magistrato di sorveglianza del **luogo in cui fu pronunciata la sentenza di condanna o di proscioglimento** (→ **Giudizio**, artt. 533 e 529 s.) **ovvero di non luogo a procedere** (→ **Indagini e udienza preliminare**, art. 425), e, nel caso di più sentenze di condanna o di proscioglimento, al tribunale o al magistrato di sorveglianza del **luogo in cui fu pronunciata la sentenza divenuta irrevocabile** (art. 648) **per ultima**.

• A pena d'inammissibilità, il condannato non detenuto ha l'obbligo di fare **la dichiarazione o l'elezione di domicilio** con la domanda con la quale chiede un qualsiasi provvedimento attribuito dalla legge alla magistratura di sorveglianza (ad es., una misura alternativa alla detenzione), nonché l'obbligo di comunicare ogni successivo mutamento del domicilio dichiarato o eletto; in quanto compatibili, trovano applicazione le disposizioni di cui all'art. 161 ai fini delle notificazioni (→ **Atti**, art. 148 s.). La prescrizione è stata introdotta dal d.l. 374 del 2001, conv., con modif., dalla l. 438 del 2001, in tema di prevenzione e repressione del terrorismo internazionale, allo scopo di agevolare il radicamento della competenza territoriale in capo agli organi della magistratura di sorveglianza.

678. Procedimento di sorveglianza.

1. Il magistrato di sorveglianza, nelle materie attinenti alle misure di sicurezza e alla dichiarazione di abitualità o professionalità nel reato o di tendenza a delinquere, e il tribunale di sorveglianza, nelle materie di sua competenza, se non diversamente previsto, procedono, a richiesta del pubblico ministero, dell'interessato, del difensore o di ufficio, a norma dell'articolo 666. Quando vi è motivo di dubitare dell'identità fisica di una persona, procedono comunque a norma dell'articolo 667, comma 4.

1 *bis*. Il magistrato di sorveglianza, nelle materie attinenti alla rateizzazione e alla conversione delle pene pecuniarie, alla remissione del debito e alla esecuzione delle pene sostitutive della semilibertà e della detenzione domiciliare e delle pene conseguenti alla conversione della pena pecuniaria, e il tribunale di sorveglianza, nelle materie relative alle richieste di riabilitazione, alla valutazione sull'esito dell'affidamento in prova, anche in casi particolari, alla dichiarazione di estinzione del reato conseguente alla liberazione condizionale e al differimento dell'esecuzione della pena nei casi previsti dal primo comma, numeri 1) e 2), dell'articolo 146 del codice penale, procedono a norma dell'articolo 667, comma 4.

1 *ter*. Quando la pena da espiare non è superiore a un anno e sei mesi, per la decisione sulle istanze di cui all'articolo 656, comma 5, il presidente del tribunale di sorveglianza, acquisiti i documenti e le necessarie informazioni, designa il magistrato relatore e fissa un termine entro il quale questi, con ordinanza adottata senza formalità, può applicare in via provvisoria una delle misure menzionate nell'articolo 656, comma 5. L'ordinanza di applicazione provvisoria della misura è comunicata al pubblico ministero e notificata all'interessato e al difensore, i quali possono proporre opposizione al tribunale di sorveglianza entro il termine di dieci giorni. Il tribunale di sorveglianza, decorso il termine per l'opposizione, conferma senza formalità la decisione del magistrato. Quando non è stata emessa o confermata l'ordinanza provvisoria, o è stata proposta opposizione, il tribunale di sorveglianza procede a norma del comma 1. Durante il termine per l'opposizione e fino alla decisione sulla stessa, l'esecuzione dell'ordinanza è sospesa.

2. Quando si procede nei confronti di persona sottoposta a osservazione scientifica della personalità, il giudice acquisisce la relativa documentazione e si avvale, se occorre, della consulenza dei tecnici del trattamento.

3. Le funzioni di pubblico ministero sono esercitate, davanti al tribunale di sorveglianza, dal procuratore generale presso la corte di appello e, davanti al magistrato di sorveglianza, dal procuratore della Repubblica presso il tribunale della sede dell'ufficio di sorveglianza.

3.1. Quando ne fa richiesta l'interessato l'udienza si svolge in forma pubblica. Si osservano, in quanto compatibili, le disposizioni degli articoli 471 e 472.

3.2. L'avviso di fissazione dell'udienza, notificato all'interessato, contiene, a pena di nullità, l'avvertimento della facoltà di parteciparvi personalmente. Se l'interessato detenuto o internato ne fa richiesta, il giudice dispone la traduzione. Si applicano in ogni caso le forme e le modalità di partecipazione a distanza nei procedimenti in camera di consiglio previste dalla legge. La partecipazione all'udienza avviene a distanza anche quando l'interessato, detenuto o internato, ne fa richiesta ovvero quando lo stesso è detenuto o internato in un luogo posto fuori dalla circoscrizione del giudice. Ove lo ritenga opportuno, il giudice dispone la traduzione dell'interessato.

3 *bis*. Il tribunale di sorveglianza e il magistrato di sorveglianza, nelle materie di rispettiva competenza, quando provvedono su richieste di provvedimenti incidenti sulla libertà personale di condannati da Tribunali o Corti penali internazionali, danno immediata comunicazione della data dell'udienza e della pertinente documentazione al Ministro della giustizia, che tempestivamente ne informa il Ministro degli affari esteri e, qualora previsto da accordi internazionali, l'organismo che ha pronunciato la condanna.

I co. 1 è stato così sostituito dal d. lgs. 2.10.2018, n. 123. Il co. 1 *bis*, già sostituito dal d. lgs. 2.10.2018, n. 123, è stato così da ultimo modificato dal d. lgs. 10.10.2022, n. 150. I co. 1 *ter*, 3.1 e 3.2 sono stati inseriti dal d. lgs. 2.10.2018, n. 123. Il co. 3 *bis* è stato aggiunto dal d.l. 26.6.2014, n. 92, conv., con modif., dalla l. 11.8.2014, n. 117.

• **Corte cost.**, **135 del 2014**, ha dichiarato l'illegittimità costituzionale del co. 1 e degli artt. 666 co. 3 e 679 co. 1, nella parte in cui non consentono che, su istanza degli interessati, il procedimento per l'applicazione delle misure di sicurezza si svolga, davanti al magistrato di sorveglianza e al tribunale di sorveglianza, nelle forme dell'**udienza pubblica**. **Corte cost.**, **97 del 2015**, ha dichiarato l'illegittimità costituzionale del co. 1 di questo articolo e dell'art. 666 co. 3, nella parte in cui non consentono che, su istanza degli interessati, il procedimento davanti al tribunale di sorveglianza, nelle materie di sua competenza, si svolga nelle forme dell'udienza pubblica.

• Il **magistrato di sorveglianza**, nelle materie attinenti alle **misure di sicurezza** (→ art. 199 s. c.p.) e alla **dichiarazione** di **abitualità o professionalità nel reato** o di **tendenza a delinquere** (→ art. 102 s. c.p.) e il **tribunale di sorveglianza**, nelle **materie di sua competenza**, di regola procedono, a richiesta del p.m., dell'interessato, del difensore o d'ufficio, nelle **forme previste per il procedimento giurisdizionale di esecuzione** (art. 666). V., però, le pronunce della Corte cost. sopra richiamate.

• Qualora vi sia motivo di **dubitare dell'identità fisica di una persona**, il giudice di sorveglianza non adotta il procedimento di esecuzione *ex* art. 666 (che salvaguarda il contraddittorio), ma procede a norma dell'art. 667 co. 4, cioè ***de plano***.

• Il giudice di sorveglianza procede *ex* art. 667 co. 4 **anche in altre situazioni**: in particolare, il **magistrato di sorveglianza** nelle materie attinenti alla **rateizzazione** (→ art. 133 *ter* c.p.; art. 660 co. 3) e alla **conversione delle pene pecuniarie** (→ art. 136 c.p.; art. 660 co. 2), alla **remissione del debito** (→ **T.U. spese**, art. 6) e all'**esecuzione delle pene sostitutive** (→ art. 20 *bis* c.p.) **della semilibertà** (→ art. 55 l. 24.11.1981, n. 689) e della **detenzione domiciliare** (→ art. 56 l. 689 del 1981) e delle **pene conseguenti alla conversione della pena pecuniaria**; il **tribunale di sorveglianza** nelle materie relative alle richieste di **riabilitazione** (→ art. 178 c.p.; art. 683) ed alla valutazione sull'esito dell'**affidamento in prova al servizio sociale anche in casi particolari** (→ **Ord. penit.**, art. 47), alla dichiarazione di estinzione del reato conseguente alla **liberazione condizionale** (→ art. 176 c.p.) e al differimento dell'esecuzione della pena nei casi previsti dall'art. 146 co. 1 n. 1 e 2 c.p.

• Quando la pena da espiare non è superiore a 1 anno e 6 mesi, per la decisione sulle istanze di sospensione dell'esecuzione (art. 656 co. 5), il **presidente del tribunale di sorveglianza**, acquisiti i documenti (→ **Prove**, art. 234 s.) e le necessarie informazioni, designa il **magistrato relatore** e fissa un termine entro il quale questi può applicare **in via provvisoria** una delle misure menzionate nell'art. 656 co. 5 con **ordinanza** adottata senza formalità. Tale ordinanza è comunicata al pubblico ministero e notificata all'interessato e al difensore (→ **Soggetti**, art. 96 s.), i quali possono proporre **opposizione** al **tribunale di sorveglianza** (art. 677) entro il termine di 10 giorni. Decorso il termine per l'opposizione, il tribunale di sorveglianza conferma senza formalità la decisione del magistrato. Quando non è stata emessa o confermata l'ordinanza provvisoria, o è stata proposta opposizione, il tribunale di sorveglianza procede a norma del co. 1. Durante il termine per l'opposizione e fino alla decisione sulla stessa, l'**esecuzione dell'ordinanza è sospesa**.

• Quando si procede nei confronti di persona sottoposta a osservazione scientifica della personalità (→ **Ord. penit.**, art. 13), il giudice acquisisce la relativa documentazione e si avvale, se occorre, della consulenza dei tecnici del trattamento.

• Le funzioni di p.m. sono esercitate, davanti al magistrato di sorveglianza, dal **procuratore della Repubblica presso** il **tribunale** in cui ha sede l'ufficio di sorveglianza e, davanti al tribunale di sorveglianza, dal **P.G. presso la corte d'appello** (art. 677). Il dispositivo dei provvedimenti esecutivi del giudice di sorveglianza che incidono sulla durata della pena, o sulla data in cui la stessa deve avere inizio o termine, è comunicato senza ritardo, a cura della cancelleria presso il giudice medesimo, al p.m. competente per l'esecuzione della sentenza di condanna; le medesime disposizioni si applicano ai provvedimenti esecutivi del giudice di sorveglianza concernenti le misure di sicurezza (→ **Disp. att.**, art. 189).

• Quando ne fa richiesta l'interessato, l'**udienza** si svolge **in forma pubblica**, osservando, in quanto applicabili, le disposizioni degli artt. 471 e 472 (→ **Giudizio**). L'avviso di fissazione dell'udienza, notificato all'interessato (→ **Atti**, art. 148 s.), contiene, a pena di nullità (→ **Atti**, art. 177 s.), l'avvertimento della facoltà di parteciparvi **personalmente**. Se l'interessato detenuto o internato ne fa richiesta (→ art. 123), il giudice dispone la **traduzione**. Si applicano in ogni caso le forme e le modalità di **partecipazione a distanza** nei procedimenti in camera di consiglio previste dalla legge (→ **Disp. att.**, artt. 45 *bis* e 146 *bis*). La partecipazione all'udienza avviene a distanza anche quando l'interessato, detenuto o internato, ne fa richiesta (→ **Atti**, art. 123) ovvero quando lo stesso è detenuto o internato in un luogo posto fuori dalla circoscrizione del giudice. Qualora lo ritenga opportuno, il giudice dispone la traduzione dell'interessato.

• Il tribunale di sorveglianza e il magistrato di sorveglianza, nelle materie di rispettiva competenza, quando provvedono su richieste di provvedimenti incidenti sulla libertà personale di condannati da **Tribunali o Corti penali internazionali**, danno immediata comunicazione della data dell'udienza e della pertinente documentazione al **Ministro della giustizia**, che tempestivamente ne informa il **Ministro degli affari esteri** e, qualora previsto da accordi internazionali, **l'organismo che ha pronunciato la condanna**.

679. Misure di sicurezza.

1. Quando una misura di sicurezza diversa dalla confisca è stata, fuori dei casi previsti dall'articolo 312, ordinata con sentenza, o deve essere ordinata successivamente, il magistrato di sorveglianza, su richiesta del pubblico ministero o di ufficio, accerta se l'interessato è persona socialmente pericolosa e adotta i provvedimenti conseguenti, premessa, ove occorra, la dichiarazione di abitualità o professionalità nel reato. Provvede altresì, su richiesta del pubblico ministero, dell'interessato, del suo difensore o di ufficio, su ogni questione relativa nonché sulla revoca della dichiarazione di tendenza a delinquere.

2. Il magistrato di sorveglianza sovraintende alla esecuzione delle misure di sicurezza personali.

• **Corte cost., 135 del 2014**, ha dichiarato l'illegittimità costituzionale del co. 1 e degli artt. 666 co. 3 e 678 co. 1, nella parte in cui non consentono che, su istanza degli interessati, il procedimento per l'applicazione delle misure di sicurezza si svolga, davanti al magistrato di sorveglianza e al tribunale di sorveglianza, nelle forme dell'**udienza pubblica**.

• Fuori dei casi di applicazione provvisoria *ex* art. 312 (→ **Misure cautelari**), quando una **misura di sicurezza** (→ art. 199 s. c.p.) diversa dalla confisca (→ artt. 240 e 240 *bis* c.p.) è stata ordinata con sentenza (→ **Giudizio**, artt. 530 co. 4, e 533; → art. 205 co. 1 c.p.), ovvero deve essere ordinata successivamente (art. 658; → art. 205 co. 2 c.p.), il **magistrato di sorveglianza**, su richiesta del p.m. (artt. 658 e 659 co. 2) o d'ufficio, accerta se l'interessato è **persona socialmente pericolosa** (→ art. 203 c.p.; → **Misure cautelari**, art. 313) e adotta i provvedimenti conseguenti (→ **Disp. att.**, artt. 189-191), premessa, ove occorra, la dichiarazione di abitualità o professionalità nel reato (→ art. 102 s. c.p.). Provvede inoltre, a richiesta del p.m., dell'interessato, del suo difensore o d'ufficio, su ogni questione relativa (art. 672 co. 2), nonché sulla revoca della dichiarazione di tendenza a delinquere (→ art. 108 c.p.).

• Il magistrato di sorveglianza sovraintende altresì all'esecuzione delle misure di sicurezza personali (→ artt. 211 e 215 s. c.p.).

680. Impugnazione di provvedimenti relativi alle misure di sicurezza.

1. Contro i provvedimenti del magistrato di sorveglianza concernenti le misure di sicurezza e la dichiarazione di abitualità o professionalità nel reato o di tendenza a delinquere, possono proporre appello al tribunale di sorveglianza il pubblico ministero, l'interessato e il difensore.

2. Fuori dei casi previsti dall'articolo 579 commi 1 e 3, il tribunale di sorveglianza giudica anche sulle impugnazioni contro sentenze di condanna o di proscioglimento concernenti le disposizioni che riguardano le misure di sicurezza.

3. Si osservano le disposizioni generali sulle impugnazioni, ma l'appello non ha effetto sospensivo, salvo che il tribunale disponga altrimenti.

Il co. 2 è stato così modificato dalla l. 16.12.1999, n. 479.

• Il **procedimento di sorveglianza** – richiamando le forme del procedimento di esecuzione (art. 678 co. 1) – si conclude con un'**ordinanza ricorribile per cassazione** (art. 666 co. 6). Contro i provvedimenti del magistrato di sorveglianza concernenti le misure di sicurezza (→ artt. 199 s. c.p.; art. 679) e la dichiarazione di abitualità o professionalità nel reato o di tendenza a delinquere (→ artt. 102 s. c.p., art. 105 c.p., art. 108 c.p.; artt. 678-679), il p.m. (art. 678 co. 3), l'interessato e il difensore possono però proporre **appello** (→ **Impugnazioni**, art. 593) al **tribunale di sorveglianza** (art. 677).

• Il tribunale di sorveglianza (art. 677) giudica anche sulle impugnazioni (→ **Libro IX**) contro sentenze di condanna (→ **Giudizio**, art. 533 s.) o di proscioglimento (→ art. 529 s.) concernenti le disposizioni che riguardano le misure di sicurezza (→ art. 199 s. c.p.), che non siano state impugnate congiuntamente ai capi penali (→ **Impugnazioni**, art. 579 co. 2).

• Si osservano le disposizioni generali sulle impugnazioni (→ **Libro IX**, art. 568 s.), ma l'appello (→ art. 593) **non ha effetto sospensivo**, salvo diversa statuizione del tribunale di sorveglianza (→ art. 588).

681. Provvedimenti relativi alla grazia.

1. La domanda di grazia, diretta al presidente della Repubblica, è sottoscritta dal condannato o da un suo prossimo congiunto o dal convivente o dal tutore o dal curatore ovvero da un avvocato ed è presentata al Ministro della giustizia.

2. Se il condannato è detenuto, o internato, la domanda può essere presentata al magistrato di sorveglianza, il quale, acquisiti tutti gli elementi di giudizio utili e le osservazioni del procuratore generale presso la corte di appello del distretto ove ha sede il giudice indicato nell'articolo 665, la trasmette al Ministro con il proprio parere motivato. Se il condannato non è detenuto o internato, la domanda può essere presentata al predetto procuratore generale, il quale, acquisite le opportune informazioni, la trasmette al Ministro con le proprie osservazioni.

3. La proposta di grazia è sottoscritta dal presidente del consiglio di disciplina ed è presentata al magistrato di sorveglianza, che procede a norma del comma 2.

4. La grazia può essere concessa anche in assenza di domanda o proposta. Emesso il decreto di grazia, il pubblico ministero presso il giudice indicato nell'articolo 665 ne cura la esecuzione ordinando, quando è il caso, la liberazione del condannato e adottando i provvedimenti conseguenti.

5. In caso di grazia sottoposta a condizioni, si provvede a norma dell'articolo 672 comma 5.

• La grazia è una **causa di estinzione della pena** (→ art. 174 c.p.): condona in tutto o in parte la pena inflitta o la commuta in un'altra specie di pena stabilita dalla legge, ma non estingue le pene accessorie, salvo che il decreto disponga diversamente, e neppure gli altri effetti penali della condanna. La **domanda di grazia**, diretta al **Presidente della Repubblica** (→ **Cost.**, art. 87 co. 11), deve essere sottoscritta (→ **Atti**, art. 111) dal condannato, da un suo prossimo congiunto (→ art. 307 co. 4 c.p.), dal convivente, dal tutore, dal curatore (→ artt. 346, 392 e 424 c.c.) ovvero da un avvocato ed è presentata al **Ministro della giustizia**.

• Se il condannato è detenuto o internato, la domanda può essere presentata al **magistrato di sorveglianza** competente per territorio (→ art. 677), il quale, acquisiti tutti gli elementi di giudizio utili e le osservazioni del P.G. presso la corte d'appello del distretto ove ha sede il giudice competente per l'esecuzione (art. 665), la trasmette al Ministro con il proprio parere motivato (→ **Ord. penit.**, 69 co. 5). Se il condannato non è detenuto o internato, la domanda può essere presentata direttamente al predetto P.G., il quale, acquisite le opportune informazioni, la trasmette al Ministro con le proprie osservazioni.

• La **proposta di grazia** è invece sottoscritta dal presidente del consiglio di disciplina (→ **Ord. penit.**, art. 40 co. 2) ed è presentata al **magistrato di sorveglianza**, il quale procede nello stesso modo previsto in caso di domanda di grazia (→ **Ord. penit.**, 69 co. 5).

• La grazia può essere comunque concessa anche **in assenza di domanda o proposta**. Emesso il decreto di grazia, il p.m. presso il giudice competente per l'esecuzione (art. 665) ne cura l'esecuzione, ordinando, quando è il caso, la liberazione del condannato e adottando i provvedimenti conseguenti (→ art. 210 co. 3 c.p.). Il decreto di grazia deve essere annotato sull'originale della sentenza o del decreto di condanna (→ **Disp. att.**, art. 192).

• In caso di grazia sottoposta a **condizioni**, trova applicazione la disciplina prevista per l'amnistia e l'indulto condizionati (art. 672 co. 5): l'**esecuzione è sospesa** fino all'adempimento delle condizioni.

682. Liberazione condizionale.

1. Il tribunale di sorveglianza decide sulla concessione e sulla revoca della liberazione condizionale.

2. Se la liberazione non è concessa per difetto del requisito del ravvedimento, la richiesta non può essere riproposta prima che siano decorsi sei mesi dal giorno in cui è divenuto irrevocabile il provvedimento di rigetto.

• La **liberazione condizionale** è una **causa di estinzione della pena** (→ art. 176 c.p.), che può essere concessa al condannato a pena detentiva che, durante il tempo di esecuzione della pena, abbia tenuto un comportamento tale da far ritenere sicuro il suo **ravvedimento**, sempre che abbia scontato almeno 30 mesi e comunque **almeno metà della pena** inflittagli, qualora il rimanente della pena non superi i 5 anni. Se si tratta di recidivo nei casi previsti dai capoversi dell'art. 99 c.p., il condannato, per essere ammesso alla liberazione condizionale, deve avere scontato almeno 4 anni di pena e non meno di 3/4 della pena inflittagli. Il condannato all'ergastolo, infine, può essere ammesso alla liberazione condizionale quando abbia scontato almeno 26 anni di pena. La concessione della liberazione è subordinata all'**adempimento delle obbligazioni civili** derivanti dal reato, a meno che il condannato dimostri di trovarsi nell'impossibilità di adempierle (identica previsione vale per l'istituto della riabilitazione: → art. 179 ult. co. c.p.).

• Sulla **concessione** e sulla **revoca** della liberazione condizionale decide il **tribunale di sorveglianza** competente per territorio (art. 677). Se concede la liberazione, dichiara l'estinzione del reato (→ **Disp. coord.**, art. 236 co. 1); se invece respinge la richiesta di liberazione, il provvedimento è comunicato, a cura della cancelleria, al direttore dell'istituto di pena presso il quale il condannato è ristretto, affinché ne sia presa nota nella cartella biografica (→ **Reg. es.**, art. 32).

• Qualora la liberazione non sia concessa per **difetto del requisito del ravvedimento**, la richiesta non potrà essere riproposta prima che siano decorsi 6 mesi dal giorno in cui è divenuto irrevocabile (art. 648) il provvedimento di rigetto. Quest'ultima previsione è sostanzialmente speculare a quella contenuta nell'art. 683 co. 3, secondo la quale, se la riabilitazione non è concessa per difetto del requisito della buona condotta, la richiesta non può essere riproposta prima che siano decorsi 2 anni dal giorno in cui è divenuto irrevocabile (art. 648) il provvedimento di rigetto.

• Per la liberazione condizionale dei **minorenni**, v. artt. 21-22 r.d.l. 20.7.1934, n. 1404.

683. Riabilitazione.

1. Il tribunale di sorveglianza, su richiesta dell'interessato, decide sulla riabilitazione, anche se relativa a condanne pronunciate da giudici speciali, quando la legge non dispone altrimenti, e sull'estinzione della pena accessoria nel caso di cui all'articolo 179, settimo comma, del codice penale. Decide altresì sulla revoca della riabilitazione, qualora essa non sia stata disposta con la sentenza di condanna per altro reato.

2. Nella richiesta sono indicati gli elementi dai quali può desumersi la sussistenza delle condizioni previste dall'articolo 179 del codice penale. Il tribunale acquisisce la documentazione necessaria.
3. Se la richiesta è respinta per difetto del requisito della buona condotta, essa non può essere riproposta prima che siano decorsi due anni dal giorno in cui è divenuto irrevocabile il provvedimento di rigetto.

Il co. 1 è stato così modificato dalla l. 9.1.2019, n. 3.

• La **riabilitazione** è una **causa di estinzione della pena**: estingue le pene accessorie ed ogni altro effetto penale della condanna, a meno che la legge non disponga altrimenti (→ art. 178 c.p.). Si può applicare anche nel caso di sentenze straniere di condanna, riconosciute a norma dell'art. 12 c.p. (→ art. 181 c.p.).

• Sulla riabilitazione decide, su richiesta dell'interessato, il **tribunale di sorveglianza** competente per territorio (art. 677), anche in relazione a condanne pronunciate da giudici speciali (Corte costituzionale e tribunali militari), quando la legge non disponga altrimenti. La l. 3 del 2019 (c.d. "legge spazzacorrotti") ha previsto che il tribunale di sorveglianza debba decidere altresì sull'**estinzione della pena accessoria** *ex* art. 179 co. 7 c.p., inserito dalla medesima legge. Tale disposizione prevede che la riabilitazione concessa a norma dei commi precedenti non produce effetti sulle pene accessorie perpetue. Peraltro, decorso un termine non inferiore a 7 anni dalla riabilitazione, la pena accessoria perpetua è dichiarata estinta, quando il condannato abbia dato prove effettive e costanti di buona condotta.

• Nella richiesta di riabilitazione occorre indicare gli elementi dai quali può desumersi la sussistenza delle condizioni previste dall'art. 179 c.p. per la concessione della misura. Il tribunale acquisisce la documentazione necessaria per la decisione. La riabilitazione è concessa quando siano decorsi almeno 3 anni dal giorno in cui la pena principale sia stata eseguita o si sia in altro modo estinta e il condannato abbia dato prove effettive e costanti di **buona condotta**. Il termine è, invece, di almeno 8 anni se si tratta di recidivi, nei casi previsti dai capoversi dell'art. 99 c.p., e di 10 anni se si tratta di delinquenti abituali, professionali o per tendenza (→ art. 102 s. c.p.) e decorre dal giorno in cui è stato revocato l'ordine di assegnazione ad una colonia agricola o ad una casa di lavoro. La riabilitazione non può essere concessa quando il condannato: *a*) sia stato sottoposto a misura di sicurezza, tranne che si tratti di espulsione dello straniero dallo Stato ovvero di confisca e il provvedimento non sia stato revocato; *b*) non abbia adempiuto alle obbligazioni civili derivanti dal reato, a meno che dimostri di trovarsi nell'impossibilità di adempierle (analogamente a quanto previsto per la liberazione condizionale *ex* art. 176 c.p.).

• Laddove la richiesta sia stata respinta per **difetto del requisito della buona condotta** – di cui il condannato deve dare prove effettive e costanti *ex* art. 179 co. 1 c.p. –, essa non può essere riproposta prima che siano decorsi 2 anni dal giorno in cui è divenuto irrevocabile (art. 648) il provvedimento di rigetto. Quest'ultima previsione è sostanzialmente speculare a quella contenuta nell'art. 682 co. 2, secondo la quale, se la liberazione condizionale non è concessa per difetto del requisito del ravvedimento, la richiesta non può essere riproposta prima che siano decorsi 6 mesi dal giorno in cui è divenuto irrevocabile (art. 648) il provvedimento di rigetto.

• Il provvedimento che concede la riabilitazione, divenuto irrevocabile (art. 648), deve essere annotato nella sentenza di condanna a cura della cancelleria del giudice che l'ha emessa (→ **Disp. att.**, art. 193).

• Il tribunale di sorveglianza è competente a decidere non solo sulla concessione della riabilitazione, ma anche sulla **revoca** del beneficio (→ 180 c.p.), qualora essa non sia stata disposta con la sentenza di condanna (→ **Giudizio**, art. 533) per altro reato. La sentenza di riabilitazione è revocata di diritto se la persona riabilitata commette entro 7 anni un delitto non colposo, per il quale sia inflitta la pena della reclusione per un tempo non inferiore a 2 anni od un'altra pena più grave.

• La cancelleria del giudice che emette i provvedimenti di riabilitazione o di revoca deve trasmettere l'estratto per l'annotazione alla cancelleria del giudice che ha emesso la sentenza di condanna (→ **Reg. es.**, art. 33).

• Per la **riabilitazione militare**, v. art. 72 c.p.m.p.; per la riabilitazione dei **minori**, v. art. 24 r.d.l. 20.7.1934, n. 1404.

684. Rinvio dell'esecuzione.

1. Il tribunale di sorveglianza provvede in ordine al differimento dell'esecuzione delle pene detentive e delle sanzioni sostitutive della semidetenzione e della libertà controllata nei casi previsti dagli articoli 146 e 147 del codice penale, salvo quello previsto dall'articolo 147 comma 1 numero 1) del codice penale, nel quale provvede il Ministro della giustizia. Il tribunale ordina, quando occorre, la liberazione del detenuto e adotta gli altri provvedimenti conseguenti.

2. Quando vi è fondato motivo per ritenere che sussistono i presupposti perché il tribunale disponga il rinvio, il magistrato di sorveglianza può ordinare il differimento dell'esecuzione, o, se la protrazione della detenzione può cagionare grave pregiudizio al condannato, la liberazione del detenuto. Il provvedimento conserva effetto fino alla decisione del tribunale, al quale il magistrato di sorveglianza trasmette immediatamente gli atti.

• **Corte cost.**, **274 del 1990**, ha dichiarato l'illegittimità costituzionale del co. 1 di questo articolo, nella parte in cui attribuisce al Ministro della giustizia e non al tribunale di sorveglianza la competenza a provvedere sull'istanza di differimento dell'esecuzione della pena proposta ai sensi dell'art. 147 co. 1 n. 1 c.p., ovvero in caso di presentazione della domanda di grazia.

• Il **tribunale di sorveglianza** competente per territorio (art. 677) provvede in ordine al **rinvio** obbligatorio o facoltativo dell'**esecuzione** delle **pene detentive** (→ art. 18 c.p.) e delle **pene sostitutive** (→ art. 20 *bis* c.p.) della semilibertà (→ art. 55 l. 24.11.1981, n. 689) e della detenzione domiciliare (→ art. 56 l. 689 del 1981), che hanno preso il posto della semidetenzione e della libertà controllata, secondo quanto rispettivamente previsto dagli artt. 146 e 147 c.p. In particolare, il rinvio dell'esecuzione è **obbligatorio** se l'esecuzione deve aver luogo nei confronti di una donna incinta; di madre di infante di età inferiore ad 1 anno; di persona affetta da AIDS conclamata o da grave deficienza immunitaria accertata *ex* art. 286 *bis* co. 2 (→ **Misure cautelari**) o da malattia particolarmente grave, per effetto della quale le sue condizioni risultano incompatibili con lo stato di detenzione, quando la persona si trova in una fase della malattia così avanzata da non rispondere più, secondo le certificazioni del servizio sanitario penitenziario, ai trattamenti disponibili e alle terapie curative (→ art. 146 c.p.). Il rinvio dell'esecuzione è, invece, **facoltativo** se l'esecuzione di una pena restrittiva deve aver luogo nei confronti di persona in stato di grave infermità fisica o di madre di prole di età inferiore a 3 anni; a seguito di Corte cost., 274 del 1990, la decisione sull'istanza di differimento facoltativo dell'esecuzione della pena compete al tribunale di sorveglianza (e non più al Ministro della giustizia, come era originariamente previsto) anche laddove sia stata presentata **domanda di grazia** (→ art. 174 c.p.; nonché art. 674): il giudice delle leggi ha ritenuto sempre indispensabile il vaglio giurisdizionale, trattandosi di situazioni che incidono sulla libertà personale (→ **Cost.**, art. 13). In quest'ultimo caso, il rinvio non può essere disposto per un periodo superiore complessivamente a 6 mesi, decorrenti dal giorno in cui la sentenza è divenuta irrevocabile (art. 648). Il provvedimento di rinvio facoltativo non può comunque essere disposto (e, se adottato, deve essere revocato) se sussiste il concreto pericolo della commissione di delitti (→ art. 147 c.p.).

• Il **procedimento** è quello **camerale** *ex* art. 678 (art. 666; nonché → **Atti**, art. 127) e implica che il tribunale possa ordinare la liberazione del detenuto e adottare gli altri provvedimenti conseguenti.

• Se è vero che la procedura di differimento dell'esecuzione della pena è stata attribuita al tribunale di sorveglianza, il conseguente allungamento dei tempi di decisione ha indotto il legislatore a prevedere che il **magistrato di sorveglianza** possa decidere **in via provvisoria** il **rinvio dell'esecuzione** laddove ritenga che sussistano i presupposti del differimento ovvero possa disporre la **liberazione del detenuto** qualora ritenga che la protrazione della detenzione comporti un grave pregiudizio al condannato. Tale provvedimento ha carattere interinale, conservando effetto fino a quando venga emesso il provvedimento definitivo del tribunale di sorveglianza, al quale il magistrato di sorveglianza è tenuto a trasmettere immediatamente gli atti.

Titolo IV
CASELLARIO GIUDIZIALE

685. Uffici del casellario giudiziale.

[Soppresso.]

Articolo abrogato dal d.P.R. 14.11.2002, n. 313. V. ora gli artt. 15-20 d.P.R. 313 del 2002.

686. Iscrizioni nel casellario giudiziale.

[Soppresso.]

Articolo abrogato dal d.P.R. 14.11.2002, n. 313. V. ora gli artt. 3, 4, 5 *bis*, 5 *ter* d.P.R. 313 del 2002.

687. Eliminazione delle iscrizioni.

[Soppresso.]

Articolo abrogato dal d.P.R. 14.11.2002, n. 313. V. ora gli artt. 5 e 5 *quater* d.P.R. 313 del 2002.

688. Certificati del casellario giudiziale.

[Soppresso.]

Articolo abrogato dal d.P.R. 14.11.2002, n. 313. V. ora gli artt. 21, 21 *bis*, 22, 28, 28 *bis*, 29, 29 *bis* d.P.R. 313 del 2002.

689. Certificati richiesti dall'interessato.

[Soppresso.]

Articolo abrogato dal d.P.R. 14.11.2002, n. 313. V. ora gli artt. 24, 25 *bis*, 25 *ter*, 27, 29 *bis* d.P.R. 313 del 2002.

690. Questioni concernenti le iscrizioni e i certificati.

[Soppresso.]

Articolo abrogato dal d.P.R. 14.11.2002, n. 313. V. ora l'art. 40 d.P.R. 313 del 2002.

Titolo V
SPESE

691. Anticipazione delle spese.

[Soppresso.]

Articolo abrogato dal **T.U. spese**. V. ora gli artt. 4, 200, 204, 205, 206 **T.U. spese**.

692. Spese della custodia cautelare.

1. Quando l'imputato è condannato a pena detentiva per il reato per il quale fu sottoposto a custodia cautelare, sono poste a suo carico le spese per il mantenimento durante il periodo di custodia.

2. Se la custodia cautelare supera la durata della pena, sono detratte le spese relative alla maggiore durata.

3. [Soppresso.]

Il co. 3 è stato abrogato dal **T.U. spese**. V. ora gli artt. 4, 200, 204, 206 **T.U. spese**.

• A carico dell'imputato condannato a pena detentiva (→ art. 18 s. c.p.) per il reato per il quale fu sottoposto a custodia cautelare in una casa circondariale o in un luogo di cura (→ **Misure cautelari**, art. 284 s.) sono poste le **spese per il mantenimento** durante il **periodo di custodia**, che dovranno essere rimborsate all'erario dello Stato. Laddove la custodia cautelare abbia superato la durata della pena (→ art. 22 s. c.p.), saranno detratte le spese relative alla maggiore durata.

• La previsione relativa alle spese della custodia cautelare è già contenuta nell'art. 535 co. 3 (→ **Giudizio**) con riferimento alla sentenza di condanna di 1° grado (→ art. 533), attraverso il richiamo espresso all'art. 692. A carico del condannato sono altresì poste le **spese processuali** (→ art. 535 co. 1). L'imputato che, nel giudizio d'impugnazione (→ **Libro IX**), riporta condanna penale è condannato alle spese dei precedenti giudizi, anche se in questi sia stato prosciolto (→ art. 592 co. 3).

• Se la sentenza di condanna (→ **Giudizio**, art. 533) è emessa nei confronti di persona **minore** degli anni 18 al momento in cui ha commesso il fatto, è **escluso l'obbligo del pagamento** delle spese per il mantenimento in carcere e di quelle processuali (→ Disp. att. **Proc. minorile**, art. 29 co. 1).

693. Provvedimenti in caso di insolvibilità.
[Soppresso.]

Articolo abrogato dal **T.U. spese**.

694. Spese per la pubblicazione di sentenze e obbligo di inserzione.

1. Il direttore o vice direttore responsabile di un giornale o periodico deve pubblicare, senza diritto ad anticipazione o a rifusione di spese, non più tardi dei tre giorni successivi a quello in cui ne ha ricevuto ordine dall'autorità competente per l'esecuzione, la sentenza di condanna irrevocabile pronunciata contro di lui o contro altri per pubblicazione avvenuta nel suo giornale.

2. Fuori di questo caso, quando l'inserzione di una sentenza penale in un giornale è ordinata dal giudice, il direttore o vice direttore responsabile del giornale o periodico designato deve eseguirla, a richiesta del pubblico ministero o della persona obbligata o autorizzata a provvedervi.

3. La pubblicazione ordinata dal giudice per estratto o per intero può essere eseguita anche in foglio di supplemento dello stesso formato, corpo e carattere della parte principale del giornale o periodico, da unirsi a ciascuna copia di questo e in un unico contesto esattamente riprodotto.

4. Se il direttore o il vice direttore responsabile contravviene alle disposizioni precedenti, è condannato in solido con l'editore e con il proprietario della tipografia al pagamento a favore della cassa delle ammende di una somma fino a euro 1.549.

Il co. 2 è stato così modificato dal **T.U. spese**.

• Il **direttore o vicedirettore** responsabile di un quotidiano o di un periodico deve pubblicare la **sentenza di condanna** (→ **Giudizio**, art. 533) irrevocabile (art. 648) pronunciata **contro di lui** o contro altri a seguito di pubblicazione **avvenuta nel suo giornale** non più tardi dei 3 giorni successivi a quello in cui ne ha ricevuto ordine dall'autorità competente per l'esecuzione e senza diritto ad anticipazione o a rifusione di spese (→ **T.U. spese**, art. 4 co. 1).

• Al di là di questa ipotesi, inerente a reati commessi con il mezzo della stampa, il direttore o vicedirettore responsabile del giornale o periodico designato deve eseguire l'inserzione di una **sentenza penale**, a richiesta del p.m. o della persona obbligata o autorizzata a provvedervi, tutte le volte in cui tale **pubblicazione** (per intero o per estratto) sia **ordinata dal giudice** (v. art. 1 r.d.l. 9.7.1936, n. 1539 sulle modalità di pubblicazione delle sentenze penali nei giornali).

• Il c.p.p. e il c.p. prevedono diverse situazioni nelle quali la sentenza di condanna deve essere pubblicata, ma al riguardo va sottolineato che l'art. 36 co. 2 c.p. è stato riformulato nel senso che la pubblicazione deve essere effettuata, per estratto o per intero, a spese del condannato, sul solo sito *internet* del Ministero della giustizia: cfr. la pubblicazione della sentenza come effetto della condanna (→ **Giudizio**, art. 536; → art. 36 c.p.);

la pubblicazione della sentenza di condanna come riparazione del danno (→ art. 543; → art. 186 c.p.); la pubblicazione della sentenza di condanna a pena sospesa a titolo di riparazione del danno (→ artt. 165 co. 1 e 186 c.p.); la pubblicazione della sentenza di condanna per il reato di usurpazione di funzioni pubbliche (→ art. 347 co. 3 c.p.); la pubblicazione della sentenza di condanna per taluno dei delitti previsti dal capo II del titolo VI del libro II c.p. e precisamente (→ art. 448 c.p.) i delitti di comune pericolo mediante frode: epidemia (→ art. 438 c.p.); avvelenamento di acque o di sostanze alimentari (→ art. 439 c.p.); adulterazione o contraffazione di sostanze alimentari (→ art. 440 c.p.); adulterazione o contraffazione di altre cose in danno della pubblica salute (→ art. 441 c.p.); commercio di sostanze alimentari contraffatte o adulterate (→ art. 442 c.p.); commercio o somministrazione di medicinali guasti (→ art. 443 c.p.); commercio di sostanze alimentari nocive (→ art. 444 c.p.); somministrazione di medicinali in modo pericoloso per la salute pubblica (→ art. 445 c.p.); la pubblicazione della sentenza di condanna per alcuni dei delitti previsti dal capo II del titolo VII del libro II c.p. in tema di falsità in sigilli o strumenti o segni di autenticazione, certificazione o riconoscimento, e precisamente (→ art. 475 c.p.) per il reato di contraffazione, alterazione o uso di marchi o segni distintivi ovvero di brevetti, modelli e disegni (→ art. 473 c.p.) e per il reato di introduzione nello Stato e commercio di prodotti con segni falsi (→ art. 474 c.p.); la pubblicazione della sentenza di condanna per il reato di usurpazione di titoli o di onori (→ art. 498 c.p.); la pubblicazione della sentenza di condanna per il reato di manovre speculative su merci (→ art. 501 *bis* c.p.); la pubblicazione della sentenza di condanna per alcuno dei delitti contro l'economia pubblica previsti dal capo I del titolo VIII del libro II c.p. e per alcuno dei delitti contro l'industria e il commercio previsti dal capo II del medesimo titolo (→ art. 518 c.p.) e precisamente per i delitti di rialzo e ribasso fraudolento di prezzi sul pubblico mercato o nelle borse di commercio (→ art. 501 c.p.), frode contro le industrie nazionali (→ art. 514 c.p.), frode nell'esercizio del commercio (→ art. 515 c.p.), vendita di sostanze alimentari non genuine come genuine (→ art. 516 c.p.), vendita di prodotti industriali con segni mendaci (→ art. 517 c.p.); la pubblicazione della sentenza di condanna per reati relativi al giuoco d'azzardo (→ artt. 722 c.p., che richiama gli artt. 718, 719, 720, 721 c.p.).

• Una situazione particolare è rappresentata dalla pubblicazione, su richiesta dell'interessato, dell'estratto della sentenza di proscioglimento a seguito dell'accoglimento della richiesta di revisione (→ **Impugnazioni**, art. 642 co. 2).

• Altri casi di pubblicazione sono previsti da leggi speciali: art. 9 l. 8.2.1948, n. 47, recante disposizioni sulla stampa, in tema di reati commessi mediante pubblicazione in un periodico; art. 6 l. 30.4.1962, n. 283, recante disciplina igienica della produzione e della vendita delle sostanze alimentari; art. 28 co. 5, e 38 l. 20.5.1970, n. 300, recante norme sulla tutela della libertà e dignità dei lavoratori, in tema di violazioni alla citata legge; art. 6 l. 20.11.1971, n. 1062, recante norme sulla tutela delle opere d'arte; art. 12 d. lgs. 10.3.2000, n. 74, recante nuova disciplina sui reati fiscali; art. 26 d. lgs. 22.5.1999, n. 251, recante disciplina dei titoli e dei marchi di identificazione dei metalli preziosi; art. 76 **Processo alle società**; art. 13 l. 14.1.2013, n. 9 sulla qualità e trasparenza della filiera degli oli di oliva vergini.

• La violazione degli obblighi previsti da parte del direttore o del vice direttore del giornale ingenera una responsabilità solidale del medesimo con l'editore e il proprietario della tipografia al pagamento di una sanzione pecuniaria a favore della cassa delle ammende (art. 664).

695. Questioni sulle spese processuali.

[Soppresso.]

Articolo abrogato dal **T.U. spese**.

LIBRO XI
RAPPORTI GIURISDIZIONALI CON AUTORITÀ STRANIERE

Titolo I
DISPOSIZIONI GENERALI

696. Prevalenza del diritto dell'Unione europea, delle convenzioni e del diritto internazionale generale.

1. Nei rapporti con gli Stati membri dell'Unione europea le estradizioni, le domande di assistenza giudiziaria internazionali, gli effetti delle sentenze penali straniere, l'esecuzione all'estero delle sentenze penali italiane e gli altri rapporti con le autorità straniere, relativi all'amministrazione della giustizia in materia penale, sono disciplinati dalle norme del Trattato sull'Unione europea e del Trattato sul funzionamento dell'Unione europea, nonché dagli atti normativi adottati in attuazione dei medesimi. Se tali norme mancano o non dispongono diversamente, si applicano le norme delle convenzioni internazionali in vigore per lo Stato e le norme di diritto internazionale generale.

2. Nei rapporti con Stati diversi da quelli membri dell'Unione europea le estradizioni, le domande di assistenza giudiziaria internazionali, gli effetti delle sentenze penali straniere, l'esecuzione all'estero delle sentenze penali italiane e gli altri rapporti con le autorità straniere, relativi all'amministrazione della giustizia in materia penale, sono disciplinati dalle norme delle convenzioni internazionali in vigore per lo Stato e dalle norme di diritto internazionale generale.

3. Se le norme indicate ai commi 1 e 2 mancano o non dispongono diversamente, si applicano le norme del presente libro.

4. Il Ministro della giustizia può, in ogni caso, non dare corso alle domande di cooperazione giudiziaria quando lo Stato richiedente non dia idonee garanzie di reciprocità.

Articolo così sostituito dal d. lgs. 3.10.2017, n. 149, in esecuzione della delega contenuta nella l. 21.7.2016, n. 149.

• La disposizione riassume il quadro sistematico delle fonti rilevanti in materia di cooperazione giudiziaria penale, sottolineando, finalmente, il fondamentale discrimine che opera tra rapporti infra-UE e rapporti con Paesi che dell'UE non fanno parte (o non ne adottano tutti gli strumenti). Nei confronti dei primi, il patrimonio è rappresentato dall'ormai ricca collezione di decisioni, decisioni quadro e direttive che, a partire dalla stagione pre-Lisbona, regolano la cooperazione giudiziaria all'interno dell'Area di libertà, sicurezza e giustizia ed i cui principi generali sono riportati e specificati nel successivo Titolo I *bis*. Nei confronti di tutti gli altri Paesi esterni all'UE, anche se membri del Consiglio d'Europa, vige la tradizionale prevalenza dei trattati internazionali e del diritto internazionale generale. Soltanto se il diritto dell'Unione, i trattati o il diritto internazionale generale nulla dispongono in merito allo specifico rapporto di assistenza giudiziaria, si applicheranno le disposizioni dei titoli seguenti.

• Ne consegue che, rispetto ai Paesi verso i quali l'Italia non è legata da alcun trattato internazionale, le eventuali richieste di assistenza non saranno necessariamente destinate al rigetto ma, anche alla luce della previsione del quarto comma, saranno di volta in volta valutate e, in caso di accoglimento, regolate sulla base della disciplina del codice di procedura penale.

• Il rapporto di sussidiarietà delle norme del codice rispetto tanto al diritto dell'Unione europea quanto ai trattati internazionali è peculiare, poiché riserva alla disciplina codicistica un ruolo dinamico di "riespansione" ogni qual volta la previsione europea o internazionale manchi, mostri delle lacune o non preveda in senso diverso dal codice. Tale assetto, chiaramente enunciato dal comma terzo di questo articolo sottende tuttavia un panorama multiforme, nel quale, ad esempio, le previsioni del d. lgs. 5.4.2017, n. 52, di attuazione della Convenzione di assistenza giudiziaria, firmata a Bruxelles nel 2000, tra i Paesi dell'UE, prevarranno sulle nuove disposizioni del Titolo III del presente Libro. A loro volta, però, alcune norme del d. lgs. 21.6.2017, n. 198, di trasposizione della direttiva 2014/41/UE, in materia di ordine europeo di indagine, prevarranno sia sulla normativa codicistica, sia sulla l. 52 del 2017.

• Il quarto co. introduce una previsione inedita, del tutto estranea alla previgente formulazione dell'articolo, con la quale si stabilisce che i rapporti di cooperazione con le autorità straniere sono regolati dal rapporto di reciprocità, che deve intendersi, secondo la giurisprudenza di legittimità, come una prestazione sostanzialmente reciproca cui il nostro Stato potrebbe aspirare in un'analoga procedura attiva. Simile condizione sembra già ontologicamente presupposta nei rapporti infra-europei, nei quali non pare verosimile l'operare della clausola di reciprocità.

Titolo I *bis*
PRINCIPI GENERALI DEL MUTUO RICONOSCIMENTO DELLE DECISIONI E DEI PROVVEDIMENTI GIUDIZIARI TRA STATI MEMBRI DELL'UNIONE EUROPEA

• Titolo introdotto dal d. lgs. 3.10.2017, n. 149.

696 *bis*. Principio del mutuo riconoscimento.

1. Il principio del mutuo riconoscimento è disciplinato dalle norme del presente titolo e dalle altre disposizioni di legge attuative del diritto dell'Unione europea.

2. Le decisioni e i provvedimenti giudiziari emessi dalle competenti autorità degli altri Stati membri possono essere riconosciuti ed eseguiti nel territorio dello Stato; l'autorità giudiziaria può richiedere alle competenti autorità degli altri Stati membri l'esecuzione dei propri provvedimenti e decisioni.

• Il titolo I *bis* è stato introdotto dall'art. 3 co. 1 lett. *a* d. lgs. 3.10.2017, n. 149. Si tratta di un blocco di disposizioni che compendiano i principi di fondo della cooperazione giudiziaria all'interno dell'Area di Libertà, Sicurezza e Giustizia dell'Unione europea (con richiamo anche alle disposizioni ulteriori che diano attuazione al diritto dell'UE). A dispetto, quindi, della sua collocazione iniziale, nel Libro XI, questo breve *corpus* normativo riguarda soltanto un'area delimitata dei rapporti giurisdizionali con autorità straniere, seppur certamente molto rilevante, per ragioni di prossimità geografica e di tradizione giuridica.

• La disposizione riecheggia l'art. 82 § 1 T.f.u.e., che consacra il mutuo riconoscimento come principio fondante la disciplina della cooperazione giudiziaria infra-europea. A partire dallo storico Consiglio europeo di Tampere, 1999, il mutuo riconoscimento delle decisioni ha assunto il valore di architrave per lo sviluppo dell'Area di Libertà, Sicurezza e Giustizia. La reciproca fiducia tra Stati e il progressivo ravvicinamento delle legislazioni attraverso decisioni e decisioni quadro, ha avviato, già sotto la vigenza del precedente sistema 'a pilastri' una nuova concezione dei rapporti giurisdizionali, finalmente transitati al di fuori del paradigma tradizionale delle relazioni diplomatiche tra Stati.

• Il principio, basato, appunto, sul riconoscimento dell'esistenza di valori e garanzie comuni agli ordinamenti dell'Unione Europea, consente all'autorità emittente una decisione di vedere questa eseguita da altra autorità giudiziaria, senza il tradizionale vaglio politico che, invece, contraddistingue ancora (e sempre più, v. *infra*) la cooperazione giudiziaria classica.

• Non solo. Il meccanismo del mutuo riconoscimento rende formalmente superfluo il tradizionale recepimento del provvedimento straniero in un provvedimento nazionale, per permettergli di produrre effetti in un ordinamento diverso. Ciò non significa che sia escluso ogni controllo giurisdizionale sul rispetto dei requisiti stabiliti dalle fonti europee, così come recepite da ciascun ordinamento. Non si dimentichi, infatti, che gli strumenti di cooperazione giudiziaria sono quasi esclusivamente adottati con atti normativi dell'Unione che presuppongono il recepimento da parte degli Stati membri (un tempo, le decisioni e le decisioni quadro; oggi le direttive).

• Primo e, a tutt'oggi, principale esempio di strumento di mutuo riconoscimento è la decisione quadro 2002/584 GAI sul mandato d'arresto europeo, che proprio in ossequio alle conclusioni del Consiglio di Tampere, ha sostituito le procedure tradizionali di estradizione tra Paesi membri dell'Unione europea (trasposta nel nostro ordinamento con l. 69 del 2005).

• È importante sottolineare che la formula impiegata dal secondo comma «le decisioni e i provvedimenti giudiziari» è ampia e copre anche gli atti di natura investigativa adottati dall'autorità inquirente, come ad esempio quelli previsti dalla direttiva 2014/41/UE.

696 *ter*. Tutela dei diritti fondamentali della persona nel mutuo riconoscimento.

1. L'autorità giudiziaria provvede al riconoscimento e all'esecuzione se non sussistono fondate ragioni per ritenere che l'imputato o il condannato verrà sottoposto ad atti che configurano una grave violazione dei principi fondamentali dell'ordinamento giuridico dello Stato, dei diritti fondamentali della persona riconosciuti dall'articolo 6 del Trattato sull'Unione europea o dei diritti, delle libertà e dei principi sanciti nella Carta dei diritti fondamentali dell'Unione europea.

Articolo introdotto dal d. lgs. 3.10.2017, n. 149.

• La previsione si pone come limite esplicito del vincolo, previsto nell'articolo precedente, del mutuo riconoscimento delle decisioni delle altre autorità giudiziarie europee. Sebbene il rispetto dei diritti fondamentali della persona informi tutta la legislazione dell'UE, a partire, appunto, dall'art. 6 del T.u.e., dalla Carta UE, per finire con tutto il patrimonio della legislazione derivata che promuove i diritti e rafforza le tutele a favore degli individui, numerose sono le situazioni in cui, tali diritti rischiano di essere in concreto violati. È importante segnalare, però, che la disposizione fa riferimento alla protezione accordata all'indagato e al condannato e non anche alla vittima del reato (i cui diritti infra ed extra procedimentali sono stabiliti dalla direttiva 2012/29/UE, trasposta con d. lgs. 15.12.2015, n. 112).

• Quanto all'individuazione della portata dell'intero catalogo di diritti fondamentali che vengono in considerazione, va ricordato che l'art. 53 della Carta UE stabilisce il principio di equivalenza, in forza del quale, i diritti in essa sanciti debbono essere interpretati in termini coincidenti con quelli riconosciuti nel sistema della Cedu.

• Numerose sono, inoltre, le sentenze della Corte giust. – per lo più pronunciate a seguito di rinvii pregiudiziali formulati circa l'interpretazione della decisione quadro 2002/584/GAI, sul mandato d'arresto europeo – che prevedono limitazioni o eccezioni al mutuo riconoscimento, basate proprio sulla potenziale violazione dei diritti fondamentali. Se è vero che tra i motivi di rifiuto della consegna non è espressamente previsto quello della violazione dei diritti fondamentali, la Corte giust. ha talvolta reputato compatibile con la decisione quadro il rifiuto di eseguire il mandato d'arresto in condizioni potenzialmente pregiudizievoli per il ricercato (v. Corte giust. C-404/15 Aranyosi; Corte giust. C-695/15, Caldararu, in relazione alle condizioni di detenzione negli istituti penitenziari italiani, già dichiarati da Corte edu 8.1.2013, Torreggiani c. Italia, contrari all'art. 3 Cedu: successivamente, per una precisazione del "test Aranyosi" v. Corte giust. C-128/18, Dorobantu). Pertanto, la forte riduzione dei motivi di rifiuto che contraddistingue gli strumenti di cooperazione infraeuropea (e, in particolare, il mandato d'arresto), è talvolta controbilanciata, nella giurisprudenza della Corte giust., da un'attenuazione, caso per caso, dell'obbligo di eseguire la decisione straniera.

• Diversa tecnica normativa è stata utilizzata, invece, nell'art. 11 della direttiva 2014/41/UE, ove si prevede tra i motivi di non esecuzione della richiesta di un atto di indagine proprio la potenziale violazione dei diritti fondamentali stabiliti dall'art. 6 T.u.e. e dalla Carta UE.

696 *quater*. Modalità di trasmissione delle decisioni giudiziarie.

1. L'autorità giudiziaria competente riceve direttamente le decisioni e i provvedimenti da riconoscere ed eseguire nel territorio dello Stato.

2. L'autorità giudiziaria trasmette direttamente alle competenti autorità giudiziarie degli altri Stati membri le decisioni e i provvedimenti da riconoscere ed eseguire, dandone comunicazione al Ministro della giustizia nei casi e nei modi previsti dalla legge, anche ai fini dell'esercizio dei poteri di cui all'articolo 696 *sexies*.

3. La documentazione e gli accertamenti integrativi, nonché le ulteriori informazioni necessarie all'esecuzione delle decisioni e dei provvedimenti dei quali sia chiesto il riconoscimento, sono oggetto di trasmissione diretta tra le autorità giudiziarie degli Stati membri.

Articolo introdotto dal d. lgs. 3.10.2017, n. 149.

• La disposizione è emanazione diretta del principio del mutuo riconoscimento dal quale deriva, come accennato, il superamento del ruolo politico-diplomatico del Governo nei rapporti di cooperazione giudiziaria penale. L'abbandono del canale diplomatico per la trasmissione delle richieste di cooperazione (in particolare per le procedure di consegna, poiché in materia rogatoriale la trasmissione diretta aveva da tempo preso piede, almeno a livello europeo) e della relativa documentazione ha rappresentato, infatti, una delle maggiori innovazioni legate all'Area di Libertà, Sicurezza e Giustizia. In primo luogo, proprio per l'opportuno superamento della fase di valutazione politica, ma anche per la maggior rapidità ed efficacia che la comunicazione diretta tra autorità giudiziarie consente.

• La prevista comunicazione al Ministro della giustizia mantiene il suo significato in relazione, appunto, al potere residuale di quest'ultimo di esercitare un controllo sul rispetto dei principi fondamentali dell'ordinamento italiano e sul rispetto delle condizioni eventualmente imposte per l'esecuzione dei provvedimenti nel territorio di altri Stati.

696 *quinquies*. Limiti al sindacato delle decisioni giudiziarie degli altri Stati membri.

1. L'autorità giudiziaria riconosce ed esegue le decisioni e i provvedimenti giudiziari degli altri Stati membri senza sindacarne le ragioni di merito, salvo che sia altrimenti previsto. È in ogni caso assicurato il rispetto dei principi fondamentali dell'ordinamento giuridico dello Stato.

Articolo introdotto dal d. lgs. 3.10.2017, n. 149.

• Questa previsione rappresenta il precipitato ultimo degli artt. 696 *bis* e 696 *ter*. L'essenza del principio del mutuo riconoscimento, infatti, sta proprio nell'astensione dalla rivalutazione nel merito del provvedimento emesso dall'autorità straniera, con la mera applicazione dei motivi di rifiuto, obbligatori o facoltativi. È frequente, infatti, nei rapporti di cooperazione tradizionale la sovrapposizione, da parte dell'autorità richiesta, dei propri parametri normativi e giurisprudenziali per l'emissione del provvedimento di cui è stata richiesta l'esecuzione. L'evoluzione imposta da questo principio è essenziale e complessa: per un verso, la legislazione europea lascia sempre agli Stati membri un margine di apprezzamento nella trasposizione interna degli strumenti dell'UE; per altro verso, le autorità locali sono chiamate a una verifica certamente non solo formale, ma non tale da spingersi fino alla rivalutazione delle ragioni di merito.

• Non si tratta, evidentemente, di un'esecuzione automatica, poiché i vari strumenti di cooperazione infra-europea, come segnalato, prevedono dei motivi legittimi di rifiuto, obbligatorio o facoltativo, del mutuo riconoscimento. A questi, come si è accennato, si associa la previsione "di chiusura" del rispetto dei diritti fondamentali oggi enunciata dall'art. 696 *ter*.

696 *sexies*. Poteri del Ministro della giustizia.

1. Il Ministro della giustizia, nei casi e nei modi previsti dalla legge, garantisce l'osservanza delle condizioni eventualmente poste in casi particolari dall'autorità giudiziaria dello Stato membro per dare esecuzione alle decisioni giudiziarie di cui è stato chiesto il riconoscimento, sempre che tali condizioni non contrastino con i principi fondamentali dell'ordinamento giuridico dello Stato.

2. Il Ministro della giustizia verifica l'osservanza delle condizioni poste dall'autorità giudiziaria italiana per l'esecuzione delle decisioni e dei provvedimenti nel territorio di altro Stato membro.

Articolo introdotto dal d. lgs. 3.10.2017, n. 149.

• L'esplicito riconoscimento della nuova chiave di volta dei rapporti giurisdizionali infra-europei, ovvero il principio del mutuo riconoscimento, ha indotto il legislatore alla riformulazione del ruolo del ministro della giustizia in questo contesto. Stante la trasmissione diretta dei provvedimenti tra autorità giudiziarie, la funzione ministeriale è divenuta, innanzitutto, di garante dell'osservanza delle condizioni eventualmente apposte, sul lato attivo o passivo, all'esecuzione della decisione.

• Nonostante, infatti, la generale consacrazione del mutuo riconoscimento, non è esclusa la possibilità per lo Stato richiedente, di apporre delle condizioni all'esecuzione del provvedimento trasmesso, nell'ottica – mai espressamente esclusa a livello europeo – di un possibile bilanciamento tra valori propri dei singoli ordinamenti. Ciò è indirettamente consentito dall'art. 4 §1 della Convenzione di assistenza giudiziaria, firmata a Bruxelles nel 2000, nonché da numerosi strumenti di "mutuo riconoscimento".

696 *septies*. Mutuo riconoscimento e responsabilità da reato degli enti.

1. In materia di mutuo riconoscimento delle decisioni giudiziarie riguardanti la responsabilità da reato degli enti, nei rapporti con gli Stati membri dell'Unione europea, si osservano le norme di questo titolo nonché quelle contenute in altre disposizioni di legge attuative del diritto dell'Unione europea.

Articolo introdotto dal d. lgs. 3.10.2017, n. 149.

• La disposizione estende l'applicazione dei principi del mutuo riconoscimento anche alle decisioni relative all'accertamento della responsabilità 'para-penale' degli enti, derivante da reato. Non solo, si applicano altresì i principi stabiliti dalle norme attuative del diritto dell'UE (art. 696 *bis*).

• Il riferimento è, evidentemente, alle ipotesi disciplinate dal d. lgs. 8.2.2001, n. 231 che, stante il canone costituzionale dell'art. 27 co. 1, istituisce la responsabilità amministrativa degli enti derivante da reato. Anche altri ordinamenti di Paesi membri dell'UE condividono il principio della responsabilità penale personale, prevedendo simili meccanismi 'parapenali' per sanzionare le persone giuridiche che non predispongano sistemi sufficientemente accurati per evitare la commissione dei reati da parte dei loro dipendenti.

• Sono numerosi gli atti di legislazione dell'UE che fanno riferimento alla responsabilità delle persone giuridiche derivante da reato (decisione quadro 2005/214/GAI, relativa al reciproco riconoscimento delle sanzioni pecuniarie; art. 6 della direttiva 2017/1371, in materia di tutela degli interessi finanziari dell'UE), che può appunto essere variamente declinata all'interno degli ordinamenti.

696 *octies*. Modalità di esecuzione.

1. L'autorità giudiziaria riconosce ed esegue le decisioni e i provvedimenti giudiziari di altri Stati membri senza ritardo e con modalità idonee ad assicurarne la tempestività e l'efficacia.

2. All'esecuzione delle decisioni e dei provvedimenti giudiziari al cui riconoscimento l'interessato ha prestato il consenso si provvede senza formalità, nel rispetto dei diritti fondamentali della persona.

Articolo introdotto dal d. lgs. 3.10.2017, n. 149.

• La funzione della previsione è di inserire un generale richiamo all'accelerazione dei tempi della cooperazione giudiziaria, che rappresenta un elemento essenziale nell'Area di Libertà, Sicurezza e Giustizia. La presente declamazione si associa, come cornice, ai termini che spesso sono specificamente previsti dagli strumenti europei e dalle correlative disposizioni di trasposizione nell'ordinamento interno (v. ad es., la decisione quadro 2002/584/GAI, sul mandato d'arresto europeo; la direttiva 2014/41/UE, sull'ordine di indagine europeo).

• Ancor maggiore è la celerità nei procedimenti in cui l'interessato abbia prestato il proprio consenso all'esecuzione del provvedimento straniero. Affinché, però non siano violati i diritti fondamentali di quest'ultimo, come previsto proprio dal secondo comma, occorre che tale consenso sia prestato previa perfetta comprensione dei propri diritti e delle conseguenze che derivano dall'espressione del consenso. A tal scopo, può essere prevista come necessaria (e ciò è previsto dalla l. 69 del 2005) la presenza di un difensore e di un interprete, laddove l'interessato non conosca o non parli la lingua del luogo.

696 *novies*. Impugnazioni.

1. Le decisioni sul riconoscimento e l'esecuzione di un provvedimento emesso dall'autorità giudiziaria di altro Stato membro sono impugnabili nei casi e con i mezzi previsti dalla legge.
2. Avverso le sentenze e i provvedimenti sulla libertà personale è ammesso il ricorso per cassazione per violazione di legge.
3. Non è ammessa l'impugnazione per motivi di merito, salvo quanto previsto dall'articolo 696 *quinquies*.
4. L'impugnazione non ha effetto sospensivo, salvo che sia diversamente previsto.

Articolo introdotto dal d. lgs. 3.10.2017, n. 149.

• La previsione ribadisce che le decisioni adottate dall'autorità giudiziaria italiana in merito all'esecuzione di decisioni emesse dalle autorità straniere sono soggette alla disciplina generale delle impugnazioni (→ **Cost.**, art. 111 co. 7; → **Impugnazioni**, art. 568 s.). Naturalmente, laddove la specifica disciplina di trasposizione degli strumenti di cooperazione preveda precise regole per la censura di tali provvedimenti, esse prevarranno sulla disciplina generale. Ridondante, la conferma della ricorribilità per cassazione di tutte le sentenze e i provvedimenti limitativi della libertà personale.

• Per quanto attiene ai profili di censura, è coerente con la struttura del presente titolo la limitazione introdotta dal co. 3, che riduce i motivi di impugnazione nel merito alle sole ipotesi di violazioni di diritti fondamentali, *ex* art. 696 *quinquies*.

• Rientra nella logica dei commi precedenti la previsione che chiude l'articolo, escludendo in via generale l'effetto sospensivo dell'impugnazione, salvo sia diversamente previsto.

696 *decies*. Tutela dei terzi di buona fede.

1. I terzi di buona fede interessati dall'esecuzione della decisione di riconoscimento sono tutelati nei casi e con i mezzi previsti dalla legge. Ai terzi è assicurata la partecipazione al procedimento di riconoscimento con le forme e le garanzie che la legge assicura nei procedimenti analoghi già regolati dall'ordinamento interno.

Articolo introdotto dal d. lgs. 3.10.2017, n. 149.

• La disposizione si riferisce a provvedimenti di natura reale o probatoria, che possano incidere negativamente sugli interessi di soggetti estranei al rapporto di cooperazione giudiziaria. Sono numerosi gli strumenti della legislazione secondaria dell'UE che prevedono espressamente la tutela degli interessi dei terzi, riconoscendo spazi di contraddittorio affinché le loro ragioni possano trovare un'occasione di emersione.

• La previsione, nella sua prima parte, ha funzione per lo più declamatoria, laddove collega la tutela dei terzi alla specifica previsione di appositi spazi in relazione ai singoli strumenti di cooperazione.

• Il secondo periodo, invece, può avere un'utile funzione interpretativa, che suggerisce l'applicazione estensiva della disciplina italiana prevista per la tutela dei terzi estranei al rapporto giurisdizionale pendente. Il riferimento pare da intendersi non solo ai procedimenti di cooperazione giudiziaria, ma anche ad analoghi strumenti di tutela dei terzi nel procedimento di cognizione.

Titolo II
ESTRADIZIONE

Capo I
Estradizione per l'estero

Sezione I
Procedimento

697. Estradizione e poteri del Ministro della giustizia.

1. Salvo che sia diversamente stabilito, la consegna a uno Stato estero di una persona per l'esecuzione di una sentenza straniera di condanna a pena detentiva o di altro provvedimento restrittivo della libertà personale può aver luogo soltanto mediante estradizione.

1 *bis*. Il Ministro della giustizia non dà corso alla domanda di estradizione quando questa può compromettere la sovranità, la sicurezza o altri interessi essenziali dello Stato.

1 *ter*. Fermo quanto previsto dal comma 1 *bis*, quando un accordo internazionale prevede il potere di rifiutare l'estradizione di un cittadino senza regolarne l'esercizio, il Ministro della giustizia rifiuta l'estradizione tenendo conto della gravità del fatto, della rilevanza degli interessi lesi dal reato e delle condizioni personali dell'interessato.

1 *quater*. Il Ministro della giustizia concede l'estradizione della persona che ha prestato il consenso a norma dell'articolo 701, comma 2, sempre che non sussistano le ragioni ostative di cui all'articolo 705, comma 2.

1 *quinquies*. La decisione di non dare corso alla domanda di estradizione è comunicata dal Ministro della giustizia allo Stato estero e all'autorità giudiziaria.

2. Nel concorso di più domande di estradizione, il Ministro della giustizia ne stabilisce l'ordine di precedenza. A tal fine egli tiene conto di tutte le circostanze del caso e in particolare della data di ricezione delle domande, della gravità e del luogo di commissione del reato o dei reati, della nazionalità e della residenza della persona richiesta e della possibilità di una riestradizione dallo Stato richiedente a un altro Stato.

Le parole «Ministro della giustizia» sono state sostituite alle parole «Ministro di grazia e giustizia» dal d. lgs. 3.10.2017, n. 149, che nel co. 1 ha sostituito le parole «Salvo che sia diversamente stabilito, la consegna» con le parole «La consegna», e ha inserito i co. 1 *bis*, 1 *ter*, 1 *quater*, 1 *quinquies*.

• Il recente intervento operato dal **d. lgs. 3.10.2017, n. 149** ha comportato una serie di rilevanti modifiche al testo in esame, che non era mai stato emendato in precedenza. Innanzitutto, si segnala che, qui e in tutto il Libro XI è stato finalmente eliminato il riferimento al Ministro di grazia e giustizia, che pur doveva ritenersi implicitamente superato dagli effetti prodotti dal d. lgs. 30.7.1999, n. 300. La formula **Ministro della giustizia** armonizza opportunamente la terminologia al quadro delle norme vigenti. Inoltre, la recente novella ha operato numerose altre interpolazioni che saranno qui sinteticamente segnalate.

• Questo articolo apre il *corpus* delle disposizioni dedicate alla c.d. **estradizione passiva**, ovvero per l'estero, originata da una richiesta rivolta allo Stato italiano da altra autorità straniera. I due commi originari sopravvivono oggi ai due estremi dell'articolo. Il primo comma si articola in un duplice dettato. Per un verso, vi si stabilisce la finalità dell'estradizione, che consiste nella consegna di un soggetto ad un'autorità straniera per l'esecuzione di una **sentenza definitiva di condanna** a pena detentiva o di altro **provvedimento restrittivo della libertà personale**. Per altro verso, si prevede che la consegna di un soggetto per ottenerne, appunto, la disponibilità ai suddetti fini possa avvenire soltanto per il mezzo dell'estradizione (v., ad esempio, Corte edu, 23.2.2016, Nasr e Ghali c. Italia, § 243, in merito al concetto di *extraordinary rendition*). Tale precetto assume una rilevanza particolare, poiché traccia un perimetro di garanzie che debbono essere sempre rispettate nelle procedure di estradizione. Altre forme di consegna potranno essere previste, ma non per perseguire finalità repressive del reato o cautelari.

• L'assenza di un riferimento esplicito al mandato d'arresto europeo, che nella versione previgente comportava anche dei riflessi sulla disciplina del secondo comma, è stata oggi superata dall'inciso, di portata generale, inserito dal legislatore del 2017 all'*incipit* del co. e che fa salve diverse disposizioni. Tale richiamo è anzitutto riferito al mandato d'arresto europeo, ma anche alle ipotesi in cui il nostro ordinamento sia chiamato a dare esecuzione a sentenze straniere di condanna.

• Il primo co., ancora oggi, rappresenta una **disposizione generale**, di apertura che si limita a definire le finalità dell'estradizione, e non si spinge a stabilire dei limiti all'obbligo di estradare.

• L'articolo, anche nella sua veste rinnovata, solo implicitamente stabilisce il **ruolo di preminenza del Ministro della giustizia** nelle procedure tradizionali di estrazione. Tale ruolo è successivamente confermato dall'**art. 699 co. 3 e 4**. È però solo l'**art. 703 co. 1** a indicare, in via generale, il Ministro come collettore delle domande di estradizione passiva. Soprattutto in forza, ora, dell'*incipit* del primo co., deve ritenersi escluso dalla sfera di applicazione della disposizione, l'ambito dei rapporti infra-UE.

• Nel nuovo co. 1 *bis* risulta anticipata la centralità del ruolo del Ministro, il quale non darò luogo alle richieste di estradizione che possano incidere negativamente sulla sovranità, sulla sicurezza e su altri interessi essenziali dello Stato. I richiami a **sovranità** e **sicurezza** riecheggiano la tradizionale natura politico-diplomatica della procedura di estradizione. Il vaglio iniziale ad opera del Ministro diviene esplicitamente **filtro immediato** delle richieste di consegna, ai fini del loro eventuale rigetto anticipato.

• Il co. 1 *ter* si aggancia agli **artt. 26 co. 1 Cost. e 13 co. 4 c.p.**, restringendo sensibilmente la discrezionalità anche nel contesto convenzionale. Infatti, anche in assenza di specifici parametri predisposti dalla singola convenzione per l'esercizio della discrezionalità, il ministro dovrà **negare** la consegna del cittadino, sulla base di: **gravità del fatto**, rilevanza degli **interessi lesi** dal reato e **condizioni personali** del cittadino (anche se si tratta di parametri che sono certamente più vicini al controllo giurisdizionale che a quello politico).

• La norma del co. 1 *quater* ripropone, in termini sensibilmente modificati, l'ipotesi di **consenso** alla consegna espresso dall'estradando. Peraltro, il nuovo testo dell'art. 701 prevede ora espressamente che tale consenso eventuale sia dichiarato alla presenza del difensore e dell'interprete, se necessario [come già suggeriva un'interpretazione sistematica del rinnovato **art. 143** (→ **Atti**)], dell'estradando. La consegna del consenziente è comunque condizionata al controllo dei profili indicati dall'**art. 705 co. 2** – ora interpolato con esplicite precisazioni – per il vaglio giurisdizionale. La nuova previsione, per un verso, rende obbligatoria la consegna in caso di assenso, salva la sussistenza dei profili ostativi dell'**art. 705 co. 2**; per altro verso, proprio attraverso il richiamo a tale disposizione, garantisce la protezione degli interessi dell'estradando che non sia consapevole dei rischi connessi alla consegna, per motivi che possono essere molto vari. Il rigetto "immediato" del ministro è comunicato *ex* art. 697 co. 1 *quinquies* allo Stato richiedente e all'autorità giudiziaria.

• Il secondo co. si occupa delle ipotesi di concorso di più richieste di estradizione nei confronti dello stesso soggetto, che devono essere risolte dal Ministro, al quale spetta, appunto, stabilire la precedenza sulla base dei parametri indicati dalla disposizione. L'elencazione del secondo comma, però, non pare ispirata a un criterio preferenziale, ma pone tutti gli indici sullo stesso piano (come l'art. 17 della Convenzione europea di estradizione, che contempla gravità; luogo; data della richiesta; data della condanna; nazionalità della persona estradata; possibilità di riestradizione, ma sembra comunque conferire maggior enfasi alla gravità del reato, quando, al contrario, il codice sembra privilegiare la data di ricezione). Per lo più, nelle convenzioni bilaterali, soprattutto nelle più risalenti, si fa riferimento proprio alla **gravità del reato**, come parametro dirimente nelle ipotesi di concorso di richieste.

• La disciplina che regola, invece, il sovrapporsi di una richiesta di estradizione e di un mandato di arresto europeo nei confronti della stessa persona è contenuta **nell'art. 20 co. 3 l. 22.4.2005, n. 69**: è la corte d'appello competente a decidere sull'esecuzione del mandato d'arresto europeo il potere di determinare quale delle due procedure debba essere privilegiata, sulla base dei criteri elencati in quell'articolo (gravità del reato, tempo di presentazione della richiesta, ogni altra circostanza utile a decidere).

• La previsione costituisce la prima delle disposizioni dedicate alla c.d. **estradizione passiva**, ovvero per l'estero, originata da una richiesta rivolta allo Stato italiano da altra autorità straniera.

• La disposizione contiene due importanti statuizioni. Si stabilisce in primo luogo la finalità dell'estradizione, che consiste nella consegna (art. 708) di un soggetto ad un'autorità straniera per l'esecuzione di una sentenza definitiva di condanna a pena detentiva o di altro provvedimento restrittivo della libertà personale. In secondo luogo, si prevede che la consegna di un soggetto per tali fini possa avvenire soltanto per mezzo dell'estradizione. Tuttavia, è noto che, nell'ambito dell'UE, esiste altro e diverso strumento di consegna, denominato mandato d'arresto europeo: sarebbe stato opportuno l'inserimento, da parte del legislatore, di un cenno a tale istituto nel presente articolo.

• L'articolo implicitamente stabilisce il ruolo preminente del Ministro della giustizia nelle procedure tradizionali di estradizione (non intra-UE). Tale ruolo è poi confermato dall'art. 699 co. 3 e 4. È però l'art. 703 co. 1 a indicare, in via generale, il Ministro come collettore delle domande di estradizione passiva.

698. Reati politici. Tutela dei diritti fondamentali della persona.

1. Non può essere concessa l'estradizione per un reato politico né quando vi è ragione di ritenere che l'imputato o il condannato verrà sottoposto ad atti persecutori o discriminatori per motivi di razza, di religione, di sesso, di nazionalità, di lingua, di opinioni politiche o di condizioni personali o sociali ovvero a pene o trattamenti crudeli, disumani o degradanti o comunque ad atti che configurano violazione di uno dei diritti fondamentali della persona.

2. Se il fatto per il quale è domandata l'estradizione è punito con la pena di morte secondo la legge dello Stato estero, l'estradizione può essere concessa solo quando l'autorità giudiziaria accerti che è stata adottata una decisione irrevocabile che irroga una pena diversa dalla pena di morte o, se questa è stata inflitta, è stata commutata in una pena diversa, comunque nel rispetto di quanto stabilito dal comma 1.

Il co. 2 è stato così sostituito dalla l. 21.7.2016, n. 149. La versione precedente era stata dichiarata parzialmente incostituzionale da Corte cost., 223 del 1996.

• L'articolo introduce tre cause obbligatorie di esclusione del vincolo di consegna eventualmente assunto dall'Italia attraverso un trattato internazionale.

• In primo luogo, la **politicità del reato** è fatto che può determinare l'esclusione della consegna (→ art. 3 Conv. estr. 1957). Per il nostro ordinamento, la questione è di rilevanza direttamente costituzionale: l'art. 10 co. 4 **Cost.** vieta l'estradizione dello straniero per reati politici, mentre l'art. 26 co. 2 **Cost.** la vieta per il cittadino. Detta esclusione costituzionale è tuttavia temperata dalla previsione della l. cost. 21.6.1967, n. 1, in relazione al reato di genocidio, per il quale non può essere rifiutata la consegna per motivi di politicità del reato (Conv. N.U. 1948 prevenzione e repressione genocidio). Né la Costituzione né il codice di procedura penale definiscono che cosa debba intendersi per «reato politico». L'art. 8 co. 3 c.p. offre, invece, una definizione orientata ai fini della legge penale (sostanziale e processuale), che, tuttavia, non chiarisce il dubbio di fondo, tra oggettività e soggettività. Essa, infatti, introduce in prima battuta un concetto di **reato oggettivamente politico**, che offende l'**interesse politico di uno Stato** ovvero il **diritto politico di un cittadino**, affiancandovi però la considerazione anche **soggettivamente politica**, da estendersi a tutti i **reati comuni determinati in tutto o in parte da motivi politici.**

• Nella **Convenzione europea 1957**, la previsione della politicità del reato è affiancata da una ristretta **clausola belga** (che tradizionalmente faceva venire meno il divieto di estradizione per reato politico particolarmente grave, qualora vittima ne fosse un **capo di Stato** o altra elevata carica istituzionale), in relazione al solo **attentato alla vita di un Capo di Stato** o di un suo familiare. In molti settori, ma in particolare con riguardo al contrasto ai reati di natura terroristica, gli Stati hanno spesso scelto di ridurre l'impatto del divieto di consegna per politicità del reato, assumendo l'obbligo ***aut dedere aut iudicare***, anche **oltre i limiti della giurisdizione** stabiliti dalle norme interne di ogni singolo Paese interessato (v., as esempio, Conv. L'Aia 1970 e conv. Montréal 1971 contro la pirateria aerea, Conv. N.U. 1997, contro attentati dinamitardi e finanziamento al terrorismo, Conv. N.U. 1980 e 2005, non ratificata, contro i rischi nucleari, Conv. N.U. 1988, sui reati contro la sicurezza della navigazione marittima). Numerose sono state anche le iniziative nel senso di escludere completamente il divieto di consegna per politicità del reato.

• Il secondo periodo del co. 1 introduce una **ulteriore causa obbligatoria di rifiuto della consegna**, denominata clausola di non discriminazione. Secondo la sempre più diffusa tecnica normativa internazionale, l'obbligo di consegna cui gli Stati parte si vincolano è escluso quando la richiesta di estradizione consegua ad un uso discriminatorio della giustizia penale o sottenda il rischio di trattamenti inumani o degradanti (v. già art. 3 Conv. eur. 1957). Per atti persecutori e discriminatori, la nostra giurisprudenza di legittimità intende situazioni di **oggettivo pregiudizio, reale o potenziale**, legate ai parametri indicati, appunto, nell'art. 698. Ad esempio, il *fumus persecutionis* è stato individuato nella prova della sussistenza di atti di **pulizia etnica** sul territorio interessato alla consegna. Non solo la prova certa, ma anche il **pericolo**, giustifica il rifiuto di consegna con riguardo alle situazioni qui considerate. Profilo molto rilevante riguarda la **natura istituzionale del rischio**: il pericolo di trattamenti discriminatori o persecutori e degradanti deve provenire dagli apparati e dalle istituzioni dello Stato che ha richiesto la consegna e non da singoli privati cittadini o gruppi criminali operanti sul territorio dello Stato. Si riconosce in giurisprudenza che l'**onere della prova** del rischio di trattamenti discriminatori gravi sull'estradando. La previsione si collega espressamente con l'art. 705 co. 2, sia alla lett. *c*, ma anche alle lett. *a* e *b*, ove si richiama la necessità del rispetto dei diritti fondamentali della persona, per un verso, e dei principi fondamentali dell'ordinamento giuridico italiano, per altro verso, ivi compreso il nucleo essenziale dei diritti di difesa nel processo penale.

• Ulteriore motivo di rifiuto obbligatorio della consegna è la previsione o l'avvenuta irrogazione, per il reato in questione, della **pena capitale** nello Stato richiedente. Come noto, il testo del **co. 2** è stato modificato dalla **l. 149 del 2016**, per risolvere in maniera finalmente determinante l'annosa questione che investe i rapporti con alcuni importanti Stati esteri. La soluzione recentemente adottata favorisce, infatti, sia una gestione più obiettiva delle richieste di estradizione, sia una maggior tutela della condizione dell'estradato. Il soddisfacimento preventivo delle condizioni evita il rischio potenziale che lo Stato richiedente venga poi meno (pur con quanto ne conseguirebbe sul piano dei rapporti diplomatici) all'impegno assunto in sede di richiesta di estradizione, finendo per condannare o eseguire comunque la pena capitale. Peraltro si segnala che il d. lgs. 3.10.2017, n. 149 ha interpolato l'**art. 700 co. 2**, inserendovi una lett. *b bis* che impone di allegare alla domanda di estradizione il provvedimento dell'autorità straniera del Paese richiedente, di commutazione della pena capitale e cancellando il riferimento alle idonee rassicurazioni, richiamato dalla lett. *b*.

• Il diniego di consegna non equivale necessariamente (e non dovrebbe equivalere) all'impunità dell'interessato. Come già ricordato – numerosi strumenti internazionali contemplano la classica clausola *aut dedere aut iudicare*, talvolta anche in specifica estensione della giurisdizione nazionale. Con riferimento alle richieste processuali si segnala che, in ipotesi in cui l'interessato non possa essere estradato, numerose convenzioni prevedono la sua partecipazione in **video-conferenza** (→ **Disp. att.**, art. 205 *ter*): peraltro, la Suprema Corte ha riconosciuto che, anche laddove la partecipazione a distanza sia stata disposta in **assenza di una specifica previsione convenzionale**, nessuna violazione dei diritti fondamentali dell'interessato può aver avuto luogo, se questi sia stato assistito dal difensore e dall'interprete.

699. Principio di specialità.

1. La concessione dell'estradizione, l'estensione dell'estradizione già concessa e la riestradizione sono sempre subordinate alla condizione espressa che, per un fatto anteriore alla consegna diverso da quello per il quale l'estradizione è stata concessa o estesa ovvero da quello per il quale la riestradizione è stata concessa, l'estradato non venga sottoposto a restrizione della libertà personale in esecuzione di una pena o misura di sicurezza né assoggettato ad altra misura restrittiva della libertà personale né consegnato ad altro stato.

2. La disposizione del comma 1 non si applica quando l'estradato, avendone avuta la possibilità, non ha lasciato il territorio dello stato al quale è stato consegnato trascorsi quarantacinque giorni dalla sua definitiva liberazione ovvero, avendolo lasciato, vi ha fatto volontariamente ritorno.

3. Il ministro può inoltre subordinare la concessione dell'estradizione ad altre condizioni che ritiene opportune.

4. Il ministro verifica l'osservanza della condizione di specialità e delle altre condizioni eventualmente apposte.

• La disposizione opera su due livelli: il primo è la tutela dell'estradato; il secondo è l'interesse degli Stati alla trasparenza dei rapporti diplomatici. Si tratta di una norma internazionale riconosciuta, operante (in forza dell'art. 10 co. 1 Cost. e dell'art. 696), pertanto, anche laddove lo specifico trattato da applicarsi alla richiesta non la contempli.

• I co. 3 e 4 sono connessi con l'art. 697, insieme al quale ribadiscono il peso politico che il Governo esercita, tramite il Ministro della giustizia sul procedimento estradizionale. Questi, infatti, può apporre delle condizioni, ritenute opportune alla concessione della estradizione, nella tradizionale prospettiva del carattere diplomatico dei rapporti che gli Stati intrattengono reciprocamente (v. artt. 708 e 709). Alla stessa logica risponde il co. 4, che riconosce al Ministro il potere di verificare il rispetto, da parte dello Stato richiedente, del principio di specialità e delle condizioni eventualmente apposte dal Ministro stesso, proprio in forza del co. 3. L'eventuale inosservanza determinerà un'azione politico-diplomatica, nel quadro dei rapporti generali che l'Italia intrattiene con lo Stato interessato.

• Un tempo in parallelo con la previsione dell'art. 721 nell'ambito dell'estradizione attiva – oggi integralmente riscritta dalla novella del 2017 – la formulazione del principio di specialità è qui espressa in forma essenziale, limitandosi ad escludere che il soggetto estradato possa essere sottoposto a provvedimenti coercitivi da parte dell'autorità richiedente, per fatti diversi da quello per cui l'estradizione è stata concessa e commessi prima della consegna medesima (nelle fonti convenzionali spesso si prevede una garanzia più ampia, anche contro il pericolo di essere sottoposti a procedimenti penali per fatti diversi, antecedenti alla consegna).

• Il principio opera tanto al momento della decisione sulla estradizione, quanto nelle ipotesi di estensione della estradizione già concessa (art. 710), oppure di riestradizione (art. 711), offrendo una garanzia temporalmente limitata (si tratta, infatti, di strumento di "controllo diplomatico" – e, quindi, imperfetto, sull'esercizio della sovranità nazionale). Tradizionalmente, il limite di "immunità" offerto dalla disposizione è di quarantacinque giorni, a decorrere dal momento in cui l'estradato è libero di lasciare il Paese in cui è stato trasferito (ampia è la giurisprudenza formatasi rispetto alla volontarietà della permanenza sul territorio: in primo luogo, continua la protezione se il permanere dell'interessato nel territorio oltre il quarantacinquesimo giorno dalla liberazione dipende dall'impossibilità di lasciare lo Stato, per via, ad esempio, del trattenimento del passaporto, o dalla necessità di difendersi in altri procedimenti penali; sono altresì considerate ragioni impeditive del libero abbandono del Paese dopo la purgazione della estradizione una grave malattia, un'indisponibilità economica o ogni altra condizione che incida sulla volontà personale. V. anche art. 721). Al di là di tale limite, la sovranità dello Stato e il suo potere punitivo si riespandono pienamente, legittimando l'azione penale, l'esecuzione della pena o altra limitazione della libertà personale per fatti antecedenti. Se l'interessato, lasciato il territorio dello Stato entro il predetto termine vi facesse poi liberamente ritorno, non potrebbe più fruire della "protezione".

• Evidentemente, l'articolo non offre nessuna "immunità" per fatti di reato che siano stati commessi dall'estradato dopo la sua consegna allo Stato richiedente.

700. Documenti a sostegno della domanda.

1. L'estradizione è consentita soltanto sulla base di una domanda alla quale sia allegata copia del provvedimento restrittivo della libertà personale o della sentenza di condanna a pena detentiva che ha dato luogo alla domanda stessa.

2. Alla domanda devono essere allegati:

a) una relazione sui fatti addebitati alla persona della quale è domandata l'estradizione, con l'indicazione del tempo e del luogo di commissione dei fatti stessi e della loro qualificazione giuridica;

b) il testo delle disposizioni di legge applicabili;

b bis) il provvedimento di commutazione della pena nei casi di cui all'articolo 698, comma 2;

c) i dati segnaletici e ogni altra possibile informazione atta a determinare l'identità e la nazionalità della persona della quale è domandata l'estradizione.

Articolo così modificato dal d. lgs. 3.10.2017, n. 149.

• Si tratta di **previsione "di chiusura"**, che opera, in base all'**art. 696**, soltanto qualora non sussista una convenzione internazionale o quando quest'ultima non provveda sul punto. Spesso, tuttavia, i trattati, soprattutto bilaterali, si occupano di definire puntualmente i requisiti della domanda che le parti potranno reciprocamente inoltrarsi.

• Aspetto fondamentale è **l'autenticità del titolo**, parte integrante della domanda stessa. È infatti rigettabile la richiesta che non pervenga corredata di tutta la documentazione indicata nell'articolo in commento (si veda, però, l'**art. 703 co. 3**, ove si stabilisce che il P.G. presso la corte d'appello – al quale la domanda deve essere trasmessa dopo il vaglio positivo del ministro *ex* **art. 703 co. 1** – possa richiedere, sempre attraverso il canale ministeriale l'integrazione della domanda che non risulti completa. Anche alle integrazioni, tuttavia, la giurisprudenza di legittimità applica un limite di ammissibilità, ove l'informalità del mezzo di trasmissione sia tale da impedire il controllo sull'autenticità del documento). Per quanto attiene ai **requisiti del titolo** allegato alla domanda esiste un vasto compendio giurisprudenziale presiede alla casistica varia, improntato, in generale, a una certa elasticità. In relazione, invece, alla **documentazione diversa dal titolo**, elencata al co. 2, ciò che rileva in via principale è la chiara esposizione dei fatti alla base del titolo e del soggetto.

• In riferimento alla traduzione, l'articolo si pone in relazione con **l'art. 201 Disp. att.**, che stabilisce il requisito della traduzione in lingua italiana di tutte le richieste di assistenza giudiziaria provenienti da un'autorità giudiziaria straniera, a prescindere dal loro contenuto. Anche i relativi atti e documenti devono soddisfare il medesimo requisito. Tuttavia, risulta in giurisprudenza che l'inosservanza di tale previsione non dia luogo a nullità. Peraltro, la lett. *c*) si ricollega con **l'art. 703 co. 2**, in forza del quale il P.G. presso la corte d'appello competente deve procedere alla identificazione del soggetto estradando, disponendone la comparizione davanti a sé [in occasione della quale l'interessato potrà eventualmente manifestare il proprio consenso all'estradizione (**art. 701 co. 2**): il consenso eviterà la celebrazione della fase giurisdizionale].

• Come già segnalato, l'ultima parte del testo previgente della lett. *b* è stato sostituito in occasione della riforma del 2017, ma doveva **già intendersi superata** alla luce della sentenza Corte cost., 223 del 1996 che aveva appunto dichiarato l'illegittimità costituzionale dell'**art. 698 co. 2** nella parte in cui consentiva l'estradizione verso Paesi che prevedono la pena di morte a condizione del rilascio di idonee garanzie di non applicazione o di non esecuzione. Peraltro, la recente riscrittura del co. 2 dell'art. 698 ad opera della l. 149 del 2016 aveva definitivamente **tolto ogni rilievo** alla previsione in commento, che è stata, infine, espunta dal legislatore del 2017, il quale, come anticipato anche *sub* art. 698, ha altresì aggiunto all'elenco del co. 2 la lett. *b bis*. Vi si prevede, in un'ottica di armonizzazione e di maggior effettività del procedimento, che lo Stato richiedente debba allegare alla domanda di consegna il provvedimento di commutazione della pena capitale.

701. Garanzia giurisdizionale.

1. L'estradizione di un imputato o di un condannato all'estero non può essere concessa senza la decisione favorevole della corte di appello.
2. Tuttavia, non si fa luogo al giudizio della corte di appello quando l'imputato o il condannato all'estero acconsente all'estradizione richiesta. L'eventuale consenso deve essere espresso alla presenza del difensore e, se del caso, dell'interprete e di esso è fatta menzione nel verbale.
3. La decisione favorevole della corte di appello e il consenso della persona non rendono obbligatoria l'estradizione.
4. La competenza a decidere appartiene, nell'ordine, alla corte di appello nel cui distretto l'imputato o il condannato ha la residenza, la dimora o il domicilio nel momento in cui la domanda di estradizione perviene al Ministro della giustizia ovvero alla corte di appello che ha ordinato l'arresto provvisorio previsto dall'articolo 715 o alla corte di appello il cui presidente ha provveduto alla convalida dell'arresto previsto dall'articolo 716. Se la competenza non può essere determinata nei modi così indicati, è competente la corte di appello di Roma.

Articolo così modificato dal d. lgs. 3.10.2017, n. 149. Inoltre, Corte cost., 310 del 2008, ha ritenuto non fondata la questione sollevata in relazione, appunto, all'art. 701 (testo previgente) e all'art. 704, in riferimento agli artt. 2, 3, 25, 27, 31, e 32 Cost., laddove attribuiscono alla corte d'appello e non alla sezione per i minorenni della corte d'appello, la competenza a decidere sulle richieste di estradizione nei confronti di soggetti infradiciottenni all'epoca dei fatti.

• In relazione con l'**art. 697 co. 1**, si stabilisce il necessario **vaglio positivo della corte d'appello** sulla richiesta di estradizione. La garanzia giurisdizionale, infatti, è esclusa solo in presenza del **consenso dell'interessato alla consegna** (**art. 703 co. 2**) – espresso alla presenza del suo difensore e con l'assistenza dell'interprete – irrevocabile, salva la mancata conoscenza di circostanze di fatto rilevanti o il loro successivo mutamento (**art. 205 *bis* Disp. att.**). Il d. lgs. 3.10.2017, n. 149, appunto, ha introdotto il riferimento alla presenza dell'interprete, ove necessario, coordinando il testo dell'articolo con quello dell'**art. 143**.

• Il consenso può essere espresso al P.G. presso la corte d'appello, oppure al Presidente della corte stessa, quando vi sia una misura coercitiva da convalidare. Inoltre, in coordinamento con l'**art. 202 Disp. att.**, sembra che il consenso possa essere prestato validamente anche durante la successiva procedura estradizionale, al presidente della corte d'appello. Se il consenso è prestato pendente il ricorso per cassazione avverso la sentenza della corte d'appello, l'impugnazione risulterà inammissibile per mancanza di interesse. (→ **Impugnazioni**, art. 591 co. 1 lett. *a*). Occorre dare atto nel verbale della **presenza del difensore** dell'estradando al momento del consenso, eventualmente espresso da quest'ultimo, **e dell'interprete**; secondo la previsione dell'**art. 202 Disp. att.**, il verbale va redatto in due originali, uno dei quali va immediatamente trasmesso al Ministro della giustizia. Il Ministro, ricevuto il verbale, effettua il vaglio sulla sussistenza delle condizioni cui l'estradizione è subordinata. Infatti, a seguito della specifica interpolazione degli artt. 697, con l'inserimento del co. 1 *quater* e dell'art. 705 co. 2 ad opera del d. lgs. 3.10.2017, n. 149, il vaglio del Ministro sul rispetto dei diritti e delle garanzie fondamentali dell'individuo è espressamente stabilito anche per i casi di assenso alla consegna da parte dell'interessato (v. i rapporti tra il co. 3 e l'art. 708: nemmeno la sentenza favorevole della corte d'appello in ordine alla richiesta di estradizione vale come accoglimento della domanda straniera, in assenza di una decisione altrettanto positiva del Ministro).

• L'eventuale consenso sottostà al **regime di irrevocabilità generale**, stabilito per tutte le procedure di cooperazione giudiziaria, dall'art. 205 *bis* **Disp. att.**, introdotto dalla l. 5.10.2001, n. 367, "salvo che l'interessato ignorasse circostanze di fatto rilevanti ai fini della sua decisione, ovvero esse si siano successivamente modificate".

• L'**ufficio competente per territorio** è individuato in base al **luogo di residenza, dimora o domicilio** del soggetto richiesto in consegna, con una formula che riprende quella impiegata dagli **artt. 9 co. 2 e 10**. La **presenza sul territorio** nazionale della persona ricercata è condizione implicita dell'obbligo di consegna del soggetto da parte dell'autorità richiesta. Sono previsti altri due criteri, che radicano la competenza presso la corte d'appello che abbia ordinato l'arresto provvisorio, secondo quanto previsto dall'art. 715 o abbia convalidato l'arresto operato in via d'urgenza dalla p.g. *ex* art. 716. Anche in ambito estradizionale, così come nel procedimento ordinario (→ **Soggetti**, art. 9 co. 3), si prevede una regola di chiusura, che opera tutte le volte in cui non è possibile determinare la competenza della corte d'appello secondo i parametri indicati, fissandola presso la **Corte d'appello di Roma**. Se la domanda di consegna riguarda un **soggetto minorenne** al momento del fatto, la competenza funzionale appartiene alla sezione specializzata per i minorenni della corte d'appello (art. 58 **Ord. giud.**, che assegna alla predetta sezione la competenza per qualunque procedimento nei confronti di un minore autore di reato). Si ritengono applicabili le norme generali in tema di incompetenza per territorio stabilite dal codice di procedura penale, così come quelle relative all'incompatibilità, astensione e ricusazione (→ **Soggetti**, artt. 21 s.; 35, 36, 37).

702. Intervento dello Stato richiedente.

1. A condizione di reciprocità, lo stato richiedente ha la facoltà di intervenire nel procedimento davanti alla corte di appello e alla corte di cassazione facendosi rappresentare da un avvocato abilitato al patrocinio davanti all'autorità giudiziaria italiana.

• La disposizione costituisce il presupposto generale delle previsioni di cui al successivo art. 704 e all'art. 706. Essa riflette, ancora una volta, la logica squisitamente politica in cui anche le relazioni estradizionali si inseriscono, ribadendosi la condizione di reciprocità cui tale facoltà è subordinata. Per quanto attiene alle prerogative del difensore deve evidentemente farsi riferimento alla nostra disciplina professionale nazionale (→ **Soggetti**, art. 96 s.).

• La facoltà stabilita dalla presente disposizione si intreccia con quanto previsto dagli artt. 703, 704, 706, al fine di consentire l'effettiva ed efficace partecipazione del rappresentante dello stato richiedente al procedimento (principale e non anche a quello incidentale cautelare). Il **termine ultimo** per l'intervento del rappresentante dello Stato richiedente è la **verifica della regolare costituzione** delle parti all'udienza in camera di consiglio davanti alla corte d'appello.

• L'articolo è espressamente richiamato dall'art. 12 d. lgs. 7.9.2010, n. 161, in tema di riconoscimento delle sentenze (europee) di condanna a pena detentiva: anche in tale procedimento avanti la corte d'appello dovrà essere concessa, a condizione di reciprocità, la facoltà allo Stato richiedente, di farsi rappresentare da un avvocato abilitato al patrocinio innanzi all'autorità giudiziaria italiana.

703. Accertamenti del procuratore generale.

1. Il Ministro della giustizia quando ritiene di dare corso alla domanda di estradizione, la trasmette entro trenta giorni dal ricevimento con i documenti che vi sono allegati al procuratore generale presso la corte di appello competente a norma dell'articolo 701, comma 4.

2. Salvo che si sia già provveduto a norma dell'articolo 717, il procuratore generale, ricevuta la domanda, dispone la comparizione davanti a sé dell'interessato e provvede alla sua identificazione. Procede, altresì, all'interrogatorio dello stesso e ne raccoglie, previa informazione sulle conseguenze, l'eventuale consenso all'estradizione o la rinuncia al principio di specialità. L'interessato è avvisato che è assistito da un difensore di ufficio, ma che può nominarne uno di fiducia. L'atto è compiuto alla necessaria presenza del difensore cui deve essere dato avviso almeno ventiquattro ore prima. Quando una particolare disposizione di legge lo prevede, il procuratore generale dispone che l'interessato partecipi a distanza all'interrogatorio. Il procuratore generale può altresì autorizzare a partecipare a distanza all'interrogatorio l'interessato e il difensore quando ne fanno richiesta. Il consenso all'estradizione e la rinuncia al principio di specialità non sono validi se non sono espressi alla presenza del difensore. La rinuncia

dell'estradato alla garanzia del principio di specialità è irrevocabile alle condizioni stabilite dall'articolo 717, comma 2 *bis*.

3. Il procuratore generale richiede alle autorità straniere, per mezzo del Ministro della giustizia, la documentazione e le informazioni suppletive che ritiene necessarie. Ove previsto dalle convenzioni internazionali, la richiesta è inoltrata direttamente dal procuratore generale, che ne dà comunicazione al Ministro della giustizia.

4. Il procuratore generale, entro trenta giorni dalla data in cui la domanda di estradizione gli è pervenuta, presenta alla corte di appello la requisitoria.

5. La requisitoria è depositata nella cancelleria della corte di appello, unitamente agli atti e alle cose sequestrate. La cancelleria cura la notificazione dell'avviso del deposito alla persona della quale è richiesta l'estradizione, al suo difensore e all'eventuale rappresentante dello stato richiedente, i quali, entro dieci giorni, hanno facoltà di prendere visione e di estrarre copia della requisitoria e degli atti nonché di esaminare le cose sequestrate e di presentare memorie.

Articolo così modificato dal d. lgs. 3.10.2017, n. 149 e dal d. lgs. 10.10.2022, n. 150.

• L'articolo regola la **struttura di tutto il procedimento estradizionale passivo**. In collegamento con l'art. 699, il co. 1 prevede che il Ministro possa autonomamente respingere la richiesta di estradizione. Solo in caso contrario, deve provvedere alla **trasmissione al P.G.** della documentazione, entro trenta giorni dal ricevimento (come ora previsto a seguito della recentissima novella). In conseguenza delle interpolazioni apportate all'art. 696 dal d. lgs. 149 del 2017, il margine di apprezzamento ministeriale risulta più ampio laddove non sia applicabile alcuna convenzione internazionale, in assenza, cioè, di un obbligo generale e tendenziale di consegna. Oltre ai casi ora previsti nell'art. 697, un'ipotesi di rifiuto ministeriale *de plano* si riscontra nell'eventualità di mera riproposizione di richiesta di estradizione fondata sui medesimi presupposti già in precedenza rigettati.

• L'individuazione del P.G. è **conseguente** alla determinazione della competenza della corte d'appello *ex* art. 701. Il P.G. deve provvedere alla **convocazione dell'interessato** per procedere, in presenza del suo difensore, alla sua identificazione, all'interrogatorio e alla raccolta dell'eventuale consenso alla estradizione (art. 701 co. 1) nonché dell'eventuale rinuncia al principio di specialità, così come previsto a seguito della recente novellazione (si ritiene applicabile la disciplina dell'invito a presentarsi: → **Indagini e udienza preliminare**, art. 375). Come anticipato, allo scopo deve essere nominato un **difensore d'ufficio** (→ **Soggetti**, art. 97), con l'avviso che l'interessato può nominarne uno di fiducia (→ art. 96): la presenza del difensore è oggi necessaria e condizione esplicita di validità del consenso all'estradizione e della rinuncia al principio di specialità. Si segnala l'inserimento dell'inciso che assicura che l'interessato sia opportunamente informato sulle conseguenze delle sue eventuali scelte, anche alla luce della condizione di generale irrevocabilità, non solo del consenso alla consegna, ma anche della rinuncia al principio di specialità, prevista dall'art. 717 co. 2 *bis*, qui espressamente richiamato. In forza della previsione del rinnovato art. 701, deve essere presente anche l'**interprete**, se necessario. La comparizione non è tuttavia necessaria ove il soggetto sia stato sottoposto a una misura coercitiva, disciplinata dagli artt. 714, 715 e 716. In tal caso, infatti, in forza dell'art. 717 co. 1, il soggetto deve essere presentato, non più tardi di cinque giorni dall'arresto o dall'esecuzione della misura, al presidente della corte d'appello, il quale procederà alle sopraindicate attività.

• La recentissima interpolazione del co. secondo si deve all'entrata in vigore del d. lgs. 150 del 2022 (art. 40 co. 1 lett. *a*), il quale, in ossequio alla delega prevista all'art. 1 co. 3 l. 134 del 2021, ha previsto la possibilità di partecipazione a distanza dell'interessato all'atto, secondo le generali regole introdotte dalla riforma (→ **Atti**, art. 133 *bis*). La nuova formula valorizza la volontà dell'interessato e del suo difensore, i quali possono richiedere, nel proprio interesse, che si proceda a distanza.

• Il P.G. deve richiedere all'autorità straniera eventuali **integrazioni** della documentazione a sostegno della domanda (art. 700): infatti, il potere di integrazione della corte d'appello sarebbe meramente residuale rispetto a quello del P.G. La riscrittura del co. 3 da parte del d. lgs. 149 del 2017 permette espressamente al P.G. di inoltrare la predetta richiesta direttamente all'autorità straniera ove ciò previsto dalle convenzioni straniere applicabili, evitando il canale ministeriale, che rimane comunque quello ordinario.

• Il P.G. dispone oramai soltanto di trenta giorni per assumere una determinazione in ordine alla richiesta di estradizione: dovrà, infatti, chiederne l'accoglimento o il rigetto alla corte d'appello, a mezzo di una **requisitoria scritta**, il cui avviso di deposito dovrà essere notificato a cura della cancelleria all'interessato, al suo difensore ed, eventualmente, al rappresentante dello Stato straniero (art. 702). I legittimati possono prendere visione ed estrarre copia degli atti ed esaminare le cose sequestrate (ai sensi dell'art. 714 co. 1) nonché depositare memorie entro il termine di dieci giorni dalla notifica dell'avviso. Secondo la prevalente giurisprudenza, si tratta di termini comunque ordinatori (→ **Atti**, art. 172), e, addirittura, si ritiene che il mancato deposito *tout court* della requisitoria non darebbe luogo ad alcuna nullità.

704. Procedimento davanti alla corte di appello.

1. Scaduto il termine previsto dall'articolo 703 comma 5, il presidente della corte fissa l'udienza per la decisione, con decreto da comunicarsi al procuratore generale e da notificarsi alla persona della quale è richiesta l'estradizione, al suo difensore e all'eventuale rappresentante dello stato richiedente, almeno dieci giorni prima, a pena di nullità. Provvede inoltre a designare un difensore di ufficio alla persona che ne sia priva e, ove necessario, nomina un interprete. Fino a cinque giorni prima dell'udienza possono essere presentate memorie in cancelleria.

2. La corte decide con sentenza in camera di consiglio, entro sei mesi dalla presentazione della requisitoria, sull'esistenza delle condizioni per l'accoglimento della domanda di estradizione, dopo aver assunto le informazioni e disposto gli accertamenti ritenuti necessari sentiti il pubblico ministero, il difensore e, se comparsi, la persona della quale è richiesta l'estradizione e il rappresentante dello stato richiedente.

3. Quando la decisione è favorevole all'estradizione, la corte, se vi è richiesta del Ministro della giustizia, dispone la custodia cautelare in carcere della persona da estradare che si trovi in libertà. Provvede, altresì, al sequestro del corpo del reato e delle cose pertinenti, stabilendo quali devono essere consegnati allo Stato richiedente.

4. Quando la decisione è contraria all'estradizione, la corte revoca le misure cautelari applicate e dispone in ordine alla restituzione delle cose sequestrate.

Articolo così modificato dal d. lgs. 3.10.2017, n. 149.

• L'**udienza** innanzi alla corte d'appello deve essere fissata in data non precedente al decorso di dieci giorni dall'ultima notifica di avvenuto deposito della requisitoria del P.G. Il decreto della corte d'appello deve essere comunicato al P.G. (→ **Atti**, art. 153, per la disciplina delle comunicazioni al p.m.) e notificato **all'estradando, al suo difensore e all'eventuale rappresentante dello Stato straniero**. In assenza di diversa previsione, pare ipotizzabile che la notifica all'estradando debba effettuarsi secondo le forme dell'art. 157 (→ **Atti**), mentre quella al rappresentante dello Stato straniero possa essere compiuta, nei limiti della compatibilità, secondo l'art. 154. Il **termine a comparire è di dieci giorni**, il cui rispetto è espressamente stabilito a pena di nullità; la nullità (→ **Atti**, art. 178 lett. *c*) è ritenuta in giurisprudenza sanabile se non dedotta subito dopo la verifica della regolare costituzione delle parti all'udienza. In caso di necessità, deve essere nominato un **difensore d'ufficio**, secondo le regole generali dell'art. 97 e l'interprete (che sarà stato nominato sin dalla comparizione davanti al P.G. per l'identificazione e gli eventuali consensi all'estradizione e rinuncia al principio di specialità).

• L'udienza si celebra in **camera di consiglio** e, pertanto, la disciplina generale applicabile è quella dell'art. 127 (→ **Atti**), salvo la convenzione applicabile disponga diversamente. Nel **co. 2**, solo formalmente modificato, per questa parte, dal d. lgs. 149 del 2017, si prevede che **p.m. e difensore dell'estradando siano sempre sentiti**. La presenza dell'estradando e del rappresentante dello Stato straniero è meramente eventuale, ma dovranno essere sentiti in caso di loro comparizione. Si segnala l'aggiunta di un termine (apparentemente ordinatorio) per la decisione, inserito dal d. lgs. 149 del 2017, che vincola il collegio al rispetto di un periodo semestrale, a decorrere dalla presentazione della requisitoria da parte del P.G.

• Ai fini del controllo *in iure*, la corte d'appello può richiedere l'integrazione della domanda e della relativa documentazione che, se disattesa, porterà al rigetto. La decisione è adottata con **sentenza** (→ **Atti**, art. 125), che deve statuire soltanto sull'esistenza delle condizioni per l'estrazione (secondo quanto disposto dagli artt. 698, 705; → art. 13 co. 3 c.p.; → **Cost.**, artt. 10 co. 4, 26 co. 2, 27 co. 3, 31 e 32). La pronuncia favorevole non esprime, comunque, un volere di consegna, che sarà eventualmente contenuto nel provvedimento del ministro (art. 708). Tuttavia, una volta accertata la sussistenza delle condizioni per l'estradizione, la corte **deve disporre la custodia cautelare in carcere** nei confronti dell'estradando se vi è richiesta in tal senso da parte del ministro (ipotesi nelle quali **non opera l'art. 714 co. 2**, che richiama i presupposti cautelari da applicarsi a monte della fase giurisdizionale. In questa sede è sufficiente la mera richiesta del Ministro successiva alla decisione: si tratta di un automatismo cautelare che, prescindendo dalla sussistenza delle esigenze, si innesca soltanto a seguito della richiesta del ministro; dubbia la sua compatibilità con l'art. 101 Cost., che vuole il giudice soggetto soltanto alla legge). La durata della misura applicata in forza della disposizione in commento è ancorata al termine di quarantacinque giorni di cui dispone il ministro, *ex* art. 708, per adottare la decisione finale. La giurisprudenza di legittimità ritiene che l'avvenuta consegna faccia venir meno l'interesse dell'estradato per la decisione avverso il rigetto dell'istanza di revoca della misura cautelare (Cass., SU, 17.2.2012, Marinaj).

• Quanto, poi, alla decisione negativa della corte d'appello, essa determina, invece, la revoca delle misure cautelari eventualmente applicate (→ **Misure cautelari**, art. 299) e la restituzione delle cose sequestrate (→ **Prove**, art. 263).

705. Condizioni per la decisione.

1. Quando non esiste convenzione o questa non dispone diversamente, la corte di appello pronuncia sentenza favorevole all'estradizione se sussistono gravi indizi di colpevolezza ovvero se esiste una sentenza irrevocabile di condanna e se, per lo stesso fatto, nei confronti della persona della quale è domandata l'estradizione, non è in corso procedimento penale né è stata pronunciata sentenza irrevocabile nello Stato.

2. La corte di appello pronuncia comunque sentenza contraria all'estradizione:

a) se, per il reato per il quale l'estradizione è stata domandata, la persona è stata o sarà sottoposta a un procedimento che non assicura il rispetto dei diritti fondamentali;

b) se la sentenza per la cui esecuzione è stata domandata l'estradizione contiene disposizioni contrarie ai principi fondamentali dell'ordinamento giuridico dello Stato;

c) se vi è motivo di ritenere che la persona verrà sottoposta ad atti persecutori o discriminatori per motivi di razza, di religione, di sesso, di nazionalità, di lingua, di opinioni politiche o di condizioni personali o sociali ovvero alla pena di morte o a pene o trattamenti crudeli, disumani o degradanti o comunque ad atti che configurano violazione di uno dei diritti fondamentali della persona;

c bis) se ragioni di salute o di età comportino il rischio di conseguenze di eccezionale gravità per la persona richiesta.

Le lett. *c* e *c bis* sono state così sostituite all'originaria lett. *c* dal d. lgs. 3.10.2017, n. 149.

• L'*incipit* della disposizione richiama la regola generale dell'art. 696, ribadendo la **prevalenza della normativa convenzionale**, se presente e se sufficientemente dettagliata da stabilire specifiche condizioni per la decisione. Il silenzio in ordine a queste ultime determina, secondo una giurisprudenza progressivamente confermatasi, l'applicazione dei parametri dell'art. 705.

• Pertanto, ai fini dell'applicazione dell'art.

705, prima determinante distinzione è l'esistenza o meno di una convenzione internazionale. Seconda distinzione fondamentale è la natura processuale o esecutiva dell'estradizione. Conviene inoltre distinguere tra situazioni soggettive e oggettive che determinano il venir meno dell'obbligo di estradare.

• La **cittadinanza** rappresenta il primo tra i limiti alla consegna, di natura **soggettiva**. Nel nostro ordinamento, se ne occupa direttamente la **Costituzione**: l'art. 26 co. 1 dispone che l'estradizione del cittadino è possibile solo se prevista da una convenzione internazionale. In particolare, la Convenzione europea del 1957 prevede la facoltà di rifiuto di estradizione dei propri cittadini; in caso di rifiuto di consegna del cittadino, lo Stato è vincolato (art. 6 par. 2) al principio ***aut dedere aut iudicare***. Quanto alle altre convenzioni che legano l'Italia, si può affermare che fino a dopo la Seconda Guerra mondiale è persistito l'orientamento all'esclusione della consegna del cittadino. Successivamente, si è registrato un progressivo affievolimento del principio, fino a raggiungersi, addirittura, il rovesciamento, ad esempio nella convenzione Italia-USA del 1983. Con riguardo alla discrezionalità ministeriale nella scelta di consegnare il cittadino, si ricordi il nuovo assetto introdotto dall'art. 697 co. 1 *ter* che riconosce il rifiuto in tutti i casi in cui l'eventualità della consegna, prevista a livello pattizio, non sia accompagnata da chiari criteri applicativi. In tal caso, valutati gravità del fatto, della rilevanza degli interessi lesi dal reato e delle condizioni personali dell'interessato, il ministro dovrà rifiutare la consegna del cittadino.

• Altro profilo soggettivo di esclusione è quello collegato all'**età** del soggetto estradando. In primo luogo rileva l'età minima, ovvero il raggiungimento della **maggiore età** secondo la legge dello Stato richiesto (es. Conv. Ita-Can 2005). Inoltre può essere rilevante anche **l'età avanzata** del soggetto richiesto, ovvero il superamento di una soglia di anzianità, sola o congiunta a condizioni psicofisiche particolari. La Convenzione europea del 1957 non contempla né la minore età, né l'età avanzata o altre **condizioni psico-fisiche particolari**. Tuttavia, la giurisprudenza è riuscita a introdurre un principio di salvaguardia della minore età, nonché della genitorialità e dell'assistenza alla prole, attraverso la clausola di non discriminazione.

• Tra i limiti **oggettivi** all'impegno di estradare, si segnala l'esclusione di alcune **categorie di reati**. La prima grande categoria esclusa è quella dei reati politici, prevista dall'art. 698 co. 1. A sua volta, l'universo convenzionale offre un'amplissima serie di **limitazioni all'obbligo di estradare**, basate sulla tipologia di reato (può essere rilevante anche il luogo di consumazione del reato, essendo talvolta esclusa la consegna per reati commessi nel proprio territorio. Ciò è previsto dalla stessa Conv. eur. estr. all'art. 7). Ad esempio, la giurisprudenza di legittimità ha ripetutamente ribadito che è ostativo alla consegna, richiesta in base alla predetta convenzione, l'avvenuta prescrizione del reato, accertata secondo la legge dello stato richiedente o dello Stato richiesto (Cass. Sez. VI, 6239 del 2020), in base alla clausola di maggior favore. Non è invece previsto, nel contesto convenzionale, il controllo delle condizioni di procedibilità nello Stato richiedente (Cass. Sez. VI, 7975 del 2020).

• Nell'ipotesi di **estradizione processuale**, cioè volta ad ottenere la consegna del soggetto per la celebrazione del processo nei suoi confronti, l'art. 705 co. 1 indica quale presupposto della decisione favorevole all'estradizione la sussistenza di **gravi indizi di colpevolezza**. Il richiamo all'art. 273 co. 1 (→ **Misure cautelari**) ha valore solo generico, affinché la corte d'appello verifichi, attraverso la documentazione disponibile, che l'autorità straniera abbia valutato **l'effettiva sussistenza della *probable cause***, ovvero di una elevata probabilità che il soggetto richiesto in consegna abbia commesso il fatto per il quale si intende procedere. Nell'ipotesi di estradizione esecutiva, invece, la corte d'appello deve verificare la sussistenza di una decisione irrevocabile secondo la legge dello stato richiedente, ovvero un provvedimento non più suscettibile di impugnazioni ordinarie.

• Tanto per l'estradizione esecutiva quanto per quella processuale, deve escludersi che, in presenza di una **sovrapposizione di giurisdizioni**, nel nostro ordinamento sia pendente – o sia concluso con sentenza definitiva – un procedimento penale per lo stesso fatto oggetto della domanda di consegna. La condizione ostativa indicata nella seconda parte dell'art. 705 co. 1 è direttamene collegata con il concetto di ***idem factum*** adottato. Influenzata dalle posizioni di certa dottrina, la giurisprudenza – non altrettanto aperta quando si tratti di interpretazione dell'art. 649 – ha optato per un approccio "materiale", riferito alla dimensione storico-fattuale, piuttosto che a quella. Il profilo convenzionale risulta sfaccettato nelle molte diverse formulazioni in cui la litispendenza e il *bis in idem* possono essere tradotte. In particolare, l'art. 8 Conv. eur. estr. accorda alla **litispendenza** (e non anche alla sentenza definitiva) un'efficacia di mera facoltà di rifiuto della consegna. Ciò, data la prevalenza della fonte internazionale, avrebbe finito per svuotare di significato la previsione dell'art. 705 co. 1, almeno con riferimento ai rapporti con gli altri Stati del Consiglio d'Europa, facendo dubitare della compatibilità rispetto agli artt. 24 co. 2, 25 co. 1 e 112 Cost.; tuttavia un'articolata sentenza della Corte costituzionale (58 del 1997) ha escluso la fondatezza di tale dubbio, poiché si è riconosciuto che il potere discrezionale di valutazione caso per caso previsto dalla Convenzione europea debba intendersi esercitato, una volta per tutte, sul piano del nostro ordinamento interno, dal legislatore, con l'esclusione della consegna nei casi di litispendenza. Con riguardo ad altre convenzioni, è stata esclusa la preclusione con rispetto a procedimenti per fatti di cui all'art. 2 Conv. int. repressione attentati esplosivi (New York, 1997), che prevede dei parametri di competenza "preferenziale".

• Sebbene non enunciato nell'art. 705, uno dei limiti oggettivi all'obbligo di estradare maggiormente rilevanti nei rapporti bilaterali tra Stati è il c.d. **principio di doppia incriminazione**, in virtù del quale il fatto deve essere considerato reato in entrambi gli ordinamenti coinvolti nel rapporto estradizionale. Nell'ordinamento italiano la regola è esplicitamente enunciata nell'**art. 13 co. 2 c.p.** e precetto di analogo tenore è previsto dall'**art. 2 Convenzione europea 1957**. Tutte le convenzioni successive al secondo Dopoguerra la prevedono, mentre le più risalenti ne sono prive.

• Significativi sviluppi si sono registrati in materia di mandato d'arresto europeo, nella cui disciplina proprio il superamento del controllo, caso per caso, della doppia incriminazione ha rappresentato **un'evoluzione sostanziale** nelle procedure di consegna, sia con riguardo all'elenco delle trentadue fattispecie per cui non è possibile il rifiuto per l'assenza della doppia incriminazione, sia con riguardo al tenore, meramente facoltativo, del motivo, in relazione a tutte le altre fattispecie. Il **trattamento sanzionatorio** può essere esplicitamente preso in considerazione ai fini della limitazione o dell'estensione dell'obbligo di consegna. Sul piano delle singole convenzioni bilaterali, il panorama è variegato. Spesso, la previsione della doppia incriminazione si associa all'indicazione di un **limite di pena edittale**, oppure di una **pena in concreto** o, ancora, della **pena che debba essere ancora scontata**.

• La nuova versione del **co. 2** enuncia una serie di **condizioni ostative**, obbligatorie, alla consegna: carattere di contrarietà del procedimento (celebrato o da celebrarsi) ai **diritti fondamentali dell'individuo** (→ **Cedu**, artt. 5, 6, 7, 8, 10); contrarietà della sentenza di condanna ai **principi fondamentali dell'ordinamento italiano** (→ **Cost.**, art. 1 s.; artt. 16 e 17 l. 218 del 1995); rischio di **trattamenti discriminatori, persecutori, crudeli, disumani o degradanti** (art. 698 co. 1; → **Cedu**, artt. 2 e 3) e **rischi di eccezionale gravità dovuti all'età o alle condizioni di salute**. Di fatto, pur di fronte alla ribadita prevalenza convenzionale, si innesta una clausola di chiusura che fa prevalere i principi fondamentali. Va sottolineato che **incombe sull'estradando** dimostrare che la consegna ingenererebbe situazioni di rischio elencate dall'art. 705 co. 2. A tal fine – e come già precisato *sub* art. 698 – la giurisprudenza di legittimità richiede che il rischio risulti da fonti qualificate e documentate.

• Di non semplice definizione è il limite dei **principi fondamentali dell'ordinamento giuridico** dello Stato. Vi paiono pacificamente ricompresi: il principio di **irretroattività della legge penale**, il **divieto di analogia** in *malam partem*, **l'*in dubio pro reo***, della **responsabilità penale personale** nonché il principio di **rieducazione della pena**. In giurisprudenza è stata esclusa, invece, l'afferenza del divieto di *reformatio in peius* e del doppio grado di giudizio nel merito. Con riguardo al **rischio di sottoposizione ad atti, pene e trattamenti inumani e degradanti**, si deve segnalare la scelta del legislatore del 2017 di riportare espressamente il testo dell'art. 698 co. 1, enunciando ciascuna ipotesi di possibile trattamento discriminatorio o crudele, inumano o degradante, e aggiungendo anche l'espresso riferimento alla pena di morte, in piena armonia con il nuovo art. 698 co. 2.

706. Ricorso per cassazione.

1. Contro la sentenza della corte di appello può essere proposto ricorso per cassazione, anche per il merito, dalla persona interessata, dal suo difensore, dal procuratore generale e dal rappresentante dello stato richiedente. La corte decide entro sei mesi dal ricevimento del ricorso.

2. Nel giudizio davanti alla corte di cassazione si applicano le disposizioni dell'articolo 704.

Articolo così modificato dal d. lgs. 3.10.2017, n. 149.

• La disposizione introduce un *unicum* in tutto l'ordinamento, ossia la possibilità di lamentare **questioni di merito** innanzi alla Suprema Corte (→ **Impugnazioni**, art. 609). Il ricorso avverso la sentenza della corte d'appello soggiace evidentemente alla disciplina generale delle impugnazioni (→ art. 568 s.) e in particolare all'art. 585 co. 2 lett. *a*, per quanto riguarda i **termini** per proporre impugnazione avverso il provvedimento, che è a tutti gli effetti pronunciato in camera di consiglio. Per quanto riguarda i legittimati, tuttavia, oltre al P.G. presso la corte d'appello, l'estradando e il suo difensore, è menzionato anche il rappresentante dello Stato richiedente (art. 702). La giurisprudenza ha escluso la legittimazione dell'estradando a proporre ricorso *ex* art. 625 *bis*. Non è applicabile nemmeno la disciplina della **revisione**. A seguito dell'interpolazione operata dal d. lgs. 149 del 2017, il Supremo Collegio deve decidere entro sei mesi dal ricevimento del ricorso.

• Tema ampiamente dibattuto è l'estensione dei **poteri istruttori della Corte** di cassazione, chiamata, in questo caso a pronunciarsi anche sul merito. Inizialmente, la Corte di cassazione non si riteneva legittimata a pronunciare sentenza di annullamento con rinvio, dovendo rendere pieno giudizio di merito, supplendo ai vizi del provvedimento impugnato. Altro orientamento, tuttavia, tendeva ad escludere un autonomo potere istruttorio della corte di cassazione ai fini della decisione *ex* art. 706. Oggi può ritenersi che la corte di cassazione possa pronunciare **annullamento con rinvio**, ad eccezione del caso in cui la sentenza di primo grado sia affetta da nullità non sanata.

• Il procedimento davanti alla corte di cassazione e la decisione sono regolati dagli artt. 704 e 705 e non deve farsi applicazione dell'art. 611: ne consegue un maggior spazio di **partecipazione** per i soggetti direttamente interessati, cioè l'estradando e il rappresentante dello Stato straniero. L'estradando detenuto ha il diritto di essere sentito, se interessato, dal magistrato di sorveglianza del luogo di detenzione, precedentemente all'udienza.

• Nel silenzio del recente **d. lgs. 32 del 2014**, pare confermato l'onere dell'estradando di richiedere la traduzione della sentenza della corte d'appello, ai fini dell'esercizio del potere di impugnazione. L'opportuna previsione della nomina dell'interprete per l'estradando che non conosce la lingua italiana, sin dal momento dell'identificazione da parte del P.G., potrebbe indurre ad un ripensamento della predetta giurisprudenza. Quanto poi alle spese processuali, le SU della Corte di cassazione hanno ribadito che il mancato accoglimento del ricorso proposto dall'estradando avverso la sentenza della corte di appello, favorevole all'estradizione, fa sorgere l'obbligo in capo al proponente (Cass., SU, n. 36541 del 2008).

• Assai rilevanti sono gli **adempimenti successivi** all'intervenuta irrevocabilità della decisione. In primo luogo, la cancelleria deve comunicare al ministro sia l'eventuale scadenza dei termini per proporre impugnazione, sia l'avvenuto deposito della sentenza della corte di cassazione: infatti, il temine di quarantacinque giorni per la **decisione ministeriale**, previsto dall'art. 708 decorre soltanto dal momento della ricezione da parte del guardasigilli della suddetta comunicazione. Inoltre, come già in precedenza sottolineato, la corte di cassazione dovrà provvedere, in relazione al dispositivo della sentenza, agli adempimenti di cui all'**art. 704 co. 3 e 4**.

707. Rinnovo della domanda di estradizione.

1. La sentenza contraria all'estradizione preclude la pronuncia di una successiva sentenza favorevole a seguito di un'ulteriore domanda presentata per i medesimi fatti dallo stesso stato, salvo che la domanda sia fondata su elementi che non siano già stati valutati dall'autorità giudiziaria.

• La disposizione introduce una **preclusione estradizionale**, che cristallizza l'esito negativo del procedimento giurisdizionale (art. 704). Viene di fatto impedita la riproposizione della domanda di consegna (art. 700) nei confronti della stessa persona e per lo stesso fatto, in assenza di nuovi elementi. Tale "giudicato estradizionale", che si forma con la comunicazione dell'esito negativo da parte del Ministro all'autorità straniera (art. 708) è, pertanto, solo parzialmente preclusivo, stante la riproponibilità assistita da nuovi elementi.

708. Provvedimento di estradizione. Consegna.

1. Il Ministro della giustizia decide in merito all'estradizione entro quarantacinque giorni dalla ricezione del verbale che dà atto del consenso all'estradizione ovvero dalla notizia della scadenza del termine per l'impugnazione o dal deposito della sentenza della corte di cassazione.

2. Scaduto tale termine senza che sia intervenuta la decisione del ministro, la persona della quale è stata chiesta l'estradizione, se detenuta, è posta in libertà.

3. La persona medesima è altresì posta in libertà in caso di diniego dell'estradizione.

4. Il Ministro della giustizia comunica senza indugio allo stato richiedente la decisione e, se questa è positiva, il luogo della consegna e la data a partire dalla quale sarà possibile procedervi, dando altresì precise indicazioni circa le limitazioni alla libertà personale subite dall'estradando ai fini dell'estradizione.

5. Il termine per la consegna è di quindici giorni dalla data stabilita a norma del comma 4 e, su domanda motivata dello Stato richiedente, può essere prorogato di altri venti giorni. Il termine per la consegna è sospeso in caso di sospensione dell'efficacia della decisione del Ministro della giustizia da parte del competente giudice amministrativo e riprende a decorrere dalla data di deposito del provvedimento di revoca del provvedimento cautelare o del provvedimento con cui è accolto il gravame proposto avverso il provvedimento cautelare o della sentenza che rigetta il ricorso ovvero della decisione che dichiara l'estinzione del giudizio.

6. Il provvedimento di concessione dell'estradizione perde efficacia se, nel termine fissato, lo stato richiedente non provvede a prendere in consegna l'estradando; in tal caso quest'ultimo viene posto in libertà.

Il co. 5 è stato così sostituito dalla l. 21.7.2016, n. 149. Nei co. 1 e 4 le parole «Ministro della giustizia» sono state sostituite alle parole «Ministro di grazia e giustizia» dal d. lgs. 3.10.2017, n. 149.

• Dopo l'acquisizione della decisione favorevole della corte d'appello (art. 701 co. 1), o del consenso dell'interessato, il Ministro della giustizia deve adottare un **decreto entro quarantacinque giorni** dalla: ricezione del verbale recante il consenso dell'interessato alla propria consegna (artt. 703 co. 2 e 202 Disp. att.); dalla comunicazione della scadenza del termine per proporre impugnazione (artt. 585 e 203 Disp. att.); del deposito della sentenza favorevole della corte di cassazione (artt. 706 e 203 Disp. att.).

• Quanto alle prerogative del Ministro, vi è chi ritiene che questi sia investito del potere di effettuare una nuova valutazione dei presupposti cautelari, quale ulteriore garanzia a favore dell'estradando, mente altri ritengono che tale potere delimitato dall'immutabilità dei punti di diritto decisi dall'autorità giudiziaria. La giurisprudenza amministrativa sembra schierata sull'opzione più ampia e, a più riprese, ha riconosciuto la sindacabilità da parte del Ministro dalle condizioni di legittimità previamente ritenute sussistenti dall'autorità giudiziaria. Nessuna sovrapposizione valutativa si verifica quando l'interessato abbia prestato il consenso alla propria consegna.

• La decisione ministeriale deve essere comunicata tempestivamente all'autorità richiedente. Tuttavia, tale provvedimento si ritiene oggi **impugnabile innanzi alla giurisdizione amministrativa**: al T.a.r. Lazio, in prima istanza e al Consiglio di Stato, successivamente; ne consegue la possibile sospensione, recentemente regolata dalla l. 149 del 2016, dei termini che decorrono proprio dalla decisione ministeriale. La stessa Corte cost., 223 del 1996, aveva escluso la natura di atto politico del decreto ministeriale di estradizione, riconoscendone la ricorribilità alla giustizia amministrativa, a favore degli interessi legittimi dell'estradando, i cui diritti, invece, sarebbero già tutelati dalla giurisdizione ordinaria. Rimane, comunque controversa l'ampiezza di tale **sindacato amministrativo**.

• La decisione ministeriale positiva deve contenere (co. 4) **l'indicazione del luogo di consegna e della data** a partire dalla quale essa può avvenire, unitamente ai dettagli relativi alle condizioni di limitazione della libertà personale subite dall'estradando ai fini della consegna. Tale precisazione assume rilievo in relazione al raccordo con la previsione del **co. 5, recentemente sostituito dalla l. 149 del 2016**, in forza del quale la **consegna debba avvenire entro quindici giorni dalla data indicata nel provvedimento, salva proroga di venti giorni espressamente richiesta dallo Stato estero**. Se il decreto ministeriale è impugnato davanti all'autorità giudiziaria amministrativa e questa ne sospende l'efficacia, il termine per la consegna cessa di decorrere, riprendendo poi col deposito del provvedimento che revoca la sospensione dell'efficacia del decreto, di quello che accoglie il gravame avverso la predetta sospensione o, ancora della sentenza che rigetta il ricorso amministrativo, oppure dichiara l'estinzione del giudizio. L'importanza di tale intervento è correlata alla questione della durata massima delle misure coercitive cui l'estradato sia sottoposto, in vista della consegna. Infatti, quando la procedura di consegna è sospesa per ragioni di interesse, non si applicano (come previsto dall'art. 709) alle misure coercitive in corso i termini degli artt. 303 co. 4 e 308 (→ **Misure cautelari**).

• La **rimessione in libertà** dell'interessato sottoposto a custodia cautelare opera quando: sono inutilmente decorsi i **quarantacinque giorni** dalla comunicazione al ministro da parte della cancelleria; se la decisione del ministro è **negativa**; se l'estradando non viene preso in consegna dallo Stato richiedente nei termini stabiliti per la consegna dal co. 5 (tenute in conto le accennate vicende sospensive e l'eventuale richiesta di proroga da parte dello stato estero). Tuttavia, nonostante la liberazione per le suddette ragioni, il Ministro – e non l'autorità giudiziaria autonomamente – può richiedere l'applicazione di un'ulteriore misura coercitiva, per prevenire la fuga dell'interessato.

709. Sospensione della consegna. Consegna temporanea. Esecuzione all'estero.

1. L'esecuzione dell'estradizione è sospesa se l'estradando deve essere giudicato nel territorio dello Stato o vi deve scontare una pena per reati commessi prima o dopo quello per il quale l'estradizione è stata concessa. Ove sia disposta la sospensione, il Ministro della giustizia, sentita l'autorità giudiziaria competente per il procedimento in corso nello Stato o per l'esecuzione della pena, può procedere alla consegna temporanea allo Stato richiedente della persona da estradare, concordandone termini e modalità.
2. Il Ministro può inoltre, osservate le disposizioni del capo II del titolo IV, convenire che la pena da scontare abbia esecuzione nello stato richiedente.

Il secondo periodo del co. 1 è stato così sostituito dal d. lgs. 3.10.2017, n. 149.

• Se l'estradando deve essere sottoposto a **procedimento penale in Italia** o vi deve scontare una pena (per fatti precedenti o successivi a quello per cui si concede l'estradizione), la consegna verrà **sospesa per iniziativa del ministro.** Questi decide anche sulla sospensione dell'efficacia della misura custodiale, a differenza di quanto accade nella procedura di mandato d'arresto europeo. Nel silenzio normativo, la giurisprudenza (Cass., SU, 41540 del 2006) – nonostante il contrario auspicio della dottrina – ritiene inapplicabili i termini previsti per la durata massima delle misure coercitive (→ **Misure cautelari**, artt. 303 co. 4 e 308). Le ragioni che giustificano la sospensione sono tassativamente indicate nella prima parte del comma e non sono passibili di interpretazione estensiva.

• La seconda parte del co. 1 della disposizione, originariamente riservata all'estradizione processuale, in forza della quale si riteneva possibile la **consegna temporanea** del soggetto, per lo **svolgimento del processo** straniero, è stata modificata dal d. lgs. 149 del 2017. A seguito della elisione del riferimento alla persona «ivi imputata», parrebbe oggi possibile anche la consegna a **fini esecutivi**, per l'esecuzione di una pena detentiva breve, che non implichi la sospensione del procedimento di cognizione italiano, con conseguente obbligo di riconsegna del soggetto dopo l'esecuzione di detta pena. Allo scopo il ministro deve consultare l'autorità giudiziaria procedente. Gli strumenti internazionali spesso stabiliscono condizioni per la consegna temporanea. In particolare, l'art. 19 della Conv. eur. estr., per un verso, disciplina l'ipotesi della sospensione in forma meramente facoltativa; per altro verso, lascia agli Stati di stabilire le condizioni specifiche alle quali la consegna temporanea possa essere disposta. Si segnala che, sulla base delle previsioni che regolano l'esecuzione all'estero delle sentenze penali (art. 742 e art. 4 d. lgs. 161 del 2010), il Ministro può adoperarsi affinché la pena inflitta dall'autorità italiana o da eseguirsi in Italia sia scontata nello Stato di estradizione.

710. Estensione dell'estradizione concessa.

1. In caso di nuova domanda di estradizione, presentata dopo la consegna dell'estradato e avente a oggetto un fatto anteriore alla consegna diverso da quello per il quale l'estradizione è già stata concessa, si osservano, in quanto applicabili, le disposizioni del presente capo. Alla domanda devono essere allegate le dichiarazioni della persona interessata, rese davanti a un giudice dello stato richiedente, in ordine alla richiesta estensione dell'estradizione.

2. La corte di appello procede in assenza della persona interessata.

3. Non si fa luogo al giudizio davanti alla corte di appello se l'estradato, con le dichiarazioni previste dal comma 1, ha consentito all'estensione richiesta.

• Siamo di fronte ad un rafforzamento dell'efficacia del **principio di specialità**, espresso dall'art. 699. Infatti, dopo la consegna del soggetto, l'autorità richiedente che intenda sottoporlo a procedimento per (o all'esecuzione di una pena per) fatti precedenti e diversi da quelli per cui ha ottenuto la consegna medesima, dovrà ritenersi vincolata dal principio di specialità, appunto, e dovrà chiedere all'autorità italiana **l'estensione dell'estradizione.** Pertanto, il vincolo non riguarda i fatti di reato commessi successivamente alla consegna. La Convenzione europea di estradizione (art. 15) prevede un regime molto simile. Si segnala che la giurisprudenza ha ritenuto applicabile l'articolo in commento anche in mancanza di stretta contiguità temporale tra la prima richiesta di consegna e la seconda.

• Occorre premettere che si dubita in dottrina della legittimità costituzionale del procedimento disciplinato dall'articolo in commento, che prevede l'instaurazione del **contraddittorio in via meramente cartolare**, spesso ritenuto in giurisprudenza pure eventuale.

• La richiesta è indirizzata al Ministro (art. 697), corredata, come previsto dal co. 1, del verbale delle **dichiarazioni rese dall'interessato** e raccolte dal giudice straniero. La domanda sarà trasmessa al **P.G. presso la corte d'appello che ha già deciso sulla richiesta di estradizione** [in dottrina si sottolinea l'importanza del rispetto delle incompatibilità endoprocedimentali (→ **Soggetti**, art. 34)], ma per espressa previsione (co. 3), non dovrà farsi luogo a procedimento giurisdizionale quando l'interessato abbia acconsentito all'estensione.

• Si applicano le **regole generali** previste per il procedimento di estradizione passiva: valutazione e requisitoria del P.G. (art. 703); fissazione dell'udienza in camera di consiglio (→ **Atti**, art. 127; art. 704), che si svolgerà senza la presenza dell'interessato; nomina di un difensore d'ufficio (→ **Soggetti**, art. 97) in caso quest'ultimo ne sia sprovvisto. La sentenza è ricorribile per cassazione, anche nel merito (art. 706). La decisione, divenuta irrevocabile, sarà trasmessa (→ **Disp. att.**, art. 203) al ministro per l'adozione del provvedimento (art. 708).

711. Riestradizione.

1. Le disposizioni dell'articolo 710 si applicano anche nel caso in cui lo Stato al quale la persona è stata consegnata domanda il consenso alla riestradizione della stessa persona verso un altro Stato.

• Attraverso l'obbligo di richiesta di **riestradizione** si impedisce allo Stato che abbia ottenuto la consegna, di estradare liberamente – a sua volta, la stessa persona verso uno Stato terzo, evitando così che, attraverso un accordo surrettizio – due Paesi stranieri si organizzino per **aggirare le garanzie previste dal nostro ordinamento**. Anche le più recenti convenzioni internazionali contemplano la garanzia del consenso dello Stato originariamente richiesto, il quale può pretendere di ricevere la domanda e la relativa documentazione completa (per quanto attiene alla Conv. eur. estr., v. art. 15).

• Per poter a sua volta estradare la persona ottenuta in consegna dall'Italia, lo Stato straniero dovrà formulare **apposita domanda** (art. 700) indirizzata al Ministro della giustizia, che innescherà il procedimento trifasico (disciplinato dagli artt. 697, 701 s.) e che vedrà protagonista la corte d'appello che aveva emesso la decisione di estradizione (art. 701 co. 4).

712. Transito.

1. Quando l'estradizione di una persona da uno Stato terzo a un altro richiede il transito sul territorio italiano, il Ministro della giustizia lo autorizza, su domanda dello Stato richiedente l'estradizione, salvo che il transito non comprometta la sovranità, la sicurezza o altri interessi essenziali dello Stato.

2. Il transito non può essere autorizzato:

a) se l'estradizione è stata concessa per fatti non previsti come reati dalla legge italiana;

b) se ricorre taluna delle ipotesi previste dall'articolo 698;

c) se si tratta di un cittadino italiano e la sua estradizione allo Stato che ha richiesto il transito non potrebbe essere concessa.

3. Se la persona estradata non ha consentito al transito con dichiarazione resa davanti all'autorità giudiziaria dello Stato che ha concesso l'estradizione, l'autorizzazione è data previa decisione della corte di appello di Roma, resa in camera di consiglio.

4. L'autorizzazione non è richiesta quando il transito avviene per via aerea e non è previsto lo scalo nel territorio dello Stato. Tuttavia, se lo scalo si verifica, si applicano, in quanto compatibili, le disposizioni dei commi precedenti e quelle della sezione II del presente capo.

Articolo così modificato dal d. lgs. 3.10.2017, n. 149.

• Va riconosciuto a questa disposizione un **valore di garanzia**, sia nei confronti del soggetto che debba essere consegnato attraverso il territorio del nostro Stato, sia per il nostro ordinamento, attraverso una limitazione della cooperazione a favore di Stati che non ne condividono i principi fondamentali. Infatti, il transito va rifiutato quando rappresenti un rischio per la sovranità, la sicurezza o per altri interessi essenziali del nostro Stato, in conformità a quanto oggi disposto dall'art. 697 co. 1 *bis*. Il transito è altresì negato in relazione a **fatti che non siano considerati reato nel nostro ordinamento** (→ art. 13 co. 2 c.p.), o per i quali il soggetto rischi uno qualsiasi dei trattamenti indicati all'art. 698 (è stato eliso dal d. lgs. 149 del 2017 il riferimento alle rassicurazioni relative alla mancata applicazione o esecuzione della pena di morte, in coordinamento con la riscrittura dell'art. 698 co. 2). Il transito, poi, non può essere concesso quando si tratti di una procedura di consegna di un cittadino italiano tra due Stati terzi, in presenza di cause ostative (→ **Cost.**, art. 26; → art. 13 co. 3 e 4 c.p.).

• Il Ministro, quando riceve la richiesta **deve escludere ogni rischio per gli interessi dello Stato** – in particolare la sovranità e la sicurezza; in caso di vaglio negativo, la trasmette insieme ai documenti allegati al P.G. presso la Corte d'appello di Roma. Questa sola, infatti, è competente per la decisione sulla riestradizione. Tuttavia, la recente novella ha escluso la necessità di instaurare il procedimento giurisdizionale tutte le volte in cui l'interessato abbia espresso il proprio consenso all'estradizione davanti all'autorità dello Stato richiesto, il quale, per provvedere alla consegna del soggetto, ha richiesto l'autorizzazione al transito sul suolo italiano.

• **La corte d'appello** procede in camera di consiglio (→ **Atti**, art. 127), evidentemente in assenza dell'interessato. In relazione a questo profilo, si richiamano le considerazioni già svolte *sub* art. 710 circa la dubbia legittimità costituzionale di un procedimento che esclude *a priori* l'instaurazione di effettivo contraddittorio. La decisione della corte d'appello sulla riestradizione è ricorribile per cassazione, anche nel merito, entro i termini stabiliti dall'art. 581 co. 1.

713. Misure di sicurezza applicate all'estradato.

1. Le misure di sicurezza applicate al prosciolto o al condannato nello Stato, che successivamente venga estradato, sono eseguite quando lo stesso ritorna per qualsiasi causa nel territorio dello Stato, previo nuovo accertamento della pericolosità sociale.

• L'applicazione da parte dall'autorità giudiziaria italiana (→ art. 199 s. c.p.) di misure di sicurezza ad un soggetto per il quale sia stata nel frattempo concessa l'estradizione per l'estero, **non incide sulla consegna** del medesimo. Esse, infatti, saranno eseguite al momento dell'eventuale ritorno del soggetto, per qualsiasi ragione, sul territorio italiano, previo, tuttavia, **nuovo accertamento della pericolosità** sociale (→ art. 203 c.p.). Occorre peraltro precisare come in dottrina sia stato sottolineato che il limite stabilito dal presente articolo può operare soltanto in relazione alle misure di sicurezza personali e non anche patrimoniali. L'esecuzione di queste ultime, infatti, prescinde dalla presenza fisica dell'estradato sul territorio italiano.

Sezione II
Misure cautelari

714. Misure coercitive e sequestro.

1. In ogni tempo la persona della quale è domandata l'estradizione può essere sottoposta, a richiesta del Ministro della giustizia, a misure coercitive. Parimenti, in ogni tempo, può essere disposto, a richiesta del Ministro della giustizia, il sequestro del corpo del reato e delle cose pertinenti al reato per il quale è domandata l'estradizione.

2. Si osservano, in quanto applicabili, le disposizioni del titolo I del libro IV, riguardanti le misure coercitive, fatta eccezione di quelle degli articoli 273 e 280, e le disposizioni del capo III del titolo III del libro III. Nell'applicazione delle misure coercitive si tiene conto in particolare dell'esigenza di garantire che la persona della quale è domandata l'estradizione non si sottragga all'eventuale consegna.

3. Le misure coercitive e il sequestro non possono comunque essere disposti se vi sono ragioni per ritenere che non sussistono le condizioni per una sentenza favorevole all'estradizione.

4. Le misure coercitive sono revocate se dall'inizio della loro esecuzione è trascorso un anno senza che la corte di appello abbia pronunciato la sentenza favorevole all'estradizione ovvero, in caso di ricorso per cassazione contro tale sentenza, un anno e sei mesi senza che sia stato esaurito il procedimento davanti all'autorità giudiziaria. A richiesta del procuratore generale, detti termini possono essere prorogati, anche più volte, per un periodo complessivamente non superiore a tre mesi, quando è necessario procedere ad accertamenti di particolare complessità.

4 *bis*. Le misure coercitive sono altresì revocate se sono trascorsi tre mesi dalla pronuncia della decisione favorevole del Ministro della giustizia sulla richiesta di estradizione senza che l'estradando sia stato consegnato allo Stato richiedente. Il termine è sospeso dalla data di deposito del ricorso presentato al giudice amministrativo avverso la decisione del Ministro della giustizia, fino alla data di deposito della sentenza che rigetta il ricorso o della decisione che dichiara l'estinzione del giudizio, comunque per un periodo non superiore a sei mesi.

5. La competenza a provvedere a norma dei commi precedenti appartiene alla corte di appello o, nel corso del procedimento davanti alla corte di cassazione, alla corte medesima.

Il co. 3 è stato così sostituito dal d. lgs. 14.1.1991, n. 12. Il co. 4 *bis* è stato inserito dalla l. 21.7.2016, n. 149. Nel co. 1, le parole «Ministro della giustizia» sono state sostituite alle parole «Ministro di grazia e giustizia» dal d. lgs. 3.10.2017, n. 149.

• Con il sopraggiungere della domanda di estradizione (art. 700) si prevede la possibilità di applicazione delle stesse **misure cautelari coercitive** previste per il procedimento penale di cognizione (→ **Misure cautelari**, art. 281 s.). L'impulso, però, spetta al **Ministro**, senza possibilità di iniziativa d'ufficio. L'obiettivo è, evidentemente, la salvaguardia dell'interesse dello Stato richiesto a prevenire il rischio di rendersi inadempiente all'(eventuale) obbligo di consegna che lo lega reciprocamente allo Stato richiedente. Pertanto, è stata ritenuta inammissibile una richiesta di misura coercitiva da parte dello Stato richiedente una volta che sia già pervenuta la domanda di estradizione. Si tratta di ipotesi evidentemente diversa da quella disciplinata dall'art. 704 co. 3, poiché la richiesta del ministro può pervenire in qualsiasi tempo, a prescindere dal tenore della successiva decisione della corte d'appello.

• La richiesta del Ministro non obbliga la corte d'appello ad emettere la misura, ma ne è tuttavia un presupposto processuale. Pertanto, la sua mancanza incide sulla validità del provvedimento cautelare eventualmente adottato. Non soddisfa i requisiti dell'articolo in commento l'eventuale richiesta effettuata *ex* art. 716 co. 4, per via della diversità della fase processuale. Anche l'eventuale **aggravamento** della misura presuppone la specifica richiesta da parte del ministero, poiché il potere d'ufficio del giudice si limita alle ipotesi di attenuazione o revoca della misura già disposta. Come già anticipato, l'eventuale successiva decisione favorevole all'estradizione potrà dar luogo al ripristino della custodia cautelare, previa richiesta ministeriale *ex* art. 704 co. 3 (ma dubbio è il ripristino della misura custodiale una volta che siano già decorsi i termini di durata massima).

• Come espressamente stabilito, il presupposto applicativo della misura non è in questo caso quello dei gravi indizi di colpevolezza, bensì la prognosi di **concedibilità** (co. 2) o meno della richiesta estradizione. A livello convenzionale, però, può essere talvolta prevista una diversa disciplina che, su base di reciprocità, renda applicabile i presupposti cautelari ordinari. Se è vero che l'esigenza cautelare qui rilevante è la necessità che il soggetto non si sottragga alla consegna, per tutti i casi di domanda processuale e non esecutiva, l'assenza dei gravi indizi di colpevolezza determinerebbe comunque il diniego di misura cautelare.

• Il **pericolo di fuga** deve essere **concreto e attuale** e non soltanto meramente desunto dal rifiuto del soggetto di acconsentire alla consegna. Posto che, evidentemente, non operano in questa sede i limiti edittali dell'art. 280 (→ **Misure cautelari**), il pericolo di sottrazione deve, però, essere posto in relazione alla gravità del fatto, con un onere di motivazione inversamente proporzionale rispetto a quest'ultima. Tuttavia, la sussistenza del pericolo deve essere motivatamente fondata su elementi specifici, concreti e sintomatici di una reale possibilità di allontanamento clandestino da parte dell'estradando, non costituendo circostanza rilevante a tali fini la severità della pena cui lo stesso dovrebbe essere sottoposto in caso di consegna (Cass. Sez. VI, 50161 del 2019). Resta poi esclusa l'applicazione di alcune previsioni cautelari collegate con lo svolgimento del procedimento di cognizione, come l'art. 275 co. 2 *bis*, le cui limitazioni basate sulla prognosi di sospensione condizionale o di pena non superiore a tre anni, evidentemente non potranno essere applicate in sede estradizionale. Contestualmente alla misura, il ministro può chiedere che sia disposto il sequestro del corpo del reato e delle cose pertinenti al medesimo (→ **Prove**, art. 253).

• L'articolo è stato oggetto di un'importante pronuncia interpretativa della Corte costituzionale (231 del 2004). Dichiarata infondata una questione di legittimità dell'art. 314 per contrarietà agli artt. 2, 3, 13, 24 co. 4 Cost., nella parte in cui non estende ai procedimenti di arresto e applicazione provvisoria di misura cautelare nel procedimento estradizionale la riparazione dell'ingiusta detenzione, la Corte ha affermato che il richiamo generale operato dall'art. 714 non è preclusivo dell'applicazione della disciplina della riparazione: nulla, infatti, lascia intendere tale volontà.

• La **competenza** a disporre le misure spetta alla corte d'appello innanzi alla quale si radica il procedimento estradizionale (art. 701 co. 2). Quando procede la corte di cassazione (art. 706), spetta a quest'ultima. Si rammenti che, quando la corte d'appello abbia favorevolmente deciso in ordine all'estradizione (art. 704 co. 3), il Ministro può formulare richiesta di applicazione della custodia cautelare, che potrà essere applicata senza il riscontro del concreto ed attuale *periculum libertatis*, come ripetutamente ribadito dalla giurisprudenza (Cass., Sez. VI, 1842 del 2019).

• La misura è **revocata** (art. 718) quando siano decorsi dei termini specifici, che escludono l'applicabilità del meccanismo di durata massima della misura (→ **Misure cautelari**, artt. 303 e 308). La liberazione dovrà essere disposta quando dall'esecuzione del provvedimento cautelare sia decorso un tempo di un anno senza che la corte d'appello si sia ancora pronunciata sull'estradizione o, in caso di ricorso per cassazione, un anno e mezzo senza che la fase giurisdizionale del procedimento di estradizione si sia conclusa: l'annullamento con rinvio della decisone favorevole all'estradizione non comporta la caducazione della misura, che rimane sottoposta al termine di durata massima (Cass. Sez. VI, 17992 del 2019). La disposizione determina la **durata massima** senza distinguere tra misure, in base alla loro diversa afflittività, né mette in relazione il computo della durata massima con le fasi del procedimento, consentendo alla corte di cassazione di "consumare" il residuo del termine annuale eventualmente non consumato dalla corte d'appello. Inoltre, il P.G. può chiedere (anche in più riprese) la proroga di tali termini per un periodo non superiore a tre mesi complessivi. La scadenza dei termini massimi non produce un effetto caducatorio automatico della misura, ma presuppone una **revoca esplicita**, *ex* art. 718. Questa dovrà essere disposta anche: quando il ministro sospenda l'esecuzione dell'estradizione, per assenza – pur temporanea – dei presupposti; quando siano decorsi tre mesi dalla pronuncia favorevole del ministro senza che l'estradando sia stato consegnato allo stato richiedente (in forza della recente **novella di cui alla l. 149 del 2016**, che ha introdotto il **co. 4 *bis***). Anche in relazione a questa ipotesi (come già nell'art. 708), scatta la sospensione del decorso di tale termine dal momento del deposito dell'impugnazione amministrativa avverso la decisione del ministro, fino al momento del deposito della sentenza di rigetto del ricorso o, comunque al provvedimento che dichiara l'estinzione del giudizio. La **sospensione del decorso del termine**, indicato nel primo periodo del nuovo comma, non può comunque essere superiore a sei mesi.

715. Applicazione provvisoria di misure cautelari.

1. Su domanda dello Stato estero e a richiesta motivata del Ministro della giustizia, la corte di appello può disporre, in via provvisoria, una misura coercitiva prima che la domanda di estradizione sia pervenuta.

2. La misura può essere disposta se:

a) lo Stato estero ha dichiarato che nei confronti della persona è stato emesso provvedimento restrittivo della libertà personale ovvero sentenza di condanna a pena detentiva e che intende presentare domanda di estradizione;

b) lo Stato estero ha fornito la descrizione dei fatti, la specificazione del reato e delle pene previste per lo stesso, nonché gli elementi per l'esatta identificazione della persona;

c) vi è pericolo di fuga.

3. La competenza a disporre la misura appartiene, nell'ordine, alla corte di appello nel cui distretto la persona ha la residenza, la dimora o il domicilio ovvero alla corte di appello del distretto in cui risulta che la persona si trova. Se la competenza non può essere determinata nei modi così indicati, è competente la corte di appello di Roma.

4. La corte di appello può altresì disporre il sequestro del corpo del reato e delle cose pertinenti al reato.

5. Il Ministro della giustizia dà immediata comunicazione allo Stato estero dell'applicazione in via provvisoria della misura coercitiva e dell'eventuale sequestro.

6. Le misure cautelari sono revocate se entro quaranta giorni dalla predetta comunicazione non sono pervenuti al Ministero degli affari esteri o a quello della giustizia la domanda di estradizione e i documenti previsti dall'articolo 700.

Nei co. 1, 3 e 4 le parole «Ministro della giustizia» sono state sostituite alle parole «Ministro di grazia e giustizia» dal d. lgs. 3.10.2017, n. 149, che ha anche modificato il co. 2.

• La restrizione della libertà personale può avvenire anche in **via provvisoria**, nelle more della presentazione formale di una richiesta di estradizione (è appunto la scansione temporale a distinguere l'ambito applicativo delle disposizioni degli artt. 714 e 715). Si tratta di un istituto corrispondente **all'arresto provvisorio** previsto in numerose fonti internazionali. Secondo la previsione codicistica, però, è possibile anche il ricorso ad altre misure coercitive e, pertanto, se la convenzione dà mera facoltà di disporre l'arresto dell'interessato, facendo rinvio alla disciplina interna, la discrezionalità del giudice *ex* art. 275 dovrebbe rivivere. Sussisterebbe invece un automatismo applicativo della custodia cautelare quando la convenzione preveda l'arresto provvisorio.

• L'autorità straniera dichiara l'esistenza di un provvedimento limitativo della libertà personale del soggetto in questione, rappresentando la **volontà di formulare richiesta** di estradizione (art. 701), anticipandone gli elementi fondamentali, cumulativamente necessari: descrizione dei fatti (che precede la relazione sui fatti di cui all'art. 700 co. 2 lett. *a*, anche se molto sintetica, secondo la giurisprudenza); specificazione del reato (anche questa da mettere in relazione con l'art. 700 co. 2 lett. *b*) e delle pene previste per lo stesso (secondo l'interpolazione operata dal d. lgs. 149 del 2017); elementi necessari alla esatta identificazione del soggetto (art. 700 co. 2 lett. *c*).

• In giurisprudenza è stata riconosciuta una equipollenza tra tale richiesta e le **segnalazioni Interpol e SIS** (in area Schengen), sulla base delle quali è consentita l'applicazione dell'art. 715 – previa richiesta del ministro – e dell'art. 716. Deve poi essere precisato e motivato il profilo della sussistenza di un **pericolo di fuga** (artt. 714, 274 lett. *b*), che deve risultare sin dall'inizio del procedimento. Il Ministro può contestualmente chiedere il **sequestro del corpo del reato** e delle cose ad esso pertinenti (→ **Prove**, art. 253).

• La **competenza** si radica in via preferenziale innanzi alla corte d'appello del luogo di residenza, dimora o domicilio (art. 701 co. 4) del "ricercato", oppure a quella del luogo in cui il soggetto si trova al momento della domanda (si ricorda che, in forza dell'art. 701 co. 4 la competenza della corte d'appello per il procedimento giurisdizionale potrebbe essere radicata, per ricaduta, innanzi all'ufficio che ha applicato l'arresto provvisorio *ex* art. 715, o convalidato l'arresto di cui all'art. 716). Quando non si conoscano tali dati, sarà competente la Corte d'appello di Roma (v. anche art. 701 co. 4). Spetta al Ministro della giustizia comunicare all'autorità straniera l'avvenuta applicazione provvisoria di misura cautelare, in base ai presupposti sopra enunciati.

• È espressamente prevista un'ipotesi di **revoca** della misura applicata. Entro quaranta giorni dalla comunicazione ministeriale, lo Stato estero deve far pervenire la domanda di estradizione completa (art. 700), in assenza della quale la misura applicata sarà revocata (art. 718). Il meccanismo di perenzione della misura ancora una volta passa attraverso un **provvedimento dell'autorità giurisdizionale** (il termine decorre non già dall'esecuzione della misura, bensì dalla comunicazione che di questa sia stata effettuata dal ministro allo Stato straniero). Nell'ambito della Convenzione europea di estradizione si ritiene possibile **l'adozione di nuova misura**, a seguito di estinzione della prima per decorso del suddetto termine, poiché la convenzione europea sancisce l'obbligo degli Stati di non pregiudicare il possibile accoglimento della richiesta di estradizione (tale interpretazione è conforme all'obbligo convenzionale, ma svuota la garanzia del meccanismo di perenzione di cui all'art. 16 C. eur. estr.). Si precisa peraltro che la revoca della misura provvisoria per decorso del termine non inficia formalmente la prosecuzione del procedimento.

• L'articolo è stato oggetto di un'importante sentenza interpretativa di rigetto della Corte costituzionale (231 del 2004), che ha dichiarato infondato il **dubbio di legittimità dell'art. 314** per contrarietà agli artt. 2, 3, 13, 24 co. 4 Cost., laddove non estende ai procedimenti di arresto e applicazione provvisoria di misura cautelare nel procedimento estradizionale la riparazione per ingiusta detenzione.

716. Arresto da parte della polizia giudiziaria.

1. Nei casi di urgenza, la polizia giudiziaria può procedere all'arresto della persona nei confronti della quale sia stata presentata domanda di arresto provvisorio se ricorrono le condizioni previste dall'articolo 715 comma 2. Essa provvede altresì al sequestro del corpo del reato e delle cose pertinenti al reato.

2. L'autorità che ha proceduto all'arresto ne informa immediatamente il Ministro della giustizia e al più presto, e comunque non oltre quarantotto ore, pone l'arrestato a disposizione del presidente della corte di appello nel cui distretto l'arresto è avvenuto, mediante la trasmissione del relativo verbale.
3. Quando non deve disporre la liberazione dell'arrestato, il presidente della corte di appello, entro le successive quarantotto ore, convalida l'arresto con ordinanza disponendo, se ne ricorrono i presupposti, l'applicazione di una misura coercitiva. Dei provvedimenti dati informa immediatamente il Ministro della giustizia.
4. La misura coercitiva è revocata se il Ministro della giustizia non ne chiede il mantenimento entro dieci giorni dalla convalida.
5. Si applicano le disposizioni dell'articolo 715 commi 5 e 6.

Nei co. 1 e 4, le parole «Ministro della giustizia» sono state sostituite alle parole «Ministro di grazia e giustizia» dal d. lgs. 3.10.2017, n. 149.

• L'atto, di esclusiva competenza ed iniziativa della **polizia giudiziaria** (→ **Soggetti**), presuppone la sussistenza di una richiesta di applicazione provvisoria di misura cautelare, ai sensi, appunto, dell'articolo precedente e di una situazione di **urgenza**. Non occorre, invece, una richiesta motivata del Ministro della giustizia. L'esistenza di numerosi strumenti di cooperazione di polizia come le **banche dati internazionali** (**Interpol, SIS II**, *in primis*), rende possibile l'inserimento di una richiesta rivolta alle forze dell'ordine di tutti gli Stati aderenti di arresto provvisorio. L'orientamento è stato recentemente confermato in relazione ai rapporti **Italia-Cina**, da ultimo regolati con un trattato bilaterale che si applica ai soli fatti occorsi dopo la sua entrata in vigore. Per quanto attiene al presupposto dell'urgenza, essa deve sostanziarsi in una indifferibilità dell'intervento, in attesa del provvedimento dell'autorità giudiziaria. La sovrapposizione con la previsione dell'art. 715, che fa riferimento al pericolo di fuga, suggerisce, secondo alcune opinioni, che l'urgenza di cui all'art. 716 debba caratterizzarsi per specifici elementi che facciano ritenere che il soggetto sia in procinto di darsi alla fuga. Tuttavia, secondo altra lettura, la condizione di urgenza non dovrebbe identificarsi esclusivamente con il pericolo di fuga, già contemplato dall'art. 715, poiché l'art. 716 introduce, proprio attraverso l'urgenza, un elemento ulteriore.

• È necessario che l'arrestato sia **specificamente informato** sui fatti oggetto del titolo straniero, pena l'invalidità di tutti gli atti compiuti. Dell'arresto operato dalla polizia giudiziaria deve essere dato **immediato avviso al Ministro** della giustizia (art. 714), affinché ne informi l'autorità straniera.

• Entro quarantotto ore, l'arrestato deve essere messo a disposizione del **presidente della corte d'appello, organo competente alla convalida**, che dovrà avvenire entro novantasei ore, tramite trasmissione del verbale d'arresto (→ **Indagini e udienza preliminare**, art. 357). È competente il presidente della corte d'appello nel cui distretto l'arresto è stato effettuato (art. 701 co. 4). È evidente l'asimmetria rispetto all'art. 715 che stabilisce la competenza della corte d'appello, organo collegiale, a disporre l'applicazione provvisoria della misura, anche se non se ne comprende la ragione.

• Il presidente, se non dispone l'immediata liberazione (→ **Indagini e udienza preliminare**, art. 389), deve provvedere entro le quarantotto ore successive [secondo il diverso termine inserito dal d. lgs. 149 del 2017, in sostituzione del precedente, fissato, invece, in novantasei ore dall'arresto (→ Cost., art. 13 co. 3; → **Libro V**, art. 386), con ordinanza (→ **Atti**, art. 125; → **Indagini e udienza preliminare**, art. 391 co. 4)]. Si noti che il richiamo all'art. 391 è solo parziale, poiché si tratta di **un provvedimento che viene assunto *de plano***, senza la presenza di arrestato, difensore e p.m. (vero è che si tratta, per costante orientamento giurisprudenziale, di effettuare una mera verifica cartolare dei requisiti, salvo una specifica e più dettagliata previsione pattizia sia applicabile). La decisione si articola in due momenti, uno di verifica dell'operato della polizia giudiziaria; l'altro di valutazione della sussistenza di esigenze cautelari, come oggi confermato dall'interpolazione operata dal d. lgs. 149 del 2017, che ha inserito la specificazione che la misura coercitiva possa essere applicata soltanto ove ne sussistano i presupposti. Per quanto attiene all'eventuale **sequestro del corpo del reato**, si ritiene che esso non necessiti di convalida.

• La misura coercitiva è **revocata** (art. 718) se entro dieci **giorni** dalla convalida il Ministro della giustizia non ne chiede il mantenimento, con temine di quaranta **giorni** dalla comunicazione ministeriale stessa per la ricezione della richiesta di estradizione, in forza del richiamo all'art. 715 co. 5 e 6. Naturalmente, a livello convenzionale potranno sussistere clausole che consentono di diversificare il termine per la presentazione della domanda estradizionale. Il soggetto liberato per mancanza delle suddette condizioni, potrà subire un'ulteriore limitazione della sua libertà personale solo su specifica richiesta da parte del Ministro, *ex* art. 714. È evidente che il potere del ministro di disporre dello *status libertatis* dell'estradando è particolarmente intenso: la scelta, poiché non in linea con le direttrici che fondano la materia cautelare generale, è stata ampiamente criticata in dottrina.

• Qualora la procedura passiva si concluda senza la pronuncia di una sentenza definitiva favorevole all'estradizione, è configurabile il diritto alla riparazione, non assumendo rilievo la mancanza di una delle pronunce liberatorie di cui all'art. 314, commi 1 e 3 (Cass. Sez. VI, 52813 del 2018).

717. Audizione della persona sottoposta a una misura coercitiva.

1. Quando è stata applicata una misura coercitiva a norma degli articoli 714, 715 e 716, il presidente della corte di appello, al più presto e comunque entro cinque giorni dalla esecuzione della misura ovvero dalla convalida prevista dall'articolo 716, provvede all'identificazione della persona, al suo interrogatorio, e ne raccoglie, previa informazione sulle conseguenze giuridiche che ne derivano, l'eventuale consenso all'estradizione o la rinuncia alla garanzia del principio di specialità, facendone menzione nel verbale.

2. Al fine di provvedere agli adempimenti previsti dal comma 1, il presidente della corte di appello invita l'interessato a nominare un difensore di fiducia designando, in difetto di tale nomina, un difensore di ufficio a norma dell'articolo 97, comma 3. Gli adempimenti di cui al comma 1 sono compiuti alla necessaria presenza del difensore, al quale è dato avviso almeno ventiquattro ore prima. Quando una particolare disposizione di legge lo prevede, il presidente della corte di appello dispone che l'interessato partecipi a distanza all'interrogatorio. Può altresì autorizzare l'interessato e il difensore a partecipare a distanza all'interrogatorio quando questi ne fanno richiesta. Il consenso all'estradizione e la rinuncia alla garanzia del principio di specialità non sono validi se non sono espressi alla presenza del difensore.

2 *bis*. La rinuncia dell'estradato alla garanzia del principio di specialità è irrevocabile, salvo l'intervento di fatti nuovi che modifichino la situazione esistente al momento della rinuncia.

Articolo così modificato dal d. lgs. 3.10.2017, n. 149 e dal d. lgs. 10.10.2022, n. 150.

• In seguito all'applicazione di misura restrittiva *ex* artt. 714, 715 e 716, l'estradando deve essere **sentito dal presidente** della corte d'appello entro **cinque giorni** dall'applicazione o dalla convalida dell'arresto, ai fini dell'identificazione, dell'interrogatorio e dell'eventuale consenso all'estradizione e della possibile rinuncia al principio di specialità: la recentissima riforma del 2017 ha infatti coordinato la previsione in esame con quella dell'art. 703 (come già sottolineato, è stato precisato che l'estradando deve essere informato delle conseguenze che derivano dal consenso alla consegna e dalla rinuncia al principio di specialità). Il termine stabilito per questa attività non è considerato perentorio in giurisprudenza e, quindi, non caducatorio. Competente è la **corte d'appello** che ha applicato la misura o convalidato l'arresto.

• Scopo dell'audizione (art. 703 co. 2) sono **l'identificazione del soggetto**, il suo **interrogatorio**, la raccolta dell'eventuale suo **consenso** alla consegna (→ Disp. att., artt. 202 e 205 *bis*), che eliminerebbe la fase giurisdizionale (art. 701 co. 2) e la rinuncia al principio di specialità.

• Si stabilisce oggi che il **difensore**, di fiducia – o d'ufficio (→ **Soggetti**, art. 97) – deve **necessariamente** assistere (→ **Atti**, art. 178 lett. *c*), con **preavviso** di almeno **ventiquattro ore** (→ art. 172 co. 5), poiché la sua presenza è, oltretutto, **condizione di validità del consenso** alla consegna e della rinuncia al principio di specialità, secondo la riformulata versione della disposizione. Il nuovo testo dell'articolo precisa che la rinuncia al principio di specialità è, come il consenso alla consegna, **irrevocabile**, salvo l'intervento di fatti nuovi che modifichino le condizioni esistenti al momento della dichiarazione. Deve ritenersi applicabile **l'art. 205 *bis* Disp. att.**, dato che la circostanza che in questo contesto si tratti di una dichiarazione di rinuncia ad una garanzia non sembra incidere sulla tipologia di volontà che il soggetto chiamato a formulare un «consenso», secondo il testo di legge, deve esprimere.

• La recentissima interpolazione del comma secondo si deve all'entrata in vigore del d. lgs. 150 del 2022 (art. 40 co. 1 lett. *b*), il quale, in ossequio alla previsione di delega prevista all'art. 1 co. 3 l. 134 del 2021, ha previsto la possibilità di partecipazione a distanza all'atto dell'interessato – sottoposto a misura limitativa della libertà personale – secondo le generali regole introdotte dalla riforma (v. art. 133 *bis*). La nuova formula valorizza la volontà dell'interessato e del suo difensore, i quali possono richiedere, nel proprio interesse, che si proceda a distanza.

718. Revoca e sostituzione delle misure.

1. La revoca e la sostituzione delle misure previste dagli articoli precedenti sono disposte in camera di consiglio dalla corte di appello o, nel corso del procedimento davanti alla corte di cassazione, dalla corte medesima.

2. La revoca è sempre disposta se il Ministro della giustizia ne fa richiesta.

Il co. 2 è stato così modificato dal d. lgs. 3.10.2017, n. 149.

• La disposizione si collega a quanto previsto nel procedimento di cognizione dall'art. 299 (→ **Misure cautelari**). La misura applicata *ex* artt. 714, 715 e 716 può essere sottoposta ad un **controllo di persistenza dei presupposti applicativi**. In caso di venir meno delle condizioni originarie, la misura sarà dunque revocata. Sarà invece modificata o sostituita in caso di attenuazione delle esigenze cautelari. Si ritiene che la misura possa altresì essere rivalutata ai fini del **cumulo o della sostituzione** con una più gravosa, qualora l'estradando abbia violato le prescrizioni inerenti alla misura applicata, ma tale aggravamento presuppone una richiesta esplicita del Ministro.

• **Competente** alla revoca e alla sostituzione (→ **Misure cautelari**, art. 299) delle misure è la corte d'appello che sta procedendo, ma nel giudizio di cassazione (art. 706), è la corte di cassazione. Nelle more della consegna, una volta definita ed esaurita la fase giurisdizionale, spetta comunque alla corte d'appello che ha deciso la competenza all'eventuale controllo sulla persistenza dei presupposti applicativi della misura. La decisione presuppone la fissazione di udienza in camera di consiglio (con quanto ne consegue, però, stando alla giurisprudenza, in ordine alla presenza del difensore dell'estradando, non necessaria) *ex* art. 127 (→ **Atti**).

• Il **Ministro** può **sempre** richiedere la revoca della misura, a prescindere dalla modifica del quadro cautelare. Il giudice non dispone di discrezionalità se la richiesta di revoca proviene dal ministro (art. 718 co. 1), anche se già in precedenza si è sottolineato il generale scetticismo della dottrina rispetto ad un meccanismo che sottoponga la libertà personale degli interessati alla discrezionalità del Ministro.

• Una situazione particolare si verifica in caso di rimessione in libertà dell'estradando per scadenza dei termini di custodia cautelare conseguente alla sospensione, disposta dal giudice amministrativo, del provvedimento ministeriale di consegna; la liberazione non impedisce che il Ministro della giustizia, ai sensi dell'art. 714, richieda l'adozione di una misura non custodiale, previo accertamento del concreto pericolo di fuga dell'estradando, nell'arco temporale ricompreso fra la decisione provvisoria e la pronuncia definitiva del giudice amministrativo (Cass. Sez. VI, 4338 del 2014).

719. Impugnazione dei provvedimenti relativi alle misure cautelari.

1. Copia dei provvedimenti emessi dal presidente della corte di appello o dalla corte di appello a norma degli articoli precedenti è comunicata e notificata, dopo la loro esecuzione, al procuratore generale presso la corte di appello, alla persona interessata e al suo difensore, i quali possono proporre ricorso per cassazione per violazione di legge.

• La misura coercitiva è soggetta a ricorso per cassazione per **violazione di legge** (→ Cost., art. 111 co. 7; → **Impugnazioni**, art. 606). Sono tuttavia esclusi tutti gli altri mezzi di impugnazione cautelare. Però, quando il provvedimento cautelare sia emesso dalla corte di cassazione – che sta procedendo – la ricorribilità *ex* art. 719 deve escludersi. Si ritiene, però, in dottrina, che tutte le decisioni *de libertate* possano essere oggetto di **incidente di esecuzione**, *ex* art. 666 (→ **Libro X**).

• In giurisprudenza si ritiene deducibile soltanto il vizio di violazione di legge, escludendosi la censurabilità del difetto di motivazione dell'ordinanza di convalida e di susseguente applicazione della misura coercitiva *ex* art. 716. Non sarebbero nemmeno deducibili le questioni attinenti alla sussistenza del pericolo di fuga, trattandosi di valutazioni di merito. Tuttavia, proprio in sede estradizionale la corte di cassazione è investita, *ex* art. 706. Inoltre, i difetti che attengono agli adempimenti successivi all'applicazione della misura, e regolati dall'art. 717, non possono formare oggetto di ricorso per cassazione, ma debbono essere censurati innanzi alla corte d'appello, attraverso il procedimento di revoca.

• Legittimati attivi sono il P.G., l'estradando e il suo difensore, ai quali i provvedimenti coercitivi sono comunicati (→ **Atti**, art. 153) o notificati (→ art. 148 s.). **Non sono legittimati** a impugnare la misura il rappresentante dello Stato straniero e la persona cui la cosa è stata sequestrata o che avrebbe diritto alla restituzione. Quanto alle forme e ai tempi di presentazione, si ritengono applicabili gli artt. 311 e 325 (→ **Misure cautelari**) nonché l'art. 127 co. 5 (→ **Atti**).

• Il ricorso non produce effetto sospensivo e deve essere depositato, nel termine previsto, nella cancelleria della Corte d'appello che ha applicato la misura. L'eventuale deposito presso altra cancelleria rischia di dar luogo all'inammissibilità del ricorso per tardività, essendo rilevante, ai fini della tempestività, il solo sopraggiungere dell'atto presso l'ufficio competente a riceverlo (Cass. Sez. VI, 435 del 2019). Va ricordato che l'interesse alla proposizione del ricorso deve sussistere sin dalla presentazione dell'impugnazione, fino alla pronuncia della corte di cassazione. Come già in precedenza segnalato, diviene inammissibile, per carenza di interesse, il ricorso avverso la misura quando nel frattempo sia stata eseguita, attraverso la consegna, la decisione favorevole di estradizione.

Capo II
Estradizione dall'estero

720. Domanda di estradizione.

1. Il Ministro della giustizia è competente a domandare a uno Stato estero l'estradizione di un imputato o di un condannato nei cui confronti debba essere eseguito un provvedimento restrittivo della libertà personale. A tal fine il procuratore generale presso la corte di appello nel cui distretto si procede o è stata pronunciata la sentenza di condanna ne fa richiesta al Ministro della giustizia, trasmettendogli gli atti e i documenti necessari.

2. L'estradizione può essere domandata di propria iniziativa dal Ministro della giustizia.

3. Il Ministro della giustizia può decidere di non presentare la domanda di estradizione o di differirne la presentazione, quando la richiesta può pregiudicare la sovranità, la sicurezza o altri interessi essenziali dello Stato, dandone comunicazione all'autorità giudiziaria richiedente.

4. Il Ministro della giustizia è competente a decidere in ordine all'accettazione delle condizioni eventualmente poste dallo Stato estero per concedere l'estradizione, purché non contrastanti con i principi fondamentali dell'ordinamento giuridico italiano. L'autorità giudiziaria è vincolata al rispetto delle condizioni accettate.

5. Il Ministro della giustizia può disporre, al fine di estradizione, le ricerche all'estero dell'imputato o del condannato e domandarne l'arresto provvisorio.

Articolo così modificato dal d. lgs. 3.10.2017, n. 149.

• L'**estradizione attiva**, o dall'estero, è volta ad ottenere la consegna di un soggetto per l'esecuzione di una misura restrittiva della libertà personale, o di una pena, pronunciati dall'autorità giudiziaria italiana. L'inoltro della richiesta ministeriale di estradizione dà inizio a un **procedimento** avente natura amministrativa, che **raramente è disciplinato nelle convenzioni** internazionali. La procedura di estradizione attiva, infatti, dà il via alla corrispondente procedura passiva estera, che sarà regolata dalla disciplina dello Stato richiesto. Per sua natura, la procedura attiva è caratterizzata da profili strettamente collegati con la disciplina e con gli organi interni – giudiziari e politici – di ciascun Paese.

• Sulla base di un valido titolo esecutivo oppure di un provvedimento cautelare, il Ministro può eventualmente inoltrare la richiesta attiva. È tuttavia necessario un precedente "passaggio giudiziale", consistente nella redazione della **relazione** che dovrà essere trasmessa, unitamente, alla domanda, all'autorità straniera. Sulla base di una **circolare del CSM**, ormai risalente al 1996, si stabilisce che spetta al P.G. presso la corte d'appello redigere tale relazione; tuttavia, laddove si tratti di estradizione attiva processuale, l'autorità che sta procedendo deve trasmettere al P.G. tutti gli atti e i documenti necessari a sostegno della domanda e, quindi, anche la rituale relazione illustrativa.

• Si segnala che il testo dell'articolo non richiama la **persona sottoposta alle indagini**. Tuttavia, la prassi consolidata è per l'estensione dell'istituto in esame anche alla persona sottoposta alle indagini (ma non a misura di prevenzione). Non è necessario procedere attraverso una domanda di estradizione quando il soggetto in questione si trovi già sul territorio italiano a seguito di sua espulsione dallo Stato estero.

• Gli atti sulla base dei quali il ministro può chiedere l'estradizione del soggetto interessato verso l'Italia sono **ordinanze di custodia cautelare**, **ordinanze che applicano (provvisoriamente) misure di sicurezza detentive**, oppure **ordini di esecuzione** emessi dal p.m. in qualità di promotore dell'azione esecutiva (→ **Esecuzione**, art. 656 s.). Quanto alla sfera cautelare, si è profilato un dubbio relativo all'ordinanza che dispone gli arresti domiciliari.

• Il **P.G. presso ogni corte d'appello** "raccoglie" i suddetti provvedimenti, emessi a carico di imputati o condannati nel distretto, che si trovino all'estero, e inoltra le richieste al **Ministro della giustizia**, il quale può anche attivarsi d'ufficio. Invero, la scelta di inoltrare la domanda di estradizione è puramente **politica**, come, in fondo, quella di estradare; è sufficiente che il ministro informi il P.G. richiedente del mancato o ritardato inoltro. Con la modifica operata dal d. lgs. 149 del 2017, i parametri di tale discrezionalità sono stati sostanziati nei riferimenti alla sovranità, alla sicurezza e ad altri interessi essenziali dello Stato, in consonanza con la modifica dell'art. 697, il cui nuovo co. 1 *ter* richiama i medesimi profili (comunque il Ministro emana periodicamente un decreto per individuare i criteri che governeranno la scelta di inoltrare o meno una domanda di estradizione). Il decreto ministeriale è altresì la forma con cui viene formulata la domanda di estradizione attiva. La documentazione da allegare alla domanda dipende dalla sussistenza di un accordo internazionale applicabile o, in assenza, dall'eventuale disciplina interna dello Stato richiesto. Con l'inoltro della domanda, in termini speculari agli artt. 715 e 716, il ministro può disporre ricerche all'estero di imputati o condannati in Italia e chiederne l'arresto provvisorio.

• Sempre politica è la scelta, affidata al ministro, di **accettare o meno le condizioni** eventualmente imposte dallo Stato straniero alla domanda di estradizione italiana (v., a parti inverse, art. 699 co. 3). Una volta accettate dal ministro, le condizioni estere vincoleranno l'autorità giudiziaria. È evidente come questa previsione abbia sollevato ampie discussioni in ordine alla sua legittimità costituzionale dubitando taluno dell'effettiva vincolatività di tali condizioni per l'autorità giudiziaria. Si è quindi proposto di ritenere che tale vincolo venga meno ove le condizioni accettate dal Ministro siano, appunto, contrarie ai principi fondamentali del nostro ordinamento. Ove tale contrarietà non si configuri, l'autorità giudiziaria procedente italiana è vincolata al rispetto delle condizioni straniere e, dunque, la pena detentiva eseguibile non può superare la durata indicata nella richiesta di estradizione; ne consegue che la successiva irrogazione dell'ergastolo da parte del giudice della cognizione costituisce applicazione di pena illegale, la quale deve essere corretta attraverso il rimedio dell'incidente di esecuzione ai sensi dell'art. 670 (Cass. Sez. VI, 1776 del 2017).

• Quando si tratti di estradizione attiva processuale, l'ordinanza cautelare emessa nei confronti del soggetto riparato all'estero può essere impugnata nel suo interesse con gli ordinari mezzi di impugnazione cautelare.

721. Principio di specialità.

1. La persona estradata non può essere sottoposta a restrizione della libertà personale in esecuzione di una pena o di una misura di sicurezza detentiva, né assoggettata ad altra misura restrittiva della libertà personale per un fatto anteriore alla consegna diverso da quello per il quale l'estradizione è stata concessa.

2. Quando le convenzioni internazionali o le condizioni poste prevedono che un fatto anteriore alla consegna non possa essere giudicato, il giudice dispone con ordinanza la sospensione del processo se l'azione penale è stata esercitata, sempre che non debba essere pronunciata sentenza di proscioglimento o di non luogo a procedere.

3. Avverso l'ordinanza di cui al comma 2 possono ricorrere per cassazione il pubblico ministero, l'imputato e il suo difensore. Il ricorso non ha effetto sospensivo.

4. La sospensione del processo non impedisce il compimento degli atti urgenti, l'assunzione delle prove non rinviabili, nonché di quelle che possono determinare il proscioglimento per fatti anteriori alla consegna.

5. Il principio di specialità non opera quando:

a) lo Stato estero ha consentito all'estensione;

b) l'estradato ha espresso il proprio consenso con le modalità indicate nell'articolo 717, commi 2 e 2 *bis*;

c) l'estradato, avendone avuta la possibilità, non ha lasciato il territorio dello Stato trascorsi quarantacinque giorni dalla sua definitiva liberazione oppure se, dopo averlo lasciato, vi ha fatto volontariamente ritorno.

L'articolo è stato così sostituito dal d. lgs. 3.10.2017, n. 149.

• La disposizione è integralmente riscritta ad opera del d. lgs. 3.10.2017, n. 149, che ha trasposto sul piano attivo la medesima **garanzia prevista dall'art. 699**. Ne consegue, per tanto, un effetto di **"congelamento" del potere coercitivo dell'autorità italiana**, che comporta una sospensione del procedimento penale già in corso, se una convenzione internazionale applicabile o una condizione accettata dal Ministro della giustizia, impediscano il giudizio per fatti precedenti alla consegna. In termini di perfetta reciprocità rispetto all'art. 699, l'estradato in Italia non potrà essere sottoposto a ordini di esecuzione (→ **Esecuzione**, artt. 656 e 658) di pene o di misure di sicurezza, oppure a provvedimenti interinali (ordinanze cautelari, o ordinanze di applicazione provvisoria di misure di sicurezza *ex* art. 312) emessi per fatti diversi da quelli oggetto dell'estradizione e precedenti alla consegna, o a procedimenti penali per fatti precedenti.

• Nella prima parte dell'art. 721 si rinviene un precetto di portata più tradizionale, in forza del quale il principio di specialità ingenera, innanzitutto, un limite all'esercizio di **qualsiasi forma di coercizione** personale, riferita a fatti precedenti alla consegna. Oggi, dopo ampie oscillazioni giurisprudenziali e dottrinali, il nuovo comma secondo impone la sospensione del procedimento di cognizione nel quale sia già stata esercitata l'azione penale, salvo si renda necessario il proscioglimento immediato *ex* art. 129 (→ **Atti**). L'ordinanza di sospensione è impugnabile con ricorso per cassazione dal p.m. e dal difensore dell'imputato-estradato (deve ritenersi superato il riferimento all'impugnazione personale dell'imputato, ormai esclusa dalla novellata formulazione dell'art. 571 co. 1, a seguito dell'entrata in vigore della l. 23.6.2017, n. 103). Posto che tale ricorso non ha effetto "sospensivo della sospensione", durante tale periodo potranno essere compiuti atti urgenti e assunte prove non rinviabili e quelle che possano fondare il proscioglimento dell'imputato.

• Si segnala che l'art. 721 svolge un ruolo di "garanzia minima", nei casi in cui la convenzione eventualmente applicabile disponga una tutela più ristretta, limitata, ad esempio, ad alcuni reati soltanto.

• Il quadro convenzionale è particolarmente variegato e si indica qui soltanto l'**art. 14 Conv. eur. estr.**, oggetto di una vasta giurisprudenza di legittimità. La clausola convenzionale esclude che la persona estradata possa essere «*proceeded against, sentenced or detained with a view to the carrying out of a sentence or detention order for any offence committed prior to his surrender other than that for which he was extradited, nor shall he* *be for any other reason restricted in his personal freedom*». Le Sezioni Unite della corte di cassazione avevano interpretato questa clausola come condizione di procedibilità dell'azione penale, lettura che conserva rilevanza anche dopo la novella del 2017, poiché l'art. 721 co. 2, infatti, regola, attraverso la sospensione, il caso in cui l'azione penale sia già stata esercitata, senza precisare come si debba procedere nelle ipotesi in cui al momento della consegna il procedimento per fatti precedenti versi in fase di indagini preliminari e si prospetti la necessità, *ex* art. 405, di esercitare l'azione penale (→ **Indagini e udienza preliminare**). Il potere-dovere del p.m. non parrebbe inibito dal nuovo testo dell'art. 721, ma lo sarebbe, invece, alla luce del richiamato orientamento interpretativo. La giurisprudenza di legittimità esclude l'operatività del principio in relazione alle misure di prevenzione personali e al relativo procedimento di applicazione (Cass., SU, 10281 del 2007).

• La disciplina codicistica, (e spesso anche quella pattizia), prevede tre ipotesi di **caducazione del principio di specialità**, precisate dalla riforma del 2017. Innanzitutto, la garanzia viene meno se l'estradato non avrà lasciato il territorio italiano entro **quarantacinque giorni dalla sua liberazione** o vi abbia per qualsiasi ragione **fatto volontariamente ritorno** (la protezione non cessa se il soggetto si trattenga sul territorio, dopo la liberazione, poiché sottoposto a misure restrittive non custodiali, o comunque, in ogni caso di permanenza non volontaria: Cass. Sez. VI, 14161 del 2020). Numerose sono le situazioni che rendono involontaria la permanenza del soggetto oltre il quarantacinquesimo giorno: l'assenza di denaro o di un documento valido per l'espatrio, ma anche la necessità di difendersi in altri procedimenti nazionali, per fatti successivi alla consegna, o proprio in quello per cui l'estradizione è stata concessa. Tale gruppo di situazioni, previste alla lett. *c*, va sotto la definizione di **purgazione dell'estradizione** e si accompagna alle altre ipotesi caducatorie, rappresentate, rispettivamente, dall'espresso consenso dello Stato richiesto al superamento della garanzia (lett. *a*) e la rinuncia dell'interessato (lett. *b*). Viene meno qualsiasi vincolo derivante dal principio di specialità in presenza della rinuncia unilaterale del ministro alla richiesta di estradizione già formulata. Rileva, poi, una serie di situazioni tra loro eterogenee, che dipendono tutte, però, dall'atteggiamento assunto dallo Stato estero (**diniego, definitivo, dell'estradizione**; cessazione di qualsiasi protezione da parte dello Stato estero, attraverso l'**espulsione** o altra forma di **consegna *manu militari***).

721 *bis*. Estensione dell'estradizione.

1. Ai fini della richiesta di estensione dell'estradizione può essere emessa ordinanza di custodia cautelare quando sussistono gravi indizi di colpevolezza.
2. L'esecuzione dell'ordinanza resta sospesa fino alla concessione della estensione dell'estradizione ed è revocata, anche d'ufficio, in caso di rifiuto da parte dello Stato estero.
3. Concessa l'estensione, su richiesta del pubblico ministero l'ordinanza di custodia cautelare è confermata ai fini dell'esecuzione, soltanto se, fermi i gravi indizi di colpevolezza, sussistono esigenze cautelari a norma degli articoli 274 e seguenti.

L'articolo è stato inserito dal d. lgs. 3.10.2017, n. 149.

• Laddove si verifichi l'emissione di un'ordinanza cautelare rispetto ad un fatto non contemplato nell'originaria richiesta di estradizione, si deve innescare la richiesta suppletiva di estradizione. Si precisa che l'emissione dell'ordinanza, strumentale appunto all'estensione della estradizione già ottenuta, si può basare sulla mera sussistenza dei gravi indizi di colpevolezza [pur mancando un richiamo esplicito all'art. 273 (→ **Misure cautelari**), l'osservanza degli artt. 192 co. 3 e 4, 195 co. 7, 203, 271 co. 1 (→ **Prove**) pare imprescindibile per poggiare l'ordinanza cautelare su una solida *probable cause* che sarà valutata dall'autorità straniera]. Poiché si tratta di provvedimento strumentale, non è necessario motivare sul profilo delle esigenze, decisamente attenuate dal fatto che il soggetto interessato è già stato consegnato dall'autorità straniera a quella italiana in forza del preesistente titolo estradizionale.

• L'esecuzione dell'ordinanza cautelare è **sospesa** sino all'eventuale concessione del "supplemento di estradizione" dallo Stato estero. La pronuncia dell'autorità straniera sull'estensione rappresenta lo spartiacque rispetto alle sorti dell'ordinanza cautelare. In caso di diniego, essa dovrà essere revocata. In caso di assenso, potrà essere eseguita soltanto se, confermata la sussistenza dei gravi indizi valutati in sede genetica, ricorra almeno una esigenza cautelare di cui all'art. 274. Spetta al pubblico ministero avviare la procedura di conferma dell'ordinanza cautelare, producendo tutti gli elementi necessari per la conferma e l'esecuzione del provvedimento cautelare.

722. Custodia cautelare all'estero.

1. La custodia cautelare all'estero in conseguenza di una domanda di estradizione presentata dallo Stato è computata ai sensi dell'articolo 303, fermo quanto previsto dall'articolo 304, comma 6.

L'articolo è stato così sostituito dal d. lgs. 3.10.2017, n. 149.

• L'articolo è stato integralmente riscritto dal d. lgs. 3.10.2017, n. 149. La previgente formula, dovuta a una novella del 1992, infatti, prevedeva il calcolo del periodo di custodia cautelare subito all'estero per effetto della richiesta italiana di estradizione, soltanto ai fini del computo dei termini complessivi e massimi. Per effetto di Corte cost., 253 del 2004, la restrizione eventualmente subita all'estero in esito alla richiesta ministeriale di arresto provvisorio (art. 720 co. 5), aveva finalmente ottenuto rilievo anche ai fini del calcolo del periodo di **durata massima** della custodia cautelare, sia **di fase**, sia **complessivo** che **massimo**, salvi i periodi di sospensione del predetto termine, senza alcun rilievo ai fini del computo del termine di fase (era comunque rimasta nel testo anteriore alla riforma del 2017 un'aporia determinata dalla medesima novella del 1992, con un richiamo all'art. 304 co. 4, che doveva comunque intendersi riferito al comma sesto). Oggi, il richiamo generale all'art. 303 (→ **Misure cautelari**) conferma l'assetto inaugurato della ricordata pronuncia della Corte costituzionale.

• Tocca all'autorità giudiziaria richiesta indicare esattamente il periodo rilevante ai sensi dell'art. 722 per il soggetto che, raggiunto da richiesta di estradizione e conseguente misura restrittiva, si trovi già detenuto in esecuzione di altro titolo straniero.

• **L'interrogatorio di garanzia** dell'estradando deve svolgersi *ex* art. 294 (→ **Misure cautelari**) entro cinque giorni, che decorrono però non già dall'arresto del soggetto ma dalla sua consegna all'autorità italiana. Se tale interrogatorio avviene all'estero, per rogatoria, il giudice italiano deve prendere visione del verbale entro cinque giorni. Analogamente, i termini per impugnare l'ordinanza cautelare decorrono dal momento della notifica del provvedimento, all'ingresso del soggetto sul territorio italiano.

722 *bis*. Riparazione per ingiusta detenzione.

1. La custodia cautelare all'estero in conseguenza di una domanda di estradizione presentata dallo Stato è computata ai fini della riparazione per ingiusta detenzione nei casi indicati all'articolo 314.

L'articolo è stato inserito dal d. lgs. 3.10.2017, n. 149.

• La disposizione è stata introdotta dal d. lgs. 3.10.2017, n. 149. Essa si pone in stretto collegamento con la disposizione precedente e viene a colmare un vuoto da sempre denunciato dalla dottrina. Da tempo, infatti, si riteneva – in dottrina ma anche in giurisprudenza – che la custodia cautelare ingiustamente subita all'estero dovesse essere presa in considerazione ai sensi dell'art. 314 (→ **Misure cautelari**), ai fini della riparazione per ingiusta detenzione.

Titolo III
ROGATORIE INTERNAZIONALI

Capo I
Rogatorie dall'estero

723. Poteri del Ministro della giustizia.

1. Il Ministro della giustizia provvede sulla domanda di assistenza giudiziaria di un'autorità straniera, trasmettendola per l'esecuzione all'autorità giudiziaria competente entro trenta giorni dalla ricezione della stessa, salvo quanto previsto dal comma 3.

2. Quando le convenzioni in vigore tra gli Stati membri dell'Unione europea, ovvero gli atti adottati dal Consiglio e dal Parlamento dell'Unione europea, prevedono un intervento del Ministro, questi può disporre con decreto di non dare corso alla esecuzione della domanda di assistenza giudiziaria nei casi e nei limiti stabiliti dalle convenzioni e dagli atti indicati.

3. Nei rapporti con Stati diversi da quelli membri dell'Unione europea, tale potere può essere esercitato altresì in caso di pericolo per la sovranità, la sicurezza o altri interessi essenziali dello Stato.

4. Quando un accordo internazionale prevede la trasmissione diretta della richiesta di assistenza, l'autorità giudiziaria che la riceve ne trasmette copia senza ritardo al Ministero della giustizia.

5. Il Ministro della giustizia non dà altresì corso alla rogatoria quando risulta evidente che gli atti richiesti sono espressamente vietati dalla legge o sono contrari ai princìpi fondamentali dell'ordinamento giuridico italiano o ancora quando vi sono fondate ragioni per ritenere che considerazioni relative alla razza, alla religione, al sesso, alla nazionalità, alla lingua, alle opinioni politiche o alle condizioni personali o sociali possano influire negativamente sullo svolgimento o sull'esito del processo e non risulta che l'imputato abbia liberamente espresso il suo consenso alla rogatoria.

6. Nei casi in cui la richiesta di assistenza ha ad oggetto la citazione di un testimone, di un perito o di un imputato davanti all'autorità giudiziaria straniera, il Ministro della giustizia ha facoltà di non dare corso alla stessa quando lo Stato richiedente non offre idonea garanzia in ordine all'immunità della persona citata. Il Ministro ha altresì facoltà di non dare corso alla richiesta di assistenza giudiziaria quando lo Stato richiedente non dà idonee garanzie di reciprocità.

7. Nei casi in cui il Ministro della giustizia esercita il potere di cui al presente articolo ne dà comunicazione alle autorità giudiziarie interessate.

La disposizione apre la normativa sulle rogatorie internazionali, significativamente modificata dalla recente riforma operata dal d. lgs. 3.10.2017, n. 149.

• In ordine di trattazione, il codice disciplina ancor oggi le **rogatorie dall'estero**, altrimenti denominate **"rogatorie passive"** per il fatto che è lo Stato estero a richiedere la cooperazione giudiziaria da parte dell'Italia. Già la previsione previgente chiariva che la procedura rogatoriale era rivolta alla realizzazione di **comunicazioni**, **notificazioni** e soprattutto all'**assunzione di prove** collocate su territorio italiano e destinate a un procedimento in corso in uno Stato estero. La disciplina attuale esordisce con un riferimento esplicito alla "domanda di assistenza giudiziaria di un'autorità straniera".

• Tale scelta terminologica evidenzia immediatamente il tratto essenziale delle rogatorie, fondate sul c.d. ***"request model"***. Il termine "rogatoria" trova infatti spiegazione etimologicamente nella procedura con cui uno Stato chiede (*roga*) a un altro di effettuare una delle attività cui esse sono preposte. Storicamente, le rogatorie costituiscono una delle principali forme dell'assistenza giudiziaria, caratterizzata dalla **logica intergovernativa**. È significativo che la disciplina sulle rogatorie si apra con una previsione dedicata ai poteri del Ministro della giustizia, che è l'organo competente a dar corso alla rogatoria proveniente da uno Stato estero, trasmettendola all'autorità giudiziaria competente per l'esecuzione dell'attività richiesta. Il carattere intergovernativo dell'assistenza giudiziaria internazionale si è tradizionalmente espresso anche nella previsione della **tra-**

smissione della richiesta per via ministeriale. In considerazione del fatto che vari strumenti di cooperazione internazionale hanno ampiamente superato questa procedura consentendo la trasmissione diretta da parte delle autorità competenti, il nuovo co. 4 prescrive che in tali ipotesi l'autorità giudiziaria che riceva una richiesta di assistenza rogatoriale ne trasmetta copia senza ritardo al Ministro. Del resto, l'art. 204 *bis* Disp. att. già prevedeva che, nelle ipotesi in cui un accordo internazionale avesse contemplato la trasmissione diretta della richiesta di assistenza giudiziaria, l'autorità giudiziaria la inviasse direttamente al Ministro della giustizia.

• A differenza delle rogatorie fondate su specifici strumenti di diritto internazionale, che di regola delimitano considerevolmente i poteri dell'autorità governativa, le rogatorie sfornite di base pattizia sono di regola improntate al **principio di reciprocità**. Il che non significa che al di fuori di tali ipotesi la rogatoria non possa seguire il proprio corso, rientrando nella discrezionalità del Ministro della giustizia la decisione sull'esito della richiesta dello Stato estero. Anche nel caso in cui sussistano garanzie di reciprocità, comunque, il Ministro della giustizia non è tenuto a dar corso alla rogatoria. In prospettiva rovesciata, il codice indicava **tre classi di situazioni al ricorrere delle quali alla rogatoria non poteva darsi corso**: *a*) quando gli atti richiesti compromettevano la sovranità, la sicurezza o altri interessi essenziali dello Stato; *b*) quando gli atti richiesti erano espressamente vietati dalla legge o erano palesemente contrari ai principi fondamentali dell'ordinamento giuridico italiano; *c*) quando considerazioni relative alla razza, alla religione, al sesso, alla nazionalità, alla lingua, alle opinioni politiche o alle condizioni personali o sociali potevano incidere negativamente sullo svolgimento o sull'esito del processo, e non risultava che l'imputato abbia liberamente espresso il suo consenso alla rogatoria.

• La riforma legislativa del 2017 ha peraltro inciso sui **poteri di rifiuto**. In forza del co. 2, ogniqualvolta convenzioni in vigore tra gli Stati membri dell'Unione europea, ovvero gli atti adottati dalle istituzioni UE, prevedano un intervento del Ministro, questi può decidere di non dare corso alla esecuzione della domanda di assistenza giudiziaria nei casi e nei limiti stabiliti dalle convenzioni e da tali atti normativi. Ciò non può tuttavia riguardare casi in cui la richiesta assistenza sia in grado di compromettere la sovranità, la sicurezza o altri interessi essenziali dello Stato, essendo tale previsione riservata ai "rapporti con Stati diversi da quelli membri dell'Unione europea" (co. 3).

• Al pari di quanto prevedeva la normativa codicistica sull'estradizione, questa disposizione, nelle intenzioni dei redattori del codice Vassalli, pretendeva di scolpire un **modello pressoché esclusivo**, tale per cui le finalità ivi indicate, in assenza di previsioni specifiche da parte di strumenti di diritto internazionale in vigore in Italia, potevano essere raggiunte solo attraverso lo strumento delle rogatorie.

• Nei **rapporti con altri Paesi europei membri del Consiglio d'Europa** ha invece a lungo trovato applicazione la disciplina sulle rogatorie prevista dalla Convenzione europea di assistenza giudiziaria in materia penale del 1959 (CEAG), integrata dalla Convenzione di applicazione dell'Accordo di Schengen del 1990 (CAS), ambedue in vigore in Italia. Tale disciplina è tuttavia applicata in una versione ampiamente superata, non avendo l'Italia ad oggi ratificato il Secondo Protocollo Addizionale alla Convenzione europea di assistenza giudiziaria del 2001. Significativamente, la normativa del 1959, integrata sulla base della CAS, fu a lungo applicata anche nei rapporti con altri Stati membri dell'Unione europea finché l'Italia ratificò la Convenzione di Bruxelles del 2000 (UE-CAG) con la l. 21.7.2016, n. 149.

• Peraltro, l'ultimo decennio ha visto il crescente ricorso a **nuovi strumenti di acquisizione di prove** finalizzate ad un accertamento penale condotto all'estero e, ancor più, di acquisizione all'estero di prove destinate a un giudizio penale nazionale. Tra questi strumenti sono da segnalare gli **scambi (spontanei) di informazioni e prove**, basati su apposite normative di diritto internazionale (ad es., la CAS), nonché le indagini condotte da **squadre investigative comuni**. Tali indagini hanno avuto fino a poco tempo addietro un limitato ambito d'applicazione in Italia (in particolare, in materia di criminalità transnazionale, in forza della ratifica della Convenzione di Palermo attraverso la l. 146 del 2006), mancando una base legale di carattere generale finanche nei rapporti con altri Paesi UE.

• La disciplina italiana ha tuttavia subìto una rapida evoluzione negli ultimi anni. La menzionata l. 149 del 2016 conteneva una delega legislativa per l'attuazione della Convenzione (avvenuta con d. lgs. 5.4.2017, n. 52). In seguito alla l. 9.7.2015, n. 114, contenente la delega legislativa per il recepimento delle Direttive europee e l'attuazione di altri atti dell'Unione, l'Italia ha peraltro avviato iniziative legislative volte a dare attuazione ad alcuni significativi strumenti varati dall'Unione europea nell'ambito della cooperazione internazionale in ambito probatorio. Tra queste, sono da menzionare anzitutto i d. lgs. 15.2.2016, n. 34 e 35, che hanno rispettivamente dato attuazione alla decisione quadro 2002/465/GAI sulle squadre investigative comuni e alla decisione quadro 2003/577/GAI sull'esecuzione di provvedimenti di blocco di beni e di sequestro probatorio. Novità particolarmente significative sono state poi apportate dal d. lgs. 21.6.2017, n. 108, che ha dato attuazione alla direttiva 2014/41/UE, introducendo l'ordine europeo d'indagine (OEI), che governa oggi la cooperazione probatoria transnazionale con altri Stati membri (ad eccezione dell'Irlanda e la Danimarca). Sulla disciplina sovranazionale riguardante questo strumento si è di recente pronunciata la Corte giust. (24.10.2019, *Gavanozov*, C-329-17).

• In questo solco s'inserisce la riforma operata dal menzionato d. lgs. 149 del 2017, che in forza della rinnovata previsione di cui all'art. 696, **restringe** ulteriormente l'**ambito applicativo della normativa sulle rogatorie** contenuta nel Titolo III del Libro IX, confinandolo ai rapporti giurisdizionali tra l'Italia e i Paesi (europei e non) con cui non siano in vigore specifiche normative di diritto internazionale. Non si tratta peraltro di una disciplina del tutto estranea a tali ambiti: non mancano alcune previsioni all'interno del Titolo III, che specificamente concernono i rapporti di assistenza giudiziaria regolati dal diritto UE (artt. 723 co. 2, 725 co. 3, ecc.) o dal diritto internazionale (art. 723 co. 4.).

724. Procedimento di esecuzione.

1. Le richieste di assistenza giudiziaria per le attività di acquisizione probatoria e di sequestro di beni a fini di confisca sono trasmesse al procuratore della Repubblica presso il tribunale del capoluogo del distretto del luogo nel quale deve compiersi l'attività richiesta.

2. Il procuratore della Repubblica, ricevuti gli atti trasmessi dal Ministro della giustizia o direttamente dall'autorità straniera a norma di convenzioni internazionali in vigore per lo Stato, se la rogatoria ha per oggetto acquisizioni probatorie da compiersi davanti al giudice ovvero attività che secondo la legge italiana devono essere svolte dal giudice, presenta senza ritardo le proprie richieste al giudice per le indagini preliminari.

3. Negli altri casi il procuratore della Repubblica dà senza ritardo esecuzione alla richiesta, con decreto motivato.

4. Quando la domanda di assistenza ha ad oggetto atti che devono essere eseguiti in più distretti all'esecuzione provvede il procuratore del luogo nel quale deve compiersi il maggior numero di atti, ovvero, se di eguale numero, quello nel cui distretto deve compiersi l'atto di maggiore importanza investigativa.

5. Se il procuratore della Repubblica ritiene che deve provvedere alla esecuzione altro ufficio, trasmette allo stesso immediatamente gli atti; in caso di contrasto si applicano gli articoli 54, 54 *bis* e 54 *ter*.

6. Quando è previsto l'intervento del giudice, in caso di contrasto, gli atti sono trasmessi alla Corte di cassazione che decide secondo le forme previste dagli articoli 32, comma 1, e 127, in quanto compatibili. L'avviso di cui all'articolo 127, comma 1, è comunicato soltanto al procuratore generale presso la Corte di cassazione. La Corte di cassazione trasmette gli atti all'autorità giudiziaria designata, comunicando la decisione al Ministero della giustizia.

7. L'esecuzione della domanda di assistenza giudiziaria è negata:

a) se gli atti richiesti sono vietati dalla legge o sono contrari a princìpi dell'ordinamento giuridico dello Stato;

b) se il fatto per cui procede l'autorità straniera non è previsto come reato dalla legge italiana e non risulta che l'imputato abbia liberamente espresso il suo consenso alla domanda di assistenza giudiziaria;

c) se vi sono fondate ragioni per ritenere che considerazioni relative alla razza, alla religione, al sesso, alla nazionalità, alla lingua, alle opinioni politiche o alle condizioni personali o sociali possano influire sullo svolgimento o sull'esito del processo e non risulta che l'imputato abbia liberamente espresso il suo consenso alla domanda di assistenza giudiziaria.

8. L'esecuzione della richiesta di assistenza giudiziaria è sospesa quando da essa può derivare pregiudizio alle indagini o a procedimenti penali in corso.

9. Il procuratore della Repubblica trasmette senza ritardo al procuratore nazionale antimafia e antiterrorismo copia delle richieste di assistenza dell'autorità straniera che si riferiscono ai delitti di cui all'articolo 51, commi 3 *bis* e 3 *quater*.

Anche la disciplina prevista da quest'articolo – previamente già emendata dalla l. 5.10.2001, n. 367, nonché dal d.l. 15.2.2015, n. 7, conv., con modif., dalla l. 17.4.2015, n. 43 – è stata riformata dal d. lgs. 3.10.2017, n. 149.

• La disposizione, dedicata alla **procedura di *exequatur***, integra l'art. 723, chiarendo il senso della competenza ministeriale. La disciplina previgente chiariva che il Ministro della giustizia poteva dar corso alla rogatoria dall'estero, di regola, solo in caso di **decisione favorevole dell'autorità giudiziaria**. Sebbene fosse una **condizione necessaria** all'esecuzione della rogatoria, tale decisione **non vincolava** tuttavia **l'autorità ministeriale**, che ben poteva decidere di non dare corso alla rogatoria. Rispetto al modello accentrato adottato da altri Paesi (ad es. il Brasile), il codice del 1988 aveva perciò confermato la **soluzione decentrata** del codice del 1930, che prevedeva la competenza della corte d'appello del luogo in cui deve procedersi agli atti richiesti.

• La riforma del 2017 ha apportato significative novità a questo proposito. È infatti chiaro che ancor oggi alla richiesta di assistenza giudiziaria può darsi corso solo in caso di decisione favorevole dell'autorità giudiziaria. La novità è peraltro apprezzabile sul piano delle competenze: l'organo competente per le attività di acquisizione probatoria e di sequestro di beni non è più la corte d'appello, bensì il **procuratore della Repubblica presso il tribunale del capoluogo del distretto del luogo nel quale deve compiersi l'attività richiesta**. In linea con quest'impostazione è la previsione che richiede al procuratore della Repubblica di trasmettere al procuratore nazionale antimafia e antiterrorismo copia delle rogatorie dell'autorità straniera che si riferiscono ai delitti di cui all'art. 51 co. 3 *bis* e 3 *quater* (→ **Soggetti**). L'**intervento di un'autorità giurisdizionale** è richiesto solo se la rogatoria ha per oggetto acquisizioni probatorie da compiersi davanti al giudice ovvero attività che secondo la legge italiana devono essere svolte dal giudice. Anche in questo caso, tuttavia, la competenza non è della corte d'appello, perché il pubblico ministero deve investire il giudice per le indagini preliminari, essendo invece chiamato a decidere autonomamente nelle restanti ipotesi.

• Il **nuovo assetto delle competenze** è **coerente con l'impostazione adottata dal d. lgs. 21.6.2017, n. 108**, attuativo della direttiva 2014/41/UE, che definisce le nuove attribuzioni del pubblico ministero e del giudice per le indagini preliminari nell'ipotesi di ordine europeo d'indagine (OEI) proveniente da altro Stato Membro. In questo modo la normativa codicistica mira a ravvicinare le distanze, sul piano delle competenze, tra le nuove procedure di cooperazione investigativa con autorità nell'area UE e la cooperazione probatoria transnazionale con altri Paesi.

• Coerentemente con tale impostazione, i redattori della novella legislativa hanno dovuto affrontare **ulteriori problematiche applicative**. La prima riguarda il caso in cui la domanda di assistenza giudiziaria abbia ad oggetto varie attività di acquisizione probatoria, da eseguire in più distretti. In quest'ipotesi, la competenza passa al procuratore del luogo nel quale deve compiersi il maggior numero di atti, ovvero, se di eguale numero, quello nel cui distretto deve compiersi l'atto di maggiore importanza investigativa. Non si tratta, a ben vedere, di soluzioni ottimali, radicando la competenza su base esclusivamente numerica o in forza di un criterio soggetto a valutazioni fortemente discrezionali. La seconda ipotesi concerne il caso in cui il procuratore della Repubblica investito dell'istanza ritenga competente altro ufficio. In questo caso è prevista la trasmissione diretta del caso, e a risolvere eventuali conflitti, sia negativi che positivi, tra diversi uffici del p.m. è richiamata la corrispondente disciplina codicistica (→ **Soggetti**, art. 54 s.). Analogo rinvio alla normativa sui conflitti di competenza (→ art. 32) si ritrova nell'ipotesi in cui, essendo richiesto l'intervento del giudice, emergano contrasti tra diversi uffici, disciplina che conferma il ruolo della corte di cassazione quale organo risolutore del conflitto.

• L'esame da parte del pubblico ministero (come prima della corte d'appello) si caratterizza come un **controllo di stretta legalità**, il che sottrae la procedura rogatoriale a una valutazione in chiave esclusivamente intergovernamentale. Il controllo vòlto ad assicurare il rispetto della legalità interna non va inteso in una prospettiva esclusivamente formale, valendo ad assicurare il rispetto dei limiti tracciati dalla legge processuale italiana, in particolare, all'assunzione di prove vietate in sé dalla legge o con metodi e forme non consentite dal diritto italiano (→ **Prove**, artt. 191 e 729). Nella stessa prospettiva si colloca il controllo del rispetto della doppia incriminazione (→ art. 13 c.p.). Certo, al pari di quanto accade per altri strumenti di assistenza giudiziaria internazionale, **violazioni di diritti fondamentali** possono anche discendere dal trasferimento delle prove ottenute in Italia e dal loro uso in un procedimento estero. Sennonché i limiti stabiliti per il controllo del procuratore della Repubblica non consentono all'autorità giudiziaria italiana di sindacare il fondamento dell'azione investigativa o processuale estera. Né, a differenza di quanto previsto in materia di estradizione, la decisione dell'autorità giudiziaria è condizionata alla sussistenza di gravi indizi di colpevolezza (art. 705). È significativo che anche la normativa attuativa della direttiva sull'ordine europeo d'indagine non sembri lasciare spazi per valutazioni sul *fumus delicti* da parte dell'autorità di esecuzione, pur lì dove si tratta di atti investigativi considerevolmente invasivi come le intercettazioni di telecomunicazioni (art. 43 d. lgs. 21.6.2017, n. 108).

• Altra importante questione concerne la **partecipazione della difesa alla procedura di *exequatur***. La disposizione, nonostante la recente riforma, non si occupa di questo profilo, mostrando lo scarso interesse del legislatore italiano verso il contributo specie dell'imputato (→ **Soggetti**, art. 60 s.) alla decisione sull'assunzione di prove che possono pesantemente incidere sulla sua posizione soggettiva. Il coinvolgimento della difesa era precedentemente richiesto dalla forma prevista per la procedura di *exequatur*, che è quella dei procedimenti in camera di consiglio (→ **Atti**, art. 127). Lo spostamento di competenze, di regola, al procuratore della Repubblica e l'assenza di indicazioni circa la procedura che è tenuto a seguire il g.i.p., nelle ipotesi in cui sia necessario il suo intervento, proiettano pericolosi coni d'ombra sulla disciplina vigente.

725. Esecuzione delle rogatorie.

1. Per il compimento degli atti richiesti si applicano le disposizioni del presente codice, salva l'osservanza delle forme espressamente richieste dall'autorità giudiziaria straniera che non siano contrarie ai princìpi dell'ordinamento giuridico dello Stato.

2. Si applica l'articolo 370, comma 3.

3. L'autorità giudiziaria può autorizzare, con decreto motivato, la presenza al compimento degli atti richiesti di rappresentanti o incaricati dell'autorità richiedente. Quando la richiesta proviene da autorità diverse da quelle di Stati membri dell'Unione europea, l'autorizzazione è comunicata al Ministro della giustizia.

4. Se nel corso dell'esecuzione il procuratore della Repubblica rileva l'opportunità del compimento di atti ulteriori non indicati nella richiesta, ne informa senza ritardo l'autorità richiedente ai fini dell'integrazione della richiesta. Si osservano, in quanto compatibili, le disposizioni di cui all'articolo 724, commi 7 e 9.

• Questa previsione disciplina l'esecuzione delle rogatorie internazionali sotto diversi profili. La versione previgente definiva la **competenza al compimento degli atti di assistenza richiesti**, competenza che, in coerenza con l'attribuzione della procedura di *exequatur* alla corte d'appello, spettava comunque a un organo giurisdizionale, fosse esso uno dei componenti il collegio o il g.i.p. del luogo in cui gli atti andavano compiuti. Tale previsione è caduta col nuovo assetto delle attribuzioni definito dall'art. 724, che radica nell'autorità giudiziaria – a seconda dei casi, requirente o giudicante – la competenza a prestare l'assistenza richiesta. Un'ulteriore novità consiste nel rinvio all'art. 370 co. 3, col quale si consente al pubblico ministero competente, laddove singoli atti di assistenza siano da assumere nella circoscrizione di altro tribunale, di delegare, qualora non ritenga di procedere personalmente, il pubblico ministero presso il tribunale del luogo, nel rispetto della rispettiva competenza per materia.

• Un profilo di grande rilevanza sistematica riguarda le **forme processuali**. In linea di principio, le rogatorie sono da eseguire secondo quanto prevede la legge processuale italiana per i mezzi di prova (→ **Libro III**, Titolo II) e di ricerca della prova (→ Titolo III). Tuttavia, la soluzione previgente già stabiliva una deroga alla tradizionale regola dell'esclusiva applicazione della *lex loci*, ammettendo la **possibile applicazione del diritto processuale penale straniero**, sia pur limitato alle specifiche forme richieste dall'autorità estera. Qui la riforma si pone sul solco della disciplina anteriore, anche in considerazione del fatto che in una simile direzione muove la recente normativa attuativa sull'ordine europeo d'indagine, introdotta dal d. lgs. 21.6.2017, n. 108.

• Tale soluzione rivela l'adesione dei codificatori a un più avanzato modello di assistenza giudiziaria internazionale, già esistente all'epoca in diversi accordi bilaterali e successivamente recepiti dalla normativa sia del Consiglio d'Europa (Secondo Protocollo Addizionale alla Convenzione del 1959) sia dell'Unione europea (Convenzione di Bruxelles). A differenza di quanto accade in tema di rogatorie attive (rogatorie per l'estero), l'applicazione della *lex fori* da parte dell'autorità italiana non presuppone un accordo internazionale *ad hoc*, sicché, anche nel caso di rogatorie senza base pattizia o fondate su un accordo che nulla statuisca in proposito, l'autorità italiana è tenuta a dare corso alla richiesta da parte dell'autorità estera vòlta all'applicazione di una specifica forma processuale.

• L'applicazione del diritto processuale straniero non è tuttavia esente da limiti: laddove le forme richieste comportino (il rischio di) **violazione di un principio fondamentale dell'ordinamento italiano** (ad es., l'assunzione della prova con metodi che incidono negativamente sulla libertà di autodeterminazione della persona (→ **Prove**, art. 188), l'applicazione della *lex fori* è senz'altro da escludere. Si tratta di una soglia non del tutto chiara, che rischia di indebolire gli *standard* di tutela rispetto ad analoghi casi nazionali. Peraltro, la disposizione non chiarisce in che modo la *lex fori* e la *lex loci* – spesso espressioni di modelli costituzionali molto diversi – possano integrarsi vicendevolmente. Né, a differenza di quanto previsto in tema di rogatorie attive, si pone alcun limite alle richieste dell'autorità estera concernenti forme procedimentali, richieste che possono qui riguardare norme tali da determinare solo la mera regolarità dell'atto nel procedimento estero.

• Un ulteriore aspetto di cruciale importanza concerne le **garanzie partecipative** nel procedimento di esecuzione degli atti di assistenza richiesti. Rispetto a svariati strumenti internazionali che contemplano simili modelli di combinazione tra forme procedimentali, il diritto italiano non prevede esplicitamente alcuna partecipazione della difesa all'assunzione della prova richiesta da autorità estera. È vero che essa può essere indicata tra le forme procedimentali della *lex fori*; ciò tuttavia solo a condizione che lo chieda l'autorità estera. Il che mette in luce due deficienze del modello adottato dalla legge italiana. In primo luogo, il silenzio della disciplina italiana sulla partecipazione di parti private all'assunzione della prova rivela la **scarsa considerazione del contributo difensivo alla corretta applicazione della *lex fori***, spesso del tutto ignota all'autorità italiana. La seconda e non meno grave carenza che emerge dal sistema è che, dipendendo l'applicazione della legge processuale estera da un evento per definizione accidentale qual è la richiesta dell'autorità straniera, la **complessiva normativa applicabile** al caso concreto **non** è mai **prevedibile *ex ante* dal diretto interessato**. Ciò finisce inevitabilmente per frustrare la basilare esigenza di certezza giuridica quanto alla legge applicabile, esigenza che, specie quando sono in gioco diritti fondamentali, non può non riguardare anche la legge penale processuale.

• Tali deficienze metodologiche della disciplina codicistica sono oggi accentuate a séguito della riforma del 2017, che consente all'autorità giudiziaria di autorizzare, con decreto motivato, la **presenza al compimento degli atti richiesti di rappresentanti o incaricati dell'autorità richiedente**, dandone comunicazione al Ministro della giustizia quando la richiesta proviene da autorità diverse da quelle di Paesi UE. Tale soluzione, in linea con quanto previsto dalla direttiva 2014/41/UE (art. 9 co. 4), sposta pericolosamente il baricentro a favore della partecipazione di non altrimenti definiti rappresentanti o incaricati dell'autorità richiedente, partecipazione che è certamente riconosciuta. E le ripercussioni negative sull'eguaglianza tra le parti sono ulteriormente aggravate dal nuovo assetto delle competenze. Di regola spetta infatti al pubblico ministero decidere autonomamente e insindacabilmente se consentire tale presenza, che a seconda del tipo di assistenza investigativa richiesta ben potrà non rivelarsi puramente passiva.

• Un ultimo aspetto degno di nota concerne il riconoscimento del potere in capo al procuratore della Repubblica, che rilevi l'opportunità del compimento di atti ulteriori non indicati nella richiesta, d'informare prontamente l'autorità richiedente ai fini dell'integrazione della richiesta. A questo riguardo, il richiamo alle disposizioni di cui all'art. 724 co. 7 e 9 non sembra sufficiente a tutelare adeguatamente il destinatario di tali ulteriori misure. In effetti, in considerazione dell'elevato grado di afflittività di nuove forme di assistenza disciplinate dal presente Titolo, è essenziale che la generica valutazione di 'opportunità' di ulteriori misure investigative venga corroborata da uno stretto vaglio di necessità e proporzionalità delle stesse da parte dell'autorità richiedente, secondo quanto richiede l'art. 6 della Direttiva OEI.

726. Citazione di testimoni a richiesta dell'autorità straniera.

1. La citazione dei testimoni residenti o dimoranti nel territorio dello Stato, richiesta da una autorità giudiziaria straniera, è trasmessa al procuratore della Repubblica del luogo in cui deve essere eseguita, il quale provvede per la notificazione a norma dell'articolo 167.

• La disposizione prevede la **competenza del p.m.** (→ **Soggetti**, art. 50 s.) per la **citazione di testi** (→ **Prove**, art. 194 s.) **residenti o dimoranti** (→ art. 43 c.c.) **nel territorio dello Stato**, rinviando, quanto alle **forme procedimentali**, alle regole che disciplinano la notificazione nei confronti di altri soggetti *ex* art. 167 (→ **Atti**). A sua volta quest'ultima disposizione comporta l'applicazione di alcune regole concernenti la prima notifica all'imputato non detenuto (→ art. 157), nonché quelle riguardanti le forme di notificazione urgenti *ex* art. 149.

• Tale assetto si rivela ben poco adeguato alle specifiche esigenze delle rogatorie internazionali, a partire dalle diversità linguistiche dei soggetti coinvolti, che rendono necessarie soluzioni *ad hoc*. Così, molte delle soluzioni dell'art. 157 (→ **Atti**) – dalla notifica a un coinquilino alla notifica al portiere o a chi ne fa le veci, fino alla notifica presso la casa comunale – possono creare pericolose presunzioni di conoscenza nei confronti di soggetti che, specie se dimorano solo temporaneamente nel territorio dello Stato, possono non avere alcuna conoscenza della cultura giuridica e la legge processuale italiana. Senza contare gli ulteriori rischi che discendono dalla notifica, in casi urgenti, a mezzo del telefono o del telegrafo, notifica prevista per estratto in quest'ultimo caso (→ art. 149).

726 *bis*. Notifica diretta all'interessato.

1. Quando le convenzioni o gli accordi internazionali consentono la notificazione diretta all'interessato a mezzo posta e questa non viene utilizzata, anche la richiesta dell'autorità giudiziaria straniera di notificazione all'imputato residente o dimorante nel territorio dello Stato è trasmessa al procuratore della Repubblica del luogo in cui deve essere eseguita, che provvede per la notificazione a norma degli articoli 156, 157 e 158.

L'articolo è stato inserito dalla l. 5.10.2001, n. 367.

• L'articolo, inserito dalla l. 5.10.2001, n. 367, mira a ricondurre alle forme nazionali di notifica (→ **Atti**, art. 148 s.) l'ipotesi in cui, pur prevedendo uno strumento internazionale la notifica all'interessato a mezzo posta, essa non sia stata utilizzata. In quest'ipotesi, la richiesta dell'autorità estera di notifica all'imputato residente o dimorante nel territorio dello Stato (→ art. 43 c.c.) è trasmessa al p.m. del luogo in cui deve essere eseguita e rispetta la disciplina degli artt. 156, 157 e 158 (→ **Atti**).

• Il rinvio alla disciplina codicistica propone e accentua gli inconvenienti rilevati con riguardo all'art. 726. In effetti, la validità della notifica realizzata secondo le forme codicistiche (→ **Atti**) – nonostante l'inidoneità delle stesse (in particolare, di quelle previste dall'art. 157) a soddisfare i requisiti dell'informazione personale specie dell'imputato solo dimorante nel territorio dello Stato – comporta conseguenze gravissime sulla posizione dell'imputato, che potrà subire un'azione penale all'estero senza essere stato realisticamente posto in condizione di conoscere l'avvio di un processo penale nei suoi confronti in un Paese straniero. Non c'è dubbio che il legislatore italiano – nel dare attuazione alla direttiva 2016/343/UE su certi aspetti della presunzione d'innocenza e sul diritto a presenziare al processo (Direttiva inclusa tra i provvedimenti normativi sovranazionali che il Governo è stato chiamato a dare recepimento da parte della Legge di delegazione europea n. 163 del 2017) – dovrà al più presto riformare quest'assetto normativo. È vero che l'art. 8 della Direttiva, nel richiedere che «l'indagato o imputato sia stato informato in un tempo adeguato del processo», non specifica le forme con cui quest'informazione debba essere realizzata. Tuttavia è chiaro che i redattori di questo strumento normativo intesero l'informazione sul processo nel senso che l'interessato debba essere «citato personalmente» o comunque «informato ufficialmente con altri mezzi della data e del luogo fissati per il processo in modo tale da consentirgli di venire a conoscenza del processo» (considerando n. 36).

726 *ter*. Rogatoria proveniente da autorità amministrativa straniera.

1. Quando la richiesta di assistenza giudiziaria in un procedimento concernente un reato è presentata da un'autorità amministrativa di altro Stato, essa è trasmessa per l'esecuzione al procuratore della Repubblica del luogo nel quale devono essere compiuti gli atti richiesti. Si applicano in quanto compatibili le disposizioni del presente Capo.

L'articolo è stato inserito dalla l. 5.10.2001, n. 367 ed è stato modificato dal d. lgs. 3.10.2017, n. 149.

• L'articolo, inserito dalla l. 5.10.2001, n. 367 e modificato dal d. lgs. 3.10.2017, n. 149, disciplina l'ipotesi di rogatorie provenienti da un'autorità amministrativa estera, laddove quest'ultima sia legittimata a richiedere assistenza giudiziaria in un procedimento concernente un reato.

• Rispetto alla versione previgente, la disposizione attuale non trova applicazione solo in presenza di un'apposita previsione da parte di un accordo internazionale vigente in Italia. Essa sposta inoltre la **competenza a prestare l'assistenza richiesta** dal g.i.p. al **procuratore della Repubblica del luogo nel quale devono essere compiuti gli atti richiesti**. Tale competenza non può tuttavia considerarsi esclusiva, poiché la nuova previsione contiene un rinvio integrale alla normativa contenuta in questo Capo, in quanto applicabile. Da ciò discende che, ogniqualvolta sia richiesto un atto che richiede l'intervento del giudice, dovrà essere investito il g.i.p.

• La nuova competenza del p.m. acquista comunque particolare rilevanza in relazione alle forme procedimentali. L'applicazione dell'art. 725 vincola infatti l'autorità giudiziaria italiana, quindi anche il p.m., a verificare il rispetto del limite di compatibilità delle forme richieste da un'autorità amministrativa estera con principi generali dell'ordinamento interno. A seconda dell'assetto ordinamentale e procedimentale del Paese di riferimento, è peraltro possibile che l'autorità rogante non sia tenuta al rispetto degli stessi obblighi gravanti sull'autorità giudiziaria e potrebbe dunque selezionare le forme della propria legge processuale ben al di là della misura strettamente necessaria ad assicurare la validità dell'atto e l'utilizzabilità della prova nel procedimento condotto all'estero.

726 *quater*. Trasferimento temporaneo all'estero di persone detenute.

1. Sulle richieste di trasferimento temporaneo a fini di indagine di persone detenute o internate, previste da accordi internazionali in vigore per lo Stato, provvede il Ministro della giustizia, sentita l'autorità giudiziaria procedente ovvero il magistrato di sorveglianza quando si tratti di soggetto condannato o internato e acquisite le informazioni relative alla situazione processuale, alle condizioni di salute e alle eventuali esigenze di sicurezza.

2. In caso di accoglimento, il Ministro della giustizia indica il termine entro il quale la persona deve essere riconsegnata, che non può comunque eccedere il tempo strettamente necessario all'espletamento dell'atto.

3. L'autorità giudiziaria italiana concorda con l'autorità straniera competente le modalità del trasferimento e della detenzione nello Stato richiedente.

4. Il trasferimento temporaneo è rifiutato se:

a) la persona detenuta non vi acconsente;

b) il trasferimento può prolungare la sua detenzione.

5. Il trasferimento temporaneo è subordinato alla condizione che la persona trasferita non sia perseguita, detenuta o sottoposta a qualsiasi altra restrizione della libertà personale nello Stato richiedente per fatti commessi o condanne pronunciate prima del suo temporaneo trasferimento, salvo che:

a) il testimone, il perito o l'imputato, avendone avuta la possibilità, non ha lasciato il territorio dello Stato richiedente trascorsi quindici giorni dal momento in cui la sua presenza non è più richiesta dall'autorità giudiziaria;

b) avendolo lasciato, vi ha fatto volontariamente ritorno.

6. La persona trasferita rimane in stato di detenzione nel territorio dello Stato estero, salvo che l'autorità giudiziaria italiana ne disponga la liberazione. La detenzione al di fuori del territorio nazionale si considera ad ogni effetto come sofferta in Italia.

L'articolo è stato inserito dal d. lgs. 3.10.2017, n. 149.

• La previsione, inserita dal d. lgs. 3.10.2017, n. 149, mira a fornire una disciplina codicistica per l'ipotesi di **trasferimento temporaneo a fini di indagine di persone detenute o internate**, disciplina modellata in larga misura sulla scorta di quella regolamentata dall'art. 9 della Convenzione di assistenza giudiziaria in materia penale tra gli Stati membri dell'Unione europea, nonché dall'art. 23 della direttiva 2014/41/UE. L'applicabilità della norma presuppone un'apposita previsione da parte di un accordo di diritto internazionale in vigore in Italia.

• Dal punto di vista teleologico, il trasferimento disciplinato da questa previsione si distingue dalla consegna internazionale realizzata mediante estradizione o più moderni strumenti di cooperazione giudiziaria, quale il mandato d'arresto europeo nell'area UE, per il fatto che esso è **finalizzato al compimento di specifici atti investigativo/istruttori** (interrogatorio, confronto ecc.). Per ciò è necessario che venga stabilito il termine entro il quale la persona deve essere riconsegnata, termine che non può comunque eccedere il tempo strettamente necessario all'espletamento dell'atto. Nondimeno, la circostanza che la persona trasferita rimanga di regola in stato di detenzione nello Stato estero, salvo che l'autorità giudiziaria italiana ne disponga la liberazione spiega la scelta di equiparare la detenzione all'estero ad ogni effetto a quella sofferta in Italia.

• A differenza di quanto previsto dalle disposizioni anteriori di questo Capo e di quanto previsto dal d. lgs. 21.6.2017, n. 108, per analoghi trasferimenti attraverso l'ordine europeo d'indagine (OEI), la **competenza** a provvedere su richiesta di trasferimenti di persone detenute o internate, in forza del diritto internazionale, non è dell'autorità giudiziaria ma del **Ministro della giustizia**, il quale è solo obbligato a sentire l'autorità giudiziaria procedente ovvero il magistrato di sorveglianza quando si tratta di soggetto condannato o internato e acquisite le informazioni relative alla situazione processuale, alle condizioni di salute e alle eventuali esigenze di sicurezza.

• Analogamente a quanto previsto dalla disciplina attuativa sull'OEI, la normativa codicistica contempla il **rifiuto del trasferi-**

mento temporaneo se la persona detenuta non vi acconsente, ovvero se il trasferimento può prolungare la sua detenzione.

• Allineata al d. lgs. 108 del 2017 è anche la previsione che subordina il trasferimento temporaneo alle seguenti due condizioni: a) che la persona trasferita non sia perseguita, detenuta o sottoposta a qualsiasi altra restrizione della libertà personale nello Stato richiedente per fatti commessi o condanne pronunciate prima del suo temporaneo trasferimento, salvo che la persona trasferita, avendone avuta la possibilità, non abbia lasciato il territorio dello Stato richiedente trascorsi quindici giorni dal momento in cui la sua presenza non è più richiesta dall'autorità giudiziaria, ovvero b) che, avendolo lasciato, vi abbia fatto volontariamente ritorno.

726 *quinquies*. Audizione mediante videoconferenza o altra trasmissione audiovisiva.

1. Nei casi previsti dagli accordi internazionali, l'audizione e la partecipazione all'udienza davanti all'autorità giudiziaria straniera della persona sottoposta ad indagini, dell'imputato, del testimone, del consulente tecnico o del perito che si trovi nello Stato può essere eseguita mediante videoconferenza o altra forma di collegamento audiovisivo a distanza.

2. L'autorità giudiziaria competente ai sensi dell'articolo 724 procede all'esecuzione della richiesta, salvo che sia contraria ai princìpi fondamentali dell'ordinamento. L'audizione e la partecipazione a distanza della persona sottoposta alle indagini o dell'imputato è subordinata all'acquisizione del consenso dello stesso.

3. L'autorità giudiziaria e l'autorità richiedente concordano le modalità dell'audizione o della partecipazione a distanza, nonché le eventuali misure relative alla protezione della persona di cui è richiesto l'esame o la partecipazione a distanza.

4. Per la citazione della persona di cui è richiesta l'audizione o la partecipazione a distanza si applicano le norme del presente codice.

5. L'autorità giudiziaria provvede all'identificazione della persona di cui è richiesta l'audizione o la partecipazione e assicura, ove necessario, la presenza di un interprete e la traduzione degli atti nei casi previsti dalla legge.

6. L'audizione è direttamente condotta dall'autorità richiedente secondo il proprio diritto interno, in presenza dell'autorità nazionale che, assistita se del caso da un interprete, assicura il rispetto dei princìpi fondamentali dell'ordinamento giuridico italiano.

7. Al termine delle operazioni è redatto processo verbale attestante la data e il luogo di esecuzione delle medesime, l'identità della persona sentita o che ha partecipato all'udienza, fatte salve le misure eventualmente concordate per la protezione della stessa, nonché l'identità e le qualifiche di tutte le altre persone presenti, le eventuali prestazioni di giuramento e le condizioni tecniche in cui si è svolto il collegamento. Il processo verbale, sottoscritto dall'autorità giudiziaria procedente, è trasmesso all'autorità richiedente.

8. Si applicano le norme di cui agli articoli 366, 367, 368, 369, 371 *bis*, 372 e 373 del codice penale per i fatti commessi nel corso dell'audizione in videoconferenza.

L'articolo è stato inserito dal d. lgs. 3.10.2017, n. 149.

• La previsione è stata inserita dal d. lgs. 3.10.2017, n. 149, con l'obiettivo di disciplinare l'ipotesi in cui un accordo di diritto internazionale in vigore in Italia preveda l'**audizione a distanza** davanti all'autorità giudiziaria straniera di indagati, imputati, periti, consulenti o testimoni che si trovino nel territorio nazionale. L'audizione si realizza mediante **videoconferenza o altra forma di collegamento audiovisivo a distanza.**

• Dal punto di vista procedimentale, tale previsione contiene diverse **deroghe alla disciplina applicabile a procedimenti nazionali**, il che incide considerevolmente sugli **equilibri tra tutela del dichiarante e diritto al confronto dell'accusato**.

• La **competenza** a procedere è anzitutto dell'autorità giudiziaria individuata ai sensi dell'art. 724. Da ciò discende che è il **procuratore della Repubblica** presso il tribunale del capoluogo del distretto del luogo nel quale deve compiersi l'attività richiesta a disporre l'audizione a distanza, laddove ordinariamente provvede il giudice.

• L'audizione a distanza di un indagato o imputato richiede il suo **consenso**. Ciò non è invece previsto negli altri casi, nei quali l'autorità giudiziaria suindicata è di regola tenuta a disporre l'audizione a distanza richiesta dall'autorità estera. Andando ben al di là delle ipotesi previste per procedimenti nazionali (→ **Giudizio**, art. 498), il pubblico ministero è dunque chiamato a dar corso alla richiesta di assistenza giudiziaria, fatta salva solo l'ipotesi in cui ciò violi princìpi fondamentali dello Stato. Ciò fa della richiesta di audizione a distanza una forma di assistenza pressoché vincolante, a parte questa specifica ipotesi: il che appare in linea più con l'"*order model*" che col "*request model*" che pur caratterizza il relativo procedimento.

• Quanto alle **modalità di svolgimento dell'esame a distanza**, è previsto che l'autorità giudiziaria e l'autorità richiedente concordino le modalità dell'audizione o della partecipazione a distanza, nonché le eventuali misure relative alla protezione della persona di cui è richiesto l'esame o la partecipazione a distanza. Sennonché il diritto al confronto, inteso quale diritto all'esame diretto dei dichiaranti a carico, è largamente frustrato dalla previsione che riconosce all'**autorità richiedente il potere di condurre direttamente l'audizione a distanza**. Il fatto che l'audizione debba svolgersi **secondo il diritto nazionale straniero** comporta inoltre che **l'applicazione del diritto italiano** – e conseguentemente delle garanzie processuali previste dalla legge interna – sia **ristretta al rispetto dei soli princìpi fondamentali**. Tale conclusione risulta ben poco soddisfacente, considerando che mediante trasmissione audiovisiva viene esaminata una persona che si trova su territorio italiano.

• Scarnificate sono anche le **garanzie partecipative**. Mentre è richiesta la presenza dell'autorità nazionale, chiamata a vigilare sul rispetto dei princìpi fondamentali dell'ordinamento giuridico italiano, non è previsto alcunché quanto alla presenza del difensore del destinatario delle dichiarazioni. Per quel che poi concerne la persona da esaminare, può essere disposta la presenza di un interprete, laddove nulla è detto circa la necessità di ulteriori forme di assistenza (legale, esperto di psicologia infantile, ecc.), quale che sia la natura e la posizione del dichiarante. Nonostante l'audizione si svolga su territorio nazionale, l'applicazione delle garanzie previste dalla legge processuale interna – a fronte della summenzionata regola che lega l'esame alle regole della *lex fori* – dipende dagli esiti dei **'concordati' sulle modalità applicative tra le autorità nazionali** coinvolte nella procedura di cooperazione.

• La fedele riproduzione dell'esame a distanza è assicurata dalla previsione concernente l'obbligo di **redigere un processo verbale** attestante la data e il luogo di esecuzione delle medesime, l'identità della persona sentita o che ha partecipato all'udienza, fatte salve le misure eventualmente concordate per la protezione della stessa, nonché l'identità e le qualifiche di tutte le altre persone presenti, le eventuali prestazioni di giuramento e le condizioni tecniche in cui si è svolto il collegamento.

726 *sexies*. Audizione mediante teleconferenza.

1. Nei casi previsti dagli accordi internazionali, l'audizione del testimone o del perito che si trovi nello Stato e la cui comparizione davanti all'autorità richiedente non sia possibile od opportuna può essere eseguita mediante teleconferenza.

2. Si applicano le disposizioni dell'articolo 726 *quinquies*, comma 8, nonché in quanto compatibili le ulteriori disposizioni del medesimo articolo.

L'articolo è stato inserito dal d. lgs. 3.10.2017, n. 149.

• Tale disposizione, inserita dal d. lgs. 3.10.2017, n. 149, disciplina l'**audizione mediante teleconferenza**. Anch'essa, come l'audizione mediante videoconferenza, presuppone un'apposita previsione in una normativa pattizia internazionale in vigore in Italia. La disciplina sull'audizione mediante teleconferenza segue del resto le disposizioni su quella in videoconferenza, in quanto applicabili. A differenza di quanto previsto dall'art. 726 *quinquies*, l'audizione mediante teleconferenza richiede una valutazione circa la possibilità ed opportunità della comparizione davanti all'autorità procedente, il che lascia un considerevole margine di apprezzamento in capo alle autorità coinvolte nella procedura di cooperazione.

Capo II
Rogatorie all'estero

727. Trasmissione di rogatorie ad autorità straniere.

1. Le richieste di assistenza giudiziaria per comunicazioni, notificazioni e per attività di acquisizione probatoria sono trasmesse al Ministro della giustizia il quale provvede all'inoltro all'autorità estera entro trenta giorni dalla ricezione. Il Ministro comunica senza ritardo all'autorità giudiziaria richiedente la data di ricezione della domanda.

2. Quando le convenzioni in vigore tra gli Stati membri dell'Unione europea, ovvero le disposizioni del diritto dell'Unione europea, prevedono l'intervento del Ministro della giustizia, questi può disporre con decreto che non si dia corso all'inoltro della richiesta di assistenza giudiziaria nei casi e nei limiti stabiliti dalle convenzioni e dagli atti indicati. Nei rapporti con Stati diversi da quelli membri dell'Unione europea, tale potere può essere esercitato, oltre a quanto previsto dalle convenzioni, in caso di pericolo per la sovranità, la sicurezza o altri interessi essenziali dello Stato.

3. Il Ministro della giustizia comunica tempestivamente all'autorità richiedente l'avvenuto inoltro, ovvero il decreto di cui al comma 2.

4. Quando la richiesta di assistenza giudiziaria non è stata inoltrata dal Ministro della giustizia entro trenta giorni dalla ricezione e non sia stato emesso il decreto previsto dal comma 2, l'autorità giudiziaria può provvedere all'inoltro diretto all'agente diplomatico o consolare italiano, informandone il Ministro.

5. Nei casi urgenti, l'autorità giudiziaria provvede all'inoltro diretto a norma del comma 4 dopo che copia della richiesta di assistenza è stata ricevuta dal Ministro della giustizia. Resta salva l'applicazione della disposizione del comma 2 sino al momento della trasmissione della domanda, da parte dell'agente diplomatico o consolare, all'autorità straniera.

6. Quando un accordo internazionale prevede la trasmissione diretta della richiesta di assistenza giudiziaria, l'autorità giudiziaria ne trasmette copia senza ritardo al Ministro della giustizia.

7. Quando, nei rapporti di assistenza giudiziaria con Stati diversi da quelli membri dell'Unione europea, le convenzioni internazionali prevedono la trasmissione diretta delle domande di assistenza, l'autorità giudiziaria provvede alla trasmissione diretta decorsi dieci giorni dalla ricezione della copia della stessa da parte del Ministro della giustizia. Entro il termine indicato, il Ministro della giustizia può esercitare il potere di cui al comma 2.

8. In ogni caso, copia delle richieste di assistenza giudiziaria formulate nell'ambito di procedimenti relativi ai delitti di cui all'articolo 51, commi 3 *bis* e 3 *quater*, è trasmessa senza ritardo al procuratore nazionale antimafia e antiterrorismo.

9. Quando, a norma di accordi internazionali, la richiesta di assistenza giudiziaria può essere eseguita secondo quanto previsto dall'ordinamento giuridico dello Stato, l'autorità giudiziaria indica all'autorità dello Stato estero le modalità e le forme stabilite dalla legge ai fini dell'utilizzabilità degli atti richiesti.

La disposizione è stata riformata dalla l. 5.10.2001, n. 367; successivamente dal d.l. 18.2.2015, n. 7, conv., con modif., dalla l. 17.4.2015, n. 43; infine, dal d. lgs. 3.10.2017, n. 149.

• Originariamente, questa previsione disciplinava, secondo la rubrica, solo le forme di trasmissione delle **rogatorie all'estero**, altrimenti dette **"rogatorie attive"** per il ruolo dell'autorità italiana quale autorità richiedente. In buona misura l'oggetto della disposizione è rimasto invariato, sia pur con qualche modifica. Nonostante l'immutata rubrica dell'articolo, la riforma del 2017 ha sostituito il riferimento alle "**rogatorie**" con quello (più generico ma probabilmente più in linea con la terminologia di strumenti internazionali) di "**assistenza giudiziaria**".

• Finalisticamente, l'assistenza giudiziaria disciplinata da questa previsione mira a realizzare comunicazioni, notificazioni (→ **Atti**, art. 148 s.) e attività di assunzione della prova (→ **Libro III**). La disposizione riconosce inoltre la **competenza esclusiva dell'autorità giudiziaria** – giudici (→ **Soggetti**, art. 1 s.) e p.m. (→ art. 50) – a **richiedere la realizzazione di una rogatoria per l'estero**. Il difensore (→ art. 96 s.) non è dotato di analoga competenza: la riforma non ha infatti portato ad assegnare alla **difesa un ruolo proattivo nell'assunzione della prova all'estero**, dovendo inoltrare la propria richiesta al giudice o al p.m. affinché questi ne valutino la necessità. Tale impostazione non appare tuttavia in linea con quanto oggi previsto per la cooperazione investigativa all'interno dell'area UE, dato che il d. lgs. 21.6.2017, n. 108, attuativo della direttiva 2014/41/UE, legittima la difesa dell'imputato, della persona indagata e della persona della quale è richiesta l'applicazione di una misura di prevenzione a formulare la domanda di un ordine europeo d'indagine (→ art. 31).

• Le modalità di trasmissione sono rimaste per lo più invariate. Le richieste di assistenza giudiziaria sono trasmesse al Ministro della giustizia, il quale provvede a inoltrarle all'autorità estera entro trenta giorni dalla ricezione. La disciplina previgente consentiva al Ministro della giustizia di non dare corso alla richiesta laddove la rogatoria compromettesse la **sicurezza o altri interessi essenziali dello Stato**. Analogamente a quanto previsto per le richieste di assistenza formulate dall'estero, tali **motivi di rifiuto** possono essere fatti valere solo nei rapporti con Stati diversi dagli Stati Membri dell'Unione. Nei rapporti con questi, laddove convenzioni in vigore tra gli Stati membri dell'Unione europea, ovvero le disposizioni del diritto dell'Unione europea, prevedano l'intervento del Ministro della giustizia, questi può non dare corso alla richiesta di assistenza giudiziaria nei casi e nei limiti stabiliti dalle convenzioni e dagli atti indicati.

• Il **ruolo del controllo ministeriale** è comunque **significativamente ridotto** rispetto a quello previsto per le rogatorie passive (art. 723), non essendo tenuta l'autorità ministeriale a valutare se gli atti richiesti siano vietati dalla legge italiana (→ **Prove**, art. 191) o siano palesemente contrari ai principi fondamentali dell'ordinamento giuridico italiano. Né essa è chiamata a verificare se l'imputato abbia liberamente espresso il proprio consenso alla rogatoria nonostante considerazioni relative alla razza, alla religione, al sesso, alla nazionalità, alla lingua, alle opinioni politiche o alle condizioni personali o sociali possano incidere negativamente sullo svolgimento o sull'esito del procedimento. A seguito della l. 43 del 2015, copia delle rogatorie dei magistrati del p.m., formulate nell'ambito di procedimenti relativi ai delitti di cui all'art. 51 co. 3 *bis* e 3 *quater* (→ **Soggetti**), è trasmessa senza ritardo al procuratore nazionale antimafia e antiterrorismo.

• La previsione contempla peraltro **specifici poteri dell'autorità giudiziaria**. Così, nel caso d'inerzia dell'autorità ministeriale entro il termine prescritto dei trenta giorni, l'autorità giudiziaria può rivolgersi direttamente all'agente diplomatico o consolare italiano, informandone il Ministro della giustizia, procedura peraltro prevista in casi urgenti. Nei casi urgenti, peraltro, l'autorità giudiziaria inoltra la richiesta direttamente dopo che il Ministro della giustizia abbia ricevuto copia della richiesta di assistenza. Inoltre, nell'ipotesi in cui un accordo internazionale preveda la trasmissione diretta della richiesta di assistenza giudiziaria, l'autorità giudiziaria ne trasmette copia senza ritardo al Ministro della giustizia.

• A partire dalla riforma apportata dalla l. 367 del 2001, la previsione non si limita a disciplinare solo le modalità di trasmissione ma anche le **modalità di esecuzione delle rogatorie per l'estero**. Tale profilo è stato infatti disciplinato per colmare una lacuna nella normativa del 1988, che non aveva stabilito una disposizione analoga a quella in tema di rogatorie passive. La soluzione legislativa introdotta nel 2001 è stata mantenuta sostanzialmente invariata dalla riforma del 2017.

• Nel formulare la richiesta di assistenza giudiziaria, l'autorità giudiziaria può così specificare le forme processuali che dovranno essere rispettate nell'assunzione della prova all'estero. A differenza di quanto previsto in tema di rogatorie passive (art. 725), questa possibilità, mediante la quale si realizza l'**applicazione del diritto italiano all'estero**, è tuttavia subordinata per le rogatorie attive all'esistenza di un'apposita previsione in un accordo internazionale vigente in Italia (ad es., l'Accordo Italia-Svizzera, il Trattato di assistenza giudiziaria Italia-Brasile, ecc.). L'esistenza di una normativa pattizia in vigore in Italia porta a chiedersi quale sia la funzione di un'apposita disciplina codicistica, che apparentemente non sembra peraltro specificare entro che limiti possa essere esercitato tale potere. A ben guardare, lungi dal fornire ulteriore legittimazione alla possibilità di richiedere l'applicazione delle procedure italiane, la norma delimita l'esercizio di tale facoltà, vincolando l'autorità italiana a richiedere solo le modalità necessarie a garantire l'utilizzazione processuale degli atti richiesti.

• La recente ratifica della Convenzione di Bruxelles del 2000 (UE-CAG) e l'attuazione legislativa della Direttiva sull'ordine d'indagine europeo forniscono ora la base normativa per la parziale **applicazione della legge italiana in sede di assunzione della prova in altro Paese dell'Unione europea**. A differenza di quanto previsto dalla normativa codicistica, nonché da altri strumenti sovrannazionali (ad es., la decisione quadro 2003/577/UE), la disciplina attuativa della Direttiva OEI non specifica in alcun modo i criteri di scelta delle forme processuali della *lex fori* (art. 5 co. 3 d. lgs. 21.6.2017, n. 108), il che rilascia all'autorità italiana, in sede di emanazione dell'ordine europeo, spazi di discrezionalità inevitabilmente amplissimi.

728. Immunità temporanea della persona citata.

1. Nei casi in cui la domanda di assistenza giudiziaria ha ad oggetto la citazione di un testimone, di un perito o di un imputato davanti all'autorità giudiziaria italiana, la persona citata, qualora compaia, non può essere sottoposta a restrizione della libertà personale in esecuzione di una pena o di una misura di sicurezza né assoggettata ad altre misure restrittive della libertà personale per fatti anteriori alla notifica della citazione, salvo che:

a) il testimone, il perito o l'imputato, avendone avuta la possibilità, non ha lasciato il territorio dello Stato trascorsi quindici giorni dal momento in cui la sua presenza non è più richiesta dall'autorità giudiziaria;

b) avendolo lasciato, vi ha fatto volontariamente ritorno.

L'articolo è stato così sostituito dal d. lgs. 3.10.2017, n. 149.

• La previsione, pur riformata dal d. lgs. 3.10.2017, n. 149, è rimasta sostanzialmente invariata. Essa costituisce la proiezione del principio di specialità (artt. 699 e 721) in sede di rogatorie. Qualora l'assistenza abbia ad oggetto la citazione di testi (→ **Prove**, art. 194 s.), periti (→ art. 220 s.) o imputati (→ **Soggetti**, art. 60 s.), la norma assicura tutela alla persona citata contro il rischio di restrizioni della libertà personale (→ **Cost.**, art. 13) in esecuzione di una pena (→ **Esecuzione**, art. 656) o di una misura di sicurezza (→ art. 199 s. c.p.; → **Esecuzione**, art. 658), ovvero di altre misure restrittive della libertà personale (→ **Misure Cautelari**, art. 281 s.) per fatti anteriori alla notifica della citazione. Tale tutela cessa nel caso in cui la persona citata, una volta che la sua presenza non sia più richiesta dall'autorità italiana, non lasci entro quindici giorni il territorio dello Stato o vi rientri volontariamente.

729. Utilizzabilità degli atti assunti per rogatoria.

1. Nei casi in cui lo Stato estero abbia posto condizioni all'utilizzabilità degli atti richiesti, l'autorità giudiziaria è vincolata al rispetto di tali condizioni.

2. Se lo Stato estero dà esecuzione alla richiesta di assistenza con modalità diverse da quelle indicate dall'autorità giudiziaria ai sensi dell'articolo 727, comma 9, gli atti compiuti sono inutilizzabili solo nei casi in cui l'inutilizzabilità è prevista dalla legge.

3. Non possono in ogni caso essere utilizzate le dichiarazioni, da chiunque rese, aventi ad oggetto il contenuto di atti inutilizzabili.

4. Si applica la disposizione dell'articolo 191, comma 2.

La disposizione è stata riformata dalla l. 5.10.2001, n. 367, e, da ultimo, dal d. lgs. 3.10.2017, n. 149.

• La previsione disciplina **l'utilizzabilità delle prove assunte all'estero** mediante strumenti di assistenza giudiziaria. La scelta di dedicare una disposizione a questa problematica si deve all'esigenza di sottrarre alle ordinarie regole processuali prove assunte in forza di un'esplicita richiesta di assistenza giudiziaria da parte dell'Italia. La disciplina in questione va quindi **tenuta distinta** da quella contenuta **dall'art. 78 Disp. att.** che, rinviando alle norme interne dell'art. 238 (→ **Prove**), regolamenta l'acquisizione e utilizzabilità di prove assunte all'estero indipendentemente da un'apposita procedura di cooperazione internazionale. D'altra parte, questa previsione va **raccordata** all'art. 431 co. 1 lett. *d* ed *f* (→ **Indagini e udienza preliminare**), che disciplina l'inclusione nel fascicolo dibattimentale (→ **Giudizio**) dei documenti, dei verbali di atti irripetibili e, a certe condizioni, dei verbali di atti ripetibili assunti mediante rogatoria internazionale. La distinzione tra le due aree normative risiedeva, nella versione previgente, nel fatto che l'art. 729 concerneva l'utilizzabilità di **prove assunte mediante rogatoria su base convenzionale**, come chiarito dall'*incipit* della previsione, che legava l'inutilizzabilità (→ **Prove**, art. 191) alla violazione delle norme contenute in uno degli strumenti di diritto internazionale previsti dall'art. 696 co. 1. Tale riferimento è caduto con la novella legislativa del 2017, col risultato che le disposizioni di quest'articolo possono anche applicarsi ai casi di assistenza giudiziaria non avente base convenzionale.

• Riguarda invece i casi di assistenza giudiziaria su base pattizia la previsione del co. 2, che ha riformato una disposizione introdotta dalla l. 367 del 2001, al fine di sancire un'ulteriore causa d'inutilizzabilità della prova (→ **Prove**, art. 191) assunta mediante rogatoria, **inutilizzabilità** legata alla circostanza che la **rogatoria** avesse avuto **esecuzione con modalità diverse da quelle indicate dall'autorità giudiziaria ai sensi dell'art. 727**. In effetti, la mancata o insufficiente applicazione da parte dell'autorità estera della legge italiana nel prestare l'assistenza richiesta presuppone oggi come allora che l'autorità italiana possa esercitare tale facoltà, il che richiede, per l'appunto, una previsione *ad hoc* in uno strumento di diritto internazionale in vigore in Italia.

• La disposizione previgente non chiariva entro che limiti tale sanzione avrebbe potuto estendersi. Sennonché il riferimento alle "modalità" non poteva consentire un'interpretazione estensiva di questa disposizione al di fuori dei limiti tracciati dall'art. 727, che legittimava l'autorità giudiziaria italiana a richiedere all'autorità estera solo le forme necessarie ad assicurare l'utilizzabilità della prova assunta all'estero in un procedimento italiano. La previsione attuale **circoscrive** la **sanzione dell'inutilizzabilità solo ai casi in cui l'inutilizzabilità è prevista dalla legge**. Da ciò discende anche che la sanzione dell'inutilizzabilità non può essere elusa ammettendo le dichiarazioni, da chiunque rese, aventi a oggetto il contenuto degli atti inutilizzabili.

729 *bis*. Acquisizione di atti e informazioni da autorità straniere.

1. La documentazione relativa ad atti e a informazioni spontaneamente trasmessi dall'autorità di altro Stato può essere acquisita al fascicolo del pubblico ministero.
2. L'autorità giudiziaria è vincolata al rispetto delle condizioni eventualmente poste all'utilizzabilità degli atti e delle informazioni spontaneamente trasmessi a norma del comma 1.

L'articolo è stato inserito dal d. lgs. 3.10.2017, n. 149.

• La disposizione, introdotta dal d. lgs. 3.10.2017, n. 149, mira a disciplinare la **trasmissione spontanea di informazioni e prove da parte di autorità straniere**. Tale trasmissione, seppur disciplinata da alcuni strumenti di diritto internazionale in vigore in Italia (ad es., la CAS), è stata a lungo oggetto di prassi applicative non regolamentate, in assenza di più moderni strumenti di cooperazione giudiziaria. La norma non trova tuttavia solo applicazione al di fuori di base convenzionale bensì anche nell'ambito della cooperazione pattizia, regolando **l'acquisizione delle informazioni probatorie ottenute nell'ambito del fascicolo del p.m.**

• La disciplina presuppone comunque la spontaneità della trasmissione. La riproduzione di tale riferimento mira ad evitare così che possano essere bypassate le ordinarie procedure di assistenza giudiziaria, alle quali si dovrà ricorrere in assenza appunto di una spontanea iniziativa da parte dell'autorità estera.

• Da tale inquadramento della problematica, e dalla scelta d'incanalare l'informazione ottenuta nel fascicolo del p.m., discende la possibilità di utilizzare le informazioni assunte spontaneamente nei limiti tracciati dalla disciplina dibattimentale per gli atti contenuti in tale fascicolo. Alcune limitazioni sono peraltro inevitabili e connaturate all'ipotesi in questione. Così il requisito della spontaneità della trasmissione, unitamente al fatto che procedure simili all'incidente probatorio non sono conosciute da diversi sistemi stranieri di giustizia penale, fa sì che il presupposto dell'imprevedibilità dell'evento, richiesto dall'art. 512 (→ **Giudizio**), sia destinato a non operare nel più gran numero dei casi, il che porterà verosimilmente a un cospicuo incremento delle ipotesi di acquisizione di prove per irripetibilità sopravvenuta. Ulteriori condizioni possono essere poste all'utilizzabilità delle prove trasmesse dall'autorità straniera, condizioni alle quali l'autorità giudiziaria italiana è vincolata a uniformarsi.

729 *ter*. Trasferimento temporaneo in Italia di persone detenute.

1. L'autorità giudiziaria può richiedere il trasferimento temporaneo nel territorio italiano di persona detenuta in altro Stato, al fine del compimento di un atto di indagine o per l'assunzione di una prova.

2. L'autorità giudiziaria italiana concorda con l'autorità straniera competente le modalità del trasferimento e il termine entro cui la persona detenuta deve fare rientro nello Stato richiesto, tenuto conto delle condizioni di salute fisica e mentale della persona interessata, nonché del livello di sicurezza indicato dall'autorità dello Stato richiesto.

3. Ai fini dell'esecuzione il procuratore della Repubblica dispone che la persona temporaneamente trasferita sia custodita, per la durata del trasferimento temporaneo, nella casa circondariale del luogo di compimento dell'atto di indagine o di prova. Le spese di mantenimento sono a carico dello Stato italiano.

4. La persona trasferita rimane in stato di detenzione sul territorio nazionale, salvo che l'autorità straniera non ne chieda la liberazione.

5. Quando il trasferimento temporaneo è condizionato al fatto che la persona trasferita non può essere perseguita, detenuta o sottoposta a qualsiasi altra restrizione della libertà personale nello Stato italiano per fatti commessi o condanne pronunciate prima del suo temporaneo trasferimento, l'immunità cessa qualora il testimone, il perito o l'imputato, avendone avuta la possibilità, non ha lasciato il territorio dello Stato trascorsi quindici giorni dal momento in cui la sua presenza non è più richiesta dall'autorità giudiziaria ovvero, avendolo lasciato, vi ha fatto volontariamente ritorno.

L'articolo è stato inserito dal d. lgs. 3.10.2017, n. 149.

• La previsione, inserita dal d. lgs. 3.10.2017, n. 149, fa da *pendant* all'art. 726 *quater*, con l'obiettivo di disciplinare l'ipotesi di **trasferimento temporaneo di persone detenute o internate, al fine del compimento di un atto di indagine o per l'assunzione di una prova**. Anche tale disposizione è largamente ispirata alla normativa contenuta dall'art. 9 della Convenzione di assistenza giudiziaria in materia penale tra gli Stati membri dell'UE, nonché dall'art. 23 della direttiva 2014/41/UE.

• A differenza di quanto previsto per il trasferimento richiesto da un'autorità estera, l'applicabilità della presente norma **non presuppone un'apposita previsione da parte di un accordo di diritto internazionale in vigore in Italia**. Ulteriori aspetti distintivi della disposizione in questione sono dati dalla previsione che impone all'autorità giudiziaria italiana di **concordare con l'autorità straniera competente le modalità del trasferimento e il termine entro cui la persona detenuta deve fare rientro nello Stato richiesto**. Non è quindi previsto che sia l'autorità (ministeriale) estera a definire unilateralmente il termine entro il quale la persona debba essere riconsegnata, termine che non può comunque eccedere il tempo strettamente necessario all'espletamento dell'atto. Nondimeno, tale ultimo requisito è implicito nella finalità del trasferimento. Specifica considerazione è peraltro richiesta su profili legati alle **condizioni di salute fisica e mentale della persona interessata, nonché al livello di sicurezza indicato dall'autorità dello Stato richiesto**. La norma si preoccupa poi di disciplinare alcune modalità esecutive, stabilendo che il procuratore della Repubblica disponga che la persona temporaneamente trasferita sia custodita, per la durata del trasferimento temporaneo, nella casa circondariale del luogo di compimento dell'atto di indagine o di prova. Essendo il trasferimento richiesto dall'autorità giudiziaria italiana per esigenze investigative o istruttorie interne, è del tutto naturale che le spese di mantenimento siano a carico dello Stato italiano.

• Nulla si dice quanto al fatto che il **trasferimento** possa essere **rifiutato se la persona detenuta non vi acconsente o esso può prolungare la sua detenzione**. Tali fondamentali condizioni, tuttavia, conservano una valenza ineludibile nelle ipotesi di trasferimenti aventi base convenzionale (cfr., ad es., l'art. 11 della Convenzione relativa all'assistenza giudiziaria in materia penale tra gli Stati membri del Consiglio d'Europa, così come modificato dall'art. 3 del II Protocollo Addizionale del 2001).

• Analogamente a quanto previsto all'art. 726 *quater*, si prevede infine che – laddove il trasferimento temporaneo sia condizionato al fatto che la persona trasferita non sia perseguita, detenuta o sottoposta a qualsiasi altra restrizione della libertà personale nello Stato italiano per fatti commessi o condanne pronunciate prima del suo temporaneo trasferimento – tale immunità cessi nell'ipotesi in cui la persona trasferita, avendone avuta la possibilità, non abbia lasciato il territorio dello Stato richiedente trascorsi quindici giorni dal momento in cui la sua presenza non è più richiesta dall'autorità giudiziaria, ovvero nell'ipotesi in cui, avendolo lasciato, vi abbia fatto volontariamente ritorno.

729 *quater*. Audizione mediante videoconferenza o altra trasmissione audiovisiva.

1. Nei casi previsti dagli accordi internazionali, l'audizione e la partecipazione all'udienza davanti all'autorità giudiziaria italiana della persona sottoposta ad indagini, dell'imputato, del testimone o del perito che si trovi all'estero e che non possa essere trasferito in Italia, può essere eseguita mediante videoconferenza o altra forma di collegamento audiovisivo a distanza.

2. L'audizione e la partecipazione a distanza della persona sottoposta alle indagini o dell'imputato è subordinata all'acquisizione del consenso dello stesso. Si applicano, in ogni caso, le disposizioni di cui all'articolo 205 *ter* delle disposizioni di attuazione.

3. L'autorità giudiziaria e l'autorità straniera competente concordano le modalità della citazione, dell'audizione o della partecipazione a distanza, nonché le eventuali misure relative alla protezione della persona di cui è richiesto l'esame o la partecipazione all'udienza.

4. L'autorità giudiziaria richiede all'autorità straniera di identificare la persona da sentire o di cui è chiesta la partecipazione all'udienza e di comunicarle tempestivamente i diritti che le vengono riconosciuti dall'ordinamento italiano e, ove necessario, quelli relativi alla traduzione e alla interpretazione, al fine di garantirne l'effettivo esercizio.

5. L'imputato e la persona sottoposta alle indagini sono necessariamente assistiti dal difensore e devono essere informati dei diritti e delle facoltà che sono loro riconosciuti dall'ordinamento interno e da quello dello Stato richiedente. I testimoni e i periti sono informati della facoltà di astensione prevista dall'ordinamento interno e da quello dello Stato richiesto.

6. L'autorità giudiziaria può mettere a disposizione dello Stato richiesto i mezzi tecnici per procedere all'audizione mediante videoconferenza, ove necessario.

7. Nel verbale redatto dall'autorità giudiziaria procedente deve darsi atto che l'attività è stata compiuta mediante collegamento a distanza.

L'articolo è stato inserito dal d. lgs. 3.10.2017, n. 149.

• La previsione, anch'essa inserita dal d. lgs. 3.10.2017, n. 149, corrisponde all'art. 726 *quinquies* in tema di rogatorie dall'estero, e mira a disciplinare le ipotesi di audizione e partecipazione a distanza di indagati, imputati, periti, o testimoni che si trovino l'estero. L'applicazione della norma presuppone che un accordo di diritto internazionale in vigore in Italia preveda l'**audizione a distanza davanti all'autorità giudiziaria italiana**. L'audizione si realizza mediante **videoconferenza o altra forma di collegamento audiovisivo a distanza.**

• Le **condizioni di ammissibilità** e le **regole concernenti lo svolgimento dell'audizione a distanza** dipendono dalla persona da esaminare. Nel caso dell'indagato o imputato è così necessario il consenso affinché tale audizione possa avere luogo. Il riferimento all'art. 205 *ter* **Disp. att.** garantisce inoltre all'imputato l'assistenza difensiva e, lì dove fosse necessario, l'assistenza linguistica *in loco*.

• Quale che sia la persona da esaminare, l'autorità giudiziaria italiana è tenuta a richiedere all'autorità estera di identificarla e di fornirle compiuta **informazione circa i diritti riconosciutele dall'ordinamento italiano**, ivi compreso il diritto all'assistenza linguistica, al fine di assicurare l'effettiva attuazione delle garanzie previste dalla legge italiana. La previsione sembrerebbe ingenerare l'impressione che l'audizione debba seguire la legge processuale italiana, in simmetria con quanto previsto dall'art. 726 *quinquies*, secondo il quale all'audizione mediante videoconferenza di una persona che si trovi su territorio italiano provvede l'autorità estera secondo il proprio diritto nazionale. In realtà, nell'ipotesi disciplinata dalla previsione in parola, non è specificato con chiarezza quale legge processuale sia da applicare all'esame a distanza. Le **modalità di svolgimento** devono essere infatti **concordate dall'autorità italiana e da quella estera**, e in questa prospettiva alla persona da esaminare deve essere **garantita informazione sui diritti e le facoltà riconosciutale da ambedue gli ordinamenti**. Tale soluzione non appare in sé del tutto soddisfacente: se essa realizza potenzialmente una virtuosa **integrazione tra *lex loci* e *lex fori***, non chiarisce in alcun modo sulla base di quali criteri esse vadano combinate vicendevolmente. Meglio sarebbe stato specificare la possibilità – in linea con quanto previsto dall'art. 727 co. 9 – di richiedere l'applicazione extraterritoriale del diritto processuale nazionale, purché ciò non comporti abbassamenti di tutela nella salvaguardia delle garanzie difensive riconosciute dallo Stato estero. Più in generale, un'alternativa al concordato libero sulle modalità di svolgimento dell'esame potrebbe essere quella di prevedere che l'esame debba svolgersi nel rispetto di cogenti requisiti di ordine costituzionale dei due Paesi, ovvero in conformità a standard di tutela riconosciuti dalla Convenzione europea e altre Carte internazionali dei diritti (ad es., assicurando all'accusato il rispetto del diritto al confronto col proprio accusatore, nei limiti in cui ciò non infici l'esigenza di tutela del dichiarante rientrante in specifiche situazioni di rischio per la sua persona, i suoi familiari ecc.).

729 *quinquies*. Squadre investigative comuni.

1. Quando le convenzioni in vigore tra gli Stati membri dell'Unione europea, ovvero le disposizioni del diritto dell'Unione europea prevedono l'impiego di squadre investigative comuni, il procuratore della Repubblica può richiedere la costituzione di una o più squadre investigative comuni con le modalità e alle condizioni stabilite dalla legge.

2. Nei rapporti con le autorità giudiziarie di Stati diversi da quelli membri dell'Unione europea il procuratore della Repubblica può richiedere la costituzione di una o più squadre investigative comuni con le modalità e alle condizioni stabilite dalla legge, nei casi previsti dagli accordi internazionali. Della costituzione di una o più squadre investigative comuni è data comunicazione al Ministro della giustizia.

L'articolo è stato inserito dal d. lgs. 3.10.2017, n. 149.

• La previsione, introdotta dal d. lgs. 3.10.2017, n. 149, disciplina la **competenza a richiedere la costituzione di una squadra investigativa comune**. Sia che essa sia consentita dal diritto UE nei rapporti tra Stati membri (alla decisione quadro 2002/465/GAI è stata data attuazione in Italia col d. lgs. 34 del 2016) sia nei casi di cooperazione investigativa con Paesi fuori dell'area UE, la competenza è del procuratore della Repubblica, il quale può richiedere la costituzione di una o più squadre investigative comuni con le modalità e alle condizioni stabilite dalla legge. La differenza è che nella seconda ipotesi la costituzione della squadra deve avvenire nei casi previsti dal diritto internazionale e che della costituzione deve essere data comunicazione al Ministro della giustizia.

Titolo IV
EFFETTI DELLE SENTENZE PENALI STRANIERE. ESECUZIONE ALL'ESTERO DI SENTENZE PENALI ITALIANE

Capo I
Effetti delle sentenze penali straniere

730. Riconoscimento delle sentenze penali straniere per gli effetti previsti dal codice penale.

1. Il Ministro della giustizia, quando riceve una sentenza penale di condanna o di proscioglimento pronunciata all'estero nei confronti di cittadini italiani o di stranieri o di apolidi residenti nello Stato ovvero di persone sottoposte a procedimento penale nello Stato, trasmette senza ritardo al procuratore generale presso la corte di appello, nel distretto della quale ha sede l'ufficio del casellario locale del luogo di nascita della persona cui è riferito il provvedimento giudiziario straniero, o, se questo è sconosciuto, presso la Corte di appello di Roma, una copia della sentenza, unitamente alla traduzione in lingua italiana, con gli atti che vi siano allegati, e con le informazioni e la documentazione del caso. Trasmette inoltre l'eventuale richiesta indicata nell'articolo 12 comma 2 del codice penale.

2. Il procuratore generale, se deve essere dato riconoscimento alla sentenza straniera per gli effetti previsti dall'articolo 12 comma 1 numeri 1, 2 e 3 del codice penale, promuove il relativo procedimento con richiesta alla corte di appello. A tale scopo, anche per mezzo del Ministero della giustizia, può chiedere alle autorità estere competenti le informazioni che ritiene opportune.

2 *bis*. Quando il procuratore generale è informato dall'autorità straniera, anche per il tramite del Ministero della giustizia, dell'esistenza di una sentenza penale di condanna pronunciata all'estero, ne richiede la trasmissione all'autorità straniera con le forme previste dalle convenzioni internazionali in vigore con lo Stato estero ovvero, in mancanza, con rogatoria, ai fini del riconoscimento ai sensi del comma 2.

3. La richiesta alla corte di appello contiene la specificazione degli effetti per i quali il riconoscimento è domandato.

Il co. 1 è stato così modificato dal d.P.R. 14.11.2002, n. 313. Il co. 2 *bis* è stato aggiunto dalla l. 5.10.2001, n. 367. Articolo così modificato, da ultimo, dal d. lgs. 3.10.2017, n. 149.

• Il d. lgs. 149 del 2017, attuando la l. delega 21.7.2016, n. 149, ha riformato il libro XI in tema di rapporti giurisdizionali con autorità straniere. L'inadeguatezza della disciplina previgente nel contrasto delle capillari forme di criminalità ha necessitato una riscrittura delle norme in tema di assistenza giudiziaria. Si è introdotta una distinzione preliminare tra **cooperazione in materia penale** con le autorità degli Stati che non fanno parte dell'UE e cooperazione con i Paesi che sono invece membri dell'Unione. La **semplificazione massima** è divenuta il criterio centrale per i **rapporti in ambito UE**. La valenza generale assunta dal principio del mutuo riconoscimento tra gli Stati membri dell'Unione è confermata dal nuovo Titolo I *bis* (art. 696; → art. 69 **T.f.u.e.**).

• La novella del 2017 ha fissato l'obbligo di eseguire le decisioni degli altri Stati membri senza sindacarne il merito (→ art. 696 *quinquies*). Fermo restando che il riconoscimento e l'esecuzione trovano un limite nella tutela dei diritti fondamentali della persona (→ art. 696 *ter*), seguono altre prescrizioni relative alla trasmissione diretta tra autorità giudiziarie, alla necessità che le decisioni siano adottate con la massima urgenza al fine di garantirne la tempestività e l'efficacia, all'impugnabilità – di regola senza effetto sospensivo – delle decisioni di riconoscimento, alla tutela dei terzi di buona fede. Gli effetti delle sentenze penali, così come l'esecuzione penale nei rapporti internazionali hanno sempre implicato **relazioni cooperative interstatuali** nell'ottica del **reciproco riconoscimento** delle decisioni e dell'effettività punitiva. In questa dimensione, la disciplina del codice deve essere coordinata con specifici Trattati o Accordi nonché con la sempre più frequente ricerca di meccanismi realmente capaci di assicurare maggiore efficienza in linea con la ***mutual trust*** fra gli ordinamenti. In questo contesto, il principio sancito dall'art. 696, unitamente all'art. 10 Cost., fissa la **prevalenza delle fonti internazionali consuetudinarie e pattizie** su quelle nazionali. Il carattere suppletivo e integrativo della disciplina codicistica non pregiudica comunque l'autonomia della disposizione in esame in quanto precetto strumentale all'attuazione dell'art. 12 c.p. (art. 731; → art. 69 **T.f.u.e.**). In quest'ottica, la norma rappresenta una delle deroghe al principio dell'ordinaria irrilevanza della sentenza penale straniera (che vuole il giudicato estero non preclusivo di un secondo giudizio in Italia) e apre il capo relativo al **riconoscimento delle sentenze penali straniere** limitatamente ad alcuni effetti previsti dal codice penale (→ art. 12 c.p.) e alla sussistenza di specifici requisiti.

• In particolare, la sentenza straniera di condanna o di assoluzione deve essere stata emessa nei confronti di **cittadini italiani, ovvero stranieri o apolidi residenti in Italia** (→ art. 43 c.c.) **o non residenti ma sottoposti a procedimento penale in Italia** (→ **Indagini e udienza preliminare**, art. 347 s.), a ragione del nesso che intercorre tra un processo in corso in Italia e gli effetti attribuibili con il riconoscimento ai sensi dell'art. 12 c.p. Il titolo straniero deve riguardare un **fatto previsto come delitto dalla legge penale italiana** (→ art. 17 c.p.) mentre i fini del riconoscimento si ricollegano all'esigenza dosimetrica (→ art. 133 c.p.) di stabilire la recidiva (→ art. 99 c.p.) o altro effetto penale della condanna, di dichiarare l'abitualità (→ art. 102 c.p.) o la professionalità nel reato (→ art. 105 c.p.) o la tendenza a delinquere (→ art. 108 c.p.) oppure di applicare una pena accessoria (→ art. 19 c.p.) o una misura di sicurezza (→ art. 199 c.p.). Tra gli **altri effetti penali** riconducibili all'art. 12 co. 1 c.p., si possono annoverare la mancata concessione della sospensione condizionale della pena (→ art. 163 c.p.), la non menzione (→ art. 175 c.p.) e l'applicazione di misure sostitutive (→ art. 80 l. 24.11.1981, n. 89), l'aumento della pena per ubriachezza (→ art. 688 c.p.), l'attribuzione della qualifica di condannato (→ artt. 707 e 708 c.p.), l'incapacità a ottenere autorizzazioni di polizia (→ art. 11 **T.u.l.p.s.**), la radiazione dall'albo degli avvocati (→ art. 42 l. 27.11.1993, n. 1578), nonché la destituzione dalla magistratura (→ art. 9 r.d.l. 31.5.1946, n. 511). Per l'applicazione delle **misure di sicurezza** riguardo a una condanna inflitta all'estero (→ art. 201 c.p.), ai sensi dell'art. 12 co. 1 n. 3 c.p., sarà necessario il vaglio preventivo dell'autorità giudiziaria italiana chiamata a verificare in concreto la pericolosità del soggetto (→ art. 203 c.p.).

• La giurisprudenza ha circoscritto la portata degli altri effetti penali a quelli che si caratterizzano per essere conseguenza di una sentenza irrevocabile di condanna e non anche di altri provvedimenti che possono determinare quell'effetto (Cass., SU, 20.4.1994, Volpe). Si è chiarito che, agli effetti della recidiva, le sentenze di condanna pronunciate da autorità giudiziarie degli Stati membri dell'UE hanno rilevanza, nel concorso dei presupposti di cui all'art. 3 d. lgs. 12.5.2016, n. 73, attuativo della decisione quadro 2008/675/GAI, senza necessità del previo giudizio di riconoscimento *ex* art. 730 (Cass., Sez. VI, 16.6.2022, Alesci).

• La **qualificazione giuridica del fatto** attribuita dall'ordinamento straniero e il relativo *nomen iuris* non sono vincolanti per l'autorità giudiziaria italiana che deve procedere in modo autonomo, con riferimento alle specifiche e concrete connotazioni del fatto accertato e in relazione alle pertinenti norme penali interne.

• Nell'ottica della semplificazione **all'interno dell'UE** si era già fissato il principio per cui l'autorità di ogni Stato membro dell'UE potesse prendere in considerazione, anche in assenza di riconoscimento, le sentenze di condanna emanate da altro stato membro, nei confronti della stessa persona, per ogni determinazione ai fini della pena (d. lgs. 12.5.2016, n. 73).

• In termini procedurali il d. lgs. 3.10.2017, n. 149, fa venire meno la preventiva valutazione del Ministro della giustizia sulla richiesta di riconoscimento, al fine di verificare l'eseguibilità della decisione straniera in Italia, prevedendo che le decisioni giudiziarie da eseguirsi nel territorio dello Stato possano essere trasmesse direttamente all'autorità giudiziaria territorialmente competente per l'esecuzione e che l'autorità giudiziaria possa trasmettere direttamente allo Stato di esecuzione le decisioni delle quali si chiede il riconoscimento; ciò in considerazione del fatto che **il controllo sul rispetto dei principi fondamentali** dell'ordinamento giuridico dello Stato è preventivamente effettuato in relazione ai Paesi europei, salva la sussistenza del potere del Ministro della giustizia di garantire – nei casi e nei modi previsti dalla legge – l'osservanza delle condizioni eventualmente richieste in casi particolari per l'esecuzione all'estero o nel territorio dello Stato della decisione della quale è stato chiesto il riconoscimento. In base alla riforma, la decisione sul riconoscimento del provvedimento da eseguirsi nel territorio dello Stato deve essere adottata con la **massima urgenza**, e comunque in tempi e modalità tali da assicurarne la **tempestività e l'efficacia** e con regole speciali per l'esecuzione di decisioni al riconoscimento delle quali l'interessato abbia prestato consenso. Sono state dettate nuove regole in tema di impugnazioni e si è rinnovata l'attenzione per i **terzi di buona fede** eventualmente pregiudicati dall'esecuzione della decisione.

• Nel caso di sentenze penali di **Stati non appartenenti all'UE** e di esecuzione di sentenze penali italiane all'estero, la relativa normativa continua ad essere contenuta nel titolo IV del Libro XI, modificato soprattutto in relazione ai profili procedurali. In particolare, la decisione sul riconoscimento della sentenza straniera, attribuita alla corte d'appello, sarà di segno negativo in presenza delle seguenti **condizioni ostative**: sentenza non irrevocabile, contraria ai princìpi fondamentali dell'ordinamento giuridico italiano, pronunciata da un giudice non indipendente e imparziale o a seguito di un processo non equo, discriminatoria. Eguale sorte seguirà se il fatto non sia previsto come reato in Italia o sia oggetto di giudizio penale pendente in Italia o definito con sentenza passata in giudicato o ancora se il bene non sia confiscabile nell'ordinamento italiano.

• Non rientrano nell'ambito della previsione le conseguenze relative **alle restituzioni, al risarcimento del danno** (→ art. 185 c.p.) **e agli altri effetti civili** (art. 732), né la **continuazione** fra i reati (→ art. 81 co. 2 c.p.) per i quali sia in corso un giudizio penale, e i reati accertati con sentenza straniera (Corte cost., 72 del 1997). Ciò non osta, tuttavia, ad aperture interpretative relative all'applicabilità della disciplina del reato continuato in presenza di una sentenza straniera già riconosciuta. Generalmente esclusa è invece un'applicazione analogica del disposto al di fuori della previsione dell'art. 12 c.p.

• Come accade per le forme di cooperazione giudiziaria internazionale (art. 723 s.) è **il Ministro guardasigilli che trasmette «senza ritardo»** copia della sentenza e della documentazione pertinente al **P.G. presso la corte d'appello** del distretto ove ha sede il casellario giudiziario competente ai fini dell'iscrizione. Si tratta del casellario del circondario in cui la persona è nata ovvero per i nati all'estero o per le persone delle quali non si è potuto accertare il luogo di nascita nel territorio dello Stato, dell'ufficio del casellario presso la Corte di appello di Roma (artt. 686 e 685, abrogati dal d.P.R. 14.11.2002, n. 313 e recepiti nello stesso T.U. sui provvedimenti iscrivibili nel casellario giudiziale). L'inosservanza dei tempi per la trasmissione non è sanzionata. L'eventuale richiesta formulata ai sensi dell'art. 12 co. 2 c.p., in assenza di uno specifico trattato di estradizione, non è vincolata da termini di decadenza, non potendosi applicare la prescrizione dell'art. 128 c.p. che si riferisce alla richiesta ministeriale di un vero e proprio procedimento penale (→ **Indagini e udienza preliminare**, art. 327 s.) e non alla mera esecuzione di una sentenza straniera.

• Una volta formulata la richiesta da parte del Ministro, spetterà al **P.G. presso la corte di appello**, in base al dettato dell'art. 12 co. 1, 2, 3 c.p., promuovere il procedimento con una richiesta scritta. Si tratta di un atto dovuto che non ammette equipollenti ed è proteso all'accertamento delle condizioni discendenti dai Trattati di estradizione o riferibili alla stessa iniziativa del Ministro. La richiesta non può essere dunque autonomamente avanzata dal soggetto in sede esecutiva. Il P.G., anche per mezzo del Ministro, può chiedere alle autorità straniere competenti le informazioni che ritiene opportune (→ **Disp. att.**, art. 205).

• L'**art. 730 co. 2 *bis*** consente al P.G. di richiedere direttamente mediante rogatoria (art. 723 s.) la **trasmissione delle sentenze di condanna ai fini del riconoscimento**, superando così gli ostacoli burocratici inerenti alle comunicazioni interministeriali tra uffici consolari. Per converso, sull'autorità giudiziaria straniera ricade un onere di trasmissione alle Procure generali o al Ministro di tutte le informazioni riguardanti le sentenze di condanna pronunciate all'estero nei confronti di cittadini italiani. Quest'ultima dovrà fornire anche l'attestazione dell'avvenuto passaggio in giudicato della sentenza straniera.

• Funzionale al contraddittorio (→ **Cost.**, art. 111) è la prescrizione contenuta nell'art. 730 co. 3 di indicare specificamente **gli effetti per cui la richiesta di riconoscimento è promossa**. Da questo punto di vista, oltre al potenziamento dei diritti della difesa nel rito camerale (→ **Atti**, art. 127), la disposizione presenta un'evidente correlazione con il co. 1 dell'art. 734.

• Il riconoscimento della sentenza ha riguardo ai fatti per i quali non sia possibile procedere in base alla legge italiana oppure non sia attivabile il rinnovamento del giudizio (→ artt. 11 e 6 c.p.).

• Incide sulla portata della norma la difficile valenza del *ne bis in idem* internazionale (→ artt. 733 e 739) per cui, in mancanza di una disciplina organica, si realizzeranno singoli raccordi fra la disciplina interna e quella straniera a ragione di specifiche esigenze di razionalità derivanti, per esempio, dalla pena già scontata all'estero (→ art. 138 c.p.).

• La **sentenza della corte d'appello che opera il riconoscimento ha natura costitutiva** e da essa derivano anche effetti non previsti dall'ordinamento di provenienza o trascurati dal giudice straniero. Nella disposizione rientrano le sentenze straniere di applicazione della pena su richiesta delle parti (→ **Procedimenti speciali**, art. 444), equiparabili a quelle di condanna quanto agli effetti sulla recidiva, sulla abitualità o professionalità del reato, sull'iscrizione nel casellario giudiziale.

731. Riconoscimento delle sentenze penali straniere a norma di accordi internazionali.

1. Il Ministro della giustizia, se ritiene che a norma di un accordo internazionale deve avere esecuzione nello Stato una sentenza penale pronunciata all'estero o comunque che a essa devono venire attribuiti altri effetti nello Stato, ne richiede il riconoscimento. A tale scopo trasmette al procuratore generale presso la corte di appello nel distretto della quale ha sede l'ufficio del casellario locale del luogo di nascita della persona cui è riferito il provvedimento giudiziario straniero, o, se questo è sconosciuto, presso la Corte di appello di Roma, una copia della sentenza, unitamente alla traduzione in lingua italiana, con gli atti che vi siano allegati, e con la documentazione e le informazioni disponibili. Trasmette inoltre l'eventuale domanda di esecuzione nello Stato da parte dello Stato estero ovvero l'atto con cui questo Stato acconsente all'esecuzione. Le informazioni supplementari, eventualmente necessarie, possono essere richieste e ottenute con qualsiasi mezzo idoneo a garantire l'autenticità della documentazione e della provenienza.

1 *bis*. Le disposizioni del comma 1 si applicano anche quando si tratta dell'esecuzione di una confisca ed il relativo provvedimento è stato adottato dall'autorità giudiziaria straniera con atto diverso dalla sentenza di condanna.

2. Il procuratore generale promuove il riconoscimento con richiesta alla corte di appello. Ove ne ricorrano i presupposti, richiede che il riconoscimento sia deliberato anche agli effetti previsti dall'articolo 12 comma 1 numeri 1, 2 e 3 del codice penale.

Il co. 1 è stato modificato dal d.P.R. 14.11.2002, n. 313. Il co. 1 *bis* è stato aggiunto dalla l. 9.8.1993, n. 328. L'articolo è stato così modificato, da ultimo, dal d. lgs. 3.10.2017, n. 149.

• La disciplina dell'esecuzione delle sentenze straniere a **norma di accordi internazionali** anche al di fuori delle ipotesi espressamente disciplinate dall'art. 12 c.p. ha una funzione meramente integrativa e non suppletiva delle prescrizioni internazionali (art. 696) e contempla una valutazione del **Ministro della giustizia** circa la sussistenza dei presupposti per l'esecuzione della sentenza straniera o comunque per l'attribuzione di effetti nello Stato, in adempimento delle pattuizioni discendenti dai trattati.

• Valutata la sussistenza dei delineati presupposti, il **Ministro trasmette al P.G. presso la corte di appello** del distretto, ove ha sede il casellario giudiziario competente ai fini dell'iscrizione, la **copia della sentenza** (→ **Atti**, 125), la richiesta di riconoscimento, unitamente alla traduzione in lingua italiana con gli atti allegati, le documentazioni ed eventuali altre informazioni disponibili. Il casellario è quello del circondario in cui la persona è nata ovvero, per i nati all'estero o le persone delle quali non si è potuto accertare il luogo di nascita nel territorio dello Stato, l'ufficio del casellario presso la Corte di appello di Roma (→ **Impugnazioni**, art. 630; → **Esecuzione**, artt. 686 e 685, come abrogati dal d.P.R. 14.11.2002, n. 313, e recepiti nello stesso testo unico sui provvedimenti iscrivibili nel casellario giudiziale). Deve essere trasmessa pure l'eventuale domanda di esecuzione dello Stato estero ovvero l'atto con cui questo Stato acconsente all'esecuzione.

• Il P.G. promuove il riconoscimento con una richiesta alla corte di appello e, qualora ne ricorrano i presupposti, chiede che il riconoscimento sia deliberato anche agli effetti previsti dall'art. 12 co. 1, 2 e 3 c.p. La prerogativa ulteriore consiste nella possibilità di domandare, cumulativamente, il riconoscimento per tutti i fini contemplati nella norma sostanziale.

• Al d. lgs. 3.10.2017, n. 149 si deve un ulteriore snellimento dell'*iter* procedurale. L'eventuale documentazione necessaria per il vaglio della domanda potrà infatti pervenire anche successivamente a tale momento, a seguito di richiesta dell'autorità giudiziaria e con il ricorso, per la trasmissione, a qualsiasi mezzo idoneo a garantire l'autenticità della documentazione e della provenienza.

• La disposizione è applicabile anche quando si tratti di eseguire una **confisca** e il provvedimento sia stato adottato con un provvedimento diverso dalla sentenza di condanna (→ l. 9.8.1993, n. 328 di autorizzazione e ratifica della Convenzione sul riciclaggio, siglata a Strasburgo, l'8.11.1990). Il legislatore italiano ha infatti preferito il meccanismo del riconoscimento delle sentenze penali pronunciate all'estero anche quando la confisca non costituisce una statuizione della sentenza di condanna (→ **Giudizio**, art. 533), ferma restando l'irrevocabilità dell'atto che dispone la confisca per le leggi dello Stato in cui è stato adottato.

• Con il d. lgs. 7.9.2010, n. 261 si era data attuazione alla decisione quadro 2008/909/GAI, relativa al principio del **mutuo riconoscimento delle sentenze penali** che irrogano pene detentive o misure privative della libertà personale, superando in questo modo la prospettiva restrittiva contemplata dalle Convenzioni europee, e si era pure integrata la specifica disciplina del **Mandato d'arresto europeo**. In quest'ultimo caso il P.G. deve dare conto soltanto dell'opzione dell'interessato, senza procedere al formale riconoscimento della stessa sentenza, giacché l'esecutività discende in via automatica dall'art. 18 co. 1 lett. *r* l. 22.4.2005, n. 69. Sono state introdotte una serie di condizioni, volte a garantire la conoscenza del processo all'imputato assente, ricorrendo le quali la corte d'appello, quale autorità di esecuzione, procede alla consegna di una persona oggetto di un MAE (→ d. lgs. 15.2.2016, n. 33, in attuazione dell'art. 19 co. 1 lett. *a* l. 22.4.2005, n. 9), ovvero riconosce la sentenza penale pronunciata in altro paese UE, dando a essa esecuzione (→ art. 13 co. 1 lett. *i* d. lgs. 7.9.2010, n. 261).

732. Riconoscimento delle sentenze penali straniere per gli effetti civili.

1. Chi ha interesse a far valere in giudizio le disposizioni penali di una sentenza straniera per conseguire le restituzioni o il risarcimento del danno o per altri effetti civili, può domandare il riconoscimento della sentenza alla corte di appello nel distretto della quale ha sede l'ufficio del casellario locale del luogo di nascita della persona cui è riferito il provvedimento giudiziario straniero, o alla Corte di appello di Roma.

Articolo così modificato dal d.P.R. 14.11.2002, n. 313.

• Altra deroga all'irrilevanza delle decisioni assunte dalle giurisdizioni straniere consiste nel riconoscimento degli effetti civili delle sentenze straniere per conseguire **restituzioni, risarcimento** o **altri effetti civili del danno** (→ art. 185 c.p.). Qui l'**iniziativa**, a differenza delle due precedenti previsioni, è lasciata ai **soggetti privati** interessati che abbiano subito danni dal compimento dell'illecito ovvero abbiano interesse alla produttività di effetti civili in Italia del titolo esecutivo straniero. Si deve instaurare un rapporto di **stretta interdipendenza** fra i fatti posti alla base della sentenza straniera e il diritto controverso. La richiesta non presuppone l'esistenza di un trattato internazionale né l'alternativa istanza del Ministro della giustizia (→ art. 12 co. 2 c.p.). Il soggetto potrebbe dunque avere **interesse alla rifusione del danno, ovvero alla restituzione del bene o ad altri effetti civili** (→ art. 12 co. 1 n. 4 c.p.). Nell'ultima locuzione devono ricomprendersi tutti gli **effetti non penali**, inclusi quelli di natura amministrativa della sentenza pronunciata dall'autorità giudiziaria straniera. Basti pensare all'impedimento o allo scioglimento del matrimonio per delitto (→ art. 88 c.p.; art. 3 l. 1.12.1970, n. 898), o all'esclusione della successione per indegnità (→ art. 463 c.c.). Non è necessario che si proceda al riconoscimento della sentenza penale estera relativamente a modifiche della capacità di agire dell'individuo, posto che l'incapacità deriva direttamente dalla legge italiana in ragione del rinvio operato ai sensi delle disposizioni di diritto internazionale privato. La portata del precetto è analoga a quella degli effetti del giudicato penale nei giudizi amministrativi e civili (→ **Esecuzione**, artt. 653 e 654). Non è applicabile l'art. 741 relativo all'efficacia nel nostro ordinamento di capi civili restitutori della sentenza straniera, in quanto essi devono rivestire uno specifico contenuto. Potrà invece applicarsi la previsione relativa all'efficacia della sentenza penale di condanna nel giudizio civile o amministrativo di danno (→ art. 651), dato che il giudice italiano deve operare in modo da quantificare il risarcimento, come chiarito nello stesso articolo.

733. Presupposti del riconoscimento.

1. La sentenza straniera non può essere riconosciuta se:

a) la sentenza non è divenuta irrevocabile per le leggi dello Stato in cui è stata pronunciata;

b) la sentenza contiene disposizioni contrarie ai principi fondamentali dell'ordinamento giuridico dello Stato, ovvero quando le condizioni poste dallo Stato straniero per l'esecuzione della sentenza della quale è chiesto il riconoscimento sono contrarie a tali principi;

c) la sentenza non è stata pronunciata da un giudice indipendente e imparziale ovvero l'imputato non è stato citato a comparire in giudizio davanti all'autorità straniera ovvero non gli è stato riconosciuto il diritto a essere interrogato in una lingua a lui comprensibile e a essere assistito da un difensore;

d) vi sono fondate ragioni per ritenere che considerazioni relative alla razza, alla religione, al sesso, alla nazionalità, alla lingua, alle opinioni politiche o alle condizioni personali o sociali abbiano influito sullo svolgimento o sull'esito del processo;

e) il fatto per il quale è stata pronunciata la sentenza non è previsto come reato dalla legge italiana;

f) per lo stesso fatto e nei confronti della stessa persona è stata pronunciata nello Stato sentenza irrevocabile;

g) per lo stesso fatto e nei confronti della stessa persona è in corso nello Stato procedimento penale.

1 *bis*. Salvo quanto previsto nell'articolo 735 *bis*, la sentenza straniera non può essere riconosciuta ai fini dell'esecuzione di una confisca se questa ha per oggetto beni la cui confisca non sarebbe possibile secondo la legge italiana qualora per lo stesso fatto si procedesse nello Stato.

Il co. 1 *bis* è stato inserito dalla l. 9.8.1993, n. 328. La lett. *b* è stata così modificata dal d. lgs. 3.10.2017, n. 149.

• La disposizione esprime la necessità di verificare la **reale compatibilità fra l'ordinamento italiano e quello straniero di provenienza della sentenza** al fine di assicurare il rispetto dei canoni costituzionali e convenzionali e di evitare che il processo penale possa rappresentare uno strumento di persecuzione. A seguito del d. lgs. 3.10.2017, n. 149, il giudizio di **compatibilità può concernere e riferirsi a condizioni poste dallo Stato straniero**, sempre che si tratti di un contrasto effettivo ed insanabile fra le disposizioni straniere e quelle italiane e non di una mera diversità di regolamentazione.

• A questo scopo sono dettate delle condizioni di segno negativo e di portata generale al riconoscimento delle sentenze straniere (artt. 730, 731, 732, 739) da leggersi unitamente ai presupposti (artt. 730 e 732) che fanno rifermento agli effetti previsti dal codice penale (→ art. 12 nn. 1, 2, 3 e 4 c.p.) o da accordi internazionali (art. 731). I presupposti negativi contemplati nell'art. 733 impongono uno **statuto plurimo di garanzie al procedimento straniero**. È infatti necessario che si tratti di un **provvedimento irrevocabile** emanato nel pieno rispetto dei fondamentali diritti dell'imputato (→ **Cedu**, art. 6) e nella tendenziale compatibilità con i principi di garanzia a cui si ispira il nostro ordinamento (→ **Cost.**, art. 1 s.). La sentenza da riconoscere non deve risultare **discriminatoria** (→ **Cost.**, art. 3) o ledere il divieto di ***bis in idem*** (→ **Esecuzione**, art. 649). La valutazione di tutti i menzionati presupposti inerisce ai contenuti motivazionali della sentenza e non solo al mero dispositivo (→ **Giudizio**, art. 546).

• La Corte edu ha ritenuto che «il controllo da parte dell'Autorità giudiziaria italiana circa il rispetto delle garanzie contenute nella Cedu non solo è d'obbligo quando la decisione di cui si chiede il riconoscimento promani da tribunali di Paesi in cui non si applica la Cedu, ma è tanto più necessario quando l'argomento del riconoscimento è di particolare importanza per le parti» (Corte edu, 20.7.2001, Pellegrini c. Italia).

• La lett. *a* si richiama a una nozione di **sentenza penale straniera irrevocabile** da intendersi in senso sostanziale e non formale di provenienza del titolo da un organo giudiziario (non amministrativo). Naturalmente, si dovrà guardare al carattere in concreto delle statuizioni penali. In passato, dubbi erano sorti a proposito dei decreti penali di condanna emessi dagli Stati esteri. Pur non contemplando i presupposti della regolare citazione a giudizio dell'imputato e del riconoscimento del diritto ad essere interrogato ed essere assistito dal difensore, gli effetti penali omogenei del decreto penale di condanna consentono un pieno accostamento con le sentenze. Riconducibili al campo applicativo del disposto sono le sentenze rese a seguito della richiesta di applicazione della pena, per espressa equiparazione con la sentenza di condanna (→ **Procedimenti speciali**, artt. 444 e 445 co. 1).

• Non osta al riconoscimento della sentenza penale straniera l'impossibilità per l'imputato di poter accedere ai riti speciali di natura premiale (Cass., Sez. VI, 5.2.2019, Licata).

• Rileva invece nella valutazione dell'irrevocabilità dei procedimenti a contraddittorio eventuale o differito, la possibilità di attivare la successiva fase processuale che garantisce il pieno esercizio del *dicere contra*. Non preclude il riconoscimento la provenienza difforme nei due paesi della decisione da un organo monocratico o collegiale. Né integra un contrasto con i principi fondamentali dell'ordinamento, tale da inibire il riconoscimento, l'esclusione di un dibattimento pubblico e orale. Pure nel nostro ordinamento, infatti, è pienamente riconosciuta la legittimità del rito camerale (→ **Atti**, art. 127).

• Dalla nozione di sentenza irrevocabile esulano le decisioni promananti da autorità consolari.

• Più problematico il riconoscimento con riguardo a provvedimenti non espressivi del **doppio grado di giurisdizione**. Sebbene questa garanzia non goda di una copertura costituzionale interna, essendo prescritto soltanto il ricorso in cassazione per violazione di legge (→ **Cost.**, art. 111), il richiamo ai principi contenuti nell'art. 14 del **Patto int.** e nell'art. 2 del Protocollo n. 7 alla **Cedu** (→ **Cost.**, artt. 10 e 117 co. 1) ha indotto a ritenere che la corte d'appello, ai fini del riconoscimento, debba verificare se l'ordinamento straniero assicuri al condannato mezzi d'impugnazione o di revisione di qualunque genere.

• Ulteriore baluardo negativo è la contrarietà ai **principi fondamentali dello Stato**, espressa nella lett. *b*, che affianca e amplia l'ambito di operatività dell'art. 31 disp. prel. c.c., facendo riferimento anche al limite dell'ordine pubblico internazionale nell'applicazione degli ordinamenti stranieri.

• Ai sensi della lett. *c*, la sentenza deve risultare espressiva di tutte le **garanzie** menzionate dallo stesso art. 733 in ordine al rispetto al diritto **al contraddittorio, al diritto di difesa, alla terzietà ed imparzialità del giudice** (→ **Cost.**, artt. 24, 25 e 111).

• L'effettività del **diritto di difesa** (→ **Cost.**, artt. 24 co. 2 e 25; → **Cedu**, art. 6; → **Patto int.**, art. 14) contemplata nella lett. *c* in forma disgiuntiva (congiunzione "ovvero") non impedisce di ritenere che si tratti di garanzie minime da considerare **cumulativamente** ai fini del riconoscimento. Ciò induce a escludere il rispetto del principio per quei procedimenti svolti senza contraddittorio e senza assistenza difensiva. Al contempo, si richiede che nel procedimento svoltosi all'estero sia garantita una conoscenza effettiva dell'atto di citazione a giudizio. Più formale l'accezione con cui si è intesa invece la difesa tecnica (→ **Soggetti**, art. 96 s.), in quanto la prescrizione dell'art. 733 lett. *c* è rispettata sulla base del mero riconoscimento del diritto, pure in difetto dell'esercizio effettivo del medesimo. Il richiamo al **contraddittorio** (→ **Cost.**, art. 111) imporrebbe anche la puntuale verifica, ai fini del riconoscimento, che le dichiarazioni rese dall'imputato, su cui in tutto o in parte si è fondata la condanna, siano state rilasciate nel rispetto dei presidi difensivi.

• Altro limite ostativo al riconoscimento è il rispetto del **principio di non discriminazione** contemplato nella lett. *d*, che risponde al divieto di utilizzo del processo per fini politici, inibendo la possibilità di qualsivoglia forma di considerazione positiva o negativa sul sesso, sulla razza, sulle condizioni sociali idonea a incidere sullo svolgimento o sull'esito del processo (→ **Cost.**, art. 3).

• La **doppia incriminabilità** (lett. *e*) costituisce espressione diretta del principio di legalità (→ **Cost.**, art. 25 co. 2). Il fatto deve cioè essere previsto come reato dalla legge penale italiana. Nel caso in cui il fatto sia perseguibile in Italia solo quando si verifichi una condizione obiettiva di punibilità non prevista dalla legge straniera, è inibito il riconoscimento. Non è invece necessario che sia previsto un trattamento sanzionatorio identico nei due ordinamenti.

• L'operatività della garanzia del ***ne bis in idem*** menzionata dalle lett. *f* e *g*, e la necessità di attuare la sovranità nazionale inibiscono il riconoscimento quando in relazione allo «stesso fatto» e nei confronti della «stessa persona» sia stata pronunciata nello Stato una sentenza irrevocabile (→ **Esecuzione**, art. 649). Il fatto va inteso in senso naturalistico e non con riguardo alla mutevole configurazione giuridica dei reati nei singoli Stati (Corte giust., 30.3.2004, Hiebeler, causa c- 493/03). La preclusione processuale si fonda sull'identità cronologica e materiale del fatto, nella contestuale compresenza di tutti gli elementi materiali del reato ossia condotta, rapporto di causalità (→ art. 40 c.p.), evento. Il divieto di *bis in idem* opera solo per le sentenze di merito e non per quelle meramente processuali.

• Il co. 1 *bis* – introdotto dall'art. 8 l. 9.8.1993, n. 328, di ratifica e attuazione della Convenzione sul riciclaggio, la ricerca, il sequestro e la confisca dei proventi di reato (1990) – ribadisce il criterio della doppia incriminabilità in base al quale, per il **riconoscimento di una sentenza penale straniera ai fini dell'esecuzione della confisca**, i beni in questione devono essere assoggettabili a un provvedimento ablativo pure secondo l'ordinamento italiano (→ art. 240 c.p.). In un'ottica di collaborazione, si è progressivamente ampliato lo spettro di operatività di Accordi e Convenzioni interazionali (Conv. N.U. contro il crimine organizzato transazionale, siglata a Palermo nel 2000; direttiva 2014/42/UE, varata in data 3.4.2014, nonché gli artt. 82 § 2 lett. *b* e 83 § 1 **T.f.u.e.**, che esprimono una politica generale di reciproco riconoscimento dei provvedimenti di confisca) relativi a uno strumento moderno e indispensabile di contrasto dei proventi illeciti da delitto (decisione quadro 2005/212/GAI, di armonizzazione delle fattispecie di confisca europea; decisione quadro 2006/783/GAI), cui l'Italia si è adeguata con il **d. lgs. 7.8.2015, n. 137** regolando l'**ordine europeo di confisca** in piena attuazione del principio di mutuo riconoscimento).

• La Convenzione sul riciclaggio prevede (art. 13) vari motivi in base ai quali può essere rifiutata la cooperazione finalizzata alla confisca. Quando tali motivi di rifiuto non coincidano con la disposizione codicistica, quest'ultima deve essere interpretata quale norma di attuazione che viene ad annullare la discrezionalità convenzionalmente accordata allo Stato-parte. La previsione di cui al co. 1 *bis* opera anche quando l'atto che dispone la confisca sia contenuto in un provvedimento diverso dalla sentenza di condanna (art. 731 co. 1 *bis*).

• Il criterio di doppia incriminabilità non opera invece davanti alla **confisca di valore**, ovvero al pagamento di una somma di denaro determinata. In questo caso la fattispecie può anche non essere prevista in entrambi gli ordinamenti (art. 735 *bis*).

734. Deliberazione della corte di appello.

1. La corte di appello delibera in ordine al riconoscimento senza ritardo, e comunque non oltre novanta giorni dal ricevimento della richiesta, pronunciando sentenza, nella quale enuncia espressamente gli effetti che ne conseguono, osservate le forme di cui all'articolo 127.

2. Nei casi disciplinati dagli articoli 730, 732 e 741 la corte di appello decide sulla base della richiesta scritta del procuratore generale e delle memorie presentate dalle parti.

3. Avverso la decisione della corte di appello il procuratore generale, l'interessato e il difensore possono proporre ricorso per cassazione per violazione di legge. La decisione della Corte di cassazione è adottata entro sessanta giorni dal ricevimento del ricorso.

La previsione è stata sostituita dal d. lgs. 3.10.2017, n. 149.

• La **procedura di deliberazione della sentenza** di riconoscimento della corte di appello è modulata sulle forme del rito camerale con ulteriori semplificazioni (→ **Atti**, art. 127). La **specificazione espressa degli effetti** rappresenta la simmetrica proiezione del principio già affermato nella disposizione che disciplina la modalità della richiesta (art. 730), con una motivazione imposta a pena di nullità (→ **Atti**, artt. 125 co. 3 e 181). La verifica dei presupposti fondanti la richiesta (→ art. 12 c.p.) potrebbe richiedere approfondimenti normativi sulle fonti straniere tradotte o sulle Convenzioni internazionali da rivolgere al Ministro della giustizia (→ **Disp. att.**, art. 205). Agli stessi fini si può interpellare l'autorità consolare italiana presso lo Stato straniero (→ d. lgs. 3.2.2011, n. 271, che ha abrogato il d.P.R. 5.1.1967, n. 200).

• Il **rito in camera di consiglio** (→ **Atti**, art. 127) si snoda attraverso la fissazione dell'udienza da parte del presidente della corte che ne farà dare comunicazione, almeno dieci giorni prima, all'interessato, al privato che abbia chiesto il riconoscimento per gli effetti delle disposizioni civili, e ai loro difensori. Fino a cinque giorni prima dell'udienza le parti possono presentare memorie in cancelleria. Sia il P.G. sia i privati e i loro difensori (→ **Soggetti**, art. 96 s.) possono comparire per essere sentiti in camera di consiglio. In caso di legittimo impedimento a comparire dell'interessato non detenuto o internato che abbia chiesto di essere sentito, l'udienza è rinviata. Se l'interessato è detenuto o internato fuori dal distretto della corte d'appello, qualora ne faccia richiesta, deve essere sentito prima del giorno dell'udienza dal magistrato di sorveglianza del luogo. Le attività svolte nel corso dell'udienza devono essere documentate con apposito verbale. L'omessa citazione dell'imputato dà luogo a nullità assoluta (→ **Atti**, artt. 178 e 179); danno invece luogo a nullità di ordine intermedio (→ art. 180) la mancata audizione dell'imputato (→ **Soggetti**, art. 60 s.) che sia comparso e l'omessa audizione da parte del magistrato di sorveglianza. All'esito del procedimento camerale verrà emessa **sentenza** (→ **Atti**, art. 125) che potrà essere **di inammissibilità**, in difetto delle condizioni previste, ovvero **di riconoscimento**, laddove si verifichino i presupposti di legge e l'assenza di cause ostative. Un peculiare profilo di inammissibilità della richiesta di riconoscimento di una sentenza estera si configura nell'ipotesi in cui il P.G., nel formulare la richiesta, non produca copia della sentenza – unitamente alla traduzione in lingua italiana – dal momento che la sentenza rappresenta un indispensabile supporto documentale dell'istanza. La **sentenza di riconoscimento ha natura costitutiva** in ordine all'accertamento dei presupposti e gli effetti decorreranno dal momento in cui diverrà definitiva. Essa tuttavia non implica una verifica, per l'ordinamento italiano, della sussistenza o meno del reato o in ordine al merito della vicenda processuale.

• Con il d. lgs. 3.10.2017, n. 149, il legislatore ha inteso snellire la procedura di riconoscimento delle sentenze straniere emesse nell'ambito degli stati UE. Per le sentenze emesse da autorità giudiziarie operanti in stati non membri dell'UE, si è stabilito che la corte d'appello deliberi entro novanta giorni dal ricevimento della richiesta, mentre la cassazione deve decidere sull'impugnazione entro sessanta giorni dal ricevimento del ricorso.

• È previsto che, nei casi di: *a*) riconoscimento per gli effetti previsti dal codice penale delle sentenze penali emesse da stati stranieri con cui non intercorrano accordi internazionali, *b*) riconoscimento per gli effetti civili delle sentenze penali, *c*) riconoscimento delle disposizioni civili di sentenze penali straniere, il contraddittorio fra le parti sia meramente cartolare e la corte di appello decida sulla base della richiesta scritta del P.G. e delle memorie presentate dalle parti.

• Avverso tale decisione è ammesso **il ricorso per cassazione da parte del P.G. presso la corte di appello, dell'interessato** (→ **Impugnazioni**, art. 606 s.) e **del difensore**. Si supera in questo modo la lacuna testuale precedente che non menzionava espressamente il difensore (→ **Soggetti**, art.

96 s.) fra i soggetti legittimati.

• La proposizione del **ricorso per cassazione sospende l'esecuzione della sentenza** (→ **Impugnazioni**, art. 588 co. 1). Non è dunque applicabile la previsione dell'**immediata esecutività** delle ordinanze emanate in camera di consiglio (→ **Atti**, art. 127 co. 8), essendo l'impugnazione della sentenza di riconoscimento oggetto di specifica disciplina da parte dello stesso art. 734 co. 2, che esclude il rinvio ai mezzi d'impugnazione previsti per i procedimenti camerali. L'incertezza interpretativa in argomento deriva dal fatto che, nonostante si tratti di una decisione emessa con il rito camerale, la corte d'appello decide con sentenza (e non con ordinanza) (→ **Atti**, art. 125) la quale, una volta divenuta irrevocabile (→ **Esecuzione**, art. 648), va iscritta nel casellario giudiziale.

• Nell'ipotesi in cui venga accolto il ricorso per cassazione (→ **Impugnazioni**, art. 606 s.) contro la sentenza di riconoscimento che lamenti l'**assenza del requisito dell'irrevocabilità** (art. 733 co. 1 lett. *a*), la corte di legittimità deve annullare con rinvio (→ **Impugnazioni**, art. 623), non essendo attribuiti alla medesima poteri di accertamento di merito, a differenza di quanto è previsto in tema di estradizione (art. 706). All'annullamento con rinvio si perverrà pure ove difetti la prescritta enunciazione espressa degli effetti conseguenti al riconoscimento.

• Si tende ad escludere la possibilità di demandare al giudice dell'esecuzione (→ **Libro X**, art. 665) la correzione di un eventuale **errore di calcolo** nel computo della pena inflitta all'estero (che si risolve nella mancata detrazione di alcune pene), rifluito poi nella sentenza di riconoscimento. La rideterminazione sarà compito dell'autorità giudiziaria straniera, con i rimedi là consentiti, ovvero si realizzerà in Italia mediante l'impugnazione della sentenza di riconoscimento disciplinata dal co. 2 della disposizione in esame.

734 *bis*. Poteri del Ministro in materia di esecuzione della decisione dello Stato estero.

1. Il Ministro della giustizia assicura il rispetto delle condizioni eventualmente poste dallo Stato estero per l'esecuzione della sentenza della quale è stato chiesto il riconoscimento, purché non contrastanti con i principi fondamentali dell'ordinamento giuridico dello Stato.

L'articolo è stato aggiunto dal d. lgs. 3.10.2017, n. 149.

• L'introduzione della disposizione si deve all'art. 8 co. 1 lett. *e* d. lgs. 3.10.2017, n. 149 (→ Convenzione sull'assistenza giudiziaria del 29.5.2000). La riforma si snoda intorno alla **distinzione fondamentale** tra cooperazione in materia penale con le autorità degli **Stati che non fanno parte dell'Unione Europea** e **cooperazione con i Paesi che sono invece membri dell'Unione** nell'ottica della massima **semplificazione** con i Paesi di ambito UE, ma anche di snellimento della complessità nei rapporti con gli altri Stati. Le relazioni interne agli Stati membri dell'UE e la cooperazione giudiziaria dovranno rispettare i Trattati e gli atti normativi UE (T.u.e., T.f.u.e. e relative norme di attuazione); soltanto in assenza di disposizioni specifiche si potranno applicare le convenzioni internazionali e le norme di diritto internazionale generale e, in via residuale, le disposizioni del Libro XI. Nei rapporti con gli Stati che non siano membri dell'Unione europea, la cooperazione giudiziaria si dovrà svolgere nel rispetto delle convenzioni internazionali e delle norme di diritto internazionale generale e, in via residuale, nel rispetto delle disposizioni del Libro XI (art. 4, co. 1 lett. *a* n. 1 e 2, l. 21.7.2016, n. 149).

• In entrambi i casi, dovrà restare fermo il potere del **Ministro della giustizia** di non dare corso alle domande di assistenza giudiziaria, alle richieste in materia di estradizione e alle altre richieste riguardanti i rapporti con le autorità straniere relativi all'amministrazione della giustizia, laddove lo Stato richiedente non dia idonee garanzie di reciprocità.

• A conferma della valenza riconosciuta alla circostanza che il rapporto intercorra con Stati membri della UE anche il nuovo Titolo IV *bis* (artt. 746 *bis*, 746 *ter* e 746 *quater*), in tema di **mutuo riconoscimento** delle decisioni e dei provvedimenti, detta una disciplina fortemente semplificata solo con riferimento a decisioni e provvedimenti adottati da Stati membri dell'UE. E infatti, nel caso di sentenze penali di Stati non appartenenti all'UE e dell'esecuzione di sentenze penali italiane all'estero, la normativa contenuta nel titolo IV del Libro XI, ha subìto solo poche modifiche, tutte protese alla **semplificazione procedurale**. La decisione sul riconoscimento della sentenza straniera della corte d'appello dovrà essere di segno negativo in presenza dei seguenti casi: sentenza non irrevocabile, contraria ai princìpi fondamentali dell'ordinamento giuridico italiano, pronunciata da un giudice non indipendente e imparziale o a seguito di un processo non equo, discriminatoria; il fatto non sia previsto come reato in Italia o sia oggetto di giudizio penale pendente in Italia o definito con sentenza passata in giudicato o ancora se il bene confiscabile in base alla sentenza non sia confiscabile nell'ordinamento italiano. Nel caso di riconoscimento delle sentenze e delle altre decisioni giudiziarie nei rapporti con gli altri Stati membri dell'UE, opera in termini generali l'istituto del **mutuo riconoscimento**. L'elemento di novità è rappresentato dalla circostanza che **viene meno la preventiva valutazione del Ministro della giustizia sulla richiesta di riconoscimento**, al fine di verificare l'eseguibilità della decisione straniera in Italia. Le decisioni giudiziarie da eseguirsi nel territorio dello Stato possono essere trasmesse direttamente all'autorità giudiziaria territorialmente competente per l'esecuzione e l'autorità giudiziaria può trasmettere direttamente allo Stato di esecuzione le decisioni delle quali si chiede il riconoscimento, ciò in considerazione del fatto che il controllo sul rispetto dei principi fondamentali dell'ordinamento giuridico dello Stato è preventivamente effettuato in relazione ai Paesi membri, salva la sussistenza del potere del Ministro della giustizia di garantire – nei casi e nei modi previsti dalla legge – l'osservanza delle condizioni eventualmente richieste in casi particolari per l'esecuzione all'estero o nel territorio dello Stato della decisione della quale è stato domandato il riconoscimento. Il provvedimento sul riconoscimento della decisione da eseguirsi nel territorio dello Stato deve essere adottato con la massima urgenza, e comunque in tempi e modalità tali da assicurarne la tempestività e l'efficacia e con regole speciali per l'esecuzione di decisioni al riconoscimento delle quali l'interessato abbia prestato consenso. La *ratio* della disposizione introdotta con il d. lgs. 3.10.2017, n. 149 deve essere rapportata alle modifiche introdotte alla disciplina generale (art. 733 co. 1 lett. *b*) che oggi nega il riconoscimento «quando le **condizioni poste dallo Stato straniero** per l'esecuzione della sentenza della quale è chiesto il riconoscimento sono contrarie» ai principi fondamentali dell'ordinamento dello Stato.

• La necessità dell'introduzione della disposizione era emersa in occasione del trasferimento in Italia di cittadini (caso Baraldini) in esecuzione di accordi tra i governi (italiano e statunitense) che obbligavano il soggetto a rinunciare a chiedere (e lo Stato a non concedere) i benefici penitenziari previsti dalla legge italiana. Questo accordo tra i due governi, ritenuto legittimo dalla Corte di appello di Roma, venne censurato da Corte cost., 73 del 2001, poiché in contrasto con l'art. 21 Cost.

• La disposizione riformata consentirà al **Ministro** di rifiutare che sia data esecuzione a riconoscimenti di questo tipo.

735. Determinazione della pena ed ordine di confisca.

1. La corte di appello, quando pronuncia il riconoscimento ai fini dell'esecuzione di una sentenza straniera, determina la pena che deve essere eseguita nello Stato.

2. A tal fine essa converte la pena stabilita nella sentenza straniera in una delle pene previste per lo stesso fatto dalla legge italiana. Tale pena, per quanto possibile, deve corrispondere per natura a quella inflitta con la sentenza straniera. La quantità della pena è determinata, tenendo eventualmente conto dei criteri di ragguaglio previsti dalla legge italiana, sulla base di quella fissata nella sentenza straniera; tuttavia tale quantità non può eccedere il limite massimo previsto per lo stesso fatto dalla legge italiana. Quando la quantità della pena non è stabilita nella sentenza straniera, la corte la determina sulla base dei criteri indicati negli articoli 133, 133 *bis* e 133 *ter* del codice penale.

3. In nessun caso la pena così determinata può essere più grave di quella stabilita nella sentenza straniera.

4. Se nello Stato estero nel quale fu pronunciata la sentenza l'esecuzione della pena è stata

condizionalmente sospesa, la corte dispone inoltre, con la sentenza di riconoscimento, la sospensione condizionale della pena a norma del codice penale; se in detto Stato il condannato è stato liberato sotto condizione, la corte sostituisce alla misura straniera la liberazione condizionale e il magistrato di sorveglianza, nel determinare le prescrizioni relative alla libertà vigilata, non può aggravare il trattamento sanzionatorio complessivo stabilito nei provvedimenti stranieri.

4 *bis*. Se la decisione prevede la concessione di benefici riconosciuti nello Stato di emissione, diversi da quelli di cui al comma 4, essi sono convertiti in misure analoghe previste dall'ordinamento giuridico italiano.

5. Per determinare la pena pecuniaria l'ammontare stabilito nella sentenza straniera è convertito nel pari valore in euro al cambio del giorno in cui il riconoscimento è deliberato.

6. Quando la corte pronuncia il riconoscimento ai fini dell'esecuzione di una confisca, questa è ordinata con la stessa sentenza di riconoscimento, fermo quanto previsto dall'articolo 733, comma 1 *bis*.

Il co. 4 *bis* è stato aggiunto dal d. lgs. 3.10.2017, n. 149, che ha anche modificato i co. 5 e 6.

• La norma disciplina la **determinazione della pena** conseguente al riconoscimento della sentenza straniera in ossequio al principio di legalità della stessa sanzione (→ **Cost.**, art. 25). L'adattamento della pena segue alla **qualificazione del fatto** in una fattispecie prevista nel nostro ordinamento al fine di pervenire a una commisurazione della *species* e del *quantum* di pena il più possibile corrispondente e comprensiva anche delle misure alternative alla detenzione o delle sanzioni sostitutive. Il ragguaglio complessivo (→ art. 135 c.p.) non può eccedere il **limite massimo** edittale previsto dalla legge italiana e non può essere più grave di quello comminato nella sentenza straniera. In difetto di un'espressa determinazione nella sentenza straniera la corte di appello sarà chiamata a fare ricorso ai criteri dosimetrici operanti nel nostro sistema penale (→ artt. 133, 133 *bis* e 133 *ter* c.p.). La valutazione sarà sorretta dai principi di proporzionalità e di adeguatezza e guidata dalla prevalenza del ***favor rei*** (→ **Cost.**, art. 27). Al posto della pena di morte opererà l'ergastolo (→ art. 22 c.p.).

• Se lo Stato estero ha concesso la **sospensione condizionale della pena** (→ art. 163 c.p.), altrettanto deve disporre la corte d'appello in sede di conversione.

• Pure la concessione della **liberazione condizionale** (o di altri benefici ottenuti all'estero), si configura come atto dovuto da parte del giudice italiano (→ art. 176 c.p.), laddove la stessa sia stata concessa dal giudice straniero. Infatti, il co. 4 non attribuisce alcun potere discrezionale al giudice, prevedendo tale sostituzione senza porre quale vincolo il fatto che il beneficio sia stato accordato da un'autorità giudiziaria o che l'istituto straniero sia del tutto equivalente o assimilabile a quello previsto nel nostro ordinamento. Il principio del mutuo riconoscimento fra gli stati membri dell'Unione si estende all'esecuzione delle misure di sospensione condizionale e alle sanzioni sostitutive (→ decisione quadro 2008/947/GAI, attuata dal d. lgs. 15.2.2016, n. 38).

• Secondo il nuovo co. 4 *bis*, se la decisione oggetto di riconoscimento prevede la concessione di benefici riconosciuti nello Stato di emissione essi sono convertiti in misure analoghe previste dall'ordinamento giuridico italiano (art. 734 *bis*). Si tratta di un importante punto di arrivo in tema di uniformità dei trattamenti sanzionatori, da realizzare attraverso i meccanismi di conversione.

• La conversione delle **pene pecuniarie** avviene in euro sulla base del cambio previsto al giorno del riconoscimento (→ art. 51 co. 2 d. lgs. 24.6.1998, n. 213; d. lgs. 15.2.2016, n. 37).

• La l. 3.7.1989, n. 257, che contiene disposizioni per l'attuazione di Convenzioni internazionali aventi ad oggetto l'esecuzione delle sentenze penali, richiama la **Convenzione di Strasburgo sul trasferimento delle persone condannate del 21.3.1983**. Quest'ultima, ratificata con la l. 25.7.1988, n. 334, si prefigge l'obiettivo di favorire il reinserimento sociale dei soggetti condannati, dando la possibilità allo straniero che ha commesso un reato di scontare la pena nel proprio Paese d'origine. La Convenzione in esame prevede, all'art. 10, un sistema di **continuazione dell'esecuzione** in base al quale il Paese che riconosce il giudicato straniero rimane ad esso vincolato, non potendovi apportare alcuna modifica, a meno che la natura della sanzione applicata dallo Stato di condanna o la durata di essa siano incompatibili con la legislazione dello Stato di cittadinanza del reo. In questo caso, lo Stato di esecuzione può, mediante «una decisione giudiziaria o amministrativa, adattare questa sanzione alla pena o alla misura previste dalla propria legge per reati della stessa natura». Il sistema della **continuazione dell'esecuzione** si contrappone al sistema di **«conversione della condanna»**, disciplinato dall'art. 735, consistente nella sostituzione, in sede di riconoscimento ai fini dell'esecuzione di una sentenza straniera, della pena stabilita nella sentenza di condanna emessa dal Paese straniero in una sanzione penale prevista dall'ordinamento nazionale. Nella determinazione della pena, in applicazione dell'art. 10 della stessa Convenzione di Strasburgo, *ex* art. 3 l. 257 del 1989, prevarranno tali ultime disposizioni, in quanto speciali rispetto alla disciplina codicistica che non ha mai abrogato tale legge. Il **consenso dello Stato estero**, indicato dagli artt. 1 e 2 della l. 3.7.1989, n. 257, fra le condizioni per il riconoscimento da parte della corte d'appello, è valido anche se manifestato con espressioni del tipo «in linea di massima» o altra equivalente, in quanto lo stesso Stato potrà revocarlo o modificarlo, laddove non ritenesse congrua la determinazione da effettuarsi in sede di riconoscimento (art. 735; art. 3 l. 3.7.1989, n. 257).

• In alcuni casi di riconoscimento di sentenze in base ad **accordi internazionali** (art. 731) sono espressamente disciplinati il momento determinativo della pena, i criteri previsti in tema di adeguamento della misura della pena e le modalità di esecuzione (es. Accordo tra il Governo italiano e le Nazioni Unite per l'esecuzione delle sentenze del Tribunale penale internazionale per l'*ex*-Jugoslavia).

• In base alle modifiche apportate al disposto del co. 6, se il riconoscimento è preordinato all'esecuzione della **confisca**, essa è disposta con la stessa sentenza di riconoscimento, sempre che questa **non abbia ad oggetto beni la cui confisca non sarebbe possibile secondo la legge italiana** qualora per lo stesso fatto si procedesse nello Stato.

735 *bis*. Confisca consistente nella imposizione del pagamento di una somma di denaro.

1. Nel caso di esecuzione di un provvedimento straniero di confisca consistente nella imposizione nel pagamento di una somma di denaro corrispondente al valore del prezzo, del prodotto o del profitto di un reato, si applicano le disposizioni sull'esecuzione delle pene pecuniarie, ad eccezione di quella concernente il rispetto del limite massimo di pena previsto dall'articolo 735, comma 2.

Articolo aggiunto dalla l. 9.8.1993, n. 328.

• La norma esprime l'adeguamento italiano, in un'ottica di cooperazione internazionale nella lotta alla criminalità, all'obbligo di esecuzione diretta dei provvedimenti di confisca (art. 731) e, in particolare della c.d. **confisca di valore prevista dalla Convenzione di Strasburgo sul riciclaggio**, la ricerca, il sequestro e la confisca dei proventi di reato dell'8.11.1990.

• L'art. 14 co. 2 della Convenzione di Strasburgo prevede che la Parte richiesta sia vincolata dagli accertamenti relativi ai fatti nei limiti in cui essi siano stabiliti da una sentenza di condanna (→ **Giudizio**, art. 533 s.) ovvero da un atto di diversa natura come la confisca *in rem* del diritto anglosassone. Al fine di attuare questa previsione si è ampliata la portata precettiva dell'**istituto del riconoscimento** (art. 731 co. 1 *bis*). La possibilità di dare corso all'esecuzione incontra alcuni **limiti** derivanti sia dalla stessa Convenzione sul riciclaggio (→ art. 18), sia da indagini o procedimenti penali in atto nello Stato italiano (→ **Indagini e udienza preliminare**, art. 326 s.). Infatti, è imprescindibile il rispetto di uno *standard* minimo dei diritti difensivi ed è al contempo necessaria la piena assicurazione del divieto di *bis in idem*. In particolare, l'art. 9 della l. 9.8.1993, n. 328, di ratifica ed esecuzione della Convenzione sul riciclaggio, nel caso di esecuzione di un provvedimento straniero di confisca (consistente nell'imposizione del pagamento di una somma di denaro corrispondente al **valore del prezzo, del prodotto e del profitto di reato**) prevede l'applicazione della disposizione dettata in materia di esecuzione delle **pene pecuniarie** (art. 735) a eccezione della norma relativa al rispetto del massimo (art. 735 co. 2). Le norme ordinarie di esecuzione della confisca (art. 735 co. 6) sono state integrate in relazione alla capacità e alla possibilità di convertire i profitti derivanti da attività illecite, negli equivalenti valori "formalmente" leciti in possesso degli indagati.

• Il rinvio alle disposizioni riguardanti l'esecuzione delle pene pecuniarie (→ **Esecuzione**, art. 660; → art. 181 c.p.) ha generato perplessità sulla possibilità di rateizzazione e di conversione. Sembra esclusa la **rateizzazione** sia in quanto non prevista dalla Convenzione del 1990, sia perché la confisca non costituisce propriamente una pena pecuniaria. Ugualmente inammissibile pare la conversione in caso di insolvibilità del condannato (→ **Esecuzione**, art. 660 co. 2) poiché questa ha luogo quando si tratti soltanto di una pena pecuniaria, ossia di multa (→ art. 24 c.p.) o ammenda (→ art. 26. c.p.). Analoghi dubbi riguardano l'applicazione in termini analogici del pignoramento o della vendita dei beni in caso di insolvenza. A seguito della decisione quadro 2006/783/GAI, si è registrato l'adeguamento italiano con il **d. lgs. 7.8.2015, n. 137**, sull'**ordine europeo di confisca**.

736. Misure coercitive.

1. Su richiesta del procuratore generale, la corte di appello competente per il riconoscimento di una sentenza straniera ai fini dell'esecuzione di una pena restrittiva della libertà personale, può disporre una misura coercitiva nei confronti del condannato che si trovi nel territorio dello Stato.
2. Si osservano, in quanto applicabili, le disposizioni del titolo I del libro IV riguardanti le misure coercitive, fatta eccezione di quelle dell'articolo 273.
3. Il presidente della corte di appello, al più presto e comunque entro cinque giorni dalla esecuzione della misura coercitiva, provvede alla identificazione e all'audizione della persona. Si applica la disposizione dell'articolo 717 comma 2.
4. La misura coercitiva, disposta a norma del presente articolo, è revocata se dall'inizio della sua esecuzione sono trascorsi novanta giorni senza che la corte di appello abbia pronunciato sentenza di riconoscimento, ovvero, in caso di ricorso per cassazione contro tale sentenza, cinque mesi senza che sia intervenuta sentenza irrevocabile di riconoscimento.
5. La revoca e la sostituzione della misura coercitiva sono disposte in camera di consiglio dalla corte di appello.
6. Copia dei provvedimenti emessi dalla corte è comunicata e notificata, dopo la loro esecuzione, al procuratore generale, alla persona interessata e al suo difensore, i quali possono proporre ricorso per cassazione per violazione di legge.

Il co. 3 e 4 sono stati così modificati dal d. lgs. 3.10.2017, n. 149.

• La previsione, ritoccata in diversi punti dal d. lgs. 3.10.2017, n. 149, contempla un significativo alleggerimento procedurale nonché l'obbligo di procedere ad interrogatorio del soggetto raggiunto dalla misura. La *ratio* dell'adozione delle **misure coercitive** (→ **Libro IV**, art. 280 s.) è quella di garantire gli effetti del riconoscimento della sentenza straniera. La disciplina è modellata, in base al criterio della compatibilità, sulla omologa regolamentazione dell'estradizione (art. 714). A questi fini, su **richiesta del P.G.**, la corte d'appello può disporre misure coercitive, nel caso sussistano i presupposti della **presenza nel territorio dello Stato e dell'esecuzione di una pena restrittiva della libertà personale** (art. 731).

• La trattazione della materia cautelare (→ **Libro IV**) trova applicazione nei limiti di compatibilità con quella in esame. Fanno eccezione le **condizioni generali di applicabilità espressamente escluse**: la valutazione indiziaria (→ art. 273) implicherebbe infatti un giudizio di merito sulla colpevolezza della persona interessata e sulla fattispecie di reato, esulante dalle competenze della corte distrettuale. Fra i *pericula* espressi nell'art. 274, il richiamo contenuto nell'art. 736, co. 2, sembra limitabile al solo **pericolo di fuga** enucleato nella lett. *b*.

• Il procedimento, la durata, e i mezzi di impugnazione dei provvedimenti ivi adottati, riprendono i modelli relativi all'estradizione (art. 714 s.) con alcune peculiarità. La **corte**

d'appello improntera la scelta della misura al criterio dell'adeguatezza (→ **Misure cautelari**, art. 275) e, parimenti, in base al medesimo criterio sarà chiamata a decidere della revoca o della sostituzione della misura (→ art. 299). Si osserveranno le forme camerali (→ **Atti**, art. 127). L'iniziativa, che spetta al P.G., può essere sollecitata da una richiesta di misura coercitiva da parte dell'autorità straniera, simmetricamente a quanto previsto per la richiesta d'esecuzione all'estero di sentenze penali italiane (art. 745).

• In forza delle modifiche apportate al co. 3, al più presto e comunque entro cinque giorni dall'esecuzione della misura, il Presidente della corte di appello provvede alla identificazione dell'interessato e al suo interrogatorio. Si richiamano i precetti di cui all'art. 717 co. 2, cosicché il soggetto è invitato a nominare un difensore di fiducia o, in mancanza, è designato un difensore di ufficio ai sensi dell'art. 97 co. 3 (→ **Soggetti**, art. 96 s.).

• Il difensore deve essere avvisato, almeno ventiquattro ore prima, della data fissata per l'espletamento dei predetti adempimenti e ha diritto di assistervi.

• La **misura adottata perderà efficacia** se, **nei novanta giorni** successivi (il termine antecedente alle modifiche apportate dal d. lgs. 149 del 2017 era di sei mesi), la corte d'appello non pronunci sentenza ovvero, nel caso di ricorso per cassazione contro la stessa sentenza (→ **Impugnazioni**, art. 606 s.), ove siano decorsi **cinque mesi** senza che sia intervenuta sentenza di riconoscimento. Avverso la decisione con cui si dispone la misura coercitiva è esperibile il **ricorso per cassazione** per violazione di legge (→ **Cost.**, art. 111 co. 7; → **Misure cautelari**, art. 311 co. 2). Ai sensi dell'art. 311 co. 2, il ricorso deve essere presentato entro dieci giorni dalla comunicazione o notificazione presso la cancelleria della corte di appello. Secondo l'originaria previsione, la corte di cassazione doveva decidere, in camera di consiglio, entro trenta giorni dalla ricezione degli atti; il termine aveva natura ordinatoria per cui il suo inutile decorso non provocava la perdita di efficacia del provvedimento impugnato.

• Tale quadro è radicalmente cambiato con il d. lgs. 149 del 2017, posto che la **misura coercitiva va revocata** se, in caso di **ricorso per cassazione** contro tale sentenza, siano trascorsi cinque mesi senza che sia intervenuta sentenza irrevocabile di riconoscimento.

737. Sequestro.

1. Su richiesta del procuratore generale, la corte di appello competente per il riconoscimento di una sentenza straniera ai fini dell'esecuzione di una confisca può ordinare il sequestro delle cose assoggettabili a confisca.

2. Se la corte non accoglie la richiesta, contro la relativa ordinanza può essere proposto ricorso per cassazione da parte del procuratore generale. Contro l'ordinanza che dispone il sequestro può essere proposto ricorso per cassazione per violazione di legge da parte dell'interessato. Il ricorso non ha effetto sospensivo.

3. Si osservano, in quanto applicabili, le disposizioni che regolano l'esecuzione del sequestro preventivo.

Il co. 3 è stato così sostituito dalla l. 9.8.1993, n. 328.

• La corte d'appello chiamata a decidere in ordine al riconoscimento della sentenza straniera ai fini dell'esecuzione della confisca (→ art. 240 c.p.; artt. 735 e 736) può ordinare, su richiesta del P.G., il **sequestro**. Il P.G. e l'interessato potranno proporre ricorso per cassazione (→ **Impugnazioni**, art. 606 s.), rispettivamente, avverso il provvedimento che rigetta la richiesta di sequestro e avverso quello che la accoglie. Il ricorso per cassazione dell'interessato, per violazione di legge (→ **Cost.**, art. 111 co. 7), non produce effetto sospensivo (→ **Impugnazioni**, art. 588). Sotto il profilo della titolarità del diritto d'impugnazione del difensore (→ **Soggetti**, art. 96 s.), una soluzione positiva potrebbe raggiungersi in forza di un'interpretazione estensiva della previsione contemplata nell'art. 127 (→ **Atti**) che vede il difensore fra i soggetti legittimati a ricorrere. Il riferimento all'**interessato** di cui al co. 2 può indurre a ritenere compresi fra i soggetti che possono impugnare l'ordinanza della corte d'appello anche la persona a cui le cose siano state sequestrate e quella che avrebbe diritto alla restituzione (→ **Misure cautelari**, art. 322). La modifica del co. 3 ad opera dall'art. 10 l. 9.8.1993, n. 328 ha corretto la versione originale della norma, chiarendo che si osservano le norme che disciplinano l'esecuzione del sequestro preventivo (→ art. 321 s.) disposto per evitare che le cose pertinenti al reato vengano utilizzate per commettere ulteriori fatti criminosi o aggravare le conseguenze di quelli già compiuti.

• Sul fronte europeo, deve menzionarsi anche il d. lgs. 15.2.2016, n. 35, che ha recepito la decisione quadro 2003/577/GAI, estendendo il principio del **reciproco riconoscimento alle ordinanze preprocessuali di blocco dei beni o di sequestro probatorio**. Scopo principale del decreto legislativo è stabilire le norme secondo le quali si riconosce e si esegue nel territorio nazionale un provvedimento di blocco dei beni o di sequestro probatorio emesso in sede penale da un'autorità giudiziaria di un altro Stato membro.

737 *bis*. Indagini e sequestro a fini di confisca.

1. Nei casi previsti da convenzioni internazionali, al fine di dar corso alla domanda dell'autorità straniera di procedere ad indagini su beni che possono divenire oggetto di una successiva richiesta di esecuzione di una confisca, anche se non ancora adottata, ovvero di procedere al sequestro di tali beni, si applicano gli articoli 723, 724 e 725.

2. A tal fine il Ministro della giustizia trasmette la richiesta, unitamente agli atti allegati, al procuratore distrettuale competente ai sensi dell'articolo 724.

3. L'esecuzione della richiesta di indagini o sequestro è negata:

a) se gli atti richiesti sono contrari a principi dell'ordinamento giuridico dello Stato, o sono vietati dalla legge, ovvero se si tratta di atti che non sarebbero consentiti qualora si procedesse nello Stato per gli stessi fatti;

b) se vi sono ragioni per ritenere che non sussistono le condizioni per la successiva esecuzione della confisca.

3 *bis*. L'autorità giudiziaria comunica al Ministro della giustizia l'adozione del provvedimento di sequestro richiesto dall'autorità straniera.

4. [Soppresso.]

5. [Soppresso.]

6. Il sequestro ordinato ai sensi di questo articolo perde efficacia e si dispone la restituzione delle cose sequestrate a chi ne abbia diritto, se, entro un anno dal momento in cui esso è stato eseguito, lo Stato estero non richiede l'esecuzione della confisca. Il termine può essere prorogato anche più volte per un periodo massimo di sei mesi; sulla richiesta decide l'autorità giudiziaria che ha ordinato il sequestro.

Articolo aggiunto dalla l. 9.8.1993, n. 328, e poi così modificato dal d. lgs. 3.10.2017, n. 149.

• La disposizione contempla la possibilità che sulla base di accordi internazionali il Ministro della giustizia dia corso alla richiesta di un'autorità straniera di procedersi a **indagini su beni oggetto di una successiva confisca ovvero a sequestro**. Nella versione antecedente alle modifiche apportate dal d. lgs. 149 del 2017, il Ministro godeva di una forte discrezionalità nel dare o meno impulso alla ricerca dei beni da sottoporre a vincolo. La riforma limita questo potere valutativo e riconosce all'organo politico esclusivamente una funzione di trasmissione della richiesta dello Stato estero.

• Il procedimento giurisdizionale è modulato sulle **forme delle rogatorie internazionali**, con cui la disposizione opera un raccordo affidando la decisione e l'eventuale esecuzione al Procuratore distrettuale.

• La modifica dell'art. 724 da parte del d.l. 18.2.2015, n. 7, conv. dalla l. 7.4.2015, n. 43, prevede l'obbligo di trasmissione al procuratore nazionale antimafia e antiterrorismo di copia delle rogatorie dell'autorità straniera che si riferiscono ai delitti di cui all'art. 51 co. 3 *bis* e 3 *quater* (→ **Soggetti**). Il P.G. è tenuto a promuovere la procedura per il riconoscimento, con possibilità di chiedere ulteriori informazioni e documenti e illustrare le proprie conclusioni contrarie in sede di requisitoria. Non è contemplata (art. 724 co. 3) la presenza dell'interessato e del difensore (→ **Soggetti**, art. 96 s.), considerata la propedeuticità di questa prima fase rispetto alla successiva procedura in cui viene garantita la difesa, seppure evidenti siano le implicazioni della garanzia coinvolta. Il richiamo all'art. 725 importa che l'esecuzione delle indagini sia affidata dalla corte d'appello ad uno dei componenti il collegio o al g.i.p. (→ **Indagini e udienza preliminare**, art. 328) del luogo in cui gli atti devono compiersi, anziché essere delegata all'organo inquirente (→ **Soggetti**, art. 50 s.), come sarebbe stato forse preferibile, data la tipologia degli accertamenti di indagine bancari o di investigazioni di altro tipo.

• Non è previsto un controllo sul provvedimento della corte di appello che decida in merito alla richiesta di compimento di atti di indagine, mentre per **il provvedimento di diniego del sequestro è consentito il ricorso per cassazione** (→ **Impugnazioni**, art. 606 s.) sia da parte del P.G., sia dell'interessato, sia del difensore (→ art. 737).

• Molteplici sono le **condizioni ostative alla richiesta di indagini e sequestro**. Oltre al diniego legato all'insussistenza dei presupposti emergenti dagli accordi internazionali o riferibili a questioni relative alla competenza (→ **Soggetti**, art. 4 s.), la corte d'appello rigetterà la richiesta ove si riscontri un contrasto con i principi fondamentali di fonte costituzionale (→ **Cost.**, art. 1 s.), con quelli di diritto penale, o con specifiche disposizioni interne. La natura strumentale e provvisoria degli atti contemplati nella disposizione impone il rigetto anche quando non sussistano le condizioni per la successiva esecuzione della confisca (→ art. 240 c.p.).

• È stabilito infine anche un termine di durata di due anni del sequestro preventivo (→ **Misure cautelari**, art. 321 s.), prorogabile per un ulteriore biennio. La previsione di una richiesta di proroga sottende la stessa procedura adottata per l'iniziale richiesta, con conseguente possibilità di ricorso per cassazione (→ **Impugnazioni**, art. 606). Sulla proroga decide l'autorità che ha ordinato il sequestro.

• La disposizione va inserita nel contesto delle numerose e sempre più cogenti fonti volte a rafforzare la cooperazione fra Stati dell'UE attraverso moderni e indispensabili strumenti per l'integrazione e collaborazione fra i Paesi membri [Azione comune 98/699/GAI sul riciclaggio di denaro e sull'individuazione, il rintracciamento, il congelamento o sequestro e la confisca degli strumenti e dei proventi di reato adottata dal Consiglio; artt. 82 § 2 lett. *b* e 83 § 1 **T.f.u.e.**, sul reciproco riconoscimento dei provvedimenti di confisca; Regolamento europeo 2018/1805 relativo al riconoscimento reciproco dei provvedimenti di congelamento e di confisca; decisione quadro 2001/500/GAI concernente il riciclaggio di denaro, l'individuazione, il rintracciamento, il congelamento o sequestro e la confisca degli strumenti e dei proventi di reato; decisione quadro 2003/577/GAI relativa all'esecuzione nell'Unione europea dei provvedimenti di blocco dei beni o di sequestro probatorio, recepita dal d. lgs. 15.2.2016, n. 35; decisione quadro 2005/212/GAI relativa alla confisca di beni, strumenti e proventi di reato; decisione quadro 2006/783/GAI relativa al reciproco riconoscimento delle decisioni di confisca, attuata in Italia con il d. lgs. 7.8.2015, n. 137; Decisione 2007/845/GAI concernente la cooperazione tra gli uffici degli Stati membri per il recupero dei beni nel settore del reperimento e dell'identificazione dei proventi di reato o altri beni connessi; direttiva 2014/42/UE e correlativa l. 7.10.2014, n. 154, sul riconoscimento dei provvedimenti di confisca anche in diversi ambiti della materia penale; Conv. N.U. contro la criminalità organizzata transnazionale (Palermo, 2000), ratificata e resa esecutiva, con i relativi Protocolli, dalla l. 16.3.2006, n. 146].

738. Esecuzione conseguente al riconoscimento.

1. Nei casi di riconoscimento ai fini dell'esecuzione della sentenza straniera, le pene e la confisca conseguenti al riconoscimento sono eseguite secondo la legge italiana. La pena espiata nello Stato di condanna è computata ai fini dell'esecuzione.

2. All'esecuzione provvede di ufficio il procuratore generale presso la corte di appello che ha deliberato il riconoscimento. Tale corte è equiparata, a ogni effetto, al giudice che ha pronunciato sentenza di condanna in un procedimento penale ordinario.

• A seguito del **riconoscimento in Italia di una sentenza straniera a fini esecutivi**, la concreta applicazione delle pene (→ art. 18 s. c.p.) e della confisca (→ art. 240 c.p.) è interamente disciplinata dalla legge nazionale, anche in base alle norme dell'ordinamento penitenziario (→ l. 26.7.1975, n. 354), fermo restando che l'ammontare della pena sofferta dal condannato all'estero viene computato ai fini della determinazione della pena da scontare nello Stato straniero. L'art. 738 ribadisce il **principio dell'autonomia della fase esecutiva** rispetto a quella del riconoscimento della sentenza. L'organo che procede all'esecuzione (→ **Libro X**, art. 655 s.) è il P.G. presso la corte d'appello che ha deliberato il riconoscimento. La **corte d'appello** è equiparata a ogni effetto al giudice dell'esecuzione (→ art. 665). Vista l'attuale impossibilità di assimilare il giudicato straniero a quello italiano si nega il riconoscimento della continuazione tra reati *in executivis* rispetto alle sentenze irrevocabili straniere (→ **Esecuzione**, art. 671; art. 730). Tuttavia, il principio per cui è **vietato un trattamento complessivamente più grave** di quello che spetterebbe in base alla disciplina straniera (art. 735) si applica anche nella fase di esecuzione e, di conseguenza, deve detrarsi dalla pena pure il periodo corrispondente ai benefici concessi dall'autorità straniera. Può tenersi conto del dato storico dell'avvenuta espiazione (Cass., Sez. I, 30.3.2021, Liviu).

• Operano la grazia (→ art. 174 c.p.) e l'amnistia (→ **Cost.**, art. 79; → art. 151 c.p.). La possibilità di applicare l'indulto (→ art. 174 c.p.) veniva originariamente negata sulla base del tenore letterale dell'art. 12 Conv. Strasburgo sul trasferimento delle persone condannate. Si riteneva, infatti, che non fosse consentito ricorrere ad un'interpretazione estensiva o analogica della richiamata disposizione, che prevede espressamente che ciascuno Stato contraente possa accordare la grazia, l'amnistia o la commutazione della condanna conformemente alla propria legislazione, ma nulla contempla a proposito dell'indulto. Le Sezioni Unite hanno superato tale esegesi restrittiva in base a una lettura costituzionalmente orientata (Cass., SU, 10.7.2008, Napoletano). Valgono i precetti generali sull'**inviolabilità del giudicato** (→ **Esecuzione**, art. 648 s.): sono quindi deducibili i vizi riguardanti il titolo esecutivo, mentre sono precluse le eccezioni relative al merito della decisione, salvo che riguardino l'inesistenza del titolo esecutivo o l'illegittimità della pena (quando questa non sia prevista dalla legge o ecceda per specie o quantità il limite legale). Un eventuale errore di calcolo nel computo della pena inflitta all'estero, che si risolve nella mancata detrazione di alcune pene, può essere fatto valere di fronte all'autorità straniera, o mediante impugnazione della sentenza di riconoscimento (art. 734), non tramite incidente di esecuzione (→ **Libro X**, art. 666).

739. Divieto di estradizione e di nuovo procedimento.

1. Nei casi di riconoscimento ai fini dell'esecuzione della sentenza straniera, salvo che si tratti dell'esecuzione di una confisca, il condannato non può essere estradato né sottoposto di nuovo a procedimento penale nello Stato per lo stesso fatto, neppure se questo viene diversamente considerato per il titolo, per il grado o per le circostanze.

• La norma ribadisce il c.d. ***ne bis in idem* internazionale** imponendo il divieto di sottoporre il soggetto due volte a processo per uno stesso fatto e sancendo il diritto a non essere estradato (art. 697 s.) nel caso in cui il riconoscimento della sentenza straniera sia finalizzato a eseguire disposizioni diverse dalla confisca (→ art. 240 c.p.). Essa mira pure a prevenire il fenomeno della litispendenza, ossia il conflitto tra giurisdizioni procedenti contro la stessa persona per il medesimo fatto prima che si formi il giudicato. La previsione implica un coordinamento con la rinnovazione del giudizio, *ex* art. 11 co. 2 c.p., che inizialmente aveva compresso la portata del divieto di *bis in idem* solo ai casi di pregresso riconoscimento per i fini di cui all'art. 12 c.p. della sentenza di condanna pronunciata all'estero per lo stesso fatto, nei confronti di un cittadino italiano.

• La controversa efficacia garantistica del *ne bis in idem* sul piano internazionale è frutto di un lento percorso cui ha contribuito anche la **Consulta** tributandogli il valore di «principio tendenziale cui si ispira oggi l'ordinamento internazionale», rispondente a «ragioni di garanzia del singolo di fronte alle concorrenti potestà punitive degli Stati» (Corte cost., 58 del 1997). Esso trova cittadinanza nel nostro sistema non solo in ragione del criterio di **prevalenza delle fonti pattizie** (→ art. 696 co. 1), ma anche *ex* art. 117 co. 2 **Cost.**

• La diffusività del principio è confermata da molti **Accordi internazionali** (→ Convenzione di Londra del 1951 tra gli Stati partecipanti al Trattato Nord Atlantico sullo statuto delle loro Forze armate: → l. 30.11.1955, n. 1335) e dalle regole dei **rapporti di concorrenza fra tribunali internazionali e tribunali nazionali** (→ art. 10 Statuto Tribunale internazionale competente per gravi violazioni del diritto umanitario commesse nei territori della *ex*-Jugoslavia e art. 9 statuto Tribunale internazionale competente per gravi violazioni del diritto umanitario commesse nel territorio del Ruanda). Il *ne bis in idem* è peraltro ribadito nello Statuto della Corte penale internazionale (→ art. 20; l. 12.7.1999, n. 232 di ratifica ed esecuzione dello Statuto istitutivo della Corte penale internazionale), sia riguardo ai giudizi della Corte, sia nei rapporti fra giudizi della Corte e quelli dei tribunali nazionali.

• L'istituzione di uno **spazio giuridico europeo** determinato dalla l. 30.9.1993, n. 388, attuativa dell'Accordo di Schengen, unitamente al recepimento della Carta di Nizza ad opera del Trattato di Lisbona, ha indotto al superamento della limitazione per i soli casi di rinnovamento del giudizio su richiesta del Ministro della giustizia (→ art. 11 co. 2 c.p.) che consentivano di scomputare la pena o la custodia cautelare scontata all'estero (→ art. 138 c.p.). **L'effetto processuale negativo si produce infatti a prescindere dal riconoscimento**, laddove sussista **l'identità del fatto naturalistico**, nucleo centrale della previsione, per cui le mutazioni del titolo del grado e delle circostanze non consentiranno di dissolvere la barriera della preclusione, in corrispondenza a ciò che la generale disposizione codicistica detta per le sentenze interne (→ **Esecuzione**, art. 649). Si tratta dunque di un **principio comune agli Stati dell'Unione europea** (→ art. 54 Conv. 19.6.1990, di applicazione dell'Accordo di Schengen; → art. 50 **Carta UE**; decisione quadro 2002/584/GAI, relativa al mandato d'arresto europeo e alle procedure di consegna tra Stati membri; art. 18 lett. *m* l. 22.4.2005, n. 69 di recepimento, all'interno del nostro ordinamento della predetta decisione quadro). Il **presidio è ineludibile nell'attuale sistema di tutela dei diritti umani** (→ **Patto int.**, art. 14 co. 7; → art. 50 **Carta UE**, in combinato disposto con l'art. 4 Protocollo 7 **Cedu**).

• Assai rilevante il contributo delle Corti sovranazionali nella progressiva delineazione dei contenuti di garanzia del *ne bis in idem* internazionale e nella applicazione uniforme della «medesimezza del fatto» all'interno dell'Unione europea (Corte giust., 29.7.2016, Kossowsky, causa c-846/14; 27.5. 2014, Zoran Spasic, causa c-29/1), mediante la fissazione di indicatori flessibili (Corte giust., 20.3.2018, Menci, causa c-524/15; 20.3.2018, Garlsson Real Estate e altri, causa c-537/16; 20.3.2018, Di Puma e Zecca, cause c-596/16 e c-597/16).

• Allo stesso modo i giudici di Strasburgo, in un dialogo virtuoso con la Corte di giustizia e con i giudici costituzionali, hanno sottolineato il rilievo della valutazione in concreto dei fatti (e non già delle astratte fattispecie legali) chiarendo la portata del divieto di *bis in idem* in ragione della tipologia sanzionatoria (Corte edu, 10.2.2009, Zolotukhine c. Russia; 4.3.2014, Grande Stevens e altri c. Italia; 15.11.2016, GC, A e B c. Norvegia; 18.5.2017, Jòhannesson e a. c. Islanda; 6.6. 2019, Nodet c. Francia). In questi percorsi appaiono spesso sovrapposti i piani del principio nella sua dimensione sovranazionale e in quella, essenzialmente interna, riferibile al doppio binario sanzionatorio.

740. Esecuzione della pena pecuniaria e devoluzione di cose confiscate.

1. La somma ricavata dall'esecuzione della pena pecuniaria è versata alla cassa delle ammende; è invece versata allo Stato di condanna, a sua richiesta, qualora quest'ultimo Stato nelle medesime circostanze provvederebbe al versamento a favore dello Stato italiano.

2. Le cose confiscate sono devolute allo Stato. Esse sono invece devolute, a sua richiesta, allo Stato nel quale è stata pronunciata la sentenza riconosciuta, qualora quest'ultimo Stato nelle medesime circostanze provvederebbe alla devoluzione allo Stato italiano.

• La norma deve correlarsi alla previsione dell'**art. 738**, per cui la **pena** (→ art. 18 s. c.p.) e la **confisca** (→ art. 240 c.p.) **si eseguono in conformità della legge italiana** con destinazione allo Stato delle cose confiscate e devoluzione alla cassa delle ammende della somma derivante dall'esecuzione della pena pecuniaria, in seguito al riconoscimento della sentenza penale straniera (art. 730 s.). Il criterio opera a condizione di **reciprocità** per cui, a richiesta dello Stato, possono essere attribuite le somme e le cose oggetto di confisca, sempre che nelle stesse condizioni operi un trattamento equivalente nei confronti dell'Italia con correlativo versamento di denaro e consegna delle cose confiscate (decisione quadro 2005/214/GAI del Consiglio del 24.2.2005 relativa all'applicazione del principio del reciproco riconoscimento alle sanzioni pecuniarie; d. lgs. 15.2.2016, n. 37). In questo modo si tutelano la **correttezza dei rapporti tra Stati e il soddisfacimento degli interessi reciproci.** In ambito europeo rileva la decisione quadro 2006/783/GAI, relativa al reciproco riconoscimento delle decisioni di confisca, attuata in Italia con il d. lgs. 7.8.2015, n. 137.

740 *bis*. Devoluzione ad uno Stato estero delle cose confiscate.

1. Nei casi previsti dagli accordi internazionali in vigore per lo Stato, le cose confiscate con sentenza definitiva o con altro provvedimento irrevocabile sono devolute allo Stato estero nel quale è stata pronunciata la sentenza ovvero è stato adottato il provvedimento di confisca.

2. La devoluzione di cui al comma 1 è ordinata quando ricorrono i seguenti presupposti:

a) lo Stato estero ne ha fatto espressa richiesta;

b) la sentenza ovvero il provvedimento di cui al comma 1 sono stati riconosciuti nello Stato ai sensi degli articoli 731, 733 e 734.

Articolo aggiunto dalla l. 3.8.2009, n. 116.

• Le previsioni degli artt. 740 *bis* e 740 *ter* segnano l'adeguamento dello Stato italiano a quanto previsto dal Titolo V della **Conv. N.U. contro la corruzione del 31.10.2003.** L'art. 5 l. 3.8.2009, n. 116 ha infatti espressamente inserito le due disposizioni nel titolo relativo agli effetti delle sentenze straniere (art. 730 s.), nello specifico capo I del titolo IV, ove sono disciplinati presupposti, condizioni ostative e modalità di esecuzione nel territorio italiano delle sentenze straniere. L'obiettivo è quello di realizzare il c.d. ***asset recovery*** dei proventi illeciti, imponendo agli Stati di prestarsi reciprocamente cooperazione ed assistenza con devoluzione allo Stato estero dei beni confiscati (→ art. 240 c.p.) sul territorio italiano, in esecuzione di provvedimenti di confisca adottati all'estero e restituzione dei beni allo Stato parte che ne fa richiesta.

• La norma fissa un **obbligo di cooperazione internazionale** ulteriore rispetto alle previsioni che consentono l'esecuzione di un provvedimento di confisca straniero attraverso il riconoscimento della sentenza che le dispone (art. 735 *bis*) oppure il sequestro su richiesta dell'autorità straniera in ordine a beni confiscabili (art. 737 *bis*) o la possibilità di richiedere all'autorità estera lo svolgimento delle indagini ai medesimi fini cautelari (art. 745 co. 2 *bis*).

• Tutto il contesto normativo è ispirato dall'individuazione di un'alternativa alla regola per la quale sarebbe necessario il rinnovamento del giudizio per i reati commessi all'estero e ivi giudicati. In conformità a quanto dettato dall'art. 12 c.p., si esclude la possibilità di utilizzare la legge straniera ai fini della decisione e, sulla base della ricorrenza di certe condizioni, si recepisce la sentenza penale straniera per fini tassativamente fissati, fra i quali l'applicazione di una pena principale.

• In presenza di appositi accordi internazionali le cose confiscate con sentenza definitiva devono essere devolute allo Stato estero nel quale è stata pronunciata la sentenza ovvero è stato adottato il provvedimento di confisca (→ art. 240 c.p.). Ciò quando sussista un'espressa richiesta dello Stato estero e si sia realizzato il riconoscimento dei due provvedimenti in Italia (artt. 731, 733 e 734).

740 *ter*. Ordine di devoluzione.

1. La corte di appello, nel deliberare il riconoscimento della sentenza straniera o del provvedimento di confisca, ordina la devoluzione delle cose confiscate ai sensi dell'articolo 740 *bis*.

2. Copia del provvedimento è immediatamente trasmessa al Ministro della giustizia, che concorda le modalità della devoluzione con lo Stato richiedente.

Articolo aggiunto dalla l. 3.8.2009, n. 116.

• L'articolo, strettamente correlato al precedente, prevede che sia la **corte di appello**, nel deliberare il riconoscimento della sentenza straniera (art. 734) o del provvedimento di confisca (artt. 735 e 735 *bis*), a dovere contestualmente **ordinare la devoluzione delle cose allo Stato estero richiedente**. In particolare, la corte d'appello sarà chiamata al vaglio preliminare sui presupposti per il riconoscimento della sentenza o del provvedimento estero di confisca e per la devoluzione delle cose confiscate. Solo in caso di accertamento positivo, potrà devolvere i beni confiscati in favore dello Stato estero richiedente. Una **copia della richiesta** dovrà essere **trasmessa al Ministro della giustizia** in modo da concordare con lo Stato estero richiedente le modalità della devoluzione in un'ottica di efficienza e celerità.

741. Procedimento relativo al riconoscimento delle disposizioni civili di sentenze penali straniere.

1. A domanda dell'interessato, nel medesimo procedimento e con la stessa sentenza prevista dall'articolo 734 possono essere dichiarate efficaci le disposizioni civili della sentenza penale straniera di condanna alle restituzioni o al risarcimento del danno.

2. Negli altri casi, la domanda è proposta da chi ne ha interesse alla corte di appello nel distretto della quale le disposizioni civili della sentenza penale straniera dovrebbero essere fatte valere. Si osservano le disposizioni degli articoli 733 e 734.

• La norma contempla un ulteriore caso – oltre a quelli considerati negli artt. 730, 731, 732 – di **riconoscimento dei capi civili** della sentenza penale straniera di modo che si producano nel nostro Paese gli effetti previsti dall'ordinamento giuridico straniero, parallelamente alla possibilità di attivare il procedimento di delibazione delle sentenze dettato dal codice di rito civile. A differenza della fattispecie disciplinata nell'art. 732, che regolamenta il riconoscimento di una sentenza penale in riferimento ai capi penali della stessa, ma al fine di conseguire le restituzioni, il risarcimento del danno o altri effetti civili, l'art. 741 disciplina due diverse possibilità in relazione al fatto che sia o meno in corso un procedimento di riconoscimento della sentenza penale straniera (art. 730 s.). L'aspetto civilistico nella previsione dell'art. 732 è una mera conseguenza del riconoscimento e non ne rappresenta dunque l'oggetto principale come nell'art. 741.

• Il **riconoscimento in via concorrente** ha luogo quando sia già stato chiesto per uno degli effetti previsti dalle sopracitate disposizioni e l'interessato domandi l'esecuzione dei capi civili della sentenza penale straniera. In questo caso, la domanda dell'interessato integra la richiesta avanzata in via principale dal p.m. (→ **Soggetti**, art. 50 s.), il riconoscimento delle disposizioni civili viene deliberato dalla corte d'appello contemporaneamente al riconoscimento della sentenza penale straniera ai fini penali (art. 730), ed è immediatamente esecutivo. Il procedimento è cumulativo con sviluppi procedimentali analoghi a quelli tipici della richiesta del P.G. sia che il momento dell'unificazione processuale delle varie domande sia originario, sia che avvenga successivamente, essendo applicabile in questo caso il principio di accessorietà dell'azione civile nel procedimento penale (→ **Soggetti**, art. 75). Quando il riconoscimento non è condizionato all'esistenza di un Trattato di estradizione o alla **richiesta del Ministro della giustizia**, la condanna alla restituzione o al risarcimento del danno (→ art. 185 c.p.) deve essere specifica e non generica, ossia priva di definizione nel *quantum*, poiché in tal caso l'interessato dovrebbe chiedere il riconoscimento per gli effetti di cui all'art. 12 co. 1 n. 4, c.p. secondo quanto dispone l'art. 732, per poi agire in sede civile (→ **Esecuzione**, art. 651). L'esecuzione non è ammessa al di fuori dei casi contemplati dalla legislazione in materia civile con prestazioni diverse da quelle ivi consentite.

• La decisione della **corte d'appello**, assunta con le forme del rito camerale (→ **Atti**, art. 127), è suscettibile di ricorso per cassazione (→ **Impugnazioni**, art. 606 s.) da parte del P.G. presso la corte d'appello (→ **Soggetti**, art. 51) e da parte dell'interessato.

• In assenza di richieste di riconoscimento per i fini di cui agli artt. 730, 731, 732, il riconoscimento delle disposizioni civili di sentenze penali straniere avverrà **in via autonoma**, sempre con domanda proposta alla corte d'appello nel cui distretto le disposizioni civili della sentenza straniera dovrebbero essere fatte valere. Si tratta di una procedura "originaria" che non acquista una connotazione processual-civilistica, inquadrandosi nell'ambito del riconoscimento delle sentenze penali straniere (art. 730 s.). La corte d'appello seguirà le forme del rito camerale incidentale (→ **Atti**, art. 127) emanando una sentenza suscettibile di ricorso per cassazione (→ **Impugnazioni**, art. 606) su iniziativa del P.G., dell'interessato o del suo difensore.

• Si ritiene che anche in relazione al caso di specie si debba procedere all'iscrizione nel certificato del casellario della sentenza penale straniera, pur se vi sia riconoscimento solo delle disposizioni civili. Invero, all'abrogazione dell'art. 686 da parte dell'art. 52 **Casellario** ha fatto seguito la previsione del relativo art. 3 co. 1 lett. *a*, che si riferisce genericamente «ai provvedimenti giudiziari di condanna definitivi, anche pronunciati da autorità straniere se riconosciuti ai sensi degli artt. 730», legittimando una tale conclusione.

• A livello europeo vengono disciplinati l'organizzazione e il contenuto degli scambi tra gli Stati membri di informazioni estratte dal Casellario (→ decisione quadro 2009/315/GAI; decisione quadro 2009/316/GAI, recepite dal d. lgs. 12.5.2016, n. 74) ed è stato istituito un Sistema europeo di informazione sui casellari giudiziari "ECRIS" (→ d. lgs. 12.5.2016, n. 75).

Capo II
Esecuzione all'estero di sentenze penali italiane

742. Poteri del Ministro della giustizia e presupposti dell'esecuzione all'estero.

1. Nei casi previsti da accordi internazionali o dall'articolo 709 comma 2, il Ministro della giustizia, anche su domanda del pubblico ministero competente, chiede l'esecuzione all'estero delle sentenze penali ovvero vi acconsente quando essa è richiesta dallo Stato estero, sempre che non contrasti con i principi fondamentali dell'ordinamento giuridico dello Stato.

2. L'esecuzione all'estero di una sentenza penale di condanna a pena restrittiva della libertà personale può essere domandata o concessa solo se il condannato, reso edotto delle conseguenze, ha liberamente dichiarato di acconsentirvi e l'esecuzione nello Stato estero è idonea a favorire il suo reinserimento sociale.

3. L'esecuzione all'estero di una sentenza penale di condanna a pena restrittiva della libertà personale è ammissibile, anche se non ricorrono le condizioni previste dal comma 2, quando il condannato si trova nel territorio dello Stato richiesto e l'estradizione è stata negata o non è comunque possibile.

La rubrica e il co. 1 sono stati modificati dal d. lgs. 3.10.2017, n. 149.

• Si è previsto che **l'iniziativa del Ministro** possa essere sollecitata anche dal **p.m.** Tale sollecitazione non modifica tuttavia né la natura né i presupposti della decisione dell'organo ministeriale.

• Le norme di questo **Capo regolamentano l'esecuzione all'estero nei confronti di cittadino italiano o straniero delle sentenze penali italiane**. Pur ispirate da un'ottica di **reciprocità**, le disposizioni non configurano un totale parallelismo rispetto alle omologhe previsioni dettate per l'esecuzione interna della sentenza straniere (art. 730 s.). Evidente l'ispirazione verso l'ampliamento delle forme di esecuzione della sentenza straniera, in un contesto sempre più orientato dagli impegni presi in sede internazionale e convenzionale, nonché dal diffondersi di nuovi strumenti di cooperazione (art. 731). L'art. 742 riferisce l'esecuzione all'estero delle decisioni italiane ai casi in cui ciò sia espressamente previsto da una **convenzione** o da un **trattato** e sussistano una richiesta apposita o il consenso del **Ministro della giustizia** alla corrispondente domanda proveniente dallo Stato straniero, a seguito di deliberazione favorevole della **corte d'appello** competente per territorio (art. 743). L'esecuzione della sentenza italiana seguirà la regolamentazione dell'ordinamento straniero nonché le eventuali convenzioni internazionali. Queste ultime sono destinate a prevalere nel caso di contrasto con l'ordito codicistico (art. 696).

• Affinché la condanna possa essere eseguita all'estero deve sussistere il **libero consenso** del **condannato** e deve essere favorito il **riadattamento** sociale del medesimo soggetto (→ **Cost.**, art. 27). L'esecuzione all'estero deve realizzare gli interessi del condannato sia per fini di risocializzazione, sia quando il condannato si trovi già nel Paese di cittadinanza o residenza e si intenda evitare di dar corso ad una possibile estradizione (art. 720 s.). Qui la scelta fra richiesta di estradizione (art. 720) e richiesta di esecuzione dipende da ragioni politiche e di opportunità e soggiace alla necessità di verificare il consenso dell'individuo nonché l'effettiva possibilità di favorirne il reinserimento sociale.

• L'iniziativa del **Ministro** di richiesta o il consenso all'esecuzione all'estero della sentenza penale italiana si configurano come atti caratterizzati da discrezionalità in presenza delle menzionate condizioni (artt. 709 co. 2 e 744). Spetta all'organo di governo pure un **potere di revoca** della richiesta, quando vengano meno anche per cause sopravvenute i presupposti, almeno fino a che l'autorità straniera non abbia accolto l'istanza. Il condannato può rivolgere la richiesta al Ministro o sollecitarne l'esecuzione. Pur non riconoscendosi un vero e proprio diritto soggettivo all'esecuzione all'estero della sentenza italiana, si dà la facoltà di impugnare in via amministrativa il provvedimento negativo o il silenzio-rifiuto del Ministro, a seguito della presentazione di un'istanza *ad hoc*.

• L'esecuzione è possibile con riferimento a una **decisione penale irrevocabile** (→ **Esecuzione**, art. 648), sia di condanna (→ **Giudizio**, art. 533 s.) sia di assoluzione (→ art. 529 s.), con riguardo a pene detentive o pecuniarie (→ art. 18 c.p.).

• Per l'esecuzione all'estero di una sentenza di condanna alla pena restrittiva della libertà personale (→ **Cost.**, art. 13; → art. 18 c.p.), è necessario **il consenso del condannato**, salvo che questi si trovi già nel territorio dello Stato richiesto dell'estradizione e questa sia stata negata o sia impossibile. In base all'art. 205 *bis* **Disp. att.**, il consenso espresso è irrevocabile, salvo che chi lo abbia prestato «ignorasse le circostanze di fatto rilevanti ai fini della sua decisione ovvero esse si siano successivamente modificate». Alcune convenzioni internazionali, destinate a prevalere sulla previsione in analisi (→ art. 696) prescindono tuttavia dal consenso (artt. 2-3 dell'Accordo con l'Albania aggiuntivo alla Convenzione di Strasburgo del 21.3.1983 sul trasferimento delle persone condannate; art. 3 dell'Accordo con la Romania sul trasferimento delle persone condannate alle quali è stata inflitta la misura dell'espulsione o quella dell'accompagnamento al confine). **L'idoneità al reinserimento sociale** (→ **Cost.**, art. 27) va invece valutata sulla base delle circostanze concrete e dei legami sociali e familiari.

• In un'interpretazione ispirata al *favor rei*, il riferimento operato nel co. 2 dell'art. 742 alla pena restrittiva della libertà personale (→ **Cost.**, art. 13) e, perciò, alle pene di cui all'art. 18 c.p., ossia l'ergastolo (→ art. 22 c.p.), la reclusione (→ art. 23 c.p.) e l'arresto (→ art. 25 c.p.), parrebbe ricomprendere anche le sanzioni sostitutive, previste dalla l. 24.11.1981, n. 689, che comportino una restrizione della libertà personale. Diverso il caso dell'esecuzione di misure alternative alla detenzione (→ l. 26.7.1975, n. 354, art. 47 s.), che è stata esclusa dalla Consulta alla luce dell'impossibilità – in mancanza di accordi internazionali in tal senso – (Corte cost., 146 del 2001) di esercitare al di fuori del territorio italiano i poteri autoritativi di controllo sull'osservanza delle prescrizioni imposte. Vige, invece, il principio del reciproco riconoscimento tra gli Stati membri dell'UE in tema di decisioni sull'applicazione di misure alternative alla detenzione cautelare (→ d. lgs. 15.2.2016, n. 36).

• L'altra possibilità di esecuzione, non coincidente con gli interessi del condannato, concerne l'ipotesi in **cui quest'ultimo si trovi all'estero e non sia possibile ottenerne l'estradizione o questa sia stata negata**. La situazione può essere equiparata a quella dell'emissione di un mandato d'arresto europeo che non abbia determinato la consegna della persona. In questo caso l'esecuzione all'estero rappresenta l'unica possibilità di eseguire la pena e non è subordinata alle medesime condizioni cui ordinariamente soggiace (consenso del condannato e idoneità a favorirne il reinserimento sociale). L'impossibilità di estradizione va valutata sia facendo riferimento alla normativa che disciplina in astratto i rapporti fra i due Stati, sia tenendo conto dei criteri interpretativi di fatto accolti dall'autorità straniera.

• Anche l'**assenza di atti persecutori o discriminatori**, posta come condizione negativa dall'art. 744, si aggiunge ai criteri dettati dall'art. 742, specularmente a quanto disposto nell'art. 733 co. 1 lett. *d.*

• Il rischio di esporre il condannato a ulteriori procedimenti penali, a provvedimenti restrittivi per reati diversi o a eventuali procedure estradizionali verso Stati terzi (art. 711), rende preferibile accedere a un'interpretazione estensiva del **principio di specialità**, desumibile dal complessivo quadro codicistico (artt. 697 co. 1 e 701 co. 1), che inibisce estradizioni senza garanzia giurisdizionale, in quanto, diversamente, tale divieto verrebbe aggirato e il condannato assumerebbe la posizione di estradato di fatto.

742 *bis*. Poteri del Ministro della giustizia in materia di esecuzione della decisione nello Stato estero.

1. Il Ministro della giustizia vigila sull'osservanza delle condizioni eventualmente poste per l'esecuzione nello Stato estero della sentenza della quale è stato chiesto il riconoscimento.

Articolo introdotto dal d. lgs. 3.10.2017, n. 149.

• L'articolo attribuisce al **Ministro della giustizia** il **compito di vigilare** sull'osservanza delle condizioni eventualmente poste per l'esecuzione nello Stato estero della sentenza della quale è stato chiesto il riconoscimento.

• Il dato più significativo è rappresentato dalla circostanza che viene meno la preventiva valutazione del Ministro della giustizia sulla richiesta di riconoscimento, al fine di verificare l'eseguibilità della decisione straniera in Italia, prevedendo che le decisioni giudiziarie da eseguirsi nel territorio dello Stato possano essere trasmesse direttamente all'autorità giudiziaria territorialmente competente per l'esecuzione e che l'autorità giudiziaria possa trasmettere direttamente allo Stato di esecuzione le decisioni delle quali si chiede il riconoscimento, ciò in considerazione del fatto che il controllo sul rispetto dei principi fondamentali dell'ordinamento giuridico dello Stato è preventivamente effettuato in relazione ai Paesi europei, salva la sussistenza del **potere** del **Ministro della giustizia** di garantire – nei casi e nei modi previsti dalla legge – **l'osservanza delle condizioni eventualmente richieste** in casi particolari per l'esecuzione all'estero o nel territorio dello Stato della decisione della quale è stato chiesto il riconoscimento. La legge poi prevede che il riconoscimento della decisione da eseguirsi nel territorio dello Stato sia realizzato con la massima urgenza, e comunque in tempi e modalità tali da assicurarne la tempestività e l'efficacia e con regole speciali per l'esecuzione di decisioni al riconoscimento delle quali l'interessato abbia prestato consenso.

743. Deliberazione della corte di appello.

1. La domanda di esecuzione all'estero di una sentenza di condanna a pena restrittiva della libertà personale non è ammessa senza previa deliberazione favorevole della corte di appello nel cui distretto fu pronunciata la condanna. A tale scopo il Ministro della giustizia trasmette gli atti al procuratore generale affinché promuova il procedimento davanti alla corte di appello.

2. La corte delibera con sentenza, osservate le forme previste dall'articolo 127, nei termini di cui all'articolo 734.

3. Qualora sia necessario il consenso del condannato, esso deve essere prestato davanti all'autorità giudiziaria italiana. Se il condannato si trova all'estero, il consenso può essere prestato davanti all'autorità consolare italiana ovvero davanti all'autorità giudiziaria dello Stato estero.

4. La sentenza è soggetta a ricorso per cassazione per violazione di legge da parte del procuratore generale presso la corte di appello, dell'interessato e del difensore.

Articolo così modificato dal d. lgs. 3.10.2017, n. 149.

• L'esecuzione in uno Stato estero di una sentenza di condanna (→ **Giudizio**, art. 533) italiana che comporti la **restrizione della libertà personale** (→ **Cost.**, art. 13; → art. 18 c.p.) è subordinata, oltre alla **richiesta del Ministro della giustizia** (art. 742), all'effettuazione di un **controllo giurisdizionale, demandato alla corte d'appello** nel cui distretto la stessa sentenza fu pronunciata. **Il Ministro opera una valutazione di ammissibilità della richiesta** sotto il profilo giuridico, ossia considerando se sussistano le condizioni e i presupposti fissati dalla legge per l'esecuzione, e le ragioni di opportunità politica. Non trattandosi di un atto dovuto, la richiesta di esecuzione proveniente dallo Stato estero o la relativa istanza del condannato che vi abbia interesse fungono da semplici stimoli per il potere valutativo da parte del Ministro (art. 742). Il P.G. non appena riceve gli atti dal Ministro ha l'obbligo di attivare il procedimento camerale (→ **Atti**, art. 127) dinanzi alla corte d'appello, richiedendo, qualora lo ritenga necessario e non vi provveda d'ufficio la corte, un'**integrazione degli accertamenti** eseguiti sulla sentenza in fase di delibazione ministeriale. La corte d'appello non è tenuta a determinare il contenuto della sentenza ma deve semplicemente confermare la sussistenza del **consenso** dell'interessato (se previsto), l'idoneità dell'esecuzione a garantire la **risocializzazione** del condannato (art. 742; → **Cost.**, art. 27), l'insussistenza del pericolo di **atti persecutori o discriminatori**. Occorrerà valutare altresì la presenza delle condizioni dettate da un'eventuale Convenzione, e l'inesistenza di impedimenti all'esecuzione della condanna (art. 744), così come verificare l'adeguatezza della pena indicata dal governo straniero sia in base alla condanna sia con riferimento ai parametri offerti dall'art. 133 c.p. La verifica dell'osservanza delle condizioni previste dalle fonti internazionali ed interne (in particolare, circa la determinazione della pena) non può spingersi però sino a commisurare l'adeguatezza della sanzione rispetto alla durata e alla stabilità nei titoli esecutivi da eseguirsi in Italia, dovendo limitarsi ad accertare se siano state rispettate le norme convenzionali.

• Al difensore (→ **Soggetti**, art. 96 s.) è dovuto l'avviso dell'udienza. Tuttavia, la prescrizione dell'art. 127 (→ **Atti**), secondo cui il p.m. e il difensore «sono sentiti se compaiono», non ne rende obbligatoria la partecipazione. La decisione, in esito a procedimento camerale (→ art. 127) ora modificato per effetto del rinvio all'art. 734, rivestirà la forma della sentenza (→ art. 125) che sarà comunicata alle parti, al fine di consentire il ricorso per cassazione *ex* art. 606 (→ **Impugnazioni**) da parte del P.G., dello stesso condannato e del difensore; si supera così la precedente esclusione di questo soggetto fra i legittimati al ricorso (→ **Libro IX**, art. 568; artt. 734, 737, 741). Il consenso del condannato, quando necessario (art. 742), può essere acquisito dalla corte d'appello nel corso del procedimento in camera di consiglio o dal P.G. nell'ambito degli accertamenti che può disporre, dovendosi ammettere anche la delega (→ **Indagini e udienza preliminare**, artt. 370 e 398) all'autorità del luogo in cui il condannato si trova.

• Il condannato deve presentarsi davanti all'autorità giudiziaria italiana se si trova nel territorio nazionale ovvero all'autorità giudiziaria dello Stato estero o all'autorità consolare (qualora si trovi nel territorio di quello Stato). Quest'ultima sarà quella territorialmente competente sulla base del luogo in cui si trova il condannato.

• Quando la dichiarazione viene effettuata dal condannato davanti all'autorità straniera, assume particolare rilievo la verifica circa la **libertà del consenso** (→ **Disp. att.**, art. 205 *bis*). A questi fini non rileva la semplice istanza del condannato per l'esecuzione all'estero, se non risulti che il condannato sia a conoscenza degli effetti e abbia compreso le conseguenze di tale atto (→ art. 3 Conv. Strasburgo sul trasferimento delle persone condannate, ratificata con l. 25.7.1988, n. 334). Prima delle innovazioni introdotte con il d. lgs. 3.10.2017, n. 149, i tempi di svolgimento della procedura erano lasciati alle caratteristiche, alla tempistica e all'iniziativa delle singole autorità giudiziarie coinvolte. A seguito delle modifiche introdotte la pronuncia deve pervenire entro **novanta giorni dalla ricezione della richiesta.** Il termine ha natura ordinatoria.

744. Limiti dell'esecuzione della condanna all'estero.

1. In nessun caso il Ministro della giustizia può domandare l'esecuzione all'estero di una sentenza penale di condanna a pena restrittiva della libertà personale se si ha motivo di ritenere che il condannato verrà sottoposto ad atti persecutori o discriminatori per motivi di razza, di religione, di sesso, di nazionalità, di lingua, di opinioni politiche o di condizioni personali o sociali ovvero a pene o trattamenti crudeli, disumani o degradanti.

Articolo così modificato dal d. lgs. 3.10.2017, n. 149.

• La disposizione risente delle innovazioni apportate dal legislatore alle disposizioni in tema di estradizione (artt. 698 co. 1, 705 co. 2), rogatorie (artt. 723, co. 2, 724 co. 5 lett. *c*) e riconoscimento di sentenze penali straniere (art. 733 co. 1 lett. *d*).

• **L'esecuzione all'estero di una sentenza penale di condanna** (→ **Giudizio**, art. 533) che comporti la restrizione della libertà personale (→ **Cost.**, art. 13; → art. 18 c.p.) è assolutamente preclusa quando si ha fondato motivo di ritenere che il condannato verrà sottoposto a **atti persecutori o discriminatori** per motivi di razza, religione, sesso, nazionalità, lingua, opinioni politiche, condizioni personali o sociali, ovvero a pene o trattamenti crudeli, disumani, degradanti (art. 698, come modificato dalla l. 21.7.2016, n. 149; → **Cost.**, artt. 2 e 3; → **Cedu**, artt. 2 e 3). Si tratta di una condizione ostativa che si aggiunge a quelle di cui all'art. 742, destinata sempre a fare prevalere e tutelare i **diritti fondamentali** rispetto alle esigenze di giustizia connesse all'esecuzione della condanna all'estero. La valutazione politico-sociale-ordinamentale è rimessa esclusivamente al **Ministro della giustizia** da operarsi in via preventiva, prima ancora di investire della richiesta di esecuzione all'estero l'autorità giudiziaria (art. 742). La verifica della condizione negativa spetta anche alla **corte d'appello** (art. 743), considerata l'espressione impersonale «si ha motivo di ritenere» mirante non ad individuare un organo, ma a introdurre un limite. Nella stessa direzione sospinge l'interpretazione sistematica che, quanto ai rapporti giurisdizionali con autorità straniere, in linea generale, prescrive un controllo dei limiti *de quibus* da parte dell'autorità giudiziaria. Pertanto, la corte d'appello è tenuta ad appurare, nell'ambito degli spettanti poteri cognitivi, anche la sussistenza di tale condizione negativa (art. 743).

745. Richiesta di misure cautelari all'estero.

1. Se è domandata l'esecuzione di una pena restrittiva della libertà personale e il condannato si trova all'estero, il Ministro della giustizia ne richiede la custodia cautelare.

2. Nel domandare l'esecuzione di una confisca, il ministro ha facoltà di richiedere il sequestro.

2 *bis*. Il Ministro ha altresì facoltà, nei casi previsti da accordi internazionali, di richiedere lo svolgimento di indagini per l'identificazione e la ricerca di beni che si trovano all'estero e che possono divenire oggetto di una domanda di esecuzione di confisca, nonché di richiedere il loro sequestro.

Articolo da ultimo modificato dal d. lgs. 3.10.2017, n. 149. Il co. 2 *bis* è stato aggiunto dalla l. 9.8.1993, n. 328.

• Il co. 1 disciplina, in maniera sostanzialmente speculare all'art. 737, l'**esecuzione di una misura cautelare di un condannato che si trova in uno stato estero**. In questi casi, il Ministro della giustizia richiede che il condannato sia sottoposto alla misura della custodia in carcere (→ **Misure cautelari**, art. 285). Nonostante nell'*intentio legis* si volesse legittimare una richiesta da parte dell'organo di governo, si è venuto a determinare una sorta di obbligo per il Ministro («ne dispone») che, così inteso, contrasterebbe con i principi di proporzionalità e adeguatezza che dominano la materia cautelare (→ artt. 274 e 275). La funzione della **coercizione** è soprattutto quella di evitare la fuga (→ art. 274) del condannato detenuto all'estero per altra causa e prossimo alla scarcerazione. Il Ministro, ancor prima di promuovere la procedura giurisdizionale (art. 743), potrà comunque richiedere l'estradizione del condannato (art. 720 s.) e l'applicazione provvisoria di misure coercitive (→ **Misure cautelari**, art. 281 s.), sempre che l'estradizione non sia già stata rifiutata o non sia comunque possibile (art. 742). Ovviamente, la possibilità di esecuzione della pena all'estero resta subordinata al fatto che la sentenza sia eseguibile anche in Italia e che il p.m. abbia emesso il relativo ordine di esecuzione (→ **Libro X**, art. 656).

• La disposizione ha poi ad oggetto la facoltà (e non l'obbligo), per il Ministro della giustizia, di richiedere **misure cautelari reali** (→ **Libro IV**, art. 316 s.), in particolare il sequestro di un bene confiscabile. La l. 9.8.1993, n. 328, con l'art. 12, ha introdotto il co. 2 *bis*, riconoscendo al Ministro della giustizia la facoltà, se prevista da accordi internazionali, di richiedere lo **svolgimento di indagini all'estero** volte all'identificazione e alla ricerca di beni che possono costituire oggetto di una domanda di **confisca** (→ art. 240 c.p.), nonché di richiedere il loro **sequestro** (art. 737 *bis*). La facoltà da parte del Ministro di richiedere lo svolgimento di indagini all'estero ai fini di identificare e ricercare beni che possono essere in seguito oggetto di una domanda di confisca, e di richiedere il sequestro, è subordinata alla sussistenza di una convenzione internazionale o di altro specifico accordo (art. 731) che contempli queste ipotesi di cooperazione interstatuale, mentre sembra da escludere in base alla mera sussistenza della condizione di reciprocità. Una volta acclarati i presupposti convenzionali, al Ministro spetta la valutazione di carattere politico circa l'opportunità di dar corso alla richiesta, cui l'autorità giudiziaria dovrà rigorosamente attenersi inoltrando la domanda. È possibile che gli accertamenti patrimoniali siano promossi, nell'ambito di attività pre-investigative, dal procuratore nazionale antimafia, in ragione dei poteri lui attribuiti (→ **Indagini e udienza preliminare**, art. 371 *bis*). La procedura da seguire, in assenza di precipui riferimenti normativi, sembrerebbe analoga a quella prevista in tema di estradizione attiva (art. 720), sempre che le disposizioni convenzionali non prevedano una via di comunicazione differente, quale la trasmissione diretta fra autorità giudiziarie (art. 731).

746. Effetti sull'esecuzione nello Stato.

1. L'esecuzione della pena nello Stato è sospesa dal momento in cui ha inizio l'esecuzione nello Stato richiesto e per tutta la durata della medesima.

2. La pena non può più essere eseguita nello Stato quando, secondo le leggi dello Stato richiesto, essa è stata interamente espiata.

• L'esecuzione di un provvedimento definitivo (→ **Esecuzione**, art. 648) all'estero impone un **contemperamento delle disposizioni vigenti nei Paesi coinvolti**. Normalmente la **disciplina di riferimento** è quella dello **Stato di esecuzione** e non quella dello Stato di condanna (→ art. 9 Conv. Strasburgo sul trasferimento delle persone condannate). Si prevede che l'**esecuzione della pena nello Stato è sospesa** dal momento in cui ha inizio l'esecuzione nello Stato richiesto e per tutta la durata della medesima. Inoltre, la pena non può più essere eseguita nello Stato quando, secondo le leggi dello Stato richiesto, essa è stata interamente espiata.

• Lo **Stato dell'esecuzione** è **vincolato dalla natura giuridica e dalla durata della sanzione stabilite dallo Stato di condanna**. La sanzione inflitta potrà però essere convertita, nel caso di incompatibilità rispetto a quella prevista nel proprio ordinamento, con quella il più possibile corrispondente, senza però che si possa realizzare un aggravamento per natura e durata (analogamente a quanto è previsto dall'art. 735). Sempre allo Stato di esecuzione compete di concedere al condannato eventuali benefici o modificazioni di pena previsti dal proprio ordinamento, essendo operante il sistema penitenziario dello Stato richiesto. Lo Stato della condanna mantiene, invece, una competenza concorrente con quella dello Stato di esecuzione per la concessione della grazia, dell'amnistia e della commutazione della pena, potendo altresì operare una revisione della sentenza e apportare conseguenti modifiche al titolo esecutivo (artt. 12 e 14 Conv. Strasburgo sul trasferimento delle persone condannate; art. 5 co. 1 Trattato di cooperazione per l'esecuzione delle sentenze penali stipulato tra l'Italia e la

Thailandia il 28.2.1984, ratificato con l. 27.7.1988, n. 369). Nel caso in cui lo Stato di esecuzione consideri completato l'*iter* si attiveranno **informative reciproche** con lo Stato di condanna. Quest'ultimo, al fine di verificare la propria competenza a provvedere in sede esecutiva in ordine ad una richiesta del condannato, dovrà preliminarmente acquisire presso lo Stato di esecuzione le informazioni necessarie circa l'avvenuto completamento dell'espiazione della pena che non potrebbe più avere luogo, una volta completata l'esecuzione medesima. Nel silenzio della legge, circa il procedimento interno per il controllo sulla effettiva espiazione della pena comminata dalla sentenza penale italiana, è applicabile la **disciplina *in executivis*** (→ **Libro X**). Nell'ipotesi di accordo per un **ritrasferimento** in Italia o in caso di **evasione** del condannato (→ art. 385 c.p.), verrà meno la causa di sospensione e sarà consentito al nostro Paese di esercitare nuovamente la potestà punitiva. Potrebbe inoltre aver luogo anche una **revoca** da parte del Ministro della decisione volta a consentire l'esecuzione all'estero.

Titolo IV *bis*
TRASFERIMENTO DEI PROCEDIMENTI PENALI

746 *bis*. Disposizioni generali.

1. Salve le disposizioni speciali in materia di conflitti di giurisdizione con le autorità giudiziarie degli Stati membri dell'Unione europea, possono essere disposti, quando previsto dalle convenzioni internazionali, sia il trasferimento del procedimento penale in favore dell'autorità giudiziaria di altro Stato perché essa proceda che l'assunzione, nello Stato, del procedimento penale pendente davanti all'autorità giudiziaria di Stato estero.

2. Il trasferimento del procedimento penale o la sua assunzione sono disposti fino a quando non sia esercitata l'azione penale.

3. Il trasferimento è disposto in favore dell'autorità giudiziaria di altro Stato che presenti più stretti legami territoriali con il fatto per il quale si procede o con le fonti di prova. Ai fini della decisione si tiene conto dei seguenti criteri:

a) luogo in cui è avvenuta la maggior parte dell'azione, dell'omissione o dell'evento;

b) luogo in cui si è verificata la maggior parte delle conseguenze dannose;

c) luogo in cui si trovano il maggior numero di persone offese, di testimoni o delle fonti di prova;

d) impossibilità di procedere ad estradizione dell'indagato che ha trovato rifugio nello Stato richiesto;

e) luogo in cui risiede, dimora, è domiciliato ovvero si trova l'indagato.

L'articolo è stato introdotto dal d. lgs. 3.10.2017, n. 149.

• Analogamente a quanto accade per le altre forme di collaborazione fra Stati, la riforma contempla tanto la procedura per il **trasferimento passivo** (cioè dall'estero all'Italia) quanto quella per il **trasferimento attivo** (in cui è l'Italia a richiedere che il procedimento si svolga all'estero). Questa seconda forma di trasferimento presenta spiccate innovazioni. In passato l'art. 21 della Convenzione di mutua assistenza di Strasburgo del 1959 all'art. 21 già prevedeva la denuncia in altro Stato di fatti avvenuti in Italia per l'eventuale apertura del relativo procedimento secondo la giurisdizione nazionale.

• L'obiettivo primario della modifica è quello di **prevenire e contenere le violazioni del *ne bis in idem***, assurto a canone centrale nell'art. 50 della **Carta UE** (→ T.u.e., T.f.u.e.). Il diritto del singolo di non essere sottoposto a procedimento penale per gli stessi fatti in un altro Paese membro si lega alla libertà di circolazione nel territorio dell'Unione che rischia di essere pregiudicata se si è investiti, più volte, in procedimenti penali ***de eadem re*** attivati dai diversi Stati membri (→ decisione quadro 2009/948/GAI).

• La disciplina del trasferimento penale anticipa e previene il sorgere del *ne bis in idem*, già nel corso del procedimento e prima che insorga il titolo definitivo. Gli Stati interessati sono chiamati ad attivare meccanismi di selezione alternativa nelle ipotesi di procedimenti paralleli.

• Il nuovo titolo IV *bis* realizza un meccanismo di **cessione della giurisdizione** da parte di uno Stato a favore di un altro Stato, a condizione che il trasferimento dei procedimenti penali sia previsto da specifiche convenzioni. L'art. 746 *bis* detta disposizioni generali in tema di trasferimenti dei **procedimenti paralleli**, ossia pendenti davanti ad autorità giudiziarie di diversi ordinamenti e aventi a oggetto gli stessi fatti. L'identità del fatto è da intendersi riferita alla componente storico-naturalistica, che prescinde dunque dalla qualificazione giuridica nelle differenti giurisdizioni competenti. Un punto non chiarito dalla riforma è se la diversa qualificazione giuridica si restringa all'area penale, ovvero possa abbracciare, nell'accezione riferibile ai c.d. **criteri Engel (Corte edu, 8.6.1976, Engel e altri c. Paesi Bassi)**, anche fattispecie di rilevanza amministrativa essendo queste ultime qualificabili come sostanzialmente penali. Altrettanto generica la previsione dei termini entro i quali può essere operato il trasferimento e la necessità che i due procedimenti, per poter operare il trasferimento, si trovino nella stessa fase o grado.

• L'unico frangente temporale preso in considerazione dal legislatore è **l'avvenuto esercizio dell'azione penale**, a partire dal quale non può più essere disposto il trasferimento. Prima di questo momento, invece, lo Stato in cui sono in corso le indagini può interrompere le investigazioni prendendo atto della circostanza che sui medesimi fatti procede un'autorità giudiziaria straniera.

• L'articolo indica alcuni **criteri** per l'individuazione della «giurisdizione che presenti più stretti legami territoriali con il fatto per il quale si procede o con le fonti di prova» tenendo conto: 1) del luogo di commissione del fatto (in tutto o in parte); 2) del luogo dove si è verificata la maggior parte delle conseguenze dannose; 3) del luogo in cui si trovano la maggior parte delle persone offese e delle fonti di prova; 4) dell'eventuale impossibilità di procedere all'estradizione dell'imputato; 5) del luogo dove si trova l'imputato.

• L'elencazione non sottende un tassativo ordine di priorità, ma esprime il rilievo decrescente assegnato ai criteri determinativi della giurisdizione.

746 *ter*. Assunzione di procedimenti penali dall'estero.

1. Il Ministro della giustizia, ricevuta richiesta di assunzione nello Stato di un procedimento penale, la trasmette all'ufficio del pubblico ministero presso il giudice competente.

2. Nel caso in cui le convenzioni internazionali prevedono il rapporto diretto tra autorità giudiziarie, il pubblico ministero dà tempestiva comunicazione al Ministro della giustizia del provvedimento di assunzione, reso all'esito delle consultazioni con l'autorità giudiziaria dello Stato estero.

3. La decisione di assunzione del procedimento è notificata alla persona offesa con l'avviso della facoltà di proporre querela, se questa è richiesta soltanto dall'ordinamento dello Stato. Il termine per la presentazione della querela decorre dalla notificazione dell'avviso.

4. La querela presentata nello Stato estero conserva efficacia nell'ordinamento interno.

5. Nel caso di misure cautelari disposte nel procedimento assunto in Italia, si applica l'articolo 27, ma il termine per l'adozione dei relativi provvedimenti è di trenta giorni dalla ricezione degli atti.

6. Il periodo di custodia cautelare sofferto all'estero è computato ai sensi e per gli effetti degli articoli 303, comma 4, 304 e 657. Si applica il comma 2 dell'articolo 303.

7. Gli atti di acquisizione probatoria compiuti all'estero conservano la loro efficacia e sono utilizzabili secondo la legge italiana, sempre che non contrastino con i principi fondamentali dell'ordinamento.

8. Il Ministro della giustizia informa tempestivamente lo Stato estero delle decisioni assunte dalle autorità giudiziarie italiane.

La previsione è stata inserita dal d. lgs. 3.10.2017, n. 149.

• Il trasferimento di procedimenti penali dall'estero è subordinato all'esistenza di una convenzione internazionale che lo preveda. Il **Ministro della giustizia**, ricevuta richiesta di assunzione nello Stato di un procedimento penale, la trasmette all'ufficio del pubblico ministero presso il giudice competente. Nei casi in cui le convenzioni internazionali prevedono il rapporto diretto tra autorità giudiziarie, il **p.m.** (→ **Soggetti**, art. 50) dà tempestiva comunicazione al Ministro della giustizia del provvedimento di assunzione, reso all'esito delle consultazioni con l'autorità giudiziaria dello Stato estero.

• Può farsi luogo al trasferimento o alla sua assunzione solo antecedentemente **all'esercizio dell'azione penale** e in presenza di stretti **legami territoriali** con il fatto per il quale si procede o con le fonti di prova, individuando i criteri da considerare secondo un ordine di priorità non tassativo (art. 746 *bis*).

• Nel caso in cui il procedimento trasferito sia relativo a un reato che sia procedibile a **querela** di parte vuoi nello Stato di origine (Stato trasferente), vuoi nello Stato di destinazione (Stato ricevente), quella proposta nel primo Stato conserva efficacia nel secondo Stato. Dinnanzi a una regolamentazione difforme per modi, termini, titolarità, ecc., varrà la regola di applicazione della *lex loci*.

• Se la querela è prevista solo nel secondo Stato e, ovviamente, non è stata proposta nello Stato di origine, l'assunzione del procedimento sarà notificata alla **persona offesa**, con l'avviso della possibilità di proporre querela, nel termine previsto dalla legge interna decorrente dalla notifica. La legge applicabile è quella dello Stato competente o che diventa competente a seguito del trasferimento. La disciplina delle **misure cautelari** segue le regole ordinarie (→ **Libro IV**, art. 27 c.p.p.). Gli **atti di acquisizione probatoria** eventualmente compiuti conservano valore, salvo che contrastino con i principi fondamentali del nostro ordinamento, e sono utilizzabili secondo la disciplina interna.

• Un **obbligo comunicativo** grava sul Ministro della giustizia, tenuto a informare tempestivamente lo Stato estero delle decisioni assunte dalle autorità giudiziarie italiane.

746 *quater*. Trasferimento di procedimenti penali all'estero.

1. Quando il pubblico ministero ha notizia della pendenza di un procedimento penale all'estero, per gli stessi fatti per i quali si è proceduto all'iscrizione a norma dell'articolo 335, adotta le proprie determinazioni in relazione al trasferimento del procedimento, dopo essersi consultato con la competente autorità straniera.

2. La decisione sul trasferimento del procedimento all'estero è comunicata al Ministro della giustizia che, nel termine di trenta giorni dalla ricezione degli atti, può vietarne l'esecuzione quando sono compromessi la sicurezza, la sovranità o altri interessi essenziali dello Stato, nonché nei casi previsti dal comma 4. Della decisione del Ministro è data comunicazione al pubblico ministero.

3. Quando gli accordi internazionali prevedono la decisione di autorità centrali, il pubblico ministero inoltra al Ministro della giustizia richiesta motivata di trasferimento del procedimento. Entro il termine di trenta giorni dalla ricezione degli atti, il Ministro può disporre il trasferimento sempre che non ricorrano le condizioni di cui ai commi 2 e 4, dandone tempestiva comunicazione all'autorità straniera e al pubblico ministero che procede.

4. Non può disporsi il trasferimento del procedimento se vi è motivo di ritenere che lo Stato estero non assicuri, nel procedimento, il rispetto dei principi fondamentali dell'ordinamento, ovvero se vi è motivo di ritenere che l'indagato verrà sottoposto ad atti persecutori o discriminatori per motivi di razza, di religione, di sesso, di nazionalità, di lingua, di opinioni politiche o di condizioni personali o sociali ovvero a pene o trattamenti crudeli, disumani o degradanti o comunque ad atti che configurano violazione di uno dei diritti fondamentali della persona.

5. Il procedimento penale è sospeso dal momento della trasmissione al Ministro della giustizia della decisione prevista dal comma 2 o della richiesta motivata prevista al comma 3 e sino alla comunicazione della decisione del Ministro. In ogni caso possono essere compiuti gli atti urgenti o irripetibili.

6. A seguito della comunicazione del trasferimento all'estero del procedimento penale ovvero decorso il termine di cui al comma 2 senza che il Ministro abbia esercitato il potere di diniego, il giudice emette decreto di archiviazione. Non si applicano gli articoli 408, 409 e 410. Il decreto di archiviazione è comunicato alla persona offesa che, nella notizia di reato o successiva-

mente alla sua presentazione, abbia dichiarato di volere essere informata circa l'eventuale archiviazione.

7. Resta fermo quanto stabilito dall'articolo 414 quando l'azione penale non è esercitata nello Stato estero nel termine convenuto all'atto del trasferimento, sempre che la decisione assunta nello Stato estero non determini il divieto di un secondo giudizio. Dell'avvenuta riapertura delle indagini è data comunicazione allo Stato estero.

Articolo introdotto dal d. lgs. 3.10.2017, n. 149.

• Il trasferimento è subordinato all'esistenza di una convenzione internazionale che lo preveda.

• L'iniziativa spetta al **p.m.** che ne dà comunicazione al Ministro della giustizia il quale dovrà essere interpellato per potersi eventualmente opporre, vietando l'esecuzione nel caso di pregiudizio per la sicurezza, sovranità o altri interessi essenziali dello Stato. Ai limiti consueti (art. 733) si aggiunge quello relativo a un contesto processuale idoneo a rispettare **i principi fondamentali dell'ordinamento**. Il limite opera anche quando vi sia motivo di ritenere che l'indagato potrà essere sottoposto ad atti persecutori o discriminatori o comunque ad atti che configurano violazioni di uno dei diritti fondamentali della persona.

• Il trasferimento dovrà comunque assicurare l'idoneità della decisione assunta dalla giurisdizione di altro Stato, in considerazione del **legame territoriale con il fatto** per il quale si procede o con le fonti di prova, attraverso **criteri** da considerare secondo un ordine di priorità non tassativo (artt. 746 *bis* e 746 *ter*). Il trasferimento del procedimento penale o la sua assunzione sono disposti fino a quando non sia esercitata l'azione penale.

• Il procedimento penale è sospeso dal momento della trasmissione al Ministro della giustizia della decisione prevista dal co. 2 o della richiesta motivata prevista al co. 3 e sino alla comunicazione della decisione del Ministro. In ogni caso possono essere compiuti gli atti urgenti o irripetibili.

• A seguito della comunicazione del trasferimento all'estero del procedimento penale ovvero decorso il termine di cui al co. 2 senza che il Ministro abbia esercitato il potere di diniego, il giudice per le indagini preliminari emette decreto di archiviazione (→ **Indagini e udienza preliminare**, art. 411). Il decreto di archiviazione è comunicato alla **persona offesa** (→ **Soggetti**, art. 90 s.) che, nella notizia di reato o successivamente alla sua presentazione, abbia dichiarato di volere essere informata circa l'eventuale archiviazione. La formulazione della norma, modulata sui criteri che presiedono all'archiviazione ordinaria, non esclude la discrezionalità del controllo dell'organo giurisdizionale sulla base dei presupposti dell'art. 746 *bis*.

• La verifica da parte del giudice non può infatti essere sostituita dal mero *placet* del Ministro. In base alle regole ordinarie e con il limite del divieto di un secondo giudizio è consentita la riapertura delle indagini (→ **Libro V**, art. 414) della quale sarà data comunicazione allo Stato estero.

Testo delle norme di attuazione, di coordinamento e transitorie del codice di procedura penale (Allegato al d. lgs. 28.7.1989, n. 271)

Titolo I
NORME DI ATTUAZIONE

Capo I
Disposizioni relative al giudice

1. Modalità di determinazione della competenza per i procedimenti riguardanti i magistrati. Agli effetti di quanto stabilito dall'articolo 11 del codice, il distretto di corte d'appello nel cui capoluogo ha sede il giudice competente è determinato sulla base della tabella A allegata alle presenti norme.

• Articolo sostituito dalla l. 2.12.1998, n. 420. A seguire, la Tabella A, allegata alla l. 420 del 1998.

Tabella A

Spostamenti di competenza per i procedimenti penali nei quali un magistrato assume la qualità di persona sottoposta ad indagini, di imputato ovvero di persona offesa o danneggiata dal reato.

Dal distretto di	Al distretto di
Roma	Perugia
Perugia	Firenze
Firenze	Genova
Genova	Torino
Torino	Milano
Milano	Brescia
Brescia	Venezia
Venezia	Trento
Trento	Trieste
Trieste	Bologna
Bologna	Ancona
Ancona	L'Aquila
L'Aquila	Campobasso
Campobasso	Bari
Bari	Lecce
Lecce	Potenza
Potenza	Catanzaro
Cagliari	Roma*
Palermo	Caltanissetta
Caltanissetta	Catania
Catania	Messina

Messina	Reggio Calabria
Reggio Calabria	Catanzaro
Catanzaro	Salerno
Salerno	Napoli
Napoli	Roma

* L'originario distretto di Palermo è stato sostituito dalla l. 24.7.2003, n. 199.

2. Riunione di processi. 1. Se più processi che possono essere riuniti a norma dell'articolo 17 del codice pendono davanti a diversi giudici o a diverse sezioni dello stesso ufficio giudiziario, il dirigente dell'ufficio o della sezione designa per la eventuale riunione il giudice o la sezione cui è stato assegnato per primo uno dei processi, salvo che sussistano rilevanti esigenze di servizio ovvero la designazione possa pregiudicare la rapida definizione dei processi medesimi. In tali ultime ipotesi provvede con decreto motivato.
1 *bis*. Fermo quanto previsto dalla seconda parte del comma 1, nel caso indicato dall'articolo 17 comma 1 *bis* del codice il dirigente dell'ufficio o della sezione designa per l'eventuale riunione il giudice o la sezione che procede in composizione collegiale cui è stato assegnato per primo uno dei processi. Se la riunione non viene disposta, gli atti sono restituiti.

• Il co. 1 *bis* è stato aggiunto dal d. lgs. 19.2.1998, n. 51.

Capo II
Disposizioni relative al pubblico ministero

3. Designazione del pubblico ministero.
[Soppresso.]

• Articolo abrogato dal d. lgs. 20.2.2006, n. 106.

3 *bis*. Priorità nella trattazione delle notizie di reato e nell'esercizio dell'azione penale. 1. Nella trattazione delle notizie di reato e nell'esercizio dell'azione penale il pubblico ministero si conforma ai criteri di priorità contenuti nel progetto organizzativo dell'ufficio.

• Articolo inserito dal d. lgs. 10.10.2022, n. 150.

4. Contrasto tra pubblici ministeri. 1. Quando ricorre l'ipotesi prevista dall'articolo 54 comma 2 del codice, il pubblico ministero trasmette immediatamente al procuratore generale presso la corte di appello o presso la corte di cassazione gli atti del procedimento in originale o in copia.

4 *bis*. Formalità delle richieste per la trasmissione a un diverso ufficio del pubblico ministero. 1. La richiesta al procuratore generale di cui all'articolo 54 *quater*, comma 3, del codice, deve essere depositata presso la segreteria del medesimo, unitamente a copia della richiesta presentata al pubblico ministero.
2. Ai fini della determinazione dell'ufficio del pubblico ministero che deve procedere, il procuratore generale presso la corte di appello o presso la corte di cassazione, verificata l'ammissibilità della richiesta, può richiedere la trasmissione di copia degli atti del procedimento.

• Articolo inserito dalla l. 16.12.1999, n. 479.

4 *ter*. Nucleo di polizia penitenziaria a supporto delle funzioni del procuratore nazionale antimafia. 1. Nell'esercizio delle funzioni di cui all'articolo 371 *bis*, commi 1 e 2, del codice e con specifico riferimento all'acquisizione, all'analisi ed all'elaborazione dei dati e delle informazioni provenienti dall'ambiente penitenziario, il procuratore nazionale antimafia e antiterrorismo si avvale di un apposito nucleo costituito, fino a un massimo di venti unità, nell'ambito del Corpo di polizia penitenziaria e composto da personale del medesimo Corpo. L'assegnazione al predetto nucleo non determina l'attribuzione di emolumenti aggiuntivi.

• Articolo inserito dal d.l. 4.10.2018, n. 113, conv., con modif., dalla l. 1.12.2018, n. 132.

Capo III
Disposizioni relative alla polizia giudiziaria

5. Composizione delle sezioni di polizia giudiziaria. 1. Le sezioni di polizia giudiziaria sono composte dagli ufficiali e dagli agenti di polizia giudiziaria della polizia di Stato, dell'arma dei carabinieri e del corpo della guardia di finanza nonché del Corpo forestale dello Stato.

2. Quando lo richiedono particolari esigenze di specializzazione dell'attività di polizia giudiziaria, su richiesta del procuratore generale presso la corte di appello e del procuratore della Repubblica interessato, possono essere applicati presso le sezioni, con provvedimento delle amministrazioni di appartenenza, ufficiali e agenti di polizia giudiziaria di altri organi. Si osservano le disposizioni dell'articolo 8 in quanto applicabili.

3. Al personale indicato nel comma 2 si applicano le disposizioni dell'articolo 10.

• Il co. 1 è stato così modificato dalla l. 3.2.2011, n. 4.

6. Costituzione dell'organico delle sezioni. 1. L'organico delle sezioni di polizia giudiziaria è costituito da personale in numero non inferiore al doppio di quello dei magistrati previsti nell'organico delle procure della Repubblica.

2. Almeno due terzi dell'organico sono riservati ad ufficiali di polizia giudiziaria.

3. Fermi restando i limiti previsti dai commi 1 e 2, entro il 15 gennaio di ogni biennio il ministro della giustizia, di concerto con i ministri dell'interno, della difesa e delle finanze, determina con decreto l'organico delle sezioni, tenuto conto delle esigenze connesse all'esercizio delle funzioni di polizia giudiziaria e sentito il procuratore generale presso la corte di appello interessato. Nel decreto è fissato, per ogni sezione, il contingente assegnato a ciascuna forza di polizia, tenuto conto dei rispettivi organici.

4. Il personale applicato a norma dell'articolo 5 comma 2 non viene calcolato nell'organico delle sezioni.

• Il co. 1 è stato così sostituito dal d. lgs. 19.2.1998, n. 51.

7. Ripianamento organico e posti vacanti. 1. Le amministrazioni rispettivamente interessate provvedono al ripianamento organico entro novanta giorni dalla pubblicazione del decreto previsto dall'articolo 6 comma 3.

2. Quando si deve provvedere alla copertura delle vacanze, l'elenco di queste è pubblicato senza ritardo sul bollettino dell'amministrazione interessata su richiesta del procuratore generale presso la corte di appello.

3. Nell'ipotesi indicata nel comma 2, l'amministrazione interessata provvede alla copertura entro novanta giorni dalla richiesta del procuratore generale.

8. Assegnazione alle sezioni. 1. Gli interessati all'assegnazione alle sezioni di polizia giudiziaria presentano domanda all'amministrazione di appartenenza entro trenta giorni dalla pubblicazione delle vacanze indicando, se lo ritengono, tre sedi di preferenza.

2. Le domande, con il parere dell'ufficio o comando da cui dipendono gli interessati, sono trasmesse senza ritardo al procuratore generale presso la corte di appello nel cui distretto è stata dichiarata la vacanza.

3. Quando mancano le domande o queste sono in numero inferiore al triplo delle vacanze, cia-

scuna amministrazione indica al procuratore generale, individuato a norma del comma 2, coloro che possono essere presi in considerazione ai fini dell'assegnazione alle sezioni sino a raggiungere, tenendo conto anche delle eventuali domande, un numero triplo a quello delle vacanze.

4. Un terzo dei soggetti indicati dall'amministrazione di appartenenza deve avere svolto attività di polizia giudiziaria per almeno due anni nelle sezioni o nei servizi di polizia giudiziaria.

5. Per ogni candidato, l'amministrazione di appartenenza trasmette contestualmente copia della documentazione caratteristica.

6. L'assegnazione è disposta senza ritardo con provvedimento dell'amministrazione di appartenenza su richiesta nominativa congiunta del procuratore generale presso la corte di appello e del procuratore della Repubblica interessato.

7. Non sono considerate le domande e le posizioni rispetto alle quali ricorrono divieti previsti da leggi o da regolamenti concernenti gli ordinamenti delle amministrazioni di appartenenza.

9. Direzione e coordinamento delle sezioni. 1. Il capo dell'ufficio presso cui è istituita la sezione la dirige e ne coordina l'attività in relazione alle richieste formulate dai singoli magistrati a norma dell'articolo 58 del codice.

2. Per ciascuna forza di polizia che compone la sezione, l'ufficiale di polizia giudiziaria più elevato in grado o con qualifica superiore è responsabile del personale appartenente alla propria amministrazione.

10. Stato giuridico e carriera del personale delle sezioni. 1. Lo stato giuridico e la carriera del personale delle sezioni sono disciplinati dagli ordinamenti delle amministrazioni di appartenenza.

2. Ai fini della compilazione della documentazione caratteristica del personale, nei casi previsti dai rispettivi ordinamenti, il capo dell'ufficio presso cui è istituita la sezione fornisce elementi informativi che concorrono alla formazione della valutazione.

3. Il personale delle sezioni è esonerato, quanto all'impiego, dai compiti e dagli obblighi derivanti dagli ordinamenti delle amministrazioni di appartenenza non inerenti alle funzioni di polizia giudiziaria, salvo che per casi eccezionali o per esigenze di istruzione e addestrative, previo consenso del capo dell'ufficio presso il quale la sezione è istituita.

11. Trasferimenti del personale delle sezioni. 1. I trasferimenti del personale della sezione di polizia giudiziaria sono disposti dall'amministrazione di appartenenza su proposta motivata del capo dell'ufficio presso cui è istituita la sezione ovvero, su iniziativa dell'amministrazione, previo nulla osta del medesimo e del procuratore generale presso la corte di appello.

2. Qualora il trasferimento si renda necessario in relazione alla progressione in carriera, è sufficiente il tempestivo avviso al capo dell'ufficio e al procuratore generale da parte dell'amministrazione.

12. Servizi di polizia giudiziaria. 1. Agli effetti di quanto previsto dall'articolo 56 del codice, sono servizi di polizia giudiziaria tutti gli uffici e le unità ai quali è affidato dalle rispettive amministrazioni o dagli organismi previsti dalla legge il compito di svolgere in via prioritaria e continuativa le funzioni indicate nell'articolo 55 del codice.

2. Entro il termine stabilito per l'entrata in vigore del codice, le amministrazioni o gli organismi dai quali dipendono i servizi indicati nel comma 1 comunicano al procuratore generale presso la corte di appello e al procuratore della Repubblica presso il tribunale il nome e il grado degli ufficiali che dirigono i servizi di polizia giudiziaria e specifici settori o articolazioni di questi.

3. Salvo quanto disposto dall'articolo 14, ogni variazione dell'elenco degli ufficiali indicati nel comma 2 deve essere comunicata senza ritardo.

13. Servizi operanti in ambito più vasto del circondario. 1. Quando i servizi di polizia giudiziaria sono costituiti per attività da svolgere in ambito territoriale più vasto del circondario, l'ufficiale preposto è responsabile verso il procuratore generale del distretto dove ha sede il servizio.

14. Allontanamento dei dirigenti dei servizi. 1. Per allontanare anche provvisoriamente dalla sede o assegnare ad altri uffici i dirigenti dei servizi di polizia giudiziaria o di specifici settori o articola-

zioni di questi, le amministrazioni dalle quali essi dipendono devono ottenere il consenso del procuratore generale presso la corte di appello e del procuratore della Repubblica presso il tribunale.
2. Il diniego deve essere motivato. Qualora l'allontanamento si renda necessario ai fini della progressione in carriera, il consenso non può essere negato.

15. Promozioni. 1. Le promozioni degli addetti alle sezioni di polizia giudiziaria non possono essere disposte senza il parere favorevole del procuratore generale presso la corte di appello e del capo dell'ufficio presso cui è istituita la sezione.
2. Le promozioni degli ufficiali che dirigono i servizi o specifici settori o articolazioni di questi non possono essere disposte senza il parere favorevole del procuratore generale presso la corte di appello e del procuratore della Repubblica presso il tribunale.
3. Le disposizioni dei commi 1 e 2 si applicano anche quando l'ufficiale o l'agente ha cessato dalle funzioni di polizia giudiziaria da non più di due anni.

16. Sanzioni disciplinari. 1. Gli ufficiali e gli agenti di polizia giudiziaria che senza giustificato motivo omettono di riferire nel termine previsto all'autorità giudiziaria la notizia del reato, che omettono o ritardano l'esecuzione di un ordine dell'autorità giudiziaria o lo eseguono soltanto in parte o negligentemente o comunque violano ogni altra disposizione di legge relativa all'esercizio delle funzioni di polizia giudiziaria, sono soggetti alla sanzione disciplinare della censura e, nei casi più gravi, alla sospensione dall'impiego per un tempo non eccedente sei mesi.
2. Nei confronti degli ufficiali e degli agenti indicati nell'articolo 56 comma 1 lettera *b*) del codice può essere altresì disposto l'esonero dal servizio presso le sezioni.
3. Fuori delle trasgressioni previste dal comma 1, gli ufficiali e gli agenti di polizia giudiziaria rimangono soggetti alle sanzioni disciplinari stabilite dai propri ordinamenti.

17. Procedimento disciplinare. 1. L'azione disciplinare è promossa dal procuratore generale presso la corte di appello nel cui distretto l'ufficiale o l'agente presta servizio. Dell'inizio dell'azione disciplinare è data comunicazione all'amministrazione dalla quale dipende l'ufficiale o l'agente di polizia giudiziaria.
2. L'addebito è contestato all'incolpato per iscritto. La contestazione indica succintamente il fatto e la specifica trasgressione della quale l'incolpato è chiamato a rispondere. Essa è notificata all'incolpato e contiene l'avviso che, fino a cinque giorni prima dell'udienza, egli può presentare memorie, produrre documenti e richiedere l'audizione di testimoni.
3. Competente a giudicare è una commissione composta:
a) da un presidente di sezione della corte di appello che la presiede e da un magistrato di tribunale, nominati ogni due anni dal consiglio giudiziario;
b) da un ufficiale di polizia giudiziaria, scelto, a seconda dell'appartenenza dell'incolpato, fra tre ufficiali di polizia giudiziaria nominati ogni due anni rispettivamente dal questore, dal comandante di legione dei carabinieri e dal comandante di zona della guardia di finanza. Se l'incolpato non appartiene alla polizia di Stato, ai carabinieri o alla guardia di finanza, a comporre la commissione è invece chiamato un ufficiale di polizia giudiziaria appartenente alla stessa amministrazione dell'incolpato e nominato ogni due anni dagli organi che la rappresentano.
4. Nel procedimento disciplinare si osservano, in quanto applicabili, le disposizioni dell'articolo 127 del codice. L'accusa è esercitata dal procuratore generale che ha promosso l'azione disciplinare o da un suo sostituto. L'incolpato ha facoltà di nominare un difensore scelto tra gli appartenenti alla propria amministrazione ovvero tra gli avvocati [e i procuratori] iscritti negli albi professionali. In mancanza di tale nomina, il presidente della commissione designa un difensore di ufficio individuato secondo le modalità previste dall'articolo 97 del codice.
5. Il procuratore generale presso la corte di appello comunica i provvedimenti all'amministrazione di appartenenza dell'ufficiale o agente di polizia giudiziaria nei cui confronti è stata promossa l'azione disciplinare.

• Il riferimento ai «procuratori» che compariva, nel co. 3, dopo le parole «gli avvocati» è omesso *ex* l. 24.2.1997, n. 27.

18. Ricorso. 1. Contro la decisione emessa a norma dell'articolo 17 l'incolpato e il procuratore generale presso la corte di appello possono proporre ricorso a una commissione che ha sede presso il ministero della giustizia ed è composta:

a) da un magistrato della corte di cassazione che la presiede e da un magistrato che esercita funzioni di appello, nominati ogni quattro anni dal Consiglio superiore della magistratura;

b) da un ufficiale di polizia giudiziaria scelto, a seconda dell'appartenenza dell'incolpato, fra i tre nominati ogni quattro anni rispettivamente dal capo della polizia e dai comandanti generali dei carabinieri e della guardia di finanza. Se l'incolpato non appartiene alla polizia di Stato, ai carabinieri o alla guardia di finanza, a comporre la commissione è chiamato un ufficiale di polizia giudiziaria appartenente alla stessa amministrazione dell'incolpato e nominato ogni quattro anni dagli organi che la rappresentano.

2. L'accusa è esercitata da un magistrato della procura generale presso la corte di cassazione.

3. L'incolpato ha facoltà di nominare un difensore scelto tra gli avvocati [e i procuratori] iscritti negli albi professionali. In mancanza di tale nomina, il presidente della commissione designa un difensore di ufficio individuato secondo le modalità previste dall'articolo 97 del codice.

4. La decisione è immediatamente trasmessa per l'esecuzione all'amministrazione cui appartiene l'ufficiale o l'agente.

5. Contro la decisione l'incolpato e il procuratore generale presso la corte di cassazione possono proporre ricorso per cassazione per violazione di legge. Il ricorso non sospende l'esecuzione della decisione. Si osservano le disposizioni dell'articolo 611 del codice, in quanto applicabili.

• Il riferimento ai «procuratori» che compariva, nel co. 4, dopo le parole «gli avvocati» è omesso *ex* l. 24.2.1997, n. 27. Corte cost., 394 del 1998, ha dichiarato l'illegittimità costituzionale del co. 5.

19. Sospensione cautelare. 1. Le commissioni previste dagli articoli 17 e 18 possono disporre la sospensione cautelare dell'ufficiale o dell'agente dalle funzioni di polizia giudiziaria.

20. Disposizione transitoria. 1. Il personale di polizia giudiziaria attualmente operante presso gli uffici giudiziari è mantenuto nelle sue funzioni fino a che non siano costituite per la prima volta le sezioni di polizia giudiziaria.

2. Per la prima costituzione delle sezioni di polizia giudiziaria, il decreto previsto dall'articolo 6 comma 3 è emesso non oltre un mese prima della data di entrata in vigore del codice.

3. Il personale è assegnato alle sezioni a norma degli articoli 7 e 8; tuttavia, al ripianamento si provvede entro trenta giorni dal decreto indicato nel comma 2 e all'assegnazione si provvede non oltre i sessanta giorni successivi.

Capo IV
Disposizioni relative alle parti private e ai difensori

21. Notizie da chiedere all'imputato nel primo atto cui egli è presente. 1. Quando procede a norma dell'articolo 66 del codice, il giudice o il pubblico ministero invita l'imputato o la persona sottoposta alle indagini a dichiarare se ha un soprannome o uno pseudonimo, se ha beni patrimoniali e quali sono le sue condizioni di vita individuale, familiare e sociale. Lo invita inoltre a dichiarare se è sottoposto ad altri processi penali, se ha riportato condanne nello Stato o all'estero e, quando ne è il caso, se esercita o ha esercitato uffici o servizi pubblici o servizi di pubblica necessità e se ricopre o ha ricoperto cariche pubbliche.

22. Comparizione delle persone in stato di arresto o detenzione domiciliare. 1. Quando una persona in stato di arresto o detenzione domiciliare deve comparire per ragioni di giustizia davanti all'autorità giudiziaria, il giudice competente a norma dell'articolo 279 del codice ovvero il magistrato di sorveglianza del luogo dove si svolge la detenzione, se non ritiene di dover disporre l'accompagnamento o la traduzione per salvaguardare comprovate esigenze processuali

o di sicurezza, autorizza l'allontanamento dal luogo di arresto o di detenzione per il tempo strettamente necessario. In tal caso detta le opportune prescrizioni e dà comunicazione del provvedimento all'ufficio di polizia giudiziaria territorialmente competente. Il giudice per le indagini preliminari provvede sentito il pubblico ministero.
2. L'autorizzazione prevista dal comma 1 può essere concessa anche quando la traduzione sia stata disposta da altra autorità giudiziaria davanti alla quale la persona deve comparire.

23. Assenza delle parti private diverse dall'imputato. 1. L'assenza delle parti private diverse dall'imputato regolarmente citate non determina la sospensione o il rinvio del dibattimento, né la nuova fissazione dell'udienza preliminare a norma degli articoli 420 *bis* e 420 *ter* del codice.
2. Fermo quanto previsto dall'articolo 82 comma 2 del codice, nel caso di mancata comparizione delle parti private diverse dall'imputato, la sentenza è notificata alle stesse per estratto unitamente all'avviso di deposito della sentenza.

• Il co. 1 è stato così modificato dalla l. 16.12.1999, n. 479.

24. Nomina di più difensori. 1. La nomina di ulteriori difensori si considera senza effetto finché la parte non provvede alla revoca delle nomine precedenti che risultano in eccedenza rispetto al numero previsto dagli articoli 96, 100 e 101 del codice.

25. Divieto di consigli circa la scelta del difensore di fiducia. 1. Costituisce grave infrazione disciplinare per gli ufficiali e gli agenti di polizia giudiziaria e per tutti i dipendenti dell'amministrazione degli istituti di prevenzione e di pena dare consigli sulla scelta del difensore di fiducia.

26. Nomina del difensore nei casi di uso di lingua diversa dall'italiano. 1. Anche nei casi di uso di lingua diversa dall'italiano nel procedimento, l'imputato e le altre parti private hanno il diritto di nominare il difensore senza alcun limite derivante dall'appartenenza etnica o linguistica dello stesso.
2. Nei casi previsti dall'articolo 109 comma 2 del codice, quando ciò serve ad assicurare l'effettività della difesa, l'autorità giudiziaria, nell'individuare il difensore d'ufficio o nel designare il sostituto del difensore a norma dell'articolo 97 comma 4 del codice, tiene conto dell'appartenenza etnica o linguistica dell'imputato.

27. Documentazione della qualità di difensore. 1. Quando è richiesto, il difensore documenta la sua qualità esibendo:
a) la certificazione della nomina fatta con dichiarazione orale all'autorità procedente;
b) la copia della nomina recante l'attestazione dell'avvenuto deposito, nel caso di consegna da parte del difensore;
c) la copia della nomina, certificata conforme all'originale da parte del difensore, e l'originale della ricevuta postale, nel caso di trasmissione a mezzo di raccomandata;
d) la copia del verbale o dell'avviso indicati nell'articolo 30, nel caso di nomina di ufficio.

28. Comunicazione del nominativo del difensore di ufficio. 1. Il nominativo del difensore di ufficio è comunicato senza ritardo all'imputato con l'avvertimento che può essere nominato, in qualunque momento, un difensore di fiducia.
1 *bis*. Contestualmente sono comunicati i recapiti, anche telefonici e telematici, del difensore.

• Il co. 1 *bis* è stato inserito dal d. lgs. 10.10.2022, n. 150.

29. Elenchi e tabelle dei difensori di ufficio. 1. Il Consiglio nazionale forense predispone e aggiorna, con cadenza trimestrale, l'elenco alfabetico degli avvocati iscritti negli albi, disponibili ad assumere le difese d'ufficio.
1 *bis*. L'inserimento nell'elenco di cui al comma 1 è disposto sulla base di almeno uno dei seguenti requisiti:

a) partecipazione a un corso biennale di formazione e aggiornamento professionale in materia penale, organizzato dal Consiglio dell'ordine circondariale o da una Camera penale territoriale o dall'Unione delle Camere penali, della durata complessiva di almeno 90 ore e con superamento di esame finale;

b) iscrizione all'albo da almeno cinque anni ed esperienza nella materia penale, comprovata dalla produzione di idonea documentazione;

c) conseguimento del titolo di specialista in diritto penale, secondo quanto previsto dall'articolo 9 della legge 31 dicembre 2012, n. 247.

1 *ter*. La domanda di inserimento nell'elenco nazionale di cui al comma 1 è presentata al Consiglio dell'ordine circondariale di appartenenza, che provvede alla trasmissione degli atti, con allegato parere, al Consiglio nazionale forense. Avverso la decisione di rigetto della domanda è ammessa opposizione ai sensi dell'articolo 7 del decreto del Presidente della Repubblica 24 novembre 1971, n. 1199.

1 *quater*. Ai fini della permanenza nell'elenco dei difensori d'ufficio sono condizioni necessarie:

a) non avere riportato sanzioni disciplinari definitive superiori all'ammonimento;

b) l'esercizio continuativo di attività nel settore penale comprovato dalla partecipazione ad almeno dieci udienze camerali o dibattimentali per anno, escluse quelle di mero rinvio.

1 *quinquies*. Il professionista iscritto nell'elenco nazionale deve presentare, con cadenza annuale, la relativa documentazione al Consiglio dell'ordine circondariale, che la inoltra, con allegato parere, al Consiglio nazionale forense. In caso di mancata presentazione della documentazione, il professionista è cancellato d'ufficio dall'elenco nazionale.

1 *sexies*. I professionisti iscritti all'elenco nazionale non possono chiedere la cancellazione dallo stesso prima del termine di due anni.

2. È istituito presso l'ordine forense di ciascun capoluogo del distretto di corte d'appello un apposito ufficio con recapito centralizzato che, mediante linee telefoniche dedicate, fornisce i nominativi dei difensori d'ufficio a richiesta dell'autorità giudiziaria o della polizia giudiziaria. Non si ricorre al sistema informatizzato se il procedimento concerne materie che riguardano competenze specifiche.

3. L'ufficio di cui al comma 2 gestisce separatamente gli elenchi dei difensori d'ufficio di ciascun ordine forense esistente nel distretto di corte d'appello.

4. Il sistema informatizzato di cui al comma 2 deve garantire:

a) che l'indicazione dei nominativi rispetti un criterio di rotazione automatico tra gli iscritti nell'elenco di cui al comma 1;

b) che sia evitata l'attribuzione contestuale di nomine, ad un unico difensore, per procedimenti pendenti innanzi ad autorità giudiziarie e di polizia distanti tra di loro e, comunque, dislocate in modo da non permettere l'effettività della difesa;

c) l'istituzione di un turno differenziato, per gli indagati e gli imputati detenuti o arrestati all'estero in esecuzione di mandato di arresto europeo nell'ambito di procedura attiva di consegna, al fine di agevolare la tempestiva nomina di un difensore che assista quello officiato nello Stato di esecuzione, che assicuri, attraverso un criterio di rotazione giornaliera dei nominativi, la reperibilità di un numero di difensori d'ufficio corrispondente alle esigenze.

5. L'autorità giudiziaria e, nei casi previsti, la polizia giudiziaria, individuano il difensore richiedendone il nominativo all'ufficio di cui al comma 2.

6. Il presidente del consiglio dell'ordine forense o un componente da lui delegato vigila sul rispetto dei criteri per l'individuazione e la designazione del difensore d'ufficio.

7. I difensori inseriti nei turni giornalieri di cui al comma 4, lettera *c*), hanno l'obbligo della reperibilità.

8. [Soppresso.]

9. [Soppresso.]

• Il co. 1 e il co. 1 *bis*, rispettivamente modificato e inserito dalla l. 6.3.2001, n. 60, sono stati così sostituiti dal d. lgs. 30.1.2015, n. 6. I co. 1 *ter*, 1 *quater*, 1 *quinquies* e 1 *sexies* sono stati inseriti dal d. lgs. 6 del 2015. I co. 2, 3, 4, 5, 6 e 7 sono stati così sostituiti dalla l. 60 del 2001. I co. 8 e 9 sono stati abrogati dalla l. 60 del 2001. Il co. 4 lett. *c* è stato così modificato dal d. lgs. 15.9.2016, n. 184.

30. Comunicazione al difensore di ufficio. 1. Al difensore di ufficio è data comunicazione della individuazione effettuata a norma dell'articolo 97, comma 3, del codice.

2. Allo stesso modo è comunicata la designazione al sostituto nei casi previsti dall'articolo 97, comma 4, del codice.

3. Nel caso previsto dall'articolo 97, comma 5, del codice, il difensore di ufficio che si trova nell'impossibilità di adempiere l'incarico e non ha nominato un sostituto deve avvisare immediatamente l'autorità giudiziaria, indicandone le ragioni, affinché si provveda alla sostituzione.

• Il co. 1 e il co. 3 sono stati modificati dalla l. 6.3.2001, n. 60.

31. Diritto alla retribuzione del difensore di ufficio. 1. Fermo quanto previsto dalle norme sul gratuito patrocinio, l'attività del difensore di ufficio è in ogni caso retribuita.

• Il riferimento al gratuito patrocinio deve ora essere inteso al «patrocinio a spese dello Stato per i non abbienti» (→ **T.U. spese**).

32. Recupero dei crediti professionali. 1. Le procedure intraprese per il recupero dei crediti professionali vantati dai difensori d'ufficio nei confronti degli indagati, degli imputati e dei condannati inadempienti sono esenti da bolli, imposte e spese.

2. [Soppresso.]

3. [Soppresso.]

• Articolo così sostituito dalla l. 6.3.2001, n. 60. I co. 2 e 3 sono stati abrogati dal **T.U. spese**.

32 *bis*. Retribuzione del difensore d'ufficio di persona irreperibile.
[Soppresso.]

• Articolo prima aggiunto dalla l. 6.3.2001, n. 60 e poi abrogato dal **T.U. spese.**

33. Domicilio della persona offesa. 1. Il domicilio della persona offesa dal reato che abbia nominato un difensore si intende eletto presso quest'ultimo.

• Ai sensi dell'art. 86 d. lgs. 10.10.2022, n. 150, per le querele presentate prima dell'entrata in vigore del presente decreto, le notificazioni al querelante sono eseguite ai sensi dell'art. 33 disp. att. c.p.p. Quando il querelante non ha nominato un difensore, le notificazioni si eseguono presso il domicilio dichiarato o eletto dal querelante. In mancanza di dichiarazione o elezione di domicilio, le notificazioni sono eseguite a norma dell'art. 157 co. 1, 2, 3, 4 e 8, c.p.p.

34. Designazione del sostituto del difensore. 1. Il difensore designa il sostituto nelle forme indicate nell'articolo 96, comma 2, del codice.

35. Corrispondenza e colloqui telefonici del difensore con l'imputato. 1. Ai fini di quanto previsto dall'articolo 103, comma 6, del codice, la busta della corrispondenza tra l'imputato e il suo difensore deve riportare:

a) il nome e il cognome dell'imputato;

b) il nome, il cognome e la qualifica professionale del difensore;

c) la dicitura «corrispondenza per ragioni di giustizia» con la sottoscrizione del mittente e l'indicazione del procedimento cui la corrispondenza si riferisce.

2. Quando mittente è il difensore, la sottoscrizione è autenticata dal presidente del consiglio dell'ordine forense di appartenenza o da un suo delegato.

3. Se l'imputato è detenuto, l'autorità che ne ha la custodia appone il proprio timbro o firma sulla busta chiusa che già reca le indicazioni suddette, senza che ciò ritardi l'inoltro della corrispondenza.

4. Alla corrispondenza tra l'imputato detenuto e il suo difensore, recante le indicazioni stabilite nei commi 1 e 2, non si applicano le disposizioni dell'articolo 18, commi 8 e 9, della legge 26 luglio 1975, n. 354 e degli articoli 20, comma 1, e 36, commi 7 e 8, del decreto del Presidente della Repubblica 29 aprile 1976, n. 431.

5. Ai fini di quanto previsto dall'articolo 103, comma 5, del codice, quando sono autorizzati colloqui telefonici tra l'imputato detenuto e il suo difensore, come risultante dall'indicazione del relativo procedimento, non si applica la disposizione dell'articolo 37, comma 8, del decreto del Presidente della Repubblica 29 aprile 1976, n. 431.

36. Accesso del difensore al luogo di custodia. 1. Per conferire con la persona fermata, arrestata o sottoposta a custodia cautelare, il difensore ha diritto di accedere ai luoghi in cui la persona stessa si trova custodita.

2. A tale fine la qualità di difensore, che non risulti in qualsiasi modo all'autorità che esercita la custodia, è documentata a norma dell'articolo 27 o con altro mezzo equipollente.

3. Quando è disposta la dilazione prevista dall'articolo 104 commi 3 e 4 del codice, copia del relativo decreto è consegnata a chi esercita la custodia ed è da questi esibita all'arrestato, al fermato, alla persona sottoposta a custodia cautelare o al difensore che richiedono il colloquio.

37. Procura speciale rilasciata in via preventiva. 1. La procura speciale prevista dall'articolo 122 del codice può essere rilasciata anche preventivamente, per l'eventualità in cui si verifichino i presupposti per il compimento dell'atto al quale la procura si riferisce.

38. Facoltà dei difensori per l'esercizio del diritto alla prova.

[Soppresso.]

• Articolo abrogato dalla l. 7.12.2000, n. 397.

Capo V
Disposizioni relative agli atti

39. Autenticazione della sottoscrizione di atti. 1. Fermo quanto previsto da speciali disposizioni, l'autenticazione della sottoscrizione di atti per i quali il codice prevede tale formalità può essere effettuata, oltre che dal funzionario di cancelleria, dal notaio, dal difensore, dal sindaco, da un funzionario delegato dal sindaco, dal segretario comunale, dal giudice di pace, dal presidente del consiglio dell'ordine forense o da un consigliere da lui delegato.

40. Copia dell'atto che surroga l'originale mancante. 1. Nel caso previsto dall'articolo 112, comma 1, del codice, la cancelleria attesta sulla copia autentica dell'atto che si tratta di copia che tiene luogo, ad ogni effetto, dell'originale distrutto, smarrito o sottratto.

41. Atto ricostituito. 1. Quando si procede a norma dell'articolo 113, commi 1 e 2, del codice, sull'atto ricostituito sono indicati gli estremi dell'ordinanza che ha disposto la ricostituzione.

42. Trasmissione a distanza di copia di atti. 1. Il rilascio di copie di atti del procedimento, nei casi previsti dalla legge, può avvenire mediante la trasmissione a distanza con mezzi tecnici idonei, previo accertamento della legittimazione del richiedente. In tal caso l'ufficio presso il quale l'atto si trova attesta, in calce ad esso, di aver trasmesso il testo originale.

43. Autorizzazione al rilascio di copia di atti. 1. L'autorizzazione prevista dall'articolo 116 comma 2 del codice non è richiesta nei casi in cui è riconosciuto espressamente al richiedente il diritto al rilascio di copie, estratti o certificati di atti.

44. Comunicazione delle dichiarazioni e richieste di persone detenute o internate. 1. Le impugnazioni, le richieste e le altre dichiarazioni previste dall'articolo 123 del codice sono comunicate nel giorno stesso, o al più tardi nel giorno successivo, all'autorità giudiziaria competente mediante estratto o copia autentica, anche per mezzo di lettera raccomandata. Nei casi di speciale urgenza, la comunicazione può avvenire anche con telegramma confermato da lettera raccomandata ovvero mediante l'uso di altri mezzi tecnici idonei. In tal caso l'ufficio presso il quale l'atto si trova attesta, in calce ad esso, di aver trasmesso il testo originale.

45. Relazione nel procedimento in camera di consiglio. 1. Nel procedimento in camera di consiglio davanti alle corti e ai tribunali, la relazione orale è svolta, appena compiuti gli atti introduttivi, da un componente del collegio previamente designato dal presidente.

45 *bis*. Partecipazione al procedimento in camera di consiglio a distanza. 1. La partecipazione dell'imputato o del condannato all'udienza nel procedimento in camera di consiglio avviene a distanza nei casi e secondo quanto previsto dall'articolo 146 *bis*, commi 1, 1 *bis*, 1 *ter* e 1 *quater*.

2. [Soppresso.]

3. Si applicano, in quanto compatibili, le disposizioni previste dell'articolo 146 *bis*, comma 4 *bis*, e dall'articolo 133 *ter* del codice.

• Articolo aggiunto dalla l. 7.1.1998, n. 11. Il co. 1 è stato prima modificato dal d.l. 24.11.2000, n. 341, conv., con modif., dalla l. 19.1.2001, n. 4; poi dalla l. 23.6.2017, n. 103, che ha anche modificato i co. 2 e 3. Il co. 2 è stato abrogato dal d. lgs. 10.10.2022, n. 150, che ha anche modificato il co. 3.

45 *ter*. Giudice competente in ordine all'accesso alla giustizia riparativa. 1. A seguito dell'emissione del decreto di citazione diretta a giudizio i provvedimenti concernenti l'invio al Centro per la giustizia riparativa sono adottati dal giudice per le indagini preliminari fino a quando il decreto, unitamente al fascicolo, non è trasmesso al giudice a norma dell'articolo 553, comma 1, del codice. Dopo la pronuncia della sentenza e prima della trasmissione degli atti a norma dell'articolo 590 del codice, provvede il giudice che ha emesso la sentenza; durante la pendenza del ricorso per cassazione, provvede il giudice che ha emesso il provvedimento impugnato.

• Articolo introdotto dal d. lgs. 10.10.2022, n. 150. Ai sensi dell'art. 92, co. 2 *bis*, d. lgs. 150 del 2022, modificato dal d.l. 31.10.2022, n. 162, conv., con modif., dalla l. 30.12.2022, n. 199, la nuova disposizione si applica nei procedimenti penali e nella fase dell'esecuzione della pena decorsi sei mesi dalla data di entrata in vigore del presente decreto.

46. Esecuzione dell'accompagnamento coattivo. 1. Il provvedimento che dispone l'accompagnamento coattivo è tramesso, a cura della cancelleria o della segreteria dell'autorità giudiziaria che lo ha emesso, all'organo che deve provvedere alla esecuzione. Copia del provvedimento è consegnata all'interessato.

47. Revoca della condanna pecuniaria inflitta alle persone non comparse. 1. La condanna al pagamento di una somma a norma dell'articolo 133 del codice è revocata con ordinanza dal giudice quando sono ritenute fondate le giustificazioni addotte dall'interessato.

48. Cancellature, variazioni e aggiunte negli atti. 1. Le cancellature che occorre eseguire nelle sentenze, nelle ordinanze, nei decreti, nei verbali o in altri atti del procedimento sono fatte in modo da lasciare leggere le parole cancellate.

2. Alle variazioni e alle aggiunte che occorre eseguire prima della sottoscrizione si provvede con postille, che devono essere approvate.

49. Conservazione dei nastri e dei supporti fonografici e audiovisivi. 1. I nastri e i supporti contenenti le riproduzioni fonografiche o audiovisive sono racchiusi in apposite custodie numerate e sigillate.

2. Ciascuna custodia, a sua volta, è racchiusa in un involucro, sul quale è trascritto il numero della custodia e sono indicati gli estremi del procedimento e le generalità delle persone alle quali si riferiscono le riproduzioni nonché la data in cui le singole riproduzioni sono state effettuate.

3. Al fine di evitarne il deterioramento, i nastri e i supporti possono essere conservati anche in contenitori separati dagli atti processuali.

50. Redazione del verbale in forma stenotipica o con altro strumento meccanico. 1. Quando il verbale è redatto in forma stenotipica o con altro strumento meccanico, esso può essere formato da più ausiliari o da più tecnici autorizzati a norma dell'articolo 135 del codice, ciascuno dei quali lo sottoscrive per la parte di rispettiva competenza.

2. Se lo strumento meccanico impiegato non comporta la immediata impressione di caratteri comuni di scrittura, il relativo nastro è sottoscritto dai soli verbalizzanti.

51. Personale tecnico impiegato per la documentazione degli atti. 1. Quando rileva l'esigenza di avvalersi di personale tecnico estraneo all'amministrazione dello Stato per la documentazione degli atti, nei casi previsti dagli articoli 135 comma 2, 138 comma 2 e 139 comma 4 del codice, l'autorità giudiziaria ne fa richiesta al Presidente della Corte di appello perché provveda alla scelta del personale idoneo.

2. Al fine indicato nel comma 1, il Ministero della giustizia, nei limiti delle risorse finanziarie attribuite e con le modalità di cui al comma 3 *bis*, stipula contratti di durata biennale con imprese o cooperative di servizi specialistici.

3. Nell'àmbito della politica di decentramento amministrativo e di contenimento della spesa pubblica, le procedure di cui al comma 2 possono essere delegate, per ciascun distretto, al Presidente della Corte di appello.

3 *bis*. Il Direttore generale delle risorse materiali, dei beni e dei servizi, al fine di attuare la delega di cui al comma 3, individua, sentito il Direttore generale della giustizia penale, gli schemi di contratto di cui al comma 2, nonché, previo monitoraggio delle caratteristiche e del costo medio di mercato di prestazioni analoghe od equivalenti, la tipologia ed il costo massimo delle prestazioni.

• Il co. 1 è stato modificato dal d.l. 30.6.2005, n. 115, conv., con modif., dalla l. 17.8.2005, n. 168. I co. 2 e 3 sono stati così sostituiti dal d.l. 115 del 2005; il co. 3 *bis* è stato aggiunto dal d.l. 115 del 2005.

51 *bis*. Assistenza dell'interprete e traduzione degli atti. 1. Per ciascuno dei casi previsti dall'articolo 143, comma 1, secondo periodo, del codice, l'imputato ha diritto all'assistenza gratuita dell'interprete per un colloquio con il difensore. Se per fatti o circostanze particolari l'esercizio del diritto di difesa richiede lo svolgimento di più colloqui in riferimento al compimento di un medesimo atto processuale, l'assistenza gratuita dell'interprete può essere assicurata per più di un colloquio.

2. Quando ricorrono particolari ragioni di urgenza e non è possibile avere prontamente una traduzione scritta degli atti di cui all'articolo 143, comma 2, del codice l'autorità giudiziaria dispone, con decreto motivato, se ciò non pregiudica il diritto di difesa dell'imputato, la traduzione orale, anche in forma riassuntiva, redigendo contestualmente verbale.

3. L'imputato può rinunciare espressamente, anche a mezzo di procuratore speciale, alla traduzione scritta degli atti. La rinuncia produce effetti solo se l'imputato ha consapevolezza delle conseguenze che da essa derivano, anche per avere a tal fine consultato il difensore. In tal caso il contenuto degli atti è tradotto oralmente, anche in forma riassuntiva.

4. Nei casi di cui ai commi 2 e 3 della traduzione orale è effettuata anche la riproduzione fonografica.

5. Ove vi siano strumenti tecnici idonei, l'autorità procedente può disporre l'assistenza dell'in-

terprete mediante l'utilizzo delle tecnologie di comunicazione a distanza, salvo che ciò possa causare concreto pregiudizio al diritto di difesa.

• Articolo inserito dal d. lgs. 4.3.2014, n. 32, come modificato dal d. lgs. 23.6.2016, n. 129.

52. Citazione dell'interprete. 1. Con il provvedimento di nomina è disposta la notificazione all'interprete del relativo decreto di citazione. Nei casi urgenti l'interprete può essere citato anche oralmente per mezzo dell'ufficiale giudiziario o della polizia giudiziaria.

53. Sanzione pecuniaria inflitta all'interprete nel corso delle indagini preliminari. 1. Nel corso delle indagini preliminari, quando si verifica l'ipotesi prevista dall'articolo 147, comma 2, del codice, il pubblico ministero richiede al giudice per le indagini preliminari di provvedere all'applicazione della sanzione pecuniaria.

54. Copie degli atti da notificare. 1. Quando l'atto da notificare viene trasmesso all'ufficiale giudiziario, questi deve formarne un numero di copie uguale a quello dei destinatari della notificazione.

2. Tengono luogo dell'originale le copie, trasmesse con mezzi tecnici idonei, quando l'ufficio che ha emesso l'atto attesta, in calce ad esso, di aver trasmesso il testo originale.

3. Quando la notificazione viene eseguita a mezzo della polizia giudiziaria, l'atto è trasmesso all'ufficio di polizia competente per territorio con numero di copie uguale a quello dei destinatari della notificazione.

55. Modalità di attuazione delle notificazioni urgenti a mezzo del telefono o del telegrafo. 1. Alla spedizione del telegramma previsto dall'articolo 149, commi 4 e 5, del codice provvede la cancelleria o la segreteria.

2. La copia e la ricevuta di spedizione del telegramma previsto dall'articolo 149 comma 2 del codice, con l'indicazione della persona che lo trasmette, di quella che lo riceve, dell'ora e del giorno di trasmissione, sono allegati agli atti del procedimento a cura della cancelleria o della segreteria.

• Il co. 2 è stato modificato dal d. lgs. 10.10.2022, n. 150.

56. Notificazione a mezzo posta effettuata dal difensore. 1. Ai fini previsti dall'articolo 152 del codice, il difensore che ha spedito l'atto da notificare con lettera raccomandata documenta tale spedizione depositando in cancelleria copia dell'atto inviato, attestandone la conformità all'originale, e l'avviso di ricevimento.

2. Il difensore indica altresì se l'atto è stato spedito in busta chiusa o in piego.

56 *bis*. Notificazione con modalità telematiche eseguita dal difensore. 1. La notificazione con modalità telematiche è eseguita dal difensore a mezzo di posta elettronica certificata o altro servizio elettronico di recapito certificato qualificato a un domicilio digitale risultante da pubblici elenchi, nel rispetto della normativa, anche regolamentare, concernente la sottoscrizione, la trasmissione e la ricezione dei documenti informatici. La notificazione può essere eseguita esclusivamente utilizzando un domicilio digitale del notificante risultante da pubblici elenchi.

2. L'avvocato redige la relazione di notificazione su documento informatico separato, sottoscritto con firma digitale o altra firma elettronica qualificata ed allegato al messaggio inviato con le modalità di cui al comma 1. La relazione deve contenere:

a) il nome e il cognome dell'avvocato notificante;

b) il nome e il cognome della parte che lo ha nominato o nel cui interesse è stato nominato;

c) il nome e cognome del destinatario;

d) il domicilio digitale a cui l'atto viene notificato;

e) l'indicazione dell'elenco da cui il predetto domicilio digitale è stato estratto;

f) l'ufficio giudiziario, l'eventuale sezione e il numero del procedimento.

3. Quando l'atto da notificarsi è redatto in forma di documento analogico, l'avvocato provvede ad estrarne copia informatica, sulla quale appone attestazione di conformità nel rispetto delle modalità previste per i procedimenti civili.
4. Ai fini previsti dall'articolo 152 del codice, il difensore documenta l'avvenuta notificazione dell'atto con modalità telematiche depositando in cancelleria il duplicato informatico o la copia informatica dell'atto inviato, unitamente all'attestazione di conformità all'originale, la relazione redatta con le modalità di cui al comma 2, nonché le ricevute di accettazione e di avvenuta consegna generate dal sistema.

• Articolo inserito dal d. lgs. 10.10.2022, n. 150.

57. Rifiuto di ricezione dell'atto notificato all'imputato detenuto. 1. Gli atti che l'imputato detenuto si è rifiutato di ricevere e che devono essere consegnati al direttore dell'istituto a norma dell'articolo 156, comma 2, del codice sono inseriti nel fascicolo personale del detenuto. Se l'imputato richiede che gli atti depositati gli siano consegnati, della consegna è fatta menzione in apposito registro.

58. Informazione all'imputato detenuto legittimamente assente. 1. Il direttore dell'istituto annota nel registro indicato nell'articolo 57 data, ora e modalità dell'informazione prevista dall'articolo 156, comma 2, del codice.

59. Secondo accesso per la prima notificazione all'imputato non detenuto. 1. Nel caso previsto dall'articolo 157, comma 7, del codice, nella relazione di notificazione è indicata anche l'ora in cui sono avvenuti gli accessi. In caso di mancanza o inidoneità delle persone indicate nell'articolo 157, comma 1, del codice, il secondo accesso deve avvenire in uno dei giorni successivi e in orario diverso da quello del primo accesso.

60. Informazione dell'avvenuta notificazione all'imputato in servizio militare. 1. Il comandante militare che ha provveduto all'informazione a norma dell'articolo 158 del codice annota data, ora e modalità in apposito registro.

61. Documentazione delle nuove ricerche dell'imputato. 1. La polizia giudiziaria, in caso di nuove ricerche disposte a norma dell'articolo 159 del codice, ne fa relazione all'autorità richiedente, indicando i luoghi in cui le ricerche sono state svolte, gli ufficiali e gli agenti che le hanno eseguite, i nomi dei familiari dell'imputato reperiti e le notizie dagli stessi fornite circa il luogo in cui il loro congiunto si trova.

62. Indicazione delle generalità del domiciliatario. 1. Nell'eleggere il domicilio a norma dell'articolo 162 del codice, l'imputato è tenuto a indicare anche le generalità del domiciliatario.

63. Traduzione dell'avviso inviato all'imputato straniero all'estero. 1. Ai fini di quanto previsto dall'articolo 169, comma 3, del codice, all'avviso redatto in lingua italiana e sottoscritto dall'autorità giudiziaria che procede è allegata la traduzione nella lingua ufficiale dello Stato in cui l'imputato risulta essere nato.

63 *bis*. Comunicazione di cortesia. 1. Fuori del caso di notificazione al difensore o al domiciliatario, quando la relazione della notificazione alla persona sottoposta alle indagini o all'imputato attesta l'avvenuta consegna dell'atto a persona fisica diversa dal destinatario, la cancelleria o la segreteria dà avviso di cortesia al destinatario dell'avvenuta notifica dell'atto tramite comunicazione al recapito telefonico o all'indirizzo di posta elettronica dallo stesso indicato ai sensi dell'articolo 349, comma 3, del codice, annotandone l'esito.

• Articolo inserito dal d. lgs. 10.10.2022, n. 150.

64. Comunicazione di atti. 1. La comunicazione di atti del giudice ad altro giudice si esegue me-

diante trasmissione di copia dell'atto con le modalità telematiche di cui all'articolo 148, comma 1, del codice o, nei casi di cui all'articolo 148, comma 4, del codice, con lettera raccomandata con avviso di ricevimento, ovvero mediante consegna al personale di cancelleria, che ne rilascia ricevuta su apposito registro custodito presso la cancelleria del giudice che ha emesso l'atto.
2. La comunicazione di atti dal giudice al pubblico ministero che ha sede diversa da quella del giudice si esegue mediante trasmissione di copia dell'atto con le modalità telematiche di cui all'articolo 148, comma 1, del codice o, nei casi di cui all'articolo 148, comma 4, del codice, con lettera raccomandata con avviso di ricevimento.
3. Nei casi di cui all'articolo 148, comma 4, del codice, quando ricorre una situazione di urgenza o l'atto contiene disposizioni concernenti la libertà personale, la comunicazione è eseguita col mezzo più celere nelle forme previste dall'articolo 149 del codice ovvero è eseguita dalla polizia giudiziaria mediante consegna di copia dell'atto presso la cancelleria o la segreteria. In questo ultimo caso, la polizia redige verbale, copia del quale è trasmessa al giudice che ha emesso l'atto.

• Articolo così sostituito dal d. lgs. 10.10.2022, n. 150.

64 *bis*. Comunicazioni e trasmissione di atti al giudice civile. 1. Quando procede per reati commessi in danno del coniuge, del convivente o di persona legata da una relazione affettiva, anche ove cessata, e risulta la pendenza di procedimenti relativi alla separazione personale dei coniugi, allo scioglimento o cessazione degli effetti civili del matrimonio, allo scioglimento dell'unione civile o alla responsabilità genitoriale, il pubblico ministero ne dà notizia senza ritardo al giudice che procede, salvo che gli atti siano coperti dal segreto di cui all'articolo 329 del codice di procedura penale. Allo stesso modo provvede quando procede per reati commessi in danno di minori dai genitori, da altri familiari o da persone comunque con loro conviventi, nonché dalla persona legata al genitore da una relazione affettiva, anche ove cessata, ed è pendente procedimento relativo alla responsabilità genitoriale, al suo esercizio e al mantenimento del minore.
1 *bis*. Nei casi di cui al comma 1, il pubblico ministero trasmette al giudice civile o al tribunale per i minorenni che procede copia delle ordinanze che applicano misure cautelari personali o ne dispongono la sostituzione o la revoca, nonché copia dell'avviso di conclusione delle indagini preliminari e degli atti di indagine non coperti dal segreto di cui all'articolo 329 del codice. Allo stesso giudice è altresì trasmessa copia della sentenza che definisce il processo o del decreto di archiviazione, a cura della cancelleria.

• Articolo inserito dalla l. 19.7.2019, n. 69 (c.d. Codice Rosso). La precedente rubrica «Trasmissione obbligatoria di provvedimenti al giudice civile» è stata sostituita da quella «Comunicazioni e trasmissione di atti al giudice civile» dal d. lgs. 10.10.2022, n. 149. Ai sensi dell'art. 36 co. 2 d. lgs. 149 del 2022, così come modificato dalla l. 29.12.2022, n. 197, la sostituzione della rubrica si applica ai procedimenti iscritti successivamente al 28.2.2023. Il co. 1 è stato così sostituito dal d. lgs. 149 del 2022, che ha anche introdotto il co. 1 *bis*. Ai sensi dell'art. 36, co. 2, d. lgs. 149 del 2022, così come modificato dalla l. 29.12.2022, n. 197, le nuove disposizioni si applicano ai procedimenti iscritti successivamente al 28.2.2023. Si riporta il testo precedente del co. 1: «Ai fini della decisione dei procedimenti di separazione personale dei coniugi o delle cause relative ai figli minori di età o all'esercizio della potestà genitoriale, copia delle ordinanze che applicano misure cautelari personali o ne dispongono la sostituzione o la revoca, dell'avviso di conclusione delle indagini preliminari, del provvedimento con il quale è disposta l'archiviazione e della sentenza emessi nei confronti di una delle parti in relazione al delitto previsto dall'articolo 575 del codice penale, nella forma tentata, o a uno dei delitti, consumati o tentati, previsti dagli articoli 572, 609 *bis*, 609 *ter*, 609 *quater*, 609 *quinquies*, 609 *octies*, 612 *bis* e 612 *ter* del codice penale, nonché dagli articoli 582 e 583 *quinquies* del codice penale nelle ipotesi aggravate ai sensi degli articoli 576, primo comma, numeri 2, 5 e 5.1, e 577, primo comma, numero 1, e secondo comma, del codice penale è trasmessa senza ritardo al giudice civile procedente».

64 *ter*. Diritto all'oblio degli imputati e delle persone sottoposte ad indagini. 1. La persona nei cui confronti sono stati pronunciati una sentenza di proscioglimento o di non luogo a procedere ovvero un provvedimento di archiviazione può richiedere che sia preclusa l'indicizzazione o che sia disposta la deindicizzazione, sulla rete internet, dei dati personali riportati nella sentenza o nel provvedimento, ai sensi e nei limiti dell'articolo 17 del regolamento (UE) 2016/679 del Parlamento europeo e del Consiglio, del 27 aprile 2016. Resta fermo quanto previsto dall'articolo 52 del decreto legislativo 30 giugno 2003, n. 196.

2. Nel caso di richiesta volta a precludere l'indicizzazione, la cancelleria del giudice che ha emesso il provvedimento appone e sottoscrive la seguente annotazione, recante sempre l'indicazione degli estremi del presente articolo: «*Ai sensi e nei limiti dell'articolo 17 del regolamento (UE) 2016/679 del Parlamento europeo e del Consiglio, del 27 aprile 2016, è preclusa l'indicizzazione del presente provvedimento rispetto a ricerche condotte sulla rete internet a partire dal nominativo dell'istante.*».

3. Nel caso di richiesta volta ad ottenere la deindicizzazione, la cancelleria del giudice che ha emesso il provvedimento appone e sottoscrive la seguente annotazione, recante sempre l'indicazione degli estremi del presente articolo: «*Il presente provvedimento costituisce titolo per ottenere, ai sensi e nei limiti dell'articolo 17 del regolamento (UE) 2016/679 del Parlamento europeo e del Consiglio, del 27 aprile 2016, un provvedimento di sottrazione dell'indicizzazione, da parte dei motori di ricerca generalisti, di contenuti relativi al procedimento penale, rispetto a ricerche condotte a partire dal nominativo dell'istante.*».

• Articolo inserito dal d. lgs. 10.10.2022, n. 150.

65. Obblighi del difensore non iscritto nell'albo del circondario.
[Soppresso.]

• Articolo abrogato dal d.l. 18.10.2001, n. 374, conv., con modif., dalla l. 15.12.2001, n. 438.

Capo VI
Disposizioni relative alle prove

66. Procedimento di esclusione del segreto. 1. Nei fatti, notizie e documenti indicati nell'articolo 204 comma 1 del codice non sono compresi i nomi degli informatori.

2. Quando perviene la comunicazione prevista dall'articolo 204, comma 2, del codice, il Presidente del Consiglio dei Ministri, con atto motivato, conferma il segreto, se ritiene che non ricorrano i presupposti indicati nei commi 1, 1 *bis* e 1 *ter* dello stesso articolo, perché il fatto, la notizia o il documento coperto dal segreto di Stato non concerne il reato per cui si procede. In mancanza, decorsi trenta giorni dalla notificazione della comunicazione, il giudice dispone il sequestro del documento o l'esame del soggetto interessato.

3. [Soppresso.]

• Il co. 2 è stato così sostituito dalla l. 3.8.2007, n. 124. Il co. 3 è stato abrogato dalla l. 124 del 2007.

67. Albo dei periti presso il tribunale. 1. Presso ogni tribunale è istituito un albo dei periti, diviso in categorie.

2. Nell'albo sono sempre previste le categorie di esperti in medicina legale, psichiatria, contabilità, ingegneria e relative specialità, infortunistica del traffico e della circolazione stradale, balistica, chimica, analisi e comparazione della grafia interpretariato e traduzione.

3. Quando il giudice nomina come perito un esperto non iscritto negli albi, designa, se possibile, una persona che svolge la propria attività professionale presso un ente pubblico.

4. Nel caso previsto dal comma 3, il giudice indica specificamente nell'ordinanza di nomina le ragioni della scelta.

5. In ogni caso il giudice evita di designare quale perito le persone che svolgano o abbiano svolto attività di consulenti di parte in procedimenti collegati a norma dell'articolo 371, comma 2, del codice.

• Il co. 2 è stato così modificato dal d. lgs. 14.1.1991, n. 12 e, successivamente, dal d. lgs. 4.3.2014, n. 32.

67 *bis*. Elenco nazionale degli interpreti e traduttori. 1. Ogni tribunale trasmette per via telematica al Ministero della giustizia l'elenco aggiornato, in formato elettronico, degli interpreti e dei traduttori iscritti nell'albo dei periti di cui all'articolo 67. L'autorità giudiziaria si avvale di tale elenco nazionale e nomina interpreti e traduttori diversi da quelli ivi inseriti solo in presenza di specifiche e particolari esigenze.

2. L'elenco nazionale di cui al comma 1 è consultabile dall'autorità giudiziaria, dagli avvocati e dalla polizia giudiziaria sul sito istituzionale del Ministero della giustizia, nel rispetto della normativa vigente sul trattamento dei dati personali. Le modalità di consultazione dell'elenco nazionale sono definite con decreto del Ministro della giustizia, da adottarsi entro il termine di otto mesi dalla data di entrata in vigore della presente disposizione.

• Articolo inserito dal d. lgs. 4.3.2014, n. 32, come modificato dal d. lgs. 23.6.2016, n. 129.

68. Formazione e revisione dell'albo dei periti. 1. L'albo dei periti previsto dall'articolo 67 è tenuto a cura del presidente del tribunale ed è formato da un comitato da lui presieduto e composto dal procuratore della Repubblica presso il medesimo tribunale, dal presidente del consiglio dell'ordine forense, dal presidente dell'ordine, del collegio ovvero delle associazioni rappresentative a livello nazionale delle professioni non regolamentate a cui appartiene la categoria di esperti per la quale si deve provvedere ovvero da loro delegati.

2. Il comitato decide sulla richiesta di iscrizione e di cancellazione dall'albo.

3. Il comitato può assumere informazioni e delibera a maggioranza dei voti. In caso di parità di voti, prevale il voto del presidente.

4. Il comitato provvede ogni due anni alla revisione dell'albo per cancellare gli iscritti per i quali è venuto meno alcuno dei requisiti previsti dall'articolo 69 comma 3 o è sorto un impedimento a esercitare l'ufficio di perito.

• Il co. 1 è stato modificato dal d. lgs. 19.2.1998, n. 51. Successivamente, il co. 1 è stato così modificato dal d. lgs. 4.3.2014, n. 32.

69. Requisiti per la iscrizione nell'albo dei periti. 1. Salvo quanto previsto dal comma 3, possono ottenere l'iscrizione nell'albo le persone fornite di speciale competenza nella materia.

2. La richiesta di iscrizione, diretta al presidente del tribunale, deve essere accompagnata dall'estratto dell'atto di nascita, dal certificato generale del casellario giudiziale, dal certificato di residenza nella circoscrizione del tribunale e dai titoli e documenti attestanti la speciale competenza del richiedente.

3. Non possono ottenere l'iscrizione nell'albo le persone:

a) condannate con sentenza irrevocabile alla pena della reclusione per delitto non colposo, salvo che sia intervenuta riabilitazione;

b) che si trovano in una delle situazioni di incapacità previste dall'articolo 222 comma 1 lettere *a*), *b*), *c*) del codice;

c) cancellate o radiate dal rispettivo albo professionale a seguito di provvedimento disciplinare definitivo.

4. La richiesta di iscrizione nell'albo resta sospesa per il tempo in cui la persona è imputata di delitto non colposo per il quale è consentito l'arresto in flagranza ovvero è sospesa dal relativo albo professionale.

70. Sanzioni applicabili agli iscritti nell'albo dei periti. 1. Agli iscritti nell'albo dei periti che non abbiano adempiuto agli obblighi derivanti dal conferimento dell'incarico possono essere applicate, su segnalazione del giudice procedente, le sanzioni dell'avvertimento, della sospensione dall'albo per un periodo non superiore a un anno o della cancellazione.

2. È disposta la sospensione dall'albo nei confronti delle persone che si trovano nelle situazioni previste dall'articolo 69, comma 4, per il tempo in cui perdurano le situazioni medesime.

3. È disposta la cancellazione dall'albo, anche prima della scadenza del termine stabilito per la revisione degli albi, nei confronti degli iscritti per i quali è venuto meno alcuno dei requisiti previsti dall'articolo 69, comma 3.

4. Competente a decidere è il comitato previsto dall'articolo 68.

71. Procedimento per l'applicazione delle sanzioni. 1. Ai fini dell'applicazione delle sanzioni previste dall'articolo 70, il presidente del tribunale contesta l'addebito al perito mediante lettera raccomandata con avviso di ricevimento, invitandolo a fornire deduzioni scritte entro il termine di dieci giorni dalla ricezione della raccomandata. Decorso tale termine e assunte se del caso informazioni, il comitato delibera a norma dell'articolo 68, comma 3.

72. Reclamo avverso le decisioni del comitato. 1. Entro quindici giorni dalla notificazione, contro le decisioni del comitato può essere proposto reclamo sul quale decide una commissione composta dal presidente della corte di appello nel cui distretto ha sede il comitato, dal procuratore generale della Repubblica presso la corte medesima, dal presidente del consiglio dell'ordine forense, dal presidente dell'ordine o del collegio professionale cui l'interessato appartiene ovvero da loro delegati.

2. Della commissione non possono far parte persone che abbiano partecipato alla decisione oggetto del reclamo.

3. La commissione decide entro trenta giorni dalla ricezione degli atti.

72 *bis*. Prelievo di campioni biologici e accertamenti medici su minori e su persone incapaci o interdette. 1. Nei casi previsti dagli articoli 224 *bis* e 359 *bis* del codice, se la persona da sottoporre a prelievo di campioni biologici o ad accertamenti medici è minore, incapace ovvero interdetta per infermità di mente, il consenso è prestato dal genitore o dal tutore, i quali possono presenziare alle operazioni.

2. Ai fini di cui al comma 1, se il genitore o il tutore mancano o non sono reperibili, ovvero si trovano in conflitto di interessi con la persona da sottoporre a prelievo di campioni biologici o ad accertamenti medici, il consenso è prestato da un curatore speciale nominato dal giudice, il quale può presenziare alle operazioni.

3. Si osservano, in quanto applicabili, le disposizioni di cui agli articoli 224 *bis* e 359 *bis* del codice.

• Articolo aggiunto dalla l. 30.6.2009, n. 85.

72 *ter*. Redazione del verbale delle operazioni. 1. Nel verbale relativo alle operazioni di prelievo di campioni biologici o all'effettuazione di accertamenti medici è fatta espressa menzione del consenso eventualmente prestato dalla persona sottoposta ad esame.

• Articolo aggiunto dalla l. 30.6.2009, n. 85.

72 *quater*. Distruzione dei campioni biologici. 1. All'esito della perizia su campioni biologici, ai sensi dell'articolo 224 *bis* del codice, il giudice dispone l'immediata distruzione del campione prelevato, salvo che non ritenga la conservazione assolutamente indispensabile. La distruzione è effettuata a cura del perito il quale ha proceduto alla relativa analisi, che ne redige verbale da allegare agli atti.

2. Dopo la definizione del procedimento con decreto di archiviazione o dopo che è stata pronunciata sentenza non più soggetta ad impugnazione, la cancelleria procede, in ogni caso e

senza ritardo, alla distruzione dei campioni biologici prelevati ai sensi degli articoli 224 *bis* e 359 *bis* del codice.

• Articolo aggiunto dalla l. 30.6.2009, n. 85.

73. Consulente tecnico del pubblico ministero. 1. Il pubblico ministero nomina il consulente tecnico scegliendo di regola una persona iscritta negli albi dei periti. Per la liquidazione del compenso al consulente tecnico si osservano le disposizioni previste per il perito.

74. Consulenza o perizia nummaria. 1. Nei procedimenti per la falsificazione di biglietti di banca o di monete metalliche è nominato consulente o perito rispettivamente un tecnico della direzione generale della Banca d'Italia o un tecnico della direzione generale del tesoro.

2. Se l'autorità giudiziaria che ha disposto la perizia non ha sede in Roma, può richiedere per il relativo espletamento il giudice per le indagini preliminari presso il tribunale di Roma. A tal fine l'autorità rogante pronuncia ordinanza con la quale formula i quesiti, indica le parti e i difensori da convocare e trasmette gli atti, anche in copia, il corpo del reato e i documenti occorrenti per l'espletamento della perizia. Il giudice per le indagini preliminari provvede nelle forme previste per l'incidente probatorio.

• Articolo così modificato dal d. lgs. 21.6.2016, n. 125.

75. Scritture di comparazione. 1. Nei procedimenti per falsità in atti, il giudice ordina la presentazione di scritture di comparazione che si trovano presso pubblici ufficiali o presso incaricati di un pubblico servizio. Ammette inoltre ogni altra scrittura quando non vi è dubbio sulla sua autenticità, ordinando, se necessario, atti di perquisizione e di sequestro. Analogamente provvede il pubblico ministero nel corso delle indagini preliminari.

2. Il giudice può disporre che l'imputato, se possibile alla presenza del perito, rilasci una scrittura di comparazione facendo menzione dell'eventuale rifiuto dell'imputato stesso e di quant'altro interessi per valutare la genuinità della scrittura.

76. Consegna al perito di documenti o di altri oggetti. 1. Quando il giudice ritiene necessario disporre la consegna al perito di documenti in originale o di altri oggetti, della consegna è redatto verbale a cura del funzionario di cancelleria. In tal caso, il giudice può disporre che dei documenti venga estratta copia autentica.

77. Attività di investigazione della polizia in materia di armi e di sostanze stupefacenti. 1. Il dirigente del servizio di polizia giudiziaria può essere autorizzato dal giudice a prelevare, dopo l'espletamento della perizia, armi, munizioni, esplosivi e altri oggetti o sostanze equiparati occorrenti ai fini di investigazione o di prevenzione nonché alla raccolta ed elaborazione dei relativi dati, sempre che tale attività non comporti modifiche o alterazioni degli oggetti o delle sostanze medesime. Analoga autorizzazione può essere concessa anche dopo che è stata disposta la confisca e la distruzione ovvero dopo la chiusura del giudizio di primo grado, se la perizia non ha avuto luogo.

2. Dopo il provvedimento di archiviazione perché è ignoto l'autore del reato ovvero dopo che la sentenza è divenuta inoppugnabile, il giudice può autorizzare il dirigente del servizio di polizia giudiziaria a prelevare gli oggetti e le sostanze indicate nel comma 1 anche per l'espletamento di accertamenti tecnici che ne determinano modifiche o alterazioni.

3. In ogni stato e grado del processo, il giudice può autorizzare il dirigente del servizio di polizia giudiziaria a prelevare, ai fini previsti dal comma 1, campioni di sostanze stupefacenti o psicotrope sequestrate o confiscate, se il quantitativo lo consente. Nel relativo verbale viene dato atto del quantitativo e della natura presunta della sostanza prelevata.

4. Delle operazioni di prelievo e di restituzione degli oggetti e delle sostanze previsti dai commi 1 e 3 è redatto verbale a cura del pubblico ufficiale addetto alla cancelleria.

78. Acquisizione di atti di un procedimento penale straniero. 1. La documentazione di atti di un procedimento penale compiuti da autorità giudiziaria straniera può essere acquisita a norma dell'articolo 238 del codice.

2. Gli atti non ripetibili compiuti dalla polizia straniera possono essere acquisiti nel fascicolo per il dibattimento se le parti vi consentono ovvero dopo l'esame testimoniale dell'autore degli stessi, compiuto anche mediante rogatoria all'estero in contraddittorio.

79. Esecuzione di perquisizioni e ispezioni personali. 1. Le perquisizioni e le ispezioni sono fatte eseguire da persona dello stesso sesso di quella che vi è sottoposta, salvi i casi di impossibilità o di urgenza assoluta.

2. La disposizione del comma 1 non si applica quando le operazioni sono eseguite da persona esercente la professione sanitaria.

80. Esecuzione di perquisizioni locali. 1. Se la copia del decreto di perquisizione locale è consegnata al portiere o a chi ne fa le veci, si applica la disposizione di cui all'articolo 148, comma 3, del codice.

2. Se non si può provvedere a norma dell'articolo 250, comma 2, del codice, la copia del decreto di perquisizione è depositata presso la cancelleria o la segreteria dell'autorità giudiziaria che procede, e di tale deposito è affisso un avviso alla porta del luogo dove è stata eseguita la perquisizione.

• Il co. 1 è stato così sostituito dal d. lgs. 30.6.2003, n. 196. Tuttavia, il d. lgs. 10.8.2018, n. 101 ha abrogato l'articolo che aveva introdotto la modifica segnalata.

81. Redazione del verbale di sequestro. 1. Il verbale di sequestro contiene l'elenco delle cose sequestrate, la descrizione delle cautele adottate per assicurarle e l'indicazione della specie e del numero dei sigilli apposti.

2. Le carte sono numerate e sottoscritte singolarmente da chi procede al sequestro. Se ciò non è possibile, esse sono rinchiuse in uno o più pacchi sigillati, numerati e timbrati.

3. Il verbale indica anche il luogo della custodia. Il provvedimento previsto dall'articolo 259, comma 1, secondo periodo del codice può essere adottato, quando ne ricorrono le condizioni, anche da chi ha provveduto al sequestro. Quando è nominato un custode, questi dichiara di assumere gli obblighi di legge e sottoscrive il verbale. L'inosservanza di queste formalità non esime il custode, che abbia assunto l'ufficio, dall'adempimento dei suoi doveri e dalla relativa responsabilità disciplinare e penale.

4. Sulle cose sequestrate ovvero sui pacchi in cui esse sono rinchiuse è apposta l'indicazione del procedimento al quale si riferiscono.

82. Attività per il deposito e la custodia delle cose sequestrate. 1. Le cose sequestrate sono annotate in apposito registro nel quale la cancelleria o la segreteria indica il numero del procedimento a cui si riferiscono, il cognome e il nome della persona a cui appartengono, se sono noti, e quelli della persona il cui nome è stato iscritto nel registro delle notizie di reato, le trasmissioni ad altri uffici giudiziari e le restituzioni.

2. Le cose sequestrate non possono essere rimosse dal luogo in cui sono custodite, se non nei casi consentiti dalla legge. Quando i sigilli appaiono rotti o alterati, si procede alla verificazione delle cose sequestrate, a cura della cancelleria o della segreteria. Di ogni verificazione e in tutti i casi di rimozione e riapposizione di sigilli è redatto verbale.

3. Con decreto del ministro della giustizia sono dettate le disposizioni regolamentari per il deposito e la custodia delle cose sequestrate.

4. Fino alla data di entrata in vigore del decreto previsto dal comma 3, le cose sequestrate, che a norma dell'articolo 259 del codice andrebbero depositate nella segreteria del pubblico ministero, sono depositate nella cancelleria del tribunale e annotate nei relativi registri. La stessa cancelleria provvede altresì agli adempimenti previsti dall'articolo 83.

• Nel co. 4, le parole «della pretura o» sono state soppresse dal d. lgs. 19.2.1998, n. 51.

83. Vendita o distruzione delle cose deperibili. 1. La vendita delle cose indicate nell'articolo 260, comma 3, del codice è eseguita a cura della cancelleria o della segreteria anche a trattativa privata.

2. Allo stesso modo si procede per la distruzione delle cose. Tuttavia a questa può procedersi anche avvalendosi di persona idonea o della polizia giudiziaria che ha eseguito il sequestro. Delle operazioni compiute è redatto verbale da allegare agli atti.

3. L'autorità giudiziaria, prima che si proceda alle operazioni indicate nei commi 1 e 2, dispone il prelievo dei campioni, quando ciò è possibile, dando avviso al difensore.

84. Restituzione delle cose sequestrate.

[Soppresso.]

• Articolo abrogato dal **T.U. spese**.

85. Restituzione con imposizione di prescrizioni. 1. Quando sono state sequestrate cose che possono essere restituite previa esecuzione di specifiche prescrizioni, l'autorità giudiziaria, se l'interessato consente, ne ordina la restituzione impartendo le prescrizioni del caso e imponendo una idonea cauzione a garanzia della esecuzione delle prescrizioni nel termine stabilito.

2. Scaduto il termine, se le prescrizioni non sono adempiute, l'autorità giudiziaria provvede a norma dell'articolo 260 comma 3 del codice qualora ne ricorrano le condizioni.

86. Vendita o distruzione delle cose confiscate. 1. La cancelleria provvede alla vendita delle cose di cui è stata ordinata la confisca, salvo che per esse sia prevista una specifica destinazione. Il compimento delle operazioni di vendita può essere delegato a un istituto all'uopo autorizzato o ad uno dei professionisti indicati negli articoli 534 *bis* e 591 *bis* del codice di procedura civile, con le modalità ivi previste, in quanto compatibili.

1 *bis*. Qualora sia stata disposta una confisca per equivalente di beni non sottoposti a sequestro o, comunque, non specificamente individuati nel provvedimento che dispone la confisca, l'esecuzione si svolge con le modalità previste per l'esecuzione delle pene pecuniarie, ferma la possibilità per il pubblico ministero di dare esecuzione al provvedimento su beni individuati successivamente.

2. Il giudice dispone la distruzione delle cose confiscate se la vendita non è opportuna. All'affidamento dell'incarico procede la cancelleria. Il giudice può disporre che alla distruzione proceda la polizia giudiziaria che ha eseguito il sequestro.

• Il co. 1 è stato modificato dal d. lgs. 10.10.2022, n. 150, che ha anche inserito il co. 1 *bis*.

86 *bis*. Destinazione dei beni informatici o telematici sequestrati o confiscati in quanto utilizzati per la commissione dei reati di cui agli articoli 473, 474, 615 *ter*, 615 *quater*, 615 *quinquies*, 617 *bis*, 617 *ter*, 617 *quater*, 617 *quinquies*, 617 *sexies*, 635 *bis*, 635 *ter*, 635 *quater*, 635 *quinquies*, 640 *ter* e 640 *quinquies* del codice penale. 1. I beni e gli strumenti informatici o telematici oggetto di sequestro che, a seguito di analisi tecnica forense, risultino essere stati in tutto o in parte utilizzati per la commissione dei reati di cui agli articoli 473, 474, 615 *ter*, 615 *quater*, 615 *quinquies*, 617 *bis*, 617 *ter*, 617 *quater*, 617 *quinquies*, 617 *sexies*, 635 *bis*, 635 *ter*, 635 *quater*, 635 *quinquies*, 640 *ter* e 640 *quinquies* del codice penale sono affidati dall'autorità giudiziaria in custodia giudiziale con facoltà d'uso, salvo che vi ostino esigenze processuali, agli organi di polizia che ne facciano richiesta per l'impiego in attività di contrasto ai crimini informatici, ovvero ad altri organi dello Stato per finalità di giustizia.

2. I beni e gli strumenti di cui al comma 1, ove acquisiti dallo Stato a seguito di procedimento definitivo di confisca, sono assegnati alle amministrazioni che ne facciano richiesta e che ne abbiano avuto l'uso ovvero, ove non vi sia stato un precedente affidamento in custodia giudiziale, agli organi di polizia che ne facciano richiesta per l'impiego in attività di contrasto ai crimini informatici ovvero ad altri organi dello Stato per finalità di giustizia.

• Articolo aggiunto dalla l. 15.2.2012, n. 12.

86 *ter*. Destinazione dei beni confiscati in quanto utilizzati per la commissione del reato di esercizio abusivo della professione sanitaria. 1. Nel caso di condanna o di applicazione della pena su richiesta delle parti a norma dell'articolo 444 del codice per l'esercizio abusivo di una professione sanitaria, i beni immobili confiscati sono trasferiti al patrimonio del comune ove l'immobile è sito, per essere destinati a finalità sociali e assistenziali.

• Articolo inserito dalla l. 11.1.2018, n. 3.

87. Cose di cui è stata ordinata la consegna al ministero della giustizia.
[Soppresso.]

• Articolo abrogato dal **T.U. spese**.

88. Destinazione delle monete metalliche e dei biglietti di banca confiscati. 1. I biglietti di banca e le monete metalliche, di cui è stata accertata la falsità e ordinata la confisca, sono trasferiti rispettivamente alla filiale della Banca d'Italia o alla sezione della tesoreria provinciale più vicina, a cura della cancelleria del giudice che ha emesso il provvedimento, immediatamente dopo che questo è divenuto esecutivo.

2. La disposizione del comma 1 si applica anche agli strumenti e agli altri oggetti destinati esclusivamente alla falsificazione dei quali è stata ordinata la confisca.

89. Verbale e nastri registrati delle intercettazioni. 1. Il verbale delle operazioni previsto dall'articolo 268, comma 1, del codice contiene l'indicazione degli estremi del decreto che ha disposto l'intercettazione, la descrizione delle modalità di registrazione, l'annotazione del giorno e dell'ora di inizio e di cessazione della intercettazione nonché i nominativi delle persone che hanno preso parte alle operazioni. Quando si procede ad intercettazione delle comunicazioni e conversazioni tra presenti mediante inserimento di captatore informatico su dispositivo elettronico portatile, il verbale indica il tipo di programma impiegato e, ove possibile, i luoghi in cui si svolgono le comunicazioni o conversazioni.

2. Ai fini dell'installazione e dell'intercettazione attraverso captatore informatico in dispositivi elettronici portatili, devono essere impiegati programmi conformi ai requisiti tecnici stabiliti con decreto del Ministro della giustizia.

3. Nei casi previsti dal comma 2 le comunicazioni intercettate sono conferite, dopo l'acquisizione delle necessarie informazioni in merito alle condizioni tecniche di sicurezza e di affidabilità della rete di trasmissione, esclusivamente negli impianti della procura della Repubblica. Durante il trasferimento dei dati sono operati controlli costanti di integrità, che assicurino l'integrale corrispondenza tra quanto intercettato, registrato e trasmesso.

4. Quando è impossibile il contestuale trasferimento dei dati intercettati, il verbale di cui all'articolo 268 del codice dà atto delle ragioni impeditive e della successione cronologica degli accadimenti captati e delle conversazioni intercettate.

5. Al termine delle operazioni si provvede, anche mediante persone idonee di cui all'articolo 348 del codice, alla disattivazione del captatore con modalità tali da renderlo inidoneo a successivi impieghi. Dell'operazione si dà atto nel verbale.

• Articolo prima modificato dal d. lgs. 29.12.2017, n. 216, poi dal d.l. 30.12.2019, n. 161, conv., con modif., dalla l. 28.2.2020, n. 7. A norma di quanto stabilito, da ultimo, dal d.l. 30.4.2020, n. 28, conv., con modif., dalla l. 25.6.2020, n. 70, le previsioni del presente articolo novellate dal d. lgs. 216 del 2017 e dal d.l. 161 del 2019 si applicano ai procedimenti penali iscritti dopo il 31.8.2020.

89 *bis*. Archivio delle intercettazioni. 1. Nell'archivio digitale istituito dall'articolo 269, comma 1, del codice, tenuto sotto la direzione e la sorveglianza del procuratore della Repubblica, sono custoditi i verbali, gli atti e le registrazioni delle intercettazioni a cui afferiscono.

2. L'archivio è gestito con modalità tali da assicurare la segretezza della documentazione relativa

alle intercettazioni non necessarie per il procedimento, ed a quelle irrilevanti o di cui è vietata l'utilizzazione ovvero riguardanti categorie particolari di dati personali come definiti dalla legge o dal Regolamento in materia. Il procuratore della Repubblica impartisce, con particolare riguardo alle modalità di accesso, le prescrizioni necessarie a garantire la tutela del segreto su quanto ivi custodito.

3. All'archivio possono accedere, secondo quanto stabilito dal codice, il giudice che procede e i suoi ausiliari, il pubblico ministero e i suoi ausiliari, ivi compresi gli ufficiali di polizia giudiziaria delegati all'ascolto, i difensori delle parti, assistiti, se necessario, da un interprete. Ogni accesso è annotato in apposito registro, gestito con modalità informatiche; in esso sono indicate data, ora iniziale e finale, e gli atti specificamente consultati.

4. I difensori delle parti possono ascoltare le registrazioni con apparecchio a disposizione dell'archivio e possono ottenere copia delle registrazioni e degli atti quando acquisiti a norma degli articoli 268, 415 *bis* e 454 del codice. Ogni rilascio di copia è annotato in apposito registro, gestito con modalità informatiche; in esso sono indicate data e ora di rilascio e gli atti consegnati in copia.

• Articolo introdotto dal d. lgs. 29.12.2017, n. 216; modificato dal d.l. 30.12.2019, n. 161, conv., con modif., dalla l. 28.2.2020, n. 7. A norma di quanto stabilito, da ultimo, dal d.l. 30.4.2020, n. 28, conv., con modif., dalla l. 25.6.2020, n. 70, le previsioni del presente articolo novellate dal d. lgs. 216 del 2017 e dal d.l. 161 del 2019 si applicano ai procedimenti penali iscritti dopo il 31.8.2020.

90. Intercettazioni disposte dalla procura della Repubblica presso la pretura.

[Soppresso.]

• Articolo abrogato dal d. lgs. 19.2.1998, n. 51.

Capo VII
Disposizioni relative alle misure cautelari

91. Giudice competente in ordine alle misure cautelari. 1. Nel corso degli atti preliminari al dibattimento, i provvedimenti concernenti le misure cautelari sono adottati, secondo la rispettiva competenza, dal tribunale in composizione collegiale o monocratica, dalla corte di assise, dalla corte di appello o dalla corte di assise di appello; dopo la pronuncia della sentenza e prima della trasmissione degli atti a norma dell'articolo 590 del codice, provvede il giudice che ha emesso la sentenza; durante la pendenza del ricorso per cassazione, provvede il giudice che ha emesso il provvedimento impugnato.

• Articolo così modificato dal d. lgs. 19.2.1998, n. 51.

92. Trasmissione dell'ordinanza che dispone la misura cautelare. 1. L'ordinanza che dispone la misura cautelare è immediatamente trasmessa, in duplice copia, a cura della cancelleria del giudice che ha emesso il provvedimento, all'organo che deve provvedere all'esecuzione ovvero, nel corso delle indagini preliminari, al pubblico ministero che ne ha fatto richiesta, il quale ne cura l'esecuzione.

1 *bis*. Contestualmente sono restituiti al pubblico ministero, per la conservazione nell'archivio di cui all'articolo 89 *bis*, gli atti contenenti le comunicazioni e conversazioni intercettate ritenute dal giudice non rilevanti o inutilizzabili.

• Il co. 1 *bis* è stato introdotto dal d. lgs. 29.12.2017, n. 216; l'articolo è stato così modificato dal d.l. 30.12.2019, n. 161, conv., con modif., dalla l. 28.2.2020, n. 7; nonché, poi, dal d.l. 30.4.2020, n. 28. A norma di quanto stabilito, da ultimo, dal d.l. 30.4.2020, n. 28, conv., con modif., dalla l. 25.6.2020, n. 70, le previsioni del presente articolo novellate dal d. lgs. 216 del 2017 e dal d.l. 161 del 2019 si applicano ai procedimenti penali iscritti dopo il 31.8.2020.

93. Deposito del verbale di interrogatorio. 1. Il verbale dell'interrogatorio della persona in stato di custodia cautelare è trasmesso al pubblico ministero. I difensori hanno diritto di prenderne visione ed estrarne copia.

94. Ingresso in istituti penitenziari. 1. Il pubblico ufficiale preposto a un istituto penitenziario non può ricevere né ritenervi alcuno se non in forza di un provvedimento dell'autorità giudiziaria o un avviso di consegna da parte di un ufficiale di polizia giudiziaria.

1 *bis*. Copia del provvedimento che costituisce titolo di custodia è inserito nella cartella personale del detenuto. All'atto del colloquio previsto dall'articolo 23, quarto comma, del regolamento approvato con decreto del Presidente della Repubblica 29 aprile 1976, n. 431, o anche successivamente, il direttore o l'operatore penitenziario da lui designato accerta, se del caso con l'ausilio di un interprete, che l'interessato abbia precisa conoscenza del provvedimento che ne dispone la custodia e gliene illustra, ove occorra, i contenuti.

1 *ter*. L'autorità giudiziaria che dispone la custodia cautelare in carcere o che pronuncia un provvedimento da cui non consegua la rimessione in libertà del datore dispone che copia del provvedimento sia trasmessa, a cura della polizia giudiziaria o della cancelleria, al direttore dell'istituto penitenziario perché provveda a quanto stabilito dal comma 1 *bis*.

1 *quater*. Il detenuto ha sempre diritto di consultare la propria cartella personale e di ottenere copia dei provvedimenti dell'autorità giudiziaria in essa contenuti.

2. Nondimeno, se si presenta nell'istituto una persona che dichiari di avere commesso un reato per il quale è obbligatorio l'arresto in flagranza, vi deve essere trattenuto a norma dell'articolo 349 del codice ad opera degli appartenenti al personale di custodia che abbiano qualità di ufficiale o di agente di polizia giudiziaria, i quali redigono verbale e ne danno immediata notizia all'autorità giudiziaria competente.

3. Allo stesso modo si procede nei confronti di un latitante che si sia sottratto alla esecuzione della custodia cautelare, di un evaso o di un condannato in via definitiva che non sia in grado di produrre copia dell'ordine di esecuzione.

• I co. 1 *bis*, 1 *ter* e 1 *quater* sono stati aggiunti dalla l. 8.8.1995, n. 332.

95. Esecuzione della custodia cautelare nei confronti dell'internato per misura di sicurezza. 1. Con l'ordinanza che dispone la custodia cautelare nei confronti di persona internata per misura di sicurezza, il giudice ne dispone il trasferimento nell'istituto di custodia, salvo quanto previsto dall'articolo 286 del codice.

96. Separazione degli imputati detenuti. 1. Negli istituti di custodia gli imputati in uno stesso procedimento o comunque di uno stesso reato devono essere tenuti separati tra loro, se l'autorità giudiziaria abbia così ordinato. In mancanza di tale ordine, la separazione deve essere disposta sempre che lo consentano le possibilità dell'istituto.

97. Comunicazioni al servizio informatico. 1. I provvedimenti con i quali è disposta una misura cautelare personale sono comunicati, a cura della cancelleria del giudice che li ha emessi, al servizio informatico istituito con decreto del ministro della giustizia, quando la misura ha avuto esecuzione. La stessa comunicazione è altresì data quando è dichiarato lo stato di latitanza.

2. Nel caso di fermo o di arresto in flagranza, alla comunicazione prevista dal comma 1 provvede la direzione dell'istituto di custodia al quale il fermato o l'arrestato è consegnato.

3. Deve essere altresì data immediata comunicazione al servizio previsto dal comma 1 del provvedimento con cui è ordinata la immediata liberazione dell'arrestato o del fermato nonché di ogni provvedimento estintivo o modificativo delle misure cautelari personali. Alla comunicazione provvede la cancelleria o la segreteria dell'autorità giudiziaria che ha adottato il provvedimento.

97 *bis*. Modalità di esecuzione del provvedimento che applica gli arresti domiciliari. 1. A seguito del provvedimento che sostituisce la misura della custodia cautelare in carcere con quella degli arresti domiciliari, l'imputato raggiunge senza accompagnamento il luogo di esecu-

zione della misura, individuato ai sensi dell'articolo 284 del codice; del provvedimento emesso, il giudice informa il pubblico ministero e la polizia giudiziaria che possono, anche di propria iniziativa, controllare l'osservanza delle prescrizioni imposte.
2. Qualora il giudice, anche a seguito della segnalazione operata dal pubblico ministero, dal direttore dell'istituto penitenziario o dalle forze di polizia, ritenga sussistenti specifiche esigenze processuali ovvero altre esigenze di sicurezza, con il provvedimento di sostituzione di cui al comma 1 dispone che l'imputato venga accompagnato dalle forze di polizia presso il luogo di esecuzione degli arresti domiciliari.

• Articolo inserito dalla l. 8.8.1995, n. 332 e, successivamente, così sostituito dal d.l. 26.6.2014, n. 92, conv., con modif., dalla l. 11.8.2014, n. 117.

98. Cessazione delle misure cautelari estinte. 1. Quando l'imputato sottoposto a custodia cautelare deve essere liberato, il giudice, con il provvedimento emesso a norma dell'articolo 306 del codice, ordina al direttore dell'istituto di custodia l'immediata dimissione. L'ordine è trasmesso con urgenza.
2. Nel caso di imputato custodito in luogo di cura, il provvedimento previsto dal comma 1 è trasmesso, con urgenza, al direttore del servizio psichiatrico ospedaliero dove l'imputato è ricoverato nonché alla polizia giudiziaria incaricata della custodia, la quale provvede agli adempimenti previsti dall'articolo 161, comma 3, del codice.
3. Nel caso di imputato agli arresti domiciliari o sottoposto alle misure del divieto o dell'obbligo di dimora, il giudice comunica, con urgenza, il provvedimento previsto dal comma 1, oltre che all'imputato, anche alla polizia giudiziaria competente a controllare l'osservanza delle prescrizioni imposte con le suddette misure. Nel caso della misura dell'obbligo di presentazione alla polizia giudiziaria, la comunicazione della cessazione deve essere data, oltre che all'imputato, anche all'ufficio di polizia giudiziaria competente.
4. In caso di cessazione della misura del divieto di espatrio e delle misure interdittive, il giudice dispone la comunicazione del provvedimento all'imputato e, se del caso, rispettivamente, all'organo competente ad assicurare la esecuzione della misura ovvero a quello eventualmente competente a disporre l'interdizione in via ordinaria.

99. Inammissibilità della richiesta di riesame. 1. La disposizione dell'articolo 585, comma 5, del codice si applica anche ai termini per le impugnazioni previsti dal libro IV del codice.

100. Trasmissione degli atti in caso di impugnazione. 1. Quando è impugnato un provvedimento concernente la libertà personale, la cancelleria o la segreteria dell'autorità giudiziaria procedente trasmette, in originale o in copia, al giudice competente gli atti necessari per decidere sull'impugnazione, con precedenza assoluta su ogni altro affare e, comunque, entro il giorno successivo alla ricezione dell'avviso della proposizione dell'impugnazione previsto dagli articoli 309, 310 e 311 del codice.

101. Termine per la decisione sulla richiesta di riesame. 1. Nel procedimento previsto dall'articolo 309 del codice, se l'udienza è rinviata a norma dell'articolo 127, comma 4, del codice, il termine per la decisione sulla richiesta di riesame decorre nuovamente dalla data in cui il giudice riceve comunicazione della cessazione dell'impedimento o comunque accerta la cessazione dello stesso.
2. Quando l'imputato è detenuto o internato in luogo posto fuori del circondario del tribunale competente, il termine previsto dall'articolo 309, comma 10, del codice decorre dal momento in cui pervengono al tribunale gli atti assunti dal magistrato di sorveglianza a norma dell'articolo 127, comma 3, del codice. Il magistrato di sorveglianza senza ritardo assume le dichiarazioni dell'imputato, previo tempestivo avviso al difensore e trasmette gli atti al tribunale con il mezzo più celere.

• Il riferimento, contenuto nel co. 2, al co. 10 dell'art. 309 del codice di procedura penale deve ritenersi il frutto di un errore materiale: il riferimento va fatto all'art. 309 co. 9.

102. Domanda di riparazione per l'ingiusta detenzione. 1. La domanda di riparazione per l'ingiusta detenzione è presentata presso la cancelleria della corte di appello nel cui distretto è stata pronunciata la sentenza o il provvedimento di archiviazione che ha definito il procedimento. Nel caso di sentenza emessa dalla corte di cassazione, è competente la corte di appello nel cui distretto è stato emesso il provvedimento impugnato.

102 *bis*. Reintegrazione nel posto di lavoro perduto per ingiusta detenzione. 1. Chiunque sia stato sottoposto alla misura della custodia cautelare in carcere ai sensi dell'articolo 285 del codice ovvero a quella degli arresti domiciliari ai sensi dell'articolo 284 del codice e sia stato per ciò stesso licenziato dal posto di lavoro che occupava prima dell'applicazione della misura, ha diritto di essere reintegrato nel posto di lavoro medesimo qualora venga pronunciata in suo favore sentenza di assoluzione, di proscioglimento o di non luogo a procedere ovvero venga disposto provvedimento di archiviazione.

• Articolo inserito dalla l. 8.8.1995, n. 332.

103. Trascrizione e cancellazione del sequestro conservativo. 1. Per la trascrizione e la cancellazione del sequestro conservativo richiesto dal pubblico ministero, l'ufficio del conservatore dei registri immobiliari non può esigere alcuna tassa o diritto, salva l'azione contro il condannato.

104. Esecuzione del sequestro preventivo. 1. Il sequestro preventivo è eseguito:

a) sui mobili e sui crediti, secondo le forme prescritte dal codice di procedura civile per il pignoramento presso il debitore o presso il terzo in quanto applicabili;

b) sugli immobili o mobili registrati, con la trascrizione del provvedimento presso i competenti uffici;

c) sui beni aziendali organizzati per l'esercizio di un'impresa, oltre che con le modalità previste per i singoli beni sequestrati, con l'immissione in possesso dell'amministratore, con l'iscrizione del provvedimento nel registro delle imprese presso il quale è iscritta l'impresa;

d) sulle azioni e sulle quote sociali, con l'annotazione nei libri sociali e con l'iscrizione nel registro delle imprese;

e) sugli strumenti finanziari dematerializzati, ivi compresi i titoli del debito pubblico, con la registrazione nell'apposito conto tenuto dall'intermediario ai sensi dell'articolo 34 del decreto legislativo 24 giugno 1998, n. 213. Si applica l'articolo 10, comma 3, del decreto legislativo 21 maggio 2004, n. 170.

2. Si applica altresì la disposizione dell'articolo 92.

• Articolo così sostituito dalla l. 15.7.2009, n. 94.

104 *bis*. Amministrazione dei beni sottoposti a sequestro e confisca. Tutela dei terzi nel giudizio. 1. In tutti i casi in cui il sequestro preventivo o la confisca abbiano per oggetto aziende, società ovvero beni di cui sia necessario assicurare l'amministrazione, esclusi quelli destinati ad affluire nel Fondo unico giustizia, di cui all'articolo 61, comma 23, del decreto legge 25 giugno 2008, n. 112, convertito, con modificazioni, dalla legge 6 agosto 2008, n. 133, l'autorità giudiziaria nomina un amministratore giudiziario scelto nell'Albo di cui all'articolo 35 del codice di cui al decreto legislativo 6 settembre 2011, n. 159, e successive modificazioni. Con decreto motivato dell'autorità giudiziaria la custodia dei beni suddetti può tuttavia essere affidata a soggetti diversi da quelli indicati al periodo precedente.

1 *bis*. Si applicano le disposizioni di cui al libro I, titolo III, del codice di cui al decreto legislativo 6 settembre 2011, n. 159, e successive modificazioni nella parte in cui recano la disciplina della nomina e revoca dell'amministratore, dei compiti, degli obblighi dello stesso e della gestione dei beni. In caso di sequestro disposto ai sensi dell'articolo 321, comma 2, del codice o di confisca ai fini della tutela dei terzi e nei rapporti con la procedura di liquidazione giudiziaria si applicano, altresì, le disposizioni di cui al titolo IV del libro I del citato decreto legislativo.

1 *ter*. I compiti del giudice delegato alla procedura sono svolti nel corso di tutto il procedimento dal giudice che ha emesso il decreto di sequestro ovvero, nel caso di provvedimento emesso da organo collegiale, dal giudice delegato nominato ai sensi e per gli effetti dell'articolo 35, comma 1, del codice di cui al decreto legislativo 6 settembre 2011, n. 159, e successive modificazioni.

1 *quater*. Ai casi di sequestro e confisca in casi particolari previsti dall'articolo 240 *bis* del codice penale o dalle altre disposizioni di legge che a questo articolo rinviano, nonché agli altri casi di sequestro e confisca di beni adottati nei procedimenti relativi ai delitti di cui all'articolo 51, comma 3 *bis*, del codice, si applicano le disposizioni del titolo IV del Libro I del decreto legislativo 6 settembre 2011, n. 159. Si applicano inoltre le disposizioni previste dal medesimo decreto legislativo in materia di amministrazione e destinazione dei beni sequestrati e confiscati e di esecuzione del sequestro. In tali casi l'Agenzia nazionale per l'amministrazione e la destinazione dei beni sequestrati e confiscati alla criminalità organizzata coadiuva l'autorità giudiziaria nell'amministrazione e nella custodia dei beni sequestrati, fino al provvedimento di confisca emesso dalla corte di appello e, successivamente a tale provvedimento, amministra i beni medesimi secondo le modalità previste dal citato decreto legislativo 6 settembre 2011, n. 159.

1 *quinquies*. Nel processo di cognizione devono essere citati i terzi titolari di diritti reali o personali di godimento sui beni in sequestro, di cui l'imputato risulti avere la disponibilità a qualsiasi titolo.

1 *sexies*. In tutti i casi di sequestro preventivo e confisca restano comunque salvi i diritti della persona offesa dal reato alle restituzioni e al risarcimento del danno. Le disposizioni di cui al presente articolo si applicano anche nel caso indicato dall'articolo 578 *bis* del codice.

• Articolo così modificato dalla l. 17.10.2017, n. 161, dal d. lgs. 1.3.2018, n. 21, dal d.l. 8 aprile 2020, n. 23, conv., con modif., dalla l. 5.6.2020, n. 40 e, da ultimo, dal d. lgs. 10.10.2022, n. 150. Il d. lgs. 12.1.2019, n. 14 ha disposto la sostituzione del co. 1 *bis* e del co. 1 *quater*. La rubrica, i co. 1, 1 *bis*, 1 *quater* e 1 *sexies* sono stati modificati dal d. lgs. 150 del 2022.

Capo VIII
Disposizioni relative alle indagini preliminari

105. Registrazione e conservazione dei provvedimenti del giudice per le indagini preliminari. 1. Con il regolamento previsto dall'articolo 206, comma 1, sono stabiliti i casi e le modalità di registrazione e di custodia dei provvedimenti del giudice per le indagini preliminari.

106. Informativa al giudice civile o amministrativo che ha redatto denuncia di reato. 1. Nel caso previsto dall'articolo 331, comma 4, del codice, il procuratore della Repubblica informa senza ritardo il giudice civile o amministrativo delle richieste da lui formulate alla conclusione delle indagini preliminari.

107. Attestazione della presentazione di denuncia o querela ovvero della mancata identificazione dell'autore del reato. 1. La persona che presenta una denuncia o che propone una querela ha diritto di ottenere attestazione della ricezione dall'autorità davanti alla quale la denuncia o la querela è stata presentata o proposta. L'attestazione può essere apposta in calce alla copia dell'atto.

2. Anche nel corso delle indagini preliminari, la persona offesa e il danneggiato dal reato possono ottenere dal pubblico ministero attestazione relativa alla mancata identificazione della persona alla quale il reato è attribuito, sempre che ciò non pregiudichi l'esito delle indagini.

107 *bis*. Denunce a carico di ignoti. 1. Le denunce a carico di ignoti sono trasmesse all'ufficio di procura competente da parte degli organi di polizia, unitamente agli eventuali atti di indagine svolti per la identificazione degli autori del reato, con elenchi mensili.

• Articolo inserito dalla l. 16.12.1999, n. 479.

107 *ter*. Assistenza dell'interprete per la proposizione o presentazione di denuncia o querela. 1. La persona offesa che non conosce la lingua italiana, se presenta denuncia o propone querela dinnanzi alla procura della Repubblica presso il tribunale del capoluogo del distretto, ha diritto di utilizzare una lingua a lei conosciuta. Negli stessi casi ha diritto di ottenere, previa richiesta, la traduzione in una lingua a lei conosciuta dell'attestazione di ricezione della denuncia o della querela.

• Articolo inserito dal d. lgs. 15.12.2015, n. 212.

108. Denunce e altri documenti anonimi. 1. Con regolamento del ministro della giustizia sono stabilite le modalità di conservazione delle denunce anonime e degli altri documenti anonimi che non possono essere utilizzati nel procedimento.

108 *bis*. Modalità particolari di trasmissione della notizia di reato. 1. Tiene luogo della comunicazione scritta la comunicazione della notizia di reato consegnata su supporto magnetico o trasmessa per via telematica. Nei casi di urgenza, le indicazioni e la documentazione previste dall'articolo 347, commi 1 e 2, del codice sono trasmesse senza ritardo.

2. Quando la comunicazione è eseguita nelle forme previste dal comma 1, la polizia giudiziaria indica altresì la data di consegna e di trasmissione.

• Articolo inserito dal d.l. 8.6.1992, n. 306, conv., con modif., dalla l. 7.8.1992, n. 356.

108 *ter*. Denunce e querele per reati commessi in altro Stato dell'Unione europea. 1. Quando la persona offesa denunciante o querelante sia residente o abbia il domicilio nel territorio dello Stato, il procuratore della Repubblica trasmette al procuratore generale presso la corte di appello le denunce o le querele per reati commessi in altri Stati dell'Unione europea, affinché ne curi l'invio all'autorità giudiziaria competente.

• Articolo inserito dal d. lgs. 15.12.2015, n. 212.

109. Ricezione della notizia di reato. 1. La segreteria della procura della Repubblica annota sugli atti che possono contenere notizia di reato la data e l'ora in cui sono pervenuti in ufficio e li sottopone immediatamente al procuratore della Repubblica per l'eventuale iscrizione nel registro delle notizie di reato.

110. Richiesta dei certificati. 1. Non appena il nome della persona alla quale il reato è attribuito è stato iscritto nel registro indicato nell'articolo 335 del codice, la segreteria richiede:

a) i certificati anagrafici;

b) il certificato previsto dall'articolo 688 del codice;

c) il certificato del casellario dei carichi pendenti;

c bis) il certificato del casellario giudiziale europeo.

1 *bis*. Quando la persona alla quale il reato è attribuito è un apolide, una persona della quale è ignota la cittadinanza, un cittadino di uno Stato non appartenente all'Unione europea ovvero un cittadino di uno Stato membro dell'Unione europea privo del codice fiscale o che è attualmente, o è stato in passato, titolare anche della cittadinanza di uno Stato non appartenente all'Unione europea, la segreteria acquisisce altresì, ove necessario, una copia del cartellino fotodattiloscopico e provvede, in ogni caso, ad annotare il codice univoco identificativo della persona nel registro di cui all'articolo 335 del codice.

2. [Soppresso.]

• La lett. *c* del co. 1 è stata modificata dal d.P.R. 14.11.2002, n. 313. La lett. *c bis* è stata aggiunta dal d. lgs. 12.5.2016, n. 74. Il co. 2 è stato abrogato dal d.P.R. 313 del 2002. Il co. 1 *bis* è stato aggiunto dalla l. 27.9.2021, n. 134.

110 *bis*. Richiesta di comunicazione delle iscrizioni. 1. Quando vi è richiesta di comunicazione delle iscrizioni contenute nel registro delle notizie di reato a norma dell'articolo 335, comma 3, del codice, la segreteria della procura della Repubblica, se la risposta è positiva, e non sussistono gli impedimenti a rispondere di cui all'articolo 335, commi 3 e 3 *bis* del codice, fornisce le informazioni richieste precedute dalla formula: «Risultano le seguenti iscrizioni suscettibili di comunicazione». In caso contrario, risponde con la formula: «Non risultano iscrizioni suscettibili di comunicazione».

• Articolo inserito dalla l. 8.8.1995, n. 332.

110 *ter*. Informazione sulle iscrizioni. 1. Il pubblico ministero, quando presenta una richiesta al giudice per le indagini preliminari, indica sempre la notizia di reato e il nome della persona a cui il reato è attribuito.

• Articolo inserito dal d. lgs. 10.10.2022, n. 150.

110 *quater*. Riferimenti alla persona iscritta nel registro delle notizie di reato contenuti nelle disposizioni civili e amministrative. 1. Le disposizioni da cui derivano effetti pregiudizievoli in sede civile o amministrativa per la persona sottoposta a indagini devono intendersi nel senso che esse si applicano comunque alla persona nei cui confronti è stata emessa una misura cautelare personale o è stata esercitata l'azione penale.

• Articolo inserito dal d. lgs. 10.10.2022, n. 150.

111. Requisiti della richiesta di autorizzazione a procedere. 1. Con la richiesta di autorizzazione a procedere, il pubblico ministero enuncia il fatto per il quale intende procedere, indicando le norme di legge che si assumono violate, e fornisce all'autorità competente gli elementi sui quali la richiesta si fonda.

112. Attività della polizia giudiziaria in mancanza di una condizione di procedibilità. 1. La polizia giudiziaria riferisce senza ritardo al pubblico ministero l'attività di indagine prevista dall'articolo 346 del codice. Se sussistono ragioni di urgenza o si tratta di taluno dei delitti indicati nell'articolo 407, comma 2, lettera *a*), numeri da 1) a 6), la comunicazione è data immediatamente anche in forma orale. La documentazione delle attività compiute è prontamente trasmessa al pubblico ministero se questi ne fa richiesta.

• Articolo così modificato prima dal d.l. 8.6.1992, n. 306, conv., con modif., dalla l. 7.8.1992, n. 356, e poi dalla l. 8.8.1995, n. 332.

113. Accertamenti urgenti della polizia giudiziaria. 1. Nei casi di particolare necessità e urgenza, gli atti previsti dagli articoli 352 e 354, commi 2 e 3, del codice possono essere compiuti anche dagli agenti di polizia giudiziaria.

114. Avvertimento del diritto all'assistenza del difensore. 1. Nel procedere al compimento degli atti indicati nell'articolo 356 del codice, la polizia giudiziaria avverte la persona sottoposta alle indagini, se presente, che ha facoltà di farsi assistere dal difensore di fiducia.

115. Annotazioni e verbali della polizia giudiziaria. 1. Le annotazioni previste dall'articolo 357, comma 1, del codice contengono l'indicazione dell'ufficiale o dell'agente di polizia giudiziaria che ha compiuto le attività di indagine, del giorno, dell'ora e del luogo in cui sono state eseguite e la enunciazione succinta del loro risultato. Quando assume dichiarazioni ovvero quando per il compimento di atti si avvale di altre persone, la polizia giudiziaria annota altresì le relative generalità e le altre indicazioni personali utili per la identificazione.

1 *bis*. Le annotazioni di cui al comma 1, se riguardanti le attività di indagine condotte da ufficiali o agenti di polizia giudiziaria nel corso delle operazioni sotto copertura ai sensi dell'articolo 9 della legge 16 marzo 2006, n. 146, e successive modificazioni, contengono le generalità di copertura dagli stessi utilizzate nel corso delle attività medesime.

2. Copia delle annotazioni e dei verbali redatti a norma dell'articolo 357 del codice è conservata presso l'ufficio di polizia giudiziaria.

• Il co. 1 *bis* è stato aggiunto dalla l. 13.8.2010, n. 136.

116. Indagini sulla morte di una persona per la quale sorge sospetto di reato. 1. Se per la morte di una persona sorge sospetto di reato, il procuratore della Repubblica accerta la causa della morte e, se lo ravvisa necessario, ordina l'autopsia secondo le modalità previste dall'articolo 360 del codice ovvero fa richiesta di incidente probatorio, dopo aver compiuto le indagini occorrenti per l'identificazione. Trattandosi di persona sconosciuta, ordina che il cadavere sia esposto nel luogo pubblico a ciò designato e, occorrendo, sia fotografato; descrive nel verbale le vesti e gli oggetti rinvenuti con esso, assicurandone la custodia. Nei predetti casi la sepoltura non può essere eseguita senza l'ordine del procuratore della Repubblica.
2. Il disseppellimento di un cadavere può essere ordinato, con le dovute cautele, dall'autorità giudiziaria se vi sono gravi indizi di reato.

117. Accertamenti tecnici che modificano lo stato dei luoghi, delle cose o delle persone. 1. Le disposizioni previste dall'articolo 360 del codice si applicano anche nei casi in cui l'accertamento tecnico determina modificazioni delle cose, dei luoghi o delle persone tali da rendere l'atto non ripetibile.

118. Deposito di atti compiuti nel corso delle indagini preliminari. 1. Gli atti compiuti nel corso delle indagini preliminari, ai quali i difensori hanno diritto di assistere, sono raccolti in fascicolo separato; sulla copertina del fascicolo è segnata la data del deposito nella segreteria del pubblico ministero. Scaduto il termine fissato dalla legge, gli atti sono riuniti a quelli non depositati.

118 *bis*. Coordinamento delle indagini. 1. Il procuratore della Repubblica, quando procede a indagini per taluno dei delitti indicati nell'articolo 407, comma 2, lettera *a*) del codice, nonché per i delitti di cui agli articoli 452 *bis*, 452 *quater*, 452 *sexies* e 452 *octies* del codice penale, ne dà notizia al procuratore generale presso la corte di appello nonché all'Agenzia delle entrate ai fini dei necessari accertamenti. Se rileva trattarsi di indagini collegate, il procuratore generale ne dà segnalazione ai procuratori generali e ai procuratori della Repubblica del distretto interessati al coordinamento. Il procuratore della Repubblica, quando procede a indagini per i delitti di cui agli articoli 452 *bis*, 452 *quater*, 452 *sexies* e 452 *octies* del codice penale e all'articolo 260 del decreto legislativo 3 aprile 2006, n. 152, e successive modificazioni, ne dà altresì notizia al Procuratore nazionale antimafia.
2. Quando, di loro iniziativa o a seguito della segnalazione prevista dal comma 1, più uffici del pubblico ministero procedono a indagini collegate, i procuratori della Repubblica ne danno notizia al procuratore generale del rispettivo distretto.
3. Quando il coordinamento, di cui ai commi precedenti, non è stato promosso o non risulta effettivo, il procuratore generale presso la corte di appello può riunire i procuratori della Repubblica che procedono a indagini collegate. Se i procuratori della Repubblica appartengono a distretti diversi, la riunione è promossa dai procuratori generali presso le corti di appello interessate, di intesa tra loro.

• Articolo inserito dal d. lgs. 14.1.1991, n. 12. Il co. 1 è stato prima sostituito dal d.l. 9.9.1991, n. 292, conv., con modif., dalla l. 8.11.1991, n. 356 e, successivamente, così modificato dalla l. 22.5.2015, n. 68.

119. Annotazione di atti del pubblico ministero. 1. Per le annotazioni previste dall'articolo 373, comma 3 del codice si applicano, in quanto compatibili, le disposizioni dell'articolo 115, comma 1.

120. Adempimenti conseguenti all'arresto o al fermo. 1. Agli adempimenti previsti dall'articolo 386 del codice possono provvedere anche ufficiali e agenti di polizia giudiziaria diversi da quelli che hanno eseguito l'arresto o il fermo. Se l'arresto o il fermo è stato eseguito da agenti di polizia giudiziaria, questi provvedono a darne immediata notizia all'ufficiale di polizia giudiziaria competente ad adottare il provvedimento di liberazione previsto dall'articolo 389, comma 2, del codice.

121. Liberazione dell'arrestato o del fermato. 1. Oltre che nei casi previsti dall'articolo 389 del codice, il pubblico ministero dispone con decreto motivato che l'arrestato o il fermato sia posto immediatamente in libertà quando ritiene di non dovere richiedere l'applicazione di misure coercitive.

2. Nel caso di liberazione prevista dal comma 1, il giudice, nel fissare l'udienza di convalida, ne dà avviso, senza ritardo, anche alla persona liberata.

122. Trasmissione della richiesta di convalida. 1. Con la richiesta di convalida prevista dall'articolo 390 del codice, il pubblico ministero trasmette al giudice il verbale di arresto o di fermo e copia della documentazione attestante che l'arrestato o il fermato è stato tempestivamente condotto nel luogo di custodia; trasmette altresì il decreto di fermo emesso a norma dell'articolo 384, comma 1, del codice.

123. Luogo di svolgimento dell'udienza di convalida e dell'interrogatorio del detenuto. 1. Salvo quanto previsto dall'art. 121 nonché dagli artt. 449 comma 1 e 558 del codice, l'udienza di convalida si svolge nel luogo dove l'arrestato o il fermato è custodito salvo che nel caso di custodia nel proprio domicilio o altro luogo di privata dimora. Nel medesimo luogo si svolge l'interrogatorio della persona che si trovi, a qualsiasi titolo, in stato di detenzione. Tuttavia, quando sussistono eccezionali motivi di necessità o di urgenza il giudice con decreto motivato può disporre il trasferimento dell'arrestato, del fermato o del detenuto per la comparizione davanti a sé. Il Procuratore capo della Repubblica predispone le necessarie misure organizzative per assicurare il rispetto dei termini di cui all'articolo 558 del codice.

• Articolo modificato dalla l. 16.12.1999, n. 479; poi così sostituito dal d.l. 22.12.2011, n. 211, conv., con modif., dalla l. 17.2.2012, n. 9.

124. Ordinanza che accoglie la richiesta di incidente probatorio. 1. Con l'ordinanza che accoglie la richiesta di incidente probatorio il giudice dispone la citazione delle persone che devono comparire per l'assunzione della prova. Quando occorre procedere a una perizia, con la stessa ordinanza il giudice nomina il perito.

125. Richiesta di archiviazione.

[Soppresso.]

• Articolo abrogato dal d. lgs. 10.10.2022, n. 150.

126. Avviso alla persona offesa della richiesta di archiviazione. 1. Nel caso previsto dall'articolo 408, comma 2, del codice, il pubblico ministero trasmette gli atti al giudice per le indagini preliminari dopo la presentazione dell'opposizione della persona offesa ovvero dopo la scadenza del termine indicato nel comma 3 del medesimo articolo.

127. Comunicazione delle notizie di reato al procuratore generale. 1. La segreteria del pubblico ministero trasmette ogni settimana al procuratore generale presso la corte di appello i dati di cui al comma 3 relativi ai procedimenti di seguito indicati, da raggrupparsi in distinti elenchi riepilogativi:

a) procedimenti nei quali il pubblico ministero non ha disposto la notifica dell'avviso di conclusione delle indagini preliminari, né ha esercitato l'azione penale o richiesto l'archiviazione, entro i termini previsti dall'articolo 407 *bis*, comma 2, del codice;

b) procedimenti nei quali il pubblico ministero non ha assunto le determinazioni sull'azione penale nei termini di cui all'articolo 415 *ter*, comma 3, primo e secondo periodo, del codice;

c) procedimenti, diversi da quelli indicati alle lettere *a*) e *b*), nei quali il pubblico ministero non ha esercitato l'azione penale, né richiesto l'archiviazione, entro i termini previsti dagli articoli 407 *bis*, comma 2, e 415 *ter*, comma 3, quarto periodo, del codice.

2. Per ciascuno dei procedimenti di cui al comma 1, lettera *a*), è specificato se il pubblico ministero ha formulato la richiesta di differimento di cui al comma 5 *bis* dell'articolo 415 *bis* del codice e, in caso affermativo, se il procuratore generale ha provveduto sulla richiesta e con quale esito.

3. Per ciascuno dei procedimenti indicati al comma 1, la segreteria del pubblico ministero comunica:

a) le generalità della persona sottoposta alle indagini o quanto altro valga a identificarla;

b) il luogo di residenza, dimora o domicilio della persona sottoposta alle indagini;

c) le generalità della persona offesa o quanto altro valga a identificarla;

d) il luogo di residenza, dimora o domicilio della persona offesa;

e) i nominativi dei difensori della persona sottoposta alle indagini e della persona offesa e i relativi recapiti;

f) il reato per cui si procede, con indicazione delle norme di legge che si assumono violate, nonché, se risultano, la data e il luogo del fatto.

• Articolo così sostituito dal d. lgs. 10.10.2022, n. 150. Ai sensi dell'art. 88 *bis* d. lgs. 150 del 2022, introdotto dal d.l. 31.10.2022, n. 162, conv., con modif., dalla l. 30.12.2022, n. 199, nei procedimenti pendenti alla data di entrata in vigore del presente decreto in relazione alle notizie di reato delle quali il pubblico ministero ha già disposto l'iscrizione nel registro di cui all'art. 335 c.p.p., nonché in relazione alle notizie di reato iscritte successivamente, quando ricorrono le condizioni previste dall'art. 12 c.p.p. e, se si procede per taluno dei delitti indicati nell'art. 407 co. 2 c.p.p., anche quando ricorrono le condizioni previste dall'art. 371 co. 2 lett. *b* e *c* c.p.p., continuano ad applicarsi le disposizioni di cui all'art. 127 disp. att. c.p.p. nel testo vigente prima della data di entrata in vigore del presente decreto. Si riporta il testo precedente dell'art. 127 disp. att. c.p.p.: «Comunicazione delle notizie di reato al procuratore generale. 1. La segreteria del pubblico ministero trasmette ogni settimana al procuratore generale presso la corte di appello un elenco delle notizie di reato contro persone note per le quali non è stata esercitata l'azione penale o richiesta l'archiviazione entro il termine previsto dalla legge o prorogato dal giudice».

127 *bis*. Avocazione e criteri di priorità. 1. Nel disporre l'avocazione delle notizie di reato nei casi previsti dagli articoli 412 e 421 *bis*, comma 2, del codice, il procuratore generale presso la corte di appello tiene conto dei criteri di priorità contenuti nel progetto organizzativo dell'ufficio della procura della Repubblica che ha iscritto la notizia di reato.

• Articolo inserito dal d. lgs. 10.10.2022, n. 150.

128. Fissazione della udienza preliminare nel caso di mancato accoglimento della richiesta di archiviazione. 1. Nel caso previsto dall'articolo 409, comma 5, del codice, il giudice fa notificare all'imputato e alla persona offesa dal reato il decreto di fissazione della udienza preliminare, nel quale sono enunciati gli elementi previsti all'articolo 417, comma 1, lettere *a*), *b*), *c*) del codice.

129. Informazioni sul procedimento penale. 1. Quando esercita l'azione penale nei confronti di un impiegato dello Stato o di altro ente pubblico, il pubblico ministero informa l'autorità da cui l'impiegato dipende, dando notizia dell'imputazione. Quando si tratta di personale dipendente dai servizi per le informazioni e la sicurezza militare o democratica, ne dà comunicazione anche al comitato parlamentare per i servizi di informazione e sicurezza e per il segreto di Stato.

2. Quando un ecclesiastico o un religioso del culto cattolico è arrestato, fermato o sottoposto a una misura cautelare limitativa della libertà personale o quando è comunicata allo stesso o al suo difensore la pendenza del procedimento penale o, in ogni caso, quando è esercitata l'azione penale nei suoi confronti, il pubblico ministero informa, segnalando le norme che si assumono violate, la data e il luogo del fatto, la seguente autorità ecclesiastica:

a) la Santa Sede, nella persona del Cardinale Segretario di Stato, quando la comunicazione riguarda vescovi titolari o emeriti, inclusi gli ordinari diocesani, i prelati territoriali, i coadiutori e ausiliari, oppure ordinari di luogo equiparati a vescovi diocesani, inclusi gli abati di abbazie territoriali o i sacerdoti che, in sede vacante, svolgono l'ufficio di amministratore della diocesi;

b) l'ordinario diocesano nella cui circoscrizione territoriale ha sede la procura della Repubblica, quando la comunicazione riguarda sacerdoti, secolari o appartenenti a istituti di vita consacrata o a società di vita apostolica.

3. Quando esercita l'azione penale per un reato che ha cagionato un danno per l'erario, il pubblico ministero informa il procuratore generale presso la corte dei conti, dando notizia della imputazione. Quando esercita l'azione penale per i delitti di cui agli articoli 317, 318, 319, 319 *bis*, 319

ter, 319 *quater*, 320, 321, 322, 322 *bis*, 346 *bis*, 353 e 353 *bis* del codice penale, il pubblico ministero informa il presidente dell'Autorità nazionale anticorruzione, dando notizia dell'imputazione.

3 *bis*. Il pubblico ministero invia la informazione contenente la indicazione delle norme di legge che si assumono violate anche quando taluno dei soggetti indicati nel comma 1 è stato arrestato o fermato ovvero si trova in stato di custodia cautelare.

3 *ter*. Quando esercita l'azione penale per i reati previsti nel decreto legislativo 3 aprile 2006, n. 152, ovvero per i reati previsti dal codice penale o delle leggi speciali comportanti un pericolo o un pregiudizio per l'ambiente, il pubblico ministero informa il Ministero dell'ambiente e della tutela del territorio e del mare e la Regione nel cui territorio i fatti si sono verificati, dando notizia dell'imputazione. Qualora i reati di cui al primo periodo arrechino un concreto pericolo alla tutela della salute o alla sicurezza agroalimentare, il pubblico ministero informa anche il Ministero della salute o il Ministero delle politiche agricole alimentari e forestali. Le sentenze e i provvedimenti definitori di ciascun grado di giudizio sono trasmessi per estratto, a cura della cancelleria del giudice che ha emesso i provvedimenti medesimi, alle amministrazioni indicate nei primi due periodi del presente comma. I procedimenti di competenza delle amministrazioni di cui ai periodi precedenti, che abbiano ad oggetto, in tutto o in parte, fatti in relazione ai quali procede l'autorità giudiziaria, possono essere avviati o proseguiti anche in pendenza del procedimento penale, in conformità alle norme vigenti. Per le infrazioni di maggiore gravità, sanzionate con la revoca di autorizzazioni o con la chiusura di impianti, l'ufficio competente, nei casi di particolare complessità dell'accertamento dei fatti addebitati, può sospendere il procedimento amministrativo fino al termine di quello penale, salva la possibilità di adottare strumenti cautelari.

• Nella rubrica dell'articolo, le parole «sull'azione» sono state sostituite da quelle attuali «sul procedimento» dalla l. 22.4.2021, n. 70. Il co. 2 è stato così sostituito dalla l. 70 del 2021. Il secondo periodo del co. 3 è stato inserito dalla l. 27.5.2015, n. 69. Il co. 3 *bis* è stato aggiunto dal d. lgs. 14.1.1991, n. 12. Le originarie parole «nei commi 1 e 2», contenute nel co. 3 *bis*, sono state sostituite da quelle attuali «nel comma 1» dalla l. 70 del 2021. Il co. 3 *ter* è stato aggiunto dal d.l. 10.12.2013, n. 136, conv., con modif., dalla l. 6.2.2014, n. 6; poi così modificato dalla l. 23.6.2017, n. 103.

130. Contenuto del fascicolo trasmesso dal pubblico ministero con la richiesta di rinvio a giudizio. 1. Se gli atti di indagine preliminare riguardano più persone o più imputazioni, il pubblico ministero forma il fascicolo previsto dall'articolo 416, comma 2, del codice, inserendovi gli atti ivi indicati per la parte che si riferisce alle persone o alle imputazioni per cui viene esercitata l'azione penale.

2. In ogni caso il pubblico ministero può, a fini di indagine, trattenere copia della documentazione e degli atti trasmessi al giudice.

130 *bis*. Separazione dei procedimenti in fase di indagine. 1. Il pubblico ministero, prima dell'esercizio dell'azione penale, procede di regola separatamente quando ricorrono le ragioni di urgenza indicate nell'articolo 18, comma 1, lettera *e bis*), del codice.

• Articolo aggiunto dal d.l. 24.11.2000, n. 341, conv., con modif., dalla l. 19.1.2001, n. 4.

131. Deposito degli atti per l'udienza preliminare. 1. Durante il termine per comparire e fino alla conclusione dell'udienza preliminare, le parti, la persona offesa e i difensori hanno facoltà di prendere visione, nel luogo dove si trovano, degli atti e delle cose indicati nell'articolo 419, comma 2 e 3, del codice e di estrarre copia degli atti suddetti.

131 *bis*. Liberazione dell'imputato prosciolto. 1. L'imputato detenuto nei cui confronti è pronunciata la sentenza di cui all'articolo 425 del codice è posto in libertà immediatamente dopo la lettura del dispositivo. Si applicano le disposizioni di cui al comma 2 dell'articolo 154 *bis*.

• Articolo inserito dalla l. 12.12.1992, n. 492.

132. Decreto che dispone il giudizio davanti alla corte di assise o al tribunale. 1. Quando la corte di assise o il tribunale è diviso in sezioni, il decreto che dispone il giudizio contiene anche l'indicazione della sezione davanti alla quale le parti devono comparire.

2. Per ogni processo il presidente del tribunale, in seguito alla richiesta del giudice per le indagini preliminari, comunica anche con mezzi telematici, sulla base dei criteri determinati dal Consiglio superiore della magistratura, il giorno e l'ora della comparizione e, quando occorre, anche la sezione da indicare nel decreto che dispone il giudizio.

132 *bis*. Formazione dei ruoli di udienza e trattazione dei processi. 1. Nella formazione dei ruoli di udienza e nella trattazione dei processi è assicurata la priorità assoluta:

a) ai processi relativi ai delitti di cui all'articolo 407, comma 2, lettera *a*), del codice e ai delitti di criminalità organizzata, anche terroristica;

a bis) ai delitti previsti dagli articoli 572 e da 609 *bis* a 609 *octies* e 612 *bis* del codice penale;

a ter) ai processi relativi ai delitti di cui agli articoli 589 e 590 del codice penale verificatisi in presenza delle circostanze di cui agli articoli 52, secondo, terzo e quarto comma, e 55, secondo comma, del codice penale;

b) ai processi relativi ai delitti commessi in violazione delle norme relative alla prevenzione degli infortuni e all'igiene sul lavoro e delle norme in materia di circolazione stradale, ai delitti di cui al testo unico delle disposizioni concernenti la disciplina dell'immigrazione e norme sulla condizione dello straniero, di cui al decreto legislativo 25 luglio 1998, n. 286, nonché ai delitti puniti con la pena della reclusione non inferiore nel massimo a quattro anni;

c) ai processi a carico di imputati detenuti, anche per reato diverso da quello per cui si procede;

d) ai processi nei quali l'imputato è stato sottoposto ad arresto o a fermo di indiziato di delitto, ovvero a misura cautelare personale, anche revocata o la cui efficacia sia cessata;

e) ai processi nei quali è contestata la recidiva, ai sensi dell'articolo 99, quarto comma, del codice penale;

f) ai processi da celebrare con giudizio direttissimo e con giudizio immediato;

f bis) ai processi relativi ai delitti di cui agli articoli 317, 319, 319 *ter*, 319 *quater*, 320, 321 e 322 *bis* del codice penale.

f bis) ai processi nei quali vi sono beni sequestrati in funzione della confisca di cui all'articolo 12 *sexies* del decreto legge 8 giugno 1992, n. 306, convertito, con modificazioni, dalla legge 7 agosto 1992, n. 356, e successive modificazioni.

2. I dirigenti degli uffici giudicanti adottano i provvedimenti organizzativi necessari per assicurare la rapida definizione dei processi per i quali è prevista la trattazione prioritaria.

• Articolo così modificato dalla l. 17.10.2017, n. 161. Per un difetto di coordinamento si segnala che la lettera *f bis* è stata aggiunta prima dalla l. 23.6.2017, n. 103 e poi anche dalla l. 17.10.2017, n. 161. La lettera *a ter* è stata, da ultimo, inserita dalla l. 26.4.2019, n. 36.

132 *ter*. Fissazione dell'udienza per la riapertura del processo. 1. I dirigenti degli uffici giudicanti adottano i provvedimenti organizzativi necessari per assicurare la celebrazione, nella medesima aula di udienza, il primo giorno non festivo del mese di febbraio e il primo giorno non festivo del mese di settembre di ogni anno, delle udienze destinate alla riapertura dei procedimenti definiti con sentenza resa ai sensi dell'articolo 420 *quater* del codice, nonché alla celebrazione dei processi nei quali è stata pronunciata l'ordinanza di cui all'articolo 598 *ter*, comma 2, del codice.

• Articolo inserito dal d. lgs. 10.10.2022, n. 150.

133. Notificazione del decreto che dispone il giudizio. 1. [Soppresso.]

1 *bis*. Il decreto è altresì comunicato alle amministrazioni o enti di appartenenza quando è ammesso nei confronti di dipendenti di amministrazioni pubbliche o di enti pubblici ovvero di enti a prevalente partecipazione pubblica, per alcuno dei delitti previsti dagli articoli 314, primo comma, 317, 318, 319, 319 *ter*, 319 *quater* e 320 del codice penale e dall'articolo 3 della legge 9 dicembre 1941, n. 1383.

• Il co. 1 *bis* è stato aggiunto dalla l. 27.3.2001, n. 97; poi è stato così modificato dalla l. 6.11.2012, n. 190. Il co. 1 è stato abrogato dal d. lgs. 10.10.2022, n. 150.

Capo IX
Disposizioni relative ai procedimenti speciali

134. Sentenza emessa nel giudizio abbreviato nei confronti di imputato non comparso. [Soppresso.]

• Articolo abrogato dal d. lgs. 10.10.2022, n. 150.

134 *bis*. Partecipazione a distanza nel giudizio abbreviato. 1. Nei casi previsti dall'articolo 146 *bis*, commi 1, 1 *bis* e 1 *quater*, la partecipazione dell'imputato avviene a distanza anche quando il giudizio abbreviato si svolge in pubblica udienza.

• Articolo aggiunto dal d.l. 24.11.2000, n. 341, conv., con modif., dalla l. 19.1.2001, n. 4; poi modificato dalla l. 23.6.2017, n. 103.

135. Decisione nel giudizio sulla richiesta di applicazione della pena. 1. Il giudice, per decidere sulla richiesta di applicazione della pena rinnovata prima della dichiarazione di apertura del dibattimento di primo grado, ordina l'esibizione degli atti contenuti nel fascicolo del pubblico ministero. Se la richiesta è accolta, gli atti esibiti vengono inseriti nel fascicolo per il dibattimento; altrimenti gli atti sono immediatamente restituiti al pubblico ministero.

• Articolo così sostituito dalla l. 16.12.1999, n. 479.

136. Limiti all'effetto estintivo. 1. L'effetto estintivo previsto dall'articolo 445, comma 2, del codice non si produce se la persona nei cui confronti la pena è stata applicata si sottrae volontariamente alla sua esecuzione.

137. Concorso formale e continuazione. 1. Nel caso di applicazione della pena richiesta dalle parti con più sentenze per reati unificati a norma dell'articolo 81 del codice penale, il termine di estinzione previsto dall'articolo 445, comma 2, del codice decorre nuovamente per tutti i reati dalla data in cui è divenuta irrevocabile l'ultima sentenza.
2. La disciplina del concorso formale e del reato continuato è applicabile anche quando concorrono reati per i quali la pena è applicata su richiesta delle parti e altri reati.

138. Formazione del fascicolo per il dibattimento nel giudizio direttissimo. 1. In tutti i casi di giudizio direttissimo con imputato in stato di arresto o di custodia cautelare, il pubblico ministero forma il fascicolo per il dibattimento a norma dell'articolo 431 del codice. Quando l'imputato è presentato davanti al giudice del dibattimento per la convalida dell'arresto e il contestuale giudizio, il fascicolo medesimo è formato subito dopo il giudizio di convalida dal pubblico ministero presente all'udienza.

139. Facoltà dei difensori di prendere visione del fascicolo trasmesso con la richiesta di giudizio immediato. 1. Durante i termini previsti dall'articolo 458 del codice, le parti e i difensori hanno facoltà di prendere visione ed estrarre copia, nella cancelleria del giudice per le indagini preliminari, del fascicolo trasmesso a norma dell'articolo 454, comma 2, del codice.

140. Facoltà dei difensori di prendere visione del fascicolo trasmesso con la richiesta di decreto penale di condanna. 1. Durante il termine per proporre opposizione, le parti e i difensori hanno facoltà di prendere visione ed estrarre copia, nella cancelleria del giudice per le indagini preliminari, del fascicolo trasmesso a norma dell'articolo 459, comma 1, del codice.

Capo X
Disposizioni relative al procedimento di oblazione

141. Procedimento di oblazione. 1. Se la domanda di oblazione è proposta nel corso delle indagini preliminari, il pubblico ministero la trasmette, unitamente agli atti del procedimento, al giudice per le indagini preliminari.

2. Il pubblico ministero, anche prima di presentare richiesta di decreto penale, può avvisare l'interessato, ove ne ricorrano i presupposti, che ha facoltà di chiedere di essere ammesso all'oblazione e che il pagamento dell'oblazione estingue il reato.

3. Quando per il reato per il quale si è proceduto è ammessa l'oblazione e non è stato dato l'avviso previsto dal comma 2, nel decreto penale deve essere fatta menzione della relativa facoltà dell'imputato.

4. Quando è proposta domanda di oblazione, il giudice, acquisito il parere del pubblico ministero, se respinge la domanda pronuncia ordinanza disponendo, se del caso, la restituzione degli atti al pubblico ministero; altrimenti ammette all'oblazione e fissa con ordinanza la somma da versare, dandone avviso all'interessato. Avvenuto il versamento della somma, il giudice, se la domanda è stata proposta nel corso delle indagini preliminari, trasmette gli atti al pubblico ministero per le sue determinazioni; in ogni altro caso dichiara con sentenza l'estinzione del reato. Non si applica la disposizione dell'articolo 75, comma 3, del codice.

4 *bis*. In caso di modifica dell'originaria imputazione in altra per la quale sia ammissibile l'oblazione, l'imputato è rimesso in termini per chiedere la medesima. La disposizione di cui al primo periodo si applica anche nel caso di nuove contestazioni ai sensi degli articoli 517 e 518 del codice. Il giudice, se accoglie la domanda, fissa un termine non superiore a dieci giorni, per il pagamento della somma dovuta. Se il pagamento avviene nel termine il giudice dichiara con sentenza l'estinzione del reato.

• Il co. 1 e il co. 4 sono stati così modificati dalla l. 16.12.1999, n. 479, che ha anche aggiunto il co. 4 *bis*. Il co. 4 *bis* è stato, da ultimo, modificato dal d. lgs. 10.10.2022, n. 150.

Capo X *bis*
Disposizioni in materia di messa alla prova

• Capo inserito dalla l. 28.4.2014, n. 67.

141 *bis*. Avviso del pubblico ministero per la richiesta di ammissione alla messa alla prova. Proposta di messa alla prova formulata dal pubblico ministero. 1. Il pubblico ministero, anche prima di esercitare l'azione penale, può avvisare l'interessato, ove ne ricorrano i presupposti, che ha la facoltà di chiedere di essere ammesso alla prova, ai sensi dell'articolo 168 *bis* del codice penale, e che l'esito positivo della prova estingue il reato.

1 *bis*. Il pubblico ministero può formulare la proposta di sospensione del procedimento con messa alla prova, prevista dall'articolo 464 *ter*.1 del codice, in occasione della notifica dell'avviso previsto dall'articolo 415 *bis* del codice.

• La rubrica è stata modificata dal d. lgs. 10.10.2022, n. 150, che ha anche introdotto il co. 1 *bis*.

141 *ter*. Attività dei servizi sociali nei confronti degli adulti ammessi alla prova. 1. Le funzioni dei servizi sociali per la messa alla prova, disposta ai sensi dell'articolo 168 *bis* del codice penale, sono svolte dagli uffici locali di esecuzione penale esterna, nei modi e con i compiti previsti dall'articolo 72 della legge 26 luglio 1975, n. 354, e successive modificazioni.

1 *bis*. Gli uffici di esecuzione penale esterna forniscono le indicazioni loro richieste dal pubblico ministero ai sensi dell'articolo 464 *ter*.1, comma 1, del codice entro il termine di trenta giorni.

2. Ai fini del comma 1, l'imputato rivolge richiesta all'ufficio locale di esecuzione penale esterna competente affinché predisponga un programma di trattamento. L'imputato deposita gli atti rilevanti del procedimento penale nonché le osservazioni e le proposte che ritenga di fare.

3. L'ufficio di cui al comma 2, all'esito di un'apposita indagine socio-familiare, redige il programma di trattamento, acquisendo su tale programma il consenso dell'imputato e l'adesione dell'ente o del soggetto presso il quale l'imputato è chiamato a svolgere le proprie prestazioni. L'ufficio trasmette quindi al giudice il programma accompagnandolo con l'indagine socio-familiare e con le considerazioni che lo sostengono. Nell'indagine e nelle considerazioni, l'ufficio riferisce specificamente sulle possibilità economiche dell'imputato, sulla capacità e sulla possibilità di

svolgere attività riparatorie nonché sulla possibilità di svolgimento di attività di mediazione, anche avvalendosi a tal fine di centri o strutture pubbliche o private presenti sul territorio.

4. Quando è disposta la sospensione del procedimento con messa alla prova dell'imputato, l'ufficio di cui al comma 2 informa il giudice, con la cadenza stabilita nel provvedimento di ammissione e comunque non superiore a tre mesi, dell'attività svolta e del comportamento dell'imputato, proponendo, ove necessario, modifiche al programma di trattamento, eventuali abbreviazioni di esso ovvero, in caso di grave o reiterata trasgressione, la revoca del provvedimento di sospensione.

5. Alla scadenza del periodo di prova, l'ufficio di cui al comma 2 trasmette al giudice una relazione dettagliata sul decorso e sull'esito della prova medesima.

6. Le relazioni periodiche e quella finale dell'ufficio di cui al comma 2 del presente articolo sono depositate in cancelleria non meno di dieci giorni prima dell'udienza di cui all'articolo 464 *septies* del codice, con facoltà per le parti di prenderne visione ed estrarne copia.

• Il co. 1 *bis* è stato introdotto dal d. lgs. 10.10.2022, n. 150.

Capo XI
Disposizioni relative al dibattimento

142. Citazione di testimoni, periti, interpreti, consulenti tecnici e imputati di un procedimento connesso. 1. [Soppresso.]

2. Quando per le notificazioni dei testimoni, dei periti, degli interpreti, dei consulenti tecnici e delle persone indicate nell'articolo 210 del codice è richiesto l'ufficiale giudiziario, le parti devono consegnare al medesimo gli atti di citazione in tempo utile e nel numero di copie necessario.

3. L'atto di citazione contiene:

a) l'indicazione della parte richiedente e dell'imputato nonché del decreto che ha autorizzato la citazione;

b) le generalità e il domicilio della persona da citare;

c) il giorno, l'ora e il luogo della comparizione e il giudice davanti al quale la persona citata deve presentarsi;

d) l'indicazione degli obblighi e delle facoltà previsti dagli articoli 198, 210 e 226 del codice;

d bis) l'avvertimento che la mancata comparizione senza giustificato motivo del querelante all'udienza in cui è citato a comparire come testimone integra remissione tacita di querela, nei casi in cui essa è consentita;

e) l'avvertimento che, fuori del caso previsto dalla lettera *d bis*), in caso di mancata comparizione non dovuta a legittimo impedimento, la persona citata potrà, a norma dell'articolo 133 del codice, essere accompagnata a mezzo della polizia giudiziaria e condannata al pagamento di una somma da euro 51 a euro 516 a favore della cassa delle ammende e alla rifusione delle spese alle quali la mancata comparizione ha dato causa.

4. Quando la citazione è disposta di ufficio il decreto di citazione contiene i requisiti previsti dal comma 3 lettere *b*), *c*), *d*), *d bis*), *e*) nonché l'indicazione dell'imputato.

• Il co. 1 è stato abrogato dal d.l. 8.6.1992, n. 306, conv., con modif., dalla l. 7.8.1992, n. 356, che ha anche sostituito la rubrica, modificato il co. 2 e sostituito, nel co. 3, la lett. *d*. La lett. *d bis* del co. 3 è stata introdotta dal d. lgs. 10.10.2022, n. 150, che ha anche modificato la lett. *e* del co. 3 e il co. 4.

143. Rinnovazione della citazione a giudizio. 1. Negli atti preliminari al dibattimento, in tutti i casi in cui occorre, per qualunque motivo, rinnovare la citazione a giudizio o la relativa notificazione, vi provvede il presidente.

143 *bis*. Adempimenti in caso di sentenza di non doversi procedere per mancata conoscenza della pendenza del processo da parte dell'imputato. 1. Quando il giudice emette la sentenza di cui all'articolo 420 *quater* del codice, ne dispone la trasmissione alla locale stazione di polizia giudiziaria, per l'inserimento nel Centro elaborazione dati, di cui all'articolo 8 della legge 1 aprile 1981, n. 121, e successive modificazioni.

• Articolo inserito dalla l. 28.4.2014, n. 67. La rubrica e il co. 1 sono stati modificati dal d. lgs. 10.10.2022, n. 150.

144. Spese e indennità per i testimoni, periti e consulenti tecnici.
[Soppresso.]

• Articolo abrogato dal **T.U. spese**.

145. Comparizione dei testimoni, periti, consulenti tecnici e interpreti. 1. I testimoni, i periti, i consulenti tecnici e gli interpreti citati devono trovarsi presenti all'inizio dell'udienza.

2. Se il dibattimento deve protrarsi per più giorni, il presidente, sentiti il pubblico ministero e i difensori, stabilisce il giorno in cui ciascuna persona deve comparire.

• Il co. 2 è stato modificato dal d. lgs. 10.10.2022, n. 150.

145 *bis*. Aule di udienza protette. 1. Nei procedimenti per taluno dei reati indicati nell'articolo 51, comma 3 *bis*, del codice, quando è necessario, per ragioni di sicurezza, utilizzare aule protette e queste non siano disponibili nella sede giudiziaria territorialmente competente, il Presidente della Corte d'appello, su proposta del Presidente del Tribunale, individua l'aula protetta per il dibattimento nell'ambito del distretto. Qualora l'aula protetta non sia disponibile nell'àmbito del distretto, il Ministero della giustizia fornisce al Presidente della Corte d'appello nel cui distretto si trova il giudice competente l'indicazione dell'aula disponibile, individuata nel distretto di corte d'appello più vicino.

2. Il provvedimento di cui ai commi che precedono* è adottato prima della notificazione del decreto di citazione che dispone il giudizio a norma dell'articolo 133.

* Leggasi: di cui al comma che precede.
• Articolo aggiunto dal d.l. 24.11.2000, n. 341, conv., con modif., dalla l. 19.1.2001, n. 4.

146. Aula di udienza dibattimentale. 1. Nelle aule di udienza per il dibattimento, i banchi riservati al pubblico ministero e ai difensori sono posti allo stesso livello di fronte all'organo giudicante. Le parti private siedono a fianco dei propri difensori, salvo che sussistano esigenze di cautela. Il seggio delle persone da sottoporre ad esame è collocato in modo da consentire che le persone stesse siano agevolmente visibili sia dal giudice che dalle parti.

146 *bis*. Partecipazione al dibattimento a distanza. 1. La persona che si trova in stato di detenzione per taluno dei delitti indicati nell'articolo 51, comma 3 *bis*, nonché nell'articolo 407, comma 2, lettera *a*), numero 4), del codice, partecipa a distanza alle udienze dibattimentali dei processi nei quali è imputata, anche relativi a reati per i quali sia in libertà. Allo stesso modo partecipa alle udienze penali e alle udienze civili nelle quali deve essere esaminata quale testimone.

1 *bis*. La persona ammessa a programmi o misure di protezione, comprese quelle di tipo urgente o provvisorio, partecipa a distanza alle udienze dibattimentali dei processi nei quali è imputata.

1 *ter*. Ad esclusione del caso in cui sono state applicate le misure di cui all'articolo 41 *bis* della legge 26 luglio 1975, n. 354, e successive modificazioni, il giudice può disporre con decreto motivato, anche su istanza di parte, la presenza alle udienze delle persone indicate nei commi 1 e 1 *bis* del presente articolo qualora lo ritenga necessario.

1 *quater*. Fuori dei casi previsti dai commi 1 e 1 *bis*, il giudice può disporre con decreto motivato la partecipazione a distanza anche quando sussistano ragioni di sicurezza, qualora il dibattimento sia di particolare complessità e sia necessario evitare ritardi nel suo svolgimento, ovvero quando si deve assumere la testimonianza di persona a qualunque titolo in stato di detenzione presso un istituto penitenziario.

2. [Soppresso.]

3. [Soppresso.]

4. [Soppresso.]

4 *bis*. In tutti i processi nei quali si procede con il collegamento audiovisivo ai sensi dei commi precedenti, il giudice, su istanza, può consentire alle parti private e ai loro difensori di intervenire a distanza assumendosi l'onere dei costi del collegamento.

5. [Soppresso.]

6. [Soppresso.]

7. Se nel dibattimento occorre procedere a confronto o ricognizione dell'imputato o ad altro atto che implica l'osservazione della sua persona, il giudice, ove lo ritenga indispensabile, sentite le parti, dispone la presenza dell'imputato nell'aula di udienza per il tempo necessario al compimento dell'atto.

• Articolo aggiunto dalla l. 7.1.1998, n. 11. I co. 1, 1 *bis* e 2 sono stati sostituiti dalla l. 23.6.2017, n. 103, che ha anche inserito i co. 1 *ter*, 1 *quater* e 4 *bis*. Il co. 4 *bis* è stato modificato dal d. lgs. 10.10.2022, che ha anche abrogato i co. 2, 3, 4, 5 e 6. In precedenza, il co. 1 era stato modificato dal d.l. 18.10.2001, n. 374, conv., con modif., dalla l. 15.12.2001, n. 438. La lett. *c* del co. 1 era stata soppressa dal d.l. 24.11.2000, n. 341, conv., con modif., dalla l. 19.1.2001, n. 4. Il co. 1 *bis* era stato aggiunto dal d.l. 24.11.2000, n. 341, conv., con modif., dalla l. 19.1.2001, n. 4, e poi sostituito dal d.l. 22.12.2011, n. 211, conv., con modif., dalla l. 17.2.2012, n. 9.

147. Riprese audiovisive dei dibattimenti. 1. Ai fini dell'esercizio del diritto di cronaca, il giudice con ordinanza, se le parti consentono, può autorizzare in tutto o in parte la ripresa fotografica, fonografica o audiovisiva ovvero la trasmissione radiofonica o televisiva del dibattimento, purché non ne derivi pregiudizio al sereno e regolare svolgimento dell'udienza o alla decisione.

2. L'autorizzazione può essere data anche senza il consenso delle parti quando sussiste un interesse sociale particolarmente rilevante alla conoscenza del dibattimento.

3. Anche quando autorizza la ripresa o la trasmissione a norma dei commi 1 e 2, il presidente vieta la ripresa delle immagini di parti, testimoni, periti, consulenti tecnici, interpreti e di ogni altro soggetto che deve essere presente, se i medesimi non vi consentono o la legge ne fa divieto.

4. Non possono in ogni caso essere autorizzate le riprese o le trasmissioni dei dibattimenti che si svolgono a porte chiuse a norma dell'articolo 472, commi 1, 2 e 4, del codice.

147 *bis*. Esame degli operatori sotto copertura, delle persone che collaborano con la giustizia e degli imputati di reato connesso. 1. L'esame in dibattimento delle persone ammesse, in base alla legge, a programmi o misure di protezione anche di tipo urgente o provvisorio si svolge con le cautele necessarie alla tutela della persona sottoposta all'esame, determinate, d'ufficio ovvero su richiesta di parte o dell'autorità che ha disposto il programma o le misure di protezione, dal giudice o, nei casi di urgenza, dal presidente del tribunale o della corte di assise.

1 *bis*. L'esame in dibattimento degli ufficiali e degli agenti di polizia giudiziaria, anche appartenenti ad organismi di polizia esteri, degli ausiliari e delle interposte persone, che abbiano operato in attività sotto copertura ai sensi dell'articolo 9 della legge 16 marzo 2006, n. 146, e successive modificazioni, si svolge sempre con le cautele necessarie alla tutela e alla riservatezza della persona sottoposta all'esame e con modalità determinate dal giudice o, nei casi di urgenza, dal presidente, in ogni caso idonee a evitare che il volto di tali soggetti sia visibile.

2. Il giudice o il presidente, sentite le parti, può disporre, anche d'ufficio, che l'esame si svolga a distanza.

3. Salvo che il giudice ritenga assolutamente necessaria la presenza della persona da esaminare, l'esame si svolge a distanza secondo le modalità previste dal comma 2 nei seguenti casi:

a) quando l'esame è disposto nei confronti di persone ammesse al piano provvisorio di protezione previsto dall'articolo 13, comma 1, del decreto legge 15 gennaio 1991, n. 8, convertito, con modificazioni, dalla legge 15 marzo 1991, n. 82, e successive modificazioni, o alle speciali misure di protezione di cui al citato articolo 13, commi 4 e 5, del medesimo decreto-legge;

a bis) quando l'esame o altro atto istruttorio è disposto nei confronti di persone ammesse al piano provvisorio o al programma definitivo per la protezione dei testimoni di giustizia;

b) quando nei confronti della persona sottoposta ad esame è stato emesso il decreto di cambiamento delle generalità di cui all'articolo 3 del decreto legislativo 29 marzo 1993, n. 119; in tale caso, nel procedere all'esame, il giudice o il presidente si uniforma a quanto previsto dall'articolo 6, comma 6, del medesimo decreto legislativo e dispone le cautele idonee ad evitare che il volto della persona sia visibile;

c) quando, nell'ambito di un processo per taluno dei delitti previsti dall'articolo 51, comma 3 *bis*, o dall'articolo 407, comma 2, lettera *a*), n. 4, del codice, devono essere esaminate le persone indicate nell'articolo 210 del codice nei cui confronti si procede per uno dei delitti previsti dall'articolo 51, comma 3 *bis* o dall'articolo 407, comma 2, lettera *a*), n. 4, del codice, anche se vi è stata separazione dei procedimenti;

c bis) quando devono essere esaminati ufficiali o agenti di polizia giudiziaria, anche appartenenti ad organismi di polizia esteri, nonché ausiliari e interposte persone, in ordine alle attività dai medesimi svolte nel corso delle operazioni sotto copertura di cui all'articolo 9 della legge 16 marzo 2006, n. 146, e successive modificazioni. In tali casi, il giudice o il presidente dispone le cautele idonee ad evitare che il volto di tali soggetti sia visibile.

4. [Soppresso.]

5. Le modalità di cui al comma 2 possono essere altresì adottate, a richiesta di parte, per l'esame della persona di cui è stata disposta la nuova assunzione a norma dell'articolo 495, comma 1, del codice, o quando vi siano gravi difficoltà ad assicurare la comparazione della persona da sottoporre ad esame.

• Articolo così modificato dalla l. 11.1.2018, n. 6. Il co. 2 è stato sostituito dal d. lgs. 10.10.2022, n. 150, che ha anche abrogato il co. 4.

147 *ter*. Ricognizione in dibattimento delle persone che collaborano con la giustizia. 1. Quando nel dibattimento occorre procedere a ricognizione della persona nei cui confronti è stato emesso il decreto di cambiamento delle generalità di cui all'articolo 3 del decreto legislativo 29 marzo 1993, n. 119, ovvero ad altro atto che implica l'osservazione del corpo della medesima, il giudice, ove lo ritenga indispensabile, ne autorizza o ordina la citazione o ne dispone l'accompagnamento coattivo per il tempo necessario al compimento dell'atto.

2. Durante tutto il tempo in cui la persona è presente nell'aula di udienza, il dibattimento si svolge a porte chiuse a norma dell'articolo 473, comma 2, del codice.

3. Se l'atto da assumere non ne rende necessaria l'osservazione, il giudice dispone le cautele idonee ad evitare che il volto della persona sia visibile.

• Articolo inserito dalla l. 7.1.1998, n. 11 e successivamente modificato dal d.l. 24.11.2000, n. 341, conv., con modif., dalla l. 19.1.2001, n. 4.

147 *quater*. Requisiti tecnici di sicurezza in caso di partecipazione a distanza. 1. Il Ministero della giustizia assicura che, nei casi di partecipazione a distanza al compimento di atti del procedimento ovvero alla celebrazione delle udienze, i collegamenti telematici agli uffici giudiziari siano realizzati attraverso reti o canali di comunicazione idonei a garantire l'integrità e la sicurezza della trasmissione dei dati.

• Articolo inserito dal d. lgs. 10.10.2022, n. 150.

148. Eliminazione di atti dal fascicolo per il dibattimento. 1. Gli atti del fascicolo per il dibattimento dei quali il giudice ha disposto la eliminazione a norma dell'articolo 491, comma 4, del codice, sono restituiti al pubblico ministero.

149. Regole da osservare prima dell'esame testimoniale. 1. L'esame del testimone deve avvenire in modo che nel corso della udienza nessuna delle persone citate prima di deporre possa comunicare con alcuna delle parti o con i difensori o consulenti tecnici, assistere agli esami degli altri o vedere o udire o essere altrimenti informata di ciò che si fa nell'aula di udienza.

150. Esame delle parti private. 1. L'esame delle parti private, nell'ordine previsto dall'articolo 503, comma 1, del codice, ha luogo appena terminata l'assunzione delle prove a carico dell'imputato.

151. Assunzione di nuove prove. 1. Nel caso previsto dall'articolo 507 del codice, il giudice dispone l'assunzione dei nuovi mezzi di prova secondo l'ordine previsto dall'articolo 496 del codice, se le prove sono state richieste dalle parti.
2. Quando è stato disposto di ufficio l'esame di una persona, il presidente vi provvede direttamente stabilendo, all'esito, la parte che deve condurre l'esame diretto.

152. Facoltà delle parti nel caso di perizia disposta nel dibattimento. 1. Quando il giudice ha disposto la citazione del perito a norma dell'articolo 508, comma 1, del codice, le parti hanno facoltà di presentare al dibattimento, anche senza citazione, i propri consulenti tecnici a norma dell'articolo 225 del codice.

153. Liquidazione delle spese processuali in favore della parte civile. 1. Agli effetti dell'articolo 541, comma 1, del codice, le spese sono liquidate dal giudice sulla base della nota che la parte civile presenta al più tardi insieme alle conclusioni.

154. Redazione non immediata dei motivi della sentenza. 1. Nei casi previsti dall'articolo 544, commi 2 e 3, del codice, il presidente provvede personalmente alla redazione della motivazione o designa un estensore tra i componenti del collegio.
2. L'estensore rende disponibile la bozza della sentenza al presidente il quale, se sorgono questioni sulla motivazione, ne dà lettura al collegio, che può designare un altro estensore.
3. [La minuta, sottoscritta dall'estensore e dal presidente, è consegnata alla cancelleria per la formazione dell'originale].
4. Il presidente e l'estensore [, verificata la corrispondenza dell'originale alla minuta,] sottoscrivono la sentenza.
4 *bis*. Il Presidente della Corte d'appello può prorogare, su richiesta motivata del giudice che deve procedere alla redazione della motivazione, i termini previsti dall'articolo 544, comma 3, del codice, per una sola volta e per un periodo massimo di novanta giorni, esonerando, se necessario, il giudice estensore da altri incarichi. Per i giudizi di primo grado provvede il presidente del tribunale. In ogni caso del provvedimento è data comunicazione al Consiglio superiore della magistratura.

• Il co. 4 *bis* è stato aggiunto dal d.l. 24.11.2000, n. 341, conv., con modif., dalla l. 19.1.2001, n. 4. Al co. 2 le parole «consegna la minuta» sono state sostituite da quelle «rende disponibile la bozza» per effetto del d. lgs. 10.10.2022, n. 150, che ha anche soppresso il co. 3 e ha eliminato le parole «, verificata la corrispondenza dell'originale alla minuta,» nel co. 4. Ai sensi dell'art. 87, co. 4, d. lgs. 150 del 2022, sino al quindicesimo giorno successivo alla pubblicazione dei regolamenti di cui ai co. 1 e 3, ovvero sino al diverso termine di transizione previsto dal regolamento di cui al co. 3 per gli uffici giudiziari e per le tipologie di atti in esso indicati, continuano ad applicarsi, nel testo vigente al momento dell'entrata in vigore del presente decreto, le disposizioni di cui all'art. 154, co. 2, 3 e 4, disp. att. c.p.p.

154 *bis*. Liberazione dell'imputato prosciolto. 1. L'imputato detenuto è posto in libertà immediatamente dopo la lettura in udienza del dispositivo della sentenza di proscioglimento, se non detenuto per altra causa.
2. L'imputato prosciolto e la persona di cui è comunque disposta l'immediata liberazione sono accompagnati, separatamente dai soggetti da tradurre, presso l'istituto penitenziario, per il disbrigo delle formalità conseguenti alla liberazione; se ne fanno richiesta, possono recarsi presso l'istituto anche senza accompagnamento. È vietato l'uso di qualsiasi mezzo di coercizione fisica.

• Articolo inserito dalla l. 12.12.1992, n. 492.

154 *ter*. Comunicazione della sentenza. 1. La cancelleria del giudice che ha pronunciato sentenza penale nei confronti di un lavoratore dipendente di un'amministrazione pubblica ne comunica il dispositivo all'amministrazione di appartenenza e, su richiesta di questa, trasmette copia integrale del provvedimento. La comunicazione e la trasmissione sono effettuate con modalità telematiche, ai sensi del decreto legislativo 7 marzo 2005, n. 82, entro trenta giorni dalla data del deposito.

• Articolo aggiunto dal d. lgs. 27.10.2009, n. 150.

Capo XII
Disposizioni relative al procedimento davanti al tribunale in composizione monocratica

155. Decisione sulla richiesta di incidente probatorio.
[Soppresso.]

• Articolo abrogato dalla l. 16.12.1999, n. 479.

156. Opposizione alla richiesta di archiviazione.
[Soppresso.]

• Articolo abrogato dalla l. 16.12.1999, n. 479.

157. Ulteriori indagini. Avocazione. 1. Quando emette decreto di archiviazione, il giudice per le indagini preliminari, se rileva l'esigenza di ulteriori indagini, ne informa il procuratore generale presso la corte di appello. Questi, se ne ravvisa i presupposti, richiede la riapertura delle indagini a norma dell'articolo 414 del codice.
2. Quando è accolta la richiesta del procuratore generale, le nuove indagini restano avocate.

• Corte cost., 445 del 1990, ha dichiarato l'illegittimità costituzionale del presente articolo.

158. Avocazione nel caso di mancato accoglimento della richiesta di archiviazione.
[Soppresso.]

• Articolo abrogato dalla l. 16.12.1999, n. 479.

159. Indicazione dei procedimenti speciali nel decreto di citazione a giudizio. 1. Nel decreto di citazione a giudizio sono indicati i procedimenti speciali, e i relativi articoli di legge, che possono trovare applicazione nel caso concreto.
2. Il pubblico ministero, nel decreto di citazione a giudizio, può manifestare il proprio consenso all'applicazione della pena su richiesta, indicando gli elementi previsti dall'articolo 444, comma 1, del codice.

• Il co. 2 è stato sostituito dalla l. 16.12.1999, n. 479.

160. Determinazione della data dell'udienza dibattimentale o del procedimento speciale.
1. Ai fini dell'emissione del decreto di citazione a giudizio ovvero del decreto che dispone il giudizio a seguito di opposizione a decreto penale, la richiesta prevista dall'articolo 132, comma 2, è proposta al presidente del tribunale rispettivamente dal pubblico ministero o dal giudice per le indagini preliminari.
2. [Soppresso.]

• Il co. 1 è stato così modificato dal d. lgs. 19.2.1998, n. 51. Il co. 2 è stato abrogato dalla l. 16.12.1999, n. 479.

161. Deposito degli atti per il giudizio abbreviato.
[Soppresso.]

• Articolo abrogato dalla l. 16.12.1999, n. 479.

162. Delega delle funzioni di pubblico ministero in udienza dibattimentale. 1. La delega prevista dall'articolo 72 del regio decreto 30 gennaio 1941, n. 12 è conferita con atto scritto di cui è fatta annotazione in apposito registro ed è esibita in dibattimento.

2. Nel caso di giudizio direttissimo, la delega può essere conferita anche per la partecipazione alla contestuale udienza di convalida.

3. Quando si presenta la necessità di prestare il consenso all'applicazione della pena su richiesta o al giudizio abbreviato ovvero si deve procedere a nuove contestazioni, il pubblico ministero delegato può procedere a consultazioni con il procuratore della Repubblica.

4. Il giudice, nel caso previsto dal comma 3, può sospendere l'udienza per il tempo strettamente necessario.

• Il co. 4 è stato così modificato dal d. lgs. 19.2.1998, n. 51.

163. Presentazione dell'arrestato per la convalida. 1. Nel caso previsto dall'articolo 558, comma 1, la presentazione dell'arrestato al giudice per la convalida e il contestuale giudizio è disposta dal procuratore della Repubblica con l'atto mediante il quale formula l'imputazione.

2. Gli ufficiali o gli agenti di polizia giudiziaria che hanno eseguito l'arresto consegnano immediatamente gli atti al pubblico ministero presente all'udienza.

• Il co. 1 è stato modificato dapprima dal d. lgs. 19.2.1998, n. 51, e successivamente dalla l. 16.12.1999, n. 479.

Capo XII *bis*
Disposizioni relative alle sezioni distaccate del tribunale

• Il capo XII *bis* è stato aggiunto dal d. lgs. 19.2.1998, n. 51.

163 *bis*. Inosservanza delle disposizioni sulle attribuzioni delle sezioni distaccate del tribunale. 1. L'inosservanza delle disposizioni di ordinamento giudiziario relative alla ripartizione tra sede principale e sezioni distaccate, o tra diverse sezioni distaccate, dei procedimenti nei quali il tribunale giudica in composizione monocratica è rilevata fino alla dichiarazione di apertura del dibattimento di primo grado.

2. Il giudice, se ravvisa l'inosservanza o ritiene comunque non manifestamente infondata la relativa questione, rimette gli atti al presidente del tribunale, che provvede con decreto non impugnabile.

163 *ter*. Presentazione dell'atto di impugnazione presso la sezione distaccata. 1. Nei casi previsti dall'articolo 461, comma 1, e dall'articolo 582, comma 2, del codice, le dichiarazioni e le impugnazioni possono essere presentate anche nella cancelleria della sezione distaccata del tribunale.

Capo XIII
Disposizioni relative alle impugnazioni

164. Deposito delle copie dell'atto di impugnazione e formazione dei relativi fascicoli. [1. Le parti devono depositare le copie dell'atto di impugnazione occorrenti per la notificazione prevista dall'articolo 584 del codice.

2. Le parti devono inoltre depositare, presso la cancelleria del giudice che ha emesso il provve-

dimento impugnato, due copie dell'atto di impugnazione, nel caso di appello, e cinque copie, nel caso di ricorso per cassazione, oltre a una copia per il procuratore generale.

3. Se non sono depositate le copie indicate nei commi 1 e 2, la cancelleria provvede a farle a spese di chi ha presentato l'impugnazione.

4. A cura della cancelleria presso il giudice che ha emesso il provvedimento impugnato sono formati, nel caso di appello, tre fascicoli e, nel caso di ricorso per cassazione, sei fascicoli contenenti ciascuno una copia della sentenza impugnata e degli atti di impugnazione].

• L'articolo è stato abrogato dal d. lgs. 10.10.2022, n. 150. Ai sensi dell'art. 87 co. 6 d. lgs. 150 del 2022, sino al quindicesimo giorno successivo alla pubblicazione dei regolamenti di cui ai co. 1 e 3, ovvero sino al diverso termine previsto dal regolamento di cui al co. 3 per gli uffici giudiziari e le tipologie di atti in esso indicati, continuano ad applicarsi le disposizioni dell'art. 164 disp. att. c.p.p. Il co. 3 è stato così modificato dal **T.U. spese**.

165. Annotazione della impugnazione in calce al provvedimento impugnato. 1. Prima della notificazione, l'impugnazione è annotata in calce al provvedimento impugnato, con la indicazione di chi l'ha proposta e della data della proposizione.

2. Le copie del provvedimento impugnato trasmesse al giudice dell'impugnazione contengono le indicazioni previste dal comma 1.

165 *bis*. Adempimenti connessi alla trasmissione degli atti al giudice dell'impugnazione.
1. Gli atti da trasmettere al giudice dell'impugnazione devono contenere, in distinti allegati formati subito dopo la presentazione dell'atto di impugnazione, a cura del giudice o del presidente del collegio che ha emesso il provvedimento impugnato, i seguenti dati:

a) i nominativi dei difensori, di fiducia o d'ufficio, con indicazione della data di nomina;

b) le dichiarazioni o elezioni o determinazioni di domicilio, con indicazione delle relative date;

c) i termini di prescrizione riferiti a ciascun reato, con indicazione degli atti interruttivi e delle specifiche cause di sospensione del relativo corso, ovvero eventuali dichiarazioni di rinuncia alla prescrizione;

d) i termini di scadenza delle misure cautelari in atto, con indicazione della data di inizio e di eventuali periodi di sospensione o proroga.

2. Nel caso di ricorso per cassazione, a cura della cancelleria del giudice che ha emesso il provvedimento impugnato, è inserita in separato fascicolo allegato al ricorso, qualora non già contenuta negli atti trasmessi, copia degli atti specificamente indicati da chi ha proposto l'impugnazione ai sensi dell'articolo 606, comma 1, lettera e), del codice; della loro mancanza è fatta attestazione.

• Articolo introdotto dal d. lgs. 6.2.2018, n. 11.

165 *ter*. Monitoraggio dei termini di cui all'articolo 344 *bis* del codice. 1. I presidenti della Corte di cassazione e delle corti di appello adottano i provvedimenti organizzativi necessari per attuare il costante monitoraggio dei termini di durata massima dei giudizi di impugnazione e del rispetto della disposizione di cui all'articolo 175 *bis*.

• Articolo introdotto dal d. lgs. 10.10.2022, n. 150.

166. Comunicazione al procuratore generale dell'appello dell'imputato.
[Soppresso.]

• Articolo abrogato dal d. lgs. 6.2.2018, n. 11.

166 *bis*. Poteri del procuratore generale in materia di impugnazione delle sentenze di primo grado. 1. Al fine di acquisire tempestiva notizia in ordine alle determinazioni relative all'impugnazione delle sentenze di primo grado, il procuratore generale presso la corte d'appello promuove intese o altre forme di coordinamento con i procuratori della Repubblica del distretto.

• Articolo introdotto dal d. lgs. 6.2.2018, n. 11.

167. Nuovi motivi della impugnazione già proposta. 1. Nel caso di presentazione di motivi nuovi, si applicano le disposizioni dell'articolo 164, commi 2 e 3, e devono essere specificati i capi e i punti enunciati a norma dell'articolo 581, comma 1, lettera *a*), del codice, ai quali i motivi si riferiscono.

167 *bis*. Adempimenti connessi all'udienza di cui all'articolo 598 *bis* del codice. 1. L'avviso del deposito del provvedimento emesso dalla corte di appello in seguito alla camera di consiglio di cui all'articolo 598 *bis* del codice, contenente l'indicazione del dispositivo, è comunicato a cura della cancelleria al procuratore generale e ai difensori delle altre parti.

• Articolo introdotto dal d. lgs. 10.10.2022, n. 150.

168. Disposizione di rinvio. 1. Nei giudizi di impugnazione si osservano, in quanto applicabili, le disposizioni di attuazione relative al giudizio di primo grado.

169. Riduzione dei termini nel giudizio di cassazione. 1. Nei casi di urgenza, le parti possono chiedere la riduzione dei termini stabiliti per il giudizio di cassazione. Il presidente, se accoglie la richiesta, dispone con decreto la riduzione dei termini in misura non superiore a un terzo. Del provvedimento di riduzione è fatta menzione negli avvisi.

2. Con l'atto di ricorso o anche successivamente le parti possono rinunciare agli avvisi.

169 *bis*. Sezione della corte di cassazione per l'esame dell'inammissibilità dei ricorsi. 1. La sezione di cui al comma 1 dell'articolo 610 del codice è predeterminata con rotazione biennale dal provvedimento tabellare riguardante la corte di cassazione.

• Articolo aggiunto dalla l. 26.3.2001, n. 128.

170. Sezioni unite. 1. Le sezioni unite sono convocate con decreto del presidente della corte di cassazione o del presidente aggiunto da lui delegato e sono composte con magistrati di tutte le sezioni penali. Il collegio è presieduto dal presidente della corte ovvero, su sua delegazione, dal presidente aggiunto o da un presidente di sezione.

171. Questione dedotta nel corso della discussione. 1. Se una questione è dedotta per la prima volta nel corso della discussione, il presidente può concedere nuovamente la parola alle parti già intervenute.

172. Restituzione alla sezione di ricorsi già rimessi alle sezioni unite. 1. Nel caso previsto dall'articolo 618 del codice, il presidente della corte di cassazione può restituire alla sezione il ricorso qualora siano stati assegnati alle sezioni unite altri ricorsi sulla medesima questione o il contrasto giurisprudenziale risulti superato.

2. In nessun caso può essere restituito il ricorso che, dopo una decisione delle sezioni unite, è stato rimesso da una sezione della corte di cassazione con l'enunciazione delle ragioni che possono dar luogo a un nuovo contrasto giurisprudenziale.

173. Motivazione della sentenza. Enunciazione del principio di diritto. 1. Nella sentenza della corte di cassazione i motivi del ricorso sono enunciati nei limiti strettamente necessari per la motivazione.

2. Nel caso di annullamento con rinvio, la sentenza enuncia specificamente il principio di diritto al quale il giudice di rinvio deve uniformarsi.

3. Quando il ricorso è stato rimesso alle sezioni unite, la sentenza enuncia sempre il principio di diritto sul quale si basa la decisione.

174. Rettifiche e integrazioni alla motivazione. 1. Nel caso previsto dall'articolo 617, comma 3, del codice, alla redazione del testo rettificato o integrato provvede la corte di cassazione in camera di consiglio. Quando ciò non è possibile, provvede un consigliere che può anche essere diverso da quello precedentemente designato per la redazione della motivazione.

175. Determinazione del giudice di rinvio. 1. Per determinare ai fini del giudizio di rinvio la corte di appello, la corte di assise di appello, la corte di assise o il tribunale più vicino, si tiene conto della distanza chilometrica ferroviaria, e se del caso marittima, tra i capoluoghi del distretto o, rispettivamente, del circolo o del circondario.

175 *bis*. Decisione sulla improcedibilità ai sensi dell'articolo 344 *bis* del codice. 1. Ai fini di cui agli articoli 578, comma 1 *bis*, e 578 *ter*, comma 2, del codice, la Corte di cassazione e le corti di appello, nei procedimenti in cui sono costituite parti civili o vi sono beni in sequestro, si pronunciano sulla improcedibilità non oltre il sessantesimo giorno successivo al maturare dei termini di durata massima del giudizio di impugnazione di cui all'articolo 344 *bis* del codice.

• Articolo inserito dal d. lgs. 10.10.2022, n. 150.

176. Rilascio dei documenti da unire alla domanda di riparazione dell'errore giudiziario. 1. I documenti da unire alla domanda di riparazione dell'errore giudiziario, a norma dell'articolo 645 del codice, sono rilasciati gratuitamente dagli uffici competenti e sono esenti da imposta di bollo.

Capo XIV
Disposizioni relative ai giurì d'onore

177. Deferimento del giudizio a un giurì d'onore. 1. Agli effetti dell'articolo 597 del codice penale, la facoltà di deferire a un giurì d'onore il giudizio sulla verità del fatto s'intende esercitata quando i componenti il giurì hanno accettato la nomina. L'accettazione deve risultare da atto scritto.

2. Nel deferire il giudizio previsto dal comma 1, le parti interessate, se non dichiarano espressamente di rinunciare al diritto al risarcimento e alla riparazione, possono demandare al giurì il relativo accertamento e le conseguenti pronunce in via equitativa.

3. Su richiesta delle parti interessate, la nomina dei componenti il giurì può essere fatta dal presidente del tribunale.

4. Su richiesta delle parti interessate, la nomina dei componenti il giurì può essere fatta da associazioni legalmente riconosciute come enti morali. I componenti sono scelti fra le persone iscritte in appositi albi formati dalle stesse associazioni e approvati dal presidente del tribunale.

5. Se vengono a mancare per qualunque causa tutti o alcuni dei componenti il giurì, il presidente del tribunale o le associazioni provvedono alla loro sostituzione.

178. Componenti del giurì d'onore. Termine per la pronuncia del verdetto. 1. Il giurì d'onore si compone di uno o più membri in numero dispari.

2. Il giurì deve pronunciare il verdetto nel termine di tre mesi dal giorno dell'accettazione. Il presidente del tribunale per gravi motivi può prorogare questo termine fino ad altri tre mesi.

179. Procedimento davanti al giurì d'onore. 1. Le sedute del giurì non sono pubbliche.

2. I componenti del giurì sono obbligati al segreto per tutto ciò che concerne gli atti compiuti, salvo che per il verdetto.

3. È vietata la pubblicazione, in tutto o in parte, anche per riassunto o a guisa di informazione, degli atti e documenti concernenti il giudizio, fatta eccezione per il verdetto. Sono applicabili gli articoli 684 e 685 del codice penale.

4. Quando lo ritiene necessario, il giurì può, anche di sua iniziativa, sentire testimoni.

5. Il giurì, quando è stato nominato nei modi indicati nell'articolo 177, commi 3 e 4, può chiedere

documenti e informazioni alle pubbliche amministrazioni, le quali hanno l'obbligo di fornirli, salvo che vi ostino gravi ragioni di servizio, e compiere altri accertamenti.

180. Sanzioni pecuniarie. 1. I componenti del giurì che violano gli obblighi stabiliti dall'articolo 178, comma 2, o dall'articolo 179, comma 2, possono essere condannati al pagamento di una somma da euro 25 a euro 258 a favore della cassa delle ammende.
2. Nel caso in cui il giurì sia stato nominato nei modi indicati nell'articolo 177, commi 3 e 4, il testimone che omette senza legittimo impedimento di comparire nel luogo, giorno e ora stabiliti, può essere condannato al pagamento di una somma da euro 12 a euro 129 a favore della cassa delle ammende.
3. Le condanne previste dai commi 1 e 2 sono pronunciate dal presidente del tribunale, sentito il trasgressore, e alla loro esecuzione provvede la cancelleria del tribunale, osservate le disposizioni dell'articolo 664 del codice.

Capo XV
Disposizioni relative alla esecuzione

181. Esecuzione delle pene pecuniarie e recupero delle spese.
[Soppresso.]

• Articolo abrogato dal **T.U. spese**.

181 *bis*. Modalità di pagamento delle pene pecuniarie. 1. Le modalità di pagamento delle pene pecuniarie applicate dal giudice con la sentenza o con il decreto di condanna sono indicate dal pubblico ministero, anche in via alternativa, nell'ordine di esecuzione di cui all'articolo 660 del codice. Esse comprendono, in ogni caso, il pagamento attraverso un modello precompilato, allegato all'ordine di esecuzione.
2. Le modalità tecniche di pagamento, anche per via telematica, sono individuate e periodicamente aggiornate con decreto del Ministro della giustizia, da adottarsi entro novanta giorni dalla data di entrata in vigore della presente disposizione, sentito il Garante per la protezione dei dati personali.

• Articolo inserito dal d. lgs. 10.10.2022, n. 150.

182. Procedura in caso di insolvibilità.
[Soppresso.]

• Articolo abrogato dal **T.U. spese**.

183. Richiesta di applicazione di pena accessoria. 1. Quando alla condanna consegue di diritto una pena accessoria predeterminata dalla legge nella specie e nella durata, il pubblico ministero ne richiede l'applicazione al giudice dell'esecuzione se non si è provveduto con la sentenza di condanna.

183 *bis*. Esecuzione della misura di sicurezza dell'espulsione del cittadino di uno Stato non appartenente all'Unione europea e dell'apolide. 1. L'espulsione del cittadino di uno Stato non appartenente all'Unione europea e dell'apolide dal territorio dello Stato è eseguita dal questore secondo le modalità di cui all'articolo 13, comma 4, del testo unico di cui al decreto legislativo 25 luglio 1998, n. 286.

• Articolo aggiunto dalla l. 15.7.2009, n. 94.

183 *ter*. Esecuzione della misura di sicurezza dell'allontanamento del cittadino di uno Stato membro dell'Unione europea e di un suo familiare. 1. L'allontanamento del cittadino di uno Stato membro dell'Unione europea o di un suo familiare, di cui agli articoli 2, comma 1, lettera *b*), e 3, comma 2, del decreto legislativo 6 febbraio 2007, n. 30, è disposto in conformità ai criteri ed alle modalità fissati dall'articolo 20 del medesimo decreto legislativo.

• Articolo inserito dalla l. 15.7.2009, n. 94; poi sostituito dal d.l. 23.6.2011, n. 89, conv., con modif., dalla l. 2.8.2011, n. 129 e, successivamente, così modificato dalla l. 6.8.2013, n. 97.

183 *quater*. Esecuzione della confisca in casi particolari. 1. Competente a emettere i provvedimenti di confisca in casi particolari previsti dall'articolo 240 *bis* del codice penale o da altre disposizioni di legge che a questo articolo rinviano dopo l'irrevocabilità della sentenza, è il giudice di cui all'articolo 666, commi 1, 2 e 3, del codice. Il giudice, sulla richiesta di sequestro e contestuale confisca proposta dal pubblico ministero, provvede nelle forme previste dall'articolo 667, comma 4, del codice. L'opposizione è proposta, a pena di decadenza, entro trenta giorni dalla comunicazione o notificazione del decreto.

2. In caso di morte del soggetto nei cui confronti è stata disposta la confisca con sentenza di condanna passata in giudicato, il relativo procedimento inizia o prosegue, a norma dell'articolo 666 del codice, nei confronti degli eredi o comunque degli aventi causa.

3. L'autorità giudiziaria competente ad amministrare i beni sequestrati è il giudice che ha disposto il sequestro ovvero, se organo collegiale, il giudice delegato nominato dal collegio stesso. L'opposizione ai provvedimenti adottati, ove consentita, è presentata, nelle forme dell'articolo 666 del codice, allo stesso giudice ovvero, nel caso di provvedimento del giudice delegato, al collegio.

• Articolo inserito dal d. lgs. 1.3.2018, n. 21.

184. Forma dei provvedimenti che applicano altre sanzioni pecuniarie. 1. Salvo che la legge disponga altrimenti, i provvedimenti previsti dall'articolo 664 comma 1 del codice sono adottati con ordinanza.

185. Assunzione delle prove nel procedimento di esecuzione. 1. Il giudice, nell'assumere le prove a norma dell'articolo 666 comma 5 del codice, procede senza particolari formalità anche per quanto concerne la citazione e l'esame dei testimoni e l'espletamento della perizia.

186. Applicazione della disciplina del concorso formale e del reato continuato. 1. Le copie delle sentenze o decreti irrevocabili, se non sono allegate alla richiesta prevista dall'articolo 671, comma 1, del codice, sono acquisite di ufficio.

187. Determinazione del reato più grave. 1. Per l'applicazione della disciplina del concorso formale e del reato continuato da parte del giudice dell'esecuzione si considera violazione più grave quella per la quale è stata inflitta la pena più grave, anche quando per alcuni reati si è proceduto con giudizio abbreviato.

188. Concorso formale e reato continuato nel caso di più sentenze di applicazione della pena su richiesta delle parti. 1. Fermo quanto previsto dall'articolo 137, nel caso di più sentenze di applicazione della pena su richiesta delle parti pronunciate in procedimenti distinti contro la stessa persona, questa e il pubblico ministero possono chiedere al giudice dell'esecuzione l'applicazione della disciplina del concorso formale o del reato continuato, quando concordano sulla entità della sanzione sostitutiva o della pena detentiva, sempre che quest'ultima non superi complessivamente cinque anni, soli o congiunti a pena pecuniaria, ovvero due anni, soli o congiunti a pena pecuniaria, nei casi previsti nel comma 1 *bis* dell'articolo 444 del codice. Nel caso di disaccordo del pubblico ministero, il giudice, se lo ritiene ingiustificato, accoglie ugualmente la richiesta.

• Testo modificato dalla l. 2.8.2004, n. 205.

189. Comunicazione dei provvedimenti del giudice di sorveglianza. 1. Il dispositivo dei provvedimenti esecutivi del giudice di sorveglianza che incidono sulla durata della pena, o sulla data in cui la stessa deve avere inizio o termine, è comunicato senza ritardo, a cura della cancelleria presso il giudice medesimo, al pubblico ministero competente per l'esecuzione della sentenza di condanna. Le medesime disposizioni si applicano ai provvedimenti esecutivi del giudice di sorveglianza concernenti le misure di sicurezza.

190. Prescrizioni per la persona sottoposta a libertà vigilata. 1. Il magistrato di sorveglianza stabilisce le prescrizioni alle quali deve attenersi la persona sottoposta a libertà vigilata a norma dell'articolo 228 del codice penale.

2. Le prescrizioni sono trascritte in una carta precettiva che è consegnata all'interessato con obbligo di conservarla e di presentarla ad ogni richiesta dell'autorità. In caso di irreperibilità, il magistrato di sorveglianza provvede a norma dell'articolo 231 del codice penale.

3. Il vigilato non può, senza autorizzazione del magistrato di sorveglianza, trasferire la propria residenza o dimora in un comune diverso e deve informare gli organi ai quali è stata affidata la vigilanza di ogni mutamento di abitazione nell'ambito del comune.

4. In caso di trasferimento non autorizzato, di successiva irreperibilità e di altre trasgressioni, il magistrato di sorveglianza provvede a norma dell'articolo 231 del codice penale.

5. Copia delle prescrizioni indicate nel comma 1 è comunicata agli organi e alle persone cui è affidata la vigilanza a norma degli articoli 228 e 232 del codice penale nonché al centro di servizio sociale.

6. La vigilanza è esercitata in modo da non rendere difficoltosa alla persona che vi è sottoposta la ricerca di un lavoro e da consentirle di attendervi con la necessaria tranquillità.

191. Applicazione del divieto di soggiorno. 1. Il provvedimento del magistrato di sorveglianza che applica il divieto di soggiorno in determinati luoghi a norma dell'articolo 233 del codice penale è immediatamente comunicato dalla cancelleria agli organi di pubblica sicurezza dei comuni o delle province cui si riferisce il divieto. Di ogni trasgressione gli organi predetti fanno rapporto al magistrato di sorveglianza per i provvedimenti conseguenti.

192. Annotazione del decreto di grazia. 1. Il pubblico ministero competente a norma dell'articolo 681 comma 4 del codice provvede senza ritardo affinché il decreto di grazia sia annotato sull'originale della sentenza o del decreto penale di condanna.

193. Annotazione del provvedimento di riabilitazione e di revoca delle sentenze di condanna. 1. Il provvedimento che concede la riabilitazione, divenuto irrevocabile, è annotato nella sentenza di condanna a cura della cancelleria del giudice che lo ha emesso. Allo stesso modo si procede per i provvedimenti di revoca adottati a norma degli articoli 669 e 673 del codice.

194. Iscrizioni nel casellario giudiziale.
[Soppresso.]

• Articolo abrogato dal d.P.R. 14.11.2002, n. 313.

195. Richiesta del certificato spedito per ragioni di elettorato.
[Soppresso.]

• Articolo abrogato dal d.P.R. 14.11.2002, n. 313.

196. Iscrizione delle sentenze di applicazione di sanzioni sostitutive a richiesta dell'imputato.
[Soppresso.]

• Articolo abrogato dal d.P.R. 14.11.2002, n. 313.

197. Condanne da non menzionare nei certificati richiesti dall'interessato.
[Soppresso.]

• Articolo abrogato dal d.P.R. 14.11.2002, n. 313.

198. Certificati che possono essere chiesti dall'interessato.
[Soppresso.]

• Articolo abrogato dal d. lgs. 14.1.1991, n. 12.

199. Recupero delle spese del procedimento.
[Soppresso.]

• Articolo abrogato dal **T.U. spese**.

200. Annotazione delle spese anticipate dall'erario.
[Soppresso.]

• Articolo abrogato dal **T.U. spese**.

Capo XVI
Disposizioni relative ai rapporti giurisdizionali con autorità straniere

201. Traduzione delle domande provenienti da un'autorità straniera. 1. Le domande provenienti da un'autorità straniera nonché i relativi atti e documenti sono accompagnati da una traduzione in lingua italiana.

202. Consenso dell'interessato alla estradizione per l'estero. 1. Fuori dei casi previsti dagli articoli 703 e 717 del codice, il consenso dell'interessato alla estradizione è prestato davanti al presidente della corte di appello nel rispetto delle garanzie previste dall'articolo 701, comma 2. Il verbale è compilato in due originali, uno dei quali è trasmesso senza ritardo, a cura della cancelleria, al ministro della giustizia.

203. Comunicazioni al ministro della giustizia in merito alla estradizione. 1. La cancelleria comunica senza ritardo al ministro della giustizia l'avvenuta scadenza del termine per l'impugnazione della sentenza della corte di appello o l'avvenuto deposito della sentenza della corte di cassazione. Trasmette, inoltre, al ministro della giustizia copia della sentenza della corte di appello non più soggetta a impugnazione ovvero copia della sentenza della corte di cassazione.

204. Comunicazioni all'autorità giudiziaria che ha trasmesso la rogatoria all'estero. 1. Le comunicazioni previste dall'articolo 727, comma 3, del codice devono pervenire all'autorità giudiziaria richiedente senza ritardo. Le comunicazioni dell'avvenuto inoltro della rogatoria ovvero dell'emissione del decreto previsto dall'articolo 727, comma 2, del codice devono comunque pervenire entro cinque giorni dalle rispettive date di inoltro e di emissione.

204 *bis*. Comunicazioni all'autorità giudiziaria in tema di rogatoria. 1. Quando un accordo internazionale prevede la trasmissione diretta della richiesta di assistenza giudiziaria, l'autorità giudiziaria indicata dagli articoli 724, 726 e 726 *ter* del codice che riceve direttamente la richiesta ovvero l'autorità giudiziaria che la invia direttamente all'autorità straniera ne trasmette senza ritardo copia al Ministero della giustizia.

• Articolo aggiunto dalla l. 5.10.2001, n. 367.

205. Richiesta del testo di leggi straniere. 1. L'autorità giudiziaria, per ragioni di ufficio, può richiedere al ministro della giustizia il testo di leggi straniere.

205 *bis*. Irrevocabilità del consenso nell'ambito di procedure di cooperazione giudiziaria. 1. Quando è previsto dal codice e da accordi internazionali, per l'espletamento di determinati atti, che l'interessato esprima il proprio consenso in una procedura di cooperazione giudiziaria, il consenso espresso non può essere revocato, salvo che l'interessato ignorasse circostanze di fatto rilevanti ai fini della sua decisione ovvero esse si siano successivamente modificate.

• Articolo aggiunto dalla l. 5.10.2001, n. 367.

205 *ter*. Partecipazione al processo a distanza per l'imputato detenuto all'estero. 1. La partecipazione all'udienza dell'imputato detenuto all'estero, che non possa essere trasferito in Italia, ha luogo attraverso il collegamento audiovisivo, quando previsto da accordi internazionali e secondo la disciplina in essi contenuta. Per quanto non espressamente disciplinato dagli accordi internazionali, si applica la disposizione dell'articolo 133 *ter* del codice.

2. Non può procedersi a collegamento audiovisivo se lo Stato estero non assicura la possibilità di presenza del difensore o di un sostituto nel luogo in cui viene assunto l'atto e se quest'ultimo non ha possibilità di colloquiare riservatamente con il suo assistito.

3. L'imputato ha diritto alla presenza dell'interprete se non conosce la lingua del luogo ove l'atto è compiuto o quella usata per rivolgergli le domande.

4. La detenzione dell'imputato all'estero non può comportare la sospensione o il differimento dell'udienza quando è possibile la partecipazione all'udienza in collegamento audiovisivo, nei casi in cui l'imputato non dà il consenso o rifiuta di assistere. Si osservano, in quanto applicabili, le disposizioni di cui all'articolo 420 *ter* del codice.

5. La partecipazione all'udienza attraverso il collegamento audiovisivo del testimone o del perito si svolge secondo le modalità e i presupposti previsti dagli accordi internazionali. Per quanto non espressamente disciplinato, si applica, in quanto compatibile, la disposizione dell'articolo 133 *ter* del codice.

• Articolo aggiunto dalla l. 5.10.2001, n. 367. I co. 1 e 5 sono stati modificati dal d. lgs. 10.10.2022, n. 150.

Capo XVII
Disposizione finale

206. Regolamento ministeriale. 1. Con decreto del ministro della giustizia sono adottate le disposizioni regolamentari che concernono:

a) la tenuta, anche in forma automatizzata, dei registri e degli altri strumenti di registrazione in materia penale;

b) le modalità di formazione e di tenuta dei fascicoli degli uffici giudiziari penali;

c) le altre attività necessarie per l'attuazione del codice non disciplinate dal presente decreto.

2. Il decreto previsto dal comma 1 e quello previsto dall'articolo 199 sono emanati entro il 30 settembre 1989; all'uopo il Consiglio di Stato deve pronunziarsi entro quindici giorni dalla richiesta del parere.

• Articolo modificato dalla l. 7.12.2000, n. 397.

Titolo II
NORME DI COORDINAMENTO

207. Ambito di applicazione delle disposizioni del codice. 1. Le disposizioni del codice si osservano nei procedimenti relativi a tutti i reati anche se previsti da leggi speciali, salvo quanto diversamente stabilito in questo titolo e nel titolo III.

208. Corrispondenza tra gli istituti e le disposizioni del codice e del codice abrogato. 1. Quando nelle leggi o nei decreti sono richiamati istituti o disposizioni del codice abrogato, il richiamo si intende riferito agli istituti o alle disposizioni del codice che disciplinano la corrispondente materia.

209. Corrispondenza tra uffici e organi del codice e del codice abrogato. 1. Quando leggi o decreti indicano uffici o organi giudiziari con la denominazione del codice abrogato, l'indicazione si intende riferita agli uffici o agli organi giudiziari ai quali il codice attribuisce funzioni corrispondenti o analoghe.

210. Competenza. 1. Continuano a osservarsi le disposizioni di leggi o decreti che regolano la competenza per materia o per territorio in deroga alla disciplina del codice nonché le disposizioni che prevedono la competenza del giudice penale in ordine a violazioni connesse a fatti costituenti reato.

211. Rapporti tra azione civile e azione penale. 1. Salvo quanto disposto dall'articolo 75, comma 2, del codice, quando disposizioni di legge prevedono la sospensione necessaria del processo civile o amministrativo a causa della pendenza di un processo penale, il processo civile o amministrativo è sospeso fino alla definizione del processo penale se questo può dare luogo a una sentenza che abbia efficacia di giudicato nell'altro processo e se è già stata esercitata l'azione penale.

212. Costituzione di parte civile e intervento nel processo. 1. Quando leggi o decreti consentono la costituzione di parte civile o l'intervento nel processo penale al di fuori delle ipotesi indicate nell'articolo 74 del codice, è consentito solo l'intervento nei limiti e alle condizioni previste dagli articoli 91, 92, 93 e 94 del codice.

2. Resta in vigore l'articolo 240 del regio decreto 16 marzo 1942, n. 267.

213. Responsabilità civile derivante dalla circolazione dei veicoli a motore e dei natanti e provvisoria esecuzione. 1. Continua a osservarsi la disposizione dell'articolo 5 *bis* del decreto-legge 23 dicembre 1976 n. 857, convertito nella legge 26 febbraio 1977, n. 39.

214. Arresto o cattura da parte di organi che non esercitano funzioni penali. 1. Sono abrogate le disposizioni di leggi o decreti che prevedono l'arresto o la cattura da parte di organi giudiziari che non esercitano funzioni penali.

215. Rilascio del passaporto. 1. È abrogato l'articolo 3, comma 1, lettera *c*), della legge 21 novembre 1967, n. 1185.

216. Modalità di esecuzione della custodia cautelare, delle pene e delle misure di sicurezza. 1. Continuano a osservarsi le disposizioni di leggi o decreti che prevedono speciali modalità per l'esecuzione della custodia cautelare, delle pene e delle misure di sicurezza in istituti penitenziari.

217. Applicazione provvisoria di pene accessorie. 1. È abrogato l'articolo 140 del codice penale.

2. È abrogata, altresì, ogni altra disposizione che prevede l'applicazione provvisoria di pene accessorie.

218. Ipoteca legale. 1. Sono abrogate le disposizioni del codice penale che prevedono l'ipoteca legale.

2. L'ipoteca legale per illeciti penali prevista da altre disposizioni di legge è sostituita con il sequestro conservativo secondo le norme del codice.

219. Associazioni segrete. 1. Continuano a osservarsi le disposizioni processuali della legge 25 gennaio 1982, n. 17.

220. Attività ispettive e di vigilanza. 1. Quando nel corso di attività ispettive o di vigilanza previste da leggi o decreti emergono indizi di reato, gli atti necessari per assicurare le fonti di prova e raccogliere quant'altro possa servire per l'applicazione della legge penale sono compiuti con l'osservanza delle disposizioni del codice.

221. Modalità particolari per la denuncia delle notizie di reato. 1. Continuano a osservarsi le disposizioni di leggi o decreti che prevedono modalità diverse da quelle indicate negli articoli 331 e 347 del codice per l'inoltro della denuncia all'autorità giudiziaria ovvero consentono di presentare la denuncia stessa ad altra autorità che a quella abbia l'obbligo di riferire.

222. Investigatori privati. 1. Fino all'approvazione della nuova disciplina sugli investigatori privati, l'autorizzazione a svolgere le attività indicate nell'articolo 327 *bis* del codice è rilasciata dal prefetto agli investigatori che abbiano maturato una specifica esperienza professionale che garantisca il corretto esercizio dell'attività.

2. In deroga a quanto previsto dall'articolo 135 del regio decreto 18 giugno 1931 n. 773, l'incarico è iscritto in uno speciale registro, in cui sono annotate:

a) le generalità e l'indirizzo del difensore committente;

b) la specie degli atti investigativi richiesti;

c) la durata delle indagini, determinata al momento del conferimento dell'incarico.

3. Nell'ambito delle indagini previste dal presente articolo non si applica la disposizione dell'articolo 139 del regio decreto 18 giugno 1931 n. 773.

4. Ai fini di quanto disposto dall'articolo 103, commi 2 e 5, del codice, il difensore comunica il conferimento dell'incarico previsto dal comma 2 del presente articolo all'autorità giudiziaria procedente.

• Il co. 1 è stato così modificato dalla l. 7.12.2000, n. 397, che ha anche sostituito il co. 4.

223. Analisi di campioni e garanzie per l'interessato. 1. Qualora nel corso di attività ispettive o di vigilanza previste da leggi o decreti si debbano eseguire analisi di campioni per le quali non è prevista la revisione, a cura dell'organo procedente è dato, anche oralmente, avviso all'interessato del giorno, dell'ora e del luogo dove le analisi verranno effettuate. L'interessato o persona di sua fiducia appositamente designata possono presenziare alle analisi, eventualmente con l'assistenza di un consulente tecnico. A tali persone spettano i poteri previsti dall'articolo 230 del codice.

2. Se leggi o decreti prevedono la revisione delle analisi e questa sia richiesta dall'interessato, a cura dell'organo incaricato della revisione, almeno tre giorni prima, deve essere dato avviso del giorno, dell'ora e del luogo ove la medesima verrà effettuata all'interessato e al difensore eventualmente nominato. Alle operazioni di revisione l'interessato e il difensore hanno diritto di assistere personalmente, con l'assistenza eventuale di un consulente tecnico. A tali persone spettano i poteri previsti dall'articolo 230 del codice.

3. I verbali di analisi non ripetibili e i verbali di revisione di analisi sono raccolti nel fascicolo per il dibattimento, sempre che siano state osservate le disposizioni dei commi 1 e 2.

[224. Violazione del foglio di via da parte dello straniero].

• Per disposizione dell'originario co. 4, tale previsione non trova più applicazione dal 24.10.1991.

225. Perquisizioni domiciliari. 1. Continuano a osservarsi le disposizioni dell'articolo 41 del regio decreto 18 giugno 1931, n. 773 e dell'articolo 33 della legge 7 gennaio 1929, n. 4.

226. Intercettazioni e controlli preventivi sulle comunicazioni. 1. Il Ministro dell'interno o, su sua delega, i responsabili dei Servizi centrali di cui all'articolo 12 del decreto-legge 13 maggio 1991, n. 152, convertito, con modificazioni, dalla legge 12 luglio 1991, n. 203, nonché il questore o il comandante provinciale dei Carabinieri e della Guardia di finanza, richiedono al procuratore della Repubblica presso il tribunale del capoluogo del distretto in cui si trova il soggetto da sottoporre a controllo ovvero, nel caso non sia determinabile, del distretto in cui sono emerse le esigenze di prevenzione, l'autorizzazione all'intercettazione di comunicazioni o conversazioni, anche per via telematica, nonché all'intercettazione di comunicazioni o conversazioni tra presenti anche se queste avvengono nei luoghi indicati dall'articolo 614 del codice penale quando sia necessario per l'acquisizione di notizie concernenti la prevenzione di delitti di cui all'articolo 407, comma 2, lettera *a*), n. 4 e 51, comma 3 *bis*, del codice, nonché di quelli di cui all'articolo 51, comma 3 *quater*, del codice, commessi mediante l'impiego di tecnologie informatiche o telematiche. Il Ministro dell'interno può altresì delegare il Direttore della Direzione investigativa antimafia limitatamente ai delitti di cui all'articolo 51, comma 3 *bis*, del codice.

2. Il procuratore della Repubblica, qualora vi siano elementi investigativi che giustifichino l'attività di prevenzione e lo ritenga necessario, autorizza l'intercettazione per la durata massima di giorni quaranta, prorogabile per periodi successivi di giorni venti ove permangano i presupposti di legge. L'autorizzazione alla prosecuzione delle operazioni è data dal pubblico ministero con decreto motivato, nel quale deve essere dato chiaramente atto dei motivi che rendono necessaria la prosecuzione delle operazioni.

3. Delle operazioni svolte e dei contenuti intercettati è redatto verbale sintetico che, unitamente ai supporti utilizzati, è depositato presso il procuratore che ha autorizzato le attività entro cinque giorni dal termine delle stesse. Il predetto termine è di dieci giorni se sussistono esigenze di traduzione delle comunicazioni o conversazioni. Il procuratore, verificata la conformità delle attività compiute all'autorizzazione, dispone l'immediata distruzione dei supporti e dei verbali.

3 *bis*. In deroga a quanto previsto dal comma 3, il procuratore può autorizzare, per un periodo non superiore a ventiquattro mesi, la conservazione dei dati acquisiti, anche relativi al traffico telematico, esclusi comunque i contenuti delle comunicazioni, quando gli stessi sono indispensabili per la prosecuzione dell'attività finalizzata alla prevenzione di delitti di cui al comma 1.

4. Con le modalità e nei casi di cui ai commi 1 e 3, può essere autorizzato il tracciamento delle comunicazioni telefoniche e telematiche, nonché l'acquisizione dei dati esterni relativi alle comunicazioni telefoniche e telematiche intercorse e l'acquisizione di ogni altra informazione utile in possesso degli operatori di telecomunicazioni.

5. In ogni caso gli elementi acquisiti attraverso le attività preventive non possono essere utilizzati nel procedimento penale, fatti salvi i fini investigativi. In ogni caso le attività di intercettazione preventiva di cui ai commi precedenti, e le notizie acquisite a seguito delle attività medesime, non possono essere menzionate in atti di indagine né costituire oggetto di deposizione né essere altrimenti divulgate.

• Articolo così sostituito dal d.l. 18.10.2001, n. 374, come modificato dalla l. 15.12.2001, n. 438. Il co. 1 è stato così modificato, in sede di conversione, dal d.l. 18.2.2015, n. 7, conv., con modif., dalla l. 17.4.2015, n. 43. Il secondo periodo del co. 3 è stato aggiunto dal d.l. 7 del 2015. Il co. 3 *bis* è stato aggiunto, in sede di conversione, dal d.l. 7 del 2015.

227. Detenzione per uso personale di sostanze stupefacenti.
[Soppresso.]

• Articolo abrogato dal **T.U. stup.**

228. Disposizioni speciali in tema di sostanze stupefacenti.
[Soppresso.]

• Articolo abrogato dal **T.U. stup.**

229. Disposizioni speciali in tema di sequestri. 1. Continuano a osservarsi, se più brevi, i termini previsti da leggi o decreti per la trasmissione del verbale di sequestro effettuato dalla polizia giudiziaria e per la successiva convalida. In ogni caso i provvedimenti relativi ai sequestri per il procedimento penale sono assoggettati soltanto ai rimedi previsti dal codice.

230. Fermo, arresto e cattura. 1. Le disposizioni dell'articolo 384 del codice si osservano anche quando leggi o decreti prevedono il fermo o l'arresto fuori dei casi di flagranza per delitti punibili con la reclusione superiore nel massimo a tre anni.
2. Ai fini della determinazione di effetti giuridici diversi dalla cattura, se in leggi o decreti si fa riferimento a reati per i quali è previsto il mandato o l'ordine di cattura obbligatorio, il riferimento deve intendersi operato ai delitti non colposi consumati o tentati previsti dall'articolo 380, commi 1 e 2, lettere *a*), *b*), *d*), *f*), *i*), del codice nonché, se la legge stabilisce la pena della reclusione non inferiore nel massimo a dieci anni, dalle lettere *c*), *g*), *h*), dello stesso comma 2. Se il riferimento è fatto a reati per i quali è previsto il mandato o l'ordine di cattura facoltativo, esso deve intendersi operato ai delitti indicati nell'art. 280 del codice diversi da quelli menzionati nel primo periodo del presente comma.
3. Restano in vigore l'articolo 133 comma 4 del decreto del Presidente della Repubblica 15 giugno 1959, n. 393 e l'articolo unico comma 1 del decreto del Presidente della Repubblica 4 luglio 1980 n. 575.

• Il d.P.R. 15.6.1959, n. 393 è stato abrogato dal d. lgs. 30.4.1992, n. 285.

231. Esercizio dell'azione penale da parte di organi diversi dal pubblico ministero. 1. Sono abrogate le disposizioni di leggi o decreti che prevedono l'esercizio dell'azione penale da parte di organi diversi dal pubblico ministero.

232. Corrispondenza tra sentenza istruttoria, sentenza di non luogo a procedere e provvedimento di archiviazione. 1. Le sentenze istruttorie di non doversi procedere emesse a norma del codice abrogato sono equiparate, nei corrispondenti casi, ai provvedimenti di archiviazione per mancanza di una condizione di procedibilità o per essere ignoto l'autore del reato ovvero alle sentenze di non luogo a procedere previste dal codice.

233. Giudizio direttissimo. 1. Sono abrogate le disposizioni di leggi o decreti che prevedono il giudizio direttissimo in casi, con forme o termini diversi da quelli indicati nel codice.
2. Tuttavia, il pubblico ministero procede al giudizio direttissimo, anche fuori dei casi previsti dagli articoli 449 e 566 del codice, per i reati concernenti le armi e gli esplosivi e per i reati commessi con il mezzo della stampa.

• Corte cost., 68 del 1991, ha dichiarato l'illegittimità costituzionale del co. 2.

234. Richiesta di sanzioni sostitutive da parte dell'imputato. 1. Salvo quanto stabilito dall'articolo 248 comma 4, sono abrogati gli articoli 77, 78, 79 e 80 della legge 24 novembre 1981 n. 689.

235. Violazioni di leggi finanziarie. 1. Nei procedimenti relativi a violazioni delle leggi finanziarie continua a osservarsi la disposizione dell'articolo 53 della legge 7 gennaio 1929 n. 4.

236. Disposizioni concernenti il tribunale di sorveglianza. 1. Competente a dichiarare l'estinzione della pena in conseguenza della liberazione condizionale o dell'affidamento in prova al servizio sociale è il tribunale di sorveglianza.
2. Nelle materie di competenza del tribunale di sorveglianza continuano a osservarsi le disposizioni processuali della legge 26 luglio 1975 n. 354 diverse da quelle contenute nel capo II *bis* del titolo II della stessa legge.

• Corte cost., 53 del 1993, ha dichiarato l'illegittimità del co. 2, nella parte in cui non consente l'applicazione degli artt. 666 e 678 del codice, nel procedimento di reclamo avverso il decreto del magistrato di sorveglianza che esclude dal computo della detenzione il periodo trascorso in permesso premio.

237. Eliminazione di iscrizioni dal casellario giudiziale.
[Soppresso.]

• Articolo abrogato dal d.P.R. 14.11.2002, n. 313.

238. Individuazione del pubblico ministero e del giudice per le indagini preliminari nei procedimenti di assise. 1. Per i reati di competenza della corte di assise le indagini preliminari sono svolte dal procuratore della Repubblica presso il tribunale individuato a norma degli articoli 8, 9, 10, 11 e 16 del codice. Con i medesimi criteri è individuato il giudice per le indagini preliminari. È fatto salvo quanto previsto dagli articoli 51, comma 3 *bis*, e 328, comma 1 *bis*, del codice.

2. Il procuratore della Repubblica indicato nel comma 1 partecipa al dibattimento davanti alla corte di assise e, nelle ipotesi di giudizio direttissimo, presenta l'imputato davanti al giudice del dibattimento.

3. Sono abrogati gli articoli 3 e 4 della legge 24 novembre 1951 n. 1324.

• L'ultimo periodo del co. 1 è stato aggiunto dal d.l. 20.11.1991, n. 367, conv., con modif., dalla l. 20.1.1992, n. 8.

239. Interruzione della prescrizione. 1. Il comma 2 dell'articolo 160 del codice penale è sostituito dal seguente: «Interrompono pure la prescrizione l'ordinanza che applica le misure cautelari personali e quella di convalida del fermo o dell'arresto, l'interrogatorio reso davanti al pubblico ministero o al giudice, l'invito a presentarsi al pubblico ministero per rendere l'interrogatorio, il provvedimento del giudice di fissazione dell'udienza in camera di consiglio per la decisione sulla richiesta di archiviazione, la richiesta di rinvio a giudizio, il decreto di fissazione dell'udienza preliminare, l'ordinanza che dispone il giudizio abbreviato, il decreto di fissazione della udienza per la decisione sulla richiesta di applicazione della pena, la presentazione o la citazione per il giudizio direttissimo, il decreto che dispone il giudizio immediato, il decreto che dispone il giudizio e il decreto di citazione a giudizio».

240. Trattamento sanitario del detenuto.
[Soppresso.]

• Articolo abrogato dal d. lgs. 2.10.2018, n. 123.

240 *bis*. Sospensione dei termini processuali nel periodo feriale. 1. L'articolo 2 della legge 7 ottobre 1969, n. 742, è sostituito dal seguente:

«In materia penale la sospensione dei termini procedurali, compresi quelli stabiliti per la fase delle indagini preliminari, non opera nei procedimenti relativi ad imputati in stato di custodia cautelare, qualora essi o i loro difensori rinunzino alla sospensione dei termini.

La sospensione dei termini delle indagini preliminari di cui al primo comma non opera nei procedimenti per reati di criminalità organizzata.

Nei procedimenti per reati la cui prescrizione maturi durante la sospensione o nei successivi quarantacinque giorni, ovvero nelle ipotesi in cui durante il medesimo periodo scadano o siano prossimi a scadere i termini della custodia cautelare, il giudice che procede pronuncia, anche di ufficio, ordinanza non impugnabile con la quale è specificatamente motivata e dichiarata l'urgenza del processo. In tal caso i termini processuali decorrono, anche nel periodo feriale, dalla data di notificazione dell'ordinanza. Nel corso delle indagini preliminari l'urgenza è dichiarata nella stessa forma dal giudice su richiesta del pubblico ministero.

Nel corso delle indagini preliminari, quando occorre procedere con la massima urgenza nel periodo feriale al compimento di atti rispetto ai quali opera la sospensione dei termini stabilita dall'articolo 1, il giudice per le indagini preliminari, su richiesta del pubblico ministero o della persona sottoposta alle indagini o del suo difensore, pronuncia ordinanza nella quale sono specificatamente enunciate le ragioni dell'urgenza e la natura degli atti da compiere. Allo stesso modo il pubblico ministero provvede con decreto motivato quando deve procedere al compimento degli atti previsti dall'articolo 360 del codice di procedura penale.

Gli avvisi sono notificati alle parti o ai difensori. Essi devono far menzione dell'ordinanza o del decreto e i termini decorrono dalla data di notificazione.

La sospensione dei termini non opera nelle ipotesi previste dall'articolo 467 del codice di procedura penale.

Quando nel corso del dibattimento si presenta la necessità di assumere prove nel periodo feriale, si procede a norma dell'articolo 467 del codice di procedura penale. Se le prove non sono state già ammesse, il giudice, nella prima udienza successiva, provvede a norma dell'articolo 495 dello stesso codice; le prove dichiarate inammissibili non possono essere utilizzate».

• Articolo inserito dal d. lgs. 20.7.1990, n. 193. L'attuale co. 2 dell'art. 2 l. n. 742/1969 è stato inserito dal d.l. 8.6.1992, n. 306, conv., con modif., dalla l. 7.8.1992, n. 356.

Titolo III
NORME TRANSITORIE

241. Procedimenti in corso che si trovano in una fase diversa da quella istruttoria. 1. Salvo quanto previsto dal presente titolo, i procedimenti in corso alla data di entrata in vigore del codice proseguono con l'applicazione delle norme anteriormente vigenti se a tale data è stata già richiesta la citazione a giudizio ovvero sono stati emessi sentenza istruttoria di proscioglimento non irrevocabile, ordinanza di rinvio a giudizio, decreto di citazione a giudizio o decreto penale di condanna ovvero è stato disposto il giudizio direttissimo.

242. Procedimenti in fase istruttoria che proseguono con le norme anteriormente vigenti. 1. La disposizione dell'articolo 241 si osserva altresì:

a) nei procedimenti in corso alla data di entrata in vigore del codice quando è stato compiuto un atto di istruzione del quale è previsto il deposito e il fatto è stato contestato all'imputato ovvero enunciato in un mandato o in un ordine rimasto senza effetto;

b) quando, prima dell'entrata in vigore del codice, è stato eseguito l'arresto in flagranza o il fermo;

c) nei procedimenti connessi a norma dell'articolo 45 del codice abrogato per i quali le condizioni indicate nelle lettere *a*) e *b*) ricorrono anche relativamente a uno solo degli indiziati o imputati ovvero a una sola delle imputazioni, sempre che alla data di entrata in vigore del codice i procedimenti siano già riuniti.

2. Quando si procede con istruzione sommaria, se entro il 31 dicembre 1990 non è stato ancora richiesto il decreto di citazione a giudizio o richiesta la sentenza di proscioglimento o non è stato disposto il giudizio direttissimo, il pubblico ministero entro i successivi trenta giorni trasmette il fascicolo con le sue conclusioni al giudice istruttore. Questi provvede agli adempimenti previsti dall'articolo 372 del codice abrogato ed entro sessanta giorni dalla scadenza del termine ivi indicato pronuncia sentenza di proscioglimento od ordinanza di rinvio a giudizio.

3. Quando si procede con istruzione formale, se l'istruzione è ancora in corso alla data del 31 dicembre 1990 ovvero, quando si tratta dei reati indicati nell'articolo 407, comma 2, lettera *a*) del codice, alla data del 30 giugno 1997, il giudice istruttore entro cinque giorni deposita il fascicolo in cancelleria, dandone avviso al pubblico ministero a norma dell'articolo 369 del codice abrogato. Entro sessanta giorni dalla scadenza del termine previsto dall'articolo 372 del codice abrogato, il giudice istruttore pronuncia sentenza di proscioglimento od ordinanza di rinvio a giudizio.

4. Nei procedimenti di competenza del pretore, se alla data del 31 dicembre 1990, l'istruzione è ancora in corso, il pretore entro trenta giorni pronuncia sentenza di proscioglimento, decreto di citazione a giudizio o decreto penale di condanna ovvero dispone il giudizio direttissimo.

• I co. 2, 3 e 4 sono stati modificati dal d. lgs. 12.4.1990, n. 77 e dal d. lgs. 17.10.1990, n. 293. Il co. 3 è stato successivamente modificato dal d. lgs. 12.12.1991, n. 400, dal d. lgs. 16.10.1992, n. 411, dalla l. 28.12.1993, n. 563, dalla l. 22.12.1994, n. 702, dal d.l. 29.4.1995, n. 139, conv., con modif., dalla l. 28.6.1995, n. 246, dalla l. 2.7.1996, n. 343 e, da ultimo, dalla l. 27.6.1997, n. 183.

243. Revoca delle sentenze di proscioglimento. 1. Le sentenze istruttorie di proscioglimento emesse nei procedimenti indicati nell'articolo 242 comma 1 possono essere revocate nei casi e con le forme previste dal titolo X del libro V del codice.

2. In caso di revoca di una sentenza istruttoria di proscioglimento si osservano le disposizioni del giudice. Gli atti di polizia giudiziaria e gli atti istruttori già compiuti sono considerati ad ogni effetto come compiuti nel corso delle indagini preliminari; tuttavia, quando si tratta di esperimenti giudiziali, perizie o ricognizioni, anche compiuti all'estero col rispetto del contraddittorio, i relativi verbali sono raccolti nel fascicolo previsto dall'articolo 431 del codice.

• Il co. 2 è stato modificato dal d. lgs. 17.10.1990, n. 293.

244. Disciplina applicabile in caso di regressione dei procedimenti alla fase istruttoria. 1. Le disposizioni dell'articolo 243, comma 2, si osservano anche quando, dopo la scadenza dei termini indicati nell'articolo 242, commi 2, 3 e 4, i procedimenti proseguiti con l'applicazione delle norme vigenti anteriormente alla data di entrata in vigore del codice regrediscono per qualunque motivo alla fase istruttoria ovvero quando i termini suddetti non sono rispettati. In tali casi si osservano altresì le seguenti disposizioni:

a) i termini che, secondo il codice, decorrono dal momento in cui è effettuata taluna delle iscrizioni nel registro previsto dall'articolo 335, sono computati a partire dalla data del provvedimento che dispone la regressione del procedimento o la trasmissione degli atti al pubblico ministero;

b) alle nullità relative verificatesi nel corso dell'istruzione si applica l'articolo 181, commi 1 e 2, del codice;

c) alla parte civile ritualmente costituita spettano nelle indagini preliminari i poteri attribuiti dal codice alla persona offesa.

2. Quando non sono rispettati i termini indicati nell'articolo 242, commi 2, 3 e 4, il pubblico ministero, il giudice istruttore o il pretore comunica al procuratore generale presso la corte di appello, che ne informa il ministro della giustizia, le ragioni che hanno impedito l'osservanza dei predetti termini e dispone la trasmissione degli atti al pubblico ministero.

• Il co. 1 è stato modificato dal d. lgs. 12.4.1990, n. 77, e, successivamente, dal d. lgs. 17.10.1990, n. 293.

245. Disposizioni del codice applicabili ai procedimenti che proseguono con le norme anteriormente vigenti. 1. Nei procedimenti in corso alla data di entrata in vigore del codice che proseguono con l'applicazione delle norme anteriormente vigenti si osservano le disposizioni degli articoli 246, 247, 248, 249, 250, 251, 252, 253, 254, 255, 256 e 257.

2. Nei procedimenti indicati nel comma 1 si osservano, inoltre, le seguenti disposizioni del codice:

a) articolo 104;

b) articolo 192;

c) articolo 200;

d) articolo 207;

e) articolo 296 comma 3, per i soli procedimenti pendenti nella fase istruttoria;

f) articolo 298;

g) articoli 314 e 315;

h) articolo 476, comma 2;

i) articolo 486, comma 5;

l) articolo 508, commi 1 e 2;

m) articolo 564;

n) articolo 578;

o) articolo 586;

p) articolo 597, commi 4 e 5;

q) articolo 599.

246. Questioni pregiudiziali. 1. Per la risoluzione delle questioni pregiudiziali si osservano le disposizioni del codice nonché quelle delle leggi vigenti. Se è stata disposta la sospensione del processo e questa non è più consentita, la relativa ordinanza è revocata.

247. Giudizio abbreviato. 1. Prima che siano state compiute le formalità di apertura del dibattimento di primo grado, l'imputato può chiedere, nella forma prevista dall'articolo 438 del codice, che il processo sia definito allo stato degli atti a norma dell'articolo 442 del codice.

2. Alla presentazione della richiesta il giudice, sospese le formalità di apertura del dibattimento se già iniziate, ne dà avviso al pubblico ministero, che nei cinque giorni successivi esprime o nega il proprio consenso. Se il consenso interviene e il giudice ritiene di poter decidere allo stato degli atti, fissa con ordinanza l'udienza in camera di consiglio, dandone avviso al pubblico ministero, all'imputato, al difensore e alla parte civile. All'udienza, il pubblico ministero e i difensori della parte civile e dell'imputato illustrano, nell'ordine, le rispettive conclusioni; l'imputato può chiedere di essere interrogato dopo le conclusioni del pubblico ministero. Terminata la discussione, il giudice pronuncia sentenza a norma dell'articolo 442 del codice. La sentenza ha autorità di cosa giudicata nel giudizio civile se la parte civile ha presentato le sue conclusioni alla udienza. Si osservano le disposizioni previste dall'articolo 443 del codice.

3. Il giudice, se non vi è il consenso del pubblico ministero o se ritiene di non poter decidere allo stato degli atti, pronuncia ordinanza con la quale dispone procedersi nelle forme ordinarie.

4. Quando la richiesta prevista dal comma 1 è formulata nel corso dell'istruzione, la competenza a provvedere spetta al giudice istruttore. Se si procede con istruzione sommaria, la richiesta è depositata presso la segreteria del pubblico ministero il quale, se esprime il proprio consenso, la trasmette al giudice istruttore unitamente agli atti del processo. Nei procedimenti di competenza del pretore il consenso è espresso dal pubblico ministero indicato nell'articolo 550, comma 1, lettera *a*) del codice. Si osservano in ogni caso, in quanto applicabili, le disposizioni previste dai commi 1, 2 e 3.

5. Quando si procede a carico di più imputati o per più imputazioni e sussistono i presupposti per definire il processo allo stato degli atti solo per alcuni degli imputati o per alcune delle imputazioni, il giudice, anche di ufficio, dispone con ordinanza la separazione dei procedimenti.

• Corte cost., 66 del 1990, ha dichiarato l'illegittimità costituzionale dei co. 1, 2 e 3.

248. Applicazione della pena su richiesta delle parti. 1. Prima che siano compiute le formalità di apertura del dibattimento di primo grado, l'imputato e il pubblico ministero possono chiedere al giudice l'applicazione della pena a norma dell'articolo 444 del codice. Se la richiesta non è formulata in udienza, il giudice ne dà avviso all'altra parte che, nei cinque giorni successivi, esprime o nega il proprio consenso. La richiesta e il consenso sono espressi nelle forme previste dall'articolo 446, commi 2, 3 e 6 del codice. Il giudice, se non deve provvedere a norma dell'articolo 421 del codice abrogato e sempre che ne sussistano i presupposti, pronuncia la sentenza prevista dall'articolo 444, comma 2 del codice. Si osservano le disposizioni previste dagli articoli 444, comma 2, 445 e 448 del codice. Quando non pronuncia sentenza, il giudice dispone con ordinanza procedersi nelle forme ordinarie.

2. Se la richiesta è formulata nel corso dell'istruzione, la competenza a provvedere spetta al giudice istruttore, osservate, in quanto compatibili, le disposizioni previste dall'articolo 447 del codice. Quando si procede con istruzione sommaria, la richiesta dell'imputato è depositata presso la segreteria del pubblico ministero il quale, se esprime il proprio consenso, la trasmette al giudice istruttore unitamente agli atti del processo, altrimenti emette decreto motivato di dissenso. Quando il pubblico ministero ritiene che il processo possa essere definito con la sentenza prevista dall'articolo 444 del codice, notifica all'imputato avviso di deposito della richiesta che intende rivolgere al giudice; se l'imputato esprime il proprio consenso, il pubblico ministero trasmette la richiesta, il consenso e gli atti del procedimento al giudice istruttore che provvede a norma del primo periodo del presente comma. Nei procedimenti di competenza del pretore, il consenso o il dissenso motivato è espresso dal pubblico ministero indicato nell'articolo 550, comma 1, lettera *a*) del codice.

3. Si osservano le disposizioni previste dall'articolo 247 comma 5.

4. Continuano ad osservarsi le disposizioni relative alla applicazione di sanzioni sostitutive su richiesta dell'imputato, a norma della legge 24 novembre 1981, n. 689, se la richiesta medesima è stata formulata anteriormente all'entrata in vigore del codice e sempre che l'interessato non si avvalga delle facoltà previste dall'articolo 247 e dal presente articolo.

249. Procedimento per decreto. 1. Quando ritiene di emettere decreto di condanna, il pretore può applicare una pena diminuita sino alla metà rispetto al minimo edittale.

2. Nei procedimenti di competenza del tribunale, sino alla chiusura dell'istruzione sommaria o formale, il pubblico ministero può chiedere al giudice istruttore di emettere decreto di condanna nei casi previsti dall'articolo 459 del codice, anche per una pena diminuita fino alla metà rispetto al minimo edittale. Se il giudice accoglie la richiesta emette il decreto, altrimenti si procede secondo le forme ordinarie. Per il decreto di condanna e per l'eventuale giudizio di opposizione davanti al tribunale si osservano, in quanto compatibili, le disposizioni del codice abrogato.

250. Disciplina delle misure cautelari, del fermo, dell'arresto e delle pene accessorie. 1. Successivamente alla data di entrata in vigore del codice può procedersi al fermo solo nei casi e alle condizioni previste dal codice. I mandati di cattura e gli ordini e i mandati di arresto possono essere emessi solo se ricorrono i presupposti indicati negli articoli 273, 274 e 280 del codice.

2. I provvedimenti sulla libertà personale disposti anteriormente alla data di entrata in vigore del codice sono revocati se non ricorrono i presupposti indicati nell'ultima parte del comma 1 ovvero, quando sono stati disposti con il provvedimento di convalida dell'arresto o di conferma della convalida, se sono relativi a reati per i quali il codice non consente l'arresto in flagranza.

3. Quando i provvedimenti indicati nel comma 2 sono stati emessi esclusivamente al fine di evitare il pericolo per l'acquisizione della prova, il termine previsto dall'articolo 292, lettera *d*) del codice è fissato su richiesta di parte ovvero di ufficio se il provvedimento non è stato ancora eseguito. Competente a fissare il suddetto termine è il giudice che procede o, nel corso dell'istruzione sommaria, il giudice istruttore su richiesta del pubblico ministero o del pretore.

4. Alla data di entrata in vigore del codice cessa l'esecuzione delle pene accessorie provvisoriamente applicate. Il giudice indicato nel comma 3 può disporre in sostituzione di esse, qualora ne ricorrano le condizioni, le misure interdittive previste nel capo III del titolo I del libro IV del codice.

251. Durata delle misure cautelari e restituzione della cauzione. 1. Quando si procede nei confronti di un imputato che si trova in stato di custodia cautelare si osservano le disposizioni del codice sui termini di durata della custodia stessa calcolati a decorrere dalla data di entrata in vigore del codice. Tuttavia, la durata della custodia cautelare non può superare i termini previsti dalle norme del codice abrogato.

2. Le misure previste dall'articolo 282, comma 1, del codice abrogato, imposte anteriormente alla data di entrata in vigore del codice, sono revocate quando dalla loro esecuzione è decorso un periodo di tempo pari a quello indicato nell'articolo 308, comma 1, del codice.

3. Se alla data di entrata in vigore del codice non è stata pronunciata l'ordinanza prevista dal comma 4 ovvero quella prevista dal comma 6 dell'articolo 292 del codice abrogato, la cauzione è restituita a richiesta dell'imputato o dei suoi eredi e i fideiussori sono liberati.

252. Infermità di mente sopravvenuta all'imputato. 1. Quando l'imputato si trova ricoverato per infermità di mente sopravvenuta a norma dell'articolo 88 del codice abrogato o tale infermità è accertata successivamente alla data di entrata in vigore del codice, si osservano le disposizioni previste dagli articoli 72 e 73, commi 1, 2 e 3 del codice.

2. I provvedimenti previsti dall'articolo 73, commi 1, 2 e 3 del codice sono adottati senza ritardo dal giudice anche di ufficio.

253. Trasferimento delle funzioni della sezione istruttoria. 1. Le funzioni attribuite dal codice abrogato alla sezione istruttoria sono esercitate dalla corte di appello.

254. Formule di proscioglimento. 1. Le sentenze di proscioglimento possono essere pronunciate solo con le formule previste dal codice.

255. Ricorso immediato per cassazione. 1. La parte che ha diritto di appellare la sentenza di primo grado può proporre direttamente ricorso per cassazione. Si osservano, in quanto applicabili, le disposizioni dell'articolo 569 del codice.

256. Criteri per il rinvio a giudizio. 1. La richiesta e il decreto di citazione a giudizio nonché l'ordinanza di rinvio a giudizio sono emessi solo quando il pubblico ministero, il pretore o il giudice istruttore ritengono che gli elementi di prova raccolti siano sufficienti a determinare, all'esito della istruttoria dibattimentale, la condanna dell'imputato.

257. Criteri per l'emissione delle sentenze di proscioglimento. 1. Ai fini della pronuncia delle sentenze istruttorie di proscioglimento ovvero di quelle previste dall'articolo 421 del codice abrogato, il giudice può tenere conto delle diminuzioni di pena derivanti da circostanze attenuanti e applicare le disposizioni dell'articolo 69 del codice penale.

258. Procedimenti che proseguono secondo le disposizioni del codice. 1. I procedimenti in corso diversi da quelli indicati negli articoli 241 e 242 proseguono con l'osservanza delle disposizioni del codice, ma i termini previsti dagli articoli 405, comma 2, e 553, comma 1, del codice sono di dodici mesi e il termine di durata massima delle indagini preliminari scade il 31 dicembre 1991.
2. Il termine per la richiesta di giudizio immediato previsto dall'articolo 454, comma 1, del codice è di nove mesi; il termine per la richiesta di emissione del decreto penale di condanna previsto dall'articolo 459, comma 1, del codice è di dodici mesi.
3. Detti termini sono computati dalla data di entrata in vigore del codice. Per gli atti di polizia giudiziaria e per gli atti istruttori si osservano le disposizioni previste dagli articoli 243, comma 2, e 244, comma 1.
4. Qualora alla scadenza dei termini per le indagini preliminari il pubblico ministero non abbia esercitato l'azione penale o richiesto l'archiviazione, la proroga prevista dagli articoli 406, comma 1, e 553, comma 2, del codice opera di diritto fino al 31 dicembre 1991 per i procedimenti indicati nel comma 1 e per la durata di dodici mesi per i procedimenti relativi alle notizie di reato pervenute agli uffici di procura della Repubblica dalla data di entrata in vigore del codice fino a tutto il 31 maggio 1990. Per i suddetti procedimenti, in deroga a quanto previsto dall'articolo 412, comma 1, del codice, il procuratore generale presso la corte di appello ha facoltà di avocare le indagini preliminari qualora il pubblico ministero non abbia esercitato l'azione penale o richiesto l'archiviazione nei termini. Nei casi di proroga dei termini per le indagini preliminari previsti dal presente comma, la richiesta di emissione del decreto penale di condanna, in deroga a quanto previsto dall'articolo 459, comma 1, del codice, può essere trasmessa entro il termine prorogato.

• Articolo sostituito dal d. lgs. 17.2.1990, n. 24, modificato dal d. lgs. 22.6.1990, n. 61 e da ultimo sostituito dal d. lgs. 7.12.1990, n. 369.

259. Disciplina della competenza e della riunione dei procedimenti. 1. Ai fini della determinazione della competenza per materia e per territorio le disposizioni del codice si applicano solo per i reati commessi successivamente alla data di entrata in vigore dello stesso.
2. La riunione non può essere disposta e la connessione non opera tra i procedimenti che proseguono con l'osservanza del codice abrogato e quelli per i quali si applica il codice.

260. Esecuzione. 1. Nelle materie regolate dal libro X del codice si osservano le disposizioni ivi previste anche per i provvedimenti emessi anteriormente alla data di entrata in vigore del codice e per i procedimenti già iniziati a tale data, ferma restando la competenza del giudice davanti al quale i procedimenti medesimi sono in corso.

Decreto ministeriale 30 settembre 1989, n. 334. Regolamento per l'esecuzione del codice di procedura penale

1. 1. I compiti che il codice, le norme di attuazione e il presente regolamento attribuiscono all'ausiliario, al funzionario di cancelleria, al pubblico ufficiale, alla cancelleria o alla segreteria si intendono attribuiti al personale di cancelleria e di segreteria secondo le mansioni a ciascuno spettanti a norma delle disposizioni sullo stato giuridico.

2. Il dirigente dell'ufficio di cancelleria o di segreteria, con ordine di servizio, ripartisce i compiti fra il personale, in modo da assicurare la continuità ed efficienza del servizio.

2. 1. Gli uffici giudiziari tengono, nella materia penale, i registri obbligatori conformi ai modelli approvati con decreto del Ministro della giustizia. Possono altresì tenere i registri sussidiari, senza carattere ufficiale, che ritengono utili.

2. I registri non devono presentare alterazioni o abrasioni. Se occorre eseguire cancellature, le stesse sono fatte in modo da lasciar leggere le parole cancellate.

3. I registri sono tenuti in luogo non accessibile al pubblico e possono essere consultati solo dal personale autorizzato.

3. 1. Nella formazione dei fascicoli si osservano le disposizioni seguenti:

a) gli atti e le produzioni sono inseriti nel fascicolo in ordine cronologico a cura della cancelleria o segreteria, che provvede alla numerazione delle singole pagine;

b) la copertina del fascicolo deve contenere le generalità della persona a cui è attribuito il reato nonché la data e il numero della iscrizione della notizia di reato nel registro previsto dall'art. 335 del codice.

2. Il fascicolo deve contenere:

a) l'indice degli atti e delle produzioni;

b) l'elenco delle cose sequestrate;

c) la distinta delle spese anticipate dall'erario, diverse da quelle per le quali è stabilito il recupero in misura fissa;

d) la copia della sentenza o del decreto penale di condanna.

4. 1. Le comunicazioni previste dall'art. 157 commi 3 e 8 del codice sono spedite in plico chiuso e contengono:

a) il nome del destinatario della notificazione;

b) la indicazione della natura dell'atto notificato e del luogo della notificazione;

c) la data e la firma dell'ufficiale giudiziario.

2. Ricorrendone le ipotesi, le comunicazioni contengono altresì l'indicazione del giudice o del pubblico ministero che ha emesso il provvedimento notificato nonché del luogo e della data di comparizione.

5. 1. Le denunce e gli altri documenti anonimi che non possono essere utilizzati nel procedimento sono annotati in apposito registro suddiviso per anni, nel quale sono iscritti la data in cui il documento è pervenuto e il relativo oggetto.

2. Il registro e i documenti sono custoditi presso la procura della Repubblica con modalità tali da assicurarne la riservatezza.

3. Decorsi cinque anni da quando i documenti indicati nel comma 1 sono pervenuti alla procura della Repubblica, i documenti stessi e il registro sono distrutti con provvedimento adottato annualmente dal procuratore della Repubblica. Delle relative operazioni è redatto verbale.

6. 1. La cancelleria o la segreteria dell'autorità giudiziaria che ha emesso un provvedimento relativo alla libertà personale di persona detenuta o internata lo comunica all'autorità preposta all'istituto penitenziario. A quest'ultima autorità sono comunicati per estratto i provvedimenti che dispongono la rimessione per qualunque causa del procedimento ad altra autorità giudiziaria e gli estratti delle sentenze.

7. 1. L'autorità preposta a un istituto penitenziario o un funzionario da essa delegato iscrive in un registro, in ordine cronologico, il cognome, il nome, il luogo e la data di nascita, la cittadinanza, la lingua, lo stato, il domicilio dichiarato o eletto, i contrassegni personali delle persone che riceve in custodia, il giorno della loro entrata nell'istituto, il tempo e il luogo del loro arresto con l'indicazione del provvedimento in forza del quale furono arrestate, dell'autorità a disposizione della quale si trova il detenuto e del nome di chi ha proceduto alla consegna. Nello stesso registro sono iscritti la data dell'uscita dall'istituto, il provvedimento che la ordina e la dichiarazione o l'elezione di domicilio prevista dall'art. 161 comma 3 del codice.

2. Nel registro sono altresì annotati i provvedimenti comunicati a norma dell'art. 6.

8. 1. La disposizione dell'art. 24 comma 2 del decreto del Presidente della Repubblica 29 aprile 1976, n. 431*, relativa alla vidimazione da parte del magistrato di sorveglianza**, si applica anche al registro previsto dall'art. 57 del decreto legislativo 28 luglio 1989, n. 271.

* Ora art. 24 co. 2 d.P.R. 30 giugno 2000, n. 230: «Regolamento recante norme sull'ordinamento penitenziario e sulle misure privative e limitative della libertà», che, all'art. 136, ha abrogato il regolamento approvato con il d.P.R. 29 aprile 1976, n. 431.
** Ora: direttore dell'istituto.

9. 1. Nessun onere grava sull'amministrazione penitenziaria per il mantenimento, la cura e l'assistenza medica della persona sottoposta alla misura degli arresti domiciliari.

2. La disposizione del comma 1 non si applica se la misura degli arresti domiciliari è eseguita presso le comunità terapeutiche o di riabilitazione individuate con decreto del ministro di grazia e giustizia, sentite le regioni interessate, tra quelle che svolgono funzioni di recupero sociale senza finalità di lucro.

10. 1. L'elenco previsto dall'art. 81 comma 1 del decreto legislativo 28 luglio 1989, n. 271 è formato assegnando un distinto numero a ciascuna cosa sequestrata. Più cose sequestrate possono essere raggruppate sotto un unico numero quando esse sono della stessa specie e non rilevano per la loro individualità.

2. L'autorità che ha proceduto al sequestro cura che ciascuna cosa o ciascun gruppo di cose siano contraddistinti, mediante le modalità ritenute più idonee, da un numero corrispondente a quello con il quale la cosa o il gruppo di cose sono indicati nell'elenco richiamato dal comma 1.

11. 1. Se le cose sequestrate sono oggetti preziosi, monete, carte di pubblico credito indicate nell'art. 458 del codice penale o altri titoli al portatore, si provvede, appena pervengono nella cancelleria o nella segreteria, alla loro verificazione, osservate le disposizioni dell'art. 261 del codice. Allo stesso modo si procede per ogni altra cosa sequestrata quando i sigilli appaiono rotti o alterati. Delle operazioni è compilato verbale che viene unito agli atti.

2. [Soppresso.]

• Il co. 2 è stato abrogato dal **T.U. spese**.

12. [Soppresso.]

• Articolo abrogato dal **T.U. spese**.

13. 1. La vendita delle cose confiscate può essere eseguita dalla cancelleria anche a mezzo degli istituti di vendite giudiziarie.

14. 1. Nel corso delle indagini preliminari possono essere compiuti atti del procedimento anche nei giorni festivi.

15. 1. La cancelleria del giudice che ha emesso un provvedimento che definisce una fase o un grado del processo ne comunica l'estratto alla segreteria del pubblico ministero per l'annotazione nel registro delle notizie di reato.
2. Alla stessa segreteria è comunicata la trasmissione degli atti a norma dell'art. 590 del codice o la rimessione per qualunque causa del procedimento ad altra autorità giudiziaria.

16. 1. Salvo quanto previsto dall'art. 17, la cancelleria del giudice per le indagini preliminari annota in apposito registro, sotto un unico numero d'ordine, tutti i provvedimenti relativi a un medesimo procedimento adottati nel corso delle indagini preliminari o a seguito della chiusura di queste.
2. Gli originali dei provvedimenti del giudice per le indagini preliminari sono custoditi nel fascicolo relativo agli atti di indagine presso la segreteria del pubblico ministero. Per le sentenze e per i decreti di condanna emessi dal giudice per le indagini preliminari si applica la disposizione dell'art. 23.
3. Il giudice per le indagini preliminari può disporre l'esibizione dei provvedimenti da lui emessi nel corso delle indagini.

17. 1. Può prescindersi dall'annotazione prevista dall'art. 16 comma 1 per i decreti di archiviazione emessi a norma dell'art. 415 del codice qualora, prima della richiesta di archiviazione, non sia stato emesso alcun provvedimento da parte del giudice per le indagini preliminari. In tal caso, la segreteria del pubblico ministero trasmette alla cancelleria del giudice per le indagini preliminari i fascicoli contenenti le richieste di archiviazione per essere ignoto l'autore del reato accompagnati da un elenco in duplice esemplare. Uno degli esemplari è restituito alla segreteria del pubblico ministero con attestazione di ricevuta da parte della cancelleria del giudice.
2. Quando, a seguito della procedura prevista dal comma 1, è emesso decreto di archiviazione, la cancelleria del giudice allega agli atti da restituire alla segreteria del pubblico ministero un elenco in duplice esemplare, nel quale, con riferimento a ciascun procedimento, è indicata la data del decreto di archiviazione. Un esemplare di tale elenco, con l'attestazione di ricevuta da parte della segreteria del pubblico ministero, è conservato nella cancelleria del giudice in raccolta annuale.

18. 1. La segreteria del pubblico ministero dà avviso senza ritardo ai difensori del deposito della documentazione relativa all'attività integrativa di indagine prevista dall'art. 430 del codice.

19. 1. La cancelleria del giudice per le indagini preliminari, nel trasmettere al pubblico ministero il fascicolo a norma dell'art. 433 del codice, annota nell'indice gli atti acquisiti successivamente al deposito della richiesta di rinvio a giudizio nonché quelli che sono stati raccolti nel fascicolo per il dibattimento. In quest'ultimo fascicolo sono inseriti l'elenco delle cose sequestrate e la distinta delle spese non soggette a recupero in misura fissa.

20. 1. Il ruolo per i dibattimenti davanti al tribunale, alla corte di assise [e al pretore] è formato a norma degli articoli 132 e 160 del decreto legislativo 28 luglio 1989, n. 271.
2. Il ruolo per i dibattimenti davanti alla corte di appello e alla corte di assise di appello è formato ogni venti giorni dal presidente della corte di appello o da un consigliere da lui delegato.

3. Il ruolo è affisso a cura della cancelleria all'ingresso dell'aula di udienza almeno un giorno prima di quello dell'udienza.

4. Ai dibattimenti si procede secondo l'ordine del ruolo e conformemente agli orari indicati sui decreti che dispongono il giudizio, salvo che, per ragioni di urgenza o per altro giustificato motivo, il presidente o il pretore ordini che sia tenuto in precedenza un determinato dibattimento iscritto nel ruolo.

5. È in ogni caso data precedenza ai dibattimenti con imputati in custodia cautelare.

21. 1. L'ufficiale giudiziario o chi ne esercita le funzioni deve trovarsi nell'aula prima che cominci l'udienza. Quando il giudice entra nell'aula di udienza ne dà l'annuncio ad alta voce e quando il giudice si ritira in camera di consiglio resta nell'aula agli ordini del pubblico ministero.

2. Durante l'udienza l'ufficiale giudiziario o chi ne esercita le funzioni deve:

a) impedire qualunque comunicazione tra i testimoni esaminati e quelli da esaminare nonché fra questi ultimi e gli estranei;

b) vigilare perché i testimoni non assistano al dibattimento prima di essere esaminati;

c) curare che siano osservate le disposizioni dell'art. 471 del codice e impedire che sia turbato l'ordine dell'udienza;

d) eseguire gli ordini del presidente o, in sua assenza, del pubblico ministero.

22. [Soppresso.]

• Articolo abrogato dal **T.U. spese**.

23. 1. Gli originali delle sentenze e dei decreti penali di condanna sono raccolti in appositi volumi custoditi nella cancelleria del giudice che li ha emessi.

24. 1. I nastri e i supporti previsti dall'art. 49 del decreto legislativo 28 luglio 1989, n. 271 dei quali è stata eseguita la trascrizione sono trasmessi senza ritardo alla cancelleria del giudice della impugnazione se questi ne fa richiesta.

25. 1. Prima dell'udienza della corte di cassazione, la cancelleria trasmette al presidente e ai consiglieri copia del provvedimento impugnato, dell'atto di impugnazione e delle memorie.

26. 1. Con decreto del presidente della corte di cassazione sono stabiliti i criteri per la individuazione delle sentenze dalle quali devono essere tratte le massime e per la redazione delle stesse.

27. 1. Fermo quanto previsto dall'art. 625 comma 4 del codice, la cancelleria annota sull'originale della sentenza o del decreto di condanna l'irrevocabilità del provvedimento, dandone comunicazione alla segreteria del pubblico ministero per le conseguenti annotazioni sul registro previsto dall'art. 335 del codice.

28. 1. La cancelleria, quando un provvedimento diviene esecutivo per non essere stata proposta impugnazione od opposizione, ne trasmette l'estratto senza ritardo, e comunque entro cinque giorni, al pubblico ministero presso il giudice indicato nell'art. 665 del codice. Fermo quanto previsto dall'art. 626 del codice, allo stesso modo provvede la cancelleria della corte di cassazione quando l'esecuzione consegue alla decisione della stessa corte.

2. L'estratto del provvedimento contiene le generalità della persona nei confronti della quale deve essere eseguito, l'imputazione, il dispositivo e, quando ne è il caso, l'attestazione che non è stata proposta impugnazione od opposizione. All'estratto è allegata copia dei dispositivi dei provvedimenti che hanno definito gli eventuali altri gradi del procedimento.

3. Allo stesso modo si procede quando la legge stabilisce che l'impugnazione non sospende l'esecuzione del provvedimento.

4. Il pubblico ministero promuove senza ritardo l'esecuzione del provvedimento.

29. 1. Per l'esecuzione delle sentenze e dei decreti di condanna la segreteria del pubblico ministero procede ai seguenti adempimenti:

a) eseguiti i necessari accertamenti, iscrive ciascuna sentenza di condanna a pene detentive nel registro delle esecuzioni; le sentenze di condanna a pene pecuniarie o a sanzioni sostitutive, i decreti di condanna nonché le sentenze di condanna a pene detentive la cui esecuzione è sospesa sono iscritti nel registro delle esecuzioni nel caso di conversione in pena detentiva o di revoca della sospensione. Con l'iscrizione è annotato il provvedimento con il quale è stata promossa l'esecuzione della sentenza o del decreto di condanna;

b) forma un fascicolo con un numero progressivo corrispondente a quello del registro, nel quale sono raccolti l'estratto indicato nell'art. 28, il certificato del casellario giudiziale riguardante il condannato, i dati acquisiti presso il servizio informatico previsto dall'art. 97 del decreto legislativo 28 luglio 1989, n. 271 nonché copia degli atti del procedimento di grazia e dei provvedimenti emessi dall'autorità giudiziaria in sede di esecuzione. Di tutti gli atti viene formato un indice;

c) sottopone al pubblico ministero il fascicolo, anche per l'adozione dei provvedimenti previsti dagli articoli 657 e 663 del codice;

d) trasmette al direttore dell'istituto penitenziario dove si trova il condannato un foglio, sottoscritto dal pubblico ministero, con l'indicazione della quantità di pena da eseguire e della data in cui termina l'esecuzione;

e) comunica al direttore predetto ogni successivo provvedimento che incida sull'esecuzione della pena.

30. [Soppresso.]

• Articolo abrogato dal **T.U. spese.**

31. 1. Per l'esecuzione delle sanzioni sostitutive, la cancelleria del magistrato di sorveglianza iscrive in apposito registro l'estratto del provvedimento che le ha disposte e forma un fascicolo nel quale sono raccolti l'estratto medesimo e tutti gli atti del procedimento.

2. Allo stesso modo si procede per l'esecuzione delle misure di sicurezza diverse dalla confisca.

32. 1. Il provvedimento con il quale viene respinta la richiesta di liberazione anticipata o di liberazione condizionale è comunicato, a cura della cancelleria, al direttore dell'istituto di pena presso il quale il condannato è ristretto perché ne sia presa nota nella cartella biografica.

33. 1. La cancelleria del giudice che emette i provvedimenti di riabilitazione o di revoca previsti dall'art. 193 del decreto legislativo 28 luglio 1989, n. 271 ne trasmette l'estratto per l'annotazione alla cancelleria del giudice che ha emesso la sentenza di condanna.

34. 1. La cancelleria o la segreteria dell'autorità giudiziaria che ha emesso un provvedimento del quale è prevista l'iscrizione nel casellario giudiziale ne comunica senza ritardo, anche avvalendosi di mezzi tecnici idonei, l'estratto al casellario indicato nell'art. 685 del codice.

2. Allo stesso modo la segreteria del pubblico ministero indicato nell'art. 655 comunica gli eventi relativi alla espiazione della pena di cui è prevista l'iscrizione.

35. 1. Il giudice istruttore [e il pretore] trasmettono senza ritardo al pubblico ministero gli atti dei procedimenti indicati nell'art. 258 del decreto legislativo 28 luglio 1989, n. 271. La segreteria del pubblico ministero provvede all'iscrizione dei procedimenti medesimi nel registro previsto dall'art. 335 del codice.

36. 1. Il presente regolamento entra in vigore lo stesso giorno dell'entrata in vigore del codice di procedura penale, approvato con decreto del Presidente della Repubblica 22 settembre 1988, n. 447.

Leggi complementari

GIUDICE DI PACE

Decreto legislativo 28 agosto 2000, n. 274. Disposizioni sulla competenza penale del giudice di pace, a norma dell'articolo 14 della legge 24 novembre 1999, n. 468

Titolo I
PROCEDIMENTO DAVANTI AL GIUDICE DI PACE

Capo I
Soggetti, giurisdizione e competenza

1. Organi giudiziari nel procedimento penale davanti al giudice di pace. 1. Svolgono funzioni giudiziarie nel procedimento penale davanti al giudice di pace:

a) il procuratore della Repubblica presso il tribunale nel cui circondario ha sede il giudice di pace;

b) il giudice di pace.

2. Principi generali del procedimento davanti al giudice di pace. 1. Nel procedimento davanti al giudice di pace, per tutto ciò che non è previsto dal presente decreto, si osservano, in quanto applicabili, le norme contenute nel codice di procedura penale e nei titoli I e II del decreto legislativo 28 luglio 1989, n. 271, ad eccezione delle disposizioni relative:

a) all'incidente probatorio;

b) all'arresto in flagranza e al fermo di indiziato di delitto;

c) alle misure cautelari personali;

d) alla proroga del termine per le indagini;

e) all'udienza preliminare;

f) al giudizio abbreviato;

g) all'applicazione della pena su richiesta;

h) al giudizio direttissimo;

i) al giudizio immediato;

l) al decreto penale di condanna.

2. Nel corso del procedimento, il giudice di pace deve favorire, per quanto possibile, la conciliazione tra le parti.

3. Assunzione della qualità di imputato. 1. Nel procedimento davanti al giudice di pace, assume la qualità di imputato la persona alla quale il reato è attribuito nella citazione a giudizio disposta dalla polizia giudiziaria o nel decreto di convocazione delle parti emesso dal giudice di pace.

4. Competenza per materia. 1. Il giudice di pace è competente:

a) per i delitti consumati o tentati previsti dagli articoli 581, 582, limitatamente alle fattispecie di cui al secondo comma perseguibili a querela di parte, ad esclusione dei fatti commessi contro uno dei soggetti elencati dall'articolo 577, secondo comma, ovvero contro il convivente, 590, limitatamente alle fattispecie perseguibili a querela di parte e ad esclusione delle fattispecie connesse alla colpa professionale e dei fatti commessi con violazione delle norme per la prevenzione degli infortuni sul lavoro o relative all'igiene del lavoro o che abbiano determinato una malattia professionale quando, nei casi anzidetti, derivi una malattia di durata superiore a venti giorni, 594, 595, primo e secondo comma, 612, primo comma, 626, 627, 631, salvo che ricorra l'ipotesi di cui all'art. 639 *bis*, 632, salvo che ricorra l'ipotesi di cui all'art. 639 *bis*, 633, primo comma, salvo che ricorra l'ipotesi di cui all'art. 639 *bis*, 635, primo comma, 636, salvo che ricorra l'ipotesi di cui all'art. 639 *bis*, 637, 638, primo comma, 639, primo comma, e 647 del codice penale;

b) per le contravvenzioni previste dagli articoli 689, 690, 691, 726, primo comma e 731 del codice penale.

2. Il giudice di pace è altresì competente per i delitti, consumati o tentati, e per le contravvenzioni previsti dalle seguenti disposizioni:

a) articoli 25 e 62, terzo comma, del regio decreto 18 giugno 1931, n. 773, recante «Testo unico in materia di sicurezza»;

b) articoli 1095, 1096 e 1119 del regio decreto 30 marzo 1942, n. 327, recante «Approvazione del testo definitivo del codice della navigazione»;

c) articolo 3 del decreto del Presidente della Repubblica 4 agosto 1957, n. 918, recante «Approvazione del testo organico delle norme sulla disciplina dei rifugi alpini»;

d) articoli 102 e 106 del decreto del Presidente della Repubblica 30 marzo 1957, n. 361, recante «Testo unico delle leggi per l'elezione della Camera dei deputati»;

e) articolo 92 del decreto del Presidente della Repubblica 16 maggio 1960, n. 570, recante «Testo unico delle leggi per la composizione e la elezione degli organi delle amministrazioni comunali»;

f) articolo 15, secondo comma, della legge 28 novembre 1965, n. 1329, recante «Provvedimenti per l'acquisto di nuove macchine utensili»;

g) articolo 3 della legge 8 novembre 1991, n. 362, recante «Norme di riordino del settore farmaceutico»;

h) articolo 51 della legge 25 maggio 1970, n. 352, recante «Norme sui *referendum* previsti dalla Costituzione e sulla iniziativa legislativa del popolo»;

i) articoli 3, terzo e quarto comma, 46, quarto comma e 65, terzo comma, del decreto del Presidente della Repubblica 11 luglio 1980, n. 753, recante «Nuove norme in materia di polizia, sicurezza e regolarità dell'esercizio delle ferrovie e di altri servizi di trasporto»;

l) articoli 18 e 20 della legge 2 agosto 1982, n. 528, recante «Ordinamento del gioco del lotto e misure per il personale del lotto»;

m) articolo 17, comma 3, della legge 4 maggio 1990, n. 107, recante «Disciplina per le attività trasfusionali relative al sangue umano ed ai suoi componenti e per la produzione di plasmaderivati»;

n) articolo 15 comma 3, del decreto legislativo 27 settembre 1991, n. 311, recante «Attuazione delle direttive n. 87/404/CEE e n. 90/488/CEE in materia di recipienti semplici a pressione, a norma dell'articolo 56 della legge 29 dicembre 1990, n. 428»;

o) articolo 11 comma 1, del decreto legislativo 27 settembre 1991, n. 313, recante «Attuazione della direttiva n. 88/378/CEE relativa al ravvicinamento delle legislazioni degli Stati membri concernenti la sicurezza dei giocattoli, a norma dell'articolo 54 della legge 29 dicembre 1990, n. 428»;

p) [Soppresso;]

q) articoli 186, commi 2 e 6, 187, commi 4 e 5, del decreto legislativo 30 aprile 1992, n. 285, recante «Nuovo codice della strada»;

r) articolo 10, comma 1, del decreto legislativo 14 dicembre 1992, n. 507, recante «Attuazione della direttiva n. 90/385/CEE concernente il ravvicinamento delle legislazioni degli Stati membri relative ai dispositivi medici impiantabili attivi»;

s) articolo 23, comma 2, del decreto legislativo 24 febbraio 1997, n. 46, recante «Attuazione della direttiva n. 90/385/CEE concernente i dispositivi medici»;

s bis) articolo 10 *bis* del testo unico delle disposizioni concernenti la disciplina dell'immigrazione e norme sulla condizione dello straniero, di cui al decreto legislativo 25 luglio 1998, n. 286;

s ter) articolo 13, comma 5.2, e articolo 14, commi 1 *bis*, 5 *ter* e 5 *quater*, del testo unico delle disposizioni concernenti la disciplina dell'immigrazione e norme sulla condizione dello straniero, di cui al decreto legislativo 25 luglio 1998, n. 286;

3. La competenza per i reati di cui ai commi 1 e 2 è tuttavia del tribunale se ricorre una o più delle circostanze previste dagli articoli 1 del decreto legge 15 dicembre 1979, n. 625, convertito, con modificazioni, dalla legge 6 febbraio 1980, n. 15, 7 del decreto legge 13 maggio 1991, n. 152, convertito, con modificazioni, dalla legge 12 luglio 1991, n. 203, e 3 del decreto legge 26 aprile 1993, n. 122, convertito, con modificazioni, dalla legge 25 giugno 1993, n. 205.

4. Rimane ferma la competenza del tribunale per i minorenni.

• Articolo così modificato dalla l. 9.4.2003, n. 72; dalla l. 6.4.2005, n. 49; dal d.l. 23.5.2008, n. 92, conv. con modif. dalla l. 24.7.2008, n. 125; dalla l. 15.7.2009, n. 94; dal d.l. 23.6.2011, n. 89, conv. con modif. dalla l. 2.8.2011, n. 129; dal d.l. 14.8.2013, n. 93, conv. con modif. dalla l. 15.10.2013, n. 119, nonché, da ultimo, dalla l. 26.3.2016, n. 41.

• Corte cost., 236 del 2018, ha dichiarato l'illegittimità costituzionale della lett. *a*, «nella parte in cui non esclude dai delitti, consumati o tentati, di competenza del giudice di pace anche quello di lesioni volontarie, previsto dall'art. 582, secondo comma, del codice penale, per fatti commessi contro l'ascendente o il discendente di cui al numero 1) del primo comma dell'art. 577 del codice penale». La medesima pronuncia ha dichiarato, in via consequenziale, l'illegittimità della medesima lettera «nella parte in cui non esclude dai delitti, consumati o tentati, di competenza del giudice di pace anche quello di lesioni volontarie, previsto dall'art. 582, secondo comma, del codice penale, per fatti commessi contro gli altri soggetti elencati al numero 1) del primo comma dell'art. 577 del codice penale, come modificato dall'art. 2 della legge 11 gennaio 2018, n. 4».

5. Competenza per territorio. 1. Per i reati indicati nell'articolo 4, competente per il giudizio è il giudice di pace del luogo in cui il reato è stato consumato.

2. Competente per gli atti da compiere nella fase delle indagini preliminari è il giudice di pace del luogo ove ha sede il tribunale del circondario in cui è compreso il giudice territorialmente competente.

6. Competenza per materia determinata dalla connessione. 1. Tra procedimenti di competenza del giudice di pace e procedimenti di competenza di altro giudice, si ha connessione solo nel caso di persona imputata di più reati commessi con una sola azione od omissione.

2. Se alcuni dei procedimenti connessi appartengono alla competenza del giudice di pace e altri a quella della corte di assise o del tribunale, è competente per tutti il giudice superiore.

3. La connessione non opera se non è possibile la riunione dei processi, né tra procedimenti di competenza del giudice di pace e procedimenti di competenza di un giudice speciale.

7. Casi di connessione davanti al giudice di pace. 1. Davanti al giudice di pace si ha connessione di procedimenti:

a) se il reato per cui si procede è stato commesso da più persone in concorso o cooperazione fra loro;

b) se una persona è imputata di più reati commessi con una sola azione od omissione.

8. Competenza per territorio determinata dalla connessione. 1. Nei casi previsti dall'articolo 7, se i reati sono stati commessi in luoghi diversi, la competenza per territorio appartiene per tutti al giudice di pace del luogo in cui è stato commesso il primo reato. Se non è possibile determinare in tal modo la competenza, questa appartiene al giudice di pace del luogo in cui è iniziato il primo dei procedimenti connessi.

9. Riunione e separazione dei processi. 1. Nei casi previsti dall'articolo 7, prima di procedere all'udienza di comparizione, il giudice di pace può ordinare la riunione dei processi, quando questa non pregiudica la rapida definizione degli stessi.

2. Anche fuori dei casi previsti dall'articolo 7, il giudice di pace può ordinare la riunione dei processi quando i reati sono commessi da più persone in danno reciproco le une delle altre o quando più persone con condotte indipendenti hanno determinato l'evento o quando una persona è imputata di più reati commessi con più azioni od omissioni esecutive di un medesimo disegno criminoso, ovvero ogni volta in cui ciò giovi alla celerità e alla completezza dell'accertamento.
3. Prima di procedere all'udienza di comparizione e, comunque, non oltre la dichiarazione di apertura del dibattimento, il giudice di pace ordina la separazione dei processi, qualora ritenga che la riunione possa pregiudicare il tentativo di conciliazione, ovvero la rapida definizione di alcuni fra i processi riuniti.

10. Astensione e ricusazione del giudice di pace. 1. Sulla dichiarazione di astensione del giudice di pace decide il presidente del tribunale.
2. Sulla ricusazione del giudice di pace decide la Corte di appello.
3. Il giudice di pace astenuto o ricusato è sostituito con altro giudice dello stesso ufficio designato secondo le leggi di ordinamento giudiziario.
4. Qualora non sia possibile la sostituzione prevista dal comma 3, la corte o il tribunale rimette il procedimento al giudice di pace dell'ufficio più vicino.

Capo II
Indagini preliminari

11. Attività di indagine. 1. Acquisita la notizia di reato, la polizia giudiziaria compie di propria iniziativa tutti gli atti di indagine necessari per la ricostruzione del fatto e per l'individuazione del colpevole e ne riferisce al pubblico ministero, con relazione scritta, entro il termine di quattro mesi.
2. Se la notizia di reato risulta fondata, la polizia giudiziaria enuncia nella relazione il fatto in forma chiara e precisa, con l'indicazione degli articoli di legge che si assumono violati, e richiede l'autorizzazione a disporre la comparizione della persona sottoposta ad indagini davanti al giudice di pace.
3. Con la relazione, la polizia giudiziaria indica il giorno e l'ora in cui ha acquisito la notizia.

12. Notizie di reato ricevute dal pubblico ministero. 1. Salvo che ritenga di richiedere l'archiviazione, il pubblico ministero se prende direttamente notizia di un reato di competenza del giudice di pace ovvero la riceve da privati o da pubblici ufficiali o incaricati di un pubblico servizio, la trasmette alla polizia giudiziaria, perché proceda ai sensi dell'articolo 11, impartendo, se necessario, le direttive. Il pubblico ministero, se non ritiene necessari atti di indagine, formula l'imputazione e autorizza la polizia giudiziaria alla citazione a giudizio dell'imputato.

13. Autorizzazione del pubblico ministero al compimento di atti. 1. La polizia giudiziaria può richiedere al pubblico ministero l'autorizzazione al compimento di accertamenti tecnici irripetibili ovvero di interrogatori o di confronti cui partecipi la persona sottoposta alle indagini. Il pubblico ministero, se non ritiene di svolgere personalmente le indagini o singoli atti, può autorizzare la polizia giudiziaria al compimento degli atti richiesti. Allo stesso modo provvede se viene richiesta l'autorizzazione al compimento di perquisizioni e sequestri nei casi in cui la polizia giudiziaria non può procedervi di propria iniziativa.

14. Iscrizione della notizia di reato. 1. Il pubblico ministero provvede all'iscrizione della notizia di reato a seguito della trasmissione della relazione di cui all'articolo 11, ovvero anche prima di aver ricevuto la relazione fin dal primo atto di indagine svolto personalmente.

15. Chiusura delle indagini preliminari. 1. Ricevuta la relazione di cui all'articolo 11, il pubblico ministero, se non richiede l'archiviazione, esercita l'azione penale, formulando l'imputazione e autorizzando la citazione dell'imputato.

2. Se ritiene necessarie ulteriori indagini, il pubblico ministero vi provvede personalmente ovvero si avvale della polizia giudiziaria, impartendo direttive o delegando il compimento di specifici atti.

16. Durata delle indagini preliminari. 1. Il termine per la chiusura delle indagini preliminari è di quattro mesi dall'iscrizione della notizia di reato.

2. Nei casi di particolare complessità, il pubblico ministero dispone, con provvedimento motivato, la prosecuzione delle indagini preliminari per un periodo di tempo non superiore a due mesi. Il provvedimento è immediatamente comunicato al giudice di pace di cui all'articolo 5, comma 2, che se non ritiene sussistenti, in tutto o in parte, le ragioni rappresentate dal pubblico ministero, entro cinque giorni dalla comunicazione, dichiara la chiusura delle indagini ovvero riduce il termine indicato.

3. Gli atti di indagine compiuti dopo la scadenza dei termini indicati nei commi 1 e 2 non possono essere utilizzati.

17. Archiviazione. 1. Il pubblico ministero presenta al giudice di pace richiesta di archiviazione quando la notizia di reato è infondata, nonché nei casi previsti dagli articoli 411 del codice di procedura penale e 125 del decreto legislativo 28 luglio 1989, n. 271, nonché dall'articolo 34, commi 1 e 2 del presente decreto. Con la richiesta è trasmesso il fascicolo contenente la notizia di reato, la documentazione relativa alle indagini espletate e i verbali compiuti davanti al giudice.

2. Copia della richiesta è notificata alla persona offesa che nella notizia di reato o successivamente alla sua presentazione abbia dichiarato di volere essere informata circa l'eventuale archiviazione. Nella richiesta è altresì precisato che nel termine di dieci giorni la persona offesa può prendere visione degli atti e presentare richiesta motivata di prosecuzione delle indagini preliminari. Con l'opposizione alla richiesta di archiviazione la persona offesa indica, a pena di inammissibilità, gli elementi di prova che giustificano il rigetto della richiesta o le ulteriori indagini necessarie.

3. Il pubblico ministero provvede sempre a norma del comma 2, nei casi in cui la richiesta di archiviazione è successiva alla trasmissione del ricorso ai sensi dell'articolo 26, comma 2.

4. Il giudice, se accoglie la richiesta, dispone con decreto l'archiviazione, altrimenti restituisce, con ordinanza, gli atti al pubblico ministero indicando le ulteriori indagini necessarie e fissando il termine indispensabile per il loro compimento ovvero disponendo che entro dieci giorni il pubblico ministero formuli l'imputazione.

5. Quando è ignoto l'autore del reato si osservano le disposizioni di cui all'articolo 415 del codice di procedura penale.

18. Assunzione di prove non rinviabili. 1. Fino all'udienza di comparizione, il giudice di pace dispone, a richiesta di parte, l'assunzione delle prove non rinviabili, osservando le forme previste per il dibattimento. Si applicano le disposizioni previste dall'articolo 467, commi 2 e 3, del codice di procedura penale.

19. Provvedimenti del giudice nel corso delle indagini. 1. Nel corso delle indagini e fino al deposito dell'atto di citazione a norma dell'articolo 29, comma 1, competente a disporre il sequestro preventivo e conservativo è il giudice di pace indicato nell'articolo 5, comma 2.

2. Il giudice di cui al comma 1 decide anche sulla richiesta di archiviazione, sull'opposizione di cui all'articolo 263, comma 5, del codice di procedura penale, sulla richiesta di sequestro di cui all'articolo 368 del medesimo codice, nonché sulla richiesta di riapertura delle indagini. Lo stesso giudice è altresì competente a decidere sulla richiesta di autorizzazione a disporre le operazioni di intercettazione di conversazioni o comunicazioni telefoniche, di comunicazioni informatiche o telematiche ovvero di altre forme di telecomunicazione, nonché per i successivi provvedimenti riguardanti l'esecuzione delle operazioni e la conservazione della documentazione.

Capo III
Citazione a giudizio

20. Citazione a giudizio. 1. Il pubblico ministero cita l'imputato davanti al giudice di pace.

2. La citazione contiene:

a) le generalità dell'imputato e le altre indicazioni personali che valgono ad identificarlo;

b) l'indicazione della persona offesa, qualora risulti identificata;

c) l'imputazione formulata dal pubblico ministero e l'indicazione delle fonti di prova di cui si chiede l'ammissione. Se viene chiesto l'esame di testimoni o consulenti tecnici, nell'atto devono essere indicate, a pena di inammissibilità, le circostanze su cui deve vertere l'esame;

d) l'indicazione del giudice competente per il giudizio, nonché del luogo, del giorno e dell'ora della comparizione, con l'avvertimento all'imputato che non comparendo sarà giudicato in contumacia;

e) l'avviso che l'imputato ha facoltà di nominare un difensore di fiducia e che, in mancanza, sarà assistito da difensore di ufficio;

f) l'avviso che il fascicolo relativo alle indagini preliminari è depositato presso la segreteria del pubblico ministero e che le parti e loro difensori hanno facoltà di prenderne visione e di estrarne copia.

3. La citazione deve essere sottoscritta, a pena di nullità, dal pubblico ministero o dall'assistente giudiziario.

4. La citazione è notificata, a cura dell'ufficiale giudiziario, all'imputato, al suo difensore e alla parte offesa almeno trenta giorni prima della data dell'udienza.

5. La citazione a giudizio è depositata nella segreteria del pubblico ministero unitamente al fascicolo contenente la documentazione relativa alle indagini espletate, il corpo del reato e le cose pertinenti al reato, qualora non debbano essere custoditi altrove.

6. La citazione è nulla se l'imputato non è identificato in modo certo ovvero se manca o è insufficiente l'indicazione di uno dei requisiti previsti dal comma 2, lettere *c*), *d*) ed *e*).

• Rubrica ed articolo così modificati dal d.l. 27.7.2005, n. 144, conv., con modif., dalla l. 31.7.2005, n. 155.

20 *bis*. Presentazione immediata a giudizio dell'imputato in casi particolari. 1. Per i reati procedibili d'ufficio, in caso di flagranza di reato ovvero quando la prova è evidente, la polizia giudiziaria chiede al pubblico ministero l'autorizzazione a presentare immediatamente l'imputato a giudizio dinanzi al giudice di pace.

2. La richiesta di cui al comma 1, depositata presso la segreteria del pubblico ministero, contiene:

a) le generalità dell'imputato e del suo difensore, ove nominato;

b) l'indicazione delle persone offese dal reato;

c) la descrizione, in forma chiara e precisa, del fatto che si addebita all'imputato, con l'indicazione degli articoli di legge che si assumono violati;

d) l'indicazione delle fonti di prova a sostegno della richiesta, nonché le generalità dei testimoni e dei consulenti tecnici, con espressa indicazione delle circostanze su cui deve vertere l'esame;

e) la richiesta di fissazione dell'udienza per procedere nei confronti delle persone citate a giudizio.

3. Salvo che ritenga di richiedere l'archiviazione, il pubblico ministero autorizza la presentazione immediata nei quindici giorni successivi, indicando la data e l'ora del giudizio dinanzi al giudice di pace e nominando un difensore d'ufficio all'imputato che ne è privo. Se non ritiene sussistere i presupposti per la presentazione immediata o se ritiene la richiesta manifestamente infondata ovvero presentata dinanzi ad un giudice di pace incompetente per territorio, il pubblico ministero provvede ai sensi dell'articolo 25, comma 2.

4. L'ufficiale giudiziario notifica senza ritardo all'imputato e al suo difensore copia della richiesta di cui al comma 2 e dell'autorizzazione del pubblico ministero contenente:

a) l'avviso all'imputato che se non compare sarà giudicato in contumacia;

b) l'avviso all'imputato che ha diritto di nominare un difensore di fiducia e che in mancanza sarà assistito da difensore di ufficio;

c) l'avviso che il fascicolo relativo alle indagini è depositato presso la segreteria del pubblico ministero e che le parti e i loro difensori hanno facoltà di prenderne visione e di estrarne copia.

5. Si applica l'articolo 20, comma 5.

• Articolo inserito dalla l. 15.7.2009, n. 94.

20 *ter*. Citazione contestuale dell'imputato in udienza in casi particolari. 1. Nei casi previsti dall'articolo 20 *bis*, comma 1, quando ricorrono gravi e comprovate ragioni di urgenza che non consentono di attendere la fissazione dell'udienza ai sensi del comma 3 del medesimo articolo, ovvero se l'imputato si trova a qualsiasi titolo sottoposto a misure di limitazione o privazione della libertà personale, la polizia giudiziaria formula altresì richiesta di citazione contestuale per l'udienza.

2. Se ritiene sussistere i presupposti di cui al comma 1, il pubblico ministero rinvia l'imputato direttamente dinanzi al giudice di pace con citazione per l'udienza contestuale all'autorizzazione di cui all'articolo 20 *bis*, comma 3, primo periodo; altrimenti provvede ai sensi del comma 3, secondo periodo, del medesimo articolo.

3. Quando il pubblico ministero dispone la citazione ai sensi del comma 2, la polizia giudiziaria conduce l'imputato che si trova a qualsiasi titolo sottoposto a misure di limitazione o privazione della libertà personale direttamente dinanzi al giudice di pace per la trattazione del procedimento, salvo che egli espressamente rinunzi a partecipare all'udienza. Se l'imputato non si trova sottoposto a misure di limitazione o privazione della libertà personale, la polizia giudiziaria notifica immediatamente allo stesso la richiesta di cui al comma 1 e il provvedimento del pubblico ministero. Copia della richiesta e del provvedimento del pubblico ministero sono altresì comunicati immediatamente al difensore.

• Articolo inserito dalla l. 15.7.2009, n. 94.

21. Ricorso immediato al giudice. 1. Per i reati procedibili a querela è ammessa la citazione a giudizio dinanzi al giudice di pace della persona alla quale il reato è attribuito su ricorso della persona offesa.

2. Il ricorso deve contenere:

a) l'indicazione del giudice;

b) le generalità del ricorrente e, se si tratta di persona giuridica o di associazione non riconosciuta, la denominazione dell'ente, con l'indicazione del legale rappresentante;

c) l'indicazione del difensore del ricorrente e la relativa nomina;

d) l'indicazione delle altre persone offese dal medesimo reato delle quali il ricorrente conosca l'identità;

e) le generalità della persona citata a giudizio;

f) la descrizione, in forma chiara e precisa, del fatto che si addebita alla persona citata a giudizio, con l'indicazione degli articoli di legge che si assumono violati;

g) i documenti di cui si chiede l'acquisizione;

h) l'indicazione delle fonti di prova a sostegno della richiesta, nonché delle circostanze su cui deve vertere l'esame dei testimoni e dei consulenti tecnici;

i) la richiesta di fissazione dell'udienza per procedere nei confronti delle persone citate a giudizio.

3. Il ricorso deve essere sottoscritto dalla persona offesa o dal suo legale rappresentante e dal difensore. La sottoscrizione della persona offesa è autenticata dal difensore.

4. Nei casi previsti dagli articoli 120, secondo e terzo comma, e 121 del codice penale, il ricorso è sottoscritto, a seconda dei casi, dal genitore, dal tutore o dal curatore ovvero dal curatore speciale. Si osservano le disposizioni di cui all'articolo 338 del codice di procedura penale.

5. La presentazione del ricorso produce gli stessi effetti della presentazione della querela.

22. Presentazione del ricorso. 1. Il ricorso, previamente comunicato al pubblico ministero mediante deposito di copia presso la sua segreteria, è presentato, a cura del ricorrente, con la prova dell'avvenuta comunicazione, nella cancelleria del giudice di pace competente per territorio nel termine di tre mesi dalla notizia del fatto che costituisce reato.

2. Se per il medesimo fatto la persona offesa ha già presentato querela, deve farne menzione nel ricorso, allegandone copia e depositando altra copia presso la segreteria del pubblico ministero.

3. Nel caso previsto dal comma 2, il giudice di pace dispone l'acquisizione della querela in originale.

4. Quando si procede in seguito a ricorso sono inapplicabili le diverse disposizioni che regolano la procedura ordinaria.

23. Costituzione di parte civile. 1. La costituzione di parte civile deve avvenire, a pena di decadenza, con la presentazione del ricorso. La richiesta motivata di restituzione o di risarcimento del danno contenuta nel ricorso è equiparata a tutti gli effetti alla costituzione di parte civile.

24. Inammissibilità del ricorso. 1. Il ricorso è inammissibile:

a) se è presentato oltre il termine indicato dall'articolo 22, comma 1;

b) se risulta presentato fuori dei casi previsti;

c) se non contiene i requisiti indicati nell'articolo 21, comma 2, ovvero non risulta sottoscritto a norma dei commi 3 e 4 del medesimo articolo;

d) se è insufficiente la descrizione del fatto o l'indicazione delle fonti di prova;

e) se manca la prova dell'avvenuta comunicazione al pubblico ministero.

25. Richieste del pubblico ministero. 1. Entro dieci giorni dalla comunicazione del ricorso il pubblico ministero presenta le sue richieste nella cancelleria del giudice di pace.

2. Se ritiene il ricorso inammissibile o manifestamente infondato, ovvero presentato dinanzi ad un giudice di pace incompetente per territorio, il pubblico ministero esprime parere contrario alla citazione altrimenti formula l'imputazione confermando o modificando l'addebito contenuto nel ricorso.

26. Provvedimenti del giudice di pace. 1. Decorso il termine indicato nell'articolo 25, il giudice di pace, anche se il pubblico ministero non ha presentato richieste, provvede a norma dei commi 2, 3 e 4.

2. Se ritiene il ricorso inammissibile o manifestamente infondato, il giudice di pace ne dispone la trasmissione al pubblico ministero per l'ulteriore corso del procedimento.

3. Se il ricorso risulta presentato per un reato che appartiene alla competenza di altro giudice, il giudice di pace ne dispone, con ordinanza, la trasmissione al pubblico ministero.

4. Se riconosce la propria incompetenza per territorio, il giudice di pace la dichiara con ordinanza e restituisce gli atti al ricorrente che, nel termine di venti giorni, ha facoltà di reiterare il ricorso davanti al giudice competente. L'inosservanza del termine è causa di inammissibilità del ricorso.

27. Decreto di convocazione delle parti. 1. Se non deve provvedere ai sensi dell'articolo 26, il giudice di pace, entro venti giorni dal deposito del ricorso, convoca le parti in udienza con decreto.

2. Tra il giorno del deposito del ricorso e l'udienza non devono intercorrere più di novanta giorni.

3. Il decreto contiene:

a) l'indicazione del giudice che procede, nonché del luogo, del giorno e dell'ora della comparizione;

b) le generalità della persona nei cui confronti è stato presentato il ricorso, con l'invito a comparire e l'avvertimento che non comparendo sarà giudicato in contumacia;

c) l'avviso che ha facoltà di nominare un difensore di fiducia e che, in mancanza, sarà assistito dal difensore di ufficio nominato nel decreto;

d) la trascrizione dell'imputazione;

e) la data e la sottoscrizione del giudice e dell'ausiliario che l'assiste.

4. Il decreto, unitamente al ricorso, è notificato, a cura del ricorrente, al pubblico ministero, alla persona citata in giudizio e al suo difensore almeno venti giorni prima dell'udienza. Entro lo stesso termine il ricorrente notifica il decreto alle altre persone offese di cui conosca l'identità.
5. La convocazione è nulla se l'imputato non è identificato in modo certo ovvero se manca o è insufficiente l'indicazione di uno dei requisiti previsti dal comma 3, lettere *a*), *b*), *c*) e *d*).

28. Pluralità di persone offese. 1. Il ricorso presentato da una fra più persone offese non impedisce alle altre di intervenire nel processo, con l'assistenza di un difensore e con gli stessi diritti che spettano al ricorrente principale.
2. Le persone offese intervenute possono costituirsi parte civile prima della dichiarazione di apertura del dibattimento.
3. La mancata comparizione delle persone offese, alle quali il decreto sia stato regolarmente notificato ai sensi dell'articolo 27, comma 4, equivale a rinuncia al diritto di querela ovvero alla remissione della querela, qualora sia stata già presentata.

Capo IV
Giudizio

29. Udienza di comparizione. 1. Almeno sette giorni prima della data fissata per l'udienza di comparizione, il pubblico ministero o la persona offesa nel caso previsto dall'articolo 21, depositano nella cancelleria del giudice di pace l'atto di citazione a giudizio con le relative notifiche.
2. Fuori dei casi previsti dagli articoli 20 e 21, le parti che intendono chiedere l'esame dei testimoni, periti o consulenti tecnici nonché delle persone indicate nell'articolo 210 del codice di procedura penale, devono, a pena di inammissibilità, almeno sette giorni prima della data fissata per l'udienza di comparizione, depositare in cancelleria le liste con l'indicazione delle circostanze su cui deve vertere l'esame.
3. Nei casi in cui occorre rinnovare la convocazione o la citazione a giudizio ovvero le relative notificazioni, vi provvede il giudice di pace, anche d'ufficio.
4. Il giudice, quando il reato è perseguibile a querela, promuove la conciliazione tra le parti. In tal caso, qualora sia utile per favorire la conciliazione, il giudice può rinviare l'udienza per un periodo non superiore a due mesi e, ove occorra, può avvalersi anche dell'attività dei Centri per la giustizia riparativa presenti sul territorio. In ogni caso, le dichiarazioni rese dalle parti nel corso dell'attività di conciliazione non possono essere in alcun modo utilizzate ai fini della deliberazione.
5. In caso di conciliazione è redatto processo verbale attestante la remissione di querela o la rinuncia al ricorso di cui all'articolo 21 e la relativa accettazione. La rinuncia al ricorso produce gli stessi effetti della remissione della querela.
6. Prima della dichiarazione di apertura del dibattimento l'imputato può presentare domanda di oblazione.
7. Dopo la dichiarazione di apertura del dibattimento, se può procedersi immediatamente al giudizio, il giudice ammette le prove richieste escludendo quelle vietate dalla legge, superflue o irrilevanti e invita le parti ad indicare gli atti da inserire nel fascicolo per il dibattimento, provvedendo a norma dell'articolo 431 del codice di procedura penale. Le parti possono concordare l'acquisizione al fascicolo del dibattimento di atti contenuti nel fascicolo del pubblico ministero, della documentazione relativa all'attività di investigazione difensiva, nonché della documentazione allegata al ricorso di cui all'articolo 21.
8. Se occorre fissare altra udienza per il giudizio, il giudice autorizza ciascuna parte alla citazione dei propri testimoni o consulenti tecnici, escludendo le testimonianze vietate dalla legge e quelle manifestamente sovrabbondanti. La parte che omette la citazione decade dalla prova.

• Nel co. 4 le parole «di mediazione di centri e strutture pubbliche o private presenti sul territorio» sono state sostituite da quelle «dei Centri per la giustizia riparativa presenti sul territorio», per effetto del d. lgs. 10.10.2022, n. 150. Ai sensi dell'art. 92 co. 2 *bis* d. lgs. 150 del 2022, modificato dal d.l. 31.10.2022, n. 162, conv., con modif., dalla l. 30.12.2022, n. 199, la novella si applica nei procedimenti penali e nella fase dell'esecuzione della pena decorsi sei mesi dalla data di entrata in vigore del presente decreto.

30. Udienza di comparizione a seguito di ricorso al giudice da parte della persona offesa. 1. La mancata comparizione all'udienza del ricorrente o del suo procuratore speciale non dovuta ad impossibilità a comparire per caso fortuito o forza maggiore determina l'improcedibilità del ricorso, salvo che l'imputato o la persona offesa intervenuta e che abbia presentato querela chieda che si proceda al giudizio.

2. Con l'ordinanza con cui dichiara l'improcedibilità del ricorso ai sensi del comma 1, il giudice di pace condanna il ricorrente alla rifusione delle spese processuali, nonché al risarcimento dei danni in favore della persona citata in giudizio che ne abbia fatto domanda.

3. Se il reato contestato nell'imputazione non rientra tra quelli per cui è ammessa la citazione a giudizio su istanza della persona offesa, il giudice di pace trasmette gli atti al pubblico ministero, salvo che l'imputato chieda che si proceda ugualmente al giudizio.

31. Fissazione di nuova udienza a seguito di impossibilità a comparire. 1. In caso di dichiarazione di improcedibilità ai sensi dell'articolo 30, comma 1, il ricorrente può presentare istanza di fissazione di nuova udienza se prova che la mancata comparizione è stata dovuta a caso fortuito o a forza maggiore.

2. L'istanza è presentata al giudice di pace entro dieci giorni dalla cessazione del fatto costituente caso fortuito o forza maggiore. Il termine è stabilito a pena di decadenza.

3. Se accoglie l'istanza, il giudice di pace convoca le parti per una nuova udienza ai sensi dell'articolo 27, invitando il ricorrente a provvedere alle notifiche a norma del comma 4 dello stesso articolo.

4. Contro il decreto motivato che respinge la richiesta di fissazione di nuova udienza può essere proposto ricorso al tribunale in composizione monocratica, che decide con ordinanza inoppugnabile.

32. Dibattimento. 1. Sull'accordo delle parti, l'esame dei testimoni, dei periti, dei consulenti tecnici e delle parti private può essere condotto dal giudice sulla base delle domande e delle contestazioni proposte dal pubblico ministero e dai difensori.

2. Terminata l'acquisizione delle prove, il giudice, se risulta assolutamente necessario, può disporre anche d'ufficio l'assunzione di nuovi mezzi di prova, compresi quelli relativi agli atti acquisiti a norma dell'articolo 29, comma 7.

3. Il verbale d'udienza, di regola, è redatto solo in forma riassuntiva.

4. La motivazione della sentenza è redatta dal giudice in forma abbreviata e depositata nel termine di quindici giorni dalla lettura del dispositivo. Il giudice può dettare la motivazione direttamente a verbale.

5. In caso di impedimento del giudice la sentenza è sottoscritta dal presidente del tribunale, previa menzione della causa di sostituzione.

32 *bis*. Svolgimento del giudizio a presentazione immediata. 1. Nel corso del giudizio a presentazione immediata di cui agli articoli 20 *bis* e 20 *ter* si osservano le disposizioni dell'articolo 32.

2. La persona offesa e i testimoni possono essere citati anche oralmente dall'ufficiale giudiziario nel corso del giudizio a presentazione immediata di cui all'articolo 20 *bis*. Nel corso del giudizio a citazione contestuale di cui all'articolo 20 *ter* la persona offesa e i testimoni possono essere citati anche oralmente dall'ufficiale giudiziario ovvero dalla polizia giudiziaria.

3. Il pubblico ministero, l'imputato e la parte civile presentano direttamente a dibattimento i propri testimoni e consulenti tecnici.

4. Il pubblico ministero dà lettura dell'imputazione.

5. L'imputato è avvisato della facoltà di chiedere un termine a difesa non superiore a sette gior-

ni. Quando l'imputato si avvale di tale facoltà, il dibattimento è sospeso fino all'udienza immediatamente successiva alla scadenza del termine. Nel caso previsto dall'articolo 20 *ter*, il termine non può essere superiore a quarantotto ore.

• Articolo inserito dalla l. 15.7.2009, n. 94.

33. Sentenza di condanna alla pena della permanenza domiciliare. 1. Subito dopo la pronuncia della sentenza di condanna alla pena della permanenza domiciliare, l'imputato o il difensore munito di procura speciale possono chiedere l'esecuzione continuativa della pena.

2. Il giudice, se ritiene di poter applicare in luogo della permanenza domiciliare la pena del lavoro di pubblica utilità, indica nella sentenza il tipo e la durata del lavoro di pubblica utilità che può essere richiesto dall'imputato o dal difensore munito di procura speciale.

3. Nel caso in cui l'imputato o il difensore formulino le richieste di cui ai commi 1 e 2, il giudice può fissare una nuova udienza a distanza di non più di dieci giorni, sempre che sussistano giustificati motivi.

4. Acquisite le richieste, il giudice integra il dispositivo della sentenza e ne dà lettura.

Capo V
Definizioni alternative del procedimento

34. Esclusione della procedibilità nei casi di particolare tenuità del fatto. 1. Il fatto è di particolare tenuità quando, rispetto all'interesse tutelato, l'esiguità del danno o del pericolo che ne è derivato, nonché la sua occasionalità e il grado della colpevolezza non giustificano l'esercizio dell'azione penale, tenuto conto altresì del pregiudizio che l'ulteriore corso del procedimento può recare alle esigenze di lavoro, di studio, di famiglia o di salute della persona sottoposta ad indagini o dell'imputato.

2. Nel corso delle indagini preliminari, il giudice dichiara con decreto d'archiviazione non doversi procedere per la particolare tenuità del fatto, solo se non risulta un interesse della persona offesa alla prosecuzione del procedimento.

3. Se è stata esercitata l'azione penale, la particolare tenuità del fatto può essere dichiarata con sentenza solo se l'imputato e la persona offesa non si oppongono.

35. Estinzione del reato conseguente a condotte riparatorie. 1. Il giudice di pace, sentite le parti e l'eventuale persona offesa, dichiara con sentenza estinto il reato, enunciandone la causa nel dispositivo, quando l'imputato dimostra di aver proceduto, prima dell'udienza di comparizione, alla riparazione del danno cagionato dal reato, mediante le restituzioni o il risarcimento, e di aver eliminato le conseguenze dannose o pericolose del reato.

2. Il giudice di pace pronuncia la sentenza di estinzione del reato di cui al comma 1, solo se ritiene le attività risarcitorie e riparatorie idonee a soddisfare le esigenze di riprovazione del reato e quelle di prevenzione.

3. Il giudice di pace può disporre la sospensione del processo, per un periodo non superiore a tre mesi, se l'imputato chiede nell'udienza di comparizione di poter provvedere agli adempimenti di cui al comma 1 e dimostri di non averlo potuto fare in precedenza; in tal caso, il giudice può imporre specifiche prescrizioni.

4. Con l'ordinanza di sospensione, il giudice incarica un ufficiale di polizia giudiziaria o un operatore di servizio sociale dell'ente locale di verificare l'effettivo svolgimento delle attività risarcitorie e riparatorie, fissando nuova udienza ad una data successiva al termine del periodo di sospensione.

5. Qualora accerti che le attività risarcitorie o riparatorie abbiano avuto esecuzione, il giudice, sentite le parti e l'eventuale persona offesa, dichiara con sentenza estinto il reato enunciandone la causa nel dispositivo.

6. Quando non provvede ai sensi dei commi 1 e 5, il giudice dispone la prosecuzione del procedimento.

Capo VI
Disposizioni sulle impugnazioni

36. Impugnazione del pubblico ministero. 1. Il pubblico ministero può proporre appello contro le sentenze di condanna del giudice di pace che applicano una pena diversa da quella pecuniaria.

2. Il pubblico ministero può proporre ricorso per cassazione contro le sentenze del giudice di pace.

• Articolo così modificato dalla l. 20.2.2006, n. 46.

37. Impugnazione dell'imputato. 1. L'imputato può proporre appello contro le sentenze di condanna del giudice di pace che applicano una pena diversa da quella pecuniaria; può proporre appello anche contro le sentenze che applicano la pena pecuniaria se impugna il capo relativo alla condanna, anche generica, al risarcimento del danno.

2. L'imputato può proporre ricorso per cassazione contro le sentenze di condanna del giudice di pace che applicano la sola pena pecuniaria e contro le sentenze di proscioglimento.

38. Impugnazione del ricorrente che ha chiesto la citazione a giudizio dell'imputato. 1. Il ricorrente che ha chiesto la citazione a giudizio dell'imputato a norma dell'articolo 21 può proporre impugnazione, anche agli effetti penali, contro la sentenza di proscioglimento del giudice di pace negli stessi casi in cui è ammessa l'impugnazione da parte del pubblico ministero.

2. Con il provvedimento che rigetta o dichiara inammissibile l'impugnazione, il ricorrente è condannato alla rifusione delle spese processuali sostenute dall'imputato e dal responsabile civile. Se vi è colpa grave, il ricorrente può essere condannato al risarcimento dei danni causati all'imputato e al responsabile civile.

39. Giudizio di appello. 1. Competente per il giudizio di appello è il tribunale del circondario in cui ha sede il giudice di pace che ha pronunciato la sentenza impugnata. Il tribunale giudica in composizione monocratica.

2. Oltre che nei casi previsti dall'articolo 604 del codice di procedura penale, il giudice d'appello dispone l'annullamento della sentenza impugnata, disponendo la trasmissione degli atti al giudice di pace, anche quando l'imputato, contumace in primo grado, prova di non essere potuto comparire per caso fortuito o per forza maggiore o per non avere avuto conoscenza del provvedimento di citazione a giudizio, sempre che in tal caso il fatto non sia dovuto a sua colpa, ovvero, quando l'atto di citazione per il giudizio di primo grado è stato notificato mediante consegna al difensore nei casi previsti dagli articoli 159, 161, comma 4, e 169 del codice di procedura penale, non si sia sottratto volontariamente alla conoscenza degli atti del procedimento.

39 *bis*. Ricorso per cassazione. 1. Contro le sentenze pronunciate in grado d'appello il ricorso per cassazione può essere proposto soltanto per i motivi di cui all'articolo 606, comma 1, lettere *a)*, *b)* e *c)*, del codice di procedura penale.

• Articolo così introdotto dal d. lgs. 6.2.2018, n. 11.

Capo VII
Disposizioni sull'esecuzione

40. Giudice dell'esecuzione. 1. Salvo diversa disposizione di legge, competente a conoscere dell'esecuzione di un provvedimento è il giudice di pace che l'ha emesso.

2. Se l'esecuzione concerne più provvedimenti emessi da diversi giudici di pace, è competente il giudice che ha emesso il provvedimento divenuto irrevocabile per ultimo.

3. Se i provvedimenti sono stati emessi dal giudice di pace e da altro giudice ordinario, è competente in ogni caso quest'ultimo.

4. Se i provvedimenti sono stati emessi dal giudice di pace e da un giudice speciale, è competente per l'esecuzione il tribunale in composizione collegiale nel cui circondario ha sede il giudice di pace.

5. Il giudice indicato nei commi da 1 a 4 è competente anche se il provvedimento da eseguire è stato comunque riformato.

41. Procedimento di esecuzione. 1. Salvo quanto previsto nel comma 2, nel procedimento di esecuzione davanti al giudice di pace si osservano le disposizioni di cui all'articolo 666 del codice di procedura penale.

2. Contro il decreto del giudice di pace che dichiara inammissibile la richiesta formulata nel procedimento di esecuzione e contro l'ordinanza che decide sulla richiesta, l'interessato può proporre, entro quindici giorni dalla notifica del provvedimento, ricorso per motivi di legittimità al tribunale in composizione monocratica nel cui circondario ha sede il giudice di pace.

3. Il tribunale decide con ordinanza non impugnabile. Si osservano le disposizioni di cui all'articolo 127 del codice di procedura penale.

42. Esecuzione delle pene pecuniarie.
[Soppresso.]

• Articolo abrogato dal d.P.R. 30.5.2002, n. 115.

42 *bis*. Esecuzione delle pene pecuniarie. Le condanne a pena pecuniaria si eseguono a norma dell'articolo 660 del codice di procedura penale.

• Articolo inserito dal d. lgs. 10.10.2022, n. 150.

43. Esecuzione della pena della permanenza domiciliare e del lavoro di pubblica utilità. 1. La sentenza penale irrevocabile è trasmessa per estratto a cura della cancelleria al pubblico ministero del circondario ove ha sede l'ufficio del giudice individuato in base all'articolo 40.

2. Il pubblico ministero, emesso l'ordine di esecuzione, lo trasmette immediatamente, unitamente all'estratto della sentenza di condanna contenente le modalità di esecuzione della pena, all'ufficio di pubblica sicurezza del comune in cui il condannato risiede o, in mancanza di questo, al comando dell'Arma dei carabinieri territorialmente competente.

3. Appena ricevuto il provvedimento di cui al comma che precede, l'organo di polizia ne consegna copia al condannato ingiungendogli di attenersi alle prescrizioni in esso contenute. Qualora il condannato sia detenuto o internato, copia dell'ordine di esecuzione è notificato altresì al direttore dell'istituto o della sezione il quale informa anticipatamente l'organo di polizia della dimissione del condannato. In tal caso, la pena comincia a decorrere dal primo giorno di permanenza domiciliare o di lavoro sostitutivo successivo a quello della dimissione.

44. Modifica delle modalità di esecuzione della permanenza domiciliare e del lavoro di pubblica utilità. 1. Le modalità di esecuzione della permanenza domiciliare e del divieto di cui all'articolo 53, comma 3, eventualmente imposto, nonché del lavoro di pubblica utilità, stabilite nella sentenza emessa dal giudice possono essere modificate per motivi di assoluta necessità dal giudice osservando le disposizioni dell'articolo 666 del codice di procedura penale.

2. La richiesta di modifica non sospende l'esecuzione delle pene; in caso di assoluta urgenza, le modifiche possono essere adottate con provvedimento provvisorio revocabile nelle fasi successive del procedimento.

45. Certificati del casellario giudiziale richiesti dal privato.
[Soppresso.]

• Articolo abrogato dal d.P.R. 14.11.2002, n. 313.

46. Eliminazione dal casellario giudiziale delle iscrizioni relative a sentenze del giudice di pace in materia penale.
[Soppresso.]

• Articolo abrogato dal d.P.R. 14.11.2002, n. 313.

Capo VIII
Norme di coordinamento e di attuazione

47. Modifica all'articolo 6 del codice di procedura penale. 1. Nell'articolo 6 del codice di procedura penale, dopo le parole: «alla competenza della corte di assise» sono aggiunte le seguenti: «o del giudice di pace».

48. Competenza del giudice di pace dichiarata da altro giudice. 1. In ogni stato e grado del processo, se il giudice ritiene che il reato appartiene alla competenza del giudice di pace, lo dichiara con sentenza e ordina la trasmissione degli atti al pubblico ministero. Le prove acquisite dal giudice incompetente sono utilizzabili nel processo davanti al giudice di pace.

49. Citazione a giudizio. 1. Ai fini dell'emissione della citazione a giudizio di cui all'articolo 20, il pubblico ministero richiede al giudice di pace di indicare il giorno e l'ora della comparizione.
2. La richiesta del pubblico ministero e l'indicazione del giudice di pace sono comunicate anche con mezzi telematici.

• Rubrica così modificata dal d.l. 27.7.2005, n. 144, conv., con modif., dalla l. 31.7.2005, n. 155.

50. Delegati del procuratore della Repubblica nel procedimento penale davanti al giudice di pace. 1. Nei procedimenti penali davanti al giudice di pace, le funzioni del pubblico ministero possono essere svolte, per delega del procuratore della Repubblica presso il tribunale ordinario:
a) nell'udienza dibattimentale, da uditori giudiziari, da vice procuratori onorari addetti all'ufficio, da personale in quiescenza da non più di due anni che nei cinque anni precedenti abbia svolto le funzioni di ufficiale di polizia giudiziaria, o da laureati in giurisprudenza che frequentano il secondo anno della scuola biennale di specializzazione per le professioni legali di cui all'articolo 16 del decreto legislativo 17 novembre 1997, n. 398;
b) per gli atti del pubblico ministero previsti dagli articoli 15 e 25, da vice procuratori onorari addetti all'ufficio;
c) nei procedimenti in camera di consiglio di cui all'articolo 127 del codice di procedura penale, nei procedimenti di esecuzione ai fini dell'intervento di cui all'articolo 655, comma 2, del medesimo codice, e nei procedimenti di opposizione al decreto del pubblico ministero di liquidazione del compenso ai periti, consulenti tecnici e traduttori ai sensi dell'articolo 11 della legge 8 luglio 1980, n. 319, da vice procuratori onorari addetti all'ufficio.
2. Nei casi indicati nel comma 1, la delega è conferita in relazione ad una determinata udienza o a un singolo procedimento.
3. La delega è revocabile nei soli casi in cui il codice di procedura penale prevede la sostituzione del pubblico ministero.
4. Si osservano le disposizioni di cui all'articolo 162, commi 1, 3 e 4, del decreto legislativo 25 luglio 1989, n. 271.

• Articolo così modificato dal d.l. 27.7.2005, n. 144, conv., con modif., dalla l. 31.7.2005, n. 155.

51. Disposizioni regolamentari e sulla tenuta dei registri. 1. Con regolamento emanato ai sensi dell'articolo 17, comma 3, della legge 23 agosto 1988, n. 400, entro centocinquanta giorni dalla pubblicazione del presente decreto legislativo, il Ministro della giustizia adotta le disposi-

zioni regolamentari relative ai procedimenti penali davanti al giudice di pace, che concernono:
a) le modalità di formazione e tenuta dei fascicoli degli uffici giudiziari;
b) [...]
c) le altre attività necessarie per l'attuazione del presente decreto legislativo.
2. Il parere del Consiglio di Stato sul regolamento previsto nel comma 1 è reso entro trenta giorni dalla richiesta.
3. La disciplina sulla tenuta in forma automatizzata dei registri e delle altre forme di registrazione in materia penale è adottata con decreto del Ministro della giustizia.

• Articolo così modificato dal d.P.R. 14.11.2002, n. 313.

Titolo II
SANZIONI APPLICABILI DAL GIUDICE DI PACE

52. Sanzioni. 1. Ai reati attribuiti alla competenza del giudice di pace per i quali è prevista la sola pena della multa o dell'ammenda continuano ad applicarsi le pene pecuniarie vigenti.
2. Per gli altri reati di competenza del giudice di pace le pene sono così modificate:
a) quando il reato è punito con la pena della reclusione o dell'arresto alternativa a quella della multa o dell'ammenda, si applica la pena pecuniaria della specie corrispondente da 258 euro a 2.582 euro; se la pena detentiva è superiore nel massimo a sei mesi, si applica la predetta pena pecuniaria o la pena della permanenza domiciliare da sei giorni a trenta giorni ovvero la pena del lavoro di pubblica utilità per un periodo da dieci giorni a tre mesi;
b) quando il reato è punito con la sola pena della reclusione o dell'arresto, si applica la pena pecuniaria della specie corrispondente da 516 euro a 2.582 euro o la pena della permanenza domiciliare da quindici giorni a quarantacinque giorni ovvero la pena del lavoro di pubblica utilità da venti giorni a sei mesi;
c) quando il reato è punito con la pena della reclusione o dell'arresto congiunta con quella della multa o dell'ammenda, si applica la pena pecuniaria della specie corrispondente da 774 euro a 2.582 euro o la pena della permanenza domiciliare da venti giorni a quarantacinque giorni ovvero la pena del lavoro di pubblica utilità da un mese a sei mesi.
3. Nei casi di recidiva reiterata infraquinquennale, il giudice applica la pena della permanenza domiciliare o quella del lavoro di pubblica utilità, salvo che sussistano circostanze attenuanti ritenute prevalenti o equivalenti.
4. La disposizione del comma 3 non si applica quando il reato è punito con la sola pena pecuniaria nonché nell'ipotesi indicata nel primo periodo della lettera *a*) del comma 2.

53. Obbligo di permanenza domiciliare. 1. La pena della permanenza domiciliare comporta l'obbligo di rimanere presso la propria abitazione o in altro luogo di privata dimora ovvero in un luogo di cura, assistenza o accoglienza nei giorni di sabato e domenica; il giudice, avuto riguardo alle esigenze familiari, di lavoro, di studio o di salute del condannato, può disporre che la pena venga eseguita in giorni diversi della settimana ovvero, a richiesta del condannato, continuativamente.
2. La durata della permanenza domiciliare non può essere inferiore a sei giorni né superiore a quarantacinque; il condannato non è considerato in stato di detenzione.
3. Il giudice può altresì imporre al condannato, valutati i criteri di cui all'articolo 133, comma secondo, del codice penale, il divieto di accedere a specifici luoghi nei giorni in cui non è obbligato alla permanenza domiciliare, tenuto conto delle esigenze familiari, di lavoro, di studio o di salute del condannato.
4. Il divieto non può avere durata superiore al doppio della durata massima della pena della permanenza domiciliare e cessa in ogni caso quando è stata interamente scontata la pena della permanenza domiciliare.

54. Lavoro di pubblica utilità. 1. Il giudice di pace può applicare la pena del lavoro di pubblica utilità solo su richiesta dell'imputato.

2. Il lavoro di pubblica utilità non può essere inferiore a dieci giorni né superiore a sei mesi e consiste nella prestazione di attività non retribuita in favore della collettività da svolgere presso lo Stato, le regioni, le province, i comuni o presso enti o organizzazioni di assistenza sociale e di volontariato.

3. L'attività viene svolta nell'ambito della provincia in cui risiede il condannato e comporta la prestazione di non più di sei ore di lavoro settimanale da svolgere con modalità e tempi che non pregiudichino le esigenze di lavoro, di studio, di famiglia e di salute del condannato. Tuttavia, se il condannato lo richiede, il giudice può ammetterlo a svolgere il lavoro di pubblica utilità per un tempo superiore alle sei ore settimanali.

4. La durata giornaliera della prestazione non può comunque oltrepassare le otto ore.

5. Ai fini del computo della pena, un giorno di lavoro di pubblica utilità consiste nella prestazione, anche non continuativa, di due ore di lavoro.

6. Fermo quanto previsto dal presente articolo, le modalità di svolgimento del lavoro di pubblica utilità sono determinate dal Ministro della giustizia con decreto d'intesa con la Conferenza unificata di cui all'articolo 8 del decreto legislativo 28 agosto 1997, n. 281.

• Corte cost., 179 del 2013, ha dichiarato l'illegittimità costituzionale del co. 3 «nella parte in cui non prevede che, se il condannato lo richiede, il giudice può ammetterlo a svolgere il lavoro di pubblica utilità fuori dall'ambito della provincia in cui risiede».

55. Conversione delle pene pecuniarie. 1. Per i reati di competenza del giudice di pace, la pena pecuniaria non eseguita per insolvibilità del condannato entro il termine di cui all'articolo 660 del codice di procedura penale indicato nell'ordine di esecuzione si converte, a richiesta del condannato, in lavoro di pubblica utilità da svolgere per un periodo non inferiore ad un mese e non superiore a sei mesi con le modalità indicate nell'articolo 54.

2. Ai fini della conversione un giorno di lavoro di pubblica utilità equivale a 250 euro di pena pecuniaria.

3. Quando è violato l'obbligo del lavoro di pubblica utilità conseguente alla conversione della pena pecuniaria, la parte di lavoro non ancora eseguito si converte nell'obbligo di permanenza domiciliare secondo i criteri di ragguaglio indicati nel comma 5.

4. Se il condannato non richiede di svolgere il lavoro di pubblica utilità, ovvero se il mancato pagamento di cui al primo comma non è dovuto a insolvibilità, le pene pecuniarie non eseguite si convertono nell'obbligo di permanenza domiciliare con le forme e nei modi previsti dall'articolo 53, comma 1, e in questo caso non è applicabile al condannato il divieto di cui all'articolo 53, comma 3.

5. Ai fini della conversione un giorno di permanenza domiciliare equivale a 250 euro di pena pecuniaria e la durata della permanenza non può essere superiore a quarantacinque giorni.

6. Il condannato può sempre far cessare la pena del lavoro di pubblica utilità o della permanenza domiciliare pagando la pena pecuniaria, dedotta la somma corrispondente alla durata della pena da conversione espiata.

• Articolo così sostituito dal d. lgs. 10.10.2022, n. 150.

56. Violazione degli obblighi. 1. Il condannato che senza giusto motivo si allontana dai luoghi in cui è obbligato a permanere o che non si reca nel luogo in cui deve svolgere il lavoro di pubblica utilità o che lo abbandona è punito con la reclusione fino ad un anno.

2. Alla stessa pena soggiace il condannato che viola reiteratamente senza giusto motivo gli obblighi o i divieti inerenti alle pene della permanenza domiciliare o del lavoro di pubblica utilità.

3. In caso di condanna non sono applicabili le sanzioni sostitutive previste dagli articoli 53 e seguenti della legge 24 novembre 1981, n. 689.

57. Competenza. 1. La competenza per il delitto di cui all'articolo 56 è attribuita al tribunale in composizione monocratica.

58. Effetti delle sanzioni e criteri di ragguaglio. 1. Per ogni effetto giuridico la pena dell'obbligo di permanenza domiciliare e il lavoro di pubblica utilità si considerano come pena detentiva della specie corrispondente a quella della pena originaria.
2. Quando per qualsiasi effetto giuridico si deve eseguire un ragguaglio tra la pena detentiva e le pene di cui agli articoli 53 e 54, un giorno di pena detentiva equivale a due giorni di permanenza domiciliare o tre giorni di lavoro di pubblica utilità.
3. Un giorno di pena detentiva equivale a 38 euro di pena pecuniaria irrogata in luogo della pena detentiva a norma dell'articolo 52.
4. In deroga a quanto stabilito nell'articolo 78, primo comma, numero 3), del codice penale, la pena della multa o dell'ammenda non può comunque eccedere la somma di 7.746 euro, ovvero la somma di 30.987 euro se il giudice si vale della facoltà di aumento indicata nel secondo comma dell'articolo 133 *bis* dello stesso codice.

59. Controllo sull'osservanza delle sanzioni dell'obbligo di permanenza domiciliare e del lavoro di pubblica utilità. 1. L'ufficio di pubblica sicurezza del luogo di esecuzione della pena o, in mancanza dell'ufficio di pubblica sicurezza, il comando dell'Arma dei carabinieri territorialmente competente effettua il controllo sull'osservanza degli obblighi connessi alla pena dell'obbligo di permanenza domiciliare o del lavoro di pubblica utilità con le modalità stabilite dall'articolo 65, primo e secondo commi della legge 24 novembre 1981, n. 689, in quanto applicabile.

60. Esclusione della sospensione condizionale della pena. 1. Le disposizioni di cui agli articoli 163 e seguenti del codice penale, relative alla sospensione condizionale della pena, non si applicano alle pene irrogate dal giudice di pace.

61. Interruzione della prescrizione. 1. Il corso della prescrizione per i reati attribuiti alla cognizione del giudice di pace è interrotto, oltre che dagli atti indicati nell'articolo 160 del codice penale, dalla citazione a giudizio disposta dalla polizia giudiziaria, dal decreto di convocazione delle parti emesso dal giudice di pace.

62. Inapplicabilità delle altre misure sostitutive della detenzione. 1. Le sanzioni sostitutive previste dagli articoli 53 e seguenti della legge 24 novembre 1981, n. 689, non si applicano ai reati di competenza del giudice di pace.

62 *bis*. Espulsione a titolo di sanzione sostitutiva. 1. Nei casi stabiliti dalla legge, il giudice di pace applica la misura sostitutiva di cui all'articolo 16 del testo unico di cui al decreto legislativo 25 luglio 1998, n. 286.

• Articolo inserito dalla l. 15.7.2009, n. 94.

Titolo III
DISPOSIZIONI FINALI E TRANSITORIE

63. Norme applicabili da parte di giudici diversi. 1. Nei casi in cui i reati indicati nell'articolo 4, commi 1 e 2, sono giudicati da un giudice diverso dal giudice di pace, si osservano le disposizioni del titolo II del presente decreto legislativo, nonché, in quanto applicabili, le disposizioni di cui agli articoli 33, 34, 35, 43 e 44.
2. [Soppresso.]

• Il co. 2 è stato abrogato dal d.P.R. 14.11.2002, n. 313.

64. Norma transitoria. 1. Le norme del presente decreto legislativo si applicano ai procedimenti relativi ai reati indicati nell'articolo 4, commi 1 e 2, commessi dopo la sua entrata in vigore.
2. Ferma l'applicabilità dell'articolo 2, comma terzo, del codice penale, nei procedimenti relativi

a reati commessi prima della data di entrata in vigore del presente decreto legislativo si osservano le disposizioni dell'articolo 63, comma 1; quando si tratta di reati commessi dopo la pubblicazione del presente decreto si osservano anche le disposizioni del titolo I se alla data di entrata in vigore non è ancora avvenuta l'iscrizione della notizia di reato.

• Articolo così modificato dal d.P.R. 14.11.2002, n. 313.

65. Entrata in vigore. 1. Il presente decreto legislativo entra in vigore il giorno 2 gennaio 2002.

• Articolo così modificato dal d.l. 2.4.2001, n. 91, conv., con modif., dalla l. 3.5.2001, n. 163.

GIUSTIZIA RIPARATIVA

Decreto legislativo 10 ottobre 2022, n. 150. Attuazione della legge 27 settembre 2021, n. 134, recante delega al Governo per l'efficienza del processo penale, nonché in materia di giustizia riparativa e disposizioni per la celere definizione dei procedimenti giudiziari

Titolo IV
DISCIPLINA ORGANICA DELLA GIUSTIZIA RIPARATIVA

Capo I
Principi e disposizioni generali

Sezione I
Definizioni, principi e obiettivi

42. Definizioni. 1. Ai fini del presente decreto si intende per:

a) giustizia riparativa: ogni programma che consente alla vittima del reato, alla persona indicata come autore dell'offesa e ad altri soggetti appartenenti alla comunità di partecipare liberamente, in modo consensuale, attivo e volontario, alla risoluzione delle questioni derivanti dal reato, con l'aiuto di un terzo imparziale, adeguatamente formato, denominato mediatore;

b) vittima del reato: la persona fisica che ha subito direttamente dal reato qualunque danno patrimoniale o non patrimoniale, nonché il familiare della persona fisica la cui morte è stata causata dal reato e che ha subito un danno in conseguenza della morte di tale persona;

c) persona indicata come autore dell'offesa:

1) la persona indicata come tale dalla vittima, anche prima della proposizione della querela;

2) la persona sottoposta alle indagini;

3) l'imputato;

4) la persona sottoposta a misura di sicurezza personale;

5) la persona condannata con pronuncia irrevocabile;

6) la persona nei cui confronti è stata emessa una sentenza di non luogo a procedere o di non doversi procedere, per difetto della condizione di procedibilità, anche ai sensi dell'articolo 344 *bis* del codice di procedura penale, o per intervenuta causa estintiva del reato;

d) familiare: il coniuge, la parte di un'unione civile ai sensi dell'articolo 1, comma 2, della legge 20 maggio 2016, n. 76, il convivente di fatto di cui all'articolo 1, comma 36, della stessa legge, la persona che è legata alla vittima o alla persona indicata come autore dell'offesa da un vincolo affettivo stabile, nonché i parenti in linea retta, i fratelli, le sorelle e le persone fiscalmente a carico della vittima o della persona indicata come autore dell'offesa;

e) esito riparativo: qualunque accordo, risultante dal programma di giustizia riparativa, volto alla riparazione dell'offesa e idoneo a rappresentare l'avvenuto riconoscimento reciproco e la possibilità di ricostruire la relazione tra i partecipanti;

f) servizi per la giustizia riparativa: tutte le attività relative alla predisposizione, al coordinamento, alla gestione e all'erogazione di programmi di giustizia riparativa;

g) Centro per la giustizia riparativa: la struttura pubblica di cui al capo V, sezione II, cui competono le attività necessarie all'organizzazione, gestione, erogazione e svolgimento dei programmi di giustizia riparativa.

2. I diritti e le facoltà attribuite alla vittima del reato sono riconosciuti anche al soggetto giuridico offeso dal reato.

43. Principi generali e obiettivi. 1. La giustizia riparativa in materia penale si conforma ai seguenti principi:

a) la partecipazione attiva e volontaria della persona indicata come autore dell'offesa e della vittima del reato e degli altri eventuali partecipanti alla gestione degli effetti pregiudizievoli causati dall'offesa;

b) l'equa considerazione dell'interesse della vittima del reato e della persona indicata come autore dell'offesa;

c) il coinvolgimento della comunità nei programmi di giustizia riparativa;

d) il consenso alla partecipazione ai programmi di giustizia riparativa;

e) la riservatezza sulle dichiarazioni e sulle attività svolte nel corso dei programmi di giustizia riparativa;

f) la ragionevolezza e proporzionalità degli eventuali esiti riparativi consensualmente raggiunti;

g) l'indipendenza dei mediatori e la loro equiprossimità rispetto ai partecipanti ai programmi di giustizia riparativa;

h) la garanzia del tempo necessario allo svolgimento di ciascun programma.

2. I programmi di giustizia riparativa tendono a promuovere il riconoscimento della vittima del reato, la responsabilizzazione della persona indicata come autore dell'offesa e la ricostituzione dei legami con la comunità.

3. L'accesso ai programmi di giustizia riparativa è assicurato ai soggetti che vi hanno interesse con le garanzie previste dal presente decreto ed è gratuito.

4. L'accesso ai programmi di giustizia riparativa è sempre favorito, senza discriminazioni e nel rispetto della dignità di ogni persona. Può essere limitato soltanto in caso di pericolo concreto per i partecipanti, derivante dallo svolgimento del programma.

Sezione II
Accesso ai programmi di giustizia riparativa

44. Principi sull'accesso. 1. I programmi di giustizia riparativa disciplinati dal presente decreto sono accessibili senza preclusioni in relazione alla fattispecie di reato o alla sua gravità.

2. Ai programmi di cui al comma 1 si può accedere in ogni stato e grado del procedimento penale, nella fase esecutiva della pena e della misura di sicurezza, dopo l'esecuzione delle stesse e all'esito di una sentenza di non luogo a procedere o di non doversi procedere, per difetto della condizione di procedibilità, anche ai sensi dell'articolo 344 *bis* del codice di procedura penale, o per intervenuta causa estintiva del reato.

3. Qualora si tratti di delitti perseguibili a querela, ai programmi di cui al comma 1 si può accedere anche prima che la stessa sia stata proposta.

45. Partecipanti ai programmi di giustizia riparativa. 1. Possono partecipare ai programmi di giustizia riparativa, con le garanzie di cui al presente decreto:

a) la vittima del reato;

b) la persona indicata come autore dell'offesa;

c) altri soggetti appartenenti alla comunità, quali familiari della vittima del reato e della persona indicata come autore dell'offesa, persone di supporto segnalate dalla vittima del reato e dalla persona indicata come autore dell'offesa, enti ed associazioni rappresentativi di interessi lesi dal reato, rappresentanti o delegati di Stato, Regioni, enti locali o di altri enti pubblici, autorità di pubblica sicurezza, servizi sociali;

d) chiunque altro vi abbia interesse.

Sezione III
Persone minori di età

46. Diritti e garanzie per le persone minori di età. 1. Nello svolgimento dei programmi di giustizia riparativa che coinvolgono a qualsiasi titolo persone minori di età, le disposizioni del presente decreto, in quanto compatibili, sono applicate in modo adeguato alla personalità e alle esigenze del minorenne, tenuto in considerazione il suo superiore interesse conformemente a quanto previsto dall'articolo 3, paragrafo 1, della Convenzione sui diritti del fanciullo del 20 novembre 1989, ratificata dalla legge 27 maggio 1991, n. 176.

2. Allo svolgimento dei programmi di giustizia riparativa che coinvolgono a qualsiasi titolo persone minori di età sono assegnati mediatori dotati di specifiche attitudini, avuto riguardo alla formazione e alle competenze acquisite.

Capo II
Garanzie dei programmi di giustizia riparativa

Sezione I
Disposizioni in materia di diritti dei partecipanti

47. Diritto all'informazione. 1. La persona indicata come autore dell'offesa e la vittima del reato vengono informate senza ritardo da parte dell'autorità giudiziaria, in ogni stato e grado del procedimento penale o all'inizio dell'esecuzione della pena detentiva o della misura di sicurezza, in merito alla facoltà di accedere ai programmi di giustizia riparativa e ai servizi disponibili.

2. L'informazione di cui al comma 1 è altresì fornita agli interessati dagli istituti e servizi, anche minorili, del Ministero della giustizia, dai servizi sociali del territorio, dai servizi di assistenza alle vittime, dall'autorità di pubblica sicurezza, nonché da altri operatori che a qualsiasi titolo sono in contatto con i medesimi soggetti.

3. I soggetti di cui all'articolo 45 hanno diritto di ricevere dai mediatori una informazione effettiva, completa e obiettiva sui programmi di giustizia riparativa disponibili, sulle modalità di accesso e di svolgimento, sui potenziali esiti e sugli eventuali accordi tra i partecipanti. Vengono inoltre informati in merito alle garanzie e ai doveri previsti nel presente decreto.

4. Le informazioni di cui al presente articolo sono fornite all'esercente la responsabilità genitoriale, al tutore, all'amministratore di sostegno, al curatore speciale nei casi di cui all'articolo 121 del codice penale, nonché ai difensori della vittima del reato e della persona indicata come autore dell'offesa, ove nominati.

5. Le informazioni vengono fornite ai destinatari in una lingua comprensibile e in modo adeguato all'età e alle capacità degli stessi.

48. Consenso alla partecipazione ai programmi di giustizia riparativa. 1. Il consenso alla partecipazione ai programmi di giustizia riparativa è personale, libero, consapevole, informato ed espresso in forma scritta. È sempre revocabile anche per fatti concludenti.

2. Per la persona minore d'età che non ha compiuto gli anni quattordici, il consenso è espresso, previo ascolto e assenso della stessa, tenuto conto della sua capacità di discernimento, dall'esercente la responsabilità genitoriale o, nei casi di cui all'articolo 121 del codice penale, dal curatore speciale.

3. Per la persona minore d'età che ha compiuto gli anni quattordici, il consenso è espresso dalla stessa e dall'esercente la responsabilità genitoriale o, nei casi di cui all'articolo 121 del codice

penale, dal curatore speciale. Qualora l'esercente la responsabilità genitoriale o il curatore speciale non prestino il consenso, il mediatore, sentiti i soggetti interessati e considerato l'interesse della persona minore d'età, valuta se procedere sulla base del solo consenso di quest'ultima. Restano fermi i limiti inerenti alla capacità di agire del minore.

4. Nel caso di interdetto giudiziale, il consenso è espresso dal tutore, sentito l'interdetto. Nel caso di inabilitato, il consenso è espresso dallo stesso e dal curatore. Nel caso di persona sottoposta ad amministrazione di sostegno, il consenso è espresso da quest'ultima, da sola o con l'assistenza dell'amministratore di sostegno, sulla base delle specifiche indicazioni contenute nei provvedimenti di cui agli articoli 405 e 407, comma 4, del codice civile.

5. Il consenso per l'ente è espresso dal legale rappresentante *pro tempore* o da un suo delegato.

6. Il consenso viene raccolto nel corso del primo incontro dal mediatore designato, alla presenza del difensore della vittima del reato e del difensore della persona indicata come autore dell'offesa, quando questi lo richiedono.

49. Diritto all'assistenza linguistica. 1. La persona indicata come autore dell'offesa, la vittima del reato e gli altri partecipanti che non parlano o non comprendono la lingua italiana hanno diritto di farsi assistere gratuitamente da un interprete al fine di prendere parte consapevolmente ai programmi di giustizia riparativa.

2. Negli stessi casi è disposta la traduzione della relazione del mediatore.

3. La conoscenza della lingua italiana è presunta fino a prova contraria per chi sia cittadino italiano. L'impiego di una lingua diversa dalla lingua madre dell'interessato è consentito solo laddove l'interessato ne abbia una conoscenza sufficiente ad assicurare la partecipazione effettiva al programma. L'accertamento sulla conoscenza della lingua italiana è compiuto dal mediatore.

4. L'interprete e il traduttore sono nominati anche quando il mediatore ha personale conoscenza della lingua o del dialetto da interpretare.

5. Si applicano le disposizioni degli articoli 144 e 145 del codice di procedura penale, in quanto compatibili.

Sezione II
Doveri e garanzie dei mediatori e dei partecipanti

50. Dovere di riservatezza. 1. I mediatori e il personale dei Centri per la giustizia riparativa sono tenuti alla riservatezza sulle attività e sugli atti compiuti, sulle dichiarazioni rese dai partecipanti e sulle informazioni acquisite per ragione o nel corso dei programmi di giustizia riparativa, salvo che vi sia il consenso dei partecipanti alla rivelazione, che il mediatore ritenga la rivelazione assolutamente necessaria per evitare la commissione di imminenti o gravi reati ovvero che le dichiarazioni integrino di per sé reato.

2. I partecipanti sono tenuti a non divulgare le dichiarazioni rese e le informazioni acquisite nel corso del programma di giustizia riparativa prima della sua conclusione e della definizione del procedimento penale con sentenza o decreto penale irrevocabili.

3. Dopo la conclusione del programma di giustizia riparativa e la definizione del procedimento penale con sentenza o decreto penale irrevocabili, la pubblicazione delle dichiarazioni e delle informazioni acquisite è ammessa con il consenso dell'interessato e nel rispetto della disciplina sulla protezione dei dati personali.

51. Inutilizzabilità. 1. Le dichiarazioni rese e le informazioni acquisite nel corso del programma non possono essere utilizzate nel procedimento penale e nella fase dell'esecuzione della pena, fatti salvi i contenuti della relazione di cui all'articolo 57 e fermo quanto disposto nell'articolo 50, comma 1.

52. Tutela del segreto. 1. Il mediatore non può essere obbligato a deporre davanti all'autorità giudiziaria né a rendere dichiarazioni davanti ad altra autorità sugli atti compiuti, sui contenuti dell'attività svolta, nonché sulle dichiarazioni rese dai partecipanti e sulle informazioni apprese per ragione o nel corso del programma di giustizia riparativa, salvo che vi sia il consenso dei partecipanti alla rivelazione o il mediatore ritenga questa assolutamente necessaria per evitare la commissione di imminenti o gravi reati e quando le dichiarazioni integrino di per sé reato. Al mediatore si applicano, in quanto compatibili, le disposizioni dell'articolo 200 del codice di procedura penale.

2. Presso i mediatori e nei luoghi in cui si svolge il programma di giustizia riparativa non si può procedere a sequestro di carte o documenti relativi all'oggetto del programma, salvo che costituiscano corpo del reato.

3. Non è consentita l'intercettazione di conversazioni o comunicazioni nei luoghi in cui si svolge il programma di giustizia riparativa, né di conversazioni o comunicazioni dei mediatori che abbiano ad oggetto fatti conosciuti per ragione o nel corso del medesimo programma.

4. I risultati dei sequestri e delle intercettazioni di conversazioni o comunicazioni eseguiti in violazione delle disposizioni di cui al presente articolo non possono essere utilizzati, salvo che costituiscano corpo di reato o, nel caso di intercettazioni, abbiano ad oggetto fatti sui quali i mediatori abbiano deposto o che gli stessi abbiano in altro modo divulgato.

5. Il mediatore non ha obblighi di denuncia in relazione ai reati dei quali abbia avuto notizia per ragione o nel corso del programma di giustizia riparativa, salvo che vi sia il consenso dei partecipanti alla rivelazione, che il mediatore ritenga la rivelazione assolutamente necessaria per evitare la commissione di imminenti o gravi reati ovvero che le dichiarazioni integrino di per sé reato.

Capo III
Programmi di giustizia riparativa

Sezione I
Svolgimento dei programmi di giustizia riparativa

53. Programmi di giustizia riparativa. 1. I programmi di giustizia riparativa si conformano ai principi europei e internazionali in materia e vengono svolti da almeno due mediatori con le garanzie previste dal presente decreto. Essi comprendono:

a) la mediazione tra la persona indicata come autore dell'offesa e la vittima del reato, anche estesa ai gruppi parentali, ovvero tra la persona indicata come autore dell'offesa e la vittima di un reato diverso da quello per cui si procede;

b) il dialogo riparativo;

c) ogni altro programma dialogico guidato da mediatori, svolto nell'interesse della vittima del reato e della persona indicata come autore dell'offesa.

54. Attività preliminari. 1. Il primo incontro tra i partecipanti ai programmi di giustizia riparativa è preceduto da uno o più contatti con i mediatori e da colloqui tra il mediatore e ciascuno dei partecipanti diretti a fornire le informazioni previste dall'articolo 47, comma 3, a raccogliere il consenso, nonché a verificare la fattibilità dei programmi stessi.

2. I difensori della persona indicata come autore dell'offesa e della vittima del reato hanno facoltà di intervenire ai colloqui preliminari, su richiesta delle persone interessate.

55. Svolgimento degli incontri. 1. I programmi di giustizia riparativa si svolgono in spazi e luoghi adeguati allo svolgimento dei programmi e idonei ad assicurare riservatezza e indipendenza.

2. Nello svolgimento degli incontri i mediatori assicurano il trattamento rispettoso, non discriminatorio ed equiprossimo dei partecipanti, garantendo tempi adeguati alle necessità del caso.

3. Gli interessati partecipano personalmente a tutte le fasi del programma e possono essere assistiti da persone di supporto, anche in relazione alla loro capacità, fermo quanto previsto dall'articolo 54, comma 2.

4. Il mediatore, anche su richiesta dell'autorità giudiziaria procedente, invia comunicazioni sullo stato e sui tempi del programma.

56. Disciplina degli esiti riparativi. 1. Quando il programma si conclude con un esito riparativo, questo può essere simbolico o materiale.

2. L'esito simbolico può comprendere dichiarazioni o scuse formali, impegni comportamentali anche pubblici o rivolti alla comunità, accordi relativi alla frequentazione di persone o luoghi.

3. L'esito materiale può comprendere il risarcimento del danno, le restituzioni, l'adoperarsi per elidere o attenuare le conseguenze dannose o pericolose del reato o evitare che lo stesso sia portato a conseguenze ulteriori.

4. È garantita alle parti l'assistenza dei mediatori per l'esecuzione degli accordi relativi all'esito simbolico.

5. I difensori della persona indicata come autore dell'offesa e della vittima del reato hanno facoltà di assistere i partecipanti nella definizione degli accordi relativi all'esito materiale.

Sezione II
Valutazione dell'autorità giudiziaria

57. Relazione e comunicazioni all'autorità giudiziaria. 1. Al termine del programma viene trasmessa all'autorità giudiziaria procedente una relazione redatta dal mediatore contenente la descrizione delle attività svolte e dell'esito riparativo raggiunto. Ulteriori informazioni sono trasmesse su richiesta dei partecipanti e con il loro consenso.

2. Il mediatore comunica all'autorità giudiziaria procedente anche la mancata effettuazione del programma, l'interruzione dello stesso o il mancato raggiungimento di un esito riparativo, fermo restando quanto disposto dall'articolo 58.

58. Valutazione dell'esito del programma di giustizia riparativa. 1. L'autorità giudiziaria, per le determinazioni di competenza, valuta lo svolgimento del programma e, anche ai fini di cui all'articolo 133 del codice penale, l'eventuale esito riparativo.

2. In ogni caso, la mancata effettuazione del programma, l'interruzione dello stesso o il mancato raggiungimento di un esito riparativo non producono effetti sfavorevoli nei confronti della persona indicata come autore dell'offesa.

Capo IV
Formazione dei mediatori esperti in programmi di giustizia riparativa e requisiti per l'esercizio dell'attività

Sezione I
Formazione dei mediatori esperti

59. Formazione dei mediatori esperti in programmi di giustizia riparativa. 1. La formazione dei mediatori esperti assicura l'acquisizione delle conoscenze, competenze, abilità e dei principi deontologici necessari a svolgere, con imparzialità, indipendenza, sensibilità ed equiprossimità, i programmi di giustizia riparativa.

2. I mediatori esperti ricevono una formazione iniziale e continua.

3. La formazione iniziale consiste in almeno duecentoquaranta ore, di cui un terzo dedicato alla formazione teorica e due terzi a quella pratica, seguite da almeno cento ore di tirocinio presso uno dei Centri per la giustizia riparativa di cui all'articolo 63.

4. La formazione continua consiste in non meno di trenta ore annuali, dedicate all'aggiornamento teorico e pratico, nonché allo scambio di prassi nazionali, europee e internazionali.

5. La formazione teorica fornisce conoscenze su principi, teorie e metodi della giustizia riparativa, nonché nozioni basilari di diritto penale, diritto processuale penale, diritto penitenziario, diritto minorile, criminologia, vittimologia e ulteriori materie correlate.

6. La formazione pratica mira a sviluppare capacità di ascolto e di relazione e a fornire compe-

tenze e abilità necessarie alla gestione degli effetti negativi dei conflitti, con specifica attenzione alle vittime, ai minorenni e alle altre persone vulnerabili.

7. La formazione pratica e quella teorica sono assicurate dai Centri per la giustizia riparativa e dalle Università che operano in collaborazione, secondo le rispettive competenze. Ai Centri per la giustizia riparativa è affidata in particolare la formazione pratica, che viene impartita attraverso mediatori esperti iscritti nell'elenco di cui all'articolo 60 i quali abbiano un'esperienza almeno quinquennale nei servizi per la giustizia riparativa e siano in possesso di comprovate competenze come formatori.

8. L'accesso ai corsi è subordinato al possesso di un titolo di studio non inferiore alla laurea e al superamento di una prova di ammissione culturale e attitudinale.

9. I partecipanti al corso di formazione acquisiscono la qualifica di mediatore esperto in programmi di giustizia riparativa in seguito al superamento della prova finale teorico-pratica.

10. Con decreto del Ministro della giustizia, adottato di concerto con il Ministro del lavoro e delle politiche sociali e con il Ministro dell'università e della ricerca, entro sei mesi dalla data di entrata in vigore del presente decreto, sono disciplinati le forme e i tempi della formazione pratica e teorica di cui al comma 7, nonché le modalità delle prove di cui ai commi 8 e 9. Gli oneri per la partecipazione alle attività di formazione ed alla prova finale teorico-pratica sono posti a carico dei partecipanti.

Sezione II
Requisiti per l'esercizio dell'attività

60. Requisiti per l'esercizio dell'attività di mediatore esperto. Elenco dei mediatori esperti. 1. Oltre alla qualifica di cui all'articolo 59, comma 9, per l'esercizio dell'attività di mediatore esperto in programmi di giustizia riparativa è necessario l'inserimento nell'elenco di cui al comma 2.

2. Con decreto del Ministro della giustizia, di concerto con il Ministro del lavoro e delle politiche sociali e con il Ministro dell'università e della ricerca, da adottarsi entro sei mesi dalla data di entrata in vigore del presente decreto, è istituito presso il Ministero della giustizia l'elenco dei mediatori esperti. L'elenco contiene i nominativi dei mediatori esperti, con l'indicazione della eventuale qualifica di formatori. Il decreto stabilisce anche i criteri per la valutazione delle esperienze e delle competenze dei mediatori esperti, al fine dell'ammissione allo svolgimento dell'attività di formazione, nonché i criteri per l'iscrizione e la cancellazione, anche per motivi sopravvenuti, dall'elenco, le modalità di revisione dell'elenco, nonché la data a decorrere dalla quale la partecipazione all'attività di formazione di cui all'articolo 59 costituisce requisito obbligatorio per l'esercizio dell'attività di mediatore esperto. Lo stesso decreto disciplina le incompatibilità con l'esercizio dell'attività di mediatore esperto, nonché i requisiti di onorabilità e l'eventuale contributo per l'iscrizione nell'elenco.

3. L'istituzione e la tenuta dell'elenco di cui al comma 2 avvengono nell'ambito delle risorse umane, finanziarie e strumentali già esistenti e disponibili a legislazione vigente, presso il Ministero della giustizia, senza nuovi o maggiori oneri per il bilancio dello Stato.

Capo V
Servizi per la giustizia riparativa

Sezione I
Coordinamento dei servizi e livelli essenziali delle prestazioni

61. Coordinamento dei servizi e Conferenza nazionale per la giustizia riparativa. 1. Il Ministero della giustizia provvede al coordinamento nazionale dei servizi per la giustizia riparativa, esercitando le funzioni di programmazione delle risorse, di proposta dei livelli essenziali delle prestazioni e di monitoraggio dei servizi erogati. A tali fini si avvale della Conferenza nazionale per la giustizia riparativa.

2. La Conferenza nazionale è presieduta dal Ministro della giustizia o da un suo delegato. Ad essa partecipano un rappresentante per ogni Regione o Provincia autonoma, un sindaco o un suo delegato per ciascuna Regione o Provincia autonoma, designato dall'Associazione Nazionale Comuni Italiani, un rappresentante della Cassa delle ammende e sei esperti con funzioni di consulenza tecnico-scientifica.

3. La Conferenza nazionale è convocata annualmente dal Ministro della giustizia o da un suo delegato e si svolge mediante videoconferenza.

4. La Conferenza redige annualmente una relazione sullo stato della giustizia riparativa in Italia, che viene presentata al Parlamento dal Ministro della giustizia.

5. Gli esperti di cui al comma 2 sono nominati con decreto del Ministro della giustizia, di concerto con il Ministro dell'università e della ricerca, tra personalità di riconosciuta competenza ed esperienza nell'ambito della giustizia riparativa, tenuto conto della necessità di assicurare una equilibrata rappresentanza di mediatori esperti e di docenti universitari. L'incarico di esperto ha durata biennale, con possibilità di rinnovo per un ulteriore biennio.

6. All'attuazione delle attività di cui al presente articolo le amministrazioni provvedono con le risorse umane, strumentali e finanziarie disponibili a legislazione vigente e, comunque, senza nuovi o maggiori oneri per la finanza pubblica. La partecipazione alle attività della Conferenza nazionale per la giustizia riparativa non dà diritto a compensi, gettoni, emolumenti, indennità o rimborsi di spese di qualunque natura o comunque denominati.

62. Livelli essenziali delle prestazioni. 1. Mediante intesa assunta nella Conferenza unificata di cui all'articolo 8 del decreto legislativo 28 agosto 1997, n. 281, sono stabiliti i livelli essenziali e uniformi delle prestazioni dei servizi per la giustizia riparativa, in conformità ai principi e alle garanzie stabiliti dal presente decreto, nel limite delle disponibilità del fondo di cui all'articolo 67, comma 1.

Sezione II
Centri di giustizia riparativa

63. Istituzione dei Centri per la giustizia riparativa e Conferenza locale per la giustizia riparativa. 1. I Centri per la giustizia riparativa sono istituiti presso gli enti locali, individuati a norma del presente articolo.

2. Per ciascun distretto di Corte di appello è istituita la Conferenza locale per la giustizia riparativa cui partecipano, attraverso propri rappresentanti:

a) il Ministero della giustizia;

b) le Regioni o le Province autonome sul territorio delle quali si estende il distretto della Corte di appello;

c) le Province o le Città metropolitane sul territorio delle quali si estende il distretto della Corte di appello;

d) i Comuni, sedi di uffici giudiziari, compresi nel distretto di Corte di appello;

e) ogni altro Comune, compreso nel distretto di Corte di appello, presso il quale sono in atto esperienze di giustizia riparativa.

3. La Conferenza locale è convocata dal Ministro della giustizia o da un suo delegato, con cadenza almeno annuale.

4. La Conferenza locale è coordinata dal Ministro della giustizia o da un suo delegato e si svolge mediante videoconferenza.

5. La Conferenza locale per la giustizia riparativa, previa ricognizione delle esperienze di giustizia riparativa in atto, sentiti gli esperti di cui all'articolo 61, comma 2, il Presidente della Corte di appello, il Procuratore generale presso la Corte di appello e il Presidente del Consiglio dell'ordine degli avvocati del Comune sede dell'ufficio di Corte di appello, anche in rappresentanza degli Ordini distrettuali, individua, mediante protocollo d'intesa, in relazione alle risorse umane, strumentali e finanziarie disponibili, uno o più enti locali cui affidare l'istituzione e la gestione dei Centri per la giustizia riparativa in base ai seguenti criteri:

a) il fabbisogno di servizi sul territorio;

b) la necessità che l'insieme dei Centri assicuri per tutto il distretto, su base territoriale o funzionale, l'offerta dell'intera gamma dei programmi di giustizia riparativa;

c) la necessità che i Centri assicurino, nello svolgimento dei servizi, i livelli essenziali delle prestazioni e il rispetto dei principi e delle garanzie stabiliti dal presente decreto.

6. All'attuazione delle attività di cui al presente articolo le amministrazioni provvedono con le risorse umane, strumentali e finanziarie disponibili a legislazione vigente e, comunque, senza nuovi o maggiori oneri per la finanza pubblica. La partecipazione alle attività della Conferenza locale per la giustizia riparativa non dà diritto a compensi, gettoni, emolumenti, indennità o rimborsi di spese di qualunque natura o comunque denominati.

64. Forme di gestione. 1. I Centri per la giustizia riparativa assicurano, nello svolgimento dei servizi, i livelli essenziali e uniformi di cui all'articolo 62.

2. I Centri possono avvalersi di mediatori esperti dell'ente locale di riferimento. Possono, altresì, dotarsi di mediatori esperti mediante la stipula di contratti di appalto ai sensi degli articoli 140 e seguenti del decreto legislativo 18 aprile 2016, n. 50, ovvero avvalendosi di enti del terzo settore ai sensi dell'articolo 55 del decreto legislativo 3 luglio 2017, n. 117, o mediante una convenzione stipulata ai sensi dell'articolo 56 del medesimo decreto.

3. Nel contratto di appalto o nella convenzione sono indicati, tra l'altro, le caratteristiche e le modalità di svolgimento dei programmi di giustizia riparativa, la durata, gli obblighi e le modalità di copertura assicurativa, i rapporti finanziari, le forme del controllo amministrativo dell'ente locale di riferimento, i casi di decadenza e di risoluzione per inadempimento, tra i quali il mancato rispetto dei principi e delle garanzie disciplinati nel presente decreto.

4. In ogni caso, il personale che svolge i programmi di giustizia riparativa deve possedere la qualifica di mediatore esperto ed essere inserito nell'elenco di cui all'articolo 60, comma 2.

65. Trattamento dei dati personali. 1. I Centri per la giustizia riparativa trattano i dati personali, anche appartenenti alle categorie di cui agli articoli 9 e 10 del regolamento (UE) 2016/679 del Parlamento europeo e del Consiglio, del 27 aprile 2016, strettamente necessari all'esercizio delle competenze e al raggiungimento degli scopi di cui al presente decreto, per le finalità di rilevante interesse pubblico di cui all'articolo 2 *sexies*, comma 2, lettera *q*), del decreto legislativo 30 giugno 2003, n. 196, e assumono la qualità di titolari del trattamento.

2. Il trattamento è effettuato nel rispetto del regolamento (UE) 2016/679 del Parlamento europeo e del Consiglio, del 27 aprile 2016, e del decreto legislativo 30 giugno 2003, n. 196.

3. Le tipologie dei dati che possono essere trattati, le categorie di interessati, i soggetti cui possono essere comunicati i dati personali, le operazioni di trattamento, nonché le misure appropriate e specifiche per tutelare i diritti degli interessati sono definiti con decreto del Ministro della giustizia, da adottarsi, ai sensi dell'articolo 17, comma 3, della legge 23 agosto 1988, n. 400, sentito il Garante per la protezione dei dati personali, nel termine di un anno dalla data di entrata in vigore del presente decreto.

66. Vigilanza del Ministero della giustizia. 1. La Conferenza locale presenta annualmente al Ministero della giustizia una relazione sull'attività svolta. È, in ogni caso, nella facoltà del Ministero di richiedere in qualunque momento informazioni sullo stato dei servizi per la giustizia riparativa.

2. Le informazioni acquisite sono valutate ai fini delle determinazioni da assumere ai sensi dell'articolo 67, comma 1.

67. Finanziamento. 1. Nello stato di previsione del Ministero della giustizia è istituito un Fondo per il finanziamento di interventi in materia di giustizia riparativa, con una dotazione di euro 4.438.524 annui a decorrere dall'anno 2022. Con decreto del Ministro della giustizia, di concerto con il Ministro dell'economia e delle finanze, acquisito il parere della Conferenza unificata di cui all'articolo 8 del decreto legislativo 28 agosto 1997, n. 281, è stabilita ogni anno la quota da trasferire agli enti di cui all'articolo 63, comma 5, per il funzionamento dei Centri per la giustizia

riparativa e per la prestazione dei relativi servizi, nel limite delle disponibilità del fondo istituito ai sensi del presente comma.
2. Le Regioni e le Province autonome, le Città metropolitane, le Province, i Comuni e la Cassa delle Ammende, nel quadro delle rispettive politiche e competenze, possono concorrere, nei limiti delle risorse disponibili nell'ambito dei propri bilanci, al finanziamento dei programmi di giustizia riparativa.
3. Nel limite delle disponibilità del fondo di cui al comma 1, fermo restando il finanziamento degli interventi necessari a garantire i livelli essenziali delle prestazioni di giustizia riparativa, la determinazione degli importi da assegnare agli enti di cui all'articolo 63, comma 5, tiene conto, sulla base di criteri di proporzionalità, dell'ammontare delle risorse proprie annualmente impiegate dagli stessi enti per il finanziamento dei programmi di giustizia riparativa, opportunamente documentati e rendicontati alla Conferenza nazionale di cui all'articolo 61.
4. Agli oneri di cui al comma 1, pari a euro 4.438.524 annui a decorrere dall'anno 2022, si provvede mediante corrispondente riduzione del Fondo per l'attuazione della delega per l'efficienza del processo penale di cui all'articolo 1, comma 19, della legge 27 settembre 2021, n. 134.
5. Il Ministro dell'economia e delle finanze è autorizzato ad apportare, con propri decreti, le occorrenti variazioni di bilancio.

• Ai sensi dell'art. 1 co. 859 l. 29.12.2022, n. 197, il Fondo per il finanziamento di interventi in materia di giustizia riparativa di cui all'art. 67 co. 1 d. lgs. 10.10.2022, n. 150 è incrementato di 5 milioni di euro annui a decorrere dall'anno 2023.

68-91. [*Omissis*]

92. Disposizioni transitorie in materia di giustizia riparativa. Servizi esistenti. 1. La Conferenza locale per la giustizia riparativa, entro il termine di sei mesi dalla data di entrata in vigore del presente decreto, provvede alla ricognizione dei servizi di giustizia riparativa in materia penale erogati alla stessa data da soggetti pubblici o privati specializzati, convenzionati con il Ministero della giustizia ovvero che operano in virtù di protocolli di intesa con gli uffici giudiziari o altri soggetti pubblici.
2. La Conferenza valuta i soggetti di cui al comma 1 con riferimento all'esperienza maturata almeno nell'ultimo quinquennio e il curricolo degli operatori in servizio alla data di entrata in vigore del presente decreto, verificando altresì la coerenza delle prestazioni erogate e dei requisiti posseduti dagli operatori con quanto disposto dagli articoli 42, 64 e 93, e redige al termine un elenco da cui attingono gli enti locali per la prima apertura dei centri di cui all'articolo 63.
2 *bis*. Le disposizioni in materia di giustizia riparativa di cui all'articolo 1, comma 1, lettera *b*), lettera *h*), numero 2), e lettera *l*), all'articolo 5, comma 1, lettera *e*), numero 5), e lettera *f*), all'articolo 7, comma 1, lettera *c*), all'articolo 13, comma 1, lettera *a*), all'articolo 18, comma 1, lettera *c*), numero 2), all'articolo 19, comma 1, lettera *a*), numero 1), all'articolo 22, comma 1, lettera *e*), numero 3), lettera *f*) e lettera *l*), numero 2), all'articolo 23, comma 1, lettera *a*), numero 2), e lettera *n*), numero 1), all'articolo 25, comma 1, lettera *d*), all'articolo 28, comma 1, lettera *b*), numero 1), lettera *c*), all'articolo 29, comma 1, lettera *a*), numero 4), all'articolo 32, comma 1, lettera *b*), numero 1), lettera *d*), all'articolo 34, comma 1, lettera *g*), numero 3), all'articolo 38, comma 1, lettera *a*), numero 2), e lettera *c*), all'articolo 41, comma 1, lettera *c*), all'articolo 72, comma 1, lettera *a*), all'articolo 78, comma 1, lettera *a*), lettera *b*) e lettera *c*), numero 2), all'articolo 83, comma 1, e all'articolo 84, comma 1, lettere *a*) e *b*), si applicano nei procedimenti penali e nella fase dell'esecuzione della pena decorsi sei mesi dalla data di entrata in vigore del presente decreto.

• Il co. 2 *bis* è stato introdotto dal d.l. 31.10.2022, n. 162, conv., con modif., dalla l. 30.12.2022, n. 199.

93. Disposizioni transitorie in materia di giustizia riparativa. Inserimento nell'elenco dei mediatori. 1. Sono inseriti nell'elenco di cui all'articolo 60 coloro che, alla data di entrata in vigore del presente decreto, sono in possesso di almeno uno dei seguenti requisiti:

a) avere completato una formazione alla giustizia riparativa ed essere in possesso di una esperienza almeno quinquennale, anche a titolo volontario e gratuito, acquisita nel decennio precedente presso soggetti specializzati che erogano servizi di giustizia riparativa, pubblici o privati, convenzionati con il Ministero della giustizia ovvero che operano in virtù di protocolli di intesa con gli uffici giudiziari o altri enti pubblici;

b) avere completato una formazione teorica e pratica, seguita da tirocinio, nell'ambito della giustizia riparativa in materia penale, equivalente o superiore a quella prevista dal presente decreto;

c) prestare servizio presso i servizi minorili della giustizia o gli uffici di esecuzione penale esterna, avere completato una adeguata formazione alla giustizia riparativa ed essere in possesso di adeguata esperienza almeno quinquennale acquisita in materia nel decennio precedente.

2. L'inserimento nell'elenco, ai sensi del comma 1, è disposto a seguito della presentazione, a cura dell'interessato, di idonea documentazione comprovante il possesso dei requisiti e, nel caso di cui alla lettera *b*), previo superamento di una prova pratica valutativa, il cui onere finanziario è a carico dei partecipanti, come da successiva regolamentazione a mezzo di decreto del Ministro della giustizia, di concerto con il Ministro dell'università e della ricerca.

3. Con il medesimo decreto di cui al comma 2 sono stabilite altresì le modalità di svolgimento e valutazione della prova di cui al comma 2, nonché di inserimento nell'elenco di cui ai commi 1 e 2.

MANDATO DI ARRESTO EUROPEO

Legge 22 aprile 2005, n. 69.
Disposizioni per conformare il diritto interno alla decisione quadro 2002/584/GAI del Consiglio, del 13 giugno 2002, relativa al mandato d'arresto europeo e alle procedure di consegna tra Stati membri

Titolo I
DISPOSIZIONI DI PRINCIPIO

1. Disposizioni di principio e definizioni. 1. La presente legge attua, nell'ordinamento interno, le disposizioni della decisione quadro 2002/584/GAI del Consiglio, del 13 giugno 2002, di seguito denominata "decisione quadro", relativa al mandato d'arresto europeo e alle procedure di consegna tra Stati membri dell'Unione europea.

2. Il mandato d'arresto europeo è una decisione giudiziaria emessa da uno Stato membro dell'Unione europea, di seguito denominato "Stato membro di emissione", in vista dell'arresto e della consegna da parte di un altro Stato membro, di seguito denominato "Stato membro di esecuzione", di una persona, al fine dell'esercizio di azioni giudiziarie in materia penale o dell'esecuzione di una pena o di una misura di sicurezza privative della libertà personale.

3. L'Italia dà esecuzione al mandato d'arresto europeo in base al principio del mutuo riconoscimento, conformemente alle disposizioni della decisione quadro e della presente legge, sempre che il mandato di arresto europeo provenga da un'autorità giudiziaria e che, quando sia emesso al fine dell'esecuzione di una pena o di una misura di sicurezza privative della libertà personale, la sentenza da eseguire sia esecutiva.

3 *bis*. Il mandato di arresto è eseguito dalle autorità competenti con la massima urgenza.

3 *ter*. L'Italia non dà esecuzione ai mandati di arresto europei emessi da uno Stato membro nei cui confronti il Consiglio dell'Unione europea abbia sospeso l'attuazione del meccanismo del mandato di arresto europeo per grave e persistente violazione dei principi sanciti all'articolo 6, paragrafo 1, del trattato sull'Unione europea ai sensi del punto (10) dei consideranda del preambolo della decisione quadro.

4. Le disposizioni della presente legge costituiscono un'attuazione dell'azione comune in materia di cooperazione giudiziaria penale, ai sensi degli articoli 31, paragrafo 1, lettere *a*) e *b*), e 34, paragrafo 2, lettera *b*), del Trattato sull'Unione europea, e successive modificazioni.

4 *bis*. Le disposizioni della presente legge costituiscono altresì attuazione dell'Accordo tra l'Unione europea e la Repubblica d'Islanda e il Regno di Norvegia, fatto a Vienna il 28 giugno 2006, relativo alla procedura di consegna tra gli Stati membri dell'Unione europea e l'Islanda e la Norvegia, Accordo che si applica nei limiti in cui le sue disposizioni non sono incompatibili con i principi dell'ordinamento costituzionale in tema di diritti e libertà fondamentali.

4 *ter*. I riferimenti delle disposizioni della presente legge al "mandato d'arresto europeo" e allo "Stato membro" devono intendersi fatti, nell'ambito della procedura di consegna con l'Islanda o la Norvegia, rispettivamente, al "mandato di arresto" che costituisce l'oggetto dell'Accordo di cui al comma 4 *bis* e alla Repubblica d'Islanda o al Regno di Norvegia.

4 *quater*. L'Italia continua ad applicare gli accordi o intese, bilaterali o multilaterali, vigenti al momento dell'adozione della decisione quadro, quando essi contribuiscono ad una migliore e più efficace realizzazione delle finalità della decisione quadro e semplificano o agevolano ulteriormente la consegna delle persone ricercate.
4 *quinquies*. Entro trenta giorni dalla data di entrata in vigore della presente disposizione, su proposta del Ministro della giustizia, il Governo notifica al Consiglio e alla Commissione l'elenco degli specifici accordi e intese, indicati al comma 4 *quater*, che l'Italia intende continuare ad applicare.

• I co. 4 *bis* e 4 *ter* sono stati introdotti dalla l. 3.5.2019, n. 37. I co. 1 e 3 sono stati modificati dal d. lgs. 2.2.2021, n. 10, che ha anche inserito i co. 3 *bis*, 3 *ter*, 4 *quater* e 4 *quinquies*.

2. Rispetto dei diritti fondamentali e garanzie costituzionali. 1. L'esecuzione del mandato di arresto europeo non può, in alcun caso, comportare una violazione dei principi supremi dell'ordine costituzionale dello Stato o dei diritti inalienabili della persona riconosciuti dalla Costituzione, dei diritti fondamentali e dei fondamentali principi giuridici sanciti dall'articolo 6 del trattato sull'Unione europea o dei diritti fondamentali garantiti dalla Convenzione per la salvaguardia dei diritti dell'uomo e delle libertà fondamentali, firmata a Roma il 4 novembre 1950, resa esecutiva dalla legge 4 agosto 1955, n. 848, e dai Protocolli addizionali alla stessa.

• Articolo così sostituito dal d. lgs. 2.2.2021, n. 10.

3. Applicazione della riserva parlamentare. 1. Le modifiche dell'articolo 2, paragrafo 2, della decisione quadro sono sottoposte dal Governo a riserva parlamentare.
2. Il Presidente del Consiglio dei ministri trasmette alle Camere i relativi progetti di modifica, unitamente ad una relazione con la quale illustra lo stato dei negoziati e l'impatto delle disposizioni sull'ordinamento italiano, chiedendo di esprimersi al riguardo.
3. La pronuncia non favorevole della Camera dei deputati o del Senato della Repubblica è vincolante per il Governo.

• Il co. 3 è stato così sostituito dalla l. 24.12.2012, n. 234.

4. Autorità centrale. 1. In relazione alle disposizioni dell'articolo 7 della decisione quadro l'Italia designa come autorità centrale per assistere le autorità giudiziarie competenti il Ministro della giustizia.
2. Spettano al Ministro della giustizia la trasmissione e la ricezione amministrativa dei mandati d'arresto europei e della corrispondenza ufficiale ad essi relativa.
3. Il Ministro della giustizia, se riceve un mandato d'arresto europeo da uno Stato membro di emissione, lo trasmette senza indugio all'autorità giudiziaria territorialmente competente. Se riceve un mandato d'arresto europeo dall'autorità giudiziaria italiana, lo trasmette senza indugio allo Stato membro di esecuzione.
4. Nei limiti e con le modalità previsti da accordi internazionali può essere consentita in condizioni di reciprocità la corrispondenza diretta tra autorità giudiziarie. In tal caso l'autorità giudiziaria competente informa immediatamente il Ministro della giustizia della ricezione o dell'emissione di un mandato d'arresto europeo. Resta comunque ferma la competenza del Ministro della giustizia ai fini di cui al comma 1 dell'articolo 23.

Titolo II
NORME DI RECEPIMENTO INTERNO

Capo I
Procedura passiva di consegna

5. Garanzia giurisdizionale. 1. La consegna di un imputato o di un condannato all'estero non può essere concessa senza la decisione favorevole della corte di appello.

2. La competenza a dare esecuzione a un mandato d'arresto europeo appartiene, nell'ordine, alla corte di appello nel cui distretto l'imputato o il condannato ha la residenza, la dimora o il domicilio nel momento in cui il provvedimento è ricevuto dall'autorità giudiziaria.

3. Se la competenza non può essere determinata ai sensi del comma 2, è competente la corte di appello di Roma.

4. Quando uno stesso fatto è oggetto di mandati di arresto emessi contestualmente dall'autorità giudiziaria di uno Stato membro dell'Unione europea a carico di più persone e non è possibile determinare la competenza ai sensi del comma 2, è competente la corte di appello del distretto in cui hanno la residenza, la dimora o il domicilio il maggior numero delle persone ovvero, se anche in tale modo non è possibile determinare la competenza, la corte di appello di Roma.

5. Nel caso in cui la persona sia stata arrestata dalla polizia giudiziaria ai sensi dell'articolo 11, la competenza a decidere sulla consegna appartiene alla corte di appello del distretto in cui è avvenuto l'arresto.

6. Contenuto del mandato d'arresto europeo nella procedura passiva di consegna. 1. Il mandato d'arresto europeo deve contenere le seguenti informazioni:

a) identità e cittadinanza del ricercato;

b) nome, indirizzo, numero di telefono e di fax, indirizzo di posta elettronica dell'autorità giudiziaria emittente;

c) indicazione dell'esistenza di una sentenza esecutiva, di un provvedimento cautelare o di qualsiasi altra decisione giudiziaria esecutiva che abbia la stessa forza e che rientri nel campo di applicazione degli articoli 7 e 8 della presente legge;

d) natura e qualificazione giuridica del reato;

e) descrizione delle circostanze della commissione del reato, compresi il momento, il luogo e il grado di partecipazione del ricercato;

f) pena inflitta, se vi è una sentenza definitiva, ovvero, negli altri casi, pena minima e massima stabilita dalla legge dello Stato di emissione;

g) per quanto possibile, le altre conseguenze del reato.

1 *bis*. Quando è stato emesso ai fini della esecuzione di una pena o di una misura di sicurezza privative della libertà personale applicate all'esito di un processo in cui l'interessato non è comparso personalmente, il mandato di arresto europeo deve altresì contenere l'indicazione di almeno una delle seguenti condizioni:

a) l'interessato è stato tempestivamente citato a mani proprie o con altre modalità comunque idonee a garantire inequivocabilmente che lo stesso era a conoscenza della data e del luogo del processo che ha portato alla decisione pronunciata in sua assenza e del fatto che tale decisione avrebbe potuto esser presa anche in sua assenza;

b) l'interessato, informato del processo a suo carico, è stato rappresentato nel processo conclusosi con la menzionata decisione da un difensore, nominato dallo stesso interessato o d'ufficio;

c) l'interessato, ricevuta la notifica della decisione di cui si chiede l'esecuzione e informato del diritto di ottenere un nuovo processo o della facoltà di dare inizio al giudizio di appello, al quale abbia il diritto di partecipare e che consenta il riesame del merito della decisione, nonché, anche a mezzo dell'allegazione di nuove prove, la possibilità di una sua riforma, ha dichiarato espressamente di non opporsi a tale decisione o non ha chiesto la rinnovazione del processo o proposto appello nei termini stabiliti;

d) l'interessato non ha ricevuto personalmente la notifica della decisione, ma la riceverà personalmente e senza indugio dopo la consegna nello Stato membro di emissione e sarà espressamente informato sia del diritto di ottenere un nuovo processo o di proporre impugnazione per un giudizio di appello, al quale abbia diritto di partecipare e che consenta il riesame nel merito, nonché, anche a mezzo dell'allegazione di nuove prove, la possibilità di una riforma di detta decisione, sia dei termini entro i quali egli potrà richiedere un nuovo processo o proporre impugnazione per un giudizio di appello.

2. Se il mandato d'arresto europeo non contiene le informazioni di cui alle lettere *a*), *c*), *d*), *e*) ed *f*) del comma 1, o l'indicazione della esistenza di almeno una delle condizioni di cui al comma 1

bis, l'autorità giudiziaria provvede ai sensi dell'articolo 16. Analogamente provvede quando ritiene necessario acquisire ulteriori elementi al fine di verificare se ricorra uno dei casi previsti dagli articoli 18, 18 *bis*, 18 *ter* e 19.

3. [Soppresso.]

4. [Soppresso.]

5. [Soppresso.]

6. [Soppresso.]

7. Il mandato d'arresto europeo dovrà pervenire tradotto in lingua italiana.

• Il co. 1 *bis* è stato introdotto dal d. lgs. 2.2.2021, n. 10, che ha anche modificato il co. 2 e soppresso i co. 3, 4, 5 e 6.

7. Casi di doppia punibilità. 1. L'Italia dà esecuzione al mandato d'arresto europeo solo nel caso in cui il fatto sia previsto come reato anche dalla legge nazionale, indipendentemente dalla qualificazione giuridica e dai singoli elementi costitutivi del reato.

2. Ai fini di cui al comma 1, per i reati in materia di tasse e imposte, di dogana e di cambio, non è necessario che la legge italiana imponga lo stesso tipo di tasse o di imposte o contenga lo stesso tipo di disciplina in materia di tasse, di imposte, di dogana e di cambio della legge dello Stato membro di emissione.

3. Il mandato di arresto europeo non è comunque eseguito se il fatto è punito dalla legge dello Stato membro di emissione con una pena o con una misura di sicurezza privativa della libertà personale della durata massima inferiore a dodici mesi.

4. In caso di esecuzione di una sentenza di condanna, la pena o la misura di sicurezza dovranno avere una durata non inferiore a quattro mesi.

• I co. 1, 2 e 3 sono stato modificati dal d. lgs. 2.2.2021, n. 10.

8. Consegna obbligatoria. 1. In deroga all'articolo 7, comma 1, il mandato di arresto europeo è eseguito indipendentemente dalla doppia punibilità per i reati che, secondo la legge dello Stato membro di emissione, rientrano nelle categorie di cui all'articolo 2, paragrafo 2, della decisione quadro e sono puniti con una pena o una misura di sicurezza privative della libertà personale pari o superiore a tre anni.

2. [Soppresso.]

3. [Soppresso.]

• Il co. 1 è stato così sostituito dal d. lgs. 2.2.2021, n. 10, che ha anche abrogato i co. 2 e 3.

9. Ricezione del mandato d'arresto. Misure cautelari. 1. Salvo i casi previsti dall'articolo 11, il Ministro della giustizia, ricevuto il mandato d'arresto europeo emesso dall'autorità competente di uno Stato membro, lo trasmette senza ritardo al presidente della corte di appello, competente ai sensi dell'articolo 5. Il presidente della corte di appello dà immediata comunicazione al procuratore generale del mandato d'arresto europeo, procedendo direttamente, o tramite delega ad altro magistrato della corte, agli adempimenti di sua competenza. Il presidente della corte di appello procede con le stesse modalità nelle ipotesi in cui il mandato d'arresto è stato trasmesso direttamente dall'autorità giudiziaria dello Stato membro di emissione.

2. Il presidente, nel caso in cui insorgano difficoltà relative alla ricezione o alla autenticità dei documenti trasmessi dall'autorità giudiziaria straniera, prende contatti diretti con questa al fine di risolverle.

3. Il presidente, nel caso in cui sia manifestamente competente altra corte di appello ai sensi dell'articolo 5, commi 3, 4 e 5, provvede senza indugio alla trasmissione del mandato d'arresto ricevuto.

4. Il presidente, compiuti gli adempimenti urgenti, riunisce la corte di appello che, sentito il procuratore generale, procede, con ordinanza motivata, a pena di nullità, all'applicazione della mi-

sura coercitiva, se ritenuta necessaria, tenendo conto in particolare dell'esigenza di garantire che la persona della quale è richiesta la consegna non si sottragga alla stessa.

5. Si osservano, in quanto applicabili, le disposizioni dei capi I, II, IV e VIII del titolo I del libro IV del codice di procedura penale, in materia di misure cautelari personali, fatta eccezione per gli articoli 273, 274, comma 1, lettere *a*) e *c*), 280, 275, comma 2 *bis*, 278, 279, 297, nonché le disposizioni degli articoli 299 e 300, comma 4, del codice di procedura penale e dell'articolo 19, commi 1, 2 e 3, del decreto del Presidente della Repubblica 22 settembre 1988, n. 448.

5 *bis*. All'atto della esecuzione della ordinanza di cui al comma 4, l'ufficiale o l'agente di polizia giudiziaria informa altresì la persona della quale è richiesta la consegna che ha facoltà di nominare un difensore nello Stato di emissione. Della nomina ovvero della volontà dell'interessato di avvalersi di un difensore nello Stato di emissione il presidente della Corte di appello dà immediato avviso all'autorità competente dello stesso.

6. Le misure coercitive non possono essere disposte se vi sono ragioni per ritenere che sussistono cause ostative alla consegna.

7. Si applicano le disposizioni dell'articolo 719 del codice di procedura penale.

• I co. 1 e 5 sono stati modificati dal d. lgs. 2.2.2021, n. 10. Il co. 5 *bis* è stato inserito dal d. lgs. 15.9.2016, n. 184.

10. Inizio del procedimento. 1. Entro cinque giorni dall'esecuzione delle misure di cui all'articolo 9, e alla presenza di un difensore di ufficio nominato a norma dell'articolo 97 del codice di procedura penale, in mancanza di difensore di fiducia, il presidente della corte di appello, o il magistrato delegato, procede a sentire la persona sottoposta alla misura cautelare, informandola, in una lingua alla stessa conosciuta, del contenuto del mandato d'arresto europeo e della procedura di esecuzione, nonché della facoltà di acconsentire alla propria consegna all'autorità giudiziaria richiedente e di rinunciare al beneficio di non essere sottoposta ad altro procedimento penale, di non essere condannata o altrimenti privata della libertà personale per reati anteriori alla consegna diversi da quello per il quale questa è stata disposta. La persona richiesta in consegna è altresì informata che il consenso e la rinuncia, una volta resi, non sono revocabili.

2. Della data fissata per il compimento delle attività di cui al comma 1 è dato avviso al difensore almeno ventiquattro ore prima.

3. Della ordinanza di cui all'articolo 9 è data comunicazione, a richiesta della persona arrestata, ai familiari ovvero, se si tratta di straniero, alla competente autorità consolare.

4. Il presidente della corte di appello, o il magistrato da lui delegato, al termine delle attività previste al comma 1, dispone il deposito del mandato di arresto europeo e contestualmente fissa l'udienza in camera di consiglio per la decisione entro il termine di quindici giorni dall'esecuzione della misura, con decreto del quale dà immediata lettura alla persona richiesta, in una lingua alla stessa conosciuta, e al suo difensore. Il decreto è comunicato al procuratore generale immediatamente e, comunque, non oltre il giorno successivo. Si applicano le disposizioni dell'articolo 702 del codice di procedura penale.

4 *bis*. Nei casi in cui la corte di appello non applica alla persona richiesta alcuna misura cautelare, il presidente della corte di appello, o il magistrato da lui delegato, all'esito della deliberazione adottata ai sensi dell'articolo 9, comma 4, fissa con decreto l'udienza per la decisione non oltre i quindici giorni successivi e dispone contestualmente il deposito del mandato di arresto. Il decreto è comunicato al procuratore generale e notificato alla persona richiesta in consegna e al suo difensore almeno cinque giorni prima dell'udienza. Si applicano le disposizioni dell'articolo 702 del codice di procedura penale.

• I co. 1 e 4 sono stati modificati dal d. lgs. 2.2.2021, n. 10, che ha anche introdotto il co. 4 *bis*.

11. Arresto ad iniziativa della polizia giudiziaria. 1. Nel caso in cui l'autorità competente dello Stato membro ha effettuato segnalazione nel Sistema di informazione Schengen (SIS) nelle forme richieste, la polizia giudiziaria procede all'arresto della persona ricercata, ponendola immediatamente, e, comunque, non oltre ventiquattro ore, a disposizione del presidente della cor-

te di appello nel cui distretto il provvedimento è stato eseguito, mediante trasmissione del relativo verbale, e dando immediata informazione al Ministro della giustizia.
2. Il Ministro della giustizia comunica immediatamente allo Stato membro richiedente l'avvenuto arresto ai fini della trasmissione del mandato d'arresto.

• Il co. 2 è stato modificato dal d. lgs. 2.2.2021, n. 10.

12. Adempimenti conseguenti all'arresto ad iniziativa della polizia giudiziaria. 1. L'ufficiale di polizia giudiziaria che ha proceduto all'arresto ai sensi dell'articolo 11 informa la persona, in una lingua alla stessa comprensibile, del mandato emesso e del suo contenuto e le consegna una comunicazione scritta, redatta in forma chiara e precisa, che la informa, della possibilità di acconsentire alla propria consegna all'autorità giudiziaria emittente e la avverte della facoltà di nominare un difensore di fiducia e del diritto di essere assistita da un interprete. Nel caso in cui l'arrestato non provveda a nominare un difensore, la polizia giudiziaria procede immediatamente a individuare un difensore di ufficio ai sensi dell'articolo 97 del codice di procedura penale.
1 *bis*. Si applica la disposizione di cui all'articolo 9, comma 5 *bis*, primo periodo.
2. La polizia giudiziaria provvede a dare tempestivo avviso dell'arresto al difensore.
3. Il verbale di arresto dà atto, a pena di nullità, degli adempimenti indicati ai commi 1 e 2, nonché degli accertamenti effettuati sulla identificazione dell'arrestato.
4. All'attuazione del presente articolo si provvede mediante l'utilizzo degli ordinari stanziamenti del Ministero della giustizia.

• Il co. 1 è stato modificato dal d. lgs. 1.7.2014, n. 101. Il co. 1 *bis* è stato inserito dal d. lgs. 15.9.2016, n. 184.

13. Convalida. 1. Entro quarantotto ore dalla ricezione del verbale di arresto, il presidente della corte di appello o un magistrato della corte da lui delegato, informato il procuratore generale, provvede, in una lingua alla stessa conosciuta e, se necessario, alla presenza di un interprete, a sentire la persona arrestata con la presenza di un difensore di ufficio nominato in mancanza di difensore di fiducia e a fornirle tutte le informazioni in merito alle facoltà indicate nell'articolo 10, comma 1. Nel caso in cui la persona arrestata risulti ristretta in località diversa da quella in cui l'arresto è stato eseguito, il presidente della corte di appello può delegare per gli adempimenti di cui all'articolo 10 il presidente del tribunale territorialmente competente, ferma restando la sua competenza in ordine ai provvedimenti di cui al comma 2.
2. Se risulta evidente che l'arresto è stato eseguito per errore di persona o fuori dai casi previsti dalla legge, il presidente della corte di appello, o il magistrato della corte da lui delegato, dispone con decreto motivato che il fermato sia posto immediatamente in libertà e procede agli adempimenti previsti dall'articolo 10, comma 4 *bis*. Fuori da tale caso, si procede alla convalida dell'arresto provvedendo con ordinanza ai sensi degli articoli 9 e 10 e all'emissione del decreto di cui all'articolo 10, comma 4, di cui si dà lettura.
3. La segnalazione della persona nel SIS effettuata dall'autorità competente equivale al mandato d'arresto purché contenga le indicazioni di cui all'articolo 6.

• I co. 1, 2 e 3 sono stati modificati dal d. lgs. 2.2.2021, n. 10.

14. Consenso alla consegna. 1. Quando sente la persona della quale è stata richiesta la consegna ai sensi degli articoli 10, comma 1, e 13, comma 1, il presidente della corte di appello, o il magistrato da lui delegato, se la persona esprime consenso alla consegna o rinuncia al beneficio di cui all'articolo 10, comma 1, raccoglie tali dichiarazioni alla presenza del difensore e, se necessario, dell'interprete. Del consenso e della rinuncia prestata è dato atto in apposito verbale, in cui sono riportate le circostanze e le modalità con le quali la persona richiesta in consegna ha dichiarato di avvalersi di tali facoltà. Quando la persona ha prestato consenso alla consegna, il presidente della corte di appello, o il magistrato da lui delegato, fissa nei quattro giorni successivi l'udienza in camera di consiglio per la decisione, con decreto del quale dà immediata lettura alla persona della quale è richiesta la consegna, in una lingua alla stessa conosciuta, e al suo difensore. Il decreto è comunicato al procuratore generale immediatamente e, comunque, entro le successive ventiquattro ore.

2. Il consenso e la rinuncia possono essere espressi anche nel corso dell'udienza davanti alla corte d'appello fissata ai sensi dell'articolo 10, commi 4 e 4 *bis*, fino alla conclusione della discussione. In tale caso la corte raccoglie il consenso e la rinuncia, con le modalità descritte al comma 1, dopo avere fornito alla persona della quale è richiesta la consegna tutte le informazioni in merito alle facoltà indicate nell'articolo 10, comma 1, salvo che la persona le abbia già ricevute.

3. Il consenso è irrevocabile.

4. Nel caso che il consenso sia stato validamente espresso, la corte di appello provvede con ordinanza alla decisione sulla richiesta di esecuzione, dopo avere sentito il procuratore generale, il difensore e, se comparsa, la persona richiesta in consegna. Quando, per la necessità di acquisire le informazioni di cui all'articolo 16 o per altre circostanze oggettive, non è possibile adottare la decisione nel termine di cui al comma 1, il predetto termine può essere prorogato, con decreto del presidente della corte di appello, sino a tre giorni.

5. La corte di appello, all'esito dell'udienza prevista ai commi 1, terzo periodo, e 4, secondo periodo, o di quella prevista all'articolo 10, commi 4 e 4 *bis*, dà immediata lettura dell'ordinanza. La lettura equivale a notificazione alle parti, anche se non presenti, che hanno diritto ad avere copia del provvedimento. L'ordinanza, decorso il termine per la proposizione del ricorso previsto dall'articolo 22, comma 5 *bis*, è immediatamente comunicata al Ministro della giustizia, che provvede a informare le competenti autorità dello Stato membro di emissione e altresì, quando non è stato presentato ricorso e l'ordinanza dispone la consegna, il Servizio per la cooperazione internazionale di Polizia. Quando è stato proposto ricorso, il Ministro della giustizia informa le competenti autorità dello Stato membro che l'avvenuta proposizione dell'impugnazione è il motivo che ha impedito l'adozione della decisione definitiva sull'esecuzione del mandato di arresto nel termine di dieci giorni successivi all'espressione del consenso.

• I co. 1, 2, 3, 4 e 5 sono stati modificati dal d. lgs. 2.2.2021, n. 10.

15. Provvedimenti provvisori in attesa della decisione. 1. Se il mandato d'arresto europeo è stato emesso nel corso di un procedimento penale, il presidente della corte di appello, su richiesta dell'autorità giudiziaria emittente, autorizza l'interrogatorio della persona richiesta in consegna, ovvero ne dispone il trasferimento temporaneo nello Stato membro di emissione.

2. Quando concede l'autorizzazione all'interrogatorio della persona richiesta in consegna, il presidente della corte di appello informa il Ministro della giustizia per la tempestiva comunicazione all'autorità giudiziaria richiedente e per ogni necessaria intesa anche in ordine alla data di assunzione dell'atto. L'interrogatorio è effettuato da un magistrato della corte di appello designato dal presidente, con l'assistenza della persona eventualmente designata dall'autorità richiedente in conformità alla legge dello Stato membro di emissione e dell'interprete eventualmente necessario. Sono osservate le forme e le garanzie previste per l'interrogatorio dagli articoli 64, 65, 66 e 294, comma 4, del codice di procedura penale. Dell'interrogatorio è redatto verbale.

2 *bis*. Quando risulta che la persona richiesta in consegna si trova in altro distretto, il presidente della corte di appello può delegare l'interrogatorio di cui al comma 2 al presidente del tribunale territorialmente competente.

3. Quando dispone il trasferimento temporaneo della persona richiesta in consegna, il presidente della corte di appello informa il Ministro della giustizia per la tempestiva comunicazione all'autorità giudiziaria richiedente anche ai fini delle necessarie intese in ordine alle condizioni e alla durata del trasferimento. Si tiene in ogni caso conto della necessità che la persona sia fatta rientrare in modo da potere partecipare alle udienze relative alla procedura di esecuzione del mandato d'arresto.

• Il co. 1 è stato modificato dal d. lgs. 2.2.2021, n. 10, che ha anche introdotto il co. 2 *bis*.

16. Informazioni e accertamenti integrativi. 1. Qualora la corte di appello non ritenga sufficienti ai fini della decisione le informazioni trasmesse dallo Stato membro di emissione, richiede con urgenza allo stesso, direttamente o per il tramite del Ministro della giustizia, le informazioni integrative occorrenti. In ogni caso stabilisce un termine per la ricezione di quanto richiesto, tenendo conto della necessità di rispettare i termini stabiliti dall'articolo 14, comma 4, o dall'articolo 17, comma 2 *bis*, per l'adozione della propria decisione.

2. La corte di appello, d'ufficio o su richiesta delle parti, può disporre altresì ogni ulteriore accertamento che ritiene necessario, rispettando i termini stabiliti dall'articolo 14, comma 4, o dall'articolo 17, comma 2 *bis*, per l'adozione della decisione.

• I co. 1 e 2 sono stati modificati dal d. lgs. 2.2.2021, n. 10.

17. Decisione sulla richiesta di esecuzione. 1. Salvo quanto previsto dall'articolo 14, la corte di appello decide con sentenza in camera di consiglio sull'esistenza delle condizioni per l'accoglimento della richiesta di consegna, sentiti il procuratore generale, il difensore, e, se compare, la persona richiesta in consegna, nonché, se presente, il rappresentante dello Stato richiedente.

2. La decisione deve essere emessa nel più breve tempo possibile e, comunque, entro quindici giorni dall'esecuzione della misura cautelare di cui all'articolo 9 o, nel caso previsto dall'articolo 11, dall'arresto della persona ricercata.

2 *bis*. Quando, per la necessità di acquisire le informazioni di cui all'articolo 16 o per altre circostanze oggettive, non è possibile rispettare il termine indicato al comma 2, esso può essere prorogato con decreto del presidente della corte di appello sino a dieci giorni.

3. Nel caso in cui la persona ricercata benefici di una immunità o di un privilegio riconosciuti dall'ordinamento italiano, la corte di appello ne informa lo Stato di emissione e il termine per la decisione comincia a decorrere solo se e a partire dal giorno in cui la corte di appello è stata informata del fatto che l'immunità o il privilegio non operano più. Se la decisione sulla esclusione dell'immunità compete a un organo dello Stato italiano, la corte provvede a inoltrare immediatamente la richiesta.

4. In assenza di cause ostative la corte di appello pronuncia sentenza con cui dispone la consegna della persona ricercata.

5. Quando la decisione è contraria alla consegna, la corte di appello con la sentenza revoca immediatamente le misure cautelari applicate.

6. Della sentenza è data, al termine della camera di consiglio, immediata lettura. La lettura equivale a notificazione alle parti, anche se non presenti, che hanno diritto ad ottenere copia del provvedimento.

7. La sentenza, decorso il termine per la proposizione del ricorso previsto dall'articolo 22, comma 1, è immediatamente comunicata al Ministro della giustizia, che provvede ad informare le competenti autorità dello Stato membro di emissione e altresì, quando non è stato presentato ricorso e la decisione è di accoglimento, il Servizio per la cooperazione internazionale di polizia.

• I co. 2, 3, 4 e 7 sono stati modificati dal d. lgs. 2.2.2021, n. 10, che ha anche introdotto il co. 2 *bis*.

18. Motivi di rifiuto obbligatorio della consegna. 1. Fermo quanto previsto dagli articoli 1, commi 3 e 3 *ter*, 2 e 7, la corte di appello rifiuta la consegna nei seguenti casi:

a) se il reato contestato nel mandato d'arresto europeo è estinto per amnistia ai sensi della legge italiana, quando vi è la giurisdizione dello Stato italiano sul fatto;

b) se risulta che nei confronti della persona ricercata, per gli stessi fatti, sono stati emessi, in Italia, sentenza o decreto penale irrevocabili o sentenza di non luogo a procedere non più soggetta a impugnazione o, in altro Stato membro dell'Unione europea, sentenza definitiva, purché, in caso di condanna, la pena sia stata già eseguita ovvero sia in corso di esecuzione, ovvero non possa più essere eseguita in forza delle leggi dello Stato che ha emesso la condanna;

c) se la persona oggetto del mandato d'arresto europeo era minore di anni 14 al momento della commissione del reato.

• Articolo così sostituito dal d. lgs. 2.2.2021, n. 10.

18 *bis*. Motivi di rifiuto facoltativo della consegna. 1. Quando il mandato di arresto europeo è stato emesso al fine dell'esercizio di azioni giudiziarie in materia penale, la corte di appello può rifiutare la consegna nei seguenti casi:

a) se il mandato di arresto europeo riguarda reati che dalla legge italiana sono considerati reati commessi in tutto o in parte nel suo territorio, o in luogo assimilato al suo territorio, ovvero reati che sono stati commessi al di fuori del territorio dello Stato membro di emissione, se la legge italiana non consente l'azione penale per gli stessi reati commessi al di fuori del suo territorio;

b) se, per lo stesso fatto che è alla base del mandato d'arresto europeo, nei confronti della persona ricercata è in corso un procedimento penale.

2. Quando il mandato di arresto europeo è stato emesso ai fini della esecuzione di una pena o di una misura di sicurezza privative della libertà personale, la corte di appello può rifiutare la consegna della persona ricercata che sia cittadino italiano o cittadino di altro Stato membro dell'Unione europea legittimamente ed effettivamente residente o dimorante nel territorio italiano da almeno cinque anni, sempre che disponga che tale pena o misura di sicurezza sia eseguita in Italia conformemente al suo diritto interno.

• Articolo inserito dalla l. 4.10.2019, n. 117 e, da ultimo, così sostituito dal d. lgs. 2.2.2021, n. 10.

18 *ter*. Decisioni pronunciate in assenza. 1. Quando il mandato di arresto europeo è stato emesso ai fini della esecuzione di una pena o di una misura di sicurezza applicata all'esito di un processo in cui l'interessato non è comparso personalmente, la corte di appello può altresì rifiutare la consegna se il mandato di arresto europeo non contiene l'indicazione di alcuna delle condizioni di cui all'articolo 6, comma 1 *bis*, e lo Stato di emissione non ha fornito indicazioni su tali condizioni neppure a seguito della richiesta inoltrata ai sensi dell'articolo 16.

2. Nei casi di cui al comma 1, la corte di appello può, comunque, dar luogo alla consegna se risulta provato con certezza che l'interessato era a conoscenza del processo o che si è volontariamente sottratto alla conoscenza del processo.

3. Quando ricorrono le condizioni di cui all'articolo 6, comma 1 *bis*, lettera *d*), la persona della quale è domandata la consegna, che non sia stata precedentemente informata del procedimento penale svoltosi nei suoi confronti, può chiedere la trasmissione di copia della sentenza su cui il mandato di arresto europeo si fonda. La richiesta non costituisce, in alcun caso, causa di differimento della procedura di consegna o della decisione di eseguire il mandato di arresto europeo. La corte di appello provvede all'immediato inoltro della richiesta all'autorità emittente.

• Articolo inserito dal d. lgs. 2.2.2021, n. 10.

19. Garanzie richieste allo Stato membro di emissione in casi particolari. 1. L'esecuzione del mandato d'arresto europeo da parte dell'autorità giudiziaria italiana, nei casi sotto elencati, è subordinata alle seguenti condizioni:

a) se il reato in base al quale il mandato d'arresto europeo è stato emesso è punibile con una pena o una misura di sicurezza privative della libertà personale a vita, l'esecuzione del mandato è subordinata alla condizione che lo Stato membro di emissione preveda nel suo ordinamento giuridico una revisione della pena inflitta, su richiesta o trascorsi al massimo venti anni, oppure l'applicazione di misure di clemenza alle quali la persona ha diritto in virtù della legge o della prassi dello Stato membro di emissione, affinché la pena o la misura di sicurezza non siano eseguite;

b) se il mandato di arresto europeo è stato emesso ai fini di un'azione penale nei confronti di cittadino italiano o di cittadino di altro Stato membro dell'Unione europea legittimamente ed effettivamente residente nel territorio italiano da almeno cinque anni, l'esecuzione del mandato è subordinata alla condizione che la persona, dopo essere stata sottoposta al processo, sia rinviata nello Stato italiano per scontarvi la pena o la misura di sicurezza privative della libertà personale eventualmente applicate nei suoi confronti nello Stato membro di emissione.

• Articolo così sostituito dal d. lgs. 2.2.2021, n. 10.

20. Concorso di richieste di consegna. 1. Quando due o più Stati membri hanno emesso un mandato d'arresto europeo nei confronti della stessa persona, la corte di appello decide quale dei mandati d'arresto deve essere eseguito, tenuto conto di ogni rilevante elemento di valutazione e, in particolare, della gravità dei reati per i quali i mandati sono stati emessi, del luogo in cui i reati sono stati commessi e delle date di emissione dei mandati d'arresto e considerando, in questo contesto, se i mandati sono stati emessi nel corso di un procedimento penale ovvero per l'esecuzione di una pena o misura di sicurezza privative della libertà personale.

2. Ai fini della decisione di cui al comma 1 la corte di appello può disporre ogni necessario accertamento nonché richiedere una consulenza all'Eurojust.

3. Quando, nei confronti della stessa persona, sono stati emessi un mandato d'arresto europeo e una richiesta di estradizione da parte di uno Stato terzo, la corte di appello competente per il mandato d'arresto, sentito il Ministro della giustizia, decide se va data precedenza al mandato d'arresto ovvero alla richiesta di estradizione tenendo conto della gravità dei fatti, dell'ordine di presentazione delle richieste e di ogni altro elemento utile alla decisione.

21. Termini per la decisione.
[Soppresso.]

• Articolo soppresso dal d. lgs. 2.2.2021, n. 10.

22. Ricorso per cassazione. 1. Contro la sentenza di cui all'articolo 17, la persona interessata, il suo difensore e il procuratore generale presso la corte di appello possono proporre ricorso per cassazione, entro cinque giorni dalla conoscenza legale della sentenza, solo per i motivi, contestualmente enunciati, di cui alle lettere *a*), *b*) e *c*) del comma 1 dell'articolo 606 del codice di procedura penale.

2. Il ricorso è presentato nella cancelleria della corte di appello che ha emesso il provvedimento, la quale lo trasmette alla Corte di cassazione, con precedenza assoluta su ogni altro affare e comunque entro il giorno successivo, unitamente al provvedimento impugnato e agli atti del procedimento. La presentazione del ricorso sospende l'esecuzione della sentenza di cui all'articolo 17, comma 1.

3. La Corte di cassazione decide con sentenza entro dieci giorni dalla ricezione degli atti nelle forme di cui all'articolo 127 del codice di procedura penale. L'avviso alle parti deve essere notificato o comunicato almeno tre giorni prima dell'udienza.

4. La decisione è depositata a conclusione dell'udienza con la contestuale motivazione. Qualora la redazione della motivazione non risulti possibile, la Corte di cassazione, data comunque lettura del dispositivo, provvede al deposito della motivazione non oltre il secondo giorno dalla pronuncia.

5. Copia del provvedimento è immediatamente trasmessa, anche a mezzo telefax, al Ministro della giustizia, che, fuori dei casi di cui al comma 6, provvede ad informare le competenti autorità dello Stato membro di emissione ed altresì, quando la decisione è di accoglimento, il Servizio per la cooperazione internazionale di polizia.

5 *bis*. Contro l'ordinanza di cui all'articolo 14, comma 5, la persona interessata, il suo difensore e il procuratore generale presso la corte di appello possono proporre ricorso per cassazione, entro tre giorni dalla conoscenza legale dell'ordinanza, solo per i motivi, contestualmente enunciati, di cui alle lettere *a*), *b*) e *c*) del comma 1 dell'articolo 606 del codice di procedura penale. Il ricorso è presentato nella cancelleria della corte di appello che ha emesso il provvedimento, la quale lo trasmette alla Corte di cassazione, con precedenza assoluta su ogni altro affare e comunque entro il giorno successivo, unitamente al provvedimento impugnato e agli atti del procedimento. La presentazione del ricorso sospende l'esecuzione della ordinanza di cui all'articolo 14, comma 4. La Corte, nel termine di sette giorni dalla ricezione degli atti, giudica in camera di consiglio sui motivi di ricorso e sulle richieste del procuratore generale senza intervento dei difensori e deposita la decisione con la contestuale motivazione a conclusione dell'udienza, provvedendo altresì, fuori dei casi di cui al comma 6, agli adempimenti indicati al comma 5.

6. Quando la Corte di cassazione annulla con rinvio, gli atti sono trasmessi immediatamente, con precedenza assoluta su ogni altro affare e, comunque entro il giorno successivo al deposito della decisione completa di motivazione, al giudice di rinvio. Nei casi di cui al comma 1, il giudice di rinvio decide entro dieci giorni dalla ricezione degli atti, avvisando le parti con decreto notificato o comunicato almeno quattro giorni prima dell'udienza. Nei casi di cui al comma 5 *bis*, i termini di cui al secondo periodo sono ridotti della metà.

• I co. 1, 2, 3, 4, 5 e 6 sono stati modificati dal d. lgs. 2.2.2021, n. 10, che ha anche introdotto il co. 5 *bis*.

22 *bis*. Comunicazioni allo Stato membro emittente. Termini per la decisione e provvedimenti in ordine alle misure cautelari. 1. Se la decisione definitiva sulla richiesta di consegna, in assenza di consenso, non interviene nei sessanta giorni successivi all'esecuzione della misura cautelare o all'arresto della persona ricercata o alla deliberazione di non applicare alcuna misura, la corte davanti alla quale pende il procedimento informa immediatamente del ritardo e delle ragioni che vi hanno dato causa il Ministro della giustizia, affinché ne sia data comunicazione all'autorità giudiziaria richiedente. Agli stessi fini, in presenza di consenso alla consegna, la corte di appello informa il Ministro della giustizia dei motivi che hanno impedito l'adozione della decisione nel termine di dieci giorni dalla data in cui il consenso è stato espresso.

2. Se, per circostanze eccezionali, la decisione definitiva sulla richiesta di consegna non interviene nei trenta giorni successivi alla scadenza dei termini di cui al comma 1, la corte davanti alla quale pende il procedimento informa immediatamente del ritardo e delle ragioni che vi hanno dato causa il Ministro della giustizia, il quale ne dà urgente comunicazione all'Eurojust.

3. Alla scadenza dei termini previsti dal comma 2, la corte di appello valuta se la custodia cautelare applicata alla persona della quale è richiesta la consegna è ancora assolutamente necessaria per garantire l'esigenza di cui all'articolo 9, comma 4, e se la sua durata è proporzionata rispetto all'entità della pena oggetto dell'informazione richiamata all'articolo 6, comma 1, lettera *f*), disponendone, in caso contrario, la revoca o la sostituzione con altre misure cautelari, applicabili anche cumulativamente, ritenute comunque idonee a garantire che la persona non si sottragga alla consegna.

4. Quando il ritardo nella adozione della decisione definitiva sulla richiesta di consegna si protrae ingiustificatamente oltre la scadenza dei termini previsti dal comma 2 e, comunque, quando sono decorsi novanta giorni dalla scadenza di detti termini senza che sia intervenuta la decisione definitiva sulla consegna, la corte di appello revoca la misura della custodia cautelare e, se persiste l'esigenza di garantire che la persona non si sottragga alla consegna, applica, anche cumulativamente, le misure cautelari di cui agli articoli 281, 282 e 283 del codice di procedura penale e, nei confronti della persona minorenne, la misura di cui all'articolo 20 del decreto del Presidente della Repubblica 22 settembre 1988, n. 448.

• Articolo inserito dal d. lgs. 2.2.2021, n. 10.

23. Consegna della persona. Sospensione della consegna. 1. La persona richiesta in consegna deve essere consegnata allo Stato membro di emissione al più presto e, comunque, entro dieci giorni dalla sentenza irrevocabile con cui è data esecuzione al mandato d'arresto europeo ovvero dall'ordinanza definitiva di cui all'articolo 14, comma 4, nei modi e secondo le intese nel frattempo intercorse tramite il Ministro della giustizia.

2. Quando ricorrono cause di forza maggiore che impediscono la consegna entro il termine previsto nel comma 1, il presidente della corte di appello, o il magistrato da lui delegato, sospesa l'esecuzione del provvedimento, ne dà immediata comunicazione al Ministro della giustizia, che informa l'autorità dello Stato membro di emissione. Il presidente della corte di appello, o il magistrato da lui delegato, sospende l'esecuzione del provvedimento anche quando riceve dall'autorità dello Stato membro di emissione, direttamente o tramite il Ministro della giustizia, la comunicazione della ricorrenza di cause di forza maggiore che impediscono la consegna entro il medesimo termine.

3. Quando sussistono motivi umanitari o gravi ragioni per ritenere che la consegna metterebbe

in pericolo la vita o la salute della persona, il presidente della corte di appello, o il magistrato da lui delegato, può con decreto motivato sospendere l'esecuzione del provvedimento di consegna, dando immediata comunicazione al Ministro della giustizia.

4. Nei casi di cui ai commi 1 e 2, il presidente della corte di appello, o il magistrato da lui delegato, dà immediata comunicazione al Ministro della giustizia della cessazione delle ragioni che hanno imposto la sospensione dell'esecuzione o del ricevimento della comunicazione in ordine alla cessazione della causa di forza maggiore da parte dell'autorità dello Stato membro di emissione. Il Ministro, ricevuta tale comunicazione o quella, di cui informa il presidente della corte di appello, direttamente proveniente dall'autorità giudiziaria dello Stato di emissione circa la cessazione della causa di forza maggiore, concorda con l'autorità dello Stato membro di emissione una nuova data di consegna. In tale caso il termine di cui al comma 1 decorre dalla nuova data concordata.

5. Scaduto il termine di dieci giorni di cui ai commi 1 e 4, la custodia cautelare perde efficacia e il presidente della corte di appello, o il magistrato da lui delegato, dispone la liberazione dell'arrestato, sempre che l'ineseguibilità della consegna non sia imputabile a quest'ultimo. In tale caso, i termini sono sospesi sino alla cessazione dell'impedimento.

6. All'atto della consegna, la corte di appello trasmette all'autorità giudiziaria emittente le informazioni occorrenti a consentire la deduzione del periodo di custodia preventivamente sofferto in esecuzione del mandato d'arresto europeo dalla durata complessiva della detenzione conseguente alla eventuale sentenza di condanna ovvero per la determinazione della durata massima della custodia cautelare.

• I co. 1, 2 e 4 sono stati modificati dal d. lgs. 2.2.2021, n. 10.

24. Rinvio della consegna o consegna temporanea. 1. Con la decisione che dispone l'esecuzione del mandato d'arresto europeo la corte di appello può disporre che la consegna della persona venga rinviata per consentire che la stessa possa essere sottoposta a procedimento penale in Italia ovvero possa scontarvi la pena alla quale sia stata condannata per reato diverso da quello oggetto del mandato d'arresto.

2. Nel caso di cui al comma 1, su richiesta dell'autorità giudiziaria emittente, la corte di appello, sentita l'autorità giudiziaria competente per il procedimento penale in corso o per l'esecuzione della sentenza di condanna, può disporre il trasferimento temporaneo della persona richiesta in consegna alle condizioni concordate.

25. Divieto di consegna o di estradizione successiva. 1. La consegna della persona è subordinata alla condizione che la stessa non venga consegnata ad altro Stato membro in esecuzione di un mandato d'arresto europeo emesso per un reato anteriore alla consegna medesima senza l'assenso della corte di appello che ha disposto l'esecuzione del mandato d'arresto né estradata verso uno Stato terzo senza l'assenso all'estradizione successiva accordato a norma delle convenzioni internazionali in vigore per lo Stato e dell'articolo 711 del codice di procedura penale.

2. Ove richiesta dall'autorità giudiziaria competente dello Stato membro di emissione, la corte di appello accorda il proprio assenso alla consegna della persona ad altro Stato membro quando il reato per cui l'assenso è richiesto dà luogo a consegna a norma della presente legge. Sulla richiesta di assenso, completa degli elementi di cui all'articolo 6, la corte di appello decide, sentito il procuratore generale, entro trenta giorni dal ricevimento.

3. La condizione di cui al comma 1 relativa alla consegna ad un altro Stato membro non è applicabile:

a) quando la persona, pur avendo avuto la possibilità di farlo, non ha lasciato il territorio dello Stato al quale è stata consegnata entro quarantacinque giorni successivi alla sua scarcerazione definitiva ovvero, dopo averlo lasciato, vi ha fatto ritorno;

b) quando la persona ha consentito, con dichiarazione resa davanti all'autorità giudiziaria competente dello Stato membro di emissione, e raccolta a verbale, alla consegna ad altro Stato membro;

c) quando la persona richiesta in consegna non beneficia del principio di specialità ai sensi dell'articolo 26, comma 2, lettere *a*), *e*) ed *f*), e comma 3.

26. Principio di specialità. 1. La consegna è sempre subordinata alla condizione che, per un fatto anteriore alla stessa e diverso da quello per il quale è stata concessa, la persona non venga sottoposta a un procedimento penale, né privata della libertà personale in esecuzione di una pena o di una misura di sicurezza, né altrimenti assoggettata ad altra misura privativa della libertà personale.

2. La disposizione di cui al comma 1 non si applica quando:

a) il soggetto consegnato, avendone avuta la possibilità, non ha lasciato il territorio dello Stato al quale è stato consegnato decorsi quarantacinque giorni dalla sua definitiva liberazione ovvero, avendolo lasciato, vi ha fatto volontariamente ritorno;

b) il reato non è punibile con una pena o con una misura di sicurezza privative della libertà personale;

c) il procedimento penale non consente l'applicazione di una misura restrittiva della libertà personale;

d) la persona è soggetta a una pena o a una misura che non implica la privazione della libertà, ivi inclusa una misura pecuniaria, anche se può limitare la sua libertà personale;

e) il ricercato ha acconsentito alla propria consegna, oltre a rinunciare al principio di specialità con le forme di cui all'articolo 14;

f) dopo essere stata consegnata, la persona ha espressamente rinunciato a beneficiare del principio di specialità rispetto a particolari reati anteriori alla sua consegna. Tale rinuncia è raccolta a verbale dall'autorità giudiziaria dello Stato membro di emissione, con forme equivalenti a quelle indicate all'articolo 14.

3. Successivamente alla consegna, ove lo Stato membro di emissione richieda di sottoporre la persona a un procedimento penale ovvero di assoggettare la stessa a un provvedimento coercitivo della libertà, provvede la corte di appello che ha dato esecuzione al mandato d'arresto. A tale fine, la corte verifica che la richiesta dello Stato estero contenga le informazioni indicate dall'articolo 8, paragrafo 1, della decisione quadro munite di traduzione e decide entro trenta giorni dalla ricezione della richiesta. L'assenso è rilasciato quando il reato per il quale è richiesto consente la consegna di una persona ai sensi della decisione quadro. La corte può rifiutare l'assenso unicamente quando ricorre uno dei casi di cui agli articoli 18, 18 *bis* e 18 *ter*.

• Il co. 3 è stato modificato dal d. lgs. 2.2.2021, n. 10.

27. Transito. 1. Le richieste di transito sul territorio dello Stato di una persona che deve essere consegnata sono ricevute dal Ministro della giustizia.

2. Il Ministro della giustizia può rifiutare la richiesta quando:

a) non ha ricevuto informazioni circa l'identità e la cittadinanza della persona oggetto del mandato d'arresto europeo, l'esistenza di un mandato d'arresto europeo, la natura e la qualificazione giuridica del reato e la descrizione delle circostanze del reato, compresi la data e il luogo di commissione;

b) il ricercato è cittadino italiano o cittadino di altro Stato membro dell'Unione europea legittimamente ed effettivamente residente nel territorio italiano da almeno cinque anni e il transito è richiesto ai fini dell'esecuzione di una pena o di una misura di sicurezza privative della libertà personale.

3. Nel caso in cui la richiesta di transito riguardi un cittadino italiano o un cittadino di altro Stato membro dell'Unione europea legittimamente ed effettivamente residente nel territorio italiano da almeno cinque anni, il Ministro della giustizia può subordinare il transito alla condizione che la persona, dopo essere stata ascoltata, sia rinviata in Italia per scontarvi la pena o la misura di sicurezza privative della libertà personale eventualmente pronunciate nei suoi confronti nello Stato membro di emissione.

• I co. 2 e 3 sono stati modificati dal d. lgs. 2.2.2021, n. 10.

27 *bis*. Modalità di trasmissione degli atti tra uffici giudiziari. 1. Nei procedimenti relativi alla richiesta di esecuzione del mandato d'arresto europeo, con decreto del Ministro della giustizia è autorizzata la trasmissione con modalità telematica degli atti tra gli uffici giudiziari, secondo le disposizioni stabilite con provvedimento del Direttore generale dei sistemi informativi e automatizzati del Ministero della giustizia, anche in deroga alle previsioni del decreto emanato ai sensi dell'articolo 4, comma 1, del decreto-legge 29 dicembre 2009, n. 193, convertito, con modificazioni, dalla legge 22 febbraio 2010, n. 24.

2. La trasmissione degli atti si intende eseguita al momento del rilascio della ricevuta di accettazione da parte dei sistemi ministeriali, secondo le modalità stabilite dal provvedimento direttoriale di cui al comma 1.

3. Il decreto di cui al comma 1 è adottato previo accertamento da parte del Direttore generale dei sistemi informativi e automatizzati del Ministero della giustizia della funzionalità dei servizi di comunicazione dei documenti informatici.

4. Sino all'attivazione dei sistemi ministeriali e alla adozione del decreto del Ministro della giustizia di cui al comma 1, la trasmissione degli atti tra gli uffici giudiziari è consentita anche tramite posta elettronica certificata, secondo le modalità stabilite con provvedimento del Direttore generale dei sistemi informativi e automatizzati del Ministero della giustizia da emanarsi entro quindici giorni dalla data di pubblicazione del presente decreto nella Gazzetta Ufficiale della Repubblica italiana.

• Articolo inserito dal d. lgs. 2.2.2021, n. 10.

Capo II
Procedura attiva di consegna

28. Competenza. 1. Il mandato d'arresto europeo è emesso:

a) dal giudice che ha applicato la misura cautelare della custodia in carcere o degli arresti domiciliari;

b) dal pubblico ministero presso il giudice indicato all'articolo 665 del codice di procedura penale che ha emesso l'ordine di esecuzione della pena detentiva di cui all'articolo 656 del medesimo codice, sempre che si tratti di pena di durata non inferiore a un anno e che non operi la sospensione dell'esecuzione;

c) dal pubblico ministero individuato ai sensi dell'articolo 658 del codice di procedura penale, per quanto attiene alla esecuzione di misure di sicurezza personali detentive.

2. Il mandato d'arresto europeo è trasmesso al Ministro della giustizia che provvede alla traduzione del testo nella lingua dello Stato membro di esecuzione e alla sua trasmissione all'autorità competente. Della emissione del mandato è data immediata comunicazione al Servizio per la cooperazione internazionale di polizia.

29. Emissione del mandato d'arresto europeo. 1. L'autorità giudiziaria competente ai sensi dell'articolo 28 emette il mandato d'arresto europeo quando risulta che l'imputato o il condannato è residente, domiciliato o dimorante nel territorio di uno Stato membro dell'Unione europea.

2. Quando il luogo della residenza, del domicilio o della dimora non è conosciuto e risulta possibile che la persona si trovi nel territorio di uno Stato membro dell'Unione europea, l'autorità giudiziaria dispone l'inserimento di una specifica segnalazione nel SIS, conformemente alle disposizioni dell'articolo 95 della convenzione del 19 giugno 1990, di applicazione dell'accordo di Schengen del 14 giugno 1985 relativo all'eliminazione graduale dei controlli alle frontiere comuni, resa esecutiva dalla legge 30 settembre 1993, n. 388. Una segnalazione nel SIS equivale a un mandato d'arresto europeo corredato delle informazioni di cui all'articolo 30.

3. Nel caso in cui la persona ricercata benefici di una immunità o di un privilegio riconosciuti da uno Stato diverso da quello di esecuzione ovvero da un organismo internazionale, l'autorità giudiziaria provvede a inoltrare la richiesta di revoca del privilegio o di esclusione dell'immunità.

30. Contenuto del mandato d'arresto europeo. 1. Il mandato d'arresto europeo contiene le informazioni richieste nel modello di cui all'allegato annesso alla decisione quadro come modificato dall'articolo 2, paragrafo 3, della decisione quadro 2009/299/GAI del Consiglio, del 26 febbraio 2009.

2. Nel caso previsto dall'articolo 18 *ter*, comma 3, non appena riceve notizia della richiesta formulata dalla persona nei cui confronti il mandato di arresto europeo è stato emesso, il pubblico ministero inoltra copia della sentenza all'autorità dello Stato di esecuzione.

• Articolo così sostituito dal d. lgs. 2.2.2021, n. 10.

31. Perdita di efficacia del mandato d'arresto europeo. 1. Il mandato d'arresto europeo perde efficacia quando il provvedimento restrittivo sulla base del quale è stato emesso è stato revocato o annullato ovvero è divenuto inefficace. Il procuratore generale presso la corte di appello ne dà immediata comunicazione al Ministro della giustizia ai fini della conseguente comunicazione allo Stato membro di esecuzione.

31 *bis*. Divieto di consegna o di estradizione successiva. 1. La persona consegnata in esecuzione di un mandato di arresto europeo non può essere consegnata ad altro Stato membro in esecuzione di un mandato d'arresto europeo, né estradata verso uno Stato terzo, per un reato anteriore alla consegna medesima senza l'assenso dello Stato membro di esecuzione.

2. Il divieto di cui al comma 1 non è applicabile alle richieste di consegna in esecuzione di un mandato d'arresto europeo, quando ricorre una delle condizioni previste dall'articolo 26, comma 2, lettere *a*), *e*) ed *f*).

• Articolo inserito dal d. lgs. 2.2.2021, n. 10.

32. Principio di specialità. 1. La consegna della persona ricercata è soggetta ai limiti del principio di specialità, con le eccezioni previste, relativamente alla procedura passiva di consegna, dall'articolo 26.

33. Computabilità della custodia cautelare all'estero. 1. Il periodo di custodia cautelare sofferto all'estero in esecuzione del mandato d'arresto europeo è computato ai sensi e per gli effetti degli articoli 303, comma 4, 304 e 657 del codice di procedura penale.

• Corte cost., 143 del 2008, ha dichiarato l'illegittimità costituzionale dell'articolo nella parte in cui non prevede che la custodia cautelare all'estero, in esecuzione del mandato d'arresto europeo, sia computata anche agli effetti della durata dei termini di fase previsti dall'art. 303, co. 1, 2 e 3, c.p.p.

Capo III
Misure reali

34. Richiesta in caso di sequestro o di confisca di beni. 1. Con il mandato d'arresto europeo emesso ai sensi dell'articolo 28 il procuratore generale presso la corte di appello richiede all'autorità giudiziaria dello Stato membro di esecuzione la consegna dei beni oggetto del provvedimento di sequestro o di confisca eventualmente emesso dal giudice competente, trasmettendo, nel contempo, copia dei provvedimenti di sequestro.

35. Sequestro e consegna di beni. 1. Su richiesta dell'autorità giudiziaria che ha emesso il mandato d'arresto europeo, o d'ufficio, la corte di appello può disporre il sequestro dei beni necessari ai fini della prova ovvero suscettibili di confisca in quanto costituenti il prodotto, il profitto o il prezzo del reato nella disponibilità del ricercato e nei limiti di cui ai commi seguenti.

2. La richiesta di cui al comma 1 contiene la precisazione se la consegna necessita ai soli fini della prova ovvero ai fini della confisca. Ove tale precisazione non risulti contenuta nella richie-

sta, il presidente della corte di appello invita l'autorità giudiziaria richiedente a trasmetterla.
3. La corte di appello provvede con decreto motivato, sentito il procuratore generale. Si applicano, in quanto compatibili, le disposizioni di cui agli articoli 253, 254, 255, 256, 258, 259 e 260, commi 1 e 2, del codice di procedura penale.
4. La consegna delle cose sequestrate all'autorità giudiziaria richiedente ha luogo secondo le modalità e le intese con la stessa intervenute tramite il Ministro della giustizia.
5. Quando la consegna è richiesta ai fini della prova, la corte di appello dispone che la consegna resta subordinata alla condizione che i beni siano restituiti una volta soddisfatte le esigenze processuali.
6. Quando la consegna è richiesta ai fini della confisca, la corte di appello dispone il sequestro salvaguardando i diritti previsti dal comma 9 e le esigenze dell'autorità giudiziaria italiana di cui all'articolo 36. In ogni caso, concedendo il sequestro, la corte dispone che la consegna resti subordinata alla condizione che successivamente non risultino diritti acquisiti ai sensi del comma 9.
7. I beni sequestrati sono consegnati anche nel caso in cui il mandato d'arresto europeo non può essere eseguito a motivo del decesso o della fuga del ricercato.
8. Si applicano le disposizioni dell'articolo 719 del codice di procedura penale.
9. Sono sempre fatti salvi gli eventuali diritti acquisiti sui beni di cui al comma 1 dallo Stato italiano o da terzi.

36. Concorso di sequestri. 1. Nel caso in cui i beni richiesti di sequestro dall'autorità giudiziaria dello Stato membro costituiscano già oggetto di sequestro disposto dall'autorità giudiziaria italiana nell'ambito di un procedimento penale in corso e di essi sia prevista dalla legge italiana la confisca, la consegna può essere disposta ai soli fini delle esigenze probatorie e previo nulla osta dell'autorità giudiziaria italiana procedente con il limite di cui all'articolo 35, comma 9.
2. Alle stesse condizioni di cui al comma 1 è subordinata la consegna quando si tratta di beni già oggetto di sequestro disposto nell'ambito di un procedimento civile a norma degli articoli 670 e 671 del codice di procedura civile.

Capo IV
Spese

37. Spese. 1. Sono a carico dello Stato italiano le spese sostenute nel territorio nazionale per l'esecuzione di un mandato d'arresto europeo o delle misure reali adottate. Tutte le altre spese sono a carico dello Stato membro la cui autorità giudiziaria ha emesso il mandato d'arresto o richiesto la misura reale.
2. Dall'attuazione del presente articolo non devono derivare nuovi o maggiori oneri a carico del bilancio dello Stato.

Titolo III
DISPOSIZIONI FINALI E TRANSITORIE

38. Obblighi internazionali. 1. La presente legge non pregiudica gli obblighi internazionali dello Stato italiano qualora la persona ricercata sia stata estradata da uno Stato terzo e sia tutelata dalle norme relative al principio di specialità contenute nell'accordo in base al quale ha avuto luogo l'estradizione. In tale caso il Ministro della giustizia richiede tempestivamente l'assenso allo Stato dal quale la persona ricercata è stata estradata ai fini della consegna allo Stato membro.
2. Nel caso previsto dal comma 1, secondo periodo, i termini di cui al capo I del titolo II decorrono dal giorno in cui il principio di specialità cessa di operare.

39. Norme applicabili. 1. Per quanto non previsto dalla presente legge si applicano le disposizioni del codice di procedura penale e delle leggi complementari, in quanto compatibili.

2. Non si applicano le disposizioni previste dalla legge 7 ottobre 1969, n. 742, e successive modificazioni, relativa alla sospensione dei termini processuali nel periodo feriale.

40. Disposizioni transitorie. 1. Le disposizioni della presente legge si applicano alle richieste di esecuzione di mandati d'arresto europei emessi e ricevuti dopo la data della sua entrata in vigore.

2. Alle richieste di esecuzione relative a reati commessi prima del 7 agosto 2002, restano applicabili le disposizioni vigenti anteriormente alla data di entrata in vigore della presente legge in materia di estradizione.

3. [Soppresso.]

• Il co. 2 è stato modificato dal d. lgs. 2.2.2021, n. 10, che ha anche abrogato il co. 3.

ORDINAMENTO GIUDIZIARIO

Regio decreto 30 gennaio 1941, n. 12

Titolo I
DISPOSIZIONI GENERALI

Capo I
Delle autorità alle quali è affidata l'amministrazione della giustizia

1. Dei giudici. 1. La giustizia nelle materie civile e penale è amministrata:
a) dal giudice di pace;
b) [...];
c) dal tribunale ordinario;
d) dalla corte di appello;
e) dalla Corte di cassazione;
f) dal tribunale per i minorenni;
g) dal magistrato di sorveglianza;
h) dal tribunale di sorveglianza.
2. Sono regolati da leggi speciali l'ordinamento giudiziario dell'impero e degli altri territori soggetti alla sovranità dello Stato, le giurisdizioni amministrative ed ogni altra giurisdizione speciale, nonché le giurisdizioni per i reati militari e marittimi.

2. Del pubblico ministero. 1. Presso la corte di cassazione, le corti di appello, i tribunali ordinari e i tribunali per i minorenni è costituito l'ufficio del pubblico ministero.

3. Cancellerie e segreterie giudiziarie. Ufficiali ed uscieri giudiziari. 1. Ogni corte, tribunale ordinario, [...] ed ufficio del giudice di pace ha una cancelleria ed ogni ufficio del pubblico ministero ha una segreteria. L'ufficio di cancelleria o di segreteria può essere costituito anche presso le sezioni distaccate di cui alla tabella B annessa al presente ordinamento.
2. Alle corti e ai tribunali sono addetti ufficiali giudiziari, aiutanti ufficiali giudiziari e coadiutori degli uffici notificazioni, esecuzioni e protesti. Tale personale può essere addetto anche alle sezioni distaccate di cui alla tabella B annessa al presente ordinamento. Negli uffici del giudice di pace le funzioni di ufficiale giudiziario sono esercitate nei modi indicati nell'articolo 28.
3. Il personale e gli uffici delle cancellerie e segreterie giudiziarie, gli ufficiali giudiziari e gli uscieri giudiziari sono regolati da leggi particolari.

4. Ordine giudiziario. 1. L'ordine giudiziario è costituito dagli uditori, dai giudici di ogni grado [...] dei Tribunali ordinari e delle Corti e dai magistrati del pubblico ministero.
2. Appartengono all'ordine giudiziario come magistrati onorari, i giudici di pace, i giudici onorari di tribunale, i vice procuratori, gli esperti del tribunale ordinario e della sezione di corte di appello per i minorenni ed, inoltre, gli assessori della corte di assise e gli esperti della magistratura del lavoro nell'esercizio delle loro funzioni giudiziarie.
3. Il personale delle cancellerie e segreterie giudiziarie di ogni gruppo e grado fa parte dell'ordine giudiziario.
4. Gli ufficiali giudiziari sono ausiliari dell'ordine giudiziario.

5. Organici; sedi giudiziarie. 1. Il numero, le sedi, le circoscrizioni territoriali degli uffici giudiziari indicati nel primo comma dell'articolo 1 ed il ruolo organico della magistratura sono determinati dalle tabelle allegate al presente ordinamento, fatta eccezione per i giudici di pace.

6. Provvedimenti riflettenti lo stato dei magistrati. 1. I magistrati sono nominati, promossi, tramutati e revocati dal Re Imperatore, su proposta del Ministro della giustizia, osservate le forme del presente ordinamento, salvo, per la nomina degli uditori, il disposto dell'ultimo comma dell'articolo 127.

2. Qualsiasi altro provvedimento riflettente lo stato dei magistrati è emanato egualmente con decreto reale, su proposta del Ministro della giustizia, con l'osservanza delle norme stabilite nel presente ordinamento, salvo che non sia diversamente stabilito.

7. Provvedimenti riflettenti gli organi giudiziari e il pubblico ministero. 1. Qualsiasi provvedimento che attua le disposizioni del presente ordinamento, relative alla costituzione di sezioni ed alla ripartizione dei magistrati tra i diversi uffici della stessa sede, nonché i provvedimenti relativi alle applicazioni, alle sostituzioni ed alle supplenze di magistrati, sono emanati con decreto del Capo dello Stato, salvo che non sia diversamente stabilito.

7 *bis*. Tabelle degli uffici giudicanti. 1. La ripartizione degli uffici giudiziari di cui all'articolo 1 in sezioni, la destinazione dei singoli magistrati alle sezioni e alle corti di assise, l'assegnazione alle sezioni dei presidenti, la designazione dei magistrati che hanno la direzione di sezioni a norma dell'articolo 47 *bis*, secondo comma, l'attribuzione degli incarichi di cui agli articoli 47 *ter*, terzo comma, 47 *quater*, secondo comma, e 50 *bis*, il conferimento delle specifiche attribuzioni processuali individuate dalla legge e la formazione dei collegi giudicanti sono stabiliti ogni quadriennio con decreto del Ministro della giustizia in conformità delle deliberazioni del Consiglio superiore della magistratura assunte sulle proposte dei presidenti delle corti di appello, sentiti i consigli giudiziari. Decorso il quadriennio, l'efficacia del decreto è prorogata fino a che non sopravvenga un altro decreto. La violazione dei criteri per l'assegnazione degli affari, salvo il possibile rilievo disciplinare, non determina in nessun caso la nullità dei provvedimenti adottati.

2. Le deliberazioni di cui al comma 1 sono adottate dal Consiglio superiore dalla magistratura, valutate le eventuali osservazioni formulate dal Ministro della giustizia ai sensi dell'articolo 11 della legge 24 marzo 1958, n. 195, e possono essere variate nel corso del triennio per sopravvenute esigenze degli uffici giudiziari, sulle proposte dei presidenti delle corti di appello, sentiti i consigli giudiziari. I provvedimenti in via di urgenza, concernenti le tabelle, adottati dai dirigenti degli uffici sulla assegnazione dei magistrati, sono immediatamente esecutivi, salva la deliberazione del Consiglio superiore della magistratura per la relativa variazione tabellare.

2 *bis*. Possono svolgere le funzioni di giudice incaricato dei provvedimenti previsti per la fase delle indagini preliminari nonché di giudice dell'udienza preliminare solamente i magistrati che hanno svolto per almeno due anni funzioni di giudice del dibattimento. Le funzioni di giudice dell'udienza preliminare sono equiparate a quelle di giudice del dibattimento.

2 *ter*. Il giudice incaricato dei provvedimenti previsti per la fase delle indagini preliminari nonché il giudice dell'udienza preliminare non possono esercitare tali funzioni oltre il periodo stabilito dal Consiglio superiore della magistratura ai sensi dell'articolo 19, comma 1, del decreto legislativo 5 aprile 2006, n. 160, e successive modificazioni. Qualora alla scadenza del termine essi abbiano in corso il compimento di un atto del quale sono stati richiesti, l'esercizio delle funzioni è prorogato, limitatamente al relativo procedimento, sino al compimento dell'attività medesima.

2 *quater*. [...].

2 *quinquies*. Le disposizioni dei commi 2 *bis*, 2 *ter* e 2 *quater* possono essere derogate per imprescindibili e prevalenti esigenze di servizio. Si applicano, anche in questo caso, le disposizioni di cui ai commi 1 e 2.

3. Per quanto riguarda la Corte suprema di cassazione il Consiglio superiore della magistratura delibera sulla proposta del Primo presidente della stessa Corte, sentito il Consiglio direttivo della Corte di cassazione.

3 *bis*. Al fine di assicurare un più adeguato funzionamento degli uffici giudiziari sono istituite le

tabelle infradistrettuali degli uffici requirenti e giudicanti che ricomprendono tutti i magistrati, ad eccezione dei capi degli uffici.

3 *ter*. Il Consiglio superiore della magistratura individua gli uffici giudiziari che rientrano nella medesima tabella infradistrettuale e ne dà immediata comunicazione al Ministro della giustizia per la emanazione del relativo decreto.

3 *quater*. L'individuazione delle sedi da ricomprendere nella medesima tabella infradistrettuale è operata sulla base dei seguenti criteri:

a) l'organico complessivo degli uffici ricompresi non deve essere inferiore alle quindici unità per gli uffici giudicanti;

b) le tabelle infradistrettuali dovranno essere formate privilegiando l'accorpamento tra loro degli uffici con organico fino ad otto unità se giudicanti e fino a quattro unità se requirenti;

c) nelle esigenze di funzionalità degli uffici si deve tener conto delle cause di incompatibilità funzionali dei magistrati;

d) si deve tener conto delle caratteristiche geomorfologiche dei luoghi e dei collegamenti viari, in modo da determinare il minor onere per l'erario.

3 *quinquies*. Il magistrato può essere assegnato anche a più uffici aventi la medesima attribuzione o competenza, ma la sede di servizio principale, ad ogni effetto giuridico ed economico, è l'ufficio del cui organico il magistrato fa parte. La supplenza infradistrettuale non opera per le assenze o impedimenti di durata inferiore a sette giorni.

3 *sexies*. Per la formazione ed approvazione delle tabelle di cui al comma 3 *bis*, si osservano le procedure previste dal comma 2.

• Il co. 1 è stato modificato dalla l. 17.6.2022, n. 71.

7 *ter*. Criteri per l'assegnazione degli affari e la sostituzione dei giudici impediti. 1. L'assegnazione degli affari alle singole sezioni ed ai singoli collegi e giudici è effettuata, rispettivamente, dal dirigente dell'ufficio e dal presidente della sezione o dal magistrato che la dirige, secondo criteri obiettivi e predeterminati, indicati in via generale dal Consiglio superiore della magistratura ed approvati contestualmente alle tabelle degli uffici e con la medesima procedura. Nel determinare i criteri per l'assegnazione degli affari penali al giudice per le indagini preliminari, il Consiglio superiore della magistratura stabilisce la concentrazione, ove possibile, in capo allo stesso giudice dei provvedimenti relativi al medesimo procedimento e la designazione di un giudice diverso per lo svolgimento delle funzioni di giudice dell'udienza preliminare. Qualora il dirigente dell'ufficio e il presidente della sezione revochino la precedente assegnazione ad una sezione o ad un collegio o ad un giudice, copia del relativo provvedimento motivato viene comunicata al presidente della sezione e al magistrato interessato.

2. Il Consiglio superiore della magistratura stabilisce altresì i criteri per la sostituzione del giudice astenuto, ricusato o impedito.

2 *bis*. Il dirigente dell'ufficio deve verificare che la distribuzione dei ruoli e dei carichi di lavoro garantisca obiettivi di funzionalità e di efficienza dell'ufficio e assicuri costantemente l'equità tra tutti i magistrati dell'ufficio, delle sezioni e dei collegi.

3. [...]

• Il co. 2 *bis* è stato inserito dalla l. 17.6.2022, n. 71.

8-13. [*Omissis*.]

14. Potestà di polizia dei giudici. 1. Ogni giudice, nell'esercizio delle sue funzioni, può richiedere, quando occorre, l'intervento della forza pubblica e può prescrivere tutto ciò che è necessario per il sicuro e ordinato compimento degli atti ai quali procede.

15. Potestà dei magistrati del pubblico ministero di richiedere la forza armata. 1. I magistrati del pubblico ministero hanno, nell'esercizio delle loro funzioni, il diritto di richiedere direttamente l'intervento della forza armata.

Capo II
Delle incompatibilità

16. Incompatibilità di funzioni. 1. I magistrati non possono assumere pubblici o privati impieghi od uffici, ad eccezione di quelli di senatore, di consigliere nazionale o di amministratore gratuito di istituzioni pubbliche di beneficenza. Non possono nemmeno esercitare industrie o commerci, né qualsiasi libera professione.

2. Salvo quanto disposto dal primo comma dell'articolo 61 dello statuto degli impiegati civili dello Stato, approvato con decreto del Presidente della Repubblica 10 gennaio 1957, n. 3, non possono, inoltre, accettare incarichi di qualsiasi specie né possono assumere le funzioni di arbitro, senza l'autorizzazione del Consiglio superiore della magistratura.

3. In tal caso, possono assumere le funzioni di arbitro unico o di presidente del collegio arbitrale ed esclusivamente negli arbitrati nei quali è parte l'Amministrazione dello Stato ovvero aziende o enti pubblici, salvo quanto previsto dal capitolato generale per le opere di competenza del Ministero dei lavori pubblici, approvato con decreto del Presidente della Repubblica 16 luglio 1962, n. 1063.

17. Incompatibilità speciali per i primi presidenti e i procuratori generali della Repubblica. 1. I primi presidenti, ed i procuratori generali della Repubblica non possono assumere alcun incarico fuori della residenza, tranne quelli ad essi attribuiti da leggi o regolamenti o quelli conferiti con decreto del Capo dello Stato.

18. Incompatibilità di sede per rapporti di parentela o affinità con esercenti la professione forense. 1. I magistrati giudicanti e requirenti delle corti di appello e dei tribunali non possono appartenere ad uffici giudiziari nelle sedi nelle quali i loro parenti fino al secondo grado, gli affini in primo grado, il coniuge o il convivente, esercitano la professione di avvocato.

2. La ricorrenza in concreto dell'incompatibilità di sede è verificata sulla base dei seguenti concorrenti criteri, valutati unitariamente:

a) rilevanza della professione forense svolta dai soggetti di cui al primo comma avanti all'ufficio di appartenenza del magistrato, tenuto, altresì, conto dello svolgimento continuativo di una porzione minore della professione forense e di eventuali forme di esercizio non individuale dell'attività da parte dei medesimi soggetti;

b) dimensione del predetto ufficio, con particolare riferimento alla organizzazione tabellare;

c) materia trattata sia dal magistrato che dal professionista, avendo rilievo la distinzione dei settori del diritto civile, del diritto penale e del diritto del lavoro e della previdenza, ed ancora, all'interno dei predetti e specie del settore del diritto civile, dei settori di ulteriore specializzazione come risulta, per il magistrato, dalla organizzazione tabellare;

d) funzione specialistica dell'ufficio giudiziario.

3. Ricorre sempre una situazione di incompatibilità con riguardo ai Tribunali ordinari organizzati in un'unica sezione o alle Procure della Repubblica istituite presso Tribunali strutturati con un'unica sezione, salvo che il magistrato operi esclusivamente in sezione distaccata ed il parente o l'affine non svolga presso tale sezione alcuna attività o viceversa.

4. I magistrati preposti alla direzione di uffici giudicanti e requirenti sono sempre in situazione di incompatibilità di sede ove un parente o affine eserciti la professione forense presso l'Ufficio dagli stessi diretto, salvo valutazione caso per caso per i Tribunali ordinari organizzati con una pluralità di sezioni per ciascun settore di attività civile e penale.

5. Il rapporto di parentela o affinità con un praticante avvocato ammesso all'esercizio della professione forense, è valutato ai fini dell'articolo 2, comma 2, del regio decreto legislativo 31 maggio 1946, n. 511, e successive modificazioni, tenuto conto dei criteri di cui al secondo comma.

• L'alinea del co. 2 è stato così sostituito dalla l. 17.6.2022, n. 71.

19. Incompatibilità di sede per rapporti di parentela o affinità con magistrati o ufficiali o agenti di polizia giudiziaria della stessa sede. 1. I magistrati che hanno tra loro vincoli di parentela o di affinità fino al secondo grado, di coniugio o di convivenza, non possono far parte della stessa Corte o dello stesso Tribunale o dello stesso ufficio giudiziario.

2. La ricorrenza dell'incompatibilità può essere esclusa in concreto quando la situazione non comporti modifiche nell'organizzazione dell'ufficio e non interferisca nei rapporti tra uffici diversi della medesima sede. L'esito del procedimento di accertamento dell'esclusione, in concreto, della ricorrenza dell'incompatibilità di cui al comma precedente è comunicato al consiglio dell'ordine degli avvocati del circondario in cui prestano servizio gli interessati.

3. I magistrati che hanno tra loro vincoli di parentela o di affinità sino al terzo grado, di coniugio o di convivenza, non possono mai fare parte dello stesso Tribunale o della stessa Corte organizzati in un'unica sezione ovvero di un Tribunale o di una Corte organizzati in un'unica sezione e delle rispettive Procure della Repubblica, salvo che uno dei due magistrati operi esclusivamente in sezione distaccata e l'altro in sede centrale.

4. I magistrati che hanno tra loro vincoli di parentela o di affinità fino al quarto grado incluso, ovvero di coniugio o di convivenza, non possono mai far parte dello stesso collegio giudicante nelle corti e nei tribunali.

5. I magistrati preposti alla direzione di uffici giudicanti o requirenti della stessa sede sono sempre in situazione di incompatibilità, salvo valutazione caso per caso per i Tribunali o le Corti organizzati con una pluralità di sezioni per ciascun settore di attività civile e penale. Sussiste, altresì, situazione di incompatibilità, da valutare sulla base dei criteri di cui all'articolo 18, secondo comma, in quanto compatibili, se il magistrato dirigente dell'ufficio è in rapporto di parentela o affinità entro il terzo grado, o di coniugio o convivenza, con magistrato addetto al medesimo ufficio, tra il presidente del Tribunale del capoluogo di distretto ed i giudici addetti al locale Tribunale per i minorenni, tra il Presidente della Corte di appello o il Procuratore generale presso la Corte medesima ed un magistrato addetto, rispettivamente, ad un Tribunale o ad una Procura della Repubblica del distretto, ivi compresa la Procura presso il Tribunale per i minorenni.

6. I magistrati non possono appartenere ad uno stesso ufficio giudiziario ove i loro parenti fino al secondo grado, o gli affini in primo grado, svolgono attività di ufficiale o agente di polizia giudiziaria. La ricorrenza in concreto dell'incompatibilità è verificata sulla base dei criteri di cui all'articolo 18, secondo comma, per quanto compatibili.

• Il co. 2 è stato modificato dalla l. 17.6.2022, n. 71.

Titolo II
DEI GIUDICI

20-64. [*Omissis.*]

Capo V
Della Corte suprema di cassazione

65. Attribuzioni della Corte suprema di cassazione. 1. La Corte suprema di cassazione, quale organo supremo della giustizia, assicura l'esatta osservanza e l'uniforme interpretazione della legge, l'unità del diritto oggettivo nazionale, il rispetto dei limiti delle diverse giurisdizioni; regola i conflitti di competenza e di attribuzioni, od adempie gli altri compiti ad essa conferiti dalla legge.

2. La Corte suprema di cassazione ha sede in Roma ed ha giurisdizione su tutto il territorio del regno, dell'impero e su ogni altro territorio soggetto alla sovranità dello Stato e su ogni altro territorio soggetto alla sua sovranità.

66. Composizioni della Corte suprema di Cassazione. 1. La Corte suprema di cassazione è costituita in sezioni, e composta da un primo presidente, da presidenti di sezione e da consiglieri.

2. Il Primo presidente presiede le udienze a sezioni unite e le adunanze solenni e può presiedere le udienze delle singole sezioni.

3. La composizione delle sezioni è stabilita ai sensi dell'articolo 7 *bis*. A ciascuna delle sezioni civili e penali è preposto un presidente di sezione e possono essere assegnati altri presidenti di sezione.

67. Costituzione del collegio giudicante. 1. La Corte di cassazione in ciascuna sezione giudica col numero invariabile di cinque votanti. Giudica a sezioni unite col numero invariabile di nove votanti.
2. Il collegio a sezioni unite in materia civile è composto da magistrati appartenenti alle sezioni civili; in materia penale è composto da magistrati appartenenti alle sezioni penali.

67 *bis*. Criteri per la composizione della sezione prevista dall'articolo 376 del codice di procedura civile. [Soppresso].

• L'articolo è stato abrogato dal d. lgs. 10.10.2022, n. 149.

68. Ufficio del massimario e del ruolo. 1. Presso la Corte suprema di cassazione è costituito un ufficio del massimario e del ruolo, diretto da un magistrato della Corte medesima designato dal primo presidente.
2. All'ufficio sono addetti, salvo il disposto del terzo comma dell'articolo 135, nove magistrati, di grado non superiore a consigliere di corte d'appello o parificato, cinque dei quali possono essere collocati fuori del ruolo organico della magistratura, entro i limiti numerici stabiliti nell'articolo 210 del presente ordinamento.
3. Le attribuzioni dell'ufficio del massimario e del ruolo sono stabilite dal primo presidente della Corte suprema di cassazione, sentito il procuratore generale della Repubblica.

Titolo III
DEL PUBBLICO MINISTERO

Capo I
Della costituzione del pubblico ministero

69. Funzioni del pubblico ministero. 1. Il pubblico ministero esercita, sotto la vigilanza del Ministro della giustizia, le funzioni che la legge gli attribuisce.

70. Costituzione del pubblico ministero. 1. Le funzioni del pubblico ministero sono esercitate dal procuratore generale presso la corte di cassazione, dai procuratori generali della Repubblica presso le corti d'appello, dai procuratori della Repubblica presso i tribunali per le persone, per i minorenni e per le famiglie e dai procuratori della Repubblica presso i tribunali ordinari. Negli uffici delle procure della Repubblica presso i tribunali ordinari possono essere istituiti posti di procuratore aggiunto in numero non superiore a quello risultante dalla proporzione di un procuratore aggiunto per ogni dieci sostituti addetti all'ufficio. Negli uffici delle procure della Repubblica presso il tribunale del capoluogo del distretto può essere comunque istituito un posto di procuratore aggiunto per specifiche ragioni riguardanti lo svolgimento dei compiti della direzione distrettuale antimafia.
2. Presso le sezioni distaccate di corte di appello le funzioni del procuratore generale sono esercitate dall'avvocato generale, a norma dell'articolo 59.
3. I titolari degli uffici del pubblico ministero dirigono l'ufficio cui sono preposti, ne organizzano l'attività ed esercitano personalmente le funzioni attribuite al pubblico ministero dal codice di procedura penale e dalle altre leggi, quando non designino altri magistrati addetti all'ufficio. Possono essere designati più magistrati in considerazione del numero degli imputati o della complessità delle indagini o del dibattimento.
4. Nel corso delle udienze penali, il magistrato designato svolge le funzioni del pubblico ministero con piena autonomia e può essere sostituito solo nei casi previsti dal codice di procedura

penale. Il titolare dell'ufficio trasmette al Consiglio superiore della magistratura copia del provvedimento motivato con cui ha disposto la sostituzione del magistrato.
5. Ogni magistrato addetto ad una procura della Repubblica, che, fuori dall'esercizio delle sue funzioni, viene comunque a conoscenza di fatti che possano determinare l'inizio dell'azione penale o di indagini preliminari, può segnalarli per iscritto al titolare dell'ufficio. Questi, quando non sussistono i presupposti per la richiesta di archiviazione e non intende procedere personalmente, provvede a designare per la trattazione uno o più magistrati dell'ufficio.
6. Quando il procuratore nazionale antimafia e antiterrorismo o il procuratore generale presso la corte di appello dispone l'avocazione delle indagini preliminari nei casi previsti dalla legge, trasmette copia del relativo decreto motivato al Consiglio superiore della magistratura e ai procuratori della Repubblica interessati.
6 *bis*. Entro dieci giorni dalla ricezione del provvedimento di avocazione, il procuratore della Repubblica interessato può proporre reclamo al procuratore generale presso la Corte di cassazione. Questi, se accoglie il reclamo, revoca il decreto di avocazione, disponendo la restituzione degli atti.

• Nel co. 1, le parole «presso i tribunali per i minorenni» sono state sostituite da quelle «presso i tribunali per le persone, per i minorenni e per le famiglie» per effetto del d. lgs. 10.10.2022, n. 149. Ai sensi dell'art. 49 d. lgs. 149 del 2022, la modifica ha effetto decorsi due anni dalla data della pubblicazione del presente decreto nella Gazzetta Ufficiale e si applica ai procedimenti introdotti successivamente a tale data.

70 *bis*. Direzione distrettuale antimafia. [...]

70 *ter*. Ufficio del pubblico ministero presso il tribunale per le persone, per i minorenni e per le famiglie. Presso il tribunale per le persone, per i minorenni e per le famiglie è istituito un ufficio autonomo del pubblico ministero, che ha sede nel capoluogo del distretto di corte di appello o di sezione distaccata di corte di appello.
Al procuratore della Repubblica presso il tribunale per le persone, per i minorenni e per le famiglie spetta di promuovere ed esercitare l'azione penale per tutti i reati commessi dai minori degli anni 18 nel territorio della corte di appello o della sezione di corte di appello in cui è istituito il tribunale per le persone, per i minorenni e per le famiglie, e perciò a lui sono trasmessi tutti i rapporti, i referti, le denunce, le querele, le istanze e le richieste concernenti reati commessi dai minori degli anni 18.
Allo stesso procuratore della Repubblica sono attribuiti, nelle materie di competenza del tribunale per le persone, per i minorenni e per le famiglie, tutti i poteri che le leggi conferiscono al pubblico ministero presso il tribunale.

• Articolo inserito dal d. lgs. 10.10.2022, n. 149. Ai sensi dell'art. 49 d. lgs. 149 del 2022, la nuova previsione ha effetto decorsi due anni dalla data della pubblicazione del presente decreto nella Gazzetta Ufficiale e si applica ai procedimenti introdotti successivamente a tale data.

71. Nomina e funzioni dei magistrati onorari della procura della Repubblica presso il tribunale ordinario. [...]

• Articolo abrogato dal d. lgs. 13.7.2017, n. 116.

71 *bis*. Esercizio delle funzioni di vice procuratore onorario presso la sola sede principale o sezione distaccata. [...]

• Articolo abrogato dal d. lgs. 13.7.2017, n. 116.

72. Delegati del procuratore della Repubblica presso il tribunale ordinario. [...]

• Articolo abrogato dal d. lgs. 13.7.2017, n. 116.

Capo II
Delle attribuzioni del pubblico ministero

73. Attribuzioni generali del pubblico ministero. 1. Il pubblico ministero veglia alla osservanza delle leggi, alla pronta e regolare amministrazione della giustizia, alla tutela dei diritti dello Stato, delle persone giuridiche e degli incapaci, richiedendo, nei casi di urgenza, i provvedimenti cautelari che ritiene necessari;

promuove la repressione dei reati e l'applicazione delle misure di sicurezza;

fa eseguire i giudicati ed ogni altro provvedimento del giudice, nei casi stabiliti dalla legge.

2. Ha pure azione diretta per fare eseguire ed osservare le leggi d'ordine pubblico e che interessano i diritti dello Stato, e per tutela dell'ordine corporativo, sempre che tale azione non sia dalla legge ad altri organi attribuita.

74. Attribuzioni del pubblico ministero in materia penale. 1. Il pubblico ministero inizia ed esercita l'azione penale.

2. Un rappresentante del pubblico ministero interviene a tutte le udienze penali delle corti e dei tribunali ordinari. In mancanza del suo intervento, l'udienza non può aver luogo.

3. Le attribuzioni del pubblico ministero negli atti preliminari del giudizio e nelle udienze della corte d'assise spettano al procuratore generale della Repubblica presso la corte d'appello, il quale le esercita personalmente o per mezzo di altro magistrato addetto al suo ufficio.

4. Il procuratore generale, nella circoscrizione della corte di appello, provvede alla designazione dei magistrati del pubblico ministero che debbono intervenire alle udienze, delegando, se occorre, il procuratore della Repubblica o un sostituto presso il tribunale della sede dove è convocata la corte d'assise.

5. La norma del comma precedente si applica anche per le udienze di corte d'assise che si tengono nella circoscrizione di una sede distaccata di corte d'appello.

75. Attribuzioni del pubblico ministero in materia civile ed amministrativa. 1. Il pubblico ministero esercita l'azione civile ed interviene nei processi civili nei casi stabiliti dalla legge; in mancanza del suo intervento, quando è richiesto dalla legge, l'udienza non può aver luogo.

2. Esercita la vigilanza sul servizio dello stato civile e le altre attribuzioni demandategli nella stessa materia, in conformità alle leggi e ai regolamenti.

3. Il pubblico ministero presso le corti di appello interviene sempre nelle cause collettive ed individuali del lavoro e negli altri casi stabiliti dalla legge.

76. Attribuzioni del pubblico ministero presso la Corte suprema di cassazione. 1. Il pubblico ministero presso la Corte di cassazione interviene e conclude:

a) in tutte le udienze penali;

b) in tutte le udienze civili.

1 *bis*. Nei procedimenti trattati in camera di consiglio il pubblico ministero formula conclusioni scritte nei casi previsti dalla legge.

2. Il pubblico ministero presso la Corte di cassazione redige requisitorie scritte nei casi stabiliti dalla legge.

• Nel co. 1, lett. *b* le parole «dinanzi alle Sezioni unite civili e nelle udienze pubbliche dinanzi alle sezioni semplici della Corte di cassazione, ad eccezione di quelle che si svolgono dinanzi alla sezione di cui all'articolo 376, primo comma, primo periodo, del codice di procedura civile» sono state sostituite da quelle «civili», per effetto del d. lgs. 10.10.2022, n. 149. Il co. 1 *bis* è stato inserito dal d. lgs. 149 del 2022. Ai sensi dell'art. 35 d. lgs. 149 del 2022, come modificato dalla l. 29.12.2022, n. 197, tali modifiche hanno effetto a decorrere dal 28.2.2023 e si applicano ai procedimenti instaurati successivamente a tale data. Ai procedimenti pendenti alla data del 28.2.2023 si applicano le disposizioni anteriormente vigenti.

76 *bis*-277. [*Omissis.*]

Decreto legislativo 20 febbraio 2006, n. 106. Disposizioni in materia di riorganizzazione dell'ufficio del pubblico ministero, a norma dell'articolo 1, comma 1, lettera *d*), della legge 25 luglio 2005, n. 150

1. Attribuzioni del procuratore della Repubblica. 1. Il procuratore della Repubblica, quale preposto all'ufficio del pubblico ministero, è titolare esclusivo dell'azione penale e la esercita nei modi e nei termini fissati dalla legge.

2. Il procuratore della Repubblica assicura il corretto, puntuale ed uniforme esercizio dell'azione penale, l'osservanza delle disposizioni relative all'iscrizione delle notizie di reato ed il rispetto delle norme sul giusto processo da parte del suo ufficio.

3. Il procuratore della Repubblica può designare, tra i procuratori aggiunti, il vicario, il quale esercita le medesime funzioni del procuratore della Repubblica per il caso in cui sia assente o impedito ovvero l'incarico sia rimasto vacante.

4. Il procuratore della Repubblica può delegare ad uno o più procuratori aggiunti ovvero anche ad uno o più magistrati addetti all'ufficio la cura di specifici settori di affari, individuati con riguardo ad aree omogenee di procedimenti ovvero ad ambiti di attività dell'ufficio che necessitano di uniforme indirizzo.

5. Nella designazione di cui al comma 3 e nella attribuzione della delega di cui al comma 4, il procuratore della Repubblica può stabilire, in via generale ovvero con singoli atti, i criteri ai quali i procuratori aggiunti ed i magistrati dell'ufficio devono attenersi nell'esercizio delle funzioni vicarie o della delega.

6. Il procuratore della Repubblica predispone, in conformità ai principi generali definiti dal Consiglio superiore della magistratura, il progetto organizzativo dell'ufficio, con il quale determina:

a) le misure organizzative finalizzate a garantire l'efficace e uniforme esercizio dell'azione penale, tenendo conto dei criteri di priorità di cui alla lettera *b*);

b) i criteri di priorità finalizzati a selezionare le notizie di reato da trattare con precedenza rispetto alle altre e definiti, nell'ambito dei criteri generali indicati dal Parlamento con legge, tenendo conto del numero degli affari da trattare, della specifica realtà criminale e territoriale e dell'utilizzo efficiente delle risorse tecnologiche, umane e finanziarie disponibili;

c) i compiti di coordinamento e di direzione dei procuratori aggiunti;

d) i criteri di assegnazione e di coassegnazione dei procedimenti e le tipologie di reato per le quali i meccanismi di assegnazione dei procedimenti sono di natura automatica;

e) i criteri e le modalità di revoca dell'assegnazione dei procedimenti;

f) i criteri per l'individuazione del procuratore aggiunto o comunque del magistrato designato come vicario, ai sensi del comma 3;

g) i gruppi di lavoro, salvo che la disponibilità di risorse umane sia tale da non consentirne la costituzione, e i criteri di assegnazione dei sostituti procuratori a tali gruppi, che devono valorizzare il buon funzionamento dell'ufficio e le attitudini dei magistrati, nel rispetto della disciplina della permanenza temporanea nelle funzioni, fermo restando che ai componenti dei medesimi gruppi di lavoro non spettano compensi, gettoni di presenza, rimborsi di spese o altri emolumenti comunque denominati.

7. Il progetto organizzativo dell'ufficio è adottato ogni quattro anni, sentiti il dirigente dell'ufficio giudicante corrispondente e il presidente del consiglio dell'ordine degli avvocati, ed è approvato dal Consiglio superiore della magistratura, previo parere del consiglio giudiziario e valutate le eventuali osservazioni formulate dal Ministro della giustizia ai sensi dell'articolo 11 della legge 24 marzo 1958, n. 195. Decorso il quadriennio, l'efficacia del progetto è prorogata fino a che

non sopravvenga il nuovo. Con le medesime modalità di cui al primo periodo, il progetto organizzativo può essere variato nel corso del quadriennio per sopravvenute esigenze dell'ufficio.

• Il co. 1 è stato modificato dalla l. 24.10.2006, n. 269. Il co. 2 è stato modificato dal d. lgs. 23.6.2017, n. 103. I co. 6 e 7 sono stati sostituiti dalla l. 17.6.2022, n. 71.

2. Titolarità dell'azione penale. 1. Il procuratore della Repubblica, quale titolare esclusivo dell'azione penale, la esercita personalmente o mediante assegnazione a uno o più magistrati dell'ufficio. L'assegnazione può riguardare la trattazione di uno o più procedimenti ovvero il compimento di singoli atti di essi. Sono fatte salve le disposizioni di cui all'articolo 70 *bis* dell'ordinamento giudiziario, di cui al regio decreto 30 gennaio 1941, n. 12.

2. Con l'atto di assegnazione per la trattazione di un procedimento, il procuratore della Repubblica può stabilire i criteri ai quali il magistrato deve attenersi nell'esercizio della relativa attività. Se il magistrato non si attiene ai principi e criteri definiti in via generale o con l'assegnazione, ovvero insorge tra il magistrato ed il procuratore della Repubblica un contrasto circa le modalità di esercizio, il procuratore della Repubblica può, con provvedimento motivato, revocare l'assegnazione; entro dieci giorni dalla comunicazione della revoca, il magistrato può presentare osservazioni scritte al procuratore della Repubblica.

• L'art. 2 è stato così sostituito dalla l. 24.10.2006, n. 269.

3. Prerogative del procuratore della Repubblica in materia di misure cautelari. 1. Il fermo di indiziato di delitto disposto da un procuratore aggiunto o da un magistrato dell'ufficio deve essere assentito per iscritto dal procuratore della Repubblica ovvero dal procuratore aggiunto o dal magistrato appositamente delegati ai sensi dell'articolo 1, comma 4.

2. L'assenso scritto del procuratore della Repubblica, ovvero del procuratore aggiunto o del magistrato appositamente delegati ai sensi dell'articolo 1, comma 4, è necessario anche per la richiesta di misure cautelari personali e per la richiesta di misure cautelari reali.

3. Il procuratore della Repubblica può disporre, con apposita direttiva di carattere generale, che l'assenso scritto non sia necessario per le richieste di misure cautelari reali, avuto riguardo al valore del bene oggetto della richiesta ovvero alla rilevanza del fatto per il quale si procede.

4. Le disposizioni del comma 2 non si applicano nel caso di richiesta di misure cautelari personali o reali formulate, rispettivamente, in occasione della richiesta di convalida dell'arresto in flagranza o del fermo di indiziato ai sensi dell'articolo 390 del codice di procedura penale, ovvero di convalida del sequestro preventivo in caso d'urgenza ai sensi dell'articolo 321, comma 3 *bis*, del codice di procedura penale.

4. Impiego della polizia giudiziaria delle risorse finanziarie e tecnologiche. 1. Per assicurare l'efficienza dell'attività dell'ufficio, il procuratore della Repubblica può determinare i criteri generali ai quali i magistrati addetti all'ufficio devono attenersi nell'impiego della polizia giudiziaria, nell'uso delle risorse tecnologiche assegnate e nella utilizzazione delle risorse finanziarie delle quali l'ufficio può disporre, nel rispetto delle disposizioni contenute nel decreto legislativo emanato in attuazione della delega di cui agli articoli 1, comma 1, lettera *a*) e 2, comma 1, lettera *s*), della legge 25 luglio 2005, n. 150.

2. Ai fini di cui al comma 1, il procuratore della Repubblica può definire criteri generali da seguire per l'impostazione delle indagini in relazione a settori omogenei di procedimenti.

5. Rapporti con gli organi di informazione. 1. Il procuratore della Repubblica mantiene personalmente, ovvero tramite un magistrato dell'ufficio appositamente delegato, i rapporti con gli organi di informazione, esclusivamente tramite comunicati ufficiali oppure, nei casi di particolare rilevanza pubblica dei fatti, tramite conferenze stampa. La determinazione di procedere a conferenza stampa è assunta con atto motivato in ordine alle specifiche ragioni di pubblico interesse che la giustificano.

2. Ogni informazione inerente alle attività della procura della Repubblica deve essere fornita

attribuendola in modo impersonale all'ufficio ed escludendo ogni riferimento ai magistrati assegnatari del procedimento.

2 *bis*. La diffusione di informazioni sui procedimenti penali è consentita solo quando è strettamente necessaria per la prosecuzione delle indagini o ricorrono altre specifiche ragioni di interesse pubblico. Le informazioni sui procedimenti in corso sono fornite in modo da chiarire la fase in cui il procedimento pende e da assicurare, in ogni caso, il diritto della persona sottoposta a indagini e dell'imputato a non essere indicati come colpevoli fino a quando la colpevolezza non è stata accertata con sentenza o decreto penale di condanna irrevocabili.

3. È fatto divieto ai magistrati della procura della Repubblica di rilasciare dichiarazioni o fornire notizie agli organi di informazione circa l'attività giudiziaria dell'ufficio.

3 *bis*. Nei casi di cui al comma 2 *bis*, il procuratore della Repubblica può autorizzare gli ufficiali di polizia giudiziaria a fornire, tramite comunicati ufficiali oppure tramite conferenze stampa, informazioni sugli atti di indagine compiuti o ai quali hanno partecipato. L'autorizzazione è rilasciata con atto motivato in ordine alle specifiche ragioni di pubblico interesse che la giustificano. Si applicano le disposizioni di cui ai commi 2 *bis* e 3.

3 *ter*. Nei comunicati e nelle conferenze stampa di cui ai commi 1 e 3 *bis* è fatto divieto di assegnare ai procedimenti pendenti denominazioni lesive della presunzione di innocenza.

4. Il procuratore della Repubblica ha l'obbligo di segnalare al consiglio giudiziario, per l'esercizio del potere di vigilanza e di sollecitazione dell'azione disciplinare, le condotte dei magistrati del suo ufficio che siano in contrasto col divieto fissato al comma 3.

• Il co. 1 è stato modificato dal d. lgs. 8.11.2021, n. 188, che ha anche introdotto i co. 2 *bis*, 3 *bis* e 3 *ter*.

6. Attività di vigilanza del procuratore generale presso la corte di appello. 1. Il procuratore generale presso la corte di appello, al fine di verificare il corretto ed uniforme esercizio dell'azione penale, l'osservanza delle disposizioni relative all'iscrizione delle notizie di reato ed il rispetto delle norme sul giusto processo, nonché il puntuale esercizio da parte dei procuratori della Repubblica dei poteri di direzione, controllo e organizzazione degli uffici ai quali sono preposti, oltre che dei doveri di cui all'articolo 5, acquisisce dati e notizie dalle procure della Repubblica del distretto ed invia al procuratore generale presso la Corte di cassazione una relazione almeno annuale.

• Il co. 1 è stato modificato dalla l. 23.6.2017, n. 103, nonché, da ultimo, dal d. lgs. 8.11.2021, n. 188.

7. Abrogazioni e modificazioni. 1. Oltre a quanto previsto dal decreto legislativo di attuazione della delega di cui all'articolo 1, comma 3, della legge 25 luglio 2005, n. 150, sono abrogati, dalla data di acquisto di efficacia delle disposizioni contenute nel presente decreto:

a) gli articoli 7 *ter*, comma 3 e 72, secondo comma, del regio decreto 30 gennaio 1941, n. 12, e successive modificazioni;

b) l'articolo 3 delle norme di attuazione, di coordinamento e transitorie del codice di procedura penale, di cui al decreto legislativo 28 luglio 1989, n. 271.

2. All'articolo 109 del regio decreto 30 gennaio 1941, n. 12, e successive modificazioni, dopo le parole: "del procuratore della Repubblica", sono aggiunte le seguenti parole: "ove non sia stato nominato un vicario".

8. Decorrenza di efficacia. 1. Le disposizioni contenute nel presente decreto legislativo sono efficaci a decorrere dal novantesimo giorno successivo a quello della sua pubblicazione nella Gazzetta Ufficiale. Il presente decreto, munito del sigillo dello Stato, sarà inserito nella Raccolta ufficiale degli atti normativi della Repubblica italiana. È fatto obbligo a chiunque spetti di osservarlo e di farlo osservare.

ORDINAMENTO PENITENZIARIO

Legge 26 luglio 1975, n. 354. Norme sull'ordinamento penitenziario e sulla esecuzione delle misure privative e limitative della libertà

Titolo I
TRATTAMENTO PENITENZIARIO

Capo I
Principi direttivi

1. Trattamento e rieducazione. 1. Il trattamento penitenziario deve essere conforme a umanità e deve assicurare il rispetto della dignità della persona. Esso è improntato ad assoluta imparzialità, senza discriminazioni in ordine a sesso, identità di genere, orientamento sessuale, razza, nazionalità, condizioni economiche e sociali, opinioni politiche e credenze religiose, e si conforma a modelli che favoriscono l'autonomia, la responsabilità, la socializzazione e l'integrazione.

2. Il trattamento tende, anche attraverso i contatti con l'ambiente esterno, al reinserimento sociale ed è attuato secondo un criterio di individualizzazione in rapporto alle specifiche condizioni degli interessati.

3. Ad ogni persona privata della libertà sono garantiti i diritti fondamentali; è vietata ogni violenza fisica e morale in suo danno.

4. Negli istituti l'ordine e la disciplina sono mantenuti nel rispetto dei diritti delle persone private della libertà.

5. Non possono essere adottate restrizioni non giustificabili con l'esigenza di mantenimento dell'ordine e della disciplina e, nei confronti degli imputati, non indispensabili a fini giudiziari.

6. I detenuti e gli internati sono chiamati o indicati con il loro nome.

7. Il trattamento degli imputati deve essere rigorosamente informato al principio per cui essi non sono considerati colpevoli sino alla condanna definitiva.

• Articolo così sostituito dal d. lgs. 2.10.2018, n. 123.

2. Spese per l'esecuzione delle pene e delle misure di sicurezza detentive. Le spese per l'esecuzione delle pene e delle misure di sicurezza detentive sono a carico dello Stato.

Il rimborso delle spese di mantenimento da parte dei condannati si effettua ai termini degli articoli 145, 188, 189 e 191 del codice penale e 274 del codice di procedura penale.

Il rimborso delle spese di mantenimento da parte degli internati si effettua mediante prelievo di una quota della remunerazione a norma del penultimo capoverso dell'articolo 213 del codice penale, ovvero per effetto della disposizione sul rimborso delle spese di spedalità, richiamata nell'ultima parte dell'articolo 213 del codice penale.

Sono spese di mantenimento quelle concernenti gli alimenti ed il corredo.

Il rimborso delle spese di mantenimento ha luogo per una quota non superiore ai due terzi del costo reale. Il Ministro della giustizia, al principio di ogni esercizio finanziario, determina, sentito il Ministro per il tesoro, la quota media di mantenimento dei detenuti in tutti gli stabilimenti della Repubblica.

3. Parità di condizioni fra i detenuti e gli internati. Negli istituti penitenziari è assicurata ai detenuti ed agli internati parità di condizioni di vita. In particolare il regolamento stabilisce limitazioni in ordine all'ammontare del peculio disponibile e dei beni provenienti dall'esterno.

4. Esercizio dei diritti dei detenuti e degli internati. I detenuti e gli internati esercitano personalmente i diritti loro derivanti dalla presente legge anche se si trovano in stato di interdizione legale.

4 *bis*. Divieto di concessione dei benefici e accertamento della pericolosità sociale dei condannati per taluni delitti. 1. L'assegnazione al lavoro all'esterno, i permessi premio e le misure alternative alla detenzione previste dal capo VI, esclusa la liberazione anticipata, possono essere concessi ai detenuti e internati per i seguenti delitti solo nei casi in cui tali detenuti e internati collaborino con la giustizia a norma dell'articolo 58 *ter* della presente legge: delitti commessi per finalità di terrorismo, anche internazionale, o di eversione dell'ordine democratico mediante il compimento di atti di violenza, delitti di cui agli articoli 416 *bis* e 416 *ter* del codice penale, delitti commessi avvalendosi delle condizioni previste dallo stesso articolo ovvero al fine di agevolare l'attività delle associazioni in esso previste, delitti di cui agli articoli 600, 600 *bis*, primo comma, 600 *ter*, primo e secondo comma, 601, 602, 609 *octies* [, qualora ricorra anche la condizione di cui al comma 1 *quater* del presente articolo,] e 630 del codice penale, all'articolo 12, commi 1 e 3, del testo unico delle disposizioni concernenti la disciplina dell'immigrazione e norme sulla condizione dello straniero, di cui al decreto legislativo 25 luglio 1998, n. 286, e successive modificazioni, all'articolo 291 *quater* del testo unico delle disposizioni legislative in materia doganale, di cui al decreto del Presidente della Repubblica 23 gennaio 1973, n. 43, e all'articolo 74 del testo unico delle leggi in materia di disciplina degli stupefacenti e sostanze psicotrope, prevenzione, cura e riabilitazione dei relativi stati di tossicodipendenza, di cui al decreto del Presidente della Repubblica 9 ottobre 1990, n. 309. Sono fatte salve le disposizioni degli articoli 16 *nonies* e 17 *bis* del decreto-legge 15 gennaio 1991, n. 8, convertito, con modificazioni, dalla legge 15 marzo 1991, n. 82, e successive modificazioni. La disposizione del primo periodo si applica altresì in caso di esecuzione di pene inflitte anche per delitti diversi da quelli ivi indicati, in relazione ai quali il giudice della cognizione o dell'esecuzione ha accertato che sono stati commessi per eseguire od occultare uno dei reati di cui al medesimo primo periodo ovvero per conseguire o assicurare al condannato o ad altri il prodotto o il profitto o il prezzo ovvero l'impunità di detti reati.

1 *bis*. I benefici di cui al comma 1 possono essere concessi, anche in assenza di collaborazione con la giustizia ai sensi dell'articolo 58 *ter*, ai detenuti e agli internati per delitti commessi per finalità di terrorismo, anche internazionale, o di eversione dell'ordine democratico mediante il compimento di atti di violenza, per i delitti di cui agli articoli 416 *bis* e 416 *ter* del codice penale, per delitti commessi avvalendosi delle condizioni previste dall'articolo 416 *bis* del codice penale ovvero al fine di agevolare l'attività delle associazioni in esso previste, per i delitti di cui all'articolo 12, commi 1 e 3, del testo unico delle disposizioni concernenti la disciplina dell'immigrazione e norme sulla condizione dello straniero, di cui al decreto legislativo 25 luglio 1998, n. 286, e per i delitti di cui all'articolo 291 *quater* del testo unico delle disposizioni legislative in materia doganale, di cui al decreto del Presidente della Repubblica 23 gennaio 1973, n. 43, e all'articolo 74 del testo unico delle leggi in materia di disciplina degli stupefacenti e sostanze psicotrope, prevenzione, cura e riabilitazione dei relativi stati di tossicodipendenza, di cui al decreto del Presidente della Repubblica 9 ottobre 1990, n. 309, purché gli stessi dimostrino l'adempimento delle obbligazioni civili e degli obblighi di riparazione pecuniaria conseguenti alla condanna o l'assoluta impossibilità di tale adempimento e alleghino elementi specifici, diversi e ulteriori rispetto alla regolare condotta carceraria, alla partecipazione del detenuto al percorso rieducativo e alla mera dichiarazione di dissociazione dall'organizzazione criminale di eventuale appartenenza, che consentano di escludere l'attualità di collegamenti con la criminalità organizzata, terroristica o eversiva e con il contesto nel quale il reato è stato commesso, nonché il pericolo di ripristino di tali collegamenti, anche indiretti o tramite terzi, tenuto conto delle circostanze personali e ambientali, delle ragioni eventualmente dedotte a sostegno della mancata collaborazione, della revisione critica della condotta criminosa e di ogni altra informazione disponibile. Al fine della concessione dei benefici, il giudice accerta altresì la sussistenza di iniziative dell'interessato a favore delle vittime, sia nelle forme risarcitorie che in quelle della giustizia riparativa.

1 *bis*.1. I benefici di cui al comma 1 possono essere concessi, anche in assenza di collaborazione con la giustizia ai sensi dell'articolo 58 *ter*, ai detenuti o internati per i delitti di cui agli articoli 600, 600 *bis*, primo comma, 600 *ter*, primo e secondo comma, 601, 602, 609 *octies* e 630 del codice penale, purché gli stessi dimostrino l'adempimento delle obbligazioni civili e degli obblighi di riparazione pecuniaria conseguenti alla condanna o l'assoluta impossibilità di tale adempimento e alleghino elementi specifici, diversi e ulteriori rispetto alla regolare condotta carceraria e alla partecipazione del detenuto al percorso rieducativo, che consentano di escludere l'attualità di collegamenti, anche indiretti o tramite terzi, con il contesto nel quale il reato è stato commesso, tenuto conto delle circostanze personali e ambientali, delle ragioni eventualmente dedotte a sostegno della mancata collaborazione, della revisione critica della condotta criminosa e di ogni altra informazione disponibile. Al fine della concessione dei benefici, il giudice di sorveglianza accerta altresì la sussistenza di iniziative dell'interessato a favore delle vittime, sia nelle forme risarcitorie che in quelle della giustizia riparativa.

1 *bis*.1.1. Con il provvedimento di concessione dei benefici di cui al comma 1 possono essere stabilite prescrizioni volte a impedire il pericolo del ripristino di collegamenti con la criminalità organizzata, terroristica o eversiva o che impediscano ai condannati di svolgere attività o di avere rapporti personali che possono portare al compimento di altri reati o al ripristino di rapporti con la criminalità organizzata, terroristica o eversiva. A tal fine il giudice può disporre che il condannato non soggiorni in uno o più comuni, o soggiorni in un comune determinato.

1 *bis*.2. Ai detenuti e agli internati, oltre che per taluno dei delitti di cui al comma 1 *bis*.1, anche per il delitto di cui all'articolo 416 del codice penale finalizzato alla commissione dei delitti ivi indicati si applicano le disposizioni del comma 1 *bis*.

1 *ter*. I benefici di cui al comma 1 possono essere concessi, purché non vi siano elementi tali da far ritenere la sussistenza di collegamenti con la criminalità organizzata, terroristica o eversiva, ai detenuti o internati per i delitti di cui agli articoli 575, 600 *bis*, secondo e terzo comma, 600 *ter*, terzo comma, 600 *quinquies*, 628, terzo comma, e 629, secondo comma, del codice penale, all'articolo 291 *ter* del citato testo unico di cui al decreto del Presidente della Repubblica 23 gennaio 1973, n. 43, all'articolo 73 del citato testo unico di cui al decreto del Presidente della Repubblica 9 ottobre 1990, n. 309, e successive modificazioni, limitatamente alle ipotesi aggravate ai sensi dell'articolo 80, comma 2, del medesimo testo unico, all'articolo 416, primo e terzo comma, del codice penale, realizzato allo scopo di commettere delitti previsti dagli articoli 473 e 474 del medesimo codice, e all'articolo 416 del codice penale, realizzato allo scopo di commettere delitti previsti dal libro II, titolo XII, capo III, sezione I, del medesimo codice, dagli articoli 609 *bis*, 609 *quater* e 609 *octies* del codice penale e dall'articolo 12, commi 3, 3 *bis* e 3 *ter*, del testo unico delle disposizioni concernenti la disciplina dell'immigrazione e norme sulla condizione dello straniero, di cui al decreto legislativo 25 luglio 1998, n. 286, e successive modificazioni.

1 *quater*. I benefici di cui al comma 1 possono essere concessi ai detenuti o internati per i delitti di cui agli articoli 583 *quinquies*, 600 *bis*, 600 *ter*, 600 *quater*, 600 *quinquies*, 609 *bis*, 609 *ter*, 609 *quater*, 609 *quinquies*, 609 *octies* e 609 *undecies* del codice penale solo sulla base dei risultati dell'osservazione scientifica della personalità condotta collegialmente per almeno un anno anche con la partecipazione degli esperti di cui al quarto comma dell'articolo 80 della presente legge. Le disposizioni di cui al periodo precedente si applicano in ordine al delitto previsto dall'articolo 609 *bis* del codice penale salvo che risulti applicata la circostanza attenuante dallo stesso contemplata.

1 *quinquies*. Salvo quanto previsto dal comma 1, ai fini della concessione dei benefici ai detenuti e internati per i delitti di cui agli articoli 583 *quinquies*, 600 *bis*, 600 *ter*, anche se relativo al materiale pornografico di cui all'articolo 600 *quater*.1, 600 *quinquies*, 609 *quater*, 609 *quinquies* e 609 *undecies* del codice penale, nonché agli articoli 609 *bis* e 609 *octies* del medesimo codice, se commessi in danno di persona minorenne, il magistrato di sorveglianza o il tribunale di sorveglianza valuta la positiva partecipazione al programma di riabilitazione specifica di cui all'articolo 13 *bis* della presente legge.

2. Ai fini della concessione dei benefici di cui al comma 1 il magistrato di sorveglianza o il tribunale di sorveglianza decide acquisite dettagliate informazioni per il tramite del comitato provinciale per l'ordine e la sicurezza pubblica competente in relazione al luogo di detenzione del condannato. In ogni caso il giudice decide trascorsi trenta giorni dalla richiesta delle informazioni. Al suddetto comitato provinciale può essere chiamato a partecipare il direttore dell'istituto

penitenziario in cui il condannato è detenuto. Nei casi di cui ai commi 1 *bis* e 1 *bis*.1, il giudice acquisisce, anche al fine di verificare la fondatezza degli elementi offerti dall'istante, dettagliate informazioni in merito al perdurare dell'operatività del sodalizio criminale di appartenenza o del contesto criminale nel quale il reato è stato consumato, al profilo criminale del detenuto o dell'internato e alla sua posizione all'interno dell'associazione, alle eventuali nuove imputazioni o misure cautelari o di prevenzione sopravvenute a suo carico e, ove significative, alle infrazioni disciplinari commesse durante la detenzione. Il giudice chiede altresì il parere del pubblico ministero presso il giudice che ha emesso la sentenza di primo grado o, se si tratta di condanne per i delitti indicati all'articolo 51, commi 3 *bis* e 3 *quater*, del codice di procedura penale, del pubblico ministero presso il tribunale del capoluogo del distretto ove è stata pronunciata la sentenza di primo grado e del Procuratore nazionale antimafia e antiterrorismo, acquisisce informazioni dalla direzione dell'istituto ove l'istante è detenuto o internato e dispone, nei confronti del medesimo, degli appartenenti al suo nucleo familiare e delle persone ad esso collegate, accertamenti in ordine alle condizioni reddituali e patrimoniali, al tenore di vita, alle attività economiche eventualmente svolte e alla pendenza o definitività di misure di prevenzione personali o patrimoniali. I pareri, le informazioni e gli esiti degli accertamenti di cui al quinto periodo sono trasmessi entro sessanta giorni dalla richiesta. Il termine può essere prorogato di ulteriori trenta giorni in ragione della complessità degli accertamenti. Decorso il termine, il giudice decide anche in assenza dei pareri, delle informazioni e degli esiti degli accertamenti richiesti. Quando dall'istruttoria svolta emergono indizi dell'attuale sussistenza di collegamenti con la criminalità organizzata, terroristica o eversiva o con il contesto nel quale il reato è stato commesso, ovvero del pericolo di ripristino di tali collegamenti, è onere del condannato fornire, entro un congruo termine, idonei elementi di prova contraria. In ogni caso, nel provvedimento con cui decide sull'istanza di concessione dei benefici il giudice indica specificamente le ragioni dell'accoglimento o del rigetto dell'istanza medesima, tenuto conto dei pareri acquisiti ai sensi del quinto periodo. I benefici di cui al comma 1 possono essere concessi al detenuto o internato sottoposto a regime speciale di detenzione previsto dall'articolo 41 *bis* solamente dopo che il provvedimento applicativo di tale regime speciale sia stato revocato o non prorogato.

2 *bis*. Nei casi di cui al comma 1 *ter*, il magistrato di sorveglianza o il tribunale di sorveglianza decide acquisite dettagliate informazioni dal questore. In ogni caso il giudice decide trascorsi trenta giorni dalla richiesta delle informazioni.

2 *bis*.1. Le disposizioni di cui ai commi 2 e 2 *bis* non si applicano quando è richiesta la modifica del provvedimento di ammissione al lavoro all'esterno e non sono decorsi più di tre mesi dalla data in cui il provvedimento medesimo è divenuto esecutivo a norma dell'articolo 21, comma 4. Allo stesso modo si procede quando è richiesta la concessione di un permesso premio da parte di un condannato già ammesso a fruirne e non sono decorsi più di tre mesi dal provvedimento di concessione del primo permesso premio.

2 *ter*. Alle udienze del tribunale di sorveglianza che abbiano ad oggetto la concessione dei benefici di cui al comma 1 ai condannati per i reati di cui all'articolo 51, commi 3 *bis* e 3 *quater*, del codice di procedura penale, le funzioni di pubblico ministero possono essere svolte dal pubblico ministero presso il tribunale del capoluogo del distretto ove è stata pronunciata la sentenza di primo grado. In tal caso, se ha sede in un distretto diverso, il pubblico ministero può partecipare all'udienza mediante collegamento a distanza.

3. Quando il comitato ritiene che sussistano particolari esigenze di sicurezza ovvero che i collegamenti potrebbero essere mantenuti con organizzazioni operanti in ambiti non locali o extranazionali, ne dà comunicazione al giudice e il termine di cui al comma 2 è prorogato di ulteriori trenta giorni al fine di acquisire elementi ed informazioni da parte dei competenti organi centrali.

3 *bis*. [Soppresso.]

• Corte cost., **239 del 2014**, ha dichiarato l'illegittimità costituzionale del co. 1 nella parte in cui non esclude dal divieto di concessione dei benefici penitenziari, da esso stabilito, la misura della detenzione domiciliare speciale prevista dall'art. 47 *quinquies* della presente legge; la medesima sentenza della Corte ha dichiarato, in applicazione dell'art. 27 l. 11.3.1953, n. 87, l'illegittimità costituzionale del medesimo co., nella parte in cui non esclude dal divieto di concessione dei benefici penitenziari, da esso stabilito, la misura della detenzione domiciliare prevista dall'art. 47 *ter* co. 1 lett. *a* e *b*, della presente legge, ferma restando la condizione dell'insussistenza di un concreto pericolo di commissione di ulteriori delitti. Corte cost., **253 del 2019**, ha dichiarato l'illegittimità costituzionale del co. 1 nella parte in cui non prevede che, ai detenuti per i delitti di cui all'art. 416 *bis* c.p. e per quelli commessi avvalendosi delle condizioni previste dallo stesso articolo ovvero al fine di agevolare l'attività delle associazioni in esso previste, possano essere concessi permessi premio anche in assenza di collaborazione con la giustizia a norma dell'art. 58 *ter* Ord. penit., allorché siano stati acquisiti elementi tali da escludere, sia l'attualità di collegamenti con la criminalità organizzata, sia il pericolo del ripristino di tali collegamenti. Corte cost., **32 del 2020**, ha dichiarato l'illegittimità costituzionale dell'art. 1 co. 6 lett. *b* l. 9.1.2019, n. 3, in quanto interpretato nel senso che le modificazioni introdotte all'art. 4 *bis* co. 1 Ord. penit. si applichino anche ai condannati che abbiano commesso il fatto anteriormente all'entrata in vigore della l. 3 del 2019, in riferimento alla disciplina delle misure alternative alla detenzione previste dal Titolo I, Capo VI, Ord. penit., della liberazione condizionale prevista dagli artt. 176 e 177 c.p. e del divieto di sospensione dell'ordine di esecuzione previsto dall'art. 656 co. 9 lett. *a* del codice; nonché l'illegittimità costituzionale dell'art. 1 co. 6 lett. *b* l. 3 del 2019, nella parte in cui non prevede che il beneficio del permesso premio possa essere concesso ai condannati che, prima dell'entrata in vigore della medesima legge, abbiano già raggiunto, in concreto, un grado di rieducazione adeguato alla concessione del beneficio stesso. I co. 1, 1 *bis*, 2 e 2 *bis* sono stati modificati dal d.l. 31.10.2022, n. 162, conv., con modif., dalla l. 30.12.2022, n. 199, che ha anche disposto l'introduzione dei co. 1 *bis*.1, 1 *bis*.1.1, 1 *bis*.2, 2 *bis*.1 e 2 *ter*, nonché l'abrogazione del co. 3 *bis*. Ai sensi dell'art. 3 d.l. 162 del 2022, convertito, con modif., dalla l. 199 del 2022, le modifiche apportate al co. 1 del presente articolo non si applicano quando il delitto diverso da quelli indicati nell'art. 4 *bis* co. 1 Ord. penit. è stato commesso prima della data di entrata in vigore del presente decreto.

Capo II
Condizioni generali

5. Caratteristiche degli edifici penitenziari. Gli istituti penitenziari devono essere realizzati in modo tale da accogliere un numero non elevato di detenuti o internati.

Gli edifici penitenziari devono essere dotati di locali per le esigenze di vita individuale e di locali per lo svolgimento di attività lavorative, formative e, ove possibile, culturali, sportive e religiose.

6. Locali di soggiorno e di pernottamento. 1. I locali nei quali si svolge la vita dei detenuti e degli internati devono essere di ampiezza sufficiente, illuminati con luce naturale e artificiale in modo da permettere il lavoro e la lettura; areati, riscaldati per il tempo in cui le condizioni climatiche lo esigono, e dotati di servizi igienici riservati, decenti e di tipo razionale. I locali devono essere tenuti in buono stato di conservazione e di pulizia.

2. Le aree residenziali devono essere dotate di spazi comuni al fine di consentire ai detenuti e agli internati una gestione cooperativa della vita quotidiana nella sfera domestica.

3. I locali destinati al pernottamento consistono in camere dotate di uno o più posti.

4. Particolare cura è impiegata nella scelta di quei soggetti che sono collocati in camere a più posti.

5. Fatta salva contraria prescrizione sanitaria e salvo che particolari situazioni dell'istituto non lo consentano, è preferibilmente consentito al condannato alla pena dell'ergastolo il pernottamento in camere a un posto, ove non richieda di essere assegnato a camere a più posti.

6. Alle stesse condizioni del comma 5, agli imputati è garantito il pernottamento in camera a un posto, salvo che particolari situazioni dell'istituto non lo consentano.

7. Ciascun detenuto e internato dispone di adeguato corredo per il proprio letto.

• Articolo così sostituito dal d. lgs. 2.10.2018, n. 124. Ai sensi del d. lgs. 124 del 2018 le disposizioni di cui al co. 2 acquistano efficacia a decorrere dal 31.12.2021.

7. Vestiario e corredo. Ciascun soggetto è fornito di biancheria, di vestiario e di effetti di uso in quantità sufficiente, in buono stato di conservazione e di pulizia e tali da assicurare la soddisfazione delle normali esigenze di vita.

L'abito è di tessuto a tinta unita e di foggia decorosa. È concesso l'abito di lavoro quando è reso necessario dall'attività svolta.

Gli imputati e i condannati a pena detentiva inferiore ad un anno possono indossare abiti di loro proprietà, purché puliti e convenienti. L'abito fornito agli imputati deve essere comunque diverso da quello dei condannati e degli internati.

I detenuti e gli internati possono essere ammessi a far uso di corredo di loro proprietà e di oggetti che abbiano particolare valore morale o affettivo.

8. Igiene personale. È assicurato ai detenuti e agli internati l'uso adeguato e sufficiente di servizi igienici e docce fornite di acqua calda, nonché di altri oggetti necessari alla cura e alla pulizia della persona.

Nelle camere di pernottamento i servizi igienici, adeguatamente areati, sono collocati in uno spazio separato, per garantire la riservatezza.

In ciascun istituto sono organizzati i servizi per il periodico taglio dei capelli e la rasatura della barba. Può essere consentito l'uso di rasoio elettrico personale.

Il taglio dei capelli e della barba può essere imposto soltanto per particolari ragioni igienico sanitarie.

• L'originario co. 1 è stato sostituito dagli attuali co. 1 e 2 dal d. lgs. 2.10.2018, n. 124. Ai sensi del d. lgs. 124 del 2018, il co. 2 acquista efficacia a decorrere dal 31.12.2021.

9. Alimentazione. Ai detenuti e agli internati è assicurata un'alimentazione sana e sufficiente, adeguata all'età, al sesso, allo stato di salute, al lavoro, alla stagione, al clima. Ai detenuti che ne fanno richiesta è garantita, ove possibile, un'alimentazione rispettosa del loro credo religioso.

Il vitto è somministrato, di regola, in locali all'uopo destinati.

I detenuti e gli internati devono avere sempre a disposizione acqua potabile.

La quantità e la qualità del vitto giornaliero sono determinate da apposite tabelle approvate con decreto ministeriale.

Il servizio di vettovagliamento è di regola gestito direttamente dall'amministrazione penitenziaria.

Una rappresentanza dei detenuti o degli internati, designati mensilmente per sorteggio, controlla l'applicazione delle tabelle e la preparazione del vitto.

Ai detenuti e agli internati è consentito l'acquisto, a proprie spese, di generi alimentari e di conforto, entro i limiti fissati dal regolamento. La vendita dei generi alimentari o di conforto deve essere affidata di regola a spacci gestiti direttamente dall'amministrazione carceraria o da imprese che esercitano la vendita a prezzi controllati dall'autorità comunale. I prezzi non possono essere superiori a quelli comunemente praticati nel luogo in cui è sito l'istituto. La rappresentanza indicata nel precedente comma, integrata da un delegato del direttore, scelto tra il personale civile dell'istituto, controlla qualità e prezzi dei generi venduti nell'istituto.

10. Permanenza all'aperto. Ai soggetti che non prestano lavoro all'aperto è consentito di permanere all'aria aperta per un tempo non inferiore alle quattro ore al giorno.

Per giustificati motivi la permanenza all'aperto può essere ridotta fino a due ore al giorno con provvedimento del direttore dell'istituto. Il provvedimento è comunicato al provveditore regionale dell'amministrazione penitenziaria e al magistrato di sorveglianza.

Gli spazi destinati alla permanenza all'aperto devono offrire possibilità di protezione dagli agenti atmosferici.

La permanenza all'aria aperta è effettuata in gruppi a meno che non ricorrano i casi indicati nell'articolo 33 e nei numeri 4 e 5 dell'articolo 39 ed è dedicata, se possibile, ad esercizi fisici.

11. Servizio sanitario. 1. Il servizio sanitario nazionale opera negli istituti penitenziari e negli istituti penali per minorenni nel rispetto della disciplina sul riordino della medicina penitenziaria.

2. Garantisce a ogni istituto un servizio sanitario rispondente alle esigenze profilattiche e di cura della salute dei detenuti e degli internati.

3. La carta dei servizi sanitari di cui al decreto legislativo 22 giugno 1999, n. 230, per i detenuti e gli internati, adottata da ogni azienda sanitaria locale nel cui ambito è ubicato un istituto penitenziario, è messa a disposizione dei detenuti e degli internati con idonei mezzi di pubblicità.

4. Ove siano necessarie cure o accertamenti sanitari che non possono essere apprestati dai servizi sanitari presso gli istituti, gli imputati sono trasferiti in strutture sanitarie esterne di diagnosi o di cura, con provvedimento del giudice che procede. Se il giudice è in composizione collegiale, il provvedimento è adottato dal presidente. Prima dell'esercizio dell'azione penale provvede il giudice per le indagini preliminari; provvede il pubblico ministero in caso di giudizio direttissimo e fino alla presentazione dell'imputato in udienza per la contestuale convalida dell'arresto in flagranza. Se è proposto ricorso per cassazione, provvede il giudice che ha emesso il provvedimento impugnato. Per i condannati e gli internati provvede il magistrato di sorveglianza. Il provvedimento può essere modificato per sopravvenute ragioni di sicurezza ed è revocato appena vengono meno le ragioni che lo hanno determinato.

5. Quando non vi sia pericolo di fuga, i detenuti e gli internati trasferiti in strutture sanitarie esterne di diagnosi e di cura possono non essere sottoposti a piantonamento durante la degenza, salvo che sia necessario per la tutela della incolumità personale loro o altrui.

6. Il detenuto o l'internato che si allontana dal luogo di diagnosi o di cura senza giustificato motivo è punibile a norma del primo comma dell'articolo 385 del codice penale.

7. All'atto dell'ingresso nell'istituto il detenuto e l'internato sono sottoposti a visita medica generale e ricevono dal medico informazioni complete sul proprio stato di salute. Nella cartella clinica il medico annota immediatamente ogni informazione relativa a segni o indici che facciano apparire che la persona possa aver subito violenze o maltrattamenti e, fermo l'obbligo di referto, ne dà comunicazione al direttore dell'istituto e al magistrato di sorveglianza. I detenuti e gli internati hanno diritto altresì di ricevere informazioni complete sul proprio stato di salute durante il periodo di detenzione e all'atto della rimessione in libertà. Durante la permanenza nell'istituto, l'assistenza sanitaria è prestata con periodici riscontri, effettuati con cadenza allineata ai bisogni di salute del detenuto, e si uniforma ai principi di metodo proattivo, di globalità dell'intervento sulle cause di pregiudizio della salute, di unitarietà dei servizi e delle prestazioni, d'integrazione dell'assistenza sociale e sanitaria e di garanzia della continuità terapeutica.

8. Il medico del servizio sanitario garantisce quotidianamente la visita dei detenuti ammalati e di quelli che ne fanno richiesta quando risulta necessaria in base a criteri di appropriatezza clinica. L'Amministrazione penitenziaria assicura il completo espletamento delle attività sanitarie senza limiti orari che ne impediscono l'effettuazione. Il medico competente che effettua la sorveglianza sanitaria della struttura penitenziaria, secondo le disposizioni attuative del decreto legislativo 9 aprile 2008, n. 81, controlla l'idoneità dei soggetti ai lavori cui sono addetti. In ogni istituto penitenziario per donne sono in funzione servizi speciali per l'assistenza sanitaria alle gestanti e alle puerpere.

9. Quando i detenuti e gli internati sono trasferiti è loro garantita la necessaria continuità con il piano terapeutico individuale in corso.

10. Ai detenuti e agli internati che, al momento della custodia cautelare in carcere o dell'esecuzione dell'ordine di carcerazione, abbiano in corso un programma terapeutico ai fini di cui alla legge 14 aprile 1982, n. 164, sono assicurati la prosecuzione del programma e il necessario supporto psicologico.

11. Nel caso di diagnosi anche sospetta di malattia contagiosa sono messi in atto tutti gli interventi di controllo per evitare insorgenza di casi secondari, compreso l'isolamento. Il direttore dell'istituto è immediatamente informato dell'isolamento e ne dà comunicazione al magistrato di sorveglianza.

12. I detenuti e gli internati, possono richiedere di essere visitati a proprie spese da un esercente di una professione sanitaria di loro fiducia. L'autorizzazione per gli imputati è data dal giudice che procede, e per gli imputati dopo la pronuncia della sentenza di primo grado, per i condannati e gli internati è data dal direttore dell'istituto. Con le medesime forme possono essere autorizzati trattamenti medici, chirurgici e terapeutici da effettuarsi a spese degli interessati da parte

di sanitari e tecnici di fiducia nelle infermerie o nei reparti clinici e chirurgici all'interno degli istituti, previ accordi con l'azienda sanitaria competente e nel rispetto delle indicazioni organizzative fornite dalla stessa.

13. Il direttore generale dell'azienda unità sanitaria dispone la visita almeno due volte l'anno degli istituti di prevenzione e di pena, allo scopo di accertare, anche in base alle segnalazioni ricevute, l'adeguatezza delle misure di profilassi contro le malattie infettive e le condizioni igieniche e sanitarie degli istituti.

14. Il direttore generale dell'azienda unità sanitaria riferisce al Ministero della salute e al Ministero della giustizia sulle visite compiute e sui provvedimenti da adottare, informando altresì i competenti uffici regionali, comunali e il magistrato di sorveglianza.

11 *bis*. Comunicazioni al procuratore della Repubblica presso il tribunale per i minorenni.
1. Gli istituti penitenziari e gli istituti a custodia attenuata per detenute madri trasmettono semestralmente al procuratore della Repubblica presso il tribunale per i minorenni del luogo ove hanno sede l'elenco di tutti i minori collocati presso di loro, con l'indicazione specifica, per ciascuno di essi, della località di residenza dei genitori, dei rapporti con la famiglia e delle condizioni psicofisiche del minore stesso. Il procuratore della Repubblica presso il tribunale per i minorenni, assunte le necessarie informazioni, chiede al tribunale, con ricorso motivato, di adottare i provvedimenti di propria competenza.

2. Il procuratore della Repubblica presso il tribunale per i minorenni, che trasmette gli atti al medesimo tribunale con relazione informativa, ogni sei mesi, effettua o dispone ispezioni nei medesimi istituti indicati, ai fini di cui al comma 1. Può procedere a ispezioni straordinarie in ogni tempo.

3. I pubblici ufficiali, gli incaricati di un pubblico servizio, gli esercenti un servizio di pubblica necessità che entrano in contatto con il minore di cui al comma 1 debbono riferire al più presto al direttore dell'istituto su condotte del genitore pregiudizievoli al minore medesimo. Il direttore dell'istituto ne dà immediata comunicazione al procuratore della Repubblica presso il tribunale per i minorenni.

• Articolo inserito dal d.l. 4.10.2018, n. 113, conv., con. modif., dalla l. 1.12.2018, n. 132.

12. Attrezzature per attività di lavoro di istruzione e di ricreazione. Negli istituti penitenziari, secondo le esigenze del trattamento, sono approntate attrezzature per lo svolgimento di attività lavorative, di istruzione scolastica e professionale, ricreative, culturali e di ogni altra attività in comune.

Gli istituti devono inoltre essere forniti di una biblioteca costituita da libri e periodici, scelti dalla commissione prevista dal secondo comma dell'articolo 16.

Alla gestione del servizio di biblioteca partecipano rappresentanti dei detenuti e degli internati.

Capo III
Modalità del trattamento

13. Individualizzazione del trattamento. Il trattamento penitenziario deve rispondere ai particolari bisogni della personalità di ciascun soggetto, incoraggiare le attitudini e valorizzare le competenze che possono essere di sostegno per il reinserimento sociale.

Nei confronti dei condannati e degli internati è predisposta l'osservazione scientifica della personalità per rilevare le carenze psicofisiche o le altre cause che hanno condotto al reato e per proporre un idoneo programma di reinserimento.

Nell'ambito dell'osservazione è offerta all'interessato l'opportunità di una riflessione sul fatto criminoso commesso, sulle motivazioni e sulle conseguenze prodotte, in particolare per la vittima, nonché sulle possibili azioni di riparazione.

Nei confronti dei condannati e degli internati è favorito il ricorso a programmi di giustizia riparativa.

L'osservazione è compiuta all'inizio dell'esecuzione e proseguita nel corso di essa. Per ciascun condannato e internato, in base ai risultati dell'osservazione, sono formulate indicazioni in merito al trattamento rieducativo ed è compilato il relativo programma, che è integrato o modificato secondo le esigenze che si prospettano nel corso dell'esecuzione. La prima formulazione è redatta entro sei mesi dall'inizio dall'esecuzione.

Le indicazioni generali e particolari del trattamento sono inserite, unitamente ai dati giudiziari, biografici e sanitari, nella cartella personale che segue l'interessato nei suoi trasferimenti e nella quale sono successivamente annotati gli sviluppi del trattamento praticato e i suoi risultati.

Deve essere favorita la collaborazione dei condannati e degli internati alle attività di osservazione e di trattamento.

• Il d. lgs. 10.10.2022, n. 150 ha inserito un nuovo comma dopo il terzo. Ai sensi dell'art. 92, co. 2 *bis*, come modificato dal d.l. 31.10.2022, n. 162, conv., con modif., dalla l. 30.12.2022, n. 199, la novella si applica nei procedimenti penali e nella fase dell'esecuzione della pena decorsi sei mesi dalla data di entrata in vigore del presente decreto.

13 *bis*. Trattamento psicologico per i condannati per reati sessuali, per maltrattamenti contro familiari o conviventi e per atti persecutori. 1. Le persone condannate per i delitti di cui agli articoli 600 *bis*, 600 *ter*, anche se relativo al materiale pornografico di cui all'articolo 600 *quater*.1, 600 *quinquies*, 609 *quater*, 609 *quinquies* e 609 *undecies* del codice penale, nonché agli articoli 572, 583-*quinquies*, 609 *bis*, 609 *octies* e 612 *bis* del medesimo codice, possono sottoporsi a un trattamento psicologico con finalità di recupero e di sostegno. La partecipazione a tale trattamento è valutata ai sensi dell'articolo 4 *bis*, comma 1 *quinquies*, della presente legge ai fini della concessione dei benefici previsti dalla medesima disposizione.

1 *bis*. Le persone condannate per i delitti di cui al comma 1 possono essere ammesse a seguire percorsi di reinserimento nella società e di recupero presso enti o associazioni che si occupano di prevenzione, assistenza psicologica e recupero di soggetti condannati per i medesimi reati, organizzati previo accordo tra i suddetti enti o associazioni e gli istituti penitenziari.

14. Assegnazione, raggruppamento e categorie dei detenuti e degli internati. I detenuti e gli internati hanno diritto di essere assegnati a un istituto quanto più vicino possibile alla stabile dimora della famiglia o, se individuabile, al proprio centro di riferimento sociale, salvi specifici motivi contrari.

Il numero dei detenuti e degli internati negli istituti e nelle sezioni deve essere limitato e, comunque, tale da favorire l'individualizzazione del trattamento.

L'assegnazione dei condannati e degli internati ai singoli istituti e il raggruppamento nelle sezioni di ciascun istituto sono disposti con particolare riguardo alla possibilità di procedere a trattamento rieducativo comune e all'esigenza di evitare influenze nocive reciproche.

È assicurata la separazione degli imputati dai condannati e internati, dei giovani al disotto dei venticinque anni dagli adulti, dei condannati dagli internati e dei condannati all'arresto dai condannati alla reclusione.

È consentita, in particolari circostanze, l'ammissione di detenuti e di internati ad attività organizzate per categorie diverse da quelle di appartenenza.

Le donne sono ospitate in istituti separati da quelli maschili o in apposite sezioni in numero tale da non compromettere le attività trattamentali.

Alle madri è consentito di tenere presso di sé i figli fino all'età di tre anni. Per la cura e l'assistenza dei bambini sono organizzati appositi asili nido.

L'assegnazione dei detenuti e degli internati, per i quali si possano temere aggressioni o sopraffazioni da parte della restante popolazione detenuta, in ragione solo dell'identità di genere o dell'orientamento sessuale, deve avvenire, per categorie omogenee, in sezioni distribuite in modo uniforme sul territorio nazionale previo consenso degli interessati i quali, in caso contrario, saranno assegnati a sezioni ordinarie. È in ogni caso garantita la partecipazione ad attività trattamentali, eventualmente anche insieme alla restante popolazione detenuta.

14 *bis*. Regime di sorveglianza particolare. 1. Possono essere sottoposti a regime di sorveglianza particolare per un periodo non superiore a sei mesi, prorogabile anche più volte in misura non superiore ogni volta a tre mesi, i condannati, gli internati e gli imputati:

a) che con i loro comportamenti compromettono la sicurezza ovvero turbano l'ordine negli istituti;

b) che con la violenza o minaccia impediscono le attività degli altri detenuti o internati;

c) che nella vita penitenziaria si avvalgono dello stato di soggezione degli altri detenuti nei loro confronti.

2. Il regime di cui al precedente comma 1 è disposto con provvedimento motivato dell'amministrazione penitenziaria previo parere del consiglio di disciplina, integrato da due degli esperti previsti dal quarto comma dell'articolo 80.

3. Nei confronti degli imputati il regime di sorveglianza particolare è disposto sentita anche l'autorità giudiziaria che procede.

4. In caso di necessità ed urgenza l'amministrazione può disporre in via provvisoria la sorveglianza particolare prima dei pareri prescritti, che comunque devono essere acquisiti entro dieci giorni dalla data del provvedimento. Scaduto tale termine l'amministrazione, acquisiti i pareri prescritti, decide in via definitiva entro dieci giorni decorsi i quali, senza che sia intervenuta la decisione, il provvedimento provvisorio decade.

5. Possono essere sottoposti a regime di sorveglianza particolare, fin dal momento del loro ingresso in istituto, i condannati, gli internati e gli imputati, sulla base di precedenti comportamenti penitenziari o di altri concreti comportamenti tenuti, indipendentemente dalla natura dell'imputazione, nello stato di libertà. L'autorità giudiziaria segnala gli eventuali elementi a sua conoscenza all'amministrazione penitenziaria che decide sull'adozione dei provvedimenti di sua competenza.

6. Il provvedimento che dispone il regime di cui al presente articolo è comunicato immediatamente al magistrato di sorveglianza ai fini dell'esercizio del suo potere di vigilanza.

14 *ter*. Reclamo. 1. Avverso il provvedimento che dispone o proroga il regime di sorveglianza particolare può essere proposto dall'interessato reclamo al tribunale di sorveglianza nel termine di dieci giorni dalla comunicazione del provvedimento definitivo. Il reclamo non sospende l'esecuzione del provvedimento.

2. Il tribunale di sorveglianza provvede con ordinanza in camera di consiglio entro dieci giorni dalla ricezione del reclamo.

3. Il procedimento si svolge con la partecipazione del difensore e del pubblico ministero. L'interessato e l'amministrazione penitenziaria possono presentare memorie.

4. Per quanto non diversamente disposto si applicano le disposizioni del capo II *bis* del titolo II.

• Corte cost., 53 del 1993, ha dichiarato costituzionalmente illegittimi (unitamente agli artt. 236 co. 2 disp. coord. c.p.p. e 30 *bis* Ord. penit.) i co. 1, 2 e 3 «nella parte in cui non consentono l'applicazione degli articoli 666 e 678 del codice di procedura penale nel procedimento di reclamo avverso il decreto del magistrato di sorveglianza che esclude dal computo della detenzione il periodo trascorso in permesso premio».

14 *quater*. Contenuti del regime di sorveglianza particolare. 1. Il regime di sorveglianza particolare comporta le restrizioni strettamente necessarie per il mantenimento dell'ordine e della sicurezza, all'esercizio dei diritti dei detenuti e degli internati e alle regole di trattamento previste dall'ordinamento penitenziario.

2. Per quanto concerne la corrispondenza dei detenuti, si applicano le disposizioni dell'articolo 18 *ter*.

3. Le restrizioni di cui ai commi precedenti sono motivatamente stabilite nel provvedimento che dispone il regime di sorveglianza particolare.

4. In ogni caso le restrizioni non possono riguardare: l'igiene e le esigenze della salute; il vitto; il vestiario ed il corredo; il possesso, l'acquisto e la ricezione di generi ed oggetti permessi dal regolamento interno, nei limiti in cui ciò non comporta pericolo per la sicurezza; la lettura di libri e periodici; le pratiche di culto; l'uso di apparecchi radio del tipo consentito; la permanenza al-

l'aperto per almeno due ore al giorno salvo quanto disposto dall'articolo 10; i colloqui con i difensori, nonché quelli con il coniuge, il convivente, i figli, i genitori, i fratelli.

5. Se il regime di sorveglianza particolare non è attuabile nell'istituto ove il detenuto o l'internato si trova, l'amministrazione penitenziaria può disporre, con provvedimento motivato, il trasferimento in altro istituto idoneo, con il minimo pregiudizio possibile per la difesa e per i familiari, dandone immediato avviso al magistrato di sorveglianza. Questi riferisce al Ministro in ordine ad eventuali casi di infondatezza dei motivi posti a base del trasferimento.

15. Elementi del trattamento. Il trattamento del condannato e dell'internato è svolto avvalendosi principalmente dell'istruzione, della formazione professionale, del lavoro, della partecipazione a progetti di pubblica utilità, della religione, delle attività culturali, ricreative e sportive e agevolando opportuni contatti con il mondo esterno e i rapporti con la famiglia.

Ai fini del trattamento rieducativo, salvo casi di impossibilità, al condannato e all'internato è assicurato il lavoro.

Gli imputati sono ammessi, a loro richiesta, a partecipare ad attività educative, culturali e ricreative e, salvo giustificati motivi o contrarie disposizioni dell'autorità giudiziaria, a svolgere attività lavorativa o di formazione professionale, possibilmente di loro scelta e, comunque, in condizioni adeguate alla loro posizione giuridica.

15 *bis*. Giustizia riparativa. 1. In qualsiasi fase dell'esecuzione, l'autorità giudiziaria può disporre l'invio dei condannati e degli internati, previa adeguata informazione e su base volontaria, ai programmi di giustizia riparativa.

2. La partecipazione al programma di giustizia riparativa e l'eventuale esito riparativo sono valutati ai fini dell'assegnazione al lavoro all'esterno, della concessione dei permessi premio e delle misure alternative alla detenzione previste dal capo VI, nonché della liberazione condizionale. Non si tiene conto in ogni caso della mancata effettuazione del programma, dell'interruzione dello stesso o del mancato raggiungimento di un esito riparativo.

• Articolo inserito dal d. lgs. 10.10.2022, n. 150. Ai sensi dell'art. 92 co. 2 *bis*, come modificato dal d.l. 31.10.2022, n. 162, conv., con modif., dalla l. 30.12.2022, n. 199, tale disposizione si applica nei procedimenti penali e nella fase dell'esecuzione della pena decorsi sei mesi dalla data di entrata in vigore del presente decreto.

16. Regolamento dell'istituto. In ciascun istituto il trattamento penitenziario è organizzato secondo le direttive che l'amministrazione penitenziaria impartisce con riguardo alle esigenze dei gruppi di detenuti ed internati ivi ristretti.

Le modalità del trattamento da seguire in ciascun istituto sono disciplinate nel regolamento interno, che è predisposto e modificato da una commissione composta dal magistrato di sorveglianza, che la presiede, dal direttore, dal medico, dal cappellano, dal preposto alle attività lavorative, da un educatore e da un assistente sociale. La commissione può avvalersi della collaborazione degli esperti indicati nel quarto comma dell'articolo 80.

Il regolamento interno disciplina, altresì, i controlli cui devono sottoporsi tutti coloro che, a qualsiasi titolo, accedono all'istituto o ne escono.

Il regolamento interno e le sue modificazioni sono approvati dal Ministro della giustizia.

17. Partecipazione della comunità esterna all'azione rieducativa. La finalità del reinserimento sociale dei condannati e degli internati deve essere perseguita anche sollecitando ed organizzando la partecipazione di privati e di istituzioni o associazioni pubbliche o private all'azione rieducativa.

Sono ammessi a frequentare gli istituti penitenziari con l'autorizzazione e secondo le direttive del magistrato di sorveglianza, su parere favorevole del direttore, tutti coloro che avendo concreto interesse per l'opera di risocializzazione dei detenuti dimostrino di potere utilmente promuovere lo sviluppo dei contatti tra la comunità carceraria e la società libera.

Le persone indicate nel comma precedente operano sotto il controllo del direttore.

18. Colloqui, corrispondenza e informazione. I detenuti e gli internati sono ammessi ad avere colloqui e corrispondenza con i congiunti e con altre persone, nonché con il garante dei diritti dei detenuti, anche al fine di compiere atti giuridici.

I detenuti e gli internati hanno diritto di conferire con il difensore, fermo quanto previsto dall'articolo 104 del codice di procedura penale, sin dall'inizio dell'esecuzione della misura o della pena. Hanno altresì diritto di avere colloqui e corrispondenza con i garanti dei diritti dei detenuti.

I colloqui si svolgono in appositi locali sotto il controllo a vista e non auditivo del personale di custodia. I locali destinati ai colloqui con i familiari favoriscono, ove possibile, una dimensione riservata del colloquio e sono collocati preferibilmente in prossimità dell'ingresso dell'istituto. Particolare cura è dedicata ai colloqui con i minori di anni quattordici.

Particolare favore viene accordato ai colloqui con i familiari.

L'amministrazione penitenziaria pone a disposizione dei detenuti e degli internati, che ne sono sprovvisti, gli oggetti di cancelleria necessari per la corrispondenza.

Può essere autorizzata nei rapporti con i familiari e, in casi particolari, con terzi, corrispondenza telefonica con le modalità e le cautele previste dal regolamento.

I detenuti e gli internati sono autorizzati a tenere presso di sé i quotidiani, i periodici e i libri in libera vendita all'esterno e ad avvalersi di altri mezzi di informazione.

Ogni detenuto ha diritto a una libera informazione e di esprimere le proprie opinioni, anche usando gli strumenti di comunicazione disponibili e previsti dal regolamento.

L'informazione è garantita per mezzo dell'accesso a quotidiani e siti informativi con le cautele previste dal regolamento.

Salvo quanto disposto dall'articolo 18-*bis*, per gli imputati fino alla pronuncia della sentenza di primo grado, i permessi di colloquio, le autorizzazioni alla corrispondenza telefonica e agli altri tipi di comunicazione sono di competenza dell'autorità giudiziaria che procede individuata ai sensi dell'articolo 11, comma 4. Dopo la pronuncia della sentenza di primo grado provvede il direttore dell'istituto.

18 *bis*. Colloqui a fini investigativi. 1. Il personale della Direzione investigativa antimafia di cui all'articolo 3 del decreto legge 29 ottobre 1991, n. 345, convertito, con modificazioni, dalla legge 30 dicembre 1991, n. 410, e dei servizi centrali e interprovinciali di cui all'articolo 12 del decreto legge 13 maggio 1991, n. 152, convertito, con modificazioni, dalla legge 12 luglio 1991, n. 203, nonché gli ufficiali di polizia giudiziaria designati dai responsabili, a livello centrale, della predetta Direzione e dei predetti servizi, hanno facoltà di visitare gli istituti penitenziari e possono essere autorizzati, a norma del comma 2 del presente articolo, ad avere colloqui personali con detenuti e internati, al fine di acquisire informazioni utili per la prevenzione e repressione dei delitti di criminalità organizzata.

1 *bis*. Le disposizioni di cui al comma 1 si applicano anche ai responsabili di livello almeno provinciale degli uffici o reparti della Polizia di Stato o dell'Arma dei carabinieri competenti per lo svolgimento di indagini in materia di terrorismo, nonché agli ufficiali di polizia giudiziaria dagli stessi designati ed a quelli del Corpo della guardia di finanza, limitatamente agli aspetti connessi al finanziamento del terrorismo, al fine di acquisire dai detenuti o dagli internati informazioni utili per la prevenzione e repressione dei delitti commessi per finalità di terrorismo, anche internazionale, o di eversione dell'ordine democratico.

2. Al personale di polizia indicato nei commi 1 e 1 *bis*, l'autorizzazione ai colloqui è rilasciata:

a) quando si tratta di internati, di condannati o di imputati, dal Ministro della giustizia o da un suo delegato;

b) quando si tratta di persone sottoposte ad indagini, dal pubblico ministero.

3. Le autorizzazioni ai colloqui indicate nel comma 2 sono annotate in apposito registro riservato tenuto presso l'autorità competente al rilascio.

4. In casi di particolare urgenza, attestati con provvedimento del Ministro dell'interno o, per sua delega, dal Capo della Polizia, l'autorizzazione prevista nel comma 2, lettera *a*), non richiesta, e del colloquio data immediata comunicazione all'autorità ivi indicata, che provvede all'annotazione nel registro riservato di cui al comma 3.

5. La facoltà di procedere a colloqui personali con detenuti e internati è attribuita, senza neces-

sità di autorizzazione, altresì al Procuratore nazionale antimafia e antiterrorismo ai fini dell'esercizio delle funzioni di impulso e di coordinamento previste dall'articolo 371 *bis* del codice di procedura penale; al medesimo Procuratore nazionale antimafia e antiterrorismo sono comunicati i provvedimenti di cui ai commi 2 e 4, qualora concernenti colloqui con persone sottoposte ad indagini, imputate o condannate per taluno dei delitti indicati nell'articolo 51, commi 3 *bis* e 3 *quater* del codice di procedura penale.

18 *ter*. Limitazioni e controlli della corrispondenza. 1. Per esigenze attinenti le indagini o investigative o di prevenzione dei reati, ovvero per ragioni di sicurezza o di ordine dell'istituto, possono essere disposti, nei confronti dei singoli detenuti o internati, per un periodo non superiore a sei mesi, prorogabile per periodi non superiori a tre mesi:

a) limitazioni nella corrispondenza epistolare e telegrafica e nella ricezione della stampa;

b) la sottoposizione della corrispondenza a visto di controllo;

c) il controllo del contenuto delle buste che racchiudono la corrispondenza, senza lettura della medesima.

2. Le disposizioni del comma 1 non si applicano qualora la corrispondenza epistolare o telegrafica sia indirizzata ai soggetti indicati nel comma 5 dell'articolo 103 del codice di procedura penale, all'autorità giudiziaria, alle autorità indicate nell'articolo 35 della presente legge, ai membri del Parlamento, alle Rappresentanze diplomatiche o consolari dello Stato di cui gli interessati sono cittadini ed agli organismi internazionali amministrativi o giudiziari preposti alla tutela dei diritti dell'uomo di cui l'Italia fa parte.

3. I provvedimenti previsti dal comma 1 sono adottati con decreto motivato, su richiesta del pubblico ministero o su proposta del direttore dell'istituto:

a) nei confronti dei condannati e degli internati, dal magistrato di sorveglianza;

b) nei confronti degli imputati, dal giudice indicato nell'articolo 279 del codice di procedura penale; se procede un giudice in composizione collegiale, il provvedimento è adottato dal presidente del collegio o della corte di assise.

4. L'autorità giudiziaria indicata nel comma 3, nel disporre la sottoposizione della corrispondenza a visto di controllo, se non ritiene di provvedere direttamente, può delegare il controllo al direttore o ad un appartenente all'amministrazione penitenziaria designato dallo stesso direttore.

5. Qualora, in seguito al visto di controllo, l'autorità giudiziaria indicata nel comma 3 ritenga che la corrispondenza o la stampa non debba essere consegnata o inoltrata al destinatario, dispone che la stessa sia trattenuta. Il detenuto e l'internato vengono immediatamente informati.

6. Contro i provvedimenti previsti dal comma 1 e dal comma 5 può essere proposto reclamo, secondo la procedura prevista dall'articolo 14 *ter*, al tribunale di sorveglianza, se il provvedimento è emesso dal magistrato di sorveglianza, ovvero, negli altri casi, al tribunale nel cui circondario ha sede il giudice che ha emesso il provvedimento. Del collegio non può fare parte il giudice che ha emesso il provvedimento. Per quanto non diversamente disposto dal presente comma si applicano le disposizioni dell'articolo 666 del codice di procedura penale.

7. Nel caso previsto dalla lettera *c*) del comma 1, l'apertura delle buste che racchiudono la corrispondenza avviene alla presenza del detenuto o dell'internato.

19. Istruzione. Negli istituti penitenziari la formazione culturale e professionale è curata mediante l'organizzazione dei corsi della scuola dell'obbligo e di corsi di addestramento professionale, secondo gli orientamenti vigenti e con l'ausilio di metodi adeguati alla condizione dei soggetti.

Particolare cura è dedicata alla formazione culturale e professionale dei detenuti di età inferiore ai venticinque anni.

Tramite la programmazione di iniziative specifiche, è assicurata parità di accesso delle donne detenute e internate alla formazione culturale e professionale.

Speciale attenzione è dedicata all'integrazione dei detenuti stranieri anche attraverso l'insegnamento della lingua italiana e la conoscenza dei principi costituzionali.

Con le procedure previste dagli ordinamenti scolastici possono essere istituite scuole d'istruzione secondaria di secondo grado negli istituti penitenziari.

Sono agevolati la frequenza e il compimento degli studi universitari e tecnici superiori, anche attraverso convenzioni e protocolli d'intesa con istituzioni universitarie e con istituti di formazione tecnica superiore, nonché l'ammissione di detenuti e internati ai tirocini di cui alla legge 28 giugno 2012, n. 92.

È favorito l'accesso alle pubblicazioni contenute nella biblioteca, con piena libertà di scelta delle letture.

20. Lavoro. 1. Negli istituti penitenziari e nelle strutture ove siano eseguite misure privative della libertà devono essere favorite in ogni modo la destinazione dei detenuti e degli internati al lavoro e la loro partecipazione a corsi di formazione professionale. A tal fine, possono essere organizzati e gestiti, all'interno e all'esterno dell'istituto, lavorazioni e servizi attraverso l'impiego di prestazioni lavorative dei detenuti e degli internati. Possono, altresì, essere istituite lavorazioni organizzate e gestite direttamente da enti pubblici o privati e corsi di formazione professionale organizzati e svolti da enti pubblici o privati.

2. Il lavoro penitenziario non ha carattere afflittivo ed è remunerato.

3. L'organizzazione e i metodi del lavoro penitenziario devono riflettere quelli del lavoro nella società libera al fine di far acquisire ai soggetti una preparazione professionale adeguata alle normali condizioni lavorative per agevolarne il reinserimento sociale.

4. Presso ogni istituto penitenziario è istituita una commissione composta dal direttore o altro dirigente penitenziario delegato, dai responsabili dell'area sicurezza e dell'area giuridico-pedagogica, dal dirigente sanitario della struttura penitenziaria, da un funzionario dell'ufficio per l'esecuzione penale esterna, dal direttore del centro per l'impiego o da un suo delegato, da un rappresentante sindacale unitariamente designato dalle organizzazioni sindacali comparativamente più rappresentative a livello nazionale e un rappresentante unitariamente designato dalle organizzazioni sindacali comparativamente più rappresentative a livello territoriale. Per ogni componente viene indicato un supplente. La commissione delibera a maggioranza dei presenti. Ai componenti della commissione non spetta la corresponsione di alcun compenso, gettoni di presenza, indennità, rimborsi spese e altri emolumenti comunque denominati.

5. La commissione di cui al comma 4, dandone adeguata pubblicità, provvede a:

a) formare due elenchi, uno generico e l'altro per qualifica, per l'assegnazione al lavoro dei detenuti e degli internati, tenendo conto esclusivamente dell'anzianità di disoccupazione maturata durante lo stato di detenzione e di internamento, dei carichi familiari e delle abilità lavorative possedute, e privilegiando, a parità di condizioni, i condannati, con esclusione dei detenuti e degli internati sottoposti al regime di sorveglianza particolare di cui all'articolo 14 *bis*;

b) individuare le attività lavorative o i posti di lavoro ai quali, per motivi di sicurezza, sono assegnati detenuti o internati, in deroga agli elenchi di cui alla lettera a);

c) stabilire criteri per l'avvicendamento nei posti di lavoro alle dipendenze dell'amministrazione penitenziaria, nel rispetto delle direttive emanate dal dipartimento dell'amministrazione penitenziaria.

6. Alle riunioni della commissione partecipa, senza potere deliberativo, un rappresentante dei detenuti e degli internati.

7. Resta salvo il potere del direttore di derogare, per specifiche ragioni di sicurezza, ai criteri di assegnazione al lavoro di cui al comma 5, lettera a).

8. Gli organi centrali e territoriali dell'amministrazione penitenziaria stipulano apposite convenzioni di inserimento lavorativo con soggetti pubblici o privati o cooperative sociali interessati a fornire opportunità di lavoro a detenuti o internati.

Le convenzioni disciplinano l'oggetto e le condizioni di svolgimento dell'attività lavorativa, la formazione e il trattamento retributivo, senza oneri a carico della finanza pubblica. Le proposte di convenzione sono pubblicate a cura del Dipartimento dell'amministrazione penitenziaria sul proprio sito istituzionale. I soggetti privati disponibili ad accettare le proposte di convenzione trasmettono al Dipartimento i relativi progetti di intervento unitamente al curriculum dell'ente. I progetti e i curriculum sono pubblicati a cura del Dipartimento dell'amministrazione penitenziaria sul proprio sito istituzionale. Della convenzione stipulata è data adeguata pubblicità con le forme previste dal presente comma. Agli operatori privati, che agiscono per conto degli enti menzionati al primo periodo, si applica l'articolo 78.

9. Le direzioni degli istituti penitenziari, in deroga alle norme di contabilità generale dello Stato e di quelle di contabilità speciale e previa autorizzazione del Ministro della giustizia, possono vendere prodotti delle lavorazioni penitenziarie o rendere servizi attraverso l'impiego di prestazioni lavorative dei detenuti e degli internati a prezzo pari o anche inferiore al loro costo, tenuto conto, per quanto possibile, dei prezzi praticati per prodotti o servizi corrispondenti nella zona in cui è situato l'istituto.

10. I proventi delle manifatture carcerarie e il corrispettivo dei servizi, prodotti o forniti dall'amministrazione penitenziaria impiegando l'attività lavorativa dei detenuti e degli internati, sono versati all'entrata del bilancio dello Stato per essere annualmente riassegnati, con decreto del Ministro dell'economia e delle finanze, all'apposito capitolo del Ministero della giustizia, allo scopo di promozione e sviluppo della formazione professionale e del lavoro dei detenuti e degli internati.

11. I detenuti e gli internati, in considerazione delle loro attitudini, possono essere ammessi a esercitare, per proprio conto, attività artigianali, intellettuali o artistiche, nell'ambito del programma di trattamento.

12. I detenuti e gli internati possono essere ammessi a esercitare attività di produzione di beni da destinare all'autoconsumo, anche in alternativa alla normale attività lavorativa. Con decreto del Ministro della giustizia, di concerto con il Ministro dell'economia e delle finanze, sono stabilite le modalità di svolgimento dell'attività in autoconsumo, anche mediante l'uso di beni e servizi dell'amministrazione penitenziaria.

13. La durata delle prestazioni lavorative non può superare i limiti stabiliti dalle leggi vigenti in materia di lavoro e sono garantiti il riposo festivo, il riposo annuale retribuito e la tutela assicurativa e previdenziale. Ai detenuti e agli internati che frequentano i corsi di formazione professionale e svolgono i tirocini è garantita, nei limiti degli stanziamenti regionali, la tutela assicurativa e ogni altra tutela prevista dalle disposizioni vigenti.

14. Agli effetti della presente legge, per la costituzione e lo svolgimento di rapporti di lavoro nonché per l'assunzione della qualità di socio nelle cooperative sociali di cui alla legge 8 novembre 1991, n. 381, non si applicano le incapacità derivanti da condanne penali o civili.

15. Entro il 31 marzo di ogni anno il Ministro della giustizia trasmette al Parlamento una analitica relazione circa lo stato di attuazione delle disposizioni di legge relative al lavoro dei detenuti nell'anno precedente.

• Corte cost., 158 del 2001, ha dichiarato costituzionalmente illegittimo il co. 16 del presente articolo «nella parte in cui non riconosce il diritto al riposo annuale retribuito al detenuto che presti la propria attività lavorativa alle dipendenze dell'amministrazione carceraria».

20 *bis*. Modalità di organizzazione del lavoro. 1. Il provveditore regionale dell'Amministrazione penitenziaria può affidare, con contratto d'opera, la direzione tecnica delle lavorazioni a persone estranee all'Amministrazione penitenziaria, le quali curano anche la specifica formazione dei responsabili delle lavorazioni e concorrono alla qualificazione professionale dei detenuti, d'intesa con la regione. Possono essere inoltre istituite, a titolo sperimentale, nuove lavorazioni, avvalendosi, se necessario, dei servizi prestati da imprese pubbliche o private ed acquistando le relative progettazioni.

2. L'Amministrazione penitenziaria, inoltre, applicando, in quanto compatibili, le disposizioni di cui all'undicesimo comma dell'articolo 20, promuove la vendita dei prodotti delle lavorazioni penitenziarie anche mediante apposite convenzioni da stipulare con imprese pubbliche o private, che abbiano una propria rete di distribuzione commerciale.

3. Previo assenso della direzione dell'istituto, i privati che commissionano forniture all'Amministrazione penitenziaria possono, in deroga alle norme di contabilità generale dello Stato e a quelle di contabilità speciale, effettuare pagamenti differiti, secondo gli usi e le consuetudini vigenti.

4. Sono abrogati l'articolo 1 della legge 3 luglio 1942, n. 971, e l'articolo 611 delle disposizioni approvate con regio decreto 16 maggio 1920, n. 1908.

20 *ter*. Lavoro di pubblica utilità. 1. I detenuti e gli internati possono chiedere di essere ammessi a prestare la propria attività a titolo volontario e gratuito nell'ambito di progetti di pubblica utilità, tenendo conto anche delle specifiche professionalità e attitudini lavorative.

2. La partecipazione ai progetti può consistere in attività da svolgersi a favore di amministrazioni dello Stato, regioni, province, comuni, comunità montane, unioni di comuni, aziende sanitarie locali, enti o organizzazioni, anche internazionali, di assistenza sociale, sanitaria e di volontariato, sulla base di apposite convenzioni stipulate ai sensi dell'articolo 47, comma 1, del decreto del Presidente della Repubblica 30 giugno 2000, n. 230. Le attività relative ai progetti possono svolgersi anche all'interno degli istituti penitenziari e non possono in alcun caso avere ad oggetto la gestione o l'esecuzione dei servizi d'istituto.

3. Le attività di cui al comma 2 possono essere organizzate dall'amministrazione penitenziaria anche affidando la direzione tecnica a persone estranee all'amministrazione, ai sensi dell'articolo 20 *bis*.

4. La partecipazione a progetti di pubblica utilità deve svolgersi con modalità che non pregiudichino le esigenze di lavoro, di studio, di famiglia e di salute dei condannati e degli internati.

5. Si applicano le disposizioni dell'articolo 21, comma 4, e, in quanto compatibili, le disposizioni dell'articolo 48 del decreto del Presidente della Repubblica 30 giugno 2000, n. 230, nonché quelle del decreto del Ministro della giustizia 26 marzo 2001.

6. I detenuti e gli internati per il delitto di cui all'articolo 416 *bis* del codice penale e per i delitti commessi avvalendosi delle condizioni previste dallo stesso articolo ovvero al fine di agevolare l'attività delle associazioni in esso previste non possono essere assegnati a prestare la propria attività all'esterno dell'istituto.

I detenuti e gli internati possono essere assegnati al lavoro di pubblica utilità svolto all'esterno in condizioni idonee a garantire l'attuazione positiva degli scopi previsti dall'articolo 15. Se si tratta di detenuti e internati per uno dei delitti indicati nei commi 1, 1 *ter* e 1 *quater* dell'articolo 4 *bis*, diversi da quelli indicati al primo periodo, ai fini di cui all'articolo 21, comma 4, per l'assegnazione al lavoro di pubblica utilità svolto all'esterno il magistrato di sorveglianza tiene prioritariamente conto delle esigenze di prevenire il pericolo di commissione di altri reati, della natura del reato commesso, della condotta tenuta, nonché del significativo rapporto tra la pena espiata e la pena residua.

7. Il numero e la qualità dei progetti di pubblica utilità promossi dagli istituti penitenziari costituiscono titolo di priorità nell'assegnazione agli stessi dei fondi di cui all'articolo 2, comma 2, lettere a) e d), del decreto del Presidente del Consiglio dei ministri 10 aprile 2017, n. 102, nei termini e secondo le modalità stabilite dalle apposite disposizioni di attuazione adottate dalla Cassa delle ammende.

21. Lavoro all'esterno. 1. I detenuti e gli internati possono essere assegnati al lavoro all'esterno in condizioni idonee a garantire l'attuazione positiva degli scopi previsti dall'articolo 15. Tuttavia, se si tratta di persona condannata alla pena della reclusione per uno dei delitti indicati nei commi 1, 1 *ter* e 1 *quater* dell'articolo 4 *bis*, l'assegnazione al lavoro all'esterno può essere disposta dopo l'espiazione di almeno un terzo della pena e, comunque, di non oltre cinque anni. Nei confronti dei condannati all'ergastolo l'assegnazione può avvenire dopo l'espiazione di almeno dieci anni.

2. I detenuti e gli internati assegnati al lavoro all'esterno sono avviati a prestare la loro opera senza scorta, salvo che essa sia ritenuta necessaria per motivi di sicurezza. Gli imputati sono ammessi al lavoro all'esterno previa autorizzazione della competente autorità giudiziaria.

3. Quando si tratta di imprese private, il lavoro deve svolgersi sotto il diretto controllo della direzione dell'istituto a cui il detenuto o l'internato è assegnato, la quale può avvalersi a tal fine del personale dipendente e del servizio sociale.

4. Per ciascun condannato o internato il provvedimento di ammissione al lavoro all'esterno diviene esecutivo dopo l'approvazione del magistrato di sorveglianza.

4 *bis*. Le disposizioni di cui ai commi precedenti e la disposizione di cui al secondo periodo del comma 13 dell'articolo 20 si applicano anche ai detenuti ed agli internati ammessi a frequentare corsi di formazione professionale all'esterno degli istituti penitenziari.

4 *ter*. I detenuti e gli internati possono essere assegnati a prestare la propria attività a titolo vo-

lontario e gratuito a sostegno delle famiglie delle vittime dei reati da loro commessi. L'attività è in ogni caso svolta con modalità che non pregiudichino le esigenze di lavoro, di studio, di famiglia e di salute dei detenuti e degli internati. Sono esclusi dalle previsioni del presente comma i detenuti e gli internati per il delitto di cui all'articolo 416 *bis* del codice penale e per i delitti commessi avvalendosi delle condizioni previste dallo stesso articolo ovvero al fine di agevolare l'attività delle associazioni in esso previste. Si applicano, in quanto compatibili, le modalità previste nell'articolo 54 del decreto legislativo 28 agosto 2000, n. 274.

21 *bis*. Assistenza all'esterno dei figli minori. 1. Le condannate e le internate possono essere ammesse alla cura e all'assistenza all'esterno dei figli di età non superiore agli anni dieci, alle condizioni previste dall'articolo 21.

2. Si applicano tutte le disposizioni relative al lavoro all'esterno, in particolare l'articolo 21, in quanto compatibili.

3. La misura dell'assistenza all'esterno può essere concessa, alle stesse condizioni, anche al padre detenuto, se la madre è deceduta o impossibilitata e non vi è modo di affidare la prole ad altri che al padre.

• Corte cost., 174 del 2018, ha dichiarato l'illegittimità costituzionale del presente articolo, «nella parte in cui attraverso il rinvio al precedente art. 21, con riferimento alle detenute condannate alla pena della reclusione per uno dei delitti di cui all'art. 4 *bis*, commi 1, 1 *ter* e 1 *quater*, della legge n. 354 del 1975, non consente l'accesso all'assistenza all'esterno dei figli di età non superiore agli anni dieci oppure lo subordina alla previa espiazione di una frazione di pena, salvo che sia stata accertata la sussistenza delle condizioni previste dall'art. 58 *ter* della medesima legge».

21 *ter*. Visite al minore infermo o al figlio, al coniuge o convivente affetto da handicap in situazione di gravità. 1. In caso di imminente pericolo di vita o di gravi condizioni di salute del figlio minore, anche non convivente, ovvero nel caso in cui il figlio sia affetto da handicap in situazione di gravità, ai sensi dell'articolo 3, comma 3, della legge 5 febbraio 1992, n. 104, accertata ai sensi dell'articolo 4 della medesima legge, la madre condannata, imputata o internata, ovvero il padre che versi nelle stesse condizioni della madre, sono autorizzati, con provvedimento del magistrato di sorveglianza o, in caso di assoluta urgenza, del direttore dell'istituto, a recarsi, con le cautele previste dal regolamento, a visitare l'infermo o il figlio affetto da handicap grave. In caso di ricovero ospedaliero, le modalità della visita sono disposte tenendo conto della durata del ricovero e del decorso della patologia.

2. La condannata, l'imputata o l'internata madre di un bambino di età inferiore a dieci anni, anche se con lei non convivente, o di figlio affetto da handicap in situazione di gravità, ai sensi dell'articolo 3, comma 3, della legge 5 febbraio 1992, n. 104, accertata ai sensi dell'articolo 4 della medesima legge, ovvero il padre condannato, imputato o internato, qualora la madre sia deceduta o assolutamente impossibilitata a dare assistenza alla prole, sono autorizzati, con provvedimento da rilasciarsi da parte del giudice competente non oltre le ventiquattro ore precedenti alla data della visita e con le modalità operative dallo stesso stabilite, ad assistere il figlio durante le visite specialistiche, relative a gravi condizioni di salute.

2 *bis*. Le disposizioni di cui ai commi 1 e 2 si applicano anche nel caso di coniuge o convivente affetto da handicap grave ai sensi dell'articolo 3, comma 3, della legge 5 febbraio 1992, n. 104.

22. Determinazione della remunerazione. 1. La remunerazione per ciascuna categoria di detenuti e internati che lavorano alle dipendenze dell'amministrazione penitenziaria è stabilita, in relazione alla quantità e qualità del lavoro prestato, in misura pari ai due terzi del trattamento economico previsto dai contratti collettivi.

23. Remunerazione e assegni familiari. 1.-3. [Soppressi]

4. Ai detenuti e agli internati che lavorano sono dovuti, per le persone a carico, gli assegni familiari nella misura e secondo le modalità di legge.

5. Gli assegni familiari sono versati direttamente alle persone a carico con le modalità fissate dal regolamento.

• I primi tre co. presenti nel testo originario dell'articolo sono stati abrogati dalla l. 10.10.1986, n. 663.

24. Pignorabilità e sequestrabilità della remunerazione. Sulla remunerazione spettante ai condannati sono prelevate le somme dovute a titolo di risarcimento del danno e di rimborso delle spese di procedimento. Sulla remunerazione spettante ai condannati ed agli internati sono altresì prelevate le somme dovute ai sensi del secondo e del terzo comma dell'articolo 2.

In ogni caso deve essere riservata a favore dei condannati una quota pari a tre quinti. Tale quota non è soggetta a pignoramento o a sequestro, salvo che per obbligazioni derivanti da alimenti, o a prelievo per il risarcimento del danno arrecato alle cose mobili o immobili dell'amministrazione.

La remunerazione dovuta agli internati e agli imputati non è soggetta a pignoramento o a sequestro, salvo che per obbligazioni derivanti da alimenti, o a prelievo per il risarcimento del danno arrecato alle cose mobili o immobili dell'amministrazione.

25. Peculio. Il peculio dei detenuti e degli internati è costituito dalla parte della remunerazione ad essi riservata ai sensi del precedente articolo, dal danaro posseduto all'atto dell'ingresso in istituto, da quello ricavato dalla vendita degli oggetti di loro proprietà o inviato dalla famiglia e da altri o ricevuto a titolo di premio o di sussidio.

Le somme costituite in peculio producono a favore dei titolari interessi legali.

Il peculio è tenuto in deposito dalla direzione dell'istituto.

Il regolamento deve prevedere le modalità del deposito e stabilire la parte di peculio disponibile dai detenuti e dagli internati per acquisti autorizzati di oggetti personali o invii ai familiari o conviventi, e la parte da consegnare agli stessi all'atto della dimissione dagli istituti.

25 *bis*. Commissioni regionali per il lavoro penitenziario. 1. Sono istituite le commissioni regionali per il lavoro penitenziario. Esse sono presiedute dal provveditore regionale dell'amministrazione penitenziaria e sono composte dal dirigente del centro per la giustizia minorile, dal direttore dell'ufficio interdistrettuale dell'esecuzione penale esterna, dai rappresentanti, in sede locale, delle associazioni imprenditoriali e delle associazioni cooperative, dai rappresentanti della regione che operino nel settore del lavoro e della formazione professionale e da un rappresentante di ANPAL. Ai componenti delle commissioni, come sopra individuate, non spetta la corresponsione di alcun compenso, gettoni di presenza, indennità, rimborsi spese e altri emolumenti comunque denominati.

2. Le lavorazioni penitenziarie sono organizzate, sulla base di direttive, dai provveditorati regionali dell'amministrazione penitenziaria, sentite le commissioni regionali per il lavoro penitenziario nonché le direzioni dei singoli istituti.

3. I posti di lavoro a disposizione della popolazione penitenziaria devono essere quantitativamente e qualitativamente dimensionati alle effettive esigenze di ogni singolo istituto. Essi sono fissati in una tabella predisposta dalla direzione dell'istituto, nella quale sono separatamente elencati i posti relativi alle lavorazioni interne industriali, agricole ed ai servizi di istituto.

4. Nella tabella di cui al comma 3 sono altresì indicati i posti di lavoro disponibili all'esterno presso imprese pubbliche o private o associazioni cooperative nonché i posti relativi alle produzioni che imprese private o associazioni cooperative intendono organizzare e gestire direttamente all'interno degli istituti.

5. Annualmente la direzione dell'istituto elabora ed indica il piano di lavoro in relazione al numero dei detenuti, all'organico del personale civile e di polizia penitenziaria disponibile e alle strutture produttive.

6. La tabella, che può essere modificata secondo il variare della situazione, ed il piano di lavoro annuale sono approvati dal provveditore regionale dell'Amministrazione penitenziaria, sentita la commissione regionale per il lavoro penitenziario.

7. Nel regolamento di ciascun istituto sono indicate le attività lavorative che possono avere esecuzione in luoghi a sicurezza attenuata.

25 *ter*. Assistenza per l'accesso alle prestazioni previdenziali e assistenziali. 1. L'amministrazione penitenziaria è tenuta a rendere disponibile a favore dei detenuti e degli internati, anche attraverso apposite convenzioni non onerose con enti pubblici e privati, un servizio di assistenza all'espletamento delle pratiche per il conseguimento di prestazioni assistenziali e previdenziali e l'erogazione di servizi e misure di politica attiva del lavoro.

26. Religione e pratiche di culto. I detenuti e gli internati hanno libertà di professare la propria fede religiosa, di istruirsi in essa e di praticarne il culto.

Negli istituti è assicurata la celebrazione dei riti del culto cattolico.

A ciascun istituto è addetto almeno un cappellano.

Gli appartenenti a religione diversa dalla cattolica hanno diritto di ricevere, su loro richiesta, l'assistenza dei ministri del proprio culto e di celebrarne i riti.

27. Attività culturali, ricreative e sportive. Negli istituti devono essere favorite e organizzate attività culturali, sportive e ricreative e ogni altra attività volta alla realizzazione della personalità dei detenuti e degli internati, anche nel quadro del trattamento rieducativo.

Una commissione composta dal direttore dell'istituto, dagli educatori, dagli assistenti sociali, dai mediatori culturali che operano nell'istituto ai sensi dell'articolo 80, quarto comma, e dai rappresentanti dei detenuti e degli internati cura la organizzazione delle attività di cui al precedente comma, anche mantenendo contatti con il mondo esterno utili al reinserimento sociale.

28. Rapporti con la famiglia. Particolare cura è dedicata a mantenere, migliorare o ristabilire le relazioni dei detenuti e degli internati con le famiglie.

29. Comunicazioni dello stato di detenzione, dei trasferimenti, delle malattie e dei decessi. I detenuti e gli internati sono posti in grado d'informare immediatamente i congiunti e le altre persone da essi eventualmente indicate del loro ingresso in un istituto penitenziario o dell'avvenuto trasferimento.

In caso di decesso o di grave infermità fisica o psichica di un detenuto o di un internato, deve essere data tempestiva notizia ai congiunti ed alle altre persone eventualmente da lui indicate; analogamente i detenuti e gli internati devono essere tempestivamente informati del decesso o della grave infermità delle persone di cui al comma precedente.

30. Permessi. Nel caso di imminente pericolo di vita di un familiare o di un convivente, ai condannati e agli internati può essere concesso dal magistrato di sorveglianza il permesso di recarsi a visitare, con le cautele previste dal regolamento l'infermo. Agli imputati il permesso è concesso dall'autorità giudiziaria competente a disporre il trasferimento in luoghi esterni di cura ai sensi dell'articolo 11.

Analoghi permessi possono essere concessi eccezionalmente per eventi familiari di particolare gravità.

Il detenuto che non rientra in istituto allo scadere del permesso senza giustificato motivo, se l'assenza si protrae per oltre tre ore e per non più di dodici, è punito in via disciplinare; se l'assenza si protrae per un tempo maggiore, è punibile a norma del primo comma dell'articolo 385 del codice penale ed è applicabile la disposizione dell'ultimo capoverso dello stesso articolo.

L'internato che rientra in istituto dopo tre ore dalla scadenza del permesso senza giustificato motivo è punito in via disciplinare.

30 *bis*. Provvedimenti e reclami in materia di permessi. Prima di pronunciarsi sull'istanza di permesso, l'autorità competente deve assumere informazioni sulla sussistenza dei motivi addotti, a mezzo delle autorità di pubblica sicurezza, anche del luogo in cui l'istante chiede di recarsi. Nel caso di detenuti per uno dei delitti previsti dall'articolo 51, commi 3 *bis* e 3 *quater*, del codice di procedura penale, l'autorità competente, prima di pronunciarsi, chiede altresì il parere del procuratore della Repubblica presso il Tribunale del capoluogo del distretto ove è stata pronunciata la sentenza di condanna o ove ha sede il giudice che procede e, nel caso di detenuti sottoposti al regime previsto dall'articolo 41 *bis*, anche quello del procuratore nazionale antimafia e antiterrorismo in ordine all'attualità dei collegamenti con la criminalità organizzata ed alla pericolosità del soggetto. Salvo ricorrano esigenze di motivata eccezionale urgenza, il permesso non può essere concesso prima di ventiquattro ore dalla richiesta dei predetti pareri.

La decisione sull'istanza è adottata con provvedimento motivato.

Il provvedimento è comunicato immediatamente senza formalità, anche a mezzo del telegrafo o del telefono, al pubblico ministero e all'interessato, i quali, entro ventiquattro ore dalla comunicazione, possono proporre reclamo, se il provvedimento è stato emesso dal magistrato di sorveglianza, alla sezione di sorveglianza, o, se il provvedimento è stato emesso da altro organo giudiziario, alla corte di appello.

La sezione di sorveglianza o la corte di appello, assunte, se del caso, sommarie informazioni, provvede entro dieci giorni dalla ricezione del reclamo dandone immediata comunicazione ai sensi del comma precedente.

Il magistrato di sorveglianza, o il presidente della corte d'appello, non fa parte del collegio che decide sul reclamo avverso il provvedimento da lui emesso.

Quando per effetto della disposizione contenuta nel precedente comma non è possibile comporre la sezione di sorveglianza con i magistrati di sorveglianza del distretto, si procede all'integrazione della sezione ai sensi dell'articolo 68, terzo e quarto comma.

L'esecuzione del permesso è sospesa sino alla scadenza del termine stabilito dal terzo comma e durante il procedimento previsto dal quarto comma, sino alla scadenza del termine ivi previsto.

Le disposizioni del comma precedente non si applicano ai permessi concessi ai sensi del primo comma dell'articolo 30. In tale caso è obbligatoria la scorta.

Il procuratore generale presso la corte d'appello è informato dei permessi concessi e del relativo esito, con relazione trimestrale dagli organi che li hanno rilasciati e, nel caso, di permessi concessi a detenuti per delitti previsti dall'articolo 51, commi 3 *bis* e 3 *quater*, del codice di procedura penale o a detenuti sottoposti al regime previsto dall'articolo 41 *bis*, ne dà comunicazione, rispettivamente, al procuratore della Repubblica presso il Tribunale del capoluogo del distretto ove è stata pronunciata la sentenza di condanna o ove ha sede il giudice che procede e al procuratore nazionale antimafia e antiterrorismo.

• Corte cost., 53 del 1993, ha dichiarato l'illegittimità costituzionale del presente articolo, nella parte in cui non consente l'applicazione degli artt. 666 e 678 c.p.p. nel procedimento di reclamo avverso il decreto del magistrato di sorveglianza che esclude dal computo della detenzione il periodo trascorso in permesso premio.

30 *ter*. Permessi premio. 1. Ai condannati che hanno tenuto regolare condotta ai sensi del successivo comma 8 e che non risultano socialmente pericolosi, il magistrato di sorveglianza, sentito il direttore dell'istituto, può concedere permessi premio di durata non superiore ogni volta a quindici giorni per consentire di coltivare interessi affettivi, culturali o di lavoro. La durata dei permessi non può superare complessivamente quarantacinque giorni in ciascun anno di espiazione.

1 *bis*. [...]

2. Per i condannati minori di età la durata dei permessi premio non può superare ogni volta i trenta giorni e la durata complessiva non può eccedere i cento giorni in ciascun anno di espiazione.

3. L'esperienza dei permessi premio è parte integrante del programma di trattamento e deve essere seguita dagli educatori e assistenti sociali penitenziari in collaborazione con gli operatori sociali del territorio.

4. La concessione dei permessi è ammessa:

a) nei confronti dei condannati all'arresto o alla reclusione non superiore a quattro anni anche se congiunta all'arresto;

b) nei confronti dei condannati alla reclusione superiore a quattro anni, salvo quanto previsto dalla lettera *c*), dopo l'espiazione di almeno un quarto della pena;

c) nei confronti dei condannati alla reclusione per taluno dei delitti indicati nei commi 1, 1 *ter* e 1 *quater* dell'articolo 4 *bis*, dopo l'espiazione di almeno metà della pena e, comunque, di non oltre dieci anni;

d) nei confronti dei condannati all'ergastolo, dopo l'espiazione di almeno dieci anni.

5. Nei confronti dei soggetti che durante l'espiazione della pena o delle misure restrittive hanno riportato condanna o sono imputati per delitto doloso commesso durante l'espiazione della pena o l'esecuzione di una misura restrittiva della libertà personale, la concessione è ammessa soltanto decorsi due anni dalla commissione del fatto.

6. Si applicano, ove del caso, le cautele previste per i permessi di cui al primo comma dell'articolo 30; si applicano altresì le disposizioni di cui al terzo e al quarto comma dello stesso articolo.

7. Il provvedimento relativo ai permessi premio è soggetto a reclamo al tribunale di sorveglianza, secondo le procedure di cui all'articolo 30 *bis*.

8. La condotta dei condannati si considera regolare quando i soggetti, durante la detenzione, hanno manifestato costante senso di responsabilità e correttezza nel comportamento personale, nelle attività organizzate negli istituti e nelle eventuali attività lavorative o culturali.

• Corte cost., 450 del 1998, ha dichiarato l'illegittimità costituzionale del co. 4 lett. *c* nella parte in cui si riferisce ai minorenni. Corte cost., 227 del 1995, ha dichiarato l'illegittimità costituzionale del co. 4 lett. *d* nella parte in cui non prevede l'ammissione al permesso premio dei condannati alla reclusione militare. Corte cost., 403 del 1997, ha dichiarato l'illegittimità costituzionale del co. 5 nella parte in cui si riferisce ai minorenni. Corte cost., 113 del 2020, ha dichiarato l'illegittimità costituzionale del co. 7 nella parte in cui prevede, mediante rinvio al precedente art. 30 *bis*, che il provvedimento relativo ai permessi premio è soggetto a reclamo al tribunale di sorveglianza entro ventiquattro ore dalla sua comunicazione, anziché prevedere a tal fine il termine di quindici giorni, tanto per l'interessato quanto per il p.m., restando fermo il rinvio alle procedure di cui all'art. 30 *bis* Ord. penit., per ogni profilo diverso dal termine per il reclamo.

30 *quater*. Concessione dei permessi premio ai recidivi. 1. I permessi premio possono essere concessi ai detenuti, ai quali sia stata applicata la recidiva prevista dall'articolo 99, quarto comma, del codice penale, nei seguenti casi previsti dal comma 4 dell'articolo 30 *ter*:

a) alla lettera *a*) dopo l'espiazione di un terzo della pena;

b) alla lettera *b*) dopo l'espiazione della metà della pena;

c) alle lettere *c*) e *d*) dopo l'espiazione di due terzi della pena e, comunque, di non oltre quindici anni.

• Corte cost., 257 del 2006, ha dichiarato l'illegittimità costituzionale del presente articolo nella parte in cui non prevede che il beneficio del permesso premio possa essere concesso sulla base della normativa previgente nei confronti dei condannati che, prima della entrata in vigore della l. 251 del 2005, abbiano raggiunto un grado di rieducazione adeguato al beneficio richiesto.

31. Costituzione delle rappresentanze dei detenuti e degli internati. 1. Le rappresentanze dei detenuti e degli internati previste dagli articoli 9, 12, 20 e 27 sono nominate per sorteggio secondo le modalità indicate dal regolamento interno dell'istituto.

2. Negli istituti penitenziari che ospitano sezioni femminili la rappresentanza comprende anche una detenuta o internata.

Capo IV
Regime penitenziario

32. Norme di condotta dei detenuti e degli internati. Obbligo di risarcimento del danno. I detenuti e gli internati, all'atto del loro ingresso negli istituti e, quando sia necessario, successivamente, sono informati delle disposizioni generali e particolari attinenti ai loro diritti e doveri, alla disciplina e al trattamento.

Essi devono osservare le norme e le disposizioni che regolano la vita penitenziaria.

Nessun detenuto o internato può avere, nei servizi dell'istituto, mansioni che importino un potere disciplinare o consentano la acquisizione di una posizione di preminenza sugli altri.

I detenuti e gli internati devono avere cura degli oggetti messi a loro disposizione e astenersi da qualsiasi danneggiamento di cose altrui.

I detenuti e gli internati che arrecano danno alle cose mobili o immobili dell'amministrazione penitenziaria sono tenuti a risarcirlo senza pregiudizio dell'eventuale procedimento penale e disciplinare.

33. Isolamento. 1. Negli istituti penitenziari l'isolamento continuo è ammesso:

a) quando è prescritto per ragioni sanitarie;

b) durante l'esecuzione della sanzione della esclusione dalle attività in comune;

c) per gli indagati e imputati se vi sono ragioni di cautela processuale; il provvedimento dell'autorità giudiziaria competente indica la durata e le ragioni dell'isolamento.

2. Il regolamento specifica le modalità di esecuzione dell'isolamento.

3. Durante la sottoposizione all'isolamento non sono ammesse limitazioni alle normali condizioni di vita, ad eccezione di quelle funzionali alle ragioni che lo hanno determinato.

4. L'isolamento non preclude l'esercizio del diritto di effettuare colloqui visivi con i soggetti autorizzati.

34. Perquisizione personale. I detenuti e gli internati possono essere sottoposti a perquisizione personale per motivi di sicurezza.

La perquisizione personale deve essere effettuata nel pieno rispetto della personalità.

35. Diritto di reclamo. I detenuti e gli internati possono rivolgere istanze o reclami orali o scritti, anche in busta chiusa:

1) al direttore dell'istituto, al provveditore regionale, al direttore dell'ufficio ispettivo, al capo del dipartimento dell'amministrazione penitenziaria e al Ministro della giustizia;

2) alle autorità giudiziarie e sanitarie in visita all'istituto;

3) al garante nazionale e ai garanti regionali o locali dei diritti dei detenuti;

4) al presidente della giunta regionale;

5) al magistrato di sorveglianza;

6) al Capo dello Stato.

35 *bis*. Reclamo giurisdizionale. 1. Il procedimento relativo al reclamo di cui all'articolo 69, comma 6, si svolge ai sensi degli articoli 666 e 678 del codice di procedura penale. Salvi i casi di manifesta inammissibilità della richiesta a norma dell'articolo 666, comma 2, del codice di procedura penale, il magistrato di sorveglianza fissa la data dell'udienza e ne fa dare avviso, oltre che al soggetto che ha proposto reclamo, anche all'amministrazione interessata, a cui è comunicato contestualmente il reclamo, e che può comparire con un proprio dipendente ovvero trasmettere osservazioni e richieste.

2. Il reclamo di cui all'articolo 69, comma 6, lettera *a),* è proposto nel termine di dieci giorni dalla comunicazione del provvedimento.

3. In caso di accoglimento, il magistrato di sorveglianza, nelle ipotesi di cui all'articolo 69, comma 6, lettera *a)*, dispone l'annullamento del provvedimento di irrogazione della sanzione disciplinare. Nelle ipotesi di cui all'articolo 69, comma 6, lettera *b)*, accertate la sussistenza e l'attualità del pregiudizio, ordina all'amministrazione di porre rimedio.

4. Avverso la decisione del magistrato di sorveglianza è ammesso ricorso per cassazione per violazione di legge, nel termine di quindici giorni dalla notificazione o comunicazione dell'avviso di deposito.

5. In caso di mancata esecuzione del provvedimento non più soggetto ad impugnazione, l'interessato o il suo difensore munito di procura speciale possono richiedere l'ottemperanza al ma-

gistrato di sorveglianza che ha emesso il provvedimento. Si osservano le disposizioni di cui agli articoli 666 e 678 del codice di procedura penale.

6. Il magistrato di sorveglianza, se accoglie la richiesta:

a) ordina l'ottemperanza, indicando modalità e tempi di adempimento, tenuto conto del programma attuativo predisposto dall'amministrazione al fine di dare esecuzione al provvedimento, sempre che detto programma sia compatibile con il soddisfacimento del diritto;

b) dichiara nulli gli eventuali atti in violazione o elusione del provvedimento rimasto ineseguito;

c) [...]

d) nomina, ove occorra, un commissario *ad acta*.

7. Il magistrato di sorveglianza conosce di tutte le questioni relative all'esatta ottemperanza, ivi comprese quelle inerenti agli atti del commissario.

8. Avverso il provvedimento emesso in sede di ottemperanza è sempre ammesso ricorso per cassazione per violazione di legge.

35 *ter*. Rimedi risarcitori conseguenti alla violazione dell'articolo 3 della Convenzione europea per la salvaguardia dei diritti dell'uomo e delle libertà fondamentali nei confronti di soggetti detenuti o internati. 1. Quando il pregiudizio di cui all'articolo 69, comma 6, lett. b), consiste, per un periodo di tempo non inferiore ai quindici giorni, in condizioni di detenzione tali da violare l'articolo 3 della Convenzione per la salvaguardia dei diritti dell'uomo e delle libertà fondamentali, ratificata ai sensi della legge 4 agosto 1955, n. 848, come interpretato dalla Corte europea dei diritti dell'uomo, su istanza presentata dal detenuto, personalmente ovvero tramite difensore munito di procura speciale, il magistrato di sorveglianza dispone, a titolo di risarcimento del danno, una riduzione della pena detentiva ancora da espiare pari, nella durata, a un giorno per ogni dieci durante il quale il richiedente ha subito il pregiudizio.

2. Quando il periodo di pena ancora da espiare è tale da non consentire la detrazione dell'intera misura percentuale di cui al comma 1, il magistrato di sorveglianza liquida altresì al richiedente, in relazione al residuo periodo e a titolo di risarcimento del danno, una somma di denaro pari a euro 8,00 per ciascuna giornata nella quale questi ha subito il pregiudizio. Il magistrato di sorveglianza provvede allo stesso modo nel caso in cui il periodo di detenzione espiato in condizioni non conformi ai criteri di cui all'articolo 3 della Convenzione per la salvaguardia dei diritti dell'uomo e delle libertà fondamentali sia stato inferiore ai quindici giorni.

3. Coloro che hanno subito il pregiudizio di cui al comma 1, in stato di custodia cautelare in carcere non computabile nella determinazione della pena da espiare ovvero coloro che hanno terminato di espiare la pena detentiva in carcere possono proporre azione, personalmente ovvero tramite difensore munito di procura speciale, di fronte al tribunale del capoluogo del distretto nel cui territorio hanno la residenza. L'azione deve essere proposta, a pena di decadenza, entro sei mesi dalla cessazione dello stato di detenzione o della custodia cautelare in carcere. Il tribunale decide in composizione monocratica nelle forme di cui agli articoli 737 e seguenti del codice di procedura civile. Il decreto che definisce il procedimento non è soggetto a reclamo. Il risarcimento del danno è liquidato nella misura prevista dal comma 2.

36. Regime disciplinare. Il regime disciplinare è attuato in modo da stimolare il senso di responsabilità e la capacità di autocontrollo. Esso è adeguato alle condizioni fisiche e psichiche dei soggetti.

Nell'applicazione della sanzione si tiene conto del programma di trattamento in corso.

37. Ricompense. Le ricompense costituiscono il riconoscimento del senso di responsabilità dimostrato nella condotta personale e nelle attività organizzate negli istituti.

Le ricompense e gli organi competenti a concederle sono previsti dal regolamento.

38. Infrazioni disciplinari. I detenuti e gli internati non possono essere puniti per un fatto che non sia espressamente previsto come infrazione dal regolamento.

Nessuna sanzione può essere inflitta se non con provvedimento motivato dopo la contestazione dell'addebito all'interessato, il quale è ammesso ad esporre le proprie discolpe.

Nell'applicazione delle sanzioni bisogna tener conto, oltre che della natura e della gravità del fatto, del comportamento e delle condizioni personali del soggetto.

Le sanzioni sono eseguite nel rispetto della personalità.

39. Sanzioni disciplinari. Le infrazioni disciplinari possono dar luogo solo alle seguenti sanzioni:

1) richiamo del direttore;

2) ammonizione, rivolta dal direttore, alla presenza di appartenenti al personale e di un gruppo di detenuti o internati;

3) esclusione da attività ricreative e sportive per non più di dieci giorni;

4) isolamento durante la permanenza all'aria aperta per non più di dieci giorni;

5) esclusione dalle attività in comune per non più di quindici giorni.

La sanzione della esclusione dalle attività in comune non può essere eseguita senza la certificazione scritta, rilasciata dal sanitario, attestante che il soggetto può sopportarla. Il soggetto escluso dalle attività in comune è sottoposto a costante controllo sanitario.

L'esecuzione della sanzione della esclusione dalle attività in comune è sospesa nei confronti delle donne gestanti e delle puerpere fino a sei mesi, e delle madri che allattino la propria prole fino ad un anno.

40. Autorità competente a deliberare le sanzioni. Le sanzioni del richiamo e della ammonizione sono deliberate dal direttore.

Le altre sanzioni sono deliberate dal consiglio di disciplina, composto dal direttore o, in caso di suo legittimo impedimento, dall'impiegato più elevato in grado con funzioni di presidente, dall'educatore e da un professionista esperto nominato ai sensi dell'articolo 80.

41. Impiego della forza fisica e uso dei mezzi di coercizione. Non è consentito l'impiego della forza fisica nei confronti dei detenuti e degli internati se non sia indispensabile per prevenire o impedire atti di violenza, per impedire tentativi di evasione o per vincere la resistenza, anche passiva, all'esecuzione degli ordini impartiti.

Il personale che, per qualsiasi motivo, abbia fatto uso della forza fisica nei confronti dei detenuti o degli internati, deve immediatamente riferirne al direttore dell'istituto il quale dispone, senza indugio, accertamenti sanitari e procede alle altre indagini del caso.

Non può essere usato alcun mezzo di coercizione fisica che non sia espressamente previsto dal regolamento e, comunque, non vi si può far ricorso a fini disciplinari ma solo al fine di evitare danni a persone o cose o di garantire la incolumità dello stesso soggetto. L'uso deve essere limitato al tempo strettamente necessario e deve essere costantemente controllato dal sanitario.

Gli agenti in servizio nell'interno degli istituti non possono portare armi se non nei casi eccezionali in cui ciò venga ordinato dal direttore.

41 *bis*. Situazioni di emergenza. 1. In casi eccezionali di rivolta o di altre gravi situazioni di emergenza, il Ministro della giustizia ha facoltà di sospendere nell'istituto interessato o in parte di esso l'applicazione delle normali regole di trattamento dei detenuti e degli internati. La sospensione deve essere motivata dalla necessità di ripristinare l'ordine e la sicurezza e ha la durata strettamente necessaria al conseguimento del fine suddetto.

2. Quando ricorrano gravi motivi di ordine e di sicurezza pubblica, anche a richiesta del Ministro dell'interno, il Ministro della giustizia ha altresì la facoltà di sospendere, in tutto o in parte, nei confronti dei detenuti o internati per taluno dei delitti di cui al primo periodo del comma 1 dell'articolo 4 *bis* o comunque per un delitto che sia stato commesso avvalendosi delle condizioni o al fine di agevolare l'associazione di tipo mafioso, in relazione ai quali vi siano elementi tali da far ritenere la sussistenza di collegamenti con un'associazione criminale, terroristica o eversiva, l'applicazione delle regole di trattamento e degli istituti previsti dalla presente legge che possano porsi in concreto contrasto con le esigenze di ordine e di sicurezza. La sospensione comporta le restrizioni necessarie per il soddisfacimento delle predette esigenze e per impedire i colle-

gamenti con l'associazione di cui al periodo precedente. In caso di unificazione di pene concorrenti o di concorrenza di più titoli di custodia cautelare, la sospensione può essere disposta anche quando sia stata espiata la parte di pena o di misura cautelare relativa ai delitti indicati nell'articolo 4 *bis*.

2 *bis*. Il provvedimento emesso ai sensi del comma 2 è adottato con decreto motivato del Ministro della giustizia, anche su richiesta del Ministro dell'interno, sentito l'ufficio del pubblico ministero che procede alle indagini preliminari ovvero quello presso il giudice procedente e acquisita ogni altra necessaria informazione presso la Direzione nazionale antimafia e antiterrorismo, gli organi di polizia centrali e quelli specializzati nell'azione di contrasto alla criminalità organizzata, terroristica o eversiva, nell'ambito delle rispettive competenze. Il provvedimento medesimo ha durata pari a quattro anni ed è prorogabile nelle stesse forme per successivi periodi, ciascuno pari a due anni. La proroga è disposta quando risulta che la capacità di mantenere collegamenti con l'associazione criminale, terroristica o eversiva non è venuta meno, tenuto conto anche del profilo criminale e della posizione rivestita dal soggetto in seno all'associazione, della perdurante operatività del sodalizio criminale, della sopravvenienza di nuove incriminazioni non precedentemente valutate, degli esiti del trattamento penitenziario e del tenore di vita dei familiari del sottoposto. Il mero decorso del tempo non costituisce, di per sé, elemento sufficiente per escludere la capacità di mantenere i collegamenti con l'associazione o dimostrare il venir meno dell'operatività della stessa.

2 *ter*. [...]

2 *quater*. I detenuti sottoposti al regime speciale di detenzione devono essere ristretti all'interno di istituti a loro esclusivamente dedicati, collocati preferibilmente in aree insulari, ovvero comunque all'interno di sezioni speciali e logisticamente separate dal resto dell'istituto e custoditi da reparti specializzati della polizia penitenziaria. La sospensione delle regole di trattamento e degli istituti di cui al comma 2 prevede:

a) l'adozione di misure di elevata sicurezza interna ed esterna, con riguardo principalmente alla necessità di prevenire contatti con l'organizzazione criminale di appartenenza o di attuale riferimento, contrasti con elementi di organizzazioni contrapposte, interazione con altri detenuti o internati appartenenti alla medesima organizzazione ovvero ad altre ad essa alleate;

b) la determinazione dei colloqui nel numero di uno al mese da svolgersi ad intervalli di tempo regolari ed in locali attrezzati in modo da impedire il passaggio di oggetti. Sono vietati i colloqui con persone diverse dai familiari e conviventi, salvo casi eccezionali determinati volta per volta dal direttore dell'istituto ovvero, per gli imputati fino alla pronuncia della sentenza di primo grado, dall'autorità giudiziaria competente ai sensi di quanto stabilito nel secondo comma dell'articolo 11. I colloqui vengono sottoposti a controllo auditivo ed a registrazione, previa motivata autorizzazione dell'autorità giudiziaria competente ai sensi del medesimo secondo comma dell'articolo 11; solo per coloro che non effettuano colloqui può essere autorizzato, con provvedimento motivato del direttore dell'istituto ovvero, per gli imputati fino alla pronuncia della sentenza di primo grado, dall'autorità giudiziaria competente ai sensi di quanto stabilito nel secondo comma dell'articolo 11, e solo dopo i primi sei mesi di applicazione, un colloquio telefonico mensile con i familiari e conviventi della durata massima di dieci minuti sottoposto, comunque, a registrazione. I colloqui sono comunque videoregistrati. Le disposizioni della presente lettera non si applicano ai colloqui con i difensori con i quali potrà effettuarsi, fino ad un massimo di tre volte alla settimana, una telefonata o un colloquio della stessa durata di quelli previsti con i familiari;

c) la limitazione delle somme, dei beni e degli oggetti che possono essere ricevuti dall'esterno;

d) l'esclusione dalle rappresentanze dei detenuti e degli internati;

e) la sottoposizione a visto di censura della corrispondenza, salvo quella con i membri del Parlamento o con autorità europee o nazionali aventi competenza in materia di giustizia;

f) la limitazione della permanenza all'aperto, che non può svolgersi in gruppi superiori a quattro persone, ad una durata non superiore a due ore al giorno fermo restando il limite minimo di cui al primo comma dell'articolo 10. Saranno inoltre adottate tutte le necessarie misure di sicurezza, anche attraverso accorgimenti di natura logistica sui locali di detenzione, volte a garantire che sia assicurata la assoluta impossibilità di comunicare tra detenuti appartenenti a diversi gruppi di socialità, scambiare oggetti e cuocere cibi.

2 *quater*.1. Il Garante nazionale dei diritti delle persone detenute o private della libertà personale, quale meccanismo nazionale di prevenzione (NPM) secondo il Protocollo opzionale alla Convenzione delle Nazioni Unite contro la tortura e altri trattamenti o pene crudeli, inumani o degradanti, fatto a New York il 18 dicembre 2002, ratificato e reso esecutivo ai sensi della legge 9 novembre 2012, n. 195, accede senza limitazione alcuna all'interno delle sezioni speciali degli istituti incontrando detenuti ed internati sottoposti al regime speciale di cui al presente articolo e svolge con essi colloqui visivi riservati senza limiti di tempo, non sottoposti a controllo auditivo o a videoregistrazione e non computati ai fini della limitazione dei colloqui personali di cui al comma 2 *quater*.

2 *quater*.2. I garanti regionali dei diritti dei detenuti, comunque denominati, accedono, nell'ambito del territorio di competenza, all'interno delle sezioni speciali degli istituti incontrando detenuti ed internati sottoposti al regime speciale di cui al presente articolo e svolgono con essi colloqui visivi esclusivamente videoregistrati, che non sono computati ai fini della limitazione dei colloqui personali di cui al comma 2 *quater*.

2 *quater*.3. I garanti comunali, provinciali o delle aree metropolitane dei diritti dei detenuti, comunque denominati, nell'ambito del territorio di propria competenza, accedono esclusivamente in visita accompagnata agli istituti ove sono ristretti i detenuti di cui al presente articolo. Tale visita è consentita solo per verificare le condizioni di vita dei detenuti. Non sono consentiti colloqui visivi con i detenuti sottoposti al regime speciale di cui al presente articolo.

2 *quinquies*. Il detenuto o l'internato nei confronti del quale è stata disposta o prorogata l'applicazione del regime di cui al comma 2, ovvero il difensore, possono proporre reclamo avverso il procedimento applicativo. Il reclamo è presentato nel termine di venti giorni dalla comunicazione del provvedimento e su di esso è competente a decidere il tribunale di sorveglianza di Roma. Il reclamo non sospende l'esecuzione del provvedimento.

2 *sexies*. Il tribunale, entro dieci giorni dal ricevimento del reclamo di cui al comma 2 *quinquies*, decide in camera di consiglio, nelle forme previste dagli articoli 666 e 678 del codice di procedura penale, sulla sussistenza dei presupposti per l'adozione del provvedimento. All'udienza le funzioni di pubblico ministero possono essere altresì svolte da un rappresentante dell'ufficio del procuratore della Repubblica di cui al comma 2 *bis* o del procuratore nazionale antimafia e antiterrorismo. Il procuratore nazionale antimafia e antiterrorismo, il procuratore di cui al comma 2 *bis*, il procuratore generale presso la corte d'appello, il detenuto, l'internato o il difensore possono proporre, entro dieci giorni dalla sua comunicazione, ricorso per cassazione avverso l'ordinanza del tribunale per violazione di legge. Il ricorso non sospende l'esecuzione del provvedimento ed è trasmesso senza ritardo alla Corte di cassazione. Se il reclamo viene accolto, il Ministro della giustizia, ove intenda disporre un nuovo provvedimento ai sensi del comma 2, deve, tenendo conto della decisione del tribunale di sorveglianza, evidenziare elementi nuovi o non valutati in sede di reclamo.

2 *septies*. Per la partecipazione del detenuto o dell'internato all'udienza si applicano le disposizioni di cui all'articolo 146 *bis* delle norme di attuazione, di coordinamento e transitorie del codice di procedura penale, di cui al decreto legislativo 28 luglio 1989, n. 271.

• Corte cost., 143 del 2013, ha dichiarato l'illegittimità costituzionale dell'ultimo periodo della lett. *b* del co. 2 *quater* «limitatamente alle parole "con i quali potrà effettuarsi, fino ad un massimo di tre volte alla settimana, una telefonata o un colloquio della stessa durata di quelli previsti con i familiari"». Corte cost., 186 del 2018, ha dichiarato l'illegittimità costituzionale della lett. *f*, limitatamente alle parole "e cuocere cibi". Corte cost., 97 del 2020, ha dichiarato l'illegittimità costituzionale del co. 2 *quater* lett. *f* nella parte in cui prevede l'adozione delle necessarie misure di sicurezza volte a garantire che sia assicurata «la assoluta impossibilità di comunicare tra detenuti appartenenti a diversi gruppi di socialità, scambiare oggetti» anziché «la assoluta impossibilità di comunicare e scambiare oggetti tra detenuti appartenenti a diversi gruppi di socialità». Corte cost., 18 del 2022, ha dichiarato l'illegittimità costituzionale del co. 2 *quater* lett. *e*, «nella parte in cui non esclude dalla sottoposizione a visto di censura la corrispondenza intrattenuta con i difensori».

42. Trasferimenti. I trasferimenti sono disposti per gravi e comprovati motivi di sicurezza, per esigenze dell'istituto, per motivi di giustizia, di salute, di studio e familiari.

Nel disporre i trasferimenti i soggetti sono comunque destinati agli istituti più vicini alla loro dimora o a quella della loro famiglia ovvero al loro centro di riferimento sociale, da individuarsi tenuto conto delle ragioni di studio, di formazione, di lavoro o salute. L'amministrazione penitenziaria dà conto delle ragioni che ne giustificano la deroga.

I detenuti e gli internati debbono essere trasferiti con il bagaglio personale e con almeno parte del loro peculio.

Sulla richiesta di trasferimento da parte dei detenuti e degli internati per ragioni di studio, di formazione, di lavoro, di salute o familiari l'amministrazione penitenziaria provvede, con atto motivato, entro sessanta giorni.

42 *bis*. Traduzioni. 1. Sono traduzioni tutte le attività di accompagnamento coattivo, da un luogo ad un altro, di soggetti detenuti, internati, fermati, arrestati o comunque in condizione di restrizione della libertà personale.

2. Le traduzioni dei detenuti e degli internati adulti sono eseguite, nel tempo più breve possibile, dal Corpo di polizia penitenziaria, con le modalità stabilite dalle leggi e dai regolamenti e, se trattasi di donne, con l'assistenza di personale femminile.

3. Le traduzioni di soggetti che rientrano nella competenza dei servizi dei centri per la giustizia minorile possono essere richieste, nelle sedi in cui non sono disponibili contingenti del Corpo di polizia penitenziaria assegnati al settore minorile, ad altre forze di polizia.

4. Nelle traduzioni sono adottate le opportune cautele per proteggere i soggetti tradotti dalla curiosità del pubblico e da ogni specie di pubblicità, nonché per evitare ad essi inutili disagi. L'inosservanza della presente disposizione costituisce comportamento valutabile ai fini disciplinari.

5. Nelle traduzioni individuali l'uso delle manette ai polsi è obbligatorio quando lo richiedono la pericolosità del soggetto o il pericolo di fuga o circostanze di ambiente che rendono difficile la traduzione. In tutti gli altri casi l'uso delle manette ai polsi o di qualsiasi altro mezzo di coercizione fisica è vietato. Nel caso di traduzioni individuali di detenuti o internati la valutazione della pericolosità del soggetto o del pericolo di fuga è compiuta, all'atto di disporre la traduzione, dall'autorità giudiziaria o dalla direzione penitenziaria competente, le quali dettano le conseguenti prescrizioni.

6. Nelle traduzioni collettive è sempre obbligatorio l'uso di manette modulari multiple dei tipi definiti con decreto ministeriale. È vietato l'uso di qualsiasi altro mezzo di coercizione fisica.

7. Nelle traduzioni individuali e collettive è consentito, nei casi indicati dal regolamento, l'uso di abiti civili. Le traduzioni dei soggetti di cui al comma 3 sono eseguite, di regola, in abiti civili.

43. Dimissione. La dimissione dei detenuti e degli internati è eseguita senza indugio dalla direzione dell'istituto in base ad ordine scritto della competente autorità giudiziaria o di pubblica sicurezza.

Il direttore dell'istituto dà notizia della prevista dimissione, almeno tre mesi prima, al consiglio di aiuto sociale e al centro di servizio sociale del luogo in cui ha sede l'istituto ed a quelli del luogo dove il soggetto intende stabilire la sua residenza, comunicando tutti i dati necessari per gli opportuni interventi assistenziali. Nel caso in cui il momento della dimissione non possa essere previsto tre mesi prima, il direttore dà le prescritte notizie non appena viene a conoscenza della relativa decisione.

Oltre a quanto stabilito da specifiche disposizioni di legge, il direttore informa anticipatamente il magistrato di sorveglianza, il questore e l'ufficio di polizia territorialmente competente di ogni dimissione anche temporanea dall'istituto.

Il consiglio di disciplina dell'istituto, all'atto della dimissione o successivamente, rilascia al soggetto, che lo richieda, un attestato con l'eventuale qualificazione professionale conseguita e notizie obiettive circa la condotta tenuta.

I soggetti, che ne sono privi, vengono provvisti di un corredo di vestiario civile.

44. Nascite, matrimoni, decessi. Negli atti di stato civile relativi ai matrimoni celebrati e alle nascite e morti avvenute in istituti di prevenzione e di pena non si fa menzione dell'istituto.

La direzione dell'istituto deve dare immediata notizia del decesso di un detenuto o di un internato all'autorità giudiziaria del luogo, a quella da cui il soggetto dipendeva e al Ministero della giustizia.

La salma è messa immediatamente a disposizione dei congiunti.

Capo V
Assistenza

45. Assistenza alle famiglie e aiuti economico-sociali. Il trattamento dei detenuti e degli internati è integrato da un'azione di assistenza alle loro famiglie.

Tale azione è rivolta anche a conservare e migliorare le relazioni dei soggetti con i familiari e a rimuovere le difficoltà che possono ostacolarne il reinserimento sociale.

È utilizzata, all'uopo, la collaborazione degli enti pubblici e privati qualificati nell'assistenza sociale.

Ai fini della realizzazione degli obiettivi indicati dall'articolo 3, commi 2 e 3, della legge 8 novembre 2000, n. 328, il detenuto o l'internato privo di residenza anagrafica è iscritto, su segnalazione del direttore, nei registri della popolazione residente del comune dove è ubicata la struttura. Al condannato è richiesto di optare tra il mantenimento della precedente residenza anagrafica e quella presso la struttura ove è detenuto o internato. L'opzione può essere in ogni tempo modificata.

46. Assistenza post penitenziaria. I detenuti e gli internati ricevono un particolare aiuto nel periodo di tempo che immediatamente precede la loro dimissione e per un congruo periodo a questa successivo.

Il definitivo reinserimento nella vita libera è agevolato da interventi di servizio sociale svolti anche in collaborazione con gli enti indicati nell'articolo precedente.

I dimessi affetti da gravi infermità fisiche o da infermità o anormalità psichiche sono segnalati, per la necessaria assistenza, anche agli organi preposti alla tutela della sanità pubblica.

Coloro che hanno terminato l'espiazione della pena o che non sono più sottoposti a misura di sicurezza detentiva e che versano in stato di disoccupazione ai sensi dell'articolo 19 del decreto legislativo 14 settembre 2015, n. 150, accedono, nei limiti delle risorse disponibili a legislazione vigente, all'assegno di ricollocazione di cui all'articolo 23 del citato decreto, se ne fanno richiesta nel termine di sei mesi dalla data della dimissione.

Capo VI
Misure alternative alla detenzione e remissione del debito

47. Affidamento in prova al servizio sociale. 1. Se la pena detentiva inflitta non supera tre anni, il condannato può essere affidato al servizio sociale fuori dell'istituto per un periodo uguale a quello della pena da scontare.

2. Il provvedimento è adottato sulla base dei risultati della osservazione della personalità, condotta collegialmente per almeno un mese in istituto, se il soggetto è recluso, e mediante l'intervento dell'ufficio di esecuzione penale esterna, se l'istanza è proposta da soggetto in libertà, nei casi in cui si può ritenere che il provvedimento stesso, anche attraverso le prescrizioni di cui al comma 5, contribuisca alla rieducazione del reo e assicuri la prevenzione del pericolo che egli commetta altri reati.

3. L'affidamento in prova al servizio sociale può essere disposto senza procedere all'osservazione in istituto quando il condannato, dopo la commissione del reato, ha serbato comportamento tale da consentire il giudizio di cui al comma 2.

3 *bis*. L'affidamento in prova può, altresì, essere concesso al condannato che deve espiare una pena, anche residua, non superiore a quattro anni di detenzione, quando abbia serbato, quantomeno nell'anno precedente alla presentazione della richiesta, trascorso in espiazione di pena, in esecuzione di una misura cautelare ovvero in libertà, un comportamento tale da consentire il giudizio di cui al comma 2.

3 *ter*. L'affidamento in prova può altresì essere concesso al condannato alle pene sostitutive della semilibertà sostitutiva o della detenzione domiciliare sostitutiva previste dalla legge 24 novembre 1981, n. 689, dopo l'espiazione di almeno metà della pena, quando il condannato abbia serbato un comportamento tale per cui l'affidamento in prova appaia più idoneo alla sua rieducazione e assicuri comunque la prevenzione del pericolo di commissione di altri reati. Il tribunale di sorveglianza procede ai sensi dell'articolo 678, comma 1 *ter*, del codice di procedura penale, in quanto compatibile.

4. L'istanza di affidamento in prova al servizio sociale è proposta, dopo che ha avuto inizio l'esecuzione della pena, al tribunale di sorveglianza competente in relazione al luogo dell'esecuzione. Quando sussiste un grave pregiudizio derivante dalla protrazione dello stato di detenzione, l'istanza può essere proposta al magistrato di sorveglianza competente in relazione al luogo di detenzione. Il magistrato di sorveglianza, quando sono offerte concrete indicazioni in ordine alla sussistenza dei presupposti per l'ammissione all'affidamento in prova e al grave pregiudizio derivante dalla protrazione dello stato di detenzione e non vi sia pericolo di fuga, dispone la liberazione del condannato e l'applicazione provvisoria dell'affidamento in prova con ordinanza. L'ordinanza conserva efficacia fino alla decisione del tribunale di sorveglianza, cui il magistrato trasmette immediatamente gli atti, che decide entro sessanta giorni.

5. All'atto dell'affidamento è redatto verbale in cui sono dettate le prescrizioni che il soggetto dovrà seguire in ordine ai suoi rapporti con il servizio sociale, alla dimora, alla libertà di locomozione, al divieto di frequentare determinati locali ed al lavoro.

6. Con lo stesso provvedimento può essere disposto che durante tutto o parte del periodo di affidamento in prova il condannato non soggiorni in uno o più comuni, o soggiorni in un comune determinato; in particolare sono stabilite prescrizioni che impediscano al soggetto di svolgere attività o di avere rapporti personali che possono portare al compimento di altri reati.

7. Nel verbale deve anche stabilirsi che l'affidato si adoperi in quanto possibile in favore della vittima del suo reato ed adempia puntualmente agli obblighi di assistenza familiare.

8. Nel corso dell'affidamento le prescrizioni possono essere modificate dal magistrato di sorveglianza. Le deroghe temporanee alle prescrizioni sono autorizzate, su proposta del direttore dell'ufficio di esecuzione penale esterna, dal magistrato di sorveglianza, anche in forma orale nei casi di urgenza.

9. Il servizio sociale controlla la condotta del soggetto e lo aiuta a superare le difficoltà di adattamento alla vita sociale, anche mettendosi in relazione con la sua famiglia e con gli altri suoi ambienti di vita.

10. Il servizio sociale riferisce periodicamente al magistrato di sorveglianza sul comportamento del soggetto.

11. L'affidamento è revocato qualora il comportamento del soggetto, contrario alla legge o alle prescrizioni dettate, appaia incompatibile con la prosecuzione della prova.

12. L'esito positivo del periodo di prova estingue la pena detentiva ed ogni altro effetto penale, ad eccezione delle pene accessorie perpetue. A tali fini è valutato anche lo svolgimento di un programma di giustizia riparativa e l'eventuale esito riparativo. Il tribunale di sorveglianza, qualora l'interessato si trovi in disagiate condizioni economiche e patrimoniali, può dichiarare estinta anche la pena pecuniaria che non sia stata già riscossa ovvero la pena sostitutiva nella quale sia stata convertita la pena pecuniaria non eseguita.

12 *bis*. All'affidato in prova al servizio sociale che abbia dato prova nel periodo di affidamento di un suo concreto recupero sociale, desumibile da comportamenti rivelatori del positivo evolversi della sua personalità, può essere concessa la detrazione di pena di cui all'articolo 54. Si applicano gli articoli 69, comma 8, e 69 *bis* nonché l'articolo 54, comma 3.

• Corte cost., 78 del 2007, ha dichiarato costituzionalmente illegittimi gli artt. 47, 48 e 50, ove interpretati nel senso che allo straniero extracomunitario, entrato illegalmente nel territorio dello Stato o privo del permesso di soggiorno, sia in ogni caso precluso l'accesso alle misure alternative da essi previste. Corte cost., 343 del 1987, ha dichiarato costituzionalmente illegittimo il co. 10 «nella parte in cui – in caso di revoca del provvedimento di ammissione all'affidamento in prova per comportamento incompatibile con la prosecuzione della prova – non consente al tribunale di sorveglianza di determinare la residua pena detentiva da espiare, tenuto conto della durata delle limitazioni patite del condannato e del suo comportamento durante il trascorso periodo di affidamento in prova». Il co. 3 *ter* è stato inserito dal d. lgs. 10.10.2022, n. 150, che ha anche modificato il co. 12. Ai sensi dell'art. 92 co. 2 *bis* d. lgs. 150 del 2022, come modificato dal d.l. 31.10.2022, n. 162, conv., con modif., dalla l. 30.12.2022, n. 199, le interpolazioni apportate al co. 12 si applicano nei procedimenti penali e nella fase dell'esecuzione della pena decorsi sei mesi dalla data di entrata in vigore del presente decreto.

47 *bis*. Affidamento in prova in casi particolari. [...]

47 *ter*. Detenzione domiciliare. 01. La pena della reclusione per qualunque reato, ad eccezione di quelli previsti dal libro II, titolo XII, capo III, sezione I, e dagli articoli 609 *bis*, 609 *quater* e 609 *octies* del codice penale, dell'articolo 51, comma 3 *bis*, del codice di procedura penale e dall'articolo 4 *bis* della presente legge, può essere espiata nella propria abitazione o in altro luogo pubblico di cura, assistenza ed accoglienza, quando trattasi di persona che, al momento dell'inizio dell'esecuzione della pena, o dopo l'inizio della stessa, abbia compiuto i settanta anni di età purché non sia stato dichiarato delinquente abituale, professionale o per tendenza né sia stato mai condannato con l'aggravante di cui all'articolo 99 del codice penale.

1. La pena della reclusione non superiore a quattro anni, anche se costituente parte residua di maggior pena, nonché la pena dell'arresto, possono essere espiate nella propria abitazione o in altro luogo di privata dimora ovvero in luogo pubblico di cura, assistenza o accoglienza ovvero, nell'ipotesi di cui alla lettera *a*), in case famiglia protette, quando trattasi di:

a) donna incinta o madre di prole di età inferiore ad anni dieci con lei convivente;

b) padre, esercente la responsabilità genitoriale, di prole di età inferiore ad anni dieci con lui convivente, quando la madre sia deceduta o altrimenti assolutamente impossibilitata a dare assistenza alla prole;

c) persona in condizioni di salute particolarmente gravi, che richiedano costanti contatti con i presidi sanitari territoriali;

d) persona di età superiore a sessanta anni, se inabile anche parzialmente;

e) persona minore di anni ventuno per comprovate esigenze di salute, di studio, di lavoro e di famiglia.

1.1. [...]

1 *bis*. La detenzione domiciliare può essere applicata per l'espiazione della pena detentiva inflitta in misura non superiore a due anni, anche se costituente parte residua di maggior pena, indipendentemente dalle condizioni di cui al comma 1 quando non ricorrono i presupposti per l'affidamento in prova al servizio sociale e sempre che tale misura sia idonea ad evitare il pericolo che il condannato commetta altri reati. La presente disposizione non si applica ai condannati per i reati di cui all'articolo 4 *bis*.

1 *ter*. Quando potrebbe essere disposto il rinvio obbligatorio o facoltativo della esecuzione della pena ai sensi degli articoli 146 e 147 del codice penale, il tribunale di sorveglianza, anche se la pena supera il limite di cui al comma 1, può disporre la applicazione della detenzione domiciliare, stabilendo un termine di durata di tale applicazione, termine che può essere prorogato. L'esecuzione della pena prosegue durante la esecuzione della detenzione domiciliare.

1 *quater*. L'istanza di applicazione della detenzione domiciliare è rivolta, dopo che ha avuto inizio l'esecuzione della pena, al tribunale di sorveglianza competente in relazione al luogo di esecuzione. Nei casi in cui vi sia un grave pregiudizio derivante dalla protrazione dello stato di detenzione, l'istanza di detenzione domiciliare di cui ai precedenti commi 01, 1, 1 *bis* e 1 *ter* è rivolta al magistrato di sorveglianza che può disporre l'applicazione provvisoria della misura. Si applicano, in quanto compatibili, le disposizioni di cui all'articolo 47, comma 4.

1 *quinquies*. Nei confronti dei detenuti per uno dei delitti previsti dall'articolo 51, comma 3 *bis* e 3 *quater* del codice di procedura penale o sottoposti al regime previsto dall'articolo 41 *bis*, il tribunale o il magistrato di sorveglianza, prima di provvedere in ordine al rinvio dell'esecuzione della pena ai sensi degli articoli 146 o 147 del codice penale con applicazione della detenzione domiciliare, ai sensi del comma 1 *ter*, o alla sua proroga, chiede il parere del procuratore della Repubblica presso il tribunale del capoluogo del distretto ove è stata pronunciata la sentenza di condanna e, nel caso di detenuti sottoposti al regime previsto dall'articolo 41 *bis*, anche quello del Procuratore nazionale antimafia e antiterrorismo in ordine all'attualità dei collegamenti con la criminalità organizzata ed alla pericolosità del soggetto. I pareri sono resi al magistrato di sorveglianza e al tribunale di sorveglianza nel termine, rispettivamente, di due giorni e di quindici giorni dalla richiesta. Salvo che ricorrano esigenze di motivata eccezionale urgenza, il tribunale o il magistrato di sorveglianza non possono provvedere prima del decorso dei predetti termini.

2. [...]

3. [...]

4. Il tribunale di sorveglianza, nel disporre la detenzione domiciliare, ne fissa le modalità secondo quanto stabilito dall'articolo 284 del codice di procedura penale. Determina e impartisce altresì le disposizioni per gli interventi del servizio sociale. Tali prescrizioni e disposizioni possono essere modificate dal magistrato di sorveglianza competente per il luogo in cui si svolge la detenzione domiciliare.

4 *bis*. [...]

5. Il condannato nei confronti del quale è disposta la detenzione domiciliare non è sottoposto al regime penitenziario previsto dalla presente legge e dal relativo regolamento di esecuzione. Nessun onere grava sull'amministrazione penitenziaria per il mantenimento, la cura e l'assistenza medica del condannato che trovasi in detenzione domiciliare.

6. La detenzione domiciliare è revocata se il comportamento del soggetto, contrario alla legge o alle prescrizioni dettate, appare incompatibile con la prosecuzione delle misure.

7. Deve essere inoltre revocata quando vengono a cessare le condizioni previste nei commi 1,1 *bis* e 1 *ter*.

8. Il condannato che, essendo in stato di detenzione nella propria abitazione o in un altro dei luoghi indicati nel comma 1, se ne allontana, è punito ai sensi dell'articolo 385 del codice penale. Si applica la disposizione dell'ultimo comma dello stesso articolo.

9. La condanna per il delitto di cui al comma 8, salvo che il fatto non sia di lieve entità, importa la revoca del beneficio.

9 *bis*. Se la misura di cui al comma 1 *bis* è revocata ai sensi dei commi precedenti la pena residua non può essere sostituita con altra misura.

• Corte cost., 177 del 2009, ha dichiarato costituzionalmente illegittimi la seconda parte della lett. *a* del co. 1 e il co. 8 «nella parte in cui non limitano la punibilità ai sensi dell'articolo 385 del codice penale al solo allontanamento che si protragga per più di dodici ore, come stabilito dall'articolo 47 *sexies* comma 2 sul presupposto, di cui all'art. 47 *quinquies* comma 1, che non sussista un concreto pericolo di commissione di ulteriori delitti».

• Corte cost., 211 del 2018, ha dichiarato l'illegittimità costituzionale dell'art. 47 *ter* co. 1 lett. *b*, e 8, «nella parte in cui non limita la punibilità ai sensi dell'art. 385 del codice penale al solo allontanamento che si protragga per più di dodici ore, come stabilito dall'art. 47 *sexies*, commi 2 e 4, della suddetta legge n. 354 del 1975, sul presupposto, di cui all'art. 47 *quinquies*, comma 1, della medesima legge, che non sussista un concreto pericolo di commissione di ulteriori delitti». Corte cost., 99 del 2019, ha dichiarato l'illegittimità costituzionale dell'art. 47 *ter* co. 1 *ter* l. 26.7.1975, n. 354 «nella parte in cui non prevede che, nell'ipotesi di grave infermità psichica sopravvenuta, il tribunale di sorveglianza possa disporre l'applicazione al condannato della detenzione domiciliare anche in deroga ai limiti di cui al comma 1 del medesimo art. 47 *ter*». Corte cost., 56 del 2021, ha dichiarato l'illegittimità costituzionale dell'art. 47 *ter* co. 01, limitatamente alle parole «né sia stato mai condannato con l'aggravante di cui all'articolo 99 del codice penale».

47 *quater*. Misure alternative alla detenzione nei confronti dei soggetti affetti da AIDS conclamata o da grave deficienza immunitaria. 1. Le misure previste dagli articoli 47 e 47 *ter* possono essere applicate, anche oltre i limiti di pena ivi previsti, su istanza dell'interessato o del suo difensore, nei confronti di coloro che sono affetti da AIDS conclamata o da grave deficienza immunitaria accertate ai sensi dell'articolo 286 *bis*, comma 2, del codice di procedura penale e che hanno in corso o intendono intraprendere un programma di cura e assistenza presso le unità operative di malattie infettive ospedaliere ed universitarie o altre unità operative prevalentemente impegnate secondo i piani regionali nell'assistenza ai casi di AIDS.

2. L'istanza di cui al comma 1 deve essere corredata da certificazione del servizio sanitario pubblico competente o del servizio sanitario penitenziario, che attesti la sussistenza delle condizioni di salute ivi indicate e la concreta attuabilità del programma di cura e assistenza, in corso o da effettuare, presso le unità operative di malattie infettive, ospedaliere ed universitarie o altre unità operative prevalentemente impegnate secondo i piani regionali nell'assistenza ai casi di AIDS.

3. Le prescrizioni da impartire per l'esecuzione della misura alternativa devono contenere anche quelle relative alle modalità di esecuzione del programma.

4. In caso di applicazione della misura della detenzione domiciliare, i centri di servizio sociale per adulti svolgono l'attività di sostegno e controllo circa l'attuazione del programma.

5. Nei casi previsti dal comma 1, il giudice può non applicare la misura alternativa qualora l'interessato abbia già fruito di analoga misura e questa sia stata revocata da meno di un anno.

6. Il giudice può revocare la misura alternativa disposta ai sensi del comma 1 qualora il soggetto risulti imputato o sia stato sottoposto a misura cautelare per uno dei delitti previsti dall'articolo 380 del codice di procedura penale, relativamente a fatti commessi successivamente alla concessione del beneficio.

7. Il giudice, quando non applica o quando revoca la misura alternativa per uno dei motivi di cui ai commi 5 e 6, ordina che il soggetto sia detenuto presso un istituto carcerario dotato di reparto attrezzato per la cura e l'assistenza necessarie.

8. Per quanto non diversamente stabilito dal presente articolo si applicano le disposizioni dell'articolo 47 *ter*.

9. Ai fini del presente articolo non si applica il divieto di concessione dei benefici previsto dall'articolo 4 *bis*, fermi restando gli accertamenti previsti dai commi 2, 2 *bis* e 3 dello stesso articolo.

10. Le disposizioni del presente articolo si applicano anche alle persone internate.

47 *quinquies*. Detenzione domiciliare speciale. 1. Quando non ricorrono le condizioni di cui all'articolo 47 *ter*, le condannate madri di prole di età non superiore ad anni dieci, se non sussiste un concreto pericolo di commissione di ulteriori delitti e se vi è la possibilità di ripristinare la convivenza con i figli, possono essere ammesse ad espiare la pena nella propria abitazione, o in altro luogo di privata dimora, ovvero in luogo di cura, assistenza o accoglienza, al fine di provvedere alla cura e alla assistenza dei figli, dopo l'espiazione di almeno un terzo della pena ovvero dopo l'espiazione di almeno quindici anni nel caso di condanna all'ergastolo, secondo le modalità di cui al comma 1 *bis*.

1 *bis*. Salvo che nei confronti delle madri condannate per taluno dei delitti indicati nell'articolo 4 *bis*, l'espiazione di almeno un terzo della pena o di almeno quindici anni, prevista dal comma 1 del presente articolo, può avvenire presso un istituto a custodia attenuata per detenute madri ovvero, se non sussiste un concreto pericolo di commissione di ulteriori delitti o di fuga, nella propria abitazione, o in altro luogo di privata dimora, ovvero in luogo di cura, assistenza o accoglienza, al fine di provvedere alla cura e all'assistenza dei figli. In caso di impossibilità di espiare la pena nella propria abitazione o in altro luogo di privata dimora, la stessa può essere espiata nelle case famiglia protette, ove istituite.

2. Per la condannata nei cui confronti è disposta la detenzione domiciliare speciale, nessun onere grava sull'amministrazione penitenziaria per il mantenimento, la cura e l'assistenza medica della condannata che si trovi in detenzione domiciliare speciale.

3. Il tribunale di sorveglianza, nel disporre la detenzione domiciliare speciale, fissa le modalità di attuazione, secondo quanto stabilito dall'articolo 284, comma 2, del codice di procedura penale,

precisa il periodo di tempo che la persona può trascorrere all'esterno del proprio domicilio, detta le prescrizioni relative agli interventi del servizio sociale. Tali prescrizioni e disposizioni possono essere modificate dal magistrato di sorveglianza competente per il luogo in cui si svolge la misura. Si applica l'articolo 284, comma 4, del codice di procedura penale.

4. All'atto della scarcerazione è redatto verbale in cui sono dettate le prescrizioni che il soggetto deve seguire nei rapporti con il servizio sociale.

5. Il servizio sociale controlla la condotta del soggetto e lo aiuta a superare le difficoltà di adattamento alla vita sociale, anche mettendosi in relazione con la sua famiglia e con gli altri suoi ambienti di vita; riferisce periodicamente al magistrato di sorveglianza sul comportamento del soggetto.

6. La detenzione domiciliare speciale è revocata se il comportamento del soggetto, contrario alla legge o alle prescrizioni dettate, appare incompatibile con la prosecuzione della misura.

7. La detenzione domiciliare speciale può essere concessa, alle stesse condizioni previste per la madre, anche al padre detenuto, se la madre è deceduta o impossibilitata e non vi è modo di affidare la prole ad altri che al padre.

8. Al compimento del decimo anno di età del figlio, su domanda del soggetto già ammesso alla detenzione domiciliare speciale, il tribunale di sorveglianza può:

a) disporre la proroga del beneficio, se ricorrono i requisiti per l'applicazione della semilibertà di cui all'articolo 50, commi 2, 3 e 5;

b) disporre l'ammissione all'assistenza all'esterno dei figli minori di cui all'articolo 21 *bis*, tenuto conto del comportamento dell'interessato nel corso della misura, desunto dalle relazioni redatte dal servizio sociale, ai sensi del comma 5, nonché della durata della misura e dell'entità della pena residua.

• Corte cost., 76 del 2017, ha dichiarato costituzionalmente illegittimo il co. 1 *bis* limitatamente alle parole «salvo che nei confronti delle madri condannate per taluno dei delitti indicati nell'articolo 4 *bis*». Corte cost., 18 del 2020, ha dichiarato l'illegittimità costituzionale del co. 1 nella parte in cui non prevede la concessione della detenzione domiciliare speciale anche alle condannate madri di figli affetti da handicap grave ai sensi dell'art. 3 co. 3 l. 5.2.1992, n. 104, ritualmente accertate in base alla medesima legge. Corte cost., 30 del 2022, ha dichiarato l'illegittimità costituzionale dell'art. 47 *quinquies* co. 1, 3 e 7, nella parte in cui non prevede che, ove vi sia un grave pregiudizio per il minore derivante dalla protrazione dello stato di detenzione del genitore, l'istanza di detenzione domiciliare possa essere proposta al magistrato di sorveglianza, che può disporre l'applicazione provvisoria della misura, nel qual caso si applicano, in quanto compatibili, le disposizioni di cui all'art. 47 co. 4.

47 *sexies*. Allontanamento dal domicilio senza giustificato motivo. 1. La condannata ammessa al regime della detenzione domiciliare speciale che rimane assente dal proprio domicilio, senza giustificato motivo, per non più di dodici ore, può essere proposta per la revoca della misura.

2. Se l'assenza si protrae per un tempo maggiore la condannata è punita ai sensi dell'articolo 385, primo comma, del codice penale ed è applicabile la disposizione dell'ultimo comma dello stesso articolo.

3. La condanna per il delitto di evasione comporta la revoca del beneficio.

4. Le disposizioni di cui al presente articolo si applicano al padre detenuto, qualora la detenzione domiciliare sia stata concessa a questi, ai sensi dell'articolo 47 *quinquies*, comma 7.

48. Regime di semilibertà. Il regime di semilibertà consiste nella concessione al condannato e all'internato di trascorrere parte del giorno fuori dell'istituto per partecipare ad attività lavorative, istruttive o comunque utili al reinserimento sociale.

I condannati e gli internati ammessi al regime di semilibertà sono assegnati in appositi istituti o apposite sezioni autonome di istituti ordinari e indossano abiti civili.

[...]

49. Ammissione obbligatoria al regime di semilibertà. [...]

50. Ammissione alla semilibertà. 1. Possono essere espiate in regime di semilibertà la pena dell'arresto e la pena della reclusione non superiore a sei mesi, se il condannato non è affidato in prova al servizio sociale.

2. Fuori dei casi previsti dal comma 1, il condannato può essere ammesso al regime di semilibertà soltanto dopo l'espiazione di almeno metà della pena ovvero, se si tratta di condannato per taluno dei delitti indicati nei commi 1, 1 *ter* e 1 *quater* dell'articolo 4 *bis*, di almeno due terzi di essa. L'internato può esservi ammesso in ogni tempo. Tuttavia, nei casi previsti dall'articolo 47, se mancano i presupposti previsti per l'affidamento in prova al servizio sociale, il condannato per un reato diverso da quelli indicati nel comma 1 dell'articolo 4 *bis* può essere ammesso al regime di semilibertà anche prima dell'espiazione di metà della pena.

3. Per il computo della durata delle pene non si tiene conto della pena pecuniaria inflitta congiuntamente a quella detentiva.

4. L'ammissione al regime di semilibertà è disposta in relazione ai progressi compiuti nel corso del trattamento, quando vi sono le condizioni per un graduale reinserimento del soggetto nella società.

5. Il condannato all'ergastolo può essere ammesso al regime di semilibertà dopo aver espiato almeno venti anni di pena.

6. Nei casi previsti dal comma 1, se il condannato ha dimostrato la propria volontà di reinserimento nella vita sociale, la semilibertà può essere altresì disposta successivamente all'inizio dell'esecuzione della pena. Si applica l'articolo 47, comma 4, in quanto compatibile.

7. Se l'ammissione alla semilibertà riguarda una detenuta madre di un figlio di età inferiore a tre anni, essa ha diritto di usufruire della casa per la semilibertà di cui all'ultimo comma dell'articolo 92 del decreto del Presidente della Repubblica 29 aprile 1976, n. 431.

• Corte cost., 74 del 2020, ha dichiarato l'illegittimità costituzionale del co. 6 nella parte in cui non consente al magistrato di sorveglianza di applicare in via provvisoria la semilibertà, ai sensi dell'art. 47 co. 4 Ord. penit., in quanto compatibile, anche nell'ipotesi prevista dal terzo periodo del co. 2 dello stesso art. 50.

50 *bis*. Concessione della semilibertà ai recidivi. [...]

51. Sospensione e revoca del regime di semilibertà. Il provvedimento di semilibertà può essere in ogni tempo revocato quando il soggetto non si appalesi idoneo al trattamento.

Il condannato, ammesso al regime di semilibertà, che rimane assente dall'istituto senza giustificato motivo, per non più di dodici ore, è punito in via disciplinare e può essere proposto per la revoca della concessione.

Se l'assenza si protrae per un tempo maggiore, il condannato è punibile a norma del primo comma dell'articolo 385 del codice penale ed è applicabile la disposizione dell'ultimo capoverso dello stesso articolo.

La denuncia per il delitto di cui al precedente comma importa la sospensione del beneficio e la condanna ne importa la revoca.

All'internato ammesso al regime di semilibertà che rimane assente dall'istituto senza giustificato motivo, per oltre tre ore, si applicano le disposizioni dell'ultimo comma dell'articolo 53.

51 *bis*. Sopravvenienza di nuovi titoli di privazione della libertà. 1. Quando, durante l'esecuzione di una misura alternativa alla detenzione, sopravviene un titolo esecutivo di altra pena detentiva, il pubblico ministero competente ai sensi dell'articolo 655 del codice di procedura penale informa immediatamente il magistrato di sorveglianza formulando contestualmente le proprie richieste. Il magistrato di sorveglianza, tenuto conto del cumulo delle pene, se rileva che permangono le condizioni di applicabilità della misura in esecuzione, ne dispone con ordinanza la prosecuzione; in caso contrario, ne dispone la cessazione e ordina l'accompagnamento del condannato in istituto.

2. Avverso il provvedimento di cui al comma 1 è ammesso reclamo ai sensi dell'articolo 69 *bis*.

51 *ter*. Sospensione cautelativa delle misure alternative. 1. Se la persona sottoposta a misura alternativa pone in essere comportamenti suscettibili di determinarne la revoca, il magistrato di sorveglianza, nella cui giurisdizione la misura è in esecuzione, ne dà immediata comunicazione al tribunale di sorveglianza affinché decida in ordine alla prosecuzione, sostituzione o revoca della misura.

2. Nell'ipotesi di cui al comma 1, il magistrato di sorveglianza può disporre con decreto motivato la provvisoria sospensione della misura alternativa e ordinare l'accompagnamento in istituto del trasgressore. Il provvedimento di sospensione perde efficacia se la decisione del tribunale non interviene entro trenta giorni dalla ricezione degli atti.

51 *quater*. Disciplina delle pene accessorie in caso di concessione di misure alternative. 1. In caso di applicazione di una misura alternativa alla detenzione, sono eseguite anche le pene accessorie, salvo che il giudice che ha concesso la misura, tenuto conto delle esigenze di reinserimento sociale del condannato, ne disponga la sospensione.

2. In caso di revoca della misura, ove disposta l'applicazione delle pene accessorie ai sensi del comma 1, l'esecuzione ne viene sospesa, ma il periodo già espiato è computato ai fini della loro durata.

52. Licenza al condannato ammesso al regime di semilibertà. Al condannato ammesso al regime di semilibertà possono essere concesse a titolo di premio una o più licenze di durata non superiore nel complesso a giorni quarantacinque all'anno.

Durante la licenza il condannato è sottoposto al regime della libertà vigilata.

Se il condannato durante la licenza trasgredisce agli obblighi impostigli, la licenza può essere revocata indipendentemente dalla revoca della semilibertà.

Al condannato che, allo scadere della licenza o dopo la revoca di essa, non rientra in istituto sono applicabili le disposizioni di cui al precedente articolo.

53. Licenze agli internati. Agli internati può essere concessa una licenza di sei mesi nel periodo immediatamente precedente alla scadenza fissata per il riesame di pericolosità.

Ai medesimi può essere concessa, per gravi esigenze personali o familiari, una licenza di durata non superiore a giorni quindici; può essere inoltre concessa una licenza di durata non superiore a giorni trenta, una volta all'anno, al fine di favorirne il riadattamento sociale.

Agli internati ammessi al regime di semilibertà possono inoltre essere concesse, a titolo di premio, le licenze previste nel primo comma dell'articolo precedente.

Durante la licenza l'internato è sottoposto al regime della libertà vigilata.

Se l'internato durante la licenza trasgredisce agli obblighi impostigli, la licenza può essere revocata indipendentemente dalla revoca della semilibertà.

L'internato che rientra in istituto dopo tre ore dallo scadere della licenza, senza giustificato motivo, è punito in via disciplinare e, se in regime di semilibertà, può subire la revoca della concessione.

53 *bis*. Computo del periodo di permesso o licenza. 1. Il tempo trascorso dal detenuto o dall'internato in permesso o licenza è computato a ogni effetto nella durata delle misure restrittive della libertà personale, salvi i casi di mancato rientro o di altri gravi comportamenti da cui risulta che il soggetto non si è dimostrato meritevole del beneficio. In questi casi sull'esclusione dal computo decide, con decreto motivato, il magistrato di sorveglianza.

2. Avverso il decreto può essere proposto dall'interessato reclamo al tribunale di sorveglianza secondo la procedura di cui all'articolo 14 *ter*. Il magistrato che ha emesso il provvedimento non fa parte del collegio.

54. Liberazione anticipata. 1. Al condannato a pena detentiva che ha dato prova di partecipazione all'opera di rieducazione è concessa, quale riconoscimento di tale partecipazione, e ai fini del suo più efficace reinserimento nella società, una detrazione di quarantacinque giorni per ogni singolo semestre di pena scontata. A tal fine è valutato anche il periodo trascorso in stato di custodia cautelare o di detenzione domiciliare.

2. La concessione del beneficio è comunicata all'ufficio del pubblico ministero presso la corte d'appello o il tribunale che ha emesso il provvedimento di esecuzione o al pretore se tale provvedimento è stato da lui emesso.

3. La condanna per delitto non colposo commesso nel corso dell'esecuzione successivamente alla concessione del beneficio ne comporta la revoca.

4. Agli effetti del computo della misura di pena che occorre avere espiato per essere ammessi ai benefici dei permessi premio, della semilibertà e della liberazione condizionale, la parte di pena detratta ai sensi del comma 1 si considera come scontata. La presente disposizione si applica anche ai condannati all'ergastolo.

55. Interventi del servizio sociale nella libertà vigilata. Nei confronti dei sottoposti alla libertà vigilata, ferme restando le disposizioni di cui all'articolo 228 del codice penale, il servizio sociale svolge interventi di sostegno e di assistenza al fine del loro reinserimento sociale.

56. Remissione del debito. [...]

57. Legittimazione alla richiesta dei benefici. 1. Le misure alternative e quelle di cui agli articoli 30, 30 *ter*, 52, 53 e 54 nonché all'articolo 6 del decreto del Presidente della Repubblica 30 maggio 2002, n. 115, possono essere richieste dal condannato, dall'internato, dai loro prossimi congiunti, dal difensore, ovvero proposte dal gruppo di osservazione e trattamento.

58. Comunicazione all'autorità di pubblica sicurezza. Dei provvedimenti previsti dal presente capo ed adottati dal magistrato o dal tribunale di sorveglianza [...], è data immediata comunicazione all'autorità provinciale di pubblica sicurezza a cura della cancelleria.

Alle attività di controllo partecipa, ove richiesta, la polizia penitenziaria, secondo le indicazioni del direttore dell'ufficio di esecuzione penale esterna e previo coordinamento con l'autorità di pubblica sicurezza. Tali attività riguardano esclusivamente l'osservanza delle prescrizioni inerenti alla dimora, alla libertà di locomozione, ai divieti di frequentare determinati locali o persone e di detenere armi. Le attività di controllo sono svolte con modalità tali da garantire il rispetto dei diritti dell'interessato e dei suoi familiari e conviventi, da recare il minor pregiudizio possibile al processo di reinserimento sociale e la minore interferenza con lo svolgimento di attività lavorative.

58 *bis*. Iscrizione nel casellario giudiziale. [...]

58 *ter*. Persone che collaborano con la giustizia. 1. I limiti di pena previsti dalle disposizioni del comma 1 dell'articolo 21, del comma 4 dell'articolo 30 *ter* e del comma 2 dell'articolo 50, concernenti le persone condannate per taluno dei delitti indicati nei commi 1, 1 *ter* e 1 *quater* dell'articolo 4 *bis*, non si applicano a coloro che, anche dopo la condanna, si sono adoperati per evitare che l'attività delittuosa sia portata a conseguenze ulteriori ovvero hanno aiutato concretamente l'autorità di polizia o l'autorità giudiziaria nella raccolta di elementi decisivi per la ricostruzione dei fatti e per l'individuazione o la cattura degli autori dei reati.

2. Le condotte indicate nel comma 1 sono accertate dal tribunale di sorveglianza, assunte le necessarie informazioni e sentito il pubblico ministero presso il giudice competente per i reati in ordine ai quali è stata prestata la collaborazione.

58 *quater*. Divieto di concessione di benefici. 1. L'assegnazione al lavoro all'esterno, i permessi premio, l'affidamento in prova al servizio sociale, nei casi previsti dall'articolo 47, la detenzione domiciliare e la semilibertà non possono essere concessi al condannato che sia stato riconosciuto colpevole di una condotta punibile a norma dell'articolo 385 del codice penale.

2. La disposizione del comma 1 si applica anche al condannato nei cui confronti è stata disposta la revoca di una misura alternativa ai sensi dell'articolo 47, comma 11, dell'articolo 47 *ter*, comma 6, o dell'articolo 51, primo comma.

3. Il divieto di concessione dei benefici opera per un periodo di tre anni dal momento in cui è ripresa l'esecuzione della custodia o della pena o è stato emesso il provvedimento di revoca indicato nel comma 2.

4. I condannati per i delitti di cui agli articoli 289 *bis* e 630 del codice penale che abbiano cagionato la morte del sequestrato non sono ammessi ad alcuno dei benefici indicati nel comma 1 dell'articolo 4 *bis* se non abbiano effettivamente espiato almeno i due terzi della pena irrogata o, nel caso dell'ergastolo, almeno ventisei anni.

5. Oltre a quanto previsto dai commi 1 e 3, l'assegnazione al lavoro all'esterno, i permessi premio e le misure alternative alla detenzione previste dal capo VI non possono essere concessi, o se già concessi sono revocati, ai condannati per taluni dei delitti indicati nei commi 1, 1 *ter* e 1 *quater* dell'articolo 4 *bis*, nei cui confronti si procede o è pronunciata condanna per un delitto doloso punito con la pena della reclusione non inferiore nel massimo a tre anni, commesso da chi ha posto in essere una condotta punibile a norma dell'articolo 385 del codice penale ovvero durante il lavoro all'esterno o la fruizione di un permesso premio o di una misura alternativa alla detenzione.

6. Ai fini dell'applicazione della disposizione di cui al comma 5, l'autorità che procede per il nuovo delitto ne dà comunicazione al magistrato di sorveglianza del luogo di ultima detenzione dell'imputato.

7. Il divieto di concessione dei benefici di cui al comma 5 opera per un periodo di cinque anni dal momento in cui ripresa l'esecuzione della custodia o della pena o è stato emesso il provvedimento di revoca della misura.

7 *bis*. L'affidamento in prova al servizio sociale nei casi previsti dall'articolo 47, la detenzione domiciliare e la semilibertà non possono essere concessi più di una volta al condannato al quale sia stata applicata la recidiva prevista dall'articolo 99, quarto comma, del codice penale.

• Corte cost., 436 del 1999, ha dichiarato il co. 2 costituzionalmente illegittimo nella parte in cui si riferisce ai minorenni. Corte cost., 187 del 2019, ha dichiarato l'illegittimità costituzionale dei co. 1, 2 e 3, nella parte in cui detti commi, nel loro combinato disposto, prevedono che non possa essere concessa, per la durata di tre anni, la detenzione domiciliare speciale, prevista dall'art. 47 *quinquies* Ord. penit. al condannato nei cui confronti è stata disposta la revoca di una delle misure indicate nel co. 2 dello stesso art. 58 *quater*; nonché nella parte in cui i medesimi commi, nel loro combinato disposto, prevedono che non possa essere concessa, per la durata di tre anni, la detenzione domiciliare di cui all'art. 47 *ter* co. 1 lett. *a* e *b* Ord. penit., al condannato nei cui confronti è stata disposta la revoca di una delle misure indicate nel co. 2 dello stesso art. 58 *quater*, sempre che non sussista un concreto pericolo di commissione di ulteriori delitti. Corte cost., 229 del 2019, ha dichiarato l'illegittimità costituzionale del co. 4 nella parte in cui si applica ai condannati a pena detentiva temporanea per il delitto di cui all'art. 630 c.p. che abbiano cagionato la morte del sequestrato; nonché nella parte in cui si applica ai condannati a pena detentiva temporanea per il delitto di cui all'art. 289 *bis* c.p. che abbiano cagionato la morte del sequestrato.

58 *quinquies*. Particolari modalità di controllo nell'esecuzione della detenzione domiciliare. 1. Nel disporre la detenzione domiciliare, il magistrato o il tribunale di sorveglianza possono prescrivere procedure di controllo anche mediante mezzi elettronici o altri strumenti tecnici, conformi alle caratteristiche funzionali e operative degli apparati di cui le Forze di polizia abbiano l'effettiva disponibilità. Allo stesso modo può provvedersi nel corso dell'esecuzione della misura. Si applicano, in quanto compatibili, le disposizioni di cui all'articolo 275 *bis* del codice di procedura penale.

Titolo II
DISPOSIZIONI RELATIVE ALL'ORGANIZZAZIONE PENITENZIARIA

Capo I
Istituti penitenziari

59. Istituti per adulti. Gli istituti per adulti dipendenti dall'amministrazione penitenziaria si distinguono in:

1) istituti di custodia cautelare;

2) istituti per l'esecuzione delle pene;

3) istituti per l'esecuzione delle misure di sicurezza;

4) centri di osservazione.

60. Istituti di custodia cautelare. Gli istituti di custodia cautelare si distinguono in case mandamentali e circondariali.

Le case mandamentali assicurano la custodia degli imputati a disposizione del pretore. Esse sono istituite nei capoluoghi di mandamento che non sono sede di case circondariali.

Le case circondariali assicurano la custodia degli imputati a disposizione di ogni autorità giudiziaria. Esse sono istituite nei capoluoghi di circondario.

Le case mandamentali e circondariali assicurano altresì la custodia delle persone fermate o arrestate dall'autorità di pubblica sicurezza o dagli organi di polizia giudiziaria e quella dei detenuti e degli internati in transito.

Può essere istituita una sola casa mandamentale o circondariale rispettivamente per più mandamenti o circondari.

61. Istituti per l'esecuzione delle pene. Gli istituti per l'esecuzione delle pene si distinguono in:

1) case di arresto, per l'esecuzione della pena dell'arresto.

Sezioni di case di arresto possono essere istituite presso le case di custodia mandamentali o circondariali;

2) case di reclusione, per l'esecuzione della pena della reclusione.

Sezioni di case di reclusione possono essere istituite presso le case di custodia circondariali.

Per esigenze particolari, e nei limiti e con le modalità previste dal regolamento, i condannati alla pena dell'arresto o della reclusione possono essere assegnati alle case di custodia cautelare; i condannati alla pena della reclusione possono essere altresì assegnati alle case di arresto.

62. Istituti per l'esecuzione delle misure di sicurezza detentive. Gli istituti per l'esecuzione delle misure di sicurezza detentive si distinguono in:

colonie agricole;

case di lavoro;

case di cura e custodia;

ospedali psichiatrici giudiziari.

In detti istituti si eseguono le misure di sicurezza rispettivamente previste dai numeri 1, 2 e 3 del primo capoverso dell'articolo 215 del codice penale.

Possono essere istituite:

sezioni per l'esecuzione della misura di sicurezza della colonia agricola presso una casa di lavoro e viceversa;

sezioni per l'esecuzione della misura di sicurezza della casa di cura e di custodia presso un ospedale psichiatrico giudiziario;

sezioni per l'esecuzione delle misure di sicurezza della colonia agricola e della casa di lavoro presso le case di reclusione.

63. Centri di osservazione. I centri di osservazione sono costituiti come istituti autonomi o come sezioni di altri istituti.

I predetti svolgono direttamente le attività di osservazione indicate nell'articolo 13 e prestano consulenze per le analoghe attività di osservazione svolte nei singoli istituti.

Le risultanze dell'osservazione sono inserite nella cartella personale.

Su richiesta dell'autorità giudiziaria possono essere assegnate ai detti centri per la esecuzione di perizie medico legali anche le persone sottoposte a procedimento penale.

I centri di osservazione svolgono, altresì, attività di ricerca scientifica.

64. Differenziazione degli istituti per l'esecuzione delle pene e delle misure di sicurezza. I singoli istituti devono essere organizzati con caratteristiche differenziate in relazione alla posizione giuridica dei detenuti e degli internati e alle necessità di trattamento individuale o di gruppo degli stessi.

65. Istituti per infermi e minorati. I soggetti affetti da infermità o minorazioni fisiche o psichiche devono essere assegnati ad istituti o sezioni speciali per idoneo trattamento.

A tali istituti o sezioni sono assegnati i soggetti che, a causa delle loro condizioni, non possono essere sottoposti al regime degli istituti ordinari.

66. Costituzione, trasformazione e soppressione degli istituti. La costituzione, la trasformazione, la soppressione degli istituti penitenziari nonché delle sezioni sono disposte con decreto ministeriale.

67. Visite agli istituti. Gli istituti penitenziari possono essere visitati senza autorizzazione da:

a) il Presidente del Consiglio dei Ministri e il presidente della Corte costituzionale;

b) i ministri, i giudici della Corte costituzionale, i Sottosegretari di Stato, i membri del Parlamento e i componenti del Consiglio superiore della magistratura;

c) il presidente della corte d'appello, il procuratore generale della Repubblica presso la corte d'appello, il presidente del tribunale e il procuratore della Repubblica presso il tribunale, il pretore, i magistrati di sorveglianza, nell'ambito delle rispettive giurisdizioni; ogni altro magistrato per l'esercizio delle sue funzioni;

d) i consiglieri regionali e il commissario di Governo per la regione, nell'ambito della loro circoscrizione;

e) l'ordinario diocesano per l'esercizio del suo ministero;

f) il prefetto e il questore della provincia; il medico provinciale;

g) il direttore generale per gli istituti di prevenzione e di pena e i magistrati e i funzionari da lui delegati;

h) gli ispettori generali dell'amministrazione penitenziaria;

i) l'ispettore dei cappellani;

l) gli ufficiali del corpo degli agenti di custodia;

l bis) i garanti dei diritti dei detenuti comunque denominati;

l ter) i membri del Parlamento europeo.

L'autorizzazione non occorre nemmeno per coloro che accompagnano le persone di cui al comma precedente per ragioni del loro ufficio e per il personale indicato nell'articolo 18 *bis*.

Gli ufficiali e gli agenti di polizia giudiziaria possono accedere agli istituti, per ragioni del loro ufficio, previa autorizzazione dell'autorità giudiziaria.

Possono accedere agli istituti, con l'autorizzazione del direttore, i ministri del culto cattolico e di altri culti.

67 *bis*. Visite alle camere di sicurezza. 1. Le disposizioni di cui all'articolo 67 si applicano anche alle camere di sicurezza.

Capo II
Giudici di sorveglianza

68. Uffici di sorveglianza. 1. Gli uffici di sorveglianza sono costituiti nelle sedi di cui alla tabella A allegata alla presente legge e hanno giurisdizione sulle circoscrizioni dei tribunali in essa indicati.

2. Ai suddetti uffici, per l'esercizio delle funzioni rispettivamente elencate negli articoli 69, 70 e 70 *bis*, sono assegnati magistrati di cassazione, di appello e di tribunale nonché personale del ruolo delle cancellerie e segreterie giudiziarie e personale esecutivo e subalterno. Il personale amministrativo di cui al periodo precedente non può essere destinato temporaneamente ad altri uffici del distretto giudiziario di appartenenza senza il nulla osta del presidente del tribunale di sorveglianza.

3. Con decreto del presidente della Corte di appello può essere temporaneamente destinato a esercitare le funzioni del magistrato di sorveglianza mancante o impedito un giudice avente la qualifica di magistrato di cassazione, di appello o di tribunale.

4. I magistrati che esercitano funzioni di sorveglianza non debbono essere adibiti ad altre funzioni giudiziarie. Possono altresì avvalersi, con compiti meramente ausiliari nell'esercizio delle loro funzioni, di assistenti volontari individuati sulla base dei criteri indicati nell'articolo 78, la cui attività non può essere retribuita.

69. Funzioni e provvedimenti del magistrato di sorveglianza. 1. Il magistrato di sorveglianza vigila sulla organizzazione degli istituti di prevenzione e di pena e prospetta al Ministro le esigenze dei vari servizi, con particolare riguardo alla attuazione del trattamento rieducativo.

2. Esercita, altresì, la vigilanza diretta ad assicurare che l'esecuzione della custodia degli imputati sia attuata in conformità delle leggi e dei regolamenti.

3. Sovraintende all'esecuzione delle misure di sicurezza personali.

4. Provvede al riesame della pericolosità ai sensi del primo e secondo comma dell'articolo 208 del codice penale, nonché all'applicazione, esecuzione, trasformazione o revoca, anche anticipata delle misure di sicurezza. Provvede altresì, con decreto motivato, in occasione dei provvedimenti anzidetti, alla eventuale revoca della dichiarazione di delinquenza abituale, professionale o per tendenza di cui agli articoli 102, 103, 104, 105 e 108 del codice penale.

5. Approva, con decreto, il programma di trattamento di cui al terzo comma dell'articolo 13, ovvero, se ravvisa in esso elementi che costituiscono violazione dei diritti del condannato o dell'internato, lo restituisce, con osservazioni, al fine di una nuova formulazione. Approva, con decreto, il provvedimento di ammissione al lavoro all'esterno. Impartisce, inoltre, disposizioni dirette ad eliminare eventuali violazioni dei diritti dei condannati e degli internati.

6. Provvede a norma dell'articolo 35 *bis* sui reclami dei detenuti e degli internati concernenti:

a) le condizioni di esercizio del potere disciplinare, la costituzione e la competenza dell'organo disciplinare, la contestazione degli addebiti e la facoltà di discolpa; nei casi di cui all'articolo 39, comma 1, numeri 4 e 5, è valutato anche il merito dei provvedimenti adottati;

b) l'inosservanza da parte dell'amministrazione di disposizioni previste dalla presente legge e dal relativo regolamento, dalla quale derivi al detenuto o all'internato un attuale e grave pregiudizio all'esercizio dei diritti.

7. Provvede, con decreto motivato, sui permessi, sulle licenze ai detenuti semiliberi ed agli internati, e sulle modifiche relative all'affidamento in prova al servizio sociale e alla detenzione domiciliare.

8. Provvede con ordinanza sulla riduzione di pena per la liberazione anticipata e sulla remissione del debito, nonché sui ricoveri previsti dall'articolo 148 del codice penale.

9. Esprime motivato parere sulle proposte e le istanze di grazia concernenti i detenuti.

10. Svolge, inoltre, tutte le altre funzioni attribuitegli dalla legge.

• Corte cost., 26 del 1999, ha dichiarato l'illegittimità costituzionale di questo articolo, unitamente all'art. 35, nella parte in cui non prevede una tutela giurisdizionale nei confronti degli atti dell'amministrazione penitenziaria lesivi di diritti di coloro che sono sottoposti a restrizioni della libertà personale.

69 *bis*. Procedimento in materia di liberazione anticipata. 1. Sull'istanza di concessione della liberazione anticipata, il magistrato di sorveglianza provvede con ordinanza, adottata in camera di consiglio senza la presenza delle parti, che è comunicata o notificata senza ritardo ai soggetti indicati nell'articolo 127 del codice di procedura penale.

2. Il magistrato di sorveglianza decide non prima di quindici giorni dalla richiesta del parere al pubblico ministero e anche in assenza di esso.

3. Avverso l'ordinanza di cui al comma 1 il difensore, l'interessato e il pubblico ministero possono, entro dieci giorni dalla comunicazione o notificazione, proporre reclamo al tribunale di sorveglianza competente per territorio.

4. Il tribunale di sorveglianza decide ai sensi dell'articolo 678 del codice di procedura penale. Si applicano le disposizioni del quinto e del sesto comma dell'articolo 30 *bis*.

Comma abrogato.

70. Funzioni e provvedimenti del tribunale di sorveglianza. 1. In ciascun distretto di corte d'appello e in ciascuna circoscrizione territoriale di sezione distaccata di corte d'appello è costituito un tribunale di sorveglianza competente per l'affidamento in prova al servizio sociale, la detenzione domiciliare, la detenzione domiciliare speciale, la semilibertà, la liberazione condizionale, la revoca o cessazione dei suddetti benefici nonché della riduzione di pena per la liberazione anticipata, il rinvio obbligatorio o facoltativo dell'esecuzione delle pene detentive ai sensi degli articoli 146 e 147, numeri 2 e 3, del codice penale, nonché per ogni altro provvedimento ad esso attribuito dalla legge.

2. Il tribunale di sorveglianza decide inoltre in sede di appello sui ricorsi avverso i provvedimenti di cui al comma 4 dell'articolo 69. Il magistrato che ha emesso il provvedimento non fa parte del collegio.

3. Il tribunale è composto da tutti i magistrati di sorveglianza in servizio nel distretto o nella circoscrizione territoriale della sezione distaccata di corte d'appello e da esperti scelti fra le categorie indicate nel quarto comma dell'articolo 80, nonché fra docenti di scienze criminalistiche.

4. Gli esperti effettivi e supplenti sono nominati dal Consiglio superiore della magistratura in numero adeguato alle necessità del servizio presso ogni tribunale per periodi triennali rinnovabili.

5. I provvedimenti del tribunale sono adottati da un collegio composto dal presidente o, in sua assenza o impedimento, dal magistrato di sorveglianza che lo segue nell'ordine delle funzioni giudiziarie e, a parità di funzioni, nell'anzianità; da un magistrato di sorveglianza e da due fra gli esperti di cui al precedente comma 4.

6. Uno dei due magistrati ordinari deve essere il magistrato di sorveglianza sotto la cui giurisdizione è posto il condannato o l'internato in ordine alla cui posizione si deve provvedere.

7. La composizione dei collegi giudicanti è annualmente determinata secondo le disposizioni dell'ordinamento giudiziario.

8. Le decisioni del tribunale sono emesse con ordinanza in camera di consiglio; in caso di parità di voti prevale il voto del presidente.

9. [...]

70 *bis*. Presidente del tribunale di sorveglianza. 1. Le funzioni di presidente del tribunale di sorveglianza sono conferite a un magistrato di cassazione o, per i tribunali istituiti nelle sezioni distaccate di corte d'appello, a un magistrato d'appello.

2. Il presidente del tribunale, fermo l'espletamento delle funzioni di magistrato di sorveglianza nell'ufficio di appartenenza, provvede:

a) a dirigere e ad organizzare le attività del tribunale di sorveglianza;

b) a coordinare, in via organizzativa, in funzione del disbrigo degli affari di competenza del tribunale, l'attività degli uffici di sorveglianza compresi nella giurisdizione del tribunale medesimo;

c) a disporre le applicazioni dei magistrati e del personale ausiliario nell'ambito dei vari uffici di sorveglianza nei casi di assenza, impedimento o urgenti necessità di servizio;

d) a richiedere al presidente della corte di appello l'emanazione dei provvedimenti di cui al comma 3 dell'articolo 68;

e) a proporre al Consiglio superiore della magistratura la nomina degli esperti effettivi o supplenti componenti del tribunale e a compilare le tabelle per gli emolumenti loro spettanti;

f) a svolgere tutte le altre attività a lui riservate dalla legge e dai regolamenti.

70 *ter*. Nuove denominazioni. 1. Le denominazioni «sezione di sorveglianza» e «giudice di sorveglianza» di cui alle leggi vigenti sono rispettivamente sostituite dalle seguenti: «Tribunale di sorveglianza e magistrato di sorveglianza».

2. Per il funzionamento del tribunale di sorveglianza nonché degli uffici di sorveglianza di cui all'articolo 68 si provvede con assegnazioni dirette di fondi e di attrezzature mediante prelievo delle somme necessarie dagli appositi capitoli del bilancio di previsione del Ministero della giustizia.

Capo II *bis*
Procedimento di sorveglianza

71-71 *sexies*. [*Omissis*.]

Capo III
Esecuzione penale esterna ed assistenza

72. Uffici locali di esecuzione penale esterna. 1. Gli uffici locali di esecuzione penale esterna dipendono dal Ministero della giustizia e la loro organizzazione è disciplinata con regolamento adottato dal Ministro ai sensi dell'articolo 17, comma 3, della legge 23 agosto 1988, n. 400, e successive modificazioni.

2. Gli uffici:

a) svolgono, su richiesta dell'autorità giudiziaria, le inchieste utili a fornire i dati occorrenti per l'applicazione, la modificazione, la proroga e la revoca delle misure di sicurezza;

b) svolgono le indagini socio-familiari e l'attività di osservazione del comportamento per l'applicazione delle misure alternative alla detenzione ai condannati.

c) propongono all'autorità giudiziaria il programma di trattamento da applicare ai condannati che chiedono di essere ammessi all'affidamento in prova e alla detenzione domiciliare;

d) controllano l'esecuzione dei programmi da parte degli ammessi alle misure alternative, ne riferiscono all'autorità giudiziaria, proponendo eventuali interventi di modificazione o di revoca;

e) su richiesta della direzione degli istituti penitenziari, prestano consulenza per favorire il buon esito del trattamento penitenziario;

f) svolgono ogni altra attività prescritta dalla legge e dal regolamento.

73. [*Omissis*.]

74. Consigli di aiuto sociale. Nel capoluogo di ciascun circondario è costituito un consiglio di aiuto sociale, presieduto dal presidente del tribunale o da un magistrato da lui designato, e composto dal presidente del tribunale dei minorenni o da un magistrato da lui delegato, da un magistrato di sorveglianza, da un rappresentante della regione, da un rappresentante della provincia, da un funzionario dell'amministrazione civile dell'interno designato dal prefetto, dal sindaco o da un suo delegato, dal medico provinciale, dal dirigente dell'ufficio provinciale del lavoro, da un delegato dell'ordinario diocesano, dai direttori degli istituti penitenziari del circondario. Ne fanno parte, inoltre, sei componenti nominati dal presidente del tribunale fra i designati da enti pubblici e privati qualificati nell'assistenza sociale.

Il consiglio di aiuto sociale ha personalità giuridica, è sottoposto alla vigilanza del Ministero della giustizia e può avvalersi del patrocinio dell'Avvocatura dello Stato.

I componenti del consiglio di aiuto sociale prestano la loro opera gratuitamente.

Con decreto del Presidente della Repubblica, su proposta del Ministro della giustizia, può essere disposta la fusione di più consigli di aiuto sociale in un unico ente.

Alle spese necessarie per lo svolgimento dei compiti del consiglio di aiuto sociale nel settore dell'assistenza penitenziaria e post penitenziaria si provvede:

1) con le assegnazioni della cassa delle ammende di cui all'articolo 4 della legge 9 maggio 1932, n. 547;

2) con lo stanziamento annuale previsto dalla legge 23 maggio 1956, n. 491;

3) Comma abrogato;

4) con i fondi ordinari di bilancio;

5) con gli altri fondi costituenti il patrimonio dell'ente.

Alle spese necessarie per lo svolgimento dei compiti del consiglio di aiuto sociale nel settore del soccorso e dell'assistenza alle vittime del delitto si provvede con le assegnazioni della cassa prevista dall'articolo precedente e con i fondi costituiti da lasciti, donazioni o altre contribuzioni ricevuti dall'ente a tale scopo.

Il regolamento stabilisce l'organizzazione interna e le modalità del funzionamento del consiglio di aiuto sociale, che delibera con la presenza di almeno sette componenti.

75. Attività del consiglio di aiuto sociale per l'assistenza penitenziaria e post penitenziaria. Il consiglio di aiuto sociale svolge le seguenti attività:

1) cura che siano fatte frequenti visite ai liberandi, al fine di favorire, con opportuni consigli e aiuti, il loro reinserimento nella vita sociale;

2) cura che siano raccolte tutte le notizie occorrenti per accertare i reali bisogni dei liberandi e studia il modo di provvedervi, secondo le loro attitudini e le condizioni familiari;

3) assume notizie sulle possibilità di collocamento al lavoro nel circondario e svolge, anche a mezzo del comitato di cui all'articolo 77, opera diretta ad assicurare una occupazione ai liberati che abbiano o stabiliscano residenza nel circondario stesso;

4) organizza, anche con il concorso di enti o di privati, corsi di addestramento e attività lavorative per i liberati che hanno bisogno di integrare la loro preparazione professionale e che non possono immediatamente trovare lavoro; promuove altresì la frequenza dei liberati ai normali corsi di addestramento e di avviamento professionale predisposti dalle regioni;

5) cura il mantenimento delle relazioni dei detenuti e degli internati con le loro famiglie;

6) segnala alle autorità e agli enti competenti i bisogni delle famiglie dei detenuti e degli internati, che rendono necessari speciali interventi;

7) concede sussidi in denaro o in natura;

8) collabora con i competenti organi per il coordinamento dell'attività assistenziale degli enti e delle associazioni pubbliche e private nonché delle persone che svolgono opera di assistenza e beneficenza diretta ad assicurare il più efficace e appropriato intervento in favore dei liberati e dei familiari dei detenuti e degli internati.

76. Attività del consiglio di aiuto sociale per il soccorso e l'assistenza alle vittime del delitto. Il consiglio di aiuto sociale presta soccorso, con la concessione di sussidi in natura o in denaro, alle vittime del delitto e provvede all'assistenza in favore dei minorenni orfani a causa del delitto.

77. Comitato per l'occupazione degli assistiti dal consiglio di aiuto sociale. Al fine di favorire l'avviamento al lavoro dei dimessi dagli istituti di prevenzione e di pena, presso ogni consiglio di aiuto sociale, ovvero presso l'ente di cui al quarto comma dell'articolo 74, è istituito il comitato per l'occupazione degli assistiti dal consiglio di aiuto sociale.

Di tale comitato, presieduto dal presidente del consiglio di aiuto sociale o da un magistrato da lui delegato, fanno parte quattro rappresentanti rispettivamente dell'industria, del commercio, dell'agricoltura e dell'artigianato locale, designati dal presidente della camera di commercio, industria, artigianato e agricoltura, tre rappresentanti dei datori di lavoro e tre rappresentanti dei prestatori d'opera, designati dalle organizzazioni sindacali più rappresentative sul piano nazionale, un rappresentante dei coltivatori diretti, il direttore dell'ufficio provinciale del lavoro e della massima occupazione, un impiegato della carriera direttiva dell'amministrazione penitenziaria e un assistente sociale del centro di servizio sociale di cui all'articolo 72.

I componenti del comitato sono nominati dal presidente del consiglio di aiuto sociale.

Il comitato delibera con la presenza di almeno cinque componenti.

78. Assistenti volontari. L'amministrazione penitenziaria può, su proposta del magistrato di sorveglianza, autorizzare persone idonee all'assistenza e all'educazione a frequentare gli istituti penitenziari allo scopo di partecipare all'opera rivolta al sostegno morale dei detenuti e degli internati, e al futuro reinserimento nella vita sociale.

Gli assistenti volontari possono cooperare nelle attività culturali e ricreative dell'istituto sotto la guida del direttore, il quale ne coordina l'azione con quella di tutto il personale addetto al trattamento.

L'attività prevista nei commi precedenti non può essere retribuita.

Gli assistenti volontari possono collaborare coi centri di servizio sociale per l'affidamento in prova, per il regime di semilibertà e per l'assistenza ai dimessi e alle loro famiglie.

Capo IV
Disposizioni finali e transitorie

79. Minori degli anni diciotto sottoposti a misure penali. Magistratura di sorveglianza. Le norme della presente legge si applicano anche nei confronti dei minori degli anni diciotto sottoposti a misure penali, fino a quando non sarà provveduto con apposita legge.

Nei confronti dei minori di cui al comma precedente e dei soggetti maggiorenni che commisero il reato quando erano minori degli anni diciotto, le funzioni del tribunale di sorveglianza e del magistrato di sorveglianza sono esercitate, rispettivamente, dal tribunale per i minorenni e dal magistrato di sorveglianza presso il tribunale per i minorenni.

Al magistrato di sorveglianza per i minorenni non si applica l'ultimo comma dell'articolo 68.

80. Personale dell'amministrazione degli istituti di prevenzione e di pena. Presso gli istituti di prevenzione e di pena per adulti, oltre al personale previsto dalle leggi vigenti, operano gli educatori per adulti e gli assistenti sociali dipendenti dai centri di servizio sociale previsti dall'articolo 72.

L'amministrazione penitenziaria può avvalersi, per lo svolgimento delle attività di osservazione e di trattamento, di personale incaricato giornaliero, entro limiti numerici da concordare annualmente, con il Ministero del tesoro.

Al personale incaricato giornaliero è attribuito lo stesso trattamento ragguagliato a giornata previsto per il corrispondente personale incaricato.

Per lo svolgimento delle attività di osservazione e di trattamento, l'amministrazione penitenziaria può avvalersi di professionisti esperti in psicologia, servizio sociale, pedagogia, psichiatria e criminologia clinica, nonché di mediatori culturali e interpreti, corrispondendo ad essi onorari proporzionati alle singole prestazioni effettuate.

Il servizio infermieristico degli istituti penitenziari, previsti dall'art. 59, è assicurato mediante operai specializzati con la qualifica di infermieri.

A tal fine la dotazione organica degli operai dell'amministrazione degli istituti di prevenzione e di pena, di cui al decreto del Presidente della Repubblica 31 marzo 1971, n. 275, emanato a norma dell'articolo 17 della legge 28 ottobre 1970, n. 775, è incrementata di 800 unità riservate alla suddetta categoria. Tali unità sono attribuite nella misura di 640 agli operai specializzati e di 160 ai capi operai.

Le modalità relative all'assunzione di detto personale saranno stabilite dal regolamento di esecuzione.

81. Attribuzioni degli assistenti sociali. Gli assistenti sociali della carriera direttiva esercitano le attribuzioni previste dagli articoli 9, 10 e 11 della legge 16 luglio 1962, n. 1085, anche nell'ambito dei centri di servizio sociale previsti dall'articolo 72 della presente legge.

Gli assistenti sociali della carriera di concetto esercitano le attività indicate nell'articolo 72 della presente legge nell'ambito dei centri di servizio sociale. Essi espletano compiti di vigilanza e di assistenza nei confronti dei sottoposti a misure alternative alla detenzione nonché compiti di sostegno e di assistenza nei confronti dei sottoposti alla libertà vigilata; partecipano, inoltre, alle attività di assistenza ai dimessi.

82. Attribuzioni degli educatori. Gli educatori partecipano all'attività di gruppo per l'osservazione scientifica della personalità dei detenuti e degli internati e attendono al trattamento rieducativo individuale o di gruppo, coordinando la loro azione con quella di tutto il personale addetto alle attività concernenti la rieducazione.

Essi svolgono, quando sia consentito, attività educative anche nei confronti degli imputati.

Collaborano, inoltre, nella tenuta della biblioteca e nella distribuzione dei libri, delle riviste e dei giornali.

83. Ruoli organici del personale di servizio sociale e degli educatori. La tabella dell'organico del personale della carriera direttiva di servizio sociale, annessa alla legge 16 luglio 1962, n. 1085, è sostituita dalla tabella B allegata alla presente legge.

Sono istituiti i ruoli organici delle carriere di concetto degli educatori per adulti e degli assistenti sociali per adulti.

Le dotazioni organiche dei ruoli, di cui al precedente comma, sono stabilite rispettivamente dalle tabelle C e D allegate alla presente legge.

Al personale delle carriere suddette si applicano le disposizioni concernenti lo statuto degli impiegati civili dello Stato, nonché, in quanto compatibili, quelle di cui al regio decreto 30 luglio 1940, n. 2041, e successive modificazioni; lo stesso personale dipende direttamente dall'amministrazione penitenziaria e dai suoi organi periferici.

Gli impiegati della carriera direttiva di servizio sociale che all'1 luglio 1970 rivestivano la qualifica di direttore, al conseguimento dell'anzianità di cui al primo comma dell'articolo 22 del decreto del Presidente della Repubblica 30 giugno 1972, n. 748, sono esonerati, per la nomina alla qualifica di primo dirigente, dalla partecipazione al corso previsto dagli articoli 22 e 23 del decreto stesso.

La nomina è effettuata, nei limiti dei posti disponibili, con decreto del Ministro, previo parere favorevole del consiglio di amministrazione sulla base dei rapporti informativi e dei giudizi complessivi conseguiti dagli interessati.

84. Concorso per esame speciale per l'accesso al ruolo della carriera di concetto degli assistenti sociali per adulti. Entro sei mesi dalla data di entrata in vigore della presente legge il Ministro della giustizia indirà un concorso, per esame speciale, di accesso al ruolo della carriera di concetto degli assistenti sociali per adulti, istituito dal precedente articolo, nel limite del cinquanta per cento della complessiva dotazione organica del ruolo stesso.

Entro trenta mesi dall'entrata in vigore della presente legge sarà indetto un concorso pubblico di accesso al ruolo della carriera di concetto degli assistenti sociali per adulti, nel limite del residuo cinquanta per cento della complessiva dotazione organica del ruolo stesso. A tale concorso sono ammessi anche gli assistenti sociali immessi nel ruolo del servizio sociale per i minorenni per effetto del concorso a 160 posti di assistente sociale, di cui al decreto ministeriale 21 giugno 1971.

Il concorso previsto al primo comma è riservato, indipendentemente dai limiti di età previsti dalle vigenti disposizioni per l'accesso agli impieghi dello Stato, a coloro i quali, alla data di entrata in vigore della presente legge, svolgano attività retribuita di assistente sociale presso gli istituti di prevenzione e di pena per adulti e siano forniti di diploma di istituto di istruzione di secondo grado nonché di certificato di qualificazione professionale rilasciato da una scuola biennale o triennale di servizio sociale.

Il concorso consiste in una prova orale avente per oggetto le seguenti materie:

1) teoria e pratica del servizio sociale;

2) psicologia;

3) nozioni di diritto e procedura penale;

4) regolamenti per gli istituti di prevenzione e di pena.

La commissione esaminatrice è presieduta dal direttore generale per gli istituti di prevenzione e di pena o dal magistrato che ne fa le veci ed è composta dai seguenti membri:

un magistrato di corte d'appello addetto alla direzione generale per gli istituti di prevenzione e di pena;

un docente universitario in neuropsichiatria o in psicologia o in criminologia o in antropologia criminale;

un ispettore generale dell'amministrazione degli istituti di prevenzione e di pena;

un docente di materie di servizio sociale.

Le funzioni di segretario sono esercitate da un impiegato del ruolo amministrativo della carriera direttiva della detta amministrazione con qualifica non inferiore a direttore alla seconda classe di stipendio (*ex* coefficiente 257).

La prova si considera superata dai candidati che hanno riportato un punteggio non inferiore a sei decimi.

I vincitori del concorso sono nominati:

a) alla prima classe di stipendio della qualifica di assistente sociale se abbiano prestato servizio continuativo ai sensi del terzo comma del presente articolo per almeno due anni;

b) alla seconda classe di stipendio della qualifica di assistente sociale se abbiano prestato tale servizio per almeno quattro anni;

c) alla terza classe di stipendio della qualifica di assistente sociale se abbiano prestato tale servizio per almeno otto anni.

Nei confronti di coloro che sono inquadrati nella prima o nella seconda classe di stipendio, ai sensi del comma precedente, gli anni di servizio di assistente sociale prestato in modo continuativo, ai sensi del terzo comma del presente articolo, oltre i limiti rispettivi di due e quattro anni sono computati ai fini dell'inquadramento nella classe di stipendio immediatamente superiore.

Entro tre mesi dalla data di pubblicazione del decreto di nomina i vincitori del concorso hanno facoltà di chiedere il riscatto degli anni di servizio prestato ai sensi del terzo comma del presente articolo, ai fini del trattamento di quiescenza e della indennità di buonuscita.

85. Accesso alla carriera direttiva di servizio sociale. Alla lettera *e*) dell'articolo 5 della legge 16 luglio 1962, n. 1085, sono soppresse le parole «istituita o autorizzata a norma di legge».

86. Personale per gli uffici di sorveglianza. Con decreti del Presidente della Repubblica, su proposta del Ministro della giustizia, di concerto con il Ministro per il tesoro, è determinato, entro sei mesi dalla entrata in vigore della presente legge, il contingente dei magistrati e del personale di cui all'articolo 68 da assegnare a ciascun ufficio di sorveglianza nei limiti delle attuali complessive dotazioni organiche.

87. Norme di esecuzione. Con decreto del Presidente della Repubblica, su proposta del Ministro della giustizia, di concerto con il Ministro per il tesoro, entro sei mesi dalla entrata in vigore della presente legge, sarà emanato il regolamento di esecuzione. Per quanto concerne la materia della istruzione negli istituti di prevenzione e di pena il regolamento di esecuzione sarà emanato di concerto anche con il Ministro per la pubblica istruzione.

Fino all'emanazione del suddetto regolamento restano applicabili, in quanto non incompatibili con le norme della presente legge, le disposizioni del regolamento vigente.

Entro il termine indicato nel primo comma dovranno essere emanate le norme che disciplinano l'ingresso in carriera del personale di concetto dei ruoli degli educatori per adulti e degli assistenti sociali per adulti.

Le disposizioni concernenti l'affidamento al servizio sociale e il regime di semilibertà entreranno in vigore un anno dopo la pubblicazione della presente legge nella Gazzetta Ufficiale.

88. Attuazione dei ruoli del personale. L'istituzione del ruolo organico del personale di concetto di servizio sociale per adulti, l'ampliamento del ruolo organico del personale direttivo di servizio sociale, l'istituzione del ruolo organico della carriera di concetto degli educatori per adulti e l'ampliamento del ruolo degli operai specializzati addetti agli ospedali psichiatrici e alle case di cura e di custodia, previsti dalla presente legge 621, saranno attuati entro un periodo di sette anni.

89. Norme abrogate. Sono abrogati gli articoli 141, 142, 143, 144, 149 e l'ultimo capoverso dell'articolo 207 del codice penale, l'articolo 585 del codice di procedura penale nonché ogni altra norma incompatibile con la presente legge.

90. Esigenze di sicurezza. [...]

91. Copertura finanziaria. All'onere derivante dall'attuazione della presente legge, valutato in lire 25 miliardi per l'anno finanziario 1975, si provvede mediante riduzione di pari importo dello stanziamento iscritto al capitolo 6856 dello stato di previsione della spesa del Ministero del tesoro per l'anno finanziario medesimo.

Tabella A D [*Omissis.*]

D.P.R. 30 giugno 2000, n. 230.
Regolamento recante norme sull'ordinamento penitenziario e sulle misure privative e limitative della libertà

PARTE I
TRATTAMENTO PENITENZIARIO E DISPOSIZIONI RELATIVE ALL'ORGANIZZAZIONE PENITENZIARIA

Titolo I
TRATTAMENTO PENITENZIARIO

Capo I
Principi direttivi

1. Interventi di trattamento. 1. Il trattamento degli imputati sottoposti a misure privative della libertà consiste nell'offerta di interventi diretti a sostenere i loro interessi umani, culturali e professionali.

2. Il trattamento rieducativo dei condannati e degli internati è diretto, inoltre, a promuovere un processo di modificazione delle condizioni e degli atteggiamenti personali, nonché delle relazioni familiari e sociali che sono di ostacolo a una costruttiva partecipazione sociale.

3. Le disposizioni del presente regolamento che fanno riferimento all'imputato si estendono, in quanto compatibili, alla persona sottoposta alle indagini.

2. Sicurezza e rispetto delle regole. 1. L'ordine e la disciplina negli istituti penitenziari garantiscono la sicurezza che costituisce la condizione per la realizzazione delle finalità del trattamento dei detenuti e degli internati. Il direttore dell'istituto assicura il mantenimento della sicurezza e del rispetto delle regole avvalendosi del personale penitenziario secondo le rispettive competenze.

2. Il servizio di sicurezza e custodia negli istituti penitenziari diversi dalle case mandamentali è affidato agli appartenenti al Corpo di polizia penitenziaria, che esercitano le loro attribuzioni in conformità delle leggi e dei regolamenti vigenti.

3. Direzione degli istituti penitenziari e dei centri di servizio sociale. 1. Alla direzione degli istituti penitenziari e dei centri di servizio sociale è preposto personale dei rispettivi ruoli dell'amministrazione penitenziaria individuato secondo la vigente normativa.

2. Il direttore dell'istituto e quello del centro di servizio sociale esercitano i poteri attinenti alla organizzazione, al coordinamento ed al controllo dello svolgimento delle attività dell'istituto o del servizio; decidono le iniziative idonee ad assicurare lo svolgimento dei programmi negli istituti, nonché gli interventi all'esterno; impartiscono direttive agli operatori penitenziari, anche non appartenenti all'amministrazione i quali svolgono i compiti loro affidati con l'autonomia professionale di competenza.

3. Il direttore dell'istituto e quello del centro di servizio sociale rispondono dell'esercizio delle loro attribuzioni al provveditore regionale e al Dipartimento dell'amministrazione penitenziaria.

4. Integrazione e coordinamento degli interventi. 1. Alle attività di trattamento svolte negli istituti e dai centri di servizio sociale partecipano tutti gli operatori penitenziari, secondo le rispettive competenze. Gli interventi di ciascun operatore professionale o volontario devono contribuire alla realizzazione di una positiva atmosfera di relazioni umane e svolgersi in una prospettiva di integrazioni e collaborazione.

2. A tal fine, gli istituti penitenziari e i centri di servizio sociale dislocati in ciascun ambito regionale, costituiscono un complesso operativo unitario, i cui programmi sono organizzati e svolti con riferimento alle risorse della comunità locale; i direttori degli istituti e dei centri di servizio sociale indicono apposite e periodiche conferenze di servizio.

3. Il Dipartimento dell'amministrazione penitenziaria ed i provveditori regionali adottano le opportune iniziative per promuovere il coordinamento operativo rispettivamente a livello nazionale e regionale.

5. Vigilanza del magistrato di sorveglianza sulla organizzazione degli istituti. 1. Il magistrato di sorveglianza, nell'esercizio delle sue funzioni di vigilanza, assume, a mezzo di visite e di colloqui e, quando occorre, di visione di documenti, dirette informazioni sullo svolgimento dei vari servizi dell'istituto e sul trattamento dei detenuti e degli internati.

Capo II
Condizioni generali

6. Condizioni igieniche e illuminazione dei locali. 1. I locali in cui si svolge la vita dei detenuti e internati devono essere igienicamente adeguati.

2. Le finestre delle camere devono consentire il passaggio diretto di luce e aria naturali. Non sono consentite schermature che impediscano tale passaggio. Solo in casi eccezionali e per dimostrate ragioni di sicurezza, possono utilizzarsi schermature, collocate non in aderenza alle mura dell'edificio, che consentano comunque un sufficiente passaggio diretto di aria e luce.

3. Sono approntati pulsanti per l'illuminazione artificiale delle camere, nonché per il funzionamento degli apparecchi radio e televisivi, sia all'esterno, per il personale, sia all'interno, per i detenuti e internati. Il personale, con i pulsanti esterni, può escludere il funzionamento di quelli interni, quando la utilizzazione di questi pregiudichi l'ordinata convivenza dei detenuti e internati.

4. Per i controlli notturni da parte del personale la illuminazione deve essere di intensità attenuata.

5. I detenuti e gli internati, che siano in condizioni fisiche e psichiche che lo consentano, provvedono direttamente alla pulizia delle loro camere e dei relativi servizi igienici. A tal fine sono messi a disposizione mezzi adeguati.

6. Per la pulizia delle camere nelle quali si trovano soggetti impossibilitati a provvedervi, l'amministrazione si avvale dell'opera retribuita di detenuti o internati.

7. Se le condizioni logistiche lo consentono, sono assicurati reparti per non fumatori.

7. Servizi igienici. 1. I servizi igienici sono collocati in un vano annesso alla camera.

2. I vani in cui sono collocati i servizi igienici forniti di acqua corrente, calda e fredda, sono dotati di lavabo, di doccia e, in particolare negli istituti o sezioni femminili, anche di bidet, per le esigenze igieniche dei detenuti e internati.

3. Servizi igienici, lavabi e docce in numero adeguato devono essere, inoltre, collocati nelle adiacenze dei locali e delle aree dove si svolgono attività in comune.

8. Igiene personale. 1. Gli oggetti necessari per la cura e la pulizia della persona sono indicati con specifico riferimento alla loro qualità e quantità in tabelle, distinte per uomini e donne, stabilite con decreto ministeriale.

2. Per gli uomini e per le donne sono, rispettivamente, organizzati servizi di barbiere e parrucchiere, di cui essi possono usufruire periodicamente secondo le necessità.

3. Nei locali di pernottamento è consentito l'uso di rasoio elettrico.

4. Il regolamento interno prevede i tempi e le modalità di accesso ai servizi di barbiere e di parrucchiere e gli orari di utilizzazione quotidiana dell'acqua calda.
5. L'obbligo della doccia può essere imposto per motivi igienico sanitari.

9. Vestiario e corredo. 1. Gli oggetti che costituiscono il corredo del letto, i capi di vestiario e di biancheria personale, nonché gli altri effetti di uso che l'amministrazione è tenuta a corrispondere ai detenuti e agli internati, sono indicati, con specifico riferimento alla loro qualità in tabelle, distinte per uomini e donne, stabilite con decreto ministeriale.
2. I capi e gli effetti sopra indicati devono avere caratteristiche adeguate al variare delle stagioni e alle particolari condizioni climatiche delle zone in cui gli istituti sono ubicati: la loro quantità deve consentire un ricambio che assicuri buone condizioni di pulizia e di conservazione.
3. Per ciascun capo o effetto è prevista la durata d'uso.
4. L'amministrazione sostituisce, anche prima della scadenza del termine di durata, i capi e gli effetti deteriorati. Se l'anticipato deterioramento è imputabile al detenuto o all'internato, questi è tenuto a risarcire il danno.
5. Il sanitario dell'istituto prescrive variazioni qualitative e quantitative del corredo del letto, dei capi di biancheria e di vestiario in relazione a particolari bisogni dei singoli soggetti.
6. I minorenni vestono, comunque, abiti di foggia civile.
7. I capi di biancheria personale e di vestiario nonché gli effetti d'uso consegnati ai detenuti e agli internati sono annotati, con le successive variazioni, in una scheda, un esemplare della quale viene conservato dall'interessato e un altro custodito dalla direzione e trasmesso in caso di trasferimento.
8. La direzione dell'istituto cura che a ciascun detenuto o internato, dopo le operazioni di pulizia, siano restituiti i capi di sua spettanza.
9. I detenuti e gli internati, i quali fanno uso di abiti e di corredo personale di loro proprietà che non possono essere lavati con le normali procedure usate per quelli forniti dall'amministrazione, devono provvedervi a loro spese.
10. L'amministrazione provvede a fornire abiti civili ai dimittendi, qualora essi non siano in condizioni di provvedervi a loro spese.

10. Corredo e oggetti di proprietà personale. 1. Il regolamento interno stabilisce i casi in cui i detenuti e gli internati possono essere ammessi a fare uso di corredo di loro proprietà e prevede, altresì, quali sono gli effetti di corredo che possono usarsi.
2. È assicurato un servizio di lavanderia cui i detenuti e gli internati possono accedere, anche a loro spese.
3. È ammesso il possesso di oggetti di particolare valore morale o affettivo qualora non abbiano un consistente valore economico e non siano incompatibili con l'ordinato svolgimento della vita nell'istituto.

11. Vitto giornaliero. 1. Ai detenuti e agli internati vengono somministrati giornalmente tre pasti.
2. Il regolamento interno stabilisce l'orario dei pasti in modo tale che il primo possa essere consumato non lontano dalla sveglia, il secondo dopo circa cinque ore dal primo ed il terzo dopo circa sei ore dal secondo.
3. Ai minorenni vengono somministrati giornalmente quattro pasti opportunamente intervallati.
4. Le tabelle vittuarie, distinte in riferimento ai criteri di cui al primo comma dell'articolo 9 della legge, sono approvate con decreto ministeriale ai sensi del comma quarto dello stesso articolo, in conformità del parere dell'Istituto superiore della nutrizione. Le tabelle vittuarie devono essere aggiornate almeno ogni cinque anni. Nella formulazione delle tabelle vittuarie si deve anche tenere conto, in quanto possibile, delle prescrizioni proprie delle diverse fedi religiose.

12. Controllo sul trattamento alimentare e sui prezzi dei generi venduti nell'istituto. 1. La rappresentanza dei detenuti e degli internati prevista dal sesto comma dell'articolo 9 della legge è composta di tre persone.

2. Negli istituti in cui la preparazione del vitto è effettuata in più cucine, è costituita una rappresentanza per ciascuna cucina.

3. I rappresentanti dei detenuti e degli internati assistono al prelievo dei generi vittuari, ne controllano la qualità e la quantità, verificano che i generi prelevati siano interamente usati per la confezione del vitto.

4. Ai detenuti e agli internati lavoratori o studenti, facenti parte della rappresentanza, sono concessi permessi di assenza dal lavoro o dalla scuola per rendere possibile lo svolgimento del loro compito; per i detenuti e gli internati che lavorano per l'amministrazione penitenziaria tali permessi orari sono retribuiti.

5. La rappresentanza suddetta e il delegato del direttore, indicato nel settimo comma dell'articolo 9 della legge, presentano, congiuntamente o disgiuntamente, le loro osservazioni al direttore.

6. La direzione assume mensilmente informazioni dall'autorità comunale sui prezzi correnti all'esterno relativi ai generi corrispondenti a quelli in vendita da parte dello spaccio o assume informazioni sui prezzi praticati negli esercizi della grande distribuzione più vicini all'istituto. I prezzi dei generi in vendita nello spaccio, che sono comunicati anche alla rappresentanza dei detenuti e degli internati, devono adeguarsi a quelli esterni risultanti dalle informazioni predette.

13. Locali per la confezione e la somministrazione del vitto. Uso di fornelli. 1. Negli istituti ogni cucina deve servire alla preparazione del vitto per un massimo di duecento persone. Se il numero dei detenuti o internati è maggiore, sono attrezzate più cucine.

2. Il servizio di cucina è svolto dai detenuti e internati. A tal fine sono costantemente organizzati corsi di formazione professionale per gli stessi.

3. Il vitto è consumato di regola in locali all'uopo destinati, utilizzabili per un numero non elevato di detenuti o internati. Il regolamento interno stabilisce le modalità con le quali, a turno, i detenuti e gli internati sono ammessi a cucinare in locali attrezzati a tal fine.

4. È consentito ai detenuti ed internati, nelle proprie camere, l'uso di fornelli personali per riscaldare liquidi e cibi già cotti, nonché per la preparazione di bevande e cibi di facile e rapido approntamento.

5. Le dimensioni e le caratteristiche dei fornelli devono essere conformi a prescrizioni ministeriali che regoleranno altresì le modalità di uso e di recupero, anche forfettario, della spesa.

6. La mancata adozione della gestione diretta, da parte dell'amministrazione, dei servizi di vettovagliamento e di sopravitto di cui ai commi quinto e settimo dell'articolo 9 della legge deve essere specificamente ed adeguatamente motivata dalle singole direzioni. La gestione diretta può, comunque, attuarsi anche con un unico fornitore dei generi vittuari. Alla gestione diretta è equiparata quella realizzata attraverso convenzioni con cooperative sociali ai sensi del comma 3 dell'articolo 47.

7. Il regolamento interno può prevedere che, senza carattere di continuità, sia consentita ai detenuti e agli internati la cottura di generi alimentari, stabilendo i generi ammessi nonché le modalità da osservare.

14. Ricezione, acquisto e possesso di oggetti e di generi alimentari. 1. Il regolamento interno stabilisce, nei confronti di tutti i detenuti o internati dell'istituto, i generi e gli oggetti di cui è consentito il possesso, l'acquisto e la ricezione, finalizzati alla cura della persona e all'espletamento delle attività trattamentali, culturali, ricreative e sportive. Nella individuazione dei generi e oggetti ammessi si terrà anche conto delle nuove strumentazioni tecnologiche. È vietato, comunque, il possesso di denaro.

2. Sono ammesse limitazioni sostenute da motivate esigenze di sicurezza, anche in relazione alla differenziazione del regime detentivo che consegue all'applicazione degli articoli 14 *bis*, 41 *bis* e 64 della legge.

3. Non è ammessa la ricezione dall'esterno di bevande alcoliche. È consentito l'acquisto presso lo spaccio interno e il consumo giornaliero di vino in misura non superiore a mezzo litro e di gradazione non superiore a dodici gradi o di birra in misura non superiore ad un litro. La distribuzione e il consumo di tali bevande avviene nei locali in cui si consumano i pasti. In ogni caso è vietato l'accumulo di bevande alcoliche.

4. Gli oggetti non consentiti sono ritirati dalla direzione e, salvo che costituiscano corpi di reato, sono consegnati ai detenuti e agli internati all'atto della loro dimissione. I generi e gli oggetti deperibili o ingombranti che non possono essere trattenuti in deposito presso il magazzino sono restituiti ai familiari in occasione dei colloqui ovvero spediti agli stessi a cura e spese del detenuto o dell'internato.

5. I generi e gli oggetti provenienti dall'esterno devono essere contenuti in pacchi, che, prima della consegna ai destinatari, devono essere sottoposti a controllo.

6. I detenuti e gli internati possono ricevere quattro pacchi al mese complessivamente di peso non superiore a venti chili, contenente esclusivamente generi di abbigliamento, ovvero, nei casi e con le modalità stabiliti dal regolamento interno, anche generi alimentari di consumo comune che non richiedono manomissioni in sede di controllo.

7. Gli oggetti di uso personale possono essere acquistati o ricevuti in misura non eccedente le normali esigenze dell'individuo.

8. I generi alimentari, ricevuti dall'esterno o acquistati, non devono eccedere in quantità il fabbisogno di una persona.

9. Il detenuto o l'internato non può accumulare generi alimentari in quantità eccedente il suo fabbisogno settimanale.

10. Le limitazioni di cui ai commi precedenti non si applicano ai pacchi, agli oggetti ed ai generi destinati alle detenute madri con prole in istituto per il fabbisogno dei bambini.

15. Cessioni fra detenuti o internati. 1. La cessione e la ricezione di somme in peculio fra detenuti e internati sono vietate, salvo che si tratti di componenti dello stesso nucleo familiare.

2. È consentita la cessione fra detenuti e internati di oggetti di modico valore.

16. Utilizzazione degli spazi all'aperto. 1. Gli spazi all'aperto, oltre che per le finalità di cui all'articolo 10 della legge, sono utilizzati per lo svolgimento di attività trattamentali e, in particolare, per attività sportive, ricreative e culturali secondo i programmi predisposti dalla direzione.

2. La permanenza all'aperto, che deve avvenire, se possibile, in spazi non interclusi fra fabbricati, deve essere assicurata per periodi adeguati anche attraverso le valutazioni dei servizi sanitario e psicologico, accanto allo svolgimento delle attività trattamentali, come strumento di contenimento degli effetti negativi della privazione della libertà personale.

3. La riduzione della permanenza all'aperto a non meno di un'ora al giorno, dovuta a motivi eccezionali, deve essere limitata a tempi brevi e disposta con provvedimento motivato del direttore dell'istituto, che viene comunicato al provveditore regionale e al magistrato di sorveglianza.

4. Gli spazi destinati alla permanenza all'aperto devono offrire possibilità di protezione dagli agenti atmosferici.

17. Assistenza sanitaria. 1. I detenuti e gli internati usufruiscono dell'assistenza sanitaria secondo le disposizioni della vigente normativa.

2. Le funzioni di programmazione, indirizzo, coordinamento ed organizzazione dei servizi sanitari in ambito penitenziario, nonché di controllo sul funzionamento dei servizi medesimi, sono esercitate secondo le competenze e con le modalità indicate dalla vigente normativa.

3. L'assistenza sanitaria viene prestata all'interno degli istituti penitenziari, salvo quanto previsto dal secondo comma dell'articolo 11 della legge.

4. Sulla base delle indicazioni desunte dalla rilevazione e dall'analisi delle esigenze sanitarie della popolazione penitenziaria, sono organizzati, con opportune dislocazioni nel territorio nazionale, reparti clinici e chirurgici.

5. In ogni caso in cui le prestazioni di carattere psichiatrico non siano assicurate a mezzo dell'opera di specialisti in psichiatria di ruolo, la direzione dell'istituto si avvale di specialisti ai sensi del quarto comma dell'articolo 80 della legge.

6. Comma abrogato.

7. Comma abrogato.

8. Quando deve provvedersi con estrema urgenza al trasferimento di un detenuto o di un inter-

nato in luogo esterno di cura e non sia possibile ottenere con immediatezza la decisione della competente autorità giudiziaria, il direttore provvede direttamente al trasferimento, dandone contemporanea comunicazione alla predetta autorità: dà inoltre notizia del trasferimento al Dipartimento dell'amministrazione penitenziaria e al provveditore regionale.

9. In ogni istituto devono essere svolte con continuità attività di medicina preventiva che rilevino, segnalino ed intervengano in merito alle situazioni che possono favorire lo sviluppo di forme patologiche, comprese quelle collegabili alle prolungate situazioni di inerzia e di riduzione del movimento e dell'attività fisica.

18. Rimborso delle spese per prestazioni sanitarie. 1. È fatto divieto di richiedere alle persone detenute o internate alcuna forma di partecipazione alla spesa per prestazioni sanitarie erogate dal servizio sanitario nazionale.

2. I detenuti o internati stranieri, apolidi o senza fissa dimora iscritti al servizio sanitario nazionale, ai sensi della vigente normativa, ricevono l'assistenza sanitaria a carico del servizio sanitario pubblico nel cui territorio ha sede l'istituto di assegnazione del soggetto interessato.

3. Gli enti tenuti ad erogare l'assistenza sanitaria provvedono direttamente a fornire le prestazioni previste dalle leggi vigenti nei confronti dei familiari dei detenuti e degli internati lavoratori.

19. Assistenza particolare alle gestanti e alle madri con bambini. Asili nido. 1. Le gestanti e le madri con bambini sono assistite da specialisti in ostetricia e ginecologia, incaricati o professionisti esterni. Il parto deve essere preferibilmente effettuato in luogo esterno di cura.

2. È prestata, altresì, l'assistenza da parte di personale paramedico ostetrico.

3. L'assistenza sanitaria ai bambini, che le madri detenute o internate tengono presso di sé, è curata da professionisti specialisti in pediatria.

4. Gli specialisti in ostetricia e ginecologia e i pediatri, il personale paramedico, nonché gli operatori in puericultura degli asili nido, sono compensati con onorari proporzionati alle singole prestazioni effettuate.

5. Presso gli istituti o sezioni dove sono ospitati gestanti e madri con bambini, sono organizzati, di norma, appositi reparti ostetrici e asili nido. Le camere dove sono ospitati le gestanti e madri con i bambini non devono essere chiuse, affinché gli stessi possano spostarsi all'interno del reparto o della sezione, con il limite di non turbare l'ordinato svolgimento della vita nei medesimi.

6. Sono assicurati ai bambini all'interno degli istituti attività ricreative e formative proprie della loro età. I bambini, inoltre, con l'intervento dei servizi pubblici territoriali o del volontariato, sono accompagnati all'esterno con il consenso della madre, per lo svolgimento delle attività predette, anche presso gli asili nido esistenti sul territorio.

7. Quando i bambini debbono essere separati dalle madri detenute o internate, per avere superato il limite di età stabilito dalla legge o per altre ragioni, sentita in questo ultimo caso la madre, e non esistono persone a cui la madre possa affidare il figlio, la direzione dell'istituto, in tempo utile per le necessarie iniziative, segnala il caso agli enti per l'assistenza all'infanzia e al centro di servizio sociale, che assicura comunque il mantenimento di costanti rapporti tra la madre e il bambino.

20. Disposizioni particolari per gli infermi e i seminfermi di mente. 1. Nei confronti dei detenuti e degli internati infermi o seminfermi di mente, salve le disposizioni di cui ai commi seguenti, devono essere attuati interventi che favoriscano la loro partecipazione a tutte le attività trattamentali e in particolare a quelle che consentano, in quanto possibile, di mantenere, migliorare o ristabilire le loro relazioni con la famiglia e l'ambiente sociale, anche attraverso lo svolgimento di colloqui fuori dei limiti stabiliti dall'articolo 37. Il servizio sanitario pubblico, territorialmente competente, accede all'istituto per rilevare le condizioni e le esigenze degli interessati e concordare con gli operatori penitenziari l'individuazione delle risorse esterne utili per la loro presa in carico da parte del servizio pubblico e per il loro successivo reinserimento sociale.

2. La sottoposizione a visto di controllo della corrispondenza dei detenuti e degli internati infermi o seminfermi di mente può essere proposta, oltre che nei casi previsti dall'articolo 38, anche per esigenze connesse al trattamento terapeutico, accertate dal sanitario.

3. Nella concessione dei permessi di colloquio e nelle autorizzazioni alla corrispondenza telefonica si devono tenere in conto anche le esigenze di cui al comma 1.

4. I detenuti e gli internati infermi o seminfermi di mente che, a giudizio del sanitario, sono in grado di svolgere un lavoro produttivo o un servizio utile sono ammessi al lavoro e godono di tutti i diritti relativi.

5. Coloro che non sono in grado di svolgere un lavoro produttivo o un servizio utile possono essere assegnati, secondo le indicazioni sanitarie, ad attività ergoterapiche e ad essi viene corrisposto un sussidio nella misura stabilita con decreto ministeriale.

6. Le disposizioni concernenti la formazione delle rappresentanze previste dagli articoli 9, 12, 20 e 27 della legge, si applicano anche agli infermi o seminfermi di mente. Tuttavia, se fra i sorteggiati vi siano individui che, a giudizio del sanitario, per le loro condizioni psichiche non sono in grado di svolgere il compito, il magistrato di sorveglianza dispone la loro esclusione. Gli esclusi sono sostituiti da altri detenuti o internati nominati anch'essi per sorteggio.

7. Nei confronti degli infermi e dei seminfermi di mente, le sanzioni disciplinari si applicano solo quando, a giudizio del sanitario, esista la sufficiente capacità naturale che consenta loro coscienza dell'infrazione commessa ed adeguata percezione della sanzione conseguente.

8. Gli infermi e seminfermi in permesso, in licenza o in regime di semilibertà ricevono, ove occorra, assistenza da parte dei servizi psichiatrici pubblici degli enti locali.

9. I detenuti e internati tossicodipendenti che presentino anche infermità mentali sono seguiti in collaborazione dal servizio per le tossicodipendenze e dal servizio psichiatrico.

10. Il presente articolo, nonché gli articoli 17, 18 e 19 si applicano fino alla completa attuazione del decreto legislativo 22 giugno 1999, n. 230.

21. Servizio di biblioteca. 1. La direzione dell'istituto deve curare che i detenuti e gli internati abbiano agevole accesso alle pubblicazioni della biblioteca dell'istituto, nonché la possibilità, a mezzo di opportune intese, di usufruire della lettura di pubblicazioni esistenti in biblioteche e centri di lettura pubblici, funzionanti nel luogo in cui è situato l'istituto stesso.

2. Nella scelta dei libri e dei periodici si deve realizzare una equilibrata rappresentazione del pluralismo culturale esistente nella società.

3. Il servizio di biblioteca è affidato, di regola, a un educatore. Il responsabile del servizio si avvale, per la tenuta delle pubblicazioni, per la formazione degli schedari, per la distribuzione dei libri e dei periodici, nonché per lo svolgimento di iniziative per la diffusione della cultura, dei rappresentanti dei detenuti e degli internati previsti dall'articolo 12 della legge, i quali espletano le suddette attività durante il tempo libero. Si avvale altresì di uno o più detenuti scrivani, regolarmente retribuiti.

4. I rappresentanti dei detenuti o degli internati sono sorteggiati, con le modalità previste nell'articolo 67, nel numero di tre o cinque, rispettivamente per gli istituti con un numero di presenti non superiore o superiore a cinquecento.

5. Nell'ambito del servizio di biblioteca, è attrezzata una sala lettura, cui vengono ammessi i detenuti e gli internati. I detenuti e internati lavoratori e studenti possono frequentare la sala lettura anche in orari successivi a quelli di svolgimento dell'attività di lavoro e di studio. Il regolamento interno stabilisce le modalità e gli orari di accesso alla sala di lettura.

Capo III
Ingresso in istituto e modalità del trattamento

22. Ammissione in istituto. 1. Le direzioni degli istituti penitenziari devono ricevere le persone indicate nell'articolo 94 del decreto legislativo 28 luglio 1989, n. 271, e quelle che si costituiscono dichiarando che ciò fanno per dare esecuzione ad un provvedimento da cui consegue la privazione dello stato di libertà.

2. In ogni caso la persona viene sottoposta all'isolamento previsto dal n. 3) del primo comma dell'articolo 33 della legge, soltanto se l'autorità giudiziaria abbia disposto in tal senso.

3. Quando viene ricevuta una persona, che non può essere trattenuta perché deve essere sottoposta a misura privativa della libertà diversa da quella alla cui esecuzione l'istituto è destinato, la direzione provvede ad informare il Dipartimento dell'amministrazione penitenziaria, ai fini dell'assegnazione.

4. In caso di arresto in flagranza o di fermo di indiziato di delitto, la prescritta informazione all'autorità giudiziaria competente deve essere effettuata dalla polizia giudiziaria prima dell'introduzione del detenuto nell'istituto, al fine di consentire la tempestiva emanazione dell'eventuale provvedimento di sottoposizione all'isolamento di cui al comma 3. Allo stesso modo provvede il direttore nel caso di presentazione spontanea in istituto di persona a carico della quale non sia stato ancora emesso provvedimento restrittivo della libertà personale dall'autorità giudiziaria.

5. Il provvedimento dell'autorità giudiziaria che dispone l'isolamento deve precisare le modalità, i limiti e la durata dell'isolamento medesimo.

6. In caso di mancata indicazione dei predetti elementi, la direzione richiede all'autorità giudiziaria competente le integrazioni necessarie. Segnala in ogni caso l'eventuale insorgenza di stati di sofferenza psico fisica della persona.

7. Durante l'isolamento giudiziario possono avere contatti con il detenuto isolato, con l'osservanza delle modalità stabilite dal Dipartimento dell'amministrazione penitenziaria, il personale, nonché gli altri operatori penitenziari anche non appartenenti al personale dell'amministrazione, incaricati, autorizzati o delegati dal direttore dell'istituto.

23. Modalità dell'ingresso in istituto. 1. La direzione cura che il detenuto o l'internato all'atto del suo ingresso dalla libertà sia sottoposto a perquisizione personale, al rilievo delle impronte digitali e messo in grado di esercitare la facoltà prevista dal primo comma dell'articolo 29 della legge, con le modalità di cui all'articolo 62 del presente regolamento. Il soggetto è sottoposto a visita medica non oltre il giorno successivo.

2. Fermo restando quanto previsto dal comma 4 dell'articolo 24, qualora dagli accertamenti sanitari o altrimenti, risulti che una persona condannata si trovi in una delle condizioni previste dagli articoli 146 e 147, primo comma, numeri 2) e 3), del codice penale, la direzione dell'istituto trasmette gli atti al magistrato di sorveglianza e al tribunale di sorveglianza per i provvedimenti di rispettiva competenza. La direzione provvede analogamente, quando la persona interessata si trovi in custodia cautelare, trasmettendo gli atti alla autorità giudiziaria procedente.

3. Un esperto dell'osservazione e trattamento effettua un colloquio con il detenuto o internato all'atto del suo ingresso in istituto, per verificare se, ed eventualmente con quali cautele, possa affrontare adeguatamente lo stato di restrizione. Il risultato di tali accertamenti è comunicato agli operatori incaricati per gli interventi opportuni e al gruppo degli operatori dell'osservazione e trattamento di cui all'articolo 29. Gli eventuali aspetti di rischio sono anche segnalati agli organi giudiziari indicati nel comma 2. Se la persona ha problemi di tossicodipendenza, è segnalata anche al Servizio tossicodipendenze operante all'interno dell'istituto.

4. Dopo l'espletamento delle operazioni di cui ai commi precedenti e nel più breve tempo possibile, la direzione dell'istituto richiede al Dipartimento dell'amministrazione penitenziaria notizia su eventuali precedenti detenzioni, al fine di acquisire la preesistente cartella personale.

5. Il direttore dell'istituto, o un operatore penitenziario da lui designato, svolge un colloquio con il soggetto, al fine di conoscere le notizie necessarie per le iscrizioni nel registro, previsto dall'articolo 7 del regolamento per l'esecuzione del codice di procedura penale di cui al decreto ministeriale 30 settembre 1989, n. 334, e per iniziare la compilazione della cartella personale, nonché allo scopo di fornirgli le informazioni previste dal primo comma dell'articolo 32 della legge e di consegnargli la carta dei diritti e dei doveri dei detenuti e degli internati prevista nel comma 2 dell'articolo 69 del presente regolamento. In particolare, vengono forniti chiarimenti sulla possibilità di ammissione alle misure alternative alla detenzione e agli altri benefici penitenziari e viene contestualmente richiesto al detenuto il consenso all'eventuale utilizzo delle procedure di controllo mediante mezzi elettronici o altri strumenti tecnici di cui all'articolo 275 *bis* del codice di procedura penale. Il verbale contenente la relativa dichiarazione del detenuto viene trasmesso senza ritardo all'autorità giudiziaria competente.

6. Qualora il detenuto o l'internato si rifiuti di fornire le sue generalità o quando vi siano fondati

motivi per ritenere che le generalità fornite siano false, e sempre che non si riesca a conoscere altrimenti le esatte generalità, il soggetto è identificato sotto la provvisoria denominazione di «sconosciuto» a mezzo di fotografia e di riferimenti a connotati e contrassegni fisici e ne è fatto rapporto all'autorità giudiziaria.

7. Nel corso del colloquio il soggetto è invitato a segnalare gli eventuali problemi personali e familiari che richiedono interventi immediati. Di tali problemi la direzione informa il centro di servizio sociale.

8. Gli oggetti consegnati dal detenuto o dall'internato, nonché quelli rinvenuti sulla sua persona e che non possono essere lasciati in suo possesso, sono ritirati e depositati presso la direzione. Gli oggetti che non possono essere conservati sono venduti a beneficio del soggetto o inviati, a sue spese, alla persona da lui designata. Delle predette operazioni viene redatto verbale.

9. Degli oggetti consegnati dall'imputato o rinvenuti sulla sua persona è data notizia all'autorità giudiziaria che procede.

10. I contatti e gli interventi degli operatori penitenziari, degli assistenti volontari di cui all'articolo 78 della legge, dei rappresentanti della comunità esterna autorizzati ai sensi dell'articolo 17 della legge, nonché quelli degli operatori sociali e sanitari delle strutture e dei servizi assistenziali territoriali intesi alla prosecuzione dei programmi terapeutici o di trattamento educativo sociale, istituzionalmente svolti con gli imputati, i condannati e gli internati, non si considerano colloqui e ad essi non si applicano pertanto le disposizioni contenute nell'articolo 18 della legge e nell'articolo 37 del presente regolamento.

24. Iscrizioni a registro. 1. Nel registro previsto dall'articolo 7 del regolamento per l'esecuzione del codice di procedura penale, di cui al decreto del Ministro di grazia e giustizia 30 settembre 1989, n. 334, oltre alle iscrizioni relative alle persone ivi indicate, devono essere inserite, in ordine cronologico, analoghe iscrizioni relative ai detenuti e agli internati che entrano o escono dall'istituto a causa di trasferimento o di transito.

2. Il registro, prima che sia posto in uso, è presentato al direttore dell'istituto, che ne fa numerare ciascuna pagina, vistandola e segnandola con sigillo del proprio ufficio. In fine del registro lo stesso direttore indica il numero complessivo delle pagine e vi appone la data e la sottoscrizione.

3. La disposizione di cui al comma 2 si osserva anche per il registro di cui all'articolo 123 del codice di procedura penale e dall'articolo 44 del decreto legislativo 28 luglio 1989, n. 271.

4. Le istanze, le impugnazioni e le dichiarazioni previste dall'articolo 123 del codice di procedura penale, sono comunicate all'autorità giudiziaria mediante estratto o copia autentica. In caso di urgenza, si utilizza il mezzo di comunicazione più rapido. Le istanze dei detenuti e degli internati relative ai provvedimenti di cui al capo VI del titolo I della legge sono trasmesse al magistrato di sorveglianza o al tribunale di sorveglianza entro tre giorni dalla loro presentazione.

25. Albo degli avvocati. 1. Presso ogni istituto penitenziario è tenuto l'albo degli avvocati del circondario, che deve essere affisso in modo che i detenuti e gli internati ne possano prendere visione.

2. È fatto divieto agli operatori penitenziari di influire, direttamente o indirettamente, sulla scelta del difensore.

26. Cartella personale. 1. Per ogni detenuto o internato è istituita una cartella personale, la cui compilazione inizia all'atto dell'ingresso in istituto dalla libertà. La cartella segue il soggetto in caso di trasferimento e resta custodita nell'archivio dell'istituto da cui il detenuto o l'internato è dimesso. Di tale custodia è data tempestiva notizia al Dipartimento dell'amministrazione penitenziaria.

2. L'intestazione della cartella personale è corredata dei dati anagrafici, delle impronte digitali, della fotografia e di ogni altro elemento necessario per la precisa identificazione della persona.

3. Nella cartella personale, oltre quanto stabilito dall'articolo 94 del decreto legislativo 28 luglio 1989, n. 271, sono inseriti i dati e le indicazioni previsti dal quarto comma dell'articolo 13 della legge, con specifica menzione delle ricompense, delle sanzioni disciplinari e delle infrazioni che le hanno determinate, nonché della eventuale sospensione, condono ed estinzione delle san-

zioni stesse, delle istanze e dei provvedimenti di cui al capo VI del titolo I della legge, della sottoposizione al regime di sorveglianza particolare e del reclamo eventualmente proposto, nonché di ogni altro dato richiesto da disposizioni ministeriali.

4. Tutti i provvedimenti del magistrato di sorveglianza e del tribunale di sorveglianza, di cui all'articolo 14 *ter* e al capo VI del titolo I della legge, sono comunicati alla direzione dell'istituto per la annotazione nella cartella personale. I provvedimenti relativi all'affidamento in prova al servizio sociale, al regime di semilibertà ed alla detenzione domiciliare, sono, altresì, comunicati al centro di servizio sociale del luogo nel quale viene eseguita la misura alternativa alla detenzione.

5. Allo scadere di ogni semestre di custodia cautelare e di pena detentiva, nella cartella personale di ciascun detenuto è annotato il giudizio espresso dalla direzione sugli elementi indicati nel comma 2 dell'articolo 103.

6. All'atto del trasferimento del detenuto o dell'internato in altro istituto, nella cartella personale è annotato un giudizio complessivo sugli sviluppi del trattamento e sulla condotta tenuta.

27. Osservazione della personalità. 1. L'osservazione scientifica della personalità è diretta all'accertamento dei bisogni di ciascun soggetto, connessi alle eventuali carenze fisico psichiche, affettive, educative e sociali, che sono state di pregiudizio all'instaurazione di una normale vita di relazione. Ai fini dell'osservazione si provvede all'acquisizione di dati giudiziari e penitenziari, clinici, psicologici e sociali e alla loro valutazione con riferimento al modo in cui il soggetto ha vissuto le sue esperienze e alla sua attuale disponibilità ad usufruire degli interventi del trattamento. Sulla base dei dati giudiziari acquisiti, viene espletata, con il condannato o l'internato, una riflessione sulle condotte antigiuridiche poste in essere, sulle motivazioni e sulle conseguenze negative delle stesse per l'interessato medesimo e sulle possibili azioni di riparazione delle conseguenze del reato, incluso il risarcimento dovuto alla persona offesa.

2. All'inizio dell'esecuzione l'osservazione è specificamente rivolta, con la collaborazione del condannato o dell'internato, a desumere elementi per la formulazione del programma individualizzato di trattamento, il quale è compilato nel termine di nove mesi.

3. Nel corso del trattamento l'osservazione è rivolta ad accertare, attraverso l'esame del comportamento del soggetto e delle modificazioni intervenute nella sua vita di relazione, le eventuali nuove esigenze che richiedono una variazione del programma di trattamento.

4. L'osservazione e il trattamento dei detenuti e degli internati devono mantenere i caratteri della continuità in caso di trasferimento in altri istituti.

28. Espletamento dell'osservazione della personalità. 1. L'osservazione scientifica della personalità è espletata, di regola, presso gli stessi istituti dove si eseguono le pene e le misure di sicurezza.

2. Quando si ravvisa la necessità di procedere a particolari approfondimenti, i soggetti da osservare sono assegnati, su motivata proposta della direzione, ai centri di osservazione.

3. L'osservazione è condotta da personale dipendente dall'amministrazione e, secondo le occorrenze, anche dai professionisti indicati nel secondo e quarto comma dell'articolo 80 della legge.

4. Le attività di osservazione si svolgono sotto la responsabilità del direttore dell'istituto e sono dal medesimo coordinate.

29. Programma individualizzato di trattamento. 1. Il programma di trattamento contiene le specifiche indicazioni di cui al terzo comma dell'articolo 13 della legge, secondo i principi indicati nel sesto comma dell'articolo 1 della stessa.

2. La compilazione del programma è effettuata da un gruppo di osservazione e trattamento presieduto dal direttore dell'istituto e composto dal personale e dagli esperti che hanno svolto le attività di osservazione indicate nell'articolo 28.

3. Il gruppo tiene riunioni periodiche, nel corso delle quali esamina gli sviluppi del trattamento praticato e i suoi risultati.

4. La segreteria tecnica del gruppo è affidata, di regola, all'educatore.

30. Assegnazione dei detenuti e degli internati agli istituti. 1. I condannati e gli internati, all'inizio dell'esecuzione della pena o della misura di sicurezza, sono provvisoriamente assegnati in un istituto destinato all'esecuzione del tipo di pena o di misura cui sono stati sottoposti, situato nell'ambito della regione di residenza. Qualora ciò non sia possibile per mancanza di tale istituto o per indisponibilità di posti, l'assegnazione deve avvenire ad altro istituto della stessa categoria situato in località prossima.

2. Nell'istituto di assegnazione provvisoria vengono espletate le attività di osservazione previste dall'articolo 13 della legge.

3. Sulla base della formulazione del programma di trattamento individualizzato viene disposta l'assegnazione definitiva.

4. Per l'assegnazione definitiva dei condannati e degli internati si ha riguardo alla corrispondenza fra le indicazioni del trattamento contenute nel programma individualizzato e il tipo di trattamento organizzato negli istituti ai sensi dell'articolo 115.

5. Alle assegnazioni provvisorie e definitive, che comportino trasferimento dalla circoscrizione di un provveditorato regionale a quella di un altro provveditorato, provvede il Dipartimento dell'amministrazione penitenziaria. Nell'ambito della stessa circoscrizione dispone il provveditore regionale, informandone il Dipartimento dell'amministrazione penitenziaria, fatte salve le assegnazioni dei detenuti e degli internati riservate dalla vigente normativa alla competenza del Dipartimento dell'amministrazione penitenziaria.

31. Raggruppamento nelle sezioni. 1. Gli istituti penitenziari, al fine di attuare la distribuzione dei condannati e degli internati, secondo i criteri indicati nel secondo comma dell'articolo 14 della legge, sono organizzati in modo da realizzare nel loro interno suddivisioni in sezioni che consentano raggruppamenti limitati di soggetti.

2. Gli imputati che non sono sottoposti all'isolamento previsto dal n. 3) del primo comma dell'articolo 33 della legge, sono assegnati alle varie sezioni nelle quali l'istituto di custodia cautelare è suddiviso, in considerazione della loro età, di precedenti esperienze penitenziarie, della natura colposa o dolosa del reato ascritto e della indole dello stesso.

32. Assegnazione e raggruppamento per motivi cautelari. 1. I detenuti e gli internati, che abbiano un comportamento che richiede particolari cautele, anche per la tutela dei compagni da possibili aggressioni o sopraffazioni, sono assegnati ad appositi istituti o sezioni dove sia più agevole adottare le suddette cautele.

2. La permanenza dei motivi cautelari viene verificata semestralmente.

3. Si cura, inoltre, la collocazione più idonea di quei detenuti ed internati per i quali si possano temere aggressioni o sopraffazioni da parte dei compagni. Sono anche utilizzate apposite sezioni a tal fine, ma la assegnazione presso le stesse deve essere frequentemente riesaminata nei confronti delle singole persone per verificare il permanere delle ragioni della separazione delle stesse dalla comunità.

33. Regime di sorveglianza particolare. 1. Il Dipartimento dell'amministrazione penitenziaria, quando, di propria iniziativa, o su segnalazione o proposta della direzione dell'istituto o su segnalazione dell'autorità giudiziaria, ritiene di disporre o prorogare la sottoposizione a regime di sorveglianza particolare di un detenuto o di un internato ai sensi dell'articolo 14 *bis*, primo comma, della legge, richiede al direttore dell'istituto la convocazione del consiglio di disciplina, affinché esprima parere nel termine di dieci giorni.

2. L'autorità giudiziaria deve far pervenire i pareri di cui al terzo comma dell'articolo 14 *bis* della legge al Dipartimento dell'amministrazione penitenziaria entro il termine di dieci giorni.

3. La direzione dell'istituto chiede preventivamente alla autorità giudiziaria competente ai sensi del secondo comma dell'articolo 11 della legge l'autorizzazione ad effettuare il visto di controllo sulla corrispondenza in arrivo ed in partenza, quando tale restrizione è prevista nel provvedimento che dispone o proroga il regime di sorveglianza particolare. Il provvedimento dell'autorità giudiziaria viene emesso entro il termine di dieci giorni da quello in cui l'ufficio ha ricevuto la richiesta.

4. Del provvedimento che dispone in via provvisoria il regime di sorveglianza particolare e delle restrizioni a cui il detenuto o l'internato è sottoposto, è data comunicazione al medesimo, che sottoscrive per presa visione.

5. I provvedimenti che dispongono in via definitiva o che prorogano il regime di sorveglianza particolare sono comunicati dalla direzione dell'istituto al detenuto o internato mediante rilascio di copia integrale di essi e del provvedimento con cui in precedenza sia stata eventualmente disposta la sorveglianza particolare in via provvisoria.

6. Dei provvedimenti che dispongono o prorogano il regime di sorveglianza particolare e dei reclami proposti e del loro esito è presa nota nella cartella personale.

7. La direzione dell'istituto provvede, di volta in volta, ad inviare al magistrato di sorveglianza le copie di ciascuno dei predetti provvedimenti e degli eventuali reclami proposti dall'interessato.

8. Quando il detenuto o internato sottoposto al regime di sorveglianza particolare viene trasferito, anche temporaneamente, in altro istituto posto nella giurisdizione di un diverso ufficio di sorveglianza, la direzione dell'istituto di destinazione ne dà comunicazione a tale ufficio, trasmettendogli anche le copie dei provvedimenti e dei reclami di cui ai commi precedenti.

9. Il trasferimento ad altro istituto idoneo viene disposto quando nell'istituto in cui il detenuto o l'internato si trova non sia disponibile una sezione nella quale il regime di sorveglianza particolare possa essere attuato senza comportare pregiudizio per la popolazione detenuta o internata e senza pregiudicare l'ordine o la sicurezza. Ove sia necessario, il detenuto o internato sottoposto a regime di sorveglianza può essere trasferito in uno degli istituti o in una delle sezioni di cui all'articolo 32.

34. Reclamo avverso il provvedimento di sorveglianza particolare. 1. Il reclamo avverso il provvedimento definitivo che dispone o proroga il regime di sorveglianza particolare, se proposto con atto ricevuto dal direttore dell'istituto, è iscritto nel registro previsto dall'articolo 123 del codice di procedura penale e dall'articolo 44 del decreto legislativo 28 luglio 1989, n. 271, ed è trasmesso al più tardi entro il giorno successivo in copia autentica al tribunale di sorveglianza, al quale è altresì trasmessa copia della cartella personale dell'interessato e del provvedimento che dispone o proroga il regime di sorveglianza particolare. In caso di urgenza, la comunicazione è fatta con il mezzo più rapido.

2. Il detenuto o l'internato, nel proporre reclamo, può nominare contestualmente il difensore.

3. Il Dipartimento dell'amministrazione penitenziaria, ove non ritenga di provvedere direttamente, può delegare il provveditore regionale o il direttore dell'istituto a presentare al tribunale di sorveglianza memorie relative al provvedimento avverso il quale il detenuto o l'internato ha proposto reclamo.

35. Detenuti ed internati stranieri. 1. Nell'esecuzione delle misure privative della libertà nei confronti di cittadini stranieri, si deve tenere conto delle loro difficoltà linguistiche e delle differenze culturali. Devono essere favorite possibilità di contatto con le autorità consolari del loro Paese.

2. Deve essere, inoltre, favorito l'intervento di operatori di mediazione culturale, anche attraverso convenzioni con gli enti locali o con organizzazioni di volontariato.

36. Regolamento interno. 1. L'amministrazione penitenziaria impartisce le direttive indicate nel primo comma dell'articolo 16 della legge, al fine di realizzare le differenti modalità trattamentali indicate nell'articolo 14 della legge stessa, anche attraverso la differenziazione degli istituti.

2. Il regolamento interno, oltre alle modalità degli interventi di trattamento e a quanto previsto dagli articoli 16 e 31 della legge e dagli articoli 8, 10, 11, 13, 14, 37, 67 e 74 del presente regolamento, disciplina, in ogni caso, le seguenti materie:

a) gli orari di apertura e di chiusura degli istituti;

b) gli orari relativi all'organizzazione della vita quotidiana della popolazione detenuta o internata;

c) le modalità relative allo svolgimento dei vari servizi predisposti per i detenuti e per gli internati;

d) gli orari di permanenza nei locali comuni;

e) gli orari, i turni e le modalità di permanenza all'aperto;

f) i tempi e le modalità particolari per i colloqui e la corrispondenza anche telefonica;

g) le affissioni consentite e le relative modalità;

h) i giochi consentiti.

3. Il regolamento interno può disciplinare alcune materie sopra indicate in modo differenziato per particolari sezioni dell'istituto.

4. Nella predisposizione del regolamento interno, la commissione prevista dal secondo comma dell'articolo 16 della legge deve uniformarsi alle direttive impartite dall'amministrazione penitenziaria ai sensi del primo comma dell'articolo 16 della legge e del comma 1 del presente articolo. Nel caso di direttive sopravvenute, le norme del regolamento interno non conformi ad esse cessano di avere applicazione e devono essere modificate dalla commissione, per uniformarle alle direttive medesime, entro venti giorni dal loro ricevimento.

5. Il regolamento interno deve essere portato a conoscenza dei detenuti e internati.

37. Colloqui. 1. I colloqui dei condannati, degli internati e quelli degli imputati dopo la pronuncia della sentenza di primo grado sono autorizzati dal direttore dell'istituto. I colloqui con persone diverse dai congiunti e dai conviventi sono autorizzati quando ricorrono ragionevoli motivi.

2. Per i colloqui con gli imputati fino alla pronuncia della sentenza di primo grado, i richiedenti debbono presentare il permesso rilasciato dall'autorità giudiziaria che procede.

3. Le persone ammesse al colloquio sono identificate e, inoltre, sottoposte a controllo, con le modalità previste dal regolamento interno, al fine di garantire che non siano introdotti nell'istituto strumenti pericolosi o altri oggetti non ammessi.

4. Nel corso del colloquio deve essere mantenuto un comportamento corretto e tale da non recare disturbo ad altri. Il personale preposto al controllo sospende dal colloquio le persone che tengono comportamento scorretto o molesto, riferendone al direttore, il quale decide sulla esclusione.

5. I colloqui avvengono in locali interni senza mezzi divisori o in spazi all'aperto a ciò destinati. Quando sussistono ragioni sanitarie o di sicurezza, i colloqui avvengono in locali interni comuni muniti di elementi divisori. La direzione può consentire che, per speciali motivi, il colloquio si svolga in locale distinto. In ogni caso, i colloqui si svolgono sotto il controllo a vista del personale del Corpo di polizia penitenziaria.

6. Appositi locali sono destinati ai colloqui dei detenuti con i loro difensori.

7. Per i detenuti e gli internati infermi i colloqui possono avere luogo nell'infermeria.

8. I detenuti e gli internati usufruiscono di sei colloqui al mese. Quando si tratta di detenuti o internati per uno dei delitti previsti dal primo periodo del primo comma dell'articolo 4 *bis* della legge e per i quali si applichi il divieto di benefici ivi previsto, il numero di colloqui non può essere superiore a quattro al mese.

9. Ai soggetti gravemente infermi, o quando il colloquio si svolge con prole di età inferiore a dieci anni ovvero quando ricorrano particolari circostanze, possono essere concessi colloqui anche fuori dei limiti stabiliti nel comma 8.

10. Il colloquio ha la durata massima di un'ora. In considerazione di eccezionali circostanze, è consentito di prolungare la durata del colloquio con i congiunti o i conviventi. Il colloquio con i congiunti o conviventi è comunque prolungato sino a due ore quando i medesimi risiedono in un comune diverso da quello in cui ha sede l'istituto, se nella settimana precedente il detenuto o l'internato non ha fruito di alcun colloquio e se le esigenze e l'organizzazione dell'istituto lo consentono. A ciascun colloquio con il detenuto o con l'internato possono partecipare non più di tre persone. È consentito di derogare a tale norma quando si tratti di congiunti o conviventi.

11. Qualora risulti che i familiari non mantengono rapporti con il detenuto o l'internato, la direzione ne fa segnalazione al centro di servizio sociale per gli opportuni interventi.

12. Del colloquio, con l'indicazione degli estremi del permesso, si fa annotazione in apposito registro.

13. Nei confronti dei detenuti che svolgono attività lavorativa articolata su tutti i giorni feriali, è favorito lo svolgimento dei colloqui nei giorni festivi, ove possibile.

38. Corrispondenza epistolare e telegrafica. 1. I detenuti e gli internati sono ammessi a inviare e a ricevere corrispondenza epistolare e telegrafica. La direzione può consentire la ricezione di fax.

2. Al fine di consentire la corrispondenza, l'amministrazione fornisce gratuitamente ai detenuti e agli internati, che non possono provvedervi a loro spese, settimanalmente, l'occorrente per scrivere una lettera e l'affrancatura ordinaria.

3. Presso lo spaccio dell'istituto devono essere sempre disponibili, per l'acquisto, gli oggetti di cancelleria necessari per la corrispondenza.

4. Sulla busta della corrispondenza epistolare in partenza il detenuto o l'internato deve apporre il proprio nome e cognome.

5. La corrispondenza in busta chiusa, in arrivo o in partenza, è sottoposta a ispezione al fine di rilevare l'eventuale presenza di valori o altri oggetti non consentiti. L'ispezione deve avvenire con modalità tali da garantire l'assenza di controlli sullo scritto.

6. La direzione, quando vi sia sospetto che nella corrispondenza epistolare, in arrivo o in partenza, siano inseriti contenuti che costituiscono elementi di reato o che possono determinare pericolo per l'ordine e la sicurezza, trattiene la missiva, facendone immediata segnalazione, per i provvedimenti del caso, al magistrato di sorveglianza, o, se trattasi di imputato sino alla pronuncia della sentenza di primo grado, all'autorità giudiziaria che procede.

7. La corrispondenza epistolare, sottoposta a visto di controllo su segnalazione o d'ufficio, è inoltrata o trattenuta su decisione del magistrato di sorveglianza o dell'autorità giudiziaria che procede.

8. Le disposizioni di cui ai commi 6 e 7, si applicano anche ai telegrammi e ai fax in arrivo.

9. Ove la direzione ritenga che un telegramma in partenza non debba essere inoltrato, per i motivi di cui al comma 6, ne informa il magistrato di sorveglianza o l'autorità giudiziaria procedente, che decide se si debba o meno provvedere all'inoltro.

10. Il detenuto o l'internato viene immediatamente informato che la corrispondenza è stata trattenuta.

11. Non può essere sottoposta a visto di controllo la corrispondenza epistolare dei detenuti e degli internati indirizzata ad organismi internazionali amministrativi o giudiziari, preposti alla tutela dei diritti dell'uomo, di cui l'Italia fa parte.

39. Corrispondenza telefonica. 1. In ogni istituto sono installati uno o più telefoni secondo le occorrenze.

2. I condannati e gli internati possono essere autorizzati dal direttore dell'istituto alla corrispondenza telefonica con i congiunti e conviventi, ovvero, allorché ricorrano ragionevoli e verificati motivi, con persone diverse dai congiunti e conviventi, una volta alla settimana. Essi possono, altresì, essere autorizzati ad effettuare una corrispondenza telefonica, con i familiari o con le persone conviventi, in occasione del loro rientro nell'istituto dal permesso o dalla licenza. Quando si tratta di detenuti o internati per uno dei delitti previsti dal primo periodo del primo comma dell'articolo 4 *bis* della legge, e per i quali si applichi il divieto dei benefici ivi previsto, il numero dei colloqui telefonici non può essere superiore a due al mese.

3. L'autorizzazione può essere concessa, oltre i limiti stabiliti nel comma 2, in considerazione di motivi di urgenza o di particolare rilevanza, se la stessa si svolga con prole di età inferiore a dieci anni, nonché in caso di trasferimento del detenuto.

4. Gli imputati possono essere autorizzati alla corrispondenza telefonica, con la frequenza e le modalità di cui ai commi 2 e 3, dall'autorità giudiziaria procedente o, dopo la sentenza di primo grado, dal magistrato di sorveglianza.

5. Il detenuto o l'internato che intende intrattenere corrispondenza telefonica deve rivolgere istanza scritta all'autorità competente, indicando il numero telefonico richiesto e le persone con cui deve corrispondere. L'autorizzazione concessa è efficace fino a che non ne intervenga la revoca. Nei casi di cui ai commi 2 e 3, il richiedente deve anche indicare i motivi che consentono l'autorizzazione, che resta efficace, se concessa, solo fino a che sussistono i motivi indicati. La decisione sulla richiesta, sia in caso di accoglimento che di rigetto, deve essere motivata.

6. Il contatto telefonico viene stabilito dal personale dell'istituto con le modalità tecnologiche disponibili. La durata massima di ciascuna conversazione telefonica è di dieci minuti.

7. L'autorità giudiziaria competente a disporre il visto di controllo sulla corrispondenza epistolare, ai sensi dell'articolo 18 della legge, può disporre che le conversazioni telefoniche vengano ascoltate e registrate a mezzo di idonee apparecchiature. È sempre disposta la registrazione delle conversazioni telefoniche autorizzate su richiesta di detenuti o internati per i reati indicati nell'articolo 4 *bis* della legge.

8. La corrispondenza telefonica è effettuata a spese dell'interessato, anche mediante scheda telefonica prepagata.

9. La contabilizzazione della spesa avviene per ciascuna telefonata e contestualmente ad essa.

10. In caso di chiamata dall'esterno, diretta ad avere corrispondenza telefonica con i detenuti e gli internati, all'interessato può essere data solo comunicazione del nominativo dichiarato dalla persona che ha chiamato, sempre che non ostino particolari motivi di cautela. Nel caso in cui la chiamata provenga da congiunto o convivente anch'esso detenuto si dà corso alla conversazione, purché entrambi siano stati regolarmente autorizzati ferme restando le disposizioni di cui al comma 7.

40. Uso di apparecchi radio e di altri strumenti. 1. Ai detenuti e agli internati è consentito usare un apparecchio radio personale. Il direttore, inoltre, può autorizzare l'uso, anche nella camera di pernottamento, di personal computer e di lettori di nastri e di compact disc portatili, per motivi di lavoro o di studio.

2. Apposite prescrizioni ministeriali stabiliranno le caratteristiche, le modalità di uso e la eventuale spesa convenzionale per energia elettrica.

41. Corsi di istruzione a livello della scuola d'obbligo. 1. Il Ministero della pubblica istruzione, previe opportune intese con il Ministero della giustizia, impartisce direttive agli organi periferici della pubblica istruzione per l'organizzazione di corsi a livello della scuola d'obbligo, fatto salvo quanto previsto dall'articolo 43, comma 1, relativamente alla scolarità obbligatoria nei corsi di istruzione secondaria superiore. L'attivazione, lo svolgimento e il coordinamento dei corsi di istruzione si attuano preferibilmente sulla base di protocolli di intesa fra i Ministeri predetti.

2. Il dirigente dell'ufficio scolastico regionale, sulla base delle indicazioni e delle richieste formulate dalle direzioni degli istituti penitenziari e dai dirigenti scolastici, concerta con il provveditore regionale dell'amministrazione penitenziaria, la dislocazione e il tipo dei vari corsi a livello della scuola d'obbligo da istituire nell'ambito del provveditorato, secondo le esigenze della popolazione penitenziaria.

3. L'organizzazione didattica e lo svolgimento dei corsi sono curati dai competenti organi dell'amministrazione scolastica. Le direzioni degli istituti forniscono locali e attrezzature adeguate.

4. Le direzioni degli istituti curano che venga data adeguata informazione ai detenuti e agli internati dello svolgimento dei corsi scolastici e ne favoriscono la più ampia partecipazione. Le direzioni curano che gli orari di svolgimento dei corsi siano compatibili con la partecipazione di persone già impegnate in attività lavorativa o in altre attività organizzate nell'istituto. Sono evitati, in quanto possibile, i trasferimenti ad altri istituti, dei detenuti ed internati impegnati in attività scolastiche, anche se motivati da esigenze di sfollamento, e qualunque intervento che possa interrompere la partecipazione a tali attività. Le direzioni, quando ritengono opportuno proporre il trasferimento di detenuti o internati che frequentano i corsi, acquisiscono in proposito il parere degli operatori dell'osservazione e trattamento e quello delle autorità scolastiche, pareri che sono uniti alla proposta di trasferimento trasmessa agli organi competenti a decidere. Se viene deciso il trasferimento, lo stesso è attuato, in quanto possibile, in un istituto che assicuri alla persona trasferita la continuità didattica.

5. Per lo svolgimento dei corsi e delle attività integrative dei relativi curricoli, può essere utilizzato dalle autorità scolastiche, d'intesa con le direzioni degli istituti, il contributo volontario di persone qualificate, le quali operano sotto la responsabilità didattica del personale scolastico.

6. In ciascun istituto penitenziario è costituita una commissione didattica, con compiti consultivi e propositivi, della quale fanno parte il direttore dell'istituto, che la presiede, il responsabile dell'area trattamentale e gli insegnanti. La commissione è convocata dal direttore e formula un progetto annuale o pluriennale di istruzione.

42. Corsi di formazione professionale. 1. Le direzioni degli istituti favoriscono la partecipazione dei detenuti a corsi di formazione professionale, in base alle esigenze della popolazione detenuta, italiana e straniera, e alle richieste del mercato del lavoro. A tal fine promuovono accordi con la regione e gli enti locali competenti. Ai sensi dell'ultimo comma dell'articolo 21 della legge, i corsi possono svolgersi in tutto o in parte, con particolare riferimento alle esercitazioni pratiche, all'esterno degli istituti.

2. L'amministrazione penitenziaria promuove protocolli d'intesa con gli enti locali, che garantiscano al detenuto o internato la continuità della frequenza e la possibilità di conseguire il titolo di qualificazione anche dopo la dimissione.

3. Le direzioni degli istituti possono fornire locali e attrezzature adeguate e possono progettare, d'intesa con il provveditorato regionale, attività formative rispondenti a esigenze particolari dei detenuti e degli internati e tali da sviluppare il lavoro penitenziario.

4. Le direzioni degli istituti curano che venga data adeguata informazione ai detenuti ed agli internati dello svolgimento dei corsi e ne favoriscono la più ampia partecipazione. Le direzioni curano che gli orari di svolgimento dei corsi siano compatibili con la partecipazione di persone già impegnate in attività lavorativa o in altre attività organizzate in istituto. Sono evitati, in quanto possibile, i trasferimenti ad altri istituti dei detenuti ed internati impegnati nei corsi, anche se motivati da esigenze di sfollamento, e qualunque intervento che possa interrompere la partecipazione a tali attività. Le direzioni, quando il trasferimento di detenuti o internati che frequentano i corsi derivi da motivi di opportunità, acquisiscono in proposito il parere degli operatori dell'osservazione e trattamento e quello degli insegnanti, pareri che sono uniti alla proposta di trasferimento trasmessa agli organi competenti a decidere. Se viene deciso il trasferimento, lo stesso è attuato, in quanto possibile, in un istituto che assicuri alla persona trasferita la continuità didattica.

5. Per lo svolgimento dei programmi e per le attività integrative di essi, può essere utilizzato d'intesa con le direzioni degli istituti, il contributo volontario di persone qualificate, le quali operano sotto la responsabilità del personale degli enti locali.

6. Si applica il comma 6 dell'articolo 41.

43. Corsi di istruzione secondaria superiore. 1. I corsi di istruzione secondaria superiore, comprensivi della scolarità obbligatoria prevista dalle vigenti disposizioni, sono organizzati, su richiesta dell'amministrazione penitenziaria, dal Ministero della pubblica istruzione a mezzo della istituzione di succursali di scuole del predetto livello in determinati istituti penitenziari. La dislocazione di tali succursali è decisa con riferimento alle indicazioni del protocollo di intesa di cui al comma 1 dell'articolo 41, assicurando la presenza di almeno una delle succursali predette in ogni regione.

2. A tali corsi sono ammessi detenuti e internati che manifestano seria aspirazione allo svolgimento degli studi e che debbano permanere in esecuzione della misura privativa della libertà per un periodo di tempo non inferiore ad un anno scolastico.

3. Si applicano le disposizioni di cui ai commi 3, 4, 5 e 6 dell'articolo 41.

4. Per agevolare i condannati e gli internati che non siano in condizioni di frequentare i corsi regolari, la direzione dell'istituto può concordare con un vicino istituto d'istruzione secondaria superiore, le modalità di organizzazione di percorsi individuali di preparazione agli esami, per l'accesso agli anni di studio intermedi dei corsi di istruzione secondaria superiore. A tal fine possono essere utilizzate anche persone dotate della necessaria qualificazione professionale. Analoga agevolazione è offerta agli imputati.

5. Sono stabilite intese con le autorità scolastiche per offrire la possibilità agli studenti di sostenere gli esami previsti per i vari corsi.

6. Qualora non sia possibile rendere compatibile lo svolgimento dei corsi di studio con quello della attività di lavoro, come previsto dal comma 4 dell'articolo 41, i condannati e gli internati, durante la frequenza dei corsi, previsti dal comma 1 del presente articolo, sono esonerati dal lavoro. Coloro che seguono i corsi di preparazione, di cui al comma 4, possono essere esonerati dal lavoro, a loro richiesta.

44. Studi universitari. 1. I detenuti e gli internati, che risultano iscritti ai corsi di studio universitari o che siano in possesso dei requisiti per l'iscrizione a tali corsi, sono agevolati per il compimento degli studi.

2. A tal fine, sono stabilite le opportune intese con le autorità accademiche per consentire agli studenti di usufruire di ogni possibile aiuto e di sostenere gli esami.

3. Coloro che seguono corsi universitari possono essere esonerati dal lavoro, a loro richiesta, in considerazione dell'impegno e del profitto dimostrati.

4. I detenuti e internati, studenti universitari, sono assegnati, ove possibile, in camere e reparti adeguati allo svolgimento dello studio, rendendo, inoltre, disponibili per loro, appositi locali comuni. Gli studenti possono essere autorizzati a tenere nella propria camera e negli altri locali di studio, i libri, le pubblicazioni e tutti gli strumenti didattici necessari al loro studio.

45. Benefici economici per gli studenti. 1. Per la frequenza dei corsi di formazione professionale è corrisposto un sussidio orario nella misura determinata con decreto ministeriale.

2. I corsi possono svolgersi anche durante le ore lavorative solo nel caso in cui non risulti possibile lo svolgimento in tempi diversi da quelli delle attività di studio e di lavoro. In tal caso i detenuti e gli internati che li frequentano, percepiscono, per il lavoro prestato, una mercede proporzionata al numero delle ore di lavoro effettivamente svolto, oltre al sussidio previsto nel comma 1, per le ore di effettiva frequenza ai corsi.

3. Per la frequenza ai corsi di istruzione secondaria di secondo grado, i detenuti ricevono un sussidio giornaliero, nella misura determinata con decreto ministeriale per ciascuna giornata di frequenza o di assenza non volontaria. Nell'intervallo tra la chiusura dell'anno scolastico e l'inizio del nuovo corso, agli studenti è corrisposto un sussidio ridotto per i giorni feriali, nella misura determinata con decreto ministeriale, purché abbiano superato con esito positivo il corso effettuato nell'anno scolastico, e non percepiscano mercede.

4. A conclusione di ciascun anno scolastico agli studenti che seguono corsi individuali di scuola di istruzione secondaria di secondo grado e che hanno superato gli esami con effetti legali, nonché agli studenti che seguono corsi presso università pubbliche o equiparate e che hanno superato tutti gli esami del loro anno, vengono rimborsate, qualora versino in disagiate condizioni economiche, le spese sostenute per tasse, contributi scolastici e libri di testo, e viene corrisposto un premio di rendimento nella misura stabilita dal Dipartimento dell'amministrazione penitenziaria.

5. I corsi a livello di scuola d'obbligo possono svolgersi anche durante le ore lavorative solo nel caso in cui non risulti possibile lo svolgimento in tempi diversi da quelli delle attività di studio e di lavoro, come indicato nel comma 4 dell'articolo 41. In tal caso, i detenuti e gli internati che li frequentano percepiscono, per il lavoro prestato, una mercede proporzionata al numero delle ore di lavoro effettivamente svolto.

6. Ai detenuti e agli internati che hanno superato con esito positivo il corso frequentato, è corrisposto un premio di rendimento nella misura stabilita dal Dipartimento dell'amministrazione penitenziaria.

7. I soggetti che fruiscono di assegni o borse di studio non percepiscono i benefici economici previsti dal presente articolo.

8. L'importo complessivo dei sussidi e dei premi di rendimento, previsti dal presente articolo, è determinato annualmente con decreto del Ministro della giustizia, di concerto con il Ministro del tesoro, del bilancio e della programmazione economica.

46. Esclusione dai corsi di istruzione e di formazione professionale. 1. Il detenuto o l'internato che, nei corsi di istruzione, anche individuale, o in quello di formazione professionale, tenga un comportamento che configuri sostanziale inadempimento dei suoi compiti è escluso dal corso.

2. Il provvedimento di esclusione dal corso è adottato dal direttore dell'istituto sentito il parere del gruppo di osservazione e trattamento e delle autorità scolastiche e deve essere motivato, particolarmente nel caso in cui l'esclusione sia disposta in difformità dal parere espresso dalle autorità predette. Il provvedimento può essere sempre revocato ove il complessivo comportamento del detenuto o dell'internato ne consenta la riammissione ai corsi.

47. Organizzazione del lavoro. 1. Le lavorazioni penitenziarie, sia all'interno sia all'esterno dell'istituto, possono essere organizzate e gestite dalle direzioni degli istituti, secondo le linee programmatiche determinate dai provveditorati. Allo stesso modo possono essere organizzate e gestite da imprese pubbliche e private e, in particolare, da imprese cooperative sociali, in locali concessi in comodato dalle direzioni. I rapporti fra la direzione e le imprese sono definiti con convenzioni che regolano anche l'eventuale utilizzazione, eventualmente in comodato, dei locali e delle attrezzature già esistenti negli istituti, nonché le modalità di addebito all'impresa, delle spese sostenute per lo svolgimento della attività produttiva. I detenuti e internati che prestano la propria opera in tali lavorazioni, dipendono, quanto al rapporto di lavoro, direttamente dalle imprese che le gestiscono. I datori di lavoro sono tenuti a versare alla direzione dell'istituto, la retribuzione dovuta al lavoratore, al netto delle ritenute previste dalla legge, e l'importo degli eventuali assegni per il nucleo familiare, sulla base della documentazione inviata dalla direzione. I datori di lavoro devono dimostrare alla direzione l'adempimento degli obblighi relativi alla tutela assicurativa e previdenziale.

2. Le lavorazioni interne dell'istituto, sono organizzate, in quanto possibile, in locali esterni alle sezioni detentive, attrezzati con spazi per la consumazione dei pasti durante l'orario di lavoro.

3. Le convenzioni di cui al comma 1, particolarmente con cooperative sociali, possono anche avere ad oggetto servizi interni, come quello di somministrazione del vitto, di pulizia e di manutenzione dei fabbricati.

4. L'amministrazione penitenziaria, deve, di regola, utilizzare le lavorazioni penitenziarie per le forniture di vestiario e corredo, nonché per le forniture di arredi e quant'altro necessario negli istituti. Gli ordinativi di lavoro fra gli istituti non implicano alcun rapporto economico fra gli stessi, dovendosi solo accertare da parte del Dipartimento dell'amministrazione penitenziaria o del provveditorato regionale, secondo la rispettiva competenza, la fondatezza della richiesta e la possibilità di produzione dei beni necessari, presso l'istituto al quale l'ordinativo viene indirizzato. Il ricorso per le forniture suindicate a imprese esterne, si giustifica soltanto quando vi sia una significativa convenienza economica, per la valutazione della quale si deve tenere conto anche della funzione essenziale di attuazione del trattamento penitenziario alla quale devono assolvere le lavorazioni penitenziarie.

5. La produzione è destinata a soddisfare, nell'ordine, le commesse dell'amministrazione penitenziaria, delle altre amministrazioni statali, di enti pubblici e di privati.

6. Le commesse di lavoro delle amministrazioni dello Stato e degli enti pubblici sono distribuite dal Dipartimento dell'amministrazione penitenziaria, che a tal fine tiene gli opportuni contatti anche con i Provveditorati dello Stato. Le direzioni possono accogliere direttamente le commesse di lavoro provenienti dai privati.

7. Quando le commesse provengono da imprese pubbliche o private, può essere convenuto che il committente fornisca materie prime e accessorie, attrezzature e personale tecnico. Del valore di queste prestazioni si tiene conto al fine di determinare le incidenze sui costi e il conseguente prezzo dei prodotti.

8. Se le commesse non sono sufficienti ad assorbire la capacità di mano d'opera delle lavorazioni penitenziarie, l'amministrazione, previa analisi delle possibilità di assorbimento del mercato, può organizzare e gestire lavorazioni dirette alla produzione di determinati beni, che vengono offerti in libera vendita anche a mezzo di imprese pubbliche.

9. Le direzioni degli istituti penitenziari, quando, per favorire la destinazione dei detenuti e degli internati al lavoro, ritengono opportuno vendere i prodotti delle lavorazioni penitenziarie a prezzo pari o anche inferiore al loro costo, ai sensi del tredicesimo comma dell'articolo 20 della legge, richiedono informazioni sui prezzi praticati per prodotti corrispondenti nel mercato all'ingrosso della zona in cui è situato l'istituto, alla camera di commercio, industria, artigianato, agricoltura, o all'ufficio tecnico erariale o all'autorità comunale, al fine di stabilire i prezzi di vendita dei prodotti.

10. I posti di lavoro, a disposizione della popolazione detenuta di ciascun istituto, sono fissati in un'apposita tabella predisposta dalla direzione e distinta tra lavorazioni interne, lavorazioni esterne, servizi di istituto. Nella tabella, sono, altresì, indicati i posti di lavoro disponibili all'interno per il lavoro a domicilio, nonché i posti di lavoro disponibili all'esterno. La tabella è modificata secondo il variare della situazione ed è approvata dal provveditore regionale.

11. Negli istituti per minorenni, particolare cura è esplicata nell'organizzazione delle attività lavorative per la formazione professionale.

48. Lavoro esterno. 1. L'ammissione dei condannati e degli internati al lavoro all'esterno è disposta dalle direzioni solo quando ne è prevista la possibilità nel programma di trattamento e diviene esecutiva solo quando il provvedimento sia stato approvato dal magistrato di sorveglianza, ai sensi del quarto comma dell'articolo 21 della legge.

2. L'ammissione degli imputati al lavoro all'esterno, disposta dalle direzioni su autorizzazione della competente autorità giudiziaria, ai sensi del secondo comma dell'articolo 21 della legge, è comunicata al magistrato di sorveglianza.

3. La direzione dell'istituto deve motivare la richiesta di approvazione del provvedimento o la richiesta di autorizzazione all'ammissione al lavoro all'esterno, anche con riguardo all'opportunità della previsione della scorta, corredandola di tutta la necessaria documentazione.

4. Il magistrato di sorveglianza o l'autorità giudiziaria procedente, a seconda dei casi, nell'approvare il provvedimento di ammissione al lavoro all'esterno del condannato o internato o nell'autorizzare l'ammissione al lavoro all'esterno dell'imputato, deve tenere conto del tipo di reato, della durata, effettiva o prevista, della misura privativa della libertà e della residua parte di essa, nonché dell'esigenza di prevenire il pericolo che l'ammesso al lavoro all'esterno commetta altri reati.

5. I detenuti e gli internati ammessi al lavoro all'esterno indossano abiti civili; ad essi non possono essere imposte manette.

6. La scorta dei detenuti e degli internati ammessi al lavoro all'esterno, qualora sia ritenuta necessaria per motivi di sicurezza, è effettuata dal personale del Corpo di polizia penitenziaria, con le modalità stabilite dalla direzione dell'istituto. Il personale del Corpo di polizia penitenziaria, specificamente comandato, nonché il personale della Polizia di Stato e dell'Arma dei carabinieri, possono effettuare controlli del detenuto durante il lavoro all'esterno.

7. L'accompagnamento dei minori ai luoghi di lavoro esterno, qualora sia ritenuto necessario per motivi di sicurezza, può essere effettuato da personale dell'amministrazione penitenziaria appartenente a ogni qualifica.

8. Al fine di consentire l'assegnazione dei detenuti e degli internati al lavoro all'esterno il Dipartimento dell'amministrazione penitenziaria, ricerca, nell'ambito della disciplina vigente, forme di collaborazione con le autorità competenti.

9. Il provveditore regionale impartisce disposizioni alle direzioni degli istituti dipendenti per favorire la piena occupazione dei posti di lavoro disponibili all'esterno.

10. I datori di lavoro dei detenuti o internati, sono tenuti a versare, alla direzione dell'istituto, la retribuzione, al netto delle ritenute previste dalle leggi vigenti, dovuta al lavoratore e l'importo degli eventuali assegni per il nucleo familiare, sulla base della documentazione inviata alla direzione. I datori di lavoro devono dimostrare alla stessa direzione l'adempimento degli obblighi relativi alla tutela assicurativa e previdenziale.

11. I detenuti e gli internati ammessi al lavoro all'esterno esercitano i diritti riconosciuti ai lavoratori liberi, con le sole limitazioni che conseguono agli obblighi inerenti alla esecuzione della misura privata della libertà.

12. L'ammissione al lavoro all'esterno, per lo svolgimento di lavoro autonomo, può essere disposta, ove sussistano le condizioni, di cui al primo comma dell'articolo 21 della legge, solo se trattasi di attività regolarmente autorizzata dagli organi competenti ed il detenuto o l'internato dimostri di possedere le attitudini necessarie e si possa dedicare ad essa con impegno professionale. Il detenuto o l'internato è tenuto a versare alla direzione dell'istituto l'utile finanziario derivante dal lavoro autonomo svolto e su di esso vengono effettuati i prelievi, ai sensi del primo comma dell'articolo 24 della legge.

13. Nel provvedimento di assegnazione al lavoro all'esterno senza scorta, devono essere indicate le prescrizioni che il detenuto o internato deve impegnarsi per iscritto a rispettare durante il tempo da trascorrere fuori dall'istituto, nonché quelle relative agli orari di uscita e di rientro, tenuto anche conto della esigenza di consumazione dei pasti e del mantenimento dei rapporti con la famiglia, secondo le indicazioni del programma di trattamento. Inoltre, l'orario di rientro deve

essere fissato all'interno di una fascia oraria che preveda l'ipotesi di ritardo per forza maggiore. Scaduto il termine previsto da tale fascia oraria, viene inoltrato a carico del detenuto rapporto per il reato previsto dall'articolo 385 del codice penale.

14. La direzione dell'istituto provvede a consegnare, al detenuto o internato, ed a trasmettere al Dipartimento dell'amministrazione penitenziaria, al provveditore regionale ed al direttore del centro di servizio sociale, copia del provvedimento di ammissione al lavoro all'esterno, dandone notizia all'autorità di pubblica sicurezza del luogo in cui si dovrà svolgere il lavoro all'esterno.

15. Le eventuali modifiche delle prescrizioni e la revoca del provvedimento di ammissione al lavoro all'esterno, sono comunicate al Dipartimento dell'amministrazione penitenziaria, al provveditore regionale e al magistrato di sorveglianza, per i condannati e gli internati, o alla autorità giudiziaria procedente, per gli imputati. La revoca del provvedimento di ammissione al lavoro esterno diviene esecutiva dopo l'approvazione del magistrato di sorveglianza. Il direttore dell'istituto può disporre, con provvedimento motivato, la sospensione dell'efficacia dell'ammissione al lavoro all'esterno, in attesa della approvazione da parte del magistrato di sorveglianza del provvedimento di revoca.

16. I controlli, di cui al terzo comma dell'articolo 21 della legge, sono diretti a verificare che il detenuto o l'internato osservi le prescrizioni dettategli e che il lavoro si svolga nel pieno rispetto dei diritti e della dignità.

17. La disposizione, di cui al terzo comma dell'articolo 21 della legge, si applica anche nel caso di ammissione al lavoro all'esterno per svolgere un lavoro autonomo.

18. Quando il lavoro si svolge presso imprese pubbliche, il direttore dell'istituto cura l'adozione di precisi accordi con i responsabili di dette imprese per l'immediata segnalazione alla direzione stessa di eventuali comportamenti del detenuto o internato lavoratore che richiedano interventi di controllo.

49. Criteri di priorità per l'assegnazione al lavoro all'interno degli istituti. 1. Nella determinazione delle priorità per l'assegnazione dei detenuti e degli internati al lavoro si ha riguardo agli elementi indicati nel sesto comma dell'articolo 20 della legge.

2. Il direttore dell'istituto assicura imparzialità e trasparenza nelle assegnazioni al lavoro avvalendosi anche del gruppo di osservazione e trattamento.

50. Obbligo del lavoro. 1. I condannati e i sottoposti alle misure di sicurezza della colonia agricola e della casa di lavoro, che non siano stati ammessi al regime di semilibertà o al lavoro all'esterno o non siano stati autorizzati a svolgere attività artigianali, intellettuali o artistiche o lavoro a domicilio, per i quali non sia disponibile un lavoro rispondente ai criteri indicati nel sesto comma dell'articolo 20 della legge, sono tenuti a svolgere un'altra attività lavorativa tra quelle organizzate nell'istituto.

51. Attività artigianali, intellettuali o artistiche. 1. Le attività artigianali, intellettuali e artistiche si svolgono, fuori delle ore destinate al lavoro ordinario, in appositi locali o, in casi particolari, nelle camere, se ciò non comporti l'uso di attrezzi ingombranti o pericolosi o non arrechi molestia.

2. Gli imputati possono essere ammessi ad esercitare tali attività, a loro richiesta anche nelle ore dedicate al lavoro.

3. I condannati e gli internati che richiedono di svolgere attività artigianali, intellettuali o artistiche durante le ore di lavoro, possono esservi autorizzati ed esonerati dal lavoro ordinario, quando dimostrino di possedere le attitudini previste dal quattordicesimo comma dell'articolo 20 della legge e si dedichino ad esse con impegno professionale.

4. Le autorizzazioni, sentito il gruppo di osservazione e trattamento, sono date dal direttore dell'istituto che determina le prescrizioni da osservare anche in relazione al rimborso delle spese eventualmente sostenute dall'amministrazione.

5. Può essere consentito l'invio dei beni prodotti a destinatari fuori dall'istituto, senza spese per l'amministrazione.

6. Sull'utile finanziario derivante dall'attività artigianale, intellettuale o artistica, percepito dal

condannato o dall'internato, anche in semilibertà o al lavoro all'esterno, vengono effettuati i prelievi ai sensi dell'articolo 24, primo comma, della legge.

52. Lavoro a domicilio. 1. Il lavoro a domicilio all'interno dell'istituto penitenziario può essere svolto, nel rispetto della normativa in materia, anche durante le ore destinate al lavoro ordinario, con l'osservanza delle modalità e condizioni di cui all'articolo 51.

53. Esclusione dalle attività lavorative. 1. L'esclusione dall'attività lavorativa è adottata dal direttore dell'istituto, sentito il parere dei componenti del gruppo di osservazione, nonché, se del caso, del preposto alle lavorazioni e del datore di lavoro, nei casi in cui il detenuto o l'internato manifesti un sostanziale rifiuto nell'adempimento dei suoi compiti e doveri lavorativi.

54. Lavoro in semilibertà. 1. I datori di lavoro dei condannati e degli internati in regime di semilibertà sono tenuti a versare alla direzione dell'istituto la retribuzione al netto delle ritenute previste dalle leggi vigenti e l'importo degli eventuali assegni per il nucleo familiare dovuti al lavoratore. I datori di lavoro devono anche dimostrare alla stessa direzione l'adempimento degli obblighi relativi alla tutela assicurativa e previdenziale.

2. I condannati e gli internati ammessi al lavoro in semilibertà esercitano i diritti riconosciuti ai lavoratori liberi con le sole limitazioni che conseguono agli obblighi inerenti alla esecuzione della misura privativa della libertà.

3. I condannati e gli internati ammessi al lavoro autonomo in semilibertà versano alla direzione dell'istituto i corrispettivi al netto delle ritenute non appena percepiti.

55. Assegni per il nucleo familiare. 1. I detenuti e gli internati lavoratori devono fornire alla direzione dell'istituto la documentazione, per essi prescritta, intesa a dimostrare il diritto agli assegni per il nucleo familiare per le persone a carico.

2. Qualora il detenuto o l'internato non provveda a fornire la documentazione, la direzione ne informa le persone a carico, invitandole a provvedervi.

3. Ove i soggetti o le persone a carico incontrino difficoltà nella produzione dei documenti richiesti, la direzione provvede direttamente all'acquisizione, chiedendo agli uffici competenti le certificazioni necessarie.

4. Gli importi sono consegnati direttamente alle persone a carico o spediti alle stesse.

5. Se la persona a carico è incapace, gli assegni sono versati al suo legale rappresentante o, se questi è lo stesso detenuto o internato, alla persona a cui l'incapace è affidato.

56. Prelievi sulla remunerazione. 1. Il prelievo della quota di remunerazione a titolo di rimborso delle spese di mantenimento e i prelievi previsti dal secondo comma, numeri 1) e 3), dell'articolo 145 del codice penale nei confronti dei condannati si effettuano in occasione di ogni liquidazione della remunerazione.

2. Ferma restando la competenza del giudice dell'esecuzione per le controversie relative all'attribuzione e alla liquidazione delle spese di mantenimento, sui reclami relativi all'ordine seguito nei prelievi di cui all'articolo 145 del codice penale decide il magistrato di sorveglianza.

57. Peculio. 1. Il peculio dei condannati e degli internati si distingue in fondo vincolato e fondo disponibile.

2. È destinata al fondo vincolato la quota di un quinto della mercede. La rimanente parte del peculio costituisce il fondo disponibile, che non può superare il limite di due milioni di lire. L'eventuale eccedenza non fa parte del peculio e, salvo che non debba essere immediatamente utilizzata per spese inerenti alla difesa legale, al pagamento di multe o ammende, nonché al pagamento di debiti, viene inviata ai familiari o conviventi secondo le indicazioni dell'interessato, o depositata a suo nome presso un istituto bancario o un ufficio postale.

3. Il fondo vincolato non può essere utilizzato nel corso della esecuzione delle misure privative della libertà. Tuttavia, in considerazione di particolari motivazioni il direttore dell'istituto può autorizzare l'utilizzazione di parte del fondo vincolato.

4. Il fondo disponibile può essere usato per invii ai familiari o conviventi, per acquisti autorizzati, per la corrispondenza, per spese inerenti alla difesa legale, al pagamento di multe, ammende o debiti e per tutti gli altri usi rispondenti a finalità trattamentali. Il pagamento delle spese inerenti alla difesa legale avviene su presentazione della parcella o della richiesta scritta di anticipo sulla medesima, recante l'indicazione degli estremi del procedimento, se questo è in corso; una copia della parcella o della richiesta di anticipo viene conservata dalla direzione dell'istituto.

5. Il peculio degli imputati è interamente disponibile e non può superare il limite di 2.065,08 euro.

6. Il Dipartimento dell'amministrazione penitenziaria stabilisce, all'inizio di ciascun anno, l'ammontare delle somme che possono essere spese per gli acquisti e la corrispondenza e di quelle che possono essere inviate ai familiari o conviventi.

7. La disposizione del comma 6 è derogabile su autorizzazione del direttore dell'istituto solo per acquisti di strumenti, oggetti e libri occorrenti per attività di studio e di lavoro.

8. La direzione dell'istituto, alla fine di ciascun anno finanziario, procede alla determinazione e all'accredito degli interessi legali maturati sul peculio di ciascun detenuto o internato presente nell'istituto.

9. Gli interessi si calcolano sui saldi di fine mese.

10. Al detenuto o all'internato dimesso la direzione dell'istituto corrisponde la somma costituente il peculio e l'importo degli interessi maturati. Il fondo dei detenuti e degli internati eccedente gli ordinari bisogni della cassa dell'istituto per il servizio relativo al fondo stesso è versato alla Cassa depositi e prestiti. L'ammontare degli interessi corrisposti dalla Cassa depositi e prestiti è versato all'erario.

11. Al condannato o all'internato ammesso al regime di semilibertà sono consegnate somme in contanti prelevate dal fondo disponibile, in relazione alle spese che egli deve sostenere, anche in eccesso al limite fissato nel comma 6.

12. Al detenuto o all'internato in permesso o in licenza è consegnata una somma in contanti prelevata dal peculio disponibile, nella misura richiesta dalle circostanze.

13. I limiti di somme determinati nel presente articolo possono essere variati con decreto del Ministro della giustizia.

58. Manifestazioni della libertà religiosa. 1. I detenuti e gli internati hanno diritto di partecipare ai riti della loro confessione religiosa purché compatibili con l'ordine e la sicurezza dell'istituto e non contrari alla legge, secondo le disposizioni del presente articolo.

2. È consentito ai detenuti e agli internati che lo desiderino di esporre, nella propria camera individuale o nel proprio spazio di appartenenza nella camera a più posti, immagini e simboli della propria confessione religiosa.

3. È consentito, durante il tempo libero, a singoli detenuti e internati di praticare il culto della propria professione religiosa, purché non si esprima in comportamenti molesti per la comunità.

4. Per la celebrazione dei riti del culto cattolico, ogni istituto è dotato di una o più cappelle in relazione alle esigenze del servizio religioso. Fino all'entrata in vigore delle disposizioni di esecuzione dell'intesa di cui all'articolo 11, comma 2, dell'accordo, con protocollo addizionale, firmato a Roma il 18 febbraio 1984, che apporta modificazioni al Concordato lateranense dell'11 febbraio 1929, tra la Repubblica italiana e la Santa Sede, ratificato e reso esecutivo con la legge 25 marzo 1985, n. 121, le pratiche di culto, l'istruzione e l'assistenza spirituale dei cattolici sono assicurate da uno o più cappellani in relazione alle esigenze medesime; negli istituti in cui operano più cappellani, l'incarico di coordinare il servizio religioso è affidato ad uno di essi dal provveditore regionale dell'amministrazione penitenziaria, ovvero, se trattasi di istituti per minorenni, dal direttore del centro per la giustizia minorile, sentito l'ispettore dei cappellani.

5. Per l'istruzione religiosa o le pratiche di culto di appartenenti ad altre confessioni religiose, anche in assenza di ministri di culto, la direzione dell'istituto mette a disposizione idonei locali.

6. La direzione dell'istituto, al fine di assicurare ai detenuti e agli internati che ne facciano richiesta, l'istruzione e l'assistenza spirituale, nonché la celebrazione dei riti delle confessioni diverse da quella cattolica, si avvale dei ministri di culto indicati da quelle confessioni religiose i cui rapporti con lo Stato italiano sono regolati con legge; si avvale altresì dei ministri di culto

indicati a tal fine dal Ministero dell'interno; può, comunque, fare ricorso, anche fuori dei casi suindicati, a quanto disposto dall'articolo 17, secondo comma, della legge.

59. Attività culturali, ricreative e sportive. 1. I programmi delle attività culturali, ricreative e sportive sono articolati in modo da favorire possibilità di espressioni differenziate. Tali attività devono essere organizzate in modo da favorire la partecipazione dei detenuti e internati lavoratori e studenti.

2. I programmi delle attività sportive sono rivolti, in particolare, ai giovani; per il loro svolgimento deve essere sollecitata la collaborazione degli enti nazionali e locali preposti alla cura delle attività sportive.

3. I rappresentanti dei detenuti e degli internati nella commissione prevista dall'articolo 27 della legge sono nominati con le modalità indicate dall'articolo 67 del presente regolamento, nel numero di tre o cinque, rispettivamente, per gli istituti con un numero di detenuti o di internati presenti non superiore o superiore a cinquecento unità.

4. La commissione, avvalendosi anche della collaborazione dei detenuti e degli internati indicati nell'articolo 71, cura l'organizzazione delle varie attività in corrispondenza alle previsioni dei programmi.

5. Le riunioni delle commissioni si svolgono durante il tempo libero.

6. Nella organizzazione e nello svolgimento delle attività, la direzione può avvalersi dell'opera degli assistenti volontari e delle persone indicate nell'articolo 17 della legge.

60. Attività organizzate per i detenuti e gli internati che non lavorano. 1. La direzione si adopera per organizzare, in coincidenza con le ore di lavoro, attività di tempo libero per i soggetti che, indipendentemente dalla loro volontà, non svolgono attività lavorativa.

61. Rapporti con la famiglia e progressione nel trattamento. 1. La predisposizione dei programmi di intervento per la cura dei rapporti dei detenuti e degli internati con le loro famiglie è concertata fra i rappresentanti delle direzioni degli istituti e dei centri di servizio sociale.

2. Particolare attenzione è dedicata ad affrontare la crisi conseguente all'allontanamento del soggetto dal nucleo familiare, a rendere possibile il mantenimento di un valido rapporto con i figli, specie in età minore, e a preparare la famiglia, gli ambienti prossimi di vita e il soggetto stesso al rientro nel contesto sociale. A tal fine, secondo le specifiche indicazioni del gruppo di osservazione, il direttore dell'istituto può:

a) concedere colloqui oltre quelli previsti dall'articolo 37;

b) autorizzare la visita da parte delle persone ammesse ai colloqui, con il permesso di trascorrere parte della giornata insieme a loro in appositi locali o all'aperto e di consumare un pasto in compagnia, ferme restando le modalità previste dal secondo comma dell'articolo 18 della legge.

62. Comunicazione dell'ingresso in istituto. 1. Immediatamente dopo l'ingresso nell'istituto penitenziario, sia in caso di provenienza dalla libertà, sia in caso di trasferimento, al detenuto e all'internato viene richiesto, da parte degli operatori penitenziari, se intenda dar notizia del fatto a un congiunto o ad altra persona indicata e, in caso positivo, se vuole avvalersi del mezzo postale ordinario o telegrafico. Della dichiarazione è redatto processo verbale.

2. La comunicazione, contenuta in una lettera in busta aperta o in modulo di telegramma e limitata alla sola notizia relativa al primo ingresso nell'istituto penitenziario o all'avvenuto trasferimento, è presentata alla direzione, che provvede immediatamente all'inoltro, a carico dell'interessato. Se si tratta di minore o di detenuto o internato privo di fondi, la spesa è a carico dell'amministrazione.

3. Se si tratta di straniero, l'ingresso nell'istituto è comunicato all'autorità consolare nei casi e con le modalità previste dalla normativa vigente.

63. Comunicazione di infermità e di decessi. 1. In caso di grave infermità fisica o psichica o di decesso di un detenuto o di un internato, la direzione dell'istituto ne dà immediata comunicazione a un congiunto e alla persona eventualmente da lui indicata, a cura e spese dell'amministrazione con il mezzo più rapido e le modalità più opportune.

2. Non appena la direzione dell'istituto ha notizia della grave infermità o del decesso di un congiunto del detenuto o dell'internato, o di altra persona con cui questi è abitualmente in contatto, deve darne immediata comunicazione all'interessato nelle forme più convenienti.

3. Del decesso di un detenuto o di un internato è data immediata comunicazione anche al magistrato di sorveglianza.

64. Permessi. 1. I permessi, previsti dal primo e secondo comma dell'articolo 30 della legge, sono concessi su domanda e hanno una durata massima di cinque giorni, oltre al tempo necessario per raggiungere il luogo dove il detenuto o l'internato deve recarsi.

2. Nel provvedimento di concessione sono stabilite le opportune prescrizioni ed è in ogni caso specificato se il detenuto o l'internato deve o meno essere scortato per tutto o per parte del tempo del permesso, avuto riguardo alla personalità del soggetto e all'indole del reato di cui è imputato o per il quale è stato condannato.

3. Al fine di acquisire elementi di valutazione sulla personalità del soggetto, il magistrato di sorveglianza o la competente autorità giudiziaria chiede alla direzione dell'istituto le necessarie informazioni.

4. Per i permessi di durata superiore alle dodici ore può esser disposto che il detenuto o l'internato trascorra la notte in un istituto penitenziario.

5. Le operazioni di scorta sono effettuate dal Corpo di polizia penitenziaria. Nel provvedimento di concessione del permesso possono essere specificate le modalità.

6. Nel caso in cui risulti che il permesso deve essere eseguito in luogo diverso da quello indicato nel provvedimento, vengono rinnovati con la massima urgenza, se necessario, gli accertamenti con riferimento alla situazione e al luogo di effettiva esecuzione. Il conseguente provvedimento è comunicato ai sensi del terzo comma dell'articolo 30 *bis* della legge.

65. Permessi premio. 1. Il direttore dell'istituto deve corredare la domanda del condannato di concessione del permesso premio con l'estratto della cartella personale contenente tutte le notizie di cui all'articolo 26, esprimendo il proprio parere motivato al magistrato di sorveglianza, avuto riguardo alla condotta del condannato, alla sua pericolosità sociale, ai motivi addotti, ai risultati dell'osservazione scientifica della personalità espletata e del trattamento rieducativo praticato, nonché alla durata della pena detentiva inflitta ed alla durata della pena ancora da scontare.

2. Nell'adottare il provvedimento di concessione, il magistrato di sorveglianza stabilisce le opportune prescrizioni relative alla dimora e, ove occorra, al domicilio del condannato durante il permesso, sulla base delle informazioni eventualmente assunte, ad integrazione di quelle già disponibili, a mezzo degli organi di polizia.

3. Durante il permesso premio, i controlli del condannato sono effettuati dall'Arma dei carabinieri o dalla Polizia di Stato. In casi particolari l'amministrazione penitenziaria può disporre ulteriori controlli da parte del personale del Corpo di polizia penitenziaria.

4. In fase di esecuzione del provvedimento, gli operatori penitenziari, designati dal direttore dell'istituto e da quello del centro di servizio sociale, forniscono, se necessario, al condannato e ai servizi assistenziali territoriali, le indicazioni utili a stabilire validi collegamenti per gli eventuali problemi di competenza degli enti locali.

5. Qualora il permesso premio debba essere fruito in un comune diverso da quello in cui ha sede l'istituto, il direttore dell'istituto di provenienza ne dà comunicazione alla direzione dell'istituto ed al centro di servizio sociale territorialmente competenti, affinché di concerto con gli operatori sociali del territorio, possano effettuare gli interventi di competenza, secondo quanto previsto dai commi 4 e 6, riferendo poi alle direzioni dell'istituto e del centro di servizio sociale competenti.

6. Il condannato in permesso, in caso di necessità, può rivolgersi all'istituto ed al centro di servizio sociale territorialmente competenti, che saranno informati e forniti di documentazione adeguata nei tempi più rapidi. L'interessato può segnalare le proprie esigenze, in ordine alle quali l'istituto o il centro si attiva per dare la più opportuna e tempestiva risposta secondo le rispettive competenze istituzionali.

66. Comunicazioni all'autorità di pubblica sicurezza. 1. Dei provvedimenti esecutivi di concessione dei permessi, previsti dagli articoli 64 e 65, il direttore dell'istituto, presso il quale l'interessato si trova, dà notizia senza ritardo al prefetto della provincia nel cui territorio è sito il comune ove il permesso deve essere fruito.

67. Garanzie di sorteggio delle rappresentanze. 1. Le modalità dei sorteggi dei componenti delle rappresentanze, previste dagli articoli 9, 12, 20 e 27 della legge, sono disciplinate dal regolamento interno in maniera da garantire uguali possibilità di nomina per tutti i detenuti e gli internati. Con il medesimo sorteggio sono nominati i rappresentanti in carica e i loro sostituti.
2. I detenuti e gli internati nominati nelle rappresentanze, previste dagli articoli 12, 20 e 27 della legge, durano in carica quattro mesi.

68. Partecipazione della comunità esterna all'azione rieducativa. 1. La direzione dell'istituto promuove la partecipazione della comunità esterna all'azione rieducativa, avvalendosi dei contributi di privati cittadini e delle istituzioni o associazioni pubbliche o private, previste dall'articolo 17 della legge.
2. La direzione dell'istituto esamina con i privati e con gli appartenenti alle istituzioni o associazioni le iniziative da realizzare all'interno dell'istituto e trasmette proposte al magistrato di sorveglianza, con il suo parere, anche in ordine ai compiti da svolgere e alle modalità della loro esecuzione.
3. Il magistrato di sorveglianza, nell'autorizzare gli ingressi in istituto, stabilisce le condizioni che devono essere rispettate nello svolgimento dei compiti.
4. La direzione dell'istituto cura che le iniziative indicate ai commi precedenti siano svolte in piena integrazione con gli operatori penitenziari. A tal fine, le persone autorizzate hanno accesso agli istituti secondo le modalità e i tempi previsti per le attività alle quali collaborano.
5. In caso di inosservanza delle condizioni o di comportamento pregiudizievole all'ordine e alla sicurezza dell'istituto, il direttore comunica al magistrato di sorveglianza il venir meno del proprio parere favorevole, per i provvedimenti conseguenti, disponendo eventualmente, con provvedimento motivato, la sospensione dell'efficacia del provvedimento autorizzativo.
6. Al fine di sollecitare la disponibilità di persone ed enti idonei e per programmarne periodicamente la collaborazione, la direzione dell'istituto e quella del centro servizio sociale, di concerto fra loro, curano la partecipazione della comunità al reinserimento sociale dei condannati e degli internati e le possibili forme di essa.

Capo IV
Regime penitenziario

69. Informazioni sulle norme e sulle disposizioni che regolano la vita penitenziaria. 1. In ogni istituto penitenziario devono essere tenuti, presso la biblioteca o altro locale a cui i detenuti possono accedere, i testi della legge, del presente regolamento, del regolamento interno nonché delle altre disposizioni attinenti ai diritti e ai doveri dei detenuti e degli internati, alla disciplina e al trattamento.
2. All'atto dell'ingresso, a ciascun detenuto o internato è consegnata la carta dei diritti e dei doveri dei detenuti e degli internati, contenente l'indicazione dei diritti e dei doveri dei detenuti e degli internati, delle strutture e dei servizi ad essi riservati. Il contenuto della carta è stabilito con decreto del Ministro della giustizia da adottarsi entro centottanta giorni decorrenti dalla data di entrata in vigore della presente disposizione. Il decreto regola, altresì, le modalità con le quali la carta dei diritti deve essere portata a conoscenza dei familiari del detenuto e dell'internato. La carta dei diritti è fornita nelle lingue più diffuse tra i detenuti e internati stranieri.
3. Di ogni successiva disposizione nelle materie indicate nel comma 1 è data notizia ai detenuti e agli internati.
4. L'osservanza, da parte dei detenuti e degli internati delle norme e delle disposizioni che regolano la vita penitenziaria, deve essere ottenuta anche attraverso il chiarimento delle ragioni delle medesime.

70. Norme di comportamento. 1. I detenuti e gli internati hanno l'obbligo di osservare le norme che regolano la vita penitenziaria e le disposizioni impartite dal personale; devono tenere un contegno rispettoso nei confronti degli operatori penitenziari e di coloro che visitano l'istituto.

2. I detenuti e gli internati, nei reciproci contatti, devono tenere un comportamento corretto.

3. Nei rapporti reciproci degli operatori penitenziari con i detenuti e gli internati deve essere usato il «lei».

71. Compiti di animazione e di assistenza. 1. A singoli detenuti o internati, che dimostrino particolari attitudini a collaborare per il proficuo svolgimento dei programmi dell'istituto, possono essere affidate dalla direzione mansioni che comportino compiti di animazione nelle attività di gruppo, di carattere culturale, ricreativo e sportivo, nonché di assistenza nelle attività di lavoro in comune.

2. Le mansioni suddette sono espletate sotto la diretta supervisione del personale, il quale deve garantire che in nessuna circostanza l'esercizio di esse importi un potere disciplinare o possa servire come pretesto per l'acquisizione di una posizione di preminenza sugli altri detenuti o internati.

72. Risarcimento dei danni arrecati a beni dell'amministrazione o di terzi. 1. In caso di danni a cose mobili o immobili dell'amministrazione, la direzione svolge indagini intese ad accertare l'ammontare del danno e a identificare il responsabile valutandone la colpa.

2. All'esito degli accertamenti e dopo aver sentito l'interessato, la direzione notifica per iscritto l'addebito al responsabile, invitandolo al risarcimento e fissandone le modalità, le quali possono comportare anche pagamenti rateali.

3. La somma dovuta a titolo di risarcimento viene prelevata dal peculio disponibile.

4. In caso di danni a cose appartenenti ad altri detenuti o internati, la direzione dell'istituto si adopera per favorire il risarcimento spontaneo.

5. Il risarcimento spontaneo è considerato come circostanza attenuante nell'eventuale procedimento disciplinare.

73. Isolamento. 1. L'isolamento continuo per ragioni sanitarie è prescritto dal medico nei casi di malattia contagiosa. Esso è eseguito, secondo le circostanze, in appositi locali dell'infermeria o in un reparto clinico. Durante l'isolamento, speciale cura è dedicata dal personale all'infermo anche per sostenerlo moralmente. L'isolamento deve cessare non appena sia venuto meno lo stato contagioso.

2. L'isolamento continuo durante l'esecuzione della sanzione della esclusione dalle attività in comune è eseguito in una camera ordinaria, a meno che il comportamento del detenuto o dell'internato sia tale da arrecare disturbo o da costituire pregiudizio per l'ordine e la disciplina. Anche in tal caso, l'isolamento si esegue in locali con le caratteristiche di cui all'articolo 6 della legge.

3. Ai detenuti e gli internati, nel periodo di esclusione dalle attività in comune, di cui al comma 2, è precluso di comunicare con i compagni.

4. L'isolamento diurno nei confronti dei condannati all'ergastolo non esclude l'ammissione degli stessi alle attività lavorative, nonché di istruzione e formazione diverse dai normali corsi scolastici, ed alle funzioni religiose.

5. Sono assicurati il vitto ordinario e la normale disponibilità di acqua.

6. Le condizioni delle persone sottoposte ad indagini preliminari che sono in isolamento non devono differire da quelle degli altri detenuti, salvo le limitazioni disposte dall'autorità giudiziaria che procede.

7. La situazione di isolamento dei detenuti e degli internati deve essere oggetto di particolare attenzione, con adeguati controlli giornalieri nel luogo di isolamento, da parte sia di un medico, sia di un componente del gruppo di osservazione e trattamento, e con vigilanza continuativa ed adeguata da parte del personale del Corpo di polizia penitenziaria.

8. Non possono essere utilizzate sezioni o reparti di isolamento per casi diversi da quelli previsti per legge.

74. Perquisizioni. 1. Le operazioni di perquisizione previste dall'articolo 34 della legge sono effettuate dal personale del Corpo di polizia penitenziaria alla presenza di un appartenente a tale Corpo, di qualifica non inferiore a quella di vice sovrintendente. Il personale che effettua la perquisizione e quello che vi presenzia deve essere dello stesso sesso del soggetto da perquisire.

2. La perquisizione può non essere eseguita quando è possibile compiere l'accertamento con strumenti di controllo.

3. Le perquisizioni nelle camere dei detenuti e degli internati devono essere effettuate con rispetto della dignità dei detenuti nonché delle cose di appartenenza degli stessi.

4. Il regolamento interno stabilisce quali sono le situazioni, con quella prevista dall'articolo 83, in cui si effettuano perquisizioni ordinarie.

5. Per procedere a perquisizione fuori dei casi ordinari è necessario l'ordine del direttore.

6. Per operazioni di perquisizione generale il direttore può avvalersi, in casi eccezionali, della collaborazione di personale appartenente alle Forze di polizia e alle altre Forze poste a disposizione del Prefetto, ai sensi del quinto comma dell'articolo 13 della legge 1° aprile 1981, n. 121.

7. In casi di particolare urgenza, il personale procede di sua iniziativa alla perquisizione, informandone immediatamente il direttore, specificando i motivi che hanno determinato l'urgenza.

75. Istanze e reclami. 1. Il magistrato di sorveglianza, il provveditore regionale e il direttore dell'istituto, devono offrire la possibilità a tutti i detenuti e gli internati di entrare direttamente in contatto con loro. Ciò deve avvenire con periodici colloqui individuali, che devono essere particolarmente frequenti per il direttore. I predetti visitano con frequenza i locali dove si trovano i detenuti e gli internati, agevolando anche in tal modo la possibilità che questi si rivolgano individualmente ad essi per i necessari colloqui ovvero per presentare eventuali istanze o reclami orali. Gli accessi in istituto del magistrato di sorveglianza e del provveditore regionale sono annotati in un registro riservato a ciascuna delle due autorità, nel quale le stesse indicano i rilievi emersi a seguito degli accessi predetti. Anche il direttore annota in apposito registro le udienze effettuate.

2. Ai detenuti e agli internati che lo richiedono è fornito l'occorrente per redigere per iscritto istanze e reclami alle autorità indicate nell'articolo 35 della legge.

3. Qualora il detenuto o l'internato intenda avvalersi della facoltà di usare il sistema della busta chiusa, dovrà provvedere direttamente alla chiusura della stessa apponendo all'esterno la dicitura «riservata». Se il mittente è privo di fondi, si provvede a cura della direzione.

4. Il magistrato di sorveglianza e il personale dell'amministrazione penitenziaria informano, nel più breve tempo possibile, il detenuto o l'internato che ha presentato istanza o reclamo, orale o scritto, dei provvedimenti adottati e dei motivi che ne hanno determinato il mancato accoglimento.

76. Ricompense. 1. Le ricompense sono concesse su iniziativa del direttore ai detenuti e agli internati che si sono distinti per:

a) particolare impegno nello svolgimento del lavoro;

b) particolare impegno e profitto nei corsi scolastici e di addestramento professionale;

c) attiva collaborazione nell'organizzazione e nello svolgimento delle attività culturali, ricreative e sportive;

d) particolare sensibilità e disponibilità nell'offrire aiuto ad altri detenuti o internati, per sostenerli moralmente nei momenti di difficoltà di fronte a loro problemi personali;

e) responsabile comportamento in situazioni di turbamento della vita dell'istituto, diretto a favorire atteggiamenti collettivi di ragionevolezza;

f) atti meritori di valore civile.

2. I comportamenti suindicati sono ricompensati con:

a) encomio;

b) proposta di concessione dei benefici indicati negli articoli 47, 47 *ter*, 50, 52, 53, 54 e 56 della legge e 94 del decreto del Presidente della Repubblica 9 ottobre 1990, n. 309, sempre che ne ricorrano i presupposti;

c) proposta di grazia, di liberazione condizionale e di revoca anticipata della misura di sicurezza.

3. La ricompensa di cui alla lettera *a*) del comma 2 è concessa dal direttore, quelle di cui alle lettere *b*) e *c*) dello stesso comma sono concesse dal consiglio di disciplina, sentito il gruppo di osservazione.

4. Nella scelta del tipo e delle modalità delle ricompense da concedere si deve tenere conto della rilevanza del comportamento nonché della condotta abituale del soggetto.

5. Delle ricompense concesse all'imputato è data comunicazione all'autorità giudiziaria che procede.

77. Infrazioni disciplinari e sanzioni. 1. Le sanzioni disciplinari sono inflitte ai detenuti e agli internati che si siano resi responsabili di:

1) negligenza nella pulizia e nell'ordine della persona o della camera;

2) abbandono ingiustificato del posto assegnato;

3) volontario inadempimento di obblighi lavorativi;

4) atteggiamenti e comportamenti molesti nei confronti della comunità;

5) giochi o altre attività non consentite dal regolamento interno;

6) simulazione di malattia;

7) traffico di beni di cui è consentito il possesso;

8) possesso o traffico di oggetti non consentiti o di denaro;

9) comunicazioni fraudolente con l'esterno o all'interno, nei casi indicati nei numeri 2) e 3) del primo comma dell'articolo 33 della legge;

10) atti osceni o contrari alla pubblica decenza;

11) intimidazione di compagni o sopraffazioni nei confronti dei medesimi;

12) falsificazione di documenti provenienti dall'amministrazione affidati alla custodia del detenuto o dell'internato;

13) appropriazione o danneggiamento di beni dell'amministrazione;

14) possesso o traffico di strumenti atti ad offendere;

15) atteggiamento offensivo nei confronti degli operatori penitenziari o di altre persone che accedono nell'istituto per ragioni del loro ufficio o per visita;

16) inosservanza di ordini o prescrizioni o ingiustificato ritardo nell'esecuzione di essi;

17) ritardi ingiustificati nel rientro previsti dagli articoli 30, 30 *ter*, 51, 52 e 53 della legge;

18) partecipazione a disordini o a sommosse;

19) promozione di disordini o di sommosse;

20) evasione;

21) fatti previsti dalla legge come reato, commessi in danno di compagni, di operatori penitenziari o di visitatori.

2. Le sanzioni disciplinari sono inflitte anche nell'ipotesi di tentativo delle infrazioni sopra elencate.

3. La sanzione dell'esclusione dalle attività in comune non può essere inflitta per le infrazioni previste nei numeri da 1) a 8) del comma 1, salvo che l'infrazione sia stata commessa nel termine di tre mesi dalla commissione di una precedente infrazione della stessa natura.

4. Delle sanzioni inflitte all'imputato è data notizia all'autorità giudiziaria che procede.

78. Provvedimenti disciplinari in via cautelare. 1. In caso di assoluta urgenza, determinata dalla necessità di prevenire danni a persone o a cose, nonché l'insorgenza o la diffusione di disordini o in presenza di fatti di particolare gravità per la sicurezza e l'ordine dell'istituto, il direttore può disporre, in via cautelare, con provvedimento motivato, che il detenuto o l'internato, che abbia commesso una infrazione sanzionabile con la esclusione dalle attività in comune, permanga in una camera individuale, in attesa della convocazione del consiglio di disciplina.

2. Subito dopo l'adozione del provvedimento cautelare, il sanitario visita il soggetto e rilascia la certificazione prevista dal secondo comma dell'articolo 39 della legge.

3. Il direttore attiva e svolge al più presto il procedimento disciplinare, applicando il disposto dei commi 2 e seguenti dell'articolo 81.

4. La durata della misura cautelare non può comunque eccedere i dieci giorni. Il tempo trascorso in misura cautelare si detrae dalla durata della sanzione eventualmente applicata.

79. Procedimento penale e provvedimenti disciplinari. 1. Il giudizio disciplinare dinanzi al consiglio di disciplina può essere sospeso allorché, per lo stesso fatto, vi è informativa di reato alla autorità giudiziaria.

2. In tal caso la direzione avrà cura di richiedere periodicamente l'esito del procedimento penale. I definitivi provvedimenti disciplinari sono emessi al termine del procedimento medesimo.

80. Sospensione e condono delle sanzioni. 1. L'esecuzione delle sanzioni può essere condizionalmente sospesa, per il termine di sei mesi, allorché si presuma che il responsabile si asterrà dal commettere ulteriori infrazioni. Se nel detto termine il soggetto commette altre infrazioni disciplinari, la sospensione è revocata e la sanzione è eseguita; altrimenti la infrazione è estinta.

2. Per eccezionali circostanze l'autorità che ha deliberato la sanzione può condonarla.

3. Qualora il sanitario certifichi che le condizioni di salute del soggetto non gli permettono di sopportare la sanzione della esclusione dalle attività in comune, questa è eseguita quando viene a cessare la causa che ne ha impedito l'esecuzione.

81. Procedimento disciplinare. 1. Allorché un operatore penitenziario constata direttamente o viene a conoscenza che una infrazione è stata commessa, redige rapporto, indicando in esso tutte le circostanze del fatto. Il rapporto viene trasmesso al direttore per via gerarchica.

2. Il direttore, alla presenza del comandante del reparto di polizia penitenziaria, contesta l'addebito all'accusato, sollecitamente e non oltre dieci giorni dal rapporto, informandolo contemporaneamente del diritto ad esporre le proprie discolpe.

3. Il direttore, personalmente o a mezzo del personale dipendente, svolge accertamenti sul fatto.

4. Quando il direttore ritiene che debba essere inflitta una delle sanzioni previste nei numeri 1) e 2) del primo comma dell'articolo 39 della legge convoca, entro dieci giorni dalla data della contestazione di cui al comma 2, l'accusato davanti a sé per la decisione disciplinare. Altrimenti fissa, negli stessi termini, il giorno e l'ora della convocazione dell'accusato davanti al consiglio di disciplina. Della convocazione è data notizia all'interessato con le forme di cui al comma 2.

5. Nel corso dell'udienza, l'accusato ha la facoltà di essere sentito e di esporre personalmente le proprie discolpe.

6. Se nel corso del procedimento risulta che il fatto è diverso da quello contestato e comporta una sanzione di competenza del consiglio di disciplina, il procedimento è rimesso a quest'ultimo.

7. La sanzione viene deliberata e pronunciata nel corso della stessa udienza o dell'eventuale sommario processo verbale.

8. Il provvedimento definitivo con cui è deliberata la sanzione disciplinare è tempestivamente comunicato dalla direzione al detenuto o internato e al magistrato di sorveglianza e viene annotato nella cartella personale.

82. Mezzi di coercizione fisica. 1. La coercizione fisica, consentita per le finalità indicate nel terzo comma dell'articolo 41 della legge, si effettua sotto il controllo sanitario con l'uso dei mezzi impiegati per le medesime finalità presso le istituzioni ospedaliere pubbliche.

83. Trasferimenti. 1. Nei trasferimenti per motivi diversi da quelli di giustizia o di sicurezza si tiene conto delle richieste espresse dai detenuti e dagli internati in ordine alla destinazione.

2. Il detenuto o l'internato, prima di essere trasferito, è sottoposto a perquisizione personale ed è visitato dal medico, che ne certifica lo stato psico fisico, con particolare riguardo alle condizioni che rendano possibile sopportare il viaggio o che non lo consentano. In quest'ultimo caso, la direzione ne informa immediatamente l'autorità che ha disposto il trasferimento.

3. All'atto del trasferimento la direzione consegna al detenuto o all'internato gli oggetti personali

che egli intende portare direttamente con sé, nei limiti previsti dalle disposizioni in vigore in materia di traduzioni.

4. Il capo scorta riceve in consegna dalla direzione:

a) generi alimentari in quantità e qualità adeguate alle esigenze del soggetto durante il viaggio o, alternativamente, una somma di denaro per l'acquisto dei detti generi, nella misura giornaliera che viene fissata con decreto del Ministro della giustizia;

b) la cartella personale;

c) il certificato sanitario previsto dal comma 2;

d) la nota degli oggetti costituenti il bagaglio personale;

e) il peculio, in tutto o in parte, costituito in fondo disponibile;

f) il certificato dell'ammontare del peculio consegnato.

5. Il capo scorta rilascia ricevuta degli oggetti, dei valori e dei documenti a lui consegnati dalla direzione dell'istituto di provenienza e ottiene, a sua volta, ricevuta dalla direzione dell'istituto di destinazione di quanto da lui consegnato.

6. Il peculio del detenuto o dell'internato e gli altri oggetti di sua spettanza, che non sono stati consegnati alla scorta o inclusi nel bagaglio personale sono, nel più breve tempo possibile, trasmessi alla direzione dell'istituto di destinazione, contemporaneamente al fascicolo personale.

7. Le spese per la spedizione degli oggetti indicati nel comma 6 sono, in ogni caso, sopportate dall'amministrazione fino al limite di dieci chilogrammi di peso e, per l'eccedenza, dal detenuto o dall'internato che sia stato trasferito a sua domanda.

8. Nel caso di trasferimenti temporanei di breve durata, le disposizioni dei commi 4, 5 e 6 si applicano nella misura richiesta dalle circostanze, considerati anche i desideri dell'interessato.

9. Quando si rende necessario un trasferimento collettivo di detenuti o di internati non sono inclusi, ove possibile:

a) i detenuti e gli internati per i quali sono in corso attività trattamentali, particolarmente in materia di lavoro, istruzione e formazione professionale o per i quali sia in corso procedura di sorveglianza per la ammissione a misure alternative;

b) i detenuti e gli internati nei cui confronti sono in corso trattamenti sanitari non agevolmente proseguibili in altra sede;

c) le detenute con prole in istituto;

d) gli imputati prima della pronuncia della sentenza di primo grado o gli imputati appellanti quando sia già stata fissata udienza per la decisione della impugnazione.

84. Traduzioni. 1. Fatto salvo quanto previsto dall'articolo 42 *bis* della legge e dalle altre disposizioni normative che regolano la materia, le traduzioni dei detenuti e degli internati si effettuano con le modalità stabilite con decreto del capo del Dipartimento dell'amministrazione penitenziaria.

85. Autorità che dispongono i trasferimenti tra istituti o le traduzioni. 1. Il Dipartimento dell'amministrazione penitenziaria dispone i trasferimenti tra istituti di diversi provveditorati ovvero quelli ad esso riservati dalla normativa vigente. I trasferimenti tra istituti dello stesso provveditorato sono disposti dal provveditore regionale. I trasferimenti degli imputati per motivi diversi da quelli di giustizia sono disposti previo nulla osta della autorità giudiziaria che procede.

2. Quando, sussistendo gravi e comprovati motivi di sicurezza, occorre trasferire gli imputati, il Dipartimento dell'amministrazione penitenziaria, dopo aver chiesto il nulla osta all'autorità giudiziaria che procede precisandone i motivi, la durata e la sede di destinazione, può dare anticipata esecuzione al trasferimento, che, comunque, deve essere convalidato dall'autorità giudiziaria procedente.

3. I trasferimenti o le traduzioni per la comparizione degli imputati alle udienze dibattimentali sono richiesti dall'autorità giudiziaria alle direzioni degli istituti, che vi provvedono senza indugio, informandone il Dipartimento dell'amministrazione penitenziaria. La stessa disposizione si applica ai trasferimenti e alle traduzioni per la comparizione davanti ai tribunali di sorveglianza.

4. La direzione dell'istituto comunica senza indugio al magistrato di sorveglianza ogni trasferimento definitivo di un detenuto o internato.

5. I trasferimenti o le traduzioni per motivi di giustizia penale diversi da quelli indicati dal comma 3 ed i trasferimenti o le traduzioni per motivi di giustizia civile sono consentiti solo quando, a giudizio dell'autorità giudiziaria competente, gravi motivi rendono inopportuno il compimento dell'attività da espletare nel luogo dove il detenuto è ristretto.

6. Soddisfatte le esigenze giudiziarie, il soggetto viene restituito all'istituto di provenienza.

7. Nei casi di assoluta urgenza, determinata da motivi di salute, il direttore provvede direttamente al trasferimento, informandone immediatamente l'autorità competente.

8. Il trasferimento dei condannati o degli internati è comunicato all'organo del pubblico ministero competente per la esecuzione.

9. L'assegnazione prevista dal secondo comma dell'articolo 28 è disposta dal Dipartimento dell'amministrazione penitenziaria.

86. Traduzioni di detenute e di internate. 1. Le traduzioni delle detenute e delle internate sono effettuate con la partecipazione di personale femminile del Corpo di polizia penitenziaria.

87. Uso di abiti civili nelle traduzioni. 1. Nelle traduzioni i detenuti e gli internati possono indossare abiti civili.

88. Trattamento del dimittendo. 1. Nel periodo che precede la dimissione, possibilmente a partire da sei mesi prima di essa, il condannato e l'internato beneficiano di un particolare programma di trattamento, orientato alla soluzione dei problemi specifici connessi alle condizioni di vita familiare, di lavoro e di ambiente a cui dovranno andare incontro. A tal fine, particolare cura è dedicata a discutere con loro le varie questioni che si prospettano e ad esaminare le possibilità che si offrono per il loro superamento anche trasferendo gli interessati, a domanda, in un istituto prossimo al luogo di residenza, salvo che non ostino motivate ragioni contrarie.

2. Per la definizione e la esecuzione del suddetto programma, la direzione richiede la collaborazione del centro di servizio sociale, dei servizi territoriali competenti e del volontariato.

89. Dimissione. 1. La dimissione dei detenuti e degli internati si attua su ordine scritto della competente autorità giudiziaria.

2. La dimissione dei condannati che hanno espiato la pena ha luogo nel giorno indicato nel provvedimento, e, quando possibile, nelle ore antimeridiane.

3. La dimissione degli altri detenuti e degli internati è effettuata non appena la direzione riceve il relativo provvedimento.

4. Quando all'esito della pena deve seguire una misura di sicurezza detentiva di cui sia stata disposta la esecuzione ai sensi articolo 679 del codice di procedura penale, o viceversa, non si dà corso alla dimissione e si procede, secondo le norme indicate dall'articolo 30, alla nuova assegnazione.

5. Il centro di servizio sociale, i servizi territoriali competenti e il volontariato, di intesa fra loro, si adoperano per prendere contatto con il nucleo familiare presso cui il condannato o l'internato andrà a stabilirsi, ai fini degli opportuni interventi.

6. I dimessi che, a causa di gravi infermità fisiche o di infermità o minorazioni psichiche, abbisognano di ricovero in luogo di cura, sono trasferiti alla più vicina appropriata istituzione ospedaliera.

7. In caso di intrasportabilità, attestata dal sanitario, la dimissione può essere sospesa e l'infermo rimane nell'istituto dove, compatibilmente con le esigenze di organizzazione generali, gli sono evitate le limitazioni del regime penitenziario.

8. Della sospensione è data immediata comunicazione, quando si tratta di imputato, all'autorità giudiziaria competente; quando si tratta di condannato o di internato, al magistrato di sorveglianza e, in ogni caso, al Dipartimento dell'amministrazione penitenziaria.

9. Se il dimesso non è in grado di provvedere per suo conto a raggiungere il luogo della sua

residenza, il direttore lo munisce, a richiesta, dei necessari titoli di viaggio; se trattasi di persona residente all'estero, vengono forniti i titoli di viaggio necessari per raggiungere il consolato del paese nel quale è residente.

10. All'atto della dimissione vengono consegnati al soggetto il peculio e gli oggetti di sua proprietà.

11. Il peculio e gli oggetti che non siano stati comunque ritirati dal dimesso sono trattenuti dalla direzione dell'istituto, che provvede, previe opportune ricerche, alla restituzione nel tempo più breve possibile.

12. Trascorso un anno dalla dimissione senza che sia possibile la restituzione, gli oggetti vengono venduti a cura della direzione e il ricavato, unitamente all'eventuale peculio, viene versato alla Cassa delle ammende che trattiene la somma in deposito, ai fini della restituzione all'interessato.

90. Provvedimenti in caso di evasione. 1. In caso di evasione di un detenuto o di un internato, la direzione ne dà immediata notizia alle locali autorità di polizia, alla procura della Repubblica, al magistrato di sorveglianza e al Dipartimento dell'amministrazione penitenziaria, provvedendo, contemporaneamente, ad attuare, a mezzo del personale dipendente, le prime ricerche.

2. I beni dell'evaso, che non sia stato catturato, vengono trattenuti per un anno, e successivamente, venduti a cura della direzione. Il ricavato entra a far parte di un fondo sul quale viene versato anche l'eventuale peculio. Il fondo è depositato a cura della direzione presso la Cassa depositi e prestiti.

3. All'atto del rientro dell'evaso in istituto, la direzione che ha effettuato il deposito ne dispone lo svincolo e ne richiede la restituzione. La somma restituita entra a far parte del peculio.

4. Nel caso in cui il soggetto deceda durante lo stato di evasione, la direzione dell'istituto, a richiesta degli eredi o di altri aventi diritto che abbiano provato tale loro qualità ai sensi del comma 4 dell'articolo 92, autorizza la Cassa depositi e prestiti a versare direttamente agli aventi diritto la somma depositata secondo le loro spettanze.

91. Indicazioni negli atti dello stato civile. 1. Negli atti dello stato civile previsti dal primo comma dell'articolo 44 della legge, devono essere indicati la strada e il numero civico dell'istituto ove il fatto si è verificato, omettendo ogni altro riferimento.

92. Provvedimenti in caso di decesso. 1. Nel caso di morte di un detenuto o di un internato, il sanitario, fatte le constatazioni di legge, presenta rapporto alla direzione.

2. La direzione, contemporaneamente alla trasmissione della notizia del decesso alle autorità previste dal secondo comma dell'articolo 44 della legge, fa denuncia di morte all'ufficiale di stato civile.

3. I beni del defunto sono inventariati e copia dell'inventario è inviata al sindaco del comune di origine o di residenza, per le notificazioni agli eredi.

4. I beni sono consegnati agli eredi o agli altri aventi diritto, quando essi abbiano provato tale loro qualità, in base alla normativa vigente in materia.

5. Decorso un anno dalla morte, senza che gli eredi o gli altri aventi diritto abbiano ritirato i beni, questi vengono trasmessi al tribunale del luogo, per la devoluzione successoria.

6. Se si tratta di detenuti o di internati stranieri o italiani nati all'estero o di cui non si conosca il luogo di nascita, notizia del decesso è data al procuratore della Repubblica presso il tribunale di Roma.

7. Qualora alla sepoltura della salma non sia provveduto da parte dei congiunti, si provvede a cura e spese dell'amministrazione.

93. Intervento delle Forze di polizia. 1. Qualora si verifichino disordini collettivi con manifestazioni di violenza o tali da far ritenere che possano degenerare in manifestazioni di violenza, il direttore dell'istituto, che non sia in grado di intervenire efficacemente con il personale a disposizione, richiede al prefetto l'intervento delle Forze di polizia e delle altre Forze eventualmente poste a sua disposizione, ai sensi dell'articolo 13 della legge 1° aprile 1981, n. 121, informandone immediatamente il magistrato di sorveglianza, il provveditore regionale, il Dipartimento dell'amministrazione penitenziaria.

Capo V
Assistenza

94. Assistenza alle famiglie. 1. Nell'azione di assistenza alle famiglie dei detenuti e degli internati, prevista dall'articolo 45 della legge, particolare cura è rivolta alla situazione di crisi che si verifica nel periodo che segue immediatamente la separazione dal congiunto. In tale situazione, deve essere fornito ai familiari, specialmente di età minore, sostegno morale e consiglio per aiutarli a far fronte al trauma affettivo, senza trascurare i problemi pratici e materiali eventualmente causati dall'allontanamento del congiunto.

2. Particolare cura è, altresì, rivolta per aiutare le famiglie dei detenuti e degli internati nel periodo che precede il loro ritorno.

95. Integrazione degli interventi nell'assistenza alle famiglie e ai dimessi. 1. Nello svolgimento degli interventi a favore delle famiglie dei detenuti e degli internati e di quelli a favore dei dimessi, il centro di servizio sociale e il consiglio di aiuto sociale mantengono contatti con gli organi locali competenti per l'assistenza e con gli enti pubblici e privati che operano nel settore. Ai detti organi ed enti sono rappresentate le speciali esigenze dell'assistenza penitenziaria e post penitenziaria e il modo più appropriato per tenerle presenti nei loro programmi.

Capo VI
Misure alternative alla detenzione e altri provvedimenti della magistratura di sorveglianza

96. Istanza di affidamento in prova al servizio sociale e decisione. 1. L'istanza di affidamento in prova al servizio sociale da parte del condannato detenuto è presentata al direttore dell'istituto, il quale la trasmette al magistrato di sorveglianza territorialmente competente in relazione al luogo di detenzione, unitamente a copia della cartella personale. Il direttore provvede analogamente alla trasmissione della proposta del consiglio di disciplina.

2. Salvo quanto previsto dal comma 3, se il condannato si trova in libertà l'istanza è presentata al pubblico ministero competente per l'esecuzione.

3. Nell'ipotesi prevista dall'articolo 656, comma 9, lettera *a*), del codice di procedura penale, l'istanza è presentata direttamente al tribunale di sorveglianza competente.

4. L'ordinanza di affidamento in prova al servizio sociale contiene le prescrizioni di cui all'articolo 47 della legge e indica l'ufficio di sorveglianza competente in relazione al luogo in cui dovrà svolgersi l'affidamento. La cancelleria del tribunale di sorveglianza provvede all'immediata trasmissione dell'ordinanza, anche con mezzi telematici che ne assicurino l'autenticità, e la sicurezza, al casellario giudiziario e alla direzione dell'istituto, se l'interessato è detenuto, nonché alle comunicazioni all'interessato, al pubblico ministero e al centro di servizio sociale per adulti, dopo aver annotato in calce all'ordinanza stessa:

a) i dati di identificazione della sentenza o delle sentenze di condanna e, se vi è provvedimento di esecuzione di pene concorrenti, i dati necessari ad identificarlo, compreso in ogni caso l'organo del pubblico ministero competente all'esecuzione della pena e il numero di registro della procedura esecutiva;

b) l'indirizzo dell'ufficio del magistrato di sorveglianza e del centro di servizio sociale per adulti competenti in relazione al luogo in cui dovrà svolgersi l'affidamento.

5. Il controllo dell'osservanza delle prescrizioni di cui all'articolo 47 della legge è di competenza del centro di servizio sociale e viene attuato secondo le modalità precisate all'articolo 118.

6. Nei casi in cui è stata disposta la sospensione dell'esecuzione dal pubblico ministero o dal

magistrato di sorveglianza, l'ordinanza che respinge l'istanza deve contenere i dati di cui alla lettera *a*) del comma 4 e deve essere comunicata senza ritardo all'organo del pubblico ministero competente per l'ulteriore corso della esecuzione. In ogni caso, l'ordinanza di rigetto è notificata all'interessato ed al suo difensore ed è sempre comunicata al centro di servizio sociale competente, o relativa sede distaccata.

97. Esecuzione dell'affidamento in prova al servizio sociale. 1. L'ordinanza, immediatamente esecutiva, salva la ipotesi di sospensione della esecuzione di cui al comma 7 dell'articolo 666 del codice di procedura penale, a cura della cancelleria del tribunale di sorveglianza è subito trasmessa in copia, se il condannato è detenuto, alla direzione dell'istituto in cui lo stesso si trova, per la sua liberazione e l'attuazione della misura alternativa, previa la sottoscrizione del verbale di cui al comma 3. All'interessato è rilasciata anche per notifica copia dell'ordinanza e del verbale. In ogni caso, l'ordinanza è trasmessa senza ritardo:

a) all'ufficio di sorveglianza competente per la prova, unitamente al fascicolo processuale;

b) al centro di servizio sociale per adulti competente per la prova, o relativa sede distaccata;

c) all'organo del pubblico ministero competente per la esecuzione della pena;

d) agli organi competenti per la comunicazione o la notificazione alle parti ed ai difensori, se l'interessato è libero, o trovasi sottoposto alla detenzione domiciliare, o comunque nello stato detentivo di cui al comma 10 dell'articolo 656 del codice di procedura penale, con l'avviso che deve presentarsi, libero nella persona, entro dieci giorni, al centro di servizio sociale competente per la sottoscrizione del verbale di cui al comma 3 e per l'esecuzione della prova. Detti organi daranno immediata comunicazione dell'avvenuta notifica al centro di servizio sociale per adulti competente, o relativa sede distaccata.

2. Il direttore del centro dà immediata comunicazione al tribunale di sorveglianza della mancata presentazione nel termine. Il tribunale di sorveglianza revoca la misura salvo che risulti l'esistenza di fondate ragioni del ritardo.

3. L'ordinanza di affidamento in prova ha effetto se l'interessato sottoscrive il verbale previsto dal quinto comma dell'articolo 47 della legge, con l'impegno a rispettare le prescrizioni dallo stesso previste. Il verbale è sottoscritto davanti al direttore dell'istituto se il condannato è detenuto, o davanti al direttore del centro di servizio sociale per adulti, competente per la prova, previa notifica di cui alla lettera *d*) del comma 1, se il condannato è libero o trovasi sottoposto alla detenzione domiciliare, o comunque nello stato detentivo di cui al comma 10 dell'articolo 656 del codice di procedura penale. Il centro di servizio sociale per adulti trasmette senza indugio il verbale di accettazione delle prescrizioni:

a) al tribunale di sorveglianza che ha emesso l'ordinanza;

b) all'ufficio di sorveglianza competente per la prova;

c) all'organo del pubblico ministero competente per la esecuzione e la determinazione del fine pena.

4. Dalla data di sottoscrizione del verbale di accettazione delle prescrizioni ha inizio l'affidamento in prova al servizio sociale. Nel caso di condannato che ha ottenuto l'affidamento mentre era libero, copia del verbale di accettazione delle prescrizioni viene inviata all'organo del pubblico ministero competente per la esecuzione, che aggiorna l'ordine di esecuzione della pena, indicando la data di conclusione del periodo di prova all'ufficio di sorveglianza e al centro di servizio sociale competente, disponendo anche la notifica all'interessato. Se l'affidamento concerne pene inflitte con sentenze di condanna diverse, il pubblico ministero, competente, ai sensi del comma 2 dell'articolo 663 del codice di procedura penale, emette provvedimento di esecuzione di pene concorrenti.

5. Con l'ordinanza di affidamento in prova al servizio sociale, il tribunale di sorveglianza, se il condannato è detenuto e presenta speciali esigenze di sostegno personale, può stabilire anche particolari modalità di dimissione dal carcere nonché l'eventuale accompagnamento dell'affidato da parte dei familiari o di volontari presso il luogo di svolgimento della prova.

6. Quando il luogo di svolgimento della prova è lontano dal luogo della dimissione, si applica la disposizione di cui al comma 9 dell'articolo 89.

7. Se nel corso della prova viene richiesto che la stessa prosegua in luogo situato in altra giurisdizione, il magistrato di sorveglianza, su dettagliato parere del centro di servizio sociale che segue la prova, provvede di conseguenza, con corrispondente modifica delle prescrizioni. Il provvedimento è comunicato all'affidato e ai centri di servizio sociale interessati. La cancelleria dell'ufficio di sorveglianza trasmette il fascicolo dell'affidamento in prova, all'ufficio di sorveglianza divenuto competente. Anche il centro di servizio sociale che seguiva la prova trasmette i propri atti a quello divenuto competente. Se il magistrato di sorveglianza non accoglie la domanda, ne fa dare comunicazione all'interessato dal centro di servizio sociale.

8. Il direttore del centro di servizio sociale per adulti designa un assistente sociale appartenente al centro affinché provveda all'espletamento dei compiti indicati dall'articolo 47 della legge, secondo le modalità precisate all'articolo 118. Il centro si avvale anche della collaborazione di assistenti volontari, ai sensi dell'articolo 78 della legge.

9. Il centro di servizio sociale riferisce al magistrato di sorveglianza le notizie indicate nel decimo comma dell'articolo 47 della legge, almeno ogni tre mesi. Il magistrato di sorveglianza può, in ogni tempo, convocare il soggetto sottoposto a prova e chiedere informazioni all'assistente sociale di cui al comma 8.

10. Il magistrato di sorveglianza, tenuto anche conto delle informazioni del centro di servizio sociale, provvede se necessario alla modifica delle prescrizioni, con decreto motivato, dandone notizia al tribunale di sorveglianza ed al centro di servizio sociale.

98. Prosecuzione o cessazione, revoca e annullamento dell'affidamento in prova al servizio sociale. 1. Se sopravvengono nuovi titoli di esecuzione di pena detentiva, il magistrato di sorveglianza, comunque informato, provvede a norma dell'articolo 51 *bis* della legge. Il provvedimento di prosecuzione provvisoria, che contiene la indicazione dei dati indicati nella lettera *a*) del comma 4 dell'articolo 96, se già disponibili, è comunicato al centro servizio sociale che segue l'affidamento. Il provvedimento di sospensione provvisoria, oltre agli stessi dati suindicati, relativi alla nuova pena da eseguire, contiene l'ordine agli organi di polizia di provvedere all'accompagnamento dell'affidato nell'istituto penitenziario più vicino o in quello che, comunque, sarà indicato nel provvedimento stesso, che è direttamente ed immediatamente eseguibile.

2. Il magistrato di sorveglianza, in entrambi i casi, trasmette gli atti e il provvedimento adottato al tribunale di sorveglianza per i definitivi provvedimenti dello stesso. Il provvedimento, adottato in via provvisoria dal magistrato di sorveglianza, conserva i suoi effetti fino alla decisione definitiva del tribunale di sorveglianza se questo esamina il caso in udienza entro il termine stabilito dall'articolo 51 *bis* della legge, anche se la decisione intervenga in una udienza successiva, ove occorrano ulteriori accertamenti.

3. Se il tribunale di sorveglianza estende l'affidamento in prova alla nuova pena da eseguire, nella ordinanza vengono annotati i dati di cui alle lettere *a*) e *b*) del comma 4 dell'articolo 96. L'ordinanza è notificata e comunicata, come previsto dal comma 1 dell'articolo 97, in quanto applicabile. L'organo del pubblico ministero, competente, ai sensi del comma 2 dell'articolo 663 del codice di procedura penale, emette provvedimento di esecuzione di pene concorrenti, indicando la nuova data di conclusione della esecuzione del periodo di prova, dandone notifica all'interessato e comunicazione agli uffici competenti. Il direttore del centro di servizio sociale che segue la prova, o suo sostituto, redige apposito verbale con cui l'affidato si impegna al rispetto delle prescrizioni precedentemente determinate anche per il periodo di prosecuzione della misura alternativa, dandone comunicazione al tribunale di sorveglianza e all'ufficio di sorveglianza.

4. Se il tribunale di sorveglianza, invece, prende atto del venire meno delle condizioni di ammissibilità alla misura alternativa, ne dichiara la inefficacia e dispone che la esecuzione della pena complessiva prosegua in regime detentivo. Nella ordinanza si menzionano i dati essenziali della pena stessa, come indicati alle lettere *a*) e *b*) del comma 4 dell'articolo 96, specificando la pena residua ancora da espiare e deducendo il periodo di esecuzione della pena in regime di affidamento in prova, che resta utilmente espiato. L'ordinanza è comunicata e notificata, come previsto dal comma 1 dell'articolo 97. L'organo del pubblico ministero competente, ai sensi del comma 2 dell'articolo 663 del codice di procedura penale, provvede come indicato al comma 3 del presente articolo.

5. Qualora il magistrato di sorveglianza ritenga, direttamente o in base ad informazioni acquisite, che si debba verificare se ricorrono le condizioni per la revoca dell'affidamento in prova, investe il tribunale di sorveglianza della decisione. Se lo ritiene necessario, provvede anche alla sospensione provvisoria della misura alternativa, ai sensi dell'articolo 51 *ter* della legge, indicando l'organo di polizia competente al riaccompagnamento in istituto, al quale viene direttamente trasmessa copia del provvedimento per la esecuzione.

6. Al tribunale di sorveglianza sono trasmessi gli atti e, se emesso, anche il provvedimento di sospensione provvisoria della misura alternativa.

7. Il tribunale di sorveglianza adotta la decisione definitiva, previ ulteriori accertamenti, se li ritenga necessari. Se il tribunale di sorveglianza revoca la misura alternativa, nella ordinanza vengono annotati i dati di cui alle lettere *a*) e *b*) del comma 4 dell'articolo 96 e determinata la pena detentiva residua da espiare, tenuto conto della durata delle limitazioni patite dal condannato e del suo comportamento durante il periodo trascorso in affidamento in prova. Nel caso in cui vi sia stata sospensione della esecuzione della misura alternativa e riaccompagnamento in carcere, la data di questo viene indicata come data di decorrenza della pena detentiva residua da espiare. L'ordinanza è comunicata e notificata come previsto dal comma 1 dell'articolo 97, in quanto applicabile. L'organo del pubblico ministero competente alla esecuzione della pena emette nuovo ordine di esecuzione della stessa; si applica l'ultima parte del comma 3 dell'articolo 97.

8. Nel caso di annullamento da parte della Corte di cassazione della ordinanza di concessione dell'affidamento in prova al servizio sociale, cessa la esecuzione della misura alternativa. La sentenza di annullamento deve essere comunicata al pubblico ministero competente alla esecuzione. Il pubblico ministero, quando debba emettere nuovo ordine di esecuzione della pena detentiva, deduce il periodo di esecuzione della stessa in regime di affidamento in prova, che resta utilmente espiato.

99. Affidamento in prova in casi particolari. 1. Qualora il condannato tossicodipendente o alcooldipendente richieda l'affidamento in prova previsto dall'articolo 94 del decreto del Presidente della Repubblica 9 ottobre 1990, n. 309, dopo che l'ordine di esecuzione della pena è stato eseguito, la relativa domanda è presentata al direttore dell'istituto, il quale la trasmette senza ritardo all'organo del pubblico ministero competente per l'esecuzione.

2. Quando l'interessato è libero, si applica l'articolo 656 del codice di procedura penale. L'interessato è tenuto a eseguire immediatamente il programma terapeutico concordato. La mancata esecuzione dipendente dalla volontà dell'interessato è valutata dal tribunale di sorveglianza.

3. Si applicano, in quanto compatibili, le disposizioni in materia di affidamento in prova al servizio sociale previste dagli articoli 96, 97 e 98.

4. Qualora, nel corso della prova, risulti che il programma di recupero, per l'attuazione del quale l'affidamento è stato concesso, si è concluso positivamente, secondo quanto riferito dall'organo o dall'ente che ne cura l'attuazione, il magistrato di sorveglianza, acquisita dettagliata relazione del centro servizio sociale competente, ridetermina le prescrizioni per l'ulteriore svolgimento della prova. Solo nel caso in cui il periodo residuo della pena è superiore ad anni tre, il magistrato di sorveglianza procede ai sensi dell'articolo 51 *bis* della legge, trasmettendo al tribunale di sorveglianza il provvedimento emesso e gli atti relativi.

100. Detenzione domiciliare. 1. La detenzione domiciliare ha inizio dal giorno in cui è notificato il provvedimento esecutivo che la dispone.

2. Nell'ordinanza di concessione della detenzione domiciliare deve essere indicato l'ufficio di sorveglianza nella cui giurisdizione dovrà essere eseguita la misura.

3. Nei casi previsti dalle lettere *a*), *b*), *c*) e *d*) del primo comma dell'articolo 47 *ter* della legge e fatto salvo quanto previsto dal comma 2, lettera *b*), dell'articolo 76 del presente regolamento, la detenzione domiciliare può essere concessa dal tribunale di sorveglianza anche su segnalazione della direzione dell'istituto.

4. Non appena il provvedimento di concessione della detenzione domiciliare è esecutivo, la cancelleria del tribunale provvede a trasmetterlo, unitamente agli atti, alla cancelleria dell'ufficio di sorveglianza nello stesso indicato.

5. Se nel corso della detenzione domiciliare l'interessato richiede che la misura sia proseguita in località situata in altra giurisdizione, si applicano le disposizioni di cui al comma 7 dell'articolo 97.
6. In caso di modifica delle prescrizioni e delle disposizioni relative alla detenzione domiciliare, il magistrato di sorveglianza ne dà notizia al tribunale di sorveglianza, all'ufficio di polizia giudiziaria competente ad eseguire i controlli, e al centro di servizio sociale.
7. Gli interventi rimessi dalla legge alla competenza del servizio sociale vengono svolti secondo le modalità precisate dall'articolo 118, nei limiti del regime proprio della misura.
8. Si applicano, in quanto compatibili, le disposizioni degli articoli 96, 97 e 98.

101. Regime di semilibertà. 1. L'ordinanza di ammissione alla semilibertà esecutiva, salva la ipotesi di sospensione della esecuzione di cui al comma 7 dell'articolo 666 del codice di procedura penale, è inviata, in copia, dalla cancelleria del tribunale di sorveglianza all'ufficio di sorveglianza ed alle direzioni dell'istituto penitenziario e del centro servizio sociale.
2. Nei confronti del condannato e dell'internato ammesso al regime di semilibertà è formulato un particolare programma di trattamento, che deve essere redatto entro cinque giorni, anche in via provvisoria dal solo direttore, e che è approvato dal magistrato di sorveglianza. Quando la misura deve essere eseguita in luogo diverso, il soggetto lo raggiunge libero nella persona, munito di copia del programma di trattamento provvisorio, che può essere limitato a definire le modalità per raggiungere l'istituto o sezione in cui la semilibertà deve essere attuata. Nel programma di trattamento per l'attuazione della semilibertà sono dettate le prescrizioni che il condannato o l'internato si deve impegnare, per scritto, ad osservare durante il tempo da trascorrere fuori dell'istituto, anche in ordine ai rapporti con la famiglia e con il servizio sociale, nonché quelle relative all'orario di uscita e di rientro. Nel programma di trattamento, al fine di accompagnare l'inserimento esterno per la specifica attività per cui vi è ammissione alla semilibertà con la integrazione della persona nell'ambiente familiare e sociale, sia nei giorni di svolgimento della specifica attività predetta, particolarmente per la possibile consumazione dei pasti in famiglia, sia negli altri giorni, sono indicati i rapporti che la persona potrà mantenere all'esterno negli ambienti indicati, rapporti che risultino utili al processo di reinserimento sociale, secondo le indicazioni provenienti dalla attività di osservazione e in particolare dagli aggiornamenti sulla situazione esterna da parte del centro servizio sociale.
3. La responsabilità del trattamento resta affidata al direttore, che si avvale del centro di servizio sociale per la vigilanza e l'assistenza del soggetto nell'ambiente libero. Gli interventi del servizio sociale vengono svolti secondo le modalità precisate dall'articolo 118, nei limiti del regime proprio della misura.
4. Nei casi in cui all'articolo 51 della legge, il direttore riferisce al tribunale ed al magistrato di sorveglianza.
5. L'ammesso al regime di semilibertà deve dare conto al personale dell'istituto, appositamente incaricato, dell'uso del denaro di cui è autorizzato a disporre.
6. Nel caso di mutamento dell'attività di cui al primo comma dell'articolo 48 della legge o se la misura deve essere proseguita in località situata in altra giurisdizione, si applicano le disposizioni di cui al comma 9 dell'articolo 89. Il direttore dell'istituto di provenienza informa dell'arrivo del semilibero l'istituto di destinazione. L'interessato viene subito ammesso al regime di semilibertà nel nuovo istituto secondo il programma di trattamento già redatto, con le eventuali modifiche.
7. Per il semilibero ricoverato in luogo esterno di cura, ai sensi dell'articolo 11, secondo comma, della legge, non è disposto piantonamento.
8. Sezioni autonome di istituti per la semilibertà possono essere ubicate in edifici o in parti di edifici di civile abitazione.
9. Si applicano, in quanto compatibili, le disposizioni degli articoli 96, 97 e 98.

102. Licenze. 1. Al condannato ammesso al regime di semilibertà e all'internato in ogni caso, ai quali viene concessa licenza, è consegnato dalla direzione parte del peculio disponibile in relazione alle esigenze alle quali far fronte nel corso della licenza stessa.

2. Per le spese di viaggio necessarie a raggiungere il luogo in cui la licenza deve trascorrersi, si applica il comma 9 dell'articolo 89.

3. Il soggetto deve raggiungere direttamente la sede di destinazione e presentarsi all'autorità di pubblica sicurezza per la certificazione del giorno e dell'ora dell'arrivo. Analogamente, al momento del rientro, deve munirsi di certificazione del giorno e dell'ora di partenza.

103. Riduzioni di pena per la liberazione anticipata. 1. Per l'inoltro delle richieste e delle proposte per la concessione del beneficio previsto dall'articolo 54 della legge; si applicano le disposizioni del comma 1 dell'articolo 96, in quanto compatibili.

2. La partecipazione del condannato all'opera di rieducazione è valutata con particolare riferimento all'impegno dimostrato nel trarre profitto dalle opportunità offertegli nel corso del trattamento e al mantenimento di corretti e costruttivi rapporti con gli operatori, con i compagni, con la famiglia e la comunità esterna.

3. L'organo del pubblico ministero competente per l'esecuzione comunica al tribunale di sorveglianza la sentenza di condanna inflitta al soggetto per delitto non colposo commesso durante l'esecuzione della pena.

4. L'ordinanza indica nel dispositivo la misura della riduzione apportata alla durata di una determinata pena in corso di esecuzione.

104. Liberazione condizionale. 1. Il direttore trasmette senza indugio al tribunale di sorveglianza la domanda o la proposta di liberazione condizionale corredata della copia della cartella personale e dei risultati della osservazione della personalità, se già espletata.

2. L'ordinanza di concessione della liberazione condizionale immediatamente esecutiva, salva la ipotesi di sospensione della esecuzione di cui al comma 7 dell'articolo 666 del codice di procedura penale, è trasmessa alla direzione dell'istituto per la scarcerazione e comunicata, per gli adempimenti relativi alla attuazione della liberazione condizionale, oltre che all'interessato, al magistrato di sorveglianza, alla questura e al centro di servizio sociale territorialmente competenti. Il magistrato di sorveglianza emette il provvedimento con il quale stabilisce le prescrizioni della libertà vigilata, la questura provvede alla redazione del verbale di sottoposizione dell'interessato alle prescrizioni e il centro di servizio sociale attiva l'intervento di cui all'articolo 105.

3. Nell'ordinanza è fissato il termine massimo entro il quale, dopo la scarcerazione, l'interessato dovrà presentarsi all'ufficio di sorveglianza del luogo dove si esegue la libertà vigilata.

4. Il magistrato di sorveglianza, in caso di accertata violazione delle prescrizioni, trasmette al tribunale di sorveglianza la proposta di revoca della liberazione condizionale.

105. Intervento del servizio sociale nella libertà vigilata. 1. Copia dell'atto relativo alla esecuzione della libertà vigilata emanato dal magistrato di sorveglianza, è trasmessa al centro di servizio sociale, che svolge gli interventi previsti dalla legge secondo le modalità precisate dall'articolo 118 nei limiti del regime proprio della misura.

2. Il centro riferisce periodicamente al magistrato di sorveglianza sui risultati degli interventi effettuati.

106. Remissione del debito. 1. Ai fini della remissione del debito per spese di procedimento e di mantenimento, il magistrato di sorveglianza tiene conto, per la valutazione della condotta del soggetto, oltre che degli elementi di sua diretta conoscenza, anche delle annotazioni contenute nella cartella personale, con particolare riguardo all'evoluzione della condotta del soggetto. Se non vi è stata detenzione, si tiene conto della regolarità della condotta in libertà.

2. Per l'accertamento delle condizioni economiche, il magistrato di sorveglianza si avvale della collaborazione del centro di servizio sociale e può chiedere informazioni agli organi finanziari.

3. La presentazione della proposta o della richiesta sospende la procedura di esecuzione per il pagamento delle spese del procedimento eventualmente in corso. A tal fine, la cancelleria dell'ufficio di sorveglianza dà notizia della avvenuta presentazione dell'istanza o della proposta alla cancelleria del giudice della esecuzione. Alla medesima cancelleria viene comunicata l'ordinanza di accoglimento o di rigetto.

4. Della richiesta di remissione del debito concernente le spese di mantenimento viene data comunicazione anche alla direzione dell'istituto da cui il detenuto o l'internato è stato dimesso. A seguito di questa comunicazione, o contemporaneamente alla proposta di remissione del debito, la direzione dell'istituto che non abbia ancora provveduto, non dà corso alla procedura per il recupero delle spese di mantenimento. L'ordinanza di accoglimento o di rigetto viene comunicata alla direzione competente.
5. A seguito della comunicazione dell'ordinanza di rigetto viene dato corso alla procedura sospesa o non ancora iniziata.

107. Comunicazioni all'organo dell'esecuzione. 1. Il dispositivo dei provvedimenti della magistratura di sorveglianza che comunque incidono sulla pena in esecuzione viene trasmesso a cura della cancelleria, anche con mezzi telematici che ne assicurino l'autenticità e la sicurezza, al casellario giudiziale e, se l'interessato è detenuto, alla direzione dell'istituto e viene comunicato all'interessato, al pubblico ministero e, quando occorre, al centro di servizio sociale, dopo aver annotato i dati di identificazione della sentenza o delle sentenze di condanna o, se vi è provvedimento di esecuzione di pene concorrenti, i dati necessari ad identificarlo. In ogni caso sono indicati l'organo del pubblico ministero competente all'esecuzione della pena e il numero di registro della procedura esecutiva.
2. Quando contro i provvedimenti indicati nel comma 1 sia stato proposto ricorso per cassazione, il cancelliere della corte comunica entro tre giorni dalla decisione il relativo dispositivo al cancelliere del tribunale di sorveglianza che ha pronunciato il provvedimento impugnato, il quale provvede a norma del comma 1.

108. Rinvio dell'esecuzione delle pene detentive. 1. Il pubblico ministero competente per l'esecuzione, gli ufficiali e gli agenti di polizia giudiziaria, il direttore dell'istituto penitenziario e il direttore del centro di servizio sociale, quando abbiano notizia di talune delle circostanze che, ai sensi degli articoli 146 e 147, primo comma, numeri 2) e 3), del codice penale, consentono il rinvio dell'esecuzione della pena, ne informano senza ritardo il tribunale di sorveglianza competente e il magistrato di sorveglianza.

109. Pareri sulla domanda o proposta di grazia. 1. Il magistrato di sorveglianza nella cui giurisdizione si trova il condannato esprime il proprio motivato parere sulla domanda o proposta di grazia entro il più breve tempo possibile, dopo aver assunto gli opportuni elementi presso la direzione dell'istituto o del centro di servizio sociale.

Titolo II
DISPOSIZIONI RELATIVE ALL'ORGANIZZAZIONE PENITENZIARIA

Capo I
Istituti penitenziari

110. Esecuzione di pene in istituti di categoria diversa. 1. Alle case mandamentali, per le esigenze previste dal terzo comma dell'articolo 61 della legge, possono essere assegnati anche i condannati alla pena della reclusione per un tempo non superiore a due anni o con un residuo di pena non superiore a due anni, che non presentino particolari problemi di custodia. Le funzioni relative alla direzione dell'istituto e alla osservazione e trattamento sono svolte dal personale che opera in un istituto sito nello stesso circondario in cui è compresa la casa mandamentale.
2. Nelle case circondariali possono essere assegnati i condannati alla pena dell'arresto nonché i condannati alla pena della reclusione per un tempo non superiore a cinque anni o con un residuo di pena non superiore a cinque anni.
3. Per le medesime esigenze indicate nel comma 1 possono essere assegnati nelle case di arresto i condannati alla pena della reclusione non superiore a due anni.

4. Le assegnazioni previste nel presente articolo sono disposte dal provveditore regionale dell'amministrazione penitenziaria.
5. L'esecuzione della pena dell'ergastolo si effettua nelle case di reclusione.

111. Ospedali psichiatrici giudiziari, case di cura e custodia, istituti e sezioni speciali per infermi e minorati fisici e psichici. 1. Alla direzione degli ospedali psichiatrici giudiziari, salvo quanto disposto dall'articolo 113, nonché delle case di cura e custodia e degli istituti o sezioni speciali per soggetti affetti da infermità o minorazioni fisiche o psichiche è preposto personale del ruolo tecnico sanitario degli istituti di prevenzione e di pena, ed è assegnato, in particolare, il personale infermieristico necessario con riferimento alla funzione di cura e di riabilitazione degli stessi.
2. Gli operatori professionali e volontari che svolgono la loro attività nelle case di cura e custodia, negli ospedali psichiatrici giudiziari e negli istituti o nelle sezioni per infermi e minorati psichici, sono selezionati e qualificati con particolare riferimento alle peculiari esigenze di trattamento dei soggetti ivi ospitati.
3. Agli ospedali psichiatrici giudiziari sono assegnati, oltre a coloro nei cui confronti è applicata, in via definitiva o provvisoria, la misura di sicurezza prevista dal n. 3) del secondo comma dell'articolo 215 del codice penale, anche gli imputati, i condannati e gli internati che vengono a trovarsi, rispettivamente, nelle condizioni previste dagli articoli 148, 206 e 212, secondo comma, del codice penale.
4. Alle case di cura e custodia sono assegnati, oltre a coloro nei cui confronti è applicata, in via definitiva o provvisoria, la misura di sicurezza prevista dal n. 2) del secondo comma dell'articolo 215 del codice penale, anche gli imputati e gli internati che vengono a trovarsi, rispettivamente, nelle condizioni previste dagli articoli 148, 206 e 212, secondo comma, del codice penale.
5. Gli imputati e i condannati, ai quali nel corso della misura detentiva sopravviene una infermità psichica che non comporti, rispettivamente, l'applicazione provvisoria della misura di sicurezza o l'ordine di ricovero in ospedale psichiatrico giudiziario o in casa di cura e custodia, sono assegnati a un istituto o sezione speciale per infermi e minorati psichici.
6. La direzione dell'ospedale psichiatrico giudiziario o della casa di cura e custodia informa mensilmente le autorità giudiziarie competenti sulle condizioni psichiche dei soggetti ricoverati ai sensi degli articoli 148, 206 e 212, secondo comma, del codice penale.
7. I soggetti condannati a pena diminuita per vizio parziale di mente per l'esecuzione della pena possono essere assegnati agli istituti o sezioni per soggetti affetti da infermità o minorazioni psichiche quando le loro condizioni siano incompatibili con la permanenza negli istituti ordinari. Gli stessi, quando le situazioni patologiche risultino superate o migliorate in modo significativo, sono nuovamente assegnati agli istituti ordinari, previo eventuale periodo di prova nei medesimi.

112. Accertamento delle infermità psichiche. 1. L'accertamento delle condizioni psichiche degli imputati, dei condannati e degli internati, ai fini dell'adozione dei provvedimenti previsti dagli articoli 148, 206, 212, secondo comma, del codice penale, dagli articoli 70, 71 e 72 del codice di procedura penale e dal comma 4 dell'articolo 111 del presente regolamento, è disposto, su segnalazione della direzione dell'istituto o di propria iniziativa, nei confronti degli imputati, dall'autorità giudiziaria che procede, e, nei confronti dei condannati e degli internati, dal magistrato di sorveglianza. L'accertamento è espletato nel medesimo istituto in cui il soggetto si trova o, in caso di insufficienza di quel servizio diagnostico, in altro istituto della medesima categoria.
2. L'autorità giudiziaria che procede o il magistrato di sorveglianza possono, per particolari motivi, disporre che l'accertamento sia svolto presso un ospedale psichiatrico giudiziario, una casa di cura e custodia o in un istituto o sezione per infermi o minorati psichici, ovvero presso un ospedale civile. Il soggetto non può comunque permanere in osservazione per un periodo superiore a trenta giorni.
3. All'esito dell'accertamento, l'autorità giudiziaria che procede o il magistrato di sorveglianza, ove non adotti uno dei provvedimenti previsti dagli articoli 148, 206, 212, secondo comma, del codice penale o dagli articoli 70, 71, e 72 del codice di procedura penale e dal comma 4 dell'articolo 111 del presente regolamento, dispone il rientro nell'istituto di provenienza.

113. Convenzioni con i servizi psichiatrici pubblici. 1. Nel rispetto della normativa vigente l'amministrazione penitenziaria, al fine di agevolare la cura delle infermità ed il reinserimento sociale dei soggetti internati negli ospedali psichiatrici giudiziari, organizza le strutture di accoglienza tenendo conto delle più avanzate acquisizioni terapeutiche anche attraverso protocolli di trattamento psichiatrico convenuti con altri servizi psichiatrici territoriali pubblici.

114. Coordinamento delle attività di ricerca dei centri di osservazione. 1. L'attività di ricerca scientifica, svolta dai centri di osservazione, è diretta all'analisi e alla valutazione dei metodi di osservazione e di trattamento ed è coordinata dal Dipartimento dell'amministrazione penitenziaria.

115. Distribuzione dei detenuti ed internati negli istituti. 1. In ciascuna regione è realizzato un sistema integrato di istituti differenziato per le varie tipologie detentive la cui ricettività complessiva soddisfi il principio di territorialità dell'esecuzione penale, tenuto conto anche di eventuali esigenze di carattere generale.

2. Nell'ambito delle categorie di istituti di cui ai numeri 2) e 3) del primo comma dell'articolo 59 della legge, è realizzata una distribuzione dei detenuti ed internati negli istituti o nelle sezioni, che valga a rendere operativi i criteri indicati nel secondo comma dell'articolo 14 della legge.

3. Per detenuti e internati di non rilevante pericolosità, per i quali risultino necessari interventi trattamentali particolarmente significativi, possono essere attuati, in istituti autonomi o in sezioni di istituto, regimi a custodia attenuata, che assicurino un più ampio svolgimento delle attività trattamentali predette.

4. I detenuti e gli internati che presentino problematiche di tossicodipendenza o alcooldipendenza e quelli con rilevanti patologie psichiche e fisiche e, in particolare, con patologie connesse alla sieropositività HIV, possono essere assegnati ad istituti autonomi o sezioni di istituto che assicurino un regime di trattamento intensificato.

5. L'idoneità dei programmi di trattamento a perseguire le finalità della rieducazione è verificata con appropriati metodi di ricerca valutativa.

6. Possono essere realizzati, per sezioni sufficientemente autonome di uno stesso istituto, tipi differenti di trattamento.

116. Accesso di ministri di culto agli istituti. 1. I ministri del culto cattolico, diversi dai cappellani, e quelli indicati nell'ultimo comma dell'articolo 58 sono autorizzati dal direttore, su richiesta di singoli detenuti o internati, ad accedere all'istituto, per attività del loro ministero, previo accertamento della loro qualità. Tale attività si svolge in modo da assicurare la necessaria riservatezza.

117. Visite agli istituti. 1. Le visite devono svolgersi nel rispetto della personalità dei detenuti e degli internati. Sono rivolte particolarmente alla verifica delle condizioni di vita degli stessi, compresi quelli in isolamento giudiziario. Non è consentito fare osservazioni sulla vita dello istituto in presenza di detenuti o internati, o trattare con imputati argomenti relativi al processo penale in corso.

2. Il Dipartimento dell'amministrazione penitenziaria può autorizzare persone diverse da quelle indicate nell'articolo 67 della legge ad accedere agli istituti, fissando le modalità della visita. Possono anche essere autorizzate in via generale le visite di persone appartenenti a categorie analoghe a quelle previste dall'articolo 67 della legge.

Capo II
Servizio sociale e assistenza

118. Centro di servizio sociale. 1. Ai centri di servizio sociale per adulti, e relative sedi distaccate, è assegnato il personale determinato con apposite tabelle organiche, relative a tutte le aree di attività.

2. Presso detti centri sono organizzate le aree di servizio sociale, di segreteria ed amministrativo contabile.

3. Nell'area di servizio sociale possono essere inseriti esperti secondo quanto previsto dall'articolo 80 della legge, che forniscono, ove occorra, consulenza e collaborazione, sotto il coordinamento del direttore del centro o del responsabile dell'area.

4. Il centro di servizio sociale è ubicato in locali distinti dagli istituti e dagli uffici giudiziari.

5. Il direttore del centro assegna al personale il compimento delle attività, mediante una ripartizione del lavoro relativamente alle aree di appartenenza; impartisce istruzioni e disposizioni per l'espletamento dei compiti affidati e ne cura il coordinamento. Il direttore organizza periodiche riunioni con il personale di servizio sociale su problematiche o tematiche emergenti, ed espleta il controllo tecnico; assicura lo svolgimento delle attività dirette alla supervisione professionale del personale.

6. Nell'attuare gli interventi di osservazione e di trattamento in ambiente esterno per l'applicazione e l'esecuzione delle misure alternative, delle sanzioni sostitutive e delle misure di sicurezza, nonché degli interventi per l'osservazione e il trattamento dei soggetti ristretti negli istituti, il centro di servizio sociale coordina le attività di competenza nell'ambito dell'esecuzione penale con quella delle istituzioni e dei servizi sociali che operano sul territorio.

7. Le intese operative con i servizi degli enti locali sono definite in una visione globale delle dinamiche sociali che investono la vicenda personale e familiare dei soggetti e in una prospettiva integrata d'intervento. Tale coordinamento viene promosso e attuato osservando gli indirizzi generali dettati in materia dall'amministrazione penitenziaria.

8. In particolare, gli interventi del servizio sociale per adulti, nel corso del trattamento in ambiente esterno, sono diretti ad aiutare i soggetti che ne beneficiano ad adempiere responsabilmente gli impegni che derivano dalla misura cui sono sottoposti. Tali interventi, articolati in un processo unitario e personalizzato, sono prioritariamente caratterizzati:

a) dall'offerta al soggetto di sperimentare un rapporto con l'autorità basato sulla fiducia nella capacità della persona di recuperare il controllo del proprio comportamento senza interventi di carattere repressivo;

b) da un aiuto che porti il soggetto ad utilizzare meglio le risorse nella realtà familiare e sociale;

c) da un controllo, ove previsto dalla misura in esecuzione, sul comportamento del soggetto che costituisca al tempo stesso un aiuto rivolto ad assicurare il rispetto degli obblighi e delle prescrizioni dettate dalla magistratura di sorveglianza;

d) da una sollecitazione a una valutazione critica adeguata, da parte della persona, degli atteggiamenti che sono stati alla base della condotta penalmente sanzionata, nella prospettiva di un reinserimento sociale compiuto e duraturo.

119. Consiglio di aiuto sociale. 1. Gli uffici del consiglio di aiuto sociale sono ubicati presso il tribunale del capoluogo del circondario.

2. Nell'ambito del consiglio sono organizzati servizi di segreteria, di cassa e di archivio.

3. I compiti relativi ai detti servizi sono affidati a impiegati delle carriere delle cancellerie, in servizio presso il tribunale, incaricati dal presidente.

4. Essi prestano la loro opera gratuitamente.

120. Assistenti volontari. 1. L'autorizzazione prevista dal primo comma dell'articolo 78 della legge è data a coloro che dimostrano interesse e sensibilità per la condizione umana dei sottoposti a misure privative e limitative della libertà ed hanno dato prova di concrete capacità nell'assistenza a persone in stato di bisogno. L'autorizzazione può riguardare anche più persone appartenenti ad organizzazioni di volontariato, le quali assicurano, con apposite convenzioni con le direzioni degli istituti e dei centri di servizio sociale, continuità di presenza in determinati settori di attività. La revoca della convenzione comporta la decadenza delle singole autorizzazioni.

2. Nel provvedimento di autorizzazione è specificato il tipo di attività che l'assistente volontario può svolgere e, in particolare, se egli è ammesso a frequentare uno o più istituti penitenziari o a collaborare con i centri di servizio sociale.

3. L'autorizzazione ha durata annuale, ma, alla scadenza, se la valutazione della direzione dell'istituto o del centro di servizio sociale è positiva, si considera rinnovata.

4. La direzione dell'istituto o del centro di servizio sociale cura che le attività del volontariato

siano svolte in piena integrazione con quelle degli operatori istituzionali. Le persone autorizzate hanno accesso agli istituti e ai centri di servizio sociali secondo le modalità e i tempi previsti per le attività trattamentali e per l'esecuzione delle misure alternative.

5. Se l'assistente volontario si rivela inidoneo al corretto svolgimento dei suoi compiti, il direttore dell'istituto o del centro di servizio sociale sospende l'autorizzazione e ne chiede la revoca al Dipartimento dell'amministrazione penitenziaria, dandone comunicazione al magistrato di sorveglianza.

PARTE II
CASSA DELLE AMMENDE

121-130. [*Omissis.*]

PARTE III
DISPOSIZIONI FINALI E TRANSITORIE

131. Incarichi giornalieri. 1. Il provveditore regionale conferisce direttamente gli incarichi previsti dal secondo comma dell'articolo 80 della legge.

2. Al conferimento degli incarichi si provvede a seguito di accertamento dell'idoneità del richiedente ad assolvere i compiti relativi.

3. A tal fine, in ogni provveditorato regionale, una commissione composta dal provveditore, che la presiede, e da due dirigenti dell'amministrazione penitenziaria, integrata da un esperto nella materia relativa all'incarico da conferire, sottopone il richiedente ad un colloquio inteso a valutare l'idoneità indicata nel comma 2.

4. Esercita le funzioni di segretario un funzionario del provveditorato regionale.

132. Nomina degli esperti per le attività di osservazione e di trattamento. 1. Il provveditorato regionale compila, per ogni distretto di corte d'appello, un elenco degli esperti dei quali le direzioni degli istituti e dei centri di servizio sociale possano avvalersi per lo svolgimento delle attività di osservazione e di trattamento ai sensi del quarto comma dell'articolo 80 della legge.

2. Nell'elenco sono iscritti professionisti che siano di condotta incensurata e di età non inferiore agli anni venticinque. Per ottenere l'iscrizione nell'elenco i professionisti, oltre ad essere in possesso del titolo professionale richiesto, devono risultare idonei a svolgere la loro attività nello specifico settore penitenziario. L'idoneità è accertata dal provveditorato regionale attraverso un colloquio e la valutazione dei titoli preferenziali presentati dall'aspirante. A tal fine, il provveditorato regionale può avvalersi del parere di consulenti docenti universitari nelle discipline previste dal quarto comma dell'articolo 80 della legge.

3. Le direzioni degli istituti e dei centri di servizio sociale conferiscono agli esperti indicati nel comma 2 i singoli incarichi, su autorizzazione del provveditorato regionale.

133. Attribuzioni dei direttori dei centri per la giustizia minorile e degli uffici di servizio sociale per i minorenni. 1. Le attribuzioni corrispondenti a quelle che il presente regolamento demanda al provveditore regionale e al centro di servizio sociale per adulti sono esercitate rispettivamente dal direttore dell'ufficio per la giustizia minorile e dall'ufficio di servizio sociale per i minorenni territorialmente competenti.

134. Disposizioni relative ai servizi. 1. Entro cinque anni dalla data di entrata in vigore del presente regolamento, negli istituti in cui i servizi igienici non sono collocati in un vano annesso alla camera, si provvederà, attraverso ristrutturazioni, ad adeguarli alla prescrizione di cui all'articolo 7, secondo gli interventi di edilizia penitenziaria resi possibili dalle disponibilità di bilancio. Analogamente si provvederà per dotare i servizi igienici di doccia e, particolarmente negli istituti e sezioni femminili, di bidet, là dove non ne siano dotati.

2. I servizi sistemati all'interno della camera, fino alla loro soppressione, dovranno, comunque, consentire la utilizzazione con le opportune condizioni di riservatezza.

3. Fino alla realizzazione dei servizi indicati nell'articolo 7, è consentita la effettuazione della doccia con acqua calda ogni giorno.

135. Disposizioni relative ai locali per confezione e consumazione del vitto. 1. Entro cinque anni dalla data di entrata in vigore del presente regolamento, i locali indicati nei commi 1 e 3 dell'articolo 13 devono essere realizzati negli istituti già esistenti attraverso adeguate ristrutturazioni, secondo gli interventi consentiti di edilizia penitenziaria, resi possibili dalle disponibilità di bilancio.

2. Finché non sia realizzato quanto previsto al comma 1 e manchino, comunque, locali accessibili a gruppi di detenuti, la consumazione dei pasti dovrà avvenire nelle camere, utilizzando idonei piani di appoggio.

3. Inoltre, sempre fino a che non sia realizzato quanto previsto al comma 1, potrà essere autorizzata, nelle camere o, se possibile, in luogo diverso ed adeguato, la cottura di generi di facile e rapida preparazione, stabilendo i generi ammessi, nonché le modalità da osservare e la entità, anche forfetaria, della eventuale spesa per energia a carico dell'utente se sia reso possibile l'uso di fornelli elettrici.

136. Norma finale. 1. Il regolamento di esecuzione dell'ordinamento penitenziario, di cui al decreto del Presidente della Repubblica 29 aprile 1976, n. 431, e successive modificazioni e integrazioni, è abrogato.

PROCESSO PENALE A CARICO DI IMPUTATI MINORENNI

D.P.R. 22 settembre 1988, n. 448. Approvazione delle disposizioni sul processo penale a carico di imputati minorenni

Capo I
Disposizioni Generali

1. Principi generali del processo minorile. 1. Nel procedimento a carico di minorenni si osservano le disposizioni del presente decreto e, per quanto da esse non previsto, quelle del codice di procedura penale. Tali disposizioni sono applicate in modo adeguato alla personalità e alle esigenze educative del minorenne.
2. Il giudice illustra all'imputato il significato delle attività processuali che si svolgono in sua presenza nonché il contenuto e le ragioni anche etico-sociali delle decisioni.

• Corte cost., 1 del 2015, ha dichiarato «l'illegittimità costituzionale dell'articolo 458 del codice di procedura penale e dell'articolo 1, comma 1, del decreto del Presidente della Repubblica 22 settembre 1988, n. 448 (Approvazione delle disposizioni sul processo penale a carico di imputati minorenni), nella parte in cui prevedono che, nel processo minorile, nel caso di giudizio abbreviato richiesto dall'imputato in seguito a un decreto di giudizio immediato, la composizione dell'organo giudicante sia quella monocratica del giudice per le indagini preliminari e non quella collegiale prevista dall'articolo 50 bis, comma 2, del regio decreto 30 gennaio 1941, n. 12 (Ordinamento giudiziario)».

2. Organi giudiziari nel procedimento a carico di minorenni. 1. Nel procedimento a carico di minorenni esercitano le funzioni rispettivamente loro attribuite, secondo le leggi di ordinamento giudiziario:
a) il procuratore della Repubblica presso il tribunale per le persone, per i minorenni e per le famiglie;
b) il giudice per le indagini preliminari presso il tribunale per le persone, per i minorenni e per le famiglie;
c) la sezione distrettuale del tribunale per le persone, per i minorenni e per le famiglie;
d) il procuratore generale presso la corte di appello;
e) la sezione di corte di appello per le persone, per i minorenni e per le famiglie;
f) il magistrato di sorveglianza per i minorenni.

• Articolo così sostituito dal d. lgs. 10.10.2022, n. 149. Ai sensi dell'art. 49 co. 1 d. lgs. 149 del 2022, tali disposizioni hanno effetto decorsi due anni dalla data della pubblicazione del presente decreto nella Gazzetta Ufficiale e si applicano ai procedimenti introdotti successivamente a tale data. Si riporta l'articolo nella sua precedente formulazione: «1. Nel procedimento a carico di minorenni esercitano le funzioni rispettivamente loro attribuite, secondo le leggi di ordinamento giudiziario:
a) il procuratore della Repubblica presso il tribunale per i minorenni;

b) il giudice per le indagini preliminari presso il tribunale per i minorenni;
c) il tribunale per i minorenni;
d) il procuratore generale presso la corte di appello;
e) la sezione di corte di appello per i minorenni;
f) il magistrato di sorveglianza per i minorenni».

3. Competenza. 1. La sezione distrettuale del tribunale per le persone, per i minorenni e per le famiglie è competente per i reati commessi dai minori degli anni diciotto.

2. La sezione distrettuale del tribunale per le persone, per i minorenni e per le famiglie e il magistrato di sorveglianza per i minorenni esercitano le attribuzioni della magistratura di sorveglianza nei confronti di coloro che commisero il reato quando erano minori degli anni diciotto. La competenza cessa al compimento del venticinquesimo anno di età.

• Nei co. 1 e 2 le parole «il tribunale per i minorenni» sono state sostituite da quelle «la sezione distrettuale del tribunale per le persone, per i minorenni e per le famiglie», per effetto del d. lgs. 10.10.2022, n. 149. Ai sensi dell'art. 49 co. 1 d. lgs. 149 del 2022, tali modifiche hanno effetto decorsi due anni dalla data della pubblicazione del presente decreto nella Gazzetta Ufficiale e si applicano ai procedimenti introdotti successivamente a tale data.

4. Informativa al procuratore della Repubblica per i minorenni. 1. Al fine dell'eventuale esercizio del potere di iniziativa per i provvedimenti civili di competenza del tribunale per le persone, per i minorenni e per le famiglie, l'autorità giudiziaria informa il procuratore della Repubblica presso il tribunale per le persone, per i minorenni e per le famiglie nella cui circoscrizione il minorenne abitualmente dimora dell'inizio e dell'esito del procedimento penale promosso in altra circoscrizione territoriale.

• Il co. 1 è stato così sostituito dal d. lgs. 10.10.2022, n. 149. Ai sensi dell'art. 49 co. 1 d. lgs. 149 del 2022, la nuova disposizione ha effetto decorsi due anni dalla data della pubblicazione del presente decreto nella Gazzetta Ufficiale e si applica ai procedimenti introdotti successivamente a tale data. Si riporta il testo dell'articolo nella sua precedente formulazione: «1. Al fine dell'eventuale esercizio del potere di iniziativa per i provvedimenti civili di competenza del tribunale per i minorenni, l'autorità giudiziaria informa il procuratore della Repubblica presso il tribunale per i minorenni nella cui circoscrizione il minorenne abitualmente dimora dell'inizio e dell'esito del procedimento penale promosso in altra circoscrizione territoriale.».

5. Sezioni di polizia giudiziaria per i minorenni. 1. In ciascuna procura della Repubblica presso i tribunali per le persone, per i minorenni e per le famiglie è istituita una sezione specializzata di polizia giudiziaria, alla quale è assegnato personale dotato di specifiche attitudini e preparazione.

• Nel co. 1 le parole «tribunali per i minorenni» sono state sostituite da quelle «tribunali per le persone, per i minorenni e per le famiglie», per effetto del d. lgs. 10.10.2022, n. 149. Ai sensi dell'art. 49 co. 1 d. lgs. 149 del 2022, la modifica ha effetto decorsi due anni dalla data della pubblicazione del presente decreto nella Gazzetta Ufficiale e si applica ai procedimenti introdotti successivamente a tale data.

6. Servizi minorili. 1. In ogni stato e grado del procedimento l'autorità giudiziaria si avvale dei servizi minorili dell'amministrazione della giustizia. Si avvale altresì dei servizi di assistenza istituiti dagli enti locali.

7. Notifiche all'esercente la potestà dei genitori. 1. L'informazione di garanzia e il decreto di fissazione di udienza devono essere notificati, a pena di nullità, anche all'esercente la potestà dei genitori.

• Articolo così modificato dal d. lgs. 28.12.2013, n. 154.

8. Accertamento sull'età del minorenne. 1. Quando vi è incertezza sulla minore età dell'imputato, il giudice dispone, anche di ufficio, perizia.

2. Qualora, anche dopo la perizia, permangano dubbi sulla minore età, questa è presunta ad ogni effetto.

3. Le disposizioni dei commi 1 e 2 si applicano altresì quando vi è ragione di ritenere che l'imputato sia minore degli anni quattordici.

9. Accertamenti sulla personalità del minorenne. 1. Il pubblico ministero e il giudice acquisiscono elementi circa le condizioni e le risorse personali, familiari, sociali e ambientali del minorenne al fine di accertarne l'imputabilità e il grado di responsabilità, valutare la rilevanza sociale del fatto nonché disporre le adeguate misure penali e adottare gli eventuali provvedimenti civili.

2. Agli stessi fini il pubblico ministero e il giudice possono sempre assumere informazioni da persone che abbiano avuto rapporti con il minorenne e sentire il parere di esperti, anche senza alcuna formalità.

10. Inammissibilità dell'azione civile. 1. Nel procedimento penale davanti al tribunale per le persone, per i minorenni e per le famiglie non è ammesso l'esercizio dell'azione civile per le restituzioni e il risarcimento del danno cagionato dal reato.

2. La sentenza penale non ha efficacia di giudicato nel giudizio civile per le restituzioni e il risarcimento del danno cagionato dal reato.

3. Non può essere riconosciuta la sentenza penale straniera per conseguire le restituzioni o il risarcimento del danno.

• Nel co. 1 le parole «tribunale per i minorenni» sono state sostituite da quelle «tribunale per le persone, per i minorenni e per le famiglie», per effetto del d. lgs. 10.10.2022, n. 149. Ai sensi dell'art. 49 co. 1 d. lgs. 149 del 2022, la modifica ha effetto decorsi due anni dalla data della pubblicazione del presente decreto nella Gazzetta Ufficiale e si applica ai procedimenti introdotti successivamente a tale data.

11. Difensore di ufficio dell'imputato minorenne. 1. Fermo quanto disposto dall'articolo 97 del codice di procedura penale, il consiglio dell'ordine forense predispone gli elenchi dei difensori con specifica preparazione nel diritto minorile.

12. Assistenza all'imputato minorenne. 1. L'assistenza affettiva e psicologica all'imputato minorenne è assicurata, in ogni stato e grado del procedimento, dalla presenza dei genitori o di altra persona idonea indicata dal minorenne e ammessa dall'autorità giudiziaria che procede.

2. In ogni caso al minorenne è assicurata l'assistenza dei servizi indicati nell'articolo 6.

3. Il pubblico ministero e il giudice possono procedere al compimento di atti per i quali è richiesta la partecipazione del minorenne senza la presenza delle persone indicate nei commi 1 e 2, nell'interesse del minorenne o quando sussistono inderogabili esigenze processuali.

13. Divieto di pubblicazione e di divulgazione. 1. Sono vietate la pubblicazione e la divulgazione, con qualsiasi mezzo, di notizie o immagini idonee a consentire l'identificazione del minorenne comunque coinvolto nel procedimento.

2. La disposizione del comma 1 non si applica dopo l'inizio del dibattimento se il tribunale procede in udienza pubblica.

14. Casellario per i minorenni.
[Soppresso.]

• Articolo abrogato dal d.P.R. 14.11.2002, n. 313.

15. Eliminazione delle iscrizioni.
[Soppresso.]

• Articolo abrogato dal d.P.R. 14.11.2002, n. 313.

Capo II
Provvedimenti in materia di libertà personale

16. Arresto in flagranza. 1. Gli ufficiali e gli agenti di polizia giudiziaria possono procedere all'arresto del minorenne colto in flagranza di uno dei delitti per i quali, a norma dell'articolo 23, può essere disposta la misura della custodia cautelare.

2. [Soppresso.]

3. Nell'avvalersi della facoltà prevista dal comma 1 gli ufficiali e gli agenti di polizia giudiziaria devono tenere conto della gravità del fatto nonché dell'età e della personalità del minorenne.

• Articolo così modificato dal d. lgs. 14.1.1991, n. 12.

17. Fermo di minorenne indiziato di delitto. 1. È consentito il fermo del minorenne indiziato di un delitto per il quale, a norma dell'articolo 23, può essere disposta la misura della custodia cautelare, sempre che, quando la legge stabilisce la pena della reclusione, questa non sia inferiore nel minimo a due anni.

• Articolo così modificato dal d. lgs. 14.1.1991, n. 12.

18. Provvedimenti in caso di arresto o di fermo del minorenne. 1. Gli ufficiali e gli agenti di polizia giudiziaria che hanno eseguito l'arresto o il fermo del minorenne ne danno immediata notizia al pubblico ministero nonché all'esercente la potestà dei genitori e all'eventuale affidatario e informano tempestivamente i servizi minorili dell'amministrazione della giustizia.

2. Quando riceve la notizia dell'arresto o del fermo, il pubblico ministero dispone che il minorenne sia senza ritardo condotto presso un centro di prima accoglienza o presso una comunità pubblica o autorizzata che provvede a indicare. Qualora, tenuto conto delle modalità del fatto, dell'età e della situazione familiare del minorenne, lo ritenga opportuno, il pubblico ministero può disporre che il minorenne sia condotto presso l'abitazione familiare perché vi rimanga a sua disposizione.

3. Oltre che nei casi previsti dall'articolo 389 del codice di procedura penale, il pubblico ministero dispone con decreto motivato che il minorenne sia posto immediatamente in libertà quando ritiene di non dovere richiedere l'applicazione di una misura cautelare.

4. Al fine di adottare i provvedimenti di sua competenza, il pubblico ministero può disporre che il minorenne sia condotto davanti a sé.

5. Si applicano in ogni caso le disposizioni degli articoli 390 e 391 del codice di procedura penale.

• Articolo così modificato dal d. lgs. 14.1.1991, n. 12 e, da ultimo, dal d. lgs. 28.12.2013, n. 154.

18 *bis*. Accompagnamento a seguito di flagranza. 1. Gli ufficiali e gli agenti di polizia giudiziaria possono accompagnare presso i propri uffici il minorenne colto in flagranza di un delitto non colposo per il quale la legge stabilisce la pena dell'ergastolo o della reclusione non inferiore nel massimo a cinque anni e trattenerlo per il tempo strettamente necessario alla sua consegna all'esercente la potestà dei genitori o all'affidatario o a persona da questi incaricata. In ogni caso il minorenne non può essere trattenuto oltre dodici ore.

2. Gli ufficiali e gli agenti di polizia giudiziaria che hanno proceduto all'accompagnamento ne danno immediata notizia al pubblico ministero e informano tempestivamente i servizi minorili dell'amministrazione della giustizia. Provvedono inoltre a invitare l'esercente la potestà dei genitori e l'eventuale affidatario a presentarsi presso i propri uffici per prendere in consegna il minorenne.

3. L'esercente la potestà dei genitori, l'eventuale affidatario e la persona da questi incaricata alla quale il minorenne è consegnato sono avvertiti dell'obbligo di tenerlo a disposizione del pubblico ministero e di vigilare sul suo comportamento.

4. Quando non è possibile provvedere all'invito previsto dal comma 2 o il destinatario di esso non vi ottempera ovvero la persona alla quale il minorenne deve essere consegnato appare

manifestamente inidonea ad adempiere l'obbligo previsto dal comma 3, la polizia giudiziaria ne dà immediata notizia al pubblico ministero, il quale dispone che il minorenne sia senza ritardo condotto presso un centro di prima accoglienza ovvero presso una comunità pubblica o autorizzata che provvede a indicare.

5. Si applicano le disposizioni degli articoli 16 comma 3, 18 commi 2 secondo periodo, 3, 4 e 5 e 19 comma 5.

• Articolo introdotto dal d. lgs. 14.1.1991, n. 12, e modificato, da ultimo, dal d. lgs. 28.12.2013, n. 154.

19. Misure cautelari per i minorenni. 1. Nei confronti dell'imputato minorenne non possono essere applicate misure cautelari personali diverse da quelle previste nel presente capo.

2. Nel disporre le misure il giudice tiene conto, oltre che dei criteri indicati nell'articolo 275 del codice di procedura penale, dell'esigenza di non interrompere i processi educativi in atto. Non si applica la disposizione dell'articolo 275, comma 3, secondo periodo, del codice di procedura penale.

3. Quando è disposta una misura cautelare, il giudice affida l'imputato ai servizi minorili dell'amministrazione della giustizia, i quali svolgono attività di sostegno e controllo in collaborazione con i servizi di assistenza istituiti dagli enti locali.

4. Le misure diverse dalla custodia cautelare possono essere applicate solo quando si procede per delitti per i quali la legge stabilisce la pena dell'ergastolo o della reclusione non inferiore nel massimo a cinque anni.

5. Nella determinazione della pena agli effetti della applicazione delle misure cautelari si tiene conto, oltre che dei criteri indicati nell'articolo 278, della diminuente della minore età, salvo che per i delitti di cui all'articolo 73, comma 5, del testo unico di cui al decreto del Presidente della Repubblica 9 ottobre 1990, n. 309, e successive modificazioni.

• Articolo così modificato dal d. lgs. 14.1.1991, n. 2; dal d.l. 13.5.1991, n. 152, conv., con modif., dalla l. 12.7.1991, n. 203 e, da ultimo, dal d.l. 23.12.2013, n. 146, conv., con modif., dalla l. 21.2.2014, n. 10.

20. Prescrizioni. 1. Se, in relazione a quanto disposto dall'articolo 19 comma 2, non risulta necessario fare ricorso ad altre misure cautelari, il giudice, sentito l'esercente la potestà dei genitori, può impartire al minorenne specifiche prescrizioni inerenti alle attività di studio o di lavoro ovvero ad altre attività utili per la sua educazione. Si applica l'articolo 19 comma 3.

2. Le prescrizioni previste dal comma 1 perdono efficacia decorsi due mesi dal provvedimento con il quale sono state impartite. Quando ricorrono esigenze probatorie, il giudice può disporre la rinnovazione, per non più di una volta, delle prescrizioni imposte.

3. Nel caso di gravi e ripetute violazioni delle prescrizioni, il giudice può disporre la misura della permanenza in casa.

• Articolo così sostituito dal d. lgs. 28.12.2013, n. 154.

21. Permanenza in casa. 1. Con il provvedimento che dispone la permanenza in casa il giudice prescrive al minorenne di rimanere presso l'abitazione familiare o altro luogo di privata dimora. Con il medesimo provvedimento il giudice può imporre limiti o divieti alla facoltà del minorenne di comunicare con persone diverse da quelle che con lui coabitano o che lo assistono.

2. Il giudice può, anche con separato provvedimento, consentire al minorenne di allontanarsi dall'abitazione in relazione alle esigenze inerenti alle attività di studio o di lavoro ovvero ad altre attività utili per la sua educazione.

3. I genitori o le persone nella cui abitazione è disposta la permanenza del minorenne vigilano sul suo comportamento. Essi devono consentire gli interventi di sostegno e di controllo dei servizi previsti dall'articolo 6 nonché gli eventuali ulteriori controlli disposti dal giudice.

4. Il minorenne al quale è imposta la permanenza in casa è considerato in stato di custodia cau-

telare, ai soli fini del computo della durata massima della misura, a decorrere dal momento in cui la misura è eseguita ovvero dal momento dell'arresto, del fermo o dell'accompagnamento. Il periodo di permanenza in casa è computato nella pena da eseguire, a norma dell'articolo 657 del codice di procedura penale.

5. Nel caso di gravi e ripetute violazioni degli obblighi a lui imposti o nel caso di allontanamento ingiustificato dalla abitazione, il giudice può disporre la misura del collocamento in comunità.

• Articolo così modificato dal d. lgs. 14.1.1991, n. 12.

22. Collocamento in comunità. 1. Con il provvedimento che dispone il collocamento in comunità il giudice ordina che il minorenne sia affidato a una comunità pubblica o autorizzata, imponendo eventuali specifiche prescrizioni inerenti alle attività di studio o di lavoro ovvero ad altre attività utili per la sua educazione.

2. Il responsabile della comunità collabora con i servizi previsti dall'articolo 19 comma 3.

3. Si applicano le disposizioni dell'articolo 21 commi 2 e 4.

4. Nel caso di gravi e ripetute violazioni delle prescrizioni imposte o di allontanamento ingiustificato dalla comunità, il giudice può disporre la misura della custodia cautelare, per un tempo non superiore a un mese, qualora si proceda per un delitto per il quale è prevista la pena della reclusione non inferiore nel massimo a cinque anni.

23. Custodia cautelare. 1. La custodia cautelare può essere applicata quando si procede per delitti non colposi per i quali la legge stabilisce la pena dell'ergastolo o della reclusione non inferiore nel massimo a nove anni. Anche fuori dei casi predetti, la custodia cautelare può essere applicata quando si procede per uno dei delitti, consumati o tentati, previsti dall'articolo 380 comma 2 lettere *e*), *f*), *g*), *h*) del codice di procedura penale nonché, in ogni caso, per il delitto di violenza carnale.

2. Il giudice può disporre la custodia cautelare:

a) se sussistono gravi e inderogabili esigenze attinenti alle indagini, in relazione a situazioni di concreto pericolo per l'acquisizione o la genuinità della prova;

b) se l'imputato si è dato alla fuga o sussiste concreto pericolo che egli si dia alla fuga;

c) se, per specifiche modalità e circostanze del fatto e per la personalità dell'imputato, vi è il concreto pericolo che questi commetta gravi delitti con uso di armi o di altri mezzi di violenza personale o diretti contro l'ordine costituzionale ovvero delitti di criminalità organizzata o della stessa specie di quelli per cui si procede.

3. I termini previsti dall'articolo 303 del codice di procedura penale sono ridotti della metà per i reati commessi da minori degli anni diciotto e dei due terzi per quelli commessi da minori degli anni sedici e decorrono dal momento della cattura, dell'arresto, del fermo o dell'accompagnamento.

• Articolo così modificato dal d. lgs. 14.1.1991, n. 12.

• Corte cost., 359 del 2000, ha dichiarato «la illegittimità costituzionale dell'articolo 23, comma 2, lettera b) del d.P.R. 22 settembre 1988, n. 448 (Approvazione delle disposizioni sul processo penale a carico di imputati minorenni), come sostituito dall'articolo 42 del d. lgs. 14 gennaio 1991, n. 12 (Disposizioni integrative e correttive della disciplina processuale penale e delle norme ad essa collegate)».

24. Provvedimenti in caso di scarcerazione per decorrenza dei termini. 1. Quando l'imputato è scarcerato per decorrenza dei termini, il giudice può imporre le prescrizioni previste dall'articolo 20.

Capo III
Definizione anticipata del procedimento e giudizio in dibattimento

25. Procedimenti speciali. 1. Nel procedimento davanti al tribunale per le persone, per i minorenni e per le famiglie non si applicano le disposizioni dei titoli II e V del libro VI del codice di procedura penale.
2. Le disposizioni del titolo III del libro VI del codice di procedura penale si applicano solo se è possibile compiere gli accertamenti previsti dall'articolo 9 e assicurare al minorenne l'assistenza prevista dall'articolo 12.
2 *bis*. Salvo quanto previsto dal comma 2, il pubblico ministero può procedere al giudizio direttissimo anche nei confronti del minorenne accompagnato a norma dell'articolo 18 *bis*.
2 *ter*. Il pubblico ministero non può procedere al giudizio direttissimo o richiedere il giudizio immediato nei casi in cui ciò pregiudichi gravemente le esigenze educative del minore.

• Articolo così modificato dal d. lgs. 14.1.1991, n. 12, dal d.l. 23.5.2008, n. 92, conv., con modif., dalla l. 24.7.2008, n. 125 e, da ultimo, dal d. lgs. 10.10.2022, n. 149. Nel co. 1 le parole «tribunale per i minorenni» sono state sostituite da quelle «tribunale per le persone, per i minorenni e per le famiglie», per effetto del d. lgs. 149 del 2022. Ai sensi dell'art. 49 co. 1 d. lgs. 149 del 2022, la modifica ha effetto decorsi due anni dalla data della pubblicazione del presente decreto nella Gazzetta Ufficiale e si applica ai procedimenti introdotti successivamente a tale data.

26. Obbligo della immediata declaratoria della non imputabilità. 1. In ogni stato e grado del procedimento il giudice, quando accerta che l'imputato è minore degli anni quattordici, pronuncia, anche di ufficio, sentenza di non luogo a procedere trattandosi di persona non imputabile.

27. Sentenza di non luogo a procedere per irrilevanza del fatto. 1. Durante le indagini preliminari, se risulta la tenuità del fatto e la occasionalità del comportamento, il pubblico ministero chiede al giudice sentenza di non luogo a procedere per irrilevanza del fatto quando l'ulteriore corso del procedimento pregiudica le esigenze educative del minorenne.
2. Sulla richiesta il giudice provvede in camera di consiglio sentiti il minorenne e l'esercente la potestà dei genitori, nonché la persona offesa dal reato. Quando non accoglie la richiesta il giudice dispone con ordinanza la restituzione degli atti al pubblico ministero.
3. Contro la sentenza possono proporre appello il minorenne e il procuratore generale presso la corte di appello. La corte di appello decide con le forme previste dall'articolo 127 del codice di procedura penale e, se non conferma la sentenza, dispone la restituzione degli atti al pubblico ministero.
4. Nell'udienza preliminare, nel giudizio direttissimo e nel giudizio immediato, il giudice pronuncia di ufficio sentenza di non luogo a procedere per irrilevanza del fatto, se ricorrono le condizioni previste dal comma 1.

• Articolo così modificato dalla l. 5.2.1992, n. 123 e, da ultimo, dal d. lgs. 28.12.2013, n. 154.
• Corte cost., 250 del 1991, ha dichiarato «l'illegittimità costituzionale dell'articolo 27 del testo delle disposizioni sul processo penale a carico di imputati minorenni approvato con d.P.R. 22 settembre 1988, n. 448».
• La l. 5.2.1992, n. 123, ha disposto (con l'art. 3 co. 1) che «Nei procedimenti pendenti alla data di entrata in vigore della presente legge la sentenza di non luogo a procedere per irrilevanza del fatto prevista dall'articolo 27 del citato testo approvato con decreto del Presidente della Repubblica 22 settembre 1988, n. 448, come modificato dall'articolo 1 della presente legge, può essere pronunciata in ogni stato e grado del procedimento».
• Corte cost., 149 del 2003, ha disposto l'illegittimità costituzionale del co. 4 del presente articolo, nella parte in cui prevede che la sentenza di proscioglimento per irrilevanza del fatto possa essere pronunciata solo nell'udienza preliminare, nel giudizio immediato e nel giudizio direttissimo.

28. Sospensione del processo e messa alla prova. 1. Il giudice, sentite le parti, può disporre con ordinanza la sospensione del processo quando ritiene di dover valutare la personalità del minorenne all'esito della prova disposta a norma del comma 2. Il processo è sospeso per un periodo non superiore a tre anni quando si procede per reati per i quali è prevista la pena dell'ergastolo o della reclusione non inferiore nel massimo a dodici anni; negli altri casi, per un periodo non superiore a un anno. Durante tale periodo è sospeso il corso della prescrizione.

2. Con l'ordinanza di sospensione il giudice affida il minorenne ai servizi minorili dell'amministrazione della giustizia per lo svolgimento, anche in collaborazione con i servizi locali, delle opportune attività di osservazione, trattamento e sostegno. Con il medesimo provvedimento il giudice può impartire prescrizioni dirette a riparare le conseguenze del reato e a promuovere la conciliazione del minorenne con la persona offesa dal reato, nonché formulare l'invito a partecipare a un programma di giustizia riparativa, ove ne ricorrano le condizioni.

3. Contro l'ordinanza possono ricorrere per cassazione il pubblico ministero, l'imputato e il suo difensore.

4. La sospensione non può essere disposta se l'imputato chiede il giudizio abbreviato o il giudizio immediato.

5. La sospensione è revocata in caso di ripetute e gravi trasgressioni alle prescrizioni imposte.

• Articolo così modificato dal d. lgs. 14.1.1991, n. 12. Nel co. 2 sono state aggiunte le parole «, nonché formulare l'invito a partecipare a un programma di giustizia riparativa, ove ne ricorrano le condizioni», per effetto del d. lgs. 10.10.2022, n. 150. Ai sensi dell'art. 92 co. 2 *bis* d. lgs. 150 del 2022, come modificato dal d.l. 31.10.2022, n. 162, conv., con modif., dalla l. 30.12.2022, n. 199, la novella si applica nei procedimenti penali e nella fase dell'esecuzione della pena decorsi sei mesi dalla data di entrata in vigore del presente decreto.
• Corte cost., 125 del 1995, ha disposto l'illegittimità costituzionale del co. 4 del presente art. 28 «nella parte in cui prevede che la sospensione non può essere disposta se l'imputato chiede il giudizio abbreviato» e «nella parte in cui prevede che la sospensione non può essere disposta se l'imputato chiede il giudizio immediato».

29. Dichiarazione di estinzione del reato per esito positivo della prova. 1. Decorso il periodo di sospensione, il giudice fissa una nuova udienza nella quale dichiara con sentenza estinto il reato se, tenuto conto del comportamento del minorenne e della evoluzione della sua personalità, ritiene che la prova abbia dato esito positivo. Altrimenti provvede a norma degli articoli 32 e 33.

30. Pene sostitutive. 1. Con la sentenza di condanna il giudice, quando ritiene di dover applicare una pena detentiva non superiore a quattro anni, può sostituirla con la semilibertà o con la detenzione domiciliare, previste dalla legge 24 novembre 1981, n. 689; quando ritiene di dover applicare una pena detentiva non superiore a tre anni, può sostituirla, se vi è il consenso del minore non più soggetto ad obbligo di istruzione, con il lavoro di pubblica utilità previsto dalla legge 24 novembre 1981, n. 689; quando ritiene di doverla determinare entro il limite di un anno, può sostituirla, altresì, con la pena pecuniaria della specie corrispondente, determinata ai sensi dell'articolo 56 *quater* della legge 24 novembre 1981, n. 689. In ogni caso, nel sostituire la pena detentiva e nello scegliere la pena sostitutiva, il giudice tiene conto della personalità e delle esigenze di lavoro o di studio del minorenne nonché delle sue condizioni familiari, sociali e ambientali.

2. Il pubblico ministero competente per l'esecuzione trasmette l'estratto della sentenza al magistrato di sorveglianza per i minorenni del luogo di abituale dimora del condannato. Il magistrato di sorveglianza convoca, entro tre giorni dalla comunicazione, il minorenne, l'esercente la responsabilità genitoriale, l'eventuale affidatario e i servizi minorili dell'amministrazione della giustizia e provvede in ordine alla esecuzione della pena sostitutiva a norma delle leggi vigenti, tenuto conto anche delle esigenze educative del minorenne.

3. Si applicano, in quanto compatibili, le disposizioni di cui al Capo III della legge 24 novembre 1981, n. 689, ad eccezione dell'articolo 59, e le funzioni attribuite all'ufficio di esecuzione penale esterna sono esercitate dai servizi minorili dell'amministrazione della giustizia.

4. Al compimento del venticinquesimo anno di età, se è in corso l'esecuzione di una pena sostitutiva, il magistrato di sorveglianza per i minorenni trasmette gli atti al magistrato di sorveglianza ordinario per la prosecuzione della pena, ove ne ricorrano le condizioni, con le modalità previste dalla legge 24 novembre 1981, n. 689.

• Articolo così sostituito dal d. lgs. 10.10.2022, n. 150.

31. Svolgimento dell'udienza preliminare. 1. Fermo quanto previsto dagli articoli 420 *bis* e 420 *ter* del codice di procedura penale, il giudice può disporre l'accompagnamento coattivo dell'imputato non comparso.
2. Il giudice, sentite le parti, può disporre l'allontanamento del minorenne, nel suo esclusivo interesse, durante l'assunzione di dichiarazioni e la discussione in ordine a fatti e circostanze inerenti alla sua personalità.
3. Dell'udienza è dato avviso alla persona offesa, ai servizi minorili che hanno svolto attività per il minorenne e all'esercente la potestà dei genitori.
4. Se l'esercente la potestà non compare senza un legittimo impedimento, il giudice può condannarlo al pagamento a favore della cassa delle ammende di una somma da euro 25 a euro 516. In qualunque momento il giudice può disporre l'allontanamento dell'esercente la potestà dei genitori quando ricorrono le esigenze indicate nell'articolo 12 comma 3.
5. La persona offesa partecipa all'udienza preliminare ai fini di quanto previsto dall'articolo 90 del codice di procedura penale. Il minorenne, quando è presente, è sentito dal giudice. Le altre persone citate o convocate sono sentite se risulta necessario ai fini indicati dall'articolo 9.

• Articolo così modificato dal d. lgs. 14.1.1991, n. 12; dalla l. 16.12.1999, n. 479, e, da ultimo, dal d. lgs. 28.12.2013, n. 154.

32. Provvedimenti. 1. Nell'udienza preliminare, prima dell'inizio della discussione, il giudice chiede all'imputato se consente alla definizione del processo in quella stessa fase, salvo che il consenso sia stato validamente prestato in precedenza. Se il consenso è prestato, il giudice, al termine della discussione, pronuncia sentenza di non luogo a procedere nei casi previsti dall'articolo 425 del codice di procedura penale o per concessione del perdono giudiziale o per irrilevanza del fatto.
2. Il giudice, se vi è richiesta del pubblico ministero, pronuncia sentenza di condanna quando ritiene applicabile una pena pecuniaria o una sanzione sostitutiva. In tale caso la pena può essere diminuita fino alla metà rispetto al minimo edittale.
3. Contro la sentenza prevista dal comma 2 l'imputato e il difensore munito di procura speciale possono proporre opposizione, con atto depositato nella cancelleria del giudice che ha emesso la sentenza, entro cinque giorni dalla pronuncia o, quando l'imputato non è comparso, dalla notificazione dell'estratto. La sentenza è irrevocabile quando è inutilmente decorso il termine per proporre opposizione o quello per impugnare l'ordinanza che la dichiara inammissibile.
3 *bis*. L'esecuzione della sentenza di condanna pronunciata a carico di più minorenni imputati dello stesso reato rimane sospesa nei confronti di coloro che non hanno proposto opposizione fino a quando il giudizio conseguente all'opposizione non sia definito con pronuncia irrevocabile.
4. In caso di urgente necessità, il giudice, con separato decreto, può adottare provvedimenti civili temporanei a protezione del minorenne. Tali provvedimenti sono immediatamente esecutivi e cessano di avere effetto entro trenta giorni dalla loro emissione.

• Articolo così modificato dal d. lgs. 14.1.1991, n. 12, e, da ultimo, dalla l. 1.3.2001, n. 63.
• Corte cost., 250 del 1991, ha dichiarato l'illegittimità costituzionale dell'art. 32 co. 1 del testo delle disposizioni sul processo penale a carico di imputati minorenni approvato con d.P.R. 22 settembre 1988, n. 448, come modificato dall'art. 46 d. lgs. 14.1.1991, n. 12, limitatamente alle parole «o per irrilevanza del fatto a norma dell'articolo 27».
• Corte cost., 77 del 1993, ha dichiarato l'illegittimità costituzionale del co. 3 del presente articolo «nella parte in cui non prevede che possa essere proposta opposizione avverso le sen-

tenze di non luogo a procedere con le quali è stata comunque presupposta la responsabilità dell'imputato».
• Corte cost., 195 del 2002, ha dichiarato l'illegittimità costituzionale del co. 1 di questo articolo «nella parte in cui in mancanza del consenso dell'imputato, preclude al giudice di pronunciare sentenza di non luogo a procedere che non presuppone un accertamento di responsabilità».

32 *bis*. Opposizione. 1. Con l'atto di opposizione è richiesto il giudizio davanti al tribunale per le persone, per i minorenni e per le famiglie.

2. L'opposizione è inammissibile quando è proposta fuori termine o da persona non legittimata. L'inammissibilità è dichiarata dal giudice che ha emesso la sentenza con ordinanza avverso la quale l'opponente può proporre ricorso per cassazione.

3. Quando non deve dichiararne l'inammissibilità, il giudice trasmette l'opposizione con il fascicolo formato a norma dell'articolo 431 del codice di procedura penale al tribunale per le persone, per i minorenni e per le famiglie competente per il giudizio.

4. Nel giudizio conseguente all'opposizione il tribunale per le persone, per i minorenni e per le famiglie revoca la sentenza di condanna.

5. Il tribunale per le persone, per i minorenni e per le famiglie può applicare in ogni caso una pena anche diversa e più grave di quella fissata nella sentenza revocata e revocare i benefici già concessi.

6. Con la sentenza che proscioglie l'imputato perché il fatto non sussiste, non è previsto dalla legge come reato ovvero è commesso in presenza di una causa di giustificazione, il tribunale per le persone, per i minorenni e per le famiglie revoca la sentenza di condanna anche nei confronti degli imputati dello stesso reato che non hanno proposto opposizione.

• Articolo introdotto dal d. lgs. 14.1.1991, n. 12. Nei co. 1, 3, 4, 5 e 6, le parole «tribunale per i minorenni» sono state sostituite da quelle «tribunale per le persone, per i minorenni e per le famiglie», per effetto del d. lgs. 10.10.2022, n. 149. Ai sensi dell'art. 49 co. 1 d. lgs. 149 del 2022, la modifica ha effetto decorsi due anni dalla data della pubblicazione del presente decreto nella Gazzetta Ufficiale e si applica ai procedimenti introdotti successivamente a tale data.

33. Udienza dibattimentale. 1. L'udienza dibattimentale davanti al tribunale per le persone, per i minorenni e per le famiglie è tenuta a porte chiuse.

2. L'imputato che abbia compiuto gli anni sedici può chiedere che l'udienza sia pubblica. Il tribunale decide, valutata la fondatezza delle ragioni addotte e l'opportunità di procedere in udienza pubblica, nell'esclusivo interesse dell'imputato. La richiesta non può essere accolta se vi sono coimputati minori degli anni sedici o se uno o più coimputati non vi consente.

3. L'esame dell'imputato è condotto dal presidente. I giudici, il pubblico ministero e il difensore possono proporre al presidente domande o contestazioni da rivolgere all'imputato.

4. Si applicano le disposizioni degli articoli 31 e 32 comma 4.

• Nel co. 1, le parole «tribunale per i minorenni» sono state sostituite da quelle «tribunale per le persone, per i minorenni e per le famiglie», per effetto del d. lgs. 10.10.2022, n. 149. Ai sensi dell'art. 49 co. 1 d. lgs. 149 del 2022, la modifica ha effetto decorsi due anni dalla data della pubblicazione del presente decreto nella Gazzetta Ufficiale e si applica ai procedimenti introdotti successivamente a tale data.

34. Impugnazione dell'esercente la potestà dei genitori. 1. L'esercente la potestà dei genitori può, anche senza avere diritto alla notificazione del provvedimento, proporre l'impugnazione che spetta all'imputato minorenne.

2. Qualora sia l'imputato che l'esercente la potestà dei genitori abbiano proposto l'impugnazione, si tiene conto, a ogni effetto, soltanto dell'impugnazione proposta dall'imputato, quando tra i due atti vi sia contraddizione. Negli altri casi, la regolarità di una impugnazione sana l'irregolarità dell'altra anche in relazione ai motivi.

• Articolo così modificato dal d. lgs. 28.12.2013, n. 154.

35. Giudizio di appello. 1. Nel procedimento di appello si osservano in quanto applicabili le disposizioni riguardanti il procedimento davanti al tribunale per le persone, per i minorenni e per le famiglie.

• Nel co. 1, le parole «tribunale per i minorenni» sono state sostituite da quelle «tribunale per le persone, per i minorenni e per le famiglie», per effetto del d. lgs. 10.10.2022, n. 149. Ai sensi dell'art. 49 co. 1 d. lgs. 149 del 2022, la modifica ha effetto decorsi due anni dalla data della pubblicazione del presente decreto nella Gazzetta Ufficiale e si applica ai procedimenti introdotti successivamente a tale data.

Capo IV
Procedimento per l'applicazione delle misure di sicurezza

36. Applicazione delle misure di sicurezza nei confronti dei minorenni. 1. La misura di sicurezza della libertà vigilata applicata nei confronti di minorenni è eseguita nelle forme previste dagli articoli 20 e 21.
2. La misura di sicurezza del riformatorio giudiziario è applicata soltanto in relazione ai delitti previsti dall'articolo 23 comma 1 ed è eseguita nelle forme dell'articolo 22.

37. Applicazione provvisoria. 1. Con la sentenza di non luogo a procedere a norma degli articoli 97 e 98 del codice penale, il giudice, su richiesta del pubblico ministero, può applicare in via provvisoria una misura di sicurezza.
2. La misura è applicata se ricorrono le condizioni previste dall'articolo 224 del codice penale e quando, per le specifiche modalità e circostanze del fatto e per la personalità dell'imputato, sussiste il concreto pericolo che questi commetta delitti con uso di armi o di altri mezzi di violenza personale o diretti contro la sicurezza collettiva o l'ordine costituzionale ovvero gravi delitti di criminalità organizzata.
3. Quando applica in via provvisoria una misura di sicurezza, il giudice dispone la trasmissione degli atti al tribunale per le persone, per i minorenni e per le famiglie. Allo stesso modo provvede nel caso di rigetto della richiesta del pubblico ministero. La misura cessa di avere effetto decorsi 30 giorni dalla pronuncia senza che abbia avuto inizio il procedimento previsto dall'articolo 38.
4. Le disposizioni dei commi precedenti si applicano nel giudizio abbreviato quando il giudice, anche di ufficio, ritiene che sussistono le condizioni previste dal comma 2.

• Nel co. 3, le parole «tribunale per i minorenni» sono state sostituite da quelle «tribunale per le persone, per i minorenni e per le famiglie», per effetto del d. lgs. 10.10.2022, n. 149. Ai sensi dell'art. 49 co. 1 d. lgs. 149 del 2022, la modifica ha effetto decorsi due anni dalla data della pubblicazione del presente decreto nella Gazzetta Ufficiale e si applica ai procedimenti introdotti successivamente a tale data.

38. Procedimento davanti al tribunale per le persone, per i minorenni e per le famiglie. 1. Nei casi previsti dall'articolo 37 il tribunale per le persone, per i minorenni e per le famiglie procede al giudizio sulla pericolosità nelle forme previste dall'articolo 678 del codice di procedura penale e decide con sentenza, sentiti il minorenne, l'esercente la potestà dei genitori, l'eventuale affidatario e i servizi indicati nell'articolo 6. Nel corso del procedimento può modificare o revocare la misura applicata a norma dell'articolo 37 comma 1 o applicarla in via provvisoria.
2. Con la sentenza il tribunale per le persone, per i minorenni e per le famiglie applica la misura di sicurezza se ricorrono le condizioni previste dall'articolo 37 comma 2.

• Articolo modificato dal d. lgs. 28.12.2013, n. 154. Nella rubrica e nei co. 1 e 2, le parole «tribunale per i minorenni» sono state sostituite da quelle «tribunale per le persone, per i minorenni e per le famiglie», per effetto del d. lgs. 10.10.2022, n. 149. Ai sensi dell'art. 49 co. 1

d. lgs. 149 del 2022, la modifica ha effetto decorsi due anni dalla data della pubblicazione del presente decreto nella Gazzetta Ufficiale e si applica ai procedimenti introdotti successivamente a tale data.

39. Applicazione di una misura di sicurezza nel dibattimento. 1. Con la sentenza emessa a norma degli articoli 97 o 98 del codice penale o con la sentenza di condanna, il tribunale per le persone, per i minorenni e per le famiglie può disporre l'applicazione di una misura di sicurezza, se ricorrono le condizioni previste dall'articolo 37 comma 2.

• Nel co. 1, le parole «tribunale per i minorenni» sono state sostituite da quelle «tribunale per le persone, per i minorenni e per le famiglie», per effetto del d. lgs. 10.10.2022, n. 149. Ai sensi dell'art. 49 co. 1 d. lgs. 149 del 2022, la modifica ha effetto decorsi due anni dalla data della pubblicazione del presente decreto nella Gazzetta Ufficiale e si applica ai procedimenti introdotti successivamente a tale data.

40. Esecuzione delle misure di sicurezza. 1. La competenza per l'esecuzione delle misure di sicurezza applicate nei confronti di minorenni è attribuita al magistrato di sorveglianza per i minorenni del luogo dove la misura stessa deve essere eseguita.

2. Il magistrato di sorveglianza per i minorenni impartisce le disposizioni concernenti le modalità di esecuzione della misura, sulla quale vigila costantemente anche mediante frequenti contatti, senza alcuna formalità, con il minorenne, l'esercente la potestà dei genitori, l'eventuale affidatario e i servizi minorili. In caso di revoca della misura ne dà comunicazione al procuratore della Repubblica presso il tribunale per le persone, per i minorenni e per le famiglie per l'eventuale esercizio dei poteri di iniziativa in materia di provvedimenti civili.

• Articolo modificato dal d. lgs. 28.12.2013, n. 154. Nel co. 2, le parole «tribunale per i minorenni» sono state sostituite da quelle «tribunale per le persone, per i minorenni e per le famiglie», per effetto del d. lgs. 10.10.2022, n. 149. Ai sensi dell'art. 49 co. 1 d. lgs. 149 del 2022, la modifica ha effetto decorsi due anni dalla data della pubblicazione del presente decreto nella Gazzetta Ufficiale e si applica ai procedimenti introdotti successivamente a tale data.

41. Impugnazione dei provvedimenti del magistrato di sorveglianza per i minorenni. 1. Contro i provvedimenti emessi dal magistrato di sorveglianza per i minorenni in materia di misure di sicurezza possono proporre appello dinanzi al tribunale per le persone, per i minorenni e per le famiglie l'imputato, l'esercente la potestà dei genitori, il difensore e il pubblico ministero.

2. Si osservano le disposizioni generali sulle impugnazioni, ma l'appello non ha effetto sospensivo, salvo che il tribunale per le persone, per i minorenni e per le famiglie disponga altrimenti.

• Articolo modificato dal d. lgs. 28.12.2013, n. 154. Nei co. 1 e 2, le parole «tribunale per i minorenni» sono state sostituite da quelle «tribunale per le persone, per i minorenni e per le famiglie», per effetto del d. lgs. 10.10.2022, n. 149. Ai sensi dell'art. 49 co. 1 d. lgs. 149 del 2022, la modifica ha effetto decorsi due anni dalla data della pubblicazione del presente decreto nella Gazzetta Ufficiale e si applica ai procedimenti introdotti successivamente a tale data.

Decreto legislativo 28 luglio 1989, n. 272.
Norme di attuazione, di coordinamento e transitorie D.P.R. 22 settembre 1988, n. 448

1. Disposizione generale. Nel procedimento a carico di imputati minorenni, per quanto non previsto dal presente decreto, si osservano le norme di attuazione, di coordinamento e transitorie del codice di procedura penale.

2. Assegnazione degli affari. 1. Fermo quanto previsto dall'articolo 7 *ter* del regio decreto 30 gennaio 1941 n. 12, introdotto dall'articolo 4 del decreto del Presidente della Repubblica 22 settembre 1988 n. 449, nei tribunali per i minorenni l'assegnazione degli affari è disposta in modo da favorire la diretta esperienza di ciascun giudice nelle diverse attribuzioni della funzione giudiziaria minorile.

3. Applicazione e supplenza dei magistrati addetti agli uffici giudiziari minorili. 1. I magistrati addetti agli uffici giudiziari minorili non possono essere destinati in applicazione o supplenza ad altro ufficio giudiziario, salvo casi eccezionali dovuti a imprescindibili esigenze di servizio.

4. Sezioni di corte di appello per i minorenni. 1. Alle sezioni di corte di appello per i minorenni sono destinati, per almeno un biennio, magistrati scelti tra i componenti la corte di appello, che abbiano svolto attività presso uffici giudiziari minorili o presso uffici del giudice tutelare o che siano comunque dotati di specifica attitudine, preparazione ed esperienza.
2. I magistrati sono destinati in via esclusiva alla sezione indicata nel comma 1 quando lo richiede l'entità degli affari in materia minorile. Ai magistrati destinati anche ad altre sezioni sono assegnati di preferenza affari strettamente connessi con le tematiche familiari e minorili.

5. Formazione e aggiornamento dei magistrati addetti agli uffici giudiziari minorili. 1. Il ministero di grazia e giustizia collabora con il Consiglio superiore della magistratura per la realizzazione di appositi corsi di formazione e di aggiornamento per i magistrati ordinari e onorari addetti agli uffici giudiziari minorili, nelle materie attinenti al diritto minorile e alle problematiche della famiglia e dell'età evolutiva.

6. Personale addetto alle sezioni di polizia giudiziaria per i minorenni. 1. Per le sezioni specializzate di polizia giudiziaria indicate nell'articolo 5 del decreto del Presidente della Repubblica 22 settembre 1988 n. 448, si applicano le disposizioni previste per le sezioni ordinarie di polizia giudiziaria dal decreto del Presidente della Repubblica contenente le norme di attuazione, di coordinamento e transitorie del codice di procedura penale, sostituito il riferimento alla procura e al procuratore della Repubblica presso il tribunale e presso la pretura con il riferimento alla procura della Repubblica e al procuratore della Repubblica presso il tribunale per i minorenni.
2. Ai fini dell'assegnazione alle sezioni specializzate di polizia giudiziaria, si tiene conto dell'attitudine, dei titoli di studio, dei titoli di specializzazione in materia minorile e di eventuali esperienze specifiche del candidato.
3. Le amministrazioni di appartenenza, d'intesa con il ministero di grazia e giustizia, curano, anche congiuntamente, la formazione e l'aggiornamento del personale addetto alle sezioni di polizia giudiziaria per i minorenni.

7. Centri per la giustizia minorile. 1. I centri di rieducazione per i minorenni dipendenti dal ministero della giustizia assumono la denominazione di centri per la giustizia minorile, con competenza regionale. Sezioni distaccate dei centri possono essere costituite presso altre città capoluogo di provincia.

2. Con decreto del Ministro della giustizia possono essere accorpati in un unico centro i servizi ubicati nell'ambito territoriale di più regioni.

3. Di ogni centro per la giustizia minorile fanno parte i servizi indicati nell'articolo 8 ubicati nel territorio di competenza.

4. Alla direzione del centro spettano, oltre le attribuzioni previste dalla legge per la direzione del centro di rieducazione per i minorenni, anche funzioni tecniche di programmazione, di coordinamento dell'attività dei servizi e di collegamento con gli enti locali.

5. Alle direzioni dei centri per la giustizia minorile e degli istituti e servizi minorili sono preposti funzionari che abbiano svolto significative attività nel settore minorile e che siano comunque dotati di specifiche attitudini e preparazione.

6. Per l'espletamento delle attività tecniche, ai centri può essere assegnato personale di servizio sociale e dell'area pedagogica. I centri possono altresì avvalersi della collaborazione di sedi scientifiche e di consulenti esterni.

8. Servizi dei centri per la giustizia minorile. 1. I servizi facenti parte dei centri per la giustizia minorile sono:

a) gli uffici di servizio sociale per minorenni;

b) gli istituti penali per minorenni;

c) i centri di prima accoglienza;

d) le comunità;

e) gli istituti di semilibertà con servizi diurni per misure cautelari, sostitutive e alternative.

2. I servizi indicati nel comma 1 si avvalgono, nell'attuazione dei loro compiti istituzionali, anche della collaborazione di esperti in pedagogia, psicologia, sociologia e criminologia.

9. Centri di prima accoglienza. 1. I centri di prima accoglienza ospitano, fino alla udienza di convalida, i minorenni arrestati o fermati. Ospitano altresì, in locali separati, fino alla udienza di convalida, i minorenni che vi sono condotti a norma dell'articolo 18 *bis* comma 4 del D.P.R. 22 settembre 1988 n. 448.

2. I centri di prima accoglienza devono assicurare la permanenza dei minorenni senza caratterizzarsi come strutture di tipo carcerario e sono costituiti, ove possibile, presso gli uffici giudiziari minorili. In nessun caso possono essere situati all'interno di istituti penitenziari.

10. Organizzazione delle comunità. 1. Per l'attuazione del decreto del Presidente della Repubblica 22 settembre 1988 n. 448, i centri per la giustizia minorile stipulano convenzioni con comunità pubbliche e private, associazioni e cooperative che operano in campo adolescenziale e che siano riconosciute o autorizzate dalla regione competente per territorio. Possono altresì organizzare proprie comunità, anche in gestione mista con enti locali.

2. L'organizzazione e la gestione delle comunità deve rispondere ai seguenti criteri:

a) organizzazione di tipo familiare, che preveda anche la presenza di minorenni non sottoposti a procedimento penale e capienza non superiore alle dieci unità, tale da garantire, anche attraverso progetti personalizzati, una conduzione e un clima educativamente significativi;

b) utilizzazione di operatori professionali delle diverse discipline;

c) collaborazione di tutte le istituzioni interessate e utilizzazione delle risorse del territorio.

3. Operatori dei servizi minorili dell'amministrazione della giustizia possono essere distaccati presso comunità e strutture pubbliche o convenzionate per compiti di collaborazione interdisciplinare.

11. Organizzazione degli istituti di semilibertà. 1. Gli istituti di semilibertà sono organizzati e gestiti in modo da assicurare una effettiva integrazione con la comunità esterna.

2. Nelle attività scolastiche, di formazione lavoro e di tempo libero, sono valorizzate, in collaborazione con i servizi degli enti locali, le risorse del territorio.

• La rubrica e il co. 1 sono stati così modificati dal d. lgs. 10.10.2022, n. 150.

12. Servizi diurni. 1. I centri della giustizia minorile attivano, con gli enti locali, programmi educativi di studio e di formazione lavoro, di tempo libero e di animazione anche per l'attuazione delle misure cautelari, alternative e sostitutive, attraverso servizi polifunzionali diurni ai quali è ammessa la partecipazione di minorenni non sottoposti a procedimenti penali.
2. I servizi sono organizzati e gestiti in collaborazione con tutte le istituzioni interessate e con la partecipazione di operatori professionali delle diverse discipline.
3. Le spese relative ai minorenni non sottoposti a procedimenti penali non sono a carico dell'amministrazione della giustizia.

13. Coordinamento dei servizi. 1. D'intesa con le regioni e gli enti interessati, è costituita presso ogni centro per la giustizia minorile una commissione per il coordinamento delle attività dei servizi minorili dell'amministrazione della giustizia e dei servizi di assistenza degli enti locali.
2. Presso il ministero della giustizia è costituita una commissione centrale per il coordinamento delle attività dei servizi indicati nel comma 1. La costituzione, la composizione e il funzionamento della commissione sono determinati con decreto del Ministro della giustizia d'intesa con le regioni.

14. Programmi di formazione per operatori minorili. 1. Il ministero della giustizia e le regioni realizzano annualmente appositi programmi congiunti di formazione e di aggiornamento per gli operatori minorili dell'amministrazione della giustizia e degli enti locali.

15. Difensore di ufficio. 1. Ciascun consiglio dell'ordine forense predispone e aggiorna almeno ogni tre mesi l'elenco alfabetico degli iscritti nell'albo idonei e disponibili ad assumere le difese di ufficio e lo comunica al presidente del tribunale per i minorenni, il quale ne cura la trasmissione alle autorità giudiziarie minorili del distretto.
2. Agli effetti dell'articolo 11 del decreto del Presidente della Repubblica 22 settembre 1988, n. 448, si considera in possesso di specifica preparazione chi abbia svolto non saltuariamente la professione forense davanti alle autorità giudiziarie minorili o abbia frequentato corsi di perfezionamento e aggiornamento per avvocati e procuratori legali nelle materie attinenti il diritto minorile e le problematiche dell'età evolutiva.
3. Il consiglio dell'ordine forense dove ha sede il tribunale per i minorenni provvede alla formazione della tabella a norma dell'articolo 29 commi 3, 4 e 5 del decreto del Presidente della Repubblica contenente le norme di attuazione, di coordinamento e transitorie del codice di procedura penale, d'intesa con il presidente del tribunale per i minorenni, che ne cura la trasmissione alle autorità giudiziarie minorili del distretto.
4. Il consiglio dell'ordine forense dove ha sede il tribunale per i minorenni, d'intesa con il presidente del tribunale per i minorenni e con il procuratore della Repubblica per i minorenni, organizza annualmente corsi di aggiornamento per avvocati e procuratori legali nelle materie attinenti il diritto minorile e le problematiche dell'età evolutiva.

16. Organi delle notificazioni.
[Soppresso.]

17. Comunicazione ai servizi. 1. Ai fini di quanto previsto dall'articolo 12, commi 1 e 2 del decreto del Presidente della Repubblica 22 settembre 1988, n. 448, l'autorità giudiziaria provvede a informare le persone e i servizi interessati mediante apposita comunicazione.

18. Casellario giudiziale per i minorenni.
[Soppresso.]

• Cfr. art. 52 T.U. Casellario giudiziale.

19. Regime transitorio delle iscrizioni.
[Soppresso.]

• Cfr. art. 52 T.U. Casellario giudiziale.

20. Cautele nell'esecuzione dell'arresto e del fermo, nell'accompagnamento e nella traduzione. 1. Nell'esecuzione dell'arresto e del fermo, nell'accompagnamento e nella traduzione, sono adottate le opportune cautele per proteggere i minorenni dalla curiosità del pubblico e da ogni specie di pubblicità nonché per ridurne, nei limiti del possibile, i disagi e le sofferenze materiali e psicologiche. È vietato l'uso di strumenti di coercizione fisica, salvo che ricorrano gravi esigenze di sicurezza.
1.1. L'autorità giudiziaria o la direzione penitenziaria competente valutano se ricorre l'esigenza di assicurare, nei confronti dei soggetti minorenni che si trovano in particolari condizioni emotive, l'assistenza psicologica a mezzo dei servizi dei centri per la giustizia minorile.
1 *bis*. Il minorenne condotto presso gli uffici di polizia giudiziaria in esecuzione di un arresto, di un fermo o di un accompagnamento è trattenuto in locali separati da quelli dove si trovano maggiorenni arrestati o fermati.

20 *bis*. Verbale di consegna. 1. Nei casi previsti dagli articoli 18 comma 2 e 18 *bis* comma 3 del decreto del Presidente della Repubblica 22 settembre 1988, n. 448, la polizia giudiziaria redige verbale con l'indicazione delle generalità dell'esercente la responsabilità genitoriale, dell'eventuale affidatario e della persona da questi incaricata alla quale il minore è consegnato. Nel verbale è fatta menzione dell'avvertimento previsto dall'articolo 18 *bis* comma 3.

21. Provvedimenti del pubblico ministero in caso di arresto o di fermo.
[Soppresso.]

22. Provvedimenti in caso di accompagnamento.
[Soppresso.]

23. Esecuzione delle misure cautelari in caso di infermità. 1. Se il minorenne si trova in stato di infermità, le misure cautelari previste dagli articoli 21 e 22 del D.P.R. 22 settembre 1988, n. 448, possono essere eseguite in luogo di cura pubblico o privato.

24. Esecuzione di provvedimenti limitativi della libertà personale. 1. Le misure cautelari, le misure penali di comunità, le altre misure alternative, le pene sostitutive, le pene detentive e le misure di sicurezza si eseguono secondo le norme e con le modalità previste per i minorenni anche nei confronti di coloro che nel corso dell'esecuzione abbiano compiuto il diciottesimo ma non il venticinquesimo anno di età, sempre che, non ricorrano particolari ragioni di sicurezza valutate dal giudice competente, tenuto conto altresì delle finalità rieducative ovvero quando le predette finalità non risultano in alcun modo perseguibili a causa della mancata adesione al trattamento in atto. L'esecuzione rimane affidata al personale dei servizi minorili.
2. Le disposizioni del comma 1 si applicano anche quando l'esecuzione ha inizio dopo il compimento del diciottesimo anno di età.

• Il co. 1 è stato modificato dal d. lgs. 10.10.2022, n. 150.

25. Giudice del riesame e dell'appello. 1. Sulla richiesta di riesame o sull'appello proposti a norma degli articoli 309 e 310 del codice di procedura penale decide il tribunale per i minorenni del luogo dove ha sede l'ufficio del giudice che ha emesso l'ordinanza impugnata.

26. Sentenza di non luogo a procedere per irrilevanza del fatto. 1. Se fin dalle prime indagini risulta che sussistono le condizioni previste dall'articolo 27 del decreto del Presidente della Repubblica 22 settembre 1988 n. 448, il pubblico ministero richiede sentenza di non luogo a procedere per irrilevanza del fatto al giudice indicato nell'articolo 50 *bis* comma 1 del regio decreto 30 gennaio 1941 n. 12, introdotto dall'articolo 14 del decreto del Presidente della Repubblica 22 settembre 1988 n. 449.

• Corte cost., 250 del 1991, ha dichiarato incostituzionali gli artt. 26 e 30 co. 1 del presente decreto.

27. Sospensione del processo e messa alla prova. 1. Il giudice provvede a norma dell'articolo 28 del decreto del Presidente della Repubblica 22 settembre 1988 n. 448, sulla base di un progetto di intervento elaborato dai servizi minorili dell'amministrazione della giustizia, in collaborazione con i servizi socio-assistenziali degli enti locali.

2. Il progetto di intervento deve prevedere tra l'altro:

a) le modalità di coinvolgimento del minorenne, del suo nucleo familiare e del suo ambiente di vita;

b) gli impegni specifici che il minorenne assume;

c) le modalità di partecipazione al progetto degli operatori della giustizia e dell'ente locale;

d) le modalità di attuazione eventualmente dirette a riparare le conseguenze del reato e a promuovere la conciliazione del minorenne con la persona offesa.

3. I servizi informano periodicamente il giudice dell'attività svolta e dell'evoluzione del caso, proponendo, ove lo ritengano necessario, modifiche al progetto, eventuali abbreviazioni di esso ovvero, in caso di ripetute e gravi trasgressioni, la revoca del provvedimento di sospensione.

4. Il presidente del collegio che ha disposto la sospensione del processo e l'affidamento riceve le relazioni dei servizi e ha il potere, delegabile ad altro componente del collegio, di sentire, senza formalità di procedura, gli operatori e il minorenne.

5. Ai fini di quanto previsto dagli articoli 28 comma 5 e 29 del decreto del Presidente della Repubblica 22 settembre 1988 n. 448, i servizi presentano una relazione sul comportamento del minorenne e sull'evoluzione della sua personalità al presidente del collegio che ha disposto la sospensione del processo nonché al pubblico ministero, il quale può chiedere la fissazione dell'udienza prevista dall'articolo 29 del medesimo decreto.

28. Spese per interventi. 1. Nell'applicazione delle misure previste dal decreto del Presidente della Repubblica 22 settembre 1988 n. 448, le spese per il collocamento del minorenne in luogo diverso dall'abitazione familiare e per ogni altra attività di osservazione, trattamento e sostegno, sono a carico dello Stato.

29. Spese processuali. 1. La sentenza di condanna nei confronti di persona minore degli anni diciotto al momento in cui ha commesso il fatto non comporta l'obbligo del pagamento delle spese processuali e di quelle per il suo mantenimento in carcere.

2. I crediti per le spese indicate nel comma 1, in essere alla data di entrata in vigore del presente decreto, sono estinti e non si fa luogo alla loro riscossione.

30. Disposizioni transitorie. 1. Nei procedimenti pendenti alla data di entrata in vigore del decreto del Presidente della Repubblica 22 settembre 1988 n. 448, la sentenza di non luogo a procedere per irrilevanza del fatto prevista dall'articolo 27 del medesimo decreto può essere pronunciata in ogni stato e grado del procedimento.

2. Le disposizioni degli articoli 28, 29 e 30 del decreto del Presidente della Repubblica 22 settembre 1988 n. 448, si applicano ai procedimenti pendenti alla data di entrata in vigore dello stesso.

• Corte cost., 250 del 1991, ha dichiarato incostituzionali gli artt. 26 e 30 co. 1 del presente decreto.

31-32. *Omissis.*

RESPONSABILITÀ AMMINISTRATIVA DELLE PERSONE GIURIDICHE

Decreto legislativo 8 giugno 2001, n. 231. Disciplina della responsabilità amministrativa delle persone giuridiche, delle società e delle associazioni anche prive di personalità giuridica, a norma dell'articolo 11 della legge 29 settembre 2000, n. 300

Capo I
Responsabilità amministrativa dell'ente

Sezione I
Principi generali e criteri di attribuzione della responsabilità amministrativa

1. Soggetti. 1. Il presente decreto legislativo disciplina la responsabilità degli enti per gli illeciti amministrativi dipendenti da reato.

2. Le disposizioni in esso previste si applicano agli enti forniti di personalità giuridica e alle società e associazioni anche prive di personalità giuridica.

3. Non si applicano allo Stato, agli enti pubblici territoriali, agli altri enti pubblici non economici nonché agli enti che svolgono funzioni di rilievo costituzionale.

2. Principio di legalità. 1. L'ente non può essere ritenuto responsabile per un fatto costituente reato se la sua responsabilità amministrativa in relazione a quel reato e le relative sanzioni non sono espressamente previste da una legge entrata in vigore prima della commissione del fatto.

3. Successione di leggi. 1. L'ente non può essere ritenuto responsabile per un fatto che secondo una legge posteriore non costituisce più reato o in relazione al quale non è più prevista la responsabilità amministrativa dell'ente, e, se vi è stata condanna, ne cessano l'esecuzione e gli effetti giuridici.

2. Se la legge del tempo in cui è stato commesso l'illecito e le successive sono diverse, si applica quella le cui disposizioni sono più favorevoli, salvo che sia intervenuta pronuncia irrevocabile.

3. Le disposizioni dei commi 1 e 2 non si applicano se si tratta di leggi eccezionali o temporanee.

4. Reati commessi all'estero. 1. Nei casi e alle condizioni previsti dagli articoli 7, 8, 9 e 10 del codice penale, gli enti aventi nel territorio dello Stato la sede principale rispondono anche in relazione ai reati commessi all'estero, purché nei loro confronti non proceda lo Stato del luogo in cui è stato commesso il fatto.

2. Nei casi in cui la legge prevede che il colpevole sia punito a richiesta del Ministro della giustizia, si procede contro l'ente solo se la richiesta è formulata anche nei confronti di quest'ultimo.

5. Responsabilità dell'ente. 1. L'ente è responsabile per i reati commessi nel suo interesse o a suo vantaggio:

a) da persone che rivestono funzioni di rappresentanza, di amministrazione o di direzione dell'ente o di una sua unità organizzativa dotata di autonomia finanziaria e funzionale nonché da persone che esercitano, anche di fatto, la gestione e il controllo dello stesso;

b) da persone sottoposte alla direzione o alla vigilanza di uno dei soggetti di cui alla lettera *a*).

2. L'ente non risponde se le persone indicate nel comma 1 hanno agito nell'interesse esclusivo proprio o di terzi.

6. Soggetti in posizione apicale e modelli di organizzazione dell'ente. 1. Se il reato è stato commesso dalle persone indicate nell'articolo 5, comma 1, lettera *a)*, l'ente non risponde se prova che:

a) l'organo dirigente ha adottato ed efficacemente attuato, prima della commissione del fatto, modelli di organizzazione e di gestione idonei a prevenire reati della specie di quello verificatosi;

b) il compito di vigilare sul funzionamento e l'osservanza dei modelli di curare il loro aggiornamento è stato affidato a un organismo dell'ente dotato di autonomi poteri di iniziativa e di controllo;

c) le persone hanno commesso il reato eludendo fraudolentemente i modelli di organizzazione e di gestione;

d) non vi è stata omessa o insufficiente vigilanza da parte dell'organismo di cui alla lettera *b*).

2. In relazione all'estensione dei poteri delegati e al rischio di commissione dei reati, i modelli di cui alla lettera *a*), del comma 1, devono rispondere alle seguenti esigenze:

a) individuare le attività nel cui ambito possono essere commessi reati;

b) prevedere specifici protocolli diretti a programmare la formazione e l'attuazione delle decisioni dell'ente in relazione ai reati da prevenire;

c) individuare modalità di gestione delle risorse finanziarie idonee ad impedire la commissione dei reati;

d) prevedere obblighi di informazione nei confronti dell'organismo deputato a vigilare sul funzionamento e l'osservanza dei modelli;

e) introdurre un sistema disciplinare idoneo a sanzionare il mancato rispetto delle misure indicate nel modello.

2 *bis*. I modelli di cui alla lettera *a)* del comma 1 prevedono:

a) uno o più canali che consentano ai soggetti indicati nell'articolo 5, comma 1, lettere *a)* e *b)*, di presentare, a tutela dell'integrità dell'ente, segnalazioni circostanziate di condotte illecite, rilevanti ai sensi del presente decreto e fondate su elementi di fatto precisi e concordanti, o di violazioni del modello di organizzazione e gestione dell'ente, di cui siano venuti a conoscenza in ragione delle funzioni svolte; tali canali garantiscono la riservatezza dell'identità del segnalante nelle attività di gestione della segnalazione;

b) almeno un canale alternativo di segnalazione idoneo a garantire, con modalità informatiche, la riservatezza dell'identità del segnalante;

c) il divieto di atti di ritorsione o discriminatori, diretti o indiretti, nei confronti del segnalante per motivi collegati, direttamente o indirettamente, alla segnalazione;

d) nel sistema disciplinare adottato ai sensi del comma 2, lettera *e)*, sanzioni nei confronti di chi viola le misure di tutela del segnalante, nonché di chi effettua con dolo o colpa grave segnalazioni che si rivelano infondate.

2 *ter*. L'adozione di misure discriminatorie nei confronti dei soggetti che effettuano le segnalazioni di cui al comma 2 *bis* può essere denunciata all'Ispettorato nazionale del lavoro, per i provvedimenti di propria competenza, oltre che dal segnalante, anche dall'organizzazione sindacale indicata dal medesimo.

2 *quater*. Il licenziamento ritorsivo o discriminatorio del soggetto segnalante è nullo. Sono altresì nulli il mutamento di mansioni ai sensi dell'articolo 2103 del codice civile, nonché qualsiasi altra misura ritorsiva o discriminatoria adottata nei confronti del segnalante. È onere del datore di

lavoro, in caso di controversie legate all'irrogazione di sanzioni disciplinari, o a demansionamenti, licenziamenti, trasferimenti, o sottoposizione del segnalante ad altra misura organizzativa avente effetti negativi, diretti o indiretti, sulle condizioni di lavoro, successivi alla presentazione della segnalazione, dimostrare che tali misure sono fondate su ragioni estranee alla segnalazione stessa.

3. I modelli di organizzazione e di gestione possono essere adottati, garantendo le esigenze di cui al comma 2, sulla base di codici di comportamento redatti dalle associazioni rappresentative degli enti, comunicati al Ministero della giustizia che, di concerto con i Ministeri competenti, può formulare, entro trenta giorni, osservazioni sulla idoneità dei modelli a prevenire i reati.

4. Negli enti di piccole dimensioni i compiti indicati nella lettera *b*), del comma 1, possono essere svolti direttamente dall'organo dirigente.

4 *bis*. Nelle società di capitali il collegio sindacale, il consiglio di sorveglianza e il comitato per il controllo della gestione possono svolgere le funzioni dell'organismo di vigilanza di cui al comma 1, lettera *b*).

5. È comunque disposta la confisca del profitto che l'ente ha tratto dal reato, anche nella forma per equivalente.

• Articolo così modificato dalla l. 30.11.2017, n. 179.

7. Soggetti sottoposti all'altrui direzione e modelli di organizzazione dell'ente. 1. Nel caso previsto dall'articolo 5, comma 1, lettera *b*), l'ente è responsabile se la commissione del reato è stata resa possibile dall'inosservanza degli obblighi di direzione o vigilanza.

2. In ogni caso, è esclusa l'inosservanza degli obblighi di direzione o vigilanza se l'ente, prima della commissione del reato, ha adottato ed efficacemente attuato un modello di organizzazione, gestione e controllo idoneo a prevenire reati della specie di quello verificatosi.

3. Il modello prevede, in relazione alla natura e alla dimensione dell'organizzazione nonché al tipo di attività svolta, misure idonee a garantire lo svolgimento dell'attività nel rispetto della legge e a scoprire ed eliminare tempestivamente situazioni di rischio.

4. L'efficace attuazione del modello richiede:

a) una verifica periodica e l'eventuale modifica dello stesso quando sono scoperte significative violazioni delle prescrizioni ovvero quando intervengono mutamenti nell'organizzazione o nell'attività;

b) un sistema disciplinare idoneo a sanzionare il mancato rispetto delle misure indicate nel modello.

8. Autonomia delle responsabilità dell'ente. 1. La responsabilità dell'ente sussiste anche quando:

a) l'autore del reato non è stato identificato o non è imputabile;

b) il reato si estingue per una causa diversa dall'amnistia.

2. Salvo che la legge disponga diversamente, non si procede nei confronti dell'ente quando è concessa amnistia per un reato in relazione al quale è prevista la sua responsabilità e l'imputato ha rinunciato alla sua applicazione.

3. L'ente può rinunciare all'amnistia.

Sezione II
Sanzioni in generale

9. Sanzioni amministrative. 1. Le sanzioni per gli illeciti amministrativi dipendenti da reato sono:

a) la sanzione pecuniaria;

b) le sanzioni interdittive;

c) la confisca;

d) la pubblicazione della sentenza.

2. Le sanzioni interdittive sono:

a) l'interdizione dall'esercizio dell'attività;

b) la sospensione o la revoca delle autorizzazioni, licenze o concessioni funzionali alla commissione dell'illecito;

c) il divieto di contrattare con la pubblica amministrazione, salvo che per ottenere le prestazioni di un pubblico servizio;

d) l'esclusione da agevolazioni, finanziamenti, contributi o sussidi e l'eventuale revoca di quelli già concessi;

e) il divieto di pubblicizzare beni o servizi.

10. Sanzione amministrativa pecuniaria. 1. Per l'illecito amministrativo dipendente da reato si applica sempre la sanzione pecuniaria.

2. La sanzione pecuniaria viene applicata per quote in un numero non inferiore a cento né superiore a mille.

3. L'importo di una quota va da un minimo di € 258 ad un massimo di € 1.549.

4. Non è ammesso il pagamento in misura ridotta.

11. Criteri di commisurazione della sanzione pecuniaria. 1. Nella commisurazione della sanzione pecuniaria il giudice determina il numero delle quote tenendo conto della gravità del fatto, del grado della responsabilità dell'ente nonché dell'attività svolta per eliminare o attenuare le conseguenze del fatto e per prevenire la commissione di ulteriori illeciti.

2. L'importo della quota è fissato sulla base delle condizioni economiche e patrimoniali dell'ente allo scopo di assicurare l'efficacia della sanzione.

3. Nei casi previsti dall'articolo 12, comma 1, l'importo della quota è sempre di € 103.

12. Casi di riduzione della sanzione pecuniaria. 1. La sanzione pecuniaria è ridotta della metà e non può comunque essere superiore a € 103.291 se:

a) l'autore del reato ha commesso il fatto nel prevalente interesse proprio o di terzi e l'ente non ne ha ricavato vantaggio o ne ha ricavato un vantaggio minimo;

b) il danno patrimoniale cagionato è di particolare tenuità.

2. La sanzione è ridotta da un terzo alla metà se, prima della dichiarazione di apertura del dibattimento di primo grado:

a) l'ente ha risarcito integralmente il danno e ha eliminato le conseguenze dannose o pericolose del reato ovvero si è comunque efficacemente adoperato in tal senso;

b) è stato adottato e reso operativo un modello organizzativo idoneo a prevenire reati della specie di quello verificatosi.

3. Nel caso in cui concorrono entrambe le condizioni previste dalle lettere del precedente comma, la sanzione è ridotta dalla metà ai due terzi.

4. In ogni caso, la sanzione pecuniaria non può essere inferiore a € 10.329.

13. Sanzioni interdittive. 1. Le sanzioni interdittive si applicano in relazione ai reati per i quali sono espressamente previste, quando ricorre almeno una delle seguenti condizioni:

a) l'ente ha tratto dal reato un profitto di rilevante entità e il reato è stato commesso da soggetti in posizione apicale ovvero da soggetti sottoposti all'altrui direzione quando, in questo caso, la commissione del reato è stata determinata o agevolata da gravi carenze organizzative;

b) in caso di reiterazione degli illeciti.

2. Fermo restando quanto previsto dall'articolo 25, comma 5, le sanzioni interdittive hanno una durata non inferiore a tre mesi e non superiore a due anni.

3. Le sanzioni interdittive non si applicano nei casi previsti dall'articolo 12, comma 1.

• Articolo così modificato dalla l. 9.1.2019, n. 3.

14. Criteri di scelta delle sanzioni interdittive. 1. Le sanzioni interdittive hanno ad oggetto la specifica attività alla quale si riferisce l'illecito dell'ente. Il giudice ne determina il tipo e la durata sulla base dei criteri indicati nell'articolo 11, tenendo conto dell'idoneità delle singole sanzioni a prevenire illeciti del tipo di quello commesso.

2. Il divieto di contrattare con la pubblica amministrazione può anche essere limitato a determinati tipi di contratto o a determinate amministrazioni. L'interdizione dall'esercizio di un'attività comporta la sospensione ovvero la revoca delle autorizzazioni, licenze o concessioni funzionali allo svolgimento dell'attività.

3. Se necessario, le sanzioni interdittive possono essere applicate congiuntamente.

4. L'interdizione dall'esercizio dell'attività si applica soltanto quando l'irrogazione di altre sanzioni interdittive risulta inadeguata.

15. Commissario giudiziale. 1. Se sussistono i presupposti per l'applicazione di una sanzione interdittiva che determina l'interruzione dell'attività dell'ente, il giudice, in luogo dell'applicazione della sanzione, dispone la prosecuzione dell'attività dell'ente da parte di un commissario per un periodo pari alla durata della pena interdittiva che sarebbe stata applicata, quando ricorre almeno una delle seguenti condizioni:

a) l'ente svolge un pubblico servizio o un servizio di pubblica necessità la cui interruzione può provocare un grave pregiudizio alla collettività;

b) l'interruzione dell'attività dell'ente può provocare, tenuto conto delle sue dimensioni e delle condizioni economiche del territorio in cui è situato, rilevanti ripercussioni sull'occupazione.

2. Con la sentenza che dispone la prosecuzione dell'attività, il giudice indica i compiti ed i poteri del commissario, tenendo conto della specifica attività in cui è stato posto in essere l'illecito da parte dell'ente.

3. Nell'ambito dei compiti e dei poteri indicati dal giudice, il commissario cura l'adozione e l'efficace attuazione dei modelli di organizzazione e di controllo idonei a prevenire reati della specie di quello verificatosi. Non può compiere atti di straordinaria amministrazione senza autorizzazione del giudice.

4. Il profitto derivante dalla prosecuzione dell'attività viene confiscato.

5. La prosecuzione dell'attività da parte del commissario non può essere disposta quando l'interruzione dell'attività consegue all'applicazione in via definitiva di una sanzione interdittiva.

16. Sanzioni interdittive applicate in via definitiva. 1. Può essere disposta l'interdizione definitiva dall'esercizio dell'attività se l'ente ha tratto dal reato un profitto di rilevante entità ed è già stato condannato, almeno tre volte negli ultimi sette anni, alla interdizione temporanea dall'esercizio dell'attività.

2. Il giudice può applicare all'ente, in via definitiva, la sanzione del divieto di contrattare con la pubblica amministrazione ovvero del divieto di pubblicizzare beni o servizi quando è già stato condannato alla stessa sanzione almeno tre volte negli ultimi sette anni.

3. Se l'ente o una sua unità organizzativa viene stabilmente utilizzato allo scopo unico o prevalente di consentire o agevolare la commissione di reati in relazione ai quali è prevista la sua responsabilità è sempre disposta l'interdizione definitiva dall'esercizio dell'attività e non si applicano le disposizioni previste dall'articolo 17.

17. Riparazione delle conseguenze del reato. 1. Ferma l'applicazione delle sanzioni pecuniarie, le sanzioni interdittive non si applicano quando, prima della dichiarazione di apertura del dibattimento di primo grado, concorrono le seguenti condizioni:

a) l'ente ha risarcito integralmente il danno e ha eliminato le conseguenze dannose o pericolose del reato ovvero si è comunque efficacemente adoperato in tal senso;

b) l'ente ha eliminato le carenze organizzative che hanno determinato il reato mediante l'adozione e l'attuazione di modelli organizzativi idonei a prevenire reati della specie di quello verificatosi;

c) l'ente ha messo a disposizione il profitto conseguito ai fini della confisca.

18. Pubblicazione della sentenza di condanna. 1. La pubblicazione della sentenza di condanna può essere disposta quando nei confronti dell'ente viene applicata una sanzione interdittiva.

2. La pubblicazione della sentenza avviene ai sensi dell'articolo 36 del codice penale nonché mediante affissione nel comune ove l'ente ha la sede principale.

3. La pubblicazione della sentenza è eseguita, a cura della cancelleria del giudice, a spese dell'ente.

• Il co. 2 è stato così sostituito dalla l. 23.12.2009, n. 191.

19. Confisca. 1. Nei confronti dell'ente è sempre disposta, con la sentenza di condanna, la confisca del prezzo o del profitto del reato, salvo che per la parte che può essere restituita al danneggiato. Sono fatti salvi i diritti acquisiti dai terzi in buona fede.

2. Quando non è possibile eseguire la confisca a norma del comma 1, la stessa può avere ad oggetto somme di denaro, beni o altre utilità di valore equivalente al prezzo o al profitto del reato.

20. Reiterazione. 1. Si ha reiterazione quando l'ente, già condannato in via definitiva almeno una volta per un illecito dipendente da reato, ne commette un altro nei cinque anni successivi alla condanna definitiva.

21. Pluralità di illeciti. 1. Quando l'ente è responsabile in relazione ad una pluralità di reati commessi con una unica azione od omissione ovvero commessi nello svolgimento di una medesima attività e prima che per uno di essi sia stata pronunciata sentenza anche non definitiva, si applica la sanzione pecuniaria prevista per l'illecito più grave aumentata fino al triplo. Per effetto di detto aumento, l'ammontare della sanzione pecuniaria non può comunque essere superiore alla somma delle sanzioni applicabili per ciascun illecito.

2. Nei casi previsti dal comma 1, quando in relazione a uno o più degli illeciti ricorrono le condizioni per l'applicazione delle sanzioni interdittive, si applica quella prevista per l'illecito più grave.

22. Prescrizione. 1. Le sanzioni amministrative si prescrivono nel termine di cinque anni dalla data di consumazione del reato.

2. Interrompono la prescrizione la richiesta di applicazione di misure cautelari interdittive e la contestazione dell'illecito amministrativo a norma dell'articolo 59.

3. Per effetto della interruzione inizia un nuovo periodo di prescrizione.

4. Se l'interruzione è avvenuta mediante la contestazione dell'illecito amministrativo dipendente da reato, la prescrizione non corre fino al momento in cui passa in giudicato la sentenza che definisce il giudizio.

23. Inosservanza delle sanzioni interdittive. 1. Chiunque, nello svolgimento dell'attività dell'ente a cui è stata applicata una sanzione o una misura cautelare interdittiva trasgredisce agli obblighi o ai divieti inerenti a tali sanzioni o misure, è punito con la reclusione da sei mesi a tre anni.

2. Nel caso di cui al comma 1, nei confronti dell'ente nell'interesse o a vantaggio del quale il reato è stato commesso, si applica la sanzione amministrativa pecuniaria da duecento e seicento quote e la confisca del profitto, a norma dell'articolo 19.

3. Se dal reato di cui al comma 1, l'ente ha tratto un profitto rilevante, si applicano le sanzioni interdittive, anche diverse da quelle in precedenza irrogate.

Sezione III
Responsabilità amministrativa da reato

• Rubrica così sostituita dal d. lgs. 11.4.2002, n. 61.

24. Indebita percezione di erogazioni, truffa in danno dello Stato, di un ente pubblico o dell'Unione Europea o per il conseguimento di erogazioni pubbliche, frode informatica in danno dello Stato o di un ente pubblico e frode nelle pubbliche forniture. 1. In relazione alla commissione dei delitti di cui agli articoli 316 *bis*, 316 *ter*, 356, 640, comma 2, n. 1, 640 *bis* e 640 *ter* se commesso in danno dello Stato o di altro ente pubblico o dell'Unione Europea, del codice penale, si applica all'ente la sanzione pecuniaria fino a cinquecento quote.

2. Se, in seguito alla commissione dei delitti di cui al comma 1, l'ente ha conseguito un profitto di rilevante entità o è derivato un danno di particolare gravità, si applica la sanzione pecuniaria da duecento a seicento quote.

2 *bis*. Si applicano all'ente le sanzioni previste ai commi precedenti in relazione alla commissione del delitto di cui all'articolo 2 della legge 23 dicembre 1986, n. 898.

3. Nei casi previsti dai commi precedenti, si applicano le sanzioni interdittive previste dall'articolo 9, comma 2, lettere *c*), *d*) ed *e*).

• La rubrica e l'articolo sono stati così modificati dal d. lgs. 14.7.2020, n. 75.

24 *bis*. Delitti informatici e trattamento illecito di dati. 1. In relazione alla commissione dei delitti di cui agli articoli 615 *ter*, 617 *quater*, 617 *quinquies*, 635 *bis*, 635 *ter*, 635 *quater* e 635 *quinquies* del codice penale, si applica all'ente la sanzione pecuniaria da cento a cinquecento quote.

2. In relazione alla commissione dei delitti di cui agli articoli 615 *quater* e 615 *quinquies* del codice penale, si applica all'ente la sanzione pecuniaria sino a trecento quote.

3. In relazione alla commissione dei delitti di cui agli articoli 491 *bis* e 640 *quinquies* del codice penale, salvo quanto previsto dall'articolo 24 del presente decreto per i casi di frode informatica in danno dello Stato o di altro ente pubblico, e dei delitti di cui all'articolo 1, comma 11, del decreto legge 21 settembre 2019, n. 105, si applica all'ente la sanzione pecuniaria sino a quattrocento quote.

4. Nei casi di condanna per uno dei delitti indicati nel comma 1 si applicano le sanzioni interdittive previste dall'articolo 9, comma 2, lettere *a*), *b*) ed *e*). Nei casi di condanna per uno dei delitti indicati nel comma 2 si applicano le sanzioni interdittive previste dall'articolo 9, comma 2, lettere *b*) ed *e*). Nei casi di condanna per uno dei delitti indicati nel comma 3 si applicano le sanzioni interdittive previste dall'articolo 9, comma 2, lettere *c*), *d*) ed *e*).

• Articolo introdotto dalla l. 18.3.2008, n. 48 e modificato, da ultimo, con d.l. 21.9.2019, n. 105, conv., con modif., dalla l. 18.11.2019, n. 133.

24 *ter*. Delitti di criminalità organizzata. 1. In relazione alla commissione di taluno dei delitti di cui agli articoli 416, sesto comma, 416 *bis*, 416 *ter* e 630 del codice penale, ai delitti commessi avvalendosi delle condizioni previste dal predetto articolo 416 *bis* ovvero al fine di agevolare l'attività delle associazioni previste dallo stesso articolo, nonché ai delitti previsti dall'articolo 74 del testo unico di cui al decreto del Presidente della Repubblica 9 ottobre 1990, n. 309, si applica la sanzione pecuniaria da quattrocento a mille quote.

2. In relazione alla commissione di taluno dei delitti di cui all'articolo 416 del codice penale, ad esclusione del sesto comma, ovvero di cui all'articolo 407, comma 2, lettera *a*), numero 5), del codice di procedura penale, si applica la sanzione pecuniaria da trecento a ottocento quote.

3. Nei casi di condanna per uno dei delitti indicati nei commi 1 e 2, si applicano le sanzioni interdittive previste dall'articolo 9, comma 2, per una durata non inferiore ad un anno.

4. Se l'ente o una sua unità organizzativa viene stabilmente utilizzato allo scopo unico o prevalente di consentire o agevolare la commissione dei reati indicati nei commi 1 e 2, si applica la sanzione dell'interdizione definitiva dall'esercizio dell'attività ai sensi dell'articolo 16, comma 3.

• Articolo introdotto dalla l. 15.7.2009, n. 94.

25. Peculato, concussione, induzione indebita a dare o promettere utilità, corruzione e abuso d'ufficio. 1. In relazione alla commissione dei delitti di cui agli articoli 318, 321, 322, commi primo e terzo, e 346 *bis* del codice penale, si applica la sanzione pecuniaria fino a duecento quote. La medesima sanzione si applica, quando il fatto offende gli interessi finanziari dell'Unione Europea, in relazione alla commissione dei delitti di cui agli articoli 314, primo comma, 316 e 323 del codice penale.

2. In relazione alla commissione dei delitti di cui agli articoli 319, 319 *ter*, comma 1, 321, 322, commi 2 e 4, del codice penale, si applica all'ente la sanzione pecuniaria da duecento a seicento quote.
3. In relazione alla commissione dei delitti di cui agli articoli 317, 319, aggravato ai sensi dell'articolo 319 *bis* quando dal fatto l'ente ha conseguito un profitto di rilevante entità, 319 *ter*, comma 2, 319 *quater* e 321 del codice penale, si applica all'ente la sanzione pecuniaria da trecento a ottocento quote.
4. Le sanzioni pecuniarie previste per i delitti di cui ai commi da 1 a 3, si applicano all'ente anche quando tali delitti sono stati commessi dalle persone indicate negli articoli 320 e 322 *bis*.
5. Nei casi di condanna per uno dei delitti indicati nei commi 2 e 3, si applicano le sanzioni interdittive previste dall'articolo 9, comma 2, per una durata non inferiore a quattro anni e non superiore a sette anni, se il reato è stato commesso da uno dei soggetti di cui all'articolo 5, comma 1, lettera a), e per una durata non inferiore a due anni e non superiore a quattro, se il reato è stato commesso da uno dei soggetti di cui all'articolo 5, comma 1, lettera b).
5 *bis*. Se prima della sentenza di primo grado l'ente si è efficacemente adoperato per evitare che l'attività delittuosa sia portata a conseguenze ulteriori, per assicurare le prove dei reati e per l'individuazione dei responsabili ovvero per il sequestro delle somme o altre utilità trasferite e ha eliminato le carenze organizzative che hanno determinato il reato mediante l'adozione e l'attuazione di modelli organizzativi idonei a prevenire reati della specie di quello verificatosi, le sanzioni interdittive hanno la durata stabilita dall'articolo 13, comma 2.

• Articolo così sostituito dalla l. 6.11.2012, n. 190, poi modificato dalla l. 9.1.2019, n. 3 e, da ultimo, dal d. lgs. 14.7.2020, n. 75.

25 *bis*. Falsità in monete, in carte di pubblico credito, in valori di bollo e in strumenti o segni di riconoscimento. 1. In relazione alla commissione dei delitti previsti dal codice penale in materia di falsità in monete, in carte di pubblico credito, in valori di bollo e in strumenti o segni di riconoscimento, si applicano all'ente le seguenti sanzioni pecuniarie:
a) per il delitto di cui all'articolo 453 la sanzione pecuniaria da trecento a ottocento quote;
b) per i delitti di cui agli articoli 454, 460 e 461 la sanzione pecuniaria fino a cinquecento quote;
c) per il delitto di cui all'articolo 455 le sanzioni pecuniarie stabilite dalla lettera a), in relazione all'articolo 453, e dalla lettera *b*), in relazione all'articolo 454, ridotte da un terzo alla metà;
d) per i delitti di cui agli articoli 457 e 464, secondo comma, le sanzioni pecuniarie fino a duecento quote;
e) per il delitto di cui all'articolo 459 le sanzioni pecuniarie previste dalle lettere *a*), *c*) e *d*) ridotte di un terzo;
f) per il delitto di cui all'articolo 464, primo comma, la sanzione pecuniaria fino a trecento quote.
f bis) per i delitti di cui agli articoli 473 e 474, la sanzione pecuniaria fino a cinquecento quote.
2. Nei casi di condanna per uno dei delitti di cui agli articoli 453, 454, 455, 459, 460, 461, 473 e 474 del codice penale, si applicano all'ente le sanzioni interdittive previste dall'articolo 9, comma 2, per una durata non superiore ad un anno.

• Articolo introdotto dal d.l. 25.9.2001, n. 350, conv., con modif., dalla l. 23.11.2001, n. 409 e così modificato, da ultimo, dalla l. 23.7.2009, n. 99.

25 *bis*.1. Delitti contro l'industria e il commercio. 1. In relazione alla commissione dei delitti contro l'industria e il commercio previsti dal codice penale, si applicano all'ente le seguenti sanzioni pecuniarie:
a) per i delitti di cui agli articoli 513, 515, 516, 517, 517 *ter* e 517 *quater* la sanzione pecuniaria fino a cinquecento quote;
b) per i delitti di cui agli articoli 513 *bis* e 514 la sanzione pecuniaria fino a ottocento quote.
2. Nel caso di condanna per i delitti di cui alla lettera *b*) del comma 1 si applicano all'ente le sanzioni interdittive previste dall'articolo 9, comma 2.

• Articolo introdotto dalla l. 23.7.2009, n. 99.

25 *ter*. Reati societari. 1. In relazione ai reati in materia societaria previsti dal codice civile, si applicano all'ente le seguenti sanzioni pecuniarie:

a) per il delitto di false comunicazioni sociali previsto dall'articolo 2621 del codice civile, la sanzione pecuniaria da duecento a quattrocento quote;

a bis) per il delitto di false comunicazioni sociali previsto dall'articolo 2621 *bis* del codice civile, la sanzione pecuniaria da cento a duecento quote;

b) per il delitto di false comunicazioni sociali previsto dall'articolo 2622 del codice civile, la sanzione pecuniaria da quattrocento a seicento quote;

c) [soppresso;]

d) per la contravvenzione di falso in prospetto, prevista dall'articolo 2623, primo comma, del codice civile, la sanzione pecuniaria da cento a centotrenta quote;

e) per il delitto di falso in prospetto, previsto dall'articolo 2623, secondo comma, del codice civile, la sanzione pecuniaria da duecento a trecentotrenta quote;

f) per la contravvenzione di falsità nelle relazioni o nelle comunicazioni delle società di revisione, prevista dall'articolo 2624, primo comma, del codice civile, la sanzione pecuniaria da cento a centotrenta quote;

g) per il delitto di falsità nelle relazioni o nelle comunicazioni delle società di revisione, previsto dall'articolo 2624, secondo comma, del codice civile, la sanzione pecuniaria da duecento a quattrocento quote;

h) per il delitto di impedito controllo, previsto dall'articolo 2625, secondo comma, del codice civile, la sanzione pecuniaria da cento a centottanta quote;

i) per il delitto di formazione fittizia del capitale, previsto dall'articolo 2632 del codice civile, la sanzione pecuniaria da cento a centottanta quote;

l) per il delitto di indebita restituzione dei conferimenti, previsto dall'articolo 2626 del codice civile, la sanzione pecuniaria da cento a centottanta quote;

m) per la contravvenzione di illegale ripartizione degli utili e delle riserve, prevista dall'articolo 2627 del codice civile, la sanzione pecuniaria da cento a centotrenta quote;

n) per il delitto di illecite operazioni sulle azioni o quote sociali o della società controllante, previsto dall'articolo 2628 del codice civile, la sanzione pecuniaria da cento a centottanta quote;

o) per il delitto di operazioni in pregiudizio dei creditori, previsto dall'articolo 2629 del codice civile, la sanzione pecuniaria da centocinquanta a trecentotrenta quote;

p) per il delitto di indebita ripartizione dei beni sociali da parte dei liquidatori, previsto dall'articolo 2633 del codice civile, la sanzione pecuniaria da centocinquanta a trecentotrenta quote;

q) per il delitto di illecita influenza sull'assemblea, previsto dall'articolo 2636 del codice civile, la sanzione pecuniaria da centocinquanta a trecentotrenta quote;

r) per il delitto di aggiotaggio, previsto dall'articolo 2637 del codice civile e per il delitto di omessa comunicazione del conflitto d'interessi previsto dall'articolo 2629 *bis* del codice civile, la sanzione pecuniaria da duecento a cinquecento quote;

s) per i delitti di ostacolo all'esercizio delle funzioni delle autorità pubbliche di vigilanza, previsti dall'articolo 2638, primo e secondo comma, del codice civile, la sanzione pecuniaria da duecento a quattrocento quote;

s bis) per il delitto di corruzione tra privati, nei casi previsti dal terzo comma dell'articolo 2635 del codice civile, la sanzione pecuniaria da quattrocento a seicento quote e, nei casi di istigazione di cui al primo comma dell'articolo 2635 *bis* del codice civile, la sanzione pecuniaria da duecento a quattrocento quote. Si applicano altresì le sanzioni interdittive previste dall'articolo 9, comma 2.

3. Se, in seguito alla commissione dei reati di cui al comma 1, l'ente ha conseguito un profitto di rilevante entità, la sanzione pecuniaria è aumentata di un terzo.

• Articolo introdotto dal d. lgs. 11.4.2002, n. 61, poi modificato dalla l. 28.12.2005, n. 262; dalla l. 6.11.2012, n. 190; dalla l. 27.5.2015, n. 69 e, da ultimo, dal d. lgs. 15.3.2017, n. 38. La l. 262 del 2005 ha disposto che le sanzioni pecuniarie previste dal presente articolo sono raddoppiate.

25 *quater*. Delitti con finalità di terrorismo o di eversione dell'ordine democratico. 1. In relazione alla commissione dei delitti aventi finalità di terrorismo o di eversione dell'ordine democratico, previsti dal codice penale e dalle leggi speciali, si applicano all'ente le seguenti sanzioni pecuniarie:

a) se il delitto è punito con la pena della reclusione inferiore a dieci anni, la sanzione pecuniaria da duecento a settecento quote;

b) se il delitto è punito con la pena della reclusione non inferiore a dieci anni o con l'ergastolo, la sanzione pecuniaria da quattrocento a mille quote.

2. Nei casi di condanna per uno dei delitti indicati nel comma 1, si applicano le sanzioni interdittive previste dall'articolo 9, comma 2, per una durata non inferiore ad un anno.

3. Se l'ente o una sua unità organizzativa viene stabilmente utilizzato allo scopo unico o prevalente di consentire o agevolare la commissione dei reati indicati nel comma 1, si applica la sanzione dell'interdizione definitiva dall'esercizio dell'attività ai sensi dell'articolo 16, comma 3.

4. Le disposizioni dei commi 1, 2 e 3 si applicano altresì in relazione alla commissione di delitti, diversi da quelli indicati nel comma 1, che siano comunque stati posti in essere in violazione di quanto previsto dall'articolo 2 della Convenzione internazionale per la repressione del finanziamento del terrorismo fatta a New York il 9 dicembre 1999.

• Articolo introdotto dalla l. 14.1.2003, n. 7.

25 *quater*.1. Pratiche di mutilazione degli organi genitali femminili. 1. In relazione alla commissione dei delitti di cui all'articolo 583 *bis* del codice penale si applicano all'ente, nella cui struttura è commesso il delitto, la sanzione pecuniaria da 300 a 700 quote e le sanzioni interdittive previste dall'articolo 9, comma 2, per una durata non inferiore ad un anno. Nel caso in cui si tratti di un ente privato accreditato è altresì revocato l'accreditamento.

2. Se l'ente o una sua unità organizzativa viene stabilmente utilizzato allo scopo unico o prevalente di consentire o agevolare la commissione dei delitti indicati al comma 1, si applica la sanzione dell'interdizione definitiva dall'esercizio dell'attività ai sensi dell'articolo 16, comma 3.

• Articolo introdotto dalla l. 9.1.2006, n. 7.

25 *quinquies*. Delitti contro la personalità individuale. 1. In relazione alla commissione dei delitti previsti dalla sezione I del capo III del titolo XII del libro II del codice penale si applicano all'ente le seguenti sanzioni pecuniarie:

a) per i delitti di cui agli articoli 600, 601, 602 e 603 *bis*, la sanzione pecuniaria da quattrocento a mille quote;

b) per i delitti di cui agli articoli 600 *bis*, primo comma, 600 *ter*, primo e secondo comma, anche se relativi al materiale pornografico di cui all'articolo 600 *quater*.1, e 600 *quinquies*, la sanzione pecuniaria da trecento a ottocento quote;

c) per i delitti di cui agli articoli 600 *bis*, secondo comma, 600 *ter*, terzo e quarto comma, e 600 *quater*, anche se relativi al materiale pornografico di cui all'articolo 600 *quater*.1, nonché per il delitto di cui all'articolo 609 *undecies* la sanzione pecuniaria da duecento a settecento quote.

2. Nei casi di condanna per uno dei delitti indicati nel comma 1, lettere *a*) e *b*), si applicano le sanzioni interdittive previste dall'articolo 9, comma 2, per una durata non inferiore ad un anno.

3. Se l'ente o una sua unità organizzativa viene stabilmente utilizzato allo scopo unico o prevalente di consentire o agevolare la commissione dei reati indicati nel comma 1, si applica la sanzione dell'interdizione definitiva dall'esercizio dell'attività ai sensi dell'articolo 16, comma 3.

• Articolo introdotto dalla l. 11.8.2003, n. 228; poi modificato dalla l. 6.2.2006, n. 38; dal d. lgs. 4.3.2014, n. 39 e dalla l. 29.10.2016, n. 199.

25 *sexies*. Abusi di mercato. 1. In relazione ai reati di abuso di informazioni privilegiate e di manipolazione del mercato previsti dalla parte V, titolo I *bis*, capo II, del testo unico di cui al decreto legislativo 24 febbraio 1998, n. 58, si applica all'ente la sanzione pecuniaria da quattrocento a mille quote.

2. Se, in seguito alla commissione dei reati di cui al comma 1, il prodotto o il profitto conseguito dall'ente è di rilevante entità, la sanzione è aumentata fino a dieci volte tale prodotto o profitto.

• Articolo introdotto dalla l. 18.4.2005, n. 62.

25 *septies*. Omicidio colposo o lesioni gravi o gravissime commesse con violazione delle norme sulla tutela della salute e sicurezza sul lavoro. 1. In relazione al delitto di cui all'articolo 589 del codice penale, commesso con violazione dell'articolo 55, comma 2, del decreto legislativo attuativo della delega di cui alla legge 3 agosto 2007, n. 123, in materia di salute e sicurezza sul lavoro, si applica una sanzione pecuniaria in misura pari a 1.000 quote. Nel caso di condanna per il delitto di cui al precedente periodo si applicano le sanzioni interdittive di cui all'articolo 9, comma 2, per una durata non inferiore a tre mesi e non superiore ad un anno.

2. Salvo quanto previsto dal comma 1, in relazione al delitto di cui all'articolo 589 del codice penale, commesso con violazione delle norme sulla tutela della salute e sicurezza sul lavoro, si applica una sanzione pecuniaria in misura non inferiore a 250 quote e non superiore a 500 quote. Nel caso di condanna per il delitto di cui al precedente periodo si applicano le sanzioni interdittive di cui all'articolo 9, comma 2, per una durata non inferiore a tre mesi e non superiore ad un anno.

3. In relazione al delitto di cui all'articolo 590, terzo comma, del codice penale, commesso con violazione delle norme sulla tutela della salute e sicurezza sul lavoro, si applica una sanzione pecuniaria in misura non superiore a 250 quote. Nel caso di condanna per il delitto di cui al precedente periodo si applicano le sanzioni interdittive di cui all'articolo 9, comma 2, per una durata non superiore a sei mesi.

• Articolo introdotto dalla l. 3.8.2007, n. 123, e modificato dal d. lgs. 9.4.2008, n. 81.

25 *octies*. Ricettazione, riciclaggio e impiego di denaro, beni o utilità di provenienza illecita, nonché autoriciclaggio. 1. In relazione ai reati di cui agli articoli 648, 648 *bis,* 648 *ter e* 648 *ter*.1 del codice penale, si applica all'ente la sanzione pecuniaria da 200 a 800 quote. Nel caso in cui il denaro, i beni o le altre utilità provengono da delitto per il quale è stabilita la pena della reclusione superiore nel massimo a cinque anni si applica la sanzione pecuniaria da 400 a 1000 quote.

2. Nei casi di condanna per uno dei delitti di cui al comma 1 si applicano all'ente le sanzioni interdittive previste dall'articolo 9, comma 2, per una durata non superiore a due anni.

3. In relazione agli illeciti di cui ai commi 1 e 2, il Ministero della giustizia, sentito il parere dell'UIF, formula le osservazioni di cui all'articolo 6 del decreto legislativo 8 giugno 2001, n. 231.

• Articolo introdotto dal d. lgs. 21.11.2007, n. 231, e modificato dalla l. 15.12.2014, n. 186.

25 *octies*.1. Delitti in materia di strumenti di pagamento diversi dai contanti. 1. In relazione alla commissione dei delitti previsti dal codice penale in materia di strumenti di pagamento diversi dai contanti, si applicano all'ente le seguenti sanzioni pecuniarie:

a) per il delitto di cui all'articolo 493 *ter*, la sanzione pecuniaria da 300 a 800 quote;

b) per il delitto di cui all'articolo 493 *quater* e per il delitto di cui all'articolo 640 *ter*, nell'ipotesi aggravata dalla realizzazione di un trasferimento di denaro, di valore monetario o di valuta virtuale, la sanzione pecuniaria sino a 500 quote.

2. Salvo che il fatto integri altro illecito amministrativo sanzionato più gravemente, in relazione alla commissione di ogni altro delitto contro la fede pubblica, contro il patrimonio o che comunque offende il patrimonio previsto dal codice penale, quando ha ad oggetto strumenti di pagamento diversi dai contanti, si applicano all'ente le seguenti sanzioni pecuniarie:

a) se il delitto è punito con la pena della reclusione inferiore ai dieci anni, la sanzione pecuniaria sino a 500 quote;

b) se il delitto è punito con la pena non inferiore ai dieci anni di reclusione, la sanzione pecuniaria da 300 a 800 quote.

3. Nei casi di condanna per uno dei delitti di cui ai commi 1 e 2 si applicano all'ente le sanzioni interdittive previste dall'articolo 9, comma 2.

• Articolo introdotto dal d. lgs. 8.11.2021, n. 184.

25 *novies*. Delitti in materia di violazione del diritto d'autore. 1. In relazione alla commissione dei delitti previsti dagli articoli 171, primo comma, lettera a *bis*), e terzo comma, 171 *bis*, 171 *ter*, 171 *septies* e 171 *octies* della legge 22 aprile 1941, n. 633, si applica all'ente la sanzione pecuniaria fino a cinquecento quote.

2. Nel caso di condanna per i delitti di cui al comma 1 si applicano all'ente le sanzioni interdittive previste dall'articolo 9, comma 2, per una durata non superiore ad un anno. Resta fermo quanto previsto dall'articolo 174 *quinquies* della citata legge n. 633 del 1941.

• Articolo introdotto dalla l. 23.7.2009, n. 99.

25 *decies*. Induzione a non rendere dichiarazioni o a rendere dichiarazioni mendaci all'autorità giudiziaria. 1. In relazione alla commissione del delitto di cui all'377 *bis* del codice civile, si applica all'ente la sanzione pecuniaria fino a cinquecento quote.

• Articolo introdotto dalla l. 3.8.2009, n. 116, poi così sostituito dal d. lgs. 7.7.2011, n. 121.

25 *undecies*. Reati ambientali. 1. In relazione alla commissione dei reati previsti dal codice penale, si applicano all'ente le seguenti sanzioni pecuniarie:

a) per la violazione dell'articolo 452 *bis*, la sanzione pecuniaria da duecentocinquanta a seicento quote;

b) per la violazione dell'articolo 452 *quater*, la sanzione pecuniaria da quattrocento a ottocento quote;

c) per la violazione dell'articolo 452 *quinquies*, la sanzione pecuniaria da duecento a cinquecento quote;

d) per i delitti associativi aggravati ai sensi dell'articolo 452 *octies*, la sanzione pecuniaria da trecento a mille quote;

e) per il delitto di traffico e abbandono di materiale ad alta radioattività ai sensi dell'articolo 452 *sexies*, la sanzione pecuniaria da duecentocinquanta a seicento quote;

f) per la violazione dell'articolo 727 *bis*, la sanzione pecuniaria fino a duecentocinquanta quote;

g) per la violazione dell'articolo 733 *bis*, la sanzione pecuniaria da centocinquanta a duecentocinquanta quote.

1 *bis*. Nei casi di condanna per i delitti indicati al comma 1, lettere *a*) e *b*), del presente articolo, si applicano, oltre alle sanzioni pecuniarie ivi previste, le sanzioni interdittive previste dall'articolo 9, per un periodo non superiore a un anno per il delitto di cui alla citata lettera *a*).

2. In relazione alla commissione dei reati previsti dal decreto legislativo 3 aprile 2006, n. 152, si applicano all'ente le seguenti sanzioni pecuniarie:

a) per i reati di cui all'articolo 137:

1) per la violazione dei commi 3, 5, primo periodo, e 13, la sanzione pecuniaria da centocinquanta a duecentocinquanta quote;

2) per la violazione dei commi 2, 5, secondo periodo, e 11, la sanzione pecuniaria da duecento a trecento quote.

b) per i reati di cui all'articolo 256:

1) per la violazione dei commi 1, lettera *a*), e 6, primo periodo, la sanzione pecuniaria fino a duecentocinquanta quote;

2) per la violazione dei commi 1, lettera *b*), 3, primo periodo, e 5, la sanzione pecuniaria da centocinquanta a duecentocinquanta quote;

3) per la violazione del comma 3, secondo periodo, la sanzione pecuniaria da duecento a trecento quote;

c) per i reati di cui all'articolo 257:

1) per la violazione del comma 1, la sanzione pecuniaria fino a duecentocinquanta quote;

2) per la violazione del comma 2, la sanzione pecuniaria da centocinquanta a duecentocinquanta quote;

d) per la violazione dell'articolo 258, comma 4, secondo periodo, la sanzione pecuniaria da centocinquanta a duecentocinquanta quote;

e) per la violazione dell'articolo 259, comma 1, la sanzione pecuniaria da centocinquanta a duecentocinquanta quote;

f) per il delitto di cui all'articolo 260, la sanzione pecuniaria da trecento a cinquecento quote, nel caso previsto dal comma 1 e da quattrocento a ottocento quote nel caso previsto dal comma 2;

g) per la violazione dell'articolo 260 *bis*, la sanzione pecuniaria da centocinquanta a duecentocinquanta quote nel caso previsto dai commi 6, 7, secondo e terzo periodo, e 8, primo periodo, e la sanzione pecuniaria da duecento a trecento quote nel caso previsto dal comma 8, secondo periodo;

h) per la violazione dell'articolo 279, comma 5, la sanzione pecuniaria fino a duecentocinquanta quote.

3. In relazione alla commissione dei reati previsti dalla legge 7 febbraio 1992, n. 150, si applicano all'ente le seguenti sanzioni pecuniarie:

a) per la violazione degli articoli 1, comma 1, 2, commi 1 e 2, e 6, comma 4, la sanzione pecuniaria fino a duecentocinquanta quote;

b) per la violazione dell'articolo 1, comma 2, la sanzione pecuniaria da centocinquanta a duecentocinquanta quote;

c) per i reati del codice penale richiamati dall'articolo 3 *bis*, comma 1, della medesima legge n. 150 del 1992, rispettivamente:

1) la sanzione pecuniaria fino a duecentocinquanta quote, in caso di commissione di reati per cui è prevista la pena non superiore nel massimo ad un anno di reclusione;

2) la sanzione pecuniaria da centocinquanta a duecentocinquanta quote, in caso di commissione di reati per cui è prevista la pena non superiore nel massimo a due anni di reclusione;

3) la sanzione pecuniaria da duecento a trecento quote, in caso di commissione di reati per cui è prevista la pena non superiore nel massimo a tre anni di reclusione;

4) la sanzione pecuniaria da trecento a cinquecento quote, in caso di commissione di reati per cui è prevista la pena superiore nel massimo a tre anni di reclusione.

4. In relazione alla commissione dei reati previsti dall'articolo 3, comma 6, della legge 28 dicembre 1993, n. 549, si applica all'ente la sanzione pecuniaria da centocinquanta a duecentocinquanta quote.

5. In relazione alla commissione dei reati previsti dal decreto legislativo 6 novembre 2007, n. 202, si applicano all'ente le seguenti sanzioni pecuniarie:

a) per il reato di cui all'articolo 9, comma 1, la sanzione pecuniaria fino a duecentocinquanta quote;

b) per i reati di cui agli articoli 8, comma 1, e 9, comma 2, la sanzione pecuniaria da centocinquanta a duecentocinquanta quote;

c) per il reato di cui all'articolo 8, comma 2, la sanzione pecuniaria da duecento a trecento quote.

6. Le sanzioni previste dal comma 2, lettera b), sono ridotte della metà nel caso di commissione del reato previsto dall'articolo 256, comma 4, del decreto legislativo 3 aprile 2006, n. 152.

7. Nei casi di condanna per i delitti indicati al comma 2, lettere *a*), n. 2), *b*), n. 3), e *f*), e al comma 5, lettere *b*) e *c*), si applicano le sanzioni interdittive previste dall'articolo 9, comma 2, del decreto legislativo 8 giugno 2001, n. 231, per una durata non superiore a sei mesi.

8. Se l'ente o una sua unità organizzativa vengono stabilmente utilizzati allo scopo unico o prevalente di consentire o agevolare la commissione dei reati di cui all'articolo 260 del decreto legislativo 3 aprile 2006, n. 152, e all'articolo 8 del decreto legislativo 6 novembre 2007, n. 202, si applica la sanzione dell'interdizione definitiva dall'esercizio dell'attività ai sensi dell'art. 16, comma 3, del decreto legislativo 8 giugno 2001 n. 231.

• Articolo introdotto dal d. lgs. 7.7.2011, n. 121, e modificato dalla l. 22.5.2015, n. 68.

25 *duodecies*. Impiego di cittadini di paesi terzi il cui soggiorno è irregolare. 1. In relazione alla commissione del delitto di cui all'articolo 22, comma 12 *bis*, del decreto legislativo 25 luglio 1998, n. 286, si applica all'ente la sanzione pecuniaria da 100 a 200 quote, entro il limite di 150.000 euro.

1 *bis*. In relazione alla commissione dei delitti di cui all'articolo 12, commi 3, 3 *bis* e 3 *ter*, del testo unico di cui al decreto legislativo 25 luglio 1998, n. 286, e successive modificazioni, si applica all'ente la sanzione pecuniaria da quattrocento a mille quote.

1 *ter*. In relazione alla commissione dei delitti di cui all'articolo 12, comma 5, del testo unico di cui al decreto legislativo 25 luglio 1998, n. 286, e successive modificazioni, si applica all'ente la sanzione pecuniaria da cento a duecento quote.
1 *quater*. Nei casi di condanna per i delitti di cui ai commi 1 *bis* e 1 *ter* del presente articolo, si applicano le sanzioni interdittive previste dall'articolo 9, comma 2, per una durata non inferiore a un anno.

• Articolo così modificato dalla l. 17.10.2017, n. 161.

25 *terdecies*. Razzismo e xenofobia. 1. In relazione alla commissione dei delitti di cui all'articolo 3, comma 3 *bis*, della legge 13 ottobre 1975, n. 654, si applica all'ente la sanzione pecuniaria da duecento a ottocento quote.
2. Nei casi di condanna per i delitti di cui al comma 1 si applicano all'ente le sanzioni interdittive previste dall'articolo 9, comma 2, per una durata non inferiore a un anno.
3. Se l'ente o una sua unità organizzativa è stabilmente utilizzato allo scopo unico o prevalente di consentire o agevolare la commissione dei delitti indicati nel comma 1, si applica la sanzione dell'interdizione definitiva dall'esercizio dell'attività ai sensi dell'articolo 16, comma 3.

• Articolo inserito dalla l. 20.11.2017, n. 167.

25 *quaterdecies*. Frode in competizioni sportive, esercizio abusivo di gioco o di scommessa e giochi d'azzardo esercitati a mezzo di apparecchi vietati. 1. In relazione alla commissione dei reati di cui agli articoli 1 e 4 della legge 13 dicembre 1989, n. 401, si applicano all'ente le seguenti sanzioni pecuniarie:
a) per i delitti, la sanzione pecuniaria fino a cinquecento quote;
b) per le contravvenzioni, la sanzione pecuniaria fino a duecentosessanta quote.
2. Nei casi di condanna per uno dei delitti indicati nel comma 1, lettera *a*), del presente articolo, si applicano le sanzioni interdittive previste dall'articolo 9, comma 2, per una durata non inferiore a un anno.

• Articolo inserito dalla l. 3.5.2019, n. 39.

25 *quinquiesdecies*. Reati tributari. 1. In relazione alla commissione dei delitti previsti dal decreto legislativo 10 marzo 2000, n. 74, si applicano all'ente le seguenti sanzioni pecuniarie:
a) per il delitto di dichiarazione fraudolenta mediante uso di fatture o altri documenti per operazioni inesistenti previsto dall'articolo 2 comma 1 la sanzione pecuniaria fino a cinquecento quote;
b) per il delitto di dichiarazione fraudolenta mediante uso di fatture o altri documenti per operazioni inesistenti, previsto dall'articolo 2, comma 2 *bis*, la sanzione pecuniaria fino a quattrocento quote;
c) per il delitto di dichiarazione fraudolenta mediante altri artifici, previsto dall'articolo 3, la sanzione pecuniaria fino a cinquecento quote;
d) per il delitto di emissione di fatture o altri documenti per operazioni inesistenti, previsto dall'articolo 8, comma 1, la sanzione pecuniaria fino a cinquecento quote;
e) per il delitto di emissione di fatture o altri documenti per operazioni inesistenti, previsto dall'articolo 8, comma 2 *bis*, la sanzione pecuniaria fino a quattrocento quote;
f) per il delitto di occultamento o distruzione di documenti contabili, previsto dall'articolo 10, la sanzione pecuniaria fino a quattrocento quote;
g) per il delitto di sottrazione fraudolenta al pagamento di imposte, previsto dall'articolo 11, la sanzione pecuniaria fino a quattrocento quote.
1 *bis*. In relazione alla commissione dei delitti previsti dal decreto legislativo 10 marzo 2000, n. 74, quando sono commessi al fine di evadere l'imposta sul valore aggiunto nell'ambito di sistemi fraudolenti transfrontalieri connessi al territorio di almeno un altro Stato membro dell'Unione europea, da cui consegua o possa conseguire un danno complessivo pari o superiore a dieci milioni di euro, si applicano all'ente le seguenti sanzioni pecuniarie:
a) per il delitto di dichiarazione infedele previsto dall'articolo 4, la sanzione pecuniaria fino a trecento quote;

b) per il delitto di omessa dichiarazione previsto dall'articolo 5, la sanzione pecuniaria fino a quattrocento quote;

c) per il delitto di indebita compensazione previsto dall'articolo 10 *quater*, la sanzione pecuniaria fino a quattrocento quote.

2. Se, in seguito alla commissione dei delitti indicati ai commi 1 e 1 *bis*, l'ente ha conseguito un profitto di rilevante entità, la sanzione pecuniaria è aumentata di un terzo.

3. Nei casi previsti dai commi 1, 1 *bis* e 2, si applicano le sanzioni interdittive di cui all'articolo 9, comma 2, lettere *c*), *d*) ed *e*).

• Articolo inserito dal d.l. 26.10.2019, n. 124, conv., con modif., dalla l. 19.12.2019, n. 157 e modificato dal d. lgs. 14.7.2020, n. 75 e, da ultimo, dal d. lgs. 4.10.2022, n. 156, che ha interpolato il co. 1 *bis*.

25 *sexiesdecies*. Contrabbando. 1. In relazione alla commissione dei reati previsti dal decreto del Presidente della Repubblica 23 gennaio 1973, n. 43, si applica all'ente la sanzione pecuniaria fino a duecento quote.

2. Quando i diritti di confine dovuti superano centomila euro si applica all'ente la sanzione pecuniaria fino a quattrocento quote.

3. Nei casi previsti dai commi 1 e 2 si applicano all'ente le sanzioni interdittive previste dall'articolo 9, comma 2, lettere *c*), *d*) ed *e*).

• Articolo inserito dal d. lgs. 14.7.2020, n. 75.

25 *septiesdecies*. Delitti contro il patrimonio culturale. 1. In relazione alla commissione del delitto previsto dall'articolo 518 *novies* del codice penale, si applica all'ente la sanzione pecuniaria da cento a quattrocento quote.

2. In relazione alla commissione dei delitti previsti dagli articoli 518 *ter*, 518 *decies* e 518 *undecies* del codice penale, si applica all'ente la sanzione pecuniaria da duecento a cinquecento quote.

3. In relazione alla commissione dei delitti previsti dagli articoli 518 *duodecies* e 518 *quaterdecies* del codice penale, si applica all'ente la sanzione pecuniaria da trecento a settecento quote.

4. In relazione alla commissione dei delitti previsti dagli articoli 518 *bis*, 518 *quater* e 518 *octies* del codice penale, si applica all'ente la sanzione pecuniaria da quattrocento a novecento quote.

5. Nel caso di condanna per i delitti di cui ai commi da 1 a 4, si applicano all'ente le sanzioni interdittive previste dall'articolo 9, comma 2, per una durata non superiore a due anni.

• Articolo inserito dalla l. 9.3.2022, n. 22.

25 *duodevicies*. Riciclaggio di beni culturali e devastazione e saccheggio di beni culturali e paesaggistici. 1. In relazione alla commissione dei delitti previsti dagli articoli 518 *sexies* e 518 *terdecies* del codice penale, si applica all'ente la sanzione pecuniaria da cinquecento a mille quote.

2. Se l'ente o una sua unità organizzativa viene stabilmente utilizzato allo scopo unico o prevalente di consentire o agevolare la commissione dei delitti indicati al comma 1, si applica la sanzione dell'interdizione definitiva dall'esercizio dell'attività ai sensi dell'articolo 16, comma 3.

• Articolo inserito dalla l. 9.3.2022, n. 22.

26. Delitti tentati. 1. Le sanzioni pecuniarie e interdittive sono ridotte da un terzo alla metà in relazione alla commissione, nelle forme del tentativo, dei delitti indicati nel presente capo del decreto.

2. L'ente non risponde quando volontariamente impedisce il compimento dell'azione o la realizzazione dell'evento.

Capo II
Responsabilità patrimoniale e vicende modificative dell'ente

Sezione I
Responsabilità patrimoniale dell'ente

27. Responsabilità patrimoniale dell'ente. 1. Dell'obbligazione per il pagamento della sanzione pecuniaria risponde soltanto l'ente con il suo patrimonio o con il fondo comune.
2. I crediti dello Stato derivanti dagli illeciti amministrativi dell'ente relativi a reati hanno privilegio secondo le disposizioni del codice di procedura penale sui crediti dipendenti da reato. A tale fine, la sanzione pecuniaria si intende equiparata alla pena pecuniaria.

Sezione II
Vicende modificative dell'ente

28. Trasformazione dell'ente. 1. Nel caso di trasformazione dell'ente, resta ferma la responsabilità per i reati commessi anteriormente alla data in cui la trasformazione ha avuto effetto.

29. Fusione dell'ente. 1. Nel caso di fusione, anche per incorporazione, l'ente che ne risulta risponde dei reati dei quali erano responsabili gli enti partecipanti alla fusione.

30. Scissione dell'ente. 1. Nel caso di scissione parziale, resta ferma la responsabilità dell'ente scisso per i reati commessi anteriormente alla data in cui la scissione ha avuto effetto, salvo quanto previsto dal comma 3.
2. Gli enti beneficiari della scissione, sia totale che parziale, sono solidalmente obbligati al pagamento delle sanzioni pecuniarie dovute dall'ente scisso per i reati commessi anteriormente alla data dalla quale la scissione ha avuto effetto. L'obbligo è limitato al valore effettivo del patrimonio netto trasferito al singolo ente, salvo che si tratti di ente al quale è stato trasferito, anche in parte il ramo di attività nell'ambito del quale è stato commesso il reato.
3. Le sanzioni interdittive relative ai reati indicati nel comma 2, si applicano agli enti cui è rimasto o è stato trasferito, anche in parte, il ramo di attività nell'ambito del quale il reato è stato commesso.

31. Determinazione delle sanzioni nel caso di fusione o scissione. 1. Se la fusione o la scissione è avvenuta prima della conclusione del giudizio, il giudice, nella commisurazione della sanzione pecuniaria a norma dell'articolo 11, comma 2, tiene conto delle condizioni economiche e patrimoniali dell'ente originariamente responsabile.
2. Salvo quanto previsto dall'articolo 17, l'ente risultante dalla fusione e l'ente al quale, nel caso di scissione, è applicabile la sanzione interdittiva possono chiedere al giudice la sostituzione della medesima con la sanzione pecuniaria, qualora, a seguito della fusione o della scissione, si sia realizzata la condizione prevista dalla lettera *b*) del comma 1 dell'articolo 17, e ricorrano le ulteriori condizioni di cui alle lettere *a*) e *c*) del medesimo articolo.
3. Se accoglie la richiesta, il giudice, nel pronunciare sentenza di condanna, sostituisce la sanzione interdittiva con una sanzione pecuniaria di ammontare pari da una a due volte quello della sanzione pecuniaria inflitta all'ente in relazione al medesimo reato.
4. Resta salva la facoltà dell'ente, anche nei casi di fusione o scissione successiva alla conclusione del giudizio, di chiedere la conversione della sanzione interdittiva in sanzione pecuniaria.

32. Rilevanza della fusione o della scissione ai fini della reiterazione. 1. Nei casi di responsabilità dell'ente risultante dalla fusione o beneficiario della scissione per reati commessi successivamente alla data dalla quale la fusione o la scissione ha avuto effetto, il giudice può ritenere la reiterazione, a norma dell'articolo 20, anche in rapporto a condanne pronunciate nei confronti degli enti partecipanti alla fusione o dell'ente scisso per reati commessi anteriormente a tale data.
2. A tale fine, il giudice tiene conto della natura delle violazioni e dell'attività nell'ambito della

quale sono state commesse nonché delle caratteristiche della fusione o della scissione.

3. Rispetto agli enti beneficiari della scissione, la reiterazione può essere ritenuta, a norma dei commi 1 e 2, solo se ad essi è stato trasferito, anche in parte, il ramo di attività nell'ambito del quale è stato commesso il reato per cui è stata pronunciata condanna nei confronti dell'ente scisso.

33. Cessione di azienda. 1. Nel caso di cessione dell'azienda nella cui attività è stato commesso il reato, il cessionario è solidalmente obbligato, salvo il beneficio della preventiva escussione dell'ente cedente e nei limiti del valore dell'azienda, al pagamento della sanzione pecuniaria.

2. L'obbligazione del cessionario è limitata alle sanzioni pecuniarie che risultano dai libri contabili obbligatori, ovvero dovute per illeciti amministrativi dei quali egli era comunque a conoscenza.

3. Le disposizioni del presente articolo si applicano anche nel caso di conferimento di azienda.

Capo III
Procedimento di accertamento e di applicazione delle sanzioni amministrative

Sezione I
Disposizioni generali

34. Disposizioni processuali applicabili. 1. Per il procedimento relativo agli illeciti amministrativi dipendenti da reato, si osservano le norme di questo capo nonché, in quanto compatibili, le disposizioni del codice di procedura penale e del decreto legislativo 28 luglio 1989, n. 271.

35. Estensione della disciplina relativa all'imputato. 1. All'ente si applicano le disposizioni processuali relative all'imputato, in quanto compatibili.

Sezione II
Soggetti, giurisdizione e competenza

36. Attribuzioni del giudice penale. 1. La competenza a conoscere gli illeciti amministrativi dell'ente appartiene al giudice penale competente per i reati dai quali gli stessi dipendono.

2. Per il procedimento di accertamento dell'illecito amministrativo dell'ente si osservano le disposizioni sulla composizione del tribunale e le disposizioni processuali collegate relative ai reati dai quali l'illecito amministrativo dipende.

37. Casi di improcedibilità. 1. Non si procede all'accertamento dell'illecito amministrativo dell'ente quando l'azione penale non può essere iniziata o proseguita nei confronti dell'autore del reato per la mancanza di una condizione di procedibilità.

38. Riunione e separazione dei procedimenti. 1. Il procedimento per l'illecito amministrativo dell'ente è riunito al procedimento penale instaurato nei confronti dell'autore del reato da cui l'illecito dipende.

2. Si procede separatamente per l'illecito amministrativo dell'ente soltanto quando:

a) è stata ordinata la sospensione del procedimento ai sensi dell'articolo 71 del codice di procedura penale;

b) il procedimento è stato definito con il giudizio abbreviato o con l'applicazione della pena ai sensi dell'articolo 444 del codice di procedura penale, ovvero è stato emesso il decreto penale di condanna;

c) l'osservanza delle disposizioni processuali lo rende necessario.

39. Rappresentanza dell'ente. 1. L'ente partecipa al procedimento penale con il proprio rappresentante legale, salvo che questi sia imputato del reato da cui dipende l'illecito amministrativo.

2. L'ente che intende partecipare al procedimento si costituisce depositando nella cancelleria dell'autorità giudiziaria procedente una dichiarazione contenente a pena di inammissibilità:

a) la denominazione dell'ente e le generalità del suo legale rappresentante;

b) il nome ed il cognome del difensore e l'indicazione della procura;

c) la sottoscrizione del difensore;

d) la dichiarazione o l'elezione di domicilio.

3. La procura, conferita nelle forme previste dall'articolo 100, comma 1, del codice di procedura penale, è depositata nella segreteria del pubblico ministero o nella cancelleria del giudice ovvero è presentata in udienza unitamente alla dichiarazione di cui al comma 2.

4. Quando non compare il legale rappresentante, l'ente costituito è rappresentato dal difensore.

40. Difensore di ufficio. 1. L'ente che non ha nominato un difensore di fiducia o ne è rimasto privo è assistito da un difensore di ufficio.

41. Contumacia dell'ente. 1. L'ente che non si costituisce nel processo è dichiarato contumace.

42. Vicende modificative dell'ente nel corso del processo. 1. Nel caso di trasformazione, di fusione o di scissione dell'ente originariamente responsabile, il procedimento prosegue nei confronti degli enti risultanti da tali vicende modificative o beneficiari della scissione, che partecipano al processo, nello stato in cui lo stesso si trova, depositando la dichiarazione di cui all'articolo 39, comma 2.

43. Notificazioni all'ente. 1. Per la prima notificazione all'ente si osservano le disposizioni dell'articolo 154, comma 3, del codice di procedura penale.

2. Sono comunque valide le notificazioni eseguite mediante consegna al legale rappresentante, anche se imputato del reato da cui dipende l'illecito amministrativo.

3. Se l'ente ha dichiarato o eletto domicilio nella dichiarazione di cui all'articolo 39 o in altro atto comunicato all'autorità giudiziaria, le notificazioni sono eseguite ai sensi dell'articolo 161 del codice di procedura penale.

4. Se non è possibile eseguire le notificazioni nei modi previsti dai commi precedenti, l'autorità giudiziaria dispone nuove ricerche. Qualora le ricerche non diano esito positivo, il giudice, su richiesta del pubblico ministero, sospende il procedimento.

Sezione III
Prove

44. Incompatibilità con l'ufficio di testimone. 1. Non può essere assunta come testimone:

a) la persona imputata del reato da cui dipende l'illecito amministrativo;

b) la persona che rappresenta l'ente indicata nella dichiarazione di cui all'articolo 39, comma 2, e che rivestiva tale funzione anche al momento della commissione del reato.

2. Nel caso di incompatibilità la persona che rappresenta l'ente può essere interrogata ed esaminata nelle forme, con i limiti e con gli effetti previsti per l'interrogatorio e per l'esame della persona imputata in un procedimento connesso.

Sezione IV
Misure cautelari

45. Applicazione delle misure cautelari. 1. Quando sussistono gravi indizi per ritenere la sussistenza della responsabilità dell'ente per un illecito amministrativo dipendente da reato e vi sono fondati e specifici elementi che fanno ritenere concreto il pericolo che vengano commessi illeciti della stessa indole di quello per cui si procede, il pubblico ministero può richiedere l'applicazione quale misura cautelare di una delle sanzioni interdittive previste dall'articolo 9, comma 2, presentando al giudice gli elementi su cui la richiesta si fonda, compresi quelli a favore dell'ente e le eventuali deduzioni e memorie difensive già depositate.

2. Sulla richiesta il giudice provvede con ordinanza, in cui indica anche le modalità applicative della misura. Si osservano le disposizioni dell'articolo 292 del codice di procedura penale.

3. In luogo della misura cautelare interdittiva, il giudice può nominare un commissario giudiziale a norma dell'articolo 15 per un periodo pari alla durata della misura che sarebbe stata applicata.

46. Criteri di scelta delle misure. 1. Nel disporre le misure cautelari, il giudice tiene conto della specifica idoneità di ciascuna in relazione alla natura e al grado delle esigenze cautelari da soddisfare nel caso concreto.

2. Ogni misura cautelare deve essere proporzionata all'entità del fatto e alla sanzione che si ritiene possa essere applicata all'ente.

3. L'interdizione dall'esercizio dell'attività può essere disposta in via cautelare soltanto quando ogni altra misura risulti inadeguata.

4. Le misure cautelari non possono essere applicate congiuntamente.

47. Giudice competente e procedimento di applicazione. 1. Sull'applicazione e sulla revoca delle misure cautelari nonché sulle modifiche delle loro modalità esecutive, provvede il giudice che procede. Nel corso delle indagini provvede il giudice per le indagini preliminari. Si applicano altresì le disposizioni di cui all'articolo 91 del decreto legislativo 28 luglio 1989, n. 271.

2. Se la richiesta di applicazione della misura cautelare è presentata fuori udienza, il giudice fissa la data dell'udienza e ne fa dare avviso al pubblico ministero, all'ente e ai difensori. L'ente e i difensori sono altresì avvisati che, presso la cancelleria del giudice, possono esaminare la richiesta dal pubblico ministero e gli elementi sui quali la stessa si fonda.

3. Nell'udienza prevista dal comma 2, si osservano le forme dell'articolo 127, commi 1, 2, 3, 4, 5, 6 e 10, del codice di procedura penale; i termini previsti ai commi 1 e 2 del medesimo articolo sono ridotti rispettivamente a cinque e a tre giorni. Tra il deposito della richiesta e la data dell'udienza non può intercorrere un termine superiore a quindici giorni.

48. Adempimenti esecutivi. 1. L'ordinanza che dispone l'applicazione di una misura cautelare è notificata all'ente a cura del pubblico ministero.

49. Sospensione delle misure cautelari. 1. Le misure cautelari possono essere sospese se l'ente chiede di poter realizzare gli adempimenti cui la legge condiziona l'esclusione di sanzioni interdittive a norma dell'articolo 17. In tal caso, il giudice, sentito il pubblico ministero, se ritiene di accogliere la richiesta, determina una somma di denaro a titolo di cauzione, dispone la sospensione della misura e indica il termine per la realizzazione delle condotte riparatorie di cui al medesimo articolo 17.

2. La cauzione consiste nel deposito presso la Cassa delle ammende di una somma di denaro che non può comunque essere inferiore alla metà della sanzione pecuniaria minima prevista per l'illecito per cui si procede. In luogo del deposito, è ammessa la prestazione di una garanzia mediante ipoteca o fideiussione solidale.

3. Nel caso di mancata, incompleta o inefficace esecuzione delle attività nel termine fissato, la misura cautelare viene ripristinata e la somma depositata o per la quale è stata data garanzia è devoluta alla Cassa delle ammende.

4. Se si realizzano le condizioni di cui all'articolo 17 il giudice revoca la misura cautelare e ordina la restituzione della somma depositata o la cancellazione dell'ipoteca; la fideiussione prestata si estingue.

50. Revoca e sostituzione delle misure cautelari. 1. Le misure cautelari sono revocate anche d'ufficio quando risultano mancanti, anche per fatti sopravvenuti, le condizioni di applicabilità previste dall'articolo 45 ovvero quando ricorrono le ipotesi previste dall'articolo 17.

2. Quando le esigenze cautelari risultano attenuate ovvero la misura applicata non appare più proporzionata all'entità del fatto o alla sanzione che si ritiene possa essere applicata in via defi-

nitiva, il giudice, su richiesta del pubblico ministero o dell'ente, sostituisce la misura con un'altra meno grave ovvero ne dispone l'applicazione con modalità meno gravose, anche stabilendo una minore durata.

51. Durata massima delle misure cautelari. 1. Nel disporre le misure cautelari il giudice ne determina la durata, che non può superare un anno.
2. Dopo la sentenza di condanna di primo grado, la durata della misura cautelare può avere la stessa durata della corrispondente sanzione applicata con la medesima sentenza. In ogni caso, la durata della misura cautelare non può superare un anno e quattro mesi.
3. Il termine di durata delle misure cautelari decorre dalla data della notifica dell'ordinanza.
4. La durata delle misure cautelari è computata nella durata delle sanzioni applicate in via definitiva.

• I co. 1 e 2 sono stati così modificati dalla l. 9.1.2019, n. 3.

52. Impugnazione dei provvedimenti che applicano le misure cautelari. 1. Il pubblico ministero e l'ente, per mezzo del suo difensore, possono proporre appello contro tutti i provvedimenti in materia di misure cautelari, indicandone contestualmente i motivi. Si osservano le disposizioni di cui all'articolo 322 *bis*, commi 1 *bis* e 2, del codice di procedura penale.
2. Contro il provvedimento emesso a norma del comma 1, il pubblico ministero e l'ente, per mezzo del suo difensore, possono proporre ricorso per cassazione per violazione di legge. Si osservano le disposizioni di cui all'articolo 325 del codice di procedura penale.

53. Sequestro preventivo. 1. Il giudice può disporre il sequestro delle cose di cui è consentita la confisca a norma dell'articolo 19. Si osservano le disposizioni di cui agli articoli 321, commi 3, 3 *bis* e 3 *ter*, 322, 322 *bis* e 323 del codice di procedura penale, in quanto applicabili.
1 *bis*. Ove il sequestro, eseguito ai fini della confisca per equivalente prevista dal comma 2 dell'articolo 19, abbia ad oggetto società, aziende ovvero beni, ivi compresi i titoli, nonché quote azionarie o liquidità anche se in deposito, il custode amministratore giudiziario ne consente l'utilizzo e la gestione agli organi societari esclusivamente al fine di garantire la continuità e lo sviluppo aziendali, esercitando i poteri di vigilanza e riferendone all'autorità giudiziaria. In caso di violazione della predetta finalità l'autorità giudiziaria adotta i provvedimenti conseguenti e può nominare un amministratore nell'esercizio dei poteri di azionista. Con la nomina si intendono eseguiti gli adempimenti di cui all'articolo 104 delle norme di attuazione, di coordinamento e transitorie del codice di procedura penale, di cui al decreto legislativo 28 luglio 1989, n. 271. In caso di sequestro in danno di società che gestiscono stabilimenti di interesse strategico nazionale e di loro controllate, si applicano le disposizioni di cui al decreto-legge 4 giugno 2013, n. 61, convertito, con modificazioni, dalla legge 3 agosto 2013, n. 89.

• Il co. 1 *bis* è stato introdotto dal d.l. 31.8.2013, n. 101, conv., con modif., dalla l. 30.10.2013, n. 125.

54. Sequestro conservativo. 1. Se vi è fondata ragione di ritenere che manchino o si disperdano le garanzie per il pagamento della sanzione pecuniaria, delle spese del procedimento e di ogni altra somma dovuta all'erario dello Stato, il pubblico ministero, in ogni stato e grado del processo di merito, chiede il sequestro conservativo dei beni mobili e immobili dell'ente o delle somme o cose allo stesso dovute. Si osservano le disposizioni di cui agli articoli 316, comma 4, 317, 318, 319 e 320 del codice di procedura penale, in quanto applicabili.

Sezione V
Indagini preliminari e udienza preliminare

55. Annotazione dell'illecito amministrativo. 1. Il pubblico ministero che acquisisce la notizia dell'illecito amministrativo dipendente da reato commesso dall'ente annota immediatamente, nel registro di cui all'articolo 335 del codice di procedura penale, gli elementi identificativi dell'ente unitamente, ove possibile, alle generalità del suo legale rappresentante nonché il reato da cui dipende l'illecito.

2. L'annotazione di cui al comma 1 è comunicata all'ente o al suo difensore che ne faccia richiesta negli stessi limiti in cui è consentita la comunicazione delle iscrizioni della notizia di reato alla persona alla quale il reato è attribuito.

56. Termine per l'accertamento dell'illecito amministrativo nelle indagini preliminari. 1. Il pubblico ministero procede all'accertamento dell'illecito amministrativo negli stessi termini previsti per le indagini preliminari relative al reato da cui dipende l'illecito stesso.

2. Il termine per l'accertamento dell'illecito amministrativo a carico dell'ente decorre dalla annotazione prevista dall'articolo 55.

57. Informazione di garanzia. 1. L'informazione di garanzia inviata all'ente deve contenere l'invito a dichiarare ovvero eleggere domicilio per le notificazioni nonché l'avvertimento che per partecipare al procedimento deve depositare la dichiarazione di cui all'articolo 39, comma 2.

58. Archiviazione. 1. Se non procede alla contestazione dell'illecito amministrativo a norma dell'articolo 59, il pubblico ministero emette decreto motivato di archiviazione degli atti, comunicandolo al procuratore generale presso la corte d'appello. Il procuratore generale può svolgere gli accertamenti indispensabili e, qualora ritenga ne ricorrano le condizioni, contesta all'ente le violazioni amministrative conseguenti al reato entro sei mesi dalla comunicazione.

59. Contestazione dell'illecito amministrativo. 1. Quando non dispone l'archiviazione, il pubblico ministero contesta all'ente l'illecito amministrativo dipendente dal reato. La contestazione dell'illecito è contenuta in uno degli atti indicati dall'articolo 405, comma 1, del codice di procedura penale.

2. La contestazione contiene gli elementi identificativi dell'ente, l'enunciazione, in forma chiara e precisa, del fatto che può comportare l'applicazione delle sanzioni amministrative, con l'indicazione del reato da cui l'illecito dipende e dei relativi articoli di legge e delle fonti di prova.

60. Decadenza dalla contestazione. 1. Non può procedersi alla contestazione di cui all'articolo 59 quando il reato da cui dipende l'illecito amministrativo dell'ente è estinto per prescrizione.

61. Provvedimenti emessi nell'udienza preliminare. 1. Il giudice dell'udienza preliminare pronuncia sentenza di non luogo a procedere nei casi di estinzione o di improcedibilità della sanzione amministrativa, ovvero quando l'illecito stesso non sussiste o gli elementi acquisiti risultano insufficienti, contraddittori o comunque non idonei a sostenere in giudizio la responsabilità dell'ente. Si applicano le disposizioni dell'articolo 426 del codice di procedura penale.

2. Il decreto che, a seguito dell'udienza preliminare, dispone il giudizio nei confronti dell'ente, contiene, a pena di nullità, la contestazione dell'illecito amministrativo dipendente dal reato, con l'enunciazione, in forma chiara e precisa, del fatto che può comportare l'applicazione delle sanzioni e l'indicazione del reato da cui l'illecito dipende e dei relativi articoli di legge e delle fonti di prova nonché gli elementi identificativi dell'ente.

Sezione VI
Procedimenti speciali

62. Giudizio abbreviato. 1. Per il giudizio abbreviato si osservano le disposizioni del titolo I del libro sesto del codice di procedura penale, in quanto applicabili.

2. Se manca l'udienza preliminare, si applicano, secondo i casi, le disposizioni degli articoli 555, comma 2, 557 e 558, comma 8.

3. La riduzione di cui all'articolo 442, comma 2, del codice di procedura penale è operata sulla durata della sanzione interdittiva e sull'ammontare della sanzione pecuniaria.

4. In ogni caso, il giudizio abbreviato non è ammesso quando per l'illecito amministrativo è prevista l'applicazione di una sanzione interdittiva in via definitiva.

63. Applicazione della sanzione su richiesta. 1. L'applicazione all'ente della sanzione su richiesta è ammessa se il giudizio nei confronti dell'imputato è definito ovvero definibile a norma dell'articolo 444 del codice di procedura penale nonché in tutti i casi in cui per l'illecito amministrativo è prevista la sola sanzione pecuniaria. Si osservano le disposizioni di cui al titolo II del libro sesto del codice di procedura penale, in quanto applicabili.
2. Nei casi in cui è applicabile la sanzione su richiesta, la riduzione di cui all'articolo 444, comma 1, del codice di procedura penale è operata sulla durata della sanzione interdittiva e sull'ammontare della sanzione pecuniaria.
3. Il giudice, se ritiene che debba essere applicata una sanzione interdittiva in via definitiva, rigetta la richiesta.

64. Procedimento per decreto. 1. Il pubblico ministero, quando ritiene che si debba applicare la sola sanzione pecuniaria, può presentare al giudice per le indagini preliminari, entro un anno dalla data dell'annotazione dell'illecito amministrativo nel registro di cui all'articolo 55 e previa trasmissione del fascicolo, richiesta motivata di emissione del decreto di applicazione della sanzione pecuniaria, indicandone la misura.
2. Il pubblico ministero può chiedere l'applicazione di una sanzione pecuniaria diminuita sino alla metà rispetto al minimo dell'importo applicabile.
3. Il giudice, quando non accoglie la richiesta, se non deve pronunciare sentenza di esclusione della responsabilità dell'ente, restituisce gli atti al pubblico ministero.
4. Si osservano le disposizioni del titolo V del libro sesto e dell'articolo 557 del codice di procedura penale, in quanto compatibili.

• Il co. 1 è stato modificato dal d. lgs. 10.10.2022, n. 150.

Sezione VII
Giudizio

65. Termine per provvedere alla riparazione delle conseguenze del reato. 1. Prima dell'apertura del dibattimento di primo grado, il giudice può disporre la sospensione del processo se l'ente chiede di provvedere alle attività di cui all'articolo 17 e dimostra di essere stato nell'impossibilità di effettuarle prima. In tal caso, il giudice, se ritiene di accogliere la richiesta, determina una somma di denaro a titolo di cauzione. Si osservano le disposizioni di cui all'articolo 49.

66. Sentenza di esclusione della responsabilità dell'ente. 1. Se l'illecito amministrativo contestato all'ente non sussiste, il giudice lo dichiara con sentenza, indicandone la causa nel dispositivo. Allo stesso modo procede quando manca, è insufficiente o è contraddittoria la prova dell'illecito amministrativo.

67. Sentenza di non doversi procedere. 1. Il giudice pronuncia sentenza di non doversi procedere nei casi previsti dall'articolo 60 e quando la sanzione è estinta per prescrizione.

68. Provvedimenti sulle misure cautelari. 1. Quando pronuncia una delle sentenze di cui agli articoli 66 e 67, il giudice dichiara la cessazione delle misure cautelari eventualmente disposte.

69. Sentenza di condanna. 1. Se l'ente risulta responsabile dell'illecito amministrativo contestato il giudice applica le sanzioni previste dalla legge e lo condanna al pagamento delle spese processuali.
2. In caso di applicazione delle sanzioni interdittive la sentenza deve sempre indicare l'attività o le strutture oggetto della sanzione.

70. Sentenza in caso di vicende modificative dell'ente. 1. Nel caso di trasformazione, fusione o scissione dell'ente responsabile, il giudice dà atto nel dispositivo che la sentenza è pronunciata nei confronti degli enti risultanti dalla trasformazione o fusione ovvero beneficiari della scissione, indicando l'ente originariamente responsabile.

2. La sentenza pronunciata nei confronti dell'ente originariamente responsabile ha comunque effetto anche nei confronti degli enti indicati nel comma 1.

Sezione VIII
Impugnazioni

71. Impugnazioni delle sentenze relative alla responsabilità amministrativa dell'ente. 1. Contro la sentenza che applica sanzioni amministrative diverse da quelle interdittive l'ente può proporre impugnazione nei casi e nei modi stabiliti per l'imputato del reato dal quale dipende l'illecito amministrativo.

2. Contro la sentenza che applica una o più sanzioni interdittive, l'ente può sempre proporre appello anche se questo non è ammesso per l'imputato del reato dal quale dipende l'illecito amministrativo.

3. Contro la sentenza che riguarda l'illecito amministrativo il pubblico ministero può proporre le stesse impugnazioni consentite per il reato da cui l'illecito amministrativo dipende.

72. Estensione delle impugnazioni. 1. Le impugnazioni proposte dall'imputato del reato da cui dipende l'illecito amministrativo e dall'ente, giovano, rispettivamente, all'ente e all'imputato, purché non fondate su motivi esclusivamente personali.

73. Revisione delle sentenze. 1. Alle sentenze pronunciate nei confronti dell'ente si applicano, in quanto compatibili, le disposizioni del titolo IV del libro nono del codice di procedura penale ad eccezione degli articoli 643, 644, 645, 646 e 647.

Sezione IX
Esecuzione

74. Giudice dell'esecuzione. 1. Competente a conoscere dell'esecuzione delle sanzioni amministrative dipendenti da reato è il giudice indicato nell'articolo 665 del codice di procedura penale.

2. Il giudice indicato nel comma 1 è pure competente per i provvedimenti relativi:

a) alla cessazione dell'esecuzione delle sanzioni nei casi previsti dall'articolo 3;

b) alla cessazione dell'esecuzione nei casi di estinzione del reato per amnistia;

c) alla determinazione della sanzione amministrativa applicabile nei casi previsti dall'articolo 21, commi 1 e 2;

d) alla confisca e alla restituzione delle cose sequestrate.

3. Nel procedimento di esecuzione si osservano le disposizioni di cui all'articolo 666 del codice di procedura penale, in quanto applicabili. Nei casi previsti dal comma 2, lettere *b*) e *d*) si osservano le disposizioni di cui all'articolo 667, comma 4, del codice di procedura penale.

4. Quando è applicata l'interdizione dall'esercizio dell'attività, il giudice, su richiesta dell'ente, può autorizzare il compimento di atti di gestione ordinaria che non comportino la prosecuzione dell'attività interdetta. Si osservano le disposizioni di cui all'articolo 667, comma 4, del codice di procedura penale.

75. [Soppresso.]

• Articolo abrogato dal d.P.R. 30.5.2002, n. 115.

76. Pubblicazione della sentenza applicativa della condanna. 1. La pubblicazione della sentenza di condanna è eseguita a spese dell'ente nei cui confronti è stata applicata la sanzione. Si osservano le disposizioni di cui all'articolo 694, commi 2, 3 e 4, del codice di procedura penale.

77. Esecuzione delle sanzioni interdittive. 1. L'estratto della sentenza che ha disposto l'applicazione di una sanzione interdittiva è notificata all'ente a cura del pubblico ministero.
2. Ai fini della decorrenza del termine di durata delle sanzioni interdittive si ha riguardo alla data della notificazione.

78. Conversione delle sanzioni interdittive. 1. L'ente che ha posto in essere tardivamente le condotte di cui all'articolo 17, entro venti giorni dalla notifica dell'estratto della sentenza, può richiedere la conversione della sanzione amministrativa interdittiva in sanzione pecuniaria.
2. La richiesta è presentata al giudice dell'esecuzione e deve contenere la documentazione attestante l'avvenuta esecuzione degli adempimenti di cui all'articolo 17.
3. Entro dieci giorni dalla presentazione della richiesta, il giudice fissa l'udienza in camera di consiglio e ne fa dare avviso alle parti e ai difensori; se la richiesta non appare manifestamente infondata, il giudice può sospendere l'esecuzione della sanzione. La sospensione è disposta con decreto motivato revocabile.
4. Se accoglie la richiesta il giudice, con ordinanza, converte le sanzioni interdittive, determinando l'importo della sanzione pecuniaria in una somma non inferiore a quella già applicata in sentenza e non superiore al doppio della stessa. Nel determinare l'importo della somma il giudice tiene conto della gravità dell'illecito ritenuto in sentenza e delle ragioni che hanno determinato il tardivo adempimento delle condizioni di cui all'articolo 17.

79. Nomina del commissario giudiziale e confisca del profitto. 1. Quando deve essere eseguita la sentenza che dispone la prosecuzione dell'attività dell'ente ai sensi dell'articolo 15, la nomina del commissario giudiziale è richiesta dal pubblico ministero al giudice dell'esecuzione, il quale vi provvede senza formalità.
2. Il commissario riferisce ogni tre mesi al giudice dell'esecuzione e al pubblico ministero sull'andamento della gestione e, terminato l'incarico, trasmette al giudice una relazione sull'attività svolta nella quale rende conto della gestione, indicando altresì l'entità del profitto da sottoporre a confisca e le modalità con le quali sono stati attuati i modelli organizzativi.
3. Il giudice decide sulla confisca con le forme dell'articolo 667, comma 4, del codice di procedura penale.
4. Le spese relative all'attività svolta dal commissario e al suo compenso sono a carico dell'ente.

80. [Soppresso.]

• Articolo abrogato dal d.P.R. 14.11.2002, n. 313.

81. [Soppresso.]

• Articolo abrogato dal d.P.R. 14.11.2002, n. 313.

82. [Soppresso.]

• Articolo abrogato dal d.P.R. 14.11.2002, n. 313.

Capo IV
Disposizioni di attuazione e di coordinamento

83. Concorso di sanzioni. 1. Nei confronti dell'ente si applicano soltanto le sanzioni interdittive stabilite nel presente decreto legislativo anche quando diverse disposizioni di legge prevedono, in conseguenza della sentenza di condanna per il reato, l'applicazione nei confronti dell'ente di sanzioni amministrative di contenuto identico o analogo.

2. Se, in conseguenza dell'illecito, all'ente è stata già applicata una sanzione amministrativa di contenuto identico o analogo a quella interdittiva prevista dal presente decreto legislativo, la durata della sanzione già sofferta è computata ai fini della determinazione della durata della sanzione amministrativa dipendente da reato.

84. Comunicazioni alle autorità di controllo o di vigilanza. 1. Il provvedimento che applica misure cautelari interdittive e la sentenza irrevocabile di condanna sono comunicati, a cura della cancelleria del giudice che li ha emessi, alle autorità che esercitano il controllo o la vigilanza sull'ente.

85. Disposizioni regolamentari. 1. Con regolamento emanato ai sensi dell'articolo 17, comma 3, della legge 23 agosto 1988, n. 400, entro sessanta giorni dalla data di pubblicazione del presente decreto legislativo, il Ministro della giustizia adotta le disposizioni regolamentari relative al procedimento di accertamento dell'illecito amministrativo che concernono:

a) le modalità di formazione e tenuta dei fascicoli degli uffici giudiziari;

b) [soppresso;]

c) le altre attività necessarie per l'attuazione del presente decreto legislativo.

2. Il parere del Consiglio di Stato sul regolamento previsto dal comma 1 è reso entro trenta giorni dalla richiesta.

• La lett. *b* è stata abrogata dal d.P.R. 14.11.2002, n. 313.

SPESE DI GIUSTIZIA

D.P.R. 30 maggio 2002, n. 115. Testo unico delle disposizioni legislative e regolamentari in materia di spese di giustizia

PARTE I
DISPOSIZIONI GENERALI

Titolo I
OGGETTO E DEFINIZIONI

1. (L) Oggetto. 1. Le norme del presente testo unico disciplinano le voci e le procedure di spesa dei processi: il pagamento da parte dell'erario, il pagamento da parte dei privati, l'annotazione e la riscossione. Disciplinano, inoltre, il patrocinio a spese dello Stato, la riscossione delle spese di mantenimento, delle sanzioni amministrative pecuniarie e delle sanzioni pecuniarie processuali.

• Nel co. 1 le parole «delle pene pecuniarie,» sono state soppresse dal d. lgs. 10.10.2022, n. 150. Ai sensi dell'art. 97 co. 3 d. lgs. 150 del 2022, le disposizioni del d.P.R. 30.5.2002, n. 115, abrogate o modificate dal presente decreto, continuano ad applicarsi in relazione alle pene pecuniarie irrogate per reati commessi prima della sua entrata in vigore.

2. (L) Ambito di applicazione. 1. Le norme del presente testo unico si applicano al processo penale, civile, amministrativo, contabile e tributario, con l'eccezione di quelle espressamente riferite dal presente testo unico ad uno o più degli stessi processi.

2. Le spese del processo amministrativo, contabile e tributario sono, inoltre, regolate dalle norme speciali della parte VIII del presente testo unico.

3. (R) Definizioni. 1. Ai fini del presente testo unico, se non diversamente ed espressamente indicato:

a) «magistrato» è il giudice o il pubblico ministero, anche onorario, preposto alla funzione giurisdizionale sulla base di norme di legge e delle disposizioni dei codici di procedura penale e civile;

b) «magistrato professionale» è il magistrato che ha uno stabile rapporto di servizio con l'amministrazione;

c) «magistrato onorario» è il giudice di pace, il giudice onorario di tribunale, il vice procuratore onorario, il giudice onorario aggregato;

d) «giudice popolare» è il componente non togato nei collegi di assise;

e) «esperto» è il componente privato dell'ufficio giudiziario minorile, dell'ufficio giudiziario di sorveglianza, dell'ufficio giudiziario agrario;

f) «ufficio giudiziario» è l'ufficio del magistrato competente secondo le norme di legge e le disposizioni dei codici di procedura penale e civile;

g) «ufficio» è l'apparato della pubblica amministrazione strumentale all'ufficio giudiziario, con esclusione in ogni caso dell'ufficio finanziario;

h) «ufficio finanziario» è l'ufficio dell'amministrazione finanziaria competente secondo l'organizzazione interna;

i) «funzionario addetto all'ufficio» è la persona che svolge la funzione amministrativa secondo l'organizzazione interna;

l) «ufficiale giudiziario» è la persona che svolge la funzione secondo l'organizzazione interna degli uffici notificazioni e protesti (UNEP);

m) «notificazione da parte dell'ufficiale giudiziario», ai fini delle spettanze degli ufficiali giudiziari, è la trasmissione della notizia di un atto o la trasmissione di copia di un atto;

n) «ausiliario del magistrato» è il perito, il consulente tecnico, l'interprete, il traduttore e qualunque altro soggetto competente, in una determinata arte o professione o comunque idoneo al compimento di atti, che il magistrato o il funzionario addetto all'ufficio può nominare a norma di legge;

o) «processo» è qualunque procedimento contenzioso o non contenzioso di natura giurisdizionale;

p) «processo penale» è il procedimento o processo penale e penale militare;

q) «amministrazione pubblica ammessa alla prenotazione a debito» è l'amministrazione dello Stato, o altra amministrazione pubblica, ammessa da norme di legge alla prenotazione a debito di imposte o di spese a suo carico;

r) «annotazione» è l'attività su supporto cartaceo o informatico per riportare il dato nei registri;

s) «prenotazione a debito» è l'annotazione a futura memoria di una voce di spesa, per la quale non vi è pagamento, ai fini dell'eventuale successivo recupero;

t) «anticipazione» è il pagamento di una voce di spesa che, ricorrendo i presupposti previsti dalla legge, è recuperabile;

u) «sanzione pecuniaria processuale» è la somma dovuta sulla base delle norme del codice di procedura civile e del codice di procedura penale, recuperabile nelle forme previste per le spese;

v) «sanzione amministrativa pecuniaria» è la sanzione pecuniaria, anche derivante da conversione della sanzione interdittiva, dovuta dalle persone giuridiche, dalle società e dalle associazioni anche prive di personalità giuridica, ai sensi del decreto legislativo 8 giugno 2001, n. 231;

z) «concessionario» è il soggetto incaricato ai sensi dell'articolo 4 del decreto legislativo 9 luglio 1997, n. 237.

Titolo II
DISPOSIZIONI GENERALI RELATIVE AL PROCESSO PENALE

4. (L) Anticipazione delle spese. 1. Le spese del processo penale sono anticipate dall'erario, ad eccezione di quelle relative agli atti chiesti dalle parti private e di quelle relative alla pubblicazione della sentenza, ai sensi dell'articolo 694, comma 1, del codice di procedura penale e dell'articolo 76 del decreto legislativo 8 giugno 2001, n. 231.

2. Se la parte è ammessa al patrocinio a spese dello Stato, l'erario anticipa anche le spese relative agli atti chiesti dalla parte privata, secondo le previsioni della parte III del presente testo unico.

5. (L) Spese ripetibili e non ripetibili. 1. Sono spese ripetibili:

a) le spese di spedizione, i diritti e le indennità di trasferta degli ufficiali giudiziari per le notificazioni;

b) le spese relative alle trasferte per il compimento di atti fuori dalla sede in cui si svolge il processo;

c) le spese e le indennità per i testimoni;

d) gli onorari, le spese e le indennità di trasferta e le spese per l'adempimento dell'incarico degli ausiliari del magistrato, ad esclusione degli interpreti e dei traduttori nominati nei casi previsti dall'articolo 143 codice di procedura penale;

e) le indennità di custodia;

f) le spese per la pubblicazione dei provvedimenti del magistrato;

g) le spese per la demolizione di opere abusive e la riduzione in pristino dei luoghi;

h) le spese straordinarie;

i) le spese di mantenimento dei detenuti;

i bis) le spese relative alle prestazioni previste dall'art. 96 del decreto legislativo 1° agosto 2003, n. 259, e quelle funzionali all'utilizzo delle prestazioni medesime.

2. Sono spese non ripetibili:

a) le indennità dei magistrati onorari, dei giudici popolari nei collegi di assise e degli esperti;

b) le spese relative alle trasferte dei magistrati professionali di corte di assise per il dibattimento tenuto in luogo diverso da quello di normale convocazione.

3. Fermo quanto disposto dall'articolo 696 del codice di procedura penale, non sono ripetibili le spese per le rogatorie dall'estero e per le estradizioni da e per l'estero.

6. (L) Remissione del debito. 1. Se l'interessato non è stato detenuto o internato, il debito per le spese del processo è rimesso nei confronti di chi si trova in disagiate condizioni economiche e ha tenuto una regolare condotta in libertà.

2. Se l'interessato è stato detenuto o internato, il debito per le spese del processo e per quelle di mantenimento è rimesso nei confronti di chi si trova in disagiate condizioni economiche e ha tenuto in istituto una regolare condotta, ai sensi dell'articolo 30 *ter*, comma 8, della legge 26 luglio 1975, n. 354.

3. La domanda, corredata da idonea documentazione, è presentata dall'interessato o dai prossimi congiunti, o proposta dal consiglio di disciplina, di cui alla legge 26 luglio 1975, n. 354, al magistrato competente, fino a che non è conclusa la procedura per il recupero, che è sospesa se in corso.

7. (R) Rogatorie all'estero. 1. Fermo quanto disposto dall'articolo 696 del codice di procedura penale, le spese per le rogatorie all'estero sono disciplinate dal presente testo unico.

8-73. [*Omissis.*]

PARTE III
PATROCINIO A SPESE DELLO STATO

Titolo I
DISPOSIZIONI GENERALI SUL PATROCINIO A SPESE DELLO STATO NEL PROCESSO PENALE, CIVILE, AMMINISTRATIVO, CONTABILE E TRIBUTARIO

Capo I
Istituzione del patrocinio

74. (L) Istituzione del patrocinio. 1. È assicurato il patrocinio nel processo penale per la difesa del cittadino non abbiente, indagato, imputato, condannato, persona offesa da reato, danneggiato che intenda costituirsi parte civile, responsabile civile ovvero civilmente obbligato per la pena pecuniaria.

2. È, altresì, assicurato il patrocinio nel processo civile, amministrativo, contabile, tributario e negli affari di volontaria giurisdizione, per la difesa del cittadino non abbiente quando le sue ragioni risultino non manifestatamene infondate.

• Corte cost., 10 del 2022, ha dichiarato l'illegittimità costituzionale dell'art. 74, co. 2 e dell'art. 75, co. 1, d.P.R. 115 del 2002 «nella parte in cui non prevedono che il patrocinio a spese dello Stato sia applicabile anche all'attività difensiva svolta nell'ambito dei procedimenti di mediazione di cui all'art. 5, comma 1 *bis*, del decreto legislativo 4 marzo 2010, n. 28 (Attuazione dell'articolo 60 della legge 18 giugno 2009, n. 69, in materia di mediazione finalizzata alla conciliazione delle controversie civili e commerciali), quando nel corso degli stessi è stato raggiunto un accordo».

75. (L) Ambito di applicabilità. 1. L'ammissione al patrocinio è valida per ogni grado e per ogni fase del processo e per tutte le eventuali procedure, derivate ed accidentali, comunque connesse.

2. La disciplina del patrocinio si applica, in quanto compatibile, anche nella fase dell'esecuzione, nel processo di revisione, nei processi di revocazione e opposizione di terzo, nonché nei processi relativi all'applicazione di misure di sicurezza, di prevenzione e nei processi di competenza del tribunale di sorveglianza, sempre che l'interessato debba o possa essere assistito da un difensore o da un consulente tecnico.

2 *bis*. La disciplina del patrocinio si applica, inoltre, nelle procedure passive di consegna, di cui alla legge 22 aprile 2005, n. 69, dal momento dell'arresto eseguito in conformità del mandato d'arresto europeo fino alla consegna o fino al momento in cui la decisione sulla mancata consegna diventi definitiva, nonché nelle procedure attive di consegna, di cui alla citata legge n. 69 del 2005, in favore della persona ricercata oggetto di un procedimento di esecuzione del mandato d'arresto europeo ai fini dell'esercizio di un'azione penale e che ha esercitato il diritto di nominare un difensore sul territorio nazionale affinché assista il difensore nello Stato membro di esecuzione.

• Il co. 2 *bis* è stato inserito dal d. lgs. 7.3.2019, n. 24.
• Corte cost., 10 del 2022, ha dichiarato l'illegittimità costituzionale del co. 1, nonché dell'art. 74, co. 2, d.P.R. 115 del 2002 «nella parte in cui non prevedono che il patrocinio a spese dello Stato sia applicabile anche all'attività difensiva svolta nell'ambito dei procedimenti di mediazione di cui all'art. 5, comma 1 *bis*, del decreto legislativo 4 marzo 2010, n. 28 (Attuazione dell'articolo 60 della legge 18 giugno 2009, n. 69, in materia di mediazione finalizzata alla conciliazione delle controversie civili e commerciali), quando nel corso degli stessi è stato raggiunto un accordo».

Capo II
Condizioni per l'ammissione al patrocinio

76. (L) Condizioni per l'ammissione. 1. Può essere ammesso al patrocinio chi è titolare di un reddito imponibile ai fini dell'imposta personale sul reddito, risultante dall'ultima dichiarazione, non superiore a euro 11.746,68.

2. Salvo quanto previsto dall'articolo 92, se l'interessato convive con il coniuge o con altri familiari, il reddito è costituito dalla somma dei redditi conseguiti nel medesimo periodo da ogni componente della famiglia, compreso l'istante.

3. Ai fini della determinazione dei limiti di reddito, si tiene conto anche dei redditi che per legge sono esenti dall'imposta sul reddito delle persone fisiche (IRPEF) o che sono soggetti a ritenuta alla fonte a titolo d'imposta, ovvero ad imposta sostitutiva.

4. Si tiene conto del solo reddito personale quando sono oggetto della causa diritti della personalità, ovvero nei processi in cui gli interessi del richiedente sono in conflitto con quelli degli altri componenti il nucleo familiare con lui conviventi.

4 *bis*. Per i soggetti già condannati con sentenza definitiva per i reati di cui agli articoli 416 *bis* del codice penale, 291 *quater* del testo unico di cui al decreto del Presidente della Repubblica 23 gennaio 1973, n. 43, 73, limitatamente alle ipotesi aggravate ai sensi dell'articolo 80, e 74, comma 1, del testo unico di cui al decreto del Presidente della Repubblica 9 ottobre 1990, n. 309, nonché per i reati commessi avvalendosi delle condizioni previste dal predetto articolo 416 *bis* ovvero al fine di agevolare l'attività delle associazioni previste dallo stesso articolo, e per i reati commessi in violazione delle norme per la repressione dell'evasione in materia di imposte sui redditi e sul valore aggiunto, ai soli fini del presente decreto, il reddito si ritiene superiore ai limiti previsti.

4 *ter*. La persona offesa dai reati di cui agli articoli 572, 583 *bis*, 609 *bis*, 609 *quater*, 609 *octies*

e 612 *bis*, nonché, ove commessi in danno di minori, dai reati di cui agli articoli 600, 600 *bis*, 600 *ter*, 600 *quinquies*, 601, 602, 609 *quinquies* e 609 *undecies* del codice penale, può essere ammessa al patrocinio anche in deroga ai limiti di reddito previsti dal presente decreto.

4 *quater*. Il minore straniero non accompagnato coinvolto a qualsiasi titolo in un procedimento giurisdizionale ha diritto di essere informato dell'opportunità di nominare un legale di fiducia, anche attraverso il tutore nominato o l'esercente la responsabilità genitoriale ai sensi dell'articolo 3, comma 1, della legge 4 maggio 1983, n. 184, e successive modificazioni, e di avvalersi, in base alla normativa vigente, del gratuito patrocinio a spese dello Stato in ogni stato e grado del procedimento. Per l'attuazione delle disposizioni contenute nel presente comma è autorizzata la spesa di 771.470 euro annui a decorrere dall'anno 2017.

4 *quater*. I figli minori o i figli maggiorenni economicamente non autosufficienti rimasti orfani di un genitore a seguito di omicidio commesso in danno dello stesso genitore dal coniuge, anche legalmente separato o divorziato, dall'altra parte dell'unione civile, anche se l'unione civile è cessata, o dalla persona che è o è stata legata da relazione affettiva e stabile convivenza possono essere ammessi al patrocinio a spese dello Stato, anche in deroga ai limiti di reddito previsti, applicando l'ammissibilità in deroga al relativo procedimento penale e a tutti i procedimenti civili derivanti dal reato, compresi quelli di esecuzione forzata.

• L'importo di cui al co. 1 è stato, da ultimo, così aggiornato dal d.m. 23.7.2020.
• Il co. 4 *quater* è stato introdotto dalla l. 11.1.2018, n. 4. Per un difetto di coordinamento, il co. 4 *quater* risulta dapprima inserito con l. 7.4.2017, n. 47 e poi anche con l. 11.1.2018, n. 4.
• Il co. 4 *bis* è stato, da ultimo, modificato dal d. lgs. 7.3.2019, n. 24.
• Corte cost., 139 del 2010, ha dichiarato l'illegittimità costituzionale del co. 4 *bis* «nella parte in cui, stabilendo che per i soggetti già condannati con sentenza definitiva per i reati indicati nella stessa norma il reddito si ritiene superiore ai limiti previsti per l'ammissione al patrocino a spese dello Stato, non ammette la prova contraria». Corte cost., 223 del 2022, ha dichiarato l'illegittimità costituzionale del co. 4 *bis* nella parte in cui ricomprende anche la condanna per il reato di cui al co. 5 dell'art. 73 t.u. stupefacenti, rimanendo invece impregiudicata la previsione della presunzione relativa alle altre fattispecie di reato, previste da tale ultima disposizione, aggravate ai sensi del successivo art. 80.

77. (L) Adeguamento dei limiti di reddito per l'ammissione. 1. I limiti di reddito sono adeguati ogni due anni in relazione alla variazione, accertata dall'ISTAT, dell'indice dei prezzi al consumo per le famiglie di operai e impiegati, verificatasi nel biennio precedente, con decreto dirigenziale del Ministero della giustizia, di concerto con il Ministero dell'economia e delle finanze.

Capo III
Istanza per l'ammissione al patrocinio

78. (L) Istanza per l'ammissione. 1. L'interessato che si trova nelle condizioni indicate nell'articolo 76 può chiedere di essere ammesso al patrocinio in ogni stato e grado del processo.

2. L'istanza è sottoscritta dall'interessato a pena di inammissibilità. La sottoscrizione è autenticata dal difensore, ovvero con le modalità di cui all'articolo 38, comma 3, del decreto del Presidente della Repubblica 28 dicembre 2000, n. 445.

79. (L) Contenuto dell'istanza. 1. L'istanza è redatta in carta semplice e, a pena di inammissibilità, contiene:

a) la richiesta di ammissione al patrocinio e l'indicazione del processo cui si riferisce, se già pendente;

b) le generalità dell'interessato e dei componenti la famiglia anagrafica, unitamente ai rispettivi codici fiscali;

c) una dichiarazione sostitutiva di certificazione da parte dell'interessato, ai sensi dell'articolo 46, comma 1, lettera o), del decreto del Presidente della Repubblica 28 dicembre 2000, n. 445, attestante la sussistenza delle condizioni di reddito previste per l'ammissione, con specifica determinazione del reddito complessivo valutabile a tali fini, determinato secondo le modalità indicate nell'articolo 76;

d) l'impegno a comunicare, fino a che il processo non sia definito, le variazioni rilevanti dei limiti di reddito, verificatesi nell'anno precedente, entro trenta giorni dalla scadenza del termine di un anno, dalla data di presentazione dell'istanza o della eventuale precedente comunicazione di variazione.

2. Per i redditi prodotti all'estero, il cittadino di Stati non appartenenti all'Unione europea correda l'istanza con una certificazione dell'autorità consolare competente, che attesta la veridicità di quanto in essa indicato.

3. Gli interessati, se il giudice procedente o il consiglio dell'ordine degli avvocati competente a provvedere in via anticipata lo richiedono, sono tenuti, a pena di inammissibilità dell'istanza, a produrre la documentazione necessaria ad accertare la veridicità di quanto in essa indicato.

• Corte cost., 157 del 2021, ha dichiarato l'illegittimità costituzionale del co. 2 «nella parte in cui non consente al cittadino di Stati non appartenenti all'Unione europea, in caso di impossibilità a presentare la documentazione richiesta ai sensi dell'art. 79, comma 2, di produrre, a pena di inammissibilità, una dichiarazione sostitutiva di tale documentazione».

Capo IV
Difensori, ausiliari del magistrato e consulenti tecnici di parte

80. (L) Nomina del difensore. 1. Chi è ammesso al patrocinio può nominare un difensore scelto tra gli iscritti negli elenchi degli avvocati per il patrocinio a spese dello Stato, istituiti presso i consigli dell'ordine del distretto di corte di appello nel quale ha sede il magistrato competente a conoscere del merito o il magistrato davanti al quale pende il processo.

2. Se procede la Corte di cassazione, il Consiglio di Stato, le sezioni riunite o le sezioni giurisdizionali centrali presso la Corte dei conti, gli elenchi sono quelli istituiti presso i consigli dell'ordine del distretto di corte di appello del luogo dove ha sede il giudice che ha emesso il provvedimento impugnato.

3. Colui che è ammesso al patrocinio può nominare un difensore iscritto negli elenchi degli avvocati per il patrocinio a spese dello Stato scelto anche al di fuori del distretto di cui ai commi 1 e 2.

81. (L) Elenco degli avvocati per il patrocinio a spese dello Stato. 1. L'elenco degli avvocati per il patrocinio a spese dello Stato è formato dagli avvocati che ne fanno domanda e che siano in possesso dei requisiti previsti dal comma 2.

2. L'inserimento nell'elenco è deliberato dal consiglio dell'ordine, il quale valuta la sussistenza dei seguenti requisiti e condizioni:

a) attitudini ed esperienza professionale specifica, distinguendo tra processi civili, penali, amministrativi, contabili, tributari ed affari di volontaria giurisdizione;

b) assenza di sanzioni disciplinari superiori all'avvertimento irrogate nei cinque anni precedenti la domanda;

c) iscrizione all'Albo degli avvocati da almeno due anni.

3. È cancellato di diritto dall'elenco l'avvocato per il quale è stata disposta una sanzione disciplinare superiore all'avvertimento.

4. L'elenco è rinnovato entro il 31 gennaio di ogni anno, è pubblico, e si trova presso tutti gli uffici giudiziari situati nel territorio di ciascuna Provincia.

82. (L) Onorario e spese del difensore. 1. L'onorario e le spese spettanti al difensore sono liquidati dall'autorità giudiziaria con decreto di pagamento, osservando la tariffa professionale in modo che, in ogni caso, non risultino superiori ai valori medi delle tariffe professionali vigenti relative ad onorari, diritti ed indennità, tenuto conto della natura dell'impegno professionale, in relazione all'incidenza degli atti assunti rispetto alla posizione processuale della persona difesa.

2. Nel caso in cui il difensore nominato dall'interessato sia iscritto in un elenco degli avvocati di un distretto di corte d'appello diverso da quello in cui ha sede il magistrato competente a conoscere del merito o il magistrato davanti al quale pende il processo, non sono dovute le spese e le indennità di trasferta previste dalla tariffa professionale.

3. Il decreto di pagamento è comunicato al difensore e alle parti, compreso il pubblico ministero.

83. (L) Onorario e spese dell'ausiliario del magistrato e del consulente tecnico di parte. 1. L'onorario e le spese spettanti, al difensore, all'ausiliario del magistrato e al consulente tecnico di parte sono liquidati dall'autorità giudiziaria con decreto di pagamento, secondo le norme del presente testo unico.

2. La liquidazione è effettuata al termine di ciascuna fase o grado del processo e, comunque, all'atto della cessazione dell'incarico, dall'autorità giudiziaria che ha proceduto; per il giudizio di cassazione, alla liquidazione procede il giudice di rinvio, ovvero quello che ha pronunciato la sentenza passata in giudicato. In ogni caso, il giudice competente può provvedere anche alla liquidazione dei compensi dovuti per le fasi o i gradi anteriori del processo, se il provvedimento di ammissione al patrocinio è intervenuto dopo la loro definizione.

3. Il decreto di pagamento è comunicato al beneficiario e alle parti, compreso il pubblico ministero.

3 *bis*. Il decreto di pagamento è emesso dal giudice contestualmente alla pronuncia del provvedimento che chiude la fase cui si riferisce la relativa richiesta.

• Corte cost., 10 del 2022, ha dichiarato l'illegittimità costituzionale del co. 2 nella parte in cui non prevede che, quando è stato raggiunto un accordo nell'ambito dei procedimenti di mediazione di cui all'art. 5, co. 1 *bis*, d. lgs. 4.3.2010, n. 28, «alla liquidazione in favore del difensore provveda l'autorità giudiziaria che sarebbe stata competente a decidere la controversia».

84. (L) Opposizione al decreto di pagamento. 1. Avverso il decreto di pagamento del compenso al difensore, all'ausiliario del magistrato e al consulente tecnico di parte, è ammessa opposizione ai sensi dell'articolo 170.

85. (L) Divieto di percepire compensi o rimborsi. 1. Il difensore, l'ausiliario del magistrato e il consulente tecnico di parte non possono chiedere e percepire dal proprio assistito compensi o rimborsi a qualunque titolo, diversi da quelli previsti dalla presente parte del testo unico.

2. Ogni patto contrario è nullo.

3. La violazione del divieto costituisce grave illecito disciplinare professionale.

Capo V
Recupero delle somme da parte dello Stato

86. (L) Recupero delle somme da parte dello Stato. 1. Lo Stato ha, in ogni caso, diritto di recuperare in danno dell'interessato le somme eventualmente pagate successivamente alla revoca del provvedimento di ammissione.

Capo VI
Norme finali

87. (L) Servizio al pubblico in materia di patrocinio a spese dello Stato. 1. Il servizio al pubblico per il patrocinio a spese dello Stato è disciplinato dall'articolo 20 della legge 29 marzo 2001, n. 134.

88. (L) Controlli da parte della Guardia di finanza. 1. Nei programmi annuali di controllo fiscale della Guardia di finanza sono inclusi i controlli dei soggetti ammessi al patrocinio a spese dello Stato, individuati sulla base di appositi criteri selettivi, anche tramite indagini bancarie e presso gli intermediari finanziari.

89. (L) Norme di attuazione. 1. Con decreto del Presidente della Repubblica, ai sensi dell'articolo 17, comma 1, della legge 23 agosto 1988, n. 400, sono emanate le norme di attuazione delle disposizioni della parte III del presente testo unico.

Titolo II
DISPOSIZIONI PARTICOLARI SUL PATROCINIO A SPESE DELLO STATO NEL PROCESSO PENALE

Capo I
Istituzione del patrocinio

90. (L) Equiparazione dello straniero e dell'apolide. 1. Il trattamento previsto per il cittadino italiano è assicurato altresì allo straniero e all'apolide residente nello Stato.

Capo II
Condizioni per l'ammissione al patrocinio

91. (L) Esclusione dal patrocinio. 1. L'ammissione al patrocinio è esclusa:

a) per il condannato di reati commessi in violazione delle norme per la repressione dell'evasione in materia di imposte sui redditi e sul valore aggiunto;

b) se il richiedente è assistito da più di un difensore; in ogni caso gli effetti dell'ammissione cessano a partire dal momento in cui la persona alla quale il beneficio è stato concesso nomina un secondo difensore di fiducia, eccettuati i casi di cui all'articolo 100.

• Articolo modificato dal d. lgs. 7.3.2019, n. 24.

92. (L) Elevazione dei limiti di reddito per l'ammissione. 1. Se l'interessato all'ammissione al patrocinio convive con il coniuge o con altri familiari, si applicano le disposizioni di cui all'articolo 76, comma 2, ma i limiti di reddito indicati dall'articolo 76, comma 1, sono elevati di euro 1.032,91 per ognuno dei familiari conviventi.

Capo III
Istanza di ammissione al patrocinio

93. (L) Presentazione dell'istanza al magistrato competente. 1. L'istanza è presentata esclusivamente dall'interessato o dal difensore, ovvero inviata, a mezzo raccomandata, all'ufficio del magistrato innanzi al quale pende il processo. Se procede la Corte di cassazione, l'istanza è presentata all'ufficio del magistrato che ha emesso il provvedimento impugnato.

2. [...]

3. Per il richiedente detenuto, internato in un istituto, in stato di arresto o di detenzione domiciliare, ovvero custodito in un luogo di cura, si applica l'articolo 123 del codice di procedura penale. Il direttore o l'ufficiale di polizia giudiziaria che hanno ricevuto l'istanza, ai sensi dell'articolo 123 del codice di procedura penale, la presentano o inviano, a mezzo raccomandata, all'ufficio del magistrato davanti al quale pende il processo.

94. (L) Impossibilità a presentare la documentazione necessaria ad accertare la veridicità. 1. In caso di impossibilità a produrre la documentazione richiesta dall'articolo 79, comma 3, questa è sostituita, a pena di inammissibilità, da una dichiarazione sostitutiva di certificazione da parte dell'interessato.

2. In caso di impossibilità a produrre la documentazione richiesta ai sensi dell'articolo 79, comma 2, il cittadino di Stati non appartenenti all'Unione europea, la sostituisce, a pena di inammissibilità, con una dichiarazione sostitutiva di certificazione.

3. Se il cittadino di Stati non appartenenti all'Unione europea è detenuto, internato per l'esecuzione di una misura di sicurezza, in stato di arresto o di detenzione domiciliare ovvero è custodito in un luogo di cura, la certificazione dell'autorità consolare, prevista dall'articolo 79, comma 2, può anche essere prodotta, entro venti giorni dalla data di presentazione dell'istanza, dal difensore o da un componente della famiglia dell'interessato.

95. (L) Sanzioni. 1. La falsità o le omissioni nella dichiarazione sostitutiva di certificazione, nelle dichiarazioni, nelle indicazioni e nelle comunicazioni previste dall'articolo 79, comma 1, lettere *b*), *c*) e *d*), sono punite con la reclusione da uno a cinque anni e con la multa da euro 309,87 a euro 1.549,37. La pena è aumentata se dal fatto consegue l'ottenimento o il mantenimento dell'ammissione al patrocinio; la condanna importa la revoca, con efficacia retroattiva, e il recupero a carico del responsabile delle somme corrisposte dallo Stato.

Capo IV
Decisione sull'istanza di ammissione

96. (L) Decisione sull'istanza di ammissione al patrocinio. 1. Nei dieci giorni successivi a quello in cui è stata presentata o è pervenuta l'istanza di ammissione il magistrato davanti al quale pende il processo o il magistrato che ha emesso il provvedimento impugnato, se procede la Corte di cassazione, verificata l'ammissibilità dell'istanza, ammette l'interessato al patrocinio a spese dello Stato se, alla stregua della dichiarazione sostitutiva prevista dall'articolo 79, comma 1, lettera *c*), ricorrono le condizioni di reddito cui l'ammissione al beneficio è subordinata.

2. Il magistrato respinge l'istanza se vi sono fondati motivi per ritenere che l'interessato non versa nelle condizioni di cui agli articoli 76 e 92, tenuto conto delle risultanze del casellario giudiziale del tenore di vita, delle condizioni personali e familiari, e delle attività economiche eventualmente svolte. A tale fine, prima di provvedere, il magistrato può trasmettere l'istanza, unitamente alla relativa dichiarazione sostitutiva, alla Guardia di finanza per le necessarie verifiche.

3. Il magistrato, quando si procede per uno dei delitti previsti dall'articolo 51, comma 3 *bis*, del codice di procedura penale, ovvero nei confronti di persona proposta o sottoposta a misura di prevenzione, deve chiedere preventivamente al questore, alla Direzione investigativa antimafia (DIA) ed alla Direzione nazionale antimafia e antiterrorismo (DNA) le informazioni necessarie e utili relative al tenore di vita, alle condizioni personali e familiari e alle attività economiche eventualmente svolte dai soggetti richiedenti, che potranno essere acquisite anche a mezzo di accertamenti da richiedere alla Guardia di finanza.

4. Il magistrato decide sull'istanza negli stessi termini previsti dal comma 1 anche quando ha richiesto le informazioni di cui ai commi 2 e 3.

97. (L) Provvedimenti adottabili dal magistrato. 1. Il magistrato dichiara inammissibile l'istanza ovvero concede o nega l'ammissione al patrocinio con decreto motivato che viene depositato, con facoltà per l'interessato o per il suo difensore di estrarne copia; del deposito è comunicato avviso all'interessato.

2. Il decreto pronunciato in udienza è letto e inserito nel processo verbale. La lettura sostituisce l'avviso di deposito se l'interessato è presente all'udienza.

3. Fuori dei casi previsti dal comma 2, se l'interessato è detenuto, internato, in stato di arresto o di detenzione domiciliare ovvero è custodito in un luogo di cura, la notificazione di copia del decreto è eseguita a norma dell'articolo 156 del codice di procedura penale.

98. (L) Trasmissione all'ufficio finanziario degli atti relativi all'ammissione. 1. Copia dell'istanza dell'interessato, delle dichiarazioni e della documentazione allegate, nonché del decreto di ammissione al patrocinio sono trasmesse, a cura dell'ufficio del magistrato che procede, all'ufficio finanziario nell'ambito della cui competenza territoriale è situato l'ufficio del predetto magistrato.

2. L'ufficio finanziario verifica l'esattezza dell'ammontare del reddito attestato dall'interessato,

nonché la compatibilità dei dati indicati con le risultanze dell'anagrafe tributaria, e può disporre che sia effettuata, anche avvalendosi della collaborazione della Guardia di finanza, la verifica della posizione fiscale dell'istante e degli altri soggetti indicati nell'articolo 76.

3. Se risulta che il beneficio è stato erroneamente concesso, l'ufficio finanziario richiede il provvedimento di revoca, ai sensi dell'articolo 112.

99. (L) Ricorso avverso i provvedimenti di rigetto dell'istanza. 1. Avverso il provvedimento con cui il magistrato competente rigetta l'istanza di ammissione, l'interessato può proporre ricorso, entro venti giorni dalla notizia avutane ai sensi dell'articolo 97, davanti al presidente del tribunale o al presidente della corte d'appello ai quali appartiene il magistrato che ha emesso il decreto di rigetto.

2. Il ricorso è notificato all'ufficio finanziario che è parte nel relativo processo.

3. Il processo è quello speciale previsto per gli onorari di avvocato e l'ufficio giudiziario procede in composizione monocratica.

4. L'ordinanza che decide sul ricorso è notificata entro dieci giorni, a cura dell'ufficio del magistrato che procede, all'interessato e all'ufficio finanziario, i quali, nei venti giorni successivi, possono proporre ricorso per cassazione per violazione di legge. Il ricorso non sospende l'esecuzione del provvedimento.

Capo V
Difensori, investigatori e consulenti tecnici di parte

100. (L) Nomina di un secondo difensore. 1. Nei casi in cui trovano applicazione le norme della legge 7 gennaio 1998, n. 11, l'indagato, l'imputato o il condannato può nominare un secondo difensore per la partecipazione a distanza al processo penale, limitatamente agli atti che si compiono a distanza.

101. (L) Nomina del sostituto del difensore e dell'investigatore. 1. Il difensore della persona ammessa al patrocinio può nominare, al fine di svolgere attività di investigazione difensiva, un sostituto o un investigatore privato autorizzato, residente nel distretto di corte di appello dove ha la sede il magistrato competente per il fatto per cui si procede.

2. Il sostituto del difensore e l'investigatore privato di cui al comma 1 possono essere scelti anche al di fuori del distretto di corte di appello di cui al medesimo comma 1, ma in tale caso non sono dovute le spese e le indennità di trasferta previste dalle tariffe professionali.

102. (L) Nomina del consulente tecnico di parte. 1. Chi è ammesso al patrocinio può nominare un consulente tecnico di parte residente nel distretto di corte di appello nel quale pende il processo.

2. Il consulente tecnico nominato ai sensi del comma 1 può essere scelto anche al di fuori del distretto di corte di appello nel quale pende il processo, ma in tale caso non sono dovute le spese e le indennità di trasferta previste dalle tariffe professionali.

• Corte cost., 254 del 2007, ha dichiarato l'illegittimità costituzionale del presente articolo «nella parte in cui non prevede la possibilità, per lo straniero ammesso al patrocinio a spese dello Stato che non conosce la lingua italiana, di nominare un proprio interprete».

103. (L) Informazioni all'interessato in caso di nomina di un difensore di ufficio. 1. Nei casi in cui si deve procedere alla nomina di un difensore d'ufficio, il giudice, il pubblico ministero o la polizia giudiziaria informano la persona interessata delle disposizioni in materia di patrocinio a spese dello Stato e dell'obbligo di retribuire il difensore che eventualmente è nominato d'ufficio, se non ricorrono i presupposti per l'ammissione a tale beneficio.

104. (L) Compenso dell'investigatore privato. 1. Il compenso spettante all'investigatore privato della parte ammessa al patrocinio è liquidato dall'autorità giudiziaria, ai sensi dell'articolo 83 ed è ammessa opposizione ai sensi dell'articolo 84.

105. (L) Liquidazione con provvedimento del giudice per le indagini preliminari. 1. Il giudice per le indagini preliminari liquida il compenso al difensore, all'ausiliario del magistrato, al consulente tecnico di parte e all'investigatore privato, anche se l'azione penale non è esercitata.

106. (L) Esclusione dalla liquidazione dei compensi al difensore e al consulente tecnico di parte. 1. Il compenso per le impugnazioni coltivate dalla parte non è liquidato se le stesse sono dichiarate inammissibili.

2. Non possono essere liquidate le spese sostenute per le consulenze tecniche di parte che, all'atto del conferimento dell'incarico, apparivano irrilevanti o superflue ai fini della prova.

106 *bis*. (L) Compensi del difensore, dell'ausiliario del magistrato, del consulente tecnico di parte e dell'investigatore privato autorizzato. 1. Gli importi spettanti al difensore, all'ausiliario del magistrato, al consulente tecnico di parte e all'investigatore privato autorizzato sono ridotti di un terzo.

• Corte cost., 192 del 2015, ha dichiarato l'illegittimità costituzionale del presente articolo, nella parte in cui non esclude che la diminuzione di un terzo degli importi spettanti all'ausiliario del magistrato sia operata in caso di applicazione di previsioni tariffarie non adeguate a norma dell'art. 54 del presente decreto.

• Corte cost., 178 del 2017, ha dichiarato l'illegittimità costituzionale del presente articolo, nella parte in cui non esclude che la diminuzione di un terzo degli importi spettanti al consulente tecnico di parte sia operata in caso di applicazione di previsioni tariffarie non adeguate a norma dell'art. 54 dello stesso d.P.R. n. 115 del 2002.

Capo VI
Effetti dell'ammissione al patrocinio

107. (L) Effetti dell'ammissione. 1. Per effetto dell'ammissione al patrocinio alcune spese sono gratuite, altre sono anticipate dall'erario.

2. Sono spese gratuite:

a) le copie degli atti processuali, quando sono necessarie per l'esercizio della difesa.

3. Sono spese anticipate dall'erario:

a) le indennità e le spese di viaggio spettanti ai magistrati, agli appartenenti agli uffici e agli ufficiali giudiziari per le trasferte relative al compimento di atti del processo fuori dalla sede nella quale si svolge;

b) le indennità e le spese di viaggio spettanti ai testimoni;

c) le indennità di trasferta, i diritti, le spese di spedizione per le notifiche degli ufficiali giudiziari a richiesta d'ufficio o di parte;

d) le indennità e le spese di viaggio per trasferte, nonché le spese sostenute per l'adempimento dell'incarico, e l'onorario ad ausiliari del magistrato, a consulenti tecnici di parte e a investigatori privati autorizzati;

e) l'indennità di custodia;

f) l'onorario e le spese agli avvocati;

g) le spese per gli strumenti di pubblicità legale dei provvedimenti dell'autorità giudiziaria.

108. (L) Effetti dell'ammissione relativi all'azione di risarcimento del danno nel processo penale. 1. Per effetto dell'ammissione al patrocinio relativa all'azione di risarcimento del danno nel processo penale, si producono gli effetti di cui all'articolo 107 ed inoltre, quando la spesa è a carico della parte ammessa, sono prenotati a debito:

a) il contributo unificato;

b) le spese forfettizzate per le notificazioni a richiesta d'ufficio;

c) l'imposta di registro ai sensi dell'articolo 59, comma 1, lettere *a*) e *b*), del decreto del Presidente della Repubblica 26 aprile 1986, n. 131;

d) l'imposta ipotecaria e catastale ai sensi dell'articolo 16, comma 1, lettera *e*), del decreto legislativo 31 ottobre 1990, n. 347.

109. (L) Decorrenza degli effetti. 1. Gli effetti decorrono dalla data in cui l'istanza è stata presentata o è pervenuta all'ufficio del magistrato o dal primo atto in cui interviene il difensore, se l'interessato fa riserva di presentare l'istanza e questa è presentata entro i venti giorni successivi.

110. (L) Pagamento in favore dello Stato. 1. Se si tratta di reato punibile a querela della persona offesa, nel caso di sentenza di non luogo a procedere ovvero di assoluzione dell'imputato ammesso al patrocinio perché il fatto non sussiste o l'imputato non lo ha commesso, il magistrato, se condanna il querelante al pagamento delle spese in favore dell'imputato, ne dispone il pagamento in favore dello Stato.

2. Se si tratta di reato per il quale si procede d'ufficio, il magistrato, se rigetta la domanda di restituzione o di risarcimento del danno, o assolve l'imputato ammesso al beneficio per cause diverse dal difetto di imputabilità e condanna la parte civile non ammessa al beneficio al pagamento delle spese processuali in favore dell'imputato, ne dispone il pagamento in favore dello Stato.

3. Con la sentenza che accoglie la domanda di restituzione o di risarcimento del danno il magistrato, se condanna l'imputato non ammesso al beneficio al pagamento delle spese in favore della parte civile ammessa al beneficio, ne dispone il pagamento in favore dello Stato.

111. (L) Recupero nei confronti dell'imputato ammesso al patrocinio. 1. Le spese di cui all'articolo 107 sono recuperate nei confronti dell'imputato in caso di revoca dell'ammissione al patrocinio, ai sensi dell'articolo 112, comma 1, lettera *d*), e comma 2.

Capo VII
Revoca del decreto di ammissione al patrocinio

112. (L) Revoca del decreto di ammissione. 1. Il magistrato, con decreto motivato, revoca l'ammissione:

a) se, nei termini previsti dall'articolo 79, comma 1, lettera d), l'interessato non provvede a comunicare le eventuali variazioni dei limiti di reddito;

b) se, a seguito della comunicazione prevista dall'articolo 79, comma 1, lettera d), le condizioni di reddito risultano variate in misura tale da escludere l'ammissione;

c) se, nei termini previsti dall'articolo 94, comma 3, non sia stata prodotta la certificazione dell'autorità consolare;

d) d'ufficio o su richiesta dell'ufficio finanziario competente presentata in ogni momento e, comunque, non oltre cinque anni dalla definizione del processo, se risulta provata la mancanza, originaria o sopravvenuta, delle condizioni di reddito di cui agli articoli 76 e 92.

2. Il magistrato può disporre la revoca dell'ammissione anche all'esito delle integrazioni richieste ai sensi dell'articolo 96, commi 2 e 3.

3. Competente a provvedere è il magistrato che procede al momento della scadenza dei termini suddetti ovvero al momento in cui la comunicazione è effettuata o, se procede la Corte di cassazione, il magistrato che ha emesso il provvedimento impugnato.

4. Copia del decreto è comunicata all'interessato con le modalità indicate nell'articolo 97.

113. (L) Ricorso avverso il decreto di revoca. 1. Contro il decreto che decide sulla richiesta di revoca ai sensi della lettera d), comma 1, dell'articolo 112, l'interessato può proporre ricorso per cassazione, senza effetto sospensivo, entro venti giorni dalla notizia avuta ai sensi dell'articolo 97.

114. (L) Effetti della revoca. 1. La revoca del decreto di ammissione, disposta ai sensi delle lettere a), b) e c), del comma 1, dell'articolo 112, ha effetto, rispettivamente, dalla scadenza del termine fissato per la comunicazione di variazione delle condizioni reddituali, dalla data in cui la comunicazione di variazione è pervenuta all'ufficio del giudice che procede, dalla scadenza del termine di cui all'articolo 94, comma 3.

2. Negli altri casi previsti dall'articolo 112, la revoca del decreto di ammissione ha efficacia retroattiva.

Titolo III
ESTENSIONE, A LIMITATI EFFETTI, DELLA DISCIPLINA DEL PATROCINIO A SPESE DELLO STATO PREVISTA PER IL PROCESSO PENALE

115. (L) Liquidazione dell'onorario e delle spese al difensore di persona ammessa al programma di protezione dei collaboratori di giustizia. 1. L'onorario e le spese spettanti al difensore di persona ammessa al programma di protezione di cui al decreto legge 15 gennaio 1991, n. 8, convertito, con modificazioni, dalla legge 15 marzo 1991, n. 82, e successive modificazioni, sono liquidati dal magistrato nella misura e con le modalità previste dall'articolo 82 ed è ammessa opposizione ai sensi dell'articolo 84. Nel caso in cui il difensore sia iscritto nell'albo degli avvocati di un distretto di corte d'appello diverso da quello dell'autorità giudiziaria procedente, in deroga all'articolo 82, comma 2, sono sempre dovute le spese documentate e le indennità di trasferta nella misura minima consentita.

115 *bis*. Liquidazione dell'onorario e delle spese per la difesa di persona nei cui confronti è emesso provvedimento di archiviazione o sentenza di non luogo a procedere o di proscioglimento nel caso di legittima difesa. 1. L'onorario e le spese spettanti al difensore, all'ausiliario del magistrato e al consulente tecnico di parte di persona nei cui confronti è emesso provvedimento di archiviazione motivato dalla sussistenza delle condizioni di cui all'articolo 52, commi secondo, terzo e quarto, del codice penale o sentenza di non luogo a procedere o di proscioglimento perché il fatto non costituisce reato in quanto commesso in presenza delle condizioni di cui all'articolo 52, commi secondo, terzo e quarto, del codice penale nonché all'articolo 55, secondo comma, del medesimo codice, sono liquidati dal magistrato nella misura e con le modalità previste dagli articoli 82 e 83 ed è ammessa opposizione ai sensi dell'articolo 84. Nel caso in cui il difensore sia iscritto nell'albo degli avvocati di un distretto di corte d'appello diverso da quello dell'autorità giudiziaria procedente, in deroga all'articolo 82, comma 2, sono sempre dovute le spese documentate e le indennità di trasferta nella misura minima consentita.

2. Nel caso in cui, a seguito della riapertura delle indagini, della revoca o della impugnazione della sentenza di non luogo a procedere o della impugnazione della sentenza di proscioglimento, sia pronunciata sentenza irrevocabile di condanna, lo Stato ha diritto di ripetere le somme anticipate nei confronti della persona condannata.

• Articolo inserito dalla l. 26.4.2019, n. 36.

116. (L) Liquidazione dell'onorario e delle spese al difensore di ufficio. 1. L'onorario e le spese spettanti al difensore di ufficio sono liquidati dal magistrato, nella misura e con le modalità previste dall'articolo 82 ed è ammessa opposizione ai sensi dell'articolo 84, quando il difensore dimostra di aver esperito inutilmente le procedure per il recupero dei crediti professionali.

2. Lo Stato ha diritto di ripetere le somme anticipate, a meno che la persona assistita dal difensore d'ufficio non chiede ed ottiene l'ammissione al patrocinio.

117. (L) Liquidazione dell'onorario e delle spese al difensore di ufficio di persona irreperibile. 1. L'onorario e le spese spettanti al difensore di ufficio della persona sottoposta alle indagini, dell'imputato o del condannato irreperibile sono liquidati dal magistrato nella misura e con le modalità previste dall'articolo 82 ed è ammessa opposizione ai sensi dell'articolo 84.

2. Lo Stato ha diritto di ripetere le somme anticipate nei confronti di chi si è reso successivamente reperibile.

118. (L) Liquidazione dell'onorario e delle spese al difensore di ufficio del minore. 1. L'onorario e le spese spettanti al difensore di ufficio del minore sono liquidati dal magistrato nella misura e con le modalità previste dall'articolo 82 ed è ammessa opposizione ai sensi dell'articolo 84.

2. Contestualmente alla comunicazione del decreto di pagamento, l'ufficio richiede ai familiari del minorenne, nella qualità, di presentare entro un mese la documentazione prevista dall'articolo 79, comma 1, lettera *c*); alla scadenza del termine, l'ufficio chiede all'ufficio finanziario gli adempimenti di cui all'articolo 98, comma 2, trasmettendo l'eventuale documentazione pervenuta.

3. Lo Stato ha diritto di ripetere le somme anticipate nei confronti del minorenne e dei familiari, se il magistrato, con decreto, accerta il superamento dei limiti di reddito previsti per l'ammissione al beneficio del patrocinio nei processi penali, sulla base della documentazione richiesta ai beneficiari o sulla base degli accertamenti finanziari.

119-238. [*Omissis.*]

PARTE VII
RISCOSSIONE

Titolo IV
DISPOSIZIONI PARTICOLARI PER PENE PECUNIARIE

238 *bis* (L). Attivazione delle procedure di conversione delle pene pecuniarie non pagate. [Soppresso.]

• Articolo introdotto dalla l. 27.12.2017, n. 205 e, da ultimo, soppresso dal d. lgs. 10.10.2022, n. 150. Ai sensi dell'art. 97 co. 3 d. lgs. 150 del 2022, le disposizioni del d.P.R. 30.5.2002, n. 115, abrogate o modificate dal presente decreto, continuano ad applicarsi in relazione alle pene pecuniarie irrogate per reati commessi prima della sua entrata in vigore. Si riporta il testo dell'articolo abrogato: «1. Entro la fine di ogni mese l'agente della riscossione trasmette all'ufficio, anche in via telematica, le informazioni relative allo svolgimento del servizio e all'andamento delle riscossioni delle pene pecuniarie effettuate nel mese precedente. L'agente della riscossione che viola la disposizione del presente comma è soggetto alla sanzione amministrativa di cui all'articolo 53 del decreto legislativo 13 aprile 1999, n. 112, e si applicano le disposizioni di cui agli articoli 54, 55 e 56 del predetto decreto.
2. L'ufficio investe il pubblico ministero perché attivi la conversione presso il magistrato di sorveglianza competente, entro venti giorni dalla ricezione della prima comunicazione da parte dell'agente della riscossione, relativa all'infruttuoso esperimento del primo pignoramento su tutti i beni.
3. Ai medesimi fini di cui al comma 2, l'ufficio investe, altresì, il pubblico ministero se, decorsi ventiquattro mesi dalla presa in carico del ruolo da parte dell'agente della riscossione e in mancanza della comunicazione di cui al comma 2, non risulti esperita alcuna attività esecutiva ovvero se gli esiti di quella esperita siano indicativi dell'impossibilità di esazione della pena pecuniaria o di una rata di essa.
4. Nei casi di cui ai commi 2 e 3, sono trasmessi al pubblico ministero tutti i dati acquisiti che siano rilevanti ai fini dell'accertamento dell'impossibilità di esazione.
5. L'articolo di ruolo relativo alle pene pecuniarie è sospeso dalla data in cui il pubblico ministero trasmette gli atti al magistrato di sorveglianza competente.
6. Il magistrato di sorveglianza, al fine di accertare l'effettiva insolvibilità del debitore, può disporre le opportune indagini nel luogo del domicilio o della residenza, ovvero dove si abbia

ragione di ritenere che lo stesso possieda altri beni o cespiti di reddito e richiede, se necessario, informazioni agli organi finanziari.
7. Quando il magistrato di sorveglianza competente accerta la solvibilità del debitore, l'agente della riscossione riavvia le attività di competenza sullo stesso articolo di ruolo.
8. Nei casi di conversione della pena pecuniaria o di rateizzazione della stessa o di differimento della conversione di cui all'articolo 660, comma 3, del codice di procedura penale, l'ufficio ne dà comunicazione all'agente della riscossione, anche ai fini del discarico per l'articolo di ruolo relativo.
9. Le disposizioni di cui ai commi 1, 2 e 3 trovano applicazione anche per le partite di credito per le quali si è già provveduto all'iscrizione a ruolo alla data di entrata in vigore delle medesime.».

239-297. [*Omissis.*]

Legge 30 dicembre 2020, n. 178.
Bilancio di previsione dello Stato per l'anno finanziario 2021 e bilancio pluriennale per il triennio 2021-2023

Sezione I
Misure quantitative per la realizzazione degli obiettivi programmatici

1. Risultati differenziali. Norme in materia di entrata e di spesa e altre disposizioni. Fondi speciali. 1-1014. [*Omissis.*]

1015. Nel processo penale, all'imputato assolto, con sentenza divenuta irrevocabile, perché il fatto non sussiste, perché non ha commesso il fatto o perché il fatto non costituisce reato o non è previsto dalla legge come reato, è riconosciuto il rimborso delle spese legali nel limite massimo di euro 10.500.

1016. Il rimborso di cui al comma 1015 è liquidato in un'unica soluzione entro l'anno successivo a quello in cui la sentenza è divenuta irrevocabile, e non concorre alla formazione del reddito ai sensi del testo unico delle imposte sui redditi, di cui al decreto del Presidente della Repubblica 22 dicembre 1986, n. 917.

1017. Il rimborso di cui al comma 1015 è riconosciuto dietro presentazione di fattura del difensore, con espressa indicazione della causale e dell'avvenuto pagamento, corredata di parere di congruità del competente Consiglio dell'ordine degli avvocati, nonché di copia della sentenza di assoluzione con attestazione di cancelleria della sua irrevocabilità.

1018. Il rimborso di cui al comma 1015 non è riconosciuto nei seguenti casi:

a) assoluzione da uno o più capi di imputazione e condanna per altri reati;

b) estinzione del reato per avvenuta amnistia o prescrizione;

c) sopravvenuta depenalizzazione dei fatti oggetto di imputazione.

1019. Con decreto del Ministro della giustizia, di concerto con il Ministro dell'economia e delle finanze, da adottare entro sessanta giorni dalla data di entrata in vigore della presente legge, sono definiti i criteri e le modalità di erogazione dei rimborsi di cui al comma 1015, nonché le ulteriori disposizioni ai fini del contenimento della spesa nei limiti di cui al comma 1020, attribuendo rilievo al numero di gradi di giudizio cui l'assolto è stato sottoposto e alla durata del giudizio.

1020. Per la finalità dei commi da 1015 a 1019, nello stato di previsione del Ministero della giustizia è istituito il Fondo per il rimborso delle spese legali agli imputati assolti, con la dotazione di euro 8 milioni per gli anni 2021 e 2022 ed euro 15 milioni annui a decorrere dall'anno 2023, che costituisce limite complessivo di spesa per l'erogazione dei rimborsi di cui al comma 1015.

1021. Il Ministero della giustizia provvede agli adempimenti di cui ai commi da 1015 a 1020 con le risorse umane, strumentali e finanziarie disponibili a legislazione vigente, senza nuovi o maggiori oneri a carico della finanza pubblica.

1022. Le disposizioni dei commi da 1015 a 1021 si applicano nei casi di sentenze di assoluzione divenute irrevocabili successivamente alla data di entrata in vigore della presente legge.

1023-1150. [*Omissis.*]

• I co. 1016 e 1020 sono stati modificati dalla l. 29.12.2022, n. 197.

Decreto ministeriale 20 dicembre 2021. Definizione dei criteri e delle modalità di erogazione dei rimborsi di cui all'articolo 1, comma 1015 della legge 30 dicembre 2020, n. 178 e delle ulteriori disposizioni necessarie ai fini del contenimento della spesa nei limiti di cui all'articolo 1, comma 1020

1. Oggetto e definizioni. 1. Il presente decreto definisce i criteri e le modalità di erogazione dei rimborsi di cui all'art. 1, comma 1015 della legge 30 dicembre 2020, n. 178 e detta le ulteriori disposizioni necessarie ai fini del contenimento della spesa nei limiti di cui all'art. 1, comma 1020, della stessa legge.

2. Ai fini del presente decreto si intende per:

a) «legge», la legge 30 dicembre 2020, n. 178;

b) «Ministero», il Ministero della giustizia;

c) «Fondo», il Fondo per il rimborso delle spese legali agli imputati assolti, istituito nello stato di previsione del Ministero della giustizia, ai sensi dell'art. 1, comma 1020, della legge;

d) «richiedente», il soggetto che, in quanto imputato assolto abbia titolo a presentare domanda di accesso al Fondo, ai sensi dell'art. 1, comma 1015 della legge;

e) «imputato assolto», il soggetto assolto, con sentenza divenuta irrevocabile, per tutti i capi di imputazione a lui contestati, con le formule perché il fatto non sussiste, perché non ha commesso il fatto o perché il fatto non costituisce reato o non è previsto dalla legge come reato, escluso il caso in cui quest'ultima pronuncia sia intervenuta a seguito della depenalizzazione dei fatti oggetto d'imputazione;

f) «rimborso delle spese legali», l'indennità erogabile, a valere sul Fondo di cui alla lettera *c*), nei limiti dell'importo di euro 10.500,00 e comunque delle risorse disponibili, in favore dei soggetti indicati alla lettera *d*);

g) «spese legali», le spese sostenute dall'imputato esclusivamente per remunerare il professionista legale che lo ha assistito.

2. Requisiti di accesso al rimborso delle spese legali. 1. Tutti i soggetti destinatari di una sentenza di assoluzione pronunciata ai sensi dell'art. 129 del codice di procedura penale o dell'art. 530 del codice di procedura penale, «perché il fatto non sussiste», «perché non ha commesso il fatto», «perché il fatto non costituisce reato o non è previsto dalla legge come reato» hanno facoltà di accesso al «Fondo per il rimborso delle spese legali agli imputati assolti», alle condizioni e nei limiti di seguito specificati.

2. Il diritto a richiedere le prestazioni del Fondo è riconosciuto a condizione che:

a) l'imputato sia stato assolto con le formule indicate al comma 1, escluso, rispetto all'assoluzione perché il fatto non è previsto dalla legge come reato, il caso in cui quest'ultima pronuncia sia intervenuta a seguito della depenalizzazione dei fatti oggetto dell'imputazione;

b) la sentenza di assoluzione sia divenuta irrevocabile e per nessuna delle imputazioni attribuite al richiedente nell'atto con il quale è stata esercitata l'azione penale, oppure a seguito di modifica dell'imputazione nel corso del processo o in conseguenza della riunione dei procedimenti, sia stata pronunciata sentenza di condanna o di estinzione del reato per prescrizione o amnistia;

c) l'imputato assolto non abbia beneficiato nel medesimo procedimento del patrocinio a spese dello Stato, ai sensi del decreto del Presidente della Repubblica 30 maggio 2002, n. 115, recante «Testo unico delle disposizioni legislative e regolamentari in materia di spese di giustizia»;

d) l'imputato assolto non abbia ottenuto nel medesimo procedimento la condanna del querelante alla rifusione delle spese di lite, ai sensi dell'art. 427 del codice di procedura penale ovvero dell'art. 542 del codice di procedura penale;

e) l'imputato assolto non abbia diritto al rimborso delle spese legali dall'ente da cui dipende in forza dell'art. 18, comma 1, del decreto-legge 25 marzo 1997, n. 67, recante Disposizioni urgenti per favorire l'occupazione, convertito, con modificazioni, nella legge 23 maggio 1997, n. 135;

f) l'istanza riguardi una sentenza divenuta irrevocabile nell'anno precedente a quello della sua presentazione.

3. Il Fondo eroga i rimborsi esclusivamente nei limiti delle risorse annualmente assegnate al capitolo di bilancio n. 1265 dello stato di previsione della spesa del Ministero, ai sensi dell'art. 1, comma 1020, della legge.

4. Ciascuna istanza di rimborso è accoglibile esclusivamente fino all'importo massimo di euro 10.500,00.

3. Istanza di accesso al Fondo. 1. Il richiedente presenta istanza di accesso al Fondo esclusivamente tramite apposita piattaforma telematica accessibile dal sito giustizia.it mediante le credenziali SPID di livello due.

2. L'istanza deve essere presentata personalmente dall'imputato o, nel caso di imputati minorenni o incapaci, dal titolare della responsabilità genitoriale o da chi ne ha la rappresentanza legale. In caso di morte dell'imputato l'istanza può essere presentata da uno degli eredi nell'interesse di tutti gli aventi diritto alla successione.

3. L'istanza deve indicare, ai sensi dell'art. 46 del decreto del Presidente della Repubblica 28 dicembre 2000, n. 445:

a) i dati anagrafici e il codice fiscale dell'imputato assolto, ove diversi dal richiedente;

b) l'Ufficio giudiziario che ha pronunciato la decisione divenuta irrevocabile, la data della sentenza, la data di irrevocabilità, il numero del registro notizie di reato e il numero del registro generale dell'Ufficio gip/gup o del dibattimento che ha emesso la sentenza;

c) le formule con le quali l'imputato è stato assolto;

d) l'attestazione che per nessuna delle imputazioni attribuite al richiedente nell'atto con il quale è stata esercitata l'azione penale, oppure a seguito di modifica dell'imputazione nel corso del processo o in conseguenza della riunione dei procedimenti, è stata pronunciata sentenza di condanna o di estinzione del reato per prescrizione o amnistia;

e) la durata del processo oggetto della sentenza di assoluzione divenuta irrevocabile, calcolata dalla data di emissione del provvedimento con il quale è stata esercitata l'azione penale alla data in cui la sentenza di assoluzione è divenuta irrevocabile;

f) il grado di giudizio nel quale è stata emessa la sentenza, specificando se la sentenza è stata emessa in sede di rinvio dalla Corte di cassazione;

g) il totale delle spese legali per le quali è chiesto il rimborso;

h) l'attestazione che l'importo di cui si chiede il rimborso è stato versato al professionista legale tramite bonifico, a seguito di emissione di parcella vidimata dal Consiglio dell'Ordine;

i) l'attestazione che l'imputato non ha beneficiato nel medesimo procedimento del patrocinio a spese dello Stato, ai sensi del decreto del Presidente della Repubblica 30 maggio 2002, n. 115;

l) l'attestazione che l'imputato non ha ottenuto nel medesimo procedimento la condanna del querelante alla rifusione delle spese di lite, ai sensi dell'art. 427 del codice di procedura penale ovvero dell'art. 542 del codice di procedura penale;

m) l'attestazione che l'imputato non ha diritto al rimborso delle spese legali dall'ente da cui dipende in forza dell'art. 18, comma 1, del decreto-legge 25 marzo 1997, n. 67, convertito, con modificazioni, nella legge 23 maggio 1997, n. 135;

n) il reddito imponibile ai fini dell'imposta personale sul reddito risultante dalla dichiarazione relativa all'anno precedente a quello del passaggio in giudicato della sentenza di assoluzione;

o) le coordinate identificative del conto corrente bancario o postale presso cui il richiedente intende ricevere il rimborso;

p) l'indirizzo di posta elettronica certificata o semplice, ove intende ricevere tutte le eventuali comunicazioni relative all'istanza.

4. All'istanza debbono essere allegati:

a) la copia del documento di identità, in corso di validità, dell'imputato assolto, se persona diversa dal richiedente;

b) la documentazione attestante la rappresentanza legale dell'imputato assolto, se persona diversa dal richiedente;

c) la copia conforme della sentenza di assoluzione, rilasciata dalla cancelleria del giudice che l'ha emessa, corredata dal certificato di passaggio in giudicato, rilasciato dalla medesima cancelleria;

d) la copia conforme dell'atto con il quale è stata esercitata l'azione penale nel procedimento concluso con la sentenza di assoluzione;

e) la documentazione comprovante la nomina, nell'ambito del procedimento concluso con la sentenza di assoluzione, del legale cui sono riferite le fatture per le spese legali rispetto alle quali è presentata l'istanza di rimborso;

f) le fatture emesse dal legale nominato difensore nel processo definito con sentenza di assoluzione, recante esplicita ed inequivoca indicazione della causale, nonché quietanza del pagamento ricevuto;

g) il parere di congruità del competente Consiglio dell'Ordine degli avvocati;

h) la documentazione comprovante l'avvenuto pagamento della prestazione professionale tramite bonifico bancario;

i) la documentazione comprovante il reddito dichiarato ai sensi del comma 3, lettera *n*).

5. L'istanza deve essere presentata entro il 31 marzo dell'anno successivo a quello in corso alla data di irrevocabilità della sentenza di assoluzione. Le istanze presentate dopo tale termine non saranno esaminate.

6. Le istanze non completate in tutti gli elementi elencati dal comma 3 e prive della documentazione indicata dal comma 4 non saranno valutate.

4. Criteri di valutazione delle istanze di accesso al Fondo. 1. Le istanze di accesso al Fondo validamente presentate ai sensi dell'art. 3, comma 1, vengono esaminate dando precedenza, nell'ordine:

a) alle istanze relative ad imputato irrevocabilmente assolto con sentenza resa dalla Corte di cassazione, ovvero dal giudice del rinvio, o comunque all'esito di un processo complessivamente durato oltre otto anni;

b) alle istanze relative ad imputato irrevocabilmente assolto con sentenza resa dal giudice d'appello, o comunque all'esito di un processo complessivamente durato oltre cinque anni e fino ad otto anni;

c) alle istanze relative ad imputato irrevocabilmente assolto con sentenza dal giudice di primo grado o comunque all'esito di un processo complessivamente durato fino a cinque anni.

2. Nell'ambito di ciascuno dei gruppi sopra indicati viene data preferenza, in primo luogo, alle istanze degli imputati il cui processo ha complessivamente avuto una durata maggiore e, in caso di pari durata, alle istanze relative ad imputati assolti con reddito inferiore.

5. Procedura di verifica e mandato di pagamento. 1. Individuate le istanze che possono essere accolte in applicazione dei criteri di preferenza di cui all'art. 4 e dell'ammontare complessivo delle risorse assegnate per l'anno di riferimento al capitolo di bilancio n. 1265 dello stato di previsione della spesa del Ministero, il Ministero effettua un controllo di effettiva corrispondenza tra quanto dichiarato nelle predette istanze e quanto emerge dalla documentazione allegata alle stesse, tramite proprio personale o avvalendosi, in forza di apposita convenzione, del personale di Equitalia giustizia S.p.a.

2. Le istanze rispetto alle quali mancano i presupposti di accesso al Fondo di cui all'art. 2 oppure non vi è corrispondenza tra quanto dichiarato e i documenti allegati oppure tra quanto dichiarato e gli accertamenti svolti sono escluse dall'ordine di precedenza.

3. Il controllo di cui al comma 1 viene esteso alle istanze che, a seguito delle esclusioni di cui al comma 2, possono essere accolte in applicazione dei criteri di preferenza di cui all'art. 4 e dell'ammontare complessivo delle risorse assegnate per l'anno di riferimento al capitolo di bilancio n. 1265 dello stato di previsione della spesa del Ministero.

4. Esaurita l'attività di verifica di cui ai commi precedenti, con decreto del Capo Dipartimento per gli affari di giustizia, il Ministero approva l'elenco delle istanze che possono essere accolte, con indicazione per ognuna dell'importo rimborsabile, ne dispone la pubblicazione nella medesima piattaforma digitale sulla quale è stata presentata l'istanza e, decorsi quindici giorni, ordina l'emissione del conseguente mandato di pagamento.

5. Le istanze escluse dal rimborso ai sensi del comma 2 o in quanto non validamente presentate ai sensi dell'art. 3, comma 6 oppure a causa dell'esaurimento delle risorse assegnate, per l'anno di riferimento, al capitolo n. 1265 dello stato di previsione della spesa del Ministero, non possono essere ripresentate.

6. Ambito di applicazione e disciplina transitoria. 1. Le disposizioni del presente decreto si applicano alle sentenze divenute irrevocabili a far data dal 1° gennaio 2021.

2. Con riferimento alle sentenze divenute irrevocabili nell'anno 2021, in deroga all'art. 3, comma 5, del presente decreto, le istanze potranno essere presentate a partire dal 1° marzo 2022 e fino al 30 giugno 2022.

7. Clausola di invarianza finanziaria. 1. Dall'attuazione del presente decreto non devono derivare nuovi o maggiori oneri a carico della finanza pubblica. Il Ministero provvede ai relativi adempimenti con le risorse umane, strumentali e finanziarie disponibili a legislazione vigente.

2. Il presente decreto sarà trasmesso ai competenti organi di controllo e pubblicato nella Gazzetta Ufficiale della Repubblica italiana.

UFFICIO PER IL PROCESSO

Decreto legislativo 10 ottobre 2022, n. 151. Norme sull'ufficio per il processo in attuazione della legge 26 novembre 2021, n. 206, e della legge 27 settembre 2021, n. 134

Capo I
Disposizioni generali

1. Ufficio per il processo e ufficio spoglio, analisi e documentazione. 1. Presso i tribunali ordinari e le corti di appello sono costituite una o più strutture organizzative denominate "ufficio per il processo civile" e una o più strutture organizzative denominate "ufficio per il processo penale". Presso i tribunali di sorveglianza sono costituiti uno o più uffici per il processo, che operano secondo le disposizioni previste per l'ufficio per il processo penale presso i tribunali ordinari, in quanto compatibili.

2. Presso la Corte di cassazione sono costituite una o più strutture organizzative denominate "ufficio per il processo civile presso la Corte di cassazione" e una o più strutture organizzative denominate "ufficio per il processo penale presso la Corte di cassazione".

3. Presso la Procura generale della Corte di cassazione sono costituite una o più strutture organizzative denominate "ufficio spoglio, analisi e documentazione" e una o più strutture organizzative denominate "ufficio per il processo penale presso la Procura generale della Corte di cassazione".

4. Presso le sezioni distrettuali e circondariali del tribunale per le persone, per i minorenni e per le famiglie sono costituiti uno o più uffici per il processo, aventi articolazioni distrettuale e circondariali.

5. Dall'attuazione del presente articolo non devono derivare nuovi o maggiori oneri per la finanza pubblica. Le amministrazioni interessate alla relativa attuazione vi provvedono con le sole risorse umane, finanziarie e strumentali disponibili a legislazione vigente.

2. Finalità. 1. Gli uffici per il processo e l'ufficio spoglio, analisi e documentazione sono costituiti al fine di garantire la ragionevole durata del processo attraverso l'innovazione dei modelli organizzativi e un più efficiente impiego delle tecnologie dell'informazione e della comunicazione.

3. Costituzione, direzione e coordinamento degli uffici. 1. Nella predisposizione del progetto organizzativo il capo dell'ufficio, sentiti i presidenti di sezione e il dirigente amministrativo e previa analisi dei flussi e individuazione delle eventuali criticità, definisce le priorità di intervento, gli obiettivi da perseguire e le azioni per realizzarli e, conseguentemente, individua il personale da assegnare agli uffici, di concerto con il dirigente amministrativo.

2. Il capo dell'ufficio, anche avvalendosi dei magistrati da lui individuati, dirige e coordina l'attività degli uffici per il processo e degli uffici spoglio, analisi e documentazione; promuove e verifica la formazione del personale addetto nel rispetto della normativa relativa a ciascun profilo professionale.

4. Componenti degli uffici per il processo e dell'ufficio spoglio, analisi e documentazione.
1. Gli uffici per il processo e l'ufficio spoglio, analisi e documentazione sono costituiti dalle seguenti figure professionali:

a) quanto agli uffici per il processo presso il tribunale, i giudici onorari di pace di cui agli articoli 10 e 30, comma 1, lettera *a*), del decreto legislativo 13 luglio 2017, n. 116;

b) quanto agli uffici per il processo presso le corti di appello, i giudici ausiliari di cui agli articoli 62 e seguenti del decreto-legge 21 giugno 2013, n. 69, convertito, con modificazioni, dalla legge 9 agosto 2013, n. 98, fino a quando non sarà completato il riordino del ruolo e delle funzioni della magistratura onoraria nei tempi stabiliti dall'articolo 32 del decreto legislativo 13 luglio 2017, n. 116;

c) i tirocinanti di cui all'articolo 73 del decreto-legge 21 giugno 2013, n. 69, convertito, con modificazioni, dalla legge 9 agosto 2013, n. 98;

d) coloro che svolgono la formazione professionale a norma dell'articolo 37, comma 5, del decreto-legge 6 luglio 2011, n. 98, convertito, con modificazioni, dalla legge 15 luglio 2011, n. 111;

e) il personale delle cancellerie o delle segreterie giudiziarie;

f) il personale di cui agli articoli 11 e seguenti del decreto-legge 9 giugno 2021, n. 80, convertito, con modificazioni, dalla legge 6 agosto 2021, n. 113;

g) il personale di cui all'articolo 1, comma 19, della legge 26 novembre 2021, n. 206, e all'articolo 1, comma 27, della legge 27 settembre 2021, n. 134;

h) ogni altra figura professionale istituita dalla legge per lo svolgimento di una o più delle attività previste dal presente decreto.

2. Ciascun componente svolge i compiti attribuiti all'ufficio per il processo e all'ufficio spoglio, analisi e documentazione secondo quanto previsto dalla normativa, anche regolamentare, e dalla contrattazione collettiva che regolano la figura professionale cui appartiene.

3. Salvo che il giudice ritenga di non ammetterli, i componenti dell'ufficio per il processo che assistono il magistrato hanno accesso ai fascicoli processuali, partecipano alle udienze del processo, anche non pubbliche e dinanzi al collegio, e hanno accesso alla camera di consiglio, nei limiti in cui è necessario per l'adempimento dei compiti previsti dalla legge. Possono altresì essere ammessi alle riunioni indette dai presidenti di sezione.

4. I tirocinanti e i magistrati onorari componenti dell'ufficio per il processo non possono accedere ai fascicoli, alle udienze e alla camera di consiglio relativi ai procedimenti rispetto ai quali sussistono le ipotesi previste dall'articolo 51, primo comma, n. 1), 2), 3), 4) in quanto applicabile, 5), del codice di procedura civile o dagli articoli 35 e 36, comma 1, lettere *a*), *b*), *d*), *e*), *f*), del codice di procedura penale.

5. I componenti dell'ufficio per il processo sono tenuti all'obbligo di riservatezza rispetto ai dati, alle informazioni e alle notizie acquisite nel corso dell'attività prestata presso l'ufficio stesso, con obbligo di mantenere il segreto su quanto appreso in ragione della loro attività e di astenersi dalla deposizione testimoniale.

Capo II
Compiti degli uffici per il processo e dell'ufficio spoglio, analisi e documentazione

5. Compiti dell'ufficio per il processo civile presso i tribunali ordinari e le corti di appello.
1. All'ufficio per il processo civile costituito presso i tribunali ordinari e le corti di appello sono attribuiti uno o più fra i seguenti compiti:

a) attività preparatorie e di supporto ai compiti del magistrato, quali: studio del fascicolo, compilazione di schede riassuntive, preparazione delle udienze e delle camere di consiglio, selezione dei presupposti di mediabilità della lite, ricerche di giurisprudenza e dottrina, predisposizione di bozze di provvedimenti, assistenza alla verbalizzazione;

b) supporto al magistrato nello svolgimento delle verifiche preliminari previste dall'articolo 171 *bis* del codice di procedura civile nonché nell'individuazione dei procedimenti contemplati dall'articolo 348 *bis* del codice di procedura civile;

c) raccordo e coordinamento fra l'attività del magistrato e quella delle cancellerie e dei servizi amministrativi degli uffici giudiziari;

d) raccolta, catalogazione e archiviazione dei provvedimenti dell'ufficio, anche attraverso banche dati di giurisprudenza locale;

e) supporto per l'utilizzo degli strumenti informatici;

f) assistenza per l'analisi dei flussi statistici e per il monitoraggio di attività dell'ufficio;

g) supporto per l'attuazione dei progetti organizzativi finalizzati ad incrementare la capacità produttiva dell'ufficio, ad abbattere l'arretrato e a prevenirne la formazione.

6. Compiti dell'ufficio per il processo penale presso i tribunali ordinari e le corti di appello. 1. All'ufficio per il processo penale presso i tribunali ordinari e le corti di appello sono attribuiti i seguenti compiti:

a) coadiuvare uno o più magistrati e, sotto la direzione e il coordinamento degli stessi, compiere tutti gli atti preparatori utili per l'esercizio della funzione giudiziaria da parte del magistrato, provvedendo, in particolare, allo studio dei fascicoli e alla preparazione dell'udienza, all'approfondimento giurisprudenziale e dottrinale e alla predisposizione delle bozze dei provvedimenti;

b) prestare assistenza ai fini dell'analisi delle pendenze e dei flussi delle sopravvenienze, del monitoraggio dei procedimenti di data più risalente e della verifica delle comunicazioni e delle notificazioni;

c) incrementare la capacità produttiva dell'ufficio, attraverso la valorizzazione e la messa a disposizione dei precedenti, con compiti di organizzazione delle decisioni, in particolare di quelle aventi un rilevante grado di serialità, e con la formazione di una banca dati dell'ufficio giudiziario di riferimento;

d) fornire supporto al magistrato nell'accelerazione dei processi di innovazione tecnologica.

2. L'ufficio per il processo penale istituito presso la corte di appello effettua prioritariamente uno spoglio mirato dei fascicoli al fine di individuare la prossima scadenza dei termini e la maturazione dell'improcedibilità per superamento dei termini di durata massima del giudizio di impugnazione.

7. Compiti dell'ufficio per il processo civile presso la Corte di cassazione. 1. All'ufficio per il processo civile istituito presso la Corte di cassazione sono attribuiti uno o più fra i seguenti compiti:

a) assistenza per l'analisi delle pendenze e dei flussi delle sopravvenienze;

b) supporto al presidente della Corte di cassazione ai fini dell'adozione dei provvedimenti previsti dall'articolo 363 *bis*, terzo comma, del codice di procedura civile e nella formulazione delle proposte di definizione di cui all'articolo 380 *bis* del codice di procedura civile;

c) supporto ai magistrati, comprendente, tra l'altro, la compilazione della scheda del ricorso, corredata delle informazioni pertinenti quali la materia, la sintesi dei motivi e l'esistenza di precedenti specifici, lo svolgimento dei compiti necessari per l'organizzazione delle udienze e delle camere di consiglio, anche con l'individuazione di tematiche seriali;

d) svolgimento di attività preparatorie relative ai provvedimenti giurisdizionali, quali ricerche di giurisprudenza, di legislazione, di dottrina e predisposizione di relazioni;

e) supporto per l'utilizzo degli strumenti informatici;

f) raccolta di materiale e documentazione anche per le attività necessarie per l'inaugurazione dell'anno giudiziario.

8. Compiti dell'ufficio per il processo penale presso la Corte di cassazione. 1. All'ufficio per il processo penale presso la Corte di cassazione sono attribuiti i seguenti compiti:

a) assistenza per l'analisi delle pendenze e dei flussi delle sopravvenienze e per la verifica delle comunicazioni e delle notificazioni;

b) supporto ai magistrati nella complessiva gestione dei ricorsi e dei provvedimenti giudiziari, mediante, tra l'altro:

1) la compilazione della scheda del ricorso, corredata delle informazioni pertinenti quali la materia, la sintesi dei motivi e l'esistenza di precedenti specifici;

2) lo svolgimento dei compiti necessari per l'organizzazione delle udienze e delle camere di consiglio;

3) l'assistenza nella fase preliminare dello spoglio dei ricorsi, anche attraverso l'individuazione di tematiche seriali, la selezione dei procedimenti che presentano requisiti di urgenza, anche in considerazione dell'improcedibilità per superamento dei termini di cui all'articolo 344 *bis* del codice di procedura penale, la verifica della compiuta indicazione dei dati di cui all'articolo 165 *bis* delle norme di attuazione, di coordinamento e transitorie del codice di procedura penale, di cui al decreto legislativo 28 luglio 1989, n. 271, e la verifica della documentazione inviata dal tribunale del riesame nel caso di ricorso immediato per cassazione;

4) lo svolgimento di attività preparatorie relative ai provvedimenti giurisdizionali, quali ricerche di giurisprudenza, di legislazione, di dottrina e di documentazione;

c) supporto per l'ottimale utilizzo degli strumenti informatici;

d) ausilio ai fini della formazione del ruolo delle udienze dell'apposita sezione di cui all'articolo 610, comma 1, del codice di procedura penale;

e) raccolta di materiale e documentazione anche per le attività necessarie per l'inaugurazione dell'anno giudiziario.

9. Compiti dell'ufficio spoglio, analisi e documentazione presso la Procura generale della Corte di cassazione. 1. All'ufficio spoglio, analisi e documentazione presso la Procura generale della Corte di cassazione sono attribuiti uno o più fra i seguenti compiti:

a) assistenza per l'analisi preliminare dei procedimenti ai fini dell'eventuale intervento, della formulazione delle conclusioni e della predisposizione delle memorie da depositare dinanzi alle sezioni unite e alle sezioni semplici della Corte;

b) supporto ai magistrati comprendente, tra l'altro, la compilazione della scheda del ricorso, l'attività di ricerca e analisi su precedenti, orientamenti e prassi degli uffici giudiziari di merito che formano oggetto dei ricorsi e l'individuazione delle questioni che possono formare oggetto del procedimento per l'enunciazione del principio di diritto nell'interesse della legge previsto dall'articolo 363 del codice di procedura civile;

c) supporto per l'utilizzo degli strumenti informatici;

d) raccolta di materiale e documentazione per la predisposizione dell'intervento del procuratore generale in occasione dell'inaugurazione dell'anno giudiziario.

2. L'ufficio spoglio, analisi e documentazione opera sotto la supervisione e gli indirizzi degli avvocati generali e dei magistrati dell'ufficio.

10. Compiti dell'ufficio per il processo penale presso la Procura generale della Corte di cassazione. 1. All'ufficio per il processo penale presso la Procura generale della Corte di cassazione sono attribuiti i seguenti compiti:

a) assistenza ai magistrati per l'analisi preliminare dei procedimenti che pervengono per la requisitoria, per la formulazione delle richieste e per il deposito delle memorie dinanzi alle sezioni unite e alle sezioni semplici della Corte di cassazione;

b) supporto ai magistrati nell'attività di ricerca e di analisi dei precedenti, degli orientamenti giurisprudenziali e delle prassi degli uffici giudiziari di merito che formano oggetto dei ricorsi, nonché nell'esame delle questioni che possono richiedere l'assegnazione del ricorso alle sezioni unite;

c) supporto per l'utilizzo degli strumenti informatici;

d) raccolta di materiale e documentazione per la predisposizione dell'intervento del procuratore generale in occasione dell'inaugurazione dell'anno giudiziario.

2. L'ufficio per il processo penale presso la Procura generale della Corte di cassazione opera sotto la direzione e il coordinamento degli avvocati generali e dei magistrati dell'ufficio.

11. Ulteriori compiti degli uffici per il processo e dell'ufficio spoglio, analisi e documentazione. 1. Fermo quanto previsto dall'articolo 4, comma 2, gli uffici per il processo e l'ufficio spoglio, analisi e documentazione svolgono anche le ulteriori attività di supporto all'esercizio della funzione giudiziaria e di raccordo con le cancellerie e i servizi amministrativi degli uffici giudiziari, previste dai documenti organizzativi degli uffici giudiziari.

Capo III
Ufficio per il processo presso il tribunale per le persone, per i minorenni e per le famiglie

12. Ufficio per il processo presso le sezioni distrettuali e le sezioni circondariali. 1. Gli uffici per il processo costituiti presso le sezioni distrettuali e circondariali del tribunale per le persone, per i minorenni e per le famiglie sono regolati dalle disposizioni di cui al presente capo e da quelle di cui ai capi I e II, in quanto compatibili.

2. Gli uffici per il processo sono costituiti dal personale di cui all'articolo 4 e dai giudici onorari esperti di cui all'articolo 6 del regio decreto-legge 20 luglio 1934, n. 1404, convertito, con modificazioni, dalla legge 27 maggio 1935, n. 835.

13. Costituzione dell'ufficio per il processo. 1. Nel costituire l'ufficio per il processo a norma dell'articolo 3, il presidente del tribunale per le persone, per i minorenni e per le famiglie attribuisce ai presidenti delle sezioni circondariali o, in mancanza, ai magistrati titolari di incarico di collaborazione, compiti di direzione e coordinamento delle articolazioni dell'ufficio per il processo nelle relative sezioni circondariali.

2. I componenti dell'ufficio per il processo possono essere autorizzati allo svolgimento di specifiche attività connesse all'esercizio dell'attività giudiziaria, e nei limiti della stessa, fuori dalle sedi del tribunale. L'autorizzazione è concessa dal presidente della sezione, o da altro magistrato da questi delegato, nell'ambito delle rispettive competenze.

14. Funzioni e compiti dei giudici onorari di pace. 1. I giudici onorari di pace assegnati all'ufficio per il processo istituito presso il tribunale per le persone, per i minorenni e per le famiglie svolgono, presso le sezioni circondariali, le funzioni e i compiti previsti dagli articoli 10, 11, 13 e 14 del decreto legislativo 13 luglio 2017, n. 116.

15. Funzioni e compiti dei giudici onorari esperti. 1. Oltre a svolgere le funzioni di componente del collegio della sezione distrettuale nei casi previsti dall'ordinamento giudiziario, ai giudici onorari esperti possono essere delegate funzioni di conciliazione, di informazione sulla mediazione familiare, di ausilio del giudice togato all'ascolto del minore, di sostegno ai minorenni e alle parti, nonché di raccordo con gli ausiliari del giudice, con attribuzione di specifici compiti puntualmente indicati dal magistrato assegnatario del procedimento.

2. Nell'ambito delle sezioni circondariali, su delega del magistrato assegnatario del procedimento, i giudici onorari esperti interloquiscono con le parti processuali, con gli ausiliari del giudice e con i servizi territoriali e coadiuvano i curatori speciali nell'esercizio dei poteri di rappresentanza sostanziale; garantiscono il raccordo con i servizi sociosanitari, anche al fine di assicurare la tempestività dell'intervento giudiziario e la ragionevole durata del processo, nonché la completezza delle informazioni fornite e il corretto espletamento degli incarichi conferiti; svolgono le attività di supporto dei servizi territoriali nell'esecuzione dei provvedimenti. Possono inoltre essere delegati dal presidente o dal coordinatore della sezione, previo raccordo con gli enti territoriali e con gli enti del terzo settore, alla tenuta di un archivio relativo ai soggetti disponibili all'affidamento familiare, provvedendo anche alla raccolta di informazioni sui medesimi e alla loro audizione.

3. Nell'ambito delle sezioni distrettuali, nei settori dei minori stranieri non accompagnati e dei procedimenti relativi all'immigrazione, i giudici onorari esperti collaborano alla verifica dell'accoglienza e della progettualità relativa ai minori, raccordandosi con i tutori, con i referenti dei servizi territoriali e con i responsabili delle comunità, e curano l'ascolto dei minori, assistiti dal mediatore culturale; verificano l'andamento delle tutele, con riferimento all'equa distribuzione degli incarichi ai tutori, alla corretta tenuta dell'elenco di cui all'articolo 11 della legge 7 aprile 2017, n. 47, al tempestivo invio delle relazioni trimestrali; svolgono, anche sulla base di protocolli stipula-

ti dal tribunale con le istituzioni del settore, compiti di monitoraggio e di censimento dei fascicoli. Nei procedimenti amministrativi possono essere loro delegate funzioni di raccordo con i servizi territoriali e di coordinamento con il servizio ministeriale nell'ambito del connesso procedimento penale. Con riferimento al settore delle adozioni, ai giudici onorari esperti possono essere delegate attività di ascolto e di informazione delle coppie istanti, in raccordo con i servizi sociali territoriali deputati alle indagini psico-sociali; possono altresì essere loro delegate attività di formazione delle coppie aspiranti all'adozione, in coordinamento con i servizi territoriali.

4. Nella materia penale, ai giudici onorari esperti possono essere delegate attività di verifica dei percorsi di messa alla prova e di giustizia riparativa e attività di raccordo con i servizi minorili dell'amministrazione della giustizia nonché, nel settore dell'esecuzione penale, su delega del magistrato di sorveglianza e in coordinamento con l'ufficio di servizio sociale per i minorenni e con i servizi socio sanitari territoriali, attività di verifica degli interventi rieducativi in corso.

Capo IV
Disposizioni finali, transitorie e abrogazioni

16. Disposizioni finanziarie. 1. Per l'attuazione delle disposizioni di cui all'articolo 4, comma 1, lettera *g*), è autorizzata la spesa di euro 70.149.960 annui a decorrere dall'anno 2023, cui si provvede, quanto ad euro 46.766.640 mediante corrispondente riduzione del Fondo per l'attuazione della delega per l'efficienza del processo penale di cui all'articolo 1, comma 27, della legge 27 settembre 2021, n. 134 e quanto ad euro 23.383.320 mediante corrispondente riduzione del Fondo per l'attuazione della delega per l'efficienza del processo civile di cui all'articolo 1, comma 41, della legge 26 novembre 2021, n. 206.

2. Il Ministro dell'economia e delle finanze è autorizzato ad apportare, con propri decreti, le occorrenti variazioni di bilancio.

3. Salvo quanto previsto dal comma 1, il Consiglio Superiore della Magistratura e il Ministro della giustizia, nell'ambito delle rispettive competenze, danno attuazione alle disposizioni del presente decreto nell'ambito delle risorse umane, strumentali e finanziarie disponibili a legislazione vigente e senza nuovi o maggiori oneri a carico della finanza pubblica.

17. Disposizioni transitorie. 1. I giudici onorari assegnati ai tribunali per i minorenni al momento dell'istituzione del tribunale per le persone, per i minorenni e per le famiglie, ferme le disposizioni che prevedono la loro presenza nella composizione dei collegi per i minorenni e per le famiglie nella sezione distrettuale, sono assegnati all'ufficio per il processo, oltre che nella sua articolazione distrettuale in relazione alle sue competenze, anche nelle articolazioni circondariali, per lo svolgimento delle loro funzioni.

18. Modifiche e abrogazioni. 1. Al codice di procedura civile sono apportate le seguenti modificazioni:

a) dopo l'articolo 58 è inserito il seguente: «Art. 58 *bis* (Ufficio per il processo). – L'ufficio per il processo presso i tribunali ordinari, le corti di appello e la Corte di cassazione e l'ufficio spoglio, analisi e documentazione presso la Procura generale della Corte di cassazione operano secondo le disposizioni della legge speciale»;

b) al libro I, titolo I, la rubrica del capo II è sostituita dalla seguente: «Del cancelliere, dell'ufficio per il processo e dell'ufficiale giudiziario».

2. Al codice di procedura penale sono apportate le seguenti modificazioni:

a) all'articolo 124, comma 1, dopo la parola «ausiliari» sono inserite le seguenti: «e collaboratori»;

b) all'articolo 126, dopo il comma 1, è aggiunto il seguente: «1 *bis*. Il giudice è supportato dall'ufficio per il processo penale nei limiti dei compiti a questo attribuiti dalla legge.».

3. All'articolo 9, comma 2, del decreto legislativo 13 luglio 2017, n. 116, le parole «a norma dell'articolo 16 *octies* del decreto-legge 18 ottobre 2012, n. 179, convertito, con modificazioni, dalla legge 27 dicembre 2012, n. 221» sono sostituite dalle seguenti: «a norma del decreto legislativo

recante norme sull'ufficio per il processo, in attuazione della legge 26 novembre 2021, n. 206 e della legge 27 settembre 2021, n. 134».

4. L'articolo 16 *octies* del decreto-legge 18 ottobre 2012, n. 179, convertito, con modificazioni, dalla legge 17 dicembre 2012, n. 221, è abrogato.

19. Entrata in vigore. 1. Il presente decreto entra in vigore il quindicesimo giorno successivo alla data di pubblicazione nella Gazzetta Ufficiale della Repubblica italiana. Le disposizioni di cui al capo III si applicano dal 1° gennaio 2025. Il presente decreto, munito del sigillo dello Stato, sarà inserito nella Raccolta ufficiale degli atti normativi della Repubblica italiana. È fatto obbligo a chiunque spetti di osservarlo e di farlo osservare.

Finito di stampare nel mese di febbraio 2023
nella Rotolito S.p.A. – Via Sondrio, 3
20096 Pioltello (MI)